THE LONDON COMPANION
ロンドン事典

蛭川久康
櫻庭信之／定松　正
松村昌家／P.スノードン
【編著】

大修館書店

はしがき

　都市の相貌は時代を反映し，時代は都市の相貌を決定します．英国の首都としておよそ2000年の歴史を有するロンドンも例外ではありません．20世紀の2つの大戦を経たあと，これまで経験したことのない地球規模での急速な変革の時代のなかで，ことにこの10年あまりの間，そこには「千年紀」という大きな節目を織り込みながら，この都市は著しい変貌を遂げてきました．

　本事典は，この「変貌」と「節目」を視野にいれながら，ロンドンを歴史的視点から捉えて，その過去と現在のロンドン，つまり「歴史の中のロンドン」の今日的全体像を追求する趣旨で編まれました．

　今から思えば，バービカン地区の再開発はほんの手始めだったということができますが，当時としては，その思い切った計画の完成を目の当たりにしたとき，驚きを隠せませんでした．近代建築の間隙に小規模ながら池を配して，各建物を人工地盤による通廊をもって連結させた，かつての面影を完全に払拭し去った新たな都市空間の出現に目を見張ったのでした．それにもかかわらず，旧街路名は路地一本にいたるまで完全に保存した歴史への執着に感服し，羨望さえいだいたのでした．

　グリニッチの丘から対岸を眺めたとき，アイル・オヴ・ドッグズの近い将来の変貌を予告するように，大型のクレーンが幾基も眺められたのはいつのことだったでしょうか．ドックランズ軽便鉄道が，この半島のような地域の南端まで開通して，その自動制御による高架新線の景観を楽しんでいるうちに，それこそあっというまに，鉄道は川底をくぐってなんなくグリニッチに達していました．延伸された地下鉄ジュビリー・ラインがそれに加わって，カナリー・ワーフを中心にしたアイル・オヴ・ドッグズの再開発はひとまず完了したと言えます．

　そして，ちょうどそのころ，文化施設の集まるサウス・バンクはますます知的好奇心を刺激する，文字どおりの一大文化センターに生まれ変わろうとしていました．旧ロンドン市庁舎を起点にテムズ河畔をミレニアム・ドームまで，そこに出現した意表をつく美術館や博物館や橋や複合商業施設などを眺めながら，いささか長いしかし決して飽きることのない散策を楽しめば，対岸にはセント・ポール大聖堂のド

ームが主役をつとめる昔ながらの都市景観が確保されているのでした．テムズ川をはさんで新しいロンドンと古いロンドンがそこにあります．

　古いロンドン，それは東に位置する金融のシティ，西に位置する政治・行政のウェストミンスター，その中間に位置する司法のホーボーンという構図で捉えられる基本形です．およそ2000年に及ぶロンドン発展の歴史的必然のうちで，シティという独自の領域が確立し，首都に不可欠な三大機能の棲みわけがじつに巧みに現実的に行なわれてきたのです．裁判所を中に置き，イングランド銀行と官庁街ホワイトホールが東と西に分かたれ，ときに協調し，ときに拮抗しながら，役割分担を長い時間をかけて練り上げてきたのです．この事実にロンドンの一切が集中・集約的に顕在あるいは潜在するのです．しかもその全域を，精神的支柱としてのキリスト教会が，世俗建築と同居しながら，一つの有機体として束ねています．「古いロンドン」も「新しいロンドン」も，この基本的枠組みのうえに成り立っています．今後も基本形でありつづけるでしょう．なにしろこの枠組みは，11世紀の半ば，エドワード懺悔王が王宮をシティからテムズ川の2キロほど上流に位置するソーニー・アイランド（現シティ・オヴ・ウェストミンスターの一部）に移転させた時に始まる長い長い実績があるのですから．

　「歴史のなかのロンドン」を捉える作業は，この巨人を相手に，文献と現地の間を行き来しながら，まず夥しい数の断片に解体して，その断片の一つ一つについて，時間と場所の重みを推し量り，その軽重から趣旨にかなう断片を取捨選択し，今度は逆に選ばれた断片を積み上げて全体に迫るという，まことに時間と根気のいる作業でした．それはこの種の事典につきまとう，何を取るか，何を捨てるか，という問題と取り組むことでした．どこかで時の流れをせきとめなければ成り立たない作業でした．それは活発に新陳代謝を続けるロンドンを見据えながら，抑えようのない「欲」を断ち切ることにほかなりませんでした．

　本事典は，時間的にはローマ時代のロンドンからミレニアムのロンドンを主要な対象にし，空間的にはロンドンの中心部から半径およそ25キロの外縁をはしる環状高速道路M25の内側を，つまりほぼ大ロンドンに相当する地域を対象としました．こうして出来上がったロンドンに関するほとんどあらゆる分野にまたがる事項を見出し項目として立項し，アルファベット順に配列したのが本事典の本体部分です．収録した項目はおよそ2200を数えます．しかし，本事典の趣旨から，実用的記事は最小限にとどめました．そのことは採録した多数の図版についても言えます．

　本体に適宜組み入れた囲み記事は，この都会に縁深い人物を中心にして，本体と

はやや異なった視点からの情報ボックスとして提供することを試みたものです．また巻末には，年表をはじめ，人口の推移，歴代市長，同業組合，年中行事，著名人住居跡，記念像・記念碑など，ロンドンに関する基礎的資料を用意しましたが，それは「歴史のなかのロンドン」にこだわったからにほかなりません．これらの巻末資料は，和英対照項目表および人名索引とともに，いずれも本体を補完する役目を果たしてくれることと信じます．おなじく巻末に付した文献紹介は，さらに広く深くロンドンをとらえ考察しようとするときの一助となることを願って作成しました．

　本書が，ロンドンあるいは広くイギリスに関心をもつ，さまざまな分野の方々にとって，さまざまな機会に役立つ座右の書となることを願ってやみません．記述には万全を尽くしましたが，思わぬ誤謬から免れていないのではないかという，危惧があります．今後，本事典がいっそう充実した「すぐれもの」に成長するため，本書を利用される方々の忌憚のない助言と叱正をお願いするものです．

　最後になってしまいましたが，本事典の完成には，執筆者，編集者はいうまでもなく，じつに多くの方々のご協力をいただきました．心から御礼を申し上げます．なかでも大修館書店の元取締役鵜澤敏明氏には，本事典の企画を快く受け入れていただき，在職中は多くの助言を頂戴しました．ここに記して深謝の意を表したいと思います．また編集部の河合久子さんには，予定を大幅にこえた長期にわたる編集作業にもかかわらず，一貫して入念・周到にして間然するところのない作業を絶やすことのなかった献身に格別の感謝を捧げたいと思います．

　すでにロンドンでは2043年を「ロンドン誕生2000年祭」として，その近未来に視線が注がれているということです．そのときロンドンはまた新たにどのような変貌を成し遂げているでしょうか．

2002年4月　花冷えの日

編者を代表して　蛭川　久康

編　者

蛭川　久康　　櫻庭　信之　　定松　正
松村　昌家　　Paul Snowden

執　筆　者
(五十音順)

相原　幸一	門井　昭夫	高際　澄雄	堀　真理子
青木　健	川口　清泰	高山　信雄	益子　政史
青山　誠子	北川　重男	武田　勝彦	松村　賢一
荒木　一法	小池　滋	多田　稔	松村　昌家
石井美樹子	小泉　徹	立石　弘道	水谷　三公
石原　孝哉	小寺　里砂	手塚　裕子	村岡　健次
礒部　初枝	小林　章夫	東郷　秀光	村田　靖子
井野瀬久美恵	小森　星児	長島　伸一	森　護
今井　宏	西條　隆雄	新野　緑	安原　義仁
岩崎　一恵	佐久間康夫	西尾　忠久	横山　徳爾
岩崎　広平	佐久間良子	丹羽　隆子	渡辺　孔二
岩田　託子	櫻庭　信之	樋口　欣三	John Brown
忍足欣四郎	笹井　常三	蛭川　久康	Anthony Lawrence
小田　順子	定松　正	久田　晴則	Paul Snowden
小野寺　健	佐藤　猛郎	平賀　三郎	Peter Snowden
笠原　保一	鈴木美津子	深尾　栄助	

目　次

はしがき ………………………………………………………………… i
編者・執筆者 …………………………………………………………… iv
囲み記事［ロンドン・ア・ラ・カルト］………………………………… vi
図版一覧 ………………………………………………………………… vii
地図一覧 ………………………………………………………………… x
凡例 ……………………………………………………………………… xi

ロンドン事典 ……………………………………………… 1

付録 ……………………………………………………………………… 873
　国王・女王一覧／ロンドン年表／ロンドンの人口の推移／
　歴代ロンドン市長／シティ同業組合／ロンドンの年中行事／
　著名人住居跡／記念像・記念碑
文献紹介 ………………………………………………………………… 911
和英対照表 ……………………………………………………………… 917
人名索引 ………………………………………………………………… 940

囲み記事［ロンドン・ア・ラ・カルト］

英王室御用達店 ……………………	657
オーウェルのロンドン ……………	388
気球旅行 ………………………………	74
貴族の私有地と都市計画 …………	333
公衆便所 ……………………………	128
シティの紋章 ………………………	167
住所表示 ……………………………	296
ジュビリーズ ………………………	112
ジョンソン博士のロンドン ………	310
ジン酒場繁昌記 ……………………	237
ストーのロンドン …………………	641
漱石のロンドン ……………………	718
大学 …………………………………	804
地下鉄路線図とA-Z市街図 ………	800
地名と語源 …………………………	785
チャップリンのロンドン …………	406
ディケンズのロンドン ……………	232
ディック・ウィッティントン ……	364
道路命名の工夫 ……………………	165
『土地台帳』 …………………………	577
ナッシュのロンドン ………………	595
日本人村 ……………………………	418
パブの屋号と看板 …………………	578
『パンチ』とILN ……………………	275
ピープスのロンドン ………………	674
フィッシュ・アンド・チップス …	714
２人のブースとロンドン …………	486
ベザントのロンドン ………………	247
ヘンデルとロンドン ………………	108
ホガースのロンドン ………………	366
ホームズの部屋 ……………………	36
幽霊の名所 …………………………	180
ライミング・スラング ……………	444
レンのロンドン ……………………	679
ロンドン史の編纂者 ………………	498
ロンドンとマザーグース …………	649
ロンドンの日本人 …………………	554
ロンドンのシェイクスピア ………	706
ロンドンの地図 ……………………	448
ロンドンのマルクス ………………	219
ロンドンの名優たち ………………	776

図版一覧

[カラー図版]

① エドワード懺悔王，ウェセックス太子ハロルドを迎える図
② 15世紀前半のロンドン塔
③ ワット・タイラーの乱
④ チャールズ一世の処刑
⑤ チャールズ二世のロンドン入京
⑥ ロンドン大火
⑦ 1700年頃のコーヒー店
⑧ 19世紀初頭のスミスフィールド・マーケット
⑨ 1880年頃のロンドン市長就任披露行列
⑩ 万国博覧会の開会式
⑪ ノッティング・ヒルのカーニヴァル
⑫ アイル・オヴ・ドッグズの高層ビル群
⑬ ミレニアム・ドーム
⑭ ビッグ・ベンと大観覧車

[テーマ別図版]

p.81　ブルー・プラーク
　　　H.G.ウェルズ
　　　ジョン・M・ケインズ
　　　ランドルフ・コールデコット
　　　リットン・ストレイチー
　　　チャールズ・ディケンズ
　　　G.F.ヘンデル
　　　フランシス・T・ポールグレイヴ
　　　A.A.ミルン

p.94　ロンドンの橋
　　　アルバート橋
　　　タワー・ブリッジ
　　　ハマースミス橋
　　　バーンズ橋
　　　ランベス橋

p.169　シティ同業組合会館の紋章
　　　小間物商同業組合
　　　左官同業組合
　　　シロメ細工師同業組合
　　　精肉業者同業組合
　　　馬具商同業組合
　　　刃物商同業組合
　　　旅館業者同業組合

p.443　18世紀ロンドンの呼び売り商人
　　　くずや
　　　小鳥売り
　　　ジンジャー・ブレッド売り
　　　日用雑貨売り
　　　人形売りの娘
　　　ホビー・ホース
　　　ミルク売りの娘
　　　レモンにオレンジ

p.479　ロンドンの人物像
　　　アルフレッド大王
　　　ヴィクトリア女王
　　　エリザベス一世
　　　サミュエル・ジョンソン
　　　フローレンス・ナイティンゲール
　　　マイケル・ファラデー
　　　ボアディケア女王

p.543　公園と庭園
　　　キュー植物園
　　　グリーン・パーク
　　　セント・ジェイムジズ・パーク
　　　ハイド・パーク

p.631　ロンドンの宮殿
　　　ウェストミンスター・パレス
　　　ケンジントン・パレス
　　　バッキンガム・パレス
　　　リッチモンド・パレス

[図版]

p.7	アデルフィ
p.9	アドミラルティ・アーチ
p.12	アルバート・メモリアル
p.14	シェイクスピアと第一フォリオの像
p.17	アルハンブラ
p.23	パブ，アンカー・イン
p.30	アストリー円形演技場
p.31	クラブ，アシニーアム
p.35	ホームズ探偵事務所とされた場所を示す銘板
p.38	イングランド銀行(17世紀末ごろ)
p.39	イングランド銀行(現在)
p.42	バービカン・センターのテラス
p.50	ベイナード・カースル
p.55	トマス・モア時代のボーフォート・ハウス
p.59	ビーフイーター
p.69	ビリングズゲート・マーケット
p.77	セント・ポール大聖堂付近の戦禍跡
p.82	ジョンソン博士晩年の住居
p.98	大英図書館
p.100	大英博物館，グレイト・コートに改装する前の円形読書室
p.101	大英博物館，2000年に完成したグレイト・コート
p.107	クラブ，ブルックスズ
p.114	W.ブレイクの墓
p.114	J.バニアンの墓
p.130	キャノンベリー・タワー
p.147	チャーターハウス
p.152	チェルシー・オールド教会
p.154	イー・オールド・チェシャー・チーズ亭
p.156	チェスター・テラス正面玄関
p.160	チズィック・ハウス
p.166	シティの市門
p.182	コック・レインの幽霊の家
p.196	サクソン王戴冠の石
p.200	コヴェント・ガーデン
p.201	ショッピング・アーケードに変わった現在のコヴェント・ガーデン
p.213	水晶宮
p.223	デヴィルズ・タヴァン跡を示す銘板
p.225	パブ，ダーティ・ディックス亭
p.226	ドックランズ軽便鉄道
p.236	下水道でのくず拾い
p.241	ダリッチ・コレッジ
p.246	アールズ・コート・エクジビション・センター
p.252	チャールズ・ラムの旧居
p.254	エレオノールの十字架碑
p.277	香水店，フローリス
p.278	ロンドンの濃霧
p.280	フォートナム・アンド・メイスンの馬車
p.281	フォーチュン座
p.286	テムズ川の氷上市
p.287	フラム・パレス
p.289	ビール醸造所，フラー社
p.292	ギャラウェイズ・コーヒー店
p.293	名優ギャリックの別邸
p.299	旅籠，ジョージ・イン
p.301	紳士服店，ギーヴズ・アンド・ホークス
p.302	《ジン・レイン》
p.305	伝説上の巨人像，ゴグとマゴグ
p.328	グリニッチ風景
p.332	グロヴナー・スクエア
p.336	ギルドホール
p.339	火薬陰謀事件の首謀者たち
p.348	ハムステッド・ヒース
p.349	ハンプトン・コート・パレス
p.354	ハロー・スクールの図書館とチャペル
p.355	ハッチャーズ書店
p.361	ハー・マジェスティー劇場
p.363	ハイゲートのゲート・ハウス
p.366	ホガースの墓
p.368	ホランド・ハウス
p.369	ホロウェイ監獄
p.390	インターシティ
p.391	復元されたグローブ座
p.395	イズリントン・スパ(18世紀)
p.397	ジャック・ストローズ・カースル
p.405	ケルムスコット・ハウス
p.422	ランベス・パレス
p.425	レドンホール・マーケット
p.434	リンネ協会玄関
p.435	リトル・ベン
p.439	ロンドン橋
p.447	ロンドン図書館の会員用入口
p.452	ロンドン・ストーン

p.460	ライシアム劇場の内部	p.664	セント・マーティン・イン・ザ・フィールズ教会
p.461	リリック劇場	p.669	セント・メアリ・ル・ボウ教会
p.467	ロンドン市長公舎	p.680	セント・ポール大聖堂(ロンドン大火前)
p.481	かつてのリバティ工場跡に残る水車	p.681	セント・ポール大聖堂(現在)
p.482	家畜用水槽	p.685	セント・トマス病院
p.491	ミント・ストリート	p.693	サヴォイ・パレス
p.510	ニューゲート監獄	p.712	ソーンズ・ミュージアム
p.514	ニュー・リヴァー・ヘッドの貯水池	p.715	ソーホー・スクエア
p.518	ナンサッチ・パレス(16世紀)	p.726	サザック大聖堂
p.519	ノーサンバーランド・ハウス(18世紀)	p.727	サザック定期市(18世紀)
p.520	ノートル・ダム・ド・フランスのジャン・コクトーによる祭壇壁画	p.750	大道芸人
p.527	オールド・ヴィック座	p.758	白鳥調べ
p.532	オックスフォード・ストリートのマーケット(19世紀後半)	p.762	旅籠, タバード・イン
p.535	パディントン駅旧構内	p.769	テンプル・バー
p.538	ペル・メルの球技風景	p.771	テムズ・バリア
p.548	真珠の王様と女王様	p.773	シアター・ロイヤル・ドルーリー・レイン
p.565	ポープ荘	p.774	シアター・ロイヤル・ヘイマーケット
p.580	ロンドン大火の火元, パン屋跡を示す銘板	p.775	16-17世紀の大衆劇場
p.593	ウィリアム・モリスが住んだレッド・ハウス	p.779	トマス・コーラム捨て子養育院
p.594	リージェンツ・カナル	p.789	タワー・ヒルの処刑場跡
p.596	リージェント・ストリート(19世紀前半)	p.790	ロンドン塔
p.597	リージェント・ストリート(現在)	p.798	タイバーンの三面絞首台
p.618	王立裁判所正面入口	p.812	ヴォクソール・ガーデンズ
p.620	王立取引所の内部	p.814	ヴィクトリア・アンド・アルバート博物館
p.628	旧グリニッチ天文台	p.828	アンドルー・マーヴェルの住居跡
p.637	レストラン, ルールズ	p.839	ウェストミンスター・アビー
p.642	ジョン・ストー像	p.840	ウェストミンスター大聖堂
p.644	セント・バーソロミュー病院	p.848	ホワイトホール・パレス
p.647	セント・ブライド教会	p.856	ウィンチェスター・ハウス
p.648	セント・クレメント・デインズ教会	p.863	ウィンダム劇場
p.651	セント・ジャイルズ・イン・ザ・フィールズ教会	p.868	W.M.サッカレーが住んだ家
		p.869	ヤング・ヴィック座

地図一覧

p.xii	大ロンドン自治区と環状高速道路 M25
p.xiv	ロンドンの郵便区域図
p.94-95	ロンドンの橋
p.227	ヴィクトリア朝のドック群
p.318	ロンドン大火による焼失域(1666)
p.322	ロンドン大疫病(1665)
p.393	アイル・オブ・ドッグズ
p.441	ロンドンの発展
p.488	ミレニアム遊歩道
p.606	ローマ時代のロンドン
p.738	ロンドンの主要ターミナル駅
p.768	２つのテンプル法学院
p.778	エリザベス朝の大衆劇場

扉：シティの紋章(囲み記事「シティの紋章」p.167を参照)
見返し：17世紀半ばのサザック風景(W.ホラー画《ロンドン鳥瞰図》部分)(Theatres参照)

凡　例

1. 見出し項目の配列はアルファベット順とした．

2. 見出し項目に続けて日本語を明示し，さらに郵便配達地域を含む所在地を表記した．ただし，番地は省略した．

3. 所在地の表記がないのは，建造物などが現存しないことを表わす．

4. 2語以上からなる見出し項目は，それを1語と見なして配列した．
　　例：Christ Church Greyfriars と Christchurch Newgate Street の配列は前者が先行する．
　　　　Forest Hill と Fore Street の配列は前者が先行する．

5. St および Dr のつく見出し項目の配列は，Saint, Doctor と綴った場合の配列とした．同様にイギリス首相官邸を表わす No.10 も Number Ten と綴った場合の配列とした．

6. 本事典に頻出する地域名，自治区名，郵便区域については，その相互位置関係を把握する便を考慮して，地図「大ロンドン自治区と環状高速道路M25」および「ロンドンの郵便区域図」の2葉を巻頭に収めた．

7. 定冠詞については，見出し項目には原則として省略した．ただし，慣用上あるいは一般名詞と区別するために定冠詞をつけた場合もある．
　　例：City, The　シティ　　Club, The　ザ・クラブ　　Theatre, The　シアター座

8. 同一見出し項目が複数あるときは，1つの見出し項目にまとめ，①，②…の番号を付して所在地のアルファベット順に配列した．この場合に限って，上記3の原則にもかかわらず，現存しなくても所在地を記した．

9. 「市長」の表記は次のように区別した．シティの市長(Lord Mayor of the City of London)を「シティの市長」または慣例に従って「ロンドン市長」と表記した．2000年5月に誕生した新市長(Mayor of London)は「大ロンドン市長」とした．(Lord Mayor の項参照)
　　例：Lord Mayor's Show　ロンドン市長就任披露行列

10. クロス・レファランス(相互参照)については，次の記号を用いた．なお，参照項目が日本語の場合は，囲み記事「ロンドン・ア・ラ・カルト」であることを示す．
　　→　見出し項目のすぐ後：矢印以下の項目に記述があることを示す．
　　→　本文の末尾：関連項目を示す．
　　(→　)本文中：当該項目の記述内容と関連が強い項目を示す．

11. 『　』：文学作品などに用いた．

12. 《　》：芸術作品，劇作品などに用いた．

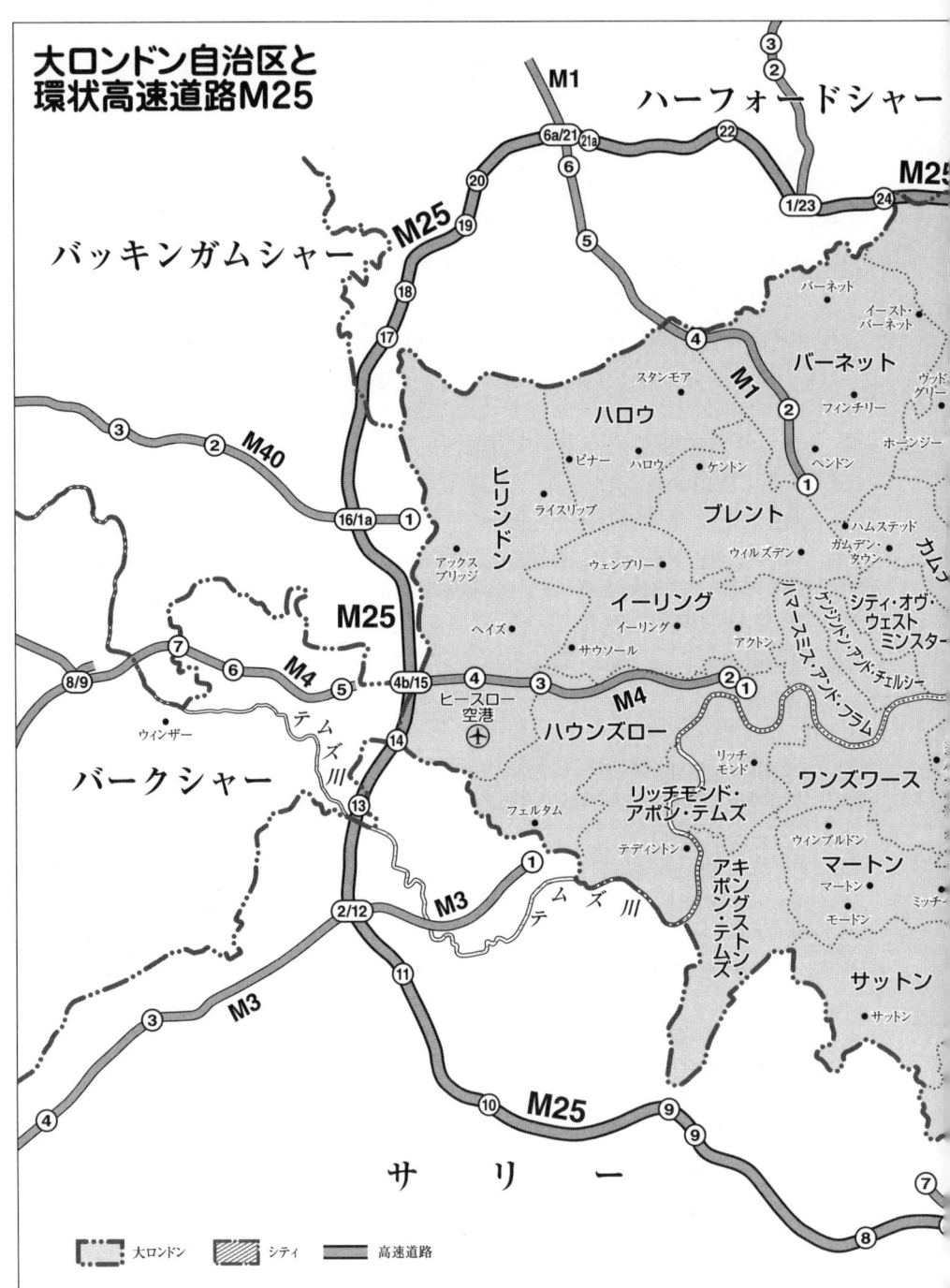

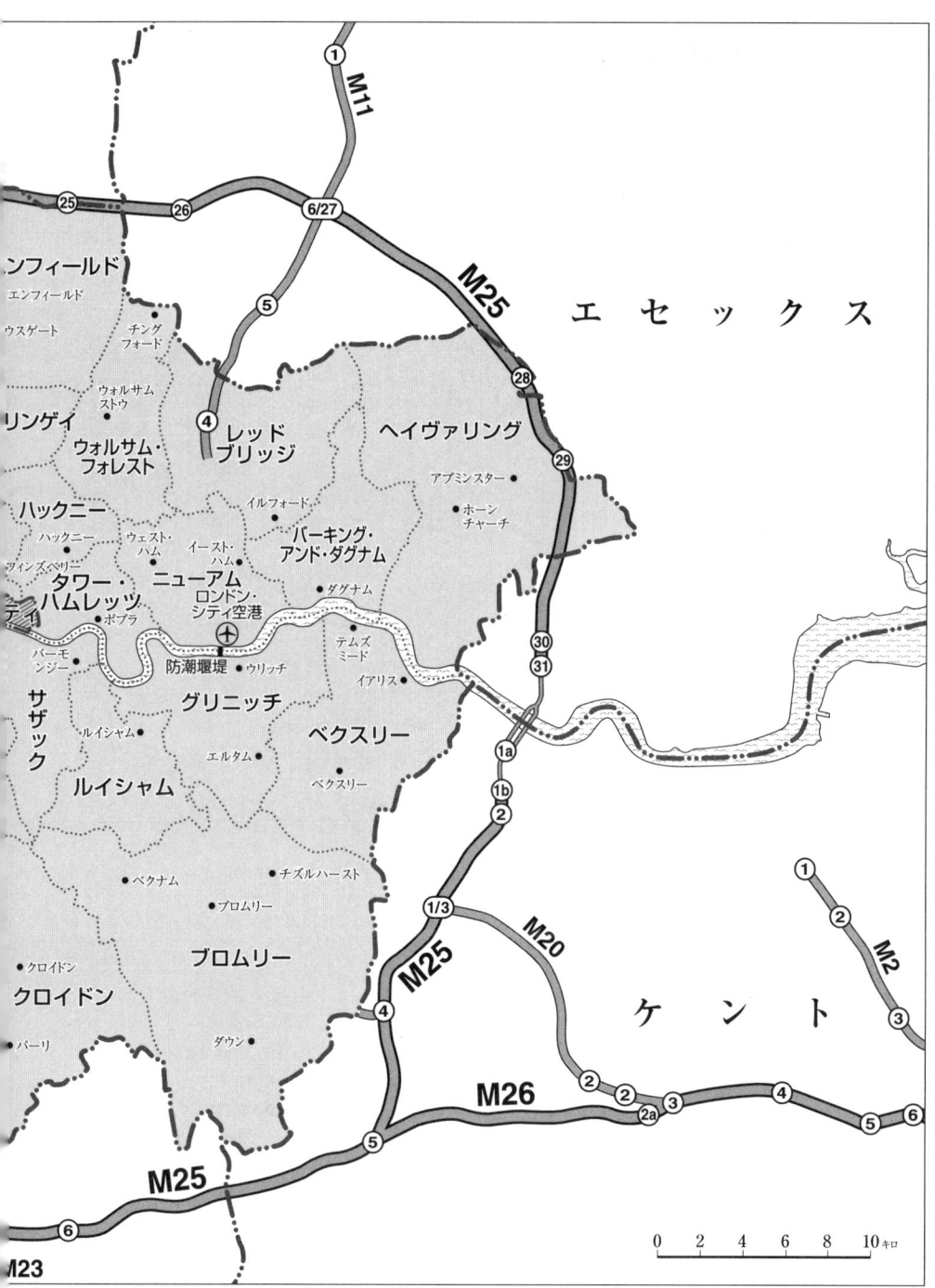

ロンドンの郵便区域図

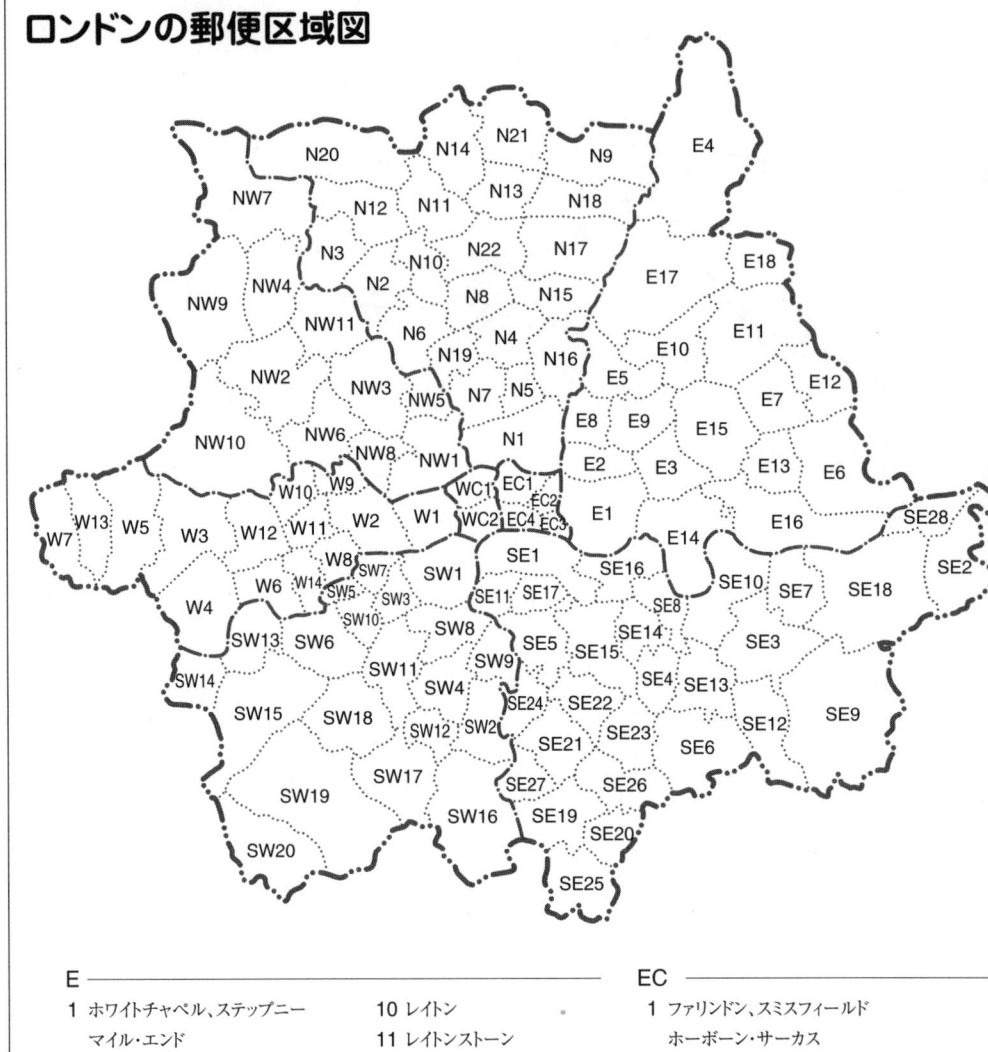

E

1 ホワイトチャペル、ステップニー、マイル・エンド
2 ベスナル・グリーン
3 ボウ
4 チングフォード
5 クラプトン
6 イースト・ハム
7 フォレスト・ゲート
8 ハックニー
9 ホマートン
10 レイトン
11 レイトンストーン
12 マナー・パーク
13 プレイストウ
14 ポプラ
15 ストラットフォード
16 ヴィクトリア・ドック
17 ウォルサムストウ
18 サウス・ウッドフォード

EC

1 ファリンドン、スミスフィールド、ホーボーン・サーカス、ハットン・ガーデン
2 バービカン、フィンズベリー
3 フェンチャーチ、タワー・ヒル
4 ブラックフライアーズ、フリート・ストリート、ラドゲート・ヒル、テンプル、セント・ポールズ

W

1. メイフェア、ピカディリー
   リージェント・ストリート
   ソーホー、ボンド・ストリート
   オックスフォード・ストリート
2. パディントン
3. アクトン
4. チズィック
5. イーリング
6. ハマースミス
7. ハンウェル
8. ケンジントン
9. メイダ・ヴェイル
10. ノース・ケンジントン
11. ノッティング・ヒル
12. シェパーズ・ブッシュ
13. イースト・イーリング
14. ウェスト・ケンジントン

WC

1. ブルームズベリー
   ホーボーン
   グレイズ・イン・ロード
2. ストランド
   オールドウィッチ
   コヴェント・ガーデン
   チャンセリー・レイン
   チェアリング・クロス・ロード

SE

1. バーモンジー、バラ
   エレファント・アンド・カースル
   サザック
2. アビー・ウッド
3. ブラックヒース
4. ブロックレー
5. カンバーウェル
6. キャットフォード
7. チャールトン
8. デトフォード
9. エルタム
10. グリニッチ
11. ケニントン
12. リー
13. ルイシャム
14. ニュー・クロス
15. ペッカム
16. ロザハイズ
17. ウォルワース
18. ウリッチ
19. ノーウッド
20. アナリー
21. ダリッチ
22. イースト・ダリッチ
23. フォレスト・ヒル
24. ハーン・ヒル
25. サウス・ノーウッド
26. シドナム
27. ウェスト・ノーウッド
28. テムズミード

SW

1. ヴィクトリア、ウェストミンスター
2. ブリクストン
3. チェルシー
4. クラパム
5. アールズ・コート
6. フラム
7. サウス・ケンジントン
8. サウス・ランベス
9. ストックウェル
10. ウェスト・ブロンプトン
11. バタシー
12. バラム
13. バーンズ
14. モートレイク
15. パトニー
16. ストレタム
17. トゥーティング
18. ワンズワース
19. ウィンブルドン
20. ウェスト・ウィンブルドン

N

1. イズリントン
2. イースト・フィンチリー
3. フィンチリー・チャーチ・エンド
4. フィンチリー・パーク
5. ハイベリー
6. ハイゲート
7. ホロウェイ
8. ホーンジー
9. ロワー・エドモントン
10. マズウェル・ヒル
11. ニュー・サウスゲート
12. ノース・フィンチリー
13. パーマーズ・グリーン
14. サウスゲート
15. サウス・トッテナム
16. ストーク・ニューイントン
17. トッテナム
18. アッパー・エドモントン
19. アッパー・ホロウェイ
20. ウェットストーン
21. ウィンチモア・ヒル
22. ウッド・グリーン

NW

1. カムデン・タウン
2. クリクルウッド
3. ハムステッド
4. ヘンドン
5. ケンティッシュ・タウン
6. キルバーン
7. ミル・ヒル
8. セント・ジョンズ・ウッド
9. ザ・ハイド
10. ウィルズデン
11. ゴールダーズ・グリーン

①1042年エドワード懺悔王がウェストミンスターでウェセックス太子ハロルドを迎える図．「ノルマン人の征服」を主題にした長さ70.5メートル，幅50センチほどのバイユー・タペストリー(11-12世紀)から．

②15世紀前半のロンドン塔．ビリングズゲートとロンドン橋が見える．アジャンクールの戦いで大敗し，ロンドン塔に幽閉されたオルレアン公シャルルの詩集に付された挿絵．
→Tower of London

③ワット・タイラーの乱．人頭税に反対したケント，エセックス両州の農民が起こした1381年6月の一揆．左半分がリチャード二世の前で殺害されるワット・タイラー，右半分が暴徒を前にその非を諭す勇敢な若いリチャード二世．事件の2場面を1枚におさめたフロワサールの作（15世紀）． →Peasants' Revolt

④チャールズ一世の処刑．1649年1月30日，ホワイトホールのバンケティング・ハウス前の特設台上で斬首刑が執行された． →Banqueting House

⑤チャールズ二世の王政復古によるロンドン入京の図．1660年5月29日，17年ぶりに帰国した国王を英国民は熱狂的に迎えた．日記作家ジョン・イーヴリンは「バビロン幽囚の帰還このかた，古今東西，史上空前の王位回復」と記した．

⑥ロンドン大火. 1666年9月2日午前2時頃, プディング・レインのパン屋から出火, 4日間燃えつづけ, シティの約5分の4を焼失した, ロンドン史上未曾有の災害であった. →Great Fire

⑦1700年頃のコーヒー店．ロンドンに登場した最初のコーヒー店は，1652年にコーンヒル通りをはずれたセント・マイケルズ・アレーにエドワーズという男が始めた店といわれる． →Coffee Houses

⑧19世紀初頭のスミスフィールド・マーケット．家畜市場が開設されたのは1638年．1855年にイズリントンに移転した．現ロンドン中央食肉市場． →Smithfield Market

⑨1880年頃のロンドン市長就任披露行列．ラクダ，象，トナカイなど異国の動物を除けば，今日のパレードとほとんど変わらない．市長が乗る金色の馬車はロンドン・ミュージアムに常時展示されている．W. ケリの木版画に賦彩したもの．
　　　→Lord Mayor's Show

⑩万国博覧会の開会式．1851年5月1日，ハイド・パークに新設された水晶宮において，ヴィクトリア女王，アルバート公らを迎えて盛大に挙行された．開会式当日は50万人の人出があり，10月11日の閉会までに入場者は600万人を超えた．H.シラウス画．　→Great Exhibition

⑪ノッティング・ヒルのカーニヴァル．西インド諸島系の移民の多いこの地区は一時人種暴動や紛争が絶えなかったが，今ではマーケット街として有名である．カーニヴァルは毎年8月のバンク・ホリデイ期間に行われ，全国的な注目を浴びている．　　　　　→Notting Hill

⑫アイル・オヴ・ドッグズの高層ビル群．この地域は，ドックランズ再開発計画で古いドック群が埋め立てられ，軽便鉄道が導入されて近代的な商業地区へと変貌した．
　　　　　　　　　　　　　　　　→Isle of Dogs

⑬円形の大展示場ミレニアム・ドーム．西暦2000年を記念してテムズ川下流域ノース・グリニッチに建設された．
　　　　　　　　→Millennium Mile

⑭ロンドン新旧のランドマーク．ビッグ・ベンと大観覧車ロンドン・アイ．

ロンドン事典

A

Abbey Mills Pumping Station
アビー・ミルズ揚水場

Abbey Lane, E15

　ヴィクトリア朝の汚水処理施設で，ジョーゼフ・バザルジットの設計により1865-68年に建設された揚水場．外観は回教建築を思わせる塔，スラブ式ドームをもち，内部はビザンチン教会風のつくりという風変わりな建物．ロンドンの排水設備は，19世紀前半まできわめて粗末なもので，テムズ川は巨大な排水路同然であった．コレラもたびたび流行し，改善策の立案が急務であった．

　ここは現在でもロンドンの排水や雨水を処理する三大施設のひとつである．
→Drains and Sewers

Abbey National
アビー・ナショナル

Baker Street, W1, NW1

　1874年創設のアビー・ロード・ビルディング・ソサエティと，1849年設立のナショナル・ビルディング・ソサエティとが，1944年に併合してできた住宅共済組合だったが，1989年にはパブリック・リミテッド・カンパニー (Plc) として銀行となった．1990年代のはじめ，大ロンドン内の営業所は189に及んだ．

　本社がベイカー・ストリート（→Baker Street）のアビー・ハウスにある関係で，シャーロック・ホームズ宛ての手紙がいまだに配達されるという．コナン・ドイルの探偵小説の有名な主人公が住んだベイカー・ストリート221番Bがどこなのか（当時はこの番地は存在しなかったので）諸説があるが，現在はこの番地にアビー・ハウスが立っている．建物入口外壁にはホームズのシルエットが描かれた楕円形の銘板が付けられている．この並びにホームズの博物館（→Sherlock Holmes Museum）がある．

Abbey Road
アビー・ロード　NW6, NW8

　道路の名は，15世紀創建のキルバーン修道院に通じる小道に由来する．3番地にあるレコード会社EMIのスタジオで，ビートルズのアルバム《アビー・ロード》が録音された．またこのあたりでビートルズがたびたび撮られ，彼らと縁の深い道路である．1番地には，画家のジョン・マックワーターが1888年から1911年まで住んでいた．途中にテューダー朝ゴシック様式の家があり，その向かい側にバプティスト教会が立っている．同名の道路はロンドンに10本あるが，この道路はリージェンツ・パークの西側を走っている．

Abbey Wood
アビー・ウッド　SE2

　グリニッチ自治区の東の端，ウリッチの東側の位置にある．もとはプラムステッドと現在のイアリス地区レズニス・マナーの広大な湿地の一部だったが，1178年建立のレズニス修道院の修道士たちによって13世紀初頭に囲い込まれた．このあたりでは昔から兵器の製造

3

や実験が行なわれ，ウリッチ兵器工場（→Woolwich Arsenal）の基盤ができた．

19世紀の終わりころにノース・ケント・ライン鉄道のアビー・ウッド駅ができ，その後開発が進み，1900-14年に1500を超える住宅が建てられた．1950年代になると大ロンドン議会がアビー・ウッド・エステートを開発した．セント・マイケル教会は1908年建立．駅とそのあたり一帯の名称は修道院跡の南に残る森の名に由来する．

Abchurch Lane
アブチャーチ・レイン　EC4

地下鉄モニュメント駅の西，キャノン・ストリートからロンバード・ストリートへ延びる小路．アブチャーチ・レインの南端近くにセント・メアリ・アブチャーチ教会（→St Mary Abchurch）が立っている．クリストファー・レンが大火後再建した教会のなかで最も美しいといわれる教会で，1681年から5年がかりで建設された．

この小路は，ジョン・ウェブスターとトマス・デッカーの合作喜劇《西行きだよ，おーい》の中で言及されたケーキのために17世紀初頭に有名になった．17世紀後半から18世紀はじめにかけては，ポンタックスというフランス料理で有名な店があり，ジョン・イーヴリン，クリストファー・レン，ジョナサン・スウィフトなどが常連客であった．15番地にはグレシャム・クラブ（→Gresham Club）がある．1855年，排水溝が掘られたときにローマ時代の割石の壁が見つかった．

Abingdon Street
アビンドン・ストリート　SW1

国会議事堂に面した，オールド・パレス・ヤードとミルバンクをつなぐ道路．1593年ころの古地図にすでにその名が載っている．北端近くにはウェストミンスター・パレスの南門があり，南端は昔のソーニー・アイランドの濠に通じていた．現在ウェストミンスター・アビーが立っているあたりである．17世紀末ごろからリンジー・ハウスと呼ばれた邸宅が立ち，これはのちにアビンドン伯爵，さらに1708年ごろにはカナーヴォン伯爵の住居になった．国王が国会に臨席するときは，8頭立ての馬車がこの邸の庭で向きを変えるならわしだったという．せまくて汚い道だったので「ダーティ・レイン」などと悪口を言われたりしたが，1750年に道幅が拡げられて，アビンドン・ストリートとして整備された．

当時の建築物は第二次世界大戦まで存続したが，空襲のため4軒しか残らず，後方に，ウェストミンスター・パレスの唯一の名残りであるジュエル・タワーが見えるようになった．空爆を逃れた建物を取り壊したとき，中世の桟橋の跡が発見された．1963-66年造成のアビンドン・ストリート・ガーデンにはヘンリー・ムーア作のブロンズがある．

Academy of Arts
→Royal Academy of Arts

Academy of Music
→Royal Academy of Music

Achilles Statue
アキレス像

Park Lane, W1

ハイド・パーク東端のパーク・レイン近くに立つ，6メートルの巨大なブロンズ像．1822年に彫刻家リチャード・ウェストマコットによって制作され建立されたものだが，像はギリシアの英雄アキレウスではなく実際はローマの馬調教師のひとりがモデルだという．

像の材料は，19世紀初頭ウェリントン公が率いる英軍がナポレオン軍を駆逐した際に略奪したフランス製の銃で，武勲の誉れ高いウェリントン将軍を記念するために女性たちの意志で建てられた．建設の寄付金を出した女性のなかには，出来上がった像が裸なのを見て，びっくりした淑女たちもいたという．

Ackermann's
アッカーマンズ

ルドルフ・アッカーマンが経営した版画・書

籍販売・出版業の店．アッカーマンはドイツ，ザクセン地方のシュトルベルクに生まれ，のちにロンドンに移住して馬車設計の仕事に携わった．1795年にイギリス人女性と結婚し，ストランド96番地に版画店を開いた．翌年，ストランド101番地に店を移したが，そこはウィリアム・シプリーが創立し(1750)，ヘンリー・パーズが引き継いだ(1763)画学校のあったところであった．この画学校が一時期，公開討論会会場となり，政治演説会を行なったために政府の弾圧を受けて廃止された．その借家権をアッカーマンが買い，画学校を再び開いたが，事業拡大のために画学校を閉校し，新たに書籍商，出版業，小間物・画材販売も行なった．

アッカーマンは美術としての石版印刷をイギリスに導入するのに主要な役割を果たしたといわれ，石版画や腐食銅版画の一種アクアチント版画の入った美しい彩色図版本を数多く出版した．その中には『美術の宝庫』，『文学の宝庫』などの絵入り雑誌(1809-28)，『オックスフォード大学の歴史』2巻，『小宇宙ロンドン』3巻などの地誌や多くの旅行書が含まれる．また，1825年からは毎年刊行の絵入りギフト・ブック『忘れな草』により印刷体裁上，美術的に成功を収めた．これらの出版にはトマス・ローランドソン，オーガスタス・ピュージンらの画家が協力した．

アッカーマンはフランス革命の難民を初めて雇い，店ではふつう50人以上の元貴族，僧侶，貴婦人が版画彩色などの仕事をしていたという．彼はイギリス初の美術図書館を開き，1813年からは毎週水曜日に文芸レセプションを催して，作家，画家，パトロンなどを招いたので，多年にわたりロンドン最高の社交の場となった．ガス灯だけで照明をしたロンドンで最初の店であった．

Acton
アクトン　W3

ロンドン西郊に位置する地域．アクトンという名は古英語で「オークの樹木に囲まれた居住地」を意味するactunに由来する．11世紀の『ドゥームズデイ・ブック』(→『土地台帳』)では名もない地域にすぎなかったが，ロンドン中心部に近い便利さが買われて，1世紀前までは裕福な実力者が好んで住んだ．神学者でイートン校の校長だったフランシス・ラウス，劇作家で小説家のエドワード・ブルワー・リットンなどもこの地に住んでいた．

18世紀になると，この地は当時流行した温泉行楽地(アクトン・ウェルズ)として名が知られ，各地から行楽客が集まった．19世紀の中葉まで主たる産業は農業であったが，グランド・ユニオン・カナルや鉄道の開通によってその後各種の工業がおこり，人口の増加も著しく，1930年代に入ると，西部地区，コヴェントリー以南では最大の産業中心地といわれるまでになった．

アクトンの北東，イースト・アクトンの大部分は1657年にウスターシャー州出身の金細工師ジョン・ペリンの遺言により，金細工商同業組合(→Goldsmiths' Hall)のものとなり，その功績をたたえて，金細工師たちの名前を冠した通りがいまに残る．また，ここのゴルフ場は1920年に住宅団地に変わり，道路はすべてロングドライヴ，フェアウェイ・アヴェニューのように，ゴルフに関係のある名で呼ばれている．サウス・アクトンの開発は近年著しい．鉄道アクトン・セントラル駅はじめ，地下鉄駅もいくつかある．

Adam and Eve Tea Gardens
アダム・アンド・イーヴ・ティー・ガーデンズ

トッテナム・コートは現在でこそ交通の要衝だが，17世紀には娯楽センターとして人気があった．安息日にここで酒を飲んだ女中たちが罰金を取られたという記録もある．ウィリアム・ウィッチャリーの戯曲を見ても，当時のヴォクソール・ガーデンズ(→Vauxhall Gardens)なみの盛り場だったことがわかる．18世紀初頭ごろには，トッテナム・コート・ロードの北端に，アダムとイヴ亭がすでに存在し，オルガン付きの長い部屋とボウリング場と喫茶用のあずまやのある広大な庭園があった．18世紀の末ごろには，周辺に住宅が立ち並び，犯罪

者や売春婦たちが集まるようになって，19世紀に一時閉鎖されたが，1813年には旅籠が出現した．広い庭園と樹木を利用して，多くのあずまややベンチが設けられ，戸外でもお茶が楽しめるような遊園地になった．現在ではまったくの都心で，昔の面影はない．

Addington
アディントン　CR0

大ロンドンの南部に当たるクロイドン地区に属する地域．ウェスト・ウィッカム鉄道駅の南西に広がる閑静な地域．『ドゥームズデイ・ブック』（→『土地台帳』）には，エディントンとして言及されている．広大なゴルフ・コースの南端に，19世紀初頭からカンタベリー大聖堂の大主教たちのカントリー・ハウスだったアディントン・パレスが立っている．この建物は1953年以降，ロイヤル・スクール・オヴ・チャーチ・ミュージックの校舎として使用されている．近くのアディントン・ヴィレッジ・ロード沿いのセント・メアリ教会には，5人の大主教たちが埋葬されている．

20世紀に入ると開発が進み，南のニュー・アディントンとともに新興ベッド・タウンとして住宅地に変わった．2000年春には路面電車クロイドン・トラムリンク（→Croydon Tramlink）が開通して，アディントン・ヴィレッジ駅が誕生するなど，この周辺の交通の便は格段に改善された．

Addiscombe
アディスカム　CR0

大ロンドン南郊クロイドンの一地区．1702年にジョン・イーヴリンの義理の息子が，テューダー朝邸宅の跡地にジョン・ヴンブラの設計，ジェイムズ・ソーンヒルの装飾によるアディスカム・プレイスを建てた．その後，1804年に東インド会社に売却されて陸軍学校となったが，その後開発のために転売され，取り壊された．

19世紀初頭，まだアディスカムが小村だったころには，若き日のW.M.サッカレーが住んでいた．現存はしないが，第二代アシュバートン男爵夫人のアシュバートン・ハウスを，テニソン，カーライル，ロングフェローが訪れたことがある．鉄道が通じるようになってから人口も増加した．中心にアディスカム駅がある．

Adelphi
アデルフィ
Adelphi Terrace, WC2

テムズ河岸，ストランドの南側に建てられた24棟の堂々たるテラス・ハウス．スコットランド出身の建築家，開発業者アダム4兄弟の設計により，比類なく美しいと賞賛された優雅な住宅群であった．「アデルフィ」の名は，兄弟という意味のギリシア語に由来する．このあたりの土地は，もとダラム・ハウス（→Durham House）の敷地だったが，王政復古後に取り壊され，18世紀半ばにはすでにスラム化していた．ジョン，ロバート，ジェイムズ，ウィリアムのアダム4兄弟は，1768年にこの地域の99年間の借地権を得て開発を始めた．この開発は，ロンドンの都市開発史の一頁を飾る優れた事業であった．周囲には兄弟の名にちなんだ道路がある．中心は11のハウスからなるロイヤル・テラスであったが，1936-38年に取り壊された．

テラスは，ストランドからテムズ川までの傾斜面を利用して，河岸に近い低いところにアーチを連ねた，アーケード状の通路，アデルフィ・アーチが造られ，その後方上にテラス・ハウスが建てられた．建設は1772年に始まり，当時最高の職人に仕事をさせたため法外な費用がかかって，兄弟は一時財政上の困難に陥った．1864-70年にかけて，南側にヴィクトリア・エンバンクメントの護岸工事が進められ，アデルフィは河畔から遠のいてしまった．しかし，それ以前は，テムズ川に面した風格あるテラスとして知られ，川から直接に出入りすることができた．1867年ころヴォールト構造の広大な地下部分の一部はワイン貯蔵所として，また石炭陸揚げの埠頭として使用されて倉庫と化し，ガス灯や夜警が導入されるまで，おいはぎなどが逃げ込むな

アデルフィ（19世紀前半）

ど物騒な場所であったという．

　アデルフィに住んだことのある著名人は多く，18世紀の名優デイヴィッド・ギャリック，トマス・ハーディ，G.B.ショー，J.M.バリ，ジョン・ゴールズワージー，H.G.ウェルズなどである．チャールズ・ディケンズの『ピクウィック・ペイパーズ』54章には，アデルフィのオズボーンズ・ホテルでのディナー・パーティのシーンが描かれている．このホテルは，アダム・ストリートとジョン・アダム・ストリートの角にあったが現存しない．ロバート・ストリート（→Robert Street）1-4番地にはアダム4兄弟のひとりロバートが住んでいた．

　現在のアデルフィは住宅地ではなく，アール・デコ様式のオフィス街であり，ロイヤル・テラスが1936-38年に壊された跡に建てられた．当時の建物が少数ながら現存する．そのひとつアダム・ストリート7番地の建物のファサードは典型的なアダム様式で，漆喰塗りの彫刻が施され，窓には鉄のバルコニーが見られる．ヴィクトリア・エンバンクメント側の建物はすっかり建て替えられている．

Adelphi Terrace

アデルフィ・テラス　WC2

　スコットランド出身の建築家ロバート・アダムとジェイムズ・アダムの兄弟が18世紀後半より住宅地として開発した区域の小路のひとつで，ストランド通りとテムズ川側のヴィクトリア・エンバンクメント・ガーデンズの間に位置する．すぐ近くに，この兄弟の名をそれぞれ冠した2本の道がある．

　最初のころ，ロイヤル・アデルフィ・テラスと呼ばれていたこの通りは文人たちとの関わりが深く，ここに住んでいた当時の名優デイヴィッド・ギャリック一家のもとに女流作家ファニー・バーニーが訪れ，ハンナ・モアが同居していた．ギャリックの死後も夫人のもとにジョンソン博士やジェイムズ・ボズウェル，画家のレノルズらが訪れた．また，19世紀後半，ドーチェスターから上京した若き日のトマス・ハーディがしばし建築を学んだ場所も，この小路沿いにあった．1898年に結婚したG.B.ショーは，1929年までこの通りに住居を構えていた．すぐ近くのロバート・ストリートは『ピーター・パン』の作者ジェイムズ・バリが亡くなった小路である．

Adelphi Theatre
アデルフィ劇場
Strand, WC2

　もともとは金持ちの商人ジョン・スコットが女優志望の娘のためにストランド（→Strand）に建てたサン・パレイユ劇場で，1806年に《ミス・スコットの余興》で幕を開けた．1818年に持ち主が変わり，アデルフィを名乗るようになったが，勅許の関係で，1843年まで正劇を上演できず，メロドラマや笑劇専門であった．20年代には『トムとジェリー』の劇化が成功して，100回以上上演され，当時としてはロングランを記録した．30年代にはチャールズ・ディケンズの小説の舞台化で人気を博した．1844年からマダム・セレステとベン・ウェブスターが経営し，主としてJ.B.バックストンが書いた一連のメロドラマ，いわゆる「アデルフィ・ドラマ」で有名になった．1858年に改築され，ヴィクトリア朝随一の豪華な劇場となるが，1897年にはメロドラマの人気俳優ウィリアム・テリスが楽屋口で殺害されるという舞台さながらの事件も起きた．1901年に改築，大御所ジョージ・エドワーズがミュージカル・コメディを導入した．

　1930年の4回目の改築はアーネスト・ショーフェルバーグの設計だが，3層からなる1486席の長方形の観客席はアール・デコの内装で，12月3日C.B.コクランの制作したミュージカル《エヴァーグリーン》でオープンした．プロセニアムの間口は11メートル，舞台の奥行は15メートルと，ウェスト・エンドの劇場の水準を超す広さである．

　以後，今日に至るまでミュージカル公演に抜群の業績をもっている．1993年，アンドルー・ロイド・ウェバーのミュージカル《サンセット大通り》上演のため，大がかりな改修が施され，客席も1560席へと増加した．

Admiralty
旧海軍省
Whitehall, SW1

　ホワイトホール（→Whitehall）の官庁街にある政府関係の建物の西端部分がアドミラルティ（旧海軍本部・海軍省）とアドミラルティ・ハウスである．近衛騎兵のパレードで知られる近衛騎兵連隊司令部のアーチ・ゲートをくぐった北側にある．

　海軍関係の政務は，17世紀初期，海軍大臣であったバッキンガム公所有のウォリングフォド・ハウスで行なわれていた．これは1694年に消失し，クリストファー・レンの建物に取って代わられた．現在の建物は1722-26年にトマス・リプレーが建設したもの．1786-88年，南側にアドミラルティ・ハウスが海軍大臣の官邸として建設された．1806年，ネルソンの遺体も，埋葬の前日，正装安置された．サー・ウィンストン・チャーチルもここに滞在した．第二次世界大戦中に大きな被害を受け，1955年には火災に見舞われたが，1958年に修復が完了した．

Admiralty Arch
アドミラルティ・アーチ
The Mall, SW1

　バッキンガム・パレスに通じる大通りマル（→Mall, The）の東端にあり，宮殿地区とトラファルガー・スクエアとを分けている壮大なアーチ形建築物．1910年にサー・アストン・ウェッブの設計により，ヴィクトリア女王を記念する目的で建設された．すぐ南に旧海軍省（→Admiralty）があるのでこの名がついた．17世紀ごろはスプリング・ガーデンズ（→Spring Gardens）があった場所である．3連の，錬鉄の門がついたアーチがあり，中央の門は王室専用で，通常は閉じられている．脇に歩行者用の小さなアーチがある．

Agricultural House
農業組合会館
Knightsbridge, SW1

　ピカディリーからナイツブリッジに入ってすぐ左側にある建物．1956年にロナルド・ウォード社によって，イギリス農業組合会館として建てられた．

　以前，この建物に近いオールド・バラック・ヤードに接して，ナイツブリッジの南側に，

アドミラルティ・アーチ

小さいながらしゃれたアレグザンドラ・ホテルがあった．デンマーク王女アレグザンドラが結婚した1863年にオープンしたこのホテルは，19世紀後半にはクラリッジズと並ぶホテルであったが，第二次世界大戦中に空爆を受け，1950年代に取り壊された．

Airports
空港

ロンドン周辺には定期民間航空便用に国際空港が4つと，ヘリポートが1つある．4つの空港とは大きさの順に，西のヒースロー，南のガトウィック，北のスタンステッド，シティの東のロンドン・シティ・エアポートである．5つ目とも言えるルートン空港は「ロンドン・ルートン」とも呼ばれているが，ルートン市の市営空港なので，ここでは取り上げない．シティ・エアポート以外は，1987年に英国空港局（British Airports Authority）の民営化で設立された英国空港局有限責任会社（BAA plc）によって運営されている．これらの空港は20世紀後半に建設されたものだが，3つのBAA空港は軍の飛行場と関係がある場所につくられた．

ロンドンには1919年以来民間空港があった．第一次世界大戦後の短期間ではあったが，ハウンズロー空港がロンドン最初の民間空港として，ロンドンとパリを結ぶ便を毎日運行した．1919年11月にはイングランドからオーストラリアへの初飛行が行なわれた．1920年にはクロイドン空港がロンドンの公式空港となった．この空港は1915年に軍用に開設されていた．1923年にクロイドン空港の使用の継続と拡張が認められ，1928年以降クロイドンは第二次世界大戦後まで，ロンドン唯一の公式の民間空港となった．1930年にはエイミー・ジョンソンが世界初の女性飛行士として，オーストラリアへ向けて単独で飛び立った．

1942年には，大型の爆撃機発着のために，それまでより広い軍用飛行場が必要になった．そこで1944年にヒースローの小さな私設飛行場を拡張して，ノーソルトの英国空軍基地に代える工事が始まった．ロンドン北西郊のノーソルトの基地は1915年に開設されたもので，1940年代には広さ，設備ともに時代遅れのものとなっていた．しかし拡張工事が終了する前に，第二次大戦は終わった．そこでヒースロー空港をロンドンの主要民間空港にしようとする案が出された．

ヒースローは小規模の空港として1946年に開港したが，ノーソルトも1954年まで旅客用に転用された．1958年にロンドン第2空港としてガトウィックが新たに開港し，クロイドン空港が閉鎖された．スタンステッドは1991年にモダンな新しいエア・ターミナルになり，ロンドン第3の空港として装いも新たに開港した．それまではアメリカ軍の空港であったが，のちに主としてチャーター便用の小規模の空港となった．

以上の3つの空港とロンドン市内間は，鉄道，バス，地下鉄などで便利に移動できる．ヒースローへは，1977年に地下鉄が開通したし，1998年には鉄道でパディントン駅とつながった．ガトウィックは，すでに鉄道でヴィクトリア駅と結ばれていた．スタンステッドとリヴァプール・ストリート駅の間にも鉄道の便がある．ヒースローから都心のいくつかの地点に至る「エアバス」は，速くて本数も多く料金も安い．また，ヒースローとガトウィック間およびヒースローとスタンステッド間にも，連絡バスがある．

ロンドン・シティ・エアポートは1987年に開港した．セント・ポール大聖堂からわずか10キロほどであるから，シティの中心までロンドンの空港としては最短の位置にある．市街地にあるから小型機しか使用できず，ビジネス客向けのヨーロッパ大陸への短距離便が中心である．

空港の警備は目立たないが，厳しい．とくにテロ事件が起こると，空港警備員が武器を携帯している姿が見られる．ヒースローで国際線を利用する乗客は，まる2時間前までにチェック・インしなければならない．一方，ロンドン・シティ・エアポートでは，離陸10分前までにチェック・インすればよい．

→Gatwick Airport, Heathrow Airport, London City Airport, Stansted Airport

Albany

オールバニー

Piccadilly, W1

19世紀初頭，ピカデリーの北側に造られた独身ジェントルマン向けの高級アパート．もともと1770-74年に，サー・ウィリアム・チェンバーズの設計によりメルバーン子爵の邸宅として建てられた．このメルバーン・ハウスはその後ジョージ三世の次男ヨーク・アンド・アールバニー公の住居となり，ヨーク・ハウス（→York House）と呼ばれるようになった．1802年，建築家アレグザンダー・コプランドに売却され，コプランドはヘンリー・ホランドに依頼して独身者のための高級住宅に改造した．

過去には文人，俳優，政治家など有名人が多く住んでいた．詩人ジョージ・ゴードン・バイロンもそのひとりである．ほかに，グレアム・グリーン，ブルワー＝リットン，オールダス・ハクスリー，J.B.プリーストリー，歴史家T.B.マコーレー，政治哲学者サー・アイザイア・バーリン，舞台女優デイム・イーディス・エヴァンズ，指揮者サー・トマス・ビーチャム，2人の首相グラッドストーンとE.ヒース，外交官で批評家のハロルド・ニコルソン（サックヴィル・ウエストの夫）など数え上げればきりがない．19世紀の小説家マーミアン・サヴェッジの作品『オールバニーの独身男』ではオールバニーは喜劇的に誇張されて描かれている．

Albany Street

オールバニー・ストリート　NW1

リージェンツ・パークの東側，アウター・サークルに並行してほぼ南北に走る大通り．1820年代に造成され，道路名はジョージ四世の弟オールバニー公に由来する．道路沿いの建物として南端に王立ロンドン医師協会（→Royal College of Physicians of London）が，北寄りにはリージェンツ・パーク・バラックスがあり，中ほどに1837年建立のクライスト・チャーチ（→Christ Church①）が立つ．《山上の垂訓》のステンドグラスはD.G.ロセッティのデザインにより，ウィリアム・モリスが作製したもの．この教会は現在ギリシア正教会が使用している．道路の北端近く，東に少し入ると，その一角はパーク・ヴィレッジ・ウェストである．田園的な住環境をめざして造られた2階

建ての独立家屋が並び、これは1世紀後に流行する田園郊外高層住宅地の先駆けともいえる。東側、トリニティ・チャーチの裏手には、1936年にアパート式ホテルの先駆けとして建設された白い星形9階建てのホワイト・ハウス・ホテルがある。

サー・エドワード・ジェンナー（8番地と12番地）、ラファエル前派の中心的画家D.G.ロセッティ（45番地）、ジャーナリスト・作家のヘンリー・メイヒュー（55番地）、画家・ナンセンス詩人のエドワード・リア（61番地）がこの通りに住んでいたことがある。

Albemarle Street
アルバマール・ストリート　W1

ピカディリーの北側、オールド・ボンド・ストリートとほぼ並行して南北に走る道路。ピカディリー北側の広大な敷地にはクラレンドン伯爵の大邸宅クラレンドン・ハウス（→Clarendon House）があったが、伯爵の死後1674年には第二代アルバマール公爵に売却された。しかし、1683年にはさらに競売に付され、サー・トマス・ボンド率いる銀行家や裕福な職人たち（金細工師のジョン・ハインドも含む）の手におち、その後トマス・ボンドを中心にドーヴァー男爵ことヘンリー・ジャーミン、マーガレット・スタッフォードらがパートナーとなって、この地域の開発が進められた。アルバマール・ストリートのほかに、ボンド・ストリート、ドーヴァー・ストリート、スタッフォード・ストリートもこのときの開発でつくられた。18世紀初頭の建物が現在もいくつか残っている。

アルバマール・ストリートの18世紀の住人のなかには、皇太子時代のジョージ二世、哲学者ジョージ・バークリー、建築家ロバート・アダムがいる。50番地には、1812年以来出版業のジョン・マレーが住んだ。二代目ジョン・マレーの出版社は当時の文人たちの社交サロンとなった。マレーがトマス・モアから買い取ったバイロンの1818-21年の回想録を不本意ながら焼却したのもここである。マレーはバイロンのほかに、ジェイン・オースティン、ジョージ・クラブ、S.T.コールリッジ、ロバート・サウジー、リー・ハントなどの作品を出版した。

この道路の北端近くには、王立科学研究所（→Royal Institution）がある。ファラデーの法則で知られる19世紀の物理学者を記念する博物館で、実験室が復元され、考案された機械なども展示されている。今日のアルバマール・ストリートは住宅地ではなくなり、オフィスや高級な店舗、アート・ギャラリーが多く並んでいる。

Albert Bridge
アルバート橋　SW3

チェルシーとバタシー両地区をむすぶ3つの橋のひとつ。R.M.オーディッシュの設計による洗練された吊り橋で、完成は1873年。装飾的支柱の間に張り渡された16本の錬鉄製のロープによって支えられている。1884年、サー・ジョーゼフ・バザルジットによって一部改修工事が行なわれ、1971-73年にかけて増大する交通量に備えた補強工事が行なわれたが、その間閉鎖された。サンクトペテルブルグ生まれの詩人ヨシフ・ブロツキー（1987年ノーベル文学賞受賞）は「チェルシーのテムズ川」で、「……トマス・モアが物欲しそうな顔をして／きょうも昨日同様、対岸に見入っている。／アルバート橋の鉄を全部合わせたよりも／硬い、その沈んだ目……」とこの橋に言及した。

Albert Embankment
アルバート・エンバンクメント　SE1

テート・ブリテン（→Tate Gallery）を対岸に望むテムズ川の堤防。ヴィクトリア・エンバンクメント、チェルシー・エンバンクメントとともに、テムズ河畔の美しい遊歩道である。1866年から70年にかけて、サー・ジョーゼフ・バザルジットが当時100万ポンドの費用をかけて構築したもので、小さな造船工場を取り払って完成した1.5キロほどの散歩道である。エリザベス朝以来のランベス陶器製造所があったところで、ランベス・デルフト焼きの破片が発

アルバート・メモリアル
アルバート公は万国博覧会のカタログを手にしている

見されている．この遊歩道の北端にはランベス・パレスがあり，南端はかつてのヴォクソール・ガーデンズ（→Vauxhall Gardens）の跡地である．遊歩道沿いには事務所用の新しい高層ビルが立ち並んでいるが，その中にヴィクトリア朝風のパブ，クラウン・タヴァンがある．遊歩道には鉄の芸術「イルカの電柱」が精彩を放っている．1937年にジョージ五世が開設したロンドン消防隊（→London Fire Brigade）の本部もある．

Albert Gate
アルバート・ゲート　SW1

ハイド・パーク（→Hyde Park）の南東端の門で，1846年に造られた．この場所は，かつてウェストボーン川にかかる橋があったところである．1730年にジョージ二世の王妃キャロラインの提案によって川をせきとめ，サーペンタイン池（→Serpentine）が造られた．1809年には洪水が起こり，数日間チェルシーからここまで船で渡らなければならなかったとい

う．このあたりにあった2軒の古い宿屋，フォックス・アンド・ブル亭（→Fox and Bull）とホワイト・ハート・イン（→White Hart Inn）は19世紀半ばに取り壊された．そしてゲートの両側にイギリスの鉄道王ジョージ・ハドソンの，漆喰仕上げの大きな邸宅が建てられた．東側は現在フランス大使館になっている．

Albert Hall
→Royal Albert Hall

Albert Memorial
アルバート・メモリアル
Kensington Gardens, SW7

ケンジントン・ガーデンズの東南端に立つ，ヴィクトリア女王の夫君アルバート公の記念碑．すぐ前の道路ケンジントン・ゴアを横切ると，ロイヤル・アルバート・ホール（→Royal Albert Hall）が立っている．

当時のロンドン市長の召集によって，1861年に42歳で亡くなったアルバート公の記念碑

設立資金についての会合がもたれたのをきっかけに，記念碑の設計案の選択がヴィクトリア女王に一任された．結局，建築家ジョージ・ギルバート・スコットの案が採用になり，記念碑は1872年に完成し，女王自らが検分した．ゴシック様式の塔の中に設置されている高さ4.2メートルのアルバート公の像は，76年にアイルランド出身の彫刻家ジョン・フォーリーによって据えられ，女王自身が除幕式をとり行なった．

　記念碑そのものの高さは52.5メートルで，天蓋の上には金箔の人物たちを配した尖塔がそびえ，その上に十字架がはめこまれている．天蓋の下のアルバート公は，この碑から少し東寄りのハイド・パークで1851年に開催された万国博覧会（→Great Exhibition）のカタログを手にしている．

　この記念碑に取りつけられている彫刻群にはそれぞれ意味が付されている．まず，台座の周囲を取り囲むように据えられている４つの大きな大理石彫刻群に混じる動物は，雄牛がヨーロッパ，象がアジア，駱駝がアフリカ，野牛がアメリカをそれぞれ表わしている．台座の上の４つの角に据えられた彫刻は，それぞれ農業，工業，商業，製造業を表わし，天蓋を支える柱に取りつけられた人物たちの銅像はそれぞれ天文学，化学，幾何学，地質学を表わしている．また，尖塔の部分の人物たちにはそれぞれキリスト教が説く美徳や倫理観などが象徴されている．

　また，台座の土台石側面にはシェイクスピアをはじめ詩や音楽，絵画や彫刻などの分野で業績を残した169名もの偉人たちのレリーフが施されている．

　しかし，長いあいだ風雪に耐えてきたこの記念碑も，骨組みそのものがもろくなり，鉄はさび，石には亀裂が入り，金箔も色褪せたため，修復された．

Albery Theatre
アルベリー劇場

St Martin's Lane, WC2

　チャールズ・ウィンダムが自分の名前を冠した劇場の裏の空き地を利用して，背中合わせに建てた劇場である．ウィンダム劇場（→Wyndham's Theatre）と同じ建築家W.G.R.スプレイグの設計で1903年にニュー・シアターの名称で開場．両劇場は楽屋口を共有している．プロセニアムの間口9.6メートル，舞台奥行は12メートル．4層879席のこの劇場はウィンダム自身と女優ムーア（劇作家ジェイムズ・アルベリーの妻）が主演した《ローズマリー》で柿落し．この２人はのちに再婚するが，1931年のムーアの死後，息子のブロンソン・アルベリーが支配人になった．跡を継いだブロンソンの子ドナルドは1973年に亡き父親を偲んでアルベリー・シアターと改名した．1910年代は劇作家サマセット・モーム，A. A. ミルン，アーサー・ピネロ，J. M. バリらを起用した．21歳のノエル・カワードのウェスト・エンド（→West End）初の芝居も1920年に上演された．シビル・ソーンダイクの出演も多く，《セント・ジョーン》(1924)はその白眉だ．

　この劇場に出演した名優といえばジョン・ギールグッドの名が欠かせない．《ハムレット》(1934)はとくに有名で155回演じた．1935年にはロミオとマーキューシオの役をローレンス・オリヴィエと交互に演じ分けた．1941年に爆撃を受けたオールド・ヴィック（→Old Vic）とサドラーズ・ウェルズ（→Sadler's Wells Theatre）の劇団がこの劇場に移ってきて，客席を沸かせた．両劇団の去った50年代以降も，ミュージカル《オリバー！》(1960)をはじめ，良質の芝居を一流の役者で提供する，高い水準を維持している．地下鉄レスター・スクエア駅に近い．

Aldermanbury
オールダマンベリー　EC2

　地下鉄ムアゲート駅に近い，14世紀にさかのぼる古い通りで，オールダマン（→Aldermen）の館の意味．オールダマンとは，おそらくアルフレッド大王の義理の息子で，マーシアの長官兼ロンドンの行政長官であった人物アゼルレイドを指す．オールダマンベリーは最初のギルドホールのあったところ，ないしは

シェイクスピアと第一フォリオの像
（オールダマンベリー・スクエア）

エドワード懺悔王がウェストミンスターに宮殿を建てる前にイングランドの王たちの使っていた城のあったところと思われる．ギルドホールに近かったことから，16世紀の末には裕福な商人や身分の高い人々の住む住宅地として知られていた．シェイクスピアの俳優仲間で第一フォリオの編者ジョン・ヘミングとヘンリー・コンデルの記念碑がある．

現在，庭園のあるところに，クリストファー・レンが1680年から87年に再建したセント・メアリ・オールダマンベリー教会があったが，1940年に爆撃で崩壊した．壁と塔の部分はアメリカ・ミズーリ州フルトンのウェストミンスター・コレッジに運ばれ，サー・ウィンストン・チャーチルを記念する礼拝堂と図書館の建材に利用された．

Aldermen
シティ参事会員

シティ（→City, The）の参事会員のこと．名称はアングロ・サクソン時代の州や地方の統括者エアルドルマン（ealdorman）に由来する．のちに地方議会とロンドンの自治区（→Boroughs）議会の上席議員を指すようになったが，この制度は1978年に廃止されて今日ではシティの上席行政官が市参事会員である．人数は25人で，136名の議員とともにシティ議会（→Court of Common Council）を構成すると同時に，いまなお独自の参事会を維持している．職務は上席行政官としてシティの市長（→Lord Mayor）を補佐するほか，治安判事として法の遵守に責任をもつ．シティ警察，シティ同業組合を権限下におく．国王や市長に直訴状を出すことができ，枢密院に出席して王位継承宣言に署名する．

歴史的には，1200年にすでに独自の参事会を構成し，市長に次ぐ地位にあり，市長の補佐の任にあたっていた．任期はエドワード二世時代の一時期を除き終身制であったが，1972年の地方自治体法により，シティを除いて廃止され，シティでも1975年に70歳退任制が設けられた．

かつては絶対的権限を有し，テューダー朝では，市長を頂点にしてその下に参事会があり，行政を統括した．その下に，立法機関のシティ議会と，同業組合から選出されるコモン・ホール（→Common Hall）があった．地方のジェントルマンと同じような役割を担い，国会議員を兼ねる者も少なくなかった．

18世紀になってシティが金融に重きをなすと，参事会もこれを反映し，1768年から74年には，43名の参事会員のうち12名が銀行家によって占められた．二大政党の時代には，参事会はウィッグ党を支持して広教会派，議会はトーリー党を支持して高教会派と，シティを二分して対立した．ロバート・ウォルポールの時代にはウィッグ党の後押しで，議会の決定に拒否権を有したこともあったが，20年ほどでこの特権制度は廃止された．やがてシティの人口の減少，民間企業の隆盛によるギルドの衰退など，シティをとりまく環境の変化とともに次第に実権を失っていった．

Aldersgate Street

オールダーズゲート・ストリート　EC1

　シティの一番北にあった市門オールダーズゲートにちなんだ通りで，この近くにハンノキ(alder)が生えていたためとか，サクソン語のアールドレッドの門に由来するとかの諸説がある．門には市の広報官であるふれ役人の部屋があったが，エリザベス朝にはジョン・フォックスの『殉教者列伝』などの刊行で有名なジョン・デイの印刷所として使用された．ジェイムズ一世は1603年，国王としてロンドンに入る際王として初めてこの門を通った．1617-18年には老朽化のため建て直されたが，ロンドン大火で損傷を受けた．4年後には完全に修復されたが，1761年に取り壊された．

　この通りで記録に残る最古の建物はセント・ボトルフ教会(→St Botolph)で，12世紀前半の建立と伝えられている．1289年にはロンドン市長ヘンリー・ル・ウェイリーズが，この通りに住んでいた．1352年には初代ノーサンバーランド伯爵ヘンリー・パーシーがこの通りに館を建てたが，のちにヘンリー四世妃ジェインの衣装庫として有名になった．

　エリザベス朝になると多くの貴族がこの通りに館を構えたが，有名なのは1552年から1639年までピーター一族の住いとなっていたピーター・ハウスである．この館は共和制時代には牢獄として使用され，王党派の詩人リチャード・ラヴレイスは1648年ここに収監された．獄中で彼は名作『ルカスタ』を書いたが，この中には恋人ルカスタに寄せた数々の絶唱が含まれている．この館はロンドン大火の際にロンドン主教に接収されて，名前がロンドン・ハウスとなり，その後家具工場として使われ，1768年に焼失した．

　1639-40年ごろ，清教徒詩人として有名なジョン・ミルトンはこの通りで寄宿学校を開いた．1642年32歳のミルトンは17歳のメアリ・パウエルと結婚するが，新妻は3か月で家を出てしまう．一連の離婚論を書いたのもこのころである．ミルトンは妻と和解する1645年まで，この通りに住んだ．

　1644年，ベン・ジョンソンの劇の舞台装置家として有名な建築家イニゴー・ジョーンズがこの通りにサネット伯爵の館サネット・ハウスを建てた．この館はのちに初代シャフツベリー伯爵の手に移り，シャフツベリー・ハウスとなった．彼は反乱を起こしたモンマス公をこの館にかくまったため，ドライデンに『アブサロムとアキトフェル』の中で，アキトフェルとして諷刺の槍玉にあげられた．この館は1750年にシティ産院，その後一般向けの施薬院となり，1882年に取り壊された．

　このあたり一帯は，第二次世界大戦中に激しい爆撃にあったが，戦後復興して活気を取り戻した．ロンドン博物館のすぐ北側には，シティの同業組合の中では最小の金物商同業組合会館(→Ironmongers' Hall)がある．最寄り駅は地下鉄バービカン．

Aldgate
オールドゲート

　現在の道路オールドゲートとデュークス・プレイスの角にあった，7つの市門のひとつ．ローマ人によって建てられ，この門をくぐってイングランド東部の古都コルチェスター方面に至った．1606年から1609年にかけて，エセックス伯爵とグロースター伯爵によって大改修が行なわれたときに，土台の下からローマの硬貨が出土した．1760-61年に道路拡張のために市門は取り除かれた．門はウェントワース子爵の借家人に買いとられて私邸として再建され，オールドゲート・ハウスと呼ばれた．

　1215年，貴族たちはジョン王に大憲章(マグナ・カルタ)に署名させるべく，この門からロンドンに入った．1374年から85年にはジェフリー・チョーサーが2階を借りて住み，税関の監査官の役を務めるかたわら『トロイラスとクリセイデ』などを書いた．ばら戦争中の1471年には，トマス・フォーコンバーグが船隊を率いてロンドンを攻めたが，この門の攻防で市民軍に敗れた．1553年，メアリ・テューダーは女王としてこの門からロンドンに入った．ロンドン大火のときには，ポールトリー・コンプター監獄の囚人を一時的に収容した．

Aldgate Pump
オールドゲート・ポンプ　EC3

　レドンホール・ストリートとフェンチャーチ・ストリートの角にある石造りの古い井戸．歴史は古く，13世紀はじめのジョン王の時代にはすでに市壁に隣接した「エールゲート・ウェル」という井戸の存在が知られていた．1574年と1633年の地図でもここに井戸があったことがしるされている．

　ロンドンにとって「甘い水」，すなわち澄みきった衛生的な水を確保することは古くからの重要な課題であった．古い時代のロンドンには泉や井戸が豊富であったが，人口の増加と地盤のかさ上げによって，井戸は枯れ，泉は干上がってしまった．このため早くもヘンリー一世の時代には，タイバーンからシティに水を引く計画がたてられ，テューダー朝末期には水道管の総延長は約2.8キロに達していた．

　シェイクスピアと同時代の年代記作者ジョン・ストーは『ロンドン通覧』の「オールドゲート区」の中で，この地区には「かつて清水の井戸があったが，いまではそこにポンプが取り付けられている」と述べている．

　1860年代には道路の拡張で，ポンプ撤去の話もあったが，住民の反対で西側に数フィート移動して保存することになった．このころはテムズ川の汚染が最もひどい時期で，名物の遊覧船は悪臭のため商売ができなかった．水質についての関心が高まるなかで，ついに1876年には井戸を封鎖，ポンプはニュー・リヴァー水道会社（→New River Company）の水道に接続された．

Aldwych
オールドウィッチ　WC2

　ストランド通りとキングズウェイの2つの道路をつなぐ三日月状の道路とその地域．名前は古い入植地という意味のオールドウィックに由来する．アルフレッド大王が打ち負かしたデーン人をここに集めて住まわせたのがその起源とされる．この地域は1900年から整備されて現在の形になった．中心に地下鉄オールドウィッチ駅がある．

　この道路に面したオールドウィッチ劇場とストランド劇場はともにW.G.R.スプレイグの設計による双子の劇場で，1905年に着工した．オールドウィッチ劇場は1960年には，ロイヤル・シェイクスピア劇団のロンドンにおける本拠地となって名声を確立した．現在ロイヤル・シェイクスピア劇団はバービカン・センターに本拠を移している．

　1910年までにはウォルドーフ・ホテル，『モーニング・ポスト』紙の社屋インヴァレスク・ハウスが完成し，遅れてオールドウィッチ・ハウス，オーストラリア・ハウス，それに英国放送協会の本部と海外向け放送スタジオのあるブッシュ・ハウス（→Bush House）ができた．東の端にはウィリアム・グラッドストーンの銅像がある．

Aldwych Theatre
オールドウィッチ劇場

Aldwych, WC2

　同じブロックにあるストランド劇場（→Strand Theatre）と同じ1905年にW.G.R.スプレイグの設計で建てられた双子の劇場である．3層に1200名の観客を収容し，ジョージ五世時代の豪華な内装を誇る．プロセニアムの間口は9メートル，舞台奥行は12メートル．役者セーモア・ヒックスと興行主チャールズ・フローマンの協力のもと，ヒックス自身と妻のエラライン・テリスの主演する《妖精の国のブルーベル》で1905年12月23日にオープンした．1911年にはG.B.ショーの肝入りで《桜の園》のイギリス初演が行なわれたが，失敗に終わった．第一次世界大戦後に復興すると，ベン・トラヴァースの脚本による《オールドウィッチ・ファース》が1923年から33年まで人気をさらった．その後一時的に衰退期を迎えるが，第二次世界大戦ころからよみがえり，ヴィヴィアン・リーの《欲望という名の電車》(1949)のような名舞台に事欠かなかった．1958年には怪優ピーター・セラーズの唯一の舞台出演もあった．

　1960年には，監督ピーター・ホールのもと

ロイヤル・シェイクスピア劇団（→Royal Shakespeare Company）がロンドンの本拠地としてこの劇場を獲得，ペギー・アシュクロフト主演の《モルフィ公爵夫人》で，輝かしい歴史のページを開いた．ピーター・ブルックの演出でシェイクスピアはもとより，ペーター・ヴァイスの《マラー／サド》(1964)，ハロルド・ピンターの《帰郷》(1965)とすぐれた舞台を提供し，1979年には上演時間8時間を超す最大のヒット作，チャールズ・ディケンズの《ニコラス・ニクルビー》を生んだ．1982年に同劇団がバービカン劇場に移って以来，この劇場では再びコメディの上演が多くなった．

Alexandra Palace
アレグザンドラ・パレス
Muswell Hill, N22

　1862年に開催されたロンドン万国博覧会の会場として誕生し，催し物会場として建て直されて1873年5月に開場した建物．名称は当時の皇太子（のちのエドワード七世）と結婚した(1863)アレグザンドラ妃を記念してつけられた．

　その壮大さにおいて1851年の万国博覧会の水晶宮（→Crystal Palace）に匹敵すべく，274メートルの長さの身廊と3本の交差廊とからなり，交差廊中央部は長さ131メートルで，直径51メートル，高さ67メートルのドームがついていた．大ホールは1万2000席を備え，ヨーロッパでも最高級のパイプ・オルガンが備えつけられていた．ところが開場後16日にして火事で焼け，外壁と交差廊の破風のみが残った．再建されて1875年5月に再開し，音楽祭，フラワー・ショー，ドッグ・ショーなどの催し物を行なったが，事業は成功しなかった．グラウンドには競馬場，アーチェリー場，クリケット場，日本村などがあった．その後は慌しく変化し，第一次世界大戦の際，はじめは兵舎，次いでベルギー難民の避難所，のちにドイツ軍捕虜収容所となり，捕虜がグラウンドの環境整備をした．

　1936年に一部をBBCが取得してテレビのスタジオとし，世界初のテレビ送信塔を建て

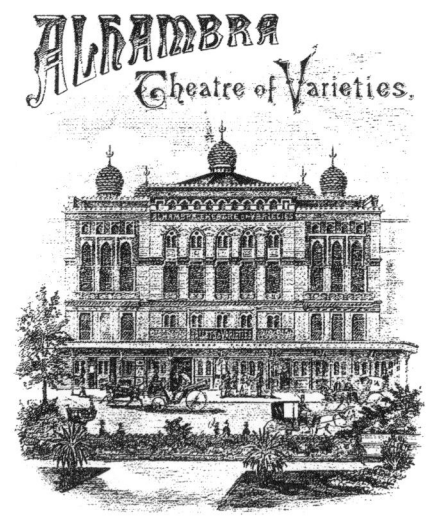

アルハンブラ(1854-1936年)

て最初の実験電波を1936年8月26日に発信，同年11月2日に本放送を開始した．1956年にテレビの放送センターは移転したが，放送大学の録画所としてその後も使用されている．競馬場は1970年に閉鎖された．1980年7月には火事により建物の大部分が焼けたが，大ホール，パーム・コートなどが復元され，会議場，展示会場などに利用されている．周囲は89ヘクタールのアレグザンドラ公園，各種の運動施設，市民菜園などがある．最寄駅は鉄道アレグザンドラ・パレス駅．

Alhambra
アルハンブラ

　ロンドン電気協会の創設者エドワード・クラークによって，1854年にレスター・スクエアに造られた円形科学芸術博物館．イスラム風の小尖塔をもつムーア様式の建築だったためにこの名がついた．巨大なドームの中の29メートルという大噴水と，英国一とうたわれたオルガンが売りものであったが，わずか2年あまりでクラークは破産の憂き目をみた．

　1858年にはサーカスを興行するアルハンブラ・パレスとして再開され，その後音楽とダンスの認可を得てミュージック・ホール（→

Music Halls)となった．この時期のアルハンブラの名を高からしめたのはアクロバットであった．ナイアガラの滝の綱渡りで有名になったブロンディンや，空中ブランコの名手レオタードといった芸人が登場した．1864年にフレデリック・ストレインジが興行主になると，絢爛豪華なバレエを売りものにするようになった．また，彼が取り入れた，いわゆる「カンカン・ダンス」も一般には大いに受けたが，道徳律の厳しかったヴィクトリア時代とあって当局の逆鱗に触れ，彼の音楽とダンスの認可は更新されなかった．彼は「プロムナード・コンサート」（→Proms）を開いて糊口をしのいだが，裁判で有罪となり，罰金と3か月の営業停止が決まった．

1882年に火事を出して閉鎖したが，翌年には元の建物の正面に再建され，1884年には再び認可を得てミュージック・ホールとして開業した．1897年にはチェアリング・クロス・ロードまで拡張され，バレエに加えてバラエティ・ショーが人気を集めた．1912年にはレヴューが主体となり，幾多の大ヒットを生んだ．なかでも，1931年から始まった《ウィーンのワルツ》は607回のロングランを記録し，1935年に上演された《チューリップ・タイム》も427回を記録した．劇場は1936年に取り壊され，その跡地は映画館オデオン・シネマになっている．

All England Club
→Wimbledon

Alleyn's School
アレンズ・スクール
Townley Road, SE22

もともとエリザベス朝の俳優で演出家のエドワード・アレンがジェイムズ一世の特許を受けて，17世紀の初頭にテムズ川南方ダリッチ地区に設立した学校だが，1870年に新しくダリッチ・コレッジとして発足したものを母体に82年の議会法によって生まれた私立校．87年に新校舎が完成し，生徒の数も増大していった．1979年には完全な共学制をしき，現在は11歳から18歳までの男女900余名の質実剛健な有名校である．

自然科学系の科目が重視されている一方で，語学教育も充実していて，とくに多くの外国語学習のカリキュラムが組まれている．さらに課外の文化活動も奨励されている．

生徒の層は，ロンドン南郊の公立小学校出身者が多く，総じて地味．大多数が大学へ進学する．ノース・ダリッチ鉄道駅に近い．

All Hallows
オール・ハロウズ教会
① Bread Street

1220年代にすでに存在し，1349年から50年にかけて拡張された．1531年に2人の牧師の争いによって，1か月間礼拝が中止になり，その牧師たちは厳罰に処せられた．1559年，尖塔に雷が落ちて破壊．1608年に詩人のジョン・ミルトンがここで洗礼を受けている．1625年に修復されたが，ロンドン大火でまたもや焼け落ち，1677年から84年にかけて建築家クリストファー・レンによって再建された．その後，1876年になって，敷地が売り払われ，それまでの教区も近くのボウ教会（→St Mary-le-Bow）に合併された．現在，地下鉄マンション・ハウス駅に近いこの教会跡には，ワトリング・ハウスという建物が立っている．

② Chertsey Rord, Twickenham, TW2

ロンドン西郊トゥイッケナムの西部に位置し，ホイットン鉄道駅に近い．1937年にロンバード・ストリートのオール・ハロウズ教会が閉鎖になったあと，高さ約30メートルの尖塔がここに移された．ポーチはクラークンウェルにあったエルサレムの聖ヨハネ修道院（→Priory of St John of Jerusalem）から運ばれてきたものである．

③ Honey Lane

1235年に初めて記録された教会で，1625年に改修された．その後ロンドン大火で焼け落ちてそのままになっていたが，1670年に教区は近くのボウ教会（→St Mary-le-Bow）に合併された．跡地にははじめハニー・レイン・マーケット（→Honey Lane Market）が設置された

が，その後シティ・オヴ・ロンドン・スクール（→City of London School）の校地となり，現在は会社の建物が立っている．

All Hallows by the Tower
オール・ハロウズ・バイ・ザ・タワー教会
Byward Street, EC3

名が示すように，ロンドン塔の近くにある教会．675年ごろ，ロンドン司教によって創設されたバーキング修道院に付属していたから，オール・ハロウズ・バーキング（All Hallows Barking）の名でよばれることもある．12世紀末にリチャード一世により教会堂の北部に聖母礼拝堂が付加されたが，宗教改革後の1547年に破壊された．数年後境内の近くで爆発事故が起こり，1658年に建てられた赤煉瓦の塔だけがクロムウェル時代の様式をとどめている．ロンドン大火の当日，近くのシージング・レインに住んでいたサミュエル・ピープスは，大火をかろうじてまぬかれたこの赤煉瓦の塔に登って「世にも悲しき荒廃の眺め」に涙を流した（1666年9月5日付日記）．教会の改修は1813年に行なわれた．

その後，1940年の爆撃でひどい損傷をこうむったが，壁の大部分，15世紀ごろの窓がある側廊，地下聖堂，1880年代の2階のポーチコ（屋根付き柱廊），1925年の地下室，聖具室，そして赤煉瓦の塔は残った．会堂は1949年から58年にかけて再建され，中世の雰囲気は残されていないが，基本的にはゴシック末期の垂直様式をとどめている．7世紀のサクソン建築様式のめずらしいサクソン・クロスの破片も残っている．身廊の下の地下室にあるローマ時代の納骨堂には，モザイク式舗道の敷石や遺物など見るべきものがある．祭壇の近くにある洗礼盤の蓋は，名工グリンリング・ギボンズによる精緻な木彫りである．説教壇は，1941年の爆撃で破壊されたキャノン・ストリートにあったセント・スウィズイン・ロンドン・ストーン教会からのもので，クリストファー・レンの設計による．祭壇の背後にはブライアン・トマス作のモダンな壁画《最後の晩餐》が見られる．

All Hallows London Wall
オール・ハロウズ・ロンドン・ウォール教会　London Wall, EC2

12世紀初頭にすでに言及されている教会で，石造りの尖塔とドーム形の屋根が，シティのローマ時代の市壁に接して立っている．幸いにロンドン大火による焼失はまぬかれたが，その後破損状態がひどくなり，1765年から67年にかけて当時の建築家ジョージ・ダンスによって再建された．また，1905年の掘削作業の際に教会の聖具室が市壁の稜堡の上に造られていたのがわかった．祭壇の《アナニアスから視力を受ける聖パウロ》の絵は，ローマの受胎告知教会にあるピエトロ・ダ・コルトーナの絵をダンスの弟ナサニエル・ダンス=ホランドが模写したもの．1891年に改修が加えられたが，第二次世界大戦時に空爆に遭い，20年近く放置同然の状態だったのを，デイヴィッド・ナイが1960年から2年をかけて復元した．現在は，教会・寺院建造物保護委員会の本部となっている．

All Hallows Staining
オール・ハロウズ・ステイニング教会

1177年に初めて記録されたが，名前は木造が多かった時代にこの教会が石造の教会だったことに由来するという説，あるいはシティに所領地をもっていたステインズの荘園の名からとったとする説などがある．1554年にロンドン塔から釈放された感謝の念を，のちのエリザベス一世がここで捧げたという．ロンドン大火での焼失はまぬかれたが，1671年に遺体埋葬のための度の過ぎた掘削が原因で崩落，74年から翌年にかけて再建された．その後1870年になって，15世紀建造の尖塔以外は取り壊され，教区はハート・ストリートのセント・オレイヴ教会（→St Olave）教区に併合された．現在，名残りの塔がフェンチャーチ・ストリート鉄道駅近くに見られる．

All Saints
オール・セインツ教会
① Camden Street, NW1

1822年から27年にかけて，建築技師ウィリアム・インウッドとヘンリー・インウッドの親子が建立したセント・パンクラス・ニュー・チャーチの3つの出先礼拝堂のひとつ．現在の呼称になったのは1920年以降である．玄関部分がイオニア式の半円形の柱廊になっているのは，ヘンリーがギリシアのアテネに滞在していた結果である．1948年以来，ギリシアやキプロス関係者によって使用されている．地下鉄カムデン・タウン駅に近い．

② Church Gate, SW6

フラムの教区教会．8世紀のはじめ，当時のロンドン司教が手に入れた土地がのちのち司教たちの荘園となるが，教会が初めて人の口にのぼったのは1154年のことである．しかし，教会堂そのものの構造は，現在に残っている中世の塔以外は不詳である．ただ，建物にくりかえし修復が加えられてきたとはいえ，内部が手ぜまになったことと構造の老朽化のために，1880年から翌年にかけて当時のロンドン主教の息子サー・アーサー・ブロムフィールドによって再建された．

現在，テムズ川に架かるパトニー橋から望むことができる建物の大部分は，ブロムフィールドが再建した当時のもの．1923年の火災で北側の翼廊と聖具室が被害に遭ったが，第二次世界大戦時には小さな爆撃以外，幸いにして大きな戦禍はまぬかれた．この教会で際立っているのは歴代ロンドン司(主)教との長いつながりと，内部に保存されている豊かな記念遺物．この記念遺物は主に17世紀のものだが，ロンドン郊外の教会ではチェルシーのチェルシー・オールド・チャーチ(→Chelsea Old Church)に次ぐ逸品だとされている．最近，この教会は再び大修復が行なわれた．地下鉄パトニー・ブリッジ駅に近い．

③ Church Street, Edmonton, N9

ケント州産の硬質砂岩造りのこの教会は，大部分が15世紀以降に建てられたもの．1774年，北側に煉瓦による上張りが施され，1889年には南側に側廊が付設された．南側の壁には，初期のころの名残りであるノルマン様式の出入り口がはめ込まれている．墓地の埋葬者の中には，『エリア随筆集』などで知られる19世紀の文人チャールズ・ラムとその姉メアリもいる．エドモントン・グリーン鉄道駅に近い．

④ Margaret Street, W1

もともと，1760年ごろに建てられたマーガレット礼拝堂の敷地にあった建物で，のちに個人所有の礼拝堂になった．1839年から45年まで，カトリックのしきたりを重んじる英国国教会の一派の拠点として使われていたが，やがて建て替えられることになり，1850年に礎石が据えられて，59年に当時のロンドン主教アーチボールド・テイト博士によって奉献された．この教会で際立つのは68メートルの尖塔．さらに，内部は花崗岩や大理石，タイルなどで装飾され，ゴシック復古調の雰囲気をかもしだしている．北側の側廊にはアレグザンダー・ギブズのキリスト生誕のタイルのパネル画が飾られている．のちに，聖壇背後の飾り壁と天蓋，聖体容器などが加えられた．地下鉄オックスフォード・サーカス駅に近い．

⑤ Notting Hill Gate, W11

1852年から55年にかけて，『セルボーンの博物誌』で知られる18世紀の博物学者ギルバート・ホワイトの甥ウィリアム・ホワイトによって設計された教会．4層よりなる細長い塔が特徴．東側の大窓や北側の翼廊のバラ窓など，ガラス工芸の大部分はA.K.スタジオのジェラルド・スミスの製作．内部は，第二次世界大戦時の爆撃のあと修復された．地下鉄ノッティング・ヒル・ゲート駅に近い．

⑥ Rosendale Road, Tulse Hill, SE21

テムズ川南方のダリッチ地区に位置する．1888年から91年にかけて建立された，ゴシック様式による煉瓦造りの教会．1952年に修復され，小さな鐘楼が付設された．内部の身廊は13世紀，東側の後陣の末端部は14世紀の建築様式になっている．敷地はダリッチ・コレッジ(→Dulwich College)から寄贈されたものである．地下鉄ハーン・ヒル駅に近い．

⑦ Upper Norwood, SE19

現在の大ロンドン南郊に当たるクロイドン教区教会の出先礼拝堂として，1827年から29

年にかけて建てられたもの．1841年に塔が付設され，教会堂の中の絵は，普仏戦争当時に近くに住んでいたフランスの画家ピサロが描いたもの．『種の起源』の著者チャールズ・ダーウィンが東太平洋の赤道直下に位置するガラパゴス諸島までへの航海に用いたビーグル号の副提督ロバート・フィッツロイがここに眠っている．地下鉄クリスタル・パレス駅に近い．

⑧ West Ham, E15

市内北東部ウェスト・ハム地区に位置する．歴史は中世初頭にさかのぼる．一時，近くのストラットフォード地区にあったストラットフォード・ラングソーン修道院(Stratford Langthorne Abbey)に属していたこともある．南側の玄関に，その修道院の石窓を見ることができる．1180年ころにノルマン人の領主によって造りかえられ，13世紀に大幅に増築された．22メートルの塔は15世紀初頭の建造である．内部には，オリヴァー・クロムウェルの共和政下の初代ロンドン市長を務めたトマス・フット，もうひとりのロンドン市長ロバート・スミスなどの記念碑が見られる．

この教会の呼びものは，18世紀初頭の聖水盤．これには，ふつう2人であるはずの教区委員の名が3名記されている．昔，この地区の教区が3つに分けられたことがあり，それがいまでも慣行になっているためである．もうひとつは塔につけられた時計．1857年製で，これはビッグ・ベン(→Big Ben)の原型となった．地下鉄プラストウ駅に近い．

All Souls
オール・ソウルズ教会

Langham Place, W1

現在のリージェント・ストリートからリージェンツ・パークに至る開発の一環として，19世紀の建築家ジョン・ナッシュが1822年から2年間を費やして建てた教会．当時，この界隈の土地所有者がリージェント・ストリートの計画位置に難色を示したために，彼は解決策として，この道路の北端に教会を建てることにした．現在，この教会の先から北へポートランド・プレイスという道路が走り，リージェンツ・パークへ通じている．イオニア式の列柱と尖塔を合体させた当時の建物は悪評をよび，尖塔に突き刺されたナッシュの戯画が出まわったほどだった．

教会の外壁はバース産の石造りで，内部の会衆席は壁面から突き出した構造になっている．祭壇部分はナッシュのパトロンであったジョージ四世の寄進．第二次世界大戦の戦禍に遭ったが，1957年に再建された．外側の南面にジョン・ナッシュの胸像がある．地下鉄オックスフォード・サーカス駅に近い．

Almack's Assembly Rooms
オールマックス・アセンブリー・ルームズ

ペル・メル街に近いキング・ストリートにあった社交場．1765年にロバート・ミルンの設計で建てられ，19世紀末まで続いた．所有者ウィリアム・オールマックの名をとり，上流階級の社交場として栄え，賭博も頻繁に行なわれた．とくに厳選された招待客で毎週開かれる舞踏会は有名で，男性は半ズボンに白のクラバット着用が義務づけられた．長ズボン姿のウェリントン公爵が入場を断られたこともあるという．1863年には，舞踏会も中止となるが，晩餐会やコンサートなどは続けられた．1893年，建物の一部が店舗として賃貸されるようになった．第二次世界大戦で爆撃を受け，戦後，跡地にオフィスビルが建てられた．→Almack's Club

Almack's Club
オールマックス・クラブ

1759年ペル・メルにタヴァンを開店したウィリアム・オールマックが，1762年に同じペル・メルの50番地につくったクラブ．会員に食事，新聞を提供することを目的とした．1764年にはブードルズ(→Boodle's)とブルックスズ(→Brooks's)の2つのクラブに分裂した．オールマックスには「マカロニ」と呼ばれるやや奇矯な風体の若い男性やグループや，淑女クラブと名乗る女性たちが集まった．メンバーのあいだでとくに盛んだったのは賭博で，この傾向はブードルズやブルックスズにも受け継が

れていく．

　なお，クラブの成功に気をよくした設立者のオールマックは，オールマックス・アセンブリー・ルームズ（→Almack's Assembly Rooms）を主宰した．

Ambassadors Theatre
アンバサダーズ劇場

West Street, WC2

　建築家W．G．R．スプレイグの手によって1913年に，隣接するセント・マーティンズ劇場（→St Martin's Theatre）とともに姉妹劇場として設計されたが，第一次世界大戦のために3年ほど建築に手間取った隣の劇場と異なり，こちらは無事1913年6月5日に開館した．ロンドンでも最もせまいと思われるホワイエから数段階段を上るとそこはもう2階席ドレス・サークルで，1階席ストールズは地下に位置する．プロセニアムの間口も舞台奥行もともに7メートル前後と小ぶりで，客席数443席の雰囲気のいい劇場である．

　1914年から，興行主C.B.コクランがフランスの女優アリス・デリシアを招いて，パリ風のレヴューを初めてロンドンに紹介した．それまでのスペクタクル的な見せ場の多いミュージック・ホール（→Music Halls）のレヴューと比べて，いっそう親密で洗練された出し物として大成功をおさめた．1919年から1932年までは，劇作家兼支配人のH．M．ハーウッドが借り主となって，自作《からしの種》を含む多くの優秀な舞台を生みだした．1925年にはアメリカの黒人俳優ポール・ロブソンがユージーン・オニールの《皇帝ジョーンズ》でロンドン・デビューをはたした．1932年からはシドニー・キャロルが支配人として腕を振るい，1935年にはドイツの劇作家カール・シュテルンハイムの作品の翻案《美徳の仮面》で22歳のヴィヴィアン・リーがデビューした．戦前最後のヒットは名優マーガレット・ラザフォードが主演したM．J．ファレルとジョン・ペリー作《春の出会い》(1938)である．また女優ハーマイオーニ・ギンゴールドが出た《ゲイト・レヴュー》(1939)は評判をとり，次々と彼女の出演する続編を生んだ．

　アガサ・クリスティが短編「3匹の盲のねずみ」をみずから舞台化した《ねずみとり》は1952年11月25日が初日だが，リチャード・アッテンボローとシーラ・シムの夫婦が最初に主役を演じたこの探偵ものが演劇史上最長のロングランになろうとは，当初誰も予想しなかっただろう．1974年3月25日まで21年あまりのあいだえんえんと上演を重ね，ついに隣のセント・マーティンズ劇場へと移ったが，この作品はそちらでまだ記録を更新中である．《ねずみとり》後のヒット作には，《チャリング・クロス街84番地》(1981)やクリストファー・ハンプトン作《危険な関係》のロイヤル・シェイクスピア劇団（→Royal Shakespeare Company）による公演(1986)などがある．96年秋からスローン・スクエアの小劇場ロイヤル・コート・アップステアーズがウェスト・エンド（→West End）の本拠地として一時借用していたが，改修後はニュー・アンバサダーズと名称を改めている．地下鉄トッテナム・コート・ロード駅に近い．

Amen Court
アーメン・コート　EC4

　セント・ポール大聖堂近くの一角．名前は中世に大聖堂境内を行列する聖職者の唱えた祈りにちなんだものと考えられる．近くのアヴェ・マリア・レイン，パタノスター・ロウなども同じく祈りの言葉に基づく名称といわれる．フランシス・ジェフリー，ヘンリー・ピーター・ブルームとともに『エディンバラ・レヴュー』誌を創刊したシドニー・スミスは，1831年から3年間ここの1番地に住んだ．リチャード・バラムはセント・ポール大聖堂参事会員のときに，近くのアーメン・コーナーに住んでいたメアリ・ヒューズと知り合い，彼女から伝説，幽霊話，バラッドについての情報を得て『インゴルズビー物語集』を書いた．バラムは1839年シドニー・スミスの家に移り住み，1845年にそこで亡くなった．

American Embassy
→United States Embassy

Ancaster House
アンカスター・ハウス

Richmond Hill, TW10

　ロンドン南西郊，テムズ河畔の景勝地リッチモンド・ヒルの頂上に立つ古い館．ものは1772年にアンカスター公爵の狩猟館として建てられたが，18世紀末にライオネル・ダレルの手に移って拡張された．

　ダレルはジョージ三世の友人で，リッチモンド・パークを馬で散策中の王に直訴して，公園の一角を払い下げてもらった．王がその場でステッキで地面に印をつけて区画を決定したという有名な逸話がある．この館は社交界の舞台としても有名であったが，1803年ダレルが死ぬと，娘のアメリアは父の部屋を閉じてしまった．彼女が死んだときに家人が開けると，部屋は60年前のままで，当時の『タイムズ』がほこりをかぶっていたという．現在，館はスター・アンド・ガーター・ホーム（→Star and Garter Home）の従業員宿舎になっている．

Anchor Inn
アンカー・イン

Bankside, SE1

　船の錨（アンカー）はキリスト教における希望のシンボルであるから，港町でなくともイギリス中に，アンカー，アンカー・アンド・ホープの屋号の酒亭を見かける．サザック地区バンクサイドの錨亭の場合，現在の建物は1750年に再建されたものであるが，その前身は15世紀にさかのぼる．バンクサイドは，14世紀のチョーサーの時代にはロンドンの娯楽センターであった．またウィンチェスター司教の豪華なロンドン邸宅もあった．16世紀になると，この一角に国事犯を収容するクリンクという小さな牢獄（→Clink Street）ができた．18世紀に栄えたこの錨亭には，この牢獄から逃亡して来た囚人をかくまったという押入れが残っている．シェイクスピア時代には芝居小屋がぞくぞくと建った．有名なグローブ座（→Globe Theatre①）の模型が，いまでもこのパブの一室に飾ってある．

テムズ南岸の酒亭，アンカー・イン

　サミュエル・ピープスの日記によれば，彼はこの小さな酒亭からテムズ北岸のシティが大火につつまれていくのを眺めていたのである（1666年9月2日）．「街頭では熱と煙に堪え切れず，家族とともにボートでテムズ川に出たが，船の上にも火の粉がふりかかって，水上にもいられず，バンクサイドの小さなエール・ハウスに避難した」と記している．この日のロンドン大火の描写は，ピープスの日記の中で，最も感銘深い．ロンドン案内には，このパブの外にある露台から眺めるセント・ポール大聖堂の威容はまた格別であると宣伝されているが，300年前，ピープスは同じ場所から紅蓮の炎に焼き尽されていくシティの教会や民家を眺めて涙を流したのである．

　この店は，ジョンソン博士のパトロンであった醸造家のヘンリー・スレイルが経営していたこともあり，博士はスレイルの妻のピオッツィとよくこの居酒屋でエールを飲んで談笑した．博士の肖像画と彼の『英語辞典』の初版本が飾ってある．

　このパブは現在では，ロンドン橋に近いジョージ・イン（→George Inn）とともに，ロンドン観光の名所となっている．

Angel
エンジェル亭

① Islington High Street

　ロンドン北郊のイズリントンの地区は，ジェイムズ一世の昔からロンドンに一番近い宿場町として，駅馬車の旅籠が栄えた．エン

ジェル亭近くにはスミスフィールド市場へ向かう家畜の休憩所もあり，シティへ入る旅人たちは，物騒な夜道の旅を避けるために，この村の旅籠に泊まったのである．19世紀になってこの宿は何度か建て直され，1899年にはライアンズ・コーナー・ハウジズ（→Lyon's Corner Houses）となり，その大きなドームが道標として有名になったが，1960年ごろこの天使亭は閉鎖し，1980年代に銀行として再建された．

イズリントンにはトマス・ヒューズ『トム・ブラウンの学校生活』という小説にも出てくるピーコック亭（→Peacock）もあった．イングランド北部への駅馬車の発着駅となっていた．「エンジェル」という屋号のパブは，ロンドン市内にも昔からあって，18世紀の新聞『スペクテーター』にも出てくる．

② Rotherhithe Street, SE16

ドック地帯のロザハイズにあるこの天使亭は，サミュエル・ピープスの日記にも出てくる古い酒場で，もとは15世紀にバーモンジー修道院の僧侶たちが旅籠を経営していたところである．現在の天使亭は17世紀のもので，王政復古以前はサリュテイション亭（→Salutation Tavern）という屋号であった．酒場の一部は露台としてテムズ川に突き出しており，眺望は絶景である．調理場の床には密輸業者を隠した落とし戸がある．この対岸のウォッピングには，密輸業者たちを処刑したエクセキューションズ・ドック（→Executions）という海賊処刑場があった．

Apollo
→Devil's Tavern

Apollo Theatre
アポロ劇場

Shaftesbury Avenue, W1

1887年の開通以来，劇場街として有名になったシャフツベリー・アヴェニュー（→Shaftesbury Avenue）の劇場のうち，一番小さい劇場である．4人の天使像が通りを見下ろすフランス・ルネサンス様式の正面をもち，絢爛豪華な内装を誇る．プロセニアムの間口と舞台奥行が9メートル．3層に分かれ，客席数775席というミュージカルにも正劇にも適したサイズのこの劇場は，1901年2月に開館したが，おりしもヴィクトリア女王が死去してひと月後のため，新しいエドワード王時代にできた最初の劇場ということになった．柿落しのミュージカル《ボヘミアの美女》は不入りだったが，その後は今日に至るまで成功作に恵まれている．ルーウェン・シャープの設計は旧来の劇場にありがちな視界を邪魔する客席内の柱をとり，またワーグナーのバイロイト歌劇場にも匹敵するようなオーケストラ・ピットをもつ．

今世紀初頭，支配人のジョージ・エドワーズはミュージカル・コメディのジャンルに力を入れ，なかでも1908年から12年にかけてのハリー・ペリシエのレヴュー《フォリーズ》が有名である．その後もコメディ，正劇，レヴューとさまざまなジャンルの劇を取り上げてきたが，1944年にプリンス・リトラーが買収して以来今日まで，仕事帰りの人びとがくつろいで楽しめる軽い喜劇のロングランに強い劇場という評価を得ている．たとえばマルク・カモレッティのセックス・コメディ《ボーイング・ボーイング》は1962年の2月に始まり，他の劇場に移るまで2035回のロングランを記録した．1965年の改装後も，娯楽性を重んじる傾向は変わらず，アラン・エイクボーンの《混乱》(1976)やテレンス・ラティガンの《銘々のテーブル》(1977)などの上質の舞台を提供しつづけている．名優ジョン・ギールグッドはアラン・ベネットの風刺劇《40年後》(1968)やラルフ・リチャードソンと組んだデイヴィッド・ストーリーの名作《ホーム》(1969)で，またアルバート・フィニーは《孤児》(1986)で，ベッドルーム・ファース（艶笑劇）中心のレパートリーのなかでは異色の存在ともいえる名舞台を残している．

Apollo Victoria
アポロ・ヴィクトリア

Wilton Road, SW1

この劇場の歴史は、1930年にヴィクトリア駅の向かいに25万ポンドの巨費を投じて建てられたニュー・ヴィクトリアという名前の映画館から始まっている．これは建築的にイギリスに建てられた最も重要な映画館といわれている．建築家トレント・ルイスの手になるアール・デコのデザインと青や緑といった独特の色調，そして魚や貝をあしらった装飾から，まるで海の中を思わせる雰囲気をたたえていた．1950年代に内装が一新されたあともこうしたオリジナルの特徴は維持された．

1976年に営業を止め，1980年に現在の名前で劇場として再出発した．シャーリー・バッシーのリサイタルや，《サウンド・オヴ・ミュージック》(1981)などが続いたが，この劇場が一躍名を売ったのは，18年もロングランが続くアンドルー・ロイド・ウェバーのミュージカル《スターライト・エクスプレス》(1984)のおかげである．出演者がローラー・スケートで走りまくるこのミュージカルのために大幅な改装が施された．広大なホワイエをもち，2572名を収容できる大観客席（ただし現在は1524席）にもかかわらず，視界は良好，舞台装置も完璧である．

Apothecaries' Hall
薬剤師同業組合会館

Blackfriars Lane, EC4

1632年以来，薬剤師同業組合の本拠地となっている．最初の建物はロンドン大火で焼失した．その後1688年に再建され，1779年と1927年に若干の改造が加えられはしたものの，激しい近代化の波や戦時中の空爆をくぐり抜けて，今日に至っている．館内の家具や肖像画などの中には，300年を超える古いものがある．またジェイムズ一世に仕えた薬剤師で，37人の子供をもったことで知られるギデオン・デローンの半身像が置かれている．食堂には150人分の席がある．
→City Livery Companies

Apsley House
アプスリー・ハウス

Hyde Park Corner, W1

ハイド・パークの南東角にあるウェリントン公爵ゆかりの邸宅，現在は博物館となっている．大法官ヘンリー・バサースト伯爵の父がアプスリー男爵の称号ももっていたので，アプスリー・ハウスと名づけられた．ワーテルローの戦いでナポレオンを破った(1815)第一代ウェリントン公爵が1820年に購入，公爵のロンドン邸となった．1771-78年にかけてロバート・アダムにより建てられた赤レンガの邸宅は1829年，建築家ベンジャミンとワイアットによりルイ十五世様式を取り入れた拡張工事が行なわれ，煉瓦の壁はバース産の石で覆われ，コリント様式のポーチコ（柱で支えられた屋根付き玄関）がとりつけられた．

1947年，第七代ウェリントン公爵によって国に寄贈され，5年後ウェリントン博物館として一般に公開された．第一代ウェリントン公爵の部屋は当時のままで，トロフィーや制服，武器など公爵ゆかりの品々，公爵家の調度品，90名以上の画家による絵画のコレクションなどが展示されている．巨大な大理石のナポレオン像，第一代ウェリントン公爵の大理石の胸像などが入館者の目を引く．

Archbishop's Park
アーチビショップス・パーク

Lambeth, SE1

ランベスにあるカンタベリー大主教公邸の敷地の一部に造られた公園．セント・トマス病院(→St Thomas Hospital)の向かい側にあり，面積は8.1ヘクタール．19世紀末に大主教が地域の子供たちの遊び場として提供したのがはじまりで，1901年に一般に公開された．

Architectural Association
建築家協会

Bedford Square, WC1

1847年10月8日，ストランドのライオン・イン・ホールで，100人以上の建築見習生たちの集まりで結成された．初代会長ロバート・カーが主導し，見習生たちを旧弊然とした年季奉

公の束縛から解放し,「建築家による建築家のための」教育を提供する学校を設立した. 協会の本部は, 1859年に王立英国建築家協会 (→Royal Institute of British Architects) のあったコンディット・ストリート9番地の建物に移った. 協会が現在のベドフォード・スクエアに移ったのは1917年である. その間タフトン・ストリートを本拠にしていたこともあった.

協会付属の建築学校は, ロバート・アトキンソン, ハワード・ロバートソン, フレデリック・ギバード, マイケル・パトリックなどすぐれた人物が校長を歴任し, 名声を高めるのに貢献した. この付属学校とロンドン大学のインペリアル・コレッジとの合併がもちあがったものの失敗に帰し, その後1971年にアルヴィン・ボイヤルスキー校長のもとで新しい出発をした. 現在の協会は, 建築関係の学識者たちの学会・クラブとして機能し, イギリス建築界に少なからぬ影響をおよぼしている.

Archway Road
アーチウェイ・ロード　N6, N19

グレイト・ノースロードからホロウェイ・ロードなどの交差点に通じる道路. 南端に地下鉄アーチウェイ駅がある. もともとハイゲート・ヒルを貫通する200メートルあまりの墜道の予定(1809)であったが, 40メートルほど造ったところで, 支えに使っていたレンガとセメントの強度が十分でなかったために崩壊, 計画は中断された. 代わって掘割り式が提案され, 途中のホーンジー・レインの下をくぐる形で1813年に有料道路として完成した.

このときの高架橋を依頼された建築家ジョン・ナッシュは高さ10メートルのアーチ状のローマ式水路をデザインした. 通行料金は, 人間が1ペンス, 荷馬車を引いていない馬やロバが3ペンス, 馬と荷馬車が6ペンス以下だった. 通行料は1871年に廃止された. 1897年高架橋は鉄製のアーチに取り替えられた.

Argyll Rooms
アーガイル・ルームズ

ジョージ四世の摂政皇太子時代(1811-20)の建物. 現在デパートのディキンズ・アンド・ジョーンズになっている, リージェント・ストリートの角にあった. ファッショナブルな紳士のたまり場として, 好事家ヘンリー・フランシス・グレヴィルによって始められた社交場.

1812年, スティーヴン・スレイドが支配人になり, 翌年, おしゃれな紳士淑女による大舞踏会が開かれた. 1820年に改装し, 舞踏会, 仮面舞踏会, 芝居, 音楽会などが開かれた. その年はショパンが, 26年にはウェーバーが, 29年にはメンデルスゾーンとシューベルトがここで演奏している. 1830年に火災で焼け, 跡には小店舗が並んだが, リージェント・ストリートが装いを改めると同時に姿を消した.

Arlington Street
アーリントン・ストリート　SW1

グリーン・パーク沿いの大通りピカディリーに接する小路. グリーン・パーク地下鉄駅に近い.

17世紀後半に端を発する路だが, いつのまにか国会議員が多く住むようになった. 首相を務めたロバート・ウォルポールも1716年からこの通りの17番地に住み, 息子のホラスはその家で生まれた. のちに一家は5番地に移るが, ほかに同じ時代に住んだ政治家にホイッグ党のC.J.フォックス, やはり首相を務めたフレデリック・ノースなど多彩である.

そのせいか, この小路の建物は多くが19世紀から20世紀にかけて修復されたものの, いまだに18世紀の重厚なゴシック風の雰囲気をただよわせている. ピカディリーからこの小路に入ると, 右側にロンドンが誇る豪華ホテル, リッツ(→Ritz Hotel)の建物がそびえている.

Armourers' Hall
武具師・真鍮細工師同業組合会館
Coleman Street, EC2

この会館の敷地は, 1346年から借地であったが, 1428年に正式に買い取られた. 建物は, ロンドン大火を免れたが, 1795年に再建

され，1840年にもう一度建て直された．時代ものの金・銀食器のコレクションを有する．食堂は80人の収容能力がある．
→City Livery Companies

Army and Navy Club
アーミー・アンド・ネイヴィ・クラブ
Pall Mall, SW1

　インド帰りの士官たちによって1837年に設立されたクラブ．ユナイテッド・サーヴィス（→United Service Club）とジュニア・ユナイテッド・サービスの両クラブへの入会希望者が多く，なかなか入会できなかったため，その代わりにこのクラブがつくられたという．当初はアーミー・クラブと名づける予定が，クラブのパトロン就任を依頼されたウェリントン公爵の意向で海軍士官らもメンバーに入れることとなり，現在の名前となった．会員数は当初1000人に限定されていたが，その後増加され，1922年には2400名を数えた．クラブハウスはキング・ストリートとセント・ジェイムズ・スクエアの交差するところにあったが，やがてセント・ジェイムズ・スクエア12番地にあったリッチフィールド・ハウスへ移転した．1848年には現在のペル・メルにイタリア風の豪華なクラブハウスが建ったが，1963年に取り壊され，新しい建物に変えられた．
　なおこのクラブの性格上，ここには陸海軍を主題にした絵画や，有名な軍人の肖像画が数多くある．

Army and Navy Stores
アーミイ・アンド・ネイヴィ・ストア
Victoria Street, SW1

　陸海軍人とその家族に日用品や身のまわりの品を市価よりも安く提供する目的で，1871年に陸軍と海軍の有志によって設立された共同組合．当時ウェスト・エンドでは2シリング4ペンスしていたコーヒーに，1シリング7ペンスの値札をつけたという記録がある．第一次世界大戦後には一般市民にも開放したので，いまでは旅行者も訪れる．1977年に改築された．鉄道・地下鉄ヴィクトリア駅に近い．

Arsenal Football Club
アーセナル・フットボール・クラブ
Avenell Road, Highbury, N5

　1886年に結成されたイングランドの名門フットボール・クラブ．前身は大ロンドンの南東部にあったウリッチ兵器工場の労働者が始めたチーム．結成時ロイヤル・アーセナルだった名を1891年にウリッチ・アーセナルと変え，1914年にはたんにアーセナルと再び改称し，グラウンドもロンドン北部のハイベリーに移し，同時にプロに転じた．そして同年2部リーグに選出され，1919年には1部リーグに昇格した．それ以後現在に至るまで，1部リーグ（1992年にプレミア・リーグと改称）に所属する．通称は「砲手たち」(Gunners)，紋章は大砲を図柄にして，モットー「勝利は団結に一致する」がラテン語で掲げられる．
　1930年代名監督ハーバート・チャップマンのもとで黄金期を迎える．1930年最初のFAカップ・ファイナルの優勝を成し遂げ，その後9年間にリーグ優勝を含めて6回，優勝杯を手にした．1930-31年のシーズンには最多得点66をあげ，33-35年は3年連続のプレミア・リーグ優勝，36年には2度目のFAカップ・ファイナル優勝を飾り，38年ふたたびプレミア・リーグで優勝するなど，栄光の歴史を刻み続けた．その間1934年にはワールド・カップのイングランド代表チームに7人もの選手を送り込んだ．これを記念して，地元は地下鉄ピカディリー・ラインのギレスピー・ロード駅をアーセナル駅とした．
　第二次世界大戦では9人の選手を失う悲劇に見舞われたが，戦後いち早く復活，ふたたび栄光の道をひた走った．1950年から80年の間に5回FAカップ・ファイナルの優勝杯を手にした．その他，91年には通算10回目のリーグ優勝，93年にはFAとFLの両方のカップを史上初めて獲得するなど，輝かしい戦績は枚挙にいとまがない．

Arts Club
アーツ・クラブ
Dover Street, W1

1863年，アマチュア芸術家のアーサー・ルイスが仲間と集う場所としてつくったクラブ．当初はハノーヴァー・スクエアの17番地にあったが，1896年に現住所へ移転した．第二次世界大戦中，爆撃によって大きな被害をこうむり再建，1970年代にさらに改装された．設立時の状況ゆえか歴代会員には文学者，芸術家が多く，チャールズ・ディケンズ，アルジャーノン・スウィンバーン，ジェイムズ・ホイッスラー，D.G.ロセッティらの名前が見られる．また『トム・ブラウンの学校生活』の著者トマス・ヒューズは初代会長であった．なお最初の女性会員はローラ・ナイト，90歳で入会した貴族であった．1980年時点での会員総数約1100人のうち，女性会員は150名を数える．

Arts Theatre
アーツ・シアター

Great Newport Street, WC2

　1927年4月20日に，検閲を受けていない芝居や実験的な芝居を上演するためのメンバー制の劇場としてオープンした．セント・マーティンズ・レイン(→St Martin's Lane)とチェアリング・クロス・ロード(→Charing Cross Road)の間にはさまれた場所にある．340名を収容する2層の観客席に，プロセニアムの間口6メートル，舞台奥行5.5メートルというウェスト・エンド(→West End)で最も小さい劇場である．

　1942年に俳優兼演出家のアレック・クルーンズが支配人に就任し，1950年までに100本以上のすぐれた芝居を上演して「ポケット・ナショナル・シアター」の異名をとった．持ち主の代わった1953年以後も意欲的な公演の姿勢は変わらず，ピーター・ホールが演出したサミュエル・ベケットの《ゴドーを待ちながら》(1956)の初演は中でも有名である．ハロルド・ピンターの《管理人》も1960年にここで初演された．60年代にはロイヤル・シェイクスピア劇団(→Royal Shakespeare Company)が借用した時期もあるが，近年はあらゆる種類の作品が舞台にかかっている．1967年以来毎年9月から翌年の5月まで，子供のための芝居を専門にするユニコーン子供劇場(→Unicorn Theatre for Children)がマチネ公演に使用している．併設のカフェは待ち合わせ場所として人気がある．

Arundel Street
アランデル・ストリート　WC2

　地下鉄テンプル駅前からストランドに至る通り．アランデル伯爵は1678年，それまで立っていた貴族の屋敷跡の一角にクリストファー・レンのデザインで邸宅を建てるために，まず道路の建設に着手した．しかしセント・ジェイムジズ・スクエアに住むことにし，道路は10年後に完成してアランデル・ストリートと名づけられた．王党派の日記作家ジョン・イーヴリンが1686年にこの通りに住み，批評家で歴史家トマス・ライマーは1713年にここで亡くなった．

Ashburnham House
アッシュバーナム・ハウス

Dean's Yard, SW1

　アッシュバーナム伯爵の屋敷として，建築家ジョン・ウェッブによって1660年代に建造され，1730年にアッシュバーナム伯爵ジョンによって王室に売却された邸宅．王室に属するコットン写本がここに所蔵されていたが，1731年の火事の際にその一部が焼失した．焼け残った写本は大英図書館に移管された．現在，建物はウェストミンスター・スクール(→Westminster School)の一部である．ウェストミンスター・アビーに近い．

Ashcroft Theatre
アッシュクロフト劇場

Park Lane, Croydon, CR0

　南ロンドンの芸術の中心とすべく1955年にクロイドン・カウンシルが計画し，ロバート・アトキンソンらの計画で建てられた総合文化会館フェアフィールド・ホールの一角を形成する劇場．ヴィクトリア鉄道駅から直通電車で15分ほどのイースト・クロイドン駅から徒歩5分である．1962年12月2日に皇太后により開場

された．2000人近くを収容する音楽会場フェアフィールド・コンサート・ホールと407平方メートルの広さのアーネム・ギャラリーとは共通のホワイエをもつ．

この土地は，1314年以来19世紀中葉まで毎年恒例の市が立ったことから，フェア・フィールドとして知られていたが，1934年にカウンシルが買収していた．クロイドン出身の女優ペギー・アシュクロフトにちなんで名づけられた劇場は，2層に763席の収容数で，プロセニアムの間口は8.5メートル，舞台奥行は6.7メートル．舞台美術家ヘンリー・バードの手になる豪華な防火幕も名物である．ステージのエプロンは電動で観客席のレベルに下ろすこともできるし，オーケストラ・ピットにも使用できる．

Ashley's London Punch-House
→London Coffee House

Asprey and Garrard
アスプレイ・アンド・ガラード

New Bond Street, W1

高級宝飾品，小物，装身具，銀製品，骨董家具などを扱う王室御用達の店．創業者は，フランスから難を逃れてロンドン南郊のミッチャムで捺染などを業としていたユグノー教徒の家系を引くチャールズ・アスプレイである．彼は金銀細工師，時計職人，ガラス職人，エナメル職人などを組織して会社を起こし，旅行用化粧品箱を商品化して1830年代にニュー・ボンド・ストリートに進出した．1848年には現在の166番地のジョージア朝様式の建物へ移転した．

1861年にヴィクトリア女王から王室御用達の勅許を得て以来，歴代の王室の御用達を務めている．宝飾品と銀製品の工房は同店のビルの階上にある．1990年代には宝石店の名門ガラード（→Garrard）を傘下におさめた．

Assembly House
アセンブリー・ハウス亭

Kentish Town Road, NW5

18世紀にイングランド南西部の町バースなどの鉱泉場にあった「アセンブリー・ルーム」は，客たちがダンスを楽しむための集合所のことであったが，このパブのもとは18世紀にロンドン北郊のハムステッド・ヒースやハイゲートに出没した辻強盗を，数で襲えば彼らを追い払えるだろうと愚かな望みをいだいた連中が，その準備に集合した旅籠であった．19世紀の末ごろにできたこのパブは，豪勢なガラス細工と鏡からなり，初期の「アセンブリー・ハウス・タヴァン」の面影を残す油絵もある．

Astley's Amphitheatre
アストリー円形演技場

テムズ川南岸のウェストミンスター・ブリッジ・ロードにあった劇場．もともとは屋外の曲芸場だった．1769年から，退役騎兵で近代サーカスの創始者とも目されるフィリップ・アストリーが曲馬芸に用いて，人気を博した．1784年に彼は舞台，ピット，天井桟敷，ボックス席のある屋内の円形劇場を建築，1787年までは曲馬が中心で，その後はパントマイムや笑劇が演目に加わった．1794年の失火後，1年してロイヤル・グローブの名前で再開されたが，1803年にはまた火事で焼け落ちた．1804年に再建された2500人を収容可能な新しい壮麗な劇場を，アストリーはロイヤル円形劇場と名づけた．演目のなかではアマースト作のスペクタクル《深紅の騎士》(1810)が名高い．

1814年のアストリーの死後を継いだデイヴィスが1830年の火事のあと引退すると，有名な騎手アンドルー・デュークロウが支配人となって，腕をふるった．彼は文盲だったため，台詞のある役は演じなかったという．彼は1841年までその地位にあったが，またも劇場が焼失し，再建後はウィリアム・バティ，ウィリアム・クックと引き継がれた．《リチャード三世》のような芝居を上演しても，むしろリチャードが乗る馬の曲芸が見せ場となった．1862年に俳優兼劇作家のディオン・ブシコールトが買収し，シアター・ロイヤル・ウェス

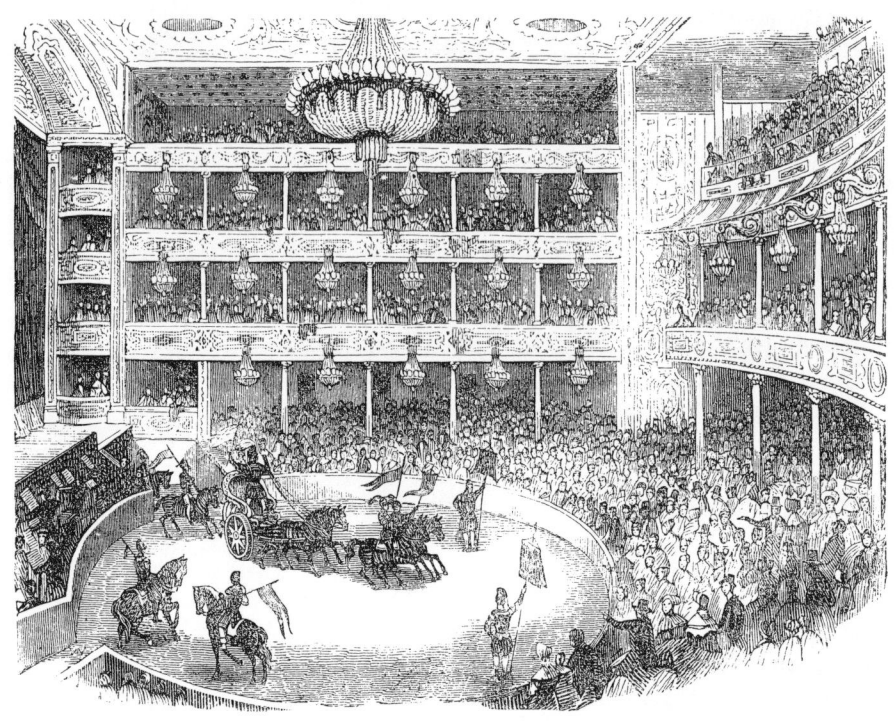

アストリー円形演技場の内部（1843年頃）

トミンスターと命名，自作やウォルター・スコットの小説の翻案を舞台にのせたが，多額の負債を背負って去ると，E. T. スミスが跡を襲い，1864年にはアメリカの女優エイダ・アイザックス・メンケンを主役とするロード・バイロンの《マゼッパ》が大評判をとる．チャールズ・ディケンズ，A. C. スウィンバーンをはじめ当時の文学者もこの芝居に熱狂した．1872年から翌年にかけての改築で2407名を収容する4層の観客席をもつに至ったこの劇場は，サーカスの興行主ジョージ・サンガーが持ち主となり，グランド・ナショナル円形劇場と呼ばれた．だが，1893年に安全性の面から閉館となり，2年後に取り壊された．

Astoria Theatre
アストリア劇場

Charing Cross Road, WC2
　エドワード・A・ストーンの設計で「ジャム工場」だった建物を改築して建てられた1650席の映画館で，1927年の1月12日に《ネズミの勝利》で開館した．戦時中の中断を除き，営業は続けられたが，1956年12月からはロードショー専門館となり，《八十日間世界一周》(1957)などが人気をよんだ．1964年には《ローマ帝国の滅亡》上映のために改装がなされた．65年からは70ミリのスクリーンが備えられた．68年には1121席のモダンな内装に改められ，12月の《チキ・チキ・バン・バン》で再開した．1976年2月28日には閉館され，ライブ劇場へと変貌を遂げた．最初の上演作品は翌年11月28日のミュージカル《エルビス》だった．1979年にまた閉館され，82年に再度オープンされるが，低調に終わった．86年の内部の改築にともない，もっぱらロックのコンサートやディスコに使用されるようになった．観客収容数は1600名である．現在はLA 2と称するナイト・クラブも併設されている．地下

設立180年以上の歴史をもつクラブ、アシニーアム

鉄レスター・スクエア駅に近い．

Athenaeum
アシニーアム
Pall Mall, SW1

　1824年設立．ロンドンで最も知的なクラブとして知られる．設立時にはサマセット・ハウス内の王立協会の一角を本拠とし，芸術家や作家，科学者らを会員としていた．創立者は政治家にしてエッセイストのジョン・ウィルソン・クローカーで，当初は単にザ・ソサエティと称していたが，1830年にペル・メルに移ってからはアシニーアムと改称した．ちなみにこの名称は，ローマ皇帝ハドリアヌスが設立した科学と文学の学府の名称にあやかったもので，知的エリートのクラブとしての誇りゆえにクラブと言わず，単にアシニーアムと称した．クラブハウスはデシマス・バートンの設計になる重厚な建物で，玄関の上のポーチには知恵の女神アテネの彫像が見られる．

　数あるクラブのなかでも一流とされるだけに，歴代の会員の顔ぶれは錚々たるものである．設立当初から1200名という多数の会員をかかえていたこのクラブには，その後も首相，閣僚，宗教界の大物，著名な文学者などがきなみ名を連ねており，さながら人名録をひもとく感がある．また入会には2，3年待たされるのがふつうだが，なかには16年待たされた人もいるという．

　高価な家具調度類，すばらしいワイン貯蔵庫など，アシニーアムの資産のほどを物語る材料にはこと欠かないが，なかでも注目すべきは図書室で，歴代の会員の選択によって集められた蔵書は質量ともにすぐれている．そのためウィリアム・M・サッカレー，チャールズ・ディケンズ，アントニー・トロロープらは，この図書館でよく執筆を行なったとされる．

　なお，名門クラブにしては例外的に女性に対して寛容で，設立当初から毎水曜日の夕方は女性に開放されていたし，いまでは女性用の別館もある．
→Clubs

Atmospheric Railway
気圧鉄道

　サミュエル・クレッグと，ジェイコブ・サムダ，ジョーゼフ・サムダの兄弟が発明して1839年に特許を取った．鉄の管を2本のレールの中間に敷設し，管の中を真空状態にすると大気圧の力でピストンがその方向に動く．ピストンの動きを鉄板で車両に伝え，これによって車両が動く．これを最初に実用化したのは，アイルランドのキングズタウン（現在のダンレアリー）とドーキー間の鉄道だが，空気漏れの故障が多く失敗に終わった．ロンドンとクロイドン間の鉄道でも実用に供されたが，1847

年に廃止された.

　同じ原理の空気導管配送は, 人間は乗らず郵便物を積んだ車両を鉄の管の内側に走らせるもので, 1853年からごく近距離で試行し, 1863年からはユーストン駅(→Euston Station)と北西地区郵便局の間に敷設された500メートルほどの地下管で輸送が始められた.

Aubrey House
オーブリー・ハウス

Aubrey Road, W8

　ケンジントンに現存する唯一のカントリー・ハウス. ケンジントン・マナーの最初の当主オーブリー・ド・ヴィアにちなみ名づけられた. 1690年代に薬用泉のための鉱泉館として建てられたが, 完成後は個人の住居として使われ, 18世紀後半には著名な建築家ジェイムズ・ワイアットにより居間が改築された. 1830-54年は, 私立の女子寄宿学校となった.

　1873年以降は, 社会福祉と住宅問題に尽くしたアレグザンダー家の住居となっている. W.C.アレグザンダーはイギリスで活躍したアメリカ人画家ジェイムズ・ホイッスラーの才能を発掘し, 絵を注文して経済的援助をした. 1965年, アレグザンダーの絵画コレクションは国に寄贈された. ナショナル・ギャラリー所蔵のホイッスラーの作品《灰色と緑のアレンジメント》には, シシリー・アレグザンダーが描かれている.

Austin Friars
オースティン・フライアーズ修道院

Austin Friars, EC2

　13世紀半ば十字軍を指揮したハンフリー・ド・ブーンによって創設されたイギリスの代表的なアウグスチヌス会修道院にちなんで命名された(オースティン・フライアーとはアウグスチヌス会修道士のこと). 当時の敷地はシティの大通りロンドン・ウォールの南一帯に広がり, 1354年になってブーンの後継者が修道士のための大きな教会堂を建てた. 農民一揆(→Peasants' Revolt)の際に, その首謀者ワット・タイラーはこの修道院を襲撃し, 聖堂内から13人のフランドル人を引きずり出し, 斬首した. 1529年, ここの修道士のひとりであったマイルズ・カヴァデイルが聖書の翻訳に従事した.

　ヘンリー八世の修道院解散令のあと, 初代ウィンチェスター侯爵ウィリアム・ポーレットが建物を接収し, 敷地内にタウン・ハウスを建てた. 1550年, 教会の身廊はオランダ難民の施設に, 残りの部分は穀類などの貯蔵庫に使われるようになった. さらに, 1600年に聖歌隊席, 塔などが取り壊され, 2年後にウィンチェスター侯爵はこのタウン・ハウスを手放した. その後, 1862年に教会堂が炎上し, 翌年再建されたが, 1940年に戦禍に遭い, 再度1950年から56年にかけて再建された. ホワイトホール・パレスの建造者で政治家のヒューバート・ド・バーグ, 黒太子(Black Prince)の子エドワードなど, この修道院に埋葬された著名人は多い. 地下鉄バンク駅に近い.

Australia House
オーストラリア・ハウス

Strand, WC2

　オーストラリア高等弁務官事務所. 19世紀後半にフランスで流行したエコール・ド・ボザール風の壮麗な建築で, 1918年に完成した. 玄関両脇の彫刻はハロルド・パーカー作《オーストラリアの目覚め》と《オーストラリアの繁栄》, コーニス(天井の蛇腹)の最上部はバートラム・マッケナル作《太陽の馬》で飾られている. 地下鉄オールドウィッチ駅に近い.

Ave Maria Lane
アヴェ・マリア・レイン　EC4

　ラドゲート・ヒルとパタノスター・ロウの間にある通り. この名は1506年にウィンキン・ド・ワードが印刷した詩にアヴェ・マリア・アレーとして登場する. アヴェ・マリア・レインの名称で言及したのは1603年, 歴史家ジョン・ストーが最初であった.

　本屋が並ぶパタノスター・ロウに近いために, 本のオークション会場となった. エリザベス一世の宰相を務めたバーリー卿ウィリア

ム・セシルの蔵書が，1687年にここでオークションにかけられた．アン女王の時代には，ブラック・ボーイ・コーヒー店で本のオークションがよく開かれた．

　17世紀末ホーボーンから書籍商クリストファー・ベイトマンがここに店を開き，貴族が常連客となってサロン的空気のある書店として注目された．

A.W.Gamage
A.W.ガメッジ

　ホーボーンにあったデパート．イングランド西部ヘリフォードシャー州の農家の息子アーサー・W・ガメッジは，1878年にシティの生地屋に奉公に入り，そこで蓄えた金を元手に自分の店を構えた．間口1.5メートル足らずの小さな店だったが，「オークの巨木も小さなドングリから」をモットーにした．

　初年度の売上げは1632ポンドに達した．その後，隣接する不動産を手に入れ，増築を続けた結果，通路や階段が複雑に入り組み，店は迷路そのものだった．この「大衆に人気のあるデパート」は，紳士用装身具，家具，園芸，スポーツ，キャンプ用品，生地などを扱い，ボーイ・スカウトのユニフォームなどの公式指名店でもあった．玩具売り場はもちろん，乗用車や動物の売り場まであった．1911年発行の900ページにのぼるメールオーダー・カタログは，自転車，オートバイ，サイクリング用品に49ページも割いている．再開発計画のために1972年3月に閉鎖され，跡地には大きなビルが建った．

B

Bagnigge Wells
バグニッジ・ウェルズ

　現在のキングズ・クロス・ロードに当たる場所で，18世紀に栄えた温泉娯楽場のひとつ．ジョージ二世の時代にはグレイズ・イン・ロード（→Gray's Inn Road）の東にあり，いまのメクレンバーグ・スクエアになっているところのほぼ向かい側で，セント・アンドルーズ墓地の北東にあった．名称は，地元にいた昔の一族の名にちなむものであろうとされる．1757年にここの所有者であったタバコ商人のトマス・ヒューズは，庭園で花が育たない原因を専門家に究明させたところ，温泉の水に鉄分が多く含まれているためと判明し，別の温泉が掘られた．新しい温泉の湯は通じを良くする特性のあることがわかり，ヒューズは1759年4月に庭園を公開し，3ペンスの料金を取ってこの温泉の湯を飲ませた．定期入場券は半ギニーであった．

　庭園には緑陰喫茶休憩所，軽食堂，九柱戯場，避暑用の岩屋，花園，噴水，遊歩道などがあり，中央部にはフリート川が流れていた．温泉から汲み上げられた湯はテンプルと呼ばれる建物内の一対のポンプに運ばれた．このポンプのある大きな部屋，ポンプ・ルームではオルガンの演奏会や演芸がよく催された．18世紀後半，この温泉は大衆のみならず上流階級にも好まれ，ポンプ・ルームは午前中は早朝から温泉の湯を飲む人たちで，午後とくに日曜日の午後はお茶を飲む人たちでこみあった．その様子は当時の俗謡にこう歌われた．「痛風病みの年寄りもリューマチ病みも這ってきて／ありがたい温泉の湯を飲みなされ，そうすりゃ痛みは消えちまう…」と．

　この温泉でお茶を飲む上流階級を目当てに，すり，娼婦がしきりに出入りし，当時「十六飾りのジャック」(Sixteen-string Jack)として知られたおいはぎも頻繁に出没した．しかし，上流社会にはしだいに人気がなくなり，1810年ごろには小売商人のような人々が足しげく通うところとなった．1813年に賃借人が破産して温泉は競売に付された．翌年小規模ながら再開された．その後増築されてコンサートや演劇，舞踊が催されたが，やがて評判が落ち，1841年3月26日を最後に閉鎖された．

　キングズ・クロス駅の南に当たるキングズ・クロス・ロード61-63番地の建物の壁面に，バグニッジ・ウェルズの建物のあったことを記す銘板がはめ込まれている．これは庭園の北西の境界線を示すものとされる．

Bakerloo Line
ベイカールー・ライン

　ロンドン地下鉄道会社の一部となっている線で，北のハロー・アンド・ウィールドストーンから，ロンドン中心部のパディントン，ベイカー・ストリート，オックスフォード・サーカス，さらにテムズ川の下を通って，南のウォータールー，エレファント・アンド・カースルまで達する．もともとは1906年に発足したベイカー・ストリート・アンド・ウォータールー鉄道と

ホームズ探偵事務所を示す銘板

いう私鉄であった．これが一般にベイカールー（Bakerloo）と縮めて使われるようになった．都心の一番人の流れの多い地域を通過していたので乗客数も多く，ロンドンの地下鉄線の中で最もよく名前が知られているもののひとつである．そのため北の方角に次第に路線を延長した．

ベイカー・ストリートから，ひとつの線はパディントンを通って，のちのブリティッシュ・レイル（→British Rail）のクイーンズ・パーク駅に至り，現在はハロー・アンド・ウィールドストーンにまで達している．もうひとつの線はベイカー・ストリートから，メトロポリタン鉄道に並行して延長され，フィンチリー・ロードから地上に出て，メトロポリタン・ライン（→Metropolitan Line）と同じ経路を走り，スタンモアに達した．この区間ではメトロポリタン・ラインの列車は主要駅だけに停まる快速運転となり，ベイカールー・ラインの列車は各駅停車となった．しかしジュビリー・ライン（→Jubilee Line）が開通すると，スタンモアに至る線はその線の延長に繰り入れられたため，現在ではベイカールー・ラインはハロー方面に行く列車だけとなっている．

1915年以来，ベイカールー，ピカディリー・ライン（→Piccadilly Line），ノーザン・ライン（→Northern Line）の3線は合併してロンドン電気鉄道を形成したが，1933年ロンドン交通公団に併合された．
→Underground Railways

Bakers' Hall
パン製造販売業者同業組合会館
Harp Lane, EC3

パン製造販売業者同業組合は1506年に大きな屋敷を購入，同組合の会館に転用した．1666年の大火で焼失．代わりに建てられたものも1715年の火災で焼け崩れた．1719年に第3番目の会館ができたが，これも1940年に空爆で破壊された．現在は，1963年に建てられたオフィス・ビルの下層部分を本部にしている．

Baker Street
ベイカー・ストリート　W1, NW1

リージェンツ・パークの南西部付近から南へポートマン・スクエアまで通じる道路．

もともとこのあたりマリルボーン地区の土地は，16世紀半ば，イングランドの主席治安判事であったサー・ウィリアム・ポートマンが購入したものであった．ベイカー・ストリートの名は，その子孫にあたる大地主，エドワード・ベイカーに由来する．彼はヘンリー・ウィリアム・ポートマンの友人であり，ポートマン家の代理人でもあった．ベイカーは1755年，ポートマン家の地所の一部を借り入れ，この通りを計画した．当時のベイカー・ストリートは今よりずっと短く，19世紀半ばまでは閑静な高級住宅街で，多くの有名人がここに住んだ．フランス革命期の首相ウィリアム・ピット，小説家のブルワー・リットン，探検家でありオ

リエント学者として『千夜一夜物語』の英訳で知られるリチャード・バートン．また，18世紀末から19世紀初頭にかけて活躍した，イギリスで最も有名な悲劇女優といわれるセアラ・シドンズ夫人が死ぬまで暮らした家は，地下鉄の駅を建設するために取り壊され，そこはいまでは遺失物取扱所となっている．1863年に開通した地下鉄サークル・ラインの駅ができてからは，多くの店やオフィス，中産階級の住宅が立ち並ぶ繁華街へと変貌した．

221番地Bは名探偵シャーロック・ホームズの住いということになっているが，ホームズが活躍した19世紀末には221番地（Bはこの番地に住む2所帯目を示す）は存在しなかった．ちなみに現在221番地は，アビー・ナショナル社（→Abbey National）で，いまなお後を絶たないホームズへの事件依頼の手紙の受け取り人となっている．

Balham
バラム　SW12

　テムズ川南岸クラパム地区の南．ドゥームズデイ・ブック（→『土地台帳』）に「多くの不法居住者がいる」と記載されたバラムは，もともとロンドンと南英チチェスターを結ぶローマン・ロード上に造られたサクソン人の入植地であった．中世には，ベック修道院領，バーモンジー修道院領，それ以外の私有地というように，時代によって所有主が変わった．修道院解散以後，王領地となった80ヘクタールほどの土地は，17世紀には借地権がバーナード・ハイドなる人物に移ったが，18世紀初頭にはコルチェスター選出の議員であったピーター・ドュ・ケインが所有者となり，18世紀末

───［ロンドン・ア・ラ・カルト］───

ホームズの部屋

　第二次世界大戦の終結後6年，1951年に第1回ロンドン万国博覧会百周年と，戦後の復興を記念して，ロンドンで英国フェスティヴァルが開かれた．それに合わせてマリルボーン自治区議会は「われらが地域の最も高名な住人の名誉をたたえるために」シャーロック・ホームズ展を開くことを決議，ベイカー・ストリート221Bにあったとされるシャーロック・ホームズの部屋を復元し，ホームズゆかりの品々が展示されることになった．場所は，現在のベイカー・ストリート221番地であるアビー・ナショナル会社で，いまも建物にホームズのシルエット入りのプレートが飾られている．

　1887年に最初の事件簿『緋色の研究』がコナン・ドイル（1859-1930）の筆で世に出て以来人気を博したホームズも，『最後の事件』（1893）でモリアーティ教授と格闘のすえ，スイス・ライヘンバッハの滝に転落して消息を絶った．これに対して，大勢の熱心な読者からホームズの復活を求める声が出版社に殺到した．その結果，8年後に『バスカヴィル家の犬』でホームズは甦った．ホームズ誕生後1世紀を経てなお，熱心なシャーロキアンの活動が全世界に広がっている．

　英国フェスティヴァルとともに復活したシャーロキアンもそれ以来，ホームズの事件簿とその活躍の舞台であったヴィクトリア朝イギリスの文化・社会に関心を広げ，虚構と現実を交錯させながらホームズ学を楽しんでいる．

　シャーロキアンがロンドンで一度は訪れるのが，トラファルガー・スクエア近くのノーサンバランド・ストリートにあるパブ，シャーロック・ホームズである．その2階にあるホームズの部屋は，英国フェスティヴァルで再現された部屋を一時的にニューヨークで展示したあと，ここに移築して保存・展示しているものである．

には大邸宅が造られ，メソジスト派のジョン・ウェスリーの親友であったデンマークの総領事もここに暮らしていた．1840年までケイン家が所有した．

現在のベドフォード・ヒル周辺のチャリントン・ファームをベドフォード公爵が売却したあとは多くの家が建てられ，銀行家や法律家など，シティの要人たちの住いとなった．1886年には鉄道駅ができてシティへのアクセスが便利になったこともあり，バラムはロンドンに通勤する中産階級の郊外住宅地として，急速に都市化していった．主要道路は常に混雑し，とりわけ，競馬が開かれるエプソムへの通過点に位置していたので，ダービーの日の混雑は大変なものであったという．

第二次世界大戦中，ドイツ軍の空襲で水道管が破裂し，地下鉄の駅構内に避難した人々が溺死するといういたましい出来事がおこった．戦後，ベドフォード・ヒルの両側にあった大邸宅は労働者向けの住宅に姿を変え，街の中心部では公共緑地を備えたショッピング・センター作りが進められた．中央部に地下鉄・鉄道のバラム駅がある．

Baltic Exchange
バルト海船舶貨物取引所
St Mary Axe, EC3

バルト海および植民地アメリカ（ヴァージニアのプランテーション）との貿易に従事する商船に貨物を手配するために設けられた取引所．現在，世界唯一の国際的な海運取引所であり，750ほどの企業が参加し，世界の海運貨物の約4分の3を扱っている．リヴァプール・ストリート駅に近い．

起源は18世紀半ばごろのコーヒー店にある．1744年5月24日付の『デイリー・ポスト』紙に，スレッドニードル・ストリートのメアリランド・コーヒー店が，ヴァージニア・アンド・バルティック・コーヒー店と改称，ヴァージニアおよびバルト海貿易関係者宛ての手紙や小包はこの店を通せば確実に配送される，という記事が掲載された．

19世紀初頭，海運業の発展によってこのコーヒー店は手ぜまになり，同じスレッドニードル・ストリートの居酒屋アントワープ・タヴァンの土地を買いとり建物を拡張，バルティック・コーヒー店と名を改めた．1823年には，会員300名からなるバルティック・クラブがつくられ，独自の貿易規約を定めた．1846年に穀物法が廃止されて外国との自由貿易が盛んになると，バルティック・クラブの取引きも順調に発展した．やがて，さらに広い用地が必要になったバルティック・クラブは，同じ悩みをかかえるロンドン船舶取引所（1891年設立）と合併し，現在地に1900年から3年ほどかけて新取引所をつくった．

1956年に新館の落成記念式典が行なわれた．1992年4月，IRAの仕掛けた爆弾で大破した．しかし取引所は業務を続け，1994年に創業250周年を祝った．翌95年，隣のビルに移転し，旧い建物は反対の声と保存令を押しきって取りこわされ，代りにモダンなビルが建つことになった．

Bank of England
イングランド銀行
Threadneedle Street, EC2

イギリスの中央銀行．その重要な責任と権限から，「最終の貸し手」（ザ・レンダー・オヴ・ザ・ラースト・リゾート），「銀行の銀行」（ザ・バンク・オヴ・バンクス）と称される．イギリスで，ザ・バンクといえばイングランド銀行を指す．

スレッドニードル・ストリート，プリンシーズ・ストリート，ロスベリーおよびバーソロミュー・レインの4つの通りに囲まれており，正面入口がスレッドニードル・ストリートにある．銀行がナポレオン戦争で経営危機に陥ったとき，足元のおぼつかない老婦人にたとえられて「スレッドニードル街の老婦人」とあだ名された．

1694年にフランスとの戦争資金調達を目的として，スコットランド出身のウィリアム・パターソンによって資本金120万ポンドの株式組織の商業銀行として発足．当初，対政府貸付けの比重が高く，国庫金の出納や国債の取り扱いを主たる業務としたが，民間業務として

イングランド銀行(17世紀末頃)

商業手形の割引を積極的に行なった．17世紀末には，すでにイングランドとウェールズの銀行券発行権を独占し，次第に中央銀行としての発展過程をたどった．その後，1833年にはイングランド銀行券は法貨として認められたため，銀行券の発行を一般の銀行業務から分離して管理させるべく，発行部門と銀行部門が新たに設置された．

第二次世界大戦直後の1946年，「1946年イングランド銀行法」により国有化され，名実ともに政府の中央銀行となった．国有化に際して，「…公益上必要な場合には銀行業者に対する勧告や指令を発することができる」(イングランド銀行法第4条)ことになり，金融機関に対する指導力や監督権限が強化された．

イングランド銀行は，ほかの国の中央銀行と同様に，発券銀行，銀行の銀行，政府の銀行として銀行券の発行および発行保証，預金，貸付け，割引，有価証券などの業務を行なっている．また，割引政策(公定歩合政策)，準備率政策，公開市場操作などを通じて金融政策の健全な運営をめざしている．

イングランド銀行には，ほとんどすべての諸外国中央銀行の口座があり，またイギリス内の各種主要銀行(バークレーズ銀行(→Barclays Bank)，ロイズ銀行(→Lloyds TSB)など大手手形交換所加盟銀行を含む)の口座が開設されている．したがって，たとえば銀行間の資金の過不足を最終的に決済するための資金の移動は，実際にはそれぞれの銀行がイングランド銀行に保有する勘定口座間を資金が移動するにすぎない．銀行の銀行といわれるのはこのためである．

同行の支払い準備は英国金融制度全体の支払い準備を意味している．最終の貸し手といわれるゆえんである．

イングランド銀行のシティとの密接な情報交換，日常的な対話と指導は伝統的な良き慣習と考えられている．紳士協定に基づくとはいえ，時にはきびしい指導監督が行なわれており，「スレッドニードル街の老婦人が清新な銀行監督政策に挑戦している」と評価されている．バーミンガム，ブリストル，リーズ，マンチェスター，ニューカースル，グラスゴー，リヴァプール，サウサンプトンの各地に支店ないし代表事務所がある．

→Banks, Threadneedle Street

現在のイングランド銀行正面

Banks
〈銀行〉

ロンドンにおける主要金融機関，とくに銀行はあらまし次のとおりである．

シティ

ロンドンは，イギリスの首都として知られている以上に，国際金融の中心，インターナショナル・フィナンシャル・センターとして世界に知られている．この国際金融市場は，銀行，保険，証券，海運，商品，先物その他各種金融サービス業とその担い手である業者により構成されている．業者の営業所はすべてがいわゆるシティの名で知られているロンドン旧市部，すなわちロンドン市長とシティ市議会（→Court of Common Council）が支配する約1マイル四方（1.6キロ四方）の地域に所在している．

シティの主要な特色として，(1)世界最多の外国銀行の拠点がある，(2)世界最大規模の外国為替市場，保険市場がある，(3)世界最多の債券取引業者（ボンドディーラー）が集中している，(4)外国株式の取扱高，金融派生商品（デリバティヴ）の取扱高が多い，(5)主要な商品の取引市場がある，(6)それぞれ専門の法律家，会計士，マネジメント・コンサルタントなど各種のプロフェッショナル・サービス業がそろっている，などを挙げることができる．

〈主要金融機関〉

中央銀行と民間金融機関（銀行その他の金融機関）に分けることができる．

〔中央銀行〕　イングランド銀行（→Bank of England）．主要都市に支店がある．

〔民間金融機関〕

1．預金銀行（商業銀行）

(1) ロンドン手形交換所加盟銀行（クリアリング・バンク）．バークレーズ銀行，ロイズ銀行など，一般商業銀行業務を行なう．

(2) スコットランド系銀行，北アイルランド系銀行．アルスター銀行，ロイヤル・バンク・オヴ・スコットランドなど，一般商業銀行業務を行なっている．

2．割引商社（ディスカウント・ハウス）

割引市場の主要メンバーで，イングランド銀行と預金銀行のあいだにあって，円滑な資金循環のパイプ役となっている．原資は預金銀行からのコールマネー，運用対象は商業手形，イングランド銀行が売却する大蔵省証券

など.
　3.引受商社・発行商社
　外国貿易為替手形の引受けと証券発行を主要業務とする金融会社.マーチャント・バンクのこと.
　4.海外銀行・外国銀行
　海外銀行とは本店をロンドンにおき,支店を英連邦諸国におく銀行,本店を英連邦におき,支店をロンドンにおく銀行など,大英帝国時代の名残り的存在の銀行のこと.
　多くは現地で国有化(エジプト,タンザニアなど)されたが,香港上海銀行(→HSBC Holdings plc)やオーストラリア・アンド・ニュージーランド・バンクなどが生き残っている.外国銀行とは,アメリカや日本の銀行の支店がこの分類に入る.
　5.建築組合(ビルディング・ソサエティ)
　長い歴史をもつ貯蓄専門金融機関で,住宅金融専門の金融機関でもある.
　6.機関投資家・信託貯蓄銀行など
　保険会社,投資信託(ユニット・トラスト),年金基金,信託貯蓄銀行(トラスティ・セイヴィングス・バンク),国民貯蓄銀行(ナショナル・セイヴィングス・バンク)などがある.
〈最近の動向,脱シティの動き〉
　シティの金融および金融サービスの高度化,多様化はさらに進展する.国際取引やコンピュータによる事務処理の拡大に伴う大規模事務センター機能の拡充など実務面の拡大が,ひとつの新しい傾向を促進している.すなわち,金融機関のなかには,国内業務の一部を,マンチェスター,カーディフ,リーズ,リヴァプールに移し,また国際金融業務の一部を,エジンバラやグラスゴーに移した銀行がでてきている.とくにスコットランドにあるエジンバラとグラスゴーが脚光を浴び,ファンド・マネジメント業務の増大など,スコットランドにおける金融の中心としての機能を果たしつつある.

Bankside
バンクサイド　SE1
　サザック橋のたもとの,テムズ川南岸沿いを占める道路.対岸に立ち並ぶシティ地区の建物群やセント・ポール大聖堂を望む場所にあり,以前は埠頭や倉庫が密集していた.
　12世紀初頭以来,この地域は代々ウィンチェスターの司教たちの領地に使われ,シティの行政管轄外に置かれた特別自由区として独立し,中世ロンドンの遊興の中心だった.そのため領地内には,小さいが刑務所も設けられていた.これはのちにクリンク刑務所として,クリンク・ストリート(→Clink Street)に残っていた.特別自由区の区域は西のパリス・ガーデンにまで広がっていて,ここでは杭につないだ熊や牛を犬にいじめさせる見世物(→Bear Gardens)が行なわれ,一般民衆をはじめ王族や貴族たちのまたとない娯楽となっていた.そして,この残酷な見世物は1835年の禁令までつづけられていた.
　同時に,16世紀にはいってこの地に出現したのは劇場だった.ザ・ローズという古い家の敷地を利用して,1586年前後にまずローズ座が建設され,その後パリス・ガーデンにスワン座,いまのパーク・ストリートにシェイクスピアのグローブ座(→Globe Theatre①)というように次々に演劇の場が広がっていった.それにともなって,演劇人たちがこの地に住みつくようになり,そのなかでもコメディアンのウィリアム・ケンプ,ダリッチ・コレッジの創設者で俳優のエドワード・アレン,劇作家マッシンジャーやボーモントらがバンクサイドの住人として名を残している.
　この華やかな雰囲気も次のピューリタンの時代が到来すると徐々にうすれていき,18世紀以降になると,土地が整備されるとともに庭園ができ,新しい装いのパブが建ち,鋳物やガラス工場,ビール醸造の建物などが出現し,様相が一変し,テムズ川沿い有数の工場地帯に変貌した.だがいまでは,サザック橋を下りて河岸に出るこの一帯は美しく舗装され,眺望のきく遊歩道,ミレニアム・マイル(→Millennium Mile)の一部分に変わっている.

Bankside Power Station

バンクサイド発電所　SE1

1963年にオープンした発電所．設計者はサー・ジャイルズ・スコット．テムズ川南岸，サザックのグレイト・パイク・ガーデンズ跡に建てられ，その大煙突が，バンクサイドの光景を変えたといわれた．2000年5月，発電所は新美術館，テート・モダン（→Tate Gallery）に生まれ変わった．発電所のシンボルでもあった高い煙突をそのまま残し，2階分の床を加え，階上の展示室に自然光を取り入れた設計である．ピカソ，マティス，モネ，ダリなど国際的な20世紀美術を展示する．

Banqueting House
バンケティング・ハウス

Whitehall, SW1

建築家イニゴー・ジョーンズがジェイムズ一世のために設計，1622年に完成した建物．ホワイトホール・パレス（→Whitehall Palace）のうち唯一焼失をまぬがれた．

ホワイトホール・パレスには仮面舞踏会などに使う木造の会館があったが，ジェイムズ一世がこれを恒久的な建物にするため造り替えたもので，当時ロンドンで完全なルネサンス様式の建築として知られた．画家のルーベンスはチャールズ一世の依嘱を受けて，天井に王権とステュアート王家を象徴する絵を描いた．1635年に完成．以後ホールでは煙草の煙やランプの煤で絵が損傷するのを防ぐため，仮面舞踏会その他の催しは，隣接した木造の建物で行なわれるようになり，こちらは儀式を中心に使われる建物になった．ここで行なわれた主な行事は洗足式，ガーター騎士団の正餐（毎年6月のガーター騎士団例会に行なわれる），るいれきのお触り（るいれきは，王が手を触れると治るといういい伝えがあり，ヘンリー七世からアン女王の時代まで，毎年行なわれた），外国大使の招宴などであった．

ピューリタン革命で断首刑の判決を受けたチャールズ一世は，1649年1月30日，バンケティング・ハウス北側に特設された処刑台にのぼった．建物入口の上面にそれを記録するチャールズ一世像のレリーフが掲げられている．革命後の共和制時代も建物の内部は損傷をまぬがれ，王政復古なって亡命先から帰国したチャールズ二世は，ここで復位を祝った．現在，建物は歴史的王宮管理庁の運営下にあり，内部は公開されている．

Barber-Surgeons' Hall
理髪外科医同業組合会館

Monkwell Square, EC2

1540年に外科医が理髪師と合体して同業者となったことから，会館としては今でも2つの職業をあらわしている．しかし，外科医は1800年に理髪業から分離して独自のロイヤル・コレッジを設立し，同業者組合としては消滅した．理髪師が外科医を兼ねていたことは，現在の理髪店の看板となっている「あめんぼう」に表われている．赤と白は血液と包帯を表わす．理髪師同業組合会館が誕生したのは15世紀の半ばころで，その後ロンドン大火で焼失するまで発展しつづけた．大火後再建されたが，1940年に空爆で破壊された．1969年に再開，約120人の収容能力をもつ食堂がある．

→City Livery Companies

Barbican
バービカン

Silk Street, EC2

第二次世界大戦中，ドイツ空軍による爆撃で廃墟と化したバービカン地区の土地を，1958年シティとロンドン議会が買い上げ，シティの古い大小の街路を残しながら，大胆な再開発計画を実施，総合芸術施設や居住部，商店，会議場などができた．

バービカンという地名は，ローマ時代にここに造られた物見台（1267年，ヘンリー三世によって解体）に由来しており，いまなお，この周辺にはローマ時代に造られたシティの市壁をはじめ，ローマの遺物が多数残っている．16，17世紀には，当時の要人が居住する高級住宅街となり，エリザベス一世時代にはスペイン大使ゴンドマール伯爵が，ピューリタン革命勃発の1649年まではジョン・ミルトン

バービカン・センターのテラス

が，ここで暮らした．彼は新しく開発されたバービカンの中のセント・ジャイルズ・ウィズアウト・クリプルゲート教会（→St Giles without Cripplegate）に埋葬された．周囲はロンドン大火で焼失し，18世紀にはもっぱら織物商人たちの居住地となった．

第二次世界大戦中の空襲では，南側約14ヘクタールが完全に破壊された．1956年，住宅ならびに地方行政を担当していた時の大臣ダンカン・サンディーズの提案によって，都市型集合住宅の中に学校や店舗，オープン・スペースなどを組み込んだ一大文化センターをめざす再開発が開始された．チェンバレン，パウエル，ボンという3人の建築家の共同設計に基づき，総経費約1億5300万ポンドをかけた一大プロジェクトであった．

バービカン・センターは，ヨーロッパで最も広い平屋根の10階（地上5階，地下5階）建ての建物．ここに，ロンドン最大規模のアート・ギャラリー，3つの映画館，抜群の音響効果を誇る2026人収容のコンサート・ホール，1166人収容の大劇場がある．1982年3月3日，女王列席のもと，オープニング式典が行なわれた．現在，ここを拠点とするロンドン交響楽団は，シーズン中，週に5つのコンサートを開いている．1875年設立のロイヤル・シェイクスピア劇団は，センターの完成とともにここにロンドンの本拠を移し，多くのファンを楽しませている．地下鉄バービカン駅がある．

Barclay and Perkins
バークレー・アンド・パーキンズ醸造会社

1710年にすでにテムズ川南岸サザック・ブリッジ・ロード近くのアンカー・テラス7番地にアンカー醸造所があった．後にロンドンで4番目に大きい醸造所になったが，当時の所有主ヘンリー・スレイルの死去のあと，1781年にバークレー・アンド・パーキンズ社がこれを購入し，同社名をつけた．その際，サミュエル・ジョンソンがスレイルの遺言執行人のひとりをつとめた．同じ「クラブ」の仲間であった初代ルーカン伯爵によると，「ジョンソンはまるで消費税収税吏のように，せかせか動きまわっていた．財産の値を聞かれて，『わしらは煮沸釜や醸造用の桶を売るためにここに来ているのではなく，欲望以上の夢より先に豊かになる可能性を売るために来ているのじゃ』と答えた」という．

サザックは昔からテムズ川の水でつくられ

る良質の強いビールで有名だったが，バークレー・アンド・パーキンズの大規模な醸造所が発展したのもこうした土地柄だった．この会社はディケンズの『ディヴィッド・コパーフィールド』などでも言及されている．近くのホースリーダウン・レインにあったホースリーダウン醸造所と1955年に合併したが，1983年に閉鎖された．大ロンドン西郊ハンワースにあるハンワース・パーク・ハウスは，この醸造会社の経営者だったパーキンズ一家が住んだ邸宅だった．

Barclays Bank plc
バークレーズ銀行
Lombard Street, EC3

英国4大銀行のひとつ．1690年ごろ，個人銀行(プライベート・バンク)として創業．時代の変化に対応して，バークレー，ベバンなどロンドンや地方の多数の個人銀行が合併して，バークレー・アンド・カンパニー・リミテッドが1896年に設立された．その後，1917年バークレーズ・バンク・リミテッドに社名変更，1982年に現在の社名となった．ユニオン・バンク・オヴ・マンチェスターの吸収合併，アングロ・エジプシャン銀行など海外取引銀行の株式取得，ゾウテ・アンド・ベバンなど証券ブローカーの買収，バークレー・カード(英国銀行として初めてのクレジットカード)の発行などを通じて，内外拠点の拡充，国際業務の多様化，証券引受業務への進出を推進した．プルーデンシャル・グループを主要株主とするBarclays plc 傘下の商業銀行である．
→Banks

Barking
バーキング　IG11

ロンドン北東郊，ローディング川の東の地区で，もともとエセックス州におけるサクソン人の定住地であった．その名はBerecingum(Bericaの人々)に由来する．ローディング川の河口のバーキング・クリークと呼ばれる地域とバーキング修道院周辺に街が発展したが，修道院は666年ごろイングランド初の尼僧院として建てられ，ウィリアム征服王が戴冠後に滞在したことでも知られ，1539年の修道院解散当時はイングランド最大のベネディクト派尼僧院であった．修道院解散以後はロンドン商人の居住区となり，多くのロンドン市長を輩出している．

19世紀に至るまで，バーキングの主産業は漁業であったが，イングランド東部のヤーマスへの漁業拠点の移動ならびに1854年の鉄道開設によって都市化が進んだ．駅の一部を利用して，1872年にはフェリーのターミナルもできた．1965年にはダグナム(→Dagenham)と合併してロンドンの自治区のひとつとなった．ヨーロッパ最大規模を誇る発電所があったが，1981年に閉鎖された．地下鉄・鉄道のバーキング駅が便利である．

Barnardo's
ドクター・バーナードー・ホーム
Tanners Lane, Barkingside, IG5

恵まれない子供のための慈善団体．創始者であるダブリン生まれのトマス・ジョン・バーナードーは医療伝道士を志して，ロンドンで医療の勉強をした．やがて彼はロンドンの貧民階級の人々を収容するホームを開設したのをきっかけに，1870年代から，特に援助を必要とする子供のために多くの施設や学校，共済会などを開設していった．今日イギリス中に，164もの集合住宅，学校，およびセンターがある．

最近のドクター・バーナードー・ホームの活動は，ふつうの家庭で子供を養育すること，デイ・ケア・サービス(未就学児童や身体障害者などに，専門的訓練を受けた職員が家族に代わって行なう昼間だけの介護)を通じて家庭の崩壊を防ぐこと，援助の必要な子供に里親を世話すること，などに広がっている．ロンドン北東郊イルフォード地区に位置する．

Barnard's Inn
→Inns of Chancery

Barn Elms

43

バーン・エルムズ

　ロンドン西南郊, テムズ川南岸のバーンズ地区にあった昔の領主館. 1504年まではセント・ポール大聖堂の主任司祭と参事会とが所有していたが, サー・ヘンリー・ワイアットに賃貸され, 孫のサー・トマス・ワイアットがメアリ一世に対する反逆罪で処刑された際に王家に没収された. 1579年にサー・フランシス・ウォルシンガムがエリザベス一世からこの屋敷を賃借し, ウォルシンガムは女王をここで3回歓待した. 彼の義理の息子エセックス伯爵もここに時折住んだ.

　1694年にトマス・カートライトが改築し, 屋敷の離れはジェイコブ・トンソンに賃貸された. トンソンは出版者でキット＝キャット・クラブの幹事であり, クラブの会合用の部屋を作った. クラブの会員はゴドフリー・ネラーの描いた自分たちの肖像画をトンソンに贈呈した. その中にはホイッグ党のロバート・ウォルポール, 劇作家のウィリアム・コングリーヴ, 建築家でもあったジョン・ヴァンブラやジョーゼフ・アディソン, リチャード・スティールらが含まれる. トンソンの甥のジェイコブ二世はこれらの肖像画を収める画廊を建て, バーン・エルムズの西側の土地を取得した. 1730年代に母屋はのちにロンドン市長となるサー・リチャード・ホーの邸宅となり, 息子のサー・リチャードがこれを増築するとともに, 造園によって景観を引き立てたが, そのあと1820年代にホー家はこの屋敷を売却してしまった. ウィリアム・コベットは治安妨害の罪で投獄されたあと, 1828-30年にこの屋敷の農場を賃借した. 1884-1934年, 屋敷は当時栄えていたラニラ・クラブとなったが, やがて廃屋となり, 1954年の火事のあと取り壊された.

Barnes
バーンズ　SW13

　ハマースミスの対岸, テムズ川の南岸に位置するロンドン南西郊の一地区. 鉄道ならウォータールー駅から30分ほどでバーンズ駅, バーンズ・ブリッジ駅に着く.

　バーンズ橋は半円アーチを連ねた鉄道橋で, リッチモンドの下流にかかる橋としては最古の橋(1846-49)である. 川に沿って長くつづく住宅地バーンズ・テラスには18, 19世紀の面影をいまにとどめる建物が残る. 18世紀の政治家・劇作家 R.B. シェリダンはここに住んだ. この通りの北端に典型的なヴィクトリア朝のパブが2軒ある. ハイ・ストリートのローズ・ハウスはバーンズで現存する最古の家である. またステーション・ロードのミルボーン・ハウスは小説家・戯曲家・ウェストミンスター治安判事であったヘンリー・フィールディングの1750年代の住まいであった.

　バーンズ地区は1827年, 南北に走るカスルノー・ロードが開通してハマースミスと結ばれ, さらに1846年に鉄道が開通したことによって, この地区は急速な発展を遂げることになった. それまでは長いあいだ交通の便に恵まれず, ロンドンへは徒歩か船にたよるだけの遠隔の地であった. 芝地と池は昔の村落のたたずまいを残していまなお魅力的である. チャーチ・ロードのセント・メアリ教区教会は1978年に火災にあったが, 15世紀の煉瓦造りの塔は焼失をまぬかれた.

Barnet
バーネット　EN5, N20

　ロンドン北部の自治区. かつては, ミドルセックス, ハートフォードシャー, エセックス各州にまたがる広大な森林地帯で, ローマ人が去ったあとのブリテン島に移住したサクソン人の居住地域であった. バーネットという地名は, サクソン人が樹木を焼いてこの森林地帯を開拓したことから,「燃えること」を意味する baernet (英語では burning) に由来する. この地域を貫くグレイト・ノース・ロードはロンドンからセント・オールバンズを経由してさらに北へと抜ける主要ルートであった.

　1965年にロンドンの自治区となったが, それまではこの地域は3つに分かれていた. ヘンリー八世の修道院解散以前はセント・オールバンズの修道院長に属していたハイ・バーネットとイースト・バーネット, および13世紀にロ

ンドン司教がエルサレムの聖ヨハネ騎士団に与えたフライアーン・バーネット (Friern Barnet) である.

ハイ・バーネットとグレイト・ノース・ロードは歴史と深く関わってきた. ばら戦争の時代「キングメーカー」と言われたウォリック伯爵リチャード・ネヴィルが戦死した場所であり, 北のハットフィールドで不遇をかこっていたエリザベス王女が姉のメアリー世の死と自分の女王即位を知らされ, ロンドンを目指した道である. ピューリタン革命期にチャールズ一世がオックスフォードに逃亡したのもこの道であった.

また, 16世紀以来ロンドン近郊の保養地「旅籠の町」として知られている. とりわけ, バーネットとハットフィールドをつなぐ新しい道路が造られた17世紀末以降は, 一日150便という馬車が通過するルートとしてにぎわいを見せた. しかし, 鉄道の開通によって馬車の交通はしだいにさびれ, 景観も大きく変わった. 1852年にはニュー・バーネット駅が開設され, 72年にはフィンチリーからの支線の駅もできて, ロンドン中心部への通勤圏となった. 以後, 人口増にあわせて, 住宅街としての開発が進んだ. 現在は鉄道の西側に, 地下鉄ノーザン・ラインの終着駅ハイ・バーネット駅ができている.

イースト・バーネットはハイ・バーネットの東にあり, 古代から中世にかけては歴史を共有する. 19世紀までは主に耕地と牧草地であったが, ニュー・バーネット駅の開設後人口が増え, 中産階級の住宅地に変わっていった. 1965年, ハイ・バーネットとともに自治区バーネットに組み込まれた.

フライアーン・バーネットはイースト・バーネットの南に位置し, 12世紀にはサウス・バーネット, 13世紀にはリトル・バーネットと呼ばれた. ロンドン司教領, ならびにロンドン司教が聖ヨハネ騎士団に与えた土地は, 修道院解散によって王領地となり, セント・ポール大聖堂の主席司祭に下賜されたのち, エリザベス一世が寵臣サー・ウォルター・ローリーに与え, それをローリーがフランシス・ベーコン一族に譲渡して, 19世紀までにはベーコン家の所有であった. 16世紀には約3分の1 (182ヘクタール) が森林地帯であり, エリザベス一世が狩りを楽しんだと伝えられる. 1851年, コルニー・ハッチ駅の開設とともに, ロンドン市内への通勤圏となり, 森林は次々と伐採され, 住宅地としての開発が進められた.

Barnsbury
バーンズベリー　N1

ロンドン北郊イズリントン自治区の高台一帯で, 19世紀初頭まではハイゲートやシティを一望できる高級住宅街であった.

13世紀末から1532年までは, セント・ポール大聖堂の聖堂参事会員からその権利を買い取ったラルフ・バーナーズなる人物とその子孫がバーンズベリー荘園を所有していたが, それ以後は婚姻関係を通じて, 所有権は地元の裕福な家系を転々とした. 「陽気なイズリントン」として知られた地域の一部であり, テューダー朝以後, 新鮮な空気と肥沃な大地, サミュエル・ピープスの日記にも出てくる不純物のない湧き水によって, 酪農が盛んになった. また, シティに暮らす人々にとっては身近な行楽地としても人気があった.

1666年の大火の際にロンドンの人々が避難したのはこの地域であった. またホワイト・コンディット・ハウス (→ White Conduit House) とその庭園の人気は高く, 18世紀には多くの人々がここの酒亭とティー・ハウスで楽しむ姿が見受けられた. 牛の取引き市場でもあったが, 1820年にリージェンツ・カナル (→ Regent's Canal) が開通し, 22年には, ウィリアム・タフネルがこの土地を処分したことなどによって, 19世紀前半から郊外型住宅地の開発が始まった. その後民生委員の事務所やロンドン熱病病院 (1848), 王立農業会館 (→Royal Agricultural Hall) などの公的施設も作られて, 新興地としての体裁を徐々に整えていった. 鉄道網の拡大によって, ここに中産階級, とくに商人や私立学校の経営者らが住むようになると, 高級住宅地としてのイメージはしだいに失われていった.

第二次世界大戦後，古い通りは壊され，建物や公園などが作られた．かつて裕福なロンドンっ子が休日を楽しんだホワイト・コンディット・ハウス周辺は，1960年以来荒れたまま放置されていたが，1980年代から住宅地としての開発が進められた．近くに地下鉄・鉄道のハイベリー・イズリントン駅がある．

Barons Court
→Queen's Club

Bartholomew Close
バーソロミュー・クロース　EC1

近くにある教会セント・バーソロミュー・ザ・グレイト（→St Bartholomew-the-Great）にちなんで名づけられた道路．地下鉄バービカン駅に近い．

1633年，彫刻家ユベール・ル・シュウールが，現在トラファルガー広場にあるチャールズ一世の騎馬像を制作中ここで暮らした．ピューリタン革命中に失明したジョン・ミルトンは1660年に大赦がでるまで，ここに身を潜めていた．イギリス風刺画の父といわれるウィリアム・ホガースは，1697年ここで生まれた．セント・バーソロミュー・ザ・グレイト教会付属の聖母礼拝堂にあったパーマー印刷所には，1725年，ベンジャミン・フランクリンが働いていた．

Bartholomew Fair
バーソロミュー定期市

ヘンリー一世の時代に，王室の道化師であり吟遊詩人でもあったレイヤーという伝説的人物が，ローマへの巡礼の旅の途中で重い病気にかかり，夢で聖バーソロミュー（バルトロメオ）の幻を見，「ロンドンに帰ったらただちに貧しい者と年よりのための病舎を打ち建てよ」と告げられた．レイヤーはロンドンに帰ると王から早速ロンドン城壁外の廃物捨て場をもらい受け，その荒地を開墾した．それが今日のスミスフィールドである．そこに修道院と巡礼や病人のためのホスピス（宿泊所）（→St Bartholomew's Hospital）を建て，聖バルトロメオに捧げたのが1123年のことである．

1133年には王から定期市開催の特許状を与えられ，レイヤーの修道院はバーソロミュー市の時代で大きな利益をあげた．以来8月24日の聖バルトロメオの祝日の前日から3日間，毎年クロス・フェアという服地定期市（→Cloth Fair）が開かれるようになった．修道院長であったレイヤーは自ら市に出かけて手品を披露してはばからなかったという．

その後，ロンドン市がスミスフィールドに家畜市（→Smithfield Market）も開くようになり，収入が増すにつれ定期市開催の権利をめぐって，シティと修道院との間に紛争が絶えなくなった．1538年に修道院が解散させられたとき，その権利は一時的に時の法務次官サー・リチャード・リッチに支えられたが，1830年に結局シティがその権利を買い取った．しかし，そのときにはバーソロミュー市の人気はすでに衰えていた．

この市が最も栄えたのは，劇作家のベン・ジョンソンの時代17世紀であった．彼の喜劇《バーソロミュー・フェア》に，この定期市がいかに評判の悪い「悪徳の温床」であったかが，風刺をこめておもしろおかしく描写されている．舞台はある屋台の店を中心として，そこに各種の呼び売り商人（→London Cries），人形芝居師，博奕打ち，巾着切り，狂人，番人などさまざまな輩が出入りする．そこへこの市を取り締まる治安判事が変装して乗り込む．彼の仕事は，屋台の商品を調べて不正を摘発することである．この私服刑事が多くの悪を発見して，いよいよ取り押さえようとした瞬間，その中にいた博奕打ちの妻との不義がばれて，反対にお役人のほうが悪徳商人どもにしぼり上げられるという筋である．この劇には清教徒が登場して，この汚れた市の風景を嘆くのである．「おお，スミスフィールドよ，お前は畜生どもの住まいか，何がフェア（美）だ，お前こそはファウル（醜）の名にふさわしきもの，お前の名はファウル・フェアなり」と，ことばのあやを楽しんでいる．この定期市でいちばんもうけたのは，バラッド・シンガーという流行歌売りと居酒屋であったと，ベン・ジョンソンは伝えている．1697年と

1700年の2回にわたって，舞台上の芝居は禁止されたが，旅役者たちは群衆の頭上に足場を組んで，卑猥な喜劇を演じた．

この大市も19世紀の半ばには消滅したが，バーソロミュー定期市の模様は，18世紀のサザック定期市（→Southwark Fair）に受け継がれる．ウィリアム・ホガースの版画がその様子をよく伝えている．

Basinghall Street
ベイジングホール・ストリート　EC2

ロンドン市壁のすぐ南にあるこの通りは，13世紀，ここに家を構えたシティの有力な一族ベイジング家にちなんで命名された．15世紀から19世紀にかけて，織工，石工，樽造り職などの同業組合会館があった．エリザベス一世時代には，この通りに事務所を構えていた金細工師で銀行家でもあったヒュー・ミドルトンが友人サー・ウォルター・ローリーとともに戸口に座り，当時イギリスに紹介されて間もないタバコをくゆらせていたというエピソードが残っている．地下鉄バンク駅に近い．

Battersea
バタシー　SW8, SW11

テムズ川南岸の地区で，北岸のチェルシーとはチェルシー橋，アルバート橋，バタシー橋の3本の橋でつながっている．工業を連想させる街だが，昔の村の中心部には歴史の重みを感じさせる街並みが残っている．名前は「バトリスの島」に由来し（異説もある），バトリスという男の所有する中洲，ないし湿地に取り囲まれて島のようになっているところからきたとされる．サクソン人の居留地の跡が発掘されたり，石器，青銅器，鉄器も発見されていることから，古くからの居住地であったことがわかる．

この地の大部分を占めた荘園はスティーヴン王が修道院に与えた土地だが，宗教改革のときに再び王領となり，チャールズ一世によってサー・オリヴァー・シンジャンに与えられた．その子孫ボリングブルック子爵はバタシーのシンジャンとして知られ，政治家，文筆家として著名であった．トーリー内閣で陸相，国務相などを歴任したが，アン女王の死後ジャコバイトを支持して失脚した．ジョナサン・スウィフトやアレグザンダー・ポープらと親交があり，ポープは『人間論』の大部分をボリングブルック・ハウスのポープス・パーラーといわれた部屋で書いた．館は1778年に大部分が取り壊されたが，その一部は売却されてフィラデルフィアで再建された．

この地区にあるセント・メアリ教会（→St Mary③）は，ウィリアム一世のドゥームズデイ・ブック（→『土地台帳』）に記録が残る古い教会で，窓にはヘンリー七世の祖母マーガレット・ボーフォートおよびヘンリー八世とエリザベス一世などの肖像がある．建物は1777年に全面的に建て直された．詩人・画家のウィリアム・ブレイクは1782年にこの教会で結婚式を挙げた．

19世紀半ばまでこの地は近郊農業の中心で，ブレイクの妻キャサリンも地元の野菜農家の娘であった．一方，古くから工業も盛んで，製陶，銅細工，合板，靴の工場および製粉場などがあった．鉄道が開通すると倉庫，修理工場，操車場など関連施設および交通の便がよくなったために，いくつかの近代的な工場ができた．発展にともない人口も急増したために，南部を中心に大規模な住宅開発が行なわれた．北部は1843年の首都改善計画によって排水工事が行なわれて大規模な公園（→Battersea Park）が造られ，火力発電所（→Battersea Power Station）が首都にエネルギーを供給した．

発展の過程で多くの歴史的な建造物が取り壊されたが，陶磁器や絵画のコレクションで有名なオールド・バタシー・ハウス（→Old Battersea House），18世紀に建てられたデヴォンシャー・ハウス（→Devonshire House）と南極探検家エドワード・ウィルソンの住んだ牧師館，チャールズ二世の時代に建てられたレイヴン・インなどが古き良き時代の名残りをとどめている．

この地に足跡を残した文人も多く，19世紀の冒険小説家ジョージ・ヘンティはラヴェン

47

ダー・ガーデンズ33番地に住み，ウェールズ出身の乞食詩人エドワード・トマスは妻とシェルゲート・ロードの61番地に住んだ．小説家・詩人・随筆家のG.K.チェスタートンはバタシー・パークのオーヴァー・ストランド・マンションズの60番地に住んだ．

クイーンズタウン・ロードには『オブザーヴァー』の新社屋兼印刷所があり，オールド・ヴィカリッジ・クレセントには王立舞踏学院(→Royal Academy of Dancing)がある．

Battersea Bridge
バタシー橋　SW11

アルバート橋(→Albert Bridge)とともにチェルシーとバタシーの両地区を結ぶ3つの橋のひとつ．古くから渡し舟が往来していたこの地点に最初の橋がかけられたのは1771-72年のことで，木造であった．橋は木材をやぐらのように組み立てた15あまりの橋台に支えられ，両端から中央部に向かってゆるやかな上り勾配の構造であったため，ほかの橋にない造形美があった．これがサー・ジョーゼフ・バザルジットの設計によって現在の橋に改築されたのは1886-90年であった．チェルシーに住んだアメリカ生まれの画家ジェイムズ・ホイッスラーは薄明の靄にかすむテムズ川の風景にここの旧橋を題材にして，《夜景図，オールド・バタシー・ブリッジ》を描いた．少し上流に1863年完成のバタシー鉄道橋がある．

Battersea Dogs' Home
バタシー・ドッグズ・ホーム

Battersea Park Road, SW8

ロンドンの迷い犬・猫，および不用犬・猫の収容施設．1860年に，メアリ・ティールビィ夫人が，迷子や捨て犬の一時預り所をホロウェイに開設したことにはじまるが，1871年にこの地に移転し，バタシー・ドッグズ・ホームとなった．この施設は，自治体などから援助を受けない民間の施設であるが，女王自ら犬舎の開所式に出席するなど，社会的に広く知られた施設で，創設以来およそ300万匹の犬を世話した実績がある．

ここでは，警察，自治体，あるいは飼い主から犬や猫が持ち込まれると，1週間は元の持ち主を探し，その後は新たな飼い主を探すことに全力をあげる．

単なる不用犬・猫の処分施設ではなく，動物愛護の精神が徹底している点が大きな特徴である．

Battersea Park
バタシー・パーク　SW11

1843年の首都改善計画から10年の歳月をかけてテムズ川南岸に造られた王立公園．

かつてこの地はマナー・オヴ・バタシーの共有地であり，シーザーの軍隊がカチュヴェローナイ族を攻めたときにテムズ川を渡った渡河地点といわれる．

この地を舞台にした有名な2つの事件がある．ひとつは，トマス・ブラッド大佐によるチャールズ二世暗殺未遂事件である．大佐は王冠の宝石を奪う計画を立て，銃を構えて葦の中に身をひそめていたが，「陛下への畏敬の念によって指が動かず」，未遂に終わった．もうひとつは1828年の決闘事件である．当時カトリック教徒解放議案をめぐってウェリントン公爵とウィンチェルシー伯爵が対立，伯爵に侮辱された公爵は決闘で決着をつけようとした．介添人の合図と同時に発砲したのはウェリントン公であったが，弾は遠くはずれた．これを見てウィンチェルシー伯は空に向けて銃を発射して，公爵にあやまった．これで双方とも傷を負うことなく事件は落着した．

公園になる前は湿地で，黒い小川と溝で区切られていた．そんな湿地の原にも日曜日には市が立ち，ロバのレースが行なわれ，何千という市民がボートでテムズ川を渡って押し寄せた．隣接するレッド・ハウス・タヴァンは庶民の人気の的であった．

公園が開園したのは1853年．湿地を埋め立てるため，ヴィクトリア・ドックを掘った残土が用いられた．その後池が掘られ，ケヤキの植樹がなされ，亜熱帯庭園などが次々に造られた．1851年の万国博覧会の100周年を記念

した1951年の英国祭にはフェスティヴァル・ガーデンズが造られたが，1976年に取り壊され，いまは公園北西方にある噴水池がわずかに名残りをとどめるのみである．

この公園を舞台にイースターから9月まで開かれる市は有名．とくに開幕日のイースター・サンデーには山車や花火，マーチング・バンドの行進がくりひろげられる．

子供動物園，鹿公園，遊戯場，運動場，テニス・コートなどの施設のほか，ヘンリー・ムーア，バーバラ・ヘップワースなどの彫刻もある．1985年に高さ約33メートルもある仏像を納めた平和塔が日本の宗教団体によって公園内に建てられた．また，南のクラパム・コモンに下宿していた夏目漱石が散歩の途中よく立ち寄ったということもあって，この公園を訪れる日本人観光客は多い．鉄道駅バタシー・パークに近い．

Battersea Power Station
バタシー発電所

Cringle Street, SW11

テムズ川に面したこの火力発電所は，1934年にジャイルズ・スコットによって建てられた．彼はイギリス・ゴシック建築の巨匠ジョージ・スコットの孫で，リヴァプールの英国国教会の大聖堂をはじめ，多くの近代建築を手がけた．この発電所は長いあいだ首都にエネルギーを供給してきたが，1983年に閉鎖された．最初は高さ91メートルの2本の煙突があったが，のちに増設されて4本になり，今でもテムズ南岸にそびえている．その高い煙突から吐き出される脱硫装置や浄化装置を通ったきれいな白い煙は，ロンドン名物となっていた．壁にはファラデーの法則で知られるマイケル・ファラデーの銘板がある．この南にナイン・エルムズの新しいコヴェント・ガーデン・マーケットがある．

跡地利用については，一大娯楽センターを含めていろいろな計画がある．

Battle of Britain Museum
→Royal Air Force Museum

Bayham Street
ベイアム・ストリート　NW1

ロンドン北郊のカムデン・タウンにある通りの名．地下鉄カムデン・タウン駅に近い．この一帯はカムデン侯爵の所有地で，通りの名は教会ベイアム修道院にちなむ．19世紀のはじめに職工の街として開発された．1821年から24年まで，チャールズ・ディケンズ一家が16番地に住んでいた．4部屋と地下室，屋根裏部屋のついた小さな家で，家賃は年22ポンドであった．ジョン・フォースターは『ディケンズ伝』の中で，「ベイアム・ストリートは，その当時ロンドン郊外で最も貧しい地域であった．家はみすぼらしく，敷地はせまく，むさくるしい小さな庭が汚い路地裏に接していた」と記している．

ディケンズ自身も『ドンビー父子』の中で，「カキの季節にはカキ殻の山，エビの季節にはエビ殻の山，割れた瀬戸物としなびたキャベツの山は一年中」と描写している．ここで暮らしてほどなく父が債務者監獄に収監され，ディケンズは靴墨工場で働くどん底生活に入ることになる．この家は1910年に取り壊されたが，現在の141番地に記念銘板がある．屋根裏部屋の窓はダウティ・ストリートのディケンズ・ハウス・ミュージアム（→Dickens House Museum）に保存されている．

Baynard Castle
ベイナード・カースル

シティの西の端，ブラックフライアーズのテムズ河岸にあった城塞で，東のロンドン塔と並んでシティの防衛と同時に，自治権をもつシティの監視にあたった．名称はウィリアム征服王に従ってきたラルフ・ベイナードがここに砦を建てたことに由来する．現在，この敷地にはマーメイド劇場が立つ．

ヘンリー一世の時代にこの砦は没収されてロバート・フィッツウォルターに与えられた．伝説によれば，ジョン王は同名の別人ロバート・フィッツウォルターの娘マティルダを愛人に所望したが，父娘ともこれを拒否した．父はフランスに逃れたが，娘は捕まってロン

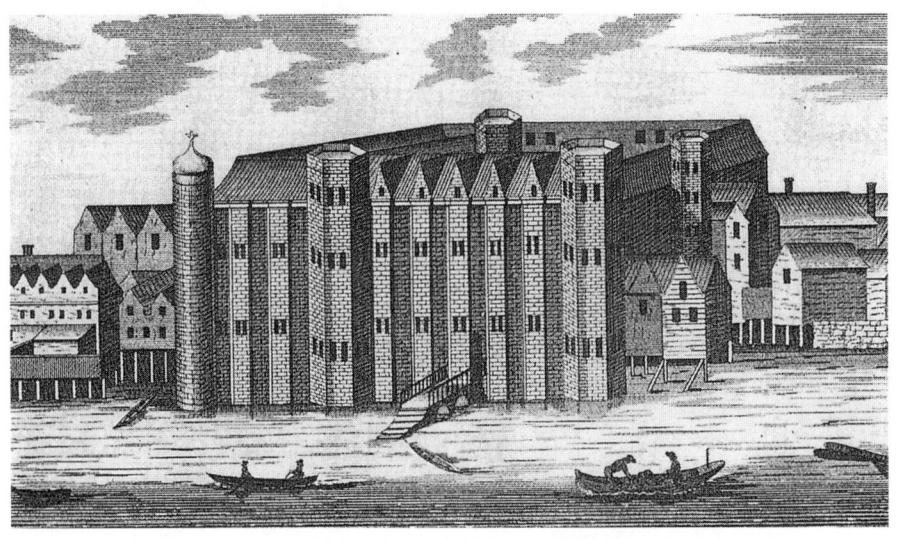

ベイナード・カースル(19世紀の版画)

ン塔で毒殺された．のちにジョン王がフランスに遠征したときにロバートは馬上試合で功を立て，赦されてベイナード・カースルの再建を許された．しかし，ジョン王が暴君となるや彼は他の貴族たちの長となって，王にマグナ・カルタに署名させた．彼はのちに十字軍に従軍し，ダミエッタの包囲に参加するなど武名を残して1235年に死んだ．

この一族は代々ロバートを名乗るが，1275年にはさらにもうひとりのロバートが城塞をカンタベリー大司教に寄進し，ドミニコ会の修道院が建てられたことから，この地はブラックフライアーズ(=ドミニコ修道士)と呼ばれるようになった．彼はその東側に新しいベイナード・カースルを築いたが，1428年に焼失，ヘンリー五世時代に王弟グロースター公爵ハンフリーの手で再建された．

以後この城塞は宮殿として使われ，エドワード四世，リチャード三世，「九日女王」ジェイン・グレイ，メアリー世はいずれもここで王位を宣言した．またここはヘンリー五世の未亡人キャサリンと秘書のオーウェン・テューダーとのロマンスの舞台でもあり，テューダー家には因縁の地である．ヘンリー八世の最初の妻キャサリン，2番目のアン，4番目のアン(オヴ・クリーヴズ)もここに住んだ．エリザベス一世もここで花火を楽しむなど王家とのつながりが深かったが，ロンドン大火で焼失し，残った櫓も1720年に崩壊した．

1972年から始まった発掘調査により，ローマ人建造のテムズ河岸市壁の一部に，ローマ時代の彫刻された石碑，14世紀の建造物の遺跡などが発見されている．これらはロンドン博物館(→Museum of London)に保存・展示されている．

Bayswater
ベイズウォーター　W2

北はパディントン地区，南はケンジントン・ガーデンズに面する地域で，西はノッティング・ヒルにつながっている．東へ進めば，ハイド・パークや目抜き通りオックスフォード・ストリートに行き当たる．

この地区は1830年代ごろから次第に町並みが整えられたが，それ以前はシティ地区に水を供給する泉や貯水池が散在する閑静な場所だった．ベイズウォーターという地名は，昔の土地所有者の名前と水の豊かな土地柄に由来しているといわれるが，とくにジョージ四

世のころまではこの地区の一角はウェストボーン・グリーンとして知られ，草木に覆われた隠棲の地だった．その名は現在，この地より北の地区名として残っている．

道路や住宅の開発は，まずシティに近い，現在のハイド・パーク方面から行なわれ，富裕な商人や上流階級の人々が広大なハイド・パークを望める4，5階建ての風雅なマンションに次々に入居しだすようになる．作家のサッカレーも結婚後の最初の家を，アルバート・ストリート18番地に構えている．美しい曲線のファサードのマンションが立ち並ぶコノート・ストリートやハイド・パーク・ガーデンズなどは市内でも注目の通りになった．

東の地区が注目を集めると，開発は西の方へと進められた．ランカスター・ゲート(→Lancaster Gate)やレインスター・ガーデンズなどがその焦点となり，豪奢なテラス・ハウスが立ち並ぶ繁華な一角に早変わりしていった．近くのクイーンズ・ガーデンズ37-38番地には哲学者のハーバート・スペンサーが1866年から90年まで住みつき，ハイド・パークのサーペンタイン池のボートに乗って息抜きをしたという．ランカスター・ゲートの北側に位置するクラヴン・ヒルは文人たちが集う場所として知られ，トマス・カーライルやハリエット・マーティノーなどの姿がしばしば見受けられた．近くには『ジェイン・エア』を発行したジョージ・スミスが住んでいて，北ヨークシャーのハワース村から初めて上京してきた作者のシャーロット・ブロンテや妹のアンをもてなした．

その後，この地区の開発はさらに西へ進み，田園的な風景がたちまちのうちにその装いを変えていった．しかし，この都会風の洗練された街並みも時が経るにしたがって俗悪化し，1930年代になって修復と改築がはじめられ，ショッピング・センターの建設などを含めて商業的な街に変身していった．いまでは，この地区の南端を東西に走る幹線道路ベイズウォーター・ロード(→Bayswater Road)沿いをのぞいた大部分の通りには大小のホテルや商店が散在し，全体的に雑然とした雰囲気をただよわせている．

Bayswater Road
ベイズウォーター・ロード　W2

ハイド・パークとケンジントン・ガーデンズの2つの公園の北沿いに，東西に走る道路．東は市内随一の目抜き通りオックスフォード・ストリートにつながり，西はノッティング・ヒル・ゲートに連結する．

両側には並木がうっそうと茂り，その片側にはさまざまな様式のテラス・ハウスや建物が立ち並んでいる．建物の大部分は19世紀前半から後半にかけて建てられたものだが，20世紀に入って大幅な修復が行なわれ，それはいまもつづいている．1980年にはハイド・パーク・タワーズと呼ばれるフラット群がこの道路に接するレインスター・テラスに完成し，その接点の一角に立つ100番地の家に劇作家ジェイムズ・バリが1902年から9年まで住んでいた．目の前のケンジントン・ガーデンズを散歩するデイヴィズ家の子どもたちと知り合い，戯曲『ピーター・パン』が芽を吹き，劇作家としての地歩を固めたころである．

1861年，アメリカの発明家ジョージ・トレインなる人物がこの道路に鉄道馬車を走らせようとしたことがあったが，いまではランカスター・ゲートとクイーンズウェイの2つの地下鉄駅が都心の駅と直結し，さらに郊外や空港へ向かうバスの便もある．

BBC
英国放送局

Portland Place, W1

イギリスの公共放送 British Broadcasting Corporation の略称．

テレビ(→Television)は全国放送2系統，ラジオ(→Radio)は全国放送5系統のほかにローカル放送39局があり，さらに国際放送としてワールドワイド・テレビおよび43言語によるラジオ放送ワールド・サービスがある(→BBC Worldwide)．

BBCの本部はポートランド・プレイスにある1932年完成のBBC放送会館(BBC Broadcasting House)である．ガイドつき体験型ツアー「BBCエクスペリエンス」は，映写室で大政治家の肉声と映像にふれたり，その場で渡される台本でラジオ番組を作るなど，有料のBBC見学コースである．ショップには人気キャラクターグッズ，書籍，ビデオ，BBCの名入りTシャツなどが並ぶ．また，BBCテレビは，ホワイト・シティのウッド・レインにあるテレビジョン・センターを本拠地としている．

イギリスの放送史はBBCの歴史でもある．BBCの前身は，マルコーニやジェネラル・エレクトリックなどの通信機メーカーが中心となって設立された民間の「英国放送会社」(British Broadcasting Company)で，1922年11月14日からラジオの定時放送を開始した．初代社長ジョン・リースは，放送は営利を目的としたものではなく，公共サービスに徹すべきだという信念を強く打ち出し，娯楽番組より報道番組を重視した．このBBCの基本理念は今も受け継がれている．

1927年1月，英国放送会社にかわり国王の勅許に基づく「英国放送協会」が設立され，リースは38歳でナイトの爵位をうけるとともに，BBCの初代会長に任命された．1936年11月，BBCはロンドン北部アレグザンドラ・パレス(→Alexandra Palace)でテレビ放送を開始した．当初ロンドン地域に限られたことなどから視聴者数は伸び悩んだが，ジョージ六世の戴冠式やウィンブルドン・テニス大会の中継放送などが行なわれ，期待も高まっていった．しかし第二次世界大戦の勃発でテレビ放送は国防上の理由で中止，終戦後の1946年6月まで復活することはなかった．カラー放送は，BBC 2が67年7月にヨーロッパで初めて放送にふみきり，69年11月にはBBC 1もカラー化された．

BBCの名声を高めたのが第二次大戦中のラジオによる国際放送であった．ナチス・ドイツやファシスト・イタリアの短波による大規模な宣伝放送に対抗して，BBCは1938年1月のアラビア語放送を最初とする戦略放送を開始し，終戦時には全世界に向け，仏，独，伊，スペイン語など45言語に上る番組を放送していた．

BBCの財源は，視聴者が支払う受信許可料が中心で，BBC収入の約75パーセントを占める．この制度は1922年のラジオ放送開始とともに制度化されたが，現在はラジオとテレビが一本化され，テレビジョン・ライセンスと呼ばれている．

1996年，勅許の更新を機にBBCは思い切った改革を行なった．経費削減のための番組制作の外注化と独立採算性の導入，組織替えによる人員削減などで，市場原理を導入した改革であった．これにより1990年度からの3年間で4600人(19％)を削減，1993年度に1億ポンド(約160億円)の経費削減を達成した．また2000年4月にはデジタル放送時代の到来を受け，大幅な機構改革を行なった．

政府も，このような企業努力を評価しながら，2006年までの受信許可料制度の継続を決定するなど，改めてBBCがイギリスの中心的な公共サービス放送機関であること，将来国際的なマルチメディア放送機関としてその責務を遂行することを強調した．
→BBC Worldwide

BBC Symphony Orchestra
→**Proms**

BBC Worldwide
BBC国際放送

ラジオのワールド・サービス，テレビのBBCワールド，BBCプライムからなる．
〈ラジオ〉

ラジオのワールド・サービスは1932年にスタートした．現在は43言語による番組が，短波，中波，FMによって放送されている．本部はテムズ川ウォータールー橋に近いブッシュ・ハウス(→Bush House)にある．聴取者数は全世界で1億5000万人，これはハウサ語，スワヒリ語放送によるアフリカ向けの番組を充実させたことや，アジア向けの内容を強化させていることが聴取者増につながったと考えられる．

番組はニュース，時事解説，科学，教育，

娯楽など多岐に分かれるが，ユーゴスラビア，ルワンダ内戦の折には，難民のライフラインの役割を務めたほか，91年8月のモスクワ・クーデターでは，外部との連絡を断たれたゴルバチョフ大統領がBBCの短波放送を唯一の情報源としたなど，話題も多い．1943年7月に戦略放送として開始された短波による日本語放送は，91年3月にその役割を終えた．

〈テレビ〉

BBCワールドは1955年放送開始．BBCの100パーセント出資の子会社BBCワールドワイド社により運営されている．「質の高いジャーナリズム」，「視聴者の信頼を得る番組づくり」を方針にして，現在の受信世帯は190か国1億7000万人．日本での視聴者も増える傾向にある．

BBCプライムはドラマや映画など娯楽番組を中心に編成されている．

ほかに，世界の「公用語」である英語を武器に，書籍，ビデオ，CD-ROMなどの販売を積極的に進め，ラジオ，テレビ部門とともに強力なBBCワールドワイドを構築しつつある．

→BBC

Beadles
ビードル

各種の下級役人・吏員．シティには次の4種類のビードルが認められる．

(1)各教区で教会のさまざまな儀式の際に司祭を補佐し雑用に応じる係．「教区ビードルズ」と呼ばれる．(2)各区（→Wards and Wardmotes）において夜警，照明，街路の清掃と修理，好ましからざる人物の排除，居酒屋の監督などについて，その区選出の参事会員（→Aldermen）を補佐して責任をもつ役人．ガウンを着け三角帽子をかぶる．(3)シティを構成する同業組合（→City Livery Companies）の雑用係．行事においては職杖をもって行列を先導する．(4)ギルドホール（→Guildhall），イングランド銀行（→Bank of England），王立取引所（→Royal Exchange）などの警護・案内役．フロック・コートを着け，銀の飾りのトップ・ハットをかぶる．

Beak Street
ビーク・ストリート　W1

ソーホー地区を東西に走り，リージェント・ストリートに接する古い通りで，その一部は公文書伝達吏（クイーンズ・メッセンジャー）トマス・ビークによって開発された．西側のウォリック・ストリート界隈には，かつてピカディリー・サーカスとオックスフォード・サーカスをつなぐ大通りがあった．

ヴェネツィアの画家アントニオ・カナレットは1749年から52年まで，友人と一緒に，この通りの41番地に住んだ．40番地には，チャールズ・ディケンズの小説『ニコラス・ニックルビー』のニューマン・ノッグスお気に入りのクラウン・インがあったが，1921年に取り壊された．50番地は南アフリカ生まれのイギリス詩人ロイ・キャンベルが1920年から22年の新婚時代を過ごした場所である．ここで彼は処女作『燃えるテラピン』を書きはじめる一方，『デイリー・ヘラルド』や『ニュー・ステイツマン』に評論を書いた．51番地にアカデミー・クラブがある．

Bear Gardens
ベア・ガーデンズ

杭につないだ熊あるいは牛を，犬に攻撃させるか棒でたたいてなぶる見世物を行なう円形遊戯場．熊はしばしば前もって目をつぶされていた．熊いじめと牛攻めとは古代ローマで好まれたもので，イギリスには13世紀初めにイタリア人によってもたらされて人気を得たが，17世紀末からしだいに下火になり，1835年には法律により禁止されるようになった．

ロンドンでこの見世物が行なわれた最初の記録は，1546年テムズ川南岸のバンクサイドでのものである．バンクサイドのベア・ガーデンズにはヘンリー八世が訪れたことがあり，エリザベス一世はこの見世物を見るのが好きで，フランスとスペインの外交使節を案内したこともあった．ベア・ガーデンズはバンクサ

イドのほかに，トットヒル・フィールズ，ホックリー・イン・ザ・ホール，サフラン・ヒル，イズリントンにもあった．1591年に枢密院はすべての劇場に，毎週木曜日には休場とするよう命じたが，これは熊いじめがふつう木曜日に行なわれたからであり，役者はこの見世物と競合することを許されなかった．日曜日にも熊いじめは催されたため，ピューリタンが反対を叫び，オリヴァー・クロムウェルは熊いじめを禁止しようとしたが失敗に終わった．

　サミュエル・ピープスは1666年8月14日に，妻と小間使いを連れてバンクサイドに熊いじめを見にいき，「牛が犬を突き上げ，1匹の犬は客席の中に飛ばされるという，なかなかの見世物を見た」と日記に記している．そして，これは「非常に野蛮で不快な娯楽だ」と思ったと書いている．ジョン・イーヴリンも1670年6月16日の日記に「ベア・ガーデンズでは闘鶏，闘犬，熊いじめ，牛攻めが行なわれていた．…1頭の牛は犬を貴婦人の膝の上に放り上げたが，この貴婦人は闘技の場からは相当離れた高い所のボックス席に座っていたのであった．…私はこの野蛮で下卑た娯楽に心底嫌気がさした」と記している．バンクサイドのベア・ガーデンズはこのあとすぐに閉鎖された．

　バンクサイドの界隈はベア・ガーデンズのほかに劇場もあった盛り場で，1972年開館のエリザベス朝演劇史の小博物館（Bear Gardens Museum）があったが，1997年6月，すぐ近くに新グローブ座が開場し，シェイクスピア作品の鑑賞・理解を捉進させることを目的とするシェイクスピア・グローブ博物館（→Shakespeare Globe Museum）に生まれ変わった．

Beating the Bounds
ビーティング・ザ・バウンズ

　キリスト昇天祭当日，または復活祭前にイギリスの都市や村で行なわれる宗教的行事．古くはエリザベス一世の時代にさかのぼり，教区の牧師と教区民たちが，教区の境界を行進し，地面や境界，標識を棒で打って，教区の境界を子供たちや文盲の村人たちに教えこむ習慣があった．ロンドン塔の境界は，3年ごとに打たれる．この行進は次第に廃れ，その境界線上にある建築物の壁に鉛の石がはめこまれるようになった．シティのギルドホール図書館（→Guildhall Library）の廊下と，画廊の間に数年前まで4つの教区の接点を示す石が見られた．オックスフォードのロウバック・イン（雄鹿亭）というパブの床下に，そのひとつがあり，いまでも，聖歌隊の少年たちがそこを通って打つという．

Beauchamp Tower
→Tower of London

Beaufort House
ボーフォート・ハウス

　チェルシーのボーフォート・ストリート一帯にあったボーフォート公爵の邸宅．ここはもともとトマス・モアの邸宅で，1521年ごろ建てられた．母屋のほか，礼拝堂，離れ，テムズ河畔の2つの中庭，北側には何千平方メートルもある庭園と果樹園のつく広大な屋敷であった．人々はモアの家に自由に出入りした．また礼拝堂で結婚式を挙げることもできた．エラスムスは，「この邸宅で彼（モア）は妻と，息子，嫁，3人の娘，その夫，11人の孫とむつまじく暮らしていた」とし，家には規律があって，敬虔と美徳が重視され，「キリスト教の学校ないし大学のようであった」と述べている．

　モアは機知や冗談が大好きで，姪の夫のジョン・ヘイウッドと果てしない機知問答をくりひろげた．のちにヘイウッドは，ヘンリー八世とメアリ女王のおかかえ道化師となった．モアの家にはヘンリー八世もしばしば顔を出し，時にはモアと肩を組んで庭を散歩することもあった．

　こうした半面，モアにはきびしいところもあった．彼は屋敷の一部を牢獄に改造し，異端者は庭の木にしばりつけて答で打つこともあった．

　1535年に国王至上法を拒んでモアがタワー・ヒルで処刑されたあと，この屋敷は

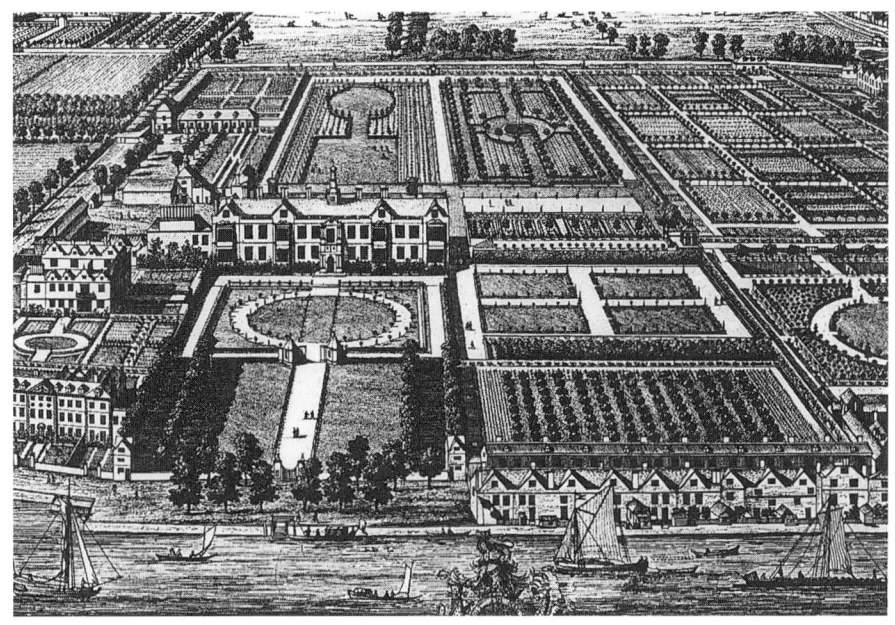

トマス・モア時代のボーフォート・ハウス

サー・ロバート・セシルに渡り，何人かの所有者を経て1682年にボーフォート公爵のものになった．その後，1738年にサー・ハンス・スローンの所有となり，それから2年後に取り壊された．1766年にはその跡に，現在のボーフォート・ストリートができた．

Beckenham
ベクナム　BR3

　大ロンドン南東郊に位置する一地域．現在のベクナム中心部から南東のショートランズ一帯は，その大部分が，ロケル一族のベクナム荘園に含まれていた．名称は「ベオハの村」(Beohha's Village) からきている．13世紀に建てられた荘園の館の一部は，今日オールド・カウンシル・ホールとして残っている．

　荘園はその後分割されたが，現在のケルシー・パーク一帯やその南のパーク・ラングリー地区も元はベクナム荘園領であった．ラングリー・パークの館は1913年火事で焼けたが，1880年代に建てられたラングリー・コートは医学研究所として使われている．

　ケルシーの館はいまは門小屋を残すのみであるが，ケルシー・パークはベック川が流れる田園情緒あふれる美しい公園である．

　ベクナム・プレイス・パーク内のベクナム・プレイスは，1773年にジョン・ケイターによって建てられた館であったが，その後，学校，療養所，ゴルフ・クラブ・ハウスとして使われてきた．

　ベクナムは19世紀までは小さな村であった．ハイ・ストリートには1856年までよっぱらい収容所があった．ハイ・ストリートのスリー・タンズとセント・ジョージ亭は，少なくとも1662年からの歴史をもつ古い酒亭である．ブロムリー・ロードの救貧院は1694年に建てられた古いもので，1881年に改修された．セント・ジョージ教会は12世紀初頭から伝わる教会だが，いまはまったく元の形をとどめていない．14世紀に建てられた教会は，ヴィクトリア時代にゴシック建築に建て直され，第二次世界大戦で爆撃を受けたが修復された．13世紀に造られたという屋根付きの墓地門はイギリス最古のものといわれている．

『紳士ジョン・ハリファクス』の作者ダイナ・マロックは，1865年にジョージ・L・クレイクと結婚したあと，ウィッカム・ロードのチルチェスター・ロッジに住んでいたことがある．セント・メアリ教会にはダイナの記念銘板がある．中央部にベクナム・ジャンクション鉄道駅がある．

Beckton
ベクトン　E6

ロンドン東郊，テムズ川北岸に広がるドックランズ開発地区の東端にある地域．名前はガスライト・アンド・コーク・カンパニーの理事長サイモン・A・ベックに由来する．ガスライト社は1812年にシティに初めてガス灯の設置を認可されたガス会社であるが，19世紀半ばのガスの急速な普及とともに，旧ドックランズ地区での設備では大量の石炭の陸揚げに支障をきたすようになった．このため同社は1867年に，テムズ川沿いに，はしけから直接石炭を陸揚げできる近代的な施設を造った．当時の機械工学の粋を集めた近代的な施設で，当時の記述によれば「はしけから機械によって休むことなく石炭が陸揚げされ，その頭上には信号塔と信号によって完全に制御された鉄道が通り，石炭を満載した，あるいは空の貨車がひっきりなしにいききしていた」という．この巨大な施設は数千人の新雇用を必要とし，それらの労働者たちの住宅を確保するために1901年にサヴェジ・ガーデンズ通りにニュー・ベクトンと呼ばれる住宅地が造成された．労働党の勢力が強く，イースト・ハム・ノース選挙区からは，1923年にスーザン・ロレンスが労働党初の女性議員として選出された．

1950年代に最盛期を迎えたドックランズはその後急速に衰退し，人口は1980年代には10分の1以下に減少した．北海の天然ガスの導入によって石炭が過去のものになると，ベクトンもドックランズの沈滞と無縁ではいられなかった．1974年にサッチャー首相の保守党内閣が誕生すると，ロンドン・ドックランズ開発公団 (London Docklands Development Corporation) の主導で再開発が始まった．海外から資本を呼び込み，公的資金もつぎ込んで，スラム街だったところに近代的なビルが立ち並んだ．交通も全自動運転のドックランズ軽便鉄道 (→Docklands Light Railway) が開通し，1992年にはこれがベクトンまで延長された．

Bedford Coffee House
ベドフォード・コーヒー店

この店は，コヴェント・ガーデン・マーケットの東北の隅，コヴェント・ガーデン劇場の近くにあった．18世紀の有名な小説家のフィールディング，スモレット，詩人のポープ，劇作家のシェリダン，俳優のギャリックやジェイムズ・クイン，画家のホガース，作家・評論家のホラス・ウォルポールなど，当時の学者・文人・芸能人たちのたまり場で，とくに演劇関係の批評が盛んであった．夏目漱石はこれらの才人たちを通人と訳している．すぐ近くにホガースが友人たちと「五日間の流浪の旅」に出発したベドフォード・アームズ・タヴァンもあった．アディソンの『スペクテーター』で有名なバトンズ・コーヒー店 (→Button's Coffee House) など，当時の有名なコーヒー店がこの近辺に店を並べていた．19世紀初頭に発足したクラブ「サブライム・ソサエティ・オヴ・ビーフステークス」(Sublime Society of Beef-Steaks) の最初の会合 (1808) がもたれたのも，このベドフォード・コーヒー店であった．とにかく，アディソンが『スペクテーター』第9号 (1711年3月10日) で報告しているように，当時のロンドンっ子は飲み食いをしながら談論しあうのが好きで，あらゆる階級の人々がそれぞれのクラブを組織して会合した．18世紀前半はコーヒー店の全盛期であった．

Bedford College
ベドフォード・コレッジ

Regent's Park, NW1

1985年ロイヤル・ホロウェイ・コレッジ (→Royal Holloway College) と合併するまで，ロンドン大学 (→University of London) のコレッ

ジのひとつであった．1849年にエリザベス・ジェッサー・リード夫人が女子に教養教育を授ける目的で，ベドフォード・スクエアに開校した．1880年ロンドン大学の一部になり，さらに1909年勅許状によって女子の大学として正式に認められ，1913年から合併の85年まで校舎はリージェンツ・パーク内にあった．第二次世界大戦中，学生と教師はケンブリッジに疎開したが，校舎の大部分がドイツ軍の空襲による被害を受けた．1965年男子の学部学生の入学を認め，1972年初めて男性の学長が就任し，完全な共学校となった．

Bedford Estates
ベドフォード・エステイツ

ベドフォード公爵を生んだラッセル家がロンドンで領有していた土地の総称．その変遷は，グロヴナー家やホランド家のそれと並んで，ロンドンの市街地開発の歴史を明らかにしている．ベドフォード・エステイツの中心はコヴェント・ガーデン（→Covent Garden）とブルームズベリー（→Bloomsbury）であり，前者は1552年に初代ベドフォード公爵ジョン・ラッセルが王室への貢献を買われて下付されたものに端を発する．後者は1550年これも王室への貢献があった初代サウサンプトン伯爵に下付されたものであったが，第四代伯の娘で伯爵家の女相続人であったレイチェルが初代ベドフォード公爵の息子のウィリアム・ラッセルと結婚し，レイチェルが1723年に死去すると，ブルームズベリーはラッセル家の所領に組み入れられ，ここに巨大なベドフォード・エステイツが成立することになった．今日でもかつての領有地界隈の広場，街路などにはベドフォードないしはラッセルの名前が多く残り，その由来を明らかにしている．現在のブルームズベリー・スクエア（→Bloomsbury Square）やグレイト・ラッセル・ストリート（→Great Russell Street）はその代表で，いずれも17世紀後半に行なわれた都市開発で生まれたものである．
→「貴族の私有地と都市計画」

Bedford Park
ベドフォード・パーク
Turnham Green, W4

1875-81年，西郊に建てられたロンドン最初の郊外住宅地．そのはじまりは1870年代の美術運動にある．ヴィクトリア朝中期の物質主義，華美，俗悪趣味を改めて，日常生活の中に美を求めるロンドンの中流階級の人々にふさわしい環境をつくろうと，織物業者のジョナサン・カーは鉄道の開通した西部のターナム・グリーンに，1875年，9.7ヘクタールの土地を買った．この敷地はベドフォード・ハウスとして知られるジョージ王朝時代の古い屋敷跡である．カーはここに新しい種類の住宅地を計画し，多くの樹木を保存したままの不ぞろいの敷地に，中流階級の人々の満足する低家賃住宅を建設することを考えた．建築家としてE.W.ゴドウィンが指名されて数戸の家を建てたが，経済的な建て方でなかったため，無能と見られて解任され，ノーマン・ショーがその後任となった．ショーは実際的で技術もすぐれ，住宅地および住宅の設計を作成するとともに，セント・マイケル・アンド・オール・エンジェルズ教会とパブのタバード・インをも設計建築した（1880）．しかし，ショーはまもなくカーと仲たがいし，弟子のモーリス・アダムズが跡を引き継ぎ，教区ホールと礼拝堂，チズィック工芸学校を加えた．ほかに何人かの建築家がそれぞれの家を設計した．

この住宅地の建築の特徴は，17世紀のイギリスの田舎特有の様式とルネサンス様式の細部，時にオランダ，フランドルの要素とを結合させた点にある．当時一般的であった黄色の煉瓦，化粧漆喰，スレートは用いず，赤煉瓦とタイルを用いた．他の際立った特徴は高い煙突，急傾斜の屋根，屋根窓，バルコニーのついた出窓などであり，設計が悪く単調で醜い当時の住宅地とはまったく対照的であった．ベドフォード・パークの住民は「芸術家気どり」と皮肉られはしたものの，新しい文化生活，社会生活を盛んに展開し，自分たちの週刊誌『ベドフォード・ガゼット』を1年間支えるほどであった．地下鉄ターナム・グリーン

駅に近い.

Bedford Square
ベドフォード・スクエア　WC1

　大英博物館に近いスクエア(広場)のひとつで、ロンドンでいまなおジョージ王朝期の建物と広場のたたずまいを無傷で残す唯一の重要な広場といわれる．同時に、コヴェント・ガーデン(→Covent Garden)のピアッツァ以来ほぼ1世紀半ぶりに、初めて一体として計画・建設された広場でもある．

　広場建設の起源は、この一帯の大地主ラッセル家の当主で、第四代ベドフォード公爵が、1766年、当時英国社交界ご愛用のイングランド南西の歓楽・保養地バースのキングズ・サーカス広場のデザインにならって、「ベドフォード・スクエア」構想を打ち上げたのに始まる．実際に建設が始まるのはそれから10年後、アメリカがイギリスからの独立を宣言する1770年代半ばで、独立戦争の悪影響を受けながらも、未亡人となった公爵夫人は亡夫の遺志を継いで、開発業者との共同事業に乗りだした．当時はまだ畑や牧草地の広がる地所開発の目玉にしたいという地主の願望を背景に、強い開発・利用規制や誘導措置がとられ、広場の統一的な外観整備と建物・広場空間の維持管理の徹底が図られた．設計にはR.グルーズ、W.スコット、T.レヴァトンが関与したとされるが詳細は不明である．ただし、居住者として狙いをつけたのが、上層貴族より低めのところに設定されたこともあって、1780年ごろの完成当時から、洗練より投機のにおいがまさるという批判があった．

　1893年、広場全体が鉄柵と門で閉鎖され、鍵をもたない部外者の進入が禁止された．今日でも、ベルグレイヴ・スクエア(→Belgrave Square)などと同様、広場中央の庭園部分は部外者には閉鎖されたままの「私有園」になっている．歴代の住民には、第二代デヴォンシャー公爵の孫で、社交を避け、徹底した女嫌いを通したのでも逸話の多い科学者ヘンリー・キャヴェンディッシュや、20世紀初頭の自由党の首相、H.H.アスキスなどがいる．

アスキス邸は多くの訪問客でにぎわったが、お目当ては才気煥発で、歯に衣着せぬ毒舌でも知られた夫人マーゴのほうだったと回想する人もいる．そのアスキスと友人であった「奇矯な貴婦人」オットリン・モレルは44番に1907年から15年まで住み、華麗な社交の華をさかせた．現在は出版社などのオフィスが集まり、駐車する車で窒息しそうなのは、ほかの広場と共通している．

Bedford Street
ベドフォード・ストリート　WC2

　コヴェント・ガーデンにあったベドフォード・ハウスの西側の通り、ストランドに通じている．この通りは、17世紀の中葉に作られ、19世紀の中ごろからハイネマン、マクミラン、エドワード・アーノルド、デントなどの有数の出版社が軒を並べてロンドンの出版業の中心と目されるようになり、文人たちの出入りがはげしかったが、現在はこれらの出版社の多くは他所に転出している．

Bedlam
→Bethlehem Royal Hospital

Beefeaters
ビーフイーター

　ロンドン塔(→Tower of London)の衛士の俗称．ヘンリー七世によっておかれた国王護衛兵(→Yeoman of the Guard)の流れをくむもので、エドワード六世の治世にロンドン塔に配置されたものがはじめといわれている．いまなおテューダー朝様式の青または儀式のときには赤の制服を着て、丸い帽子をかぶり、手には矛や槍を持ち、胸にはERⅡ(エリザベス女王二世)の標識をつけている．総数は40人、昔は国王護衛兵同様、ヨーマンから選ばれたが、現在はすべて21年以上軍務に服した下士官の退役軍人から選ばれている．ロンドン塔の警備のほか、閉門の際の「鍵の儀式」などの伝統的な行事に参加する．彼らにつけられた「ビーフイーター」という俗称は、ロースト・ビーフを彼らが好んで食べたためと

いう俗説があるが，実際には「王室配膳係」を意味する古いフランス語の「ブフェティエ」がなまったもの．

Beefsteak Club
ビーフステーキ・クラブ
Irving Street, WC2

　18世紀の劇場支配人ジョン・リッチを中心に設立されたビーフステーキ・ソサエティは，11月から翌年の6月までの毎週土曜日の夕方，ビーフステーキの食卓を囲んで談笑するクラブとして存在し，19世紀初頭には国王ジョージ四世も会員として名を連ねていた．このクラブが1867年に解散したのち，これを受け継ぐクラブとして設立されたのがビーフステーキ・クラブで，その第1回の会合は1876年3月に行なわれ，1896年に現在の住所に場所を移した．ちなみに，クラブハウスは店の上階の一室というこぢんまりしたものだが，会員は政治家，俳優，作家，学者など多岐にわたり，長いテーブルに到着順に着席が許されるという，いささか「民主的な」クラブである．また執事，給仕人を，その本名と関係なく，すべて「チャールズ」と呼ぶという妙な慣習がある．

Beeston Gift Almshouses
ビーストン寄贈救貧院
Consort Road, SE15

　1582年，ガードル商人のカスバート・ビーストンが慈善のために土地を寄付したのが起源．1825年，道路建設に応じて売却した土地の代金によって引退したガードル製造業者同業組合のために現在地に養老院が建てられた．34年に改築された6棟の建物は典型的なテューダー様式として著名で，1975年に「シビック・トラスト遺産」賞を受けた．

Belfast, HMS
ベルファスト号
Symon's Wharf, Vine Lane, SE1

　第二次世界大戦中，北海における英海軍の護送やノルマンディ上陸作戦などで活躍した

正装のビーフイーター

イギリスの巡洋艦．1939年建造，総トン数1万1000．現在テムズ川のタワー・ブリッジのやや上流に係留されていて，1971年以降，一般に公開されている．

Belgrave Square
ベルグレイヴ・スクエア　SW1

　バッキンガム・パレスの裏側にあたるベルグレイヴィア（→Belgravia）と呼ばれる地域の中心にあって，ハイド・パーク・コーナーからも400メートル弱しか離れていない．広場および地域の名前は，このあたり一帯を所有するウェストミンスター公爵グロヴナー家が，代々根を張ってきたレスターシャー北部にある村の名に由来する．

　17世紀後半の王政復古期に，幸運な結婚によって，のちにロンドンの最優良不動産となる広大な地所を手に入れたグロヴナー家は，ロンドン膨張とイギリス経済発展の最も恵まれた受益者となり，卓越した財力と計画的な不動産開発の伝統を基盤に，平凡な田舎地主貴族からウェストミンスター公爵にまで昇り

つめる．同家の爵位がなお上昇途上にあって，グロヴナー伯爵だった1826年，法律上は世襲財産の「借地人」にすぎない当主に，地所の開発を認める個別授権立法が議会で承認され，広場の建設計画も本格化する．広場と隣接住居地域の開発元請けとなったのは，ブルームズベリー(→Bloomsbury)一帯を含めて，ロンドンの不動産開発を手広く手がけ，開発業界の大物として著名だったトマス・キュービットである．

この一帯は，かつては人気のない湿地地帯で，18世紀にはおいはぎや決闘が横行する，悪名高い場末にすぎなかった．しかし，建築趣味に金をあかしたので不評を買ったジョージ四世が，バッキンガム・ハウス(→Buckingham House②)を宮殿に改装した1820年代以降，高級住宅街として急速に発展する．広場に面する，一辺ほぼ200メートルの四面にはそれぞれ11～12軒のテラス・ハウスが並び，3つの角には大型の邸宅が配置された．広場中央には，開発当初から緑の植え込みのある庭園も造られた．

建築史家ジョン・サマスンは，広場について「その建築学的性格，完全性，そしてもの惜しみしない点で，注目すべき計画」だったと称賛しているが，1901年発行のA.J.C.ヘアの2冊よりなる『ロンドン散策』はベルグレイヴィアについて，「興味をひくものがなにもないところで，社交界の要請に応じる以外，誰も訪れる気にならない」と批評している．これからも想像されるように，広場とその周辺は，19世紀ヴィクトリア朝貴族社会の中心地となり，広場にはベドフォード公爵，エセックス伯爵，グレイ伯爵など多くの上流貴族が住んだ．これ以外に歴史上著名な広場住民のひとりであるケント公爵夫人は，ヴィクトリア女王の母親であり，女王は寡婦となっていた母親のために，年2000ポンドの地代を負担した．エセックス伯爵は，再婚相手に女性歌手を選んで世間を驚かせたが，夫人の美声を伯爵がこの広場で享受できたのはわずか1年ほどで，再婚の翌年に伯爵は他界した．もっとも，未亡人となった元歌手の伯爵夫人は，死去する1882年までの44年間，この広場にとどまっている．

現在では各国大使館が多く集まったオフィス街に変貌した．なお，ある英国ビジネス誌が行なった全英億万長者500傑調査(1994)によれば，ウェストミンスター公爵の資産は，ポルノ産業の帝王や大手スーパーマーケットのセインツベリー社主，ロスチャイルドなどに次いで第5位に位置するという．

Belgravia
ベルグレイヴィア　SW1

北はハイド・パーク・コーナー，西はバッキンガム・パレス，南はヴィクトリア駅に囲まれた一帯の高級住宅地区．地名はこの一帯を領有していたグロヴナー家がレスターシャー州にもっていた領地ベルグレイヴに由来する．中世期，ここはファイヴ・フィールズと呼ばれた放牧地・菜園が広がり，犯罪も横行した淋しい場所であったが，バッキンガム・ハウスをバッキンガム宮殿に格上げしようとしたジョージ四世の意志にそって，1820年代にグロヴナー卿が中心になり，開発が進められた．その際，セント・キャサリンズ・ドック(→St Katharine's Dock)の開発によって出た廃土が利用され，ベルグレイヴィア・スクエア(→Belgravia Square)を中心にして，建築家ジョージ・バーセイヴィーのプランに従って施行業者トマス・キュービットが化粧漆喰仕立てで柱廊玄関をもつウィルトン・クレセントやベルグレイヴ・スクエアなどの住宅地が作られた．この地区のスクエアは多くは鉄柵で囲まれて，周囲の住民しか利用できないプライヴェート・ガーデンとなっている．

Bellamy's Coffee House
ベラミー・コーヒー店

18世紀末から19世紀末まで，ウェストミンスター地区の下院の近くにあったので，主として国会議員たちが立ち寄った．骨つきのチョップとステーキとポート・ワインが好評で，有名な政治家ウィリアム・ピット(子)が死に際に「あのベラミーのポーク・パイが食べたい」と

言ったと伝えられている．

Belle Sauvage
ベル・ソーヴァージ亭

　記録では，1452年に「サヴェジ・イン」（野蛮人の宿）としてラドゲート・ヒルにあった．ロンドンに劇場がなかった16世紀には，この宿の中庭で芝居が演じられ，熊いじめも行なわれた．17世紀からこの宿は次第に発展し，18世紀には40の客室と100頭の馬を収容しうる大きな駅馬車の宿となり，ロンドンから西部地方への出発点として栄えた．トマス・ヒューズの小説『トム・ブラウンの学校生活』(1857)を読むと，主人公のトムはまだロンドンに出たことがなかったので，パブリック・スクールに入学する途中，ぜひベル・サヴェジ亭に泊まりたかった，とあるから，19世紀の末ごろまでは存在したのである．記録によれば，そのころ印刷所となり，1940年の空襲で約100万部の書籍が灰になったという．

　さて，イギリスのパブや旅籠（→パブの屋号と看板）の屋号には，「ベル」（釣鐘）の看板が多いが，この店の屋号の由来については『スペクテーター』の第28号(1711)に，ジョーゼフ・アディソンのおもしろい解説がある．それは，彼がラドゲート・ヒルのセント・ポール大聖堂の近くで，この Belle Sauvage（野生の美女）という駅馬車の宿を発見したときの話である．Belle にはフランス語の「美女」という連想があるのだが，その旅籠の看板とは，鐘（ベル）のそばに野蛮人（サヴェジマン）が立っている絵であった．ふしぎに思ってアディソンがその由来を調べると，それはフランスに伝わるロマンスで，荒野で発見した「野生の美女」，フランス語で la belle Sauvage の英訳であることがわかったという．女性の経営者ミセス・サヴェジから出たという説もあるが，アディソンのほうがロマンチックである．

Bellmoor
ベルムア

Hampstead, NW3

　ハムステッド地区のヒース・ストリートをのぼりきった左側のホワイトストーン・ポンド近くにある住宅の名前．4軒の家からなり，その主な建物の屋根に警鐘がついていたところから，この名前がつけられた．1877年から1914年までここに居住した郷土史家トマス・J・バラットが4軒の家を1棟の巨大な集合住宅にまとめたが，彼によると海抜120メートルの高さに立つこの家から，晴れた日にはテムズ川を航行する船が望めたという．

Bell Yard
ベル・ヤード　EC4

　ストランド通り東端にある王立裁判所の東側の道路名．1424年にここで創業したベル・インの名をとったといわれる．この酒亭は1708年まで，当時シティの主要道路のひとつであったカーター・レインの一角にあった．ガイ・フォークスの一味が会合したというハーツ・ホーン・タヴァンもこの横丁にあった．ベル・インは，リチャード・クイニーが1598年に，「わが良き友ウィリアム・シェイクスピアへ」という手紙を書いたところといわれている．チャールズ・ディケンズが通ったというベル・インは，その後の新しい店と思われる．大法官庁訴訟事件を扱った彼の小説『荒涼館』の第15章に登場するブリンダー夫人が営む雑貨商は，このベル・ヤードが所在地となっている．

Belmarsh
ベルマーシュ監獄

Belmarsh Road, Greenwich, SE28

　1991年に開設．19ヘクタールに及ぶ沼沢の埋め立て地に造られているが，体育館，屋内テニスコート，フットボール競技場などの設備がそろっているほか，全監房が洗面台，トイレ付きになっている．建築工事の監督に当たった人は，これは「監獄というよりは，カントリー・クラブといったほうがよさそうだ」と言ったと伝えられる．

Belsize
ベルサイズ

　ハムステッドとプリムローズ・ヒルの間の荘

園．14世紀の大法官ロジャー・ド・ブラバゾンの領有した小村が起源．ウェストミンスター・アビーの領地となったが，幾多の手を転々として18世紀前半にある興行師が社交場を開き，猟園や馬場，舞踏場を備えて，名士たちの集う場所となった．遊園地は1740年に閉じられ，建物も1854年になくなった．現在，ベルサイズ・パークや道路にその名が残っている．

Belvedere Road
ベルヴェディア・ロード　SE1

旧ロンドン市庁舎（→County Hall）の裏側を通り，ロイヤル・フェスティヴァル・ホールに至る道路．開通したのは1718年．そこにベルヴェディア遊園地があったことから命名された．現在，その南端にはテムズ川沿いにジュビリー・ガーデンズ，北端にロイヤル・フェスティヴァル・ホール，クイーン・エリザベス・ホールがあり，また世界でも最大級のオフィス・ビルであるシェル・センター（1962）もある．すぐ東側がウォータールー駅である．

Bentinck Street
ベンティンク・ストリート　W1

道路の名前は第二代ポートランド公爵ウィリアム・ベンティンクの所領であったことに由来する．ウィグモア・ストリートの北側を通り，近くにはウォレス・コレクション（→Wallace Collection）がある．歴史家エドワード・ギボンが1774年から90年まで7番地に住み，『ローマ帝国衰亡史』を執筆した．地下鉄マーブル・アーチ駅に近い．

Bentley Priory
ベントリー小修道院
Common Road, HA7

ロンドン北西郊スタンモア地区に位置し，13世紀はじめにカンタベリー大司教によってマグダラのマリアを記念して設立されたとされる．現在の建物は1766年からのもので，ジョン・ソーンの設計になり，1788年に改築されてアバコーン侯爵の所有となった．1848年にはウィリアム四世の未亡人であるアデレイド皇太后が借りて住み，翌年ここで逝去した．その後，所有者が何度か代わるあいだにホテルに転用されたり，1902-24年には女学校として使われたりした．1925年に土地が分割され，16ヘクタールが建物と一緒に航空省の手に渡り（1926），残りは公園となった．1936年からは英国空軍の戦闘防衛連隊司令部となった．

旧小修道院南側の約66ヘクタールはベントリー・プライオリー・パークという広大な公園で，動植物が豊富なことで有名．人工の湖サマーハウス・レイクとその周辺の森は自然保護区となっており，立ち入りが制限されている．

Berkeley
バークリー・ホテル
Wilton Place, SW1

1972年に営業を開始した比較的新しい，規模もそれほど大きくない高級ホテル．前身はセント・ジェイムジズ・ホテルで，場所も現在より東寄りのピカディリー街とバークリー・ストリートの交差する東角であった．バークリー卿にちなんで，バークリー・ホテルと改名したのは1897年．ホテルは1930年代および40年代を通じて，上流人士の華やかな社交場となった．1971年にブリストル・ホテル（現ホリデイ・イン）に場所を譲り，バークリー・ホテルは現在地に移転した．客室数152．最寄駅は，地下鉄ピカディリー・ラインのハイド・パーク・コーナー駅．

Berkeley House
バークリー・ハウス

17世紀のピューリタン革命中の国王軍の指揮官バークリー卿のために，王政復古後間もなくの1665年にピカディリーにヒュー・メイによって建てられた邸宅．現存せず．ジョン・イーヴリンの日記にはここで饗応を受けたとの記述がある．1692-95年には姉のメアリ二世と仲たがいしたアン王女（のちのアン女王）がここに住んだ．1696年初代デヴォンシャー

公爵がこの邸宅を購入してデヴォンシャー・ハウス(→Devonshire House)と改名した．1733年火災によって焼失した．

Berkeley Square
バークリー・スクエア　W1

　地下鉄グリーン・パーク駅から北に約300メートルの距離にあり，さらに北西に400メートルほどでグロヴナー・スクエア(→Grosvenor Square)につづく．名称は17世紀のピューリタン革命で王党派として奮戦した初代男爵ジョン・バークリーが，王政復古後建設した豪邸バークリー・ハウス(→Berkeley House)に由来する．広場の起源は，同家がこの屋敷を17世紀末に売却した際，買い主が北側に広がる庭越しの眺望を確保するため，バークリー家所有の土地について，屋敷と同じ幅で開発の禁止を要求したことにある．そのため後の開発は，東西の両側でのみ進み，幅約100メートルの空き地が，北側に隣接するグロヴナー家の地所との境まで広がった．この空間が広場と呼ばれ，それにふさわしい整備が行なわれるのは，1744年以降である．したがって，意図的な開発計画というより，私的な売買契約の副産物としてこの広場は誕生した．

　20世紀の初年に発行されたA.J.C.ヘアの『ロンドン散策』によれば，「ロンドンの広場の中で最も素晴らしい樹木がある」ので知られるが，それはフランス革命の年，1789年に植えられたプラタナスに始まるという．プラタナスは煤煙に強い性質をもっていることがのちに知られるようになり，今日なお広場の庭園に健在である．

　さらに文学的伝説によれば，ここの庭園ではカッコウのさえずりが聞かれるといわれる．広場のニンフ像をあしらった噴水は1858年に設置された．

　歴史上著名な住民には，18世紀の代表的政治家である大ピットやチャールズ・J・フォックス，インド大陸に大英帝国の基礎を築いたサー・ロバート・クライヴ(1774年，この広場に面した45番地で服毒自殺)，大政治家の息子でゴシップ好きのホラス・ウォルポール(42番地で1979年に死去)などがいる．建築史的には，44番地の建物が一見に値する．著名な建築家・造園家のウィリアム・ケントが1742年に設計・建設したもので，建築史家のニコラウス・ペヴスナーは，ロンドンに現存する最も優れたテラス・ハウスと折り紙をつけている．

　なお広場50番地は，かつて「バークリー・スクエアの幽霊館」として知られ，数々の怪奇談が語られたこともあった．高級ショッピング街ボンド・ストリート(→Bond Street)やホテル街にも近く，現在では幽霊の代わりに，高級オフィスや商店に出入りする人と車でにぎわう．

Berkeley Street
バークリー・ストリート　W1

　ピカディリーから北にバークリー・スクエアに至る道路．王政復古後バークリー卿が購入した土地をその寡婦が処分した跡に作られ，17世紀末には住宅が建てられた．詩人のアレグザンダー・ポープやのちにはルイ・ナポレオン(のちのナポレオン三世)の愛人ハワード夫人が住んでいたことで知られる．これらの建物は現存せず，現在では高級車のショー・ルームが並び，ホリデイ・イン，メイフェア・ホテル，さらには世界的な旅行会社トマス・クックのロンドン本社がある．

Bermondsey
バーモンジー　SE1, SE16

　タワー・ブリッジの東側，テムズ南岸のサザック(→Southwark)自治区の一地区．名の由来はサクソン時代の貴族の領有地の名「バーモンズ・アイ」(Beornmund's island)からであろうといわれている．中世には宗教と深いかかわりのある地域だった．11世紀末クリニュー修道院の教会が建てられ，修道僧たちはこの地域を開拓，セント・セイヴィアズ・ドックを埠頭として利用した．また中世のテンプル騎士団が一時この地を領有した．現在のトゥーリー・ストリートには，南英のカンタベリーやバトルの修道院長やルイスの小修道院

長らのロンドン邸宅があった．

　王政復古から18世紀にかけてはまた別な面がみられる．17世紀後半には，バーモンジー・ウォール・イースト通りにあったチェリー・ガーデン・ピア（→Cherry Garden Pier）がテムズ河岸の遊園地としてにぎわいをみせ，日記作家のサミュエル・ピープスもしばしば訪れた．18世紀には現在のスパ・ロードに鉱泉が発見され，同様に行楽地として人気を呼んだ．

　しかし19世紀になると，バーモンジーはスラム化し，なかでもチャールズ・ディケンズの『オリヴァー・トゥイスト』やヘンリー・メイヒューの『ロンドンの労働とロンドンの貧民』で描かれたジェイコブズ・アイランド（→Jacob's Island）はその典型．バーモンジーは，1849年にマニング夫妻によるオコーナ殺害の舞台となったことでも有名である．1869年テムズ川の下を走るトンネルが対岸のタワー・ヒルとトゥーリー・ストリートの間に建設された．このトンネルはのちにチューブと呼ばれるロンドン地下鉄の原型となった．最初は乗客を運ぶ鉄道として，次に歩道として使われたが，1894年にタワー・ブリッジが建設されたあとは水道本管として利用されるようになった．

　1836年にはロンドン橋の近くにロンドン─グリニッジ間を走る鉄道のターミナル駅ができた．この駅はのちのサザン鉄道のロンドン・ブリッジ駅（→London Bridge Station）の前身である．さらに1839年には，クロイドン鉄道の始発駅としてオールド・ケント・ロードにブリックレーヤーズ・アームズ駅が誕生した．

　バーモンジーの産業に目を向けると，無視してならないものに19世紀前半に最盛期を迎えた皮革製造業がある．それは中世にさかのぼる歴史がある．1392年に屠殺後の皮や臓物がこの地に保管されることになり，皮革産業の契機となった．1703年アン女王の勅許によって公認されて以来，グレンジ・ウォーク通りに名残りをとどめるバーモンジー・アビーを中心としてほぼ1.6キロ四方の通りには，皮なめし工，仕上げ工，羊皮商，皮革仲買人，皮革染めもの工，羊皮紙製造業者たちがひしめくことになった．1833年，彼らは結束して，ウェストン・ストリートに土地を購入，5万ポンドを費やして皮革専用市場（バーモンジー・レザー・マーケット）を創設，皮革製品の取引きを活発に行なった．

　一方，倉庫業がさかんで，5キロにわたるテムズ川沿いには倉庫が並ぶ，なかでもヘイズ社は創立が1651年と歴史が古く，今ではヘイズ・ガレリアという一大ショッピング・モールに変貌している．またこの地区から東側のテムズ川沿いも近代的ビルが立ち並ぶファッション街と化している．

Berners Street
バーナーズ・ストリート　W1

　オックスフォード・ストリートと，グッジ・ストリートのミドルセックス病院までの間を南北に走る道路．17世紀半ばにバーナーズ家のジョサイアスとウィリアムが獲得した土地を開発して造られた．ロンドン特有の地主による土地開発の好例である．18世紀中ごろから道路沿いに建築が始まり，サー・ウィリアム・チェンバーズの設計による建物が多い．18世紀後半にはロンドンでもめずらしい，芸術家が多く住む地域となった．肖像画家で王立美術院会員のジョン・オーピーやヘンリー・フューズリが住んだ．19世紀になってからは詩人のS.T.コールリッジが71番地にしばらく住んだことがあった．

Berry Bros. & Rudd
ベリー・ブラザーズ・アンド・ラッド

St James's Street, SW1

　創業は1690年代という歴史を誇るワインおよびスピリッツ商．エリザベス女王ご用達．はじめは紅茶・コーヒーを主にした食料品店であった．店先の看板はその名残りで，コーヒー・ミルを図柄にしている．店内には創業当時の食料品の目方を量る高さ2メートルもの大秤が今も置かれていて人目をうばう．この大秤はまだ体重計のなかったころ，多くの有名人が来店して体重を測ったという．

　場所柄，顧客に上流人士が多く，しだいにロンドン屈指の高級食料店として名を売るよ

うになった．ワインを扱うようになるのは1800年ごろからで，以後連綿とその歴史を刻んできた．店内は古色蒼然とした博物館の感じで，酒屋という雰囲気ではない．年代物のワインボトルや家具調度，壁には肖像画がかけられている．最近は日本語による電話サービスを行なったり，店先に日本語で「本日のお買得品」の掲示を出したり，日本人への売り込みに力を入れている．

Berwick Street
ベリック・ストリート　W1

　飲食業と性産業がひしめきあうソーホー地区の通り．野菜や果物のマーケットでにぎわい，ロンドンっ子やユダヤ系住人の威勢のよい掛け声がとびかう活気のある街路．

　17世紀末から18世紀はじめにできた道路で，カトリック出自の地主ジェイムズ・ポレットの庇護者であったジェイムズ二世の庶子ベリック公爵の名にちなむ．当初は瀟洒な建物がこぢんまりした通りに並んでいた．住民にはフランス人が多く，フランスの教会も2つあった．18世紀にさかのぼる建物も数多く残っている．22番地と57番地にブルー・ポスツとグリーン・マンという名のパブがあるが，もともとそれぞれの敷地には，1730年来の居酒屋があった．19世紀にはスラム街となり，1854年にはコレラが発生した．近年のソーホー地区再開発によって，公営アパートが建設された結果，雰囲気は変わってきた．

Bessborough Gardens
ベズバラ・ガーデンズ　SW1

　1841年ごろ建てられた住宅地．初代の森林監督官であったダンキャノン・オヴ・ベズバラ男爵ジョン・ポンソンビーにちなんで名づけられた．地下鉄ピムリコ駅からヴォクソール橋に向かい，橋を渡る手前にある．1882年に道路改良工事のため広場の大部分がつぶされてしまったが，皇太后の80歳の誕生日を記念してピーター・シェパードによって作られた1980年代の噴水と昔の周辺の面影は残っている．

Bethlehem Royal Hospital
ベツレヘム・ロイヤル病院

　イギリス最初の精神病患者の保護施設．通称ベドラム．前身は1247年にビショップスゲートの市壁外に創建されたセント・メアリ・ベツレヘム小修道院である．14世紀前半には保護施設が併設されていた．しかし，保護とは名ばかりで，開設当初から長い間，患者たちは脚や足首を壁に鎖でつながれたり，暴れる場合は水に頭を浸けられたり，鞭で打たれたりした．修道院の解体が行なわれた1547年，市当局はヘンリー八世から跡地を買い取り，新たに精神病院を設立した．1557年，この精神病院はブライドウェル矯正院（→Bridewell）の管理下におかれることになった．浮浪者はブライドウェルに，精神障害者はベドラムに監禁された．

　1675年から76年にかけて，病院はムアフィールズに移された．新しい病院はパリのチュイルリー宮殿に似た美しい建物であった．入口にはカイアス・シバー作の彫像《狂気》と《メランコリー》が置かれていた．17世紀はじめころから訪問者が患者を見物できるようになり，ベドラムはロンドンの名物のひとつとなった．鎖につながれた患者たちは，見世物小屋の動物よろしく桟敷席のような小部屋に引き出された．ウィリアム・ホガースの《放蕩息子一代記》の第8図に描かれたのはこのベドラムである．1815年ランベスに新しく後期ジョージ朝様式の大病院が完成した．1835年にはシドニー・スマークによって中心の建物の裏手にさらに何棟か増築され，またドームや柱廊玄関も建てられた．その後ベツレヘム病院は大ロンドン南東部ベクナムに移り，旧病院の中心の建物は現在，帝国戦争博物館（→Imperial War Museum）になっている．
→Hospitals

Bethnal Green
ベスナル・グリーン　E1, E2, E3

　シティの東北，ステップニーの北の地域．「ベスナル」は，サクソン起源のBlithenale（愉快な一角）に由来する．この地名は，トマス・

パーシーの『古謡拾遺集』に収められているバラッド「ベスナル・グリーンの盲の乞食」で有名である．これは，かわいい娘が4人の男に求婚され，父である「ベスナル・グリーンの盲の乞食」の許可を得るように頼む．すると3人が逃げ去り，残った1人の騎士が娘の父親に許可を願い出て，持参金がついたその娘と結婚することができた，というバラッドである．

かつてロンドン主教の邸宅があり，現在ベスナル・グリーン・ガーデンズになっている「グリーン」地区が中心であった．1570年にはカービー城と呼ばれる大邸宅が建てられた．1666年9月の大火のとき，サミュエル・ピープスはこの城に滞在中であった．この城はのちに精神病院になった．

17世紀には，裕福な住人の多い，快適な郊外であったが，17世紀末にはシティに近い南西から徐々に都市化が進んだ．とくに，西のスピタルフィールズからの絹織物工場の進出がめだった．1743年にはステップニー教区から独立，新しく一教区になった．約1800軒の家に，繊維工業関係の1万5000人以上の住民がひしめきあっていたという．メソジスト派の牧師ジョン・ウェスリーは1777年にここを訪問し，住民の貧しさに衝撃を受けた．ヴィクトリア朝には，住民の半数近くの生活が最低水準に満たないと1889年に報告されている．改善策として，王室が土地を買い上げて公園を造ることになり，19世紀半ばに，サウス・ケンジントン博物館，すなわち後のヴィクトリア・アンド・アルバート博物館(→Victoria and Albert Museum)に東ロンドン分館が完成した．その後この地に移ってベスナル・グリーン児童博物館(→Bethnal Green Museum of Childhood)として発展をとげ，今日では人形や玩具などを展示する貴重な博物館となっている．

20世紀にはスラムが一掃され，工場も撤退し，1960年代には人口は最高時の3分の1，4万3000人ほどになった．1900年にはベスナル・グリーンは首都特別区のひとつであったが，1965年，ロンドン行政区分のひとつであるタワー・ハムレッツ(→Tower Hamlets)に吸収された．

ベスナル・グリーン・ロードは，1703年の地図に記されているが，1879年に現在の形になり，ブリック・レインからショーディッチ・ハイ・ストリートまで延長された．1943年3月3日，ベスナル・グリーン地下鉄駅を防空壕として使用しているときにパニックが発生し，173人が死亡した．近くに鉄道駅もある．

Bethnal Green Museum of Childhood
ベスナル・グリーン児童博物館
Cambridge Heath Road, E2

ヴィクトリア・アンド・アルバート博物館(→Victoria and Albert Museum)の人形・玩具部門で，17世紀から現代までの4000以上の玩具を所有する世界屈指の博物館．地下鉄ベスナル・グリーン駅近くにある．1856年にヴィクトリア・アンド・アルバート博物館の分館として「ベスナル・グリーン博物館」の名でサウス・ケンジントンに建てられた．1860年代の終わりに現在地に移転，1872年に開館の運びとなったが，その際，サウス・ケンジントンの仮建物の鉄構造を本館の内部に取り込む形で，煉瓦造りの外部構造を構成した．1974年から現在の名称が用いられるようになった．

下のほうの階には人形，人形の家，おもちゃの兵隊，操り人形，アジア諸国の影絵，のぞき絵，各種のゲームなどが時代順に展示されている．上の階には子供の出生から成長を追っての展示があり，乳母車，おしゃぶり，子供椅子，教育玩具，子供の衣服，十代の子供のファッションなどが陳列されている．玩具のみならず，子供の興味，体験によって得る知識と技能について学べるように展示されている．また，地階の図書室に収蔵されるレニア・コレクションは8万冊以上からなるイギリス最大の児童書コレクションである．その内容は16世紀から現在に及び，図書のほかに，石盤，計算盤，フラッシュ・カードなどの学用品，玩具，ゲームなども含み，研究資料として貴重である．

Beulah Hill
ビューラー・ヒル　SE19

　シティからおよそ10キロほど南方，ノーウッド・コモンの東を走る2キロほどの道路．もとは藪をぬける砂利道で，道路の名はこのあたりの藪をビューリーズと呼んでいたことに由来する．18世紀から傷を癒す効能をもつ鉱泉で知られていたが，1830年ごろ，所有者ジョン・ディヴィッドソン・スミスが建築家デシマス・バートンに依頼して一大娯楽施設をオープンした．読書室やテラスがあり，庭には迷路（メイズ）やアーチェリー場を整え，オーケストラやバンドや流行の見世物などの余興を提供した．通りは高級住宅街になり，作曲家メンデルスゾーンが滞在したこともある．温泉保養センターは40年代半ばにはさびれていたが，1854年に水晶宮（→Crystal Palace）が近くに移転し，人気をさらった．近年，住宅開発が進み，多くの建物が壊されたものの，中心的な保養施設であったチヴォリ・ロッジなどは往時の名残りをとどめている．

Bevis Marks
ベヴィス・マークス　EC3

　シティ地区のハウンズディッチの南西に並行するように走る通り．通りの名は，かつてサフォーク州のベリー・セント・エドマンズ大修道院長のロンドンの邸宅があり，その目印，場所の意味でベリーズ・マークスがなまったもの．1656年，オリヴァー・クロムウェルによってユダヤ人の居住が認められたあと，1700-1701年に建造された最初のユダヤ教会，スペイン・ポルトガル人ユダヤ教会（→Spanish and Portuguese Synagogue）が残っている．ここには1804年に政治家で小説家のディズレーリが誕生した記録が収められている．チャールズ・ディケンズの『骨董屋』で，ディック・スイヴェラーが勤務し，またネルの祖父の弟だと判明する「独身男」が下宿した，ブラース氏の法律事務所はここに置かれている．ディケンズは，ある朝この通りを散歩中に見つけた小さく薄汚い家を事務所のモデルにしたという．リヴァプール・ストリート駅に近い．

Bexley
ベクスリー　DA5, DA6

　ロンドンの郊外自治区のひとつ．テムズ川の南に位置し，ケント州のカンタベリーを経てドーヴァーに至る国道A2号線（最初ローマ人が築いたワトリング・ストリートとほぼ同じルート）が地域を貫通している．18世紀末までは眺望のよい地点に別荘が散在するのどかな田園地帯であったが，ロンドンの発展につれて新鮮な野菜や果物の産地として発展し，さらに鉄道の電化にともなって虫食い的な宅地化が急速に進んだ．現在では環境はよいが，単調な典型的郊外住宅地が広がっている．1965年の地方行政の大改革で近隣のエリス，クレイフォード，シドカップと合併し，大ロンドン自治区のひとつになった．ウィリアム・モリスが新婚生活を送ったレッド・ハウス（ベクスリーヒース）は，近代生活デザインの原型となった住宅として知られる．南端に鉄道のベクスリー駅がある．

Bible Society
聖書協会

Stonehill Green, Westlea, SN5

　聖書の翻訳，出版，頒布，普及を目的に，1804年に創立された．その活動は，またたくまに広がり，同年中にドイツで，1806年にはアイルランド，1809年にはスコットランド，ついで北欧諸国へと，各地で聖書協会が発足した．英国聖書協会は，大規模な移民政策に先立って，活動の場をカナダ，ニュージーランド，オーストラリア，アフリカ，インド，中国や近東諸国にまで広げていった．1946年には聖書協会世界連盟が結成され，25か国が加わった．英国聖書協会は歴史も古く，諸国の協会に資金面でも援助を続けている．創設時よりクイーン・ヴィクトリア・ストリート146番地にあった本部は，いまは大ロンドン西郊のスウィンドンに移転している．

　日本の聖書協会の設立（1875）は，前年スコットランド聖書協会代表ロバート・リリーが来日したことが契機となった．なお，現在では世界で2200余りの言語により翻訳聖書が発

行されている．

Big Ben
ビッグ・ベン

Palace of Westminster, SW1

英国国会議事堂時計塔の大時鐘．鐘だけでなく時計(塔)そのものをふくめることもある．

1834年10月16日ウェストミンスター・パレスは，暖房炉の出火で焼失した．その復興を担ったのは建築家のサー・チャールズ・バリーとデザイン担当のオーガスタス・ピュージンである．この計画には時計塔の建設が組み込まれており，「気高い時計，もっとはっきりいえば時計の中の王」を設置することになっていた．

時計や鐘にうとかったバリーは，王室付時計師ベンジャミン・ヴァリアミーにデザインを依頼した．しかし，この「グレイト・クロック・オヴ・ウェストミンスター」の製作の栄誉を求めて競争入札を要求する声が上がった．時計師E.J.デントがそのひとり．時分の狂いは1秒以内であること，日に2回グリニッチ天文台でチェックを受けることなどのきびしい条件のもとで，サー・ジョージ・エアリーが弁護士兼素人時計設計者エドマンド・ベケット・デニソンの助力を得て審査した結果，1852年2月25日デントが1800ポンドでデニソン設計の時計を製作することとなった．時計は1854年に完成．時計本体の重さは5トン．振り子は長さが約3.9メートル，重量304.8キログラムで2秒に1回の刻み音．時間の進み具合の調整は，週2回スウェイツ・アンド・リード社があたり，振り子棒に設けられた小さい棚の上に旧ペニー銅貨をのせたり取ったりすることで行なう．銅貨1枚をのせると，24時間で0.4秒進む．1913年までは人力巻きであったが，その後はモーターによる．1859年5月31日に時を刻みはじめ，最初の時報は同年11月11日だった．

時計塔の高さは基礎から頂華まで95.7メートル．鋳鉄製の大梁を骨格として，内部はカーン石，外部はヨークシャーのアンストン石とコーンウォール大理石，鉄板の屋根ふき材から建造された．工事は塔内部で，2.5馬力の蒸気機関による上下可動の足場で建材を運び上げる工法をとったので，外部からは，足場は一切見えぬまま，まるで「魔法を使って」建ち上がっていくように見えた．下から13.9メートルの部分に独房用の部屋があった．1880年，ヴィクトリア女王への忠誠を拒否したチャールズ・ブラッドロー議員を収監したのが最後の使用だった．

塔の中で最も豊かな装飾部分が文字盤であり，ピュージンが力量を発揮した部分である．直径6.9メートルの鋳鉄製．表面は312個の切片からなる乳白ガラス張りで，その上を1つが60センチの数字，4.2メートルの銅板製の分針，そして2.7メートルの時針が飾っている．照明はガス，タングステン灯，そして現在のカソード灯と変わった．戦時中の灯火管制で，1939年9月1日から1945年4月29日までは点灯されなかった．

ビッグ・ベンが初めて鳴らされたのが，1859年7月11日だった．現在の鐘は2代目のもので，最初の鐘はストックトン・オン・ティーズ近くのノートンのウォーナーズ鋳造所製で16トンの重さがあった．これが試し打ちでひび割れしたため，あらためてホワイトチャペル釣鐘鋳造所のジョージ・ミーアズの手で鋳造された．1858年4月10日に完成，13トンの鐘に生まれかわった．苦労の末に鐘楼へ吊り下げたが，またもやひび割れが発生．3か月間沈黙のままだったが，鐘を移動させてハンマー(356キロのものから203キロのものに変更)の当たる位置を変えることで復活して今日に至っている．その間，国会開催中に鐘の音が大きすぎるという苦情や時計の分針が重すぎて動かず取り替え騒ぎがあったりした．

時計と鐘とその設置の総費用は1859年で2万2000ポンドだった．なお，ビッグ・ベンの名称の由来は，ボクシングのチャンピオンのベンジャミン・コーントの名前に由来するとも，クロック・タワーの建造に関わった国会議員のサー・ベンジャミン・ホールの名前に由来す

ビリングズゲート・マーケット(19世紀半ば)

るとも言われている．

　なお，ヴィクトリア駅前にはビッグ・ベンを小型化したリトル・ベン (→Little Ben) と呼ばれる時計塔がある．

Billingsgate Market
ビリングズゲート・マーケット
Billingsgate Road, Isle of Dogs, E14

　中世初期以来の長い歴史をもつロンドン随一の卸売り魚市場．もともとロンドン橋そばのロワー・テムズ・ストリートにあったが，1982年1月16日，600年余の歴史に幕を閉じた．新しい魚市場は3日後アイル・オブ・ドッグズ (→Isle of Dogs) でオープン．新市場はウェスト・インディア・ドックス内の5.5ヘクタールの土地を占めている．ドックランズ軽便鉄道のウェスト・インディア・キー駅に近い．市場の名の由来は，旧ロンドン橋の東に埠頭を造ったサクソン人のベリングの名や，紀元前400年ごろの上陸地点を記念してゲートを造ったブリトン人の王ベリンの名に由来するという説などが有力．

　13世紀ごろには魚のほかに穀物や塩が，エリザベス一世時代には食料品や果物も取引きされた．魚専門の市場となったのは1698年．一方，1749年にハンガーフォード・マーケットが，1885年にはシャドウェル・マーケットなどの魚市場が開設されたが，いずれもビリングズゲートには太刀打ちできなかった．前者は1862年に閉鎖に追い込まれた．

　それまで取引きは屋台店や「納屋のような木造の建物」で行なわれていたが，1850年にJ.B.バニング設計による市場にふさわしい建物が立った．しかし，取引きの拡大につれ，この建物も不便をきたし，1874年から77年にかけてホレス・ジョーンズによって再度改築された．内側には鉄骨が張りめぐらされ，外装は二重勾配の屋根，四隅に張り出しがあり，その天辺には風見の上に黄金のイルカ像が飾られ，壮麗な建物に変わった．

　ヴィクトリア朝のビリングズゲート市場はロンドンで最も喧騒な市場であった．ヘンリー・メイヒューは『ロンドンの労働とロンドンの貧民』の中でその盛況ぶりと騒々しさを描写している．「ビリングズゲートの市場が…一番にぎわっているところを見ようとするなら，金曜日の午前7時に行くのがよい…市場の近隣は手押し車でおおいつくされる…市場の中に

入ると，魚，貝，燻製ニシン，小イワシなどさまざまなものの臭いが強烈に鼻をつく…仲買人も行商人も皆大声でどなっていて，市場は騒々しいだけの場となる」．

ビリングズゲートといえば「乱暴な言葉，下卑た言葉」の代名詞だが，ここで働くポーターたちがかぶる革製の帽子も「ボビング・ハット」として有名．彼らが卸売り業者から小売り業者へ魚を運ぶ料金が「1シリング＝ボブ」だったことに由来する．

従来，魚は船で運ばれたが，のちに鉄道が取って代わった．鉄道のコンテナ車がキングズ・クロス駅から市場のそばの広場まできた．1960年代後半からはもっぱらトラックで運搬されるようになると，ロアー・テムズ・ストリートは市場の機能を著しく阻害することがはっきりしてきた．またヴィクトリア朝風の建物もその後改築されることもなく，不便なままだった．その結果，市当局はこの市場を残す計画を放棄し，アイル・オブ・ドッグズに新しく場所を求めることになった．こうして古きよきロンドンの名物がひとつ失われたが，1982年1月19日に新しい魚市場が新たな歴史を刻みはじめた．
→Markets

Birchin Lane
バーチン・レイン　EC3

チープサイド（→Cheapside）の東北隅にある横丁で，古英語で「床屋横丁」という意味である．16, 17世紀には紳士用既製服の店で知られていた．歴史家のマコーレーが少年時代に住んでいた．ジョンソン博士の友人のギャリックは俳優になる前のブドウ商人だったころ，ここのトムズ・コーヒー店によく来て，友人たちと会合していたという．バーチン・レインは昼間でもうす暗い横丁だが，そのまた横丁に，それこそ一人ぐらいしか通れない横丁に，小説家のディケンズがよく通ったパブ，ジョージ・アンド・ヴァルチャー亭（→George and Vulture）がある．

Birdcage Walk
バードケージ・ウォーク　SW1

セント・ジェイムジズ・パークの南側を東西に走る広い道で，ジェイムズ一世時代の広大な鳥類飼育場があったところ．チャールズ二世はそれをさらに拡張したが，当時は世襲の鷹匠と王室関係の者だけしか通れなかった．いわゆるコック・ピット・ステップスを経て東側には，クイーン・アンズ・ゲート（→Queen Anne's Gate）の18世紀建築の家々の裏庭が広がり，西側にはウェリントン・バラックスという近衛歩兵連隊の兵舎がある．礼拝堂は1944年の空襲で爆破されたが，再建された．多くの建物は現在連隊の幹部たちの宿舎にあてられている．現在，イギリスの誇る彫刻家ヘンリー・ムーアの《横たわる母子像》というブロンズ像がある．

Birkbeck College
バークベック・コレッジ

Malet Street, WC1

内科医ジョージ・バークベックによって創設されたイングランドで最初の成人労働者のためのコレッジ．ロンドン大学（→University of London）を構成するスクールのひとつである．

1823年にストランドで発足して，翌24年，マンクウェル・ストリートでロンドン・メカニックス・インスティテューションとして開校した．開校時の学生数1300人．1830年には女性にも門戸を開いた．1858年にロンドン大学の学位試験が広く開放されたのを契機に学生数は急増した．バークベック文芸・科学インスティテューションと名称を変更したり，シティ・ポリテクニックの一部となるなどの変遷をたどったあと，1907年にバークベック・コレッジと再び名称を変更．1920年にロンドン大学を構成するスクールのひとつとなり，つづいて26年には国王の設立勅許状を授与された．1951年，現在のブルームズベリーに新築移転．

卒業生にはフェビアン社会主義者シドニー・ウェッブ，労働党の指導者として1924年と1929-31年に首相となったラムジー・マクドナルドなどがおり，J.D.バーナル（結晶学）やニコラウス・ペヴスナー（美術史）もここで教鞭を

とった.

Bishopsgate
ビショップスゲート　EC2

　リヴァプール・ストリート駅東側を南北に走る700メートルほどの大通り．最初ローマ人によって建てられたシティの門が，7世紀にロンドン司教（ビショップ）によって建て替えられたことにちなむ．テューダー朝には裕福な商人が居を構えた．ジェイムズ・バーベッジはグローブ座を建てるまえ，ここの馬車宿ブル・イン（→Bull Inn）の中庭とそれをとりまく歩廊を利用して，芝居を上演した．現在，通りに残る建物はその大部分がヴィクトリア朝の事務所であるが，なかにはナショナル・ウェストミンスター銀行のタワーのような現代高層建築もある．202-204番地のダーティー・ディックス亭（→Dirty Dick's）は18世紀からつづく有名なパブである．

　1894年に発足した230番地のビショップスゲート協会はチャールズ・ハリソン・タウンゼンド設計のロマネスク様式の建物で，ロンドンの歴史・地図・図版を中心に資料を収めている．近隣のコミュニティ・センターの役割も果たし，収入はセント・ボトルフ教区（→St Botolph）の公益に使われている．

Black Death
黒死病

　これまでの歴史で最大の惨禍を人類に残した急性伝染病といってよい腺ペストのうち，アジア・ヨーロッパで猛威をふるい，1348年から49年にかけてイギリス中で，それもロンドンで多数の死者を出した腺ペストを「黒死病」と呼んでいる．これはエリザベス・ペンローズが『イギリス史』で用いたものだが，腺ペストは感染すると皮膚が乾燥して紫がかった黒色になって死亡するからである．ネズミノミが運び手であることが確かめられたのは1905年のことであった．14世紀に流行した腺ペストは遅くとも1348年9月29日にはロンドンに入り，11月1日にはシティ全域に広がっていた．そして当時のロンドンの人口の半数を超える死者（約2万人）が出たといわれる．とくに人口過密のイースト・エンド（→East End）では死者が多かった．不潔で衛生状態が悪かった地域で伝染がひどかったのである．

　当時はまだ黒死病の感染経路は不明であった．しばしば超自然的原因とされたり，この世の終わりが到来したしるしと見なされた．このときのペストはフランスからイングランドに入ったといわれている．百年戦争中の1346年にエドワード三世のイングランド軍がフランス軍に大勝し，1347年ロンドンに戻ってきたとき黒死病も一緒に入ってきた．翌年の冬にはイングランド全域で，なかでもロンドンで猛威をふるった．

　1349年2月からイースターのあいだにその流行は頂点に達した．ロンドン中に死体があふれ，サザックには新しい墓地が作られたが，毎日200人もの遺体が埋葬されたといわれている．1349年5月には，ウェストミンスターの修道院で院長と27名の修道士が亡くなり，同月セント・ジェイムズ病院にいた修道士，修道女で生存できたのはたった1人であった．しかしこの大流行期にロンドンから疎開したひとの数はのちの「ロンドン大疫病」（→Great Plague）のときほど多くはなかった．ロンドンの外もロンドンと同じように黒死病が荒れ狂っていたからである．

　黒死病が衰えを見せだしたのは，1350年代にはいってからだった．この伝染病がもたらした人口減は深刻で，国をあげて衛生設備の改善に取り組みだした．1361年（この年もペストが流行した）にはエドワード三世がロンドン市長と執政官に，衛生上，シティ内での家畜の屠殺を極力抑え，北郊ストラットフォードか西郊ナイツブリッジで行なうよう命じた．黒死病のロンドンでの犠牲者の碑がチャーターハウスの付属墓地の近くに立っている．
→Great Plague, Plagues

Black Friar
ブラック・フライアー亭
Queen Street, EC4

　サザック地区へ通ずるブラックフライアーズ

橋に近く，16世紀初期まで黒修道士(Black Friar)の修道院があったところ．元来ドミニコ派の修道士は大酒飲みであったという．現在のパブは，1885年の創設という看板が出ているが，1905年に改装された．4階建てで，外から見るとくさび形(V字形)をなし，その先端に「174」番地の文字と，その上に黒修道士の立像がはめこまれている．内部はアール・ヌーヴォー調で，家庭料理のサービスを誇る，ロンドンで最もユニークなパブとして，観光客にも人気がある．

Blackfriars Bridge
ブラックフライアーズ橋　EC4

　ブラックフライアーズとサザックの両地区を結ぶ鉄道橋．もとは1760-69年にロバート・ミルンの設計によって架けられた，9つのアーチをもつポートランド石の石橋であった．ロンドンのテムズ川の橋としては3番目の橋である．もともと有料橋で，1780年のゴードン暴動(→Gordon Riots)の際にゲートが破られ，金が盗まれたりした．無料になったのは1785年であった．

　現在の橋は1899年にかけかえられたもので，ジョーゼフ・キュービットとH.カーの設計による．1884-86年に並行して東側に架けられた鉄道橋は，ジョン・ウルフ＝バリとH.M.ブルネルの両技師によるもので，橋の両側に紋章がとりつけられていて，当時の鉄道の栄光を象徴している．1982年6月15日，この橋の下でイタリア人の銀行家ロベルト・カルヴィが死体で発見された．

Blackfriars Monastery
ブラックフライアーズ修道院

　1221年にドミニコ修道士会の共同生活体がシュー・レインに創設されたのを発端とし，年次総会などには400人以上もの修道士が集まっていた．1278年，ロバート・フィッツウォルターなる人物が大規模な修道院の敷地にと，テムズ川沿いのベイナード・カースルとモントフィッチェット・タワーを寄進した．さらに，修道士たちはエドワード一世の愛顧を得て豊かになり，社会的な影響力を増していった．1311年には，この修道院で議会が開催され，やがて国の記録保管所として利用され，大法官裁判所として兼用されるようにもなった．

　しかし，ヘンリー八世の修道院解散令のもと1538年に解体の憂き目に遭い，建物の大半は取り壊され，修道士たちの食堂はブラックフライアーズ・プレイハウス(→Blackfriars Playhouse)という劇場として使用されるに至った．その後，残存していた建物や教会堂はロンドン大火で焼失した．1890年，アーケード部分が発見され，大ロンドン南郊のセルズドン・パークに再建されるが，その後も次々に聖歌隊席や柱頭，壁などが発見され，それらはヘイヴァーストック・ヒルの聖ドミニコ修道院に設置・保存されることになった．現在，この地区に唯一残っている当時の残存物は，アイルランド・ヤード(→Ireland Yard)の断片的な壁跡のみである．

Blackfriars Playhouse
ブラックフライアーズ・プレイハウス

　1278年に創設され1538年に解散したドミニコ会派の小修道院の境内で，ウィンザーの聖歌隊長などを務めていた少年劇団の指導者リチャード・ファラントが，1576年に一室を借りて宮廷公演の稽古をしたのが始まりらしい．14×8メートルの100人程度が入る小劇場だったようだ．1580年のファラントの死後も劇作家ジョン・リリーらのもとで，少年劇団が使用していたらしいが，1584年に地主が所有権を主張したため劇場としては使用できなくなった．

　1596年にシアター座(→Theatre, The)に代わる劇場を探していたジェイムズ・バーベッジが，この古い修道院の別な一角を購入した．そのひとつに20×14メートルの部屋があった．1597年にバーベッジは死去，息子のリチャードは，地元の反対のため未使用のまま残された劇場を1600年にヘンリー・エヴァンズに貸与した．彼は「チャペル・ロイヤル少年劇団」を運営し，活発な公演活動を行ない，そ

れは大人の劇団にとって脅威となるほどだった．1608年に賃貸期間が切れると，シェイクスピアやバーベッジらの劇団キングズ・メンが乗り込んできて，ここをグローブ座（→Globe Theatre①）と交互に使用することになった．

屋内で観客数600名たらずの私設劇場は天井の開いた3000名近くを収容する公衆劇場に比べ，値段も少し高く，一番安い席でも6ペンスだった．立見席はなく，三方に桟敷席を設け，特別な客のために舞台の上にも席を用意した．舞台中央奥にはカーテンで隠された小空間があり，その両脇に出入りの戸口，上方にバルコニーがあった．室内劇場のため蠟燭による人工の照明を使用したが，観客席にぶら下がっている燭台は天井桟敷からの視界を妨げたことだろう．そのためか人気のある席は1階席ピットのほうだった．舞台に背景を描いた，おそらくは最初の劇場だったといわれる．また楽士の演奏する音楽も呼びものだった．王政復古期以前の劇場のなかでは一，二の人気を争う劇場だったが，1642年のピューリタン革命でほかの劇場とともに閉鎖に追い込まれ，1655年に解体された．地下鉄ブラックフライアーズ駅に近い，プレイハウス・ヤードにその跡が残っている．

Blackfriars Road
ブラックフライアーズ・ロード　SE1

13世紀に設立され，16世紀の宗教改革で取り壊されたドミニコ修道院はブラックフライアーズと呼ばれ，この地名に残った．ここからテムズ川に架けられた橋がブラックフライアーズ橋である．この道路は橋の南端からさらに南へセント・ジョージズ・サーカスまで，全長およそ5キロの幅の広い幹線道路である．1829年まではグレイト・サリー・ストリートと呼ばれていた．

クライスト・チャーチが近くのパリス・ガーデン・マナーの地に1671年に建てられ，その後18世紀と第二次世界大戦後に建て替えられた．1731年には，帝国戦争博物館（→Imperial War Museum）が現在立っているあたりで鉄鉱泉が発見された．鉱泉は瓶詰にして販売された．周辺はセント・ジョージズ・スパとして開発され，1754年には日に何百人もが訪れる，流行の先端をゆく保養地となった．しかし1770年ころから人気は衰え，1787年には湯治場の鉱泉水飲み場も閉鎖された．

売春婦のための更生施設であるマグダレン・ホスピタルが，1772年にホワイトチャペルからこの地に移転してきたが，1868年さらに南郊のストレタムへ移転した．その跡地には，アメリカの慈善家ジョージ・ピーボディの篤志に基づく低所得者向きの集合住宅，ピーボディ住宅（→Peabody Buildings）が建てられた．1782年には，劇作家・作詩家チャールズ・ディブディンと曲馬師チャールズ・ヒューズの協同により，曲馬演芸場サリー劇場が開場した．1783年には，ノンコンフォーミストの説教師ローランド・ヒルのためにサリー・チャペルが建てられた．1833年ヒルが亡くなり，その遺体は説教壇の下に埋葬された．チャペルは1881年に閉鎖され，1910年には，「リング」と呼ばれて親しまれた拳闘場に建て替えられたが，第二次世界大戦で倒壊した．

この沿道は第二次世界大戦の空襲の被害が大きい地域であったが，戦後復興し，新しいオフィス・ビルや公共の建物が軒を連ねるようになった．

Blackheath
ブラックヒース　SE3

グリニッチ・パークの南にある台地およびその周辺の住宅地．語源はおそらくbleak heath（吹きさらしの荒野）とされる．ドーヴァーからロンドンに通じるローマ街道がかつてはここを横切っており，常にロンドンへの関門であったため，戦略的に重要な地点となり，何世紀にもわたって反乱と祝賀，その他の歴史的な場所となった．

1011-13年にはデーン人がここを幕営地とし，カンタベリー大司教アルフェッジを捕らえて身代金を払わないとの理由で殺害した．1381年にワット・タイラーはここで農民を集めて反乱（→Peasants' Revolt）を起こした．その首謀者のひとりであった牧師のジョン・

ボールが説教をしたのも，処刑されたのもここである．1450年に反乱を起こしたアイルランド人のジャック・ケイドもここで野営した．しかし，この荒野で実際に戦闘が行なわれたのは，1497年にヘンリー八世がマイケル・ジョーゼフと彼の率いるコーンウォール人の反徒を敗北させたときだけである．この荒野で，1415年にアジンコートから凱旋したヘンリー五世をロンドン市民が歓迎し，ヘンリー八世は4番目の妃アン・オヴ・クリーヴズをここで迎えた．また，1660年にチャールズ二世が亡命生活から帰国したときの歓迎の地となった．

この地はスポーツとも関係が深い．イングランド最初のゴルフ・クラブであるザ・ロイヤル・ブラックヒースが1608年にここで創設され，1923年にエルサム・ゴルフ・クラブと合併した．ラグビー，サッカー，ローン・ボウリング，クリケットはいずれもここで昔から行なわれていたスポーツである．今日では凧あげでも有名である．

ブラックヒースはかつてはおいはぎの出るところとして知られていたが，18世紀末にこの地域が郊外住宅地として開発されるようになって初めて安全な場所と見られるようになった．したがって，この地域の発達は比較的近代のもので，18世紀の末にオール・セインツ教会が建つまでは教区も教会もなく，わずかに2軒の小住宅があっただけである．その後裕福な上層の中流階級を顧客とする商店が建ち始めた．地域が急速に発展したのは1840年代と50年代である．1849年には鉄道が開通して，市中央部との往来が容易になった．グリニッチ・パークの南側を通るシューターズ・ヒル・ロードなどの道路沿いにあるヴィクトリア朝時代の魅力的な住宅は，フラットに変わってしまった．人々は地域社会を豊かにするために時間と金を費やし，学校，集会所，音楽ホールの建設に努めた．

天文学者アーサー・エディントンが1906-14年ベネット・パーク4番地に，漫画家ドナルド・マギルが1931-39，同5番地に，極地探検家ジェイムズ・クラーク・ロスがエリオット・プレイス2番地に，フランスの作曲家グノーが1870年モーデン・ロード17番地に住んだ．

Blackwall
ブラックウォール　E14

ロンドン東郊ポプラ区の一地区．テムズ川北畔の，アイル・オヴ・ドッグズ（→Isle of

――［ロンドン・ア・ラ・カルト］――

気球飛行

　1783年のフランスで一大センセーションを巻き起こした気球は，その数か月後にはロンドンにおいて見せ物として大人気を博し，やがてはスポーツとして新たな展開を見せた．

　1784年にロンドンっ子が初めて目にした気球は，イタリア人のザンベッカリ伯爵が発明した酸素入り気球である．同年8月，フランス人モレ博士が同様の気球をロンドンで上げようとしたが，地上で火災となって失敗．1か月後，イタリア人のヴィンツェンツォ・ルナルディがムアフィールズの砲台から赤と白の模様が入ったシルクの気球で上昇に成功し，ロンドンっ子の歓声を浴びた．

　1802年にはフランス人アンドレ・ジャック・ガーネランが気球からパラシュートで降下，セント・パンクラス近くに無事着陸した．以後，ロンドンの空には，石炭の燃焼ガスを使った気球が次々と舞い上がった．のちに526回という気球飛行記録を残すことになるチャールズ・グリーンは，1821年7月19日グリーン・パークからバーネットまでを気球で飛行し，ジョージ四世の戴冠式を祝ったと記録されている．プレジャー・ガーデンでは気球のデモンストレーシ

Dogs)の東側の付け根一帯をさす．地の利に恵まれた交通の要所であった．テムズ川のこの地点は，大型船を停泊させるには便利な場所で，ここで下船し，あとは陸路でポプラ，ラトクリフを通ってロンドン中心部に入ることができる．

ブラックウォール造船所は16世紀後半にこの地で開かれ，所有者は入れ替わったが，一貫して船舶の建造と修理を行なってきた．17，18世紀はとくに東インド会社の用をつとめていたが，1980年に閉鎖された．

ブラックウォールは，船旅の出発点であり，到着地であった．最初のアメリカ永住希望者たちをヴァージニア州に送り込んだジョン・スミス船長の船も，1606年にここから出帆した．東インド会社と合併した新会社東インド・ドックズ会社は，蒸気客船に備えて，ブランズウィック・ピアという桟橋を造り，ここまで鉄道で乗船者を運ぶことになった（1840-1926年）．ブランズウィック・ピアはテムズ川の水上交通を見物するための観光名所になったが，第二次世界大戦後に閉鎖された．埠頭および東インド会社のドックの跡地には，現在は，大規模な発電所が建設されている．テムズ川の下を通る2本のトンネル（→Blackwall Tunnel）によって南岸のグリニッチと結ばれている．

Blackwall Tunnel
ブラックウォール・トンネル　E14

　ブラックウォールとグリニッチ間の直径約7メートル，全長約1.3キロの北行きトンネル．1891-97年に，アレグザンダー・ビニによって造られた．テムズの川底をもぐるトンネルとしては，テムズ・トンネル（→Thames Tunnel）について2番目である．当初は歩行者専用であった．「グレイトヘッド」と呼ばれる構盾と圧縮空気を用いる工法が初めて導入されて，革新的な進歩をとげた．南行きトンネルは，直径約8メートル，全長約860メートルで，1960年に着工し，7年後に完成した．

Blandford Square
ブランドフォード・スクエア　NW1

　マリルボーン一帯のポートマン家の地所の北の一角にあり，ドーセット州ブランドフォード・フォラム近くに当家の地所があったことにちなんでこの名がつけられた．16番地に1860年から65年までジョージ・エリオットが住んで，『ロモラ』や『フィーリックス・ホー

ョンが行なわれ，地上のどよめきに送られてゆったりと空に舞う気球は，ディケンズの『ボズのスケッチ集』他，文学作品にも多く取り上げられ，当時の風俗の一面を伝えている．

　19世紀後半になると，気球飛行の名所がいくつか生まれた．なかでも，クレモーン・ガーデンズの西，アッシュバーナム・ハウスとテムズ川の間にある「ロッツ」（Lots）と呼ばれた空地は有名である．そのほか，カムデン・タウンのグローヴ・ストリートにあるパブ，ベドフォード・アームズのティー・ガーデンや，フィンチレー・ロードにあったパブ，エア・アームズの庭園なども気球飛行の場として知られていた．その間に気球の改良も進み，動力付きで操縦可能な気球が発明されたことで，1890年代になると，気球飛行は見せ物以外にスポーツとしての色彩を次第に強めた．拠点は，バタシーやハーリンガム・クラブ．フランスで飛行距離を競う第1回ジェイムズ・ゴードン・ベネット杯が行なわれた1906年には，アエロ・クラブ主催のイギリス初の公式気球レースが催された．気球は国際的なスポーツとして認知され，この頃初の国際レースも行なわれた．気球熱が高まるにつれて，ハイド・パーク，リージェンツ・パーク，ウィンブルドン・コモン，ブラックヒース，バッキンガム・パレスのグラウンドなどに，緊急着陸場も設けられた．第二次世界大戦中には，英国空軍によって操作された阻塞気球が，ドイツ軍の空爆を防ぐのに一役買った．最近では熱気球の飛行も行なわれるようになっている．

ト』を書いた．その後，鉄道のマリルボーン駅（→Marylebone Station）の建設のためにかなりの部分が削り取られ，現在は駅の西側に一部分を残すのみとなっている．

Bleeding Heart Yard
ブリーディング・ハート・ヤード　EC1

ホーボーン・サーカスからハットン・ガーデンを北へのぼり，グレヴィル・ストリートを右に入ったところの南側にある．サフロン・ヒルからグレヴィル・ストリートへ入ると，左手になる．

その名（「血の流れる心臓の庭」）の由来については『インゴルズビー説話集』やチャールズ・ディケンズの『リトル・ドリット』第12章にもっともらしいことが語られている．しかしほんとうは，宗教革命前の昔に，悲嘆のあまり心臓から血をたらす聖母マリア像を描いた旅籠の看板が立っていたことによる．『リトル・ドリット』では貧乏長屋として描かれ，この作品の第1部12章の章題となっている．

Blewcoat School
ブルーコート・スクール
Caxton Street, SW1

もともとウェストミンスター地区のパーラメント・スクエアに立つセント・マーガレット教会（→St Margaret）区の貧しい少年たちに，読み書きや数の計算を教えるための施設として発足したもの．初期の校舎はウェストミンスター・アビーから借りた土地にあった．やがて女子の入学が認められるが，19世紀後半になって女子部門が廃止になり，やがて学校運営はセント・マーガレット教会の教区会に委ねられた．

校舎そのものは，1939年までひとつの学校に使われていたが，その後はユースクラブの集会所などに転用され，1954年にナショナル・トラスト所有となった．セント・ジェイムズ・パーク地下鉄駅にほど近いその建物の入口には現在，青いコートをはおった慈善学校の男子生徒の像が取りつけられている．

Blitz
ロンドン大空襲

ブリッツとはドイツ語で「電光」を意味し，主として1940年9月から1941年の5月にかけてのナチス・ドイツの一連のロンドン爆撃に対する通称である．

この電撃的作戦は予期されなかったわけではない．第一次世界大戦中にロンドンは初めての空襲の経験をしていたからである．最初はツェッペリン飛行船による数回の空襲に限られていて，ロンドンとその周辺地域に196トンの爆弾が落とされた．ついで1917年に新型の爆撃機がロンドンを空襲し，835人のロンドン市民が死亡し，1437名が負傷した．

この経験からロンドンは防衛計画を拡大した．1939年までに市周辺に防御飛行場を建設した．シティにもサーチライトと高射砲を配備した．世界で最初のレーダー・ステーションが活動を開始し，防空壕ができ，民間防衛対策は高度に発達した．シティの疎開計画も作成され，ロンドン市民に，ガス・マスクが配給され，乳幼児にも特別の工夫をこらしたものが渡された．市民はこのガス・マスクを常に持ち歩いたが，結局ガス攻撃はなかった．

1940年の9月7日から，1941年の5月10日のあいだにロンドンは71回の空襲を受けた．1万8000トンの爆弾が投下されて，2万人が犠牲者となった．最初空襲は軍事施設や港湾施設に集中したが，次第に無差別爆撃となり，焼夷弾が使用された．住宅地域への空襲で，住民たちは幾晩も防空壕や地下鉄駅の構内で過ごさねばならなかった．およそ18万人が地下鉄駅を防空壕として利用した．

1940年12月29日の空襲は最も激しく，シティの大部分が破壊された．教会，シティ同業組合会館など，多くの古い建築物が消失した．現在セント・ポール大聖堂周辺に見られる比較的モダンな建物は大空襲後の再建によるもので，大聖堂そのものが被爆をまぬかれたのは奇跡だと言われている．当時の火災を聖堂のドームから写した貴重なフィルムが残っている．

博物館，美術館，宮殿などが貴重な文化財

セント・ポール大聖堂付近の戦禍跡(1941年10月28日)

を安全な地下や地方の倉庫に移動したが，必ずしもすべてを破壊から守ることにはならなかった．

また，国会議事堂も被爆して下院が破壊された．ついには国王と内閣をカナダに避難させる計画が立案されたが，国王ジョージ五世は戦いの全期間をロンドンで過ごし，国王と王妃(のちの皇太后)と2人の王女(エリザベスとマーガレット)が被爆地区を訪れたことは，国民の士気を大いに高めることになった．バッキンガム・パレスも1940年9月13日に爆撃された．

ちなみに，1944年6月に行なわれた空爆では，ロケット弾V1号，V2号が使用された．これら新兵器によるドイツの空爆は，被害は大きくなかったが，ロンドン市民のみならず英国全体に大きなショックを与えた．

第二次世界大戦の「ブリッツ」によって，結局ほぼ3万人のロンドン市民が死亡し，5万人以上が負傷し，350万戸以上の家屋が破壊された．

Bloody Tower
→**Tower of London**

Bloomsbury
ブルームズベリー　WC1

　西をトッテナム・コート・ロード，北をユーストン・ロード，東はグレイズ・イン・ロード，南をニュー・オックスフォード・ストリート，ブルームズベリー・ウェイ，シオボルズ・ロードなどに囲まれた地域．大英博物館とロンドン大学を擁する文教地区．グレイズ・インやリンカーンズ・インにも近い．住人は文筆家や芸術家，法律家が多い．

　地名は，13世紀初頭にこの地を獲得したブ

レモンドのベリー(領地)に由来する．1086年のドゥームズデイ・ブック(→『土地台帳』)によると，このあたりには，葡萄畑と豚の飼育場があった．14世紀末に領地はエドワード三世に召し上げられたあと，カルトジオ修道会に下賜された．16世紀の宗教改革で用地は再び王家の所有となった．次に下賜されたのが，のちの大法官サウサンプトン伯爵である．

17世紀はじめに，第四代サウサンプトン伯爵がこの地に移り住んだ．1660年に邸宅のサウサンプトン・ハウス(→Southampton House)を新築し，南側にサウサンプトン・スクエアを造った．スクエア名になった最初の例で，これが現在のブルームズベリー・スクエア(→Bloomsbury Square)である．スクエアを中心に周辺を開発するという，都市開発の最初の例でもある．1665年にサウサンプトン・ハウスでの正餐に招かれたジョン・イーヴリンは，「上品なスクエア，ピアッツァ――小さな街」と感想を日記に記した．

17世紀末には，当時権勢を誇ったラッセル家とサウサンプトン伯の娘が婚姻関係を結んだ．その結果，ラッセル家の第二代ベドフォード公爵がブルームズベリーの所有権を手にすることになった．18世紀には，サウサンプトン・ハウスはベドフォード・ハウスと呼ばれるようになり，瀟洒なたたずまいと田園地帯にも近い点から，ブルームズベリーは上流人士にもてはやされる土地となった．詩人のトマス・グレイは「都会の中の田園の趣きが気に入った」と1759年に記している．1771年には女流小説家のファニー・バーニーが，ここから目にすることのできるハムステッドとハイゲイトの緑の美しさについて書き残している．

ベドフォード公爵家は，18世紀から19世紀を通じて開発を推進した．ラッセル，タヴィストック，ウォバーン，ベドフォードなど，ラッセル家にゆかりの名が，数々のスクエアや道路の名にいまなお残っている．20世紀のここの住人を代表するのが，ブルームズベリー・グループと呼ばれる知識人たちである．彼らは経費節減のために，この「パッとしない地域」に引っ越してきたのだった．

現在はさらに再開発が進み，個人の住宅よりも文教施設のオフィスなどが増えている．

〈ブルームズベリー・グループ〉

20世紀初頭，文学や美術のモダニズムを推進した人々のうち，ブルームズベリー地区に居を構え，親しく交流した一群の人々の総称．このグループには，画家のヴァネッサ・ベル，ダンカン・グラント，美術評論家のクライヴ・ベル，ロジャー・フライ，小説家のヴァージニア・ウルフ，伝記作家のリットン・ストレイチー，ジャーナリストのレナード・ウルフ，デズモンド・マッカーシー，経済学者のJ.M.ケインズなどがいた．

1904年に哲学者・評論家レズリー・スティーヴンが亡くなり，残された4人の子供が，ケンジントン地区にある中流階級の住宅街ハイド・パーク・ゲートを引き払って，勉学に便利なこの地区に移り住んだ．ゴードン・スクエア(→Gordon Square)46番地の家には，毎週木曜日夜9時から，法律を勉強中であった長男トウビーのケンブリッジ時代の友人たちが訪れ，姉妹も加わり高踏的雰囲気の中で会話を楽しむのが恒例になった．トウビーが1906年に亡くなり，長女ヴァネッサがクライヴ・ベルと1907年に結婚したのにともない，次女ヴァージニアと次男エイドリアンは，フィッツロイ・スクエア(→Fitzroy Square)29番地に移った．ここには，エイドリアンのケンブリッジ時代の友人が訪れるようになり，やがてケインズやダンカン・グラントも近所に引っ越してきた．11年には再び，ブルームズベリー地区の東部にあるブランズウィック・スクエアに移り，38番地をスティーヴン姉弟とケインズとグラントが共同で借りた．

1910年11月にはロジャー・フライが企画して，グラフトン画廊で「後期印象派展」を開催した．また，芸術を生活に生かすという趣旨でフライが始めたオメガ工房は，13年にフィッツロイ・スクエア33番地で発足した．

ここにあげた人々を訪れた親しい友人には，詩人のT.S.エリオット，小説家のE.M.フォースター，翻訳家のアーサー・ウェイリーなどがいる．グループはケンブリッジの哲学

者G.E.ムアの『倫理学原理』を精神的支柱とした．

第一次世界大戦が起こったことで，このような一群の友人たちのかぎりなく無定型な集まりは自然に消滅した．

Bloomsbury Square
ブルームズベリー・スクエア　WC1

大英博物館の南東，地下鉄ホーボーン駅への道の途中にある．議会の開発許可がおりるのに手間どり，建設時期では，コヴェント・ガーデン・ピアッツァ（イタリア語の広場）などに遅れるが，首都で最初にスクエアと呼ばれた名誉はこの広場に属する．1660年，つまりオリヴァー・クロムウェルの共和制が崩壊し，大陸に亡命していたチャールズ二世がロンドンに戻って王政復古となった年，サウサンプトン伯爵家が，完成したばかりの豪壮な自邸サウサンプトン・ハウス（→ Southampton House）に面した地所に広場開発を始めた．当時，この一帯は，中世にあった荘園にちなんでブルームズベリーと呼ばれた．イギリスでも最も古いコーヒー店の一軒が営業を始めていたのもこの地域である．

亡命中に大陸趣味を吸収した国王チャールズが，宮廷周辺市街地の美化に熱心だったこと，古くからの商人センターであるシティと宮廷・議会のあるウェストミンスターの中間に位置するという地の利を得たこと，住居のみならず市場などの生活必要施設を含む一体開発が行なわれたことなどもあって，計画は順調に進行し，広場に面した区画は，貴族や有力者向けに投機業者が建設した，おおむね優雅な，しかし統一性には課題を残した邸宅で埋まった．この成功も呼び水になり，全国から首都をめざす貴族の豪邸が近隣に増加していく．そのひとつが，のちに大英博物館へと変身するモンタギュ邸（→Montagu House①）である．

17世紀末，サウサンプトン一族の財産は，コヴェント・ガーデンで広場型郊外開発の先鞭をつけたので知られる有力貴族ベドフォード公爵ラッセル家に吸収され，サウサンプトン・ハウスもベドフォード・ハウスと改称されるが，広場の名前はそのまま受け継がれた．

広場中央の庭園は1800年に，貴族の庭園を数多く手がけた代表的造園家のハンフリー・レプトンの設計によって建設された．現在は一般開放されているが，広場地下に建設された公営駐車場への取り付け道路が，歩行者には障害となる．

歴代の広場住人には，倫理や信仰よりマナーを重視したと道徳家の非難を浴びたのでも知られる『息子への手紙』の筆者，第四代チェスターフィールド伯爵や，明治の日本に大きな影響を与えた社会哲学者ハーバート・スペンサー，詩人のチャールズ・セドレー，クリスティーナ・ロセッティなどがいる．

Bluecoat School
→Blewcoat School

Blue Plaques
ブルー・プラーク

文学，芸術，政治などさまざまな分野で活躍した人物に関わりのある由緒ある家や建物にはめこまれた青い円形の記念銘板．

19世紀の公共図書館の設置・拡大に貢献した国会議員ウィリアム・ユーアートが1863年に，歴史的人物にゆかりのあるロンドン市内の家を記念する案を打ち出したのがきっかけとなり，64年に王立芸術奨励協会がその案を受け，文化一般や商工業に顕著な功績をあげた人物の銅像・記念碑の建立を推進する委員会が設置された．同時に記念銘板が作られ，その最初の銘板はホラス・ストリート24番地のバイロン生誕の家に取りつけられた．こうして1867年から1900年にかけて，市内35か所が対象になった．

1901年，管理権が王立芸術奨励協会からロンドン市議会に委譲され，その最初の銘板は歴史家マコーレーが亡くなったカムデン・ヒルの家に取りつけられた．その後，ロンドン市議会から大ロンドン議会へと管理が移り，1980年には19世紀以来取りつけられてきた記念銘板の数は438にのぼった．銘板の表面に

青い上塗りがかけられるようになったのは，1937年以来のことである．この記念銘板が取りつけられる人物は社会的な功績を残した人々であることはもちろんだが，死後20年以上，また現存者の場合は100歳以上という制限がある．

市内には，この公的な青い記念銘板のほかにも，私的な記念銘板も数多く見られる．個人や団体，地区の役所によって取りつけられたもので，それらは鉛や石，またはブロンズ製のものが多い．

これら記念銘板が取りつけられた建物は大部分がその人物が関わった当時の面影を残してはいるものの，なかには戦時の爆撃で破壊されたり改築されてなくなったりしている例もある．ただ，新しく装われても，昔その場所に関わった歴史的人物の息吹きを残そうとする試みはつねになされている．
→巻末「著名人住居跡案内」

Boar's Head Tavern
ボアズ・ヘッド・タヴァン

シェイクスピアの16世紀ごろ，イーストチープ（→Eastcheap）で最も有名だった酒亭のひとつ．ボア（イノシシ）の頭がパブや旅籠の看板に多いのは，古くからイノシシが王侯貴族の紋章図形のひとつであり，その肉も美味で貴重な蛋白源として好まれたことによると思われる（日本の江戸時代にも薬食いとして愛好されていたことが，俳諧にも散見される）．ロンドン大火で焼失したが再建され，1668年という年号のついた「猪の頭」亭の石彫の看板が，現在シティのギルドホールの博物館に保管されている．

シェイクスピアが史劇《ヘンリー四世》（第1部第4景）で，イーストチープのボアズ・ヘッド・タヴァンの女将クイックリーを登場させたために，彼女がシェイクスピアの作品のモデルだったという説が残っている．フォールスタフのモデルもいたようであるが，定かではない．ジェイムズ・ボズウェルもそのことをまことしやかにジョンソンに伝えたという．またゴールドスミスがこの店で詩作にふけったとか，ウィリアム・ピット（小ピット）や，奴隷廃止を推進した政治家のウィリアム・ウィルバーフォースたちも，このパブでのシェイクスピアをしのぶディナー・パーティに出席したと伝えられている．1831年にロンドン橋への道路拡張のため取り壊された．

ちなみに，よく似た屋号のパブが，サザック地区のハイ・ストリートにも15世紀初頭から存在していた．屋号はボアズ・ヘッド・インという．Tavern と Inn という語の違いだけで，中身は同じく酒亭であり旅籠であった．しかも，サザックのほうの亭主はファストルフといって，シェイクスピアのフォールスタフによく似た名前だったので，こちらにもフォールスタフゆかりの旅籠という伝説が残っている．

Boat Race
ボート・レース

イギリスでボート・レースといえば，オックスフォード大学対ケンブリッジ大学対抗レースのことである．舵手（コックス）と漕手8人が左右各4本のオールを漕ぐこのエイトの対抗レースは，ボート競技のなかでも花形といわれる．毎年3月末から4月はじめの土曜日に，テムズ川のパトニーから西へ上流のモートレイクまで，テムズ川が大きく湾曲する4.25マイル（6.8キロ）の距離で催される．国際競技が直線2000メートルの静水で競われることと比較すると，このレースはコースも開催時期も野趣に富んでいる．

歴史は古く，第1回大会は1829年6月10日，オックスフォードシャー州ヘンリーで行なわれた．1マイル550ヤード（約2.1キロ）の短距離であった．実力伯仲の好勝負であったが，運悪く衝突，沈没してしまった．再試合ではオックスフォードが圧勝した．しばらく中断したあと，第2回は1836年にテムズ下流のウェストミンスターからパトニーまでに場所を移して開催された．1839年以降，毎年開催されるようになり，1845年には現在と同じ水域になった．最高記録は，1984年第130回大会でオックスフォード大学が記した16分45秒

ブルー・プラーク

リットン・ストレイチー
（51 Gordon Square）

ランドルフ・コールデコット
（46 Great Russell Street）

ジョン・M・ケインズ
（46 Gordon Square）

フランシス・T・ポールグレイヴ
（5 York Gate）

H.G.ウェルズ
（Alders, Bromley High Street）

チャールズ・ディケンズ
（BMA House, Tavistock Square）

A.A.ミルン
（13 Mallord Street）

G.F.ヘンデル
（25 Brook Street）

ジョンソン博士晩年の住居

である．ケンブリッジのライト・ブルー，オックスフォードのダーク・ブルーのユニフォームもよく知られている．勝者となったチームの8人の漕手が舵手を水に投げ入れるのも，ならわしである．このように注目を浴びる伝統競技であるため，両大学とも選手獲得に奨学生制度を利用したり，留学生を受け入れたり，コーチを引き抜いたりと，話題は絶えない．

Boat Show
ボート・ショー
Earl's Court, SW5
　毎年1月にアールズ・コート（→Earl's Court）の展示会場で開かれるボートの国際見本市で，ヨットや小型船舶が展示される．

Bolt Court
ボールト・コート　EC4
　シティのフリート・ストリートから東に入るせまい小路．かつてあったボールト・イン・タン（Bolt-in-Tun, 大酒樽に差した太矢亭）という酒亭にちなんで名づけられた．サミュエル・ジョンソン博士が1784年に亡くなるまでの最晩年を暮らし，『詩人列伝』を執筆した8番地の家は，1819年に焼失した．11番地には，1802年からウィリアム・コベットが居住し，週刊誌『ポリティカル・レジスター』を創刊した．

Boltons, The
ザ・ボールトンズ　SW10
　セント・メアリ教会をはさんで三日月型に湾曲した2本の道が対面する一角で，サウス・ケンジントン地区の高級住宅街に位置する．地名は，19世紀はじめに一帯を所有していたボールトン家に由来すると考えられる．建築家ジョージ・ゴドウィンの計画に沿って1850-60年に造成され，広壮な住宅が立ち並んだ．中心にあるセント・メアリ教会もゴドウィン設

計で，1850年建立．バウスフィールド小学校は，1956年に建築賞を受賞した．「ピーター・ラビット」の作者ビアトリクス・ポターや19世紀を代表するソプラノ歌手ジェニー・リンドもこの近くに居住したことがあった．最近の住人としては，俳優でプロデューサーのダグラス・フェアバンクスがいる．

Bolton Street
ボールトン・ストリート　W1

　グリーン・パークの北，ピカディリーとカーゾン・ストリートを結ぶ短い通り．地主のボールトン公爵にちなんで名づけられた．1696年には，その地所に下水道が引かれた．1708年当時はここがロンドンの最西端であった．現在はオフィスと住居が混在する通りで，東側の15-20番地は18世紀の趣きを残している．女流小説家のファニー・バーニーが結婚後，ダーブレー夫人として11番地に住み，ヘンリー・ジェイムズも3番地に住んだことがある．

Bond Street
ボンド・ストリート　W1

　ウェスト・エンドの繁華街ピカディリーとオックスフォード・ストリートを結ぶ通り．南側をオールド・ボンド・ストリート，北側をニュー・ボンド・ストリートという．呼称は，1684年にオールド・ボンド・ストリートを建設したサー・トマス・ボンドに由来する．ボンドはクラレンドン・ハウス（→Clarendon House）を購入して取り壊し，その敷地の再開発として，ドーヴァー・ストリート，アルバマール・ストリート，スタッフォード・ストリートとともにオールド・ボンド・ストリートを建設した．1720年に水道局の資材置き場だった土地をニュー・ボンド・ストリートとして開発し，現在のボンド・ストリートが全通した．

　今は老舗や名店，欧米の有名ブランド店が軒を連ねるが，1736年頃には「ボンド・ストリートは長いだけ…注目すべきものは何一つない」と皮肉られていた．19世紀中葉に，華麗なショッピング街に変身して，ファッショナブルな散歩道になった．多くの店が上層を賃貸の住居とした．1797-98年にはニュー・ボンド・ストリート147番地にネルソン提督と愛人エマ・ハミルトンが住んだ．ほかに，シェリー，バイロン，ジェイムズ・トムソン，エドワード・ギボン，ジェイムズ・ボズウェル，ローレンス・スターン，伊達者ブランメルなどがボンド・ストリートに住んだ．

　この百年の間道路の改修が進められてきたにもかかわらず，ボンド・ストリートは広いとは言えず，間口6メートルそこそこという店が多い．しかし，この界隈の家賃の高騰ぶりにスローン・ストリート（→Sloane Street）などへ移転する店も出てきており，新旧交替の兆しもある．

Boodle's
ブードルズ

St James's Street, SW1

　ブルックスズ（→Brooks's）とともにクラブの「老舗」．1762年，エドワード・ブードルによって設立された社交クラブで，当初はペル・メルにクラブハウスがあったが，1772年にクラブの所有者が変わり，この人物が現在のクラブハウスを購入した．さらに1896年，会員たちがこのクラブを買い取っている．歴代の会員としては政治家の大ピット，小ピット，作家のエドワード・ギボン，「ダンディ」の元祖ボー・ブランメル，あるいはウェリントン公爵らがいるが，現在の会員はそのほとんどが地方の地主階層で，ロンドンへ仕事で出張したときにここを利用するという．

→Almack's Club, Clubs

Book Shops
書店

　ロンドンの書店街といえば，まずチェアリング・クロス・ロードがあげられる．なかでも有名なのは，119-25番地にあるフォイルズ（→Foyles）．1904年創業の店で，英語で書かれた書籍であればどんなものでもそろっているといわれ，全国第一の規模を誇る．ペーパーバック専門コーナーも備えている．フォ

イルズの隣り、121-29番地にあるウォーターストーン（→Waterstone's）は、ウォーターストーン商会経営の書店で、広い範囲の一般書が豊富にそろっているだけでなく、分類配列も要領よくなされている。ロンドン以外の全国主要都市にも店舗があり、また最近の事業の発展はめざましい。

通りをはさんで向かい側120番地には、ブックス・エトセトラがある。1990年代に店が拡張されてからスペースにも余裕ができ、陳列も見やすくなった。地下にバーゲン専用コーナーが設けられている。129-31番地のコレッツ書店は、国際関係書の専門店で、主としてヨーロッパの政治、哲学、文学等に関する書籍の取扱店として知られる。

少し下って左側のリッチフィールド・ストリート24番地には、デザイン、写真、美術、建築関係の老舗書店として知られるツヴェンマーがある。90年代後半に増改築して充実した大型店に変貌した。

ロンドンで最も古い歴史と伝統があり、独特の風格を備えているのは、ピカディリー187番地のハッチャーズ（→Hatchards）であった。出版、書籍販売業者ジョン・ハッチャードが、1797年に設立した書店でその歴史と風格は王室ご用達店の名に恥じない。顧客には、政治家、文人が大勢いた。ストックの豊富さもさることながら、店員たちのサービスぶりも模範的である。1990年にディロンズに買いとられ、現在はウォーターストーンの傘下となっている。

フォイルズ、ハッチャーズ両書店とともにロンドンの代表的な書店のひとつにあげられるのが、ディロンズ（→Dillons）であった。1936年創業と歴史はそれほど古くないが、一般書のほか言語、文学、歴史、科学等の分野を含む、広い領域の学術書を取りそろえていて評判がよかった。現在はウォーターストーンの傘下にある。

チェルシーのフラム・ロード158番地にあるパン・ブックショップも有名書店のひとつである。その名のとおり、ペーパーバックのパン・ブックが主体だが、ハードカバーや他の出版社の出版物も豊富にそろえている。月曜日から土曜日は午後10時まで営業しているというのも、一味違うところである。

オールドウィッチの少し北、クレア・マーケットにあるエコノミスツ・ブックショップ、ケンジントン・ハイ・ストリート237番地にあるチルドレンズ・ブック・センターは、それぞれ経済学ならびに社会科学、14歳までの児童向けの書籍の専門店として有名である。

以上のほか、旅行関係の書物を主として取り扱うスタンフォード（ロング・エイカー）とトラヴェル・ブックショップ（ブレニム・クレセント13番地）、世界最大の規模をもつといわれる料理関係の書籍店クック・ブック・ショップ（ブレニム・クレセント4番地）、そして犯罪、探偵、ミステリもの専門のマーダー・ワン（チェアリング・クロス・ロード71番地）、ＳＦ、ホラー、スリラーもの専門のフォービドン・プラネット（ニュー・オックスフォード・ストリート71番地）などがある。

ついでに古書店についても少しふれておけば、まず気軽に行けるのは、地下鉄レスター・スクエア駅近くのセシル・コート。有名な古書店街で、アラン・ブレット（24番地）、ベル・ブック・アンド・ラドモール（4番地）をはじめ、それぞれに特徴のある多くの店が道の両側に並んでいる。

ピカディリー・サーカスの西側、サクヴィル・ストリート2-5番地にあるサザランズは歴史も古く、各領域の初版本、プリントを豊富に取りそろえているので有名。ペル・メル17番地のピカリング・アンド・チャトーは、英文学、科学、医学、経済学関係の古書店として知られる。大英博物館の正面、グレイト・ラッセル・ストリート46番地のジャーンダイスは、とくに19世紀英文学関係の古書稀覯本の店として伝統を誇る。その方面のストックの豊富さにおいてはおそらくロンドン随一であろう。ロンドンで日本語の本を売るのは、ピカディリー・サーカスのジャパン・センター、ロンドン三越、郊外のショッピングセンター内の旭屋書店などである。

Book Trust
ブック・トラスト
Book House, East Hill, SW18

　図書を普及し読書を推進する目的の非営利団体として，1925年に設立された．最初はコヴェント・ガーデンに事務所を置いたが，1945年に全英図書連盟という名称でアルバマール・ストリート7番地に移転し，さらに1980年にワンズワースの現在地に移り，1987年に現在の名称に変更した．

　図書目録の作成，出版情報の提供のほか，定期的な図書の展示，有名なブッカー賞を含む多くの文学賞受賞者の選定，賞の授与に責任をもっている．ブック・インフォメーション・サービスを行ない，年に約7万5000件の質問に答えている．

Boots
ブーツ

　ブーツはイギリス最大の薬・化粧品のチェーン店で，1329の支店(1998年現在)をもち，そのうち90店はロンドンにある．ロンドンを訪れる人なら，この店の支店がどこでもすぐ近くにあることに気がつくはずである．オックスフォード・ストリートだけでも6つの店舗がある．(この数には，これも全国にあるブーツの眼鏡店は入っていない．)

　ブーツはもともと，植物採集家のジェシー・ブートがノッティンガムで興した店だった．彼は1877年，地元紙に広告を出して薬品の値引き販売を始め，事業の拡張を図った．1868年の薬局条例によって一般の会社が有資格の薬剤師を雇ってもいいことになったため，ブートは薬剤師をひとり雇って調剤室を設置した．それ以来，ブーツ各店は有資格のスタッフがいる設備のいい調剤室が設置されているのが特徴となった．

　ブートは1885年に結婚したが，やがて妻のフローレンスのアイディアで，次々に増えるチェーン店に文房具と小物を置いた．1900年までにはそれらの品物の売上高が4分の1を占めるに至り，以来小物の販売はブーツの特徴のひとつとなった．また写真部門も重要な一翼を担っている．

　1900年，ブーツはデイズ・メトロポリタン・ドラッグ社とデイズ・サザーン社を買収し，ロンドンならびにイングランド南部へ進出した．1900年には181店合わせて年間売上げが60万ポンドとなった．1920年には店舗は618に増え，売上げは7600万ポンドにのぼった．

　ジェシー・ブート(のちにトレント卿となる)は1920年に引退し，会社の支配権をアメリカの事業家に売り渡したが，1931年にジェシーが亡くなると，息子のジョンが買い戻した．

　ブーツは自社製品の製造工場をノッティンガムなどに数か所所有している．1960年代，70年代には薬剤の製造がうなぎのぼりに増え，売上高の40パーセントにおよんだ．それは，痛み止め薬のイブプロフェンを含む新薬の開発に成功したからだった．

　しかし，1995年に薬剤の製造と国際市場開発部門を売却し，現在，ブーツは小売販売業者として利益をあげている．

Borough, The
ザ・バラ

　サザック(→Southwark)地区で，テムズ川に隣接するあたりを，古くからのならわしで「ザ・バラ」と呼んだ．「バラ」の語源は「要塞，城」で，転じて「街，市民共同社会」を意味したが，14-16世紀には「都市の郊外，都市の城壁外の土地」という意味で用いられた．現在，「バラ」の名は地下鉄ノーザン・ラインの駅名として残っている．

　1295年から1547年までは，ロンドンでは，シティとザ・バラだけが，議会に代表を送り込むことができた．また，ウィンチェスター司教の宿舎をはじめ，聖職者の宿舎が置かれていた．

　「ザ・バラ」はかつて「橋外区」といわれたように，テムズ川をはさんでシティに橋でつながっている．この特有の位置からバラの特色が生まれた．シティの南ではここが交通の要所であるところから，宿屋が多く，また，売春婦のたむろするところとしても悪名高かった．シティの規制を逃れるように，劇場や娯

楽施設も集まった．監獄もおかれていた．また，ロンドンの消費者をあてこんで，マーケットやサザック定期市(→Southwark Fair)などでにぎわう地区でもあった．
→Boroughs

Borough High Street
バラ・ハイ・ストリート　SE1

　テムズ川南岸，ザ・バラ地区の幹線道路．シティに向かう駅馬車には，ロンドン橋はせますぎたので，ここが終着点だった．1402年から1763年に禁止されるまで，サザック定期市(→Southwark Fair)が開かれた場所．

　ロンドンへの旅人めあてに，旅籠がひしめきあっていた．有名なものにはホワイト・ハート・インがある．ここは，シェイクスピアの『ヘンリー六世』第二部で言及されているように，1450年にケント州で起きた農民反乱(→Peasants' Revolt)の指導者ジャック・ケイドの本拠地であった．

　1676年，火事が通りの北端の古い建物を焼き尽くしたが，ホワイト・ハート・インはすぐに再建された．チャールズ・ディケンズは『ピクウィック・ペイパーズ』10章で，このあたりのザ・バラ(→Borough, The)の雰囲気とともに，ホワイト・ハート・インをいきいきと描写している．77番地には1676年建造のジョージ・イン(→George Inn)が残存し，歩廊つきの馬車宿の面影を見ることができる．現在はナショナル・トラストが管理している．

　この地はまた，刑罰の行なわれる土地でもあった．1620年まで，この通りの真ん中でさらし首が行なわれ，マーシャルシー監獄(→Marshalsea Prison)や債務者監獄(→King's Bench Prison)が置かれたが，19世紀半ばに廃止された．

　ロンドン橋の架け替えにともなう道路拡張のために，1830年には西側の建物は壊された．いまは50番地の小路に木骨造りで張り出しの上階をもつ建物があって，かつての風情を残している．1981年に完成した180番地の巨大なオフィス・ビルがブランドン・ハウスと呼ばれるのは，16世紀にサフォーク公爵チャールズ・ブランドンの居住地であったことにちなんでいる．両世界大戦の戦没者記念碑はP・リンゼイ・クラーク作である．

Borough Market
バラ・マーケット
Southwark Street, SE1

　1024年の記録に残るロンドン最古の果物・野菜市場．サザック・ストリート，ビーデイル・ストリート，ストウニー・ストリートに囲まれたこの敷地はおよそ1万6000平方メートルにわたっている．テムズ川以南の土地や港から産物が集まる地の利に恵まれ発展した．その歴史はシティとの利害関係にいろどられ，認可や権益をめぐってしばしば議会や王室をも巻きこんで争ってきた．市場にはつきものの喧噪と交通渋滞のために，ロンドン橋からセント・マーガレット教会敷地，バラ・ハイ・ストリート，そして，現在の三角地へと移転を重ねてきた．19世紀には鉄道が市場を通り抜けるように敷設され，鉄道による大型輸送の恩恵を受けることになった．現在は100以上の業者が入り，200人以上を雇用する卸売市場となっている．

Boroughs
自治区

　現在，ロンドンにおける地方行政区画は32のバラといわれる自治区とシティに区分され，それぞれのバラには選挙で選ばれた議会と執行機関が置かれている．バラは地方行政サービスのうち広域的取り組みの必要なサービス以外を広くカバーし，自主財源をもつ独立の自治体としての機能を果たしている．1963年から86年まで大ロンドン議会(→Greater London Council)がロンドン全域にわたる広域行政(都市計画，教育，都市交通，産業と雇用など)を担当していた．しかし，サッチャー政権は政治的に敵対することの多い大都市広域自治体を二重行政の排除を理由に廃止し，広域的総合的な調整の不可欠な分野以外の業務をバラに移管した．しかしブレア政権下の1998年，大ロンドン議会(名称はGreater London Authority となる)の復活が決まり，2000年5月総選挙により初めて大ロンドンの市長が誕生した．この結果，行政の分担は現在次のようになっている．大都市圏全体にかかわる分野，すなわち警察，道路，交通などは中央の予算でGLAが担当，区内のサービス，すなわち学校，住宅，ソーシャル・サービスなどは自主財源を持つ独立の自治体としてバラが担当，また消防，ごみの収集はGLCとバラが共同で受け持つ．

バラは，城壁に囲まれた場所あるいは市場の開催される商業中心地区を指していた．その起源はアングロ・サクソン時代にさかのぼるが，12，13世紀には中世ヨーロッパ特有の自治都市としての性格が定まった．その後，下院議員選出権が与えられた都市を意味するようになったが，腐敗選挙区の改革をねらいとする1835年の都市自治体法のもとで選出権を切り離され法人格を有する都市として位置づけられることになった．

首都ロンドンにおける基礎的自治体としての地位が定まったのは，中世以来の非効率かつ不統一な地方制度の全国的改革(1888)を受けて制定されたロンドン自治法(1899)に基づき，ミドルセックス，サリー，ケント各州の一部を含む28のメトロポリタン・バラがロンドン市議会(→London County Council)のもとに設置されたときに始まる．これによって，従来乱立していた各種の特別委員会のほとんどは廃止され，住宅，公衆衛生，図書館，レクリエーション，課税などの権限が公選のバラ議会に与えられることになった．

20世紀中頃には郊外化の急速な進展により，メトロポリタン・バラの外側のほうが人口が上回った．この新興市街化区域には大小合わせて約80の地方団体があり，それぞれのサービスや財政力に著しい格差が生じていた．またメトロポリタン・バラの内部でもバラ間の不均衡が拡大していた．こうした問題を解決するため，1963年ロンドン自治法が制定され，1965年には新しく広域自治体としての大ロンドン議会と32のロンドン・バラが創設された．もともと大ロンドン議会とバラの関係は上下関係ではなく，財政的にも大ロンドン議会が監督したり干渉することはできなかった．こうした仕組みは，政治的には圧倒的に保守党支持で，社会的には中流層の卓越する郊外バラを取り込むために不可欠であった．しかし，大ロンドン議会の左傾急進化はサッチャー政権のもとでいっそう顕著になり，郊外バラとの対立を解消するためわずか20年で解体した．

今日，バラは独立した都市自治体として個性的な政策を展開している．バラ内部における分権・参加を志向するもの，民営化を強力に推進して支出削減や合理化を追求するもの，多民族・多文化共生をめざして苦闘するものなど，さまざまな動きが始まった．

バラはかつてのメトロポリタン・バラを中心に再編した12の内ロンドン自治区(インナー・バラ)とロンドン周辺部の20の外ロンドン自治区(アウター・バラ)から成る．
→City, The, Greater London, Lord Mayor

Boston House
ボストン・ハウス
Chiswick, W4

市西郊チズィックのバーリントン・レインにあった，一群の18世紀建築の中で最大の建物．ボストン子爵によって建てられたという．夫に殺された夫人の幽霊が出るという言い伝えがあるが根拠はない．W.M.サッカレーの『虚栄の市』のピンカートン女学校のモデルだともいわれたが，サッカレーはチズィック・マルのウォルポール・ハウスを想定していたと考えられる．1980年代に取り壊されて，その跡には新しい住宅が建てられた．

Bouverie Street
ブーヴァリー・ストリート　EC4

かつてジャーナリズム街として知られたフリート・ストリートから南に入る短い通り．通りの名は，地主であったラドノー伯爵プレイデル＝ブーヴァリー家にちなむ．1799年ころにホワイトフライアーズ修道院跡に造られた．30番地の地下には教会堂地下室が保存されて

いる．文人ウィリアム・ハズリットは2度目の妻と離婚したあと，1829年に息子とともに6番地に住んだ．1845年には19-22番地で『デイリー・ニューズ』紙が発刊され，この新聞は，チャールズ・ディケンズが主筆を務め，ダグラス・ジェロルドが編集を補佐し，ディケンズの父が経営を担当した．のちにディケンズ伝を著わすフォースターも参加していた．しかし，ディケンズ自身はわずか3週間で辞職した．現在もこの通りには新聞社が立ち並んでいる．30番地のA.A.H.スコット設計の建物には『サン』と『ニューズ・オヴ・ザ・ワールド』紙が入っている．1969年にテューダー・ストリートに移るまで，長いあいだ10番地には諷刺週刊誌『パンチ』のオフィスがあった．

Bow
ボウ　E3

　市内東郊，リー川（→Lea）の手前に広がる地区．地名はヘンリー一世の妻モードが造らせた石橋が弓（ボウ）の形であったことに由来している．石橋の完成以前には，ローマ人が上流のオールド・フォードで川を渡った．この石橋は，12世紀初頭すでに倒壊の危険があり，新たに下流に道がつけられることになった．橋は何度も再建され，現在の橋は1973年に新築されたもの．行政区分としてのボウは，1900年にメトロポリタン・バラ（首都特別区）のひとつであるポプラ（→Poplar）区の一部となった．

　水路を利用して，ハートフォードシャーからロンドン市場に向けて運搬される穀物はこの地で荷揚げされ，周辺には製粉業が発達した．1311年にはボウ・ロードにセント・メアリ教会が建てられたが，ボウがセント・ダンスタン・ステップニー教区から独立した教区となったのは，1719年のことであった．

　18世紀には，川沿いに染色業が盛んになり，周辺では耕作，牧畜，苗床作りが営まれた．フェアフィールド・ロードという地名は，毎年開かれたフェアの名残りである．有名な青染めつけのボウ陶器は，リー川対岸，ストラットフォード地区で製造されたが，ボウで試作が始まったと見なされている．

　1801年には，人口は約2000人にすぎなかったが，19世紀後半に，東へ拡張していくロンドンの近郊地として，急速に産業が発展し，人口も急増し，ボウはめざましい変化を遂げた．1850年代，60年代には，石鹸，麻布，ゴム，マッチなど，日用品を製造する工場が次々に建てられた．なかでも「ブライアント・アンド・メイ」は，リー河畔最大の規模を誇るマッチ工場で，原材料の材木と化学薬品を輸送するのに水路が利用された．1875年には5600人もの労働者が働いており，1888年に連続的に行なわれた女工たちのストライキは，未熟練婦人労働者を労働組合に組織するための最初の試みとして有名である．

　ボウの人口は，1861年から71年のあいだに倍増し，1901年には4万2000人に達していた．ロンドン中心部に近く，1902年には，地下鉄のディストリクト・ラインが開通すると，シティで働く高所得者層が，ボウ・ロードの北側に居を構えるようになった．

　ボウ・ロード39番地には，ジョージ・ランズベリーを記念する小さな庭園がある．ランズベリーは，この地区から選出されて約20年間国会議員を務め，1931-35年に労働党党首であった．ランズベリーは婦人参政権運動に深い理解を示し，積極的に行動したので，シルヴィア・パンクハーストがボウに「イースト・ロンドン婦人参政権運動家連合」を設立する契機となった．

Bow Bells
ボウ・ベルズ

　チープサイドのセント・メアリ・ル・ボウ（→St Mary-le-Bow）教会の鐘のこと．この鐘の音が聞こえるところで産湯をつかった者を，生粋のロンドンっ子，コックニー（→Cockney）と呼ぶならわしである．1472年にシティの服地商が毎夜9時にこの鐘を鳴らして，一日の仕事の終了の合図にした．ウィッティントン物語（→ディック・ウィッティントン）との関連でも，この鐘は一般に親しまれている．

　教会と鐘は1666年の大火で損傷したが，ク

リストファー・レンがいち早く再建し，12個の鐘をつけられる鐘楼に生まれかわった．第二次世界大戦までは，BBCがこの鐘の音を時報に用いていた．また大戦中には，ヨーロッパの被占領国に，この鐘の音を放送した．1941年に空襲にあったが，戦後ローレンス・キングが修復した．

Bow Church
→St Mary-le-Bow

Bowman's Coffee House
ボウマンズ・コーヒー店

　一説によればロンドン最初のコーヒー店といわれ，1652年にトルコ商人の御者であったクリストファー・ボウマンが始めたという．それから4年後に開店したのが，フリート・ストリートのレインボウ・コーヒー店（→Rainbow Coffee House）であった．また別の説によれば，イングランドに初めてコーヒーを紹介したのは，1657年のダニエル・エドワーズというトルコ商人で，スマーナ・コーヒー店（→Smyrna Coffee House）からパスカ・ロッシーというイタリアの青年を連れてきて，毎朝用意させたのがコーヒーだったということである．そしてコーンヒルの小路セント・マイケル・アレーに一軒もたせたのが，パスカ・ロッシーズ・ヘッド軒（→Coffee Houses）であったとも伝えられている．現在セント・マイケル小路にパスカ・ロッシーの記念銘板があって，その位置を示している．今はパブになっている．

Bow Street
ボウ・ストリート　WC2

　コヴェント・ガーデンのにぎにぎしいマーケット広場に隣接し，北端はエンデル・ストリートに，南はウェリントン・ストリートにつながる小路．1630年代から70年代にかけて敷設され，近隣のコヴェント・ガーデンの開発にともなって住人が増えだした．

　現在ロイヤル・オペラ・ハウス（→Royal Opera House）として知られる最初のコヴェント・ガーデン劇場が1732年に建てられて以来，に

わかに繁華な通りに変わり，のちにカトリック教徒弾圧立法に反対する暴徒たちに破壊されることになる治安判事裁判所（→Bow Street Magistrates' Court）が40年に建てられた．33-34番地のその建物には，48年に治安判事に任命されたヘンリー・フィールディングが住んでいて，彼はここで『トム・ジョーンズ』の一部を執筆したといわれている．そのかたわら，彼はボランティアの6人からなる犯罪取締り団を組織化したりした．その組織はのちにボウ・ストリート・ランナーズというロンドン警察の警官隊を指すようになり，1829年まで機能した．その裁判所は1881年，現在のロイヤル・オペラ・ハウスの前に移転した．隣りの建物ブロード・コートには，この通りに住んでいた知名人を刻印した記念銘板が取りつけられている．それにはヘンリー・フィールディングの異母兄弟で盲目の治安判事として知られたサー・ジョン・フィールディングをはじめ，木彫家グリンリング・ギボンズ，第六代ドーセット伯チャールズ・サックヴィル，劇作家ウィリアム・ウィッチャリーなどの名が見える．

　1660年代から1740年代末ころまで，この通りの1番地にはウィルズ・コーヒー店（→Will's Coffee House）があって，ピープス，ドライデン，ポープ，アディソン，スティール，スウィフト，ジョンソン博士などの文人たちが出入りしていた．そして，18世紀もしだいに進むと，通り自体もはなやかさを増していき，19世紀初頭にもなると，悪名高き売春宿が現われるようになった．だが，今日のこの通りには往昔の華々しさはなく，コヴェント・ガーデンの裏通りといった趣きである．

Bow Street Magistrates' Court
ボウ・ストリート治安判事裁判所

　1739年にトマス・ド・ヴェイルによってその基礎がつくられ，1748年に小説家として有名なヘンリー・フィールディングが治安判事となって活躍することになる．フィールディングは，ロンドン最初の警官隊ともいうべきボウ・ストリートの捕り手たちを創設．1751年か

らは彼の異母弟で盲人のジョン・フィールディングが跡を継いで治安判事に就任した．

当初この裁判所は通りの西側にあったが，1881年に，ロイヤル・オペラ・ハウスの向かい側に新しい建物を建てて移転，四つの法廷をもっていたが，1989年に閉鎖となって150年の歴史を閉じた．1895年オスカー・ワイルドが「みだらな行為の罪」によりボウ・ストリート警察に逮捕されて拘置されたことがある．コヴェント・ガーデン広場近くのボウ・ストリートに記念銘板が見られる．

Bramah Tea and Coffee Museum
ブラマー紅茶・コーヒー博物館
Butlers Wharf, Shad Thames, SE1

タワー・ブリッジを南岸に渡り，バーモンジー地区を少し下流方向に下った川岸に立つ．ロンドンの2大貿易商品であった紅茶とコーヒーはかつてここにあった倉庫を経由して輸入された．そのゆかりの場所にエドワード・ブラマーのコレクションをもとに開設された博物館．茶とコーヒーの交易と飲用の歴史，サミュエル・ピープス，ホガース，ジョンソン博士ゆかりのコーヒー店，茶園の流行，「ボストン茶会事件」などの展示を見ることができる．茶器，ことに東洋製を含む珍品・奇品のポット・コレクションは貴重である．地下鉄・鉄道のロンドン・ブリッジ駅に近い．

Bread Street
ブレッド・ストリート　EC4

セント・ポール大聖堂の東，チープサイドとクイーン・ヴィクトリア・ストリートを結んで南北に走る通り．名称は，中世にそこでパンの市が開かれていたことに由来する．地下鉄マンション・ハウス駅に近い．

この通りには，16世紀までシェリフ(→Sheriffs)の管轄する監獄があった．また15世紀から17世紀にかけて，マーメイド・タヴァン(→Mermaid Tavern)があったことでも知られている．このタヴァンは，エリザベス朝には，探検家・著作家サー・ウォルター・ローリーのつくったフライデー・ストリート・クラブの会合の場所となり，シェイクスピア，ジョン・ダンなどが出入りしていた．ちなみにダンは，1573年，この通りの南に隣接するブレッド・ストリート・ヒルで生まれた．1608年には，この通りでジョン・ミルトンが生まれている．

1666年のロンドン大火でこの一帯が焼失したあと，サー・クリストファー・レンが再建したセント・ミルドレッド教会(→St Mildred)は，ウィリアム・モリスによって歴史的建築物として保存されたが，第二次世界大戦で爆撃を受け破壊された．

Brent
ブレント　NW9, HA0, HA9

市北西部に位置する自治区のひとつ．1965年に，ウェンブリー，ウィルズデンの両自治区の合併の結果つくられた．名称は，両自治区の間を流れるブレント川にちなむ．庁舎は，地下鉄ウェンブリー・パーク駅に近いフォーティ・レイン沿いにあり，1930年代に建造されたものである．この自治区を代表する施設にウェンブリー・スタジアム(→Wembley Stadium)がある．1924年開催の大英帝国博覧会の会場の1つとして建設されたものだが，以来，48年のロンドン・オリンピック，66年のワールドカップの決勝戦，FAカップの会場となって，世界的な知名度を誇る競技場である．

隣接するヘンドン地区とともにロンドンの典型的な郊外住宅地として整備され，1976年にブレント・クロス・ショッピング・センターが完成し，ますます発展している．

Brent Cross Shopping Centre
ブレント・クロス・ショッピング・センター
Prince Charles Drive, Brent Cross, NW4

ロンドンの北西郊，高速道M1とノース・サーキュラー・ロードとの交差地点に立つヨーロッパ最初の大規模地域ショッピング・センター．1976年に開業，2層のフロアとレストラン階からなり，フロア面積21ヘクタール，ショッピング・モールの長さは180メートル．2つのデパート，4つの大規模店舗，スー

パーマーケット，ほかにさまざまなブティックが入っている．駐車場は6000台を収容する．地下鉄ブレント・クロス駅に近い．

Brentford
ブレントフォード　TW8

ロンドン西郊の地区名．もともとはオールド・ブレントフォードおよびニュー（ウェスト）・ブレントフォードの2つの地域からなり，それぞれ別の教会区に属していた．両者は1875年，ブレントフォード地方委員会のもとに合併して，ひとつの自治体となった．名称の由来は，ブレント川の渡し（フォード）の意味で，8世紀にはすでに記録されている．ハイ・ストリートの西にあるブレントフォード橋は，13世紀にはすでに建設されていた．また近くのテムズ川を横切る渡しにかわってキュー橋が建設されたのは，1759年のことである．

ロンドンから西部地方に向かう街道で，テムズ川を渡る重要な場所であったため，多くの事件が起こった．1016年には，デーン人の王カヌートとイングランドのエドマンド王がここで戦っている．また1642年，ピューリタン革命に際して，国王派の軍隊はブレントフォードの戦いに勝ってロンドンに向かったが，ロンドンに達することができずに引き返した．

セント・ローレンス教会とバッツ地区の建物をのぞいて，19世紀以前にさかのぼる建物はほとんどない．ちなみにバッツ地区とは，マーケット広場の背後にある一区画で，17, 18世紀の建築物に囲まれている．バッツという名称は，中世に弓矢の練習場があったことに由来すると考えられているが，18, 19世紀にはここで下院議員を選出する選挙集会が行なわれ，政治改革者ジョン・ウィルクスもここで選出された．

ブレントフォードが発展したのは19世紀以後のことで，大部分の建物は，第二次世界大戦後に再建されたものである．1821年からガス灯が用いられていたが，1963年には廃止された．初期の水道の遺構は現在も少し残っており，博物館になっている．かつてテムズ川沿いにあったグレイト・ウェスタン鉄道の操車場は，住宅地になってしまった．ここを通るグランド・ユニオン・カナル（→Grand Union Canal）は商業上の利用価値はもうないが，現在でも舟は行き交っている．中心部に鉄道ブレントフォード駅がある．

Breweries
ビール醸造所

ビール醸造は1万年前のアフリカに源を発するといわれるほど長い歴史をもつが，イギリスでビールが醸造されていたという直接の形跡はローマ人が侵略する以前には見られない．しかし，アングロ・サクソン時代のころまでにはビールないしはエールが広くゆきわたっていた．7世紀，教皇グレゴリウス一世はそれまで10月だったキリストの生誕祝いを，ゲルマン民族が冬至を祝っていた12月25日に変えた．教皇はこの民族にビールをふるまって，彼らをキリスト教徒に改宗させたのだった．

シティの各種同業組合（→City Livery Companies）の中でも最も古い組合のひとつ，醸造業者同業組合（→Brewers' Hall）はエドワード一世の時代に設立され，15世紀に王から特許状を与えられた．17世紀末までエールは麦芽と酵母と水だけでつくられたが，ビールはホップを使用した麦芽入りの醸造酒だった．

今日のイギリスでは全アルコール消費量のほぼ84パーセントをビールが占めており，1人あたりの年間消費量は100リットルである．ロンドンのビール醸造所の大半は閉鎖されてしまったが，現存する醸造所でロンドンと歴史的に密接なつながりがあるのは，カレッジ（→Courage），フラー（→Fuller, Smith and Turner），ウィットブレッド（→Whitbread），ヤング（→Young）などである．ほかの，たとえばバークレー（→Barclay and Perkins）やスタッグ（→Stag Place）などの醸造所はなくなったが，いろいろな意味で人々の記憶に残っている．

第二次世界大戦のあと，主な醸造業者たちは昔ながらのリアル・エール（real ale）の生産

を減らして，代わりにケグ・ビール(keg beer，ケグと呼ばれるステンレス製の容器につめたビール)をつくろうとした．

だが，1971年に，リアル・エールを守ろうとする消費者運動が起こった．小規模の醸造所が閉鎖されるたびに4名のジャーナリストが抗議のデモを行なった．その結果，リアル・エール保護団体キャムラ(Campaign for Real Ale)が生まれ，それが広くゆきわたったおかげで，リアル・エールはイギリスの国家的財産として救われることになったのである．1980年代にはパブ(→Pubs)が自家製ビールを醸造するという古いしきたりが復活した．

1986年，独占・合併管理協会は国内のビール需要の調査を実施した．その結果，ひとつの醸造会社がかかえるパブの数が決められることになり，6つの大醸造会社——アライド・ブルワリーズ，バス，チャリントン，ウォトニーズ，スコティッシュ・アンド・ニューカースル，ウィットブレッド——のなかには，2000軒以上ものパブを手放すことになった会社もあった．

Brewers' Hall
醸造業者同業組合会館
Aldermanbury Square, EC2

1418年の記録によると，その当時すでに近くのアドル・ストリートに醸造業者会館が建っていた．それは1666年の大火で焼失，1673年に再建されたが，1940年に空爆によって破壊された．現在の会館は1960年に建てられたもので，食堂は収容能力70名．
→City Livery Companies

Brick Court
ブリック・コート　EC4

フリート・ストリートとヴィクトリア・エンバンクメントを結ぶミドル・テンプル・レインにそった空地．第二次世界大戦の爆撃により破壊され，現在は駐車場になっているが，作家オリヴァー・ゴールドスミスが，晩年ここに住んで亡くなった．また法律家ウィリアム・ブラックストーンも同じころここに住んでいたし，1855年にはウィリアム・M．サッカレーが同じ部屋に住んだ．

Brick Lane
ブリック・レイン　E1, E2

イースト・エンドのスピタルフィールズを横切って南北に走る通り．16世紀にはこのあたりで煉瓦やタイルが造られていた．また，ここにあったブラック・イーグル醸造所は17世紀の設立で，醸造所の南の建物は，創立者のトルーマン一族によって18世紀初頭に建てられたものである．ブラック・イーグル醸造所は，18世紀に黒ビール醸造所としてロンドンで3番目の規模を誇り，19世紀になると，世界最大のビール醸造会社になった．現在はグランド・メトロポリタン醸造グループに属しているが，ビールの生産は中止している．

現在のブリック・レインは，ベンガル系の人人の生活の中心地として繁栄しており，イスラム教のモスクがここにある．

Bridewell
ブライドウェル矯正院

もとは1515年から20年にかけてラドゲート・サーカスの南，ブリッジ・ストリート沿いに建てられた，ヘンリー八世の王宮であった．名称は聖ブライドに捧げられた聖泉にちなむ．1553年，エドワード六世は「怠惰による貧困者」を収容するための施設として，この宮殿をシティに下賜した．そしてそれは，1556年から，浮浪者や売春婦たちを更生させるための収容施設に転用されることになり，いわば，救貧院兼矯正院としての役割を果たすようになった．その背景には，貧困は神の定めではなく人間社会の問題であり，個人ではなく社会としての対応が必要だという認識があった．実際には犯罪者を収容する監獄に近くなった時期もあるが，ブライドウェルは流れ者や宿無したちに対するイギリス最初の救済施設であったともいえる．1572年の救貧法の制定以来，ブライドウェル方式の矯正院が国中に造られた．ロンドンではこのほかに，ウェストミンスターとクラークンウェルに

あった．

　該当者がここに収容される期間はごく短く，その間に刑罰の一部として鞭打ち刑が必ず加えられた．中庭で週に2回公開鞭打ちが行なわれた．孤児や貧しい家庭の子供たちもここに収容され，7年間職人の見習いをした．建物の大部分はロンドン大火の際に焼け落ち，1666年から67年にかけて再建された．1675年，ひとりの教師が見習い奉公人たちに読み書きを教えるために採用された．1700年には医師がひとり採用されている．1788年に囚人たちはベッドに藁を敷くようになった（ほかのロンドン監獄には藁どころかベッドもなかった）．矯正院全体は1833年に国の管理に移ったが，1855年に閉鎖．建物は1863年から64年にかけて取り壊された．

Bridges
橋

　テムズ川にかかるロンドンの橋というとき，どの流域の橋をロンドンの橋とするのが適当であろうか．さまざまな考え方ができるが，ごく一般的にはテディントン水門から下流にかかる橋としてよいだろう．

　それは，この水門が，ハンプトン・コートの宮殿の下流6.5キロほどのところに設けられた堰で，グロスターシャー州の水源テムズ・ヘッドからこの川に全部で45ある水門のうち最後で最大規模の水門であるからである．しかも，ここを境に下流は潮の干満の影響をうける潮河となる．ちなみにTeddingtonとは「潮の終わる川辺の町」（tide end town）の意味であり，ここから川の管理はテムズ川管理委員会からロンドン港湾局（→Port of London Authority）に移って，「ロンドンの川」の様相を濃くする．

　テディントン水門から最下流にかかる名物橋，タワー・ブリッジ（→Tower Bridge）までおよそ32キロ，川は大都会の西の郊外から市内に入り，貫流し，東郊へ流れ抜ける．その間に全部で30の橋がかかる．うち鉄道橋はリッチモンド鉄道橋，ブラックフライアーズ鉄道橋など9橋を数え，また歩行者専用はリッチモンド歩道橋，ミレニアム橋など3橋である．総数30というのは，チェアリング・クロス駅を始発駅にするサウス・イースタン鉄道の線路がかかるハンガーフォード橋（別名チェアリング・クロス橋）は，鉄道橋と歩道橋を併設する橋なので，2つの橋に数えたものである（→Hungerford Bridge）．

　ロンドンの橋は個性豊かな表情をもつ．吊り橋もあれば石橋もある．名画に描かれたり，詩に童謡に謳われたり，映画に登場することもしばしばである．橋は悠久の流れにかかり，両岸を結びつけながら，人間の営為を支えつづけて，人と人の心を結び付けてきた．

　テムズ川にかかるロンドン最古の橋はロンドン橋（→London Bridge）である．1967-72年の新築工事によって新しい橋となった．この橋に代表されるように，橋の多くは，強度の補強や拡幅が行なわれて，古いものから新橋へと衣替えを余儀なくされながら，幾多の変遷をほとんど例外なく経験してきた．また建設当初は有料橋であったものが，19世紀末に無料橋として開放された経緯も多くの橋の共通点である．橋の建設には多くのすぐれた建築家，技師が動員され，時代の英知が結集された．それは，ウォータールー橋（→Waterloo Bridge）やタワー・ブリッジのように，しばしばヴィクトリア朝の繁栄を背景にした，土木技術を誇示する国家的事業でさえあった．

　厳密にいえば，ロンドンの橋とはいえないが，ここに付記しておきたいのは，1992年に開通した自動車専用道M25（ロンドン中心部からおよそ半径25キロの外郭環状道）の高架橋である．架橋地点はタワー・ブリッジからさらに32キロ下流で，ケント州ダートフォードとエセックス州サロックを結ぶ，通称ダートフォード橋（正式にはサロック・リヴァー橋またはクイーン・エリザベス二世橋）と呼ばれる大高架橋である．これはM25の外回り車線となっていて，内回り車線はこの橋のすぐ西側にある川底をトンネル（→Thames Tunnel）で通過する．

　30の橋を上流から列挙すれば次の通りである（数字は現在の橋の完成年）．

ロンドンの橋

ハマースミス橋

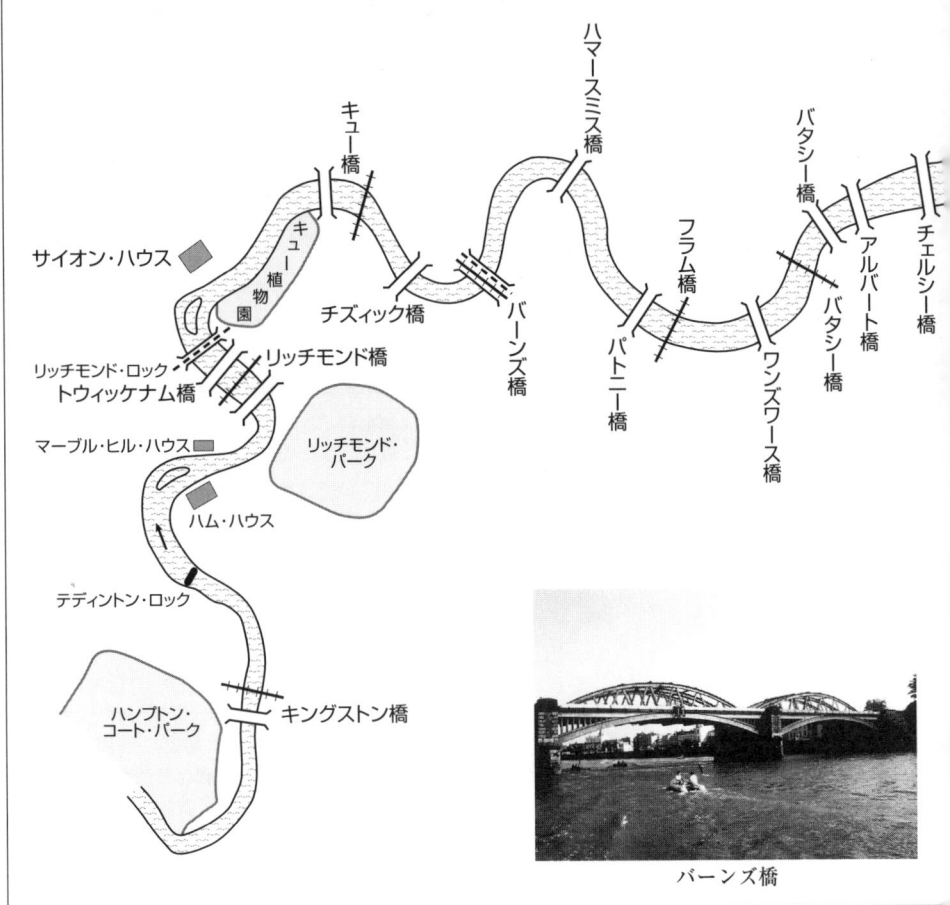

サイオン・ハウス
キュー植物園
キュー橋
チズィック橋
ハマースミス橋
バーンズ橋
フラム橋
パトニー橋
バタシー橋
アルバート橋
バタシー橋
ワンズワース橋
チェルシー橋
リッチモンド・ロック
トウィッケナム橋
リッチモンド橋
マーブル・ヒル・ハウス
リッチモンド・パーク
ハム・ハウス
テディントン・ロック
ハンプトン・コート・パーク
キングストン橋

バーンズ橋

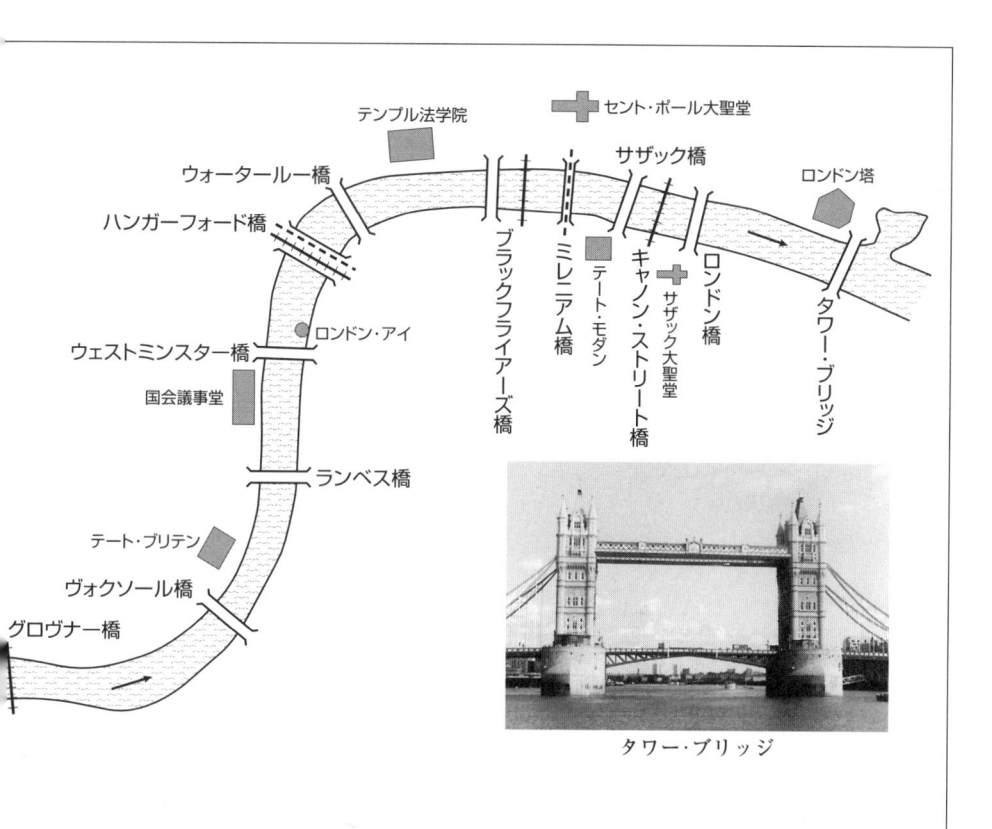

テンプル法学院　　セント・ポール大聖堂
ウォータールー橋　　　　　サザック橋
ハンガーフォード橋　　　　　　　　ロンドン塔
　　　　　　　　　　　　　　　　　　タワー・ブリッジ
ロンドン・アイ　　テート・モダン　ロンドン橋
ウェストミンスター橋　　ブラックフライアーズ橋　ミレニアム橋　サザック大聖堂　キャノン・ストリート橋
国会議事堂
ランベス橋
テート・ブリテン
ヴォクソール橋
グロヴナー橋

タワー・ブリッジ

ランベス橋

アルバート橋

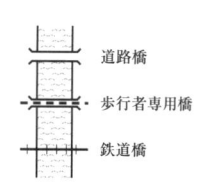

道路橋
歩行者専用橋
鉄道橋

リッチモンド橋(1937)―リッチモンド鉄道橋(1848)―トゥイッケナム橋(1933)―リッチモンド歩道橋(1894)―キュー橋(1903)―キュー鉄道橋(1869)―チズィック橋(1933)―バーンズ鉄道橋(1849)―ハマースミス橋(1887)―パトニー橋(1886)―フラム鉄道橋(1889)―ワンズワース橋(1938)―バタシー鉄道橋(1863)―バタシー橋(1890)―アルバート橋(1873)―チェルシー橋(1934)―グロヴナー鉄道橋(1859)―ヴォクソール橋(1906)―ランベス橋(1932)―ウェストミンスター橋(1862)―ハンガーフォード鉄道橋と歩道橋(1864)―ウォータールー橋(1945)―ブラックフライアーズ橋(1899)―ブラックフライアーズ鉄道橋(1886)―ミレニアム橋(2000)―サザック橋(1921)―キャノン・ストリート鉄道橋(1866)―ロンドン橋(1972)―タワー・ブリッジ(1894).
→Thames

British Academy
英国学士院

Cornwall Terrace, NW1

人文・社会系を中心とする学術団体.1660年に設立された王立協会(→Royal Society)が,19世紀後半になると自然科学研究が中心となったため,歴史学,哲学,文献学など人文系学問の研究奨励を目的として設立されたものである.1902年に国の勅許を受けた.設立時のメンバーには政治家のA.J.バルフォア,古典学者のギルバート・マレー,法制史家のF.W.メイトランド,言語学者のウォルター・スキート,哲学者・評論家のレズリー・スティーヴンなど,錚々たる顔ぶれが名を連ねている.また初代会長はレイ男爵,事務局長は中世文学者のイズリエル・ゴランツである.さらにその後の会員としてバートランド・ラッセルやJ.M.ケインズ,歴史家のL.B.ネーミア,政治家のウィリアム・ベヴァリッジらの名前も見られる.

設立時には専用の建物がなく大英博物館を本拠として集まっていたが,1926年に時の大蔵大臣ウィンストン・チャーチルによりバーリントン・ガーデン(現在は人類博物館)に部屋を与えられた.つづいて1968年にバーリントン・ハウスへ移転したのち,1982年にリージェンツ・パークの現住所へ移転した.こうした転居はもちろんこの団体の発展を物語っている.定員は350名で,現在の会員は約320名,毎年約20名が選ばれる.これに加えて準会員(外国人を含む)が約250名いるとされる.会員に選ばれるには,人文,社会の分野で顕著な業績をあげることが要求される.

この団体はさまざまな学術奨励を行なっている.まず政府からの財政援助を受けて国内外の学術機関への奨励金,個人の寄付をもとにした基金の運用による考古学などへの研究援助,各種の学術奨励賞の設定などである.また,毎年講演会を開催する.年刊の会報には講演の内容や物故会員の回顧とその業績などが掲載され,国内外から高い評価を得ている.この回顧録は,20世紀イギリスの学術研究の歩みを示す貴重な資料といえる.

British Airways
英国航空

英国最大の航空会社,本社はロンドン.略称BA.開業は1919年8月,ロンドンとパリ間を結ぶ単発複葉機に始まる.25年インペリアル・エアウェイズ(IA)となり,クロイドン空港が新設されて,飛行範囲が広がった.35年には航空会社の数がふえ,ガトウィックに新空港が開設された.39年にはIAとBAが合併して英国海外航空協会(BOAC)となり,ニューヨーク,東京へも路線を広げた.49年になると,ヨーロッパ大陸と国内を併せたBEAが誕生した.1950年代はBOACのコメットというジェット機の時代で,飛行時間が半分に短縮された.60年代は飛行機旅行が普及し,BEAのトライデントは初の自動着陸に成功し,耐候性飛行の先駆となった.1972年にはBOACとBEAが合併し,74年にBAとなった.76年にはエール・フランスと提携して,怪鳥といわれる超音速機コンコルド旅客機の製造に着手した.

1978年にBAは民営化され,経営状態が向上したが,90年代の湾岸戦争以後,航空事業は一時的に衰退した.しかし大規模なリスト

ラによって回復し、今やBAは7機のコンコルドと70機以上のジャンボ・ジェット機を含む350機を保有し、一日に1000フライト、年に500万人の旅客と90万トンの貨物を輸送する能力を誇り、ヒースローとガトウィック両空港を基点とする、世界最大の国際線となった．

British Architectural Library
英国建築図書館

Portland Place, W1

建築設計図および建築関係資料を所蔵する世界有数の図書館．1835年、王立英国建築家協会（→Royal Institute of British Architects）の最初の総会が行なわれ、国会議事堂の設計者サー・チャールズ・バリーが多額の寄付をした．それを基金として購入した第一級の資料と、同じころアマチュア建築家のサー・ジョン・ドラモンド・ステュワートが寄贈した17, 18世紀の建築設計図のコレクションがこの図書館の基礎となった．

今では、およそ15万点の図書、700点の定期刊行物、30万点の写真、10万点の手稿文書、25万点の建築設計図を所蔵する．図書、定期刊行物の収集の範囲は、建築理論、建築設計、デザイン、インテリアから環境、社会学にまで及ぶ．手稿文書の中には、18世紀のサー・クリストファー・レンや19世紀の著名な建築家一族の書簡が含まれている．また、建築設計図の収集は世界で最も網羅的で、イギリスの建築設計図を中心に、ヨーロッパ大陸のものも含んでいる．

British Broadcasting Corporation
→BBC

British Council
ブリティッシュ・カウンシル

Spring Gardens, SW1

文化・教育・科学・技術分野において、イギリスと諸外国との永続的な協力関係を促進し、イギリスに関する理解を深める目的で1934年に創立された組織．イギリス外務省を通じイギリス政府の支援を受け、世界の109か国にセンターを開設してさまざまな文化活動を行なっている．その活動の主なものは学術分野における人物の相互交流、イギリスに関するさまざまな芸術・文化行事の開催とその後援、図書情報サービスであり、加えて英語教育・各種試験の実施および留学についてのアドバイスを行なっている．本部のあるスプリング・ガーデンズはトラファルガー・スクエアの南西角．なお日本では東京と京都にオフィスを構えている．

British Film Institute
英国映画協会

Stephen Street, W1

映画を独立した芸術として発展させるために1933年に設立された機関．この機関の中にある映画制作委員会は、映画制作者に対して、財政的、技術的援助を行なっている．また、この機関に属するナショナル・フィルム・アーカイヴは過去の映像記録を収集・保管し、ナショナル・フィルム・シアター（→National Film Theatre）は、最新の映像技術を一般に公開している．

British Library
大英図書館

Euston Road, NW1

1950年代、60年代には、専門領域のみならず公共の場でも、図書館の効率をいかに高めるかの論議が盛んだった．その最初の成果が1972年成立の英国図書館法であり、これによって翌73年7月1日に創設されたのが大英図書館だった．しかし、名実ともに大英博物館（→British Museum）から分離独立したのは、1998年4月である．新しい図書館の設計はサー・コリン・セント・ジョン・ウィルソン教授で、明快な直線を意識した斬新な外観である．鉄道のユーストン、キングズ・クロス、セント・パンクラス各駅から至近距離にある．1200万冊の収容力をもつ世界有数の図書館の誕生である．研究者・一般来観者のためにレストラン、書店、喫茶店などの設備を充実さ

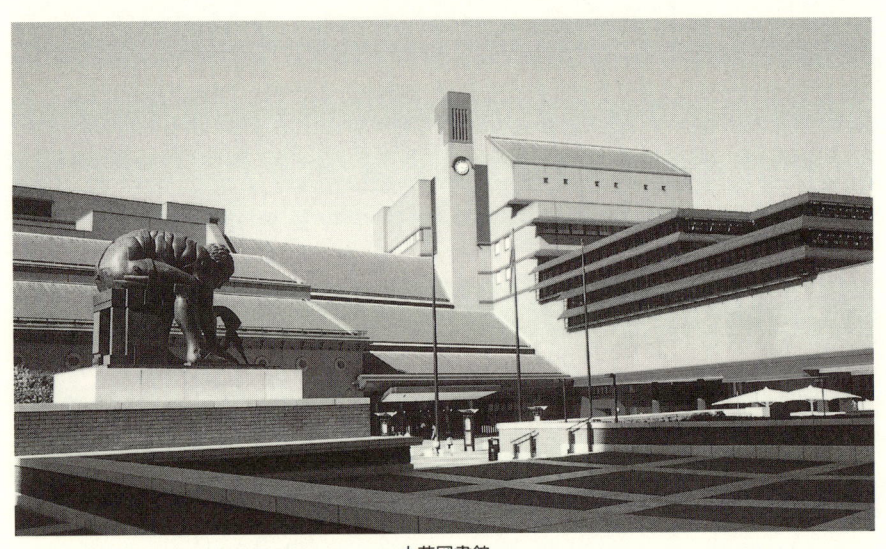

大英図書館

せているほか，ジョン・リットバラット・ギャラリーをはじめ3つの常設展示室を備え，同館所蔵の稀覯書，書籍の歴史，製本の変革など多彩な展示がたのしめる．また広範なテーマによる講演会，映画会などが開催される．広い前庭には，知の殿堂にふさわしくウィリアム・ブレイクの《創世紀》に描かれた，理性の象徴であるコンパスをもった〈ニュートン〉を模した像がある．この図書館の誕生で4つの利点が生まれた．大英博物館の貴重な所蔵本・写本などを国民が共有できるようになったこと，図書館同士の貸出しサービスが可能になったこと，効率的な書誌サービスが得られるようになったこと，図書と情報の全分野にわたる研究開発が促進されるようになったことである．

大英図書館の機能はレファレンス部門，貸出し部門，書誌サーヴィス部門の3部門と研究開発部に分かれている．

レファレンス部門は大英博物館の図書館部門と国立科学発明図書館の統合したもので，刊本部，写本部など4部から成る．所蔵資料は刊本1200万冊，西洋写本7万5000点，東洋写本3万点，パピルス3000点に達する．1759年大英博物館を開館させたときの中核的資料であるハーリー，コットンの2大コレクションとサー・ハンス・スローンの蔵書，ジョージ二世の王室旧文庫，それに開館後に寄贈されたトマソンの小冊子集成とジョージ三世の蔵書など貴重な資料がその中心をなす．

貸出し部門はすべての分野にわたる世界中の英語刊行物と学術的基本外国書を所蔵していて，研究機関等に対してのみ貸出しを行なうが，国内外からの個別の資料請求についてはコピー・サービスを提供する．図書の全国相互貸借は全国約500館の総合目録によって行なわれるが，大英図書館は1979年の時点で，その75パーセントを扱っていた．蔵書は刊本と定期刊行物が300万冊以上，マイクロフィルムによる記録物が225万巻である．

書誌サーヴィス部門は1974年8月に設置された．この部門の最も重要な課題は，書誌目録を作成し，集中化による良質なサービスを行なうことである．1911年の著作権法によって，国内での出版物はすべて著作権受理庁を通して大英図書館(納本図書館)に収められており，それをもとに1950年以来，毎週『全英書誌』が発行されている．

研究開発部門の中核をなしたのは科学技術情報庁である．研究開発部門の目的は，シス

テムの開発実験を含む図書館情報研究を活性化し，その成果を図書館情報サービスに積極的に応用することにある．

British Medical Association
英国医師会
Tavistock Square, WC1

ユーストン駅と大英博物館の中間，タヴィストック・スクエアの通りをはさんだ向かい側にある．前身は1832年にウスターに創設されたサー・チャールズ・ヘイスティングズと約50人の医師で形成する地方内科医・外科医協会．1856年に現在名に改称した．

1913年にサー・エドウィン・ラティエンス設計で神智学協会のために建てられた建物を，1923年英国医師会が買い取った敷地には，チャールズ・ディケンズが1851年から60年にかけて住んでいたタヴィストック・ハウスがあった．ディケンズはこの屋敷で『荒涼館』『辛い世の中』『リトル・ドリット』『二都物語』を書いた．

British Museum
大英博物館
Great Russell Street, WC1

古文書，書籍，美術品，古代の遺物，博物学・民族学関係資料など，収蔵品の多さと多様性で世界に冠たる国立博物館．

〈歴史〉

1753年に没した医師で収集家のサー・ハンス・スローンが約5万ポンドかけて収集した美術品や古代の遺物および博物学関係資料（鉱物標本2725点，サンゴ1421点，昆虫5439点，貝殻5843点，鳥類1172点，貨幣とメダル3万2000個，写本3516点など）を，政府が2万ポンドで買うことを遺書で示唆したのをきっかけに設立法が成立した．その結果，1759年1月15日スローン・コレクションに，ハーリー・コレクション，すなわち初代オックスフォード伯爵ロバート・ハーリーとその子息，第二代オックスフォード伯エドワードが創始した，古文書を主体とするコレクションと，すでに政府が買い上げて1700年以来公開していたコットン家の17世紀以来の収蔵品コットニアン・ライブラリーを加えて，博物館としてロンドン市内ブルームズベリー地区にあったモンタギュ・ハウス（→Montagu House）に開設し，開館した．ただし，1808年までは開館時間も一日3時間で，入館者も書面で申請した少数の人にかぎられ，許可を受けた部屋以外には入れないなど，厳重な規制があった．一般展示室が無条件で解放されたのは1879年である．この事業費，すなわち資料の購入，収蔵，維持のための経費30万ポンドは，宝くじによってまかなわれた．

〈収蔵品その他〉

収蔵品は時代とともに購入や寄贈によって増加した．1757年にジョージ二世が寄贈した，ヘンリー八世からチャールズ二世におよぶ王室の蔵書1万500冊，1772年のウィリアム・ハミルトンの古代の壺のコレクションなど，内容は多岐にわたる．特に有名なものには，1801年に収められた，アレクサンドリアで敗退したナポレオンの略奪品の中にあったロゼッタ・ストーン，すなわちアレクサンドリアの北東約70キロ，ナイル川のデルタに立つ町ロゼッタ近郊で発見された石で，エジプトのヒエログリフ文字が刻まれていて，考古学者によるヒエログリフ解読の端緒となったものや，1816年に収められた古代アテネの大理石彫刻エルギン・マーブルズ（→Elgin Marbles）などがある．

このほかの有名な資料には，次のようなものがある．18世紀の航海家キャプテン・クックことジェイムズ・クックが南太平洋の諸島から持ち帰った資料．クックにも同行した博物学者サー・ジョーゼフ・バンクスの民族学資料，植物標本，1万6000点におよぶ博物学関係書．ウィリアム・ユールが寄贈したペルシア・アラビア・ヒンドスタンの文書．東インド会社に勤務し，ジャヴァをフランスから獲得して副知事として経営にあたり，シンガポールを建設するなど植民地行政官として腕をふるったラフルズ卿の夫人が寄贈したジャヴァ関係の収集品．A.W.フランクスの中国・日本の陶磁器のコレクション．東インド会社が収集した動物

大英博物館
グレイト・コートに改装される前の円形読書室

学標本．全世界を支配した大英帝国の歴史と，この国民の学問的関心をいかにもしのばせるものが多い．

　増築は収蔵品の増加にともなって頻々と繰り返され，1842年にはモンタギュ・ハウスは取り壊されて，47年に新しい中央ホールができたほか，1852-57年には中庭が巨大な銅板のドームをもつ読書室の建設に転用され，この読書室はトマス・カーライル，G.B.ショーからレーニン，マルクス，コリン・ウィルソンなど多くの学者・文人が活用した．

　1881年には，自然史部門がケンジントンの自然史博物館（→Natural History Museum）に移管されて混雑が緩和されたが，1904-05年には，新聞用の図書室がコリンデイルに新設された．こうした増築の必要は，1911年に「著作権法」が成立して国内で発行されるすべての書籍，定期刊行物を保管することになると，いっそう強まった．

　最近収納されたものには，サフォーク州の遺跡サットン・フーで発掘された，アングロ・サクソン時代の7世紀の舟から発見された，古代王国イースト・アングリアの王を記念するものとされる財宝．イングランド南西部の州デヴォンでほぼ完全な形で発見された，ローマ人が4世紀に建設した舗道の遺跡などがある．このほかの有名な収蔵品には，800年のクリスマスにアルクィンがシャルルマーニュに捧げた聖書，南極探検を行なったR.F.スコットの日記，ロンドン西南郊のバタシーで発見された鉄器時代の楯，エジプトのミイラ，4世紀のギリシアの聖書，7世紀のリンディスファーン福音書，現存する4部の『マグナ・カルタ』のうちの2部，中国・華北の洞窟で発見された世界最古の印刷文書とされる経文，トラファルガーの海戦におけるネルソン提督の旗艦ヴィクトリー号の航海日誌，1623年版のシェイクスピアのファースト・フォリオなどがある．1975年には時計専用の展示場も開設された．

　読書室は，大英博物館読書室，国立中央図書館，国立科学技術図書貸出し図書館の三者を統合した大英図書館（→British Library）の一部門として1973年に独立した．大英図書館は1998年4月ユーストン・ロード沿い，セント・パンクラス駅に近い場所に移転した．博物

大英博物館
2000年に完成したグレイト・コート

館は2000年,これまでのドームをもつ読書室を中央にした,採光十分な温室を思わせる屋根つきグレイト・コートを完成させた.創設250年を記念する文化複合施設の誕生によって,入口付近は面目を一新した.

British Rail
ブリティッシュ・レイル

　かつて「イギリス国鉄」と一般に日本で呼ばれていた組織の総称.イギリスの鉄道は創業以来一貫して私企業であったが,第二次世界大戦直後の1947年,労働党のアトリー政権が全国の主要鉄道を国有化する法律を議会で可決させた.これによってロンドン交通局(→ London Transport, Underground Railways)と呼ばれるロンドンと周辺地域の地下鉄と路面電車,大都市の路面電車と地下鉄,地方の軽便鉄道を除く全国の鉄道が,イギリス交通委員会の組織の下に統合されることとなった.これが1962年に「イギリス鉄道公社」(British Railways Board)と改組され,以後一般にブリティッシュ・レイルの名で知られるようになった.

　ロンドンについては,ロンドン交通公団とブリティッシュ・レイルが鉄道の運営を分担していた.日本と違って両者とも同じゲージ(左右のレールの内側の間隔)を採用しているから,相互乗り入れは比較的簡単なはずである.ロンドン交通公団の地下鉄も郊外へ行けば地上に出るし,ブリティッシュ・レイルの線路に乗り入れ運転している列車も多い.ただし電気系統が統一されていないので,相互乗り入れができないケースも多い.ロンドン交通公団の地下鉄のほとんどは,走る軌条の横の第3レールから直流600ボルトを取り入れ,軌条の中央に置かれた第4レールに戻す.テムズ川南側のブリティッシュ・レイル線は,直流750ボルトを第3レールから取り入れて,走る軌条に戻す方式がほとんどである.テムズ川北側のブリティッシュ・レイル線は,交流25キロボルトを空中の電線から取り入れる方式が主である.このような技術上の理由で自由な相互乗り入れが妨げられている.

　保守党のサッチャー政権のときにブリティッシュ・レイルの民営化が強く叫ばれ,その後継内閣によって1993年にそのための法が成立することとなった.ただし日本の国鉄民営化よりもはるかに複雑である.ロンドン交通公団の民営化については,地下鉄の項(→ Underground Railways)を参照されたい.ブリティッシュ・レイルについては,線路とその付属施設(たとえば信号,停車場その他)を保有するのはレイルトラック(Railtrack)という企業体である.その上を走る列車の運転や乗

客へのサービスを担当するのは，路線別・地域別の無数の会社である．これも日本と違って全国を地域別に分けてあるわけではないから面倒なのである．ロンドンから各方面に向かう主要幹線は，その発着駅がそれぞれ違うように列車運行会社が異なる．歴史的にみると1921年の法改正以前のテリトリーに戻っているような観がある．
→Stations

British Telecom Tower
ブリティッシュ・テレコム・タワー
Cleveland Street, W1

　中央郵便局（→GPO）によって，テレビ・電話等の送受信用アンテナ設置のために造られた建物．1965年10月より使用開始．塔状の建物なので当初はポスト・オフィス・タワーと呼ばれた．翌年5月から一般公開され，展望レストランなどが設置されて，ロンドン・テレコム・タワーと呼ばれるようになった．71年には爆弾が仕掛けられる騒ぎがあり，その後補強工事が進められたが，一般公開は中止された．ブリティシュ・テレコミュニケーションズ社が使用していたが，この会社は2001年に，エムエムオーツー社とビーティー・グループ社に分割サレた．本体の高さは174メートルだが，気象用レーダーのアンテナを支える支柱を含めると，ほぼ190メートルに達する．リージェンツ・パークの南東端から近い．

Brixton
ブリクストン　　SE24, SW2, SW9

　地下鉄ヴィクトリア・ラインの終点．都心から南に5，6キロという至便な場所にありながら，社会学者以外にはあまり知られていない地域．ハイド・パーク北西のノッティング・ヒルとともにロンドンにおける西インド系移民の中心となっている．1981年に大規模な人種暴動が勃発し，貧困，失業，非行など差別されたマイノリティのかかえる問題が一挙に明るみにでた．

　もともと広大な原野が広がるこの地域には，ヴォクソール橋（→Vauxhall Bridge）の開通（1816）以前は小さな村落が散在するだけで，南イングランドのブライトンに通じる街道はおいはぎが出没することで悪名が高かった．当時の面影を現在に伝えるのがブリクストンの風車（1816）である．住宅地として最初に開発されたのは主要道路に面する敷地で，馬車でシティに通勤する富裕な人々の邸宅が建てられた．ロンドンの人口増加にともない開発はしだいに裏通りに及んだが，ヴィラと呼ばれていたことから知られるように立派な外観と広い庭をもつのが普通であった．しかし，1860年代の鉄道開通，さらに80年代の市街電車の延伸や乗合馬車の普及によって，残された広い土地が一般事務員や熟練労働者向きの低廉な住宅で埋めつくされることになった．19世紀末には以前の邸宅の多くは下宿屋に零落することになったが，ウエスト・エンドに近いため俳優や芸人が好んで住んだ．第二次世界大戦後であるが，芸人の家庭に育ったジョン・メージャー前首相も少年期をこの街で過ごした．

　1920年代から30年代にかけて，老朽化した邸宅は次々に公営または民間のアパートに建て替えられた．さらに第二次世界大戦の空爆によってブライトン街道沿いの区域は大きな被害を受け，その跡地に大量の公営住宅が建設された．1948年，戦後最初のジャマイカからの集団移民が低家賃の貸間や公営住宅の多いこの地域に定着し，50年代から60年代初頭にかけてその数は増える一方であった．その後の入国管理の強化によって流入は止まるが，急増するイギリス生まれの第2世代は石油危機以後の不況のため就職が難しく，白人中流階層出身者の多い警官への反感が導火線となって社会的不安が爆発した．81年4月の暴動である．同年7月にはインド人の集住するロンドン西郊のサウソール，さらにイングランド北西部のリヴァプール，マンチェスターにも暴動が波及した．この事件はアメリカのような都市暴動は起こらないと信じていた一般市民に大きな衝撃を与え，イギリスが本格的な多民族・多文化共存時代に移行したことを告げるものであった．

Brixton Prison
ブリクストン監獄

Jebb Avenue, SW2

　サリー州の矯正院として1820年に建てられた．看守長室を中心にして，監房棟が大体三日月型になるように設計されている．収容定員175名のところに，通常400名が収容されていて，「最も広々とした健康的な立地条件」を誇っていたにもかかわらず，ロンドン中で最も不健全な監獄のひとつとなっていた．囚人たちに重労働を課する監獄として，1821年に踏み車（treadmill）が導入された．1851年に監獄がワンズワース（→Wandsworth）に移転することになり，1853年以降ブリクストンの獄舎は女囚収容所に転用されるようになった．ここに収容された女囚たちは，自分たちのものと，ペントンヴィル監獄（→Pentonville Prison），ミルバンク監獄（→Millbank）の囚人たちのものの洗濯を担当した．

　1882年には軍隊用の監獄に転身，その後いくつかの変遷を経て，1902年からは再び男性専用の監獄に復帰した．1973年に20人の集団脱獄事件が発生，1980年にはIRAの未決囚が，2人の仲間と脱獄するという騒ぎが起こった．現在はロンドンと周辺諸州から送られてきた未決囚と，18年以下の懲役に科せられた囚人を収容するところとなっている．

Broad Sanctuary
ブロード・サンクチュアリ　SW1

　ウェストミンスター・アビーとミドルセックス・ギルドホールの間の一区画を指す．地名は，ここにあった逃亡犯罪者などが保護を求めることのできるサンクチュアリ・タワーがあったことにちなむ．もっとも，ここに逃げ込めば絶対に安全だという保証があったわけではない．リチャード二世時代には，ここに逃げ込んだ裁判官のひとりが引きずり出されてタイバーン（→Tyburn）で処刑された例もある．1440年には，魔女の疑いをかけられたグロースター公爵夫人が，ここでの保護を断わられている．また，ばら戦争のときには，エドワード四世妃エリザベス・ウッドヴィルが王の死後子供をつれてここに避難したものの，子供のひとりがリチャード三世の計略でおびき出され，ロンドン塔（→Tower of London）で暗殺された．エリザベス一世はここに避難できる人間を経済的債務者だけに限定したが，1623年にジェイムズ一世はこの塔の保護特権を完全に廃止してしまった．

　アイザック・ニュートンが，1689年にブロード・サンクチュアリに寄宿していた．ブロード・サンクチュアリの南側には，ジョージ・ギルバート・スコットの手になるゴシック様式の建物がある．政治家エドマンド・バークが住んでいた家は，スコットの建物が建築されたときに，取り壊された．

Broadway
ブロードウェイ　SW1

　セント・ジェイムジズ・パークの南，ウェストミンスター・アビーの西，地下鉄セント・ジェイムジズ・パーク駅の出口付近の通り．ここで干し草市が17世紀はじめから18世紀終わりにかけて開かれていた．18世紀の伝説的おいはぎディック・ターピンが，一時ここに住んだと伝えられている．

　1642年に建てられたブロードウェイ教会は，ピューリタン革命に際して馬小屋として用いられていたが，ウスターの戦いのときには，捕虜の収容施設としても利用された．その収容状態があまりに劣悪だったので1200名の国王派兵士が死亡し，隣接するトットヒル・フィールズに埋葬されたという．この教会は，1847年アンブローズ・ポインターの設計によりクライスト・チャーチとして建て直されたが，第二次世界大戦のときに破壊された．現在ここにはロンドン交通公団本部があり，それに隣接してニュー・スコットランド・ヤードがある．31番地には劇作家のA.A.ミルンが住んでいた．

Broadwick Street
ブロードウィック・ストリート　W1

　ピカディリー・サーカスの北にある通り．マーシャール・ストリートとベリック・ストリ

トを結ぶ．1686年に建設が始まり，1736年に完成した．もともとは西半分が幅の広い通りだったのでブロード・ストリートと呼ばれていたが，1936年に東のエドワード・ストリートをあわせてブロードウィック・ストリートと名づけられた．最初のころは上流階級の住む通りであったが，18世紀中ごろには，商人や職人の住む通りになっていた．この通りの一部には，現在でも18世紀当時の建築物が残っている．

ウィリアム・ブレイクは1758年，この通りの28番地（現在の74番地）で生まれた．ブレイクの父は靴下製造業を営んでいたが，経済的に恵まれていたので，息子に美術を学ばせることができた．1784年，ブレイクは生家の隣の27番地（現在の72番地）に版画の店を開業したが，翌年，この通りに隣接するポーランド・ストリートに転居している．家は両方とも取り壊されて，現在は残っていない．

レキシントン・ストリートとの角にあるパブ，ジョン・スノー亭は，19世紀の医師の名にちなんでつけられた．スノーは，1854年のコレラ流行に際して，コレラ菌が飲み水を汚染していることを発見して，この地区の井戸の利用を禁止し，コレラの拡大を防いだことで知られている．このときのコレラ流行では，通りにあった49軒の家のうち，死者を出さなかったのはわずか12軒であったといわれる．ジョン・スノー亭はもともとはニューカースル・アポン・タインという名前であったが，スノーを記念して1956年に改名された．また，ザ・クラウンというパブのあったデュフォールズ・プレイスとの角は，少なくとも1740年以来居酒屋が続いていた由緒ある場所だったが，現在はチャールズ・ノートン老人福祉センターになっている．

Bromley
ブロムリー　SE20

大ロンドンの南東部，グリニッチの南方にあたる地区．9世紀後半にロチェスターの司教の荘園となり，ノルマン時代に入ってその中に領館ブロムリー・パレスが建てられた．司教の領主権は1845年まで保持されていた．

13世紀初頭に市場の許可が下り，長いあいだ市場町として栄えてきたが，現在では南東郊の新しい商業の中心地として発展している．町の中心部は鉄道駅ブロムリー・ノースが近い．

駅に近い商店街ハイ・ストリートの47番地，いまではガラス張りのショッピング・センターが立つ敷地にあった商家では，1866年にH. G. ウェルズが生まれた．彼はこの町で少年時代を過ごし，ロンドン市内へ出るのである．彼はのちに，この町を舞台の一部に取り入れた『世界戦争』などの作品を著わした．この通りの裏側の小路テティ・ウェイ沿いには，13世紀建立のセント・ピーター・アンド・セント・ポール教会が立っている．サミュエル・ジョンソンの夫人テティが1752年に葬られた墓所である．現在の教会は1957年に奉献されたもので，夫人の墓は地下室に設置されている．

ハイ・ストリートから北へロンドン・ロードに入った右側に立つブロムリー・コレッジは，もともと聖職者の未亡人たちの救護施設として17世紀後半にロチェスターの主教が設立したもので，当時の面影は側廊つきの中庭にしのぶことができる．コレッジは現在でも，設立当時の役割を続けている．

町の中心部から南東へ貫通する大道路ブロムリー・コモンを下っていくと，右手に大共有地ブロムリー・コモンが広がっている．120ヘクタールほどの共有地で，以前はヘザーなど低木類が生い茂る荒れ地になっていた．ここも昔はロチェスターの主教の所有地として利用されていたが，おいはぎなどの出没には格好の地でもあった．18世紀の中葉にロンドンからケント州西端の町タンブリッジ・ウェルズへ通じる細い馬車道が敷かれたが，1764年の議会法によって荒れ地の一部が囲われた．その後19世紀初頭になって全体的に囲われ，競技場や住宅地などの新しい造成が始められるようになった．現在では，ゴルフ，フットボール，クリケットをはじめとする各種スポーツの競技場，それに広々とした原っぱの中に林が点在する憩いの場になっている．

コモンを代表する公園ノーマン・パークは，1770年代にこの地に住み着いたジェイムズ・ノーマンという人物の名をとったもので，細長い池ルッカリー・レイクや近くの細道ルッカリー・レインはこの人物の邸宅ルッカリーの名にちなんでつけられた．

Brompton
ブロンプトン　SW1, SW3

サウス・ケンジントン地区に隣接する一帯．ブルーム・ファームの名で13世紀の史料にその名が見える．17世紀以降，ロンドンの市場向けの農園，種苗場の多い地域として有名になった．なかでも最も有名だったのはブロンプトン・パーク種苗場で，王室庭園の総監督を務めたヘンリー・ワイズとジョージ・ロンドンによって，1681年に設立された．この種苗場はヨーロッパ中に知られ，1820年になっても200ヘクタールあまりの土地が，植林や農園に用いられていたという．その跡地の一部に，現在，ヴィクトリア・アンド・アルバート博物館（→Victoria and Albert Museum）が立っている．

このような地域であったため，19世紀後半になっても人口密度が低かった．地方医療局は1871年に，ブロンプトンの死亡率の低さはチェルトナムに匹敵すると述べているが，チェルトナムは当時，イングランドでいちばん健康によいところといわれていた．このため裕福な人々がこのブロンプトンに居住するようになっただけでなく，病院も多く集まるようになった．こうした病院の中で一番知られているのがブロンプトン病院（→Brompton Hospital）である．この病院はもとは1842年に建てられた結核専門の病院であった．

ブロンプトン墓地（→Brompton Cemetery）は，ロンドンでも規模の大きな墓地として知られている．女性参政権運動家として知られているエミリーン・パンクハーストや，チェアリング・クロス病院の創設者ベンジャミン・ゴールディング，作家のジョージ・ボローなど多くの有名人がここに葬られている．

Brompton Cemetery
ブロンプトン墓地
Old Brompton Road, SW10

地下鉄ディストリクト・ラインのウェスト・ブロンプトン駅前から南へ長方形に広がる墓地．南端はフラム・ロードに面している．

ロンドン西部の墓地会社によって1830年代末に開発され，はじめベンジャミン・ボードなる建築家が外壁や内部の建物，墓地などの設計を担当したが，やがて資金不足に陥り，墓地自体が1852年に市の公衆衛生局に買い取られて，ロンドン最初の公営墓地となった．現在は環境省の管轄下に置かれているが，15.8ヘクタールの敷地の墓地は古くなり，雑然とした感じがただよっている．

この墓地には，アルバート・ホールを建設したフランシス・フォーク，作家のジョージ・ボロー，作家で美術批評家でもあり万国博覧会（→Great Exhibition）開催に重要な役目を果たし，そしてヴィクトリア・アンド・アルバート博物館（→Victoria and Albert Museum）を創設したヘンリー・コールなどが眠っている．
→Cemeteries

Brompton Hospital
ブロンプトン病院
Sidney Street, SW3

1842年に，フィリップ・ローズの努力により，結核および胸部疾患のための病院として開設された病院．それまで肺結核の患者は入院できなかった．10年契約で借りあげたチェルシー・マナー・ハウスに20人の患者が収容された．1843年，2周年記念の席でチャールズ・ディケンズは，「もしこの事業がなければ，広いロンドンのどの病院のドアもこの哀れな人たちに開かれることはなかったでありましょう．この病院が設立されるまでは，患者たちは，差し伸べられる救いの手もなく，貧しい家の中で長患いに苦しみ，痩せ衰え，そして死んでいったのです」と述べた．翌1844年にブロンプトンに移転した．

20世紀はじめに医学校が設置され，1948年に国民保健サービスに接収され，後にブロン

プトン胸部疾患病院となった．1991年に近くのシドニー・ストリートに新しい病院が開設された．地下鉄サウス・ケンジントン駅の南東にあり，道路をはさんだ向かいにはディケンズが結婚式を挙げたセント・ルーク教会がある．
→Hospitals

Brompton Oratory
ブロンプトン・オラトリー
Brompton Road, SW1

　16世紀，イタリアの聖職者，聖フィリッポ・ネーリによって設立されたカトリックの修道会であるオラトリオ会の礼拝堂．ローマの修道士たちが，1849年にこのブロンプトンに落ち着き，80年から4年をかけてローマの母教会を基盤にした華麗なバロック様式の教会を建立した．設計はハーバート・グリブル．壮麗なイタリア式祭壇が際立っている．内陣の聖ペテロ像はローマのサン・ピエトロ寺院にある像のコピー．1892年に，ウェストミンスターの大司教だったヘンリー・エドワード・マニング枢機卿の葬儀が行なわれた．地下鉄サウス・ケンジントン駅に近い．

Brompton Road
ブロンプトン・ロード　SW3

　地下鉄駅ナイツブリッジから南西に延びてフラム・ロードへとつながる道路．イギリスのデパートの筆頭にあげられるハロッズ(→Harrod's)をはじめ，超一流の店が軒を連ねる高級商店街である．
　この道をナイツブリッジ駅から南西に500メートルほど歩くと，右手にブロンプトン・スクエアがあり，19世紀前半の建物が並んでいる．
　そのもう少し先に，ブロンプトン・オラトリー教会がある．16世紀に聖フィリッポ・ネーリによって創設されたオラトリオ修道会の流れを汲むローマ・カトリック教会で，フィリッポ・ネーリのロンドン・オラトリー教会と呼ばれる．1854年から84年にかけてハーバート・グリブルの設計によって建てられた，イタリア・バロック様式の壮麗な教会である．1847年オラ

トリオ会をイングランドに紹介したニューマン枢機卿の像が，入口の左側，道路に面して立っている．
　オラトリー教会に隣接して，ホーリー・トリニティ教会がある．ネオ・ゴシック様式建築で，ブロンプトン教区教会である．

Brooks's
ブルックスズ
St James's Street, SW1

　ブードルズ(→Boodle's)とともにクラブの老舗．1764年にウィリアム・オールマックによって設立された社交クラブで，政治的色彩は薄く，むしろ会員の賭博熱の高さで知られる．当初はペル・メルのオールマックス・クラブ(→Almack's Club)を本拠としていたが，1778年に現住所へ移転し，ワイン商のウィリアム・ブルックスがクラブのマネージャーとなってその名称もブルックスズと改めた．
　歴代の会員には賭博狂ともいうべき政治家のチャールズ・J・フォックス，同じく政治家の小ピット，エドマンド・バーク，俳優のデイヴィッド・ギャリック，文人のホラス・ウォルポール，哲学者のデイヴィッド・ヒューム，画家のレノルズなどの名士がおり，ジョージ四世もそのひとりだった．またアイルランド独立運動の指導者ダニエル・オコンネルも会員であった．なお劇作家のリチャード・シェリダンは3度にわたって入会を拒否され，ジョージ四世のはからいでなんとか入会にこぎつけたという．ちなみに彼の入会を拒否したのはジョージ・セルウィンで，理由はシェリダンの父が俳優という卑しい職業だったからといわれている．1975年にはセント・ジェイムジズ・クラブ(→St James's Club)と合併，またディレッタンティ・ソサエティ(→Dilettanti Society)はここのクラブハウスを使用した．
→Clubs

Brook Street
ブルック・ストリート　W1

　ハイド・パークの東，グロヴナー・スクエアとハノーヴァー・スクエアを結ぶ通り．名前は，

クラブの名門, ブルックスズ

タイバーン (→Tyburn) の小川 (ブルック) がここを流れていたことにちなむ．この通りの建設は，18世紀初頭に始まり1720年代終わりに完成した．住民はかなり上流に属する人々であったが，並行して走るグロヴナー・ストリート (→Grosvenor Street) ほど上流階級に人気があったわけではない．19世紀になると，この通りにもホテルが建ちはじめたが，そのなかで最も有名なのがクラリッジズ (→Claridge's) である．

18世紀に建てられた建築がいまも多少残っていて，25番地は作曲家のヘンデルが30年以上にわたって住んだ建物である．69番地の建物にはサヴィル・クラブ (→Savile Club) が入っており，72番地は長い間エドマンド・バークのタウン・ハウスだった．ほかに，18世紀の政治家ウィリアム・ピットやその友人ヘンリー・アディントンなどがここに住んだが，現在見られる建物の多くは1850年以降に再建されたものである．地下鉄ボンド・ストリート駅に近い．

Brown's
ブラウンズ

Dover Street, Albemarle Street, W1

ロンドンの高級ショッピング街として有名なオールド・ボンド・ストリートの西側を並行して走る2本の，これまた高級商店街として名高いドーヴァー・ストリートとアルバマール・ストリートにはさまれた高級ホテル．正面玄関はドーヴァー・ストリートにあるが，アルバマール・ストリート側にも出入口がある．大きくないが (客室数127)，創業1837年という老舗である．

イギリスの伝統的雰囲気とサーヴィスを形にして見せるとこういうことになるのか，と宿泊客に納得させる，イギリスらしいホテルである．イギリス人のリピーターが多いということもそれに関係しているだろう．しかし，そうしたことも，ホテルの創業者がもとバイロン卿一族の執事だったことを思えば，うなずくことができる．1859年，ホテルはアメリカの自動車王フォード家の経営に移り，以後幾多の名士を客に迎えることになった．スコットランド生まれのアメリカ人，電話機の発明者グレアム・ベルはこのホテルから約8キロ離れたヘンリー・フォードにイギリス国内で初めて電話通話に成功したという．1905

年，フランクリン・ローズベルトは新婚旅行でこのホテルに滞在した．植民地政治家として南アフリカ総督を務めたセシル・ローズ，短編作家・詩人のラドヤード・キプリングは常連客であった．また第二次世界大戦中，36号室でオランダが日本に宣戦布告をしたという．最寄駅は，地下鉄グリーン・パーク駅．

Brunel University
ブルネル大学
Uxbridge, UB8

前身校は地元産業に役立つ科学技術の教育を志向して1928年アクトンに設立されたアクトン・テクニカル・コレッジ．ブルネル工科コレッジ(1957)，ブルネル上級工科コレッジ(1961)を経て，1966年に設立勅許状を得て大学に昇格した．1971年に現在のアクスブリッジに新築移転．工学の研究教育ならびに産業界との強い結びつきで知られる．ほかにイーガム，オスタリー，トゥイッケナムにもキャンパスがある．トゥイッケナム校舎の教育学部は，1798年設立のイングランド最古の教員養成校バラ・ロード・コレッジ，1878年設立の女性教員養成校マライア・グレイ・コレッジ，1850年設立のチズィック・ポリテクニックの3つの高等専門学校が合併して発足したウェスト・ロンドン高等専門学校が1995年にこの大学に組み込まれたのが基盤になっている．現在の学生総数は約1万2000人．大学の名称はグレイト・ウェスタン鉄道会社の技師長I.K.ブルネルの名に由来する．

Brunswick Dock
ブランズウィック・ドック

ジョージ三世を記念してつけられたドックの名称．同王はハノーヴァー王家に属するが，同王家の本来の出身家系がブランズウィック公爵家だったことにちなんでいる．半島状の

[ロンドン・ア・ラ・カルト]

ヘンデルとロンドン

中部ドイツのハレに生まれたゲオルク・フリードリッヒ・ヘンデル(1685-1759)が最初にロンドンを訪れたのは1711年．このとき彼はオペラ《リナルド》をちょうど15日間で書き上げて公演し，熱狂的な賞賛を受けて，ロンドンにおける名声を確固たるものにした．

1714年，パトロンであったハノーヴァー選帝侯がイギリス国王(ジョージ一世)となるやその王室付き作曲家となり，多方面にわたる作曲活動を展開した．1726年に彼はイギリスに帰化して，その名をジョージ・フレデリック・ヘンデル(George Frederick Händel)と改め，ロンドンを心のふるさとと定めて，生涯ここで送りながら，《水上の音楽》，《宮廷の花火の音楽》，《メサイア》など，多くの名作を生み出した．《水上の音楽》と《宮廷の花火の音楽》は，それぞれ戸外で演奏される作品として有名である．

ヘンデルはロンドンにおける慈善事業にも深い関心を示した．トマス・コーラム捨て子養育院のために，毎年定期的に《メサイア》の慈善演奏を行ない，その付属礼拝堂のためにオルガンを寄付している．ジョージ三世は，《メサイア》のハレルヤ・コーラスを聞いて感動のあまり，思わず立ち上がって最後まで身動きもしなかったと伝えられる．以来ハレルヤ・コーラスは起立して聴くのが慣例になった．ヘンデルは，1759年の演奏中に倒れてまもなく，ブルック・ストリートの自宅で息を引きとった．ウェストミンスター・アビーに葬られている．

1859年，市南郊シドナムの水晶宮ではヘンデル没後百年を記念して，盛大なヘンデル祭が催された．そのために4千人の演奏者・合唱団を収容するオーケストラ舞台が造られ，4598本のパイプを備えた特製の大型パイプ・オルガンがすえつけられたという．

アイル・オヴ・ドッグズ（→Isle of Dogs）をめぐって流れるテムズ川の，下流側の付け根部分にあたるブラックウォールにあった．

チャールズ二世時代に，東インド会社のために造られた小規模なブラックウォール・ドックを吸収して，1789年に建設された．はじめは大きくて重要なドックで，もっぱら船舶の建造や修理用だったが，のちに積荷用の倉庫などが整備された．1806年に，イースト・インディア・ドックス（→East India Docks）に吸収された．
→Docks

Brunswick Square
ブランズウィック・スクエア　WC1

地下鉄ラッセル・スクエア駅前のバーナード・ストリートを右へ進んでつきあたりの左側がブランズウィック・スクエアである．ギルフォード・ストリートに面した児童公園コーラムズ・フィールズの西側に隣接する広場．

コーラムズ・フィールズの東側にあるメクレンバラ・スクエアと対称に，サミュエル・ピープス・コッカレルによって設計され，1795年から1802年にかけて，トマス・コーラム捨て子養育院（→Thomas Coram Foundation for Children）の敷地内に造られた．

ブランズウィックの名称は，1795年に時の皇太子（のちのジョージ四世）妃となったブランズウィック（ドイツ地名としてはブラウンシュヴァイク）のキャロラインにちなむものである．

西側に映画館やレストランのあるブランズウィック・ショッピング・センターがあり，その西側にパトリック・ホジキンソンによって設計されたテラス・ハウスが並び，北側にはロンドン大学薬学部の大きな建物が立っている．最初1842年に建てられ，ハーバート・J・ラウスの設計で1965年から73年にかけて再建されたものである．

結婚前のヴァージニア・ウルフが弟のエイドリアン・スティーヴンや結婚相手となったレナード・ウルフ，経済学者として有名なジョン・メイナード・ケインズらと，この広場の5階建ての家に住んだことがあった．また1929年から39年まで，彼らの仲間であったE.M.フォースターもこの広場沿いの家に住んでいた．ジェイン・オースティンは小説『エマ』で，ロンドンでこの広場はどこよりもすぐれて風通しがよいと絶賛している．

Bruton Street
ブルートン・ストリート　W1

ハイド・パークの東側，メイフェア付近の通り．バークリー・スクエアとニュー・ボンド・ストリートを結んでいる．王政復古の直後，ストラットンの初代バークリー男爵がこの付近の地所を購入したが，彼がサマセット州に所有していた所領ブルートンにちなんでこの名がつけられた．通りの建設が始まったのは1738年ごろで，当時の建物の一部が，改装されてはいるものの，現在も残っている．

現在は取り壊されてしまったが，17番地はかつてストラスモア伯爵のロンドン屋敷であった．1926年，ストラスモア伯爵の娘で皇太子妃だった現皇太后が，ここで現女王エリザベスを出産している．劇作家のR.B.シェリダン，首相を務めたジョージ・キャニングなどがこの通りに住んだことがある．

Bryanston Square
ブライアンストン・スクエア　W1

ベイカー・ストリートの西，マリルボーン駅とマーブル・アーチの中間にある広場．かつてポートマン一族がドーセット州にもっていた所領の名にちなんで，ブライアンストンと名づけられた．この広場の建設が開始されたのは1812年，設計者はデイヴィッド・ポーターである．家はすべて両端が半円形になっている細長い長方形の庭園に面し，周囲は手すりで囲まれている．建物のすべてに弓形に張り出した窓がある．

この広場はC.P.スノーの『金持ちの良心』とか，アルジャノン・セシルの『ブライアンストンの家』などいくつかの文学作品に登場するが，19世紀中ごろ，オスマントルコの改革派政治家ムスタファ・パシャがイギリス駐在大使

を務めていたときに，1番地にその住居があった．

Buckingham Gate
バッキンガム・ゲート　SW1

　もともとこれはバッキンガム・ハウスの横にあったセント・ジェイムズ・パークへの入口の門の名称であった．いまではヴィクトリア・ストリートからバッキンガム・パレスに通ずる通りの名となっている．宮殿の南側を走るバッキンガム・ゲート沿いに，クイーンズ・ギャラリー（→Queen's Gallery）がある．この通りの10番地に，1854年にサー・ジェイムズ・ペネソーンによって建てられたコンウォール公領の事務所がある．1337年エドワード三世によって定められて以来，英国皇太子はコンウォール公爵としてコンウォールの所定の地方を公領として領有することになっていた．現在も名義上ではその制度が存続している．

　この通りにあるウェストミンスター・チャペルは，福音主義派の礼拝堂として1840-41年に建てられた．1843年に学校と付属施設が加えられたが，会衆が増えたことにともなって礼拝堂は取り壊され，1863-65年にそれに代わるものが建立されて現在に至っている．20番地の建物は，1895年サー・レジナルド・ブロムフィールドによって建てられたもので，1889年にイギリスの政治家として有名なウィリアム・ユーアト・グラッドストーンがここに住んだ．52番地の家には，1924年に小説家のH.G. ウェルズが住んだことがある．地下鉄セント・ジェイムズ・パーク駅に近い．

Buckingham House
バッキンガム・ハウス

① Pall Mall

　ペル・メルにあった大邸宅のひとつ．叔父からこの家を相続した初代バッキンガム侯爵ジョージ・ニュージェント＝テンプル＝グレンヴィルにちなんだ呼び名．1790年代にジョン・ソーンの設計で建て替えられ，1847年に第二代バッキンガム・アンド・チャンドス公爵によって売却された．その後，陸軍省が入っていたりしたが，1908年に取り壊され，跡地に王立自動車クラブが建てられた．

② St James's Park

　セント・ジェイムズ・パークにあったクイーンズ・ハウス（→Queen's House）．初代バッキンガム・アンド・ノーマンビー公爵ジョン・シェフィールドの邸宅．公爵は以前はアーリントン・ハウスに住んでいたが満足せず，その家を取り壊し，新たに赤煉瓦造りの家を建てた．セント・ジェイムズ・パークの西端で，マル（→Mall, The）と大遊歩道に面し，背後には美しい庭園とすばらしいテラスがあった．公爵は1721年に死去し，未亡人が時の皇太子（のちのジョージ二世）と不動産売却の交渉を始めたが，交渉はまとまらなかった．1762年に公爵の庶子チャールズ・シェフィールドから，ジョージ三世が2万8000ポンドでこの不動産を買い取った．王は静かな家庭生活を送ることを念願したが，セント・ジェイムズ・パレスではそれは不可能として，住むことを嫌ったのであった．王の死後は「王妃の館」として知られることになった．サミュエル・ジョンソンが1767年に，ジョージ三世に有名な拝謁を行なったのはこの館の書斎においてである．

　王のコレクションのためにくりかえし部屋が増築され，「王妃の館」は王の所期の意図に反し，宮殿の様相を帯びるようになっていった．1818年に王妃が死去し，摂政皇太子（のちのジョージ四世）はその敷地にさらに大きくて気品のある宮殿を建てることを決め，最終的にはそれがバッキンガム・パレス（→Buckingham Palace）となった．

Buckingham Palace
バッキンガム・パレス

Buckingham Gate, SW1

　大通りマル（→Mall, The）を西に進んだところ，セント・ジェイムズ・パークの西端に面している．ヴィクトリア女王以来，歴代英国王のロンドンにおける公式住居．

　バッキンガム・パレスは，1677年にアーリントン卿のために建てられたアーリントン・ハウスに始まる．この家に住んだバッキンガム公

爵ジョン・シェフィールドが，老朽化したアーリントン・ハウスを1702年から翌年にかけて改築したあと，バッキンガム・ハウス(→Buckingham House②)と呼ばれるようになった．そして50年後の1762年，ジョージ三世が王妃シャーロットのため，くつろげる家としてバッキンガム・ハウスを買い求めた．以後この館は「王妃の家」(→Queen's House)の名で知られるようになった．名称どおり，シャーロット王妃はほとんど公式王宮のセント・ジェイムジズ・パレス(→St James's Palace)には住まずにここでの生活を楽しみ，15人の子女のうち長男のジョージ(のちのジョージ四世)を除き，次男のヨーク公フレデリック以下13人がこのクイーンズ・ハウスで生まれている．

書籍のコレクターでも知られるジョージ三世は，その収納のための改装や一部の改築を行なったが，1820年代に入ると建築道楽のジョージ四世が，ジョン・ナッシュに命じて大改装に取りかかった．同王の在位中には完成しなかったほどの大がかりな改装であった．そして1837年に即位したヴィクトリア女王は，それまで住んでいたケンジントン・パレス(→Kensington Palace)からバッキンガム・ハウスに移り住み，ここを国王の公式住居としたことからバッキンガム・パレスと呼ばれることになった．

この後ヴィクトリア女王，エドワード七世らによる小改装がつづくが，セント・ジェイムジズ・パレスはそのまま公式王宮としてつづき，公式行事の多くはセント・ジェイムジズ・パレスで開かれるのが伝統となっていた．

現在バッキンガム・パレスにはエリザベス二世とエディンバラ公が住み，北側に女王夫妻の私室がある．また，ヨーク公アンドルー，プリンス・エドワード，プリンセス・ロイヤルのアン王女の事務室も2階にある．王宮内部には19のステイト・ルーム(大広間)，52の賓客用寝室があり，92の事務室，188の職員用寝室，そして78の浴室と手洗い所などがあって，ここに働く職員は335人である．ちなみに英国駐在の各国大使は，現在でも「セント・ジェイムジズ・パレスに派遣された大使」というのが公式の肩書きであり，大使の信任状奉呈はセント・ジェイムジズ・パレスで行なわれてきたが，現在では公式行事のほとんどもバッキンガム・パレスで行なわれるようになった．
→Royal Palaces

Buckingham Palace Road
バッキンガム・パレス・ロード　SW1

バッキンガム・パレス(→Buckingham Palace)が造られるはるか以前からあった街路で，バッキンガム・ゲートを南下して西に向かうとチェルシーに至る．ヴィクトリア朝以前にはチェルシー・ロードと呼ばれていた．18世紀にはおいはぎの出没するところとして知られ，チェルシーの住民が，10ポンドの賞金をつけてある特定のおいはぎ退治を図ったことが伝えられている．この道路沿いには，東側ヴィクトリア・ストリートへ入ったところにヴィクトリア駅があり，南にくだってエリザベス・ストリートと交わる角に，ヴィクトリア・コーチ・ステーションの大きな建物がある．1932年に開設した長距離バス発着駅で，ここを中心としてエディンバラやグラスゴーを含めて，全国のあらゆる都市に向かってバスが運行されている．

この通りの「建造物はどんどんたたき壊されて，はかなく消えてゆく―通り全体が激しい交通の洪水のなかでの有為転変を物語っている」とデイヴィッド・パイパーが言うほど，ヴィクトリア駅周辺の再開発計画に伴う変化は，めまぐるしい．かつて90番地にあった王立保健協会博物館も，そうして消え去ったもののひとつである．この街路沿いに駅舎と一体化したグロヴナー・ホテルとルーベンス・ホテルがある．

Buckingham Street
バッキンガム・ストリート　WC2

チェアリング・クロス駅の東側2つ目の通り．1つ目のヴィリアズ・ストリートと平行してストランドからヴィクトリア・エンバンクメントに向かって延びている．1675年にこの地にヨーク・ハウス(→York House)を建てたバッキ

ンガム公爵ジョージ・ヴィリアズにちなんで名づけられた．この通りの8番地に，キング・ジョージズ・ジュビリー・トラストの本部がある．ジョージ五世統治下の1935年に設立された青少年のための福祉事業施設である．1679年から88年にかけて，『日記』で有名なサミュエル・ピープスが12番地の家に住んでいた．その後彼は14番地に移り，1701年までそこに住んだ．画家のウィリアム・エティやクラークソン・スタンフィールドもまた，それぞれ1824年から49年までと，1826年から31年まで，この14番地の家に住んでいた．

チャールズ・ディケンズの『デイヴィッド・コパーフィールド』の主人公デイヴィッドは，この通りのクラップ夫人の家に下宿をしながら，法律事務所での見習修業に通っている．ディケンズ自身が1833年の一時期に，この通りで間借りをしていたという説もあるが，確証はない．

Bucklersbury
バックラーズベリー　EC4

イングランド銀行とキャノン・ストリートの間にある古い通り．14世紀にすでにその名が見える．12世紀にシティで勢力をふるったバッカレル一族にちなんでその名がついた．1505年から11年までここにあった邸宅に人文主義者トマス・モアが住み，4人の子供はここで生まれた．1506年から8年までこの家にエラスムスが滞在し，『痴愚神礼賛』を執筆した．バックラーズベリーは，シェイクスピアの時代には薬剤商が多かったことで知られていた．そのため『ウィンザーの陽気な女房たち』には，奇妙な臭いのする所として描かれている．1863年，クイーン・ヴィクトリア・ストリートができたとき，2つに分割された．地下鉄バンク駅に近い．

Building Crafts College
ビルディング・クラフツ・コレッジ
Great Titchfield Street, W1

大工・石工などを養成する専門学校．設立1893年．建造物の新築にあたる職人と，古い建造物の保存にあたる職人を養成する．大工同業組合の運営で，指物師・内張り師同業組合，タイル工・煉瓦工同業組合，石工同業組

───[ロンドン・ア・ラ・カルト]───

ジュビリーズ

　国王統治の重要記念日を祝う行事として歴史的に有名なのは，1887年のヴィクトリア女王のゴールデン・ジュビリー（即位50周年記念祭）と，1897年のダイヤモンド・ジュビリー（60周年記念祭）である．20世紀には，1935年にジョージ五世の，1977年にエリザベス二世の，シルバー・ジュビリー（25周年記念祭）があった．

　ヴィクトリア女王在位中の2度の祝典は，たまたまイギリスの経済・産業の繁栄とともに植民地の拡張期と一致したから，国民にとっても祝祭気分が盛り上がった．女王は国民的な人気の的となり，多くの道路や鉄道駅に女王の名がつけられた．道路地図として定評のある『ロンドンA-Z』の索引(1998年拡大版)には，Victoriaの見出し項目が138あり，ヴィクトリア・アヴェニューが14本，ヴィクトリア・ロードが57本ある．また，ジュビリー・アヴェニューが3，ジュビリー・クロースが6など，Jubileeで始まる道路や建物が40項目ある．時計塔などの記念碑がロンドン中いたるところに建てられた．ハールスデン・ハイ・ストリートのジュビリー・クロック(1887)は，まさにその一例である．

　しかし一方，このような華やかな祝典の時代は社会的大変動の時代でもあった．およそ1世紀にわたるスラム化対策の遅れに対する反動として，ロンドンの多くの地域で再開発

合などがスポンサーになっている．地下鉄オックスフォード・サーカス駅に近い．
→Carpenters' Hall, City Livery Companies

Bull and Mouth
ブル・アンド・マウス亭

ウィリアム一世時代に修道院やコレッジがあった現在のセント・マーティンズ・ル・グランドにあった酒亭．エリザベス一世時代には，仕立屋の通りとして有名であった．この店は19世紀末まで存在したが，中央郵便局(GPO)の建設で取り壊された．昔はイギリス各地からの旅人の宿であり，駅馬車の事務所として栄えた．「雄牛と口」という屋号の由来については，いろいろな説があるが，一般にはヘンリー八世が1544年にフランス北東部の港町ブローニュを占領したとき，それを記念して「ブローニュの門」または「ブローニュの港口」と名づけたのが，なまって「ブル・アンド・ゲート」(Bull and Gate)とか，「ブル・アンド・マウス」(Bull and Mouth)となったと伝えられている．このパブの看板は現在ロンドン博物館にある．

Bull Inn
ブル・イン

ブル・アンド・マウス亭(→Bull and Mouth)のように，牡牛(bull)はパブの屋号に多い．チャールズ・ディケンズの小説でも，ロンドンのホーボーンにあった「ブル・イン」が出てくる．駅馬車の宿であった．このビショップスゲートにあった宿も，イギリスの東部からの客が泊まる宿であった．この宿の亭主トバイアス(一説によればトマス)・ホブソンは，貸馬業者で詩人のミルトンにも墓碑銘を書かれたほど，その頑固さで有名であった．彼の厩舎には常時40頭の馬が用意されていたが，客にはそのとき戸口の一番近くに居合わせた馬をいやおうなしに貸すという方針で，いやなら帰れという，まことに頑固な商人気質の持ち主で，その亭主の名ホブソンから，英語の有名な成句「ホブソンの選択」(Hobson's Choice, えり好みのできない選択)という言葉が生まれたという．

ところで，パブ辞典によれば，「ホブソンの選択」という宿がウォリックシャーに存在するというが，『スペクテーター』第509号には，

の動きが急速に高まった．また同じころに戦闘的労働組合運動が活発化し，1887年には，トラファルガー・スクエアでの集会禁止措置に対する暴動が起こった．王室の祝賀会は，ある程度これらの現実的社会問題から大衆の気をそらすための，いわゆる「食物と娯楽」(bread and circuses)という一面があったということも考えられる．

1935年のジョージ五世のシルバー・ジュビリーも同じ観点から見ることができる．戦雲がただよい，長期にわたる経済不況と帝国の瓦解という脅威に対して，楽観的な気晴らしが必要だった．ジョージ五世も親しみをもたれた君主であった．とくに第一次世界大戦中の貧窮地区への私的な訪問や，節度ある家庭生活のゆえに国民に人気があった．このときも記念切手の発行や特別行事，街頭パーティが行なわれた．

1977年のエリザベス二世のシルバー・ジュビリーもまた，同様に見る人もいるだろう．1970年代のロンドンは貧窮し沈滞していた．このときも，記念切手が発行され，大規模な花火大会が催され，すでに一般的な行事ではなくなっていた街頭パーティが，特にイースト・エンド地区で復活した．

ロンドンには1977年のシルバー・ジュビリーの名残りがいくつかある．地下鉄ジュビリー・ライン(1979開通)，ジュビリー・ガーデンズ(1977年開園)，ジュビリー・ウォークウェイズ(1978年設置)などである．ジュビリー・ウォークウェイはレスター・スクエアを基点にロンドンの歴史的文化的名所を足で楽しむ散歩道で，全長19キロ，歩道にはめ込まれた400箇の大きな円盤がそのルートが示す．一度歩いてみるに値するコースである．

バンヒル・フィールズ墓地，W.ブレイクとJ.バニアンの墓

スティールがこのビショップスゲート・ストリートの旅籠の壁のフレスコ画に，トバイアス・ホブソンが100ポンド入ったかばんを抱えている肖像を発見したと伝えている．もともとホブソンは，ケンブリッジの住人であったが，1630年にロンドンまで旅をして来たものの，疫病が流行していたので，このビショップスゲート・ストリートの宿にとどまらざるを得なかったという．シェイクスピア劇の俳優バーベッジが，バンクサイドにグローブ座を建てるまでは，この旅籠の中庭で芝居が演じられたという．1866年に取り壊された．

Bunhill Fields
バンヒル・フィールズ墓地
City Road, EC1

　市内フィンズベリー地区のシティ・ロード沿いにある墓地．セント・ポール大聖堂と関わりのあった昔の受給聖職者の土地の一部で野原だったが，1315年以来この土地を借り受けていたシティ自治体が17世紀半ばに新しい墓地建設を決め，ここを煉瓦塀で囲い，1665年に墓地として発足させた．しばらくは宗教改革者ウィリアム・ティンダルの名をとって「ティンダル墓地」と呼ばれたことがあり，埋葬者はほとんどが非国教徒だった．

　この墓地は1852年に埋葬法が成立して以降，埋葬が禁じられ，54年に15歳の少女が埋葬されたのが最後だった．以後，67年に議会法によって，当局はこの土地を公共用に開放し，今日に至っている．この公園墓地で見られる墓の中には，イギリスの歴史で重要な役割を演じた人物たちも眠っている．

　その著名な人物のひとりがピューリタニズム文学の泰斗ジョン・バニヤンで，彼は正門を入ってすぐのところの棺をかたどった大きな墓石の中で眠っている．その彼をベドフォードの牢獄から解放したといわれるピューリタン牧師ジョン・オーウェンも，ここで永遠の眠りをともにしている．『ロビンソン・クルーソー』の作者ダニエル・デフォーの墓ははじめみすぼらしい石だったが，国内の少年少女の寄付金によって現在のシシリア産大理石のエジプト式柱石に変えられた．柱石を建立する際に墓が開けられたとき，彼の棺はすでに朽ちていたという．その柱石の前にウィリアム・ブレイクの小さな墓石がある．

　この墓地にはオリヴァー・クロムウェルの縁者の墓のほかに，スザンナ・ウェスリーの名も見える．墓地沿いのシティー・ロードの斜め向かいにあるウェスリーズ・チャペル（→Wesley's Chapel）で説教を続けたメソジスト派の創始者

ジョンとチャールズの母親の墓である．そして，正門右横の大きな樹木におおわれて，18世紀の宗教詩の泰斗アイザック・ワッツが眠っている．

Burberry's
バーバリー
Haymarket, SW1

　バーバリー・チェックで知られる衣料品の老舗．王室御用達店．1856年にトマス・バーバリーがイギリス南部ハンプシャー州のベイジングストークで設立した．羊飼いや農夫が着ているスモック・フロックの特徴である，冬暖かく，夏涼しく，適度な防水性にヒントを得て考案した木綿地を，「ギャバジン」という呼称で売り出したのがはじまりである．

　トマスと2人の息子は1899年ロンドンへ進出，1901年にヘイマーケットに店を構えた．自動車の運転が流行し，防寒防塵のコートや帽子，フードなどが必要となった．同社はそうした商品を扱っただけでなく，軍隊，極地探検，登山用の品々も取り揃えた．現在のヘイマーケット18番地の，下部がトスカーナ様式，上部は巨大なイオニア式円柱付きのビルへ移転したのは1912年である．第一次世界大戦での雨の塹壕（トレンチ）戦用に陸軍将校のためのいわゆる「トレンチコート」を考案し，防水性，軽量性，保温性に優れていることを実証した．このコートの特徴であるラグラン袖，肩章止め，ダブル・ブレスト，寒いときに襟を立てるストーム・フラップなど，すべて戦争が生んだデザインだった．

　今日ではコートにかぎらず女性用も含めて，セーター，バッグなど，衣料品全般を手がけている．日本では文具や時計，靴などもライセンス生産をしている．地下鉄ピカディリー・サーカス駅から5分ほどだが，同駅に近いリージェント・ストリートにも店がある．

Burlington Arcade
バーリントン・アーケード
Piccadilly, W1

　ピカディリー通りに面した摂政期様式アーケードの名店街．もとはバーリントン・ハウス（→Burlington House）の庭園に通行人がカキの殻などのごみを投げ込むのを防ぐ目的で，1819年に設計されたもの．1911年改築，ピカディリー側の入口の上に当時の所有者であったチェシャム卿の紋章が取り付けられた．チェシャム家は1926年，33万3000ポンドでこのアーケードをプルーデンシャル保険会社（→Prudential Assurance）に売却した．

　アーケードは第二次世界大戦で破壊され，のち復元された．アーケード内には小さな展示室アルフレッド・ダンヒル・コレクションがある．ほかにも，1838年にピカディリーで創業した煙草店の老舗H．シモンズや，質の良さで定評のある王室御用達店アイリッシュ・リネンの店がある．地下鉄ピカディリー・サーカス駅に近い．

Burlington Gardens
バーリントン・ガーデンズ　W1

　17世紀末から18世紀にかけて整えられた地所バーリントン・エステートにある通りで，サヴィル・ロウからニュー・ボンド・ストリートまで続く．リージェント・ストリートから，またバーリントン・アーケード（→Burlington Arcade）を北に上ってもこの通りに出る．地下鉄ピカディリー・サーカス駅に近い．

　通りに人目をひく2つの建物がある．北側の7番地のロイヤル・スコットランド銀行が入っている建物は，1721-23年にジャコモ・レオーニの設計で建てられた．1724-78年，第三代クイーンズベリー公爵が最初に入居して，クイーンズベリー・ハウスと呼ばれ，詩人ジョン・ゲイも公爵に保護されてここに住んだ．1785年ごろアクスブリッジ伯爵が買い取り，すぐに増改築してアクスブリッジ・ハウスと改めた．その設計はジョン・ヴァーディ（子）によるもので，正面は9本の大きな片蓋柱のついた石造りの堂々としたものとなった．ポーチは1855年に付け加えられた．1854年まではアクスブリッジ卿父子が住んでいたが，まもなくイングランド銀行に売却され，その後1933年からはスコットランド銀行が入っている．

はす向かいには，13の柱間をもつ大きなイタリア風ファサードの建物がある．これは1866-67年にバーリントン・ハウス(→Burlington House)の庭に建てられたもので，はじめはロンドン大学の本部であったが，現在は人類博物館(→Museum of Mankind)として大英博物館の民族学部門の本拠になっている．建物の前面にはライプニッツ，キュヴィエ，リンネ，アダム・スミス，ジョン・ロック，ベーコン，玄関の上にはニュートン，ベンサム，ミルトン，ウィリアム・ハーヴェイ，屋根の上にも有名な科学者，哲学者，詩人の像が立っている．東側には，かつてバイロン，トマス・ビーチャム，オールダス・ハクスリー，グレアム・グリーンなどが住んだことのある高級フラットのオールバニー(→Albany)がある．

Burlington House
バーリントン・ハウス　W1

1660年代にピカディリー通りの北側に建てられた貴族の大邸宅6戸のうち現存する唯一のもの．重厚なルネサンス様式のファサードがピカディリーに面している．この館は1868年から王立美術院(→Royal Academy of Arts)の本拠となっている．中庭には王立美術院の初代院長を務めたジョシュア・レノルズの像が立つ．バーリントン・ハウスはもともと建築家のサー・ジョン・デナムが設計し，彼自身がその一部を1664-65年に建てた．しかし未完のまま1667年に初代バーリントン伯爵に売却され，伯爵はヒュー・メイを雇ってこれを完成させた．

芸術を愛好した第三代バーリントン伯爵は，アレグザンダー・ポープ，ジョン・ゲイ，ジョン・アーバスノットを後援したことで知られるが，1714-15年イタリアに滞在し，帰国してバロック様式の代表的建築家ジェイムズ・ギブズを雇い，前庭の側面に沿って美しい曲線形の柱廊を建てた．1717-20年ごろ，パラディオ様式の代表的建築家であったコレン・キャンベルが，イタリアのヴィッツェンツァのポルト宮殿に倣ってピカディリー通りに面して大きな石造りの門を設けた．内部にはキャンベルの作った玄関ホールがいまも残り，その華麗な天井画は18世紀イギリス画家のウィリアム・ケントが描いたものとされる．

この居館は，イギリスにおけるパラディオ様式建築の第一人者であった第三代バーリントン伯爵を信奉する人たちの手本となり，その内部の美しさと外部の均整美とが詩人ジョン・ゲイほか多くの人によって賞賛された．しかし1872-74年，シドニー・スマークによって増改築されて3階部分が付け足され，ゲイらの賞賛した均整美は無惨に損なわれてしまった．3階の窓の上にはレオナルド・ダ・ヴィンチ，ラファエル，ミケランジェロ，ティツィアーノ，レノルズ，レンらの像が付けられた．また，展示ギャラリーの大きな部分が背後に建て増しされた．

現在王立美術院は毎夏，充実した企画展を催している．また各種の学術団体が入っており，東翼には化学学会と地質学会が，西翼にはロンドン古物研究家協会(→Society of Antiquaries of London)，王立天文学協会(→Royal Astronomical Society)，ロンドン・リンネ協会(→Linnean Society of London)がある．

Burnt Oak
バーント・オーク　HA8

ロンドン北西郊エッジウェア地区の郊外住宅地．地名は，古代ローマ時代に境界の目印にするために立ち木を焼いた故事に由来しているが，実際に史料にこの地名があらわれるのは，18世紀のことである．1920年代に至るまで，この付近は樹木の豊かな農地で小川が流れていた．鉄道の開通によって少しずつ開発が進んだが，ロンドン市がここを衛星都市としての開発を決定し，急速に開発が進んだ．

フレンチ・コロニーと呼ばれる実験的な住宅が大量に建設され，1927年に入居が始まった．下町から移ってきた人々が多かったので，ロンドンの下町の文化がここに流入することになった．周辺に住む中産階級の人々は，最初この住宅地になじむことがなかった

が，徐々に下町の文化を受け入れ，同化が進むようになった．この地域の中心ボールド・フェイスト・スタッグ（白頭の牡鹿）亭は中世以来，北部への旅行者が利用した由緒ある宿である．地下鉄バーント・オーク駅がある．

Bury Street
ベリー・ストリート　SW1

　セント・ジェイムジズ・スクエアとセント・ジェイムジズ・ストリートの中間にある通り．キング・ストリートとジャーミン・ストリートを結ぶ．1670年代から80年代にかけて建設された．この付近一帯の土地を国王チャールズ二世から下賜されていた初代セント・オールバンズ伯爵ヘンリー・ジャーミンの所領が，イングランド南東部ベリー・セント・エドマンズ近郊にあったため，この名前がついたものと思われる．

　多くの著名人がこの通りに住んだ．作家のジョナサン・スウィフトは，アーマーの首席司祭を務めていたときここに滞在，随筆家で『スペクテーター』誌の発刊者としても知られるリチャード・スティールは1707年から11年まで居住した．19世紀には，詩人ジョージ・クラップが晩年の一時期をここで過ごした．アイルランドの独立運動家ダニエル・オコンネルは短期間，詩人トマス・ムーアはしばしば滞在した．地下鉄グリーン・パーク駅に近い．

Buses
バス

〈ダブル・デッカーの誕生〉

　19世紀の初期にジョージ・シリビーアという人物が，駅馬車よりも安くもっと融通のきく輸送形態の必要を感じた．すでにパリで一定の路線を走る，馬が引くホース・バスなるものを実見していた．これにならって，彼は1829年7月4日にロンドンで，パディントンとバンクを結ぶ路線の運行を開始した．その最初の乗り物は，1階だけの20人乗りで，3頭立ての乗合馬車であった．この成功をみて，多くの経営者が遠距離路線を計画した．1850年ごろから，バスの屋上にも座席を設けるのがふつうとなり，後部に階段による乗降口がついた．いわゆる「ダブル・デッカー」の誕生である．のちに多くの運送業者が合流して「ロンドン・ジェネラル・オムニバス・カンパニー」（のちにジェネラル社と称した）が誕生した．

〈ホース・バスの歴史〉

　ホース・バスの人気は高く，既存の鉄道や地下鉄にも影響を受けなかった．しかし，1870年以降に導入された路面電車は強敵であった．もっとも，路面電車はロンドン中心部での運転は禁止され，運行は主として郊外に広がった．広告面で利用価値の高かったホース・バスはきわめてカラフルで，それぞれの運営会社が独自の色によってルートを示した．

　19世紀末までには，3500台以上のホース・バスが運行していた．主としてダブル・デッカーで，一般に26人乗りの2頭立てであった．1904年までに信頼度の高いガソリン・エンジンによるバスが現われたが，初期のものは本質的にはホース・バスの車体を，ソリッドタイヤつきの硬式車台に載せたものであった．運転手はエンジンの背後に座って，馬の手綱の代わりにハンドルを操作したのである．1910年にザ・ジェネラル社が導入したBタイプ・バスは，標準化された最初の大型乗り物であった．ホース・バスが姿を消したのは1914年であったが，第一次世界大戦が勃発すると，多数のBタイプ・バスの車台がフランス軍隊に徴集されたために，モーター・バスの発展は一時的に停滞した．

〈「ロンドン交通公団」とグリーン・ライン〉

　第一次世界大戦後から1920年代にかけては，技術面で著しい進歩があった．たとえば乗降をしやすくし，車体を広くしたり，車内全体にわたって座席空間を拡大するために，運転席をエンジンの背後でなく横に並べて取りつけた．そのほか空気タイヤを用いたり，2階席も屋根付きにするなどの改良を加えた．1933年ロンドン旅客交通法が発布され，これによりロンドン旅客交通局（LPTB）が設置されて，ロンドンの中心からおよそ40キロ

の半径内における，すべてのバス，路面電車，トロリー・バスと地下鉄の経営を統合して，公共交通機関の組織が完全に一体化されることになった．この半径内には，ロンドンの既成市街地のみならず，周辺の田園地帯と町も含めて，合計して900万以上の人口と6000台のバスと2000台以上の路面電車が含まれた．

こうしてロンドン交通公団(LT)という名称のもと，ロンドンを走るジェネラル社のバスは，赤と白の2色の車体，屋根は銀色に統一された．またロンドン中心部と周辺の地方都市を結ぶ準急バスは緑色に決まって，「グリーン・ライン」という名がついた．

〈第二次世界大戦とロンドンのバス〉

1939年の大戦の勃発は，当然のことながらロンドン交通公団に重大な影響を及ぼした．空襲による大損害，深刻な人員と資材と車両不足のため，バスの運行は減少し，グリーン・ラインの経営も完全に後退した．それでも，ロンドン交通公団は，大戦の痛手から脱出した．そのころRTとよばれる新型ダブル・デッカーが導入され，RT型バスは航空機産業による技術を取り入れるなどして耐久性と信頼性を一新した．車体の色は赤を主としてクリーム色を多少加えたものとなった．

戦時中は，政府がLPTBを直接に管理し，1948年以後は英国運輸委員会(BTC)の一部として，LPTBは形式上は国営となり，鉄道と道路交通の大半を管理することになった．ロンドン交通公団という名称はバスの胴体には残存していたが，公団の名はロンドン交通管理局(LTE)となった．

新生RTバスの流れが旧式の車両をスクラップに追い込み，サービスも向上した．1950年以後，RTバスはトロリー・バスに代わるべく，3年がかりの路面電車交替計画が再開された．1954年までに7000台の新車が建造された．

〈1950年以後のロンドンのバス事情〉

1950年に石油規制が終わり，自家用車の増加で，バスの乗客の減少が始まった．1959年に最初の「ルート・マスター」というダブルデッカー・バスが登場して，1968年まで続いた．その後エンジンを後部につけた新式の車体が標準化されはじめて，ワンマン・バス形式が可能となり，要員の不足と賃金の上昇を抑えるのに役立った．

次に新しく「レッド・アロー」の運行が導入された．1階建てで主要な鉄道駅と，ロンドン中心部の各所との間に頻繁に運転された．座席よりも立ち席のほうが多く，ロンドンっ子には不人気であった．

ロンドン交通管理局は1963年にロンドン交通局(LTB)となり，以後，中央政府に対して事業報告を行なう責任をもつことになった．また1970年には，大ロンドン議会の管轄下におかれ，新しくロンドン運輸管理局が設置された．

1970年代の問題は，依然として乗客の減少に歯止めをかけることと交通混雑の解消であった．ワンマン制は主としてダブル・デッカーの乗降口を前後に別々にすることによって継続された．バスの車体の色は会社別に色が設定されはしたが，ロンドン中央部を走る乗物の色は赤を主にすることになった．バスのタイプも大いに変わり，小型の25-34人乗りの1階だけのミニバスが導入された．しかし，相変わらず72人乗りのダブル・デッカーの人気は根強い．

Bush House
ブッシュ・ハウス

Aldwych, WC2

現在，BBC海外放送サービスのある建物．ストランドのセント・メアリ・ル・ストランド教会に対面して立っている．この建物を建てたアメリカ人，アーヴィング・T・ブッシュにちなんでこの名前がついた．1919年，ブッシュはアメリカ人の設計による大規模な見本市センターの建設を企画し，1935年にようやく完成した．このブッシュ・ハウスはたいへん豪華で，各ショールームの前面には回廊がめぐらされ，廊下やコンコースは大理石である．ここに製造業者が製品を展示し販売しようとしたが失敗した．

土地の所有権は，のちにウェールズ教会に移り，現在は郵政職員退職年金基金が所有している．1940年以降，BBCがこの建物の大部分を借りていて，ブッシュ・ハウスといえば，BBC海外放送サービスと同義語になっている．地下鉄オールドウィッチ駅に近い．

Bushy Park
ブッシー・パーク　TW11

ハンプトン・コート・パレスの北側にある王室所有の公園．面積は445ヘクタール．かつてはハンプトン・コート・パークとともに聖ヨハネ騎士団員の所有であったものを枢機卿トマス・ウルジーが1514年に入手した．ウルジーがヘンリー八世に追放されると，ハンプトン・コート・パークとともに王の所有となった．王は王家の狩猟場として1538年に囲い込んだ．その後，歴代の王がそれぞれの好みに合わせて，ブッシー・パークを造り変えることに時間と金を費やしたが，大部分は自然の状態を保存している．

この公園の見どころは，道の両側にマロニエの並木が1.6キロも続くチェスナット・アヴェニューである．園内中央を南北に通じるこの道路は，ウィリアム三世の命によってクリストファー・レンが設計したもので，5月11日に最も近い日曜日，「マロニエ日曜日」には花の盛りとあってピクニックと花見の人でにぎわう．道路の南端には狩猟の守護神ダイアナを飾った有名なダイアナ噴水がある（1714年設置）．また，この道路の北端近くにあるブッシー・ハウスはジョージ三世の時代に建てられたもので，フレデリック・ノースが首相時代に，またウィリアム四世がクラレンス公時代に住んでいたが，いまは国立物理学科学研究所（→National Physical Laboratory）の一部となっている．チェスナット・アヴェニューの西側にあるウォーターハウス・ウッドランド・ガーデンは訪れる人の少ない静かな庭園で，4-6月にはツバキ，シャクナゲ，ツツジが美しく咲く．ブッシー・パークにはファロージカ，アカシカがたくさんいるほか，野鳥，時にはキツネ，野ウサギ，リスなどが見られる．鉄道のデディントン駅やハンプトン・ウィック駅から近い．

Butchers' Hall
精肉業者同業組合会館
Bartholomew Close, EC1

精肉業者同業組合会館は，500年にわたるその歴史のなかで何度も移転と破壊が繰り返された．15世紀後半に最初の会館が建設され，のちにセント・バーソロミュー病院近くへ移されたが，1666年の大火で焼失．2番目の会館は，大火の発生地点に近いプディング・レインに建てられたが，これも1820年代に焼けて再建された．そして，1880年代に現在地へ移転し，第一次世界大戦中の1915年と第二次世界大戦中の1944年に爆撃を受けた．現在の会館は1960年に再建されたもので，食堂は128の座席を備えている．
→City Livery Companies

Butler's Wharf
バトラーズ・ワーフ
Shad Thames, SE1

タワー・ブリッジのすぐ下流で南岸のシャド・テムズ通りにあった，かつての倉庫群．完成したのは1873年，プール・オヴ・ロンドンと呼ばれるロンドン港水域で最大規模を誇り，世界各地から紅茶，コーヒー，香料などがここに集まった．閉鎖されたのは1972年，ヴィクトリア朝の盛期を語る歴史的建物群は100年の歴史の幕を閉じた．1980年代に入って，両岸の再開発事業が始まり，かつての面影を多少残すものの，近代的な多数の高層ビルが立ち並ぶ地域へと面目を一新した．とびきりモダンな住宅棟，各種専門店とレストランなどが人気を集める複合商業ビルが誕生した．テレンス・コンランが発案した，いわゆるイギリス新料理「モダン・ブリティッシュ」のレストランもここの人気に一役買っている．デザイン博物館とブラマー紅茶・コーヒー博物館はここにある．テムズ川沿いの建物には，「バトラーズ・ワーフ」の文字が今でもかかげられている．

119

Button's Coffee House
バトンズ・コーヒー店

　1712年ごろ，ジョーゼフ・アディソンが結婚したウォリック伯爵夫人の召使いだったダニエル・バトンによってコヴェント・ガーデンの一角に創設された．アディソンは，ここを根城に『ガーディアン』や『スペクテーター』を編集した．アディソンはバトンズ・コーヒー店ではトーリー党，チャイルズ・コーヒー店（→Child's Coffee House）ではウィッグ党で通したというが，実際はここはウィッグ党の文人仲間が中心であった．トーリー党の文人が集まったのはウィルズ（→Will's Coffee House）である．夏目漱石がこの店について，『文学評論』で，次のように紹介している．「まず入場の時は一ペンスを払うのが通則である．それから室内に入って珈琲を飲めばまた一ペンス取られる．その代わり新聞は随意に縦覧ができる．手紙も珈琲店宛でやりとりができる．頻繁に出入する者はみな自分の席を持っている．アディソンはことにバットンという珈琲店へ行ったとみえて，ここに獅子口の信書箱を備えつけておいて，自分の編集する『ガーディアン』に投書せんとする者は，ここへ投函せよと断ったのでも，いかに珈琲店に人の出入が繁かったかが分る．」この説明で当時のコーヒー店の様子がよくわかる．1751年にバトンズは閉店したが，投書箱の飾りのライオンの頭はその後シェイクスピア・タヴァン，ベドフォード・コーヒー店（→Bedford Coffee House），そしてリチャードソンズ・ホテル，最後はベドフォード公によってウーバンへと，次々とバトンタッチされた．閉店後は，同じ場所にハマムスというトルコ風呂が建った．

C

Cabinet War Rooms
戦時内閣執務室
Clive Steps, King Charles Street, SW1

　キング・チャールズ・ストリートからパーラメント・スクエアにかけて，官庁街の地下に広がる戦時内閣用オフィス．サー・ウィンストン・チャーチルの提言に基づいて，1938年，この一帯の地下を改装し，爆撃に対する補強を施して造られた．第二次世界大戦終了時には，その広さは1.2ヘクタールに及び，528人を収容できる規模になっていた．地下2階には食堂，病院，射撃練習場，宿泊施設として用いられる部屋があった．地下2階では外の光がまったく差し込まないだけでなく天井が低かったので，まっすぐに立つこともできなかった．地下1階は多少とも天井が高かったものの，広さや快適性という点では大差なかった．地下1階には上級職員が寝泊まりし，戦争遂行に欠かせないさまざまな活動が行なわれた．また防音設備を施した閣議室があり，爆撃などの危険を気にせずに閣議を開くことができた．戦時内閣の閣議室は当時のまま保存されている．

　近くには地図室があって，すべての戦線に関する地図情報を内閣および内閣のスタッフに提供した．この地図室が実際に使われたのは，ミュンヘン会談から1945年に至る時期である．チャーチルは首相在任中，ロンドンにいるときは毎日必ずこの地図室を訪れた．地図室はほぼ当時のまま保存されており，壁にかかったままの地図にはいまでも場所を示すピンが刺さったままである．隣には寝室があって，爆撃がひどいときにはチャーチルはそこに泊まることがあった．内装は簡素であるが，チャーチルは戦時中何度か，この寝室から国民に呼びかける放送を行なった．また小さな控えの間にはワシントンに通ずる直通電話が引かれており，首相はアメリカ大統領と直接話すことができた．地下鉄ウェストミンスター駅に近い．

Cable Street
ケイブル・ストリート　E1

　ロンドン塔東方の大通り．この付近でロープや鉄索(ケーブル)が製造されていたことにちなんで名づけられた．建設されたのは18世紀後半のことで，もとは200メートル足らずの通りであったが，現在はロイヤル・ミント・ストリートから東端のブッチャー・ロウまでがこの名で呼ばれている．

　この通りが知られるようになったのは，1936年10月5日に，ここで行なわれた「戦い」のためである．この日，オズワルド・モーズリーに率いられた「イギリス・ファシスト運動」の党員が，この通りを経由してイースト・エンドをデモ行進することになっていた．これに対して左翼諸政党と住民がバリケードを築いて阻止しようとした．バリケードを取り除こうとする警官隊と住民のあいだに小競り合いが起こり，独立労働党書記長フェナー・ブロックウェイが，もしデモ行進が実施されれば大規模な衝突に発展すると内務省に警告した結

果，デモ行進の中止が命じられた．中央部に地下鉄シャドウェル駅がある．

Cabs
→Taxis

Cadogan Gardens
カドガン・ガーデンズ　SW3

　地下鉄スローン・スクエア駅前の広場スローン・スクエアの近くに1890年代に開発された住宅地．キングズ・ロード側と交わる25番地には，画家ジェイムズ・ホイッスラーの友人モーティマ・メンペスの19世紀末に建てられた住居があった．内部は綿密な仕上げの日本式で，彫刻を施した羽目板は日本でつくられたもの．この家はいまは百貨店ピーター・ジョーンズの一部になっている．

Cadogan Place
カドガン・プレイス　SW1

　ハイド・パークの南方，スローン・ストリート沿いの町並み．私有庭園を取り囲んで，ジョージ王朝からヴィクトリア朝にかけて作られた建築物が立っている．チャールズ・ディケンズの小説『ニコラス・ニックルビー』によれば，この町並みこそ「貴族的に舗装されたベルグレイヴ・スクエアと野蛮なチェルシーを結ぶ輪」であった．

　多くの著名人がかつてここに住んだが，そのなかには，クラレンス公爵の愛人であったジョーダン夫人や奴隷貿易廃止運動で有名なウィリアム・ウィルバーフォースも含まれている．また，歴史家として有名なトマス・バビントン・マコーレーも，19世紀のはじめごろ父親とともにここに住んだ．現在この広場の北側にカールトン・ハイアット・タワー・ホテルがある．地下鉄スローン・スクエア駅に近い．

Cadogan Square
カドガン・スクエア　SW1

　地下鉄スローン・スクエアから北に延びるスローン・ストリートの西側にあり，北側のポント・ストリート(→Pont Street)や西側のレノックス・ガーデンズとともに，19世紀後半に開発された地区のひとつ．18世紀初めに地主となった第二代カドガン男爵にちなんで名がつけられた．1870年代に建てられた赤煉瓦の建物が，いまも当時をしのばせている．スクエアの75番地に，『老妻物語』で知られる小説家アーノルド・ベネットが晩年を過ごした家がある．

Café Royal
カフェ・ロイヤル
Regent Street, W1

　1865年にフランスのワイン商がグラスハウス・ストリートに開いたレストラン．1870年にリージェント・ストリートにも店舗を構えた．地下にはワイン・セラーとビリアード・ルームがあり，1階はカフェで，ランチョン・ルームとグリル・ルームがあった．ドミノの部屋もあって，著名な芸術家や文人の会合所となった．ビアズリー，オスカー・ワイルド，マックス・ビアボーム，それにアメリカの画家ホイッスラーなどが常連であった．20世紀初頭にはのちのエドワード八世や，ジョージ六世もひいきにした．1930年代に建てなおされ，作家のサー・コンプトン・マッケンジー，J.B. プリーストリー，T.S. エリオットなども常連となった．ドミノ・ルームの跡に造られたグリル・ルームが昔のカフェの面影を残している．大小20の個室があり，宴会・会議・オークションなどに利用されている．

Caledonian Market
カレドニアン・マーケット

　この名称の食肉市場は，新旧2種類ある．ここでは古いほうから記述する．
① Copenhagen Fields, N1

　旧市場は，従来のスミスフィールド・マーケット(→Smithfield Market)が1855年に閉鎖され，1868年，新しくロンドン中央食肉市場として再出発したのにともない，その代替の家畜市場として，イズリントンのコペンハーゲン・フィールズに開設されたもの．家畜は1.6キロ四方の敷地内で月曜日と木曜日に取引き

されたが，金曜日には空いた囲いの中で骨董品の市が立つようになった．20世紀初頭，家畜市場が衰退したのに比べ，アンティークへの関心が高まり，1924年には火曜日にも市が開かれた．この市場はカレドニアン・ロードに隣接していたことからカレドニアン・マーケットと呼ばれた．商品の中にはしばしば盗品がまじるなどガラクタ類が多かったが，晴天の日には1万人を超える人でにぎわった．一時近くに住んだカムデン・タウン・グループ（→ Camden Town Group）のリーダーで画家のウォルター・シッカートはここを「天国」と呼んだ．しかし，この「天国」も1939年に惜しまれながら閉鎖された．

② Bermondsey Street, SE1

新しいほうの市場は，空襲で焼跡となったバーモンジー・スクエアに1945年5月に開設されたもの．かつてのマーケットと同じように骨董市だが，イズリントンとのつながりは薄く，その性格も変わった．ロンドン下町特有のなまりであるコックニー・アクセント（→ Cockney）もかつてのように聞かれなくなったし，客層はもっぱら中産階級の人々に変わった．扱われる品物も質的に高く，高い値段で取引きされている．午前7時から9時までは卸売り業者間の取引きが行なわれ，以後は業者が交替して掘出し物をあてこんだ一般客相手の商売が始まる．はなやかで上品な市として多くの人々に親しまれている．地下鉄ロンドン・ブリッジ駅に近い．
→Street Markets

Caledonian Road
カレドニアン・ロード　N1

キングズ・クロスから北へホロウェイ・ロードにつながる大通り．1826年，バトル・ブリッジ・アンド・ホロウェイ・ロード会社によって，私道として建設された．はじめは道路の土質から「チョーク・ロード」と呼ばれていた．この通りはグレイズ・イン・レインからまっすぐ北方に向かい，ソーンヒルを通って，リージェンツ・カナルを渡っている．沿道にスコットランド人子弟のために，1819年に開設された孤児院「カレドニアン・アサイラム」があり，この建物にちなんでカレドニアン・ロードの名がついた．この孤児院は1903年にハートフォードシャー州に移転し，古い建物は取り壊された．

1832年に最初の住宅ソーンヒル・テラスが建てられ，1840年代になると，さらに多くの住宅が作られた．1837年，慈善家ピーター・ヘンリー・ジョーゼフ・バウムは，カレドニアン・ロードの西，現在のブルーワリー・ロードと鉄道線路の間に，ユートピア思想家ロバート・オーウェンにならって，フレンチ・コロニーと呼ばれる実験的共同住宅地を造った．しかし街灯もなく舗装もされていなかったので建物はたちまちスラム化し，「そこに住んでいるのは一番貧しい人々で，…ロンドンの郊外というよりはカナダの荒野にある居住地のようだ」と評されるありさまであった．

1860年代にいくつかの道路が建設された以外あまり変化のなかったこの道路も，1970年代に大きく光景を変えた．かつての孤児院のすぐ南に，隔離方式のモデル刑務所ペントンヴィル監獄（→Pentonville Prison）が建設されたのである．この通りの中央部に地下鉄カレドニアン・ロード駅がある．

Camberwell
カンバーウェル　SE5

サザック地区南部．地名は身体の不自由な者に効験のある霊泉に由来するという．18世紀末まではのどかな田園が広がり，とくに果樹や花卉の産地として知られていた．19世紀前半になるとロンドンの人口増にともなって市街化が進むが，表通りはともかく，家屋の裏には手つかずの牧草地が広く残されていた．後期ジョージ朝様式の住宅が立ち並んでいる緑の多いカンバーウェル・グラブは伝統的建築物保存地域に指定されている．この一角で政治家ジョーゼフ・チェンバレンが生まれた．詩人のロバート・ブラウニングもこの近くの通りの生まれである．

これほど古いものではないが，地域のあちこちにはどっしりしたオークの内装のアー

ト・アンド・クラフト様式の住宅や，ステンドグラスの美しいアール・ヌーヴォー様式の住宅が点在する．しかし大部分の市街地はヴィクトリア朝の平凡で単調なテラス・ハウスか，1860, 70年代に建てられた公営住宅に占められていて，一見，荒廃した雰囲気もただよっている．こうした現象はインナー・シティ全般に認められるが，都心を取り囲む環状の貧困層居住地帯は1世紀前にすでに存在していた．住戸単位に世帯の収入を示したチャールズ・ブースの有名な『ロンドン貧困地図』によると，19世紀後半には表通りに豊かな人々，裏通りに貧しい人々というように棲み分けが進んでいる状況が克明に記録されている．

地域の中心に位置するカンバーウェル・グリーンは古いヴィレッジ・グリーンの名残であるが，1842年にここを訪れたメンデルスゾーンは《春の歌》を作曲した．この曲のもとの題は《カンバーウェル・グリーン》であった．中心部にラフバラ・ジャンクション鉄道駅がある．

Camberwell College of Arts
カンバーウェル美術学校
Peckham Road, SE5

チェルシー美術デザイン学校，セントラル・セント・マーティン美術デザイン学校，ロンドン・ファッション・コレッジ，ロンドン印刷・解版工コレッジとともに独立した高等教育機関であるロンドン・インスティテュート(本部はオックスフォード・ストリート)を構成するコレッジのひとつ．

職人の技能を補完するデザイン教育のためのテクニカル・スクールとして，1896年に開校したカンバーウェル美術工芸学校がその前身．1908年以降，美術とデザインの教育に重点を移して現在に至る．M.B. アダムズの設計により，サウス・ロンドン・アート・ギャラリーに隣接して建てられた校舎はレイトン卿を記念するもので，ロンドンに数多くの慈善施設を建てた慈善家としても著名な編集者J.P. エドワーズがその建設費を負担した．

Cambridge Circus
ケンブリッジ・サーカス　WC2

チェアリング・クロス・ロードとシャフツベリー・アヴェニューの交差点．1887年にチェアリング・クロス・ロードの開通式を行なったケンブリッジ公爵にちなんで，この名がついた．ミュージカル《サウンド・オヴ・ミュージック》，《ジーザス・クライスト・スーパー・スター》などの上演で有名なパレス劇場(→Palace Theatre)が1891年，オペラ劇場としてここに建設された．地下鉄レスター・スクエア駅に近い．

Cambridge Heath Road
ケンブリッジ・ヒース・ロード　E1, E2

ロンドン東郊ベスナル・グリーンにある大通り．通りの北の端にかつて荒地(ヒース)があったことから，この名がついた．この通りの南の端はかつてドッグ・ロウと呼ばれていたが，それはロンドン塔に住んでいた国王たちが，ロンドン北東のエッピングの森で狩りをするための猟犬を散歩させたことにちなむものである．

この通りには，1872年開館のベスナル・グリーン児童博物館(→Bethnal Green Museum of Childhood)，ベスナル公共図書館などがある．図書館は，もともとは1896年に建設されたベスナル養老院の建物の一部を転用したものである．通りの中央部に地下鉄ベスナル・グリーン駅がある．

Cambridge Theatre
ケンブリッジ劇場
Earlham Street, WC2

7本の道路が交差する，通称セブン・ダイアルズ(→Seven Dials)の角にあるこの劇場は，1930年に建築された6つの劇場のうち2番目に当たる．

モダンな外観と凝った内装を誇り，3層からなる1283人収容の観客席がある．ウェスト・エンド(West End)では5番目に大きい劇場で，プロセニアムの間口も舞台奥行もともに9メートルという広さを活かしたオペラやバレエの公演が多いのが特徴である．

カナダ人女優ベアトリス・リリーの出た《シャーロットの仮面舞踏会》で柿落しのあと，フランスの劇団の来演が高い評価を呼んだ．G.C.メノッティのオペラ《領事》(1951)もイギリス初演がここで行なわれた．良質な正劇に関しても，たとえば1965年の，イングリッド・バーグマンとマイケル・レッドグレーヴが共演したツルゲーネフの《田舎の1月》はいまも語り草だ．1970年にはナショナル・シアター・カンパニーが来演，マギー・スミスが主役を演じたイングマール・ベルイマン演出の《ヘッダ・ガブラー》やローレンス・オリヴィエがシャイロックを演じたジョナサン・ミラー演出の《ヴェニスの商人》が名高い．1987年にはデザイナー，カール・トムズによって劇場の修復がなされた．

Camden Lock
カムデン・ロック
Chalk Farm Road, NW1

地下鉄カムデン・タウン駅とリージェンツ・カナルにまたがる区域で週末ににぎやかに開かれる露店市．比較的新しく，工芸品の市が立つようになったのは1974年のこと．それまでこの地区には古い倉庫が立ち並び，材木置場となっていた．1973年，陶芸や彫刻その他の芸術専攻の学生たちが集まって倉庫を改修，仕事場にした．彼らはさまざまな工芸品を作るとともにそれらを売りに出したのを契機に市が開かれた．最初は土曜日だけだったが，日曜日にも開かれるようになり，活況を呈するようになった．

市場は1か所にとどまらず，アンティーク用，衣類や家具用などの市が次々とオープンし，国際色豊かな商品がさまざまな国の出身者によって扱われ，多くの若者や旅行者を引きつけている．近くには小さなレストランやカフェが並び，リージェンツ・カナルではクルージング用のボートが航行し，休日を楽しむ人々で週末はごったがえしている．地下鉄カムデン・タウン駅が近い．

→Street Markets

Camden Town
カムデン・タウン　NW1

リージェンツ・パークの北に位置し，旧セント・パンクラス自治区の一地域．現在のロイヤル・コレッジ・ストリートの北の端の地区は，中世のころから森林や草地が広がり，小川が流れる牧歌的な雰囲気を漂わせていた．その中心はキャンテローズ荘園であった．この荘園の館は18世紀初頭には取り壊されたが，土地はブレックノック小修道院のジョン・ジェフリーズの所有地になった．遺産相続人の彼の孫娘は1749年サー・チャールズ・プラット，のちの第一代カムデン伯爵と結婚．これがカムデンの名の由来となった．

19世紀初頭までは田園の面影が濃く，その静寂さと新鮮な空気を求める人々にとってリゾート地の役割を果たした．しかし，1830年代から40年代にかけて到来した鉄道敷設ブームはこの地域の様相を一変させた．1838年に完成したロンドン―バーミンガム鉄道やロンドン―ミッドランド鉄道の操車場建設のために広大な土地が開発された．幼少時ケント州のチャタムから上京し，一時家族とともにこの地区のベイアム・ストリート（→Bayham Street）16番地に住んだことのあるチャールズ・ディケンズは，この地域がもはやのどかな田園地帯ではなくなったことを，その作品『ドンビー父子』の中で鉄道敷設の状況を通して活写した．

この地に，小規模の産業が発達したのは19世紀後半になってからで，楽器や望遠鏡などの精密機械，その他衣料品などの生産に従事する人々が住むようになり，人口も増加した．とくにアイルランドやギリシアのキプロスからの移住者たちは，この地域でドレス・メーカー，仕立屋，パン屋，靴屋，製菓業などを営んだ．

20世紀に入ると，この地域には新たな様式を求めた芸術家や美術工芸家が集まった．ウォルター・シッカートが率いる画家集団，カムデン・タウン・グループ（→Camden Town Group）は1905年からフィッツロイ・ストリートにアトリエをもち，1913年に解散するまで，

肖像画，風景画，それにヌードなどに独自の画風を発揮した．カムデン・タウンが，カムデン・ロックに代表される若者の街として一躍有名になるのは1973年以降である．リージェンツ・カナルのそばに立ち並んでいた倉庫群が改築され，工芸家やさまざまな芸術家たちの仕事場となった．それらの仕事場で作られた工芸品が近くの空地で売られるようになって露店市が開かれたのが1974年3月．以後カムデン・ハイ・ストリートからチョーク・ファーム（→Chalk Farm）にかけていくつかの市が誕生．近くに軒を並べる手軽なカフェ，レストラン，さらには劇場，そしてリージェンツ・カナルの遊覧など多くの若者や旅行者を引きつけている．

Camden Town Group
カムデン・タウン・グループ

1910年代はじめのイギリス絵画の一様式を指すとともに，その様式で制作した画家のグループの名称でもある．どちらの場合であれ，中心人物はウォルター・シッカートである．1905年シッカートはフランスから帰国後，フィッツロイ・ストリートに工房を開いた．工房には次第に少数ではあるが熱心な若い信奉者が集まるようになった．なんらかの運動や流派を意図したわけではなかったが，シッカートとその仲間は，フィッツロイ・グループの名で知られるようになった．のちのカムデン・タウン・グループである．グループがよく取り上げた題材は，ロンドン北部の地味な日常風景，気どらない肖像画などであった．

彼らは，当時の新しい美術動向を先導していたニュー・イングリッシュ・アート・クラブにさえ不満を示して，1911年カムデン・タウン・グループを結成した．最初のメンバーは16人からなり，シッカートのほか，オーガスタス・ジョン，スペンサー・ゴア，ルシアン・ピサロなどがいた．グループはゴーギャン，ゴッホの影響をうけたシッカートを中心にイギリス印象派を自負して，前後4回展覧会を開いたが，1913年に解散して，ウィンダム・ルイスの率いる画派に合流し，ロンドン・グループ（→London Group）を結成した．

Campden Hill Road
カムデン・ヒル・ロード　W8

ケンジントン・ガーデンズ西側の道路名．1612年建設のカムデン・ハウス（→Campden House）にちなんでこの名がついた．付近がまだ広々とした野原だった17世紀に，この一帯にあいついでカントリー・ハウスが建築されたが，なかでも有名だったのがホランド・ハウス（→Holland House），カムデン・ハウス，オーブリー・ハウス（→Aubrey House）の3つである．

カムデン・ヒル・ロードは1860年代の建設で大邸宅が並ぶ住宅地であった．80番地のサウス・ロッジはラファエル前派につながるヴァイオレット・ハントとフォード・マドックス・フォードがサロンを主宰した家．H.G.ウェルズ，アーノルド・ベネット，ジョーゼフ・コンラッド，ヘンリー・ジェイムズらが集まった．82番地には19世紀末から20世紀初めまでの数年ジョン・ゴールズワージーが住んだ．

道路の北端に近いカムデン・ヒルは1817年に，フィリモア・エステートに立つ7戸の住宅への取り付け道路として設けられた．現在残るのはソープ・ロッジだけであるが，多くの有名人がこれらの家に住んでいた．歴史家のトマス・バビントン・マコーレーは，1856年から死ぬまでホリー・ロッジに住んでいた．フィリモア・エステートには現在，クイーン・エリザベス・コレッジの建物が立っている．南端には地下鉄ハイ・ストリート・ケンジントン駅がある．

Campden House
カムデン・ハウス

1612年，サー・バプティスト・ヒックスによってケンジントン地区に建てられた荘園．1628年，ヒックスがカムデン子爵に叙せられたことにともなって，この名がついた．以前からそこに立っていた建物を，改修，拡張したものらしい．1660年，王政復古のあと，チャールズ二世は2週間ほどここに滞在した．アン

女王は、まだ王女であった1691年から96年にかけて、息子のグロスター公爵とともにここに住んだ。18世紀の初頭には、バーリントン伯爵夫人もここに住んだ。建物はその後改装されて、良家の子女を教育する学校などに転用されたが、1862年、火災のために焼け落ちた。現在、跡地は公園になっている。

Canals
運河

ロンドンの運河は、すべて直接あるいは間接に、テムズ川と接続している。グランド・ユニオン・カナル（→Grand Union Canal）は、ロンドン橋から上流へ21.5キロのブレントフォードを起点とし、テムズ川と中部イングランドの水路網とを結ぶ幹線水路である。

次に、ロンドン橋から逆に3キロほど下流のライムハウスから、ロンドンの北部市街地域を経由してパディントンに至る、有名なリージェンツ・カナル（→Regent's Canal）がある。これはさらにパディントンで、パディントン・アームというグランド・ユニオン・カナルの支線と接続し、それを経由すれば、ヒースロー空港の北東にあたるサウソール地区にあるブルズ・ブリッジ・ジャンクションで、上述のグランド・ユニオン・カナルの幹線水路と合流する。リージェンツ・カナルとパディントン・アームとを合わせて33.5キロ、北海に河口をもつテムズ川の下流から直接中部イングランドに到達できる水路を形成する。

また、ロンドン市街のさらに北東のはずれでテムズ川に注ぐ支流リー川（→Lea）には、2本の短い運河が接続している。ハートフォード・ユニオン・カナルは、ライムハウス・ベイスンから北進するリージェンツ・カナルとは、ヴィクトリア・パークの南端で接続し、同公園の南端沿いに北東方向へ2.8キロ進み、ハートフォード・ユニオン・ジャンクションでリー川と結ばれる。もう1本は、同じくライムハウス・ベイスンを起点とするが、リージェンツ・カナルとは別ルートをなして北東に向かう、ライムハウス・カットである。こちらは2キロ半ほどで、リー川に接続する。

リー川は古代ローマ時代から水運に利用されていたといわれるが、その後各所で拡幅やバイパス工事が行なわれ、それらはリー・ナヴィゲーションと総称されている。

ロンドンにあるこれらの運河は、18世紀末から19世紀にかけて盛んに造成や改良工事が行なわれたもので、一時は、積荷や乗客の輸送用あるいは遊覧用などに利用され、大いに活況を呈したこともあった。しかし、今日では、陸上輸送の勢いに押され、昔日の面影をとどめていない。バトルブリッジ・ベイスンのそばの旧貯氷庫を利用して、ロンドン運河博物館が設置されている。

Canary Wharf
カナリー・ワーフ　E14

1981年に、ロンドン・ドックランズ開発公団（LDDC）が発足し、20世紀末までに、ロンドンにあるドック群の再開発を計画した。カナリー・ワーフもその一環として開発された地域である。

このプロジェクトにより、アイル・オヴ・ドッグズ（→Isle of Dogs）の付け根部分に広がっている、ウェスト・インディア・ドックスの輸出用と輸入用の2つのドックにはさまれた約30ヘクタールの土地に、24棟のビルが建築された。そのなかで最も論議を呼んだのは、240メートルというイギリス一の高さを誇るカナリー・ワーフ・タワーだった。チャールズ皇太子は「市民の価値観を犠牲にした商業的日和見主義の勝利である。…ドックランズが首都の再建に対してほとんど貢献していない現れだ」と酷評した。このビルには、商店、レストラン、コンサート・ホールのほか、ドックランズ軽便鉄道（→Docklands Light Railway）のカナリー・ワーフ駅も入っている。

Canning Town
キャニング・タウン　E16

ロンドン市東郊のテムズ川北岸の地域で、リー川に沿い、南はロイヤル・ヴィクトリア・ドックに面している。1850年ころから、ロイヤル・ヴィクトリア・ドックの労働者用住宅、

工場，石炭用波止場などの用地として開発された．地域名は，おそらくインド総督を務めたキャニング卿ことチャールズ・キャニングに由来するものであろう．

ここにあったロイヤル・ヴィクトリア・ドック以外の重要施設としては，テムズ製鉄・造船会社があり，1846年に創設，1912年に閉鎖されるまで，イギリスや諸外国のために多数の海軍艦艇を建造した．このあたりは，第二次世界大戦の爆撃で手ひどい損害を受けたが，のちに住宅地として再開発された．鉄道駅キャニング・タウンとドックランズ軽便鉄道駅ロイヤル・ヴィクトリアがある．

Cannon Street
キャノン・ストリート　EC4

地下鉄モニュメント駅前を東西に走る通り．

12, 13世紀，この通りは「キャンドルウィック・ストリート」(蠟燭の芯の街)，「蠟燭の明かり通り」などと呼ばれ，蠟燭作りの職人や蠟燭の芯の小売商人が多く住んでいたが，今日その名残りはなく，近代的なオフィス・ビルが立ち並んでいる．1850年代にこの通りはセント・ポールズ・チャーチ・ヤードと連結した．

第二次世界大戦でこの通りは大きな被害を受け，とくに西の端は被害甚大であった．セント・オーガスティン教会は塔だけが焼け残り，その塔は現在セント・ポール大聖堂の聖歌隊付属学校への入口となっている．革靴職人同業組合が18世紀に建てた集会場(1483年以来4番目のもの)も焼失した．キャノン・ストリート駅の向かいにあったセント・スウィジン教会は1677年に建築家クリストファー・レンによって建てられ，稀にみる壮麗なつくりであったが，1941年の爆撃で破壊された．しかしこの教会の壁にはめ込まれていたロンドン・ストーン(→London Stone)は無事で，今はキャノン・ストリート111番地のバンク・オヴ・チャイナの壁のくぼみに置かれている．この石は石灰岩の破片で，風雪に耐えて頭部が丸く，そこに2筋の溝がついているほかは何の

――[ロンドン・ア・ラ・カルト]――

公衆便所

童話でもおなじみのロンドンの名市長，ディック・ウィッティントン(1358?-1423)はロンドン市民に多くの遺産を残したが，その一つが公衆便所で，それは今の地下鉄キャノン・ストリート駅に近いテムズ河畔のダウゲイトにあった．男女別に1列ずつ並んでいて，それぞれに64個の便座があった．当時その上は私設の救貧院であったが，現在は全体が市の清掃局の建物に生まれ変わっている．

19世紀中ごろに公衆衛生設備が改良されるまでは，人々の排泄物は直接フリート川などの河川に流された．そのため川の水は汚れ，そのような川が流れ込むテムズ川も汚染された．街頭で用を足す人のために，バケツを持ち歩き，使用料を取って商売をする男もいた．彼らは，公衆の目から使用者を隠すためのダブダブのケープをまとっていた．

女王エリザベス一世は，1596年にサー・ジョン・ハリントンの発明した水洗便所をリッチモンド宮殿に設置したが，そのような衛生設備は，200年後にS字管が出現するまでは，個人の家にさえ普及しなかった．新しい衛生設備が，初めて公的に採用されたのは，1851年に万国博覧会が開かれたときであった．

その後の数十年の間に，1855年に王立取引所の外に作られたのをはじめとして，数多くの公衆便所が設置された．地域住民の反対もあって，多くは地下に設置された．とりすましたヴィクトリア朝の人々は，婦人用便所の設置にはとくに抵抗が強かった．そのために

印もない．古代ローマ軍のロンドン占領時の里程標の起点を示す石ではないかと見なされ，さらには同占領時初期のローマ人の墓碑ともいわれている．

69番地には1881年にロンドン商工会議所（→London Chamber of Commerce and Industry）が創建されたが，現在の建物は1938年から58年にかけてガントンの設計・施工によるものである．

Cannon Street Station
キャノン・ストリート駅
Upper Thames Street, EC4

チェアリング・クロス駅から出発するサウス・イースタン鉄道が，シティの便利をはかって1866年に開業した．かつてはチェアリング・クロス駅発着の列車のうちかなりの数の列車が，この駅に寄り，逆行してまたテムズ川の橋を渡って本線に戻ることにしていた．それだけ駅の利用客が多かったことを示している．しかし地下鉄（→Underground Railways）その他の便がよくなるにつれて，利用客が減ってきたので，この駅に立ち寄って時間を無駄にする列車はなくなり，現在では，この駅を始発・終着するわずかな数の列車だけが利用するようになった．

開業時には堂々たる駅ビルが建ち，ここも上層階はホテルとなっていたが，第二次世界大戦中の空襲で完全に破壊されて，いまは見る影もなくなった．
→Stations

Canonbury
キャノンベリー　N1

ロンドン北部イズリントン地区の地名．1253年，ここの土地がセント・バーソロミュー小修道院の修道士団（キャノン）に寄進されたことからこの名がついた．のちにノーサンプトン侯爵の所領，キャノンベリー荘園となったが，侯爵一族がここに住まなくなった17世紀半ば以降，18世紀終わりごろまで住民はほんの少ししかいなかった．

1911年までは婦人用公衆便所は作られなかった．地下に設置された便所には人工照明が必要となり，最初はガスを用いたが，最終的にはすべて電気を使うようになった．ヴィクトリア朝の公共事業の発展のなかで，堅固で耐久力のある資材，鋳鉄やスレートや厚い磁器で造られた新式の公衆便所が出現したのである．公共輸送機関の発達に伴い，公衆便所を設置する駅の数もふえてきた．ヴィクトリア朝に建設された主要な鉄道駅は地下鉄側と共同で使える広いスペースのトイレを合併設置するなどして，100年以上も清潔なサービスを提供してきた．

公衆便所の使用料は最初のうち，小部屋を使う場合のみ1ペニーが必要だった．1950年代に初期のフェミニスト運動が効を奏して，婦人用トイレットの使用もしばらくの間は無料となった．しかしヴィクトリア朝以来の慣習も大きな変化を求められるときがきた．公衆便所の経費は常に地方自治体の重荷となっていたので，1960年代以後の金づまりの状況下において，自治区の議会は急進派も保守派も，経費を削減するため多くの旧式トイレを閉鎖したり，使用料を上げたりした．それと平行して鉄道駅のトイレもほとんどが有料制を取り入れるようになった．最近の駅のトイレには硬貨を投入するターンスタイル（棒が回転して一人ずつ通る方式）が設けられるようになった．また，地上にも小さな有料トイレが出現，なかには使用後の個室を自動的に洗浄するものもある．当局としては，清掃が簡単だし，空間の広いトイレとは違って，好ましからぬ使用者たち（器具を破壊したり，卑俗な落書きをしたり，性的行為や麻薬の使用などをする連中）の排除にもつながるという点に目をつけたのである．

かくして，ロンドン名物となっていた巨大な地下トイレの時代は終わろうとしている．

キャノンベリー・タワー

　1770年，株式仲買人ジョン・ドーズがキャノンベリー荘園の敷地と建物を借りて，キャノンベリー・ハウスなど4軒の屋敷を建てたのが住宅地としてのはじまりである．1800年ごろには，ヘンリー・レルーが地所を借りて，現在のキャノンベリー・スクエアの北西側部分と，コンプトン・テラスを建設した．1820年代になると，美しい別荘風の家や大邸宅が増え，あたりの緑深い木立ちとそばを流れるニュー・リヴァーの水路のために，美しい郊外住宅地となった．1840年代から50年代にかけて，ノーサンプトン侯爵は，かつてのキャノンベリー・フィールドの上に，キャノンベリー・パーク・ノースとキャノンベリー・パーク・サウスの2本の道路を建設し，宅地として開発した．

　20世紀初頭，住宅地としての格は多少下がったが，その雰囲気が変わることはなかった．作家，画家，出版者などが，数多くここに居を定めている．1928年にはイーヴリン・ウォーが，1945年にはジョージ・オーウェルが，キャノンベリー・スクエアに住んだ．1950年代には，ブルームズベリー・グループ（→Bloomsbury Group）のダンカン・グラントとヴァネッサ・ベルや建築家のサー・バジル・スペンスがここに住んでいた．1970年代になると，19世紀に造られた道路を一部取り壊して，新しい団地マーケス・エステートが誕生した．付近には，歴史的建造物キャノンベリー・タワー（→Canonbury Tower）がある．鉄道キャノンベリー駅とエセックス・ロード駅にはさまれた地域である．

Canonbury Tower
キャノンベリー・タワー
Canonbury Place, N1

　イズリントン地区で最も著名な歴史的建造物．建物の起源自体は非常に古く，ローマ支配以前にまでさかのぼるといわれている．塔と建物の大部分を建設したのは，最後のセント・バーソロミュー小修道院長ウィリアム・ボールトンである．1539年，同小修道院が解散すると，この土地はヘンリー八世の側近トマス・

クロムウェルの手にわたったが、クロムウェルの処刑後、再び王領となった．その後何人かの手を経て、のちにロンドン市長となるジョン・スペンサーが購入した．

スペンサーは、建物を改修し、とくに塔を美しくした．ところが1599年、スペンサーの娘はこの塔からつり籠に身を潜めて脱出し、無一文のコンプトン卿とかけおちしてしまった．スペンサーは娘の相続権を剥奪したが、ふたりとその子供の窮状を見かねたエリザベス女王によって和解させられた．スペンサーは子供を正式に孫であると認知し、土地と塔はコンプトン卿の手にわたった．

1618年、コンプトン卿は、塔を含むキャノンベリー・ハウス全体を経験論哲学者として著名なフランシス・ベーコンに貸した．その後この館は貸し屋敷となり、オリヴァー・ゴールドスミスやワシントン・アーヴィングなどが、一時ここに居住していたことがある．塔にある部屋の一部にはエリザベス朝の壁板が用いられており、天井もその時代のものである．

塔は修復され、1952年以降、演劇興行主タヴィストック・レパートリー社に貸し出されており、隣のタワー劇場で公演が行なわれている．また塔の正面には18世紀にまでさかのぼるキャノンベリー・タヴァンがあり、地域の社交場として有名である．鉄道・地下鉄ハイベリー・アンド・イズリントン駅に近い．

Canon Row

キャノン・ロウ　SW1

ウェストミンスター地区のウェストミンスター橋にさしかかる通りブリッジ・ストリートから北に延びているせまい小路をいう．キャノン・ロウの名前はセント・スティーヴンズ・チャペルのカトリックの教典カノンにちなんでつけられた．このチャペルは中世には王室の礼拝堂で、王族たちが礼拝に来たとき、このキャノン・ロウに宿泊所を構えた．のちに貴族たちがキャノン・ロウに邸宅を建て、マンチェスター伯爵のモンタギュ家はこの地に邸を構えたが、のちに借家にした．それはマンチェスター・ビルディングズとして知られ、その一角に、3世紀ごろのアイルランドの伝説的英雄オシアンの詩を英訳した前ロマン派詩人ジェイムズ・マクファーソンも住んでいた．またこのビルには、1830年代のアイルランド民族運動家ダニエル・オコンネルの支援者たちが入居した．

1643年12月8日、下院議員のジョン・ピムはここで死んだ．ピムはアメリカのコネティカットなどの入植に従事したが、第一代バッキンガム公爵やストラットフォード伯爵弾劾に成功したために、チャールズ一世に忌み嫌われた．逮捕されそうになるところをからくもまぬかれ、翌年死去した．「遺体はシラミに食われている」という噂がたち、「そんなことはない」ということを証明するために遺族らによってピムの遺体は正装安置されて一般公開された．また『ピープスの日記』で知られる、のちの海軍大臣サミュエル・ピープスが常連であった酒場レニッシュ・ワイン・ハウス（Rhenish Wine House）もこの通りにあった．

Canons Park

キャノンズ・パーク

Whitchurch Lane, Edgware, HA8

エッジウェア・ロード（→Edgware Road）沿いに北へ約15キロ行ったところで、同名の地下鉄駅のある地所．スタンモア荘園の一部で、これが14世紀にアウグスティノ修道会に下賜されて以来、この地所をキャノンズと呼んだ．

1604年に地所はサー・トマス・レイクに買い上げられ、領主館が建てられた．18世紀はじめにメアリ・レイクが跡を継いでチャンドス公爵と結婚したころはまだ閑散として領主館と教会くらいしか立っていなかった．チャンドス公は約600ヘクタールにのぼるリトル・スタンモア荘園を有し、キャノンズはそのうちのわずか200ヘクタールにすぎなかった．キャノンズはパークとして整備され、ここにおける社交生活は当時の流行をリードする華々しさだった．作曲家ジョージ・フレデリック・ヘンデルが雇われて2年以上にわたって滞在したのもここだった．巨富を派手に投資した領主

が1744年に亡くなると，二代目の領主は借金支払いのため邸宅を競売に付した．いまではエッジウェア・ロードへの通路のみが残っている．その後，邸宅跡にはつつましいジョージ朝風の家が建った．しかし，幸いパークは残ったので，リトル・スタンモアは比較的開発の波にさらされず，したがってエッジウェア・ロードの北上に際しては，徐々にキャノンズの領地を売却してもらって道路建設が可能となった．

地下鉄駅キャノンズ・パークができる1919年までには宅地開発が進み，またゴルダーズ・グリーン駅から地下鉄がさらに北に延びるとキャノンズ・ドライヴ沿いにも住宅が広がった．やがて隣接するエッジウェアの人口の増大にともなって住宅の需要が増し，それにつれて，パーク内にも1戸建，あるいは2戸つづきの高級住宅が現われはじめるようになった．1929年にノース・ロンドン・コレジエイト・スクールが上述のジョージ朝風の家と地所の一部を買い取り，1934年にはリトル・スタンモアがハロー市街化区域の一部となって，キャノンズの大部分はここに組み込まれた．

Capel Court
ケイペル・コート

イングランド銀行の東隣りバーソロミュー・レインを東に折れた路地で，16世紀ここに邸宅を構えたケイペル家にちなんで名づけられた．初代のサー・ウィリアム・ケイペルは1503年ロンドン市長となった人である．この通りは証券取引所に通じる表入口で，株式取引での成功や失敗をめぐって逸話の豊富なところである．1973年に新しく建った現在の取引所がバーソロミュー・レインにまで張り出して，ケイペル・コートは姿を消した．

Carey Street
ケアリー・ストリート　WC2

王立裁判所の北側の道路．名前の由来はチャールズ一世の時代の地主ニコラス・ケアリーにちなむ．場所柄，法曹界の著名人物にゆかりの深いところである．18世紀，民事高等裁判所判事を務め，現代に至るまでイギリス法の権威とされている『イギリス法註解』の著作があるサー・ウィリアム・ブラックストーン，18世紀末から19世紀はじめに検事総長，高等民事裁判所長，大法官を歴任したジョン・エルドン（のちの初代エルドン伯爵）がいる．また19世紀のジャーナリスト・作家で『パンチ』誌創刊当初の共同編集者であり，下層階級の実態を観察・調査した『ロンドンの労働とロンドンの貧民』の著書であるヘンリー・メイヒューは，ここにあった父親の法律事務所で著述生活を始めた．

この通りにはもと破産裁判所の入口があったことから，'in Carey Street'といえば「破産する」という意味である．

Carlton Club
カールトン・クラブ
St James's Street, SW1

1832年，選挙で敗退した179名のトーリー党員が，自党の失地回復と選挙法改正阻止をめざして設立したクラブ．当初は専用のクラブハウスがなかったが，19世紀半ばに現住所にクラブハウスが建てられ，何度かの改修ののち今日に至っている．保守党支持の姿勢は現在まで続き，会員は歴代の首相経験者，たとえば最近ではサー・ウィンストン・チャーチル，サー・アントニー・イーデン，ハロルド・マクミラン，エドワード・ヒースなどを含めて，政界の大立物が多数名を連ねており，イギリスを代表するクラブのひとつといえる．その意味では単なる社交クラブではなく，19-20世紀のイギリス政治を動かした重要な組織ともいえる．また格式の高さゆえに服装にも厳格で，昼間でもシルクハットを着用した紳士の姿が見られる．なお1990年6月には，IRA（アイルランド共和国軍）の手で爆弾が仕掛けられたが，これはこのクラブの保守的政治姿勢が標的となったからである．
→Clubs

Carlton Gardens
カールトン・ガーデンズ　SW1

ジョン・ナッシュが1830-33年に手がけた，カールトン・ハウス・テラス(→Carlton House Terrace)の西の増築部分で，ペル・メルに面している．4番地にはパーマーストンが外務大臣として1847-55年に，政治家A.J.バルフォアが1874-97年と1908-29年に住んでいたが，1933年にレジナルド・ブルムフィールドによって改築され，1940年6月18日からはド・ゴール将軍を首班とする自由フランスの臨時政府があった．壁面にはド・ゴール将軍の放送したフランス国民へのメッセージが刻まれている．2番地には1914-15年に陸軍元帥のH.H.キッチェナーが住んでいたが，いまは癌研究キャンペーンの事務局となっている．1番地にはルイ・ナポレオン(のちのナポレオン三世)が1839-40年に，新聞発行人A.C.W.ハームズワスが1920-22年に住んでいたが，のちに外務大臣の公邸となって，現在に至っている．

Carlton Hotel
カールトン・ホテル

現在はニュージーランド・ハウスが立っている．

ペル・メル・イーストで1899年から1939年まで営業していた高級ホテル．豪華ホテルの代名詞のようにいわれるホテル王国，リッツ(→Ritz Hotel)を築き上げたスイス人セザール・リッツはロンドンのサヴォイ・ホテル(→Savoy Hotel)を創業(1889)したあと，フランスの名料理人オーガスト・エスコフィエとともにこのホテルの経営にのりだした．パリ・リッツ様式の内部装飾と豪華なヤシの中庭をこのホテルに再現して1899年に開業した．リッツとしては近いと予想されたエドワード七世の戴冠式を見込んでの開業だった．しかし，目算ははずれた(エドワード七世の即位は1901年になり，戴冠式は1902年に行なわれた)．精魂傾けた数週間の準備も水泡に帰し，リッツはそのショックから神経症を病み生涯を終えた．第二次世界大戦中に爆撃を受け，その後長いあいだ放置されたが，結局1957-58年に取り壊された．

Carlton House Terrace
カールトン・ハウス・テラス　SW1

セント・ジェイムズ・パークの北側に東西対になるように立つ2棟の壮麗な邸宅ビル．各々9区画，高さ10メートルほどのコリント式列柱が美しく並び，両端は住居用とは思えぬほどの奥行きと高さをもつ区画となっている．ジョン・ナッシュがカールトン・ハウスの跡地に1827-32年に建てたもので，ここにはグラッドストーン，第三代パーマーストン子爵，カーズン卿，ウィリアム・クロックフォード，第二代グレイ侯爵など錚々たる人々が住んだ．第二次世界大戦でひどく損壊したが，正面は修復され，内部は大幅に模様変えされた．現在は，現代美術協会や王立協会をはじめとする政府関係のオフィスが入っている．

なお，2つのビルの間には，高さ37メートルのヨーク公の円柱(→Duke of York Column)が立っている．

Carlyle's House
カーライル博物館

Cheyne Row, SW3

夏目漱石の「カーライル博物館」(1905)を通じて日本でも広く知られている博物館である．所在地の「チェイニー」(チェインと発音されることもある)は昔このあたりの地主貴族の名で，「ロー」は家の並んでいる「通り」を意味する．この通りがつくられたのは1708年．トマス・カーライルと夫人ジェイン・ウェルシュは，1834年にスコットランドのクレーゲンパトリック(ジェインの実家)からここへ移転し(当時は5番地)，この家で生涯を終えた．カーライルの『フランス革命』，『英雄と英雄崇拝』，『過去と現在』，『フレデリック大王』などの作品は，すべてここで書かれた．「チェルシーの哲人」と呼ばれたカーライルのところへは，ディケンズ，テニソン，ショパン，マッツィーニ，ブラウニング，ダーウィンなど，当時の多くの文人，芸術家，思想家たちが訪れている．

1881年，カーライルの死後，この家は荒廃状態に陥ったが，漱石も書いているように，

「有志家の発起で彼の生前使用したる器物調度図書典籍を蒐めて之を各室に按配し好事のものには何時でも縦覧」できる便宜が図られるようになった．このようにして「カーライル博物館」が誕生したのは1895年，そして1936年にはナショナル・トラストに移託されることになった．カーライルが周囲からの騒音を逃れるために造った屋根裏の書斎は，いまでもほとんどもとの形のままで保存されている．カーライルとテニソンとが夜更けまでたばこを吸っていた地下の台所も，昔ながらの姿をとどめている．家の裏側には小ぢんまりした庭がある．カーライルは，夏にこの庭にテントを張って著作に耽ったり，就寝前に「最後の一服」をふかしながら星空を仰いだりしていた．庭の片隅には，カーライルの愛犬ネロが葬られている．

Carnaby Street
カーナビー・ストリート　W1

リージェント・ストリートの2本東を南北に走る通りで，1680年代に建設された．道路名は，ここに屋敷を構えた煉瓦商のカーナビー家にちなむ．最初の住人の多くはフランス新教徒のユグノーであったが，19世紀中ごろまでにはほとんどの家は商人・商店主の手に渡った．

1957年，ジョン・スティーヴン，ジョン・ヴィンス，アンドレア・スピロプールスが男女向けの派手なシャツや装身具を売りはじめ，これが若者に大いにうけて，1960年代までには若者ファッションの中心地として世界的に名を馳せた．『オックスフォード英語辞典』は 'Carnaby Street' を登録し，若者向けの流行服を意味すると記している．また，45番地のタバコ商インダーウィック商会の店主は，海泡石パイプを大流行させ，クリミアの鉱山を買い取って商品の供給確保にあてた．

いまは多くのブティックは残っているが，かつての華々しさはなく，観光客相手の店がめだつ．地下鉄オックスフォード・サーカス駅に近い．

Carnegie Libraries
カーネギー図書館

1835年，スコットランドのダンファームリンに織工の子として生まれたアンドルー・カーネギーが，1848年にアメリカへ移住して一代で鋼鉄産業を築き「鋼鉄王」となったあと，英語圏諸国に資金援助をして設けた図書館の総称．寄付金の総額は5600万ドルあまりで（ただし，これは彼が慈善事業にあてた総資金3億3300万ドルの一部にすぎない），造られた図書館は2509を数える．そのうち，イギリス国内にはロンドンを中心に380か所に設けられた．そのいくつかが健在である．カーネギーが「図書館の守護聖」と称されるゆえんである．

慈善事業で彼が図書館を真っ先に選んだのは，幼いころの本とのかかわりによるといわれている．第1号館は，8000ポンドの資金で，1883年に故郷の町に建てられた．1913年に，200万ポンドの基金でカーネギー・イギリス信託協会（Carnegie United Kingdom Trust）が設立された．資金提供の条件は地方自治体が敷地を用意し，図書館の維持費の10パーセントを負担するというものだった．

Carpenters' Hall
大工同業組合会館

Throgmorton Avenue, EC2

最初の会館は1420年代末に，シティ・ウォールの近くに建てられた．周囲にめぐらした庭園のおかげで，大火による焼失をまぬがれた．1870年代に取り壊されたあと，近くにまた新しいものが建てられたが，1941年に空爆によって破壊された．1960年に現在の会館が誕生，食堂は約230人の収容能力がある．
→City Livery Companies

Carshalton
カーシャルトン　SM5

テムズ川の支流のひとつ，ワンドル川の水源となっている水の美しい地区．川はこの地区のいくつかの湧水池を結んで流れており，中心部は歴史的保存区域となっている．エド

ワード懺悔王の時代に5つあった荘園が併合され、のちに2つに分裂して、そのひとつにカーシャルトン・プレイスとして知られる邸宅（今世紀はじめに取り壊された）が立っていた．その庭園はかつて歴代ダービー伯爵が所有したオークス邸の庭園とともにいまでは公園になっている．近くの公園ザ・グローヴには，ストーンコートという別の領主館がある．

現存のカーシャルトン・ハウスはエドワード・カールトンによって1710年に建てられ，のち王室付き医者ジョン・ラドクリフ，南海会社の総裁サー・ジョン・フェローズの手に渡った．以来かなり増築され，いまでは女学校として使われている．カーシャルトン教会は12世紀の建立で，すばらしいオルガンや祭壇飾りなど数々のすぐれた歴史的記念物がある．ワンドル川ではマスが釣れ，水辺には栗が実り，川の水力を利用した各種工場（嗅ぎタバコ，紙，皮，オイル，銅，キャラコのさらし）が稼働するほか，ラヴェンダーとミントの栽培および加工処理がなされている．パーク・ヒル19番地には小説家ウィリアム・ホワイト（マーク・ラザフォード）が住んでいた．

大ロンドンの南端サットンの一地区で，2本の鉄道がこの地区の北と南を貫通している．

Cartwright Gardens
カートライト・ガーデンズ　WC1

1807年にジェイムズ・バートンによって造られた三日月状の街路．ユーストン・ロードを南へおりたところにある．はじめはバートン・クレセントと呼ばれていたが，1820-24年に37番地に住んでいた政治改革者ジョン・カートライトにちなんで改称された．カートライトは毎年の定例議会，成人の普通選挙権，投票用紙による投票を主張し，のちには奴隷制廃止などを求めて運動をしたことで知られる．1831年には彼の座像がジョージ・クラークによって作られ，三日月状の街路にはさまれた緑地に立てられた．1番にはヴィクトリア朝公衆衛生の改善に尽力したエドウィン・チャドウィックが1838-39年に，また2番には近代

郵便制度の創始者ローランド・ヒルが1837-39年に住んだ．

現在，街路の西側にはホテルが並んでいる．鉄道・地下鉄ユーストン駅に近い．

Castelnau
キャステルノー　SW13

1896年までブリッジ・ロードとして知られていたこの道路は，ハマースミス橋から南方のバーンズへぬける幹線道路で，1827年にハマースミス・ブリッジ会社が建設した．道路を中心に郊外別荘の開発が進められ，1842年に売りに出された．最初は同じ外観をした2戸つづきの住宅を建て，車庫にある程度デザインの自由を許すだけであったが，のちに基準が変更された．初期ヴィクトリア朝の開発のなかでは最も満足のいくもののひとつであったといわれる．ボアロー・アームズというパブが1842年に橋のたもとに開店すると，つづいてその周囲にたくさんの店が並んだ．あとに続く住宅はもはや規格に縛られず，しばしば1戸建てとなり北へ南へと幹線沿いに広がっていき，さまざまな建築様式が混在する街並みとなった．

Castle Baynard
→Baynard Castle

Castle Court
カースル・コート

Birchin Lane, EC2

コーンヒルのバーチン・レインのそのまた横丁にある薄暗い袋小路．この3番地に15世紀以来，いくつかの旅籠があった．現在ジョージ・アンド・ヴァルチャー（→George and Vulture）というパブが残っている．チャールズ・ディケンズがよく通った店で，小説『ピクウィック・ペーパーズ』に登場する．

Catford
キャットフォード　SE6

グリニッチの南方，ルイシャムに広がる地区．昔から洪水に見舞われた低地で，中世に

は多くの者が堤道建設のために資産の一部を寄付する遺言を残した．すでに『ドゥームズデイ・ブック』(→『土地台帳』)に記録がある．その同じ台帳に載っているフォードミルは19世紀末まで小麦の製粉工場として残った．18世紀までキャットフォードは農業中心の小さな村で，ほんの数軒の大邸宅のうちのひとつであるプレイス・ハウスにはエリザベス一世が滞在したという．別の邸宅，ラッシー・グリーン・プレイスにおいては，1518年7月23日に法王の遣外使節キャンペジオ枢機卿が主人ウィリアム・ハットクリフより饗応を受けた．

　1857年にキャットフォード・ブリッジ駅まで鉄道が開通すると，宅地開発が一挙に進み，19世紀後半には道路がラッシー・グリーン通りを中心に放射状に建設され，放牧場は移され，古い家屋は取り壊された．道路沿いに流れていた小川は，1855年下水溝建設のために粘土の川床が掘り返されるとともに消えた．この100年間にキャットフォードはにぎやかな，大人口をかかえる郊外都市と化し，広い整然とした家並みが広がっている．古いタウン・ホールは1968年に，ヴィクトリア朝のセント・ローレンス教会は1967年に，それぞれ取り壊されて，近代ビルにとってかわった．現在は2本の鉄道が南北に走っている．

Catherine Street
キャサリン・ストリート　WC2

　オールドウィッチから北西に走る通り．1630年代にラッセル・ストリートとエクセター・ストリート間の北の部分が建設され，ブリッジズ・ストリートと名づけられた．地主である第四代ベドフォード伯爵が結婚した相手の家名にちなんでつけたもの．17世紀中ごろまでにタヴィストック・ストリートと交差したところにフリース・タヴァンができ，1663年にはドルーリー・レイン劇場(→Theatre Royal, Drury Lane)がオープンし，通りは4年後にストランドまで延長され，この部分はブラガンツァ家のキャサリン王妃にちなんでキャサリン・ストリートと名づけられた．

　18世紀のあいだ，この通りはドルーリー・レイン(→Drury Lane)と同様，悪名高い娼婦のたむろする通りとなった．1847年の時点ですら，商店主たちは娼婦が買物客を追い出すとこぼしている．1872年，南北2つの通り，ブリッジズ・ストリートとキャサリン・ストリートは，キャサリン・ストリートの名で一本化された．1900年には現在の半月形のオールドウィッチの通りが建設され，南端の一部が切り取られた．1929年にダッチェス劇場(→Duchess Theatre)が西南端にオープンした．

Cato Street
ケイトウ・ストリート　W1

　エッジウェア・ロードをマーブル・アーチより6筋北の右に折れた通り．1803年にはむさ苦しい家と厩が並ぶ通りであった．

　この6番地の厩の2階がいわゆる「ケイトウ・ストリート陰謀」として知られる事件の根城となった．計画によれば，国王の葬儀のため衛兵がウィンザー城へ行っている留守をねらい，1820年2月23日，グロヴナー・スクエアの晩餐会に出席中の閣僚全員を殺害したあと，グレイズ・イン・レインより2門の大砲，砲兵隊訓練場から6門の大砲を奪い，ロンドン市長公舎(→Mansion House)とイングランド銀行(→Bank of England)を襲い，臨時政府を打ち立てることになっていた．ところが陰謀者のひとりの裏切りで，当日警官と軍隊に踏み込まれ，数人が捕縛され，11名は逃走したものの，翌日首謀者のアーサー・シスルウッドが捕えられた．5月1日，首謀者ら5名がニューゲート監獄(→Newgate Prison)で処刑された．通りは1827年に改名されてホラス・ストリートとなったが，1世紀のち，その暗殺計画を記念してか再度ケイトウ・ストリートとなる．

　今日，あばら屋は建て替えられてさっぱりした住宅となったが，この厩の2階は事件を記念してブルー・プラークがつけられ，そのまま残っている．

Cavalry and Guards Club
→**Guards Club**

Cavendish Hotel
キャヴェンディッシュ・ホテル
Jermyn Street, SW1

　もとは1848年創業のホテル．このホテルが面しているジャーミン・ストリートはピカディリー街の南を並行して走る，高級専門店，とくに紳士ものの老舗が多いファッションの通りである．現在のホテルは，1966年の開業，静かな落ち着いた雰囲気の近代的なホテルである．ホテルにサブ・ローザ・バーがあるが，これは1904年に旧ホテルを取得した女性経営者ミセス・ローザ・ルイスにちなむバーである．彼女はもとパリ伯爵家に奉公していた台所女中の身であったが，奇抜な発想と大胆な行動力によって上流階級に仲間入りし，エドワード七世とも親交を結んでホテル事業に成功した．イーヴリン・ウォーの小説『汚れた肉体』に登場するシェパーズ・ホテルのロティ・クランプは彼女をモデルにした人物である．客室数255．最寄駅は地下鉄グリーン・パーク駅．

Cavendish Square
キャヴェンディッシュ・スクエア　W1

　地下鉄駅オックスフォード・サーカスの北西．第二代オックスフォード伯爵エドワード・ハーリーが，首相であった父の閣僚を務めた数人の貴族に呼びかけて立案し，1717年に建設に着手した．広場の名は第二代伯爵の妻であるレディ・ヘンリエッタ・キャヴェンディッシュ・ホリスにちなむ．スクエア北側には大富豪のチャンドス公爵が壮大なロンドン邸宅を計画し，スクエアの中心となるはずであったが，1723年に南海泡沫事件で大損をし，計画は放棄された．かわって敷地両翼の建物をどうにか1724-28年に完成させた．1731年に不景気が始まり，この時点でスクエアに計画した28棟の建築のうち，教会，マーケット，スクエア西側のビングリー邸など15棟が完成しただけであった．チャンドス公爵は跡継ぎが洗礼の最中に死亡する悲運にあい，落胆のあまり公もまた死亡した．1743年，チャンドス公爵の空地は食通クラブであるディレッタンティ・ソサエティ（→Dilettanti Society）の所有に移り，さらにまた別の，タフネルという名の所有者に渡った．このタフネルが1770年ころ投資目的で，両翼の間にコリント式柱廊をもつ2つの邸宅を建てた．

　スクエアの残る部分はゆっくりと，しかも統制なく建物で埋まっていった．総じてキャヴェンディッシュ・スクエアは当初目論んだような，統一ある壮麗な広場にはならなかった．20世紀半ばごろから，たいていの建物はオフィスかアパートに変わり，1971年にはスクエアの地下に大駐車場ができた．この界隈に居住した人々には，メアリ・ワートリー・モンタギュ夫人(1723-38)，ホレイシオ・ネルソン夫妻(1791)，政治家で首相を務めたH.H.アスキス(1895-1908)，リージェント・ストリート・ポリテクニック（現ウェストミンスター大学）を創設したクィンティン・ホッグ(1885-98)などがいる．外科医・病理医のサー・ジョナサン・ハッチンソンは1874年以来，晩年のほとんどをここで暮らした．劇作家のリチャード・カンバーランドや画家J.M.W.ターナー，ジョージ・ロムニーもここに住んだ．

Caxton Hall
カクストン・ホール
Caxton Street, SW1

　地下鉄駅セント・ジェイムジズ・パークの南に立つホール．1878年ウェストミンスター・シティ・ホールとして設計され建立されたが，そのシティ・ホールも1965年にさらに西寄りのところに新たに建ち，現在はコンサートや各種集会の場所として使用されている．しかしここでどのような集会が催されたかを見るのは興味深い．

　カクストン・ホールの近くに青銅製の記念碑があり，それには「これは婦人参政権推進団体により，女性の参政権確保のための長い闘争の道のりにおいて，あざけり，敵対，排斥に対して私心なく立ち向かい，肉体的暴力や苦しみに耐え抜いた男女の勇気と忍耐を記念して建てたものである．近くのカクストン・ホールは歴史上，女性参政のための集会および議会への代表派遣にとってゆかりの建物で

137

ある」と記されている．

Cecil House
→Exeter House

Cemeteries
共同墓地

　遺体の埋葬には代々，教会の墓地が使われていたが，ロンドンでは19世紀にもなると，その教会墓地が手狭になり，各教区がそれぞれ小さな埋葬地を造るようになっていた．しかし，管理が不十分なため墓荒らしが横行し，埋葬の仕方にも不備がめだち，埋葬地周辺の環境が悪化した．そのために健全な公共墓地の建設を促す請願書が下院に提出されたりもした．

　やがてヴィクトリア朝に入ると，議会は7つの民間墓地を郊外に建設することを許可した．北西郊のケンサル・グリーン墓地(→Kensal Green Cemetery)，北郊のハイゲート墓地(→Highgate Cemetery)，同じくストーク・ニューイントン地区のアブニー・パーク墓地，南郊のウェスト・ノーウッド墓地，南東郊のナニード墓地，西南郊のブロンプトン墓地(→Brompton Cemetery)，東郊ボウ・コモン地区のタワー・ハムレッツ墓地である．

　しかし，これら民間経営の墓地も19世紀半ばには手狭になり，公営の郊外墓地の建設が必要になってくる．以来，ロンドンの墓地は自治体による公営のものがその数を増していった．ロンドン北東部に位置するマナー・パーク地区のシティ・オヴ・ロンドン墓地は，広大な敷地を有するシティ・オヴ・ロンドン自治区管理の墓地である．また，北西郊フィンチリー地区のセント・パンクラス・アンド・イズリントン墓地は1850年の埋葬法成立後にできた最初の新しい墓地で，現在はセント・パンクラス教区とイズリントンの教区との別々の管理になっている．

　テムズ川南岸プラムステッド地区のウリッチ墓地も，1856年にウリッチ区が設置した典型的な公営墓地のひとつである．現在では，市内と郊外とを合わせた墓地の総面積はおよそ1200ヘクタールにのぼっている．また，既存の民間墓地でも新しい造成を進めているところもある．

Cenotaph
戦没者記念碑　　Whitehall, SW1

　ウェストミンスター地区の官庁街ホワイトホール通りに立つ戦没者記念碑．第一次，第二次世界大戦の戦没者を記念する大きな長方形の石碑で，建築家エドワード・ラチェンズによって設計された．

　はじめは，1919年7月19日に行なわれた戦勝記念行進の際の拝礼用として石膏で造られたが，すぐにポートランド島産の石で造り替えられ，1920年11月11日の英霊記念日曜日(→Remembrance Sunday)に除幕式が行なわれた．

　1946年に，第二次大戦の戦没者を記念するための碑文が刻まれ，ジョージ六世が除幕式をとり行なった．毎年，11月11日に最も近い日曜日に王室・政府関係者，各国大使館や軍の代表者などの参列のもとで追悼式が行なわれる．

Central Criminal Court
中央刑事裁判所
Old Bailey, EC4

　大ロンドンで発生した犯罪を取り扱うための主要裁判所で，その所在地にちなんで，一般にオールド・ベイリー(→Old Bailey)と呼ばれる．この裁判所はE.W. マウントフォードの設計により，1902年から1907年にかけて，ニューゲート監獄(→Newgate Prison)の跡地に建てられた．地上約60メートルの高さをもつ銅のドームの上には，F.W. ポームロイ作の青銅製の大きな正義の女神像が腕を広げ，右手に剣を左手に天秤を持って立っている．ただし他の正義の女神像と異なって，この女神像は目隠しをしていない．1941年にはドイツ空軍の爆撃で大損害をこうむったが，戦後には完全に復旧．また，1973年にはIRAの爆弾テロにも遭ったことがある．

　現在の中央裁判所には，19の法廷があり，

大法官，主席裁判官，シティ参事会員（→Aldermen），市裁判官，市法律顧問，裁判所任命の巡回判事などが，裁判官役を務める．開廷中（月-金，10時15分-1時15分）は，一般の入場見学が可能である．開廷期間中の最初の2日間は，裁判官たちが香りのよい花束を持ち込む習慣がある．隣接する旧ニューゲート監獄から流れ込んでくる悪臭を防ぐためにとられていた手段の名残りである．大広間には，画家ジェラルド・モイラによるフレスコ画の装飾があり，アルフレッド・ドルーリー作のエリザベス・フライ（ニューゲート監獄の改善に尽力した人物）像が立っている．1966年，東側の拡張工事のための発掘を行なった際に，ローマ時代と中世の城壁跡の一部分が発見された．地下鉄ブラックフライアーズ駅に近い．

Central Hall
セントラル・ホール
Storey's Gate, SW1

ウェストミンスター・アビーの西向かい，トットヒル・ストリートの角にあるメソジスト教会本部．1905-11年にはなやかなフランス様式で建てられたドーム天井が特徴で，ドームの直径は27メートルにおよぶ．ロンドンにおける鉄骨建築の初期事例とされる建築物である．2700人収容のホールは，教会の集会にかぎらず，オルガン演奏会，コンサートなどの催物場や試験場としても用いられ，1946年には国際連合の第1回総会が開催された．

Central Line
セントラル・ライン

ロンドン地下鉄道会社の一部をつくっている線で，北西郊外のウェスト・ライスリップからアクトンまで南東に延びて，そこからロンドン市内をほぼ東西に貫き，マーブル・アーチ，オックスフォード・サーカスと，オックスフォード・ストリートの下を通り，ホーボーン，セント・ポールズ，バンク，リヴァプール・ストリート，さらにロンドンの北東郊外に延びてストラットフォード，エッピング，オンガーに至る．

創業は1900年で，セントラル・ロンドン鉄道という名の私鉄だった．その名のとおりロンドンの最もにぎやかな中心の大通りの下を走っただけあって，最初から高級路線を豪語し，他の地下鉄の運賃が最低1ペニー（当時は1ポンドの240分の1）から距離比例制であったのに，この鉄道は距離に関係なく全線2ペンス均一運賃を定めたために，一般市民から「タペニー・チューブ」(two-penny tube)というあだ名を頂戴し，漫画のネタに使われたものであった．また，開業当時は高速運転を誇ろうとして，強力なモーターをつけた重量級の電気機関車に客車を引かせて走ったため，その震動が地上の建物を揺るがし，市民から苦情が続出，これも漫画のネタに使われた．そこで電車列車に変えた．

その後北西と北東に路線を延ばし，上に述べた本線のほかにイーリング・ブロードウェイへ行く支線と，レイトンストーンとウッドフォード間を迂回する支線もある．また現在，東端の部分のエッピングとオンガーの間は平日のラッシュアワーだけ運転されている．もちろん深い地下を走るチューブ(tube)線で，車両も比較的小ぶりである．しかし郊外では地上の線路を走っている．
→Underground Railways

Central Office of Information
中央広報庁
Hercules Road, SE1

ランベス・パレスの東にあり，政府各省庁および公共部門に対して情報と広報サービスを提供し，かつ新聞，テレビ，ラジオなどあらゆるメディアによって助言を与える機関で，閣僚であるランカスター公領相に直属する半独立機関である．1946年より続いた同機関は1990年に大幅に改められ，情報提供は有料が原則となった．国内に7つの支局がある．

Central St Martin's College of Art and Design
セントラル・セント・マーティン美術デザイ

ン学校
Southampton Row, WC1

　イギリス最大の美術デザイン学校．地域の若者に有用な工芸を教授することを目的に，セント・マーティン・イン・ザ・フィールズ教区が設立したセント・マーティンズ美術スクール(1854)と，セントラル美術工芸スクール(1896)とを統合して1989年に設立された．

　サウサンプトン・ロウの本部のほか，チェアリング・クロス・ロードとロング・エーカーにも校舎がある．広範にわたる学問領域をカバーし，学生数は大学院生を含め2000人を超えている．チェルシー美術デザイン学校，カンバーウェル美術学校，ロンドン・ファッション・コレッジ，ロンドン印刷・解版工コレッジとともに，独立の高等教育機関であるロンドン・インスティテュートを構成している．創設時の校長は建築家 W.R. レサビー．この学校に教師ないしは学生として関係した人物の中で，彫刻ではアントニー・カロ，エリザベス・フリンク，エデュアルド・パオロッチ，バリー・フラナガン，服飾ではキャサリン・ハムネット，ジョン・ガリアーノ，リファット・オズベックなどがいる．

Central School of Speech and Drama
セントラル演劇・俳優養成学校
Embassy Theatre, Eton Avenue, NW3

　話し方と演技を教える場として，1906年にエルシー・フォーガティとサー・フランク・ベンソンによって，ロイヤル・アルバート・ホールの敷地内に設立された．のちに俳優・舞台演出家養成コース，言語治療士養成コース，教師養成コースを設けるに至る．1956年に現在のエンバシー劇場に移転．校名のセントラルは訓練の仕方が中庸という意味．

Centre Point
センター・ポイント
Charing Cross Road, WC2

　地下鉄駅トッテナム・コート・ロードの，セント・ジャイルズ・サーカス南側に立つ36階建てのオフィス専用ビル．ロンドンで最初の高層近代ビルである．1963-67年にリチャード・シーファートおよび共同出資者により建設されたが，完成後10年間空きビルのままで，ホームレスの若者が住みつき物議をかもした．現在は全室契約済で，英国工業連盟もテナントのひとつ．

Ceremonies and Festivals
儀式と祭典

　儀式とは主として国家的な政治・軍事上の行事，祭典とは主として宗教上の祝祭日の教会の行事をさす．スポーツ関係の行事も含めれば，「儀式と祭典」とはイギリスの年中行事ということになるが，ここではロンドンを中心としたものだけをひろい出してみよう．

　ロンドンで最も古い儀式のひとつは，戴冠式(→Coronations)で，最も人気のあるものは女王の公式誕生日(6月第2土曜日)の軍旗分列行進式(→Trooping the Colours)である．ロンドンのいわゆる旧市内，シティだけに限っても，いろいろな行事があるが，最も古い儀式は国王が国事でシティに入るときの宣誓の儀である．ストランドからフリート街に入るとき，シティの入口のテンプル・バー(→Temple Bar)で国王といえどもシティに入るにはロンドン市長(→Lord Mayor)の許可を必要とする．これはエリザベス一世以来の習慣で，そのとき市長は忠誠の印として市の象徴である真珠の剣を国王へ渡す．国王はそれをすぐまた市長に戻したが，現在では女王はその柄に手を触れるだけで，御剣は女王の行列の前に奉持されて，国王が市長の保護のもとにあることを示す．これもロンドン市長の権威のひとつである．

　国王に関するロンドンの儀式としては，チャールズ二世が王政復古に際し，ロンドンに凱旋した5月29日を王政復古記念日(Oak-apple Day)と呼び，王の誕生日としての行事もある．この日ロンドンの西郊チェルシーにある王立廃兵院(→Royal Hospital)では，創立者の日と称して，ハチが卵を産みつけた虫こぶ(oak-apple)のついたオークの枝葉を

チャールズ二世の像に飾り，老兵たちもオークの小枝をもって，深紅のユニフォームを着て行進し，創立者と国王のために万歳を三唱する．これはチャールズ二世がウスターの戦いでフランスに亡命するとき，ボスコーベルでオークの木の陰に隠れて難を逃れた故事に由来する．これを記念してイングランド中にロイヤル・オーク亭という屋号のパブが散在している．

国王の行事として，キリスト教と関係のあるものに，復活祭(イースター)前日の洗足木曜日の洗足の儀，ロイヤル・モーンディ(Royal Maundy)というのがある．キリストが最後の晩餐で弟子の足を洗ったことに由来するが，イギリスでは13世紀末のエドワード一世の時代に始まった．貧民の中から選ばれた者の足を国王自身が直接洗った．18, 19世紀には中止されたが，1932年にジョージ五世が復活した．香水つきのタオルで足に触れるものである．現在では国王の年齢と同じ数の人々が選ばれ，小さな財布が下賜される．なかには1, 2, 3, 4ペンスの特別鋳造の銀貨が入っている．昔は国王が滞在したところならどこででも行なわれたが，今日ではロンドンのウェストミンスター・アビーに限られている．

ロンドンの教会と関係のある行事としては，3月31日ごろのセント・クレメント・デインズ教会のオレンジとレモンの祭り(→Oranges and Lemons)は有名だが，これに似たものに，セント・ポール大聖堂におけるケーキとエイルの祭りというのがある．3月末ごろの四旬節(復活祭前の40日)の初日「灰の水曜日」に，シティの同業組合(→City Livery Companies)のひとつである書籍同業組合の司祭による説教が行なわれ，その前後にケーキとエイルが会衆に配られるものである．この行事はジェイムズ一世の時代に始まったという．

食べ物とは関係がないが，ユリとバラの儀式(→Lilies and Roses)という，花束をヘンリー六世の記念碑に捧げる儀式がロンドン塔で行なわれる．ロンドン塔といえば，鍵の儀式(→Tower of London)が有名．またロンドンのレドンホール街のセント・キャサリン・ク

リー教会での10月16日のライオン礼拝(→Lion Sermon)も人気がある．
→巻末「年中行事」

Chalk Farm
チョーク・ファーム　NW 3

北郊のカムデン・ハイ・ストリートとハムステッド・ハイ・ストリートの中間に位置する地区で，アングロ・サクソン時代には「チャルデコート」(Chaldecote)と呼ばれていた．15世紀にヘンリー六世によって当時荘園となっていた敷地の一部がイートン・コレッジに割譲された．17世紀に現在のイングランズ・レーンの南の端にアッパー・チャルコット農場が造られるとともに，「白い家」として知られたロアー・チャルコットが旅籠として営業を開始した．18世紀にはこのチャルコッツ・ファームという旅籠の名がなまってチョーク・ファーム・ハウスと呼ばれた．1854年に改築され，名前もチョーク・ファーム・タヴァンと変更されて人気を集めるようになった．ティー・ガーデン，舞踊会場，レスリング会場なども付設され，19世紀には中産階級の人々にとっての行楽地となった．

一方，19世紀前半まで，ここは決闘の名所でもあった．1806年，反ロマン派の旗手をもって任じていた『エディンバラ・レヴュー』の編集長フランシス・ジェフリーが，トマス・ムーアを激しく罵倒した．その結果，2人はこの地で決闘することになったが，警官の介入によって決闘は中止された．

19世紀中葉以降，この地区の開発が進み，付近にはさまざまな道路が造られた．1851年にはロンドン―バーミンガム間の鉄道のロンドン・ターミナル駅が建設された(現在のプリムローズ・ヒル駅の前身)．20世紀に入るとさらに地下鉄ノーザン・ラインも走るようになり，多くのフラットや住宅が立ち並んだ．1965年，チョーク・ファームは，カムデン自治区に併合され，今日に及んでいる．

Chancery Lane
チャンセリー・レイン　WC2

ハイ・ホーボーン大通りからフリート・ストリートに抜ける，南北に走る通り．旧名ニュー・ストリート．西側はリンカーンズ・イン（→Lincoln's Inn）の敷地．現在の名前になったのは，ヘンリー三世が改宗ユダヤ人の教会堂だった建物を公文書保管所とした1377年のことである．ここの北端に近く住んでいたとされる枢機卿トマス・ウルジーは，毎朝8時半に深紅の衣装を着せたラバに乗って，鞍当てを運ぶ従者2人，十字架をもつ従者2人，召使い4人を引き連れ，それに街の悪臭除けに酢に浸したオレンジを携帯して，ウェストミンスターの役所に出勤したという．17世紀，チャールズ一世の顧問官として，専制政治を進めた政治家トマス・ウェントワスはここの祖父の家で生まれた．『釣魚大全』で著名なアイザック・ウォールトンもここの住人であった（1627-44）．1678年，フリート・ストリートに近いところで書店を始めたのがジェイコブ・トンソンである．コングリーヴ，ヴァンブラ，アディソン，スティールらの著作を手がけた．書店の看板は裁判官の顔であったが，店をストランドに移したときに，シェイクスピアの顔に変えた．

この道路の半ば，西側にリンカーンズ・イン・ゲートハウスがある．北端の25番は特許局（→Patent Office），53番の地下室は，銀製品業者が集まった共同店舗ともいえるロンドン・シルヴァー・ヴォールツ（1885年創設）である．フリート・ストリート寄りに公文書館（→Public Record Office）があり，主として近世初期までの公文書を保管している．ここには博物館が併設されていて，11世紀の『ドゥームズデイ・ブック』（→『土地台帳』）やシェイクスピアの遺書などが展示されている．1780年頃以降の公文書はキュー地区のラスキン・アヴェニューにある新館に保管されている．

Chandos House
チャンドス・ハウス
① Chandos Street, W1
ポートランド・プレイスとウィグモア・ストリートの交差点から西1筋目．1770-71年にアダム兄弟が第三代チャンドス公爵のために建てた邸宅で，現存するアダム兄弟の名建築のひとつ．1815-71年にはオーストリア＝ハンガリー大使館として用いられ，はなやかなパーティが繰り広げられた．1871年にバッキンガム・アンド・チャンドス公爵の手に渡ったが，1905年にはスタンフォード伯爵夫人の購入するところとなり，伯爵夫人が24年まで，その後は，シャフツベリー伯爵（1924-27），ケムズリー子爵（1927-63）などの貴族が住んだ．現在，王立医学協会（→Royal Society of Medicine）が一部を使っている．
② St James's Square, SW1
セント・ジェイムジズ・スクエアに面してあった邸宅．この広場を造ったセント・オールバンズ伯爵が1676年に移り住んで以来，セント・オールバンズ・ハウスとして知られていたが，1682年にオーマンド伯爵に売却されたあと，1720年にチャンドス公爵の手に渡ると，チャンドス・ハウスと名を変えた．一時期フランスおよびスペイン大使が使ったが，1734年，公爵は株取引の失敗で，手放さざるをえなくなった．買い受けたのは建築業者で，邸宅を取り壊すと同時に3戸の邸宅を建てた．これがウィリアム・ピットをはじめ著名人に賃貸された．現在はチャタム・ハウスとして知られ，王立国際問題研究所（→Royal Institute of International Affairs）となっている．

Changing of the Guard
衛兵交替
衛兵交替は，1660年のチャールズ二世の王政復古のときに，近衛師団による国王警護の制度が定められたことに端を発する．近衛師団は，5つの歩兵連隊と2つの騎兵連隊からなり，ともに女王の指揮下にある．歩兵連隊はバッキンガム・パレスにおいて，騎兵連隊はホワイトホールにおいて，それぞれ警護の部署につく．

ロンドンでは，バッキンガム・パレス，セント・ジェイムジズ・パレス，ホワイトホールのホース・ガーズ（近衛騎兵連隊指令部）などで，衛兵交替の儀式を見ることができる．

人気があるのはバッキンガム・パレスの前庭で，11時30分（5月～8月上旬は毎日，他は一日おき）から行なわれるものである．熊の毛皮の帽子をかぶった，赤い軍服の大勢の近衛兵が，楽隊の演奏の中，機械仕掛けの人形のようにきびきびと動き，儀式は30分あまり整然と進行する．

ホース・ガーズでの交替儀式は，毎日午前10時30分（日曜日は9時30分）に，夏季は連隊司令部閲兵場で，冬季は中庭で行なわれる．第1連隊の「ライフ・ガーズ」と第2連隊の「ブルーズ・アンド・ロイヤルズ」が，一日交替で警護に当たる．

衛兵は，つぎのように身につけているもので容易に識別できる．（数字は連隊の結成年）

● 歩兵連隊

第1連隊(Grenadier, 1656)
　チュニックのボタンは等間隔　帽子に白い羽飾り　襟章は手榴弾

第2連隊(Coldstream, 1650)
　ボタンは2個一組　帽子に真紅の羽飾り
　襟章はガーター勲章の星章

第3連隊(Scots, 1642)
　ボタンは3個一組　帽子は羽飾りなし
　襟章はアザミ

第4連隊(Irish, 1900)
　ボタンは4個一組　帽子に青い羽飾り
　襟章はシャムロック

第5連隊(Welsh, 1915)
　ボタンは5個一組　帽子に白と緑の羽飾り
　襟章はポロネギ

● 騎兵連隊

第1連隊(Life Guards)
　赤いチュニック　ヘルメットに白い立て飾り

第2連隊(Blues and Royals)
　濃紺のチュニック　ヘルメットに赤い立て飾り

Chapel Market
チャペル・マーケット
White Conduit Street, N1
　イズリントン地区のペントンヴィル・ロードの北を走るホワイト・コンディット・ストリートで開かれる露店市．周辺の社会的変化の影響も受けず昔ながらの市の雰囲気をいまに伝えている．平日は月曜日を除き果物と野菜が，土曜日と日曜日には食料品のほかにさまざまな日用雑貨を並べた屋台店が隣接のペントン・ストリートにまではみ出る盛況である．

もともとこの通りはチャペル・ストリートといい，それが，市の名の起源ともなった．チャペルが創建されたのは1790年．この通りの初期の住人に，クライスツ・ホスピタル・スクールを卒業したばかりの15歳のチャールズ・ラムがいる．彼は姉メアリとこの通りの44番地に住んでいた．彼が17歳でシティの東インド会社(→East India Company Museum)の事務員になったとき，付近はまだ一面畑と野原だった．1870年代のはじめ，この通りはストリート・マーケットとして公認された．地下鉄エンジェル駅に近い．
→Street Markets

Chapel Royal
王室礼拝堂

① **Buckingham Palace,** Buckingham Gate, SW1
　バッキンガム・パレス(→Buckingham Palace)の礼拝堂．

② **Hampton Court Palace,** East Molesey, KT8
　枢機卿トマス・ウルジーによって建てられたハンプトン・コート・パレス(→Hampton Court Palace)の付属礼拝堂．ヘンリー八世の唯一の王子，のちのエドワード六世はここで洗礼を受けた．彫刻と金メッキが施されたアーチ型天井以外は，アン女王の治世下にクリストファー・レンによって再装飾された．

③ **St James's Palace,** SW1
　セント・ジェイムジズ・パレス(→St James's Palace)の堂々たる城門の右手に位置する礼拝堂．ヘンリー八世とアン・オヴ・クリーヴズの結婚を記念して建てられた．チャールズ一世は，1649年1月30日，処刑前にこの礼拝堂で終油の秘蹟を受けたあとホワイトホールにお

もいた．この礼拝堂は国内の最もすぐれた教会音楽家を雇い，教会音楽をはぐくんだところとして知られる．トマス・タリス，ウィリアム・バード，ヘンリー・パーセルなどの作曲家が名を連ねる．中世以来の伝統ある聖歌隊も有名である．現在の建物の多くの部分は1836年の模様替えのときのものであるが，天井にはウィリアム四世と王妃アデレイドの名前の組み合わせ文字をあしらって，1540年創建当初の天井とうまくマッチさせている．ヴィクトリア女王とアルバート公が1840年ここで結婚式を挙げ，1893年には同じくジョージ五世と王女メアリ・オヴ・テックが挙式した．

④ **Savoy Chapel,** Strand, WC2

1510年にヘンリー七世がサヴォイ・パレス（→Savoy Chapel）を再建したときの付属礼拝堂．現存する建物の大半は19世紀半ばの再建で，1937年以降はエリザベス二世の私的礼拝堂となっている．

→Savoy Chapel

⑤ **Tower of London,** Tower Hill, EC3

ロンドン塔（→Tower of London）内には礼拝堂が2つある．1つはセント・ジョン礼拝堂．ホワイト・タワー内にあり，内陣と身廊の間に仕切りを設けていない，質素で美しいロマネスク様式の礼拝堂．もう1つはセント・ピーター・アド・ヴィンキュラ礼拝堂．ヘンリー一世の時代に囚われの人々のために建てられた．現存するものは1512年再建の礼拝堂．ここにはアン・ブーリン，キャサリン・ハワード，ジェイン・グレイなど，多くの王族・貴族が埋葬されている．

Chapter Coffee House
チャプター・コーヒー店

1715年ごろから書籍販売業者や文人たちのたまり場として栄えた．パンチ酒が好評であった．ジョン・ストーによれば，このコーヒー店があったパタノスター・ロウ（→Paternoster Row）には16世紀末から書籍商が住んでいて，あらゆる種類の書物を売っていたという．また高価本の出版による個人的損害を防ぐために，共同出資による責任分担をはかる会合がもたれたところでもある．18世紀後半にジョージ三世とその内閣を匿名で非難した一連の手紙を載せた『パブリック・アドヴァタイザー』紙のバックナンバーを調査するために，ジェイムズ・ボズウェルは1773年にこのコーヒー店に出張を命ぜられたことがある（→Somerset Coffee House）．ブロンテ姉妹（シャーロットとアン）が，初めてロンドンに出たとき泊まったのが，このコーヒー店であった．19世紀末には，酒亭に変わった．

Charing Cross
チェアリング・クロス　WC2

トラファルガー・スクエアの南端にあり，ストランド，ホワイトホール，コックスパー・ストリートの合流点．エドワード一世の時代，チェアリングは小村にすぎず，1290年，妻エレオノールがノッティンガムで薨去すると，王はウェストミンスター・アビー（→Westminster Abbey）までの葬送の行列が途中で休息した12の村落に，十字架碑を建立させた．チェアリング村は，その最後の十字架碑が立ったところで，チェアリング・クロスの現在名は，その史実に由来する．十字架碑は王室御用の石工父子により建立され，エレオノール王妃の大理石像によって飾られた．この十字架碑は12基のうち最も費用をかけたもので，完成までに数年を要した．3世紀余を経て大きく傷んだ十字架碑は，1647年オリヴァー・クロムウェルの内乱のときに議会の命令で取り除かれ，石材はホワイトホールの舗道用またはナイフの柄に用いられた．

王政復古後，トマス・ハリソン大佐をはじめ大逆罪に問われた8名がここで処刑され，4つに引き裂かれた死体はめった切りにされ，籠に入れて処刑場から持ち出されたといわれる．6年後，ここでイギリス最初のパンチ・アンド・ジュディ人形劇がイタリア人によって演じられた．17世紀はじめには，ロンドンで何が起こっているかを見るにはチェアリング・クロスへ行けばよいといわれるほどにぎわいをみせた．1863年にA. S. バリー設計によるエレオノールの十字架碑（→Eleanor Cross）が

チェアリング・クロス駅前に復元された．現在，チャールズ一世騎馬像が立つ場所が，クロスの元の地点で，ロンドンから各地への距離は，この騎馬像を基点にして計算される．
→Memorials and Statues

Charing Cross Hospital
チェアリング・クロス病院
Fulham Palace Road, W6

地下鉄ハマースミス駅の近くにある公立の総合病院．すぐ隣がハマースミス墓地．

最初の病院は1818年にサフォーク・ストリート16番地に建てられた．創設者はベンジャミン・ゴールディング．ロンドンには18世紀半ばにミドルセックス病院（→Middlesex Hospital）が建てられて以来，新しい病院が造られていなかった．当時の公式報告書には，この病院の周囲が次のように書かれている．「貧困と悲惨さは耐えがたい．住民の多くはアイルランド系の労働者や呼び売り商人や怪しげな職業に就いている者である．この地域の汚さや惨めさ，あるいはそこで繰り広げられている光景を正確に描きだすことは不可能である．」

1823年，現在のチェアリング・クロス駅近くのヴィリアズ・ストリートに移転し，1827年，チェアリング・クロス病院と名称が改められた．その後，デシマス・バートンの設計により1834年に大規模な病院となった．ベッド数は60床だった．

1822年に医学校を併設．1826年にロンドン大学が創設されると，この病院はロンドン大学医学校の付属病院になった．著名な卒業生には探検家のデイヴィッド・リヴィングストーンやトマス・ハクスリーなどがいる．1911年に医学校はロンドン大学の一学部として編入され，1948年病院は国民保健サーヴィスに接収された．1973年に現在地に新病院が建設された．ベッド数は現在800余．「高名な依頼人」で，シャーロック・ホームズが暴漢に襲われて担ぎこまれたのはこの病院である．
→Hospitals

Charing Cross Hotel
チェアリング・クロス・ホテル
Strand, WC2

チェアリング・クロス駅（→Charing Cross Station）の階上に1863-64年にステーション・ホテルとして誕生した．設計は E.M.バリー．豪華な装飾の客室，ロンドンでも1，2を競う豪華な食堂が自慢であった．上部2層はのちの増築である．客室数218．最寄駅は，地下鉄ノーザン，ベイカールー，ジュビリー各線と鉄道のチェアリング・クロス駅．

Charing Cross Road
チェアリング・クロス・ロード　WC2

リージェント・ストリート完成後，ピカディリー・サーカスから北に向かう道路の建設が急務となり，1877年，議会はロンドン都市建設局にシャフツベリー・アヴェニューとチェアリング・クロス・ロードの建設を認可した．新設とはいえチェアリング・クロス・ロードは実質的にはクラウン・ストリートとカースル・ストリートの拡張であった．これにより，ロンドンの最もひどいスラムのいくつかが消えることになった．しかし，退去家族に住居を供与する必要もあって，工事は思うようにはかどらず80年代後半にまでずれ込んだ．

その結果，通りの南半分を睥睨するように立つサンドリンガム・ビルディングは，900人の住む単調な住宅ビル群となり，通りの建築上の美観は後回しにされた．このビル群は，1884年に皇太子夫妻を迎えて落成式が行なわれた．通りにはギャリック劇場（→Garrick Theatre），ウィンダム劇場（→Wyndham's Theatre），フィニックス劇場（→Phoenix Theatre）があり，北端のセント・ジャイルズ・サーカスには，ロンドン最初の高層近代ビルとして話題をよんだセンター・ポイント（→Centre Point）がそびえている．

この通りは楽器店，書店の多いことで知られ，ツヴェンマーズ，フォイルズ（→Foyles），ウォーターストーン書店（→Waterstone's）は有名である．またバレエシューズ専門店なども軒を連ねている．さらに古書店街でもあり，ヘレン・ハンフ著『チャリング・クロス街84番地』

は，この番地にあったマークス・アンド・カンパニー書店にアメリカから注文および古書探索を依頼した書簡とその返信をまとめた作品で，1986年にアメリカで映画化された．
→Bookshops

Charing Cross Station
チェアリング・クロス駅
Strand, WC2

　サウス・イースタン鉄道のロンドン終着駅として1864年に開業．ロンドン南東方面，さらに英仏海峡連絡船の発着港であるドーヴァー，フォークストーンに向かう列車の出発駅であった．トラファルガー・スクエア（→Trafalgar Square）のすぐそばという便利な場所にあるため，多くの乗客に利用された．とくにヨーロッパ大陸に向かう客がここで列車に乗り込むことが多く，たとえばE．M．フォースターの『天使も踏むを恐れるところ』など多くの小説に登場する．

　フランスのシャトー風の駅ビルの上層階は，かつてはロンドン最高級ホテルのひとつ（→Charing Cross Hotel）となっていた．ただし，第二次世界大戦後は連絡船に接続する特急列車はヴィクトリア駅（→Victoria Station）に移され，この駅はもっぱら郊外への通勤列車や近距離列車が発着するだけとなった．
→Stations

Charles Street
チャールズ・ストリート　W1

　グリーン・パーク北側にあるバークリー・スクエアからウェイバートン・ストリートに延びる道路で，かつてはバークリー卿の所領の中を走り，領地の境界に近づくところで西端が細くなり北に曲がっていた．バークリー家で一般的であったチャールズという名がこの通りにつけられたという．1745-50年ころに着工し，主任技師のジョン・フィリップス（27A番地に居住）が周辺のほとんどの家屋を建築した．そのいくつかは通りの南北に現存し，玄関前に建設当時の鉄製ランプ受けと石柱が見られる．現在，この通りはアパート，オフィス用ビルが中心で，昔はエドワード・ギボン，エドマンド・バーク，ジョン・ホップナー，ボー・ブランメル，クラレンス公爵（のちのウィリアム四世）などが住んでいた．

Charlotte Street
シャーロット・ストリート　W1

　トッテナム・コート・ロードの西2本目の通りで，1787年に建設され，ジョージ三世の王妃シャーロットにちなんで命名された．上流階級の人々は19世紀初頭にブルームズベリー近辺から西方に移住し，代わりにこの地区には芸術家やヨーロッパ大陸からの移民が住むようになった．詩人で戯曲家のチャールズ・ディブディン，建築家ロバート・スマークが住み，画家ジョン・コンスタブルも76番地を住居兼アトリエにした．また，この通りは手ごろな値段でさまざまな料理が楽しめる場所として知られている．1964年にテレビ・ラジオなどの電波を受ける180メートルの電波塔，テレコム・タワーがこの通りの北端西方に建設された．

Charlton Horn Fair
チャールトン・ホーン定期市

　ホーンとは角のことで，昔から妻を寝とられた亭主の頭に生えるとされた．一説によれば，牡鹿はさかりの時期に数頭の牝鹿を選ぶが，競争相手に負けると牝鹿を取られてしまう．鹿には角が生えていることから，「角が生える」という言葉が妻を寝とられた夫という意味になり，角は不義密通の象徴となった．「チャールトンの不義の市」とは，チャールトンの粉屋で，ジョン王にその妻を誘惑された男の話に由来する．粉屋は妻を寝とられた代償として，チャールトンからロザハイズに至るテムズ川の曲がり目までの土地を与えられ，そこで市を開く権利をジョン王から得たというのがこの市のはじまりで，粉屋の隣人たちはおもしろがって，その川の湾曲部を「不義の地点」と名づけ，そこで開かれる市を「角の市（ホーン・フェア）」と呼んだ．現在のウリッチ（→Woolwich）地区の一角である．

　チャールトンの教区教会が聖ルカの教会で

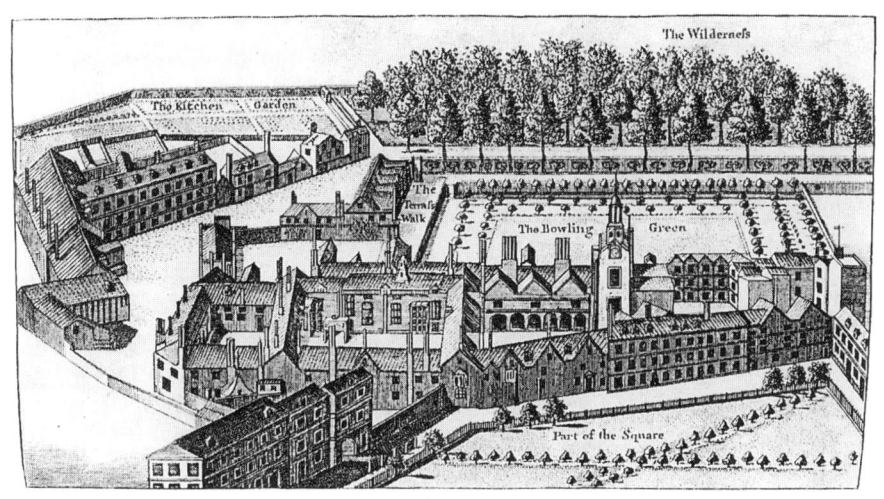

チャーターハウス（1750年頃．S.ニコル画）

あったことから，市は聖ルカの日，10月18日に開かれた．聖ルカはしばしば牛のそばで書き物をしている姿で描かれたところから，この市の名が出たともいわれる．記録上は，1268年にバーモンジー地区の修道院長に，市の特許が与えられたことになっているが，これは「角の市」とは別であった．「ホーン・フェア」は18，19世紀に最盛期を迎え，数千の人人が王，女王，粉屋の服装をし，頭に角を生やして船で訪れたという．しかし，この市も1872年に終わりを告げた．

Charterhouse
チャーターハウス

ロンドン最大の食肉市場であるスミスフィールド・マーケットの北側に立つ建物で，もと1371年創建のカルトゥジオ修道会の修道院．エドワード三世の騎士サー・ウォルター・ド・マニーがおよそ5万平方メートルの土地を購入して，これを建てた．以来，修道僧は厳しい戒律の下で修行生活を送っていたのが，ヘンリー八世による宗教改革の結果，国王が英国国教会の首長となると，修道院長ジョン・ホートンおよび他の2名の僧が王の廷臣トマス・クロムウェルを招き，王の教権をめぐって議論した（1535）．僧たちは捕らえられ，ウェストミンスターで裁かれたのちタイバーン（→Tyburn）で処刑された．修道院長は処刑のうえ体を四つ裂きにされ，その一部が山門上にさらされた．翌年新たに任命された修道院長にも院内の収拾はつかず，1537年修道院は王に明け渡された．

1545年にサー・エドワード・ノースがこの修道院を購入したが，2年後に，ノーサンバーランド公爵ジョン・ダドリーが息子と妻（レディ・ジェイン・グレイ）の住居として買いとった．彼はエドワード六世の死後ジェイン・グレイを女王に擁立するが，失敗して処刑されると，建物は再びノースに下賜され，1565年にはノーフォーク公爵トマス・ハワードが買いとり，ハワード・ハウスと改めた．

1611年には，炭鉱所有者であるトマス・サットンなる富裕な市民がこの建物を1万3000ポンドで買いとり，貧しい子供のための慈善学校，および貧しい老人のための養老院とした．学校には10歳から14歳までの男生徒を入れ，すぐれた教育を与えるとともに優秀な生徒は大学に送り，年間80ポンドの奨学金制度を設けて，教育機関としての名声を高めた．一方，養老院はすべて個室で，十分なまかないと年間25ポンドの衣料費が支給された．いまなお40名の年金受給者が恩恵に浴し

147

ている.

チャーターハウスは第二次世界大戦でひどい損壊を受けたが，どうにか修復がなった．大ホールは初期エリザベス朝の建物である．慈善学校はロンドン・チャーターハウスといって，ここで学んだ生徒にはジョン・ウェスリー（メソジスト派創設者），リチャード・ラヴレイス，リチャード・スティール，ジョーゼフ・アディソン，ウィリアム・サッカレー，ベーデン＝パウェル（ボーイ・スカウト創始者）などがいる．慈善学校は1872年に男子寄宿学校となり，サリー州のゴダルミングに移転し，跡地にはマーチャント・テイラーズ・スクールが，次いで，1949年，セント・バーソロミュー病院医学校が建った．

Chatham House
→Chandos House

Cheam
チーム　　SM2, SM3

その名を「切り株の村」を意味するサクソン語に由来し，6世紀ごろから人の住んでいた古い村落だった．1847年より南部に鉄道が敷かれるようになるが，ヴィクトリア朝の郊外都市になるのをまぬかれ，1920年代まではサリー州の農村としての面影をとどめ，鉄分のない粘土質の土壌を利用して，13-15世紀には陶器製造の中心地となった．大ロンドン南端，サットン（→Sutton）の一地区．

しかし，1920年代の後半から30年代になると，この地区の北部にある採土場と南部の白亜の丘陵地は市街地拡大の波に襲われた．1930年代には，鉄道沿線の南部には広い宅地つきの良質な住宅が多く見られるようになり，相次ぐ開発で古い村の中心部は建物に囲まれてしまった．第二次世界大戦でそれ以上の成長は押しとどめられたが，中心部に広がる広大な公園ナンサッチ・パークの周囲は現在では住宅地に変わっている．

1690年ころ，チーム南部の白亜の丘陵地には野兎を飼う大きな飼育場が造られ，飼育者の住居を含め約20ヘクタールの土地が煉瓦塀で囲われていた．ここで野兎が飼育されこの囲い地の南側のところどころに通路をあけておいて，丘陵地で獲物狩りのあるときには，野兎がこの穴から逃げ込むようにしていた．飼育者の住居もいまはなく，兎の飼育地も家屋が立て込んで，ゴルフ場近くの通りに煉瓦塀の跡だけが残っている．

Cheapside
チープサイド　　EC2

地下鉄セント・ポールズ駅に近く，シティを東西に走る大通り．中世のころから商業の中心地として栄え，逸話の多い歴史をもっている．名の由来は，古英語チープ（ceapないしchepe「取引」，「交換」）からきたもので，事実近くにはブレッド・ストリート，ミルク・ストリート，ポールトリーなど食料品関係の名を冠した通りが多い．ジェフリー・チョーサーは『カンタベリー物語』の「プロローグ」の「料理人の話」の中で，この大通りに住む徒弟の行儀の悪さを風刺した．

ヘンリー三世のころ（13世紀）一時商業が衰退したが，それはこの通りが繰り返し処刑場として使われたことによる．さらし台もおかれ，多くの者がさらされた．1382年，ブレッド・ストリートの料理人は腐ったアナゴを売ったかどでさらし台の刑をうけたうえ，アナゴを鼻の下で焼かれた．

1290年エドワード一世の妃カスティリアのエレオノールの死にともない，その棺をリンカーンからウェストミンスター・アビーへ運ぶ道筋の12の休憩地にそれぞれ十字塔（→Eleanor Cross）が建てられたが，そのひとつとして，ウッド・ストリート側にチープサイド・クロスが建てられた．17世紀には清教徒たちから繰り返し攻撃を受け，ついに1643年に取り壊された．現在チェアリング・クロス駅前に12番目だった十字塔の複製が立っている．またこの通りの広場で，中世にはしばしば馬上槍試合が行なわれた．そのときは馬がすべらないように石の舗道に砂がまかれた．

この通りとボウ・レインが接するところにロンドンっ子には懐かしいセント・メアリ・ル・

ボウ教会（→St Mary-le-Bow）がある．「ボウ・ベルの聞こえる範囲内で生まれた者が生粋のコックニー」という定義を生み，また，故郷に帰りかけていたディック・ウィッティントン（→Whittington Stone）を途中のハイゲートから呼び戻し3度も市長にしたという逸話に登場するのはこの教会の鐘である．教会は1666年のロンドン大火で焼失した．その後クリストファー・レンによって再建された．

ロンドン大火後の都市計画によって，18世紀になると，この界隈は大きな看板を通りに掲げた店が軒を並べ活況を呈した．『文学評論』の中で漱石もこの看板に言及している．19世紀には，ショッピング・センターとして，ウェスト・エンド（→West End）のピカディリーやリージェント・ストリートをしのいでいたが，第二次世界大戦後はオフィス街に生まれ変わった．

またこの大通りの界隈は，英文学にゆかりが深い地である．通りの南側に接するブレド・ストリート（→Bread Street）にはジョン・ダンやミルトンの生地があり，同じく通りの西側にはかつて「人魚亭」があって，ベン・ジョンソンが組織したそのクラブには，シェイクスピア，ジョン・フレッチャー，クリストファー・マーロウなどが集まった．詩人のジョン・キーツは，生まれはムアゲートだが，のちに弟とともにこの通りに住み「ここより選りすぐられた歓楽宮がほかにあるだろうか」と感嘆の言葉を残した．また，この通りの北側に接するウッド・ストリート（→Wood Street）の角に，柵に囲まれて1本のスズカケが1666年の大火で焼失したセント・ペテロ・チープ教会の焼跡に立っている．ワーズワスの詩「貧しいスーザンの幻想」に謳われたところとされている．

Chelsea
チェルシー　　SW3, SW10

チェルシー地区は，ロンドンの西郊，テムズ川北岸沿いの住宅街で，ロイヤル・コート劇場のあるスローン・スクエア（→Sloane Square）を頂点に，ミニ・スカートで有名になったメアリー・クワントのブティックのあるキングズ・ロード（→King's Road）と，チェルシー・ブリッジ・ロードにはさまれた公園の多い三角地帯である．

チェルシーの歴史は古く，サクソン王オッファーのころにさかのぼる．チェルシーとは古英語で「白亜または石灰岩を陸揚げする波止場」などの意味をもっていた．アルフレッド大王は899年にこの地に宮廷を置き，11世紀になると，エドワード懺悔王がこの地をウェストミンスター・アビーに与えた．ヘンリー八世は，チェイニー・ウォークに荘園チェルシー・マナー・ハウス（→Chelsea Manor House）を建て，娘のエリザベス（一世）はここで少女時代を過ごした．王の死後は6番目にして最後の王妃キャサリン・パーが住んだ．1520年代には，サー・トマス・モアがチェルシーのボーフォート・ハウス（→Beaufort House）へ移ってきた．モアはチェイニー・ウォークのチェルシー・オールド教会（→Chelsea Old Church）の特別礼拝堂に祀られているが，1969年，テムズ川に面してこの教会の南側に彼のブロンズ像が立てられた．チェルシー・マナー・ハウスの最後の居住者サー・ハンス・スローンが1753年に死ぬと，邸宅も取り壊され，現在のチェイニー・ウォークができた．しかし，マナー・ハウスの庭園はいまでも，チェイニー・ミューズ（昔のうまや）の奥に，その名残りをとどめている．

チェルシーの歴史記念物といえば，クリストファー・レンが建てたチェルシー王立廃兵院（→Royal Hospital）であろう．それにチェルシーは文人たちの居住地としても有名でスウィフト，アディソン，カーライル，リー・ハント，ロセッテイなど多くの有名人が住んでいたし，チェルシー磁器工場（→Chelsea Porcelain Works）もあって，有名な芸術家たちも集まった．1901年にはケンジントンとチェルシーが合併してロイヤル・バラ・オヴ・ケンジントン・アンド・チェルシーとなった．チェルシーは長い歴史のなかで大きく変貌したが，昔の面影をいまも残している．

Chelsea and Westminster Hospital
チェルシー・アンド・ウェストミンスター病院

Fulham Road, SW10

　1993年に開院した国民保健サーヴィス管轄の病院．ロンドン大学インペリアル・コレッジの薬学部の教育・研究センターの1つにもなっている．内科・外科の両分野の診療施設を備えていて，ベッド数は460．同じ敷地にHIV診療専門センターをもつセント・スティーヴン病院(→St Stephen's Hospital)や小児科専門のダウティ・ハウスがある．地下鉄ウェスト・ブロンプトン駅に近い．

Chelsea Arts Club
チェルシー・アーツ・クラブ

Old Church Street, SW3

　19世紀末，チェルシーに数多く集まっていた芸術家たちが設立した美術クラブで，当初は専用のクラブハウスをもたず，パブを根城としていたが，1902年に現在の場所を確保した．建物は低くてまとまりがないが，庭が美しい．設立時の会員にはジェイムズ・ホイッスラー，そして初代会長を務めた彫刻家のT. S. リーらがおり，のちに『パンチ』誌の絵画部門の編集者W.H. タウンゼンドらが加わった．

　このクラブの呼び物であった舞踏会は当初クラブハウスで行なわれていたが，やがてアルバート・ホールに場所を移した．ところがこの舞踏会が20世紀半ばになると社会の良俗を乱すものとして非難を浴び，1959年に中止となった．また1970年代以降，深刻な財政危機に見舞われ，1987年には解散寸前にまで追い込まれた．その後この窮状を切り抜けて今日に至っている．1991年現在，会員数は1500名を数え，入会希望者は3年間待たなければならないという．

Chelsea Bridge
チェルシー橋　SW11

　アルバート橋(→Albert Bridge)とともにチェルシーとバタシーの両地区を結ぶ3つの橋のひとつ．最初の架橋は1851-58年にトマス・ペイジの設計による鋳鉄製の塔をもつ吊り橋である．有料橋から無料になったのは1879年．その後1934年にはレンデルらによって現在の吊り橋にかけかえられた．このあたりは比較的川幅が広く，古くから水上行事が盛んで，チャールズ二世のころは「テムズに浮かぶハイドパーク」の異名をとった．

Chelsea Bun House
チェルシー・バン・ハウス

　『ガリヴァー旅行記』の作者スウィフトの記録によれば，1711年ごろチェルシーのバン・ハウスには，「めめめめめずらしいバン」があって，「1ペニーでかびくさいバン」を買ったとある．バンとは小型の丸くて柔らかいパンで，イギリスでは香料や干しブドウ，果物の皮などを入れ，イーストでふくらませて焼いた甘みのある菓子パンのこと．聖金曜日(グッド・フライデー，復活祭前の金曜日でキリストの磔刑を記念する教会の祭日)には，昔から表面に砂糖衣の十字架形がついたホット・クロス・バンを食べる習慣がある．チェルシーのバン・ハウスのホット・クロス・バンは有名で，「蜜のように香りがよくて甘い」と評判であった．

　この店の内部には外国の時計やいろいろの珍品が集められていて，ジョージ二世や三世をはじめ王室の王女たちのお気に入りの店であった．そこで聖金曜日には5万人もの客が早朝から店の外に並び，近所の迷惑となったので，1793年にはクロス・バンは売らないで，普通のチェルシー・バンだけをいつものように売ると宣言した．しかし，1804年に近くの遊園地ラニラ・ガーデンズ(→Ranelagh Gardens)が閉鎖されると，この店も次第にすたれた．1839年の聖金曜日には，それでも24万個のバンが売れたという．その年にこの店は取り壊された．ちなみに，17世紀にはオックスフォードシャーのバンベリーの市で作られたクロス・バンも有名で，マザー・グースの童謡にも歌われている．

Chelsea Embankment
チェルシー・エンバンクメント　SW3

　チェルシー橋からアルバート橋に至る1.6キロほどのテムズ河畔の広い遊歩道で，側面に半月形の公園が配置され，川辺の泥水から仕切られている．1871年から4年がかりで総工費27万ポンドをかけて建設された．この道沿いに並ぶ家はフラット群に分かれている．繊維ガラスによる「少年デイヴィッド」像があるが，その原型はハイド・パーク・コーナーにある近衛スコットランド竜騎兵記念碑のモデルとなったもので，1963年にこのチェルシー地区に寄贈されたが，のちに盗まれたという．ヴィクトリア・エンバンクメントやアルバート・エンバンクメントとともに，テムズ河畔の代表的な堤防である．

Chelsea Flower Show
チェルシー・フラワー・ショー
Chelsea Royal Hospital, SW3

　チェルシーの老退役軍人のための施設であるチェルシー王立廃兵院(→Royal Hospital)の敷地内で，1913年以来5月に開かれている草花類の展示会．イギリス人の庭造りは有名で，王立園芸協会(→Royal Horticultural Society)に属する園芸家たちが，自慢のバラや数々の新しい品種を展示してその腕を競い合う．この王立園芸協会は，陶器で有名なジョサイア・ウェッジウッドの息子が1804年に創立したもの．新しくめずらしい草花や植物の発見と普及を目的として人気をよび，このチェルシーのフラワー・ショーで自慢の草花を展示し，同時にその美しさを鑑賞する，世界最大級のフラワー・ショーに発展した．

Chelsea Football Club
チェルシー・フットボール・クラブ
Stamford Bridge, Fulham Road, SW6

　古くは多くの文人・画家が住み，現在は高級住宅地・商店街となっているチェルシーの西に，1905年に創立，同年にプロ化して2部リーグに選抜されたフットボール・クラブ．1907年以来ほとんど1部リーグに所属してお り，現在はプレミア・リーグの1つ．通称はチームカラーにちなんで「ブルーズ」．
→Football Clubs

Chelsea Hospital
→**Royal Hospital**

Chelsea Manor House
チェルシー・マナー・ハウス

　ヘンリー八世が1536年ごろ建てた荘園で，6番目の王妃キャサリン・パーとの結婚祝いに妃に与えたもの．キャサリンは王の死後ここに隠退した．1548年に彼女が死ぬと，荘園は初代ノーサンバーランド公爵ジョン・ダドリーに与えられた．ヘンリー八世の四番目の妃アン・オヴ・クリーヴズも1556年にここで死んだ．1591年にエリザベス一世はこの荘園をノッティンガム伯爵チャールズ・ハワードに与え，しばしばここを訪れている．1639年から49年にかけては，ハミルトン公爵ジェイムズの所有となった．1653年には家屋敷とも議会に没収され，1660年にチャールズ・チェイニーに売られ，1712年にサー・ハンス・スローンによって買い取られた．彼のコレクションはブルームズベリーに移され，それが現在の大英博物館の母胎となった．サー・ハンス・スローンの死後，荘園はまもなく取り壊され，その跡に現在のチェイニー・ウォーク(19-26番地)ができた．

Chelsea Old Church
チェルシー・オールド教会
Cheyne Walk, SW3

　オール・セインツの名で知られるこの教会は，12世紀の半ばごろのノルマン式の教会跡に建ったもので，今日でもずんぐりとした煉瓦造りの四角な塔が，昔の面影をとどめている．

　歴史的にはヘンリー八世が三番目の妻ジェイン・シーモアと結婚式を挙げた教会である．また13, 14世紀の様式をかたどったサー・トマス・モア個人の礼拝堂(1528年再建)がある．教会は第二次世界大戦で，かなりの被害をこ

ている．

Chelsea Old Town Hall
チェルシー・オールド・タウン・ホール
King's Road, SW3

　旧チェルシー区の区庁舎．1965年のケンジントン区との合併後はチェルシー公立図書館，その他の活動に使われている．建物は1886年にJ.M.ブライドンの設計で建てられたイギリス・バロック様式で，1906-08年に増築された．

　内部にはチェルシーと芸術家，文人，科学者との結びつきを示す壁画が描かれている．壁画は1912年に公募された作品から選ばれた数人の画家の作品で，ジョン・シンガー・サージェントらが審査に当たった．この中の文人壁画に，同性愛の罪で投獄されたことのあるオスカー・ワイルドの肖像が含まれていたため，1914年に区議会は激論のすえ撤去することを決めたが，第一次世界大戦が勃発したことが主な理由で，実行されずに終わった．この文人壁画にはジョージ・エリオット，トマス・カーライルも描かれている．

Chelsea Pensioners
→Royal Hospital

Chelsea Physic Garden
チェルシー薬用植物園
Swan Walk, SW3

　1673年，薬剤師同業組合（→Apothecaries' Hall）によって設立された，「医術」を意味する古語physicを冠した植物園．オックスフォードの植物園に次いでイギリスで2番目に古く，キュー植物園（→Kew Gardens）より約100年古い．1.6ヘクタールの園内には薬用植物の歴史館，世界の薬用植物園，ヨーロッパ最古のロック・ガーデンのひとつ（1773），1681年に造られたイギリス最初の温室がある．この植物園は薬剤師たちの植物の研究と教育を行なうことを主たる役割としてきたため，1981年に受け継いだ理事たちは一般公開は制限し，建物の一部を王立園芸協会（→

トマス・モアゆかりの
チェルシー・オールド教会

うむったが，モアの礼拝堂は戦禍をまぬがれた．チェルシーのかつての住人サー・ハンス・スローンの寄贈による鎖つきの『ヴィネガー・バイブル』がある．「ヴィンヤード」とすべきところを，「ヴィネガー」と誤植したものといわれる．境内にサー・ハンス・スローンの記念碑がある．礼拝堂のひざぶとんには，エリザベス一世，ホルマン・ハント，トマス・ドゲット（→Doggett's Coat and Badge Race），サー・ハンス・スローン，サー・トマス・モアなど，この教会に関係した400名の紋章が刺繍してある．内陣にあるモアの記念碑は，モア自身の銘刻で，ハンス・ホルバインの装飾になるもの．またモアのチャペルには，レディ・ジェイン・グレイの義母にあたるノーサンバーランド公爵夫人の墓もある．

　1969年，テムズ川に面して，この教会の南側にモアのブロンズ像が建てられた．彼の首はテムズ川に向かって，彼が処刑されたロンドン塔の方向にかすかに傾いている．胸に光る十字架は，ローマ教会への堅い信仰を示し

Royal Horticultural Society)に賃貸して講習会を行なっている．そのため，入園できるのは4-10月の水曜と日曜の午後のみとなっている．

こぢんまりとした園内にはロンドンの名木が何本かある．ニュージーランド産のキエンジュ(黄槐)はジョーゼフ・バンクスがキャプテン・クックの第1回航海に同行して持ち帰ったものの孫木といわれる．また，ロンドンでも数少ないコルクガシの標本のひとつや，高さ9メートルのイギリス最大のオリーブの木がある．全部で7000種以上の植物が長方形の花壇に，科別あるいは産地別に植えられ，その80パーセント以上が薬用植物である．

この植物園が歴史的に重要な役割を演じた2つの植物はワタとニチニチソウである．ワタはその種子が1732年にここから米国ジョージア州に送られて，合衆国の主要作物となった．ニチニチソウはマダガスカルからパリ植物園経由で到来し，のちに野生化して熱帯諸国の路傍にまで広がったが，癌の治療に有効であることがわかった．

日記で有名なジョン・イーヴリンは園内をよく散歩し，1736年にはスウェーデンの植物学者リンネ(→Linnean Society of London)が採集に訪れた．この植物園の維持に貢献した医師ハンス・スローンの像(マイケル・リスブラック作)が1733年に園の中央に建てられた．

Chelsea Porcelain Works
チェルシー磁器工場

小説家のトバイアス・スモレットがチェルシーに住んでいたころは，この磁器工場はローレンス・ストリートの西の隅にあった．この工場は1745年に創設され，1784年まで存続していた．いまは住宅街になっているが，その庭園では製品の破片がいまでも発見されるという．チェルシー焼きと呼ばれたこれらの磁器は，製品のマークによって大体次の5期に分類されている．

(1)三角印期(1745-49)：白色の小品が多い．(2)浮き彫り錨印期(1749-52)：人形その他の小品の模様が複雑になっている．(3)赤色錨印期(1752-58)：最盛期で芸術性が高い．(4)金色錨印期(1758-79)：花びん，香水容器などの高級品が主で，色彩も豊かでフランスのセーヴル焼きに近い．(5)チェルシー・ダービー期(1770-84)：ダービーの工場と連携し，新古典主義の作品．1784年にチェルシー工場は閉鎖され，すべての施設はダービー工場に移された．

Chelsea School of Art
チェルシー美術デザイン学校

Manresa Road, SW3

1965年にサー・アイザック・ヘイワードによって設立された．ロンドンで最も有名な美術学校のひとつ．美術，捺染，彫刻，セラミック，デザインの分野で学部と大学院レベルのコースを提供している．著名な美術家たちが教授陣に名を連ね，学生実習用のスタジオや充実した図書館を完備している．正面中庭の彫刻は現代作家ヘンリー・ムーア作の《寄りかかる2つの像》である．

Chelsea Waterworks Company
チェルシー水道会社

ロンドンの水道会社のひとつ．1723年に今日のピムリコ地区のテムズ川沿いに設立された．当初は潮の干満で動く水車を動力源に水を汲み上げ，ウェストミンスター地区，グロヴナー・スクエア，ハノーヴァー・スクエア，ケンジントン・パレス，ハイド・パークやセント・ジェイムジス・パークの貯水池などに給水した．その後，年とともに経営規模も給水量も増大し，1803年からは，テムズ川から直接ポンプで大量に取水する方式が導入された．

だが，1827年のシティの議会でフランシス・バーデットにより，チェルシー流域における驚くべき汚染の実態が報告され，その水を供給している水道会社に世間の非難が集まるようになると，同社は施設の改善に乗りだし，1829年から同社の技師のジェイムズ・シンプソンが開発した砂礫の大規模な濾床を用い，他社に先んじて濾過された上水の供給を始めた．そしてその後も経営を拡大するいっぽ

イ・オールド・チェシャー・チーズ亭
（創業は16世紀前半）

う，1876年には取水口を8キロ上流のウォルトンに移すなど上水の汚染防止にも努めたが，1902年の首都水道事業の公営化によって新たに成立した首都水道局（Metropolitan Water Board）に引き渡され，その歴史を終えた．
→Water Supply

Cherry Garden Pier
チェリー・ガーデン・ピア
Rotherhithe, SE16

　タワー・ブリッジの下流，テムズ川南岸沿いの桟橋．17世紀に人気があった行楽施設のチェリー・ガーデンに上陸するための桟橋として有名．貴重な記録を残した日記作家サミュエル・ピープスは，1664年にここを訪れたと

記している．風景画家J.M.W.ターナーがトラファルガー沖の海戦で勇戦した戦艦テメール号の，使命を果たして解体のために曳航されてゆく姿を描いたのはここである．タワー・ブリッジを通過する船舶が跳ね橋を揚げてもらうときは，この位置で汽笛を鳴らすことになっていた．
→Piers

Cheshire Cheese, Ye Olde
イー・オールド・チェシャー・チーズ亭
Wine Office Court, Fleet Street, EC4

　オーク材の太い梁を渡したこの古いロンドンの酒亭は，チョップハウスとして，18，19世紀には肉料理で有名であった．ゴールズワージーは『フォーサイト家物語』の「裁判沙汰」の章で，ウィニフレッドがソウムズとともにこの「世界に名だたる酒亭」で，早目の昼食をとる場面を描いている．時間はずれの注文に驚いた給仕は，それでも急いで料理を用意した．「プデンをおもちしました，だんな．今日のはヒバリがたんと入っていますよ．」これがこの店の目玉商品だったのであろう．軽食のつもりで注文したのが，なんと，ばかでかい褐色のかたまりだった．うたどりのヒバリの姿を想像しながら，2人の客は，おそるおそるフォークを使ったが，空腹のおかげでたらふく平らげた．もとより，ビーフ・ステーキ，キドニー，オイスターのプディングもあり，みな50〜80ポンドの目方があったという．いまではローストビーフと，食後の巨大なチェシヤーチーズとビスケットが名物である．

　場所は，フリート・ストリートの中央あたりを北へ入った横丁のワイン・オフィス・コートにある．ここはイギリス最初の『英語辞典』で有名なジョンソン博士の家（→Dr. Johnson's House）があるゴフ・スクエアの入口にあるから，記録にはないが博士がよく出入りしたらしいといわれている．レノルズが描いた博士の肖像画があって，その下の席に博士はいつも座っていたと，まことしやかに宣伝されている．2階にはジョンソンの辞典と，貧乏小

説家のゴールドスミスが愛用したというクレイ・パイプが，ガラスのケースに入れて飾ってある．18世紀の常連としては，ジョンソンの友人たち，ボズウェルはもとより画家のレノルズ，歴史家のギボン，俳優のギャリックなど．19世紀にもカーライル，マコーレー，テニソン，ディケンズ，サッカレー，挿絵画家のジョージ・クルックシャンク，ウィルキー・コリンズなど多士済々であった．マーク・トウェイン，シオドア・ローズヴェルト，コナン・ドイル，ビアボーム，チェスタートン，アーサー・シモンズ，アイルランドの詩人イェイツといった有名人も名を連ねている．1890年には，イェイツが創設した詩人の会「ライマーズ・クラブ」の会合所となり，自作の詩を朗読した．

「イー[ズィ]・オールド」と古い英語定冠詞がついているように，その歴史は古く，16世紀前半の創設で，ロンドン大火で焼失したが1667年に再建された．その由来が店の入口の壁に誇示されている．看板は一般にある長方形のスウィング・サインではなく，日本ののきしのぶのような円形をなし，夜は電灯がともる．20世紀になると，ジョージ五世の王妃メアリも訪れたという．そのころこの酒亭の人気者は，人間ならぬポリーというオウムだが，1918年の休戦記念日の夜，シャンペンのコルクを抜く音を400回もまねをして気絶したという．その8年後，1926年に40歳で死んだという記事が200種の新聞紙で報道されたという．この店はいまでもロンドン観光スポットのひとつである．

Chessington
チェシントン　KT9

1900年には小村だったが，第一次世界大戦後急速に肥大化し，レザーヘッド方面に向かう南端部は大きく突き出るようにしてサリー州と接して，大ロンドン地区の西南境をなし，今なお田園地帯である．南部丘陵地には中世の濠構えの農家の遺構があり，またバーント・スタッブと呼ばれる城郭風の19世紀の邸宅がある．後者はチェシントン動物園に組み込まれているが，この動物園は1931年の創設で，個人所有としては国内最大の規模をなし，現在は26万平方メートルにおよぶ「ワールド・オヴ・アドヴェンチャー」公園の一部をなしている．この公園はミニ鉄道や100以上の遊興設備をもち，動物園の空中観察やサーカスの興行もあって，子供の天国である．

チェシントン南駅近くのセント・メアリ・ザ・ヴァージン教会は13世紀の建立で，燧石造りで入口は木造．貴重な調度品のうち，最も大切にしているのが銀杯で，これは国内で最も小さな銀杯のひとつである．1568年製で高さがわずか9センチという．劇作家サミュエル・クリスプが引退して住んだチェシントン・ホールは，18世紀に作家ファニー・バーニーが好んで訪ねたところであった．大ロンドン西南端，キングストン・アポン・テムズ自治区の一地区．

Chesterfield House
チェスターフィールド・ハウス

ハイド・パーク東側に1937年まであったチェスターフィールド家の邸宅．1748-49年，第四代チェスターフィールド伯爵フィリップが居所として建てたパラディオ様式の邸宅．取り壊されたキャノンズ・パークのチャンドス邸からもってきた大理石列柱と華麗な階段がとくにすばらしく，チェスターフィールド伯は「とりわけ階段は，イギリスでは見ることのできないすばらしい眺め」で「かさむ費用で破産するかもしれないが，喜びは何にもまさる」と述べた．完成祝賀パーティにおいて，招待客のハミルトン公爵は美貌のガニング嬢に一目惚れし，2日後にカーテンの止め金を指輪代わりに使って近くの教会で電撃結婚をした．1870年，賃貸契約を結び，緑深い庭園の一部はチェスターフィールド・ガーデンズとして住宅用に整備された．通りの西側にはアパート，東側には石造りの大豪邸が並ぶ．パラディオ様式の邸宅は1937年に取り壊された．

Chester Square
チェスター・スクエア　SW1

ヴィクトリア駅の西，キングズ・ロードと並

155

チェスター・テラス入口

行するような形で，イートン・スクエア（→Eaton Square）と隣り合っている．1836年ころにトマス・キュービットによって造られた．ベルグレイヴィアにあるスクエアの中でも最も閑静な地区として知られる．

　詩人・批評家として有名なマシュー・アーノルドが2番地に長年暮らし，詩人P. B. シェリーの第二夫人で『フランケンシュタイン』の作者として知られるメアリ・ウルストンクラフト・シェリーが24番地の家で1851年に死んだ．

Chester Terrace
チェスター・テラス　NW1

　リージェンツ・パーク東端沿いのアウター・サークル通りとオールバニー・ストリートの間に連なるテラスハウス．ジョン・ナッシュの設計によって，1825年に完成した．名称は，のちにジョージ四世となったチェスター伯から取られたもの．瀟洒なコリント式の柱は圧巻．また，建物に入る両端の道路の入り口にはこのテラスハウスの名称が刻まれた堂々たるアーチが立てられている．S.T. コールリッジの娘でラテン語・ギリシャ語の翻訳者で作家でもあったセーラ・コールリッジが10番地に住み，この家で亡くなっている．劇作家アルフレッド・サトロが31番地に住んだ．北隣にはカンバーランド・テラス（→Cumberland Terrace）が連なっている．

Cheyne Row
チェイニー・ロウ　SW3

　「ロウ」とは「家並み」という意味だが，ここでは町名になっている．もとチャールズ・チェイニー卿の所有地で，そこに1708年ごろアン女王時代の赤煉瓦造りの家が建てられた．美しい家並みのある小路で，この24番地にスコットランド出身の評論家・歴史家で，明治時代の日本人に親しまれた『衣服哲学』，『フランス革命史』，『英雄崇拝論』の著者である「チェルシーの哲人」と呼ばれたトマス・カーライルが住んでいた．彼はこの家に1834年から若い妻と住み，1881年に死んだ．現在はカーライル博物館（→Carlyle's House）として，ナショナル・トラストの管理下にある．この通りの北端にはホーリー・リディーマー教会が立っているが，そこにはかつて陶芸家のウィリアム・ド・モーガンの陶器倉庫や展示場があった．チェイニー・ロウの10番地の家には，婦人警官

の創始者マーガレット・デイマー・ドーソンの記念銘板が見られる．

Cheyne Walk
チェイニー・ウォーク　SW3

　チェイニー・ロウ（→Cheyne Row）と同じく，17世紀後半から18世紀初期にかけて，チェルシー・マナー・ハウス（→Chelsea Manor House）の主であったチェイニー一族の名を取ったもので，この通りにはロイヤル・ホスピタル・ロードからクレモーン・ロードに至るアン女王時代からの美しいテラス・ハウスがテムズ川沿いにつづいている．しかも枚挙にいとまがないほど重要著名人が住みついた．3番地にはセント・ポール大聖堂のオルガニスト，サー・ジョン・ゴスと，王立地理学協会の創設者のひとり，ヘンリー・スミスが住んでいた．4番地はジョージ・エリオットの終焉の地であり，芸術家のウィリアム・ダイスやダニエル・マックリースが一時居住していた．5番地にはヴィクトリア女王に財産を残したというジョン・キャムデン・ニールドが長年住み，6番地にはイタリア人の医師ドミンチェッティが移り住んで，庭園に3万7千ポンドの大金を注いだ大邸宅を建てた．数千人の病人の治療に役立った薬湯を紹介した人物であった．10番地にはロイド＝ジョージ伯爵が住み（1924-25），14番地には哲学者で数学者のバートランド・ラッセルが20世紀のはじめごろ住んでいた．

　この美しい並木道をさらに西に進めば16番地で，D.G.ロセッティはここで18年間，死ぬまで詩を書きつづけた．家の前には彼の座像がある．アルジャーノン・スウィンバーンやジョージ・メレディスも同居し，1871年から10年間にわたり詩人や芸術家の会合所となった．18番地は，かつてドン・サルテロズ・コーヒー店（→Don Saltero's Coffee House）のあったところで，18世紀の文人たちでにぎわった．ここから先のチェイニー・ミューズ（昔の貴族たちのうまやがあったところ）までが，ヘンリー八世が荘園を建てた土地で，娘のエリザベス一世はここで少女時代を過ごした．小説家ヘンリー・ジェイムズが亡くなったのは，この一角のカーライル・マンションズにおいてである．

　チェイニー・ウォークに面したダンヴァーズ・ストリートの端にあるクロスビー・ホール（→Crosby Hall）は，もとシティのビショップスゲートにあった当時の大商人ジョン・クロスビーの邸宅（1470）で，それをトマス・モアが1516年に買い取ったが，1908年にモアの記念としてこの地に移され，現在では全英大学婦人連盟の大食堂となっている．ここからボーフォート・ストリートを渡ったチェイニー・ウォークの92番地は，詩人で画家のW.B.スコットのベル・ヴュー・ハウスで，18世紀のヴェニス風の美しい窓がある．その93番地では，ギャスケル夫人が1810年に生まれている．20世紀の初頭には104番地の白壁の家に，フランス生まれでイギリスに帰化したエドワード朝の作家ヒレア・ベロックが一時住んでいた．119番地にとぶと，イギリスの代表的画家J.M.W.ターナーが，晩年に世をしのんでブース（Booth）という名で住んでいた．彼はここで1851年に亡くなっている．

Child's Bank
チャイルズ・バンク

Fleet Street, EC4

　チャイルズ・バンクという銀行の名前は，『銀行年鑑』にも，英国政府発行の『フィナンシャル・サーヴィス』の索引にも見当たらない．しかし，チャイルズ・バンクの存在は現在フリート・ストリート1番地に立つチャイルド・アンド・カンパニーによって知ることができる．17世紀，イングランド銀行設立以前からフリート・ストリートのバンカーと称されていたサー・フランシス・チャイルドが経営していた個人銀行で，シティにはいるためのテンプル・バーの隣にあった．チャイルドはもともと，17世紀ロンドンの金融業にしばしば見られた，ゴールドスミス・バンカーズと称される「金匠銀行業者」（金細工師が金融業を兼ねていたことが多い）であった．

　このチャイルド・バンクは，フリート・ストリートやストランド界隈に事務所や邸宅を構

える貴族や政治家などに預金の受け入れ，保護預かりのサービスを行なっていた．それが1924年に，グリン・ミルズ・アンド・カンパニー(1753年設立)に吸収合併され，そのチャイルド支店となった．その後，数々の合併を経て，現在はチャイルド・アンド・カンパニーとして，ロイヤル・バンク・オヴ・スコットランドの傘下にある．場所はフリート・ストリートの入り口．

チャイルド・バンクは，チャールズ・ディケンズの名作『二都物語』の中の「テンプル・バーのそばのテルソン銀行」のモデルになった．「…打ち落とされた首がズラリとテンプル・バーの上に並べられると，そうでなくとも暗いテルソン銀行の乏しい採光を著しくさえぎることになる…」とディケンズは書いている．
→Banks

Child's Coffee House
チャイルズ・コーヒー店

このコーヒー店は17世紀の末に開店したというから，ロンドン大疫病とロンドン大火の直後である．所在地のウォリック・レイン(Warwick Lane)というのは，大疫病の惨状を描いたエインズワスの小説『古きセント・ポール寺院』(1841)では，「疫病に乾杯，疫病に乾杯」と疫病で死人が出れば出るほど繁昌する棺桶屋の並ぶ横丁で，セント・ポール大聖堂の西北部を南北に走るアヴェ・マリア・レインにつづく小路である．そのころから，この近くには医学専門学校もあったから，このコーヒー店には僧侶，医者，そして法律家が集まった．『スペクテーター』のジョーゼフ・アディソンは，その発刊第1号で，「私はチャイルズではパイプを楽しみ，新聞を読んでいるふりをして，人々の話に耳を傾ける」と書いている．ジェイムズ・ボズウェルもよく通ったが，彼の死後(1795)まもなく閉店した．

Chingford
チングフォード　E4

ロンドン北東郊，エッピング・フォレストの北にある住宅地．1965年にウォルサム・フォレスト自治区の一部となった．リー川沿いの沼地に造られたジョージ五世貯水池(1913)とウィリアム・ガーリング貯水池(1951)が見渡せ，ロンドン市民の保養地にもなっている．サマセット・モームの処女作『ランベスのライザ』には，ランベス地区の男女が大型遊覧馬車でチングフォードの縁日に出かける場面が描かれている．17世紀まで王の鹿狩りが行なわれ，ヘンリー八世はここに私猟園を造りかけたが中断した．狩猟観覧席として1543年に完成した3階建て木骨造りの，エリザベス女王の狩猟館は，エッピング・フォレスト博物館になって現存する．北端にチングフォード鉄道駅がある．

Chippendale's Workshop
チッペンデールズ・ワークショップ

トマス・チッペンデールは18世紀の家具職人，その製品はロココ調の曲線を採り入れた優美なデザインで人気が高かった．1754年，ジェイムズ・ラニーをパートナーとしてレスター・スクエアに近いセント・マーティンズ・レインに工房をかまえた．チッペンデールは同年，業界としては初の総合カタログを発行し，さらに人気を確かなものにした．シェルバーン卿やデイヴィッド・ギャリックなどの著名人がこの工房に家具を注文した．

1779年にチッペンデールは死去，店は父のもとで修行した長男に譲られたが，時代の好みはすでにロバート・アダムらが提唱した新古典主義様式に移っており，1804年に店は破産した．

Chislehurst
チズルハースト　BR7

大ロンドン南東部ブロムリー自治区の一地域．1865年に鉄道が通じ，郊外住宅地となったが，多くの古い建物や共有地，森林などに昔の面影をとどめている．もともとここはエリザベス一世に仕えたウォルシンガム家の荘園だった．村の古いパブ「虎の頭亭」は同家の家紋に由来する．中心となる公園チズルハースト・コモンには村の闘鶏場が残っている．

この共有地の西側にある，1717年ごろに建てられたカムデン・プレイスには，フランスから亡命したナポレオン三世が1871年から73年まで住んだ．地域の西部，鉄道駅チズルハーストの北に，ローマ時代から使われていたといわれる石灰採掘坑の跡，チズルハースト洞窟がある．

Chiswick
チズィック　W4

ハイド・パーク・コーナーから9.6キロほど西のテムズ川北岸で，ハマースミス地区の南東に位置するロンドン西郊の地．名前の由来はチーズ農場が起こりともいわれるが不明．19世紀半ばまでは聖ニコラス教会を中心にした川辺の小村にすぎなかった．ほかのロンドン周辺部がそうであったように，ここも鉄道の開通(サザン・リージョン鉄道，1849)が発展のきっかけとなった．人口は19世紀のあいだに10倍弱の急増をみせた．その後，チズィック橋(→Chiswick Bridge)の建設(1933)とチズィック・フライオヴァーの完成などイングランド西部に通じる幹線道路(A4)の整備拡張が進み，いまでは教会とチズィック・ハウス(→Chiswick House)とホガース・ハウス(→Hogarth House)がかつての閑静な雰囲気をようやくとどめているにすぎない．

チズィック・ハウスは第三代バーリントン伯爵のカントリー・ハウスとして，当時流行のパラディオ様式を代表する建築物である．ホガース・ハウスは18世紀の風刺風俗画家だったウィリアム・ホガースが晩年の52歳のときに入手して過ごした住まいで，画家自身が「カントリー・ボックス」と呼んだように，間近にあるチズィック・ハウスとは比べものにならない小さな家と庭である．せまい庭の真ん中に1本の桑の木が立っている．室内には，ホガースの独創による代表的な連作絵画が展示されている．1997年の画家生誕300年を記念して内装と展示が一新された．聖ニコラス教区教会の現在の建物は19世紀後半のものであるが，建立の歴史は1181年までさかのぼる名刹である．教会墓地にはホガースはじめ，バーリントン卿，チズィック・ハウスの庭園を設計したウィリアム・ケント，アメリカ生まれで洗練された色彩感覚の画家ジェイムズ・ホイッスラーなどの墓がある．バーリントン・レインのチズィック・スクエアのボストン・ハウス(1740)はウィリアム・サッカレーの小説『虚栄の市』で主人公が辞書を投げ捨てる場面に登場する家である．チャーチ・ストリートを川岸の方におりていくと，心地よい川辺の散歩が楽しめるチズィック・マル(→Chiswick Mall)に出る．

Chiswick Bridge
チズィック橋　W4

北岸のチズィックと対岸のモートレイクを結ぶ．1933年，ハーバート・ベイカーにより完成したコンクリート橋．中央部のスパンは45メートルあまりあり，ロンドンの橋のスパンとしては最大である．橋のすぐ下流は，毎年，復活祭直前の土曜日に催されるオックスフォードとケンブリッジの大学対抗ボート・レース(→Boat Race)のゴール地点になっている．始点は4.5マイル(7.2キロ)下流のパトニー橋(→Putney Bridge)である．南岸には川辺のパブとして老舗のザ・シップがある．

Chiswick House
チズィック・ハウス
Burlington Lane, W4

イギリスにおけるパラディオ様式建築の典型であるこのカントリー・ハウスは，ロンドン西郊チズィックのテムズ川の流れ近くに立っている．美術愛好家だった第三代バーリントン伯爵ことリチャード・ボイルは，18世紀，貴族のあいだに流行した大陸旅行「グランド・ツアー」からイタリアの建築家アンドレア・パラディオの典雅・均斉をおもんじる様式をもちかえり，1725-29年にこれを自邸の別館としたのが，この居館である．ファサードは，6本のコリント柱が支えるペディメントをのせた柱廊玄関とそれに通じる2重階段，円形ドームの丸屋根など，左右対称の端正な造りである．正面左右にウィリアム・ケントとイニゴー・ジョーンズの像が立つ．2人は内部装飾

パラディオ様式の典型, チズィック・ハウス

と造園に腕をふるって，この貴族の庇護を受けた芸術家である．外観と同様内部もシンメトリーな設計で，ホールとその上階のドーム・サロンを中心にして，まわりに書斎，寝室，ブルー・ベルベット・ルーム，グリーン・ベルベット・ルームなどが整然と配されている．

伯爵はこの別館を収集した美術品の展示と友人を招く饗宴の場とした．ポープ，スウィフト，ヘンデル，ゲイなどの錚々たる人物が客人となった．当主の没後，建物は18世紀の半ば，第四代デヴォンシャー公爵家に受け継がれ，1892年，第八代公爵が地方のチャッツワースに移ると，個人経営の精神病院になった．1928年，ミドルセックス州所属となり，ナショナル・ヘリテッジの管理のもと，今日におよんでいる．

庭園は，従来のオランダ整形式造園と決別した，イギリス式自然庭園のイギリスにおける最初の作例である．設計はウィリアム・ケントとチャールズ・ブリッジマンであった．林の中の小道，池，人口滝，オベリスクなどが配置された庭園である．温室は水晶宮(→Crystal Palace)の設計者として有名なデヴォンシャー公爵家おかかえの庭師ジョーゼフ・パクストンが手がけたもの．

Chiswick Mall
チズィック・マル　W4

チズィックのチャーチ・ストリートからテムズ川沿いにハマースミス地区の境までつながる道．この通りの魅力は，川を見渡す出窓やバルコニーがついたジョージ朝風の落ち着いたたたずまいの家並みである．リンガード・ハウス，テムズ・ヴュー，ストロベリー・ハウス(1730)，モートン・ハウス(1730)，ベドフォード・ハウス，レッド・ライオン・ハウス(第一次世界大戦まで旅籠だった)，ウォルポール・ハウスなどが，ロンドンでも最もみごとな18世紀の家並みを見せる．ウォルポール・ハウスはチャールズ二世の愛人だったクリーヴランド公爵夫人バーバラ・ヴィリアズが晩年を過ごし，死んだ(1709)家だが，その後，学校となった．その寄宿生に小説家ウィリアム・サッカレーがおり，『虚栄の市』に描かれるミス・ピンカートンの学習塾はこの学校がモデルとされる．アイルランド出身のダニエル・オコンネルは法学生だった1796年，ここに住んだ．

Chocolate Houses
→Coffee Houses

Christ Church
クライスト・チャーチ

① Albany Street, W1

　1837年，ジェイムズ・ペネソーンの設計で建立され，細長い尖塔に黄色い煉瓦造りの会堂に特色があった．1867年に内部が改造された．《山上の垂訓》が描かれたステンドグラスの窓は，D.G.ロセッティがデザインを担当し，ウィリアム・モリスが仕上げた．1988年に閉鎖され，教会堂は現在，ギリシア正教会が使用している．地下鉄グレイト・ポートランド駅に近い．

② Commercial Street, E1

　1711年の「50の新教会条令」によって，建設依託をされて建てられた教会のひとつ．設計者は18世紀を代表する建築家ニコラス・ホークスムアで，彼の代表作となった．もともとこの教会は，スピタルフィールズ（→Spitalfields）の地で生計を営んでいた絹織物業者たちに合流したフランス新教徒の難民たち，つまりユグノーの面倒をみる役目を果たしていた．18世紀に立てられた墓石の刻字の半数以上がフランス名になっているのは，そのためである．1841年に落雷を受け改修されたが，1956年スミス・スクエア（→Smith Square）のセント・ジョン教会の売却金で修復計画が可能になり，「イギリスのバロック」として知られるようになった．

　リヴァプール・ストリート鉄道駅に近いスピタルフィールズ・マーケットの前に立つこの教会の特徴は，教会堂の上に塔が置かれ，その上に細長い尖塔が空にそびえる姿である．トスカナ様式の4本の大円柱を配したファサードも圧巻．内部はバシリカ風で，側廊のついた本堂と後陣とを備えた簡素な造りになっている．内陣の両面には2つの記念碑があって，ひとつは，近隣に多くの貸家を持ち，50の新教会の当初の依託人のひとりであったエドワード・ペックのもの，もうひとつは1747年にロンドン市長だった銀行家ロバート・ラドブルックに捧げられたもの．教会堂は一時，閉鎖されていたが，いまでは音楽会や正規の礼拝が行なわれている．地下室はアルコール中毒症の人たちのリハビリ施設として使われている．

Christ Church Greyfriars
クライスト・チャーチ・グレイフライアーズ修道院

　もともとフランシスコ会の修道士のために1225年に建立された修道院．1291年にヘンリー三世の妃であったプロヴァンスのエレオノールの心臓が埋葬されて以来，王室賛助の教会堂となった．1306年，エドワード一世の2番目の妃マーガレットが再建をはじめ，妃の死後の1348年に新しい教会堂が完成．当時，その大きさはシティでもセント・ポール大聖堂に次ぐものであった．

　その後，ヘンリー八世による修道院解散令により1538年に解散の憂き目に遭い，しばらく教会堂はフランスの船舶から奪取したワインの貯蔵所として使われていた．1547年，内陣がクライスト・チャーチと改名され，近くの教会所属だった2，3の教区を一括して掌握することになった．1666年の大火で焼失したが，元の内陣の場所に1677年からほぼ10年をかけてクリストファー・レンが新しい教会堂を再建した．しかし，第二次世界大戦のドイツ軍の空爆によって破壊された．この修道院には，エドワード二世の妃イザベラ，その娘でスコットランド王妃のジョーン・ド・ラ・ツールなどが埋葬された．場所は現在のニューゲート・ストリートに当たる．

Christchurch Newgate Street
→**Greyfriars Monastery**

Christie's
クリスティーズ

king Street, SW1

　ジェイムズ・クリスティーが1766年に設立した美術品の競売会社．現在のオックスフォード・サーカスに近いグレイト・カースル・ストリートに店を構えたが，1770年に人気画家トマス・ゲインズバラが住んでいたペル・メル街に引っ越してから，ファッショナブルな美術品

の競売場として有名になり，事業が軌道に乗った．またフランス革命の余波で，絵画が間断なくイギリスへ流入してきたこともプラスになった．キング・ストリートの現在地へ移したのは息子のジェイムズである．

1831年，ジェイムズ・クリスティーはウィリアム・マンソンを経営陣に加えた．1859年にはトマス・ウッズが共同経営者に加わったことから正式社名は，Christie, Manson and Woodsとなった．クリスティー家の者で最後に経営に携わったのは，ジェイムズ・J・B・クリスティーであるが，1889年に引退した．第二次世界大戦で店は爆撃を受けたため，ダービー・ハウス，スペンサー・ハウスなどを転々とした後，1953年に再建されたキング・ストリートの建物へ戻った．オールド・ブロンプトン・ロードにも店があり，海外にも手を広げ，年商は着実に上昇を続けている．競売会社のもう一方の雄サザビーズ（→Sotherby's）の好敵手である．地下鉄グリーン・パーク駅に近い．

Christ's Hospital
クライスツ・ホスピタル校
Horsham, RH13

1552年，貧しい病弱の孤児たちを収容する病院として，エドワード六世がニューゲート・ストリートに創建したのに端を発する．翌年，同じ通りにあったグレイフライヤーズ修道院（→Greyfriars Monastery）の建物を利用して学校として出発したが，1666年のロンドン大火で建物の大半が焼失．その後，大部分がクリストファー・レンによって新しく再建された．制服が青色だったために一時，ブルー・コート・スクールと呼ばれたことがあったが，現在でも男子生徒は昔ながらの長い青色のコートを着用し，女子も冬のあいだは同じ青色の服を身につける．

1902年，ロンドンの狭い敷地からウェスト・サセックス州ホーシャムの広大な赤煉瓦の新校舎に移転．ロンドンの跡地はその後，現在の中央郵便局（General Post Office）とセント・バーソロミュー病院（→St Bartholomew's Hospital）の敷地となった．さらに85年，1704年以来ハートフォードシャー州に分割されていた女子部門が合併され，現在の私立男女校となった．在学生は11歳から18歳までの男子が560余名，女子が270余名．

伝統的に勉学面が重視され，人文科学系にとくに秀でているが音楽教育にも定評があり，毎年ロンドン市長就任披露行列（→Lord Mayor's Show）ではこの学校のバンドが先陣をきる．生徒の出身はロンドン南東部の庶民階級が多く，授業料を全額負担できる生徒はきわめて少ない．そのため中途退学者がたまにでるが，大半は大学に進学する．

1781年，S.T.コールリッジが入学し，ここでの経験を『文学的自叙伝』に記しているが，翌年入学のチャールズ・ラムもこの学校がお気に入りだった．91年にはリー・ハントも校門をくぐっている．

Christ the King
クライスト・ザ・キング教会
Gordon Square, WC1

イギリスでも最良のゴシック復古調の教会のひとつ．1953年にエドワード・アーヴィングによってカトリック使徒教会として設計された．のちにアーヴィングは教会運営の面で同僚の牧師たちと意見が合わず免職され，イズリントンのダンカン・ストリートに独自の教会を建立したが，完成をみる前に亡くなった．鉄道・地下鉄のユーストン駅に近いこの教会は現在，ロンドン大学の所属である．

Church House
チャーチ・ハウス
Great Smith Street and Dean's Yard, SW1

ウェストミンスター・アビーに隣接した英国国教会諸団体の本部．カンタベリー大主教区会議と英国国教会総会がここで開かれる．南アフリカで活躍し，ロンドンでもイングランド銀行の改築（1925-39）やその他多くの建築に携わったハーバート・ベイカーの設計により，1937年から2年かけて建設された．1940年6月最初の英国国教会総会が開催されたが，同年，ドイツ軍の爆撃によって一部損傷した．

1940年から44年にかけて何度か国会の会議場として使われ，その後，国際連合の準備委員会がここに置かれ，安全保障理事会も最初のころはここで開催された．地下鉄セント・ジェイムズ・パーク駅に近い．

Churchill Gardens
チャーチル・ガーデンズ

Grosvenor Road, SW1

ウェストミンスター区が計画し，1946-62年に建てられた大住宅団地．A.J.P.パウエルとJ.H.モイアが設計し，4階から11階までの高さの何棟ものフラットからなる．以前は対岸のバタシー火力発電所(1983年に運転停止)からテムズの川底を通って送られる余熱水を利用して暖房を行なっていた．12ヘクタールの敷地にはほかにショッピング・センター，レストラン，4戸の公共建物，地下駐車場がある．

Churchill Inter-Continental London
チャーチル・インターコンチネンタル

Portman Square, W1

ポートマン・スクエアの西側に面した9階建ての，客室数450ほどのデラックスホテル．創業は1970年．アメリカの富裕層に人気がある．最寄駅は地下鉄マーブル・アーチ駅．

Church of Our Lady of the Assumption and St Gregory
アワ・レイディ・オヴ・アサンプション・アンド・セント・グレゴリー教会

Warwick Street, W1

ローマ・カトリック教会．もとはポルトガル大使館の付属礼拝堂で，1743年からはバイエルン大使館の付属礼拝堂として，カトリックの信仰が禁止されていた時代に，信者たちの礼拝の場となっていた．そのため，バイエルン大使館が移転したあとも20世紀初めまで，バイエルン礼拝堂と呼ばれた．1780年にジョージ・ゴードン卿率いる反カトリックの暴動(→Gordon Riots)によって破壊されたが，90年に再建された．人目を引かないように道路からひっこめて建てられ，教会正面は赤煉瓦造りになっている．1853年に，アイルランド生まれの彫刻家J.E.カルーによって聖母被昇天の大きなレリーフが造られた．1870年代にJ.F.ベントリーによって内部が改装され，75年ごろに，フランスから来た聖母像が立てられた．地下鉄ピカディリー・サーカス駅に近い．

Church of the Holy Redeemer and St Thomas More
ホーリー・リディーマー・アンド・セント・トマス・モア教会

Cheyne Row, SW3

1895年に建てられたローマ・カトリックの教会．ローマ・カトリックの教会を数多く手がけたジョージ・ゴールディを父とする，エドワード・ゴールディによる建築．依頼主の要望で，ゴシック様式が流行していた当時としてはめずらしいルネサンス様式で建てられたが，不評だった．1935年にサー・トマス・モアが聖人の列に加えられたときに建てられたサー・トマス・モアの祭壇には，聖人の脊椎骨の一部が納められている．これは，モアの養女で修道女となったマーガレット・クレメントがいたブリュージュの修道院から贈られたものである．1952年からトマス・モアの名が教会の名称に加えられ，入口の上に彼の紋章が掲げられている．

Church of the Holy Sepulchre without Newgate
ホーリー・セパルカー・ウィズアウト・ニューゲート教会

Holborn Viaduct, EC1

シティで最も大きい教区教会．シティの北西の門のすぐ外にあることがエルサレムの聖墳墓教会(Church of the Holy Sepulchre)と似ているので，この名前がつけられた．十字軍遠征の騎士たちがここを出発点に定めていたのも，そのためである．この教会が初めて記録に現われるのは1137年のことである．15世紀の半ばに改築された．また，ロンドン大

火のあと1670年に再建されたが，一部に15世紀の建築が残っている．その後何度か改築され，内部はさまざまな建築様式が入り交じったものとなっている．

1890年まで，ニューゲート監獄（→Newgate Prison）で処刑があるときには，この教会の鐘が鳴らされた．また，17世紀初期から18世紀半ばまで，処刑前日の真夜中に教会の鐘係が教会と監獄を結ぶトンネルを歩きながら，ハンドベルを鳴らし，死刑囚の監房の鍵穴ごしに，死に対する心の準備を勧める聖文を朗唱した．さらに翌朝，刑場に向かう罪人に花束を手渡す習慣があった．エリザベス一世のギリシア語とラテン語の師，ロジャー・アスカムもここに埋葬されている．

現在，王立教会音楽学校の本部が置かれていて，1955年に北側廊の礼拝堂が音楽家の礼拝堂となり，63年には音楽家たちを記念する窓が造られた．音楽の守護聖人，聖セシリアの日には，音楽をともなう礼拝が行われるほか，コンサートの会場として使われることが多い．

Church of the Immaculate Conception
イマキュレット・コンセプション教会
Farm Street, W1

イギリス・イエズス会の本部．1829年のカトリック解放令によってカトリック教会を建てることができるようになったのを受け，1844年から5年かけて建設された．設計は，自身もローマ・カトリックの信者で，多くのカトリック教会を手がけたジョーゼフ・スコールズによる．装飾ゴシック様式で，建物の正面はフランスのボーヴェ大聖堂を模している．やはりカトリック教徒の建築家 A. W. N. ピュージンのデザインによる見事な中央祭壇と装飾衝立がある．その上のステンド・グラスの窓はカーライル大聖堂の西の窓を模したものだが，1902年と12年に改装された．伝統的に雄弁なイエズス会神父の説教にひかれて，多くの著名な人々がここを訪れた．1833年ごろからオックスフォード大学を中心にして，英国国教内にカトリック教義を復興させることを唱えて興ったオックスフォード運動の指導者で，カトリックに改宗したジョン・ヘンリー・ニューマンも，ここで説教をしたことがある．

1966年以降，教区教会となった．聖歌隊も伝統的に名高く，日曜日には午前11時に歌われるラテン語のミサを聴きに訪れる人も多い．ちなみに Immaculate Conception（無原罪の御宿り）とは，聖母マリアは懐胎の瞬間から原罪を免れていた，とするカトリックの教義．地下鉄ボンド・ストリート駅に近い．

Church Row
チャーチ・ロウ　NW 3

地下鉄ハムステッド駅にほど近い一角にあり，ロンドンでも指折りの美しい道路のひとつ．南側にはジョージ朝様式のテラス・ハウスが立ち並び，その向かい側にもさまざまな様式の家が美しさを競い合うように軒を並べる．この通りには H.G. ウェルズや，ウィルキー・コリンズ，画家のウィリアム・ローサンスタインなどの著名人が住んでいた．この通りは歴史の古い教区教会セント・ジョン教会へと続いている．詩人ホプキンズの父はこの教会の教区委員を務め，幼少のころ詩人を含め一家がここで祈りを捧げた．その墓地には，風景画家コンスタブル，ロンドンの歴史家ウォルター・ベザントが眠っている．また，この教会の中にはアメリカ人の愛好家が寄進したロマン派詩人ジョン・キーツの大理石胸像が飾られている．

Church Street
チャーチ・ストリート　NW8

南西にパディントン駅が控え，近くにエッジウェア・ロード地下鉄駅がある．エッジウェア・ロードと交差しながら南西から北東にのびる道路．この一帯にはマーケットが多く，近くのリスン・グローヴは家具・骨董品を扱う店でにぎわっているし，この通りの13番地から25番地にかけてのアルフィーズ・マーケットは数多くの屋台が立ち並ぶイングランド最大

の天幕マーケットとして知られている．

Circle Line
サークル・ライン

　ロンドン地下鉄道会社の一部で，別名を「内側環状線」(Inner Circle Line) と呼び，テムズ川北側のロンドン市内を横長の円を描いて走る．もともとはメトロポリタン鉄道とメトロポリタン・ディストリクト鉄道の線路で，両社の線路が接続して1884年に環状線を形成したので，そこを走る列車が運転されることになり，現在に及んでいる．地表面に近い，いわゆる「地表線」(surface line) で，車両はチューブ (tube) の車両よりも大型である．
　それに着目したコナン・ドイルが『シャーロック・ホームズ物語』の中のひとつの短編「ブルース・パーティントン潜水艦設計図」で，環状線列車を登場させ，オールドゲート，グロスター・ロード両駅を舞台に利用している．「内側」と呼ぶところをみると「外側環状線」もあると思いたくなるが，これは以前一時期使われていただけで，現在は忘れられた名称である．
→Underground Railways

Citadel
シタデル
The Mall, SW1

　アドミラルティ・アーチからマルに入った左手にある，海軍省の増築部分．掩蓋陣地付き要塞となっていて，深さは約10メートル．通信室を爆撃から守るために1940年から41年にかけて建てられた．2層で，窓もない，大きく不格好なこの建物は，周囲の雰囲気にまっ

───［ロンドン・ア・ラ・カルト］───

道路命名の工夫

　ロンドンに名前のついた通りが現われたのは，10世紀ごろと考えられるが，それ以後の歴史のなかで道路命名に用いられるようになった英語は40種類以上にものぼる．
　たとえば，Church ではじまる道路は大ロンドンだけでも150以上を数えるが，その表示を列挙すると次のようになる．Church Avenue からはじまって，以下 Church と組み合わせて用いる語には Close, Court, Crescent, Drive, End, Gardens, Gate, Grove, Hill, Lane, Mount, Passage, Path, Place, Rise, Road, Row, Street, Terrace, Vale, Walk, Way などがある．
　道路の名前でほかにしばしば目につくのは，Alley, Approach, Back, Boulevard, Broadway, Circle, Circus, Common, Green, Lower, Mews, Parade, Park, Upper, Yard などである．
　いまではこうした語の本来の意味はあいまいになっているが，もともと道路の位置，形状，様態などを微妙に反映したものであった．
　Church Avenue というとき，Church はその道路の由来，成立に関する，いわば第1要素といえる．それに対して，Avenue は「道路標示」として一種記号化した第2要素ということができる．第1要素となる名詞（または形容詞）で最も多いのが人名である．国王・女王など王室のメンバー，貴族など土地の所有者，道路の建設者，道路のある土地にゆかりの深い人物などである．ある特定の職業の人が多く集まっている地域ではその職業が道路名になることがある．また，その商品が道路名になることもめずらしくない．道路沿いの，あるいは道路が通っている主要な建造物，教会，駅，橋，市場，居酒屋などを道路名にすることも多い．Church Avenue はその一例である．

165

1 オールダーズゲート
2 オールドゲート
3 ビショップスゲート
4 クリプルゲート
5 ラドゲート
6 ムアゲート
7 ニューゲート

シティの市門（18世紀末頃にはすべて取り壊された）

たくそぐわない．玉石と燧石を固めて造られた壁は，現在はほとんどツタに覆われ，そのあいだからくすんだ茶色の地肌が少し見えるだけである．

Citie of Yorke
シティ・オヴ・ヨーク
High Holborn, WC1

ロンドンで一番長いバーのあるパブ．古い英語のつづりが示すように，起源は古く1430年にさかのぼり，1923年に改築された．「ヘネッキーズ・ロング・バー」として知られている．1階が長いバーで，2階のギャラリーには昔からワインやウィスキーを出した大樽がアーチをなして天井まで積み重ねられていて，さながら寺院の天井を思わせるので，「カシードラル・パブ」の異名をもつ．バーに対して片側は自在ドア付きの小室をなし，場所がら弁護士が依頼者と相談するのに利用される．小部屋が大きな酒樽の形で，ワインの香につつまれて食事をし，酒を飲むという趣向である．プライバシーを守るのによい．また，三角形の暖炉があって，煙は床下を走る

煙突から排出されるように工夫されている．一見の価値がある．

City, The
シティ

ロンドンの旧市部で，市長，シティ参事会（→ Aldermen），シティ議会（→ Court of Common Council）が統治する金融・商業の中心地．テムズ川北岸の約1平方マイル（2.6平方キロ）を占める．正式にはシティ・オヴ・ロンドンという．シティの起源と最初期の歴史は明確ではない．ロンドンという名称についても，語源を人名あるいは地名にもとめる諸説があり，ケルト語に由来すること以外，定説はない．

現在のシティの位置に，ローマ時代以前にブリトン人の集落が存在したことは推定できるが，確定的な証拠はない．紀元後43年，ローマ皇帝クラウディウスの時代にアウルス・プラウティウスがブリテン島に侵入してテムズ河畔に砦を築き，ローマ時代が始まるとともにシティの歴史が始まった．ローマの属州化とともにシティは発展するが，61年にボア

ディケアの反乱によって焦土と化してしまう．しかし再び発展しバシリカ，フォルム，ミトラ神殿などを備えたローマ風都市が完成する．

歴史家タキトゥスはロンディニウム（Londinium）と呼び，繁栄する交易の中心地として記述している．ローマ時代の街路名の詳細は不明であるが，テムズ川は架橋され，市の周囲には5.3キロの市壁が建造され，6つの主要な市門が設けられた．410年にローマが撤退したのちのロンディニウムについてはほとんど知られていない．6世紀にサクソン人が占拠し，604年にはケント王エゼルバートが最初のセント・ポール大聖堂（→St Paul's Cathedral）を建立した．エゼルバートは現在のギルドホール付近に宮殿をもったと伝えられる．

ノルマンの征服後，ウィリアム征服王はシティを攻撃せず，東側市壁外にホワイトタワーを建造し（1078），シティを牽制した．同時にエドワード懺悔王時代のシティの特権を確認する勅許状をロンドン市民に与えた（1079）．ヘンリー一世の時代にシティはシェリフ（→Sheriffs）の任命権を認められ，ジョン王の勅許状（1215）によって市長を毎年選挙する権利が確認された．もっとも最初のロンドン市長は1192年に選ばれ20年間在任した服地商ヘンリー・フィッツエイルウィンであり，リチャード一世の身代金を調達したひとりと考えられている．有名なリチャード（ディック）・ウィッティントンは14世紀末から15世紀にかけて3度市長を務め，ギルドホールの建造に尽力した．プランタジネット時代を通じてシティは国王から多くの特権を獲得したが，苛酷な税にしばしば抵抗した．13世紀半ば以降，およそ16の有力家系による寡頭支配が動揺しはじめ，輸出に占めるロンドンの比重の増大とともに同業組合（→City Livery Companies）の発言権が増大し，ヘンリー三世の時代

―――［ロンドン・ア・ラ・カルト］―――

シティの紋章

　紋章は本来は戦場における騎士個人を識別する手段に始まった制度であるが，国王の紋章は王国を，伯爵の紋章は伯領を表わすことにもなり，これが法人の紋章を生むことにつながり，都市，ギルド，教会，大学などの紋章が出現した．

　旧ロンドン市，いわゆるシティの紋章は，1381年4月17日，サー・ウィリアム・ウォルワスの市長時代に制定されたものである．楯の白地に赤色の十字はシティの守護聖人であるセント・ジョージの象徴を，また楯の左上の赤色の剣はシティの教会セント・ポール大聖堂にあやかり，セント・ポールの象徴の剣をそれぞれ採用したものといわれる．

　市長ウォルワースはロンドンを襲った労働者，農民などの暴徒の指導者ワット・タイラーを，国王リチャード二世の面前で誅殺して暴動をおさえたことで知られ，紋章に描かれた短剣は，そのとき市長が使った剣に由来するという説もあったが，タイラーが誅殺されたのは1381年6月15日であり，紋章のほうはこれより2か月も前に制定されていて，「市長の使った短剣」説は否定されている．

　楯の両側のサポーター（盾持ち）は架空の動物のドラゴンであり，紋章上部の兜飾り（クレスト）のドラゴンの翼とともに後に加えられたもので，セント・ジョージの「ドラゴン退治」の伝説にあやかったものという．サポーターは初期にはワイヴァーン（犬に似た頭，鳥のような頭，こうもりのような翼，鷲のような2本脚，蛇のような尾を持った架空の動物）であったという説も強かったが，この説も否定されている．モットーの"Domine dirige nos."は「主よわれらを導きたまえ」を意味している．

に王権と対立する諸侯と結んで市参事会から支配権を奪った．エドワード一世の時代には13年間にわたって王権が市政を支配し，富を吸収した．またユダヤ人が追放され(1290)，北イタリアからのロンバルディア商人が市の金融業の主役となった．

テューダー時代になると，ヘンリー八世の修道院解散令によってシティの多くの修道院領が世俗領となった．エリザベス時代にはトマス・グレシャムが王立取引所を建造し，また東インド会社をはじめ多くの貿易会社が設立された．ステュアート時代にはペストの流行（→Plagues）により多数の死者と市外への移住者が出て人口が激減し，1666年のロンドン大火（→Great Fire）ではシティの3分の2が焼き尽くされ，セント・ポール大聖堂，ギルドホール，王立取引所，多くの同業者組合会館などが失われた．再建にあたっては，商取引の早期回復の必要から，旧来の街路プランに沿った妥協的方針をとらざるをえなかった．

18世紀には多くの建築物が姿をあらわした．イングランド銀行，ロンドン市長公舎，ギルドホール，金物商同業組合会館などである．さらに19世紀には金細工商同業組合会館や魚商同業組合会館が再建され，ロンドン橋とブラックフライアーズ橋が架け替えられた．これらの橋へのアプローチとしてロンドン橋へはキング・ウィリアム・ストリート，プリンシズ・ストリート，ムアゲートが，ブラックフライアーズ橋へはクイーン・ヴィクトリア・ストリートが開通した．さらにサザック橋が建造され，タワー・ブリッジが1894年に完成した．1863年にはロンドン最初の地下鉄（→Underground Railways）がパディントンからシティまで開通した．19世紀にはシティに4つの鉄道終着駅ができた．リヴァプール・ストリート駅，フェンチャーチ・ストリート駅，キャノン・ストリート駅，ホーボーン・ヴァイアダクト駅である．1855年には乗合馬車のサービス網がシティを含むロンドン全域に通じ，1908年に自動車によるロンドン・バス（→Buses）が営業を開始した．

第一次世界大戦でシティは被害を受けたが，1920年代と30年代に多くの美しい建物がつくられた．第二次世界大戦下のロンドン大空襲（→Blitz）による破壊は空前のものであった．しかしセント・ポール大聖堂はほとんど無傷のまま残り，廃墟のなかで市民に勇気と希望を与えた．1982年には近代的街区であり，同時にオフィス，商店，芸術・文化センターであるバービカン（→Barbican）が完成した．現在，シティで働く人々は36万人余であるが，住民は6000人弱にすぎない．

City and Guilds of London Institute
シティ・アンド・ギルズ・オヴ・ロンドン・インスティテュート
Portland Place, W1

　ポートランド・プレイスに位置する職業技術教育関係の試験実施・資格付与団体．シティ当局とシティ同業組合（→City Livery Companies）により，科学技術教育の促進を目的として1878年に設立された．設立勅許状の取得は1900年．(1)徒弟や職工を対象に試験を実施し，合格者に対し資格や賞を授与する技術部門，(2)産業への応用を意図した美術を教える美術学校，(3)14歳から17歳の若者にフルタイムのコースを提供するとともに技術部門のための夜間クラスを開校するフィンズベリー工科コレッジ，(4)イギリス最初の「産業大学」ともいうべきサウス・ケンジントン・セントラル・インスティテューション，の4部門・機関で発足．今日，技術職向けの工業・商業教育におけるイギリス最大の試験実施・資格付与団体．1990年の時点では，400科目にわたって1300万人が世界中にある4500のセンターで受験した．

City Corporation
→Corporation of London

City Livery Companies
シティ同業組合

　シティ同業組合は，中世ロンドンにおいて

シティ同業組合会館の紋章

① 左官同業組合
② 精肉業者同業組合
③ 刃物商同業組合
④ シロメ細工師同業組合
⑤ 旅館業者同業組合
⑥ 小間物商同業組合
⑦ 馬具商同業組合

重要な役割を果たした商業組合の名残りとも言えるものである．当時はそれぞれの職業における価格，賃金，品質，その他の条件を統制するものであった．組合はその特権と支配権を守るのに汲々とし，利権の重複に関する論争が絶えなかった．その起源はサクソン時代にまでさかのぼり，組合員は金を払って組合に入会した．ギルド（guild）とは古英語で「支払い」（現代英語の gold）を意味した．記録によれば，早くも1180年には18の組合が公的許可なしで活動を始めていた．このころから国王の特許状による規制が始まった．金細工商（→ Goldsmiths' Hall）と精肉業者（→ Butchers' Hall）の2つの組合は，この時代にさかのぼる．

現在のカンパニーという名称は，組織の商売上の性質にかかわるものではなく，同じ職業とか商売の「仲間意識」に関連している．「リヴァリー」は，ギルドの会員がそれぞれの組合の制服を着用するという習慣に由来する．その習慣は14世紀ごろ広まった．

ギルドの最盛期は14-16世紀で，それ以後は種々の事情で次第に衰微した．まずテューダー朝とスチュアート朝の国王たちが16,17世紀に外国との戦争の資金を調達するために，各組合に重税を課した．ジェイムズ一世もアルスター（北アイルランド）の農園に融資を行なうように命令を下したが，そのことが今日シティの組合発祥地に時折爆弾事件を引き起こす遠因となっている．次いで1666年のロンドン大火で多くが甚大な被害をこうむり，再建不能となった組合もあった．かくて18世紀ごろまでに組合の経済力と影響力が衰えて，1743年には，ロンドン市長は12の大組合のひとつの会員であるべしという古い習慣がすたれてしまった．

18世紀から20世紀前半には新しい組合はほとんど誕生しなかった．これはある意味では組合の衰微であり，無意味な存在としてその期間生き残ることができたのである．1930年以後は，20以上の新しい組合が誕生して現在の組合数は100余りを数える．新しい組合の組合員資格はその職業に従事している者に限られているが，昔は相続権制，徒弟制，多額の寄付制という3つの入会方法があった．

今日の組合は，もはやその職種の独占権を有するものではない．そして古い組合の場合にも，本来の職業とは事実上ほとんど関係がないまま，依然としてシティの運営に影響を及ぼし，組合員はシティの特権を享受している．今日の主な活動は教育と慈善事業の分野に向けられている．公文書を保存している組合もあるが，大部分の記録は今日ではギルドホールの図書館（→Guildhall Library）に保管されている．中には最初の特許状，徒弟名簿や注文控え帳などの重要書類もある．

創設の順番によって伝統的に組合の優先順位が決まっているが，巻末のリストに見られるように，昔の記録は不完全であるから，古い組合の創設順位を特定することは事実上むずかしい．実際，創設の順位と優先順位については，これまでも多くの不毛の議論が行なわれてきた．いまだに続いている論争のひとつが6番目と7番目の順位争いで，洋服商（→ Merchant Taylors' Hall）と毛皮商（→ Skinners' Hall）が1年ごとに6と7の順位を入れかわる．この優先権に対する争いが，おそらく"to be at sixes and sevens"（意見が一致せず混乱して）という慣用句の源泉となったのであろう．
→付録「シティ同業組合」

City of London Police
シティ警察
Old Jewry, EC2

シティでは1663年の定例議会で有給の自警員約1000人が誕生し，チャールズ二世の王政復古にちなみ「チャーリーズ」と呼ばれた．薄給のため夜警などの意欲はきわめて低かった．現在のロンドン市警察の起源は，1780年反カトリック教のジョージ・ゴードン卿がカトリック救済法に反対して起こしたゴードン暴動（→Gordon Riots）の戦火まだ冷めやらぬ1784年に創設されたシティ・デイ・ポリスであった．1824年ごろまでには厳密にはデイ・ポリスではなく，ナイト・ポリスでもあった．

1838年にはこの制度に従来の夜警や巡査たちもことごとく組み込まれ，警視の指揮の下に500人からなるデイ・ポリスとナイト・ポリスになった．翌1839年，指揮はコミッショナーとよばれる本部長にとって代わり，名称もロンドン市警察に変わったが，管轄はシティの範囲内にとどまった．当初シティの警察管区は6つに分けられ，オールド・ジューリー26番地に本部を設けた．オールド・ジューリーは12世紀以前にユダヤ人専用地区とされたところであった．13世紀後半にこの地の，あるユダヤ人がキリスト教徒に高利で金を貸し付けたため，怒ったキリスト教徒たちはその高利貸しから略奪し，さらに付近のユダヤ人500人以上をも殺戮した．キリスト教徒によるユダヤ人迫害はエスカレートし，王もユダヤ人に高税を課し，13世紀末ついにエドワード一世はユダヤ人をこの地から追放して財産を没収した．しかし17世紀になるとユダヤ人たちは再びこの地に住みついた．1841年，コミッショナーの官邸はユダヤ人の会社であった建物が当てられた．

1910年に警察力は頂点に達し，1181人もの警察官を擁した．1940年，ドイツの激しい空爆でムーア・レイン管区はすっかり破壊されて消滅した．戦後も金融街のシティは当然ながら金融事犯が頻発する．1946年の警察法によりシティ警察とスコットランド・ヤード（→Scotland Yard）の間で相互に管轄を越える捜査も可能となり，その年，詐欺専従捜査員5人が290件の詐欺容疑者を取り調べた．1949年，初の婦人警察官（巡査部長と巡査6人）が誕生した．

男子警察官の応募資格は身長180センチ以上を要する．ちなみにニュー・スコットランド・ヤード（→New Scotland Yard）では172センチ以上である．

City of London School
シティ・オヴ・ロンドン・スクール
Queen Victoria Street, EC4

もともとの発足は15世紀前半にさかのぼり，初期のころの生徒たちはギルドホール（→Guildhall）のチャペルに隣接したひとつの学校に寝泊まりして教育を受けていたが，その学校がヘンリー八世によって解散させられた後，生徒の教育は市内のさまざまな学校で行なわれていた．1834年になって，独立した学校の設置が議会で承認され，3年後ミルク・ストリートで開校に至った．やがて規模の拡大にともない，ヴィクトリア・エンバンクメント沿いに移転，そして1986年，ブラックフライヤーズ橋に近い現在の敷地に落ち着いた．

シティ自治体（→Corporation of London）の財政援助と運営による私立校で，10歳から18歳までの生徒たちは主にロンドン北西郊から通学し，人種や家庭のレヴェルもさまざま．自然科学系に強いのが特色だが，芸術教育も重視され，さらにすぐれた施設を活用する各種のスポーツも盛んである．大学進学率は75パーセント前後で，主な出身者に，首相を務めたハーバート・アスキス，画家のアーサー・ラッカム，作家のキングズリー・エイミスなどがいる．

City of London School for Girls
シティ・オヴ・ロンドン・スクール・フォー・ガールズ
Barbican, EC2

宗教的な女子教育をめざして，シティ自治体（→Corporation of London）によって1881年に設立され，94年にはヴィクトリア・エンバンクメントに接するカーモライト・ストリートに設置された私立女子校．1969年，バービカンの高い建物群の真ん中に新しい校舎を建設して移転，現在に至っている．7歳から19歳まで，全校660余名の学校．

高い教育水準を誇り，隣接するギルドホール音楽・演劇学校の恩恵を受け，とくに芸術面に秀でていて，ロンドン市内の女子校ではトップ・クラスに位置している．生徒はバッキンガムシャー州やエセックス州などからの遠距離通学生もいる．家庭的にめぐまれてはいるものの質素な子女が多い．90パーセントの生徒が大学など，高等教育機関に進んでいる．

City Road
シティ・ロード　EC1

　フィンズベリー・スクエアからオールド・ストリートまで北へ延び、そこから北西の方へ湾曲して、アッパー・ストリート、ペントンヴィル・ロードなどの合流点エンジェルまで続く。1761年に開通した。イズリントンからシティに通じるこの「新しい道」は「市民にとって重要な贈り物」だったと、ウォルター・ベザントの『ロンドン通覧』に書かれている。この通りに面してメソジスト教会の創始者ジョン・ウェスリーの家と教会堂があり、その向かい、通りの西側には非国教会信徒の墓地バンヒル・フィールズ（→Bunhill Fields）がある。ここにはジョン・バニヤン、ダニエル・デフォー、賛美歌作者のアイザック・ワッツ、そしてウィリアム・ブレイクらの墓がある。また墓地の南側には、1537年にヘンリー八世が組織したイギリス最古の軍隊、ロンドン市の名誉砲兵隊（→Honourable Artillery Company）の本部（Armoury House）と訓練場がある。

City University
シティ大学

Northampton Square, EC1

　設立勅許状を得て1966年に設立。前身校は1896年創設のノーサンプトン・ポリテクニック・インスティテュート。同インスティテュートは、1957年にノーサンプトン上級工学コレッジとなり、つづいて1966年に大学となった。名称のとおりシティと深い結びつきをもつ。ロンドン市長を名誉総長に戴き、ギルドホールで学位授与式を開催する。発足当初は工学、物理、化学、眼科学の領域で名声が高かったが、今日では社会科学、経営学、人文学の研究・教育も行なっている。1896年に完成したコレッジ・ビルディングと呼ばれる校舎はE.W. マウントフォードの設計によるものである。1997年の時点で、学部学生約4500人、大学院生約3500人を数える。

Clapham Common
クラパム・コモン　SW4

ロンドン南西部、バタシーの南に広がる90ヘクタールの緑地。クラパムとは「丘の上の村落」の意味で、すでにサクソン時代から記録にその名が残る。1722年、ここの土地開発が始まって、ネズミやイタチがはびこっていた原野は、テムズ川の北岸から移住する裕福な階層の住宅地として名目を一新した。18世紀末から19世紀30年代になると聖公会福音主義による奴隷貿易廃止を唱えたクラパム・セクト（→Clapham Sect）で知られた、ウィリアム・ウィルバーフォース、ザカリー・マコーレーらがここに住んだ。コモンの北側にチャールズ・バリー作の石造りの噴水「サマリアの女」がある。松葉杖を持った老女に水を差しむける女性像である。

　1870年、現在の地下鉄ノーザン・ラインが走るクラパム・コモン駅が開設された。このあたりも街道筋につきもののおいはぎが出没していたが、19世紀が進むにつれて、それも昔日のこととなった。その後1903年には路面電車が登場、1912年には最初のバスが走った。このようにして一帯は巨大な都市に組み込まれ、その南部を構成する地域となった。クラパム・コモンの北、ザ・チェイス81番は漱石が留学中に一時下宿した家で、その前に現在はロンドン漱石記念館がある。

Clapham Junction
クラパム・ジャンクション　SW1

　ロンドンのターミナルのひとつ、ウォータールー駅の南西6.8キロのところにある乗換え駅とその周辺地区。駅ができたのは1863年、それ以後イギリスで最も混雑する中継駅で、一日に約2500本の列車がここを通過する。ロンドンとイングランド南部、南西部の各地をつなぐ。古くは旅人相手の宿屋が1軒あっただけの、田舎のなかの十字路にすぎなかったのが、18世紀に入って、テムズ川北岸沿いからの移住者が増えはじめ、次第に人口密度の高い住宅街となった。現在も団地とモダンな商店がめだつ喧噪と活気のあふれる土地柄は変わらない。

Clapham Sect
クラパム・セクト

　1790年ころから1830年代にクラパム（→Clapham Common）に本拠を構えた、聖公会福音主義の一派で、奴隷貿易制度の廃止を唱え、実践活動を行なった。グループの中心人物にジェイムズ・スティーヴン、ウィリアム・ウィルバーフォース、歴史家ザカリー・マコーレーらがいた。グループの名づけ親は、セント・ポール大聖堂の参事会委員であり、機知にとんだ文筆家として知られるシドニー・スミスである。同派は宗教的信条に基づいた一般庶民の道義的向上をめざし、教育面でも大きな貢献をした。

Clapton
クラプトン　E5

　ロンドン東北郊でテムズ川に合流するリー川沿いの西北に位置する丘陵地。古くローマ時代の埋葬地跡も見つかり、ここが古い土地であることがわかる。中世期にはロンドンから北へ名刹ウォルサム・アビーに通じる巡礼路がこの地域をつらぬいていた。

　第六代ノーサンバーランド伯爵の所有であったブルック・ハウス（16世紀）は、現在は学校になっている。その庭園は17世紀の日記作家・園芸家であったジョン・イーヴリンが賞賛の辞を残している。ここを出生地としている人物に、18世紀の博愛者として刑罰制度の改革に貢献したジョン・ハワードがいる。クラプトン・コモンは開発が進んだこの地域で往時をしのばせる緑地である。リー川の河畔には広々としたスプリングフィールド・パークと団地が誕生した。アッパー・クラプトンとロワー・クラプトンの2地域に分かれているが、1965年ロンドンの自治区ハックニーと合体した。中心部にクラプトン鉄道駅がある。

Clare Market
クレア・マーケット　WC2

　17世紀のクレア伯爵の名に由来する市場。ここに最初に市場ができたのは1657年。まもなくさまざまな食料品が売られ、にぎわいをみせるようになった。1720年、ジョン・ストライプはこの市場では「食肉と魚が大量に売られている。直接、屠殺場からだけでなく、田舎から売りに来る肉屋や養鶏業者からも卸されている」と記した。脱獄の達人ジャック・シェパードがニューゲート監獄（→Newgate Prison）を脱け出し、フィンチリーで捕らえられたとき、変装用に着ていた肉屋の青い仕事着とウールのエプロンは、ここで手に入れたもの。19世紀末ごろには、せまくごみごみした通りに屋台や手押し車がひしめく喧騒に満ちた不快な場所となった。結局1900年から1905年に実施されたキングズウェイとオールドウィッチ新開発計画によって、それらの大通りの中に消えた。

　現在、地下鉄オールドウィッチ駅近くにこの名の小路が残っていて、ロンドン大学政治・経済学スクールの校地の一部になっている。

→Markets

Clarence House
クラレンス・ハウス

Stable Yard Road, SW1

　セント・ジェイムジズ・パレスの南側に位置する、優雅な漆喰塗りの邸宅。クラレンス公爵ウィリアム（のちのウィリアム四世）の館をジョン・ナッシュが1825年から27年にかけて再建したもの。現在は、エリザベス皇太后の住居である。

　1830年にクラレンス公爵は兄ジョージ四世の跡を継いで王位に就いたが、バッキンガム・パレス（→Buckingham Palace）が未完成だったため、引き続きクラレンス・ハウスに住み続けた。時にはセント・ジェイムジズ・パレスを住いにしたこともあったが手ぜまなため、臣下との接見の際には手回り品を片づけなければならなかった。そこで、宮殿とクラレンス・ハウスとをつなぐ通路が建設された。

　1837年、ウィリアム四世の死後、オーガスタ王女が40年に亡くなるまで住んでいた。1840年から61年まではヴィクトリア女王の母ケント公爵夫人の住まいとなり、1866年から

1900年まではヴィクトリア女王の次男エディンバラ公爵アルフレッド・アーネストの公邸となった．1873年には増築され，1900年から42年までヴィクトリア女王の三男コノート公爵アーサーが使用した．第二次世界大戦中は赤十字とセント・ジョージ病院傷病者運搬連隊本部であった．1947年から50年にかけて即位前のエリザベス二世の住まいとなり，エリザベス二世の長女アン王女はここで生まれている．1953年，エリザベス皇太后は次女マーガレット王女とここに移り住んだ．ただし，マーガレット王女はその後ケンジントン・パレス（→Kensington Palace）を住居にした．

2度の増改築と第二次世界大戦下の空襲で受けた損傷修復工事にもかかわらず，3階がジョン・ナッシュの建造した当時のままであり，多くの天井やマントルピースも19世紀当時のままである．ここにはエリザベス皇太后個人が所有した多数の貴重な絵画も所蔵されている．

Clarence Terrace
クラレンス・テラス　NW1

リージェンツ・パークのパーク・クレセントの南東に立つテラス・ハウス．クラレンス・テラスという名は，のちにウィリアム四世となるクラレンス公爵ウィリアムに由来する．このテラス・ハウスはジョン・ナッシュの弟子のデシマス・バートンによって1823年に設計されたもので，この種のものとしては最も規模の小さいものである．本来は12軒の家から成っていた．『白衣の女』の作者として知られるウィルキー・コリンズは，1859年ころにこのテラス・ハウスの2番に住んでいた．2番は20世紀に入ってからは北アイルランド生まれの詩人・劇作家ルイ・マクニースの住居となる．俳優兼劇場支配人のウィリアム・チャールズ・マクリーディは，ドルーリー・レイン劇場で『ヘンリー八世』に出演し，ウルジー枢機卿の役を演じていた1848年に，5番に住んでいた．

Clarendon House
クラレンドン・ハウス

1664年にアルバマール・ストリートに建てられた邸宅．第一代クラレンドン伯爵エドワード・ハイドが短期間住んだ．彼は追放されたチャールズ二世の忠実な同志で，大法官となった人物である．

サー・ロジャー・プラットによって設計されたこの邸宅は，宮廷での彼の権勢にふさわしい壮麗さであった．サミュエル・ピープスは日記に「私がいままでの生涯で見たもののなかで最もすばらしい建築物」と記している．

クラレンドン伯爵は，ピューリタンを弾圧したり，オランダとの休戦で不利な講和を結んだりしたため不人気となり，1667年に失脚した．この土地をバークリー卿に売却してまもなく追放され，フランスに逃れた．彼はその地で，晩年の7年間を『反逆の歴史』の執筆に費やした．この著書の収益金は，のちにオックスフォードにクラレンドン・ビルディングを建設するのに使われた．1830年までオックスフォード大学出版局の社屋であった．

クラレンドン・ハウスが1683年に取り壊されると，投機家がこの地の再開発を試み，ボンド・ストリート，ドーヴァー・ストリート，アルバマール・ストリート，スタッフォード・ストリートが建設された．

Claridge's
クラリッジズ
Brook Street, W1

オックスフォード・ストリートの南側を並行して走り，ハノーヴァー・スクエアとグロヴナー・スクエアを結ぶ通りがブルック・ストリート，この通りに立つのが高級ホテル，クラリッジズである．創業者のウィリアム・クラリッジは，もと貴族の執事を長年務めた経験がある．このことはブラウンズ（→Brown's）の創業者にもいえることで，ともにイギリスの伝統を守る格式あるホテルとして名高い．ことにこのクラリッジズは各国の元首級の多数の要人が滞在する．1862年，幕府の遣欧使節団がイギリス滞在中に宿泊したのは，このホテルであった．外観はヴィクトリア様式，内部はアール・デコ調である．客室数197．最

寄駅は，地下鉄セントラル，ジュビリー各線のボンド・ストリート駅．

Cleaves Almshouses
クリーヴズ救貧院
London Road,
Kingston upon Thames, KT1

　1667年に亡くなったロンドン市参事会員ウィリアム・クリーヴの遺贈によって，ロンドン西南郊のキングストン・アポン・テムズに設立された貧困者用住宅．当初は，貧しい男女各6名にそれぞれ家が提供されていた．煉瓦造りの12軒の家からなり，クリーヴ家の紋章が描かれた切妻造りの正面玄関を中心に左右6軒ずつ並んでいる．鉄道駅ノービトンに近い．

Cleopatra's Needle
クレオパトラの針
Victoria Embankment, WC2

　地下鉄駅エンバンクメントに面した大通りヴィクトリア・エンバンクメントのテムズ河岸に立つオベリスク．全長約20メートル，重量ほぼ186トンの花崗岩の方形の尖塔．

　もともと紀元前1400年代半ば以降ナイル三角洲の古代エジプト都市ヘリオポリスに，第十八王朝の王トトメス三世によって立てられた2本の塔のひとつだった．2本の塔は紀元前23年に初代ローマ皇帝アウグストゥスの命によって，エジプト北部のアレクサンドリアに運ばれた．この塔と古代エジプト最後の女王クレオパトラの名が結びついたのは，塔が運びこまれる7年前に彼女がこのアレクサンドリアで亡くなっていたからだった．その後，2本の塔は何世紀ものあいだこの町に立てられていたが，1本は崩れ落ちた．残った1本を19世紀末のナイルの戦いで勝利をおさめたイギリス軍が戦利品として持ち帰ろうとしたが失敗した．

　その後，幾度かの移送計画がなされるうちにアレクサンドリアにいたイギリス人技師のジョン・ディクソンなる人物がサー・ジェイムズ・アレグザンダー将軍やエジプト開発に貢献したエラスムス・ウィルソン教授らの援助を得て，1877年ついに移送に着手した．アレクサンドリアの港を出帆した船は途中ビスケー湾で嵐のため2度も立ち往生し，その最中6人もの乗組員が犠牲になったという．

　こうしてロンドンに着いた塔は，はじめ国会議事堂の前に据えられるはずだったが，1878年の1月に現在の場所に立てられた．「クレオパトラの針」として知られるこの塔の下には，コインや聖書，その当時のイギリス美人の写真などが埋められている．

Clerkenwell
クラークンウェル　EC1

　スミスフィールド・マーケットの北の地区．かつては泉が湧きフリート川の流れる肥沃な牧草地で，12世紀創建の修道院があった小村．1371年にはその南東にチャーターハウス（→Charterhouse）が建立された．16世紀の半ば，ヘンリー八世によって修道院の解散が行なわれると，土地は新たに誕生したテューダー朝の貴族に与えられ，そうした貴族たちがここに邸宅を構えた．ニューカースル公爵の一族がクラークンウェル・クローズに建てた邸宅は1790年代まであったようである．付近にはアルバマール，バークリー，エイルズベリーといった貴族の家名がいまも通りの名として残っている．こうした貴族の邸宅は，大疫病と大火のあとに手離され，商人や職人の手に渡っていったのである．

　ヒュー・ミドルトンの献身的な努力により1613年にニュー・リヴァーが完成すると，クラークンウェルはシティの給水源となった．シティからは近いうえに水も豊富にあって，シティのいろいろな施設や人々が移ってきた．1612年に最初の治安判事裁判所（のち1779-82年にクラークンウェル・グリーンに新築される）が建ち，1616年には，シティのブライドウェル矯正院にかわるニュー・プリズン（→Clerkenwell Bridewell and House of Detention）がすぐ隣に建ち，やがてこの2つの建物が合体する．さらに1794年には，その北西にあたるコールド・バース・フィールズに新しい

175

モデル懲治監獄が建った．

また，フランス新教徒のユグノーのような外国人は，ギルドを嫌って郊外に居住したため，クラークンウェルは時計職人，宝石細工人，印刷工が集まり，またいい水があるゆえにジン蒸留業者，ビール醸造業者（ウィットブレッド）が操業を開始した．クラークンウェルは急速に市街化の道を歩んでいった．

1683年にトマス・サドラーの音楽堂（のちに改名，→Sadler's Wells Theatre）の庭園に温泉が発見され，また1685年にはイズリントン・スパ（→Islington Spa）が発見されて，温泉の医療効果とも相まって，クラークンウェルの丘陵地は社交場に塗り替えられた．1730年ごろには少なくとも12の遊園地が趣向を凝らし，いろいろな飲食物，ダンス，遊歩道，見せ物を提供した．その状態は1840年ごろまで続いたが，その前後から市街地の拡大で住宅地に変わり，次第に汚い工業地と化していった．

ナポレオン戦争後の不況の到来とともに，美しい通りは次々とスラム化し，とくにノーサンプトン公爵の領地は急速に細分化が進んだ．領主館は人の住まぬ，さびれたところとなり，隠れ家となり，学校となり，ついで解体された．家屋が次々と鋳物工場や作業所や借家となり，汚らしい路地・小路は悪名高いところとなる．フリート川は悪臭を放つ下水と化した．女性は縫製業で奴隷同然に酷使された．

やがて，貧困層のひしめくクラークンウェルは，政治的社会的不満をかかえ，急進主義の中心地になってゆく．1816年には，ロンドン塔急襲未遂事件の集会場となり，1832年には「改正法案」をめぐってニューポリスとデモ隊との衝突で流血の惨事が起き「クラークンウェル暴動」となった．17世紀には美しい邸宅で取り囲まれていたクラークンウェル・グリーンは，ヴィクトリア朝時代になると，政治集会の場所となり，チャーティスト運動発祥の地となり，さまざまなデモ行進が行なわれた．ついでながらクラークンウェル・グリーンの37番地は，もとウェールズ人のための慈善学校であったが（1738-72），その後さまざまな人の手に渡り，この地の政治集会を見つつ，1872年から92年までロンドン愛国クラブの本拠地となり，イギリスの民主化運動の拠点となった．愛国クラブの去ったあとには，ウィリアム・モリスやハリー・クゥエルチの支える「トゥエンティエス・センチュリー・プレス」が入り，1922年まで社会主義関係の書物・パンフレットを出版しつづけた．ニコライ・レーニンが1年間滞在して政治新聞『イスクラ』をここから出したことは，よく知られている．出版社が移転してほぼ10年のちの1933年，この建物はマルクス記念図書館となり，今日に至っている．

19世紀の後半になって，クラークンウェルはスラム撤去をはじめとする都市整備が大きな課題となる．1845-46年には南北にファリンドン・ロード（→Farringdon Road）の建設がはじまり，1878年には東西にクラークンウェル・ロードが建設された．これまであったいくつかの監獄は閉鎖されたり移転して，1889年その跡地にヒュー・ミドルトン・スクール（現在，キングズウェイ・プリンストン・コレッジの一部），マウント・プレザント郵便物集配局（→Mount Pleasant Sorting Office）が建った．治安判事裁判所もまた1921年にテムズ川南岸に移転した．

今世紀に入ると人口が漸減し，古い通りはスラムとして取り払われ，産業は衰退し，学校は閉鎖され，1965年にはイズリントン自治区に合流の止むなきに至った．しかし，1980年代になっていろいろな事務所がシティから移り，サドラーズ・ウェルズ劇場も新装なって，相当の復活を見るようになった．

Clerkenwell Bridewell and House of Detention
クラークンウェル・ブライドウェル監獄

名称の前半はブライドウェル矯正院（→Bridewell）がいっぱいになったため1616年につくられた「新監獄」であり，後半は17世紀の後半にニューゲート監獄（→Newgate Prison）から未決囚の一部を移して収監する

ために同じ敷地内に建てられた第2の新監獄である．1867年ここに収監されていた2人のフィニアン団員を救出するために，大爆発事件が起こった．監獄の外壁が吹きとんだばかりでなく，向かい側の人家にも被害が及び，6人の死者と50名の負傷者が出た．1877年に閉鎖，1890年に取り壊された．現在その跡地には，キングスウェイ・プリンストン・コレッジが立っている．

Clerkenwell Road
クラークンウェル・ロード　EC1

1878年，160万ポンドの費用をかけてロンドン都市建設局によって建設された道路．シアボールズ・ロードから東へ延びるオールド・ストリートに至る道．都市整備の一環としてスラム街をいくつも横断するこの道路は，18世紀初頭に造られたレッド・ライオン・ストリート（現ブリットン・ストリート）を切断し，セント・ジョンズ・スクエアの西側にあったバーネット主教の屋敷を壊し，スクエアの旧修道院敷地やチャーターハウス（→Charterhouse）の敷地の一部などを切り取った．この道路の両側には倉庫が並び，市街電車が走るようになった．ファリンドン・ロードとの交差点の西はイタリア移民が住んだ地区で，彼らのために建てられたローマ・カトリックのセント・ピーター教会（1863年築）があったが，1995年に取り壊された．地下鉄・鉄道ファリンドン駅とブリットン・ストリートとの区間は，かつてはせまい路地が入り組む街区で貧民学校があったが，いまはブース蒸留所がそのブロックを占めている．

Clifford's Inn
→Inns of Chancery

Clink Street
クリンク・ストリート　SE1

Clinkは俗語で監獄を意味し，'in clink'（収監中）という慣用句ができるほど，この通りの名は監獄と密接に結び付き，かつ監獄によって代表されている．かつてはウィンチェスターの主教たちのロンドン所有地であり，「クリンク特別区域」(Clink Liberty) として知られていたが，ヴィクトリア時代になると，巨大な倉庫の立ち並ぶせまくて暗い通りと化した．ジョン・ストーの伝えるところによれば，テムズ河岸とその辺の売春宿での治安を乱す者のために，ウィンチェスター主教の所有地の一角に監獄が建てられた．その名が最初に記録にあらわれたのは1509年．17世紀半ば，ピューリタン革命後に監獄の敷地となったウィンチェスター・パークがウィンチェスター・ハウス（→Winchester House）とともに売却されたあとは，監獄はしだいにさびれはじめ，ついに1780年ゴードン暴動（→Gordon Riots）によって焼き払われた．その後に再建されることはなかった．

Cloth Fair
服地定期市

スミスフィールドで12世紀から1855年まで開かれていたバーソロミュー定期市（→Bartholomew Fair）の別名である．毎年8月24日の聖バルトロメオの祝日をはさんで3日間開かれ，エリザベス一世のころまではヨーロッパ各地から織物業者が集まってくる服地市の中心であった．

Clothworkers' Hall
服地商同業組合会館

Dunster Court, Mincing Lane, EC3

1528年，毛織物仕上職同業組合と羊毛刈り職人同業組合とが合併して服地商同業組合が組織された．この組合は，十二大同業組合の第12番目についていた羊毛刈り職人同業組合の跡を継いだ．1677-78年は，サミュエル・ピープスが会長を務めた．

羊毛刈り職人同業組合は，1450年代に敷地を購入し1472年に最初の会館を建てた．現在も同じ場所にあるが，同会館は，1549年と1633年に建て直されたほか，ロンドン大火による焼失のため1668年に，構造上の欠陥のため1860年に，そして1941年には空爆による損壊のためというふうに，度重なる建て直しを

経て今日に至った．
→City Livery Companies

Club, The
ザ・クラブ

　18世紀文壇の大御所サミュエル・ジョンソン博士と画家のサー・ジョシュア・レノルズによって1764年に設立されたクラブで，のちにリテラリー・クラブの名でよく知られることとなった．当初の会合は月曜の午後7時，ジェラード・ストリートの酒場タークス・ヘッド・コーヒー店で行なわれ，会員数は9名と限定されていたが，やがて35名に増加する．設立当初の会員は前記の2人に加え，文人のオリヴァー・ゴールドスミス，哲学者のエドマンド・バークらを含み，話題は主に文学論だった．この談論をリードしていたのはもちろんジョンソンである．

　ジョンソンは自ら編んだかの有名な辞書において「クラブ」を定義して「ある条件の下に会合する善良なる伴侶の集会」と述べているが，このクラブにおいては気楽な歓談のかたわら，若干のあつれきも見られた．その原因となったのがのちにジョンソンの伝記を書いたサー・ジョン・ホーキンズで，仲間のバークを口汚くののしったり，政治の話題をできるだけ避けるという禁を犯したりして会員らの反感を買い，やがて退会することとなる．また俳優デイヴィッド・ギャリックはこのクラブへの入会を希望したが，なかなか認められなかった．その理由をホーキンズは，ジョンソンがかつての弟子の出世ぶりをねたんだがゆえと述べ，一方ジェイムズ・ボズウェルは，ギャリックがクラブ設立の話を聞いた際に「ぼくも仲間に入ろう」と述べた，この慢心ぶりがジョンソンの怒りを買ったからだと説明している．いずれにしても当代一流の文化人・論客を擁したクラブだけに，会員相互の確執はいたしかたなかったといえる．

　やがてジョンソンが病気がちになり欠席することが増え，また新たにエセックス・ヘッド・クラブがつくられたことで，会員たちの出席も間遠になる．そしてジョンソンの死をもって自然消滅するのだが，それにしてもその会員の豪華な顔ぶれによって，18世紀末を代表するクラブだったことは間違いない．
→Clubs

Clubs
クラブ

　クラブとはある目的をもった集まりのことである．そしてその目的とは共通の政治目標の達成（政治結社，政党），趣味やスポーツなどの同好の士の親睦や目標の達成（同好会，スポーツのクラブ），学芸の発展振興（学士院などの学術団体），社交（社交クラブ）などを挙げることができる．とすればクラブの原型にあたるものは，およそ人間社会が誕生してまもなく生まれたとも考えられるが，史実に基づくかぎりでは古代ギリシアのシンポジウムなどがその初期の例で，また古代ローマにはすでに政治的クラブなどが誕生していたとされる．

　イギリスではヘンリー四世のころに，詩人のトマス・ホクリーヴが設立した一種の会食クラブがあり，会員が場所を定めて定期的に集まっていた．また会則もあったらしい．

　だが後世に名を残すクラブが生まれるのはエリザベス朝以降で，その初期の例としてはサー・ウォルター・ローリーやベン・ジョンソンが中心となって設立したマーメイド・タヴァン（→Mermaid Tavern）におけるクラブがあり，また同じくジョンソンを中心とするアポロ・クラブがあった．どちらも当代の名士が主に社交を目的として集まったもので，会合の日時，場所もほぼ決まっていた．

　1660年に王政復古がなると，数多くのクラブが誕生した．政治活動を目的としたクラブや，学術振興を目的とした王立協会が生まれたのだが，この時期のクラブとのかかわりで重要なのはコーヒー店（→Coffee Houses）という場である．17世紀後半のロンドンに登場したコーヒー店は，都市住民の集いの場としてにぎわいをみせ，多くの人々がここを訪れた．そしてこのコーヒー店の隆盛は18世紀に入ってからも続くのだが，やがてこうした店

や昔ながらの酒場に集まっていた人々の中から、共通の思想信条、趣味などをもつ少人数のグループがまとまってひとつの集団（クラブ）を形成する動きが出てくる．

そのような集団としてまず目につくのは、のちの政党の原型となる政治的クラブで、これはちょうど時代が政党政治の揺籃期だったことによる．しかも相対立するグループ同士が政治パンフレットや雑誌を媒体として文書合戦を繰り広げたため、作家やジャーナリストらがそのお先棒をかつぎ、その結果として物書きを含むクラブが生まれることとなった．その代表がキット・キャット・クラブ（→Kit-Kat Club）である．またロンドンの街頭で乱暴をはたらくモホックや、やや怪しげなヘル・ファイアなどのクラブも出現した．

しかし、18世紀も後半となって政治も安定し、イギリスが繁栄の道をつき進みはじめると、歓談や社交をもっぱらとする社交クラブが生まれてくる．その代表が文壇の大御所サミュエル・ジョンソンを中心とするザ・クラブ（→Club, The）で、この名称はこれが「唯一無二、正真正銘のクラブ」という誇りゆえのことだった．

だが今日の社交クラブのもととなるものが次々と設立されたのは、19世紀に入ってからである．とくにヴィクトリア朝のいわゆる大英帝国最盛期には、上流階級、紳士の社交場としてのクラブの設立が増えていく．同時に、こうしたクラブは会員専用の豪華なクラブハウスを有し、厳密な会則をつくって会員の選別を行ない、会員となった人間にはすばらしい食事、ゆったりとした雰囲気、豊かな蔵書などを供して、クラブの格式をひたすら高めることをめざした．その種のクラブにはアシニーアム（→Athenaeum）やカールトン（→Carlton Club）、リフォーム（→Reform Club）など、今日超名門クラブとして名を馳せるものが含まれている．

こうしてクラブはイギリスのエリートの社交場として確固たる地位を築くこととなったが、20世紀の後半になると大きな変化の波がおしよせる．第一にイギリスの国力の衰退、土地を基盤とする貴族たちの財政悪化などにより、主に会費によって経営を行なっていたクラブの存立がたちゆかなくなる．その結果、会員数を増やしたり、入会資格をやわらげるなどの措置がとられたが、それでも伝統を誇るクラブの閉鎖やレストランへの身売りといった現象が見られた．第二に伝統的に男性のみを会員としていたクラブが、女性にも門戸を開きはじめた点である．だがこの点に関しては、依然として女性の入会を拒否する名門クラブが存在するのも事実である．

クラブはある意味では近代イギリスの発展を担っていた上流階級、上層中産階級の専有物であり、文学作品や映画にもたびたび登場する．イーヴリン・ウォーやグレアム・グリーンの小説、イアン・フレミングやジェフリー・アーチャーのスパイ小説、大衆小説などにも、登場人物がクラブで食事をしたり、人と会ったりする場面が頻繁に描かれている．

Coach and Horses
コーチ・アンド・ホース亭
Greek Street, W1

この屋号のパブは昔から多く、19世紀中ごろのロンドンだけでも50軒にも及んでいた．ソーホー地区でもグリーク・ストリート（→Greek Street）は特色のある通りで、名の通ったレストランが多い．店は1720年ごろの創設だが、現在の建物は1847年のもの、コーチとは昔の駅馬車のこと．16世紀から17世紀の中ごろまで、貧しい人々は徒歩で旅をした．少し裕福な者だけが馬に乗った．それを「駅馬」（ポースト・ホース）と呼んだが、やがて駅馬車（ステージ・コーチ）ができ、街道筋の旅籠で雇うことができた．「コーチ・アンド・ホースィズ」という屋号は、そういう駅馬車の発着点の宿につけられた．

グリーク・ストリートのこのパブの亭主は、文学や演劇関係の客を歓迎はしたが、遠慮なく批判したという．常連のひとりであった有名なジャーナリストのジェフリー・バーナードの新聞記事が、現代イギリスの劇作家ケイス・ウォーターハウスの劇《ジェフリー・バーナード

はご不快》のもとになった．この店を舞台としたものであり，ピーター・オトゥールなどの出演でアポロ劇場でヒットした(1990)．翌年にはシャフツベリー劇場でも上演され，好評であった．

Coade Stone Lion
コード・ストーン・ライオン

Westminster Bridge Road, SE1

　ウェストミンスター橋のテムズ東岸のたもとに立つ旧ロンドン市庁舎の前に据えられているライオン像．サウス・バンク・ライオンの名で知られる．高さ約3.6メートル，横幅約3.9メートル，重さ13トン．もともとはハンガーフォード鉄道橋のテムズ東岸近くにあった「ライオン」という名のビール醸造会社のマスコットであった．

　ライオン醸造所は1949年に取り壊され，現在その跡地にはロイヤル・フェスティヴァル・ホールが立っているが，ライオン像は時のジョージ六世の要請によって，しばしウォータールー駅の入口に置かれたあと，66年に現在の場所に移された．この像の石は水を通さないテラコッタという粘土を素焼きしたもので，18世紀末から19世紀半ばにかけて建物の飾りや彫刻用に使われていた人工の石材．その例はナショナル・ギャラリーの東玄関に飾られているミネルヴァ像などにも見ることができる．このライオン像も，その石材製造業者のコード家が1837年にウッディントンという彫刻家に依頼して製作された．

Coal Exchange
石炭取引所

　ロンドンの鋳鉄造りの建築物として最も初期に属する例で，ビリングズゲート・マーケット(→Billingsgate Market)のほぼ向かい側にあったが，1960年代に取り壊された．見事なロータンダ(丸屋根，直径約18メートル)とキューポラのある塔(高さ約30メートル)はJ.

[ロンドン・ア・ラ・カルト]

幽霊の名所

　古い都市に幽霊話はつきものだが，ご多分にもれずロンドンも幽霊話にはこと欠かない．とりわけロンドン塔は有名だが，そのほかの代表的なものを紹介しよう．

　ホランド・ハウス　ケンジントンのホランド・パークに立つホランド・ハウスは17世紀の代表的な貴族の邸宅として有名だったが，第二次世界大戦中にほとんどが破壊され，現在その東ウイングが再建されているだけである．この邸宅の「黄金の間」に，この居館を建てた初代ホランド伯爵ヘンリー・リッチ(1590-1649)の亡霊が出没するといわれている．この人物はチャールズ一世の寵臣だったが，王党派と議会派とのあいだで幾度か寝返りを繰り返したあと，王党派として議会派に捕らえられ，処刑された人物である．彼の亡霊は深夜，秘密の扉を通ってこの部屋に入り，自分の首を手に持って静かに室内を眺めていたという．

　ホランド・ハウスにまつわる話はこれだけではない．伯爵の子孫にあたる美しい令嬢ダイアナは，庭園を散策中，自分とそっくりの女性に出会い，その後間もなく死んだという話，また彼女の妹のエリザベスも，死ぬ少し前に，自分そっくりの女性に会っていたという話が伝わっている．

　コック・レイン　18世紀の末ごろ，コック・レインに住む少女に霊がのりうつり，彼女を通じて霊界と交信ができるというので評判になった．ジョンソン博士やホラス・ウォルポールなど，当時の名士が大挙して少女の家に押しかけたという．ところが調べてみると，これは牧師を含む数人の男女が仕組んだいかさまということがわかった．

B．バニングの設計になり，石炭が取れる地層にあるシダ，シュロその他の植物を表現した内部装飾はフレデリック・サングにより完成された（1847-49）．木造の床には羅針儀をかたどった象眼模様が約4万の木片によって施された．基礎工事の際にローマ時代の床下暖房装置が地下約4メートルの位置で発見された．ロンドンのローマ時代遺物として最も興味深いもののひとつである．アルバート公臨席のもとにオープンされたが，この式典がテムズ川の御座船（state barge）が使用された最後の機会となった．

Cockfosters
コックフォスターズ　　EN4

大ロンドン北郊，ノルマン朝以前からあった猟場エンフィールド・チェイス（→Enfield，現在トレント・パークにその一部が残る）の西にあたる地区．コックフォスターズの名が記録されたのは1524年であるが，その名は御料林監守長（コック・フォレスター）に由来すると思われる．当時の御料林監守長の邸は，現在ウェスト・ロッジ・ハウスというホテルに改築されてコックフォスターズ・ロードに立っている．1933年には地下鉄のピカデリー・ラインが延びて，チャールズ・ホールデンの設計でコックフォスターズ駅が建設され，一帯はロンドン郊外の街として発展した．

Cock Lane
コック・レイン　　EC1

オールド・ベイリーから北に延びるギルトスパー・ストリートへ入って最初の左側の細い路地．14世紀にシティ内で売春婦が公認されていた唯一の場所である．ギルトスパー・ストリートから曲がったところの塀の上に，金箔の太った裸体の少年像が立っていて，そこがパイ・コーナーであることを示している．1666年，プディング・レインで発生したロンドン大火が止まったと伝えられる地点である．この

ストックウェル　やはり18世紀の末に，ストックウェル・グリーンに住むゴールディング夫人の家で奇妙なことが起きた．夜中になると，棚から食器類が落ちたり家具が倒れたり，大騒ぎになるのだった．彼女はこの家にいられず近所に引っ越したが，そこでも同じことが起きる．不思議に思った夫人が昔からの女中を解雇したところ，騒ぎはぷっつりとおさまったという．のちに女中が自白，恋人と密会するのに邪魔になる雇い主を追い出そうとして，すべて彼女自身が計画，実行したということだった．

ハマースミス　19世紀のはじめ，ハマースミス教会の墓地に，暗くなると白い衣服に身を包んだ幽霊が出没して付近の住民を恐怖におとしいれた．10時過ぎにここを通りかかったひとりの婦人が幽霊に抱きつかれて失神し，2日後に死亡するという事件まで起きた．そこで地元の有志が銃を持って幽霊退治を始めることになり，ひとりの青年が墓石の後ろに隠れていると，なにやら白い影が近づいてきたので発砲したところ，倒れたのはフランネルの白い上衣を着た近くの煉瓦積み職人だった．発砲した青年は殺人の罪で起訴されたが，情状酌量によって無罪放免になったという．結局幽霊の正体は解明されないままだという．

コロシアム劇場など　1904年にセント・マーティンズ・レインの南端に開場したコロシアム劇場は，屋上庭園やヨーロッパ最初の回り舞台などで評判だったが，第一次世界大戦が終結する少し前に戦死した若い少尉の幽霊がひんぱんに姿を現わした．2階正面の前から2番目の席で，それは彼が休暇のときに座っていた席だったという．

また，少しあとになってから，同じ通りにオールベリー劇場を建てたサー・チャールズ・ウィンダムの幽霊も，自分の劇場に出没したといわれている．ハンサムで上品な顔だちの背筋をしゃんと伸ばした男で，いつも観客に交じってロビーに姿を見せるという噂である．

コック・レインの幽霊の家
（19世紀後半）

通りはまた，いわゆる「コック・レインの幽霊」（→幽霊の名所）の舞台として知られている．地下鉄駅セント・ポールズに近い．

Cockney
コックニー

　コックニーとは，慣習的定義によれば，「ボウ教会の鐘の音が聞こえる範囲内で生まれたロンドンっ子」ということである．この場合の「ボウ教会」というのはチープサイドにあるセント・メアリ・ル・ボウ教会（St Mary-le-Bow）をさす．しかし現在では，コックニーのイメージにふさわしい人々は主としてもっと東の方，ステップニー，マイル・エンド，ライムハウス，ボウ・コモンといったイースト・エンド（→East End）近辺に住んでいる．ボウ・コモンという地名は上のボウ教会との関連を示しているが，ボウ教会の鐘の音はここまでは聞こえてこない．20世紀半ばに言語学者のシメオン・ポッターは，コックニー方言はロンドンの中心から半径65キロほどの範囲に住んでいる数百万のロンドンっ子に話されている，と言っている．

　コックニーということばは，早くも14世紀の記録に見られる．「おんどりの卵」（cock's egg）を意味していた．これは若いめんどりが産んだ「ゆがんだ，ぶかっこうな」または「不完全な」卵の呼び名であった．比喩的には性格や知能の弱い者をさすこともあった．詩人のジェフリー・チョーサーは「甘えん坊」という意味でこの語を用いている．

　昔から都会人は田舎の人にくらべてひよわだと言われ，17世紀以来このことばは，主としてロンドンっ子をさすようになった．

　コックニー方言は19世紀半ば頃の，チャールズ・ディケンズの小説に登場する多くの下層階級の人物の話しことばに見られる．当時の特色としては，語頭にくる[v]と[w]の音の混乱（one をワンでなくヴァンと発音するなど）がある．このような発音はもう存在しないが，コックニーにはその他多くの音韻上・文法上の特徴がある．

コックニーと RP（Received Pronunciation, 容認発音）との主な音韻上の相違点と言われるものは,

(1) [ei]がコックニーでは[ai]となるため, pay〔ペイ〕や lake〔レイク〕が pie〔パイ〕や like〔ライク〕になる.

(2) [ai]が[ɔi]となる結果, buy〔バイ〕や vice〔ヴァイス〕が boy〔ボーイ〕や voice〔ヴォイス〕となる. 他の二重母音も変わる.

(3) 語頭の[h]音に脱落と付加がある. 脱落すると, here〔ヒア〕や hold〔ホウルド〕が ear〔イア〕や old〔オウルド〕になる. また不必要なところに[h]音を入れることがあり, Islington〔イズリントン〕が〔ヒズリントン〕になる.

(4) 動詞につく -ing は[in]と発音される. 文学作品ではしばしば livin' とか workin' といった書き方が見られる.

(5) 語の中央にくる[t]の音は声門閉鎖音となり, bitter が bi'er〔ビィア〕となる.

(6) [th]の音が[f]または[v]の音になるから, thought が fort〔フォート〕に, heather が ever〔エヴァ〕になる.

(7) 語中または語尾の[l]の音は, 子音の前では暗い響きになるので[w]の音になり, well が wew〔ウェウ〕, child が chowd〔チャウド〕になる.

しかし, 以上の諸特色はコックニー方言のみの特徴というわけではなく, 他の方言や上流階級の話しぶりにも見られ, 実際には多くの人の話し方に共通する要素でもある.

文法上の特色にも同じことが言える.

(1) as を関係代名詞として, who, whom, which, that の代わりに用いる.

(2) 動詞形の混乱：I says; We goes; Where was you?; She weren't there. など.

(3) ain't〔エイント〕を be または have の現在形の否定として用いる. ディケンズは an't と書いている.

G.B. ショーの喜劇『ピグマリオン』と, この劇を台本としたミュージカル《マイ・フェア・レディ》の中で, ヒギンズ教授が矯正しようとしているのは, イライザ・ドゥーリトルの開口一番のコックニー方言である.

また, コックニーが世界に提供した一つの生き生きとした要素は, 俗語としての押韻スラングであろう. これについては別項の囲み記事（→ライミング・スラング）にゆずる.

教育と映画やラジオ・テレビの普及で, ロンドンのみならずイギリス全土で話しことばの均一化が進行した. そのためコックニーの極端な特色は消滅しつつあり, 今日では故意のパロディとしてしか聞かれなくなった. 現在では, 1980年代に「河口域英語」(Estuary English)という呼び名が創り出され, 階級差のない新しい方言であると言われている.

Cock Pit
コック・ピット亭
St Andrew's Hill, EC4

16世以来の酒亭というから, シェイクスピアにも知られていたらしい. コック・ピット（闘鶏場）の名が示すように, もとは闘鶏場で有名だった. 闘鶏は残酷なゲームで, 1849年に禁止されたとき, この酒場の屋号はスリー・カースルズ（3つの城亭）と改名されたが, 最近内部を改修して昔の闘鶏場が復元されたとき, 再びコック・ピット亭に戻った. イギリス中にこの屋号のパブが散在しており, その古さを誇っているが, ロンドン北部の町セント・オールバンズのイー・オールド・ファイティング・コックス亭もそのひとつである.

Cockpit Theatre
コックピット劇場

1609年に闘鶏場としてドルーリー・レイン（→Drury Lane）に造られたが, 1616年に役者でもあった支配人のクリストファー・ビーストンが劇団クイーン・アンズ・メンのために約15平方メートルの小さな私設劇場へと造り直した. 1617年に火事で焼け落ちたが, 名前をフィニックス・シアターと変えて, 再建された. 複数の劇団がここで公演を行なったが, 1637年にはビーストン自身がビーストン・ボーイズという劇団を創設した. 1638年に彼が死亡すると, 息子のウィリアムが跡を継いだ

183

が，検閲を受けずに芝居を上演し，チャールズ一世の怒りを買い，投獄された．その跡を劇作家のウィリアム・ダヴェナントが引き継いだが，1642年のピューリタン革命のときにはほかの劇場同様，閉鎖された．49年に非公認の公演の最中に，共和派の軍隊に襲撃されるという事件が起きている．その後オリヴァー・クロムウェルの許可を得て，ダヴェナントの音楽付き芝居が2本上演されたが，これは最初のイギリス・オペラといわれる．王政復古後はドイツから帰国していた役者ジョージ・ジョリーが再びふつうの劇場として1665年まで使用したが，シアター・ロイヤル・ドルーリー・レイン (→Theatre Royal, Drury Lane) との競争に敗れて，その後の上演記録は現存しない．

なお，1970年にリージェンツ・パークに近いゲイトフォース・ストリートに同名の劇場が開館した．主として若い人を対象として，変幻自在なオープン・ステージと最大240までの観客席がある．

Cockspur Street
コックスパー・ストリート　SW1

地下鉄チェアリング・クロス駅前のスプリング・ガーデンズの入口を過ぎて西へ向かって延び，ペル・メル・イースト (ナショナル・ギャラリーとトラファルガー・スクエアの北側の間を通る) と合流する通り．両側には著名な海運会社のオフィスが並ぶ．この通りとペル・メル・イーストに囲まれた角のところには，マシュー・コーツ・ワイアット作のジョージ三世の青銅騎馬像 (1836) がある．

Cock Tavern
コック・タヴァン
Fleet Street, EC4

もとコック・エールハウスの名で知られた16世紀の旅籠に代わって，1887年に建てられたパブ・レストラン．ミドル・テンプル・ゲートの向かいにあって，チョップ，ステーキが名物料理だった．コック・エールハウス時代の常連にサミュエル・ピープスがいた．彼が飲んだコック・エールというのは，ボイルした鶏肉を細かく刻んでゼリー状にしたものをエールに混ぜたものである．チョップ，ステーキが名物料理だったが，飲み物にはポーターという黒ビールもあった．ピープスは1668年4月23日に女優のミセス・ニップを連れてここを訪れ，日記に「酒を飲み，ロブスターを食い，歌い，すこぶる愉快なり…」と記している．ちなみに，…の部分は，妻に知られぬように暗号めいた言葉で書いてあって，省略する版が多い．

ジェイムズ一世時代のタヴァンは，現在の建物の反対側にあって，コック・アンド・ボトル亭という屋号であった．この名のパブは現在，少し東よりのキャノン・ストリートにあり，看板が有名である．チャールズ・ディケンズと詩人のテニソンもコック・タヴァンの常連であった．

Cocoa Tree Chocolate House
ココア・ツリー・チョコレート・ハウス

19世紀末ごろまでセント・ジェイムジズ・ストリートにあったコーヒー店．カカオ豆は16世紀に中部アメリカからイングランドにチョコレート飲料として輸入された．ロンドンでは17世紀の中ごろからコーヒー店で売り出され，コーヒー店がチョコレート・ハウスと呼ばれ，18世紀初期にはトーリー党でにぎわった．1745年のジャコバイトの叛乱ではその本部となったが，その翌年にはパブに改装されて，悪名高い賭博場となった．ジョーゼフ・アディソンは『スペクテーター』(No 1., 1711) で早速この店の常連となったと報じている．

Coffee Houses
コーヒー店

イギリス最初のコーヒー店は，オックスフォードで1650年に開店，ロンドンでは1652年にコーンヒル (→Cornhill) のセント・マイケルズ・アリーにできたパスカ・ロッシーズ・ヘッド (Pasqua Rossi's Head) 軒が最初のコーヒー店だが，現在はパブになっている．ロンドンのコーヒー店はできるとまもなく，文人や政治

家や商人たちの会合所となって流行した．チャールズ二世は，政府に対する悪意の報道を流し国民の不安を乱すとして，開業禁止令(1675)を出したほどであったが，1708年にはわずか1平方マイルというせまいシティだけで，その数3000軒にものぼったという．当時，人々は道で出会うと，その人の住居よりもまず行きつけのコーヒー店の名を聞くのが習慣であった．夏目漱石が『文学評論』で，そのころの様子をユーモラスに紹介している．

「珈琲店，酒肆および倶楽部は大同小異であって，いずれも十八世紀の社会的生活に離すべからざる因縁関係を有している．文学にも直接間接に影響がある」と説きおこし，「第一に来る珈琲店というのは，上下貴賤ともに出入した所で，実際をいうと，あながち珈琲を飲んだり，鉱泉を飲んだりするばかりではない．そこへ行ってぶらぶらする，あるいは新聞を読む，あるいは手紙を書く，あるいは今日の出来事を聞く，あるいはカルタを取る，あるいは政論をする，要するにはなはだ軽便な所である．」さらにつづけて，「これらの珈琲店にはそれぞれ得意があってこれは坊主の行く所，これは町人の出入する所，これは法律家の贔屓にする所と，たいていはみな受持ちが極っていたようである．文人におなじみのあったうちには，チャイルド軒，バットン軒，ウィル軒などという名前がある．」

さて，おもしろいのは次の説明である．「スティールの発刊した『タトラー』を見ると，毎号ともに二三欄に分けたその一欄ごとの上に「ホワイト・チョコレート店にて四月七日」とか，「ウィルズ珈琲店にて四月八日」などとわざわざ断り書きが付いている．これはその欄に書いてある種が，この格段の珈琲店から出たという意味なので，これを見てもこの珈琲店なるものが社会上どんな地位を占めていたかが分る．」そしてイギリス最初の新聞ともいうべき『タトラー』の第1号(1709)の宣言を候文で紹介している．

「艶事，娯楽，人寄せに関する記事はホワイト茶店(White's Chocolate House)と題する欄内に収め候．その他詩文はウィル軒(→Will's Coffee House)，学芸はグレシアン軒(→Grecian Coffee House)，内外の通信はセント・ゼームス軒(→St. James's Coffee House)，…その他の諸題に関するいっさいの話題は「自宅より」と題し申すべく候．」

費用は店によって多少チップなどの差はあったようだが，コーヒーの値段はだいたい1杯1ペニーと決まっていたから，1ペニー払えば，好きなだけいられて，知人に会い，商取引きをし，タバコや酒も飲めてゲームを楽しみ，新聞を読んでは国家を談じて，政治・文学の評論をたたかわして知見を広め，寛容の徳を身につけた．人よんで「1ペニー大学」といった．「コーヒー店の繁昌とミドルクラースの勃興とは切り離しては考えられぬ」ほど重要な機関であった．

ところで，コーヒー・ハウスとチョコレート・ハウスの区別はあいまいで，チョコレートがイギリスに輸入されたのは1652年で，コーヒー店の開業の年であったから，どのコーヒー店でもチョコレートが飲めたらしい．日記で有名なピープスは，「コーヒー店へジョコラッテ(jocolatte)を飲みに行く，結構なり」(1664年11月24日)と記している．18世紀初頭のロンドンでは，ホワイトとココア・ツリー(→Cocoa Tree Chocolate House)がとくにチョコレートでは有名であった．

Cold Bath Fields Prison
コールド・バース・フィールズ監獄

ファリンドン・ロードの北端の西側に19世紀末まであった監獄．1697年に冷泉が発見されたことからこの名があり，ブライドウェル監獄(→Bridewell)が手狭まになってきたために，1794年にこの地に新たに矯正院が建てられることになった．以来いわゆる「サイレント・システム」をしき，厳格さをもって知られた．1820年，アーサー・シスルウッドをはじめとするケイトウ・ストリート(→Cato Street)陰謀事件の犯人たちが，ロンドン塔へ移されるまでの数日間，ここに収監されていた．この監獄は1877年に閉鎖され，1889年に取り壊された．跡地には，マウント・プレザント郵便物

集配局が立っている．

Colebrooke Row
コールブルック・ロウ　N1

　1768年から建設が始まったテラス・ハウスが切れ目なく立つ，イズリントンにある街路．1823年から27年まで64番地のコテージにチャールズ・ラムが住んだ．現在は第二次世界大戦後に作られた家も混じるが，テラス・ハウスは煉瓦造り，もしくは煉瓦造りの漆喰仕上げで3階建ての建物である．2階に鉄製のバルコニーがある．隣接した水路ニュー・リヴァーは地下水路になったあと公園として整備された．この公園を隔ててダンカン・テラスの立つ通りには18世紀に人気のあったパブ，カースル・インがあった．地下鉄エンジェル駅に近い．

Colindale
コリンデール　NW9

　マーブル・アーチから北西に一直線に延びるエッジウェア・ロードはローマ人の築いたワトリング街道の名残りをとどめる古い道であるが，この道路の北端がノース・サーキュラー・ロードと交差する北西がコリンデールである．1924年，地下鉄ノーザン・ラインがゴールダーズ・グリーンからエッジウェア地区に延長されるまでは，この地域は人家がほとんどない田園地帯であった．1911年にヘンドン飛行場（→Hendon）が開設され，イギリスの航空史に数々のエピソードを残した．飛行場は1957年に閉鎖されたが，その場所に英国空軍博物館（→Royal Air Force Museum）が設立され，両世界大戦で活躍した軍用機をはじめ多くの飛行機が実物展示されている．

　コリンデール地域の住宅は，1930年代の郊外膨脹期に建売業者が大規模に供給したものが多数を占め，どの通りをとっても同じような景観である．イギリスの都市計画法は，原則として建物の正面の改造や増築を認めないで，筑後60年以上の現在でも建てられた当時の姿がそのまま残されている．

　ただ高速道路M1の開通や南東のブレント・クロスのショッピング・センター（→Brent Cross Shopping Centre）の建設にともなってこの地域の利便性は大きく向上し，ヒースロー空港へのアクセスのよさもあって邦人の居住者も少なくない．地下鉄コリンデイル駅がある．

Coliseum, The
ザ・コロシアム
St Martin's Lane, WC2

　1904年に，大興行主オズワルド・ストールが家族連れで楽しめるミュージック・ホール（→Music Halls）として開館した．エドワード七世時代固有の壮大なイタリア・ルネサンス風の正面をもつ建物は建築家フランク・マッチャムの傑作といわれる．ロンドンで初めて回り舞台が導入されたが，利用価値が低かったため1977年に取り除かれた．4層の2358席に，プロセニアムの間口15メートル，奥行24メートルというロンドン最大の舞台をもつ．初期の困難な時期を乗り越え，1909年ころから活況を呈し，名優エレン・テリー，イーディス・エヴァンズ，サラ・ベルナールらが舞台を踏んだ．ディアギレフのロシア・バレエ団も来演している．1912年には初めてオペラが上演されたが，観客席の大きさからもミュージカルが最適だった．

　1946年にストールが死ぬと，プリンス・リトラーが買収し，その後ブロードウェイ・ミュージカルの公演が続行されたこともあった．1961-67年にはMGMが映画館として使用したが，新しい劇場を探していたサドラーズ・ウェルズ・オペラ（→Sadler's Wells Theatre）が本拠地として使用することになり，68年8月《ドン・ジョバンニ》をもって新時代が開幕した．作品をすべて英語で上演するこの歌劇団は，74年に名称をイングリッシュ・ナショナル・オペラ（ENO）と改め，以後ますます意欲的な活動をつづけている．ここではENO以外の公演もあり，日本の宝塚歌劇団も1994年に登場した．地下鉄レスター・スクエア駅に近い．

College of Arms

紋章院
Queen Victoria Street, EC4

　紋章の認可や系図の調査研究に加え，イングランド，ウェールズ，北アイルランドおよび英連邦の紋章や系図に関するすべての事項を管轄する1484年創設の官庁．Heralds' College ともいう．紋章はジェントリー以上の身分の者に認められる特権．（スコットランドはコート・オヴ・ザ・ロード・ライアン）．イングランド，ウェールズ，北アイルランドにおける，戴冠式や議会の開会などの国家や王室の公式行事の統轄を紋章院総裁が行なう．1672年以来，最高責任者である紋章院総裁は代々ノーフォーク公爵が務めることになっており，総裁の下に3名の上級紋章官，6名の中級紋章官，4名の紋章官補がいて，各自執務室をもつ．

　紋章院の歴史は，1484年にリチャード三世から勅許を受けたときに始まる．ヘンリー七世時代に一時機能を停止するが，1555年にメアリ一世が新たに勅許を与え，現在の敷地に建てられたダービー家の所有する屋敷ダービー・プレイスが紋章院となった．ダービー・プレイスはロンドン大火で全焼し，1671年から78年にかけて，建設局の煉瓦匠であったモーリス・エメットの設計で，紋章官フランシス・サンドフォードの指示のもと，煉瓦造りの建物が再建された．大火の直後に建てられたものとして現存する数少ない建物のひとつである．18世紀に作られた精巧な鉄製の門は，もとはヘレフォードシャー州のグッドリッチ・コートにあったものだが，1956年にアメリカ人の後援者により紋章院に寄贈された．奥行の浅い翼棟が，建物全体と釣り合いのとれないのは，クイーン・ヴィクトリア・ストリートが建設された際にきりつめられたためである．鉄道，地下鉄のブラックフライアーズ駅に近い．

→Heralds' Museum

College of St Mark and St John
セント・マーク・アンド・セント・ジョン・コレッジ
King's Road, SW10

　国教会系の教員養成コレッジ．通称「マージョン」（Marjohn）．前身校は，セント・マーク・コレッジ（国民協会によって設立された最古の教員養成コレッジのひとつ）と，セント・ジョン・コレッジで，両校が1923年に合併した．セント・マーク・コレッジの初代校長はサミュエル・テイラー・コールリッジの息子のダーウェント・コールリッジ．1840年セント・マーク・コレッジが，17世紀末に建てられたスタンレー・グローヴ（チェルシーで最も美しい邸宅のひとつ）を取得して，現在も校地の一部として使用されている．1980年コレッジは南英のプリマスに移転し，跡地はチェルシー・コレッジ（→King's College London）の所有となった．創設当初の学生のひとりで俳優のルイス・カッソンによれば，イギリス教員組合結成のアイデアは旧キャンパスの庭にあるサンザシの木の下で初めて議論されたという．

College Road
コレッジ・ロード　SE21

　ダリッチ・パークの西側から南へクリスタル・パレス・パークに至る，ダリッチ地区で一番長い通り．ジョージ朝様式の建物が残る．13番地と15番地の昔のサン保険会社の建物は1765年ごろの建築，27番地の煉瓦造りのベル・ハウス（1767年築）は市参事会員トマス・ライトの家で，屋根には火事の発生を村に知らせる半鐘がついていた．31番地のピクウィック・コテージは，チャールズ・ディケンズが『ピクウィック・ペイパーズ』の主人公ピクウィックの隠居場所として描いていた家といわれる．

　この通りはもともとオールド・コレッジからダリッチ・コモン（→Dulwich Common）までだったが，1787年にジョン・モーガンが南に延びる林道を購入，モーガン・ロードとした．この私有道にモーガンは通行料金所を作るが，これはロンドンに残る最後のもの．モーガンズ・ロードはのちにペンジ・ロードとなり，1870年にダリッチ・コレッジ（→Dulwich College）がここへ移転してきて，コレッジ・ロードと呼ばれるようになった．コレッジ・ロード

に面してダリッチ・コレッジの大きな鉄の校門がある.

Colliers Wood
コリアーズ・ウッド　SW19

　ロンドン南郊マートン自治区の一地域.「炭焼き人たちの森」を意味するコリアーズ・ウッドは,もともと木炭がつくられていた森林地帯であったらしい.ウィリアム一世が臣下のギルバートに荘園領を下賜した12世紀初めにはすでに肥沃なワンドル河畔に村落が形成されていた.ローマ街道沿いに建設されたハイ・ストリート,コリアーズ・ウッドはロンドンとギルフォードあるいはウィンチェスター間の幹線道路であったらしい.12世紀にマートン小修道院が建立されてこの界隈の交通量が増えた.16世紀に入るとユグノーやフランダースの移民たちによって更紗やフェルトの繊維工業が発展したが(19世紀まで織物工場がいくつも見られた),一方でワンドル川が汚染された.

　ベディントンのサー・カリューが所有した16世紀建築の家に代わってコリアーズ・ウッド・ハウスと呼ばれていた18世紀後半の建物は,19世紀末,西のウィンブルドンからトゥーティングまでの鉄道建設にともない売却され,1904年に取り壊された.最寄駅は地下鉄コリアーズ・ウッド駅.

Collins' Music Hall
コリンズ・ミュージック・ホール

　草創期のミュージック・ホール(→ Music Halls)を代表するホールで,現在のイズリントン地区にあった.その歴史は,1862年,パブのランズダウン・アームズに併設されたランズダウン・ミュージック・ホールにはじまるが,興行許可をめぐるトラブルからいったん閉鎖されたあと,翌年,サム・コリンズ(本名サミュエル・ヴァッグ)によって建物が改築・拡張され,以後コリンズ・ミュージック・ホールの名で本格的な展開をみせた.

　コリンズは,ミュージック・ホールの先駆けとして評判の高かったエヴァンズ(→ Evans Music-and-Supper Rooms)の歌手であった.自分が経営するこのホールでも,自作のアイルランドの曲を歌うアイリッシュ・コメディアンとして人気を博した.1865年にコリンズが亡くなると,未亡人アンが経営を引き継ぎ,多くのホールが劇場化するなかで,出し物の最中に飲食を楽しむという初期ミュージック・ホールの形態をあくまでも貫き,ヴィクトリア朝を通じて労働者たちのあいだで根強い人気を誇った.

　1897年,それまで600席であったこのホールは1800席の大ホールに改築され,その名もコリンズ・シアター・オヴ・バラエティに改められた.第一次世界大戦中は「イズリントン・ヒッポドローム」の名で親しまれ,その後レパートリー劇場として使われながらも,第二次世界大戦を生き延びた数少ないミュージック・ホールである.1958年,失火によって焼失し,約1世紀にわたる歴史を閉じた.

Collosseum
→**Panoramas**

Columbia Market
コロンビア・マーケット

　ベスナル・グリーンのコロンビア・ロードで日曜日の朝に開かれた花と植木の市.はなやかなこの市場にも変化に富む80年の歴史がある.ヴィクトリア朝の女性パトロン,バーデット=クーツ男爵夫人はそれまでスラム街だったこの区域にゴシック風の壮麗な建物を建てた.1869年4月28日の開場式にはカンタベリー大主教やウェリントン公爵の臨席を仰いだ.彼らの意図は貧しいイースト・エンドの行商人たちに屋根つきの屋内市場を提供して便宜をはかることだった.しかし露店商たちは従来通り路上での商売を好んだ.結局5年後,元の持ち主に返され,一時さまざまな店舗を入れたがこれも失敗に終わった.最終的に建物は1958年に取り壊された.露店商たちがいかにストリート・マーケット(→Street Markets)を好んだか,その一例である.

Comedy Theatre
コメディ劇場
Panton Street, SW1

　建築家トマス・ヴェリティのデザインで6か月という記録的な速さで建てられた，フランス・ルネサンス様式の劇場で，1881年10月15日に開場した．ロンドンでもめずらしい1890年以前の観客席を見ることができる．2階席ドレス・サークルには柱が立って席によっては視界が妨げられる．4層からなる800名も収容する客席のわりには，舞台はせまい（プロセニアムの間口7.5メートル，奥行7メートル）．内装の色調は金色でまとめられている．初代支配人アレグザンダー・ヘンダーソンは5日前に開館したサヴォイ劇場（→Savoy Theatre）のギルバート・アンド・サリヴァンの喜歌劇にはりあってコミック・オペラを企画した．1887年になると，役者兼支配人のビアボーム・トリーが大成功をおさめた．世紀の変わり目からサラ・ベルナール，ルイス・ウォーラー，ジョン・バリモアら大物が出演，小説家サマセット・モームも自作の芝居3本を上演している．第一次世界大戦ころからレヴュー公演が増加，作詞家としてノエル・カワードの名前が初めてウェスト・エンド（→West End）に登場した．

　その名のとおり，コメディに強く，正劇には弱かったが，第二次世界大戦中でさえ爆撃の被害を受けながらも上演は続けられた．同性愛を演じることが禁じられていた当時の演劇界で，1956年に劇場の支配人たちが集まりニュー・ウォーターゲート・クラブを結成して，この劇場で，アーサー・ミラーの《橋からの眺め》（1956）など上演禁止処分を受けた3本のアメリカ演劇の会員制公演を行なった．その後，検閲側の態度が軟化すると，このクラブは解散し，同性愛をあつかったピーター・シェーファーの処女作《五重奏》（1958）は晴れて2年間の連続上演を達成した．同様にヌードも自由に舞台上で表現されるようになった．

　この劇場ではそのほかにも，ピーター・ニコルズの《ジョー・エッグの死の一日》（1967）など物議をかもした公演も少なくない．アラン・エイクボーンの笑劇《何度も何度も》は1968-72年のロングランだった．ミュージカル《ロッキー・ホラー・ショー》（1979）や《リトル・ショップ・オヴ・ホラーズ》（1983）もヒットした．デイヴィッド・ストーリーの《昔の日々》（1980）などのナショナル・シアター（→National Theatre）やフリンジ・シアター（実験劇場）からの移転公演もある．地下鉄レスター・スクエア駅に近い．

Commercial Road
コマーシャル・ロード　　E1, E14

　地下鉄オールドゲート・イースト駅から東へ延びる大通り．19世紀のはじめイースト・インディア・ドックスやウェスト・インディア・ドックスが相次いで完成，あるいは整備された結果，貿易ドックの扱う物資（輸出入品ともに）が増大し，シティとの往来を円滑にする目的で1812年に建設された産業道路．

　1870年に，それまでバック・チャーチ・レインまでだったコマーシャル・ロードの拡張工事が行なわれ，西のホワイトチャペル・ハイ・ストリートまで延長された．コマーシャル・ロードが開通すると両側に路地やスクエアが次々と造られたが，そのうちのひとつアルバート・ガーデンズは19世紀初期の面影を今にとどめている．

Commercial Street
コマーシャル・ストリート　　E1

　地下鉄オールドゲート・イースト駅から北へ延びる大通り．1845年に建設された当時はホワイトチャペルからスピタルフィールズ近くまでであったが，1858年にショアディッチ・ハイ・ストリートまで延長された．28番地のトインビー・ホール（→Toynbee Hall）は，1884年サミュエル・バーネットによって創設され，イースト・エンドで初の大学セツルメントが始まった．フォーニア・ストリートとの角には，1720年にニコラス・ホークスムアによって設計された塔が残るクライスト・チャーチ（→Christ Church）が立つ．

　1682年にチャールズ二世の勅許を得て始まったスピタルフィールズ・マーケット（→Spitalfields Market)は青果物や花の卸売市場で，1920年からはシティ自治体（→Corporation of London)が運営していたが，1991年にウォルサム・フォレスト自治区のテンプル・ミルズに移転した．この跡地には1920年に建てられた文化財指定の建物だけを残して，住宅・商業地として開発された．この道路の北端135番地から153番地は，実業家で慈善家のアメリカ人ジョージ・ピーボディが労働者を収容すべく，ロンドンで最初の低所得者用アパート，ピーボディ住宅（→Peabody Buildings）を建てた場所である．

Common Cryer and Serjeant-at-Arms
ロンドン市長の触れ役

ロンドン市長（→Lord Mayor)の側近3名中第2の役員．太刀持ちと式部官とともに市長に仕えて，日常の会合などの約束を管理する役．昔は国王の守衛官のひとりが担当した．1559年にコモン・クライアー・アンド・サージャント・アト・アームズと呼ばれるようになった．同業組合の総会（→Common Hall）で市長の前に職杖（メイス）を奉持し，「静粛に」という意味のかけ声「オウイエス」（Oyez－中世フランス語で"Hear!"の意味）を3回連呼し，議会の開会を宣告した．また国王や諮問機関の命令を，シティの一定の場所で宣告する．昔のタウン・クライアー（町の触れ役）のような役目である．

Common Hall
コモン・ホール

シティのギルドホール（→Guildhall）で開かれる選挙のための同業組合総会とその会場．次期市長（→Lord Mayor）の候補者およびシェリフ（→Sheriffs）とその他の役職者の選出のために，市長によって召集される．もとはシティのすべてのフリーマンが参加することができたが，15世紀以降シティ同業組合（→City Livery Companies）の会員に限られるようになり，1724年正式にそれが制定された．

現在の総会の構成員は，市長とシティ同業組合員のほか，シティ参事会員（→Aldermen）4名以上およびシェリフとなっている．毎年，ミッドサマー・デイ（6月24日）に開かれる総会では，2名のシェリフの選挙が行なわれる．ミクルマス・デイ（9月29日）の総会においては，次期ロンドン市長の候補者を2名，通例，シェリフを務めたシティ参事会員の中から選出する．このうちのどちらかが，参事会において市長に選ばれることになる．

Common Serjeant
コモン・サージャント

シティの法律顧問．コモン・サージャントは巡回裁判官で，シティ裁判官補と中央刑事裁判所（→Central Criminal Court）の裁判官を兼ねる．シティの市長（→Lord Mayor）や議会に対して助言を与えたり，必要に応じて議会などにも出席するほか，シティの公的行事に際して市長の補佐をする．初代のシティ裁判官ジェフリー・ド・ノートンの息子グレゴリーが，1319年に初代コモン・サージャントを務めた．もともとこの職はシティの市長やシティ参事会員（→Aldermen）などによって選出されていたが，1888年の法令で，シティの認可を前提に国王が任命する権限を有することになった．

Commonwealth Institute
英連邦会館

Kensington High Street, W8

1962年にエリザベス女王が臨席して開館式が行なわれた展示会場．前身である大英帝国会館（Imperial Institute）は，ヴィクトリア女王の即位50周年を祝して設置されたもので，T.E.コルカットの設計により1887年から93年にかけてインペリアル・インスティテュート・ロードに建設された．現存するのは高さ54メートルのクイーンズ・タワーのみである．サー・ロバート・マシューおよびジョンソン＝マーシャル建築事務所によって設計されたこの建物は，英連邦加盟国の資材が巧みに利用されており，とくに，ザンビアの銅で覆われた双曲面の屋根は目を引く．

会館の運営資金は外務省によって提供され，3つの階にわたる広い円形展示室では，英連邦加盟50か国の歴史，風物，伝統芸能や美術工芸，動植物などに関する展示が常時見られる．図書館や資料室，特別展示のためのアート・ギャラリーもあり，430席ある映画館は，加盟国に関する映画上映のほか，劇やコンサートのためにも利用される．さらに，子供向けの行事も催され，英連邦加盟各国の料理教室や工芸教室なども開かれる．また，各種のセミナーや集会，企業の会議などにも使われる．地下鉄ハイ・ストリート・ケンジントン駅に近い．

Comptroller and City Solicitor
シティ自治体検査官

シティ議会（→Court of Common Council）によって任命されるシティの高官で，旧来の職務をいくつか兼任する．1545年に設けられたシティの事務弁護士としての職務に加え，シティの会計官補を務め，また不動産譲渡取扱い業務なども担う．シティが関わる訴訟問題を受け持つほか，シティの警察（→City of London Police）長官の法律顧問なども務める．

Concert Halls
コンサート・ホール

料金を取って一般の聴衆に演奏を聴かせることを始めたのは，ロンドンのバイオリニスト，ジョン・バニスターで，彼は1672年にホワイトフライヤーズの自宅で数人の音楽家を集めてコンサートを開いた．それ以前は人々がふつう音楽を耳にする機会は，劇場でのオペラを除けば，教会や宮廷や貴族の邸宅などに限られていた．バニスターのコンサートは彼が亡くなるまで6年間続いた．その後石炭商のトマス・ブリトンが倉庫の2階を音楽室に改造して毎週コンサートを開いた．これは36年続き，ヘンデルも小オルガンでしばしば演奏を行なった．このころになるとコンサートはめずらしくなくなり，とくにコヴェント・ガーデン地区はその中心地であった．

〈18世紀のコンサート〉

これらのきわめて小規模な仮設のコンサート会場に対して，18世紀のはじめにはルームと呼ばれる本格的なコンサート会場が現われた．ピカディリー・サーカス北側のブルーワー・ストリートにあったヒックフォード・ルームズはなかでも有名で，このかなり規模の大きい整った会場を外国の著名な演奏家や歌手がよく利用した．またコンサートの開催を目的とする協会もぞくぞくと生まれ，ジョージ三世と四世が愛好したヘンデルの音楽，とくに《メサイア》を年に1度演奏することで知られるコンサーツ・オヴ・エンシェント・ミュージック や，反ヘンデルを標榜するアカデミー・オヴ・エンシェント・ミュージックなどが，長期間にわたって活発に活動を行なった．

このようなコンサートは上流階級の聴衆に支えられていたが，一方大衆的なコンサートもガーデンズと呼ばれる遊園地で行なわれていた．ヘンリー・フィールディングの『アミーリア』やファニー・バーニーの『エヴェリーナ』で描かれているヴォクソール・ガーデンズ（→Vauxhall Gardens）や，トバイアス・スモレットの『ハンフリー・クリンカー』で描かれているラニラ・ガーデンズ（→Ranelagh Gardens）はとくに有名で，くつろぎを求めて集まった多くの人々を前に，こうこうと輝くライトの下で最高の音楽家たちが演奏した．

〈ポピュラー・コンサート〉

ドイツ人の指揮者アウグスト・マンスによって土曜の午後に開かれたクリスタル・パレス・コンサートは1855年から1901年まで続き，イギリス人に音楽愛好の心を深く植えつけた．1895年に始まったクイーンズ・ホールでのプロムナード・コンサート（通称プロムズ→Proms）は，第二次世界大戦でホールが破壊されるまで続き，その後はロイヤル・アルバート・ホールに移されて現在も多くの人々に親しまれている．

〈コンサート・ホールの出現〉

1775年には有名なハノーヴァー・スクエア・ルームズができ，バッハやハイドンが演奏会を開いた．その後現在のロイヤル・フィルハー

モニック・ソサエティの前身フィルハーモニック・ソサエティがコンサートを行ない，リスト，ルビンシュタイン，ワーグナー，クララ・シューマンなどが来演したが，ハノーヴァー・スクエア・ルームズは，1874年に閉鎖された．ほかに1812年から1830年までリージェント・ストリートにあったアーガイル・ルームズ（→Argyll Rooms）や，1831年開場のオラトリオの演奏でよく知られたエクセター・ホールなどがあった．

1871年に，ロンドン万国博覧会の収益の一部でロイヤル・アルバート・ホール（→Royal Albert Hall）が完成した．特徴のある巨大なドームをもつこのホールでは，前述のように毎夏プロムナード・コンサートが行なわれている．規模の小さいコンサート・ホールとしては，1901年ウィグモア・ホール（→Wigmore Hall）が建てられた．1951年に3500人収容のロイヤル・フェスティヴァル・ホール（→Royal Festival Hall）がテムズ川南岸に建設され，1967年には隣接して中規模のクイーン・エリザベス・ホール（→Queen Elizabeth Hall）と小規模なパーセル・ルームができた．また1982年には，セント・ポール大聖堂北側の第二次世界大戦中の空襲で荒廃していた地域の再開発によって建てられた高層住宅団地の一角にバービカン・センターができ，その中に劇場やギャラリー，コンサート・ホールなどがつくられた．このホールではロンドン交響楽団が定期公演を行なっている．

Conduit Street
コンディット・ストリート　W1

ニュー・ボンド・ストリートとリージェント・ストリートとを結ぶ通りで，18世紀初頭にコンディット・ミードに建設された．コンディット・ミードは，もともとシティに水を供給する導水管（コンディット）を確保するために，15世紀にシティが取得した用地であった．42, 43, 47番地にその当時の建物がわずかに残る．9番地にある正面が化粧漆喰の邸宅（ジェイムズ・ワイアット設計，1779年）は，もとロバート・ヴァイナー議員の住居で，ヴィクトリア時代には王立英国建築家協会（→Royal Institute of British Architects）が使っていた．伝記作家ジェイムズ・ボズウェルをはじめ，奴隷解放運動家ウィリアム・ウィルバーフォース，首相を務めたジョージ・キャニングなどがコンディット・ストリートに一時居を構えており，政治家チャールズ・ジェイムズ・フォックスはここで生まれた．

今日この通りには航空会社や旅行会社の代理店および事務所などが多く，通りの西端周辺には王立水彩画協会（→Royal Watercolour Society）のギャラリーが並ぶ．地下鉄オックスフォード・サーカス駅に近い．

Congregational Memorial Hall
組合派教会記念会堂
Farringdon Street, EC4

チャールズ二世の礼拝統一令（1662）によって免職になった2000人の組合教会派聖職者の「良心に対する忠誠」を記念する200年祭に際して，1872年に建てられたヴィクトリア朝ゴシック様式の建物．かつてこの場所には，チャールズ・ディケンズの小説『ピクウィック・ペイパーズ』やウィリアム・ホガースの銅版画《放蕩者の一生》にも描かれた債務者監獄のフリート監獄（→Fleet Prison，1846年に解体）が立っていた．

1900年2月27日，このホールで労働組合会議が開かれ，労働党の前身である労働代表委員会が創設された．1926年のゼネストはメモリアル・ホールから始まった．建物は1969年に取り壊されて，1972年に新しいビルが建設された．新築された建物はカルーネ・ハウスと呼ばれ，メモリアル・ホールのほかに郵政公社も入っている．フリート・レイン側に玄関がある現記念会堂には，図書館やオフィスのほか，貸し会議室や貸し広間もある．地下鉄ブラックフライアーズ駅に近い．

Connaught
コノート
Carlos Place, W1

グロヴナー・スクエア南東隅から南に通じる

カーロス・プレイスとマウント・ストリートの交差する角にある．ロンドンで1，2を競う高級ホテルで，クラリッジズ（→Claridge's）と同じように各国の元首級の賓客の滞在が多い．創業は19世紀の初頭，アレグザンダー・グリロンによるが，1896年，オーナーがアウグスト・スコリアに変わると現在の建物に改築されて，名もコブルグ・ホテルに改められた．現在のコノート・ホテルとなったのは，第一次世界大戦中の英国民の反独感情を考慮したからであった．ホテルがバッキンガム・パレスと多数の名士（とくに政治家と名医）が住んだハーリー・ストリートの中間に位置したため，地方在住の貴族たちはこのホテルを好んで定宿にした．第二次世界大戦中はドゴール将軍の率いるフランス亡命政府の所在地となった．ホテルのレストランは，ロンドンの最高級レストランのひとつとして有名．客室数90．地下鉄ボンド・ストリート駅に近い．

Conservative Club
コンサーヴァティヴ・クラブ
St James's Street, SW1

1840年設立のクラブ．かつて文人・芸術家に愛されたサッチ・ハウス・タヴァンがあった場所に，1843年から約2年間をかけて建てられたクラブハウスはイタリア・ルネッサンス様式の建物で，食堂と図書室はセント・ジェイムジズ・パレスをのぞむ絶好の位置にある．なおこのクラブは1950年にバース・クラブ（1981年解散）と合併して，その会員を受け入れた．

Consignia
→**Post Office**

Constitutional Club
コンスティテューショナル・クラブ
Queen Anne's Gate, SW1

1883年セント・ジェイムジズ・ストリートに設立された保守党系のクラブ．1870年に設立された同系統のセント・スティーヴンズ・クラブと合併し，セント・スティーヴンズ・コンスティテューショナル・クラブとなり，今日に至る．

Constitution Arch
コンスティテューション・アーチ
Hyde Park Corner, SW1

ハイド・パークの南東端ハイド・パーク・コーナーの近く，バッキンガム・パレスにつづく道路コンスティテューション・ヒルの入り口に立つ凱旋門．19世紀の建築家デシマス・バートンの設計で，1828年に建てられた．近くのアプスリー・ハウスに住んでいたウェリントン公の名をとってウェリントン・アーチと呼ばれたこともある．かつてこの門の上に，ウェリントン公の彫像が飾られていた．

現在の4頭立て2輪戦車のブロンズ彫刻は1912年に取り付けられ，その費用1万7000ポンドはユダヤ人の富豪が献納した．ひとりの少年が戦車を引く4頭の馬のたずなを握り，その上に天空から平和を表わす大きな像が舞い降りてくる彫刻である．

門の内側には，ロンドンでも一番小さいといわれる警察署が設置されている．

Constitution Hill
コンスティテューション・ヒル　SW1

バッキンガム・パレスとグリーン・パークの間にある並木道．グリーン・パークに沿って乗馬用の砂利道が東西につづいており，西はハイド・パーク・コーナーのコンスティテューション・アーチに至る．チャールズ二世が朝この道を健康のための（constitutional）散歩道にしていたことから，コンスティテューション・ヒルと呼ばれるようになったといわれる．チャールズ二世が少数の従者を連れただけで散歩しているのを見た弟のヨーク公（のちのジェームズ二世）が，兄王の身の危険を指摘したが，王はそれをはねつけたという．のちにこの通りで，ヴィクトリア女王の暗殺未遂事件が3度（1840，1842，1849）も起こった．また1850年には，ロバート・ピール元首相がバッキンガム・パレスを訪問した帰途この道のグリーン・パークに通じるくぐり門のところで落馬し，それが致命傷となって亡くなっている．

Coombe

クーム　KT2

名称は「峡谷」を意味する cwm という語に由来する．大ロンドンの西南端，リッチモンド・パークの南にあたる地区で，『ドゥームズデイ・ブック』（→『土地台帳』）には3つの荘園があったことが記載されている．1515年，トマス・ウルジー枢機卿は，クーム・ヒルの湧水を6キロ離れたハンプトン・コート・パレスまでテムズ川の川底を通して引き入れた．煉瓦造りの取水場が3つ現存する．19世紀に入ると，リヴァプール伯爵，後にヴィクトリア女王のいとこにあたるケンブリッジ公爵が16世紀に建てられたクーム・ハウスに居を構えた．貴賤相婚したケンブリッジ公の子供たち，すなわちフィッツジョージ一族に譲渡された地所は1932年に売却され，クーム・ハウスは33年に取り壊された．

クーム・ヒル・ロードにあるクーム・ウッド・ハウスは15世紀の木組みの建物で，もともとエセックス州のコルチェスターにあったが1911年に移築された．クームは，19世紀には名士や有産階級の人々が多く住む地区として知られた．ジョン・ゴールズワージーがここで1867年に生まれている．彼の大河小説『フォーサイト家の物語』の中に，「ロビン・ヒル」としてこの場所が描かれている．北東にはウィンブルドン・コモンが広がり，鉄道駅ノービトンに比較的近い．

Coopers' Hall
樽製業者同業組合会館
Devonshire Square, EC2

樽製造業はワインをはじめ各種飲料の樽を作る重要な職種だった．すでに1396年に業界の統制権を要求していたが，1501年にヘンリー七世から勅許を受けた．さらにヘンリー八世，そしてチャールズ二世からも勅許を与えられた．同業組合の優先順位は36番である．

1742年，樽製造人ロバート・ウィリモットが，12大同業組合以外から初めてロンドン市長になった．

16世紀初頭，ベイジングホール・ストリートに木造の会館が建てられたが，ロンドン大火後，1670年に再建された．これは組合の集会のほか，さまざまな目的に使われた．3番目の会館が1868年に建てられたが，1940年の爆撃で破壊された．現在の会館は，1957年取得の18世紀の建物で，1976年に修復が加えられたものである．鉄道・地下鉄リヴァプール・ストリート駅に近い．

→City Livery Companies

Coptic Street
コプティック・ストリート　WC1

ロンドン大火ののちに建設された当初は，地主のベドフォード公爵に敬意を表してデューク・ストリート（公爵通り）と呼ばれた．しかし，ロンドンにもうひとつデューク・ストリートがあったため，1894年に改名された．コプティックという名称は，その前年にコプト語の写本が，近くの大英博物館に収められたことに由来する．33番地の白いタイルとひまわりの模様が目を引くアール・ヌーヴォー様式の建物は，R.P.ウェルコックの設計で1888年に建築されたものである．地下鉄ホーボーン駅に近い．

Coram's Fields
コーラムズ・フィールズ　WC1

カムデン自治区が管理している児童遊園地で，子供同伴にかぎり大人も入園できる．この遊園地は，1739年にトマス・コーラムによって設立された捨て子養育院（→ Thomas Coram Foundation for Children）が1926年に移転のため取り壊され，その跡地を利用して造られた．垣根をはさんで北側には，墓地を整備して造られた緑地がある．

捨て子養育院の敷地に，1800年から1804年にかけて建設されたコーラム・ストリートは，養育院の創立者トマス・コーラムにちなんで名づけられ，かつてはグレイト・コーラム・ストリートと呼ばれていた．ウィリアム・M.サッカレーが1837年から1843年まで13番地に住んでいた．ここで次女と三女が誕生したが，妻が発狂して，サッカレーはこのコーラム・スト

リートの家を手放した．『虚栄の市』に登場するトッド氏の住居は，グレイト・コーラム・ストリートとなっている．風刺画家ジョン・リーチが1837年に，また11世紀のペルシア詩『オマル・ハイヤームの四行詩集』の英訳で有名なエドワード・フィッツジェラルドが1843年にこの通りに住んだ．地下鉄ラッセル・スクエア駅に近い．

Corn Exchange
穀物取引所

地方都市の多くに今でも穀物取引所という建物があるが，取引所として実際に機能したのは昔のことである．ロンドンは例外で，ロンドンの穀物取引所は近年までその機能を果たしてきた．

穀物の供給に関しては15世紀以来ある種の公的規制が設けられていた．1438年には公共の穀物倉庫が設立され，16世紀初頭ころまではロンドン市議会と12大同業組合がシティへの穀物供給の責任を負って，ロンドン橋南端のサザック地区寄りにつくられたパン焼きがまを使用した．ロンドン大火後は個人企業がそれぞれに，チープサイドやコーンヒルで取引きし，ブレッド・ストリートではその名のとおりパンが売買された．18世紀初頭ベア・ストリートにロンドン穀物市場が建設された．旅籠などで仲介者の手を経て生産者と取引きができる仕組みもあった．1747年にセント・メアリ・アックス通りに近いマーク・レインに最初の穀物取引所ができた．1827年に増設，その翌年にはニュー・エクスチェンジが付設された．古い方の取引所には1850年に屋根がつき，1880年代には新しくファサードがつけられた．1920年代にこの両者が合併した．第二次大戦中の爆撃で損壊，1954年に新しいビルが建ち，1973年に再建された．

穀物，種子，肥料，動物飼料の取引きは，1987年にバルティック海船舶貨物取引所（→Baltic Exchange）に移管された．マーク・レインの建物は，1996年に7階建てのビルに建てかえられ保険関係の会社が使用している．しかしもとの機能はもう果たさないものの，未だ"Corn Exchange"という名を保っている．

Cornwall Terrace
コーンウォール・テラス　NW1

1822年デシマス・バートンの設計により建築されたテラス・ハウス．リージェンツ・パークを囲む道路アウター・サークル沿いに建築されたテラス・ハウス群の中で一番はじめに完成した．名称は，コーンウォール公爵（ジョージ四世の皇太子時代の称号）に由来する．全長168メートルのコーンウォール・テラスは，壁面から張り出したいくつもの柱で分割される19戸からなり，建物の中央と両端にはコリント式の柱が立っている．西端の家（10番）には女像柱で装飾された美しい張り出し窓がある．また20番および21番には，1982年から英国学士院（→British Academy）が入っている．すぐ近くに地下鉄ベイカー・ストリート駅がある．

Coronations
戴冠式

新国王に冠を授ける儀式をいうが，式次第の中で聖油を新王の頭に注ぐ聖別の塗油の儀式（anointing）が最重要のものとされ，これによって国王は「神の恵みによる国王」（King Dei Gratia）となり，俗人ではなく聖なる身分をもつことになる．戴冠の儀式による神の祝福によって，国王は神の代理人となることであり，戴冠の儀式を受けない国王は仮の国王とされてきた．近くはエドワード八世の実例があり，同王は「戴冠なき国王」（uncrowned king）とも呼ばれている．

戴冠の儀式は「王権神授説」を生み，国王の権力は神から直接授けられたものであり，地上のいかなるものからも授けられたものではないとし，ローマ法皇や神聖ローマ皇帝らの王権に対する干渉，あるいは国内の反王勢力の動きなどを排除する拠り所となった．英国ではジェイムズ一世がこの立場をとって，絶対王制の確立に動いた．

戴冠式のはじまりは，フランク王最初のクリスチャン国王クローヴィス一世であり，496年にキリスト教に改宗して，その年のクリス

サクソン王戴冠の石

マス前夜ランスのサン・レミ教会で冠を受けた．イングランドではエドガー王の戴冠が最初であり，973年5月イングランド南西部のバースで，カンタベリー大司教のダンスタンによって戴冠の儀式が執り行なわれた．

その後征服王ウィリアム一世がウェストミンスター・アビー（→Westminster Abbey）で戴冠するまで，戴冠の行事はウィンチェスター，グロスター，オックスフォード，カンタベリー，キングストン・アポン・テムズなどで行なわれたが，式はきわめて簡素なものであった．式典としての形を打ち出したのはリチャード一世の1189年の戴冠式からである．リチャード一世からチャールズ二世までの歴代国王は，戴冠式の前夜，ロンドン塔（→Tower of London）にこもり，式の当日騎乗してシティ経由でウェストミンスター・アビーの式場に臨むのが恒例であったが，まだ華麗な式典と呼ばれるような盛事ではなかった．

戴冠式次第には6つの柱があり，参列者による新国王の承認，国王による公正な王権行使の誓い，塗油，戴冠ローブの着用と宝珠，笏杖，拍車（騎士道の象徴）など即位の宝器の受け取り，戴冠，そして最後に臣下の臣従の誓いとなっている．しかし戴冠式の式次第には決まった構成がなく，ヴィクトリア女王は「次に何が行なわれるか分からないままに式典が終わった」と述懐しているほどであった．そうした式典を見事なまでに構成したのは，紋章院総裁の十六代ノーフォーク公爵バーナード・マーマデューク・フィッツアラン・ハワードであり，彼による現エリザベス女王の戴冠式の盛事は，以後の戴冠式の模範になるといわれている．

Coronation Stone
戴冠石
High Street, KT1

大ロンドン南西部テムズ川中流域のキングストン・アポン・テムズ地区の，地区庁舎の外に設置されている石碑．

サクソン様式の柵に囲われて，灰色の平たい砂岩が石の台座に載せられている．この風化した灰色の石はサクソン時代にさかのぼり，アルフレッド大王の息子エドワード・ジ・エルダーはこの石の上でアングロ・サクソン王に冠せられたし，その後，無策王と呼ばれたエセルレッド二世にいたるまで，少なくとも7人のサクソン王がこの石の上で誕生したとされている．

台座には，これらの王のそれぞれの治世に使われていたコインがはめこまれている．

Corporation of London
シティ自治体

ロンドンのシティ（→City, The）の行政機構は，ほかの都市とは異なり，勅許状を下付されて自治権都市となったのではなく，歴史とともに制度を整えていったところにその特徴が認められる．1855年に首都運営法が成立するまでは，「シティ」の外側に広がる地域を統括する行政機関は存在しなかったため，その時点までは「シティ」の行政機関をロンドンのそれと見なすことができる．

シティ自治体を構成するのは，シティの市長（→Lord Mayor），シェリフ（→Sheriffs），シティ参事会員（→Aldermen），シティ議会（→Court of Common Council）である．18世紀までは参事会が実権を握っていたが，しだいにそれは議会に移っていき，参事会は議会の上院に似たものに変わった．日常業務はシェリフたちとその配下の役人が担当した．参事会員はシティを構成する各区（→Wards and Wardmotes)の自由市民から選ばれ,終身職であり,治安判事を兼ねていた.毎年参事会員によって選出される市長は参事会と議会を統括し,ギルドホール(→Guildhall)で開かれるそれらの会合を主催するなど,実質上市当局を代表したが,現在は名誉職的なものである.シティ市議会議員(ほかの都市が「カウンシラー」と呼ぶのと異なり,シティでは「カウンシルマン」と呼ぶ)は,毎年26の区から4人ないし12人ずつ選出されたが,立候補を辞退しないかぎり再選されることになっており,通常はシティの有力同業者組合(→City Livery Companies)の組合員から選ばれ,まれに「フリーマン」(市民権をもつ自治区の住民.土地・財産を所有し,役人の選挙,税負担などの義務を負った)である市民から選出されることもあった.

19世紀後半の「改革の時代」の到来とともに1855年の首都運営法,88年の地方自治体法によってこれまでの古い組織に改革のメスがはいった.とりわけ後者によってロンドン市議会(→London County Council)が直接市民によって選出される3年任期の126人の議員と21人のシティ参事会員によって構成されるようになり,シティの範囲を越えたカウンティ・オヴ・ロンドンを管轄下におき,下水道,住宅供給,建築規制,消防,交通さらにのちには教育などの広範な市政をも担当するようになった.それにともない,シティの権限は縮小されていった.

しかし現在においても,シティ市長の就任披露行列(→Lord Mayor's Show)をはじめとして,シティの歴史をしのばせる行事が数多く残されており,道路標識にはシティ独自の紋章が描かれているし,警察官は首都圏警察官とは異なるヘルメットをまだ被っていて,一目で認識できる.

County Hall
旧市庁舎
Westminster Bridge Road, SE1

ウェストミンスターの国会議事堂の対岸にテムズ川に沿って建てられた,かつての大ロンドン(→Greater London)の庁舎.1888年の地方自治体法の制定により,ロンドンには州と同様な権限をもつロンドン市議会(→London County Council)が設置されて広範な自治権をもつことになった.そのためトラファルガー・スクエア近くのスプリング・ガーデンズにあった市庁舎が手ぜまになり,テムズ川南岸に新庁舎の建築が計画された.公募の結果ラルフ・ノットの案が採用され,1909年建築が開始された.整地作業の際,ローマ時代の船の遺物が発見されたこともあったが,第一次世界大戦による中断をはさんで1922年7月17日ジョージ五世の臨席のもとで開庁式が挙行された.ロンドン市議会がその中心機関であったために,この建物はロンドン市庁舎と呼ばれた.

1965年,ロンドン市議会は大ロンドン議会(→Greater London Council)に改編されたが,急進的な社会主義者によって市議会が牛耳られていることに対抗して,1986年4月,サッチャー首相が大ロンドン議会を廃止した.建物は日本の企業に売却され,川に面した1階部分はロンドン水族館として1977年にオープンし,人気をあつめている.

新市庁舎はテムズ川をはさんでロンドン塔の向かい側に建設中である.

Courage
カレッジ醸造会社
Horselydown Lane, SE1

テムズ川南岸サザック地区のホースリーダウン・レインにあった醸造所を,フランス新教徒のユグノー派の血を引くスコットランド人ジョン・カレッジが615ポンドで購入し,1787年にホースリーダウン醸造所を設立したのが始まりである.ジョンはスコットランドの船会社の代理人としてロンドンにきたが,やがて船舶の仕事から醸造業へと関心を移した.

1888年になって,会社はカレッジ社(Courage)となり,その後他の醸造所を買収し,1955年にバークレー・アンド・パーキンズ社と合併して,カレッジ・アンド・バークレーとなった.バークレー・アンド・パーキンズが1781年に

購入したアンカー醸造所が1962年に閉鎖され，1983年にホースリーダウン醸造所も閉鎖になった．

さらに他の会社との合併が繰り返され，1991年，大手コングロマリットのグランド・メトロポリタン社の醸造部門との合併を果たし，事業が拡大．95年にはアメリカ最大のビール会社アンホイザー・ブッシュ社のヨーロッパ部門との合弁事業に乗り出した．国内各地のビール会社を多数傘下に収めて，日本のビール会社とも提携している．

→Breweries

Courtauld Institute Galleries
コートールド美術館

Somerset House, Strand, WC2

ロンドン大学付属の美術館．正式名称は，ロンドン大学コートールド研究所美術館．繊維会社を経営して財をなしたサミュエル・コートールドが美術史研究所設立時に寄贈，また遺贈した印象派と後期印象派の絵画を中心としている．のちにロジャー・フライ，リー・オヴ・フェアラム，ロバート・ウィット，マーク・ガンビア=バリー，ウィリアム・スプーナー夫妻，その他のコレクションが加わって，所蔵品の規模は拡大した．コートールド・コレクションには印象派の父と呼ばれるマネの《フォリー・ベルジェルの酒場》，《草上の昼食》，モネの《アンティーブ》，ルノワールの《桟敷席》，ドガ，スーラ，シスレー，ピサロ，ゴーギャン，セザンヌの《サント・ヴィクトワール山》，《トランプをする人々》，ゴッホの《耳切りの自画像》などの作品が含まれている．リー・コレクションは14-18世紀の美術で，ボッティチェリの《三位一体の祭壇画》，ヴェロネーゼ，大クラナッハ《アダムとイヴ》，ルーベンスの《キリスト降架》，17-19世紀の英国肖像画が含まれる．ウィット・コレクションには多くの画家のデッサンと2万5000点の版画が含まれ，その中にはゲインズバラのスケッチがある．スプーナー・コレクションはイギリスの水彩画を特色とし，初期の作品からあって発展の歴史がたどれる．また，コートールド家3代の銀器の展示にも見るべきものがある．

この美術館は以前はロンドン大学近くのウォバーン・スクエア(→Woburn Square)の西側にあり，せまいために十分な展示ができずにいたが，1990年に現在地に移転し，ゆったりとした展示で名品が鑑賞できるロンドン有数の美術館となった．地下鉄オールドウィッチ駅に近い．

Courtauld Institute of Art
コートールド研究所

Somerset House, Strand, WC2

ロンドン大学(→University of London)の美術史研究所．繊維会社の社長として成功し，有名な美術品収集家であったサミュエル・コートールドの多額の寄付と，リー・オヴ・フェアラム子爵の積極的努力およびサー・ロバート・ウィットの支援により1931年に設立された．欧米の大学にはすでにあったが，イギリスでは最初の美術史の教育と研究を行なう施設であった．アデルフィ・テラスの仮施設から1932年に移り，ポートマン・スクエアの北側にある，ロバート・アダムズ設計のホーム・ハウスで最初の研究員を迎えた．この研究所の実物教育のために寄贈された絵画コレクションがコートールド美術館(→Courtauld Institute Galleries)のもととなった．絵画，建築，彫刻などに関する写真資料室とともに1989年に現在地に移転し，美術館と一緒になった．

Court of Arches
アーチ裁判所

Knightrider Street, EC4

チープサイドにあるセント・メアリ・ル・ボウ教会(→St Mary-le-Bow)において12世紀に開設されたカンタベリー大司教管轄下の裁判所．当時カンタベリー管区におけるすべての訴訟を扱った．教会には石のアーチがあり，石工用語で石のアーチを意味する「ボウ」が教会の名になっているが，裁判所の名称もそのアーチに由来する．

1666年のロンドン大火で被害を受けたため，アーチ裁判所はナイトライダー・ストリー

トのドクターズ・コモンズに移った．この裁判所が保持した婚姻や遺言に関わる裁判権は，1857年および58年の制定によってそれぞれ新たに設立された離婚裁判所，遺言検認裁判所に移行した．

今日，アーチ裁判所は，枢密院司法委員会に上訴権をもつ，カンタベリー大主教の控訴院として機能している．

Court of Common Council
シティ議会

ギルドホール（→Guildhall）で開かれるシティ議会．もともとロンドン市民の屋内での「集会」や「民会」から発したもので，14世紀にはすでにシティの各区（→Wards and Wardmotes）から選ばれた平民が，シティ参事会員（→Aldermen）とともにシティの行政に携わるようになっていた．徐々に参事会に代わって多くの職務を担うようになり，18世紀以降はこの議会がシティの主要運営母体となった．

シティ議会は審議団体であるばかりではなく，立法機関としても機能する．議長はシティの市長（→Lord Mayor）が務め，市長には議会を召集および解散する権限がある．今日，議会は市長，市長を除いた24名の参事会員，そしてシティの各小区から選出された議員によって構成される．議員の選挙は，毎年12月の区民集会で行なわれ，議員の数はそれぞれ区の大きさに応じて各区4名から12名程度となっている．立候補者はたいてい同業組合員（→City Livery Companies）である．政党・党派はなく，かつて政治問題を議員選挙にもちこんだ候補者は落選した．シティ以外の地方自治体議員は「カウンシラー」と呼ばれるのに対して，シティの議員は「コモン・カウンシルマン」と呼ばれ，式典や伝統的公式行事などの際に彼らが着用する濃藍色の礼服は，マザラン枢機卿の名にちなんでマザラン・ガウンといわれる．

Coutts and Co.
クーツ・アンド・カンパニー
Strand, WC2

1692年創業の個人銀行（プライベート・バンク）．合名会社として数回に及ぶ変革のあと，1755年キャンベル・アンド・クーツとなり，1822年クーツ・アンド・カンパニー設立．1920年以来，ナショナル・プロヴィンシャル銀行と提携関係にあったが，同行がナット・ウェスト銀行（→Nat West Bank）と合併したため，現在ナショナル・ウェストミンスター銀行グループのメンバーである．

もとの本店はウェスト・エンドにあるストランド街．金融街シティには，ロンバード・ストリートに支店がある．ウェスト・エンドは19世紀ごろは，名士富豪の住宅が多い地域であった．現在では個人および企業に一般銀行業務，資産管理，信託業務，保管業務などのサービスを行なっている．スイスのチューリッヒ，バハマ連邦のナッソー，アメリカのマイアミなどに関係会社をもつ．
→Banks

Covent Garden
コヴェント・ガーデン　WC2

ロング・エーカー，セント・マーティンズ・レイン，ドルーリー・レイン，そしてストランド街に囲まれた，ロンドン中心部の2.8ヘクタールほどの地域．

700年ほど前，この地区はウェストミンスター・アビーとして知られる前のセント・ピーター教会に属し，草地が広がっていた．その一部は日常の野菜と果物栽培に使われ，収穫の余剰分はロンドン市民に売られた．

宗教改革によって教会の土地は王の領有地となったが，その後有力貴族に賦与された．1552年，エドワード六世は「コンヴェント・ガーデン」（女子修道院の庭）と呼ばれた土地とロング・エーカーと呼ばれた土地を第一代ベドフォード伯爵ジョン・ラッセルに授けた．ラッセル家ではあまり関心はなかったが，庭師たちは野菜や果物を作り，収穫物を売りさばいた．また近くの村からは村人たちが自作の作物を持参，取引きが行なわれ，徐々に私設市場の性格を濃くしていった．

1630年，ロンドンの人口は25万にふくれ上

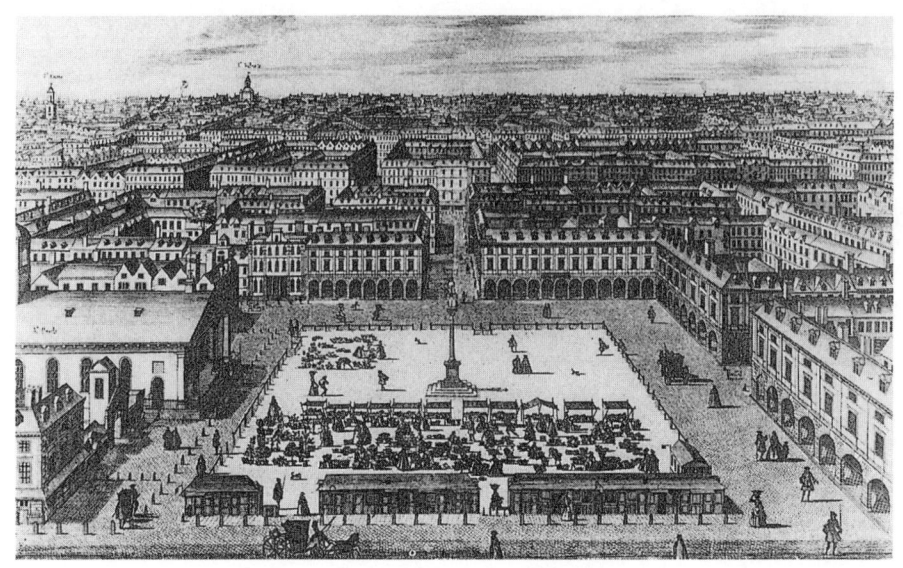

コヴェント・ガーデン(18世紀初頭)

がり，住宅供給が急務となり，ラッセル家でも住宅建築を計画，その設計をイタリア帰りのイニゴー・ジョーンズに依頼した．彼は中央に，ロンドン最初のスクエアのひとつを造り，4つの通りがそこで合流するように設計，スクエアの西側を除く三方にテラスハウスを建て，貴族たちの住宅とした．建物の1階はイタリアのピアッツァの様式にならってアーチ型の回廊にした．また，すべての建物からスクエアが見渡せるように設計されていた．そして西側には教区教会セント・ポール(→St Paul)を建てた．ラッセル家が建てたこれらのテラスハウスには思惑どおり貴族たちが住み，さらに新しい道路も建設され，この界隈は一段とにぎわいをみせることになった．

共和制時代に一時衰えかけたコヴェント・ガーデン周辺も，王政復古とともに活気を取り戻した．芝居好きのチャールズ二世の勅許を得た劇場がスクエア近くの通りに1662年に誕生．これがドルーリー・レイン劇場(→Theatre Royal, Drury Lane)である．その直後の1666年，ロンドンは大火に見舞われたが，幸いこの劇場は焼失を免れた．劇場のオレンジ売りだったネル・グウィンはまもなく第一級の人気女優となり，チャールズ二世の寵愛をほしいままにした．日記作家のサミュエル・ピープスもまた彼女の大ファンで，ある時妻に内緒でネルに会い，キスして有頂点になったことが，日記に記されている．当時としてはもっともファッショナブルなスクエアは1670年，勅許を得て正式に花と青果の市場として開場した．

しかし，市場が活況をおびてくるにしたがい，周辺に住宅が密集してきたため，貴族たちは広い屋敷を求めて北西へ移っていった．たとえば，1704年ラッセル家はブルームズベリー(→Bloomsbury)地区へ移り，ベドフォード・ハウスは取り壊されて，多くの小さな家にとって代わられた．これらの小さな家が建てられるにしたがい，薄暗い路地，狭い中庭と通路が家々の間を縫うように走り，小商人，貧しい職人，労働者が定住しはじめた．こうした横町をペテン師，すり，ごろつき，売春婦，女衒などが徘徊し，犯罪の温床ともなった．18世紀の大悪党として有名なジョナサン・ワイルドはシティのオールド・ベイリーからやってきて，ここで悪業を重ねた．彼らに目を光らせたのは，市場に近いボウ・ストリー

ショッピング・アーケードに変わった現在のコヴェント・ガーデン

ト (→Bow Street) の治安判事，ヘンリー・フィールディングおよびサー・ジョン・フィールディング兄弟である．前者は従来の夜警に代わって，6名のボランティアによる「機動部隊」を組織した．のちにこれは「ボウ・ストリート・ランナーズ」として知られるようになり，犯罪者逮捕に大きな役割を果たした．

一方，18世紀初頭，スクエアの周囲にはタヴァンやコーヒー・ハウスが次々と出現して，政治家，作家，役者その他が出入りし，独自の文化を生み出しつつあった．ベドフォード・コーヒー店 (→Bedford Coffee House) は，近くのピアッツァの北西の角にあったが，フィールディング，オリヴァー・ゴールドスミス，デイヴィッド・ギャリック，リチャード・シェリダン，ホラス・ウォルポールらが常連客だった．1737年，ボウ・ストリートに面して，のちにロイヤル・オペラ・ハウス (→Royal Opera House) となるコヴェント・ガーデン劇場が創設されると，さらに多くの作家，役者，歌手，音楽家がこの周辺に集まった．18世紀を通じてコヴェント・ガーデンは文化の発信地となった．

1830年，第六代ベドフォード公は広場の中央にチャールズ・ファウラー設計の壮麗な卸売り市場の建物を，1860年には巨大な温室を思わせる生花市場を建てた．19世紀末には，付近の地所にも次々と市場の新館を建て拡充していった．

コヴェント・ガーデンは度重なる災害にもかかわらず，復活・変身して決して滅びることはなかった．ピアッツァは1796年に焼け落ち，1896年には完全に姿を消した．ドルーリー・レイン劇場は3度，コヴェント・ガーデン劇場は2度焼け，役者たちの教会セント・ポール教会も焼け落ちたが，いずれも再建された．1974年，コヴェント・ガーデン・マーケット (→Covent Garden Market) はその300年の歴史の幕を閉じたが，魅力的な建物を保存し，現代的なショッピング街建設のためにさまざまな努力がなされた．かつての生花市場はロンドン鉄道博物館 (→London Transport Museum) となり，中央の建物はその外観を生かしてブティックやレストランへと衣替えし，2階はオフィスが軒を並べた新しいショッピング・センターとしてみごとに再生をはたした．さらに広場の片隅では大道芸人たちが技を競い拍手喝采をあびるなど，新しい

コヴェント・ガーデンは完全に新しいにぎわいを取り戻すのに成功した．

Covent Garden Market
コヴェント・ガーデン・マーケット

　1974年まで存在した，長い歴史と伝統をもつロンドン最大の青果市場．名の由来は「コンヴェント・ガーデン」（女子修道院の庭）のなまったもの．この名称の市場には新と旧の2種類あり，後者は300年余の歴史を誇り，前者は1974年創設と比較的新しい．

　旧市場は1656年にジョン・ラッセルがベドフォード伯爵家の庭に仮小屋風に建てた数台の屋台から始まった．1670年，第五代ベドフォード伯は，日曜日とクリスマスを除く毎日，市場を開く勅許をチャールズ二世から授けられた．7年後伯爵は賃貸権を売却，あわせて生花および青果物を売る店を建てる許可を与えた．このときの登録者は23名，賃貸料を払って，火，木，土の週3回市が開かれた．18世紀初頭には取引きも広場の南側の木陰で細々と行なわれていた．

　この市場が注目され，一気に取引きが増大したのは，1737年，ライバルのストックス・マーケットがロンドン市長公舎建設のため取り壊されたためである．同年，近くのボウ・ストリート（→Bow Street）に，のちにロイヤル・オペラ・ハウス（→Royal Opera House）となるコヴェント・ガーデン劇場が建つとともに，コーヒー・ハウスやタヴァンが次々と誕生し，俳優，作家，芸術家のみならず，犯罪者や売春婦など怪しげな人物も徘徊する一大歓楽街となった．一方，市場もコヴェント・ガーデン・スクエアのほとんどを占めるとともに，その周辺では薬種屋をはじめ，さまざまな職種の小売商人，呼び売り商人，大道芸人などが登場し，雑然とした雰囲気の場所となった．ポウエルという人形芝居屋が，ショーの開始の合図に近くのセント・ポール教会（→St Paul）の鐘の音を利用したので，ショーが始まると会衆が見物するため一斉に外に出てしまうありさまで，教会からクレームがついた．

　19世紀に入っても市場は衰えることはなく，1820年代後半にライバルのフリート・マーケット（→Fleet Market）の閉鎖にともない，あまりの繁盛のため機能が麻痺状態に陥るほどだった．そこで1828年，市場の改善と組織の建て直しのための法令が制定された．その一環として1830年，第六代ベドフォード公はチャールズ・ファウラーに設計を命じ，中央アーケードと2列に並ぶ店をもつ独特の建物を建てさせた．市場は正常に戻り，ロンドンっ子たちは農夫，行商人，花売り娘にまじってその喧騒を楽しんだ．チャールズ・ディケンズもしばしばここを訪れ，無一文のときはパイナップルをじっと眺めたと記している．

　20世紀に入ると，市場は敷地内で収容しきれず，周辺の道路にまではみ出すようになり，交通の混雑に拍車をかけた．この問題を解決する唯一の方法は，市場を移すことであった．こうして1974年，市場はバターシーのナイン・エルムズへと移ることになり，300年余の歴史の幕を閉じた．
→Markets, New Covent Garden Market

Covent Garden Theatre
→Royal Opera House

Coventry Street
コヴェントリー・ストリート　W1

　ピカディリー・サーカスからレスター・スクエアへ向かう賑やかな通り．1681年に作られたこの通りの名は，チャールズ二世の国務大臣であったヘンリー・コヴェントリーの名に由来する．当時から娯楽の場として知られた通りで，19世紀に入ると多くの商店が並ぶようになった．第一次世界大戦後に解体されるまで，ジョージ朝様式の立派な店構えの金銀細工商や宝石店などが入った建物が10，11，12番地に残っていた．20世紀前半には，ライアンズ・コーナー・ハウジズ（→Lyons' Corner Houses）やスコッツ・レストランなど有名なレストランがあったが，いまは小さな飲食店やバー，あるいはポルノ・ショップなどに変わっている．通りの西端には，7つの映画館やレ

ストランなどが入っている建物トロカデロがある．またオクスンドン・ストリートと交差する角の南側には，1884年にプリンス劇場として建てられ，1937年再建されたプリンス・オヴ・ウェールズ劇場（→Prince of Wales Theatre）がある．この劇場の向かいにある映画館の地下に，1930年代に賑わったナイトクラブ，カフェ・ド・パリがあった．1941年にこの建物が爆撃された際には多くの死傷者がでた．コヴェントリー・ストリートの東端にあってレスター・スクエアとつながる短い通りは，ニュー・コヴェントリー・ストリートと呼ばれる．その通りの北側にスイス貿易振興館としてショー・ウィンドーをかねたスイス・センターが立っているが，入口の上にあるグロッケンシュピール（からくり仕掛けのチャイム）が目を引く．

Cox's Museum
コックス博物館

18世紀にあった，貴金属宝石を材料にした機械仕掛け工芸品の博物館．その工芸品は宝石商のジェイムズ・コックスが集めたものを2人のデザイナーが細工したもので，高価な品々は19万7000ポンドの値打ちがあったという．その中には時報の際に甲高い声で鳴き，尾羽を広げる孔雀，くちばしを水につけ，水上を滑り進むかのように見える銀製の白鳥が含まれていた．

サミュエル・ジョンソンの勧めで開館まもない1772年4月6日に，この博物館を訪れたジェイムズ・ボズウェルは，展示品のすばらしさと楽しさに感銘を受けたという．しかし，その工芸品は3年間展示されただけで，1775年に売却されてしまった．前記の孔雀は現在ロシアのエルミタージュ美術館にある．アドミラルティ・アーチの近くのスプリング・ガーデンズにあった博物館の建物はグレイト・ルームと呼ばれ，もとはユグノー派の礼拝所で，演奏会も行なわれ，バッハがコンサートを指揮し，モーツァルトがロンドンで最初に演奏会を行なったところでもある．その後オークションの会場などに使われたが，1825年に取り壊された．

Cranbourn Street
クランボーン・ストリート　WC2

1670年代にソールズベリー一族の地所に建設された通りで，同家がドーセット州に所有していた土地クランボーンにちなんで名づけられた．1843年に拡張工事が行なわれ，レスター・スクエアとロング・エイカーを結ぶ通りとなった．チェアリング・クロス・ロードと交差する角には，地下鉄のレスター・スクエア駅がある．

かつて駅の向かいには，ミュージック・ホール（→Music Halls）のロンドン・ヒッポドローム（→London Hippodrome）があった．19世紀末から第一次世界大戦までミュージック・ホールの人気スターであったエドワード・モスが活躍したこの劇場は，1900年に開業した．1912年の改築後はレヴューが人気を集め，1958年にはトーク・オヴ・ザ・タウンという名の有名なキャバレーになったが，1991年に閉鎖した．また，デイリーズ劇場では，1895年にオペラ《ヘンゼルとグレーテル》のロンドン初演が行なわれた．同年に上演されたミュージカル《芸術家のモデル》はシリーズものとして人気を集め，1937年に劇場が閉鎖されるまで連続上演された．その他，マリー・テンペストが主演した《ゲイシャ》をはじめ，《カントリー・ガール》や《メリー・ウィドー》など，ここで成功を収めた舞台は数多い．

クランボーン・ストリートゆかりの人物としてはウィリアム・ホガースがいる．彼は，1713年，この通りに天使の看板が出た店をもつ銀細工師のエリス・ギャンブルに弟子入りした．近所にはホガースの2人の姉妹が経営していた生地商店もあったらしい．彼はこの通りに接するレスター・スクエアの家で亡くなった．

Crane Court
クレイン・コート　EC4

フリート・ストリートの北側にいくつもある小さな袋小路のうちのひとつ．1666年ロンドン大火の被害を受けたが，復興した．1841年

に『パンチ』の創刊号が，翌42年には『イラストレイティッド・ロンドン・ニューズ』の創刊号が，ここにある印刷所で印刷された．1710年，王立協会（→Royal Society）は，王立ロンドン医師協会会長のエドワード・ブラウン博士が住んでいた邸宅を買い取った．1780年にサマセット・ハウスに移るまで，王立協会の会合はそこで開かれ，アイザック・ニュートンの姿も頻繁に見られた．のち哲学学会がその邸宅を借り，S.T.コールリッジが広間で1818年の1月から3月にかけてシェイクスピアについての14回の講義を行なった．その建物は1877年に焼失した．

地下鉄オールドウィッチ駅に近い．

Cranford
クランフォード　UB3

大ロンドン西郊に位置する，ヒースロー空港の北東の地域．もとは荘園だったが13世紀に2つに分割されて，一方はテンプル騎士団に贈られ（ただし14世紀にエルサレムの聖ヨハネ騎士団に譲渡），もう一方はテイムの修道院の領地となった．1603年にジェイムズ一世の廷臣サー・ロジャー・アストンの手に渡ったが，その際この2つの荘園領は再び統合された．

1618年，バークリー伯爵夫人が地所を買い取り，以後3世紀にわたってバークリー一族が所有することになる．その邸宅クランフォード・ハウスは改築を重ねたが，1918年にバークリー一族が去り，1945年に取り壊された．現在残っているのは，18世紀に作られた馬小屋，石壁と煉瓦造りの天井がある地下室，屋敷を囲んでいた塀などである．クランフォード・ハウスの跡地はクランフォード・パークになっていて，1964年に開通したM4高速道路がその北側をかすめている．

かつては「ミドルセックス州の中で最も美しい村」といわれたクランフォードであったが，今日その面影はない．1930年代の都市開発によって，18世紀の家屋はほとんど取り壊された．現存する唯一の18世紀の家スタンズフィールド・ハウスが，ハイ・ストリートにある．また，ハイ・ストリートには，1830年代後半に造られた拘置所ラウンド・ハウスが残っている．首都圏警察（→Police）の管轄地域内に現存する2つの拘置所のうちのひとつである．

Craven Hill
クレイヴン・ヒル　W2

パディントン駅の南，クレイヴン・ロードとつながる通り．1730年代にクレイヴン伯爵の子孫がここに土地を取得した．初代伯爵が1664年から65年のペスト大流行のあとにソーホーに建てた伝染病病院を移転させる目的であった．クレイヴン・ヒルの北側にはかつてクレイヴン・ヒル・コテージズと呼ばれた田舎家が並んでいた．1830年代には，ユニテリアン派の牧師であり下院議員も務めたウィリアム・フォックスが5番地に住んでいた．同じ頃，4番地に楽譜出版社を興した音楽家ヴィンセント・ノヴェロの住居があり，娘のメアリは，ジョン・キーツとの親交でも知られるシェイクスピア学者のチャールズ・カウデン・クラークと結婚して9番地に住んだ．1973年にクレイヴン・ヒル・ガーデンズが完成．23番地のロンドン玩具・模型博物館が開館したのは1982年で，展示室になっているヴィクトリア朝の建物2棟は文化財に指定されている．

Crayford
クレイフォード　DA5

ロンドンからドーヴァーに至る国道2号線はローマ時代にさかのぼる古道であるが，この道路がテムズ川の支流クレイ川を横切る一帯に発達したのがクレイフォード地区である．ロンドンでは，市街地が無秩序に拡大するのを防止するために30年代末にグリーンベルトが制定されたが，その内側に接するクレイフォードは結果としてロンドンの市街地の南東最外縁部に位置することになり，1965年の合併によりベクスリー自治区に編入された．

クレイフォードの歴史は，工業の発展と密接に関連している．17世紀にさかのぼるリネンの漂白業はその後繊維の捺染業として今日

に至っているし，19世紀には化学薬品，絨毯，光学機器などの生産が始まった．1888年，最初の機関銃がここで製作され，のちにヴィッカース社が買収して軍需産業の基盤が固まった．第一次世界大戦中，同社の従業員は300人から1万4000万人に増加したといわれる．こうした拡張は第二次世界大戦でも繰り返された．しかし，近年，熟練労働者を数多く雇用した機械金属関連業種の空洞化が顕著で，ロンドン東部からケント州北部にかけて高失業率の帯が形成されている．

クレイフォードの市街地は主として第二次大戦中に形成され，緑の多い田園的環境の中に立ち並ぶ2階建てのテラスまたは2戸1棟式の家が多いが，通勤者向けというよりは地元での就業者向けの郊外住宅地の色彩が濃い．

Cremorne Gardens
クレモーン・ガーデンズ

チェルシーとフラムとの間の，テムズ川沿いの4.9ヘクタールの土地に1846年に開園した遊園地．前身はチャールズ・ランダム・ド・ベレンジャーが1832年に開業したスポーツ・クラブ，クレモーン・スタジアムであった．ここは男性主体のスポーツ・クラブで，水泳，漕艇，射撃，フェンシング，ボクシングの練習ができたが，ド・ベレンジャーが望んだほどには利益が上がらなかった．そのため模擬馬上試合，子馬のレース，道化，気球乗りなど，さまざまな娯楽を提供するようになり，1500人を収容できる緑陰休憩所を備えた遊園地として再出発した．

中心になる建物の中には演奏用ステージ，ダンス・フロアがあり，その建物の周りには中国の塔，スイスの山地の田舎家，インドの寺院，大劇場，操り人形劇場，演奏会場，小円形曲馬場，レストラン，シダ園，見世物用動物園，ボウリング場，射的場などがあった．催し物としては花火大会，熱気球による上昇，サーカス，その他の出し物が行なわれた．もうもうと煙が出て，騒々しいジブラルタル包囲攻撃の10分間のシーンは，時代錯誤の7隻ものミニチュア蒸気船を呼び物にしていた．

このようにクレモーン・ガーデンズは数々の新しい特色を備えていたため，遊園地としては最古のヴォクソール・ガーデンズ（→Vauxhall Gardens）の客を奪ってしまった．1860年には構内にステレオラマが造られ，クレモーン・ガーデンズは短期間ながら未曾有の繁栄の時を迎えた．ステレオラマはスイスの山岳景観を立体的に見せる直径37メートル，周囲107メートル，高さ15メートルの円形構造物で，遠くに描かれた背景に堅固な模型と切り抜き絵のセットを配し，三次元の効果を出していた．さらに家の煙突は煙を吐き，毎分900ガロンずつ運び上げられる水が勢いよく流れて水車を回すという巧妙な仕掛けも迫真的な効果を生んでいた．

しかし，1870年代までにこの遊園地は，「あらゆる類いの悪徳の温床」と非難されるようになり，売春婦をはじめとするいかがわしい連中の大勢集まるところとなっていた．このようなことから人々の足が遠のき，しだいに経営も苦しくなってきた．1877年，認可更新に際して，申請は取り消され，ついに閉鎖を余儀なくされて，設備は競売に付された．クレモーン・ロードがその名を記念している．

Cricket
クリケット

クリケットは古くから伝わるスポーツで，1300年の記録が残っているが，ロンドンでは15世紀の記録があり，1744年に現在のルールが定められた．

クリケットを知らない人は複雑でテンポの遅い試合にうんざりするだろうが，野球と起源も目的も同じであるから，試合はこびの基本は似ている．

野球と同様クリケットも，ボールを投げる側と打つ側とに分かれて得点を競うゲームである．打者は打ったボールが地面につく前にとられるとアウトになり，バウンドせずにグラウンドの外周を超えれば特別点が与えられる．クリケットの1チームは11人，1試合は

2イニングズずつ，10アウトで1イニングズ（常に複数で言う）が終わる．テスト・マッチ（国際試合）は，2イニングズ5デイ・マッチ制である．5日間で2イニングズが終了しないときは，点差があってもドロー（引き分け，勝負なし）となる．

以下，野球と比較しながら，クリケットの特徴を列記する．
- バットの面は平らで，下に向けて持つ．
- ボウラー（Bowler：投手）は球を投げるとき，ひじを曲げてはならない．
- バッツマン（Batsman：打者）とウィケットキーパー（Wicketkeeper：捕手にあたる）はボールが当たりそうな身体の部分に厚いプロテクターを着用する．
- 2人の打者が同時にピッチ（pitch：競技場）の両端（エンド）に立つ．ボールを打つのはボウラーと向き合っている方である．ボールを打つと，2人の打者は走って位置を換える．
- 打者は自分のウィケット（wicket：三柱門）を守らねばならない．ウィケットというのは，ベイル（bail）と呼ばれる2本の横木を平行に保っている3本の棒のことである．ウィケットにボールが当たってベイルが落ちると，打者はアウトになる．
- 打者はボールを打っても，アウトになりそうな当たりなら走らなくてもよい．
- バウンドせずに場外にヒットすれば6点，バウンドしながら競技場の境界線に達すると4点の得点となる．いずれの場合も打者はウィケットにとどまる．このようにして1人で多数の得点を挙げることができる．1人の打者がアウトにならずに100点獲得するのをセンチュリー（century）という．
- ストライクとかボールという概念はない．しかしひどくぞんざいな投球は減点される．ボウラーは6回投げると交代する．エンドを換えて次の投手も6回投げる．

クリケットは難解だとよく言われるが，ブリテンおよびクリケットをする他のコモンウェルスの国々，つまりオーストラリア，ニュージーランド，インド，パキスタン，南アフリカ，スリランカの人々は，クリケットしか知らないので，野球について同じように難解だと言うかもしれない．

ブリテンではクリケット・シーズンは夏，5月から9月にかけてである．ロンドンにあるプロ試合用の大きな競技場（フィールズまたはピッチズという）は，ローズとオーヴァルの2つである．そのほかアマチュア・クラブが用いる競技場の数も多い．彼らはリーグを組織してシーズン中定期的に試合を行なう．多くの競技場は村の中心部の共有緑地にある．また中等学校その他多くの教育機関が，夏のシーズン中は運動場の一部をクリケット用に開放する．クリケットの競技場は，ピッチの中央部分（打者が立つ2つのウィケット間は常に1チェイン，22ヤード）を短い芝で平らに保つよう，細心の注意が払われている．

なお，古い伝統のあるクリケット・クラブには，ミッチャム・クリケット・クラブ（1707）やマリルボーン・クリケット・クラブ（1787）などがある．

→Lord's Cricket Ground, MCC, Oval

Cricklewood
クリクルウッド　　NW2

バーネット自治区とブレント自治区にまたがる地域．地下鉄ハムステッド駅から西2.5キロに位置する．

軽工業工場も少しあるが，主に住宅地．19世紀の中ごろにミッドランド鉄道のセント・パンクラス―ベドフォード線が敷設され，現在のクリクルウッド駅が設置されて，それまではまったくの田園地帯であったこの地域の開発が進んだ．駅の北側には資材置き場や石炭置き場が造られ，駅の近くには従業員の住居としてテラス・ハウスが建設された．そのいくつかのものは現在も残る．ミッドランド鉄道はやがてクリクルウッドでロンドン・アンド・サウスウェスタン鉄道と接続した．

今世紀に入ると，航空機を製造するハンドリー・ペイジ社がクリクルウッド・レイン沿いに移転してきて，さらに北のクレアモント・ロードに工場を広げて航空機製造業と自動車製造

業がさかんになり，飛行場も造られた．しかし，ハンドリー・ペイジ社は1929年にハートフォードシャー州に工場と飛行場を移し，翌年にはクリクルウッド飛行場が売却され，跡地は運動場と住宅地になった．

Crime
犯罪

ジョナサン・ワイルド，ジャック・シェパード，ディック・タービンなど，名だたる盗賊の存在を思い出すだけでも，18世紀初頭のロンドンが，いかに犯罪のちまたと化していたかが想像できる．1748年にヘンリー・フィールディングが治安判事となり，ボウ・ストリート・ランナーズ（→Bow Street）を組織して，治安に乗り出すまでのロンドンは，無法にも等しい状態にあった．とりわけ，スミスフィールドやサフロン・ヒル（→Saffron Hill）などは，さまざまなタイプの犯罪集団の潜伏地域として有名で，長いあいだにわたって「絞首刑者の群生地」として知られていた．またディケンズの『ボズのスケッチ集』に描かれているセント・ジャイルズ（→St Giles-in-the-Fields）の貧民窟や隣接するセヴン・ダイアルズ（→Seven Dials）も，ペテン師たちやジン飲み犯罪者の温床として評判になった．

一方，テムズ川に停泊中の商船の積荷をねらった盗賊集団の出現も，ロンドン犯罪の顕著な一側面であった．1800年ころに，彼らの略奪によって生じた損害の年間総額は50万ポンドにも及んだといわれる．ドック建設が急速に進んだのも，こういった犯罪を食い止めるためであった．

ロンドンの犯罪は，強盗・殺人からにせ金造り，にせ乞食，すり，置き引き，万引き等々に至るまで多種多様であるが，なかでもロンドンならではの犯罪をいくつか数えることができる．たとえば，夜道で通行人をねらい，背後から縄などで首を絞める「ギャロット」（絞殺強盗），イースト・エンドの飲み屋を根城にして客に眠り薬を飲ませて金品を奪うテムズ河岸の「スナッフ・ギャング」，街路を走る馬車の後部に飛び乗って屋根に積んだ荷物を引き抜く，「馬車荷抜き泥棒」等々である．ほかに「フェンス」と呼ばれる盗品買いの闇商人も，ロンドン犯罪世界の名物のひとつとしてあげることができよう．ホワイトチャペル（→Whitechapel）あたりに，表向きはれっきとした宝石商を構えながら盗品専門の裏口取引きをするところが，よくあった．

これをかりに『オリヴァー・トゥイスト』にちなんでフェギン・タイプの犯罪者だとするならば，ロンドンにはまた，ビル・サイクス・タイプの犯罪者も少なくなかった．すなわち，凶暴大胆で熟練した手口の危険なタイプのプロの夜間強盗である．彼らは仕事のための七つ道具をそろえており，行動範囲はロンドン郊外に及ぶことが多かった．

犯罪は大人ばかりでなく子供の世界にも広がって，19世紀ロンドンの大きな社会問題だった．ウェストミンスター，ホワイトチャペル，ショアディッチ，セント・ジャイルズ，ニュー・カット，ランベス，ザ・バラあたりには，10～12歳の浮浪児が群をなし，略奪や万引き，すり，こそ泥などによって生計を立てていたことが，ヘンリー・メイヒューの『ロンドンの労働とロンドンの貧民』に述べられている．

1867年に，フィニアン団員の奪取を図ってクラークンウェル監獄（→Clerkenwell Bridewell and House of Detention）の爆破事件があって以来，ホワイトホールの政府機関やスコットランド・ヤード，タイムズ社などに爆弾やダイナマイトが仕掛けられる事件がたびたび発生した．イースト・エンドなどに流れこんだ移民たち—とくに帝政ロシアでの弾圧を逃れた亡命者たちのなかには，政治運動のための違法活動を行なう集団もあった．

20世紀最初の20年間は，統計上から見た犯罪件数にさほど大きな変動はなかったが，1930年以降は，件数把握の正確化とも相まって，ロンドンの犯罪は概して増える傾向にある．たとえば，1938年に記録された起訴犯罪が95,280件であったのに対し，1977年には568,972件となり，1989年には756,308件に達した．1960年代以降は，薬物の取引きとそ

の使用に絡む犯罪が上昇している．また，1970年代以降には，集団テロによる犯罪が際立つようになったが，今世紀末のロンドン犯罪の最悪の例は，1983年にロンドン北部マズウェル・ヒルの住宅街クランリー・ガーデンズに住むデニス・ニールスンによる，きわめて猟奇的な16人殺害事件であろう．

Cripplegate
クリプルゲート

ローマ時代に建造された市門のひとつで，ウッド・ストリートの北端にあったが，1760年に街路拡張のために取り壊された．名称の由来については3説がある．(1)ここで物乞いをした身体の不自由な人々に由来するとする説で，中世の人々はこの説を広く信じていた．(2)アングロ・サクソン語のクレペル（地下通路の意で，市門とバービカン，すなわち稜堡を結んだ）に由来するとする説もあり，(3)エドマンド殉教王の遺体が1010年にこの市門を通過してシティへ運ばれたとき，脚の不自由な人人が奇跡的に治癒したので市門の外に乞食の守護聖人，聖アエギディウスに献堂されたセント・ジャイルズ教会が建造されたという伝承もある．

その後，1244年に醸造業者同業組合によって再建され，14世紀には市門は牢獄として使われた．ばら戦争の時代には，この市門をめぐる有名なエピソードがある．1461年の第二次セント・オールバンズの戦いでウォリック伯爵リチャードを敗ったヘンリー六世と王妃マーガレット・オヴ・アンジューはクリプルゲートに到着したが，ランカスター軍が引き起こした荒廃に驚いたロンドン市民（ヨーク派が優勢）は入市を拒否し，食料の供給のみを約束した．食料を積んだ荷馬車が市門を出ようとしたとき，ウォリック伯とヨーク家のエドワード（のちの四世）がロンドンへ再入市するとの知らせが入り，荷馬車は市門へ引き返し，ランカスター軍は空腹をかかえて北へ退却を余儀なくされた．

市門は1491年にも再建された．1554年にはトマス・ワイアットの乱（→Peasants' Revolt）に加わった反徒のひとりがここで絞首刑になった．エリザベス一世が即位後初めてロンドンへ入市したとき，この市門を通過した．ベン・ジョンソンが『気質なおし』(1599)でこの市門に言及しており，また，トマス・ヘイウッドの『優しさで殺された女』(1603)での言及から，この市門の戸が大きなきしる音をたてたと推定できる．

Criterion Theatre
クライテリオン劇場
Piccadilly Circus, W1

1873年に，大きなレストランの一角にコンサート・ホールを造るという計画が，途中で劇場へと変更されて誕生した劇場．建築家トマス・ヴェリティは3階席のアッパー・サークルですら階段を降りて入場するという当時としてはめずらしい地下の劇場を考案した．当初は換気が悪く，観客が窒息しないように空気をポンプで送り込まなければならなかった．優雅なヴィクトリア朝の雰囲気を色濃く伝える観客席は，3層の598席からなる．舞台は奥行が6.6メートル，プロセニアムの間口が7.6メートル．1874年3月21日，H. J. バイロンの《アメリカの淑女》で開館，79年にはチャールズ・ウィンダムが買収して，軽い喜劇で人気を呼ぶ一方，H. A. ジョーンズの社会批判劇も世紀末をにぎわした．ウィンダムは1899年に支配人を辞任，1902年にフランク・カーズンが受け継いだ．

第一次世界大戦中はウォルター・エリスの笑劇《ちょっとしたへま》(1915)が大当たりをとった．両大戦間も話題の舞台を多く提供したが，なかでも1936年《涙なしのフランス語》でテレンス・ラティガンが名を売った．第二次世界大戦中は，BBCがラジオ・スタジオとして用いて，娯楽番組を全国に放送した．戦後はR. B. シェリダンの《恋敵》(1945)で復活し，数多くの喜劇やスリラーで当たりをとったが，サミュエル・ベケットやジャン・アヌイのような肌合いの違う劇もあった．ベケットの《ゴドーを待ちながら》(1956)の公演中，遅れて入場してきた老紳士に「やっとゴドーが来

た」と桟敷から声がかかったというエピソードがある．ハロルド・ピンターら3人の作家の手になる《3》(1961)などの前衛的な芝居もかかったが，小説家アイリス・マードックの《切られた首》(1963)やアラン・エイクボーンの《不条理人数単数》(1973)，トム・ストッパードの《ローゼンクランツとギルデンスターンは死んだ》(1975)がここでヒットした．レイ・クーニーの笑劇《ラン・フォー・ユア・ワイフ》(1983)はロングランとなった．

　地下にある劇場のため湿気に弱く，1972年に大々的な改修工事が行なわれた．85年には浸水でタイルが被害にあったが，ロンドンの小さめの劇場によく見られる静かな居心地の良さはいまも変わらない．1989-92年には，ピカディリー・サーカスの改修にともない，閉館した．現在はフリンジ・シアター(実験劇場)からの移転公演が多い．ピカディリー・サーカス駅に近い．

Crockford's
クロックフォーズ

　1827年設立の賭博クラブで，イギリスの主な貴族を会員とするというふれこみだったが，ウェリントン公爵のように賭博に関心をもたない人物も若干会員に含まれていた．ウィリアム・クロックフォードという鮮魚商あがりで百万長者となった人物がクラブハウスの敷地を提供したことからこの名前がつき，1827年にセント・ジェイムジズ・ストリート50番地に建てられたクラブハウスは豪壮なものだったとされる．しかしクロックフォードの死後，この土地と建物は売却され，ほかのクラブやレストラン，オークション会場などとして使われたのち，1874年にデヴォンシャー・クラブの所有となった．

Cromwell Road
クロムウェル・ロード　　SW5, SW7

　ロンドンには同名の通りが十数本あるが，サウス・ケンジントン地区とナイツブリッジ地区の境をなして，ほぼ東西に走る1.5キロほどの大通りが一番よく知られている．この通りは東がクロムウェル・ガーデンズとサーロー・プレイスを経て有名店の多いブロンプトン・ロードにつづき，西がウェスト・クロムウェル・ロードにつづいている．イングランド西部に通じる高速自動車道M4のいわば始点にあたる通りとして交通量が多い．かつてはウェスト・ロンドン・エア・ターミナルがこの道路沿いにあった．

　通りにはホテルやフラットが多く，ヴェネズエラなどの大使館もある．また東端にはヴィクトリア・アンド・アルバート博物館，自然史博物館，科学博物館，地質学博物館などがある．

　通りの建設は，1851年の万国博覧会の成功に刺激され，その4年後の1855年に始まった．名前は東端にあったクロムウェル・ハウスに由来する．この家には，ピューリタン革命の指導者オリヴァー・クロムウェルが一時住んでいたと伝えられている．通りには建設当時の家がいまも数軒残っている．自然史博物館の向かい側には，ボーイスカウトの創設者ロバート・ベーデン＝パウエル卿の遺品を収めたベーデン＝パウエル・ハウスがある．

　この通りの199番地には物理学者で小説家のC.P.スノーが住んでいた．

Crooms Hill
クルームズ・ヒル　　SE10

　グリニッチ・パークの西側の曲がりくねった急勾配の古い道．

　この道に面する最古の家グレーンジ(豪農の邸宅を意味する)には12世紀初頭の木材が使われている．グリニッチ・パークを見下ろす展望台は，1672年に当時のロンドン市長サー・ウィリアム・フッカーのために物理学者ロバート・フックが設計した．現在の展望台は1972年に修復されたもの．

Crosby Hall
クロスビー・ホール
Danvers Street, SW3

　チェイニー・ウォーク(Cheyne Walk)に立つ建物で，もとトマス・モアの屋敷であった．

この屋敷はシティのビショップスゲートにあった当時の大商人ジョン・クロスビーの邸宅だったが、モアがそれを1516年に買い取った。その邸宅が1908年にモアの記念館として、このチェルシーに移された。クロスビー・ホールは現在、全英大学婦人連盟の大食堂となっている。テューダー様式の建築で、ホルバインのモアとその家族たちの肖像画が残っている。

なお、モアは現在ボーフォート・ストリートとなっている場所に、1521年頃ボーフォート・ハウスを建てて住んでいた。そこは、ヘンリー八世、ハンス・ホルバイン、エラスムスなども訪れ、学問・文化の中心となった。1601年にはサー・ウォルター・ローリーが住み、著名人たちの接待の場としていた。

Cross Keys Inn
クロス・キーズ・イン

ロンドンから地方、とくに南のロチェスターへの駅馬車の発着点として重要な旅籠であった。2本のかぎが交差した「違いかぎ」は、聖ペテロの象徴であり、ローマ教皇の紋章であったから、宗教改革以前は旅籠に多い屋号であったが、ヘンリー八世がローマと断絶してからは、王頭亭(→King's Head)に変わったものが多い。

チャールズ・ディケンズの『大いなる遺産』の主人公、少年のピップは当時の駅馬車に詰め込まれて、首都のロンドンまで5時間の旅をする。「私が乗り込んだ四頭立ての駅馬車が、雑踏のもつれを抜けて、それがほぐれるあたりのロンドンはチープサイドのウッド・ストリートのクロス・キーズに着いたのは昼少し過ぎであった」と、いかにもディケンズらしい表現で、当時のシティの道がいかにせまくて迷路をなしていたかをユーモラスに紹介している。それからピップは、「外側には6個の大きな王冠がついていた」が、「まるでわら干場に入れられたような感じの貸馬車に乗って」弁護士ジャガーズ氏を訪ねて行くのである。また『商用ぬきの旅人』の「ダルバラ・タウン」の中でもディケンズはチャタムからクロス・キーズ・インまでの子ども時代の一人旅の思い出を書いている。

Crouch End
クラウチ・エンド　N8

旧ホーンジー自治区(現在はハリンゲイ自治区に組み入れられている)の中心地区。トラファルガー・スクエアの真北7.5キロに位置し、ハイゲートの東に接している地域。

地名は「交差」を意味するラテン語 crux に由来し、現在でもザ・ブロードウェイは、多くの道路の合流点となっている。クラウチ・エンドは中世には農耕地帯であり、近世に入っても地主の別邸やコテージがあるにすぎなかったが、1873年に近くにアレグザンドラ・パレスが建てられてから急速にロンドンの郊外住宅地の性格を帯びた。19世紀末には商店街としてザ・ブロードウェイが建設された。ザ・ブロードウェイの東側にホーンジーのタウン・ホールがある。1933年に建てられたこの建物は、王立英国建築家協会のゴールド・メダルを受賞した。後ろには、1965年に建設された図書館がある。

ザ・ブロードウェイから東につづくトッテナム・レインには19世紀末の堂々たるパブ、クイーンズ・ホテルがある。ザ・ブロードウェイから北西に延びるパーク・ロードは昔、北部のマズウェル・ヒルの聖泉に向かう巡礼路であった。ザ・ブロードウェイの南には、1862年に建てられた石造のゴシック様式の教会クライスト・チャーチがある。また、南東につづく通りクラウチ・ヒルには2軒の摂政時代様式の家が残る(118番地と120番地)。その向かいは以前、コングリゲーショナル・パーク・チャペルという教会堂だったところで、その一部は1854年のものである。この通りの南端が鉄道駅クラウチ・ヒルである。

Crown
クラウン亭

Aberdeen Place, NW8

クラウン(王冠)亭という名のパブはイギリス中に数多いが、リージェンツ・パークの西側、地下鉄ウォリック・アヴェニュー駅に近い

アバディーン・プレイスの王冠亭は別名をクロッカーズ・フォリー（Crocker's Folly）という。「フォリー」とは18世紀のイギリスに流行した擬古典風の無用の大建築のこと。クロッカーという建築投機家が、マリルボーンに駅ができると見込んで、その入口に大きなホテルを1898年に建てたが、予想は見事にはずれて、駅は800メートルも離れたところにできたから、ホテルのベッドははじめから空であったという。人呼んで「クロッカーの阿房宮」という。この後期ヴィクトリア朝建築は、その後パブとして開業したが、バーは大理石造りで、ビリヤード・ルームも当時のままに保存されている。

Crown Office Row
クラウン・オフィス・ロウ　EC4

インナー・テンプル法学院（→Inner Temple）の中の小路．テンプル法学院は、ミドル・テンプル・レインによって東西に分かれ、西がミドル・テンプル、東がインナー・テンプルであるが、クラウン・オフィス・ロウはミドル・テンプル・レインから東に入り、インナー・テンプル・ガーデンに沿った小路となっている．

この小路に面する事務所は、16世紀から1882年まで、王室の書記たち（clerks of the Crown）が告訴状を書いた建物である。『エリア随筆』で有名な随筆家チャールズ・ラムは、1775年にインナー・テンプル幹部の召使いの子としてこの建物で生まれた。「陽気なクラウン・オフィス・ロウ．こんなところに生まれることができるのだったら、どんなものを捧げたって惜しくない」と彼は書いた．

南面の壁に、ラムの記念銘板が見られる．また、作家のウィリアム・サッカレーも1848年から2年間この小路に住んだことがある．

Croydon
クロイドン　CR0, CR2

大ロンドン南郊にあたる地域．都心部が広く、内部での機能分化が進んでいるロンドンには、副都心に当たる場所はないが、オフィスや商業施設の集積の面で副都心という言葉に近いのがクロイドンである。1950年代初期、クロイドン自治区はロンドン中心部から分散するオフィスを誘致するために市街地の再開発に着手した．交通の便がよく価格も手ごろとあって企業や政府機関の移転が相次ぎ、60年代末にはロンドン周辺部で最も規模の大きな業務地域となった．高層建築、ショッピング・センター、立体駐車場、歩行者デッキ、多目的ホールなど都市再開発につきものの施設や機能も、まずクロイドンから始まった．その点では成功例の模範と評価されているが、反面、うるおいに欠ける景観や効率優先の街づくりを批判する意見も根強い．2000年には路面電車クロイドン・トラムリンク（→Croydon Tramlink）が開通した．

クロイドンは古くからカンタベリー大主教の所領で、地元の教会の墓地には6人の大主教が眠っている．町はサリー州東部の最大の中心として発展し、19世紀初頭にはロンドンとの間に馬車鉄道（貨物専用）や運河が開通した．鉄道の開通とロンドンの発展にともない19世紀後半に人口が爆発的に増加し、1886年にロンドンの自治区のひとつになった．第二次世界大戦中の爆撃で大きな被害を受けたが、その被災地に再開発ビルや公営住宅団地が建設された．市街の中心を占めるウィットギフト・センターは同名の学校の跡地にあるが、この学校は16世紀、カンタベリー大司教のジョン・ウィットギフトが創立したものだが、大司教が設立した養老院（→Whitgift Hospital）はなお市街の中心に健在である．

1920年、戦時中の軍事飛行場のあとに、クロイドン空港が開設され、第二次世界大戦後にヒースロー空港（→Heathrow Airport）が開港するまでロンドン・パリをはじめヨーロッパ各地を結ぶ空の玄関の役割を果たした．

Croydon Tramlink
クロイドン・トラムリンク

南郊の街クロイドンを中心にした路面電車の路線網．2000年に開通．ロンドンから南へは放射状に走る鉄道が比較的発達していて、クロイドン、サットンを中心にした地域は交

通の便に恵まれていたが，東西に走る鉄道はなく不便であった．地下鉄もウィンブルドンあるいはモードンが終点で，それより南は運転されていない．自動車による交通渋滞も深刻な問題であった．こうした交通事情を改善することを狙いに，できるかぎり既設の鉄道駅・地下鉄駅と接続しながら東西に走る新規路線が計画された．

路線は3ルートある．ウィンブルドン駅（鉄道，地下鉄に接続）からイースト・クロイドンを経てエルマーズ・エンド駅（鉄道に接続）にいたる路線，イースト・クロイドン駅（鉄道に接続）からベクナム・ジャンクション駅（鉄道に接続）までの路線，イースト・クロイドン駅からニュー・アディントン駅までの路線である．一部クロイドン市の中心部ではウェスト・クロイドン駅（鉄道に接続）を通過する小環状線となっている．全線で28キロ，38駅．

昔のクロイドンの市電は1951年に廃止された．新しいトラムリンクの構想が誕生したのは1986年，その後地域住民との公聴会などを経て，クロイドン市議会とロンドン交通局が国会に法案の提出を働きかけ，トラムリンク建設企業共同体が結成され，1994年最終的に工事認可がおりた．しかし，工事の着工は1997年であった．車両はウィーン製，長さ30メートル余，定員は200名，ダブルデッカーバスの約3倍である．高齢者・身体障害者に対する配慮，騒音対策，環境保全などに十全の配慮がなされた鉄道であることを自負するが，とくに一部アナグマの生息地区では，線路に飛び出してくることを防止するため，アナグマ専用のトンネルを掘ったり，安全柵を設けたりしている．

Cruft's Dog Show
クラフツ・ドッグ・ショー

現在イギリスで最も権威あるドッグ・ショー．毎年2月にアールズ・コート（→Earl's Court）の展示場で開かれる．イギリスの畜犬クラブ（1873年創立）主催のショーで，チャールズ・クラフツが初めてイズリントンで開いた．各種の純血種の犬の中からチャンピオンが選ばれる．さらに猟犬，銃猟犬，テリア，作業犬，実用犬，愛玩用小型犬の6つのカテゴリーから最高のチャンピオンが選出される．多くの愛犬家のあこがれの的で，テレビの人気番組にもなっている．

Crutched Friars
クラッチト・フライアーズ　EC3

フェンチャーチ・ストリート駅をまたいで南北に走る道路．名称はもとここにあった修道院「十字架修道士団」（Crossed Friars）による．旧名ハート・ストリートで，現在の名になったのは18世紀前半である．17世紀の日記作家サミュエル・ピープスが海軍大臣だったころ，海軍省はここにあった．

Crystal Palace
水晶宮

1851年，ロンドンで世界最初の万国博覧会（→Great Exhibition）が開かれたときに，その会場としてジョーゼフ・パクストンの設計によって建てられた鉄骨と総ガラス張りの巨大な建物．パクストンは庭師から出世を遂げて当時デヴォンシャー公爵の全屋敷の管理役とミッドランド鉄道の重役に就いていた．万博会場の設計がゆきづまり状態になっていたときに，パクストンは，かつて熱帯南米のイギリス領ギアナからもたらされた大睡蓮（鬼バス）栽培用の大温室を作ったときの原理を適用して鉄骨ガラス張りの建物を考案し，その設計図を公表，万博王立委員会に受諾されるところとなった．

建物の特長は，まず，骨組みがモジュール方式，すなわちプレハブ式になっていることである．建物は8マジック・ナンバーで（8の倍数になるように）設計されており，広さは1,848フィート（約550メートル）×408フィート（約122メートル），高さが64フィート（約19メートル），内側には幅72フィート（約21メートル），高さ64フィートの身廊を中心に，左右両方に24フィート（約7メートル）の側廊がついていた．もうひとつの大きな特徴は，中央部に高さ30メートルの半円形の袖廊がつい

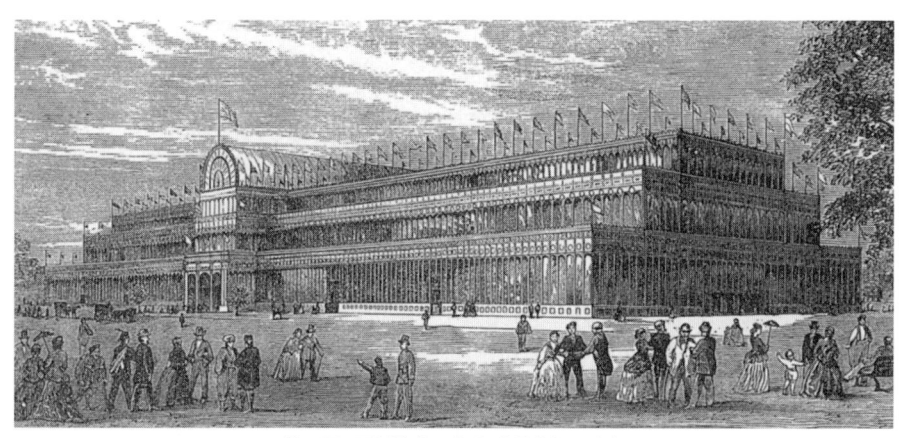

第1回万国博覧会の会場, 水晶宮 (1851年)

ていることだった．ハイド・パークにそびえ立っている3本のニレの大木を伐らずに建物の中に取り込むために工夫された部分である．要した鉄材は約4500トン，ガラスは縦125センチ×横256センチ大のものが293,655枚使用された．見るからに軽くて明るい感じの建物であった．建築過程でこの建物は，『パンチ』(第19巻序文)によって，「クリスタル・パレス」と名づけられた．

1851年10月15日に万国博覧会が閉幕したあと，水晶宮はロンドン南郊のシドナム(→Sydenham)の丘に移され，1854年6月10日に面目を一新した水晶宮がオープンした．旧水晶宮が3層であったのに対し，新水晶宮はかなり複雑な5層の建物となっている．設計を担当したパクストンの夢は，ここに冬期でも植物が生育する温室，つまりウィンター・ガーデンを実現させることであった．そしてヴェルサイユ宮殿に匹敵する大噴水群を設けることであった．そのために，南北に水をためるタンクをのせた約85メートルの高い塔が建てられた．そしてさまざまな植物の茂る屋内庭園の背景として，美術・建築の模型を陳列したエジプト館，ギリシア館，ローマ館，アルハンブラ館，イタリア館，ビザンチン館，中世館，ルネサンス館が造られた．この模様は，福沢諭吉の『西航記』，久米邦武編『米欧回覧実記』(二)に見事に描写されている．この水晶宮で

は1859年の第1回ヘンデル・フェスティヴァルはじめさまざまなイヴェントが催されたが，最大の呼び物は，1865年以降毎夏に催された花火大会(→花火)であった．水晶宮は1936年，原因不明の火事で焼失した．

Crystal Palace Football Club
クリスタル・パレス・フットボール・クラブ
Selhurst Park, SE25

大ロンドン南部にスタジアムをもつフットボール・クラブ．創立は1905年で，同年プロに移行．元は水晶宮の近くにあったが，その後現在の場所へ移った．プレミア・リーグ発足時には22チームのなかにあったが，1995-96年のシーズンにプレミア・リーグのチーム数を20に制限するのに伴ってリーグからはずされた．通称は鷲の紋章にちなんで「イーグルズ」．
→Football Clubs

Crystal Palace Park
クリスタル・パレス・パーク　SE19

ロンドン南郊のシドナム丘にある広さ81ヘクタールの公園．西側には，1936年の火災で焼失した水晶宮(→Crystal Palace)のテラス部分の遺構がある．庭園とボート池，子供動物園，古生物池，国立スポーツ・センターからなっている．古生物池は古生物学者リチャー

ド・オーウェンの指導で造られた29頭の恐竜の模型が池の中に奇怪な姿を見せている．スポーツ・センターはヒューバート・ベネットの設計になり，1964年にオープンしたイギリス有数の広大な施設である．1万2000人の観客収容のスタジアムでは陸上競技やオートバイ競技が行なわれ，2000座席のある多目的体育館にはオリンピック用水泳プール，屋内スキー場がある．また園内北西隅には，1958年にBBCの建てた高さ216メートルのテレビ送信塔がある．公園沿いに鉄道のクリスタル・パレス駅がある．

Cubitt Town
キュービット・タウン　　E14

　テムズ川に三方を囲まれた半島状のアイル・オヴ・ドッグズ(→Isle of Dogs)の南東部分にある地域．1860年から61年にかけてロンドン市長を務めたウィリアム・キュービットおよびその兄トマス・キュービットにより，19世紀半ばに開発された．開発の目的は，船着場やドックや工場などで働く労働者のための住宅を供給することにあった．昔の排水路に沿って，町並みを整備し，キリスト教会も建てた．キュービット兄弟は材木用波止場，製材工場，セメント工場，製陶工場，煉瓦工場なども建設し，工場用地の貸与も行なっている．

　17世紀の偉大な建築家クリストファー・レンは，ここを対岸のグリニッチ病院を眺望する最適の場所と考えていたといわれる．1902年には，テムズ川の底を貫通するテムズ歩道トンネルの進入口を含む河岸公園が整備された．現在，この付近一帯は，住宅やオフィス用ビルの建築など，近代的な再開発がなされ，広い運動公園もできている．

Cumberland Hotel
カンバーランド・ホテル

Marble Arch, W1

　ハイド・パークの北東隅，マーブル・アーチ(→Marble Arch)にある8階建ての客室900を超える大型近代ホテル．1933年建設．ハイド・パークの眺望よく，立地条件は申し分ない．地下鉄マーブル・アーチ駅に近い．

Cumberland Terrace
カンバーランド・テラス　　NW1

　リージェンツ・パーク(→Regent's Park)に面するテラス・ハウス群のひとつ．公園を囲むアウター・サークルと公園の東側のオールバニー・ストリートにはさまれた北端にある．1826-28年に，ジョン・ナッシュの設計により，ウィリアム・マウントフォード・ナースとジェイムズ・トムソンとによって建設された．

　横幅244メートルに及ぶ淡いクリーム色の漆喰造りのテラス・ハウスで，凝った柱頭をもつイオニア式の太い柱が並んでいる．正面の破風にはジョージ・バブ作の彫刻が，青い背面から浮き彫りになっている．当初，リージェンツ・パークに建設中であった摂政皇太子ジョージの宮殿から眺望できるように計画されたが，宮殿の建設が中止されてしまった．

　現在は超高級フラットになっている．チェスター・テラスが南側に隣接している．

Cuming Museum
カミング博物館

Walworth Road, SE17

　サザック(→Southwark)の歴史と民俗資料の博物館．サザック中央図書館と同じ建物内にある．地元生まれ(1777)のリチャード・カミングと息子のヘンリーが収集した3000点余の世界各地の広範な資料を基礎に，1906年に開館した．第二次世界大戦中空襲を受け，1959年に修復してからは，サザックの歴史と地域の資料に力点が置かれるようになった．

　サザックのローマ時代から中世までの考古学資料では，商業から家庭生活までの様子が見られ，とりわけテムズ川近くの入江から出土した2000年前の舟の一部，サザック大聖堂の地下から出土した埋葬用彫刻は貴重である．聖地巡礼者がつけていたバッジも興味深い．この地域出身の19世紀の科学者で電磁気学を開拓したマイケル・ファラデーの遺品，製陶デザイナーのジョージ・ティンワスのつくっ

たテラコッタも展示されている．収蔵品の中ではロンドンの迷信に関する民俗資料のコレクションがよく知られる．鉄道・地下鉄エレファント・アンド・カースル駅に近い．

Cup Final
→Wembley Stadium

Curtain Theatre
カーテン座

　ロンドンで2番目の劇場として，シアター座（→Theatre, The）建設の1年後の1577年にその近くに建てられた．1582-92年経営に当たったヘンリー・ランマンが建設したとも考えられている．多角形構造はシアター座をモデルにしたと見られるが，詳細はわからない．いくつかの有力劇団が公演をしたらしいが，リチャード・タールトン，ロバート・アーミン，この劇場の株主でもあったトマス・ポープらを擁した劇団宮内大臣一座が，シアター座を解体して，グローブ座（→Globe Theatre①）を建築するまでのあいだここを用いていたようだ．《ロミオとジュリエット》(1595頃)や《ヘンリー五世》(1599頃)はここで初演された可能性がある．後者の説明役の台詞に出てくる「O型の木造小屋」とはこの劇場を指すのかもしれない．1598年にはベン・ジョンソンの《気質くらべ》が上演された．1603年から数年間，劇団王妃一座が本拠地とした．最後の上演記録は1622年の劇団チャールズ王子一座によるものだったが，建物は1660年ころまで存続したようだ．

Curzon Street
カーズン・ストリート　W1

　ハイド・パークの東側を走るパーク・レインから東へ伸びるファッショナブルな通り．街路名は，18世紀はじめにこの界隈をダービーシャー州の准男爵ナサニエル・カーズンが所有していたことによる．

　1720年代初頭からこの通りの周辺，特に南側に建物が次々と建てられた．現在クルー・ハウスと呼んでいる邸宅は，メイフェア地区の建設に携わった建築家エドワード・シェパードの敷地だったところにある．シェパードの屋敷は大幅に改造されたが，1818年に初代ワーンクリッフ男爵に買い取られ，1899年に政治家のクルー伯爵，のちのクルー侯爵が所有するところとなった．現在は，トマス・チリング・グループの本部になっている．

　クルー・ハウスの正面に立っていたのがメイフェア・チャペルで，1754年に結婚条例が施行されるまで，アレグザンダー・キース師が結婚予告や結婚許可証なしの違法な結婚式を挙行していたことで知られる．ここで違法に挙式をしたカップルは，18世紀半ばのある年だけでも700組もあったという．チャペルは1899年に取り壊された．

　9番地のG.F.トランパーは王室御用達の理髪店である．10番地は古書店ヘイウッド・ヒル，37-38番地はカーズン・シネマである．47-48番地には18世紀半ばの典型的なすばらしいテラス・ハウスがいくつか残っている．レコンフィールド・ハウスには，1970年代まで英国諜報機関のMI5，MI6が入っていた．19番地では，政治家で作家のベンジャミン・ディズレーリが1881年に亡くなっている．1950年代の「怒れる若者たち」(Angry Young Men)の一人である小説家のジョン・オズボーンは11番地Aに住んでいた．22番地はウィリアム・M・サッカレーの『虚栄の市』の中心人物ベッキー・シャープの家として知られる．地下鉄グリーン・パーク駅に近い．

Custom House
税関

Lower Thames Street, EC3

　ロンドンに最初の税関が建てられたのは，13世紀後半で，かつてのヴィクトリア・ドックの北側に駅名として残っているし，その一帯の地区名にもなっている．ロンドン大火後にクリストファー・レンによって，ロンドン塔よりやや上流の現在のロアー・テムズ・ストリート沿いに移転，新築された．この建物は1714年，近所で大量の火薬が爆発したため焼失．1725年にトマス・リプレーが再建した．この建

物も1814年焼失．1817年に関税局の建築係デイヴィッド・ラングによって再建されたが，8年後に大広間が陥没し，責任をとってラングは辞職した．その跡を継いだロバート・スマークは川に面したファサードを完成させた．建物の東翼は第二次世界大戦の爆撃による被害を受けたが，元どおりに再建され，今日に至っている．ロンドン橋の北詰めに近い．

Cutlers' Hall
刃物商同業組合会館
Warwick Lane, EC4

1285年に早くもポールトリー（→Poultry）に会館が建てられていた．これは1451年にクローク・レインに移され，1661年に建て直されたが，5年後には大火で焼失．1671年に再建されて1882年まで存続していたが，今度は鉄道敷設のための土地の強制買収により，移転を余儀なくされた．ウォリック・レインに立つ現在の会館は，1887年以来のものだが，第二次大戦中には，空爆による損害をこうむった．120名収容の食堂がある．
→City Livery Companies

Cutty Sark
カティ・サーク号
King William Walk, Greenwich, SE10

現在，グリニッチ埠頭の乾ドックに係留されているカティ・サーク号は，1869年にダンバートンで造船された快走帆船（クリッパー）で，中国の茶やオーストラリアの羊毛も輸入する貿易船として活躍した．1953年にその保存協会に買いとられ，最後のクリッパー船として，1954年に乾ドックに保存されることになった．船名も船首像も，ロバート・バーンズの詩「タモ・シャンター」に出てくる魔女ナニーにちなんだものである．カティ・サークとは，スコットランド方言で「短いシャツ」の意．船内は海事博物館として，さまざまな船首像が陳列されている．そばにジプシー・モス四世号も係留されている．

Cutty Sark Tavern
カティ・サーク・タヴァン
Ballast Quay, Greenwich, SE10

現在グリニッチ埠頭の乾ドックに永久保存されている快走帆船（クリッパー）カティ・サーク号（→Cutty Sark）の名にちなんだパブ．この場所には過去500年にわたって旅籠が存在していた．現在の建物は1804年のもので，当初は，ユニオン亭として知られていた．「ユニオン」とは1707年のイングランドとスコットランドの連合を記念する屋号で，18世紀に各地にできた．グリニッチのユニオン亭は，1954年にカティ・サーク号亭と改名された．

D

Daks-Simpson Ltd
ダックス・シンプソン
Jermyn St, SW1

　紳士用品店が多いジャーミン・ストリートに店舗を構える有名衣料品店．1894年にシメノン・シンプソンがサヴィル・ロウ（→Savile Row）で仕立て屋を創業したのがこの店の始まりである．シメノンの没後，次男のアレグザンダーが事業を引き継いだ．それまでは紳士のスラックスはグレイフラノにベルトまたはサスペンダーを使用するというのが一般であったが，アレグザンダーはベルト不要のカラースラックスを考案し，商品化して成功を収めた．ロゴの DAKS はその新スラックスの商品名で，「お父さんのズボン」（Daddy's slacks）を意味した．

　長い間ピカディリー・サーカス近くでシンプソンの名称で高級衣料デパートとして営業していたが，店舗をウォーターストーン書店に譲って，2000年に現在地に移転，開業した．つづいて2001年3月にはボンド・ストリートに豪華な新店舗を開店させ，高級紳士婦人用品を中心に再スタートを果たした．

Dagenham
ダグナム　RM9, RM10

　ロンドンの東端，テムズ川の北岸に位置する地域．英国フォードの自動車工場があること以外はほとんど知られていない．もともと低湿地の多いテムズ河岸は人口密度も低く，1920年代に入るまで市街化の波はほとんど及ばなかった．最初の大規模開発は，ロンドン市議会によるベカントリー団地の造成である．1921年から約10年間に2万7千戸の住宅を供給し，居住者の総数は十万人に達した．なかでも有名な開発は，直径200メートルの環状道路を取り囲む14棟のアパートで，その内側には十文字に道路が走り，環状道路の内側と十文字道路沿いにもアパートが32棟，方位や日照を無視してまったく左右対称に建てられ，ほかに類例を見ない不思議な景観を呈している．この団地造成は総合的住宅地開発の第1号の栄誉を担うが，その単調さ，コミュニティ施設の貧弱なこと，雇用の場がもうけられなかったことなどから野心的な試みにもかかわらず評価は低い．しかしながら，第二次世界大戦後におけるニュー・タウン建設の成功は，この教訓に学んだところが少なくない．

　しかし地元での雇用対策の点については，1931年のフォード社のダグナム工場の開設によって大いに改善された．テムズ川に面して専用埠頭をもつこの工場は，鉄鉱石の搬入から製品の船積みまで自動車生産のすべての工程をまかなう大工場である．それまでの自動車生産が部品を仕入れて組み立てる方式に頼っていたのに対し，アメリカでの一貫生産方式を導入したこの工場は，一時はヨーロッパ最大の生産量を誇った．しかし，最近では相次ぐ労働争議やフォード本社の世界戦略の変更のため昔日の勢いはない．中心部に地下鉄ダグナム・ヒースウェイ駅がある．

Danvers Street
ダンヴァーズ・ストリート　SW3

　チェルシー地区のチェイニー・ウォークから北に入る短い通り．ダンヴァーズ・ハウスが取り壊され，その跡に1696年敷設された．

　ダンヴァーズ・ハウスはもとはサー・トマス・モアが娘夫婦に贈った家で，1649年にチャールズ一世の死刑執行令状に署名した59人のひとり，サー・ジョン・ダンヴァーズの邸宅となった．この屋敷の庭はイングランドにおけるイタリア式整形庭園の最初のもの．この家に隣接してサー・トマス・モアの家もあった．

　『ガリヴァー旅行記』の作者ジョナサン・スウィフトは，司教であったころの1711年，この通りの西側，現在クロスビー・ハウスがある敷地に住み，有名な『ステラへの手紙』を書いた．20番地には，ペニシリンの発見者サー・アレグザンダー・フレミングが1926年から55年に死ぬまで住んでいた．

D'Arblay Street
ダーブレー・ストリート　W1

　ソーホー地区の路地で，オックスフォード・ストリートにほぼ並行して，その南を走る小さな通り．1735-44年に造られた．

　最初は地主の名前からポートランド・ストリートと呼ばれていたが，1909年に名称が改められた．新名称は，18世紀末から19世紀前半にかけて活躍した小説家ファニー・バーニーが隣接するポーランド・ストリートに住んでいたことを記念してつけられたものである．彼女は，フランスからの移住者ダーブレー将軍と結婚，ダーブレー夫人となった．通りには，建設当初からの建物が少し残っている．

Dartmouth Park
ダートマス・パーク　NW5

　18世紀後期に開発された住宅地．北郊カムデン区の北東隅にあり，ハムステッド・ヒースの東側，ハイゲート墓地の南側に位置する．第二代ダートマス伯爵が婚姻により1755年に取得した土地に，第五代ダートマス伯が開発したもの．ダートマス・パーク・ロード，ダートマス・パーク・ヒルなどの道路に一族の名が記念されている．

Dartmouth Street
ダートマス・ストリート　SW1

　ウェストミンスター・アビーの近くから西にトットヒル・ストリートが延びるが，そのトットヒル・ストリートから北に入る小さな通り．1705年に造られた．セント・ジェイムジズ・パークに近い．

　名称は近くに住んでいたダートマス卿にちなむ．ウィリアム・ホガースが描いた闘鶏場はここにあった．その闘鶏場は17世紀に造られ，1810年まで存続して，その後ウェストミンスター・アビー南のタフトン・ストリートに移った．1884年に設立された穏健な社会主義団体フェビアン協会は11番地にある．ユニークな看板のパブ，二人のかごかき亭は18世紀半ば以来のものである．

Davies Street
デイヴィズ・ストリート　W1

　地下鉄駅ボンド・ストリートから南に下る通り．グロヴナー・ストリートを抜けて，バークリー・スクエアに至る．名称はメアリ・デイヴィズに由来する．彼女が1677年にトマス・グロヴナーと結婚し，ロンドンのグロヴナー家私有地(Grosvenor Estate)が誕生した．

　この通りは1720年代に造られたが，当時の建物で残っているのは，ボードン・ハウスのみである．他の建物は20世紀になってから建てられたものが多く，店舗，事務所，銀行がほとんどだが，パブのラニング・ホース亭は1839-40年に建て直されたもの．7番地のB.A.シービー株式会社は，世界有数のコイン商で，貨幣に関する書籍の出版社としても有名である．58番地のグレイ骨董市場には，200店以上が出店している．アイルランド出身の詩人トマス・ムーアが19世紀はじめの一時期44番地に住んでいた．

Dean Street
ディーン・ストリート　W1

ソーホー・スクエアの西を南北に走る通り．北はオックスフォード・ストリートに，南はシャフツベリー・アヴェニューに接する．1680年代に造られた．おそらくすぐ近くのオールド・コンプトン・ストリートにその名を残しているロンドン司教ヘンリー・コンプトンが王室礼拝堂のディーン（首席司祭）であったことからつけられた名称である．

通りが造られた当時は名士の邸宅が多かったが，18世紀初頭，フランスからの移住者が増え，やがて芸術家が多く住むようになった．19世紀には職人の居住区となり，現在はレストランが多い．

18世紀のサミュエル・ジョンソンは醸造業者に嫁いだ作家ヘスター・スレイルと親しかったが，彼女は結婚する前この通りに住んでいた．21番地はベン・ユーリ美術協会の画廊だが，それ以前に立っていた建物で1763年，まだ7歳のモーツァルトが妹とハープシコードの演奏をした．現在レストランとなっている28番地には，カール・マルクスが1851-56年に家族と住んでいた．そこは「ロンドン最悪の…そのために最も家賃の安い一角」であった．マルクスは，1850年にもこの通りの64番地に住んだことがある．

18世紀と19世紀の著名人の胸像を制作した彫刻家ジョーゼフ・ノレケンズは，1737年に29番地で生まれた．ここには，19世紀の挿絵画家ジョージ・クルックシャンクが1811年に住んでいたといわれている．33番地には，18世紀の後半にジャックス・コーヒー店があって，オリヴァー・ゴールドスミスとジョンソン博士がひいきにしていた．ここにはそのあとホテルが建てられ，ネルソン提督がトラファルガーに出航する前夜宿泊した．44番地は，文筆家やジャーナリストのクラブ，グラウチョ・クラブである．49番地のフレンチ・ハウスは第二次世界大戦中にドイツの占領に抵抗したドゴール

───[ロンドン・ア・ラ・カルト]───

ロンドンのマルクス

カール・マルクス(1818-83)がパリからロンドンへ渡ってきたのは1849年8月，1850年4月から56年9月までの6年間をソーホーのディーン・ストリートで過ごし，そのあとは北のほう，プリムローズ・ヒル北東にあるグラーフトン・テラス9番地に移り住んだ．65年の全生涯のうちマルクスは34年間の長きにわたって，ロンドン生活を営んだのである．

マルクスの名を象徴する名著『資本論』が生まれたのもロンドンである．彼は大英博物館に通って，読書室のNo.G 7の席に陣取って構想を練り，執筆しつづけた．彼の死後ハイゲート墓地に造られた大きな記念碑（墓はその脇にある）は，この墓地第一の名物となって現在に至っている．

マルクスというと，堅物の大物思想家としての印象が先行するが，弟子のひとりであったヴィルヘルム・リープクネヒトが伝えるところによれば，意外な一面があった．

ある晩のこと，はしご酒をしたあとでロンドンの街をぶらついていたとき，仲間のひとりだったエドガル・バウアーが「むこうみずな学生時代のわるふざけを思いだして，石ころをひとつ拾いあげ，ガチャーン！　ガス灯が一つ，粉々になって飛びちった，ばかなまねはすぐに伝染する──マルクスと私〔リープクネヒト〕もまけていなかった．そしてわれわれは四つか五つのガス灯を割った．──それは多分，夜中の二時ごろであった．したがって通りに人通りはなかった．にもかかわらず巡査が物音を聞きつけて，すぐさま巡回区域の同僚に合図を送った．」（土屋信男訳『マルクス回想』）．ディーン・ストリートに住んでいたころの真夜中の冒険のひとこまである．

将軍の自由フランス軍指令部が置かれたところ．75番地には，ウィリアム・ホガースの義父にあたる画家サー・ジェイムズ・ソーンヒルが住んだとされる立派な家があったが，1923年に取り壊されて，絵や部屋の一部はシカゴの美術学校に移され展示されている．

また，73番地にあった小劇場ではギルバートとサリヴァンの喜歌劇が上演され，イプセンの劇《幽霊たち》がイギリスで初めて公開された．この劇場は1834年に設立され，1953年に閉鎖された．

Dean's Yard
ディーンズ・ヤード　SW1

パブリック・スクールの名門，ウェストミンスター・スクールの西の広場．かつてはウェストミンスター・アビーの庭園の一部だった．この広場は，ウェストミンスター・スクールと広場の西側の少年聖歌隊学校が共用している．東のアーチを抜けると，ウェストミンスター・スクールの中庭リトル・ディーンズ・ヤードに出る．南にはチャーチ・ハウスがあり，さまざまな団体の事務所として使われている．第二次世界大戦中ドイツ軍の空爆で議事堂が破壊されたとき，ここでイギリス議会が何回か開催され，また戦後，国際連合の準備会と最初の国連安全保障理事会が開かれた．

ディーンズ・ヤードの住人には，17世紀の作曲家ヘンリー・パーセルの未亡人，18世紀のアメリカ出身の女性小説家シャーロット・レノックス，18世紀のローマ史家エドワード・ギボンの叔母ポーテン夫人がいる．ポーテン夫人はウェストミンスター・スクールの学生用の下宿屋を営んでいた．レノックスはここで生涯を閉じている．18世紀の詩人アレグザンダー・ポープは，長編風刺詩『ダンシアッド』の中で，ウェストミンスター・スクールの少年たちがディーンズ・ヤードである出版者を毛布にぐるぐる巻きにしたいたずら事件に触れている．ヴァージニア・ウルフの小説『ダロウェイ夫人』の話の出発地点でもある．

Defoe Chapel
デフォー・チャペル
Tooting High Street, SW17

創建1766年．所在地のトゥーティング・ハイ・ストリートはウィンブルドンの東側，国道A24の一部をなす．この地では17世紀後半から非国教徒の集会が行なわれており，この教会の設立に際して，熱烈な非国教徒で『ロビンソン・クルーソー』の作者であるダニエル・デフォーが直接創建に関わったという確証はなかったにもかかわらず，その偉大な信徒の名にちなんでデフォーと命名されたと考えられる．教会堂の正面は単純な古典様式の造りで，改装を経ながら，1911年まで礼拝の場として用いられた．その後は競売会場や蠟細工工場，ビリヤード場などもっぱら世俗的に利用された．

Denmark Hill
デンマーク・ヒル　SE5

ロンドン南郊，鉄道駅デンマーク・ヒル，ハーン・ヒルに近い道路．道路A215の一部である．名称は，アン女王の夫デンマーク公に由来する．公は道路の東側に邸をもっていたと伝えられている．

ジョン・ラスキンは，1819-43年に南のハーン・ヒル通り28番地に住んだが，そのあと1863-72年までこのデンマーク・ヒルの163番地に住んでいた．彼を記念した公園がデンマーク・ヒル沿いにあるラスキン・パークである．鋼鉄製法を発明したサー・ヘンリー・ベッセマーは，現在のベッセマー住宅団地の敷地に豪邸と土地をもっていた．デンマーク・ヒル駅近くのキングズ・コレッジ病院がデンマーク・ヒルに移ったのは1913年である．駅裏のウィリアム・ブース職業訓練学校の前には，救世軍の創始者ウィリアム・ブース将軍と夫人の記念像がある．

Department Stores
デパート

現在のデパートの原型となったのは18世紀の服地商であるといわれている．扱っていたのは，高価な生地，リボン，ボンネット，手

袋，婦人傘などであった．18世紀になってようやく裕福な家庭の婦人たちに買い物がレジャーとして認識されるようになったことも服地商の隆盛に資した．

また，現在のように定価を表示して現金販売をする嚆矢となったのは，18世紀末にロンドン橋近くに開店したフリント・アンド・パーマーで，この店はロバート・オーウェンが少年時代に働いた店としても知られている．

こうしてデパートの2大要素，(1)婦人用ファッションを中心とした幅広い商品構成，(2)現金・定価販売，が18世紀末に別々に成立した．オックスフォード・ストリートのデブナムズ (Debenham's) の前身フランクスは1778年にウィグモア・ストリートで服地商として営業を始めているし，リバティ (→Liberty) の創業者アーサー・リバティも布服地商の店員として職歴を始めている．

産業革命の時代であった18世紀後半は，ダンディの時代でもあった．前者は安価な布地を大量生産することで，後者は黒の喪服を普及させることで服地商の隆盛に貢献した．

ロンドンで現在も営業している有名デパートの大半は，19世紀に営業を始めている．ハーヴェイ・ニコルズの前身ハーヴェイ社が1813年，現在は家具店として知られているヒールズ (→Heal's) が1810年，ジョン・ルイス (→John Lewis) が1850年ごろにそれぞれ創業している．ハロッズ (→Harrod's) がその母胎となる食料品店を開店したのは1853年，リバティの最初の店は1875年である．世界初のデパートといわれるパリのボン・マルシェの開店は1852年で，それ以降にロンドンで新しく開店したところはこれを見習い，最初からデパートとして出発した．典型的なのは，アメリカ方式を導入したセルフリッジズ (→Selfridge's) で，1909年に盛大な開店式典をやって営業を始めた．

ロンドンの高級イメージのデパート地区は，ハロッズとハーヴェイ・ニコルズがあるナイツブリッジ，ファッション専門のフェニック (Fenwick) があるボンド・ストリート，リバティ，ディキンズ・アンド・ジョーンズ (→Dickins & Jones) があるリージェント・ストリートなどである．ほかにオックスフォード・ストリートにはセルフリッジズ，D.H. エヴァンズ (→D.H. Evans)，デブナムズ，ジョン・ルイスがあるが，デパートのほかにマークス・アンド・スペンサー (→Marks and Spencer)，リトルウッズ，ブリティッシュ・ホーム・ストアーズ，シー・アンド・エイ (2000年に閉店) などのチェーンストアもある．

Deptford
デトフォード　SE8, SE14

テムズ南岸沿いの地域で，対岸はアイル・オヴ・ドッグズ．リヴァプールとマンチェスターを結ぶ旅客列車営業に遅れること6年，ロンドンの最初の鉄道は，1836年にバーモンジーとデトフォード間で始まった．線路は間もなく延伸してロンドン・アンド・グリニッチ鉄道の名前にふさわしい終点をもつことができたが，デトフォードはドーヴァーからロンドンに来る乗合馬車の最後の中継所でもあった．ちなみに馬車や蒸気船でほぼ1時間の距離を，新たに開通した鉄道はわずか8分で結んだ．

デトフォードは，古くから造船業の中心であった．造船所のあたりはキングズ・ヤードと呼ばれているが，これはヘンリー八世に由来する．ロシアのピョートル大帝はここで造船技術を学び，キャプテン・クックもここで艤装した船で世界一周に出帆した．鉄道開通以前でさえ，デトフォードは人口の密集した市街地を形成していた．

今日，デトフォードには過去の栄光を物語る面影はほとんど残っていない．東隣のグリニッチ (→Greenwich) が観光客でにぎわい，テムズ川対岸のアイル・オヴ・ドッグズ (→Isle of Dogs) がドックランズ再開発で大きく変貌しているのに対し，デトフォードは長期にわたる衰退の過程を示す兆候が各所にうかがえる．

Derry and Toms
デリー・アンド・トムズ

19世紀半ばに「玩具とおしゃれ小物の店」と

221

して売り出した小さなデパート．ジョーゼフ・トムズの創業で，彼は1862年にチャールズ・デリーと組んで，店名をデリー・アンド・トムズとした．

サウス・ケンジントン地区の上流階級を顧客にしていたが，1920年にジョン・パーカー社に吸収され，1933年に新しくなった建物には，レストランのレインボー・ルームや，多くの灌木や樹木を配して放し飼いのフラミンゴなどがいる屋上庭園が人気を呼んだ．1973年に閉店し，そのあとにマークス・アンド・スペンサーとブリティッシュ・ホーム・ストアーズが開業した．

Design Center
デザイン・センター
Haymarket, SW1

1944年英国製品のデザインの向上を目的として設立された，産業デザイン委員会の展示場．変動する市場や消費者の好みの動向，新技術による商品開発の現状などを展示する展覧会を企画し，一般人，デザイン関係者に情報を提供する役割を担っている．展覧会参加メーカーは7000社にのぼる．地下鉄ピカディリー・サーカス駅に近い．

Design Museum
デザイン博物館
Butlers Wharf, Shad Thames, SE1

タワー・ブリッジを東岸に渡って，バーモンジー地区を少し下流方向に下った川岸に立つ．1989年開館．ウォーターフロント開発計画の一環として，旧倉庫群を大幅に改造，整備して出現した通りシャド・テムズに立つ白色の現代的建物である．開設者はデザイナー，ジャスパー・コンラン．家庭用品，テレビ，カメラ，メガネ，家具，オフィス用品，自転車など日常身辺の生活品を展示して，過去から現在までのデザインに関する解説と批評，デザイン思想の普及を目的とする．2階には新製品のデザインを現製品と比較・評価する展示もある．3階ではデザインの歴史をたどることができる．併設されているコーヒー・ショップからのテムズ川の眺望はすばらしい．すぐ近くにブラマー紅茶・コーヒー博物館（→ Bramah Tea and Coffee Museum）がある．

De Vere Gardens
ド・ヴィア・ガーデンズ　W8

1875年ごろに造られた住宅街．ケンジントン・ガーデンズの南西隅にあるパレス・ゲートの南側にある．かつてこの領地を所有していたド・ヴィア家にちなんで名づけられた．住宅の多くはいまではホテルに改造され，道路の西側にはケンジントン・パレス・ホテル，ケンジントン・パーク・ホテルが，東側にはド・ヴィア・パーク・ホテルがある．29番地には詩人ロバート・ブラウニングが1887-89年に住んでおり，ヴェネチアでの死後，遺体がここに運ばれ，ウェストミンスター・アビーに葬られたことが銘板に記されている．34番地にはヘンリー・ジェイムズが1886-1910年に住み，『ポイントンの獲物』ほかの作品を書いた．

Devereux Court
デヴェルー・コート　WC2

ストランド街から南へ入る小路．法学院のひとつ，ミドル・テンプルの中庭ファウンテン・コートに通じる．名称はエセックス伯爵ロバート・デヴェルーの邸宅エセックス・ハウスがあったことによる．

18世紀には19番地にグリーシアン・コーヒー店があったが，1709年にリチャード・スティールによって創刊された『タトラー』に学芸記事の発信場所として頻繁に登場する．物理学者ニュートンや天文学者エドモンド・ハリーなど王立協会（→ Royal Society）の会員や文人ジョーゼフ・アディソン，オリヴァー・ゴールドスミスなどが常連客であった．いまはパブのデヴェルー・アームズがその跡にある．現在，この小路の建物は弁護士事務所になっている．

Devil's Tavern
デヴィルズ・タヴァン

悪魔（デヴィル）亭というのはシェイクスピ

アやベン・ジョンソンの16世紀中ごろから、ストランドとフリート・ストリートの境目あたり、セント・ダンスタン・イン・ザ・ウェスト教会の近くにあったと、サミュエル・ピープスの研究家は注をつけている。ピープスの日記によれば、1660年の11月17日には、テンプル・バーの近くのストランドの悪魔亭を訪れたとあり、1661年の4月22日では、フリートの悪魔亭へ行ったと記している。亭主はサイモン・ウォドロウというブドウ酒商人で、ベン・ジョンソンに「貧しいビール党は首をくくって死んじまえ、と酒場の亭主の王オールド・スィムは叫ぶ」と歌われた人物であった。ウォドロウは「オールド・サー・サイモン・ザ・キング」と称えられた人物で、その大きな酒蔵は「アポロー」と呼ばれた。看板にはベン・ジョンソンの言葉で、「悪魔の鼻を引っぱる聖ダンスタン」と書かれていたという。1660年に創立された王立協会の晩餐会が催されたほど有名なパブであったが、1787年に取り壊された。ピープスは8回も訪れている。所在地を示す銘板が1番地のビルの壁にはめこまれている。なお、ドックランズにあるパブ、プロスペクト・オヴ・ウィットビー亭(→Prospect of Whitby)も一時悪魔亭とよばれたことがある。

デヴィルズ・タヴァン跡を示す銘板

Devonshire House
デヴォンシャー・ハウス

ピカディリー通りの北側、リッツホテルの向い側にかつてあった貴族の邸宅。1743-47年、第三代デヴォンシャー公爵ウィリアム・キャヴェンディッシュの屋敷として建てられた。外観の簡素さと内装の豪華さが対照をなす邸宅であった。

第五代公爵の時代になると、トーリー派に対抗するホイッグ派の拠点となり、文人政治家リチャード・シェリダンや皇太子がしばしば訪れた。1851年にはヴィクトリア女王を迎え、この邸宅の図書室でブルワー=リットンの劇《見かけほど悪くはない》が、作家チャールズ・ディケンズやウィルキー・コリンズなどが俳優に加わって上演された。1924年、邸宅は取り壊されたが、同じ名前の建物が造られ、現在は店舗や事務所となっている。屋敷の門扉だった鉄細工の門は、現在グリーン・パーク内のブロード・ウォークのピカディリー側入口に使われている。

Devonshire Place
デヴォンシャー・プレイス　W1

リージェンツ・パークの南のマリルボーン・ロードから南に入り、デヴォンシャー・ストリートに至る通り。医師や歯科医の診療所が多い。17世紀の半ばから18世紀の半ばにかけてにぎわった遊園地マリルボーン・ガーデンズの跡地に、1790年代に造られた。名前は、地主ポートランド公爵の親戚の第五代デヴォンシャー公爵に由来する。

2番地に1891年アーサー・コナン・ドイルが診察室をもち、暇にまかせて『ストランド・マガジン』に『シャーロック・ホームズの冒険』の最初の何編かを書いた。シャーロック・ホームズの住まいがあったベイカー・ストリート221番地Bは、ここから西へ歩いて十数分ほどの地点にあたる。

Devonshire Square
デヴォンシャー・スクエア　EC2

リヴァプール・ストリート駅の南東、ビショップスゲートの道路を隔ててデヴォンシャー・ロウの小路から入る広場。

1678年から1708年にかけて建物と広場が造られた。もともとこの地には、金細工師ジャスパー・フィッシャーの建てたエリザベス朝様

223

式の大邸宅があった．その後，この邸宅はデヴォンシャー公爵のタウン・ハウスとなった．1666年に屋敷の一部がクエーカー教徒たちに貸し出され，集会場となった．1675年に邸宅は売りに出され，開発が行なわれた．クエーカー教徒たちの新しい集会場もこのとき造られたが，1926年に彼らはユーストン・ロード沿いのフレンズ・ハウスに移った．この広場には，ジョージ朝様式の建物がいまもいくつか残っている．

D.H. Evans
D.H. エヴァンズ
Oxford Street, W1

ウェストミンスター・ブリッジ・ロードで婦人向けの服地やリボン，手袋などを商っていた小さな服地商（→Department Stores）の2代目店主ダン・H・エヴァンズが創業者．彼は，1879年にオックスフォード・ストリートに移転，夫人に婦人服の仕立て部門をまかせるとともに，レース類を豊富にそろえて女性客を集め，デパートらしい業態を整えた．1937年に建物を新築，ファッション専門店として今日に至っている．地下鉄オックスフォード・サーカス駅に近い．

Dickens House Museum
ディケンズ・ハウス・ミュージアム
Doughty Street, WC1

1837年から1839年暮までの約2年半，新婚のディケンズ夫妻が住んだ家．チャールズ・ディケンズが住んだ家として今日ロンドン市内に残っている唯一の建物．グレイズ・イン・ロードからコーラムズ・フィールズに向かって2つ目の通りがダウティ・ストリートで，その48番地にある．

現在この家は，ディケンズ・ミュージアムとディケンズ・ライブラリーからなり，イギリス国内および世界各地に50余の支部をもつディケンズ・フェロウシップの本部でもある．その機関誌の『ディケンジアン』(*The Dickensian*) もここから年3回発行されている．1922年に取り壊されそうになったが，ディケンズ・フェロウシップの努力で買い取られ，ディケンズ・ハウス・ミュージアムとして1925年以降公開されている．

ディケンズはこの家で，『ピクウィック・ペイパーズ』を完成させ，さらに『オリヴァー・トゥイスト』，『ニコラス・ニックルビー』と，『バーナビー・ラッジ』の一部を書いた．家賃は年80ポンド．夫妻のほかに，義妹メアリ，実弟フレッドも同居していた．前者が17歳で急死するという悲劇にも遭遇したが，作家としての名を一気に高めたのもこの時期である．

このディケンズ・ハウスには，書簡，所持品，家具などさまざまな遺品，月刊分冊の初版本，登場人物の挿絵，原稿の一部，挿絵画家による試作品，公開朗読のとき使った机などが集められている．また，これらの資料は，1階から3階までの各部屋に陳列・展示されている．1階の奥には売店，地下1階には図書室兼事務室がある．地下鉄ラッセル・スクエア駅に近い．

Dickins and Jones
ディキンズ・アンド・ジョーンズ
Regent Street, W1

18世紀末にディキンズとスミスがオックスフォード・ストリートに出した衣料品店を始めとするデパート．1830年に店はディキンズと息子およびスティーヴンズのものとなり，1835年にリージェント・ストリートの新築ビルへ移転した．19世紀末には，ディキンズ家はマンチェスターにシルクの捺染工場を操業し，店へ製品を供給するようになった．その後，ジョーンズ家が経営に加わり，店名はディキンズ・アンド・ジョーンズとなった．ファッション部門を売りものにしていたが，1914年にはハロッズ（→Harrod's）の傘下となり今日におよぶ．地下鉄オックスフォード・サーカス駅に近い．

Dilettanti Society
ディレッタンティ・ソサエティ

18世紀に設立された会食を目的とするクラブ．クラブに入会する条件は「イタリアに行っ

たことがあり，なおかつ酒飲みであること」とされた．しかし，クラブ設立の目的は真面目なもので，学芸のパトロンたることを任ずる人々の集まりだった．とくに考古学調査を目的として海外へ向かう学者たちに財政援助を行なったり，ギリシア関係の書籍出版を援助して建築における古典様式復興のきっかけをつくるなど，19世紀イギリスの学芸の発展に寄与するところ大だった．なお専用クラブハウスはなかったので，1922年からはセント・ジェイムジズ・クラブ（→St James's Club）を本拠としていたが，1975年，セント・ジェイムジズ・クラブとブルックスズ（→Brooks's）が合流したとき，ブルックスズに吸収されて，250年近いソサエティの歴史を閉じた．

Dillons
ディロンズ
Gower Street, WC1

　ガウアー・ストリートの本店をはじめとしてロンドン市内に10軒あまりの店舗をもつ書店．ロング・エイカーにあるディロンズ美術書店，科学博物館にあるディロンズ書店，およびアッパー・バークリー・ストリートにある教育および児童用書籍店などの専門店も擁する．

　1936年にユナ・ディロンが資本金800ポンド，4人のスタッフでブルームズベリーのストア・ストリートに開店した．数か月にして繁昌し，ロンドン大学が得意先となったばかりかC・デイ・ルイスやイーディス・シットウェルなどが常連となった．ガウアー・ストリートにある店は地階を含めて5階あり，50の部門を有し，書棚は長さ8キロに及ぶ．各階には専門知識をもつ店員がおり，問い合わせに応じている．ロンドン大学の教職員・学生はユニバーシティ・ブックショップといいながら，大学の至近距離にある本店を利用している．

　1990年にディロンズはハッチャーズ（→Hatchard's）を買収したが，ディロンズ自身がすでに1977年にペントスに買収され，さらに1995年にレコード会社のEMIに買収されている．そしてさらに1999年，ウオーターストーン（→Waterstone's）の傘下に入った．

不潔で有名になったダーティ・ディックス亭

Dirty Dick's
ダーティ・ディックス亭
Bishopsgate, EC2

　看板どおり不潔を売りものにして有名になったパブで，ロンドンの下町では知らぬ人のいない汚いパブ．当初はクモの巣や猫のミイラや古靴がバーの天井に吊してあり，壁は紫煙で黒くくすぶり，変色した名刺やレッテル，勘定書や印紙や各国の紙幣がぎっしり貼り付けられていて，初めての客は度肝を抜かれた．この怪奇趣味があたって，一躍有名になった．現在は，こじんまりとした内装に変えられている．所在地は，鉄道・地下鉄のリヴァプール・ストリート駅に近いビショップスゲート街である．すぐ近くには日曜日の朝市で有名なペティコート・レイン（Middlesex Streetの別名）もある．

　「ダーティ・ディックス」という屋号は，ナサニエル・ベントリーという人物がレドンホール街に営んでいた「汚れ問屋」の名に由来する．主人のナサニエルは気楽な暮らしで，しばしばパリを訪れ，レドンホール街のボー（しゃれ男）として知られていた．やがて美し

全自動運転のドックランズ軽便鉄道

い少女と婚約し，豪華な結婚式の準備が整った途端に花嫁候補が急死した．一夜にしてナサニエルの人格が変わり，優雅なプレイボーイは入浴もせず，朝起きても手も洗わぬだらしないみじめな人間になり下がった．それ以来彼は「不潔なディック」と呼ばれ，以後50年間彼の部屋に入った者はいなかったという．1809年に彼は死んだが，その倉庫を買い取った人物が，倉庫の一部を改造して，1870年にダーティ・ディックス亭として開店した．

ドックが近いので昔は船乗りの客が多かったというが，いまでは一般市民や観光客でにぎわっている．イギリス人の怪奇趣味の一端を知ることができる店である．

District Line
ディストリクト・ライン

ロンドン地下鉄道会社の一部をつくっている線で，ロンドンで（ということは世界で）2番目に古い地下鉄道会社メトロポリタン・ディストリクト鉄道として1868年に，サウス・ケンジントンからウェストミンスターまで開業した．メトロポリタン鉄道がテムズ川北側のロンドン市内の北部地区を西から東へと走っているのに対抗して，同地区の南部，すなわちテムズ川のすぐ北を沿うようにして路線を延ばしていき，1884年にメトロポリタン鉄道と接続して，サークル・ライン（→Circle Line）が形成された．さらに西へ線路を延長してイーリング・ブロードウェイ，リッチモンド，ウィンブルドンの3方向への支線を設け，東に延びた線はアップミンスターにまで達している．アールズ・コートからケンジントンあるいはオリンピアまでの支線は月曜日から金曜日までは早朝と夜遅くを除く終日運転，土曜日と日曜日はもとオリンピック会場であったオリンピアで催し物が開かれたときだけ運転する．

メトロポリタン・ライン（→Metropolitan Line）と連続運転を行なっているくらいだから，当然全線が「地表線」(surface line)で，車両はチューブ(tube)の車両より大型である．
→Underground Railways

Docklands Light Railway
ドックランズ軽便鉄道

ロンドン東郊の旧ドック地域であるドックランドに1987年に開通した軽便鉄道．ロンドン・ドックランドを再生し開発するのには新しい輸送手段が不可欠だとして，ジョン・モウレム社がゼネラル・エレクトリック・カンパニーとの合同事業で，7千700万ポンドをかけて建設した．関連事業についての総合的な相談役

ヴィクトリア朝のドック群

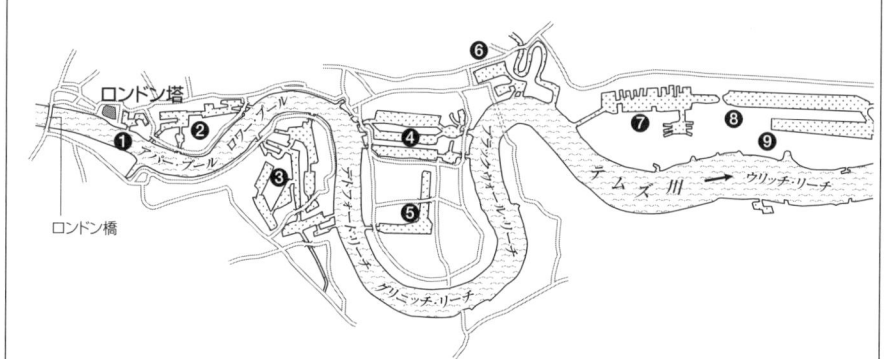

❶ セント・キャサリンズ・ドックス （紅茶・象牙・羊毛など）
❷ ロンドン・ドックス　　　　　　（砂糖・ワイン・タバコなど）
❸ サリー・ドックス　　　　　　　（材木・小麦など）
❹ ウェスト・インディア・ドックス（砂糖・果物・コーヒーなど）
❺ ミルウォール・ドックス　　　　（穀類）
❻ イースト・インディア・ドックス （紅茶・香料・絹など）
ロイヤル・ドックス：
❼ ロイヤル・ヴィクトリア・ドック （食肉・野菜・タバコなど）
❽ ロイヤル・アルバート・ドック　 （食肉・野菜・タバコなど）
❾ キング・ジョージ五世・ドック　 （食肉・野菜・タバコなど）

としてアトキンズ・パートナーズ社が加わった．1991年7月以降はシティのバンク駅を始発駅としてアイル・オヴ・ドッグズ（→Isle of Dogs）のアイランド・ガーデンズ駅まで，また逆に北方面にはストラットフォード駅までを運行している．現在延長計画として軽便鉄道工学技術を使った自動制御の電車で，この種の乗り物としてはイギリスで初めてである．全線高架式で，古い煉瓦造りのライムハウス陸橋や新建造の高架線を走行する．

けれども，開業する前から，この鉄道はその及ぶ範囲がせますぎてドックの開発，とりわけカナリー・ワーフ（→Canary Wharf）の開発に抗しきれなくなることは明白だった．その結果，西のタワー・ゲートウェイ（地下）からさらに西のバンクまで延ばしてシティと結ぶ法案が議会を通り，1991年7月31日に公式に開通した．一方，東へロイヤル・グループ・オヴ・ドックスを通ってベクトンに至る路線と，テムズ川をくぐってルイシャムに至る路線が開通した．

Docks
ドックス

ローマ時代やアングロ・サクソン時代から，ロンドンのテムズ河岸には，北海に開かれた河口からさかのぼってくる船舶を係留するための木造の船着場が，いくつも造られていた．当時すでに木造のロンドン橋が存在しており，その橋脚が，船舶の航行にとり大きな障害となっていた．そのため，同橋から1キロほど下流にあるロンドン塔を経て，さらに下流のチェリー・ガーデン・ピアまでの，いわゆるアッパー・プールの河岸が，長いあいだロンドン市民のための主たる港として利用されていたのである．

17世紀になって，ロンドンは史上に名高い疫病の大流行や大火を経験し，甚大な被害を受けたにもかかわらず，その経済活動はいっこうに衰えることがなかった．

19世紀，産業革命を経た大英帝国の繁栄にともない，航行や停泊する大小の船舶群で，テムズ川は混雑をきわめるようになった．外洋船の大型化も著しく，そうした事態に対応する港湾施設の整備が急務となった．

とくにテムズ川は河口からかなり遡ったロンドンでも，北海の潮の干満の影響を受ける「潮川」である．そのため，川の水かさの増減

や流れの方向の変化から，水門によって安定的に隔離された係留施設が必要である．こうして，19世紀のロンドン港は，大型外洋船の船荷の積みおろしや，修理や，建造のための大規模なドック群の建設時代を迎えることとなった．

まずはじめに，ウェスト・インディア・ドックス(1802)が建設され，つづいてロンドン・ドック(1805)，イースト・インディア・ドックス(1806)，ただひとつ南岸にあるサリー・コマーシャル・ドックス(1807-76)，セント・キャサリンズ・ドック(1828)，ロイヤル・ヴィクトリア・ドック(1855)，ミルウォール・ドック(1868)，ロイヤル・アルバート・ドック(1880)，ティルベリー・ドックス(1886)，ジョージ五世ドック(1921)などが，相次いで建設された．

20世紀，とくに第二次世界大戦後は，テムズ川の最も下流に位置し，コンテナ船用の施設などが新たに整備されたティルベリー・ドックを例外として，これらのドックは船舶の超大型化や新鋭化に対応しきれず，歴史的使命を終えて閉鎖された．ロンドン・ドックランズ開発公団の主導で商業地や住宅用地などに再開発された．それとともにドックランズ軽便鉄道(→Docklands Light Railway)がアイル・オヴ・ドッグズ(→Isle of Dogs)から北，東，南へと路線を延ばし，再開発にはずみがついた．

Dr Johnson's House
ジョンソン博士記念館
Gough Square, EC4

サミュエル・ジョンソンが1748-59年に住んだ家．フリート・ストリート沿いの路地を入ったせまい広場に面している．ジョンソンはこの家で週2回刊行の雑誌『ザ・ランブラー』をつくり，有名な『英語辞典』を編集し，妻もここで1752年に死去した．ジョンソンはロンドンで何か所にも住んだが，存在が確認されているのはこの家だけである．ジョンソンがここに引っ越してきたのは『英語辞典』の出版を引き受けたアンドルー・ミラーの出版社のあるストランドに近かったからである．家の1階部分で現在受付になっているところが食堂，玄関ホールの北側は客の控室で，時に家族の居間として使われた．2階は南側がジョンソン夫人の親友でウェールズ出身の詩人アンナ・ウィリアムズの部屋，北側が客間，3階は南側がいまは図書室として『英語辞典』ほかジョンソン関係の図書が置かれ，北側がジョンソンの遺言状を飾ってある部屋，4階は屋根裏部屋で，ジョンソンが『英語辞典』編集の仕事をしたところ．6人の筆記者を使い，ジョンソンは古ぼけたひじ掛け椅子にかけて，文学作品を読んでは見出しにする語に太い黒鉛筆で印をつけていたという．その部屋は会計事務所のようにしつらえてあった，とジェイムズ・ボズウェルは言っている．

ジョンソンが引っ越したあとのこの家についてはほとんど何も知られていないが，思想家のトマス・カーライルが1832年に訪ねたときには貸間になっていた．1911年に政治家セシル・ハームズワスに買い取られ，修復されて1914年から公開されてきた．第二次世界大戦中の空襲で屋根裏部屋は大きな被害を受けたが，ピルグリム・トラストの援助によって修復された．階段は元のままのもの，羽目板も元の松材のものが可能なかぎり保存されている．なお，記念館のあるゴフ・スクエアにジョンソンの愛猫ホッジの像が1997年9月に建てられた．

Doctors' Commons
民法博士会館

正式の名称は弁護士・法学博士会．かつてセント・ポール大聖堂付近に所在した．1572年以降，ここで教会裁判所と海事裁判所が開かれ，両裁判所で実務を行なう弁護士たちがここに集まった．当時，法廷弁護士とはまったく別個の独立した一団であったこれらの弁護士たちは，開業権の独占を享受した．弁護士・法学博士会は1768年に勅許状を授与されて正式の団体として発足したが，1857年と1859年の一連の法律により同団体は解散することとなり，建物も解体された．若き日のチャールズ・ディケンズは速記者としてここの

裁判所で働いたことがあり，その頃の見聞に基づいて，内部の様子を『ボズのスケッチ集』や『デイヴィッド・コパーフィールド』，『ピクウィック・ペイパーズ』などにいきいきと描き出している．

Dr Williams's Trust and Library
ウィリアムズ師信託協会図書館
Gordon Square, WC1

ウィリアムズ師は長老派の牧師で慈善家，本図書館の創設者である．バービカンのレッドクロス・ストリートに1729年開館，長年，非国教徒の図書館と呼ばれていた．1836年まで，同派の公認集会所でもあった．その後，クイーン・スクエア(1865)，グラフトン・ストリート・イースト(1873)へと移転し，1876年にゴードン・スクエアのユニヴァーシティ・ホールにおさまり，現在に至る．蔵書は，移転のあいだに2万2000冊になっていたが，この地に定着後，神知学者クリストファー・ウォールトンや，G.H.ルイスとジョージ・エリオットの蔵書を受け継いだC.L.ルイスらから合計3000冊が寄贈され，現在は神学書，哲学書，歴史書など15万冊を所蔵する「貸出し兼参考図書館」である．新着図書，支援者の講演会の情報を毎年発行している．地下鉄ユーストン・スクエア駅に近い．

Dog and Duck
ドッグ・アンド・ダック亭

「犬とアヒル」とは妙な組み合わせだが，イギリスの旅籠やパブの屋号には，必ず由来がある．この店は1642年ごろランベスにあった酒亭だが，近くの池でスパニエル犬がアヒルをとっていたことに由来する．この水が医療によいとされ評判になった．1731年には，この店の水が痛風，結石，るいれき，癌にきくとされ，1ガロン(約3.8リットル)4ペンスで売られた．ジョンソン博士も，パトロンであったスレイル夫人に手紙ですすめている．18世紀の中ごろには，この広場にボウリング場やサーカスができて，人々を集めた．以後，次第に人気が落ちて，1799年に閉店．その跡にベツレヘム・ロイヤル病院(→Bethlehem Royal Hospital)が建った(1811)．

Doggett's Coat and Badge Race
ドゲットのスカル競艇

毎年7月の末日ごろに，テムズ川のロンドン橋とチェルシー橋の間(7.2キロ)で行なわれる世界最古の歴史をもつスカル競艇．1715年に俳優のトマス・ドゲットが，ジョージ一世の即位(1714)を記念して始めたことに由来する．彼は奉公を終えた若い船頭たちに競漕させ，勝利者には左袖に銀の紋章を刺繍したオレンジ色の上衣(現在は深紅色)を与えた．この行事を存続させるために，彼は魚商同業組合(→Fishmongers' Hall)に資金を寄贈し，今日まで続いている．競艇の後を前年度の勝利者たちが深紅色の上衣と銀のバッジを誇らしげに見せびらかしながら，はしけに乗って追いかける光景もみものである．競艇は潮流にさからって行なわれる．ロンドン南西郊のリッチモンド地区にあるパブ，駅馬車とエイト亭では，1859年度のドゲット競艇の勝利を祝った資料が展示されている．現在は以前の軽いスカルに替って，本来の重い小型ボートが使用される．

Dogs' Cemetery
犬の墓地
Kensington Gardens, W2

ケンジントン・ガーデンズの北東端に当たるヴィクトリア・ロッジの裏にあるペットたちの墓地．

1880年，当時のハイド・パークやセント・ジェイムジズ・パークの御料林監守を務めていたケンブリッジ公の飼い犬がヴィクトリア・ゲートの外で車に轢かれ，このロッジで死んで埋められたのが最初だという．やがてペットの埋葬場所として知られるようになり，いまでは小鳥や猫などの墓も見られる．

Dogs' Home
→Battersea Dogs' Home

Dollis Hill
ドリス・ヒル　NW2

ブレント自治区の東にある地区．ハムステッド・ヒースから西に 5 キロほどのところにある．付近の丘陵の中でも最も高い場所のひとつ．

昔は旧ミドルセックス州の森の開墾地で小さな村落だった．長く耕作農業が行なわれていたが，19世紀にロンドン市内での牛の飼育が禁止されると，牧畜が盛んになった．19世紀の末から人口が増加し，開発から環境を守るため19世紀の館ドリス・ヒル・ハウスと周囲の土地が自治体によって買い取られ，グラッドストーン・パークが造られた．1909年，地下鉄メトロポリタン・ラインが延長されてドリス・ヒル駅が造られた．1913年にはセント・アンドルー病院が開設された．第一次世界大戦後の工業の発達でテラス・ハウスが急増したが，まだ農地が見られた．1930年代に入ると，完全な住宅地となった．

グラッドストーン・パークの中にあるドリス・ヒル・ハウスは，1823年に建てられた摂政時代様式の建物．長年にわたって，ヴィクトリア時代の政治家アバディーン卿の邸宅であり，何度も首相を務めたウィリアム・グラッドストーンが議会会期中に滞在した．アメリカの小説家マーク・トウェインも滞在した．

Dominion Theatre
ドミニオン劇場

Tottenham Court Road, W1

大規模なミュージカル上演に対応すべく1929年にオープンした2800 名も収容可能な大劇場である．現在の収容数は 2 層に2007 名，プロセニアムの間口15 メートル，舞台奥行12 メートルである．トッテナム・コート・ロードがオックスフォード・ストリートと交差するにぎやかな四つ角にある．12世紀にはセント・ジャイルズ病院が建っていた場所で，18世紀にはビールの醸造所になった．1814年には樽が爆発して，通りにあふれでた酒で 8 人がおぼれ死んだという，いわくつきの場所である．その後，交通の便を買われて，T.R. ミルバーンの設計で後期フランス・ルネサンス様式の劇場が建てられた．

アメリカ製ミュージカル《フォロウ・スルー》で幕を開けたが，映画館と劇場の両方に使われてきた．1931年にはチャーリー・チャップリンが《街の灯》上映後，ジョージ五世の御前で舞台挨拶に立った．1958年から 4 年間はミュージカル映画《南太平洋》が，1965-73年は映画《サウンド・オヴ・ミュージック》がそれぞれロングランを記録した．映画だけでなく，ウェールズ・ナショナル・オペラや外来の舞踏団も来演した．70年代後半からはもっぱら劇場として使用され，1986年にはかつてない規模のミュージカル《タイム》が上演された．その後も《グリース》などミュージカル中心のレパートリーを打ち出している．

Domus Conversorum
改宗者養護院

ニュー・ストリート(現在のチャンセリー・レイン)にあった，ユダヤ人改宗者のための宿泊施設．ラテン語で「改宗者の家」の意味．1233年ヘンリー三世によって創設された．改宗者の子供たちのための学校も設けられていた．院長にはふつう大法官を補佐する記録長官 (Master of the Rolls) が就任した．1377年，院長が自費で建物を修理したため，改宗者養護院は院長に与えられた．以後，大法官府の記録がここに保存されることとなった．

1617年にイニゴー・ジョーンズによって礼拝堂が改修され，セント・ポール大聖堂の司祭長で詩人のジョン・ダンによって説教が行なわれたと伝えられる．1717年に建物は取り壊されて，その跡地に記録長官の新しい邸宅が建った．1896年には礼拝堂跡に公文書館(→Public Record Office)が建てられ，現在に至っている．公文書館の博物館には，当時の礼拝堂の記念物があり，13世紀の内陣アーチが保存されている．

Donmar Theatre
→Warehouse

Don Saltero's Coffee House
ドン・サルテロズ・コーヒー店

　博物学者サー・ハンス・スローンの召使いで床屋であったジェイムズ・ソールターが，チェルシーのロレンス・ストリートの角に1695年に開いた店．のちにチェイニー・ウォークに移った．ドン・サルテロというスペイン名は，スペイン通の海軍軍人がつけたあだ名であった．開店当時は床屋兼コーヒー店で，歯科医院をも兼ねていた．

　亭主のソールターはヴァイオリンを得意とした．サー・ハンス・スローンやその他の慈善家からさまざまな骨董品を寄贈され，「わが博物館コーヒー店」と広告した．女流作家のファニー・バーニーがその小説『エヴェリーナ』の中で，「ハムステッドのジョージ亭などという下等な店はおよしなさい．もっと上品な人々が行くチェルシーのドン・サルテロの店へご案内しますから」と紹介している．当時の社交界でも話題になっていたことがわかる．

Dorchester Hotel
ドーチェスター・ホテル

Park Lane, W1

　ハイド・パークの東の境界であるパーク・レインに沿う高層デラックスホテル．公園のスタナップ・ゲイトにほぼ向き合う位置にある．ホテルの敷地は発展するロンドンの一等地であり，古くから貴族，富豪の所有地として注目されてきた．その所有者のひとりドーチェスター伯爵がここに18世紀半ば自邸を建てたことから，それがいまホテル名として残った．

　その後所有者が変わりながら，増改築が繰り返され，結局，1931年現在のホテルとしての建物(W.C. グリーンの設計)が完成した．第二次世界大戦中は連合軍アイゼンハワー将軍の司令部が置かれたこともあった．豪華な特別スイート・ルームは映画界の人々や芸能人に人気がある．1977年にはアラブ国際借款団に売却されたが，2年の歳月と1億ポンドあまりの費用をかけて，1990年ホテルとして再開を果たした．地下鉄ハイド・パーク・コーナー駅に近い．

Dorset Garden Theatre
ドーセット・ガーデン劇場

　別名デュークス・ハウス，あるいはデューク・オヴ・ヨークス・ハウス．ソールズベリー・ハウス(→Salisbury House)の屋敷の南端，テムズ川をのぞむ場所に立っていた．1669年ころに劇作家ウィリアム・ダヴェナントが自分の劇団デュークス・メンのために計画したが，完成を待たずに死去．未亡人が役者ヘンリー・ハリスやトマス・ベタートンと運営に当たった．クリストファー・レンの設計と伝えられる建物は，幅17メートル，奥行42メートル．細く縦長の観客席は舞台から隔絶されたようになって居心地が悪く，視界も音響もともに良好とはいえなかった．当時の劇場としてはめずらしく舞台脇のボックス席がなかった．しかし，プロセニアムは華美な装飾がほどこされ，舞台も精密な背景を描くことが可能だった．

　1671年11月9日にジョン・ドライデンの《サー・マーティン・マーオール》で柿落し．最初の新作上演ジョン・クラウンの《フランスのシャルル八世》で当たりをとった．ダヴェナントの翻案したオペラ版《マクベス》(1673)，またトマス・シャドウェルのオペラ版《テンペスト》(1674)や同年のダヴェナント作《サイキ》などは，当時流行した最新のフランス風舞台装置を誇示したものであった．有能な支配人ベタートンのもとで繁盛し，第一級の劇場となった．戯曲を提供した劇作家には，トマス・ダーフィ，エルカナ・セトル，アフラ・ベーン，ジョージ・エセレッジ，エドワード・レイヴンズクロフトがいる．

　しかし，1682年になると，経営上の危機に瀕し，同じ状態のドルーリー・レイン(→Theatre Royal, Drury Lane)と合併，後者を本拠地とすることに決定した．こうして見捨てられたドーセット・ガーデン劇場はオペラ上演に時折使われるだけとなった．1689年には，王位に就いたオレンジ公ウィリアムの妻メアリ二世にちなんで，クイーンズ・シアターと改名された．1706年にはドルーリー・レインの劇団

が秋季公演で復帰したが，その後はアクロバットや動物のショーに使用されるようになり，建物は1709年に取り壊された．現在，この地はシティ・オヴ・ロンドン・スクール（→City of London School）の運動場になっている．

Dorset House
→Salisbury House

Dorset Square
ドーセット・スクエア　NW1

マリルボーン駅の東側，グロスター・プレイスとメルコーム・ストリートの交わるところに位置する．トマス・ロードが1787年に最初のクリケット競技場を開いたところである．1814年にロードがセント・ジョンズ・ウッドの新しい競技場へ移ってから，ここは住宅地となり，ドーセット公爵にちなんでドーセット・スクエアと名づけられた．1番地の家には，第二次世界大戦中，自由フランス軍の本部となっていたことを記念する銘板がかかっている．

Doughty House
ダウティ・ハウス　Richmond Hill, TW10

大ロンドン西南部，リッチモンド・パークの北西近くに位置した邸宅．この付近にあるほかの古い邸宅と同じく18世紀に建てられた．西にテムズ川を見下ろす美しい景観が広がる．邸宅の名称は，18世紀後期に居住していたエリザベス・ダウティに由来する．

ダウティ・ハウスが有名になったのは，1849年に同邸を買い取ったサー・フランシス・クックによる．彼は1860年ごろから16世紀〜18世紀はじめの巨匠の絵画の収集を始め，イギリスで最も充実した内容のクック・コレクションとして知られた．デューラー，ホルバイン，レンブラント，ベラスケス，ゲインズバラ，ターナーなどの名作を擁していた．その後，クック家はコレクションを増やし，彫刻やブロンズも加えられた．しかし，1947年にコレクションは売却され，作品は世界に散逸した．1977年にエリザベス二世の即位25周年を祝う展覧会が，ここで開かれた．邸は現在，フラットに変わっている．

―――［ロンドン・ア・ラ・カルト］―――

ディケンズのロンドン

「ロンドンはディケンズを創り，ディケンズはロンドンを創った」といわれるほど，チャールズ・ディケンズ(1812-70)とロンドンとの関係は深い．

1822年の6月ごろ，ディケンズは子供時代の楽園であったケント州のチャタムをあとにして，カムデン・タウンのベイアム・ストリート16番地に移った．ときに，彼の家にはすでにマーシャルシー債務者監獄の暗雲が垂れこめようとしていた．まもなくディケンズ一家は，ベイアム・ストリートからガウワー・ストリート4番地へ移り，家計を助けるべくディケンズの母親は「ミセス・ディケンズ女塾」の看板を掲げたが，生徒はひとりもこなかった．このつらい経験は，のちに『デイヴィッド・コパーフィールド』において，ミコーバー一家の生活ぶりと，「ミセス・ミコーバー女塾」としてみごとに作品化されることになる．

ディケンズの父親ジョンが，マーシャルシー監獄に収監されたのは，1824年3月末か4月はじめから5月28日までの約2か月間だったが，その間ディケンズは，12歳の鋭敏な少年として堪えきれないほどの精神的苦悩を味わった．「もし神の加護がなかったならば……私はチンピラ泥棒か浮浪児になり果てていたことであろう」という彼の自伝的断片の一節は，ディケンズのなかにおける少年時代の強迫観念のありようを，如実に物語っている．しかし，この間の生活体験が，彼の自伝小説として有名な『デイヴィッド・コパーフィール

Doughty Street
ダウティ・ストリート　WC1

セント・パンクラス地区にある通り．チャールズ・ディケンズの旧宅があるので有名．この通りは，ハイ・ホーボーンからユーストン・ロードに抜ける大通りグレイズ・イン・ロードの西を並行して走る．この付近は，地主であったダウティ家の人々によって，1720年代から開発が進められていたが，この通りはその一環として1792-1810年に造られた．

ディケンズは48番地に1837年から39年に住み，『ピクウィック・ペイパーズ』の後半部分，『オリヴァー・トゥイスト』，『ニコラス・ニックルビー』を書いた．ディケンズがロンドンで住んだ家のうち現存する唯一のもので，ディケンズ・ハウス・ミュージアムとして現在一般に公開されている．この通りに住んだ人にはほかに随筆家シドニー・スミス，『デイリー・テレグラフ』紙を創業したJ. M. レヴィ，そして詩人のリチャード・ルガリヤンが42番地にしばらく住み，第二次世界大戦前に活躍した彼の娘でアメリカの女優エヴァはここで生まれた．19世紀に進歩的な論陣を張った週刊誌『スペクテイター』の編集所も，この通りにある．

Dove
ダヴ亭

Upper Mall, W6

ロンドンのテムズ河畔で最も有名なパブのひとつ．17世紀以来の古い建物で，1796年に一時的に「ダヴ・コーヒー・ハウス」になったが，まもなくもとの酒亭に戻った．チャールズ二世が愛妾ネル・グウィンとしばしば訪れたという店である．場所はオックスフォード大対ケンブリッジ大の春のボート・レースのコースのちょうど中間地点にあたるハマースミス橋から，アッパー・マルというテムズ川北端沿いの通りを1キロほどさかのぼったところにある．川に張り出した露台があってボート・レースの見物には最適のパブだが，小さくてせまい．看板の白い鳩が目印である．昔は2羽の鳩が描かれていたからダヴズと呼ばれたが，いまは一羽だからダヴである．有名な工芸家のウィリアム・モリスがすぐ近くに住

ド』の重要な素材となり，また『リトル・ドリット』という名作の誕生へとつながったのである．『ドンビー父子』にミセス・ピプチンという忘れがたい人物が登場するが，それもこの時期にディケンズが一時的に下宿していたカムデン・タウンのリトル・コレッジ・ストリートにあった家のおかみさんをモデルに創り出された人物なのである．

　以上のような生活環境の中での放浪とは別に，ディケンズはロンドンの街がみせる時々刻々の風景の魅力にとりつかれていた．コヴェント・ガーデンやストランドあたりの活気やざわめきに，早くから彼は心をひかれていたし，「ルッカリー」（貧民長屋）の異名で知られたセント・ジャイルズ界隈に，彼はいわば怖いもの見たさの好奇心をいだきつづけていた．そのようにして，彼の全小説の萌芽ともいうべき，ロンドンの「日常の生活と日常の人びと」という副題のついた『ボズのスケッチ集』(1836)が生まれたのである．

　のちにディケンズは自らを「商用ぬきの旅人」(the uncommercial traveller)と称し，ロンドンの所々方々を訪ね歩き，大小さまざまな出来事を興味深く書きとめて，主宰する週刊誌『オール・ザ・イア・ラウンド』に連載するようになる．彼にとってロンドンの街は，ものを考える，そして書くための材料の宝庫だったのである．

　ディケンズは住まいの面でもロンドンの町を転々としたから，ダウティ・ストリート48番地の「ディケンズ・ハウス・ミュージアム」以外にも彼の名をとどめているところが多い．またそれとは別に，ドリット・ストリート，クィルプ・ストリート，クレナム・ストリート等々，地図の上では確認できないような，登場人物名にちなんだ通りの名に出くわすのも，ロンドンにおけるディケンズの足跡を訪れる者にとっての楽しみのひとつである．

んでいた．詩人のジェイムズ・トムソンは，この店で《ブリタニアよ統治せよ》という愛国の歌を書いたという．画家のターナーもしばしば訪れたという．また，ヘミングウェイやグレアム・グリーンも常連だった．落ち着いた小室で軽食のパイが楽しめる．国会議員でもあった著作家サー・アラン・パトリック・ハーバートの『ウォーター・ジプシーズ』(1930)のピジョンズ亭は，このダヴ亭をモデルにしている．とにかく文人と縁の深いパブである．

Dover House
ドーヴァー・ハウス

Whitehall, SW1

　官庁街ホワイトホールにあり，現在スコットランド庁舎として使われている建物．1754-58年にホワイトホール・パレスの馬上槍試合場跡に建てられた．

　1787年，ヨーク・アンド・オールバニ公爵フレデリックが買い取り，さらに19世紀にドーヴァー男爵が買い取った．1885年になって政府の庁舎となる．第二次世界大戦中，爆撃により破壊されたが，1955年修復された．

Dover Street
ドーヴァー・ストリート　W1

　ピカディリー通りのほぼ中央を北西に入り，グラフトン・ストリートに突き当たる通り．高級店が軒を並べる．名称はこの地区の開発出資者のひとりドーヴァー男爵ヘンリー・ジャーミンに由来する．1680年代に造られた．

　この通りとスタフォード・ストリートが交差する角にはアルバマール公爵の名をもつパブ〈アルバマール公爵亭〉があり，1696年創業の看板がかかっている．通りの東側25，26，27番地には，18世紀中頃の中期ジョージ朝様式の建物の一群がある．37番地はイーリー・ハウスと呼ばれ，1772年から1909年までイングランド東部の有名な大聖堂を監督するイーリー主教のタウン・ハウスであった．建物の正面は純粋なパラディオ様式である．

　この通りの住人には日記で有名なジョン・イーヴリン（彼はここで亡くなった），詩人アレグザンダー・ポープ，醸造家・政治家サミュエル・ウィットブレッド，建築家ジョン・ナッシュ，作曲家フレデリック・ショパンがいるが，19世紀になると徐々に住宅地の性格を失っていった．現在の建物はほとんどが19世紀後半，あるいはさらに新しい建物である．

Dowgate Hill
ダウゲート・ヒル　EC4

　キャノン・ストリート駅の西側をキャノン・ストリートからアッパー・テムズ・ストリートまで南北に走る短い通り．テムズ川に流れ込んでいた小川，ウォールブルックの水門にちなんで命名された．この水門はローマ時代からあったといわれ，中世には近くに船着場が造られた．4番地に獣脂蠟燭商同業組合会館，8番地に毛皮商同業組合会館，10番地に染物商同業組合会館がある．

Downe
ダウン　BR6

　ロンドンの行政区域の東南端に近く，グリーン・ベルトに囲まれた田園的な集落．ブロムリー自治区に属する．記録によると1377年の成人人口は167人であったが，約5世紀を経た1831年の人口も340人で，ほとんど変化がない．この状況は，今日でも基本的には同じである．ダウンの最も有名な居住者はチャールズ・ダーウィンで，1842年に移り住んでから没するまで40年間，ほとんどこの地を離れることなく『種の起源』(1859)をはじめとする多くの研究書を著し，また身近な動植物についての観察と分析に没頭した．持病に悩まされながらも10人の子どもに恵まれる幸福な生活を過ごした彼の旧居，ラクステッド・ロードのダウン・ハウスは記念館として公開されている．

Downing Street
ダウニング・ストリート　SW1

　官庁街ホワイトホールを西に入る通り．とくに10番地は首相官邸の所在地として有名．古くはアビンドン修道院の醸造所があった

234

が，16世紀には使われなくなっていた．エリザベス一世はその土地の所有権を隣のホワイトホール・パレスの管理者に譲渡した．その後，一時オリヴァー・クロムウェルの伯母が所有したこともあるが，国会議員のサー・ジョージ・ダウニングが所有権を買い取り，1680年に質素な煉瓦造りのテラス・ハウスを建て，通りを現在のように袋小路とした．広々とした美しい地域に建てられた立派な家は，家柄のよい人にふさわしい住まいと見なされた．どの住居からもセント・ジェームジズ・パークを見ることができた．

1744年ころ，小説家で医師のトバイアス・スモレットが，この通りで診療所を開いた．サミュエル・ジョンソンの伝記作者として名高いジェイムズ・ボズウェルも，1762年にこの通りに居を構えた．この通りの10番地が首相官邸として使われるきっかけは，1732年に王室が建物を取得し，ジョージ二世が時の首相サー・ロバート・ウォルポールに私的な贈り物として与えたことに始まる．以来，10番地は首相官邸となるが，初期の首相たちは自分の広いタウン・ハウスを好み，住いとすることは少なかった．この家を住居とした首相は，ベンジャミン・ディズレーリとウィンストン・チャーチルである．19世紀はじめ11，12番地を王室が買い取った．1868年にサー・ジョージ・ギルバート・スコットによってホワイトホールに政府庁舎が造られ，ダウニング・ストリートの南側が新しい建物に変わった．もとのまま現在残っているのは，10，11，12番地のみである．1950年代に大規模な改修工事が行なわれた．1990年，警備の目的で通りの入口にゲートが設けられた．

Downshire Hill
ダウンシャー・ヒル　NW3

　ハムステッド地区の大通りロスリン・ヒルからハムステッド・ヒースに向かって北東に入る通り．詩人ジョン・キーツの旧宅のあるキーツ・グローヴに通じる．通りに沿って19世紀前半の摂政時代様式の優雅な邸宅が立ち並んでいる．

　この一帯は19世紀初頭にウィリアム・ウッズによって開発された．ウッズはキーツ・グローヴとの交差点に立つ美しいセント・ジョン教会（→St John②）も設計している．通りの名前は，ヒルの名字をもつダウンシャー侯爵夫人にちなんで命名された．この通りとロスリン・ヒルの角に，キーツの婚約者のファニー・ブローンがウェントワース・プレイスに引っ越すまで住んでいた．詩人のダンテ・ゲイブリエル・ロセッティも，新妻エリザベス・シダルと1860年に短期間この通りに住んだ．ほかに，詩人エドウィン・ミュア（7番地），舞台芸術家ゴードン・クレイグがいる．通りの奥にあるパブ，フリーメイソンズ・アームズ亭には，昔ペル・メル街で行なわれたクローケーに似た球技をする庭（→Pall Mall）があるが，それはイングランドに残る唯一のものだといわれる．

Drain
→Waterloo and City Line

Drains and Sewers
下水と下水道

　今日あるロンドンの下水道システムは，テムズ川の汚染との格闘のなかから生みだされた．

　産業革命による工業化が始まる前のロンドンでは，屎尿の処理は，一部水洗トイレの例外はあったとしても，概して汲み取り式で行なわれていた．各戸・各建物の地下には汚水溜めや便槽があり，ここに蓄えられた排泄物は，年に1，2度の割合で汲み出されてまず公共の屎尿置き場に運ばれ，そこで天日乾燥されたり，さらには肥料として近隣の農業地域に運ばれるなりして処理されていた．一方，台所の廃液などの生活廃水は，道路に掘られた下水溝に流され，そこで停滞してしばしば悪臭を放つこともあったが，やがて大雨によって河川の支流や水路に押し流され，最終的にはテムズ川に流れ込んだ．総じて19世紀に至るまで，下水といえばそれは雨水のことで，19世紀の初頭，すでにロンドンにあった延べ数百マイルの下水道は，すべて雨水の

235

下水道でのくず拾い

処理を目的としており，そこに屎尿を流すことは法によって禁じられていた．もっともこの禁令がどこまで守られたかは，はなはだ疑問で，史料の語るところによれば，相当の屎尿が，水路や低地に投棄されたり，垂れ流しにされたりしていた．だが，当時のロンドンの人口はいまだ百万にも満たず，それゆえテムズ川の汚染は，大勢としてはさして深刻ではなかった．とにかく1800年には，鮭がこの川をさかのぼるのをなお見ることができた．

だがその後，工業化の進行とともに，ロンドンの人口も1850年代には二百数十万へと飛躍的に増大し，いっぽうジョーゼフ・ブラマの改良になる水洗トイレが上・中流層のあいだに普及してそれらが既存の下水道につながれたため，テムズ川の汚染は19世紀前半の約半世紀の間に急速に進んだ．またイギリスでは，1832年以来コレラが流行するようになり，そのつどロンドンでも排水事情の悪い貧民居住区を中心に大勢の死者が出たが，その感染源が不潔な汚水溜めにあると考えられた．1848年に汚水溜めの使用が禁止され，汚物が直接テムズ川に投棄されたのでそれ以後川の汚染は一挙に悪化した．またロンドンが海に近く，テムズ川が，潮のさす川であった

ということも，汚染の大きな原因であった．テムズ川に流された屎尿は，満潮時に潮によって上流へと押し戻され，単純に海へと流れ下らなかった．その屎尿は，十数日から二十数日，市中を往きつ戻りつし，その間に有機成分が両岸の浅瀬にヘドロとなって堆積して，とくに夏の干潮時には水面上に露呈して猛烈な悪臭を発するに至った．川沿いの裁判所や議会の審議に支障がでた1858年夏の「大臭気」(Great Stink)は，そのクライマックスとして知られている．こうして40年代から，首都全域にわたる広域下水道システムの建設が急務となり，この大事業は1855年に成立したロンドン都市建設局によって1858年に着工され，1875年に完成された．この下水道システムの青写真をつくり，工事の先頭に立ったのは，水利技師のジョーゼフ・バザルジットであった．

この下水道システムは，遮集式下水道といわれるもので，テムズ川の北側に3本，南側に2本敷設された．これらの大きな下水管でテムズ川に流れ込む下水をすべて受け止め，その下水を人口密集地を遠く離れた下流の大貯水池へと集め，そこから干潮時の引潮にのせて海へと放出する仕組みであった．北側の3本の下水管は，それぞれボウとアビー・ミルズ揚水場(→Abbey Mills Pumping Station)で結ばれ，最終的には1本の巨大な下水管となって，下流にあるベクトンの貯水池に達した．南側の2本はデトフォードで合流し，ベクトンよりさらに下流のクロスネスの貯水池に達した．

この人口密集地を迂回する遮集式下水道の建設によって，ロンドン市中のテムズ川の汚染は著しく改善された．ついで1887年からは，ベクトンとクロスネスにおいて下水に化学的な処理が施されるようになり，処理された水のみが放出され，残った固形物は船に積まれてテムズ河口はるか沖合いの海上に投棄されることになった．そしてその後1930年代から60年代にかけて，上記ベクトンとクロスネスの両貯水池の周辺に，ヨーロッパでも有数のバクテリアを用いる大規模な下水処理施

設が完成して今日に至っている．テムズ川の積年の大汚染はこうしてついに克服され，1974年には鮭の帰還も報告された．

　なお現在，ロンドンには14の下水処理施設があり，27億リットルを超える下水が毎日処理されるといわれている．

→Water Supply

Drapers' Hall
反物商同業組合会館

Throgmorton Street, EC2

　1425年にはすでに，セント・スウィジンズ・レインに最初の会館が建っていたという記録がある．現在の敷地は，1543年にヘンリー八世から買い取ったもの．会館は2回，ロンドン大火と1772年の火災のあと，建て直されている．1772年の火災のときには，食堂と事務所だけは難をまぬがれた．

→City Livery Companies

Dreadnought Seamen's Hospital
ドレッドノート船員病院

　1763年にジェイムズ・スチュアートの設計に基づき建設された．19世紀初頭に火災で焼け落ち，1812年に再建された．1948年に国民保健サービス（National Health Service）に接収され，1986年に閉院になった．なお「ドレッドノート」は20世紀初頭に実在した英国海軍の誇る大型新鋭戦艦で，病院名はこれに拠った「こわいもの知らず」の意味．ブルームズベリー・グループによる1910年2月10日の海軍当局をまんまと一杯くわせた，いわゆるドレッドノート事件の舞台でもある．

→Hospitals

Drury Lane
ドルーリー・レイン　WC2

　コヴェント・ガーデン地区の古い通りで，もとはヴィア・ド・オールドウィッチと呼ばれていた．現在の名称はエリザベス一世の治世下こ

────［ロンドン・ア・ラ・カルト］────

ジン酒場繁昌記

　18世紀初めから19世紀半ば頃まで，ジンはロンドンの貧民生活と結びついて，異常な消費量を記録した．「1ペニーで酔えて，2ペンスでへべれけ」になるほど，安くてまわりが早い．飢えや寒さを忘れるのにはこれが一番，それにほんの少量で泣く子を黙らせることもできる．ロンドンの貧民街として悪名高かったセント・ジャイルズやドルーリー・レイン，ホーボーンあたりのジン酒場は，貧困階層のさまざまな客でごったがえしていた．

　このような実情が，犯罪を含めた多くの弊害の原因をなしているという声は，1720年代から上がっていたが，1750年頃には，ジン飲酒の悪弊は，もはや放置できない状態となった．W.ホガースの名画《ジン横丁》は，ジン中毒が人生の破滅に通ずることを，痛烈な皮肉をこめて見事に描きあらわしているのである．ジンの弊害が深刻化するなかで，1751年にジン販売を抑制するための法令が定められた．しかしせっかくの法令も結局は有名無実のものに成り果ててしまった．ジン酒場が19世紀に入ってからも，依然として盛況であったことは，ディケンズの『ボズのスケッチ集』などにもあらわれているとおりである．

　1830年，政府はビール税を引き下げ，ジンの代わりにビールを奨励するための政策を打ち出したが，これは逆効果を招いた．ジン酒場の主たちはビールに対抗するために，照明や装飾に工夫を凝らし，女店員を雇い入れるなどして店の雰囲気を一新，それまでのジン酒場をジン・パレスに変身させた．周囲の貧民長屋との間には奇妙なコントラストができたが，貧民たちにとっては魅力的な歓楽の場となったのである．

こに屋敷を建てたサー・トマス・ドルーリーの名前に由来する。詩人のジョン・ダンはアン・モアとの秘密結婚後、この館内に住んでいた。16世紀、17世紀には上流の人士の集まる通りだった。ここに住んだ名士には、1634-37年のアーガイル侯爵、スターリング伯爵、1646年のオリヴァー・クロムウェル、1669-86年にはアングルシー伯爵、1683年にクレアおよびクレイヴン伯爵がいる。演劇史上最初期の女優ネル・グウィンもここに住んでいた。ジョン・ゲイの《乞食オペラ》でポリー役を演じたラヴィニア・フェントン、のちのボールトン公爵夫人は近くのコーヒー店に住んでいた。

18世紀になると、ジョン・ゲイ、アレグザンダー・ポープ、オリヴァー・ゴールドスミスが書いているように、よっぱらいが往来しけんかの絶えない騒々しい土地柄に堕していく。画家ウィリアム・ホガースに娼婦の徘徊するこの通りの絵がある。19世紀にはロンドンでも最悪のスラム街と化したが、東に大通りのキングズウェイとオールドウィッチが建設されて、問題の解消に役立った。コックピット劇場(→Cockpit Theatre)の跡地の124-140番地には1470人を収容する、慈善家ジョージ・ピーボディのビルが建てられた。《キャッツ》の公演で有名なニュー・ロンドン劇場(→New London Theatre)はパーカー・ストリートとの交差点に立っている。

シアター・ロイヤル・ドルーリー・レイン(→Theatre Royal, Drury Lane)の正面入口は実はキャサリン・ストリートに面していて、ドルーリー・レイン側は裏ということになる。そのシアター・ロイヤルの楽屋口からこの通りに回りこんだところに、舞台関係の商店ブローディ・アンド・ミドルトンが1840年以来今日まで営業を続けている。北のはずれ10番地にある130室のホテル、ドルーリー・レイン・モート・ハウスは1977年に建てられた。パブ、ホワイト・ハート亭(→White Hart)のある191番地には15世紀以来パブが存在していたという。南の端はオールドウィッチ劇場(→Aldwych Theatre)に発し、北を見るとテレコム・タワーが遠くに見える。通りの標識には「シアターランド」と添え書きしてある。

Drury Lane Theatre
→Theatre Royal, Drury Lane

Duchess Theatre
ダッチェス劇場
Catherine Street, WC2

ドルーリー・レインとストランド通りにはさまれたキャサリン・ストリートに、ユーアン・バーによって1929年に建てられた。いくたの施工上の困難を克服し、ロンドンでも有数のみごとな構造をもつ小劇場である。瀟洒な正面はモダン・テューダー・ゴシックと呼ばれ、2層からなる491席(現在は470席)はどの席からも舞台がよく見える。プロセニアムの間口、舞台奥行ともに7.5メートルである。舞台両脇には彫刻家モーリス・ランバートの制作したブロンズの浮き彫りが飾られている。拍手を浴びて悲劇と喜劇の仮面をかざす2体の裸婦を描いたものである。

戦前では劇作家としてのJ.B.プリーストリーとエムリン・ウィリアムズの名がめだつ。《ラバーヌム・グローヴ》(1933)で当てたプリーストリーは1934年から支配人に就任している。《イーデン・エンド》(1934)や《コーネリアス》(1937)はラルフ・リチャードソンの名演技とともに記憶されている。柿落しの芝居《地下壕》に役者として出演したウィリアムズには35年のスリラー《夜の帳》や《麦は緑》(1938)がある。ナンシー・プライスが創設した劇団ピープルズ・ナショナル・シアターの初期の公演はここで行なわれた。ジェシカ・タンディが主演した《制服の処女》(1932)も映画制作の前に上演された。T.S.エリオットの《寺院の殺人》がウェスト・エンドの商業演劇街で初演(1936)されたのも、この劇場だった。ノエル・カワードの《陽気な幽霊》(1942)がロングランを記録する一方で、1930年3月11日には演劇史上最短の上演記録がある。あるレヴュー公演の初日のこと、幕が下りる前に客がみな帰ってしまったのである。

戦後はラティガンの《深く青い海》(1952)の

ようなウェル・メイド・プレイ（上手く作られた芝居）が一世を風靡したが、ハロルド・ピンターが初めてウェスト・エンドに進出すると、この劇場は新しい波に洗われた。その後もピンターは《ティー・パーティ》(1970)などを発表し、イギリス演劇の風土を変えるのに一役買った。時の要請から下品な舞台もある。《街で一番下劣なショー》(1971)や6年ものロングランとなったヌード・レヴュー《オー・カルカッタ！》(1974)である。地下鉄コヴェント・ガーデン駅に近い。

Duke of York Column
ヨーク公記念柱
Waterloo Place, SW1

　セント・ジェイムジズ・パークの北を走る大通りペル・メルと交差する広場ウォータールー・プレイスにそびえる円柱形の塔。1831年から34年にかけて設置された。

　18世紀後半から19世紀初頭にかけての王ジョージ三世の次男ヨーク公フレデリックを記念したもので、高さ37メートル。ベンジャミン・ワイアットの設計によるトスカーナ様式の円柱の上に四角いバルコニーが取りつけられ、中に、1834年に彫刻家リチャード・ウェストマコットによって制作されたヨーク公の4メートルのブロンズ像が悠然と立ち、ホワイトホール街の国防省の方を眺めている。

　最高軍司令官の地位にあったフレデリックは、女優だった愛人メアリーの収賄事件に巻き込まれ、結局その地位を去ることになるが、亡くなったときは莫大な借金をかかえていた。この記念柱の建設資金2万5000ポンド余は全軍兵士の1日分の給金を徴収してまかなわれたという。

　この塔からマルに通じる幅広い階段はデューク・オヴ・ヨーク・ステップスと呼ばれ、ここからホワイトホール・パレスに至る一帯は市内観光のメッカのひとつになっている。

Duke of York's Headquarters
デューク・オヴ・ヨークス・ヘッドクォーターズ

King's Road, SW3

　チェルシー地区のキングズ・ロード沿いに位置し、地下鉄駅スローン・スクエアに近い。英陸軍通信隊の連隊本部や陸軍共済基金の本部など多くの軍関係の建物が立っている。もともと1801年設立のデューク・オヴ・ヨーク・スクールという軍人の孤児のための学校の敷地だったが、しばらくして女子生徒はサウサンプトン校に、男子生徒は19世紀に入ってドーヴァー校に移された。

Duke of York's Theatre
デューク・オヴ・ヨーク劇場
St Martin's Lane, WC2

　セント・マーティンズ・レインにある3劇場のうち最も古い、この魅力あるヴィクトリア朝の中型劇場は、1892年にウォルター・エムデンの設計により、女優ヴァイオレット・メルノットと夫フランク・ワイアットのために建てられた。きれいなクリーム色と金色に塗られたブロックで飾られ、イオニア風の柱廊や欄干が印象的だ。プロセニアムは間口8メートル、舞台奥行は10.5メートル。3層からなる900席の観客席があった。当初はトラファルガー・スクエア劇場と呼ばれていたが、1895年にのちのジョージ五世に敬意を表して、現在の名前に改められた。

　1893年にはイプセンの《棟梁ソルネス》のイギリス初演がなされている。1897年以降、メルノットは「演劇界のナポレオン」と呼ばれたアメリカ人興行主チャールズ・フローマンに劇場を貸したが、彼と劇作家J. M. バリの協調関係は1902年の《あっぱれクライトン》に始まり、1904年には《ピーター・パン》を生むと、15年まで毎年クリスマスにリバイバルされた。1900年にはデイヴィッド・ベラスコの1幕劇《マダム・バタフライ》が上演されたが、おりしも客席に居合せた作曲家プッチーニは、この芝居から4年後に作曲することになる同名のオペラの霊感を受けた。1910年に、フローマンは10編の芝居で意欲的なレパートリー制度を導入したが、経済的には失敗だった。23年にはメルノットが復帰して、ノエル・カワー

239

の作詞によるレヴューを上演した．30年代にはバレエ公演に力を入れ，イギリスにおけるバレエの普及に役立った．

その後も数多くの名舞台を生み出したが，この劇場で有名になった役者にはペギー・アシュクロフト，ジョーン・プラウライト，ヒュー・ミルズらがいる．オーソン・ウェルズの《モビー・ディック》は1955年に上演された．1979年にキャピタル・ラジオが買収し，録音施設を備え付けたり，客席内の柱を除去するなどの改装を行い，客席数も649席に減った．また幽霊が出没することでも有名である．毎夜10時になると鉄製の扉が閉まる音がしたり，メルノットと見られる黒衣の婦人が2階のバーで目撃されている．地下鉄レスター・スクエア駅に近い．

Duke Street
デューク・ストリート　SW1

大ロンドンには同名の通りが数本あるが，SW1のデューク・ストリートはピカディリー街を南に入りキング・ストリートに至るまでの通り．王立美術院に近いため，通りには美術商や画廊が多い．

通りが建設されたのは1680年代で，チャールズ二世の弟ヨーク公爵(のちのジェイムズ二世)にちなんで命名された．ロンドンの最初の舗装道路であった．当時の建物で現存しているものはない．30番地には1907年にこの地に店を構えたタバコ商のダンヒル社があり，タバコ博物館を備えている．通りの入口の角には紅茶と食料品で有名なフォートナム・アンド・メイスンがある．

この通りの1番地には冒険家のエドワード・トレローニー，8番地には冒険作家のフレデリック・マリアット，トマス・キャンベルらが住んだ．10番地にはトマス・ムーアやエドマンド・バークはこの通りを転々としている．

Dulwich
ダリッチ　SE21

サザック自治区の南端の地区．ロンドン塔の真南7.5キロに位置する．住宅地だが，森や公園などの広大な緑地に恵まれている．有名なダリッチ・コレッジはコレッジ・ロード沿いにある．

中世までは林と農地からなる小さな孤立した村落で，人々はダリッチ・ヴィレッジを中心に住んでいた．1619年にダリッチ・コレッジの前身チャペル・アンド・コレッジ・オヴ・ゴッズ・ギフトが俳優のエドワード・アレンによって創設され，地域の発展の基礎が築かれた．アレンはこの学校を貧しい子供たちを教育する施設として設立した．17世紀にはチャールズ一世が狩猟に訪れた．18世紀に入ると，ダリッチの泉が有名となり，流行の保養地となった．この泉の水は薬効があるとされ，前世紀よりロンドン市内で売られていた．泉を訪れる人人を相手にしていた酒亭は18世紀まで栄えていたが，やがて廃し私立学校ドクター・グレニーズ・アカデミーとなり，詩人バイロンもここで2年間学んだ．1772年ダリッチ・クラブが発足し，地域の名士の中心的な社交場となった．19世紀になると，その田園的な環境がにわかに文人たちの注目を集め，裕福な人々が邸宅を造りはじめた．またコレッジ・オヴ・ゴッズ・ギフトに絵画が寄贈され，その絵画を展示するダリッチ美術館が開設されて，地区の人気は一層高まった．小説家のチャールズ・ディケンズは，彼の創造したピクウィック氏が「しばしばダリッチ美術館で絵に見入って」いたと書いている．また女流作家ジョージ・エリオットもこの美術館に感銘を受け，さらに周囲の美しい景観に心動かされた．

1854年，ロンドン万国博覧会の会場だったクリスタル・パレスが近くのシドナムに移り，2年後には鉄道が敷かれて開発が進んだ．近くのハーン・ヒル地区に住んでいた美術評論家ジョン・ラスキンは開発にともなう自然破壊をすでに指摘していた．鉄道はさらにドーヴァーまで延長されたが，コレッジ評議会は鉄道が敷地を通ることに反対し，1863年に鉄道橋を学校の建物のデザインに合わせることを条件に許可した．1870年，コレッジは拡張されダリッチ・コレッジと呼ばれることになった．さらにアレンの基金によって，アレンズ・

ダリッチ・コレッジ(19世紀後半)

スクールとジェイムズ・アレンズ・ガールズ・スクールが創設された．この間にも宅地開発は進んだが，宅地開発運営会の方針で緑地を保護することが決められ，良好な環境が保たれている．

Dulwich College
ダリッチ・コレッジ
College Road, SE21

　創立が17世紀初頭にさかのぼるパブリック・スクールのひとつ．ジェイムズ一世治下，劇場の経営やマーローの悲劇の主人公役などで富を築いた有名な俳優エドワード・アレンが，その財産をもとに設立した貧しい少年や貧民のための教育・慈善施設がその起源．1619年に勅許状を授与された．1857年に議会の法令によってこの旧施設はいったん解散され，「コレッジ・オヴ・ゴッズ・ギフト」という名称の新たな学校が設立された．1870年にはダリッチ・コレッジと名称を変更．しかし，その後もアレンが遺贈した豊かな基金はその使途をめぐって議論の的となりつづけた．そして1882年，貧しい人々にも十分な恩恵が及ぶようにとの配慮から，基金の運営にあたる理事会の構成が改革され，その結果，ダリッチからアレンズ・スクールが分離独立すると同時に

ジェイムズ・アレン女子学校が新設されて，計3つのコレッジないしスクールが誕生するに至った．

Dulwich Common
ダリッチ・コモン　SE21

　鉄道駅ウェスト・ダリッチ駅付近から東へ通じる1.5キロほどの道路．ダリッチ・アンド・シドナム・ヒルの北縁を走る．この道路名は中世期のダリッチ荘園所属の共有地の名残りである．現在地図上でこの共有地を特定することはできないが，ダリッチ・コレッジ(→Dulwich College)と運動場がかつての共有地にほぼ当てはまると考えられている．1805年に成立した法令により，ダリッチ・コレッジに53ヘクタールのこの共有地を囲い込む権利が与えられた．1808年の借地権を拡大する立法により建築用に地所を貸すことが容易になって，大きな邸宅が建てられるようになった．

Dulwich Park
ダリッチ・パーク　SE21

　1890年に開園したサザック区の公園で，広さは29ヘクタール．この土地は1885年にダリッチ・コレッジ(→Dulwich College)の理事たちによって公共のために寄付されたものであ

るが，もともとは1619年に俳優エドワード・アレンがダリッチ荘園に創設したチャペル・アンド・コレッジ・オヴ・ゴッズ・ギフトのものであった．公園が公共のものとなった1885年当時は，ここはオークの古木で覆われた起伏のある牧草地であったので，ヴィクトリア朝の庭園様式で整備し直され，周回馬車路と不整形のボート池が造られたあと，初代ロンドン市議会議長のローズベリー卿によって開園式が行なわれた．

1.2ヘクタールの池が公園の南西端に位置し，池の西端近くにバーバラ・ヘップワスの彫刻《2つのフォルム》がある．1890年代からの公園の特色のひとつであるツツジとシャクナゲ園は，かつてジョージ五世の王妃メアリがこよなく愛し，定期的に訪れた．ここはロンドンのどの公園よりも樹木がよく分布し，カバノキ，カシ，エンジュ，ニワウルシなどに関してはイギリスで最も美しいものが見られる．高山植物などを植えたロック・ガーデンもよく知られる．

Dulwich Picture Gallery
ダリッチ美術館
College Road, SE21

イギリス最古の公共の美術館．開館は1814年，ダリッチ・コレッジ（→Dulwich College）を創立した俳優のエドワード・アレンが1626年に遺贈した39点の絵画が収蔵品の核をなしていたが，フランスの画商ノエル・デザンファンの所有していた絵画371点がその友人の風景画家サー・フランシス・ブルジュワによりダリッチ・コレッジに遺贈されて，収蔵品は大幅に増えた．ブルジュワは収蔵品の維持費その他として1万2000ポンドを遺贈した．これによって新美術館が建設されることになり，サー・ジョン・ソーンの設計により1813年にいまの美術館が完成した．その際，デザンファン夫妻とサー・ブルジュワの廟が建物南側中央に造られた．1944年にドイツ軍の爆撃により建物の一部が破壊されたが，1947-53年に修復された．

収蔵品の中にはレンブラントの《窓台にもたれる少女》ほか2点の重要な作品，ロイスダールの《滝》，コイプの《川辺の夕方の乗馬》，ホッベマの《水車の見える木陰の風景》などが含まれており，フランドル絵画ではルーベンスの《ヴィナスとマルスとキューピッド》，ヴァン・ダイクの《死の床の貴婦人ヴェネティア》，テニエル父子ほかの作品がある．イギリス絵画にはホガース，リチャード・ウィルソン，ラムジー，ゲインズバラの《リンリー姉妹》などが含まれる．イタリア絵画の点数は多くはないが，ラファエル，ヴェロネーゼ，カナレットの《オールド・ウォルトン橋》，ティエポロの作品があり，スペイン絵画ではムリーリョの《ロザリオを持つ聖母》，フランス絵画ではプーサンの《ジュピターの哺乳》，ワトーの《舞踏会の楽しみ》などの作品がある．最寄駅は鉄道ウェスト・ダリッチ駅．

Dulwich Village
ダリッチ・ヴィレッジ　SE21

ダリッチ地区に属する地域名，同時にそこの道路名．1913年以前は道路としてはハイウェイまたはハイ・ストリートと呼ばれていた．昔はダリッチ荘園を通る小さな道で，付近を中心に村落を形成していた．

18世紀にダリッチの鉱泉が有名になってから村が拡大した．この泉の水は薬効があるとされ，前世紀からロンドン市内で売られていた．通りには当時のジョージ朝様式の邸宅が残るが，美しい店舗やコテージは，19世紀に造られたままのものが多い．また共同墓地は，ダリッチ・コレッジの創設者エドワード・アレンが住民に寄贈したものである．19世紀の宿屋であったグレイハウンド亭は，当時の上流階級の社交場としてダリッチ・クラブの集会場に使われ，小説家のチャールズ・ディケンズもしばしば訪れた．彼がその縁で，小説の主人公ピクウィック氏の隠遁の場所とした場所でもある．グレイハウンド亭が取り壊された跡には，この通りと接するピクウィック・ロードが造られた．コレッジ・ロードには，ダリッチ・コレッジ付属のダリッチ美術館がある．サー・フランシス・ブルジュワの寄贈した絵画を

収めるこの美術館は1811-14年にサー・ジョン・ソーンの設計で建てられ，レンブラント，ヴァン・ダイク，ルーベンス，ムリーリョ，プーサンなどの名品を展示していることで知られる．

Durham House
ダラム・ハウス

　もとストランドに立っていたダラム大聖堂司教のタウン・ハウス．かつてテムズ川のほとりに威容を誇示していた．エドワード一世治下に建設され，13世紀のダラム司教リチャード・ル・プールがこの邸宅を使った最初の人である．1502年，ヘンリー八世の最初の妻キャサリン・オヴ・アラゴンが，最初の結婚相手でヘンリーの兄エドワード皇太子と結婚する直前にここに宿泊した．ヘンリー八世の腹心ウルジー枢機卿がまだダラム司教時代にこの家に住んだことがある．のちの所有者エリザベス一世は，レスター伯爵ロバート・ダドリー，サー・ヘンリー・シドニー，エセックス侯爵，サー・ウォルター・ローリーなどの寵臣にここを貸与した．サー・ウォルター・ローリーがアメリカから持ち帰った煙草をふかしていると，火事だと思った召使いが頭にビールをかけたという逸話が残っているのもこの邸である．ローリーは，ジェイムズ一世によってこの家を追われ，代わりにソールズベリー伯爵ロバート・セシルに一部が与えられた．セシルはこの邸宅の庭園に，株式取引所ニュー・エクスチェンジを建てた．

　邸宅は，ピューリタン革命以降放置され，1660年に大部分が取り壊された．残りの部分も1769-70年に取り壊されて，建築家アダム兄弟が開発したテラス・ハウス街，アデルフィ(→Adelphi)にとって代わられた．現在，ダラム・ハウス・ストリートがその邸宅の記念となっている．

Dutch Church
ダッチ・チャーチ

Old Broad Street, EC2

　アウグスティヌス会修道院として1243年に創建された教会．所在地のオールド・ブロード・ストリートはリヴァプール・ストリート駅の南からスレッドニードル・ストリートに至る幹線道路．1538年，ヘンリー八世による修道院解散の憂き目にあうが，破壊をまぬかれた建物は以後王室の厩に転用された．エドワード六世治下の1550年に，教会の身廊と側廊が主としてオランダやドイツからのプロテスタント系の難民収容所として利用され，ほかの部分は穀物庫や石炭置き場となった．現存はしないが，かつての記念像として主だったものに創建者のハンフリー・ド・ブーン，黒太子の息子エドワード，リチャード二世の異母兄エドマンドなどがある．1862年火災で焼失，翌年から3年をかけて再建されたが，第二次世界大戦で再び焼失，1956年に亜古典様式の教会としてよみがえり，今日に至っている．

Dyers' Hall
染物商同業組合会館

Dowgate Hill, EC4

　染物商同業組合は，数回にわたってその本拠地を変え，会館も1482年に最初のものが建てられた後，変遷を重ねた．組合は1545年にアッパー・テムズ・ストリートに移って会館を建てたが，大火で焼け，再建されたものも1681年に焼失した．1731年に現在地に新築したが，1768年に倒壊，次に建てられたものも60年後に倒壊した．現在の建物は，1842年にチャールズ・ダイアー(染物屋を意味する名)によって建てられた．基礎工事の際に，ローマ時代の敷石が発見された．組合は葡萄酒業者同業組合(→Vintner's Hall)と一緒にテムズ川の白鳥を管理(→Swan Upping)している．

→City Livery Companies

E

Eagle
イーグル
Shepherdess Walk, N1

　1825年ティー・ガーデンを改造して誕生したのがこのイーグル・タヴァンだが，これはのちのミュージック・ホール（→Music Halls）にも似た民衆娯楽の施設であった．ジャーナリストにして劇場マネージャーでもあったジョン・ホリンズヘッドの言葉を借りると，「ミュージック・ホールの父にして母，保母にして乳母」であり，チャールズ・ディケンズの『ボズのスケッチ集』「人物」編にも登場する．1832年，ここを引き継いだトマス・ロースは，名を「グリーシャン・シアター」と改め，ライト・オペラの上演を始めた．1851年，ロースから経営を引き継いだベンジャミン・コンケストは，シェイクスピア劇の公演を試みるが，失敗．1872年にその跡を継いだ息子ジョージは，自らアクロバット的な演技とパントマイムを披露して人気を集めた．のちに「ミュージック・ホールの女王」といわれるマリー・ロイドがデビューしたことでも知られる．
　しかしその人気も一時的なものでしかなく，ミュージック・ホール業界内部の熾烈な競争もあって，1882年閉鎖をよぎなくされた．1884年，建物と土地は救世軍の創立者ウィリアム・ブースに売却され，その本部として使われた．それも1901年には取り壊され，のちにパブとして再出発した．地下鉄オールド・ストリート駅に近い．

Ealing
イーリング　W5, W13

　市西郊に位置する地区で，もともとフラム地区におけるロンドン司教所領地の一部に含まれていた．12世紀初頭のころより現在のセント・メアリ・ロード沿いにセント・メアリ教会が建ち，この周りに村落ができはじめた．この教会には，この地在住で19世紀初頭に首相を務めて暗殺されたスペンサー・パーシヴァルの碑がある．
　閑静なこの地は，18世紀以降，ロンドンの貴族，富豪たちの別荘地として知られるようになり，とくに現在のイーリング・グリーンあたりには優美な邸宅が立ち並ぶようになった．20世紀に入って，このグリーン周辺は1950年代を頂点に多くのスタジオが集まり，映画産業のメッカになった．その後BBCテレビのフィルム・スタジオが作られたが，現在は別の映画スタジオに生まれ変わっている．しかし，近くのウォルポール・パーク周辺にはジョージ朝風の邸宅が残っており，そのひとつのピッツハンガー・マナーは最近まで図書館として使用され，いまは一般に公開されている．
　現在のアックスブリッジ・ロードを中心にして，広壮な邸宅を除けば，18世紀までは北も南も森と農地が広がる土地だったが，19世紀に入ると，この道路に平行して鉄道が敷かれ，やがて市内に通う勤め人のための住宅建設が始まった．そして，地元への産業の誘致につれて，労働者のための小規模な住宅がと

くに南の地域に広がり，19世紀後半には市内に通じる地下鉄が開通した．現在は鉄道のほかに，地下鉄メトロポリタン，ディストリクト，セントラルの3線が走っている．

ほかに，この地区でめだつのは，セント・メアリ・ロード沿いの新しいテムズ・ヴァレー大学，もとロチェスター主教邸だった会議場ロチェスター・ハウス，カースルバー・ロードに近いカトリック教会イーリング・アビーなどである．

Ealing Studios
イーリング・スタジオ
Ealing Green, W5

とくに40年代，50年代に名作を制作した由緒ある映画スタジオ．もとをたどると，映画プロデューサーとして一家をなしていたW.G.バーカーが1904年に市西郊のイーリング・グリーンから少し奥まった場所にあるウェスト・ロッジという屋敷を買い取って，バーカー・モーション・フォトグラフィを設立したときにさかのぼる．愛国的な調子の強い彼の映画の特徴は，ヴィクトリア女王を描いた《女王の60年》(1913)によく表われている．また彼は数多くのスペクタクル映画を撮影したが，数千人のエキストラを使ってばら戦争を描いた《ジェイン・ショア》(1915)が有名である．1912年には，その2ヘクタールの庭に建てられたスタジオはイングランド最大規模となっていた．

バーカーが1918年に映画制作を引退したあとは，貸スタジオとして短編映画の制作に使用された．1929年にユニオン・スタジオに買収されたが，倒産．その後，役者兼演出家のバジール・ディーンが制作部長を務める新設会社アソシエーテッド・トーキング・ピクチャーズが取得した．最新設備の防音スタジオがロバート・アトキンソンの設計で造られ，1931年に最初の制作が開始された．ディーンの制作・監督で《9時から6時まで》が第1作だった．1938年にディーンが辞職し，マイケル・バルコンが跡を襲い，制作会社もイーリング・スタジオと呼ばれるようになった．

このころから50年代前半までが世に名高いイーリング・コメディの絶頂期である．なかでも1949年の喜劇3本の評判が高い．戦後の窮乏期を扱った《ピムリコへのパスポート》，沈没した船からウィスキーをひそかに回収しようとする《ウィスキーがいっぱい》，イーリング・コメディを代表する俳優アレック・ギネスが8役を演じた暗い喜劇《親切な人と宝冠》である．喜劇以外にも《南極のスコット》(1948)のような重要作も多い．

1955年にはBBCに売却され，連続もののテレビドラマなどが撮影された．BBCは92年にスタジオを手放したが，その後はデイヴィッド・ビルが代表を務める新しいイーリング・スタジオが再び映画産業の中心となるべく努力を重ねている．

Earl's Court
アールズ・コート　SW5

市中心部から西寄りの地区で，真ん中をウォリック・ロードが南北に走り，これを囲むように東にアールズ・コート・ロード，西にノース・エンド・ロード，北にウェスト・クロムウェル・ロード，南にオールド・ブロンプトン・ロードとリリー・ロードが走っている．

地名は，昔この地の領主であったウォリック伯爵とホランド伯爵の邸宅があったことに由来している．19世紀半ばのころまでは，この一帯はまだ農園地帯で，野菜の栽培や酪農業などが見られた．19世紀後半に入って，現在の地下鉄駅アールズ・コートが完成したあと，住宅の建設をはじめとする土地開発が急速に進んだ．20世紀の前半から住宅の細分化が進み，小さなホテルなどが出現しだし，今日でも小規模の商店やホテルが雑然と立ち並んでいる．

この地区でめだつのは，ウォリック・ロードに面したアールズ・コート・エクシビション・ビルディング．現在の建物は1937年の建設で，当時はヨーロッパ随一のコンクリート製の建物として注目を浴びた．この敷地は19世紀末頃に演芸や催しものの場所として開発され，ここで行なわれる演芸は当時のロンドンっ子た

アールズ・コート・エクシビション・センター

ちを楽しませていたが，1914年に閉鎖になった．現在は2号館もできて，おもにエクシビション・センターとして展示会に利用されている．また毎年7月にはここを会場にして武芸競技大会ロイヤル・トーナメント（→Royal Tournament）が催される．

Earth Gallery
→**Geological Museum**

Eastcastle Street
イーストカースル・ストリート　W1

　かつてのカースル・ストリートから発生した名称である．カースルとは，近くのオックスフォード・ストリートに18世紀半ばころまであった居酒屋の名をとってつけられたもの．この通りは非常に長かったので便宜上，リトル・ストリートとグレイト・ストリートに分けられていたが，そのうちに前者がカースル・ストリート・イーストとなり，それが1918年にいまの呼び名に変わった．衣料卸業者の小さな店がたくさん並んでいる．1738年，貧乏であったころのサミュエル・ジョンソンがこの通りの6番地に住んでいたことがある．地下鉄オックスフォード・サーカス駅に近い．

Eastcheap
イーストチープ　EC3

　キング・ウィリアム・ストリートとグレイスチャーチ・ストリートとの接点，地下鉄モニュメント駅から東へ延びる通り．cheapは「マーケット」を表わす．つまり，「ウェストチープ」とも呼ばれたチープサイド（→Cheapside）に対して東のマーケットという意味である．中世に肉市場があったところからその名が生じた．当時，内臓（puddings）の処理をどこでするかが問題となったが，1402年にそのための場所としてプディング・レイン（→Pudding Lane）が業者に与えられた．

East End
イースト・エンド

　古代のロンドン城壁の東——すなわちロンドン塔から東へテムズ川北岸に沿って延びる地域．ウォッピング，アイル・オヴ・ドッグズ，シルバータウンの一帯を総称していう．北部にはスピタルフィールズ（→Spitalfields），ホワイトチャペル（→Whitechapel），ステップニー（→Stepney）などの地域が含まれる．古来イースト・エンドといえば，ウェスト・エンド（→West End）と対照的に，スラム，搾取労働，そして切り裂きジャック（→Jack the Ripper Murders）に代表されるような犯罪など環境劣悪な地域と見なされてきた．19世紀の初頭から建設された数々のドック（→Docks）が，この地域における経済活動の中核となっていたが，1980年代から進められたドックランド開発によって，全域が大きく変貌を遂げた．

　イースト・エンドの異質性は，まず17世紀におけるフランスからのユグノーの移民によって始まった．つまり，国内での迫害を逃れたフランス新教徒が大挙して，この地，とくにスピタルフィールズに避難してきて，当時の主産業であった絹織物業についた．ユグノーたちが同化してから7，80年後に今度はアイルランドからの移民が押し寄せることになる．彼らのなかには安い賃金で建設業に従事する者が多く，皮肉なことに，この地域のプロテスタント教会の多くが彼らの労働力で建てられることになった．その安い労働力は他の労働者たちにとって脅威となり，1736年に起こったスピタルフィールズ暴動の引き金になった．また，カトリック信者であることか

ら，彼らは，1780年のゴードン暴動（→Gordon Riots）の攻撃目標にもなった．1840年代にアイルランドを襲った飢饉は，イースト・エンドへの移民を倍増させる結果を招いたが，19世紀後半におけるイースト・エンドを特徴づけるのに決定的な役割を果たしたのは，東欧やロシアでの迫害を逃れて流れ込んできたユダヤ人の群れであった．1901年，ステップニーの主教が，自分の教区の教会は「まるで異国の海中に取り残された孤島のようだ」と嘆いたといわれる．1936年10月5日，サー・オズワルド・モーズリーの率いる約2000名の黒シャツのファシスト軍団が反ユダヤ主義を掲げてイースト・エンドをデモ行進した．ケイブル・ストリートで反対派と衝突し，「ケイブル・ストリートの戦い」が展開された．ロンドンにおけるユダヤ人の歴史の1ページとして残る事件であった．その後，ユダヤ人はロンドン北部のゴールダーズ・グリーンやスタンフォード・ヒルやその他の地域へ移動して，1914年のピーク時には13万人いたイースト・エンドのユダヤ人口は，一握りの実業家だけになってしまった．

ドックランドの開発が進んだあとでも，イースト・エンドは依然として深刻な失業と住宅問題をかかえるなかで，最近では，1960年代から70年代にかけて，この地へ押し寄せてきたベンガル人コミュニティに対して，人種的反感が向けられている．

イースト・エンドの最近の特徴はなんと言っても広域にわたる驚異的な開発のありさまだろうが，同様にペティコート・レイン（→Petticoat Lane）やコロンビア・ロード（→Columbia Market）のようなこの地域ならではの日曜日の朝市なども特筆に値する．

――――［ロンドン・ア・ラ・カルト］――――

ベザントのロンドン

サー・ウォルター・ベザント（1836-1901）は，小説家としてイースト・エンドの生活を題材にした『あらゆる種類の人々』などを著したが，フランス文学をはじめ古典を広く読み，歴史家，古物研究家としても知られる．彼の名を不朽にしたのは，死後出版された『ロンドン通覧』（10巻，1902-12）であった．これはジョン・ストーの『ロンドン通覧』につづく大著で，ロンドン風物誌として評判が高い．彼がとくに魅力を感じたのは18世紀のロンドンであった．昭和の初期に刊行された中川芳太郎の大著『英文学風物誌』は，ロンドンの風土と英文学との関係を中心にした歴史的研究――であるという点で，ベザントに拠るところが多かった．

「18世紀のロンドンを語るには，まずシティから始めねばならぬ」とベザントはいう．彼は少年のころ，ロンドン郊外のグラマー・スクールに通っていたが，テムズ南岸の友人を訪ねるたびに，足をシティにまで延ばして，隈なく巡回を楽しんだ．それが生涯の大作の基礎となり，イースト・エンドの貧民救済事業にも結びついた．18世紀のジョンソン博士や，彼が愛好したチャールズ・ディケンズにも劣らぬロンドン礼讃者であった．「シティの中にいる限り，どこにいるかわからなくとも，たださまよい歩くだけで無上の喜びを感じた」のである．「世界の人々に愛されるロンドンは，愛されるだけの価値のある立派な歴史をもっている」というベザントにはロンドンの歴史が身にしみついていたのである．シティの教会，市政と商業，風俗・習慣，社会生活と娯楽，犯罪と法律など，当時の主な事件を扱いながら多くの挿絵や版画によって読者の目にも訴えようとしている．ロンドンの一大絵巻物である．

East Greenwich Pleasaunce
イースト・グリニッチ墓地
Chevening Road, SE10

　グリニッチ・パークの東にあたり，鉄道駅ウェストクーム・パークとウリッチ・ロードの間に位置する公園墓地．

　1857年以来，海に関わった人々の墓地として知られているが，近くのグリニッチにあった病院で亡くなった元海軍の年金生活者たちの埋葬地としても使われていた．

East Ham
イースト・ハム　E6, E7, E12

　市東郊，テムズ川北岸に位置する地域．ロンドン東部のイースト・エンド地区(ホワイト・チャペルやベスナル・グリーンを含む)は昔から下層労働階級の町として知られる．その中でも，最も典型的なイースト・エンダーズが住む地域がイースト・ハムである．単調で潤いの乏しいテラス・ハウスの通りが幾重にも連なり，そこかしこに街並みとの調和に欠ける高層の公営住宅が点在する地域で，これら住宅群は，19世紀後半から今世紀初頭にかけてロンドンの繁栄を支えた港湾荷役や船舶関連産業，さらに化学や食品加工などの工業に従事する労働者向けに建設されたものであった．

　ロンドン港の開発はシティに近いテムズ川の河岸で始まったが，貨物量の増大と船舶の大型化にともなって港湾の整備が進んだ．しかしこれも市街地に近い西部から順次開発されたので，テムズ川下流に位置するロイヤル・ドック群(ヴィクトリア，ロイヤル・アルバート，ジョージ五世など)が完成するのは19世紀後半のことである．また精糖，醸造，化学などの工場の建設も進んだ．その影響で1851年には2000人に及ばなかったイースト・ハムの人口は1881年に1.1万人，1911年には13.4万人と爆発的に増加した．急激に都市化の進む当時のイギリスにおいてさえ，イースト・ハムほど短期間で急成長した地域はまれであった．

　またイースト・ハムは，伝統的に移民の受け入れ地域でもあった．たまたま東ヨーロッパからのユダヤ人の大量流入の時期が住宅開発の時期に一致したため，まずユダヤ人の集住がさきがけとなったが，以後，南ヨーロッパ，インド，中国などの移民の定住が相次ぎ，きわめて多彩な国際コミュニティが形成されている．しかし，1981年のロイヤル・ドック群の閉鎖が象徴するように，この地域を支えてきた伝統的な産業基盤の衰退によって，イースト・ハムはロンドンで最も失業率の高い地域のひとつに数えられている．

　イースト・ハム南部のベクトン(→Beckton)には，1870年創業のヨーロッパ最大を誇る都市ガス製造所があったが1969年に生産を停止した．220ヘクタールにおよぶ広大な工場跡地は再開発され，しかもドックランズ軽便鉄道の終点となったベクトンはアメニティ豊かな住宅地へと急速に変貌しつつある．

East Heath Road
イースト・ヒース・ロード　NW3

　ハムステッド・ヒースの南西側を縁どる古い道で，1745年刊のJ.A.ロックの『ロンドン市ならびにウェストミンスター地図』に記載されている．小説家キャサリン・マンスフィールドと彼女の夫で批評家のジョン・ミドルトン・マリが17番地の家(その灰色と大きさから，彼らはそれを「エレファント」と名づけた)に住んでいた．

East India Company Museum
東インド会社博物館

　インドの武具，農具その他の道具，楽器，仏像，銀の輿などを所蔵，展示していた博物館で，レドンホール・ストリートにあった．1857-58年のインドの反乱後，東インド会社が廃止され，残務処理がイギリス政府に引き継がれたため，レドンホール・ストリートの博物館はホワイトホール・ヤードのファイフ・ハウスに移された．収集品は各室に分散して展示されたにもかかわらず，以前よりも多くの入館者があった．1865年に収集品は新しく設立されたインド省に移され，展示されずに収蔵されていた．

　1880年，収集品のうち考古品と科学関係の

ものは大英博物館とキュー植物園に移管されたが、英国嫌いで有名なティプー・サーイブの持ち物であったからくり仕掛けの虎を含むほとんどは現在、ヴィクトリア・アンド・アルバート博物館にある。この木製の虎はイギリス将軍を襲う虎の姿を表わし、内部に仕掛けがあって虎の声と哀れな犠牲者のうめき声に似た音を出す。

East India Docks
イースト・インディア・ドックス

　ロンドン橋からテムズ川を3.2キロあまり下った支流リー川の河口近くにあった巨大な係船施設。1600年に創設された東インド会社は、裕福で実力もあり、ロンドン港を利用する最も大型の船を保有していた。同社は1806年に、ブラックウォールにあったブランズウィック・ドックを吸収し、輸出入用のこの係船施設を建設した。インドからは茶、絹、インジゴ、スパイスなど、中国からは茶や磁器類を輸入した。1886年に進水した有名な帆船カティ・サーク号も、紅茶をこのドックへ運んできた。1838年には西インド会社と合体され、1967年になると、ロンドンのほかのドックと同様閉鎖された。このあたりは住宅地としての整備が進行中で、対岸にはミレニアム・ドームの全容が眺められる。
→Docks

East India House
東インド会社社屋

　東インド会社が入っていた建物の称である。東インド会社は、1600年にエリザベス一世の勅許によって設立され、当初はその名のとおりインドばかりでなく、マレー半島、インドネシアなどを含む「東インド」全域との貿易を行なうことを目的としたが、そのうちにオランダとの激しい競争を避けて、もっぱらインドに集中するようになった。その過程で、東インド会社は商業の域を越えて、インドにおけるイギリス政府の代役を果たすという政治的役割を演じるようになり、インド暴動(セポイの反乱)が起こったあとの1858年まで、その状態がつづいた。

　東インド会社は、最初サー・ウィリアム・クレイヴン(1610年にロンドン市長となる)の大屋敷に入っていたが、1726年に新しく建て直され、1799年には拡張工事が施された。『エリア随筆』で知られるチャールズ・ラムは1792年から1825年まで33年間この新しい建物の中で東インド会社の事務員として勤めた。哲学者・経済学者として知られるジェイムズ・ミルも『イギリス領インド史』(1817-18)を著わしたあと、インド通信文審査官助手としてここに入社し、1830年には審査官にまで登った。彼の息子のジョン・ステュアート・ミルも、1823年から1858年に会社が解散になるまで、ここでの仕事に従事した。1862年に社屋は取り壊され、その跡に保険会社ロイズ(→Lloyd's)の新しい建物が建てられた。

East London Line
イースト・ロンドン・ライン

　ロンドン地下鉄道会社の一部となっている線で、ショーディッチからホワイトチャペルを経て、テムズ川の下をくぐり南側のニュー・クロスとニュー・クロス・ゲートに達する。ロンドンのイースト・エンド(→East End)にある短い線であるが、土木技術の歴史の上では重要な意味をもっている。
　この線がテムズ川の下をくぐるトンネル(→Thames Tunnel)は、1843年、土木技師マーク・ブルーネルの設計で開通した世界最初の河底トンネルであった。最初は有料道路トンネルだったが、開通当時は観光名所として多くの見物人が殺到した。だが、やがて通行人が減ってしまったため、1865年イースト・ロンドン鉄道がトンネルを買収し、鉄道線路として利用し、今日に至る。なおこの線の北端ショーディッチとホワイトチャペルの間は、月曜日から金曜日までのラッシュ時と日曜日の午前中だけ運転。
→Underground Railways

East Smithfield
イースト・スミスフィールド　E1

249

ロンドン塔の東北側からタワー・ブリッジ・アプローチと交差し，セント・キャサリンズ・ウェイの入口の前を通過して東へ延びる通り．昔はロンドン塔の東全域の名称であったが，現在ではごく短く区切られている．13世紀の間には，ここに毎年聖霊降臨祭から15日間市が立っていた．1349年にエドワード三世によって修道院が建てられたが，1539年にヘンリー八世によって取り壊された．『神仙女王』の作者エドマンド・スペンサーが生まれたのは，イースト・スミスフィールドであったといわれている．

Eaton Place
イートン・プレイス　SW1

ベルグレイヴィア地区の鉄道ヴィクトリア駅に近い道路ベルグレイヴ・プレイスと交差する細長い道．名前は，この地区の地主グロヴナー家のチェシャー州の田舎屋敷イートン・ホールに由来する．すぐ南を北西方向に走る大通りイートン・スクエア（→Eaton Square）の補助的道路として1826年に建設が始まり，1845年に完成した．

地下鉄スローン・スクエア駅にも近い閑静な通りで，物理学者のウィリアム・ケルヴィン男爵は長いあいだ15番地に住んでいた．1848年，ショパンがロンドンで初めてリサイタルを開いたのは，99番地の家だった．現在，ハンガリー大使館が35番地にある．

Eaton Square
イートン・スクエア　SW1

スローン・スクエア（→Sloane Square）の北東にある500メートルほどの細長いスクエア．1826年にトマス・キュービットによって建設が始まったが，1855年に彼が死ぬときにもまだ完成していなかった．名称は，この辺一帯の地主であったグロヴナー家，のちのウェストミンスター公爵家がチェシャー州に持っていた邸宅イートン・ホールにちなむ．白漆喰の気品のあるテラス・ハウスが向かいあうスクエアは道路によって6面に分割された美しい私有庭園である．

北東端にセント・ピーターズ教会があり，ファッショナブルな結婚式場として人気を呼んでいる．ジェフリー・アーチャーの小説『チェルシー・テラスへの道』には，このあたり一帯のことが描かれている．バッキンガム宮殿にも近く，大使館もあり，貴族や政界の人物が住む区域であった．最初にここに邸宅を構えたのはビール醸造会社を創業したW.H.ウィットブレッドだった．その他多くの著名人，たとえばアメリカの銀行家，慈善事業家ジョージ・ピーボディなどが住んだ．

Ebury Street
イベリー・ストリート　SW1

鉄道のヴィクトリア駅とスローン・スクエア地下鉄駅の中間に位置し，南端はピムリコ・ロードに接する道路．1820年に敷かれ，時のジョージ三世が妃シャーロットや王女たちをともなって，ピムリコ・ロードにあった，シナモンや干しブドウ入り渦巻形パンの有名店チェルシー・バン・ハウス（→Chelsea Bun House）の品選びに，この道をとおっていた．

いまでは3，4階建てのくすんだフラットが立ち並ぶ平凡な道路だが，この通りは意外にも文人との関わりが深い．75番地にはアメリカの小説家トマス・ウルフが，111番地にはイギリスの劇作家ノエル・カワードが1930年代はじめに住んでいた．それに，121番地の白い小さな家にはアイルランドの作家・詩人のジョージ・ムーアが1933年に亡くなるまで住んでいて，イェイツ，ベネット，H. G. ウェルズ，G. B. ショーなどが出入りしていた．また，182番地はイギリスの外交官で作家のハロルド・ニコルソンが妻のサックヴィル=ウェストと1920年代に住んだ家である．

また，180番地は1764年から翌年にかけて，当時まだ8歳だったモーツァルトが初めてのシンフォニーを書いた家として知られている．

Eccleston Square
エクルストン・スクエア　SW1

ヴィクトリア駅の南側のエクルストン橋に近いスクエア．トマス・キュービットによって

1835年に造られたスクエアで，チェシャー州のエクルストンにあったウェストミンスター公爵家の地所にちなんで名づけられた．南北に長い地形となっていて，北はベルグレイヴ・ロード，南はセント・ジョージズ・ドライヴにはさまれている．東と西は白いテラス・ハウスになっていて，大ターミナルに近い土地柄とあり，B&Bがいくつか入っている．37番地には庭付きの中級ホテル，エリザベス・ホテルがある．マシュー・アーノルド，ウィンストン・チャーチルが住んだ．道路沿いには木々や草花が茂り，都会のオアシスとなっている．ただしスクエア内の庭園はスクエアのまわりに住む住人専用のものである．

Edgar Wallace
エドガー・ウォレス亭
Essex Street, WC2

開店当初は「エセックス・ヘッド」という屋号であった．エリザベス一世の寵愛を受けたエセックス伯爵ロバート・デヴェルーの名にちなんだ酒亭だったからである．18世紀には，酒場の亭主はジョンソン博士のパトロンであるスレイル氏の老僕，サム・グリーヴズであったから，博士はエセックス・ヘッド・クラブを組織して，毎週3回（月，木，土）この酒亭で会食することにした．そのいきさつはジェイムズ・ボズウェルの『ジョンソン伝』に詳しい．会員は24名，欠席者には3ペンスの罰金を科すなど，数々条の規則がつくられた．ちなみにジョンソンの英語辞典の「クラブ」の定義を見ると，「善良な人々の集まり，ある条件付きの」とあり，とくに博士は友人のボズウェルを「クラッバブル・マン」（社交的でクラブ員に適する人物）と称賛していた．

現在の屋号のエドガー・ウォレスとは，イギリスの大衆小説家・劇作家の名で，彼の生誕百年祭（1975）の折り屋号を改めたもの．彼の形見の品を陳列して営業を続けている．このエセックス・ストリートには，かつて小説家であり裁判官だったヘンリー・フィールディングが住んでいた．20世紀になると，出版業者の街になった．

Edgware
エッジウェア　HA8

大ロンドン北郊にあたる地区で，地下鉄ノーザン・ラインのエッジウェア行きの終点がこの地域のほぼ中心である．その昔，ローマ軍の駐屯地であったこの地では陶器作りも盛んだった．ヘンリー二世の時代から初代ソールズベリー伯爵の領地で，その後代々子孫に受け継がれた．領地の一部がセント・バーソロミュー修道院に委譲されたこともあって，中世のころはこの修道院も，この地の領主の所有の一部になっていた．

北方のハートフォードシャー州に近いこの地域は未だに田園の雰囲気を色濃く残していると同時に，中世の名残りも散見される．ステーション・ロードに近い教区教会セント・マーガレットは15世紀の塔を備えているし，ストングローヴ通りには救貧院が立っていたが，このあたりは現在，古建築物保存地域になっている．救貧院は撤去されたが，いまでも16世紀以来の建造物が残っていて，それらは商店やレストランに模様替えされている．また，ハイ・ストリート・エッジウェア通りには，駅馬車が止まる旅籠であったパブの白鹿亭が昔の面影をしのばせている．

1867年に初めて鉄道が入ったが，それも1940年に廃止され，現在は主に地下鉄だけがこの地区とロンドン中心部とを結んでいる．

Edgware Road
エッジウェア・ロード　W2

鉄道・地下鉄パディントン駅の東方を南北方向に走る大通り．北端はメイダ・ヴェイルに接し，マーブル・アーチを望む南端部はオックスフォード・ストリートにつながっている．この南端の角あたりに昔，有名な処刑場タイバーン（→Tyburn）があった．共和制を敷いていたオリヴァー・クロムウェルの遺体が，チャールズ二世の王政復古後にウェストミンスター・アビーの墓所から掘り出されて，改めてここで吊るされた．

この道路はもともとローマ時代に端を発し，北のメイダ・ヴェイル，キルバーン・ハイ・

チャールズ・ラムの旧居

ロードを含めて，イングランド北西部へ延びるウォトリング・ストリートと呼ばれたローマ人建設の街道の一部だった．239番地にはその昔，旅籠が立っていて，シェイクスピアが旅役者として舞台に立ったという．現在，マークス・アンド・スペンサーが立っている場所は以前，有名な市場だった．

いまでは，この道路の両側には事務所や商店，さらにはフラットが混在し，にぎにぎしい繁華な通りになっている．道路の中程に，地下鉄エッジウェア・ロード駅がある．

Edmonton
エドモントン　N9, N18

大ロンドン北東部に位置する地域．ほかの大都市同様ロンドンの場合も，都心をとりまく古い市街地にはブルーカラー向けの住宅が密集し，郊外にはホワイトカラー向けの敷地にゆとりのある住宅地が広がっている．しかし，ロンドンの郊外では，この社会階層別の棲み分けには地形や地域の環境によって，2つの顕著な例外がある．ひとつはテムズ川の下流にあたるイースト・エンド(→East End)で，工場や港湾施設が集中するために住環境としては不適とされた．いまひとつはシティから真北に向かってイングランド中東部のケンブリッジに通じる国道10号線(ローマ時代のアーミン街道)沿いの幅のせまい帯状の区域で，地形上住宅建設が進まなかった．その例としてはトッテナム，アッパー・エドモントン，ロワー・エドモントン，エンフィールドなどが

ある．

エドモントンはテムズ川の支流リー川西岸の低地に位置し，しばしば洪水による被害を受けた．このため19世紀後半まで街道沿い以外にはほとんど人家もなく，のどかな田園風景が広がっていた．しかし，1874年にグレイト・イースタン鉄道がビショップスゲートからリヴァプール・ストリート駅まで延伸したのを契機に，エドモントンの急速な開発が始まった．この工事によって住む家を失った多くの低所得者のために，鉄道会社は早朝割引料金による労働者用列車を運行することになった．早朝および夕方に限り適用されるこの制度を利用する乗客を対象に，エドモントン周辺では大量の低家賃住宅がいわゆるジェリー・ビルダー(安普請家屋の建売り業者)によって建設された．今日のエドモントンは，依然として労働者住宅街としての色彩が濃厚である．

ロワー・エドモントンの古い住宅群の一角にはチャールズ・ラムの旧居があり，彼はこの地の教会墓地に姉メアリとともに眠っている．

Edwardes Square
エドワーズ・スクエア　W8

ケンジントン・ハイ・ストリートの南に位置する道路と広場．1790年に造られた．ケンジントン卿の父ウィリアム・エドワーズにちなんで名づけられた．

北側のケンジントン・ハイ・ストリートに面して，1800年から10年ころに建てられた大きな煉瓦造り住宅群アールズ・テラスがある．

広場の東側と西側には1811年から20年に建てられた地味な3階建ての家が並んでいる．これらは庭，鉄柵，バルコニーなどすべて一括契約で造られた．

南東の角には，1837年創業のヴィクトリア様式建築のパブ，スカーズデイル・アームズがある．

32番地には，作家・随筆家のリー・ハントが1840年から51年まで住んでいた．ほかにエリザベス・インチボールド，G.K.チェスタートンなど文人が住んだ．地下鉄ハイ・ストリート・

ケンジントン駅に近い．

Eel Pie House
イール・パイ・ハウス

　イズリントンのニュー・リヴァーからとれたウナギのパイで有名な酒亭であった．ロンドンの太公望たちのリゾートとして栄えた．ニュー・リヴァーは，18世紀に上水道としてホロウェイ地区（ロンドン北郊）に給水していた．この店の近くにハイベリー・スルース（水門）と呼ばれた木造の家が川の上にあって，この家のポンプで水をホロウェイ地区に供給していたのである．ウナギのパイは，テムズ川上流のトウィッケナムの中州イール・パイ・アイランドの遊園地の名物でもあった．ともに19世紀の半ばごろまで栄えた．

Egerton Terrace
エジャトン・テラス　　SW3

　1785年に造られた道路で，当時はマイケルズ・グローヴという名で知られていた．ハイド・パークの南側のブロンプトン礼拝堂の手前を南東に入った袋小路．
　建築家マイケル・ノヴォシールスキーは1790年に，路地の奥にブロンプトン・グレインジという大邸宅を自ら建てた．この邸宅は小さな池のある庭園の東端に位置しており，正門からは円形の馬車路が通じていた．厩へは裏手の道から出入りした．この大邸宅はノヴォシールスキーが1795年に死去して，歌手のジョン・ブレアムの手に渡ったが，ブレアムが投機に失敗して破産し，1841年にこの屋敷を手離した．
　空き家であった大邸宅は1843年取り壊され，このあたり一帯が再開発されてエジャトン・テラスという現在の名称に変更された．それは政治家で文人であった初代エルズミア伯爵の名フランシス・エジャトンにちなむもので，彼はケンジントン地区に28ヘクタールの土地をもつ地主であった．この界隈にはエジャトンを冠した短かい道路がいくつかある．そのひとつ，エジャトン・ガーデンズには，1886年にT.H.スミスの設計で建てられた

住宅が並ぶ．

Egyptian Hall
エジプト館

　1812年にピカデリーに建てられ，およそ100年つづいた博物館．正式名称はロンドン博物館であったが，エジプトのデンデラにあるハトホル神殿にヒントを得て設計された建物の外見から，エジプト館と呼ばれた．
　展示内容は1万5000点以上の博物標本，外国産の骨董品，美術品などであった．鳥類の部門ではキャプテン・クックやジョーゼフ・バンクスの収集品を含む3000種の鳥の習性，飼育法などが十分にわかるようになっていた．ほかに両棲類，魚類，昆虫，海の生物，化石の展示もあった．これらの展示品は興行師のウィリアム・ブロック所有のものであったが，ブロックは開館直後に「ローマン・ギャラリー」という展示室を設け，投機目的で買った美術品，古代遺物を陳列して客寄せを図った．1815-16年にはナポレオンの遺品を展示して人気を呼び，とりわけナポレオンの防弾馬車が1816年1月から展示されると，一日に1万人もが押しかけるありさまだった．その後この馬車は1843年にマダム・タッソー蝋人形館の所有となった．
　1820年に博物館は画家のベンジャミン・ヘイドンが借りて自分の作品を展示した．のちに展示品はエジプト美術と工芸品になり，その中にはテーベの近くで発見された墓が含まれていた．古代と現代のメキシコの展示は，ブロックが1822-23年のメキシコ旅行から持ち帰った遺物，果物と野菜の模型，鳥類と魚類，鉱物の標本であった．またラップ人の家と家族，マンモスの骨，長さ4.8キロの画布に描かれたミシシッピ川の動くパノラマ，多数の奇形人などが展示された．
　1844年に博物館はアメリカ人興行師フィネアス・バーナムに賃貸され，小人の親指トム将軍の見世物が行なわれた．しかし，以前のような賑わいは戻らず，たんに音楽や腹話術などの娯楽場となっていった．1904年に建物は取り壊され，跡地に商店とオフィス・ビルが

253

エレオノールの十字架碑

建った．

Eleanor Cross
エレオノールの十字架碑
Charing Cross Station Yard, SW1

　トラファルガー・スクエアに近いチェアリング・クロス鉄道駅前広場に立つ十字形の記念塔．13世紀のイングランド王エドワード一世の最初の妃カスティリャのエレオノールにまつわる塔．

　1290年，王と妃は，長男のエドワード皇太子の婚約者であったスコットランドの幼い女王マーガレットが海難事故で水死したため，スコットランドへの追悼の旅に出立したが，途中イングランド中部のノッティンガムシャー州で妃が発病し亡くなってしまった．旅はただちに中止され，王は妃の遺体をウェストミンスター・アビーに埋葬すべくロンドンに引き返した．その際，妃の遺体を運ぶ葬列はロンドンに到着するまで12か所に宿泊せざるをえなかった．その最後の宿泊地が，この場所だった．そして13日後，妃の遺体はウェストミンスター・アビーに埋葬された．

　エドワード一世は最愛の妻の死を深く悼んで，その後，葬列がロンドンまでの道すがら宿泊した12か所の地に十字形の塔を建てさせた．それらの塔で今日まで残っているのは，ロンドン北東郊のウォルサムの地を含めて3か所にすぎず，現在のチェアリング・クロス駅前の塔は鉄道会社の資金援助を得て1863年，国会議事堂の設計者であるチャールズ・バリーの息子A.S.バリーによって再建されたものである．

　もとの塔はいまのトラファルガー・スクエアに近い場所に立つチャールズ一世像のあたりに据えられていたが，1647年議会側によって取り壊された．ちなみに，チェアリング・クロスはもともとチェアリングという名だったが，エレオノールの十字架（クロス）が建てられて以後，クロスという文字がつけ加えられた．

　塔には王妃エレオノールを表わす4体の像が付されていて，そのうちの2体は慈母として，あとの2体には教会の聖なる建立者としての妃が象徴されている．

Electricity
→Gas and Electricity

Elephant and Castle
エレファント・アンド・カースル　SE1

　テムズ川南岸サザック南方のニューイントン地区に位置する．名前の由来には諸説があって，背中に城を乗せた象の図を描いた中世の紋章からという説もあるが，この地にあった昔の旅籠の名前からとられたとする説が一般的である．

　17世紀のころより交通の要衝だったが，18世紀半ばにテムズ川にブラックフライヤーズ橋が架けられて以来，ロンドン中央部につながる道路の合流点となると同時に，駅馬車などの発着点ともなった．現在ではニューイントン・コーズウェイ，ロンドン・ロード，ニュー・ケント・ロード，ウォルワース・ロード，ケニントン・パーク・ロードなどの幹線道路が合流して

いる.

　この地は第二次世界大戦の戦禍をこうむったあと，50年代後半より再開発が行なわれ，2つの巨大な環状交差路ラウンドアバウトが完成し，それにともなってアーケード付きのショッピング・センターが出現して，南ロンドンの中心的な商業地に変貌した．広場には城を背中に乗せた象の彫像が設置されて，買い物客の人気を呼んでいる．

　この町でめだつのは，グラフィック・アートの専門校ロンドン・コレッジ・オヴ・プリンティング・アンド・グラフィック・アートやバプテスト派の大会堂メトロポリタン・タバナクル（→Metropolitan Tabernacle）．バプテスト派の説教者として知られるチャールズ・スパージョンはニュー・ケント・ロード217番地に住みながら，1892年に亡くなるまでの30余年間，この会堂で説教をしつづけた．鉄道と地下鉄のエレファント・アンド・カースル駅に近い．

Elgin Marbles
エルギン・マーブルズ

　第七代エルギン伯爵トマス・ブルースがアテネで収集して1812年にイギリスへ持ち帰り，政府が3万5000ポンドで買いとって，1816年に大英博物館に収めた数々のギリシア大理石彫刻群．アテネのアクロポリスの丘に紀元前438年に建てられたパルテノン神殿と，エレクティオン神殿などを飾っていた大理石それぞれの彫像の部分で，主なものにはアテネの王で国民的英雄だったテーセウスの像，テッサリアの山岳地帯に住んでいたラピテース族とケンタウロス族の戦いの神話を描いたレリーフなどがある．

　エルギン伯は19世紀はじめにトルコ大使を務めたとき，アテネの彫刻が日ごとに破壊されているのを見てその収集に努め，自分が負担した搬送代の半値といわれる価格でイギリス政府に売却した．ギリシャ政府がたびたび返却を求めている．

Eltham
エルタム　SE9

　テムズ川南岸ウリッチ地区の南方に位置する地域．森と原野が散在していたこの地域の東寄りには，はじめローマ人の血をひく住民たちが小さな村落をつくっていたが，その後サクソン人が住みつくようになった．中世に入ると，この原生の地は市内の貴族や富豪たちの注目を集め，徐々に邸宅が建てられるようになった．その代表的なひとつが，いまに残るエルタム・パレスである．

　現在のこの地には，シューターズ・ヒル・ロード，ロチェスター・ウェイ，エルタム・ハイ・ストリート，シドカップ・ロードなどの大通りが東西に走り，コート・ロード，ウェル・ホール・ロードが南北に貫いている．ウェル・ホール・ロード沿いの公園ウェル・ホール・プレザンスは，1931年までここに立っていた邸宅ウェル・ホールの敷地である．この邸宅はエリザベス朝の建造物で，トマス・モアの娘マーガレットと結婚した伝記作家ウィリアム・ローパーの屋敷だった．1733年に，ある貴族に買い取られて建て直されたが，その後児童文学作家のイーディス・ネズビットが1899年から21年間住んでいた．公園には現在，エリザベス朝当時の屋敷の納屋テューダー・バーンだけが残り，1993年まで画廊とレストランだった．

　この公園の南方に広がるゴルフ場には，17世紀後半に建てられた貴族屋敷エルタム・ロッジがある．この建物は現在，ロイヤル・ブラックヒース・ゴルフ・クラブ（→Golf Clubs）の本部になっている．エルタム・ハイ・ストリート沿いには，18世紀のクリーフデン・ハウスが当時の温室を残したまま立っている．その向かい側には，エルタム・パレスの暖炉が見られる18世紀のパブ，グレイハウンド亭がある．

　この地区が大きく変貌を遂げるのは，市内から2本の鉄道が入り，1930年代に現在のシドカップ・ロードを含むバイパスA20が敷設されてからである．北のエルタム鉄道駅と南のモッティンガム駅は市内への通勤を大幅に変え，土地の開発が次々に行なわれて，この地を快適な郊外へと変貌させた．ベクスリー・ロードには，新設のグリニッチ大学がある．

Ely Place
イーリー・プレイス　EC1

　シティ地区のファリンドン地下鉄駅に近く，チャーターハウス・ストリートに接する袋小路．13世紀末から18世紀後半にかけて，ケンブリッジシャー州のイーリー司(主)教たちのロンドンでの邸宅があった場所．現在のセント・エセルドレダ教会は1293年ころに，個人用の礼拝堂として建てられたものである．エドワード三世の子でランカスター家の祖であるジョン・オヴ・ゴーントは，農民一揆でサヴォイ・パレスを追い出されてから1399年に亡くなるまでここで過ごした．

　1576年エリザベス一世の命によって，イーリー主教たちの所有地の一部が，のちに大法官に任ぜられる女王の廷臣クリストファー・ハットンに貸与された．彼は敷地内に家を建て，それを身内に遺贈するが，ピューリタン革命の時期には牢獄などに使われ，のちのち国王の財産に帰した．イーリー主教の屋敷も荒廃し，18世紀後半に当代の主教がドーヴァー・ストリートに新しい住居を建てて引っ越すと，通りそのものがすたれていくが，やがて煉瓦造りのテラス・ハウスが立ち並ぶようになった．チャールズ・ディケンズの『デイヴィッド・コパーフィールド』にも，この通りの様子が描かれている．20番地には，19世紀の作家ウィリアム・ハウイットとその妻で同じ作家のメアリが1840年に住んでいた．それ以前にも若き日の詩人ウィリアム・クーパーが，この通りで法律を学んでいたこともあった．

　王室の所有地ということで，ここはいまだに行政の管轄外になっていて，特別の国会制定法によって行政官が管理している私道である．

Empire
エンパイア
Leicester Square, WC2

　ジョージ二世が皇太子時代に住んだサヴィル・ハウスの跡地に建ったロイヤル・ロンドン・パノラマを，トマス・ヴェリティが改造した劇場．1884-86年，風刺性の強い笑劇やスペクタクル性の強い狂想劇を上演した．1887年に，エンパイア・シアター・オヴ・バラエティズという名のミュージック・ホール（→Music Halls）として再出発した．

　アドライン・ジュネやフィリス・ベデルスといったスターを擁し，大がかりなバレエを上演し，近くのアルハンブラ（→Alhambra）に対抗する人気を集めた．一大特色は内部にプロムナードと呼ばれる遊歩道を設定したことだが，娼婦が徘徊すると悪評も買った．市民が眉をひそめる一方で，さまざまな階級の人々が一体となる娯楽の場となった．

　1918年2月21日，ミュージカル・コメディの《ライラック・ドミノ》がロングランを記録したのをはじめ，《アイリーン》(1920)，《反乱軍の乙女》(1921)，ガーシュイン作曲の《レディ・ビー・グッド》(1926)と一連のミュージカルがヒットした．しかし1927年閉鎖，取り壊された．

　1928年には，新築映画館として再開し，サイレント映画《ウェルズのトレローニー》が再出発を飾った．観客席3000を超す最大規模の収容力だった．49-52年は映画とレヴュー公演を行なった．しかし，それも成功せず，61年に改築された．62年には，1330席の映画館およびダンス・ホールとして使用される．72年に隣のリッツ(350席)を買収して，「エンパイア2」と改称，本家のほうは「エンパイア1」となった．また1985年には80席の「エンパイア3」が館内に新設された．地下鉄レスター・スクエア駅に近い．

Endsleigh Street
エンズリー・ストリート　WC1

　ブルームズベリー地区（→Bloomsbury）の北端にあり，タヴィストック・スクエアに近い通り．1820年代以後，ブルームズベリー地区ほかの開発を支配した建設業者トマス・キュービットと，ジェイムズ・シムによって造られた．キュービットの建てたテラス・ハウスが残っている．彼の建てた家は前面がギリシア・ローマ風の化粧漆喰で，内部が広々としてゆとりがあり，堅固なことで知られる．

7番地の最上階には作家のドロシー・リチャードソンが1896-1906年，1907-11年に住んでいた．西側のテラス・ハウスにはロンドン大学教育研究所があり，向かい側にはユダヤ人社会協会の本部ヒレル・ハウスがある．6番地にイスラム協会が，13番地にはロンドン大学経済学部がある．

Enfield
エンフィールド　EN1, EN3

大ロンドン最北端の地区．19世紀末まで，この地域は基本的には中世以来の伝統的景観がほとんど変わることなく保持され，郊外住宅地として開発が進んだ現在でも，地区の西半分はエンフィールド・チェイスと呼ばれる広大なグリーン・ベルトを形成している．

32のロンドンの自治区（→Boroughs）のなかでも面積では6番目に広い自治区．エンフィールドの東部はリー川（→Lea）の氾濫原で古くから放牧地となり，中部は砂礫質の土壌で耕地に適し，西部は礫まじりの粘土層で家畜のひく鋤では耕作不可能であったため林野のまま残された．現在でもロンドンの中心部とイングランド中東部のケンブリッジやノリッチなどを結ぶ鉄道や幹線道が貫通するエンフィールド中部はドゥームズデイ・ブック（→『土地台帳』）以前にさかのぼる古い集落で，エリザベス一世も少女時代をここで過ごした．

しかし，本格的な都市化が進展するのは1849年の鉄道開通以後で，とくに70年代になってグレイト・イースタン鉄道が労働者割引運賃制度を導入してから，隣接するエドモントン同様，急速な発展をとげた．また工場の建設も盛んで，最初は東部の運河沿線の開発がめだったが，1920年代のケンブリッジ道路（A10）の建設にともない，電子機器をはじめとする機械工場の建設が進んだ．

エンフィールド・チェイスは，1136年以来王室の狩猟地で，18世紀になっても野鹿の密猟者が絞首刑に処せられた記録が残っている．1952年，当時のミドルセックス州が360ヘクタールの土地を買収し，現在はトレント公園となっている．

Epping Forest
エッピング・フォレスト　IG10

ロンドンの北東郊にある大きな森．広さは2400ヘクタール．かつてエセックス州を覆っていた太古のウォルサム・フォレスト（→Waltham Forest）の一部で，南端のウォンステッド・フラッツから北のエッピングの町の先まで，約20キロに及ぶ．南側約3分の1が大ロンドンの境界内にあり，残りはエセックス州に属する．森の3分の2が氷河期以来の自然林で，その他は牧草地と池である．動植物相が豊富で，144種の鳥，花の咲く植物約300種のほか，ファロージカが特別保護地に生息する．

エッピングという名は古英語の「高地の人々」(yppingas)に由来し，森の西端のハイ・ビーチ近くには中石器時代の住居跡がある．鉄器時代のものと思われる土塁も残る．古代ブリトン人イケニ族の女王ボアディケアが，この地でローマ軍と最後の戦いをしたといわれる．1030年に建てられたウォルサム修道院が1060年にハロルド王によって建て直され，1177年にはアウグスティヌス修道会の修道院として再建された．狩りを好んだヘンリー八世が1543年に建てた狩猟館（→Queen Elizabeth's Hunting Lodge）は，狩り見物のための館であった．王の死後荒廃したが，娘のエリザベス一世によって修復された．現在は森の歴史と動植物標本を展示する博物館となっている．

1641年までは2万4000ヘクタールあった森は，囲い込みなどにより，1851年には2400ヘクタールにまで減ってしまった．1860年代に地元のきこりトマス・ウィリンデールは2人の息子ほか数人と，囲い込まれた森の一部で慣習どおりに木の枝打ちを行ない，その権利を主張した．彼らは不法侵入の罪で投獄されたが，この事件が契機となって，1851年以後の囲い込みはすべて違法であるとの裁定が1874年に下った．1878年の法律により，森の管理はロンドン市に移譲された．1882年に

ヴィクトリア女王臨席のもと，この森が一般に公開された．

Erith
イアリス　DA8

大ロンドンの東端を占め，テムズ川南岸に発達した古い港町．すでに7世紀末の記録に現われるこの地名は，古英語で砂利または泥だらけの波止場を意味する．水陸交通の要所を占めるため，イアリスの名はしばしば歴史的事件に登場するが，なかでもイギリス海軍の礎を築いたヘンリー八世が上流のウリッチ，デトフォードとともに造船所を開設し，のちにスペイン無敵艦隊を撃滅する軍艦の建造をしたことは重要である．以後，イアリスは港町として繁栄した．19世紀後半テムズ川で起きた災害として最も有名な運搬船の衝突による火薬爆発事故と，700人の犠牲者を出した観光船プリンセス・アリスの沈没は，いずれもイアリスの沖合で発生した．

1849年の鉄道の開通により，イアリスはロンドンの郊外住宅地として発展することになり，あわせて河岸に工場が次々と建てられた．しかし，軍事上の重要性から第二次世界大戦中の空襲の被害が大きく，またテムズ川下流域の例にもれず伝統的な重工業が衰退するにつれてさびれた．その後，1965年の行政区画の統廃合によりイアリスはベクスリー自治区（→Bexley）に合併され，地域の中心部では再開発事業が進められている．

Eros
エロス像

Piccadilly Circus, W1

繁華街ピカディリー・サーカスの真ん中に立つ，慈善家の第七代シャフツベリー伯爵を記念する噴水塔．伯爵の名は，この広場から北東に走るシャフツベリー・アヴェニュー（→Shaftesbury Avenue）に残っている．

正式の名はシャフツベリー・メモリアル・ファウンテンというが，通称エロスで知られる．一説によると，エロスの名称はこの像を制作した建築家アルフレッド・ギルバートによるという．しかし，翼を生やし弓を携えた天辺の像は愛の神エロスではなく，もともとは博愛を表わす天使を意図したものだったといわれる．アルミ青銅製としてはロンドン最初で世界最大といわれるこの像は，1893年に除幕されたが，世間の評判は悪く，ギルバートは怒って負債をかかえたままベルギーへ去ってしまった．エロス像の下に取りつけられていた噴水盤は，ギルバートの設計よりも小さく，しかも，そばを行く通行人に水が降りかかったという．

この噴水は，地下鉄ピカディリー・サーカス駅の改修工事のために，1922年から31年までテムズ川沿いのエンバンクメント・ガーデンズに移され，第二次世界大戦中は大ロンドン西南郊イーガムの地に立っていた．そして，再びこの広場にもどってきたのは40年代後半に入ってからだった．移転されるまでの何十年ものあいだ，この塔の下で一組の母娘が花売り稼業を続けていたことは，いまでも忘れられないエピソードとして残っている．

現在の塔には噴水は見られないが，1993年に修復されて新しい装いのエロス像が喧騒の街路を眺めている．そして，その下の階段や広場には若者たちが憩い，多くの観光客たちがせわしげに行き交っている．

Essex House
エセックス・ハウス

18世紀後半までストランド街（→Strand）に立っていたエセックス伯爵一族の館．現在のストランド街東端のエセックス・ストリートが敷地の一部だった．かつてはテンプル騎士団（→Knights Templar）の土地だったが，14世紀初頭に聖ヨハネ騎士団に渡り，それがエクセターの司教に貸し出された．その後，司教が暴徒に殺されると，住宅は建て増しされ，やがてヘンリー八世の時代になって時の国務を司っていたウィリアム・パジェット卿に委譲された．しばしパジェット・ハウスと呼ばれたその館は，1563年に卿が逝去すると，レスター伯ロバート・ダドリーの手に渡り，大幅に改築された．

この館をたびたび訪れたスペンサーは、その詩『プロサレミオン』の中で、威風堂々の屋敷と卿の歓待ぶりを称えている。1588年にダドリーが亡くなると、館は第二代エセックス伯ロバート・デヴェルーの所有するところとなった。ダドリーと同様に、エリザベス一世の寵愛を受けたデヴェルーは、しかし、やがて反逆の罪に問われ処刑されることになった。

その跡を継いだ第三代エセックス伯は屋敷の半分を他人に貸した。彼はまた議会軍の司令官となり、ニューベリーの地で王党派を打ち負かして、この館で下院のお偉方たちの祝福を受けたりもした。1646年、三代目が死去したあと、屋敷の住人は入れ替わり、70年代に入って家屋敷はニコラス・バーボンという建築業者に売られ、円柱や水門の一部、それにわずかな建物を除いて大部分が取り壊された。残った建物に1720年代末、古物蒐集家ロバート・コットンが残した蔵書コットン・ライブラリーが収蔵されていたが、その建物も1777年になくなった。蔵書の片鱗は現在、大英図書館で見ることができる。

館の水門の残骸は、第二次世界大戦時までそのままにされていたが、それも爆弾で破壊された。現在のビル群の中に昔の館をしのぶよすがはない。

Essex Road
エセックス・ロード　N1

イズリントン地区（→Islington）を南北に走る大通りで、地下鉄駅エンジェル沿いの道アッパー・ストリートから分岐して北東へ延び、セント・ポールズ・ロードの東端に接している。

この道路の南端一帯は以前は土地が低く、ロアー・ストリートと呼ばれていて、その下にニュー・リヴァーと称する上水道のトンネルが敷設されていたが、1861年にそのトンネルは導管に替えられた。昔はロンドンから北へ通じる主要道路のひとつだったこの道沿いには、豪壮な邸宅や居酒屋を兼ねた宿屋が軒を並べていたが、その面影はいまでもわずかに残る古い建物のなかにうかがうことができる。そのなかでもとくにめだつのが、16世紀建造のオールド・クイーンズ・ヘッドというパブである。

現在のノースチャーチ・ロードの入口一帯には、1836年にできた6ヘクタールの食肉市場が広がっていた。市内のスミスフィールド市場の肉を地方へ配送する中継地の役目を担っていたが、50年代に入って近くに新しい市場が完成したためその役目も早々に終えることになった。

こうして、この通りの昔ながらの建物群はほとんどが建て替えられるか新しく建て直されて、いまでは小さな工場や商店、そして労働者階級の住宅群が立ち並ぶ街路に変貌している。

Essex Street
エセックス・ストリート　WC2

ストランド街東端に接し、地下鉄駅テンプルに近い小路。1670年代にニコラス・バーボンという建築業者がそれまで立っていたエセックス・ハウスを取り壊して、その跡地の一部を利用して1680年ころに敷いた路。

タイバーン（→Tyburn）の刑場で処刑されたトム・コックスというおいはぎは、このあたりをよく「仕事場」にしていた。ユニテリアン派の中心をなす教会エセックス・ホールはもともと1774年建立の歴史をもっていたが、第二次世界大戦で爆破され、現在の建物はそのあと再建されたもの。

20世紀初頭のこの通りには出版社が軒を連ねていて、メシュエンなどは50年代までここの36番地に社屋を構え、ベネットの『クレイハンガー』やコンラッドの『密偵』などを発行した。43番地は女流詩人アリス・メネルの夫ウィルフレッドが編集するローマン・カトリック誌『メリー・イングランド』の発行所だった。宗教詩人となるフランシス・トムソンがウィルフレッドとはじめて出会ったのはここの事務所で、それ以後トムソンは詩人として名をなすことになった。

40番地の現在のエドガー・ウォレスというパ

ブの敷地には，その昔，居酒屋のエセックス・ヘッドが立っていた．晩年のジョンソン博士はそのパブの常連だった．

Euston Road
ユーストン・ロード　NW1

　1756年に造られたユーストン・ロードは，当初ニュー・ロードと呼ばれて，スミスフィールドの肉市場へ牛の群を追っていくための道だった．1827年にこのニュー・ロードをはさむ形でユーストン・スクエアが造られ，1837年その北側にこのスクエアの名前をとったユーストン駅ができた．ニュー・ロード自体も1857年に，西のパーク・スクエアから東のキングズ・クロスの間が現在名のユーストン・ロードに改名された．なお以西はマリルボーン・ロード，以東はペントンヴィル・ロードとなった．またユーストン・スクエアの南半分は1880年にエンズレー・ガーデンズと改名された．

　ユーストン・ロードは，いまでは，ロンドンの主要鉄道ターミナル駅が3つ並ぶ大目抜き通りである．ほかの主な建物には，セント・パンクラス・ニュー・チャーチ，カムデン・タウン・ホール，セント・パンクラス図書館，ショー・シアター，それに1998年に開館した新大英図書館などがある．

Euston Station
ユーストン駅

Euston Road, NW1

　産業革命が急速に加速しはじめると，現在のユーストン・ロード沿いに西から東へ順番にユーストン，セント・パンクラス（→St Pancras Station），キングズ・クロス（→King's Cross Station）の3つの鉄道発着駅が建設された．背後にハムステッドとハイゲートの丘陵地をもち正面を市の中心部に向けて，さながら産業化に捧げられた神殿の如くに立ち並んでいる．

　ユーストン駅は，北のチョーク・ファーム駅まできていた線を引き込み，1837年7月20日ロバート・スティーヴンソンの設計で完成した．ロンドンで2番目に古い駅である．改装され

た新駅が誕生したのは1963年だった．1947年に国有化されるまではロンドン＝バーミンガム鉄道会社の所有だった．引き込み建設工事が地元の住人に引き起こした大混乱の様子を，チャールズ・ディケンズが『ドンビー父子』の第6章で生き生きと描いている．1838年9月17日ユーストン―バーミンガム間全線開通，所要時間は5時間あまり．ユーストン駅からカムデン・タウンまではリージェンツ・カナルの上を越えるために急勾配になっていて，当時の蒸気機関車では越えられなかったため，1844年まで，地上に据えつけた60馬力の蒸気機関2基の力で循環綱索を使って，客車をチョーク・ファーム駅まで引っぱり上げるという方法がとられた．

　1838年，駅入口前にフィリップ・ハードウィックのデザインした，4本の巨大なドーリア式の列柱にささえられた柱廊玄関が建てられた．翌39年には，駅舎の左右にホテルが建てられた．玄関の切妻の下には「ユーストン」の名前が金文字で誇らしげに彫り込まれている．1849年に息子ハードウィックの設計により，駅構内にコンコースと待合室とを兼ねたグレイト・ホールが造られた．1852年にはそのグレイト・ホールの階段の昇り口にジョージ・スティーヴンソンの大理石像が置かれた．1963年新駅舎の建設のために，玄関，グレイト・ホールが，激しい抗議にもかかわらず取り払われてしまった．かつての栄光をしのばせるものは，スティーヴンソン像（現在，前庭に立っている）ほか数点のみである．

→Stations

Evans, D.H.
→D.H. Evans

Evans Music-and-Supper Rooms
エヴァンズ・ミュージック・アンド・サパー・ルームズ

　コヴェント・ガーデンで1840年代に人気を博したミュージック・ホール（→Music Halls）の先駆的娯楽施設．

　もともとここは，シアター・ロイヤル・ドルー

リー・レイン（→Theatre Royal, Drury Lane）の創立者であるサー・トマス・キリグルーの住まいであった．この大邸宅は1774年デイヴィッド・ロウによってホテルに改築されたが，1840年代W. C. エヴァンズが，地下にあった大きなダイニング・ルームを1000人収容の音楽つきレストランに改造し，裕福なボヘミアンや洒落者たちの娯楽場として人気を集めた．のちにコリンズ・ミュージック・ホール（→Collins' Music Hall）を開くサム・コリンズは，ここで歌手としてデビューした．

1844年，エヴァンズの芸人であったジョン・グリーン（芸名パディ）に経営が引き継がれるが，19世紀後半になると，新しい娯楽施設ミュージック・ホールの勃興のなかで，しだいにその人気は色あせ，1882年に閉鎖された．1930年代以降はヴィクトリア朝初期のミュージック・ホールを復活させようとするプレイヤーズ・シアター・クラブ（→Players' Theatre Club）の拠点となった．

Evening Standard
『イヴニング・スタンダード』

イギリスを代表するタブロイド紙（大衆紙）で，ロンドン全域の唯一の夕刊．派手な見出しとカラー写真，それにいわゆるのぞき趣味的記事やスポーツ，娯楽記事などを売りものにしている．"Business Day"と題する経済セクションは淡いピンク色．"Meeting Point"ページは異性の友達を求める男女だけでなく，パートナーを求めるゲイ，レスビアンからの無料の自己PRメッセージを満載している．また彼らが電話で自己PRする"Voice-box Message"サービスも提供している．

この新聞の発刊は1827年とかなり古い．1980年にロンドンの大衆夕刊紙『イヴニング・ニュース』を吸収合併した．朝刊タブロイド紙『デイリー・メイル』は姉妹紙である．

Everyman Cinema
エヴリマン・シネマ
Holly Bush Vale, NW3

1919年に演出家ノーマン・マクダーモットが開いた，営利を目的としない実験的小劇場．ウェスト・エンドの商業主義に毒されていない作品の上演に力を入れた．地下鉄駅ハムステッドの目の前にある．名前はベン・ジョンソンの喜劇《エヴリマン・イン・ヒズ・ヒューマー》（《十人十色》）にちなんでつけられた．ハシント・ベナヴェンテの《関心の絆》で20年9月に開館．2週間後のG. B. ショーの《わかりませんよ》が当たって，その後一連のショーの芝居を上演した．海外の作品としてはビョルン・ビョルンソンの《人知を超えて》(1923)，ルイジ・キアレリの《仮面と素顔》(1924)，ルイジ・ピランデロの《エンリコ五世》(1925)がある．ユージーン・オニールの《戦闘海域》(1921)，《特別な人》(1921)，《鯨油》(1922)，《長い帰りの船旅》(1925)といった初期作品のロンドン初公演は，この劇場においてであった．ほかに重要な公演としてはヘンリク・イプセンのリアリズム演劇《人形の家》(1921)，《ヘッダ・ガブラー》(1922)，《野鴨》(1925)，《幽霊》(1925)が紹介された．

しかし，こうした野心的な企画も1926年1月のG. K. チェスタートンの《木曜の男》のドラマ化で最後になった．1929年12月にはマルカム・モーリーの演出でオストロフスキーの《嵐》のイギリス初演がなされた．その後32年と34年にはリー・ストラスバーグらが創設した劇団，グループ・シアターの活動の場となったが，47年に映画館に改造された．映画館としても非商業的な外国作品重視の方針は堅持された．ホワイエは小ギャラリーとして絵画が展示され，地下にはエヴリマン・カフェがある．

Evil May Day
魔の5月1日

1517年5月1日，ロンドンに定住していたフランドル人，イタリア人，フランス人，バルト諸国人たちの仕事場が，ロンドンの群衆に襲われる事件が発生した．高度の技術をもって取引業界に幅をきかせていた，これら諸外国人に対するロンドンっ子たちの憤懣が爆発したのである．暴動の中心勢力になったの

は，徒弟奉公人，店員，職人たちであったが，彼らを煽り立てた者のなかには，若い貴族や郷士も含まれていた．

この騒乱に驚いた当局は，強固な報復策に出て400人を捕らえ，主謀者たちは絞首刑に処せられ，引きずりまわされ，四つ裂きにされたあと，さらし首にされた．ほかの者にも，反逆罪による死刑が言い渡された．時の国王ヘンリー八世は，ウェストミンスター・ホール（→Westminster Hall）で彼らの助命嘆願を聞くことになり，王妃キャサリンの熱心な仲介によって，女性犯の助命嘆願は聞き入れたが，男性犯に関しては頑として拒否しつづけた．そこに目をつけたのが，大法官のトマス・ウルジー．その権勢と傲慢さのために民衆から嫌われ者になっていたウルジーは，このとき巧妙な手段を弄して王を説得し，ついに男性犯の助命に成功した．

Executions
処刑

ジョン・ストーの『ロンドン通覧』(1598)の「オールドゲート区」の項に，ある囚人がストーの住んでいた家の「門前の舗道で処刑された」という記事がある．これは，16世紀のある時期までは移動式の絞首台が用いられていたことを物語っていて興味深い．

ロンドンに初めて常置固定式の絞首台が設置されたのは1571年，タイバーン（→Tyburn）においてであった．その後タイバーンは，ロンドンを代表する処刑場として知られるようになった．ほかに主な処刑場として東にタワー・ヒル（→Tower Hill），海賊処刑場（Execution Dock），北にスミスフィールド（→Smithfield Market），ニューゲート（→ Newgate Prison），そして南にケニントン・コモンズなどがあった．ロンドンの絞首刑は，「見せしめ」という目的から公開制度をとってきたが，これが結果的には民衆の好奇心とお祭り気分を煽ることになった．1773年ころに刊行された『ニューゲート暦』や19世紀前半に流行した「ニューゲート・ノヴェル」は，このようなセンセーショナリズムと密接な関係がある．

〈絞首刑の方法〉

絞首刑執行の方法は，時代とともに変化した．17世紀末ころまでは，主として首にロープを巻かれた囚人が，梯子を昇って飛び降りるという方法がとられていた．18世紀には，囚人を荷馬車に立たせて絞首台のロープを首にかけ，馬に鞭をあてて，荷馬車を引き抜くという方法が導入された．いずれの場合も最後の瞬間に，死刑囚は祈禱を唱え，賛美歌をうたい，親族友人たちに別れを告げる．荷馬車が引き抜かれたあと，約15分間が経過すると，絞首台から死体は引きずりおろされるのであるが，それでも息を吹き返すことがあったということである．処刑された人体は外科医の解剖に供されることになるが，1740年にはそのために刑場から外科医会館に運ばれた死人が生き返ったために，再びニューゲート監獄に入れられるようなこともあった．ちなみに，ある絞首刑執行人の観察によると，絞首台にかけられて死に至るまでに要する時間は，最大限20秒であったという．

〈ジャック・ケッチ〉

絞首刑執行人は，シティのシェリフ（→Sheriffs）たちの管轄下におかれ，シェリフは刑執行の監督にあたった．絞首刑執行人として後世に名を残したのは，17世紀のジャック・ケッチ．彼は，1663年ころにその職に就き，1683年のライムハウス陰謀事件に加わったウィリアム・ラッセル卿を処刑し，1685年にジェイムズ二世と王位を争って敗れたモンマス公爵（チャールズ二世の庶子）の処刑を担当したことでも有名である．残忍冷酷さをもって知られたが，その悪名は，当時イタリアから伝わってまもない「パンチ・アンド・ジュディ」ショーに登場するにおよんで，いっそう高まった．以後ジャック・ケッチは，絞首刑執行人の代名詞となった．

〈踏み台の導入〉

18世紀になると，公開絞首刑は，野次馬による暴動発生の危険が伴うようになった．それを防ぐために，1783年にタイバーン刑場が取り払われ，処刑はニューゲート監獄内で執行されるようになった．タイバーンとならん

で有名だったタワー・ヒル(主として断頭台が使用されていた)は1747年に,そしてウォッピング(→Wapping)のテムズの川べりにあった海賊処刑場は,1830年における殺人反乱集団の処刑を最後に幕を閉じた.絞首刑がニューゲートで行なわれるようになってから,いわゆる「踏み台」(ドロップ)が導入された.つまり,台に薄板をはめ込み,それを踏むと下に落ちて囚人が宙づりになる,という方式である.ニューゲート監獄に設置された新絞首台では,一挙に20名の処刑が可能であったという.

絞首刑は大衆の人気をあつめ,見せ物となり,19世紀ロンドンの風物にさえなった.1824年ににせ金造りのヘンリー・フォントルロイが処刑されたときには,実に10万以上もの見物人がつめかけたことが記録されている.また1849年に,ホースマンガー・レイン監獄(→Horsemonger Lane Gaol)で殺人強盗犯のマニング夫妻が絞首刑に処せられたときには3万人が群がり,そのなかにはチャールズ・ディケンズやジョン・フォースター,『パンチ』画家のジョン・リーチなどがまじっていた.マニング夫妻の人気は大変なもので,彼らの殺人事件を題材にした片面刷りの印刷物,ブロードサイドの売れ行きは,250万部にも及んだ.このような公開制の絞首刑は,道徳的な面でいろいろと問題があり,反対の声も高まって,ついに1868年には屋外での処刑執行は廃止されることになった.ちなみに1965年には法案が議会を通って,死刑が全面的に禁止される運びとなった.

〈火刑〉

処刑の方法としてもうひとつ,火刑があった.火あぶりの処刑場として最も有名だったのはスミスフィールドである.とりわけブラディ・メアリとあだ名されたメアリ一世が,プロテスタントに対する報復として行なった火刑は有名で,スミスフィールドで処刑されたプロテスタントの数は,およそ300人にものぼったといわれる.

Exeter House

エクセター・ハウス

ストランドのサヴォイ・パレスの向かいにあったウィリアム・セシル(のちにバーリー男爵)の邸宅.セシル・ハウスとも呼ばれた.バーリー卿はエリザベス一世に重用された政治家で,雄弁家として鳴らした.この邸宅はトマス・パーマー卿のために建てられたものだが,1553年にパーマー卿が処刑され,その後バーリー卿が女王から拝領した.卿は好みに合わせてこの邸宅を美しく改築した.バーリー卿の死後,息子のトマス(1605年にエクセター伯爵)に受け継がれ,1627年に火事でひどく損壊したが,その後修復された.1666年のロンドン大火のあと,民法博士会館(→Doctors' Commons)が再建されるまで,海事裁判所,教会裁判所,アーチ裁判所(→Court of Arches)がこの邸宅に置かれた.1670年に取り壊され,跡地にはバーリー・ストリート,エクセター・ストリート,エクセター・チェインジが造られた.

**Exhibition Centres
→Earl's Court**

Exhibition Road

エクシビション・ロード　SW7

ケンジントン・ガーデンズの南側にある通り.北はケンジントン・ゴアの東端から南に下って東側にあるヴィクトリア・アンド・アルバート博物館のところでクロムウェル・ロードを横切り,地下鉄サウス・ケンジントン駅近くまで続いている.

この通りのほとんどを以前もいまも博物館,専科学校,学術研究組織などが占めている.ヴィクトリア・アンド・アルバート博物館の通りを隔てた向かい側は,大聖堂に似たロマネスク様式の建物の自然史博物館である.その北隣は元の地質学博物館で,現在では自然史博物館の地球科学部門になっている.さらにその隣は科学博物館である.これらの博物館の敷地は,1862年の第2回ロンドン万国博覧会(→International Exhibition 1862)の会場にもなったところである.ヴィクトリア・アン

ド・アルバート博物館側にはロンドン最初のモルモン教のチャペルであるハイド・パーク・チャペルがある．1961年トマス・ベネットの設計によるもの．通りをさらに北に上ると，西側にはインペリアル・コレッジ（→Imperial College of Science, Technology and Medicine）があり，通りの北端は王立地理学協会（→Royal Geographical Society）で，北と東の壁面をアフリカを旅行した宣教師デイヴィッド・リヴィングストーン，南極探検家シャクルトンの像が飾っている．

1851年のロンドン万国博覧会の成功によって得られた収益金をもとに，王室委員会は議会からの補助金も受けて，ケンジントン・ロードの南の広い土地を1エーカー（4046.7平方メートル）3000ポンドで買い入れた．この土地はほとんどが耕作地で，相当部分が市場向け農園と苗床であった．土地の所有者はパリに住むスイスの貴族ダ・グラフェンリード・ヴィラール男爵であった．王室委員会は大博覧会の目的を推進して，この土地にさまざまな博物館，コンサート・ホール，学校などを建て，科学と技芸の影響を産業に及ぼそうと計画した．新しい主要道路が3本建設され，その道路の名は王室委員会の会長であるアルバート公の選により，クイーンズ・ゲート（→Queen's Gate），クロムウェル・ロード，エクシビション・ロードと名づけられた．

また，計画への資金供給の一助として，委員会はここに個人住宅を建設することを望んだ．エクシビション・ロードとその住宅建設は，裕福で野心家の建設業者チャールズ・ジェイムズ・フリークが行なうことになった．フリークは友人である皇太子の申請により男爵位を授かった．フリークの建設した道路は，サウス・ケンジントン駅を建てた鉄道会社により延長されて，駅近くに達した．フリークは1860年代に，この地域の特徴となる大規模なイタリア様式の家を，裕福な家族向けにいくつか建てた．そのうち69-72番地の4戸が現存する．72番地の家は歴史家のアクトン卿が1877-90年に所有し，それを1880年代はじめに1年ほど政治家ジョーゼフ・チェンバレンに貸した．ハイド・パーク・チャペルのあるところはフリークの建てた家の跡地であり，チャペルの後ろにはフリークの建てた別の住宅プリンシズ・ゲート・ミューズがある．

F

Fairs
定期市

　イギリスにおける定期市は,買い手と売り手をとりもつための取引きの場所として発達した.わが国の縁日に相当する.定期市は,年1回の聖徒記念日の前日に始まり,およそ2週間ぐらい続いた.その起源は古く,アングロ・サクソン時代にさかのぼるが,ジョン王の13世紀初期から特許状がそれぞれの市に与えられるようになった.その間行商人たちは町から町へ,村から村へわたり歩いて商売をした.ところが,次第に行商人たちは,商品を問屋に預けるだけになった.自ら出歩くことを止め,代わってその町の商人が定期市で露店を開くようになった.このように活発で勤勉な行商人たちが定期市から姿を消すと,定期市の性格は一変した.
　ベン・ジョンソン時代のバーソロミュー定期市(→Bartholomew Fair)のように,定期市は悪徳商人や下品な人寄せ芝居に,すりや遊蕩児たちのうろつく場所となってしまった.その不正を取り締まる治安判事が任命され,パイ・パウダーという定期市に設けられた臨時の簡易裁判所において,数々の無法が裁かれてきた.そのいきさつを物語るのが,ベン・ジョンソンの喜劇《バーソロミュー・フェア》である.
　ロンドンだけでもかなり多くの定期市が催されたが,古いものではジョン王時代のペッカム(ロザハイズ)の市,ハムステッドの夏の市(現在は8月のバンク・ホリデーの市),クロイドンの市,エドモントンの市,ステップニーの市などがあった.18世紀になると,トッテナム・コートのパブ,キングズ・ヘッド・タヴァンで5月に3日間市が立ったし,19世紀にはデトフォードやブラックヒースでも市が開かれたが,まもなく廃止された.カンバーウェルの市も,グリニッチの市も悪評高く19世紀の半ばには中止となったが,20世紀の初期にはロンドンを含めてイングランドやウェールズ地方では,およそ1500以上の定期市が毎年催されていた.そのなかにはバーソロミュー定期市,チャールトン・ホーン定期市(→Charlton Horn Fair),グリニッチ定期市,サザック定期市(→Southwark Fair),ウェストミンスター定期市,セント・ジェイムズ定期市なども含まれている.ロンドンに残存するものとしては,ハムステッド・ヒースの年3回の定期市(→Hampstead Fair)ぐらいである.

Falcon Court
ファルコン・コート　EC4

　フリート・ストリートを南に入った路地.名の由来は,ここに「ファルコン」と呼ばれる屋敷があったことによる.この建物は16世紀半ば靴職人同業者組合の所有であった.路地はもとテンプル・チャーチに通じる小道であったが,17世紀のはじめに閉鎖され袋小路となった.大出版人となるジョン・マレーが1778年この路地で生まれ,1812年にバイロンの『チャイルド・ハロルドの巡礼』第1巻,第2巻をここで刊行した.その後,マレーはアルバマール・

ストリートに移転した．同業組合所有の屋敷はロンドン大火後1788年に再興されたが，1941年の空爆で破壊され，いまは跡形もない．

Fan Makers' Hall
→ St Botolph without Bishopsgate

Faraday House
ファラデー・ハウス
Hampton Court Green, KT8

リッチモンド・アポン・テムズ地域にある，物理学者・化学者のマイケル・ファラデーのもと住居(1858-67)だった建物．1960年，2つに分割され，左側がファラデー・ハウス，右側がカーディナルズ・ハウスとなった．カーディナルの名はヘンリー七世および八世に仕えたトマス・ウルジー枢機卿（カーディナル）の称号にちなむ．トマス・ウルジーが自分のための邸宅(→Hampton Court Palace)の建築を始めたときの石工長の住宅だったところで，アン女王治世下に再建されて政府や宮廷の建築監督官の公舎として用いられた．

この建物の住人にはパリや欧州大陸で建築術や造園術を学んだサー・ウィリアム・チェンバーズがいる．チェンバーズはサマセット・ハウスやキュー植物園内のグレイト・パゴダなどを手がけた18世紀を代表する建築家であった．1783年までチェンバーズはここに住んでいたが，それ以降は王宮建築監督官を住まわせることになり，それが1835年までつづいた．1858年にファラデーはこの家に住むようになり，67年に死亡するまでの晩年をここで送った．1897年，パンジャーブの王位を退いたマハラーヤ・デュリープ・シグハがソフィア，バムバ，キャサリンの3人の娘たちを引き連れてここに住むようになり，人々の注目を浴びた．

Farmers' and Fletchers' Hall
農場主・矢羽職人同業組合会館
Cloth Street, EC1

18世紀以来初めて新しい同業組合会館として建設されたこの4階建ての会館は，地下鉄バービカン駅のすぐ南にある．1987年にロンドン市長の臨席のもと，農場主同業組合のメンバーでもあるアン王女によって開館式が行なわれた．両同業組合共用の儀式室は地下に設けられ，管理人の住居は4階にある．

ロンドン同業組合中第39位を占める矢羽職人同業組合の歴史は古く，アジャンクールの戦い(1415)における勝利の担い手として，今も組合員たちは大きな誇りをもっている．組合員の数に制限を設けないという点でも，この同業組合は独自の存在である．中世において彼らはすでに弓製造業者同業組合から分離したが，共通の利害関係に伴ういざこざは，その後もひんぱんに生じた．もうひとつ関係の深い，長弓弦製造業者同業組合も19世紀まで存在していた．

矢羽職人同業組合の最初の会館は，ジョン・ストーが述べているように，セント・メアリ・アックスにあったが，1775年に火災で焼け落ち，それ以前の多くの貴重な記録が失われてしまった．この会館はその後一度も再建されることがなく，敷地には代わりに倉庫が建てられていた．

農場主同業組合は順位が80，勅許を得たのは1955年とあって，まだ歴史が浅い．1960年代から同組合は会館建設のための土地の買収を進めるとともに，他の同業組合との共同建設を検討しつづけた．指導権や建設会社をめぐる問題で，何度かの遅延はあったが，結局は1983年に矢羽職人同業組合と共同で建設計画が進められ，今日に至っている．
→City Livery Companies

Farringdon Road
ファリンドン・ロード　EC1

キングズ・クロス駅付近から南東へブラックフライアーズ橋に通じる大通りの一部．ファリンドン・ロードはフリート川の流れの上に誕生した道路である．すでに1737年にはフリート川の下水道化は完成していた．道路名のファリンドンは13世紀の彫金細工師ウィリア

ム・ファリンドンによる．

　ロンドンのかつての悪名高いスラム街を貫通するこの道路の建設計画は1838年に発表されたが，竣工したのは1846年だった．はじめ道路名はヴィクトリア・ストリートであったが，1863年に現在の名称に変更された．この年，メトロポリタン・ラインが開通し，ファリンドン・ストリート駅が開業した．1936年から駅名を現在のファリンドンに変えた．この道路沿いの街の開発は遅れ，1868年になってももっぱら石材供出地として知られるにとどまっていた．

　20世紀なかばには新しい建築物がめだった．1949年にモーニング・スター社が75番地に新社屋を建てた．つづいて，1949-51年には，83-86番地にアソシエイテッド・プレスのビルが建った．1976年にコーポレイション・ビルディングが解体され，ガーディアン新聞社の新社屋が出現した．

　ファリンドン・ストリート15番地には1842年に閉鎖されたフリート監獄（→Fleet Prison）があった．

Feltham
フェルタム　TW13

　ハウンズロー地区の古い地域．ヒースロー国際空港のほぼ南東にある．フェルタムの語源は「野原の中の家」の意味で，ここはサクソン人の集落として発達した．1634年に大火に見舞われ，村全体がほとんど焼け落ちてしまった．荘園領主の邸宅は，1966年まで存続した．1847年，サウス・ウェスタン鉄道が開通したのが契機となって，フェルタムの近代化が促進された．1859年，州立のミドルセックス工業学校が開校され，60年後に閉校した．1960年代なかごろに，ハイ・ストリートの拡幅工事とともに再開発が実施されてショッピング街が出現した．

　由緒ある建築物としてはセント・ダンスタン・ロードのセント・ダンスタン教会がある．聖ダンスタンはカンタベリー大司教で10世紀のイギリスの教会改革の第一人者であり，音楽家としても秀でていた．この教会は中世に建てられたものだが，現存する教会は1802年に完成したもの．エルムウッド・アヴェニューに18世紀中葉のフェルタム・ハウスがある．

Fenchurch Street
フェンチャーチ・ストリート　EC3

　オールドゲートから南西へグレイスチャーチ・ストリートに出る昔からの古い道．歴史家ジョン・ストーは，小川が流れ沼地（fenny）があったことから Fen の名称が生じたという．また，グレイスチャーチ・ストリートに干し草を扱う市場があり，干し草を意味するラテン語によるとの説もある．

　中世には，この道に沿って教会が建てられた．セント・ベネット・グレイスチャーチ，セント・ダイオニス・バックチャーチ，オールドゲート近くのセント・キャサリン・コールマン・チャーチなど．マーク・レインに面したオール・ハロウズ・ステイニング教会は1870年に取り壊されたが，15世紀の小塔だけが残った．

　北向かいにキングズ・ヘッド・タヴァンがあった．1554年，ロンドン塔幽閉から解放されたエリザベス王女（のちの一世女王）は，ここで最初の食事をとった．もう一軒エレファントという古いタヴァンがあった．石造りで頑丈なため大火にも焼け残り，1826年に修復され，現在119番地にある．

　この道の南側で最もめだつ建物は，1934-37年に建設されたプランテイション・ハウスである．ここには1877年創立のロンドン金属取引所が入っている．

　東側には鉄道駅フェンチャーチ・ストリートがある．1841年開業の鉄道ターミナルで，1854年に駅舎を新しくし，さらに1935年に建て直された．第二次世界大戦後もシティの小さなターミナル駅として生き残ったが，1980年代に入ると駅周辺は再開発され，オフィス街へと大きく様変わりした．

Fenton House
フェントン・ハウス

Hampstead Grove, NW3

　1693年に建築された，完全な左右対称をな

267

す2階建ての屋敷．建築家も初代所有者も不明．現在の呼称は，1793年にこの邸宅を購入した商人フィリップ・フェントンにちなむ．1936年にビニング夫人が入手したが，1952年屋敷を陶磁器，家具，絵画なども含めてナショナル・トラストに遺贈した．現在は一般公開されている．風景画家ジョン・コンスタブル，歴史画・肖像画家ジョージ・フレデリック・ワッツ，フランドルのヤン・ブリューゲル（父）などの絵画がある．また，ジョージ・フレデリック・ヘンデルが用いたとされるハープシコードなどの楽器も陳列されている．

Festival Gardens
→Battersea Park

Fetter Lane
フェッター・レイン　EC4

　ホーボーン・サーカスとフリート・ストリートを結ぶ道路の南半分．北半分はニュー・フェッター・レイン（→New Fetter Lane）である．道路名は弁護士を意味する古フランス語（faitor）に由来すると考えられるが，一説にはここに足かせ（fetters）を製造する仕事場があったからともいわれる．

　フェッター・レイン独立派礼拝堂が1660年に建立され，1732年に改築された．1737年にメソジスト派の生みの親ジョン・ウェスリーがそこで説教をした．ヴィクトリア朝カルヴィン派のジョン・スパージョンもこの教会の牧師を務めた．ロンドン最初のモラヴィア派礼拝堂もこの通りに建てられた．

　この道路の両端はしばしば処刑場となった．18世紀には女性の殺人者セアラ・マルコムが処刑されている．やはり18世紀にエリザベス・ブラウンリッグという産婆が処刑された．彼女は救貧院から若い女を下女として雇い，重労働を課し，自分の意にそわないと裸にして鞭打つなどの残酷な仕打ちをした．7年間に何人かの若い女の命を奪い，1767年ついに官憲の知るところとなった．16人の子供の母親であったが，絞首刑をまぬかれなかった．

　またこの通りには著名な文化人が居を構えた．詩人，劇作家，批評家のジョン・ドライデンがさまざまなロンドン生活を体験したのはこの周辺であった．『リヴァイアサン』の著者で哲学者のトマス・ホッブス，『人間の権利』，『理性の時代』を著した政治家で著述家のトマス・ペインもここに住んだ．

　ニュー・フェッター・レインにつながるところにジョン・ウィルクスの記念像が立つ．

Field of the Forty Footsteps
40の足跡の残る野原

　「兄弟の足跡の残る野原」ともいわれる．大英博物館東側のモンタギュ・ストリート北東端に，かつてサウサンプトン・フィールズと呼ばれたところがあった．1685年，モンマス公爵反乱のとき，2人の兄弟がここで1人の娘をめぐって決闘をした．2人とも命を落とすことになったが，40個の足跡がこの野原に何年も消えることなく残っていたといわれる．娘が座っていた土手にも，その後長い間草が生えなかったという．

Finchley
フィンチリー　N2，N3，N12

　ロンドン北西の一地区．地区の西方にはドリス川が流れ，ヘンドン地区との境になっている．この川の支流，マトン川が南の境界をつくっている．南東部はハムステッドに接する．東側のフィンチリー・コモンは19世紀初頭までおいはぎの出没する悪名高い場所であった．この地区のほぼ中央に地下鉄駅フィンチリー・セントラルがある．駅に近いネザー・ストリート付近がフィンチリーで最初に集落が開けた場所である．グレイト・ノース・ロードのウェットストーンあたりには宿屋がたくさんあり，駅馬車の宿駅も設けられるなど交通の要所となった．ノース・フィンチリーは19世紀末になって重要性を増し，さらに近年急速に重要なショッピング・エリアへと発展した．チャーチ・エンドは，農業用地として発展したが，19世紀中ごろでも，すばらしい景観を保っていたので，高級住宅地として発展した．ネザー・ストリート，バラーズ・レイン，

イースト・エンド・ロード沿いに，郊外住宅をもつことに憧れる資産家が大きな家を建築した．1867年にはグレイト・ノーザン鉄道(現在の地下鉄ノーザン・ラインの一部)が開通し，この地区は中産階級の住宅地として急速に発展した．

Finchley Road
フィンチリー・ロード　NW2, NW3, NW8, NW11

1819年に計画されたロンドン北西部を南北に走る大通り．セント・ジョンズ・ウッドから北へノース・サーキュラー・ロードに達する長い道路．この道路はフィンチリー地区からロンドン中心部への距離を大幅に短縮した．1843年にデヴォンシャー・ロッジが建って，詩人トマス・フッドが住んだが，2年後ここで死去した．クリケットの名手として知られたC. B. フライはモアランド・コート8番地に住んだ．ジョン・バーンズ百貨店が1899年に開業したが，1981年に閉店した．

Finsbury
フィンズベリー　EC2

1965年の大ロンドンの成立にともなう行政区画の再編成により，イズリントン(→Islington)に編入された地域．現在，地下鉄のノーザン・ラインとサークル・ラインに囲まれる地域は，大まかにいえば1900年に成立したフィンズベリー自治区の行政区域にほぼ一致する．その境界は南はシティに接し，東はショーディッチ，北はイズリントン，西はホーボーンとブルームズベリーによって区切られていた．しかし，市街地の形成過程や機能面からみればフィンズベリーの南東部のクラークンウェル(→Clerkenwell)はシティの一部であると考えられ，公営住宅入居者層が多いイズリントンとは性格が異なる．

フィンズベリー一帯は以前はシティの城壁の外側に広がる沼沢地で，セント・ポール大聖堂の所領であった．15世紀にムアゲートが設置され，徐々に埋め立てや排水工事が始まった．しかし練兵場や墓地として利用されることが多く，本格的な市街化が進められたのは，1761年にシティ・ロードが開通してからのちのことであった．その後フィンズベリー・スクエア(→Finsbury Square)を中心とした高級な街づくりをめざした開発が進み，多くの医者が集まってきて医療施設の中心地となった．しかし19世紀後半には，医者たちは西のハーリー・ストリート(→Harley Street)に移動した．19世紀には区域の大部分が宅地化したが，シティ周辺の例にもれず，いくつかの地区にスラムが誕生した．

現在のフィンズベリーは幹線道路沿いにオフィスが進出し，その背後の住宅地はシティに通勤するいわゆるヤッピーの住宅地となっている．老朽化した家屋も瀟洒な住宅に変身して立ち並ぶ通りや，高級レストランやブティックの並ぶ商店街が，昔ながらのみすぼらしい通りと共存している．

Finsbury Circus
フィンズベリー・サーカス　EC2

シティで最大のオープン・スペース．リヴァプール・ストリート駅から3分，イングランド銀行から5分という都心部にあるため，好天のランチタイムは人出でにぎわう．1815-17年に区画され，19世紀後半から20世紀前半にかけての壮麗な建築に取り囲まれている．最も古いのは南西の一角を占める1849年建造のソールズベリー・ハウス(→Salisbury House)である．南東部の一角ガントン・ハウス(1901)，北半分は20世紀初頭を代表する建築家サー・エドウィン・ランシア・ラチェンズによるものでブリタニック・ハウス(1924-27)で，現在は彼の業績を記念してラッチェンス・ハウスと呼ばれている．この広場は1862年，メトロポリタン鉄道会社にあやうく買収されるところであったが，緑と環境を惜しんだ重役会の配慮で保存されることになり，その後シティが公共用地として取得した．広場のローン・ボーリング場はシティではここにしかない．

Finsbury Park
フィンズベリー・パーク　N4

269

1869年に開かれた公立の公園．広さは46.5ヘクタールで，自治体で造った最も古い公園のひとつ．19世紀半ばに，公衆の健康と社会のモラルの向上のために，公立公園の需要が急速に高まった．ロンドンが急激に拡大し，王立公園ではもはや住民のニーズに応えられないという状況にあった．1850年フィンズベリーの住民大会で「フィンズベリー区ほどの大きさで，約50万人もの稠密な産業人口を有する地域には公園が必要である」という要望が決議された．この宣言によってフィンズベリー・パーク獲得の運動が始まったが，現在の公園が公開されたのは，それから19年後のことであった．

公園のほぼ真ん中，公園の最高地点にボート池がある．公園の敷地はホーンジー・ウッドとして知られ，酒亭ホーンジー・ウッド・タヴァンとその周辺はハト撃ちの人々に人気のあったところである．池の周囲は緩やかに傾斜し，起伏のある草地とプラタナスおよびマロニエの並木道とが広々と見渡せる．園内には池の北側にスポーツ・アリーナが，北隅にクリケット競技場があり，北西隅には低木のアメリカ庭園がある．この公園を起点としてパークランド・ウォークという自然遊歩道が，ハイゲイトの森を経てアレグザンドラ・パークまで通じている．近くに地下鉄のフィンズベリー・パーク駅とマナー・ハウス駅がある．

Finsbury Square
フィンズベリー・スクエア　EC2

フィンズベリー・サーカス（→ Finsbury Circus）の北に位置する広場．1777年から91年にかけて，シティにウエスト・エンド並みの高級な雰囲気をもつ街を開発する目的で計画された．ガス灯による照明が最初に実用化されたのがこの広場だといわれる．18世紀末，テンプル・オヴ・ザ・ミューズと呼ばれる間口40メートル強の巨大な書店が開業し，一大奇観を呈したという．第二次世界大戦の空爆でほとんどの建物が壊され，いまでは昔の面影は見られない．

Fires
火災

ロンドンの火事といえば，まっさきに思い浮かぶのは1666年のロンドン大火（→ Great Fire）であるが，ロンドンはサクソン以来木造建築の密集した町並みであったために，古来火事とは縁が深かった．紀元961年に，サクソン人の建てたセント・ポール大聖堂（→ St Paul's Cathedral）が火災で焼け落ちたことが記録に残っている．大聖堂はその後1087年にも大火に遭った．このときはロンドン橋も部分的に焼け落ちた．ジョン・ストーの『ロンドン通覧』には，1299年にはウェストミンスター・パレス（→ Westminster Palace）に，1428年にはベイナード・カースル（→ Baynard Castle）に，1444年にはセント・ポール大聖堂に大火災があったことが述べられている．

13世紀以来，シティではいろいろな形での火災予防策がたてられたが，あまり効果がなかったようである．ロンドン大火は別としても，1748年3月にもシティに大火が発生し，今日王立取引所のあるあたりの家々を焼きつくした．1791年3月，ブラックフライアーズ橋対岸にあったアルビオン製粉工場に発生した火災も，歴史に残る大火事であった．また，1814年には，ロワー・テムズ・ストリートにあった税関が焼けて莫大な損害をこうむった．19世紀を通じて有名なロンドン火災としては，1834年10月のウェストミンスター・パレス，すなわち国会議事堂の焼失をあげることができよう．当時の消防の権威であったジェイムズ・ブレイドウッドが指揮官として消火に当たったが，大火の前ではまったく無力であった．1838年1月には，王立取引所が灰燼に帰し，3年後の1841年10月には，ロンドン塔に火災が発生してホワイト・タワー内の兵器庫を焼き，ボウヤー塔とバトラー塔に25万ポンド相当の損害を与えた．1843年8月と1861年6月の2回にわたって発生したトゥーリー・ストリートの火災も，記録的な災害をもたらした．ことに61年の火災のときには，ジェイムズ・ブレイドウッドと部下のひとりが，炎にまかれて殉死するという大惨事が

起きた.

1862年にサウス・ケンジントンで開かれた第2回ロンドン万国博覧会 (→International Exhibition 1862) 会場の一部を移して造られたアレグザンドラ・パレス (→Alexandra Palace) は, 皮肉な火災の運命に見舞われたことで有名である. この宮殿は, 1873年5月に公開されてわずか16日後に火災に遭い, 1875年に再建が完成して再公開となったが, 1980年6月にまたもや焼け落ちて, 3度目に建て直されて今日に至っている.

20世紀におけるロンドン最大の火事は, ドイツ空軍による爆撃を別にすれば, シドナムの水晶宮 (→Crystal Palace) の炎上であろう. 1851年に世界最初の万国博覧会としてハイド・パークに建てられた水晶宮は, 1854年にシドナムの丘に移され, 74年の歴史を築いたのち1936年11月30日に焼失した. 夜空を焦がす炎と煙は, はるかロンドン北部のハイゲートや南方のマーゲート, ブライトンあたりからも眺められたという.

Fireworks
花火

ロンドンで初めて本格的な花火が打ち上げられたのは, おそらく1660年にチャールズ二世の戴冠祝賀会が催されたときであった. スイスからやってきた花火技術者のマーティン・ベックマンがその打ち上げを担当した. ベックマンはつづいてジェイムズ二世の戴冠式のとき, さらに1695年ウィリアム三世のロンドン帰還を祝して催されたセント・ジェイムジズ・パークでの花火大会の企画をも担当した. 1697年に彼は花火検査官に任命される.

次に画期的だったのは, 1749年, 前年に締結されたエクス・ラ・シャペル平和条約を祝賀するためにグリーン・パークで開かれた花火大会である. このときはヨーロッパにおける花火の本場であったイタリアから数人の専門家が招かれ, 8000ポンドの金がこの催事のために投ぜられた. しかしイギリスの技術者とイタリアの技術者とのあいだに激しい争いが生じて, 肝心の花火はやや湿っぽい結果に終

わってしまった. しかし真夜中すぎて大会が終わったあと, リッチモンド・アンド・レノックス公爵は残された花火を全部手に入れて持ち帰り, テムズ川に船を浮かべて未曾有のみごとな花火の饗宴を開いたという.

18世紀の半ばをすぎると, 花火はヴォクソールやラニラ・ガーデンズをはじめロンドン中の行楽地に必須の呼びものとなり, 互いに壮観を競い合うようになった. そして19世紀になると花火の人気はますます高まるなかで, 1814年, プロシア国王, アレクサンドル・ロシア皇帝, オーストリア皇帝の代理メッテルニヒらのロンドン訪問に際して, 摂政皇太子と親交のあったウィリアム・コングリーヴ大佐の指揮のもと, 盛大に花火が打ち上げられた. この摂政皇太子がジョージ四世となったときには, 戴冠を祝うためにハイド・パークで花火が打ち上げられたが, このときの諸々の行事に総額24万3000ポンドという莫大な費用がかけられたことからみると, 花火そのものは見栄えがしなかったといわれている.

1838年にはヴィクトリア女王の戴冠を祝って, ハイド・パークでもグリーン・パークでも花火が打ち上げられたが, これは規模の面でも費用の面でも比類ない壮大な催しであった. そのあと, クリミア戦争の終息を祝って, ハイド・パーク, グリーン・パーク, ヴィクトリア・パークを会場にして盛大な花火大会が催された. そして1897年, 女王の即位50周年の祝典で, 花火大会のスケールはひとつの頂点に達した.

ロンドンの花火の歴史を飾り, かつ催しとして最大の人気を呼んだのは, 市南郊シドナムの水晶宮における花火大会であった. シドナムの夜空に初めて花火が打ち上げられたのは, 1865年7月12日. 花火製造業者チャールズ・ブロックの発案によるものだったが, これが大変な成功を収めたおかげで, 以後1936年に水晶宮が炎上するまで毎年夏に花火大会が催されるようになった. ブロックのほかに, もうひとりペインという名の花火製造業者がいる. 元祖のチャールズ・ペインは, それとはまったく知らずにガイ・フォークスのため

に議事堂爆破用の火薬を製造した人である．ペインは現在はケント州北西のダートフォードに本拠地をもつが，1977年エリザベス二世の即位25周年式典や1981年のチャールズ皇太子とダイアナの婚礼祝賀の花火ショーの企画を担当した．

Fishmongers' Hall
魚商同業組合会館
King William Street, EC4

歴史の古い同業組合ともなると本来の機能からはずれるものが多いが，この魚商同業組合は今なおその本分を保っている．この組合のメンバーで最も有名なのは，おそらくサー・ウィリアム・ウォルワスであろう．1381年，ロンドン市長だった彼は，リチャード二世の面前でワット・タイラーを刺し殺すことによって農民の反乱(→Peasants' Revolt)を鎮圧した．

魚商同業組合は，1310年にすでに会館をもっており，1434年には現在の敷地を所有していた．大火によって焼失したあと，新しい会館が建てられたが，これは1827年に新ロンドン橋建設の土地確保のために取り壊された．1834年に新会館が開設，1940年に空爆で損害をこうむったが，のちに修復された．同会館は，7世紀にわたる歴史と関係の深い貴重な美術工芸品を蔵している．組合は，ドゲットのスカル競艇(→Doggett's Coat and Badge Race)と関係が深い．
→City Livery Companies

Fish Street Hill
フィッシュ・ストリート・ヒル　EC3

ロンドン橋近くのテムズ川北岸，ロワー・テムズ・ストリートとイーストチープを結ぶ200メートル足らずの道．1666年のロンドン大火記念塔(→Monument, The)がある．キング・ウィリアム・ストリートの完成(1835)以前は，この道がロンドン橋に向かう主要道路であった．

名称の由来はここが魚の小売価格を決定するシティ公認の場所の1つであったことによると考えられる．15世紀には魚屋が露店を並べ，そこで寝起きをしていたという．1415年ヘンリー五世は，北フランスのアジャンクールで大勝利をおさめ，この道を祝賀パレードした．

Fitzroy House
フィッツロイ・ハウス

チャールズ・フィッツロイ将軍，のちのサウサンプトン卿の屋敷の名．ハムステッド・ヒースの北東端に沿って走るミルフィールド・レインのハイゲート側にあった．よく生長したブナの木が樹陰をなし，地面は砂利を敷いた道と馬車道とで趣味よく設計されていた．1780年ごろに建てられた邸宅はフィッツロイ・ハウスと呼ばれ，煉瓦造りの大きな四角い建物であった．19世紀初頭に人手に渡り，まもなく姿を消した．近くの道路フィッツロイ・パークなどに，その名残りが見られる．

Fitzroy Square
フィッツロイ・スクエア　W1

地下鉄ウォレン・ストリート駅や北ロンドンの大ターミナル，ユーストン駅にも近いこの広場にたたずめば，いまなおかつての優雅な時代の雰囲気がしのばれる．建築史的にいえば，摂政期の貴族たちに，その優美で洗練されたデザインがもてはやされた建築家で意匠家のアダム兄弟が，広場の初期の建築にも腕をふるった成果だといえる．もっとも当時の建物がそのまま現在まで残っているわけではないが．

他方，広場の成立には政治あるいはスキャンダルが大いにかかわった．17世紀王政復古の主人公チャールズ二世に取り入って潤沢な手当てのほかに，クリーヴランド女公爵の爵位まで手に入れた女性バーバラ・ヴィリアズの豊満な肢体も，アダム兄弟に劣らず広場の発展には重要な役割を果たした．というのも，トッテナム・コート・ロードやユーストン・ロードを含むこの一帯を所有し，優雅な開発利益を手中にしたフィッツロイ(王の子供)家の興りは，チャールズがバーバラに生ませた(と認知

した)ヘンリー・フィッツロイにさかのぼるからである．そのヘンリーには曾孫，国王チャールズにはやしゃごにあたる(はずの)初代サウサンプトン卿(17世紀ブルームズベリーの大地主貴族とはまったくの別家)が，1790年に開発に着手し，1828年に完成をみたのが，この広場である．

19世紀末には，劇評家および進歩的政治運動家として売り出し中だったG.B.ショーや，そのショーが激しく批判した貴族体制の擁護者で，保守党から首相となった第三代ソールズベリー侯爵ロバート・ギャスコイン=セシルや結婚前のヴァージニア・ウルフも住民で，それぞれ21番地，29番地に住んだ．ショーは1887年から12年間もここに住んだが，「ひどく胸くその悪くなる家」だとこき下ろしたり，家の改装工事の際には，騒音や塗料の臭いが耐え難いと，数か月逃げ出したりした．

現在，この広場はロンドンではめずらしく，いわゆる歩行者天国となり，車は閉め出されている．

Flask
フラースク亭
West Hill, N6

屋号の「フラースク」とは，わが国でいう実験用のフラスコであるが，ここでは携帯用の酒瓶のことである．ハイゲートのフラースク亭は1663年の開店で，当初は細長く天井の低い家であったが，1767年に再建され，1910年に煉瓦造りに改造された．18世紀初期には，近くのハムステッド・ウェルズの水を求めて，人々がフラスコ入りの水を買いに来たことが，屋号の由来である．当時この付近に出没した辻強盗ディック・ターピンの隠れ家ともなっていた(→Spaniards)．また画家のウィリアム・ホガース，ジョージ・モーランド，ジョージ・クルックシャンクたちのたまり場であり，ハイゲート墓地(→Highgate Cemetery)に埋葬されているカール・マルクスも出入りしていた．バイロンの長詩『チャイルド・ハロルド』にも引用されている「ハイゲートの誓い」という伝統的儀式が19世紀末まで残っていた．そ

れは，当時この地区の酒亭を訪れた者は，ふたまたの動物の角を手にして誓いをたてさせられるもので，朝まで飲んだり踊ったりさせられた．

近くのハムステッドは17世紀末から18世紀初期にかけて鉱泉場として栄えたから，フラースクという屋号の酒亭が何軒もあった．有名なキット・キャット・クラブ(→Kit-Kat Club)の夏の集会所となったアッパー・フラースク・タヴァンが，ヒース・ストリートにあった．この酒亭はリチャードソンの小説『クラリッサ・ハーロウ』にも登場する．詩人のコールリッジが亡くなった家(→Grove, The)もすぐ近くである．

Fleet Market
フリート・マーケット

18世紀から19世紀にかけて，およそ90年営業していた食肉と野菜の市場．1733年，法令によりフリート・ストリートとホーボーン間のフリート堀割が暗渠となった時，その上に新しく開設した市場．ジョージ・ダンスの設計により，平屋の店舗が左右に並び，真ん中を歩道が走り，ところどころに明かりとりがあった．建物の中央には時計塔がそびえていた．もともと，現在ロンドン市長公舎が建っているところに，中世のころからあった魚と食肉専門のストックス・マーケットが1737年に取り壊されたため，その代わりとして建設されたものである．しかし，それも1826年から30年に現在のファリンドン・ストリート建設にともない取り壊された．
→Markets

Fleet Marriage
フリート監獄内秘密結婚

リー・ハントの『都市』(第2章)に，フリート監獄(→Fleet Prison)の門前で，何人かの人が通行人に向かって獄内での結婚式を請け負うことを呼びかけていたことが述べられている．つまり正式の認可のない秘密結婚式が，負債などで入獄中の聖職者によって獄内のチャペルで行なわれていたのである．1710年

273

ころからは近くの居酒屋や民家の部屋を借りて行なわれることが多くなった．地誌学者のジェイムズ・マルカムによると，1705年2月12日までの4か月間に2954件の結婚式が挙げられ，多いときには1日に30組が結ばれたということである．1753年，ハードウィック伯フィリップ・ヨークによって提唱された婚姻法により，この習慣は撤廃された．あとを受けて，スコットランドのグレトナ・グリーンが駆落ち結婚の名所として登場した．

Fleet Prison
フリート監獄

12世紀からファリンドン・ストリートの近くを流れるフリート川の右岸に立っていた．主として星室庁(Star Chamber)と呼ばれた刑事裁判所で有罪判決を受けた者の収監所として使用されていたが，のちに代表的な債務者監獄となった．1542-43年に詩人として有名なサリー伯爵が投獄されたことがある．1601年にはジョン・ダンがサリー地方の地主サー・ジョージ・モアの娘と無断で結婚した罪でここに収監された．

この監獄は，1381年のワット・タイラーが指導した農民一揆(→Peasants' Revolt)，1666年のロンドン大火(→Great Fire)，そして1780年のゴードン暴動(→Gordon Riots)と，3回にわたって焼け落ちたが，その都度再建された．世襲制によって地位が確保されていた代々の看守の横暴と内部の腐敗ぶりは，つとに定評があった．1774年，監獄改革者として有名なジョン・ハワードが視察したときにも旧態依然たるありさまで，醜悪騒然とした雰囲気の中で女，子どもたちが混じり合ってごった返していた．また，17世紀から18世紀にかけて，秘密結婚(→Fleet Marriage)が行なわれた場所としても，その名を残している．19世紀になっても獄内の劣悪な環境が改善されなかったことは，チャールズ・ディケンズの『ピクウィック・ペイパーズ』(第40-42章)における描写からも察することができる．監獄は1842年に女王刑務所(Queen's Prison)の設置にともなって閉鎖され，46年に取り壊された．

Fleet River
フリート川

テムズ川の支流でロンドン市の北西部ハムステッドに源を発し，南東に流れ，現在のファリンドン・ストリートやニュー・ブリッジ・ストリートがある道すじを北から南に下り，ブラックフライアーズ橋のところでテムズ本流に注いでいた．ローマ時代には，ロンドンにとって，西側にある自然の防備となっていた．昔はテムズ川から小船で市内に入りこめる便利な水路として，盛んに利用された．だが，住民の増加につれて汚染がひどくなり，埋没する部分も多くなった．

1666年のロンドン大火(→Great Fire)のおりには，燃えさかる炎が川をまたぎ，両岸にあった建物は炎上してしまった．大火ののち，一時水路を再開する試みがなされたが，18世紀にブラックフライアーズ橋が架けられるころには，道路の下に埋設された排水溝となり，現在は同橋のところに開口部が認められるのみである．

フリート橋はこの川に架かっていた橋のひとつで，ラドゲート・ヒルとフリート・ストリートとを結んでいた．初代の橋は15世紀に完成した石造橋で，商いのためにシティに入ろうとする者からは通行料を徴収した．ロンドン大火で橋は破壊され，新橋が架けられたが，18世紀にファリンドン・ストリートが川を埋めて造成されたときに，廃橋となった．

Fleet Street
フリート・ストリート　EC4

ロンドンのほぼ中心部，テムズ川の北岸ヴィクトリア・エンバンクメントの近くを東西に走る通り．地下鉄のブラックフライアーズ駅が近い．フリートとはこの界隈で北からテムズ川に注ぐ支流の名であった．

1980年代半ばまで『タイムズ』，『デイリー・テレグラフ』，『デイリー・エクスプレス』などの大新聞社が軒を連ね，英国ジャーナリズムの中心であった．多くの記者志望者は地方の新

聞で修業を積み，フリート街の大新聞社で活躍するのを夢見た．しかし，技術革新とロンドンの再開発が大新聞社を，由緒あるフリート街から脱出させた．

1981年に念願の『タイムズ』，『サンデー・タイムズ』を買収したオーストラリアの新聞王ルパート・マードックは，86年に印刷工による争議を解決するとフリート街に見切りをつけ，地価の安い再開発地への移転を断行した．移転先はテムズ川下流にある旧造船所地区ドックランズのウォッピングであった．マードックが所有する大衆紙『サン』も移った．翌年『デイリー・テレグラフ』がマーシュ・ウォールに移転，さらに『デイリー・エクスプレス』もブラックフライアーズに移った．

こうしてフリート街はジャーナリズムの中心地ではなくなってしまった．しかし，この通りと英国ジャーナリズムとの結びつきがあまりにも強くまた長かったため，実体がなくなった今でもなお，フリート街という語は英国ジャーナリズムの同義語として通用している．また，コック・タヴァンやデヴィルズ・タヴァンなど文人墨客がたむろするパブもあった．その面影は今でも残る古いパブに見ることができる．

→Newspapers

Floods
洪水

ロンドンは古来テムズ川の洪水によって，いくたびも大きな被害を受けてきた．最古の記録は11世紀にまでさかのぼるといわれている．13世紀には，ウリッチの沼沢地帯が海のように水浸しとなり，多数の溺死者が出た．

[ロンドン・ア・ラ・カルト]

『パンチ』と ILN

『パンチ』は，辛辣な政治的・社会的風刺が売りものの漫画週刊誌であるのに対して，『イラストレイテッド・ロンドン・ニューズ』(ILN)は，ヴィクトリア朝の上品さを重んじた週刊新聞．前者は1841年7月17日に，そして後者は1842年5月14日に発刊された．以来『パンチ』は150年という驚異的な長寿を保って，1992年4月8日号をもって廃刊となった．1996年9月に復刊されたものの，往年の『パンチ』とはまるで異なったものになっている．かつて『パンチ』があれほどの人気を保つことができた第一の理由は，風刺漫画の改革を行なうことによって，イギリス中流階級の生活感覚とユーモア感覚によく適った品性をかもしだすのに成功したからである．1881年，自由党のG.J.ゴーシェンは言った．「私は政治家として最高の望みをかなえた——『パンチ』の漫画に描かれる身分になったのだから！」『パンチ』が国民全体にとってのユーモアの共通の広場であったことをよく物語る逸話である．

ILNは，その名のとおり木版画のイラストレイションを取り入れた，斬新なニュース・メディアとして大成功を収めた．創設者はリンカンシャー州ボストン生まれのハーバート・イングラム(1811-60)．1851年に開かれた世界最初の万国博覧会に関する特集を組むことによって大評判を博した．ILNがロンドン万国博に関する全情報を網羅しているのに対し，万博会場として造られた鉄骨総ガラス張りの建物を「クリスタル・パレス」と名づけたのは，『パンチ』だ．この歴史的な大イヴェントに関して，両者は期せずして共同態勢を組んでいるような感じである．

ニュース・メディアの近代化と多様化が進むなかで，ILN はジャーナリズムの表舞台から退かざるをえなくなった．1971年以降は週刊が月刊に変わり，さらに1989年からは隔月発行へと移行しながら，いまようやくその命脈を保っている．

ウェストミンスターのグレイト・ホールの内部では法律家たちが小舟を漕いでまわったとも、ランベスでは9.6キロにわたり川水が氾濫したともいわれている。16世紀から19世紀まで、各世紀にわたって洪水の記録があり、今世紀になってからも、何度か被害が生じている。1928年には、ウェストミンスターの地下室で14人が溺れ、1953年には、北海に面するイングランドの東海岸やテムズ河口が被害を受け、300人の犠牲者を出した。

北極の氷河が融けて海水の水かさが増し、一方で、ブリテン島の南東への傾斜が徐々に進み、粘土層を下にもつロンドンの沈下もあわせて考えると、深刻な事態の発生が予想される。もし大西洋の気圧の関係などから高潮が生じ、それが北海からせまい英国海峡に入り、北からの強風を受ければ、テムズ河口から高波が押し寄せるはずである。そのとき、ロンドンを含め、テムズ川沿岸は壊滅的な打撃をこうむることになる。これまでの洪水対策は、河岸に防壁や堤防を築くことだった。だが、こうした深刻な事態を考慮して、川の中に開閉式の洪水遮断壁が建設された。ロンドン橋下流のウリッチ水域に、1975年に着工、82年に完成したテムズ・バリア（→Thames Flood Barrier）である。

Flood Street
フラッド・ストリート　SW3

チェルシー地区にある通りで、慈善家ルーク・トマス・フラッドにちなんで名づけられた。長さは300メートル足らずでキングズ・ロードとチェルシー・エンバンクメントを結ぶ。また、フラッド・ストリートからフラッド・ウォークと呼ばれる100メートルほどの短い道が南西にのびる。

フラッド・ストリートとチェルシー・マナー・ストリートで囲まれたスワン・コートで、名女優シビル・ソーンダイクが晩年を過ごし、1976年に死亡した。また、フラッド・ストリート19番地には、1985年までマーガレット・サッチャー元首相が住んでいた。なお、フラッド・ウォークにはヴァイオレット・メルチェット児童福祉センターがあり、この地区の母子に貢献している。メルチェット男爵の寄贈で1931年に開館した。

Floral Street
フローラル・ストリート　WC2

ウェスト・エンドの歓楽街の中心地レスター・スクエア付近からボウ・ストリートに至る道路。フローラル・ストリートとボウ・ストリートの出会う角地には、ロイヤル・オペラ・ハウスがある。この道路は20世紀の初期にはハート・ストリートと言われていたが、フローラルに変更された。

18世紀前半、コメディアンのジョー・ヘインズがこの街で死に、役者の、名優バートン・ブースやその仲間のチャールズ・マクリンがここに住んだ。

1838年にこの街の南側にE.H.ブラウンの設計した教区学校が建ち、1860年にG.G.サールが外観を修復し、現在に至っている。

Florence Nightingale Hospital
フロレンス・ナイティンゲール病院
Lisson Grove, NW1

「病めるガヴァネス（女性家庭教師）のための療養所」として、1850年にチャンドス・ストリートとキャヴェンディッシュ・スクエアが接するあたりに開設された。当時のベッド数は11床。女性監督の下にコック、キッチンメイド、ハウスメイド、および下男がいた。看護婦は必要なときに雇われ、牧師と医師は無給、患者は週に1ギニー払えばよかった。

病院は1853年にハーリー・ストリートに移転し、ナイティンゲールが監督職に就いた。彼女は無給で働き、さまざまな改革を行なった。温水が各階に供給されるよう配管し、温かい食事が運べるよう昇降機を取り付けた。患者に「健康をとりもどす意欲」を持たせるために、重症患者を除いて2か月以上の入院を認めないという規則をつくった。病院を無宗派にし、「病気のレディのための病院」と名称を改めた。そして寡婦や牧師、船乗り、軍人、専門職従事者の娘たちを受け入れはじめ

た．このような改革をやりとげて，彼女は1854年にクリミアへ発った．

1909年新しい病院がリッスン・グローヴに建てられ，1910年に「レディのためのフロレンス・ナイティンゲール病院」と名称が変更された．1978年以降はフィッツロイ・ナフィールド病院と共同で経営されている．リージェンツ・パークの西側，地下鉄マリルボーン駅に近い．
→Hospitals

Florence Nightingale Museum
フロレンス・ナイティンゲール博物館
Lambeth Palace Road, SW1

ランベス地区，ウェストミンスター橋の東のたもと，セント・トマス病院近くにある．1989年開館．クリミア戦争で野戦病院の改革に努め，負傷した英軍兵士に献身的看護をして，「光明婦人」(The Lady with the Lamp) と呼ばれたナイティンゲールの90年におよぶ生涯と功績をたどることができる．クリミア戦争での活躍をみせるパネルのほか，遺品，勲章，常備していた薬箱，看護と病院の組織と運営についての著作など，さまざまな記念品が展示されている．

Floris
フローリス
Jermyn Street, SW1

18世紀以来の老舗が軒を連ねるジャーミン・ストリートのなかでも，スパニッシュ・マホガニーをふんだんにあしらった，1730年開店のこの香水店は最も古顔のひとつ．地中海のスペイン領マヨルカ島の東隣ミノルカ島から渡来してきたファン・フローリスがここで理髪店を開いたのがはじまり．

売りものは合成香料を使わないで，いまだに自然の香料だけを調合していること．その調香法は身内の5人だけしか知らされていない．人気商品の男性用「No.89」はこの店の番地を取り入れたもの．商品は香水のほか，化粧水，石けん，ポプリなど．1821年にジョージ四世から王室御用達の勅許を下賜されて以来，ずっとロイヤル・ファミリーの愛用を受け

香水店の老舗，フローリス

つづけている．とりわけヴィクトリア女王がここの香りを好み，その買い上げ記録は大切に保存されている．地下鉄グリーン・パークまたはピカディリーが最寄駅．

Fogs
霧

シェイクスピアが冥界を流れる川，「アケロンのように黒々と垂れ込める霧」(『夏の夜の夢』) と書いているように，16世紀にはすでにロンドンは煤煙に悩まされていたらしい．17世紀以降，木材に代わって英国の燃料の中心となった石炭から立ちのぼる煤でロンドンの霧はいっそう深まり，1813年12月27日，ハートフォードシャーのハットフィールド・ハウスに向けて出発した摂政王ジョージは，濃霧のために北郊ケンティッシュ・タウンで引き返さなければならなかったという．

チャールズ・ディケンズは『荒涼館』で霧をチャールズ・ラムと同じように「ロンドン・パティキュラ(名物)」と呼び，冬のロンドンを描

ロンドンの冬は濃い霧がたちこめて,松明が必要だった

いた小説冒頭の一節は,街中を覆う霧の細密な描写で有名.漱石もロンドンの霧を「重苦しい茶褐色」(『永日小品』)と書いている.当時の人々は,どろりと黄色い霧のありさまを「豆スープ」と形容し,「オムレツ・スフレ」の味がするなどと言った.20世紀になってもT.S.エリオットが「窓ガラスに背中をこすりつける黄色い霧」(「J.アルフレッド・プルーフロックの恋歌」)と書いている.

ロンドンの濃霧は19世紀後半から20世紀の中ごろまでつづき,とりわけひどい濃霧だけでも十数回を数えた.ことに1952年の12月には4000人が死亡したので調査委員会がつくられ,1956年に大気汚染浄化条例が議会を通過し,無煙でない燃料の使用は違法となった.以後事態が急速に改善され,濃霧による災害は激減した.1957年12月に霧のために南東郊のルイシャムで鉄道事故が起こり87人が死亡,さらに大気汚染のために1000人ほどが死んだが,1962年12月を最後に,ロンドンに濃霧は発生していない.

Folly
フォリー

サザックの河岸に係留されていた,歓楽用設備をそなえた17世紀の木造船.日記作家サミュエル・ピープスの日記にも記載がある.彼は1668年4月に同船を訪れた.名誉革命により夫君ウィリアム三世とともに共同戴冠したメアリ二世も訪れたことがある.その後,不法・悪徳場と化し,多数の娼婦がたむろしていたという.やがて歓楽施設としての営業が禁止され,廃船の運命となった.

Football Clubs
フットボール・クラブ

1863年にフットボール協会が設立され,1888年にプロ制度を背景としてイングランド北部でフットボール・リーグが発足し,全国に広がっていった.以来1892年に2部リーグ,1920年に3部リーグ,そして1958年には4部リーグが設けられた.一方,フットボール協会は元来リーグの試合にはかかわらなかったが,イングランド代表チームの選手が最上位のクラブから出たことなどで,1992年に1部リーグをプレミア・リーグと改称するとともにその運営に当たることになった.

1999年現在,プレミア・リーグに所属しているロンドンのチームは,アーセナル(→Arsenal Football Club),チェルシー(→Chelsea Football Club),トッテナム(→Tottenham Hotspur Football Club),ウェストハム(→West Ham United Football Club),ウィンブルドン(→Wimbledon Football Club)の5つである.プレミア・リーグに所属していないロンドンの主なクラブを以下に列挙する.

フラム・フットボール・クラブ：1879年創立，1898年プロに移行．通称は所在地にちなむ「コテジャーズ」．
　オリエント・フットボール・クラブ：1881年設立，1903年プロに移行．通称は「ジ・オーズ」(The O's)．
　ミルウォール・フットボール・クラブ：1885年設立，1893年プロに移行．紋章はライオンの図柄で，通称は「ライオンズ」．
　ウォトフォード・フットボール・クラブ：1891年設立，1897年プロに移行．
　チャールトン・アスレティック・フットボール・クラブ：1905年設立，1920年プロに移行．

Forest Gate
フォレスト・ゲート　E7
　ロンドン北東部ウェストハム地区北部の郊外住宅地の通称．最寄駅は鉄道フォレスト・ゲート駅およびウォンステッド・パーク駅．
　この地域がウェスト・ハム教区記録に登載されるのは，17世紀後半に入ってからのことである．地域名は昔，ロワー・フォレスト(現ウォンステッド・フラッツ)から家畜が逃げ出さないようにするために，ウッドフォード・ロードに建てられた門にちなんでいる．門そのものは1883年に取り壊されたが，地域名に残ったのである．
　現在ウェスト・ハム・パークになっている広大な土地の大地主サミュエル・ガーニーが中心となって，1850年前後に住宅地開発が始まった．そのなかでも評判がよかったのは，ウッドグレインジ・ファームの44.5ヘクタールの土地にトマス・コーベット，キャメロン・コベット父子によって建築された1100軒以上の住宅であった．その後，キャメロン・コベットはイルフォード地区，エルタム地区，ヒザーグリーン地区も開発した．
　いまは廃校となったが，フォレスト・ゲートには，1854年に東ロンドンの貧困家庭子弟のための工業学校も設立されたことがあった．

Forest Hill
フォレスト・ヒル　SE23
　ロンドン南郊ルイシャム地区の一部で，シドナムの北に位置し，昔はたんにフォレストと呼ばれていた．鉄道フォレスト・ヒル駅の西側を走るロンドン・ロードの南側には，19世紀中ごろに建てられた古風な2，3階建て長屋式住宅がある．北側は同じころに建築されたイタリア様式の一戸建て郊外住宅が多い．ロンドン・ロードから北へのびるオナー・オーク・ロードの北端にはオナー・オークと呼ばれる木があり，この下で女王エリザベス一世が食事をとったと語り継がれている．またオナー・オーク・ロードには1790年代に建てられたヒル・ハウスと1809年ごろのアシュベリー・コテージがある．この2つの屋敷にはクラレンス公爵，のちのウィリアム四世が1791年ころから1811年までアイルランドの女優ジョーダンと同棲していたといわれる．
　この地区は1809年のクロイドン・カナルの開通とともに発展しはじめ，1839年の鉄道の開通がそれに拍車をかけた．ヴィクトリア朝に入ると，シドナム地区とともに郊外住宅地として急速に発展した．茶商，旅行家のフレデリック・J・ホーニマンが収集した文化人類学，音楽関係の膨大なコレクションはホーニマン・ガーデンズにある博物館が所蔵して，一般に公開している．このあたりにはドイツからの亡命者が定住した．ディートリッヒ・ボンヘファー教会はドイツ人の建立によるものである．

Fore Street
フォー・ストリート　EC2
　バービカンの東寄り地区でロンドン・ウォールの北を走る道．地下鉄ムアゲート駅近辺に至る．シティ・ウォールの前面をほぼ並行していた道なので，フォー・ストリートと呼ばれた．19世紀中ごろにはこの道路はシティ北部の主要商店街になっていた．
　ジャーナリストで小説家のダニエル・デフォーが肉屋の子として1660年に，また最初の田園都市提唱者エビニーザー・ハワードが1850年に，この通りに生まれた．塩販売業者同業組合会館(→Salters' Hall)がある．この

279

王室に食料品を届けるフォートナム・アンド・メイスンの馬車

道とウッド・ストリートの角に，1940年8月25日シティが最初にドイツの空爆を受けたという石の銘板が壁にはめ込まれている．

Fortnum and Mason
フォートナム・アンド・メイスン
Piccadilly, W1

1707年創業の高級食料品を中心とするデパート．18世紀初頭，アン女王の馬丁だったウィリアム・フォートナムの毎日の仕事のひとつが，宮殿の蝋燭をとりかえることであった．フォートナムはサイドワークとして，前日の燃えさしの蝋燭を王宮の女官たちに売りつけた．退官後，小さな店を構えていた友人のジョン・メイスンと，現在の玄関口ともいえるところに雑貨店を開き，東インド会社を通じてアカシカのツノ，センメンシナ，サフランなど異国の珍品を輸入した．1788年には各種瓶詰め食品も売るようになった．うちつづく戦争のあいだ，将校たちは戦場では調達できない食品をこの店から手にいれた．

クリミア戦争では，ヴィクトリア女王がフローレンス・ナイティンゲールにこの店の濃縮ビーフ・ティー（病弱者用の濃い牛肉のスープ）を贈ったので，店の名は一層高まった．店は1923-25年に新ジョージ朝様式の，落ち着いた感じに建て直された．正面入口の軒先には，18世紀当時のフォートナム氏とメイスン氏をかたどった人形が毎定時に向き合ってお辞儀をしあう時計がある．創業以来王室御用達をつとめており，今でも毎週バッキンガム宮殿に馬車で食料品を配んでいる．店は現在は雑貨，衣類，アンティークなども扱い，美容室や理髪店，レストランやバーまで備えたデパートである．地下鉄グリーン・パーク駅に近い．

Fortune Theatre
フォーチュン劇場

① フォーチュン座　Golden Lane

1600年にアレンとヘンズロウのために劇団提督一座のローズ座（→Rose Theatre）に代わる本拠地として建設された．フィンズベリーのクリップルゲートの外側にあった．グローブ座（→Globe Theatre①）を建てた建築家ピーター・ストリートの設計で，現存する建築契約によれば，細部はグローブ座を模倣したという．フォーチュン座は24平方メートルの四角い木造建築で，かつての宿屋か住宅の敷地に建てられたようだ．3層の観客席は1000名を収容した．舞台は幅13メートル，奥行7メートルでグローブ座と類似しているといわれる．入口の上に運命の女神像があったことが名前の由来である．

営業面で好成績を残したが，1621年12月9日，火事で舞台衣裳，台本ともに灰燼に帰し

た．2年後に14編の新しい芝居をレパートリーにして再建され，多角形ともいわれる新劇場には，煉瓦を使うという新機軸を見せた．同じ劇団に使用されたが，以前ほどの名声は保てず，42年に劇場閉鎖となった．その後も非公認の公演に用いられたが，49年には共和派の軍隊に襲われて内部を破壊され，結局1661年に取り壊された．

② フォーチュン劇場
　Russell Street, WC2

このエリザベス朝の由緒正しい劇場名が，コヴェント・ガーデン（→Covent Garden）のシアター・ロイヤル・ドルーリー・レイン（→Theatre Royal, Drury Lane）のはす向かいに復活したのは，1924年11月8日のことである．アーネスト・ショーフェルバーグの設計になるが，チャーチ・オヴ・スコットランドと建物を共有するのがめずらしい構造だ．入口の上にはギリシアの舞踏の女神像がある．432席の3層からなる客席と間口7.5メートルのプロセニアムに奥行8.5メートルという舞台は，小規模なショーには最適な親密感がある．

柿落しはローレンス・カウアンの《罪人》だったが，制作者J．B．フェイガンが上演したショーン・オケイシーの芝居《ジューノーとペイコック》や《鋤と星》（ともに1926）やフレデリック・ロンズデール作の風習喜劇《了承して》(1927)などを除くと初期にめぼしい舞台はない．ナンシー・プライスの劇団，ピープルズ・ナショナル・シアターは1930年から31年にここをロンドンで最初の本拠として，ジョン・ゴールズワージーの《銀の箱》のリバイバル公演をした．名優シビル・ソーンダイクは1932年に2編の芝居に出演している．第二次大戦中は連合軍に娯楽を提供する機関ENSA（Entertainments National Service Association）が使用した．

戦後は出演者が2人の《だしぬけに》(1957)や4人の《フリンジを越えて》(1961)というレヴューが大当たりを取った．後者は1184回の公演を重ね，演出家ジョナサン・ミラー，劇作家アラン・ベネット，俳優ダドリー・ムーアらを売り出した．また2年間のロングラン《突然

ゴールデン・レインの
フォーチュン座(17世紀)

家で》(1971)や，アントニー・シェイファーの《探偵》(1973)，1758回のロングランとなったアガサ・クリスティの《牧師館の殺人》(1976)といったスリラーものも多い．1989年に始まったスリラー《黒衣の女》は，この劇場の最長公演記録となっている．

Foster Lane
フォスター・レイン　EC2

北のグレシャム・ストリートと南のチープサイドとを結ぶ数本の小道のなかで最も西寄りにある通り．セント・ポール大聖堂に近い．1666年の大火以前，この道には金細工師，宝石商が多く住んでいた．現在もこの通りとグレシャム・ストリートの角に金細工商同業組合会館（→Goldsmiths' Hall）がある．

フォスターの名は，この道とチープサイドとの角にある教会セント・ヴェダスト・エイリアス・フォスター（→St Vedast-alias-Foster）にちなむ．ちなみに聖ヴェダストは北フランスのアラスの司教で，イギリスでは聖フォスターとして崇敬されている．

Foubert's Place
フーバーツ・プレイス　W1

リージェント・ストリート200番地から北東に延び，マーシャル・ストリートまでの1キロ足らずの道．道路名は1679年にフランスからロンドンに移住してきたフランス新教徒であるユグノーのソロモン・ド・フーベールにちなむ道路名．

フーベールはこの道路の南側に乗馬学校を創設し，息子とともに経営にあたった．ジョージ二世の王子ウィリアム・オーガスタス，ロバート・ウォルポールなどがここで学んだが，1778年閉鎖された．

1821年，トマス・ウィルソンがクレイヴン卿のこの土地に組合派教会を建設した．ウィルソンはリボンやガーゼを扱う大手の商人であったが，引退後，学校や教会の運営に尽力した．1830年代に入ると，この教会でしばしば大きな集会が催された．リーフチャイルド牧師の説教には，大群衆がつめかけた．

1873年クレイヴン・ホールが建築されたが，19世紀末にブロードウィック・ストリートにあったライオン醸造所に売られ，さらに1907年にリバティ（→Liberty）に売却された．

Founders' Hall
鋳物師同業組合会館
Cloth Fair, EC1

この組合についての記述はすでに1365年に見られ，1614年に勅許を受けた．地下鉄バービカン駅に近い現在の会館は，1986年に購入した土地に立つ新しいものである．

この組合は長い間商取引きに使われる分銅を一手に請負ってきた重要な組合だが，会館はこれまで数か所を転々としてきた．最初の会館は1531年以降ロスベリーのファンダーズ・コートにあった．ロンドン大火で破壊され再建された．しかし，1845年に電信電報会社に譲渡され，組合の集会はしばらくのあいだ隣の建物で開かれていたが，1877年にセント・スウィズインズ・レインに新会館が建てられた．現在その建物は，事務所として賃貸しされている．

→City Livery Companies

Foundling Hospital
→Thomas Coram Foundation for Children

Fountain Court
ファウンテン・コート　EC4

ミドル・テンプル法学院（→Middle Temple）内の通路を兼ねた中庭．フリート・ストリートと交差するミドル・テンプル・レインをテムズ川に向かって南下すると，右手に噴水があるファウンテン・コートに出る．1681年に完成した古いものであるが，第一次世界大戦後の1919年に大幅に改修された．さらに，第二次世界大戦中に中庭周辺の建物がかなり空爆の被害を受け，やはり大幅に改修された．

修復前の中庭は，チャールズ・ディケンズの名作の舞台として登場する．アメリカ旅行の後に執筆した『マーティン・チャズルウィット』の中では，ルース・ピンチが兄のトムとしばしば出会う場所に仕立てられている．また，ルースが恋人のジョン・ウェストロックと出会うのもこの中庭である．石段を上がってニュー・コートに出ると，レンが設計した17世紀の建物がある．南側にはエリザベス朝様式のミドル・テンプル・ホールがある．

Four Seasons
フォー・シーズンズ
Hamilton Place, W1

ハミルトン・プレイスとオールド・パーク・レインにはさまれた三角形の土地に立つホテル．旧名イン・オン・ザ・パーク．近くにインター・コンチネンタル・ロンドン，ロンドン・ヒルトン・オン・パーク・レイン（→London Hilton on Park Lane）などが建ち並ぶ高級ホテル街にある．ハイド・パーク・コーナーに近く，公園を見渡す10階建ての近代的デラックスホテル．レストラン「ザ・フォー・シーズンズ」はロンドンでも最高級のレストランとして格式を誇る．開業1970年，客室数228．地下鉄ハイド・パーク・コーナー駅が近い．

Fox and Bull

フォックス・アンド・ブル亭
　エリザベス一世の時代から19世紀初期まで存在した酒亭．ナイツブリッジのアルバート・ゲートの西の隅にあって，エリザベス一世が廷臣のバーリー卿を訪れるときに，ときおり立ち寄ったといわれる．女王は自分の肖像が看板になるのは反対したが，酒亭には時々訪れていたらしい．18世紀にはこの店に上流階級が集まった．王立美術院の初代院長になった肖像画家のサー・ジョシュア・レノルズがこの酒亭の看板を描いたと伝えられているが，真偽のほどは不明．ホガース風の田園風景を描いたジョージ・モーランドは常連であったが，たいてい酩酊していたらしい．詩人シェリーの最初の妻ハリエット・ウェストブルックがハイド・パークの人工池で溺死したとき，その遺体がこの店に運ばれたという．

Fox and Hounds
フォックス・アンド・ハウンズ亭
Passmore Street, SW1
　キツネ狩りは昔からイギリス上流階級の趣味で，血を流すスポーツとして反対も多いが，その伝統は依然として根強く，旅籠やパブの屋号として，「キツネと猟犬」という看板は各地で見受けられる．この店はロンドンでは最も小さな建物のひとつで，19世紀以来ビールとワインだけの販売許可をもっている．調度品も田舎風で，古い版画が飾られているこぢんまりとしたパブ．ロンドンには「フォックス」というだけのパブ（ニュー・クロス，SE14）もあるが，たいていは，フォックス・アンド・ブル（→Fox and Bull）のように，関係のないものと結びついている．イントレピッド・フォックス亭（→Intrepid Fox）では動物のキツネではなく，政治家チャールズ・ジェイムズ・フォックスの肖像が描かれている．

Foyles
フォイルズ
Charing Cross Road, WC2
　ロンドン最大の書店．現在の地に1904年に2人の若い兄弟，ウィリアムおよびギルバート・フォイルが開店したもの．開店のきっかけは，ふたりが国家公務員試験に失敗したため不要となった参考書を売りに出したところ，問い合わせが多く，この方面の書籍の需要の大きさに気づいたことだという．最初ふたりはフェアバンク・ストリートの自宅で商売を始めたが，次にシセル・コートに移り，さらに現在のチェアリング・クロス・ロードに移転した．121番地および123番地にあった最初の店舗は1903年にアルフレッド・バーの設計にあわせて建てられたが，徐々に変更，拡張され，1929年に現在の5階建ての店舗がロンドン市長の出席のもとに開店した．
　この書店の著名な得意客には，G.B.ショー，ジョン・メイスフィールド，ジョン・ゴールズワージー，コナン・ドイルなどがいた．またウォルト・ディズニーは，この書店の美術書をよく立ち読みしたという．専門書が豊富で有名だが，本の並べ方と支払い方法が独得である．1999年，創立者の娘クリスティーナが88歳で亡くなり，以後店の合理化が検討されている．

Freedom of the City
ロンドン市民権
　中世の同業組合（→City Livery Companies）は，その職種に関わる技能と品質の維持，組合員の社会的・精神的福祉の増進などを目的とする相互扶助団体として結成された．同業組合が成立する以前のロンドンでは営業権の基礎は市民権にあったが，同業組合が発展して市民権を統制するようになり，組合によっては営業権を市民権よりは組合に基礎づけるようになった．
　これによって同業組合の営業独占は維持・強化され，(1)徒弟制度，(2)世襲，(3)買戻し，の3つの方法で市民権が獲得できた．(1)によれば，ロンドン市民である同業組合員の徒弟となって年季奉公する青年は，数年後同業組合の役人から技能の熟達の証明を受け，その技能を職業として営業することを認められるとともに，シティの収入役に申請して所定の金額を支払う．このように徒弟制度は同業組

合に最も適合した市民権獲得の方法である．(2)によれば，ロンドン市民の21歳以上の子女で，父の市民権が登録されたのちに生まれた者は，収入役に申請し，所定の金額を支払えば，市民権を獲得できる．(3)によれば，同業組合の組合員2名を保証人として収入役に申請し，所定の金額を支払って市民権を獲得する．

このように法的に厳密な手続きをへて市民権を獲得した者はロンドン住民の上層階級であり，13世紀にはロンドン住民の3分の1のみが市民権にともなう特権，すなわち王権から認められた特権を享受できた．国内通行税の免除，シティ以外では裁判にかけられない権利などである．残りの3分の2は小売商人，徒弟，労働者，使用人，外国人などで，市民の特権からは完全に除外されていた．

Freemasons' Hall
石工同業組合会館
Great Queen Street, WC2

イングランドのフリーメーソン連合の総本部．総本部は1717年に，当時セント・ポール大聖堂脇のセント・ポールズ・チャーチヤードにあったガチョウと焼き網亭(1894年取り壊し)で開かれた会合で設立が決まった．フリーメーソンはそれ以前からほかの秘密結社と関わりがあったが，今日の組織になる先駆けとなったのは，このときの会合である．

フリーメーソンとはもともと各地を渡り歩く中世の石工(メーソン)たちを指すが，彼らは組合を作り，仲間同士の確認のための合い言葉などを使用していた．それが次第に国家，職種をこえて会員相互の扶助を奉じる結社に成長していった．フリーメーソンの集会は60年ものあいださまざまな居酒屋，他の同業組合会館，とくに洋服商同業組合会館(→Merchant Taylors' Hall)で開かれていた．1763年に組合専有の会館建設の要求が出されたが，資金調達の計画は1768年までなされなかった．1772年になってやっと現在のグレイト・クイーン・ストリートに敷地を購入し，1775年5月に新しい会館のための礎石が置か

れ，翌年の5月に開館の運びとなった．

19世紀前半に入って，サー・ジョン・ソーンらのデザインで増改築が行なわれ，その後1864年から69年にかけてフランシス・ピープス・コカレルにより会館の用途を(儀礼用とパブを含む公共用の)2つに分割するための改造が行なわれた．

現在の会館は，1776年建造の建物が取り壊されたあと1933年に建てられたもので，幸いに第二次世界大戦では大きな戦禍をまぬかれた．会館の正面玄関の上に，本部の250周年を記念する年号「1717-1967」が刻印されている．

建物の大半はフリーメーソンの大会堂でメンバー以外は立入り禁止だが，2階の図書室と博物館は一般に公開されていて，フリーメーソンに関する各種資料が展示されている．なかには王室に関係のあるものも多く含まれている．なお，この建物内にあるニュー・コノート・ルームズ(→New Connaught Rooms)はロンドン有数の宴会・会議場である．地下鉄ホーボーン駅に近い．
→City Livery Companies

Friday Street
フライデー・ストリート　EC4

シティのチープサイドと，今はないオールド・フィッシュ・ストリートを結んでいた通り．中世には，クイーンハイズ(→Queenhithe)で陸揚げされた魚がこの通りに沿って搬送された．道路名の由来は，金曜日に魚市場がこの通りで開かれたことによるという説と，労働者たちが金曜日に財布をはたいてチープサイドの大通りの露店で魚を求め食したことによるという説，また，宗教改革以前，金曜日はカトリックの宗旨に合わせ肉の代わりに魚を食べた習慣から，という説などがある．いずれにせよ，金曜日には，手押し車や荷車で魚がこの通りを運ばれ混雑した．近くにクイーン・ヴィクトリア・ストリートが建設されたためほとんど取り払われ，現在は一部を残すのみとなっている．地下鉄マンション・ハウス駅に近い．

Friends' House
フレンズ・ハウス
Euston Road, NW1

　キリスト友会派（フレンド派，クエーカー派）と呼ばれるプロテスタント一派の本部．創始者ジョージ・フォックスが1643年に回心を経験し，47年から伝道を開始した．

　建物は，ユーストン駅正面広場前のユーストン・ロードに面している．救世軍本部の建築などでキリスト教建造物に手腕を見せたヒューバート・リッドベターの設計．1925年から27年に至る3年の歳月をかけ完成したネオ・ジョージ朝様式である．内部には教団中央事務局，大会議室，各種委員会室が設けられている．圧巻は図書館で，「内なる光」の提唱者フォックスの日記をはじめとし，この会派の基本文献，ドキュメントなどの資料がある．

Frith Street
フリス・ストリート　W1

　ソーホー・スクエアから南に向かってシャフツベリー・ストリートに達する道路．1680年代のはじめに，裕福なリチャード・フリスによって開設されたので，この名がある．

　18世紀から19世紀初期には，芸術家，文筆家がこの通りに居を構えた．1757年この通りの18番地で，検事長を務めた法律改革者で奴隷廃止論者のサミュエル・ロミリーが生まれた．1764-65年，モーツァルトが父と姉とともに20番地に滞在した．このときジョージ三世に謁見，王妃にクラヴィーアとヴァイオリンのソナタを献呈した．またここで初めて交響曲を作曲し，演奏会を開いた．

　画家のJ.A.グレスが1794年，俳優・劇作家アーサー・マーフィが1801年ごろ，言語学者・政治家ホーン・トゥックが1804年ごろ，画家ジョン・コンスタブルが1810年から11年にこの通りに住んだ．1816年，コヴェント・ガーデン劇場でリチャード三世を演じ大成功をおさめた国際的シェイクスピア役者ウィリアム・マクリーディは，64番地から舞台に通っていた．1830年にはウィリアム・ハズリットが6番地に住み，珠玉のエッセイを書いた．22番地のコーヒーショップの階上に大発明家ジョン・ベアードが住み，1926年に世界最初のテレビジョン放送を屋根裏部屋で王立科学研究所の所員に実験してみせた．この斜め前に，1959年に開店したジャズ・クラブ，ロニー・スコッツがあって，ジャズファンの人気を集めている．

Frognal
フログナル　NW3

　地下鉄ハムステッド駅の西側を走る通り．フログナルの最古の記録は14世紀後半のものだが，地名の語源は不明である．このあたりは水が豊かで小川が流れ，カエル（frogs）がたくさんいたことから，この地名の語源はカエルであったという説もある．

　ヘンリー八世による修道院解体が1539年に行なわれると，11世紀からここにあったハムステッド荘園は聖職者から平信徒の手に渡った．1551年にエドワード六世がこの荘園を寵臣のトマス・ロースに与えたが，領主のロースはそこに住むことはなかった．18世紀末この荘園内にあったテューダー朝の建物が取り壊された．

　ハムステッド地区を南北に貫通するこの道路から，フログナル・ライズ，フログナル・ガーデンズ，フログナル・ウェイ，フログナル・レイン，フログナル・クロースなどの道が小枝のように東に西にのびている．この中のフログナル・ガーデンズ18番地は作家ウォルター・ベザントが生まれ，亡くなった家．39番地は19世紀の童画家ケイト・グリーナウェイ逝去の家である．現在のフログナル・ウェイの行き止まりにあったプライオリー・ロッジ（1924年取り壊し）には，1746年夏に文豪サミュエル・ジョンソンが妻と滞在した．女流小説家マライア・エッジワスもフログナルの自然やこのロッジのことを書きとめている．

　現在ハムステッドに残る建物で古いのは1700年頃のものである．94番地のオールド・マンションはそのひとつであるが，かなり改修の跡が見られる．110番地にある古い家屋もほぼ同じころの建造物と見られ，三羽の鳩

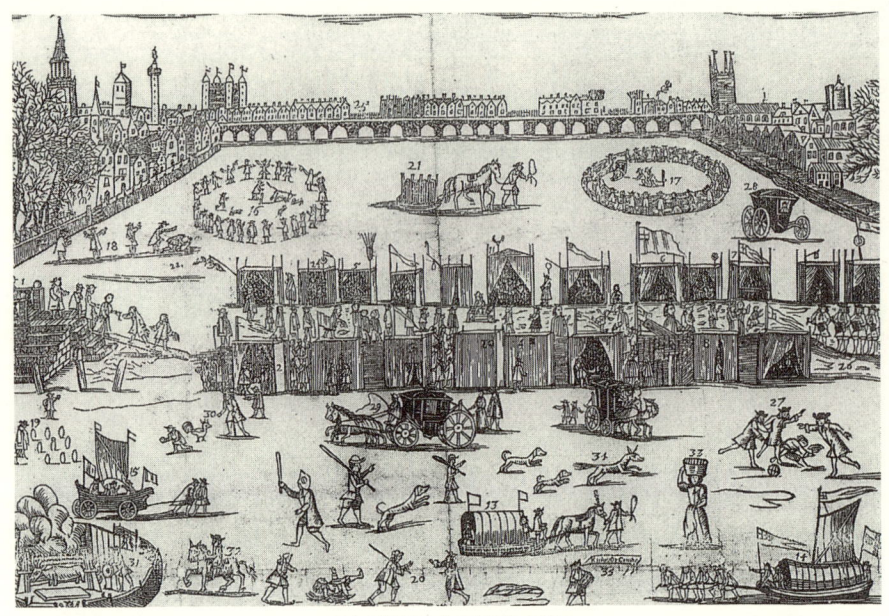

テムズ川の氷上市(1683-84年)

亭と称するパブであったが，一時期『パンチ』の編集長E.V.ノックスが住んでいた．1740年建造の99番地の家には，ドゴール将軍が1940年から42年まで住んでいた．

　フログナル・グローヴは，製図工ならびに建築家として腕をふるったヘンリー・フリットクロフトの自邸で，1750年に完成した．その設計図は大英博物館に保管されている．1769年にフリットクロフトが亡くなると，病弱な息子はエドワード・モンタギュにこの家を貸すことにした．以来，この家はモンタギュ・ハウスとして知られるようになったが，その後大幅に改修された．地下鉄ハムステッド駅に近い．

Frognal House
フログナル・ハウス

Frognal Avenue, Sidcup, DA14
　ロンドン南郊シドカップのフログナル・アヴェニュー沿いにある屋敷．鉄道のシドカップが最寄駅．クレイ谷を見渡す閑静な地で，荘園の跡地と推測される．12世紀半ばからの記録があり，サー・フィリップ・ウォリック，のちのシドニー伯爵が住んだことがある．現在の邸宅は1670年ごろの改築とされる．コナン・ドイルが『修道士の邸宅』の舞台に用いている．

Frost Fairs
氷上市(いち)

　テムズ川の氷の市のこと．冬の市である．1831年に古いロンドン橋が取り壊されるまでは，テムズ川の水は12月から2月まで約3か月間凍結した．その氷の帯と化したテムズ川で開かれた冬の市を「フロスト・フェア」といった．最初の記録は1564年から65年にかけての市で，アーチェリーやダンスが行なわれたという．1683年から84年にかけての冬もひどい寒さで，このときは牛の丸焼きが氷上で行なわれ，テンプルからサザックまで，氷上に屋台がずらりと並んだという．「1月のバーソロミュー・フェア」(→Bartholomew Fair)と呼ばれた．チャールズ二世とその家族も訪れたという．

　18世紀の詩人ジョン・ゲイは『トリヴィア

フラム・パレス（1798年）

——ロンドンの街の歩き方」という詩で，「霜白きテムズ，凍てつきしコリヤナギをいただきて，三月がほども氷のかせにとざされて」と歌っている．呼び売り商人（→London Cries）は氷の道を歩いて，屋台を一軒一軒売り歩いた．ドルという健気なリンゴ売りの娘が，屋台を売り歩いていたとき，不幸にも氷にはまってあえない最期を遂げるという哀れな話も歌われている．1788年から89年にかけてのテムズの氷上市は，パトニー橋からレッドリフ（現ロザハイズ）にかけて，長い長いお祭り騒ぎの行列ができたという．この年の新聞記事に，「この屋台貸します．現在の所有者はフロスト氏（凍結）．されどその土台，確かならざれば，解体，いや破産はちかく，全財産はソー氏（雪解け）の所有とならん」というふざけた広告が出た．19世紀になって，気候の変化もあろうが，橋梁の構築技術の進歩が，テムズ川の凍結を防いだ．それ以来，テムズ川の冬の市は溶解してしまった．

Fulham
フラム　SW6

　ロンドン中心部から西へ約10キロ，テムズ川が大きく蛇行してできた半島状の地域．8世紀ごろロンドン司教に寄進されて以後，千年以上にわたってフラムは教会の所有地であった．

　河畔のフラム・パレスは1973年までロンドン主（司）教の夏場の公邸として用いられた．現在，フラム・パレスの敷地全体は公園となり，テューダー朝のマナー・ハウスの面影をとどめる邸宅は博物館として公開され，考古発掘品や聖職者が用いる祭服，ロンドン主（司）教の宗教的・歴史的役割を解説した資料などが展示されている．やや下流の河岸に面するハーリンガム・ハウスは広大な庭園に囲まれた18世紀の邸宅で，河岸沿いに立ち並んでいた大邸宅のうち現存する唯一の例である．いまは会員制のスポーツ・クラブ（→Hurlingham Club）で，クローケー，スカッシュ，テニス，クリケット，ローン・ボウリング，ゴルフなどさまざまなスポーツが行なわれている．

　テムズ川にかかるパトニー橋がロンドン橋に次いで古いことから明らかなように，フラムは交通の要所にあったが，実際には小集落が分布していたにすぎず，19世紀中葉までは土地の大部分は果樹や野菜畑で占められていた．実際，ロンドンの郊外では最も盛んな生鮮食料品の産地として有名で，空気がよく交

通が便利なこともあって富裕なロンドン市民の別邸があちこちに散在していた。その後ロンドンの人口の爆発的増加にともなって急速に市街化が進んだが、どちらかといえば最近まで庶民的な雰囲気が濃厚であった。とくに東部の河岸には火力発電所やガス工場があって、けっして環境のよい住宅地としては評価されていなかった。

1970年代に入ると、地価が高騰したチェルシー (→Chelsea) からあふれ出したミドル・クラスが、緑が多くショッピングやレクリエーションの施設も整っているフラムに目をつけ、労働者住宅地区に大量に流入する、いわゆるジェントリフィケーションが始まった。この現象はやや遅れてロンドン中心部の北部やドックランズにも及んだ。

フラムには2つの名門サッカー・クラブの本拠地がある。ひとつは1879年創立のフラム、いまひとつは1905年創立のチェルシーで、これほど近接して2つの強豪チームを擁する地域はめずらしい。1671年ジョン・ドワイトが創業したフラム製陶所はイギリスで初めて塩釉がけの食器を生産した。1918年の火災で製陶所の建物はほとんど焼失した。

Fulham Road
フラム・ロード　SW3, SW6, SW10

チェルシー、ハマースミス両地区を貫通し、道路の北東端はブロムプトン・ロードに接する。南西端はフラム・パレス・ロードに至る。この道路は少なくとも15世紀に造られた古いものであるが、フラムの名称が付いたのは19世紀に入ってからのことである。それ以前はキングズ・ハイウェイとロンドン・ロードの2つの道路で、大型馬車がポーツマスをはじめイングランド南西部の諸都市との間を往復していた。

この道路の61番地には1910-11年に建てられたミシュラン・ビルディングがある。オールド・チャーチ・ストリートと交わる角の241番地には有名パブ、クイーンズ・エルム亭がある。1667年チェルシー教区記録に登載されている居酒屋クイーンズ・ツリー亭を継いだ古い店である。このパブから1ブロック南に行くと、エルム・パーク・ガーデンズがある。このあたりにあったヴィクトリア朝の家屋は、1964年、公団住宅に生まれ変わった。369番地には1876-78年建築のセント・スティーヴン病院がある。624番地にはヴァイン・コテージがあり、第三代ピーターバラ伯爵に嫁したオペラ歌手アナスタシア・ロビンソンが住んでいた。デザイナーのローラ・アシュレイは、1969年に157番地の現在地に本拠を定めた。

Fuller, Smith and Turner
フラー、スミス・アンド・ターナー醸造会社
Griffin Brewery, Chiswick, W4

クロムウェルの時代からおよそ350年ものあいだ、ビールはテムズ川北岸沿いのチズィック・モールの敷地にある醸造所でつくられてきた。19世紀前半までは事業も拡大し繁栄したが、その後苦境に陥り、当時の所有主ダグラス・トムソンとヘンリー・トムソン、フィリップ・ウッドらは、ウィルトシャー州のジョン・フラーに共同経営をもちかけた。だが、すぐに共同経営は暗礁に乗りあげ、1845年、ジョンの息子ジョン・バード・フラーはロンドン北東郊ロムフォードの醸造会社インド・アンド・スミスのヘンリー・スミスとその義弟、そして醸造責任者のジョン・ターナーの協力を得た。こうしてフラー、スミス・アンド・ターナーが成立した。

この醸造所は、設備は多少近代化されているが、昔のままの方法でビールづくりが行なわれている。原料も最高のものだけが選ばれ、麦芽は主にケント州やイースト・アングリア地方産の大麦のものを、ホップはケントやウスターシャー州のものを使っている。ここのビールはリアル・エール保護団体キャムラが行なっている全国ビール・コンテスト大会で、年度最優秀賞を何回も受けている。
→Breweries

Fun Run
→London Marathon

チズィックのビール醸造所, フラー社

Furnival's Inn
ファーニヴァルズ・イン

　かつてあった予備法学院の一つ．東と西をレザー・レインとブルック・ストリートで限られ，北と南はそれぞれドリントン・ストリートとホーボーンに接する広い土地に建っていた．第四代ファーニヴァル卿が1383年に法学生に宿舎として賃貸し，ファーニヴァルズ・インと呼ばれるようになった．

　1817年に予備法学院は廃止されたが，ファーニヴァルズ・インの名称はそのまま残り，一般の人々の賃貸住居となった．1834年から37年まで，『モーニング・クロニクル』記者時代のチャールズ・ディケンズがここに住み，『ピクウィック・ペイパーズ』の大部分を書いた．

　1897年にこの建物も取り壊され，ゴシック風赤レンガのプルーデンシャル保険会社のビルが建てられた．なお，現存するファーニヴァル・ストリートは，往時のカースル・ストリートを1880年代に改称したもので，この通りはファーニヴァルズ・インに接してはいなかった．

G

Gaiety Theatre
ゲイエティ劇場

　ストランドの右端にストランド・ミュージック・ホールとして1864年10月15日に開館したが，営業不振のため66年12月2日に閉館した．このころ，『デイリー・テレグラフ』紙の社主ライオネル・ローソンはもとエクセター・チェンジにあったゲイエティ・レストランを劇場と合体させるため，周囲の土地を買収した．こうして1126名を収容する3層の新しい建物が建てられ，1868年12月21日，ゲイエティの名前で開館した．支配人ジョン・ホリンズヘッドは朝の定期公演を導入したり，俳優の給料制度を見直すなどの新機軸を打ち出した．

　初期の成功作はH. J. バイロンの《ディックおじさんのお気に入り》(1869)で，主役をヘンリー・アーヴィングが演じた．1871年12月26日にW. S. ギルバートとアーサー・サリヴァンの初の共作《テスピス》が上演された．ゲイエティの呼びものは喜劇役者ネリー・ファレン，E. W. ロイス，エドワード・テリー，ケイト・ヴォーンの通称カルテットを擁した風刺的娯楽劇バーレスクだった．1878年，劇場正面にイングランドで初めて電灯がついた．85年にジョージ・エドワーズが支配人に加わって，コミック・オペラ《ドロシー》を上演したが，相変わらずバーレスクが人気を集めていた．たとえば1889年の《リュイ・ブラス》ではフレッド・レズリー，C. ダンビー，ベン・ネイサン，フレッド・ストーリーの4人がバレエダンサーの扮装で，アーヴィング，J. L. トゥール，テリー，ウィルソン・バレットという当代の代表的俳優の物真似をする舞踏がはやった．アーヴィングはメイクアップを変えるよう抗議したという．

　92年にエドワーズはプリンス・オヴ・ウェールズ劇場(→Prince of Wales Theatre)から《イン・タウン》という新しいタイプの芝居を移転公演させたが，これはミュージカル・コメディというジャンルの第1号と見なされている．90年代は《ショップ・ガール》(1894)，《サーカス・ガール》(1896)，《ランナウェイ・ガール》(1898)と類似のショーが好評を博したが，その主な理由は脚線美を誇ったゲイエティ・ガールズと呼ばれる一群の歌手・ダンサーによるものだった．エドワーズ自ら選抜，育成に当たったゲイエティ・ガールズのうち最も有名な女優は，《闘牛士》(1901)で大当たりをとったガーティ・ミラーであった．大勢のスターが顔見せをしたさよなら公演のあと，ストランド拡張計画のため1903年7月4日に閉館．

　その後エドワーズはオールドウィッチの西のはずれに場所を移して，1267名を収容する4層の新劇場を建てた．エドワード七世とアレグザンドラ妃の臨席をえて1903年10月26日にミラーの主演する《蘭》で柿落し，559回の公演を重ねた．《ゴテンバーグの女たち》(1907)や《われらがミス・ギブス》(1909)などのヒットはあったものの，15年にエドワーズが死去すると，ゲイエティの人気にもかげりが見えはじめた．だが，《今宵こそ》(1915)に

主演した喜劇俳優レズリー・ヘンソンの活躍も
あって，ミュージカル・コメディのロングラン
公演が続いた．ラディー・クリフが出た《恋は
嘘つき》(1928)，フレッド・エムニーとヘンソン
の《スウィング・アロング》(1936)などで当てた
が，38年からの《大騒ぎ》を最後に39年2月25
日幕を下ろした．その後空き家のまま放置さ
れ，45年には役者のルピーノ・レインが買収し
たが，再開もかなわず50年には売却され，結
局，57年に取り壊された．

Gamage
→A.W. Gamage

Garden Cities
ガーデン・シティーズ

　レッチワス(ロンドンの北56キロ)とウェリ
ン(ロンドンの北32キロ)にあるニュータウン．
「ガーデン・シティ」という名称を最初に使っ
たのはアメリカ人で，ロング・アイランドの住
宅地の宣伝に用いられたのだが，この名称を
取り入れて，イギリスにおける独自の新都市
構想を打ち出したのは，熱烈な社会改革活動
家エドワード・ハワードだった．彼は人口過密
化した都市の住宅環境と過疎化が進みつつあ
る農村の両方の悩みを一挙に解決する「ガー
デン・シティ」構想を提唱し，広く有識者に呼
びかけた．彼は田園の環境に囲まれた30万人
規模の都市の建設を提唱し，これを「都市と
田園の結婚」と称した．彼の考えに共鳴する
人々は「ガーデン・シティ協会」を組織し，その
結果生まれたのがレッチワス・ガーデン・シティ
(1903)とウェリン・ガーデン・シティ(1919)であ
る．現在はどちらも公的機関の管理下にある
が，最近のニュータウン構想のモデルとなっ
たことで，歴史的意義はけっして少なくな
い．

Gardens
→Parks and Gardens

Garrard
ガラード

Regent Street, W1
　王室御用達の宝石店．1735年，皇太子の金
細工師ジョージ・ウィックスがヘイマーケット
に近いパントン・ストリートで事業をはじめた
のがガラードの創業．1747年にエドワード・
ウェイクリンに引き継がれた．1792年にロ
バート・ガラードが雇われた．
　ガラードは1802年に自分の名義を登録し，
のちに3人の息子を加えた．事業を継いだ長
男のロバートとその弟たちの会社はロバート・
ガラード社(Garrard and Co.)として知られる
ようになった．1946年にヘンリー・ガラードが
亡くなるまで，事業はガラード一族によって
経営された．ヘンリーの死後，ゴールドスミ
ス・アンド・シルヴァースミス社に合併された
が，ガラードの店名は残し，現在地のリー
ジェント・ストリートへ移転した．
　1948年には皇太后の，1955年にはエリザベ
ス女王の，1980年には皇太子の御用達に指定
された．王室との関係はすでにヴィクトリア
女王のときから戴冠式の宝冠をつくるクラウ
ン・ジュエラーとしてつづいていたが，上記の
年まで王室御用達の申請はしていなかった．
90年代にアスプレイ社(→Asprey and Gar-
rard)の傘下に入った．

Garraway's Coffee House
ギャラウェイズ・コーヒー店

　1670年ごろトマス・ギャラウェイがコーンヒ
ルに開いた店で，最初は競売場で，船舶がせ
り売りされたが，砂糖，コーヒー，織物，ス
パイス，それにきずものなどが，蝋燭が燃え
きるまでに落札するという方式で競売され
た．ギャラウェイはここでお茶の葉の小売り
もしたり，「万病の薬」と称して飲み物として
も売り出した．1720年ごろには商社サウス・
シー・ハウスの重役やシティの商人や銀行家が
集まった．コーヒーのほかにもチェリー・ワイ
ン，シェリー，サンドィッチ，パンチ酒などで
も有名であった．19世紀になると，各種の商
人たち，薬種仲買人，トルコ商人，船舶仲買
人たちが，競売所として用いた．アディソン
とスティールの『スペクテーター』にもよく紹

19世紀末までおよそ200年続いたギャラウェイズ・コーヒー店

介されているが，チャールズ・ディケンズの小説にもしばしば言及されている．『商用ぬきの旅人』では，「この店の地下に古い昔の寺院の納骨堂があって，（私はそこのポート・ワインの樽の間で過ごしたことがあるが），ギャラウェイの亭主は毎日この店で奉仕しているかびくさい人間に同情して，日曜日にはこの涼しい部屋を利用させたのかもしれない」と語っている．19世紀末に壊されて銀行が建った．

現在，シティの銀行保険業の中心地として知られるコーンヒル街の32番地にある保険グループの，ロンドン本部の正面玄関扉の左下のパネルに，ギャラウェイズ・コーヒー店でコーヒーを飲んでいるかつら姿の紳士たちのグループのレリーフが残っている．

Garrick Club
ギャリック・クラブ
Garrick Street, WC2

1831年サセックス公爵が俳優，画家，作家らのために設立したクラブだが，当初は20名あまりの貴族も会員に含まれていた．名前の由来はもちろん名優デイヴィッド・ギャリックにちなんだもので，ヨハン・ゾファニーの手になる肖像画がクラブハウスに掲げられている．また喜劇役者チャールズ・マシューズが収集した俳優の肖像画などが，1835年にこのクラブによって買い取られ保存されている．歴代の会員にはチャールズ・ディケンズ，ウィリアム・M・サッカレー，ヘンリー・アーヴィングらがいるが，現在は作家や演劇関係者以外にテレビ，映画関係の人物，弁護士なども含まれている．なおクラブの食堂には会員用，来客用の2種類のメニューがあり，後者には値段が記入されていない．これは会員の払いによって食事をご馳走になる来客が，遠慮せずに料理を注文できるようにとの配慮のゆえ．ただし真偽のほどは不明．また1992年7月には女性の入会を否決した．

テムズ川に面する18世紀
の名優ギャリックの別邸

Garrick's Villa
ギャリック荘

Hampton Court Road, KT8

　18世紀を代表する名優デイヴィッド・ギャリックが，1754年，ロンドン南西郊ハンプトンに購入した別邸で，テムズ川に面した景勝の地にある．彼は建物の改装を有名な建築家ロバート・アダムに依頼した．川岸に立つ，シェイクスピアに捧げた聖堂もギャリックが建てたものである．彼はこの邸が気に入っていて，1779年に死ぬ間際までここに住んだが，息を引き取ったのはロンドンのアデルフィ・テラスの家で，死後彼はウェストミンスター・アビーのポエッツ・コーナーに葬られた．ギャリック夫人はその後43年間アデルフィ・テラスに住みつづけ，1822年に99歳でこの世を去った．やはりウェストミンスター・アビーの夫のそばに葬られている．

　夫人の死後，ハンプトンの別邸は夫人の弁護士トマス・カーが買い取り，これにギャリック荘という名前をつけた．その後何回か所有者が変わり，現在では，邸内や旧温室跡に近代的な家が建てられている．

　ギャリックの葬儀の喪主で，のちにギャリックの隣に葬られたのはサミュエル・ジョンソン博士だが，ふたりは同じスタッフォードシャーのリッチフィールドの出身で，同じリッチフィールド・グラマー・スクールに学んだ先輩後輩の間柄だった．さらに1736年に博士が開いたアカデミーの最初の入学生がギャリックだった．資金難から学校が閉鎖に追いこまれると，この師弟は一緒に上京する．当時ジョンソンは27歳，ギャリックは20歳の若者だった．

　ロンドンに落ち着いたギャリックは，兄の共同経営者として葡萄酒商を営むかたわら，コヴェント・ガーデンのいくつかのコーヒー店（→Coffee Houses）の常連となり，当時の知識人や演劇界，文学界のお歴々のあいだで広く知遇を得た．また演劇熱にとりつかれ，独自の演劇観が確立されたのもこの当時のことであった．

　彼が実名で俳優としてデビューしたのは1741年12月だが，たちまちイギリス演劇界の寵児となった．彼の功績の最大のものは，従来の演説調の科白まわしを，自然な談話調に

改めた点と,シェイクスピア劇を復活させた点にあるといわれている.1747年から29年間彼はドルーリー・レイン劇場(→Theatre Royal, Drury Lane)の支配人として名を馳せた.

Garrick Theatre
ギャリック劇場
Charing Cross Road, WC2

18世紀の名優デイヴィッド・ギャリックの名前を冠した壮麗なヴィクトリア朝の劇場が,彼の死後110年目に当たる1889年に完成した.2階席の入口にはシェイクスピアの胸像とともにギャリックの肖像画が掲げられている.月桂冠をいただいた盾をもつキューピッドの浮き彫りがバルコニー前面を飾る,豪華なイタリア・ルネサンス様式の内装である.4層からなる800席のこの劇場は,サヴォイ・オペラで儲けたW. S. ギルバートが俳優兼支配人ジョン・ヘアのために建てたものである.プロセニアムの間口が8.6メートル,舞台の奥行は9.6メートル.建築中に地下水路が発見され,工事が遅れた.

1889年4月29日に,アーサー・ピネロの《放蕩者》で柿落しされたが,その後もピネロの芝居とは縁が深かった.1895年には《悪名高きエブスミス夫人》の公演中,実際にエブスミスという名の女性がテムズ川で芝居の半券を手に溺死しているのがわかり,大騒ぎになった.この時代から現在に至るまで笑劇がレパートリーの大勢を占める.

1896年にヘアが退くと水準が低下したが,1901年アーサー・ブーチアが妻の女優ヴァイオレット・ヴァンブラと引き継ぎ,次々とすぐれた舞台を提供した.1915年にブーチアが去ると,その後は明確な経営指針のないまま,ミュージック・ホール的なレヴューに使われることが多くなった.40年代にも主として笑劇中心の舞台が続き,戦後は役者・歌手・踊り手のジャック・ブキャナンが支配人となり,喜劇が多く上演された.65年から翌年にかけての改築後,喜劇の王様ブライアン・リックスがホワイトホール・シアターから移ってきて,笑劇の伝統が復活した.

由緒正しい劇場の常として,ここにも幽霊がいる.劇場の上の一室に住んでいたブーチアの亡霊が階段を降りてきて,役者の肩を叩いて励ますという.地下鉄レスター・スクエア駅に近い.

Gas and Electricity
ガス・電気

1986年民営化されたブリティッシュ・ガスはイギリス全土をカバーし,ガスの生産からユーザーへの供給までを一貫して行なうが,最終の末端供給は主として地域会社を通じて行なわれる.これに対し,1990年から段階的に民営化された電力事業は,発電,高圧送電,ユーザーへの供給が,それぞれ独立した別会社によって営まれ,最終供給は主として地域独占会社が行なう.いずれの事業も通称ウォッチ・ドッグと呼ばれる独立した監視委員会が,価格・顧客サービスなどをモニターしている.

ロンドンにガスを供給するのは,主にブリティッシュ・ガスの2つの地域会社ノース・テムズ(主としてテムズ川北岸を担当)とサウス・イースタン(主として南岸を担当),電力を供給するのは,ロンドン・エレクトリシティである.近い将来,ガス市場は自由化される可能性がある.一方電力事業に関しては,さまざまなレベルで企業買収ないし合併が噂されている.このような過渡的状況のもとでは,ガス・電力事業に関して将来の成行きを予測するのは困難である.以下ではロンドンにおける2つの事業の歴史的発展経過について概述するにとどめる.

フランスでのガス灯実験に触発されたモラヴィア人フレデリック・ウィンザーは,彼の提案に冷淡なドイツでのガス実用化を断念してイギリスに渡り,1807年ペル・メルの自宅の近くでガス灯のデモンストレーションを行なった.つづいてウィンザーと彼の支援者は,1812年ガス・ライト・アンド・コーク社を設立した.翌年,同社はウェストミンスター橋に世界初の本格的ガス灯を灯したが,実験・広報に多額の資金を注ぎ込んでいたウィンザー

は，同会社を一時離れたため，皮肉なことにこの実用化に直接携わることはなかった．当時のガスは悪臭と爆発の危険という深刻な問題をかかえていたが，ガス灯は犯罪防止に有効なうえに，当時社会問題化していた煙突掃除少年を減らす手段として認められ，急速に普及した．ロンドンにも多くのガス会社が設立されたが，当時政権にあった保守党が各会社に地域独占権を与えたため，ガス会社間の関係は良好に保たれた．しかし，1830年，自由党政権下でガス事業は競争の時代を迎えた．

1860年代末，ロンドンのガス事業は大きな転換点を迎えた．新興勢力の台頭と，設備の老朽化に苦しんでいたガス・ライト・アンド・コーク社は，イースト・ハムにのちに世界一の規模を誇ることになる大規模ガス工場を計画，実行に移した．結果的にこの計画は成功し，同社はテムズ川北岸に拠点をもつ他社を吸収合併し急成長を遂げた．さらに南岸でやはり合併による急成長を遂げたサウス・メトロポリタン社をも合併しようとしたが失敗，ロンドンにおけるガス供給はテムズ川を境界にして南北に2分されて今日に至っている．しかし，1880年代以降，電気照明が徐々に普及して，ガス事業は当時主力であった照明市場を奪われ苦境に立たされたが，家庭用調理器具などの新市場の開拓と生産過程の効率化に活路を見いだした．

ガス事業は，労働党政権によって1949年国有化され，ブリティッシュ・ガスが発足，イギリス全土は12の地域に分けられた．ロンドンではガス・ライト・アンド・コーク社を中心にノース・テムズが，サウス・メトロポリタン社を中心にサウス・イースタンが誕生した．1973年以降は中央集権化が進んだが，1986年に民営化され今日に至る．現在もその組織形態は継続している．国有化時代にガスの原料は石炭から，石油，そして天然ガスへと変化し，ロンドンへのガス供給は百パーセント北海産天然ガスで賄われることになった．これにともない，ロンドンのガス工場はすべて生産を中止した．ブロムリー・バイ・ボウ（Bromley-by-Bow）にあるロンドン・ガス博物館はガス事業の歴史を詳しく紹介している．

一方，電灯のロンドン初のデモンストレーションは，1878年8月ゲイエティ・シアター（→Gaiety Theatre）において行なわれ，同年10月にはエンバンクメントに電気による街灯が登場した．いずれもフランス人技師によって実現したものであるが，この時期の電灯はコスト面でガスに劣り実用的ではなかった．しかし，エディソンとスワンによる真空フィラメント電球の発明によってこの状況は一変した．1882年英国エディソン社はホーボーン・ヴァイアダクトにロンドン初（多くの文献で世界初として言及されるが，異論もある）の不特定のユーザーを対象にした発電所を開設して，一度は電力からガスに戻された同地区の照明を再び電力に変えさせた．1888年に規制が緩和されると，電力会社設立の申請が殺到し，当時は長距離送電が技術的に困難であったこともあり，ロンドンには私営，公営の電力会社が乱立した．セントラル・ロンドン，ウェスト・エンドでは民営が，その他の地域では公営が支配的であった．電力の普及に伴い電線は地下埋設型に移行した．また，1890年以降地下鉄（→Underground Railways）が次々に電化され，利用者を不快な煙から開放した．

1914年，ロンドンには70の発電所が存在し，さまざまな規格（直流・交流，サイクル数，電圧）が並存していたが，第一次世界大戦中に電力の戦略的重要性が高まり，戦後も国内産業の国際競争力を保つために電力コストの低下が強く求められた．その後，第二次世界大戦に至るまで，規格の統一，すべての電力会社を統括する組織設立が法案化されるが，複雑な利害関係から，目的達成に十分な強制力をもつ法律が成立することはなかった．（たとえば，電圧を現在の240ボルトに統一することが決まったのは1946年．）

電圧統一作業が開始した直後，1947年に電力事業国有化法案が労働党政権下で可決され，翌年イギリス全土の電力供給を統括するブリティッシュ・エレクトリシティが誕生，ユー

295

ザーへの電力供給は14の地域会社を通じて行なわれる体制が整った．ロンドンはロンドン・エレクトリシティの管轄下におかれた．1989年保守党政権下で電力民営化法案が成立し，ロンドン・エレクトリシティも90年に民営企業に移行した．

Gatwick Airport
ガトウィック空港
Crawley, West Sussex

ロンドンの南45キロ，ウェスト・サセックス州にある空港．ガトウィック空港が誕生したのは1930年，小さいクラブ用の飛行場としてであった．1933年以降民間空港になり，1936年に最初の定期便が就航した．ビーハイヴ（ミツバチの巣）として知られる円形のターミナル・ビルも同じ年に使用が開始された．第二次世界大戦中は軍の空港に転用されたが，1946年には再び民間空港に戻った．1952年には，とくにチャーター便が増えたため，ガトウィックをヒースローに代わるロンドン空港に発展させるという政府案が通った．

女王が1958年にガトウィックを新たに開港した．鉄道で市内のヴィクトリア駅と結ばれていて便利であった．最初の国際定期便は1959年で，スーダン航空のローマ，アテネ，カイロ経由ハルツーム行きであった．現在では200にのぼる航空会社が50か国以上240地点へ定期便とチャーター便を運航している．乗客数は1990年代の半ばで2000万を超えるが，そのほぼ半数がチャーター便の利用者である．また年間20万トン以上の貨物と郵便物，2万2000個の手荷物を扱っている．

ヒースローやスタンステッド同様，ガトウィックも英国空港管理会社（BAA plc）が運営し，約2万5000人が働いている．面積は760ヘクタールで広いとは言えないが，駐機場は87あり，そのうち50は搭乗ブリッジつきである．滑走路は2本で，主要滑走路は3100メートル，1964年以来どんどん大型化する

――――［ロンドン・ア・ラ・カルト］――――

住所表示

　日付を書くとき日本人は大から小の順に表記するが，イギリス人の場合はその逆である（例：2000年12月31日／31.12.2000）．これと同じくロンドンの住所表示は英語圏各地にも共通することだが，日本の住所表示とは反対の順で表わされる．したがって，宛名番地はすべて郵便物の受取人である最小単位としての個人名からはじまり，それに番地と街路名（この2つは1行に書く）がつづき，それにバラ（自治区）またはもう少しせまい，たとえばブルームズベリー，ハムステッド，ウィンブルドンなどの地区名，次にロンドンと記し，最後は必ず改行して郵便コードを書くことになる．

　郵便コードはイギリスが案出した制度で，郵便物の仕分けと配達の迅速化をねらって導入された．ロンドンで1857年ごろに首都を10の地域に分割して実施したのが最初である．その際，地域を省略した文字が住所表示の一部として取り入れられた（例：ロンドン南西部（South West）はSW）．　発足当時の10地区はEC（ロンドン中心東部），WC（中心西部），E，N，NE，NW，S，SE，SW，Wであった．1866年に，郵政省公務員でもあった作家アントニー・トロロープの提案で，NEとEがひとつにまとまってEとなり，2年後SがSWがSWとなった．

　第一次世界大戦中の1917年に制度をあらため，さらに番号を付して（SW6など）ロンドン全域を細分化し，今日に至っている．戦時下，男性に代わって多くの女性が郵便物の仕分け作業に従事した．彼女らは男性ほどロンドンの地理に通じていなかったので，それを解

ジェット機に対応するべく，3回も拡張された．5500台以上のトロリーが使用されている．
　古いビーハイヴ・ターミナル・ビルは，拡張された南ターミナルの一部にすぎなくなったが，その名は1988年に開設された新しい北ターミナルと区別するために残された．大部分の国内便とアイルランド便は南ターミナルを使用，その他の行先きは航空会社によってターミナルが決まっている(1991年以来，日本の航空会社は乗り入れていない)．最も人気のある行先きは，スペイン，ポルトガル，フロリダである．2つのターミナル間は無料の自動シャトルによって結ばれており，所要時間はわずか2分．ターミナル内は静かである．離陸を告げるアナウンスもないから，乗客はテレビのモニターを注意していなければならない．しかし視覚その他の障害者に対する配慮は行き届いている．
　ロンドン中心部との交通の連絡はよい．

ヴィクトリア駅からノン・ストップの鉄道でわずか30分，本数も多い．航空会社によってはヴィクトリア駅でチェック・インできる．車の場合はM23かA23のロンドン＝ブライトン道路を利用する．駐車場は短時間用と長時間用がある．バスとコーチはすべて南ターミナルに停まるが，北ターミナルへの便もある．その他のロンドン空港，およびロンドン内外への便も頻繁に出ている．

〈空港ミニ情報〉
● 1994年の年次報告によれば，世界で8番目に忙しい国際空港である．ちなみに1番はヒースロー，6番は成田である．
● 展望所には年に50万人が訪れ，この地方随一の観光名所となっている．
● 南北ターミナルには，さまざまな宗教用の礼拝所がある．
● 管制塔はヨーロッパ第2の高さである．
● 2.5センチの積雪は5000トンになり，除雪に約40分かかる．

決するため細かく下位地区を設けたのであった．中心部はあらたにEC1，EC2，EC3，EC4，WC1，WC2に再編された．
　郵便コードは郵便物の集配を目的に地域別に構成され，現在では平均すると15，最大70の家屋に共通した同一コードが付される．大量の郵便物を扱う大企業には専用の単独コードが配される．たとえば，ヒースロー空港の日本航空の郵便コードはTW6 3SBで，同社の専用コードとなっている．
　郵便コードはTW6 3SBのように前後2つの部分からなり，必ず1字分あける．前半(TW6)は外コードといい，郵便物がめざす配達局を指示する情報で，これが仕分け機に伝達される．外コードの文字部(TW)は地域を指示する(この例TWはロンドン南西部郊外のトゥイッケナムを示す)．全国で121の郵便コード地域があり，そのなかには，マンチェスターを示すM，グラスゴーを示すGのように，ただ1文字からなる文字部もある．数字部はコード地域内の下位地区を示す役目で，1桁か2桁である．
　ロンドンの中心部の場合，下位地区が1郵便地区としてはあまりにも広すぎて実際的でないので，下位地区の次に1文字を加える．ウェストミンスターの一部であることを表わすSW1Aのように．たとえば，日本大使館の郵便コードはW1のあとにJが加わって，全体ではW1J 7JTとなっている．
　コードの後半(日本航空の場合3SB)は内コードといわれる．例外なく1数字と2文字からなり，手紙や小包の正確な配達場所を特定する．数字は配達先となる郵便地区内の小区域を表わす．各地区は多くても10の小区域で構成される．アルファベット2文字は，平均して15軒からなる1配達単位を特定する．それは1街路の全部またはその一部の家屋，1ブロック内のフラット，1個の大口郵便利用者に相当する単位である．

● 近くには4つ星ホテルが2軒あり、南北ターミナルへの歩行通路でつながっている。他に小規模の宿泊施設がある。
● タゲリなどが飛びまわって飛行機の発着に混乱をおこさないように、芝生は常時25センチに刈り込んである。
→Airports

Geffrye Museum
ジェフリー博物館
Kingsland Road, E2

　家具、木工品、室内工芸品の博物館。博物館の所在地イースト・エンドのショーディッチ（→Shoreditch）地区はロンドンの家具製造業の中心地である。元は主として金物屋の未亡人たちを収容していた私設救貧院であった。この救貧院は、金物商同業組合の親方からロンドン市長になったサー・ロバート・ジェフリーの遺産により、1715年ごろに建てられたもので、前庭の周りに建つ2階建ての14の救貧院からなっていたが、1910年にロンドン議会に買い取られて博物館に転用されることになり、1914年に開館した。

　正面の玄関ホールは昔の救貧院の礼拝堂であり、入口の上にはサー・ジェフリーの像のコピーがある。建物の北翼は子供の実習室で、南翼が展示ホールになっている。全体はきわめて魅力的に配列されており、1600年から1930年代までのロンドンの家の内部が年代順に展示され、イギリスの家具様式の歴史のみならず、イギリスとその家庭生活の歴史の背景がわかるようになっている。この一連の常設展示には階段、羽目板、家や部屋の戸口、肖像画が加わって時代色を出している。

　この地域はかつては田園地帯で、園芸が盛んに行なわれていたため、この博物館にはハーブ・ガーデンがあり、4月から10月まで開かれる。家具製造に関する資料室も充実している。

General Post Office
中央郵便局
King Edward Street, EC1

　もとはジェネラル・レター・オフィスといった。1678年にビジョップスゲートからロンバード・ストリートへ移り、18世紀頃から郵便の需要が高まって、1829年にはセント・マーティンズ・ル・グランに移転した。サー・ロバート・スマークの設計によるイオニア様式の建物で、増築を重ねながら1912年まで東中央局として使用された。集配局と管理部門とが一体になっていて電報局もここにあったが、西側の現在のブリティッシュ・テレコム・センターのあたりに西中央局が1873年に完成した。さらにその北側に1890年から95年にかけて北中央局ができ、これがのちに中央郵便局の本部となった。現在地に新中央郵便局が建設されたのは1911年だった。ここには国立郵便博物館（→National Postal Museum）も入っている。

Geological Museum
地質学博物館
Exhibition Road, SW7

　はじめは地質調査局の施設、経済地質学博物館として1835年に設立され、1837年に開館した。その後、内容が実用地質学の新しい博物館に変わり、1935年にケンジントンの建物に移転した。鉱物と化石の標本は100万点以上を数えた。1989年に隣の自然史博物館（→Natural History Museum）の地球科学部門として統合されて、現在はアース・ギャラリー（Earth Gallery）の名で公開されている。

George and Vulture
ジョージ・アンド・ヴァルチャー亭
Castle Court, EC2

　1600年開店のパブだが、18世紀に改装されて、チャールズ・ディケンズの小説『ピクウィック・ペーパーズ』で有名になった。コーンヒルの薄暗いバーチン・レインのそのまた薄暗い横丁に、それこそひとりぐらいしか通れないような路地カースル・コートがある。昼でも暗いその横丁に、ディケンズが通ったころの面影をそのまま残してこのジョージとハゲワシ亭がある。小説の主人公のピクウィック氏は、バーデル夫人との訴訟事件で、この酒

中世の名残りをとどめる
ジョージ・イン

亭に泊まったところを捕らえられるが、フリート監獄から釈放されるとまたすぐこの居酒屋に通うのである。18世紀の小説家ゴールドスミスも通ったというが、そのころは薄気味悪いパブで、超能力を持ったハゲワシ(vulture)を飼っていたという。ジョージ亭にこのハゲワシが組み合わされて、ジョージとハゲワシ亭となったのである。現在はディケンズ愛好家たちの集会所となっている。

George Inn
ジョージ・イン
Borough High Street, SE1

ジョージ・インというのは、昔から最も多い旅籠の屋号で、国王(ジョージ三世やジョージ四世)の肖像を看板にしたものと、イングランドの守護聖人、聖ジョージを看板にしたものがある。後者はドラゴン(竜)を退治した伝説があって、馬上から槍で竜を突き刺している姿で描かれることが多い。このサザック地区(ザ・バラと呼ばれる)のジョージ亭の看板は後者、つまり馬上姿の聖ジョージを看板にしている。ロンドン橋を渡ってサザック地区に入り、バラ・ハイ・ストリート(サザック本町通り)を南下すると、すぐ左側の袋小路にある。

ジェフリー・チョーサーの『カンタベリー物語』の巡礼たちの集合宿となったこの地区の陣羽織亭(→Tabard Inn)なきあと、中世の名残りをとどめるギャラリー付きのロンドン唯一の酒亭として、現在ロンドン観光の目玉となっている。年々拡張されて、バラの有志による夏の素人シェイクスピア劇をする中庭もせまくなった。

1542年に存在していた旅籠の跡に建てられていて、現在のものは1676年に改築された。中世以来の典型的なコーチング・インで、このハイ・ストリートにはヤードという名の、駅馬車を休息させた中庭つきの袋小路が多い。現在はナショナル・トラストの管理下にある。この地区は小説家のチャールズ・ディケンズと縁が深く、ハイ・ストリートを南下すると、彼の父が借金で入獄していたマーシャルシー監獄(→Marshalsea Prison)の跡もあるし、作品『リトル・ドリット』のエイミー・ドリットのステンド・グラスのあるセント・ジョージ教会もある。ディケンズはこの店の常連であった。

George's Coffee House
ジョージズ・コーヒー店

ストランドのグリーシアン・コーヒー店(→

299

Grecian Coffee House)の近くにあったコーヒー店．1723年ごろの創設で，1842年以後はホテルになった．文人・才人たちでにぎわった．ジェイムズ・ボズウェルの『ジョンソン伝』にも紹介されているように，有名な居酒屋礼讃(1776)の章で，ジョンソンは友人で詩人のシェンストンの詩を引用しているが，シェンストーンはこのコーヒー店ではただでいろいろなパンフレットが読めて経済的だと伝えている．ここに集まる才人たちは，文学論に熱弁をふるっていたという．作家ホラス・ウォルポールも顧客のひとりであった．

Gerrard Street
ジェラード・ストリート　W1

市中心部ソーホー地区(→Soho)の繁華な中国人街．人通りの多いシャフツベリー・アヴェニューと緑陰の憩いの場所レスター・スクエアにはさまれ，両側に大小の中華レストランが立ち並ぶにぎにぎしい通り．

この地域は，ジェイムズ一世の時代に国内7か所に組織されていた志願兵の軍団の訓練場として知られていた場所で，その土地の上に1670年代後半から80年代半ばにかけて敷かれたのがこの道である．それを手がけたのが，王政復古期のロンドンの開発に尽力した精力的な建築業者ニコラス・バーボンだった．この通りに建てられた初期の建物は屋根裏部屋付きの3階建てで，いまは事務所に使われている9番地に当たる家には，貴族が入れ替わり住んだ．

しかし，18世紀も半ばころになると，この通りの様相が変わってきてコーヒー店や居酒屋が出現し，それらを訪れる文人や芸術家たちが徘徊し住みつくようになった．ジョン・ドライデンは1687年にいち早くやってきて，1700年に亡くなるまで44番地を住居としていた．現在，43番地に誤って記念銘板が付けられている．37番地は，政治家エドマンド・バークの1780年代のタウン・ハウスに使われていた．35番地は当代の名女優ファニー・ケンブルの家だったし，女流作家ハンナ・モアも1778年から長いあいだこの通りの住人だった．

9番地にあった居酒屋トルコ人の首亭では，ジョンソン博士の文学クラブが結成され，1764年から83年まで画家のレノルズ，政治家のエドマンド・バーク，詩人・小説家のオリヴァー・ゴールドスミスらが定期的に集まっていた．『サミュエル・ジョンソン伝』で有名なジェイムズ・ボズウェルも22番地にしばし寄宿していた．そして，16番地にあった居酒屋は第一次世界大戦前，エドワード・ガーネットとエドワード・トマス，ジョン・メイスフィールド，ノーマン・ダグラス，H.M.トムリンソンなどの面々の集会所になっていた．

第一次大戦後，この通りには新しいレストランや酒場が現われ，にぎにぎしい歓楽街の装いが強まり，それにつれて香港出身の中国人の姿がめだつようになった．いまでは，イギリスでも名の知れた中華街になっている．

Gielgud Theatre
ギールグッド劇場
Shaftesbury Avenue, W1

シャフツベリー・アヴェニューのグローブ座(→Globe Theatre②)が1994年秋，名優ギールグッドにちなんで改名された劇場．バンクサイドのグローブ座(→Globe Theatre①)とは無関係．改名は新グローブ座(→Globe Theatre③)との混同を避けるためと思われる．当初1906年に俳優シーモア・ヒックスの名をとってヒックス劇場として発足．ヒックスのミュージカルでオープンしたが，1909年グローブ座と改名．初期には喜劇や笑劇で人気を博したウェスト・エンドの代表的劇場のひとつ．1940-50年代は，テレンス・ラティガン，クリストファー・フライ，ジャン・アヌイ，ノエル・カワードの劇などで当たりをとり，ギールグッドもたびたび出演した．1987年改装され，以前にまさる豪華な内装で話題を呼んだ．ギールグッド劇場としての発足記念上演は，ピーター・ホール演出の《ハムレット》だった．3層に888名を収容する．地下鉄ピカディリー・サーカス駅に近い．

Gieves and Hawkes

英王室御用達の紳士服店, ギーヴズ・アンド・ホークス

ギーヴズ・アンド・ホークス
Savile Row, W1

　紳士用仕立て服の老舗. もとはそれぞれ独立した仕立て屋であった. 1785年に南英のポーツマスで開店したギーヴズ店はネルソン提督をはじめとする海軍将校の, また1771年にロンドンで開業したホークス店はウェリントン公など陸軍軍人の軍服を作っていた. 1976年に合併し, 1912年からホークスが店を構えていたサヴィル・ロウ (→Savile Row) 1番地へギーヴズが移ってきた. エリザベス女王, エディンバラ公, チャールズ皇太子の御用達店で, 王室の制服・礼服類の仕立ても担当している. 現在はホーク家の一族は残っておらず, ギーヴ家によって経営されている. 地下鉄ピカディリー・サーカス駅に近い.

Gilbert and Sullivan Opera
ギルバート・アンド・サリヴァン・オペラ

　W. S. ギルバートは, 1836年ロンドン生まれの劇作家で, ロンドン大学キングズ・コレッジ出身. インナー・テンプル (→Inner Temple) で弁護士の資格をとった. 1861年からバブの筆名で雑誌『ファン』に滑稽詩を寄稿した. 1842年ロンドン生まれの作曲家で, 王立音楽院 (→Royal Academy of Music) 出身のアーサー・サリヴァンと組んで書いたコミック・オペラが評判になった.

　2人の合作は1871年の《テスピス》に始まり1889年《ゴンドリエ》まで, 20年以上に及んだ. 代表作は《HMS (軍艦) ピナフォー》(1878), 《ペンザンスの海賊》(1880), 《ペイシェンス》(1881), 《アイオランテ》(1882), 《王女イーダ》(1884), 《ミカド》(1885), 《国王衛士》(1888) など. これらの作品は主としてサヴォイ劇場 (→Savoy Theatre) で上演されたため, サヴォイ・オペラの異名をとった. ギルバートの短気な性格もあって, 2人の関係は必ずしも幸せなものではなかった. 1900年にサリヴァンが死去, ギルバートは11年に死亡するまで劇を書き続けたが, サリヴァンとの喜歌劇のみがいまだに上演される.

Giltspur Street
ギルトスパー・ストリート　EC1

　もとナイトライダー・ストリート (乗馬騎士通

《ジン・レイン》(ホガース画)

Gin Lane
ジン・レイン

これは実在の横丁ではなく，ウィリアム・ホガースが1751年に発表した風刺画の題名だ．ホガースは当時のロンドンの貧乏人たちが，安酒ジンを飲んで泥酔している様を描いた．ジンは破滅への入口だが，ビールこそ健康な生活への道だということを強調するために，《ジン横丁》と《ビール街》を描いたといわれる．

ジンはウィリアム三世の名誉革命とともにオランダから移入された酒だが，非課税で販売認可を受ける必要もなかったことから，たちまちイギリス各地に広まり，とくにロンドンではセント・ジャイルズ (→St Giles-in-the-Fields)，セント・マーティンズ・レイン (→St Martin's Lane) といった貧民街を中心にジンを売る店がひしめき合い，別名「ルーカリー」(ミヤマガラスの群れ) と呼ばれていた同地区では，4軒に1軒はジンを売る店だったという．「1ペニーでほろ酔い，2ペンスでへべれけ」とスモレットに言われるほど安くて強い酒だったから，当然その影響は大きく，社会問題にまで発展した．1736年には，ミドルセックスの市会議員たちが議会にジン販売の抑制を嘆願したのを受けて，政府は，ジン1ガロン当たり1ポンドの酒税を課し，販売認可料年間50ポンド，違反者には100ポンドの罰金を課すという法令を定めた．ところがロンドンの庶民はこれに猛反発した．密告者を私刑にするなどの無法を重ねたうえに，ジンに「女性の快楽」(Ladies' Delight) などのいかがわしい名をつけて，相変わらず販売を続けた．ウェストミンスターの治安判事をしていたフィールディングが，1751年にロンドンにおける犯罪増加の一因は，ジンの害によるものと警告したのも，このような世相を背景にしている．

り) と呼ばれていた通り．ギルトスパー (金張り拍車) にしても，勇ましい騎士の姿を連想させる名である．中世において，名門に生まれた青年たちの夢は，馬上槍試合で名をあげることだった．当時ロンドンの試合場の代表は，この通りの北に広がるスミスフィールドだったから，華やかな甲冑に身を固めた青年騎士たちが，さっそうと金色の拍車をきらめかせてこの通りを疾駆していったことだろう．またこの通りには，拍車づくりの職人の店が数軒あり，その一軒が金張り拍車の看板を出していたのかもしれない．

この通りのスミスフィールド寄りの端に，パイ・コーナーと呼ばれる一角があり，そこの焼失を最後に1666年のロンドン大火は鎮火した．プディング・レインに始まった大火が，同じく食べ物に関連した名をもつパイ・コーナーで収まったと，当時の人々はその符合ぶりをジョークの種にしたという．この鎮火の地を記念して，隣接するコック・レイン (→Cock Lane) には金色の少年像が立っている．

またこの通りには，借金などの軽い罪に問われた犯罪者用の刑務所兼矯正院ギルトスパー・ストリート・カウンターが1791年に建てられたが，その劣悪な住環境が問題になり，1855年に閉鎖された．

Girdlers' Hall
ガードル製造業者同業組合会館

Basinghall Avenue, EC2

ガードル (帯) はポケットがなかった時代に

は実用品であり,しかもガーターと同様象徴的な意味をもっていた.そのため,いまでも戴冠式の際にこの組合は国王にガードルを献呈するしきたりがある.これはヘンリー五世のとき取りやめになったが,1911年のジョージ五世の戴冠式で復活した.

　1431年以来,ギルドホールに近いベイシング・アヴェニューに組合の会館が建っていたが,1666年のロンドン大火で焼失したため,1681年に新しい会館が建てられた.その後,ヴィクトリア朝に入って模様替えをしたが,それが悪趣味でもとの壮麗さを損damesのために,建物は20世紀になって改修された.それも1940年に爆撃で破壊され,61年になって再建された.庭園には1750年に植えられたクワの木が生き残っている.会館内には,東インド会社の社員から贈呈された1634年製のインドの絨毯が展示されているが,テーブルクロスとして使用されていたため,インクの染みが点々とついている.鉄道・地下鉄ムアゲート駅に近い.

→City Livery Companies

Glaziers' Hall
ガラス職人同業組合会館
Montague Close, SE1

　同業組合の中には,火事や財政難,その他の原因で会館を失い,代わりをもたずに過ごしたものが少なくない.しかし300年ものあいだ会館がなかったというのは珍しい.ガラス職人同業組合の会館については1601年の記録があるが,それがロンドン大火で焼失してから,1978年にロンドン橋の南端に立派な新会館が建つまで,同組合は会館なしで活動してきたのである.340人収容可能な食堂を備えたこの会館には,科学器具製造業者同業組合(Scientific Instrument Makers' Company)の本部もある.

→City Livery Companies

GLC
→**Greater London Council**

Globe Theatre
グローブ座
① Bankside

　第一次グローブ座は1613年,《ヘンリー八世》上演中に出火して焼失.草ぶき屋根に代わって瓦屋根の第二次グローブ座が翌年開場,1642年の劇場閉鎖までつづき,1644年に取り壊された.第一次グローブ座はシェイクスピアの作品の多くが上演された劇場として有名.ロンドン最初の常設劇場シアター座(→Theatre, The)の古材を用いて,ジェイムズ・バーベッジの息子カスバートらが1599年,サザックのバンクサイド(→Bankside)に建設.シアター座につづき,シェイクスピアの属する劇団ロード・チェンバレンズ・メンの本拠となった.形状・構造に関しては,従来1595年開場の大衆劇場スワン座(→Swan Theatre)の内部スケッチなどをもとに推測が行なわれてきたが,1989年に第二次グローブ座の建物の基礎の一部分が発掘されて以来,研究が急展開している.第二次劇場は第一次劇場の焼失ののち,古い建物の基礎の上に建てられたことがわかり,第一次劇場の外形は20面体の多角形だったと推定できる.内部は他の大衆劇場とも共通する特徴として,張り出した長方形の平舞台を囲んで野天の立見席があり,周囲を屋根付き3層の桟敷席が取り巻いていた.さらに平舞台後方の2階に上舞台があったかもしれないが,それは仮設の組立舞台だったともいわれ,舞台奥の内舞台とともに詳細は不明.舞台装置はほとんど使用されなかったから,劇は迅速かつ立体的に進行,観客との一体感が強かったらしい.立見席があるため,雨天,夜間,冬期は使用できなかった.天気のよい日の午後,上演を知らせる旗が劇場の屋根に翻りラッパが鳴ると,わずか1ペニーの入場料で大衆が立見席に集まった.桟敷席は2ペンス.収容人員は2000～3000名と推定される.ロンドンの人口の1割もしくはそれ以上に相当する1万5000-2万人が,毎週観劇のため市外に出かけたという時代だった.

　「グローブ」の名は,同劇場の看板がヘラク

303

レスが地球をかついでいる図柄だったことに由来する．ジェイムズ・バーベッジの息子リチャード・バーベッジを立役者とする同劇団は，四大悲劇をはじめシェイクスピアの作品の大半をこの劇場で上演し，フォーチュン座（→Fortune Theatre）に拠るライバル劇団ロード・アドミラルズ・メンと覇を競った．

② New Globe Walk, Bankside, SE 1

元のグローブ座の跡地近くに復元された新しいグローブ座．アメリカの役者兼演出家サム・ワナメイカーが強力に推進，一般の寄金と国営の宝くじの収益により完成した．1997年6月《ヘンリー五世》と《冬物語》で柿落としをした．もとの劇場を模して，木材と漆喰を主にした多角形の3層の構造で，客席数1500（草ぶき屋根に覆われた座席1000名，吹き抜け中央の立見席500名）を擁する．新しくできたこの一角全体を指してもシェイクスピアズ・グローブというため，グローブ座だけを指すときにはザ・グローブ，ニュー・グローブなどとも言う（→ International Shakespeare Globe Centre）.

③ Shaftesbury Avenue, W 1

1994年秋，グローブ座②と区別するため名優の名をとってギールグッド劇場（→Gielgud Theatre）と改名．

Gloucester House
グロースター・ハウス

現在のピカディリー通り137番地にあたり，オールド・パーク・レインの入口の西角に立っていた建物．もともとジョージ三世治世の初期のころに建てられ，エルギン卿トマス・ブルースがアクロポリスの丘に立つパルテノン神殿から持ち帰った大理石彫刻群を展示したことで知られる．

1816年，その建物はジョージ三世の弟グロースター公爵ウィリアムの子ウィリアム・フレデリックが購入し，亡くなるまで住んでいた．その後，ジョージ三世の孫で第二代ケンブリッジ公爵ジョージの住居となったが，やがて英国陸軍の総司令部として使用され，ケンブリッジ公の死後，取り壊された．

Gloucester Place
グロースター・プレイス　W1

リージェンツ・パークの西側から南へ下って目抜き通りのオックスフォード・ストリートに接する大通りで，両側に瀟洒なテラス・ハウスが立ち並ぶ直線道路．

1810年，ジョージ三世の弟グロースター公爵ウィリアムの名を冠して敷設された．その昔，現在の62番地に当たる場所にジョージ三世の次男ヨーク公の愛人メアリが住み，20人もの使用人や数多くの馬車を所有して贅沢三昧の生活を送っていた．だが，彼女は軍の総司令官であったヨーク公の力による昇進を約束しては軍人たちから賄賂を受け取り，最後には投獄の憂き目を見るはめになった．

この通りの99番地は，のちにブラウニングと結婚する女流詩人バレットが1835年から2, 3年，家族と暮らしたロンドン最初の家．また，65番地はリージェンツ・パーク界隈を転転とした作家ウィルキー・コリンズが19世紀後半に2度ほど愛人のひとりと暮らした家である．34番地は，1823年4月4日詩人のワーズワスやコールリッジ，ラム姉弟らが，ここに住んでいた文学好きの国会議員の招待にあずかって楽しい一夕を過ごした場所として知られている．

Gloucester Road
グロースター・ロード　SW7

ケンジントン・ガーデンズの南側のケンジントン・ロードに接する道路パレス・ゲートの先から南下する大通りで，地下鉄グロースター・ロード駅に近い．

もともとホグモア・レインとして知られていたが，1826年にジョージ三世の弟グロースター公爵の夫人を称えて，現在の名に改められた．公爵夫人はこの道路を南に下った地域に，グロースター・ロッジという屋敷を構えていた．その屋敷は夫人の死後，トーリー党の政治家で首相も務めたジョージ・キャニングに委譲されたが，1850年に取り壊された．

通りにはニカラグアの領事館やバーレーン首長国連邦の大使館が並んでいるが，全体的

伝説上の巨人像，ゴグとマゴグ(左)

に繁華な雰囲気をただよわせている．133番地には，ベイズウォーター・ロードに移る前の劇作家ジェイムズ・バリが1896年から住んでいた．

Goat Tavern
ゴート・タヴァン
Stratford Street, W1

　1686年創業の古い旅籠だが，1958年に再建された．屋号が示すように，等身大のヤギ(goat)が看板になっている．トラファルガー海戦で戦死したネルソン提督が，外交官で考古学者のウィリアム・ハミルトンの夫人エマと逢瀬を楽しんだところといわれる．第一次世界大戦中は海軍将校の非公式なクラブであったが，彼らの不注意な私語から海戦で大損害をこうむったというので立入禁止となった．しかし現在でも地元の教区教会の資金源として，このタヴァンは貢献している．

Gog and Magog
ゴグとマゴグ
Guildhall, EC2

　シティのギルドホール(→Guildhall)内の回廊の柱脚上に飾られている2体の巨人像．

　もともと，伝説上の巨人たちを模したこの像は15世紀のはじめころからギルドホールの敷地に立っていた王宮に飾られ，さまざまな行列の出し物として使われていたが，1666年のロンドン大火(→Great Fire)で焼失した．その後1708年に全長4.4メートルの彫像が新たに完成し，ロンドン市長就任披露行列(→Lord Mayor's Show)にも登場していた．1869年に現在の場所に移され展示されていたが，1940年の空爆で屋根が破壊され燃えてしまった．現在の像は1953年，彫刻家デイヴィッド・エヴァンズによって制作されたものである．

　伝説によると，この2人の巨人は紀元3世紀のローマ皇帝ディオクレティアヌスの邪悪な娘たちが自分の夫を殺したあげくに悪魔たちと結婚して産んだ巨人の生き残りだという．ただ，この2人の巨人はもとはゴグマゴグという1人の巨人で，あと1人のコリネウスという巨人がいたが，その巨人の名はやがて忘れられ，ゴグマゴグの名が2つに分かれたという．そのため，この2体の像はもともとゴグマゴグとコリネウスの2人の巨人を表わしたものだとする説もある．

　「ゴグ」と「マゴグ」の名は聖書にも登場し，

305

たとえば『新約聖書』の「ヨハネ黙示録」では，1000年ものあいだ捕らえられて牢から解放されるサタンから戦いに召集される諸国の民として出てくる．彼らは聖徒たちの陣営を取り囲むが，天から降ってきた火に焼かれてしまうのである．

Golden Square
ゴールデン・スクエア　W1

名称は，ゲルディング(去勢馬)を放牧した場所を呼ぶ地名がなまったものだとも，開発者の名前に由来するともいわれる．

現在では，ソーホーの一角に，ほとんど忘れられたかのように残されているが，ソーホー・スクエア(→Soho Square)同様，由緒のある広場である．開発は王政復古期の1670年代に始まり，18世紀初頭に完成した．完成当初には，広場を囲んで38軒の住居が並び，中央には庭園が設けられていた．

当時，この地域の開発は始まったばかりで，地の利もあり，さらには1666年のロンドン大火を契機に，シティの旧市街地を見捨てる貴族が急増したこともあって，チャールズ二世の愛人だったクリーヴランド女公爵バーバラ・ヴィリアズや，陰謀と著作に明け暮れることになる政治家で著作家，初代ボリンブルック子爵ヘンリー・シンジャンなども住んだ．ウィリアム・ホガースの有名な連作風刺画《当世風結婚》の第5場の舞台もこの広場の一角だとされるが，ほとんどの建物は建て替えられてしまった．

18世紀半ばごろまでには，さらに西の，宮廷により近い地域に，新しい広場や貴族向け居住地開発が急速に進み，ここは流行遅れとなる．広場からはお歴々やその愛人の姿が消え，代わって姿を見せはじめたのは，ヨーロッパ各国から派遣されたイギリス駐在使節や外交官で，ロシア，ポルトガル，ジェノヴァなどがここを活動の拠点にした．女流作家ヴァージニア・ウルフも，一時期この広場に住んだことがある．

近くにはギリシア正教の教会などもあり，伝統的にヨーロッパ大陸のかおりと雰囲気が濃厚な一角だが，それも徐々に中国人の進出に圧倒されつつある．

Golders Green
ゴールダーズ・グリーン　NW11

ハムステッド・ヒースの北西に位置する地域で，地名はこの地に居住していたゴディア家(Godyere)に由来し，グリーンはハムステッドに通じる昔の道沿いに広がっていた荒れ地に基づくもの．中心に地下鉄ノーザン・ラインのゴールダーズ・グリーン駅がある．

18世紀半ばまでは森が切り開かれ，農家や個人住宅がわずかに散在する過疎の地だったが，1905年にハムステッド・ヒースの下を通って地下鉄が入ってくると，急速な開発の波に洗われだした．地下鉄駅前のゴールダーズ・グリーン・ロードやフィンチリー・ロード沿いには現在，商店やフラットの3，4階建ての建物が並び立ち，繁華なにぎわいを見せている．この地区でめだつのは，BBCラジオ管弦楽団の本拠ビル．1914年にミュージック・ホールとして建てられたもので，当時は2300もの観客席をかかえた大演芸場だった．それが1970年にBBCに売却され，今日に至っている．

ロシアのバレリーナ，アンナ・パヴロワに関する資料館アンナ・パヴロワ・メモリアル・ミュージアムが入ったアイヴィ・ハウスは，このバレリーナが1931年に亡くなるまで住んだ家．彼女の死後，この家は一時，ノース・エンド・ロード沿いにあるマナー・ハウス病院の外来患者部門に使用されたり，演劇関係の学校の所有になったりした．

この地域でもうひとつ有名なのは，ゴールダーズ・グリーン・クレマトーリアムである．フープ・レイン沿いのこの火葬場は，ロンドン火葬協会の設計のもとに1902年に建てられたが，現在は3つのチャペルをもつ清楚なロマネスク風の建物が連なり，その前面に趣向を凝らした庭が広がっている．ここで茶毘にふされた著名人には，パヴロワのほかにキプリング，G.B.ショー，T.S.エリオットといった文人たち，首相を務めたネヴィル・チェンバレンやスタンリー・ボールドウィン，精神医学者

フロイトなどがいる．

Goldsmiths College
ゴールドスミス・コレッジ
New Cross, SE14
　ロンドン大学のコレッジのひとつ．1891年，金細工師同業組合はサリー州とケント州の境にあるニュー・クロスにあった建物を取得し，テクニカル・レクリエイティヴ・インスティテュートとして開校した．同校は美術と音楽のクラスを開講するとともに，工学と科学の分野でロンドン大学の学外学位へ向けて準備する教育を学生に施した．1904年，組合は敷地と建物をロンドン大学に提供し，ロンドン大学の一部となった(1904)．以来，ゴールドスミス・コレッジは教員の養成をその主な活動とした．1988年に正式にロンドン大学を構成するスクールのひとつとなった．

Goldsmiths' Hall
金細工商同業組合会館
Foster Lane, EC2
　歴史が古く，裕福かつ強力な金細工商同業組合は，少なくとも1366年からフォスター・レインに会館をもっていた．何回かの増築と拡張がなされたのちに，1630年代半ばに新会館が建設された．この建物は，1641年から1660年の王政復古まで，議会党員によって大蔵省として使用された．ロンドン大火の被害を受けたが間もなく修復され，1830年代に現在のルネサンス様式の建物に生まれ変わった．第二次世界大戦後に空爆による損傷部分を修復したが，1990年に改装によって面目を一新した．会議室には，1669年以来の鏡板が残っている．
→City Livery Companies

Golf Clubs
ゴルフ・クラブ
　ゴルフはクリケットやフットボールと並んでイギリス国内の人気スポーツの1つだが，その起源についてはたしかな記録はない．ただ，スコットランド起源というのが有力な説で，17世紀初頭に当時のスコットランド王ジェイムズ六世がイングランド王ジェイムズ一世となった際に，その廷臣たちがゴルフ道具をたずさえてロンドンに入り，グリニッチ・パークに隣接したグラウンドで競技をしたと言われる．
　ゴルフ・クラブそのものは1754年にスコットランド東部の海岸町セント・アンドルーズに設立されたのが世界最古のクラブとして知られているが，イングランドでは1766年，ロンドン南東郊ブラックヒースに設立されたのが最初ということになっている．それが今日のエルタムにあるロイヤル・ブラックヒース・ゴルフ・クラブ（→Royal Blackheath Golf Club）の発祥である．
　ほかに，大ロンドン内のおもなクラブには，つぎのようなものがある．
　ロンドン・スコティッシュ・ゴルフ・クラブ：ロンドンにおけるスコットランドのライフル義勇兵たちを中心に，1865年設立．1871年には一般市民にも開放され，女性向けのコースも翌年設置された．所在地，ウィンブルドン・コモン．
　ロイヤル・ウィンブルドン・ゴルフ・クラブ：ロンドン・スコッティッシュ・ゴルフ・クラブの一般メンバーたちによって，1882年設立．このクラブからはイングランド内の女性ゴルファー団体の設立者たちが輩出している．所在地，ウィンブルドン・コモン．
　ロイヤル・ミッド・サリー・ゴルフ・クラブ：1892年設立．キュー植物園の南隣に位置する．一時，チャールズ皇太子がキャプテンを務めた．所在地，リッチモンド．
　マズウェル・ヒル・ゴルフ・クラブ：1893年設立．ロンドン北郊のクラブでは草分け的な存在．第二次世界大戦中は田畑として使用されていた．所在地，ウッドグリーン．
　ホーム・パーク・ゴルフ・クラブ：1895年設立．1760年代に競技が行なわれたという記録もある．ハンプトン・コート・パークの南端に位置する．所在地，キングストン・アポン・テムズ．

Gordon Riots

ゴードン暴動

1780年7月2日から9日までの1週間ロンドンに吹き荒れた反カトリック暴動．広範囲にわたって多くの建物が破壊され，約300人の死者が出た．この2年前に発布されたカトリック教徒救済法に抗議するためにジョージ・ゴードン卿を先頭に，およそ5万人からなる大集団が下院に向かってデモ行進を行なったことから，騒動が始まった．議会が明確な反応を示さなかったために，群衆は暴徒と化し，カトリック教会やカトリック教徒の私邸を焼き払い，ニューゲート監獄（→Newgate Prison）に押し寄せて囚人たちを解放，監獄を焼き払った．

暴徒はその後ホーボーンのカトリック教徒の醸造業者を襲って，120万ガロンのジンが収納された地下貯蔵室を焼き，フリート監獄（→Fleet Prison）を襲って囚人たちを解放し，テムズ川南方のマーシャルシー監獄（→Marshalsea Prison），キングズ・ベンチ監獄（→King's Bench Prison）などに火を放った．彼らはさらに首相官邸のあるダウニング・ストリートを襲い，それからイングランド銀行に攻め入ろうとしたが，すでに防備が固められていて一歩も中に入ることはできなかった．このとき銀行員たちは，インク壺を溶かして作った弾丸で応戦したという．7月9日ゴードン卿は捕らえられ，大反逆に問われたが無罪放免となった．しかし，彼は他の罪で生涯の最後の5年間をニューゲート監獄で送ることになる．この騒動で逮捕された者は450名，裁判にかけられた者160名，うち絞首刑に処せられた者25名，懲役刑に服した者12名．チャールズ・ディケンズの『バーナビー・ラッジ』は，この事件に基づいて書かれた作品で，暴動の凄惨さが生々と描かれている．

Gordon Square
ゴードン・スクエア　WC1

現在では広場に面した建物の大部分がロンドン大学のもので，事実上はキャンパスの一部となっている．広場の建設は，一帯の大地主ラッセル家によって1820年代に始められ，広範囲にわたってロンドン不動産開発に足跡を残したトマス・キュービットが主要な開発元請けとなった．キュービット自身が他の場所で開発を手がけた建物との競合もあって，需給バランスが悪化し，完成はその死後の1860年代まで遅れた．そのため初期に完成した南側はジョージ朝風の端正な建物が並ぶが，最後となった東側の建物は「下品でケバケバしい」との評がある．

名称は第六代ベドフォード公爵の後妻ジョージアナ・ゴードンに由来する．家庭人としてのジョージアナには芳しくない評判が多く，義理の息子のひとりは，「我が父のワース・ハーフ」（ベター・ハーフのもじり）と呼んだ．

「ブルームズベリー・グループ」として知られた人々のなかにはこの広場に住んだものも多い．独身時代のヴァージニア・ウルフは，フィッツロイ・スクエア（→Fitzroy Square）に移るまでの，第一次世界大戦前の数年間を46番地で過ごし，そのあとには姉夫妻であるベル夫妻が引き継いで住んだ．近代経済学を革新したので知られるジョン・M・ケインズも広場に30年ほど居を構え，ロシア人のプリマドンナだった妻とロンドン社交生活を楽しんだ．偶像破壊がお得意の伝記作家リットン・ストレイチーもここで『ヴィクトリア女王』を執筆して，世間に賛否両論の渦を巻き起こした．ベル夫妻の息子クェンティン・ベルが書いた『ブルームズベリー・グループ』は，偶像破壊の迫力には乏しいが，一読したうえで広場を散策するのも一興だろう．地主一族の末裔，伯爵で有名哲学者のバートランド・ラッセルも，第一次世界大戦後しばらくここに住んでいる．ブルームズベリー・グループの同性愛はよく知られ，哲学者の性道徳も「さかりのついた猫同然」と評判だったから，広場は知的自由と性的放縦を兼ねる実験場の観を呈した時期もあったらしい．

なお，ラッセルの銅像は，この広場でもラッセル・スクエア（→Russell Square）でもなく，レッド・ライオン・スクエア（→Red Lion Square）にある．広場の南東角地に立つバー

シヴァル・デイヴィッド・ファウンデーション中国美術館はこの一角で異彩を放つ存在である．

Gore House
ゴア・ハウス

　かつてケンジントン・ゴアにあったゴア・ハウスは，19世紀前半には最も知名度の高い邸宅のひとつだったが，取り壊されて現在その跡地にはロイヤル・アルバート・ホール（→Royal Albert Hall）が立っている．このホールが面する大通りケンジントン・ゴア（→Kensington Gore）はゴア・ハウスにちなんだ名称．ゴアとは「楔」（三角地帯）を意味し，ケンジントン・パーク，ブロンプトン・ロード，クロムウェル・ロードに囲まれた楔形の地形を指した名とする説や，ゴアがゲア（泥）の訛ったもので，この付近の道がぬかるんでいたためについた名とする説などがあるが，確かなところはわからない．

　ゴア・ハウスの名を広めた最初の人は，政治家のウィリアム・ウィルバーフォースで，彼は1808年から1821年までそこに住み，「ハイドパーク・コーナーから1マイルしか離れていないのに，都会から200マイルも離れているかのように，田園生活の喜びを味わえる」と絶賛した．彼は西インド諸島における奴隷売買を禁止する法令を成立させるのに大いに貢献したが，この問題を熱心に討議したのはゴア・ハウスの図書室でだったといわれている．彼はこの邸に小ピット，トマス・マコーレーなどを招いた．

　しかしゴア・ハウスがロンドン中に知れわたったのは，19世紀社交界に君臨した美貌のブレシントン伯爵夫人がこの邸の所有者になってからだった．彼女自身才気にあふれ，社交的な女性だったから，そのサロンは常に人気の的となり，ロンドン中の貴顕，名士が競って集い合う華やかな社交場となった．その常連には，作家のウィリアム・サッカレー，ブルワー・リットン，ベンジャミン・ディズレーリ，チャールズ・ディケンズ，詩人のトマス・キャンベル，サミュエル・ロジャーズなどがいた．彼女はまた自ら小説やエッセイ，詩などを精力的に書いたが，エッセイの『バイロンとの対話』（1834）を除いて，多くは忘れ去られてしまった．1849年に彼女は多額の借財をかかえて，義理の娘婿ドルセイ伯爵とパリに脱出し，そこで失意のうちにこの世を去った．

Gospel Oak
ゴスペル・オーク　　NW3, NW5

　ハムステッド教区とセント・パンクラス教区との境界線上に立っていた有名なオークの大木およびその周辺地域で，1860年代住宅地開発のために木は切り倒された．同名の鉄道駅がハムステッド・ヒースの南東隅に近い所にある．ゴスペル（福音書）の名がついたのは，毎年キリスト昇天祭に先立つ3日間に行なわれた「教区境界の検分」という儀式に由来する．教区牧師が正装した教会関係者や村人を引き連れて，教区の境界線を検分し，その後境界線上に立っている大木（ふつうオークの木）の下で，福音書の一節を読んで聞かせる古い習慣があった．

　ゴスペル・オークというのは英国の各地にあったが，ロンドンのゴスペル・オークは，この樹の下でかつて聖オーガスティン，ジョン・ウィクリフ，ジョン・ウェスリー，ウィリアム・ウィットフィールドといった宗教界の大物が説教をしたというので，とくに人に知られている．大木の下で福音書を読んだのは，キリスト教が普及する前に，巨木崇拝の習慣をもっていた民衆の異教的伝統の名残りと考えられている．

　18世紀以前には，このあたりはただの牧草地だったが，18世紀の末ごろに，現在のゴードン・ハウス・ロードとハイゲート・ロードが交わるあたりに，数軒の家が建ちはじめた．ゴードン・ハウス・ロードが造られたのは1806年だったが，まだこの地区の発展は進まず，ゴスペル・オーク・フィールズで，毎年復活祭に，ゴスペル・オーク・フェアという市が立つのが唯一の行事といった状態が1850年代まで続いた．19世紀後半になると，ノース・ロンドン鉄道や，トッテナム・ハムステッド連絡鉄道，

ミッドランド鉄道などがこの地区に走りはじめ、新しい路線や操車場の建設で、この地区は分断されてしまった。ここに住む人は貧しい労働者ばかりで、「ゴスペル・オーク」という看板を掲げたパブの常連客は、信仰心とは縁のない喧嘩早い荒くれ男ばかりだと、心ある人を嘆かせたという。

　第二次世界大戦後、政府の住宅政策で、古い家は取り壊され、高層住宅群に変わった。

Goswell Road
ゴズウェル・ロード　EC1

　地下鉄のバービカン駅から北に延び、エンジェル駅に達する14世紀来の大通り。1371年にカルトジオ修道会が建てた修道院（チャーターハウス）によって、僧侶たちが隣村のイズリントンに行くのに便利なようにと造られたものと考えられている。この名の由来は、この地域に泉が多く、また泉は一般に庶民の崇拝の対象となっていたことから、「聖なる泉」「神の泉」などの名で呼ばれることが多く、後者の「ゴッズ・ウェル」からゴズウェルに転じたものといわれている。修道院解散令で、

チャーターハウスはその後何回か所有者が代わり、現在はセント・バーソロミュー病院（→St Bartholomew's Hospital）になっている。

　チャールズ・ディケンズの『ピクウィック・ペイパーズ』のピクウィックが下宿した家はこの通りにあったとされる。

Gough Square
ゴフ・スクエア　EC4

　フリート・ストリートの横丁、ジョンソンズ・コート、あるいはセント・ダンスタンズ・コートから奥へ入ったところにある。名称は18世紀にロンドンの羊毛商人として名をあげ、ここを所有していたゴフ一家にちなむ。そのうちのひとりリチャード・ゴフは、インドと中国との通商で大金持ちとなり、ナイト爵に叙せられた。1746年から59年までサミュエル・ジョンソンが住んでいた17番地の家はジョンソン博士記念館（→Dr.Johnson's House）となっている。

Government of Greater London
大ロンドンの行政機関

――[ロンドン・ア・ラ・カルト]――

ジョンソン博士のロンドン

　18世紀文壇の大御所といわれたジョンソン博士ことサミュエル・ジョンソン（1709-84）は、「ロンドンこそはわが領分」、「ロンドンにあきた人は人生にあきた人である」という名文句にあらわれているように、終生ロンドンに愛着をもちつづけた。彼にとって「ロンドンは人生そのもの」であり、「神が静かに眠れと命ずるまでは、私はロンドンを死守するであろう」と、知的な興味のあるものにとって「ロンドンこそはその人の住みかなり」とまで断言している。また「ロンドンの幸福は、そこに住んだことのある人でなければわからない」、「ロンドンの広さと変化は想像を絶する」ものがあって、「大通りや広場だけを見てもその広大さはわからない、無数にある小径や袋小路に入ってみなくてはね」と語っている。

　博士は人の流れの尽きないストランドの通りがお気に入りであった。そのストランドからシティへの入口に、しかも道のまん中にセント・クレメント・デインズ教会がある。「オレンジにレモン、セント・クレメンツの鐘がいう」と昔の童唄に歌われているこの教会は、イギリスで最初の辞書を編集したジョンソン博士が通ったところで、12月13日にはその記念祭典が行なわれる。教会堂の裏手に、ジョンソン博士の立像がフリート・ストリートを見下ろすように立っており、その記念碑には、「批評家―随筆家―言語学者―伝記作家―才人―詩

ロンドンは，いわゆるシティ（→City, The）とウェストミンスター市（→Westminster）を中心に発展した都市で，それぞれ独自の歴史をもち，行政も独自の機構をもっていたことから，それらを統一管轄する組織がないままであった．それを一元化し，有機的な都市機構にまとめようとする構想が実を結び，1965年に大ロンドン議会，略称GLC（→ Greater London Council）が誕生した．大ロンドンは1600平方キロあまりの面積があり，人口も約700万人を数え，東京，ニューヨークに並ぶ大都市となった．その構成はシティを中心として，それを32のロンドン・バラ（自治区）が囲むかたちをとり，バラのうち12がインナー・ロンドン・バラ（内ロンドン自治区），20がアウター・ロンドン・バラ（外ロンドン自治区）に分けられた．

　しかし大ロンドン市が機能したのはわずか20年ほどで，1986年には，大ロンドン議会が当時の首相サッチャー女史の政策に激しく抵抗したため，大ロンドン市は解体させられてしまった．これによって，ロンドンは世界の主要都市の中で，それを総括する役所をもたない唯一の都市に逆戻りしてしまった．大ロンドンの旧ロンドン市庁舎（→County Hall）は国会議事堂からウェストミンスター橋を渡った左角にあったが，現在は水族館やホテルとなっている．大ロンドン市解体後それぞれの地域の行政は，主としてシティの市役所と，バラの区役所に委ねられたが，これを補助する各種の制度が導入されて，今日に至っている．ひとつのバラの住民は15万人から30万人，4年任期の議員60人が，住宅，道路，社会福祉，ごみの収集，道路の清掃，街灯，教育などの問題を処理している．

　教育については1965年に大ロンドン市が発足した当時，インナー・ロンドン・バラは独自の「インナー・ロンドン教育委員会」（→Inner London Education Authority）を設置し，これがインナー・ロンドンの教育を総括していたが，大ロンドン市解体後もこの教育委員会は1990年まで活動を続けた．その後はインナー・ロンドン・バラもアウター・ロンドン・バラと同じく，各バラ毎に教育を担当することになった．

　保健衛生に関する行政は全国的な規模をも

人―道学者―劇作家―政論家―座談家（トーカー）」と，大博士の全貌が分析されている．

　ジョンソン博士の立像からセント・ポール大聖堂のドームに向かってフリート・ストリートを東に進むと，右手にウェディング・ケーキという愛称で有名なクリストファー・レンの尖塔のあるセント・ブライド教会の前に来る．その手前左側の横町に，当時小説家のオリヴァー・ゴールドスミスも通ったという「古きチェシャー・チーズ亭」というパブがある．この細い横丁の左手にある狭いゴフ・スクエアの一角に，博士が愛した屋根裏部屋のあるジョンソン・ハウスが残っている．スコットランド出身の6人の筆耕を雇って，日毎の「無害な骨折り仕事」である辞書の編集は，3年で仕上げるはずのものが，5年になり7年と延びるあいだに，博士は18歳も年上の妻を失った．「おお神よ，今日まで我を援け給いし神よ，願わくば我をしてこの仕事を続けさせ給え」と，悲痛な祈りを捧げた屋根裏部屋が寒々としてその昔を偲ばせてくれる．博士は1749年からおよそ10年間ここに住み，やがてステイプル・インに移り，最後はボルト・コートの家（いまはない）でこの世を去った．

　博士は自らをクラッバブル（クラブ員にふさわしい）と呼んで，ストランドにあった「トルコ人の頭亭」というコーヒー店をクラブの会合所にしていた．ジョンソン・ハウスの入口にある「古きチェシャー・チーズ亭」にも，おそらくよく通ったことであろう．博士がいつも座っていたという座席に記念額があり，ジョシュア・レノルズによる肖像画もかかげられている．2階の一室にはジョンソンの辞書やゴールドスミスが愛用したというクレイパイプも飾ってある．

つ国民保健サーヴィスの管理下にあり，大ロンドン市は4つの「地方保健委員会」の管轄区域に分けられている．しかし実際に保健業務を担当するのは，その下部組織に当たる各地区の地区保健委員会である．

上下水道もかつてはGLCの事業だったが，現在はテムズ水域管理局がこれに当たっている．事業全体はテムズ川の護岸工事実施や，テムズ・バリアを管理する全国河川委員会の監督下におかれている．

警察関係では内務大臣の管轄下にある首都保安委員会が大ロンドン市の治安維持に当たっているが，古い歴史をもつシティ当局だけは，独自のシティ警察（→City of London Police）という警察組織をもっている．

電気・ガスは1948年に国営化されたが，その後民営化して現在に至る．消防はGLC解体後はロンドン消防委員会が仕事を引き継いだ．清掃業務は各バラが任意または政令によって改組した16の委員会によって引き継がれた．また交通についてはGLCから1984年国営化され，管理業務は現在のロンドン交通公団に移管された．

Gower Street
ガウアー・ストリート　WC1

トッテナム・コート・ロードの東側を並行して走る大通り．通りの名はこのあたりを所有していた第四代ベドフォード公爵の妻レヴソン＝ガウアーにちなむ．この界隈はもともと原野で，決闘がしばしば行なわれたことで知られている（→Field of the Forty Footsteps）．

通りの東側に，ユニヴァーシティ・コレッジがあり，西側にユニヴァーシティ・コレッジ病院がある．

この通りの7番地（当時87番地）にはJ.E.ミレーが住み，1848年にD.G.ロセッティやW.H.ハントらとともに「ラファエル前派」を結成した．その向かい側にはオットリン・モレルが住んでいたが，ガウアー・ストリートの東のゴードン・スクエアはクライヴ・ベルやサー・レズリー・スティーヴンなどの家があり，ブルームズベリー・グループの本拠地であった．

110番地にはチャールズ・ダーウィンが1838年から42年に住んだ．その他文人・芸術家にもゆかり深く，アントニー・ホープ(14番地)，キャサリン・マンスフィールド，J.M.マリ，J.M.ケインズ，などがこの通りに住んだ．また，夏目漱石は英国滞在の最初の2週間を76番地に下宿した．

GPO
→General Post Office

Gracechurch Street
グレイスチャーチ・ストリート　EC3

イーストチープの西端から北にのびる通り．ここのオール・ハローズ教会は，正式名をセント・ベネット・グラス教会といったが，一般にグラス・チャーチと呼ばれていた．これが転じて現在のグレイスチャーチとなった．この教会は格式が高く，以前はエリザベス一世の記念碑があったそうだが，ロンドン大火ですべて焼失し，再建されたのは1685年だった．

またこの周辺は，遠くローマ時代にも開けていたらしく，ローマ人のものと思われる壺，ブロンズ製品，柩などがこの通りから出土している．中世には，この通りはマーケットとして栄え，小麦や大麦やチーズなどの商品の取引きが盛んであったという記録が残っている．隣接するホワイト・ハート・コートにはロンドン最初のクエーカー教徒の集会場があった．

『ジョンソン伝』の作者ジェイムズ・ボズウェルはこの通りの南，フィッシュ・ストリート・ヒルに聳え立つ61メートルのロンドン大火記念塔(→Monument, The)に1762年に初めて登ったときのことを書き残している．生来高所恐怖症だった彼は，頂上の展望台に立っても恐ろしくて周りを見るどころではなかったらしい．重い荷馬車が通るたびに，巨大な塔が崩れ落ちるのではないかという恐怖で，震えがとまらなかったという．

Grafton Street
グラフトン・ストリート　W1

ロンドンの高級ショッピング街のひとつニュー・ボンド・ストリートに接する小路．すぐ南には，ピカディリー大通りが走る．

もともとロンドン市が所有していたこのあたりの土地を，1667年にクラレンドン伯爵エドワード・ハイドが借り受け，豪壮なマンションを建てて住んだ地域で，昔は野原だった．やがて伯爵は莫大な維持費とその資金の出所を疑われたのに耐えかねて，その邸宅を手放さざるをえなくなった．その後，跡地は住宅用に開発されていくが，18世紀初頭になって第二代グラフトン公爵がこの道路を含む地域を買い取って，環境保全に努めた．

やがて代が変わる18世紀後半になると，大きな家が建ちはじめ，道路も整備されるに至った．現在の道路はそのひとつである．第三代グラフトン公の邸宅であった3番地から6番地の建物は今も残っていて，堂々たるトスカーナ式の玄関と装いを凝らした内部の階段は圧巻だが，現在は事務所棟となっている．

いまでこそ事務所や高級店がめだつこの通りだが，グラフトン公の縁者以外にもさまざまな知名人が住んだことがあった．軍人政治家でアメリカ独立戦争時に英軍を率いたチャールズ・コーンウォリスが16番地に居を構えていたし，ジョージ三世のアメリカ植民地政策に異を唱えた野党政治家C.J.フォックスも1780年代にこの通りに住んでいた．スコットランド出身の政治家で，『エディンバラ・レヴュー』誌の創刊に加わったヘンリー・ブルーム卿が4番地に，同じ政治家でこの雑誌の編集に携わったジョージ・ルイスが21番地に住んでいた．

ロンドンの劇場支配人で俳優でもあったヘンリー・アーヴィングは，この通りの住人として30年近くも15a番地に暮らしていた．

Grand Junction Canal
グランド・ジャンクション・カナル

ロンドンからミッドランド地方に通じる幹線水路だった運河．1800年にキュー・ガーデンズの西のテムズ川対岸にあたるブレントフォード地区から，オックスフォード・カナルのブロンソンまでが開通し，この運河の幹線部分が形成された．これにより，ロンドンからはるか上流のオックスフォードを迂回せずに，テムズ川と内陸のミッドランド地方とが水路で結ばれることになった．つづいて，ロンドン市内のパディントンから，西のアックスブリッジ地区付近でこの幹線と結ぶ，パディントン・アームという支線水路が開通した．さらに1820年になると，リージェンツ・カナル（→Regent's Canal）が開通し，テムズ下流のライムハウスから，ロンドンの北部を経て，内陸のバーミンガムなどに至る大水路が形成されることになった．

19世紀の半ばころには，輸送業務で鉄道と競い合うほどの盛況を呈したこともあったが，1929年には，各地の運河とともに，グランド・ユニオン・カナル（→Grand Union Canal）の一部分として，それに統合されることとなった．
→Canals

Grand Union Canal
グランド・ユニオン・カナル

この名がつく運河には，新旧2つがある．最初のものは，1814年に，グランド・ジャンクション・カナル（→Grand Junction Canal）とレスターシャー・カナルとノーサンプトンシャー・カナルとが合体したときにつけられた名称である．これが1929年になると，さらにリージェンツ・カナル（→Regent's Canal）や中部各地の諸運河とも合体して，新たなグランド・ユニオン・カナルが形成された．この運河のパディントン駅に近い一角は美しい水の風景をヴェニスになぞらえてリトル・ヴェニス（→Little Venice）と呼ばれる．

この新会社は政府の資金援助を得て，壮大な近代化計画を立て，オックスフォードシャー州のブロンソンからバーミンガムに至る狭隘な既存水路の拡幅や浚渫などの工事を進めた．しかし，政府の補助金を使い果たしても，大型船の航行を可能にするはずの当初の計画は達成されず，運河は衰退し，現在では

313

若干の水域で，部分的に遊覧用ボートや荷運搬の小舟の運航が見られるにすぎない．
→Canals

Grapes Inn
グレイプス・イン
Narrow Street, E14

　16世紀以来のテムズ河畔の古いパブ．ドックランズの倉庫街の細い横丁にある．ブドウはワインとの関係で，古くから酒亭の看板に描かれている．この付近は18世紀のダニエル・デフォーの時代から無法地帯で，19世紀になってチャールズ・ディケンズの小説でも犯罪の舞台として描かれているが，このブドウ亭はディケンズの『われらの互いの友』の居酒屋「6人の愉快な人夫仲間」のモデルになっている．バーを通りすぎると，奥に「ディケンズの部屋」という小部屋があって，ヴェランダ風にテムズ川に突き出しているから，満潮時にはまさに浮船の宿となって眺めがよい．ディケンズは小説で「水腫症にかかった居酒屋」と表現している．「水気をたっぷり吸って水ぶくれになった」酒場というわけであるが，これは表通りからはわからない．そのディケンズ・ルームから下をのぞくと，テムズの川床が黒々として見える．建物の土台の木材もいまにも朽ち落ちるかと思われるほど川水に浸食されている．そのヴェランダから垂直に鉄の梯子がかかっていて，干潮時には川床に降り立つことができる．危険を覚悟で川床に立ってみると，なるほど水腫症にかかったようなブドウ亭の本当の姿をながめることができる．

　ディケンズの小説によれば，この酒場の目玉商品はフリップという酒で，ビールにブランデーを混ぜて，鶏卵に香料と砂糖を加えて温めた飲み物で，この甘味のある芳醇な酒が，女教師でもあるこの店のおかみ「ミス・アビー・ポッター」の自慢であったという．また「犬の鼻」（ドッグズ・ノウズ）というジン酒とエールを混ぜた酒も売っていた．いずれも早朝の飲み物で，ドックの船員たちのために早朝から開店する特許が与えられていた．

Gray's Inn
グレイズ・イン　WC1

　地下鉄ホーボーン駅に近い．ハイ・ホーボーンの大通りをへだてて，リンカーンズ・イン（→Lincoln's Inn）の北側にあり，ロンドンの4法学院のひとつ．すでに14世紀に法律関係者の集団がここにあったとされ，グレイ・オヴ・ウィルソン卿の屋敷の一部を賃借して発足したのが今日の母体となった．ホール（1556），図書室（1738．増改築1841），礼拝堂（1315．17, 19世紀にたびかさなる増改築，それに戦後の復元工事），レイモンズ・ビルディングズ，ヴェルラム・ビルディングズ（1803-11）などの建物が，この法学院を構成する主要な建物である．いずれも長い年月のうちに修復，増改築を繰り返しながら，今日に至るが，とくに第二次世界大戦ではドイツの爆撃により大きな被害を受けた．

　ホールはグレイズ・インの諸活動の中心となる場所である．シェイクスピアのパトロンであったサウサンプトン伯爵がここのメンバーであった関係で，1594年，《間違いの喜劇》が初演された．ホールにはエリザベス一世，チャールズ一世と二世，ジェイムズ二世，フランシス・ベーコンとその父ニコラスなどの肖像画がある．

　ハイ・ホーボーンに面したゲートハウス（1688）には，詩人ジョン・ドライデンやアディソンの著作を出版した，ジェイコブ・トンソンの経営する書店が長いあいだあった．ゲートハウスを抜けると，サウス・スクエアに出る．

　グレイズ・インには4つの中庭がある．ホールと礼拝堂の南側にサウス・スクエア，北側にグレイズ・イン・スクエアがある．その西にあるのがフィールド・コートである．またレイモンズとヴェルラムの2つの建物にはさまれたのがグレイズ・イン・ウォークスである．ここは多くの政治家，文人に愛され，上流人士，貴婦人のお気に入りの散策の場，社交の場としてもてはやされた．同時にいささかうさん臭い女性も出没する場所でもあった．『ロンドン，昔と今』の著者H.B.ウィートリーも「ハイゲートやハムステッドの丘をなにも遮られ

ることなく見渡せる眺めはもうとうの昔に失われてしまったが、それでも芝生は青々として、楡の木は鬱蒼と茂り、心地よい緑陰の散歩道はかつてとかわらない」と書き残した．

サミュエル・ピープスも幾度となくここを訪れて、日記に記録した．「その足でグレイズ・イン・ウォークスへ出向く，もちろんひとりで．散策する美しいご婦人方の姿にお目にかかれてすこぶる満足」(1661年6月30日)．「礼拝をすまして、妻が服を作るというので、上流貴婦人の流行を観察しに、妻と2人でグレイズ・インへ行く」(1662年5月4日)．「グレイズ・イン・ウォークスへ行くと、いままで何回も会ったことのある美しいご婦人を見かけてすこぶる満足」(1662年8月17日)．19世紀になっても同庭園はいぜんとして魅力を失わなかったらしく、チャールズ・ラムは『エリア随筆集』で、東側に建った無骨なヴェルラム・ビルディングズを嘆きながらも、「法学院中いぜんとして最も美しい庭園」と称賛した．

グレイズ・インに関係が深い最大の人物は16世紀から17世紀の随筆家・哲学者・政治家・造園家であったフランシス・ベーコンである．彼はグレイズ・イン・ウォークスの設計者である．この偉人を記念した像(1912)がサウス・スクエアの中央に立つ．また14世紀の裁判官として高等法院長を務めたサー・ウィリアム・ガスコインはシェイクスピアの『ヘンリー4世，第2部』に同名で登場する人物のモデルといわれる．ほかに16世紀の金融業者・貿易商・女王財務顧問だった、「グレシャムの法則」で有名なサー・トマス・グレシャム、トマス・クロムウェル、アイルランドの政治家ダニエル・オコンネル、エリザベス朝の詩人・武人サー・フィリップ・シドニー、ロバート・サウジーなどがこの法学院ゆかりの人物である．チャールズ・ディケンズは少年時代に、ここの法律事務所に事務員として務めたことがある．
→Inns of Court

Gray's Inn Road
グレイズ・イン・ロード　WC1

ロンドンの四大法学院のひとつ、グレイズ・イン(→Gray's Inn)の東側を走る通りで、ロンドン北部からシティへ通じる重要な古くからの道．19世紀末に狭い道路の東側を拡幅して、今日の道幅になった．

グレイという名は、15世紀にこの法学院の邸を所有していた貴族グレイ・オヴ・ウィルトンにちなんでいる．グレイズ・インに学んだ名士の代表はフランシス・ベーコンだが、このほかにサー・ウォルター・ローリー、フィリップ・シドニー、それにロバート・サウジーも一時この法学院に学んだ．

15歳のチャールズ・ディケンズが事務員として勤めたのも、ここにあった法律事務所だった．ディケンズの作品『デイヴィッド・コパーフィールド』の主人公とドーラが住んでいたのもこの通りだった．ヘンリー・フィールディングの作品にも、この通りはたびたび登場するが、とくに印象的なのは、『トム・ジョーンズ』の主人公が恋人のソファイアに会いに上京したときの場面である．おいはぎに危うく身ぐるみはがされかかったあとで、やっとたどりついたのがグレイズ・イン・ロードだった．トムは恋人の家を探しだすことができずに、その晩はホーボーンのブル・アンド・ゲイト亭に泊まった．

通りの東側に立つ重厚な建物はもともと王立施療院(→Royal Free Hospital)だったところで、これは外科医ウィリアム・マーズデンの博愛精神が実を結んだものだった．現在この病院はハムステッドに移っている．

Great College Street
グレイト・コレッジ・ストリート　SW1

有名なパブリック・スクール、ウェストミンスター・スクール(→Westminster School)の南側の境界沿いを走る通り．この通りは1720年代はじめに建設されたが、その名は同校にちなむという説と、1791年に通りの西側に設立された王立獣医大学からきているという説がある．

この通りに関係のある文人に『ローマ帝国衰亡史』で名高いエドワード・ギボンがいる．彼の叔母ポーター夫人は近くのウェストミン

スター・スクールの学生相手の下宿屋をしていたが，彼もその家に数年間住んでいたことがある．若き詩人ジョン・キーツも，ファニー・ブローンへの熱い想いを断ち切ろうとして，1820年10月16日にこの通りの35番地の下宿屋に移り，そこから数通の手紙を出している．

Great Eastern Hotel
グレイト・イースタン・ホテル

Liverpool Street, EC2

リヴァプール・ストリート駅の南隣りにあるホテル．1884年，シティの最初のホテルとして営業を開始．ガラス張りのドームをもつレストランが人気をよんだ．客室数163．鉄道・地下鉄のリヴァプール・ストリート駅が近い．

Greater London
大ロンドン

19世紀半ばまで，ロンドン都市圏には約300にのぼる自治体や行政機関が統一のとれないまま存在していたが，1855年ロンドン都市建設局が設置されて小自治体の統合が進むとともに，295平方キロにおよぶ地域の下水・堤防などの建設・管理が行なわれた．次いで1889年，これを継承・改組するかたちでロンドン市議会(→London County Council)が生まれ，選挙によって選ばれた代表が議会に集まり行政にあたった．20世紀はじめには都心から8-13キロであった郊外は，1940年代にはその2倍，60年代にはミドルセックス，エセックス，ハートフォードシャー，サリー，ケントの隣接地域にまで広がり，300万人を擁する大ロンドン圏の都市開発は急務となった．

この肥大した大ロンドン圏の行政機関として，1965年4月，大ロンドン議会(→Greater London Council)が設置された．32の自治区から選ばれた92名の代表による議会が開設され，建設，交通，下水，雇用，消防，公園設備，文化福祉などの事業をはじめとするさまざまな都市行政を管轄した(シティはここから独立している)．しかし，この大ロンドン議会はサッチャー政権下において行政改革の対象とされ，1986年3月末をもって廃止となり，それぞれの事業は各自治区が独立して行なうことになった．

大ロンドンは，人口約700万人，面積1600平方キロあまり，シティと12の内ロンドン自治区(Inner London Boroughs: Camden, Greenwich, Hackney, Hammersmith and Fulham, Islington, Kensington and Chelsea, Lambeth, Lewisham, Southwark, Tower Hamlets, Wandsworth, City of Westminster)，および20の外ロンドン自治区(Outer London Boroughs: Barking and Dagenham, Barnet, Bexley, Brent, Bromley, Croydon, Ealing, Enfield, Haringey, Havering, Harrow, Hillingdon, Hounslow, Kingston-upon-Thames, Merton, Newham, Redbridge, Richmond-upon-Thames, Sutton, Waltham Forest)の，全32区よりなる．シティは6000人弱，各自治区は14～33万人の人口を擁している．
→Boroughs, Government of Greater London

Greater London Council
大ロンドン議会

20世紀になってロンドンの市街化地域は，シティ自治会(→Corporation of London)の管轄範囲を大幅に超え，旧ミドルセックス州を取り込み，エセックス，ケント，サリー，ハートフォードシャー各州の一部を吸収するに至った．そこで都内行政区を再編し，それまであった約70の地方行政区を32の新しい自治区に統合し，大ロンドン議会を設けて，そこで1965年4月1日より新しい業務を開始した．議会はウェストミンスター橋南詰めの旧ロンドン市庁舎(→County Hall)に置かれ，4年ごとに改選する92名の議員よりなり，国レヴェルと同じく保守・労働の2党に分かれ，議長は多数党から出した．面積1600平方キロ，人口700万人をかかえる行政機関で，都市計画，交通規制，消防施設，住宅建設，下水，環境衛生，娯楽営業の許可など，広範な業務の立案と実施にあたった．図書館・公園の管理はそれぞれの自治区議会の手に残り，また，警察業務は，独自の警察機関を有する

シティ(→City, The)をのぞき、スコットランド・ヤード(→Scotland Yard)が大ロンドン全域を管轄下に置いた.

しかし、サッチャー政権下における行政改革の一環として、1985年制定の政令により大ロンドン議会は廃止され、翌年4月1日よりその機能は32の自治区に委譲された.
→Boroughs, Greater London

Great Exhibition
万国博覧会

正式名称は「1851年万国産業製作品大博覧会」(Great Exhibition of the Works of Industry of All Nations, 1851). 1851年5月1日から10月15日までのあいだに、ハイド・パークで開かれた世界最初の万国博覧会である. 直接の発案者であり、かつその実現に向けて精力的に動いたのは、当時ロンドンの記録保管所の館長補佐の職にあったヘンリー・コールであった. すでに恒例になっていた国内レベルでの博覧会を国際的規模の博覧会に発展させるというコールの提案は、早速ヴィクトリア女王の夫君アルバート殿下の賛同を得たが、両者のあいだにその話し合いがなされたのは1849年6月末. そして万国博開催に向けてアルバート殿下を総裁とする王立委員会が組織されたのは、1850年1月に入ってからであった. 1851年5月1日開会にもっていくには、時間的な面からだけでもかなりのリスクがかかっていたのである. 加えて資金調達の難問題もあったが、最大の障害は、住民・ジャーナリストをあげての反対キャンペーンと、会場設計の問題であった.

会場となる建物の設計コンペティションには254人もの参加者がいたが、該当作品なしということでいよいよ事態が緊迫化しかけたところへジョーゼフ・パクストンが現われた. パクストンは、庭師上がりの文字どおりの「自助の人」だが、デヴォンシャー公爵の絶大な信頼を受けて、公爵の全屋敷の管理を任されていた. ミッドランド鉄道の重役の職にもついていた. その彼が温室づくり、とくに「ヴィクトリア・レギナ」と名づけられたギアナ産の大睡蓮(鬼バス)の栽培のために考案した温室づくりの経験を活かして、鉄骨ガラス張りの建物の設計図をもって登場したことによって、事態は急速に進展した. のちに水晶宮(→Crystal Palace)と称せられるようになるこの斬新な建物の模型図が『イラストレイテッド・ロンドン・ニュース』(1850年7月6日)に発表されると、民衆の間に大歓迎の声がわき起こり、万博開催反対キャンペーンの先頭に立っていた『パンチ』も一転して好意的になり、「水晶宮」の名を贈るまでになった. 1851年3月初旬に、ガラス宮殿水晶宮は、ハイド・パークにその威容を現わした. そして予定通り5月1日、開会式典が行なわれた.

この万博における出品者(社)の数は13,937、そのうち大英帝国が7,381、諸外国が6,556を占める. 出品点数は全部で10万を超えた. それらの出品物は(1)原料、(2)機械、(3)織物、(4)金属・ガラス製品・陶器等、(5)雑製品、(6)美術の6部門に分類されたが、なかでも機械部門は注目を集めた. この部門には最も評判の高かったアメリカ渡来の「マコーミック自動刈入機」をはじめとする農耕機のほかに、当時としては画期的な封筒製造機や、諸種の機関車、実戦用の鉄砲・軍艦から「ヒルの代用になる」瀉血器、「銀製の人工鼻」といった珍医療機器などが含まれていた. また、美術部門では猛獣との決闘の瞬間をとらえた騎馬《アマゾン》像が人気を博したが、《ギリシアの奴隷》や《海獣にさらわれたアンドロメダ》のような女性裸体像が多く陳列されて注目をあびた.「美観」という点で圧巻だったのは、製造部門に属するフォレット・オスラー作の「水晶噴水」である. 4トンのクリスタルガラスで造られ、全長約8メートルの高さをもって3層の噴水盤から水が落下するこの水晶噴水は、まさに万国博のシンボルとして見学者を魅了した.

もうひとつ、豪華さをもって人々を驚嘆させたのは、「コイヌール」ダイアモンドであった. 106カラットもあるこのインド産のダイアモンドは、女王に献上されたイギリス王室の宝物となっていたが、万国博期間中は鳥籠に

似た箱に入れて会場に展示された.

　1851年の万国博は,予想以上の成功を遂げた.会期中の入場者は600万人を超え,186,437ポンドの収益をあげた.万国博終了後水晶宮はシドナム(→Sydenham)に移されることになったが,王立委員会は収益金を「科学と美術に関する知識を増進し,それらを生産業に適用する」ために有効に投入できる事業を起こす計画に着手した.その結果,サウス・ケンジントンに35.2ヘクタールの土地を購入し,ヴィクトリア・アンド・アルバート博物館,科学博物館,自然史博物館,地質学博物館,インペリアル・コレッジ・オヴ・サイエンス,テクノロジー・アンド・メディスン,王立芸術コレッジ,王立音楽コレッジなどが設立された.またロイヤル・アルバート・ホール(→Royal Albert Hall)も万国博の収益金から生まれた文化遺産のひとつである.

Great Fire
ロンドン大火

　およそ7万人もの死者を出したロンドン大疫病(→Great Plague)がようやく治まりかけたとき,ロンドンは大火の災害に見舞われることになった.1666年9月2日午前2時少し前,プディング・レイン(→Pudding Lane)にあったパン屋トマス・ファリナー方から出た火は,その後まる4日間燃えつづける大火となった.その間にシティの約5分の4が焼け落ち,84の教会,44の同業組合会館と1万3200戸の家屋が焼失,王立取引所や税関は全滅,ギルドホール,セント・ポール大聖堂,ブライドウェル矯正院,フリート監獄,ラドゲート,ニューゲート,オールダズゲート,インナー・テンプル,クライスツ・ホスピタルなどに甚大な損害が及んだ.廃墟と化した地域は,シティだけで151ヘクタール,シティの外でも25ヘクタールに及んだ.これによって中世ロンドンの姿は完全に消滅,約10万人が住む家を失った.奇跡的にも死者は8人どまりであった.大火の模様はピープスの日記に生々しい.「さながら血のごとく赤き炎の海にて…教会も民家もたちまち火を発して炎に包まれた」(1666年9月2日)とある.

　災害がこれほどひどくなったのには,いろいろな理由があった.まずは出火地点近くのテムズ・ストリートに獣脂,油,酒類を収めた倉庫が建ち並んでいて延焼が早かったこと.第2は強い東風が火勢を増したこと.ロンドン大疫病は東へ向かって広がったが,大火は東から西へ広がった.第3はロンドン市長サー・トマス・ブラドワースの無策ぶり.彼がいち早く事の重大さを認識し,打つべき手を打っていたなら,被害は大幅に縮小できたはずである.まがりなりにも消火活動が開始されたのは,出火後3日目になって,サミュエル・ピープスの知らせを受けた国王が,弟のヨーク公に陣頭指揮を取るように仕向けてからのことであった.

　大火が治まったあと,ムアフィールドやロンドン市壁の北側の空地に被災者避難所が造られた.ハイゲートやイズリントンあたりに収容された市民は,20万人にものぼったといわれる.国王自らが先頭に立って救援活動が行なわれた.1週間後,ジョン・イーヴリンは日記に「再び焼跡を訪れた.もはやこれはシティではなくなったのだ」と記した.

　その後,ロンドン大火はカトリック教徒の陰謀によるものだという風説が流れ,捕らえられたパン屋の主人もついに教皇のスパイであったことを「自白」して処刑された.大火を記念して建てられた「モニュメント」(→Monument, The)の記念文には,1681年に「されどかの恐るべき禍をもたらしたカトリック教徒の狂暴はいまだに消えず」との一文が付け加えられたが,1831年に消去された.

Great George Street
グレイト・ジョージ・ストリート　SW1

　ブリッジ・ストリートを経て,ウェストミンスター・ブリッジに至る道路.反対方向はセント・ジェイムジズ・パークへと通じる.かつて「ジョージと竜」という看板を掲げていた宿屋の敷地だったことから,その名がある.ちなみに Great は「立派な」というような意味ではなく,近くに Little を冠した同じような道路

ロンドン大火による焼失域 (1666)

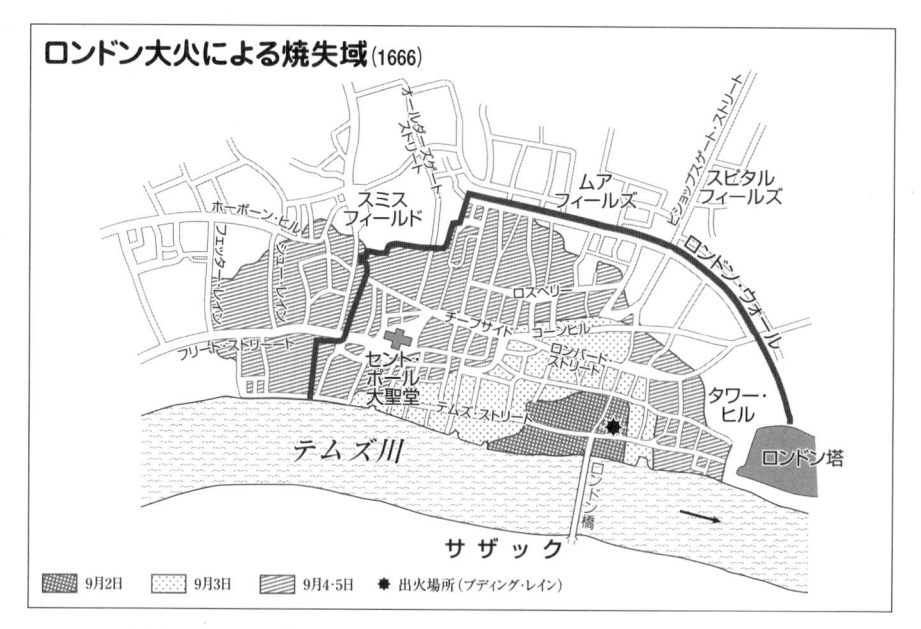

地図凡例:
- 9月2日
- 9月3日
- 9月4・5日
- ★ 出火場所（プディング・レイン）

地図上の地名: ホーボーン・ヒル、ムーアゲイト・ストリート、ビショップスゲイト・ストリート、スミスフィールド、ムーアフィールズ、スピタルフィールズ、フリート・ストリート、ロスベリ、チープサイド、コーンヒル、セントポール大聖堂、ロンバード・ストリート、テムズ・ストリート、タワー・ヒル、ロンドン橋、ロンドン塔、テムズ川、サザック

があって，区別するために用いられた．

ウェストミンスター橋が完成したころから，この通りには立派な家々が建ちはじめ，著名な人々がここに移り住んだ．詩人のマシュー・プライアーは1706年から11年までここに住んだ．また同じく詩人のトマス・ムーアはアイルランドから上京したときと，その後ベリー・ストリートから移ってきたときに，85番地に住んだ．このころムーアは紀元前6世紀のオードを翻訳した『アナクレオン』(1800年)を皇太子ジョージに捧げ，友人バイロンから「アナクレオン・ムーア」という別称をもらった．彼の銘板は，1963年にベリー・ストリートから，この通りの85番地に移された．

グレイト・ジョージ・ストリートといえば思い出されるのは，詩人のバイロン卿である．ギリシアの独立を支援してミソロンギで病死した彼の遺体は，フロリダ号に乗せられてテムズ川をさかのぼり，ウェストミンスターの船着場からグレイト・ジョージ・ストリートのサー・エドワード・ナッチブルの家に運ばれた．友人たちは遺体をウェストミンスター・アビーのポエッツ・コーナーに埋葬してもらいたいと希望していたが，この要望が容れられなかっ

たため，ナッチブル家に2日間柩を安置したあと，ノッティンガムシャー州に運ばれた．ニューステッド・アビーの彼の屋敷に近いハックナル教会がバイロン埋葬の地である．19世紀の人気作家フレデリック・マリアットもこの通りで亡くなっている．

最初(1857)にナショナル・ポートレート・ギャラリー(→National Portrait Gallery)が建てられたのは，このグレイト・ジョージ・ストリートの29番地だった．

Great James Street
グレイト・ジェイムズ・ストリート　WC1

グレイズ・インに近く，シオボールズ・ロードから北に折れる路地．この道の東側にはコックピット・ヤードと呼ばれる路地があり，以前はグレイズ・インの法学生たちが，大勢集まって闘鶏見物を楽しんだ所という．

この道に関係が深い文人はアルジャーノン・スウィンバーンで，1872年から75年までと77年から78年までの2度にわたって3番地に住んだ．1875年，彼の「質素ながらも優雅な」生活の場を，フランスの詩人ステファーヌ・マラルメに紹介したのは，友人エドマンド・ゴス

だった．このとき，スウィンバーンはマラルメが訳したポーの『大鴉』を見せられ，その「ほとんど奇跡的な美しさ」に感動したという．スウィンバーンの親友ワッツ=ダントンも，1872年から73年まで，すぐ近くの15番地に住んでいた．レナード・ウルフ夫妻，T.S.エリオットも一時この通りの住人だった．

Great Marlborough Street
グレイト・モールバラ・ストリート　W1

　オックスフォード・サーカスに近く，リージェント・ストリートから東にのびる道路で，18世紀当時はヨーロッパで最も美しい通りのひとつと評されていた．

　通りの名は，サー・ウィンストン・チャーチルの祖先にあたる初代モールバラ公爵にちなんでつけられた．1704年にブレンハイムの戦いでフランス・バイエルン連合軍を破ったこの将軍は，当時人気絶頂の英雄で，ロンドン市内だけでも，モールバラ・ストリート，モールバラ・ロード，モールバラ・プレイスなどの道路，ブレンハイムの英語音ブレナムを冠したブレナム・ロードやブレナム・テラスなどが登場した．この通りにグレイトの名がついたのは，この通りに立ち並ぶ邸宅が堂々としていて風格があったためとされている．公爵は戦功によって，壮大なブレナム宮殿をウッドストックの地に与えられた．

　グレイト・モールバラ・ストリートとアーガイル・ストリートが出会うあたりに，18世紀の奇人のひとり，ヘンリー・キャヴェンディッシュが住んでいた．化学者，物理学者として当時第一級の学者だったが，徹底した人間嫌いで，その奇行ぶりは，ジョン・ティムが書いた『イギリスの変人とその奇行録』に取り上げられるほどだった．それによると，彼は毎週木曜日に英国学士院で食事をする以外，一切外出をせず，彼の関心事はいかに他人に会わずに過ごせるか，ということだったという．自分の相続人と会う時間も，1年1回数分間に制限するし，食事の注文は，毎朝広間のテーブルの上にメモを置くだけだったという．彼には莫大な遺産が入ったが，服装はいつもみすぼらしかった．彼は「哲学者のなかで最も金持ちで，金持ちのなかで，最も哲学的な男」と称された．

　この通りとリージェント・ストリートが交わる角に，老舗の百貨店リバティがある．

Great Newport Street
グレイト・ニューポート・ストリート
WC2

　地下鉄駅レスター・スクエアに近く，チェアリング・クロス・ロードとモンマス・ストリートにはさまれた繁華な道．この界隈では最初に敷かれた道路のひとつで，道路名はいまのリトル・ニューポート・ストリートに館があったニューポート伯爵の名に由来している．

　17世紀初頭にこの道路ができたあと，第二代ソールズベリー伯爵がサセックスの小地主に土地を貸し与えたころから家が建ちはじめ，時とともに莫大な資金が投じられ開発されて，18世紀にはにぎやかな通りになり，名士に交じって芸術家たちも住みはじめた．

　ジョンソン博士の友人でもあった画家のレノルズは現在の10-11番地に当たる家にほぼ7年暮らしていたし，隣りにはピーター・ピンダーの筆名で知られる風刺作家ジョン・ウルコットが住んでいた．ほかに，ドイツ生まれの画家ヨハン・ゾファニー，肖像画で知られるジョージ・ロムニーも18世紀のこの通りのしばしの住人だった．陶芸家ウェッジウッドは，この道とアッパー・セント・マーティンズ・レインとの角に一時ショールームをもっていた．

Great North Road
グレイト・ノース・ロード　N2, N6

　地下鉄イースト・フィンチリーに近い道路で，ロンドンから北に通じるA1000のもっともロンドン寄りの部分．A1から分岐する．ローマ時代にはヨークに通じる幹線道路は現在のA10に沿っていたと考えられるが，のちに他のルートも平行して拓かれ，14世紀にはハイベリー・ヒルを越えてフィンチリーを経由，ウェットストーンに通じる街道があらたに整備された．この古い街道がほぼ現在のA1000

にあたるが，A1000はもともとA1の一部であった．それがA1の新道が整備された際，旧道となった部分がA1000として独立した．

Great Ormond Street
グレイト・オーモンド・ストリート　WC1

　地下鉄ラッセル・スクエアの南側，クイーン・スクエアからミルマン・ストリートに達する通りで，18世紀当時は立派な家が立ち並び，政府の高官など，名士が好んでここに住んでいた．名前の由来は，アイルランド王党派軍の指揮官で，王政復古後オーモンド公爵に叙せられたジェイムズ・バトラー将軍にちなんだものと考えられている．

　この通りに面して，現在小さなスクエアになっているパウイス・プレイスは，かつてパウイス・ハウスが建っていた場所．この館は第二代パウイス侯爵によって建てられたのだが，その後所有者が変わり，フランス大使館として使われた．ところが，1714年の1月，この邸が不審火で全焼するという事件が起きた．建物に保険がかけられてはいたが，当時のフランス王は家臣の不始末による出火に対して，保険金に頼るのをいさぎよしとせず，すべて王自身のポケット・マネーで立派に建物を再建したという．再建された壮麗なパウイス・ハウスの屋上には池が造られ，不時の火災に備えて水をいつもたたえさせていたという．この建物はのちにスペイン大使館として使われたりしたが，18世紀末に取り壊された．

　45番地には，18世紀当時有名な大法官サーロウ卿が住んでいたが，1784年の3月，何者かが邸内に忍び込み，彼が保管していた銀製の国璽を盗むという事件が起きて，大騒ぎになった．新しい国璽をつくるのに1年を必要としたので，その間イギリスの国政がひどく停滞したという．

　この通りで一番めだつ建物は小児科病院（→Hospital for Sick Children）で，1851年に創設された．この設立に熱心な支援者のひとりに，小説家チャールズ・ディケンズがいた．パウイス・プレイスの西側に石造りのロイヤル・ロンドン・ホメオパシック病院（治療すべき疾患と同様な症状を健康人に起こさせる薬物を少量投与する療法を行なう）があるが，この建物の東ウィングに，歴史家トマス・マコーレーが若いころ，家族と一緒に住んでいた．彼は後年になっても，グレイト・オーモンド・ストリートで過ごした少年時代を，懐かしく思い出していたという．

Great Plague
ロンドン大疫病

　1664年11月から1665年3月までロンドンは断続的に凍寒に見舞われ，テムズ川も凍るほどだった．この寒い気候にもかかわらず，寒冷に耐えられるペスト菌が1664年12月ころから，とくにロンドンで活動を始め，翌年猛威をふるった．このときのペストをグレイト・プレイグ，つまり「ロンドン大疫病」という．死者は6万8576人だったという記録が残っているが，実際は10万人に近かったという説もある．当時は市民の不安を和らげるために毎週の「死亡記録」中のペスト患者の死亡数を意図的に少なくしていた可能性があるという理由から，10万人死亡説が出てきた．たとえば，1665年9月第3週のペストによる死者の数は，公式記録では8297人だが，これは実際とかなり違っていたようだ．1万2000，さらには1万4000だったとの報告も残っている．

　イギリス政府もすでに，1665年4月にペスト大流行のきざしを察知していたようで，ペスト・ハウス（病院）に通じる特別道路建設の権限をシティとウェストミンスターの治安判事に与えていたし，また，マリルボーン，ソーホー・フィールズ，ステップニーに新たに3つのペスト・ハウスを造った．

　1665年5月になると，ペストが急速に広がった．ロンドンを去ってどこかに疎開できる余裕のある人たちが動きだした．金持ちは召使いを，医者は患者を，聖職者は教区民を残したまま，ロンドンからどこかへ避難してしまった．しかし，ロンドンにとどまり夜遅くまで患者の世話をした医者や，腫れ上がった患部に薬を塗ったりしていた薬剤師もいた

ロンドン大疫病(1665)

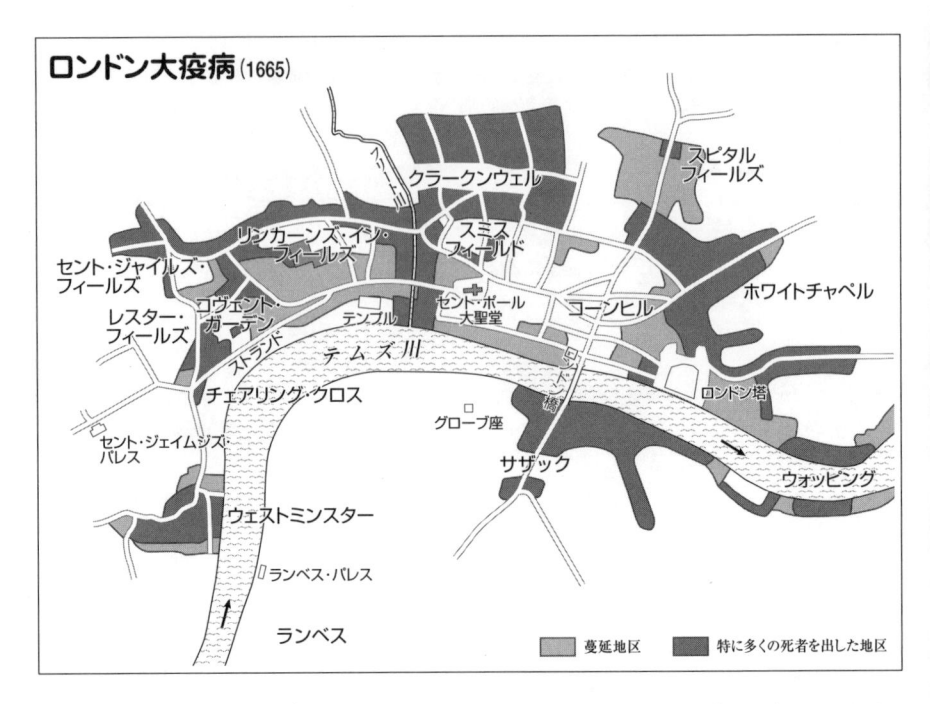

地図中の地名:
- クラークンウェル
- スピタルフィールズ
- セント・ジャイルズ・フィールズ
- リンカーンズ・イン・フィールズ
- スミスフィールド
- レスター・フィールズ
- コヴェント・ガーデン
- セント・ポール大聖堂
- コーンヒル
- ホワイトチャペル
- ストランド
- テンプル
- テムズ川
- ロンドン橋
- ロンドン塔
- チェアリング・クロス
- グローブ座
- セント・ジェイムズ・パレス
- サザック
- ウォッピング
- ウェストミンスター
- ランベス・パレス
- ランベス

凡例: 蔓延地区 / 特に多くの死者を出した地区

ことはいうまでもない.一方ロンドンに取り残された召使いたちの中には,死体運搬人夫として働いた者もいるが,仕事にあぶれて盗み,略奪をするようになった者もいた.

このときのペストの猛威,死体処理,患者の苦しみなどについては,たとえば,H.F.なる人物になりすましたダニエル・デフォーが『疫病年日誌』(1722)に数字と統計を多用して書き残してくれている.彼は記録に基づく「事実」をこまごまと書いた.墓地に収容しきれない死体が通りに山積みされたことも,夏の太陽の下で犬,猫,豚,馬の死体が雑草の生い茂った通りにあふれていたことも事実のようだ.また,ある家でペスト患者が出ると,その家が閉鎖され,30日から40日間厳重な監視の下におかれたのも事実だし,患者を閉じ込めて鍵をかけた家の中のひどい状態についてのデフォーの描写もそれほど誇張とはいえないようだ.

このとき犠牲になったのは人間だけではなかった.ペストの運び手という理由で犬と猫が狙われた.サミュエル・ピープスの試算では犬4万匹と猫20万匹が数日で殺されたことになる.皮肉なことに,本当の運び手のネズミは繁殖した.大流行が衰えを見せだしたのは1665年11月の最終週だった.

→Black Death, Plagues

Great Queen Street
グレイト・クイーン・ストリート　WC2

地下鉄駅ホーボーンに近くドルーリー・レインとキングズウェイの間を結ぶ通り.エリザベス一世のころはただの小道だったが,17世紀に入ると「美しい建物が並ぶ大通り」に変身した.名前のクイーンとはジェイムズ一世の王妃デンマークのアン,あるいはチャールズ一世の王妃ヘンリエッタ・マライアに敬意を表したといわれる.この通りはイニゴー・ジョーンズとジョン・ウェップの設計による,煉瓦と漆喰とを組み合わせ,破風屋根をもった優雅な家並みに統一されていて,多くの名士や文化人がここに住むのを好んだ.現在では多くの建物が改築されてしまったが,昔の面影を伝える建物がいくつか残る.最も有名なのは

石工同業組合会館（→Freemasons' Hall）とフリーメーソンズ・タヴァンである．前者は1776年に，後者は1786年に，隣接して通りの南側に建てられた．現在のホールは1933年に建て替えられたものだが，全国のフリーメーソン組織の本部である．

　イギリスでは実業家，政治家，学者など錚々たる実力者がフリーメーソンの会員になっていて，名誉役員には王族が就任することも稀ではない．フリーメーソンズ・タヴァンでは，1824年6月にサー・ロバート・ピール，サー・ハンフリー・デイヴィなど，当時を代表する有識者が集まり，蒸気機関の発明者ジェイムズ・ワットを顕彰する記念碑をウェストミンスター・アビーに建てる決議を行ったのが，特記すべきことといえよう．またここで，俳優のジョン・ケンブルや羊飼い詩人ジェイムズ・ホッグを招いて晩餐会が盛大に開かれたという記録が残っている．

　この通りに住んでいた著名人のなかには，ピューリタン革命の際，議会軍の司令官だったトマス・フェアファックス，有能な大法官サー・フェニッジ・フィンチ，詩人のエドマンド・ウォーラー，彫版師でボニー・チャーリー王子の支援者だったロバート・ストレンジ卿，肖像画家のジョン・オーピーなどがいたが，オーピーの人気は大変なもので，彼に肖像画を依頼する人々の馬車で，グレイト・クイーン・ストリートがしばしば渋滞したという．画家のジョシュア・レノルズもこの通りに住むトマス・ハドソンのもとで見習いをしたし，詩人ウィリアム・ブレイクも見習いとして，彫版師ジェイムズ・バジアの家に住んでいた．劇作家リチャード・シェリダンもここに住み，『悪口学校』を執筆したといわれる．またときの皇太子（のちのジョージ四世）の恋人として浮名を流した女優ロビンソン夫人や，『ジョンソン伝』の作者として知られるジェイムズ・ボズウェルも，この通りに住んでいた有名人のなかに数えられる．

Great Russell Street
グレイト・ラッセル・ストリート　WC1

　大英博物館の南正門沿いに東西に走る道路で，西はトッテナム・コート・ロードに，東はブルームズベリー・スクエアに接している．

　12世紀初頭，この道の南一角はヘンリー一世の妃マティルダが設立した癩病院の敷地の一部であった．13世紀に入ると，この道路を中心とする一帯をラッセル一族が所有するようになり，17世紀後半ごろからその一部を住宅地として貸し出しはじめた．道沿いに初めて建物が並ぶのは，1670年代に入ってからである．

　この道路の東端，現在のブルームズベリー・スクエアには，すでに第四代サウサンプトン伯爵の邸宅サウサンプトン・ハウス（→Southampton House）が立っていたが，70年末にこの屋敷の庭園に隣接して，のちの初代モンタギュ公爵の館が建てられた．その後，この道沿いの住宅建設はつづき，1770年代後半から当時の新進建築家ジョン・ナッシュが道の東端を中心に実験的な開発に取りかかった．

　この道路沿いの目玉，大英博物館が増築される19世紀前半になると，17世紀以来の家々は取り壊され，この道路を中心とする一帯には装い新たなマンションやホテルが建ちはじめた．その面影は現在でも，この周辺にうかがうことができるが，しかしいまでは，出版社や書店，観光客相手の衣料品店や商店が立ち並んでいる．

　大英博物館は別格として，この道路沿いでめだつのは112番地のYMCA本部の建物と博物館の前にあるミュージアム・タヴァンであろう．後者は大英博物館の名前を冠したこの通り唯一のパブで，19世紀以来，多くの文人や学者たちのたまり場になってきた．文化的な香りがただようこの通りのシンボルのひとつである．

　いまでは番地表記がすっかり変わっているが，この通りに関わった知名人は数多い．昔，ブルームズベリー・ストリートと交差するあたりにシェイクスピア学者で劇作家のルイス・シオボルドが住んでいた．ポープが編んだシェイクスピア全集の誤りを指摘して，ポープを怒らせてしまった人物である．14番地に

は詩人のW.H.デイヴィズが，17番地にはジョージ・ボローが一時住んでいた．詩人のハロルド・モンローは38番地に1911年から30年まで暮らし，詩専門の本屋を営んでいたことがあった．62番地には，画家バーン＝ジョーンズが夫人とともに1861年から65年まで暮らしていた．

番地が明らかな例として46番地が残っているが，この家はヴィクトリア朝の挿絵画家ランドルフ・コールデコットが1872年から86年まで住んだところである．98番地と99番地は1686年に建てられたサネット・ハウスの名残りの建物で，しばらく建築家のクリストファー・レンが住んだこともあったが，1770年代末にチャールズ二世とネル・グウィンの末裔に当たるボークレアの所有となった．しかし時代を経て分割され，1920年代と30年代には出版社ハイネマンの本社が入っていた．

Great Scotland Yard
グレイト・スコットランド・ヤード
Whitehall, SW1

トラファルガー・スクエアから南へ延びる街路ホワイトホールを150メートルほど行き，右手に「旧海軍省」を見て左折すると，官庁街のグレイト・スコットランド・ヤードになる．

959年スコットランド王ケネス三世がイングランドのエドガー王を表敬訪問したとき，エドガー王がケネス三世にここの家屋敷庭園を献呈したことにちなみ，この名称がつけられた．ここに最後に滞在したスコットランドの王族は，ヘンリー八世の姉でジェイムズ四世の未亡人マーガレット・テューダーであった．

1603年，ジェイムズ一世の「同君連合」によって，この家屋敷は官舎に変わった．ジェイムズ一世に仕えてイギリス建築の方向づけに寄与した建築家イニゴー・ジョーンズが工事監督官としてこの官舎に住んだ．共和制のとき，ジョーンズと彫刻家ニコラス・ストーンが財産をこの庭に埋めたが，のちにランベス湿地に埋め替えた．詩人ジョン・ミルトンが共和政府の護国卿オリヴァー・クロムウェルのラテン語書記時代にこの官舎を宿所とした．1829年ここに警察署が設けられ，それが首都警察(→Police)の本部になった．

Great Titchfield Street
グレイト・ティッチフィールド・ストリート
W1

グレイト・ポートランド・ストリートの東をほぼ並行して走る道路で，この一帯の地主だったポートランド公爵家が兼ねていたティッチフィールド侯爵の称号にちなんで，1740年に命名された．

画家，音楽家といった芸術家がこの通りに住むのを好み，1779年には風景画家のリチャード・ウィルソンが85番地に住んだほかに，1811年にはフィラデルフィア出身の画家C.R.レズリーや，電信技術の開拓者サミュエル・モースが82番地に住んだ．『阿片吸飲者の告白』で名高いトマス・ド・クィンシーも同じ82番地に住んだが，その建物は取り壊されている．

また1840年代になると，作曲家のフレデリック・クラウチやウィリアム・ベネットがこの通りに住んだ．最近では詩人のエズラ・パウンドが第一次世界大戦と第二次世界大戦のあいだの一時期，ここに住んでいたことが知られている．

Great Turnstile
グレイト・ターンスタイル　WC1

ハイ・ホーボーンからリンカーンズ・イン・フィールズに至るせまい短い誘道路で，テューダー王朝時代の記録にもその名が載っている．ターンスタイルとは回転木戸のことで，もともと放牧していた牛が通りに逃げ出さないように，リンカーンズ・イン・フィールズの入口に設けてあったが，あとになってこの放牧地が住宅地になってからは，スミスフィールドの屠殺場に向かう牛が住宅地に迷い込まないようにする目的にも使われていたらしい．

18世紀当時ここは，仕立屋，靴屋，帽子屋などが軒を並べてにぎわったが，夜になると追剝・強盗が横行する物騒な場所だったよう

だ．1750年から60年まで，エディストン灯台の建設者ジョン・スミートンがここで理科実験用具の製造販売をしていた．また1913年創刊の『ニュー・ステイツマン』誌が，この通りの10番地に長年社屋を構えていた．

Great Western Royal Hotel
グレイト・ウェスタン・ロイヤル・ホテル
Paddington Station, W2

　パディントン駅に南接してクレイヴン・ロードに沿っている．もとグレイト・ウェスタン・ホテルといった．創業は1854年．ホテルは5層の建物で，両翼に塔がそびえる，フィリップ・ハードウィックの設計．最寄駅は鉄道と地下鉄ともにパディントン駅．

Great Windmill Street
グレイト・ウィンドミル・ストリート　W1

　テューダー王朝のころから存在し，ピカディリー・サーカスに近い，現在のハム・ヤードに建てられた巨大な風車にちなんだ名をもつ通り．その煉瓦造りの風車小屋は17世紀の末に姿を消した．

　この通りの住人で有名なのはチャールズ・ゴッドフリー大佐で，彼の妻アナベラ・チャーチルは初代モールバラ公爵の妹で，ジェイムズ二世がまだヨーク公だったころの愛人だった．

　18世紀の後半，この通りの16番地には有名な解剖医学校があり，多くの有能な外科医を輩出した．この医学校の創設者はウィリアム・ハンター博士で，講師陣にはセント・ジョージ病院の一流の外科医を招いていたし，当時名のある外科医のほとんどが，同校の教壇に立つ経験をもったといわれる．大変隆盛をきわめた医学校だったが，約半世紀後の1831年に閉校した．閉校にあたって，同校が収集，展示していた貴重な標本類は，ハンターの遺志によりグラスゴー大学へ譲渡された．その後学校の建物は印刷工場，ホテル・ド・レトワールと転々と所有者を変え，1887年にはリリック劇場の所有者の手に渡った．現在の同劇場はかつての建物の一部である．また20番地にある赤獅子亭の2階で，1850年から51年にかけて，カール・マルクスが経済学を講じたこともよく知られている．

Grecian Coffee House
グリーシアン・コーヒー店

　ストランドとフリート街の境目，テンプル法学院の入口近くにあったコーヒー店．現在は，その地点にデヴェーというパブが立っている．

　「グリーシアン」とはもともとギリシア語に堪能な人のことで，ロンドンにあったパブリック・スクールで慈善学校でもあったクライスツ・ホスピタル校の優等生の呼び名であった．その学生であった随筆文学で有名なチャールズ・ラムやその友人の詩人コールリッジなどはグリーシアンであった．法学院が近かったので，創設当初から法学者，医学者，科学者たちのたまり場となった．18世紀初頭に出たロンドンの新聞『タトラー』や『スペクテーター』にもしばしば言及されている．

　その昔，ギリシア語の発音にまつわる論争から，この地で決闘まで行なわれたという逸話も残っているが，当時は「アシニーアム」（→Athenaeum）と呼ばれた．しかし，王立協会の会員，サー・アイザック・ニュートン，天文学者のハリー，医師で博物学者のサー・ハンス・スローンなどの著名人などでにぎわったという．しかし，中心はやはり法学者たちであった．19世紀半ばに消滅．

Greek Street
グリーク・ストリート　W1

　ソーホー・スクエアから南南東に一直線に延びる通りで，1670-80年にはすでにフリス・ストリートと並行して走っていた．ホッグ・レインにあったギリシア教会にちなんで名づけられた．ソーホー（→Soho）は元来オスマン・トルコに追われたギリシア人たちの亡命の地であった．16世紀までは貴族の館が散在していたソーホー地区へ，17世紀後半になるとフランス（主としてユグノー教徒），イタリア，ギリシア，スペインなどから次々と移民が渡来

325

してソーホーは外国人居留地と化した．そして彼らはそれぞれのお国柄・国民性を反映した仕事につき，店舗を構え，独特な通りができていった．19世紀から続いている店も多く，レストラン，ゲイ・ハザー，オー・ジャルダン・デ・グルメがある．7番地は有名なパブ，ザ・ピラー・オヴ・ハーキュリーズで，19世紀の詩人フランシス・トムソンがこの門口で行き倒れになっているのを救助されたという逸話が残っている．12-13番地には18世紀ではこの通りで最も大きい家だったといわれる陶芸家ジョサイア・ウェッジウッドのショールームがあった．17番地には1789年開館の楽器博物館がある．皮革業者の店舗も残っている．プリンス・エドワード劇場もあり，パレス劇場，カーゾン映画館もある．また，1802年にマンチェスター・グラマー・スクールから逃げ出したトマス・ド・クインシーがこの通りで下宿していたことがある．60番地には有名な肖像画家トマス・ロレンスが25年もの間住んでいた．

グリーク・ストリートに交差する通りも特色のあるものが多く，オールド・コンプトン・ストリートはソーホーで最もにぎやかなイタリア人街で高級食料品店，レストラン，ワインの店が多く，ロミリー・ストリートは金銀細工で有名なユグノーの街，そして芸術家，作家のよく集まるザ・ヨーク・ミンスター（通称フレンチ・パブ）は，ディーン・ストリートと交わるところにある．なおも南下すると中華街ジェラード・ストリートに至る．

Green Line Coaches
→Buses

Green Park
グリーン・パーク　SW1

　元来セント・ジェイムズ・パークの外苑として形成された公園．南側はコンスティテューション・ヒル，北西はピカディリー大通り，北東はセント・ジェイムズ・パレス，ランカスター・ハウスなどの建築群とを仕切るクイーン・ウォークで囲まれたほぼ直角三角形を構成する21.4ヘクタールの広大な，文字通り緑の公園である．ピカディリー側に地下鉄のグリーン・パーク駅があり，すぐ近くに有名なホテル，リッツがある．

　この公園北側の装飾ゲートはピカディリーの北にあるデヴォンシャー・ハウスにあったもの．このゲートからグリーン・パークに入り園内東側から見た，隣接するスペンサー・ハウスの眺めは見事である．その右手はランカスター・ハウス，その奥はセント・ジェイムズ・パレスである．クイーンズ・ウォークの南端はヴィクトリア女王記念碑が立つバッキンガム・パレスの前広場近くに通じている．この公園はセント・ジェイムズ・パレスやバッキンガム・パレスの後背地としての機能を果たしてきた．

　16世紀には現在のセント・ジェイムズ・パレスの位置にセント・ジェイムズ病院があり，ハンセン病専門の病院であったといわれる．その病院で死んだ人たちの埋葬地が，隣接するグリーン・パークの前身であったという．ヘンリー八世がこの地を囲い込み，チャールズ二世が公園にしたのが17世紀後半である．チャールズ二世は側妾たちとよく散歩したといわれ，これがコンスティテューション・ヒルの由来とされている．グリーン・パークは王室の氷室が置かれていたところでもあった．また，18世紀には決闘で有名な場所でもあった．おいはぎも多かったらしい．いまはピカディリーの繁華街に隣接した，建物ひとつない広大な敷地であるが，18-19世紀には国家的祝祭日の行事が盛んに行なわれ，そのために立派な建物が建てられては取り壊されていった．気球や花火の打ち上げにも格好の場所であった．

　西端の角はハイド・パーク・コーナーで，その北西にはハイド・パークが広がっている．

Green Street
グリーン・ストリート　W1

　メイフェア地区の北西隅に位置する通り．この地区の中心となっているグロヴナー・スクェアの所有者ウェストミンスター公爵グロヴナー家により1720年から開発された整然とした住宅街である．オックスフォード・ストリー

トと並行して走り，ノース・オードリー・ストリートからハイド・パーク東沿いのパーク・レインに出るまでの通りである．名称はこの通りの建設をしたジョン・グリーンに由来するらしい．

現在では18世紀の建築物はほとんど姿を消したが，長いあいだハムデン家の屋敷になっていたハムデン・ハウスだけは残っている．ヴィクトリア朝末期に大邸宅はフラットやオフィスに改装された．両側は赤煉瓦，テラコッタ，石造りの4，5階建ての家並みが続いている．現在のめぼしい建物はブラジル大使館と英国規格協会で，静かで地味なたたずまいの街路である．23番地にはウィリアム・ブレイクが1782年から84年まで住んでいた．

Greenwich
グリニッチ　SE10

テムズ川南岸のロンドン東部の地区．この地名は古英語の「緑の草木で覆われた港町」，またはスカンジナヴィア語の「緑の河区」に由来するという．11世紀初頭にデーン人が来寇し，時のカンタベリー大司教を人質にし，身代金を払わなかったため殺されたという記録もある．1417年にはグロースター公ハンフリー（ヘンリー五世の弟）の所領となり，1426年にテムズ河畔にベラ・コートという宮殿を建てた．このグリニッチ・パレスはテューダー王家の住居となり，ヘンリー八世，メアリ一世，エリザベス一世などが生まれている．そしてグリニッチ荘園が完全にイギリス国王のものになったのは，1530年のことであった．以後この地では，儀式，狩猟，舞踏会，宴会が催された．

1605年に，ジェイムズ一世は公園と宮殿を妻のデンマークのアンに与えた．彼女は早速クイーンズ・ハウス（→Queen's House）の建設にかかわり，1635年に完成させてクイーン・ヘンリエッタ・マライアを迎えた．

王政復古後，チャールズ二世が新宮殿を企画し，1669年に現在の英国海軍兵学校（→Royal Naval College）のチャールズ・ビルディングが完成した．王立天文台（→Royal Observatory）が活動を開始したのは1676年である．クリストファー・レンの設計でフラムスティード・ハウスが建ち，海軍省に勤めていたサミュエル・ピープスはしばしばグリニッチを訪れている．海軍大臣に任命されたピープスは，グリニッチ沖に16隻のヨットを用意し，友人たちをヨーロッパ大陸へ送る手助けをした．1694年にはメアリ女王が，チャールズ二世の企画を援助し，海軍の傷病兵のための王立海軍病院を完成させた．これが現在の海軍兵学校となった．レンの設計をヴァンブラが受けつぎ，ヴァンブラー・カースルという要塞風の家を建てた．これはイングランド最初の，いわゆる無用の大建築「阿房宮」といわれたものである．

1737年にジョンソン博士が，一時的にグリニッチのチャーチ・ストリートに下宿したことがある．1763年にジェイムズ・ボズウェルが訪れて，2人で公園を散歩したとき，彼は博士から「美しいだろう」と言われて，「はい，でもフリート・ストリートの比ではありませんね」と答えたことは有名である．1869年に海軍病院は閉鎖されて，1873年に海軍兵学校となった．1878年には鉄道の駅もでき，世紀末にはクラウダーズ・ミュージック・ホールができ，それが現在のグリニッチ劇場となる．1902年にはアイル・オヴ・ドッグズ（→Isle of Dogs）に通ずるトンネルが建設され，ウェスト・インディア・ドックスへ労働者を送ることができるようになった．ロンドンっ子の好むウナギのゼリー寄せとウナギのパイを安く売るイール・アンド・パイ・ハウスが人気があった．1954年にカティ・サーク（→Cutty Sark）が，次いで1968年にはジプシー・モス四世号が，乾ドックに保留された．

西暦2000年を記念するミレニアム・ドームがテムズ河畔に建設された．直径320メートル，高さ50メートル，周囲1キロあまりという世界最大のドームである．地下鉄ノース・グリニッチ駅が新設され，ドックランズ軽便鉄道が対岸のアイル・オヴ・ドッグズから延長，カティ・サーク駅とグリニッチ駅が新設された．一方，古くからあったグリニッチ劇場が1998

グリニッチ風景(19世紀)

年に，わずかの赤字で閉鎖となった．

Greenwich Fair
グリニッチ定期市

　グリニッチの市は昔は年に2回，復活祭とそれからのちの第7日曜日にあたる聖霊降臨節に3日間ずつ催されていたが，イースターの定期市のほうが有名であった．チャールズ・ディケンズは『ボズのスケッチ集』で，「グリニッチの市は，周期熱の発疹，3日間は熱病にうなされるが，以後6か月はロンドンっ子の血も静まる」と書いている．「復活祭の翌日（月曜日）は，一日中グリニッチへの道路が混雑を極める．駅馬車，乗合馬車，二輪馬車，四輪馬車…乗物という乗物は人間をすしづめにして全速力で走っていく．ほこりが雲のようにわき上がる中で，人々はジンジャーエールの栓をポンポンと抜く．バーのバルコニーはどこもあふれるばかりの客が，もうもうとたばこをくゆらしながらエールを傾けてい

る．一般の民家までが喫茶店に早変り，…通行税取立所の番人もお手上げの始末．車が揺れるたびに，幌馬車のご婦人たちはうれしい悲鳴をあげる．そのたびにぴったり体を寄せて，彼女たちの身を守るのが崇拝者たちの務めとあれば，道の悪いのもエロスの恵み」とはディケンズの描写である．

　1750年のイースターの定期市を描いた《グリニッチが丘の聖なる日のはねまわり》という版画がある．婦人連れの一団が，天文台のある丘を手をつないで駆け上がり，全速力で婦人たちを引きずり下ろす．頭髪はばらばら，ボンネットはめちゃくちゃ，若い恋人たちはジン・アンド・ウォーターの勢いも手伝ってかますます熱を帯びてくると，「キス・イン・ザ・ソング」という輪をつくった男女のキスゲームもたけなわとなる．日が暮れて夜になると，市にはイルミネーションが輝き，まもなく夜の市が始まる．市の入口には両側に屋台が並んで，松材のテーブルの上には，1ペニー分

の塩漬の鮭や，殻つきの牡蠣，種々さまざまな食用カタツムリが緑色の液体の中に浮かんでいる．女の金切り声，子供の叫び声，ゴングの響き，ピストルの音，鐘の音，トランペットの騒音…見世物小屋の客寄せの声，サーカスの野獣の咆哮，いよいよ市は最高潮である．なかでも人気のあるのが人形芝居．

この定期市には臨時に設けられた舞踏場があった．クルックシャンクのペン画でもわかるように，ほこりは目をおおうばかりのむさ苦しさであるが，ここはまた踊り狂う人間の市である．淑女が紳士の帽子をかぶり，紳士はボンネットをいただいて子供の太鼓を叩き，1ペニーのラッパを吹き鳴らしながら，くわえたばこで片手にハンカチ，足を踏み鳴らしてのどんちゃん騒ぎ，お互いの名ももうろうとしてわが家路をたどるころは，ポケットは空，帽子はペシャンコ，頭は痛む——これがディケンズの描いた19世紀のロンドンっ子の姿である．この市は1857年に閉じた．
→Fairs

Greenwich Observatory
→Royal Observatory

Gresham Club
グレシャム・クラブ
Abchurch Lane, EC4

1843年，銀行家，商人，そして「知名度の高いお歴々」のために設立されたクラブ．クラブハウスはもとロンバード・ストリート沿いにあったが，第一次世界大戦中に少し南寄りの現在の場所に移転した．なお，このクラブはすぐれたポートワインを有していることで名高い．

Gresham College
グレシャム・コレッジ
Barnard's Inn, EC1

シティの市長を長とする独立の教育機関．1579年，サー・トマス・グレシャムの遺贈により神学，音楽，天文学，幾何学，自然学，法学，修辞学に関する公開講義(主としてシティで活動している商人や市民たちを対象)を行なうために設立された．講義は1597年にブロード・ストリートにあったグレシャムの邸宅で始まった．1645年に発足した王立協会(→Royal Society)は，グレシャム・コレッジの7人の教授による自然科学の発達を目的とした毎週の会合から発展したもので，1662年にチャールズ二世の勅許状を得て正式に設立され，協会の会合は1710年までグレシャム・コレッジで開かれた．

グレシャムの邸宅は1768年に取り壊されたが，講義は王立取引所の上階で続けられた．ジョージ・スミスの設計による新しいコレッジの建物は，1842年にグレシャム・ストリート(→Gresham Street)に建てられた．1991年以降，コレッジはホーボーンのバーナーズ・イン・ホール(グレイ法学院付属の学生用宿舎のひとつ．チャールズ・ディケンズの『大いなる遺産』の中に登場する)に設置されている．

グレシャム・コレッジは1984年，正式に独立の機関として再編され，翌85年には旧来の7つの講座に加えて商学の講座が新たに付設された．現在コレッジはシティ当局，織物商同業組合，コレッジの教授陣，シティ大学の各代表からなる組織によって運営されている．

Gresham Street
グレシャム・ストリート　EC2

地下鉄セント・ポールズ駅の北側にあるオールダーズゲート・ストリートへ入って，すぐに東へ通ずる通り．長さ約400メートル．1845年，この一帯が再開発されたときに造られた．東端がロスベリーとプリンシズ・ストリートに分かれ，それら2つの通りに囲まれてイングランド銀行が立っている．

グレシャム・ストリートという名称は，王立取引所やグレシャム・コレッジ(→Gresham College)の創立者サー・トマス・グレシャムにちなんでつけられたもの．彼はエリザベス一世の王室財務官を務め，グレシャムの法則「悪貨は良貨を駆逐する」で有名であるが，その法則を最初に説いたのは，実はコペルニクスであった．グレシャムはエリザベス一世時代

の有能な国際的な財政官で,駐ネーデルランド大使などを務めた.当時の彼の邸宅グレシャム・ハウスは一度は取り壊されたが,ヴィクトリア朝にグレシャム・ストリート91番地に再建され大学となった.彼の宏壮な別荘がロンドン西部のハンズローにあって,現在はナショナル・トラストが管理する.

グレシャム・ストリートの周辺にはロンドン同業組合の会館が多く,東端を北へ上ったところに,同業者組合の総本山ともいうべきギルドホール(→Guildhall)がある.

Grey Coat Hospital School
グレイ・コート・ホスピタル・スクール

Greycoat Place, SW1

1695年,貧困家庭の児童の共学校として発足し,灰色の制服が採用された.やがて,卒業後すぐに就職する生徒を対象とする学校に切り替わり,1874年以降,男子生徒は他の学校へ移され,やはり1695年設立のグレイ・コート・ホスピタルが女子向け高等教育の施設に供されるようになった.1977年,英国国教会系の女子公立校となり,現在900余名の生徒が通学している.

生徒は人種的にも多様で,ロンドン中心部やテムズ川南岸の庶民階級の子女が多く,今日でもグレイ系統の制服が用いられている.めだった進学校ではないが,ロンドン市内では質実なトップ・クラスの総合中等学校.11歳から14歳までと15歳から19歳までの生徒が2つの校舎に分かれて学んでいる.1706年にアン女王の特許状を得ていることもあって,バークシャー州レディングのクイーン・アンズ・スクールと姉妹校である.

Greyfriars Monastery
グレイフライアーズ修道院

所在地であったニューゲート・ストリートはセント・ポール大聖堂の北側にあるパタノスター・スクエアに沿う幹線道路.修道院は,1224年イギリスに渡ってきた9人のフランシスコ派の修道士のうち,カンタベリーに留まらずロンドンに上京した4人が,翌25年の夏,絹物商のジョン・イーウィンからニューゲート・ストリートに接する土地を与えられ,修道生活を営んだことに始まる.13世紀半ばには80人の集団に発展し,真摯で簡素な信条と実践が王室をはじめ多くの支持者を獲得した.14世紀半ば黒死病の流行で100人の修道士を失った.付属図書館(1426)の建築に際しては,シティ市長も務めたリチャード(ディック)・ウィッティントンが経費の一部を負担し,400ポンド相当の図書の寄贈も行なったという.

16世紀の修道院解散に際して建物は個人住宅や倉庫に転用され,墓はすべて破壊された.のちにクライスト・チャーチの名で再発足,1553年には貧しい母子家庭の子供たちのためのクライスツ・ホスピタル校(→Christ's Hospital)その他の施設に変わった.ロンドン大火後,クリストファー・レンがクライスト・チャーチを再建,火災をまぬかれた図書館は18世紀後半煉瓦工場となった.1897年学校部分がサセックス州に移転した際,かつての修道院関連の建物は取り壊され,中央郵便局の増築がその跡地に行なわれた.

Greyhound Racing
グレイハウンド犬競走

電気仕掛けで走るうさぎ(hare)を追って,長円形の競走路を走るグレイハウンド犬に金を賭ける賭博スポーツ.18世紀末ごろから民間に広まった娯楽競技で,イギリスでは俗にザ・ドッグズと呼んでいるが,ドッグ・レイシングとか,合成語でグレイシングともいう.元来は野原で特別に訓練した犬にうさぎを追わせるスポーツであったが,せまい都市などでは無理なので,囲いのあるコースで行なうようになった.イギリスではロンドン北郊のヘンドンで1876年に初めて行なわれた.当時は400ヤード(366メートル)の直線コースであったが,直線コースでは犬のスピードだけが問題で,犬の技術を争うことができなかった.そこで円形のトラックを造り,賭けをすることになって,このスポーツが人気を呼んだ.イギリスでは1926年に,マンチェスターに初

めてできた．つづいて，ロンドンのホワイト・シティ，ハリンゲイ，ウェンブリーにできた．1928年から84年まで，ホワイト・シティのスタジアムではグレイハウンド・ダービーが人気を呼んだ．

ホワイト・シティのトラックが取り壊され，いまではウィンブルドン・スタジアムに移った．距離も長くなり，湾曲をつけることによって，競走犬の技能と経験がものをいうようになり，内容がいっそうおもしろくなった．かつての勝者(犬)ミック・ザ・ミラーは，ナイツブリッジ地区の自然史博物館(→Natural History Museum)に，その勇姿が保存されている．

Grocers' Hall
食料雑貨商同業組合会館
Prince's Street, EC2

1428年，現在地に最初の会館が開設された．ここで食料雑貨商人たちは，チャールズ一世の処刑前に議会党員たちをもてなし，1649年の処刑後にはクロムウェルやフェアファックスらと祝宴をはった．そして1660年には，再び宴をはってチャールズ二世の復帰を祝い，王の戴冠式に向けて大きな財政的支援を行なった．会館は，大火によって屋根部分を失ったが，1668年に修復され，組合仲間からロンドン市長が誕生した1682年には拡張工事が行なわれた．1694年11月に，設立後まもないイングランド銀行が絹物商同業組合会館から移転してきて，1734年までこの会館内で業務をつづけた．1802年に新会館が建設されたが，安定性に欠け，早期修築をしたが1888年には取り壊されるところとなり，1893年に新しい会館が誕生した．この会館は戦災をまぬがれたが，1965年に火災にあって大幅な改築が行なわれた．食堂は150人が収容可能である．
→City Livery Companies

Grosvenor Hotel
グロヴナー・ホテル
Buckingham Palace Road, SW1

ヴィクトリア駅舎の西側部分にある，細長く道路に沿う建物．1861年建築の5階建て，2層の屋根窓が加わる造りである．ヴィクトリア女王，夫君アルバート公などの円形浮き彫りの肖像に飾られた，建築上スパンドレルと呼ばれる三角小間が特徴である．19世紀末に全面改装し，1907年新規開業した．客室数366．

Grosvenor House
グロヴナー・ハウス
Park Lane, W1

ハイド・パークの東縁を走るパーク・レインのほぼ中間にある大型の近代的デラックスホテル．もとグロスター公爵の屋敷があったところで，1820年代に第二代グロヴナー伯爵が住んだ．1928年にホテルに身売りされた．グレイト・ルームはロンドン最大の宴会場で，1929-34年には屋内スケート・リンクになっていた．ロンドンで初めてプールつきにしたホテルである．またレストランのシェ・ニコは，数々の賞に輝くフランス料理店である．地下鉄マーブル・アーチ駅が近い．

Grosvenor Place
グロヴナー・プレイス　SW1

バッキンガム・パレスの裏手を走る大通り．グロヴナー家の所有する土地の一部で，超高級住宅・オフィス街である．

第三代グロヴナー準男爵サー・トマスが1677年にロンドンでの土地買収を進めたことにより，グロヴナー家は18世紀初頭までにはウェストミンスター地区に2か所の広大な地所を所有する大地主となっていた．ひとつがメイフェアのグロヴナー・スクエアを中心とする一帯で，もうひとつがバッキンガム・ハウス(現宮殿)の裏手に当たる，現在ベルグレイヴィアと呼ばれる地域とピムリコ地区である．18世紀当時，現在のアッパー・グロヴナー・プレイスに当たる場所には，いわゆる転落した女性のための病院が建てられていただけであった．当時のベルグレイヴィアは「5つの原野」(five fields)と呼ばれる木の生えていない広々とし

グロヴナー・スクエア(18世紀中葉)

た野原で，ロンドンっ子たちが散策や鴨猟，闘鶏などを楽しむ場所となっていた反面，時には決闘が行なわれたり，夜はおいはぎの出没する危険地帯でもあった．しかし，1762年にジョージ三世がバッキンガム・ハウスに住むようになると，ハイド・パーク・コーナーを基点としてバッキンガム・パレス・ガーデンズ沿いに，王室厩舎に至るまでの美しい家並みが形成されてグロヴナー・プレイスと呼ばれるようになった．ハイド・パーク・コーナー寄りには，セント・ジョージ病院(現ゲインズバラ・ホテル)や，リチャード・タターソルの馬のせり市およびジョッキー・クラブ(のちナイツブリッジ・グリーンへ移り，現在はケンブリッジ近くのニューマーケットにある)も建った．

グロヴナー・プレイスの家々からは，バッキンガム・パレス・ガーデンズ越しにバッキンガム・ハウスの裏手が望見されたので，ジョージ三世はこの地所を購入しようとしたが，さしもの国王もすでに当時のこの地の高値には手が出なかったらしい．しかし，この地域が本格的に開発され，現在のような最高級テラス・ハウスが建ち並んだのはバッキンガム・ハウスが宮殿となったとき，すなわちヴィクトリア女王の即位(1837)のころからである．グロヴナー卿の指示により建築家トマス・キュービットがメイフェア(→Mayfair)の町並みに劣らない漆喰仕上げのテラス・ハウスを一帯に建設した．

ノーサンバーランド公爵が1889年に2番地に，1905年から1908年まで首相を務めたサー・ヘンリー・キャンベル＝バナマンが1877年から1904まで6番地に，1846年にロンドン古物研究家協会会長を務めた第五代スタノップ伯爵は同年20番地に住んだ．

Grosvenor Square
グロヴナー・スクエア　W1

メイフェア(→Mayfair)の中心にあり，ロンドン一等地の大地主ウェストミンスター公爵グロヴナー家の地所の代表格といえる広場．ロンドンでは法学院のひとつリンカーンズ・イン・フィールズを別格に最大の規模を誇り，しかも最も遅くまで貴族的性格を維持した広場

として知られる．開発は1720年代半ばに始まり，1730年代初頭にはほぼすべての建物が完成した．10軒程度の大邸宅が並ぶ東側の景観は建築美で知られた．完成当初から貴族や最上級社交界が最も好んだ広場のひとつで，その面影は，エドワード八世（退位してウィンザー公爵）が「王冠を賭けた恋」に走った1930年代まで引き継がれていた．当時の社交界を牛耳り，エドワードに耳の痛い助言や援助を与えたキュナード卿夫人ナンシーもここに住んだ．これほど長く魅力を維持できたのにはさまざまな幸運も手伝ったが，代々のグロヴナー一族が，細心の注意を払って広場の品位維持に努めたことも見逃せない．

開発当初の建物がそのまま残っているのは9番地や38番地などに限られ，残りは建て替えが行なわれた．広場からアッパー・グロヴナー・ストリート（→Upper Grosvenor Street）

を5分も歩けば，冬でも青々としたハイド・パークが見えてくる環境の良さは，貴族全盛時代の雰囲気を連想させるところがある．他方で，この広場とアメリカの関係が深いことは，広場に面して立つアメリカ大使館の堂々たる建物や，ローズヴェルト大統領の記念碑を見れば一目瞭然である．広場東北の角，9番地は最も古い建物で，ここにはのちにアメリカ大統領となるジョン・アダムズが全権大使として赴任した際居住した．キュナード卿夫人ももとはアメリカ人で，エドワード八世が王冠と交換したアメリカ女性，シンプソン夫人を何度かパーティに招待している．

第二次世界大戦中，イギリスから大陸反攻のためのノルマンディ上陸作戦を練ったアイゼンハワー最高司令官，のちの大統領もこの広場20番地に本部を構えた．アイルランド出身で，滞英中その運転手と愛人の2役を務め

---[ロンドン・ア・ラ・カルト]---

貴族の私有地と都市計画

　スクエア，サーカス，クレセント，あるいはテラスハウスなどを核にして出現した現ロンドンの都市景観は，多くの場合，貴族をはじめとする地主の土地を都市計画によって開発した成果だった．ロンドンの都市整備が急速に進むのは18,19世紀で，例えばオックスフォード・ストリート（この街路名もこのあたりに土地を所有した第二代オックスフォード伯エドワード・ハーリーに由来する）の北側にキャヴェンディッシュ・スクエアがあるが，これは北側開発の核として1717年にできたものである．キャヴェンディッシュの名は伯爵の妻の実家の姓によるもので，この婚姻によってハーリー家＝キャヴェンディッシュ家の地所つまりエステーツが成立した．しかも，この結婚による一人娘がポートランド公爵ウィリアム・ベンティンクと結婚したことによって，このエステーツはさらに広大な地所に成長した．伯爵家の姓は現在名医が集まる通りとして名高いハーリー・ストリートにその名をとどめている．相続と婚姻によってエステーツは維持され拡大されるのが一般で，上述の家族連合体が所有する大エステーツはその典型例といえる．

　オックスフォード・ストリートの南側にはグロヴナー・エステートがあり，そこはメイフェアという，現在ロンドンでも屈指の高級住宅地兼商業地区となっている．オックスフォード・ストリートを東に行けば，ブルームズベリー地区からコヴェント・ガーデン地区にまでおよぶ大地主だったベドフォード公爵家のベドフォード・エステーツがあった．この周辺には長年にわたって繰り返された相続と縁組と譲渡の結果，多くの家名と称号と個人名をつけた広場，街路，駅名，建物などが集中して，かつての巨大エステーツの面影を今に伝えている．

た女性の証言では，一日10時間から11時間もここで働いたという．アメリカ参戦のおかげで，イギリスはドイツによる侵略や占領はまぬかれたが，その代償に，アメリカ軍による広場「占領」を甘受せざるをえなかった．そこでロンドンっ子は，この広場に「アイゼンハワー・プラッツ」（プラッツはドイツ語で広場）という別称を奉った．同時期に駐英アメリカ大使だったJ.ギルバート・ワイナントは，戦時下のロンドン生活をのちに回顧して，『グロヴナー・スクエアからの書簡』を刊行した．その前の大使館住民だったジョーゼフ・ケネディ大使は，ジョン・F.ケネディ大統領の父親で，J.F.ケネディも一時ここに住んだ．ただしジョーゼフは，イギリス必敗を唱えて評判が悪く，成功した大使ではなかった．小説家のブルワー＝リットンが12番地で晩年の5年間を過ごした．

Grosvenor Street
グロヴナー・ストリート　W1

グロヴナー・スクエアの南端を東西に走る通り．東はニュー・ボンド・ストリート，西はパーク・レインに出る．グロヴナー・ストリートの西半分はアッパー・グロヴナー・ストリートと呼ばれる．1720年から34年にかけて建設された．

文人シドニー・スミスは，1720年から70年にかけて開発されたメイフェアについて「これほど小さな一帯に，これほどの知性と人間の才（富と美は言うまでもなく）を集めた場所は世界中探してもほかにあるまい」と評したが，グロヴナー・ストリートはこのメイフェアを代表する上品な住宅街で，「広々した見事な造りの街路をはさみ，そこに居住するのは主として著名な人士たち」と言われていた．住人の3分の1が爵位をもっていたという．当時の74の邸宅のうち現存するのは20に満たない．ヴィクトリア朝にはジョージ朝様式を改築し，漆喰仕上げの住居やポーチや階上階を増築したりしたため，やや俗悪となった．第一次世界大戦後になるとグロヴナー・エステートはこの通りのもつ高級住宅地のイメージを放棄して，商業の侵入を許した．以来，事務所，代理店の類が相当数進出してきた．それでも今なお昔の面影は残っており，ことにスクエアに近い地区は（スクエアの西側はすべてアメリカ大使館で占められ，東側にはカナダなどの大使館があるため），政府関係のオフィスや高官の居住する邸宅となっている．

歴史的に著名な居住者には醸造家サミュエル・ウィットブレッド（1792-98），科学者サー・ハンフリー・デイヴィ（1816-24），政治家リチャード・コブデン（1855-58），1762年に首相を務めた第三代ビュート伯爵ジョン・スチュアート（1748-52），建築家ロバートとジェイムズのアダム兄弟（1758-62），ビスケット製造業者ジョージ・パーマー（1881-87）などがいる．現在の52番地にはカサノヴァ・クラブがある．
→Grosvenor Square,「貴族の私有地と都市計画」

Grove
グローヴ

Highgate, N6

市北郊ハイゲート地域のウェスト・ヒルからハムステッド・レインに通じる閑静な細い道．

この通りの西南端，1番地から6番地にあたる部分は17世紀後半のドーチェスター・ハウスという屋敷の敷地の一部分で，のちにウィリアム・ブレイクが孤児のための学校か病院を建てるつもりで購入した土地だった．現在の家並みは，ブレイクがその所有地を手離したあとにできたものである．

その家並みの3番地は，S.T.コールリッジの友人で外科医のジェイムズ・ギルマンの家だった．コールリッジは1816年からこの家に厄介になることになり，チャールズ・ラムやカーライル，ワーズワスなど多くの新旧の友人たちが訪ねてきた．ジョン・キーツと初めて会ったのも，この地に住んでいるころだった．アヘンによる中毒症状が重くなってきたコールリッジは，家の前に現在も茂るニレの木の下を沈んだ表情で歩きまわり，なにやらぶつぶつつぶやいていたという．こうして彼は34年に亡くなった．遺体ははじめ近くのハイゲート・スクールの古いチャペルに埋葬され

たが，1961年，この通りにほど近いサウス・グローヴ沿いのセント・マイケル教会（→St Michael②）の内部に移された．墓石そのものは，いまでもハイゲート・スクールの修復された新しいチャペルで見ることができる．ちなみに，現在のセント・マイケル教会の敷地に昔立っていた家で，哲学者フランシス・ベーコンが亡くなっている．コールリッジが亡くなった部屋は現在もそのままに保存されているが，その他の部分は1935年から39年にかけてこの家の住人になった作家・劇作家のJ.B.プリーストリーによって改装された．

この通りの6番地では，1866年に美術評論家のロジャー・フライが生まれている．9番地は，詩人で劇作家のジョン・ドリンクウォーターが1935年から2年間住んだ家である．

この通りとサウス・グローヴにはさまれた土地はグリーンと呼ばれ，昔は草木の生い茂った原っぱで地元の人たちの遊び場だったが，いまは有名なパブのフラースク亭が立っている．

Grub Street
グラッブ・ストリート　EC2

現在のバービカン・センターの北側にあるミルトン・ストリート（Milton Street）がかつてのグラッブ・ストリートに当たる．グラッブはもともと「地虫」を表わす語で，中世以来語源的には「地虫の群がる通り」を意味していた．あるいは，13世紀における住人の生活状態から派生した名称だという見方もある．

いずれにせよ17世紀半ばごろ，パンフレット業者がここを根城にするという新現象が発生し，貧乏文士が仕事を求めて群がるようになった．このことからグラッブ・ストリートといえば，低俗な文学作品を表わす言葉となり，ひいては三文文士を意味するようになった．サミュエル・ジョンソンは，グラッブ・ストリートを「とるに足らぬ歴史や辞書やはやり唄などを書く連中がたむろするところ」と定義した．これを不名誉に思った住民は，1829年に通り名変更運動を起こし，結果として1830年からミルトン・ストリートと命名される

ようになった．グラッブ・ストリートから北東へ少し離れたバンヒル・ロウでジョン・ミルトンが最後の25年間を過ごし，『楽園の喪失』と『楽園の回復』を書いた事跡にちなむものである．

Guards Club
ガーズ・クラブ

1810年に摂政皇太子ジョージとウェリントン公爵の肝いりで設立されたクラブ．ウェリントンが率いる英軍がイベリア半島からナポレオン軍を駆逐した，いわゆる半島戦争（1808-14）中，スペインから帰還する近衛歩兵連隊の士官のクラブであった．当初はセント・ジェイムズ・ストリートのホワイツ・クラブの向かい側にクラブハウスがあった．初期の会員によれば，クラブの運営は軍隊方式に基づき，遊びはビリヤードとトランプ・ゲームのホイストのみが許可されていたという．また奇人の噂が高かったシーブライトという将校は，毎日ここを訪れては軍人およびイギリス紳士の人柄，服装の変化に難癖をつけるのが常で，「ダンディ」の元祖ブランメルを窓ごしに見かけたときは「このなりあがり者め！」と叫んだそうだ．クラブハウスはのちにペル・メルやジャーミン・ストリートなどへ移転，最終的にはチャールズ・ストリートに落ち着いたが，財政悪化により1976年にキャヴァルリー・クラブに統合された．

Guildhall
ギルドホール

Aldermanbury, EC2

ノルマンの征服以前の法廷ハスティングから市自治体の成立を経て現代まで約千年にわたって，シティ（→City, The）の市庁舎．シティ同業組合（→City Livery Companies）が毎年ここでシティの市長（→Lord Mayor）とシェリフ（→Sheriffs）を選ぶ．ホールの壁面を12大同業組合の幟と全組合の紋章が飾っている．毎年，新市長は就任披露行列（→Lord Mayor's Show）の夜にギルドホールで披露宴（→Lord Mayor's Banquet）を開くのが1501年

千年近い歴史をもつシティの市庁舎，ギルドホール

以来の伝統となっており，現在は就任披露行列の翌月曜日に開かれ，イギリス首相が国政に関する演説を行なう．首相の列席と演説はシティが国政に大きく関与してきた歴史の反映である．

　ギルドホールの起源は明確ではないが，12世紀に存在したとする信ずべき証拠がある．セント・ポール大聖堂の財産調査簿(1128)にギルドホールの名が見える．さらに古くは商取引き上の問題解決のための法廷ハスティングが都市裁判所の機能を果たしたが，その建物についての記録は残っていない．ギルドホールは1411年に再建が始まった．このころに市長やシティ参事会(→Aldermen)の威信が高まったことを示唆しており，国王のウェストミンスター・ホールに匹敵するホールの必要が感じられたのである．このときヘンリー四世の紋章とともにエドワード懺悔王の紋章が使用されており，最初のギルドホールが懺悔王の時代に起源をもつことが推測される．このホールは現在の建物のすぐ西にあったと思われ，オールダマンベリー(→Aidermanbury)通り側に入口があった．オールダマンベリーは「参事会員の屋敷」の意味で，古くから市政と深い関係があった．ゴシック様式のポーチは1430年に，建物全体は1439年に完成．隣接の礼拝堂は1444年に献堂された．ホールの下にはロンドン随一の規模の地下聖堂があった．この地下聖堂は現存し，中世ロンドン以来のあらゆる記録を保存している．屋根はその後数回取り替えられ，正面入口は18世紀に全面的に改造されたが，壁はほとんどが現在も15世紀のものである．市政の中心であると同時に重要な裁判も行なわれた．1546年にはアン・アスキューの異端裁判，1547年にはサリー伯爵ヘンリーの反逆罪の裁判が行なわれ，1553年にはレディ・ジェイン・グレイが夫ダドリー卿とともに裁かれ，同じく1553年に大主教トマス・クランマーの裁判があり，1606年には火薬陰謀事件に関わったイエズス会士ヘンリー・ガーネットが有罪判決を受けた．

　1666年のロンドン大火で中世の建物はひどい損傷を受けたが，容易に焼け落ちず，中世の職人の見事な仕事ぶりを立証した．再建に当たってシティはギルドホールを最優先し，多大の費用を投じた．焼け残った石造りの外壁は約6メートル高くされ，15世紀のコーニス(軒蛇腹)の上に窓が配された．1671年10月の市長の披露宴は再建されたホールで行なわれた．またキング・ストリートとクイーン・スト

リートが敷設されて，テムズ川へまっすぐな街路が開かれた．第二次世界大戦後にも修復されているが，15世紀風の特色を残している．ホール内には伝説上の巨人として有名なゴグとマゴグ（→Gog and Magog）がある．

Guildhall Library
ギルドホール図書館

Aldermanbury, EC2

1420年代前半，ロンドン市長を務めたリチャード・ウィッティントンとウィリアム・ベリーの両人により創設された．蔵書の中心は写本神学書であった．図書館は16世紀中葉，いったんサマセット・ハウス（→Somerset House）に移されたが，ようやく1828年ロンドン市の所管するところとなり再開された．第二次世界大戦で貴重な資料を多数喪失したが，現在の蔵書はロンドンに関する古文書，地図，版画など，なお第一級の重要さを失わない．

図書館を入って，左側に併設されているのが，時計製造人同業組合が所有する，国内最大を誇る時計博物館である．開設は1814年．コレクションは15～20世紀の置時計，懐中時計，船舶クロノメーターなど全部で700点を数える．スコットランド女王メアリが使っていたといわれる時計，エヴェレスト初登頂の際ヒラリーがつけていた時計，ガスで動く奇妙なイタリア製時計など貴重品，珍品が多数ある．

Guildhall School of Music and Drama
ギルドホール音楽・演劇学校

Barbican, EC2

音楽・演劇の専門教育機関．ギルドホール・オーケストラ・コーラル・ソサエティが行なった一連のコンサートの成功を背景に，シティ当局により1880年に設立されたギルドホール音楽学校が起源．初代校長には同オーケストラの指揮者ウェイスト・ヒルが任命された．学校はオールドマンベリーの空き倉庫を校舎とし，生徒数62人で発足した．「ドラム担当の教師は石炭倉で授業を行なった」という．1887年には生徒数2500人を超えた．同じ年，学校はブラックフライアーズに建てられた新しい校舎（設計サー・ホレス・ジョーンズ）へ移転した．その正面玄関にはトマス・タリス，オーランド・ギボンズ，ヘンリー・パーセル，トマス・オーガスティン・アーン，ウィリアム・スタンデール・ベネットの名が刻印されている．1935年には演劇部門が設けられた．

学校は1977年にバービカンに移転した．新校舎はピーター・チェンバレンのデザインによるもので，300人収容の劇場，音楽ホール，スタジオ・シアターが備えられた．1988年には46部屋をもつ独立した練習棟が完成した．学校はバービカン・センターに本拠をおくロンドン交響楽団，ロイヤル・シェイクスピア劇団と密接なつながりを有している．1990年の時点での学生数は，世界30か国から約700人を数える．

Guilford Street
ギルフォード・ストリート　WC1

ブルームズベリー地区のラッセル・スクエアから東へグレイズ・イン・ロードまでの約200メートルの通りをいう．通りの名はここにあった有名な捨て子養育院の会長（1771-92）を務めた，第二代ギルフォード伯爵フレデリック・ノース（アメリカ独立時の英国首相）の名にちなんだもの．18世紀前半，アメリカのジョージアの植民地開発に功績があったトマス・コーラムは捨て子の状態を見かねて勅許をとり，捨て子養育院（→Thomas Coram Foundation for Children）を建てるためギルフォード・ストリートの北側に広大な用地を買い，一部を住宅地として開発し，その利益を養育院経営にまわすなどの才覚を働かせて現在のギルフォードの町並みを造った．養育院はウィリアム・ホガースや音楽家ヘンデルを含む多くの芸術家たちの後援を得て，1926年まで順調に運営された．その後施設は何度か移転し，ロンドン北方のバーカムステッドに落ち着いた．

ギルフォード・ストリートの養育院跡地は

コーラムズ・フィールズ（→Coram's Fields）として子供たちのための遊園地になり，すぐ近くのブランズウィック・スクエアに1937年に建設されたジョージ朝風の建物の中にトマス・コーラム孤児財団がおさまって，今でも活動をつづけており，児童福祉関係の一大センターとなっている．また，寄贈芸術品のコレクションもある．南側には，一部住宅地を除けば，このトマス・コーラム孤児財団によって1750年代に設立された小児科病院の裏門がめだっている．

Gunnersbury Park
ガナズベリー・パーク　W4

　ジョージ二世の娘アメリア王女が，のちにはロスチャイルド家が住んだ屋敷跡の公園．ロンドン西郊にあり，地下鉄アクトン・タウン駅に近い．広さは75ヘクタール．昔は荘園であったこの土地に，1658-63年にジョン・ウェッブがパラーディオ様式の家を，チャールズ二世の法律顧問ジョン・メイナードのために建てた．1761-86年，アメリア王女がこの邸宅を夏の別荘として使った．

　1801年にパラーディオ様式の家は取り壊され，屋敷は13の区画に分割された．そのうちの12区画を建築業者のアレグザンダー・コプランドが1806年までに購入したが，彼は1802年6月には「ガナズベリー・パーク」と称する家を自分が住むために建てていた．これは現在，「ラージ・マンション」として知られ，一部が博物館になっている．その数年後に，かつてガナズベリー・ハウスと言われていた現在の「スモール・マンション」が建てられた．1835年にネイサン・メイヤー・ロスチャイルドが大きいほうの邸宅を買い取り，シドニー・スマークに依頼して内装を変え，厩などを加えた．1889年には小さいほうの邸宅もロスチャイルド家が買い取り，来客の接待用にした．ロスチャイルド家はここに住んでいたが，1917年屋敷の一部が売却された．

　ここはロンドンの中心から近かったために，1923年，空港候補地となったが，翌年，レクリエーション用地を求める運動が起こり，イーリングとアクトンの区議会が買い入れた．1926年5月，数千人の集まるなかでガナズベリー・パークは正式に開園した．

　園内にはアメリア王女の湯殿のほか，ポトマック池のほとりに1860年初期に建てられたフォリー・タワーが残り，また丸池のあたりの景観は魅力的で，アメリア王女が客とお茶を飲み，食事をした神殿風の建物ザ・テンプルがある．博物館には考古学，郷土史，社会史，地誌などに関する展示があるが，その中でも考古学関係の収集品は大ロンドンでもすぐれたもののひとつであり，馬車の収集品も保存のよいことで知られる．

Gunpowder Plot
火薬陰謀事件

　1605年，ロバート・ケイツビー，トマス・ウィニズ，トマス・パーシー，ジョン・ライト，ガイ・フォークスらを中心とするカトリック教徒によって企てられた，議会議事堂爆破ならびにジェイムズ一世とその妃，皇太子殺害未遂事件．彼らは王と王妃，上下院議員らが出そろう議会開会日に議事堂を爆破し，カトリック教徒によるクーデターをもくろんで1604年4月から本格的な計画を練りつづけた．

　当時の議事堂の南側に隣接していた数軒の個人所有の邸宅のうち，1軒をトマス・パーシーが借り受け，彼の召使いを装って住み込んだガイ・フォークスが，1605年3月までに火薬36箱を運び込んで地下室に隠した．ロンドンを襲った疫病（→Plagues）のために，その年の議会開会は例年よりおそく11月5日に行なわれることになっていた．いよいよ議会が召集される10日前，1通の手紙が上院議員のモンティーグル卿のもとに届けられた．それには議事堂爆破の恐れがあり，議会への出席をとり止めるように，との文面が認められてあった．11月4日に王の命令で家宅捜索が行なわれた結果，地下室に積まれた薪束の中から火薬が見つかり，爆破装置を仕掛けるために現場に残っていたガイ・フォークスの即刻逮捕となった．彼はロンドン塔で拷問され共謀者たちの名前をもらした．ケイツビー，パー

事件の首謀者たち（右から3番目がガイ・フォークス）

シーら4人は逮捕に抵抗して殺され，残りの8人は捕らえられて翌1606年1月にウェストミンスター・ホール（→Westminster Hall）で裁判にかけられた．時の法務長官サー・エドワード・コークはこの爆破未遂事件を，「イギリスにおいて企てられた最大の反逆行為のひとつ」と位置づけた．反逆者たちは市街を引きまわされたあと処刑され，頭を切り落とされ，さらし首にされた．

それ以来，議会開会式典に先立って，ウェストミンスター・パレス（→Parliament）の地下室捜索の儀式が行なわれることがしきたりになった．そして11月5日を「ガイ・フォークス夜祭」（→Guy Fawkes Night）と定めて，ガイ・フォークスの奇怪な人形をかがり火で燃やす年中行事が生まれた．近年はこの行事に花火が主役を占めるようになった．付随して前日に子供たちが「ガイ人形にほどこしを」（A penny for the Guy.）と唱えながら金を集めてまわる習慣ができ，伝統的につづいている．小説家ウィリアム・ハリソン・エインズワスはこの事件を題材にした作品『ガイ・フォークス』を書いて大変な人気を博した．

Gunter's Tea Shop
グンターズ・ティー・ショップ

1757年にイタリア人のケーキ職人ドメニコ・ネグリがバークリー・スクエアに開店した菓子店．パイナップルの看板（18世紀の菓子屋ではごくふつうの看板）に「英国，フランス，イタリアのありとあらゆる菓子の製造販売」と謳った．20年後，ネグリはロバート・グンターとパートナーを組んだが，そのまた20年後にはグンターひとりが経営にあたった．

店はメイフェア（→Mayfair）の有名な待ち合わせ場所となり，アイスクリームやシャーベットは上流階層の人々にも人気があった．アイスクリームは店の中でなく，前の広場で食べるのが粋とされた．昼間，軽食を食べる場所で紳士と2人だけでいるところを見られるのははしたないと考えられていた時代でも，グンターでなら許されるということだったらしい．この店のもうひとつの名物は，こってりした多層のウェディングケーキで，メイフェアでの結婚式には欠かせないものであった．

1936-37年に，バークリー・スクエアが再開発されると，店はカーズン・ストリートへ移転した．喫茶部は1956年に閉鎖したが，配達はその後20年間ブライアンストン・スクエアで営業をつづけた．

Guy Fawkes Day

→ **Gunpowder Plot, Riots and Demonstrations**

Guy's Hospital
ガイ病院

St Thomas's Street, SE1

　通称ガイズとして知られるガイ病院は，1721年にトマス・ガイによって，セント・トマス病院(→St Thomas Hospital)の向かい側に創設された．ガイは成功した出版業者かつ印刷業者で，サウス・シー株で大儲けをした．のちに国会議員となり，シティの司法長官も務め，セント・トマス病院の有力な後援者でもあった．

　1738年から39年にかけて東翼棟が増築され，44年には20床の精神病棟が建てられた．80年には冷水と温水および蒸気の風呂が設置された．

　1820年に医師になったリチャード・ブライトは腎臓の研究で知られ，アジソン病で知られるトマス・アディソンも同じ時期に活躍した．ホジキン病で有名なトマス・ホジキンも常勤ではなかったが，この病院に勤務していた．最も有名なのはアストレー・クーパーである．21歳でセント・トマス病院付属医学校(当時ガイズ，セント・トマスは姉妹病院で共同運営だった)の解剖実習助手になり，のちに王立外科医大の学長も務めた人物．詩人のジョン・キーツもクーパーの講義を聴いている．

　1799年，ガイ病院はロンドンで最初に歯科医師を採用し，以後歯科で有名になった．19世紀末，医学校の大改築が進められた．1940年にナフィールド・ナース・ホームが増築され，精神病のためのヨーク・クリニックの建設が開始された．1959年から63年にかけて11階建ての外科病棟が建設され，その後35階建ての病棟が建てられた．

　1990年現在で676床のベッド数がある．場所はシティからロンドン橋を渡ってすぐ，ロンドン・ブリッジ駅の目と鼻の先にある．

→Hospitals

H

Haberdashers' Aske's School
ハバーダッシャーズ・アスクス・スクール
Butterfly Lane, Elstree, Borehamwood, WD6

　小間物商同業組合（→Haberdashers' Hall）の組合員で絹物商人だったロバート・アスクの遺産で、1690年セント・ポール大聖堂近くのステイニング・レインにある小間物商同業組合の建物に設置された学校に由来する．その学校はすぐに近くのホックストンに移り、19世紀後半には女子部門が分割されて男子校として独立した．その後、1961年に現在の地に移転し、今日に至っている．

　コンピューターやランゲージ・ラボなどの最新設備を備えるパブリック・スクールだが、スポーツ、音楽、演劇活動も盛んである．現在、7歳から18歳までの男子生徒1300名が学んでいて、卒業生の大半が大学へ進学する．また、19世紀後半に分割された女子部門が1974年に移転してきて、独立したパブリック・スクールになっている．

Haberdashers' Hall
小間物商同業組合会館
Gresham Street, EC2

　この会館の敷地は、1478年以来小間物商同業組合の所有地となっている．ロンドン大火による焼失後、新しい会館がクリストファー・レンの設計によって建てられたが、これもまた19世紀に2度にわたって火事で焼け、その都度修復された．1940年にドイツ軍の空爆で破壊され、1956年にオフィス・ビルに取り囲まれた現在の会館が建てられた．150人の収容能力をもつ食堂がある．火災や空爆をまぬがれた多くの家具調度品や絵画が残っている．
→City Livery Companies

Hackney
ハックニー　　E5, E8, E9, N1, N16

　1965年の行政区画の再編成によってショーディッチおよびストーク・ニューイントンと合併した自治区．もともと本来のハックニーはリー川の西岸に広がる平坦な田園地帯で、ロンドン市民に新鮮な野菜や質のよいバターを供給する、健康的な行楽地であった．またいくらか暮らしに余裕のあるシティの商人が過密な市街地の喧噪や不潔さを逃れて小住宅を構える場所でもあった．しかし、現在のこの地区は当時の面影を残すものはほとんどなく、失業率や安い公営住宅入居世帯率が最高で、ロンドンの最貧自治体というかんばしくない評判で知られている．

　19世紀のハックニーは零細な消費財工業、なかでも縫製品や靴、家具などの生産が盛んであった．またシティに近いことから、狭小安価な住宅が大量に供給された．その結果、19世紀の前半に人口は4倍に増え、後半の半世紀でさらに4倍に増えた．しかし、同時期に形成された市街地では、果てしなく単調な家並みが連なっているのに対し、ハックニーは緑地やオープン・スペースに恵まれている．その第1はタワー・ハムレッツ（→Tower Hamlets）との境にあるヴィクトリア・パーク（→Vic-

341

toria Park)で，1845年，ロンドン最初の公営公園として開設された．煤煙のたちこめるこの地域にあって，この公園は「イースト・エンドの肺臓」と呼ばれたこともある．第2はリー川の氾濫原にあるハックニー・マーシュで，その広大な土地にはレクリエーション・グラウンドとしていくつものフットボール・グラウンドがある．この土地は，1893年，当時のロンドン市議会が7万5000ポンドで購入したもので，以前は鳥猟，うさぎ狩り，牛いじめ（雄牛にブルドッグをけしかける競技）などが行なわれていた．

第二次大戦後，多くのジョージ朝，ヴィクトリア朝の住宅が取り壊され，公営住宅へと建て替えられた．20世紀初頭に比べ，人口は半減している．閉鎖された工場や窓にベニヤ板を打ちつけた住宅があちこちに見受けられる．しかし，イズリントンに隣接する地域では，中心部のオフィスに勤務する若い高所得のホワイト・カラーが古い建物を修復して住んでいる姿も見られる．また活気のあるストリート・マーケットや風趣のある商店やレストランが街の魅力を高めている．

Haggerston
ハガストン　E2

リヴァプール・ストリート駅から北に約1キロ，キングズランド・ロードとハックニー・ロード，それにグランド・ユニオン・カナルに囲まれた三角形の区域がハガストンである．まだ人家もまばらだった17世紀の最も著名な居住者は，その名前を冠した彗星で知られる天文学者エドモンド・ハレーであるが，この地域の初期の住民の多くは有閑階級か学者であった．18世紀にはいると，シティに近いことから同業者組合（→City Livery Companies）による私設救貧院の設置が盛んになり，キングズランド・ロード沿いにいくつもこうした施設が立ち並んだ．現在残っているのはただひとつ，金物商同業組合の組合長でロンドン市長も務めたロバート・ジェフリーの遺贈により1715年に建てられたジェフリー博物館（→Geffrye Museum）だけである．1914年にロンドン市議会が買収して博物館に改装したもので，チューダー朝から1950年代までの家具と調度品の展示や，復元された木工職人の作業場風景などが見られる．

ハガストンは長くショーディッチに属していたが，1965年の行政区の再編成によりハックニー自治区（→Hackney）に含まれるようになった．ハックニー・ロードの南側は19世紀後半のイースト・エンドにおける最大のスラム，ベスナル・グリーン（→Bethnal Green）であるが，ハガストンは安定したコミュニティを形成した．しかし，第二次世界大戦中の戦災で古い市街地の多くは失われた．

Half Moon Street
ハーフ・ムーン・ストリート　W1

メイフェア地区の南西隅にあるカーズン・ストリートとピカディリー通りを結ぶ路地．かつてピカディリー通りからの入口角に建っていたパブの名にちなんで名づけられた．長さ200メートルほどのせまい路地である．現在同名のパブが路地を20メートルほど入ったところにある．

この路地の歴史は1730年代に始まる．左右にはいまもジョージ朝様式や摂政時代様式の家が残っていて，中級ホテルやフラットに改装されている．このような表通りから少し奥まった便利で人目につかぬ住居には，それにふさわしい人物が昔から住んできた．ジェイムズ・ボズウェルはこの通りに住み(1768)，サミュエル・ジョンソン，デイヴィッド・ヒューム，デイヴィッド・ギャリックらを招いている．19世紀にはアイルランド生まれの踊り子で，バイエルン王の側妾として権勢をふるい，また重婚などのスキャンダルをふりまいたローラ・モンテズもこの路地に住んでいた．他にウィリアム・ハズリット，P.B.シェリーもここの住人だったことがある．

現在ピカディリー通りから入って左手には陸海軍クラブがあり，その先右手にはスコッチ・ウィスキー協会がある．

Hallam Street

ハラム・ストリート　W1

　リージェンツ・パークの南の入口に近い半月形の広場パーク・クレセントのすぐ南に位置する道路．18世紀半ばに敷かれた道で，現在この通りでめだつのは，第二次世界大戦で破壊し1958年に再建されたユダヤ教会堂．

　44番地は19世紀半ばに設立された中央医療協議会の建物で，医学教育や医師の免許を管理する機関が入っている．フラットがつづくこの通りの110番地は，ラファエル前派の画家で詩人のD.G.ロセッティと妹のクリスティナが生まれた家．その後，この家には小説家ウィリアム・ジャーハーディが1930年代初頭から60年代にかけて住んでいた．

Ham House
ハム・ハウス
Ham Street, TW10

　市西南部リッチモンド・パークの西にあり，テムズ川に面して立つマナー・ハウス．正面から入るにはトゥイッケナム駅で下車し，小型のフェリーでテムズを渡るのがよい．かつての王の荘園ピーターシャムの南に隣接する広大な領地ハムに建てられたこの美しい邸宅は，18世紀のたたずまいをいまに伝える「眠れる森の美女」の館と呼ばれてきた．

　ハム・ハウスは，ジェイムズ一世の宮内司法官トマス・ヴァヴァスアによって1610年に建てられた．元来，この一帯は王直属の所有地で，16世紀に入りヘンリー八世が第四王妃クリーヴズのアンとの離婚に際して贈与した財産の一部であった．それがジェイムズ一世に引き継がれ，ついで皇太子ヘンリーへ，さらに次の皇太子（のちのチャールズ一世）へと継承されていった土地である．1626年，この屋敷はチャールズ一世の身代わりの鞭打たれ役を務めた学友のウィリアム・マレー（のちの初代ダイサート伯爵）に貸与され，1637年から39年にかけて邸宅の内外の増改築がなされ，絵画や細密画など美術品の収集が始まった．

　ところで，初代ダイサート伯爵には嗣子がなく，地所と爵位はそのまま娘のエリザベスに継がれた．彼女はサー・ライオネル・トールマシュというサフォークの郷士と結婚したが，夫が若死にする以前から野心家のローダーデール公爵ジョン・メイトランドに接近していた．時あたかもピューリタン革命の真只中で，彼女はローダーデール伯の助命をオリヴァー・クロムウェルに嘆願し，伯爵の一命を救った．彼女はクロムウェルの愛人だったともいわれている．しかし，彼女の本領は，その一方でこのハム・ハウスを基地として王党派を援助し，パリに亡命中のチャールズ二世と連絡をとり，王政復古を成功させたことにある．王政復古により釈放されたローダーデール伯と晴れて結婚し，チャールズ二世の側近閣僚のひとりとして公爵に昇進したローダーデール夫人として，権勢をほしいままにした．その後，この屋敷はダイサート伯爵家によって継承され，1900年ごろまでは17世紀カロライン建築（チャールズ一，二世時代の建築）の典型としてほとんど原形のまま維持されてきた．

　1948年，第十代当主がこの屋敷をナショナル・トラストに寄贈した．1階にある大広間，吹き抜けになっている回廊や長い廊下には，ネラーやレノルズらによる18世紀のダイサート家の人々の肖像画や遺品が所せましと展示されている．

　このハム・ハウスに通じるハム・ストリートには，19世紀の神学者ジョン・ヘンリー・ニューマンが幼いころ住んでいた．

Hamley's
ハムリーズ
Regent Street, W1

　玩具専門店．この店の創業年をロンドンの幼い子どもたちは「ジョージ三世はいった，1マイルは1760ヤード」と歌うように覚えているという．1760という数は王の即位の年だが，幼い子供たちの楽園ハムリーズの創業も同じ年だからである．つまり「ジョージ三世は…」と親たちに話しかけて，それとなくハムリーズの玩具をねだった．

　1760年，イングランド南西部コーンウォル出身のウィリアム・ハムリーがハイ・ホーボーン

(→High Holborn)の商店街で「ノアの箱舟」という名の玩具店を開いた．背後に控えた高級住宅地の住人を客にして店は着実に発展，6階建ての現在のビルへ移転してからはギネスブックに「世界最大の玩具店」と紹介されるほどになった．玩具のほかに人形やゲーム機も置いており，電子玩具売り場の人気も高い．地下鉄ピカディリー・サーカス駅に近い．

Hammersmith
ハマースミス　W6

ロンドンの西の出入口として知られてきた地区で交通の要衝．アングロ・サクソンの言葉でハンマーと鍛冶屋を意味する．この地の南端，テムズ川沿いに工房ケルムスコット・ハウス（→Kelmscott House）を構えていたウィリアム・モリスは，ハンマーとテムズ川を表わす図柄を商標として工房の製品に付している．現在では西方からロンドンに入るといえば，大方はヒースロー空港からA40かA41を通って，ハマースミスの北を通過するので，交通の要衝としての重要性はうすれたが，往時は西に向かう馬車の最初の宿駅であった．ほぼ並行して走る2本の幹線道路がハマースミスを東西に通り，さらに南北には，南のキューやリッチモンド，ウィンブルドン方面へ延びる幹線も通っていた．交通混雑を緩和させるため，1961年に地下鉄ハマースミス駅近くに高架道路が建設され，混雑は多少緩和された．

ハマースミスには，近年の再開発により各種アート・センター，BBCテレビ・センター（→BBC Television Centre）各種スポーツセンターなどが集まった．また，ハマースミス橋のテムズ川西岸一帯には18世紀に建てられた落ち着いた雰囲気を漂わせる家並みが残っている．ロワー・マル（→Lower Mall）には18世紀に建てられたケント・ハウスや古いパブが残っているし，アッパー・マル（→Upper Mall）に入ると，1726年に建てられたサセックス・ハウスがある．ウィリアム・モリスの片腕だったエマリー・ウォーカーがここに工房を開いたのは1886年で，ケルムスコット・プレスはこの同じ建物の中に置かれ，1891年からモリスの死後の98年まで活動していた．

川べりの建物にダヴ製本所が設立されたのは1893年であり，その隣りにはダヴ亭（→Dove）がある．ロンドンに現存するものの中で最も古いパブのひとつである．自然詩人ジェイムズ・トムソンがこの2階でイギリスの愛国歌「ブリタンニアよ，統治せよ」を作詞したといわれている．24番地のリヴァー・ハウスには印刷・製本のコブデン＝サンダーソンが1903年から1909年にかけて住んでいた．26番地には，スコットランドの詩人で児童文学の作家でもあったジョージ・マクドナルドが1867年から10年住み，その後にウィリアム・モリス一家が住むようになり，ケルムスコット・ハウスと名づけて，死ぬまでその家で芸術活動と社会主義運動を行なった．現在その家の地下室をウィリアム・モリス協会が使用している．

Hammersmith and City Line
ハマースミス・アンド・シティ・ライン

ロンドン地下鉄道会社の一部となっている線で，ロンドン西部のハマースミスからパディントン，ベイカー・ストリートを経由，メトロポリタン・ラインと同じ線路をリヴァプール・ストリートまで走り，オールドゲート・イーストに至る．ラッシュ時にはディストリクト・ラインに乗り入れてバーキングまで運転される．

この線のパディントン駅はサークル・ラインの同じ名の駅から少しはずれたところにあるが，ここが1863年1月10日に世界最初の地下鉄が生まれた駅で，かつてはビショップス・ロードと呼ばれていた．だから当然全線が「地表線」（surface line）で，車両はチューブの車両より大型である．

→Underground Railways

Hammersmith Bridge
ハマースミス橋　W6

北岸のハマースミスと南岸のバーンズの両地区を結ぶ．1827年，ロンドンのテムズ川にかかる最初の吊り橋としてW.T.クラークにより完成．1887年，ロンドンの橋の改修に功績のあったサー・ジョーゼフ・バザルジットに

より，現在の装飾性の強い吊り橋に生まれ変わった．橋から川の上流の北岸沿いにあるダヴ亭（→Dove）はターナー，モリスらの画家に愛された川辺のパブとして有名．対岸バーンズ地区のブルズ・ヘッド，ウォーターマンズ・アームズはいずれもヴィクトリア朝の名パブ．

Hammersmith Hospital
ハマースミス病院
Du Cane Road, W12

ロイヤル・ハマースミス病院とも呼ばれる．地下鉄セントラル・ラインのイースト・アクトン駅の近くにある．公園ワームウッド・スクラブのすぐ南側に当たる．

高等医学を教える大病院が必要となっていたが，1925年にようやく実現することになった．既存の医学校は何の参考にもならなかった．そこでロンドン市議会管轄の病院をはじめて教育病院（付属医学校をもつ病院）にすることになり，ハマースミス病院が選ばれた．1904年にアール・ヌーヴォー様式で建てられたこの美しい病院は，広大な敷地を有し，「貧者の楽園」として知られていた．

学校は1935年に新しい小じんまりした建物で運営されはじめたが，すぐに世界に名が知れわたった．1947年，ロンドンの医学教育はすべて，ハマースミス病院の教授であるサー・フランシス・フレイザーによって組織された．彼が創設した英国医学連盟は現在ロンドン大学の一部になっている．ロイヤル・ハマースミス病院に加え，小児科病院（→Hospital for Sick Children）など12の病院が連盟に加わった．

世界中から学生がハマースミス病院付属医学校に集まってきた．ウルフソン基金により大きな建物が新築された．さらにコモンウェルス・ビルディング建設のために100万ポンドの資金が集められ，王立大学院医学校が発足した．その基本目標は，臨床研究により医学の進歩に貢献すること，それを臨床技術に取り込むこと，そしてイギリスおよび世界中の医師にさらなる研修の場を提供することであった．

Hammersmith Road
ハマースミス・ロード　W6, W14

ロンドンの西の交通の要衝ハマースミス・ブロードウェイからウェスト・ロンドン病院の前を通ってロンドン中心部へと通じる幹線道路．この道路はケンジントン・ハイ・ストリート，ケンジントン・ロードにつながり，ハイド・パークの南沿いを走り，ピカディリーへと通じている．現在ではブロードウェイと並行して走る高架道路のおかげで，交通量がかなり緩和されている．ハマースミスからケンジントンへ向かうこの道路はウィリアム・モリスの小説『ユートピア便り』に出てくるように，かつてはロンドン郊外の田園風景そのものであったようだが，近年は開発が進んで，さまざまな施設や商店やオフィスが立ち並んでいる．なかでもウェスト・ロンドン病院と，展示会場として多目的に利用されるオリンピアは，この道路の東端にあってひときわ目立つ建造物である．

Hammersmith Terrace
ハマースミス・テラス　W6

チズィックとの境に近いあたりに，テムズ川に面して立つ17戸をひとつにまとめた瀟洒なテラス・ハウス．白い煉瓦造りの3，4階建てで18世紀中ごろの建築．北側の道に面した玄関口には漆喰のドーリア式柱がついている．

住人には芸術家や作家たちが多かった．ケルムスコット・ハウス（→Kelmscott House）に近いこともあり，ウィリアム・モリスの娘メイがここに住み，モリス商会の刺繍部門を担当していたのは20世紀の初頭である．年に一度，3月下旬に行なわれるオックスフォード大対ケンブリッジ大のレガッタを見物するには最高の場所で，メイと母親ジェインはW. B. イェイツの妹リリーなどを含む刺繍のお針子たちを招いて興じたという．G.B. ショーもモリスの社会主義に共鳴し，またメイとも親しくなり，のちに上演した《ピグマリオン》の中のヒギンス氏の郊外住宅として，このテラス・ハウスが登場する．モリスの出版の共同

345

経営者エマリー・ウォーカーも住んでいた．歴代の住人の中には，最近まで50年間住み，テムズを熱愛した文筆家サー・アラン・パトリック・ハーバートもいる．

Hampstead
ハムステッド　NW3

　ロンドンの北郊広大な公園ハムステッド・ヒース（→Hampstead Heath）とハムステッド・ハイ・ストリートを中心にした緑の多い地区．古くから文人が多く住み，現在も高級住宅地として知られる．

　パーラメント・ヒルは高さ100メートル足らずの丘だが，有史以前から古代の部族が住んでいたことがわかっている．ローマ人はハムステッド・ヒースを通りセント・オールバンズに至る道路を建設した．ハムステッドという名前は10世紀に国王エドガーが与えた特許状に初めて現われる．14世紀に黒死病が流行したとき，ハムステッドに修道院長や修道僧などが逃れてきた．また17世紀半ばにロンドン大疫病が発生したときにはロンドン市民が押し寄せてきて，寝る場所もなかったという．ロンドン大火（1666）のあと，ロンドンの建物再建用の木材として林の多くが伐採された．1701年にジョン・ダフィールドという人物がウェル・ウォークに社交場を建設し，ここで泉の水を飲めるようにすると，ロンドンの社交界はハムステッドに殺到した．

　荘園領主トマス・マリオン・ウィルソンが1829年，議会にハムステッド・ヒースでの建築許可を申請した．しかし住民が反対し，40年後にトマスが死亡したときにもこの問題は未解決だった．1871年にジョン・マリオン・ウィルソンが荘園の権利をロンドン都市建設局に売却し，ハムステッド・ヒースは永久に公共緑地として保存されることになった．これ以後同様に保存されることになったのは，パーラメント・ヒル，イースト・パーク・エステート，ゴールダーズ・ヒル，ワイルズ・ファーム，ケンウッド・グラウンズなどである．1907年に地下鉄ハムステッド駅が開設された．この駅は地下58.5メートル，ロンドンで一番深い駅である．

　この地には多くの文人，芸術家が住んだ．ほんの数人を挙げるだけでも，詩人ジョン・キーツ，画家ジョン・コンスタブル，ノーベル賞を受賞したインドの詩人ラビンドラナート・タゴール，D.H.ロレンス，キャサリン・マンスフィールド，やはりノーベル賞受賞作家のジョン・ゴールズワージーなどがいる．

Hampstead Cemetery
ハムステッド墓地

Fortune Green Road, NW6

　1878年に開設されたロンドン北部クリクルウッドにある共同墓地．広さは11ヘクタールあり，近くのハイゲート墓地ほど有名ではないが，1万6000以上の墓があり，童画家のケイト・グリーナウェイや，消毒剤を用いた手術の創始者ジョーゼフ・リスターなどが埋葬されている．

→Cemeteries

Hampstead Fair
ハムステッド定期市

Hampstead Heath, NW3

　ロンドン中心部から6キロ半ほど北西にあるハムステッドは，昔は農村であった．海抜100メートルあまりの台地で，避暑地としてロンドンの文人や上流階級に愛された．ハムステッドの定期市は，8月1日に始まって4日間続いたが，現在では年に2回，5月と8月に1日ずつ開かれている．

　18世紀になって鉱泉場として有名になると，文人や上流階級に注目され，定期市のころになるとキット・キャット・クラブ（→Kit-Kat Club）の会員や才人たちが，アッパー・フラスク・インという酒場に会合してにぎわった．夏の市のころは，ハムステッド・ハイ・ストリートから台地の頂上に向かって歩く坂道に，絵画や工芸品の戸外展が開かれる．5月のバンク・ホリデーの市では，昔ながらの屋台も出て，いろいろな催し物があり，ロンドンっ子はこの一日一日，ヒースの丘でたっぷりと日光浴を楽しむ．ジョン・ウェインの小説『急いで降りろ』にも出てくるが，回転木馬もあって，

ちょっとした遊園地気分になる．しかし，昔のような賑わいはない．

Hampstead Garden Suburb
ハムステッド・ガーデン・サバーブ　NW11

　ハムステッドのゴールダーズ・グリーンとイースト・フィンチリーとの間にある新興住宅地．ここに郊外住宅地を造るという構想は博愛主義者ヘンリエッタ・バーネット夫人によるもの．彼女は，地下鉄がゴールダーズ・グリーンまで延長されることになったとき，ワイルズ・ファームを買い取り，そのうちの98ヘクタールを住宅地として，あらゆる階層の人々が快適に暮らせるようにしようと考えた．貧しい人々と裕福な人々が同じ環境のもとで生活することを目的にしたのである．この土地はヘンリエッタ夫人が創設した非営利団体のトラストに買収され，最初はハムステッド・テナンツ・アソシエーションと呼ばれた．

　ハムステッド・ガーデン・サバーブの開発は，レイモンド・アンウィンとバリー・パーカーの設計に従って1907年に開始された．建物は品の良い英国式，道路の両側に樹木が並び小道が配置よく通る，外形の美を重んじた設計である．中心地域のテラス・ハウスやフラット，またセント・ジューズ・チャーチ，丸天井のフリー・チャーチなどが有名である．

　老人のための果樹園や勤労婦人のためのウォーターロー・コートは，バーネット夫人の考えを半ば実現したとはいうものの，貧困者と富裕者との共同の郊外住宅地を造るという彼女の理想は達成されなかった．第一次世界大戦後は拡張され，中産階級が主流をなす住宅地になった．

Hampstead Grove
ハムステッド・グローヴ　NW3

　地下鉄ハムステッド駅を出ると右斜め前方に細い通りホーリー・ヒルがあり，上っていくとハムステッド・グローヴにつながる．かつてハムステッド・グローヴは大樹の並ぶ通りであったが，立ち枯れ病で並木はなくなってしまった．この通りに面して，17世紀の美しい邸宅フェントン・ハウス（→Fenton House）がある．フェントン・ハウスの向かい側にある小さなコテージのうちの12番地には，作家のメアリ・ウェッブがしばらく住んでいた．近くに18世紀のオールド・グローヴ・ハウスとニュー・グローヴ・ハウスがあるが，ニュー・グローヴ・ハウスにはジョージ・デュ・モーリアが1874年から95年まで住んでいた．

　ハムステッド・グローヴとその西側のロワー・テラスを結ぶアドミラルズ・ウォークには，白い家が2軒隣りあっている．1軒は海軍提督マシュー・バートンが住んだ家で，18世紀初めに建てられたもの，「提督の館」と呼ばれている．その隣りの白い家グローヴ・ロッジは，ノーベル賞作家のジョン・ゴールズワージーが1918年から33年に亡くなるまで住んだ家で，彼はここで『フォーサイト・サガ』を完成させた．

Hampstead Heath
ハムステッド・ヒース　NW3

　ロンドン北郊の丘陵ハムステッド・ヒースは，約320ヘクタールあり，ハイゲートと姉妹ヶ丘をなす．パーラメント・ヒルやケンウッドなどが含まれる．今でこそ人々に愛される郊外の緑ゆたかな住宅地であるが，ヘンリー八世の時代には洗濯女たちがロンドンの上流階級のための洗濯をしていたところである．17世紀末に健康に良いとされる泉が発見されると，上流階級の人々が集まるようになった．

　地形は起伏に富み，草地とオークとブナの林の間には豊富な水をたたえた池がいくつもあり，多くの野鳥が生息している．パーラメント・ヒルの頂上で，左にセント・マイケル教会，右にハムステッドを見る位置に立つと，左手にはハイゲート・ポンドの水面が輝き，はるか前方にはセント・ポール大聖堂のドームが見える．

　ハムステッド・ヒースは詩人や作家たちに愛された．ポープ，スティール，ドクター・アーバスノットなどはキット・キャット・クラブ（→Kit-Kat Club）の会員としてイースト・ヒース・ロードのアッパー・フラースクに集まっていた．

ハムステッド・ヒース(1840年頃)

のちに詩人キーツ，リー・ハント，シェリーなどもよく訪れた．チャールズ・ディケンズは多くの作品の中でハムステッド・ヒースに触れているが，パブ，ジャック・ストローズ・カースル（→Jack Straw's Castle）によく出かけた．いまも復活祭と春と夏の終わりには遊戯場・見世物・売店（→Hampstead Fair）が開かれる．休日にはもちろんのこと，平日でも散策を楽しむたくさんの人々の姿が見られる．
→Hampstead

Hampton
ハンプトン　TW12

ロンドンの中心部から南西に約25キロ，大ロンドンの周縁に位置するハンプトンはテムズ川中流に臨む古い歴史をもつ集落で，地名の語源はアングロ・サクソン語の「最初の入植の場所」に由来する．ハンプトンの名が知られるようになったのはハンプトン・コート・パレス（→Hampton Court Palace）が王宮となってからである．現在ではこの地域はハンプトン，ハンプトン・コート，ハンプトン・ヒル，ハンプトン・ウィックの4地区に分かれている．

枢機卿トマス・ウルジーによるハンプトン・コート・パレスの建設が始まったのは1515年であるが，700ヘクタールを超えるその広大な敷地は上流のハンプトンや下流のハンプトン・ウィックなどの近在の村を吸収した結果だった．

ハンプトン南部のテムズ河岸は急速に増大するロンドンの上水源確保のために大規模な水道施設が建設される一方，ロンドンに近い北部では市街化が著しかった．この地区は最初ニュー・ハンプトンと呼ばれたが，19世紀後半に新たな教区として独立し，住民の総意でハンプトン・ヒルと名称を改めた．もっとも，この地域には丘らしい地形は見当たらない．

19世紀末のハンプトンは市場向けの新鮮な野菜と苗木の栽培で知られていた．しかし，市街化の進展とともに農園は姿を消し，現在ではロンドンの郊外で最も環境のよい住宅地のひとつとなっている．中心部に鉄道のハンプトン駅がある．

部屋数500を超える広大な王宮だったハンプトン・コート・パレス

Hampton Court Palace
ハンプトン・コート・パレス
Hampton Court Road, KT8

　ロンドンの南西24キロのテムズ川沿いにあり，大法官，枢機卿，ヨーク大司教のトマス・ウルジーが建て，のちにヘンリー八世に献上した館にはじまる王宮．

　ヨーク大司教のトマス・ウルジーは，1515年ヘンリー八世の大法官となり，大司教ロンドン公邸，のちのホワイトホール・パレス（→Whitehall Palace）になる以前の館に住んでいたが，その公邸が健康上好ましくないとして，ロンドン西方のハンプトンに土地を選び，ホワイトホールの館同様，使用人500人を雇う広大な新屋敷を建設した．部屋数500を超えたという館は，ヘンリー八世もうらやんだといわれる贅を尽くしたものであったが，国王のそれまでの寵愛に翳りを見て取ったウルジーは，1525年ヘンリー八世の所望に応えてこの館を献上した．

　それにもかかわらずウルジーは1529年に失脚したが，ヘンリー八世は2度目の王妃アン・ブーリンをはじめ4人の王妃とこの館での生活を楽しみ，同王没後はメアリ一世，エリザベス一世も好んでこの館を利用した．王宮と呼ばれるようになるのはステュアート王家になってからであり，初代のジェイムズ一世は新旧両教徒の和解と国教会重視の「ハンプトン・コート会議」を1604年に開いた．

　王宮はチャールズ二世が，テムズ川に臨むヴェルサイユ宮殿とするべく大改修に取りかかり，さらにウィリアム三世も増改築，造園を続け，現在の広大なフランス式庭園をもつハンプトン・コート・パレスの全容は，この両王の改修，増築をいまに伝えるものである．しかしここを最も好んだウィリアム三世は，庭園での乗馬を楽しむうち，馬がもぐら塚に脚を取られる事故で落馬し，そのときの重傷が原因で他界した．

　ハンプトン・コート・パレスは次のハノーヴァー王家のジョージ二世の時代まで離宮として引きつづき使用されたが，ジョージ三世以後一般に公開されることになった．公開されたとはいいながら有料の見学者を数多く集

めようと，ウィリアム四世は宮殿の修復に熱心であったといわれる．次のヴィクトリア女王もさらに改修，修復に力を入れ，その伝統は現王家にまで引き継がれている．

ちなみにハンプトン・コート・パレスには2人の王妃の幽霊が出没するといわれ，そこは「幽霊回廊」と名づけられている．ともにヘンリー八世の王妃の幽霊で，ひとりは3度目の王妃のジェイン・シーモア，もうひとりは5度目の王妃キャサリン・ハワードである．ジェイン・シーモアはのちのエドワード六世の出産後間もなく死亡したが，ヘンリー八世は「王妃の代わりは何人でも見つけられるが，望みの王子は得られない」と叫んでジェインを見捨てたといわれ，それを恨んでの亡霊といわれる．またキャサリン・ハワードは不倫の罪でここからロンドン塔の処刑場に送られたが，助命嘆願もむなしく処刑されたことへの恨みによるという．

→Royal Palaces

Hanging Sword Alley
ハンギング・ソード・アレー　EC4

シティに残る昔の路地の名称．この珍しい名称は，16世紀この近辺にフェンシングの道場が多く，その看板に剣を吊り下げた図柄が用いられたことによる．フリート・ストリートを東へ進み，テムズ川のほうへ延びるホワイトフライアーズ通りを少し行ったところにある長さ10メートルくらいの細い路地である．この路地はフード・コートへとつづき，そこを抜けるとロイター通信社に突き当たる．

この周辺には表通りから少し入るとこのような袋小路が多い．現在では路地裏もきれいに整備されて事務所などになっているが，かつては入り組んだきわめて陰気な裏通りであった．路地の入口近くはホワイトフライアーズ修道院があった場所．表通りからフード・コートに通ずるこのハンギング・ソード・アレー（刃のぶら下がった路地）はかつては「ブラッド・ボウル・レイン」（血を盛る碗の路地）として知られていた．また，ナイト・セラー（地下酒場）といわれるいかがわしい飲み屋が

あって，ウィリアム・ホガースの《勤勉と怠惰》第9図の売春婦にだまされて警官につかまる怠惰な徒弟とその一味のシーンは，ここが舞台になっているといわれる．

Hanover Square
ハノーヴァー・スクエア　W1

オックスフォード・サーカスから南西へ100メートルあまり離れた広場．名前は，イギリスにおける王朝交代に由来する．1688年の名誉革命でカトリックの国王ジェイムズ二世を大陸亡命に追いやった議会は，国王はプロテスタントたるべきことを法律で定めた．この結果，アン女王の死後，1714年にドイツのハノーヴァー選帝侯がイギリス国王に即位し，ジョージ一世となる．王は生涯，英語と英国を理解せず，ドイツ（の料理と女性）に未練を残したことで知られるが，広場の建設がちょうど王朝交替に前後して始まったため，オックスフォード・スクエアという当初予定の名称を変更して，ハノーヴァーと名づけられた．完成当初は広場に面して20軒ほどの大邸宅が立ち並び，偉容を誇った．その多くは建て替えで姿を変えたが，現在の24番地にある商店は，ほぼ往時の趣きを残している．

広場の開発に加わったり，初期にその住民となった人々の多くは，ホイッグと呼ばれる，ハノーヴァー王朝支持派の政治家や軍人で，広場を囲んで建設された邸宅のデザインもドイツ風だった．また，刑場として名高いタイバーン（→Tyburn）に近かったため，この広場の住民のあいだから，刑場移転を求める動きも出たといわれる．1770年代以降，バッハ，ハイドン，リストなど多くの有名作曲家・演奏家が集ったので知られるハノーヴァー・スクエア・ルームズと呼ばれる舞踏・コンサート会館が広場の一角に進出し，1840年代後半まで営業をつづけた．ナポレオン戦争後のヨーロッパ外交を切り回し，熱烈な英仏協調論者でもあったフランスの政治家・外交官のタレーランは，1830年から数年，この広場に居を構えた．1794年以来30数年ぶりのロンドンを見た高齢のタレーランは，「ロンドンは前よりは

るかにきれいになった」ともらした．
　1831年には小ピットのブロンズ像が広場南側に設置されたが，除幕式には反対派がつめかけ，ロープをかけて像を引き倒そうとして未遂に終わったという逸話も伝わっている．スクエアの一角に日本航空のロンドン支店がある．

Hanover Terrace
ハノーヴァー・テラス　NW1

　ハノーヴァー家の所有する超高級テラス．リージェンツ・パークを取り巻く道路アウター・サークルの外側には，ジョージ三世の子供たちの称号を名称とするテラス・ハウスが立ち並ぶ．公園の西側に位置するハノーヴァー・テラスは，他の周辺テラスと同様に，ジョン・ナッシュの都市住宅計画のひとつとして構想設計されたものである．
　ハノーヴァー・テラスは1822-23年にジョン・マッケル・エイトケンズによって建てられた．細長い建物の両端には柱廊玄関があり，その間を柱廊で結び，中央部にはドリア式柱列が1階と2階を通している．破風は聖母のマントの色である鮮やかな青碧色に塗られ，ここを台座として塑像が立ち並んでいる．代々，著名な文人の住人が多く，17番には，小説家ウィルキー・コリンズが未亡人となった母親とともに住んでいた．この家にはのちにエドマンド・ゴスが住み（1902-28)，13番にはH.G.ウェルズが住んでいた（1937-46)．

Hans Place
ハンス・プレイス　SW1

　地下鉄駅ナイツブリッジからスローン・ストリートを下り，ハンス・ストリートを西へ入ったところにある小さな広場．デパートのハロッズからも近い．1777年にヘンリー・ホランドによって造成され，彼の義父のサー・ハンス・スローンにちなんで名づけられた．サー・ハンス・スローンは著名な医師でチェルシーの区議長を務めたこともある．南側にホランド自身の屋敷があったが，当時の建物は現存しない．

　1814-15年にジェイン・オースティンは，悪性感冒に冒された兄ヘンリーの看病をしながら，23番地の家に滞在した．摂政皇太子ジョージは主治医を派遣し，ヘンリーの治療にあたらせた．ジェインはカールトン・ハウスに招待されたとき，皇太子に『エマ』を献上した．詩人P.B.シェリーは1817年に1番地の家に住んでいた．17番地のヒル・ハウス・プレパラトリ・スクールは現チャールズ皇太子が学んだ学校である．

Hanwell
ハンウェル　W7

　市西郊，テムズ川の支流ブレント川の東岸に当たり，イーリング自治区のほぼ中央を占める地区．東西に走るアックスブリッジ・ロードが地区を貫き，並行してその北側に現在なおロンドンと西部イングランドを結ぶ大動脈であるかつてのグレイト・ウェスタン鉄道の軌道がある．地区の南縁を画するのは，1794年に開通したグランド・ユニオン・カナル（→ Grand Union Canal）で，その南には高速道路M4がある．M4を西にたどるとすぐにヒースロー空港にぶつかる．
　このように水陸空の交通の便に恵まれているため，ロンドン市街から病院，墓地，孤児院，ゴルフ場などが安価な土地を求めて移転してきた．なかでも，救貧法対象児童を収容するセントラル・ディストリクト学校（1856年開校）は生徒数千人を数え，この地区の人口の急増の主因となったが，生徒のなかに幼い日のチャーリー・チャップリンも含まれていた．地区の北部に鉄道のハンウェル，ウェスト・イーリング駅がある．

Hanworth
ハンワース　TW13

　ハンワースはサクソン時代にまでさかのぼる古い村だったが，今はヒリンドン自治区の一部．ここにあった領主館はヘンリー七世，ヘンリー八世が狩猟館として使用した．またヘンリー八世の2番目の王妃アン・ブーリンが一時ここに住んだ．その後いく人か所有者が

変わったが，1797年に館は焼失した．ハンワースの人口は，1881年まで1000人ほどであったが，20世紀初頭にハンワース・ファーム団地ができると人口は倍増し，1960年代までロンドン西郊の住宅地として発展しつづけた．

ハンワース・パーク・ハウスは1820年頃にかつての領主館跡に建てられた．1916年にホワイトヘッド・エアクラフト社のJ.A.ホワイトヘッドが購入，建物は赤十字病院になった．敷地は1929年ハンワース空港となり，32年グラーフ・ツェッペリン号が着陸した．北西側ヒースロー空港が完成すると，ハンワース空港は1946年に閉鎖された．

Haringey
ハリンゲイ　　N8, N17, N22

かつてのホーンジー，ウッド・グリーン，トッテナムの3つの区が1965年に合併してできたロンドン北部の自治区．役所などは中央地区のウッド・グリーンに集中している．ほとんどが居住地区であるが，トッテナムにはいくつか軽工業の工場がある．ホーンジーにはヴィクトリア朝様式の建物が多く現存し，緑地にも恵まれている．

Harlesden
ハールズデン　　NW10

ロンドン北西部に位置する地域．地下鉄・鉄道ともハールズデンが最寄駅．11世紀のウィリアム征服王による『ドゥームズデイ・ブック』（→『土地台帳』）に記載されているほどの歴史をもつが，1830年代まで，大きな屋敷がいくつかあるだけの小さな村であった．1837年にロンドンとバーミンガムを結ぶ鉄道が建設され，1873-94年に操車場と待避線が置かれて，徐々に開発が進んだ．20世紀初頭に市外電車の導入によって開発はさらに進んだ．缶詰会社のハインツやユナイテッド・ビスケットなどの大工場も建設された．

ハイ・ストリートには，パブのロイヤル・オークやグリーン・マンなどヴィクトリア朝の建物がいくつか残る．その通りの中心に，1887年にヴィクトリア女王即位50周年を記念して時計塔が建てられた．近くに八角形の屋根が美しいオール・ソールズ教会がある．

Harley Street
ハーリー・ストリート　　W1

地下鉄リージェンツ・パーク駅の西側を南に走る通り．このあたりの地主だった第二代オックスフォード伯爵エドワード・ハーリーにちなみ，1753年名づけられた．1845年ころから医者が移り住みはじめ，のちに医者の居住街としてその名を知られるようになった．それ以前は高級住宅街で，多くの著名人がこの通りに居を構えた．

1772年という早い時期にブライド子爵が7番地に居を構えた．政治家で首相を務めたウィリアム・ピット（小ピット）は，同じく政治家だった父の死について，母宛てにハーリー・ストリートから手紙を発信している．ジョージ三世専属の肖像画家アラン・ラムジーは67番地にアトリエをもっていた．彼の輝かしい経歴はここで突然断たれた．火事の避難訓練のとき，階下で出火した場合屋根伝いに逃げるよう家人に指示していて梯子から落ち，右腕を骨折したからだった．

風景画家J.M.W.ターナーが1804-08年に64番地に住み，ウェリントン公爵夫人キティは公爵がポルトガルで戦っている1809-14年に11番地に住んだ．73番地には，1854-75年に地質学者チャールズ・ライエルが，1876年には著名な政治家E.グラッドストーンが居住，作家バリー・コンウォールは1861年に38番地に住んだ．サー・アーサー・ウィング・ピネロは1909-34年に115a番地に，有名な天文学者ジョン・ハーシェルは56番地に居住した．43-49番地には，1848年にF.D.モーリスによって設立された女子のための通学制パブリック・スクールであるクイーンズ・コレッジ（→Queen's College）がある．

Harrod's
ハロッズ
Brompton Road, SW1

英国最大のデパート．ある人はイギリスの老舗としての条件に，品格，安定性，高潔さ，伝統の4つをあげ，そのすべてを満たしているのがハロッズだと言った．

ヘンリー・チャールズ・ハロッドの商う食料雑貨の小店を，1861年20歳の息子チャールズ・ディグビイ・ハロッドが買い取った．当時のナイツブリッジ（→Nightsbridge）周辺はロンドンの西のはずれであったが，1851年の万国博覧会（→Great Exhibition）以後ようやく人家が立ち並んで，香水，文房具，特許薬品も扱うチャールズの商売は軌道に乗っていった．店は次第に大きくなり，従業員も1880年には100名を数えた．1883年12月に火災で焼失したが，このときハロッドはクリスマス用の注文を遅らせることなく完送した．顧客は感動し，再建されると翌年の売上げは倍増した．

1889年有限会社組織となった．総支配人のリチャード・バーベッジは，開店・閉店の時刻を改め，就業規則を新たにした．1898年にはロンドン初のエスカレーターを取り付けたが，エスカレーターに酔う客に備えて階上の終点部には気つけ薬を手にした係員が控えていた．現在のタイル外装による主要部分が建てられたのは1900年代．1959年にはデパート・チェーンのハウス・オヴ・フレーザーの傘下に入り，1985年にはハウス・オヴ・フレーザー全体がモハメド・アル・ファイドを会長とするアラブ系資本に買い取られた．モハメドの息子ドディとダイアナ元皇太子妃は友人で，パリでの自動車事故により2人とも死亡した．王室の4人（エリザベス女王，エディンバラ公，エリザベス皇太后，チャールズ皇太子）から御用達の指定を受けていたが，2000年，王室は指定を取り消した．

売り場総面積8.1ヘクタール，一日の来店客数3万人．「すべての人に，すべての場所で，すべてのものを」（Omnia, Omnibus, Ubique）がモットーで，店内には銀行，航空会社，郵便ポストがあり，カフェ，バー，レストランなど飲食店約20，衣料品や革製品の修理コーナーもある．また売上げの20パーセントは海外の顧客によるものである．地下鉄ナイツブリッジ駅に近い．

Harrow on the Hill
ハロー・オン・ザ・ヒル　HA1

大ロンドンの北西部に位置するハローはサクソン語で神殿を意味する語に由来する．ハローの名が記録された最初の文書は，マーシア王オッファがセント・オールバンズの修道院長にこの地を授与することを定めた767年の勅許状である．

セント・メアリ教会（→St Mary②）の立つハロー・オン・ザ・ヒルは周辺地区の中心である．ハロー・ヒルの麓の鬱蒼とした森は，王侯貴族の狩猟場であった．パブのキングズ・ヘッドは16世紀なかばにさかのぼる古い歴史をもち，ヘンリー八世によって狩猟館として用いられた．現在の建物は1750年に建て替えられたものである．

1572年には，ジョン・ライアンがパブリック・スクールの名門ハロー校（→Harrow School）が創立した．

ピューリタン革命が勃発すると，ここに議会派のギルバート・ジェラードは4000人の兵を招集してチャールズ一世軍と戦った．

この地に住んだ著名人は多い．ダブリン生まれの劇作家R.B.シェリダンはグローヴ館に，牧師で小説家であったチャールズ・キングズリーはロンドン・ロードのキングズリー・ハウスに，詩人マシュー・アーノルドはバイロン・ヒル・ロードのバイロン・ハウスに，小説家アントニー・トロロープは麓に住んだ．

Harrow School
ハロー・スクール
Harrow on the Hill, HA1

イギリス屈指のパブリック・スクールの1つ．1572年，地元の郷士ジョン・ライアンがエリザベス一世の特許を得て創設し，1615年に完成した．時代を経るにしたがって規模が拡大するが，発足当初の第四年級教室（the Fourth Form Room）が現存し，そのオークの壁板には昔の生徒の名前が刻まれている．19世紀に入って，ジョージ・スコットの設計によ

ハロー・スクールの図書館とチャペル(右奥)

る図書館やチャペルが付設され、古い建物の模様替えが進み、テューダー様式の窓がはめこまれた講堂も造られた。だが、生徒数の増大にともなって第二の講堂が建てられ、現在、演劇や音楽の施設として使われ、古いほうは美術館に転用されている。

なだらかなハローの丘に立ち並ぶ校舎群を取り囲むように広がる146ヘクタールの野原はゴルフ、クリケットなど各種のスポーツ・グラウンドとなり、スポーツに強いこの学校の伝統を象徴している。一方、演劇や討論会活動のほかに、昔ながらの校歌の大合唱が昔ながらに丘にこだましている。

青いジャケットにシルク・ハットが特徴の生徒たちは勉学の面でも粒ぞろいで、全国的な中等教育一般証明試験(GCSE)でも抜群の成績を誇っている。生徒の層はこの学校出身者の子弟が30パーセントほどを占め、貴族や領主の血筋を引く上流階級が多いが、ほかに世界各国からの入学者がめだつのも特色。卒業生にはサー・ウィンストン・チャーチルやロバート・ピールをはじめとして歴代の首相経験者がめだつ一方、バイロン、トロロープ、シェリダン、ゴールズワージーなどの文人、海外からはヨルダンの故フセイン国王などがいる。

現在、13歳から18歳までの男子生徒約800名が寮生活を営む。最上級の第六年級には1、2名の女子が混じっている。地下鉄ハロー・オン・ザ・ヒル駅に近い。

Hatchards
ハッチャーズ
Piccadilly, W1

英語圏で最も名を知られた書店のひとつであり、英王室御用達店でもある。書籍商にして出版人、ジョン・ハッチャードがピカディリー173番地に書店を開いたのが1797年であったが、その後1801年に現在の地に移転した。評判の待ち合わせ場所となり、クラブの役割を演じた。店内の読書室で、王立園芸協会の発会式が開かれたり、ウィリアム・ウィルバーフォースが奴隷制反対の集会を開いたりした。ハッチャードの出版物は広範囲に及び、政治的パンフレットや子供向けの本なども含んでいた。裕福な階級の要求に応えていたハッチャードは、最も教養水準の高い書店のひとつという名声を博してきた。

常連の得意客にはバイロン、G.K.チェスタートン、グラッドストーン、ロイド・ジョージ、サマセット・モーム、パーマーストン、

ピール，サッカレー，バーナード・ショー，オスカー・ワイルドなどがいる．モームは短編「大佐の奥方」の中で主人公が妻の詩集をピカディリーの書店で買う場面を描いている．ジョン・ハッチャードは1849年に亡くなり，息子のトマスが跡を継いだ．その後持ち主が何度も変わり，1956年にはコリンズに買い取られ，さらに1990年にはディロンズ(→Dillons)に買い取られた．そして99年にはディロンズがウォーターストーンの傘下に入った．

Hatton Garden
ハットン・ガーデン　EC1

ファリンドン・ロードの西側を並行して南北に走る通りで，もとハットン・ストリートと呼ばれた．南端はホーボーン・サーカスにつながる．ハットン・ハウスの跡地に造られたので，こう名づけられた．ハットン・ハウスは1576年に，エリザベス女王の寵臣で大法官を務めたクリストファー・ハットンによって建てられた．彼は1591年11月にこの屋敷で亡くなり，セント・ポール大聖堂に埋葬された．女王に忠誠を尽くし生涯結婚しなかったために後継者がなく，甥ウィリアム・ニューポートがハットン家を継いだ．ハットン・ハウスは1720年には取り壊されてしまったと思われる．19世紀初めまで，紳士階級の住む住宅地であった．

1688年，議会派の党首オリヴァー・クロムウェルの侍医であったジョージ・ベイトはこの地で亡くなり，劇作家ウィリアム・ウィッチャリーは1670年代にここに屋敷をもっていた．1740年代，捨て子養育院(→Thomas Coram Foundation for Children)の創立者トマス・コーラムが住んでいた．

クロス・ストリートとの角にある小さな礼拝堂は1690年代に建てられたが，96年に慈善学校に改造された．19世紀になるとここに宝石商が店を構えるようになり，やがてダイヤモンド取引の中心地となった．ロンドン・ダイヤモンド・クラブが87番地にある．地下鉄チャンセリー・レイン駅に近い．

ハッチャーズ書店(創業1797年)

Havering
ヘイヴァリング　RM4，RM5

1965年にロムフォードとホーンチャーチ両地区が合併してできた，ロンドン最北東部の自治区であるが，ヘイヴァリング王室特別区として長い歴史を誇る．その中心部はヘイヴァリング・アテ・バウアーである．1620年に廃墟と化すまで英国王室の持ち城があったところで，エドワード懺悔王からステュアート王朝までの歴代の王に用いられた．エドワード三世が，長男の黒太子エドワードの忘れ形見の息子をリチャード二世として後継者に定めたのはこの城においてであった．

歴代王妃たちの居城ともなったが，この城とゆかりの深い王妃のなかには，ヘンリー八世の3人の妃，キャサリン・オヴ・アラゴン，アン・ブーリン，ジェイン・シーモアがいる．1578年に，時の大蔵卿ウィリアム・セシルによってつくられたヘイヴァリング城の計画書によれば，丘の上に不規則に広がる宮殿だったようである．地下鉄ジュビリー・ラインが通っている．

Hayes and Harlington
ヘイズ・アンド・ハーリントン　UB3

　ヘイズとハーリントンは別々の教区だったが，1930年代にクランフォード教区の一部を加えて合併され，旧首都の自治区となった．両地名とも11世紀の『ドゥームズデイ・ブック』(→『土地台帳』)に登録されている．1794年にこの地区を貫通する運河グランド・ジャンクション・カナル（→Grand Junction Canal）が建設されて煉瓦工業が導入されるまで，大ロンドン最西端の静かな農村地帯であった．

　ヘイズ荘園は，『ドゥームズデイ・ブック』では，カンタベリー大司教の所有となっており，ウィリアム二世時代のアンセルム大司教が時折ここに滞在した．ヘンリー八世の時代に王室の所有となったが，ヘイズ教区は19世紀になるまでカンタベリーの大司教の管轄下にある特別教区であった．

　ハーリントン荘園は，ベネット家，ボリンブルック家，パジェット家などさまざまな人の所有に帰した．1602年には，所有者アンブローズ・コッピンガーがこの荘園でエリザベス女王をもてなした．1577-92年，作曲家ウィリアム・バードがここに住居を構えていた．

　ヘイズ・アンド・ハーリントン鉄道駅が完成したのは1864年．1904年には，ロンドン・ユナイテッド・トラムウェイが路線をヘイズを経由してアックスブリッジまで延長された．汽車，運河，道路の3つの交通手段を用いてロンドン中心部に容易に接近でき，またロンドン郊外にしては地価が安かったために，鉄道や運河周辺に製造業の工場が立ち並ぶようになった．ブリティッシュ・エレクトリック・トランスフォーマー社(1901)，グラモフォン・アンド・タイプライター社(1907)などが工場を建設した．第二次大戦後ヒースロー空港が開港して，その周辺部は大きく変わった．

Haymarket
ヘイマーケット　SW1

　ピカディリー・サーカスからペル・メル街に接する通り．1657年の教区課税台帳にヘイマーケットの名がある．名前の由来はこのあたりが王室の厩に近く，干し草(hay)や藁取引きの市場であったことによる．1662年にこの市場で売買される干し草と藁に税金をかけ，それを道路の修理にあてる法律が作られた．しかし翌年，チャールズ二世はセント・オールバンズ伯爵に羊と牛の家畜市をヘイマーケットで週に2度開く権利を与えた．そのためヘイマーケットを整備しようとするこの法律は実効のないものとなった．1686年，不潔さを見かねたジェイムズ二世はヘイマーケットでの干し草市と家畜市を禁止した．そして1688年にジェイムズ・ポレットに干し草市をソーホーに移す権利を与えたが，翌年メアリ二世とウィリアム三世が即位し，ローマ・カトリック教徒であることを理由にポレットはこの権利を剥奪された．1690年に，ヘイマーケットを改善する法律がつくられたが効果はなかった．1830年になってようやく，干し草市は新しくできたカンバーランド・マーケットに移転され，長年の問題にけりがついた．

　かつてのヘイマーケットには旅籠や遊戯場などの娯楽施設がたくさんあったが，いまは旅籠の代わりに大商店やコーヒーショップが並ぶ，人通りの多い商業地区となっている．ハー・マジェスティー劇場やヘイマーケット劇場，映画館のオデオン座やキャノン座はこのあたりが歓楽街であったことを偲ばせる．18世紀には，このあたりには売春宿がたくさんあった．ヴィクトリア朝時代には，「社会に見放された女性たちがずらりと並ぶ」街として悪名高かった．トラファルガー・スクエアに通じる南西の通りにはカナダ・ハウス，ニュージーランド・ハウス，南アフリカ・ハウス，英連邦のロンドン本部などがある．

Haymarket Theatre
→Theatre Royal, Haymarket

Hayward Gallery
ヘイワード・ギャラリー
Belvedere Road, SE1

　サウス・バンク芸術センターの一角，ハンガーフォード歩道橋あるいはウォータールー橋

を南岸に渡ると，ロイヤル・フェスティヴァル・ホール（→Royal Festival Hall）の隣りにある．コンクリートを打ち放しにした段層構造で，広い数室の展示室と屋外に彫刻広場をもうけている．絵画，彫刻展が中心．開館は1968年10月．

Head of the River Race
学寮対抗ボートレース
River Thames

　ロンドンのテムズ川で毎年夏に行なわれるボートレースの一種で，バンピング・レースと呼ぶ追突レースのこと．ヘッド・オヴ・ザ・リヴァーとは「川の王者」という意味で，その勝者に与えられる称号．オックスフォード，ケンブリッジ，その他の大学の各学寮のエイトによる対抗ボートレースで，両大学の春のボート・レースとは逆のコースをとる．スタートでは前年の成績順に縦に2艘ずつ並び，前のボートにタッチするか追突すれば勝ち．こうして2艘ずつ順を変えて何回かレースをしたあと，勝ち残ったクルーが優勝する．4日以上かかる場合もあるという．この競艇は19世紀に始まったが，テムズ川やトレント川で毎年数百組が参加してタイトルを競う．
→Boat Race

Heal's
ヒールズ
Tottenam Court Road, SW1

　1810年創業の寝具・家具メーカー．羽毛寝具店を創業したジョン・ハリス・ヒールの死後，妻のファニーが店を継承したが，1840年には息子のジョン・ハリス・ヒールが後を継ぎ，現在地へ移転した．再建，増築と事業が発展，1875年にジョンの息子アンブローズとハリスが仕事に参加した．家具職人に年期奉公していたアンブローズ・ヒール・ジュニアが1893年に入社し，オークを使った彼のシンプルな美術工芸品が人気を呼むで，多くの追従者を生んだ．1916年，家具工場と店の一部を改築，改装され，38年，62年には重ねて増改築が行なわれた．カーテンと家具工場は現在もヒール家の6代目が経営しており，寝具・家具のほかに，品揃えの豊富な台所用品，食器，ガーデニング用品なども扱うインテリアのデパートとなっている．地下鉄グッジ・ストリート駅に近い．

Heath House
ヒース・ハウス　North End Way, NW3

　ハムステッドにある18世紀はじめの大邸宅．ゴールダーズ・グリーンとハイゲートへ通じる道路A502とB519の分岐点に立ち，向かい側には有名なパブレストラン，ジャック・ストローズ・カースル（→Jack Straw's Castle）がある．

　銀行家で博愛精神に富むクエーカー教徒のサミュエル・ホーが，1790年にこの邸宅を買い取ったが，彼は文学の愛好家でもあったので，ウィリアム・クーパー，ウィリアム・ワーズワス，ジョージ・クラップら多くの文壇の名士を招いてここで歓待した．またウィリアム・ウィルバーフォースほかの博愛主義者が集まって奴隷制度廃止について討論したところでもある．当時この家には名称がなかったらしく，いまの名で呼ばれるようになったのは1880年からである．1920年代にはハムステッド・ヒースのケンウッド・ハウス保存運動（→Kenwood House）に加わった主要メンバーの会合の場所ともなった．また，ディケンズ，ウィリアム・M・サッカレー，ウィルキー・コリンズなどがよく訪れたことでも知られる．地下鉄ハムステッド駅に近い．

Heathrow Airport
ヒースロー空港
Bath Road, Harlington, TW6

　ロンドンの西24キロにあり，所在地はミドルセックスだが，行政上の地方自治体はロンドンのヒリンドン自治区である．ヒースローという名は，現在の空港のターミナル3に近いところにあった小さな村に由来する．英国空港局（BAA）クラブハウスは，1910年に農場主の住宅として建てられたもので，この空港

最古の建物である．空港のあるハウンズロー・ヒース周辺は平坦で排水もよいので，最初から飛行場として最適と考えられた．1919年にハウンズローの飛行場は1年ほどロンドン最初の民間空港となった．

ヒースローが航空産業と結びつくのは，1929年ごろ飛行家のリチャード・フェアリーが，ここに広大な土地を購入したことに始まる．彼が開港したグレイト・ウェスト飛行場は試験飛行に使われた．第二次大戦中の1942年，ロンドン北西郊にあった英国空軍のノーソルト飛行場が最新型の大型爆撃機用としてはもはや狭くなっていたので，この空港がロンドンの第2の軍用飛行場に選定された．建設は1944年に始まったが，ヒースローが新しい役割を開始する前に第二次大戦が終結し，計画は民間用にと変更された．

当初9本予定していた滑走路の最初の1本が完成すると，すぐに使用が開始された．1946年1月1日，ブリティッシュ・サウス・アメリカン航空(BSAA．のちに英国海外航空会社BOACと合併)の爆撃機を改装した飛行機が，10人の乗客と2268キロの郵便物を載せて，ブエノス・アイレスへの試験飛行に飛び立った．3月には定期便の運航が始まった．5月に公式に開港すると，BOACとカンタス航空がともに定期便を運航した．しかし空港のビルはまだ暫定的なもので，テント張りのものもあった．最初のジェット機「コメット」がヨハネスブルグへ向かったのは1952年5月である．

最初の空港ビルが完成したのは1955年，管制塔と乗客用ビル(現在のターミナル2)とクイーンズ・ビル(空港管理棟)が女王により開設された．ノーソルト空港の民間使用が1954年に終了し，英国ヨーロッパ航空会社(BEA)や多くの外国航空会社がヒースロー空港に移ってきた．乗客数と飛行便数は倍増した．

1962年には長距離輸送用の独立ターミナルができた．今ではごく当たり前になっているが，搭乗ゲートと飛行機をつなぐブリッジができたのは1966年であった．ターミナルの番号制が確立したのは1968年である．ターミナル1は主として国内便と英国航空(BA)のヨーロッパ路線，1955年のビルはターミナル2でヨーロッパ系の航空会社，ターミナル3は日本を含む国際長距離路線が使用している．ターミナル4は超過密のセントラル・ターミナル・エリアから分離され，音速旅客機コンコルドや英国航空の長距離国際線などが使用している．ちなみにコンコルドの初飛行は1976年，バーレーン行きであった．貨物ターミナルも55年に開設された．ターミナル5は2000年代に運航開始の予定である．

現在では世界各地220か所以上への便があり，80以上の国の航空会社90社が自国への直行便を出している．空港作業員は5万人．1990年代半ばの利用者は毎年5000万人，80パーセントは国際線の乗客，また乗り継ぎ客が30パーセントいる．160以上の駐機スタンドがあり，繁忙時には1時間に80機が発着する．年間運航便数は40万，年間6000万個の手荷物を扱う．貨物と郵便物の扱い高は100万トンに及ぶ．経済活動としては空港経由による全英国貿易の70パーセントを扱っている．このようにヒースローは世界一多忙な国際空港である．

空港は24時間営業であるが，夜間の飛行には制限を設けている．また近隣の住宅の騒音を軽減するため，午後3時には着陸用滑走路を離陸用に変更する．

ヒースロー空港はターミナル・ビルを2本の主要滑走路の間に設けたため，アクセス道路としてトンネルを作るという案が当初は妙案として実現したものの，現在では，空港に入る毎年1300万台の車の渋滞の原因となっているが，同時に警備上の安全確保の手段ともなっている．1197ヘクタールの敷地内には，延べ60キロを超える道路が走っている．駐車場は1万7000台を収容できる．すべてのターミナルを結ぶ無料バスのサービスもある．

ロンドンの中心部とは各種交通機関で結ばれ，便利に移動できる．1965年には高速道路M4ができて，自動車やバスの交通渋滞が緩和された．市内数か所と結ぶエアバスは，空港のすべてのターミナルに停まる．またロン

ドンの他の空港やイギリス各地に向かう長距離バスも出ている．空港のタクシー駐車場には，500台が待機できる．地下鉄はピカディリー・ラインが，3つの駅で空港に接続している．1998年にはノンストップの高速鉄道でパディントン駅とつながった．

　ヒースロー空港に関するちょっとした情報：①香水販売高でヒースローの免税店は全英市場の9パーセントを占める．②空港にはだれでも利用できる瞑想ルームがある．③外務省用にⅤＩＰルームが4部屋ある．④近くには，20軒以上のホテルがあり，総ベッド数は約5000．⑤北滑走路3902メートル，南滑走路3658メートル，交差滑走路2357メートル．⑥小鳥が着地しないように，空港の芝生は常に高めの20センチに刈り込まれている．
→Airports

Heath Street
ヒース・ストリート　NW3

　地下鉄ハムステッド駅を出たところの右手の広い坂道．駅の真向かいにあるゴシック建築物は現在ネイションワイド・ビルディング・ソサエティとなっているが，以前は消防署であった．火災が発生すると消火装置を積んだ消防馬車がここから走り出したが，これは1915年に姿を消した．少し上ると右側にパブ，ザ・ホース・アンド・グルームがある．このパブはポートランド石と赤煉瓦が縞模様に組み合わされ，高くそびえる見事な建物で，ヴィクトリア時代後期のパブ建築の代表的なものである．むかし白い石の里程標があったことによりその名がついたホワイトストーン・ポンドは，かつては坂道を上った馬車馬の脚を冷やすために使われていた．

Heinz Gallery
ハインズ・ギャラリー

Portman Square, W1

　ハインズ夫妻の拠出により，1972年に開館したギャラリー．王立英国建築家協会（→Royal Institute of British Architects）の所属．20万点以上の建築素描を中心に世界最大級を誇る建築関係資料のコレクションである．なかでもパラディオの工房による素描はほとんど全点を所蔵する．ほかにイニゴー・ジョーンズ，クリストファー・レン，サー・ジョン・ソーン，サー・チャールズ・バリー，ロバート・アダム，フランク・ロイド・ライト，ル・コルビジェなどの素描が多数含まれる．

Hendon
ヘンドン　NW4

　市北郊ハムステッドの北西に位置する地域．現在のヘンドンという自治区の名は，10世紀にすでに『ドゥームズデイ・ブック』（『土地台帳』）にHandoneとして記録されていた荘園に由来する．この地にあるセント・メアリ教会は現存する最古の建築物の一部で，13世紀にさかのぼる．現在博物館になっているチャーチ・ファーム・ハウスは17世紀以来のもの．その煙突はとくに印象的である．シェイクスピア劇の俳優として有名なデイヴィッド・ギャリックは，1765年に教区牧師を任命する権限とともにこの荘園を買い取り，自分の甥を教区牧師に任命した．この地区とギャリックとの関係は，いくつかの彫像に記念されていたが，現在は消滅している．

　1800年には2つの駅馬車宿と，セント・オールバンズおよびイングランド北部への始発の宿駅があった．ヘンドン共同墓地は1899年にできた．

　2回の世界大戦のあいだに人口は倍増し，ヘンドンはいまやロンドン北部の一地区として発展し，高速自動車道Ｍ1をはじめ，A1，A5，A41などの交差する交通の要地となっている．大規模なブレント・クロス・ショッピング・センターは，ヘンドン・パークに近い．現在のミドルセックス大学の建物は，ヘンドン・コレッジ・オヴ・テクノロジーとして使用されていたが，1973年にミドルセックス・ポリテクニックに合併され，1991年には大学に昇格した．

　ヘンドン空港は1911年に開港した．1920年から37年にかけて，毎年英国空軍が催す航空ショーはヘンドン空港が会場だった．現在この空港には英国空軍博物館（→Royal Air

Force Museum)とバトル・オヴ・ブリテン・ホールがある．

近くのゴールダーズ・グリーンとともに，ヘンドン地区にはかなり多くのユダヤ人が住んでいる．最近ではロンドン市内で働く日本人にも人気がある．地下鉄ノーザン・ラインのブレント・クロス駅，ヘンドン・セントラル駅，コリンデイル駅が便利である．

Henrietta Street
ヘンリエッタ・ストリート　WC2

コヴェント・ガーデンの南角に出るこの通りは，1630年代に建設され，チャールズ一世の王妃ヘンリエッタ・マライアにちなんで命名された．ここにはかつてミニアチュール画家サミュエル・クーパーのアトリエがあり，彼はオリヴァー・クロムウェルやピープス夫人などの肖像画を描いた．カースル・タヴァンで劇作家R.B.シェリダンは後に彼の妻となるミス・リンリーをめぐってトマス・マシューズと3回目の決闘を行なった．トム・キングズ・コーヒー店(→Tom King's Coffee House)があったのはこの通りである．小説家ジェイン・オースティンは10番地の弟を訪ねてきて1813-14年にそこに住んだ．出版社ヴィクター・ゴランツ社が14番地にある．昔は出版社街としても知られていたが，現在はかつての面影は全く残っていない．

Henry Poole
ヘンリー・プール

Savile Row, W1

紳士服の仕立て商．王室御用達店．社名になっているのは，高級テーラーとしての基礎を築いた創業者ジェイムズ・プールの息子ヘンリーである．1823年にジェイムズは軍服専門の仕立て屋としてサヴィル・ロウ(→Savile Row)に店を構えた．46年にヘンリーがあとを継いだ．貴族の狩猟服の注文を受け人気を呼んだが，ことに狐狩りのための真紅の上着は好評で，狐狩りの時の制服同様に着用された．日本ではふつうアメリカ風にタキシードといっているディナー・ジャケットを，皇太子時代のエドワードのために考案したのもヘンリーであった．また濃緑色や暗紅色のベルベットの大礼服は上流階級との結びつきを強くして，ヘンリーは「オールド・プーリー」の愛称で呼ばれ，服飾界の帝王的存在となった．店は王侯貴族の集まるクラブの様相を呈し，毎夕賑わいをみせた．ディズレーリ作『エンディミオン』に登場するヴィゴはヘンリーをモデルにしている．

ヘンリー・プールは1876年に死去，いとこのサミュエル・クンディに引き継がれて，現在もその一族が経営にあたっている．この店は，メジャー1本を持ち世界各地を回って注文を取るという出張商法を最初に採り入れた．1961年に近くのコーク・ストリートへ移転したが，1982年に古巣サヴィル・ロウへ復帰した．1974年から既製服にも進出している．

顧客名簿には，アントニー・トロロープ，チャールズ・ディケンズ，ウィンストン・チャーチル，シャルル・ドゴールなどの著名人に混じって，日本の皇室(1923)や元首相吉田茂の名もある．地下鉄ピカディリー・サーカス駅に近い．

Henry VIII's Wine Cellar
ヘンリー八世のワイン蔵

Whitehall, SW1

もとはトマス・ウルジーの宮殿地下室にあったワイン蔵．ヨーク大司教だったウルジーのロンドンの住居はヨーク・プレイスであったが，彼はこれを拡張，改築し，ヘンリー八世とその廷臣を招いて豪華にもてなした．ウルジーが失脚するとヘンリー八世はこれを没収しホワイトホールと改名し，広範囲に及ぶ改築を行なった．ここに1957年にヴィンセント・ハリスの設計により広大な建物が造られ，これが現在の国防省となった．

この建物の下にウルジーのかつてのワイン蔵が残っている．これは丸天井の地下室で八角形の4本の柱によって支えられている．国防省建設の際には重量800トンの地下室全体を，煉瓦ひとつ壊すことなく，さらに5.7メートル地下に沈めた．

Heralds' Museum
紋章博物館
Queen Victoria Street, EC4

　もとロンドン塔内ウォータールー兵舎にあった博物館．1995年に紋章院(→College of Arms)に近い現在地に引っ越し，開館した．紋章院は1484年に創設され，以後イングランド，北アイルランドおよび英連邦における紋章認可や紋章と家系図の記録保持を総轄する唯一の機関だが，この博物館では英国の歴史と社会で紋章および紋章院が果たしてきた役割と意義，12世紀以来の紋章の変遷，デザインなど，複雑多岐にわたる紋章学の一端に触れることができる．

Heritage Motor Museum
クラシック・カー博物館
Syon Park, Brent Lea, TW8

　ロンドン西郊のサイオン・ハウス(→Syon House)の庭園内にある．1895年型ウルズリー乗用車をはじめ，英国クラシック・カーのコレクションでは世界最大級を誇る．別にブリティッシュ・レイランド・ヘリッテジ・ミュージアムとも呼ばれる．

Her Majesty's Theatre
ハー・マジェスティー劇場
Haymarket, SW1

　劇場は，はじめアン女王にちなんでクイーンズ・シアター(1705-14)と呼ばれた．次のジョージ一世時代にはキングズ・シアター(1714-1837)，ヴィクトリア女王時代にはハー・マジェスティー劇場(1837-1902)，エドワード七世の即位によりヒズ・マジェスティー劇場(1902-52)と変わり，エリザベス二世の治世になり2代前の名に戻った．

　最初の劇場は，18世紀の劇作家であり建築家であるジョン・ヴァンブラの設計による．ヴァンブラと風俗喜劇作家ウィリアム・コングリーヴが経営にあたったが，すぐにふたりとも手を引いた．演劇用としては大きすぎるため，ロンドン最初のオペラ・ハウスに転身した．1789年に焼失したが2年後再建され，オ

ハー・マジェスティー劇場(18世紀後半)

ペラとバレエの専門劇場として復活した．古くはヘンデルのオペラ，19世紀にはモーツァルト，グノー，ビゼーなどのオペラを上演した．1867年，再び火事で焼失．劇場は数年後再建，再開されたが，往年のにぎわいは戻らなかった．90年に閉鎖，劇場は取り壊された．数年後，ハーバート・ビアボーム・トリーが用地を取得して新たに劇場を建設したが，劇場名はそれまでのものを踏襲した．彼は劇場併設の演劇学校も作ったが，これは後に独立して王立演劇学院(→Royal Academy of Dramatic Art)となった．

　トリーの力により，劇場は栄えた．ヘンリー・アーヴィング流の，派手でロマンティックなシェイクスピア劇などが演じられた．シェイクスピア以外には，メロドラマ仕立ての《オリヴァー・トゥイスト》(1905)，《デイヴィッド・コパーフィールド》(1914)などがある．G. B. ショーの《ピグマリオン》初演(1914)もこの劇場で行なわれた．トリーは劇場運営だけでなく俳優としても活躍し，妻も女優としてほとんどの公演に出演した．

　第二次世界大戦後の話題となった公演には，ミュージカル《屋根の上のバイオリン弾き》(1967)，《アプローズ》(1972)，《アマデウス》(1981)，《オペラ座の怪人》(1986からロングラン)などがある．地下鉄ピカデリー・サーカス駅に近い．

Herne Hill
ハーン・ヒル　SW24

テムズ川南岸ランベス区の南部に当たる地域．行政的には一部がサザック区に属している．ここは鉄道駅ハーン・ヒルとノース・ダリッチにはさまれ，近くにハーン・ヒルとハーフ・ムーン・レインの2本の大通りが走る．

南に向けて緩やかな丘陵地をなすこのあたりには，かつてよくアオサギが飛来してきていた．地名のハーンは，アオサギを表わす古語 hern に由来するといわれたり，近くのダリッチに住んでいたハーンという一家の名をとったものだともされている．ジョン・ラスキンがこの地で少年時代を過ごした19世紀はじめのころは，まだのどかな田園地帯で広い庭のある家がゆったりと立っていた．1860年代に鉄道が開通すると，労働者階級の簡素な住宅が立ち並ぶようになった．

19世紀末ごろ，裕福な工場主の館だったブロックウェル・ホールの広大な地所が現在のブロックウェル・パークとなり，この地は首都圏の一部に組み込まれることになった．現在のハーン・ヒルはところどころに19世紀末から20世紀初頭に建てられた家が残ってはいるものの，第二次世界大戦後に開発された住宅地に，さらに新しい宅地が加わって，ロンドン中心部にほど近い新興住宅地の様相を呈している．

池あり野外劇場ありのブロックウェル・パークの東には，設備のよい広大なスポーツ競技場が広がっている．

Highbury
ハイベリー　　N5

ハイベリーは2つの地区に大別され，狭いほうはイズリントン・グリーンの南からシティ・ロードまで，広いほうはニューイントンからキングズランド・グリーンズ，ホーンジー・レインまでの，400ヘクタールに達する地域．ノルマン時代から堀をめぐらした荘園邸宅がキンロッホ・ストリートにあったが，リー・ロード沿いの小高い土地に別の邸宅が造られて，これが「ハイベリー」と呼ばれ，やがて地区名となった．1381年の農民一揆の際にこの見事な邸宅は焼き打ちにあった．

1540年にヘンリー八世は修道院を解散させ，キャノンベリーとハイベリーをトマス・クロムウェルに与えたが，クロムウェルが失脚すると王室に返還させた．エリザベス一世はこの土地をサー・ジョン・スペンサーに貸与したが，チャールズ一世は即位後この土地を売り払った．ここの小高い森林地帯の泉は15世紀からシティと修道院に水を供給していた．その水源地には当時の導管が19世紀半ばになってもなおハイベリー・フィールズに残っていた．

この地区が郊外住宅地として広がりはじめるのは1820年代になってからである．ボールズ・ポンド，ストーク・ニューイントン貯水池，セヴン・シスターズ・ロードおよびグレイト・ノーザン鉄道が囲む壮大な公園を建設しようという計画があったが，実現しなかった．その代りにフィンズベリー・パーク(→Finsbury Park)が1869年に造られた．現在では緑地ハイベリー・フィールズを中心に多くの市営住宅が建てられている．ロンドン有数のフットボールチーム，アーセナル(→Arsenal Football Club)のホーム・グラウンドがこの地区にある．中心部に鉄道駅ドレイトン・パークがある．

Highbury Barn
ハイベリー・バーン

19世紀末までイズリントンにあった大きな「納屋」で，もと修道院長の屋敷の一部であった．1740年代には社交場に似た華やかな雰囲気の茶店として知られた．1760年代後半の常連客にゴールドスミスとその友人がいた．1770年から50年ほどはウィロビーズと呼ばれたが，これはウィロビー父子がここにボウリング場と茶店のある庭園を設けたことによる．

その後ハイベリー・バーンはいろいろと姿を変えた．コンサート・ホールになったり，屋外ダンス場になったりした．リヴァイアサン・プラットホームと呼ばれるこのダンス場は3.7ヘクタールもある巨大なもので，ガス灯の照明つきだった．1865年にはアレグザンドラ劇場がもとの「納屋」の敷地跡に建設され，そこで

ハイゲートのゲート・ハウス(1820年頃)

喜劇やパントマイム，綱渡り，シャム双生児の見世物などが行なわれたが，富裕階級が近くに住むようになり，ここに集まる群衆の猥雑さやばか騒ぎに苦情を申し立てるようになり，1871年に「納屋」は閉鎖された．

Highgate
ハイゲート　N6, N19

市北郊ホーンジー地区の一部，ハムステッド・ヒースの北東にあたる地域．昔はロンドンの司教たちの領地で，さびしい隠棲の地だった．海抜100メートルを超す閑静で起伏に富む地形に特徴があり，今日でもハイゲート・ヴィレッジという愛称で呼ばれている．

長いあいだ，丘の麓以外には公道がなかったが，14世紀ごろになって丘の上を通る道ができ，そこに通行料を徴収するトール・ゲートが設けられた．ハイゲートの地名はこの料金徴収門に由来するといわれる．ロンドン塔に幽閉されるとき，王女であったエリザベス一世もその門をくぐっていったという．門そのものは18世紀半ばすぎに除去されたが，番小屋は19世紀末まで残っていた．

現在のハイゲート・ヒルを上っていくと，ロンドン市長を3度も務めた伝説的人物リチャード・ウィッティントンに関わるウィッティントン・ストーン(→Whittington Stone)がある．このあたりにはまた，彼の名にちなむ私設救貧院があった．16世紀も終わるころには市内の名士の邸宅が建ちはじめ，ロンドンの格好のリゾート地になっていた．人口の急増にともなってハイゲート・ヒルには，19世紀末に一時ヨーロッパ最初のケーブルカー，そして路面電車が走っていたことがあった．

丘の中腹から頂上へ通じるハイゲート・ハイ・ストリートに入った左側はウォーターロー・パーク．チャールズ二世と女優のネル・グウィンが逢瀬を楽しんだローダーデール・ハウスが，茶店として残っている．この館と隣り合わせに諷刺詩人アンドルー・マーヴェルの家が立っていた．この公園の西側に，有名なハイゲート墓地(→Highgate Cemetery)が広がる．この上が頂上で，詩人コールリッジが亡くなった家があるザ・グローヴ，そしてA.E.ハ

ウスマンが住んだノース・ロードへ出る．

緑の木立ちにおおわれた現在のハイゲートには，相変わらず18，19世紀の古風な家々が散在し，市内のどの地域とも異なる簡素で静謐な空気がただよっている．地下鉄ハイゲート駅が至便．

Highgate Cemetery
ハイゲート墓地
Swains Lane, N6

東西2区域に分かれている15ヘクタールの広大な墓地．リージェンツ・パークの真北にあたる．最初に現在の西墓地がロンドン共同墓地組合によって開設された．組合の設立者スティーヴン・ギアリーの立案，設計であった．このスウェインズ・レインの西側の約7ヘクタールの土地は，17世紀末にロンドン市長を務めたサー・ウィリアム・アシャーストの屋敷の一部であった．墓地は1839年ロンドン主教によって聖化され，1857年にはスウェインズ・レインの東側にも同規模の墓地が新設された．

この共同墓地には，鍛冶屋の息子に生まれて，学者となり電気の時代を開いたマイケル・ファラデー，詩人のクリスティーナ・ロセッティ，小説家ジョージ・エリオット，哲学者ハーバート・スペンサー，小説家チャールズ・ディケンズの妻キャサリンなどが埋葬されている．小説家ジョン・ゴールズワージーの遺体は火葬にされ，サセックス州の丘陵地帯に撒かれたので，ここにある両親の墓地が彼の墓ということになっている．没後70余年を経て立てられた思想家カール・マルクスの胸像がひときわ目立つ．胸像のかたわらに墓がある．

1960年代になるとハイゲート墓地の管理がゆきとどかなくなり，荒れるにまかされた．これはロンドン共同墓地組合の財政窮乏のた

───[ロンドン・ア・ラ・カルト]───

ディック・ウィッティントン

ディック・ウィッティントンは，イギリス童話の主人公として古くから親しまれている．

田舎で生まれた貧しい少年，ディック・ウィッティントンは一大決意のもと，ロンドンでの成功を夢見て旅に出る．ロンドンにたどりついたディックは，とある裕福な商人の家の台所に雇われたが，奴隷同様にこき使われるのに堪えられなくなって，とうとうそこを逃げ出した．ディックがロンドン北部のホロウェイまでやってきたとき，遠くボウ教会の鐘の音が聞こえてきた．

この鐘の音に励まされて仕事場へ戻って間もなく，ディックは思いがけない幸運に恵まれることになる．一匹の飼い猫のおかげで彼は大金持ちになり，やがて主人の令嬢アリスとめでたく結婚，鐘の予言どおりに3回にわたってロンドン市長の栄誉をにない，後世にその名を残した，というのが物語の大筋である．

この物語の主人公となったディック——リチャード・ウィッティントン(1358?-1423)は，グロースターシャー州のサー・ウィリアム・ウィッティントンの3男として生まれた．少年時代にロンドンに出て呉服商同業組合の組合員の徒弟となり，やがて市議会議員に選出され，市参事会員，シェリフを経て，1397-98年，1406-07年，1419-20年と3回にわたって市長を務めた．ただし，彼と猫との結びつきはまったくの虚構．1605年あたりからつくられた話である．

現在，ロンドン北部のハイゲイトに近いアーチウェイの坂道にウィッティントンにちなんだパブと伝説の猫を記念した「ウィッティントンの石」がある．彼はこの石に坐って，ボウ教会の鐘の音を聞いたという．

めである．1975年にハイゲート墓地友の会が結成され，この共同墓地の保存と復旧に当たることになった．近年は復旧もかなり進み，入場は有料である．西墓地では，1日数回ガイドツアーが行なわれている．
→Cemeteries

Highgate Hill
ハイゲート・ヒル　N6, N19

市北郊ハイゲート地区に位置し，アーチウェイ地下鉄駅裏から西の方へ坂を上る道路で，西端はハイゲート・ハイ・ストリートにつながる．14世紀末に造られた道で，1813年，この道路から分岐するアーチウェイ・ロードが開通するまではロンドンから北へ向かう幹線道路のひとつだった．

この道路を上りかけた左側に，ウィッティントン・ストーン(→Whittington Stone)と呼ばれる記念碑があり，鉄の囲いの中に猫が座っている．この地点が，3度ロンドン市長を務めることになる伝説的人物，通称ディック・ウィッティントン(→ディック・ウィッティントン)が奉公先を抜け出して故郷に帰りかける際に，シティのボウ教会(→St Mary-le-Bow)の鐘に励まされて引き返した場所．石が置かれたのは19世紀初頭だが，その上に猫が添えられたのは1964年である．ウィッティントンはこの地点に1970年まで立っていた救貧院に金を遺贈したことで知られ，この地区には彼の名前を冠した建物がいくつかある．

この道路には一時，混雑を防ぐためにヨーロッパ最初のケーブルカーが走ったこともあったが，いまでは静かな通りに変わっていて，西の方にはこれまた静かなウォーターロー・パークが広がっている．

Highgate School
ハイゲート・スクール　N6

1565年にエリザベス一世から与えられた特許状により，サー・ロジャー・チャムリーが設立したグラマー・スクールを母体とする中学校．1571年にはすでに小さな校舎が建てられていた．17世紀および18世紀になると学校は衰退したが，19世紀になってジョン・ダイン博士が校長を35年(1839-74)務めた結果，学校は活力をとりもどし生徒の学力も向上した．20世紀には生徒数も増え，カリキュラムも科学に重点をおいて拡張された．

この学校の卒業生の中には，語源学者W. W. スキート，詩人ジェラード・マンリー・ホプキンズなどがいる．1916年，詩人T.S.エリオットが教えている．近くのグローヴ通り(→Grove, The)で亡くなったT.S.コールリッジの遺体は，最初この学校の古いチャペルに埋葬された．

High Holborn
ハイ・ホーボーン　WC1

地下鉄チャンセリー・レイン駅から西へトテナム・コート・ロードの方向に走る通りで，セント・ジャイルズ・ハイ・ストリートを経てニュー・オックスフォード・ストリートにつながる．

チャンセリー・レイン駅の近くに11世紀の半ば，テンプル騎士団(→Knights Templar)が円形の教会を建てたが，1162年にテムズ川の南岸に引っ越した．ピューリタン革命から共和制時代にかけて詩人ジョン・ミルトンがハイ・ホーボーンに住んでいた．

チャンセリー・レイン駅から大英博物館に向かう右手にパブ，シティ・オヴ・ヨークがある．このパブにはチャールズ・ディケンズが『オリヴァー・トゥイスト』を執筆中よく出かけた．208番地にあるパブ，プリンセス・ルイーズはヴィクトリア時代のパブを入念に修復し再現したものである．

Hillingdon
ヒリンドン　UB3, UB8, UB11

大ロンドンの自治区のひとつ．ロンドンの西郊，アックスブリッジに近い一地域．13世紀末からウスター大司教がこの地を所有し，邸宅を構えていた．この地域は長く田園地帯であったが，1800年以降人口が増え，もとの教区は6つに分けられ，今日，セント・ジョン・ザ・バプティスト教会の管轄下にある．ヒ

チズィックのW.ホガースの墓

リンドンには魅力的な建物がいまなお残る．1580年ごろのシーダー・ハウス，1646年にチャールズ国王が逗留したレッド・ライオン・インなどがその代表である．現在のヒリンドン自治区は，1965年の自治区再編成の際に，アックスブリッジ自治区，ユーズリーの市街

地，ウェスト・ドレイトン，ヘイズ・アンド・ハーリントン，ルイスリップ・ノースウッドが合併して成立した．

HMS Belfast→Belfast, HMS

Hogarth's House
ホガースの家
Hogarth Lane W4

　18世紀の画家ウィリアム・ホガースのロンドンの家は，今日のレスター・スクエアの一角にあり，当時はレスター・フィールズと呼ばれていた．有名になってからは，ロンドンの西の郊外チズィック（→Chiswick）の田舎家に隠遁し，1749年から64年まで，妻のジェインと住んだ．3階建ての家で，庭も広く，召使いも6人いたというから，結構な暮しをしていたらしい．彼の死後は妻と姉とその義母の3人が住み，妻の死後は姪に譲り，その後チャールズ・ラムの友人でもあったヘンリー・フランシス・ケアリー牧師の手に渡った．1909年に，ホガース記念館として一般に公開されるようになった．彼が愛した茶壺や自画像，そして多くの版画が，細い黒枠の額縁で飾られてい

─［ロンドン・ア・ラ・カルト］─

ホガースのロンドン

　ロンドンで生まれロンドンに生き，ロンドンの土となったウィリアム・ホガース(1697-1764)は，最もよくロンドンを知り，愛した，そして自らもロンドンに愛され，かつ育てられた画家であった．ロンドンにおけるホガースゆかりの地として，まずはレスター・スクエアに目を向けよう．この広場の一角に彼の胸像がある．中央にシェイクスピアの立像があり，四隅にはニュートン，レノルズ，ハンターの胸像が立っている．

　この広場からすぐ近くのナショナル・ギャラリーに足を向けると，英国絵画の一室で，《小えび売りの少女》や《当世風結婚》（6枚物）などの傑作を見ることができる．南に下って，ミルバンクにあるテート・ギャラリー（テート・ブリテン）には，ホガースの自画像として有名な《画家と愛犬パグ》があり，大英博物館版画室では，《遊女一代記》，《一日の四つの時》，《サザックの定期市》などを見ることができる．

　大英博物館の南側にあるセント・ジャイルズは，《ジン横丁》の舞台となったところ．昔は貧民街として知られ，ジンを売る店が多かったのである．その近くにあるセント・マーティン横丁は，《ジン横丁》とペアをなす《ビール街》の舞台となったところである．

る．管理人が1人だけいる．生誕300年を記念して，一部増築が行なわれ，「イギリス絵画の父」といわれるホガースの業績を解題するパネル展示などが新設された．
→ホガースのロンドン

Holborn
ホーボーン　EC1, WC2

半月形の街路オールドウィッチから北へ延びる大通りキングズウェイの東に当たる地区で，法学院リンカーンズ・インやグレイズ・インがある旧自治区の中では最も小さい区だったが，1965年の行政区画の改革でカムデン自治区の一部になった．地名は窪地(hollow)を流れる小川(bourne)，すなわちフリート川の支流ホールボーン(Holebourne)に由来する．

大英博物館の南方を走るハイ・ホーボーンやその東方のホーボーン通りは，ヘンリー三世の治世下(1216-72)には獣皮，羊毛や穀物，チーズ，木材などをシティに運ぶ重要な道路になっていた．これらの道路沿いには現在，地下鉄駅ホーボーンとチャンセリー・レインが設置されている．とくにハイ・ホーボーン通りは19世紀にもなると，歓楽街の様相を呈し，豪華なレストランや大きな劇場が姿を現しはじめた．なかでも，カジノ兼ダンス・ホールを改装して開かれたホーボーン・レストラン，豪勢な舞台を備えたミュージック・ホールのホーボーン・エンパイアなどは，1950年代までロンドンっ子たちの関心をひきつづけた．ホーボーン通りの東端が交差点ホーボーン・サーカス，その東に高架道として19世紀後半に建設された道路ホーボーン・ヴァイアダクトが延びている．

Holborn Circus
ホーボーン・サーカス　EC1

1872年に造られた交差点．現在はホーボーン，ハットン・ガーデン，チャーターハウス・ストリート，ホーボーン・ヴァイアダクト，セント・アンドルーズ・ストリートおよびニュー・フェッター・レインが合流する六差路である．ここにある，馬にまたがった姿のアルバート公がシティに向かって帽子を高く上げているブロンズ像は，チャールズ・ベーコンの作で1874年に建てられた．

Holborn Viaduct

　それからホガースの出世作《遊女一代記》の舞台となったコヴェント・ガーデンを見逃すわけにはいかない．南側に立つセント・ポール教会の柱廊は，《一日の四つの時》の第1景「朝」に描かれていて，当時のままの姿を今日に伝えている．
　ホガースは画家であると同時に慈善家として，トマス・コーラム捨て子養育院に深く関わった．彼はこの施設の設立にあたっていくつかの作品を寄贈しただけでなく，一時は運営委員を務めた．ホガースが寄贈した絵画の中でも特に注目されるのは，《フィンチレーへの進軍》という題のついた油絵の大作だ．物語絵の最高級の傑作である．コーラム捨て子財団から南のほう，リンカーンズ・イン・フィールズの北側にソーン博物館がある．最小の空間を最大限に活用した博物館で，美術品がぎっしりと詰め込まれている．そこに油絵の大連続物《放蕩一代記》(8枚物)と《選挙風景》(4枚物)が，壁の中に畳み込まれている．いずれも長い解説を必要とするが，参観人が来ると，館員が得たりとばかりその秘物を開帳して見せるのである．
　その他「ホガースのロンドン」のプログラムの一環として，ホガースの別荘をチズィックに訪ねるのも一興であろう．いまでは「ホガース・ハウス」として一般に公開されている．彼の墓はその近くのセント・ニコラス教会にあり，大きな茶壺がのせてあり，墓碑銘は友人で俳優のギャリックによるもので，「さらば偉大なる人類の画聖よ，御身は美術の気高き蘊奥を究めたり……」と読める．

ジャコビアン様式のホランド・ハウス(18世紀後半)

ホーボーン・ヴァイアダクト　EC1

　かつてのフリート川の谷に橋を架け、ホーボーンをニューゲート・ストリートと結び付けるために造られた高架道である。設計者は測量技師ウィリアム・ヘイウッド。この高架道は長さ425メートル、幅25メートルで、総工費250万ポンドをかけて1869年に完成した。この建設計画にはホーボーン・サーカス、チャーターハウス・ストリートおよびセント・アンドルーズ・ストリートの建設も含まれていた。ファリンドン・ストリートに架かる橋は1868年に建てられたブロンズ像で飾られている。ホーボーン・ヴァイアダクトの北側には商業と農業の神の像があり、南側には科学と美術の神の像がある。ヴィクトリア女王がブラックフライアーズ橋と同じ日にこの高架道の開通祝いを行なった。

Holland House
ホランド・ハウス
Abbotsbury Road, W14

　ケンジントン地区のホランド・パーク内にある屋敷。現在の建物は第二次世界大戦後建造されたものであるが、もとはジェイムズ一世時代のジャコビアン様式の邸宅で、1606年ごろに時の大蔵大臣サー・ウォルター・コープのために建てられたものであった。未亡人が再婚したため、コープの遺言により、屋敷は娘のレディ・リッチの手に渡った。レディ・リッチの夫サー・ヘンリーは1624年にホランド伯爵となった。チャールズ一世と議会が対立したときホランド伯は国王派であったために処刑され、邸宅は議会派に没収された。内乱がおさまると屋敷はレディ・ホランドの手に戻った。第三代ホランド伯爵の未亡人はジョーゼフ・アディソンと結婚した。アディソンは『スペクテーター』紙の多くをこの屋敷で書いたといわれている。

　1746年、邸宅は初代ホランド男爵ヘンリー・フォックスに貸与された。彼は主計長官時代に公金を投機に利用して儲けた金でこの屋敷を買い取った。第三代ホランド男爵は自由主義思想の影響を受けていたため、この邸宅はホイッグ党の政治家や文学者の社交の場となり、第二代グレイ伯、R.B.シェリダン、バイロン、ワーズワス、スコット、パーマーストン、ディケンズ、マコーレーなどが集まった。第四代男爵はかなりの増改築をし、17世紀の厩舎にガーデン・ボールルームを造ったり、邸宅とオレンジの温室をつなぐためにアーケードやテラスを付け加えたりした。1859年に第四代男爵が亡くなると、子供がいなかったためイルチェスター伯爵が跡継ぎとなり、屋敷を相続した。1890年代およびエドワード朝には、ホランド・ハウスは華やかな社交場としてその存在を誇示した。

　第二次世界大戦で邸宅は爆撃にあい、荒れるに任されていたが、1952年にロンドン市議

会がイルチェスター伯爵から買い取った．夏には正面のテラスで野外劇やコンサートが開かれる．またガーデン・ボールルームはレストランになっている．日本庭園もあるホランド・パークは，市民の格好の憩いの場となっている．地下鉄ホランド・パーク駅がある．

Holloway
ホロウェイ　N7, N17

ハムステッド地区の東に位置する，イズリントン自治区の一地区．ホロウェイは「くぼんだ道」(hollow way)という意味で，『ドゥームズデイ・ブック』(→『土地台帳』)にも出ている地名である．15世紀ごろには文字どおりの窪地で，道路の高低によりアッパー・ホロウェイとロアー・ホロウェイという名の2つの村落があった．19世紀には往来の激しい道路がここを横切り鉄道も開通した．1860年代からは，かつての田園風景は後退し，殺風景なロンドン郊外へ変貌をはじめた．このころにハンリー・ロードとトリントン・パークという大通りが計画されたが，後者は完成までに40年もかかった．

現在，地下鉄駅名にも地名にも残るタフネル・パークはここにあったバーンズベリー荘園をタフネル家が所有したことによる．1855年にコペンハーゲン・ハウスの丘の頂上の12ヘクタールの土地にロンドン家畜市場ができてスミスフィールドに取って代わり，その周辺にホテル，居酒屋，馬喰の未亡人たちの厚生施設が造られた．1963年に家畜市場と屠殺場は閉鎖された．

1965年にロンドンの行政部が土地の所有権をイズリントン自治区に移すと，この地域の大半に公営住宅が建てられ，コペンハーゲン・ハウスの面影を残すものは時計台だけとなった．1852年にホロウェイ監獄(→ Holloway Prison)が開設され，フィンズベリー・パークから鉄道が延び，地下鉄もできて，工業が広がり，公園の余地がないほどに住宅が密集したため，ホロウェイは殺風景な地域の別名となった．ホーンジー・ロードの向こうのクイーンズランド・ロードは工場地帯である．

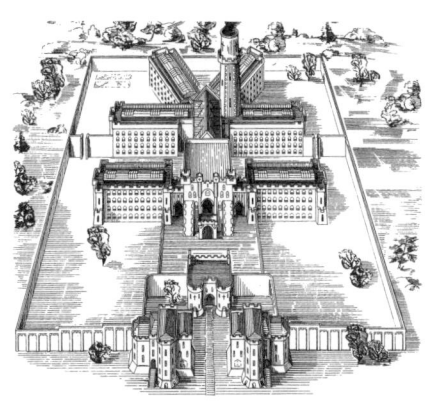

ホロウェイ監獄(19世紀，現在は女囚専用)

Holloway Prison
ホロウェイ監獄
Parkhurst Road, N7

もともとは男女両方の短期受刑者を収監するシティの矯正院として1852年に完成したが，現在ではイギリスにおける主要な女囚専門の監獄となっている．イギリスの女権運動家として知られるパンクハースト夫人と数人の仲間がここに投獄されたことがある．1970年代に赤煉瓦造りの建物に建て代えられ，ヴィレッジ・グリーンの原理を取り入れた緑地を造ることによって，環境の改善が図られた．妊婦や母子のための設備が整い，病院，体育館，水泳プールなどがすべて完備している．にもかかわらず，1992年に監獄視察官の視察を受けたときには，母親と子供たちの生活環境の劣悪さがきびしく指摘された．

Holloway Road
ホロウェイ・ロード　N7, N19

ハイベリー地区からアーチウェイまで北上する3キロにわたる繁華な大通り，現在のA1道路で，何世紀ものあいだロンドンから地方へ向かう要路だった．

「くぼんだ道」(hollow way)を修理するために通行料を徴収する勅許が1364年に下りた．

18世紀初頭に幹線道路になり，沿道の建物は「帯状建築群」の見本となった．この道路と交差するセヴン・シスターズ・ロードの近くで，

1812年にノンセンス詩のエドワード・リアが生まれている．19世紀には大きな商店もできたが，今日残っているのは唯一セルビーだけである．同じように，いくつかあった劇場もいまでは姿を消した．

ただ，昔ながらの居酒屋，たとえばハーフ・ムーン，マザー・レッド・キャップ，クラウンなどは改築されて残っている．アーチウェイ・クロース1番地のアーチウェイ・タヴァンは，フォーク・ミュージックの演奏で知られる．

イズリントン・セントラル・ライブラリーとロイヤル・ノーザン・ホスピタルはヴィクトリア朝後期からエドワード朝にかけて建てられた建物の格好な見本である．この道路には鉄道駅が2つ，ハイベリー・アンド・イズリントンとアッパー・ホロウェイがある．地下鉄駅には，ハイベリー・アンド・イズリントン，ホロウェイ・ロード，アーチウェイの3つがある．

Holly Bush
ホリー・ブッシュ亭
Heath Street, NW3

ハムステッドのヒース・ストリートから階段を登りつめたところにある古い酒亭で，1643年の創業．ブッシュ亭は，ローマ時代から造り酒屋の看板にブドウやアイヴィーの小枝を束ねて軒先に突き出した「ブッシュ」から出た屋号であるから，いまでもイギリス各地にある．ハムステッドにはオールド・ブル・アンド・ブッシュ亭（→Old Bull and Bush）もある．ここではブッシュにホリー（ヒイラギ）がついて，クリスマスの連想がある．ジョンソン博士もジェイムズ・ボズウェルも訪れている．《ハミルトン婦人像》で有名な肖像画家のジョージ・ロムニーは，この近くのホリー・ブッシュ・ヒルに住んでいた．

Holy Trinity
ホーリー・トリニティ教会

① Clapham Common, SW4

テムズ川南岸クラパム・コモンの北側角のクラパム・コモン・ロング・ロード沿いにある教会．建立は1776年．設計はヘンリー・フリットクロフト．建築上さしたる特徴はみとめられないが，この教会が広く知られているのはクラパム・セクト（→Clapham Sect）の活動の本拠であったからである．同派は，19世紀奴隷貿易の廃止のための実践活動を通じて，社会の注目を集めた．

1810年代に入るとギャラリー（張り出し席）を除いて改修が加えられ，例外的に高かった祭壇は低くして会堂内の目立つ位置から隅に移された．1945年ロケット弾により破損して閉鎖されたが，52年に復元されて現在に至っている．

② Prince Consort Road, SW7

ロイヤル・アルバート・ホールの南側を走るプリンス・コンソート・ロードにある教会．比較的新しく，G.F.ボドリーによる20世紀初頭の建築．50年代，90年代に修復工事が行なわれた．小説家G.A.バーミンガムは，1934年にこの牧師となったJ.D.ハネイのペンネームである．

③ Sloane Street, SW1

1890年にJ.D.セディングの設計による教会．ウィリアム・モリスに触発されたアーツ・アンド・クラフト運動の実験的作例である．前身は19世紀初頭のジェイムズ・サヴェッジによるゴシック様式教会であった．現教会の内装・装飾には当時の指導的芸術家が多数関与したが，なかでも東大窓はサー・エドワード・バーン＝ジョーンズとウィリアム・モリスの共同製作として名高い．

Holy Trinity Marylebone
ホーリー・トリニティ・マリルボーン教会
Marylebone Road, NW1

リージェンツ・パークの南東部分に接するパーク・スクエア近くに立つ．1828年の建立．19世紀に入ってオックスフォード・ストリートの北側地区が新興上流住宅地として発展し，その住人のために建てられた．また，ナポレオン戦争のワーテルローの戦勝を記念した基金によって建てられた教会のひとつでもある．設計者は19世紀のロンドンの公共建築，とくにイングランド銀行を設計したサー・ジョ

ン・ソーンで，教会の塔はソーンの特徴をよく表わしている．1952年，教会はキリスト教知識普及協会本部となった．教区民にはウェリントン公爵をはじめ，彫刻家でウェッジウッド焼きに絵をつけることに成功したジョン・フラックスマン，J.M.W. ターナー，W.E. グラッドストーン，フローレンス・ナイティンゲールなどの著名人がふくまれる．

Homerton
ホマートン　E9

　リー川の西岸，ハックニー・マーシュとロワー・クラプトンとにはさまれたロンドン北東部の一地区．この地は古くハンバー農場またはハンバー屋敷と呼ばれていた．14世紀にはテンプル騎士団からヨハネ騎士団の手に渡り，村落は徐々に大きくなった．17世紀には北部方面陸軍の主計官であり海軍の食料供給者でもあったサー・トマス・サットンがサットン・ハウスに住んでいた．

　18世紀になると，だんだん町の様相を呈してくるものの，当時立っていたハックニー・ユニオン救貧院の周囲には苗木畑や市場向けの野菜畑が広がっていた．スティーヴン・ラムが1723年に教会堂を建て，のちに男子校と女子校を建てた．1823年には非国教徒のためのホマートン・コレッジが開設された．19世紀の終わりころになるとペンキ工場が出現して，下町の雰囲気が形成されていた．救貧院の施薬所は病院に転身しつつあった．20世紀の初頭には住宅の開発が進み，1965年のロンドン自治区再編でホマートンはハックニー自治区の一部となった．

Honey Lane Market
ハニー・レイン・マーケット

　シティのチープサイドにつながるハニー・レインにあった食肉市場．通りの名はもと養蜂業者が住んでいたことに由来する．1666年のロンドン大火によって，それまでチープサイドで営業していたいくつかの市場が焼失し，代わって開設されたもの．市場の建物としては狭かったが，105軒の肉屋が店を構えた．1691年，建物はフランス人ユグノー派の亡命者たちの祈禱所として使われたが，市場自体はにぎわいを見せ，18世紀末ごろには質のよい品を売ることで評判になった．しかし，1835年に敷地内にシティ・オヴ・ロンドン・スクールが創設されたのにともない，市場としての機能は衰退した．結局19世紀末，それまでほそぼそと商売を続けていた露店商たちもこの市場に見切りをつけてしまった．
→Markets

Honor Oak
オナー・オーク　SE23

　サザック地区の南端に位置する．1本のオークの木が何百年ものあいだカンバーウェルとルイシャムの境界を示していた．このオナー・オークと呼ばれる木のあったワン・トリー・ヒルは100メートルほどの丘で，西暦61年にローマのスエトニウス・パウリヌスが東ブリテンの王妃ブーディッカを打ち敗った場所と伝えられている．オナー・オークは，12世紀のグロースター伯爵の領地の一部であった．エリザベス一世がこのオークの下で休憩をとったといわれている．19世紀の初頭，ナポレオン戦争のころには海軍省がオナー・オークを信号所として用いた．1880年代にオークに落雷，近くにもう1本のオークが植えられた．

　オナー・オークは行楽地であったが，1896年にゴルフ場が開設されそうになったため，1905年にカンバーウェル区議会がこれを買い取った．現在，この地域の半分くらいがゴルフ場となっている．

Honourable Artillery Company
名誉砲兵隊

Armoury House, City Road, EC1

　1537年，ヘンリー八世がロンドン防衛のため志願兵を募って創設した，英国最古の軍組織と言われる．本部は，1642年にビショップスゲートからシティ・ロードへ移転した．隊員には，ジョン・ミルトン，サミュエル・ピープス，クリストファー・レン，ウィリアム・クー

パーらもいた．

　この砲兵隊は，18世紀後半のゴードン暴動（→Gordon Riots）の際に平和維持軍として活躍した．現在は現役400余名，退役者2000名を数える．ロンドン市長就任披露行列（→Lord Mayor's Show）やその他さまざまな儀式で，任務をこなしている．シティ・ロードをはさんでフィンズベリー・スクエアの真向かいの広場がこの隊のグラウンドになっていて，そこには博物館も立っている．地下鉄オールド・ストリート駅に近い．

Hoop and Grapes
フープ・アンド・グレイプス亭

Aldgate High Street, EC3

　13世紀に酒場として営業を許可されたというから，シティ最古の酒亭といってもよい．現在の建物は木骨造りで，木の枠でできた張り出し窓があり，16世紀か17世紀の建造と考えられている．おもしろいことに，この店のバーと地下の酒蔵とをつなぐ管があって，亭主は客たちの話を盗み聞きすることができた．しかも，この酒蔵にはロンドン塔に通じるトンネルがあったが，現在は固く閉じられている．ロンドンその他に，「壁に穴」(Hole in the Wall)という名のパブがあって，犯罪と何らかの関係があったと思われる．ちなみに屋号の「フープ」とは酒樽の「たが」のことだからブドウとは縁があるが，樽からブドウ酒やビールを抜くとき，コック(栓)をはずしてたがの上に置くと，酒は自由に流れ出るので，cock-a-hoop(無制限に飲む)という成句ができた．サミュエル・ピープスの日記には，ロンドン橋のたもとにあったフープ亭で，大変うまいワインを飲んだとある．

Hope Theatre
ホープ座

　テムズ南岸サザックにあった17世紀の大衆劇場のひとつ．興行師フィリップ・ヘンズロウが建てた木造・レンガ造りの劇場．規模，形ともに，スワン座（→Swan Theatre）に倣った劇場であった．1613年8月29日付の建築契約書が現存する．

　可動式の舞台で，熊いじめ（bear-baiting，杭につないだ熊に闘犬をしかける娯楽）などの見世物小屋としても使用された．もともと劇場建設以前に熊いじめの興行が行なわれていた場所であった．

　1613年にグローブ座（→Globe Theatre①）が焼けて，一時観客がこの劇場に流れたものの，翌年グローブ座が再建されると，再び観客を失った．1614年ベン・ジョンソンの喜劇《バーソロミュー・フェア》が宮廷上演前にこの劇場で演じられた．1616年以降の公演記録は残っていないが，熊いじめなどに再び使用されたものと思われる．取り壊されたのは1682年かまたは少し後のことで，バンクサイドの現在のベア・ガーデンズ（→Bear Gardens）付近にあったと考えられている．

Hornsey
ホーンジー　N8

　ロンドン北部台地の東端にあり，ハリンゲイ自治区の一部である．ホーンジー地区は起伏に富み，西のマズウェル・ヒルは海抜100メートル以上，さらに西方のハイゲートは130メートル以上に達するが，それらの台地が東に延びて比較的平らな地帯になる一帯にあたる．

　ホーンジーは，ロンドン大司教が所有する狩猟地であった．この所有地はやがて広さ約1200ヘクタールにおよぶ教区および荘園となった．ヴィクトリア時代から宅地化が進み，現在は地域全体がロンドンの郊外住宅地となっているが，それでも多くの緑地を残している．ハイ・ストリート沿いにセント・メアリ教区教会があって，19世紀には人家のまばらな通りであった．

　グレイト・ノーザン鉄道が新設され，ロンドンのキングズ・クロス駅を出て最初の駅としてホーンジー駅が1850年に開設されると，この田園地帯に住みロンドン市内で働くことが可能となった．大きな屋敷は徐々に住宅地に代わった．ハイ・ストリートは今日では緑は残っているものの小さな工場が立ち並んでいる．

69番地のイーグル・ハウスと71番地のマナー・ハウスは18世紀の建物である．この真向かいの塔は1500年ごろに建てられたもの．教会墓地は『デイヴィッド・コパーフィールド』でベッツィ・トロットウッドの夫が埋葬された場所だが，サミュエル・ロジャーズ一家の墓がある．彼はウィリアム・ワーズワスの死後，桂冠詩人になるのを断わった詩人である．アレグザンドラ・ロード46番地は，小説家アーノルド・ベネットがロンドンで最初に住んだところである．

Horn Tavern
ホーン・タヴァン

Knightrider Street, EC4

　1665年ごろの創業という古い酒亭で，19世紀のチャールズ・ディケンズのころはホーン・コーヒー店と呼ばれていた．ディケンズの小説では，ピクウィック氏がフリート監獄に拘留されていたとき，使いを出して民法博士会館(→Doctors' Commons)のホーン・コーヒー店から上等のブドウ酒を2本取り寄せて，友人たちにふるまったとある．この酒亭のあるナイトライダー・ストリートとは，文字どおり中世の騎士たちがロイヤル・トーナメントに参加するため，ロンドン塔から競技場のスミスフィールドまで馬で通った道だからナイトライダー・ストリートと名づけられたという．ディケンズの小説にしばしば登場する民法博士会館(結婚や離婚，遺言検証の事務を扱った)は，この通りにあったのである．サミュエル・ピープスは1663年に1度だけ，ウォードローブのホーン・タヴァンに立ち寄っている．同じ地区だから，たぶんこの店であろう．地下鉄ブラックフライヤーズ駅に近い．

Horse Guards
近衛騎兵連隊司令部

Whitehall, SW1

　ホワイトホールにある近衛騎兵連隊本部．現在の建物は1750-58年にパラディオ様式にしたがって造られた．設計はウィリアム・ケントであったが彼が亡くなり，ジョン・ヴァーディが完成させた．もともとは，1649年にホワイトホール・パレス(→Whitehall Palace)の馬上槍試合場に造られた小さな衛兵詰所がはじまりで，これが1663-65年に近衛騎兵と近衛歩兵の一部のための建物になった．中央のアーチを馬に乗って通ることが許されるのは王室のメンバーにかぎられている．1872年まで，この建物は参謀幕僚の司令部であったが，その後ロンドン軍管区と王室師団の司令部となった．ホワイトホール街に面した司令部の入口には騎乗した2人の近衛騎兵隊が10時から16時まで配備され，時間ごとに交替する．
→Changing of the Guard

Horsemonger Lane Gaol
ホースマンガー・レイン監獄

　1791年から99年にかけて，サリー州監獄としてニューイントンのセント・メアリ教区に建てられた．この監獄を最も有名にしたのは，マニング夫妻の処刑である．1849年11月，金目当てに友人を惨殺して自宅台所の床下に埋めた「バーモンジー・ホラー」事件の犯人として，夫妻が監獄外壁の上に設けられた絞首刑台にかけられたのである．このときおよそ3万人の観衆がつめかけた．チャールズ・ディケンズはその恐るべき様子を伝える手紙を『タイムズ』紙に寄せて，公開絞首刑の廃止を訴えた．またジョン・リーチが『パンチ』に描いた「ホースマンガー・レイン監獄の道徳的大教訓」も有名である．リー・ハントは摂政の宮に対する侮辱罪で，1813年から15年までここに収監された．この監獄は1880年に取り壊された．

Horse of the Year Show
ホース・オヴ・ザ・イヤー・ショー

　毎年10月に開かれる障害物乗馬年次競技会のこと．ロンドン北西郊のウェンブリー，またはホワイト・シティで開かれ，その年の代表的な障害物競技騎手を決定する．この競技は1949年から始まった．

Hospital for Sick Children

373

小児科病院
Great Ormond Street, WC1

ドクター・チャールズ・ウェストの提案により1851年に創立された，イギリス初の小児専門の病院．当時，ロンドンで1年間に死亡する5万人のうち2万1000人は10歳以下の子供であった．しかし，1843年の調査によれば，ロンドン中の病院に入院していた2363人のうち，10歳以下の子供はわずか26人であった．事実上，子供は病院から排除されていたのである．ベッド数10床で2歳から12歳の天然痘以外の患者が入院した．2歳に満たない子供は母親と引き離すことができないので，外来患者となった．1858年に隣接地にも病棟が建った．どちらの建物にも広大な庭があった．1877年のベッド数120床．新病院が建設された．ベッド数は徐々に増え，1990年には348床となった．

1929年作家のジェイムズ・バリは『ピーター・パン』の著作権をこの病院に寄贈した．1933年の改築の際には，ここで看護婦をしていたこともあるジョージ五世の第一王女が礎石を据えた．外来病棟の玄関にある銅像《幼きキリストを背負う聖クリストファー》と《三人の子供と聖ニコラス》像は，ギルバート・レドウォードの作である．地下鉄ラッセル・スクエア駅に近い．

Hospitals
病院

イギリス最古のセント・バーソロミュー病院（→St Bartholomew's Hospital）は1123年に，次いでセント・トマス病院（→St Thomas Hospital）が12世紀後半に開設された．しかし，これらは病人専用というわけではなかった．ホスピタルとはホスピタリティ，すなわち貧しい人々の「休息所」という意味を含んでおり，中世のころはホスピスと同義で，また貧乏人や老人，身体の不自由な人々に対する慈善施設を意味していた．ホスピスという言葉は，中世には巡礼者や旅行者が食事や宿泊を得るための休息所という意味で使われていた．ホスピタルがいわゆる「病院」という意味で使われだしたのは16世紀からであり，今日的意味で病院と呼べるものが次々と登場するのは，ようやく18世紀になってからである．それまで病人は家庭で家族の看護を受けていた．病気は専門的な治療を必要とするものだとは考えられていなかった．神が苦痛を取り除いてくれるよう，ただ祈るだけであった．看病をしてくれる家族や親類がいる病人はまだよかったが，そうした身寄りのない病人は施設に頼らざるをえなかった．したがって，初期の病院は貧しい人々の治療と看護の場だったのである．病人を世話する施設として存在したのは，慈善病院（慈善行為に支えられ，経費を寄付金でまかなっている病院）と救貧院であった．金のかかる看護を受けられない人たちは，救貧院に収容された．

病人の治療のために慈善施設を建設するという考え方が18世紀になって広がったのは，病気を受難とか神罰などと結びつける考え方から，医学によって克服しうるものだという考え方に変わってきたからである．精神病院のベツレヘム・ロイヤル病院（→Bethlehem Royal Hospital）がそのよい例である．そこでは1770年代まで訪問客に患者を見物させていた．しかし，やがて狂気は悪魔憑きなどではなく心の病気であり，したがって治療すれば治癒するのだと考えられるようになり，見物も取りやめられた．

18世紀に新たにロンドンにできた大病院は5つ，1720年のウェストミンスター病院（→Westminster Hospital），21年のガイ病院（→Guy's Hospital），33年のセント・ジョージ病院（→St George's Hospital），40年のロイヤル・ロンドン病院（→Royal London Hospital），45年のミドルセックス病院（→Middlesex Hospital）である．しかし，病院は慢性病患者や感染力の強い伝染病患者には有効な手が打てず，ほとんどの病院は一般患者を守るため，伝染病患者を締め出した．また，一般病院では性病患者や子供の入院をほとんど認めなかった．出産も病院の内科医や外科医が扱うべき仕事ではないという考えが一般的であった．

18世紀には専門病院の設立も相次いだが，初期の専門病院は一般病院から締め出された患者を治療するために開設されたものであった．ロンドンの唯一の天然痘病院は1746年に設立され，同じ年に性病患者を扱うロック病院もサザックに発足した．最初の眼科病院は19世紀はじめであった．熱病を扱う病院や産科病院，そして小児科病院もこの時期に誕生した．19世紀に入って，専門病院が急激に増えた．癌や結石のような病気，皮膚や耳，直腸など身体の特定部分を扱う病院もできた．医学の知識や技術という点でいえば，一般病院よりもむしろ専門病院にめざましい進歩と発展が見られる．

初期の病院建設は，医師ではなく社会的エリートによって進められた．ロンドンの大病院の理事長職は王室関係者や貴族などに占められていた．初期の病院は王の勅許を得ていたのでロイヤルを冠したところも多い．医師は一般に無給であった．初期の看護婦のなかには大酒飲みもいたし，道徳観に欠ける看護婦もいた．看護婦たちは給料も安く，専門教育も満足に受けていなかった．チャールズ・ディケンズが『マーティン・チャズルウィット』で描いたギャンプ夫人はその見事な風刺である．

19世紀に入ると教育病院が増えてきた．教育病院とは付属の医学校をもち，学生が医師や看護婦になるための教育や訓練を受ける病院である．1800年まで，医学教育は主として私的な営利本位の学校で行なわれていた．ロンドンではわずかに3つ，セント・バーソロミュー病院，連合病院(セント・トマス病院とガイ病院の連合)，ロンドン病院が付属医学校をもっていたにすぎない．やがて，多くの病院が付属医学校を設立するようになった．1858年の時点でロンドンにある教育病院は，さらにチェアリング・クロス病院(→Charing Cross Hospital)，キングズ・コレッジ病院(→King's College Hospital)，ユニヴァーシティ・コレッジ病院(→University College Hospital)，ウェストミンスター病院などが加わって，12か所であった．教育病院だけで一般病院のベッド数の8割を占めた．

1948年に国民保健サービスが発足し，2688の病院を引き継いだ．国民保健サービスとは，「揺りかごから墓場まで」と言われたイギリスの福祉制度の根幹をなすシステムである．「収入，年齢，性または職業に関係なく，すべての国民に最新，最良の医療を平等に与える」というのがこの国営医療サービスの基本精神で，これに必要な費用の大部分は税金でまかなう．この制度により，国の力で国民に安い医療を提供できるようになった．しかし，1982年の時点で，ロンドン市内の病院の75パーセントが19世紀建造と古くなり，高額を負担してでも保険外診療を受けたいという希望者が近年増えてきた．それに応じて最新設備を備えたプライベート診療専門の病院も増えている．

Hotels
ホテル

ロンドンのホテル事情でいちばん目につくのは宿泊料金の高さと系列化である．パリに比べるとレストランは安いが，ホテルは高い，とよくいわれる．これは近年ますます確かなものになりつつある．東京の物価が高いことはよく知られているが，ホテルの宿泊料金に関するかぎり，ロンドンは今や東京以上といえる．1泊シングルで50ポンドから200ポンドする．日本の消費税に相当する付加価値税(17.5パーセント)を含めて，2万円の料金はめずらしくない．しかも朝食抜きの料金であることがしばしばある．その朝食も一昔前まではイングリッシュ・ブレクファストと相場が決まっていたのに，昨今はコンチネンタル・ブレクファストというホテルも多い．

立地条件を考慮して，しかも良質なサービスと安全な宿泊など旅行者なら条件にしたくなるホテルとなると，どうしてもいわゆる高級ホテルにいきついてしまう．しかし，一通りの設備を整えていて清潔で値段も手頃なホテルも多数用意されているのがロンドンである．

欧米の一流ホテルが提供するサービスは，

長年の経験の蓄積があって初めて可能で，洗練の追求の成果ともいえる「文化」であるといえよう．

ロンドンで一流といわれるホテルは，伝統と格式を重んじる，つまりイギリスらしい由緒あるホテルと，戦後目立つようになった近代的な画一的な建物におさまるアメリカ資本の大型ホテルに大別される．前者はリッツ，サヴォイ，コノート，クラリッジズ，ブラウンズ，デュークス，スタフォードなどであり，後者はメイフェア・インター・コンチネンタル・ロンドン，ランガム・ヒルトン，ロンドン・ヒルトン・オン・パーク・レイン，イン・オン・ザ・パーク，チャーチル・インターコンチネンタル・ロンドンなどである．このようなホテルは，ほとんど例外なしに，その前身として貴族，富豪のロンドンの邸宅を改修したり，その跡地を利用して営業を始めたホテルといってよい．一流ホテルの中には，創業者に長いあいだカントリー・ハウスで執事を務めてきたという，願ってもない経歴をもつ人物がいることがあるが，そういうホテルはさすがに評価が高い．

ロンドンのホテル地図は，一言でいえば，ウェスト・エンドに集中している．それもメイフェア，ベイズウォーター，ピカディリー周辺に一流ホテルはもちろん，旅行者のあらゆるニーズに応えるホテルが多数ある．ブルームズベリーとアールズ・コートの両地区，ヒースロー空港からの道筋にあたるクロムウェル・ロード，鉄道旅行者の集まるヴィクトリア駅周辺には比較的低料金の，しかし良質のホテルやB&Bが多い．ヒースローとガトウィック空港付近に都市型の大ホテルが集まる．

ロンドンのホテルはイギリス観光連盟（British Tourist Board）が5つから1つまでの王冠印で格づけを行なっている．この王冠がつくか，ロンドン観光連盟（London Tourist Board）に所属するホテルであれば，ホテルとしての最低限の条件（清潔度，食堂，浴室などの設備など）を満たしている宿泊施設と考えてよい．

ホテルの系列化とそのめまぐるしい変化が最近の特長である．名門を自負してきたホテルが，たとえばフォルテ・ホテルズの傘下に入っていたりする．主なホテル・グループは他に，インター・コンチネンタル・ホテルズ，ザ・リーディング・ホテルズ，マリオット・ホテルズ，ヒルトン・インターナショナル・ホテルズなどがある．もうひとつの特長は，静かな田園に立地するカントリー・ハウス・ホテルの人気である．ロンドン近郊に数は多くないが，たとえば，南郊クロイドンにセルズドン・パーク・ホテル（→Selsdon Park Hotel）がある．またウィンザーに近く，テムズ川岸に立つオークリー・コート・ホテルがある．スモール・ラグジャリー・ホテルズのチェーンはそうした旅行者の要求に応えて，都会の中にもささやかながらオアシスを提供しようとするものである．加盟ホテルのひとつ，セント・ジェイムジズ地区の閑静な路地にあるデュークス・ホテルやスタフォード・ホテルなどには捨てがたい魅力がある．

Houndsditch
ハウンズディッチ　EC3

市壁外側の堀割の跡につけられた通りの名．意味は猟犬の溝で，堀割と犬の組み合わせについては諸説あるが，堀に，汚物とりわけ犬の死骸が投げ捨てられていたためとも，堀の跡地に犬舎があって，シティの狩猟隊のための猟犬が飼われていたことによるとも言われる．1511-71年にはオーウェンという名の3兄弟がここで鉄砲製作所を開いていた．ヘンリー八世の時代には青銅の鉄砲を鋳造したこともあった．16世紀末には建物がたてこみ，堀は埋められ，大工の資材置き場などが軒をつらねたという．これらの家には古着売りが住んでのちの古着市場の発端となった．ロンドン大疫病（→Great Plague）の際には，ここの住民の多数が死亡し，近くの大きな溝には千人以上の死体が投げ込まれたという．

ハウンズディッチは19世紀の終わりまでもっぱら古着市場として名を売った．1920年代にこの地域の実業家たちが，地域の性格が変わったのだから地名を変更してほしいとシ

ティに請願したが，実現しなかった．地下鉄・鉄道リヴァプール・ストリート駅に近い．

Hounslow
ハウンズロー　TW3

　大ロンドン西郊，テムズ川の西に位置する地域．ヒースロー空港にも近い．中心部を走るハウンズロー・ハイ・ストリートは，ロンドンからシルチェスターまでのローマ街道のルート上にある．ハウンズローの名はジョン王の時代に初めて文献に登場する．王の家臣たちはここで騎馬戦を催した．この行事からトリーティ・センター(交渉地)の名が生まれた．

　駅馬車時代にはイングランド南西部エクセター方面への本街道に位置していたために，ハウンズローは郵便馬車の宿場として栄えた．ハウンズロー・ヒースは辻強盗，追剝ぎの出没する場所として旅人にはおそれられ，小高い丘の上には絞首人をさらす柱が何本か眺められた．またハウンズロー・ヒースはジェイムズ二世の軍隊が野営をした1686年以来，2世紀にわたって陸軍の練兵場として使用された．そのとき国王は，住民に彼を王として認めさせ，ローマ・カトリックを再び国教とするための威嚇として，この地に陸軍を駐留させたが，結果は失敗に終わった．

　その後鉄道の登場とともに，この地区も他の郊外同様，人口が膨張した．1840年にはこの地に早くもグレイト・ウェスタン鉄道が開通した．1932年に地下鉄ピカディリー・ラインができると，さらに発展へのきっかけとなった．

　ハウンズロー・ヒースは1919年から1年ほど，ロンドンで最初の民間空港(→Heathrow Airport)として，毎日パリへの便を運航した．

House of Commons
→**Palace of Westminster, Parliament**

House of Lords
→**Palace of Westminster, Parliament**

Houses of Parliament
→**Palace of Westminster, Parliament**

Hoxton
ホックストン　N1

　ロンドン中心部の北に位置するハックニー自治区の一地区．14世紀まではロンドン司教の所有地であった．12世紀には牧草地が広がり，水車が楽しい音を立てて回り，広い林がつづいていたといわれる．16世紀には，ロンドンの富裕階級および上流階級が，この田園地帯に移り住むようになった．この地域は宮廷からも商業の中心地からも遠くないので，快適な環境のなかに金持ち階級が家を建てて住んだ．ホックストンはまた娯楽とレクリエーションの場所となった．開発は進んだが，17, 18世紀になっても田園の雰囲気は失われなかった．17世紀にはホックストンは市場と苗木栽培庭園で有名だった．17世紀後半から18世紀にかけて多くの同業者組合がここに土地を取得して私設救貧院を建てた．

　ロバート・アスクが1689年に小間物商同業組合(→Haberdasher's Hall)のために2万ポンドを遺産として残し，組合の貧しい独身者20名のために私設救貧院を建て，また貧しい自由市民の20名の子弟のために教育を授けるよう指定した．こうして1692年にアスクス・ホスピタルがピットフィールド・ストリートに建てられた．これを1873年にロンドン市議会が買い取り工芸学校としたが，これが現在のシティ・アンド・イースト・ロンドン・コレッジである．

　1801年にはホックストンを含むショーディッチ地区の人口は3万5000人ほどになり30年後には倍加し，さらに30年後には約13万人となり，ショーディッチは急速に拡大するロンドンに組み入れられていった．19世紀末のあるロンドン生活・労働調査によるとホックストンはロンドンの最悪の地域のひとつとなっている．ホックストンはミュージック・ホールで有名で，1940年までホックストン・ストリートにはブリタニア劇場が建っていた．第二次世界

377

大戦まで人口の集中化が続き，空襲で大きな被害を受けたものの，現在は公営住宅が立ち並んでいる．

HSBC Holdings plc
HSBC ホールディングズ
Lower Thames Street, EC3

　ロンドンに本部を持つ世界有数の銀行．もとは香港上海銀行といい，その社名からわかるように香港を本拠とする金融会社であった．創業は1865年，スコットランド人トマス・サザランドによる．中国の船会社の責任者であったサザランドは，中国・ヨーロッパ貿易の将来性を見越して，融資を主業務にする会社を設立した．19世紀後半から20世紀初めに中国および東南アジアに営業拠点を設けて，近代金融業の範となる役割を果たした．事業は日本，インド，ヨーロッパ，アフリカへと着実に広がり，個人・法人を問わず，融資，資産管理，保険など幅広い業務を手掛けた．第二次世界大戦中は多くの支店を閉鎖，本部をロンドンに移したが，戦後はいちはやく業務を再開した．1997年の香港の中国への返還後に備えて，1992年にはミッドランド銀行を傘下に収めるなど，以前にもまして積極的に活動を展開している．現在，世界78地域に6500にのぼる営業拠点がある．

Hungerford Bridge
ハンガーフォード橋　WC2

　イングランド南部および南東部へ向かうサウス・イースタン鉄道の鉄橋．橋のすぐ背後に始発駅のチェアリング・クロス駅があり，チェアリング・クロス橋とも呼ばれる．橋は9つのアーチをもち，格子状鉄製橋桁に支えられた堅固な建造物．鉄道橋に平行して，歩行者専用の橋も架けられている．設計者はサー・ジョン・ホークショー，完成は1864年．ひとつ下流にかかるウォータールー橋（→Waterloo Bridge）から眺めるこの橋は，ホワイトホール（→Whitehall）を背景に，緩やかに湾曲する川にかかって，一幅の絵を構成する．

　歩行者用の橋は，1997年に採用された新しいデザインで，鉄道橋をはさむ2本の橋となって架けかえられる．

Hurlingham Club
ハーリンガム・クラブ
Broomhouse Lane, SW6

　イギリス有数のスポーツ・クラブ．チェルシーのラニラ・ガーデンズ内のハーリンガム・ハウスに本部を置く．1760年痛風の権威であった医師ウィリアム・カドガンによりハーリンガム・ハウスが建てられたが，19世紀後半になると鳩撃ちを行なうクラブの本拠として名をあげた．しかし，この残酷なスポーツは1905年に禁止され，これに代わってそのころすでに人気を集めていたポロがこのクラブの主なスポーツとなり，ポロのルールはこのクラブの委員会によって定められた．さらに19世紀後半からはスキットル場，クロケー，テニス，スカッシュ，クリケット，ローン・ボウリングなどのコートやグラウンドが造られ，プールやゴルフコースも整備されて，ほとんどあらゆるスポーツが行なわれることとなった．なおウィンブルドンの全英オープン・テニスに先立つレセプションは，このクラブで行なわれるのが伝統である．6000名ほどの会員がいる．近くに地下鉄パトニー・ブリッジ駅がある．

Hyde Park
ハイド・パーク　W1, W2, SW7

　ロンドンを代表する王立公園．繁茂する大樹とゆるやかな起伏の広々とした芝地と蛇状に延びた池と樹間を縫う散歩道．ボートやヨット遊び，野外音楽会，美術展覧会，乗馬，ミニゴルフ，ボーリング，水泳，それに水辺のレストランなど……ロンドンっ子だけでなく，観光客にとってもこのうえない憩いと娯楽の場として愛されている．

　公園の東側は高級ホテルが立ち並ぶパーク・レインに区切られ，西側はアレグザンドラ・ゲートとヴィクトリア・ゲートを結んで南北に走る縦断道路を境にケンジントン・ガーデンズ（→Kensington Gardens）に接する．ただし，19世紀にアルバート・メモリアル（→Albert

Memorial)が建立されると，それを同公園内に取り込むため，マウント・ゲートとパレス・ゲートを結ぶ道の南部分があらたにハイド・パークに付け加えられた．北側はベイズウォーター・ロードが，南はナイツブリッジの大通りが走る．面積140ヘクタール，東京の日比谷公園の9倍弱である．

ハイド・パークはもともとハイド荘園の一部であったが，1536年のヘンリー八世による修道院解散令で王領地となり，17世紀には一時期公園となったが，王政復古によって再び王室の所有になり，以後1768年まで鹿狩りのための猟場であった．エリザベス一世がここで鹿狩りを楽しみ，観兵式を挙行したことが知られている．国家的催事の式典会場になったり，17世紀の疫病大流行(→Great Plague)，18世紀のジャコバイト反乱，ゴードン暴動(→Gordon Riots)の際にはここに軍隊が兵を出したこともあった．

ハイド・パークは追いはぎ，売春婦などが出没する物騒ないかがわしい場所でもあった．そのことを示すエピソードには事欠かないが，18世紀の小説家，書簡作家，第四代オーフォード伯爵ことホラス・ウォルポールは「1749年の11月上旬のある晩のこと，夜10時ころホランド・ハウスから月明かりの中を帰宅途中，ハイド・パークで2人組の辻強盗に襲われました．そのとき，ひとりがもっていたピストルが暴発し，弾がわたしの目の下をかすめ，擦り傷を与えたのです．度肝を抜かれました．弾は馬車の屋根を貫通したのですが，もしわたしがもう1インチ左のほうに寄って座っていたら，頭を打ち抜かれたところでした」(『わが人生の覚書』)と記した．公園内の乗馬専用路ロットン・ロー(→Rotten Row)は，こうした辻強盗の横行を防ぐためイギリスで最初に街路灯のついた道であった．

18世紀には決闘の名所でもあって，多くの記録が残る．一例をあげれば，1772年，当時絶大な人気を誇った歌手ミス・リンリーをめぐって，事実無根の中傷を受けたR.B.シェリダンがトマス・マシューズを相手に決闘をした．また詩人シェリーが恋人メアリ・ゴドウィンと駆け落ち同然の大陸旅行に出たとき，身重だった夫人ハリエット・ウェストブルックが自殺したのはサーペンタイン池であった．北東隅のスピーカーズ・コーナー(→Speakers' Corner)近くにはかつて処刑場タイバーン(→Tyburn)があって，多くの見物人が集まった．

ハイド・パークは1851年の世界万国博覧会(→Great Exhibition)の会場であった．産業革命の成果を世界に誇示することに成功した一大国家的行事を象徴するのが水晶宮(→Crystal Palace)で，宮殿を思わせるこのガラスの建造物は，チャッツワースのデヴォンシャー公爵家の主席庭師であったジョーゼフ・パクストンによって，ロットン・ロウとキャリッジ・ロードにはさまれてプリンス・オヴ・ウェールズ・ゲート近くに建設された．5月から10月半ばの会期中に600万人以上の入場者があった．

公園内の記念碑を代表するのは南東隅のアキレス像(1822，→Achilles Statue)であろう．イギリスのアキリーズ部隊がフランス軍から奪った大砲で作った高さ6メートルの裸体像である．その赤裸々な写実性は除幕当時ひんしゅくをかったという．ヴィクトリア・ゲートの近くには1880年にできた犬の共同墓地(→Dog's Cemetery)がある．

Hyde Park Corner
ハイド・パーク・コーナー　W1

ハイド・パークの南東隅に沿う小道．ここは交通の要所であり，ハイド・パーク，グリーン・パークとバッキンガム・パレス・ガーデンズに三方を囲まれ，パーク・レイン，コンスティテューション・ヒル，グロヴナー・プレイス，ナイツブリッジが合流する地点である．ケンジントンとナイツブリッジがロンドンとは別の地域とされていたころ，西からロンドンに入る際の通行料を取る門，ターンパイクが近くにあった．1820年代にバッキンガム・パレスが建てられると，デシマス・バートンの設計でコンスティテューション・アーチが近くに建てられた．このアーチが立っている小さな台地には

ウェリントン公爵のブロンズ像がある．
→Speakers' Corner

Hyde Park Gate
ハイド・パーク・ゲート　SW7

　ケンジントン・ガーデンズの南沿いに走るケンジントン・ロードに接する袋小路．短い道ながら両側にそびえ立つ高層住宅には，いまだにヴィクトリア朝中葉の重々しい豪奢な影が残っていて，昔からの住人たちにうかがわれる高貴かつ知的雰囲気がただよっている．

　この通りの22番地は評論家レズリー・スティーヴンが住み，その娘，ヴァネッサ，ヴァージニアが生まれた家．29番地は小説家で劇作家のイーニッド・バグノルド夫人が，夫とともに1930年代から30年あまり住んでいた．その隣の27-28番地はサー・ウィンストン・チャーチルの晩年の家で，彼はここで1965年に亡くなっている．

　コンラッドやショー，イェイツなどのブロンズ像を彫った彫刻家 J. エプスタインは18番地に住み，ここが最後の家となった．彼の遺作はハイド・パークのハドソン記念碑やパリのワイルドの墓でも見ることができる．

Hyde Park Place
ハイド・パーク・プレイス　W2

　ハイド・パークの北東隅に近く，20世紀初頭に建て替えられたテラス・ハウスで，ここは第二次世界大戦で爆撃を受け，破壊された．5番はチャールズ・ディケンズが晩年の1870年に『エドウィン・ドルード』を執筆したところである．その隣には1903年に設立されたベネディクト会タイバーン修道院があるが，この修道院は，この地にあったタイバーン絞首台（→Tyburn）で1585年にイエズス会士グレゴリー・ガンが処刑されたことにより，創建されたもの．12番は1892-96年に風刺画家・作家マックス・ビアボームが住んでいたところである．

I

Ideal Home Exhibition
アイディアル・ホーム・エクシビション

『デイリー・ミラー』紙の後援で毎年春に，アールズ・コートの展示会館アールズ・コート・エクシビジョン・ビルディングで開かれる展示会．家具やその他の室内装飾品，調度品などが展示される．

Ilford
イルフォード　IG1

ロンドン中心部から北東に約11キロ，ローディング川左岸の広大な丘陵地．かつてグレイト・イルフォードと呼ばれ，19世紀までバーキング教区（→Barking）の一小村だった．地名は「ハイル川（ローディング川の古名）の浅瀬」の意味．現在，ウォンステッド，ウッドフォードとともにロンドン自治区のひとつレッドブリッジを構成する．

1140年ごろに，イルフォード・ヒルの頂上に尼僧院長アデリーザがハンセン病療養所を建てた．付属礼拝堂は12世紀の建築だが，以後修復が重ねられ，1831年，本通りにセント・メアリ・ザ・ヴァージン教会（→St Mary the Virgin②）が再建されるまでは，ここが街で唯一の礼拝所だった．18世紀に療養所の独居室に代わり救貧院が建てられた．現存する唯一の大きな屋敷は，ステュアート朝後期かジョージ王朝初期に建てられたヴァレンタインズで，現在レッドブリッジ区議会の建物として使われている．

ローディング川の商業輸送はイルフォード橋が終着点で，材木，石炭，砂利，セメント，砂などの取引きが盛んだったが，1920年代に急速に衰え，60年ころには河川輸送は途絶えた．イルフォードには1839年にイースタン・カウンティーズ鉄道（のちのグレイト・イースタン鉄道）の駅ができて，早くからロンドンの郊外住宅地として発展したが，20世紀前半に人口が急増したために大邸宅が消え去り，現在は整然とした小住宅の家並みが広がっている．

Immigration
移民

イングランド，ウェールズ，スコットランドという3つの国，そして北アイルランドからなる現在のイギリス，すなわち，「グレイト・ブリテンならびに北アイルランド連合王国」は，古代以来，ケルト系ブリトン人，ローマ人，アングル人，サクソン人はじめ，多くの民族が侵入と定住，融合を繰り返してきた．したがって，イギリスへの移民の問題をどの時期から取り上げるのが妥当なのか，さまざまな見方があるが，いわゆる「よそ者」という視点で移民を見た場合，おおかたの見方は，1066年ノルマン人の征服によってイングランドがほぼひとつの王国にまとめられてから後，という点で一致している．以下，そのおおまかな流れを追うが，その前に確認しておきたいことがいくつかある．

まず第1に，第二次世界大戦が終わるまで，イギリスから出ていく移民（emigrants）の

ほうがイギリスにやってくる移民（immigrants）の数を圧倒的に上回っていたことである．しかし，数字のうえで少ないとはいえ，イギリスにやってきた移民がこの島国の文化に与えた影響はけっして無視できない．人が動けばモノや文化，情報も動く．宗教的，政治的あるいはそれ以外のさまざまな理由からこの島国にやってきた人々は，ここに新しい慣習や技術をもたらし，現在につながる文化の多様性をもたらしたといえよう．

第2に，イギリスに来た移民たちの定住先がロンドンに集中していたことである．彼らは，イングランドのなかで最も人口が密集する大ロンドンの中にまぎれこみ，独自の居住区を形成した．そして，差別や偏見のなかで，この国の産業発展にさまざまなかたちで貢献したのである．

第3に，最も大量に移民したアイルランド人の問題がある．早くも1243年にイングランドでアイルランド人浮浪者追放令が出されている．16世紀にはヘンリー八世，17世紀のピューリタン革命期にはオリヴァー・クロムウェルがアイルランドの植民地化を進め，イングランド人の不在地主による支配が続けられた．アイルランド人がイングランドに本格的な移民を開始するのは18世紀半ば以後のことであるが，とりわけ1840年代のじゃがいも飢饉以後急増し，ロンドンのイースト・エンド（→East End）やセント・ジャイルズ周辺には，アイルランド人の居住区が形成されていった．彼らの多くは，イギリス経済を底辺で支える労働力となった．

最後に指摘しておきたいのは，こうした移民の流入のなかでイギリス人が培った外国人嫌いと異文化に対する寛容という矛盾する2つの側面である．ジョージ・オーウェルは，エッセイ『イギリス人』（1947）の中で，「伝統的なイギリス人の外国人嫌いは，中産階級よりも労働者階級の間で根強い」と書き，19世紀の歴史家マコーリーは「イギリスは人類の聖なる避難所である」と述べた．この矛盾する2つの「よそ者」を見る目が，とりわけ大量の移民を受け入れたロンドンでたえずせめぎあってきた．以上を念頭におきつつ，移民の流れを以下概観したい．

〈ユダヤ人〉

中世を代表する移民にユダヤ人がいる．1066年，イングランドを征服したノルマンディ公爵ウィリアムは，彼らへの保護と引き換えにイングランド征服への協力を求めたが，当時，イングランドに移民したユダヤ人の多くは，金貸しで生計をたてる裕福な人々であり，国王に貸し付けた多額の金を回収するために，地方の領主や民衆にきびしい借金のとりたてを行なっていた．それが，12世紀ごろから彼らへの憎悪と迫害を生むことになった．ユダヤ人の当時の居住地は，クリプルゲートからさほど離れていないシティのオールド・ジューリー（→Old Jewry）で，その事実がまだ地名に残っている．そこには金融業に携わる裕福なユダヤ人が住んでいた．国王の度重なる金の無心にユダヤ人たちが抵抗すると，1274年にはユダヤ人の金貸し業を禁じ，彼らをゲットーに隔離するユダヤ人法が，次いで1290年にはユダヤ人国外追放令が発令された．（禁止令が解除されたのはクロムウェルの時代，17世紀になってからだった．）それでもイングランドにとどまったユダヤ人に対しては，エリザベス朝の劇作家クリストファー・マーロウの『マルタ島のユダヤ人』のバルバ，シェイクスピアの『ヴェニスの商人』のシャイロックなどにあるような反感が集まった．1753年にはユダヤ人の帰化権の承認をめぐって反ユダヤ人感情が再燃した．

19世紀半ばごろには，イングランドだけで3万5000人あまりを数えたユダヤ人の大半がロンドンに住み，古着や果物の行商によって，細々と生計を立てていた．とりわけ，1881年，ロシアでアレクサンデル二世の暗殺がユダヤ人の陰謀との噂が流れて以後，迫害や虐殺を恐れたユダヤ人が，ロシアや東欧から大挙してイギリスに押し寄せてきた．主にアシュケナジ派（ドイツ・ポーランド・ロシア系ユダヤ人）であった貧しい人たちはイースト・エンドのゲットーに集まったが，少し裕福になると，北のほうのスタンフォード・ヒルのよう

な地域に移った．もともと裕福だったセファルディ派（スペイン・ポルトガル・北アフリカ系ユダヤ人）の人々はゴールダーズ・グリーンやヘンドンあたりの北西の郊外に集中した．1905年には，もっぱら彼らの流入を制限する目的で外国人法が成立した．

〈ヨーロッパ大陸からの移民〉

フランスにも領土をもった中世のイングランドには，フランスをはじめ北ドイツやネーデルランドから高度な技術を有する多くのヨーロッパ人職人が移民し，ロンドン港周辺に外国人居留区を形成していた．16世紀の宗教改革以後，イングランドがカトリックに不満をいだくプロテスタントの避難所として意識されるようになると，フランスのユグノーやオランダのゴイゼンらが多く移民するようになった．彼らは一般的に教育水準が高く，専門知識や技術をもっており，軽くてなめらかな毛織物や絹織物，陶器や石鹸といった物品をイングランドにもちこんだ．カトリックに反感をいだくイングランド人は，ヨーロッパからの移民をおおむね好意的に受け入れている．ウィリアム三世は，ユグノーらの経済的な存在意義を認め，彼らに特別待遇を与えた．フランスからの輸入品であった帆船の帆や上質紙などの国産化がユグノーによって可能となり，18世紀後半の産業革命における彼らの貢献は無視できないものがある．

宗教的な被迫害者のみならず，イギリスはあらゆる信条や思想の持ち主を受け入れているが，とりわけフランス革命以後には，「人類の聖なる避難所」としての性格が強く認められる．1882年，時のイタリア政府の打倒に失敗し，イギリスに亡命して大英博物館付属図書館の責任者となったアントニー・パニッツィ，共産主義思想の持ち主としてドイツを追われ，大英図書館で『資本論』を著したカール・マルクスなど，その例は限りない．

〈黒人〉

16世紀に始まった奴隷貿易によってアメリカや西インド諸島のプランテーションに運ばれた黒人もまた，移民としてイングランドにやってきた．西インドで砂糖プランテーションが発展する18世紀，ロンドンあるいは奴隷貿易で潤うリヴァプールやブリストルなどには約2万人の黒人がいたと推定されるが，その大半が，帰国するイギリス人が連れ帰り，使用人としたり，国内で奴隷として売却したりした人々であった．当時の上流階級のあいだでは，黒人の召使いがいることは一種のステイタス・シンボルであり，ウィリアム・ホガースが描いたロンドンの風刺画にも，黒人の姿が多く認められる．なかには，詩人バイロンがパトロンとなったボクサー，ビル・リッチモンドのような"幸運な"カリブ人もいたが，奴隷として酷使され，逃亡して浮浪者になる者も少なくなかった．

彼らに関して注目すべきは，1772年，黒人奴隷の逃亡事件の裁判で，主席裁判官ウィリアム・マンスフィールドが下した「黒人はイングランドの土を踏んだ瞬間から自由である」という裁定であろう．同じころから，グランヴィル・シャープやウィリアム・ウィルバーフォースらによって奴隷貿易反対運動が展開され，1791年には，解放された奴隷のための居留区が西アフリカのシエラ・レオネに作られたが，多くの黒人はイギリス国内にとどまったといわれる．

〈カラード移民〉

アジアやアフリカに領土を拡大した大英帝国が瓦解し，多くの植民地が独立への道を歩みはじめる第二次世界大戦後，旧植民地からの移民が急増し，イギリスから出ていく移民の数をしのぐようになった．とりわけ，西インド諸島からの移民を排除するアメリカのマッカラン＝ウォルター法の制定によって，アメリカへの移民の道が閉ざされて以来，独立はしたものの食べていけない人々の目は，イギリスへ注がれるようになった．戦後復興のまっただなかの1948年，イギリスはジャマイカ人492名を乗せた移民船第1号を受け入れた．しかし，イギリス経済の悪化にともない，ぞくぞくと到着する旧植民地からの移民に対する反感は高まる一方であった．

カラード移民に対する不満は，1958年，ロンドンのノッティング・ヒル暴動で爆発する

(1965年以来，毎月8月下旬に行なわれ，街頭のカーニヴァルとしてはヨーロッパ最大といわれるノッティング・ヒル・カーニヴァルは，この暴動を起源とする）．1862年7月1日から施行された「連邦移民法」はじめ，カラード移民に対する規制は年々きびしくなっていった．

　現在，ロンドンは多民族都市の様相を呈するが，それは，かつてのルール・ブリタニア時代の必然的結果でもあるが，世界的現象でもある．この多民族の海をどう乗り切っていくかが，今後の課題となっている．

Imperial College of Science, Technology and Medicine
インペリアル・コレッジ・オヴ・サイエンス・テクノロジー・アンド・メディスン

Exhibition Road, SW7

　ロンドン大学を構成する主要コレッジのひとつ．1907年，設立勅許状により「科学のさまざまな分野，とりわけその産業への応用において最高度の専門教育を行ない，最先端の教育と研究のための完備した施設を提供する」ことを目的として設立され，翌1908年，ロンドン大学を構成するコレッジとなった．コレッジは19世紀末にサウス・ケンジントンに集まっていたロイヤル・コレッジ・オヴ・サイエンス（前身は1845年設立のロイヤル・コレッジ・オヴ・ケミストリー），ロイヤル・スクール・オヴ・マインズ(1851)，シティ・アンド・ギルズ・コレッジ(1884)の3機関を統合することにより誕生した．この3つの教育機関は，1851年の万国博覧会委員会が同博覧会の剰余金で購入した土地に，科学と技芸に関する知識ならびにその産業への応用を促進する目的で設立されたものであった．

　インペリアル・コレッジは1988年8月，セント・メアリズ・ホスピタル・メディカル・スクール(1854年の設立で1900年以降ロンドン大学を構成する医学スクールのひとつ）を吸収合併した．

　同コレッジの歴代教授陣，卒業生にはウィリアム・ヘンリー・パーキン（アニリン染料の合成に成功），トマス・ヘンリー・ハクスリー（生物学者，教育家），エドワード・フランクランド（化学者），ヘンリー・エドワード・アームストロング（科学教育家），ウィリアム・エドワード・エアトン（物理学者，電気技師．来日し，東大工学部の前身である工学寮でも教えた）などがいる．

Imperial Hotel
インペリアル・ホテル

Russell Square, WC1

　ブルームズベリー地区のラッセル・スクエアの東側，プレジデント・ホテルに接して立っているホテル．前身は1905-11年に建築された赤煉瓦の凝ったテラコッタ装飾を特徴とする純ヴィクトリア朝のホテルだった．これは1966年に取り壊され，69年6月，新装なったインペリアル・ホテルが再開された．地下鉄ラッセル・スクエア駅に近い．

Imperial War Museum
帝国戦争博物館

Lambeth Road, SE1

　1914年以降のイギリス本国および英連邦が関与したあらゆる戦争に関する展示を行なう．設立は1917年．最初の20年間はシドナムの水晶宮（→Crystal Palace)で，24年にサウス・ケンジントンに移動し，36年から現在地に開館．建物はもと精神病院で，一部改修されたが，1812-15年に建てられた当時からのものである．1988年には新展示室を加えて面目を一新した．

　この博物館は戦争賛美，戦勝記念を強調するものではなく，戦争に参加した有名無名の人々の名誉と祖国への献身を記録し，悼むための大規模な展示館である．正面入口に据えられている15インチの艦砲2門は訪問者を圧倒する．展示品の中で興味をひくのは，1940年5月にダンケルクから撤退のとき使われた小型舟艇，エル・アラメインの激戦でモンゴメリー将軍が乗った戦車，ナチ強制収容所に関する記録，ビルマ戦線のクワイ川架橋の生々しい戦況記録，日本の零戦などなど，きわめ

て貴重なものが多い．従軍画家の残した各戦線，戦時中の英本土を描いた絵画の所蔵は1万点以上におよぶ．

Inner London Education Authority
インナー・ロンドン教育委員会

シティと12のインナー・ロンドン自治区の教育を管轄する機関．もともと，以前のロンドン市議会（→London County Council）が取りしきっていた地区の教育管理を，大ロンドン議会（→Greater London Council）が受けもつための特別委員会として設置されたが，インナー・ロンドンの各自治区がその仕事を受けもつことになって，この機関は1990年に廃止された．

Inner Temple
インナー・テンプル

Inner Temple Lane, EC4

ロンドンにあるグレイズ・イン（→Gray's Inn），リンカーズ・イン（→Lincoln's Inn），ミドル・テンプル（→Middle Temple）と同様4法学院のひとつ．12世紀後半にテンプル騎士団（→Knights Templar）のロンドン本部があった敷地内に設けられた中世からつづく法学院で，西側のミドル・テンプルに接する．場所は地下鉄テンプル駅に近く，フリート・ストリートとヴィクトリア・エンバンクメントにはさまれている．インナー・テンプル法学院の紋章の頂飾は天馬ペガサスによって表象される．最初に記録に現われるのは1505年で，4つの法学院の中で3番目である．

テンプル騎士団は，1119年，エルサレムのボールドウィン国王のもとで創設された宗教的・軍事的組織で，聖地および巡礼路，巡礼者を守ることを目的にした．テンプルの名称は，エルサレムにおける騎士団の本部が俗に「ソロモンの神殿」(the Temple of Solomon)として知られる王の宮殿にあったことに由来する．しかし，騎士団は勢力の増大とともにフランスのフィリップ美貌王の怒りを誘い，1312年，騎士団は団長を含め54名が火あぶり

の刑にあい，消滅した．その跡を継いだのが聖ヨハネ・ホスピタル騎士団であった．インナーあるいはミドルの名称はシティから考えて，内・中・外の意味である．ただし，外側の法学院，つまりアウター・テンプルはテンプル騎士団所有のほんの一角を占める土地にすぎず，個人の所有地に吸収されてしまって，現存しない．

14世紀初めテンプル騎士団が廃止されたとき，騎士たちはロンドン塔に捕えられ，財産を没収された．それに代わって，ホスピタル騎士団の時代がくると，エドワード三世の1338年ころ，もと騎士団の敷地の一部がコモン・ロー（普通法）の法曹関係者に貸し与えられた．その後，ヘンリー八世の宗教改革によって，ホスピタル騎士団は迫害を受けるが，法律家たちはその専門的職能を損なわれることはなかった．

フリート・ストリートの16番地と17番地の間に立つ木骨建築のインナー・テンプル・ゲートウェイ（1610．復元1906）を入ると，ドクター・ジョンソンズ・ビルディングズ（1857）がある．もとインナー・テンプル・レインがあった所に建築された建物である．この横を通り過ぎて，中庭チャーチ・コートに出る．この中庭をテンプル・チャーチ，図書館，宝物室，ホールなどの主要建物（第二次世界大戦で爆撃の被害にあったが，いずれも戦後再建された）が取り囲む．チャーチ・コートから通路を抜けて東のキングズ・ベンチ・ウォークに達する．そこからよく手入れされたインナー・テンプル・ガーデン（非公開）がつづく．庭の北側には小路クラウン・オフィス・ローがある．

テンプル・チャーチはミドル・テンプルと共有の付属教会で，イギリスに5か所（ケンブリッジほか）しかない円形教会の貴重な建造物である．円形教会とは内陣が円形の教会で，テンプル・チャーチは1160-85年に建立された．当然改修の手はかなり加わっているが，西入口などに建立時のノルマン様式が残る．教会の北東隅には教会牧師の住居，マスターズ・ハウスがある．サミュエル・ピープスは1662年4月13日の日曜日にセント・ポール大聖堂の礼拝

に出て，いったん帰宅して食事をすませ，こんどはテンプル・チャーチに行って，「また説教を聞く．おなじように居眠りをしていた男の子が高い席からおっこちて，あやうく首の骨を折るところ．しかし，何事もなくすんだ」といかにもピープスらしい日記を書いた．サミュエル・ジョンソンはいまは姿を消したインナー・テンプル・レイン1番地に住んでいたことがある．クラウン・オフィス・ローはチャールズ・ラムの誕生の場所であり，19世紀の小説家サッカレーもこの小路に住んだ(1848-50)．みごとな赤煉瓦造りのキングズ・ベンチ・ウォークはもともとクリストファー・レンの設計による．オリヴァー・ゴールドスミス，サー・ハロルド・ニコルソンと妻ヴィタ・サックヴィル＝ウェストはここをロンドンの住まいにしたことがある．

現在，インナー，ミドル両法学院には法廷弁護士が約2500人，その人たちの法律事務所が約300ある．この法学院と関係の深い人物として，初代ストラフォード伯爵トマス・ウェントワス，フランシス・ボーモント，ウィリアム・クーパー，ジョージ・キャニング，トマス・ヒューズ，レズリー・スティーヴンなどの名を挙げることができる．

→Inns of Court

Innholders' Hall
旅館業者同業組合会館

Dowgate Hill, EC4

　組合は，14世紀からホステラーズの名で知られた同業組合を前身とし，1514年に勅許状をえて現在名として発足した．会館の最初の記録は1522年に見られるが，すでに現在地に存在したことがわかる．会館はロンドン大火で焼失し，1671年に再建された．1885年に修理が加えられ，部分的に建て直された．第一次世界大戦での損傷は軽かったが，第二次世界大戦では大きな被害をこうむった．そして，1958年から翌年にかけて，現在の形に改築された．地下鉄バンク駅に近い．

→City Livery Companies

Inns and Taverns
インとタヴァン

　イギリスを旅していると，パブ(→Pubs)はもとより，'～Inn'とか'～Tavern'という看板をいたるところに見受ける．この三者の区別はなかなかむずかしい．19世紀の中ごろから用いられた居酒屋(pub)は別として，言葉として一番古いのがイン(inn)である．サクソン語で「人の住む部屋・家」を意味する語として，11世紀ごろから使われ，15世紀になると，innは「旅人のための宿泊と酒食を供給する施設」を意味するようになった．中世においては，旅人といえば宗教上の巡礼たちだけであったから，各地の修道院や教会が巡礼たちに休息と慰安を与えるための無料の「接待所」(hospice→Hospitals)を設けた．古くは7，8世紀にさかのぼる．このホスピスがやがて有料の民間施設innになったと考えられる．

　Innとは宿泊所を意味したから，中世に発達した法律関係の人々の住居をもinnと呼んだ(→Inns of Court)．Innとは法学院の「院」であって，リンカーンズ・イン(Lincoln's Inn)とは「リンカーン伯の家」ということである．つまり，「酒場」という意味は後代にできたもので，「宿場」としての意味では，innはホテル(hotel, hostelry)の元祖なのである．

　次はtavernであるが，これはラテン語のタベルナ(taberna＝小屋・店)から出たもので，それが13世紀になると，発音とは裏腹に，「酒食を供する店」という意味に用いられ，今日のパブリック・ハウス(public house)と同じものになった．さらに旅人たちへの宿泊と酒食を供する「旅籠」になったのである．つまりホテルの意味をもつinnと同じものになった．これらが17，18世紀になると，ロンドンを始発駅とする駅馬車の発着所としての旅籠になった．しかし，現在ロンドンで見受けるジョージ・イン(→George Inn)とかコック・タヴァン(→Cock Tavern)などは，昔の面影を残してはいるが，その機能は一般のpubやbarと同じものと考えてよい．本事典では，ロンドンに実在するもの，すでに姿を消したもの，それに17，18世紀に流行したコーヒー

店を含めると，およそ100軒以上のイン，タヴァン，パブの類いが載録されている．これらの酒亭に関わりをもった有名人はそれぞれの項目で取り上げているが，これらのタヴァンを愛した文人は次の人々である．

16世紀の劇作家ベン・ジョンソン，17世紀のサミュエル・ピープス——彼はチャールズ二世の治世に王室と貴族社会の生活様式，演劇などの実態を詳しくその日記に残しており，ロンドン市内はもとより，その周辺の酒亭で，ピープスの足跡を残さぬものはほとんどない．18世紀では文壇の大御所サミュエル・ジョンソン博士がいる．それは常に博士と行動をともにしたジェイムズ・ボズウェルの『ジョンソン伝』に詳しく記録されている．「座談家のジョンソン」といわれた博士は，コーヒー店はもとより，当時の酒亭にもよく足を運んでいる．ボズウェルの伝記によれば，「よき酒場や旅籠ぐらい，人間が考え出したもののなかで，多くの幸せを生み出すものはない．……酒亭に一歩足を踏み入れると，私の悩みは忘却の彼方へ消え去り，生活の煩いから解放される」と言った．「酒亭の椅子は人間の至福の王座だ」と絶賛している．「ロンドンに飽きた人は人生に飽きた人である」といった博士の言葉は有名である．

さて，19世紀になると小説家のチャールズ・ディケンズが登場する．ロンドンの酒亭で，彼の作品にその名をとどめないものはあるまい．それほど彼はロンドンを愛していたのである．そしてこれらの酒亭の看板(inn signs とか pub signs という)には，その酒亭の歴史や逸話が盛り込まれていて，この看板は街の風物誌であるのみならず，イギリス庶民のフォークロアの宝庫でもある．イギリス特有の風俗，習慣，伝説，民話，俗謡，俗語などの民間伝承が，その中に生きつづけているのである．

Inns of Chancery
予備法学院

ロンドンの4法学院に下部組織として併設されていた9つの予備法学院の総称．いずれももともとは，裁判所書記官の養成をめざした教育機関であったが，次第に法廷弁護士志望者のための予備校の色彩が濃くなり，弁護士任命権を握っていた唯一の機関であった法学院の影響が強まり，やがて合併・吸収されて，18世紀半ばまでにはいずれの予備法学院も本来の法律学校の性格を失い，事務弁護士の社交クラブに性格を変え，姿を消したり，かろうじて建物に名をとどめることになった．

9つの予備法学院とは，創立順にストランド・イン(1294)，クリフォーズ・イン(1345)，タヴィーズ・イン(1348)，ステイプル・イン(1378)，ファーニヴァルズ・イン(1383)，ライオンズ・イン(1420)，バーナーズ・イン(1435)，クリメンツ・イン(1480)，ニュー・イン(1485)である．16世紀半ばまでにファーニヴァルズ・インとタヴィーズ・インはリンカーンズ・イン(→Lincoln's Inn)に，クレメンツ・インとクリフォーズ・インとライオンズ・インはインナー・テンプル(→Inner Temple)に合併・吸収され，またステイプル・インとバーナーズ・インはグレイズ・イン(→Gray's Inn)に傾いていった．残るストランド・インは1549年に廃止され，ニュー・インはミドル・テンプル(→Middle Temple)に帰属した．

チャールズ・ディケンズは『大いなる遺産』(21章)で，ピップが遺産相続の件でハーバート・ポケットをバーナード・インに訪ねる場面を描き，この予備法学院を「ホテルだと思いこんでいたら，…実は悪臭ふんぷんたる一角に押し込められて立つ…薄汚いみすぼらしい建物の集団にすぎないことがわかった」．そして門を入ると，「まるで石塔の立っていない墓地みたいな陰気な広場だった．木も家もスズメも猫も，すべていままで見たこともないほど陰気なものばかりだった」と記した．バーナード・インは1892年以降，絹物商同業組合(→Mercers' Hall)の所有となっている．クレメンツ・インは現在，同名の通路あるいはクレメンツ・パッセッジという路地名としてかろうじて名を残すだけで，1891年に姿を消した．

クリフォーズ・インの跡地にはいま，同名の

マンションが立っている．1934年，取り壊された旧建物には，19世紀の小説家サミュエル・バトラーが住んでいた(1864-1902)．レナードとヴァージニア・ウルフ夫妻も1912-13年にここに住んだ．新婚旅行から帰国後のヴァージニアは，クリフォード・イン13番の住まいから「ちょうど引越しの最中で散らかり放題散らかっていて，ペンをとるどころではありません．でも1週間もすれば整理がつくでしょう．近いうちに遊びにきてください．チャンセリー・レインを過ぎて，次の角を曲がったところです」(1912年10月30日付，エマ・ヴォーン宛て手紙)と書いた．また『権利の請願』(1628)の推進役を果たしたサー・エドワード・クックはこの予備法学院の出身であった．

トマス・ムーアは名誉職である法学講師をファーニヴァルズ・インで務めた．ディケンズは1834-37年『モーニング・クロニクル』紙の記者をしていた時期，ここに住んだ．また『ピクウィック・ペイパーズ』の執筆を開始したのもここである．

ステイプル・インは，現在も昔の建物の面影を残すただひとつの予備法学院である．地下鉄チャンセリー・レイン駅の間近にあるロンドンでもめずらしい木骨構造の美しい建物(1586．修復1950)がそれで，もともとは羊毛仲買人組合の宿屋であったといわれる．ヘンリー五世の時代から1884年まで予備法学院であった．ここでサミュエル・ジョンソンは母親の葬式代を稼ぐため1週間で『ラセラス』を書き上げたという．ライオンズ・インの名はもとの旅籠の屋号，獅子亭からとったもの．この予備法学院はニュー・インとともに1899年の再開発事業のなかで消えていった．
→Inns of Court

Inns of Court
法学院

法学院と訳される Inns of Court はリンカーンズ・イン(→Lincoln's Inn)，ミドル・テンプル(→Middle Temple)，インナー・テンプル(→Inner Temple)，グレイズ・イン(→Gray's Inn)の4法学院の総称である．それぞれが記録に最初に現われるのは，上記の順に1422年，1501年，1505年，1569年である．しかし法学院そのものはそれ以前に，おそらく14世紀に存在していた．ほぼ全体がホーボーン地区に，ごく一部がストランド地区に入るが，大まかな位置関係は一番北のグレイズ・イン，

───[ロンドン・ア・ラ・カルト]───

オーウェルのロンドン

ジョージ・オーウェル(1903-50)はロンドンっ子として生まれたわけではないが，20歳代になってからは他のどの作家よりもロンドンをよく知り，また彼独特の見方をするようになった．それを代表するのが『パリ，ロンドンに落ちぶれて』である．

1928年から32年にかけて，オーウェルは自ら望んでパリで数か月間のどん底生活を体験したのち，ロンドンに戻って再び同じような生活を試みた．『パリ，ロンドンに落ちぶれて』は，そのころの体験を基にして書かれたものである．ホームレスで文無しの彼は道路に寝たり，一泊1シリングの簡易宿泊施設や救世軍のホステルに寝泊りをした．それでもパリよりは「清潔で静かだが，やるせない」と告白している．その時実感したのは，ロンドンの住民が一般に最下層民に対して冷淡だということだった．彼がロンドンの町で出会った人々(大道芸人，ビラ配り人など)の職業に関する記録は，明快で印象的で同情的で，これこそイギリス散文の古典といえよう．

オーウェルは，新しい市営住宅団地にパブが建設されなかったことを非難し，中産階級

その南のハイ・ホーボン通りを隔ててリンカーンズ・イン，さらに南のフリート・ストリートを隔ててテムズ川沿いにインナー・テンプルとミドル・テンプルが位置する．

この比較的せまい一地区は，東の経済の核としてのシティと西の政治の核としてのウェストミンスターの両地区の中間地帯を占め，司法の核としてロンドンにとってきわめて重要な役割を担ってきたし，今日も担っている．いまでこそ，この一帯はビジネス街の雰囲気があるが，いぜんとして昔ながらの法曹街であり，法律家の王国であり，ロンドンの中でひとつの聖域を形成している．表向きはけっして部外者立入禁止の排他的な場所ではないが，中庭を結ぶ路地や通廊が複雑に入り組み，非公開の庭園，建物もかなりあって，そのうえ，敷地内を足早に胸を張っていかにも自信ありげに行き来する関係者は，なにかしら部外者に見えない壁を張りめぐらしているかのようである．

13世紀，聖職者が裁判権を行使することをやめると，専門の法律家が，ことに大学では教えなかったコモン・ロー（普通法）の専門家が，この任に当たったことが現在の法学院制度の発端となった．法学院はそれぞれの評議員（benchers）によって運営管理され，弁護士任命権を専有し，イギリスのすべての裁判官，法廷弁護士はかならずいずれかの法学院に登録していなければならない．法学院は評議員，法廷弁護士，法学生を構成員として，オックスフォード大学やケンブリッジ大学のコレッジに似て，それぞれの法学院がいわば全寮制度のもと（インの呼称はこれに由来する →Inns and Taverns），独自の伝統と慣習に基づいて自治を守り，一種の治外法権の特別区を形成している．かつてはこの下部組織として，ステイプル・イン，クリフォード・イン，ファーニヴァルズ・インなど全部で9つの予備法学院（→Inns of Chancery）をもっていたが，いずれも現存しない．第二次世界大戦では，リンカーンズ・インをのぞいて，大きな被害を受けた．

各法学院はホール，図書館，礼拝堂をもち，ことにホールは，長い伝統に則って全員が晩餐をとる食堂として，大きな役割を果たしてきた．法学生は講義や試験はいうまでもなく，規定の回数の晩餐会に出席しなければならなかった．そのための招集の角笛がミドル・テンプルでは夕方6時半に，インナー・テンプルでは6時に吹かれたという．また，

はいざ知らず，労働階級にとっては共同生活上の致命的打撃だと嘆いた．『水中の月』（パブの名）というエッセイで，よいビールと友好的人間的環境を与える理想的パブは，この俗世にあっては高嶺の花と諦めている．オーウェルが通ったシャーロット・ストリートのフィッツロイ・タヴァンには，彼の肖像画が他の有名人のものと一緒に飾ってある．

オーウェルはロンドンは嫌いだと言ったが，大都市生活は彼の仕事とは不可分のものであった．小説『1984年』に見られるあの悲惨なロンドン生活は，戦時中の自らの観察と，もしイギリスが戦後ソヴィエト的な全体主義に支配されたならば，いかに万事が悪化し堕落するかという予言的省察に基づいている．オーウェルをして世界的に有名にしたもうひとつの作品『動物農場』も，どん底生活にうごめく人々の貧困と，ロンドン商工中産階級，いわゆるブルジョワジーの知的貧困に目が向けられているのである．

オーウェルは短期間ずつではあるが，ロンドン市内を転々と移住した．なかでも1934-35年にはハムステッドに住み，そこの書店で働いていたころの経験が，小説『葉蘭をそよがせよ』に反映された．ハムステッドのサウス・エンド・ロード1番地のこの書店は，現在レストランになっている．1936年に結婚して，戦争が始まるまではロンドンを離れたが，戦時中は市内に住み，爆撃を受けて転居したりしたあと，1944年にはイズリントンに移った．現在イズリントンには，ジョージ・オーウェル・スクールがある．

高速を誇るインターシティ

ホールは食堂だけでなく，宴会，演劇，仮面舞踏会など各種の催事の会場に，つまり上流知識階級の社交の場になった．1601年2月2日，シェイクスピアの《十二夜》がエリザベス一世を招いて，ミドル・テンプル・ホールで初演されたのは，法学院がたんなる法律専門の教育機関ではなく，社会の指導者としての幅広い教養を習得するエリート養成機関であったことを物語る．
→Inns of Chancery

InterCity Trains
インターシティ・トレインズ

イギリス鉄道の高速幹線列車で，ロンドン―カーディフ，バーミンガム―マンチェスター，ニューカッスル―エディンバラなどの主要都市間を走る．「インターシティ125高速列車」と呼ばれるものもある．これには特別設計のディーゼル機関車が前後に1台ずつついており，機関車や客車は流線型，時速125マイル（約201キロ）の走行が可能である．

International Exhibition 1862
ロンドン万国博覧会，1862年

第2回目のロンドン万国博覧会である．

1851年の万国博覧会（→ Great Exhibition, Crystal Palace）の終了後，その推進役であったヘンリー・コールは，10年後の1861年に第2回万国博開催を，51年の万国博の実行委員のメンバーであったサー・ウェントワス・ディルクとともに提唱していたが，1859年にフランス＝オーストリア戦争が起こったために，1年延期せざるをえなくなった．会場は，第1回目の万国博の収益で購入されたサウス・ケンジントン・エステイトのほぼ中央部で，1861年から王立園芸協会が恒例の花博覧会を催すために借用していた庭園に定められた．つまりエクシビション・ロード（→Exhibition Road）沿いの，現在自然史博物館がある場所である．会場としての建物は全長約321メートル，幅が約110メートルの鉄骨ガラス張りの建築だったが，デザインは水晶宮とまったく異なっていた．会期は1862年5月1日から11月1日までの27週間，実質的には159日間で，51年の万国博よりも18日だけ長かった．

この第2回目の万国博に対しては，あまり関心が向けられず，当時においても必ずしも成功でなかったと見る傾向があったようだが，前後を通じての入場者は，6,110,869人にのぼり，前回の6,039,195人を上回ってい

インターナショナル・シェイクスピア・グローブ・センターによって復元されたグローブ座

る．この万国博には，日本からも初めて展示品が出され，竹内下野守保徳を正使とする幕府使節団の代表7名がその開会式に参加するとともに，他の団員たちも何度も会場を訪れたことでも注目に値する．使節団に随行した福沢諭吉の『西航記』には，この万国博の見学記が含まれている．

International Shakespeare Globe Centre
インターナショナル・シェイクスピア・グローブ・センター

New Globe Walk, SE1

アメリカの役者兼演出家サム・ワナメイカーはシェイクスピアのグローブ座（→Globe Theatre①）をエリザベス朝当時のまま，サザック橋南詰めのバンクサイドに再現するという壮大な夢をいだいていた．その目的のために1970年にシェイクスピア・グローブ・トラストを設立した．当グローブ・センターはこのトラストの運営する組織で，その主眼はグローブ座の復元で，1997年についに完成を見た．

1996年8月21日から9月15日までの《ヴェローナの二紳士》をプロローグ・シーズンとして，97年6月に正式オープンを迎えた．演目は，《ヘンリー五世》と《冬物語》だった．同じ敷地に，室内劇場イニゴー・ジョーンズ劇場も開館，ほかにオーディオ・ヴィジュアル図書館やグローブ・エデュケーション・センターも併設する．1994年8月に開館したシェイクスピア・グローブ・エクシビションではエリザベス・ジェイムズ朝時代の劇場に関する充実した展示を行なっている．フレンズ・オヴ・シェイクスピアズ・グローブという組織では賛助金の募集を行なっており，また，『ザ・グローブ』という機関紙も発行している．1993年に亡くなった創設者ワナメイカーを記念する銘板が近くのサザック大聖堂内のシェイクスピア像の脇に飾られている．

Intrepid Fox
イントレピッド・フォックス亭

Wardour Street, W1

ソーホー地区にも近いパブで，1784年にホイッグ党の政治家チャールズ・ジェイムズ・フォックスの熱心な支持者であった亭主が命名した屋号．看板には常連客であったフォックスの肖像画がかけられている．イントレピッドとは「不敵な，大胆な」という意味である．フォックスは王党（トーリー）派に対し真っ向から反抗し，ジョージ三世時代の議員選挙でも徹底的に戦い，国王の忌避に触れ閣僚を辞したが，それでも大胆不敵に王党派と戦った．彼はジョンソン博士の「クラブ」の会員でもあり，雄弁家でフランス革命の同情者（シンパ）として，イギリス自由主義の先駆を

なした人物であったから，大勢の支持者を得た．このパブの隣りに，軽快で優美さを誇る家具製作者のシェラトンが住んでいた．

Ireland Yard
アイルランド・ヤード　EC4

地下鉄ブラックフライアーズ駅にほど近いセント・アンドルーズ・ヒルから西にのびる小路．アイルランド・ヤードの名は，17世紀初頭の地主の名に由来する．13世紀に建てられたドミニコ修道院の敷地の一部だったが，1538年に修道会が解散したあと，建物のほとんどが崩壊し，現在は修道会管区長住宅の南壁の石が数個残っているのみ．1607年から1847年までここにはセント・アン・ブラックフライアーズ（1666年のロンドン大火で焼失）の教会墓地があった．

17世紀に周辺地域は高級住宅地となり，1613年，シェイクスピアがそこに庭付きの家を購入したが，すぐに他人に貸し，シェイクスピアの死後は娘のスザンナが相続した．

Ironmonger Lane
アイアンモンガー・レイン　EC2

シティのチープサイド通りに接する小路で，15世紀まで金物屋（ironmongers）が軒を連ねていたのが名の由来．1119年，聖トマス・ベケットがこの道とチープサイドとの角で生まれたといわれる．その同じ角に現在絹物商同業組合会館（→Mercers' Hall）がある．

通りにはセント・マーティン・ポームロイとセント・オレイヴ・オールド・ジューリーの2つの教会があったが，どちらも現存せず，現在は2つの教区の境界を記す記念板のみが絹物商同業組合会館の入口に残っている．11番地の地下室には，2世紀のローマ式家屋に見られた花柄モザイクの飾床の一部がそのまま残っており，ローマ時代のロンドンの遺跡となっている．版画師でのちにロンドン市長となったジョン・ボイデルがここに住んでいた．

Ironmongers' Hall
金物商同業組合会館

Aldersgate Street, EC2

ほかの多くの同業組合会館と異なり，金物商会館は大火の難をまぬがれた．最初1457年にフェンチャーチ・ストリートの敷地に建てられ，1745年に改築，1917年に爆撃を受けた．その後敷地の売却にともない取り壊された．1925年，現在地に新会館が誕生，第二次世界大戦中はドイツ軍の空爆をからくもまぬがれた．テューダー朝様式の建物で，170人収容可能な食堂を備えている．地下鉄バービカン駅に近い．
→City Livery Companies

Irving Street
アーヴィング・ストリート　WC2

レスター・スクエアの東側に1670年に造られた小路．もと芝地のボウリング場があったことからグリーン・ストリートと呼ばれていた．現在の名は，舞台俳優で初めてナイト爵に叙せられたサー・ヘンリー・アーヴィングに由来する．1880年代にチェアリング・クロス・ロードができて，レスター・スクエアへの交通量が増えた．1890年代には拡張することになり，この通りにあったほとんどの家が撤去された．現在は小さなみやげ物店やレストランが立ち並ぶ騒々しい通りである．

18番地には，レスター・スクエアで軍服の仕立屋として開業し，現在は舞台用の貸衣裳屋バーマン・アンド・ネーサンズが，向かいの9番地の店の2階には，政治家，文人，俳優たちがメンバーになっているビーフステーキ・クラブがある．20番地には，オーストラリア出身の女性小説家ジョージ・エジャートンことゴールディング・ブライト夫人が住んでいた．

Island Gardens
アイランド・ガーデンズ　E14

1895年，テムズ川北岸のアイル・オヴ・ドッグズ（→Isle of Dogs）の南端に開かれた庭園で，1ヘクタールほどの庭がいくつもある．対岸にグリニッチ・パークの美しい風景を望む．建築家クリストファー・レンはここから見えるグリニッチ病院が最も美しいと言ったと

アイル・オヴ・ドッグズ

地図中の凡例:
- 至タワー・ゲートウェイ&バンク
- 至ストラトフォード
- 至ストラトフォード
- ウェストフェリー
- ポプラ・ハイ・ストリート
- キャニング・タウン
- ウェスト・インディア・キー
- ポプラ
- アスペン・ウェイ
- ブラックウォール
- イースト・インディア
- カナリー・ワーフ
- ブラックウォール・トンネル
- ヘロン・キーズ
- サウス・キー
- ミレニアム・ドーム
- テムズ川
- 至ベクトン
- 至カナダ・ウォーター
- ウェストフェリー・ロード
- マンチェスター・ロード
- ノース・グリニッチ
- クロス・ハーバー
- ミルウォール
- キュービット・タウン
- マッド・シュート
- アイランド・ガーデンズ
- グリニッチ・フット・トンネル
- テムズ川
- デトフォード
- 至ルイシャム
- グリニッチ

1. ヴィジター・センター
2. ウェスト・インディア・ドックス
3. グレンゴル橋
4. ドックランズ・セーリング・センター
5. ミルウォール・インナー・ドック
6. ミルウォール・アウター・ドック
7. ロンドン・アリーナ
8. ブラックウォール貯水池

――― ドックランズ軽便鉄道
┼┼┼┼ 地下鉄(ジュビリー・ライン)

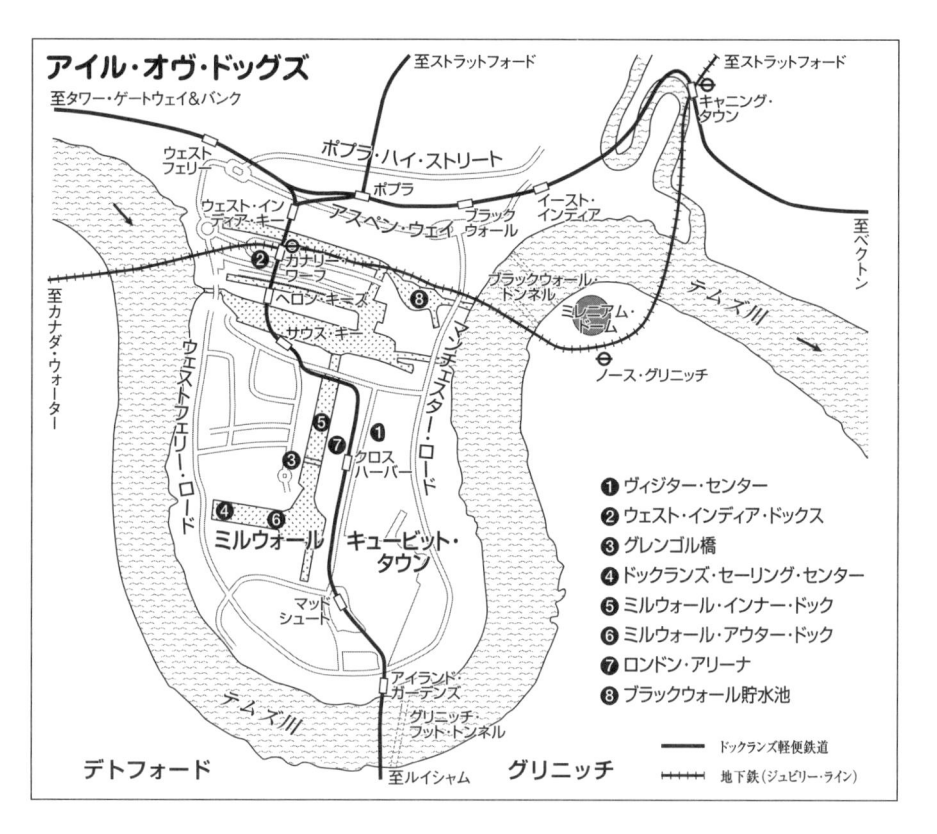

いう．庭園からの地下通路がテムズ川の下を通って南岸のカティ・サーク帆船博物館（→Cutty Sark）のあたりに通じている．またドックランズ軽便鉄道が川底のトンネルを通って南岸のグリニッチに通じている．

地震で破壊されたと思われるニレ，オーク，シダなどの地下森林がアイル・オヴ・ドッグズで発見され，1665年にサミュエル・ピープスが，また1789年にダニエル・ライソンズが，木の実や木の化石をここで見つけた．ピープスはまた，ここを洪水の多発地域とも記している．

Isle of Dogs
アイル・オヴ・ドッグズ　E14

イースト・エンドのテムズ川の北岸，流れが大きく曲がるところに半島のように突き出した低地で，対岸にデトフォードやグリニッチ地区が広がっている．地名の出所は定かではないが，かつてそこにエドワード三世の犬舎があったことに由来するという説が一般的．中世にはステップニー・マーシュと呼ばれ，ステップニー教区のポプラー村に属していた．13世紀，排水工事によって農業や牧畜が可能になり，住人も増えたが，1448年にデトフォード対岸の堤防が決壊して洪水に襲われ，住人は離散．17世紀に西の堤に排水用の風車が建てられたあとも，人が住んでいるのは，チャペル・ハウス・ファームのみだった．

1802年にウェスト・インディア・ドックス（→West India Docks）が開設されたのをきっかけに，19世紀にめざましい発展をとげた．1805年にライムハウスからブラックウォールまで半島を横切るかたちで運河が造られ，名実ともにアイル（島）となった．19世紀後半，キュービット・タウンやミルウォールの発展と

相まって，人口が急増し，1864年のミルウォール・ドックス（→Millwall Docks）開設とともに，かつての牧草地は完全に姿を消した．ドックを浚渫したときの沈泥が空き地に積み上げられて，マッドシュートと呼ばれる泥の山をつくった．

1980年ドックが閉鎖されるとロンドン・ドックランズ開発公団によってウォーターフロントの再開発が進められ，近代的高層住宅やオフィスが登場し，高架上を走る自動制御方式のドックランズ軽便鉄道が開通するなど，カナリー・ワーフ駅を中心に周辺の景観は一変した．
→Docks, Floods

Isleworth
アイズルワース　　TW7

　西郊ブレントフォードの南に位置するテムズ河畔にあるこの地には，新石器時代の居住跡があるが，公式の記録は1086年の国勢調査『ドゥームズデイ・ブック』（→『土地台帳』）が最初で，グリッスルズウォードの荘園と呼ばれる広大な村と記されている．荘園は1227年にコーンウォール伯爵リチャードに与えられた．

　オール・セインツ教会の塔は14世紀のものだが，本堂は18世紀の建物で，1943年に火事で内部が破壊され，69年に建て直された．1415年，ヘンリー五世の命で南のセント・マーガレット地区にサイオン修道院が造られたが，1431年，現在のサイオン・パークに移築．ヘンリー八世時代に修道院が解散すると，土地はサマセット公爵エドワード・シーモアの手に渡り，サイオン・ハウスが建てられた．

　18世紀には高級住宅街となり，1750年にドルーリー・レイン劇場の所有者ウィリアム・レイシーがアイズルワースにレイシー・ハウスを建て，のちに18世紀の劇作家リチャード・シェリダンが住んだが，1830年にこの家は取り壊された．テムズ川岸には2つの渡し船の船着場があったが，1つは20世紀初頭，他は1960年に閉鎖された．1849年にロンドン・アンド・サウス・ウェスタン鉄道が敷かれると，地主が土地を手放し，小規模な建物が乱立する地域に

変わりはじめた．1837年にトゥイッケナム・ロードにブレントフォード・ユニオン救貧院が建てられたが，1895年に一部が病院に転じ，ウェスト・ミドルセックス病院となった．現在のウェスト・ミドルセックス・ユニヴァーシティ病院である．20世紀のはじめから第二次世界大戦までは，この地には公営住宅の建設が盛んに行なわれた．

　ミル・プラット通り沿いのイングラムズ救貧院はロンドン市長サー・トマス・イングラムが1664年に建て，チャーチ・ヤードのパブ，ロンドン・アプレンティスは1741年ころの建築．リッチモンド・ロードのアイズルワース・ハウスはジョージ三世の元宮廷付き牧師サー・ウィリアム・クーパーのために1833年に再建され，いまはナザレス・ハウスと呼ばれて老人ホームとなっている．トゥイッケナム・ロードのガムレイ・ハウスは，1700年にガラス職人ガムレイのために建てられたが，1840年以降カトリックの女子修道院学校となった．18世紀初期に建てられたホーム・コートはメソジスト派の男子寄宿学校となり，トゥイッケナム・ロードに住んだゴッホが1876年にここで教鞭をとった．現在は事務所として使われている．南にはウェスト・ミドルセックス排水場の広大な敷地が広がっている．鉄道駅アイズルワースがある．

Islington
イズリントン　　N1

　シティの北側に位置し，かつてのホロウェイ，ハイベリー，キャノンベリーを含む自治区．1965年からは大ロンドンの自治区として，フィンズベリーをも含むようになった．イズリントン地区の最寄駅は，地下鉄ノーザン・ラインのエンジェル駅，ヴィクトリア・ラインのハイベリー・アンド・イズリントン駅である．

　ジョン・ストーの『ロンドン通覧』にはIseldone と表記され，ヘンリー・B・ウィートリーの『ロンドン，過去と現在』によれば，1559年にはIslyngton という表記が用いられるようになっていた．

　イズリントンにゆかりある文人にチャール

イズリントン・スパ(18世紀)

ズ・ディケンズ、オリヴァー・ゴールドスミス、ジョージ・オーウェルなどを想起するが、ディケンズの『オリヴァー・トゥイスト』にはこの地のエンジェル亭が登場する．往年は居酒屋として、また乗合馬車時代の宿駅として、イズリントンの出入り口となっていたところである．

このエンジェル亭から北へ延びるイズリントン・ハイ・ストリートは、アッパー・ストリートと接続してさらに北へ延びて、ハイベリー・アンド・イズリントン駅へと通ずる．アッパー・ストリートと枝分かれしているリヴァプール・ロード沿い東側にビジネス・デザイン・センターがある．もともと王立農業会館として建設され、1862年から主としてスミスフィールド・マーケット向けの家畜ショーの会場として使用されていたが、1976年に閉鎖、1986年からビジネス・デザイン・センターとして生まれ変わった．

このデザイン・センターからアッパー・ストリートを渡って東側にあるカムデン・パッセージは、骨董店の立ち並ぶところとして有名．毎週水曜日、木曜日、土曜日には骨董を売る露店が並んで人気を呼ぶ．少し北のほうのイズリントン・グリーンの角には、1613年にロンドン市民に水を供給するためにニュー・リヴァーを通したサー・ヒュー・ミドルトンの像がある．アッパー・ストリートをさらに北上すると、右側にイズリントンの教区教会セント・メアリがある．1940年に空爆を受けたあと1962年に再建されたものだが、高くそびえ立つ塔だけは、1754年に建てられたときのままの姿をとどめている．この教会の祭壇の背後は、ブライアン・トマス作の壮大な壁画によって飾られている．セント・メアリ教会の北側、ダグマー・パッセージに面して、ロンドン唯一の常設人形劇場として知られるリトル・エンジェル劇場が立っている．

そこからもう少し北のほうにイズリントン・タウン・ホールがあり、さらにその先で右のほうへ分かれているキャノンベリー・レインに入ると、1800年ごろに造られた魅力的なキャノンベリー・スクエアがあり、そのあたりからキャノンベリー高級住宅街が広がる．スクエアの前方北東寄りに、化粧漆喰塗りの1780年ごろの家が並ぶキャノンベリー・プレイスにキャノンベリー・タワー(→Canonbury Tower)が立っている．これらの家はもともとセント・バーソロミュー・ザ・グレイト教会(→St Bartholomew-the-Great)の修道院長たちの別荘と

して建てられた建造物で，大部分が1595年に，時のロンドン市長であったサー・ジョン・スペンサーによって再建されて今日に至っている．

　アッパー・ストリートと並行するリヴァプール・ロード沿いにも，リージェンツ・カナル完成後まもなく開発された住宅群が点在しており，とりわけジョージ朝様式やヴィクトリア朝様式初期の特徴をとどめている．

　19世紀を通じて，イズリントンは全般的に活気があった．リージェンツ・カナルの開通や鉄道の発達にともなって産業が起こり，商店が集まり，劇場やコリンズ・ミュージック・ホールのような娯楽場でにぎわっていた．しかし20世紀初頭からおよそ半世紀のあいだは，バーンズベリーやキャノンベリーを除いて衰退の一途をたどったが，1960年代から活気を取り戻し，進歩的中産階級の住宅地として評判を得るようになった．労働党党首で首相となったトニー・ブレアもイズリントンの住人であった．

Islington Spa
イズリントン・スパ

　イズリントン自治区ローズベリー・アヴェニューのサドラーズ・ウェルズ劇場の向かいにあった鉱泉．1684年ロバート・ボイルの成分分析で薬効が認められた．以後，ロンドン市内という立地条件のよさで上流階級の社交場となった．庭園や並木道，コーヒー店などが整備され，日に1600人もが鉱泉水を飲みに集まった．南イングランドのタンブリッジ・ウェルズのものと成分が似ているところから，のちにニュー・タンブリッジ・ウェルズと呼ばれるようになった．繁栄の頂点は，ジョージ三世の娘プリンセス・アミーリアとキャロラインが頻繁に通った1732年から33年ころで，多くの詩やパンフレットに庭園の美しさや万病に効く鉱泉の薬効が賞賛された．しかし，徐々に人気を失い，1776年にジョージ・コールマン（父）は戯曲『ザ・スプリーン』で，当時常連であったブルジョワを風刺した．

　人気を取り戻すために，1777年，ボウリング用芝地を設置するなど様々なことが試みられたが成功しなかった．19世紀初頭には小さなテラス・ハウスが鉱泉場周辺に建ちはじめ，人家の間を縫って新たに入口を造らなければならないほどだった．1827年にはコーヒー店が取り壊され，1840年になると庭園にも家が建てられたが，1860年代まで土地の片隅で鉱泉が湧き出ていた．第二次世界大戦後，跡地に公営団地が建てられた．

Iveagh Bequest
→Kenwood House

Ivy Lane Club
アイヴィ・レイン・クラブ

　1749年にサミュエル・ジョンソンによって設立されたクラブ．毎週キングズ・ヘッドという酒場で会合を開いていた．執筆に疲れたジョンソンにとってこのクラブでの集まりは大きな息抜きになった．会員を前にして談論風発，表情は生き生きとして倦むことを知らなかったという．そんなジョンソンの話に会員らは大いに啓発された．会員には，ジョン・ホークスワース，サミュエル・ダイヤー，出版者，医者などがいた．

J

Jack Straw's Castle
ジャック・ストローズ・カースル
North End Way, NW3

　ロンドンの西北郊,ハムステッド(→Hampstead)のハイ・ストリートを登りつめた丘の上にあるパブ.もとは古い駅馬車の宿であった.ワット・タイラーとともに,リチャード二世のころの農民一揆の指導者であったジャック・ストローの名に由来する.彼らはクラークンウェルの聖ヨハネの修道院を焼き払って,この宿に逃避したがジャック・ストローは逮捕された.現在は3階建ての堂々たるパブ・レストラン(1964年再建)で,かつては,チャールズ・ディケンズのお気に入りの店であった.彼は伝記作者のジョン・フォースターを誘って,ここのおいしい骨付き肉(チョップ)を食べにしばしば訪れている.

　1階にはワット・タイラー・バーや,18世紀の辻強盗で名高いターピンのバーもある.2階にはディケンズ・ルームがあって,ディケンズ・フェローシップの会員たちの会合所となっている.眼下には風景画家のコンスタブルが描いたハムステッド・ヒースが展開し,はるかにロンドンを見晴らすことができる.ここから東へ進んで,ハイゲートへ至る道をスパニアーズ・ウォークという.その途中にゴードン一揆(→Gordon Riots)ゆかりのスパニアーズ・インがある.

農民一揆の指導者の名に由来するパブ,ジャック・ストローズ・カースル

Jack the Ripper Murders
切り裂きジャック殺人事件

　イースト・エンド(→East End)で起こった連続殺人事件としてつとに有名である.1888年8月から11月までのあいだに,6人の売春婦が次々と殺された.被害者全員がのどを切られて殺されたあと,手足が切断されていた.その上,1人の被害者には腸を引っぱり出

397

てその肩にからめ，残る5人には腸をすっかり切除するといった，残忍この上ない手口が使われた．犯人は犯行後数回にわたって新聞社などに手紙を書き送った（少なくともそのうちのいくつかは本物とされている）．その最初のものに Jack the Ripper と名のっていたことから，これが謎の犯人の名称として広がるようになった．この事件が有名になったのも，殺人の数というよりはむしろ，まさにそのものずばりのこのニックネームと，「切り裂きジャック」の正体が永遠の謎につつまれているからである．

イースト・エンド全域が恐怖におびえ，警察当局が躍起となり，ジャーナリズムの推測や憶測が乱れとぶなか，11月が過ぎると犯行はぴたりと止まった．「切り裂きジャック」とは，いったい何者なのか？

6件のうち5件までが屋外の薄暗がりの中で起こっているところから見て，犯行は多少なりとも外科医の心得をもった者の仕業と推測された．売春婦ばかりが狙われたということから，その男は女嫌いであろう，あるいは売春婦から性病を移された者にちがいない，とも憶測された．こうして，犯人の第1候補としてジョージ・チャプマン（本名セブリン・クロコウスキー）というポーランド出身の男があげられた．チャプマンは，ポーランドで外科医学を修めたあと1887年にイギリスに渡り，理髪業などを営みながら転々としていたが，1895年から1901年にかけて，彼はそれまでに同棲，あるいは形式上の結婚生活をしていた女性3人を次々と毒殺し，1903年に絞首刑に処せられた．しかし，この処刑については賛否両論があり，虐殺魔が同時に毒殺魔になるというのは考えられない，という意見が根強い．結局は迷宮入りの事件となったまま，今日に至っている．

20世紀後半には，ダニエル・ファーソンの『ジャック・ザ・リッパー』や同じ題のBBCのテレビ・ドラマをはじめ，『ジャック・ザ・リッパー A to Z』に至るまで，この事件を題材にして数多くの書物が書かれ，ドラマが作られるなど，切り裂きジャックの人気は今なお衰えない．

Jacob's Island
ジェイコブズ・アイランド

テムズ南岸，現在のバーモンジー地区のジェイコブ・ストリートにあった悪名高い土地．とくにヴィクトリア朝には名だたるスラムで，コレラの多発地帯だった．チャールズ・ディケンズの『オリヴァー・トゥイスト』で，盗人ビル・サイクスの最期の場として有名．当時，ジェイコブズ・アイランドの実在性を疑ったのはサー・ピーター・ローリーだが，それに反論して，ディケンズはこの作品の新版の序文で，ジェイコブズ・アイランドは1867年現在も，野蛮な場所としてちゃんと存在している，と反論した．

ロバート・ウィルキンソンの『ロンディニア』(1818) の地図には，ジェイコブ・ストリートとロンドン・ストリートの間にそれらしい場所が示されており，ヘンリー・メイヒューもそこを訪れた体験記を『モーニング・クロニクル』紙（1849年9月24日）に掲載している．

Jaeger
イエーガー

Regent Street, W1

1884年創業の衣料品専門店．

ドイツ女性と結婚していた会計士のルイス・トマリンはドイツ語が読めたので，シュトゥットガルト大学の動物学・生理学の教授グスタフ・イエーガー博士の著書『健康文化』にあった，動物の毛で織られた服を着ている人のほうがそうでない服──たとえば麻や木綿の服の人よりも断然健康的である，という理論に共鳴し，博士の名前を店名にする許可をとりつけて，ウール製品の店をフォー・ストリート（→Fore Street）に開いた．ドアに「イエーガー博士の健康学説に基づいたシステム」と大書した．

劇作家のオスカー・ワイルドは常連で，「洋服の基本は，ウール…夏には涼しく，冬にはなくてはならない暖かさを与える，最も清潔な素材と博士の説に同調した．『タイムズ』も

社説で「それは動物の生態の注意深い観察に基づき、科学的な実験によって証明された医学的理論である」と書いた。

ルイスの傾倒ぶりを示す挿話に、5本指つきの靴下がある。猿の足の5本指にヒントを得て、手袋メーカーに発注して作らせた。店は最初のうちは繁盛したが、やがて品質は申し分ないがデザインが古めかしい、やぼったい、と人々にあきられた。ファッション感覚を採り入れて店が蘇生したのは第一次大戦後である。品質の良さはスコットやナンセンによって極地で立証され、20世紀の初頭には20店舗を擁するまでに事業は拡大した。1920年代の初頭、創業者の孫ハンフリー・トマリンがさらに事業を発展させて1935年にオックスフォード・ストリートから現在地に移転した。地下鉄オックスフォード・サーカス駅に近い。

Jamaica Coffee House
ジャマイカ・コーヒー店

1670年ごろ、コーンヒルのセント・マイケル教会（→St Michael①）の領地内に創設され、ジャマイカとの貿易商たちでにぎわった。ジャマイカとの通信の発着所としても利用されて、19世紀になってからも、ジャマイカの情報収集所ならびに海運業の案内所として栄えた。1869年にジャマイカ・ワイン・ハウスが、その地に建てられた。ジャマイカのラム酒は上質である。

James Allen's Girls' School
ジェイムズ・アレンズ・ガールズ・スクール
East Dulwich Grove, SE22

17世紀初期に創立されたダリッチ・コレッジの校長を18世紀初頭に務めたジェイムズ・アレンの名をとって、1741年に設立された学校。もともと貧しい男女の子供たちに読み書きを教える目的でアレンがケンジントンの施設を提供したことから始まった。19世紀に入ってロンドン南郊のダリッチ地区（→Dulwich）に移り、やがて男子生徒と女子生徒の別学が決まり、1882年の議会法によって4年後新しい女子校として現在の場所に開校した。歴史的にはダリッチ・コレッジやアレンズ・スクールとは兄弟校にあたるが、現在では三者のつながりは深くない。

ロンドン最古の私立女子校で、通称ジャッグズ（JAGS）の名で親しまれ、とくに語学教育に定評がある。700余名の生徒のうち、毎年平均75パーセントが大学に進学。医学や教育の分野に多くの人材を出している。

James Smith & Sons
ジェイムズ・スミス・アンド・サンズ
New Oxford Street, WC1

1830年、リージェント・ストリートの横町フーバーツ・プレイスにジェイムズ・スミスが創業した傘とステッキの専門店。1850年代に現在地に移転。製造と販売を兼ねる老舗で、店内には、柄と持ち手が1本の木でできているソリッド・アンブレラ、柄と持ち手部分が金具でつないであるバーリントン・アンブレラ、持ち手部分に意匠を凝らした珍しい傘などが所狭しと並んでいる。形と使いやすさを重視した天然木のステッキもこの店の自慢である。傘なら好みに応じて柄が選べる、ステッキなら身長に合わせて長さを調節するなど、専門店ならではのサーヴィスがある。こわれた傘の修理もしてくれる。顧客には元首相グラッドストーンやカーズン侯爵などがいた。地下鉄トッテナム・コート・ロード駅に近い。

Japanese Banks and Corporations
日本の銀行と企業

日本とイギリスは明治時代から友好国であり、両国民は伝統的に親近感をもっている。第二次世界大戦中および戦後数年間の一時的な断絶期間を除き、あらゆる分野にわたり産業協力や技術交流が幅広く行なわれてきた。この傾向は、近年ますます活発になってきている。

現在では、金融機関以外にもさまざまな業種の企業がイギリス各地に活動拠点を置いている例が多くみられる。そしてこれらの企業の大半が拠点とは別に、本店ないし本部機能

をロンドンに置いている．シティと日本企業とのかかわりは深い．

〈金融機関，とくに銀行〉

世界の金融の中心シティには，日本の銀行も支店ないし現地法人の形態で銀行業務を行なっている．なかには，野村證券系のNomura Bank International plcなど，日本では聞きなれない銀行もある．それは，日本国内では法規制により銀行業に参入できない証券会社が，業種間の垣根の低いシティで銀行活動を行なっているからである．

イングランド銀行資料は，ロンドンに進出している銀行を分類して，(1)イギリスの各種銀行，(2)アメリカの銀行，(3)日本の銀行，(4)その他外国銀行，とするが，日本の銀行が一大勢力であることを示している．

歴史的にみると，旧東京銀行が1881年と，最も古い．旧三菱銀行1920年，旧三井銀行1924年にそれぞれロンドン支店を開設している．その他，富士銀行の1952年，三和銀行の1956年など大半は戦後派である．

これらの銀行は，日本経済の高度成長時の1960年代に世界市場に進出した日本企業に対して，国際金融サービスを提供することを目的としていた．その後，エジンバラやマンチェスターなどイギリス国内だけでなく，欧州各国にも拠点を設ける銀行が増え，現在では日本企業をはじめとして現地のイギリス企業や世界各国の企業に対し，文字どおりグローバル・バンキング・サービスを行なっている．しかし，バブル崩壊後は国際金融業務から撤退する金融機関も少なくなく，最盛期に比べるとその数はかなり減少した．

〈金融機関以外の企業〉

日本の貿易商社のロンドン集中は，戦前戦後を通じてみられる基本的行動である．国際取引きに必要な各種取引市場，外国為替・金融市場，保険市場がそこにあるからである．

1970年代以降，企業の対英進出で画期的なことは，製造業のイギリス進出である．サッチャー政権による「地域開発政策」の実施もあり，ロンドン以外の，いままで聞きなれない地域に多くの製造業が進出した．一例を挙げると，オールド・ウォーキング（英国ニッタン，1972年操業開始，火災報知器），ランコーン（英国YKK，1972年，ファスナー），ニューポート（英国タキロン，1973年，塩ビシート），ブリッジエンド（英国ソニー，1973年，カラーテレビ），ピーターリー（NSKベアリング，1976年，ベアリング），カーディフ（イギリス松下電業，1976年，カラーテレビ，カーオーディオ），リヴィングストン（英国NECセミコンダクターズ，1982年，マイクロサーキット）等々がある．

これらの製造業の本社あるいは本部機構は，現地工場所在地にある場合も若干あるが，大半はなんらかの形でロンドンに拠点を置いている．そこでは，国際的な法律事務所，会計事務所，コンサルタントなど，質的に高度なサービスを期待することができるからである．

上記以外にも，自動車産業，新聞テレビ関連などのマスコミ関係，学校法人，各種研究所，レストラン業，デパート等々が，ロンドンとのかかわりを深めながら，イギリス各地で事業展開を行なっている．全世界の経済・企業活動にとって，「金（かね）」と「物（もの）」と「人」に関する最新情報の集積地として，シティあるいはロンドンの重要性はますます高まるものと予想される．

Japanese Embassy
日本大使館
Piccadilly, W1

英国における日本の大使館の歴史は，1870年，鮫島尚信を少弁務使として英仏普の3国に派遣し，フランスに駐在させたことに始まる．2年後にイギリス専任の常駐使節として寺島宗則が派遣され，特命全権公使に任命された．最初の公使館はサセックス・スクエア8番地．公使官邸と事務所を兼ねていたが，1897年，グロヴナー・ガーデンズ4番地に移転．1905年，大使館に昇格すると，1912年にグロヴナー・スクエア10番地に移り，1923年に事務所がポートマン・スクエア37番地に分離した．第二次世界大戦で事務所が破壊され，館

員はケンジントン・ロードに面したキングストン・ハウスのフラットに移り，日本開戦のあとはここに抑留された．

終戦後，1951年に在外事務所をベルグレイヴ・スクエア32番地に置き，1952年松本俊一を駐在大使として大使館が再開，大使公邸にケンジントン・パレス・ガーデンズ23番地を定めた．事務所はベルグレイヴ・スクエアの建物を使用したが，1958年にグロヴナー・ストリートに移ったが，現在はパーク・レイン・ホテルの近く，ピカディリー街101-104番地にある．地下鉄ハイド・パーク・コーナー駅に近い．

Jermyn Street
ジャーミン・ストリート　SW1

地下鉄駅ピカディリー・サーカスに近く，ピカディリー通りの南を平行して走り，一方がヘイマーケット，もう一方がセント・ジェイムズ・ストリートに接する道路．この地域はその昔，セント・オールバンズ伯爵ヘンリー・ジャーミンに譲渡されたチャールズ二世の領地だったが，この通りはその土地の一部に1680年代初頭に完成したもの．ジャーミンはチャールズ二世の母親の寵愛を受けた廷臣だった．

当時の建物はいまは残っていないが，初期の1670年代後半から80年代はじめに，のちに初代モールバラ公爵となるジョン・チャーチルが居を定めていた．首相を務めたウィンストンの祖先である．そのあと時代を経て，詩人トマス・グレイが1750年代に何回か寄宿したことがあったし，同時代の詩人でロマン主義の勃興に影響を与えたウィリアム・シェンストーンもここに寄宿していた．またニュートンが，17世紀末に88番地に，そして18世紀に入った9年間を87番地で暮らした．

19世紀に入ると，この通りにはホテルや高級レストランが軒を連ねだした．のちにジュールズとして知られるようになる85-86番地のウォータールー・ホテルは，ウォルター・スコットが晩年ロンドンを訪れたときに利用した宿だったし，セント・ジェイムジズ・ホテルはヨーロッパへの最後の旅の帰りに衰弱した彼が泊まった宿だった．彼は，その後スコットランドへ帰りついて亡くなった．フォートナム・アンド・メイソン（紅茶など食品で有名）と向かいあうキャヴェンディッシュ・ホテルは，当時と同じ敷地に1966年に再建されたものである．

この時代にはまた，さまざまな人物がこの通りの住人だった．1840年代のほぼ3年間，作家のサッカレーが27番地に，詩人のバイロンが55番地のコックス・ホテルに滞在していた．58番地にはアイルランド出身の詩人トマス・ムーアが1825年に，作家のジョージ・ボローが40年に寄宿している．

20世紀に入ると，この通りは大きく様変わりして，英王室御用達店をふくむ紳士服や紳士用品の高級店が立ち並ぶようになり，今日におよんでいる．香水の老舗フローリス（→Floris）もこの通りにある．

Jerusalem Coffee House
エルサレム・コーヒー店

コーンヒル街にあって18世紀後半，東インド会社（→East India House）関係の人々のたまり場となったコーヒー店．この会社は19世紀末まで，貿易と政治上の重要な役割を演じた．ロイズ（→Lloyd's）とともに東インド会社の海事情報の収集所となり，海運業の取引所となっていた．

Jewel House
ロンドン塔宝物館

Tower of London, EC3

ロンドン塔内にあって，英王室の戴冠式に関係のある王冠と宝飾品を所蔵する．1649年，オリヴァー・クロムウェルを筆頭とする議会派がチャールズ一世を処刑したとき，王冠や王笏など王権にかかわる宝物も破壊した．1660年に王政復古がなり，フランスからチャールズ一世の息子が呼びもどされ，チャールズ二世として即位することになった．そのときに作られた王冠と王笏がこの宝物館に展示されている．

共和制の時代に王室関係の宝物はすべて破

壊されたが、黄金の鷲の形をした聖油入れと聖油を塗布するスプーンは王権とはかかわりがないと考えられたためか、破壊をまぬかれた。実はこの2つは戴冠式で最も重要な部分にかかわる宝物である。戴冠式を司宰する聖職者は、聖油を聖油入れの鷲のくちばしからスプーンに注ぎ、それを王となる者の額と胸と掌に塗る。この瞬間に王は塗油の儀式を受けた神の代理人となる。スプーンは12世紀後期のもの、聖油入れは1399年にヘンリー四世の戴冠式で最初に用いられたものと考えられている。

チャールズ二世の戴冠式用に作られた王冠は、聖人に列せられたエドワード懺悔王にちなんで聖エドワードの王冠と呼ばれ、以後歴代の王の戴冠式で使われてきた。重さは2.2キロもある。重すぎて長い間かぶっていることができないので、ヴィクトリア女王の戴冠式では、戴冠の儀式が終わると、軽いクラウン・オヴ・ステイトに代えられた。その後すべての戴冠式でこれが慣行となった。議会を開会する儀式などの国家的行事で君主がかぶるのも、軽いほうの王冠である。王笏は「第1のアフリカの星」と呼ばれる巨大なダイヤモンドをはじめ、アメジスト、エメラルドを配した王権の象徴。同じく象徴である宝珠は17世紀の金製。

ほかに、ジョージ四世の戴冠式のために作られた王剣と、金銀細工とダイヤモンド、ルビー、サファイヤなどの象嵌細工が施された純金の鞘、インド皇帝王冠、メアリ王妃の王冠、豪華な金器・銀器が展示されている。
→Tower of London

Jewel Tower
ジュエル・タワー
Old Palace Yard, SW1

ウェストミンスター宮殿(→Palace of Westminster)の名残りで、ウェストミンスター・アビー構内のオールド・パレス・ヤード西寄りの地点に立っている。1365年から66年にかけておそらくはヘンリー・イェヴィールの設計でケント州産の硬質の砂岩で建てられたといわれている。3階建てで、周囲は濠に囲まれ、王個人の宝石、衣服、毛皮、金の器などを納める宝物倉として、ヘンリー七世のときまで使われた。

1621年から1864年までは、議会記録がここに保管されていたが、それ以後1938年まで度量衡庁(Weights and Measures Office)が使っていた。現在は、陶器類やこの界隈の遺跡発掘のときの出土品が展示されている。

Jewish Museum
ユダヤ博物館
Albert Street, NW1

イギリスにおけるユダヤ人社会と生活に関する歴史的・宗教的文書、聖遺物、肖像画(17-19世紀)、細密画(18-19世紀)などを展示する。設立1932年。長いあいだ、タヴィストック・スクエアのウォーバン・ハウスにあったが、1993年、地下鉄カムデン・タウン駅に近い現在地に移転した。
→Immigration

John Lewis
ジョン・ルイス
Oxford Street, W1

衣料および家庭用品専門のデパート。ピーター・ロビンソン(→Peter Robinson)で働いていたジョン・ルイスが、1864年にオックスフォード・ストリートで自分の店を開いたのがはじまり。ルイスの経営方針は良質の商品を他店より安く売ることであった。その後30年間というもの商売は繁盛をつづけ、彼は次第に近隣の店を接収していった。1890年代後半に入って、ルイスは店舗をキャヴェンディッシュ・スクエアにも建てたいと望んだが、認可がおりなかった。裁判所の裁決を無視した彼は、3週間の投獄の憂き目にあった。店舗の建設は最終的には許可されたものの、そのためキャヴェンディッシュ・スクエアの景観が損なわれたというのは大方の人が認めるところだろう。ルイスは倹約家としても有名だったが、しかし1905年、百貨店ピーター・ジョーンズ(→Peter Jones)を買い取る際には代金2

万2500ポンドを現金で創業者の未亡人に支払ったという．

　事業を受け継いだジョンの息子スペダンには慈善家的なところがあって，彼は店の従業員たちの給金が少ないのに自分の家族が店の収益をわが物にするのは不公平だと考えた．そこで彼は，第一次世界大戦の間，収益をピーター・ジョーンズ百貨店と分け合うことにした．1928年，父親のジョンが亡くなると，早速スペダンは店の組織・運営の大改革に踏み切った．現在の店はジョン・ルイス合名会社といい，従業員全員が出資社員となっている．

　良質の食料品で有名なスーパーマーケット・チェーンのウェートローズも同じグループである．

　オックスフォード・ストリートの店舗はロンドン大空襲で大きな被害をこうむったが，1960年に再建された．外壁彫刻は，女流彫刻家バーバラ・ヘップワースの作である．

Johnson's Court
ジョンソンズ・コート　　EC4

　フリート・ストリートから北側にせまい路地を通ってたどりつく，四方を建物に囲まれた一見中庭と思える小広場．16世紀から17世紀にかけて，ここを所有していたのが仕立屋のトマス・ジョンソンだったので，その後登記簿に「ミスター・ジョンソンズ・コート」として記録されるようになった．

　1765年にサミュエル・ジョンソンが友人たちと，当時のジョンソンズ・コート7番地に引っ越してきた．彼の部屋は建物の2階で，そこに10年間住むこととなった．1820年に作家シアドア・フックがトーリー党の雑誌『ジョン・ブル』をここの11番地で発刊し，また月刊雑誌『マンスリー・マガジン』の事務所もこの広場に置かれていた．若き日のチャールズ・ディケンズが生まれて初めて投稿作品を投函したのがその事務所の郵便受けで，1833年12月に掲載されたそのスケッチは，のちに「ミンズ氏とそのいとこ」と題され，『ボズのスケッチ集』に収録された．

Johnson's House
→Dr. Johnson's House

Jonathan's Coffee House
ジョナサンズ・コーヒー店

　1680年の創設で，1720年のサウス・シー・バブルにまきこまれた投機家たちの会合所であった．1720年の11月21日の『デイリー・クラント』紙にこんな記事がのっていた．「落し物，ジョナサン・コーヒー店にて今月19日（土），サウス・シー・ハウスへの第1回出資金1000ポンド債権入り子牛皮の財布．中央刑事裁判所のジョナサン・ワイルド氏宛の書類とともにこの財布を届けられた方には，5ギニーの謝礼，訊問なし．」結果は不明．多数の破産者を出したサウス・シー・バブルのおかげで，この通りには人かげもなくなり，ジョナサンズ・コーヒー店と同じ通りにあったギャラウェイズ・コーヒー店（→ Garraway's Coffee House）も閑散として，日用品以外の商売は姿を消したという．『スペクテーター』の第1号（1711年3月1日）で，ジョーゼフ・アディソンはいろいろなコーヒー店を訪れているが，彼の正体を見破る者はなく，「ジョナサンズ・コーヒー店では相場師仲間のユダヤ人で通っている」と書いている．また「バトンズ・コーヒー店ではトーリー党，チャイルズ・コーヒー店ではウィッグ党として」通していた彼は，あくまでも傍観者（spectator）であって，他人の意見はよく聴くが，自分の意見は封じていたというのである．『スペクテーター』には，18世紀初頭のロンドンのあらゆるコーヒー店が紹介されている．

Jubilee Gardens
ジュビリー・ガーデンズ
Belvedere Road, SE1

　旧ロンドン市庁舎に接したサウス・バンクに設けられた小さなテムズ河畔の公園．シェル石油ビルの真南にある．1977年にエリザベス女王のシルヴァー・ジュビリー（戴冠25周年祝典）を記念して設計された．夏には近くの会社員たちがサンドイッチのランチ（あるいは

1990年代半ばからロンドンでもたやすく入手できるようになったスシやベントウ)をとるのに人気のある場所.スペイン内乱(1936-39)に参戦した国際旅団の兵士たちの記念碑もある.

なお,2000年1月,ジュビリー・ガーデンズに接して新千年紀を記念する高さ世界最大の大観覧車「ロンドン・アイ」が建設された.
→Millennium Mile

Jubilee Line
ジュビリー・ライン

ロンドン地下鉄道会社の一部を形成する線で,エリザベス二世女王の即位25周年の祝典(Jubilee)の年1977年に開業したので,この名がついた.もともとはベイカー・ストリートからボンド・ストリート,グリーン・パークを経由してチェアリング・クロスまでの短い区間で開業したが,多くの利用者が殺到して混雑が激しいベイカルー・ライン(→Bakerloo Line)のベイカー・ストリートより南の部分の客を分離する迂回線として計画されたものであった.のちにベイカー・ストリートで2つの線に分かれていたベイカルー・ラインの列車のうち,ウェンブリー・パーク,スタンモア方面の各駅停車列車が,新線ジュビリーに直通することになった.

この線はテムズ川南側まで延長され,ウォータールー,ロンドン橋を経由,再度テムズ川の下を通ってカナリー・ワーフに達し,北東郊外のストラットフォードにつながった.
→Underground Railway

Justerini and Brooks
ジュステリーニ・アンド・ブルックス
St James's Street, W1

ワイン商.創業は古く18世紀中葉,美人のオペラ歌手に惚れこみ,彼女の後を追ってロンドンへやってきたイタリア青年のジャコモ・ジュステリーニとジョージ・ジョンソンによってである.ジャコモ青年はまもなく,異国的な味の果実酒やシュプラ(果汁,砂糖などに,たいていはアルコールを加えて作る酸味のある飲料)を作って名をあげた.

ジョージ三世から御用達の勅許を得たときには,ジュステリーニは店の権利をジョンソンへ譲り,引退して故国へ帰っていたが,店名はジョンソン・アンド・ジュステリーニのままに残した.なお,ワイン商としての王室御用達指定の栄誉はそれ以来今日までつづいている.ジョンソンが馬車の事故で亡くなると,息子が店舗をアルフレッド・ブルックスへ売却してしまい,店名はいまの社名であるジュステリーニ・アンド・ブルックスとなった.ウィスキーの銘柄名J&Bは,この店が所有しているモルト蒸留所の原酒をもとにしたブレンデッド・ウィスキーである.地下鉄グリーン・パーク駅に近い.

K

Keats House
キーツ・ハウス
Keat's Grove, NW3

詩人ジョン・キーツが1818年から20年まで住んだ家．地下鉄ノーザン・ライン，ハムステッド駅から徒歩約10分．もとは2軒続きの家で，キーツは左側の家の2階を借りて住み，右側の家には，キーツの婚約者となるファニー・ブローンが母親と住んでいた．キーツはこの家で多くの有名な詩を書き残した．たとえば，『ナイティンゲールに寄せるオード』は，1819年5月，この家の庭のプラムの樹の下で詩作された．

その後，この家は女優のイライザ・チェスターに買い取られ，一軒家に改築された．そして1925年以降キーツ記念館として公開されている．館内にはキーツの遺品や書簡が陳列され，庭には種々の草花が咲く，瀟洒なたたずまいである．記念館2階の図書室，および隣接する公立図書館は，キーツの蔵書や研究書を所蔵する．すぐ近くに鉄道ハムステッド・ヒース駅もある．

Kelmscott House
ケルムスコット・ハウス
Upper Mall, W6

ハマースミス地区のテムズ川に面したウィリアム・モリスゆかりの建物．

1780年ごろ建てられた赤煉瓦造りの家で，ウィリアム・モリスがケルムスコット・プレスを設立したところ．元は電信装置を1816年に発明したフランシス・ロンルズの家であった．彼は実験のために絶縁した12.8キロメートルのケーブルを庭に埋設した．1868-77年には詩人で小説家のジョージ・マクドナルドが住んでおり，ジョン・ラスキンがしばしば訪れた．

1878年からはウィリアム・モリスがこの家を借りることになり，死去する1896年まで住んだ．モリスはオックスフォード州にあった別荘ケルムスコット・マナーにちなんで，この家を改称し，印刷と出版を行なうケルムスコット・プレスを1891年に設立して『チョーサー作品集』ほかを刊行した．現在この家はウィリアム・モリス協会が所有しており，モリスの使った印刷機などが保存されている．

ケルムスコット・ハウス

Kennington
ケニントン　SE11

　テムズ川南岸ランベス自治区の一地区．現在のブラック・プリンス・ロードに面影が見られるように，この地区には一時，黒太子（Black Prince）の宮殿があって，それ以来王族たちが住むこともあった．だが，19世紀末にこの地区で貧しい幼年時代を送った喜劇俳優チャーリー・チャップリンはその自伝で，この地区をわびしい場末の地として描いている．いまでは雑然とした商業地区，労働者階級のフラットなどが立ち並んでいる．地下鉄ケニントン駅とオーヴァル駅をつなぐケニントン・パーク・ロード沿いに広大なケニントン・パーク（→Kennington Park）が広がっている．

Kennington Park
ケニントン・パーク　SE1

　市南郊ケニントンにある公園．かつてはケニントン荘園の8ヘクタールほどの共有地であった．ジェイムズ一世が皇太子ヘンリーに贈与して，王族公領のひとつであるコーンウォール公領の一部となった．

　共有地であった時代には，さまざまなレクリエーションの場としてにぎわった．またサリー州の主要な処刑場でもあり，多くの刑がここで執行された．1745年の反乱で失敗したジャコバイトの将校数人は，大逆罪で絞首刑にされた．ここで行なわれた最後の刑は19世紀初期の贋造犯バジャーの死刑であった．説教師に人気のある演説会場でもあり，18世紀のメソジスト派創立者のひとりジョージ・ウィットフィールドは，多いときには5万人もの聴衆を集めた．19世紀アイルランドの禁酒主唱者であったマシュー神父は1843年にここで説教し，3日間で8000人に禁酒を誓約させたという．

　1832年に選挙法が改正されると，ケニントン共有地は議員候補者指名の場となった．この選挙法改正法に満足しない労働者階級は普通選挙権を求めてチャーティスト運動を起こし，1848年4月にこの共有地に集まり，議会に請

――――[ロンドン・ア・ラ・カルト]――――

チャップリンのロンドン

　チャーリー・チャップリンは1889年ウォルワースに生まれ，1909年に渡米するまで，テムズ川南岸ランベス地区のケニントン・ロード周辺で暮らした．渡米後はほとんど帰国することはなかったが，それでも帰国すると，子供時代を過ごしたロンドンのその陰気な地区を訪ねたものだった．1952年の帰英を最後に彼はスイスに移り，77年にその地で他界した．

　彼が生まれた当時一家はまずまずの暮らし向きだったが，やがて両親が離婚，彼は母親と兄のシドニーとともに赤貧の生活を送ることになった．チャップリンは『自伝』の中で，ヴォードヴィルの芸人だった母親がランベスの救貧院に入る前，3人が一緒に細々と暮らしたパウノール・テラス3番地の暗くみすぼらしい部屋のことを回想している．母親が救貧院にいるあいだ，チャーリーと兄はハンウェルの貧困児のための学校に入れられた．2人にとって，それは悲惨な経験だった．その後，母親が精神病院に入ると，幼い兄弟はケニントン・ロード287番地で，父親とその愛人と一緒に暮らすことになった．そこには現在，当時の彼の生活を物語る記念銘板が取りつけられている．チャーリーは2年ほどケニントン・ロードにあった学校に通い，その後はほとんど教育らしい教育は受けなかった．

　母親が施設から出てくると，チャーリーと兄は母親とともに屠殺場や漬物工場に隣接するケニントン・クロスの裏通りの，これまたうらびれた部屋で暮らすことになった．3人は毎週日曜日，ウェストミンスター・ブリッジ・ロードの角にあった教会クライスト・チャーチに

願のデモを行なう予定であったが，警官隊と特別治安部隊により阻止された．

公園は1854年3月に開かれたが，現在の広さは開園当時の約2倍の15ヘクタールで，施設も花園，水泳プール，子供の遊戯場，テニスコート，スケートボード場などと増えている．近くのオーヴァル・クリケット場(→Oval)は公園開園直後に造られたもので，旧クリケット場が公園造営のために失われるのを心配したアルバート公の提案により，コーンウォール公領の土地が低廉で賃貸されてできた．地下鉄オーヴァル駅に近い．

Kensal Green
ケンサル・グリーン　NW10

北西郊のブレント，ケンジントン・アンド・チェルシーなどの自治区と境を接していたケンサル・グリーンは，東のケンサル・タウン地区の発展と，1832年にケンサル・グリーン墓地(→Kensal Green Cemetery)が造られてから高級住宅街として発展した．墓地にはサセックス公爵をはじめ，ウィリアム・M・サッカレー，アントニー・トロロープなどヴィクトリア朝の多くの作家，芸術家が埋葬されている．この時代の建物に加え，ヴィクトリア朝後期のテラス・ハウスがいまも残っている．1835年から53年にかけて，小説家のW・ハリソン・エインズワスが，墓地の西にあるケンザル・ロッジ，つづいてケンザル・マナー・ハウスに住み，チャールズ・ディケンズ，ウィリアム・M・サッカレー，エドウィン・ランドシアなどの文人，画家がしばしばそこを訪れた．墓地の近くに地下鉄・鉄道のケンサル・グリーン駅がある．

Kensal Green Cemetery
ケンサル・グリーン墓地
Harrow Road, NW10

市北西部の地下鉄駅ケンサル・グリーンの前を走るハロー・ロードと南を流れるグランド・ユニオン・カナルという運河にはさまれて，東西に長く広がる墓地．西端がカトリックのセント・メアリ墓地に接している．

通うようになった．

　チャーリーは幼いころから，ウェストミンスター橋を渡ったテムズ北岸のロンドンのことを，そこには商店やレストラン，ミュージック・ホールがあって，自分たちが住んでいるところでは味わえない華やかさ，楽しさを提供してくれる一種の安息所ないしは楽園と考えていたようである．だから，10代になったチャーリーがどうにか暮らしを立てるためにしなければならない嫌な仕事の時間が少しでも空くと，彼は川を渡ってストランド街へ出かけ，劇場関係の事務所で仕事を探した．こうして，ちょっとした役柄を与えられることになり，それらがのちの彼の名声への基盤になった．10代後半にはかなり名の売れた喜劇俳優になったチャーリーは，自分が貯めた金で母親をロンドンからバークシャー州の町レディングへ移住させることにした．それはたしかに，南ロンドンという地区に思い描かれる苦難からの解放という象徴的な出来事だった．だが，母親はたったの2，3週間でロンドンに戻ると言い張った．

　チャーリー・チャップリンの名を記念するものは現在，テムズ川南岸に少なくとも3か所ある．ケニントン・ロード287番地の記念銘板，ＭＯＭＩ(映画博物館)での彼の出演映画の上映と遺品の展示，そして没後2年，ナイト爵に叙せられて4年後に当たる1979年に皇太后により開館された，ウィンブルドンのポルカ子供劇場の3つである．

　テムズ北岸では，レスター・スクエアで1981年，記念像の除幕式が行なわれた．初期の映画でチャップリンが自分を浮浪者のイメージで不滅にしたことを思えば，その記念像は皮肉にみえる．つまり，彼は浮浪者を演じて豊かになったが，その名声は彼を貧困から救いあげた繁華な劇場街の真ん中に記念されているのだ．

正式名はオール・ソールズ・セメタリー．1832年に開設され，ロンドンでは民間経営による最初の大墓地だった．はじめは22ヘクタールの敷地だったが，のちに28ヘクタールにまで拡大された．ドーリス式の大きい正門を入ると，広い3本の道が前方に延びていて，中央の道の小高い地点にやはりドーリス式のポーチと円柱をもつ英国国教会のチャペルが立っている．これを中心に，墓石の群れがゆるやかに起伏する地面上にびっしりと広がり立っている．

およそ5万基を超すこの墓地には，幾多の有名知名の人々が眠っていることでも知られる．

ジョージ三世の6番目の息子，サセックス公爵が1843年に埋葬され，その妹ソフィア王女が6年後に葬られると，この墓地の社会的名声は一段と上がることになった．細長い大理石の墓に眠る詩人トマス・フッド，雑草に埋もれた平石の墓のサッカレー，小さな立石のリー・ハント，トロロープ，そしてウィルキー・コリンズなど，文人の墓も多い．ほかに，セント・ポール大聖堂の参事会員で文人としても知られるシドニー・スミス，19世紀の出版業者ジョン・マレー，それにウォルター・スコットの娘も2人，この墓地で眠っている．
→Cemeteries

Kensington
ケンジントン

W8, W10, W11, W14, SW5, SW7, SW10

ケンジントン・アンド・チェルシー自治区の一部．西はハマースミス，北はブレント，東はウェストミンスターと境を接し，南はチェルシーに続く．

ケンジントンの歴史は11世紀，エドワード懺悔王の時代にまでさかのぼる．ノルマン人征服のあと，ケンジントンはド・ヴィア家（のちのオックスフォード伯爵家）の領地となった．ド・ヴィア家は12世紀にアビンドンの大修道院長に土地を分け与えたが，その分割された荘園の記録がセント・メアリ・アボッツ教会に残っている．この教区の南の区域は市場向け園芸と苗木栽培が盛んだった．北の区域は主に耕作地で，ロンドンに干し草を供給していた．

17世紀はじめから，現在のケンジントン・ハイ・ストリートとノッティング・ヒル・ゲートの間の斜面に，ノッティンガム・ハウス（のちのケンジントン・パレス），ホランド・ハウス，ゴア・ハウス（現在はアルバート・ホールが立っている）をはじめとする貴族の邸宅が次々と建った．貴族と名士が住むようになって，小売商人と職人の数が増えた．住民の数も1690年代までは1000人にすぎなかったが，健康によいところという評判が富裕層を引きつけ，1801年の最初の国勢調査では8556人になっていた．19世紀から20世紀にかけて，人口1万人足らずの田園教区から，17万6622人（1901）の自治区へと成長し，環境は一変した．宅地開発が進み，農場と市場向け農園は姿を消し，新しい家並みの通りができた．1850年代にはサウス・ケンジントンが開発され，住宅がふえた．ケンジントン・ガーデンズとクロムウェル・ロードとの間の有名な博物館群は1851年の万国博覧会の収益で購入した土地に建てられたものである．ケンジントンは，ヴィクトリア女王がケンジントン・パレス（→Kensington Palace）で生まれ育った名誉ある区であることを記念して，1901年に区名に「ロイヤル」のタイトルが冠せられるようになった．

Kensington Gardens
ケンジントン・ガーデンズ　W8

ハイド・パークの西隣に広がる公園で111ヘクタールの面積をもつ．もとはケンジントン・パレス（→Kensington Palace）の私有地であったが，ジョージ二世によって土曜日に上流社交界の人々に公開されるようになった．宮殿の前を南北に延びるブロード・ウォークとその前方にあるラウンド・ポンドはチャールズ一世のときに造られたが，チャールズ二世の妃キャロラインの指示で，1728-31年にチャールズ・ブリッジマンによって現在の形に整備された．

19世紀になってからウィリアム四世によっ

て一年中一般に開放されるようになり，以来，美しい並木の景観に彩られたこの広い空間は，子供たちにとって絶好の遊び場となっている．1843年にブロード・ウォーク南端パレス・ゲートから東へ延びてロットン・ロウにつながるフラワー・ウォークが造られた．アルバート・メモリアルの建設は1863年に始まって1872年に完成．そこから北へ延びるランカスター・ウォークを進むと途中にG.F.ワッツ作の《肉体のエネルギー》像がある．さらに北へ進むと，ナイル川の源を発見したジョン・ハニング・スピークを記念するオベリスクが立っている．そこから東へ行ったところ，サーペンタイン池(→Serpentine)の近くにサー・ジョージ・フランプトン作のピーター・パン像が立っている．

ケンジントン・パレスの南側の庭園には1907年にドイツ皇帝ヴィルヘルム二世からエドワード七世に贈られたウィリアム四世の像がある．宮殿から北東に向かってライムの木の枝を組み合わせた美しい沈床式庭園がある．ケンジントン・ロードとの間にあるクイーンズ・ゲートは，コールブルックデール製鉄工場で造られて，万国博覧会(→Great Exhibition)に贈られたものだが，うちの1枚は自動車事故で破損し，1990年に修復された．

Kensington Gore
ケンジントン・ゴア　SW7

ケンジントン・ロードの一部で，ロイヤル・アルバート・ホールの北側の短い通り．Goreは「三角地」を意味し，ケンジントン・ゴア＝ナイツブリッジと，ブロンプトン・ロードとクイーンズ・ゲート通りとで形づくられた三角形の地形から生まれた名称である．18世紀から19世紀にかけて著名人が多く住んだが，なかでもゴア・ハウスとイーデン・ロッジは有名である．

ゴア・ハウスには1784-89年にジョージ・ブリジズ・ロドニー提督が，1808-21年に聖職者で政治家のウィリアム・ウィルバーフォースが，そしてその後1849年までブレシントン伯爵夫人がアルフレッド・ドルセイと住んでいた．万国博覧会(→Great Exhibition)の開催期間中，

シェフとして有名なアレクシス・ソーヤーがここでレストランを開いていた．イーデン・ロッジは1740年に建てられ，ジョン・スウィンホーの所有となっていたが，1842年に元インド総督で初代オークランド伯爵となったジョージ・イーデンの手に渡った．家号はこの名にちなむものだが，19世紀末にその家はなくなり，現在は王立地理学協会(→Royal Geographical Society)の建物がある．

Kensington High Street
ケンジントン・ハイ・ストリート　W8

ケンジントン・ガーデンズの南西の角から西の方へ延びる長い大通り．商店街である．西に向かってすぐ右手に入るとパレス・グリーンがあり，その2番地にウィリアム・サッカレーが住んでいて，1863年に没した．1番地の家は，1868-72年にカーライル伯爵のためにフィリップ・ウェッブによって建てられた．さらに北へ進むと，昔から「長者通り」という異名のあったケンジントン・パレス・ガーデンズへとつづく．

1821年から38年までウィリアム・コベットがこのハイ・ストリートの家に住んでいたが，1868年にエッジウェア・ロードからグロースター・ロードまで地下鉄が延長されたとき，その家は工事でとりこわされてしまった．1930年代には街路沿いに並んでいた大部分のジョージ朝のテラスの家並みは，現代風のフラット建築に取って代わられた．19世紀後半からケンジントン周辺の上流階級相手に幅広い商いを行なっていたデリー・アンド・トムズ(→Derry and Toms)商店が，1933年にバーナード・ジョージの設計によって新しく生まれ変わった．1890年来のバジル・シャンプニーズ・ロイヤル・パレス・ホテルの代わりに，1965年ロイヤル・ガーデン・ホテルが建てられた．ハイ・ストリートの東端を南へおりると，サッカレーと関係の深いヤング・ストリートである．彼の住んだ家は現在も残っている．

Kensington Palace
ケンジントン・パレス

The Broad Walk, W8

ウィリアム三世以来、国王や王族が住む王宮．ケンジントン・ガーデンズの南西端、丸い池のラウンド・ポンドに面している．

もとはサー・ジョージ・コピンのために建てられた館であったが、ウィリアム三世の国務大臣ノッティンガム伯爵ダニエル・フィンチが買い求め、ノッティンガム・ハウスと呼ばれていた．即位したウィリアム三世は、当時の王宮ホワイトホール・パレス（→Whitehall Palace）を、テムズ川の悪臭で住めないと嫌って、ノッティンガム・ハウスに移り住み、以後アン女王、ジョージ一世、ジョージ二世らが住居として使用した．ホワイトホール・パレスは1698年の大火で焼失し、公式の王宮はセント・ジェイムズ・パレス（→St James's Palace）に変わったが、歴代の国王が引きつづきケンジントン・パレスを住居としたことは、この王宮がきわめて居住環境にかなっていたことをうかがわせる．

加えてクリストファー・レンをはじめとする高名な建築家による改修、彫刻家、画家らによる改装が続き、ジョージ三世時代からは王族の住居として好んで使用されてきた．ヴィクトリア女王はここで生まれ、即位の年まで住みつづけ、ウィリアム四世の他界で王位継承の知らせを受けて、最初の枢密院会議を開いたのもこの王宮である．またのちのジョージ五世妃となったメアリ・オヴ・テックもここで生まれている．

現在のケンジントン・パレスは2つに分けられ、東側の部分は「ステイト・アパートメント」と呼ばれて一般に公開されている．高名な画家による壁画のほか、ロイヤル・コレクションの絵画、家具などの公開が、ヴィクトリア女王の生誕80年を記念して、ここで1899年から始められた．

西側の部分は「ケンジントン・パレス・アパートメント」と呼ばれ、王族の集合住宅になっており、マーガレット王女（現女王の妹、2002年死去）、グロスター公妃アリス（現グロスター公の母）、グロスター公夫妻、プリンス・マイケル・オヴ・ケント夫妻らが住んでいる．チャールズ皇太子妃プリンセス・ダイアナの最後の住いでもあった
→Royal Palaces

Kensington Palace Gardens
ケンジントン・パレス・ガーデンズ　W8

1843年にジェイムズ・ペネソーンが設計した私道で、ケンジントン・ガーデンズ（→Kensington Gardens）の西側をほぼ南北に走る一直線の道路．プラタナスの並木のある道の両側に、有名な建築家たちが1844-70年に設計した豪勢な邸宅が立ち並んでいる．その邸宅の多くは現在、各国の大使館として用いられている．

関係した有名建築家にはデシマス・バートン、シドニー・スマーク（ともに12番地）、オーウェン・ジョーンズ（8番地）、フィリップ・ウェッブ（1番地）らがいる．2番地はフレデリック・ヘリングが小説家ウィリアム・M・サッカレーのために1860-62年に設計したもの．サッカレーはここで1863年に死去した．北端の25番地のチェコ大使館はチェコとイギリスの建築家が協同で建てた．

Kensington Square
ケンジントン・スクエア　W8

ケンジントン・ハイ・ストリートから南へヤング・ストリートをくだったところにある．1685年にトマス・ヤングによって設計された空間で、ウィリアム三世がノッティンガム・ハウスを買ってケンジントン・パレス（→Kensington Palace）に仕立てたころから、ここには廷臣たちの優雅な館が立ち並び、上流社交界の人人が多く住んでいた．

このスクエアに住んだ人々の中には、マザラン公爵夫人、文人のリチャード・スティール、歴史家のJ.R.グリーンなどが含まれる．1837-51年にジョン・スチュアート・ミルも18番地に住んでいたが、彼の召使いがカーライルの『フランス革命』の原稿を間違って燃やしたのは、この家でのことであった．1865-67年に、エドワード・バーン=ジョーンズも41番地に住んだことがある．

Kentish Town
ケンティッシュ・タウン　NW5

　ハムステッド・ヒースの南東に位置する地区．名称の起源については，いくつかの説があるが，サクソン語に由来し，おそらく最初の地主がケント出身の人物（Kentish）であったことによる，とする説が妥当であろう．もとは小村落であったが，15世紀以降はフリート川（→Fleet River）に臨む緑豊かなロンドン郊外の住宅地として，金持ち階級の注目をひき，豪壮なカントリー・ハウスや別荘などが建つようになった．発展にともない居酒屋やインが出現し，ロンドンからの行楽客を迎え入れる態勢も整った．と同時に住宅建設のブームが起こり，18世紀末ころには，大きく変貌を遂げて，自家用の馬車や大勢の召使いを従えた家族の郊外住宅地と化した．1784年に新しい教区教会セント・ジョン・ザ・バプティストが建設された．1820年リー・ハントがハイゲート・ロード近くのモーティマー・テラスで，しばらくジョン・キーツとともに住み，メアリ・シェリーがケンティッシュ・タウン・ロードに住んでいて，1824年にバイロンの葬列を見送った．

　1840年代から投機的な開発が急激に進むにつれて，農場も緑地も次第に失われていった．このような変化の激しいころの1856年に，画家のフォード・マドックス・ブラウンがフォレスト・ロード56番地に住んでいた．同じころにカール・マルクスもグラフトン・テラスに住んでいたが，のちにメイトランド・パーク・ロードに移って，1883年に世を去るまでそこに住んだ．1860年代にミッドランド鉄道の拡張工事にともなってさらに大きな変化が訪れ，それまでの郊外住宅地はいまや労働者の町，工場の町へと変貌した．1935-36年にジョージ・オーウェルがローフォード・ロード50番地に住んでいた．中心部に地下鉄・鉄道ケンティッシュ・タウン駅がある．

Kenwood House
ケンウッド・ハウス
Hampstead Lane, NW3

　市北郊ハムステッド・ヒースの段丘上にある新古典様式の大邸宅．屋敷も含め，単にケンウッドと呼ぶ．巨匠の絵画のコレクションを所蔵することでも広く知られる．もともと王室の印刷業者ジョン・ビルが1616年ごろに建てたものといわれている．その後，所有者が代わって大部分が取り壊され建て替えられたが，何人かの手を経て1754年に，ウィリアム・マレー（のちの初代マンスフィールド伯爵）が買い取った．1764-79年にロバート・アダムによって改築され，さらにマンスフィールド伯死後の1793-96年には，甥で相続人のデイヴィッド・マレーがジョージ・ソーンダーズに増築を依頼した．

　アダムは北側正面に4本の柱に支えられた屋根付きの堂々たる玄関と，3階の東側に図書室を付け加え，全体を白い化粧漆喰で固めた．図書室はグレイト・ルームとも呼ばれ，応接間でもあった．長方形で東端は教会堂建築の後陣のようになっており，弦材を2本のコリント式円柱が支えている．湾曲した天井には優美な装飾が施され，息を飲むばかりの華麗な部屋である．北側の東西両翼はソーンダーズが増築した部分で，東が食堂，西が音楽の間であり，簡素ながら彫刻小壁が美しい．2階への大階段の欄干はアダムがデザインした動きのある美しさが目を引く．南側正面もアダムの手になり，上の2つの階は片蓋柱で装飾されている．西側の果樹温室は現在コンサートなどに利用される．1922年には屋敷の大部分はケンウッド保存協会によって買い取られた．

　ケンウッドは初代アイヴァ伯爵エドワード・セシル・ギネス遺贈の絵画コレクションを所蔵することで世界的にその名を知られる．コレクションにはレンブラントの《自画像》，フェルメールの《ギターを弾く女》，ゲインズバラの《ハウ伯爵夫人メアリ》などのほか，フランス・ハルス，ヴァン・ダイク，レノルズ，ジョージ・ロムニー，ターナーらの作品が含まれ，館は画廊でもある．屋敷内には芝生の美しい庭園があり，池の端の野外音楽堂では夏にコンサートが催され，人気がある．

Kettner's Pizza Express
ケットナーズ・ピザ・エクプレス
Romilly Street, W1

　ケットナーズはソーホーにできた外国人による初のレストラン．1860年代にナポレオン三世のシェフだったオーガスト・ケットナーが開店した．ホテルのレストランは別として，イギリスのグルメを魅了したソーホー地区唯一のレストランとの評判が高かった．居心地よい個室が人気で，劇作家オスカー・ワイルドの行きつけの店でもあった．
　現在はピザ・エクプレスのチェーン店となっている．地下鉄レスター・スクエア駅に近い．

Kew
キュー　TW9

　市西郊のテムズの川岸にあたる地域で，対岸にはブレントフォードとチズィック地区が広がる．通称キュー・ガーデンズで知られる王立植物園（→Kew Gardens）がある．リッチモンド・パレスの近くにあって，この地域には16世紀から宮廷関係者の住宅が多かった．メアリ・テューダー（メアリー一世）やジェイムズ一世の王女エリザベスも，ここに住居をもっていた．
　1730年代に，時の皇太子フレデリックがサー・ヘンリー・ケイペルから邸を借り受けて，これをキュー宮殿と名づけた．のちにフレデリックの子ジョージ三世がそれを正式に買い取り，再建すべく1803年に取り壊したが，結局その再建は完成しなかった．したがって「ダッチ・ハウス」（オランダ屋敷）と一般に呼ばれる今日のキュー・パレスは，これとは別物である．なおこのキュー・パレスは，キュー植物園に美しいたたずまいをもつイギリス最小の王宮であり，このあたりに立っていた古い宮殿の中で今日に残っている唯一のものである．
　フレデリックがケイペル邸を借りてから20数年後の1759年に，その妃のオーガスタがその邸の庭園造りに着手し，それがキュー・ガーデンズへと発展することになった．テムズ川にかかるキュー橋は，最初1759年に完成（木造）したが，1784-89年に石造のものに乗り替えられ，そして1903年に現在のものが造られた．この橋から北へ100メートルほどのところに世界一大きなビーム機関を収めたキュー・ブリッジ蒸気博物館がある．植物園の正門に近いセント・アン教会の墓地には，画家のゲインズバラ，ゾファニーなどが埋葬されている．鉄道駅キュー・ブリッジ，鉄道・地下鉄キュー・ガーデンズが近い．

Kew Gardens
キュー植物園　TW9

　正式には王立植物園（Royal Botanic Gardens）という．総面積121ヘクタール，4万種の植物，600万の標本，10万冊以上の蔵書を有する世界屈指の植物園であり，植物学研究所である．研究機関として特筆すべきは，種の保存における永続的な業績であろう．絶滅種とされながらも，ここに保護されて，ここだけに生育するものが13種ある．また絶滅に瀕している1000種が保護されている．同園の研究者は世界50か国で研究活動に従事している．
　植物園の歴史は，オーガスタ妃（ジョージ三世の母）がキュー領地にあったホワイト・ハウスに住んでいた1759年，ビュート伯爵の指導のもとにおよそ3.6ヘクタールの植物園を造ったことに始まる．1772年，オーガスタ妃が世を去ると，ジョージ三世とシャーロット王妃はサー・ジョーゼフ・バンクスに植物園の充実と拡充を依頼し，造園には当代一のケイパビリティ・ブラウンを当たらせた．旅行家・ナチュラリストであったバンクスは世界各地から研究と栽培のために多くの植物を持ち帰り，今日の基礎を築いた．国に移管されたのは1840年，翌年，初代園長にはウィリアム・フーカーが任命された．
　園内にある主な建物は，ヤシ（パーム），コーヒー，カカオなどのパーム・ハウス（1848），多雨林の植物類をあつめた温帯館，高山植物館（1981），熱帯睡蓮館（1852），キュー・パレス（1631），シャーロット王妃別荘（1770年代），10層の中国風塔（1762），京都東本願寺勅使門

の3分の2の複製(1912)などである．
　テムズ川の東岸に沿う植物園の全体は，東，西，北の3区画に分けて散策と鑑賞を楽しむのがいいかもしれない．地下鉄駅キュー・ガーデンズ(ディストリクト・ライン)に近いヴィクトリア・ゲートから入れば，パーム・ハウス，温帯館，中国風の塔，バラ園，桜，ヒース園，タイザンボクなどの植込みのある東区画，鉄道でキュー・ブリッジ駅に近い正門から入れば，キュー・パレス，キュー・ガーデンズ美術館，シダ館，ロック・ガーデン，オランジェリー，水生園などのある北区画が近い．池を中心にしたシャクナゲの谷，シャーロット王妃別荘，ブルーベルの群生，松，ツツジの植込み，睡蓮池などがあるのが西地区である．

Kilburn
キルバーン　　NW6

　市北西郊，ハムステッド地区の西に位置する地区．キルバーンの名はそこを流れていた小川(burn)，キールに由来する．ヘンリー一世の時代にゴドウィンという隠者が隠棲したのが歴史に記述された最初で，その建物はのちに修道院となってマティルダ王妃の女官たちがそこに預けられた．ローマ時代以来の目抜き通りエッジウェア・ロードに沿い，宿屋が多数あった．レッド・ライオン亭やコック・タヴァンが15世紀に建てられ，のちに再建された．1130年キルバーン川岸にキルバーン小修道院が創建された．1714年から1818年ころまで，キルバーン・ウェルズ(→Kilburn Wells)を中心に上流階級の人々が集う社交場として栄えた．1840年ころから，キルバーン・ハイ・ロードを定期乗合馬車が走り，1852年にユーストンからの鉄道の駅が完成．1860年にノース・ロンドン鉄道のブロンズベリー駅が開設され，1879年，メトロポリタン鉄道敷設を経て，現在のようなやや雑然とした商業地になった．住民はポーランドからの移住者など外国人が多い．
　主な建築物として，1859年から67年にジェイムズ・ベイリーが開発した住宅団地，1880年にJ.L.ピアソンが建てたセント・オーガスティン教会などがある．

Kilburn Wells
キルバーン・ウェルズ

　1714年から1818年ころまで栄えた，キルバーンの鉱泉社交場．キルバーン・ハイ・ロードとベルサイズ・ロードの交差する角に石の銘板が残る．最盛期は18世紀の中ごろで，イズリントンのサドラーズ・ウェルズに匹敵する繁盛ぶりであった．また近くのハムステッド・ウェルズと人気を競いあった．1773年の広告には，鉱泉水の薬効をうたい，美しい田園風景が楽しめ，建物は装いを一新し，朝食は最高のワイン付きで提供されるとある．1600年ごろ建てられたベル亭は，1742年ころ改築し，上流階級の人々でにぎわった．19世紀になって紅茶が一般に広まるまで，鉱泉水を飲む習慣はつづき，ロンドンの人々が足しげく通ったという．ベル亭は1863年に取り壊された．

King's Bench Prison
キングズ・ベンチ債務者監獄

　高等法院に「王座部」(キングズ・ベンチ)と呼ばれる部門があったことからこの名があるかつての監獄．14世紀にバラ・ハイ・ストリートに建てられ，ウェストミンスターその他の高等法院の判決を受けた受刑者を収監していたが，しだいに債務者監獄としての色彩を強め，1755年から58年にかけて，サザックとランベスとの間にあるセント・ジョージズ・フィールズへ移転してからは，ほとんど債務者監獄と同義語となった．このような監獄は以前から堕落と腐敗で悪名高い世界であったが，移転後も金による闇取り引きが横行する点では，少しも変わるところがなかった．1759年，トバイアス・スモレットは，この獄中で『サー・ランスロット・グリーヴィス』を書いた．1868年，侮辱罪でここに収監されていた革新的下院議員のジョン・ウィルクスは，門の外に群がった群衆の歓呼の声に送られて議事堂入りをした．
　1780年にゴードン暴動(→Gordon Riots)で

焼けたが，すぐに再建，1837年ヴィクトリア女王の時代になってからは「クイーンズ・ベンチ」と名を変え，1840年代には，フリート監獄(→Fleet Prison)とマーシャルシー監獄(→Marshalsea Prison)を合併して，ロンドンの債務者監獄として存続した．チャールズ・ディケンズの『ニコラス・ニクルビー』(第46章)には，この監獄の「ルール区域」での生活描写がある．つまり入獄中の者が金を積めば，監獄の周囲3平方マイルの範囲内で，居酒屋などへの出入りを含めて，自由な生活ができるという制度があったのである．キングズ・ベンチ監獄は1880年に取り壊された．

Kingsbury
キングズベリー　NW9

ロンドンの北西，エッジウェア・ロードとノース・サーキュラー・ロードが交わる西部一帯の地域で，「王の自治都市あるいは要塞」の意．地域の中心は，14世紀のペスト流行後，オールド・チャーチ・レインのセント・アンドルーズ教会の周辺からキングズベリー・グリーンに変わった．周囲に中世の濠が残るセント・アンドルー教会は13世紀の創建だが，サクソン時代の様式を思わせる部分もある．長い間荒れるにまかされていたが，ようやく19世紀に入って修復が始まった．教会にはマンスフィールド伯爵ウィリアム・マレーの記念碑や，国王の猛禽の管理者であったジョン・ブルの記念板などがある．

オリヴァー・ゴールドスミスがこの地域に住み，ハイド・ハウス・ファームで『負けるが勝ち』を書いた．キングズベリー領主館は第三代サザランド公爵夫人のために1899年に建てられたものである．地下鉄キングズベリー駅がある．

King's College Hospital
キングズ・コレッジ病院

Denmark Hill, SE5

ストランドのキングズ・コレッジの創立にともない，その付属病院として発足した．医学部の創設は1831年で，最初の病院は1839年にポルトガル・ストリートに建てられた．1862年に建て直されたが，その当時ロンドンのモデル病院だと言われた．消毒外科を最初に取り入れたジョーゼフ・リスター教授が1877年スタッフに招かれ，1912年には，マラリアの原因と感染経路の発見者であるロナルド・ロスがスタッフに加わった．1913年にはデンマーク・ヒル(→Denmark Hill)に新病院が開設され，医学校も病院とともに移転した．1948年，国民保健サービスが発足すると，ベルグレイヴ小児病院やセント・ジャイルズ病院など，4つの病院がキングズ・コレッジ・グループに加わった．ラフバラ・ジャンクション鉄道駅の近く，ラスキン・パークの向かいにある．

→Hospitals

King's College London
キングズ・コレッジ

Strand, WC2

ロンドン大学(→University of London)を構成する主要コレッジのひとつ．「ガウアー街の神なきコレッジ」と呼ばれたユニヴァーシティ・コレッジに対抗して，ウェリントン公，ヨークとカンタベリー両大主教など高位聖職者により1828年に設立された．開校は1831年，ロンドン主教C.J.ブロムフィールドがチャペルで礼拝式を行なった．初代学長はウィリアム・オター博士．

教育内容は宗教，自然哲学(現在の自然科学)，古典学，歴史，近代語，数学，医学，外科学，科学，法学であった．コレッジの運営にあたる理事と教授(言語学の教授を除いて)は国教徒でなければならなかった．

1846年にはコレッジにロンドンで最初の夜間クラスが開設された．このクラスで小説家のトマス・ハーディが学んでいる．1908年にはロンドン大学を構成するコレッジのひとつとなった．このコレッジで教えた著名人にはジョーゼフ・リスター(殺菌消毒法の完成者)，チャールズ・ウィートストン(物理学者で電報法で特許を得た)，J.C.マックスウェル(物理学者)，F.D.モーリス(キリスト教社会主義者)などがいる．

校舎の大改築が6年をかけて1972年に完成した．キングズ・コレッジは今日では旧チェルシー・コレッジ，クイーン・エリザベス・コレッジ（1985年に併合），それにキングズ・コレッジ医学・歯学スクール（1983年に再統合）を吸収合併している．2001年度の学生総数は1万6700人で，教師数は約2500人．

King's College School
キングズ・コレッジ・スクール
Southside, Wimbledon Common, SW19

ロンドン大学キングズ・コレッジ（→King's College London）のジュニア部門として1829年にストランドに設立され，規模の拡大にともなって，1897年に現在地に移転した．小学校部門も1912年以来，同じ敷地にある．在校生数660名程度．

新旧の建物が混在し，質実剛健が売り物の男子校で，徹底した個人指導教授制をとっている．国語教育にとくに重点がおかれている．ロンドン南西部の中流階級出身の生徒が多く，人種的にはアジア系をはじめとして外国系がめだつ．ほぼ全員が大学に進学し，法曹界その他の専門職に就く卒業生が多い．

主な出身者にはオックスフォードやケンブリッジなど，大学の研究者が多く，異色の人物にD.G.ロセッティがいる．

King's Cross
キングズ・クロス　N1

ユーストン・ロード，ペントンヴィル・ロード，カレドニアン・ロード，グレイズ・イン・ロードなど大小7つの道路が交わる地点．1756年，ユーストン・ロードとペントンヴィル・ロードが造られたときにバトル・ブリッジという村だった．ボアディケアとローマ軍の戦闘地という説があるが，不確か．おいはぎのジョン・エヴェレットがここで馬車を襲撃したかどで，1731年にタイバーンで絞首刑に処せられた．1746年から1846年にはウィッティントン病院の前身である天然痘病院がそこにあった．

1836年にユーストン，ペントンヴィル，セント・パンクラス，グレイズ・イン・ロードの交わるところにジョージ四世の記念碑が建てられて，現在の地名となった．記念碑は，ドーリア式の柱とイギリスの4人の守護聖人で飾られた高さ約3メートルの八角形の建物の上にジョージ四世の像が置かれた．記念碑の評判は芳しくなく，1845年に記念碑は撤去された．1851年から52年に天然痘病院の跡地にグレイト・ノーザン鉄道の終着駅であるキングズ・クロス駅が建設された．1868年には，ミッドランド鉄道のターミナルであるセント・パンクラス駅がその西に造られ，2つの駅から発着する列車はやがて鉄道の黄金時代をつくっていった．

King's Cross Station
キングズ・クロス駅
Euston Road, NW1

1852年にグレイト・ノーザン鉄道のロンドン終着駅として開業．北へ向かってスコットランドの東海岸方面，エジンバラ行きの列車などが発着する．すぐ西隣りにあるセント・パンクラス駅（→St Pancras Station）に比べて駅舎が小さくて地味なために，美女セント・パンクラスの「不器量な姉」と評されることがあるが，E.M.フォースターは小説『ハワーズ・エンド』の中で，この駅を「人生を物質万能で割り切る風潮を批判している」として，つつましさの点で高く評価している．イギリスの特急列車の代表とも言われた「ザ・フライング・スコッツマン」（The Flying Scotsman）は，この駅を出発して，エジンバラのウェイヴァリー駅まで，戦争中も休みなく走ったが，現在ではインター・シティの1本となり，伝統ある名前は消えている．ほかにケンブリッジ往復などの近距離列車も発着している．

King's Head and Eight Bells
キングズ・ヘッド・アンド・エイト・ベルズ亭
Cheyne Walk, SW3

ロンドンだけでも50軒を数える王頭亭の看板には，何といってもヘンリー八世の顔が一番多いが，チェルシーのこの店の看板はその図柄の組み合わせがおもしろい．王様の肖像

をとりまいて，8個のベルが吊り下がっている看板である．ヘンリー八世はイギリス海軍の生みの親だから，艦船の八点鐘にちなんでいるのかもしれないが，1981年に創業400年を祝ったこの老舗は，18世紀末に単なる「王頭亭」が別の「八つの釣鐘亭」を吸収合併して，今日のような組み合わせの屋号になったという説が正しいようである．この店のあるチェイニー・ウォーク（→Cheyne Walk）は，テムズ川に沿った静かな散歩道で，昔は宮廷があり，ヘンリー八世の荘園もあって，ここで娘のエリザベスは少女時代を過ごした．チェルシーの昔をしのぶのによい酒亭である．

King's Head Tavern
キングズ・ヘッド・タヴァン

看板がヘンリー八世の肖像であったことから，おそらく同王の時代にフリート・ストリートに存在していたと思われる酒亭．その娘のエリザベス一世の時代には，確かに存在していたといわれている．「プロテスタントの家」と呼ばれ，カトリック教徒の陰謀をでっちあげた国教会の聖職者タイタス・オーツとその一味の会合所であった．またオーツやシャフツベリー伯爵アントニー・アシュレー・クーパーなどの政治団体が結成されたのも，この店においてであった．酒場は2階にあって，1階は出版社が経営する書店で，ここでアイザック・ウォールトンの『釣魚大全』の初版（1653）が印刷された．18世紀半ばジョンソン博士の主宰するアイヴィ・レイン・クラブの会場になった．1799年にチャンセリー・レイン（→Chancery Lane）ができて，取り壊された．ヘンリー八世の肖像を看板にしたロンドンの王頭亭としては，チェルシーの「王頭と八つの釣鐘亭」（→King's Head and Eight Bells）がある．

King's Road
キングズ・ロード　　SW3, SW6, SW10

チェルシーの幹線道路のひとつでスローン・スクエアからフラムのニュー・キングズ・ロードに至る大通りだが，オールド・チャーチ・ストリートまでの東の部分はかつて王家の私道であった．通りの名はチャールズ二世に由来する．フラムに住んでいた王の愛人ネル・グウィンを訪ねるため通ったとされる道．また，おいはぎが出ることでも有名だった．それを防ぐため片面に「王の私道」，他の面に王冠と王のモノグラムとが刻まれた銅製の通行手形が必要だった．ジョージ三世はキュー・パレスに行くときにここを通った．私道でなくなったのは1830年．現在は若者に人気のあるブティック街の他，レストラン，パブ，骨董店が多い．

バスも人通りも多いこの通りの南側には，1801年に建てられたデューク・オヴ・ヨークス・ヘッドクォーターズがある．そこには陸軍共済基金本部など軍関係の機関・団体が入っている．公共図書館が入っているチェルシー・オールド・タウン・ホールなどがある．この通りの215番地には《ルール・ブリタンニア》を作曲したトマス・アーンが住み，しかも1904年から20年まで女優エレン・テリーの住居だったことを記念する銘板がはめこまれている．その先にモラヴィアン墓地がある．

通りの北側には以前，教員養成校セント・マーク・アンド・セント・ジョン・コレッジ（→College of St Mark and St John）があったが，現在その敷地にはロンドン大学キングズ・コレッジ（→King's College London）が入っている．その東には，イタリアの画家キプリアーニや植物学者ジョン・マーティンなどの墓があるオールド・チェルシー墓地があるが，1976年以降ダヴ・ハウス・グリーンという広場になっている．

キングズ・ロードの北のシドニー・ストリートには，チャールズ・ディケンズが結婚式を挙げたセント・ルーク教会がある．さらに東へ進むと，18世紀のキジの飼育場（フェザントリー）跡に建てられた（1881），ザ・フェザントリーというレストランがある．オーガスタス・ジョンなど画家や作家が常連客だった．120番地にはローラ・アシュレイの店がある．

Kingston Upon Thames

キングストン・アポン・テムズ
KT1, KT2, KT3

　大ロンドン南西郊、リッチモンドの南にあたるテムズ東岸の地域。サクソン時代に「王の所有地」を意味するキュニングスタムと呼ばれ、のちにキングストンとなった。町の紋章の3尾の魚はここが漁業の町だったことを示している。テムズにかかる木造の橋としてはロンドン橋に次いで古い、ノルマン侵攻以前に造られた橋があったが、1828年に石造となった。1914年に拡張されている。

　ここはケンジントン、チェルシーとともに最も古い国王の自治都市で、1200年にジョン王が発した勅許状が現存する。13世紀ごろからサリーの主な市場として栄えた。チャールズ一世の勅許状は、周囲11キロ以内にほかの市場を開くことを禁じている。今は市場のあるマーケット・プレイス全体が保護地区となっており、グリフィン亭やドルイズ・ヘッド亭などが立っている。現在のチーズマンズ・デパートにあるジェイムズ一世時代の階段は、カースル・インの名残りである。オール・セインツ教会の塔は13世紀の建造。14世紀初頭の教会を修復して、1561年にエリザベス一世がキングストン・グラマー・スクールを創立した。マーケット・ホールは16世紀の建物で、1935年に市庁舎が建てられるまで町役場として使われた。

King Street
キング・ストリート　WC2

　コヴェント・ガーデン・マーケットわきにある通り。チャールズ一世の時代、1630年代に造られた通り。共和制時代には下院議長ウィリアム・レントホールがこの通りに居を構え、また劇作家トマス・キリグルー、さらに時代が下って俳優のデイヴィッド・ギャリックが27番地に、サミュエル・T・コールリッジが10番地に一時住んだことがあった。18世紀の作曲家トマス・アーンとその妹で悲劇女優のスザンナが31番地で生まれた。この通りに長く住んでいた提督エドワード・ラッセルや外交官のサー・ケネルム・ディグビーの住居は、1774年にロンドン初の家族経営のホテルに転用され、18世紀末に W.C. エヴァンズの手に渡り、エヴァンズ・ミュージック・アンド・サパー・ルームズ（→Evans Music-and-Supper Rooms）として名を馳せた。1844年に増築され、料理も評判となり、常連にウィリアム・M・サッカレーがいた。1831年にギャリック・クラブがこの通りの35番地に設立された。20-22番地に貸衣裳店モス・ブラザーズ（→Moss Bros）が1860年に開店、現在は27番地で営業をつづけている。

King's Wardrobe
キングズ・ウォードローブ

　もとはブラックフライアーズ駅の東側にあったサー・ジョン・ビーチャムの私邸（14世紀）。サー・ジョンはドーヴァーの治安役人であり英国南東部の五港（サンク・ポーツ）の管理者を務めた有力者である。サー・ジョンの死後エドワード三世の手に渡り、国王の衣装庫となったもの。この収蔵庫にロンドン塔から王の儀式用の衣服一式、王家全員の儀式用の衣服、大使や大臣、騎士の家具や衣装などが納められた。

　ロンドン大火でこの建物が焼失したあと、王の衣装庫はサヴォイに移り、のちにバッキンガム・ストリートに再建された。最後の衣装管理長は、ラルフ・モンタギュー公爵で1709年に死亡した。

Kingsway
キングズウェイ　WC2

　ホーボーン地区の地下鉄ホーボーン駅からオールドウィッチに延びる通り。ストランドとホーボーンの間には、ドルーリー・レインとチャンセリー・レインの狭い通り2本しかなく、1830年代から改造が検討されていた。1892年、市の南北をつなぐ幅30メートルの大通りの建設案がまとまり、1905年エドワード七世のときに開通した。

　道路が開通すると、7番地の W.H. スミス・ビルディング、コダック・ハウスなど1910年代に建築が急速に進んだ。なかでも注目されたのはエンバンクメントに至る市街電車の地

417

下軌道だったが，1932年には一時閉鎖され，1964年に車の地下道として南の部分が再び利用された．ロイヤルティ・シアター，ホーリー・トリニティ・チャーチ，セント・シシリア教会などがある．

Kit-Kat Club
キット・キャット・クラブ

1700年に出版者ジェイコブ・トンソンの肝いりで設立されたホイッグ系クラブ．この奇妙なクラブ名の由来については2説あり，第1は会員が集まったクリストファーという人物が経営するケーキ屋の看板が「猫とヴァイオリン」の図柄だったので，クリストファーを短縮して「キット」と猫の「キャット」を結びつけたという説と，第2は会員の集まった店の経営者の名前がクリストファー・キャットで，これが短縮されたという説である．

会員にはホイッグ系の政治家モールバラ公爵，サー・ロバート・ウォルポールのほか，同じホイッグ系の作家ジョーゼフ・アディソン，リチャード・スティール，ウィリアム・コングリーヴらがいる．その政治的立場ゆえに，ホイッグ系の劇作家の作品が上演されるときは会員が大挙して劇場へ赴き，大いに景気づけを行なったとされる．なお1720年ころにクラブは自然消滅した．
→Clubs

Knightsbridge
ナイツブリッジ　SW1

ハイド・パーク・コーナーからケンジントン・ロードに至る通り．11世紀ころにはハイド・パークの南側に村があって，その中をウェストボーン川が流れており，いまのアルバート・ゲートのあたりに橋がかかっていた．伝説によると，ロンドン西郊のフラムに向かって旅をしていた2人の騎士がこの橋を通りかかったときに決闘となった．それがナイツブリッジ(騎士の橋)の由来だと伝えられる．昔はお

―――[ロンドン・ア・ラ・カルト]―――

日本人村

1884年の冬，ナイツブリッジのハンフリーズ・ホールに日本人村が出現した．もちろん日本の生活，風俗習慣，文化を紹介しようとした最初の試みで，連日ロンドンっ子たちの人気を集め，一時的ながらジャポニスムの旋風を巻き起こした．ちょうどギルバートとサリヴァンが『ミカド』(初演1885年3月)の作曲を進めていたころのことである．

『イラストレイテッド・ロンドン・ニューズ』の1885年2月21日号は，9葉の挿絵入りで，この日本人村の全貌を紹介している．実に好意的で微笑ましい書き方で，その異国情緒に対する多大の関心がうかがわれる．

その村には，広い通りをはさんで商店や家々が並び，100人を超す日本人の職人やその家族が住めるようになっていた．こけら板張りの家があればわらぶきの家もありで，家並みには変化があり，それぞれに竹細工や壁紙，提灯などによる装飾が施されていた．日本の乙女による緑茶のサービス，それぞれの分野の職人による木箱づくり，ふすま絵，七宝細工，番傘づくり，毛筆書き等々の実演が行われて，イギリスの紳士淑女たちの関心を引いた．

しかし，まもなく惨事が訪れた．1885年5月2日に発生した火事によって村は全焼，百人余の住人が焼け出されたほか，ひとりの犠牲者が出た．ところで，この日本人村づくりに奔走した人は誰だったのか．田中某というところまでは判明しているが，詳細については不明である．

いはぎの名所でもあったが，村には後世に名を残した居酒屋が何軒もあった．たとえば17世紀の劇作家トマス・オトウェイの『兵士の運命』に出てくるスワン，サミュエル・ピープスの日記にしばしば登場するワールズ・エンド，そしてフォックス・アンド・ブル(→Fox and Bull)など．

この一帯にも，近年変化の波が押し寄せたが，1888年に建てられたハイド・パーク・ホテルや，ヴィクトリア女王の父君ケント公が一時住んでいたことから名づけられたケント・ハウス(現在はウェストミンスター・ユダヤ教会堂)など，19世紀の名残りをとどめる建物もいくつか残っている．58番地にフランス大使館があり，116番地Aにウェリントン・クラブ，60番地にロイヤル・テムズ・ヨット・クラブがある．近くのブロンプトン・ロードにロンドンで最も名高い百貨店ハロッズ(→Harrod's)があって，ナイツブリッジ一帯はロンドン中で最も「誇り高い」ショッピング・エリアとなっている．

Knights Templar
テンプル騎士団

1118年ころにエルサレムに設立されたキリスト教騎士団．はじめは9人の騎士からなり，ヨーロッパからエルサレムへ聖地巡礼に行く人たちの安全を守ることが目的であった．騎士団の勇敢さと献身的な行動に感動したエルサレムの王ボードワンは，彼らのために俗に「ソロモンのテンプル」と呼ばれていた自分の宮殿近くの場所を居住地として提供した．そこで彼らはエルサレムのソロモンのテンプル騎士団として知られるようになり，のちにテンプル騎士団と呼ばれるようになった．彼らはまた，肩に大きな赤十字をつけていたことから，「赤騎士」(Red Knights)とも呼ばれた．

12世紀の前半にテンプル騎士団はイギリスにおいてはロンドンのいまのハイ・ホーボーン(→High Holborn)に定着して教会を建て，1162年には，そこからテムズ河畔へ南下して，また新たな教会ニュー・テンプルを建てた．エルサレムの「岩のドーム」をかたどって，円形になっているのが彼らの教会の特徴である．その後13世紀にかけて彼らは莫大な財産を蓄え，並びなき権勢をふるうようになった．そのために諸王のねたみを買うところとなり，フランスの端麗王フィリップ四世は冒瀆，魔法使い，その他諸々の罪悪をあげて，騎士団の弾圧を教皇に迫った．1312年教皇はついに騎士団廃止令をくだすことになり，ロンドンの騎士たちは捕らえられてロンドン塔に幽閉され，財産は没収された．没収された財産は結局ホスピタル騎士団に贈られたが，そのあとテンプルは法学生の宿舎として貸与されることになる．

→Inner Temple

L

Ladbroke Grove
ラドブルック・グローヴ　W10, W11

ノース・ケンジントン地区を南北に貫いて、ホランド・パーク・アヴェニューからハロー・ロードに至る道路．1830年代から40年間かけて完成した．1837年から1841年まで，この地域にヒポドロームと呼ばれる競馬場があった．1845年にはこの競馬場の中心部の高台の草地に，セント・ジョン教会が建てられた．この道路の南部は古典様式の邸宅街であるが，北部は工場や公営住宅などが占めている．

チャールズ・ディケンズの小説の挿絵をフィズという筆名で描いた画家ハブロ・ナイト・ブラウンが，1872年から80年まで99番地に住んでいた．

Lamb
ラム亭

Lamb's Conduit Street, WC1

この屋号は子羊のラムではなく，道路名に残っているように，1577年に道の下に水道を造った技師のウィリアム・ラムの名をとったものである．この水道はフリート川（→Fleet River）の支流としてエリザベス時代に造られたものを，ラムが改修し，18世紀に完備され200年使用されたが，現在は消滅している．近くのロング・ヤードの入口にその記念碑が立っている．サミュエル・ピープスがホーボーン・コンディットを訪れた（1668年11月25日）のは，このラムの水道であった．パブの内部はヴィクトリア朝風で，1961年に改装され，美しい彫刻のスクリーン（仕切り）や昔のままの木工細工を残している．一時ブルームズベリー・グループの会合所となっていた．店内にはミュージック・ホールの写真が飾ってある．子羊の看板をかかげたパブは，イングランドの西部地方に多い．地下鉄ラッセル駅に近い．

Lamb and Flag
ラム・アンド・フラッグ亭

Rose Street, WC2

1623年の創業で，木造建築としてはロンドンの中心部では数少ない建物のパブとして有名．外観はジョージ朝風でいかめしい．屋号の「子羊と旗」は，キリストが十字架の旗をかつぐ子羊の姿で描かれたことに由来する．イギリスやヨーロッパ諸国の紋章の図柄にもなっている．これを「パスカル・ラム」（過越しの祝いに食べる子羊）といって，「神の子羊」のこと．その像をアグヌス・デイ（Agnus Dei）という．したがってこのパブの看板は，キリスト教と古い関係があり，12世紀ごろの聖地エルサレムを保護するために組織されたテンプル騎士団の紋章になっていた．また14世紀に認められた洋服商同業組合の紋章のクレストにも用いられた．このロンドンの同業組合は，戦争用のテントや鎧の下着などを作っていた．

このパブはかつて「血にあふれたバケツ亭」（Bucket of Blood）と呼ばれていた．それは詩人のジョン・ドライデンがこの酒亭で1679年

に刺客に襲われ，多量の出血をするという事件があったからである．12月16日はその記念日で，毎年「ドライデンの夕べ」として盛大な会が催されている．ちなみに，この血なまぐさい屋号のパブは，ロンドン以外にも現存している．イギリス人のブラック・ユーモア好みの一面をうかがわせるものである．地下鉄コヴェント・ガーデン駅に近い．

Lambeth
ランベス　SE1, SW8, SW9, SW11

　テムズ川南岸のサザックとワンズワースの両自治区に東西の境を接した自治区．川沿いの地域は，かつて船着場がある以外は低湿地であった．カンタベリー大主教の公邸であるランベス・パレス（→Lambeth Palace）は，1197年にヒューバート・ウォルター大司教が荘園を買ってランベス・ハウスを建てたことに始まるが，ピューリタン革命中は接収されて牢獄として使われていた．1867年英国国教会の第1回ランベス会議が世界中から76人の主教を集めて開催された．

　テムズ川に面したセント・トマス病院は1106年ごろ設立された，きわめて古い病院で，1540年修道院の解体時にヘンリー八世によって閉鎖されたが，1551年エドワード六世によりロンドン市長と市民に下賜された．元の土地が鉄道敷設で買収されたため，ウェストミンスター橋に近い現在地に1871年に移転した．フローレンス・ナイティンゲールはここに看護婦養成学校を併設し，看護婦の職業的地位の確立に努めた．現在，その博物館が病院に接してある．

　18世紀文学にしばしば登場する，ケニントン・レインに面したヴォクソール・ガーデンズ（→Vauxhall Gardens）は，王政復古の直前にできたもので，1749年4月にここでヘンデルの《王宮の花火のための音楽》のリハーサルが100人の楽士によって1万2000人以上の聴衆の前で行なわれた．サミュエル・ジョンソンもよくここを訪れ，彼の姿は当時の華やいだ雰囲気を写したトマス・ローランドソンの版画に描かれている．ウィリアム・ブレイクは18世紀末にハーキュリーズ・ロードに住んで，『無垢の歌』や『経験の歌』などの詩を書いた．また，ランベスの北，テムズ川に面したサウス・バンク（→South Bank）と呼ばれる地域には，第二次大戦後ロイヤル・フェスティヴァル・ホール，クイーン・エリザベス・ホール，パーセル・ルームなどのコンサート・ホールのほか，ナショナル・シアターなども建てられ，芸術活動の中心地となっている．

Lambeth Bridge
ランベス橋　SE1

　西岸のウェストミンスターと対岸のランベスの両地区を結ぶ．1750年までここに馬車と馬を運ぶ渡し（horse ferry）があったことが知られている．船の転覆事故はめずらしくなかったようで，クリストファー・ヒバートによれば，たとえば，1633年，カンタベリ大主教ロードが公邸であるランベス・パレス（→Lambeth Palace）に引っ越したとき，その荷の重みで船が転覆してしまったという．1750年，すぐ下流にウェストミンスター橋（→Westminster Bridge）ができると，渡しは廃止された．そして，ここにようやく橋ができたのは，P. W. バーローの設計による，3つのアーチをもつ吊り橋で1862年のことであった．その後，77年にそれまでの有料橋から無料になった．現在の5つアーチの橋に改築されたのは1929-32年であった．赤と茶に塗られた橋桁が特徴である．

Lambeth Palace
ランベス・パレス

Lambeth Palace Road, SE1

　カンタベリー大主教のロンドン公邸．テムズ川南岸，アルバート・エンバンクメントの西端近くに位置する．

　1190年カンタベリー大司教ボールドウィンがロチェスターのセント・アンドルー修道会所有のランベス荘園の一部を買い求め，さらに7年後大司教ヒューバート・ウォルターが残余の土地を買い増し，プレモン修道会集会所ならびに大司教の住居を建てたのが公邸のはじま

ランベス・パレス(17世紀中葉)

りである．1228年には礼拝堂が加えられたが，以後ランベス・パレスは信仰と政治の対立で揺れる歴史を刻んでいくことになる．

1378年，神学者で宗教改革者のジョン・ウィクリフが，その信条をめぐって礼拝堂で審問されたのをはじめとして，1381年にはケントの農民一揆(→Peasants' Revolt)の指導者ワット・タイラーの率いる群集が襲い，本を焼き家具を壊し，ロンドン塔に逃げ込んだ大司教サイモン・サドベリを殺害した．第二次世界大戦の空襲で壊されたロラード・タワーは，ここに収監された宗教改革のロラード派にちなんで名づけられた名称である．

1534年には大法官トマス・モアがヘンリー八世の首長令に反対したことで審問されたのがランベス・パレスのガード・ルームにおいてであり，1601年には反乱に失敗したエリザベス一世の寵臣エセックス伯爵ロバート・デヴェルーがここに一夜たてこもる騒ぎもあった．さらにピューリタン革命の内戦当時は議会軍に占領されて，王党派の捕虜収容所に使われたりした．しかし一方では，15世紀末ごろから週3回，ランベス・ドール(Lambeth Dole)と呼ばれた貧者への施しが始められ，1842年までこの慈善事業は続けられた．また1610年には大主教リチャード・バンクロフトがその蔵書を遺贈し，これを母体とする一大宗教書図書館を生む貢献をした．またランベス・パレス北側の3.6ヘクタールのアーチビショップス・パーク(→Archbishop's Park)は，1931年にパレス所有の土地の寄付によって生まれた公園である．

なお，パレス内のロング・ギャラリーには高名な画家ハンス・ホルバインのウォーラム大主教像をはじめ，ヴァン・ダイクのロード大主教像，ウィリアム・ホガースのヘリング大主教像，ジョシュア・レノルズのセッカー大主教像などが飾られている．

Lamb's Conduit Street
ラムズ・コンディット・ストリート
WC1

ラッセル・スクエアに近く，平行して走るギルフォード・ストリートとシオボールズ・ロードと直角にまじわる南北に走る道路．かつてこのあたりには，1577年ウィリアム・ラムが造った導水路があって現在もその名が残っている．ラムは貧しい女性たちに，水を汲んで家に帰るための手桶を120個与えたことがあった．この道路の北端ギルフォード・プレイスに

はラムの導水路を記念して，壺を持った婦人像が立っている．道路沿いの「ラム亭」(→Lamb)は，建築技師ウィリアム・ラムに関わりのあるパブ．トマス・コーラムという船長が18世紀の半ばごろ捨て子養育院を建て，みじめな孤児たちの救済に乗り出したが，導水路はこのころ取り壊された．

Lancaster Gate
ランカスター・ゲート　W2

ケンジントン・ガーデンズの北側を走るベイズウォーター・ロードに接する場所．近くに，1855年に建てられたゴシック様式のクライスト・チャーチの塔だけが現在残っている．69番地では伝記作家のリットン・ストレイチーが，1844年から青少年時代を過ごした．また74番地では，アメリカの小説家ブレット・ハートが1895年から1902年に死ぬまで暮らしていた．

Lancaster House
ランカスター・ハウス
Stable Yard, SW1

セント・ジェイムズ・パレス(→St James's Palace)のステイブル・ヤード沿いにある建物．ジョージ三世の次男ヨーク公爵によって1825年から建築が始められたが，彼は完成を見ずに亡くなったので，そのままスタフォード候爵，のちのサザーランド公爵に売られ，第二代公爵が当時スタフォード・ハウスと呼ばれていたこの大邸宅を完成させた．内部は華麗なルイ十五世様式に造られ，美術室には見事な絵画が飾られた．ヴィクトリア女王もしばしばここを訪れた．1912年に第四代サザーランド公爵がリーヴァーヒューム伯爵に売却し，伯爵は自らの故郷にちなんでランカスター・ハウスと呼びかえた．彼は1913年にこれを国に寄贈し，最初はロンドン博物館として用いられたが，現在は国の重要な会議や饗宴の場として用いられている．

Langham Hilton
ランガム・ヒルトン

Portland Place, W1

1991年，ヒルトン・ホテル・グループが改修して開業したデラックスホテル．前身はランガム・ホテルであるが，これはヴィクトリア朝様式を代表する記念碑的建造物として，またロンドンの大規模ホテルの先駆けとして世人の注目をあつめ，ウェスト・エンドに現在見られる高級ホテルが誕生するまでロンドンのホテル界に君臨した．1865年の落成式には当時の皇太子(のちのエドワード七世)も出席，各界の名士2000人以上が参列したという．7階建て，600室，イタリア，フローレンスの大邸宅を模して，床はカーペットを敷きつめ，天井は漆喰の浅浮き彫りで飾り，敷きつめた絨毯の総延長は1万4000メートルにおよんだという．また17万リットルの容量の貯水槽も自慢の種だった．大英帝国の威光もあっただろうが，このホテルには，自国を追われた政治家，芸術家，作家が数多く身を寄せた．ナポレオン三世，トスカニーニ，マーク・トウェイン，フランク・ハリス，エチオピア皇帝ハイレ・セラシエなどの名を挙げることができる．1940年の空襲によってホテルは一部被害をこうむったが，深刻だったのは，皮肉なことに，爆弾よりも巨大水槽の破損による被害だったという．1982年，英国放送協会の所有になるが，8000万ポンドをかけ，旧ホテルのファサードを残して客室数410の中規模高級ホテルとして1991年再出発した．最寄駅は地下鉄オックスフォード・サーカス駅．

Langham Place
ランガム・プレイス　W1

リージェント・ストリートとポートランド・プレイスをつなぐ道路．サー・ジェイムズ・ランガムの住宅がその一角を占めていたが，ジョン・ナッシュによるリージェント・ストリート建設のため1814年に取り壊されて，その名がランガム・プレイスとして残った．ナッシュはこの曲線道路の中間部に，ギリシア風柱廊と尖塔をもった有名なオール・ソールズ教会を建てた．教会の向かい側にあるホテル，ランガム・ヒルトンには，ウィーダの筆名で知られる小

説家マリー・ルイーズ・ド・ラ・ラメーが1867年から1870年まで住んでいた．マーク・トウェインやヘンリー・ロングフェローらのアメリカの文学者も好んで滞在した．またコナン・ドイルの小説にも，ホテルはしばしば登場する．

Lant Street
ラント・ストリート　SE1

　テムズ川南岸サザック地区に，1770年から1800年にかけて造られた道路．地下鉄ノーザン・ラインのバラ駅に近い．当時の地主の名にちなんで名づけられた．チャールズ・ディケンズは少年のころ父が近くのマーシャルシー監獄(→Marshalsea Prison)に収監されていたとき，ラント・ストリートに下宿していた．ディケンズはのちに下宿の部屋を『ピクウィック・ペイパーズ』で，ボブ・ソーヤーの下宿のモデルとして用いた．『デイヴィッド・コパーフィールド』でも主人公をこの街に下宿させている．

Lauderdale House
ローダーデール・ハウス
Waterlow Park, Highgate Hill N6

　エリザベス一世の時代に王立造幣局長官でもあった金細工商同業組合理事長のリチャード・マーティンが建てた邸宅．1645年ごろ第二代ローダーデイル伯爵の手によって全面的に改築された．共和制時代に一時クロムウェル麾下のアイアトン将軍の兄弟が住んでいたこともあったが，結局ローダーデールの手に戻った．チャールズ二世が一時愛人ネル・グウィンのために夏の別荘として借りあげ，彼女はここで幼い息子のためにセント・オールバンズ公爵の爵位をねだって獲得したといわれている．入り口の門柱にふたりの彫像が飾られている．18世紀には下宿屋になり，メソディスト派のジョン・ウェスリーが住んでいたことがあった．1871年にサー・シドニー・ウォーターローが購入し，セント・バーソロミュー病院に貸していたが，のちにロンドン市議会に寄贈した．現在は地域の展示会場や食堂として利用されている．

Law Courts
→Royal Courts of Justice

Law Society
事務弁護士会
Chancery Lane, WC2

　事務弁護士志望者の実務修習の認可，資格認定の最終試験，事務弁護士の登録，不良会員の取り締まりなどを行なう協会．もともと1825年に事務弁護士の任意法人として発足し，何度か名称を変更したが，1903年以降この名称になった．現在登録されている事務弁護士約5万人のうち，およそ4分の3がこの協会に所属している．この協会の会館はチャンセリー・レインの南端113番地にある．

LCC
→London County Council

Lea
リー川

　ロンドン北方のベドフォードシャー州に源流をもち，市内北東部を南北に貫いてテムズ川に入る川．ローマ時代以来水運に広く利用されてきたが，後年運河が整備されるようになる．18世紀の半ばごろからリー川の水を利用した貯水池がウォルサム・フォレストを中心に多く造られた．現在ロンドンの水道の6分の1をまかなっている．下流はガス工場など工場地帯を流れている．

Leadenhall Market
レドンホール・マーケット
Gracechurch Street, EC2

　シティのグレースチャーチ・ストリートを少し北へ入ったところにあるこの市場は，小売りの家禽市場として，質，量ともにロンドン随一を誇る．名の由来は14世紀にここに市場を開設したヒュー・ネヴィルの邸宅の屋根が鉛ぶき(lead)だったことから．1345年，シティのフリーマン以外の者にこの市場で家禽を売ることが許された．15世紀初頭，市当局が買収，改築して家禽のほかにさまざまな食料品

レドンホール・マーケット

を売る市場とした．ロンドンの大火後再建されたとき，一時，家禽，食肉，青果の3部門に分けられたが，1881年に現在のような4つのアーケード式通路，丸天井の建物になるとともに，卸売り部門と小売り部門とに分かれた．チャールズ・ディケンズが『ニコラス・ニックルビー』の中で，ティム・リンキンウォーターが「朝食前にうみたての卵が毎朝手に入る」と自慢した建物は，それ以前のもの．現在は化粧品店やパブ・レストランも入っている．
→Markets

Leadenhall Street
レドンホール・ストリート　EC3

シティの大通りコーンヒルから東へオールドゲートまで延びる道路．レドンホール・ストリートとグレイスチャーチ・ストリートとが交差するところにかつてあった，鉛で屋根を葺いた館にちなんで名づけられた．この道路界隈は14世紀の半ば以降，さまざまな商品を売る店が集まっている場所として有名で，19世紀末に完成したマーケット（→Leadenhall Market）では，現在も食肉や魚介類が売られている．ライム・ストリートとの角には，かつてチャールズ・ラムや，ジェイムズ・ミルとジョン・スチュアート・ミル親子らが勤めていた東インド会社（→East India House）があったが，1862年に取り壊された．海上保険で有名なロイズ（→Lloyd's）の人目を引くモダンなビルが，この通りとライム・ストリートとの角にある．またこの道路の下からは，ローマ時代の舗装道路が発見されている．

Leather Lane
レザー・レイン　EC1

ホーボーンの北を南北に走る古くからの通り．ここで土曜日と日曜日を除く毎日，午前10時から午後2時まで市が開かれる．扱われるものは食料品，衣類，日用品など．名の由来は「皮革」（レザー）からではなく，旅籠の名「グレイハウンド」の古フランス語（レヴルーン）かららしい．14世紀には「レヴルーン」，次いで「リバー」，そして現在の「レザー」となった．中世のころはまだ近くに農場が広がるのどかな田舎だった．

ここに街頭市場（→Street Markets）ができたのは17世紀のこと．主として食料品が屋台や手押し車に並べられた．18世紀には浮浪者や泥棒が徘徊する通りとなった．詩人トマス・チャタートンが貧窮のあまり砒素をあおっ

て自殺したのは，この通りの38番地である．

19世紀には労働者のための市場として栄えたが，1868年，近くのスミスフィールド・マーケット（→Smithfield Market）が食肉市場として活況を呈するにともない，この市場はすたれていった．しかし20世紀に入って，上品な青果市場として再出発．現在は近くのホーボーンがオフィス街となり，ここはサラリーマンの格好の市場となった．地下鉄チャンセリー・レイン駅に近い．

Leathersellers' Hall
皮革商同業組合会館
St Helen's Place, EC3

この同業組合の会館は最初1445年にロンドン・ウォールに建てられた．1543年にビショップスゲートのセント・ヘレン女子修道院の建物を買収すると，この同業組合はセント・ヘレンズ・プレイス内に4つの建物を所有するようになった．1799年に旧修道院が取り壊され，同組合は近くの小さな建物へ移った．この建物は1819年の火災で焼け落ちたあと再建されたが，1878年に向かい側に高さ11.4メートルの立方体の新会館が建設されると，旧建物は貸事務所になった．新会館は1941年に空爆にあい，1959年に修復された．

→City Livery Companies

Lee
リー SE12, SE13

テムズ川の南方，ブラックヒースとグローヴ・パークにはさまれた地域．1899年にルイシャム自治区に併合された．リー・テラスにあったセント・マーガレット教会は，古い墓地に塔の廃墟が残っているだけである．この墓地にはハレー彗星の発見で有名なエドモンド・ハリーと，ジョン・ポンドの2人の天文学者が埋葬されている．1830年代から50年代にかけて大邸宅の建築が続き，裕福な階級の住宅地になった．その後鉄道の開通にともなって小規模な住宅が目立つようになり，第一次世界大戦と第二次世界大戦間には公営住宅団地が多数できて完全に市街地となった．中心部に鉄道リー駅がある．

Leicester House
レスター・ハウス

1630年代に第二代レスター伯爵によって建てられたロンドンで最大の邸宅のひとつで，当時，ここで催される宴会は有名であった．

ジョージ二世が皇太子時代に父ジョージ一世と不和になり，セント・ジェイムジズ・パレスを追放されたときこの邸宅に住んだが，のちにその息子のフレデリック皇太子もまったく同じ理由で1751年から亡くなるまでここに住んだ．

18世紀後半には博物学者アシュトン・リーヴァーが化石や貝などの膨大な収集を，ここでしばらく一般に公開していたことがある．リーヴァーはまたアーチェリーにも興味をもち，アーチェリー協会がここで結成された．この歴史的に興味深い建物は，現在のレスター・スクエアの北側にあったが，18世紀末に取り壊された．

Leicester Square
レスター・スクエア WC2

ピカディリー・サーカスの東にあり，劇場，映画館，レストラン街に近い．たぶん，トラファルガー・スクエア（→Trafalgar Square）と並んで，観光客にも最もなじみの深い広場のひとつだろう．

広場の起源と名称の由来は，1630年代以降，国王および政府からこのあたり一帯の土地を取得した第二代レスター伯爵にある．伯爵はこの土地の北の一部に，ロンドン滞在のための邸宅レスター・ハウス（→Leicester House）を1630年代に建築した．この屋敷は長いあいだ，ロンドン有数の規模を誇り，多くの権門・著名人をひきつけた．18世紀，ジョージ王朝時代には，この屋敷は国王に対立する王子のロンドン邸宅にも使用され，次期に期待をつなぐ野党政治家がたびたび出入りし，政治的術策をめぐらしたり，不遇のうめきをあげた．

王政復古期に，この屋敷南側に残されたレ

スター・フィールドを広場に開発したのも第二代レスター伯であるが、当時はまだスクエア（→Squares）という英語が定着せず、レスター・フィールズと呼ばれていた．多くのロンドン住居広場と同様、完成後しばらくは住居以外の建築を禁じていたが、17世紀末から屋台が、18世紀には商店が進出してくる．しかし、とくに広場北半分の建物は規模が大きかったこともあって、18世紀後半までは、依然として貴族などの有力者をひきつけた．これらと並んで、著名な文筆家・芸術家が居住したことでも知られ、なかでも17世紀末の住民で詩人のマシュー・プライアー、18世紀前半にここに移り住んだ風刺画家のウィリアム・ホガース、同じく画家で、18世紀後半に広場に姿を見せ、世紀末近くまでとどまり、一代の名声と所得を誇ったサー・ジョシュア・レノルズなどが有名である．

ホガースはこの広場に住んでいたころ、《当世風結婚》、《ビール街》、《ジン横町》、《勤勉と怠惰》など一連の風刺画の傑作を残した．ホガースをしのぶには、画家が田園住居として用い、現在は記念館となっているホガースの家（→Hogarth's House）がある．

19世紀に入って広場周辺地域の街区再開発が始まり、交通量の増加も加わって、居住広場としての性格は失われる．広場には商店・レストラン・ホテル・劇場・トルコ風浴場などが次々に進出して、次第に今日の姿へと変化をとげていった．

古く中世からこのあたりの土地は、ラマス・ランドと呼ばれ、「ラマスの日」（Lammas Day、8月12日の収穫祭）以降は、教区民が放牧したり、洗濯物を干したりするため、自由に使用できる一種の公共用地だった．したがってレスター伯爵の土地取得にも地元教区は異議を唱え、補償金の支払いとともに、空き地部分には樹木を植え、遊歩道として整備開放すべきことが定められた．これが広場発展の法的な基礎となる．その後、広場庭園部分には植え込みが施され、鉄柵による囲いも造られるが、19世紀に入って庭園部分の所有権がレスター伯一族から切り放され、持ち主が転々としはじめたことから問題が複雑になる．一時は、「偉大なる地球（球形ドーム）」（Great Globe）という見世物小屋、あるいは「自然科学展示館」が建設されて人を集めたこともあるが、10年あまりで閉鎖され、撤退後庭園部分はさらに荒れ果てたままみじめな姿をさらした．

この救済に立ち上がったのが、アイルランド出身の下院議員、自称グラント「男爵」（イタリア国王が与えたとされる）ことアルバート・グラントである．実業と虚業の両面から得た巨額の資産の一部、11,000ポンドあまりを投げ出して、1874年に庭園部分の土地を買い上げ、改修したうえ、国家に寄付した．中央噴水にはシェイクスピアの記念像が、広場の四隅には4人の広場住民（ホガース、レノルズ、ジョン・ハンター、および厳密には広場そのものではないが、それに接する通りに住んだアイザック・ニュートン）の胸像が配置された．1981年になって、喜劇スターとして一世を風靡したロンドン育ちのチャーリー・チャップリンの像がこれに加わった．

今では観光シーズンには、シェイクスピアの立像を中心にした広場は、屋台で買ったサンドイッチやピザをほおばる観光客であふれかえって、座る場所もないくらいである．

Leighton House Museum
レイトン・ハウス博物館
Holland Park Road, W14

ヴィクトリア朝の画家で彫刻家のフレデリック・レイトンの住居兼仕事場を保存する博物館．レイトンが友人のジョージ・エイチソンの助力を得て自ら設計し、1866年に建てたもので、レイトンはここで死去するまでの30年間を過ごした．

ここは、華麗なアラブ・ホールのあることで知られる．この広間は14-16世紀の花模様のタイルとウォルター・クレインのデザインした小壁で壁面が飾られ、ダマスコ細工のステンドグラスのある小丸屋根、格子造りの窓のアルコーヴ、赤大理石の柱のほか、モザイクの床の中央に小さな噴水があり、水底に置かれ

た鏡に光が反射して噴水の音と相まって幻想的な雰囲気をかもしだしている．

アトリエはレイトンが大作の絵を描いたところで，彼がヨーロッパや北アフリカから持ち帰った品々が多数置かれており，レイトン生前の様子がうかがえる．鉄道・地下鉄ケンジントン駅に近い．

Le Meridien Piccadilly
ル・メリディエン・ピカディリー
Piccadilly, W1

前身はピカディリー・ホテルで，ピカディリー・サーカスから至近距離にある．建物はヴィクトリア朝様式の典型といえる旧ホテル(設計はこの様式の代表 R.N. ショーによる)をそのまま引き継いで，古典的雰囲気を残し，ホテル内は通路がいささか複雑だが，サービスその他は近代的な高級感のあるホテルである．2・3階部分の正面は巨大な柱列に隠された造りで，その部分が大通りに面したガラス張りの，観葉植物をふんだんに置いた温室のようなレストランになっている．最寄駅は地下鉄ピカディリー・サーカス駅．

Lewisham
ルイシャム　SE13

グリニッチとカンバーウェルにはさまれた自治区．この地については，918年にアルフレッド大王の娘エルフリーダが，ベルギーのゲントの聖ペテロ修道院にこの荘園を与えた，という古い記録が残る．

この地域は長いあいだ丘陵と森林地帯であったが，開発によってすっかりその性格を変え，いまではさまざまな人種の住む中流住宅地となっている．かつては中央部を流れるレイヴンズボーン川沿いに多くの水車を利用した工場があって，製鉄業などが営まれていた．

鉄道開通後の1849年以降，この地域は大きく変貌した．鉄道ルイシャム駅近くのグランヴィル・パークは再開発の代表で，今では便利な郊外ベッドタウンの一地域である．メソジスト派の創始者ジョン・ウェスリーは，ライムズ・グローヴに引きこもって執筆を行なった．『自助論』の著書でヴィクトリア朝の人々に大きな影響を与え，わが国でも『西国立志編』の訳でよく知られているサミュエル・スマイルズは，グランヴィル・パーク11番地に暮らしていた．世紀末の詩人アーネスト・ダウソンはリー地区(現ルイシャム)の生まれであるが，同じルイシャムのキャットフォードで貧窮のうちに亡くなった．

Leyton
レイトン　E10

市北東部，ウォルサム・フォレスト自治区のリー川の東に広がる地域．この地域の多くはリー川流域の低湿地であった．南西部にはローマ時代の集落の遺跡もある．

15世紀後半の木骨造りのエセックス・ホールは1700年ごろ改築され，19世紀にはポーチも付け加えられたりしたが，当初の敷地に今も残っている．16世紀，17世紀にはトマス・モアの孫やイングランド銀行最初の総裁ナサニエル・テンチらの裕福な著名人がレイトンに移り住んだ．

19世紀はじめに鉄橋ができて北部のレイトン・マーシュ沿いには鉄道が敷設され，ガス工場などが造られるようになった．多くの大地主の所有地は開発されたが，1878年エッピング・フォレスト法ができて80ヘクタールにおよぶ土地が公有地として人々に残されることになった．1947年の地下鉄セントラル・ラインの開通により，ロンドン中心部への往復が便利になった．1991年には近くにスピタルフィールズ・マーケットが移転してきた．

Leytonstone
レイトンストーン　E11

レイトンの東に広がる地域で，14世紀までレイトンの教区の一部であった．ハイ・ロード・レイトンストーンに沿って，かつてロンドンからエッピング・フォレストへ向かうローマ時代の街道が走っていた．グレイト・イースタン鉄道の駅が1856年にできて交通が便利になり，19世紀末までには郊外の住宅地になっ

た．詩人で劇作家のジョン・ドリンクウォーターは，1882年にフェアロップ・ロード105番地に生まれた．ブラウニング・ロードに，彼の名にちなんだドリンクウォーター・タワーズという高層住宅がある．中心部を幹線道路ハイ・ロード・レイトンストーンが貫き，鉄道レイトンストーン・ハイ・ロード駅がある．

Liberty
リバティ

Regent Street, W1

リージェント・ストリートとグレイト・モールバラ・ストリートの交差点にある2館から成るデパート．創業者は，バッキンガムシャーのチェシャム生まれのアーサー・リバティ．

アーサーは1862年ロンドンに出て，リージェント・ストリートでインドのショールを輸入販売していたファーマー・アンド・ロジャーズに職を求めた．この年，万国博覧会（→International Exhibition）が催され，日本を含めた東洋の品々がヨーロッパではじめて大々的に紹介された．これを機に同社は東洋の製品を扱いはじめ，アーサーは2年後同部門の責任者となったが，1875年独立を決意，リージェント・ストリートに自分の店を開いた．売上げは順調に伸び，1885年にはリージェント・ストリート140-50番の建物を入手し，チェシャム・ハウスと名づけた．

1925年に全面的に建て直され，店は様式の異なる2つの建物となった．リージェント・ストリート側はヴィクトリア朝様式，ポートランド石でできており，2階から4階にかけてイオニア式の巨大な柱が並んでいる．グレイト・モールバラ・ストリート側はチューダー朝様式の木骨作りで，木骨には英国海軍の2隻の軍艦の廃材が使用された．創業者アーサー・リバティの望みは，客が自分の家の中を歩くような気分で買い物ができる店にすることだったという．その願いを，店内を細かく区切って暖炉をつけた小部屋で構成して表わした．

19世紀から20世紀のロンドン市民の趣味やファッションに，リバティが与えた影響は大きかった．工芸家ウィリアム・モリスの友人トマス・ウォードルがインド・シルクに版木捺染をする方法を考え出した．そして綿，絹，ウール，ベルベットなど多様な生地に，花模様のリバティ・プリントが誕生した．1881年には喜劇作家のウィリアム・ギルバートと作曲家のアーサー・サリヴァンがその織物を舞台衣装に用いて，リバティの名をさらに高めた．1884-86年には建築家でデザイナーのE. W. ゴドウィンがコスチューム部門の責任者を務め，ラファエロ前派の絵画に見られるやわらかいラインを婦人服に導入した．こうしてリバティは，ロセッティ，レイトン，バーン＝ジョーンズなどラファエロ前派の画家を集め，19世紀の終わりに新しい時代の息吹を告げたアール・ヌーヴォーの1つの拠点となった．アーサーは，1888年ころには美術工芸協会で活躍したが，老後は故郷チェシャムに戻り，1917年84歳で亡くなった．地下鉄オックスフォード・サーカス駅に近い．

Libraries
図書館

　公共図書館サービスが高度に進んだイギリスは，全国的なサービス・システムについても他国に類例を見ないほど整備されている．大学図書館の充実も瞠目すべきものがある．こうしたイギリス図書館の充実・発展は，1850年通過の公共図書館法が出発点だといわれている．しかし，この図書館法成立に至る道程はたいへんに長い．

　中世期，書物は写本として伝えられた．15世紀末イングランド東部のベリー・セント・エドマンズの壮大なベネディクト派修道院ですら2000巻の蔵書しか有していなかった．その稀少かつ貴重な文化財は，ヘンリー八世によって断行された修道院800か所の解散（1538-40）の結果，ほとんど散逸してしまった．ただしイギリスの大聖堂はその破壊と略奪をまぬかれたため，そこは修道院付属図書館の豊かな宝物を保存し，教会や古典の文献に関する蔵書を増加することができた．しかし，全体としては，16世紀の英国では公共図書館に対する国の配慮はまったくなかった．カンタベ

リー大主教マシュー・パーカーがオックスフォードとケンブリッジに図書を贈与しようと努力したが，当時は図書館の公開などはまったく問題にされなかった．

17世紀に入ると，教養人の政治家サー・トマス・ボドリーによるオックスフォード大学図書館(書見台方式に基づく)の復興が際立つ．これはイングランドで最初の公開図書館となるとともに，1605年のボドリー図書館蔵書目録が初めての印刷物となった．国力が隆盛したこの時代には私設文庫を設ける知識人層が増えた．そのすぐれた文庫の中に法律家ジョン・セルデンと歴史研究家ウィリアム・キャムデンの名があげられる．セルデンの東洋語写本8000点は，のちにボドリー図書館に寄贈された．一方，キャムデン文庫は友人チャールズ・コットンの手に渡り，その収集資料と合わさってコットン文庫となった．この文庫は学者や研究者に公開されたが，そのうちのひとりにベーコンがいた．コットン文庫は国有の財産となったあと，1753年大英博物館(→British Museum)が創設されるとその蔵書に統合されることになった．

図書館制度の発展で，国立の図書館をもたなかったイギリスは，フランスに後れをとった．しかし，1753年，ハーレイ・コレクションの写本7600点と，医師・自然研究者サー・ハンス・スローンの蔵書(約4万冊)が有償譲渡されたのを機に，それらを統合して国の機関として大英博物館が発足することになった．

教育制度で他国に後れをとったイギリスではあったが，産業革命の急速な進展は機械職工を大量に生み出し，同時に中産階級を増大させた．公共図書館はこの中産階級のエネルギーと職工たちの学習意欲に支えられて発展した．こうした社会に生まれたのが会員制図書館だった．ロンドン，グラスゴー，バーミンガム，エディンバラ，リヴァプールなど各地に設立されたが，トマス・カーライルが決定的な主導性を発揮したロンドン図書館(→London Library)は，この種の図書館で最も重要なものである．その目録は良書リストの最良の見本だといわれた．

一方，おびただしい数の労働者に「実用的な技術の諸原理および有用知識」を授けるための職工学校の開設が渇望された．1820年代初頭にエジンバラ，グラスゴー，ロンドンで始められたこの種の学校は，1830年代には100校を数え，1850年になると，アイルランドを含め700校以上に達していた．

公共図書館法は1850年に成立した．この成立は，会員制図書館・職工学校の図書室の有益性を実感した新興市民階級や工場労働者が，開設に向けての世論を形成しつつあったことがひとつの原動力であった．また，図書館サービスが社会改良の道具であり，国民教育の向上に資するであろうという期待もあった．しかし，法の成立で何よりも強力な原動力になったのは，図書館学者エドワード・エドワーズと2人の下院議員ウィリアム・ユーアートとジョーゼフ・ブラザートンの並々ならぬ熱意と努力だった．法は住民1万人を超すすべての自治体に対し，税の一部を公共図書館設立のために割く権限を与えた．この法の適応を受けて設立されたのがマンチェスター市立図書館(1852年8月)であった．その後，法の大改正が行なわれるとともに，財政的基盤の確立と識字人口の急増，州図書館法の成立(1919)が加わって，イギリスの公共図書館は飛躍的な発展・充実を遂げることになった．

図書館の効率化をすすめ，資料と情報の提供を徹底させるため，1973年に国立図書館を統合した大英図書館が創設された．この図書館はレファレンス部門と貸出し部門と書誌サービス部門の3部門と研究開発部とからなる国家レベルの組織である．貸出し部門のなかに組み込まれている全国中央図書館は全国ネットワークの中心館としての役割を果たしつつ，全国10地区の地区協力機構と有機的に結びついている．

→British Library, British Museum

Lilies and Roses
ユリとバラの儀式

Tower of London, Tower Hill, EC3

1471年5月21日にロンドン塔のウェイク

フィールド塔で殺されたヘンリー六世の死を記念して毎年，王が創設したイートン校からユリの花束が，ケンブリッジのキングズ・コレッジから白バラの花束が贈られ，ウェイクフィールド塔の小礼拝堂内の大理石の記念碑に24時間飾られる．

Limehouse
ライムハウス　E14

ロンドン東部，テムズ川北岸に位置する，古くから海運，海軍関係者が多く住んでいたことで有名な地域．ライムハウスの地名は，スリー・コールト・ストリート南端のライムキルン・ドックの南に人目につく姿を見せていた石灰窯に由来するものと思われる．ロンドンが商業貿易の中心地として発展するにつれて，海との深い結びつきからライムハウスは重要性を増した．

エリザベス朝には探検家サー・ハンフリー・ギルバート，海軍財務監督官ウィリアム・バラやサー・ヘンリー・パーマーらが住んでいた．現在も残る建築家ニコラス・ホークスムアによる有名なセント・アン・ライムハウス教会(→St Anne①)がのちに建てられたのも，増加する住民の希望に応えるためであった．ライムハウスは18世紀，19世紀の初期にはロンドンの造船業の中心のひとつで，ロシア皇帝アレクサンデル二世は，1871年にここにあったロープ製造工場を訪れた．その後住宅地の拡大と人口の増加にともなうテムズ川岸の産業の衰退によって，この地域特有の海港的性格が薄れてきた．1890年代になると，ウェスト・インディア・ドックス(→West India Docks)に出入りする船の中国人船員が居住するようになり，その中には，麻薬中毒患者やばくち打ちがいて，それが新聞に大きく書きたてられたこともあった．しかし今では，ドックランズ再開発の波にのって，ドックランズ軽便鉄道が敷かれ，景観が一変している．

オスカー・ワイルドの『ドリアン・グレイの肖像』のドリアンは，アヘンを求めてここにやってきた．チャールズ・ディケンズは名づけ親クリストファー・ハフムをチャーチ・ロウ(現在のニュアル・ストリート)に訪ねてきたことがある．彼の『共通の友』に登場するパブ，「6人の愉快な荷役夫仲間たち亭」のモデルは，ナロー・ストリートの「葡萄亭」で，ロジャー・ライダーフッドやヘクサム一家は近くのライムハウス・ホールに住んでいた．また同じくディケンズの『商用ぬきの旅人』には，ライムハウス教会近くの製鉛工場の描写がある．

Lincoln's Inn
リンカーンズ・イン　WC2

地下鉄ホーボーン駅から程近いリンカーンズ・イン・フィールズの東側にある，ロンドンの4法学院のひとつ．王立裁判所(→Royal Courts of Justice)の北側にあたる．名前の由来はこの近辺に住んでいた，エドワード一世の法律顧問であった14世紀のリンカーン伯爵ことヘンリー・ド・レイシーによるとされる．

構内の建物は石飾りを施した煉瓦造りで，いくつもの中庭がアーケード風の通路によって結ばれ，オックスフォードやケンブリッジ大学のコレッジを思わせる．現存する最も古い建物はケアリー・ストリートに面したゲートハウス(1518)である．異色の伝記で知られるジョン・オーブリー(『名士小伝』)の紹介するエピソードによれば，ベン・ジョンソンが非凡な才能を認められたのは，この法学院の塀で，煉瓦職人だった継父の仕事を手伝っているとき，彼がたまたま口ずさんでいたホメーロスのギリシア語の詩句が通りすがりの弁護士の耳にはいったことによるという．ゲートハウスには創建時の重厚なオークの扉とヘンリー八世やリンカーン伯爵の紋章のついたアーチが残る．門の左がオールド・ビルディングズ(1524-1613)，そしてさらにオールド・ホール(1489-92)につづく．このホールの北側の壁には18世紀の風俗画家ウィリアム・ホガース作《フェリックスの前の聖パウロ》がある．門の右がやはり弁護士事務所が並ぶストーン・ビルディングズ(1774-80)である．これらの建物が礼拝堂(1619-23)を囲んでいる．礼拝堂の礎石を据え，献堂式を司祭したのはここの説教師であったジョン・ダンである．リンカーン

ズ・イン・フィールズに面してニュー・ホールと図書館（1845）が立つ．ホールにはG.F.ワッツの大作で，モーゼ，ソロモン，シャルルマーニュ，アルフレッド大王など33人物を描いた《立法者》の大作がある．

チャールズ・ディケンズの『荒涼館』に描かれた，不毛のままに40年もつづくジャーンディス対ジャーンディス事件の裁判の舞台はリンカーンズ・インで，その審理が行なわれたのはオールド・ホールである．あるいはまた，大法官裁判所が長期休延期に入ると，暇をもてあまして，法律事務所の事務員ガッピー君がべつだん机に恨みがあるわけではないのに，「机の四方八方にナイフを突き刺し，刃をにぶらせ，先端を折ったり」（20章），「だるくてたまらぬように，窓敷居に頭をもたせかけたり」，新参者のスモールウィード君に「2度も発泡飲料を買いに使い走りさせ，2度も事務所の2つのコップについて，事務所の定規でかきまわした」りしたのは，すべてオールド・ビルディングズでであった．

この法学院に関係した人物にサー・トマス・モア，17世紀のカンタベリー大主教ジョン・ティロットソン，オリヴァー・クロムウェル，法律学者サー・マシュー・ヘイル，ホラス・ウォルポール，デイヴィッド・ギャリックなどがいる．
→Inns of Courts

Lincoln's Inn Fields
リンカーンズ・イン・フィールズ　WC2

　地下鉄ホーボーン駅南東，徒歩数分の場所にある広場．広場の名称は，法曹家の独占的業界団体・教育機関である4つの法学院（→Inns of Court）のひとつ，リンカーンズ・イン（→Lincoln's Inn）に由来する．現在も広場に面してリンカーンズ・インは存在するが，その起源は14世紀にさかのぼるとされる．

　ロンドン最大の広場だが，昔ながらにフィールズ（田野）と呼ばれるのは，その開発の時期や過程がかかわっている．この界隈は，古くは公開処刑場でもあった．たとえば，のちにベドフォード公爵家となるラッセル家一族から嘱望され，ホイッグ党神話の源泉にもなるウィリアム・ラッセルは，名誉革命前夜国王ジェイムズ二世に対する大逆罪で，ここで処刑された．他方，このフィールズはリンカーンズ・イン居住者たちを含めた近隣住民によって，長年のあいだレクリエーションの場としても利用された．

　ここに本格的な市街地開発の波が訪れるのは17世紀初頭のことだが，開発に反対する法学院や近隣教区は，長い間の慣行と特権を主張した．そのため土地開発についての国王の許可をめぐって紛議が続いたが，ピューリタン革命が近づきつつあった1630年代，財政難にも見舞われた国王チャールズ一世は，宅地開発の許可を与えた．ただし，開発条件のひとつに，主要部分を空地として残すことが合意され，王政復古後にかけてこの一角が広場として整備される基礎となった．もっとも，当時はまだスクエア（→Squares）という英語は定着せず，フィールズというそれまでの名称が残された．

　その後，1730年代に入り，それまで長い間広場の環境悪化に悩んできた住民は，自費で広場の美化や維持管理を行なう見返りに，広場を門と柵で囲い込み，一般外部者を閉め出す許可を議会から得た．この措置はセント・ジェイムジズ・スクエア（→St James's Square）の改良にならったもので，広場の魅力は高まり，多くの著名人をひきつけることになった．広場の庭園が現在のように一般に開放されたのは，1894年のことである．

　この広場の住民には，名だたる法曹家や政治家が多く，英国史や法制史に関心のある人たちには魅力ある場所である．それ以外に，ジョージ二世の宰相を務め，政治力の不足を財力で補ったため，世間から「銭なし公爵」とあだ名された初代ニューカースル公爵T.ペラム＝ホリスも，ここに豪邸を構えた．20世紀労働党の政治家で，大恐慌・大失業時代の1930年代に労働党を「裏切り」，保守党・自由党と手を組んだラムジー・マクドナルド首相も，19世紀末以降の15年間この広場に住んだ．広場北側には，その妻で社会福祉活動に打ち込んだマーガレット・マクドナルドの記念

像がある．チャールズ二世の愛人のひとりネル・グウィンもここに住んだ．

現在の広場には，法曹家のみならず外科の専門家養成機関，土地登記所なども集まっているが，19世紀に建築家として活躍したサー・ジョン・ソーンが自邸を改装して開設したソーンズ・ミュージアム（→Soane's Museum）が，古くからの外観を残した建物とともに異色の博物館となっている．

Lincoln's Inn Fields Theatre
リンカーンズ・イン・フィールズ劇場

敷地は1656年に造られたテニス・コートだったが，1660年にサー・ウィリアム・ダヴェナントが借り受け，劇場にした．リンカーンズ・イン・フィールズの南に面するポルトガル・ストリートにあった．エプロン・ステージの背後にプロセニアムをもち，舞台装置の転換ができる最初の劇場だった．

1661年6月ダヴェナントの《ロードスの包囲》で柿落し，同年8月にはトマス・ベタートンがハムレットを演じている．《ロミオとジュリエット》は，オリジナル版とハッピー・エンド版が交互に上演された．1668年のダヴェナントの死後も，71年まで未亡人が経営した．トマス・キリグルーの劇団が74年3月まで使用したあと，再びテニス・コートとして使われた．1695年にベタートンの劇団によるウィリアム・コングリーヴの新作《恋には恋》で劇場として復活したが，1705年からまた使われなくなった．1714年，ジョン・リッチ親子が改築，1400名を収容し，6個のシャンデリアが下がる，ドルーリー・レイン（→Theatre Royal, Drury Lane）より広い舞台の劇場に生まれ変わった．1728年にはジョン・ゲイの《乞食オペラ》が初演された．リッチの劇団は1732年まで使用したが，劇場として使われたのは1744年までで，1848年に取り壊された．

Linley Sambourne House
リンリー・サンボーン記念館

Stafford Terrace, W8

『パンチ』の主要な漫画家であったエドワード・リンリー・サンボーンが，1874年から死去するまで住んでいた家．後期ヴィクトリア朝様式の上層中流階級の典型的な住居として保存されている．内部はウィリアム・モリスの壁紙をはじめとする室内装飾，家具調度，絵画や陶磁器などの美術品が時代の好みをよく反映している．サンボーンが『パンチ』に描いた漫画，サンボーンの撮影した写真も集められている．各部屋はもちろんのこと，玄関ホール，2階への階段，ステンドグラス窓，4階へ上がる階段の踊り場にある大理石の浴槽などが興味深い．

1978年，サンボーンの孫であるロス伯爵夫人の死後，この建物は家具類とも大ロンドンに買い取られ，現在はケンジントン・アンド・チェルシー自治区が所有し，ヴィクトリア朝美術・建築学会協会（→Victorian Society）が運営している．地下鉄ハイ・ストリート・ケンジントン駅に近い．

Linnean Society of London
ロンドン・リンネ協会

Burlington House, Piccadilly, W1

スウェーデンの博物学者カール・フォン・リンネが残した植物標本，蔵書，原稿などを基礎に1788年に設立された協会．イギリス人医学生で植物研究家ジェイムズ・エドワード・スミスがこれらの資料を1088ポンド5シリングで買い取った．

1802年協会は勅許状を与えられ，同時にスミスはナイトに叙された．1828年スミスが亡くなると，リンネのコレクションはスミスのコレクションと合わせて学会が3000ポンドで買い上げ，今日に至っている．

協会の目的は，リンネの記念，図書館の開設・運営，会合の開催，刊行物の出版の4点だった．設立当初，会合や活動は，ソーホーのジェラード・ストリートで行なわれたが，1821年から57年まではソーホー・スクエア32番地で行なわれた．1855年に現在地のバーリントン・ハウス（→Burlington House）に移ってから，活動はいっそう活発になった．

1858年6月，この協会の会合の席上，

リンネ協会入口

チャールズ・ダーウィンとアルフレッド・ラッセル・ウォレスが初めて自説を公開した．バーリントン・ハウスに本部をもつ他の学術団体と同様，この協会も幅広い基礎をもった学際的研究学会として国内外に高い地位を誇っている．リンネの収集物と蔵書，金庫室に保管されている標本類は，協会独自の蔵書とともに，会員および専門家の研究に貴重である．現在，所蔵点数は，版画，肖像画を含め9万点を数える．協会は『ボタニカル・ジャーナル』など，5種の定期刊行物を刊行している．

Lion Sermon
ライオン礼拝

St. Katharine Cree, Leadenhall Street, EC3

　レドンホール・ストリートのセント・キャサリン・クリー教会(→St Katharine Cree)で，毎年10月16日に行なわれる礼拝．サー・ジョン・ゲイヤーが中東を旅行中，奇しくもライオンから逃れたことを記念する行事．ライオンの咆哮を聞いて，彼は神に身の安全を祈った．翌朝眼を覚ますと，彼はライオンの爪跡のある砂で覆われていた．帰国して，1647年にロンドン市長になった彼は，遺言としてセント・キャサリン・クリー教会で毎年自分が救われた話をして神への感謝を捧げる礼拝を行なうことを条件に，貧しい人々に遺産を残した．すでに340回以上の説教が記録されている．

Lisson Grove
リスン・グローヴ　NW1, NW8

　地下鉄マリルボーン駅の西側，セント・ジョンズ・ウッド・ロードからマリルボーン・ロードまで通じる道路およびその周辺地域．リスン・グリーンの名で課税台帳に出てくるのは18世紀初頭のことであるが，11世紀の『ドゥームズデイ・ブック』(→『土地台帳』)にはすでにこの地に8家族が住んでいたことが記されている．詩人のリー・ハントが13番地に，歴史画家B.R.ヘイドンと彫刻家チャールズ・ロッシがともに116番地にアトリエをもっていた．この地域は概して貧しくみすぼらしい路地や家屋が多いが，第二次大戦後，マリルボーン駅の貨物操車場はウェストミンスター市議会によって再開発され住宅街に変わった．

Little Ben
リトル・ベン

Wilton Road, SW1

　19世紀末，国会議事堂のビッグ・ベン(→Big Ben)を模して造られた高さ9メートルの小型の時計塔．ヴィクトリア駅前方の交差点の中の島に置かれ，1964年に道路拡張のため撤去されるまで70年以上待ち合わせの名所であった．時計塔は，新しい装置に替えて1981年に元の位置に戻された．復元工事の費用はフランスの石油会社が負担した．それには，チャールズ皇太子の成婚記念と，フランス人が帰国列車に乗る前に待ち合わせ場所としてよく利用したことへの感謝の意味があった．

Little Britain
リトル・ブリテン　EC1

　スミスフィールドから南に延びるせまい道

路で，ここに邸宅をもっていたブルターニュ公爵にちなんで名づけられた．ちなみに，ブルターニュは Brittany のフランス語名で，「大ブリテン」に対する「小ブリテン」を意味する呼称である．1575年ごろから1725年まで出版業者が集まっていたことで知られている．1662年にジョン・ミルトンがこの通りに下宿していた．ドーセット伯爵が，まったく売れず店内に積み上げられていた『失楽園』を偶然見つけたのはこの通りの書店で，店主は彼にこの書物をさばくのを助けてほしいと懇願した．1711年には『スペクテイター』紙が，サミュエル・バックリーによってリトル・ブリテンで印刷された．頸部リンパ節結核をわずらったサミュエル・ジョンソンは3歳のとき，アン女王の手で触れて治してもらおうと，母と一緒にこの通りにあったニコルソンの店に泊まったことがある．ベンジャミン・フランクリンは1724年のロンドン滞在中，ここで下宿した．チャールズ・ディケンズの『大いなる遺産』の弁護士ジャガーズの事務所はこの通りに設定された．地下鉄セント・ポールズ駅に近い．

Little Essex Street
→Essex Street

Little Holland House
リトル・ホランド・ハウス

Beeches Avenue, Carshalton, SM5
　1904年から約60年かけてフランク・ディキンソンが自らの趣向を細部にまで実現して完成した邸宅．彼は，ジョン・ラスキンとウィリアム・モリスの社会思想や芸術観を崇拝し，自身も美術工芸を手掛け，家具，彫刻，絵画などを製作して邸宅を飾った．1972年，サットン自治区の所有となって，条件つきだが一般に公開されている．最寄駅はカーシャールトン・ビーチズ鉄道駅．

Little Venice
リトル・ヴェニス　W2
　グランド・ユニオン・カナル（→Grand Union Canal）が樹木に囲まれた美しいたたずまいを

ヴィクトリア駅前のリトル・ベン

見せる，パディントン駅に近い一角．すでにバイロンとロバート・ブラウニングがここをヴェニスになぞらえていたが，リトル・ヴェニスの名で知られるようになったのは，第二次世界大戦後のことである．この運河に面するウォリック・クレセント19番地には，妻エリザベス・バレット・ブラウニングを亡くしてイタリアから帰国したブラウニングが住み，全12巻の長編詩『指環と本』を書いた．ルツィアン・フロイトやフェリックス・トポルスキーなど現代の芸術家も多くここに住んだ．

Liverpool Road
リヴァプール・ロード　N1
　地下鉄エンジェル駅の北側付近から北へのびる美しい道路．アッパー・ストリートと接するところに，1774年の標示板をつけたノウェルズ・ビルディングズという集合住宅があるが，かつてこのあたりに牧草地と，食肉市場のスミスフィールド・マーケットへ移送途中の牛を休ませる囲いがあった．北西側のパラダイス・ロウにも1770年ごろの建物が残ってい

る．1848年，ロンドン熱病病院がミルナーギブソン・エステートの隣に移ってこようとして，住民の大反対にあった．これがのちに王室施療病院（→Royal Free Hospital）の母胎になった．

Liverpool Street Station
リヴァプール・ストリート駅
Liverpool Street, EC2

　シティにある終着駅で，1875年開業．ロンドンの北東方向に鉄道網をもつグレイト・イースタン鉄道が，共同墓地（1665年のロンドンのペスト大流行のときには，多数の死体を穴を掘って無差別に埋めたといわれる）を買い取って駅を造り，駅舎の上層階はほかの駅にならってホテルとした．

　ここはシティのオフィスに通う多くの通勤者の北の出入り口で，現在でも朝夕は通勤列車が頻繁に発着している．その他イースト・アングリアと呼ばれるロンドンの北東方面，たとえばケンブリッジやノリッジ方面への列車もこの駅に発着する．また，北海に面したハリッジ港は，オランダのフック・ファン・ホランドとの間の連絡船が発着するので，オランダ，北ドイツ，北欧諸国に向かう旅行者もこの駅から出発することが多かった．最近すぐ西隣にあったブロード・ストリート駅が廃止となったので，そこに乗り入れていた列車も，この駅が引き受けることとなった．1970年代から1980年代にかけての大規模な改修にともない，駅舎の上に近代的オフィス・ビルができたが，駅自体では鉄製構造部分等が古いまま保存されている．

　すぐ東の大通りがビショップスゲート（→Bishopsgate）と呼ばれていることでもわかるように，このあたりはかつてシティの北端であったから，墓地や貧民街が多かった．

　ビショップスゲートをはさんで駅の向かいには，現在でもダーティ・ディックス（→Dirty Dick's）という名の酒場があって，いまは観光名所になっているが，もともとは無精で汚らしい男が主人だった店で，客も貧民が多かった．ここで乗降する客も庶民の勤労者が多く，ジョン・デイヴィッドソンは「リヴァプール・ストリート駅」という詩の中で，「笑う者，言葉を交わす者はいない．／主人も部下も，老いも若きも，／目的のない，粗野で強烈な雑踏の中に永遠に迷い込む」と謳っている．
→Stations

Lloyd's
ロイズ
Lime Street, EC3

　ロンドンにある世界最大かつ最古の保険市場．同時に，ロイズの会員である保険引受人の協会，ロイズ船級協会，ロイズ船名録などを意味する．歴史的には，17世紀後半，海上保険業者のたまり場になっていたロンドンのコーヒー店の名前で，その初代オーナーの名前が，エドワード・ロイドであった．

　17世紀ごろの海上保険は，金融業者や貿易業者の副業として営まれていた．当時の航海は危険に満ちた冒険で，通信手段も未発達で船舶運航の情報入手は至難の業であった．ロイドのコーヒー店では，海運業者や海上保険引受人などの顧客のために，海運ニュースの提供，船舶売買や積荷取引きの周旋を行なっていた．1691年，タワー・ヒルからロンバード・ストリートに移り，1774年王立取引所に事務所を構えたあと，1871年コーポレーション・オヴ・ロイズという法人になり，ライム・ストリートにロイズ・ビルが建設された．

　世界のロイズといわれる高い評価は，(1)ロイズ発行の保険証券は第一級の担保力をもっていること，(2)事故に際し迅速かつ公正な決裁が行なわれること，(3)すべてのビジネスにかかわる新規のリスク，激変するニーズと条件に常に適切な対応が可能であること，(4)世界で最高級の伝統的海運ニュースのサービス，などに負うところが大きい．1969年ごろより，引受能力の拡大を図る目的で，イギリス人男性に限られていた会員資格は，外国人男性，さらに女性にも与えられるようになった．

　1980年代後半以後，カリフォルニアの大地震，パンアメリカン航空機の大事故，大型コ

ンピュータリースのキャンセル等々，大事件への付保による収益の圧迫や，台頭するロンドン保険業者協会(1884年創設の海上保険引受業者の協会であったが，現在ではとくに海上，エネルギー，運輸，航空関連の保険引受業者を会員とした保険市場を形成している)との競争に直面し，苦境にたたされたが，それを克服するために目下経営改善に最大限の努力を傾注している．

Lloyds TSB
ロイズ銀行
Lombard Street, EC3

　イギリス4大銀行のひとつ．1765年，テーラーズ・アンド・ロイズという合名会社の銀行としてバーミンガムに設立された．その後，60以上の大小の銀行を合併し，1889年ロイズ・バンク・リミテッドに社名変更，1982年にロイズ・バンク・ピー・エル・シィーとなり，1995年，TSB銀行を買いとり，現在名になった．その間，1912年に本店をロンドンに移し，一般商業銀行業務に加えて，外国為替業務や多くの子会社を通じて投資銀行業務，航空機リース業務，クレジット・カード業務など広範囲の金融業務を推進し，国際的な大銀行に成長した．

　顧客層が，イギリスのなかでも裕福な南部に集中しているため，国内取引では抜群の強さを誇る．ラテン・アメリカにおいて大きな損失をこうむったが，国際取引に強いロンドン・アンド・サウス・アメリカ銀行を傘下におさめて失地を挽回したり，内外拠点における自動化サービス(キャッシュ・ディスペンサーの設置など)にも積極的で，成果を挙げている．
→Banks

Lobb
ロブ
St James's Street, SW1

　世界屈指の注文靴専門店．エリザベス女王，エディンバラ公，チャールズ皇太子ご用達の店である．創業は1866年．創業者ジョン・ロブは1850年に最初の靴店をオーストラリアで開き，二代目が今世紀初頭パリに出店，今日の基礎を築いた．芸術品とまでいわれる職人芸がつくりあげるタウンシューズや乗馬靴は世界的に定評がある．いまもって採寸からポリッシュまですべての工程は伝統的な手法をかたくなに守り，注文から仕上げまで半年はかかる．値段も破格で1足20万円以上はする．世界の王侯貴族をはじめ各界の著名人を顧客に約3万足分の木型を保存し，自社製の靴を店内のガラスケースに展示するのが同店のならわしである．現在ジャーミン・ストリートの店はレディメイドの靴を販売している．

Lock's
ロックス
St James's Street, SW1

　1764年創業の帽子専門店．店頭の飾りつけはそっけないくらいに質素であるが，そのさりげなさが店の風格を逆に印象づける．そのくせ奥行きは底なしに深い．ボウラー・ハット(山高帽子)，シルクハット(現天皇も皇太子時代の1953年，この店に注文した)，シャーロック・ホームズ愛用のツイード型ディアストーカー，ハンチング，パナマ帽，乗馬帽，ポロ・キャップなど，帽子に関しては他店の追随を許さない信頼と歴史を誇る店である．

　この界隈はいわずとしれたイギリス名門クラブの多く集まる「紳士の街」である．そこに出入りする紳士たちのためには欠かせない帽子店である．仲良く肩を並べる靴の専門店ジョン・ロブ(→Lobb)にしても同様である．2階に設けられたレディ部門は春先ともなれば，ダービーやアスコット競馬を皮切りに始まるロンドンの社交シーズンを華やかに彩る婦人帽の注文客でにぎわう．無帽が世界的な傾向のこのご時勢でも，上流階級の紳士淑女にとっては帽子なしの人生など思いもよらぬことである．エディンバラ公とチャールズ皇太子からご用達の指定を受けている．

Lombard Street

437

ロンバード・ストリート　EC3

　シティ銀行街としてイギリスの金融市場を象徴する街路．ノルマンの征服後，イギリスの金融界を支配したユダヤ人が追放されると(1290)，12世紀にこの地に定住していた北イタリアからのロンバルディア商人がそれにとって代わり，30年足らずでこの街路は現在の名称を得て，イタリア商人社会の中心となり，羊毛の取引きも盛んに行なわれた．しかし，中世には何度もイタリア人とイギリス人の争いの舞台となった．13世紀の富裕な金細工職人・羊毛商人グレゴリ・ド・ロークスリーは司政官を2度，ロンドン市長を2度務め，72番地に住んだ．1666年のロンドン大火で焼失したが，1720年には美しい街路が再建された．北側にクリストファー・レン設計のセント・エドマンド・ザ・キング教会(→St Edmund the King)があり，同じくレン設計のオール・ハロウズ教会(→All Hallows)もあったが，1938年に取り壊された．18世紀の詩人アレグザンダー・ポープの生誕地でもある．

Londinium
→Roman London

London Apprentice
ロンドン・アプレンティス亭
Church Street, Isleworth, TW7

　市南西郊のテムズ河畔の酒亭．15世紀から続く老舗だが，現在の建物は1741年ごろのもの．ローマ兵が紀元54年にテムズ川を渡った地点の反対側，西岸に立っている．2階天井はエリザベス朝時代の作で，近くのサマセット公のサイオン・ハウス(→Syon House)の仕事をしたイタリアの大工の徒弟たちが彫刻したものである．酒亭の片側に，テムズ川で舟を漕ぐシティの同業者組合(→City Livery Companies)の徒弟たちの絵が描かれていた．ヘンリー八世，エリザベス一世，そしてチャールズ二世もここに滞在したといわれ，歴史的記念建造物に数えられている．アイルワースには1630年に創設された慈善学校もある．18世紀には上流の住宅地となった．

London Bridge
ロンドン橋　EC3

　シティとサザック地区を結ぶ，その名のとおり首都を代表，象徴する橋である．それだけにこの架橋はほかの橋に比べて際立って古く，早くもサクソン人の支配下でここに木造橋が造られたと考えられるが，それより早くローマ人も紀元100年から400年のころにやはりここに木造の橋をかけたと思われる．ロンディニウム(Londinium, ロンドンのローマ名)からヨーロッパ大陸へつながる交通路の起点として，テムズ川の両岸を結んだこの橋の重要性は時代とともに増加の一途をたどった．1750年，上流3キロあまりのところにウェストミンスター橋(→Westminster Bridge)が完成するまで，ロンドンのテムズ川にかかる唯一の橋だった．

　テムズ川に初代の石橋がかけられたのが1209年，これには33年の工期を要した．長さ270メートル，幅12メートルのこの新橋は，ヴィッシャーの描く南岸からのロンドン橋の眺望図(1616)によってよく知られているが，それによると，手前中央にサザック大聖堂(→Southwark Cathedral)が描かれ，橋自体は斜め上から俯瞰する形でかなり精密に描写されている．橋は，橋というより幾層かに重なった建築物が堅固な土台の上に列をなして立っているといった趣で，しかも橋上には人家あり，商店あり，礼拝堂あり，防御門ありで，ゆうにひとつの村落に匹敵する特異な橋だった．したがって，全体は，よくいわれるように，フィレンツェのポンテ・ヴェッキオを思わせる造りである．

　橋は19もの小アーチをもち，ボート型の木枠の橋桁の周りには水切り用の杭が打ってあった．あまりに多くの橋桁があったため，流れを堰止める結果にもなり，橋の下は急流で川を往来する船はそこを通過するのを嫌った．転覆によって多くの死者がでたという．「ロンドン橋，上を行くのは利口者，下を行くのは愚か者」の諺すら生まれた．1212年の橋上火災では，両端が炎上して逃場を失った人たちが，救助船にわれ先に飛び乗って，

ロンドン橋(17世紀, J.B.ソープ画)

3000人もの犠牲者がでた,と『ロンドン通覧』の著者ジョン・ストーは述べている.しばしば水路を利用したサミュエル・ピープスは「それから船で出かける…川は荒れていた,同行の者がロンドン橋の下をくぐったフランス人の話をしてくれた.大きな滝を見ると,世も末といわんばかりに十字を切って,お祈りを始めたくせに,通り過ぎると途端に,『わぁ,こりゃ愉快だ,こんな愉快なことはない』とのたまった,という話だった」(1662年8月8日).

また橋は南詰めに橋門を備え,門上には槍に串刺しされた反逆者の首がさらしものにされた.トマス・モアの首は1535年にさらされた.中央部には聖トマス・ベケットの礼拝堂があって,ここにはこの橋を作った聖職者ピーター・ド・コールチャーチも祀られている.橋上の建物は1758-62年に取り壊され,1832年に花崗岩の5つの橋脚をもつ新橋がジョン・レニーによって完成した.この橋は1967-72年に現在の3つのアーチをもつコンクリート近代橋にかけかえられ,旧橋はアメリカ合衆国アリゾナ州のレイク・ハヴァス・シティに100万ポンドで売却された.アメリカの富豪がタワー・ブリッジ(→Tower Bridge)と間違えて買い取ったといわれている.

マザー・グースに「ロンドン橋が落ちる」という有名な童唄がある.古くからイギリスに伝わる子供の遊戯歌だが,各節の終わりに"My Fair Lady"が繰り返され,橋にみたてた子供たちの結んだ手が鬼を捕まえる遊びで,わが国の「通りゃんせ」に似ている.

London Bridge Station
ロンドン・ブリッジ駅
London Bridge Street, SE1

童唄で名高いロンドン橋の南詰めにあり,1836年12月14日に開業した,ロンドン最初の鉄道駅である(もっとも,当時テムズ川の南はサリー州でロンドンに入ってはいなかったが).天文台で名高いグリニッジから延びてきた5キロほどの鉄道が,ここに終着駅を設けたのである.しかしあとになって,都心部まで乗り入れようと,高架線を建設して,テムズ川北側のチェアリング・クロス(1864),キャノン・ストリート(1866)の両駅を開業し

た．そのためこの駅は，ちょうど東京の上野駅のように，地平の行き止まり線プラットフォームと，高速線上の通過駅のプラットフォームの両方がある．現在でも，橋の対岸のシティのオフィスに通う大勢の通勤客がこの駅を利用している．北のリヴァプール・ストリート駅(→Liverpool Street Station)とともに，シティを動かす人材の出入り口となっている．
→Stations

London Central Meat Market
→Smithfield Market

London Central Mosque
ロンドン中央回教寺院

Park Road, NW8

　リージェンツ・パーク西側ハノーヴァー・ゲート横に立つ，尖塔つきドーム屋根の回教寺院．1972-78年にフレデリック・ギバードの設計により完成した．ロンドンにおけるイスラム文化活動のセンターとなっている．1920年代にニーザム・オヴ・ハイデラバッドが拠出した基金をもとに寺院建築の計画が持ち上がったが，遅々として進まず，ようやく1940年，ロイド卿(元エジプト高等弁務官)がエジプト大使ナシャト・パシャより提案を受けて首相のネヴィル・チェンバレンに接触したのがきっかけで政府の支持をとりつけることになった．その結果，大蔵省の支援とモスレム系の基金による建設が決まり，土地はイギリス政府が提供し，1944年，正式に寺院に譲渡した．

London Chamber of Commerce and Industry
ロンドン商工会議所

Cannon Street, EC4

　1881年に発足したイギリス国内で最大の商工会議所．あらゆる商工部門から選ばれた約4000人のメンバーからなる．ロンドンおよび南東部周辺の商工業者を保護・育成し，あわせて国際的取引きを発展させることを目標とする．その目標を達成するため市長公舎でセミナーや各種講座，昼食会・講演会を開催する．また，ギルドホール(→Guildhall)を会場に晩さん会を主催する．ほかに会員には図書館・情報サービスも提供している．

London City Airport
ロンドン・シティ空港

Royal Docks, Silvertown, E16

　ロンドンでは唯一，軍の飛行場としての歴史をもたない空港．
　現在も空港を管理するモウレム社は，1981年に短距離離着陸機用の空港をドックランズに建設する計画を立て，テムズ北岸のアルバート・ドックとキング・ジョージ五世ドックの間にある波止場をロンドン港湾局から借り受けた．翌年英国製のデ・ハヴィランド・ダッシュ7型機が，アイル・オヴ・ドッグズでの離着陸に成功した．1983年に計画案を提出，1985年に許可された．1986年に建設が始まり，空港は1987年に女王によって開港された．
　開港時の滑走路は1030メートルしかなく，航空機は7.5度(ふつうの空港では3度)という急降下着陸を余儀なくされた．市街地にあるため夜間の飛行は制限され，年間3万160便以上は許可されなかった．しかし，1992年には滑走路が1199メートルに延長されて5.5度の降下が可能となり，夜間は毎日23時まで飛行が認められ，年間3万6500便の飛行が許された．さらにBAe146のようなジェット機の離着陸も可能となり，到達飛行距離は1000マイルに伸び，ベルリン，ミュンヘン，コペンハーゲン，ストックホルム，ウィーン，チューリッヒ，ミラノ，ローマ，マドリッドなどヨーロッパ諸都市と結ばれた．1992年の利用者は15万人，1995年にはその3倍以上の54万人になった．空港の従業員は600人であった．
　ここは商業用の空港で，乗客の81パーセントがビジネス客である．普通は15分前までにチェック・インするのだが，急用の客の場合は，離陸10分前までのチェック・インを認めている．到着の場合は空港を離れるのに着陸後6分しかかからない．この効率のよさにより，ターミナルには乗客は常時200人以上は

ロンドンの発展

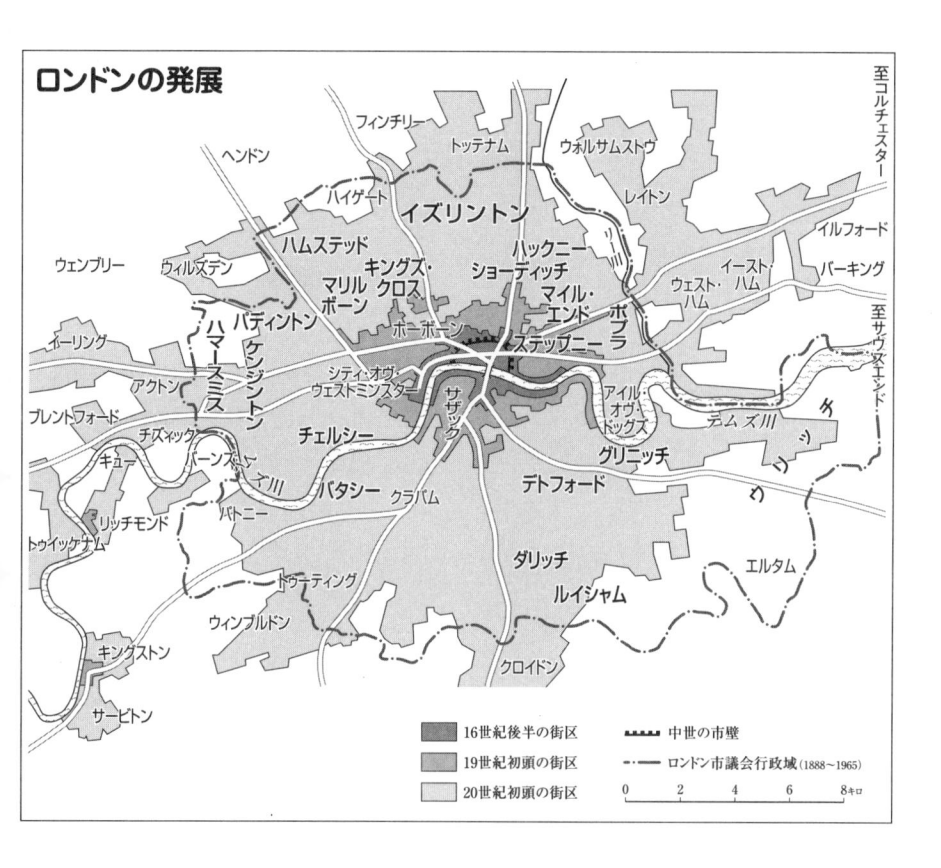

凡例:
- 16世紀後半の街区
- 19世紀初頭の街区
- 20世紀初頭の街区
- 中世の市壁
- ロンドン市議会行政域 (1888〜1965)

とどまらない．さらにビジネス客にとって大きな利点は，シティまでわずか10キロという距離である．シャトル・バスが公共の交通機関に接続しているうえ，近くにはドックランズ軽便鉄道の駅もある．セント・ポール大聖堂までタクシーで約15分，トラファルガー・スクエアまで約30分で到達できる．
→Airports

London Coffee House
ロンドン・コーヒー店

　セント・ポール大聖堂がそびえるシティの中心ラドゲート・ヒルは，17世紀には華やかなショッピング・センターであった．ロンドン・コーヒー店はその北隅に位置して，1731年から1867年に栄えた．1772年にはセント・ポール・チャーチヤードにあったセント・ポール・コーヒー店の亭主がこの店に移ってきた．顧客も前の店と同じくジェイムズ・ボズウェルとその友人たちで，彼の記録によれば，「主として医師，非国教徒の牧師，大学人たち」のたむろする場所となった．アメリカ人の客も多く，ベンジャミン・フランクリンなども訪れて，社会問題や哲学を論じ合った．フリート監獄(→Fleet Prison)の近くだったので，中央刑事裁判所での判決に不満な判事たちが寄り合って徹夜したという．18世紀末には，ロンドン最大の派手なコーヒー店に発展した．1867年に閉鎖されるまで，アメリカの慈善家ジョージ・ピーボディなど，多くのアメリカ人たちの溜り場として栄えた．

London Coliseum
→**Coliseum, The**

London County Council
ロンドン市議会

ロンドン都市建設評議会に代わって，1888年の地方自治法に基づいて設置された行政機関．管轄範囲は300万人あまりが住むおよそ300平方キロにおよんだ．構成員は3年ごとに選挙される126名の議員と議員によって選ばれる任期6年の21名の参事会員（Aldermen）とからなっていた．1922年から本部は旧ロンドン市庁舎（→County Hall）に置かれた．1965年に大ロンドン市議会（→Greater London Council）が創設されると，市議会はそれに継承されることとなった．しかし，86年4月には政府の地方行政改革の一環として大ロンドン市議会の機能のほとんどが各自治区（→Boroughs）に移管された．

ロンドン市議会は，ロンドン市民が自分たちの住むロンドンのことを任せるために直接投票で選びうる初めての首都機関だった．したがって常に政党の力関係が表面化した．進歩党（自由党）と中道派の勢力争いが続いたあと，1934年以降は労働党が最大派閥となった．

国会制定法が市議会に職務機能を次々と与えた結果，権限は増大し，下水道設備，消防隊，および住宅建設にまで責任をもった．1938年までに8万6000戸の住宅を建設し，路面電車会社をすべて買収した．テムズ川の下に2本のトンネルを通し，6か所の橋をかけかえた．キングズウェイ（→Kingsway）を開通させ，その地域全体に都市計画を導入した．1938年にグリーン・ベルト構想に着手し，1939年までには公園やオープン・スペースを倍増した．

1904年，ロンドン学制評議会が廃止されると，市議会はロンドンの教育に関するすべての権限をも持つことになった．1929年，首都収容施設委員会と25の貧民保護委員会の権限が委譲されると，市議会の公衆衛生関係の機能が拡大され，福祉事業もその責任となった．

旧ロンドン市庁舎近くに立つロイヤル・フェスティヴァル・ホール（→Royal Festival Hall）は，1951年のフェスティヴァル・オヴ・ブリテンを記念して市議会が建てたコンサート・ホールである．ホールは市議会の視野の広さと手がけた事業の質の高さを顕彰するにふさわしい記念碑的建造物となった．なお，旧市庁舎は現在，水族館，ホテルなどになっている．

London Cries
呼び売り

ロンドンでは，街の中を大声を上げてさまざまな商品を売り歩く行商人の姿が19世紀後半まで見られた．これを「ロンドン・クライズ」とか，「ストリート・クライズ」という．わが国の「キンギョえー，キンギョー」，「くずやおはらい，くずーい」の類いである．主に18世紀のロンドンで流行したが，歴史的には早くも中世のバラッド《ロンドン・リックペニー》に歌われている．15世紀のベリ・セント・エドマンズのベネディクト会修道士，ジョン・リドゲイトの唄によれば，あらゆる種類の日用品，食物から衣類にいたるまで，街頭で呼び売りされていたことがわかる．「あつい焼きたてのナシだよ！」，「カニ，カニ，カニ」，「熱したスペラガス（アスパラガス）」，「ワンパック12ペンスのオイスター」，「美しい声の小鳥はいかが」，「古着だよ，スーツもコートもあるよ」，あるいはコックニー・アクセントでブーツ・レイス（靴ひも）を売る「ブーツ・ライス，ライス，ライス」（くつじらみ，しらみ，しらみ）というユーモラスな叫び声などが，街中に響きわたっていた．

物売りだけではない．煙突掃除の少年の泣くような「スウィープ，スウィープ」という早朝の呼び声が，「ダスト・ホーウ」（くずーい）と重い響きの大人の屑屋の声に混じって悲しく響いていた．またしぼりたてのミルクを売り歩いたアイルランド出の乳しぼりの娘が，「ミルク・ビローウ」（ミルクが下に来ていますよ，女中さん方）とかん高い声をたてれば，男のミルク売りがただ「オーウ，ウー」と非音楽的なうなり声を上げるというコントラスト，これが18世紀のロンドンの街の朝の光景であった．夜は「ベルマン」という町の触れ役（夜回

18世紀ロンドンの呼び売り商人

くずや

人形売りの娘

ホビー・ホース

小鳥売り

ジンジャー・ブレッド売り

ミルク売りの娘

日用雑貨売り

レモンにオレンジ

り）が，ランタンをさげ，ほこ槍をつき，犬を連れて「火の用心，しゃっしゃりませー，ただ今午前1時，おやすみなさい」と叫びながら，ドスンドスンと地響きをたてて歩き回った．

物売りの声に角笛やチリンチリンと鳴る鐘の音も混じっていたから，初めてロンドンを訪れた外国人や，田舎から上京した地方地主たちは，ロンドンに来た最初の1週間は眠れなかったという．しかし，ジョーゼフ・アディソンは当時の新聞『スペクテーター』紙で，「こうした呼び売り商人の声を「町のさえずり」と称して，野や森のあらゆる音楽をともなうヒバリやナイチンゲールの啼き声よりもいいという者もいる」と書いている．これらの騒音をロンドンの街の風物詩として捉えるところは，いかにも風流だが，社会諷刺画家のウィリアム・ホガースのようなリアリストにとっては，まさに騒音そのもの，不協和音でしかなかった．

ここにホガースの《怒れる音楽家》(1741)という一枚の版画がある．これは当時の宮廷がフランスやイタリアから多くの音楽家を招いて優遇したことへの，いやがらせとして発表されたもので，当時のロンドンのあらゆる呼び売り商人たちが，外国人音楽家の家の窓下に集合し，ヘンデルのオーケストラの指揮者だったカストルッチというイタリア人音楽家を怒り狂わせている絵である．この絵を見ていると，当時のロンドンの巷にあふれていたあらゆる騒音が，1枚の画面から響き出してくるような気がする．まさに「ロンドン・クライズ」の見本市である．小説家のヘンリー・フィールディングは，「この絵を見ただけで，人は耳がつぶれる」と評した．

これとは反対に，ロンドンっ子を喜ばせたのは，新鮮な小エビを，わざわざ「スティンキング・シュリンプス」（ひでえ臭い小エビだよ）

[ロンドン・ア・ラ・カルト]

ライミング・スラング

ライミング・スラング（Rhyming Slang，押韻俗語）とは，2語以上の最後の語が意図する語と押韻する俗語のことで，コックニーの特徴のひとつである．

今日，いわゆる標準口語英語と考えられているもののなかには，ロンドンの東部地域イースト・エンドに住む人々の英語にその起源をもつ語ないし表現が意外と多い．それはこの地域が古くからさまざまな国籍の人々が集まる場所であって，多くの外来語を借用して日常語にしたという事実がある．また土地柄貧困生活者が多く，彼らは常に仲間内だけに通用する言葉づかいを必要とした．とくに犯罪者の間では隠語を用いて自衛手段とした．仲間言葉のよい例がライミング・スラングである．

ライミング・スラングは，言いたいある言葉をそれと押韻する2，3の語で置き換える．

例：stairs（階段）→ apples and pears　　mouth（口）→ north and south
　　wife（妻）→ trouble and strife　　　 road（道路）→ frog and toad

上例でもわかるように，ただ意味もなく2語を and で結ぶのではなく，連想や関連語を並べる．そこには言葉遊びはむろんのこと，皮肉やブラックユーモアが感じられる．つねに and を使うとはかぎらない．

例：beer（ビール）→ pig's ear　　　　　 feet（足）→ plates of meat
　　spoon（スプーン）→ man in the moon

と売り歩いた行商人のユーモアであった．レイスをライス（しらみ）と発音するコックニー・アクセントとともに，ロンドンっ子を喜ばせたという．こうした呼び売り商人のなかで，最も人気があったのは，服装が派手で早口でしゃれたことをいうジンジャーブレッド（ショウガ入りクッキー）売りであった．その「ディディ・ディディ・ドル・ロル，ロル，ロル」という歌声が人気を呼んだ．ヨーロッパではこれらの呼び売りが，メロディになって音楽に取り入れられたり，商人たちの姿が版画になって普及した．イギリスでもローランドソンの《ロンドンの呼び売り》という絵がよく売れた．またテムズ川の冬の市で，ピピンという小粒のリンゴ売りの娘が，氷にはまってあえない最期をとげるが，最後まで「ピピン，ピピン」と叫びつづけたという哀れな話が，ジョン・ゲイの詩に歌われている．
→Cockney

Londonderry Hotel
ロンドンデリー・ホテル
Park Lane, W1
　ハートフォード・ストリート沿いにロンドン・ヒルトン・オン・パーク・レイン（→London Hilton on Park Lane）と向かい合う．もとは1760年代に建てられたロンドンデリー・ハウスで，1820年代に第三代ロンドンデリー侯爵の屋敷として改築された．豪華な舞踏場に通じる大階段が話題になった．それも1962年には取り壊され，67年ホテルとして生まれ変わった．69年に増築された．最寄駅は地下鉄ピカディリー・ラインのハイド・パーク・コーナー駅．

London Festival Ballet
ロンドン・フェスティヴァル・バレエ
　このバレエ団は1968年以前は，「フェスティヴァル・バレエ」と呼ばれていた．1950年，ロンドン・ストール・シアターでデビュー，ジュリ

また，次のように有名な人名も用いられる．

　　put it on the table → put it on the Cain and Abel
　　I fell in the pond. → I fell in the James Bond.

　こうした造語・表現は際限がなく，ちょっとしたきっかけで即興的に無造作に作られ，なかにはすぐ忘れられてしまうものもある．
　ライミング・スラングにはさらに一歩進めて，部外者を一切締め出すかのように，キーワードともいうべき最後の1語を省略するものがある．門外漢には理解できない完全な隠語の領域である．たとえば，have a look → have a butcher's hook → have a butcher's のように．
　また，bread の俗語としての意味に money があるが，起源をただせば，コックニーのライミング・スラング bread and honey（＝money）である．後ろの2語が省略されて，それがいつのまにか社会的認知をえた俗語語義なのである．
　ライミング・スラングは婉曲語法としてきわめて有効である．

　　例：have a crap → have a pony（＜pony and trap＝crap）
　　　　I'll kick your arse. → I'll kick your bottle.（＜bottle and glass＝arse）

なお，上例は bottle のかわりに plaster ということもあるが，それは次のようにライミング・スラングが繰り返された結果である．

　　plaster＜Plaster of Paris＜Aris＜Aristotle＜bottle＜bottle and glass＝arse

　ライミング・スラング生成の「複雑怪奇さ」を示す好例といえる．

アン・ブラウンスヴェークの指揮のもと，マルコヴァ，コリン，ギルピンなどのダンサーが踊った．主にロイヤル・フェスティヴァル・ホール（→Royal Festival Hall），コロシアム（→Coliseum, The），ニュー・ヴィクトリア劇場などで定期公演を行なうほか，地方・海外公演も積極的に行なっている．再三破産の危機に直面しながら，その都度困難を乗り越えてきた．

レパートリーは古典的な作品が多い．主な公演に，《シンフォニー・フォー・ファン》(1952)，《不思議の国のアリス》(1953)，《エスメラルダ》(1954)，《スノー・メイドゥン》(1961)，《ペール・ギュント》(1963)，《ドン・キホーテ》(1970)，ヌレーエフの《眠れる森の美女》(1975)などがある．

London Fire Brigade
ロンドン消防隊

Albert Embankment, SE11

ロンドンには火災による災害が多かったにもかかわらず，政府機関としての消防署が設立されたのは，1866年になってからであった．設立の直接のきっかけとなったのは1861年6月にトゥーリー・ストリートに発生した火災である．当時の消防隊長ジェイムズ・ブレイドウッドが焼け死ぬといった惨事を契機に，5年後首都消防隊が結成された．それまでは火災保険会社が独自の消防隊をもっていて，自社の保険加入者の家屋に火災が発生したときに消火にあたっていた．1889年に首都消防隊は，ロンドン市議会（→London County Council）の管轄下におかれるようになった．

1904年，首都消防隊は正式にロンドン消防隊と命名された．当時はまた消防車は馬に曳かれていたが，1921年以降は完全に消防自動車が取って代わった．第二次世界大戦中，消防隊の組織は大幅に拡大され，1937年に本部がサザック・ブリッジ・ロードからランベス橋際のアルバート・エンバンクメントへ移されることになった．そして1941年に英国消防隊として改編されたが，1948年に再びロンドン市議会の管轄となり，1965年にはその2年前に制定された大ロンドン全域を担当するために，さらに拡大強化されて新ロンドン消防隊が誕生した．このロンドン消防隊は，北部，北西部，北東部，南東部，南西部の五つの地区分隊に分かれ，隊員はテムズ川の2つの水上消防署を含めて114の消防署に配置されている．1986年，ロンドン消防隊は，ロンドン火災ならびに民間防衛対策本部として再編された．

London FOX
先物オプション取引所

Commodity Quay, St Katharine's Dock, E1

ロンドンの先物・売買選択権取引所の通称で，ロンドン国際金融先物・売買選択権取引所とともに主要な先物取引市場を形成する．

ロンドンの国際商品市場は，現物，金融双方にわたり複雑かつ多様な市場が，整理統合を繰り返しながら，整然とそれぞれの役割を果たしてきた．先物市場に対して原材料・商品の売買が行なわれる現物市場があり，とくにロンドン金属取引所が有名である．プランテーション・ハウス内にあり，銅，鉛，錫，亜鉛，ニッケル，アルミニウムの売買が行なわれている．ロンドン・フォックス先物市場は，現物市場とちがい，ココアやゴムなどの商品そのものではなく，その価格の変動に対して保険をかけるための機能を有している．タワー・ブリッジ北詰めに近いセント・キャサリンズ・ドック・ビルには，ガス，石油，原油を扱う国際石油取引所がある．そのほか，船舶，航空機チャーターの市場，金塊・銀塊の市場がある．

London Gazette
『ロンドン・ガゼット』

週に4回発行される政府の官報である．創刊は1665年で，最初はオックスフォード・ガゼットと呼ばれた．A4サイズで通常は100ページ前後，ホッチキス留めの簡素なスタイルで，活字だけがぎっしりつまっている．

女王による叙勲，官吏の任命・昇進などの人事，省庁の通達，市町村の条例，裁判所の告知，破産宣告，管財人の任命などを内容と

する．

London Group
ロンドン・グループ

　カムデン・タウン・グループとの合併により，1913年に誕生したイギリスの芸術家協会．初代会長はハロルド・ギルマン，会員にはウォルター・シッカート，クリストファー・ネヴィンソン，ジェイコブ・エプスタイン，ウィンダム・ルイスらがいた．会の目的はアカデミックな伝統を打破し，フランスの後期印象派の影響から脱してイギリスの絵画を育成することにあった．

　1913年に第1回展をブライトンで催し，翌年，最初のロンドン展を催した．この協会は多くの現代画家が個々の実験的様式を発展させるのを助長したが，内部に進歩派とロンドン大学のスレイド美術スクール卒の半アカデミズム派との対立があった．その対立を残したまま第二次世界大戦後に復活し，協会としての権威はあったものの，初期の使命感は失われ，よりどころとする芸術上の主義主張は1950年には色あせてしまった．
→Camden Town Group

London Hilton on Park Lane
ロンドン・ヒルトン・オン・パーク・レイン
Park Lane, W1

　パーク・レインの南端，ハートフォード・ストリートとの角にある近代的高層デラックスホテル（30階建て）．ハイド・パークとグリーン・パークにはさまれた立地条件は付近のインター・コンチネンタル・ロンドンやフォー・シーズンズ（→Four Seasons）などのホテルとともに一流ホテル街を形成している．もともと瀟洒なテラス式住居が街並みを造っていたところだが，1956年に取り壊され，現在の客室数およそ500のホテルとなった．最寄駅は地下鉄ピカディリー・ラインのハイド・パーク・コーナー駅．

London Hippodrome
ロンドン・ヒッポドローム

ロンドン図書館会員用入口

Charing Cross Road, WC2
　ヴァラエティ・ショーやサーカス公演のために，ソーホーのレスター・スクエア近くに1900年1月15日に開場したホール．大きな水槽が常設されていて，《サイベリア》，《山賊》，《タリー・ホー》など，水を使ったショー呼び物だった．1909年サーカスの舞台部分が観客席になり，オペラ，バレエ，後に一幕物の劇などが上演された．1910年，イギリスで初めてチャイコフスキーの《白鳥の湖》が，ロシア・マリンスキー劇場のオルガ・プレオブラジェーンスカによって上演された．以後，多くのミュージカル・コメディがヒットする．座席数は1340．1958年大改装によりレストラン兼豪華キャバレー，ザ・トーク・オヴ・ザ・タウンとして再スタートしたが，現在は大型ディスコになっている．

London Irish Rugby Football Club
→Rugby Football Clubs

London Library
ロンドン図書館
St James's Square, SW1

世界最大の会員制貸出し図書館．「文明の象徴」，「首都の知的オアシス」，「学問のハロッズ」といわれる．この種の図書館は，ロンドンでは18世紀末にすでに2つ設立されていたが，それらはともに1820年代初期に消滅した．

この図書館の設立の火つけ役となったのがトマス・カーライルだった．カーライルは，「公共図書館法」が成立する1850年よりも20年ちかく前にすでに日記の中で「図書館がなくてたいへん悲しい」と嘆き，「監獄はどこにでもあるのに公共図書館が置かれていないのはなぜか」と訴えた．1834年に上京したカーライルにとって，大英博物館は文献閲覧・収集などの唯一の拠り所であったが，使い勝手の悪さや司書の横柄な態度のため，その図書館を忌み嫌うに至った．そこで，カーライルは貸出し図書館の設置をめざして有力な友人・知人に寄付を乞い，ついに1841年5月3日，ロンドン図書館はペル・メル街の一角に，蔵書3000冊，会員500人の図書館として開館した．1841年現在地セント・ジェイムズ・スクエアへ移転し今日に至る．支持者の中には歴史家ヘンリー・ハラム，哲学者ジョン・ステュアート・ミル，弁護士ウィリアム・ダグラス・クリスティらがいた．

従来の図書館と異なる点は，所有権者用の図書館ではないこと，クラブの雰囲気はあるがなによりも図書館であること，会員はロンドン内外を問わず全国的機関であることの3点をあげることができる．現在会員(個人・団体)数は7500，蔵書は100万冊を数える．この図書館の最大の強みは，人文諸科学の文献が慎重に選定され，全領域を網羅することである．

多くの司書に恵まれたが，そのうちでとりわけチャールズ・ハグバート・ライトは有能だっ

―[ロンドン・ア・ラ・カルト]―

ロンドンの地図

ロンドンが最初に地図の形で記録されるようになるのは，13世紀半ばになってからである．1252年ごろのフランスの資料に，ロンドンからローマへの街道を示す巡礼地図がある．マシュー・パリスという修道僧が描いたものだが，その段階ではロンドンは装飾的にしか描かれていない．南が上端に来ていてロンドン塔があり(明らかにテムズ川の反対側)，ロンドン橋，セント・ポール大聖堂，セント・メアリ教会，ウェストミンスター・アビーが見え，ランベスの位置が示されている．

エリザベス朝のものでもまだ名所図絵や挿画的鳥瞰図またはパノラマ図に近いものであった．当時は境界線や境界標識などの正確な描写は，建築家の土地区分の設計図，土地所有権の法律文書などに限られていた．

現存している最初の完全な地図は1550年に測量されたもので，フランダース人の画家ジョージ・ヘフナーゲルと彫版工フランス・ホーゲンベルグによって作成された．アントニー・ファン・デ・ウィンガルデも，このころテムズ川から北方を望んだロンドンのパノラマ式展望図を製作した．その後1592年頃にラルフ・アガスがイギリス人として初めてロンドン地図を製作，1616年にはアントワープのフィッシャー，そして1640年代からロンドン大火後にかけてはウェンセスラウス・ホラーなどがパノラマ的ロンドン地図を発行するようになる．

1666年のロンドン大火は次の2点から地図の発達を促した．(1)建物がすべて破壊されてしまった土地について法的な所有権者を明確にするため正確な地図を必要とした．(2)新し

た．ライトは，1940年に亡くなるまで47年間勤め，その充実・発展に貢献した．彼は，図書館が1933年に勅許状を授けられた翌年にナイトに叙せられた．また著名な利用者にも恵まれた．ウィリアム・E・グラッドストーン，ウィリアム・サッカレー，アルフレッド・テニソン，ラドヤード・キプリング，E.M. フォースター，ヴァージニア・ウルフ，イーディス・シットウェル，T.S. エリオットらはそのほんの一部である．カーライルはいうまでもない．

1952年から64年まで，多難な時期に総裁を務めたT.S. エリオットは「この規模の図書館で本をこれほど多く所蔵するところは他にない．これこそ会員各人の私的図書館である」と述懐した．

1990年代には，年会費80ポンドの会員数が7500に達し，順番待ち名簿の制度を導入するに至った．地下鉄ピカディリー・サーカス駅に近い．

London Marathon
ロンドン・マラソン

オリンピック障害競馬金メダリストのクリス・ブラッシャーとジョン・ディズレーが，1981年に資金を調達して設けた競技．「ファン・ラン」(Fun Run)ともいわれる．第1回には約6000人が参加した．1991年には2万人を超える参加者があって，この種のレースで世界最大のものとなった．これを機に慈善のために多額の金が集められた．コースはグリニッチからウェストミンスター橋までの42.195キロメートルである．

London Museum
旧ロンドン博物館

ロンドンの先史時代から19世紀までの歴史，社会生活，家庭生活などに関する収集品を展示していた博物館．1911年，ケンジントン・パレスに設立され，一時ランカスター・ハウス(→Lancaster House)に移った．1976年，

いロンドンの設計者たちが，正確な測量に基づく地図の必要性を訴えた．そして10年後の1676年にはジョン・オーグルビがシティの地図を発表，これが最初の正確で詳細な公式地図となった．それから1681年には縮尺約3600分の1で12枚に分割されたロンドン地図が発行された．その後18世紀に至るまで数世代にわたって次々と地図の製作が計画された．

18世紀に入ると，彫版技術と印刷技術の発達にともなって地図製作も大幅に改良され，ロンドンが拡大するにしたがって正確な地図が発行されて，歴史上初めてその膨脹ぶりが地図の形で記録されることになった．フランス人の移民ジョン・ロックは，1740年と50年代のロンドンの既成市街地を測量して，1マイル26インチと5.5インチの縮尺で数種類の地図を製作した．18世紀半ば，ジョージ・ヴェルチュは1560年代のアガスのロンドン地図を再刻し，また自分自身でも100年前のピューリタン革命期のロンドン内の要塞地図を発行して，過去を地図化する興味を誘った．1799年のリチャード・ホーウッドの1マイル26インチの地図には各家とその番号が示された(ただし，家の番号づけはこの段階では未完成)．

1791年から英国政府陸地測量部の1インチ(1:63,360)全国地図が現われはじめた．ロンドンはエセックス，サリー，ケント，ミドルセックスが含まれて，1805年，1816年，1819年，1822年にそれぞれ発行された．

19世紀になると地図の数もテーマの種類も急速に増加した．1851年に万国博覧会が開かれて旅行者用地図と案内書を求める声が高まった．その需要を，小説家チャールズ・ディケンズの長男チャールズその他多くの人々が満たした．1889-90年のチャールズ・ブースの地図では，ロンドンの貧困の程度が色分けされている．地図はまた下水，給水，運輸の大改善にも必要とされ，コリンズとかレノルズという，今日も存在している地図製作会社が出現した．

ロンドン・ウォールに開館したロンドン博物館（→Museum of London）に統合された．

London Palladium
ロンドン・パレイディアム
Argyll Street, W1

オックスフォード・サーカス近くに，1910年12月に開館した豪華なミュージック・ホール（→Music Halls）．はじめは単に「パレイディアム」と呼ばれた．1920年代初めより絢爛たるレヴューが上演された．2325という座席数はウェスト・エンドの中でもコロシアム（→Coliseum, The）に次ぐ規模であった．1934年「ロンドン・パレイディアム」となる．

1930年から38年まで，クリスマスになるとジェイムズ・バリ作の《ピーター・パン》が上演された．また30年代の「クレイジー・ギャング・ショー」シリーズは人気を博した．第二次世界大戦後はアメリカから，ルイ・アームストロング，ビング・クロスビー，デューク・エリントン，ボブ・ホープ，ダニー・ケイ，フランク・シナトラなどが来演，ジュディ・ガーランドと娘のライザ・ミネリもここで活躍した．ヒット演目には，ユル・ブリンナー主演の《王様と私》(79)，マイケル・クロフォードの《バーナム》(81)，トミー・スティールの《雨に唄えば》(88,89)などがある．現在は，世界中のサーカスの公演に使用されている．またバック・ステージ・ツアーでこのホールの栄光をしのぶことができる．地下鉄オックスフォード・サーカス駅に近い．

London Pavillion
ロンドン・パヴィリオン

1861年ピカディリー・サーカスに開館したミュージック・ホール（→Music Halls）．座席数約2000．1885年に取り壊されたが，同じ場所に新しいホールが建てられた．

当初はフロアにテーブルと椅子のセットを並べた伝統的なホールであったが，後に通常の観客席に変わった．しかし演し物は相変わらずミュージック・ホール向けのものだった．興行師のチャールズ・コクランが1918年に引き継ぎ，派手なレビューで評判をとった．31年にコクランが去り，ヴァラエティ物を主に上演したが，34年には映画館になり，82年に閉鎖された．

London Philharmonic Orchestra
ロンドン・フィルハーモニー管弦楽団

1932年にトマス・ビーチャムによって設立されたオーケストラ．1939年，ビーチャムがアメリカに渡り存続の危機に直面したが，楽団員たちが自主的に運営を始めた．1949年以来ロンドン市議会から財政支援を受けていたが，1951年，ロイヤル・フェスティヴァル・ホールが建設されて支援が打ち切られた．そのため財政危機に陥ったが，それも乗りきった．

1950年にエイドリアン・ボールトが常任指揮者となり，その後ジョン・プリチャード，ベルナルト・ハイティンク，サー・ジョージ・ソルティ（ショルティ），クルト・マズアらが首席指揮者となる．

60年代半ばから，夏季に行なわれるサセックスのグラインドボーン音楽祭歌劇場の専属オーケストラを務め，1992年からはロイヤル・フェスティヴァル・ホールの専属オーケストラとして定期演奏を行なっている．海外公演にも積極的で，日本を含め世界中に出かけている．

また，1992年には若手音楽家のために，ロンドン・フィルハーモニック・ユース・オーケストラを設立した．

London School of Economics and Political Science
ロンドン大学政治・経済学スクール
Houghton Street, WC2

ロンドン大学を構成する主要コレッジのひとつ．1895年に，「経済学ないし政治経済学，政治科学ないし政治哲学，統計学，社会学，歴史学，地理学および何であれこれらと同種の学問の研究と進歩」を促進することを目的として設立された．通称LSE．1894年に死去したフェビアン協会の会員H.H.ハッチンソンがその遺言において，自分の所領の残余

財産を社会の進歩に資する目的で自由に処分するようシドニー・ウェッブ(同じくフェビアン社会主義者)とその他4人の遺産管財人に委ねたことから同スクールが設立されることになった．そのモデルとされたのはヨーロッパやアメリカの政治・社会問題を研究している大学・高等教育機関であった．

スクールは最初ストランドの南側の通りで発足したが，1896年にアデルフィ・テラスに移った．1900年にロンドン大学の構成コレッジとなったあと，1902年に現在の中心棟のあるホートン・ストリートに接するクレア・マーケットに移転した．その敷地はロンドン市議会が提供し，建設費はパースモア・エドワーズその他の人々からの寄付金によった．今では地下鉄オールドウィッチ駅に近いホートン・ストリート界隈に校舎が立ち並んでいる．

当時の教授陣にはハロルド・ラスキ(社会主義者・経済学者)，フリードリッヒ・フォン・ハイエク(オーストリアの経済学者，ノーベル経済学賞)，ライオネル・ロビンズ，サー・ピーター・パーカー，ラルフ・ダーレンドルフなどがいた．2001年現在の学生総数は6000名強．

London Scottish Rugby Football Club
→Rugby Football Clubs

London Season
ロンドン・シーズン

地方の貴族がロンドンとその近郊でくりひろげる社交の季節のこと．

上流階級におけるロンドン社交行事は，王政復古以降，議会の開催の時期に連動して慣行化し，18世紀に入ると12月から翌年の6，7月に定着してきた．この時期に各地の貴顕紳士が上京し，特別な意味合いのシーズンを作ることになった．チャールズ二世がもたらしたフランス流の享楽主義もシーズンの成立に関係したと考えられる．

ヴィクトリア朝になると，シーズンは，上流階級にとって最も重要な儀式となった．期間はイースターから8月まで．地方の貴族・名士がロンドンとその近郊に集まり，令夫人はこの機に自己を誇示し，娘の夫選びに狂奔し，地方では得られないロンドンの華美と快楽を享受した．メイフェアやセント・ジェイムズ地区の街路はどこも，完全な装備に御者と召使いつきの新調の馬車であふれかえった．こうした状態はつまるところ，官職，年金，役得を得ようと宮廷や法廷に必要なコネを見つけるためであった．1849年6月に女王夫妻を迎えて行なわれたノーフォーク公爵夫妻の大宴会と大舞踏会はその好例である．

バッキンガム・パレスが行なう最重要行事は，4つの応接間で，社交界にデビューする若い女性たちを女王が拝謁するパーティであった．

戸外ではアスコット競馬場の華やかさと威信が圧巻だった．ヘンリー・レガッタも「シーズン」中の重要な社交行事だった．その陰で，「婦人装身具製造女工と針子」にとっては受難の「季節」であった．日に「15時間から時に18時間も」働かされていたとエンゲルスは述べている．

London Stone
ロンドン・ストーン
Cannon Street, EC4

ローマ時代の里程標と考えられる石塊．頂部に一対の溝が見られる以外には模様はない．この石塊は，1742年まで現在のキャノン・ストリート駅の地に立っていたが，その後向かい側のクリストファー・レンのセント・スウィズイン教会の南壁にはめ込まれた．この教会が第二次世界大戦中に破壊されると，跡地にできた現在の建物(キャノン・ストリート111番地)の道路側の壁に納められて現在に至っている．

石の起源は確かではない．サクソン王の福音書にこの石への言及があるとジョン・ストーは述べている．用途・目的について，昔からこれはローマ領の里程標ではないかという説がある．一方で，ローマ人が残した建物の石材にすぎないとする見方もある．しかし，1960年代後半の考古学的調査によると，キャ

ローマ時代の里程標とされる
ロンドン・ストーン

ノン・ストリート駅と東隣接地の下から西暦80年から100年ごろに建てられたと思われる大邸宅跡が発掘され、その規模から察すると建物はブリタニア属州の総督の邸宅ではないかと考えられている.

London Symphony Orchestra
ロンドン交響楽団

ロンドンで最も古いオーケストラ.クイーンズ・ホール管弦楽団(1927年BBC交響楽団となる)の指揮者だったヘンリー・ウッドは、1904年、楽団員に年額100ポンドを保証するかわりに団員のアルバイトを禁止した.それが原因で、約50人の団員が脱退して結成したのが、楽団員の自主運営を特徴とするこの交響楽団である.イギリスで映画音楽の演奏を行った最初のオーケストラで、《スター・ウォーズ》や《スーパーマン》などを手掛けた.1982年バービカン・ホールが完成すると、そこに本拠を移した.主な常任指揮者にアンドレ・プレヴィン、クラウディオ・アバドらがいる.

London Tavern
ロンドン・タヴァン

1765年の火事で焼けたが、昔のロンドンの市壁内にある大きな酒亭(355名を収容した)であった.エリザベス朝にはビショップスゲート(→Bishopsgate)には裕福な商人が住んでおり、この店は料理が有名で、東インド会社の定例晩餐会が催されていた.チャールズ・ディケンズは作家や芸術家のためのサナトリウム、劇場の経済援助を目的にした、慈善事業のためにこの酒亭を利用している.小説の『ニコラス・ニックルビー』にも出てくる.1876年に取り壊された.現在はロイヤル・スコットランド銀行が立っている.

London to Brighton Veteran Car Run
ヴェテラン・カー・ラン

1896年に始まった、クラシック・カー(1895-1904)で競う自動車レース.それまで自動車の運転は時速4マイル(約6.44キロ)を守り、かつ赤い旗を持った人に先頭を歩かせねばならないと法律に定められていた.その法律が1896年に廃止され、時速が12マイル(約19.31キロ)に引き上げられたのを記念して、その日(11月14日)赤旗を破り捨て、ブライトンへ自家用車を走らせた.この自動車走行はそれ以来、毎年11月に行なわれてきた.組織だったレースとしては1933年のレースが第1回目である.

1904年12月31日以前製造の車が参加資格車で、ハイド・パーク・コーナーを出発して、南英ブライトンのマデイラ・ドライヴをめざすレースである．

London Tourist Board
ロンドン観光局

Grosvenor Gardens, SW1

1963年に設置された，ロンドンおよびイギリスの観光事業の推進と観光情報の提供を目的とする公式機関．69年にイングランドに設けられた11の地方観光局のうちのひとつとなったが，イングランド観光局および英国政府観光庁と緊密な連携関係にある．

運営資金は商業会員（宿泊，興業，交通関係）からの寄付と自己商業活動で調達するが，国民文化遺産省，イングランド観光局，ロンドン自治区補助金委員会の3団体からも援助を受ける．事業目的を遂行するためこの機関は会議事務局を設けて，各種の集会，会議，展示会を積極的に誘致している．

マーシャム・ストリートの一室で出発したロンドン観光局は，その後3回移転したあと，1977年に現在地のグロヴナー・ガーデンズにおさまった．1988年には25周年を祝った．その時点で，事業評価額は，初年度の900万ポンドから37億ポンドに増大していた．

London Transportation
ロンドンの交通行政

鉄道・バス・電車・地下鉄など，広域かつ多様な公共交通機関を対象とするロンドンの交通行政は安全と効率と近代化を求めて，時代に即応した運営組織を確立するための幾多の統廃合を繰り返してきた．

1830年代，バス会社は発足当初から競争を経験し，合併・吸収を経て今日の安定的地盤を確立することができた．その間，鉄道，バス，電車の3社による提携は行なわれなかった．1920年代，当時の状況のままではロンドンと急速に発展する周辺部の要求に公共交通機関として十分に応えることができないことが判明した．1933年ロンドン旅客交通局（London Passenger Transport Board, 略LPTB），通常ロンドン交通公団（London Transport, 略LT）として知られる組織が創設された．これはロンドンおよび周辺部におけるすべての運行を統括する独立機関として発足した．第二次世界大戦中，政府はLPTBの直接管轄権を握り，1948年以後イギリス国内の鉄道及び大部分の道路を所轄する英国運輸委員会の一部として正式に国の機関となった．名称はロンドン交通管理局（London Trans Executive, 略LTE）となったが，LTの名はすべてのバスと地下鉄の車両に残った．1963年，LTEはロンドン交通局（London Transport Board, 略LTB）になり，以後，中央政府に対して事業報告を行う責任をもつことになった．1970年には再度改革が行なわれ，財政・運営面で全権を行使する大ロンドン議会のもと，LTBの後身として新ロンドン交通管理局が設置された．

現在のLTは，1984年施行のロンドン地域運輸法により，大ロンドン地域を管轄対象として発足したが，大ロンドン議会の消滅にともない，再び中央政府の直接管轄下におかれた．同法のもとで，公営のロンドン地下鉄会社が設立され，企業感覚を導入する目的で，路線毎に総括責任者をおき，多様な要望に敏速に応えられる態勢を整えた．

ロンドン・バス会社は地域の実情と要望に対応できるよう，11の地域に分割された．現在運行は民間企業に委譲され，路線，運行本数，料金体系などについて競争原理を導入した．ただしバス亭，航空旅客のための市内のバスターミナル，営業所などはロンドン交通公団の管轄下にある．そのほか公団の事業には身体障害者の自動車および鉄道旅行の安全対策，広範な旅行情報の提供，遺失物取扱所の維持管理などがある．また駅構内，列車内などの広告販売とコヴェント・ガーデンのロンドン交通博物館（→ London Transport Museum）の運営を担当している．

London Transport Museum
ロンドン交通博物館

Covent Garden, WC2

　1980年，アン王女によって開設されたロンドンの交通に関する博物館．過去200年にわたる交通機関の歴史的資料を中心に，道路と鉄道関係の乗り物を保存展示する．建物は，1872年開設のコヴェント・ガーデン・マーケットの花市場の建物を改修利用したもの．

　1929年にロンドンのバス運行100年祭の一行事として，ロンドン・ジェネラル・オムニバス・カンパニーによって建造されたジョージ・シリビーアのロンドン最初のバスの複製，2階付きホース・バス，多くのタイプのモーター・バスとグリーン・ライン・コーチ，比較的最近のミニバスなどが陳列されている．過ぎ去った過去をしのばせる広告やポスターも保存されている．

　また地下鉄(→Underground Railways)の車両や各種の電気自動車，機関車，客車が，電力が導入される以前の蒸気機関とともに展示されている．特に人気が高いのは運転室で，見物人が地下鉄の列車を実際に運転する気分が味わえる．

　展示物は乗り物に限らず，各種交通機関と社会の関係を示すパネル展示もある．外に視聴覚資料も充実している．また戦時下のロンドン交通機関，工学技術としての地下鉄のエレベーターやエスカレーターなどに関する解説展示もある．特殊な主題や記念日に焦点を合わせた特別展や講演会もしばしば開催される．併設する図書館は教育・研究調査に多大の便宜を与えている．また書店・売店は品揃えが豊富である．博物館には年間20万人以上の入場者がある．

London University
→**University of London**

London Wall
ロンドン・ウォール　EC2

　ローマ時代の市壁に沿って，西はオールダーズゲート・ストリートから東はオールド・ブロード・ストリートまで走る街路．西側にロンドン博物館，東側にはオール・ハローズ教会がある．この地域は第二次世界大戦中に激しい爆撃を受けたが，現在では高層ビルが立ち並び，北側は1982年に再開発されたバービカン地区となっている．

　ローマ時代の市壁の一部がセント・アルフェイジ・ガーデンに残っており，また西端にはローマ時代の砦の西門の遺跡がある．1329年にここにアウグスティノ会修道院が絹物商エルシングによって建造された．これは100名の盲人男女を収容する慈善院でもあり，1536年にヘンリー八世によって解散されるまで存続した．ヘンリー八世は修道院解散のときに慈善院の礼拝堂をセント・アルフェイジ教会の教区民に与えた．慈善院の敷地には，1623年ころから国教会聖職者の協会であるサイオン・コレッジがあったが，1886年にヴィクトリア・エンバンクメントへ移った．また1676年ころよりベツレヘム・ロイヤル病院がベイジングホール・ストリートの向かいにあり，1815年にランベス・ロードへ移った．南側には製革職人組合会館が16世紀から1920年まであった．左官同業組合会館(→Plaisterers' Hall)が1番地にある．14世紀に創設された武具師・真鍮細工師同業組合会館(→Armourers' Hall)がコールマン・ストリート81番地にあるが，現在の建物は1840年の建築である．

London Welsh Rugby Football Club
→**Rugby Football Clubs**

London Zoo
ロンドン動物園

Regent's Park, NW1

　正式名称はロンドン動物学協会動物園．リージェンツ・パークの北側部分を占める面積．14ヘクタールの世界有数の動物園で，世界中の代表的動物8000種を誇る．1826年にロンドン動物学協会がサー・スタンフォード・ラッフルズと王立協会会長サー・ハンフリー・デイヴィによって設立され，研究用に集められた動物がリージェンツ・パークで，1828年に会員と会員から入園切符をもらった人にのみ公開

された．

　王室で飼っていた動物が1830年にウィンザー城から，1831年にはロンドン塔から加わって動物の種類が増えた．1832年にはネパール，マダガスカル，インドなどから動物が贈られた．1835年にはチンパンジーが登場して評判になった．翌年4頭のキリンがスーダンから到着すると，女性のドレスに縞模様が流行するほどの人気を呼んだ．1840年にはライオンのつがいがチュニスから輸入されたが，雌が事故で死亡，雄も数週間後に死んでしまった．

　爬虫類館が1843年に，水族館が1853年に，昆虫館は1881年に開館したが，いずれも世界初のものであった．その間，1847年にバイソンが2頭ロシア皇帝から贈られ，1850年にカバが，1851年にオランウータンが，1853年にオオアリクイが，1867年にはアフリカ象のジャンボとアリスがお目見えした．1880年にはオーストラリアから初めてコアラが輸入された．1860年代，リージェンツ・パークの動物園は一般に「動物園」(the Zoo)として知られるようになった．1938年にジャイアント・パンダが登場し，玩具店にパンダのぬいぐるみがあふれる人気となった．パンダは1958年に中国から再度輸入され，当時イギリスで最も有名な動物となった．この動物園は世界でも有数の国立の動物園だが，独立採算制をとっているため，これまで何度も財政的危機に見舞われた．

Long Acre
ロング・エーカー　WC2

　レスター・スクエア駅近くから北東へコヴェント・ガーデン駅近くまで続く長い道路．個性的な専門店が多く，歴史のある名前をもった小路が何本も交差する．もともと，コンヴェント・ガーデン（女子修道院の庭）の北側の縁をなしていた細長い土地のことで，そこには背丈の高い楡の木が並んで植えられていたので，ザ・エルム，エルム・クロースなどと呼ばれていた．1552年に初代ベドフォード伯爵の所有地になったが，17世紀初期に絹物商同業組合の手に移った．一時期上流人の集まる通りとなり，オリヴァー・クロムウェルやジョン・ドライデンらが住んだ．馬車の時代の到来とともに17世紀半ばには馬車製造の中心地となった．1668年10月にサミュエル・ピープスが中古の馬車を53ポンドで購入したという記録がある．18世紀にはたんすや家具の製作でも知られたが，馬車の製造とその関連事業（ワニスの製造，飾りつけ業）は活発で馬車商会は18世紀末で55社，1840年に35社を数えた．

　車社会となる20世紀に入ると事態は一変し，コヴェント・ガーデン・マーケット（→Covent Garden Market）の果物や野菜の卸問屋街に生まれ変わった．そのなかで異色だったのは1894年設立のオダムズ印刷会社であった．いまはオダムズ・ウォークにその名をとどめている．この会社に買収されたもののひとつに，1850年創設のセント・マーティンズ・ホールがあった．このホールは主として政治集会に使われたが，1859年にチャールズ・ディケンズが最初の公開朗読を行なった会場でもある．1852年にチェアリング・クロスで設立され，その後世界最大の地図店になったエドワード・スタンフォード社が1880年ころから12-14番地に店舗を構えている．その他，この道路沿いには個性的小劇場や各種専門店が多い．地下鉄コヴェント・ガーデン駅前にはマークス・アンド・スペンサーが進出するなど付近一帯の変貌は著しく，今ではすっかり若者で賑わうショッピング街になった．

Lord Mayor
市長

　自治都市の行政上の最高責任者はふつうMayorと呼ばれるが，ロンドン（シティに限定），バーミンガム，リーズ，マンチェスター，リヴァプール，ヨークなど，州と同格の大都市では，市長はLord Mayorと敬称付きで呼ばれる．しかし，ロンドンの場合はいささか事情を異にする．2人の市長が矛盾しない形で存在するからである．つまり伝統的なシティの市長と2000年5月に初の市民による選挙が行なわれて誕生した大ロンドンの市長で

ある．前者は The Lord Mayor of the City of London といい，後者はたんに The Mayor of London という．シティの市長の英名が以前は The Lord Mayor of London であったことから，日本語でもロンドン市長と表記するのが慣例であった．本事典は，この慣例にしたがい，シティの市長をしばしば「ロンドン市長」と表記した．新しく誕生した市長については，「大ロンドン市長」とした．

ロンドンの初代市長は，1189年あるいは1192年(諸説あり)にロンドンが自治権を獲得して，その長に選ばれたヘンリー・フィッツアルウィンである．2001年11月に選出されたクライヴ・マーティン市長は673代目に当たる．

市長の選挙は毎年9月末にギルドホールの大広間で行われる．これは2万6000人のシティ同業者組合員全員が投票する選挙である．市長候補者は，シェリフ(→Sheriffs)を経験したことがある市参事会員(→Aldermen)と決められている．任期は11月から翌年の10月末までの1年間で，公邸は地下鉄バンク駅に近いマンション・ハウスである．11月上旬には伝統的行事として市長就任披露行列(→Lord Mayor's Show)が行なわれることはよく知られている．

現在ではしばしば市長職は名誉職と言われるが，世界金融の中心地としての地位と権威と伝統の保持，国際親善のための外交活動など多忙をきわめ，今なお多大の責任ある職務といってよい．

なお2000年5月4日の選挙で当選した初代大ロンドン市長はケン・リヴィングストーンで，この新誕生の市長がシティを含めた大ロンドンの交通，警察，消防，保健衛生などに関与する行政上の責任者である．

→巻末「ロンドン市長一欄」

Lord Mayor's Banquet
ロンドン市長就任披露宴
Guildhall, EC2

ロンドンの最も華やかな社交界の行事のひとつで，毎年シティのロンドン市長就任披露行列(→Lord Mayor's Show)の後の月曜日に，ギルドホール(→Guildhall)で開かれる正餐会．戦時を除いてこの4世紀間毎年催されてきた．15世紀末にギルドホールに調理場が付設されて，サー・ジョン・シャーが1501年に初めて宴を開いた．1580年ごろまでにこれが慣例となり，市長と市参事会員(→Aldermen)が世話役となり，新市長が旧市長の名誉を称え，首相を含む700名以上の各界の名士が招待される．酒宴のあとで首相が施政演説をするのが慣例となっている．市長と侍女を従えた市長夫人が，来賓を旧図書館でトランペットの吹奏で迎え，ギルドホールを一周して席に着くあいだ，市長就任を称えるヘンデルの行進曲が奏でられる．日記で有名なサミュエル・ピープスは，ナイフとフォークを持参して参加したと記している．ウィリアム・ホガースの版画では，料理をむさぼる来賓たちの姿が描かれている．

Lord Mayor's Show
ロンドン市長就任披露行列

毎年秋にロンドンで行なわれるシティの市長の就任披露行列は，ロンドン市民にとって最も人気のあるパレードである．選挙日も披露行列の日も，歴史上はジョン王以来いくかの変遷を経たが，現在では1959年の議会決議で，新市長の選挙は毎年ミカエル祭の9月29日，就任式と披露行列は11月の第2土曜日，そして披露宴(→Lord Mayor's Banquet)はそのあとの月曜日と決定している．第674回の披露行列が2001年11月10日に行なわれた．

現在ロンドン市長の行政上の権限は微々たるものではあるが，格式と権威は昔のままであり，シティ最高の責任者として独自の警察力と権限を保持している．ギルドホール(→Guildhall)はシティの市庁舎として，およそ1000年にわたって市政の中心をなしてきた．コーンヒル街の入口にあるマンション・ハウス(→Mansion House)は市長公舎で，シティの交通の要衝に位置している．

市長の任期は1年であるから，毎年改選される．新市長はまずギルドホールに赴き，そ

こで忠誠宣言を受け，行列はそこからストランドの王立裁判所（→Royal Courts of Justice）に向かい市長として公式に認定され，国王を代表する首席裁判官の前で，任務を忠実に果たすことを誓う．その昔は市長行列はテムズ川を船で航行したり，路上を騎馬で進行したこともあったが，現在では1757年に造られた祭典用盛装馬車が6頭の大型荷馬によって曳かれ，槍兵とマスケット銃兵に護られて堂々と行進する．そのあとに，その年の新市長の選んだテーマに関連したさまざまな活人画の山車が続く．これが人気をよんでいる．ちなみに最近のテーマとしては，「自然資源と環境」，「統率と青年の同業組合」，「運輸機関」とか「ヨーロッパの先頭を行く」などがある．これを決定するのは次年度市長と目されているシティ参事会員（→Aldermen）で，これをペイジェント・マスターというが，現在では専門の技術者が1年がかりで計画を練るという．18世紀のジョージ王朝の行列の模様はウィリアム・ホガースの版画がリアルに示している．サミュエル・ピープスが見たチャールズ二世の行列は「実にくだらない」と日記に記されている．

Lord Raglan
ロード・ラグラン亭

St Martin's-le-Grand, EC1

シティ最古の酒亭があった場所にあるパブ．最初はブッシュ亭と呼ばれた．現在の酒倉はその創設当時の建材が利用され，ローマン・ウォールの一部もある．ブッシュ（bush）というのは，ローマ時代から造り酒屋の看板に用いられたブドウ，またはアイヴィーの小枝を束ねて軒先に突き出した灌木のことで，日本の酒屋の軒下に吊り下げられた「杉玉」のようなものであった．したがってイギリスでも，古い時代の酒場の屋号に多く用いられた．清教徒革命でチャールズ一世が処刑されたとき，王党派であったこの酒場の亭主は，屋号をモーニング・ブッシュと変えて看板を黒く塗りつぶし喪に服したという．しかし，クリミア戦争でイギリス軍を率いた陸軍元帥のラグラン卿を記念してロード・ラグラン亭と改名した．ちなみに，ラグラン袖というのは，将軍が初めて着用したオーバーコートの型から，その名が出ている．

Lord's Cricket Ground
ロード・クリケット場

St John's Wood Road, NW8

マリルボーン・クリケット・クラブ（→MCC）の本拠地．1755年ヨークシャー生まれのトマス・ロードは，ロンドンに出てイズリントンのコンディット・フィールズで働いていたが，1787年マリルボーンで試合を行なうことを考えたのが，マリルボーン・クリケット・クラブの創設となった．1805年に第一回イートン対ハロー校の試合が行なわれ，イートンが勝った．詩人のロード・バイロンはそのときハロー校の選手であった．マリルボーン・クリケット・クラブは1810年にホームグラウンドを変えたが，1814年にはセント・ジョンズ・ウッド・ロードに移転して，ここを永久のホームグラウンドとし，ローズ（Lord's）と呼ばれて今日に至る．

ローズは移転のたびにそれまで使用したグラウンドの芝生を運んだという．1825年にローズは所有する土地の大部分を売却しようとした．当時セント・ジョンズ・ウッドが開発途上にあったからであるが，クラブ会員のウィリアム・ウォードがローズの権利を買い取り，1835年にジェイムズ・ダークに売却すると，ダークは1864年にクラブに借地権を売った．ダークの名はダークス・ショップという菓子屋に残る．クラブが土地の自由保有権を取得したのは1866年のことであった．

現在の建物は，20世紀に入ってから何回かにわたって建てられたもので，観覧席にある風見の「ファーザー・タイム」（時の翁）はランドマークとして有名である．競技場の広さは幅152メートル，長さ133メートル，観覧席の収容能力は2万6000人である．グレイス・ゲートは得点王W.G.グレイスの名にちなむもので，会員と招待客専用門となっている．一般観客は北と東のゲートを利用する．敷地内には，博物館，図書館，記念画廊，ローズ・タ

ヴァンというパブがある．スカッシュとテニス用のコートもある．室内・屋外のクリケットの練習場などの諸施設を備える．
→Cricket

Lothbury
ロスベリー　EC2

　シティ地区のスログモートン・ストリートとグレシャム・ストリートをつなぐ街路．この通りは古くから金融と関わりがあり，その歴史は250年以上もの昔にさかのぼるが，近くのオールド・ジューリー街（→ Old Jewry）を牛耳っていた中世のユダヤ人の金貸したちまで含めると，歴史はさらに中世にまでさかのぼる．

　通りの名称の由来にはいくつかの説がある．サクソン時代の地主 'Hlotha' ないしは 'Lod' から発したとする説，あるいはおそらくローマ時代のウォールブルック川から掘り出されたとされる排水溝を意味する 'lod' に由来するとする説，または『ロンドン通覧』の編者ジョン・ストーによれば，この地で就業していた金属鋳物師たちがたてるいやな（loath-some）騒音から発したとする説など，である．

　長いあいだこの通りはシティの幹線道路で，すでに中世のころには商工業活動の拠点になっていた．たとえば，食料雑貨商同業組合は自分たちの同業組合会館（→Grocers' Hall）を建てるまで，近くのオールド・ジューリー街で会合をもっていたし，鋳物師同業組合は1531年から300年のあいだこの通りに会館（→Founders' Hall）を所有していた．通り沿いには早くも1197年に記録の残るセント・マーガレット教会が立つ．地下鉄バンク駅に近い．

Lovat Lane
ラヴァット・レイン　EC3

　ロンドン橋に近いモニュメント・ストリートから北へイーストチープに達する狭い通り．長らくラヴ・レインと呼ばれてきた．売春婦がよく出没したことがその名の由来らしい．

ジョン・ストーは昔はロウプ・レインで，それが土地の所有者の名前からルカス・レインに変わり，それがなまってラヴ・レインになったという．ラヴ・レイン（→Love Lane）との混同を避けるために1939年に現在名に変更された．ラヴァットとはビリングズゲート・マーケット（→Billingsgate Market）に荷揚げするサケの漁場を所有する貴族の名であった．道路の東側に立つセント・メアリ・アット・ヒル教会（→St Mary-at-Hill）は12世紀の建立．クリストファー・レンによる再建などを経て今日に至る．

Love Lane
ラヴ・レイン　EC2

　ギルドホールの西にある路地．名は中世に売春婦のたまり場だったことに由来する．路地の北側にあるセント・オールバン教会は8世紀に起源をもち，ロンドン大火で焼失したあと，クリストファー・レンの手で建て替えられたが，1940年ドイツの空爆によって破壊された．しかし，見事な17世紀の砂時計は救出された．この教会の墓地は，理髪・外科医同業組合の解剖用遺体（重罪犯人）の埋葬地だった．小間物商同業組合会館が路の南側にある．地下鉄セント・ポールズ駅に近い．

Lower Mall
ロワー・マル　W6

　ハマースミス橋の北詰上流側の川沿いの短い遊歩道．この通りには18世紀に建てられた家が多い．たとえば，2つの大型張り出し窓のある明るい色の煉瓦でできたケント・ハウス，魅力的な扇形明かり採りとバルコニーのある家，小さなコテージ，ボートハウス，パブの「ラットランド亭」や「青い錨亭」などである．1746年以前に建てられて，名前が最初はタレット・ハウス，のちにウェスコット・ロッジと変わり，1860年に教区司祭住居になった建物が22番地にある．隣の21番地には司祭住居がもう一軒新たに建てられている．上流へ川辺をたどれば瀟洒なアッパー・マル（→Upper Mall），チズィック・マル（→Chiswick Mall）に

つながる．

LPTB
→London Transportation

LSE
→London School of Economics and Political Science

LT
→London Transportation

LTB
→London Transportation

Ludgate Hill
ラドゲート・ヒル　EC4
　ラドゲート・サーカスから東へセント・ポール大聖堂に至るゆるやかな上り勾配の道路．名の由来は，ここにあったラドゲートと同様，ラド王による．ラド王はこの市門を建てたと伝えられる人物．門は1215年ごろと1586年の2度再建され，1760年に取り壊された．飾られていたエリザベス一世像とラド王および2人の息子の像は，現在フリート・ストリートにあるセント・ダンスタン・イン・ザ・ウェスト教会(→St Dunstan in the West)の外側にある．
　1762年は看板が廃止された年であるが，62年以前この通りにかけられていた看板の数は160個あまりを数えた．実に多種多様な看板の下でさまざまな商売が営まれていた．日記作家のジョン・イーヴリンが1658年から59年に投宿していた「鷹とキジ亭」では，ソーンダーズという人物が毛織物を商っていた．いんちき薬を万能薬と称して売っていたピッタンという人物は「ベル・ソーヴェジ亭から4軒下った店で名声」を博していた．そのベル・ソーヴェジ亭は，もとは「ベル・オン・ザ・フープ亭」といい，1432年から1873年まで駅馬車の宿駅として繁栄した．チャールズ・ディケンズの『ピクウィック・ペイパーズ』でトニー・ウェラーが愛好した酒亭・旅籠であった．その跡地にはカセールの印刷会社が建った．ロンドン・コーヒー店(1731年から63年まではロンドン・パンチ・ハウスだった)は，19世紀はじめにはワイン，料理，宿泊設備の点で第一級の宿屋として栄えた．風刺画家ジョン・リーチの祖父と父が主人だった時期がある．ここはまた，ディケンズの『リトル・ドリット』でクレナムの帰国後の宿泊所だった．1867年に閉鎖された．
　ロンドン・チャタム・アンド・ドーヴァー鉄道の進入(1865)で，ラドゲート・ヒルの西端近くに鉄道高架橋がかかった．高架橋の架設でセント・ポール大聖堂の姿を汚すとの批判の声があがったが，高架橋を前面に配してのセント・ポール大聖堂の図が画家や写真家の大きな関心を引いたりもした．ギュスターヴ・ドレの「ラドゲート・ヒル」はその典型であろう．しかしこの鉄道は1990年4月から地下鉄道となり，それにともなって高架橋は取り払われた．28-30番地のステーショナーズ・ホール・コートに書籍出版業者同業組合会館(→Stationers' Hall)がある．会館は1606年の完成．1911年まであらゆる出版物の検閲権を有していた．

Lyceum
ライシアム
Wellington Street, WC2
　名優ヘンリー・アーヴィングが活躍したことで知られる劇場．はじめは展示会場，次いでダンス・ホールとなった．劇場になったのは1809年である．火災で焼失したドルーリー・レイン劇場(→Theatre Royal, Drury Lane)が再建されるまでの数年間，代替劇場の役目を果たした．1815年，劇場名がシアター・ロイヤル・イングリッシュ・オペラ・ハウスと変わり，16年には新築されたが，30年に火事で全焼，1834年，ロイヤル・ライシアム・アンド・イングリッシュ・オペラ・ハウスとして復活した．
　1871年，ヘゼキア・ベイトマンが経営に携わり，無名のヘンリー・アーヴィングを抜擢，主役として公演を行なう契約を結んだ．同年11月，アーヴィングがベイトマンを説得して上演した《ザ・ベルズ》が大当たりとなり，74年

ライシアムの内部（19世紀初頭）

の《ハムレット》でアーヴィングの名声は確立した．翌年ベイトマンが亡くなり，妻と息子が跡を継いだ．《マクベス》，《オセロー》，《リチャード三世》が成功し，78年からアーヴィングが経営に乗り出した．エレン・テリーとの共演で《ヴェニスの商人》，《ロミオとジュリエット》，《十二夜》などが成功をおさめ，ロンドンで最も人気のある劇場となった．99年にアーヴィングは経営から身を引き，1902年7月の《ヴェニスの商人》をテリーとの最後の共演として，ふたりとも劇団を去った．

以後，劇場は人気を失い，同年かなりの部分が取り壊され，改築後の1904年にミュージック・ホール（→Music Halls）として再開した．経営者はザ・コロシアム（→Coliseum, The）に対抗できるホールをめざしたが半年ほどしか続かず，その後メロドラマを舞台にのせた．1909年から38年まではメルヴィル兄弟が経営し，メロドラマやパントマイムが人気を博した．兄弟が亡くなり，1939年にさよなら公演として，ギールグッドが《ハムレット》を演じた．第二次世界大戦の勃発により建物の取り壊しはまぬがれたが，戦後は85年までダンスホールになっていた．現在は劇場に戻り，ミュージカル《ライオン・キング》がロングランを続けている．地下鉄コヴェント・ガーデン駅に近い．

Lyons' Corner Houses
ライアンズ・コーナー・ハウジズ

19世紀末から20世紀前半までロンドンで最も人気のあった大衆レストラン，ティーショップ．タバコ小売りチェーン店を手広く経営したサーモン家とグルックステイン家が1894年におこしたJ.ライアンズ株式会社によって設立された．20世紀前半には，安くて滋養分の多い料理や軽食を供する店として知られていた．店名は，会社関係の人物ジョーゼフ・ライアンズにちなむ．ライアンズ・コーナー・ハウジズは，1861年にストランドにティーショップを創設したＡＢＣ（Aerated Bread Company）と多くの点で似ている．メニューを規格化し，大量生産をめざし，セルフ・サービス制を導入することによって，低価格の維持をはかった．その結果コヴェントリー・ストリートの店は一日4500人，ストランドとオックスフォード・ストリートの店はそれぞれが2500人の客があった．オリンピア近くの中央工場は，1895年まではピアノの製造工場だったが，1931年になると，一日に50万個のロールパンを生産するようになっていた．最盛期のライアンズは，年間1億6千万食を

ハマースミスの
リリック劇場

供給した．

　ライアンズ社は，1895年にピカディリー・サーカスにトロカデロ・レストランを開き，1909年にはストランド・パレス・ホテル，1915年にはリージェント・パレス・ホテル，1933年にはカンバーランド・ホテルを開くなど羽振りがよかった．1960年代から食趣味が洗練されるようになるにつれて，ライアンズの事業は先細りになり，消えていった．

Lyric Theatre
リリック劇場
① King Street, Hammersmith, W6

　リリック・ホールという名で，フランク・マッチャムの設計により1888年11月にフランスのマリオネット・ショーで開館した．1890年にリリック・オペラ・ハウスとして改装．92年から支配人J. M. イーストが腕をふるい，95年には全面改築，名前もリリック・オペラ・ハウス・アンド・シアターとなり，観客席も550から800に増加した．イーストは1904年までの在任中，400以上のショーを制作し，自らも120の役柄を演じた．

　その後衰退したが，1918年ナイジェル・プレイフェアが着任，改装してリリック劇場と名を改め，黄金時代を迎える．柿落しは12月24日，A. A. ミルンの《まねごと》だった．32年に彼が辞めると暗黒時代となったが，第二次世界大戦後，軍役から戻った若き名優アレック・ギネスとリチャード・バートンのおかげで活気を取り戻した．1952年から53年にかけて，ジョン・ギールグッドが3本の芝居を演出し，大成功をおさめた．

　その後，ハロルド・ピンターの《バースデイ・パーティ》(1958)や，ヘンリク・イプセンの《ブラン》(1958)など注目の舞台はあるものの，再び停滞し，1966年に閉館，72年に取り壊された．しかし，すぐ近くに，3層に537席の新劇場が建設され，復活した．1979年10月，G. B. ショーの《わかりませんよ》で柿落し．舞台は奥行9.1メートル，プロセニアムの間口が8.2メートル．営業方針は新作，古典，外国の芝居を短期間だけ上演するという冒険的なもの．観客席の下には11平方メートル，110席ほどのリリック・スタジオが併設され，芝居はもとよりコンサートなどさまざまな目的に利用されている．地下鉄ハマースミス駅に近い．

② Shaftesbury Avenue, W1

　シャフツベリー・アヴェニュー(→Shaftesbury Avenue)にある劇場の中では最古の劇場．ルネサンス様式の一連の建物の一角を占める．C. J. フィップスによる内装は，1933年に改修されたが，コリント風の柱がボックス席を囲み，プロセニアムの上部はきれいな漆喰仕上げで，緑色と金色に塗られた丸天井で覆われている．プロセニアムの間口10メートル，舞台奥行は12メートル．4層の観客席は当初の1306人から，改修時に932人に縮小された．

　プリンス・オヴ・ウェールズ劇場(→Prince of Wales Theatre)のコミック・オペラ《ドロシー》で当てた H. J. レズリーが，1888年12月17日の817回目から移転公演をし，この新劇場のオープニングを飾った．1920年代までの主な出し物はオペレッタだが，イタリア人女優エレオノーラ・ドゥーゼやサラ・ベルナール，また当代きってのハムレット役者フォーブス＝ロバートソンも出演した．1919年には70代のエレン・テリーがジュリエットの乳母を演じた．30年代になると，J. B. プリーストリーら話題の現代劇が舞台を独占した．1936年にはボックス席にいたヴィヴィアン・リーのためにローレンス・オリヴィエが自分だけがめだつように演技をしたという逸話もある．そのリーも56年にノエル・カワードの芝居に出演したが，彼女が妊娠のため途中で役を降りたとたん，公演自体が人気を失った．70年代以降，当時無名のゲイリー・オールドマン，アントニー・シャー，ボブ・ホスキンズらが出演した．1984年にはジョー・オートンの《戦利品》の上演中に主役の俳優が死亡するという事件もあった．

M

Madame Tussaud's
マダム・タッソー蠟人形館
Marylebone Road, NW1

　過去から現代までの歴史上の人物，有名人の等身大の蠟人形を陳列する博物館．展示人物は最新の話題の主に入れ替えられて人気を呼び，世界中の観光客が訪れるロンドン名所のひとつとなっている．

　タッソー夫人は，元の名をマリー・グロショルツといい，フランスのストラスブールに生まれ，パリで肖像画法と型作りとを習った．フランス革命の際，国民公会の命により処刑されたルイ十六世やロベスピエールらのデスマスクをとった．その後，技師のフランソワ・テュソーと結婚したが，1800年に離婚，1802年に35体の蠟人形を持って息子と一緒にイギリスに渡り，33年間各地で蠟人形を見せて回った．1835年にロンドンのベイカー・ストリートに常設館を設けた．ここにはウェリントン公爵やチャールズ・ディケンズがしばしば訪れた．1884年に現在地に移ったときには，400体の蠟人形を所有していたという．

　1925年に漏電による火事でナポレオンの遺品などが焼失した．1940年には空襲により被害を受け，352の頭部の型が壊れた．第二次世界大戦終了後，1953年エリザベス女王の即位を機に展示も新しいものが加わり，1958年にはプラネタリウム（→Planetarium）が併設された．

　人形の衣装と飾りつけには費用を惜しまないため，人形は迫真性に富み，観客の多くが人形と並んで記念写真を撮っている．よく知られる殺人事件の数々を再現している「恐怖の部屋」は子供や心臓の弱い人には向かないが，1993年にできた「ロンドンの息吹き」という展示は，エリザベス朝からのロンドンの400年にわたる歴史の主要場面をタクシーを模した動く座席で見るもので，音と照明の効果と相まって楽しい．地下鉄ベイカー・ストリート駅に近い．

Magic Circle
マジック・サークル　WC2

　奇術の技能を高め普及させることを目的として1905年に結成された団体である．1994年の時点で，1350名ほどの会員をもち，本部をヴィリアズ・ストリートのプレイヤーズ劇場に置く．会合を定期的にもち，科学的あるいは体系的な研究を通して会員の教育・訓練，プロの養成に貢献してきた．会員同士の競技会，プロの認定試験などを行なう．図書館も併設し，機関誌『ザ・マジック・サーキュラー』を発行している．

Magpie and Stump
マグパイ・アンド・スタンプ亭
Old Bailey, EC4

　オールド・ベイリーの名で知られる中央刑事裁判所の反対側にある，18世紀に建った酒亭．「カササギと切り株」という屋号についてはいろいろな説がある．この店はニューゲート監獄（→Newgate Prison）の近くであったか

ら，絞首刑を見物するのによいところでもあった．亭主はもの好きな金持ちに，朝食付き50ポンド(当時としては大金)で2階の部屋を貸したという．公開の処刑は1868年に廃止されるまでは，ロンドンの名物であった．してみれば，この店の看板に描かれているカササギと切り株は，死骸に群がるカササギと断頭台，または切断された手足の付け根を連想させるが，実はロンドンっ子独特の俗語の意味が隠されているのである．

「マグパイ」とは俗語でヘイプニー(半ペニー)のことで，「スタンプ」には「しぶしぶ金を支払う」という意味がある．そこで「なけなしの半ペニーを払って半パイントのエールにありつく」という意味だとか，半ペニーでも「掛け売りお断わり」だと解する向きもある．看板の絵については，チャールズ・ディケンズの最初の小説『ピクウィック・ペイパーズ』に，次のように描写されている．「雨風にうたれた看板には，なかば消えかかったカササギらしい鳥が，褐色のペンキで描かれた曲がった線をじっとにらんでいる．この線は近くの人が子供のときから「切り株」と考えるように教えられていた．」現在の看板絵は，はっきりと褐色の切り株の上に尾の長いカササギが止まっていて，チャリントンという銘柄のエールを広告している．

Maida Vale
メイダ・ヴェイル　W9

リージェンツ・パークの西に位置する地区．またその道路名．道路としては北のキルバーン地区を経由して高速道M1につながる幹線道(A5)の一部．名称は，1806年サー・ジョン・スチュアート率いるイギリス軍がフランス軍を打ち破った，イタリア南部カラブリア地方のメイダにちなんだもの．

1840年代から50年代に街の開発が始まり，ウォリック・アヴェニュー沿いに壮大な邸宅や連続住宅ができ，その化粧漆喰の外観が特有の街並みを生みだした．クリフトン・ロードやフォーモウサ・ストリートには，人間味ある商店街が並んでいる．挿絵画家・風刺漫画家のサー・ジョン・テニエル，ジョン・キーツとP.B.シェリーの作品を出版したチャールズ・アンド・ジェイムズ・オリアー社，電気工学者のサー・アンブローズ・フレミング，詩人のジョン・デイヴィッドソン，劇作家クリストファー・フライらの有名人がこの界隈に住んでいた．1860年以降は，北の方向へ開発が進み，90年代に北のキルバーンにまで達した．造りも化粧漆喰から普通の煉瓦に変わった．小開発業者の手によるものが多く，その場にふつりあいな名前の通り，たとえばベートーヴェン・ストリート，モーツァルト・ストリートなどが出現した．1970年代は不法定住者のたまり場になった．貧困の詩人フランシス・トムソンは，1980年代にこの地区で実体験した貧困のどん底生活を詩に書いた．

シャーランド・ロード114番地にウォリック・ファーム乳製品工場があった．いまは牛乳配送センターになっている．ホール・ロードには，1793年に創設されたパイナップル種苗所があった．球根植物や鑑賞用植物を専門とした．近くのパイナップル通行料金所はこの種苗所に由来する．地下鉄メイダ・ヴェイル駅がある．

Maiden Lane
メイドン・レイン　WC2

コヴェント・ガーデン地区のサウサンプトン・ストリートとベドフォード・ストリートを結ぶ路地．1636年に名前が登場する古い通り．名前の由来ははっきりしない．道の角に聖母マリア像が立っていたとする説がある．また，ごみ・堆肥を意味する'midden'が訛ったものとする説もある．1631年から1728年にかけて道沿いに家が建てられた．もともと東端はベドフォード・ハウスの壁があって袋小路だった．1706年この屋敷が取り壊され，跡地にサウサンプトン・ストリートが南北に開通して，メイドン・レインは袋小路を脱したが，馬車が通り抜けできるようになったのは1857年以降だった．

建物はどれも質素で壮大さには欠けるが，少なくとも4人の名士がここの住人だった．

画家J.M.W.ターナーは21番地で1775年に生まれ，のちに26番地へ移り住んだ．父は理髪師だった．イギリスへ亡命していたヴォルテールは，1727年から翌年まで通りの南側に住んだ．詩人・政治家のアンドルー・マーヴェルは9番地に，亡くなる前年の1677年に住んだ．のちにカンタベリー大主教とセント・ポール大聖堂の主席司祭になるサンクロフトも1663年にここに住んだ．ロンドン最古のレストラン(1798)，ルールズ(→Rules)は35番地．チャールズ・ディケンズとウィリアム・M・サッカレー，グレアム・グリーンらがこのレストランの常連だった．1730年ごろから100年ほど，酒とタバコと社交と歌声の殿堂サイダー・セラー・タヴァンが21番地の地下で栄えた．

Malden
モールドン　KT3

　大ロンドンの南西端に位置し，鉄道駅モールドン・マナーがある．モールドンが属するロイヤル・バラ・オヴ・キングストン・アポン・テムズは4つしかないロイヤル・バラ(勅許による特権区)のうちのひとつである．現在は幹線道路モールドン・ウェイをはさんで，オールド・モールドンとニュー・モールドンの二つの地区に分かれている．モールドンは十字架を意味するサクソン語メールと丘を意味するダンから出た名前．13世紀に領主ウォルター・ド・マートンは，学寮を設立するために領地を提供し，そこからあがる収益をオックスフォード大学の学生20名の育成資金にした．この学寮がのちにマートン・コレッジになる．

　オールド・モールドン地区は，いまなお村落の風情を保ち，チャーチ・ロード界隈全域は保存地区に予定されている．プラウ・インは16世紀の特徴をもつ．赤煉瓦の領主館は17世紀にさかのぼる．14世紀にさかのぼるセント・ジョン・ザ・バプティスト教区教会がホッグズミル川を見下ろす丘に立っている．現在の身廊と内陣は1875年の建設．北方のニュー・モールドン地区にも鉄道駅ニュー・モールドンがある．

Malet Street
マレット・ストリート　WC1

　ロンドン大学の本部の前を南北に走る道路．1907年に旧名ケッペル・ミューズ・ノースが改称されてマレット・ストリートになった．道路名は第九代ベドフォード公爵の娘婿サー・エドワード・マレットから取られた．1938年にマレット・ストリート沿いにロンドン大学の中枢部であるセネット・ハウス(→Senate House)が建ち，順次，生涯教育で有名なバークベック・コレッジ(→Birkbeck College)，大学ユニオン，東洋・アフリカ研究所(→School of Oriental and African Studies)など，ロンドン大学を構成する教育研究機関が設置された．地下鉄グッジ・ストリート駅に近い．

Mallord Street
マロード・ストリート　SW3

　チェルシー地区の大通りキングズ・ロードと交差するオールド・チャーチ・ストリートを北へ入って左側の路地．

　屋根裏つきの2階建ての家が並ぶ平凡な通りだが，ここには童話『クマのプーさん』などで有名なA.A.ミルンの住んだ家が残っている．『パンチ』誌の編集から足を洗い，劇作家ジェイムズ・バリなどの勧めもあって本格的に戯曲や詩の世界にのめり込んでいたころの家である．1920年代のはじめにまず11番地に住み，その後13番地に移って，南イングランドの村ハートフィールドのコッチフォード・ファームに居を定める前の1939年まで，この通りの住人だった．また，28番地にはウェールズの画家でブルームズベリー・グループとも親交のあったオーガスタス・ジョンが住んでいた．

Mall, The
マル　SW1

　バッキンガム・パレス正門前に立つヴィクトリア女王記念碑から，セント・ジェイムジズ・パーク沿いにアドミラルティ・アーチへ延びる広い通り．この通りはもともとチャールズ二世の王政復古後におけるセント・ジェイムジズ・パーク改造事業の一環として1660年ころ

につくられた.

チャールズ一世,あるいはジェイムズ一世のときに,イタリアからパル・マル(pall mall)と呼ばれる球戯(棒の先につけた木槌でボールを打つゲーム)が伝わって王室でもてはやされた.その遊戯場がのちのペル・メル(→Pall Mall)通りなのだが,上記チャールズ二世のときにセント・ジェイムジズ・パークにペル・メル通りと並行するように新しい遊戯場が設けられることになり,これが「マル」と呼ばれるようになった.球戯そのものは1740年代にはすたれたが,球戯場として使われた場所は貴顕貴婦人たちの遊歩道として18世紀後半まで存続した.

1901年から始まったヴィクトリア女王記念碑建設事業が進められるなかで,この道路は大きく変貌した.マルは女王記念碑とアドミラルティ・アーチとを結ぶ幅約34.5メートルの国家的儀式の行列ルートとなった.

Manchester Square
マンチェスター・スクエア　W1

ウィグモア・ストリートの北側,ベーカー・ストリートの東側に位置するほぼ四角形の小ぢんまりした空間.1770年から88年にかけて造られ,北側にあるウォレス・コレクション(→Wallace Collection)で有名なハートフォード・ハウスを創建した第四代マンチェスター公爵にちなんで名づけられた.周囲には,当時をしのばせる家が何軒か残っている.マンチェスター・スクエア2番地,3番地,14番地には,それぞれ作曲家のサー・ジュリアス・ベネディクト,精神科医ジョン・ヒューリングズ・ジャクソン,政治家のアルフレッド・ミルナー卿が住んでいた.

マンチェスター・スクエアの一角には,E.M.I.ハウスがある.ビートルズがレコーディングをしたところで,彼らのゴールド・ディスクなどが飾られている.地下鉄マーブル・アーチ駅に近い.

Mandarin Oriental Hyde Park
マンダリン・オリエンタル・ハイド・パーク
Knightsbridge, SW1

ハイド・パークの南側,ナイツブリッジの大通り,エジンバラ・ゲートに近いところにあるロンドンでも屈指のデラックス・ホテル.もと高級フラットだったが,火災にあい,その後をホテルに改装して1908年に開業した.2000年5月に改装,旧名ハイド・パーク・ホテルを現在名に変えた.王室との関係も深い.有名なのはダブリンから出てきて,このホテルで働いたメアリー・ドゥリーで,ホテルの地下酒蔵係をつとめながら,多くの著名人を相手に(その中にはエドワード八世も含まれる!)結婚歴を飾った女性である.ホテルの得意客に多くの名士がいるが,サー・ウィンストン・チャーチルはそのひとり.スウェーデン国王やマハトマ・ガンジーも常連客で,ガンジーには毎朝ヤギのミルクが出されたという.映画俳優にも人気のあるホテルで,1920年代にイタリア生まれのアメリカの美男俳優として一世を風靡したヴァレンティーノもしばしば滞在した.客室数200.最寄は地下鉄ナイツブリッジ駅.

Mander and Mitchenson Theatre Collection
マンダー・アンド・ミッチンソン・シアター・コレクション
King Charles Court, SE17

劇場人レイモンド・マンダーとジョー・ミッチンソンが残した演劇に関する膨大なコレクション.2001年9月にベクナム・プレイス・パークから地下鉄ケニントン駅の南のキング・チャールズ・コートに移転した.

俳優を引退したふたりは演劇資料の収集を本格的に始めた.プログラム,写真,衣装,台本,レコード,舞台の道具,書物,有名無名の役者の記録など,演劇に関するあらゆるものを対象とした.コレクションは当事者の予想をはるかに超える大きなものに成長し,舞台関係者,作家,研究者に注目された.友人だったジョン・ギールグッド,シビル・ソーンダイク,ノエル・カワードなどから関係資料を多数寄贈されたこともあって,コレクション

は19, 20世紀に関する資料が特に充実している．なお、ふたりには多くの雑誌類への寄稿ほか、『ロンドンの劇場』、『ロンドンの失われた劇場』、『絵画による演劇史』、『絵画によるオペラ史』など著作も多数ある．

Manette Street
マネット・ストリート　W1

南北に走るチェアリング・クロス・ロードの北寄りを西へ入って、ソーホー・スクエアの方向に通じる道路．1690年代初頭に造られ、ローズ・ストリートと呼ばれていた．チェアリング・クロス・ロードも1890年代まではクラウン・ストリート（それ以前はホグ・レイン）と呼ばれていた．こうした古い名前は近くに昔からあった「ローズ・アンド・クラウン亭」にちなんでつけられたといわれている．18世紀前半には「建物の大半が馬車置場の離れ屋や馬小屋」であり、「住み心地の大変悪い」通りであった．

現在の名前マネットは、チャールズ・ディケンズの『二都物語』に登場するマネット医師が「ソーホーから遠からぬ静かな通り」に住んでいたことにちなんで、1895年につけられたもの．14番地は、セント・アン教会付属の教区救貧院が1837年まであった場所である．

Man's Coffee House
マンズ・コーヒー店

チェアリング・クロスにあったロンドンで最古のコーヒー店(1666)のひとつ．亭主のアレグザンダー・マンは「コーヒーのマン」としてチャールズ二世の御用達に命ぜられ、1675年には「召使い職業紹介所」の特許を与えられた．その後、この店は「ロイヤル・コーヒー店」として知られ、役人たちでにぎわった．「きらびやかな服装の若いしゃれ男たち」が集まったと、『タトラー』にも報道されている．18世紀の中ごろには、この店は消えて、「海軍省コーヒー店」に変わった．

Mansion House
ロンドン市長公舎
Bank, EC2

ロンドン市長公舎

シティの市長の公舎．地下鉄バンク駅に近い．18世紀初頭まで公舎がなかったため、晩餐会は自宅や同業者組合会館で催し、大事な行事はギルドホール(→Guildhall)を使っていた．ロンドン大火後公舎の建設が唱えられたが実現せず、1728年になって建設委員会が設けられ、種々の経過ののち1735年候補地にストックス・マーケットの場所（それ以前そこはストックス—足かせ、さらし台—による刑罰が行なわれた、シティで唯一の場所だった）が選ばれた．ストックス・マーケットは、1737年に取り壊されたあと、フリート・マーケット(→Fleet Market)として場所を移して生まれ変わった．

市長公舎の設計を委託されたのは、シティの営繕監督官だったジョージ・ダンス（父）であった．設計の特色は中庭をもつパラディオ様式．6本の巨大なコリント式の石柱からなる柱廊玄関（ポートランド・ストーン製）の上部に、ロンドンの富裕と威厳を象徴する彫り物をはめこんだペディメント（切妻）を積みあげた．敷地がもとウォールブルック川の左岸であったため工事が難航して、完成したのは礎石をおいてから13年後の1753年であった．総工費は7万ポンドにのぼった．

建物の内部でとくに目を引くのはエジプシャン・ホールとよばれる宴会の間である．ここにも巨大なコリント式柱が多数用いられ、その壁龕はチョーサーからバイロンまで英文

467

学や歴史にかかわる人物の彫像で埋められた．建物全体とその中味は絢爛豪華で，ロンドン市民の富裕，威厳，自信を具現している．

歴代の市長によって17世紀以来貯えられてきた金銀食器類は有名．市長の職務を表わす物品として，サクソン時代のものと思しき，水晶王笏，市長職の記章を掛けるための職務の鎖(1535)，エリザベス女王から与えられた剣で女王がシティへ入るときテンプル・バー(→Temple Bar)で手渡される御剣，そして大型で重い職杖(1735)の4点がある．

Maple's
メイプル商会
Tottenham Court Road, NW1

トッテナム・コート・ロードにある世界最大級の家具店．このあたりは長年にわたり，室内装飾業者や家具製造業者の中心地であった．カムデン・タウンやケンティッシュ・タウン周辺のピアノ工場にも近くて便利であった．

創業者のジョン・メイプルは最初トッテナム・コート・ロード196番地にあったヒール商会(→Heal's)に勤めていたが，1841年にここを辞め，ジェイムズ・クックと共同で145番地に布地と家具の店を開業した．クックは1845年に現在のハロッズ百貨店の敷地に別の店を開き，まもなく彼らは共同経営を解消した．メイプルは，トッテナム・コート・ロードの店を改造し，手作り家具の製作部門を併設した．1861年には16歳の息子ジョン・ブランデル・メイプルも参加して商売は繁盛し，ヒール商会とともに当時のトッテナム・コート・ロードにあったおよそ40軒の家具商店の中で，最大のものの一つとなった．

ジョン・ブランデル・メイプルは，1887年と1892年に国会議員になり，ナイト爵に叙せられた．ヴィクトリア朝の典型的慈善家としてユニヴァーシティ・コレッジ・ホスピタルの再建に着手した．彼の博愛主義は，表向きとは異なって，自分が雇用している労働者の福祉にまでは及ばなかったようである．19世紀後期における家具製造業の労働条件は劣悪であった．そんな中でメイプル商会は19世紀の末ごろまでには，ますます裕福になりつつあった中産階級のみならず，バッキンガム宮殿やロシアの皇帝の需要にも応じるようになっていた．

店は1896年に再建され，1930年代には正面入口がさらに新しくなり，世界最大の家具店といわれるようになった．ドイツ軍の空襲を受け1941年に破壊されたが，59年に再建され，80年代には1階にショールームが，上階には事務所ができた．

Mappin and Webb
マッピン・アンド・ウェッブ
Brompton Road, SW1

英国をはじめ，各国王室の御用達をつとめる老舗．銀製品が有名だが，アクセサリーなどもある．イギリス中部に銀器と刃物の町シェフィールドがある．フランスが「ナントの勅令」を廃止したとき，ロンドンへ流れついたユグノーの銀細工師たちの子孫がここに安住の地を見いだしたのだった．ジョナサン・マッピンがこの町に銀細工の小さな工房を開いたのは1774年で，ユグノーたちがイギリスへ避難してから100年近くたっていた．そういえばマッピンの姓にはどことなくフランス的な匂いがする．

1849年，彼の子孫はロンドン進出の足がかりを確立，フォー・ストリートに第1号店を構えた．その後，ムアゲート，キング・ウィリアム・ストリートと移転を重ねながら店の規模も大きくなっていった．1858年，500人の銀細工職人をかかえていたマッピン社から，マッピン兄弟のひとりであるフレデリック・マッピンが量産に向く電気銀メッキ仕事へ移り，その子ジョンが義兄のジョージ・ウェッブと提携して，現在の社名が生まれた．そして1870年に，リージェント・ストリートに店を設けて本拠地をシェフィールドからロンドンへ移した．

19世紀末，金鉱脈発見にわきたつ南アフリカのヨハネスブルグに国外初めての直営店を開いたのにつづいて，パリ，デュッセルドルフ，カンヌ，東京など積極的に海外へ事業を

拡大していった．1970年代，アメリカの百貨店シアーズに買収されたが，さまざまな国際情勢もあってヨーロッパ市場をターゲットからはずして英国と日本を中心に事業を展開．1980年代にはガラード(→Garrard's)とともにアスプレイ(→Asprey and Garrard)の傘下に入ったが，さらに98年売却された．

Marble Arch
マーブル・アーチ　W1

バッキンガム・パレスの入口に1851年まで設置されていた，白い大理石の凱旋門．1828年にリージェント・ストリートの設計者として知られるジョン・ナッシュによって建造された．ローマのコンスタンチン・アーチを模した作りで，1851年に宮殿の拡張工事が行なわれたときに，現在地，ハイド・パークの北東角へ移された．

いまは，マーブル・アーチを中心にした大きな交差点の中の島に保存されているが，ここは1783年まで有名なタイバーン絞首刑台(→Tyburn)のあったところで，ベイズウォーター・ロードとエッジウェア・ロードとの交差点に，それを記念する三角石が置かれている．近くに地下鉄マーブル・アーチ駅がある．

Marble Hill House
マーブル・ヒル・ハウス

Richmond Road, Twickenham, TW1

1724-29年にフレデリック王子(のちのジョージ二世)の愛人ヘンリエッタ・ハワード(のちのサフォーク伯爵夫人)が建てたパラーディオ様式の邸宅．彼女は，テムズ川を望むこの静穏な邸宅で当時の詩人や才人の多くを歓待した．この家ははじめにコリン・キャンベルが設計し，ロジャー・モリスがヘンリー・ハーバートの監督の下に施工したもので，完全な均整美を誇る．南北両方が正面入口となる構造で，庭は王室造園家のチャールズ・ブリッジマンが詩人アレグザンダー・ポープらの助言を入れて設計した．

ヘンリエッタが1767年にここで死去し，1887年からは空き家となったため荒れてしまったが，1901年にロンドン市が修復して家具，室内装飾は元の状態に近くなった．また紛失していた絵画，家具もいくつか戻ってきた．2階の「グレイト・ルーム」はG.P.パニーニの描く空想的表現のローマ風景画など，室内装飾がすばらしい．マホガニー製階段も光彩を放っている．鉄道セント・マーガレッツ駅が近い．

Marine Society
海事志願者支援協会

Lambeth Road, SE1

ジョーナス・ハンウェイによって1756年に設立された協会．当初の目的は，七年戦争中，成年男子や青少年を海軍へ志願するよう促すことと，訓練を施し装具を提供することで貧民の子供たちが船乗りになれるよう援助することだった．1940年までに4万人の男子と3万5000人以上の少年が英国海軍に入り，また約3万5000人の少年が船乗りになった．協会はいまなお，海の仕事に就きたいと思う若者を支援しつづけている．協会は1979年にビショップスゲートのクラークス・プレイスから現住所へ移った．

ハンウェイはウェストミンスター・アビーの北側翼廊に埋葬された．偉大な博愛家にして，ロンドンで最初にこうもり傘を常用したとの評判をとった人物でもある．

Markets
マーケット

ロンドンの市場は2種類に分けられる．ひとつは，通りや広場に屋台をすえて，道行く市民に食料品，青果物，アンティーク類を小売りするストリート・マーケット，つまり街頭市場ないし露天市(open air markets)．ほかは一定の建物の中で卸売りを中心に取引きする屋内市場(covered markets)．

ロンドンにおける市場の変遷は，市自体の発展と地域開発に深くかかわっている．中世からロンドン大火(1666)ころまで商業の中心だったのは，シティの真ん中を走るウェストチープ，現在のチープサイド(→Cheapside)や

イーストチープ(→Eastcheap)であった．もともと古英語のチープ(ceap)は「市場」ないし「物々交換」を意味した．

ロンドン大火後の復興と，その後の人口の集中，市街の拡大にともなって，さまざまな市場が次々と生まれ，衰退し，消えていった．その中で毎日の生活と直接かかわる食肉市場，青果市場，家禽市場は，勅許を得た市当局や有力貴族によって，卸売り市場として発展拡張した．スミスフィールド・マーケット(→Smithfield Market)は，もともと1638年，勅令によりロンドン市が発足させた家畜市場だったが，都市化が進むにつれ，その喧騒と汚物のため市民からの苦情で1855年，イズリントンへ移った．10年後，その跡地にロンドン中央食肉市場が発足した．

「魚と乱暴な言葉遣い」で有名なビリングズゲート・マーケット(→Billingsgate Market)は13世紀には勅許を得ていたが，魚だけを売ることになったのは1698年．1877年に改築された建物の中で今世紀後半まで活況にあふれた取引きを行なっていた．しかし，交通渋滞や建物のせまさのために，1982年はじめ，テムズ川下流のアイル・オヴ・ドッグズへ移転した．

中世の「女子修道院の庭」がなまった名をもつコヴェント・ガーデン・マーケット(→Covent Garden Market)も長い歴史と伝統を誇る．とくに17世紀後半から18世紀にかけては近くに誕生した2つの勅許劇場とともに文化の中心の観を呈した．また，市場の開設者の邸宅の屋根が鉛ぶき(lead)だったことからその名をとったレドンホール・マーケット(→Leadenhall Market)も，19世紀末に建てられたアーケード式の建物の中で家禽その他をロンドン市民に供給している．

その他，青果物の卸売り市場としてシティの東に位置するコマーシャル・ストリートの2ヘクタールの敷地で開かれていた旧スピタルフィールズ・マーケット(→Spitalfields Market)も，中世からの古い歴史をもつ．とくにバナナのような輸入果物やジャガイモのようなかさばる商品を取引きして，コヴェント・ガーデン・マーケットの混雑を緩和する役割を果たした．ロンドン・ブリッジ駅周辺で早朝開かれるバラ・マーケット(→Borough Market)も，青果物の卸売り市場としてイースト・エンドの青果商にとって重要な市場である．この市場はもともと旧ロンドン橋の上で12世紀に開かれた市だった．エドワード六世のとき(16世紀中葉)，バラ・ハイ・ストリートに移り，1757年に現在地に移った．

17世紀後半から18世紀にかけては主として貴族が地域開発に協力した．1657年，クレア伯爵は所有地の通りにクレア・マーケット(→Clare Market)を創設．1670年，第五代ベドフォード伯はコヴェント・ガーデンのピアッツァに青果市場を創設するのに寄与した．1680年，サー・エドワード・ハンガーフォードはストランドの南のテムズ河岸に食肉，魚，青果の市場ハンガーフォード・マーケットを開いた．1735年，エドワード・シェパードはメイフェアの中心にいまも残るシェパード・マーケットを創設．

19世紀は，市場の再建と拡充，さらには閉鎖とめまぐるしい時代であった．とりわけ鉄道の敷設はロンドンの市場を一変させた．新鮮さが売り物の食材や生花は，より遠方から搬送可能となった．テムズ川でとれるものや近海ものだけだった魚はアイルランドやスコットランドから，時にはチャネル諸島から送られてきた．新鮮なミルクも鉄道で運ばれるようになった．それにともない，屋内市場は次々と改築と拡充をはかった．1830年，すでにコヴェント・ガーデンの木造の建物はエレガントなホールに変わり，ハンガーフォード・マーケットも2階建てのホールに，ビリングズゲート・マーケットは1870年代に壮麗な建物に，レドンホールは1881年に現在の建物に改築された．また，スミスフィールド・マーケットは食肉市場に衣替えし，同時にニューゲート・マーケットの閉鎖とカレドニアン・マーケット(→Caledonian Market)の創設を生んだ．

19世紀末ハンガーフォード・マーケットはチェアリング・クロス駅建設のため，クレア，オックスフォード，モンマスなどの各市場はそれぞれキングズウェイ，オックスフォード・スト

リート，シャフツベリー・アヴェニューの各通りの建設や拡充のために閉鎖された．

20世紀に入ると，街頭市場も屋内市場も時代の波をかぶることになった．ヴィクトリア朝に最盛期を迎えた街頭市場はその多くがさまざまな理由から姿を消した．とくにデパートやスーパーストアの進出の影響は見逃せない．しかし，同時に新しい形で生まれた街頭市場も数多くある．その特徴は，カムデン・ロック(→Camden Lock)やポートベロ・ロード(→Portobello Road)のように若者中心の明るく軽快なもの，ブリックストンやリドリー・ロード，それにペティコート・レイン(→Petticoat Lane)のように国際色豊かなものなどである．

一方，コヴェント・ガーデン・マーケットは1974年，コヴェント・ガーデンでの300年余の歴史の幕を閉じてテムズ川南岸のナイン・エルムズへ，またビリングズゲート・マーケットはロアー・テムズ・ストリートでの600年の歴史を終え，1982年，川下のアイル・オヴ・ドッグズへ移転した．スピタルフィールズ・マーケットも1991年，一部を残してさらに北のレイトンへと移った．古い伝統と現代的な設備を調和させ，それぞれの個性を発揮するのはそれらの市場に課せられた課題でもある．

→Street Markets

Marks and Spencer plc
マークス・アンド・スペンサー
Oxford Street, W1

もともと1884年，ポーランドからの移民マイケル・マークスがイングランド北部の都市リーズで日常の小間物や服飾品，玩具などを扱う屋台の店を開いたことに由来する．品物の安さが売りもので，やがて彼はトマス・スペンサーというパートナーを得て，イングランド各地に商売を拡大した．1916年，のちに貴族の称号をもつ息子のサイモン・マークスが父親の跡を引き継いで事業を拡大させ，会社組織とする．1930年，マーブル・アーチに店舗を建て，その7年後に建物を購入してオックスフォード・ストリートに進出した．

現在，大ロンドン内に50余の店舗を構え，イギリス国内の地方都市や海外にも店を広げている．扱う品物は服飾衣料品，日常雑貨，靴，食料品全般などに及び，良質な商品を手頃な価格で提供して人気をよんでいる．

Marlborough Club
モールバラ・クラブ

1869年に時の皇太子アルバート(後のエドワード七世)が友人知己400人を会員として設立したクラブ．皇太子自らが会長となり，友人のチャールズ・ウィン＝キャリントンが補佐役を務めた．会員は貴族が中心であった．アルバートの母ヴィクトリア女王はタバコ嫌いで有名だったが，このクラブ内は喫煙自由だった．クラブハウスは宏壮なものでボウリング場まであったが，近隣の住人から騒音への苦情が出たため，屋根をかけてビリヤード・ルームに改装した．20世紀初頭にはクラブの財政がゆきづまり，国王ジョージ五世が7000ポンドを捻出して急場をしのいだ．ちなみにこのとき，ドイツ系ユダヤ人のカッセルなる人物から援助の申し出があったが，第一次世界大戦中とのことで会員から拒否されたという．1920年代にはロンドンで最も名高いクラブと見なされていた．1945年にウィンダム・ハウス・クラブおよびオルレアンズ・クラブと合併して新たにモールバラ・ウィンダム・クラブが誕生したが，1953年に解散し，クラブハウスはオフィス・ビルに姿を変えた．

→White's Club, Clubs

Marlborough House
モールバラ・ハウス
Marlborough Road, SW1

セント・ジェイムジズ・パークの北側に立つ18世紀初頭の邸宅．モールバラ公爵夫人セアラが友人のアン女王から50年契約で借りた土地に建てた屋敷．設計者はクリストファー・レンで，公爵夫人から「強固で簡素かつ便利」な建物にするようにとの指示を受けた．

1709-11年で完成したこの建物は，夫の英将モールバラ公がドイツのブレンハイムでフラ

ンス軍に大勝したあとオックスフォード州のウッドストックに造った邸宅ブレナム・パレスとは好対照をなす建物となった．建材の鮮やかな赤煉瓦は公爵の率いる軍隊を運んで帰路空になった輸送船にバラストとして積んでオランダから運ばれてきたものである．

1744年セアラが亡くなったあと，子孫が1770年から72年にかけて増築を行ない，1817年の契約切れまで住んでいた．1817年に王室に返還され，1953年にジョージ五世妃メアリが亡くなるまで王家が住んだ．以降は政府と英連邦関連の宴会の場として使用されている．

モールバラ・ハウスの主要な特徴のひとつとして，セアラがルイ・ラゲールに命じて中央広間に描かせた夫君の戦勝壁画があげられる．この絵は，芸術性とは別に，当時の軍事戦法を示した貴重な資料となっている．天井もたいへん重要である．イタリアの画家オラツィオ・ジェンティレスキがグリニッチのクイーンズ・ハウスの大広間用に描いた9枚のパネルのうちから，9人のミューズと美術・学芸を描いた中央円形パネルが切り取られて，この屋敷の天井にはめこまれている．建物は1990年代後半に改修された．

Marquis of Granby
マークィス・オヴ・グランビー亭

Chandos Place, WC2

「グランビーの侯爵(亭)」とはジョン・マナーズというイングランド中部の侯爵の長子で，英国近衛騎兵第三連隊の隊長として7年戦争(1756-63)で活躍した勇士であった．ドイツのヴァールブルクの戦闘で，騎兵隊の先頭に立って進軍中，突風にあおられてかつらが吹き飛んだ．現われたはげ頭が太陽の光に反射して部隊の目印となったという．そのことから「がむしゃらにぶつかる」(going for it bald-headed)という成句が生まれた．「はげ頭のがむしゃら」ということ．このグランビー侯は，戦争で負傷した部下たちをパブの経営者にしたから，グランビーの侯爵というパブが，ロンドンをはじめ各地に散在する．地下鉄レスター・スクエア駅に近いチャンドス・プレイスにあるこの名のパブは，そのひとつにすぎない．チャールズ・ディケンズの小説にもしばしば登場する．17世紀の辻強盗クロード・デュヴァルは，この侯爵亭の前身といわれるホール・イン・ザ・ウォール亭で1670年に捕らえられた．壁に穴亭とは犯罪の臭いがする酒場である．

→Hoop and Grapes

Marshalsea Prison
マーシャルシー監獄

マーシャルシーとは「宮内司法官の座」(マーシャル・シート)からできた名称で，この監獄がもともと王室の執事や宮内司法官が判事となって開かれた法廷に属していたことを表わしている．設立された年代は不明だが，エドワード三世時代の1381年に起こった，ワット・タイラーの率いる農民一揆(→Peasants' Revolt)によって破壊された．このときのマーシャルシー監獄は，チャールズ・ディケンズの『リトル・ドリット』で有名になったマーシャルシー監獄よりも少し北の方，現在のマーメード・コートとキング・ストリートの間にあった．

18世紀の終わりころにこの監獄は同じバラ・ハイ・ストリートの少し南寄り，セント・ジョージ教会のすぐ北側へ移された．1824年2月，ディケンズの父親ジョン・ディケンズが負債のために逮捕され，約3か月間ここに収監された．マーシャルシー監獄は，その後1842年に閉鎖されたが，1855年12月から57年6月にかけて月刊分冊で刊行されたディケンズの『リトル・ドリット』によって，不朽の名を後世に残すことになった．わずかに往時の名残りをとどめる高い塀に，「故チャールズ・ディケンズの名作『リトル・ドリット』で有名になったマーシャルシー監獄の跡地」という銘板がはめこまれている．

Marx Memorial Library
マルクス記念図書館

Clerkenwell Green, EC1

カール・マルクスの逝去50周年にマルクス主義の学習と研究，宣伝をめざして1933年設立された図書館．前身は18世紀前半にさかのぼる慈善学校．図書館の創設はすべて募金でまかなわれた．当初は，混迷する社会情勢の中で労働者の組織化など，労働運動や社会運動の中核的拠点だった．現在は，マルクス主義関係とインターナショナル労働運動の歴史的変遷にかかわる出版物を収集・保存するとともに閲覧に供している．蔵書数10万，労働運動家の伝記，労働組合関係書，第一・第二・第三インターナショナル，アフリカ・中近東・ラテンアメリカ関係などの海外資料が中心．また，平和運動・共産党などの組合に関するパンフレット類や1640年以降の定期刊行物などが2万部以上収集されている．

ほかに特別コレクションとして，ジョン・ウィリアムソン・アメリカン・コレクション，チャーティスト運動やイギリス初期労働者階級の歴史を集めたジェイムズ・クラグマン・コレクションがある．『ブリテン』を刊行．

図書館の建物は，元をたどると，1737年のウェールズ慈善学校に発している．19世紀に入るとクラークンウェル・グリーンは政治的急進的集会の中心地となるとともに，この建物はロンドン・パトリオティック・クラブの拠点となった．1892年に「20世紀出版社」が入り，ウィリアム・モリスの支援を受けた．クロポトキンやエレナー・マルクスら著名な国際的社会主義者の訪問もあった．ロンドンに亡命中のレーニンが，1902年から3年にかけてボルシェヴィキ派の新聞『イスクラ』を発行したのもこの建物だった．地下鉄・鉄道ファリンドン駅に近い．

Marylebone
マリルボーン　W1, NW1

マリルボーン地域は，南の境をオックスフォード・ストリートとし，西のエッジウェア・ロードと東のリージェンツ・パークの大部分と北はハムステッドの南側に接する．11世紀のノルマン征服のころはリスンとタイバーンの2つの領地からなっていた．それらが中核となって後世にメトロポリタン・バラとしてセント・マリルボーンを形成したが，1965年にシティ・オヴ・ウェストミンスターの一部に組み込まれて現在に至る．テムズ川へ流れこんでいたタイバーン川から名づけられたタイバーン領地はセント・マリルボーン教区の東3分の2の地域を占めていた．タイバーン領地は中世にはバーキングの女修道院長の地所であったが，ヘンリー八世によって召し上げられた．一方，北の方へは手つかずの森が広がっていた．その森林地の一部が円形に囲い込まれて王の狩猟場となった．それが，のちのリージェンツ・パークである．現オックスフォード・ストリートのストラトフォード・プレイス近くに，1200年ころ聖ヨハネに捧げた教区教会が建てられたが，周りの治安の悪化に伴い，1400年に北の方約800メートルのところのタイバーン川近くに聖母マリアに捧げた新しい教会として再建された．それがセント・メアリ・バイ・ザ・ボーン（タイバーン川）と呼ばれ，のちに圧縮されてマリルボーンとなり，同時にこの地域全体の名称ともなった．

1611年にジェイムズ一世がこの地域を民間に払い下げると，次々と貴族の手に渡った．1719年にオックスフォード・アンド・モーティマー伯爵エドワード・ハーリーが地所の開発に着手し，翌年夫人の名前ヘンリエッタ・キャヴェンディッシュ・ホリスをとったキャヴェンディッシュ・スクエア（→Cavendish Square）を造成しはじめた．家族，称号，領地の名前を冠した通りが北へ向かって広がっていった．マリルボーン・ガーデンズ（→Marylebone Gardens）はすでに1650年に開園していた．リージェンツ・パークは，1820年代後半までには完成していた．開発は西へ進みセント・ジョンズ・ウッドへ至り，1850年代には地域の北辺に達した．

マリルボーン・ロードには有名なマダム・タッソー蠟人形館がある．このすぐ裏のフラットにはジョージ・ギッシングが住んでいた．デヴォンシャー・プレイスには，コナン・ドイルの眼科診療所があったし，チャールズ・ディケンズが住んでいた家（1番地）も残っている．こ

の地区は文人との関係が深く、ブラウニング夫妻、ロセッティ兄妹なども住んでいた.

Marylebone Cricket Club
→MCC

Marylebone Gardens
マリルボーン・ガーデンズ

　マリルボーン領主館の南裏側の野原に、1650年に開園、1778年ころ閉園となった上流名士の遊園. 入園料は無料で、闘犬、闘鶏、熊・牛いじめ、拳闘が行なわれた. ボーリング用芝生もあった. キャプテン・マクヒースやディック・タービンといった名うてのおいはぎも出入りした. ジョン・ゲイはここを《乞食オペラ》の舞台のひとつにした. サミュエル・ピープスは大火の2年後初めての印象を「快い場所」だと日記に書いた. 1738年に拡張後、入園は有料となった. オーケストラの演奏が行なわれ、舞踏会やコンサートの施設や、遊歩道が造られた. 食事も充実したものになり、貴顕の集まるところとなっていった. 園内や進入路に照明も充実した. ところが、園の内外で暴力ざたの伴う盗難事件が頻発してきた. 暴動騒ぎも恒常的に起こるようになり、またこの一帯を通る馬車がしばしばおいはぎに襲われた. 1753年、マリルボーン・レインにマリルボーン夜警小屋が設置されたのは、その治安対策がねらいであった.

Marylebone Lane and High Street
マリルボーン・レイン・アンド・ハイ・ストリート　W1

　マリルボーン・レインは地下鉄駅ボンド・ストリートに近く、オックスフォード・ストリートからゆるやかにカーブしながら北へ伸びる道路. マリルボーン・ハイ・ストリートはその先をさらに北へマリルボーン・ロードまで通じる道路である. この2つの道は往時のマリルボーン・フィールズを走っていた農道の形状を示していると同時に、蛇行するレインのほうは同じく蛇行して流れていたタイバーン川の左側に沿ってできた小道だったことを示してい

る. 1670年代から1860年代にあったローズ・オヴ・ノルマンディ亭跡であるハイ・ストリート35番地にBBC出版局本部が立っている. ここは東側にあったかつてのマリルボーン・ガーデンズへの入口でもあったし、19世紀にはミュージック・ホールの立っていたところでもある（現在もその飾り門灯が1基、残る）. 北東の角には1544年建築のマリルボーン領主館があった. またマリルボーン・ガーデンズの西側にはセント・マリルボーン教区教会（→St Marylebone Parish Church）が立っていた. ウィリアム・ホガースの《放蕩一代》に描かれている教会である. フランシス・ベーコンが結婚式を挙げ、ロード・バイロンが洗礼を受けた教会でもある. その後この教会は1817年に教区礼拝堂に格下げされ、代わりに教区教会は同年新たにマリルボーン・ロード沿い側に建てられた. この教会の東隣でハイ・ストリートとの角がデボンシャー・テラス1番地で、チャールズ・ディケンズが1839年から51年まで住んでいた. ディケンズはここで『骨董店』や『デイヴィッド・コパーフィールド』などの作品を書いた. いまはファーガソン・ハウスになっていて、その壁にディケンズの肖像や作品の人物像のレリーフが飾られている.

Marylebone Station
マリルボーン駅

Melcombe Place, NW1

　1899年に開業したグレイト・セントラル鉄道のロンドン終着駅で、ロンドンのターミナル駅の中では最も新しい. この鉄道は既存の大鉄道会社のあとから開業した新参者だったから、並行する路線との競争に勝てず、乗客数は伸びなかった. 当然のことながら、この駅はロンドン中でいちばんすいている終着駅である. カトリックの高僧でエッセイストで推理小説家でもあるロナルド・ノックスは「ロンドンでここほど鳥の歌にあふれた駅はほかにない」と言った. 豪壮な駅ビルの上層階にはほかの駅にならってホテルを設けたが、これも客が少なく、のちにオフィスに転用した. 現在はロンドンの北西方向の近郊との間の短

距離列車だけが発着しているが，都心に直通する地下鉄列車が走る路線と並行しているので，乗客数が少ない．
→Stations

Mayfair
メイフェア　W1

　東はリージェント・ストリート，西はパーク・レイン，南はピカデリー，北はオックスフォード・ストリートに囲まれた，高級商業・住宅区域．この地区は基本的に6つの大きなエステートとよばれるかつての貴族の地所（→「貴族の私有地と都市計画」），すなわちバーリントン，ミルフィールド，コンディット・ミード，アルバマール・グラウンド，カーゾン，バークリーから成り立っていた．したがってメイフェアという街区は元来貴族的色合いの濃い場所であった．同時に，地区名ともなった五月祭という庶民的な行事とも無縁ではなかった．

　五月祭は，1686年，ジェイムズ二世の許可を得てヘイマーケットからこの地域の南西の広場へ移転してきて，毎年5月1日から15日間開催された．やがて五月祭開催中の人々の乱暴で無法な振舞いが目にあまるようになり，1708年にいったん禁止された．しかし，すぐ復活し，ロンドン中の呼び売り商人（→London Cries）やサーカスの興業，拳闘試合，動物いじめなどを呼びこむことになった．「世界中の生ける珍奇珍品」の見せものであった五月祭のビラが残っている．「25歳にして背丈90センチの黒人，チェシャー輪舞を踊るキヌザルなど」が宣伝された．周囲が上品なたたずまいになるにつれて，取り締まりの声が高まり，そのひとつの方法として建物を建てて広場をせばめる方法がとられた．それが1735年にエドワード・シェパードが建てたシェパード・マーケットだった．その結果五月祭は下火になり，18世紀末に消滅した．

　メイフェアの建物の建設は，まず1660年代南東のすみからピカデリー沿いに西方へ広がり，やがて北に向かった．18世紀中ごろまでにはメイフェアのほとんど全体が建物でおわれた．その結果貴族屋敷の中心地は，コヴェント・ガーデンやソーホーからこの地へ移った．そして，その栄光をいまなおもちつづけている点が，前二者の場合と異なる特色である．理由は，もともとセント・ジェイムジズ・パレスを取り囲む宮廷地区に隣接し，そこと密接な関係があったこと，グロヴナー・スクエア，バークリー・スクエアなど大きなスクエア，セント・ジョージ教会，イマキュレット・コンセプション教会，などの立派な教会，ニュー・ボンド・ストリート，オールド・ボンド・ストリート，グロヴナー・ストリートなどの目抜き通りと貴族の屋敷などがそろっていたことが挙げられる．

　しかし，一方で多様化への変化も見られる．貴族生活に不可欠な馬車が自動車に取って代わられたため，馬丁，御者が不要になり，厩がガレージや事務所，小型の住宅などに変わった．また召使いの雇用に伴う経費の高騰，数の不足，屋敷の維持経費の圧迫などのために，屋敷を一部転売したり取り壊したりする事態も発生した．それでも全体としては簡素な18世紀の建物，赤褐色のヴィクトリア朝の記念碑的な建物から20世紀の現代的なビルやホテルに至る多様な建物が立ち並ぶ，高名な飛び地的な地区であることは間違いない．

Mayfair Inter-Continental London
メイフェア・インター・コンチネンタル・ロンドン

Berkeley Street, W1

　第三代デヴォンシャー公爵の屋敷（18世紀前半）が1924年取り壊されて，その跡地に1927年に誕生したのがメイフェア・ホテルで，これが現在のホテルの前身となった．1963年，ホテルに劇場が併設され，以後このホテルは幾多の演劇人，映画人と関係が深く，ホテルとして特別な存在だった．しかし，1983年以降，劇場は会議室に用いられている．ほかに映画館，ナイトクラブもある．客室数300あまり．最寄駅は地下鉄グリーン・パーク駅．

Mayflower
メイフラワー号亭
Rotherhithe High Street, SE16

1550年創業のパブで,当初はシップ亭といった.現在の店は18世紀のもので,当時の屋号はスプレッド・イーグル・アンド・クラウン(翼を広げたワシと王冠)亭というものであった.1960年代に,信仰の自由を求めた清教徒たちを乗せて1620年にアメリカ大陸に渡ったメイフラワー号の名をとって新しい屋号とした.メイフラワー号はこの近くのドックに錨を下ろしたのである.船長のクリストファー・ジョーンズは航海後1年ほどで亡くなり,ロザハイズの細い横丁にあるセント・メアリ教会(→St Mary①)に埋葬された.店の内装にメイフラワー号の素材が用いられているという.看板は一風変わっていて,入口の軒の上にこの船の模型が掲げられ,花も飾られている.このパブの特徴は,常連である船乗りたちのために,郵便切手の販売が許されていることである.また,入口には「ロンドン橋まで2マイル」という道標が立っている.

Maypole in the Strand
メイポール・イン・ザ・ストランド

メイポールとは,5月1日に丈の高い柱に花輪やリボンを飾りつけ,そのまわりでメイ・クイーン・ダンスなどを踊り楽しんだ5月祭の柱のこと.このメイポールが16世紀に現在セント・メアリ・ル・ストランド教会が立つところに建てられ,その後2度の建て替えを経て18世紀前半まで立っていた.中世期にこの場所には石の十字架が建てられていて,その下でシティ外巡回裁判がよく行なわれたが,五月柱を建てるころには十字架は崩れかかっていた.高さが約40メートルあまりもある五月柱の周りで人々が踊りつづけるのを,ピューリタンは「卑しむべき異教信仰の最後の残党」ときめつけ,1644年にこの五月柱を市中の他の五月柱とともにすべて取り払った.

王政復古を祝して1661年4月14日に人々の歓呼とトランペットとドラムの鳴る中新しい柱が同じ場所に建てられた(この五月柱のみ再建).ウェンシスラウス・ホラーの《ロンドン遠望の図》(1670ごろ)の中に,高々とそびえ立つこの五月柱が描きこまれている.18世紀前半,アイザック・ニュートンが天文学者の友人のために柱を買い取り,当時ヨーロッパで一番背丈の高い望遠鏡(長さ38.1メートル)の支柱として使用した.「時の手にむさぼり食いつぶされないものはあるのだろうか.ストランドの五月柱はいまいずこ」(ジェイムズ・ブランストン,1731)

MCC
マリルボーン・クリケット・クラブ
Load's Cricket Ground, St John's Wood Road, NW8

18世紀に創設された,イングランドを代表する名門クリケット・クラブ.このクラブは1782年にイズリントンに創設されたホワイト・コンディット・クリケット・クラブの支派として誕生した.イズリントンの競技場に不満がおこって,トマス・ロードがマリルボーンにあったドーセット・フィールズを新競技場に選定した.1787年にミドルセックス対エセックスの試合がそこで行なわれ,その成功によりロード・ウィンチェルシーとその他のホワイト・コンディット・クラブのメンバーたちがMCCを創設した.

このクラブはクラブ所属のプロ・チームを競技に参加させることはないが,クリケットのルールの維持,改正などの役割を担っている.1898-1969年には,イングランド中のプロ・クリケットを管理し,イングランド・チームによる海外遠征の組織と,テスト・マッチ(国際試合)の手配,参加選手の選考にあたった.19世紀にはMCCはロンドンの代表的クリケット・クラブになった.ほかのすべての州チームは代表する州名をつけているが,ロンドンのMCCだけはマリルボーンという,一地域の名をつけた.

MCCは1810年に移転を余儀なくされ,新しい土地をロッジ・ロードに求めたが,2年後リージェンツ・カナル建設のため再び移転することになった.3番目の土地はセント・ジョン

ズ・ウッドで，ここがMCCの永久的なホームグラウンドになった．100年祭のときにはMCCは5000人のメンバーを擁していた．現在は約2万人，さらに長いウェイティング・リストがあるという．200年祭行事の一環として，MCCとレスト・オヴ・ザ・ワールドの試合があった．クラブ色は赤と黄色，紋章はMCCの文字．
→Cricket, Lord's Cricket Ground

Melbury Road
メルベリー・ロード　W14

　ホランド・パークの南西角を鉤形に走る通り．通りの名前はドーセットにあるイルチェスター伯爵の屋敷名から取られた．

　19世紀の後半，この通りのあるケンジントンの一角に当時一流の芸術家たちが住んだ．画家のG.F.ワッツは6番地（現26番地）のプリンセプ夫妻のリトル・ホランド・ハウスに数年滞在し，その間人馬一体の騎馬ブロンズ像《肉体の力》を制作した．原作は南アフリカにあり，そのコピーがケンジントン・ガーデンズに立つ．12番地（現32番地）にはウェストミンスター橋入口の《ボアディケア》の像で有名な彫刻家サー・ウィリアム・ヘイモ・ソーニクロフトが，そして18番地（現38番地）には画家のウィリアム・ホルマン・ハントが住んでいた．9番地（29番地）の中世風の小塔のついた建物は，建築家ウィリアム・バージスが「15世紀のモデル・ハウス」と銘うって建てたもの．鉄道ケンジントン駅に近い．

Memorials and Statues
記念碑・記念像

　記念碑は歴史的事件や事物，人物などを記念するための碑で，代表的なものにバッキンガム・パレス前のヴィクトリア女王記念碑（→Queen Victoria Memorial）や17世紀のロンドン大火を記念する塔（→Monument, The），チェアリング・クロス駅前のエレオノールの十字架碑（→Eleanor Cross）などがあるが，多くはブロンズや石の人物像で，なかにはオベリスク風の石柱も見られる．

　主なものを挙げると，南西郊のテムズ川南岸沿い，モートレイク地区のローマ・カトリック墓地にあるバートン記念碑，探検家で『アラビアン・ナイト』の英訳者であるリチャード・バートンの碑である．彼はこの墓地に埋葬されている．国会議事堂のヴィクトリア・タワー・ガーデンズ内にあるバクストン記念噴水塔は，奴隷制廃止の論客であったトマス・バクストンを記念する碑である．

　記念碑にはまた，軍事関係のものがめだって多い．ウェストミンスター地区の大通りホワイトホール沿いのホース・ガーズ・パレードに立つカディス記念碑はウェリントン公の戦勝を記念するもの．近くのウォータールー・プレイスのクリミア戦争衛兵記念碑はクリミア戦争で犠牲になった将校たちに捧げたものである．ほかに，ハイド・パーク・コーナーの王立砲兵連隊碑や機銃砲部隊碑などは第一次世界大戦で犠牲になった砲兵隊の人たちに捧げられた碑である．

　変わったところでは，ウェストミンスター・アビーのブロード・サンクチャリーの碑ウェストミンスター・スクール（→Westminster School）．19世紀半ばのロシアとインドとの戦争で犠牲になったウェストミンスター・スクールの卒業生たちを記念する石碑である．

　一方，記念像はブロンズや石でできた人物の全身像または胸像がほとんどで，野外や屋内で実際に見られる彫像だけでも300ちかくにのぼる．そのほとんどを王室関係者，軍事関係者，そして政界，芸術・文学界の人物が占めている．

　数ある彫像のなかで，ひとりの人物が市内数か所で見られる場合もある．インド皇帝も兼ねた20世紀初頭の国王エドワード七世は，セント・ジェイムジズ・パーク近くのキャクストン・ホールをはじめとして9か所に姿を現わす．キャクストン・ホールで息子のそばに立つ母君のヴィクトリア女王の7か所を上回っている．父君アルバート公は2か所である．

　鉄の公爵と呼ばれた将軍政治家ウェリントン公はハイド・パーク・コーナーをはじめ4か所にお目見えするが，これと並ぶ数がシェイ

クスピアである．そのうちの一つ，ソーホー地区はレスター・スクエアの緑陰にたたずむ彼の像は，多くの人々の目を楽しませている．

同じ文豪でもチャールズ・ディケンズは3か所で，ひとつはマリルボーン・ハイ・ストリートのファーガソン・ハウスにある．本人と作中人物を彫ったパネルがはめこまれている．ディケンズは，ここに立っていた家に住んでいたことがあった．トラファルガー・スクエア東端に立つチャールズ一世像も，ほかに2か所で見ることができる．やはり3か所にあるチャーチルの像のひとつは，豪腕政治家にふさわしく議事堂前の広場に立っている．ストランドのサマセット・ハウスでは，ジョージ三世の像が2か所で見られる．王室関係ではもうひとり，ウィリアム三世像がセント・ジェイムジズ・スクエアのほか，2か所に立っている．

非業の死を遂げた人文学者トマス・モアの像はチェルシー・エンバンクメントやイングランド銀行など，3か所に姿を見せる．

Mercers' Hall
絹物商同業組合会館
Becket House, Ironmonger Lane, EC2

絹物商は，少なくとも1347年ころからこの場所で会合を開いていた．会館の建物の名称からもうかがえるように，ここは聖トマス・ア・ベケットの生誕地で，当時は病院が立っていた．長年のあいだ絹物商は，この病院内に集会場を借りていたが，1517年に一部を買い取って専用の会館と礼拝堂を建てた．絹物商同業組合会館は，いまなお唯一の礼拝堂付き同業組合会館としての特徴を誇る．シティ同業組合のうち12大組合の1つに数えられ，しかもその第一位にある名門組合．

16世紀の宗教革命に際して病院が閉鎖されたあとは，建物全体が組合の手に渡ったが，ロンドン大火で焼失した．1682年に再建され，1694年にはイングランド銀行がこの建物を借りて業務を開始した．1670年代に造られた古い正面玄関は，1870年代に取り替えられて，ドーセットのスワニジ町のタウン・ホール

の一部となっている．1941年に会館はドイツ空軍の爆撃で破壊され，1950年代半ばに会館と礼拝堂が，オフィス・ビルの一部分として再建された．中には，焼失をまぬがれた多くの古い家具調度品が収められている．

絹物商同業組合は，同業組合の中で筆頭の地位を占め，長期にわたって勢力をもちつづけた．最初はさまざまな商品を扱っていたが，しだいに織物に集中するようになった．しかし，16世紀ころには，組合員であるくせに，本来の職業とは関係のない者が大勢いた．絹物商同業組合員には，ディック・ウィッティントン，ウィリアム・カクストン，トマス・モア，トマス・グレシャム，ローランド・ヒル，ロバート・ベーデン＝パウエルといった錚々たる顔ぶれが含まれていた．

絹物商同業組合は，1509年からセント・ポールズ校，そして1903年からはセント・ポールズ女子校の経営を行なってきた．と同時に，1541年以降，最初は旧病院の建物の中で，おそらくは従来のカトリックの学校に取って代わるために，独自の学校を運営した．数々の変遷を経て，19世紀における繁栄と成功ののちに，学校は1959年に閉じられた．

→City Livery Companies

Merchant Taylors' Hall
洋服商同業組合会館
Threadneedle Street, EC2

この同業組合は，中世にテントやその他の布地の軍用品の製造によって栄えた．そしてやがては，布地業界における生地測定法の許認可権をもつようになった．優先権順位第6位ないしは第7位．毛皮商同業組合と隔年交代になる．

この同業組合は1331年に現在の敷地を獲得，14世紀半ばに会館が建設された．ロンドン大火とドイツ空軍の爆撃にもかかわらず，会館のかなりの部分が，もとのままの形をとどめている．たとえば大台所は1425年以来のままである．会館は1959年に建て替えられたが，14世紀の粘土の床と1646年のタイルの

ロンドンの人物像

① アルフレッド大王
　（Trinity Church Square）
② エリザベス一世
　（St Dunstan-in-the-West）
③ ヴィクトリア女王
　（The Mall）
④ ボアディケア女王
　（Westminster Bridge）
⑤ サミュエル・ジョンソン
　（St Clement Danes）
⑥ マイケル・ファラデー
　（Institute of Electrical Engineers, Savoy Street）
⑦ フローレンス・ナイティンゲール
　（Waterloo Place）

床，大火のあと1675年の再建に際して敷かれた石の床の一部分が今も残る．会計簿は1397年以来のものである．食堂は250人を収容できる．組合員の中には，『ロンドン通覧』で有名なジョン・ストーをはじめ，ジョン・スピード，クリストファー・レンなどがいる．17世紀以降，組合員が組合の職業とほとんど無関係であったことを示す一例である．
→City Livery Companies, Skinners' Hall

Merchant Taylors' School
マーチャント・テイラーズ・スクール
Sandy Lodge, Northwood, HA6

　1561年，洋服商同業組合の役員だったリチャード・ヒルズによって設立された男子のパブリック・スクールで，1875年までシティのサフォーク・レインにあった．その後，チャーターハウス・スクエアの養病院チャーターハウスに移り，1933年に現在の104ヘクタールにおよぶ広大なサンディ・ロッジの敷地へ移転した．創立者リチャードがオックスフォードのセント・ジョーンズ・コレッジの創立者と知り合いだったことから，この学寮との関係が深い．詩人エドマンド・スペンサーが学んでいる．

　1662年付設の図書館には，多くの古書や初版本が収蔵されている．学校そのものにはとくにめだった点はないものの，全般にスポーツが盛んである．700名前後の生徒はロンドン北郊からの通学生がほとんどで人種も多様，なかにはヨーロッパからの避難民の子供やアフリカからの移民も混じる．

　現在でも洋服商同業組合の経営で，系列校がリヴァプールにもある．

Mermaid Tavern
マーメイド・タヴァン

　1411年ごろから言及されている，イギリス最古の酒亭のひとつ．チープサイドのブレッド・ストリートにあった．1941年の空襲で破壊されたセント・ミルドレッド教会の反対側にあって，魚商同業組合の所有であった．フライデー・ストリート・クラブ（マーメイド・クラブの名でも知られていた）の会合所で，イギリスの探検家・政治家として有名なサー・ウォルター・ローリーが創設したクラブであったから，この店は17世紀初期の文人たちのたまり場となっていた．ベン・ジョンソン，ジョン・ダン，フランシス・ボーモント，ジョン・フレッチャー，そしておそらくはシェイクスピアもその会員のひとりであったと思われる．活発で鋭いしゃれが交わされていたとボーモントは伝えている．シティで生まれた詩人のキーツは，この人魚亭に興味をもっていたらしく，「マーメイド・タヴァンに寄せて」の詩で，「マーメイド・タヴァンほどの楽土があったであろうか」と昔の詩人たちに思いを寄せている．ロンドン大火で消滅した．

　マーメイド（人魚）とは，ギリシア神話のセイレーンという半女半鳥と同類の半女半魚の姿をした伝説上の海の生物で，ジュゴンではないかという説がある．シェイクスピアの時代には，マーメイドとは高級売春婦のイメージがあった．港町によく見かける屋号で，イースト・サセックス州の港町ライのマーメイド亭は有名．

Mermaid Theatre
マーメイド劇場

① Acacia Road, NW8

　役者バーナード・マイルズが1945年にセント・ジョーンズ・ウッドに開設した劇場．自宅の裏庭にあった木造の学校の一部を建築家エルンスト・フロイトに頼み，200席の劇場に改造した．壁面は大理石模様の柱，タペストリーで飾られ，天井には白い雲が描いてあった．1951年9月のオープニングには，毎日ビール1本という約束のギャラでノルウェーのソプラノ歌手キルステン・フラグスタートがヘンリー・パーセルの《ダイドーとイーニアス》に主演した．1週間後にはマイルズがキャリバンを演じたジュリアス・ゲルナー演出の《テンペスト》，翌シーズンは夫妻がマクベス夫婦をエリザベス朝の発音で演じた．

　1953年には，エリザベス女王の戴冠を祝して，シティの王立取引所の中庭に，一時的に建て直された．シティ内ではここ100年間で

初めての劇場だったが，《お気に召すまま》，《マクベス》，《おーい，東行きだよ！》の3か月間の興行が成功裏に終わり，マイルズは永続的な商業劇場を建設するという夢をいよいよ現実のものとすることになった．地下鉄セント・ジョンズ・ウッド駅に近い．

② Puddle Dock, Blackfriars, EC4
1956年，シティ自治体はバーナード・マイルズに使用していないブラックフライアーズ橋付近の倉庫を貸し与えた．建築家E. L. W. デイヴィスはドリス式の柱を入口に設け，これを巧妙に劇場に改造した．498席のなだらかな観客席はそのままオープン・ステージに直結し，煉瓦むきだしの壁とむき出しの照明設備が実験劇場的な雰囲気を漂わせた．上演開始前と休憩には船のベルが鳴らされた．

1959年5月，マイルズがヘンリー・フィールディングを翻案した《娘たちを揺り起こせ》で柿落し．ベルトルト・ブレヒトの《ガリレオ》(1960)のような顧みられることの少ない傑作，クリストファー・マーロウの《エドワード二世》(1969)のようなエリザベス朝の古典，ピーター・ルークの《ハドリアヌス七世》(1968)のような現代劇を精力的に上演した．1978年9月，トム・ストッパードの《良い子のご褒美》を最後に改築のため閉館．1981年7月，610に観客席を増やし，舞台も広くして(14.8メートル×23.8メートル)開館．客席数250の子供のためのスタジオ，モレキュール・クラブも併設した．しかし，1987年のストラットフォード・アポン・エイヴォンのスワン劇場の移転公演が不調に終わるなど，その後の劇場をとりまく状況はきびしく，上演の行なわれなかった期間もある．

Merton
マートン　SW19, SW20
大ロンドン南西部にあるマートン自治区を構成する4つの地域のうちのひとつ．区名と同名．区のほぼ中心に位置し，主に住宅地区である．歴史上最初の言及は967年．ノルマン征服の直前はハロルド王の所有地の一部と考えられ，『ドゥームズデイ・ブック』(→『土地

かつてのリバティ工場跡に残る水車

台帳』)の検地の際，この領地はウィリアム一世の所有とされた．1114年アウグスティヌス派のマートン小修道院が建立された．1236年にそのチャプター・ハウス(参事会会議場)で「大会議」(Great Council)が開催され，マートン法令が制定された．その第1条「われわれは英国の法を変えることは願わず」は1948年の廃止まで有効だった．聖トマス・ア・ベケットがこの小修道院で教育を受けた．やはりここで教育を受けたウォルター・ド・マートンは，のちに英国高等法院王座部首席裁判官となるとともに，オックスフォード大学のマートン・コレッジの創始者となった．1538年の修道院解体でこの小修道院も取り壊され，いまではわずかにチャプター・ハウスの基礎壁が残るだけで，現在ナショナル・トラストの管理下にある．ヘンリー八世は修道院の石を使って，マートン南方のチム地区にナンサッチ・パレスを造営した．

16世紀にユグノー(フランス新教徒)が絹織物業をもちこむと，ウォンドル川沿いにキャラコの漂白とプリント染め業が興され，1742年にウィリアム・ハーフハイドがキャラコ工場を建造した．19世紀初期にエドマンド・リトラーが木版捺染工場を始める．1904年にデパートのリバティがこの家内産業を取得すると，1972年までイギリス装飾伝統のリバティ・プリントを刷りつづけた．そのときの染色場と水車がいまも残っている．一方，ウィリア

家畜用水槽（トゥーリー・ストリート、1930年頃）

ム・モリスは、すでに1881年にこの川沿いにウェルチ・キャラコ・プリント工場を入手して仕事場に改造し、織物、カーペット、刺繍、タイル、ステンドグラス、家具など独自の工芸品の製作を始めていた。

現在のマートン・ハイ・ストリートにはホレイシオ・ネルソン卿の邸宅マートン・プレイスがあった。1840年の解体後その界隈にはネルソンにちなんだ名前の道路が誕生した。マートン・パークは所有者ジョン・イニスの設計ですばらしい並木道、異色の多様な家並みを見せている。遺志に基づいてジョン・イニス園芸研究所が設けられた。マートン・パークは他にさきがけて郊外住宅地の体裁を整えたのである。現在は2本の鉄道が敷設されているが、1926年の地下鉄ノーザン・ラインの開通で、街は南のモードン地下鉄駅の方へ広がっていった。

Metropolitan Drinking Fountain and Cattle Trough Association
水飲み場・家畜用水槽首都保存協会
Lewisham High Street, SE13

19世紀なかば、リヴァプールで公共飲用水泉運動が起こると、その熱心な支持者サミュエル・ガーニー下院議員はロンドンで1859年4月に首都無料飲用水泉協会を設立し、私費を投じて無料飲用水泉第1号を同月21日にセント・セパルカ教会の境界柵に設置した。毎日7000人以上の人が利用することとなった。この水飲み場は現存する。

水泉の設置位置および場所は、協会の第一のねらいである禁酒運動と福音主義をよく物語っている。ひどい飲料水不足のために、労働者はビールや強いアルコール飲料に依存したが、その害悪を減らし、人格形成に役立てる目的で、パブに近い場所を慎重に選んで設置された。水泉には福音主義的敬虔の気風を伝える聖書の文言が刻まれている例が多い。初期の段階から動物虐待禁止協会から高い評価を受けているのは、牛馬や犬が水を飲みやすいように船型の水槽を次々に設置してきたからである。水槽の材料は花崗岩で最後の設置は1936年だった。

Metropolitan Line

メトロポリタン・ライン

　ロンドン地下鉄線のひとつで，ロンドン北西郊外のウォットフォードからベイカー・ストリート，さらに市内のユーストン・スクエア，キングズ・クロス・アンド・セント・パンクラスを経てオールドゲートまで達する．この線の前身は1863年1月に開業した世界最初の地下鉄道会社メトロポリタン鉄道であって，パディントンからファリンドン・ストリートまでの線路(現ハマースミス・アンド・シティ・ライン(→Hammersmith and City Line))を所有していたが，車両は所有せず，他社の車両が乗り入れ運転した．その後自社所有の車両が走ることとなり，途中駅ベイカー・ストリートから北西方向に線路を延長し，郊外に住宅地を開発して，ロンドン中心部に通勤する客を誘致するなど，鉄道本来の業務以外の活動も盛んに行なった．自社線沿線の新開発住宅地に「メトロランド」とブランド名をつけるなど，その後の鉄道会社の経営・事業方針にヒントを与えた．小説家イーヴリン・ウォーはいくつかの自作品の中にメトロランド卿という名の新興貴族(もちろん金で爵位を買ったのである)を登場させて風刺している．

　その後，郊外への路線延長を行ない，現在では上に述べた本線のほかに，途中のハロー・オン・ザ・ヒルからアックスブリッジまで，ムア・パークからアマシャムとチェシャムまでの支線をもっている．なおベイカー・ストリートとウェンブリー・パークの間はジュビリー・ライン(→Jubilee Line)と同じ経路でメトロポリタン・ラインの列車は途中主要駅のみ停車，ジュビリー・ラインの列車が各駅停車となっている．フィンチリー・ロードより先は地上の線路を走り，マリルボーン駅発のブリティッシュ・レイル線(→British Rail)と並行している．地下線部分は「地表線」(surface line)の一部だから，車両はチューブ(tube)よりも大型となっている．
→Underground Railways

Metropolitan Police
→Police

Metropolitan Tabernacle
メトロポリタン・タバナクル
Newington Butts, SE1

　鉄道，地下鉄のエレファント・アンド・カースル駅の西側にあるバプティスト派の会堂．もとロンドン魚商同業組合の救貧院があった場所で，そこに1861年同派の説教師C.H.スパージョンのために建設された．

　スパージョンは27歳でロンドンに上京，持ち前の騒々しいばかりの絶叫調の説教によって多くの信者を集め，大きな礼拝堂の必要を感じていた．新築された礼拝堂は6000人を収容し，900人が入れる講堂を併設していた．「首都の中の仮小屋」という意味の名称は，人間はいまだに終いの棲家が見つからず荒野を放浪している，という旧約聖書「出エジプト記」に由来した．1879年，スパージョンは信者から感謝のしるしとして6000ポンドあまりを贈られたという．会堂は第二次世界大戦中にドイツ軍の空襲により破壊されたが，59年に堂々たる列柱正面をもつ，1750人を収容する新会堂として再建された．

Middlesex Hospital
ミドルセックス病院
Mortimer Street, W1

　リージェンツ・パークとオックスフォード・ストリートの中間に位置する教育病院(付属の医学校をもつ病院)．ロンドンの西部および北部に接していた旧ミドルセックス州にちなんで名づけられた．1745年にミドルセックス診療所として設立，妊婦用のベッドも3床あった．

　1754年に隣接地10ヘクタールを買い入れ，翌年新病院の建設が始められた．資金の大部分はイギリス近代演劇の創始者であるデイヴィッド・ギャリックと作曲家のヘンデルによって集められた．1791年，ビール醸造業者サミュエル・ウィットブレッドが癌患者用病棟の基金として3000ポンドを寄付した．癌の治療と研究は今もこの病院の特徴である．

　1826年のロンドン大学創立にともなって，医学生に効率的な教育をしようという気運が

高まり，1835年にミドルセックス病院も医学校を創設した．その最も熱心な支持者はチャールズ・ベルであった．彼は1811年に運動神経と感覚神経の機能を発見した外科医である．1890年に礼拝堂の建設，1929年に個室病棟が開設され，35年に A.W. ホールの設計により改築された．ほかの主な付属施設はナッソー・ストリートにある癌研究所と癌専用病棟，ブランド・サットン生理学研究所およびコートールド生化学研究所である．
→Hospitals

Middlesex Street
ミドルセックス・ストリート　E1

リヴァプール駅の東側，ビショップスゲートから南東へオールドゲート・ハイ・ストリートに至る通りで，シティの境界線をなす．中世には木の植わった田舎道で，通称ホッグ・レインと呼ばれた．その後大きい邸が建てられるようになり，1608年の地図によるとペティコート・レイン（→Petticoat Lane）という名前がついている．おそらく，古着商が定住したことによる命名であろう．1830年ごろにシティと旧ミドルセックス州の境界に当たる場所という意味で改名され，現在に至る．ヴィクトリア朝になると，あらゆる中古品を専門とする最大規模のストリート・マーケット（→Street Markets）のひとつになった．

ジョン・ストーの『ロンドン通覧』の編集・増補に従事したロンドン史家ジョン・ストライプは，このあたりの大邸宅で生まれた（1643）．東へ入るストライプ・ストリートはそれを記念した通り．記念板がはめこまれている．現在，マーケットは日曜日の午前中に開かれている．

Middlesex University
ミドルセックス大学
White Hart Lane, N17

1992年にミドルセックス・ポリテクニックから大学に昇格．前身のポリテクニックは1973年にエンフィールド・ヘンソン工学コレッジとホーンジー美術コレッジの合併によって誕生した．翌1974年にはトレント・パーク教育コレッジとニュー言語・演劇コレッジ，つづいて1977年にはオール・セインツ・コレッジが同じポリテクニックと合併した．さらに，1994年にはロンドン舞踏コレッジ，1995年にはノース・ロンドン保健コレッジも吸収合併された．7つを数える主要キャンパスはバーネット，エンフィールド，ハリンゲイの各自治区に散在している．西郊のアイズルワース地区には広大な附属病院もかかえている．

2001年度現在の学生総数は約2万5000人．

Middle Temple
ミドル・テンプル
Middle Temple Lane, EC4

グレイズ・イン（→Gray's Inn），リンカーンズ・イン（→Lincoln's Inn），インナー・テンプル（→Inner Temple）とともに4法学院のひとつ．12世紀後半にテンプル騎士団（→Knights Templar）のロンドン本部があった敷地内に設けられた，中世からつづく法学院．同じ敷地内にこの法学院と一体をなすようにインナー・テンプルが東側に接している．地下鉄テンプル駅の東，ヴィクトリア・エンバンクメントとフリート・ストリートにはさまれている．

ミドル・テンプルの紋章の頂飾は「神の仔羊」と称される，赤十字紋の銀白旗をつけた十字型旗竿を右肩にかつぎ，頭光を頂き，右前足を上げた歩態の仔羊で表象される．最初に記録に現われるのは1501年で，4つの法学院の中で2番目である（名称のテンプルについては Inner Temple の項参照）．

両テンプル法学院の境界を示すようなかたちでミドル・テンプル・レインがある．これはミドル・テンプル・ゲートウェイ（1684）からテムズ川沿いのヴィクトリア・エンバンクメントに抜ける路地で，この法学院の「大通り」である．もとはテムズ川の船着き場に通じていた通路であった．その両側にさらにせまい路地やアーチ状の歩廊が延びて，エセックス・コート，ファウンテン・コート，パンプ・コート，ニュー・コートなどの中庭を相互に結ぶ．それに一種聖域というのがふさわしいミドル・テ

ンプル・ガーデン(非公開)が加わる．現在，駐車場になっているところはかつてのブリック・コートがあった場所で，ここにオリヴァー・ゴールドスミス(墓はテンプル・チャーチ墓地)や19世紀には小説家サッカレーが住んでいた(2, 3番地)．

法学院の主要な建物はテンプル・チャーチ(→Inner Temple)とミドル・テンプル・レインに面したミドル・テンプル・ホールである．最初のホールは1320年の建築だが，現在のものは1573年に建てられたエリザベス朝様式である．ホールは中世の貴族の館の大広間の面影をそのまま伝え，天井はオーク材によるみごとな二重のハンマービーム方式と呼ばれる，片持ち梁であり，食堂としても使用された．ホールの「ザ・ベンチ・テーブル」(評議員専用の特別席，オックスフォード，ケンブリッジ両大学のハイ・テーブルにあたる)は1本のオーク材でできた9メートルの長さで，エリザベス一世から授かったものという．1830年まではホールの中央に暖炉があったといわれるが，これも中世の名残りである．ホールのもうひとつの特徴は，ここが宴会はもとより，劇場，仮面舞踏会など各種の華やかな催事の会場となったことである．シェイクスピアの『十二夜』はここで初演された(1601年2月2日)．ホールは，第二次世界大戦中ドイツの爆撃によって大きな被害をこうむったが，屋根は奇跡的に難をまぬかれ，破壊された部分は戦後復興された．

また，中庭ファウンテン・コートの南東の端にあったミドル・テンプル・ライブラリーは，その跡地と周囲の土地に1956年に完成したクイーン・エリザベス・ビルディングの中に入った．図書館はミドル・テンプル・ホールから川に向かって延びる一翼である．

ミドル・テンプルと縁のある著名人は枚挙にいとまがないが，雑誌『サヴォイ』をここで編集した詩人アーサー・シモンズのほか，サー・フランシス・ドレイク，サー・ウォルター・ローリー，ウィリアム・コングリーヴ，ジョン・イーヴリン，ヘンリー・フィールディング，チャールズ・ディケンズ，シオボルド・ウルフ・トーンなどがいる．
→Inns of Court

Midland Bank

イギリス4大銀行のひとつであったが，1992年HSBC(→HSBC Holding plc)に買収された．1836年バーミンガム・アンド・ミッドランド銀行としてバーミンガムに設立された．ロンドンや地方の銀行を多数買収合併し，1912年に本店をロンドンに移した．1982年にミッドランド・バンクとなった．いわゆるリーテイル・バンク(小口取引銀行)業務に加えて，イギリスのクリアリング・バンク(手形交換所加盟銀行)のなかでは初めて外国為替業務に進出するなど，同行を中核としたミッドランド・バンク・グループは海外投資，中長期金融，ベンチャー・キャピタル投資，リースなど総合金融業務に積極的に参入していった．しかし，1980年代はじめ，アメリカのカリフォルニア州のクロッカー・ナショナル銀行の買収とラテン・アメリカへの融資に失敗し，1992年HSBC(香港上海銀行を中核とするグループ)の傘下に入り，1999年にはミッドランド銀行という名も消えてしまった．
→Banks

Midland Grand Hotel
ミッドランド・グランド・ホテル

ミッドランド鉄道のターミナルにステーション・ホテルとして1873年に開業した．当時ガイドブックとして有名だった『ベデッカー』は「ロンドンで最高のホテルのひとつ」と評価した．エレベーターなどの最新設備と，おいしい料理を提供するレストランが自慢だった．客室数は400であった．現在は，ミッドランド鉄道会社がオフィスとして使用する．

Mile End
マイル・エンド　E1, E2

シティの東側に位置する地域．かつては，東端はリー川と，南はテムズ川に達する広大なステップニー教区の一部であった．ステップニーはラトクリフ，ライムハウス，マイ

ル・エンド，ポプラーの4つの村からなっていたが，その後さらに小さく分かれて1691年最終的に9つの村になった．そのときマイル・エンドからは，マイル・エンド・ニュー・タウンなど3つの村が生まれ，その結果，残りの部分はマイル・エンド・オールド・タウンとなった．

マイル・エンド・ニュー・タウンは，当初煉瓦製造所が多く，住人は，マイル・エンド・オールド・タウンと違って，手仕事熟練工が中心だった．その後，大型の染色工場，ビール工場の倉庫，金属工場，製糖所，製材所，魚加工工場などができて，人口が5000人(1801)から1万8000人(1901)に増えた．一方，土地は建設用借地として分割され，それがさらにまた貸しされたため，小規模住宅がとびとびに建てられた．ハイ・ストリート(現グレートレックス・ストリート)とチャーチ・ストリート(現ハンベリー・ストリートの1部)は，この村で一番早く造られた道路である．それは，東のマイル・エンド・オールド・タウンに立つセント・ダンスタン・アンド・オール・セインツ(通例セント・ダンスタン)教区教会へ通うための道だった．

マイル・エンド・オールド・タウンは18世紀初頭は広大な野原だった．ジョン・ストーは1603年に立ちはじめた「不潔な小屋」が共有地の景観を損ない交通の妨害になっていると嘆いたが，概して，「裕福な市民や退役船長」に好まれた土地だった．一方，マイル・エンド・ロードの北側には1740年代には8つの養老院があって，その多くは船員やその未亡人のためのものだった．ユダヤ人の埋葬地が初めて造られたのもこの道路沿いだった．通行料金徴集所や夜警小屋や持主不明の動物用囲いが17世紀には設置されており，街の秩序の維持が重視されていたことがわかる．

もうひとつの特徴として，この地域は娯楽の地でもあった．最近の研究によれば，1741年の時点で住人はわずか385人であったが，

───[ロンドン・ア・ラ・カルト]───

2人のブースとロンドン

　ここにいう2人のブースとは，ウィリアム・ブース(1829-1912)とチャールズ・ブース(1840-1916)である．同姓だけれども，なんら直接的な関係はない．しかし，19世紀後半に東ロンドン，つまりイースト・エンドという「暗黒世界」に踏みこんで，その実情を明るみに出したという点で，両者は密接に結びついている．

　1886年，C. ブースは数人の助手を従えて，イースト・エンド全域に関する生活の実態調査に着手，その結果を『イースト・ロンドン』と銘打って，1889年に刊行した．その後，彼はロンドン全域に関する同様の調査をつづけ，全17巻から成る『ロンドン住民の生活と労働』(1891-1903)を通じて，その成果を世に問うた．

　一方 W. ブースは，いわずと知れた救世軍の生みの親で，一般的にゼネラル・ブースとして知られる．彼は1865年にイースト・エンドのホワイト・チャペルの住民たちと起居を共にしながらキリスト教の宣教活動を始め，1878年にその活動を基盤に救世軍を組織したのである．社会救済に向けての W. ブースのこのような深い関心から，"submerged tenth"(イギリス人口の10分の1は貧民によって占められていることを表わす)という言葉が生みだされたことである．

　興味深いのは，明治32(1899)年に刊行された横山源之助の『日本の下層社会』の序文に，これら2人のブースの名があげられていることである．イースト・エンドの貧困問題に取り組んだ2人のブースの業績が，いち早く日本でも注目されたということは，それこそ注目すべきことではないか．

飲食店は48軒もあった．公共広場やボウリング用芝地が多く設けられていた．19世紀に入ってウィリアム・ブースが救世軍の仕事を始めた(1868)のが，マイル・エンド・ウェストにおいてだった．

マイル・エンド全体の変化発展は，ジョエル・ギャスコイン，ジョン・ロック，リチャード・ホーウッド，G.W.ベーコンの各地図で明確に確認できる．マイル・エンド・ロード沿いに地下鉄マイル・エンド駅がある．

Millbank
ミルバンク　SW1

国会議事堂南側のヴィクトリア・タワー・ガーデンズからテムズ川沿いにヴォクソール橋まで南へ走る広い通り．いまのグレイト・コレッジ・ストリートの端に立っていたウェストミンスター水車場（ミル）にちなんでつけられた名である．1820年代にピムリコ周辺の開発が進むにつれて，ミルバンクに家が建ちはじめたが，それまではほとんどが沼地同然の淋しい通りであった．チャールズ・ディケンズの『デイヴィッド・コパーフィールド』（第47章）には，このあたりのことを「おそらくロンドン近郊のどこにも見られないほど，わびしく，寒々として…巨大な刑務所が黒々とつづいている」場所として描き出されている．20世紀になってからは様子が一変し，いまではエドワード朝の落ち着いた建物の並ぶオフィス街となっている．テムズ川にかかるランベス橋を少し南へ下ると，ロンドンでも最も高いビルディングのひとつに数えられるランベス・タワーがそびえている．1963年に完成したヴィッカーズ企業グループの34階の建物で，約116メートルの高さがある．

さらに南へ下るとテート・ブリテン（→Tate Britain）に行き着くが，ここに先のディケンズからの引用文にある「刑務所」すなわちミルバンク監獄が立っていた．ベンサムの発案に基づき「パノプティコン」（周囲の監房を中央の看守室から監視できるように考案された円形または多角形の構造をもつ監獄）の原理を適用して造られた監獄である．ベンサムの発案

で1813年に着工，総工費50万ポンドをかけて1821年に完成した．中央に看守塔のある6つの五角形の獄棟を星形に組合わせて造られたロンドン最大規模の監獄であった．独房制をしき，囚人は郵便袋や靴作りの労働を課せられ，囚人間の交流は禁止された．衛生状態はきわめて劣悪で，1822-23年には，壊血病とコレラが発生，30人の死者が出た．1843年に普通の監獄に転身したが，1890年に閉鎖されるところとなり，1903年に取り壊された．
→Prisons

Millennium Mile
ミレニアム・マイル

西暦2000年，新「千年紀」を節目に，イギリス各地でさまざまな記念事業が催された．ロンドンでは，ウェストミンスター橋からグリニッチに至るテムズ川南岸に未来志向の強い新名所が集中して誕生した．特にロンドン橋までの川辺の遊歩道はミレニアム・マイルと呼ばれて，サウス・バンクのロイヤル・フェスティヴァル・ホールをはじめとする既設の諸施設とともに，新しい文化ゾーンとして大きな注目を集めている．

早くから話題を呼んだのが，グリニッチ（→Greenwich）に建設されたミレニアム・ドームである．椀を伏せた形にカタツムリの角に似た12本のマストが突き出た外観が特徴で，ドーム型建築物としては世界最大規模を誇る．内部はいくつものセクションに分かれたイベント会場で，人類の創造と人間身体の不可思議，地球環境問題などをテーマとする．最寄駅は延長された地下鉄ジュビリー・ラインのノース・グリニッチ駅．

もう一つの話題はテート・モダンの登場である．これによってミルバンクのテート・ギャラリーはテート・ブリテンと改称された（→Tate Gallery）．新美術館は2000年5月，旧バンクサイド発電所に完成し，1.1ヘクタールの広さに20・21世紀の近現代美術を展示する．展示法も従来の国や画家や年代別に代わって，テーマ別の斬新な展示に改められた．最寄駅は地下鉄・鉄道ウォータールー駅．

ミレニアム遊歩道

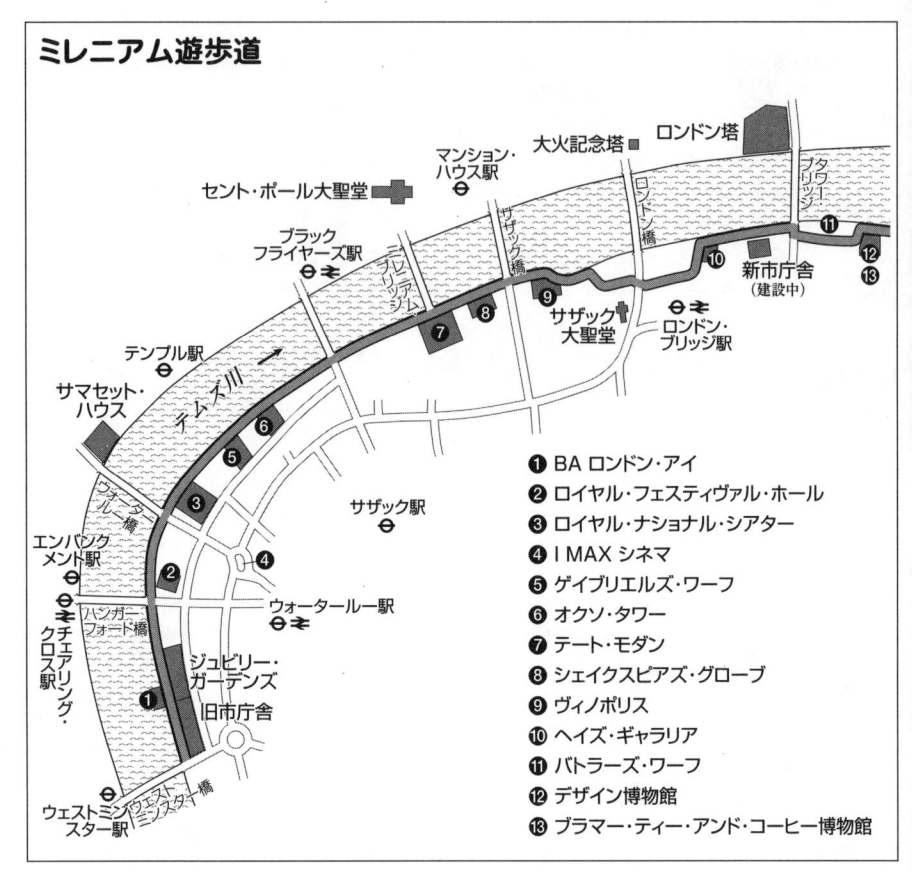

地図中の凡例:
- セント・ポール大聖堂
- マンション・ハウス駅
- 大火記念塔
- ロンドン塔
- タワー・ブリッジ
- ブラックフライヤーズ駅
- ブラックフライヤーズ橋
- サザック橋
- ロンドン橋
- 新市庁舎（建設中）
- テンプル駅
- テムズ川
- サザック大聖堂
- ロンドン・ブリッジ駅
- サマセット・ハウス
- サザック駅
- エンバンクメント駅
- ウォータールー駅
- ハンガーフォード橋
- チェアリング・クロス駅
- ジュビリー・ガーデンズ
- 旧市庁舎
- ウェストミンスター橋
- ウェストミンスター駅

地図中の番号:
1. BA ロンドン・アイ
2. ロイヤル・フェスティヴァル・ホール
3. ロイヤル・ナショナル・シアター
4. I MAX シネマ
5. ゲイブリエルズ・ワーフ
6. オクソ・タワー
7. テート・モダン
8. シェイクスピアズ・グローブ
9. ヴィノポリス
10. ヘイズ・ギャラリア
11. バトラーズ・ワーフ
12. デザイン博物館
13. ブラマー・ティー・アンド・コーヒー博物館

美術館前のバンクサイド・ガーデンズから対岸のセント・ポール大聖堂へ通じる歩道橋，ミレニアム・ブリッジが新設された．

ミレニアム・マイルの起点ウェストミンスター橋の東岸，ジュビリー・ガーデンズには，世界最大の観覧車ブリティッシュ・エアウェイズ・ロンドン・アイが出現した．高さ135メートル，1周約30分，東にダートフォード，西にウィンザーまで半径40キロの眺望が楽しめる．

また，ワインの歴史と文化について模型，映像，コンピュータなどで多角的に興味深い情報を発信し，あわせて世界各国のワインの試飲コーナーなどを併設したヴィノポリス（地下鉄ロンドン・ブリッジ駅）が開館した．巨大なスクリーンと500人の収容力をもつ映画館ロンドン・アイマックス・シネマはウォータールー橋を南岸に渡ってすぐ，大きなラウンドアバウトの中の島にある．

ほかに遊歩道沿いには，かつての倉庫街を改装したモダンなレストランやショップが並ぶバトラーズ・ワーフ（→Butler's Wharf）があり，ウォータールー橋とブラックフライヤーズ橋の中間にあるおしゃれなオクソ・タワーは展望レストランが人気を集めている．復元されたシェイクスピア・グローブ座（→Globe Theatre①），ベア・ガーデンズ博物館（→Bear Gardens Museum），小規模だが充実したブラマー紅茶・コーヒー博物館（→Bramah Tea and Coffee Museum），デザイン博物館（→Design Museum）など，ミレニアム・マイルには見所が多い．

Millfield Lane
ミルフィールド・レイン　N6

　ハムステッド・ヒースの北端からハイゲート・ポンド沿いに走る道路．閑静で木の生い茂った田舎の風情をたたえた通りである．ケンウッドとパーラメント・ヒルにも近い．かつて，シティから北上してケンティッシュ・タウンを通過し，グレイト・ノース・ロード方面へ通じていた小道の跡の一部と考えられる．詩人のS.T.コールリッジ愛好の散策道であり，ジョン・キーツに初めて出会ったのもこの道だった．「詩人の小路」と称される．役者のチャールズ・マシューズが1819年から33年にかけてアイヴィ・コテージに住んでいて，そこで役者の肖像画を集めていたことは有名（現ギャリック・クラブ所蔵）．チャールズ・ラムは彼を訪れ，肖像画という「すばらしい思わぬ喜び」にまみえて心さわやかになった経緯をエッセイ「ジ・オールド・アクターズ」に書いている．1934年この屋敷の跡地に，ウェスト・ヒル・コートが建てられた．ハイゲート・ポンドは，エリザベス一世時代の砂利採掘坑の跡である．

Mill Hill
ミル・ヒル　NW7

　大ロンドンの北西に広がるバーネット自治区に属する一地区．ミル・ヒルは，この地域に含まれる4つの古い村落のうちのひとつであった．19世紀末から徐々に都市化が始まり，1940年代に地下鉄ノーザン・ラインが開通するといっそう開発が進んだ．しかしかつての村の中心はいまなおはっきりと認められる．

　この村は高台にあって昔から展望に恵まれ，住むには良好の地だった．したがって古い通りであるハイウッド・ヒル，ホルクーム・ヒル，リッジウェイ沿いには昔から大きな屋敷があった．たとえば3人のロンドン市長がここに住んだし，ウィリアム・ラッセル卿も住んでいた．奴隷貿易廃止論者として名高いウィリアム・ウィルバーフォースも住んだことがある．ほかにイギリスへアジサイやイトランなど150種の植物を導入した園芸家ピーター・コリンソンの屋敷もあった．その屋敷跡に1807年ミル・ヒル・スクールが設けられた．これはもともと非国教徒の学校で，周辺に多いローマ・カトリック系の学校の中に浮かぶ「島」のような存在だった．この学校に1870年から85年まで『オックスフォード英語辞典』の編者であるジェイムズ・マレーが教師を務めながら，「スクリプトーリアム」と呼ばれる写字室（現存）で引用文の収集と整理に励んだ．マリーの手で整理され保管されていた引用例紙片は総量で3トンになったという．マリーはこの期間を「平穏で幸福な時期」と呼んだ．

　一方，ローマ・カトリックの厳格な教育機関で最も有名なものはセント・ジョゼフス・コレジだった．その主導権をとったヴォーン枢機卿はホルクーム・ハウス（1775）に住んでいた．この屋敷の向かい東側に18世紀のアダム様式のベルモント邸（1765）がある．いまは男子進学予備学校である．リッジウェイから南へそれたマイルズピット・ヒルの下り坂のところに1696年設立のニコル救貧院がある．1階建ての小さい施設である．リッジウェイ沿いには古い宿屋が8軒あって，そのうち3軒は現存している．全体にまだまだ人家が少なく緑の多い地区で，南東端に地下鉄ミル・ヒル・イースト駅がある．

Millionaires' Row
ミリオネアズ・ロウ　W8

　国王ウィリアム四世がケンジントン・ガーデンズとハイド・パークを一般に開放したとき，その一環として，ケンジントン・パレスの西側に南北に走るケンジントン・パレス・ガーデンズ（→Kensington Palace Gardens）という名の私道を造ったが，その通称．ミリオネアズ・ロウ沿いに44年から70年にかけて，著名な建築家によって豪邸が次々と建てられた．1888年の地図を見ると，この通りの両側に19個のブロックが描かれている．百万長者街と称されるゆえんである．現在は，ネパール，ナイジェリア，エジプト，レバノン，チェコ・アンド・スロバキア，フランス，フィンランドなど

の大使館と各国の大使公邸が，この通りを中心に，その南につづくケンジントン・パレス・グリーンおよび西側のパレス・ガーデンズ・ミューズに立ち並んでいる．

Millwall
ミルウォール　E14

ロンドン東部アイル・オヴ・ドッグズ(→Isle of Dogs)の南西地域を指す．この地域の低湿地帯では17，18世紀に排水のための土手が築かれ，ところどころに風車が建てられていた．地名の由来はそのことによる．19世紀に入ると風車は取り除かれ，1802年にウェスト・インディア・ドックスが開設された．1812年に現在のウェスト・フェリー・ロードが開通すると産業投資の最初の波がミルウォールを襲った．テムズ川沿いに造船所ができ，ブルーネルのグレイト・イースタン号を建造したラッセルの造船所は注目された．縄製作所，製油所，製鉄所，帆柱，滑車製造所，錨鎖製造所などの関連会社と一体化して，造船業は繁栄した．逆L字形のミルウォール・ドックス(→Millwall Docks)が1868年に完成した．ロンドン港の中で，穀物倉庫が最初に設置されたのも，船の保守・修理のための乾ドックが最初に設けられたのもミルウォール・ドックスだった．1980年に閉鎖．他のドックの閉鎖とともに，ロンドン・ドックランドは再開発の道を歩みはじめ，いま「1666年の大火以来の最大規模のロンドン都市再生期」をむかえている．東側をドッグランズ軽便鉄道が走っている．

ミルウォール・フットボール・クラブはここを本拠地にしていたが，いまは川向こうのニュー・クロスに移っている．

Millwall Docks
ミルウォール・ドックス　E14

1864年から68年までかかってアイル・オヴ・ドッグズ(→Isle of Dogs)のミルウォール地区に造られた係船用ドック．その名は，同地域にあるテムズ川沿いの湿地帯に，7つの風車小屋があったことに由来する．ウェスト・インディア・ドックスの南側にある約81万ヘクタールの湿地帯に，約14.6ヘクタールの逆L字型をなすドックとして造成された．

このドックへは，ウェスト・インディア・ドックスを経由して鉄道が敷設されたが，はじめの数年間は，火災の発生を恐れて馬が車両を牽引したという．

1980年になると，アイル・オヴ・ドッグズのドック群は閉鎖と再開発の対象となり，現在は巨大な近代的ビル群が林立し，モダンなドックランズ軽便鉄道(→Docklands Light Railway)が開通して，この界隈の景観は一変した．
→Docks

Milton Street
→Grub Street

Mincing Lane
ミンシング・レイン　EC3

フェンチャーチ・ストリートとグレイト・タワー・ストリートを結ぶ2本の通りのうち西側の通り．ビショップスゲートのセント・ヘレン女子修道院の尼僧(中英語でミンチャンズ—Minchens)の住居があったことから，こう名づけられた．ジョン・ストーによれば，その昔，葡萄酒などをガレー船で運んできた，ジェノア生まれの船員が多く住んでいたという．毛織物仕上職人や剪毛職人などのギルドが合体してできた服地商同業組合会館(→Clothworkers' Hall) (1528)が，この通りのダンスター・コートにある．サミュエル・ピープスは，1677年から1年間，その組合長を務めた．組合の華麗な金・銀製食器類のコレクションの中に，ピープス寄贈の蓋つきメロン形大杯や深皿，水差しがある．

この組合も長い時間を経て蓄えられた富をもとに多方面への慈善・教育活動を展開してきた．そのひとつにリーズ大学の織物染色学部の創設がある．

Ministry of Defence
国防省

Whitehall, SW1

イギリスの国防省．バンケティング・ハウスとヴィクトリア・エンバンクメントとの間に位置して，1957年にヴィンセント・ハリスの設計で造られた南北に長い巨大な建物に入っている．建設総工費は500万ポンド．正面入口両側に，サー・チャールズ・ウィーラー作の《大地と水》を表わす裸体像が置かれている．通りの向かい側の旧陸軍省の建物も国防省の機能を一部分担している．

国防省の建物のテムズ川寄りに見える石段のある「クイーン・メアリズ・テラス」はホワイトホール・パレス(1698年の火事で焼失)の遺物の一部で，17世紀のテムズ川の水際の位置を示す．また，国防省の建物の地下には，ヘンリー八世のワイン蔵(→Henry Ⅷ's Wine Cellar)がそっくりそのまま保存されている．これも火事を生き残った宮殿の遺物である．

Minories
ミノリーズ　EC3

オールドゲート・ハイ・ストリートから南へ下り，タワー・ヒルに至る通り．通りの名前は，スペインの修道女のために創設された聖クレア教団の女子修道院(1293)が立っていたことによる．ここの修道女はソロレス・ミノレス(「聖クレアの修道女たち」)と呼ばれていた．修道院の解散後ここには「鎧・兜や軍服を納めた大型倉庫や救貧院が立ち並び」(ジョン・ストー)，また鉄砲鍛冶でも名を知られた通りでもあった．19世紀に入ると，一般的な小売商街へと変貌した．今日では，船舶仲買人，傭船契約代理業者，保険代理業者などが事務所を連ねる．女子修道院の教会堂は宗教改革の際に教区に移管され，18世紀初頭に建て替えられたが，第二次世界大戦で被害を受け，取り壊された．その時，色化粧された，頭部と両腕のない女性像が発見された．1335年ごろの作と思われ，現在ロンドン博物館に保管されている．

Mint Street
ミント・ストリート　SE1

18世紀初頭に泥棒や負債者のたまり場だったミント・ストリート

かつてバラ・ハイ・ストリートのセント・ジョージ・ザ・マーター教会から西に延びていた通りであったが，20世紀前半にマーシャルシー・ロードができると，東半分が取り込まれ，西半分の短い通りが現在のミント・ストリートとして残った．通りの名前は，ヘンリー八世が1543年ごろ，サフォーク公爵の屋敷だったサフォーク・パレスに，造幣所(ミント)を造ったことに由来する．この造幣所を次の国王エドワード六世も使用したが，その次のメアリ一世はヨーク大主教に譲渡した．昔からシティの外には泥棒や負債者の逃げ込む公認の避難所，「聖域」がたくさんあった．18世紀初頭ミント・ストリートとその周辺もそのひとつであった．その後，生活環境が改善されるにつれて，他が次々と消滅していくなかで最後まで残った巣窟がこのミント・ストリートだった．おいはぎのジャック・シェパードとジョナサン・ワイルドが，ここに隠れてい

たといわれている．現在隣接して「サンクチュアリー」の名前を冠した通りがある．地下鉄バラ駅のすぐ近くに位置する．

Mitcham
ミッチャム　CR4

大ロンドンの南西部にあるマートン自治区を構成する4つの地域(旧村落)のうちのひとつである．隣り村のマートンと同様に古い定住地．名前はアングロ・サクソン語で，最初の記録は727年である．『ドゥームズデイ・ブック』(→『土地台帳』)には，この地域がミチェラムとウィットフォードの2つの部落として記されている．20世紀初頭に，レイヴンズベリー・パークのそばで450年から600年ころのサクソン人の墓地が発掘され，中から多くの武器やブローチとともに200体以上の人骨が発見された．それはロンドンを防衛するために徴集された新兵連隊のものと考えられている．

ミッチャムはもともと，セント・ピーター・アンド・セント・ポール教区教会を中心に，アッパー・グリーンとロワー・グリーン界隈とロンドン・ロード沿いに発展してきた．中世後半にはロンドン市民の憩いの場所になっていたし，また16世紀から19世紀初頭にかけては，弁護士，商人，裁判官が土地を所有していた．エリザベス一世は，1591年と98年の間に，この村へ5回招かれた．キャラコの漂白とプリント染めが，17世紀から18世紀にかけての地場産業として栄えた．1745年に通行料金徴収所が設置されると，それまであった「白鹿亭」と「国王の頭亭」(ともに現存)の2軒の酒亭が栄えた．ロンドン・ロード沿いのクリケット・グリーンは，ミッチャム・クリケット・クラブ(1707年結成)が290年あまりクリケット球技を行なってきており，多くの名プレーヤーを輩出した，世界で一番古いクリケット・グリーンである．

1750年から1880年代にかけて，ミッチャムではペパーミントやラヴェンダーなどの薬草や香料植物が盛んに栽培された，クレソン畑や市場用の菜園が第二次世界大戦後まであっ

た．2本の鉄道の交差駅ミッチャム・ジャンクションはミッチャム・コモンという広大な緑地の西端にある．

Mitre Tavern
マイター・タヴァン

マイターとは司教(主教)や大司教(大主教)のかぶる冠で，職位のシンボルとして，昔から旅籠や酒亭の看板に用いられてきた．王冠(クラウン)が国王の権威の象徴であるように，司教冠(主教冠)は聖界の最高権威を示すものとして，アダムとイヴ亭，クロス・キーズ亭(→Cross Keys Inn)などとともに多くのインやタヴァンの屋号に用いられてきた．ロンドンにある文人たちに愛された代表的な司教冠亭を3軒紹介しよう．

① Haymarket

ピカディリー・サーカスに近いヘイマーケット付近にあったセント・ジェイムジズ・マーケットの司教冠亭も②に劣らず古い酒亭で，17世紀後半に風習喜劇を書いて好評であったアイルランド出身の劇作家ジョージ・ファークァーと関係がある．18世紀の初頭に大女優になったアン・オールドフィールドが，まだ少女のころ，この酒亭のバーの陰で台詞の下稽古をしているとき，たまたまファークァーの目にとまり，その才能が認められたという．これがさらに建築家としても有名だったもうひとりの劇作家ジョン・ヴァンブラにも伝わり，コヴェント・ガーデン劇場の支配人ジョン・リッチに紹介され，1692年に週15シリングの契約が成立した．これがのちにウェストミンスター・アビーに埋葬されるほどの大女優への出発点となったのである．当たり役はクレオパトラで，フランスの思想家ヴォルテールの絶讃を博した．

② Mitre Court, Fleet Street

フリート・ストリートのマイター・コートにあって，18世紀文壇の大御所ジョンソン博士やジェイムズ・ボズウェルがとくにひいきにした酒亭で，当初はコーヒー店であった．古くはサミュエル・ピープスがしばしば訪れていて，フリート街の「マイター」では音楽が天井から響いてきた，と日記に残している(1660

年2月18日).ジョンソン博士が,「この酒亭の椅子は人間至福の座」と絶讚したことは,ボズウェルによって伝え残されている有名な言葉である.この2人がゴールドスミスらとともに,この店で夜明けまで飲みながら談笑したいきさつは,ボズウェルの『ジョンソン伝』(1763年,1776年,1778年)に詳しい.18世紀中ごろには,自然科学振興のための王立協会や古美術品協会のメンバーがこの酒亭で定例の会食をしていた.画家のウィリアム・ホガースもときおり訪れたという.1788年に業務を停止したが,ジョンソン博士の胸像を飾って自慢にしていた.

③ Wood Street

ピープスが日記の中で,チープサイドの酒亭で飲み過ぎたと書いているのは,このウッド・ストリートにあった司教冠亭のことであろう.シェイクスピア時代のベン・ジョンソンが,その作品『バーソロミュー・フェア』や『十人十色』で描写しているほどであるから,ピープスが「ロンドンで大評判の酒亭」と日記(1661年11月25日)に記しているのももっともである.亭主は疫病で死んで破産(1665),酒亭は66年の大火で焼失,詩人ジョン・ドライデンのいう「驚異の年」(アナス・ミラビリス)の犠牲となった.

Monmouth Street Market
モンマス・ストリート・マーケット

コヴェント・ガーデンに近いセブン・ダイアルズ(→Seven Dials)にあった市で,17世紀のモンマス公爵の名に由来する.18世紀から19世紀後半にかけて古着の街として有名であった.18世紀にジョン・ゲイは風刺詩『トリヴィア』の中で述べている.「テムズ・ストリートではチーズが,コヴェント・ガーデンでは果物が,ムアフィールズでは古本が,モンマス・ストリートでは古着が手に入る」

19世紀にはチャールズ・ディケンズが『ボズのスケッチ集』(「モンマス通りの瞑想」)で,「古着商売では随一の,そして正真正銘の中心地」と述べ,古着にまつわるファンタジーを展開させている.その挿絵を担当したジョージ・クルックシャンクは貧しい人々相手の古着専門の市場の様子を独特のタッチで描出した.1886年,現在,劇場街として有名なシャフツベリー・アヴェニューが建設されたとき,この市は姿を消した.

Montagu House
モンタギュ・ハウス

① Montague Street

1675年,ラルフ・モンタギュ,のちの初代モンタギュ公爵のために,高名な物理学者ロバート・フークの設計により建てられた邸宅.現在の大英博物館の場所に立っていた.1686年1月19日,火事で全焼したが,モンタギュがチャールズ二世の駐仏大使だったことからフランス人の建築家ピエール・ピュジェの設計で再建され,大型階段を含む堂々とした造りとなった.莫大な建築費を取り戻すために,公爵は大金持ちであるが精神異常の第二代アルバマール公爵未亡人と結婚した.第二代モンタギュ公爵は父親の造った壮大な宮殿には住みたがらず,ホワイトホールに自ら小さい屋敷を造ってしまった.空き家になっていたモンタギュ・ハウスは,ハリファックス伯爵の手に渡ったが,当時サー・ハンス・スローンから鉱物・サンゴ・昆虫・鳥・写本などの膨大なコレクションを譲り受けていた国は,1755年,それらを収容する場所としてこの屋敷を買収した.しかし,この屋敷はせますぎたため,1840年代にシドニー・スマークの手で建て替えられ,それはやがて現在の大英博物館へと整っていくことになる.

② Portman Square

ポートマン・スクエアの北西角に立っていた屋敷.ジェイムズ・アシーニアン・スチュアートの設計により,エリザベス・モンタギュのために1777年から82年にかけて建てたもの.夫人はブルーストッキング・ソサエティという「新しい女たち」を志した文芸サロンを主宰した.邸宅内には鳥の羽を飾った部屋や,ジャスミン,バラ,キューピッドを描いた部屋があった.モンタギュ夫人は,一方で,毎年五月祭に煙突掃除の子供たちを招いてロースト・ビー

フとプラム・プディングの夕べを開いた．そのなかでのちに建築業者になったデイヴィッド・ポーターは夫人の名にちなんでモンタギュ・スクエア，モンタギュ・プレイスを作った．夫人は1800年に亡くなったが，建物は1874年までこの一家の所有だった．その後，地主のポートマン子爵の手に渡り，第二次世界大戦で破壊されるまでその家族が住んだ．

Monument, The
ロンドン大火記念塔
Monument Street, EC2

　1666年のロンドン大火(→Great Fire)を記念して，クリストファー・レンの設計により1671年から77年にかけて建てられたドーリス式の塔である．高さは60メートルあまりで，石造の一本の塔としては世界一高い．この高さ，つまり長さは東側のプディング・レイン(→Pudding Lane)の火元となったパン屋との距離になっている．台座の西面には大火の最中に救援活動を行なっているチャールズ二世とその弟のヨーク公の姿が浅浮き彫りによってあらわされている．塔頂には，何条もの炎をかたどった金箔の飾りがついている．塔の内部にはその飾りの下の展望台に通ずる311段の螺旋階段がついていて，昔は飛び降り自殺の名所となっていたために，1842年に展望台全体が網で囲い込まれた．記念塔は一般に公開されていて，展望台からの眺めは絶景であったが，近年は急増する高層建造物のために，大幅に視野がさえぎられるようになった．近くに地下鉄モニュメント駅がある．

Moorfields Eye Hospital
ムアフィールズ眼科病院
City Road, EC1

　1805年，眼や耳の病に苦しむ貧民の救済を目的に設立された病院．そのころまで眼の病気に対する関心は一般的に低く，眼科の専門病院は存在しなかった．当時はナポレオン戦争中でエジプトに派遣されたイギリス兵士にはトラコーマで失明する者が多かった．そこで，シティの富裕な一商人が，バービカン，チャーターハウス・スクエア40番の土地を提供して開院されたのである．この病院の生みの親はガイ病院(→Guy's Hospital)の医学生で，科学的外科の祖といわれるサー・アストレー・クーパーの助手を務めていたジョン・カニンガム・ソーンダーズという青年であった．

　19世紀初頭には多くの医学生を受け入れることになった．以後，この病院で技術を磨くために世界各地から医者が集まるようになった．広い用地が必要となり，ロバート・スマークが1821年に，フィンズベリー・サーカス近くのロワー・ムアフィールズの北東の角に新病院を建設する権利を得た．病院名はロイヤル・ロンドン眼科病院であったが，一般にムアフィールズ眼科病院と呼ばれていた．1899年に現在地に移り，1956年に一般的な呼称を正式な病院名とした．鉄道・地下鉄リヴァプール・ストリート駅に近い．

Moorgate
ムアゲート　EC2

　シティの市壁北側にムア・フィールズという荒れ地(moor)が広がっていて，そこへ通じていた裏門．この門は，1415年，絹物商トマス・ファルコナーが建造したが，1472年に修理され，1672年，民兵精鋭軍が矛を垂直に携えたまま入口を行進できるように建て替えられた．1762年に取り壊されると，石は石材としてロンドン橋の橋脚の崩れ止めに使われた．16世紀までムア・フィールズは，洗濯物を広げて干したり，冬に雄豚同士をけんかさせて遊んだり，子供がスケートや凧上げを楽しんだりしたところだった(奇妙な偶然と言うべきか，現在，この歴史的な場所の一角に戸外スケート・リンクが設けられていて，10月に入るとスケートができる)．1666年の大火の際，市民が野営した場所でもあった．その後開発が進み，18世紀末にフィンズベリー・スクエアが，また1817年にフィンズベリー・サーカスが造成され，ジョージ朝の建物に囲まれた，上品なたたずまいの広場ができあがった．1840年代に，ムアゲート通りが両広場の西側をシティ・ロードから南に開通して，1831年完成

の新ロンドン橋への交通が便利になった．現在は，銀行業，保険業の中心街となっている．132番地には公認会計士会館がある．パブのある85番地は，1795年にジョン・キーツが生まれたスウォン・アンド・ホープ亭があった所である．

Morden
モードン　SM4

大ロンドンの南西部にあるマートン自治区を構成する4つの地域(旧村落)のうちのひとつである．記録では968年に初めて名前が出る．そのころはモードンを含む地域一帯はウェストミンスター・アビーの所領であり，『ドゥームズデイ・ブック』(→『土地台帳』)でも修道院長の所有になっていた．しかし，1538年の修道院解散のときにリチャード・ガースに買い取られ，以降1872年まで，ガース一族の所有地だった．そのあと，モードン・ホールと付属する鹿苑は地元の慈善家ギリアト・ハットフィールドの手に渡り，いまはナショナル・トラストの管理下にある．なお，この鹿苑(現在はホールともどもモードン・ホール・パークに含まれる)を横切って流れるウォンドル川の堤には，かつて主要産品のかぎたばこを碾いた水車がさびれたまま残っている．

現在，学校はじめ各種スポーツ施設があるモードン・パークには，ローマ系ブリトン人の埋葬塚と考えられるものが発見されている．また，その南側のストーンコット・ヒルには，昔の村落の中心部の名残りがある．ストーンコット・ヒルの最も高いところに立つセント・ローレンス教会は，少なくとも1200年にはすでに存在していた教会で，1636年に再建されたが，いまもって田園の教会の魅力をとどめている．チャールズ一世の治世下では，教会はほとんど建立されなかったが，この教会はきわめて数少ない例外のひとつである．

教会の北側には，昔の教会農園の名残りであるチャーチ・ファーム・コテージがある．南には16世紀にさかのぼるジョージ・インが健在である．

モードンは，本質的には教区教会を中心と

した村落のままであったが，地下鉄ノーザン・ラインが開通してモードン駅ができると，住宅街への開発が急速に進んだ．

Mornington Crescent
モーニントン・クレセント　NW1

リージェンツ・パークに近く，地下鉄モーニントン・クレセント駅前の半月形の街路．1821年に建設された．名称はモーニントン伯爵の令嬢がヘンリー・フィッツロイと結婚したことにちなんだものである．北側はかつてサウサンプトン・ストリートと呼ばれていたが，19世紀半ばにこのクレセントに組みこまれた．

かつては芸術家や作家が好んで住居とした．画家で王立美術院会員だったクラークソン・スタンフィールドは1834年から41年まで36番地に住み，画家のウォルター・シッカートも6番地に住んだ．小説家エドマンド・イェイツの父親で役者のヘンリー・イェイツは1842年にこのクレセントで亡くなった．チャールズ・ディケンズの作品の挿絵でも知られる風刺画家ジョージ・クルックシャンクは角を曲がったところのモーニントン・プレイス48番地に住んでいた．

Mortlake
モートレイク　SW14

市南西郊，テムズ川南岸沿いに広がる地域で，鉄道駅モートレイクが近い．1086年の『ドゥームズデイ・ブック』(→『土地台帳』)で，すでにこの名称で呼ばれている．パトニーとウィンブルドン，さらにバーンズの一部にまたがっていたこの地域はカンタベリー大司教の所有地だった．14世紀にテムズ川に注ぐビヴァリー川の畔にあった堂々たる領主館はヘンリー八世が大司教クランマーから譲りうけ，それをまずエセックス伯爵トマス・クロムウェルに授け，彼の失墜後はキャサリン・パーに授けたが，以後使われなくなって朽ち果て，跡形も残っていない．

16世紀までには，モートレイクは住宅地として人気の村となり，そこに居住した著名人のなかには，錬金術師ジョン・ディー博士もい

495

た．

17世紀初頭，つづれ織りの工房が造られ，フランドル地方からきた織り師たちが仕事を始め，「モートレイクつづれ織」として知られた．1632年にチャールズ一世がこの工房のために手に入れたラファエロの《使徒行伝》の下絵によって数枚のつづれ織りが製作された．ピューリタン革命後，織り師たちは村を離れはじめ，モートレイクの工房は1703年に閉鎖された．

その後，ウォトニービール工場(現存)をはじめ，ビール醸造(→Breweries)，陶器業などが発達した．また，テムズ川沿いのテムズ・バンクには16世紀の木骨造りのレイデン・ハウスをはじめとする古い建物が現存するが，鉄道駅に近いモートレイク・ハイ・ストリートの周辺は，18世紀の館ライムズを除けば，雑然とした雰囲気の街路に変わった．

Moss Bros
モス・ブラザーズ
Bedford Street, WC2

貸し衣装店．ロンドン滞在中にブラックタイ(タキシード)やホワイトタイ(燕尾服)着用指定のパーティの招待を受けたら，この店に駆けつけて衣装を借りる．グレイのモーニング着用が求められる結婚式や戴冠式といった特別なときにしか着ない衣装はここですませる人も多い．

店のそもそもは，1860年にモーゼス・モーゼスが古着の販売を始めたことによる．息子のアルフレッドとジョージがコヴェント・ガーデンのキング・ストリートに小さな店を開き，のちにベドフォード・ストリートへと店舗を拡張した．1917年には貸し衣装の専門店として名をなしていた．地下鉄コヴェント・ガーデン駅に近い．

Motor Show
モーターショー
Earl's Court, SW5

イギリス最初のモーターショーは，1896年にケント州のタンブリッジ・ウェルズで，大の自動車好きであった市長によって開催された．

英国モーターショーは1905年，ロンドンのオリンピア展示センターで開催された．第一次世界大戦中を除き1936年までほぼ毎年行なわれ，それ以後は新設のアールズ・コートの展示場に会場を移した．1977年のオイル・ショックによる景気の後退で，「モーターフェア」という名称で奇数年ごとに開催することになった．英国モーターショーは会場をバーミンガムの国際展示場へ移して偶数年ごとに開催されていたが，1993年に会場をロンドンに戻し，名称をロンドン・モーターショーと改めた．1999年には36万人以上の観客を集める盛況ぶりであった．展示場は地下鉄アールズ・コート駅西口前．

Motorways
モーターウェイ

英国本土と北アイルランドの高速自動車道をいう．ごく特別な部分(橋など)を除いて無料である．幹線高速道路の管理・運営・保守は1959年から71年にかけて制定された高速道路法に基づいて，高速道路局が担当している．大ロンドンについては，大ロンドン高速道路局の所管である．

英国の道路，特に高速道路は，ローマ軍がロンドンやイングランドを占領したとき整備した，いわゆるローマ街道(→Roman Roads)に由来する．馬車や馬の通る道として発達してきた道路が，18世紀には駅馬車でロンドンと地方とを結ぶ長距離道路となり，スコットランド出身の2人の技師，ジョン・マッカダムとトマス・テルフォードが砕石による舗装法を考案した．当時の道路の管理・維持はそこを私有する地主によるものだったため，通行は有料であった(→Turnpikes)．19世紀になって鉄道が発達し一時道路の発達は停滞したが，20世紀に入ると再び道路，とりわけ高速道路の必要性が高まった．モーターウェイは年ごとに整備が進み，新しい道路の開通もあって，文字通り陸上交通の大動脈の役割を果たしている．速度制限は時速70マイル(約

112キロ)である．
　ロンドンのモーターウェイは中心部の幹線道路から連続して放射状に伸びており，ロンドンと，ヨークシャー地方(M 1)，カンタベリー(M 2)，サウサンプトン(M 3)，南ウェールズ(M 4)，ケンブリッジ(M11)，フォークストン(M20)，バーミンガム(M40)をつないでいる．他にロンドン環状道路(M25)がある．
→Roads

Mount Coffee House
マウント・コーヒー店
　グロヴナー・ストリートにあって18世紀の初期，石工同業組合の会合所となったコーヒー店．小説家のローレンス・スターンが，ボンド・ストリートに住んでいたので，よく訪れた．ジェイムズ・ボズウェルも訪れている．詩人シェリーの最初の妻ハリエット・ウェストブルックはここの亭主の娘で，1811年に結婚．この店は19世紀初期まで存在した．

Mount Pleasant Sorting Office
マウント・プレザント郵便物集配局
Mount Pleasant, WC1
　国内郵便の中央集配局．現在はロンドン中央郵便局(→General Post Office)の一部門となっている．マウント・プレザント通りとファリンドン・ロードの角にある．ファリンドン・ロードはもとフリート川が流れていたところ．マウント・プレザント(楽しき丘)とは，18世紀のはじめ悪評高かった付近のごみ捨て場を皮肉ってつけられた名前という．20世紀になるとここは国内郵便の主要な集配局となり，郵便鉄道(→Post Office Railway)の中央駅となった．パディントンからリヴァプール・ストリートやホワイトチャペルを結んで地下を走る郵便専用線で，すでに70年近い歴史がある．一日300万通以上の郵便を仕分けする世界でも最大級の郵便集配局である．

Mount Street
マウント・ストリート　W1
　メイフェア地区のグロヴナー家の所有地にあり，バークリー・スクエアからパーク・レインにいたる通り．この名称は，ピューリタン革命当時に築かれたオリヴァーズ・マウントという小さな土塁があったマウント・フィールドにちなんでつけられた．
　初めてこの通りが造られたのは18世紀前半で，道路沿いに救貧院があったために，町並みは商店や下宿屋が多く，地味だった．アントニー・トロロープの連作小説「バーセットシャー・ノヴェルズ」の主人公であるグラントリーは，妻をともなってロンドンに出てくると，このあたりの下宿屋に宿をとった．1880-1900年にかけて，この通りの建物は初代ウェストミンスター公爵の後援のもと，アン女王様式に全面的に建て替えられた．
　この通りには一時，ワシントン・アーヴィングやサー・ウィンストン・チャーチルも住んだことがあった．小説家ファニー・バーニーは1838年から死の直前まで22番地で暮らしたし，サマセット・モームは1910年ころ23番地に滞在していた．

Mrs Salomon's Waxworks
→Salomon's Waxworks

Murders
→Crime

Museum of Garden History
庭園史博物館
Lambeth Palace Road, SE1
　ランベス・パレスに隣接するセント・メアリー・アット・ランベス教会(建立は11世紀にさかのぼる)をそのまま博物館に転用したミニ博物館．展示は庭園の歴史を通観するというより，17世紀の園芸家であり，チャールズ一世の庭師であった，ジョン・トラデスカントの移植した外来種の植物の紹介が中心となっている．教会墓地にはトラデスカント父子の墓があり，彼らが試みた外来種の薬草園が再現されている．管理運営はトラデスカント財団があたり，開館は1977年である．

Museum of London
ロンドン博物館
London Wall, EC2

　再開発が行なわれたバービカン地区に，かつてのロンドン・ミュージアムとギルドホール・ミュージアムが統合されて，1976年12月2日に女王臨席のもと開館した．面目を一新した近代的建物はパウエルとモイアの設計による．展示はいうまでもなくロンドンの過去と現在を考古学的関心を基礎に時代順に展示する．

　展示は先史時代にはじまり，ローマ時代（AD43年以降），サクソンとヴァイキング時代（400年以降），中世（1484年まで），テューダー朝（1485-1602），初期ステュアート朝（1603-66），後期ステュアート朝（1667-1713），18世紀，19世紀，帝国時代のロンドン，20世紀，式典の都ロンドンに区分されている．全館見落とせない展示品の連続だが，あえてその若干を列挙すれば，大きなガラス越しに見られるローマ時代の砦の遺構（2世紀），サクソン人墓地から出土した首飾りなど各種埋葬品，ヴァイキングの使用した各種武器，テムズ川最初の架橋（12世紀），黒死病（→Black Death）の発生（1348），各種シティ同業者組合（→City Livery Companies）の紋章，最初期のものとして知られるロンドン測量の銅版画，チャールズ一世が処刑台上で着ていたとされる服，サミュエル・ピープスの解説入りで「ロンドン大火」を体験できるジオラマ・コーナー，クリストファー・レンの新設計によるセント・ポール大聖堂の模型，ニューゲート監獄（→Newgate Prison）の扉，水晶宮（→Crystal Palace）の模型，セルフリッジ百貨店（→Selfridge's）の1930年代のエレベーター，ロンドン市長就任披露行列（→Lord Mayor's Show）用の金色の馬車，などであろうか．

Museum of Mankind
人類博物館
Burlington Gardens, W1

　大英博物館の民族学部門の所蔵品を展示する別館ともいうべき博物館で，バーリントン・ハウス（→Burlington House）の北側部分を占めて，ピカディリー地区にある．大英博物館

―[ロンドン・ア・ラ・カルト]―

ロンドン史の編纂者

　ロンドン史編纂者として最も古く，かつ最も有名なのはジョン・ストー（1525-1605）である．彼の『ロンドン通覧』は1598年に書かれ，「著者による増補がなされて」1603年に出版された．この本は彼自身の観察と実地調査によって成り立っており，ロンドン各地区に関する簡潔な記述を中心に，史跡や制度に関する概要が付されている．この本が書かれていなかったならば，大火以前のロンドンについては，知る手がかりを失っていたことであろう（別項「ストーのロンドン」参照）．ストーの死後，何度か増補版が発行された．なかでも有名なのは，ジョン・ストライプの加筆による2巻本『ロンドン通覧』（1754-55）である．

　18世紀には，ウィリアム・メイトランドによる『ローマ時代の草創期から現代に至るまでのロンドンの歴史』（1739），ジョン・エンティックによる『新しく正確な歴史と概観』（1766），ヤン・ノールトホークの『新ロンドン史』（1773）などが現れた．いずれも図版が多く，とくに『新ロンドン史』には珍らしい地図が付せられていて大きな特徴となっている．

　19世紀のロンドンの歴史家として筆頭にあげられるのは，チャールズ・ナイト（1791-1873）であろう．ナイトは，1835年から42年にかけて『ロンドン』の執筆をつづけ，1841年から44年にかけて150回にわたってこれを週刊分冊で刊行した．それが完了する前の1840年に『ロンドン』（全6巻）が出版された．地域とテーマに則して大都市ロンドン特有の姿と形を浮

が手狭になり，1970年，現在地に人類博物館として開館した．コレクションは西アフリカ，オセアニア，南北アメリカの先住民の古代および現代の文物が中心である．毎年，展示内容を入れ替えるのも特徴．

Museums and Galleries
博物館と美術館

ロンドンほど博物館・美術館の多い都市は世界中ほかにない——これはロンドンの博物館・美術館を紹介するときの常套句である．それほどロンドンには博物館・美術館が多く，したがって種類も多い．そればかりかコレクションの質も高い．ロンドンの魅力のひとつはまちがいなく博物館・美術館にあるということができる．

大英博物館（→British Museum）あるいはナショナル・ギャラリー（→National Gallery）に匹敵する，あるいはそれ以上の大博物館あるいは大美術館はほかの国にもないわけではない．しかし，ロンドンが誇りにできるのは，これら2つをいわば頂点にして，さまざまな分野の大小博物館・美術館が驚くほど広い裾野を広げて，ここに文字どおり蝟集している事実である．実に，ロンドンには人類の過去から現在にいたる，ありとあらゆる営為の成果が，長い長い年月にわたり，あらゆる障害を排除しながら，人間の英知の限りを尽くして，周到・入念に保存管理され，受け継がれている．人類の至高の遺産の継承には無限の努力が要求される．人類普遍の財産を守りつづけるという堅い信念と自負のもとに，その要求に営々と応えてきた成果が，現在の博物館・美術館の類いまれな都市，ロンドンを形成してきた．そこにイギリス人の深い歴史への関心，寛容な啓蒙の精神，すぐれた鑑識眼の発露をみることができる．

ロンドンにいったいいくつくらいの博物館・美術館があるのだろうか．ブルー・ガイド『ロンドンの博物館・美術館』（ベン・ノートン社刊）には160ほどの博物館・美術館が取り上げられている．また別書は，ロンドンのガイドブックで博物館・美術館の紹介が50以下であるのはめずらしいとも書いている．いずれに

彫りにしたのが，このシリーズの特徴である．

　1891年にウィートリーとカニンガム共著の『ロンドン，過去と現在』（全3巻）が刊行された．ベン・ウェインレブとクリストファー・ヒバートが『ロンドン百科事典』（1983）を編纂するに際してモデルにした名著である．これはアルファベット順に配列された最初の事典形式のロンドン史として出色のもので，ジョージ・H・カニンガムの『ロンドン—その歴史総覧』（1927）の重要な資料源ともなっている．

　ウォルター・ソーンベリーとエドワード・ウォルフォード共著の『新旧のロンドン』（全6巻，1873-78）は図版が豊富な点で興味深くかつ有用な本である．とくに，すでに消滅している建造物が図版によって再現されているのが有益である．このあと，ウォルター・ベザントによって『ロンドン通覧』が編纂されるが，これは別項「ベザントのロンドン」にゆずる．

　20世紀に入ってからのロンドン史への関心は，通覧というよりは特定の時代のロンドンという都市像，あるいはその社会問題に関する研究へと変化した．しかしそうした変化の中でも，ロバート・グレーの『ロンドンの歴史』（1978）のように要領よくまとめられた通史があり，またクリストファー・ヒバートの『ロンドン—ある都市の伝記』（1969）やロイ・ポーターの『ロンドン—一つの社会史』（1994）のような概観的な名著も出版されていることを忘れてはならない．特異な著作として，1900年にC.R.アッシュビーによって刊行されはじめた『ロンドン通覧』がある．再開発にともなう文化遺産の破壊に対する怒りから，遠大な構想のもとに計画されたものである．以後何度も編者が代替わりを重ねながら，このシリーズの刊行はいまもつづいている．

しても，その数の多さを述べた一文であることにまちがいない．

興味深いのは，上記ブルー・ガイドが大英博物館，ナショナル・ギャラリーなどといっしょに，ハンプトン・コート・パレス，ロンドン塔，チズィック・ハウス，オスタリー・パーク，キュー植物園（→Kew Gardens）など一見意外と思われるカントリー・ハウス，庭園などを紹介していることである．いわゆる博物館・美術館という一般の概念からすると首をかしげたくなるような項目が目につくことである．

しかし，考えてみれば，キュー植物園は「植物の博物館に等しい」（ブルー・ガイド）のであり，全国に点在するカントリー・ハウスはその庭園まで含めて，博物館・美術館そのものとしかいいようがない．イギリス文化の蓄積を内蔵する居館なのである．したがって，イギリス人にはブルー・ガイドの一書に，われわれからすれば場違いと思える施設を含めることはむしろ自然のことであり，ここにも博物館・美術館に対するイギリス人らしいひとつの姿勢をうかがうことができる．

イギリスらしいといえば，大英博物館，ナショナル・ギャラリー，テート・ギャラリ（→Tate Gallery，ただし現在はテート・ブリテン，テート・モダン），ヴィクトリア・アンド・アルバート博物館（→ Victoria and Albert Museum）など代表的な博物館・美術館は入場無料であることだ．すでに述べた，人類共通の財産をあらゆる人々にあらゆる機会に鑑賞できるようにする姿勢の何よりもの反映であろう．このことの意義と恩恵はどんなに強調してもしすぎることはない．ナショナル・ギャラリーだけで年間300万人が訪れるという．

また，アメリカ，スミソニアン肖像画美術館を別にすれば，世界に類例のない肖像画専門の国立美術館の存在もいかにもイギリスらしいといえる．風景画とともにイギリス絵画の特徴である肖像画の専門美術館を作り，約5000の人物を介して自国の歴史を通観しようとする発想も，これも歴史への関心と人間観察にたけたイギリス人の特性を如実に示すものといえよう．毎年夏の王立美術院（→Royal Academy of Arts）による恒例の特別展は質の高い展覧会として国の内外から高い評価をえている．

大人から子供まで楽しむことができるロンドンの博物館・美術館から，あえてベスト10を挙げれば，大英博物館，ナショナル・ギャラリー，テート・ギャラリーの2館，ヴィクトリア・アンド・アルバート博物館，ナショナル・ポートレート・ギャラリー（→National Portrait Gallery），ロンドン博物館（→ Museum of London），コートールド美術館（→Courtauld Institute Galleries），ジェフリー博物館（→Geffrye Museum），ウォレス・コレクション（→Wallace Collection），科学博物館（→ Science Museum）であろうか．ほかに小粒だがすてがたいものに，ベスナル・グリーン児童博物館（→Bethnal Green Museum of Childhood），ダリッチ美術館（→Dulwich Picture Gallery），ケンウッド（→Kenwood），ベア・ガーデンズ・ミュージアム（→Bear Gardens），ウィリアム・モリス・ギャラリー（→William Morris Gallery）などがある．

Museum Street
ミュージアム・ストリート　WC1

大英博物館正門前から南へ下る通り．博物館ができるまではピーター・ストリートといわれた．博物館に向きあって有名なパブ，ミュージアム・タヴァンがある．40番地に出版社のジョージ・アレン・アンド・アンウィン社がある．ほかに土地柄，芸術や民俗学，東洋関係の古書専門店やユニークな骨董品の店などがある．

Musical Museum
楽器博物館

High Street, Brentford, TW8

テムズ川にかかるキュー橋の近くにあり，ネオ・ゴシック式の教会を転用した博物館．各種のピアノ，パイプオルガン，オルガンなど約200点を展示，同時に実演もある．ほかに3万点のピアノ・ロール（自動ピアノを動かす孔のある紙）を所蔵する．フランク・ホランドに

よる機械仕掛けの楽器コレクションが母体.

Music Halls
ミュージック・ホール

　19世紀後半から第一次世界大戦前後にかけて，イギリス中で一世を風靡した大衆娯楽施設.

　産業革命以後，都市化する社会のなかで新しい娯楽を求める労働者たちの欲求を受けて，1820, 30年代，パブ（→Pubs）に隣接して建てられた小さな部屋で行なわれた歌や踊りを起源とする．当初は，素人が歌や踊りを披露する演芸会のような雰囲気があったが，世界初のロンドン万国博覧会の翌年，1852年にランベスのパブ，カンタベリー・アームズの経営者チャールズ・モートンが開いたカンタベリーによって，パブとは異なる「酒と歌」の空間づくりが本格化した．1843年，劇場法が改正され，それまで2つの特許劇場に限定されてきたお墨付きの「正統芝居」の上演が，ほかの劇場にも許されることになった．それにともない劇場とそれ以外の娯楽施設との違いが次第にはっきりしてきた．そして，都市化とともに取り締まりが強化されて行き場を失った大道芸人（→「ロンドンの大道芸人」）を吸収する場としてミュージック・ホールという新しい娯楽施設の登場となった．とりわけ，労働者たち（とくにその上層部）の余暇時間が増大し実質賃金が上昇した19世紀後半，娯楽の商業化の波に乗るかたちで，ミュージック・ホールは建物および演し物の充実を図りながら，しだいにパブとも劇場とも異なる独自の文化世界を築き上げていった．まずはロンドンでその数と規模を拡大したこの新しい娯楽施設は，鉄道網の発達とあいまって，すぐさまイギリス中の都市に広まり，1870年代，その数は劇場をしのぎ，1890年代から第一次世界大戦時代にかけて全盛期を迎えた．

　ヴィクトリア朝の民衆娯楽史は，都市化社会に適した新しい娯楽を求める労働者と，彼らの生活改善をめざして「理にかなった娯楽運動」を展開する中産階級とのせめぎあいという側面があるが，とりわけ，酒との縁が切れないミュージック・ホールは，その歴史を通じて，たえず中産階級からの批判にさらされた．こうした批判をかわし，当局からライセンスを確保するために，「ミュージック・ホールの父」チャールズ・モートンはじめ，ホールの経営者は，ここを家族で楽しめる健全な娯楽施設にすべく，それまでのテーブル席を舞台に向く固定席に変え，客席での酒の販売を制限し，建物の構造を改造して客引きの売春婦らの立ち入りを禁じるとともに，歌を主体とする演し物の充実に努めた．スター・システムの導入による芸人のプロ化，新しい芸人の発掘，人気芸人のターン・システム（かけ持ち出演），鉄道を利用しての全国興行などの一連の改革によってミュージック・ホールの外観と中身は，全国的に標準化されることになった．1880年代には，建物の大規模化，劇場化，ならびに演し物の多様化によってバラエティ・シアターの名称が一般化するなかで，ホールの系列化も進み，「エンパイア」「パレス」などの名称を掲げるホールが全国の都市に登場した．

　バラエティ・シアターと呼ばれるようになっても，この娯楽施設の人気は，なんといっても舞台上の芸人と客席とが一体化するコーラスにあった．つまり，作家ラジャード・キプリングがいみじくも語ったように，流行歌を次々と生みだしたミュージック・ホールの歌はイギリス社会史そのものであったといえる．まず，労働者のあいだで人気を集めたのは，彼らの生活感覚を織り込んだコミック・ソングであった．1870年代，大流行した都会の洒落者を皮肉ったライオン・コミックス（ライオンは洒落者という意味）からは，ジョージ・レイボーンやアルフレッド・ヴァンスといったスターが生まれた．

　全盛期にあたる19世紀末からは，ロンドン訛りであるコックニー（→Cockney）独特の隠語や発音を駆使し，19世紀前半までロンドンの路地裏の風物詩であった呼び売り商人（→London Cries,「大道商人」）に扮する芸人が歌うコスター・ソングに人気が集まった．「ミュージック・ホールの女王」と謳われたマ

リー・ロイド，留学中の夏目漱石をうならせたダン・リーノーらは，このジャンルに属するコミック・スターである．また，帝国意識が最高潮に達した当時，ミュージック・ホールで披露される愛国的な歌は，帝国の最新情報を労働者たちに知らせるメディアの役割を果たすとともに，露土戦争中のヒット曲のコーラス《バイ・ジンゴ！》から生まれた新しい英語，戦闘的な愛国心を意味する「ジンゴイズム」(jingoism)のように，ミュージック・ホール自体が労働者の愛国心のあり方を象徴する場となった．

　常連客の大半は労働者階級の上・中層部，ならびに19世紀後半に台頭した下層中産階級であり，独身の男女が中心であった．しかし，経営者によるホールの健全化，さらにはマリー・ロイドやダン・リーノーら，人気のコミック・ソング芸人らが劇場で行なわれるクリスマス恒例のパントマイムに出演するようになったことで，世紀転換期にもなると，中産階級のあいだにも確実にそのファンの裾野は広がっていった．それまで一律2〜6ペンスであった客席に料金格差が設けられるようになっていくのも，この新しい客層の確保のためであった．ちなみに，劇場・オペラ好きであった母ヴィクトリア女王の跡を継いだエドワード七世は，ミュージック・ホールのファンとして知られる．1912年，エドワード七世の跡を継いだ国王ジョージ五世を招いて行なわれた初の御前興行は，全盛期のミュージック・ホールを象徴する一大イベントであった．

　しかし，同じころから，大衆の関心は，映画あるいはジャズに代表されるアメリカ音楽などに移り，第一次世界大戦後，多くのミュージック・ホールは映画館へと姿を変えた．その一方で，ミュージック・ホールの消滅を惜しむ人々は，1920年代末，プレイヤーズ・シアター・クラブ(→Players' Theatre Club)を設立し，ヴィクトリア朝時代のミュージック・ホールの復活をめざした．同クラブは，第二次世界大戦後，チェアリング・クロス駅の高架下，ヴィリアズ・ストリートに土地を入手してプレイヤーズ劇場を建て，イギリス・ミュージック・ホール協会を結成して，かつて大衆娯楽の王座にあったミュージック・ホールの世界を甦らせた．同劇場は，一時期コヴェント・ガーデンに移ったあと，1995年に閉鎖された．それでもいまなお，かつてジョン・オズボーンが戯曲《寄席芸人》(1965)の覚え書きで述べたように，ミュージック・ホールが，「イギリス」の古きよき時代への郷愁を誘う存在であることに変わりはない．

Muswell Hill
マズウェル・ヒル　N2

　ロンドン北郊のハリンゲイ自治区にある起伏にとんだ地域．12世紀にロンドン司教がクラークンウェルのセント・メアリ女子修道院に寄贈した土地にあった苔むす泉(mossy well)にちなんで，この名前がつけられた．その泉水には病気を癒す奇跡の力がそなわっているとされ，礼拝堂もあり，巡礼者も訪れた．マズウェル・ロードには，その泉があった場所をしるす記念銘板がはめこまれた家がある．

　このあたりは南のハイゲート地区と同じく，いつの時代にも牧歌的な雰囲気がただよい，優美な別邸，広大な領地，小じんまりとした家が点在するだけの閑静な地であった．なかでも目をひくのはザ・グローヴ．これは1770年代にはチャールズ二世と女優ネル・グウィンの末裔にあたるトパム・ボークレアの屋敷で，友人のジョンソン博士が訪れたこともある．この館は，1870年代に鉄道が敷かれることになって取り壊された．

　鉄道敷設後も道路の整備はおくれたが，20世紀初頭にはマズウェル・ヒルは，エドワード朝様式の郊外住宅地に変わった．

　マズウェル・ヒル・ブロードウェイにあるセント・ジェイムズ教会の高塔は，このあたりのランドマークになっている．この界隈は交通量も多く，今では商店街として賑わっている．

N

Nag's Head
ナッグズ・ヘッド亭
James Street, WC2

　馬好きなイギリス人のことだから，酒亭や旅籠の屋号には馬に関するものが多い．このナッグズ・ヘッド亭の看板には「馬の首」の絵が描かれ，ロンドンをはじめとしてイギリス各地に見られる．この名前のパブのうちロンドンで一番有名なのが，コヴェント・ガーデンのナッグズ・ヘッド亭である．1673年の創設で，当初はロイヤル・オペラ・ハウス（→Royal Opera House）で演奏する音楽家たちの宿泊所であった．コヴェント・ガーデンの，いまはなき青物市場（→Covent Garden Market）が栄えていたころは，この酒亭は午前6時半から9時まで，市場で働くかつぎ人夫たちへのサービスとして，とくに朝の酒を売る許可が与えられていた．
　コヴェント・ガーデンは昔から劇場街ドルーリー・レイン（→Drury Lane）とともに栄えたので，このナッグズ・ヘッド亭には，イギリス演劇の歴史を物語る資料や，衣裳などが陳列されている．サミュエル・ピープスの日記に出てくる馬首亭は，セント・ポール大聖堂の近くにあった．ところで，馬の首はじゃじゃ馬の連想で，ナッグには「馬」と「口やかましい」のふくみがある．ウェスト・サセックス州のセント・レナーズの町のナッグズ・ヘッド亭の看板では女性の口に馬のくつわがはめこまれている．これはやはりイギリス各地にある善女亭や静女亭の看板が「首なし女」の絵になっているのと同じく，口やかましい女房に対する亭主族の社会的いじめ（制裁）の一種である．中世のフランスやイギリスの中・西部地方で，昔から行なわれていたスキミントンといわれるもので，歴史的には社会道徳に違反する者をはやしたてた風習に由来すると考えられる．

National Army Museum
英国陸軍博物館
Royal Hospital Road, SW3

　チェルシー地区，王立廃兵院（→Royal Hospital）に隣接する．もとバークシャー州サンドハーストの陸軍士官学校に併設（1960）のかたちで開館したが，1971年，現在地に移転した．1485年のヘンリー七世の近衛兵団からフォークランド戦争に至る英国陸軍およびインドなど植民地軍の歩みと輝かしい戦歴を豊富な展示によって示す．武器展示室，陸軍物語展示室，軍服展示室（軍服とともに各種勲章が圧巻），美術展示室（レノルズ，ゲインズバラによる多数の軍人の肖像画）に分かれている．

National Film Theatre
ナショナル・フィルム・シアター
Belvedere Road, SE1

　サウス・バンクのナショナル・シアターに近い会員制の映画館．前身はイギリス映画協会（→British Film Institute）が運営した映画館「テレキネマ」（1953）である．テレキネマは，万国博覧会100年後の1951年にサウス・エンド

を中心に催された「フェスティヴァル・オヴ・ブリテン」の一環として，映画産業とその技術の発展を目的に誕生した映画館だった．フェスティヴァル終了後もその成功を背景に活動を継続，1956年に正式に現在の名称に変わった．3つの映画館を併設し，会員は5万人弱を数え，シアター内には図書室，レストランなどがある．シアターの隣りには映像博物館がある．毎年11月に，国際映画祭「ロンドン・フィルム・フェスティヴァル」がここで開催される．鉄道・地下鉄ウォータールー駅に近い．

National Gallery
ナショナル・ギャラリー
Trafalgar Square, WC2

　世界屈指の絵画コレクションを誇るこの美術館の発足は1824年5月10日，J.J.アンガースタインの所有する38点の絵画を政府が購入し，さらに16点を加えて，ペル・メル(→Pall Mall)のアンガースタインの邸宅でイギリス初の国立美術館が公開された．その後，1832-38年に現在のトラファルガー・スクエアの北側に新築された建物に移転した．アンガースタインは銀行家，博愛主義者で，レンブラントを中心にラファエル，ルーベンス，ヴァン・ダイク，ホガースなどの絵画を所有していた．ナショナル・ギャラリーのコレクションのなかでも，ひときわレンブラントの作品が質量ともに優れているのは開設当初のアンガースタインの収集があったからにほかならない．

　美術館は初代館長チャールズ・イーストレイクのもとで所蔵作品の飛躍的充実が図られ，まずイタリア・ルネサンスの巨匠の作品が購入された．フランドル，オランダの作品，スペイン，ドイツ，フランス(印象派が充実)，そして18世紀を中心にゲインズバラ，コンスタブル，レノルズなどのイギリス絵画が集められた．現在も275万ポンドの予算(特別予算がつくこともある)で絵画の購入が続けられている．

　展示会場は大きく分けて，正面入口の左側にあたる西翼棟，その奥の北翼棟(1975)，それに東翼棟，そして新築されたセインズベリー・ウィング(1991)の4つになる．この建物には劇場，映画室，コンピュータ情報室などの機能が完備している．書籍，絵葉書をはじめとする売店は品揃えが豊富で人気がある．一年を通じて催される美術に関する啓蒙的な多彩な行事は社会的に高い評価を受けている．

National Liberal Club
ナショナル・リベラル・クラブ
Whitehall Place, SW1

　1882年に設立されたクラブで，初代会長はウィリアム・グラッドストーン．その名のとおり自由党寄りの姿勢をもつクラブで，会員は反自由党的な政治行動には加わらないことを求められたが，現在ではそうした傾向は薄れている．クラブハウスは1887年にオープンし，その内装は美しいタイル張りである．ちなみに初代バークンヘッド伯爵はここのトイレが気に入り愛用していたが，自身は会員ではなかった．あるとき「ここはトイレだと思っていたが，クラブでもあったのか」との言を残したとされる．グラッドストーンの蔵書はこのクラブの財産ともいうべきものだったが，のちにブリストル大学へ遺贈された．ただしグラッドストーン愛用のかばん(今日「グラッドストーン・バッグ」の名で知られる真ん中から両側に開く旅行かばん)と斧はクラブに保管されている．

National Maritime Museum
国立海事博物館
Romney Road, SE10

　グリニッチ地区(→Greenwich)にある，世界の7つの海を支配したといわれる海洋国イギリスならではの博物館．チェルシー地区の国立陸軍博物館(→National Army Museum)と対をなす博物館だが，これはたんに海軍の戦歴をたどるだけでなく，もっとずっと広い意味で海とイギリスの関わりを捉えようとする，規模としても展示内容としても大型の博物館である．博物館はイニゴー・ジョーンズによる17世紀の古典様式建築の典型であるク

イーンズ・ハウス(→Queen's House)を中心に左右に延びる長い柱廊に結ばれた東翼棟と西翼棟の3部分に大別される．各時代の軍艦，商船，客船の精巧な模型がガラスケースに収められて所せましと陳列されているさまは圧巻である．海景画，船舶画，肖像画，各種航海用計測器，軍服，航海日誌など秘蔵品ともいえる品々が展示されている．ほかにキャプテン・クックの極地探検と太平洋の幕開け，ネルソン提督が勝利したトラファルガー海戦など充実した展示に接することができる．

National Physical Laboratory
国立物理学科学研究所

Queen's Road, Teddington, TW11

大ロンドン南西郊テディントン地区のブッシー・パーク北端にあるイギリス通産省の研究所．設立は1900年．全部で10の研究部門から成り，国際的な度量衡の設定，数学・コンピュータ関係の研究，海洋技術の研究にたずさわっている．テディントン鉄道駅に近い．

National Portrait Gallery
ナショナル・ポートレート・ギャラリー

St Martin's Lane, WC2

第五代スタノップ伯爵の上院での発議により，1859年，グレイト・ジョージ・ストリートで開館．作品数は57点であった．その後，2回の移転を余儀なくされながら，ナショナル・ギャラリー(→National Gallery)に隣接する現在地に落ち着いたのは1896年である．所蔵する作品は9000点以上，写真は50万枚を超える．展示は純粋に時代順にヘンリー八世をはじめとするテューダー朝から現代に至る．イギリスの政治，経済，思想，文学，芸術，科学など全分野における傑出した人物を，一点一点に懇切丁寧な解説とともに展示する．

アメリカ，スミソニアン肖像画美術館を別にすれば，世界に類をみない肖像画だけの美術館は，個々の肖像画についての興味にとどまらず，イギリス人の人間の営為の集積としての歴史に対する独自の関心を示して興味深い．

National Postal Museum
国立郵便博物館

General Post Office, King Edward Street, EC1

ロンドン中央郵便局の建物の2階部分を占める．R.M.フィリップスの収集する19世紀のイギリス切手を核に1965年創立された．所蔵する切手は25万点といわれ，その中にはポスト・オフィス・コレクション(1840年以降イギリス郵政省の名で発行された全切手のコレクション)，バーン・コレクション(万国郵便加盟国を通じて集められた1878年以降に発行された切手コレクション)が含まれる．世界最初の切手であるペニー・ブラック(1ペニー切手で，黒の地にヴィクトリア女王の横顔が描かれている．1840)の展示はきわめて貴重である．

National Temperance Hospital
国立禁酒病院

Hampstead Road, NW1

設立は1873年．珍しい名称の由来は，当時治療法として病院で広く行なわれ，病院のスタッフも自由に飲んでいたアルコールが，患者の治療に本当に必要なのかを調べる実験のために作られた病院だったことによる．当初はロンドン禁酒病院と名づけられ，ガウアー・ストリートの狭い敷地に開院した．1881年に現在地，ユーストン駅の西に移転．十分な採光と通気性，十分な病室のスペース，衛生的な状態を重視した点で時代に先駆けていた．

1911年までにロンドン大学がこの病院を医学生の教育機関として認定し，1923年から教育が始まった．1932年に現名称となり，1948年，国民保健サービスの管理下に移された．そのころには初代理事会が進めていたアルコールの処方に関する実験は結果が出ており，1939年まで一般に使われていたアルコールの処方はほとんどなくなった．

1985年にはすべての病床が閉鎖され，今は保健当局のオフィスと外来患者の診療に当てられている．

National Theatre

ナショナル・シアター
South Bank, SE1

国立劇場設立の構想は1848年にさかのぼるが，実現したのは1976年であった．劇団ナショナル・シアター・カンパニーは，劇場に先立ち1963年10月に結成され，オールド・ヴィック座（→Old Vic）で公演を行なっていた．劇場が完成すると本拠を新劇場に移した．なお，ナショナル・シアターはイギリス政府が唯一補助金を出している劇場である．

ナショナル・シアター内には3つの劇場がある．伝統的な額縁方式のリトルトン（890席），オープン・ステージ方式のオリヴィエ（1160席），スタジオ・タイプのコッツロウ（約400席）である．柿落しは76年3月16日，初代総監督ローレンス・オリヴィエ演出の《ハムレット》を，最初に完成したリトルトン劇場で上演した．オリヴィエ劇場は同年10月クリストファー・マーロウの《タンバレーン大帝》で幕を開け，コッツロウ劇場は《イルーミネイタス》で77年3月4日にオープンした．この日は，3つの劇場すべてで公演が行なわれた．

1973年に総監督に就任したピーター・ホールは，補助金の問題で芸術協会と対立し，85年にコッツロウ劇場を一時的に閉鎖した．88年に引き継いだリチャード・エアも補助金問題で争い続ける．しかし開場以来さまざまな問題を抱えながらも，ナショナル・シアターの舞台の水準は古典劇から現代劇まできわめて高い．劇場のほかに，レストラン，バー，演劇関係の書籍売り場もある．鉄道・地下鉄ウォータールー駅に近い．
→South Bank

National Trust
ナショナル・トラスト
Queen Anne's Gate, SW1

1895年に篤志家・社会活動家のオクタヴィア・ヒル，弁護士で人権活動家のロバート・ハンター，牧師のH.D.ローンズリーによって設立された自然保護・史跡保存のための民間団体．正式名称は「史跡および景勝地に対する国民信託」(the National Trust for Places of Historic Interest or Natural Beauty)．上記住所の36番地が本部所在地．イングランドに地方支部13をもつ．26人の選出された委員と26人の推薦された委員の，計52人の評議員によって運営される．同団体が寄贈・購入によって土地・建物を所有して，自然景観および歴史的記念物，著名人ゆかりの家などの国民的遺産を保全するのを目的とする．

1907年にはナショナル・トラスト法が制定され，3回の法改正によって，土地や建物の内部施設の保存とそれらの一般公開が明記された．2000年現在で，会員は260万人を超え，同団体の財政は会員の年会費（個人会員の場合30ポンド，ちなみに終身個人会費は720ポンド）によって全経費（約1億3千万ポンド）のおよそ半分がまかなわれている．所有する土地は約24万8000ヘクタール，海岸線が960キロ，建築物と庭園が200か所以上，産業記念物が49か所である．シンボルマークは緑のオークの葉

NatWest
ナットウェスト銀行
Bishopsgate, EC2

イギリス4大銀行のひとつ．1968年，ウェストミンスター銀行，ナショナル・プロヴィンシャル銀行およびディストリクト銀行の3行が合併して誕生した．英国銀行史上最大規模の合併といわれ，これにつづく大小銀行の合併ラッシュの口火となった．

その前身のウェストミンスター銀行の創業は，17世紀のゴールドスミス・バンカーズと称された「金匠銀行業者」（金細工師が金融業を兼ねていた）にさかのぼる．その後，ロンドン・アンド・ウェストミンスター銀行(1834)を経て，1923年ウェストミンスター銀行と社名変更をした．

ナショナル・プロヴィンシャル銀行は，1833年材木商により設立され，グロースターやウェールズ地方を中心に発展した．その間，それぞれの銀行が多くの中小銀行を吸収した．

この合併の歴史が示すように，ナショナ

ル・ウェストミンスター銀行の優位性は、小口取引銀行(リーテイル・バンク)部門に顕著にみられる．英国内の支店数は，2545店(1995年現在)と，4大銀行中最大の規模である．参考までに述べると，バークレーズ銀行(→Barclays Bank) 2119店，ロイズ銀行(→Lloyds Bank) 1860店，ミッドランド銀行(→Midland Bank) 1713店である．国際業務や証券引受業務(マーチャント・バンキング)への進出は他行よりおくれたが，いまでは十分追いつき，大銀行の風格がある．1983年，同行のロバート・リー・ペンバートン会長は，民間銀行出身で初のイングランド銀行(→Bank of England)総裁に就任した．

→Banks

Natural History Museum
自然史博物館

Cromwell Road, SW7

　1881年，大英博物館の自然科学関係の所蔵品を現在のサウス・ケンジントン地区に移転して発足した博物館．設計はアルフレッド・ウォーターハウスによる，11-12世紀のドイツ，ライン地方のロマネスク様式の聖堂を模した設計で，外壁は動植物の精巧な彫刻で飾られ，内部は聖堂をおもわす柱束とアーチがめだつ．展示物は「生命の展示室」と「地球の展示室」の2部門に大別され，前者が広い展示スペースの大部分を占める．現在5000万点といわれる標本が所蔵されるが，その核になったのはハンス・スローンの自然科学分野における収集品である．恐竜，生物としての人間，海中無脊椎動物，哺乳類，昆虫，魚類，鳥類などの展示室がそなわる．従来の剝製や標本による展示に加えて，オーディオ・ビジュアル，映像，音響など工夫をこらした科学的な展示方法が充実した内容をいっそう興味あるものにしている．世界中から集められた蝶の標本にはおもわずため息がもれるだろう．ガラスケースにおさまった絶滅した珍鳥ドードーはどこかユーモラスでまた悲しげでもある．1992年には，ロボット仕掛けの実物大の恐竜模型があらたに登場して，子供ばか

りか大人の人気もあつめている．ヴィクトリア・アンド・アルバート博物館もそうだが，そこには膨大な収集と整理保存にかけるイギリス人の執念と情熱が見られる．1989年，隣接する地質学博物館(→Geological Museum)と合体した．

Naval and Military Club
陸海軍クラブ

Piccadilly, W1

　1862年，当時ロンドン塔に駐屯していた「バフ」と呼ばれるイースト・ケント連隊の士官らが設立したクラブ．まもなく会員が増えたために移転を繰り返し，1865年に現在のピカディリーに落ち着いた．クラブハウスは18世紀半ばに建てられた貴族の邸宅で，1865年に全面改装を行なったとされる．また，1919年には近隣の家3軒を買いとり，宿泊施設の増設が行なわれた．クラブ敷地内の中庭は美しく，詩人メイソンはその詩『四つの羽根』をここで書きはじめたという．

Neasden
ニーズデン　NW2, NW10

　市北西郊に位置する地域で，北方にブレント貯水池が横たわっている．1882年にメトロポリタン鉄道従業員用の住いが建てられるまでは数戸の家に鍛冶屋が1軒あるだけの小さな村だったが，2度の開発で様変わりした．

　最初は19世紀後半のメトロポリタン鉄道の延長にともなう開発，ついでノース・サーキュラー・ロード(→North Circular Road)ができた1920-30年代の開発で，その結果，ニーズデンは両大戦間に誕生したロンドンの典型的な郊外となり，その名は「郊外」の同義語として使われるまでになった．地名は「鼻のかたちの丘」の意．南端にニーズデン鉄道駅がある．

Nelson's Column
ネルソン記念柱

Trafalgar Square, WC2

　トラファルガー・スクエア(→Trafalgar Square)に立つ円柱形の高い塔．1805年のト

ラファルガー海戦でフランス・スペイン連合艦隊を破り戦死したネルソン提督を称えて建てられた，高さ43.5メートルの建造物．

円柱部分は1839年から42年にかけて，ローマの神殿の円柱をモデルにイングランド南西部デヴォン州の花崗岩を使って制作された．その上のブロンズのネルソン像は19世紀の彫刻家 E.H. ベイリーがテムズ川南岸のウリッチ兵器庫の古い銃を鋳造して制作したもの．背丈ほぼ5メートルで，円柱が完成した翌年に取りつけられた．

円柱の四隅に配された4頭のライオン像は1867年に設置され，そばに取りつけられたレリーフは各地の大戦でネルソン軍が収奪したフランス軍の銃を鋳造して造られたもの．毎年，トラファルガー戦勝記念日には，この記念塔の下に花束が捧げられる．

New Bond Street
→Bond Street

New Connaught Rooms
ニュー・コノート・ルームズ

Great Queen Street, WC2

コヴェント・ガーデン地区にあるロンドンで最大級の会議・宴会場．最新設備の豪華な大小29室から成り，10人から1000人規模のあらゆる形の集会・催しに対応できる．この宴会場がある建物はフリーメーソン会館（→Freemasons' Hall）と呼ばれるが，コノート・ルームズという名称は，フリーメーソン大本部長（Grand Master）のコノート公爵にちなんでつけられたものである．地下鉄ホーボーン駅に近い．

New Covent Garden Market
ニュー・コヴェント・ガーデン・マーケット

Nine Elms Lane, SW8

1974年，300年の歴史を閉じたコヴェント・ガーデン・マーケット（→Covent Garden Market）を引き継いで，市西部のテムズ川南岸ナイン・エルムズ（→Nine Elms）地区に発足した青果市場．1966年に，国鉄の所有地だった28ヘクタールほどの土地が新市場の敷地として議会で承認され，1974年11月にオープンした．現在では，年間100万トン以上の取引き高を誇る，国内で最も大規模な青果および生花市場である．

New Cross
ニュー・クロス　SE14

テムズ川南東ルイシャム自治区に属する小地域で，地名は「金の十字架」の看板をかけた有名な駅馬車の宿場の名からとられた．日記作家ジョン・イーヴリンはウィリアム・バークリー卿のお供をして，自宅のあるデトフォードから馬車でニュー・クロスを通ってドーヴァーへ向かったと日記に記している．

1843年にアルバート公を迎えて英国海軍学校がここに開校したが，19世紀末にすぐ南のチズルハーストに移転した．その跡には現在，ロンドン大学のゴールドスミス・コレッジ（→Goldsmith's College）が立っている．ニュー・クロス・ゲートは，1718年に設けられた通行税取り立て門があったところである．

現在ハッチャム・パーク・ロードになっている場所はかつて領主館ハッチャム・ハウスがあったところで，篤志家で奴隷制廃止を訴えたジョーゼフ・ハードカースルが住んでいた．1840年代には，詩人のロバート・ブラウニングがニュー・クロス・ロードの南側に住んだことがある．

この地域は19世紀には野菜・果物の栽培で知られたが，17世紀はじめにこの土地を購入していた小間物商同業組合（→Haberdashers' Hall）は，1870年代に所有地を住宅地用として分譲しはじめた．

ニュー・クロス・ロード233番地にある銘板には，1876年にここで亡くなった『ロンドン・ストリート・ヴューズ』の出版者ジョン・タリスの名が記されている．近くには，ニュー・クロス・ゲート駅を含む2本の鉄道が走っている．

New Cut and Lower Marsh Markets
ニュー・カット・アンド・ロワー・マーシュ・マーケット

Lower Marsh, SE1

ウォータールー駅の東側の道路で開かれていたストリート・マーケット（→Street Markets）．ニュー・カット（現在は単にザ・カットと呼ばれている）は廃止されたが，駅に近いロワー・マーシュ通りは今なお健在．19世紀中葉には労働者向けに日用品，食料品，衣類など雑多なものが屋台で売られていた．この地域はこそ泥，売春婦，呼び売り商人がたむろするので有名だった．その喧騒ぶりはヘンリー・メイヒューの『ロンドンの労働とロンドンの貧民』に活写されている．

市が開くのは土曜日の午後6時からで，ナフサ灯の青白い光の下で日曜日のディナーの材料を求める労働者でごったがえした．チャールズ・ディケンズは『ボズのスケッチ集』の中で貧しい臨時雇いの役者を「ニュー・カットにある3階の裏部屋」に住まわせている．スーパーマーケット，セインズベリーの創立者ジョン・セインズベリーは，1869年にドルーリー・レイン（→Drury Lane）で自分の店を開く前，ニュー・カットの食料雑貨店で助手として働いていた．20世紀に入り，市場も小規模となり，現在はロワー・マーシュに限定され，ランチ・タイムにやってくるサラリーマンが主な客層である．

New Fetter Lane
ニュー・フェッター・レイン　EC4

シティに位置し，第二次世界大戦中に壊滅的被害を受けた地域にある短い通り．ホーボーン・サーカスとフリート・ストリートを結ぶ通りの北半分．南はフェッター・レイン（→Fetter Lane）である．もとはバートレット・ビルディングという通りで，これを拡幅・延長したもの．

文房具・雑誌・雑貨類の全国チェーン店をもつW.H.スミスの本店がこの通りの10番地のストランド・ハウスにあり，そしてこの通りがホーボーン・ストリートに出合うところにデイリー・ミラー社があった．フェター・レインとつながるところに，かつてチチェスター司教だったラルフ・ネヴィルのロンドンの邸宅があった．地下鉄チャンセリー・レイン駅に近い．

Newgate Prison
ニューゲート監獄

12世紀，あるいはもっと早くから20世紀初頭まで存在したロンドンで最も有名な監獄である．童話の主人公として名を残したリチャード［ディック］・ウィッティントンの遺志と遺産によって，1423年から再建工事が行なわれたと伝えられる．1666年の大火で焼失して，数年後に再建され，1773年からは英国大犯罪者列伝ともいうべき『ニューゲート・カレンダー』を通じて一般になじみ深い言葉となって，ますます民衆の生活の中に浸透するようになった．なかでもジョナサン・ワイルドとジャック・シェパードという2人の大盗賊は，それぞれヘンリー・フィールディングとウィリアム・ハリソン・エインズワスの作品を通じて後世に不朽の名を残している．1780年，ゴードン暴動（→Gordon Riots）のときに群衆の襲撃を受けて監獄は破壊されたが，3年後には完全に復旧し，暴動の主謀者ジョージ・ゴードン卿を収監した（彼は1793年に発疹チフスにかかって獄死）．

1783年に絞首刑場がタイバーン（→Tyburn）からニューゲートへ移されるに及んで，監獄の前の広場に絞首刑台が建てられ，死刑囚は「債務者扉」（debtors' door）をくぐって台上に立たされた．タイバーンの場合と同様，処刑日には大群衆が押し寄せ，高い料金を払って見物の場所を確保する人たちが後を絶たなかった．このような公開制の絞首刑（→Executions）は1868年に廃止となり，以後ニューゲートの壁内で処刑が執行された．1902年，長いニューゲート監獄の歴史はついに幕を閉じ，建物が取り壊されたあとに現在，中央刑事裁判所（→Central Criminal Court, Old Bailey）が立っている．

Newgate Street
ニューゲート・ストリート　EC1

シティの市門の名に由来するこの通りは地

ニューゲート監獄の正門(18世紀)

下鉄セント・ポール駅に近く，ホーボーン・ヴァイアダクトにつづいて南東方向へ走っている．もともと屠殺場や肉屋の屋台があったことからブラダー (bladder，動物の嚢の意)・ストリートと呼ばれていた．実際この通りにはロンドン大火以前から1868年までロンドンの最も重要な食肉市場のひとつ，ニューゲート・マーケットがあった．この市場は，1869年，近くにロンドン中央食肉市場としてスミスフィールド・マーケットが開設されたとき閉鎖された．この通りの南に接して，中世のころより幾多の囚人を収容し，公開処刑も行われたニューゲート監獄 (→Newgate Prison) があった．この監獄は焼失と再建を繰り返した．さまざまな作品でこの監獄に言及したチャールズ・ディケンズが『ボズのスケッチ集』の中でその訪問記を書いたのは，1780年代に建て替えられた監獄についてである．この監獄は1902年に取り壊され，現在そこに中央刑事裁判所 (→Central Criminal Court, Old Bailey) が立っている．

New Hall and Library
ニュー・ホール・アンド・ライブラリー
Lincoln's Inn, WC2

4つの法学院のうちのひとつであるリンカーンズ・インの講堂と図書館．ただし両者ともチューダー様式の赤レンガの建物のなかにはいっている．ニュー・ホールの呼び方は1492年完成のオールド・ホール，つまり旧講堂に対していわれた名称である．新しい建物はオールド・ホールの西側に建てられ，1845年にヴィクトリア女王臨席のもと落成式が行なわれた．図書館は1497年に発足，最初オールド・ビルディングズにあったが，後スートン・ビルディングズに移転，さらに新講堂の完成を機にその同じ建物に移転した．

図書館は奥行き26メートル，幅13メートルの広さで，高さ14.5メートルの天井はオーク製．裁判官サー・マシュー・ヘイル遺贈の貴重

な写本を所蔵する．18世紀末には，8000冊の蔵書があり，その後会員からの寄贈や個人蔵書の購入で数を増やし，今日では10万冊以上の蔵書と2000部の写本を保有する．法律書では国内で最も広範な収集を誇っている．歴史や古文書でも重要な文献が多数ある．図書館，ホールにはトマス・ゲインズバラやジョシュア・レノルズらによる肖像画やジョージ・フレデリック・ワッツ作のフレスコ画《立法の源》がある．
→Lincoln's Inn

Newham
ニューアム
E6, E7, E12, E13, E15, E16

　市東部，テムズ川北岸に位置し，1965年にイースト・ハム，ウェスト・ハム，ノース・ウリッチを統合してつくられた自治区．19世紀中ごろまではいくつかの町と村があり，耕作地が広がり，プレイストウおよびイースト・ハムの南はテムズ川まで広い牧草地・湿地帯だった．18世紀からロンドン中心部向けの野菜の栽培が盛んになった．17世紀末から19世紀にかけて，裕福なロンドン市民がエセックス南西部を郊外住宅地として開発しはじめたことにともない，この地域もそうした郊外開発の恩恵をこうむることとなった．

　この地域には，2度の大きな開発の波が訪れた．1840年ごろから南西部でおきた産業地としての開発と，1860年ごろから始まり世紀末にピークをむかえた，中心部，東北部での住宅開発である．この地域の産業上の発展には4つの要素がからんでいる．第1はロンドン港の拡張，第2は1839年にイングランド東部地方に向かう鉄道の開通がストラトフォードを起点に始まったこと，第3は1844年に首都圏建造物法ができて硫酸製品，石鹸，ペンキなどの工場がこの地域へ移転してきたこと，第4は道路，鉄道，河川沿いの土地を利用して造船，ゴム，ケーブル，ガス，化学製品工場が進出してきたことである．

　19世紀までは，南西部が労働者のための住宅地として開発されたが，イースト・エンド地区の人口が増加してこの地の北東部にも宅地開発の波が押し寄せた．

　19世紀から20世紀はじめごろのニューアムには非国教徒が多く，20世紀初頭にはさまざまな宗派を含め，ウェスト・ハムに90，イースト・ハムとリトル・イルフォードに37の集会所があった．最古の集会所は，ウェスト・ハム・パークに近いウェルフェア・ロードのブリックフィールド・ユナイテッド・リフォームド教会である．

　その後，この地域は人口の変動を見せるものの，ロンドン郊外の典型的な労働者住宅地にとどまっている．地下鉄ディストリクト・ラインが中央部を走っている．

Newington
ニューイントン　SE1

　テムズ川南方，サザック地区にある地域で，すでにヘンリー八世の時代の記録に，「新しい町」を意味してNewetonと記述されている．そこには「女王の金細工師が1ガロンの蜂蜜を献上したことで，Newetonに1エーカーの土地を王から授かった」とある．1313年のカンタベリー大司教の登記簿には，教区としてニューイントンの名がみえる．

　すぐ南の多くの道路が交差するエレファント・アンド・カースル(→Elephant and Castle)には，地下鉄，鉄道の駅があり，その西に1861年に建てられたバプティスト派の伝道師C.H.スパージョンの伝道集会所，メトロポリタン・タバナクル(→Metropolitan Tabernacle)が立っている．ここから南に向かうニューイントン・バッツ(バットは「標的」の意)は昔，若者たちの弓の練習場があったことから，そう呼ばれるようになったといわれている．昔，宿屋でもあったパブ，エレファント・アンド・カースルの近くには，自称，黙示録に登場する女性宗教家ジョアンナ・サウスコットが大勢の信者を前に説教をした家があった．パブは第二次世界大戦で焼け落ちてしまった．現在この地域は繁華な商業地として発展している．

Newington Green
ニューイントン・グリーン　N16

　市北東部に位置し，アルビオン・ロードとニューイントン・グリーン・ロードの接点にあたる広場．

　1660年代にはこの広場周辺は非国教徒の牧師たちが多く住みつき，非国教会派の私塾があり，サミュエル・ウェスリーやダニエル・デフォーが教育を受けた．52-55番地の4軒の家は，現存するロンドンの家のなかで最古の家に属し，1658年に建てられた．アルビオン・ロードにぶつかる角にはMのモノグラムがついたみごとな鉄の門があり，その門の奥にはかつて賛美歌作者アイザック・ワッツの家があった．この広場の北側には，1708年に建てられたユニテリアン派の教会堂がある．鉄道キャノンベリー駅に近い．

New Jonathan's
ニュー・ジョナサンズ

　1773年にスレッドニードル・ストリートに創業したコーヒー店．当時から「ストック・エクスチェンジ・コーヒー店」と呼ばれた．顧客の株式仲買人たちが1人6ペンスずつ寄付して，看板を描き替え，パンチ酒で洗礼したと伝えられている．株式取引所(→Stock Exchange)の階上にあったので，小説家のトバイアス・スモレットが「ジョナサンズへこそこそ出入りし，ホワイツ・チョコレート・ハウスで神の名を汚す高利貸しのやから」と諷刺した連中がたむろしていた．1816年焼失．

New King's Road
ニュー・キングズ・ロード　SW6

　チェルシー地区を通るキングズ・ロード(→King's Road)の648番地以西が，1894年にニュー・キングズ・ロードとなった．場所はフラム地区に位置する．キングズ・ロードは商店街であるが，ニュー・キングズ・ロードはどちらかというと住宅街である．

　北西側にはイール・ブルック・コモンとパーソンズ・グリーンがあり，南東側にはいまだに19世紀初期の建物が残り，扇型の明かりとり窓など建築上興味深い特徴が見られる．247-249番地は，1805-1806年にかけて小説家サミュエル・リチャードソンが別荘にした家である．この通りと南のハーリンガム・ロードとの間に，ラファエル前派の画家ホルマン・ハントの家ドレイコット・ロッジがあった．425番地の現キングズ・アームズの場所は，創業1526年の有名な旅籠屋兼居酒屋があった所である．そこは南からロンドンに入る密売人たちの溜まり場だったが，1888年に取り壊された．地下鉄パトニー・ブリッジ駅に近い．

New London Theatre
ニュー・ロンドン劇場
Drury Lane, WC2

　1973年1月2日に柿落をした比較的新しい劇場．ドルーリー・レインはエリザベス朝時代から娯楽を提供してきたところである．正面入口はガラス張りで，周囲の商業ビルと区別しにくい．普通の舞台だけでなく円形舞台にもなる．座席数は952だったが，ミュージカル《キャッツ》公演のために座席を増やし，現在は1192席となっている．

　柿落しはピーター・ユスティノフの《無名の男とその妻》，同年行なわれたミュージカル《グリース》には，25歳のまだ無名だったリチャード・ギアが出演している．《キャッツ》は1981年以来のロングランで，このミュージカルのスローガン「ナウ・アンド・フォーエヴァー」は劇場入口に光り輝いている．地下鉄ホーボーンかコヴェント・ガーデン駅が近い．

New Oxford Street
ニュー・オックスフォード・ストリート
WC1

　大英博物館の南側にある大通り．1847年，ロンドンの名だたる貧民街にオックスフォード・ストリートの延長として開通した．この道路の開通によってスラム街セント・ジャイルズ・ハイ・ストリートを通り抜けずにホーボーンに達することができるようになった．

　510番地は，19世紀中葉に書籍・文具商のチャールズ・E・ミューディが貸本屋に造りなお

した建物．自分が持っている哲学や科学の本を，当時近くに設立されたばかりのロンドン大学の学生たちに賃貸することから始めたが，小説のほうが借り手が多いことに気づき，年間1ギニーの予約購読料で一度に1巻ずつ貸し出すようにした．初期のころの予約者リストには，哲学者ハーバート・スペンサー他そうそうたる詩人や知識人が名を連ねていた．

この通りでは，骨董家具店M.ハリス・アンド・サンズや宝石・時代物時計店キャメラー・カス，レコード店のイムホフスも見のがせないが，特記したいのは，53番地にあるステッキと傘の専門店で1830年創業のジェイムズ・スミス・アンド・サンズ（→James Smith & Sons）である．この店はもとサヴィル・ロウの間口1.2メートルたらずの小さな店であったが，この通りに移ってからいかにも老舗の雰囲気を漂わせた店構えになった．

New Palace Yard
ニュー・パレス・ヤード　SW1

ウェストミンスター・ホール（→Westminster Hall）の北側の空き地で，もとエドワード懺悔王の宮殿が立っていた敷地．議員専用の議事堂入口がある．

ここは18世紀後半まで何世紀もの間，主として教唆犯，誹毀犯の刑罰の場になっていた．1580年ジョン・スタッブズとその召使いがエリザベス女王に対する誹毀の罪でここで右手切り落としの刑に処せられた．1587年にはトマス・ラヴレイスがさらし台にかけられて片方の耳を切り落とされ，1685年にはタイタス・オーツが偽証罪でさらし刑に処せられた．1763年，出版業者のジョン・ウィルクスが週刊誌『ノース・ブリテン』でジョージ三世を誹毀した罪でさらし台にかけられたのを最後に，このような刑罰の場としての役割は終わった．ウェストミンスター橋につながるブリッジ・ストリートの南側の家々は，1866-67年に取り壊された．

6大陸を表現し，王冠を天辺にのせた噴水は，エリザベス二世の即位25周年を記念したもの．

New River Company
ニュー・リヴァー水道会社

17世紀初頭（正確な記録は現存しない）から20世紀初頭までロンドンの東部クラークンウェルにあったロンドン最古の水道会社．

ロンドンの水道事情は，1598年に『ロンドン通覧』の編者ジョン・ストーによって批判されたように，すでに行き詰まっていた．1609年にウェールズ出身の金細工商ヒュー・ミドルトンが新水路の建設に乗り出した．幅3メートル，深さ1.2メートルの水路がハートフォードシャー州のアムウェルからクラークンウェルのニュー・リヴァー・ヘッドにある貯水池まで掘られた．最初，水道水を飲むのに不慣れだったロンドン市民は，この新しい水資源に警戒を示したが，給水は1613年にはじまり，1618年以降はリー川からも取水されるようになった．ニュー・リヴァー・ヘッドの貯水池とその後新しく設けられた3つの貯水池から，水はシティまでニレ材の導管をとおして供給されたが，民家の内部を通る導管は鉛製だった．木製の導管からは大量の水が漏れたが，1811年まで鉄の導管に取り替えられることはなかった．

水路開設後の十数年間で，ニュー・リヴァー水道会社はかなりの収益を上げた．1768年には蒸気水揚げポンプが設置され，1805年までには，各戸の2階まで給水することが可能になった．19世紀に入ると事業は急速に拡大し，テムズ川やトッテナムの泉など水源を増やし，数社の水道会社を買収したり，周辺の土地を購入したりした．

1820年代のイズリントンのミドルトン・スクエアを含むニュー・リヴァー・エステートの取得は，その代表的な例である．アムウェル・ストリートに住んでいた風刺画家のジョージ・クルックシャンクは，当時のロンドンの変貌の様子を《町から離れゆくロンドン》という有名な漫画で風刺した．1852年，水質汚染の問題を解決するため，ニュー・リヴァー・ヘッド，ストーク・ニューイントンやホーンジーなどに

ニュー・リヴァー・ヘッドの貯水池(17世紀後半)

濾過装置が設置された.

1904年に,ニュー・リヴァー水道会社はメトロポリタン水道局(のちテムズ川水域管理局)に接収され長い歴史を閉じた.ニュー・リヴァー水道会社の貢献者ヒュー・ミドルトンの像がホーボーン・ヴァイアダクトに立っている.

ニュー・リヴァー・エステートの地所は,1975年になってイズリントン区議会が取得した.この地域は,一時は荒廃した雰囲気がただよっていたが,19世紀後半に入って中産階級の住宅地として面目を一新した.

New Sadler's Wells Opera
→Sadler's Wells Theatre

New Scotland Yard
ニュー・スコットランド・ヤード
Broadway, SW1

ニュー・スコットランド・ヤードは今日のロンドン警視庁のことで,正式名称は「首都警察」(Metropolitan Police)である.1829年に初の組織的な警察の庁舎を,もともとスコットランド王家の離宮の庭園(ヤード)に面したところに設けたので,スコットランド・ヤードと呼んだ.1890年には新しい場所ヴィクトリア・エンバンクメントに移り,その名も「新しく」「ニュー・スコットランド・ヤード」と称するよう

になった.その6階建ての赤煉瓦造りの瀟洒な建物は,現在では設計者の名前にちなみ「ノーマン・ショー・ビルディング」と呼ばれ,下院議員の事務所になっている.これは,1875年着工のグランド・ナショナル・オペラハウスが資金切れで建設中断したものを肩代わりして完成された.1,2階にはデヴォン州ダートムーアで囚人が切り出した御影石が使用され,著述家 A.P. ハーバートは「まさに警察のお城そのもの」と賛嘆した.全140室中40室以上が捜査刑事課(Criminal Investigation Department)に使われ,警視総監室にはテムズ川を一望する小塔が割り当てられた.CID は1878年,ヴィクトリア女王の肝入りで若き法律家ハワード・ヴィンセントがフランスの刑事警察機構を視察して帰国後,250人の刑事で発足した.今日,CID は「殺人担当分隊」「組織犯担当分隊」「詐欺犯担当分隊」「ハイジャック担当班」「性犯罪対策班」「産業スパイ担当班」などC1からC13に細かく職務分掌がなされている.

最初の庁舎が1884年5月30日,アイルランドの独立をめざす秘密結社フェニアンの新型爆弾で爆破されたとき,近くのパブの亭主は爆破あとの見物料に3ペンスをとり大儲けした.

現在の「ニュー・スコットランド・ヤード」は

ウェストミンスター・アビーに近いブロードウェイとヴィクトリア・ストリートの角に、チャップマン・テイラーの設計により1967年にできたガラス張りのモダンな20階建ビルで、全700室ある。内務大臣として警察制度を整備したサー・ロバート・ピールにちなみ、一般の警察官は「ボビー」と呼称されて親しまれている。

20世紀初頭、警察官は1万6000人を数え、指紋局や捜査員養成所もできたが、警察官の社会的地位は未熟練労働者と同等で、給与も低く休日なしの苛酷さであった。その後ストライキを重ねて勤務条件の改善がなされてきた。今日大ロンドン25管区に警察官約3万人が活躍する。巡査の名物であった釣り鐘形ヘルメットは賊を追いかけるとすぐぬげたり、サッカー場の暴漢「フーリガン」が叩き落とす目標にもなって不評を買い、現在は式典などで限定的に使用されるだけである。
→Police

Newspaper Library
新聞図書館
Colindale Avenue, NW9

大英図書館(→British Library)内の特別コレクションのひとつ。大英博物館(→British Museum)の新聞保管室が起源で、1905年に新聞専門館としてヘンドン地区の現在地に独立したが、1973年の機構再編によって現在のかたちとなった。現在、イギリス国内の新聞はすべて完全にそろえていて、日刊、週刊の全国紙、地方紙を含め60万部以上を保有する。コーニー文庫には『ニューズ・フロム・ホランド』など17世紀初頭の新聞をはじめ、18世紀の新聞、1708年以降のスコットランドの新聞、1712年以降のイギリス地方新聞などが含まれる。

開設当初は小新聞の保管所にすぎなかった新聞図書館は、今日では閲覧室とサービス部門の完備した独立体に成長した。第二次世界大戦の空爆で1万冊が焼失し、2万冊が破損した。1801年以前にロンドンで発行された新聞は、大英図書館に保管され、総数15万以上(1983年現在)のリールとしてマイクロフィルム化されている。地下鉄ノーザン・ラインのコリンデイル駅に近い。

Newspapers
ロンドンの新聞
〈フリート街の没落〉

20世紀の後半はイギリスの新聞界にとってその長い歴史に類を見ない激動期であった。かつて大英帝国を代表した『タイムズ』(→Times, The)をはじめ、大新聞社がその偉容を誇ったフリート街は「抜け殻」同然になった。技術革新の波とヨーロッパ最大の都市再開発といわれた、ロンドン東部の旧造船所地区ドックランズの新たな出現がフリート街の没落に拍車をかけた。

1986年、まず『タイムズ』が地価の安い再開発地ドックランズのウォッピングへの移転に踏み切った。これがきっかけとなり、翌年『デイリー・テレグラフ』がマーシュ・ウォールに移り、『デイリー・エクスプレス』もブラックフライアーズに移転、フリート街から姿を消した。『タイムズ』と同じ経営下にあり、最大の発行部数を誇る『サン』もウォッピングに移った。

〈ふたりの外国人ライバル〉

フリート街の没落と表裏をなすのが2人の「外国人」による英国新聞界の制覇である。そのひとりはオーストラリアの新聞発行者ルパート・マードック、もうひとりはチェコ生まれのロバート・マックスウェルである。

マードックは1969年に日刊大衆紙『サン』、日曜大衆紙『ニューズ・オヴ・ザ・ワールド』を買収した。1981年にはタイムズ・ニューズペイパー社を買収した。このグループには『タイムズ』、日曜紙『サンデー・タイムズ』、さらに世界的に有名な『タイムズ・リテラリー・サプルメント』が含まれていた。いずれもかつては世界中の知識人に読まれ、英国世論に大きな影響力を与えてきたものばかりである。

母国のオーストラリアにつづいて、マードックはイギリス、アメリカでも「新聞王」をめざして次々に新聞を買収したり新しく発刊したりして、さらにテレビの分野にも進出していった。

マードックの強力なライバルとなったマックスウェルはユダヤ系チェコ農民の出身で，ヤン・ルドヴィーク・ホフが本名であった．両親をナチスによるユダヤ人大虐殺で失い，1940年に無一文でイギリスにたどりついた．やがて英国陸軍に入り，ノルマンディ上陸作戦に参加，勇敢な行為で勲章を受け，英国社会に進出する足場を確保した．彼は語学の天才で，独学ながら英語はわずか6週間で不自由なく話せるようになり，ほかに7か国語を話せたという．

戦後，マックスウェルは政界に進出，労働党国会議員を6年務めたあと，マスコミ界に乗り出した．1951年に小さな出版社を買収したのが業界進出の第一歩で，1981年には経営難に陥っていたイギリス最大の印刷会社を買収した．1984年に全国紙『デイリー・ミラー』と日曜大衆紙『サンデー・ミラー』を発行するミラー・グループ・ニュースペイパーズを買収した．『デイリー・ミラー』は労働党寄りの大衆紙で，マードックの保守派大衆紙『サン』とは最大のライバルであった．

マックスウェルは自己宣伝が強く各方面から批判されたが，そんなことは意に介さず，マードックと同じくアメリカに進出した．1991年11月5日，マックスウェルは自慢の豪華ヨットに乗りカナリア諸島で休暇を楽しんでいたが，突如姿が見えなくなり，まもなく水死体で発見された．心臓麻痺で海に落ちたというのが検死報告であったが，自殺説がたえなかった．死後，彼が多額の会社の金や従業員の年金積立金を着服していたことが判明し，息子2人も詐欺容疑で逮捕された．2人は1996年9月に無罪となった．

〈価格競争と後遺症〉

ライバルのマックスウェルがあえない最期を遂げたあとも，マードックはイギリスの新聞界を揺るがせつづけた．1993年6月，彼は『サン』の価格を5ペンス引き下げ，同年9月には『タイムズ』の価格を15ペンス引き下げた．競争紙はやむをえず価格の引き下げをせざるをえず，経営状況がさらに苦しくなった．

1995年3月になって，『タイムズ』は新聞用紙価の高騰を理由に，1部売り価格を5ペンス値上げした．もちろん，競争紙も追随した．ようやく激烈な価格競争も一息ついたが，その後遺症は続いている．ほとんどの新聞が週末などに「割引券」を印刷し，読者がこれを切り抜いて売店にもっていくと特定曜日の新聞を半額くらいで買える．新聞経営にとってけっして正常とはいえない状態を招いた．

〈タブロイド紙への批判〉

イギリスの新聞は大衆紙と高級紙に分類される．大衆紙はその大部分がタブロイド判といわれる小型（30×38センチ）で，タブロイド・ペイパーズともいわれる．高級紙は大型判のためブロードシートともいう．タブロイド新聞は派手な見出しや写真をふんだんに使い，センセーショナルな記事を満載して読者獲得にしのぎを削っている．チャールズ皇太子とダイアナ妃の別居（1992年），離婚（1996年）は大衆紙に格好の話題を提供し，各紙は王室の当惑には目もくれず，隠し撮りの写真や煽情的な記事で読者獲得に必死となった．

1997年8月31日，ダイアナ元皇太子妃が新しい「恋人」エジプト人大富豪ドディ・ファイドとパリで交通事故死したとき，一行を追跡していたパパラッチといわれるフリーのカメラマン7人が拘束された．ドディの父が経営するホテル側が雇った運転手が飲酒していたことが発覚したため，パパラッチに対する直接容疑は薄らいだが，これまで彼らの写真を高価で買い続けてきたタブロイド紙は強い批判にさらされた．

9月6日，ウェストミンスター・アビーでダイアナ妃の国民葬が行なわれたが，妃の弟スペンサー伯爵はタブロイド紙代表の葬儀参列を拒否し，追悼の辞の中で，タブロイド紙が姉を死に追い込んだとしてはげしく非難した．葬儀後，タブロイド紙は相次いで自粛を表明し，王室のプライバシーを尊重すること，報道苦情処理委員会のガイドラインに合致しないような写真の掲載をやめること，などを読者に約束した．

王室だけでなく，政治家，芸能人のプライバシーを犯す記事や写真が後を絶たなかったが，ダイアナ妃の死亡を契機にプライバシー保護法の制定を求める声が高まった．

New Square
ニュー・スクエア
Lincoln's Inn WC2

ロンドンの4法学院のひとつであるリンカーンズ・イン（→Lincoln's Inn）の南側に1690年代に造られた芝生の美しい，大きく静かな広場．第二次世界大戦による損害も比較的少なく，1680年代，90年代の雰囲気を，今なお残している．周辺には事務弁護士の事務所がたくさんあり，チャールズ・ディケンズも14歳のときにこのあたりの法律事務所の事務員として働いていた．

ニュー・スクエアの東隣には，1492年設立されたオールド・ホールがある．1737年から1883年まで大法官が主管する大法官庁裁判所がここに置かれていた．ディケンズの『荒涼館』には，この法廷での裁判の煩雑さと遅延ぶりが描かれている．西隣にはチューダー王朝様式のニュー・ホールがあり，G.F.ワッツによるすばらしい壁画装飾が知られている．また，隣接した図書館は1497年に建立され，ロンドン最古のものである．7万冊以上もの蔵書がある．地下鉄チャンセリー・レイン駅に近い．

New Wells
ニュー・ウェルズ

フィンズベリー区（→Finsbury）にあった18世紀の温泉保養地．鉄分を含んだ温泉があることは中世から知られていたが，そのころは乳搾りの娘たちがその周りでバイオリンに合わせて恋人と踊るだけの場所だった．

18世紀になって温泉ブームの到来とともに保養地として賑わい，1730年代後半に劇場が建てられた．毎日5時から10時まで，曲芸，音楽，道化芝居などの見世物があり，低料金で入場できた．以後，奇抜な，ときにはグロテスクなさまざまな出し物で人気をよんだが，1752年に劇場はジョン・ウェスリーに貸しつけられ，以後，メソジスト派の伝道集会所となった．だが，1756年ころに取り壊されて，現在のロゾマン・ストリートが造られた．すぐ南のボーリング・グリーン・レイン沿いに記念碑が見られる．

Nine Elms
ナイン・エルムズ SW8

テムズ川の南，バタシー・パークの東に接する地域．地名の由来は，道路に沿って植えられた楡（elms）の並木から．17世紀中頃から醸造，陶器，木材などの地場産業の中心地だった．18世紀後半にはバタシー・ニュータウンの開発計画にともなって住宅が建設された．1833年にガス工場と浄水場が，1838年には鉄道のターミナルが建設されるなど，この界隈は大きく変貌した．

第二次世界大戦で鉄道も工場も閉鎖される大きな被害をうけた．戦後しばらくのあいだこの地域は開発のメドもなく打ち捨てられた状態が続いたが，1974年，コヴェント・ガーデン・マーケット（→Covent Garden Market）が施設面その他の理由で閉鎖され，ここへの移転が実現し，ニュー・コヴェント・ガーデン・マーケットが発足した．新しい市場は歴史は浅いが，旧市場より設備も機構も整い，この地域は以前と同じく活況を呈するようになった．同時に新しい工場も次々と建てられ，バタシー地区の産業の中心となりつつある．鉄道のバタシー・パークとクイーンズ・ロード駅が近い．

Nonsuch Palace
ナンサッチ・パレス

ヘンリー八世が1538年に外国使臣接待用狩猟館として，ロンドン南部サリー州のナンサッチ・パークに建てたもので，1682年に取り壊され現存しない．

名称は「他に類を見ない」を意味する．規模こそさして大きくなかったが，2階建ての館の内・外装ともモデナから招いたイタリア人の建築家の贅を極めた作とあって，古画に残る全容は狩猟館とは思えない豪華な城館で

ナンサッチ・パレス（16世紀）

あった．メアリ一世はこの館をアランデル伯爵のサフォークの館と交換したりしたが，ジェイムズ一世の時代に再び王家の所有となった．しかし，館はチャールズ二世の時代，同王の愛妾のクリーヴランド公爵バーバラ・ヴィリアズに与えられ，バーバラは1682年にバークリー卿に売り渡したが，バークレー卿はただちにこれを壊して，その石材をサリー州のエプソムの私邸の建築に使って，1702年に館は廃墟と化した．

Norfolk House
ノーフォーク・ハウス

St. James's Square, SW1

セント・ジェイムズ・スクエアの南東角にあるオフィスビル．もとセント・オールバンズ伯爵のものだった屋敷で，18世紀20年代に第八代ノーフォーク公爵が買い，以後1938年まで同家の所有だった．フレデリック皇太子は父王ジョージ二世によってセント・ジェイムズ・パレスを追われたとき，この屋敷を借りた．フレデリックの長男であるジョージ三世は，1738年6月4日この屋敷で生まれた．

1748年には建物の傷みがひどくなって取り壊され，4年をかけて第九代ノーフォーク公によって再建された．1938年に取り壊されたとき，ミュージック・ルームだけは残され，現在ヴィクトリア・アンド・アルバート博物館に展示されている．記念銘板にあるとおり，戦時中この建物はアイゼンハワー元帥率いる連合軍本部として使われた．1934年全面的改装が行なわれ，オフィスビルとして生まれ変わっ

た．地下鉄ピカディリー・サーカス駅に近い．

North Audley Street
ノース・オードリー・ストリート W1

グロヴナー・スクエアの北西角から北へ走りオックスフォード・ストリートに接する通り．もとになる道路は1720年代半ばに敷かれた．道路名は，土地がもともとサー・ヒュー・オードリーの所有だったことに由来する．のちに土地はグロヴナー家へと受け継がれた．

18世紀末この通り沿いには主に商人が住んでいた．19世紀末にはほとんどの家は大きな建物に建て替えられ，上階は住居や事務所，1階が商店という町並みになった．この通りに住んだ著名人には1807年に，首相を務めたヘンリー・J・T・パーマストーン，1830年代と40年代はじめに小説家マライア・エッジワスが1番地に妹と住んだ．地下鉄マーブル・アーチ駅に近い．

North Circular Road
北環状道路

北環状道路A406は，ロンドン西郊のチズィックから東郊のウリッチ・フェリーまでの37キロを，弧を描いて走る道路である．

ロンドンから放射状に伸びる道路の多くは，車時代のずっと以前にできたものだが，北環状道路と南環状道路は車社会の到来によって1930年代に生まれた産物で，ロンドン中心部を迂回し，放射道路と連結する環状道路として建設された．2つの道路は，昔からの小さい道筋に沿って作られた．

北環状道路はチズィック地区の高速道路M4を起点として，北郊のサウスゲート地区に向かう．その途中，大きなハンガー・レイン・ラウンドアバウトでイングランド西部のオックスフォードに通じるA40と交差する．その先のウェスト・ヘンドン地区とブレント・クロス地区との短い距離のなかでA5とA41と交差し，この2本の道路の間で高速道路M1の起点を通過する．そのあと東進して，エドモントン地区ではグレート・ケンブリッジ・ロード（A10）と交差する．

ここからさらに東に進んでウッドフォード地区に入ると，ロンドンから北部のケンブリッジへ向かう高速道路M11の起点を通過する．そこから2キロ先のレッドブリッジ地区で，イングランド東部のコルチェスターへ向かうA12道路と交差．ここを南下してテムズ川が近づいてくる手前でA13道路と交差し，ロンドン・シティ・エアポートに接続，終点に入る．

途中にある多くの交差点は立体交差かラウンドアバウトになっているが，それでも混雑が完全に緩和されているわけではない．道筋には軽工業の工場が立ち並び，最近では車での買い物客に応じるためのショッピング・センターが増えている．

1980年代以降，ロンドン中心部を避けて他地域へ向かう車にとって，ロンドンの外郭環状高速道路M25が今や重要な役割を果たしている．
→South Circular Road

North End Road
ノース・エンド・ロード　SW6

フラム・ロードから北上し，ハマースミス・ロードに至る大通りで，ストリート・マーケット(→Street Markets)が開かれる．

初めて人が住みついたのは16世紀，野菜や果実を栽培する農地が多かったが，ノーマンド・ハウス(1661)のような立派な館も数軒建った．館は1885年にセント・キャサリン女子修道院に転用されたが，第二次世界大戦でひどく破壊されたため取り壊され，その跡地はノーマンド・パークとして，1952年に一般公開された．

北端のハマースミス・ロードから南のウェスト・クロムウェル・ロードを過ぎたところにチャールズ二世時代に建てられたザ・グレンジという家があった．小説家サミュエル・リチャードソンが住んだことがあり，画家のエドワード・バーン＝ジョーンズも1867年から98年に亡くなるまで住んだが，1958年に取り壊された．道路のなかほどに地下鉄ウェスト・ケンジントン駅がある．

Northern Line
ノーザン・ライン

ロンドン地下鉄道会社の一部となっている線で，正確には「二つの線」というべきであろう．テムズ川南側には地質の関係で，あまり地下鉄が発達しなかったが，この線は貴重な例外である．もともと1890年にロンドン橋付近のテムズ川底を南北に結ぶ，最初の電気列車によるチューブ(tube)として開業したのが，ザ・シティ・アンド・サウス・ロンドン鉄道(通常「シティ」鉄道と呼ばれた)であった．その後この線は南方向に延びてモードンに達し，北方向にはムアゲート，ユーストン，カムデン・タウン，ハイ・バーネットまで延長し，途中のフィンチレー・セントラルからミル・ヒル・イーストまでの支線もできた．

この線の途中，テムズ川南のケニントンから別れてテムズ川の下をくぐって北上し，チェアリング・クロス，ユーストン，カムデン・タウン，ハムステッドを経由してエッジウェアにまで達する．通称「ハムステッド」鉄道は，もともとは「シティ」鉄道とは別会社であったが，現在はひとつにまとめてノーザン・ラインと呼ばれている．どちらもチューブ線であるから車両は小ぶりである．ロンドン市内中心部を通る南北縦断線として便利な路線である．
→Underground Railways

Northumberland House
ノーサンバーランド・ハウス

17世紀はじめ，現在のトラファルガー・スクエアからテムズ川岸にかけてあったノーサンプトン伯爵の館．伯爵の死後，甥のサフォーク伯爵がこの館を継いだ．その娘が第十代ノーサンバーランド伯爵アルジャーノン・パーシーに嫁いだ．以後ノーサンバーランド・ハウスとして知られるようになった．18世紀半ば一部増改築された．

19世紀半ばになると，建物の周りには商店がぎっしり並ぶようになった．一方にトラファルガー・スクエア，もう一方の側には現在のヴィクトリア・エンバンクメントが造られた．

17-18世紀頃の
ノーサンバーランド・ハウス

建物はノーサンバーランド・アヴェニューを造るため1874年に取り壊された.

Notre Dame de France
ノートル・ダム・ド・フランス
Leicester Square, W1

　ロンドン在住のフランス人カトリック信者のための教会. 1860年ニコラス・ワイズマン枢機卿の依頼を受けて, ペール・シャルル・フォーレ神父が母国で募った浄財をもとにレスター・スクエアの北側に建てた. 現在の建物は1955年に完成したもので, 円形の簡潔な優美な外観をもつ教会. 祭壇にはフランスのオービュソン織りのタペストリーがかかり, 聖母礼拝堂の壁にはジャン・コクトーのフレスコ画が見られる.

Notting Hill
ノッティング・ヒル　W11

　ノッティング・ヒルとはもとカムデン・ヒル(→Campden Hill)のことで, ノース・ケンジントンとも呼ばれる. 市西郊寄りの西インド諸島からの移民が多い地区で, 1950年以来人種暴動や衝突で有名になった. 昔から貧富の差がはげしい地区で, 毎年8月のバンク・ホリデー(最終月曜日)に行なわれる西インド諸島系の人々の祭り, ノッティング・ヒル・カーニヴァルで有名. 多種多様な仮装をした民衆が, カリブ調の音楽を打ちならす山車を囲んで, 屋台が並ぶ通りを練り歩く. 1966年に始まったこの祭りも, 年ごとに規模が大きくなり, 今ではロンドンの年中行事として定着した. また映画《ノッティング・ヒルの恋人》で, 一躍世界的に名を知られ, 若者を中心にした新しいショッピング街としてにぎわっている.

Novello's
ノヴェロズ
Lower James Street, W1

　音楽出版社. 1781年, イタリア人の父とイギリス人の母のあいだに生まれたヴィンセント・ノヴェロは, 16歳でグロヴナー・スクエアのポルトガル大使館礼拝堂のオルガン奏者となり, 1822年までその職にあった. ノヴェロの家には, ラム姉弟, ウィリアム・ハズリット, リー・ハント, P.B.シェリーと妹のメアリ, メンデルスゾーンなどのほか, 有名歌手や著名人が多く集まった.

　ノヴェロとその合唱隊が歌う曲があまりにも人気をよんだため, 1811年に楽譜を出版しはじめた. 1825年には史上初めてモーツァルトやハイドンのミサ曲の楽譜を出版した. 息子のアルフレッド・ノヴェロは1829年に楽譜出版社をはじめ, 1834年にはノヴェロ・アンド・

ノートル・ダム・ド・フランスのジャン・コクトーによる祭壇壁画

カンパニーという大会社になっていた．その後2度移転し，1977年にソーホー地区の現在の場所に移った．また，ノヴェロは19世紀初頭パンテオン劇場でオペラの指揮を担当したり，ロンドン・フィルハーモニー管弦楽団の設立にも助力した．

No.10
→Downing Street

Nunhead
ナニード　SE15

ロンドン南東部ペッカムの南部を占める地区．18世紀には，17世紀の居酒屋ナンズ・ヘッドを中心にした村であった．茶店などがあり，ロンドンを一望できる眺望が呼びものとなって，夏の田園リゾート地となった．しかし，1840年にナニード墓地が造られたのをきっかけに，しだいに都市化が始まった．シドナムの水晶宮（→Crystal Palace）で使う花火を製造する花火工場など，小規模ながら産業も進出し，同時に増加する人口に備えた新興住宅地の様相も強くなった．鉄道ナニード駅がある．

O

Oakley Street
オークリー・ストリート　SW3

　チェルシー地区の大通り．キングズ・ロードよりアルバート橋へ至る街路．1850年代にチェルシー教区教会領地の一部とカドガン地所に敷設された．カドガン地所の当時の地主はカドガン伯爵であり，彼は同時にカドガン・オヴ・オークリー男爵であった．32番地に住んだフィネ医師（フィネ・ストリートに名を残した）はロンドンの街路の植樹を熱心に提唱した人物で，この街路にも今日も見られる美しい街路樹を植えた．南極探検のR.F.スコットは5番地に住んだ（1905-08）．東隣のオークリー・ガーデンズは1855年に建造が開始され，33番地にはジョージ・ギッシングが1882-84年に住んだ．彼はロンドンで13の住居を転転としたが，そのうちここに住んだ期間が最も長い．

Obelisks
オベリスク

　石造りの方尖形の記念碑で，代表的なものにヴィクトリア・エンバンクメントのクレオパトラの針（→Cleopatra's Needle）がある．

　オベリスクにも大小さまざまあって，チェルシーの王立廃兵院（→Royal Hospital）の庭には，戦没軍人を記念する花崗岩の細長い塔が立っているし，西郊のガナーズベリー・パークには14,500名に上るポーランド人捕虜の犠牲者に捧げる黒い花崗岩のオベリスクが立っている．

　ケンジントン・ガーデンズのオベリスクは，アフリカのナイル川の水源を確認した探検家ジョン・ハニング・スピークを記念して，1866年に建立されたものである．

Odeon Cinema
オデオン・シネマ
Northfield Avenue, Ealing, W5

　ロンドン西郊イーリング自治区にあって，セシル・メイシーのデザインにより，1932年に建築された映画館．映画館の内装としては1930年代を代表する装飾として人目を引いた．「スパニッシュ・シティ」の異名をとったのも，凝ったムーア式内装のためだった．また屋根，バルコニー，小塔，窓，格子などの装飾にも時代の先端を行くものとして人気が集まった．文化財の指定を受けている．地下鉄レスター・スクエア駅に近い．

Old Bailey
オールド・ベイリー　EC4

　中世ロンドンの旧外壁（オールド・ベイリー）沿いの街道であったが，いまでは中央刑事裁判所の代名詞として一般に用いられる．1902年までは，ここにニューゲート監獄（→Newgate Prison）が立っていたことでも知られている．

　現在の通りはラドゲート・ヒルからニューゲート・ストリートまで通じている．
→Central Criminal Court

Old Battersea House
オールド・バタシー・ハウス

Vicarage Crescent, SW11

　建築年代は不明だが，南正面に設けられた日時計には1699年の年号が見られる．サー・ウォルター・シンジャンが建てた煉瓦造りの2階建ての邸宅である．地元の有力者が次々にここに住んだが，19世紀半ばに教員養成学校のセント・ジョン・コレッジの校舎になった．20世紀に入って，バタシー自治区の管轄下におかれた．現在はド・モーガン財団の所有するラファエル前派ド・モーガン・コレクションが収められている．ほかに1970年代にこの建物を改修したマルコム・フォーブズのフォーブズ財団が所有するヴィクトリア朝絵画をも収める．鉄道クラパム・ジャンクション駅が近い．

Old Bell Inn
オールド・ベル・イン

Fleet Street, EC4

　釣鐘亭という旅籠や酒亭は，イギリス中に散在する．ベルは楽器としてイギリス人の最も愛するもので，釣鐘は教会を連想するものであり，釣鐘亭の看板のあるところ，必ず近くに教会があるといわれる．看板の絵としては，鐘の数は1個から4，5，8，12個とさまざまである．色彩としては「青い鐘」が最も愛好される．釣鐘亭の起源は宗教的な休息所であったと考えられている．ロンドンに現存する釣鐘亭で，歴史的に古いものは，このフリート・ストリートのオールド・ベル・インである．

　ロンドン大火(1666)で焼失したセント・ブライド教会(→St Bride's)の再建のため，クリストファー・レンがその工事関係者のためのホステル(休憩所)として1678年に建てたのが，この釣鐘亭であった．大火以前に白鳥亭があったところで，そのときの地下酒蔵が現存している．屋号は「黄金のベル」，「12個のベル」などと呼ばれていたが，ロンドン最初の印刷業者ウィリアム・カクストンの助手であったウィンキン・ド・ウォルデの仕事場でもあったという．この酒亭の裏口はセント・ブライズ・アヴェニューに通じ，客は教会の境内でビールを飲むことができる．ウェディング・ケーキと呼ばれるクリストファー・レンの美しい尖塔をながめながら，エールを飲むのも一興であろう．

Old Bond Street
→Bond Street

Old Broad Street
オールド・ブロード・ストリート　EC2

　スレッドニードル・ストリートからリヴァプール・ストリートまでほぼ南北に走る街路．南端西側に株式取引所(→Stock Exchange)があり，北端はリヴァプール・ストリート駅に近い．12世紀にこの通りの最初の記録があり，中世の道筋は現在のロンドン市長公舎からスレッドニードル・ストリートをロンドン・ウォールまで通じていた．名称は当時としては例外的に道幅が広かったことに由来する．

　エリザベス一世の治世から17世紀まで上流の人々の邸宅があった．24番地はサー・トマス・グレシャムの邸宅(庭園はビショップスゲート・ストリートまで広がっていた)の敷地の一部である．グレシャムの未亡人が死亡したとき，この邸宅は最初のグレシャム・コレッジとなり，ついで1645年に王立協会(→Royal Society)の最初の所在地となったが，建物は1768年に取り壊された．19番地はチャールズ・ラムが書記として勤めた会社があったサウス・シー・ハウスの敷地の一部を占め，現在は有力な銀行家・商人のクラブであるシティ・オヴ・ロンドン・クラブである．

Old Bull and Bush
オールド・ブル・アンド・ブッシュ亭

North End Road, Hampstead, NW3

　ハムステッドといっても，地下鉄のゴールダーズ・グリーン駅に近い．「雄牛(ブル)と茂み(ブッシュ)」という一見無関係な組み合わせの屋号については歴史がある．オールド(老舗)というのは，1645年に開業したときは，ハムステッド・ヒースの頂上にあって，そ

こは農場の一部で屋号はただの「ブル」といったが，18世紀になって農場の歴史をとどめるために，「ブル」に「オールド」を付し，さらに「ブッシュ」を結合したという経緯がある．

この酒亭は一時的に社会風刺画家のウィリアム・ホガースの田舎家となったこともある．ホガースと同時代の有名な画家たち，ゲインズバラやレノルズ，そして俳優のギャリックも常連であった．のちにチャールズ・ディケンズは，小説『骨董店』の娘ネルのモデルとなった義妹のメアリ・ホガースが死んだ直後，その悲しみをいやすために，しばらくこの酒亭に身を隠していたという．さらには19世紀のミュージック・ホールのスターといわれたフローリー・フォードの《オールド・ブル・エンド・ブッシュで落ちぶれて》の歌で名を知られるようになった．内部にはホガースの自画像もあるが，真贋のほどは不明．

Old Burlington Street
オールド・バーリントン・ストリート　W1

第三代バーリントン伯爵のメイフェア地区の所有地に，1710年代末から1740年にかけて開発されたバーリントン地所にある主要な街路．古い課税簿によれば旧名はノーエル・ストリート．南はバーリントン・ガーデンズから北はボイル・ストリートまで走り，現在はオフィスビルが多い．31，32番地は，コリン・キャンベルの設計により1718-23年に建設された．ほかに24番地は1720年ころ，22番地と23番地は1812年に建設されたものである．

のちの首相ヘンリー・ペラムは1722-32年に32番地に住んだ．ジェイムズ・ウルフ将軍は少年時代から青年時代の1743-51年にこの街路にある父の屋敷に住んだ．ヨークタウンのイギリス軍司令官初代コーンウォリス侯爵の最後のロンドン邸宅は29番地であった．これはバーリントン卿自身がジョージ・ウェイド将軍のために設計したパラディオ様式の見事な建物であったが，1935年に取り壊された．クイーンズベリー公爵夫人の秘書を務めた『乞食オペラ』の作者ジョン・ゲイが，この通りで亡くなっている．地下鉄ピカディリー・サーカス駅に近い．

Old Church Street
オールド・チャーチ・ストリート　SW3

チェルシー地区の大通りキングズ・ロードと交差する道路で，北はフラム・ロードに接し，南端はテムズ河岸のチェイニー・ウォークまで達している．

キングズ・ロードから南の部分は以前チャーチ・レインとして知られ，19世紀までは酪農場もあり，牛が草をはむ姿も見られたが，現在は商店やオフィスの建物が多い．34番地には，近くに住んでいたトマス・カーライルがよく訪れた煙草屋があった．さまざまな歴史を刻むチェルシー・オールド・チャーチ（→Chelsea Old Church）からほど遠くないところに，スコットランド出身の作家で典型的なイギリス人を象徴するキャラクター「ジョン・ブル」の創案者アーバスノットが住んでいた．また，キングズ・ロードに出る手前の煉瓦塀に囲まれた建物は牧師館チェルシー・レクトリーで，19世紀前半に幼年時代のチャールズ・キングズリーが住んでいた．父親が牧師だったからである．

キングズ・ロードを北へ渡ると，19世紀初期の豪奢な建物が並び，雰囲気は一変する．ここの127番地は，ウィリアム・モリスの友人で工芸家にして小説家であったウィリアム・ド・モーガンが晩年の7年間を過ごし1917年に亡くなった家．同じ工芸家の妻イーヴリンも2年後にここで他界している．また，141番地には一時，女流作家のキャサリン・マンスフィールドが暮らしていた．近くの147番地は彫刻家エイドリアン・ジョーンズが1892年から住んでいたが，彼はここで1937年に亡くなった．

Old Compton Street
オールド・コンプトン・ストリート　W1

ソーホーのショッピング街で，1677年に最初の家屋が建造された．名称は1676年以来ソーホーの教区教会セント・アン教会（→St Anne③）の建立に尽力したロンドン司教ヘン

リー・コンプトンにちなむ．

18世紀には多くの家屋が商店となり，19世紀にはレストラン，パブ，仕事場もあったが大部分の家屋の1階は商店であった．当初より多くの外国人が居住したが，とくにパリ・コミューンの壊滅後はフランス人の流入がめだち，居酒屋では詩人ランボーやヴェルレーヌの姿も見られた．外国料理のレストランが多いが，19番地のウィーラーズ（→Wheeler's）はイギリス魚料理店である．18世紀のスマートな化粧漆喰の正面が50番地と40-42番地に見られる．22-28番地はプリンス・エドワード劇場．1950年代にこの通りはロック音楽の発祥の地となった．

Old Court House
オールド・コート・ハウス

Hampton Court Green, KT8

1536年に建てられた王室主席建築家の邸宅．建築当時は漆喰塗り木造家屋であったが，1660年の王政復古とともに王室主席建築家となったサー・ジョン・デナムが一部を煉瓦造りとして改築した．

ウィリアム三世とメアリ女王の命によりハンプトン・コート・パレスが改修されたときには，その任にあったクリストファー・レンがこの屋敷にしばしば滞在した．この屋敷は1723年にレンが死去すると，息子クリストファー，次いで孫スティーヴンの手に渡った．19世紀に右隣りの邸と合体したり，改造が加えられたが，1960年に再び分割されて現存している．

Old Curiosity Shop
オールド・キュリオシティ・ショップ

Portsmouth Street, WC2

リンカーンズ・インの南西角の近くにあるこの小さな店は，チャールズ・ディケンズの作品『骨董屋』の舞台として人気があるが，実際にはモデルではなく，1567年ごろに建てられたロンドン最古の商店と考えられている．ディケンズの作品中の骨董店はナショナル・ポートレート・ギャラリーの近くということになっている．現在この店では，みやげ物，アンティークなどを売っている．地下鉄オールドウィッチ駅に近い．

Olde Mitre Tavern
オールド・マイター・タヴァン

Ely Place, Hatton Garden, EC1

1546年にグッドリッチ司教によって，イーリー・プレイスの使用人のために造られた酒亭．壁にその歴史が記録されている．中英語のオールド（Olde）が示すように，ロンドンに現存するパブとしては，最も古いもののひとつである．イーリー・プレイスは，13世紀以来，イーリー司教のロンドン公邸所在地であり，ここはロンドンのシティ内にありながら，中世以来の特権でイーリー大聖堂の所在地ケンブリッジシャーの管轄下にあって，ロンドン市長の権限外にある．

1576年にエリザベス一世の寵臣クリストファー・ハットンがこの借地権を獲得したこともあった．彼はその境い目に桜の木を植えた．女王がその周りで踊ったと伝えられ，今日その幹が酒亭に保存されている．クロムウェルによる清教徒革命の折，この建物は牢獄として，またのちに病院としても使われた．現在この酒亭のある横丁には，ロンドンではいまはめずらしくなった数少ないガス灯が見られる．地下鉄のチャンセリー・レイン駅に近いホーボーン・サーカスにつづくイーリー・プレイスにある．

Olde Wine Shades
オールド・ワイン・シェイズ

Martin Lane, EC4

「シェイズ」とはワイン貯蔵室のことで，昔のブドウ酒店のこと．文字どおり日陰のうす暗い場所を意味する．シティに現存するこのワイン・ハウスは，1663年にさかのぼる．シティで最も古い酒場であった．ワインの地下貯蔵槽に，鉛の蓋がしてあったので，ロンドン大火をまぬがれたという．

せまい戸口を入ると，天井の低い部屋に，にぶい光の電灯がともり，目がなれるまでは

しばらく周囲の様子もわからない．目がなれてくると，次第にふしぎな光景が展開する．部屋の片側にブドウ酒の大樽が並んでいるバーがあり，酒ビンやグラスが列をなしている．反対側には1.5メートルほどの高さの仕切りのある囲いがたくさんあって，使い古された座席も黒ずんだ食卓も古色蒼然，ヴィクトリア朝初期の雰囲気をとどめている．古い建物を取り壊す申請も1972年に却下されて，今日に及んでいる．18, 19世紀に酒場のことを「シェイズ」（複数形）と呼んでいたのは，これらの酒場が地下室か，アーケードの下の薄暗い場所にあったからである．

Old Ford
オールド・フォード　E3

ロンドン東部の一地域で，ロンドンからエセックス州のコルチェスターへのローマ時代の街道（→Roman Roads）が，ここでリー川を渡った．ローマ時代以来，この浅瀬はリー川のただひとつの渡し場であったが，ヘンリー一世の時代に石造りのボウ橋が建造された．伝承によれば，ヘンリー一世の王妃マティルダはリー川を渡っているときにあやうく溺死しそうになったために，この橋の建造を命じたといわれる．ローマン街道のさらに北でオールド・フォード・ロードがオールド・フォードへ通じている．3, 4世紀にはローマ人の居住地があったことが考古学的に知られ，中世には居住地の中心はボウに移った．産業は19世紀まで農業と市場向け野菜栽培であったが，13世紀にはすでに毛織物の縮絨工場があったし，1500年ごろの大きな染色工場では，リー河岸の柳とアシを利用していた．

Old Jewry
オールド・ジューリー　EC2

セント・ポール大聖堂に近く，ロスベリーとポールトリー街をつなぐ短い南北に走る道．この界隈は，ウィリアム征服王によってロンドンにおけるユダヤ人居住地（Jewry）と定められた．彼らに対するイギリス社会の目は冷たく，長い間の反目は歴史が記すところである．1290年にさまざまな口実のもとにユダヤ人がイギリスから追放されたあと，オールド・ジューリーと呼ばれるようになった．
→Immigration

Old Lady of Threadneedle Street
→Bank of England

Old Palace Yard
オールド・パレス・ヤード　SW1

1050年，ウェストミンスター・アビーの聖堂建設に新たに着手したエドワード懺悔王が住んだ宮殿跡．ウェストミンスター・ホールの南側に位置する．北側にニュー・パレス・ヤード（→New Palace Yard）がある．1834年の火事により，宮殿はジュエル・タワーとホールを残して焼失．その後，チャールズ・バリーとオーガスタス・ピュージンの設計になる現国会議事堂の建物が建設された．宮殿跡は現在オープン・スペースとなって議事堂専用の駐車場として使われている．カルロ・マロチェッティ制作（1861）による青銅の乗馬姿のリチャード一世像がある．

公職時代のジェフリー・チョーサーが宮殿北側に住んだ．現在そこにヘンリー七世チャペルが立つ．ベン・ジョンソンもしばらくこの地に住んだ．火薬陰謀事件の首謀者ガイ・フォークスとその一味が1606年に，またサー・ウォルター・ローリーが1618年10月29日の朝，ここで処刑された．ローリーの胴体だけがすぐ前のセント・マーガレット教会に埋葬された．

Old Royal Mint
旧王立造幣局

ロンドンに造幣局が造られたのは825年といわれるが，ロンドン塔内に設置されたのは1300年ごろ．同時期にこの造幣局は貨幣のデザインなどを任され，イングランド国内の貨幣鋳造を一手に引き受けるようになった．19世紀はじめ，ロンドン塔内が手狭になったため，造幣局は近くのタワー・ヒルに用意された建物に移転した．その後，十進法の採用や

オールド・ヴィック座

商業の発達にともなう貨幣鋳造量の増加などを理由に，1968年ウェールズ南部のカーディフ近くへ移転し，1975年にタワー・ヒルの造幣局は閉鎖され，博物館となった．

造幣局は国王と造幣局長によって運営された．造幣局長の職は長らく他の公職との兼務が認められなかったが，1870年以降，蔵相が兼ねることになった．造幣局長を務めた人物にアイザック・ニュートンがいる．

ロンドン塔内という警備の厳重な場所にありながら，造幣局も盗難と無関係ではなかった．たとえば1798年には2804ギニーという大金が盗まれた．また，1971年には，造幣局と最寄りのドックとの間に掘られたトンネルが発掘された．最初は犯罪のためのものと思われたが，結局昔掘られた地下歩道のようなものと判明した．

Old Slaughter's Coffee House
オールド・スローターズ・コーヒー店

このコーヒー店があったセント・マーティンズ・レイン（→St Martin's Lane）といえば，18世紀中ごろは芸術家横町といわれ，家具で有名なチッペンデールや画家のレノルズ，フューズリ，ホガースやその義父となったソーンヒルなどが住んでいたから，このコーヒー店はこれら芸術家たちのたまり場として栄えた．しかし，開店当初(1692)は，ホイスト，チェス，その他の勝負ごとの好きな遊び人たちが集まり，小説家のフィールディングもよく訪れて，そのいかさまぶりを目撃している．また，討論の場としても有名で，オリヴァー・ゴールドスミスも情熱家がその怒りを発散させるのによいところだと伝えている．これに反し，この店はその後「王立動物虐待防止協会」発足宣言(1824)の場ともなった．しかしその翌年，かつて修業中のホガースが通っていた銀細工師の住んでいたクランボーン・ストリート拡張で取り壊された．

Old Vic
オールド・ヴィック座
Waterloo Road, SE1

テムズ川南岸ランベス地区に劇場をという要請を受けて，1818年ロイヤル・コーバーグ劇場としてオープンした．ウィリアム・バリモアの《決闘審判》で幕を開けたが，労働者向けの通俗的なメロドラマ専門の劇場に堕した．名優エドマンド・キーンが1831年に出演している．1833年に改装され，ヴィクトリア妃(のち

の女王)にちなみ,ロイヤル・ヴィクトリア劇場と改名,じきにオールド・ヴィックというあだ名がついた.ただし水準は低下したまま,1871年に閉館して競りにかけられ,ニュー・ヴィクトリア・パレスとして再出発を図ったが,またもや閉館.80年に社会改良家エマ・コンスが買い取り,ウィリアム・ポールを支配人にして,ロイヤル・ヴィクトリア・ホール・アンド・コーヒー・タヴァンという名で家庭的な娯楽を提供する場となる.

1898年からコンスを手伝っていた姪のリリアン・ベイリスが1912年に全権を握った.この傑物支配人はシェイクスピア全作品の上演に乗り出し,1923年に《トロイラスとクレシダ》で終えるまでのあいだ,ロバート・アトキンズ,タイロン・ガスリーといった名演出家,シビル・ソーンダイク,ジョン・ギールグッド,ローレンス・オリヴィエ,ラルフ・リチャードソン,マイケル・レッドグレーヴ,ペギー・アシュクロフトら綺羅星のごとき名優が勢揃いして,オールド・ヴィックの名前を世界にとどろかせた.オペラとバレエも同時期に上演され,これは1931年にサドラーズ・ウェルズ劇場(→Sadler's Wells Theatre)に移るまで続いた.ベイリスは1937年に死去,劇場は41年に爆撃で大破した.改修されて50年に《十二夜》で再開した.今度はマイケル・ベントールのもと,1953年のリチャード・バートンの《ハムレット》にはじまり,58年のギールグッドの《ヘンリー八世》で終わるシェイクスピアの全作品上演を繰り返した.

戦後すぐに,演出家ミシェル・サン・ドニ,ジョージ・ディヴァイン,グレン・バイアム・ショーの3名を中心にした,実験演劇センターの企画が生まれた.その一環として,1945年1月に演劇学校が設立されたが,52年夏まで継続して,解散している.

1963年には,新しく組織されたナショナル・シアター(→National Theatre)の仮の本拠地となった.初代監督に就任したオリヴィエはピーター・オトゥールの《ハムレット》を演出して船出した.在任中オリヴィエは自ら13の役柄を演じたが,《ワーニャおじさん》(1963)や《オセロー》(1964)など傑作を残した.新作にはトム・ストッパードの《ローゼンクランツとギルデンスターンは死んだ》(1966)やピーター・シェーファーの《エクウス》(1973)などがある.1976年に新監督ピーター・ホールのもとナショナル・シアターが新しい劇場に去って,魅力が薄らいだように見えた.しかし,82年にカナダ人興行主エドワード・マーヴィッチが買収,200万ポンドをかけて3層の観客席を1067席に拡大するなどの改修を施し,ティム・ライスのミュージカル《ブロンデル》(1983)で再起を図った.舞台も拡大され,プロセニアムの間口8.5メートル,奥行10メートルの舞台にさらに1.5メートルの前舞台がつく.1987-90年,ジョナサン・ミラーが芸術監督の座にあったが,その後はほかでヒットした公演を迎え入れている.地下鉄・鉄道のウォータールー駅に近い.

Olympia
オリンピア

Hammersmith Road, W6

　地下鉄ディストリクト・ラインのオリンピア(ケンジントン)駅前,敷地4万6500平方メートルを有するイベント用大ホール.葡萄苗木園の土地の一部を利用して造られ,1884年に開館したときは,ナショナル・アグリカルチャー・ホールの名であった.2年後,サーカス・ショーを興行するにあたって「オリンピア」と改名した.以来,1905年からモーター・ショー,1907年から国際馬術ショー,その他各種のスポーツ・ショーなどさまざまな催しが行なわれている.毎年12月に行なわれるショー・ジャンピング国際選手権大会は有名.第一次世界大戦中は陸軍省に接収されていた.1934年にはネオ・ファシスト運動の集会場として利用されたこともある.

　現在,会場はグランド・ホール(1895),ナショナル・ホール(1923),オリンピアⅡの3部分からなる.1929年に増築されたエンパイア・ホールは家具センターとして使用されている.人気ある毎年恒例の催し物はデイリー・メイル社主催の家具と住まいの展示会,クラ

フツ・ドッグ・ショー（→Cruft's Dog Show）などがある．近頃は，大催し物の会場としてはアールズ・コート（→Earl's Court）のエクシビション・ビルディングズにその席をゆずりつつある．

Olympic Theatre
オリンピック劇場

ストランド街の東端近くに1806年，サーカスの経営者フィリップ・アストリーによって建設，オリンピック・パヴィリオンの名で開設された劇場．フランス軍艦の板材とブリキの天蓋で造られていた．出し物は馬のショーやパントマイムだった．以後，劇場名や演し物をしばしば変えたが赤字続きであった．13年には劇場を改装したが，営業成績は上がらなかった．31年にエライザ・ヴェストリス夫人が経営を引き継ぐと，入場料の安さと舞台照明の美しさで人気が出た．しかし，夫人が去るとまた成績不振となった．

49年には火事で全焼し，同年再建されて《ヴェローナの二紳士》を上演した．経営者は次々に代わり，ホラス・ウィガンの時代にロマンティックな芝居が当たり，この劇場の売りものとして定着した．しかしそれも徐々に人気を失い，89年に閉鎖された．翌年新装オープンしたがヒット作はなく，99年11月に最終的に閉鎖，1904年に取り壊された．

Omega Workshops
オメガ工房

ロンドンで後期印象派展を成功させたロジャー・フライを中心に，ヴァージニア・ウルフの姉ヴァネッサ・ベルやダンカン・グラントらにより，若い芸術家たちを擁護するため，1913年創設された芸術工房．経済的にはレディ・オットリン・モレルの援助，クライヴ・ベル，バーナード・ショーらの協力があった．ヴァネッサ・ベルなどのブルームズベリー・グループ（→Bloomsbury Group）のメンバーが関係した．オメガ工房のメンバーが製作する絵画，家具，陶器，敷物から，寝室や子供部屋の室内装飾品，手染め服地，あるいはクリスマス・プレゼント用小物などが，展示即売された．作品には製作者の名はなく，Ω印が記された．

1917年秋，ヴァージニア・ウルフはエセックス州のアシャム・ハウスから週1度フライらとのミーティングに工房へ出かけたことを記している．

盟友ウィンダム・ルイスとフライとの仲たがいもあり，第一次世界大戦中，経営は困難を極め，1919年9月閉鎖された．イザベラ・アンスクーム著『オメガ・アンド・アフター』が，家具デザインや室内装飾部門におけるこの工房の，その後の影響力などについて詳しい．

当時オメガ工房のあったフィッツロイ・スクエア（→Fitzroy Square）界隈には，北のカムデン・タウン（→Camden Town）とともに画家など芸術家が多く住んでいた．現在，工房が入っていた33番はロンドン・フット・ホスピタルの建物になっている．

Onslow Square
オンスロー・スクエア　SW7

地下鉄サウス・ケンジントン駅の南，オールド・ブロンプトン・ロードとフラム・ロードにはさまれた一角に，オンスロー・ガーデンズとオンスロー・スクエアとが隣接して存在する．西の一帯がガーデンズ，東の一帯がスクエアである．

1854年から1867年まで34番地に，イタリア生れの彫刻家カルロ・マロチェッティが住んでいた．彼は，アルバート・メモリアルにあるアルバート公の像，ウォータールー・プレイスのクリミアン・メモリアル，上院の外にあるリチャード獅子王の騎馬像などの作品を残した．

ウィリアム・M・サッカレーが，1854年から1862年まで36番地に住み，『ニューカム家の人びと』の一部，『ヴァージニア人』，『ジョージ四代記』，『バラと指輪』などを書いた．

Open Air Theatre
オープン・エア・シアター

Regent's Park, NW1

リージェンツ・パーク内にある野外劇場．1932年，シドニー・キャロルとロバート・アトキンズにより開設され，翌年《十二夜》で幕を開けた．34年のジョージ・バーナード・ショー《カレーの六人》は世界初演であった．出演者には，ヴィヴィアン・リー，デヴォラ・カー，ジャック・ホーキンスなどがいる．62年にはデイヴィッド・コンヴィルによりニュー・シェイクスピア・カンパニーが結成された．72-75年の大改造で，デッキチェアだった観客席がひな壇式桟敷に変わり，1187席の大劇場となった．幕間には芝生の上で食事が楽しめるほか，バーは上演の1時間前から夜12時まで開いている．興行期間は5月末から9月初めまで．雨の時には天幕の中で上演される．地下鉄ベイカー・ストリート駅に近い．

Opera Comique
オペラ・コミーク

バンクサイドのグローブ座とは別の，ホーボーンのオールドウィッチにあったグローブ座と背中合わせに立っていた劇場．このグローブ座とオペラ・コミークは急造だったため「不揃いの双子劇場」と呼ばれた．オペラ・コミークは1870年10月29日，フランスの劇団によるヴィクトリアン・サルドゥーの芝居で柿落としをした．翌年，フランスとプロシアの戦争のため故国を追われたコメディ・フランセーズが初の海外公演を行なうなど，主に海外の劇団に使用された．77年以降は，ギルバートとサリヴァンのオペラ《魔法使い》，《軍艦ピナフォア》，《ペンザンスの海賊》などで人気を博した．改造後の85年，マリー・テンペストが《火の妖精》でデヴューした．しかし，特別興行や試験興行に使用されることが多くなり，89年閉鎖，1902年に取り壊された．その跡地には現在，ブッシュ・ハウス（→Bush House）が立っている．

Oranges and Lemons
オレンジとレモンの祭り

St Clement Danes, Strand, WC2

毎年3月末ごろ，ストランドにあるセント・クレメント・デインズ教会（→St Clement Danes）で行なわれる礼拝．この教会の鐘は伝承童謡に「オレンジとレモン／セント・クレメントの鐘はいう」と歌われて有名である．この礼拝には地区の小学生が出席し，礼拝の終わりにこのナーサリー・ライムの曲がハンドベルで演奏され，子供たちはオレンジとレモンを1個ずつもらう．中世に地中海から輸入された柑橘類は，イーストチープの波止場で陸揚げされた．この教会はかつてイーストチープ（→Eastcheap）に立っていたのである．

Orange Street
オレンジ・ストリート　WC2

ナショナル・ポートレート・ギャラリーとナショナル・ギャラリーの裏側にある通り．西側の部分は1673年に建設されたが，1905年まで，ヨーク公ジェイムズ，のちのジェイムズ二世にちなんでジェイムズ・ストリートと呼ばれていた．他の部分は1695-96年の建設である．

名前のいわれは，オレンジ厩と通称されたモンマス卿の厩があったことによると考えられる．モンマス卿の紋章の色がオレンジ色をしていた，あるいは，ジェイムズ二世の跡を継ぎ英国王となったオレンジ公ウィリアムにちなむ名かもしれない．

セント・マーティンズ・ストリートの東にあるオレンジ・ストリート会衆派教会のあるところには1693年に建設されたユグノー派教会があった．劇作家・小説家トマス・ホルクロフトがこの通りで生まれた（1743）．俳優エドマンド・キーンはこの地区の小さな学校に通った．通りのはずれに，シェイクスピア劇で名を馳せた俳優ヘンリー・アーヴィングの碑が立っている．

Oratory of St Philip Neri
→Brompton Oratory

Orchard Street
オーチャード・ストリート　W1

オックスフォード・ストリートから北に入り，ベイカー・ストリートに続く通り．この通りと

オックスフォード・ストリートの角にはセルフリッジ百貨店・同ホテルがある．この通りが造られたのは1760年．名前は，地主のポートマン卿のサマセット州の所領オーチャードに由来する．ミニチュア画家リチャード・コズウェイが1767年にこの通りに住み，またアイルランド生まれの劇作家リチャード・ブリンズリー・シェリダンが1773-75年に，22番地で新婚生活を送り，処女作『恋敵』を書いた．

Order of St John Museum
聖ヨハネ修道会博物館
St John's Gate, EC1

ヨハネ修道会騎士団の中世以降の長い活動の歴史と意義を，宗教，慈善，軍事の分野にわたって広く記録し展示する．コレクションは各地修道会の教会，病院などの諸施設から収集した鎧，制服，硬貨，絵画，版画，宝石，銀器，陶器，書籍など多岐にわたる．なお1877年には慈善団体としてセント・ジョン救急団(St John's Ambulance Brigade)を創設，同教団の社会奉仕の伝統を堅持している．地下鉄ファリンドン駅に近い．

Orpington
オーピントン　BR6

大ロンドン南東郊のブロムリー自治区の南東部を占める広い地域．田園の住宅地である．

石器時代の遺跡があり，ローマ時代，サクソン時代の遺跡もある．オーピントン荘園の領主館は，バーク・ハートと呼ばれていたが，エリザベス一世の命名であるといわれている．18世紀までは美しい静かな村であった．1860年代に鉄道が敷設されてから次第に開発が進んだ．しかし19世紀末になっても農業が盛んで，この地で鶏のオーピントン種が作られた．ホップ，イチゴ，果樹も栽培された．今世紀に入って住宅の建設が進んだ．第一次世界大戦中にはカナダ兵士のためにオンタリオ軍病院(現オーピントン病院)が建てられ，また教区墓地の一角にはカナダ人の墓が造られた．荘園領主館バーク・ハートは1950年代に取り壊され，オール・セインツ教会が建てられた．オーピントンから南西5キロにある村ダウンにはチャールズ・ダーウィンが住み，その家は現在ダーウィン博物館となっている．

Osterley Park House
オスタリー・パーク・ハウス
Osterley Park, Isleworth, TW7

　この屋敷はシティの実力者，王立証券取引所(→Royal Exchange)の創設者，王室財務官でもあったサー・トマス・グレシャムが1562年に建築したカントリー・ハウスから始まる．1726年，屋敷は銀行家のチャイルド家の所有となり，地下室を金庫に使用したといわれる．貯蓄の風潮が高まる時流に目をつけ，チャールズ二世，その愛妾ネル・グウィン，サミュエル・ピープスなどを顧客にすることに成功した．このチャイルド銀行はチャールズ・ディケンズの『二都物語』にテルソン銀行として登場する．1761年，ロバート・アダムが屋敷の改造計画に参加することによって，オスタリー・パーク・ハウスは，グレシャム当時の正方形の塔を4隅にのこしながらも，室内装飾を中心にアダム流に面目を一新し，ハムステッドのケンウッド(→Kenwood)とともに，彼の代表作となった．天井，壁，ドア，ドア把手，絨毯，階段手摺り，家具調度類など，アダムが監督した第一級の職人技が目に入るすべてのものに冴えわたって，精妙と洗練と優雅の趣きを当時のままいまに伝えている．

　1773年，ここを訪問したホラス・ウォルポールは「われわれ一行がでかけたのは金曜日─本当に驚きだった，これは宮殿中の宮殿…サー・トマス・グレシャムが建てた，見慣れた古い屋敷だったものがこうも贅沢に改修されては，近くのサイオン・パーク(→Syon House)のパーシー家やシーモア家の連中はひとりのこらず嫉妬のあまり死んでしまうだろう．両端の塔の間のファサードをうめる二重柱廊玄関の気高さはアテネの神殿入口にも劣らない．大広間，書斎，朝食の間，食堂，どれひとつとしてアダムの芸術作品ならざるものなし．130フィートの通廊，接客の間…」と

現在のオックスフォード・ストリート沿いにあったマーケット（19世紀後半）

最大級の賛辞を与えた．
　大ロンドン西郊の広大な公園オスタリー・パーク内にある屋敷はレバノン杉が茂り，水辺に散策道がつづく庭園とともに，ジャージー家第九代当主が1949年に国に寄贈し，現在はナショナル・トラストが管理する．地下鉄オスタリー駅が近い．

Oval
オーヴァル・クリケット場
Kennington Oval, SE11
　このクリケット場はもともとイングランド南西部，コーンウォールの王侯公領である広大な野菜栽培園であった．オーヴァル（卵形）という名は，この敷地を囲む道路の形状に由来する．ここで行なわれた最初の試合は1845年で，ここをホームグラウンドとしたサリー州のクリケット・チームであった．翌年にはサリー対ケントの州対抗試合が行なわれ，サリーの勝利となった．1873年には最初の全国州選手権試合が行なわれ，さらに最初のテスト・マッチ（国際試合）が1880年にオーストラリアとのあいだで行なわれた．19世紀後半にはサッカーとラグビーの大試合にも使用された．第二次世界大戦中は捕虜収容所として利用されたが，戦後ただちに軍から返還された．
　クリケット場は1980年代に改修された．1988年以来，オーストラリアの醸造会社の支援を受け，経済的困難を切り抜けてきた．現在の収容能力は1万5000人あまりで，20世紀の初頭ヨークシャーとの試合では3日間で8万人を記録した．観客席の大部分は屋根なしである．正門はホッブズ・ゲートと呼ばれる——これは1934年にジャック・ホッブズという偉大な打者を記念して建てられたもの．パブ，クリケット・センター，図書館，土産物品店などがあって，クリケット愛好家に人気がある．
→Cricket, MCC

Ovington Gardens
オヴィントン・ガーデンズ　SW3
　ハイド・パークの南方，ブロンプトン地区の小路．商店の並ぶブロンプトン・ロードから南

東に入り，オヴィントン・スクエアに至る小さな住宅路．19世紀までは野原で数軒の人家があるだけだったが，世紀中頃に開発され住宅地になった．その後何度か住宅の建て直しが行なわれて，この小路の家はすべてがフラット式共同住宅になった．

Oxford Circus
オックスフォード・サーカス　W1

　オックスフォード・ストリートのほぼ中央，リージェント・ストリートとの交差点を指す．ふつうサーカスといえば，ピカディリー・サーカスのような大きなロータリーを指すが，ここは単なる交差点である．しかし交差点の四角にあるビルの角がとれて扇形をなし，同じデザインの正面をもっていることに特色がある．これらのビルは1913年から28年にかけて，サー・ヘンリー・タナーの設計によって建てられた．地下鉄ヴィクトリア・ライン，セントラル・ライン，ベイカルー・ラインのオックスフォード・サーカス駅があり，人々の行き来が絶えない，ロンドンでも屈指の盛り場となっている．

Oxford Street
オックスフォード・ストリート　W1

　ロンドンのウェスト・エンドを東西2キロにわたって走る同市の代表的繁華街．マーブル・アーチから地下鉄トッテナム・コート・ロード駅前のセント・ジャイルズ・サーカスに至る．

　通りの歴史は古く，ローマ時代にまでさかのぼる．イングランド南部のハンプシャー州から東部のサフォーク州に至るローマ街道の道筋にあたっていた．道路の呼び名は，アックスブリッジ街道，キングズ・ハイウェイ，オックスフォード街道，アクトン街道などさまざまであった．タイバーン・ウェイと呼ばれたこともあったが，それはかつてハムステッド近くに源をもつタイバーン川がオックスフォード・ストリートのストラトフォード・プレイスのあたりを流れていたからである．マーブル・アーチの絞首刑場として有名であったタイバーン(→Tyburn)も，やはりこの川の名にちなむ．オックスフォード・ストリートの名前が確立したのは，第二代オックスフォード伯爵エドワード・ハーリーが通りの北側の土地を取得した18世紀になってからである．まだこのころ道はぬかるみで，粗末な家が目立ち，おいはぎが出没した．住宅地としての開発が始まったのは18世紀の半ば近くになってからで，その世紀の終わりには両側に家が切れ目なく立ち並んだ．1772年，現在マークス・アンド・スペンサーのある場所に円形大広間と遊戯場をもったパンテオンが建てられた．現在，救世軍が使っているリージェント・ホールはもとはスケート・リンクだった．1840年にはプリンセス劇場も建てられた．現在のように大型店がたいせいを占めるようになったのは，19世紀の後半である．

　オックスフォード・ストリートの大型店は庶民性に特色がある．1906年にアメリカ人ゴードン・セルフリッジによって創業された大型百貨店セルフリッジ，1937年にマーブル・アーチから現在地に移ってきたマークス・アンド・スペンサー，1864年に小さな店から出発したジョン・ルイスなどは，庶民性を売りものにしている．その他，最近は薬・化粧品のブーツなどのチェーン店が増えている．大型店としてほかに有名なものは，ウォーターストーン書店，レコード店ヒズ・マスターズ・ヴォイス，子供用品マザーケアなどがある．また果物，野菜，みやげ物を売る大道商人が多いことでも知られる．クリスマスの時期には，リージェント・ストリート同様に無数の豆電球のイルミネーションで飾られる．オックスフォード・ストリートの東端はセント・ジャイルズ・サーカスで，そこからニュー・オックスフォード・ストリートにつづいている．

P

Paddington
パディントン　W2, W9, W10

ロンドン北西部の旧自治区で1965年以来ウェストミンスター自治区の一部になっている地域．パディントンという地名にはアングロ・サクソンの族長パダの従者たちの村という意味があるといわれている．10世紀以来ウェストミンスター・アビーの領地になっていたが，宗教改革後は王室の御料地になった．しかし，1550年にこの土地をエドワード六世が英国国教会のロンドン主教に下賜した．その後，パディントンの土地は何人かの借地人に貸与されたが，その大半はロンドンの商人だった．ロンドン主教の甥たちが借地人になって新しい教会（のちのセント・メアリ教会）を1679年に建てた．

18世紀のパディントンはフランスのユグノーたちの安息の地になっていたが，彼らの多くは腕のよい職人で，アン女王の宝石職人になったフランス人もいた．18世紀半ばにはカーペット織物工場も造られた．しかし，パディントンのすぐ近くに公開処刑場のタイバーン（→Tyburn）があり，1783年の公開処刑廃止まではパディントンに広大な建物が建てられることはなかった．1795年になってグランド・ジャンクション運河会社に土地が貸与されると，パディントンにもやっと変化が現われはじめた．

アガサ・クリスティの『パディントン発4時50分』やマイケル・ボンドの『クマのパディントン』の中のさまざまな場面が去来するかもしれない．

1801年に運河グランド・ジャンクション・カナルができて，ロンドンとイングランド中部を結ぶ商業の要所になった．1838年イングランド北部や西部，ウェールズ地方へのターミナル駅であるパディントン駅（→Paddington Station）ができた．駅はアガサ・クリスティの『パディントン駅発4時50分』やマイケル・ボンドの『クマのパディントン』の舞台となった．1863年には地下鉄のパディントン駅もできた．開通前年の1862年5月24日に最初の地下鉄列車が試運転を行なったが，そのときの乗客のなかにはのちに首相となったウィリアム・グラッドストーン夫妻もいた．

商業と交通の要所として19世紀のはじめころから鍛冶職人，機関車の火夫など多くの職人，労働者が住みつくようになった．とくにパディントン駅近くやその北東の運河に近い地域には，外国人，なかでもギリシア人，ユダヤ人が多く住んだ．最近のパディントンには西インド諸島系の人たち，アジア人，アラブ人も住んでいる．19世紀の半ばから人口が急増して，1950年代には貧困の代名詞になったこともあった．現在も，スラム化したヴィクトリア朝建築物が残る住宅地のままで，重工業が進出したことは一度もない．

Paddington Station
パディントン駅
Praed Street, W2

1838年開業のロンドンで3番目に古い発着

構内へタクシーが乗り入れていた当時のパディントン駅

駅．ロンドンとイングランドの西部、ウェールズの南部とを結ぶグレイト・ウェスタン鉄道が設立した。ただし開業時は現在の場所より少し北西にあり、現在線路をまたぐビショップス・ブリッジ・ロード（当時は橋はない）のすぐ北側あたりにあった。

1842年6月13日、イギリス最初のお召列車が、ウィンザー城から帰るヴィクトリア女王と夫君のアルバート殿下を乗せて、この駅に着いた。その後少し東寄りに大きな鉄とガラスのアーチ屋根に覆われたプラットフォームと、建築史家ニコラウス・ペヴスナー教授から「フランス・ルネサンスとバロックの様式からはっきりした影響を受けたイギリス最初の建築物のひとつ」と評された駅ビルが完成したのが1854年で、駅ビルの上層階はほかの駅と同じくホテルになった。

1998年にパディントン駅とヒースロー空港をノンストップで結ぶ「ヒースロー・エクスプレス」が開通した。非常にモダンな車両で編成され、15分ごとに発車し、15分で空港に到着する。

パディントン駅は文学・美術などにとくに縁が深い。この名を聞くとクマさんのことをすぐに思い出す人も多いが、マイケル・ボンド作の『クマのパディントン』で始まった一連の物語は、日本でも広く読まれている。推理小説にもしばしば取り上げられ、アガサ・クリスティの『パディントン発4時50分』はよく知られている。コナン・ドイルの短編「技師のおや指」も、この駅で下車した客が血まみれの手をしていたので、駅員が近くで開業していた顔なじみのワトソン医師のところに連れていき、名探偵ホームズの活躍の発端となった。絵画ではウィリアム・パウエル・フリスの縦117センチ、横256センチという大作《鉄道駅》が、この駅のプラットフォームの列車発車直前の光景を描いている。乗客、見送り人、鉄道員、警官その他、おびただしい人物がいろいろなドラマをくりひろげ、駅はまさに人生の縮図であることを教えてくれる。

→Stations

Painter-Stainers' Hall
紋章塗師同業組合会館

Little Trinity Lane, EC4

　この会館は1532年に紋章塗師同業組合に譲渡されたが、1665年に発生したロンドンの大疫病のときには、救済委員会に使用された。翌1666年の大火によって焼失したあと、まも

なく再建され，1770年代から第一次世界大戦までのあいだに3回改修の手が加えられた．第二次世界大戦中に空爆を受けたが，1961年に再建，食堂は180人の収容能力がある．
→City Livery Companies

Palace Gate
パレス・ゲート　W8

ケンジントン・パレス（→Kensington Palace）の庭園に通じる門に由来する通りで，大邸宅が並んでいる．近くのハイド・パーク・ゲート同様，有名人の邸宅が数多くあった．チャールズ・ディケンズの伝記を書いたジョン・フォースターが1番地に住んでいた．ラファエル前派の結成に参加し，アルフレッド・テニソンの詩やアントニー・トロロープの小説にすぐれた挿絵を描いたジョン・エヴァレット・ミレーが2番地に住んでいた．

1870年ころ，パレス・ゲートの東側に，エリザベス朝様式の大邸宅が建築費用を度外視して建てられた．この屋敷の所有者は，愛人の近くに移り住みたかった第八代ベドフォード公爵だったといわれている．しかし，屋敷が完成する前に愛人が死んだため，公爵はこの屋敷に移り住むことはなかった．20世紀はじめにこの屋敷は取り壊され，その敷地にフラットが建ったが，そのフラットも1972年に取り壊された．

Palace Green
パレス・グリーン　W8

ケンジントン・パレス（→Kensington Palace）の野菜畑があった場所に，1850年代ヴィクトリア朝様式の邸宅群が建てられたが，そのなかにできた私道．美しい並木のある静かな通りで，通りの両側の邸宅の多くは現在は大使館になっている．

1720年代にはここにケンジントン・パレス用の給水塔も造られていた．設計をしたのは当時の有名な建築家サー・ジョン・ヴァンブラだったといわれているが，1830年頃取り壊された．

2番地の煉瓦造りの家は，ウィリアム・サッカレーが自らの設計で建てた家で，晩年2年間住んだが，彼は書斎の窓に特殊なミラーを取りつけて，訪問客を監視していたという．

この通りを歩いた文人，政治家，聖職者は数多い．18世紀にかぎっても，ジョナサン・スウィフト，ジョン・アーバスノット，ボリングブルック子爵，メアリ・モンタギュ夫人，コリー・シバー，マシュー・プライアー，ウィリアム・コングリーヴ，ジョーゼフ・アディソン，サー・ロバート・ウォルポールなどがいた．

Palace of Westminster
ウェストミンスター・パレス
Old Palace, Westminster, SW1

テムズ川北岸に臨む中世に始まる王宮で，一般に国会議事堂と呼んでいるのは通称，あるいは俗称である．

懺悔王エドワードがウェストミンスター・アビーとテムズ川の間に建てた王宮に始まり，以後改修・改築が加えられて，ヘンリー八世がホワイトホール・パレス（→Whitehall Palace）に移る1512年まで，歴代の国王が住む王宮でもあった．1099年ウィリアム二世がウェストミンスター・ホール（→Westminster Hall）を完成してからは，主な儀典はホールで挙行されるようになった．エドワード一世の他界した1307年直後からは，貴族，庶民に分かれての論議の場，つまり国会議事堂の機能をもつ部屋をあわせもつようになった．

かつての議会は，貴族は白の部屋（ホワイト・チェンバー）で，庶民の代表は適当に空いた部屋，つまり王宮隣のウェストミンスター・アビーの食堂や会議室を利用して会議を開いていたが，王宮内のセント・スティーヴン礼拝堂（1298年創建，1347年改修再建）での会議が1550年になって庶民議員に初めて許され，これが下院議場の前身となった．他国であまり例をみない，向かい合う階段状の議員席は，礼拝堂の中央の内陣をそのまま議員席として使用した伝統をいまに残すものであり，議長席もかつての説教壇をそのまま使った習慣を守っている．一方貴族院となった白の部屋は手狭になったため，アン女王の時代に下院の

隣のホールに移された．

　王宮は1298年，1512年，そして1834年と火災を引き起こし，とくに1834年の火災ではウェストミンスター・ホールを残してほとんどの建物を失い（地下の部屋は残る），現在の建物は1840年から始まった再建によるものであり，貴族院は1847年に，下院は1850年に完成した．またビッグ・ベン（→Big Ben）の呼び名で知られる時計塔は1858年，その反対側にあるヴィクトリア・タワーは1860年の完成である．

　毎年11月に開かれる国会の開会式（→State Opening of Parliament）前には，各議場下の地下室をはじめ，集会室の捜査がヨーメン・オヴ・ザ・ガード（→Yeoman of the Guard）の手によって行なわれる．これは1605年11月5日のガイ・フォークスらによる火薬陰謀事件（→Gunpowder Plot）後制度化された行事である．時の国王ジェイムズ一世の暗殺を狙い，国会の開会式の行なわれる11月5日，貴族院議場下の地下室に火薬を仕込んだ陰謀事件は事前に発覚して事なきをえたが，以後捜査行事（The Search）は伝統行事として今日に及んでいる．

→Parliament, Royal Palaces

Palaces
→Royal Palaces

Palace Theatre
パレス劇場

Cambridge Circus, WC2

　チェアリング・クロス・ロードとシャフツベリー・アヴェニューとの交差点に立つ劇場．1891年はロイヤル・イングリッシュ・オペラ・ハウス，1892-1910年はパレス・シアター・オヴ・ヴァラエティズと呼ばれた．アーサー・サリヴァンのグランド・オペラ《アイヴァンホー》で開幕し，1892年からはミュージック・ホール（→Music Halls）となる．1906年，マリー・テンペストがヴァラエティでデヴューし，1910年にバレリーナのアンナ・パブロワがロンドン・デヴューした．以後，《虚栄の市》，《ハロー・アメリカ》などの

レヴューが続く．1914年，《パーシング・ショー》のなかで，アメリカ女優エルシー・ジャニス演じるクララ・ベックは「男にしてあげる」を歌って戦意の高揚に一役買った．1919-23年は主に映画館として使用され，24年にミュージカル劇場として再出発した．25年からの《ノー・ノー・ナネット》は上演655回の大ヒットとなった．続いて《プリンセス・チャーミング》(1926)，《ガールフレンド》(1927)，《猫とヴァイオリン》(1932)，《エニシング・ゴーズ》(1935)などがヒットした．

　1938-45年の第二次大戦中は，《アンダー・ユア・ハット》(1938)，《フル・スウィング》(1942)，《サムシング・イン・ジ・エア》(1943)などのミュージカル・コメディが全盛であった．戦後になると，《ノルウェイの歌》(1946)が526回，《王様のラプソディ》(1949)が839回上演され，《サウンド・オヴ・ミュージック》は61年から6年間2385回のロングランとなった．続いてジュディ・デンチの《キャバレー》(1967)，ベティ・グレイブルの《ベル・スター》(1970)などが上演された．《ジーザス・クライスト・スーパー・スター》は72年から80年までという空前のロングランとなった．現在トレヴァー・ナン演出の《レ・ミゼラブル》が85年からロングランを続けている．座席数は1400．地下鉄レスター・スクエア駅に近い．

Palais de Danse
パレ・ドゥ・ダンス

Shepherd's Bush Road, W6

　1919年10月28日にオープンしたダンス・ホール．カエデの木で造られたフロアは，2000人が踊れるという広さを誇り，1920, 30年代のダンス・ブームの火付け役となった．ミュージック・ホール（→Music Halls）以外ではイギリスで初めてアメリカのジャズ・バンド，ディキシーランド・ジャズ・バンドが演奏を行なったホールとして知られる．

　また，ホール内に2つのバンドを有すること，あるいは，ひとりで来た客にはパートナーを「貸し出す」システムを採用するなど，新しいアイデアで人気を集めた．1929年には

ペル・メルの球技風景(17世紀)

スケートリンクとなるが，折からのダンス・ホール・ブームに煽られて，1935年には再びダンス・ホールとなり，多くの若者を集めている．地下鉄ハマースミス駅に近い．

Palladium
→London Palladium

Pall Mall
ペル・メル　SW1

　トラファルガー・スクエアの西端から西のセント・ジェイムジズ・パレスまで東西に走る直線道路で，トラファルガー・スクエア側の入口からヘイマーケット通りに接する地点まではペル・メル・イーストと呼ばれている．クラブ街として有名で，通りの名はクロケーに似たイタリア起源のゲーム，パロ・ア・マグリオに由来する．このゲームはチャールズ二世の時代に主に王室関係者の間ではやり，セント・ジェイムジズ・パークが競技場として使われていたが，そばを通る馬車のほこりで球が見えにくいため位置をずらして新しく敷かれたのがこの通りだった．1661年のことである．現在，ペル・メルの球技場はダウンシャー・ヒル(→Downshire Hill)のパブ，フリー・メーソンズ・アームズ亭に残るものが，イングランド唯一のものという．
　セント・ジェイムジズ・パレスを中心に，17世紀以来この通りの周辺には貴族の屋敷が並び立つようになり，高級商店や出版社が軒を連ねる18世紀にはいると政界人や文人たちが移り住んできた．それにともなってコーヒー店(→Coffee Houses)やクラブ(→Clubs)が出現しだすのである．ガス灯がつく19世紀にも相変わらず洗練された貴族的な雰囲気がただよい，上流階級の家が散在していた．しかし，東のトラファルガー・スクエアに近いところでは細い路地がめだち，スラム街の様相を呈していた．ただ，それも世紀後半の開発で整理され，新しい商業地として生まれ変わった．現在この通りにはクラブや事務所の建物が多く，かつての邸宅はほとんど見られない．
　ペル・メル・イーストの入口に立つジョージ三世像の周辺の建物は船会社や航空会社などの事務所ビルだが，それを西へ進むと，この道はウォータールー・プレイスと交差する．ここの南西角の建物は，1903年設立のインスティテュート・オヴ・ディレクターズ本部ビル．英国最大の実業家団体の本部が置かれている．以前は陸軍将校の古老たちの組織ユナイテッド・サービス・クラブが入っていた．その反対側の建物はアシニーアム・クラブ(→Athenaeum)のビル．王立協会の会長で首相も務めたハンフリー・デイヴィと王立美術院院長のトマス・ロレンスが科学・文学・芸術交流のために1824年に設立したクラブで，ジェイムズ・バリ，キプ

リング，コンラッド，サッカレーなど多くの文人たちも属していた．現在でも文学を含めた学界，政界人のクラブとして活動している．

アシニーアム・クラブの隣が1819年設立のトラヴェラーズ・クラブ（→Travellers' Club）で，外務省関係者のクラブである．その隣はリフォーム・クラブ（→Reform Club）．1832年の選挙法改正法通過後に結成されたもので，公務員退職者やメディア関係者が多く，1981年から女性にも会員資格が与えられている．ほかにアーミー・アンド・ネイヴィ・クラブ（→Army and Navy Club）など，いくつかのクラブの建物群と並んで，昔の面影を残すのもこの通りの特徴である．

25番地はスコットランドの伝記作家J.G.ロックハートが1820年代に住んだ家で，義父のスコットも訪れていた．51番地は詩人で出版業者のロバート・ドズリーの店があった場所で，ここからポープやグレイなどの多くの詩集が発行された．49番地と50番地には18世紀後半，オールマックスという居酒屋があった．オールマックス・クラブ（→Almack's Club）などが設立された場所である．1707年から72年まで営業をつづけて文人に愛されたスマーナ・コーヒー店（→Smyrna Coffee House）は58番地から59番地にまたがる家にあった．スウィフトがかよったココア・ツリー・チョコレート・ハウス（→Cocoa Tree Chocolate House）が初めて開店したのも，このあたりである．

肖像画や風景画で知られる18世紀の画家ゲインズバラは，現在の80番地から81番地に立っていた家で晩年の14年間を過ごしている．現在の79番地にあたるあたりに，名花ネル・グウィンがチャールズ二世から贈られた家が立っていた．彼女はその家で1687年に亡くなった．その向かい側の48，49番地は英国在郷軍人会の本部ビル．71番地の建物は，名門オックスフォード・ケンブリッジ両大学卒業生のためのクラブ・ビルである．

この通りの西端は，モールバラ公爵のためにクリストファー・レンが設計したモールバラ・ハウスの敷地に接している．そして，その先がセント・ジェイムジズ・パレスである．

Panoramas
パノラマ

1851年の万国博覧会のころ，ロンドンっ子のあいだで絶大な人気を博した娯楽にパノラマがあった．18世紀末から流行した絵画娯楽のひとつで，風景もしくは物語が絵巻物のように大型の円筒形画面に描かれていて，観客は中央に立って絵をぐるりと眺め，その臨場感を楽しむ．アイルランド人画家ロバート・バーカーの考案によるもので，彼は1793年にレスター・スクエアに接するレスター・プレイスで，大衆娯楽としてパノラマ興業をはじめた．これは直径27メートルの2層の円形建築物で，上部と下部の2種類のパノラマ画が楽しめるようになっていた．

1820年代，リージェンツ・パークに面するケンブリッジ・ゲートに娯楽の殿堂コロシアムが建築家デシマス・バートンの設計で建築され，さまざまな娯楽施設のほかに直径38メートルの大型パノラマ館が造られた．ここにはセント・ポール大聖堂のてっぺんから見わたしたようなロンドンの全景が多くの画家たちによって描かれ，観客は中央の円筒形のエレベーターで，3つの観覧プラットホームに上がって，真に迫るロンドンの景観を楽しんだ．のち，ここでは月夜のパリを描いたパノラマやスイスのトゥーン湖の景色を描いたパノラマなども見せた．

この流行はロンドンからパリ，ベルリンに，さらにサンクトペテルブルクにまで広がった．パノラマに遅れること37年，イギリスの絵画娯楽には，立体模型を配して奥行きを出し照明を当てたりするジオラマが加わり，この分野の娯楽はさらに意匠をこらすようになった．

しかし，1860年代になると，世相をうつした木版画の挿絵が多数入った週刊誌が出まわるようになったこともあって，パノラマは急速に人気をなくしていった．レスター・プレイスのパノラマもさまざまな巨大パノラマ画で興行をつづけたが，しだいに大衆の興味がうすれ，1863年を最後に閉鎖し，建物は教会になった．第二次世界大戦中に損傷はうけた

が，建物はいまでも残っていて，パノラマ用に設計された円形の姿をとどめている．一方，リージェンツ・パークのコロシアムも1875年に閉鎖になった．

Pantheon
パンテオン

ランベスのヴォクソール・ガーデンズ（→Vauxhall Gardens）やチェルシーのラニラ・ガーデンズ（→Ranelagh Gardens）の屋内版を目指した娯楽用ホール．建築に2年半以上を費やした豪華なもので，のちに劇場として使用された．1772年1月27日の開場には，1500名以上が集まった．主会場はコンスタンティノープルの聖ソフィア寺院を模した美しい円形大広間であった．他に，入口の間，カード・ルーム，ディナー・ルームなどがいくつもあった．仮装舞踏会，仮装舞踏音楽会，祝宴，コンサートなどでにぎわったが，79年ごろから人気が落ち始めた．

1791年オペラ劇場キングズ・シアター・パンテオンとなった．『タイムズ』に「ヨーロッパ屈指の美しい劇場」と評されたが，翌年1月火事で全焼．同年再建され，95年4月9日仮装舞踏会で開場したが，業績は思わしくなく，新経営者クリスパス・クラゲットは負債を残したまま姿を消した．以後，経営者が何度か代わり，ニコラス・カンディが1813年7月22日に英国オペラ・ハウスとして再起を期した．しかし無許可だったために結局閉鎖することになった．1937年にマークス・アンド・スペンサー（→Marks and Spencer）の所有となり，建物は取り壊された．

Park Crescent
パーク・クレセント　W1

建築家ジョン・ナッシュの構想になる円形広場のうち，南側の半円だけが実現してできた三日月形の家並み（クレセント）で，リージェンツ・パークの南東側にある．1812年に着手され1818年に完成した．着手したのはチャールズ・メアーだが，彼は南東の四分円に相当する6軒を造って破産した．その後，1818年

に3人の建築業者ウィリアム・リチャードソン，サミュエル・バクスター，ヘンリー・ピートーが協力して残りの四分円がやっと完成した．

1833年にはスペインの元国王ボナパルトがしばらく23番地に住んでいた．無菌手術の父といわれた外科医ジョーゼフ・リスターも12番地に1877年から1912年まで住んでいた．

第二次世界大戦後，このクレセントはジョン・ナッシュの設計に基づいて再建され，ハノーヴァー・テラスなど近くのみごとなテラスハウスに劣らない均整のとれた優美な姿を誇っている．

現在，このクレセントにはさまざまな学会関係の事務局などが入っている．

Park Lane
パーク・レイン　W1

ハイド・パーク北東角のマーブル・アーチからピカディリーの西端に延びる通りで，18世紀半ばまではハイド・パークの東側を南北に囲んでいた高い煉瓦の壁に接したせまい道だった．1783年に公開処刑場がタイバーン（→Tyburn）からニューゲート監獄内に移されて，処刑場に通じていたタイバーン・ロードがオックスフォード・ストリートと街路名を変更したとき，タイバーン・レインもパーク・レインになった．それが19世紀半ばには豪邸が並ぶ，ロンドンで最もファッショナブルな通りのひとつになった．

パーク・レインの東側に高級な建物が建ちだしたのは，1820年代になってからである．また，93番地から99番地までの建物が，95番地（1840年代の再建）を除いて改築されたのも1820年代だった．93番地には，ベンジャミン・ディズレーリが1839年から72年まで33年間も住んでいた．この当時のパーク・レインがロンドンで最高級の邸宅街を誇っていたことは，たとえば，ウィリアム・サッカレーやアントニー・トロロープの作品を通じてもうかがい知ることができる．

1850年代に建てられたドーチェスター・ハウスは1929年に取り壊され，その敷地にドーチェスター・ホテル（→Dorchester Hotel）が

建った．また，グロヴナー・ハウスも1930年にホテル（→Grosvenor House）になった．100番地に立っている最も由緒ある屋敷のひとつであるダッドリー・ハウスは1940年の空爆で大きな被害を受けた．修理が完了したのは1970年だった．

最近では，さらに3つのホテルが南端近くにできた．1963年にロンドン・ヒルトン，67年にロンドンデリー・ホテル，70年にイン・オン・ザ・パークがオープンした．

パーク・レインの交通量は，19世紀後半から大幅に増え，1870年代はじめに南端のハミルトン・プレイスをピカディリーに通じる補助交通路にした．中央分離帯のある道路になったのは1963年である．

Park Lane Hotel
パーク・レイン・ホテル

Piccadilly, W1

ピカディリー通りに沿って，グリーン・パークを望む．1927年開業，客室数300あまりのホテル．最寄駅は地下鉄ハイド・パーク・コーナ駅．

Parks and Gardens
公園と庭園

ロンドンの公園と庭園は世界に誇ることができる都会の中のオアシスである．その美しさと緑の多いこと，数の多さと広さは他の世界の大都会を抜きん出た規模である．また都市計画として有名なスクエア（→Squares）の存在と，中世の入会地に起源をもつコモンと呼ばれる広い共有芝地の存在は，ロンドンの公園と庭園と補完関係にあって，ますますこの都会を緑の多い環境にしている．

ロンドンの公園と庭園は元をただせば，程度の差こそあれ，私的な空間であった．いまでこそparkは第一義的に公園を意味する語だが，語義の発生からいえば，「地方在住の貴族・大地主などの荘園，あるいは屋敷を囲む庭園」という私的な意味が，「公園・広場」という公的な意味よりはるかに先だった．イギリス上流階級の屋敷であるカントリー・ハウス

にパークの名称をもつものがけっして少なくないことを想起すれば，このことは容易に理解できる．一方，gardenはしばしばカントリー・ハウスの庭として，現在たとえ有料制で一般に公開されているとはいえ，依然として私的性格を強くとどめたままのものが多い．

ロンドンの公園には，ハイド・パーク（→Hyde Park）やリージェンツ・パーク（→Regent's Park）の成り立ちが示すように，王室の所有地であるものが多い．ロイヤル・パークと呼ばれる所以である．これとは別にロンドン市の管轄する公園や自治区に属する公園がある．ロンドンでは公園と名のつく以上，面積は1エーカー（4046.8平方メートル）以上なければならないことになっている．ハイド・パーク（140ヘクタール）は東京の日比谷公園の約8.7倍，リージェンツ・パークは12倍，リッチモンド・パーク（→Richmond Park）は実に59倍という広さである．ロンドン市民1人当たりの面積は6平方メートルといわれ，これは日本の大都市で最も公園比率の高い都市と比較しても5倍になる．樹木で最も多いのはイトスギ（12.8パーセント），次いでカエデの一種であるシカモア，トネリコ，プラタナスなどである．

シティ（→City）の外側がまだ未開の郊外だったとき，シティを囲む広大な土地はほとんどが王室や大貴族の私有地であった．それも王侯貴族の伝統的野外スポーツとしての狩猟の場であることが多かった．ソーホー（→Soho）はチャールズ二世をはじめとする王室の猟場であった（ソーホー・スクエアに王の彫像がある）．リージェンツ・パークは，宗教改革後の修道院解体に際して，ヘンリー八世が鹿狩りを目的に囲い込んだ土地で，18世紀末まで農場であった．ハイド・パークも似たりよったりの経緯をもつ．しかし，私有地の開放が進み，公園としての整備が加速されるのは，18世紀末から顕著になる産業革命を背景にした都市の膨張であり，ジョン・ナッシュによる住宅都市計画の推進であった．このとき都市の中に田園の飛び地として緑地を公園・

庭園・広場などさまざまな形で取り入れたのだった．

公園は普通，クリケット，テニス，ボーリング，水泳など各種のスポーツ施設やときには野外音楽堂を備えたりして，市民のリクリエーションの場となっている．開園時間や利用規則は条例によって定められ，入口に掲示されている．ラジオの使用，自転車の走行，花火，立ち小便，池での洗濯，航空機の離着陸の禁止，酔っ払い，行商人，浮浪者などの立入禁止など禁止事項は誰の目にもつきやすいように大きな文字で表示されている．

イギリスでは，日本語で公園といったときに一般に考えられる場所が，いろいろな名称で呼ばれている．park がもっとも一般的な語であるのはいうまでもないが，よく用いられる語に garden（しばしば複数形）がある．それは，もと宮殿や大邸宅の庭園や動物園，植物園など特殊な目的のために造られた庭に対して用いられることが多い．ほかにヒース，コモン，グリーンなどの呼び方がある．

ガイドブックとして定評のあるミシュランの『ロンドン』(1995年版)によれば，最高の3つ星(そのためにわざわざ訪れる価値あり)とされた公園は，リージェンツ・パークただ1か所で，庭園としては郊外のハンプトン・コート・ガーデンズ，キュー植物園の2か所である．文化的度合いを尺度にするミシュランにすれば当然の評価と思われる．2つ星(寄り道して訪ねる価値あり)はリッチモンド・パーク，ハイド・パーク，セント・ジェイムジズ・パーク，オスタリー・パーク(名はパークだが，実質はカントリー・ハウスの庭園)，サイオン・パーク，ハム・ハウスなどである．ハムステッドは1つ星である．

ほかにロンドンの公園としてはホランド・パーク，グリーン・パーク，バタシー・パーク，クリスタル・パレス・パークなどをあげることができる．

Park Street
パーク・ストリート
① SE1

シェイクスピアやベン・ジョンソンの愛好家にはなじみのある通りだろう．サザック橋を南に渡ると，バンクサイドと並行に走っているのがこの通りである．通りの中ほどでサザック・ブリッジ・ロードの下をくぐるか，そのあたりにグローブ座（→Globe Theatre①）があった．記念の銘板が置かれている．その少し西を南北に走るローズ・アレーにはクリストファー・マーロウの劇やシェイクスピアの初期の劇が上演されたローズ座（→Rose Theatre）があった．その西を，これまた南北に走る，かつての熊いじめ場のあったベア・ガーデンズ（→Bear Gardens）には演劇の資料を展示したシェイクスピア・グローブ座博物館（→Shakespeare Globe Museum）がある．その北西にはグローブ座が新たに建設されて，このあたりの様子は大きく変わった．なお，この通りにはサミュエル・ジョンソンの友人であったヘンリー・スレイル夫妻の家もあった．ジョンソンはこの家で『英国詩人伝』の一部を書いたといわれる．

② W1

パーク・レインの東側を南北に走る通りで，1720年代から70年代にかけて造られた．北はオックスフォード・ストリートの西端近くまで，南はサウス・ストリートまでのおよそ600メートル．北端角近くの西側には当時の皇太子（のちのジョージ四世）とマライア・フィッツハーバート夫人が秘密結婚した（1785年12月）屋敷があった．また，南端の西側にもハイド・パークが見渡せる庭園付きの大邸宅があった．しかし，この通りには，現在残っている70番地から78番地までの偶数番地を見るとわかるように，商人が住んでいた比較的小さな家もあった．さらに，この通りの借景の大半は，1920年代から30年代のパーク・レイン改築によって奪われてしまった．この通りの住人には，詩人のジョン・ペイン（20番地），ジョン・ラスキン夫妻（31番地），メアリ・ゴドウィン・シェリー（41D番地），トマス・ヒューズ（113番地）などがいた．

Parliament

公園と庭園

ハイド・パーク

セント・ジェイムジズ・パーク

キュー植物園

グリーン・パーク

国会議事堂
Old Palace, Westminster, SW1

テムズ河畔に立つ現国会議事堂はもとはウェストミンスター・パレス(→Palace of Westminster)で、エドワード懺悔王によって11世紀に建てられ、1512年にヘンリー八世がホワイトホール・パレス(→Whitehall Palace)に移るまで、ここに国王の宮廷と中央官庁にあたるものがおかれていた．したがって国王評議会(King's Council)と各州から集められた騎士の集会がこの宮殿内のウェストミンスター・ホール(→Westminster Hall)で開かれ、それが議会の起源となった．エドワード一世のいわゆる「模範議会」が開かれたのもここであった．「話し合う場」の意味をもつパーラメントと呼ばれるようになったのは12世紀末ないし13世紀前半であった．

14世紀の前半から議会が二院制のかたちをとるようになると、開会式が宮殿内のペインテッド・チェンバーで、聖俗の貴族はホワイト・チェンバーで、また州と都市を代表した騎士と市民からなる下院は隣接するウェストミンスター・アビー(→Westminster Abbey)の参事会室や食堂を利用して議事を行なった．16世紀の宗教改革によって教会財産の国有化が進むと、宮殿内のセント・スティーヴン礼拝堂が下院の議場になり、また貴族院は従来どおりホワイト・チェンバーを議場とするようになった．1605年議会の開会式に臨むジェイムズ一世の生命をねらって、議場を爆破しようとしたガイ・フォークスらによる火薬陰謀事件(→Gunpowder Plot)が発覚して、カトリック信者によるこの陰謀事件は不発に終わった．これが現在の11月5日のガイ・フォークス・デイの起源となった．

1707年のスコットランドとの議会の合同、1800年のアイルランド併合によって議員数が増加したのに応じて議場の拡張工事が行なわれたが、1834年火災のため宮殿は焼失し、これまで300年以上もつづいた議会の舞台が失われた．議事堂を再建するための設計プランが募集された結果、97の案の中からチャールズ・バリーのものが採用され、バリーは内部の装飾を担当するオーガスタス・ピュージンと共同で建築にあたり、37年に建築を開始した．10年以上の歳月を要して、ゴシック様式の壮大な建物は、2つの塔の部分を除いて完成した(クロック・タワーの完成は1858年、最後になったヴィクトリア・タワーの完成は1860年)．部屋数1000室以上、階段は100か所以上、廊下の総延長は3.2キロメートル、床面積は3万2000平方メートルに及ぶ大建築物である．王室専用口は南側のヴィクトリア・タワーにある．この新築なった議事堂を舞台にして、19世紀の後半にはベンジャミン・ディズレーリとW.E.グラッドストーンを立役者とする保守、自由の二大政党による古典的な議会政治が展開して、イギリスは議会政治の母国としての地位をかためることができた．

しかし、第二次世界大戦初期の1940年秋から翌年の春にかけて、11回にも及ぶドイツ空軍の爆撃を受けて被害を出していたが、1941年5月10日の大空襲によって壊滅的な打撃を受け、議事堂は灰燼に帰した．首相サー・ウィンストン・チャーチルは原型どおりに再建することを決意して、サー・ジャイルズ・ギルバート・スコットを長とする再建委員会がその任にあたり、1950年、議事堂は元どおりの姿をテムズ川沿いに取りもどし、今日に至っている．

Parliament Hill
パーラメント・ヒル　N5, NW5

ロンドンの北西郊に位置するハムステッド・ヒース(→Hampstead Heath)の南東に広がる丘陵地．海抜わずか100メートルたらずだが、広い野原と林があって、南西のウェル・ウォーク(→Well Walk)に18世紀初頭に鉱泉が発見されるとたちまち、上流階級の人々や文人、画家が訪れ有名になった．同名の通りを北に向かって50メートルほど上るとこの丘にたどりつき、眺望が開ける．広さは100ヘクタール以上ある．18世紀のアディソン、スティール、ポープ、デフォー、19世紀のキーツ、シェリー、リー・ハント、コールリッジなどの文人がしばしばこの丘に登った．

現在では，たこあげに適した丘としても知られている．パーラメント・ヒルの名の由来については諸説があるが，17世紀初頭の火薬陰謀事件（→Gunpowder Plot）を企んだ連中がこの丘の上から国会議事堂が爆破されるのを見ようとしたからだ，という説もある．

Parliament Square
パーラメント・スクエア　SW1

　国会議事堂の西側．北には各省庁の建物，南にセント・マーガレット教会，ウェストミンスター・アビーなどが立ち並ぶ，まさにロンドンの心臓部に位置する．サー・チャールズ・バリーによって新議会議事堂の前庭として造られた．ウェストミンスター橋の近く，グレイト・ジョージ・ストリートとセント・マーガレット・ストリートの交差するところで，交通量が多く，1926年にロータリー方式（環状交差点方式）が導入された．

　美しい芝生にイギリス連邦の国々の国旗が並び，イギリスやアメリカの政治家の個性豊かなブロンズ像が見られる．1874年に建立された3メートルのダービー卿の像の基台部には，政治家としての活躍を示す4枚のレリーフが刻まれている．その右にパーマーストン，北側に警察制度を整えたことで知られるサー・ロバート・ピール，ベコンズフィールド伯爵ディズレーリ，サー・ウィンストン・チャーチルの像がある．なかでも，19世紀初期のイングランドの服とローマ風のトーガとを折衷させた独特の服装をしたジョージ・キャニング，ギリシア風の椅子をうしろにしたエイブラハム・リンカーンの立像（シカゴにある像の複製），葉巻をくわえたチャーチル元首相の像などが印象深い．

　西端にはゴシック様式のみごとな噴水がある．1863年英国支配権における奴隷制廃止に貢献した人物をたたえて造られた．

Parliament Street
パーラメント・ストリート　SW1

　トラファルガー・スクエアから南に延びる街路ホワイトホールに続いてパーラメント・スクエアに至る道路．今日の道路ができる前は，一本の狭い道がチェアリング・クロスからパーラメント・スクエアに通じているだけであった．1698年，ホワイトホール・パレスが火災で焼失すると，王室の所領地の一部を道路に転用して，現在，世界大戦戦没者記念碑（→Cenotaph）があるところまでを旧道にかわって新街路ホワイトホールとした．さらにウェストミンスター橋が新設されると，橋に通じる道路が必要になり，ホワイトホールを延長する形で新道路が建設され，名称をパーラメント・ストリートとした．19世紀になってパーラメント・ストリートは広げられ，近くに政府関係の官庁が次々に建てられた．パーラメント・ストリートの西側にある大蔵省の建物は1845年に，また，その隣りの外務省など政府関係行政省庁は1868年から73年にかけて建てられた．現在の道幅は40メートルくらいあり，ロンドンで一番広い通りになっている．

　かつて，この通りの25番地にはジョン・ニコルズのオフィスがあって，ここで1820年から56年まで『ジェントルマンズ・マガジン』が発行された．1830年代半ばのことだが，この街路をはさんで住んでいたふたりの男性が，両端に鈴をつけた1本のひもで互いの部屋を結び，相手を窓際に呼んだり，早朝一緒に出かけるときなどに相手をたたき起こすのに利用したという．48番地のパブ，レッド・ライオンで子供のころのチャールズ・ディケンズが，ちょうどデイヴィッド・コパーフィールドと同じように，「一番上等のエール」を注文して，店の者にかわいがられたことがあった．

Parsons Green
パーソンズ・グリーン　SW6

　チェルシーからフラムへ延びるニュー・キングズ・ロードの北側にある小さな緑地と小路．名は西側にあった14世紀末の教区牧師館に由来するが，この牧師館は1882年に取り壊された．1885年跡地にゴシック様式のセント・ディオニス教会が建てられた．この教会には17世紀の説教壇と聖水盤が現存する．この界隈フラムは，8世紀にロンドンの大司教たちに与

えられた土地で，ロンドンの野菜畑，果樹園が多かったが，この通りには18世紀以来最も立派な家並みがあった．現在では3軒の邸宅が残っているだけである．パーク・ハウス（現在はヘニカー・ハウス），エルム・ハウス，ベルフィールド・ハウスで，現在はレディ・マーガレット・スクールとなっている．

エルム・ハウスには失脚したサー・フランシス・ベーコンが6週間いた．のちにはドロシア・ジョーダン夫人の居宅になったが，彼女はクラレンス公爵（のちのウィリアム四世）の愛人だった．この通りの南東角にあったイースト・エンド・ハウスはエリザベス朝様式の大邸宅で庭園の広さは6.5ヘクタールもあった．ここには摂政皇太子（のちのジョージ四世）の妻マライア・フィッツハーバート夫人が住んでいたこともある．この屋敷は1884年に取り壊されて，現在フラットが建てられている．

パーソンズ・グリーンから北へ3キロほど離れたノース・エンド・クレセントの40番地で1739年『パミラ』を書き大成功を収めたサミュエル・リチャードソンは，『クラリッサ』，『サー・チャールズ・グランディソン』執筆後，1756年にパーソンズ・グリーンの南側にあった屋敷に引っ越した．そして1761年に死ぬまでそこに住んだ．のちに屋敷は取り壊され，その跡地にアラゴン・ハウスとゴスフォード・ロッジが建てられた．

Patent Office
特許局
Southampton Buildings, WC2

特許局は現在，ウェールズ，グウェント州のニューポートにあるため，正確にいえば，ここはそのロンドン事務所である．『ハウスホールド・ワーズ』(1850年10月19日) におけるチャールズ・ディケンズの「特許に関する憐れな男の話」に語られているように，1852年に法律が改正されるまで，特許の申請や延長の手続きには莫大な費用と時間とを要した．特許法改正法が制定されることにより特許局が設立され，特許に関するあらゆる手続きが特許委員会に委ねられることになった．そのための事務所が上記サウサンプトン・ビルディングズに設けられた．

1883年に新たに特許，意匠ならびに商標法が定められたことにより，特許局の仕事は特許委員会の手から商務省へ移行した．と同時に特許局長は特許，意匠ならびに商標担当長官と名称が変わり，初めて特許監査官が任命されることになった．特許局の誕生と関連して最も功績があったのは，一時期ロンドン大学ユニヴァーシティ・コレッジの教授を務めたことがあり，自らも発明家であったベネット・ウッドクロフトであった．特許局の設置と同時に彼は発明明細書の監督官に任命され，数年後に特許委員会の書記となり，やがて局長になった．

1857年，サウス・ケンジントンに特許博物館が誕生，1813年に作られた世界最古の機関車パフィング・ビリーやスティーヴンソンのロケット号，ジェイムズ・ワットが完成した最初の蒸気機関，初期の電信装置などが展示された．これら特許博物館所蔵の発明品はすべて1884年に科学博物館 (→Science Museum) に吸収された．

Paternoster Row
パタノスター・ロウ　EC4

セント・ポール大聖堂と地下鉄セント・ポールズ駅間の細い通り．「パタノスター」はロザリオの数珠を意味し，数珠が製造され売られていたことに由来する．あるいは主の祈りそのものと関係があるという説もあるが，いずれにしてもセント・ポール大聖堂とつながる宗教的名称であることは間違いない．

17世紀半ばころまでは，絹物商人の街としても知られ，貴族や紳士階級の金持ちが，馬車に乗ってひっきりなしに訪ねてきた，という記録が残っている．1666年のロンドン大火以降は，商人たちはコヴェント・ガーデンに移り，代わって書籍の出版と販売の中心地となった．1719年4月この通りで印刷業を営んでいたウィリアム・テイラーという男が『ロビンソン・クルーソー』を出版して大成功を収めた．1724年，テイラー企業はいまのロングマ

ン社の元祖トマス・ロングマンによって買収された．この通りは第二次世界大戦中に大爆撃を受け，およそ600万冊の書物が灰燼に帰したと伝えられる．北の一部分はパタノスター・スクエア（→Paternoster Square）として復興した．

Paternoster Square
パタノスター・スクエア　EC4

　セント・ポール大聖堂の北側，ウォリック・レインから東に小路を入ったところにある広場．「パタノスター」とは「ジョン・ストーの『ロンドン概観』によれば，ロザリオの数珠のことである．この一帯はセント・ポール大聖堂との関係上，パタノスター・ロウ，アーメン・コート，アーメン・コーナー，アヴェ・マリア・レインなどキリスト教にちなんだ道路が多い．スクエアの端はパタノスター・ロウにつながっている．

　現在立ち並ぶビル群は，第二次大戦中の爆撃後建てられたもので，再開発の予定だが，この計画にはチャールズ皇太子も関わっている．

　エリザベス・フリンク作の《羊飼いと羊の群れ》というブロンズ仕上げのガラス繊維の像が人目をひく．

Peabody Buildings
ピーボディ住宅

　アメリカ生まれの慈善事業家ジョージ・ピーボディにちなむ．「この大都市の貧困者たちの状態を改善し，彼らの安らぎと幸福を促進するために」ピーボディは1862年に15万ポンド，それからのちにさらに50万ポンドの資金（ピーボディ寄付基金となる）を提供した．

　このようにして，最初のピーボディ住宅建設工事が，H.A.ダービシャーの設計によって1862-64年にスピタルフィールズのコマーシャル・ストリート（→Commercial Street）で進められた．そして1890年までにはロンドンの貧困者たちのために，5000世帯分以上の住宅が建てられた．現在ではロンドン内の72の敷地におよそ1万2000世帯分の住宅が立ってい

る．王立取引所の裏側にアメリカの彫刻家ウィリアム・ウェットモア・ストーリ作のピーボディの座像がある．

Peacock
ピーコック亭

Islington High Street, N1

　ロンドンの北の郊外イズリントンのハイ・ストリートを少し上りつめたところにあって，19世紀の大型四頭立てのタリーホー（tallyho）駅馬車が活躍した時代の旅籠で，イングランド北部ヨークへの出発点となっていた．トマス・ヒューズの小説『トム・ブラウンの学校生活』の主人公トムが，ラグビー校に入学する朝，イズリントンのピーコック（孔雀）亭からヨークシャーに向けて，タリーホーに乗り込むのである．チャールズ・ディケンズの小説の主人公ニコラス・ニクルビーも，この駅馬車の屋上席に乗って不愉快な旅をする．孔雀は紋章の図柄にもなっていたので，この屋号の旅籠は多い．雌の「ピーヘン」という旅籠も，ロンドン北方の町セント・オールバンズにあった．

Pearly Kings and Queens
真珠の王様と女王様

　仰々しい名前だが，実はロンドン名物のひとつである呼び売り商人仲間の「貴族」集団である．無数の真珠ボタンを縫いつけた服を着ていることから，このような名で呼ばれているのだが，もとは商売がたきや無法者どもから自らの権利を守るために，このような特別「階級」が選ばれていたのである．「王様と女王様」は，ヴィクトリア朝の呼び売り商人の伝統的服装を守っているが，いまでは社会的慈善活動が，彼らの主要目的となっている．真珠の王様と女王様協会が，1911年に設立された．

→London Cries, Street Vendors

Peasants' Revolt
農民一揆

　1381年5月から6月にかけて起こった，イギリス史上最初の最大規模の農民反乱．黒死

547

真珠の王様と女王様

病(→Black Death)につづく疲弊のはなはだしかった時代に，民衆にとって苛酷な人頭税を導入しようとした政策が，この事件発生の直接原因となった．とくに過激であったのは，ワット・タイラーの率いるケント州の農民であった．彼らはエセックスで蜂起した農民とともに，2方面からロンドンに攻め入り，政府に対して反感の強い貧民たちを一揆に巻き込むことを図った．

6月12日ころに両隊はロンドンに入り，エセックス隊が市の東部マイル・エンドに陣取って待機しているあいだ，ワット・タイラーはケント分遣隊とともに南部ブラックヒースで国王リチャード二世との会見を待っていた．このとき，リチャード二世はわずか14歳だったが，自ら進んで反乱軍との直接交渉に乗り出そうとした．しかし，ロンドン中にあふれ出た大群衆のために，王は身動きがとれなかった．予定がはずれたタイラーは，軍勢を率いてサザックまで攻め寄った．そこでマーシャルシー監獄(→Marshalsea Prison)を襲って囚人たちを解放したあと，彼らはランベスへ進撃し，ロンドンの群衆の援護のもとロンドン橋を渡り，さらに進路を西にとってフリート・ストリートへと進んだ．そしてフリート監獄(→Fleet Prison)を解放したのをはじめ，時の最大の権力者ジョン・オヴ・ゴーントのサヴォイ・パレス(→Savoy Palace)を襲撃するなど，過激かつ大がかりな破壊活動を繰り広げた．

7月14日，反乱軍の一集団がロンドン北郊ハイベリーにある大蔵卿の私邸を襲撃していたころ，リチャード二世はマイル・エンドに滞在していたエセックス反乱軍の一隊との会見を取りつけた．そして彼らから提示された諸々の条件を受け入れて，事態はいったん解決のほうへ向かいかけたが，タイラーの率いるケント軍勢の過激な戦闘行為はいっこうに収まらなかった．そこでリチャード国王は，翌日タイラーとじきじきの会談を行なうことにした．しかし，会談の席上あまりにも理不尽な要求に激昂したロンドン市長のウィリアム・ウォルワスが，タイラーに襲いかかって馬から引きずりおろした．タイラーは王の家臣のひとりスタンディッシュによって刺し殺され，一時は全国規模で広がりつつあった反乱はあっけなく幕を閉じた．そして王がいったん示した譲歩も，すぐに反古同然の事態となったが，人頭税の政治的後遺症はその後も長くつづいた．1990年にサッチャー政権が導入した人頭税をめぐって，イースト・エンド(→East End)に暴動が起こるという一幕があった．

Peckham
ペッカム　SE15

　テムズ川の南，バーモンジー地区の南方に当たる地域．19世紀までのペッカムは菜園や牧場の広がる田園地帯の趣きをそなえていた．ケント地方から家畜を追ってロンドンの市場へ旅をする人たちにとって，この村は格好の休宿場となっていた．ハイ・ストリート沿いに，レッド・カウ，レッド・ブル，ケンティシュ・ドローヴァーズなど家畜や家畜商にちなむ旅籠が多いのは，そのためである．

　この地域には17世紀に，ボンド・ストリートの創設者サー・トマス・ボンドが大きな邸宅(1797年取り壊し)を構えたことがある．またモールバラ・ハウスが立っていたこともある．その名からみて，おそらくチャーチル家系に属する人の邸であったと思われる．ペッカムは教育の面からみて，いくつかの注目すべき点があった．18世紀の文人として有名なオリヴァー・ゴールドスミスは，ドクター・ミルナーの学塾で教えたことがあったし，カンバーウェルで育ったロバート・ブラウニングは，子供のころにトマス・レディ師の学校で学んだことがある．またハノーヴァー・パークには，セント・メアリ・コレッジがあり，ペッカム・ライにはマニラ・コレッジがあった．

　1801年にグランド・サリー運河会社が設立され，ロザハイズからオールド・ケント・ロードへかけての運河が開通し，やがて1826年にはペッカムに通じる分流が造られて，以後村は町へと変貌を遂げはじめた．また，19世紀半ばころには，サウス・メトロポリタン・ガス会社がこの地域に進出したが，まだ大部分は昔ながらの田園風景をとどめていた．1868年には鉄道の進出があり，ライ・レインとクイーンズ・ロードの2か所に駅が造られた．さらに1872年には閑静な憩いの場として親しまれていた南東のナニード地区にも鉄道駅ができた．鉄道とともに投機的建築熱が押し寄せてくる．そして残っていた田園もすっかり消滅するようになっていった．現在はイースト・ダリッチ地区に位置するペッカム・ライ・コモンだけが，1868年，かろうじて教区会に買い取られて開発をまぬがれた．

　ペッカム・ライ・コモンは，約26ヘクタールの広さをもつ古くからの共有の牧草地であった．この共有地の南隣には，1890年に5万1000ポンドを投じて購入し整備された，約20ヘクタールのペッカム・パークが広がっている．

Pembroke Lodge
ペンブルック・ロッジ

Richmond Park, TW10

　ロンドンの南西，リッチモンド・パークのリッチモンド・ゲートから南へ1キロ弱のところにある屋敷．もとモールキャッチャー（もぐら捕り）という名の家であったが，1780年にジョージ三世がペンブルック伯爵夫人にこの屋敷を譲与した．夫人は50年間ここを住まいとし，死後この名がついた．その後エロール伯爵夫人が1847年までここに住んだ．この年，ヴィクトリア女王はベドフォード公爵の息子で新たに任命された首相ジョン・ラッセル卿にこの邸を譲与した．ラッセル卿はロンドンの生活を嫌ってこの屋敷で家族とともに生活した．閣議もここで開き，重要な法案の作成，大使や要人，労働者の代表の応対などもここで行なった．また，当時の著名な作家や政治家も招かれた．ラッセル卿の相続人であったアンバリー卿と妻が1876年に死去したあと，3歳のバートランド・ラッセルがこの屋敷に来て，ケンブリッジ大学に入学するまで暮らした．のち彼はここを訪れ，昔のわが家がレストランになっているのを見て悲しんだ．

　翼状に増築された2階建ての建物は調和に欠け，見晴らしのよい裏玄関を除いてはこれといった建築上の特徴はない．近くのヘンリー八世の築山からは北東にセント・ポール大聖堂，西にウィンザー城が遠望できる．

Pentonville
ペントンヴィル　N1

　かつては市の中心部から離れた小修道院の所有地で，その牧草地には泉や導坑があり，白いユキノシタが群生していたが，のちに病

院づき牧師たちに移管された．ここは人にも知られずこれといった特徴もない地区であったが，1701年にリンカンズ・イン（→Lincoln's Inn）の弁護士だったヘンリー・ペントンがこの土地を購入したことでペントンヴィルという地名になったといわれている．キングズ・クロス地下鉄・鉄道駅の東側に当たる地区．

最初の道路は1773年に完成したペントンヴィル・ロードであるが，「シティ・ロードのリージェンツ・パーク」といわれるほど華やかな地区になった．ペントンヴィルにはジョン・カミング（ストランド街で財をなした名工アレグザンダー・カミングの弟）の大邸宅であるカミング・ハウスが立っていたが，カミングの死後，ロンドン女子更生所となり，100人を収容する規模に拡張された．しかしこれも1884年にストーク・ニューイントンに移転した．また住宅街にあったチャペル・マーケット（→Chapel Market）は19世紀中ごろに市場や商店に変わった．ペントンヴィルは1851年に住居1503軒，住民9522人を数えたが，19世紀末ごろにスラムと化した．そして，20世紀にはいって戦禍をまぬかれた家もその後ほとんどが取り壊され，公営アパートとして再建された．

この地区でとくに知られているのは，人道を最優先にするモデル刑務所ペントンヴィル監獄である．アイルランド独立運動の士ロジャー・ケイスメントは復活祭蜂起に合わせて，ドイツの力を借りようと奔走したが，1916年4月21日にアイルランド南部のケリーに上陸したところを捕らえられた．ロンドンの裁判で反逆罪の判決が下り，8月3日にこのペントンヴィル監獄で処刑された．また，男色のかどで有罪となったオスカー・ワイルドは，レディングの監獄に移される前にここに一時収容されている．

→Pentonville Prison

Pentonville Prison
ペントンヴィル監獄

Caledonian Road, N7

　キングズ・クロス駅東側のカレドニアン・ロードを北上した右側にある．1840-42年に，イギリスにおける最初の試みとしての隔離方式を取り入れて造られたモデル監獄．監視棟を中央にして，5つの建物が放射状に建てられ，そのうち4つが3階建ての監房棟になっている．全体が明るくて快適な構造になっているということで，評判が高かった．しかし，とくに独房に収監された囚人に課すために考案されたこの監獄独特の刑具の回旋盤（crank）を回転させる作業は，まるで「風を臼で挽くようなもの」と言われたくらいむなしくて苛酷なものであった．最初，拘禁期間が18か月にも及んでいたころは，精神的障害をきたす囚人も少なくなかったが，12か月，9か月と短縮され，中庭での運動時間が増えるにつれて，事態は大幅に好転した．

ペントンヴィル監獄の大きな特徴のひとつとして，釈放前の囚人が利用できる宿泊施設がある．限られた数の囚人が出獄までの一定期間住み込んで，日中は外部へ出勤できるように造られた施設である．この監獄では，制度・施設両面で，現在も近代化が進められている．

→Pentonville

Percy Street
パーシー・ストリート　W1

　ラスボーン・プレイスの北端からトッテナム・コート・ロードまで東に延びる通り．地下鉄グッジ・ストリート駅やグッジ・ストリートにも近く，かつてのフランシス・グッジとウィリアム・グッジ所有の地に1760年代につくられた道である．パーシー・チャペルがこの道の西端にある．

通りの名は，ジェイムズ・ボズウェルがしばしば立ち寄ったラスボーン・プレイスの角のコーヒー店に由来するといわれている．何軒かのレストランがあるが，1番地にあるホワイト・タワーは有名である．風景画家のピーター・ド・ウィントは1817年から26年まで10地に暮らし，彫刻家のエドワード・ホッジズ・ベイリーは1825年から3年間8番地に，そして詩人のコヴェントリー・パトモアが1863年か

ら翌年にかけて14番地に住んでいた．

Peter Jones
ピーター・ジョーンズ
King's Road, SW1

　チェルシー地区にある百貨店．創業者ピーター・ジョーンズはウェールズの出身で，ロンドンに出てくる前はウェールズ南部の町カーマーゼンの服地屋で働いていた．1868年，25歳のとき彼はハックニー地区で小さな店を開いたが，その後転々としながら次第に店を広げていき，最終的にチェルシーのキングズ・ロードに落ち着いた．当初，商売は思うにまかせず，建物が崩壊して奉公人が死んだりしたが，キングズ・ロードではうまくいき，近隣の店まで接収するほどだった．この地区の顧客が比較的裕福な階層だったことにもよるが，ジョーンズが時機をえて店舗を移転させたことも商売の繁栄につながった．最初にガス灯をともした彼の店は夜も営業ができたし，しかもやがてかなり明るい，ガスのように臭わない電灯を設置した．夜間の営業は客にも従業員にも受けがよかった．

　1905年，ピーター・ジョーンズが亡くなると店はジョン・ルイス(→John Lewis)が購入したが，店名はもとのままに残った．現在の建物は1936年の完成で，その鉄筋建築は当時としては先駆的建築だった．

→Department Stores

Peter Pan
ピーター・パン
Kensington Gardens, W2

　ケンジントン・ガーデンズの池ザ・ロング・ウォーターの西畔に立つ像．スコットランド出身の劇作家ジェイムズ・バリの戯曲『ピーター・パン』の主人公で永遠の少年ピーターを称え，作者バリの意向を受けて彫刻家G.J.フランプトンが制作し，1912年4月30日の夜中に設置された．翌朝，この公園を散歩する人たちが，魔法によって出現したのではないかと思うようにとの意図があったという．

　ただ，バリがこの像を建てるについて市の管理官に非公式に折衝したために，像の建立が明らかになると議会でも問題になったが，ピーターの人気に押されて，建立が決定した．

　戯曲『ピーター・パン』は，バリがロンドンに落ち着いてまもなく知り合ったデイヴィーズ家の子供たちのイメージを合体させて生まれたものだが，その後ピーター・パンは『ケンジントン公園のピーター・パン』，『ピーター・パンとウェンディ』などの散文作品にも姿を変えて登場するに至った．

Peter Robinson
ピーター・ロビンソン
Oxford Circus, W1

　衣料・装飾・化粧品などの専門店．ヨークシャー州出身のピーター・ロビンソンが，1833年，オックスフォード・ストリート沿いの現在の敷地の一角に服地屋を開業したのがはじまり．やがて，レースや婦人服の仕立てで知られるようになった．リージェント・ストリートの店舗では葬儀の業務を手掛けたが，その店は「ブラック・ピーター・ロビンソンズ」として知られ，従業員は喪服を身につけていつでも死者が出た家へ駆けつけられる用意をしていた．オックスフォード・サーカス北西隅の敷地は1900年までに取得した土地で，現在の建物はリージェント・ストリートが大々的に再開発された1924年以来のものである．

　19世紀のたいていの店と同じように，ピーター・ロビンソンも独自の商品を製造，販売した．いまのように全国的に知られた商品が広く市場に出回ったりしていなかったのである．店員のひとりジョン・ルイスは自分の店(→John Lewis)を持つためにこの店を辞めたが，それまでは絹の仕入れ係を務め，絹製品の製造を独自に依頼する仕事にたずさわっていた．

　現在の店舗の所有主は，男性用衣料品の小売りや注文服などのチェーン店バートン・グループとその他の衣料品店を所有する複合企業体である．

→Department Stores

Petersham
ピータシャム　TW10

　大ロンドン西南郊リッチモンド・パークとテムズ川の間にあるリッチモンド・アポン・テムズ自治区の一地域で，小さな家や高台に立ち並ぶ家並みに豪邸が交ざり合う閑静な場所である．リッチモンド・パークの西端部も含まれる．この地の雰囲気はすでに17世紀につくられたといわれる．疫病に悩まされ大都市ロンドンの生活に疲れた人々が閑静な場所を求めて移り住んだことによる．18世紀には，イングランドにおける最も気品のある村といわれた．1841年の人口調査によるとこの教区の住民は636人を数えるにすぎないが，すでに瀟洒な屋敷が立ち並んでいた．

　初代ダイサート伯爵のウィリアム・マレーはピータシャムの荘園をチャールズ一世から貸与され，1626年にハム・ハウス（→Ham House）に移り住んだ．この館は1610年の建造だが，マリーの死後，「麗しの淑女」と呼ばれていた長女のエリザベスに相続された．エリザベスの2人目の夫，ローダーデイル公爵は今日のハム・ハウスを築くのに大きな役割をはたしたといわれている．北側に広大な庭園を配した大邸宅は大ホールやチャペル，大理石の食堂，図書室，主に肖像画からなる画廊，5つの私室，寝室などからなり往時の優雅な生活をいまにしのばせる．

　また，ピータシャム・ロッジも有名な屋敷である．1686年にジェイムズ二世からピータシャム・パークを委譲されたエドワード・ハイドと叔父でロチェスター伯爵のローレンス・ハイドは，ここに庭園を造り大邸宅を建てた．その後1721年に邸は火災により焼失するが，ウィリアム・スタノップ（のちのハリントン伯爵）がこの土地を購入した．バーリントン伯爵リチャード・ボイルがここにイングランドにおける最初のパラディオ様式の館を設計し，詩人のジェイムズ・トムソンにより「ハリントンの隠宅」と称された．1790年から95年までクラレンス公爵の所有となったが，1834年に取り壊された．

Petticoat Lane
ペティコート・レイン　E1

　ロンドンを代表するストリート・マーケット（→Street Markets）のひとつで，ミドルセックス・ストリート，別名ペティコート・レイン界隈で毎週日曜日に開かれる市，もしくは市が開かれる中心部の地名．中世には，近くの野原で豚が飼われていたことからか，ミドルセックス・ストリートはホッグ・レインと呼ばれ，並木道であった．現在名はこの通りで古着の商売を営んでいた商人たちにちなんでつけられた新しい道路名であるが，上流階級が住む街路であった．

　ジェイムズ一世の治世にはスペイン人たちがここに住み，1664年から65年にかけて起こったロンドン大疫病で，裕福な人たちはこの地を去り，数年後にフランスのユグノー教徒の織工やユダヤの商人たちが移り住むようになった．1750年代には商業の中心地となり，市が興隆した．この界隈は1830年ごろにミドルセックス・ストリートと改称されたが，古着の商売が繁栄していたために一般にペティコート・レインで通っていて，それが今日の市の通り名になっている．ヴィクトリア朝期において，あらゆる種類の古物を専門とする，最も大きい市のひとつであった．1900年代になると道は拡幅され，この市もそれにともなって拡大した．市の廃止の動きが何度かあったが，1936年の議会の条例によって市場設置が正式に許可された．

　現在でもなお，ロンドン名物の朝市でたいへんなにぎわいをみせ，付近の通りまでふくれあがって，広い地域におよんでいる．クラブ・ロウにはもっぱら魚や鳥，爬虫類を売る露店が立ち，ブリック・レイン（→Brick Lane）は家具や電気器具で知られている．1991年には全部で850の露店を数えた．鉄道・地下鉄リヴァプール・ストリート駅に近い．

Petty France
ペティ・フランス　WC2

　地下鉄セント・ジェイムジズ・パーク駅の北側を東西にのびる通り．ロンドンのパスポート・

オフィスが70-78番地にある．このあたりに毛織物商を営むフランス人が多く住んでいたことから，「ペティ・フランス」と呼ばれるようになった．

ヘンリー八世，エドワード六世，エリザベス一世などの護衛兵を務めたコーネリアス・ヴァン・ダンは貧しい女性たちのために家賃を払わずに住める20戸の家屋をここに建てた．ジョン・ミルトンはセント・ジェイムジズ・パークに臨む美しい庭つきの家に1652年から60年まで住んだ．この間，オリヴァー・クロムウェルのラテン語の秘書であったミルトンは『楽園の喪失』の大部分を書き，2人の妻に先立たれ，この家は1877年に取り壊された．ジェレミー・ベンサムとウィリアム・ハズリットは1812年から19年にかけてこの地に住み，『ファニー・ヒル』を書いたジョン・クレランドは1789年，82歳でここで亡くなった．ウィリー・スーコップ作の〈男と女〉の像がペティ・フランス入口の両側に置かれている．

Pewterers' Hall
シロメ細工師同業組合会館
Oat Lane, EC2

1496年から1932年まではシロメ細工師同業組合は，ライム・ストリートの所有地に会館をもっていたが，1961年に現在地に移った．この会館には，かつてライム・ストリートの会館にあった工芸品が保存されている．
→City Livery Companies

Pheasantry
フェザントリー
King's Road, SW3

1769年に建てられた家．19世紀中葉に庭に雉を飼っていたためにこの名(雉飼育場)がついた．1881年に室内装飾業と家具製造業を営んでいたジュベール家がこの屋敷を購入し，正面外壁をフランス風にした．現在，正面外壁と柱廊式玄関だけが昔のままに残る．バレリーナ，セラフィーン・アスタフィエヴァは1916年から34年にかけてこの屋敷の2階に住み，ダンスを教えた．門下生にアリシア・マルコ

ヴァ，マーゴ・フォンテーンなどがいた．1932年に地階がクラブとレストランになり，画家オーガスタス・ジョンをはじめ多くの画家，作家，政治家，役者が常連客となって，35年ほど続いた．

Philharmonia
フィルハーモニア

1945年にウォルター・レッグが設立し，トマス・ビーチャムが初演を指揮したオーケストラ．初期にはヘルベルト・フォン・カラヤンもしばしば指揮者として加わったが，1959年以降は，オットー・クレンペラーやジュゼッペ・シノーポリが次々に常任指揮者となった．1964年に経営が破綻し，ニュー・フィルハーモニアとして自主管理によって運営されていたが，1977年に元の名称に戻った．有名な独奏者や指揮者との共演によるレコーディングでもよく知られていて，世界の主なオーケストラのひとつと考えられている．

Phillips
フィリップス
New Bond Street, W1

競売商クリスティーズ(→Christie's)の店長をしていたハリー・フィリップスが1796年に創業した美術品の大手鑑定・競売会社．翌年にニュー・ボンド・ストリート73番地に店を構えた．1840年のフィリップスの死後，1820年から社員であった息子のウィリアム・オーガスタスが後継者となった．その後，ウィリアムの義理の息子フレデリック・ニールとの共同経営となり，さらに1924年にその息子が加わり，「フィリップス・サン・アンド・ニール」と社名が変更された．しかし，1972年には創業時の社名である「フィリップス」に戻った．

1939年，火事で店が焼失し，会社はブレンストック・ハウスに移転した．1954年にパティック・アンド・シンプソン社を吸収し，ブレンストック・ハウス全館を占めるに至った．ブレニム・ストリート7番地の支店をはじめ，全英各地と国外に多数の支店をもつ．

Philpot Lane
フィルポット・レイン　EC3

14世紀末，ロンドン市長を務め，この界隈の地主であったジョン・フィルポットにちなんだ道路．フェンチャーチ・ストリートとイーストチープ・グレイト・タワーズ・ストリートの間にある．この通りにあるチーズを食べるネズミの像は死亡事故の記念物．屋根で作業をしていた職人が，自分のサンドイッチを仲間が食べたと疑ってけんかとなり，ひとりが屋根から落ちて死んだ事故である．のちにネズミが食べたことが判明した．

Phoenix Theatre
フィニックス劇場

Charing Cross Road, WC2

ギルバート・スコットなどの設計で1930年に建った劇場．劇場名は，この劇場がある通りに接する路地フィニックス・ストリートに由来する．以前はここにミュージック・ホール(→Music Halls)が立っていた．

1930年9月24日の柿落しには《プライヴェット・ライヴズ》が上演され，作者ノエル・カワード，ガートルード・ロレンス，ローレンス・オリヴィエが出演した．36年カワードとロレンスは《今夜8時に》で再び劇場ににぎわいをもたらした．第二次大戦中のヒットは，ジョン・ギールグッドが登場したウィリアム・コングリーヴ作《恋には恋》，アイヴァー・ノヴェロ作のミュージカル《凱旋門》などで，以後，ポール・スコッフィールドの《ハムレット》，アルバート・フィニーの《ルーサー》(ジョン・オズボーン作)，ギールグッドの《イワノフ》(チェーホフ作)などが続き，《リチャード二世》(1988)，《リチャード三世》(1989)のデレク・ジャコビ，ピーター・ホール演出《ヴェニスの商人》(1989)のダスティン・ホフマンが話題になった．座席数1012．地下鉄レスター・スクエア駅に近い．

Piccadilly
ピカディリー　W1

ロンドンを代表するウェスト・エンドの繁華

---[ロンドン・ア・ラ・カルト]---

ロンドンの日本人

　すでに1588年(天正16年)にロンドンの土を踏んだ2人の日本人青年がいたが，歴史的見地からはまず幕末の遣欧使節団のロンドン訪問を画期的な出来事としてあげるべきであろう．竹内下野守を正使とする使節団一行がロンドンに到着したのは，1862年4月30日，以後6月12日まで滞在し，諸方面で見聞を広めた．つづいて1863年(文久3年)には，伊藤博文，井上馨ら5人が長州藩の留学生としてロンドンに赴いた．その後，1865年(元治2年)には薩摩藩が森有礼ら14人を送り込んだ．このとき先頭に立って青年たちを引率した五代友厚の果たした役割も見落とせない．1866年(慶応2年)には，幕府によって選抜された12名の留学生が約1年半ロンドンに滞在している．そしてその後1872年(明治5年)には，岩倉使節団一行46名がロンドンを訪れ，8月17日から12月7日までの間にイギリスの各地を歴訪した．

　日本近代化の促進者でロンドンと縁のあった人々としては，馬場辰猪，小泉信吉，中上川彦次郎，杉浦重剛，末松謙澄，土方寧，和田垣謙三，田中館愛橘，井上勝之助，井上準之助らがいた．明治新政府は数多くの官費留学生をイギリスに派遣した．とくに工部省系の留学生は工業技術の習得，兵部省の留学生は海軍兵制研究に従事した．辰野金吾，高峰譲吉，東郷平八郎らがこの中にいる．学術・教育の分野では，帝国大学総長になった菊池大麓が8年間留学し，ケンブリッジ大学セント・ジョンズ・コレッジで学位を取得した．私費

街．道路名についてはさまざまな説があるが，一説に17世紀の初めにストランド街で仕立屋を営んでいたロバート・ベイカーに由来するという．ベイカーは，当時紳士のあいだで流行していた「ピカディル」と呼ばれる堅目のひだ襟を売って財をなし，それを資金に現在のピカディリー・サーカスの北の土地を購入して邸宅を建てた．このいわば成金による邸宅は，ピカディリー・ホールという嘲笑的なあだ名で呼ばれることになったという．邸宅の面する通り自体も17世紀20年代にピカディリーと呼ばれるようになり，徐々に西へ延びて，首都からイングランド西部へ通じる幹線道となった．

もともとピカディリーは，セント・オールバンズ伯爵ヘンリー・ジャーミンが，チャールズ二世から1661年に貸与されたヘイマーケットからセント・ジェイムジズ・ストリートまでの土地の一部だった．その後開発が進んで1680年代には完了し，ピカディリーに建てられたのはセント・ジェイムズ教会（→St James's Piccadilly）を除いてほとんどが旅籠や商店であった．スワロー・ストリートまでの北側も似たような開発がなされたが，1660年代にバーリントン・ハウス（→Burlington House）やクラレンドン・ハウス（→Clarendon House），バークリー・ハウス（→Berkeley House）といった貴族の大邸宅が建てられた．政治経済学者のウィリアム・ペティは1673年から他界する87年まで現在のサックヴィル・ストリートの邸宅に住んだ．1680年代にはまだ広大な空き地がストラットン・ストリートの西側まで広がっていたが，18世紀の中ごろになるとハイド・パーク・コーナーまでほとんどが乱雑な石工や塑像の作業場で占められた．こうした開発を経ていまなお残存する建造物はセント・ジェイムズ教会とバーリントン・ハウスだけである．1665年に建設されたバーリントン・ハウスはその後大規模な改築が進み，1768年創設の王立美術院（→Royal Academy of Arts）が1869年にナショナル・ギャラリーからここに移転した．

留学者の数もイギリスがほかの西欧諸国に抜きん出て多かった．皇族の渡航も見られるようになり，小松宮彰仁親王はイギリス留学中ヴィクトリア女王に謁見，のちジョージ五世戴冠式に参列．有栖川宮威仁親王はグリニッチ海軍兵学校に学び，のちヴィクトリア女王即位60年祝典に天皇の名代として出席し，1905年（明治38年），日露戦争中の援助に感謝するためロンドンを訪問した際，日本の自動車第１号となったダラック号を買い求め，イギリス人運転手を伴って帰国した．

1922年に1902年以来の日英同盟が破棄され，1941年には日本の対米英蘭宣戦布告となったが，この間もロンドンの日本大使館に勤務したり訪れた親英派の広田弘毅，重光葵，吉田茂らは，両国間関係を修復しようと努めた．そして両国の関係が険悪化するなかでも，ロンドンは文人・芸術家たちの心をとらえつづけ，木下杢太郎「倫敦通信」，石井柏亭「英京日抄」，久米正雄「英京二景」，林芙美子「ひとり旅の記」，和田三造「ロンドンおよびロンドン人」，古垣鉄郎「ロンドンの憂鬱」，河合栄治郎「倫敦生活」などがあらわれた．

1951年秋，サンフランシスコ対日講和条約発効を契機として日英両国の政治家・財界人の往来が始まった．1952年，三島由紀夫は世界一周の旅に出ており，４月19日から23日までロンドンに滞在し，ピカディリー・サーカスやトラファルガー・スクエアなど都心部を訪れた．滞在中の記録は『アポロの杯』に見られる．1957年春，川端康成はロンドンを訪れ，『源氏物語』の英訳者アーサー・ウェイリーと晩餐会で長々と語りあった．また，犬好きの川端康成はロンドンでの犬との出会いの心温まる話を「新春随想・三篇」に書きとどめている．第三の新人以降の作品では，立原正秋の『帰路』に描かれたロンドンの日本人商社マン，国際結婚に破れた女性，骨董商の活躍などが印象的である．

田舎風の家屋が初めて流行した1760年ごろ、ピカディリー街の建て直しが始まり、ヴィクトリア朝後期とエドワード朝の時代にグリーン・パークに臨んだ住宅の多くが建て直された。

現在、リッツ（→Ritz Hotel）をはじめとするホテルや1707年創業のフォートナム・アンド・メイスン（→Fortnum and Mason）、1797年に開業し文学クラブともなった書店ハッチャーズ（→Hatchards）など老舗・名店が多い。

Piccadilly Circus
ピカディリー・サーカス　W1

ピカディリー大通りの東端で、リージェント・ストリート、ヘイマーケット、コヴェントリー・ストリート、シャフツベリー・アヴェニューが出合う円形辻。もとはピカディリーとリージェント・ストリートが交差する四つ辻で、1819年に造られた。弓状に連なった漆喰仕上げの建物が交差点は円形広場とでもいえるような場所となった。しかし、1886年に、シャフツベリー・アヴェニューの建設のために円形辻の北東部の建物が取り壊され、その美観は消えた。その後ロンドン・パヴィリオン（→London Pavilion）や平凡な店ができ、円形辻に通じる道がさらに増えて、この辻は歪んで円形とはいえなくなった。

ピカディリー・サーカスの中央に立つエロスの像（→Eros）は慈善家シャフツベリー卿を記念して1893年に除幕された。正式には慈愛の天使像であるが、キューピッドをかたどったとみられるためにエロスの像として知られるようになった。

Piccadilly Hotel
→Le Meridien Piccadilly

Piccadilly Line
ピカディリー・ライン

ロンドン地下鉄道会社の一部を形成する線で、もともとはグレイト・ノーザン、ピカディリー・アンド・ブロンプトン鉄道という名の会社だった。現在は北郊のコックフォスターズから、キングズ・クロス・アンド・セント・パンクラス、ホーボーン、ピカディリー・サーカス、ナイツブリッジ、ハマースミス、アクトン・タウンを経てヒースロー空港まで達している。途中のアクトン・タウンからレイナーズ・レインまでの支線（ラッシュ時にはアックスブリッジまでメトロポリタン・ライン（→Metropolitan Line）に乗り入れて延長運転する）と、市内のホーボーンからオールドウィッチまでのラッシュ時しか運転しない支線がある。チューブ(tube)線だから車体は小ぶりである。1915年にベイカールー・ライン（→Bakerloo Line）、ハムステッド・ライン（→Hampstead Line）と合併してロンドン電気鉄道を形成し、1933年には全地下鉄線、市内電車、市内バスの統合によって、ロンドン交通公団となった。現在はイギリスの空の出入り口であるヒースロー空港とロンドンとを結ぶ鉄道として重要な役割を果たし、「第1,2,3ターミナル」と「第4ターミナル」の2つの駅を通って循環するので、終着駅はない。

T.S.エリオットの代表的長篇詩『四つの四重奏』の中に、ロンドン"tube"を描いた部分があるが、詩人は自宅近くのグロースター・ロードからフェイバー出版社のあるラッセル・スクエアまで、この線を利用して通っていたというから、おそらくこの線における体験が反映されているのだろう。また、ジョン・コリアーのユーモア短編小説「地獄行き途中下車」の舞台も、ピカディリー・サーカスからこの線のプラットフォームに降りる長いエスカレーターである。
→Underground Railways

Piers
桟橋

ロンドンを流れるテムズ川には、タワー・ワーフやチェリー・ガーデン・ピアなど、古くから名を知られた桟橋が多数あって、南岸と北岸、上流と下流、あるいは海外と往来する大型小型の船舶の発着地となっていた。現在でははしけ用の桟橋もあるが、多くは、テムズ・パッセンジャー・サービス組合に加盟する

船会社が運航する観光船用の施設である．代表的な桟橋を挙げると，ウェストミンスター，チェアリング・クロス，タワー，グリニッジ，バリア・ガーデンズ・ピアなどである．特殊なものとしては，ウォータールー橋の下流側北岸に，メトロポリタン警察テムズ管区のウォータールー・ピアなどがある．

Pimlico
ピムリコ　SW1

　地下鉄ヴィクトリア・ラインのピムリコ駅から西に広がる地域．テムズ川北岸の，おおざっぱに言って，東はヴォクソール・ブリッジ・ロード，西はチェルシー・ブリッジ・ロード，そしてテムズ川とイーベリ・ストリートに囲まれた地域である．名称の由来については，いくつかの説があるが，テューダー時代のホクストンの宿屋の主ベン・ピムリコに基づくというのが一番もっともらしい．彼のビールがあまりにも有名になったので，ヴィクトリア駅近くにも，この名をまねた宿屋ができた．1626年ころには Pimlicoe と綴る名が現われていたということである．

　1820年代まで，この低地帯はほとんど未開発のままで，荒地のほかは菜園とコリヤナギ畑だけであった．1830年代に，建築業者として有名なトマス・キュービットによって開発が進められた．同じくキュービットによって開発されたベルグレイヴィア（→Belgravia）にははるかに及ばないにしても，ところどころに19世紀の瀟洒な家並みが見られる．

Pinner
ピナー　HA5

　大ロンドンの北西部ハロー自治区の高級住宅地．Pinn あるいは Pynn は，サクソン人名で，古英語で川堤を表わす er と一つになって「川辺のピンの居住地」を意味する．14世紀に洗礼者ヨハネを祀る教会が建てられたが，その袖廊部分は今日までそのときの姿をとどめている．ハイ・ストリートの保存地区には，16世紀から18世紀までの間に建てられたさまざまな種類の建物が保存されている．また1880年に教区教会を復旧させたウィリアム・アーサー・トゥックを記念して造られた見事な噴水がある．ウィリアムの父のアーサー・ウィリアム・トゥックもピナー・ハウス（現在はピナー・ゴルフ・クラブ本部）の建設などで名を残している．彼らの名にちなんだトゥック・グリーン保存地区があって，古いコテージなどが保存されている．

　ピナー・ウッド保存地区にある18世紀初期のピナー・ウッド・ハウスには，ブルワー・リットンが住んだことがあり，彼の小説『ユージン・アラム』はここで書かれた．ワックスウェル・レイン保存地区には，オーチャード・コテージ，ビー・コテージなど，16世紀から18世紀のあいだに建てられた数々の木造の建物がある．アックスブリッジ・ロードには，かつて王立旅商人学校（ロイヤル・コマーシャル・トラヴェラーズ・スクール）があったが，現在はハロー・アート・センターに変わっている．ピナー・パークなど，まだまだ緑地が多い地域である．中心部に地下鉄ピナー駅がある．

Plagues
疫病

〈ペスト〉

　ペストは本来げっ歯類に流行していた獣疫なのだが，そのペスト菌がネズミノミなどを介して人間に伝染し猛威をふるうことになった．ペスト菌が上気道粘膜や皮膚創傷から，あるいは飛沫を通して人間の体内に入る．潜伏期間は1週間たらずである．潜伏中は顕著な症状が現われないが，そのうち急に悪寒と高熱が生じる．症状とその経過は感染する部位によって異なり，臨床上は腺ペスト，肺ペスト，皮膚ペスト，眼ペスト，ペスト敗血症に区別されているが，ロンドンで大流行したペストはすべて腺ペストで，発熱するとすぐノミが刺した部位の鼠径部あるいは腋窩のリンパ腺に腺腫を作り，激しい痛みが生じる．この腺腫が破れてペスト菌が全身に広がると，皮膚も赤黒く腫れ化膿して，二次的敗血症を起こし死亡する場合が多い．

〈ロンドンのペスト年史〉

ヨーロッパ史上におけるペストの大流行は6世紀(542-94年)が最初と考えられていて、このときローマ帝国の住民の約半数が犠牲になったといわれている．イギリスにおける最初の大流行は664年に起こった．ベネディクト会修道士の記録によると，そのときのペストでイングランド南東部とロンドンの人口は激減した．次の大流行は1258年で，このときは飢饉と重なったせいもあって，衛生と生活の両面でロンドン市民も大打撃を受けた．

それから1世紀も経たない1348年から49年にかけての黒死病の大流行，さらに1361年と，1368年から69年にかけての流行と，14世紀は3回もペストが流行した．

15世紀に入ると，早くも1407年に起こった．このときには3万人の死者が出て，労働力不足も深刻だったといわれている．その後，1426年，さらに，強烈な寒気がロンドンを襲った1433年にも，とくにロンドンでペストが流行した．ペストは寒冷の候を好むのだ．1430年代はペスト頻発の年代で，1433年のあと，37年，39年と流行した．39年のときには国会に臨席した国王への接吻の習慣が一時停止されたほどだった．

1450年代にも1450年，52年，54年と隔年にペストが流行して，国会はウェストミンスターの「汚ない空気」を避けてラドゲートに移された．国会だけではなかった．一般市民もロンドンから疎開しだした．15世紀は後半になって，1474年，99年と多くの死者を出したペストの流行期があったが，それから十数年は小康状態を保った．

しかし，1517年にはまた流行して，王室もロンドンの西方バークシャー州に疎開した．1531年のときにはグリニッチも安全圏ではなくなり，王室はイングランド南部の港町サウサンプトンに疎開した．1532年の秋には，ウェストミンスターおよびロンドンの4つの法学院近辺にいた貴族や法曹界の大物たちも疎開した．このときのペストは激しく，たとえば，3月12日土曜日の夕方まで元気に働いていた庭師が14日月曜日の朝にはもう埋葬されていた．1535年のときには，死因がまだ記さ

れていなかった「死亡記録」に掲載された死者の3分の2の死因が，じつはペストだった．なお，このときの王室の疎開先はそれまでで一番遠いイングランド南西部のグロースターシャーのソーンベリーだった．議会も6か月間延期された．このときの流行は，1548年になってやっと小休止状態になった．63年にはフランス北部セーヌ河口のルアーブルから帰還した兵士たちが，15年間休止状態を続けていたペスト再発の嫌疑をかけられたが，じつは兵士が帰還する前に患者が現われていた．ロンドンの中でも一番ひどかったのは貧民が多く住んでいたセント・セパルカー教会近辺とニューゲート・ストリートの両側だった．

1581年になると，ロンドンの各教区から「分別ある既婚婦人2人ずつ」が死因報告作成のために選ばれた．そして約10年後の1593年に初めて死因を記した「死亡記録」が作られ，92年に始まったペスト流行の犠牲者約1万人のうち4000人の氏名が記録された．1603年の流行のときには，シティだけで，しかも1週間で，2798人の犠牲者の氏名が記録されている．この「死亡記録」は1842年に出生・死亡・婚姻の登録制が確立するまで続けられた．

1625年のときにも，シティの活動が停止寸前に追い込まれるほどの犠牲者(3万5000人死亡説もある)が出た．1636年にはペストと発疹チフスが同時に流行した．さらに，1638年から47年にかけて，イースト・エンドの貧民を中心に高熱性疾患が蔓延した．ロンドン大疫病が発生する十数年前だった．
→Black Death, Great Plague

Plaisterers' Hall
左官同業組合会館
London Wall, EC2

1556年にアドル・ストリートに建てられたが，1666年の大火で焼失．そのあとサー・クリストファー・レンの設計による2番目の会館も，1882年の火事で焼け落ちた．90年のちの1972年に現在地に新会館がオープン．300人収容の食堂がある．19世紀の建築家ロバート・アダム様式の装飾と漆喰仕上げが施され

ている．
→City Livery Companies

Plaistow
プラストウ　E13

　ロンドン東部，テムズ川北方の住宅地．地下鉄ディストリクト・ラインと，ロンドン＝ティルベリー＝サウスエンド鉄道の駅がある．19世紀半ばころまで，このあたり一帯は広大な農村であったが，一部に16-17世紀に絹織物業とレザー産業が行なわれていた形跡がある．1840年ころから始まった産業開発によって，地区南部，テムズ河岸に向かってしだいにキャニング・タウン，税関，シルヴァー・タウン，ヴィクトリア・ドックなどが出現した．
　1901年サムソン・ストリートにプラストウ病院が建設された．最初は伝染病患者用であったが，現在は老人病と老年精神病専門の病院となっている．

Planetarium
プラネタリウム

Marylebone Road, NW1

　1958年に，マダム・タッソー蠟人形館(→Madame Tussaud's)の隣に開設された．巨大なドームの中に備えつけられた投影機は，2万9000個の部分を含み，2トンの重さをもつ．これによって北半球と南半球の夜空と星が投影される．階下にある天文学ギャラリー(1980年開設)では，プトレマイオスから宇宙旅行に至るまでの，宇宙探究に向けられた人間の歩みの歴史をたどることができる．

Players' Theatre Club
プレイヤーズ・シアター・クラブ

Villiers Street, WC2

　1927年，ニュー・コンプトン・ストリートで誕生．19世紀末から20世紀初頭に賑わったミュージック・ホール(→Music Halls)の雰囲気を再現すべく，つくられた．名女優ペギー・アシュクロフトはロンドン・デビューをここで果たしている．1929年プレイヤーズ・シアターと改名され，1934年にはコヴェント・ガーデンのキング・ストリートに移り，1936年にはヴィクトリア朝風のミュージック・ホールが復活した．1946年に地下鉄エンバンクメント駅通りのヴィリアズ・ストリートに移り，ミュージック・ホールの雰囲気を求めて集まる人々に愛された．1987年には一時的にダッチェス劇場へその本拠を移すが，1990年に現住所へ戻る．客席数は約250席．

Playhouse Theatre
プレイハウス劇場

Northumberland Avenue, WC2

　1882年新築の劇場．当時はロイヤル・アヴェニュー劇場と呼ばれ，オッフェンバッハなどのオペレッタを公演した．1891年，俳優のジョージ・アレグザンダーが経営者となった．ジョーンズの《クルセイダーズ》，ショーの《武器と人間》，モームの処女作《信義に厚い男》などを上演した．99年の《火星からのメッセージ》は544回上演された．1905年，チェアリング・クロス駅の火災の影響で倒壊，2年後に再建された．24年からの《ホワイト・カーゴ》は821回の上演記録がある．1939年に現在の劇場名となった．41年から50年まで劇場を閉鎖していたオールド・ヴィック座(→Old Vic)がその間，このプレイハウス劇場で公演した．49年にはアガサ・クリスティの《牧師館の殺人》がヒットしたが，51-75年にはBBCのスタジオとして使用された．87年，800席ほどの劇場となり，《ガール・フレンズ》で再スタートした．91年からは，ピーター・ホール率いる劇団が使用している．地下鉄エンバンクメント駅に近い．

Playhouse Yard
プレイハウス・ヤード　EC4

　ブラックフライアーズ劇場の跡地．1596年代に，俳優のジェイムズ・バーベッジが閉鎖後のブラックフライアーズ修道院(→Blackfriars Monastery)の建物を利用して劇場を造ったところ，住民たちの反対に遭い，チャペルの少年劇団に譲った．1608年にジェイムズの息子でやはり俳優だったリチャード・バーベッジの

所有するところとなった．新しくバーベッジの所有となった劇場では，シェイクスピアが座員として加わっていた国王一座（King's Men）も芝居を演じた．劇場は1655年に取り壊された．地下鉄ブラックフライアーズ駅に近い．

Plough Court
プラウ・コート　EC3

シティのロンバード・ストリートの南に位置する通り．1720年にはプラウ・ヤード（1800年に建設されたショーディッチ・ハイ・ストリートにある現在のプラウ・ヤードとは別）の名で記録に残る．旅籠，あるいは金物屋のものだったと思われる鋤の印からこの名がついた．プラウは16世紀，エドワード六世のころ，安食堂を意味した．現在は当時のおもかげを残すものは何もなく，オフィスビルが立ち並ぶ．

この界隈で，1688年アレグザンダー・ポープが生まれた．現在，記念銘板が残っている．

Plumstead
プラムステッド　SE18

テムズ川の南岸，ウリッチ地区の東方にひろがるおよそ40ヘクタールの共有地を含む緑の多い住宅地．本来，プラムステッドの名はプラムの木の茂る場所を意味する．961年ごろ，古英語の地名プラムスティードの記録がある．

おそらくはローマ時代前のものと思われる埋葬塚や，ローマ時代の塚が発掘されている事実が，この地が古くからひらけたことを物語る．広く言えば，南の境界線はドーヴァーを起点としてローマ時代に建設された道路，現在ウォトリング・ストリートと呼ばれるA2である．

960年ごろ，エドガー王の勅命により，カンタベリー修道院長にこの地の4つの耕作地が下賜された．1023年，グリニッチで殺害された大司教の遺体がこの地を通ってカンタベリー大聖堂へ運ばれた．

プラムステッドは，水はけがよく，土壌は肥沃で放牧や果樹栽培に適した土地であった

ため，古くから富裕な田園地帯であった．しかし19世紀以降，とくに鉄道敷設（1849）が，この地帯を激変させた．ウリッチに隣接するバレッジ・エステートなどの低地帯の工業化と都市化が急速に進み，1801年から60年間に人口は，1100人あまりから2万4000人あまりへと急増した．ただ，労働者階級の人口増加に伴ない，1890年代になると，この地区の30-39パーセントの住民が貧困に苦しんでいる状況を，チャールズ・ブースの『ロンドンの民衆の生活と労働』は詳細に伝えている．

1870年代の共有地囲い込み計画は失敗に終わり，プラムステッド・コモンとウィンズ・コモンはロンドン都市建設局管轄の公共のオープン・スペースとなり，今日に至っている．

南部は現在もシューターズ・ヒル（→Shooters Hill）の緑地がのびやかにつづく．オールド・ミル・ロードに残る18世紀の風車小屋はパブとして使用されている．近くには，1790年建築のジョージ朝様式の屋敷ブランブルベリー（かつてのセント・マーガレット教会の司祭館）が残っている．テムズ川寄りに鉄道駅プラムステッドがある．

Poets' Corner
→**Westminster Abbey**

Poland Street
ポーランド・ストリート　W1

1680年代から1707年にかけて建設された道路．北端がオックスフォード・ストリートと交差する．ポーランド軍を率いるジョン・ソビエスキーは，1683年，ウィーンでトルコ軍を大敗させた．道路名は，この戦勝を記念して建てられた，オックスフォード・ストリートの南側にあった居酒屋ポーランド王亭にちなむ．ロンドンの東欧系の街名はクリミア戦争に由来するものが多いなかで，ポーランド・ストリートは，この遠い昔の戦勝に由来する．

その後，ポーランド王亭は名を小麦束亭に，さらに1925年にはディケンズ・ワイン・ハウスと変えたが，1940年，ロンドン大空襲にあって壊滅した．しかし，ポーランド・スト

リートには，18世紀の建物で修復改築されながら現存するものもある．7番地の建物は，1707年，サンドイッチ伯爵夫人のために建てられたもの．11番地の建物も外観は手直しされているが同時代のもの．15番地には，1717年サフォーク伯爵が，また冊子『無神論の必要性』がもとでオックスフォード大学を放校されたP.B.シェリーが1811年の春短期間住んだ．28番地には1787-93までウィリアム・ブレイクが住み，『無垢の歌』，『アベルの亡霊』，『セルの歌』，『天国と地獄の結婚』，『フランス革命』を書き，自らの挿絵を入れて刊行した．現在この建物は旅行クラブになっている．ジョンソン博士の友人の音楽史家チャールズ・バーニー博士が1760-70年まで50番地に住んだ．『ドクター・バーニーの思い出』の中で娘ファニーは，当時このあたりは未墾の野であったが，ポーランド・ストリートには父の友人が多く住んでいたと記している．

23番地にあるパブ，国王の紋章亭は18世紀からの居酒屋の跡を引き継いだ老舗．記念銘板に「ここ旧国王の紋章亭において，1781年11月28日，古代ドルイド教団復活さる．ドルイド教団150周年を記念して，この銘板をかかげる」とある．62番地には，1825年以来のパブ，ザ・スター・アンド・ガーター亭がある．

Police
警察

イギリスの警察制度は古代の成立時から，ドイツやフランスの中央集権国家中心警察とは異なり，地方分権自治自警が特色である．その起源は5世紀半ばのブリタニア時代のゲルマン系サクソン人による戸主十人組（tithing）制度である．これは各戸主を10人単位の組に分け，各組の家族相互に品行方正を心がけるよう生活を律し，悪事を犯した場合は連帯して違法者を国王の前に逮捕連行する責務を負った．

犯人追跡に際し「叫喚追跡」（hue and cry）を義務づけ，その慣習は19世紀にもおよぶ．アルフレッド大王の9世紀にはイングランド各地の土地所有者らの選挙により選出された長官シェリフ（→Sheriffs）が十人組を10組合わせた百人組（hundred）の組長を指揮し，非常の際には各戸主を召集し騒擾の鎮圧に当たった．シェリフは無給で，治安維持はもとより裁判や選挙の管理監督をして，民主的警察の色合いが濃厚であった．

だが，ノルマン人によるイングランド征服のウィリアム一世の時代になると封建制度確立により軍司令官（Constable, 今日では「巡査」という意）が治安官も兼ね，戸主十人組を監督命令し，シェリフに代わってきわめて中央集権的警察になった．下ってエドワード一世は議会の発達を促し治安維持に尽力した．その治世下，1285年のウィンチェスター法は基本的には古代からの「叫喚追跡」，「昼夜警戒」（watch and ward），および15歳から60歳までのすべての男子が平和維持のために武器を手にする「兵役の義務」の再確認であった．

このころシティは古代ローマの治安制度を徐々に発展させて，24の管区に分けて管区ごとに自警員を1人置いた．征服王ウィリアム一世により実施されたセント・マーティンズ・ル・グランド修道院の「消火の合図の晩鐘」が鳴ると，各管区の自警員たちは革のジャケットや胸あてをつけて，剣や槍，斧，長弓を手にシティの門とテムズ河畔を警邏した．この警邏はチープサイドのセント・トマス・アコン教会で朝の鐘が鳴るまでつづけられた．教会の秩序を保つなどして牧師を助けるシティの納税者は1年間，自警員や教区役員や街路清掃人の無料奉仕が義務であった．拒否すると罰金か投獄．自警員らは売春宿の打ちこわしにも精を出した．

1361年，治安判事法が制定され，治安判事（Justice of the Peace）が誕生した．治安判事は地方の名望家や地主から選出され，無給だが犯人逮捕拘置裁判の権限をもち，シェリフに代わって治安維持の最前線に登場した．従来の十人組制度に代わって教区警吏（parish constable）が，治安判事の指揮の下に教区を巡邏するようになった．テューダー朝の治安判事は王権の統制が拡大強化されるにつれ，社会経済生活にまでその任務はおよぶが，大

陸諸国の中央集権的官僚制度ではなく，無給のボランティア的治安維持をつづけていた．

しかし，ジェイムズ一世の17世紀から治安判事の堕落が始まる．その後150年間は，イギリス警察の中枢をなしていた"名誉職"の治安判事が「賄賂判事」「袖の下判事」などと不名誉に呼称され，治安は乱れ帝都ロンドンは欧州最悪の無警察都市となる．そこに社会の安寧を欠く背景があった．

1666年，ロンドン大火で焼失した多くの建物の再建に要した膨大な出費のために，1694年，シティは破産状態に陥り，財源捻出に多くの庁舎を売却した．その売却金をめぐる官吏の腐敗が社会不安を招き，泥棒逮捕者への政府報奨金制度の悪用と相まって，犯罪史上初の組織犯であった大盗賊首領のジョナサン・ワイルドの暗躍を許した．自称「大英帝国およびアイルランドの泥棒逮捕者総統」のワイルドは，1725年タイバーン（→Tyburn）で絞首刑になるまで，街道筋はもとより裁判所や社交界にまで組織的犯行を重ねた．「ワイルド一家」はダニエル・デフォーの取材記事になり，また《三文オペラ》（ブレヒト）の原作であるジョン・ゲイ著『乞食オペラ』のモデルにもなった．

18世紀，ロンドンの警察行政に画期的功績を残した兄ヘンリー・フィールディングと弟ジョン・フィールディングの兄弟がスコットランド・ヤード（→Scotland Yard）の礎石を敷くことになった．1748年ウェストミンスター市の治安判事に任命された小説家で劇作家で弁護士の兄ヘンリーは翌49年からボウ街に事務所を開き，有志の6人で編成された機動力のあるイギリス警察行政史上初めて治安判事直属の泥棒逮捕者たちを組織した．これは，のちに弟の「ジョン党」とも呼ばれ，ジョンの死後5年経た1785年ごろ「ボウ・ストリートの警吏」と呼ばれ，70人に増えた．全盲の治安判事ジョンは1761年ナイト爵を受け，「悪漢3000人の声を聞きわける」とまでいわれた．「警察」という意味のpoliceという語も，フィールディング兄弟のときから使われた．それまでは「ポリス」といえば「スパイ」や「反乱の挑発者」の意味であった．

19世紀に入り，ようやく近代的警察体制が整う．1800年リヴァー・ポリス（→River Police）が発足し，1829年，ときの内務大臣ロバート・ピールの尽力で「首都警察法」が成立して，初の首都警察「スコットランド・ヤード」が誕生した．その後捜査刑事課やテロ対策課の「スペシャル・ブランチ」などができ，1890年ニュー・スコットランド・ヤード（→New Scotland Yard）として新発足した．
→Bow Street Magistrates' Court

Polka Children's Theatre
ポルカ子供劇場
The Broadway, Wimbledon, SW19

イギリスで唯一の児童劇団．巡回劇団として1968年ギル夫妻が創設，77年に現在の用地を取得し，79年に劇場公演を開始した．リチャード・ギルは，アマチュアのあやつり人形師だった父から人形への愛着を受け継いだという．94年にはヴィヴィアン・ダフィールド演劇賞を受賞した．

主劇場は5-13歳の児童向けで座席数300，併設する小劇場「アドヴェンチャー・シアター」は3-5歳児用で座席数80．人種・性による差別をしないことを劇団のモットーとしている．

海外公演も活発に行なうほか，ロシア，ウクライナ，マドリッド，シアトル，トロント，デンマークなどの劇団と提携している．鉄道・地下鉄ウィンブルドン駅に近い．

Pollock's Toy Museum
ポロック玩具博物館
Scala Street, W1

トッテナム・コート・ロードの西側，地下鉄グッジ・ストリート駅に近い．19世紀に人気のあった紙芝居メーカーの大手，ベンジャミン・ポロックによる博物館兼商店．開館は1956年だが，現在の隣り合った2つの建物（18世紀）に引っ越したのは1969年．展示は紙芝居をはじめ，人形の家，蝋細工，ブリキ玩具，操り人形，揺り木馬など世界中から集められたお

もちゃが子供の目の高さに合うように陳列されている．スコットランドの小説家 R.L. スティーヴンソンは紙芝居の愛好者として有名．

Polygon Road
ポリゴン・ロード　NW1

　クラレンドン・スクエアの北に位置する場所に，1794年，サマーズ・タウン（→Somers Town）開発の一環として，四角い中庭を囲んで3階建て32軒の住宅ザ・ポリゴン（「多角形」の意）が建てられた．設計はヤコブ・レロワとヨブ・オア．29番地に1807年までウィリアム・ゴドウィンが住んだ．ゴドウィン夫人は，のちに『フランケンシュタイン』の著者でシェリー夫人となる娘メアリを出産後，この家で死去した．17番地に1828年の一時期，チャールズ・ディケンズ一家が寄宿した．彼の作品『荒涼館』には，金銭的にだらしのないハロルド・スキムポールがポリゴンのあばら屋の住人として描かれている．

　1890年代に，ザ・ポリゴンは取り壊され，四角い中庭を中心に，ポリゴン・ビルディングズが建った．鉄道労働者が多く住み，1904年ごろには界隈は「悪徳の街」として知られた．現在もさびれた一角となっている．鉄道・地下鉄ユーストン駅に近い．

Ponders End
ポンダーズ・エンド　EN3

　リー川（→Lea）とキング・ジョージズなど2つの大貯水池の西方にある地区で，北にエンフィールド・ハイウェイ，南にエドモントンが位置する．『ドゥームズデイ・ブック』（→『土地台帳』）に，エンフィールドは川辺の沼沢地を含む森林地帯と記されている．14世紀にこの地に住んだポンダー家の名をとり，「敷地のはずれ」を意味するエンドとともに，現在までポンダーズ・エンドの名で呼ばれる．ポンダーはおそらく池の管理人（keepers of a pond）を意味するが，一族の誰かが，実際にその役にあったかどうかは定かでない．

　古くは牧草地であったが，16世紀にはリンカーンとウィンチェスターの主教ウィリアム・ウィカムが住んだといわれるリンカーン・ハウスなど，いくつかの屋敷があった．北にはジェイムズ一世がしばしば訪れた荘園領主館があったが，1910年に取り壊された．

　おそらく11世紀から水車場があったと思われる場所に，現在，18世紀後半に建てられた白塗りの製粉所ポンダーズ・エンド・ミルがある．

　1831年にセント・ジェイムズ・エンフィールド・ハイウェイが建設され，エンフィールド東部の開発が進むと，リー・ナヴィゲーション・カナルも一帯の軽工業の発展に大いに寄与した．ポンダーズ・エンドには，19世紀後半にロイヤル・スモール・アームズ・ファクトリーが，エディソン・エレクトリック・ライト・カンパニーが相次いで設立され，この地は20世紀初頭の熱イオン管ならびに真空管開発のパイオニア的存在となった．1880-85年，ポンダーズ・エンドまで鉄道が延び，世紀末から人口は急速に増加した．20世紀初頭には住宅地区，工業地区として発展した．

　1878年にセント・マシュー教会が建ち，1899年から教区教会となっている．

Pond Street
ポンド・ストリート　NW3

　ハムステッド・ヒースの南麓にあたり，ハムステッド・ヒース鉄道駅に近い道路．一方がフリート・ロードにつながり，もう一方がロスリン・ヒル通りに行き当たっている．

　道路名は，カムデン・タウンやキングズ・クロスの下を通ってテムズ川に合流するフリート川の源流のひとつの池がここにあったことに由来する．現在の王室施療病院（→Royal Free Hospital）の敷地に立っていたバートラム・ハウスという名の屋敷に，重量に応じて発信者が料金を払って切手を貼るペニー郵便制の発案者ローランド・ヒルが1848年から住み，79年にここで亡くなっている．

　D.H. ロレンスの友人で20世紀前半の多くの文人たちとも交流があった芸術家ドロシー・ブレットの家も，この通りにあった．生物学者でロンドン大学キングズ・コレッジの動物学

教授を務めたジュリアン・ハクスリーは，1943年から75年までここの31番地に住んでいた．

Pont Street
ポント・ストリート　SW1

スローン・ストリートの西側，ヘンリー・ホランド設計のザ・パヴィリオンを取り壊した跡地を通過するかたちで，1878年建設された道路．当時，ポント・ストリートとナイツブリッジ界隈はフランス風趣味，雰囲気がただよう上品な街並みで，ポントとはフランス語で「橋」を意味し，ここにあったウェストボーン川にかかる橋にちなんだものと考えられる．両側に大きな破風造りの赤煉瓦の住宅が並んでいた．

75番地にあるカドガン・ホテルは，オスカー・ワイルドが逮捕された現場である．そのときの模様をサー・ジョン・ベッチマンが《オスカー・ワイルド，カドガン・ホテルで逮捕さる》で歌っている．

カドガン・ホテルの一部にエドワード七世の愛人リリー・ラングトリーが住んでいたことをしるす記念板がある．52番地に《ギルバート・アンド・サリヴァン》のオペレッタを書いたA.サリヴァンが，57番地に俳優のサー・ジョージ・アレグザンダーが住み，通りの南側にアーノルド・ベネットが，北側にジェイン・オースティン，P.B.シェリーが住んだ．南側にセント・コルンバ教会がある．

Pool of London
プール・オヴ・ロンドン

テムズ川のロンドン橋のすぐ下流の水域．ここまで大型の外洋船の航行が可能である．アッパー・プールとロアー・プールに分かれる．上流側のアッパー・プールは，ロンドン橋からタワー・ブリッジを経て，その下流南岸にあるチェリー・ガーデン・ピア（→Cherry Garden Pier）に至る，1.6キロほどの水域．その北岸には，経済活動の中心地であるシティ，建築家クリストファー・レンが建てたセント・マグナス・ザ・マーター教会，市民の食卓を長年賄ってきた魚市場ビリングズゲート・マーケット（1980年にアイル・オヴ・ドッグズに移転，→Billingsgate Market），ロンドン塔，セント・キャサリンズ・ドックなどがある．南岸はサザック地区で，英国海軍の戦争博物館となっている1万1500トンの軍艦ベルファスト号が係留されている．

下流のロアー・プールは，チェリー・ガーデン・ピアから，リージェンツ・カナルの入口より少し下流のライムキルン・クリーク（あるいはドック）までの，およそ1.6キロの水域である．

この水域は古代ローマ時代以来，19世紀になってここより下流に多数のドック群が造成されるまで，ロンドンの主要な港湾として重要な役割を果たしてきた．最近では，この水域を航行する船舶の数もめっきり減って，テムズ河岸の再開発が進み，タワー・ブリッジの有名な跳ね橋もほとんど開閉されることはない．

Pope's Villa
ポープ荘

Cross Deep, Twickenham, TW1

ロンドン西南郊，トゥイッケナムにあった18世紀の詩人アレグザンダー・ポープの邸宅．

翻訳『イーリアス』の予約出版により多大な収入を得たポープは1719年，テムズ河畔の一等地トゥイッケナムに移り住んだ．そして購入した古い邸をジェイムズ・ギブズの設計により，パラディオ風邸宅に改造し，その邸宅にふさわしい風景式庭園の造営に精力を傾けた．ウェルギリウス風牧歌『ウィンザーの森』など，自然が自然のままにある素朴さと豊饒性を讃える詩を多く書いたポープは，ホラス・ウォルポールによれば，風景式庭園の発展ならびにイギリス造園史に最も大きな影響を与えた造園家のひとりでもあった．

屋敷の細長い敷地はハンプトン・コート・パレスからロンドンに向かう街道をはさんでひろがっていた．邸宅はテムズの水辺まで美しい芝生が傾斜してつづく土地に立ち，すばらしい眺望が楽しめた．庭園は主として森と小径と築山からなっていた．邸宅と庭を結ぶた

ポープ荘(18世紀)

めに公道の下に掘られた横断道路は, 装飾的洞窟に仕立てあげられた. 水晶, アメジスト, ダイヤモンド, 四角い鏡などを散りばめた洞窟の突き当たりのドアが閉まると, そこは暗室となり, 壁面にテムズの川面, 丘陵, 森, 帆舟などが映しだされた. この洞窟は新しい流行の先駆けとなった. 庭園の一番奥に亡母に捧げられたオベリスクが立っていた.

ポープの死後, 屋敷の所有者はたびたび変わった. 1807年, ソファイア・ハウが所有者となったが, 芸術を解さぬ主は, 屋敷や庭園を取り壊し洞窟を切断してしまった. 1842年ごろ, 茶商人トマス・ヤングが所有者となり, 中国風の屋敷が建設された.

現在, ヤングの屋敷は女学校も兼ねるセント・キャサリン修道院が使用している. 洞窟の一部が現存する.

Popish Plot
カトリック陰謀事件

1678年, 英国国教会の牧師タイタス・オーツが, カトリック教徒をおとしめるため, 法廷で行った偽証に端を発した捏造陰謀事件. 同年8月, オーツはウェストミンスターの治安判事サー・エドマンド・ゴドフリーの前で宣誓供述した. 内容は, イエズス会士がチャールズ二世を暗殺して旧教徒の王弟ヨーク公(のちのジェイムズ二世)を王位につけようとしていること, ロンドンの焼き打ちと新教徒の虐殺を企んでいること, などであった. それから2か月後の10月, インナー・テンプルからさほど離れていないプリムローズ・ヒル(→Primrose Hill)でゴッドフリーの死体が発見された. だれもが陰謀の発覚を恐れたカトリック教徒の仕業だと信じ, ロンドン中に反カトリック感情が急速に広まった. 犯人が分からぬまま, 大勢のカトリック教徒が裁判にかけられ, アイルランド大司教オリヴァー・プランケットをはじめ, 35名のカトリック聖職者が無実の罪で処刑された. この事件が引き金になって, 1679年には同じような陰謀事件, 粉桶陰謀事件(Meal Tub Plot)が起こった.

Poplar
ポプラ　E3, E14

市中心部の東, タワー・ハムレッツ自治区の一部. 昔, 近郊の沼沢地にポプラの木立が多かったことに由来する地名. かつてはブラックウォールとアイル・オヴ・ドッグズ(→Isle of Dogs)を含む大村落であったが, 1817年それ

ぞれ別の教区に所属するようになった．中世には漁師がわずかに住むだけであったが，ハイ・ストリートがロンドンに近いこと，テムズの水路の便がいいことが幸いし，早く16世紀から発展した．

1600年に創設された東インド会社はブラックウォール造船所で多くの船を建造し，ポプラに救貧院と教会を建てた．1801年，人口わずか4500人であった街は，10年のうちに急速に発展した．イースト・インディア・ドックとウェスト・インディア・ドックができ，イースト・インディア・ドック・ロードとコマーシャル・ロードが連結されて，ポプラは市中心部と直結した．

19世紀前半には，多くの造船業者，商人，港湾関係の役人が住む，かなりの規模の住宅街になっていた．しかし，しだいに海運労働者や鉄道建設に従事する労働者が増え，貧困層の多く住む街に変わった．

1900年にメトロポリタン自治区(→Boroughs)のひとつになったポプラは，ウィル・クルーク，ジョージ・ランズベリーらを指導者に，20世紀初頭のロンドンにおける社会主義の発展の指導的役割を果たす自治区となった．1921年の地方税闘争の折には，投獄された区議員を支持する大がかりなデモが行なわれた．自治区の一律地方税法案は成立したが，失業者に対する寛大な救済措置のため地方税負担が重くなることをいう「ポプラリズム」(Poplarism)という言葉が生まれたのも，このころである．1930年代には失業者と低賃金労働者らの住民がますます増え，ポプラはロンドンで最も貧しい自治区となった．

1940-41年のロンドン大空襲で，大打撃を受け人口も激減したが，戦後みごとに復興した．現在も大工業地区で，新開発地区のアイル・オヴ・ドッグズの入り口になっている．

Population
→**Immigration**

Portland Club
ポートランド・クラブ

Half Moon Street, W1

1816年にポートランド公爵所有のストラトフォード・プレイスの邸宅において設立されたクラブで，当初はストラトフォード・クラブの名で呼ばれたが，1825年に現在のクラブ名に変更される．このクラブはイギリスにおけるトランプ・ゲームのブリッジ発祥のクラブとされ，19世紀末にそれまで人気のあったホイストにとって代わったといわれる．現在のルールは1981年このクラブにおいて定められた．

またクラブハウスは当初はセント・ジェイムズ・スクエアにあったが，1969年に現在のハーフ・ムーン・ストリートに移転した．

Portland Place
ポートランド・プレイス　W1

リージェンツ・パークの南端に位置する半円形の通りパーク・クレセントから南へ下る大通りで，その先はランガム・プレイスを経て，目抜き通りリージェント・ストリートに通じている．

1770年代後半にスコットランド出身の建築家アダム兄弟によって敷設され，道路名にはこの地の地主ポートランド公の名がとられた．当時の道幅は37.5メートルという広さで，ロンドン随一の豪華な道だった．というのは，道路ができる以前の1767年にポートランド公から土地を借りて，現在の道路の南端あたりに邸宅を建てたフォーリー卿という人物が北のハムステッドやハイゲート周辺の眺望権を主張したからである．

18世紀に建てられた堂々たるテラス・ハウスはほとんどなくなったが，19世紀の建築家ジョン・ナッシュが建てた南端角のオール・ソールズ教会をはじめとして，風雅な雰囲気をただよわせる建物群がいまでも立ち並んでいる．BBC放送の現代的な巨大ビルが，わずかにこの通りに新鮮さをもたらしている．このビルの敷地には以前，提督ラドストック卿の家(10番地)があった．彼はその家で，1825年に亡くなった．

この通りにも，さまざまな知名人が関わっている．『オトラント城』の作者で，詩人グレ

イの友人であったホラス・ウォルポールはしばしこの通りの住人だったし、のちにアメリカの第5代大統領になるジェイムズ・モンローが、イギリス大使時代に23番地に住んでいた．現在のポーランド大使館の建物は、20世紀のはじめ陸軍元帥F.S.ロバーツ卿の家だった．54番地には、アメリカ大使を務めた歴史家ジェイムズ・ブライスが住んでいた．

さらに、63番地はバイロンと姻戚関係にあるミルバンク家の住居で、彼はその家で一家の娘アンに求婚し、永遠の不幸へ足を踏み入れるのである．その後、この家には『小公子』の作者フランシス・バーネット夫人が1893年から5年間住むことになる．スコットランド出身の作家で政治家のジョン・バカンは76番地の家を購入して、1912年から19年まで家族と暮らしていた．

Portman Square
ポートマン・スクエア　W1

1553年に、イギリスの裁判所長官であったウィリアム・ポートマンがハイド・パーク北側のマリルボーン教区に約110ヘクタールの土地を購入し、ポートマン・エステイトの基礎をつくった．ポートマン・スクエアはそれから約200年後にヘンリー・ウィリアム・ポートマンによって開発が始まり、その一環として1764年から84年にかけて造られた．周囲にはいまでも18世紀風の家が残っている．

現存の建物の中で最も注目されるのは、20番地のホーム・ハウスである．ロバート・アダムの設計により、1773-77年にホーム伯爵未亡人エリザベスのために建てられた邸宅である．室内の漆喰装飾とアントニオ・ズッチ、アンゲリーカ・コフマンのはめ込み絵などが有名である．1932年にサミュエル・コートールドによりその賃借権が、その年に発足したロンドン大学コートールド美術専門学校（→Courtauld Institute of Art）に譲渡されて今日に至っている．21番地には、英国建築家協会（→Royal Institute of British Architects）のハインツ・ギャラリーがあり、一般に公開されている．14番地には小説家・評論家のレベッカ・ウェストが住んでいた．地下鉄マーブル・アーチ駅に近い．

Portobello Road
ポートベロ・ロード　W10, W11

ケンサル・タウン地区に位置するこの通りには2000軒もの露店が並び、ロンドン随一のアンティーク市が開かれる．この通りに住宅が建ちはじめたのは1850年代で、それ以前はポート・ベロ・ファームと言われた農場へとつづく田舎道にすぎなかった．名の由来は、1739年にヴァーノン提督がスペインから奪取したメキシコ湾の港町ポート・ベロから．19世紀初頭、この地区には一群の養豚業者が住み、チャールズ・ディケンズは「ロンドンでもこれほど不衛生なところはない」と嘆いた．

1837年にここにアスコットやエプソムにならって競馬場が造られたが、4年後に取り壊され、その跡地に住宅が立ち並んだ．この通りの北の端に青果市場ができたのは1880年代．ジプシーたちが始めた市場だという．1939年のカレドニアン・マーケット（→Caledonian Market）の閉鎖にともない、アンティーク業者がこちらへ移ったことから、1950年代後半にブームを呼んだ．

1960年代後半から70年代はじめにかけて、ヒッピー族のたまり場となったころが隆盛のピークだが、現在でもパンク族、アンティーク収集家、旅行者その他さまざまな人々が集まって、大いに活況を呈している．

果物、野菜、肉などの食料品の市は平日毎日開かれているが、アーケードに入っている店をはじめ、すべての屋台店が開業するのは土曜日．家具、衣類、ガラス製品、銀メッキ、宝石、コイン、メダル、おもちゃ、蓄音機、レコード、書籍その他さまざまなものが並べられる．ストリート・シンガー、写真屋、大道芸人たちが群集に交じって喧騒を高め、レゲエやパンク・ロックがさらにそれをあおっている．地下鉄ラドブロック・グローヴ駅に近い．

→Street Markets

Port of London Authority
ロンドン港湾局
St Katharine's Way, E1

テムズ川河口のケント州マーゲードの対岸のタングから，150キロ上流のテディントン・ロックまでを管轄する．

歴史的には十字軍の遠征から帰国した獅子心王リチャード一世が財政的に困窮して，1197年にテムズ川の管理権を譲って以来，ロンドン市はサリー州のステインズから下流のテムズ川の管理権を主張してきた．そのころは，川の航行管理というよりは漁業権が主たる内容だった．その後河川に関する管理権者は国王であるとする見地から，ロンドン市と国王とのあいだに対立がつづいたが，伝統的に王権からの自立意識をもっていたロンドン市は，自己の主張を貫く立場をとってきた．

時代の変化とともに，船舶の数も増え，テムズ川の航行や河岸の整備や汚染対策など，ロンドン市だけでは手に負えなくなった．そこで1857年にテムズ川管理法案が議会を通過し，翌年テムズ川管理委員会が発足した．ロンドン市も譲歩してそれに代表者を送った．9年後の1866年には，委員会の権限は水源に近いウィルトシャー州のクリックレイドまで，つまり船の航行可能な全水域にまで及ぶことになった．

1909年からは，さらに増加する船舶の航行や汚染問題が深刻化した西郊のテディントンから河口までの下流域については，新たにつくられたこのロンドン港湾局が管理することになり，テムズ川管理委員会の権限はそれより上流に限られた．両委員会の管理権の境界を示すオベリスクが，テディントン・ロックから約240メートル下流の東岸に建てられている．

1974年には，両委員会の業務を含むテムズ川水域管理委員会が設けられ，テムズ川の全流域にかかわる環境，水資源，航行，港湾施設などを総括する機構が発足することになった．

Portugal Street
ポルトガル・ストリート　WC2

リンカーンズ・イン・フィールズの南側の通り．通りの名は，1660年のチャールズ二世の即位による王政復古のあと，ポルトガルの名家ブラガンザ家出身の王妃キャサリンを記念してつけられた．王妃の父ブラガンザ公爵はのちにポルトガル王ホアン四世となった．

昔はこの通りのあたりまでセント・クレメント・デインズ教会(→St Clement Danes)の墓地が広がっていた．道の東端近くにはリンカーンズ・イン・フィールズ劇場(→Lincoln's Inn Fields Theatre)と呼ばれた3つの劇場が17世紀から18世紀にかけて造られた．2番目の劇場は劇作家ウィリアム・コングリーヴの建立になるものだった．3番目の劇場ではジョン・ゲイの『乞食のオペラ』が初めて上演された．この通りは，1820年までさらし台が置かれていたロンドンにおける最後の通りである．

Postman's Park
ポストマンズ・パーク　EC1

郵便局職員公園と訳せるこの小公園はロンドン中央郵便局のすぐ近く，セント・ボトルフ教会の裏側の小ぢんまりした庭．1880年に造成，中央郵便局に近いことからこの名で呼ばれ，郵便局職員たちの憩いの場となって今日に至る．1900年に画家・彫刻家のジョージ・フレデリック・ワッツが，英雄的な働きをした無名の人たちを顕彰すべく記念碑用の壁を寄進したが，これには胸を打つさまざまな英雄的行為の記録を刻んだ銘板が数多くはめこまれている．なかには，「ハリー・シスリー，キルバーン生まれ，10歳．1878年5月24日溺れているところを救出されたが，弟を助けようと水中に入って溺死」といったような銘板もある．

Post Office
ポスト・オフィス
Howland Street, W1

郵政公社のこと．正式にはブリティッシュ・ポスト・オフィス(British Post Office)という．国王の行政文書の配達が始まったのが1516年

のことであった．1635年には一般業務が始まり，1657年には議会の管理下でいわゆるメイル・サーヴィス（配達業務）が始まり，ポスト・オフィスが設立された．1870年には電信業務，1880年には電話業務が加わった．1967年には営業コンピュータ部門，翌年に小切手口座ジャイロウ（giro）が加わった．1969年の郵便公社法の成立にともない，国の政府機関（省庁）から独立して，郵便，電気電信（いわゆるテレコム），ジャイロ，送金の各業務は新しい郵政公社の業績となった．2001年3月に郵政公社は政府100パーセント出資の株式会社コンシグニアに衣替えした．

Post Office Railway
郵便鉄道

ロンドン市内の郵便物を迅速に配達するために1913年地下鉄による郵便鉄道の建設が始まった．第一次世界大戦のため中断され，完成は1926年，営業開始は翌年であった．延長9.6キロメートル，パディントンとホワイトチャペルを結び，その間に6つの集配局がある．その中心がマウント・プレザント郵便物集配局（→Mount Pleasant Sorting Office）である．約21メートルの地下を走る，軌間60センチ強の自動制御式鉄道である．一日に300万通以上の郵便，8万個以上の小包を運ぶ．ピーク時には5分ごとに走っている．

Post Offices
郵便局

イギリスにおける郵便業務は1516年に国王の行政文書を配達することから始まった．一般の郵便業務は1635年以降であるが，1657年に議会の管理下で郵政公社が設立された．1870年には電信電報業務が，1880年には電話業務が郵便公社の所管になった．1967年にコンピュータ部門が加わり，2年後には政府機関から独立し，同年に制定された郵便法に基づいて運営されることになった．その結果，テレコム，ジャイロウ（giro，郵便局の小切手口座），送金などが郵便局を通じて行なわれるようになった．

イギリスの郵便制度は，制度の母国であるだけに世界でも最も信頼できるシステムを作り上げた．郵便局は全国各地のどんな小村にも教会やパブとともに存在して，しばしば村の雑貨店に併設されている．郵便局は，単に手紙を出したり，切手を買ったりする場所ではなく，もっと地域住民と密着した存在である．失業保険，年金，子供の養育費を受け取る場所であり，自動車税やテレビの視聴許可料を払ったりする場所でもある．

切手は郵便局のほかに，"Stamps sold here"（切手販売中）という四角の看板が出ている店でも買える．クリスマス記念切手をはじめとする各種記念切手は美しい図柄と印刷で知られる．ポストは赤い長方形の背の高いものが最新のもの．エリザベス女王のマークERまたはEIIRが入ったものもあるが，VR（Vはヴィクトリア女王），EVIIR, GR, GVIRなど古いものも見かける．

郵便には，ファーストクラス，セカンドクラス，レコーデッド・デリヴァリ（簡易書留），レジスタード・ポスト（書留）があるが，封書とハガキによる料金の違いはない．

配達区域を示す郵便番号は，まずロンドンを大きく8地域に分け，それに数字をつけて細分化する．さらに道路による番号を加えて，配達地を特定する（→住居表示，巻末の郵便番号図参照）．たとえばSW19はロンドン南西部のウィンブルドンのあたりで，それに道路郵便番号として8RTなどが付く．

Post Office Tower
→British Telecom Tower

Poultry
ポールトリー　EC2

ポールトリーとは家禽の意，すなわち一帯に家禽商人が多かったことからきた名称で，チープサイドからバンクへつながる通り．「ため息の橋」や「シャツの歌」で知られる詩人トマス・フッドは1799年にこの通りの31番地で生まれた．

ポールトリー1番地に1870年から立ってい

569

たマッピン・アンド・ウェッブ・ビルディング(→Mappin and Webb)の取り壊しをめぐって大論争の末，ようやく1991年から再開発が進められた．1967年にドイツ生まれの建築家ルドヴィッヒ・ミース・ヴァン・デア・ローエ設計による20階の，鉄とガラスの塔状のビルを建てる計画が立てられたがしりぞけられ，テート・ブリテンに1987年に開館したクロア・ギャラリーの設計者ジェイムズ・スターリングの案が採用された．このときの設計にはマッピン・アンド・ウェッブ・ビルディングだけではなく，文化財として指定されている建造物の7つのビルディングの再開発も含まれていた．こうして歴史的に特徴のあるヴィクトリア朝の街並みは，機能的な現代建物に取って代わられた．その最も強力な推進役となったのが，もと芸術協会(Arts Council)の会長であったパランボー卿であったというのも皮肉な話である．

ポールトリーには，15世紀から，シェリフ(→Sheriffs)管轄の「カウンター」(compter)と呼ばれる債務者監獄があった．周囲に「タバコやきたない足，汚れたシャツ，臭い息，垢だらけの体などから発する臭いが混じり合って」広がっていたという．監獄は1817年に取り壊された．また，この通りにはジェイムズ・ボズウェル著『ジョンソン伝』を出版したエドワード・アンド・チャールズ・ディリー書店があった．

Praed Street
プレイド・ストリート　W2

パディントン駅の南側を通って北東へ延びる通り．銀行家でグランド・ジャンクション・カナルの初代社長であったウィリアム・プレイドを記念してつけられた名称である．通りそのものは貧弱だが，近くにパディントン駅舎，グレイト・ウェスタン・ロイヤル・ホテル，セント・メアリ病院など，いずれも1850年代初めに建てられた際立った建造物がある．1928年サー・アレグザンダー・フレミングが，このセント・メアリ病院の実験室でペニシリンを発見している．第二次世界大戦中，プレイド・ストリート一帯は空爆で大損害をこうむったが，これらヴィクトリア朝の建物は爆撃をまぬがれた．

Pratt's Club
プラッツ・クラブ
Park Place, SW1

正確な設立年は不明だが，1840年代にボーフォート公爵の執事であり，賭博クラブ，クロックフォーズ(→Crockford's)の賭博台係をしていたウィリアム・プラットの名にちなんで生まれたクラブ．プラットの死後も未亡人と息子がクラブの運営を続けたが，20世紀初頭ウィリアム・ウォルシュという貴族の手に渡り，さらに1937年には第十代デヴォンシャー公爵がクラブを買い取った．クラブが開いているのは夜間のみ．現在の会員はほとんど上流階級で，女性の入会は認めていない．

Prehistoric London
先史時代のロンドン

ロンドンはテムズ川の下流域，河口より64キロ上流の地点に誕生した．この地は先史時代には荒涼とした未開地であったが，地質学的には砂礫層が存在した．またテムズ川の渡河地点として最も下流に位置していた．つまりこの地点で初めてテムズ川の浅瀬を渡り，のちの時代には橋を架けることができた．川はたえず氾濫し，川幅は現在よりも広く，浅かった．今日のロンドン北郊ハイゲートやハムステッドの森の多い丘陵地からはタイバーン川やウェストボーン川がテムズ川に流れ込んでいた．のちのウェストミンスター・アビーはタイバーン川がテムズ川に合流する所にできた島状の土地に建設された．現在のシティにはウォルブルック川をはさんで西にラドゲート・ヒル，東にコーンヒルという2つの丘があり，テムズ川の水面よりも約12メートル高い位置にあった．ラドゲート・ヒルの西にはフリート川がテムズ川へ流れ込んでいた．

現在のロンドンと考えられる場所に人間集団の痕跡が認められるのは，50万年前ほどのことと考えられている．長い氷河時代(紀元

前11万年-1万年)ですら,集落の痕跡が,例えばヒリンドン,アクトンなどに認められる.紀元前3800年ころには,はじめてハムステッドに農耕集団の跡が認められる.以後,石器,青銅器,鉄器の各時代を通じて,しだいに集落は規模を拡大し,相互に交易を通じて結ばれていたことが分かる.また集団墓地跡も発掘されている.紀元1世紀になると,イタリアのアレッツォから輸入された陶器数点がシティとサザックで発見されている.これを根拠にクラウディウス帝の軍団の侵入(紀元後43年)以前に,のちのロンドン橋の近くに村落が存在し,埠頭や倉庫が建てられていたという推論がまったく不可能というわけではない.しかしこれらの陶器は,のちの時代にほかの地方からもたらされたものであるかもしれない.

さらに,ロンドンという名称に基づいて,ローマ人の到来以前の村落の存在が主張されることもある.つまり,ローマ人によるロンディニウム(Londinium)という名称は,それ以前のケルト人の地名のラテン語化であるので,ケルト人の村落の存在を示唆していると主張されるのであるが,決定的証拠とはならない.ローマ人が建造した都市に土着の名称を与えることは一般的であったからである.要するに,紀元43年以前にシティの位置にケルト人の村落が存在したことを結論づけうる証拠はない.対照的にバーンズ,ハマースミス,フラム,ワンズワース,チェルシー,バタシーなどの砂礫層ではローマ以前の居住地の存在を示す遺物が出ており,現ヒースロー空港のある場所にはかなり大きなケルト人の村落があったことが判明している.
→Roman London

Prestbury House
プレストベリー・ハウス

Hampton Court Green, KT8
　一般に「アン女王の家」と考えられているが,家そのものを建てたのはジョージ二世の庭師ジョージ・ロウであったから,アン女王の時代よりもだいぶあとのことである.ロウは1743年に,彼が建てた家と敷地との借用を許され,少なくとも家だけは1914年までロウの子孫によって引きつがれたが,ロウ家の者がそこに住んだことはなかった.最初の住人は,ジョージ・ロンドンと共同でハンプトン・コート・パレス(→Hampton Court Palace)の庭園を造り変えたヘンリー・ワイズの息子(父親と同名)であった.ホラス・ウォルポールのまたいとこフィリップス家の令嬢たちも1788年から1820年までここに住んだことがある.翼部と前面の廊下部分は,あとからつけ足されたもの.

Primrose Hill
プリムローズ・ヒル　NW3

　リージェンツ・パークの北側のプリンス・アルバート・ロードを越えたところにある高さ約60メートル,広さ約45ヘクタールの丘.頂上からは,ロンドンを一望のもとに見渡すことができる.丘の名はここに多く自生していたプリムローズにちなむと考えられる.

　17世紀に女予言者として知られるようになったマザー・シップトンが,「ロンドンがプリムローズ・ヒルを取りまくようになれば,都内の街々は流血を見るようになる」と予言したと伝えられる.

　1678年のカトリック陰謀事件(→Popish Plot)の際,この事件を捏造したタイタス・オーツを審理した裁判官が刺殺されて発見された場所でもある.1829年5月には,ウィルソンという男が,この丘の中心部に昇降機を取りつけ,途中で乗り降りができる出入り口を設置して,共同墓地(ネクロポリス)を造ることを提案した.もちろん2つとも実現しなかったが,1836年に,ユーストンを起点とするロンドン=バーミンガム鉄道が敷設されたときに,この丘を貫く約10.5キロのトンネルが造られた.1842年にここに墓地を造る法案が議会に出されたが,セント・パンクラスの教区委員会の反対で,提案は取り下げられた.1964年,シェイクスピア生誕400年を記念して,丘のふもとに1本のオークの木が植えられた.19世紀には決闘の場として有名であっ

たが，いまではたこ上げの名所となっている．

Prince Charles Cinema
プリンス・チャールズ・シネマ
Leicester Place, WC2

　1962年12月にレスター・スクエア近くに開設されたプリンス・チャールズ劇場を前身とする．劇場の柿落としはジョン・グレイ演出のレヴュー《クラップ・ハンズ》であった．大衆の嗜好を最優先に興行を続けたが，劇場としてはあまり成功せず，公演も途切れがちであった．64年に改装し，経営者ハロルド・フィールディングにちなんで，フィールディングのミュージック・ホールと名を変えた．しかしこれも成功せず，65年プリンス・チャールズ・シネマとして映画館となった．地下鉄レスター・スクエア駅に近い．

Prince Henry's Room
プリンス・ヘンリーズ・ルーム
Fleet Street, EC4

　4 法学院のひとつ，インナー・テンプル（→ Inner Temple）の構内にある建物の一室．室名は，ジェイムズ一世の息子ヘンリー王子（1610年よりプリンス・オヴ・ウェールズ）に由来する．

　この部屋のある建物は，1610-11年に，フリート・ストリートからインナー・テンプルに至る道路の入口に，宿屋として建てられた．しかし歴史はもっと昔にさかのぼり，12世紀にこの土地はテンプル騎士団が所有していた．16世紀初頭，17番地の東半分は宿屋で，入口の門の上の部屋はプリンシズ・アームズと呼ばれていた．1610-11年に建て替えられて，2階の部屋はオーク材の羽目板がはられ，天井にはプリンス・オヴ・ウェールズの紋章である羽飾りと PH というイニシャルが見られる．

　現在，サミュエル・ピープス関係の資料が展示され，1975年から公開されている．
→Inns of Court

Prince of Wales Theatre
プリンス・オヴ・ウェールズ劇場
Coventry Street, W1

　1884年1月，W. S. ギルバートのコメディ《パレス・オヴ・トゥルース》で柿落しをした．その後，《ランファン・プロディーグ》(1891)，《イン・タウン》(1892) などのミュージカル・コメディを上演した．フォーブズ・ロバートソンとミセス・パトリック・キャンベルがメーテルリンクの《ペリアスとメリザンド》で共演し，1900年8月に初登場したマリー・テンペストが多くのミュージカル・コメディで活躍した．

　1937年に新しく建て直され10月に完成．40年代にコメディアンのシド・フィールズが活躍したが，彼は《ハーヴェイ》のヒット中に急死した．《スージー・ウォンの世界》(1959)，ニール・サイモンの処女作《カム・ブロウ・ユア・ホーン》(1962)，バーブラ・ストライサンド主演の《ファニー・ガール》(1966) などのヒットが続いた．その後《セイム・タイム・ネクスト・イヤー》(1976)，《ベッドルーム・ファース》(1978)，《ガイズ・アンド・ドールズ》(1985) などが上演され，89年から《アスペクツ・オヴ・ラヴ》が1325回公演のロングランとなった．1995年以降は，演劇界の大御所デルフォント卿とキャメロン・マッキントッシュが経営する会社の傘下にある．座席数1100．地下鉄ピカディリー・サーカス駅に近い．

Prince's Gate
プリンシズ・ゲート　SW7

　ハイド・パークの南を走るケンジントン・ロードの南側にある．1848年に新設されたこの門の名は，開式にプリンス・オヴ・ウェールズのエドワード王子が臨席したことに由来する．門は「ハーフウェイ・ハウス」という古い居酒屋の跡地に建てられたが，その居酒屋は19世紀初頭，おいはぎがたむろする場所として悪名高かった．

　1848-55年に，門の向かい側に漆喰仕上げの5階建てテラスハウスが立ち，これをリー・ハントは「のっぽのやせた紳士たちが道路の向こうにあるものを見ようとして，押し合いへし合いしているようだ」と評したという．

49番地にはホイッスラーのピーコック・ルームが1876-1904年まであった．これはもと，フレデリック・レイランド家のダイニング・ルームで，アメリカの画家ホイッスラーの作品が暖炉の上にかけられた．ところがこの絵と部屋の内張り革の花模様とが調和しないことに不満だったホイッスラーは，青と金色の孔雀模様で革を覆ってしまった．1904年，部屋全体がワシントンのフリーア・ギャラリーに移された．ジョン・F・ケネディは14番地の公邸にアメリカ大使であった父親とともに滞在したことがある．この地区は外交官街で，各国大使の公邸が多い．エチオピア，タイ，チュニジア，アラブ首長国連邦などである．14番地は王立一般開業医協会（→Royal College of General Practitioners）となった．20番地にはシコルスキー・ミュージアムがある．

Princess's Theatre
プリンセス劇場

1840年に開設．もとはクイーン・バザーというマーケットの建物だった．劇場名はヴィクトリア王女にちなむ．当初はコンサート・ホールとして使われたが成功せず，結局最初の計画どおり劇場になった．

劇場としての初公演は1842年12月，ベルリーニのオペラ《夢遊病の女》だった．しかし翌年，早くも経営が行き詰まり，J. M. マドックスが引き継いだ．新経営者は珍奇なアイディアを実行に移した．たとえば，ドニゼッティのオペラ《ドン・パスクワーレ》に親指トム将軍を登場させたり，シェイクスピア劇に流行歌を加えたりした．1850年経営権がチャールズ・キーンに移り，秋にはシェイクスピア劇を連続上演した．またキーンは，フランス劇をイギリスの観客の好みに合わせて成功させた．52年には《コルシカの兄弟》を上演，また56年には9歳のエレン・テリーが《冬物語》のマミリアス役でデヴューした．キーンは59年《ヘンリー八世》のウルジー役を最後に引退した．

1863年チャールズ・リードの《イッツ・ネヴァー・トゥー・レイト・トゥ・メンド》で再び劇場に活気が戻った．この舞台では少年が鞭打ちされる場面がリアルすぎると物議をかもした．やはり写実的演出のゾラ原作《居酒屋》では，観客は胸がつまって幕が下りてからもしばらくの間沈黙していたという．1880年の火事ののち，翌年11月6日座席数1750の新劇場となった．エドウィン・ブースのハムレットが話題となったが，《アンクル・トムの小屋》，《ハンズ・アクロス・ザ・シーザー》などの後はとんどヒットが出ず，1902年に閉鎖された．

1905年1階の一部は商店，観客席は家具売り場となった．31年に取り壊された．その後ウールワース（→Woolworth）の店舗になっていたが，1978年にはオックスフォード・ウォークというショッピング街に変わった．

Printing House Square
プリンティング・ハウス・スクエア

ブラックフライアーズ修道院の敷地の一部に1991年まで存在した広場．この広場一帯は，遅くとも17世紀には印刷・出版業者の活動が確認される場所として記録されている．しかし，ここを世界的に有名にしたのは，18世紀後半，広場近くに本拠を置いて発行されはじめた新聞『タイムズ』（→Times, The，当初は『デイリー・ユニヴァーサル・レジスター』）であった．『タイムズ』が高級紙としての地位を高めるとともに，広場に面した社屋には時代の有力者，有名人が多数訪れた．第一次世界大戦後から第二次世界大戦まで，長期にわたって同社の主筆を務めたジェフリー・ドーソンの政治的影響力は，多くの大臣をしのぐと噂され，左翼進歩派からは批判された．

『第三の男』，『事件の核心』などで知られる作家のグレアム・グリーンも，作家デヴューの前夜，そのドーソンのもとで編集部に勤務した．グリーンの回想は，1926年のゼネストに際して，新聞搬出を阻もうとするピケ隊との小競り合いの模様を描いた．戦後の1974年，『タイムズ』がこの広場を去ると，その跡にもうひとつの有力保守系新聞『オブザーヴァー』が移転してきた．しかし，それも1991年カナ

リー・ワーフに移転すると、この広場の歴史にも幕がおりた．

Priory of St John of Jerusalem
エルサレムの聖ヨハネ小修道院

　イギリスにおけるヨハネ騎士団（Knights Hospitallers）の本部となった修道院．騎士団とは12世紀に第一次十字軍結成の際に誕生した，巡礼者の護衛を目的とした宗教的・軍事的結社．13世紀末エルサレムが滅亡すると，騎士団はキプロス，マルタ島などに本部を移したが，イギリスではイズリントンのクラークンウェルに本部を構えた．ヘンリー八世の修道院解散で破壊されたが，セント・ジョンズ・ゲート（→St John's Gate）だけは難をのがれた．1888年の勅許状により新教上の結社として復活，現在ここは慈善事業のセンターとなり，救急車の出動・救護活動を行なっている．上述のセント・ジョンズ・ゲートはこうした騎士団・修道院の歴史などを伝える博物館となっている．

Prisons
監獄

　一口に監獄といっても，歴史的にみると，上は国事犯ないしは政治犯を監禁したロンドン塔（→Tower of London）から，下は留置場に至るまで千差万別，その種類は多岐にわたる．ロンドンの監獄としては，チャールズ・ディケンズの小説などにも頻繁に登場する債務者監獄，債務者拘留所，懲治監，矯正院，未決監など，さまざまな種類のものがある．しかし，18世紀の終わりころまでは，監獄といえば大方のいわゆる「一般監獄」を意味し，債務者，すり，強盗，にせ金造り，おいはぎ，密猟犯，浮浪者，殺人犯，売春婦など，あらゆる犯罪者が男女年齢の区別なくいっしょくたに入れられていた．フリート監獄（→Fleet Prison），マーシャルシー監獄（→Marshalsea Prison），ニューゲート監獄（→Newgate Prison）などは，なかでも悪名が高かった．

　監獄の環境改善は，18，19世紀ジョン・ハワードやエリザベス・フライといった先駆者たちによって進められたが，その面で最も大きな功績を残したのは，ジェレミー・ベンサムである．ベンサムは「パノプティコン」と名づけた円形の監獄を設計し，各々分離された監房に収容された囚人たちを，中心部から監視できるような方式を導入した．この方式は1842年にペントンヴィル監獄（→Pentonville Prison）によって採用され，以後適宜改善されつつ，ヴィクトリア朝の多くの監獄に広がっていった．1840年代から50年代にかけて進められた大改革のなかで，監獄は短期受刑者用と長期受刑者用とに区分されるようになった．2年以下の受刑者は矯正院に，そして3年未満の受刑者はブライドウェル矯正院（→Bridewell）に収監される，というふうに．ロンドンにあった矯正院として知られているのは，シティ矯正院（現在はホロウェイ監獄），ミドルセックス矯正院，サリー矯正院の3つである．ミドルセックス矯正院には成年男子用のコールド・バース・フィールズ監獄（→Cold Bath Fields Prison）と，成年女子と未成年男子用のトットヒル・フィールズ監獄の2つがあった．

　一方，流刑（1853年に廃止）または重労働懲役刑の長期服役者は，ペントンヴィル監獄，ミルバンク監獄（→Millbank），ブリクストン監獄（→Brixton Prison）に収監された．またウリッチで監獄船に乗せられることもあった．監獄船というのは，死刑の一歩手前の重罰を与える方法として1776年に導入され，その惨状は批判の対象となりながらも1858年まで存続した．

　治安判事の拘留令状によって拘留され，正式の裁判を受けるまでの容疑者は，クラークンウェル・ブライドウェル監獄（→Clerkenwell Bridewell and House of Detention），ニューゲート監獄，そしてホースマンガー・レイン監獄（→Horsemonger Lane Gaol）に入れられた．これら3つの監獄はまた，有罪判決後絞首刑を待つ間の犯罪者の拘留所としての機能も果たした．なかでもニューゲート監獄が，事実上死刑囚の収監所となっていたことは，

この監獄がタイバーン（→Tyburn）に代わって，絞首刑場としての役割をもっていたという経緯からもあきらかであろう．ニューゲート監獄では，「法的にはまだ無罪の状態にある者に対しても，有罪を宣告された者に対しても，取り扱いにおいて何ら区別はなかった」と，エドワード・ギボン・ウェイクフィールドは述べている．

監獄における懲罰の方法は，ピロリー（pillory）といわれる足かせ手かせ付きのさらし台，鞭打ち，踏み車などさまざまであったが，比較的重い犯罪に関しては拷問が用いられた．拷問の中で最も一般的だったのは，横たわった囚人の体の上に重いブロックのようなものを積み重ねるプレッシングという方法である．ニューゲート監獄には，この種の拷問のための「プレス・ヤード」があった．18世紀にフリート監獄やマーシャルシー監獄で使われた拷問道具のなかには，「頭蓋締めつけ器」というのがあった．文字どおり，鼻や耳から血が吹き出るまで頭蓋を締めつける器具である．

1840年代から50年代にかけて進められた「改革」の中で，いわゆる「沈黙制」が導入された．すなわち囚人仲間が共同で働くのはよいが，互いに口をきいてはいけないという制度である．これは，しかし，監獄内の諸規則の中で最も不自然で，当然のことながら最も違反率の高い規則であった．「この沈黙の拷問は，犯罪者気質の最大の特徴ともいうべき狡さやごまかし癖をますますのさばらせるようなものだ」と，フィリップ・プリーストリーは，『ヴィクトリア朝の監獄生活』の中で述べている．
→Excutions

Proms
プロムズ

毎年夏，7月中旬から8週間ロイヤル・アルバート・ホールを会場にして催される音楽祭．期間中全部で60～70回のコンサートが催され，25万人くらいの聴衆を集める．プロムナード・コンサートの愛称．プロムナード・コンサートというのは，18世紀の遊園地で人々が音楽をききながら散策（promenade）したことに由来する．遊園地が消滅してからは，屋内のプロムナード・コンサートがコヴェント・ガーデンやその他の劇場で催された．

有名になったのは，1895年にクイーンズ・ホールの最初の支配人ロバート・ニューマンが26歳のヘンリー・ウッドに指揮を託し，クイーンズ・ホール管弦楽団を発足させてからである．ニューマンもウッドもともに，軽音楽を基盤とするプログラムにクラシック作品を加えることによって，大衆にいっそう本格的な音楽を紹介したいと考えた．その組合せはいまでもプロムズの「ラスト・ナイト」で，足を踏み鳴らしたり，旗を振ったり，クラクションを鳴らしたりして熱狂する聴衆を喜ばせている．1896年に「ベートーヴェンの夕べ」と「ワーグナーの夕べ」が開催された．こうして，リヒャルト・シュトラウス，チャイコフスキー，ドヴォルザーク，サン＝サーンス，マーラー，ブルックナー，シベリウスなど，当時の「現代」作曲家の作品が徐々にプログラムに取り入れられた．第一次世界大戦中の1914年と15年にはすべてのコンサートで同盟国の国歌がまず演奏されたが，ヘンリー・ウッドによれば，それは「言いようもなく退屈」なものであった．

第一次大戦後，「プロムズ」は次第に人気を取り戻し，1927年には開局したばかりのBBC（英国放送協会）によるラジオ放送の実況中継が始まった．なかにはラジオ放送のせいで生の演奏を聴きに行かなくなるのではないかと心配する人もいたが，ヘンリー・ウッドは楽観的で，初めて音楽が大衆のものになりつつあると感じていた．

第二次世界大戦が勃発して，「プロムズ」は8週間の会期なかばで空襲を懸念し中断された．会場のクイーンズ・ホールはBBC放送局の近くにあったが，1941年5月10日の夜，ドイツ軍の爆撃で焼失した．以後，会場はケンジントンのロイヤル・アルバート・ホールに移され，今日に至っている．1944年，空襲の恐れありと「プロムズ」は再び中断された．そして同年8月にサー・ヘンリーが亡くなった．彼は

45シーズンを指揮し,「プロムズ」をほとんど独力で全国民に親しまれる国民的行事に仕上げたのだった.

終戦直後の「プロムズ」はBBCの委員会が運営にあたった. 1959年にウィリアム・グロックがBBCの音楽部長に任命されると, 彼は次第に新機軸を打ち出し実行していった. コンサートの組立てを, 序曲―協奏曲―交響曲という伝統にこだわらずに多様化した. ベートーヴェン, ブラームス, チャイコフスキーなどからレパートリーを広げ, 曲目にも予想外の構成を図った. 世界的に有名なサセックス州のグラインドボーン・オペラ・フェスティヴァルからオペラを招致し, 演奏会形式や小舞台形式で上演した. 海外からの著名な指揮者や管弦楽団の参加も年を追って増やした. また, 作曲家に「プロムズ」のための曲を依頼したりした.

1953年にテレビ放映が, 1964年にステレオ放送が始まった. 現在ではコンサートの半分がBBCによって世界中に放送され, 10あまりのコンサートがテレビで放映される. サー・ヘンリー・ウッドの後を継ぐ指揮者も現われた. バジル・キャメロン, エイドリアン・ボールト, コンスタント・ランバート, マルコム・サージェント, コリン・デイヴィス, ピエール・ブーレーズ, アンドルー・デイヴィスなどである. 「プロムズ」のハイライトともいえるラスト・ナイトで大騒ぎをする一部の聴衆に反感をもつ人もいるが, 他の日の演奏家たちは, 聴衆の真面目さをほめている. 新旧音楽の釣り合い, 演奏家とオーケストラの質といった話題が新聞雑誌の音楽欄を満たす. 1993年の聴衆の総計は, ラジオ・テレビの視聴者も含めて約4000万人と推算されている. さらに1997年から, ハイド・パークに巨大なテレビ画面を設置し, 演奏を生中継で場外に流す「プロムズ・イン・ザ・パーク」が始まって, 数万人の観客を楽しませている.

百年あまりのあいだに「プロムズ」は, ロンドンっ子のためのささやかな行事から, 世界中に放送される野心的な国際音楽祭に発展した. ちなみにアルバート・ホールの平土間は座席を設けず, プロムナードの呼び名にふさわしく, 観客は立見である. 案内書(The Proms Guide)は毎年10万部発行される. 音楽関係では発行部数世界一の出版物である.

Prospect of Whitby
プロスペクト・オヴ・ウィットビー亭
Wapping Wall, E1

ドックランズのテムズ河畔にあるこのパブは, 1520年の創設で, 当時の盗賊や密輸業者のたまり場となったことから, もと悪魔亭(デヴィルズ・タヴァン)(→Devil's Tavern)と呼ばれていた. サミュエル・ピープスは常連であったから, いまでもピープス研究会の会合所となっている. 1777年に現在の屋号に改められた. プロスペクトとは石炭運搬船の名で, イングランド北部の北海沿岸の町ウィットビーで登録され, この酒亭の沖に停泊して標識となったので, この屋号ができた. キャプテン・クックの根城にもなった. 現在でも来客たちは楽団の演奏によって, 昔の海賊の歌を合唱する. 18世紀に, ひとりの船乗りが, このパブで人々の見知らぬ植物を売った. それはフクシアの花で, イギリスの家々の窓や戸口に飾られている. チャールズ・ディケンズも画家のターナーも常連であった.

Prudential Corporation plc
プルーデンシャル保険会社
Brooke Street, EC1

シティのはずれ, ブルック・ストリートとレザー・レインの間の敷地に立つ, 国際的な投資顧問機関. もとファーニヴァルズ・イン(1817年に解散した予備法学院)があったところ.

チャールズ・ディケンズは『モーニング・クロニクル』の記者時代(1834-37)ここに住み, またここで『ピクウィック・ペイパーズ』の執筆を始めた.

1879年, アルフレッド・ウォーターハウスの設計により, プルーデンシャル保険会社のために建てられた赤煉瓦とテラコッタの建物は現存しないが, 20世紀に増改築されたビルは

最初の建物の面影をいまに伝え，ビルの入口にはかつての予備法学院を記念する銘板が埋めこまれている．
→Inns of Chancery

Public Record Office
公文書館
Chancery Lane, WC2

　1066年のノルマン征服以来の政府や裁判所の公文書が保管・展示されている公文書館．19世紀初頭，国家の重要な各種文書は，ロンドン塔，ロールズ・チャペル，ステイト・ペイパー・オフィス，ウェストミンスター・アビーのチャプター・ハウスなど多くの場所に分散していて，未整理の状態だった．1838年，ようやくこれらの公文書を一括して管理するための機関が設立された．現在のテューダー朝風の建物は，長年にわたって何回かに分けて建設された．1895年にはロールズ・チャペルが取り壊され，その跡に新たに2つのビルと博物館とが，サー・ジョン・テイラーの設計によって建設され，1902年に完成した．

　保管されている文書の中には，1086年の『ドゥームズデイ・ブック』（→『土地台帳』），シェイクスピアの遺言状をはじめ，ジョージ三世に宛てたワシントン大統領の手紙，1605年の火薬陰謀事件（→Gunpowder Plot）に関するもの，トラファルガー海戦の記録，ワーテルローの戦いの報告書などがある．ここには公文書館博物館が併設されていて，『土地台帳』などの歴史的文書を見ることができる．1977年，地下鉄キュー・ガーデンズ駅近くのラスキン・アヴェニューに新館が建築され，ここには主として近世の政府各省庁の記録文書が

――――［ロンドン・ア・ラ・カルト］――――

『土地台帳』

　1086年，ウィリアム征服王の命により，イングランド初の国勢調査報告書が編纂された．これを『土地台帳』（*Domesday Book*，あるいは単に *Domesday*）という．「最後の審判の日」を意味する"Domesday"が用いられたのは，この台帳の記録が絶対的権威をもち，いっさいの異議申し立てが許されない，という発想に基づいている．

　英語表記では単数形であるが，この報告書は「大土地台帳」と「小土地台帳」の2巻から成る．前者は，エセックス，サフォーク，ノーフォークを除くイングランド諸州に関する調査概要を含み，後者はこれら3州だけを対象として，細部にわたる詳細な調査結果が収められている．ただし，ノーサンバランド，ウェストモアランド，ダラムの3州は，大小いずれの土地台帳にも含まれていない．

　『土地台帳』編纂のための調査の基本的対象となったのは，あらゆる地域の人口，土地の所有権者，面積，価格の算定などである．ウィリアム征服王によるイングランドの統一を第一の目的としてこの『台帳』は作られたのだが，調査結果は長い間課税の台帳として用いられ，また一般行政上での貴重な参考資料にもなった．『土地台帳』はもともとラテン語で書かれていたが，1975年から10年あまりの年月をかけて，全35巻にわたる英訳決定版が完成した．

　『土地台帳』は，イングランドの市町村に関する歴史研究の出発点となるのだが，残念ながらロンドンとウィンチェスターに関する調査記録は存在しない．しかし，トッテナム，ステップニー，ケンジントン，フラム，ハムステッド等々現在の大ロンドンに組み込まれている多くの地域が当時の村や荘園として記録されているので，ロンドンの歴史を知るうえでの基本的資料になることに，変わりはないのである．

納められている．

Pubs
パブ

　酒場のことをパブリック・ハウス(public house)と呼ぶようになったのは，17世紀の後半ごろからで，それを縮めてパブ(pub)と呼んだのはヴィクトリア朝の最盛期，1865年ごろであった．居酒屋の歴史は「インとタヴァン」(→Inns and Taverns)の項目で述べてあるように，古いものである．巡礼や旅人たちの休息所としての施設(hospice)が変身したもので，今日では一般庶民の社交場としての役割をも果たしている．イギリス全土では8万軒にも達するといわれ，ロンドンのシティだけでも3000軒以上あると推定されているが，イギリス中のどんな田舎町でも，パブのない町はない，パブのない町はさみしい町

であるといわれる．自分の住む家に近い行きつけのパブを「ザ・ローカル」と呼び，それぞれ専用の席が決まっている．従来は時間制限があって，1日2回，ランチと夕食の前後に開いたが，現在では一日中営業できるようになった．

　またかつては，パブの入口は一般庶民向けのパブリック・バーと，少し高級なラウンジ・バー，または特別室のサルーン・バーに分かれていて，前者は労働者階級用で同じ飲み物でも少し安く，後者は少し高いが，室内装飾もよく落ち着いて飲めるように階級的に仕切られていたが，現在ではほとんどその壁はなくなった．

　一般にパブリック・バーには，ダーツやビリヤードがあってゲームが楽しめる．昼食時といっても，午後1時からであるが，ホームメイド・フードと称する家庭料理が格安で食べ

―――[ロンドン・ア・ラ・カルト]―――

パブの屋号と看板

　パブは，イギリス全土で7万5千軒，ロンドンで1万軒，シティだけでも3千軒は優に超えるといわれる．その屋号や看板の絵もさまざまだが，なかでも目立つのが王室関係とは驚きである．まずは「王頭亭」(King's Head)といい，「王の紋章亭」(King's Arms)といい，「ヘッド」と「アームズ」は酒亭の代名詞のようなもの．看板にはヘンリー八世の顔(胸像)や紋章が描かれているものが多い．昔は「トルコ人の頭亭」(Turk's Head)とか「サラセン人の頭亭」(Saracen's Head)というのもあった．カーナビー・ストリートには，「シェイクスピアズ・ヘッド亭」(Shakespeare's Head)というパブがあって，2階の窓からはげ頭のシェイクスピアが通りのガス灯を見下ろしている．

　それから「アームズ」とは，一般に「腕」という意味もあるので，Smith's Armsというパブの看板には，鍛冶屋が筋骨隆々たる腕をふるっている絵が描かれている．女遊びで悪評の高かったチャールズ二世が，愛妾ネル・グウィンを抱いている絵を看板にした「王の腕亭」(King's Arms)にいたっては，亭主のユーモアが少し過ぎているようだ．

　国王の頭に次いで多いのが，「赤獅子亭」(Red Lion)で，看板には紋章でいうランパント，つまりライオンが後ろ足で立ち上がっている姿，勢獅子の絵が描かれている．ライオンは王侯貴族の紋章に多いので，色もとりどり，約10種ぐらいはある．青色のライオンはともかく，「青豚亭」(Blue Boar)というのもあって，ロンドンでは昔から有名．文学作品にもよく登場する．次に多い屋号が「王冠亭」(Crown)と「ロイヤル・オーク亭」(Royal Oak)．後者はチャールズ二世の逃亡を助けたオークの木が看板になる．とにかく「ロイヤル」という言葉がイギリス人は好きである．

られる．地方には宿泊施設のあるパブもあって，昔のインに近い．パブの数も多いが，エールの種類も多い．エールとはイギリスにおけるビールの古名で，貯蔵ビールのラガーよりは少し強い．舗道に直角に突き出ているパブの看板（イン・サインともパブ・サインともいう）には，それぞれの屋号と販売しているエールの銘柄が示されているものが多い．「チャーリントン」とか「ウィットブレッド」というのはエールの銘柄で，屋号は「レッド・ライオン」とか「キングズ・ヘッド」とか「キングズ・アームズ」など多種多様で，図柄は昔から王侯貴族の紋章によるものが多い．それらの屋号と図柄は，イギリス特有の風俗・習慣・伝説・民話などの民間伝承（フォークロア）を伝えるものとしておもしろい．

パブには特定の銘柄しか飲ませない特約店（tied house）と，各種の銘柄を扱う独立酒場（free house）とがある．1971年ごろから，地方の小醸造元がキャムラ（CAMRA, Campaign for Real Ale）という組織をつくって，「伝統的製造法による本物のエールを守る運動」を始めた．リアル・エールはいわゆる本生で，地酒にあたる．どのパブでも歴史的伝統を誇りとする特殊な建築と室内装飾で客をひきつける．通りに吊るした看板はもとより，室内の壁にはいろいろの絵画や版画やビラが貼ってある．カウンターの上には酒ビンやグラスが，さかさまに吊してあって，色とりどりのランプの光に輝いている．パブでは1杯，「ア・パイント・オブ・ビター」とか「ハーフ・ア・パイント・オブ ～」と注文するたびに現金を払う．昔はその店特有のトークンという代用硬貨があった．バーでの立ち飲みもよいが，夫人連れの場合はラウンジのテーブルにつくのがよい．ビールのジョッキは自分で運ぶ．給仕に運ばせる場合は，その都度チップを払う．昼食時など混雑する時間帯には，裏庭や戸外の席も利用できる．テムズ河畔のパブでは，張り出し露台もある．シェイクスピア時代の居酒屋は，騒がしくけんかも多かったようだが，現在のイギリスのパブは，ヨーロッパの酒場と違って，概して静かである．しかし昼食時には，食事前の一杯を飲みにくる客やランチを食べにくる客でにぎわう．総じてイギリスのパブは，庶民の憩いの場であり，談話室であり，安上がりの社交場である．こんな庶民の社交場を梯子して歩くことをパブ・クロールという．

現代の若者たちは近年急激に増えているワイン・バーを好む傾向が強くなっている．

ロンドンの名物パブは文字通り枚挙にいとまがないが，テムズ川べりの老舗プロスペクト・オヴ・ウィットビー亭（→Prospect of Whitby），アンカー亭（→Ancher Inn），中世のギャラリーを今に残すジョージ・イン（→George Inn），法律家と作家のクラブを前身とするウィッグ・アンド・ペン（→Wig & Pen），常連客に文人が多かったイー・オールド・チェシャー・チーズ亭（→Cheshire Cheese, Ye Olde），その他シャーロック・ホームズ亭（→Sherlock Holmes），シェイクスピア亭など，まことに個性ゆたかで興味がつきない．

Pudding Lane
プディング・レイン　EC3

中世において，動物の内臓やはらわたを意味した pudding に由来する．ウィリアム征服王がロンドンに来て以来，イーストチープ（→Eastcheap）は代表的な肉市場となっていて，屠殺後の内臓の処理が問題であった．1402年，イーストチープからテムズ川に通ずる細い通りが処理場として認定されたところから，この名がある．1666年9月2日，この路地にあったトマス・ファリナー経営のパン屋から出た火が，ロンドンのおよそ5分の4を焼きつくす大火（→Great Fire）の発端となった．近くに大火記念塔（→Monument, The）が立っている．地下鉄モニュメント駅に近い．

Puddle Dock
パドル・ドック　EC4

ブラックフライアーズ橋の上流北岸の小さくくぼんだ部分のこと．名称の由来については2説ある．ひとつは，中世において桟橋のオーナーだったパドルという人物の名にちな

ロンドン大火の火元となったパン屋の跡を示す銘板（プディング・レイン）

むというもの，もうひとつは，ここで馬を洗う習慣があり，パドル・ウォーター（「泥水にする」）という言葉からというものである．

このあたりは，ローマ時代に現在のシティを囲んでいた城壁の南西隅で，中世にはベイナード・カースル（→Baynard Castle）が存在した．1616年には，ここに劇場を建設しようという案もあったが，シティの長老たちの反対で実現しなかった．しかし，時代の変化とともに劇場観も変わり，1956年には，ロンドン市長が礎石の意味で2個の煉瓦を置き，ドイツ空軍の爆撃を受けたヴィクトリア時代の倉庫の壁に囲まれたマーメイド劇場（→Mermaid Theatre）が誕生した．

Pulteney Hotel
パルトゥニー・ホテル

1823年までピカディリー街にあった豪華ホテル．摂政時代（1811-20）ロンドンで最も高級なホテルのひとつ．とくに水洗トイレの設備が大きな話題になった．ロシア皇帝アレクサンデル一世はここに滞在中，イギリス国民に英雄的人気があり，ホテルのバルコニーから群衆の歓呼に応えなければならなかったという．

Punch Tavern
パンチ・タヴァン
Fleet Street, EC4

フリート・ストリートの東端，ラドゲート・サーカスに近い大きなパブ．パンチといっても，ここはパンチ酒とは関係なく，風刺漫画で有名な雑誌『パンチ』（1841年創刊）の発想のパブ．近くのラドゲート・サーカスで「パンチとジュディー・ショー」が演じられていたので，「パンチ」という誌名が考えだされたという．亭内には『パンチ』誌の編集者たちの写真や，漫画の原画が飾ってある．

Purcell Room
→Queen Elizabeth Hall

Putney
パトニー　SW15

テムズ川の南岸，ワンズワースとバーンズの間の地区．最も早い記録は1086年の『ドゥームズデイ・ブック』（→『土地台帳』）に見られる．鉄器時代すでに人が住んだ形跡があり，1〜4世紀にはローマ人がテムズ河岸に住んでいたらしい．中世には対岸のフラムやウェストミンスターと結ぶ船が重要な交通手段だった．

しかし14世紀までのパトニーについてはほとんど知られていない．

テューダー朝にこの地に住んだ人のなかには，ヘンリー七世，八世に仕えたトマス・ウェストやトマス・クロムウェルがいる．クロムウェルはヘンリー八世の寵臣で，修道院解散をすすめた重要人物であった．このころロンドンの商人や宮廷人がパトニーなどの川沿いに屋敷を構えるのが時の流行だった．18世紀のパトニーは人気のある郊外となり，1729年には木製の有料橋が架けられた．1880年に通行税が廃止され，1882-86年に石橋に架け替えられた．1846年にウォータールーからリッチモンドに至る鉄道が開通すると，開発は急ピッチで進んだ．1921-25年にはロウハンプトン地域が開発され，美しい小住宅が建てられたが，大小の工場も目立つ地区である．南端に広い公園パトニー・ヒースがある．

エドワード・ギボンはパトニーで生まれ育ち，詩人アルジャーノン・チャールズ・スウィンバーンはパトニー・ヒル11番地のザ・パインズに友人のシオドー・ウォッツ・ダントンとともに住んでいた．パトニー橋（→Putney Bridge）の上流側は，春に開催される恒例のオックスフォード・ケンブリッジ両大学ボート・レース（→Boat Race）の出発点で，川岸にはボート・クラブが並ぶ．パトニー・ハイ・ストリートにはパブの老舗オールド・スポッテッド・ホースがある．

Putney Bridge
パトニー橋　SW15

テムズ川北岸のフラムと対岸のパトニーの両地区を結ぶ．フラム橋の別名もある．最初の橋は1727-29年の木造で，大小さまざまな大きさの26ものアーチをもち，船の往来の障害となった．橋は150年あまり役目を果たしたあと，1882-86年にサー・ジョーゼフ・バザルジットにより，現在の5つのアーチをもつ花崗岩の橋に生まれ変わった．橋の上流側はオックスフォードとケンブリッジの大学対抗ボート・レース（→Boat Race）のスタート点になっている．レースは上流のチズィック橋（→Chiswick Bridge）までの4.5マイル（7.2キロ）で行なわれる．

Q

Quadrant
→Regent Street

Queen Anne's Gate
クイーン・アンズ・ゲート　SW1

　セント・ジェイムジズ・パークの南側，地下鉄セント・ジェイムジズ・パーク駅に近いL字型の道路．アン女王様式の瀟洒な家並みの通りで，南側(15-25番)と北側(26-32番)の2棟のテラスハウスがその代表．15番の角の家の窓と窓の間にアン女王像があった．

　ここにゆかりのある著名人は枚挙にいとまがないが，18世紀末に収集家チャールズ・タウンリー(14番)と，後の首相で第三代パーマストン子爵H. J. テンプル(20番)，ジェレミー・ベンサム(40番)，その友人J.S.ミル，詩人ジェイムズ・トムソン，女優ペッグ・ウォフィングトンなどがいる．36番はナショナル・トラストの本部である．

Queen Anne Street
クイーン・アン・ストリート　W1

　リージェンツ・パークの南の入口にあたる半月形の広場パーク・クレセントから南に下る大通りポートランド・プレイスと接する道路．18世紀前半より敷かれた路で，均整のとれた18世紀風の建物がいまだに立ち並んでいる．

　建物は大半が医療機関に使用され，ほかに弁護士や会計士，建築事務所などにあてられている．しかし，18世紀のころは斬新な住宅街で，なかには有名人も混じっていた．エドマンド・パークやジェイムズ・ボズウェルが寄宿したこともあったし，バイロンやスコット，詩人トマス・モアらの友人で劇作家のリチャード・カンバーランドも，この界隈で名の知れた住人だった．

　また，19世紀には画家のJ.M.Wターナーが現在の22-23番地に1808年から51年に住んで，すぐれた作品の多くを描いた．

Queen Charlotte's and Chelsea Hospital
クイーン・シャーロット・アンド・チェルシー病院
Goldhawk Road, W6

　1752年に，産科病院として設立された．設立後まもなくセント・ジョーンズ・ロウに移転，その後も幾度か移転を重ね，1791年にベイズウォーター・ゲートに落ち着いた．そのため，この病院は移転先の地名を冠して，ベイズウォーター産科病院，ベイズウォーター・ゲートのベイズウォーター・ホール・アンド・クイーンズ産科病院など，さまざまな名で呼ばれた．

　1813年にはマリルボーン・ロードにあるオールド・マナー・ハウスに移転し，1856年改築，1886年増築された．1929年，2ヘクタールの用地をレイヴンズコート・パークに確保，産褥熱を研究する30床の病院が建設された．第二次世界大戦後，新病院が敷地内に建った．現在の名が用いられるようになったのは，チェルシー婦人科病院(Chelsea Hospital for Women)の医療活動がここに移された1988年

以降のことである．イギリス大学院連盟産婦人科研究所が置かれている．現在の名称は，1804年にこの病院の後見人となったジョージ三世王妃シャーロットの名前と合わせたもの．地下鉄スタンフォード・ブルック駅に近い．

Queen Elizabeth Hall
クイーン・エリザベス・ホール

Belvedere Road, SE1

1967年，ロイヤル・フェスティヴァル・ホールに隣接して建てられた1000人収容の中規模ホール．小編成のオーケストラや室内楽団のコンサートやリサイタル，映画上映，詩の朗読会などに利用されている．同じ敷地内に，パーセル・ルームという，372人収容のリサイタルや室内楽のための小規模なホールが併設されている．ウォータールー橋の南詰め下に位置する．

Queen Elizabeth Hospital for Children
クイーン・エリザベス小児科病院

Hackney Road, E2

コレラが大流行した1866年に，エレン，メアリ・フィリップス姉妹がベスナル・グリーン旧自治区に女性と子供のための診療所を建てた．1870年までに現在地，ハガーストン公園の東隣りに移り，1908年にクイーンズ小児科病院と改称した．

一方，1868年にセアラ，ナサニエル・ヘックワス姉弟によってシャドウェルにイースト・ロンドン小児科病院が創立された．1932年までにウォッピングに移転し，プリンセス・エリザベス・オヴ・ヨーク小児病院と改称した．

1942年に両病院が合併し，現在のクイーン・エリザベス小児科病院となった．1968年，同病院は医療および看護スタッフ教育を充実させるため，グレイト・オーモンド・ストリートの小児科病院の傘下に入った．この2つの病院で，イギリスの小児科看護婦の40パーセントを教育している．

Queen Elizabeth's Hunting Lodge
エリザベス女王狩猟館

Ranger's Road, E4

もとは1543年ヘンリー八世の狩猟見物のための居館だったが，エリザベス一世が改修した，木骨建築の住居．ロンドン北東郊の王室の御料林だったエッピング・フォレストの北側に，現在は博物館として一般公開されている．

Queenhithe
クイーンハイズ　EC4

テムズ川北岸，アッパー・テムズ・ストリート沿い，サザック橋の西側にある古い埠頭で，ここにはドックもあった．これはロンドン橋の上流域で最も重要なドックであった．埠頭の起源は8世紀ごろまでさかのぼることができるが，今日の名になったのは，ヘンリー一世の妻マティルダ王妃を記念した12世紀初頭である．15世紀になると船の大型化にともない，この埠頭とドックはすたれ，役目をやはり埠頭の魚市場だったビリングズゲートにゆずった．

Queen Mary and Westfield College
クイーン・メアリ・アンド・ウェストフィールド・コレッジ

Mile End Road, E1

1934年以降ロンドン大学の構成コレッジのひとつ．1989年にクイーン・メアリ・コレッジとウェストフィールド・コレッジとの合併によって誕生した．また1995年にはセント・バーソロミュー病院医学コレッジおよびロンドン病院医学コレッジとも合併．

クイーン・メアリ・コレッジは，ピープルズ・パレス・テクニカル・スクール（あらゆる種類の学生に教育施設と夜間クラスを提供するため1887年に設立された）と，イースト・ロンドン・テクニカル・コレッジ（1902）とを併合し，1907年にはロンドン大学科学・工学学部からその一部としての暫定的承認を得た．1997年度の学生総数約8000人．

Queen Mary's University Hospital
クイーン・メアリ病院
Roehampton Lane, SW15

　第一次世界大戦中の1915年に，負傷兵たちに義手や義足をとりつける施設と，それらを製造する作業場とを併設して設立された．病院名にメアリ女王の名が冠せられているのは，女王が精力的にその事業と病院とを支援したからである．病院は，18世紀初頭に建てられたシティの富裕な商人トマス・カリーの邸宅を利用したものだった．

　義手や義足の歴史は古く紀元前のギリシアにさかのぼるが，1915年以前のイングランドでは多く個人会社が販売しており，また技術的にはアメリカが一歩先んじていたから，製造工場の設立にはアメリカの会社の助力をえた．

　1917年に義手義足の研究所が開設され，一時閉鎖ののち1945年に再開，以来，生体力学研究開発所として現在にいたっている．催眠薬サリドマイドの薬害を調査研究する特別の部門も併設されている．現在は国民保険サーヴィスの管轄下にあって，一般病院と変わらぬ医療活動を行なっている．鉄道バーンズ駅に近い．

Queen's Chapel
クイーンズ・チャペル
Marlborough Gate, SW1

　セント・ジェイムジズ・パレスとモールバラ・ハウスにはさまれる形で立つ礼拝堂．19世紀はじめ，モールバラ・ロードがセント・ジェイムジズ・パークまで宮殿敷地内をつっきって完成するまで，この礼拝堂は宮殿の敷地内だった．1623年にイニゴー・ジョーンズの設計で，チャールズ一世のお妃候補スペインのマライア王女のための礼拝堂として建築工事が始められたが，完成したのは，マリアが王妃となったときであった．その後，チャールズ二世の王妃キャサリン・オヴ・ブラガンザのために17世紀後半に一部改修が行なわれ，また1761年にジョージ三世の婚礼の儀式がここで挙行された．王室用の座席，チャールズ一世時代からの壁板，粋をこらした格子天井はことのほか有名．平日には，道路のはす向かいのモールバラ・ハウスとともに見学することができる．

Queen's College
クイーンズ・コレッジ
Harley Street, W1

　私立の通学制女子中等教育機関．教師を志す女子のために女性家庭教師互恵協会 (Governesses' Benevolent Institution) の支援者たちの運動によって，1848年に創設されたイギリス最初の女子コレッジがその前身．初期のころは，14歳以上の女子を対象に，ロンドン大学キングズ・コレッジの教師が教壇に立っていた．なかでも，このコレッジの歴史学教授でキリスト教社会主義の主唱者F.D.モーリスや牧師・作家のチャールズ・キングズリーらはこの学校の基礎を築いた功労者．1853年にヴィクトリア女王の勅許状を受け，60年に現在の名称になった．20世紀に入っても高度の教育水準は保持され，第二次世界大戦の戦禍で疎開・閉鎖の憂き目をみたが，現在では小規模の通学制私立女子校として光りを放っている．

　リージェンツ・パークに近い校舎では，現在11歳から18歳までの生徒が学んでいるが，その30パーセントは奨学生．進学率も高い．主な卒業生には，女性の医師への道を開拓したソフィア・ジェクス＝ブレイク，作家のキャサリン・マンスフィールドなどがいる．

Queen's Gallery
クイーンズ・ギャラリー
Buckingham Palace Road, SW1

　バッキンガム・パレス (→Buckingham Palace) 内のかつての礼拝堂あるいは温室の一部を転用した小ギャラリー．女王所有の世界的コレクションから毎年テーマを決めて展示する．1962年開館．

Queen's Gate
クイーンズ・ゲート　SW7

　サウス・ケンジントンのオールド・ブロンプト

ン・ロードから北へ，ケンジントン・ガーデンズまで通じる道路．道路の東側にはインペリアル・コレッジ・オヴ・サイエンス・テクノロジー・アンド・メディスンや自然史博物館，科学博物館などがあり，ロイヤル・アルバート・ホールやアルバート・メモリアルにも近い．もとはアルバート・ロードと呼ばれたが，1859年現在の名に変わった．当時は両側に富裕層の住むイタリア風の住宅が並んでいたが，取り壊しや改築が繰り返され，フラットやホテルに変わった．また大使館が集まっていることもひとつの特長．ハイチ共和国，イラク，タイ，クエート，ブルガリアの大使館がある．41番地は王立昆虫学協会である．ここの住人としては，ウィリアム・モリスが創設した古建築物保存協会のメンバーだったJ.P.ヘゼルタインやボーイ・スカウトを創設（1908），次いで妹とともにガール・スカウトを創設（1910）したロバート・ベーデン＝パウエルなどがいる．

Queen's Hall
クイーンズ・ホール

　BBC放送会館のすぐ近くのランガム・プレイスに1941年まであった音楽会用ホール．現在はその跡地にセント・ジョージ・ホテルが立っている．クイーンズ・ホールの完成は1893年で，外装はローマのパンテオン神殿を模し，内部はヴィクトリア朝の装飾的デザインであった．大ホールと小ホールを備え，前者はオーケストラ用，後者は室内楽用に使用されていた．1895年にヘンリー・ウッドによってクイーンズ・ホール・オーケストラが結成され，成功をおさめた．とくに毎年10月のプロムナード・コンサート（→Proms）は大きな人気を集め，やがて国民的行事へと成長した．1941年の爆撃による被害後は再建もならず，プロムナード・コンサートは会場をアルバート・ホールに移した．

Queen's House
クイーンズ・ハウス

Greenwich Park, SE10

　ロンドン東郊，旧天文台のあるグリニッチ・パークの丘からテムズ川方向を眺めると，端正な白亜の建物が目に入る．それがクイーンズ・ハウスである．着工は1616年，イギリス最初のパラディオ様式居館で，イニゴー・ジョーンズの作．とくに公園に面した南側正面の長い柱廊が特長．当初ジェイムズ一世の王妃デンマークのアンのための館として計画されたが，結局完成したのは1640年で，チャールズ一世の王妃ヘンリエッタ・マライアの王宮となった．王妃はこれが気に入り「歓喜の館」と呼んだ．以後テムズ川沿いの宮殿のひとつとして歴史を刻んだ．

　建物は国立海事博物館（→National Maritime Museum）とひとつづきになっていて，1階の玄関ホールは，12メートル四方ある．2階にはギャラリーが設けられていて，ヴァン・デ・ヴェルデ，ド・ラウザーバーグ，ターナーなどによる海戦画や船舶画，海洋風景画は，特に有名である．ほかにホガース，レノルズ，ゲインズバラなどによる肖像画のコレクションもある．また，2階には1660年代はじめのチャールズ二世と王妃の部屋が復元されている．2階に通じる片持ち梁式の螺旋階段は欄干にチューリップがデザインされ，「チューリップ階段」という名で親しまれている．

　王宮としての機能は18世紀前半までで，ウィリアム，メアリの国王・女王はむしろケンジントン・パレスやハンプトン・コート・パレスを好んだ．その後王室関係，政府関係の建物として利用され，1937年に国立海事博物館として再出発した．1984-90年に改修が施され，17世紀当時の面影をとりもどした．

Queen's Park Rangers Football Club
クイーンズ・パーク・レインジャーズ・フットボール・クラブ

South Africa Road, W12

　1885年創立，1898年プロに移行したフットボール・クラブ．旧名セント・ジューズ，1887年に現在の名称に変更(QPR)．ロンドン西郊のホワイト・シティにスタジアムをもつが，クラブの名称は，北部のクイーンズ・パークにあっ

たスタジアムにちなむ．1995-96年のシーズンにはプレミア・リーグに所属していた．

QPRはフットボール・リーグのクラブの中で人工芝を導入した最初のクラブで，人工芝の競技場は1981-82年のシーズンに初めて用いられた．クラブの通称は「レインジャーズ」または「アールズ」(R's)．
→Football Clubs

Queen Square
クイーン・スクエア　WC1

ラッセル・スクエアの東側，グレイト・オーモンド・ストリートの西端に位置する．1708年から20年にかけて造られ，アン女王にちなんで名づけられた．当初ここは空き地であったが，いまは大きな病院がいくつも並び，病院の広場となっている．ロンドン大学ユニヴァーシティ・コレッジ付属の神経科学会，王立神経科・神経外科病院などがある．1775年ころに庭に立てられた鉛の女人像は，ジョージ三世の妃シャーロットであると考えられている．

26番地の2階に1865年から72年までウィリアム・モリスが住み，階下をモリス・マーシャル・フォークナー商会の作業場としていた．小説家のヘンリー・ジェイムズはここに招かれたときの印象を，作品に書いている．

向かい側には，18世紀に建てられたセント・ジョージ・ザ・マーター教会がある．

Queen's Theatre
クイーンズ劇場

① Long Acre, WC2

1849年に建てられた，もとはセント・マーチンズ・ホールという名のコンサート・ホールだった．チャールズ・ディケンズがたびたびここで自作の朗読をした．1867年にJ.フィップスの設計で改築され，ロンドンで2番目に大きい劇場となった．68年にエレン・テリーとヘンリー・アーヴィングがギャリック版の《じゃじゃ馬馴らし》で，初めて共演した．その後しばらく引退していたエレン・テリーは，73年にこの劇場で舞台復帰をした．1877年にザ・ナショナルと改名したが，79年に閉鎖された．

② Shaftesbury Avenue, W1

1907年にW.G.R.スプレイグの設計によって建てられ，隣のグローブ座(→Globe Theatre②)現ギールグッド劇場とは共有の壁で仕切られた双子劇場になっている．客席は3層になっていて，当初は1160席だった．1913年には，客がタンゴを踊ったり，ファッション・ショーを見たり，お茶を飲むことができる「タンゴ・ティーズ」を開催した．1929年にはG.B.ショーの《リンゴの荷馬車》でイーディス・エヴァンズとセドリック・ハードウィックが共演した．1930年にはジョン・ギールグッドが，オールド・ヴィック座で初演した《ハムレット》をここで再演し，37-8年のシーズンにはシェリダンの《悪口学校》，チェーホフの《三人姉妹》その他を上演した．第二次世界大戦中，1940年に爆撃を受け，建物の正面部分を損傷した．1959年にブライアン・ウェストウッドとヒュー・キャッソンの設計で新しいガラス張りの正面が再建され，ギールグッドによるシェイクスピアのアンソロジー朗読で柿落しをした．

現在，客席数990．大物俳優による現代劇を中心に，古典的な作品やミュージカルも上演している．ソーホーの繁華街に位置している．

Queensway
クイーンズウェイ　W2

ケンジントン・ガーデンズの北縁を走る大通りベイズウォーター・ロードの西端から北に延びる道路．ヴィクトリア女王即位ののち，ブラック・ライオン・レインの名から現在名に改称され，一部1850年代の面影を残しながらも，商店・レストラン街としてにぎわっている．この道路にゆかりの著名人として，肖像画家オーガスタス・エッグ，哲学者・批評家のG.E.ルイスらがいる．66番地は小説家トマス・バークが晩年の5年間を過ごした家である．

Queen Victoria Memorial

ヴィクトリア女王記念碑
The Mall, SW1

　バッキンガム・パレス正門前に立つ記念碑．すぐ東に広がるセント・ジェイムズ・パーク沿いの直線道路ザ・マル（→Mall, The）の一部として設計され，1911年にジョージ五世によって除幕された．

　碑の高さは24.6メートルで，これに取りつけられた白い大理石の彫像群の作者はトマス・ブロック．まず，柱脚のてっぺんに翼のある金箔のブロンズ像があたりを睥睨している．勝利を表わすこの華麗な像には，いかにもヴィクトリア朝栄光の残影がただよっている．

　勝利の像の足もとには，「勇気」と「不変」を表わす2つの像がひかえている．そして，その下の台座の東面に，高さ4メートルのヴィクトリア女王が鎮座する．女王の背面には「博愛」，南面には「真実」，北面には「正義」を象徴する彫像が配されている．

　この碑を囲む低い石壁の土台石上の東西南北の四隅には，「進歩と平和」，「科学と芸術」，「製造業と農業」，「陸海軍の力」を象徴する黒いブロンズ像が立つ．

　記念碑を取り巻くこの石壁と記念碑の間の部分はクイーンズ・ガーデンズと呼ばれ，これも記念碑自体を含めた大通りザ・マルの設計者アストン・ウェッブの考案によるものである．

Queen Victoria Street
クイーン・ヴィクトリア・ストリート　EC4

　1871年に開通したウェストミンスター地区とシティとを結ぶ幹線道路．西はヴィクトリア・エンバンクメントから東はシティのイングランド銀行に至る．近代的なビルが両側に並び都市景観をつくっているが，その間に古い由緒ある教会やパブがまじる．

　代表的なパブに，17世紀創業のイー・オールド・ウォトリング亭，昔の倉庫を利用したサミュエル・ピープス亭や，19世紀アール・ヌーヴォー様式のブラックフライアーズ亭がある．教会では中世期建立のセント・アンドルー・バイ・ザ・ウォードローブ教会，1677-85年にレンによって再建されたセント・ベネッツ教会，「シティのセント・メアリと名のつくどの教会よりも古い」という意味のセント・メアリ・オールドメアリ教会，コール・アビ長老派教会，セント・メアリ・サマセット教会などがある．

　ほかに紋章院，救世軍本部，ローマ時代の遺構を復元したミトラ神殿，ロンドン市長公舎などがある．またグレアム・ベル，トマス・エディソン，グリエルモ・マルコーニらによる電信電話の発明から，光ファイバー，衛星通信に至る先端技術までの発展と応用の歴史を展示する通信博物館（145番地）もこの大通りに沿ってファラディ・ビルディングと向かいあっている．この通りはロンドンで初めての電灯がつけられた街路でもある．

R

RADA
→ Royal Academy of Dramatic Art

Radio
ラジオ放送

イギリスのラジオ放送には，公共放送である英国放送協会（→BBC）と民間放送がある．
〈BBC〉
ラジオ1からラジオ5 Liveのネットワーク5系統にスコットランド，ウェールズなどでの地域放送，ローカルラジオ39局．他に海外放送のワールド・サービス，1995年放送開始のデジタル・ラジオがある．スタジオなど放送施設は，ネットワークがロンドン中心部の放送会館（BBC Broadcasting House），ワールド・サービスはブッシュ・ハウス（→Bush House）にある．
〈ラジオ1（FM）〉
ポップスとロック音楽中心の編成．アメリカ，ウッドストックからの14時間生放送や，全英各地のロック・コンサートを連日取り上げるなど新機軸の番組に人気がある．インターネットで聴取者からの作曲を受けたり，音楽についての情報交換を行なう「インタラクティブ・ナイト」など話題の番組も多い．
〈ラジオ2（FM）〉
中高年層が対象で，スタンダード・ジャズやミュージカルに加え，趣味や健康番組を中心とする．20年以上続く「ビッグ・バンド・スペシャル」や，諷刺のきいた語りの「ジミー・ヤング・ショー」にもファンが多い．
〈ラジオ3（FM）〉
クラシック音楽を売り物にしている．バービカン・センターやロイヤル・フェスティヴァル・ホールなど，ロンドンの代表的なコンサート・ホールからの放送が魅力．BBCシンフォニー・オーケストラが毎年夏に行なうコンサート「プロムズ」（→Proms）は人気番組のひとつである．
〈ラジオ4（FM，長波，中波）〉
ニュース，ドキュメンタリー，歴史，芸術，科学，ドラマの総合編集で聴取者層も幅広い．硬派の番組に人気があり，ロンドンなど都市部の黒人やアジア人をテーマにした番組も多い．朝のニュース番組「トゥデイ」（Today）を聞きながら朝食をとるのを，出勤前の習慣にしている人も多い．
〈ラジオ5 Live（中波）〉
1994年3月放送開始．週間リスナーは550万人．「BBCでは不可能とされていたことに柔軟に対応する」という方針を打ち出した．ニュースとスポーツが中心．特にスポーツでは，テニス，ゴルフ，自動車レースなど，ラジオには不向きとされている種目の実況中継も意欲的に手掛ける．
〈民間放送〉
1991年1月にラジオ公社（Radio Authority, 略称RA）がそれまでの独立放送公社（Independent Broadcasting Authority）に代わって設立され，テレビにおける独立テレビ委員会（Independent Television Commission, 略称

ITC →Television) と同様に, 民間ラジオ放送の認可・監督を行なっている. 現在イギリスの民放ラジオは, 全国ネットが「ヴァージン1215」,「トーク・ラジオ・UK」,「クラシック・FM」の3系統あり, ローカルラジオは200局を数える.

〈ヴァージン1215〉
1993年4月, 初の全国ネット局として誕生した中波のラジオ局. 本社はロンドンの中心部, ピカディリー・サーカスの近くにある. 1995年4月から, ロンドン地区でも同じ番組内容をFMで放送している. 主に若年層を主体としたロックとポップス主体の音楽専門局だが, インターネットでの「インタラクティブ・ベスト20」は毎週土曜日放送の人気番組となっている.

〈95.8キャピタル・FM〉
ロンドン初の民放ラジオLBCに続いて1973年10月開局. LBCのニュース, 情報番組に対抗, 娯楽色の強い編成となっている. リスナーは週300万人とされ, ヒット曲のほか, 人気タレントへのインタビュー, 旅行ガイド番組に人気がある. 中波でも「1548AMキャピタル・ゴールド」で音楽中心の番組を流している.

〈ジャズfm〉
23時間放送のジャズ専門局. 人気DJを配し, 20時「ディナー・ジャズ」, 22時「レイト・ラウンジ・ジャズ」, 午前1時「スムーズ・ジャズ」と時間に合わせた選曲が好評. ロック, ポップスが全盛のなかで, 貴重な存在といえよう.

Radio Times
『ラジオ・タイムズ』

BBCが発行するテレビ, ラジオ番組の週刊ガイド誌. 内容はBBC, 民放の一週間の番組表を, 解説, 写真, 制作裏話などとともに掲載. クリスマス・シーズンには特集号が出る. 発行部数は400万部を超え, 週刊誌としてはイギリス最大の部数を誇る.

創刊は1923年9月. 当時の新聞各社が, 放送番組の掲載に広告料を求めたことに対し, BBC初代会長のジョン・リースが発刊を思いついた. 創刊直後で60万部を記録. 当時はラジオ放送のみだったが, テレビ全盛の現在でも誌名は変わっていない.

Radisson SAS Portman Hotel
ラディソン・サス・ポートマン・ホテル
Upper Berkeley Street, W1

ポートマン・スクエアの北西角にあって, アッパー・バークリー・ストリートに面している. ホテルの敷地はもとモンタギュ・ハウス (→Montagu House) があった土地で, いうまでもなく18世紀の社交界を牛耳った, また「ブルー・ストッキングズ」の最初の貴婦人, ミセス・エリザベス・モンタギュにちなんだ屋敷である. 前身はポートマン・ホテル. 客室数273. 最寄駅は地下鉄マーブル・アーチ駅.

Rag Fair
古着市

古着市といっても, 市というより露店商の集まる露店市場であった. ロンドン東部のかつてのローズマリー・レイン, 現ロイヤル・ミント・ストリートにあった. 17世紀に始まり, 18世紀に栄えた市である. 詩人のアレグザンダー・ポープは『愚者列伝』の中で, これらの露店商を「古着市のボロ着の連隊旗手たち」と評した.「ロンドン塔に近いところで, 古着や安ピカ物を売るところ」と注をつけている. しかし同じ古着屋の通りといっても, ペティコート・レイン (→Petticoat Lane) よりは幅も広く, 両側の家も堂々としていた.

旧ローズマリー・レインにも, いくつもの横町があり, ひどくせまくて汚い貧民街で, アイルランド人が多く住んでいた. 彼らはすべて露店商で, 商売は1時ごろから始めた. 商品といってもクズ同然のものが多く, 古靴から安物のプリント地やモスリンの服, 婦人帽, 中古のナイフ, フォーク, ハサミなどの粗末な金属製品がずらりと並べられていた. ユダヤ人の商人もいて, 近隣の浮浪者や泥棒たちも集まり, 路上で食べたり飲んだり, また争いも多かった. 日曜日には朝市が立つが, 土

曜日は午後だけだった．大半の屋台は閉まり，ユダヤ人は日没後は商売に加わらないしきたりであった．この古着市は20世紀の初期まで続いたが，タワー・ブリッジ周辺の再開発で姿を消した．

Railways
鉄道

ロンドンの鉄道は大きく3つに分けることができる．①一般鉄道，②市内路面軌道，③地下鉄道である．③については地下鉄（→Underground Railways）の独立項目があるので，そちらに譲ることにする．

〈一般鉄道〉

イギリスの鉄道会社は，その最初の例である1830年創業のリヴァプール・アンド・マンチェスター鉄道以来，線路を完全に一般の土地から隔離し，道路との交差も平面交差（すなわち踏切）は原則として避け，立体交差とする方針を確立してきた．したがって都市部においても踏切は置かず，トンネル，高架線，切り通し線が一般原則となった．ロンドンのような古くから人家が密集していた都市では，建物を取り壊して高架線や切り通し線を設けることがきわめて難しいので，各鉄道は都市の周辺部まで線路を敷設して，そこに終着駅を造るしか策はなかった．都心部に長大なトンネル——つまり地下鉄を建設することは当時の技術では不可能に近かったし，かりに可能でも財政的困難を伴った．電気鉄道は実用化されておらず，気圧鉄道（→Atmospheric Railway）は実用としては失敗に終わり，蒸気機関車が唯一の動力車と考えられていたころだったから無理もない．

ただし，1840年代ころからロンドン東部やテムズ川南側の地域では，比較的貧しい人たちが住む土地を買収して高架線を造り，その先に大ターミナル駅を建設することが可能になった．ウォータールー（→Waterloo Station），チェアリング・クロス（→Charing Cross Station），リヴァプール・ストリート（→Liverpool Street Station）などの駅と，そこに通じる高架線がその実例である．ウォータールー駅は不健康な湿地帯にできていたスラム街の跡に，チェアリング・クロス駅はテムズ河畔の市場と倉庫・小工場（チャールズ・ディケンズが子供のときの1824年に働いた靴墨会社の倉庫があった）の跡地に，リヴァプール・ストリート駅は共同墓地の跡地に建てられた．ギュスターヴ・ドレが1872年に発表した版画集『ロンドン巡礼』に，高架線の上を走る蒸気列車の絵が2枚入っているが，当時の状況をよく物語っている．そのうちの1枚，ラドゲート・サーカスの絵は，セント・ポール大聖堂の近くの高架線と陸橋の上を黒煙を吐いて列車が通るさまを見せてくれる．このような都心部によくも，と現代の人なら考えるだろうが，鉄道建設当時はスラム地域であった．だから現在ではこの高架線の上を列車は走らず，その真下に新しく建設された地下線路を，テムズリンク（→Thameslink）の列車が走っているのである．東京都心のように，現在でもオフィス街や高級商業地域の真中を高架線が貫き，列車が走り抜けるというような情景は，ロンドンでは考えられない．

〈市内路面軌道〉

ロンドンでは現在，市内路面電車は完全に姿を消してしまって，コヴェント・ガーデンのロンドン交通博物館（→London Transport Museum）へ行かないと見ることができないが，1952年頃まで存在した．その起源は古く1861年開業の馬車軌道にまでさかのぼることができるが，これについてはバスの項（→Buses）に譲る．

ロンドン都心部は幹線道路でも道幅が狭いため，馬車軌道を敷設できたのは比較的交通量の少ない周辺部に限られた．したがってその軌道を受け継いだ市電も都心部はほとんど走らなかった．もちろん馬車軌道時代はすべて私営企業であったが，1895年からロンドン市議会が次第に買収し，最後はすべて公営となった．

市内路面電車が中心部を走った稀な例外のひとつは，テムズ川北岸に沿って建設されたヴィクトリア・エンバンクメント（→Victoria Embankment）であって，この線路は1908年に

完成した「キングズウェイ路面軌道用地下路」(Kingsway Tramway Subway)によってウォータールー橋の下からオールドウィッチ,キングズウェイ,ホーボーンを経てブルームズベリーに達する.これは街路の下に設けられたごく浅い地下鉄で,1930-31年には2階建ての車両(double-decker coach)が通行できるよう改築された.この方式は本格的な地下鉄ほど経費を必要とせず,かつ路上の交通渋滞の影響を受けず,比較的高速に走れるという利点を有するので,第二次世界大戦後ヨーロッパ大陸の大都市,たとえばブリュッセルやデュッセルドルフなどで,プレメトロ(pre-metro)として多く採用されている.ロンドンはその先駆的試みを行なったわけであるが,残念ながら現在は廃線になっている.

ロンドン市内路面電車の車両はバスと同じで,最初は1階建てで屋根の上に椅子を設けていたが,のちにさらにその上に屋根をつけて2階建てとなった.電気は空中の電線から取るものと,軌条の中央の地下に埋められた電線(conduitと呼ばれる)から取るものの2種類があったが,後者は廃止された.

このほかにも戦後の新交通システム,ドックランズ軽便鉄道(→Docklands Light Railway)があるが,その項に譲る.

→ British Rail, London Transportation, Stations

Rainbow Coffee House
レインボー・コーヒー店

かつて新聞街として有名だったフリート・ストリートからシティへの入口にあるインナー・テンプル・ゲートの近くにあった.前身はレインボー・タヴァンで,亭主のファール氏は床屋であったが,1657年にここでコーヒーという飲み物を売り出し,近隣をいやな臭いでこまらせたという悪臭騒動で告訴されたという.1682年はコーヒー店の2階に火災保険会社の事務所ができ,ここに多くのにせ医者が住んでいたという.アディソンも『タトラー』の1710年の記事でロンドンに多くのにせ医者の看板が出ていたと書いている.この店は19世紀半ばに取り壊された.そのころ,ほぼ同じ場所にナンドー・コーヒー店があり,それも理髪店に変わったという.

Ranelagh Gardens
ラニラ・ガーデンズ　Chelsea, SW3

チェルシー(→Chelsea)の王立廃兵院の東側に隣接する公園.現在はごく平凡な公園としか見えない.しかし,もとは18世紀のラニラ卿の邸宅で,卿の死後は邸宅と庭園は開放され(1742),18世紀を通じて,ヴォクソール・ガーデンズ(→Vauxhall Gardens),クレモーン・ガーデンズ(→Cremorne Gardens)にならぶ上流人士の華やかな社交の場であった.とくにドーム状の天井をもつ円形遊戯館が人気をよんだ.直径が45メートルもある大型の建物で,そこはレストランであり,コンサート・ホールであり,ダンス・ホールであり,劇場であり,さまざまな遊興を楽しむことができた.さらに祭日の夜には照明がつけられ,時には花火も打ち上げられたりして,ロンドンっ子を大いに楽しませた.そうした情景はトマス・ローランドソンの軽妙な画筆が活写したとおりである.「明晩ラニラで新しい娯楽が披露されます.ヴェネツィアで行なわれているとおりに仮面劇を上演するというもので,午後3時に始まり,10時か11時に終わる予定ですが,新企画なので,猫も杓子も出かけていくでしょう…」.スモレットも『ハンフリー・クリンカー』で「天才の考え出した魔法の宮殿だ」とその道中記に記した.

Ratcliff
ラトクリッフ　E1, E14

テムズ川の北岸,ウォッピングとアイル・オヴ・ドッグズの間に位置する地域.名の由来は,サクソン人が赤土の崖にちなんでレッド・クリッフと呼んだことによる.14世紀以来,造船を手がけた小村だったが,次第に艤装,修理,食料調達を主要な仕事とする地区になった.今ではドックランズ軽便鉄道が中心部を貫いている.

年代記作者ジョン・ストーの記録にも,船

頭，造船関係者の住宅や，彼らのための学校や救貧院がぞくぞくと建てられ，人口が増加した記述が見つかる．

1811年12月，ここで2つの連続殺人事件が起こって7人が犠牲となった．ラトクリフ・ハイウェイ殺人事件である．12月7日の夜半，ラトクリフ・ハイウェイ29番地の反物商一家と店員の計4人が殺された．それから12日後の19日の夜にも，近くで酒場を経営するウィリアムソン夫妻と召使いの3人が殺害された．容疑者として元船乗りのジョン・ウィリアムズが逮捕されたが，彼は首を吊って自殺した．この事件は，トマス・ド・クィンシーの『芸術の一種としてみた殺人について』の題材になったことでも有名である．

Ravenscourt Park
レイヴンズコート・パーク　W6

テムズ川の北岸，ハマースミス地区の西にある公園．地下鉄ディストリクト・ラインに同名の駅がある．中世の荘園領主館の庭園の雰囲気を保ち，19世紀に入っておよそ12ヘクタールの広さをもつ公園として整備・公開された．現在の名は18世紀ここの土地を取得したトマス・コーベットが自家の紋章にある大鴉（レイヴン）にちなんだもの．園内には各種スポーツ施設がある．

Red Arrow
→Buses

Redbridge
レッドブリッジ　IG1

ロンドン北東部，エッピング・フォレストに近い大ロンドン自治区のひとつ．1965年イルフォード自治区とウォンステッド・アンド・ウッドフォード自治区の合併によって生まれた．新しい名称は2つの旧自治区を結ぶ橋の名にちなんだ．橋はウォンステッド・パークの北端を流れるローディング川にかかっていた．この橋はその後新しく建設された道路によって姿を消したが（1922），地下鉄セントラル・ラインの駅名として残った．

Red Bull Theatre
レッド・ブル劇場

クラークンウェル地区にあった17世紀の劇場．ときおり中庭で劇を上演する宿屋劇場のひとつだったが，1605年ごろ改築され，常設劇場になった．中庭を三方から囲む形で桟敷席をめぐらした，屋根なしの構造．1625年に部分的な改築が行なわれたとき，屋根がつけられたらしい．

1617年までアン女王一座がここを使っており，トマス・ヘイウッドの作品が数多く上演された．観客の騒々しさと俗受けする煽情的な芝居で悪名高かった．清教徒革命によって劇場が閉鎖されていた時期も，ひそかにショーや人形劇が上演されていた．1660年に正式に再開された．大の芝居好きだったサミュエル・ピープスは日記（1661年3月23日）に，ここでウィリアム・ローレーの悲劇のおそまつな上演を観たことが記されている．その後まもなく，この劇場は閉鎖され，1663年から65年のあいだに取り壊された．

Red House
レッド・ハウス

Red House Lane, Bexleyheath, DA6

ロンドンから南東へ，カンタベリー方面に通じる幹線道路A2をはずれたレッド・ハウス・レインにある．ヴィクトリア朝の後半，ラファエル前派主義に共鳴したウィリアム・モリス夫妻の新婚時の住まい．建物は友人の建築家フィリップ・ウェッブの設計によるが，名は赤煉瓦を印象的に用いたことによる．同派の画家・詩人であったダンテ・ゲイブリエル・ロセッティは「一軒の家というより一篇の詩だ」と評した．内装はモリスだけでなく，バーン＝ジョーンズら同派の友人が協同して仕上げ，現在もタイル，ステンドグラス，セトルと呼ばれる肘掛けつき長椅子など当時のまま残されている．中世主義を唱えたモリスたちであっただけに，レッド・ハウスの中庭には，修道院風の円錐形の屋根付き井戸がある．鉄道ベクスリーヒース駅に近い．

ウィリアム・モリスの
住い，レッド・ハウス

Red Lion Square
レッド・ライオン・スクエア　WC1

　地下鉄ホーボーン駅の北，徒歩数分のところにある小規模なめだたない広場だが，歴史は古い．遅くとも17世紀初頭以来，ホーボーンでは最も大きく，人気のあった旅籠がレッド・ライオン・インで，広場の名称もこれに由来する．

　17世紀のピューリタン革命と共和国政府を指導し，のちにウェストミンスター・アビーに葬られたクロムウェル，アイアトン，ブラッドショーの3人の死体が，王政復古後墓を暴かれ，タイバーン（→Tyburn）で「処刑」される前夜，一時安置されたのもこの旅籠である．

　この界隈の開発は，共和制末期から王政復古期にかけ，ロンドン不動産開発に辣腕をふるったことで知られるニコラス・バーボンによって進められ，広場自体は1684年に建設された．しかし，東側にあった法学院グレイズ・イン（→Gray's Inn）は，眺望が損なわれるのに反対し，工事阻止のための実力行使に出て，これを排除しようとするバーボン側と争いを起こす一幕もあった．

　イギリス男性がこうもり傘をさすようになったのは，この広場の住民ジョーナス・ハンウェイによるところが大きい．ハンウェイは18世紀後半のロンドンの街路を傘をさして歩いた最初の男性といわれ，男性による傘の使用が広まったという．19世紀半ば，17番にダンテ・ゲイブリエル・ロセッティ，ウィリアム・モリス，エドワード・バーン゠ジョーンズらラファエル前派の芸術家が相次いで住み，8番にはモリス商会が設立され，ジョン・ラスキンもたびたび訪問した．広場の隅にバートランド・ラッセルの記念像が立っているが，住民だったことはない．

Reform Club
リフォーム・クラブ
Pall Mall, SW1

　現在のイギリスのクラブのなかでも1，2を争う格式の高いクラブ．1836年に，第一次選挙法改正をめざして自由党議員らが設立した．1837年，建築家チャールズ・バリーの設計による，宏壮なクラブハウスが1841年に完成した．当時ここを訪れたあるフランスの貴婦人は，「階段が広くゆったりとしていて，ルーヴル宮を思いおこさせる」といった．たしかに建物の広さ，内装の豪華さは他をしのぎ，超名門クラブにふさわしい．会員は，19世紀においては歴代の自由党系政治家を数多く含み，20世紀になってのちも首相経験者や多くの議員を数えるが，やがて財界，学界の著名人なども加わるようになり，政治的色彩

リージェンツ・カナル

は薄れている．ちなみにジュール・ヴェルヌの『八十日間世界一周』の旅は，ここから始まる．なお，長年の習慣を破って1981年に女性の入会を認めた．
→Clubs

Regent's Canal
リージェンツ・カナル

三方をテムズ川に囲まれた半島状のアイル・オヴ・ドッグズ(→Isle of Dogs)の上流側の付け根部分にあって，テムズ川に水門を開くライムハウス・ベイスンという係船ドックを起点とする．それより北上して，ヴィクトリア・パークの南端では，テムズ川の支流リー川に通ずるハートフォード・ユニオン・カナルと接続する．運河はさらに同公園の南西端に沿って進み，西に方向を変え，キングズ・クロス駅やユーストン駅の北側から，リージェンツ・パークの北の境界をまわって，パディントン駅付近で水景色の美しいリトル・ヴェニス(→Little Venice)を経てパディントン・ベイスンというグランド・ユニオン・カナル(→Grand Union Canal)の支線に連絡する．途中，市内を通過するため，橋やトンネルや水門の数が多い．パディントン・ベイスンを経由すれば，イングランド中部の水路網にも通ずるグランド・ユニオン・カナルの幹線運河に接続することができるので，一時は，テムズ川の下流からの近道として，さまざまな物資，とくに石炭の輸送ルートとして大いに活用された．

着工は1812年で，完成は1820年．ノース・メトロポリタン・カナルともいわれる．運河が開通した当時，その起点はリージェンツ・カナル・ドックと呼ばれていたが，のちにライムハウス・ベイスンと称されることになった．
→Canals, Grand Junction Canal

Regent's Park
リージェンツ・パーク　NW1

ロンドンで最大の191ヘクタールの広さを誇る王立公園．ガイドブック『ミシュラン』によれば，最高の3つ星の格付けを受けた唯一の公園である．開園はその名が示すとおり比較的新しく1838年．摂政皇太子(のちのジョージ四世)を記念して名づけられた．ヘンリー八世による修道院解散後，狩猟場として王室領となった．清教徒革命の一時期，王家の手を離れるが，王政復古を機に再び王領となった．しかし，19世紀初頭まで，小作農園としてロンドンに野菜，酪農品を供給しつづけた．

1811年，広大な土地の再活用が検討されはじめ，摂政時代のジョージ四世が親交のあった建築家ジョン・ナッシュの提案を受け入れ，

ほぼ今日みる公園の基礎ができあがった．基本的にはここロンドンの中心部ウェストミンスター地区を幹線道路で直結し，公園を中心に都市計画の各種基本形を，つまりテラス・ハウス，ヴィラ，クレセント，サーカスなどを展示会場のごとく一挙に実現しようとするものであった．こうして現在のリージェント・ストリート(→Regent Street)と公園の東と西と南側に，現在も偉容をみせる幾棟ものテラス・ハウス(アルスター，ヨーク，コーンウォル，クラレンス，チェスター，カンバーランド，パーク・クレセントなど)が完成した．

ナッシュの死後，工事は助手に引き継がれ，1828年に竣工，すでに述べたように1838年一般公開された．完成をみたとき，道路そのもの，個々の建物にさしたる新味はなかったかもしれないが，全体の風景はロンドンの他の地域の風景とちがった，これまでにない都市空間の創出に成功したことが誰の目にも明らかだった．

公園はその外縁をアウター・サークルに囲まれ，その北側部分に沿ってグランド・ユニオン・カナル(旧リージェンツ・カナル，→Grand Union Canal)が設けられている．運河はかなり低く掘られ，航行する石炭船などが景色を損なわないように配慮された．園内の主要通路はアウター・サークルと同心円をなすインナー・サークル，東西のチェスター・ロード，南北のブロード・ウォークである．ちなみにこの遊歩道はポートランド・プレイス(→Portland Place)を経てリージェント・ストリート(→Regent Street)にいたる同一軸上に設計された．インナー・サークルの内側はクイーン・メアリーズ・ガーデンズで，そのバラ園はとくに名高い．また同ガーデンズの《蛙をもった少年の噴水》(1936)は《イルカの噴水》(1862)とともに，公園内のいくつかの噴水の代表である．夏場，主としてシェイクスピア劇を上演

[ロンドン・ア・ラ・カルト]

ナッシュのロンドン

　ロンドン最大の目抜き通りとして知られるリージェント・ストリートの設計者，それがジョン・ナッシュ(1752-1835)である．

　ジョン・ナッシュは，いわばたたき上げの有能な建築家．摂政皇太子(リージェント)(のちのジョージ四世)と親密な関係にあり，その全面的な後押しによって，新しい都市づくりに乗りだすことになった．

　彼はロンドンの北部に位置するマリルボーン・パークを改造して，園内に王室用の遊園地を造り，公園の周囲には別荘風の建物をめぐらす計画とともに，この公園と，セント・ジェイムジズ・パーク北東角にあった皇太子の宮殿カールトン・ハウスとを結んで，南北に延びる大通りを建設する案を打ち出した．この計画は，大いに摂政皇太子のお気に召すところとなり，これが実現したあかつきには，「ナポレオンのパリをもしのぐことになるであろう」と豪語したといわれる．このようにしてリージェント・ストリートが生まれ，その北端のマリルボーン・パークは，リージェンツ・パークとして面目を一新することになった．

　ナッシュは，この都市づくりに取りかかっているあいだに皇太子の私設建築家に任用され，ブライトンのロイヤル・パヴィリオンをいまのような東洋風の様式に造り変えたほか，皇太子が国王ジョージ四世となり，バッキンガム・ハウスを宮殿に建て直す仕事も委嘱された．しかし適性・人物両面にわたる疑惑のために，ナッシュはその地位から引きずりおろされてしまった．1830年1月にジョージ四世が死去．さっそくウェリントン公爵はこれで「ナッシュも跡形ナッシだ」('make a hash of Nash')と嫌味を言ったとか．

リージェント・ストリート(1830年頃, T.H.シェパード画)

する野外劇場は，このインナー・サークルのすぐ外側にある．世界的に有名な動物園(→London Zoo)は園内の北部分を占める．ほかに園内には，2つのコレッジやボーティング・レイクという池がある．

Regent Street
リージェント・ストリート　W1

リージェンツ・パークの南に当たるロンドン中心部の幹線道路．ポートランド・プレイスを経てランガム・プレイスの南端からセント・ジェイムジズのペル・メルへ通じる．途中オックスフォード・ストリートとピカディリーの2本の通りと交差する．ピカディリー・サーカスから南の部分はロアー・リージェント・ストリートとして北の部分と区別する．

この道路は，ジョージ四世が摂政皇太子のときの要請で，皇太子邸だった南のカールトン・ハウスと北の御料地リージェンツ・パークを結ぶ目的でジョン・ナッシュによって建設された．リージェンツ・パークはヘンリー八世が狩猟場として囲い込み，その名もマリルボーン・パークとして王室領となっていた．要請に応えて，ジョン・ナッシュは都市計画のねらいをこめて，計画，設計にあたった．「新道路」の

計画が発表されたのは1810年で，ナッシュの計画は彼に先行したジョン・フォーダイスの計画を取り入れたが，ポイントとなる道路の位置をフォーダイスの計画より西に移した．上流階級と庶民の住居圏を住み分ける必要があると考えたからだった．同じ考えから道路の両側は高級化を図る目的で，ナッシュ流の柱廊式アーケードを設けた．これらは現存しないが，ピカディリー・サーカスに近い通称クォドラント(Quadrant)と呼ばれる優美な曲線を描く街路にそれをしのぶことができる．ナッシュは次のようにアーケードの意味を述べた．「ウェストミンスター地区の官公庁街へ通勤する者はその3分の2の距離を屋根の下の歩道を行くことになろうし，戸外の散歩を楽しみたい者には，雨で幾日も家に閉じこもっていることもなくなるだろう…」．

また，貴族的なセント・ジェイムジズ・スクエア界隈に道路が進入しないようにこの部分を迂回させた．さらにオックスフォード・ストリートとピカディリー街との交差部は，温泉都市バースで実証済みのサーカス構造，つまり円形辻として見苦しさを避けた．予算60万ポンド，1813年には道路建設に必要な土地の買上げ権利を認める法令が成立した．ナッ

現在のリージェント・ストリート

シュの原案は修正を加えられながら、また工事にともなう地元住民のエゴ・苦情、交通の渋滞など多くの困難にもかかわらず、10年あまりの歳月を費やして完成にこぎつけた．

現在のリージェント・ストリートは、クォドラントを中心にロンドン有数の高級商店街としてにぎわっている．ナッシュの意図がそのままいまに活かされている．主要な店舗を列挙すると、ロンドンのインド料理店の老舗ヴィアラズウォミー、1911年に現在地に店舗を移したオースティン・リード、カフェ・ロイヤル、マッピン・アンド・ウェッブ、ローラ・アシュレイ、イエィガー、アクアスキュータム、ハムリーズ、リバティなどがある．

Remembrance Sunday
英霊記念日曜日

第一次・第二次世界大戦の戦死者の霊を慰めるイギリスの記念日．もと第一次大戦の休戦記念日11月11日を英米ともにアーミスティス・デイ（Armistice Day）といったが、第二次大戦をも含めて、イギリスでは1946年にリメンブランス・サンデーと改称し、11月11日に一番近い日曜日とした．アメリカでは1954年にこの日を復員軍人の日と改称した．

この日イギリス中の教会で特別ミサや多数の市民により儀式が行なわれるが、とくにロンドンではホワイトホールの第一次世界大戦戦没者記念碑（→Cenotaph）に、女王その他王室の人々や主な政治家、軍人、退役軍人などが参列して花環を捧げる．午前11時に2分間の黙禱をして戦没者を追悼する．この日一般の人々は、第一次大戦で多くの英兵が戦死した地フランドルの象徴としてのヒナゲシの花の造花を胸につけて追悼の意を表わすことから、この日をポピー・デイとも呼ぶ．この造花は退役軍人たちによって作られ、その収益金は英国在郷軍人会の基金（ヘイグ・ファンド）となっている．第一次大戦の西部戦線の総司令官ヘイグ伯爵の名にちなむ．1946年、第二次大戦の戦没者を記念するための碑文が刻まれた．

Restaurants
レストラン

中世ヨーロッパでのレストランの先駆的存在は、肉を持ち込んで調理してもらったり調理ずみの温かい料理を買ったりできるクッキング・ショップといわれる．当時、一般庶民の家にはきちんとした調理設備がなかったため

であった．

17世紀になるとロンドン各所にコーヒー店（→Coffee Houses）が出現したが，それらはやがてダイニングルームを持って「定食」を出しはじめた．さらに18世紀には，のちのレストランに最も近いタヴァン（→Inns and Taverns）があちこちに出現した．タヴァンはもともとは「ワインを飲みにいくところ」を意味して，ビールを飲ませる「エールハウス」（ale house）に対置していた．やがて多くのタヴァンが食事の場所としてジェントルマン層に認められ，ロンドン・タヴァン（London Tavern），ザ・グローブ（The Globe）などが有名になった．タヴァンのメニューはフランス料理，英国料理の双方に及んでいた．また，フランス革命で働き場所をなくしたフランスの料理人たちが渡英して貴族の厨房へ入ったり，クラブ（→Clubs）の料理人を務めることが多くなり，ロンドンにおけるフランス料理の優位を決定づけもした．

19世紀には，リフォーム・クラブ（→Reform Club）の料理長として有名なアレクシス・ソワイエが厨房の設計に近代化をもたらした．

レストランの歴史のなかで女性が客として登場するのは，1889年，サヴォイ・ホテル（→Savoy Hotel）の開店以降である．のちに高名な料理長エスコフィエを招いたサヴォイのレストランはたいへん好評で，20世紀初頭のエドワード七世時代のグランド・レストランの隆盛に先鞭をつけた．この時代に開店して現在も営業をつづけているグランド・レストランには，サヴォイのほかにシンプソンズ（→Simpson's-in-the-Strand），ルールズ（→Rules）などがある．

その後ロンドンのレストランは，2つの大戦による落ち込みと戦後の物資不足の時代を経て，90年代には地中海やアジアの料理を取り入れた新しい「モダン・ブリティッシュ」といわれるレストランが登場して，ロンドンの料理界にすっかり定着した．

職種別電話帳『イエローページ』（→Telephones）セントラル・ロンドン編の96/97年版ではレストランの項は12ページ（1ページ3段組み）にのぼり総数は約2万3千軒．アメリカ風，中華風／オリエンタル，英国風，フランス風，ギリシア風，インド風，イタリア風，日本風，ピッツェリア，パブ・レストラン，スペイン風，スペシャリティ，菜食主義者向けなどに分類される．うち，中華料理店が約300軒，インド料理店が約270軒，日本料理店が約65軒ある．

Reuter's
ロイター通信社
Fleet Street, EC4

世界最大の通信社のひとつ．ドイツ生まれのパウル・ユリウス・ロイターが1851年にロンドンで設立した．最初は主として商業関係のニュースを銀行，株の仲買人や商社に提供していたが，1858年にロンドンの新聞『モーニング・アドヴァタイザー』と契約を結んだ．その後，海底電線の充実とともに，ロイターの取材範囲と契約新聞社の数は着実に増えていった．

今日，ロイター通信社は日本を含む世界の主要国に支社を置き，記事，写真，さらにテレビ映像を世界中の新聞，ラジオ・テレビ局に配信している．ロイター通信社はイギリスの国内ニュースについてはプレス・アソシエイション通信社に依存し，また米国内ニュースについてはアメリカAP通信社と提携している．本社はフリート・ストリート85番地にあり，大新聞が去ったフリート街で孤軍奮闘のかたちであるが，取材，製作センターなどは別の場所に移っている．

Rhenish Wine House
レニッシュ・ワイン・ハウス

ウェストミンスター橋の西詰めのホワイトホールにある横町キャノン・ロウにあった酒場．レニッシュ・ワインとはその名のとおりドイツ・ライン地方産のワインのことで，それを売りものにしたことで酒店の名となった．ロンドンにはほかに，昔のクルックト・レイン，スティール・ヤードにも同種の酒場があった．

日記作家サミュエル・ピープスはこの店の常

連であった．1663年6月19日の日記に，友人と訪ねたときの記述が残る．噂のとおり，色のきれいなまざり気のないワインだった，と．そして友人が披露してくれたフランス流の乾杯の仕方を興味深く記録している．まず，自分の健康のために乾杯をしてくれる人に乾杯を捧げ，次にその連れの婦人のために乾杯し，最後に乾杯を捧げたいと思う相手のために乾杯するというやり方だった．

Richmond
リッチモンド　TW9, TW10

　テムズ川中流域に位置するロンドン西南部郊外のテムズ川東岸に位置する地域．1965年4月よりロンドン自治区(→Boroughs)のひとつで，正式にはリッチモンド・アポン・テムズという．この自治区にはトゥイッケナム，テディントン，ハンプトンズ，バーンズ，ハム，ピーターシャム，キュー，イースト・シーンの両岸の各地区が含まれる．

　古くから緑濃い川辺の景勝地として知られ，ロンドン中心部からそれほど離れていないという恵まれた条件のもと，歴史上は主としてプランタジネット，テューダー王朝の王宮所在地として，また現在はリッチモンド・リヴァーサイドの再開発事業の完成により，活発な商活動地として，さらにヒル・ストリートを中心にした魅力的な商店街，瀟洒な住環境を誇る地区として，つまり歴史と現代の共存する地区として面目を一新した．

　町の起源はここに王宮（シーン・パレス，1125）を構えたヘンリー一世のころであったとされる．地名としてのリッチモンドはテューダー朝のヘンリー七世が3番目の王宮を新築した際，王のヨークシャー州の自領（リッチモンド伯領）にちなんでここを命名したことに始まると考えられている．ヘンリー七世もエリザベス一世もここで生涯を閉じた．その後，共和制の短い一時期をのぞいて，6代にわたる王家の居所であった．

　現在，宮殿の名残りはテューダー期のゲートハウスがリッチモンド・グリーンに認められるにすぎない．しかし，このグリーンの周辺には17，18世紀の建物がいまも残り，リッチモンドを代表する一角となっている．大きなペディメントをのせた柱廊玄関がかつてはトランペッターの石像に飾られていた居館，トランペッターズ・ハウス(1710)は，1848-49年にオーストリアの指導的な政治家メッテルニッヒの住まいとなったし，宰相ディズレーリが訪れたこともある．1724年に建てられたメイズ・オヴ・オナー・ロー(Maids of Honour Row)は当時の皇太子，後のジョージー二世が皇太子妃の侍女たちのために命じて建てさせた，4棟3階建ての建物である．ほかに代表的な建物として，オールド・フライアーズ(1687)，オールド・パレス・プレイス(1700)，オーク・ハウス(1760)が残る．グリーンから川辺に向かうオールド・パレス・レインをたどると，銀行家でロンドン市長を務めたチャールズ・アスギルの夏の住まいだった，蜂蜜色の堂々たる石造3階建てアスギル・ハウスが往時をしのばせる．

　リッチモンドは演劇にも関係が深い．18世紀，シアター・オン・ザ・グリーン(1760年代)の柿落としには，18世紀の名優デイヴィッド・ギャリックが祝辞を献じた．ジェイムズ・ボズウェルもこの劇場経営者を友人のひとりにもっていた．悲劇俳優エドマンド・キーン，ミセス・シドンズらロンドン演劇界の錚々たる役者がここに出演した．現在のリッチモンド・シアターは1899年，フランク・マッカムによって設計された．

　文学的にはパラダイス・ロードに建つホガース・ハウス(1748)が重要である．ここにヴァージニア・ウルフと夫のレナード・ウルフが1915-24年に住み，文芸史上名高いホガース・プレス社を創業した．この出版社はやがてブルームズベリー・グループ(→Bloomsbury Group)に関係する重要な書物をはじめ，T.S.エリオットの『荒地』を出版するなど文学史的に画期的役割を果たした．

Richmond Bridge
リッチモンド橋　TW1, TW9

　トゥイッケナムとリッチモンドの両地区を結

ぶ．1774年にジェイムズ・ペインらの設計で架けられ，それまでの馬や馬車も乗せる渡し船（horse ferry）にとってかわった．橋は5つのアーチをもつ石橋．大ロンドンでは最古の橋である．中央部に向かって両端からゆるやかな上り勾配の構造で，橋に優雅な趣をそえている．1859年まで有料橋で，1937年に拡幅工事が行なわれ，現在に至る．下流には同名の鉄道橋と歩道橋がある．

Richmond Hill
リッチモンド・ヒル　TW10

ロンドン南西郊に位置してテムズ川の眺望をほしいままにするこの丘は，昔から文人墨客をはじめ，多くの著名人をひきつけた．早くも16世紀から富裕な紳士階級が多く住んだ．現存するのはザ・テラスなど18世紀の建物が多い．丘の頂上にはランカスター・ハウス（1772）やウィック・ハウス（1771）がある．後者は肖像画家で初代王立美術院長となったジョシュア・レノルズの晩年20年間の住まいであった．この丘の上に18世紀以来のイン，スター・アンド・ガーター亭（→Star and Garter Home）がある．

Richmond House
リッチモンド・ハウス
Whitehall, SW1

ホワイトホールの戦没者記念碑に近いリッチモンド・テラスにあった17世紀の建物．1668年第三代リッチモンド公爵夫妻の邸宅に始まり，のちには国務大臣公邸などに供用された．18世紀に入るともう一棟増築されたが，それが焼失すると，1825年，現在の煉瓦造りの新館に再建された．現在は保健社会保障省が使用している．

Richmond Palace
リッチモンド・パレス

12世紀にさかのぼる荘園の館であったが，エドワード三世の時代に王家の離宮となり，シーン・パレスと呼ばれ，同王はここで他界した．同王の孫のリチャード二世も祖父同様この離宮を好み，王妃のアン・オヴ・ボヘミアとは夏の避暑地として使用し，連日1万人の客をもてなしたという．しかし，アン王妃が1394年にペストにかかって死亡したため，王は離宮の取り壊しを命じ，兵士や使用人の住む部分だけが残された．

離宮を再建したのは皇太子時代のヘンリー五世であり，次のヘンリー六世ならびに王妃マーガレット・オヴ・アンジューもたびたび利用した．同王を倒してヨーク王家を開いたエドワード四世の時代には，離宮の庭園で騎乗槍試合がたびたび催された記録が残っている．ヘンリー七世以後のテューダー王家時代も離宮は好んで使われ，同王の皇太子アーサー，次男でのちのヘンリー八世らは少年時代ここで養育された．1499年，離宮は火事で焼失したが，ただちに再建され，1501年に完成したあと，ヨークシャーの王領のリッチモンドにちなんでリッチモンド・パレスと改称された．

再建された新離宮には，未亡人となった皇太子アーサーの妃のキャサリン・オヴ・アラゴンが，ヘンリー八世と再婚するまで住み，また同王の4人目の王妃となったアン・オヴ・クリーヴズも，離婚直後ここに住んだ．エリザベス一世は在位はじめのころは離宮を使用しなかったが，後半以降はたびたび利用した．寵臣であった宰相のバーリー卿ウィリアム・セシルが近くに居を構えていたことによるという．そして同女王は1603年3月24日，ここで他界した．

ステュアート王家になって，ジェイムズ一世の皇太子ヘンリー・フレデリックがギャラリーを増築し，弟で王位を継いだチャールズ一世，同王妃ヘンリエッタ・マライア，そしてチャールズ二世と使用が続いた．しかし次のジェイムズ二世が老朽化した離宮の改修をクリストファー・レンに命じたものの，名誉革命などで実行されないままに終わり，荒廃のまま18世紀に取り壊された．
→Royal Palaces

Richmond Park
リッチモンド・パーク　TW10

ほぼ円形をなす999ヘクタール，直径4キロというこの広大な土地を狩猟場として囲い込んだのは，1637年，チャールズ一世であった．しかし，それ以前すでに数百年にわたって王領狩猟場であった．それは，ここが14世紀のエドワード三世の時代からつづくリッチモンド・パレスに近く，ハンプトン・コート・パレスも遠くなかったからであろう．リッチモンド・パレスをとくに愛した国王はヘンリー七世で，その王子，後のヘンリー八世はここで生まれ，養育された．リージェンツ・パーク（→Regent's Park）やハイド・パーク（→Hyde Park）がそうであるように，この土地も共和制時代の一時期王室の手を離れるが，王政回復を機に再び王領となった．一般に公開されたのは18世紀以降である．植物，鳥類はいうにおよばず，ゆうゆうと草を食む600頭のアカジカやダマジカの群，樹齢数百年を超えるオークの老木群，シャクナゲの低林やツツジの灌木（イザベラ庭園）など貴重な自然が手つかずに残されている．園内には，釣りを楽しむための2つの人口池，模型の船を浮かべて楽しむアダムの池がある．ヘンリー八世の築山からは，ウィンザー城や晴れた日には都心のセント・ポール大聖堂を眺めることができる．この丘の上でヘンリー八世は2人目の妻，アン・ブーリンが処刑されたことを告げる狼煙を見守ったといわれる．

18世紀中葉にさかのぼり，貴族の館として華々しい歴史を刻むペンブルック・ロッジ（→Pembroke Lodge）は哲学者バートランド・ラッセルが3歳からケンブリッジ大学に進学するまで過ごした場所である．晩年ここを再訪した哲学者はレストランになっていることを知って嘆いたという（いまもレストランである）．ロバート・ウォルポールが建てたサッチド・ハウス・ロッジはアレグザンドラ王女の住まいだった．また，ジョージ二世の狩猟小屋だったホワイト・ロッジは，1955年からロイヤル・バレエの初等学校となっている．

Riots and Demonstrations
暴動とデモ

政治的な面からロンドンの暴動とデモの歴史を眺める場合，その顕著な最初の事例は1381年の農民一揆（→Peasants' Revolt）であろう．同じく顕著な例は，1678年，タイタス・オーツが捏造した「カトリック陰謀事件」（→Popish Plot）によっていっきょにたかまった反カトリック感情を利用した政争であろう．1679-81年の「王立排除法案」（Exclusion Bill）をめぐって，議会内の「宮廷派」（のちのホイッグ党）と「地方派」（のちのトーリー党）が激しく対立した．チャールズ二世の庶子で新教徒のモンマス公を擁立し，ヨーク公（チャールズ二世の弟，のちのジェイムズ二世）でカトリック信者であったジェイムズを王位継承権者から排除しようとした反政府運動である．ロンドンの群衆がこれに呼応して大きな圧力となった．その後もホイッグ党主導のカトリック排斥の民衆運動は激しさを増し，それに対するトーリー党の巻き返しが図られるなどで不安定な情勢がつづいて，街頭デモや暴動の形をとって現われることが多かった．1685年ジェイムズ二世が即位すると，王位を要求してモンマス公が起こしたいわゆる「モンマスの反乱」も当時の政争に起因する一連の反乱であった．

街頭での過激な政治活動を阻止するために，1715年に暴動禁止法が制定されたが，効き目はなかった．1719年には，ロンドンの織工たちの暴動が発生，1736年にはタワー・ヒルの「古着市」（→Rag Fair）を舞台にアイルランド人排斥の暴動が起こった．1760年代にはジョージ三世とその腹心の大臣であったビュート卿に対して攻撃キャンペーンを展開したジョン・ウィルクスを支援する民衆が，「ウィルクスと自由」を旗じるしに，さかんなデモと暴動とを繰り返した．1780年には，なかでも名高いゴードン暴動（→Gordon Riots）が起こる．その2年前に発布されたカトリック解放条令に対する反対運動であったが，これは過激すぎるほど過激な暴動となった．

産業革命進行期の19世紀初頭，イギリスには，ラッダイト（Luddites）たちによる破壊活動やピータールーの虐殺事件（Peterloo Massacre)をはじめとして，不安定な情勢がつづいたが，首都圏内での暴動は比較的少なかった．もちろんナポレオン戦争後の不況の中で，潜在的な危険性がなかったわけではない．1816年にはクラークンウェルのスパ・フィールド（Spa Fields Riots）で2回にわたって過激派集団の集会が開かれ，2回目の集会は暴動と化し，当時の摂政の宮（のちのジョージ四世）が狙われる騒ぎが起きた．このときの指導者だったアーサー・シスルウッドは，その後1820年に閣僚全員の暗殺を図った，いわゆるケイトウ・ストリート陰謀事件（→Cato Street）を企て，革命を起こす予定であったが，事前に発覚して企ては潰えた．また，選挙法改正法の通過後の1830年代の急進主義は，やがてチャーティスト運動として収斂されるようになったが，ロンドンがこの運動に巻き込まれることは，ほとんどなかったといってよい．

19世紀における主だった暴動とデモのなかで目につくのは，1855年にハイド・パークで起こった事件である．ロバート・グロヴナー卿によって出された日曜日営業禁止法案に反対して，約15万人という大群衆による抗議集会が開かれた．

1866年の夏，ベンジャミン・ディズレーリが第2次選挙法改正法案を作りつつあったとき，選挙法改正連盟主導のデモ隊の大集団が集会のためにハイド・パークへ向かって行進してきた．そして警官隊が張りめぐらした柵を突き破って公園内へ入り込もうとして，激しいもみ合いが繰り広げられた．結局デモ隊は追い返される結果になったが，これを契機として，ハイド・パーク名物のひとつ，「スピーカーズ・コーナー」（→Speakers' Corner）が誕生することになった．

その翌年の12月，未曾有の大爆破事件が発生した．約7.5メートルの高さと60センチの厚さをもつクラークンウェル監獄の塀が爆破された．拘留されている二人の同志を救い出すためのフィニアン団員グループの仕業であったが，救出の計画は失敗に終わった．警察の信頼を失墜せしめた事件であった．

アイルランドとの政治関係は，現在に至るまでさまざまな深刻な事件の引き金となっているが，過去1世紀半にわたる帝国主義のつけが，ロンドンでの暴動のかたちをとって現われてきている．とくに旧植民地からロンドンへの移民が増えるにつれて（1961年からは厳格な移住制限が実施されているが），貧困，失業，住宅問題などが深刻化し，それが火種となって市内各地で暴動が頻発するようになった．1981年のブリクストンで起こった黒人の暴動，それから1985年10月にロンドン北部にあるトッテナムのブロードウォーター・ファームで起こった大暴動．このときは1人の警官が死亡，3人の黒人が有罪判決を受けたが，あとで証言が偽造されていたことが判明，判決は取り消された．ロンドンにおける最悪の民族暴動だったといわれる．

政治問題とも民族問題とも関係がなく，純粋に労働争議に絡む出来事として歴史に残っているのは，1886年代にロンドンの労働者集団が起こしたデモ行動である．この年の2月に2000人からなる失業者集団がトラファルガー・スクエアに集結，ウェスト・エンドをデモ行進するなかで，セント・ジェイムジズ・ストリートにあるコンサーヴァティヴ・クラブの窓を壊した．翌1887年11月には，約10万人がトラファルガー・スクエアに集まった．この場所での集会禁止令が出されたことに対する抗議集会であった．ウィリアム・モリスやまだ無名であったバーナード・ショーも参加者の中に含まれていた．群衆と警官隊との間の激しいもみ合いとなり，「血の日曜日」（Bloody Sunday）という異名を後世に残す結果になった．

つづいて1888年にはアニー・ベザントによって組織されたマッチ工場の女工たちのストライキが起こり，翌1889年8月には，6万人のドック労働者が，いわゆる「ドッカーズ・タナー」（1時間6ペンスの労働賃金）の要求を掲げて大規模なストライキを起こした．彼らは要求を勝ちとり，イギリスにおける社会主義発展への大きな一歩となった．

Ritz Hotel

リッツ・ホテル
Piccadilly, W1

　ホテル王国，リッツを築いたスイス人，セザール・リッツの注文により建設された．サヴォイ・ホテル（やはりリッツの創業，→Savoy Hotel）とならぶロンドンのホテルを代表する名門．パリ・リッツと同じミューエとダヴィの2人の建築家が手がけ，ノルウェイ花崗岩とポートランド石による外観，パリのリヴォリ通りを意識した重厚なアーケードが特徴である．内装はルイ十六世様式に統一され，最新の諸設備とともに，大理石の床，水晶のシャンデリア，ヤシの中庭など豪華さを誇る．開業は1906年5月．最寄駅は，地下鉄ヴィクトリア，ピカディリー，ジュビリー各線のグリーン・パーク駅．

River Police
水上警察
Wapping High Street, E1

　テムズ川とともに発展したロンドンには水上警察が不可欠であった．グラスゴー市長を経て1792年にロンドンの治安判事に就任したパトリック・コフン，およびジョン・ハリオット治安判事の下，200名の武装警察官による海上警察（Marine Police）が1798年ウォッピングに誕生した．これが2年後に誕生する水上警察の前身である．

　18世紀末のイギリスの貿易は著しく拡大し，船舶は大型化し数量は急増した．世界最大のロンドン港はイギリスの全海上貿易量の3分の2を占めていた．ロンドン橋の下流6キロ余，上流3キロ余の間を8000隻にものぼるあらゆる種類の船舶が運行し，過密状態であった．上流側の船着場は定数の約3倍ものの船舶が係留され，混雑のため出港には2か月も要した．荷揚げの際，はしけに乗せて運ぶ船荷の山に幌もかけず，埠頭にそのまま積み上げ放置した．管理のよい倉庫はめったになく，夜盗，海賊，騎馬盗賊など船荷狙いが暗躍した．荷揚げ後，市内に運ぶ船荷の半分は盗まれていた．船荷盗みの年間被害額約50万ポンドの3割が，西インド会社のものであった．同社の900人の沖仲仕は，船荷を着衣に隠し持ち去らぬように特別の制服を着せられていた．当時ロンドンの人口の約1割にあたる11万人が犯罪者で，船舶荒らしは数千人を数えた．西インド会社はコフンに助言を求め，その結果政府公認の海上警察が出現した．さらに同社は水夫や操船経験者を雇い，水上や埠頭での独自の警備業務に当てた．また同社は1802年，盗難防護囲いビルディング・ドックを建設した．1805年，東インド会社なども相次いで同じドックを建設したため，船荷盗みは激減した．一方，政府は1800年水上警察法案を可決し，テムズ水上警察が正式に発足して，1839年にはテムズ・ディヴィジョンとしてスコットランド・ヤード（→Scotland Yard）に組み込まれた．今日，水上パトロールの近代的な警備艇や艇庫は定評がある．
→Police

River Thames
→Thames

Roads
道路

　ロンドンはローマ時代以来のブリテン島における交通の中枢であった．市の中心から放射状に延びる主要道路のなかには，いまでもローマ人が，いやそれ以前のケルト民族が敷設したルートに沿っているものもある．道路原標はチェアリング・クロスが起点で，この慣習は中世以来変わらない．それは江戸の日本橋の建設よりかなり以前のことである．

　現在の幹線道路は，ローマ字Aと1桁または2桁の数字で表わす．A以外の下位道路にはBがつき，少なくとも3桁の数字がつづく．幹線道路はA1，A2，A3，A4，A5などであるが，いずれもロンドンが起点となっている．A6は現在，ロンドン北方の町ルートンが起点であるが，ロンドン市内では高速道路M1になる（A7-9はスコットランドの道路である）．その他のロンドン起点の重要道路はA10，A11，A12，A13，A20，A21，A22，A23とA41である．番号は一般にA1から右回り

についている．自動車専用道路は1950年代以降着実に整備され，これらの高速道路にはMの文字がつく．ロンドンからの放射道路の整備とならんで，環状道路の建設も進められた．北と南の環状道路（→ North Circular Road, South Circular Road）やM25ロンドン環状自動車専用道路などである．

A1はグレイト・ノース・ロードの名で知られ，ハイベリーからホロウェイ・ロードを経てアーチウェイ・ロードに至り，そこでノース・サーキュラー・ロードと交差してM1のジャンクション2に進む．さらに北へバーネットに向かい，そこからM25とサウス・ミムズで交差する．A1の大半はヨークに至る古代ローマの道路に沿うかたちではるかスコットランドに至る．

A2はオールド・ケント・ロード，いわゆるカンタベリーへの中世の巡礼者たちのルートを通ってドーヴァーに至る．ロンドンから南東または南へ放射状に走る他の主要道路には，M20につながって南英のフォークストーンに至るA20と，ヘイスティングズに至るA21，イーストボーンへ向かうA22，そしてクラパム，クロイドンを通るA23ブライトン・ロードなどがある．

A3はイングランド南西部に向かってポーツマスに至る昔の道路である．もとのルートはケンジントン・オン・テムズを抜けたが，現在のバイパス道路はローハンプトンからイシャーへ延びている．

A4はナイツブリッジを起点としながら博物館街を通過し，クロムウェル・ロードに沿って，ホガース・ラウンドアバウトで現在のM4と昔のA4に分かれる．ヒースロー空港の近くを走るA4の一部分は，バース・ロードとして知られる．A40はオックスフォードに至る．

A5はエッジウェア・ロードをぬけて北ウェールズに至り，アイルランドへの連絡船の発着港ホリヘッドに至る．

ロンドンは高速自動車道路（→Motorways）の起点でもある．M1はイングランド北部へ，M2は南東部へ，M3は南西部へ，M4は西部へ，そしてM40は北西部へ向かう．M1-4のすべての高速道路は，M25ロンドン環状高速道路と交差する．

Robert Street
ロバート・ストリート　WC2

18世紀後半よりスコットランド出身の建築家アダム兄弟が住宅地として開発した区域の小路のひとつで，ストランド通りとテムズ川側のヴィクトリア・エンバンクメント・ガーデンズの間に位置している．道の名はアダム兄弟の長兄ロバートの名前を冠したもので，兄弟は1770年代から80年代にかけてここに住んだ．彼らの姓を冠したアダム・ストリート（→ Adam Street）にもつながっている．

もともとアダム兄弟の家であった1番地から3番地の建物は，1820年代に詩人トマス・フッドが入居していたが，ここにはその後ジェイムズ・A・M・ホイッスラーの友人でアメリカの画家ジョーゼフ・ペネルが1909年から17年まで寄宿していた．同じ時代にジョン・ゴールズワージーが1年間逗留し，また劇作家ジェイムズ・バリが1911年から37年まで暮らし，そしてここが彼の終の棲家となった．

Robson Lowe
ロブソン・ロウ

King Street, SW1

郵便切手競売会社の老舗．ロブソン・ロウは1914年に切手収集を始めたこの分野の草分け的人物で，1926年，リージェント・ストリート93番地に会社を設立した．同社は1940年に爆撃を受け，ペル・メル街に移転した．その後57年に老舗のP.L.ペンバートン・アンド・サン会社に合併された．機関誌『フィランテリスト』は切手収集に関する情報誌として世界的権威を誇る．66年12月1日にカフェ・ロイヤルで発刊100周年記念晩餐会を催した．また最古の切手収集誌である『フィラテリック・ジャーナル・オヴ・グレイト・ブリテン』を欠号なく発行している．1980年，現在地に移転した．

Roehampton

ローハンプトン　SW15

　市南西郊、リッチモンド・パークの北東に位置する地区．ハンプトンまたはイースト・ハンプトンの名で14世紀初頭の記録に村として登場する．パトニーからの移住者が、13世紀末から14世紀はじめにかけて村づくりを始めたとされる．17世紀から18世紀にかけて政界の有力者や著名人が邸宅を構えるようになると、魅力的なロンドン郊外の村に発展した．19世紀になるとカントリー・ハウスやヴィラが最新の様式を競い、優美な風景の地区として人々の関心をますます集めた．特筆すべき建物として、ローハンプトン・グレイト・ハウス (1630) をはじめ、ローハンプトン・ハウス (18世紀初頭)、マンレサ・ハウス (18世紀半ば)、マウント・クレア、ダウンシャー・ハウス (それぞれ1770年代) などがある．

　ローハンプトンは、19世紀まで田園の中の地方色ゆたかな土地柄を失うことはなかったが、近年、経済上の理由から大きな建物は貴族の手を離れ、宗教、教育、医療などの諸機関の所有に変わった．同時に、付随する地所は分割されて不動産業者の手に渡り、住宅地として開発されて、個人の一戸建てやフラットなどの共同住宅群が立ち並ぶようになり、いまや昔の面影はほとんどない．

Roman London
ローマ時代のロンドン

　ローマ時代のロンドンはロンディニウム (Londinium) と呼ばれ、紀元後43年のクラウディウス帝の侵入とともに始まる．紀元前55年と54年のユリウス・カエサルの侵入後97年目である．カエサルの遠征はガリアのベルガエ族を支援したブリタニアのベルガエ族に対する軍事的示威行動で、主としてカトゥウェラウニ族のカシウェラウヌスと戦い、進貢に同意させたが、ローマ側に大きな戦果はなかった．

　1世紀前半にはクノベリヌスが「ブリトン人の王」を名のり、カムロドゥヌム (エセックス州コルチェスター郊外) に首都をおき、ローマと交易して友好関係が維持された．しかし、その息子たちカラタクスとトゴドゥムヌス兄弟の反ローマ政策は、クラウディウス帝の侵入を招いた．アウルス・プラウティウスが4万の軍勢を率いてルトゥピアエ (リッチバラ) に上陸して拠点を築き、テムズ川がブリトン人の防衛線となり、ローマ軍はテムズ川に架橋した．これがロンドンの歴史の確定できる出発点である．その後10年以内に、ウォールブルック川で隔てられた2つの丘のうち東側のコーンヒルに街が発達し、タキトゥスがこれをロンディニウムと呼び、「商人があふれる有名な交易中心地」と記述している．

　しかし、61年にはローマ支配に対するイケニ族の王妃ボアディケアの反乱が起こった．ローマ総督スエトニウス・パウリヌスは北ウェールズでドルイド僧の反乱を鎮圧中であったので、ボアディケアが率いるイケニ族とトリノウァンテス族はカムロドゥヌム、ロンディニウム、ウェルラミウム (ハートフォードシャーのセント・オールバンズ) を焼き払い、ローマ人を虐殺した．このときの火災による灰は現在もロンドンの地下3〜6メートルに埋もれている．しかし、ロンディニウムは61年までに港市および交易中心地としての地位を築いていたので、荒廃からたちまち復興し、その後約半世紀のあいだに再建され、ローマ風都市計画に基づく都市が完成した．

　こうしてバシリカとフォルムが完成し、商店や個人の邸宅が立ち並んだ．バシリカはコーンヒルにあり、現在のレドンホール・マーケットの位置にあった．東西154メートル、幅46メートル、側廊のある長いホールで商取引きだけでなく、法廷、集会所の役割を果たした．フォルムは中央広場であり、アーケードのある商店で取り囲まれていた．総督官邸は現在のキャノン・ストリートの位置にあり、見事に装飾された庭園があった．クリプルゲートには約6ヘクタールの砦が建造され、1000人以上が居住した．

　また2世紀末には市の周囲に市壁が建造され、約134ヘクタールを取り囲んだ．市壁は北西部分で内側に曲がった形状となったが、砦の2つの既存の防壁が市壁に取り入れられ

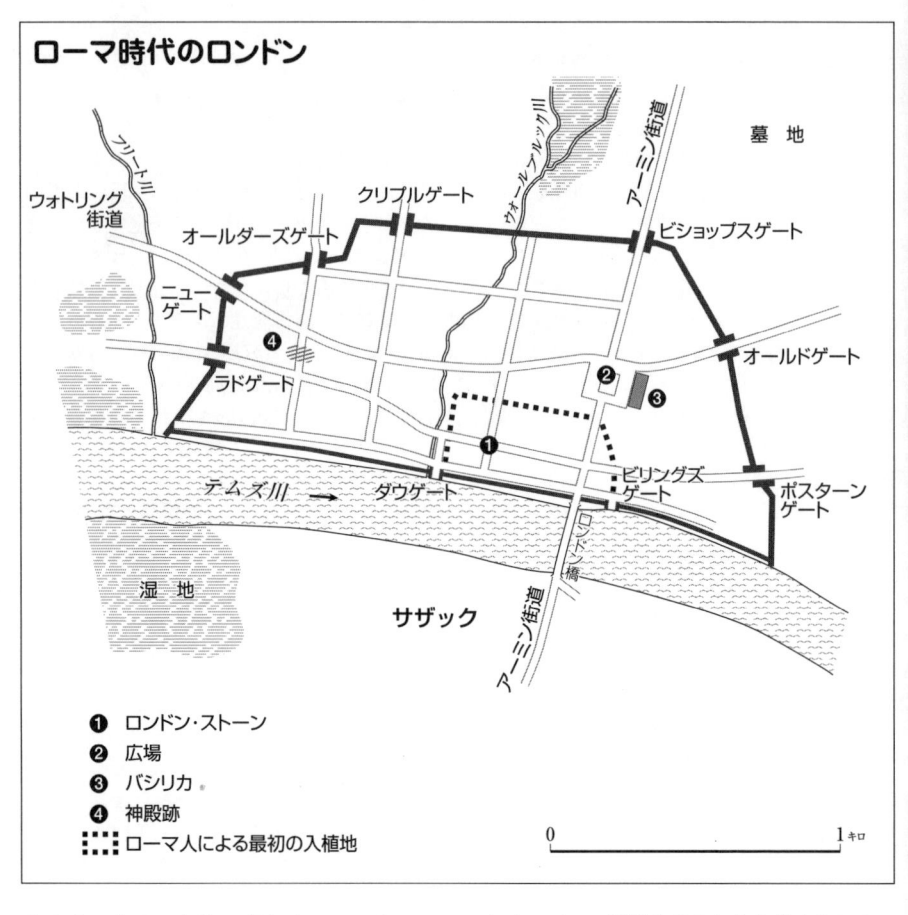

ローマ時代のロンドン

地図凡例:
- フリート川
- ウォトリング街道
- ウォールブルック川
- アーミン街道
- 墓地
- クリプルゲート
- オールダーズゲート
- ビショップスゲート
- ニューゲート
- オールドゲート
- ラドゲート
- ダウゲート
- ビリングズゲート
- ポスターンゲート
- ロンドン橋
- テムズ川
- 湿地
- サザック
- アーミン街道

❶ ロンドン・ストーン
❷ 広場
❸ バシリカ
❹ 神殿跡
▭ ローマ人による最初の入植地

0　　　1キロ

たためである．市壁の高さは4.6メートル，厚さは2.4メートルあり，約1メートルごとに煉瓦の接合部があった．市壁の外側にはV字形の堀割があった．のちに稜堡が付け加えられ，21の稜堡が確認されている．市壁には6つの主要な市門があり，他の都市に通じていた．東からオールドゲート（→Aldgate），ビショップスゲート（→Bishopsgate），クリプルゲート（→Cripplegate），オールダーズゲート（→Aldersgate），ニューゲート（→Newgate），ラドゲート（→Ludgate）である．

またウォールブルック川の東側にはミトラ神殿があった．ミトラ教は東方の光の神で，勇気と活動を重んじ，ブリタニアへも伝わって商人・兵士のあいだに多くの帰依者を見出した．イシス神殿も存在したと推定される．娯楽施設は見つかっていない．しかし，ギリシア人剣闘士の墓がトッテナム・コート・ロードで発見されているので，円形競技場の存在が推測できる．しかしウェルラミウムの劇場のような劇場は痕跡も見つかっていない．公共浴場については，チープサイドとハッギン・ヒルの公共浴場は両者とも100-200年ごろのものである．ビリングズゲートにも公共浴場があった．

ロンディニウムは，400年に及ぶローマ時代のほぼ中ごろにあたる3世紀初頭に最盛期に達し，人口は4万5000人を数え，ブリタニアでは最大，アルプス以北のローマ帝国で5番目に大きな都市となった．しかし，3世紀末

にはすでに衰退しはじめる．286年にブリタニア艦隊司令官マルクス・カラウシウスが皇帝を称したが，6年後には副官の財務官アレクトゥスに殺害された．アレクトゥスも皇帝を称したが，ローマはブリタニアの秩序回復を決意し，296年にコンスタンティウス・クロルスがロンドンを回復した．4世紀にロンディニウムは，しばらくアウグスタと改称されたが，北からはピクト人，スコット人，北海からはサクソン人の侵入が激化し，368年には将軍テオドシウス（のちの皇帝）が派遣されて防備を強化した．しかし結局410年，ホノリウス帝はブリタニアの諸都市に自衛の警告を発し，軍団の撤退とともにローマ時代ロンディニウムの歴史は終わった．

Roman Roads
ローマ街道

ローマ人は道路建設のすぐれた技術をもっていた．都市を占領すると，まず街を城壁で囲み，道路を十字形に通した．道路は兵士を輸送するのに重要で，石を基盤とした砂利の層で固めた．道幅も7メートル強，平坦で直線コースを特色とした．紀元43年にローマが占領したロンドン（→Roman London）はロンディニウムと呼ばれ交易の中心となり，まもなくケルト現地人の要塞があった現在のコルチェスターへ導く街道ができた．昔のことわざに「すべての道はローマに通ず」（All roads lead to Rome.）というのがあるが，この頃のブリテン島では，「すべてのローマ街道はロンドンから発する」ということになっていた．現存するローマ街道のなかには次のようなものがある．

ウォトリング街道（Watling Street）：ドーヴァーからロンドンへ通じ，さらにセント・オールバンズとコルチェスターへ至る．

アーミン街道（Ermine Street）：ロンドンからヨークへ至る主要軍用道路．

フォッス街道（The Fosse Way）：イングランド南西部のデヴォン州のエクセターから，東部のリンカンへ通じる．街道名は，両側にフォッスと呼ばれる堀割があったことによ

る．

これらのローマ時代のルートは，陸地測量図にたどることができる．現在でもこれらのローマ街道に沿った道路が公道として利用されている．

Romilly Street
ロミリー・ストリート　W1

ソーホーにある通りで，昔はチャーチ・ストリートと呼ばれていたが，1937年サミュエル・ロミリーに敬意を表わすために現在の名前になった．彼はナントの勅令の廃止によってイギリスに逃れてきたユグノー教徒の家に生まれた．父は時計や宝石を商う裕福な商人で，やはりソーホー地区のフリス・ストリートに店を持っていた．ロミリーは，法律事務所に年季奉公で入って法律を学び，法律家として頭角を現わした．1806年には下院議員となり，ウィリアム・グレンヴィルによって検事総長に抜擢された．奴隷廃止，カトリック教徒解放を主張し，刑法を改正し，軽罪に対する死刑の廃止に努めたが，1818年，妻が死亡すると数日後そのあとを追って自殺した．

地下鉄レスター・スクエア駅に近いこの通りは，1678年に建設が始まった古い通りで，ソーホーのほかの地域と同じく移民が多く住んでいた．現在ケットナーズ・レストラン（→Kettner's Pizza Express）のある29番地の建物は1730年代に建てられたもの．1770年代後半に，挿絵画家トマス・ローランドソンが4番地に住んでいた．

Rosebery Avenue
ローズベリー・アヴェニュー　EC1

イズリントンにある大通り．ロンドン市議会の援助で1889年から建設が始まり，95年に初代議長ローズベリー卿の手で開通式が行なわれた．

この通りの名物サドラーズ・ウェルズ劇場（→Sadler's Wells Theatre）は北ロンドンのポピュラーなオペラ劇場として，1931年にF.G.M.チャンセラーによって再建された．もともとこの劇場はトマス・サドラーによって開設さ

れたが，1683年に庭に鉱泉が発見されたことから，この名がついた．

トマスの死後，1765年に再建され，1781年から1805年にかけてはかの有名な道化役者ジョーゼフ・グリマルディが出演して人気を博した．また，1844年から63年にかけてはサミュエル・フェルプスによって，34にのぼるシェイクスピア劇が上演された．1988年にはリリアン・ベイリスによって，新しいスタジオ劇場が開設されたが，通りの反対側に新しい建物が完成している．

ローズベリー・アヴェニューの最大の施設は南側，旧コールド・バース・フィールズ監獄（→Cold Bath Fields Prison）の跡地に19年に建設されたマウント・プレザント郵便集配局（→Mount Pleasant Sorting Office）である．床面積だけで約38万平方メートルもあり，この種の施設としては世界最大級のものである．ここで扱う小包は，1週間で100万を超すといわれる．

郵便局と通りをはさんで反対側にはクラークンウェル消防署がある．消防署の北の細いイクスマス・ストリートは露天商の街として知られている．

Rose Street
ローズ・ストリート　WC2

コヴェント・ガーデン地区の大通りロング・エーカーの西側を南北に走る17世紀前半に造られた小さな通り．通りの名はここにあった酒亭に由来する．風刺詩『ヒューディブラス』で非国教徒を槍玉にあげたサミュエル・バトラーはチャールズ二世にも認められて羽振りもよかったが，晩年は世間からも忘れられて，1680年この通りでひっそりと死亡した．ジョン・ドライデンは，1679年12月18日，ウィルズ・コーヒー店（→Will's Coffee House）からの帰途，この通りで3人の暴漢に襲われた．覆面をしていて身元はわからなかったが，ロチェスター伯爵で詩人のジョン・ウィルモットに雇われた者とされている．ロチェスター伯は，匿名で発表された『風刺論』（実の作者はマルグレイヴ伯爵）でこっぴどく嘲笑されたのに腹を立て，それをドライデンの仕業だと恨んだのだった．

アレグザンダー・ポープの書簡集を海賊版で出したことからポープと対立した出版業者エドマンド・カールは，この通りに店をもっていた．彼はポープの顔を描いた看板をかけて「見る人すべてにポープの欺瞞性と自らの真実性を訴える」とうそぶいた．

Rose Tavern
ローズ・タヴァン

シアター・ロイヤル・ドルーリー・レイン（→Theatre Royal, Drury Lane）に隣接して，17，18世紀に栄えた酒亭．サミュエル・ピープスのような芝居好きの客がよく利用した．ピープスの日記にも，しばしば言及され，この店から取り寄せたカナリア諸島産の白ブドウ酒2本で悪酔いしたとか，ドルという女性とよく飲んで遊んだと記している．1668年の5月18日には，キングズ・プレイハウスのチャールズ・シドレーの新作『マルベリー・ガーデン』を見ていて，空腹でたまらず，従僕に席を確保させておいて，途中で抜け出し，このローズ亭で羊の胸肉を半分平らげたと記している．

17世紀の末ごろになると，あまり柄のよくない俳優たちが出入りして，夜になるとロンドンで最も危険な酒亭といわれるようになった．1712年には決闘も行なわれたと記録されている．この酒亭の跡には，現在のシアター・ロイヤル・ドルーリー・レインが立っている．

Rose Theatre
ローズ座

テムズ川南岸サザック・ブリッジ・ロードの近くに大工ジェイムズ・グリッグズによって，フィリップ・ヘンズロウのために建てられた．グローブ座（→Globe Theatre①）とホープ座（→Hope Theatre）の中間にあるこの敷地は1989年に発掘調査がなされた．28平方メートルの広さに，煉瓦の基礎の上に漆喰を用いた木造建築だった．1587年秋の開設だが，92年

に拡大され，収容人数も約1950から約2400へと増加した．おそらく8角形の建物で遠目には円形に見えた．グローブ座よりは小型で，舞台は奥行5メートル，幅は奥で11メートル，手前に来るにつれせまくなり前面では8メートルほどになった．3層の観客席が屋根のない地面を囲んでいた．建物の屋根は藁葺きだった．

この劇場で劇団ストレンジ一座が1592年にシェイクスピアの《ヘンリー六世》を上演した．1594-1600年は劇団提督一座の本拠地として使われ，名優エドワード・アレンの演技が評判を呼んだ．その後は劇団ウスター一座，ペンブルック一座が使用したが，1605-1606年に取り壊された．

Rotherhithe
ロザハイズ　SE16

ロンドン東部，テムズ川の南岸のサザック自治区に属する一地区で，昔はレドリフと呼ばれていた．ロンドン・ドックランズ開発公団によって，いわゆるウォーターフロント計画の一環として再開発事業が実施された．かつてはサリー・コマーシャル・ドックスとグランド・サリー・カナルがこの地区の顔であったが，いまでは埋めたてられ，周囲の古い倉庫群や諸港湾施設は，近代的な店舗やレストラン，住宅へと大きく生まれ変わっている．

名称はサクソン語で船乗りを表わすレドラ(redhra)と港を表わすヒス(hyth)が合成されてできたといわれている．デンマーク，ノルウェー，イギリスの王として有名なカヌートは，ロンドンを包囲したときに，ここからボクソールまで塹壕を掘った．『ドゥームズデイ・ブック』(→『土地台帳』)がつくられたころのこの地区は王領のバーモンジー荘園に属していたが，ヘンリー一世はその一部を庶子のグロースター伯爵に与えた．残りはその後バーモンジーのセント・メアリ・マグダリン(→St Mary Magdalene)の修道院領となり，15世紀半ばにラヴェル一族のものとなった．しかし，リチャード三世の敗北でラヴェル一族は荘園を失い，その後ロザハイズは修道院領，王領と持ち主は時代とともに変わるが，ここが一大港町として発展すると海軍の提督が荘園領主となったこともあった．この地区からは多くの提督のほか有能な海軍軍人が輩出した．『ガリヴァー旅行記』の主人公もここで生まれたことになっている．

この付近のテムズ川を部分的にライムハウス・リーチというが，その始まりのあたりのクコルズ・ポイント(Cuckold's Point)は，妻をジョン王に誘惑された粉屋に与えられた土地で，毎年10月18日に粉屋が間男された印である鹿の角をつけて領地を歩いたことからこの名がついたという．いまはないブルネル・トンネルはテムズ川の下をくぐる最初のトンネルで，1843年に同名の技師の手によって完成した．テムズ川沿いのロザハイズ・ストリートには，初期のアメリカ移民がこの近くから出帆したことを記念するメイフラワーという酒亭がある．エンジェル・インも17世紀にさかのぼる川辺の老舗酒亭である．

Rotherhithe Tunnel
ロザハイズ・トンネル

テムズ川南岸ロザハイズ地区と北岸ステップニー地区を結ぶテムズ川底のトンネル．工事は1904年に始まって4年を要した．進入路を含め全長約2キロ，車両用の2車線と歩道部分とがある．工事にともない，約3000人の住民が立ち退いた．また，両岸を結んで乗客や貨物の輸送で生計を立てていた船乗りたちも，職を失った．A101道路になっている．

Rothman's of Pall Mall
ロスマンズ・オヴ・ペル・メル

Pall Mall, SW1

1890年創業の煙草メーカー．ウクライナに煙草工場を持つ家の出であるルイ・ロスマンが21歳のとき，わずかな持ち金で開いたフリート・ストリートの小さな店が始まりである．彼は小売りだけではなく，独自ブランド「ペル・メル」とハッカ入りのタバコを発売した．彼のブレンドは好評を得て，顧客リストにはイギリス各界名士のほか，ヨーロッパの王室な

どを含めて上流階級の人々の名が連なったという．1903年にカレラスという名称の会社組織にし，ペル・メルにショールームを出した．1905年にエドワード七世から御用達の指定を受けた．1981年にはロスマンズ・インターナショナルと社名を変更，ダンヒルやカルティエ，ピアジェなども傘下におさめる大手国際企業グループとなった．1999年，英国ロスマンズ・インターナショナル社はブリティッシュ・アメリカン・タバコ社に吸収合併され，新会社のタバコ扱い高は世界第2位となった．その後も次々と世界のタバコ会社を吸収しつづけ，第1位のフィリップ・モリス社とシェアを競っている．

ロスマンズはさまざまなスポーツや文化活動への協賛にも積極的なことで有名であるが，民間では数少ない曲技飛行のチームを保有している．また昔ながらの顧客があって，ロンドンでは今でも毎日，4輪馬車で特別配達を行なっている．赤と金塗りの箱馬車を2頭の葦毛の馬が引く．地下鉄ピガディリー・サーカス駅に近い．

Rothschild's
ロスチャイルズ
New Court, St Swithin's Lane, EC4

ロンドンで最も強力なマーチャント・バンク（証券発行業務などを行なう金融機関）のひとつ．ドイツ系ユダヤ人の資本家マイアー・アムシェル・ロスチャイルド(Rothschild)の三男ネイサン・メイヤー・ロスチャイルドによって1804年に設立された．ロスチャイルドは，当初マンチェスターで繊維の輸出をやっていたが，次第に金地金の取引に集中していった．ナポレオン戦争では，イギリス政府の意を受けて，フランスの敵対国に資金を提供した．ワーテルローにおけるナポレオンの敗退を伝書鳩によっていち早く知り，ロンドン株式市場で証券投機を行ない，巨額の利益を得た．イギリス政府との関係は深く，たとえば，ベンジャミン・ディズレーリの時代には，イギリスのスエズ運河の株式購入などの資金を提供した．

現在，ロスチャイルド一族で金融業を営んでいるのはイギリスのロスチャイルド家だけで，彼らはロンドン金取引所の会員として，また，イングランド銀行の公認金取引業者として活動をつづけている．

Rotten Row
ロットン・ロウ　SW1, SW7

ハイド・パーク内の乗馬専用の小道．南東の角，ハイド・パーク・コーナー附近からザ・リングのマウント・ゲートまで東西に一直線につづく，およそ1.5キロの非舗装の道．1737年，ジョージ二世によって設けられた．名の由来はフランス語の「王の道」(Route du Roi)をなまったものといわれる．

Round House
ラウンド・ハウス
Chalk Farm Road, NW1

1968年に開館した現代演劇中心の劇場．もともとはロンドン・バーミンガム鉄道の終着駅で，機関車を方向転換させるターンテーブルを収納した建物であった．1869年にターンテーブルが廃止されると，1964年までは倉庫，工場として利用されていた．

ここを芸術センターとして利用することを計画したのは，1960年に演劇集団「センター42」を創立したアーノルド・ウェスカーであった．その名前は，労働組合運動が積極的に芸術に参加することをめざした第42議決書からとったものである．「センター42」は全国各地で公演を行なっていたが，1964年にラウンド・ハウスを恒久劇場として利用するようになった．柿落しはピーター・ブルック脚本・演出の《ジェイムズ・オン・ザ・テンペスト》であった．以来，多くの芝居を上演してきたが，財政上の問題から現在は閉鎖されたままになっている．

Round Pond
ラウンド・ポンド
Kensington Gardens, W8

ケンジントン・ガーデンズのほぼ中央部に位置し，2.8ヘクタールの広さの円形の浅い池．

水辺に集まる鳥に餌を与える風景はめずらしくないが、子供やマニアが模型の船を浮かべて楽しんでいる情景も、この池につきものの情景である．

Royal Academy of Arts
王立美術院
Burlington House, Piccadilly, W1

　1768年にイギリスの絵画，彫刻，建築の振興と発展を目的に設立された協会．初代会長はイギリス人画家のサー・ジョシュア・レノルズで，建築家ウィリアム・チェンバーズをはじめトマス・ゲインズバラ，ポール・サンドビー，アメリカ人画家のベンジャミン・ウェスト，リチャード・ウィルソンなどが設立時のメンバーに見られる．また，設立当初から国王ジョージ三世が「パトロン，守護者，支持者」となる旨を宣言，協会名にロイヤルを冠した．展覧会の開催のほか，美術学校の運営を主な活動内容としており，初期アカデミー出身の画家にはトマス・ロレンス，ジョン・コンスタブル，J.M.W.ターナーなどがいる．

　アカデミーはサマセット・ハウス（→Somerset House）の数部屋を下賜され，ここに展示室や図書室を設置するとともに授業も行なった．1770年代半ばにチェンバーズの設計でサマセット・ハウスが改築されると，ストランド通りに面した部屋を確保して，より大規模な展覧会を開くようになった．1837年にアカデミーはナショナル・ギャラリーへと移転したが，69年に現在地である，ピカディリー・サーカスに近いバーリントン・ハウス（→Burlington House）へ移った．

　アカデミー所蔵の美術品は多岐にわたっているが，これらの作品は会員が入会時に提出したもの，または購入，寄贈などにより収集されたものである．所蔵作品の中にはレノルズやゲインズバラ，ターナーといった大家の作品に加えて，海外には4点しか出回っていないとされるミケランジェロの彫刻のうち，カラーラ大理石の浮き彫り《聖母子像》がある．また，夏季特別展覧会は2世紀以上にわたって毎年開催されている．

Royal Academy of Dancing
王立舞踏学院
Vicarage Crescent, SW11

　国内のバレエ技術の向上を目指して1920年に設立された学校で，1954年には当時のロイヤル・バレエのプリマ・バレリーナ，マーゴ・フォンテーンが校長を務めた．この学院の教授要綱はほぼ50か国で採用されていて，毎年13万人余の生徒が技術認定試験を受ける．場所はバタシー橋を渡ったテムズ川南岸沿いで，最寄りの駅はクラパム・ジャンクション鉄道駅．

Royal Academy of Dramatic Art
王立演劇学院
Gower Street, WC1

　1904年に設立された演劇学校．通称RADA（ラーダ）．はじめはヒズ・マジェスティーズ・シアターの所属機関として，当劇場の経営者でもあったハーバート・ビアボーム・トリーにより劇場内に設立されたが，まもなくユーストン駅近くのガウアー・ストリートに移転して現在に至る．国王勅許を得てロイヤルを冠したのは1920年．翌21年には皇太子がパトロンとなった．このころ，マレット・ストリートに新しく劇場をオープンさせ，31年には現在GBS劇場の名で知られる小劇場を合併した．

　学院を支えたメンバーの中には戯曲家G. B. ショーもおり，彼は自作の戯曲の版権が切れるまでの間，すべての作品の上演料の3分の1を当学院に贈ることを決めた．

Royal Academy of Music
王立音楽院
Marylebone Road, NW1

　イギリスで最も古い音楽専門教育機関．1822年に，ジョン・フェイン，のちのウェストモーランド伯爵を中心に提唱され，翌23年3月ジョージ四世をパトロンとしてオックスフォード・サーカス近くのハノーヴァー・スクエアに開設された．構想自体は1774年にさかのぼり，イタリアの音楽学校に触発されたチャールズ・バーニー博士がギルフォード・ストリートの孤児院をアカデミーに変えようと各

方面に働きかけている．この提案はカンバーランド公爵らの支持を得たものの，議会で否決されて実現しなかった．

設立にあたっては，男女それぞれ40名ずつのあわせて80名の生徒を見込んでいたが，実際に入学したのは12歳以下の21人の生徒のみで，アカデミーは長期にわたって財政難に苦しんだ．1864年に自由党政権下で，政府から助成金が付与されることとなったが，これも3年ほどで保守党政権により廃止され，アカデミー自体の存続も危うくなった．しかし，68年にW.E.グラッドストーン率いる自由党が政権に返り咲いたことで，アカデミーへの助成金も復活し，設立から70年以上続いた財政難はようやく解決された．

この音楽院は，1853年まで寄宿制であった．当時の寄宿生の手記によると，一部屋に5台のベッドと練習用のピアノがつめ込まれ，居間では3台のピアノが同時に使用されているという窮屈な環境であった．

このようなせまい場所から，現在のマリルボーン・ロードへと移転したのは1912年である．50におよぶ練習室に加えて，コンサート・ホール，宿泊施設，レストランを完備した一大施設であった．さらに26年には小劇場と講堂が，68年には図書館が設置された．

Royal Agricultural Hall
王立農業会館
Liverpool Road, N1

1798年以来，ロンドンで年に1度開かれていた農芸および家畜の品評会の規模拡大のために1861年から62年にかけて建設された会館．建設地に選ばれた場所はリヴァプール・ロードとアッパー・ストリートの合流する，地下鉄エンジェル駅に近いところで，シティのスミスフィールド市場（→Smithfield Market）へ行く途中で牛を休ませるための場所であった．1855年以降，牛の売買はシティから離れたイズリントンで行なわれるようになり，スミスフィールドは肉のみの市場となっていた．

会館の設計はフレデリック・ペックで，鉄とガラスを組み合わせた屋根が全長40メートルほど．その両側には方形の屋根をもつ塔が配されている．小ホールもいくつか設置され，その中にはミュージック・ホールなどもつけ加えられた．ロイヤルの名が冠せられたのは王室がパトロンとなった1885年である．

この会館は牛の品評会だけでなく，さまざまな大きな催しに使用された．産業博覧会や世界博覧会（1873年以降），自転車レース，サーカスや各種のコンサート，モーター・ショーなどのほか，現在ロイヤル・トーナメント（→Royal Tournament）の名称で知られる年に1回の軍事競技大会（現在はアールズ・コートで開かれる）や，世界的にも有名なクラフツ・ドッグ・ショー（→Cruft's Dog Show）も開催された．

1939年，この会館は閉鎖され，43年から71年にかけて郵便局の一部門として使用されたが，再び放置．しかし，会館保存を呼びかける市民キャンペーンが盛り上がり，その結果76年にイズリントン区議会が買い取った．さまざまな試みのすえ，81年から産業見本市センターとして使用されている．ビジネス・デザイン・センターを内設する．

Royal Air Force Museum
英国空軍博物館
Grahame Park Way, NW9

市北西郊ヘンドン地区の，地下鉄コリンデイル駅あるいは自動車専用道M1のインターチェンジ2に近い．旧ヘンドン飛行場跡地に1972年女王臨席のもと開館した．英国空軍史と航空史一般をたどる歴史博物館である．航空史展示室，航空機展示室，爆撃機陳列室などからなる．1940年のドイツ空軍による英本土空襲の際の激しい空中戦（Battle of Britain）を彷彿させる，実戦に参加したイギリス，ドイツ，イタリアの戦闘機の展示は圧巻である．また第一次世界大戦から1980年代のフォークランド危機に至る70機ちかい各種爆撃機の展示も同じように壮観である．ほかに空中戦，ジェット機の操縦などを体験できるコーナーがある．

Royal Albert Dock
ロイヤル・アルバート・ドック
Royal Albert Way, E16

テムズ川北岸のヴィクトリア・ドックとジョージ五世ドックとともに，ロイヤル・ドックスに属す．1880年に，ヴィクトリア・ドックの東側に開設され，女王の夫君の名にちなんでこの名がつけられた．

同ドック一帯には大規模な電気による照明装置が設けられたが，これはその種の設備としては最初のものだった．ドックの両側には，グレイト・イースタン鉄道が敷設され，ロンドンや内陸と結ばれた．この細長いドックに沿って，南側にはロンドン・シティ空港がある．また，ドックの北側にはドックランズ軽便鉄道が開通して，周囲の景観は一変した．ドックの北東には広大な敷地を占める下水処理場がある．
→Docks

Royal Albert Hall
ロイヤル・アルバート・ホール
Kensington Gore, SW7

ヴィクトリア女王の夫君アルバート公を称えて，ケンジントンに建てられた記念会堂．1851年にハイド・パークで開催された万国博覧会(→Great Exhibition)は大成功をおさめ，莫大な収益をあげることができた．アルバート公はその収益でサウス・ケンジントンに広大な土地を購入して博物館，学校，大ホールなどを建設して，文化・教育の中心とすることを提案した．ホールの建設はアルバート公が1861年に没したあと，1867年にヴィクトリア女王によって礎石をすえて着手され，1871年にプリンス・オヴ・ウェールズの臨席をえて開館の運びとなった．最初は「芸術と科学の殿堂」と名づけられるはずであったが，着工時に「ロイヤル・アルバート・ホール」に変更された．

しかし，着工に至るまでには紆余曲折を経なければならなかった．ドレスデン・オペラ・ハウスの設計者であるドイツ人建築家ゴットフリート・センパーをはじめ，7人のプランが出されては取り止めとなり，最終的にはサー・ジョージ・ギルバート・スコットの案が採用された．また資金不足を補うために1863年にヘンリー・コールの提案により，999年間有効の貸切座席券を売り出して，建築費用の一部を捻出した．1300を超す数の席が，1席につき100ポンドで販売された．

ホールは鉄とガラスのドームをかぶせた巨大な楕円形の建物で，外側は81.6×71.4メートル，ドームの内側の高さは40.5メートルある．外壁には芸術と科学をテーマとする帯状飾りがめぐらされている．座席数は8000，重さ150トンのオルガンは1万本近いパイプをもつ．開館記念のコンサートではブルックナーが演奏したし，1877年のワーグナー・フェスティヴァルではワーグナー自身が指揮した．1880年代にはダンスのフロアができ，その後数々の記念すべき舞踏会が開催された．1919年には最初のボクシングの試合が行なわれた．音響効果も1968年には改善され，1970-71年には開館100年を記念してホールの改装が行なわれた．現在もコンサート，各種式典，会議，スポーツ行事などがこのホールで開かれる．とくに有名なのは毎年夏期に8週間にわたって開催されるプロムナード・コンサート(通称「プロムズ」(→Proms))であろう．クイーンズ・ホールが空襲の被害を受けたため，サー・ヘンリー・ウッドのプロムナード・コンサートは第47回目(1941)からアルバート・ホールに会場を移し，この国民的音楽行事は100回の記念大会を経て今日に至る．

現在，ホールが建つ場所には，もとゴア・ハウス(→Gore House)，グローヴ・ハウスがあった．高級住宅街にふさわしく，前者は才媛ブレシントン伯爵夫人(詩人バイロンの友人として有名)の邸宅として，19世紀前半ロンドン社交界の中心のひとつで世人の注目を集めた．またグローヴ・ハウスも，チャタム伯爵ウィリアム・ピットの妹アンをはじめ上流人士の住まいであった．

Royal Anthropological Institute of Great Britain and Ireland

王立人類学協会
Fitzroy Street, W1

　1843年に設立されたロンドン民族学協会が人種問題をめぐって分裂したため，1871年，新たにグレイト・ブリテンおよびアイルランド人類学協会として設立された．ロイヤルが冠せられたのは1907年．人類学，民族学，考古学の専門家に加えて，これらに興味をもつ一般人にも門戸は開かれている．オフィスはロンドン大学ユニヴァーシティ・コレッジに近いフィッツロイ・ストリートだが，ピカディリー通り近くのバーリントン・ガーデンズにある人類博物館（→Museum of Mankind）に図書館が設置されている．歴代会長には人類学者のアーネスト・ゲルナーの名も見られる．

Royal Archaeological Institute
王立考古学協会
Burlington House, Piccadilly, W1

　イギリス国内を中心とした考古学，建築物の歴史全般を扱う協会．1844年設立され，1961年に勅許を得た．本部は，王立美術院などが入っているバーリントン・ハウス内．『アーケオロジカル・ジャーナル』を発行している．

Royal Artillery Barracks
英国砲兵隊兵舎
Artillery Place, Woolwich, SE18

　1716年，英国砲兵隊がウリッチに組織された際に建設された長さ230メートルの兵舎．18世紀半ばまで，狭い兵舎に多数の兵士が押しこまれ，衛生状態も劣悪であった．そのため，1772年に改築計画が持ち上がり，1802年には中央に堂々たるアーチを設けた荘厳な新兵舎が完成した．その後1808年には礼拝堂が加えられた．この礼拝堂は1863年から1954年まで守備隊劇場（Garrison Theatre）として使用された．

　近くのアカデミー・ロードには博物館があった．18世紀初頭からナポレオン戦争，インド砲兵隊，クリミア戦争，インド大反乱（Indian Mutiny）などに関する展示室，植民地やボーア戦争，近衛騎兵連隊や義勇砲兵隊，そして第一次および第二次世界大戦以降と，時代順に展示されていた．2001年5月に鉄道ウリッチ・アーセナル駅の近くに移転した．

Royal Asiatic Society of Great Britain and Ireland
王立アジア協会
Queen's Gardens, W2

　1823年サンスクリットの研究者であるヘンリー・トマス・コールブルックにより設立された協会．翌年，「アジアに関する科学，文学，芸術の調査，および奨励のために」国王の勅許を受けた．アジアにおける同種の団体と交流がある．現在では1950年までのアジアに関する情報の公開・普及を目的に，出版・講演を行なうことを活動としている．また，アジア・アフリカ諸国の原書を含む8万5000冊を所蔵する図書館を併設しており，協会員以外の国内外の研究者にも開放されている．

Royal Astronomical Society
王立天文学協会
Burlington House, Piccadilly, W1

　1820年，天文学，地球物理学の普及を目的に設立された団体．1831年に，ウィリアム四世から勅許を得た．1874年以来，本部をバーリントン・ハウスに置いている．図書室を併設し，会員や会員が紹介する学者に資料や情報を提供している．

Royal Automobile Club
英国自動車クラブ
Pall Mall, SW1

　1897年，「オートモービリズムの保護・発展」をめざして設立されたクラブで，当初はホワイトホール・コートにあったが，ピカディリー119番地を経て現在のペル・メルに移転した．現在の会員数は約1万3500人で，クラブハウス内には書店，郵便局，プールなどもある．

Royal Ballet
ロイヤル・バレエ

1930年代にオールド・ヴィック座（→Old Vic）、サドラーズ・ウェルズ劇場（→Sadler's Wells Theatre）で活躍し、ヴィック・ウェルズ、のちにサドラーズ・ウェルズの名称で知られたバレエ団．1956年にエリザベス二世より勅許を得てロイヤル・バレエとなった．

1946年，バレエ団は本拠地をコヴェント・ガーデンのロイヤル・オペラ・ハウス（→Royal Opera House）に移し，サドラーズ・ウェルズ劇場には新たにサドラーズ・ウェルズ・シアター・バレエをおき，この劇場の公演および地方や海外公演を担当させた．このシアター・バレエ団も1957年にやはりコヴェント・ガーデンに移転した．

ロイヤル・バレエの誇る名プリマにデイムの称号を受けたマーゴ・フォンテーンがいるが，1935年彼女は，バレエ団最初のプリマを務めたデイム・アリシア・マルコヴァの後継者にわずか16歳で抜擢された．その他ベリル・グレー、モイラ・シアラーといったすぐれた舞踏家を輩出、日本人の熊川哲也も活躍した．また，振付はバレエ団の創立者ニネット・ド・ヴァロワに加えてサー・フレデリック・アシュトンを採用，英国バレエの確立に務めた．その後もケネス・マクミランやジョージ・バランシンなど有能な振付師を登用している．代表作は《ジゼル》，《白鳥の湖》，《眠りの森の美女》など．

ロイヤル・オペラ・ハウスの大改造のため1997年から2年ほど閉鎖したが，1999年再オープンした．
→Royal Ballet School

Royal Ballet School
ロイヤル・バレエ・スクール
Talgarth Road, W14

1931年にニネット・ド・ヴァロワによって設立されたバレエ学校．ド・ヴァロワはそれ以前の1926年に舞踏学校を設立，オールド・ヴィック座（→Old Vic）と公演面で協力関係にあった．1931年にそれまで閉鎖されていたサドラーズ・ウェルズ劇場（→Sadler's Wells Theatre）をオールド・ヴィック座が買い取ると，ド・ヴァロワはここにスタジオを構えて，ダンサー養成のための学校，のちのサドラーズ・ウェルズ・バレエ・スクールを設立した．

しかし、サドラーズ・ウェルズ劇場のスタジオは規模が小さく、より専門的な教育を施すことが不可能であった．この問題は1947年に現在地であるロンドン西南郊に移転してはじめて解消された．これ以降バレエ学校では，バレエの専門教育をより充実させると同時に、16歳までの学生にはバレエ教育とともに一般教育をも施すようになった．

1956年にサドラーズ・ウェルズ・バレエ・スクールは同バレエ団とともにエリザベス二世から勅許を受け、ロイヤル・バレエ・スクールおよびロイヤル・バレエ（→Royal Ballet）と改称した．この後、タルガート・ロードの学校は上級生用とし，リッチモンド・パークにあるもと王室の狩猟用ロッジであったホワイト・ロッジに寄宿制の下級生用の学校を開いた．初等学校を修了した学生のほとんどは高等学校に進み、主にロイヤル・バレエ団の、それが無理な場合には他のバレエ団のバレエ・ダンサーをめざす．また、高等学校には教師養成コースも設けられている．
→Royal Ballet

Royal Blackheath Golf Club
ロイヤル・ブラックヒース・ゴルフ・クラブ
Court Road, Eltham, SE9

グリニッチの南東エルタムにある、イングランド最古のゴルフ・クラブ．設立は1608年ごろといわれる．当時は現在のようなクラブ組織ではなく、ゴルフ愛好家の単なる集まりであった．公式にクラブとして発足したのは記録の残る1745年と考えられる．19世紀に入って、競技ルールの改善・整備をはじめ、国内外の後続クラブの発展・育成に指導的役割を果たした．併設する博物館・資料館は、一クラブの施設としては世界有数の規模である．1923年にエルタム・ゴルフ・クラブを吸収して今日に至る．鉄道エルタム駅に近い．

Royal Botanic Gardens
→Kew Gardens

Royal College of Art
王立芸術コレッジ
Kensington Gore, SW7

　美術・デザインの研究・教育のための大学院レベルのみの高等教育機関．美術教育に関する下院特別委員会の勧告を受けて，1837年デザイン・スクールとして設立され，商務省の管轄下に置かれた．この学校は，他の王立の美術学校が美術教育に重点を置いていたのに対して，工業デザインの教育を目的としていた．初代校長は建築家のジョン・B・パプワス．

　1852年，デザイン・スクールはモールバラ・ハウスに移転，同時にプラクティカル・アートの部門も設置して，名称をセントラル・スクール・オヴ・プラクティカル・アートと変更した．

　エクシビション・ロードにゴットフリード・センパーの設計によるスクールの恒久的な建物が完成したのは1863年のこと．1896年にはヴィクトリア女王によって王立芸術コレッジと改称され，ディプロマ資格を授与する権限を与えられた．

　1961年にはケンジントン・ゴアに8階建ての教育棟が建てられた．コレッジは1967年に勅許状を授与され，学位授与権をもつ大学院レベルの高等教育機関となった．

Royal College of General Practitioners
王立一般開業医協会
Prince Gate, SW7

　一般開業医の専門職団体．団体結成について，本格的な検討がなされたのは1940年代に国民保健サービス（National Health Service）が企画されたときのことであり，その中心となったのは医師ジョン・ハントであった．王立ロンドン医師協会や王立医学協会などからの抵抗に直面しつつそれを乗り越えて，1952年ようやくこの協会が設立された．1967年に団体としての地位を認められたのに続いて，1972年にはロイヤルの名称を冠した．1976年に協会はプリンス・ゲートの敷地を広げて建物を拡張させた．

Royal College of Music
王立音楽コレッジ
Prince Consort Road, SW7

　起源は，1882年に時の皇太子が招集した会合にある．この会合において，既存のナショナル・トレーニング・スクール・オヴ・ミュージックよりも健全な基盤による音楽学校の設立が議せられ，その結果，翌1883年5月に設立勅許状によってコレッジが設立された．コレッジは，それまでナショナル・トレーニング・スクールとロイヤル・コレッジ・オヴ・オーガニストが使っていたケンジントン・ゴアの建物で開校した．初代のディレクターには『音楽辞典』の編集者ジョージ・グローヴが就任した．プリンス・コンソート・ロードの現在の建物は，サー・アーサー・ブロムフィールドの設計によるもので，1890年から1894年にかけて建設された．

　1894年には，300点を超す古楽器が篤志家によりに寄贈された．そのなかには，ハイドンが用いたクラヴィコード，ヘンデルのスピネット，リッチィオのギターが含まれている．開校時の教授陣のひとりに，ジェニー・リンドがおり，ウォルフォード・デイヴィズ，ヴォーン・ウィリアムズ，クララ・バット，ベンジャミン・ブリテンなどがここで学んだ．ブリテンを記念して建てられた402人収容のブリテン劇場はサー・ヒュー・カッソンの設計によるもので，1986年に完成した．

Royal College of Nursing
王立看護協会
Henrietta Place, W1

　1916年に設立された看護婦の専門職団体．1919年にヘンリエッタ・ストリート（現在のヘンリエッタ・プレイス）に移転．しかしここも手狭になり，地つづきのキャヴェンディッシュ・スクエアに近い建物に移転した．この建物は1922年，看護婦のための寄宿制クラブとなり，協会の本拠となる新しい建物は1926年にクラブの庭に建てられた．1939年に勅許状を得て，「ロイヤル」が冠せられた．

Royal College of Physicians of

London
王立ロンドン医師協会
St Andrew's Place, NW1

1518年にヘンリー八世の勅許状によって設立されたイングランド最古の医師の専門職団体．初代会長は著名な人文主義者でエラスムスやサー・トマス・モアと親交のあったトマス・リナカー．当初コレッジの会合はセント・ポール大聖堂付近のリナカーの家で開かれた．

次いで協会の本拠は，パタノスター・ロウのアーメン・コーナーの建物（ウィリアム・ハーヴェイは1616年にここで有名な血液循環論を執筆した．その後，この建物は1666年のロンドン大火で焼失）に，次いでウォリック・レインの建物にと移転した．協会の第4の本拠となったのはペル・メル・イーストで，当時の会長サー・ヘンリー・ハルフォードの提案によるものだった．新しい建物は1825年に完成した．その内部にはヘンリー・ウィークスによるリナカー，ハーヴェイ，トマス・シドナム（「臨床医療の創始者」「イギリスのヒッポクラテス」といわれる）の3人の彫像が飾られていた．第二次世界大戦後はリージェンツ・パーク南東の角地を，第5の本拠として定め，1964年に新築された．

協会の蔵書の中には舞踏について書かれた最初の書物や，ジェフリー・チョーサーの『カンタベリー物語』の写本，初期のカクストン版ならびに1250年ごろのウィルトン版『祈禱書』が含まれている．

Royal College of Psychiatrists
王立神経科医協会
Belgrave Square, SW1

精神科医の専門職団体．1841年にグロスター精神病院の医師であったサミュエル・ヒッチの発案に基づいて結成された精神病院医師協会がその起源．1865年に名称を医学・心理学協会に変更．1926年には勅許状を授与されてロイヤルの名称を冠した．1971年，新たな勅許状を授与されたのを機に現在の地に移転した．

Royal College of Surgeons of England
王立外科医協会
Lincoln's Inn Fields, WC2

外科医の専門職団体．起源は，中世期にシティにあった外科医の組合．ヘンリー八世治下の1540年，ヨーロッパの多くの地で起こったように，外科医たちは理髪師たちと連合した．しかし，1745年に彼らは理髪師たちとたもとをわかって独自の外科医同業者組合を結成した．1800年に勅許状がこの組合に授与されて協会の設立となった．歴代の会員の中にはジョン・ハンター（比較解剖学者），ジョーゼフ・リスター（消毒法の発明者）などがいる．同協会が所蔵する解剖学・病理学・生理学に関する標本コレクションは，18世紀のジョン・ハンターが収集したもので，この優れたコレクションを軸に協会は基礎・応用の両面で医学の進歩に多大な貢献をした．

Royal College of Veterinary Surgeons
王立獣医協会
Belgrave Square, SW1

1844年に国王の勅許状によって設立された獣医師たちの専門職団体．連合王国で開業する獣医師はすべて，この協会の会員として登録しなければならない．

Royal Commonwealth Society
王立英連邦協会
Northumberland Avenue, WC2

イギリス本国と植民地の結束を強めることを目的に1868年に設立された協会．設立時はコロニアル・ソサエティという名称を用いており，植民地関係書物の出版および図書館の設置を具体的な活動目標とした．この協会はロンドン在住のカナダ人およびオーストラリア人の支持を得，82年に国王勅許を得た．1885年，チェアリング・クロス駅近くのオフィスに移転，以来，活動の拡大に応じて増改築を繰り返している．1958年にロイヤル・エンパイア・ソサエティ，89年に英連邦の受託者団体コ

王立裁判所正面入口

モンウェルス・トラストの一環となった.

Royal Courts of Justice
王立裁判所
Strand, WC2

　イギリスの民事裁判所．ロー・コーツ（Law Courts）とも言う．19世紀半ばまで，民事に携わる裁判所は一定の開廷期に限りウェストミンスター・ホール（→Westminster Hall）におかれ，それ以外の時期には他の，いろいろな不便な場所へ移動するならわしになっていた．1870年代，司法制度の統廃合とともにこの不便を解消するために民事関係の裁判所を1か所に集める試みがなされた．新しい裁判所の建設地に選ばれたのは，リンカーンズ・インなど法学院（→Inns of Court）が集中する場所に近いストランドであったが，当時は不衛生なスラム街であった．ここに，ジョージ・エドマンド・ストリートがネオゴシック様式の壮大な建物を建築したのである．

　着工したのは1874年．当初の予定を大幅に延長し，実に8年を費やして完成した．ストリートは落成を待たずして1881年12月に卒中で他界．それからほぼ1年後の82年12月，ヴィクトリア女王臨席でようやく落成式が行なわれた．

　裁判所の建物は煉瓦造りであるが，ストランド側の長いファサードはポートランド石で化粧張りが施されている．部屋数は1000を越え，全長約5キロの回廊が設けられている．建物中央のホールは73メートルの長さで高さ25メートル．また，正面入口近くのホールには，法服が展示されている．

　ここにおかれている最高裁判所（Supreme Court of Judicature）は控訴裁判所（Court of Appeal），高等法院（High Court of Justice），刑事裁判所（Crown Court）からなる．高等法院は女王座部（Queen's Bench Division），大法官部（Chancery Division），家庭部（Family Division）よりなり，女王座部は下級裁判所からの民事訴訟や海事法関連の控訴，大法官部は土地，会社，信託などの事件の控訴，家庭部は婚姻，離婚，遺言などの事件の控訴をそれぞれ扱っている．

　建設当初ここには19の裁判所が設置されていたがその後増築を重ねて，現在では11階建てのトマス・モア・ビルディングの分も含めて，全部でおよそ60の裁判所がそれぞれの役割を果たしている．

　毎年11月の第2土曜日には，新しく選ばれたロンドン市長の行列がギルドホールを出発して，この裁判所で宣誓式を行なうことになっている．

Royal Court Theatre
ロイヤル・コート劇場
Sloane Square, SW1

　イングリッシュ・ステージ・カンパニーの本拠地で、この劇場は同劇団の新しい劇を育成し、上演する活動の場となっている。ジョン・オズボーンの《怒りをこめて振り返れ》(1956)やアーノルド・ウェスカーの作品はここで上演され、イギリス演劇界に大変革をもたらした。チェルシーのロアー・ジョージ・ストリートにあった劇場が1887年の7月に道路拡幅のため取り壊され、現在の位置に建てなおされた。もとの劇場は1870年に非国教会派の会堂を改装したものだった。劇場の名はニュー・チェルシーからベルグレイヴィアと変わり、71年にロイヤル・コートとなった。1885年から87年にかけて、アーサー・ピネローの一連の作品を上演して成功を収めた。

　現在の劇場は、1888年9月に開場し、しばらく不振だったが、98年に再びピネローの作品《ウェルズ座のトレローニー》で大成功を収めた。1904年から7年にかけてJ. E. ヴェドレンとハーリー・グランヴィル＝バーカーによって運営され、新旧17人の作家による32本の劇を上演した。《キャンディダ》、《バーバラ少佐》その他、G. B. ショーの作品がこの劇場で数多く初演された。1932年に閉鎖されて映画館となり、40年に爆撃で損傷を受けたが、52年に劇場として再建された。1956年からジョージ・ディヴィーンを芸術監督とするイングリッシュ・ステージ・カンパニーがこの劇場で次々に新人劇作家の作品を上演、《怒りをこめて振り返れ》をはじめとするオズボーンの作品、《大麦入りのチキン・スープ》(1958)に始まるウェスカーの三部作が上演された。その後も60年代のエドワード・ボンドの作品その他、常に新しい劇を上演して論議を引き起こしている。キャリル・チャーチルの《クラウド・ナイン》(1979)、《トップ・ガールズ》(1982)、その他の作品もここで上演された。地下鉄スローン・スクエア駅に隣接している。

　宝くじの収益による助成を受け、1996年の秋から99年春まで2年余をかけて改築、そのあいだはデューク・オヴ・ヨーク劇場を使って公演を続けた。

Royal Docks
ロイヤル・ドックス
Newham, E16

　大ロンドン東郊、テムズ川北岸に位置する。
　ヴィクトリア・ドック、ロイヤル・アルバート・ドック、ジョージ五世ドックの3つのドックよりなる。ロンドンのテムズ河畔に造成された最後のドック群で、99万平方メートルの地域を占め、当時としては最も海に近く、そのため最大の外洋船を収容できた。

　まず、ヴィクトリア・ドックが1855年に、その東へさらに大規模なロイヤル・アルバート・ドックが1880年に、最後にその南へ、第一次世界大戦のため工事が遅れたが、1921年に前二者よりは小さなジョージ五世ドックが完成した。ロンドン中心部からは鉄道が敷設され、3つのドックは内部で水路により連結されていた。テムズ川からの入口は、ロンドン橋から11キロ下流の支流リー川河口付近、さらに5キロほど下ったウリッチ付近にある。これらのドックはさまざまな船荷を扱い、第二次世界大戦中は陸海軍の基地として使用されていた。

　1987年には、この中心部に北側のロイヤル・アルバート・ドックと南側のジョージ五世ドックにはさまれる形でロンドン・シティ空港ができ、ロイヤル・アルバート・ドックの北側にはドックランズ軽便鉄道も開通して、この界隈は再開発計画によって大きく変わった。
→Docks

Royal Doulton
ロイヤル・ドールトン
Pall Mall, SW1

　陶磁器、ガラス製品などの食器メーカー。ジョン・ドールトンがテムズ河畔ランベスにあった窯の共同経営権を手に入れて1815年に創業、ドイツ・ライン地方風の炻器を作って売り出した。息子のヘンリーは、土管などの排水設備の研究・開発でロンドンの都市計画の

王立取引所の内部（20世紀初頭）

一端を担い，事業を飛躍的に拡大させた．そして1877年，窯業の中心地であるスタッフォードシャーのストーク・オン・トレントに移転，美術作品としての陶器の製造に本格的に取り組んだ．磁器ファイン・ボーン・チャイナの開発に成功，会社は急成長した．1901年にはエドワード七世から会社及び製品に「ロイヤル」を冠する勅許を受けた．中国宋代の赤を再現した「ドールトン・レッド」と呼ばれる赤の花瓶が有名である．現在は，ミントン，ロイヤル・クラウン・ダービー，ロイヤル・アルバートといったイギリスの名窯を傘下におさめ，世界最大規模の陶磁器グループを形成している．リージェント・ストリート店は地下鉄ピカディリー・サーカス駅に近い．

Royal Entomological Society
王立昆虫学協会
Queen's Gate, SW7

昆虫学の向上と普及を目的に1833年に設立された協会．具体的には集会や出版，図書館の充実，研究調査の援助などの活動を行なっている．

第1回の会合が開かれたのはセント・ジェイムジズ・ストリートのタヴァンであったが，以後各地を転々として，1920年にハイド・パークの南西に位置する現在地クイーンズ・ゲートに移った．

1885年にヴィクトリア女王により勅許が与えられ，設立100周年にあたる1933年にはジョージ五世によりロイヤルを冠することが許された．歴代のメンバーにはチャールズ・ダーウィンなど著名な科学者が名を連ねている．昆虫に関する蔵書は世界屈指の規模を誇る．

Royal Exchange
王立取引所
Threadneedle Street and Cornhill, EC3

王立取引所は，イングランド銀行（→Bank of England）をはじめ多くの金融機関が集まるスレッドニードル・ストリートとコーンヒルおよびロンバード・ストリートが一点に会するシティの中心，イングランド銀行正面の向かい側にある．

1566年に最初の煉瓦が礎石として置かれ，翌年末に完成した．その後，1570年にエリザベス一世訪問の機会に，王立取引所と正式に命名された．設立当時は，婦人帽子屋，武具師，薬剤師，本屋，金細工師などの小さな店が並び，さまざまな取引・商談が行なわれ，株式仲買人たちの激戦場であった．1666年のロンドン大火は，シティの大半を焼きつくした．王立取引所は1669年再建されたが，1838年ロイズ（→Lloyd's）が火元とみられる火災で再び焼失，1844年再々建され，約300年前のエリザベス女王にならい，ヴィクトリア女王が再度王立取引所と命名し今日に至る．しかしその間，ロンドン証券取引所（→Stock Exchange）の発足など時代とニーズの変化に伴い，1939年この王立取引所は本来の役割を終えた．現在は多くの展示会場や，ロンドン国際金融先物・売買選択権取引所（LIFFE: London International Financial Futures and Options Exchange）や保険会社などが事務所として使用している．

歴史的役割を終えた王立取引所であるが，

今なおロンドン，とくにシティを語る場合には，かつて王立取引所が果たした役割と意義を等閑視するわけにはいかない．

第1に，16世紀に建設された経緯である．当時は，イギリス内外の商人はロンバード・ストリートにたむろして，道路を行き交いながら商談を行なっていたが，雨が降れば商談もストップ，取引きの場所の確保が強く望まれていた．1509年ごろ，冒険商人(merchant adventurer——外国に貿易拠点を設けて取引を行なった，近世初期の毛織物輸出会社に所属した商人)サー・リチャード・グレシャムはアントワープの取引所を手本にロンドンに同様の取引所の設立を検討したが果たせず，その息子トマス・グレシャムが，王室財務官としてベルギーのアントワープに赴任した際，同地の証券取引所を実現，私財を投じて王立取引所を建設したといわれている．

第2は，その建築美である．1844年に建築された3代目の王立取引所の新古典主義様式の建築物としての壮麗さ，とくにコリント式柱廊，三角形の切妻などは，建築史的にも注目に値する．

Royal Festival Hall
ロイヤル・フェスティヴァル・ホール
Belvedere Road, SE1

1951年の「英国祭」に際して，テムズ川南岸，ウォータールー橋南詰めに建てられた，ロバート・マシューとレズリー・マーティンの設計になる大ホール．オーケストラなどのコンサートやリサイタルばかりでなく，バレエや映画の上映にも利用される．1992年以降，ロンドン・フィルハーモニー管弦楽団(→London Philharmonie Orchestra)が専属楽団となっている．

Royal Free Hospital
王室施療院
Pond Street, NW3

1828年，外科医ウィリアム・マーズデンによって設立された．19世紀初頭のロンドンの病院は，紹介状なしには診察を受け付けなかったから，そのために生命を落とすということがしばしばあった．マーズデンは心を痛め，診察料や紹介状なしでも患者を受け入れる病院が必要と考えた．1828年4月に，国王ジョージ四世の後援をえてグロスター公爵を初代総裁として，ハットン・ガーデンのグレヴィル・ストリートに開院．以来，王室の支援を受けつつ「フリー・ホスピタル」の名で親しまれて現在にいたっている．ロイヤルの名が冠せられたのは，ヴィクトリア女王が後援するようになった1837年である．

年々患者数が増え，1843年にはグレイズ・イン・ロードに移転し，施設は次々と拡大された．1877年には診療だけでなく医学教育も始めたが，同時に女子医学生も受け入れ，女性に臨床への道を拓いた．

1921年，産科と婦人科を持つイングランドで最初の病院になった．第二次世界大戦では建物に相当の被害を受けたが，1948年の国民保険サーヴィスの創設にともない，複数の病院グループの中核になった．そのうちの1つはのちにグループから分離独立したが，70年代にグループ内の3院が合併して今日に至る．鉄道ハムステッド・ヒース駅に近い．

Royal Geographical Society
王立地理学協会
Kensington Gore, SW7

1830年地理学の進歩と知識の改善，普及を目的に，ロンドン地理学協会の名で設立された団体．設立メンバーは，海軍省のサー・ジョン・バロー，リンネ学会のロバート・ブラウンをはじめ，地誌学者，東洋言語学者，天文学者，海洋学者から外交官，下院議員にいたる．もともとはブリテン島から500マイル(約800キロ)以上の距離を旅したことがある人が作るトラヴェラーズ・クラブと，現在も地理学クラブとして残るザ・ローリーを母体とし，のちにアフリカ協会も吸収した．設立当初からウィリアム四世をパトロンとし，1859年にヴィクトリア女王から勅許を得て現在の名称になった．

最初の集会は王立園芸協会(→Royal Horticultural Society）の所有地で行なわれた．1839年以降，バーリントン・ハウスをはじめ各所を転々としたが，1874年にラウザー家の私邸として建てられた，ロンドン初の乗客用エレベーター付き邸宅として知られるラウザー・ロッジに1911年に移転し，現在に至る．

　協会は過去さまざまな未開地への遠征の援助，組織を行なってきた．デイヴィッド・リヴィングストーンとヘンリー・モートン・スタンリーのアフリカ探検，R.F.スコットの南極探検，エドマンド・ヒラリーのエヴェレスト登頂などがその代表的な例である．1930年に発足100周年を記念して増築された際に設置された図書館は，会員向けではあるが13万冊にのぼる蔵書を誇る．一般には新旧さまざまな地図を集めた地図室が公開されている．

Royal Greenwich Observatory
→Royal Observatory

Royal Holloway College
ロイヤル・ホロウェイ・コレッジ
Egham, TW20

　ロンドン大学を構成するコレッジのひとつ．ロイヤル・ホロウェイ・コレッジとベドフォード・コレッジの統合によって1985年に誕生し，現在はロイヤル・ホロウェイ・コレッジの名称になっている．

　ロイヤル・ホロウェイ・コレッジは女性の高等教育機関として，製薬業により巨富を築いた慈善家トマス・ホロウェイによって1886年に設立された．コレッジはアメリカの名門女子校ヴァッサー・コレッジの影響を受けているといわれる．またその壮麗な建物はフランスの古城を模したものである．ホロウェイがコレッジに遺贈したもののなかにはJ.E.ミレー，コンスタブル，ターナー，ゲインズバラなどの絵画作品のコレクションが含まれている．

　一方ベドフォード・コレッジは1849年，ミセス・エリザベス・ジェッサー・リードにより，女性に教養教育を施す目的で設立された．

　ロイヤル・ホロウェイ，ベドフォードの両コレッジは，1965年に初めて男子学生を受け入れた．2001年度現在の学生総数は約5500人．

Royal Horse Guards
→Horse Guards

Royal Horticultural Society
王立園芸協会
Vincent Square, SW1

　園芸に関する科学，芸術，技術を奨励し改良するための協会．1804年，ロンドン園芸協会として設立された．設立を呼びかけたジョン・ウェッジウッドは，陶器で有名なジョサイア・ウェッジウッドの長男である．設立当初，会議や集会の際にはリンネ学会の建物を借りていたが，1818年にキングス・クロス駅の北東部に位置するエドワード・スクエア付近とケンジントンに庭園を設け，その翌年にはロワー・リージェント・ストリートに建物を購入した．1821年，協会はデヴォンシャー公爵からチズィックに土地を借り，大規模な庭園を造り，代りにケンジントンの庭園を手放した．以後園芸展，フラワー・ショーなど協会が主催する数々の催しは，チズィックとリージェント・ストリートで行なわれるようになった．

　チズィックの庭園で造園家として働いていたのがジョーゼフ・パクストンで，ここでデヴォンシャー公に認められたパクストンは，1826年イングランド中部のデヴォンシャー公爵のカントリー・ハウスであるチャッツワースの造園責任者に就任，後の水晶宮（→Crystal Palace）の原型となる，鉄とガラスで組み上げた大温室を設計した．

　1855年，協会は財政難に陥り，リージェント・ストリートの建物を手放さざるをえなくなった．しかし1858年に会長にむかえられたアルバート公の影響で，万国博覧会の運営委員会よりサウス・ケンジントンの土地を借り受け，さらに庭園と温室を建設するための援助金を受けた．この温室は1861年にアルバート公により開園され，同年，協会は王立園芸協会と改称した．

　これらの庭園や温室は維持費の増大などを理由に多くが解体されたが，協会は1904年に

ヴィクトリア駅に近いヴィンセント・スクエア沿いに，1928年にはその裏通りにもホールを建設して頻繁に展覧会を催した．また，毎年5月に女王もまじえて開催される，チェルシー・フラワー・ショー（→Chelsea Flower Show）を主催している．

Royal Hospital
王立廃兵院
Royal Hospital Road, SW3

チャールズ二世がパリの廃兵院を手本に退役軍人のために造った施設．居住者はチェルシー・ペンショナーズと呼ばれ，夏季は真紅，冬季はネイヴィーブルーの制服を着用することで有名である．チェルシーのテムズ川沿いにあり，西隣りには英国陸軍博物館（→National Army Museum）がある．

マシュー・サトクリフ創立の神学大学が廃校になったあと，一時，戦争捕虜収容所として用いていたが，クリストファー・レンの設計により，赤煉瓦と白いポートランド石造りの建物が1692年に完成した．1689年には476人の年金生活者が入所した．対象は65歳以上，国がビールと煙草，小遣いを支給する．そのかわり軍の儀式やパレードに参加しなければならない．

中央本館の前庭にはグリンリング・ギボンズ作のチャールズ二世像が立っている．正面玄関は小塔のついた八角形のポーチでその両側に大ホールとチャペルがある．ホールにはアントニオ・ヴェリオ作の乗馬姿のチャールズ二世の大きな絵がかけられ，チャペルには戦争で奪った敵の旗が飾ってある．祭壇の上には，セバスチアーノ・リッチによる《復活》がかかっている．本館の両翼は主として寝室に当てられている．来賓室には鏡板が張られ，ウィリアム・エメットによる彫刻がある．壁にはヴァン・ダイク作のチャールズ一世とその家族，ピーター・リリー作のチャールズ二世，ゴドフリー・ネラー作のウィリアム三世などの肖像画が掲げられている．内部にはサー・ジョン・ソーンの設計による診療所がある．1996年現在で，540人が生活している．

毎年5月にイギリス最大のチェルシー・フラワー・ショー（→Chelsea Flower Show）が構内で開催される．
→Hospitals

Royal Institute of British Architects
王立英国建築家協会
Portland Place, W1

1834年に設立された建築家協会．37年にウィリアム四世から国王勅許を受け，66年にはヴィクトリア女王からロイヤルを冠することを許可された．37年の勅許状には，この協会の目的として，民間建築の進歩と建築にかかわるさまざまな芸術・科学の知識獲得を促進するためと記されており，この目的は現在まで変わっていない．現在はリージェンツ・パークの南部に位置するポートランド・プレイスにあるが，設立当初はコヴェント・ガーデンに事務所を構え，その後2か所ほど移転したあと，1934年に現在地に移った．

メンバーは，フェロー，アソシエイト，ライセンシエイトの3つに分かれていたが，1971年にメンバーの名称で一本化された．運営には60名の委員があたり，会長の任期は2年である．ただ，初代会長の第二代グレイ伯爵だけは終身でこの任にあたった．以後歴代の会長には，サー・ジョージ・ギルバート・スコットやアルフレッド・ウォーターハウスなど有名な建築家が名を連ねている．

協会では建築の知識を広めるために図書館を設置しているほか，顧客がより適切な建築家を選ぶための相談所を開設している．

Royal Institute of International Affairs
王立国際問題研究所
St James's Square, SW1

第一次世界大戦後の1920年，外交問題に関するより確実な情報および意見の交換の必要性を感じた政治家や知識人，報道関係者などにより，イギリス国際問題研究所として設立された．外交問題の研究の促進および出版活

動を通じて世論に情報を発信することを目的とする．政府や政治的干渉からの完全な独立を方針としている．発足当初は王立職能検定協会(→Royal Society of Arts)の協力を得て同協会所有のホールで集会を開いていたが，1923年以降，政治家の大ピットのかつての邸宅であったチャタム・ハウスを購入し，徐々に隣接地を買い上げて，現在ではホール，図書館，研究施設を備えている．ロイヤルの名を冠したのは1926年．1922年以来，年に4回『国際情報』を発行している．

Royal Institute of Painters in Water-Colour
王立水彩画家協会
Carlton House Terrace, SW1

1831年，世紀初頭に解散した2つの同種の団体を新生させて設立された．翌32年にオールド・ボンド・ストリートで初展覧会が開かれた．50年後，ピカディリーにギャラリーを開いたのを機に，ヴィクトリア女王によりロイヤルを冠され，現在の名称となった．1961年王立英国芸術家協会など数団体とともにイギリス芸術家連合を結成，各種の展覧会を催すこととなった．71年には前年に契約の切れたピカディリーのギャラリーに代わり，マル通りにマル・ギャラリーがエリザベス二世により開かれた．

Royal Institution of Great Britain
王立科学研究所
Albemarle Street, W1

ラザフォード伯爵ベンジャミン・トムソンの提唱により1799年に設立された，イギリス初の科学研究・教育機関．当時すでに始まっていた産業革命を背景に，「知識を広め，有益な機械の発明・改良の導入を促進し，哲学的な講義と実験を通じて，生活上の共通目的に科学を適用させる教育のために」設立された．1800年にはジョージ三世から国王勅許を受けている．場所はピカディリー通りに接するアルバマール・ストリートにおかれた．

活動は研究所設立の目的遂行のための多方面の研究のほか，一般向けの講義・講演，会報や小冊子『ロイヤル・インスティテューション・ライブラリー・オヴ・サイエンス』の発行などである．設立当初は，1802年から23年まで化学教授を務めたサー・ハンフリー・デイヴィの講演が人気をよんだ．この教授の助手をつとめたのが，「ファラデーの法則」で有名なマイケル・ファラデーであった．また，歴代教授には上述のマイケル・ファラデーやサー・ジュリアン・ハクスリーなど，19世紀から20世紀のイギリスの化学・物理学の発展に貢献した科学者の名が数多く見受けられる．1896年にはデイヴィ・ファラデー調査研究所が設置された．

Royal International Horse Show
ロイヤル国際馬術ショー

1907年ロンドン西郊のオリンピア展示場で開催された，王室の後援による馬術ショー．第二次世界大戦中の6年間を除き，現在まで続く障害跳び越しの国際競技会である．騎手のパット・スマイズやハリー・ルウェリンなどが黄金時代を築いたのは，ホワイト・シティ・スタジアムを会場にしていた時期であった．ウェンブリー・スタジアムを会場にした時には，馬の蹄で芝が荒れるからとフットボールのファンたちに猛反対された．1992年に，サセックス州のヒックステッドにある全英ジャンピング・コースに移った．

全英ジャンピング・コースはダグラス・バンが，「可能な限りすぐれた場所で最高の障害跳び越しレースを」という理想を実らせたもので，ヨーロッパ選手権大会が開催されている．競技会の時には，150を越える屋台が集まるマーケットや子供のための遊園地も併設されて，家族ぐるみの行楽の場所としても人気がある．

Royal London Hospital
ロイヤル・ロンドン病院
Whitechapel Road, E1

地下鉄ディストリクト・ラインのホワイトチャペル駅のすぐ近くにある．1740年にチープサイドのフェザーズ・タヴァンで7人のジェ

ントルマンが会合を開いて創立した．ムアフィールズに家を借り，30のベッドを置いてロンドン診療所と名づけた．のち，プレスコット・ストリートに移転．1748年に名称をロンドン病院に変更した．

看護職は当時は専門職と認識されていなかったので，看護婦の多くが看護婦として不適格で，なかには酔っぱらいもいた．ベッドに巣食う南京虫は19世紀になるまで深刻な問題だった．病室には洗面台もなく水洗設備もなく，汚物はバケツに入れておいて夜に汚水溜めか道路に捨てられていた．

1757年，ホワイトチャペル（→Whitechapel）に水洗設備のある新病院が完成．1785年，化学実験室，博物館，解剖室などを備えた医学校が開設された．当時のロンドンには病院と分離した私立の医学校しかなかったので，病院付属の医学校は斬新であった．

1854年に医学校が新しくなり，1876年には新病棟が増設されてベッド数は当時最大規模の790床になった．さらに1877年に新しく医学校と看護棟が建造されたが，1948年にロンドン大学の一部に組み入れられた．1911年に歯科医学校の創設，1936年に理学療法医学校を新設した．1967年には，マイル・エンド病院とセント・クレメント病院を合併した．同じ年にアレグザンドラ王女看護学校が創設された．同校は1982年に増築され，1990年以降ヘリコプター緊急医療サービスの本部となった．1990年，病院の250周年を祝うためにエリザベス女王が訪問したのを機会に，名前をロイヤル・ロンドン病院に改称した．

→Hospitals

Royal Marsden Hospital
ロイヤル・マーズデン病院

Fulham Road, SW3

世界で最初の癌専門の病院．病気を患った貧民の窮状に心を痛めた医師ウィリアム・マーズデンによって1851年に設立された．王室施療院（→Royal Free Hospital）の精神にならって，貧民を紹介状も診察料もなしで診療し，あわせて癌の研究をすることを目的とした．ウェストミンスターのキャノン・ロウで外来患者のための小さな施療院として始まり，1862年に現在地に移った．

1909年に癌研究所が設立され，1939年にはチェスター・ビーティから寄付を受け，研究所の大半をバロンズ・コートに移転させて，寄贈者の名にちなんでチェスター・ビーティ調査研究所と改名した．

外科部門に加えてこの病院には，放射線と放射性物質を扱う先駆的な施設があり，また，化学療法の発展における輝かしい歴史がある．1954年にキャンサー・ホスピタルから現在の名前に変更した．地下鉄サウス・ケンジントン駅に近い．

Royal Mews
王室厩舎

① Buckingham Palace Road, SW1

王室の馬，馬車，自動車などを収容する厩舎，車庫ならびに関係職員用の住居の総称．もとはチェアリング・クロス（→Charing Cross）にあった鷹狩り用の鷹の禽舎の名称で，リチャード二世の時代に設置され，ヘンリー七世の時代まで禽舎として使われていた．ヘンリー八世治世下の1527年に厩舎として使われはじめ，1534年の焼失，再建などを経て，メアリ一世時代には老朽化して放置されるに至った．その後ジョージ二世時代の1734年に再建された厩舎は1825年まで使用された．

一方，1762年に王妃の館としてバッキンガム・ハウス（→Buckingham House）を買い求めたジョージ三世は，ここに厩舎を建てた．1820年にジョージ四世が隣接する庭に新しい厩舎の建設を決め，ジョン・ナッシュの設計による新厩舎が1825年に完成して，現在のロイヤル・ミューズの始まりとなった．

中央に庭をはさんだ四辺形の厩舎の屋上にある風見鶏には，完成の1825年の数字が刻まれているが，東側の建物にはゴールド・ステイト・コーチをはじめとする各種の王室馬車が収納されており，一般公開のため展示もされている．建物の背後の車庫には王室用の公式自動車，王族の私用車などが置かれており，

建物の上部は関係職員の住居に当てられている．このほか建物の東側には乗馬学校が併設されている．これはジョージ三世がバッキンガム・ハウスを買い求めた2年後の1764年に開設された歴史をもっている．

軍旗分列行進式（→Trooping the Colours）など，馬を欠くことのできない公式行事が多いことを反映して，宮内庁にはロイヤル・ミューズ・デパートメントという部署があり，ウィンザー城やハンプトン・コート・ロード沿いのザ・グリーンに分室まで置かれている．1981年に行なわれたチャールズ皇太子とダイアナ妃との結婚式，1986年のアンドルー王子とサラ妃との結婚式に使われたランドー型馬車がここに展示されている．一般に公開されている．

② Hampton Court Road, KT8

ハンプトン・コート・パレス（→Hampton Court Palace）の西側にある王室厩舎．2つの建物からなり，左側はヘンリー八世が1536年に国王新厩舎（the King's New Stable）として建てさせたもの，右側はエリザベス一世が1570年に増設させたもので，女王新厩舎（the Queen's New Stable）と呼ばれていた．

ジョージ三世の時代，ハンプトン・コート・パレスは王家が使用をやめて一般に公開され，この王室厩舎も規模を大幅に縮小されたが，ロイヤル・ミューズ・デパートメントの分室が置かれて，係官が常時詰めている．

Royal Museum of Artillery in the Rotunda
大砲博物館

Repository Road, Woolwich

テムズ川下流の南岸，グリニッチの一部を占めるウリッチ（→Woolwich）にある．ウリッチには現在，英国砲兵隊の本部が置かれ，かつては陸軍士官学校があった．博物館は，ジョン・ナッシュによる野戦テントを模した円形の建物ロータンダ（1820）で，もと砲兵隊兵舎の敷地にあったものだが，1819年，現在地に再建された．14世紀から現在にいたる火器，大砲類の発展を実物あるいは模型によって展示している．

Royal National Institute for Deaf People
王立聴覚障害者協会

Featherstone Street, EC1

1911年に全国聴覚障害者福祉奨励協会（National Bureau for Promoting the General Welfare of the Deaf）として設立された民間団体．設立者のボンは富裕な銀行家で，彼自身耳が不自由であった．1924年にはイギリス聴覚障害者協会（National Institute for the Deaf）と改称し，1936年には大英博物館に近いガウアー・ストリートに本部をおいた．現在のフェザーストーン・ストリートへ移ったのは1996年である．1958年に女王の夫君エディンバラ公がパトロンになったのにつづき，エリザベス女王即位記念祭の開催された1961年に王室よりロイヤルを冠することを許された．

現在の主な活動は，聴覚障害者が市民権を十分に行使し，自立した社会生活を営むことができるように，精神的痛手の克服をはじめ手話や読唇法など，社会復帰に必要なケアを行なう一方，出版物や議会を通じて社会の関心を喚起し，聴覚障害者に対する理解を促進して偏見や差別をなくしていくことである．このため，協会では療養所を設けて専門家による介護の充実をはかり，学校を開いて手話や読唇法の通訳の育成にも力を入れている．このような協会の尽力により，現在イギリスの聴覚障害者は，補聴器の無料配布やテレビやビデオの字幕サービス，通常通話料金での電話の文章化サービスなど，一般の社会生活を営むための各種の福祉サービスが受けられるようになった．

また協会はこれらの活動を全国的に展開するために，マンチェスター，バーミンガム，ミドルスバラ，バース，ベルファスト，グラスゴーに地域支部を設けている．

Royal National Institute for the Blind
王立視覚障害者協会

Great Portland Street, W1

創立年は1868年にさかのぼる．1875年に最初の後援者としてヴィクトリア女王を得て以来，王室の保護を受けてきた．1914年にはグレイト・ポートランド・ストリート224番地に本部が開設された．その発足式にはジョージ五世とメアリ王妃が列席した．協会の名称は変更を重ねて1953年に現在のものとなった．いまでは，2000人の職員と1万人以上のボランティアに支えられた慈善団体で，経費の半額以上は寄付でまかなわれている．

創始者のトマス・ローズ・アーミティッジは1824年にサセックス州に生まれた優秀な医師であった．30代半ばにして，視力が衰え，退職を余儀なくされ，残る人生を視覚障害者に捧げることになった．アーミティッジは，教育と訓練を受けて，雇用の機会を獲得することが視覚障害者の尊厳を保ち，自立を促す手だてであると確信し，活動を開始した．

現在，イギリスでの視覚障害者の割合は，およそ60人に1人，75歳以上の高齢では7人に1人の割合で，総数は約100万人にのぼる．協会は全国規模で60にもおよぶ事業を展開している．学校を6校運営し，マッサージをはじめとする物理療法の訓練施設も開いている．第二次世界大戦以降は，一般職に就くための訓練はもとより，雇用形態の変化に合わせて，電話交換手，タイピスト，秘書から，コンピュータ・プログラマーまで，特殊技能の訓練機会をも提供している．中途失明者のためのリハビリセンターや，保養施設も開設している．白杖や点字道具をはじめ，生活を支えるための日用品なども，数多く開発し販売している．とりわけ，ブレイユ式点字本の出版数はヨーロッパ随一であり，本，雑誌はもとより，楽譜や銀行の出納明細まで点訳している．また，録音テープによる音読サービスもよく知られ，利用されている．

Royal National Orthopaedic Hospital
王立整形外科病院
Bolsover Street, W1

1907年に3つの病院を統合して設立された．1つは1840年ブルームズベリー・スクエアに創立されたロイヤル病院，2つ目は1851年にハットン・ガーデンに開設のシティ病院，3つ目が1864年グレイト・ポートランド・ストリートに開設したナショナル病院である．

1921年，王立整形外科病院はスタンモアの土地を買い取った．そこはかつて，1884年にメアリ・ウォーデル猩紅熱療養所が開設されたところである．マウントフォード・ピゴットの設計でスタンモアの施設は改築された．第二次世界大戦中には負傷者のための病棟がいくつか増築された．現在では，ブーツと楽器の工房および生物工学の部門を置く．地下鉄グレイト・ポートランド・ストリート駅に近い．

Royal National Theatre
→National Theatre

Royal National Throat, Nose and Ear Hospital
王立耳鼻咽喉科病院
Gray's Inn Road, WC1

専門病院の確立期にあたる1875年に開院．ベッド数は10床，セントラル・ロンドン耳鼻咽喉科病院という名称であった．当時は，1865年に医学校の専門教育課程が正式に発足し，専門領域の拡大と細分化が進んだ時期であった．1939年にゴールデン・スクエアにあった耳鼻咽喉科病院(1862年設立)と合併した．キングス・クロス駅から南東に少し下ったところにある．

Royal Naval College
英国海軍兵学校
Romney Road, Greenwich, SE10

海軍士官養成のための高等教育機関．1873年に南英のポーツマスからグリニッチに移転した．その建物は17世紀末以来，海軍病院として用いられてきたもので，1869年に病院が閉鎖されたあと，73年に英国海軍兵学校に転用されることになった．学校はグリニッチの旧天文台のある丘のふもと，テムズ川沿いに

グリニッチ天文台(1840年頃)

ある．
　メアリ女王の命により1692年に建設された海軍病院は，クリストファー・レンがニコラス・ホークスムアを助手に無償で設計したもの．また，そのホールの天井に描かれたウィリアム・ソーンヒル(当時の宮廷画家で，ウィリアム・ホガースの義父)の手になる有名な絵画は，ヨーロッパに平和をもたらすウィリアム三世とメアリ二世を表現している．

Royal Naval Dockyard
ロイヤル・ネイヴァル・ドックヤード
　ロンドン橋からおよそ15キロ下流の南岸デトフォード地区にあった旧海軍施設．16世紀に創設され，ヘンリー八世のもとで英国海軍の最も重要な造船施設となった．16世紀と17世紀には，グレイト・ハリー号やロイヤル・ソブリン号などの大型軍艦がここで建造された．のちに，デヴォン州にあったデヴォンポートの施設拡充にともなって衰退し，1869年に閉鎖された．ヘンリー八世は，これよりさらに下流のウリッチにも新しい海軍施設を造った．

Royal Observatory
旧王立天文台
Greenwich Park, SE10

　日本ではグリニッチ天文台の名で知られる．ロンドンの霧と煙が障害となって天体観測が困難になったために，1948年から観測所はサセックス州へ移転した．そして1990年にはケンブリッジ大学天文研究所へ移って今日に至っている．
　古来，グリニッチはテムズ川からロンドンに入港する船舶にとっては重要なポイントであり，またドーヴァーから陸路ロンドンに向かう人々にとっても主要街道の道筋にあたり，グリニッチ・ヒルからはロンドンが望見できる重要な位置を占めている．1427年，ヘンリー五世の末弟グロースター公爵ハンフリーがこの地のテムズ河畔に壮麗なカントリー・ハウスを建てて以後，王妃の宮殿として増改築され，王室関係者によりグリニッチ・パレスとして利用されてきた．
　その宮殿から内陸部に広がるグリニッチ・パークの頂上に立っているのがこの旧天文台である．かつての物見塔の跡地に1675年チャールズ二世の命によりクリストファー・レンの設計で造られた．当時の「航海術と天文学の発展のために各地点の経度を明確にすること」を目的とした天文台であった．建築家であり数学者で天文学者でもあったレンは，屋上に多角形のキューポラのついた建物を設計し，かつ観測者が居住できるようにした．

初代王立天文台長ジョン・フラムスティードにちなんでフラムスティード・ハウスと呼ばれている．屋上の赤い時間球(Red Time Ball)は，テムズ川を航行する船に正確な時刻を知らせるために，1833年に設置された．この建物と同じ煉瓦を用いてメリディアン・ビルが隣に増築され，本館で収容しきれなくなった各種望遠鏡や時計などの収蔵庫となっている．

1767年から航海暦の出版が始まり，正確な経度測定用のクロノメーターと六分儀によって船舶はグリニッチ子午線を基準として現在地の経度を知ることができるようになった．1884年，ワシントンで開かれた世界子午線会議で統一がはかられ，グリニッチが経度0とされた．第2代天文台長にはハレー彗星の発見者エドモンド・ハリーが任命された．

フラムスティード・ハウスは現在，国立海事博物館(→National Maritime Museum)となっていて，ハリーやハーシェルといった天文学者が使っていた時計，望遠鏡を含む多くの品々が展示されている．

Royal Opera
ロイヤル・オペラ

1947年に結成されたコヴェント・ガーデン・オペラ・カンパニーが1968年に勅許をえてロイヤル・オペラと改称したもの．世界中から著名な指揮者や歌手を招聘して公演を行なっている．コロシアム(→Coliseum, The)を本拠にしているイングリッシュ・ナショナル・オペラがすべてのオペラを英語で上演するのに対して，これらは原語で上演するのが特徴．
→Royal Opera House

Royal Opera House
ロイヤル・オペラ・ハウス

Covent Garden, WC2

旧コヴェント・ガーデン・マーケット(→Covent Garden Market)に近いボウ・ストリート(→Bow Street)に面して，1732年に勅許劇場として開設された，250年以上の歴史を誇るオペラ劇場で，通称コヴェント・ガーデン(劇場)．焼失と再建を繰り返し，今日に及んでいる．最初の劇場はエドワード・シェパードの設計による建築で，俳優兼劇場支配人ジョン・リッチが華々しい柿落しを行ない，コングリーヴの《世の習い》が上演された．1734-37年にはヘンデル作曲のオラトリオがいくつか上演された．1763年，それまで3幕以後の入場料金が半額となる慣行を劇場側が拒絶したため一群の暴徒が舞台上に乱入，大混乱となった．1767年にはピアノが初めて公開演奏された．

長い歴史をもつこの劇場は，興味深いエピソードにこと欠かない．オリヴァー・ゴールドスミスは《負けるが勝ち》の初演の日，「文学クラブ」の友人たちと自作を観劇しようとしたが，自信がなく，終幕まで観ることができなかった．名優マクリンは89歳のとき，あたり役のシャイロックで出演中セリフが出ず，そのまま舞台を降りざるをえなかった．

1808年に火事で焼失したが，翌年アテネのミネルヴァ神殿風の劇場が再建され，次々と新企画のオペラが上演された．ウォルター・スコットの小説が脚色されたり，モーツァルトやロッシーニの作品が初めて英語で上演された．18世紀の名女優セアラ・シドンズの引退興業が1812年に行なわれた．また，19世紀初頭の名優エドマンド・キーンは，1833年，《オセロ》出演中に心臓発作で倒れ，そのまま舞台のそでに運ばれた．舞台に集中照明が使われたのもこのころである．

1855年再度焼失．3番目の劇場は1858年に建設され，ニュー・リハーサル・スタジオや化粧室，カフェテリアの増築など改良が施された．

20世紀に入り，しばしば経営難に陥ったり，第二次世界大戦中はダンス・ホールとして利用されるなど，さまざまな試練を経たが，現在もオペラの殿堂としてその地位を不動のものにしている．しかし，建物は築後140年が経ち，諸設備の老朽化が目立ったので，1996年から大改修が行なわれた．1999年12月の柿落としには女王はじめ首相夫妻らが参列，ドミンゴのテノールが祝賀式典に華を添えた．
→Theatres

Royal Palaces
ロンドンの宮殿

英国歴代の国王・女王の居城つまり宮殿は，北はスコットランドのバルモラル城（現王室の夏の離宮）から，南はワイト島のオズボーン・ハウス（ヴィクトリア女王の離宮）まで，全国に20か所以上を数える．そのうち9か所がロンドンとその郊外のものである．テムズ川の上流から下流に，ハンプトン・コート・パレス，リッチモンド・パレスがあり，市中心部にホワイトホール・パレス，バッキンガム・パレス，ケンジントン・パレス，セント・ジェイムジズ・パレス，ウェストミンスター・パレス，ロンドン塔，グリニッチ・パレスがある．現在も宮殿として使われているのはバッキンガム，ケンジントン，セント・ジェイムジズの3宮殿である．ロンドン郊外ともいえないが，テムズを少し上流にさかのぼると，現王室がバッキンガム・パレスと同様に常時使用するウィンザー城がある．各宮殿についてはそれぞれの項に譲る（グリニッチ・パレスはグリニッチを参照）．

ヘンリー八世以前はエドワード懺悔王が築いたウェストミンスター・パレスだけが国王の居城であった．エドワードは宮殿を築くと同時にセント・ピーター修道院を再建した．それが東のセント・ポール大聖堂に対する西の聖所であることから，やがてウェストミンスター・アビーの名で知られるようになった．エドワードはシティからウェストミンスターへ引っ越して，新宮殿で政務に励んだ．このことは，現在ウェストミンスターが英国政治の中心となることの起源となった．

ヘンリー八世からジョージ四世までは，君主はみな複数の宮殿を構えた．ヘンリー八世は，ホワイトホール，グリニッチ，ハンプトン・コート，ロンドン塔を使用した．

バッキンガム・パレスはバッキンガム公爵邸であった建物をジョージ三世が1762年に購入，1837年ヴィクトリア女王が即位すると大改築をおこない，以後英王室のロンドンにおける最も主要な住居となった．ケンジントン・パレスはノッティンガム伯爵の邸宅であったが，1689年ウィリアム三世が購入した．セント・ジェイムジズ・パレスはヘンリー八世が16世紀前半に建設した宮殿だが，1698年，およそ600年続いたホワイトホール・パレスが焼失したため公式宮殿となった．

ロンドン塔はウィリアム征服王の居城として歴史の舞台に登場して以来，たえまなく城砦として拡大・強化され，ヘンリー八世時代の1540年ころからしだいに監獄，武器庫の性格を強めていった．

グリニッチ・パレスはテューダー朝の君主が好んだ宮殿で1427年の建造，ことにヘンリー八世によって大規模な宮殿に改造された．ステュアート朝のジェイムズ一世は妃アン・オヴ・デンマークのために新邸クイーンズ・ハウスを計画し，イニゴー・ジョーンズによる古典様式の典雅な建物を建造したが，王政復古後は宮殿として使用されることは少なくなり，ハンプトン・コート・パレスやセント・ジェイムジズ・パレスに関心が移った．現在クイーンズ・ハウスは国立海事博物館となっている．

リッチモンド・パレスはエドワード三世からヘンリー七世までの100年余，シーン宮殿と呼ばれたが，1499年に焼失，再建にあたってリッチモンド宮殿と改称された．ヘンリー八世はこの宮殿を愛したが，エリザベス一世時代の末期になると，次第に荒廃に向かった．革命によるチャールズ一世の処刑はそれに拍車をかけ，ステュワート朝のジェイムズ二世の治世に事実上姿を消した．

→付録「国王・女王一覧」

Royal Pharmaceutical Society of Great Britain
王立薬剤師協会
Lambeth High Street, SE1

1841年4月に結成された薬屋のための協会．19世紀初頭のイギリスでは，アポセカリーと呼ばれる薬剤師が医師の役割も果たしていたが，ケミストやドラッギストと呼ばれる薬屋も販売と同時に調剤，医療相談を行なっていた．この薬屋による医療を制限しようとする法案が議会に提出されたため，ロンドンの主だった薬屋が連合してこれに抗議，

ロンドンの宮殿

バッキンガム・パレス

ウェストミンスター・パレス

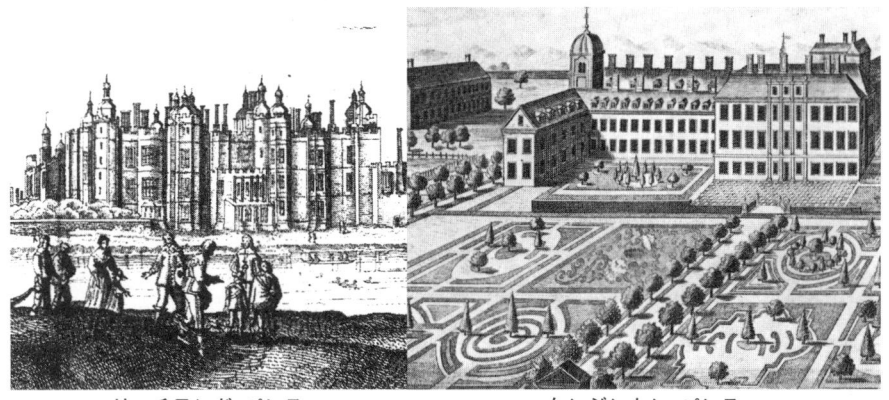

リッチモンド・パレス　　　　　ケンジントン・パレス

貧民救済に役立つという彼らの主張が功を奏して1841年9月，法案は破棄された．この係争のなか，主要メンバーのひとりであるジェイコブ・ベルが，同業者の利益を守り，薬剤の知識を高める専門組織の設立を提唱した．43年には女王の勅許を得た．その後，1937年にジョージ六世がパトロンとなり，88年には名称にロイヤルが冠せられた．現在，イギリスの薬剤師の認定はこの協会が管轄している．

Royal Philatelic Society
王立郵趣協会
Devonshire Place, W1

　世界で最も古い切手収集協会のひとつ．1869年に設立され，1906年国王エドワード七世によってロイヤルを冠することが認められたが，すでにその10年前からエドワードの第二王子のヨーク公がこの協会の会長に就任していた．彼は1910年にジョージ五世として即位するまでその座にとどまり，その後はパトロンとして協会を援助しつづけた．またこの協会は，1924年以来，王室の紋章を便箋や出版物に印することを許可された．
　リージェンツ・パークの南にある協会の地所は1925年に購入されたもので，大会議室，メンバーズ・ルーム，委員会室，図書室，展示室などを備えている．また1892年からは協会誌『ロンドン・フィラテリスト』の発行を行なっている．

Royal Philharmonic Orchestra
ロイヤル・フィルハーモニー管弦楽団

　1946年創設されたロンドンの代表的な管弦楽団．設立者のサー・トマス・ビーチャムは，19世紀初頭からイギリスの交響楽の振興に多大な貢献をしていたロイヤル・フィルハーモニー協会が，第一次世界大戦後に財政難に陥っていたのを救い，一連のコンサートを成功させて，伝統的クラシック音楽の普及ならびに新しい音楽の創造という協会の方針を推進した人物である．
　1961年にビーチャムが死去するまで，オーケストラの財源はアメリカとのレコーディング契約とソサエティからの援助であった．ビーチャムの死後，一時財政難に陥ったうえ芸術的にも行き詰まりをみせたが，これらの問題は，1963年以降オーケストラ内部に運営組織を設置したことで，徐々に解消されていった．
　1987年にライト・クラシック中心のロイヤル・フィルハーモニック・コンサート・オーケストラも別に設立された．
　この管弦楽団は地方公演を積極的に行なうが，1995-96年のシーズンからロイヤル・アルバート・ホール(→Royal Albert Hall)をロンドンの本拠にしている．

Royal Salutes
王室儀礼砲

　王室行事のひとつで，君主の生誕，即位，戴冠式(→Coronation)の日に，ロンドン塔の河岸で発せられる礼砲．現エリザベス二世の場合は，4月21日，2月6日，6月2日がそれらにあたる．同様に皇太后とエディンバラ公の誕生日，8月4日と6月10日には62発の礼砲が発せられる．2001年8月に皇太后が101歳を迎えた際にも発せられた．その他君主が議会を開会，閉会，または解散したり，行列を従えてロンドンを通過する際には，41発の礼砲が発せられる．また王室の一員に子供が誕生すると，ロンドン塔とハイド・パークで41発ずつ礼砲が発せられることになっている．

Royal Shakespeare Company
ロイヤル・シェイクスピア劇団

　イギリスの最も重要な劇団の一つでふつうはRSCの略称で呼ばれている．1961年まではシェイクスピア・メモリアル・カンパニーと呼ばれていた．シェイクスピアの故郷ストラットフォード・アポン・エイヴォンに，地元の名士C. E. フラワーの肝入りで1879年に開館したシェイクスピア・メモリアル劇場に歴史はさかのぼる．
　フランク・ベンソン，バリー・ジャクソン，アントニー・クウェイル，グレン・バイアム・ショー

と監督は引き継がれたが，1961年ピーター・ホールのもと改組され，国の補助を受けて新名称を名乗り，ストラットフォードのロイヤル・シェイクスピア劇場ではシェイクスピア関連を，ロンドンに獲得したオールドウィッチ劇場（→Aldwych Theatre）では現代劇をという方針を打ち出した．

1968年にはトレヴァー・ナンが芸術監督に就任，イギリス最初の訪日劇団で70年に日本公演を行なった．70年代にはロンドンにザ・プレイス，ウェアハウス，ストラットフォードにはジ・アザー・プレイスという小劇場を造り実験的な劇を上演した．1977年以来ニューカースル・アポン・タインでの遠征公演も年度行事になった．78年からテリー・ハンズが共同で芸術監督に加わった．82年にはシティにできたバービカン・センター（→Barbican）内のシアターをロンドンの本拠地と定めた．86年にストラットフォードに第3の劇場スワン劇場を開館して，シェイクスピア時代の芝居の上演に専念する．同年ナンが辞職したが，ハンズは91年まで監督の地位にとどまり，その後はエイドリアン・ノーブルに引き継がれた．毎年20本ほどのレパートリー公演を行なうほか，《レ・ミゼラブル》(1985)のようにウェスト・エンドでの公演も行なっている．

Royal Smithfield Show
ロイヤル・スミスフィールド・ショー
Earl's Court, SW5

1799年に始まった乳牛と肉牛の展示品評会．アメリカでフェア（市）と呼ばれる家畜や農産物の展示会を，イギリスではショーと呼んでいる．18，19世紀に大地主たちが開催した羊毛刈りに始まるもので，初期のショーとしては，1821年ロンドンのオールドリッジズで開催されたナショナル・ショーが有名である．1839年には王立農業協会の主催となり，オックスフォードで開かれた．以後各地で行なわれるようになり，家畜や農産物のほかに，種々の農機具のデモンストレーションも加わった．

スミスフィールドのショーは，のちにイズリントンに移り，現在はアールズ・コートの展示場で偶数年に開催される．1960年のショーは家畜の口蹄疫の発生で中止された．今や6ヘクタールに及ぶスミスフィールドの展示会はヨーロッパ随一の農業行事となっている．

Royal Society
王立協会
Carlton House Terrace, SW1

正式名称は「自然についての知識を改善するためのロンドン王立協会」．17世紀半ば，オックスフォードで自然哲学についての議論を展開していたグループが，拠点をロンドンのグレシャム・ハウスに移したのち，1660年に組織を整えて設立した協会．62年に国王チャールズ二世の勅許を得ることによって〈ロイヤル〉が冠せられるようになった．66年のロンドン大火のあと，政府の要請により移転．以後数回の移転を繰り返し，1967年にセント・ジェイムジズ・パークの北に位置する現在地カールトン・ハウス・テラスに移った．

創立会員には自然哲学・化学者であったロバート・ボイル，詩人・劇作家のジョン・ドライデン，日記作家ジョン・イーヴリン，建築家クリストファー・レンなど広い分野の人々がいた．その後もこの協会は，アイザック・ニュートンが1703から26年まで会長を務めるなど，イギリス科学界の中心的存在として，多くの著名な科学者がメンバーとなった．

ただし，協会の参加者は科学者に限られず，哲学者や文人のほか，科学の発展に興味をもつジェントルマンなども含まれていた．一方，研究対象も単に実験科学にとどまらず，地理学，博物学など，いわば自然界全体を射程に入れていた．「ロイヤル」の名称を用いていたとはいえ，協会の運営はあくまで会員の自発的な参加によるものであり，フランスなどの同種の団体に比べて会員主導型の開放的な団体であった．

協会の主要な目的は科学の知識の検討・普及であり，1665年に機関誌『哲学論文集』を創刊して知識の交流に役立てた一方，現在でも多くの賞を設けて研究の奨励に努めている．

Royal Society of Arts
王立職能検定協会
John Adam Street, WC2

1754年，ウィリアム・シップリーによって設立された団体で，別称「王立工芸・製造業・商業振興協会」(Royal Society for the Encouragement of Arts, Manufactures and Commerce)からもわかるように，広く芸術・科学・商工業の技術習得・向上を目的とする．そのため展覧会，競技会を開催し，工業デザイナーの顕彰をはじめとする各種の激励賞を創設した．またさまざまな分野に関する講演会を行ない，さらに国内外で幅広い職能技能検定試験を実施している．

創立間もない時期から協会には，首相のニューカースル公爵や大ピットなど政治家，有力貴族，知識人，またウィリアム・ホガースなどのような著名な芸術家，あるいは科学者が多数参加した．現在会員数は1万5000人あまり．エリザベス女王がパトロン，夫君のエディンバラ公が会長をつとめる．

ストランド街のジョン・アダム・ストリートの現在の建物はアダム兄弟の手になる記念碑的建築物である．

本協会の特筆すべき業績に1760年に開催した英国で最初の美術展(ジョシュア・レノルズやリチャード・ウィルソンら70名ほどの画家が出品)，1761年の産業展覧会，1851および62年のロンドン万国博覧会開催の推進，そして52年に最初の写真展を組織したことなどを挙げることができる．また，科学技術面では1864年にアルバート・メダルを創設した．受賞者にはマイケル・ファラデーや電話を発明したアレグザンダー・グレアム・ベル，マリー・キュリーなどが名を連ねている．さらにこの協会は，1876年には現在の王立音楽コレッジの前身である，ナショナル・トレーニング・スクール・オヴ・ミュージックの設立にも携わっている．そのほか現在では，各種商業検定や研修なども行なっている．

Royal Society of Chemistry
王立化学協会
Burlington House, Piccadilly, W1

19世紀のイギリスには，1841年に設立された化学協会と1877年に設立された王立化学研究所の2つの化学団体があった．このうち化学協会は48年に女王から勅許を得，57年にバーリントン・ハウスを本部とし，以後およそ100年にわたって，イギリス化学界の中心的地位を占めてきた．その目的とするところは，「情報の伝達や討論により，さらに図書館や博物館の資料を集めて，化学とそれに関連する部門の振興を図る」ことであった．王立化学協会はこれらの2つの団体が1980年に合併してできたものである．本部はバーリントン・ハウス内にある．

Royal Society of Literature of the United Kingdom
王立英国文学協会
Hyde Park Gardens, W2

1823年，セント・デイヴィッド教会の司教，トマス・バージェスの提言を受けて，ジョージ四世により創設された団体．論文集，その他の著作出版や優秀な作品に対する賞金の授与などを通じて，イギリス文学の発展を奨励することを目的とする．

協会は毎年ジョージ四世から運営資金1000ギニーと賞金用100ギニーを附与されたが，じつはこの1000ギニーは，創設資金として提示されたものを，バージェスが年金と勘違いし，ジョージ四世もあえてそれを訂正しなかったために慣行化されたのだった．協会の文学賞を最初に受けた人物の中にはスコットランドの詩人・小説家として知られるウォルター・スコットがいる．

1961年，協会は新たにコンパニオン・オヴ・リテラチャーという制度を設け，優秀な業績をあげた作家として10人を限度に顕彰することとした．最初に選ばれたのはウィンストン・チャーチル，E.M.フォースター，キャサリン・マンスフィールド，サマセット・モーム，G.M.トレヴェリアンの5名だった．

Royal Society of Medicine

王立医学協会
Wimpole Street, W1

　1805年，内科・外科医のために設立された医師会．1907年，14の医学会が合流して，現在の王立医学協会となった．併設する図書館は医学専門図書館として世界有数の規模を誇る．この協会のあるウィンポール・ストリートは，名医の集まる一角として有名．地下鉄リージェンツ・パーク駅に近い．

Royal Society of Musicians
王立音楽家協会
Stratford Place, WC1

　1738年，高齢の，あるいは引退した音楽家へのサポートを目的に設立された協会．所在地のストラットフォード・プレイスはオックスフォード・ストリートの北側にある袋小路である．創立メンバーにはヘンデルもいた．活動基金はコンサートの収益によるが，主としてジョージ三世がパトロンになったヘンデル記念コンサートにたよった．18世紀末ハイドンは協会のために行進曲を作曲した．

Royal Tournament
ロイヤル・トーナメント

　陸海軍による毎年恒例の軍事競技大会．アールズ・コートの展示場で開催される．バンド演奏もふくまれるが，野戦砲，綱引き，格闘技など各種の競技が行なわれる．第1回は1880年，会場はイズリントンの王立農業会館であった．競技内容は第1回からおよそ百年ほとんど変化していない．

Royal Variety Show
ロイヤル・バラエティ・ショー

　エンターテインメント・アーティスト慈善基金が毎年11月に主催する芸能人のショーで，テレビ，ラジオ，映画，軽喜劇など各界で活躍する人々が出演する．収入はロンドン郊外の引退した芸能人のための老人ホームの経営に当てられる．

　基金は1907年12月4日，ジョー・オゴーマンがミュージック・ホール・アーティスト・レイルウェイ・アソシエーションから1シリングの年会費を徴収したことに始まる．慈善基金は1911年8月，土地と物件を購入，現在の老人ホームが完成した．

　女王をはじめ王室のメンバーがパトロンになっており，年1回のショーにも列席する．ショーはテレビで放映される．

Royal Veterinary College
王立獣医学コレッジ
Royal College Street, NW1

　ロンドン大学を構成するコレッジのひとつで，イギリス最大の獣医学校．カムデン・タウンの本部の他にハートフォードシャー州のホークスヘッドにもキャンパスがある．

　フランスのリヨンで学んだチャールズ・ヴァイアルの提案に基づき，オーディアム農業協会が「合理的・科学的な原理に基づく蹄鉄法」の研究をめざして，1791年に，ロンドン獣医コレッジが設立された．ヴァイアルが初代の教授となる．ナポレオン戦争での軍事上の必要から当初は馬の研究に重点を置いた．ジョージ四世をパトロンに戴いた1827年からコレッジの名称にロイヤルを冠し，コレッジ出身者には獣外科医の称号の使用が認められた．1842年には王立農業協会の支援によって家畜病理学の講座が設けられた．校長のひとりサー・ジョン・マクファディーンは，イングランドで最初の近代的獣医科学者だった．

Royal Watercolour Society
王立水彩画協会
Hopton Street, SE1

　1804年，オックスフォード・ストリートのストラットフォード・コーヒー店で行なわれた集会で創設された．初代会長はウィリアム・ギルピン．第1回展覧会はロアー・ブルック・ストリート20番地のヴァンデルグフト・ギャラリーで催された．会員にはピーター・ド・ウィント，ジョン・セル・コットマン，サミュエル・パーマー，ジョン・シンガー・サージェント，サー・ウィリアム・ラッセル・フリントらが名を連ねた．

Rugby Football Clubs
ラグビー・フットボール・クラブ

　現在，ロンドンの多くのラグビー・フットボール・クラブはラグビー・フットボール・ユニオンに所属する．ユニオンの誕生は1871年．フットボール協会（設立1863年）内で，競技に手を使うことの是非を巡って対立が起こり，ラグビー校出身者が同協会から脱退，ラグビー・ユニオンを結成した．このときから「サッカー」と「ラグビー」は別のスポーツとして，独立した道を歩むことになる．

　1893年，プロ化に慎重だったユニオンから，今度はそれに反対するクラブが脱退，独立して，新たにラグビー・リーグ（当初はノーザン・ユニオン）を結成した．リーグにはイングランド北部の労働者階級出身者のクラブが多く，パブリック・スクール出身者のクラブが多いユニオンとは雰囲気も考え方も大いに異なった．ユニオンのクラブでは，試合の後にビールではなく，シェリー酒を飲んだという．

　ユニオン所属のロンドンの主要クラブは以下の通り．（　）内の数字はクラブの結成年を示す．

　　ブラックヒース(1858)．クラブ名は，1381年の農民一揆のときにワット・タイラーが農民たちを集結させ，ジョン・ボールが彼らに説教をした丘の上の公有地の名にちなむ．

　　ハーレクインズ(1866)．1988年と91年にピルキントン・カップを獲得した．

　　ロンドン・アイリッシュ(1898)．

　　ロンドン・スコティッシュ(1878)．

　　ロンドン・ウェルシュ(1885)．

　　リッチモンド(1861)．

　　ロスリン・パーク(1879)．

　　サラセンズ(1876)．

　　ウォスプス(1867)．クラブ名は後半生をこの近くで送った諷刺詩人アレグザンダー・ポープのあだ名「トゥイッケナムのすずめばち」(Wasp of Twickenham)にちなむ．

Ruislip
ライスリップ　HA4

　大ロンドンの西郊の地区．ライスリップ荘園の名は，1086年につくられた全国の『ドゥームズデイ・ブック』（→『土地台帳』）にすでに見える．1087年にベネディクト派のベック修道院に寄進され，1404年まで同修道院の所領であった．1451年，ヘンリー六世はこの荘園をケンブリッジ大学キングズ・コレッジに寄贈し，近年まで同コレッジが，ここを所有していた．

　ライスリップの近代的な大通りの西端には，現在でも当初の村の建物が，ほぼそのまま残っている．セント・マーティン教区教会の建物は1250年ころにさかのぼるもので，胸壁のある塔は1500年ころのものである．教会の天井は15世紀，信徒席は16世紀に作られた．聖水盤は12世紀のものと思われる．

　修道院の跡地にあるマナー・ファーム・ハウスは木骨式の美しい建物で，一部は16世紀に作られた．その隣には現存するイギリス最古の大納屋があり，13世紀にまでさかのぼる．この納屋は幅10.5メートル，奥行き35メートルで，セント・マーティン教会の一部として中世に作られたことを示す印がついている．小納屋は公共図書館として用いられているが，屋根の支柱は1600年のものである．

　大通りの西端にあるパブ，スワン亭は16世紀に建てられた．地下鉄が3線通じていて，ライスリップ，ライスリップ・ガーデンズ駅などがある．

Rules
ルールズ

Maiden Lane, WC2

　ロンドン一古いといわれる英国料理店．1798年にトマス・ルールが開店した．ゲーム（狩りの獲物）料理が有名．その食材は，この店がイングランド北部のペナイン山地に所有する狩猟場でとれた，キジ，鹿，鴨，雷鳥，ウサギなどである．

　作家，芸術家，ジャーナリストなどに好まれ，桂冠詩人ジョン・ベッチマン，チャールズ・ディケンズ，ジョン・ゴールズワージー，W.M. サッカレー，H.G. ウェルズなどがよく利用した．イーヴリン・ウォー，グレアム・グリーン，

ロンドン最古のレストラン，ルールズ

ディック・フランシスなどの作品にも登場する．演劇界・映画界の人々のたまり場としても有名で，壁には俳優や女優の絵や版画，プログラム，ポスター，チラシなどが所せましと貼ってある．チャーリー・チャップリン，ローレンス・オリヴィエも常連だった．個室が4つあるが，エドワード七世の名を冠した部屋は，当時皇太子だったエドワードが女優リリー・ラングトリーとしばしばお忍びで会食をした部屋である．ふたりは専用のドアから出入りした．グリーン・ルームは，毎年誕生日をこの部屋で祝ったグレアム・グリーンにちなんでいる．地下鉄コヴェント・ガーデン駅に近い．

Rupert Street
ルパート・ストリート　W1

ピカディリー・サーカスの東側，シャフツベリー・アヴェニューを横切って南北に走る通り．1680年から82年にかけて建設された．チャールズ二世は，ペル・メルに愛人ネル・グウィンを住まわせていたが，その屋敷を所有するセント・オールバンズ伯爵にその家の権利を放棄させ，引き換えにこの付近の土地を与えた．伯爵はこの土地をすぐに開発業者に売却し，業者のひとりニコラス・バーボンによってこの通りが作られた．歴史家ジョン・ストライプは18世紀初頭に，きれいな家並みのつづく通りと評しているが，現在は，中華料理店やインド料理店が立ち並ぶ，これといって目立たない通りである．

1886年，シャフツベリー・アヴェニューができて，南北に分断された．シャフツベリー・アヴェニューの南側には，18世紀当時の建築物も一部残っているが，北側は建て直されたものばかりである．

Ruskin Park
ラスキン・パーク　SE5

テムズ川南岸のランベス自治区の公園．14ヘクタールあり，ジョン・ラスキンにちなんで名づけられた．ラスキンは4歳のときこの近くに住むようになり，またその生涯のほとんどを，近くのデンマーク・ヒル(→Denmark Hill)とハーン・ヒル(→Herne Hill)で過ごした．19世紀にはこの付近は開けた野原に接しており，ラスキンによれば「晴れた日にはいつもハローが見えた」のである．デンマーク・ヒルには，一時期，作曲家のメンデルスゾーンも滞在していたことがある．鉄道のチャンピオン・パーク駅に近い．

Russell Hotel
ラッセル・ホテル

Russell Square, WC1
ブルームズベリー地区(→Bloomsbury)のホ

テル．ラッセル・スクエア（→Russell Square）を見晴らす位置に立つ．外壁は赤煉瓦とテラコッタで，内装には大理石が用いられている．とりわけエントランスとレストランは大理石とシャンデリアでまばゆいばかりである．設計したのはチャールズ・フィッツロイ・ドールで，1900年の開業．大英博物館やロンドン大学に近い．最寄り駅は地下鉄ラッセル・スクエア．

Russell Square
ラッセル・スクエア　WC1

　名称は，ブルームズベリー（→Bloomsbury）一帯の大地主貴族ベッドフォード公爵ラッセル家に由来する．家門への誇りにふさわしく，ロンドンでも最大級の広場である．もとこの地にあったベッドフォード・ハウスを取り壊し，広場を目玉とした新規の宅地開発計画が動きだすのは，同じ地主が手がけていたベッドフォード・スクエア（→Bedford Square）とその周辺の開発が完成したあとの1799年から翌1800年にかけての時期である．ラッセル家から広場の主要部分の開発を請け負ったのは，19世紀のロンドンのみならず地方観光都市開発にまで手を伸ばした大開発業者ジェイムズ・バートンである．バートンは広場の南側と西側の建築を手がけただけでなく，下水などのインフラ整備を請け負い，さらには広場全体の正面構成についてもジョージ朝スタイルで統一した計画を示した．ただし，東側のみはこれ以前すでに家並みが立ち上がっていた

ため，同じ地主によるベッドフォード・スクエアのような，四面一体の開発にはならなかった．

　当初から法曹人，芸術家など専門職ミドル・クラスの姿がめだち，19世紀初頭にここにアトリエを構えた画家のサー・トマス・ロレンスの家は，肖像画を依頼する内外の著名人でにぎわった．広場南端には，1809年以来第五代ベッドフォード公爵の記念像が立つ．

Russell Street
ラッセル・ストリート　WC2

　コヴェント・ガーデンとドルーリー・レインを結ぶ道路．1630年代に建設された．この一帯を所有していたラッセル一族（ベッドフォード伯爵のちに公爵家）にちなんで名づけられた．歴史家ジョン・ストライプは18世紀初頭に，「きれいな広々とした通りで，商人がたくさん住んでいる」と書いた．

　この通りの家に，17世紀の日記作家ジョン・イーヴリンが1659年に下宿していた．バトンズ・コーヒー店（→Button's Coffee House）などコーヒー店が多いことでも知られ，文人たちの出入りが多かった．トム・デイヴィズが書店を開業したのはこの通りの8番地であった．この書店でサミュエル・ジョンソンとジェイムズ・ボズウェルが出会った．チャールズ・ラムも1817年にこの通りの家に下宿し，ロンドンで一番好きな場所だと述べた．フォーチュン劇場（→Fortune Theatre②）がこの通りにある．

S

Saddlers' Hall
馬具商同業組合会館
Gutter Lane, EC2

　馬具商同業組合会館は，14世紀末にフォスター・レインに建てられ，第二次世界大戦中の1940年にドイツ軍の空爆にあうまでに2回，1666年の大火と1821年の火災で破壊されている．現在の会館は1958年に完成したもので，150人収容の食堂がある．
→City Livery Companies

Sadler's Wells Theatre
サドラーズ・ウェルズ劇場
Rosebery Avenue, EC1

　1683年，トマス・サドラーという人物が自宅の庭に鉱泉を発見して保養地として栄えた．その後娯楽を安く提供しようと木造のミュージック・ハウスが建てられ，バーナード・マイルズが経営した．1724年の彼の死後，トマス・ロソマンが受け継ぎ，1753年に劇団を組織した．ドライデン版と思われる《テンペスト》が64年に演じられている．65年には石造りの劇場を建設した．72年にはトム・キングが引き継ぎ，隆盛を見せた．

　1801年には13歳のエドマンド・キーンがマスター・ケアリーの名前で出演した．1804年にチャールズ・ディブディンが支配人となって「海洋演劇」なるものを導入し，舞台上に大きな水の入ったタンクを用意し，海戦を再現した．1807年には火事のデマからパニックになって，20人が死亡する事件が起きた．低調な時代が続いたが，1844年に偉大な俳優サミュエル・フェルプスが借り受け，《マクベス》に始まり，62年の引退までにほとんどのシェイクスピア作品を上演した．その後はスケート場などに使われ，78年に閉館．翌年，ベイトマン夫人が乗り出し，再起を図ったが，81年に負債をかかえたまま死亡した．その後メロドラマ専門の劇場となり，93年にはミュージック・ホールになったが，結局，1906年に閉鎖された．

　21年後，リリアン・ベイリスが南のオールド・ヴィック（→Old Vic）に対する北ロンドンの劇場として買収，建て直した．1931年1月6日，ジョン・ギールグッドがマルヴォーリオを演じた《十二夜》で新時代の幕を開けた．3層の1650人（のちに1499人に減少）を収容する観客席に，プロセニアムの間口は9メートル，舞台の奥行は8-12メートルの間で変更可能だった．当初は芝居とオペラ・バレエをオールド・ヴィックと交互に上演したが，不経済なため1934年からオペラ・バレエ専門になった．40年に爆撃で破壊され，45年まで使われなかった．バレエ団は1946年コヴェント・ガーデンのロイヤル・オペラ・ハウスに移り，付属バレエ団となった（→Royal Ballet）．オペラの復活公演はピーター・ピアーズが主役を歌ったベンジャミン・ブリテンの《ピーター・グライムズ》の世界初演だった．1948-66年，ノーマン・タッカーのもとサドラーズ・ウェルズ・オペラは飛躍的な成長を遂げた．オペラ団が68年にコロシアム（→Coliseum, The）に移転してから

は，世界中からさまざまな劇団の来演を迎えている．

1926年にサドラーズ・ウェルズ財団を設立したリリアン・ベイリスを記念して，88年にリリアン・ベイリス劇場が付設された．15メートル×9メートルという異例に横長の舞台に，181から221名（全員が立ち見の場合は300名）までを収容できる観客席をもつ．98年10月にサドラーズ・ウェルズ劇場は新しい建物が完成し，付設のピーコック劇場とともにサドラーズ・ウェルズ信託会社によって運営されている．演し物はオペラ，バレエ，サーカスが中心になっている．近くのパブ，シェイクスピアズ・ヘッドには，役者のサイン入りポートレートが所せましと飾られている．地下鉄エンジェル駅に近い．

Saffron Hill
サフロン・ヒル　EC1

ホーボーン・サーカスとスミスフィールド・マーケットに近く，幹線道路ファリンドン・ロードの西側をほぼ並行して走る道路．道路名の起こりは，13世紀イーリーの司教であったジョン・カークビーがこのあたりの自分の所有地をイーリー大司教のロンドン公邸用として遺贈し，その庭園で肉の臭みをやわらげるサフランを栽培したことによる．

エリザベス一世は寵愛するサー・クリストファー・ハットンのためにこの庭園を賃借して，彼の館を造らせた．この近辺にハットン・ガーデン，ハットン・ウォールという名が残っているのはこのためである．その後この館は，17世紀にはスペイン大使の公邸に，次いで監獄に使用された．18世紀に入って，ここにアイルランドやイタリアからの移民が多数定住し，人口密集のスラム街の相を帯びた．不衛生と犯罪の巣と化し，フリート排水溝はその象徴であった．その惨状はチャールズ・ディケンズの小説『オリヴァー・トゥイスト』に活写されている．19世紀に入って，次々と環境改善が施され，かつての劣悪な環境も面目を一新した．ハットン・ガーデンは宝石取引のセンターとなった．1900年ホーボーン自治区に，さらに1965年カムデン自治区に合併された．

Sainsbury's
セインズベリー

Stamford Street, SE1

イギリス全土に400を越す店舗を持つ大手スーパーマーケット．本社はウォータールー駅に近いスタンフォード・ストリートにある．1869年にジョン・ジェイムズ・セインズベリーがロンドンに設立し，バター，ミルク，卵，チーズなどを販売した．1882年にゆったりとした店構えの凝った試験店をクロイドンに開いて成功，その成果を踏まえてロンドン各所に同様の店舗を開設した．

「清潔で規律正しく」が経営方針である．オランダのバター・メーカーであるビスマンズなど，質の良い信頼のおける仕入先との良好な取引関係をつづけ，確固たる地位を築いた．長男がメイベル・フォン・デン・バーグと結婚して有名なマーガリン会社との強い絆もできた．2001年現在，ロンドンに30余の店舗を有する．

St Alfege
セント・アルフィージ教会

Greenwich High Road, SE10

1718年の創建で，設計はニコラス・ホークスムア．ドーリス式の柱廊正面をもつ．1012年カンタベリー大司教だったアルフィージはデーン人の侵入に際して捕らえられ，身代金の支払いを拒んだため殺された．殉教者となった場所に献堂されたのが初代の建物．

この教会にまつわる歴史上の数々の出来事でとくに重要なのは，ヘンリー七世と王妃のミサ，ヘンリー八世の洗礼，オルガン奏者で，イギリス教会音楽の父であるトマス・タリスがここで活躍したこと，ケベック占領時の英軍指揮官ジェイムズ・ウルフの葬儀などであろう．また，17世紀初頭にさかのぼる戸籍簿は事前に許可をとれば閲覧が可能である．グリニッチ埠頭のカティ・サーク号の設置場所に近い．

St Andrew
セント・アンドルー教会
Holborn Circus, EC1

　ホーボーン・サーカスの南東にある教会．この場所にはすでにサクソン時代から教会があったが，17世紀までには荒廃してしまった．シェイクスピアのパトロンとされるサウサンプトン伯爵ヘンリー・ロツリーはこの教会でヘンリー八世を名づけ親として洗礼を受けた．ピューリタン革命時，ここの教区牧師だったジョン・ハケットは従来の祈禱書を使いつづけ，そのため革命軍にピストルを突きつけられたとき，「務めに励んでいるのだ．君らも務めに励みたまえ！」と言ったという．ロンドン大火をまぬかれたが1690年にクリストファー・レンによって再建された．19世紀半ば，ホーボーン・ヴァイアダクトの工事のため教会墓地の一部を失った．会堂の西端の壁龕（へきがん）には，教区民であった造船・貿易商のトマス・コーラムの墓がある．この墓は，聖水盤，説教壇，ヘンデルがコーラムに贈ったオルガンとともに，1961年，捨て子養育院（→Thomas Coram Foundation for Children）から移されたものである．

St Andrew-by-the-Wardrobe
セント・アンドルー・バイ・ザ・ウォードローブ教会
Queen Victoria Street, EC4

　ブラックフライアーズ駅に近い教会．最初の記録は13世紀半ばにさかのぼるが，名称も「ベイナード・カースルの近くの聖アンデレ教会」だった．14世紀半ばに近くに王室衣装保管庫ができて，現在の名称に改まった．ロンドン大火で焼失．1695年に7000ポンド以上をかけてクリストファー・レンによって再建された．1940年の空襲で塔と外壁を残して再び焼け落ちたが，1961年に美しい漆喰細工やアーチ状の天井，ギャラリーを備えた教会に再建された．

St Andrew Undershaft
セント・アンドルー・アンダーシャフト教会
Leadenhall Street, EC3

　コーンヒルを東に進んだレドンホール街の左側にある教会．12世紀半ば以来この地にセント・アンドルー・コーンヒルと呼ばれて立っていた．アンダーシャフトという名は，毎年メイポールを会堂のそばに建てる習慣があって

―――[ロンドン・ア・ラ・カルト]―――

ストーのロンドン

　ジョン・ストー(1525-1605)はロンドンに関する最初の本格的年代記編者である．1525年ロンドンのスログモートン・ストリートに獣脂蠟燭商の子として生まれた．仕立職人となったが，30代半ばから文筆業を天職と思うようになった．『チョーサー作品集』(1561)やホリンズヘッドの『英国年代記』(1580, 1585-87)の編集を手がけるが，やがて歴史への強い関心と非凡な観察眼が代表作『ロンドン通覧』(1598)に結実した．ロンドンの成立過程の記述と街路ひとつひとつの丹念な探索記によって，大都会ロンドンの姿が初めてリアルにとらえられた．

　今日，当時のロンドンについてわれわれが詳細な見取り図をもつことができるのはまさにこの一書に負うところ大である．しかし，世はその業績に報いること少なく，ストーの生涯は貧しかった．1605年80歳で世を去る．セント・アンドルー・アンダーシャフト教会に，彼の死後未亡人によって建てられた鷲ペンを握って机に向かうストーの半身像がある．毎年4月に催される追悼の会では，ストーの手に新しい鷲ペンが供えられるという．

鷲ペンを持つジョン・ストーの大理石像(17世紀)

(1517年中止)，教会の塔がその柱(シャフト)より低かったことに由来する．ロンドン大火とドイツの空爆をまぬかれたシティに現存する，わずか5つの教会のひとつ．シティにあるゴシック様式の教会の中で最も壮麗であるが，現在は礼拝には使用されていない．ルネサンス時代の入口の扉と鉄の門があり，塔は15世紀のもの．塔以外の部分は，1520年から32年にかけて再建され，塔は1830年に修復された．

　内部は天井の高いイースト・アングリアのゴシック様式で，北と南の側廊のアーケードには6つの張り出し窓があり，浅い内陣がある．身廊の木造の平面天井は1950年ごろに修復されたが，125個の16世紀初期の金箔の浮き出し飾りは，そのまま使用されている．元来は東の窓であった金色の燦然たる17世紀の窓ガラスは，ヴィクトリア朝時代に西に移動された．そして東の窓には貧弱な窓ガラスが入れられ，17世紀後期のみごとな彫刻を施したオルガン・ケースは現在不便な南東の隅に置かれ，床は醜悪なタイル張りにされた．ハンプトン・コートで有名な鉄の門を造ったジャン・ティジュの鉄の聖体拝領台(1704)や，同じく18世紀の刀剣台なども，壁画とともに現存している．そのすべてが後期ジョージ朝様式の側廊のすりガラスを通して入ってくるやわらかな光を浴びている．聖水盤はニコラス・ストーン製作(1631)で，歴史家ジョン・ストーの記念碑同様ロンドン大火以前のもの．ストーは1605年，この教会に埋葬された．大理石の記念碑に刻まれたストーが，右手に持っている鷲ペンは，毎年ロンドン市長が新しいものに代える．ヘンリー八世の宮廷画家であったハンス・ホルバイン(子)の銘板も見られる．彼はこの教区の住民であった．古い鏡板がはめられた聖具室には，18世紀末に流行したヘップルホワイト様式(18世紀末の中産階級向きの堅固で優美な家具様式)のみごとな一組の椅子が見られる．

St Anne
セント・アン教会
① Commercial Road, E14

　この教会のあるライムハウス地区は，かつては海運，港湾活動に従事する人々の居住地で，ロンドンの最東端に位置する住宅密集地であった．近年のドックランド再開発でこの地域は大変貌をとげたが，18世紀の名残りをとどめるのがこの教会である．創建は1724

年，ニコラス・ホークスムアによる設計．

建築様式は，スピタルフィールズのクライスト・チャーチ，ブルームズベリーのセント・ジョージ教会とともに古典様式の手本といわれる，貴重な建築物である．1941年の空襲で大損傷を受けるが，修復され今日に至る．正面の時計塔はロンドンの教会のものとしては一番高い．

② Kew Green, TW9

キュー植物園の正面入口前の広場キュー・グリーンにある教会．創建は18世紀初頭，アン女王の支援で，王室との結びつきが続いた．ジョージ三世もキュー・パレスを取得したとき，この教会を増築した．現在の教会は19世紀にさかのぼり，このとき柱廊玄関と小鐘塔が取りつけられた．肖像・風景画家のトマス・ゲインズバラと肖像・家庭団欒画家ヨハン・ゾファニーの墓がある．

③ Wardour Street, Soho

現在，映画産業の代名詞となった感があるウォーダー・ストリートにあった教会で，塔と墓地だけが現存する．ここに教会が建てられたのは，クリストファー・レンあるいはウィリアム・トールマン，おそらくは両者の設計による．1686年のことであった．特徴ある塔は18世紀になってからの増築．教会は1940年の空襲で塔を除いて全壊した．教会再建の計画が取り沙汰されているが実現に至っていない．1976年，塔は時計とともに修復された．

塔の下の墓地には，批評家ウィリアム・ハズリット，探偵小説家で教会委員でもあったドロシー・L・セアーズらが埋葬されている．18世紀の伝説的なコルシカ王テオドール（実はドイツの貴族）の墓もある．

St Barnabas
セント・バルナバ教会

Addison Road, W14

ウェスト・ケンジントン地区にルイス・ヴァリアミーの設計で1827年から29年にかけて建設された教会．

会堂は，当時人気の高かったケンブリッジのキングズ・コレッジ・チャペルと同じく後期垂直式の堅固で密な煉瓦造りの建物で，八角形の小塔，西側にポーチ，ゴシック様式のトレーサリがとくに目立つ．

会堂の内部は鋳鉄製の柱に支えられた3面の回廊によって見事な均整がとれている．1860年にジョン・ジョンソンにより増築され，1909年にはサー・トマス・グレアム・ジャクソンにより祭壇が再改築された．異常に大きい地下礼拝堂は，ベンジャミン・ブリテンの後援のもとに1961年に結成された聖歌隊，ロンドン少年合唱団の本部である．1957年，T.S.エリオットが2番目の妻ヴァレリー・フレッチャーと結婚式を挙げたのはこの教会においてであった．

St Bartholomew's Hospital
セント・バーソロミュー病院

West Smithfield, EC1

バービカン・センターとセント・ポール大聖堂の近くにある教育病院（付属の医学校をもつ病院）．一般にバーツ（Bart's）と呼ばれる，イギリス最古の病院である．『緋色の研究』冒頭の，シャーロック・ホームズとワトソン博士の歴史的出会いの場としても知られる．

ヘンリー一世の寵臣で，聖アウグスティノ会修道士であったラヒアによって1123年に創立された．病院と同時に小修道院が併設された．院長のほか8人の信者および4人のアウグスティノ修道会尼僧が病院を運営した．病人や巡礼者のみならず貧困者や孤児や浮浪者なども受け入れられた．

1381年，農民一揆（→Peasants' Revolt）の指導者ワット・タイラーが市長に刺されてここに運び込まれたが，王の家臣に引きずり出され，その場で首をはねられた．1537年に小修道院はヘンリー八世により解散させられ，その収益は没収された．収入は減ったが，病院は存続した．1546年，シティは院長と牧師の代わりに理事会をおき，ロンドン市長がそれを統括した．

医学生については1662年の記録に見られるが，それ以前にも存在したと思われる．17世紀末には1回手術するごとに外科医に6シ

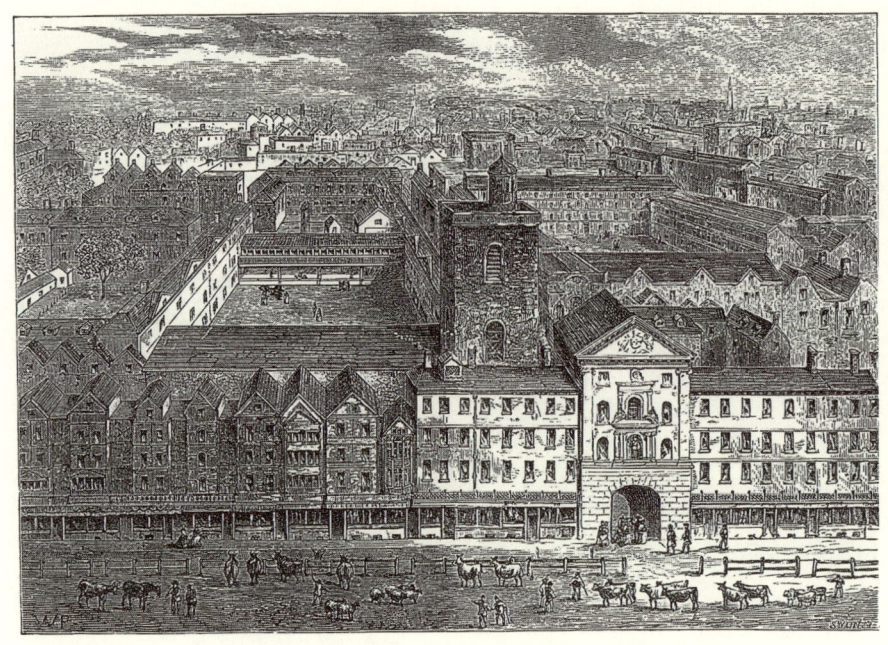

ロンドン最古の病院，セント・バーソロミュー病院

リング8ペンスが支払われた．不必要な切断手術が行なわれないように，財務係，理事およびほかの外科医の許可と患者の友人たちへの告知が必要とされた．

　1714年，患者から取り出した結石を理事に見せ，会計室に陳列すべしとの命が下された．これが病理学博物館のはじまりと思われる．1730年から59年にかけて，病院は中庭をぐるりと囲むロの字形の建物に改築された．1734年，画家のウィリアム・ホガースが理事に選出され，3年後彼は《ベテスダの池》と《善きサマリア人》を寄贈，現在中央階段の壁面にかけられている．ポッツ病とポット骨折の原因を究明したパーシヴァル・ポットは1749年から87年までこの病院の外科医だった．1791年には新しい講堂が解剖学・生理学・外科学担当教師であったジョン・アバーネシーのために建てられ，1822年には彼のために大解剖室が造られた．1861年，初めて医学的・外科的疾患を記述したジェイムズ・パジェットが外科医に選ばれている．

医学校は1900年にロンドン大学（→University of London）のコレッジのひとつに加えられた．このコレッジはロンドンの医学校で初めて，常勤の専門家チームを内科医学と外科医学に導入した．1948年に国民保健サービス（National Health Service）に吸収された．1993年現在でベッド数800床あまり，年間入院患者が1万人を超える大病院である．
→Hospitals

St Bartholomew-the-Great
セント・バーソロミュー・ザ・グレイト教会
West Smithfield, EC1

　スミスフィールド・マーケットとセント・バーソロミュー病院の北側にある教会．12世紀初頭，吟誦詩人のレイヤーはヘンリー一世の元宮廷付道化師であったが，宗教的回心を経験してローマへの巡礼に旅立った．彼はローマ巡礼の途上，マラリアにかかり病に倒れたが，幸い回復した．その感謝のしるしに，彼

は帰国すると「貧しい人々の健康の回復のために」病院を創設した．同時に，聖バーソロミューの幻に促されて，スミスフィールドに隣接する敷地にオーガスティン・フライアーズ（アウグスチヌス派）の小修道院を設立し，その初代院長になった．小修道院教会の東の部分は，聖歌隊席，屋根付き回廊，聖母礼拝堂を含めて1123年に完成され，献堂式が行なわれた．その後，翼廊と大きな身廊が創設され，新しい聖母礼拝堂が1405年ごろに増設されたことで教会はさらに拡張された．15世紀にさらなる増設や改造が行なわれ，1515年ごろに，非常に美しい出窓が内陣の南側に造られた．病院は1420年に修道院から分離された．

ヘンリー八世の修道院解散令で，小修道院は国王に明け渡された．国王はそれをサー・リチャード・リッチに売却したが，内陣は教区の礼拝のために保持された．だが，建物の大部分は，身廊を含め崩壊し，小修道院は平信徒の使用に売却された．1622年から26年にかけて煉瓦造りの塔が西端に建てられ，古い中央のそれに取って代わった．その後，建物は次第に老朽化し，19世紀には何度も修復や修繕が行なわれ，世俗的活動の多くが禁止された．1884年に復元工事が行なわれた．今日では，内部は中世後期よりもはるかに暗い．それは再建にあたって明かりを取り入れていた大きな窓が取り除かれたからである．にもかかわらず，その効果はじつに印象的である．大きな石造りの聖歌隊席には巨大な柱があって，それらが無地の円形アーチを支えている光景は，ロンドンでは唯一のノルマン建築の壮麗な見本である．教会を引き立たせる記念碑の中に，死後300年を経て1143年に建てられたレイヤーのものがある．礼拝堂の中の大部分の調度品は19世紀のものであるが，15世紀の八角形の聖水盤があり，その聖水盤で，この地区のバーソロミュー・クロースで生まれた画家のウィリアム・ホガースが1697年に洗礼を授けられた．

今日，100のロンドン教区教会のひとつとして，中世の建物の中に閉じこめられ，ひし

ゆがめられるように残っている．セント・バーソロミュー教会の一帯はリトル・ブリテン（→Little Britain）と呼ばれているが，その昔は月曜日の朝になるとこのマーケットの広場は，家畜や行商人で雑踏をきわめたという．ベン・ジョンソンの劇でも有名なバーソロミュー定期市（→Bartholomew Fair）は，ホガースの時代には，ロンドン市長が取締り条令を発したほど，その騒ぎは狼藉をきわめたという．チャールズ・ディケンズの小説『オリヴァー・トゥイスト』にも，この広場における家畜市の模様が描かれている．

近くのセント・バーソロミュー病院の構内にはセント・バーソロミュー・ザ・レス教会（→St Bartholomew-the-Less）がある．

St Barthlomew-the-Less
セント・バーソロミュー・ザ・レス教会
West Smithfield, EC1

　セント・バーソロミュー病院（→St Bartholomew's Hospital）の門を入ると左側にある小さな教会．最初は12世紀後半に病院の礼拝堂として建てられたものだが，現在の教会は1825年にトマス・ハードウィックによって再建されたものである．ただし，塔と西壁は15世紀のもの．ハードウィックは再建に際して，1789年にジョージ・ダンス（子）が考案した教会の内側を八角形に構築する方式を取り入れ，木材の代わりに石材を使うことによって，強度を改善した．第二次世界大戦中に窓が破壊されたが，1951年にヒュー・イーストンによって新しい窓が造られた．塔の下の入口の床に，病院の所有者であったウィリアム・マークスビー（1439没）とその妻を記念する銘板がはめこまれている．1573年，イニゴー・ジョーンズがこの教会で洗礼を受けている．

St Benet Paul's Wharf
セント・ベネット・ポールズ・ワーフ教会
Upper Thames Street, EC4

　ベネットはイタリア語ではベネディクトとなる．これは聖ベネディクトに奉献された教会で，地下鉄ブラックフライアーズ駅に近い．

1666年のロンドン大火ののち，建築家クリストファー・レンにより再建され，レンの手掛けた教会建築の傑作のひとつに数えられている．現在は英国国教会のロンドン主教区に所属するが，ウェールズ系の教会として知られ，礼拝はウェールズ語で行なわれる．

　ルネッサンス期の大建築家イニゴー・ジョーンズの墓が教会内にあり，彼の父方の祖父がウェールズ系であったことから，ウェールズとの古い関係が指摘されている．

　名称の後半のポールズ・ワーフとは，セント・ポールの波止場の意味で，ロンドン大火ののち，セント・ポール大聖堂再建用の石材がここで陸揚げされたことに由来する．

　シェイクスピア作『十二夜』の5幕1場37行の道化のせりふには，この教会と思われる名が出てくる．

St Botolph
セント・ボトルフ教会
Aldgate, EC3

　ロンドンには聖ボトルフに献じられた4つの教会がある．この教会は，ビショップスゲートのセント・ボトルフ教会などと同様，旅行者の信仰の求めに応じるためにロンドン市の主要な門の近くに建てられた教会のひとつ．最初はここに，ホーリー・トリニティ小修道院の礼拝堂があった．その記録は12世紀にさかのぼる．教会は宗教改革の直前に建てられたが，ヘンリー八世の修道院解散令により，国王の領地に併合された．

　1740年ころまでに，このテューダー朝の建造物の老朽化にともない，新聖堂の設計がジョージ・ダンス(父)に委嘱された．教会の解体中に内臓がはっきりと見える直立した少年の遺体が地下納骨堂で発見され，人々は2ペンスを払ってこの無気味な光景を見るために群がった．ダンス設計の新しい教会は1744年に完成，献堂式が行なわれた．赤煉瓦造りで3面にヴェニス式窓がある塔にはオベリスクの尖塔がある．1889年にジョン・フランシス・ベントリーにより内部が改装された．1965年の火災ののち，ロドニー・タッチェルが修復工事にあたり南端に魅力的な八角形の洗礼所を造った．修復が完成したあと，1966年11月に，皇太后の臨席のもと，ロンドン主教によってあらためて聖別の儀式が行なわれた．この教会には1744年に鋳造された8つの鐘が現存し，今もその響きを聞くことができる．

　ジェフリー・チョーサーは1374年にこの教区に住み，エドマンド・スペンサーは1552年頃ここで誕生，ダニエル・デフォーは1683年にこの教会で挙式．デフォーは『疫病年日誌』にここの教会墓地の大きな墓穴に4か月で5000人以上の犠牲者が詰め込まれたと記している．

St Bride's
セント・ブライド教会
Bride Lane, EC4

　シティで新聞街として名高いフリート・ストリート(→Fleet Street)の横丁に6世紀以来そびえる教会．その名にふさわしいクリストファー・レンのウェディング・ケーキに似た尖塔でも有名である．フリートの不死鳥と呼ばれるこの教会は，ケルト人，ローマ人，アングロ・サクソン人，ノルマン人と多くの民族の歴史をもつこの場所に，およそ2000年にわたるイギリス民族の発展を見守ってきた．1940年の空襲で大破したが，その復興の努力が2000年の昔を発掘させることになった．納骨堂はその資料展示場となっており，ローマ時代の石の舗装も発見された．

　ブライドという名は，アイルランドのキルデアの5世紀の聖女ブリギットにちなんだもので，アイルランドの守護聖人，聖パトリックとほぼ同時代人である．一説によれば聖ブリギットは水をエールに変えることができると信じられていたので，彼女に捧げられた教会は泉の近くに建てられた．そこでフリート川の近くに小さな礼拝堂が建てられたと伝えられている．以来この教会を中心に多くの学識ある僧侶たちが住んだので，印刷業が発展した．1535年にここに埋葬されたウィンキン・ド・ウォルデは，ウィリアム・カクストンにつづく印刷業者であった．18世紀になると，この教区には『パミラ』(1740)の作者サミュエル・リ

チャードソンやサミュエル・ジョンソンなど多くの文人との関係が生まれる．ジョン・ドライデン，ジョン・ミルトン，アイザック・ウォルトン，ジョン・イーヴリンなどはこの教区民であった．

ロンドン大火によって教会は完全に破壊されたが，1670年から75年にかけてレンの設計による新しい教会が灰燼の中から不死鳥のように立ち上がった．八角形の層になった尖塔が有名で，この形が近くのパン菓子職人のリッチという男に示唆を与え，彼はそれをモデルにしたウェディング・ケーキで有名になった．1764年の落雷で高さ70メートルの尖塔が2.5メートルほど失われ，国民の関心事となった．国王ジョージ三世は適切な避雷針を取りつける件でベンジャミン・フランクリンに相談したところ，先のとがった尖塔にするよう忠告されたが，国王は「鋭利でないタワー」を望んだので，フランクリンは国王を「善良で，鋭利でない（鈍感な），正直なジョージ国王」と評したという逸話も残っている．

聖堂は第二次世界大戦で破壊されたが，外壁は残った．その後レンの設計を入念に考慮して修復された．内部には5つの張り出し窓があり，多少突き出た内陣と筒形丸天井が見られる．西側には昔の吟遊詩人のための回廊があり，床は黒と白の大理石で，地下にはロンドン大火の記録やローマ時代の遺物が収納されており，シティの歴史を語る重要な存在となっている．セント・ブライド教会編の『フリート街の不死鳥』という書物が，そのすべてを物語っている．

St Clement Danes
セント・クレメント・デインズ教会
Strand, WC2

1682年に建てられた教会．ストランド街とフリート・ストリートとの接点に，しかも大通りの真ん中の"島"状の敷地に立つ教会なので，すぐ手前のセント・メアリ・ル・ストランド教会（→St Mary le Strand）と同じく中の島教会（アイランド・チャーチ）と呼ばれる．「オレンジにレモン，聖クレメンツの鐘はいう」と

セント・ブライド教会

昔の童唄に歌われているように，毎年3月31日にはこの教会付属の小学生たちが礼拝に参加してオレンジとレモンをもらう習慣がある（→Ceremonies and Festivals）．またこの教会は，イギリスの文豪サミュエル・ジョンソンが礼拝に通ったところで，12月13日にはその記念祭典が行なわれる．ジョンソン博士が常席としていた北側中二階の18番の近くの柱に真鍮の銘板がとりつけられている．会堂の裏手にある小さな境内に，博士の読書姿の立像がある．

11世紀初頭にはロンドンの市壁外にあったが，この教会の司教，聖クレメントはローマ皇帝に殺されている．9世紀にアルフレッド大王は，ロンドン市内からデーン人を追放したが，イギリスの女性と結婚したものは市壁外であれば住むことを許された．以来セント・クレメント・デインズと呼ばれるようになったという．歴史家のジョン・ストーによれ

セント・クレメント・デインズ教会

ば,「デーン人の王ハロルドとその他のデーン人がここに埋葬されたから」というが,定かではない．

この教会はロンドン大火はまぬかれたが,まもなくひどく老朽化したので,クリストファー・レンによって再建された．1679年に彼が設計した新しい教会の中で,唯一後陣を有するものである．1719年にはジェイムズ・ギブズにより,優雅な3段の尖塔が付加された．1941年の爆撃で会堂の内部は破壊され,尖塔はそのままに,背後には楕円形の礼拝堂が外壁だけを残して,まさにガラン堂の廃墟と化したが,1958年にイギリス空軍および英連邦空軍の寄進により,W.A.S.ロイドがみごとに修復した．いまやイギリス空軍の本部教会となっている．ウェールズ原産の粘板岩から切り取られた750以上の飛行中隊の記章が床に飾り付けられており,戦死者全員の完全な名簿がある．また大戦中イギリスに駐屯していたアメリカ空軍兵1900名の名前もある．祭壇背後の金色の飾り壁には,ラスキン・スピアの《受胎告知》図が見られる．

St Dunstan in the East
セント・ダンスタン・イン・ジ・イースト教会

18世紀初頭まで現在のアイドル・レインに立っていた教会．アイドル・レインはテムズ川の北岸,ロンドン橋の東側にある小さな路地の1つ．教会の創建は13世紀半ばごろ．1703年にロンドンを襲った大嵐でロンドン中の教会の尖塔が壊滅状態に陥ったときでも,クリストファー・レンによるこの教会の尖塔は健在だった．

聖ダンスタンはサクソン人でカンタベリー大司教であったと同時に,金細工の名人であったことから金細工師の守護聖者としてあがめられている．ロンドンにはこの聖者をまつる教会が2つ建てられた．西のほうの教会(→St Dunstan in the West)は現存するが,東の教会は第二次世界大戦中の1941年,爆撃で消滅した．今日,教会跡は1971年に復元された塔と身廊外陣の壁が残る．敷地は現在庭園になっている．

St Dunstan in the West
セント・ダンスタン・イン・ザ・ウェスト教会

Fleet Street, EC4

フリート・ストリートの西端近くに立つ,八角形の黄色味を帯びたフリーストーン(特別な石目がなくどんな方向にでも自由に切り取れる)による後期ゴシック様式の40メートルの塔をもつ教会．10世紀のサクソンの聖ダンスタンに由来する教会で,13世紀にはセント・ダンスタンズ・ウェストと呼ばれ,ロンドン塔に近いセント・ダンスタン・イン・ジ・イースト教会(→St Dunstan in the East)と区別されていた．

1666年のロンドン大火はかろうじてまぬか

れた．その翌年，1667年8月18日のサミュエル・ピープスの日記がある——「聖ダンスタン教会へ行く．そばに可憐なる乙女あり．しとやかなる娘に見えたれば，われ手を触れんとせしも許さず…」

　大火をまぬかれた感謝のしるしとして，教区の人々は1671年に文字盤が両面についた掛時計をトマス・ハリスに製作させて，教会堂の外の木の梁受けに吊るした．フリート街の通行人の頭上に張り出したその時計の背後には，イオニア式の神殿があり，その中で2人の巨人ゴグとマゴグ（→Gog and Magog）が15分おきに首を振りながら鐘を打つ．これがロンドン中の評判になったという．「古い教会の尖塔高くに私が語るチャイムズがある」と，チャールズ・ディケンズの『鐘の音』でも有名になったこの教会の巨人像を，少年デイヴィッド・コパーフィールドも眺めたのである．

宗教改革者で聖書の翻訳者であったウィリアム・ティンダルは，1523年にここで牧師補を務めた．会堂入口の西側に彼の胸像がある．また詩人でもあったジョン・ダンは，1624年から31年に逝去するまで，この教区の牧師であった．彼の胸像は入口の東側にある．『釣魚大全』の著者として英文学史上でも有名なアイザック・ウォールトンは，ダンの下で教会の世話役をしていた．西の窓に彼を記念するステンドグラスが輝いている．

St Edmund the King
セント・エドマンド・ザ・キング教会

Lombard Street, EC3

　シティのバンク駅から東へのびるロンバード街にある．870年にデーン人たちの信心放棄の強要を拒んでキリスト教のために殉死したイースト・アングリアの王のために建てられ

――［ロンドン・ア・ラ・カルト］――

ロンドンとマザー・グース

　マザー・グースには，ロンドンの町の歴史がいろいろな形で反映されている．まず思い出されるのは，'London Bridge is broken down'（または is falling down）で始まる唄．ロンドン橋の架橋工事の際に使われた材料や橋の流失の歴史を浮き彫りにしたこの唄は，昔の橋梁建設にからむ残酷な人身御供の風習までもにじませている．また，'Gay go up and gay go down, / To ring the bells of London town.' という第一連で始まる唄は，セント・マーガレット，セント・クレメントなどの教会，オールドゲート，ステップニーなど，市内の教会や地名が頻出し，さながらロンドン案内の唄であるが，その背後には封建時代の金貸し業者の実態が浮かんでいる．この唄にはさまざまな変え歌があって，'Oranges and Lemons, / Say the bells of St.Clement's.' という第一連で始まる唄も有名である．

　事件を背景にしたものでは，'Ring-a-ring o' roses, / A pocket full of posies. / A-tishoo!' で始まる唄がよく知られている．roses とは rosy rash（赤い輪形の発疹），posies は疫病の消毒薬草，そして最後の fall down は死を表わしていることからみて，この輪遊び唄はロンドン大疫病を歌いこんだものと考えられる．議事堂爆破陰謀事件のガイ・フォークスもまたマザー・グースに登場する．

　歴史や出来事のほかに，ロンドンに憧れる地方の人間の気持ちを反映した唄もある．'Pussy cat, pussy cat, where have you been? / I've been to London to look at the queen. / Pussy cat, pussy cat, what did you there? / I frightened a little mouse under her chair.' ここに登場する女王とはエリザベス一世のことだそうだが，その足元で追いかけっこをしている猫とネズミに女王はどういう反応を示しただろうか．

た教会．ロンドン大火で焼け落ちたあと，1670年から79年にクリストファー・レンによって再建された．第一次世界大戦中の1917年に爆撃を受けたが，戦後ふたたび修復された．八角形のめずらしい尖塔は，1708年につけ加えられたもの．これと同時に，すぐれた彫刻や装飾を施した木製の祭壇や聖水盤の蓋が備えつけられた．『スペクテイター』誌を創刊したジョーゼフ・アディソンは，1716年にこの教会でウォリック伯爵未亡人と結婚した．

St Ethelburga-the-Virgin within Bishopsgate
セント・エセルバーガ・ザ・ヴァージン・ウィズイン・ビショップスゲート教会

Bishopsgate, EC2

　ロンドンで最も長い歴史を誇る，最も小さな教会．ロンドン大火ではかろうじて焼失をまぬかれ，2度の世界大戦の災禍をもまぬかれ，おそらくイギリス唯一の創建当時の献堂の記録を有する国教会の教会であろう．ここに祀られている聖者のエセルバーガは，エセックスのバーキングの尼僧院長であった．建立の正確な年代は不明だが，その歴史は13世紀前半に始まると考えられている．1366年から修道院解散まで，この教会は近隣のセント・ヘレン教会修道院の庇護を受けていた．教会領地の併合のあと，セント・エセルバーガ教会には1.2ヘクタールの小さな教区が割り当てられた．

　質素な会堂内部は身廊，内陣，南側廊からなり，サー・エドウィン・クーパーによって造られた近代的な内陣桟敷と優美な装飾を施された仕切りが，内部を引き立てている．南身廊の3つの窓は1607年に北西航路探検の試みに出かけるヘンリー・ハドソンとその仲間たちの記念窓である．初期のころの牧師のひとり，ジョン・ラークは，トマス・モアの友人であったが，ヘンリー八世が政治上・宗教上有する至上権を否認したため，1544年絞首刑に処せられた．19世紀後半以来この教会はローマ・カトリックの傾向を強め，20世紀30年代まで高教会となっていた．1954年，教区がビショップスゲートのセント・ヘレン教会の教区と合併した．

St George's Hospital
セント・ジョージ病院

Blackshaw Road, SW17

　1733年ロンドン南郊に開設された病院．現在地に移転したのは1980年で，それまではハイド・パーク・コーナーにあったレインズバラ・ハウスを病院としていた．この建物は18世紀はじめのものでレインズバラ侯爵の邸宅であった．

　この病院が生み出した最大の医学者は，近代的手術の父ジョン・ハンターである．その他，王立研究所（→Royal Institution）の自然哲学教授トマス・ヤング，30を超える版を重ねた『解剖学』の著者ヘンリー・グレイなど多くの著名な人物を輩出した．

　1820年代に建て直され350床を有する新院となった．1834年に医学校がキナートン・ストリートの近くに開かれたが，1968年に病院の敷地内に移転．1869年ウィンブルドンに回復期患者用の保養所が建設された．病院と医学校は1980年にトゥーティング地区に移転した．地下鉄トゥーティング・ブロードウェイ駅に近い．

St Giles-in-the-Fields
セント・ジャイルズ・イン・ザ・フィールズ教会

St Giles High Street, WC2

　地下鉄駅トッテナム・コート・ロードから南西方向，セント・ジャイルズ・ハイ・ストリートの南側にある教会．

　最初は名の示すように，シティの城壁外の野原に，ヘンリー一世の妻マティルダによって1101年に創設されたハンセン病院付属の小礼拝堂で，身障者や浮浪者の守護聖人ジャイルズに捧げられた．13世紀ごろまで，この礼拝堂は教区民や患者たちの世話をした．この地区は1665年のロンドン大疫病の発祥地で，その年だけで3000件以上の埋葬が行なわれ，1620年代に再建された新しい煉瓦造りの教会

も荒廃に帰した．その惨状は，のちにダニエル・デフォーが想像を交えて書いた『疫病年日誌』やサミュエル・ピープスの日記に詳しく記録されている．荒廃した教会は1733年に，セント・マーティン・イン・ザ・フィールズ教会(→St Martin-in-the-Fields)を模倣して新しく建てられた．ウィリアム・ホガースの版画《ジン横丁》(1751)の遠景にその姿を見ることができる．18世紀のホガースの時代から，19世紀の半ばチャールズ・ディケンズのころまで，この地区には多くのジン酒の店があって，ルッカリー(rookery)と呼ばれる貧民窟であった．

チャールズ二世(在位1660-85)のころには，この教会の近くに七つ叉の迷路の真ん中に街路名を記した6つか7つの石のダイアルをのせたドーリア式の柱が建てられていたことから，この地点をセヴン・ダイアルズ(→Seven Dials)と呼んだ．1773年に取り壊されたが，現在の教会の鐘楼の上の時計が昔の石のダイアルをしのばせる．北の側廊の質素な説教壇は，ジョン・ウェスリーが使用していたものである．西の三角屋根の上にそびえる塔は時計の上部で八角形となり，尖塔は帯状をなし，金色の球体と風見がついている．教区の登記簿にはめずらしいものが多く，埋葬者の中にはホメーロスの翻訳者ジョージ・チャップマン(1634)，詩人のアンドルー・マーヴェル(1678)，画家のゴドフリー・ネラー(1723)などの名が見られる．そのほかジョン・ミルトンの娘のメアリ(1647)，バイロンの娘アレグラとシェリーの2人の子供も同時(1818)にここで洗礼を受けているし，シェイクスピア劇の俳優デイヴィッド・ギャリック(1749)やファニー・ケンブル(1786)が結婚式を挙げている．伝説的ではあるが，17世紀のおいはぎクロード・デュヴァルも1670年にここに埋葬されたと伝えられている．

St Giles without Cripplegate
セント・ジャイルズ・ウィズアウト・クリプルゲート教会

Fore Street, EC2

ローマ時代の防壁に沿って造られたロンドン・ウォールの北の，フォー・ストリート(ダニエル・デフォーが生まれた)の西端，今は新しく開発された地区の中央部分に立つシティでも重要な教会．この地での最初の礼拝場所はロンドンの市壁のちょうど外側の湿地にあった．教会は1090年ごろに建造され，14世紀に3度以上拡張再建されたが，火災でほとんど破壊されたあと，1545年から50年に再度建て直された．1665年，教区はペストに襲われた．記録によると，他のいずれの教区よりも多くの犠牲者が出た．だが，翌年のロンドン大火の難を逃れることができ，その後，第二次世界大戦で骨組みだけになってしまうまで，幾度も改造や修復が行なわれた．戦後の1960年にゴドフリー・アランにより再建され，再開されることになった．前方にはシティ・オブ・ロンドン・スクール・フォー・ガールズという女学校が立っており，バービカン・センターを含めて周囲はシティの中でも最もモダンな地区となっている．

昔の姿をそのままにとどめる塔の上の煉瓦づくりの部分は，1682-4年にジョン・ブリッジズによってつけ加えられたもので，その上からは風見のついた木造の小塔が突き出てい

セント・ジャイルズ・イン・ザ・フィールズ教会 (1730年代)

る．調度品の大部分は近代的なものであるが，オルガンは18世紀のもので聖水盤と一緒に1959年に閉鎖されたオールド・ストリートのセント・ルーク教会からのものである．

　この教会の歴史には著名な人々の名が刻まれている．『殉教者列伝』の著者ジョン・フォックスは1587年ここに埋葬され，スペイン無敵艦隊に対する提督で英雄であったマーティン・フロビッシアは1594年に埋葬された．南側身廊の西端に，1674年にジョン・ミルトンが埋葬されたことを記した記念銘板がかかっている．伝えられるところによれば，ミルトンの墓が1793年に開かれ，彼の髪と歯と1本の肋骨が抜き取られ，遺体を納めていた棺が少額の料金で見学に供された．南の側廊に彼の半身像がある．歴史家で地図製作者のジョン・スピードは1629年に埋葬され，1607年，シェイクスピアは甥の洗礼式でこの教会に出席し，オリヴァー・クロムウェルは1620年にここで挙式した．画家のホルマン・ハントは1827年に受洗している．

St Helens'
セント・ヘレン教会
Bishopsgate, EC3

　キリスト教に帰依した最初のローマ皇帝コンスタンティヌス大帝の母ヘレナに献げられた教会．おそらく13世紀はじめに建立され，当初の姿をそのまま今日に残している数少ない教会．ロンドンの古い教会の中で最も大きくて美しい教会のひとつと見なされ，シティの最高権威者たちに関する記念碑の数が多いことから，しばしば「シティのウェストミンスター・アビー」と称せられる．1204年ごろこの教会内にベネディクト会女子修道院が設立され，それに伴って教会は建て直された．そのため北側に修道女用の身廊，南側に一般教区民用の身廊が並行して造られた．16世紀までに数多くの増改築が行なわれた．修道院解散令で，身廊の仕切りが取り払われ，修道女の聖歌隊が席を占めていたその名残りとして，15世紀のアーケードだけが残った．1630年代にシティ同業組合の費用でそのアーケードが

修復された．18世紀および19世紀に幾度も修繕，増築されたが，中世の教会の本質的な構造に変化はない．

　内部はさほど広くないが，豪奢な印象を与える．南西には彫刻を施した17世紀の見事な扉があり，堂内の多数の立派な記念碑は過去の商人たちの豊かさと後援を物語る．対照的に南の窓は無装飾，屋根は簡素で傾斜が緩く，小屋梁造りである．北壁には修道女のための夜間用の階段，聖遺物収納所などが設けられている．説教壇は大きな天蓋形のひさし飾りが特長である．赤と黒の大理石の聖水盤は1632年以来のものである．内陣には1665年の日付のあるめずらしい木製の刀剣台や15世紀の修道女の聖歌隊席が残る．クロスビー・ホールの創設者サー・ジョン・クロスビー，王立取引所創立者サー・トマス・グレシャム，ロンドン市長であったサー・ジョン・スペンサーなどがここに埋葬されている．

St James's Club
セント・ジェイムジズ・クラブ

　1859年，外交官のために設立されたクラブ．1868年まではセント・ジェイムジズ・ストリートにあったが，賭博クラブとして有名だったコヴェントリー・クラブの本拠を買い取って，以後1975年までクラブハウスとしていた．会員は外交官が多かったが，ときがたつにつれて他分野からの入会者も増えていった．1922年からはディレッタンティ・ソサエティ（→Dilettanti Society）の会合もこのクラブハウスで開かれた．また第二次世界大戦中はバチェラーズ・クラブにも場所を提供した結果，バチェラーズ・クラブとセント・ジェイムジズ・クラブは合併するに至った．なお財政事情の悪化により，1975年には，このクラブの一部とブルックスズ（→Brooks's）と合併した．

St James's Coffee House
セント・ジェイムジズ・コーヒー店

　セント・ジェイムジズ・ストリートに1705年に開店，ウィッグ党の店として評判であった．ジャーナリストでありエッセイストとして活躍

したスティールやアディソンがパトロンであった．スティールの『タトラー』の第1号で，セント・ジェイムズ軒と題する欄には「内外通信」を収める，とある．スウィフトもこのコーヒー店を利用して手紙を書いている．夏目漱石の『文学評論』に，次のように紹介されている．——「この有様を遠くから見物するとだいぶおもしろそうである．中へ入ったら存外俗臭も帯びたハイカラの寄合いで愛想をつかしたくなるかもしれない．セント・ゼームスという珈琲店も文学的に有名な歴史を有している．かつてここに当時の名流が会したことがある．そのうちにはレノルズやバークやギャリックがいて各自にゴールドスミスという題で諷詩を作ろうじゃないかという相談で，彼の田舎弁や，一風流の癖を思い思いに咏じたのである．するとそのつぎの会にゴールドスミスが出てきてかの《リタリエイション》(報復)という詩を朗読した．そのなかには，これらの人々をいちいち捕えてきて，滑稽的に嘲弄し返したところがある」店は18世紀末に閉店した．

St James's Gardens
セント・ジェイムジズ・ガーデンズ

Hampstead Road, NW1

ユーストン駅のすぐ西側にある，1887年開園の公園．もともとピカディリーのセント・ジェイムズ教会(→St James's Piccadilly)付属の墓地で，広さは1.6ヘクタールもあった．この墓地に埋葬された人物に，田舎の風物を描いた18世紀の画家ジョージ・モーランドやゴードン反乱(→Gordon Riots)を主導したジョージ・ゴードンらが含まれる．

St James's Hall
セント・ジェイムジズ・ホール

ヴィクトリア朝中期，ロンドンで最もファッショナブルな一地区のセント・ジェイムジズに建設された，音楽会を主とした多目的ホール．現存せず．設計はオーウェン・ジョーンズで，1858年完成．2階に2つの小ホールがあった．音響効果は良いが，椅子は硬く，調理場から匂いがときどき入り込んできたという．

1861年にチャールズ・ディケンズがここで自作の小説を6回連続で朗読したことは有名．彼は「500ポンド以上を得た．大成功だった．小説〔『大いなる遺産』〕に集中できるのは実にうれしい」と述べた．つづいて，1866年，68年，70年にも朗読会を開いた．『オリヴァー・トゥイスト』を朗読したとき，聴衆は「青ざめて，恐怖でひきつった顔」で彼を凝視するほど，その演技は真に迫るものだった．

1880年にはロンドンの最初のコンサート・ホールとして定着，以後ドヴォルザーク，グリーク，リスト，サリヴァン，チャイコフスキーらの演奏がここで行なわれた．1890年，イグナツィ・パデレフスキがロンドン・デビューを飾ったのもこのホールであった．クイーンズ・ホールとウィグモア・ホールが完成すると，同ホールは1905年に閉鎖された．

St James's Hospital
セント・ジェイムズ施療院

この病院の歴史は古く，最初の記録は12世紀半ばヘンリー二世治下にあらわれる．1267年頃，ウェストミンスター・アビー大修道院長は，患者を修道士8名と修道女16名に制限した．患者は週1度告解し，すべての礼拝に参加しなければならないなど，修道院の生活規律に従うことが要求された．

1290年にエドワード一世は，「聖ヤコブの祭日」の前日から7日間，大市を開く権利をこの病院に与えた．その後，院長のビールの製造，小修道院長の使い込みなどが発覚し，1319年には，患者は9名になっていた．規律は弛緩し，財産管理もおろそかになり，1380年代には患者はまったくいなくなった．15世紀半ばはハンセン病を患う若い女性のための施療院になっていたが，ヘンリー六世は自分が創設したイートン校に建物を提供し，1532年にヘンリー八世がセント・ジェイムジズ・パレス(→St James's Palace)の敷地としたため，施療院は閉鎖のやむなきに至った．

St James's Palace
セント・ジェイムジズ・パレス
Cleveland Row, SW1

英国駐在の各国大使は，たとえば，「セント・ジェイムジズ・パレスに派遣された日本国大使」(the Japanese Ambassador to the Court of St James's) のような肩書きが公式になっているように，英国王の対外公式王宮はバッキンガム・パレス (→Buckingham Palace) ではなく，このセント・ジェイムジズ・パレスである．つまり大使の任命式はここで行なわれる．

セント・ジェイムジズ・パレスは，ヘンリー八世がウェストミンスターのセント・ジェイムズ施療院 (→St James's Hospital) 跡に1540年に建てた王宮に始まるが，施療院の前身はノルマンの征服当時にさかのぼるという．1450年ごろはハンセン病の若い女性を収容する施療院であったが，ヘンリー六世はこの地を自分が創設したイートン・コレッジに与え，さらに1532年にはヘンリー八世が土地の所有権を取得して王宮の建設となった．メアリー世はこの王宮で他界し，エリザベス一世，ジェイムズ一世は引きつづき王宮として使用し，次のチャールズ一世は1649年1月30日，ホワイトホールのバンケティング・ハウス (→Banqueting House) 前での処刑前夜，ここで最後の夜を明かした．

1698年のホワイトホール・パレス (→Whitehall Palace) の焼失で，セント・ジェイムジズ・パレスは代表王宮となり，アン女王はほとんどこで暮らし，ジョージ三世はここで結婚式を挙げた．1809年の火災で王宮の半分以上が焼失し，1814年に再建されたが，ウィリアム四世を最後に，セント・ジェイムジズ・パレスは国王常用の王宮ではなくなった．

1837年に即位したヴィクトリア女王は，すでにジョージ三世が買い求め，ジョージ四世が改装したバッキンガム・ハウス (→Buckingham House) に移り住み，現在のバッキンガム・パレスへとつづいているが，300年の伝統をもつセント・ジェイムジズ・パレス，バッキンガム・パレスの存在に関係なく，今日においても公式の代表王宮とされている．現エリザベス女王が1952年に王位を継いだときにも，その即位の宣言はこの王宮で行なわれたし，各国大使がこの王宮に派遣された大使としての公式称号をもつしきたりは，今もつづいている．

セント・ジェイムジズ・パレスにはクラレンス・ハウス (→Clarence House) とランカスター・ハウス (→Lancaster House) が付設されているが，前者はウィリアム四世がクラレンス公爵の頃に住んでいたことからの名称であり，故ジョージ五世妃 (エリザベス二世の母) の住居でもあった．また後者はジョージ三世の次男のヨーク公爵フレデリックの住居として造られたもので (当時はヨーク・ハウスと呼ばれていた)，現在はサミット会議や英連邦元首会議など，重要会議の議場として使われている．

St James's Park
セント・ジェイムジズ・パーク　SW1

王室所属の最古の公園 (1532) で，広さ約36ヘクタール，ロンドンを代表する公園である．東はホース・ガーズ・ロードが境をなし，西隅にはヴィクトリア女王記念碑が立つ．北側はバッキンガム・パレスにまっすぐ通じる大通りのペル・メル (→Pall Mall) が，南側はバードケイジ・ウォークが境をなしている．公園のほぼ中央に細長くセント・ジェイムジズ・パーク・レイクが横たわり，水鳥のパラダイスになっている．もともと湿地だったところだが，ヘンリー八世のころから徐々に土地改良が加えられ，現在の公園の原型が造られた．ロンドンの公園のご多分にもれず，共和制の一時期をのぞいて王領として歴代の国王・女王と関わりが深く，鹿苑であったり，小動物園であったり (ワニがいたという)，珍鳥を含む大型の鳥舎が造られたりした．

1649年1月30日，処刑台に向かうチャールズ一世が公園を通り抜けると，愛犬が王の後を追いかけてきたという．いくつもの小さな沼は1本の運河に改修され，その運河のほとりを愛人と愛犬を連れて散歩するチャールズ

二世の姿がよく見られたという．公園はセント・ジェイムジズ・パレス(→St James's Palace)に近かったから，サミュエル・ピープスは役所の同僚やひとりでよく散歩をした．1662年の12月1日，宮殿に行く途中「公園を通りかかると，すごい霜が降りた日だったから，公園ではスケートをしているひとたちの姿がみられた，こんなことははじめてだ．みんななかなかの腕前である」と同日の日記に記した．アン女王の時代には，公園は娼婦の出没する悪名高い場所になった．夜間，公園は閉門したが，それでも6500人の者が鍵を所有することを公式に認められ，非公式の者をふくめると優に1万人を超えたという．ジェイムズ・ボズウェルは日没後，公園に足を運び，「貴婦人」から声をかけられるのを楽しみにしたらしい．

19世紀に入ると，公園はジョン・ナッシュの手で改造され，リージェンツ・パーク(→Regent's Park)と同じように，高級テラス・ハウスで公園を囲む計画があったが，結局実現したのは，ペル・メルに面したカールトン・ハウス・テラスだけであった．

St James's Piccadilly
セント・ジェイムズ教会
Piccadilly, W1

ピカディリー街をはさんでロイヤル・アカデミーの筋向いにある17世紀後半創建の教会．チャールズ二世は王政復古のとき，廷臣オールバンズ伯爵ヘンリー・ジャーミンに，セント・ジェイムジズ・フィールズとして知られていた土地の借地権を与えた．伯爵はその地域を開発し，新教区の目的に適った教会の建築をクリストファー・レンに委嘱した．教会の建築は1676年に始まり，1684年に献堂されることになったが，興味深いのは，これがロンドンの新しい用地にレンによって建てられた唯一の教会であったことから，その後18世紀に建造された数多くの教会の模範となったことである．

この教会はポートランド石仕上げで，上方が半円形の窓を有する煉瓦造りになっている．レンは塔の上に円蓋形の尖塔を建てることを立案したが，教区会はエドワード・ウィルコックスの頂塔(スパイア)案を採択した．第二次世界大戦中ひどい爆撃を受けたが，戦後1954年にサー・アルバート・リチャードソンによって修復され，さらに1968年に，ウィルコックスの頂塔がファイバー・グラス製に取り替えられた．

内部の調度品は見事で，グリンリング・ギボンズ製作の注目に値する聖水盤，飾り壁，オルガン・ケースがある．これらは戦争中ダービーシャー州のハードウィック・ホールに保管されて難をまぬかれたものである．白い大理石の聖水盤には命の木が彫刻されている．飾り壁の彫刻はたいへん美しいものだったので，ジョン・イーヴリンは日記の中でこう記している．「これほど美しく飾られた祭壇はイギリスにも外国にもどこにもなかった」．レナタス・ハリス製作のオルガンは元来，1684年ジェイムズ二世のために製作されたものであったが，1691年にメアリ女王によりこの教会に与えられた．

文学や絵画の分野で傑出した多くの人々がここに埋葬されている．オランダの海洋画家ウィレム・ヴァン・デ・ヴェルデ父子，風刺画家ジェイムズ・ギルレイ，サミュエル・ジョンソン博士の出版社の共同経営者ロバート・ドズリー等々．政治家小ピット，詩人画家ウィリアム・ブレイクはここで受洗した．1865年，探検家のサー・サミュエル・ベイカーはトルコの市場の奴隷競売で買った若いハンガリー娘とここで結婚式を挙げた．

この教会では演奏会や展示会がしばしば開催され，外部から招いた説教者や講演者による礼拝や講話も度々行われている．正面入口は，かつてはジャーミン・ストリートの側であったが，現在はピカディリー側になっている．境内では日用雑貨の市が開かれていて，いつも賑わっている．

St James's Place
セント・ジェイムジズ・プレイス　SW1

ピカディリー街とペル・メル街を結んで南北

に走る道路のひとつセント・ジェイムズ・ストリートの袋小路になった閑静な路地．すぐ西側にグリーン・パークが広がる．17世紀末に造られた，「公園からの新鮮な空気が吹いてくるすてきな道」だった．スペンサー・ハウスが27番地にある．

ここの有名な住人のなかには，1766年に2番地に住んだ歴史著述家のエドワード・ギボン，1768-72年に3番地に住んだ桂冠詩人ウィリアム・ホワイトヘッド，1771年から88年に亡くなるまで33番地に住んだジョージ三世の友人ミセス・メアリ・デラニー，さらに画家ロバート・クルックシャンクなどがいる．1848年に4番地に住んだショパンはギルドホールで最後の演奏会を開いた．

こぢんまりとした高級ホテル，スタッフォード・ホテル(1912年創業)，デュークス・ホテル(1908年創業)はこの路地にある．また1925年創設の王立外洋ヨットレース・クラブが20番地にある．

St James's Square
セント・ジェイムズ・スクエア　SW1

ペル・メル通りの南側に位置し，宮殿，官庁，議会，公園のいずれにも近い絶好の立地条件をもつ特権的広場．17世紀の王政復古期に開発されて以来，長いあいだ宮廷と貴族の歴史に最も深くかかわり，後年西側にグロヴナー・スクエア(→Grosvenor Square)が台頭するまで，ここここそが英国貴族の巣と呼ぶにふさわしい魅力を保ちつづけた．

開発者は，ステュアート王家と亡命の苦難を大陸でともにしたセント・オールバンズ伯爵ヘンリー・ジャーミンである．王政復古で故国に戻ったジャーミンは，当時宮廷のあったセント・ジェイムズ・パレス(→St James's Palace)周辺の野原ペル・メル地区を，ヨーロッパ一級の都市にも見劣りしない壮麗な貴族の街区に開発する必要をチャールズ二世に説いた．説得は功を奏し，1665年ごろまでにあたりの王室所有地を借り受けたり，買い受けたりした．その陰には，大陸亡命時代に親しく仕えた，先王チャールズ一世の寡婦ヘ

ンリエッタ・マライア皇太后の口添えや，宮廷の要所に張り巡らせた政治的人脈といった大きな力があった．

開発計画全体の目玉である広場の建設には，王室建築官ジョン・デナムも加わり，王室の意向も反映された．開発に際して，当時はまだ稀だった建物のリース制を採用したり，潜在的顧客の要望を探るため，一種の「事前市場調査」を実施したことでも注目される．当初期待されたほどには豪邸の需要はなく，途中で分譲規模を縮小するという変更もあったが，それでも王政復古期の不動産開発に辣腕をふるったニコラス・バーボンなど有力な業者が開発に加わり，1670年代半ばに完成した．

こうして広場は，宮廷に縁や用務の多い，いわゆる宮廷貴族，政府高官の住む規模の大きい邸宅で埋まる．たとえば17世紀末には，広場に面した22棟の屋敷に，4人の公爵，3人の侯爵，9人の伯爵などが居を構え，さながら貴族の巣の観を呈した．ただ，南側の建物群はペル・メル通りに面し，それに属していたため，広場の一部として開発されることはなかった．

19世紀に入ると，ウェストミンスター公爵グロヴナー家の開発した，ベルグレイヴィア(→Belgravia)に優位を奪われ，貴族の巣もほころびはじめる．それでも，1876年には，3人の公爵を先頭に男爵まで，計10人の世襲上院貴族と3名の准男爵がここをロンドンの住いにした．それから40年以上経った第一次世界大戦後までは，なお閑静な住居広場としての性格は維持され，筆頭公爵の家柄を誇ったノーフォーク公爵家がここを去ったのは1938年であった．この広場は，住民が議会に個別の授権立法を請願し，それに基づき住民自身の負担で広場の街路や中央庭園部分の美化・改良を行なう方式に先鞭をつけたことでも知られる．1726年には噴水や八角形の池，さらには鉄柵による囲いなどが整備された．

現在，広場に面した建物は図書館，オフィス，クラブなどに転用され，庭園の周囲はパーキング・メーターを利用して駐車する車で

埋まっている．しかし，1933年に一般公開されるようになった庭園に一歩足を踏み入れれば，鬱蒼とした木立ちを通して洩れる日差しを浴びながら，ベンチに腰かけて休むこともできる．庭園中央には19世紀初頭以来，国王ウィリアム三世の騎馬像が立っている．像には，馬のひづめの先に，ハンプトン・コート宮殿(→Hampton Court Palace)で乗馬中，馬がけつまずき，王を死にいたらしめたもぐらの盛り土までも再現されている．

St James's Street
セント・ジェイムジズ・ストリート　SW1

ピカディリー街とペル・メル街を結んで南北に走る大通り．西側にはグリーン・パークがある．セント・ジェイムジズ・パレスに通じる街路で，古くから高級専門店，クラブなどが集まり，ロンドンでも指折りのファッショナブルな通りである．

ここに住んだ著名人は多く，たとえば，建築家のクリストファー・レンは1723年に当街で死去，詩人のアレグザンダー・ポープは1724年，歴史著述家のエドワード・ギボンは1793-94年，政治家のチャールズ・ジェイムズ・フォックスは1781年，画家ジェイムズ・ギルレイは1808-15年にそれぞれここに住んだ．バイロンが『チャイルド・ハロルドの巡礼』第一部を出版したあと，ある朝めざめたら一夜にして有名になっていた，といったのは当街に住んでいたときのことである．

ホワイツ・クラブ(37番地)はロンドン最古のクラブのひとつで，1693年に同名のコーヒー店からトーリー党員と支持者の集まりとして発足した．街路をへだててホワイトと向きあっているブルックスズ・クラブ(61番地)は，1764年に政治家チャールズ・ジェイムズ・フォックスらがホワイツ・クラブに対抗して設立した．したがってここはウィッグ党のクラブであった．28番地のブードルズは1762年設立のクラブ．ココア・ツリー・クラブはバイロンも会員だった．その他，アーサーズ・クラブ，サッチト・ハウス・クラブなどが有名である．経済

―――[ロンドン・ア・ラ・カルト]―――

英王室御用達店

　全国で900店ほどという英国王室御用達店(ロイヤル・ワラント・ショップ)の多くはロンドンにある．ロンドンで御用達店の集まる街区は，ピカディリー，リージェント・ストリート，オールドおよびニュー・ボンド・ストリート，ジャーミン・ストリート，セント・ジェイムジズ・ストリート，スローン・ストリートなどの高級商店街である．いずれもバッキンガム・パレスやかつての宮殿セント・ジェイムジズ・パレスに近く，高級住宅街が背後に控えている．そこはまたホワイツ，ブルックスズ，ブードルズなど200年以上の歴史を誇る名門クラブが集まる，いわゆる「紳士の街」である．上流社会の「社交の街」でもある．そんな街の貴顕紳士淑女の要求に応えて，帽子とか靴とかワイシャツとか，要するに身のまわり品一切を保証・提供してきたのが，やはり多くが200年以上の歴史をもつ老舗であった．そして御用達店の多くはこうした風格と実績の豊富な老舗から指定された．「紳士の街」，「社交の街」に御用達店が多い道理である．

　香水のフローリス，帽子のロップ，靴のロック，背広のギーヴズ・アンド・ホークス，洋品のバーバリー，釣具のハーディ，貴金属宝飾品のアスプレイ・アンド・ガラード，古切手のスタンレー，食料品のフォートナム・アンド・メイソン，紅茶のトワイニング，ワインなどの酒商ベリー・ブラザーズ・アンド・ラッド，古美術のスピンクなどなど枚挙にいとまがない．

誌で有名なエコノミスト社は25-27番地．

高級専門店としては，18世紀はじめからのワイン商ベリー・ブラザーズ・アンド・ラッド（3番地），創業1765年の帽子店ロックス（6番地），靴店ロブ（9番地），煙草店ロバート・ルイス（19番地），創業1790年ごろの薬屋D.R.ハリス（29番地）などが知られる．71-73番地にはロンドンで最高の魚料理のレストランとして知られたプルニエがあったが，現在は日本料理店になっている．

St James's Theatre
セント・ジェイムズ劇場

1957年までキング・ストリート（地下鉄駅グリーン・パークに近い）にあった劇場．開場は1835年．最盛期にはオスカー・ワイルドやアーサー・ピネロの作品が初演され，一時，ローレンス・オリヴィエとヴィヴィアン・リーがこの劇場を使った．テノール歌手のジョン・ブレアムのために，サミュエル・ビーズリーの設計で建てられたが，興行的には失敗で，ブレアムは38年に引退した．1842年から54年にかけて，フランスの劇団による訪問公演の拠点となった．1891年からジョージ・アレグザンダーの運営で劇場は最盛期を迎え，オスカー・ワイルドの《ウィンダミア夫人の扇》（1892），《真面目が肝心》（1895），ピネロの《第二のタンカレー夫人》（1893）が初演された．

1950年から51年にかけてローレンス・オリヴィエとヴィヴィアン・リーが興行主となり，51年にはシェイクスピアの《アントニーとクレオパトラ》とG.B.ショーの《シーザーとクレオパトラ》の交互上演が大成功をおさめた．この年にはマデリン・ルノーとジャン・ルイ・バローの劇団による公演もあった．54年からはテレンス・ラティガンの《別々のテーブル》が公演回数726回というロング・ランを記録したが，劇場は1957年に閉鎖され，ヴィヴィアン・リーらの保存運動にもかかわらず，取り壊された．

St John
セント・ジョン教会

① Church Row, NW3

地下鉄ハムステッド駅の南西側，木立ちの多い閑静な場所に立つ教区教会．最初の言及が見られるのは1312年であるが，おそらくそれ以前の創建と思われる．長いあいだ修理されないままであったが，1744年に教区会は新会堂の建設を決議し，その費用を教区が負担した．新教会完成後5年で，湿気のため木造の大部分を改装しなければならなくなった．1759年尖塔の一部が再建され，胸壁が設けられた．1784年に銅の頂塔が増築された．1874年東の塔を取り壊し，ヴィクトリア様式の内陣にあらためようとする提案は実現しなかった．嘆願書にはウィリアム・モリス，アントニー・トロロープ，D.G.ロセッティなどの署名も見られる．この運動を契機にモリスは古建築物保存協会の設立を決めた．教会墓地には，風景画家ジョン・コンスタブル，建築家ジョン・ショー，風刺画家ジョージ・デュ・モーリア，小説家でロンドン研究家のウォルター・ベザントなどが埋葬されている．

② Downshire Hill, NW3

地下鉄ハムステッド駅の東側にある，1818年に建てられた教会．最初の牧師はバイロン卿の生涯の友人であったウィリアム・ハーネスである．1832年ごろハムステッドの教区牧師が当時この教会の所有者であった福音派の牧師に異議を唱え，1835年まで教会を独断的に閉鎖した．1916年，教会の自由保有権を買ったレズリー・ライトは信者に教会を貸与した．今日，ロンドン教区にある唯一の私有の教会である．

外側は漆喰仕上げで，木造の鐘塔があり，その白い古典的な正面には時計と教会の名を記したプレートが飾られている．鋳鉄の柱で支えられた中2階の頭上は筒形丸天井である．教会が福音派寄りであることから，引っ込んだ内陣はない．最近の修理で，柱廊と壁飾りの帯状装飾の周りに聖書の言葉が発見された．扉に傘とステッキ立ての付いたボックス形の信者席はこの教会独特のものである．ほど近いところにキーツ・ハウスがある．

③ St John's Square, EC1

もとは，聖ヨハネ騎士団により1145年ころに建てられた小修道院．円形の身廊をもち，長方形の小さな内陣，地下聖堂があり，1185年エルサレムの教父ヘラクリウスによって献堂式が行なわれた．1381年の農民一揆（→Peasants' Revolt）で建物は全焼し修道院長も殺された．その後聖堂が再建されたが，修道院解散令後に教会の大部分がサマセット・ハウス建設用の石材として取り崩された．それでも内陣を残して，1623年礼拝堂として再建され，1706年に長老派の集会所となった．1710年の暴動の際に焼失，ふたたび荒廃した．その後再建され200年間存続し，教区教会となったが，1929年住民数の減少により教区教会の地位を剥奪された．1941年に空爆で破壊され，1950年代に再建．現在は，1831年にイギリスで復活したエルサレム聖ヨハネ団が所有している．

地下聖堂はロンドンにおける12世紀建築の逸品のひとつである．北側の壁際にカスティリアの聖ヨハネ騎士団代議員であったドム・ジュアン・ルイス・デ・ヴェルガラ（1575年没）の墓があり，その上に見事な出来ばえの等身大の彫像が横たわっている．そのすぐ近くにもうひとつ1540年に没した修道院長サー・ウィリアム・ウェストールの彫像がある．

St John's Gate
セント・ジョンズ・ゲート
St John's Lane, EC1

1130年ごろ創建されたヨハネ騎士団の本部エルサレムの聖ヨハネ修道院（→Priory of St John of Jerusalem）の南門．クラークンウェル・ロードを南に入ったセント・ジョンズ・レインにある．現存するのは，1504年の門楼とセント・ジョン教会に吸収された内陣と聖堂地下室のみである．ヘンリー八世の修道院解散のあと，門楼は歴史のなかでさまざまな役割を果たしてきた．エリザベス一世，ジェイムズ一世の時代には，シェイクスピアやベン・ジョンソンの芝居の上演認可責任者である祝儀典長官の執務室だった時期があり，1731年から50年はイギリス初の総合雑誌『ジェントルマンズ・マガジン』の印刷所でもあった．この雑誌の常連寄稿者のひとりサミュエル・ジョンソンはここに部屋を与えられて，記事，詩，書評を書いた．のちに門楼はオールド・エルサレム・タバンという酒亭に変身，1874年にはエルサレム聖ヨハネ騎士団に所属し，ここから1877年には慈善団体セント・ジョンズ救急団が発足した．門楼は現在，長い歴史を誇る聖ヨハネ騎士団に関係する貴重なコレクションを所蔵する博物館になっている．地下鉄ファリンドン駅に近い．

St John Street
セント・ジョン・ストリート　EC1

12世紀にさかのぼって記録が残るシティの古い道路で，フィンズベリー地区を北から南へ長くのびている．乗合馬車時代の，北部方面への発着地であり，多くの居酒屋兼宿屋が集まっていた．ダニエル・デフォーの小説『モル・フランダーズ』に登場するスリー・カップス亭，サミュエル・ピープスが訪れた干し草亭，詩人のリチャード・サヴェッジが常連だったクロス・キーズ（16番地）などは現存しない．オリヴァー・ゴールドスミスやサミュエル・ジョンソンやトマス・ペインが常連であった老赤獅子亭が418番地に健在である．北端近くに地下鉄エンジェル駅がある．

St John's Wood
セント・ジョンズ・ウッド　NW8

リージェンツ・パークの西の地域．13世紀までにテンプル騎士団の所有地になっていたが，1312年に同騎士団が解散させられると，別の軍事組織であるエルサレムの聖ヨハネ騎士団に与えられた．現在の地名はこのときに由来する．中世を通じてうっそうと樹木が生い茂る森地で，共和制の一時期と18世紀に伐採と開発が進んだが，ひなびた静かな環境は19世紀まで失われることはなかった．

しかし，19世紀前半には，リージェンツ・カナル（→Regent's Canal）が開通し，リージェンツ・パークが整備されると，この地域もシティやウェストミンスターに近い土地柄から住宅

地として急速に発展を始めた．町並みは当時流行のテラス・ハウス様式ではなく，ひさしの長いイタリア式の1戸ないし2戸建ての住宅や，ヴィクトリア朝ゴシック様式の2軒つづきの住宅など変化と魅力にとんだものとなった．その結果，芸術家，著述家，哲学者，科学者に好まれ，雅趣ある土地となって，エドウィン・ランドシア，ロレンス・アルマ=タデマ，J.J.ティソ，W.P.フリスなど錚々たる画家が住んだ．またセント・ジョンズ・ウッド派（→St John's Wood Clique）と呼ばれる画家の集団もここに誕生した．また小説家ジョージ・エリオットはG.H.ルイスとノース・バンク21番地に住んだ．博物学者トマス・ヘンリー・ハクスリーはここが気に入り，この地区内の引っ越しを繰り返した．彫刻家ジョージ・ジェイムズ・フランプトンはクイーンズ・グローヴ32番地に，ナポレオン三世の愛人エリザベス・ハワードはサーカス・ロード23番地（のち52番地）に，また『虚栄の市』のベッキー・シャープのモデルとなったメアリ・ベイカーなども住んだ．

1894年にグレイト・セントラル鉄道が当地に開通すると，急速に住環境の破壊が進んだ．1920年代および30年代に入ると，住居の貸借期限が切れた家屋は壊され，棟つづきのフラットに変わった．第二次世界大戦時の爆撃によって町並みの変化は加速された．50年代と60年代に再開発されて，比較的小さな，瀟洒なタウン・ハウスが並ぶ地域に変わった．地下鉄セント・ジョンズ・ウッド駅がある．

St John's Wood Clique
セント・ジョンズ・ウッド派

19世紀後半セント・ジョンズ・ウッドとその周辺で制作活動をした一群の画家集団．与えられた課題を描くために毎週土曜日に集まった．D.W.ウィンフィールドが創始して，P.H.カルデロン，J.E.ホジソン，G.D.レズリー，H.S.マークスなどが参加した．劇的，哀切な情景を得意とし，世間に大きな反響をよんだ．彼らの活動を支えたのはドイツ人画商G.C.シュヴァーベで，ロンドン西方のヘンリー・オン・テムズの自宅で画家をもてなした．そうした関係でこの一派の作品はドイツのハンブルグ・ミュージアムにある．

St Katharine's Dock
セント・キャサリンズ・ドック

ロンドン塔の東側に1828年に完成した9.3ヘクタールの広さをもつ係船ドック．シティに最も近い大型ドックとして，完成当初から現在に至るまで大きな利用価値を保っている．

ここには，12世紀にスティーヴン王の王妃マティルダが貧者のために創設した，ホスピタル・オヴ・セント・キャサリンがあった．その後，近くのロンドン塔に勤務する官吏たちが住むところとなり，15世紀には王の特別管轄地として，ここの住民たちはロンドン市の司法権やロンドン司教の宗教権が及ばぬ特権をもった．そのため，商工業が盛んとなり，外国からの移住者も多く住みつくことになった．

1828年になると，住民たちを立ち退かせて2年半を要した工事が終わり，ドックが完成した．周囲には大きな倉庫群が立ち並んだが，テムズ川に連絡する水門はきわめてせまく，大型船の接岸は不可能だった．

現在は，セント・キャサリンズ・ヨット停泊所として，多数のヨットが係留されたレジャーのための基地に変わっている．まわりの倉庫群は姿を消し，代わりにオフィスや商店やフラットを収めた近代的ビルやホテルが立ち並んでいる．

→Docks

St Katherine Cree
セント・キャサリン・クリー教会
Leadenhall Street, EC3

'Cree'とはChristの転訛である．最初この教会は，オールドゲートのアウグスティヌス派ホーリー・トリニティ小修道院によって，その敷地内に1280年ころ建てられた．14世紀初めと16世紀初めに2度にわたって再建されたが，1531年に修道院解散令によって解体され

た．

　1628年から30年にかけて教会が再建され，ロンドン主教ウィリアム・ロードにより1631年献堂式が執り行なわれた．彼がこの儀式で用いた典礼書はカトリック的であると評されて，それから14年のちの裁判において譴責を受けた．新教会はロンドン大火をまぬかれ，第二次世界大戦中にもそれほど大きな被害は受けなかった．1962年にマーシャル・シッソンによって修復され，ロンドンにおける数少ないチャールズ一世時代の教会建築のひとつとして重要性を保っている．

　大きな西窓は細い切妻形である．南壁の日時計は1706年に作られたもので「光なければ動かず」とラテン語が刻まれている．壁柱上方の明かり層は後期垂直式建築様式に従っている．身廊と内陣の区別はない．漆喰の天井のリブ（肋骨状の突起）の交差部には17世紀のシティ同業組合の紋章を配した彩色の装飾が施されている．東端の正方形の枠の中にある車輪窓は，聖キャサリンがその信仰を守って拷問された鋸歯状の車輪を象徴している．

　八角形の聖水盤は，1646年にロンドン市長であったジョン・ゲイヤーによって寄進されたもの．ゲイヤーは1634年にシリアでライオンの難を逃れたことを感謝して，毎年10月16日にライオン礼拝（→Lion Sevmon）を行なうための基金を寄付した．ライオンと出くわしたとき，ひざまずいて祈ったので危害を加えられなかったと伝えられる．現在セント・キャサリンは教区教会ではなく，産業キリスト教同盟（Industrial Christian Fellowship）の本部となっている．南北の側廊沿いには，この団体関係の事務所が並んでいる．南にレドンホール・マーケットがある．

St Lawrence Jewry
セント・ローレンス・ジューリー教会
Gresham Street, EC2

　ギルドホールの真南にある教会．地下鉄セント・ポールズ駅に近い．『ロンドン通覧』の著者ストーによれば，「この付近にはユダヤ人が多く住んでいたのでジューリー（ユダヤ人街）と呼ばれたが，セント・ローレンスは美しい大きな教会であった」という．またロンドン最古のギルドである絹物商同業組合会館の東側に位置し，ポールトリー通りとグレシャム・ストリートの中間地帯は，昔からゲットーと呼ばれるユダヤ人街であった．この界隈にはオールド・ジューリー（→Old Jewry）という名の道もある．

　創建は古く，12世紀にさかのぼり，3世紀にローマで殉教した聖ラウレンティウスの名にちなむ．もともとフランシスコ会所属の建物であったが，1294年にオックスフォードのベイリオル・コレッジ付きの修道院となり，1657年にシティの同業組合の教会となった．ロンドン大火で焼失したが，クリストファー・レンによって1671年から77年にかけて再建された．

　内部は第二次世界大戦で全面的に破壊されたが，セシル・ブラウンの入念な修復作業により，1957年に復興した．長方形の教会で，石仕上げの外側はギルドホールに通じる道に面した部分を除き無装飾である．東端は，コリント様式の半円柱，大きな切妻型の壁，花づな装飾で壮観である．正方形の塔は四隅にオベリスクを配し，ファイバーグラスの高い頂塔を支えている．内部空間は広く，装飾された天井は原型の複製．8個のシャンデリア，近代的なステンドグラスがある．この教会で聖アウグスティヌスの『神の国』を公開で講じた(1501)サー・トマス・モアや，その師にあたるギリシア学者グロウシンや，この教会の建設者レンのステンドグラスがある．また1664年には，日記で有名なサミュエル・ピープスもここを訪れ，説教者にではなく，建物に深い感銘を受けたという．

St Leonard
セント・レナード教会
① Shoreditch High Street, E1

　12世紀に起源をもつ教区教会．ショーディッチ・ハイ・ストリートの北端にあり，16世紀シェイクスピアを頂点とする演劇の黄金期に劇場が建設された場所柄，カーテン座やシ

アター座の俳優たちと縁が深かった．エリザベス一世時代に「俳優の教会」と呼ばれるようになったのはそのためである．カーテン座の創設者リチャード・バーベッジや，ヘンリー八世の道化師ウィル・ソマーズ，バーベッジ一座の道化役者リチャード・タールトンらがここに埋葬されている．

1716年，礼拝中に塔の一部が崩れ落ちる騒ぎが起こり，1736年から1740年にかけて，ジョージ・ダンス（父）によって全面的に再建が行なわれた．ダンスが設計した教会は，石造りの高く細い尖塔（60メートルあまり）が特長で，細長いクーポラ，小さな頂塔，正方形のオベリスクを有している．教会の本体は煉瓦造りで石仕上げである．1857年に南北の回廊が取り払われたことで内部の均斉が損なわれたが，天井の高い身廊，トスカナ様式のアーケードなどに大きな変更はなかった．西回廊には美しい縁取りのついた柱時計が設置されている．リヴァプール・ストリート駅に近い．

② Streatham High Road, SW16

ストレタムの教区教会．起源はおそらく14世紀にさかのぼると思われるが，1831年ごろ始まった再建以前のことについては，ほとんど知られていない．1975年に火災に遭い再度の再建が行なわれて今日に至っている．この教会はサミュエル・ジョンソンと親交があったことで知られるスレール一家の近くにあり，ヘンリー・スレール，彼の息子と娘，義母が埋葬されている．スレール未亡人が再婚のためにストレタムを去るとき，ジョンソンもこの教会にキスをして別れを告げた．ジョンソンが書いたラテン語の墓碑銘を刻んだスレール一家の記念碑が復元されて現存する．ほかにも多くの記念碑があったが，完全に修復されるには至っていない．画家のウィリアム・ダイスが描いた内陣の壁画は消滅したが，彼のために作られた記念碑が現存する．鉄道ストレイタム駅に近い．

St Luke
セント・ルーク教会
① The Village, SE7

1630年に建てられた煉瓦造りの教会．1639年に北側廊が，1870年に東端が増築された．この教会はいまもほとんど損なわれていない村の教会で，白亜の室内は質朴な雰囲気を保持している．身廊の丸天井は1925年に修復されたが，内陣のそれは17世紀のものである．渦巻き模様の鏡板の付いた八角形の説教壇は1630年ころ，石の聖水盤は17世紀後期のものである．北の窓のひとつに興味深い17世紀の紋章ガラスがある．また，立派な記念碑がいくつか見られる．ひとつはニコラス・ストーンによるアダム・ニュートン夫妻の記念碑，もうひとつは1812年に下院で暗殺されたサー・スペンサー・パーシヴァル首相の記念碑である．セント・ルーク教会の牧師は代々刺繍の保護に努めており，時には見事な礼服姿を見ることができる．テムズ川南岸，グリニッチの東，チャールトン地区にある．

② Sydney Street, SW3

1819年，拡張する首都ロンドンに対応するため法令により建設が公認された教会．この教会は，ジェイムズ・サヴェッジの設計により，総額4万ポンドを投じて建設された．1824年に完成．石の丸天井からなる最初のゴシック・リヴァイヴァル様式の建造物である．東端にはヒュー・イーストンによる7つの天窓（1959）があり，その下の祭壇にはジェイムズ・ノースコートによる大きくかつ劇的な《イエスの埋葬》の絵画がある．オルガンは1824年当初からのもの．1836年，チャールズ・ディケンズがキャサリン・ホガースとここで挙式した．小説家チャールズ・キングズリーは1930年代にこの教会の牧師補であった．西郊チェルシー地区のブロンプトン病院に隣接している．

St Magnus the Martyr
セント・マグナス・ザ・マーター教会
Lower Thames Street, EC3

殉教者マグヌスはオークニー諸島のノルウェー人伯爵であったと一般に考えられている．マグヌスは1135年に列聖され，彩色された彼の木像がこの教会の南壁にかけられてい

る．だが，1067年に，この場所に立っていた「聖マグナス」の名を持つ石造りの教会は，ウィリアム征服王によりウェストミンスター・アビーに与えられた．したがって，この教会はもっと早い時期の聖者に献納されたものかもしれない．

　中世時代のこの教会についてはほとんど知られていない．教会堂付属の礼拝堂はヘンリー・イェヴィールによって建造された．1666年ロンドン大火に見舞われたため，教会は1671年から1676年にかけてクリストファー・レンにより再建された．1782年北窓を円形に改造するための工事が行なわれた．1832年に新しいロンドン橋がもとの位置より西のほうに建設されると，セント・マグナス教会はロンドン橋に面するという地の利を失った．現在，教会堂は隣接する大きな建物のためにほとんど視界から隠されているが，高い尖塔は依然として顕著な特徴となっている．ポートランド石造りの正方形の塔は大きな八角形の頂塔とオベリスク形の尖塔を冠した鉛板ぶきの半円蓋を支えている．

　内部は，1920年代にマーティン・トラヴァースとのちにセシル・キングによる修復作業により，聖母聖堂の増築とともにアングロ・カソリックの風趣が添えられた．天蓋のついた17世紀の説教壇，楽器製作者として定評のあったエイブラハム・ジョーダンが1712年に製作したオルガンがある．1708年の日付のある刀剣台にはアン女王の紋章が付いている．T.S.エリオットは『荒地』の中で，この教会の内部の模様を「イオニア風の白と黄金色のえも言われぬ見事さ」と書き表わした．聖書の英訳者で，1564年から66年まで教区牧師であったマイルズ・カヴァデイルの遺骨が1841年ここに移され，南東側に埋葬されている．

St Margaret
セント・マーガレット教会
St Margaret Street, SW1

　ウェストミンスター・アビー（→Westminster Abbey）のすぐ北隣に立つ白亜の瀟洒な教会．背面は国会議事堂．12世紀初頭から半ばにかけてウェストミンスターの大修道院長によって建立され，エドワード三世治世下に取り壊されたが，15世紀末から16世紀初頭にかけて再建された．その後，修復が繰りかえされ，1614年に下院議員の通う教会となって，議員の菩提寺ともなった．今日でもこの教会はとくに下院との関係が深い．1730年代に壁面がポートランド産の石に取りかえられ，建物の入り口の上にそびえる塔が建て替えられた．

　1840年に教区がロンドン主教管区に組みこまれ，主任牧師は今でもウェストミンスター・アビーの聖堂参事会員が務めることになっている．教会堂は第二次世界大戦で大きな損傷をこうむったが，修復されて今日にいたっている．この教会に関わる人物は数多いが，中でも目立つのがサー・ウォルター・ローリーである．1618年，時のジェイムズ一世に対する反逆のかどでウェストミンスター・パレス（→Palace of Westminster）のオールド・ヤードで処刑された彼の遺体は，この教会の内陣に埋葬された．ただし胴体だけで，頭部は夫人に返された．祭壇右側の壁に記念碑が見られる．

　15世紀後半，イングランドで初めて活版印刷をはじめたウィリアム・カクストンは現在のウェストミンスター・アビー境内に，1476年から亡くなる91年まで店を借りていた．その場所はアビー内陣のポエッツ・コーナー（Poets' Corner）近くの壁に記されている．同時に彼は，グレイト・スミス・ストリートとヴィクトリア・ストリートの角あたりにも家を借りていた．その間に，トマス・マロリーの『アーサー王の死』をはじめ，多くの出版物や自らの翻訳を世に送り出した．彼はこの教会の墓地に眠っているが，内陣北側のステンドグラスには彼の印刷工房の絵が描かれている．これは19世紀のロンドンの印刷業者たちの献上によるものである．この教会では，ジョン・ミルトンやサミュエル・ピープスが結婚式を挙げている．入り口付近の壁には，ミルトンを記念して1888年マシュー・アーノルドが除幕した窓がはめ込まれている．

セント・マーティン・イン・ザ・フィールズ教会
(1720年代)

St Margaret Pattens
セント・マーガレット・パテンズ教会
Rood Lane, EC3

　13世紀の初期に建てられ，1530年に再建されたが，ロンドン大火で焼失し，クリストファー・レンによって60メートルの尖塔をもつ教会に再建された．この教会が立つルード・レイン(十字架横丁)という名は，かつてこの教会の境内にキリストの十字架像(rood)があったことに由来する．この像は1538年に破壊されたという．パテンズとは，ぬかるみから靴をまもるために，鉄輪の歯などをつけて底を高くした靴台のことで，その昔，近くにその製造所があったといわれる．会堂内の天蓋付きの信徒席は，ロンドンでもめずらしい．説教壇のそばに砂時計があり，かつて説教の時間を計ったことを示している．セント・ポール大聖堂の司祭で詩人でもあったジョン・ダンは，砂時計をビールのグラスにたとえ，「さあ，みなさんとともにもう一杯いただきましょう」と，砂時計を逆さにして説教をつづけたという．

　北袖廊には教区吏員の席があり，かつては異端者をこらしめるための席があって，悪魔の顔が彫りつけられていたという．小礼拝堂には暑い日にかつらをぬいでかけるためのフックがある．1954年以来，この教会はキリスト教研究センターとなっている．地下鉄モニュメント駅に近い．

St Mark's Hospital
セント・マーク病院
City Road, C1

　フレデリック・サーモンによって1835年に設立された．発足当初はオルダーズゲート・ストリートの小さな部屋で外来患者だけを診療していた．1838年にチャーターハウス・スクエアに移転，入院患者の設備も整えられた．サーモンは1859年に引退したが，図解入りの『直腸狭窄に関する実際論』を出版し，4版を重ねた．

　1854年4月25日聖マルコの祭日に「瘻管およびその他の直腸疾患のためのセント・マーク病院」という名で，新病院が現在地に開院した．19世紀末と1926年に増築，ベッド数も増加した．1928年に手術室が改装され，48年に国民保健サーヴィスの管理するところとなり，結腸および直腸に関する専門医を育成する病院となった．最近はセント・バーソロミュー病院(St Bartholomew's Hospital)と連携を深めている．地下鉄エンジェル駅に近い．

St Martin-in-the-Fields
セント・マーティン・イン・ザ・フィールズ教会
St. Martin's Place, Trafalgar Square, WC2

　トラファルガー・スクエアといえば，ロンドンを訪れる人が必ず一度は足を運ぶところである．広場にはクローバーの葉型の噴水があり，それを見おろすナショナル・ギャラリーの左手，チェアリング・クロス側に，ジェイムズ・ギブズの尖塔がコロニア式柱廊の上にそびえている．教会の起源は古く，12世紀にさかのぼる．16世紀，17世紀と再建され，1722年に

はギブズによってアメリカ植民地風の高い尖塔が加えられた．20世紀の初期には，第一次世界大戦後，ここの牧師が納骨堂を大陸から帰還したホームレスの兵士たちのために開放した．第二次世界大戦当時は防空壕としても利用された．現在では諸種の会合やコンサートにも使用されている．

王室との関係も深く，ジョージ一世の寄贈したオルガンもある．洗礼を受けた有名人のなかには，フランシス・ベーコン(1561)，チャールズ二世(1630)をはじめ，王室関係の赤子たちがいる．埋葬された人々のなかには，ミニチュア画家のニコラス・ヒリアード(1619)，ネル・グウィン(1687)，おいはぎのジャック・シェパード(1724)，家具師のトマス・チッペンデール(1779)，医師のジョン・ハンターなどがいる．納骨堂は現在，真鍮記念碑の拓本製作センターとなっている．境内では市も開かれている．チェアリング・クロス側には，童唄にも歌われているチャールズ一世の騎馬像が立っている．

St Martin's Lane
セント・マーティンズ・レイン　WC2

トラファルガー・スクエアの北，トラファルガー・プレイスからセント・ジャイルズ方向へ北に通じる道路．トラファルガー・スクエアが完成する前は南のストランドまで通じていた．17世紀初頭からにぎわいをみせる繁華街だった．17, 18世紀の著名な住人には，セント・マーティン・イン・ザ・フィールズの教区牧師で，のちのカンタベリー大主教になったトマス・テニソン，画家ヘンリー・フューズリやジョシュア・レノルズ，ジェイムズ・ソーンヒルなどがいる．

南端のセント・マーティン・イン・ザ・フィールズ教会の向かいには，さらし台と鞭打ち刑柱と小さな牢獄があった．1720年，ジョン・ヴァンダーバンクらがこの通りに絵画学院を開いた．ウィリアム・ホガースとウィリアム・ケントが一期生だった．のち68年にこの学院はロイヤル・アカデミーと合併するが，トマス・ゲインズバラ，レノルズ，ベンジャミン・ウェストらが制作に従事するなど，ロンドンの中心的美術学校だった．オールド・スローターズ・コーヒー店が道路の西側にあった．トマス・チッペンデイルの工房は60-61番地にあった．アルベリー座，デューク・オヴ・ヨーク劇場，ザ・コロシアムの3劇場がある．

St Martin's-le-Grand
セント・マーティンズ・ル・グランド修道院

11世紀の中ごろ，2人の兄弟によって建てられた修道院兼大学で，16世紀半ばに閉鎖された．エドワード懺悔王とウィリアム一世の時代に栄えた．エドワード一世の時代に，晩鐘が鳴らされ，その規則に従わぬ者はコーンヒルのタン・プリズン（樽型牢獄）に入れられたという．1360年にはウィリアム・オヴ・ウィッカム，のちのウィンチェスター大司教によって修復され，新しい会議場もできた．イングランド最大のサンクチュアリー（罪人の避難所）があって，盗賊や負債者は保護されたが，ユダヤ人や反逆者は追放された．1447年に金細工商同業組合が，ここで偽造された宝石類を没収し，犯罪者をここの大学の牢獄に入れたという記録もある．この宝石偽造は17世紀まで続いた．1503年にこの大学はウェストミンスター・アビーのヘンリー七世の礼拝堂建設のために寄贈された．この修道院は1540年代に閉鎖され，付近はエリザベス一世時代に仕立屋の街として栄え，セント・マーティンのレースで有名になった．現在では地下鉄セント・ポールズ駅近くのセント・マーティン・ル・グランドという地名にのみ，その名残りが見られるにすぎない．1829年に開業した中央郵便局は，この一角に建てられたものである．

St Martin's Theatre
セント・マーティン劇場
West Street, WC2

1916年にアンバサダーズ劇場（→Ambassadors Theatre）の姉妹劇場として，W.G.スプレイグの設計により建てられた．漆喰による装飾を排し，磨いた木を使ったジョージ朝様式の客席は，ウェスト・エンドの劇場としては

めずらしい．1920年代から30年代にかけては，ジョン・ゴールズワージーやカレル・チャペック，ノエル・カワード，J.B. プリーストリーなどの現代劇を上演した．70年からアントニー・シェーファーのスリラー劇《スルース》が3年間連続上演され，74年にはアンバサダーズ劇場で22年にわたって上演されていたアガサ・クリスティの《ねずみ取り》が，ここで上演されることになった．地下鉄コヴェント・ガーデン駅に近い．

St Martin within Ludgate
セント・マーティン・ウィズイン・ラドゲート教会

Ludgate Hill, EC4

定かではないが，ジェフリー・オヴ・モンマスによれば，この教会は7世紀にウェールズの英雄によって建設されたという．記録としては1138年から残っている．この教会もロンドン大火で焼失したが，クリストファー・レンによって1677-84年に再建された．ラドゲート・ヒルの騒音を防ぐために，会堂の入口にスクリーンが設けられている．祭壇の背後飾りなどに，17世紀の美しい木彫が保存されている．洗礼盤も17世紀のもので，ギリシア語の回文で，「わが顔のみならず，わが罪をも清め給え」の文字が刻まれている．教会の尖塔は，レンによる鉛ぶきの優美なもので，オジー（Sを裏返した形の曲線）形のドームの上にそびえている．同業組合教会のひとつとなっている．地下鉄セント・ポールズ駅に近い．

St Mary
セント・メアリ教会

① **Marychurch Street, SE16**

テムズ河畔の小さな倉庫群の中に囲まれるように立っているロザハイズにある教会．地名のロザハイズとは古英語で，「畜牛の陸揚げ場」の意味であった．

教会の歴史は古く中世にさかのぼるが，1705年に相つぐテムズ川の氾濫で修復不可能と思われるほどの損害を受けた．教区民のほとんどが，ニューカースルから石炭を運んでくる船員や水夫たちであったから，建設資金を集めるのは困難であった．それでも10年後に再建された．建築家は不明だが，設計は立派で，白い石の隅石と赤い化粧煉瓦が，窓と扉の素朴な直線によって均斉のとれた外観を見せている．尖塔も石造りである．19世紀後半に修復され，窓間壁には船のマストを利用し，祭壇や主教の椅子には戦艦テレメールの木材を用いている．近くにメイフラワー号亭（→Mayflower）というパブもあるように，メイフラワー号はロザハイズの船員を集めて出帆した．船長クリストファー・ジョーンズたちの記念額もあり，この教会のせまい墓地に埋葬された(1622)．すぐ近くに地下鉄ロザハイズ駅がある．

② **Church Hill, HA1**

ロンドンの北西郊ハロー・オン・ザ・ヒルの名で有名なパブリック・スクールのある丘にそびえる教会．教会の墓地のテラスには，詩人バイロンが少年時代に「わが青春の地」と呼んで，夕暮れ時に何時間もじっと座って瞑想した場所があり，そこに彼の詩「ハローの墓地の楡の下にて詠める詩」の記念碑がある．1087年の創建で，カンタベリーで1170年に刺殺された聖トマス・ア・ベケットが，その直前に12日間滞在していたという．丘にそびえる尖塔はチャールズ二世が「目につきやすい教会」と言ったが，1450年以来のものである．この教会に埋葬されているハロー・スクールの創始者である，ジョン・ライオンとその妻の真鍮の記念碑が有名である．真鍮の記念碑は全部で13個で，最も古いのは1370年のサー・エドマンド・フランバードのものである．側廊の屋上の9枚の高窓には，ハローの歴史が読みとれる．上質のパーベック大理石の洗礼盤は13世紀のもので，17世紀のオーク材の収納箱や彫刻のある説教壇は，この教会の宝である．教会の入口に向かって右側に，詩人バイロンとクレア・クレアモントの間にバースで生まれた娘アレグラの記念碑(1980)が立っている．ちなみにハローとは古英語で，「異教徒の寺院」を意味した．

③ Battersea Church Road, SW11
　セント・メアリという名の教会は、上記のほかに20ほどあるが、このバタシーのセント・メアリ教会は、ウィリアム一世がイングランド征服後に、ウェストミンスター・アビーの修道士に与えたのが最初で、18世紀末に簡素な村の教会として再建されたものである。バタシーとは、古英語で「島または湿地の中の干拓地」のことであった。東の窓には王室との関係を示すマーガレット・ボーフォート（ヘンリー七世の祖母）、ヘンリー八世とエリザベス一世の像が描かれている。おもしろいのは清教徒で詩人のウィリアム・ブレイクが、この教会で1782年に結婚したとき、地方の庭師の娘であった彼の妻キャサリンは、登記簿にただ'×'とサインしたという。

St Mary Abbots
セント・メアリ・アボッツ教会
Kensington Church Street, W8
　12世紀にアビンドンの修道院長（abbot）によって建てられたので、この名がある。その後、1370年と1696年に再建され、ウィリアムとメアリの治世下にはケンジントン・パレス（→Kensington Palace）にはまだ礼拝堂がなく、2人の王はこの教会で礼拝した。また19世紀後半に再建された教会の尖塔は、ブリストルのセント・メアリ・レッドクリフ教会の模倣である。18世紀の小説家ヘンリー・フィールディングの異母兄弟、盲目の判事といわれたジョン・フィールディングは、1774年にこの教会で結婚式を挙げた。またジョーゼフ・アディソンの継子、ウォリック伯爵エドワードの記念碑もある。アディソン自身はケンジントンのホランド・ハウスで、この継子に「クリスチャンの平和な死を見よ」と言って息を引きとったという。

St Mary Abchurch
セント・メアリ・アブチャーチ教会
Abchurch Yard, EC4
　クリストファー・レンが建てたシティの教会の中で、最も美しく、そして最も変化の少ないもののひとつである。キャノン・ストリートとキング・ストリートの間にある丸石を敷いた小さな囲い地に立っている。かつて12世紀にセント・メアリ・オーヴァリー（現在のサザック大聖堂）の修道院長に属する教会が立っていたところである。アブチャーチという名は、アップチャーチ（「川の上の教会」）に由来する。
　ロンドン大火で焼失したが、15年後にレンによって再建された。濃紅色の煉瓦造りで、アッパー・テムズ・ストリートにあるセント・ベネット・ポールズ・ワーフ教会（→St Benet Paul's Wharf）に似て、オランダの影響が見られる。穴のあいた明かり窓つきの頂頭の上に鉛で覆われたほっそりした尖塔がそびえていて、その簡素な外観からは内部の豊かな装飾は想像できないであろう。レンが依頼した有能な芸術家たちの技術の結晶といわれる。17世紀のすぐれた木彫と熟練した石工の洗礼盤など、見るべきものが多いが、中でも祭壇背後の飾り壁がすばらしい。イギリスが誇る17世紀の木彫家グリンリング・ギボンズの手になるもので、シティでは唯一の作品といわれている。1940年の空襲でこなごなになったが、5年かけて修復された。現在は同業組合の教会となっている。地下鉄のモニュメント駅に近い。

St Mary Aldermary
セント・メアリ・オールダメアリ教会
Queen Victoria Street, EC4
　オールダメアリとは古英語で「メアリより古い」という意味。つまり11世紀に建てられたセント・メアリ・ル・ボウ教会（→St Mary-le-Bow）よりも古いということ。ロンドン大火で焼失し、クリストファー・レンによって再建された（1681-82）。扇形天井は昔のコピーと考えられている。1876年にも修復されたが、説教壇、洗礼盤、そして木造の剣掛けを残して、17世紀の木材工芸はすべて取り払われた。第二次世界大戦で損害をこうむったが、新しいステンド・グラスの窓ができ、同業組合の教会となった。詩人のミルトンは彼の第三番目の妻と、この教会で1663年に結婚した。

地下鉄マンション・ハウス駅に近い．

St Mary-at-Hill
セント・メアリ・アット・ヒル教会
Lovat Lane, EC3

かつて中世に売春婦が出没したので，「恋愛横丁」（ラヴ・レイン）と呼ばれていたラヴァット・レイン（→Lovat Lane）の東側に立っている教会で，12世紀の創建という．ロンドン大火後，クリストファー・レンによって再建された四角形のオランダ風の教会である．内部はシティでも最上のものといわれ，丸天井と荘厳なパイプ・オルガンと説教壇，箱型の信徒席，金メッキの剣掛けなどがすばらしい．毎年10月にビリングスゲートの漁師たちが，この教会で感謝祭を行なっている．1980年後半の火事で，会堂の内部が焼けたが，修復された．

St Mary-at-Lambeth
セント・メアリ・アット・ランベス教会
Lambeth Palace Road, SE1

この教会は古く11世紀初期のエドワード懺悔王のころからのもので，12世紀末には，カンタベリ大司教の住居となった．ランベスとは古英語で，「子羊の荷揚げ場」のことであった．その後しばしば修復され，1850年代にも再建されたが，14世紀の塔を残し，洗礼盤は全身洗礼用としてロンドンでは唯一のものである．第二次世界大戦で大損害を受けたが修復され，17世紀の有名な旅行家で博物学者トラデスカント父子の像が窓に描かれている．この教会には歴代の大司教たちが葬られており，なかでもチャールズ一世の庭師であったジョン・トラデスカント父子も埋葬されている．このトラデスカント・トラストによって教会はさらに修復され，庭園史博物館（→Museum of Garden History）となり，トラデスカント父子が世界旅行から集めた植物草本類を展示している．彼らはパイナップルを装飾上のモチーフとしてイギリスに輸入したといわれる．

St Mary Axe
セント・メアリ・アックス

この奇妙な名をもつ教会は，12世紀末から1560年ごろまでこの教会が立っていた町の名に由来する．その名には奇妙な伝説がまつわっている．あるイングランドの王が，その娘と1万1000人の侍女たちを外国旅行に出したおり，ライン川の下流で「神による禍い」と恐れていたフン族の王アッティラに，3本の斧（アックス）で殺されたが，その1本がこの教会に保存されていたという．『ロンドン通覧』を書いたジョン・ストーによれば，この教会の名は「セント・メアリ・ザ・ヴァージンとセント・ウルスラと1万1000人の処女たち」ということになっている．

この教会の名から出たセント・メアリ・アックス通りは，18, 19世紀には主として住宅地帯であった．ジョージ四世の外科医であったアストレー・クーパーや，王の情婦の父親も住んでいた．チャールズ・ディケンズの小説『共通の友』に，下品で狡猾な「粋人フレジビー」の所有する金貸し業事務所の所在地として出てくる．リヴァプール・ストリート駅の南方にあたり，通りの南端部，レドン・ホール・ストリートに接する角にセント・アンドルー・アンダーシャフト教会（St Andrew Under shaft）が立っている．

現在は主に船舶仲立人や海運保険会社や輸出業関係の人々の住居となっている．24-28番地は船大工同業組合の事務所になっている．

St Marylebone
→Marylebone

St Marylebone Parish Church
セント・マリルボーン教区教会
Marylebone Road, W1

マリルボーンまたはマラボン地区の最初の教区教会は1200年ごろできたが，現在のオックスフォード・ストリートにあって，聖ヨハネを祀ったものであった．マリルボーン・レインの奥に多くの人骨が発掘されたのがその跡と思われる．1400年に2番目の教会が現在の場

所に建ち，セント・メアリ・バイ・ザ・ボーン（ボーンとはタイバーン川のこと）と命名された．1740年に再建され，1811年にジョン・ナッシュがリージェンツ・パーク（→Regent's Park）を設計したとき，この新しい教会が公園に含まれた．第4番目の教会は結局，タイバーン荘園の東半分を占めるポートランド公の所領であるポートランド・エステート（→貴族の私有地と都市計画）に建てられた（1813-17）．はじめはチャペル・オヴ・イーズ（司教が出張する支聖堂）にするつもりが，教区教会になった．金メッキの女人柱像に支えられたキューポラ（半球状の屋根）を特色とする．

詩人バイロンが1778年に，提督ネルソンの娘が1803年に，ここで洗礼を受けている．その昔，フランシス・ベーコンは1606年に，詩人のブラウニングは1746年に，劇作家リチャード・シェリダンが1773年に結婚式を挙げた．馬の絵で有名な画家ジョージ・スタッブズは，1831年にここに埋葬された．4番目の教会は1817年に教区礼拝堂となり，同年に新しく教区教会が同じ敷地に建てられ，それは現存する．一方，礼拝堂のほうは第二次世界大戦でひどい災害をこうむり，1949年に取り壊された．現在敷地は庭園になっている．

St Mary-le-Bow
セント・メアリ・ル・ボウ教会
Cheapside, EC2

「ボウ教会の鐘の音が聞こえるところで生まれた者が生粋のロンドンっ子（→Cockney）」という定義で知られるボウ教会（正式にはセント・メアリ・ル・ボウ）は，シティのチープサイド（→Cheapside）に立っている．地下の納骨堂のノルマン様式のアーチ形の天井からボウ（弓形）の名が出た．この教会の鐘は14世紀には晩鐘として用いられ，15世紀には絹織物商が終業の合図として毎晩9時に鳴らした．このことから上記コックニーの定義が生まれたという．いつ創建されたかは明確でないが，この教会の記録は11世紀末ごろから残っている．1666年のロンドン大火で焼失したが，1673年にクリストファー・レンによって再建さ

セント・メアリ・ル・ボウ教会

れて，ローマのバシリカ風教会堂になった．第二次世界大戦中は，BBCがこの教会の鐘を時報に用いたこともあった．1941年の空襲で爆破されたが，根気強い長年の募金運動によって現在のように銀行の建物によって支えられるように修復された（1956-62）．

生粋のロンドンっ子で，詩人であり司祭でもあったジョン・ダンは，死の床においてボウ教会の鐘の音に全人類を包含する力を見出し，「誰がために弔鐘は鳴る」―「汝がためにこそ」―と悟ったという．この言葉はのちにアメリカの作家ヘミングウェイの小説の題名になった．ウィリアム・ワーズワスの詩「貧しいスーザンの幻想」で有名なウッド・ストリート（→Wood Street）のプラタナスから振り返ると，この教会の美しい尖塔がチープサイドの商店街にそびえているのがよく見える．また話はやや伝説的になるが，かつてディック・ウィッティントンを3度もロンドン市長になるのだと，呼び返したのもこのボウ教会の鐘であった．

→Whittington Stone,「ディック・ウィッティントン」

St Mary-le-Strand
セント・メアリ・ル・ストランド教会
WC2

　ストランドを東に向かって行くと，フリート・ストリートの入口近くの道路の真ん中に2つの教会が建っている．その第1がセント・メアリ・ル・ストランド教会であり，そして第2がセント・クレメント・デインズ教会（→St Clement Danes）である．両者とも川中島のように道路の真ん中に建っているから，「島教会」と呼ばれる．

　12世紀の中ごろここに建っていた古い教会は，サマセット・ハウス（→Somerset House）建設のため1549年に取り壊され，その後そのままになっていたが，18世紀初期（1714-17）アン女王の時代に，レンと並び称せられる建築家ジェイムズ・ギブズによって現在のバロック式の小さな教会が建てられた．そのイオニア式柱廊が特色である．トラファルガー・スクエアのセント・マーティン・イン・ザ・フィールズ教会（→St Martin-in-the-Fields）ほど立派なものではないが，レンのセント・クレメントやセント・ブライド（→St Bride）がともに空爆で破壊されたのに，ギブズのものが健在であるのは皮肉である．

　1750年にはボニー・プリンス・チャーリーが，ここに5日間かくまわれていたという．ディケンズの両親は1809年にこの教会で結婚した．教会の緑地に16世紀に建てられた五月柱は内乱で取り払われたが，王政復古後40メートルもある巨大な五月柱が立てられ，ストランドの大通りを見下ろしていたと，アレグザンダー・ポープの『愚者列伝』にも歌われて有名であった．

→Maypole in the Strand

St Mary Magdalene
セント・メアリ・マグダリン教会
High Street South, E6

　1130年ごろの創建で，ユニークなノルマン様式の教区教会である．創建以来ほとんど改築されずに残った教会としてめずらしい．後陣の屋根がノルマン式の木材で，しかも木製の釘が用いられている．内陣の北壁にはジグザグ模様のアーチが見られ，二重の聖水廃棄盤（piscina）は13世紀のもの，洗礼盤は17世紀初期のものである．説教中居眠りをしている者をおこすために教区委員が用いたという針は，19世紀初期のものである．3万6000平方メートルほどもあってロンドン一の広さを誇る境内は，現在パースモア・エドワーズ博物館の手によって，自然保護区として開発されつつある．

St Mary on Paddington Green
セント・メアリ・オン・パディントン・グリーン教会　W2

　かつてこの土地には2つの教会が建っていた．最初の教会ではジョン・ダンが最初の説教をしているし，第2の教会では画家のウィリアム・ホガースが結婚している．その後18世紀末に現在の教会がそれらの廃墟に建ち，1970年代にさらに改修されたが，昔の姿をとどめているという．チャールズ・ディケンズの友人でもあったウィルキー・コリンズの父で画家のウィリアム・コリンズや，シェイクスピア劇の名女優セアラ・シドンズなどが埋葬されている．パディントン・グリーンには彼女の彫像が立っている．

St Mary's Hospital
セント・メアリ病院
Praed Street, W2

　19世紀のロンドンは，鉄道の新設や人口の増加によって拡張を続けた．とくに北西部の発展はめざましく，住民から新しい病院の建設要求が高まった．1844年にトマス・ホッパーが380床のベッドをもつ病院を計画し，翌年6月に工事が始まった．しかし，請負人が破産し，完成したのは6年後だった．

　1854年に医学校が併設された．50年代後半から病棟・診療棟の増改築がさかんに行なわれ，医療機関として名目を一新した．87年には，医学校の生理学部門の長であるオーガスタス・ウォーラー博士が心臓の電気反応を発見し，心電図の発展に大きく寄与した．

20世紀に入り，1902年にはアイルランド出身のアームロス・ライトがスタッフに加わって，免疫部門を設立し，腸チフスの予防接種を導入した．彼は同郷のバーナード・ショーの友人であり，戯曲『医者のジレンマ』のモデルにもなった．1907年には神経学部門が創設され，2年後，ライトは研究棟を開設した．1928年に，アレグザンダー・フレミングが培養皿のカビからペニシリンを抽出した．33年に医学校と病理学研究所が，36年に看護婦棟が完成した．

　1948年の国民保健サーヴィスの導入によって，パディントン・グリーン小児病院(1987年に閉鎖)，プリンセス・ルイーズ・ケンジントン小児科病院(1971年に老人病病院に転換)，サマリタン婦人科病院，ウェスタン眼科病院，および聖ルカ末期患者病院(1985年に閉鎖)とグループを結成した．スタッフの中から2人のノーベル医学賞受賞者が出ている．1人は1945年受賞の細菌学教授アレグザンダー・フレミング，もう一人は72年受賞の免疫学教授ロドニー・ポーターである．医学校は1948年に病院から独立し，88年にインペリアル・コレッジ(→Imperial College of Science, Technology and Medicine)と合併した．鉄道・地下鉄パディントン駅に近い．

St Mary the Virgin
セント・メアリ・ザ・ヴァージン教会
① Aldermanbury
　オールダマンベリーにあった中世の創建といわれる教会．オールダマンベリーにはロンドン最初のギルドホールがあったと思われている．それはエドワード懺悔王以前のイギリスの王たちの城でもあったという．この教会の回廊には，かつて巨大な人骨が展示されていた．ロンドン大火のあとに，クリストファー・レンが尖塔なしの簡素な会堂を建てたが，第二次世界大戦で被害を受けたまま再建されていない．崩壊した建築材はアメリカ合衆国のミズーリ州のフルトンに運ばれ，サー・ウィンストン・チャーチルの記念館として再建に利用された．オールダマンベリーの廃墟は整地され，美しい庭園になり，1970年に公開された．シェイクスピア劇の俳優であり，第一フォリオ版を出版したジョン・ヘミングとヘンリー・コンデルの記念碑もある．2人はシェイクスピアとグローブ座(→Globe Theatre)で共演した俳優兼劇場株主で，35年の歳月をかけて編集して出版したという．2人はこの地に埋葬されている．場所は現在のムアゲート地区．

② Church Road, Little Ilford, E12
　昔の古い教区であったリトル・イルフォードのチャーチ・ロードにあるこの教会は12世紀の創建で，18世紀初頭に再建された．この荘園の息子であったトマス・ヘロンの記念碑があるが，彼の弟はサー・トマス・モアの娘と結婚した．モアと同じように，彼もヘンリー八世に抗って処刑された．鉄道ウッドグレインジ・パーク駅に近い．

③ Church Street, Twickenham, TW 1
　ロンドン中心部から南西15キロほどのテムズ河畔にある美しいトゥイッケナムの村は，18世紀の初期に上流階級の別荘地として発展した．トゥイッケナムとは「川の曲がり角の土地」という意味であった．この教会は，ジョージ二世の愛妾ヘンリエッタ・ハワードのパラディオ風の真白な化粧漆喰の家マーブル・ヒル・ハウスのあるマーブル・ヒル公園の少し南チャーチ・ストリートに，こぢんまりと立っている．宮廷画家のゴドフリー・ネラーはここの教区委員であった．ケント州の粗硬岩からなる中世風の四角な石の塔に，美しく削られて磨きをかけられた赤茶色の煉瓦の会堂が寄りそうように建っている．アン女王時代(1714-15)の建築で，この教会は詩人のアレグザンダー・ポープともっとも関係が深い．彼はこの地のテムズ河畔に，グロット(岩屋)と呼ばれた別荘を建てたことでも知られる．柱廊つきの会堂の北側の部分にポープのメダリオン(円形浮彫り)の肖像が，父母の碑とともに飾られており，身廊の床に真鍮の記念碑もある．その隣りのPと刻まれている石のところに彼は葬られている．境内にはポープの乳母として38年間務めたメアリ・ビーチの碑

と，紅茶で有名なトマス・トワイニングの碑も，牧師館の壁に並んでかかげられている．

St Mary Woolnoth
セント・メアリ・ウールノス教会
Lombard Street and King William Street, EC4

ロンドンの金融界の中心地ロンバード・ストリートと，ロンドン橋に通ずるキング・ウィリアム・ストリートに面して立つ古い教会で，サクソンの貴族ウルフノスの名に由来する．1273年ごろの記録があり，1442年に再建されている．ロンドン大火後，クリストファー・レンが修復し，さらにアン女王時代にニコラス・ホークスムアによって再建された．内装はローマの建築家ヴィトルーヴィウスの流れを汲むものといわれる．19世紀後半にも改装されている．その後地下鉄のバンク駅が地下にできた．同業組合の教会である．ロイド・コーヒー店の亭主エドワード・ロイドは，1712年にここに埋葬された．

St Matthias
セント・マサイアス教会
East India Dock Road, E14

ポプラ地区最古の教会で，1766年に聖マッテヤに捧げられた東インド会社私有の礼拝堂．18世紀後半と19世紀後半に改築され，1977年に閉鎖された．以来，無法者に破壊されるままになっていたが，復興した．聖マサイアスはイエスの復活を目撃した弟子のひとりで，ユダに代わって12使徒に加えられた聖人である．

St Michael
セント・マイケル教会
① Cornhill, EC 3

この教会の歴史は古く11世紀の中頃にさかのぼる．塔ができたのは1421年である．ロンドン大火で焼失したが，クリストファー・レンによって再建され(1670-27)，15世紀の塔は復活した．その後18世紀20年代前半にオックスフォードのモードリン・コレッジの塔を模

して新しいゴシック様式の塔が完成した．また19世紀の半ばには，ジョージ・ギルバート・スコットによって修復されたとき，信仰の象徴であるペリカンの木彫と錬鉄製の剣掛けのほかは，17世紀の備品すべてが廃棄された．外部に立っている聖マイケルのブロンズ像は，第一次世界大戦の死者を記念するものである．墓場の詩人といわれた18世紀の有名なトマス・グレイは，この教会で洗礼を受けた(1716)．彼の父はこの教会に埋葬されている．

② South Grave, N 6

エリザベス一世時代からのハイゲート・スクール(→Highgate School)の礼拝堂を利用していたこの地の教区民たちは，1826年の訴訟事件でその使用を禁止された．その結果，現在のゴシック様式の教区教会が建った(1831-32)．1878年に内陣が拡大され，1834年以来ハイゲート・スクールの礼拝堂に埋葬されていた詩人のサミュエル・テイラー・コールリッジの遺骸が，1961年にこの新しい教会に埋葬された．彼はすぐ近くのザ・グローヴ通り3番地に住んでいた．

St Michael Paternoster Royal
セント・マイケル・パタノスター・ロイヤル教会
College Hill, EC4

かつてロイヤル・ストリートと呼ばれたコレッジ・ストリート近くにある教会で，13世紀初期の創建．ロイヤルとは，ここに住みついた葡萄酒商人の故郷の名フランスのボルドー近辺のリオールがなまったものと考えられている．伝説にもなったロンドン市長のディック・ウィッティントンが住んでいたところで，彼の力で1409年に教会は再建されたが，ロンドン大火で焼失し，クリストファー・レンによって再建された(1686-94)．1944年の空襲で破壊されたが，1967年に修復された．説教壇などに17世紀の木彫芸術をとどめている．ウィッティントンを記念する窓もある．彼は1423年にここに埋葬された．地下鉄キャノン・ストリート駅のすぐ西側にある．

→Whittington Stone,「ディック・ウィッティントン」

St Mildred
セント・ミルドレッド教会

　1252年以前に建てられた教会であったが，ロンドン大火で焼失し，クリストファー・レンによって再建された(1681-87)．第二次世界大戦までは，レンの芸術を残す最上の教会のひとつであったが，1941年に完全に爆破された．詩人のシェリーがメアリ・ウォルストンクラーフトと1816年に結婚した教会である．近くのポールトリー(→Poultry)通りにも同名の教会があったが，その名はセント・ミルドレッズ・コートという道路名に残されている．

St Nicholas
セント・ニコラス教会

① Church Row, Chislehurst, BR7
　地名のチズルハーストとはサクソン語で，砂金を含んだ砂礫層上の森を意味したように，はじめはサクソン人の教会であった．西側にローマ時代からの白亜鉱の洞窟があり，第二次世界大戦当時は防空壕となった．チズルハーストの荘園は，1611年にサー・トマス・ウォルシンガムの所領となっていた．彼はこの地でエリザベス一世よりナイト爵に叙せられた．また，劇作家クリストファー・マーロウのパトロンであったため，マーロウ筆のシェイクスピア劇の原稿が埋められているかもしれないということで1956年に彼の墓が開かれたが，原稿は発見されなかった．教会は19世紀初頭に拡張された．その責任者のF.マレー牧師は，《古今賛美歌集》の編者である．この街にある老舗のタイガーズ・ヘッド・インの看板の虎の頭は，ウォルシンガム家の紋章の頂飾である．鉄道チズルハースト駅に近い．
② Church Street, Chiswick, W4
　18世紀英文学の研究家オースティン・ドブソンは，かつてこの教会を訪れて，「何という荒廃」と嘆いたが，1882年には完全に再建された．聖ニコラスは子供や質屋だけでなく，船乗りや漁師の守護聖でもあったから，チズィックにこの教会があることは，チズィックがかつては漁村であったことを意味している．中世の建築になる粗硬岩の塔は1446年のものといわれる．1882年の再建では，幸いにもヴィクトリア朝の有名な建築家ジョン・ラフバラ・ピアソンが担当した．境内には画家ウィリアム・ホガースの茶壺を載せた重厚な墓があり，墓碑銘は生前画家と親交のあった，ジョンソン博士の友人でもありシェイクスピア劇の名優でもあったギャリックの筆になるものである．「さらば，偉大なる人類の画聖よ，／おん身は美術の気高き薀奥を極めたり．／おん身の描きし徳は人の心を動かし，／眼によりて人を正さしむ．…」とある．ホガースはこの近くに田舎家(→Hogarth's House)を構えていた．
③ Deptford Green, SE8
　ロンドンのドックランズであるロザハイズの南，グリニッチの西部にあたるデトフォード・グリーンには，スペインの無敵艦隊と戦ったエフィンガムのハワード卿の館があったが，いまはない．デトフォードとは古英語で「深い谷」の意であった．18世紀に発展した町で，2つの教区教会，セント・ニコラス教会とセント・ポール教会(→St Paul②)があり，前者は中世以来のケント産の粗硬岩の塔をもっているが，会堂は17世紀後期のもので，第二次世界大戦で内部に被害を受けた．改修されて縮小されたが，入口の門の上にはロンドン塔に近いセント・オレイヴ教会(→St Olave)のように，柱の上に頭骸骨を並べて，死を克服する意味の花輪の彫刻が飾られている．会堂の西の壁には，1593年5月20日に酒場のけんかで殺された劇作家クリストファー・マーロウの記念碑もある．

St Nicholas Cole Abbey
セント・ニコラス・コール・アビー教会

Queen Victoria Street EC4
　セント・ポール大聖堂の南側で，テムズ川に近いクイーン・ヴィクトリア・ストリートにある教会．ロンドン大火後，最初にクリストファー・レンが完成したシティの教会(1677)で

ある．アビーといっても，修道院だったことはない．中世の言葉で，避難所を意味するコールドハーバー（coldharbour）がなまって，コール・アビーとなったと考えられている．聖ニコラスは子供の守護聖である．かつて宗教改革以前，12月6日の聖ニコラスの祭日には，旧セント・ポール大聖堂では，ボーイ・ビショップ（少年司祭）の儀式があり，子供が説教をしたこともあったというが，エリザベス一世の時代には，教会の近くに魚市場ができて，「フィッシュ・ストリートの後ろのセント・ニックス」と呼ばれていた．現在でも弓師同業組合はその後援者であったこの教会を使用している．内部はレンによる17世紀のすばらしい木工芸術を残していたが，1941年に焼夷弾で焼き払われた．しかし，1962年にレンのデザインは復元された．

St Olave
セント・オレイヴ教会
Hart Street, EC3

日記で有名なサムエル・ピープスは，勤務していた海軍省があったシージング・レイン（→Seething Lane）に住んで日記を書いていた．現在のハート・ストリートで，ここにピープスがいうところの「われらが教会」，セント・オレイヴ教会が立っている．近くには，彼がロンドン疫病と大火の惨状を望見したというクロムウェル時代の煉瓦の塔のあるオール・ハローズ・バーキング教会もある．セント・オレイヴの歴史は古いが，現在の教会は1450年の建設で，1666年の大火をまぬがれたシティの8つの教会のうちのひとつであった．ピープスは，洗礼はフリート街のセント・ブライド教会で受けたが，彼は海軍省の外側にあった小さな回廊づたいに，雨に濡れることもなくこの教会に通った．ただ，説教中はよく居眠りをしていたという．その回廊はいまはないが，その跡にピープスの記念碑がある．妻のエリザベスの白い大理石の彫像もある．2人は聖堂の身廊に並んで埋葬されている．説教壇は名工グリンリング・ギボンズの彫

―［ロンドン・ア・ラ・カルト］―

ピープスのロンドン

　日記作家として一般に知られ，王政復古のチャールズ二世に仕えて，海軍大臣にまで出世したサムエル・ピープス（1633-1703）は，ロンドンを深く愛したことでも知られる．
　今日ロンドンにおいてピープスの足跡をたどろうとするならば，まずは彼が勤めていた当時の海軍省の跡（シージング・レイン）と，彼が「私たちだけの教会」と呼んだセント・オレイヴ教会（ハート・ストリート）を訪ねることである．その墓地門の上には石の髑髏が飾ってある．チャールズ・ディケンズは不眠症に悩んでいたとき，わざわざ雷鳴のとどろく夜半に嵐の中を馬車を駆って訪れ，鉄のパイプに串刺しになった髑髏が青白い稲妻の中で歯をむいてウィンクしている凄惨な演出効果に満足したという．名づけて「セント・ガーストリー・グリム」，「私の最も愛する墓地」と呼んだ．この教会の中にピープスは妻のエリザベスとともに眠っている．
　ピープスは説教中よく居眠りをしたと日記に記しているが，驚くことに彼の目的は礼拝中に会衆の中から美女を探し出すことであった．「望遠鏡にて美女を探し，じっと見つめて大いに楽しむ」とある日の日記にある．それは彼の道楽であった芝居見物においても同じで，日記が終わりに近づくにつれて，ピューリタン的しかつめらしさは消え，彼の生活も裕福になり放蕩の度も増してくる．
　1667年8月18日．「セント・ダンスタン教会〔フリート・ストリートの西の入口〕に行く．傍

刻という．

19世紀の小説家チャールズ・ディケンズは『商用ぬきの旅人』の中で，鉄門に石造りの髑髏の飾りのついたセント・オレイヴ教会の墓地を「セント・ガーストリー・グリム」(セント凄惨気味悪)と名づけ，「私の最も好きな墓地の一つ」として描き出している．そして，雷鳴のとどろく夜半にわざわざ馬車でこの教会を訪れ，鉄のスパイクに串刺しになった石造りの髑髏が，青白い稲妻の中で歯をむき目をしばたいているときの凄惨な光景は効果満点であったと書いている．

埋葬録には，1586年9月14日にマザー・グースが埋葬されたという記録もある．ロンドンに大疫病をもたらしたという女性メアリ・ラムゼー(1665年7月26日没)の記録もある．セント・オレイヴは現在も活発な活動を続けている教区教会である．地下鉄タワー・ヒル駅に近い．

St Olave's Burial Ground

セント・オレイヴ埋葬地
Tooley Street, SE1

ロンドン・ブリッジ鉄道駅に接するトゥーリー・ストリート沿いの地所．1586年に埋葬地として，セント・オレイヴ教会(→St Olave)の教区が500年の契約で借り受けた狭い土地だったが，1730年代に新しい教区ができて，その後墓地は2つの教区にながく使われていた．

19世紀に入って，伝染病で亡くなった人間が埋められたことがわかり，1853年に墓地としては使われなくなり，88年に遊園地に変わり，土地は都市建設局の保有になった．

St Pancras
セント・パンクラス　NW1

ロンドンの中心部より北寄りにあたる地区．カムデン・タウン，チョーク・ファーム，ケンティッシュ・タウン，ソマーズ・タウンを含み，ハイゲートからトッテナム・コート・ロード，ブルームズベリーにおよんでいる．1965

可憐なる乙女あり．いとしとやかなる娘に見えたれば，われ手を触れんとせしも，許さず…などなど．

ピープスは教会にもよく通ったが，「朝の一杯」をひっかけに，ロンドン中の酒場に出没している．ホワイトホールの「双首の白鳥亭」とアッパー・テムズの「古白鳥亭」は，とくにお気に入りであった．フリート・ストリートの「雄鶏亭」ではおいしいコック・エールを好んだ．先人のシェイクスピアやベン・ジョンソンらが通ったストランドの「悪魔亭」，ホーボーンの「雄牛頭亭」，ロンバードの「ロイヤル・オーク亭」，イースト・エンドの「バラと王冠亭」など10年間の日記に出てくる酒場は枚挙にいとまなしである．テムズ河畔の「ピープス亭」，ドックランズの「プロスペクト・オヴ・ウィットビー亭」などは，現在の観光の目玉である．

ピープスが初めて闘鶏を見たのは1663年のこと．ホーボーンから南に下るシュー・レインにできた新設のコック・ピットに入って驚いた．「上は国会議員から，下は貧しい奉公人，パン屋に肉屋に荷馬車屋など，それがみな互いに罵り合いながら金を賭けている．どうしてこのトリたちは，何ら挑発もされないのに互いに相手を殺し合うのか，なぜ相手の頭だけを狙うのか，どうして一方が殺されるまで止めようとしないのか．」その日，彼は疲れ果ててわが家に帰った．

コヴェント・ガーデンのセント・ポール教会の入口の壁に，ここでピープスが「パンチの人形芝居を見た」(1662)という記念碑がある．彼は1661年9月のバーソロミュー定期市で，人形芝居を初めて見て面白くないと書いたが，1668年の9月に見たサザック定期市はきれいで大変面白かったと書いている．

年にロンドン・バラ・オヴ・カムデン自治区に組みこまれた．
　この地区には鉄道の駅が多く，ゴシック様式のセント・パンクラス駅(→St Pancras Station)があり，西にはユーストン駅(→Euston Station)もあり，ロンドンの発着駅として重要である．ノルマンの時代からこの地区には，教区教会(→St Pancras Old Church)が立っていた．

St Pancras Hospital
セント・パンクラス病院

St Pancras Way, NW1

　前身はセント・パンクラス・サウス病院と言った．1805年に慢性疾患と精神症を観察をする病院として設立された．現在は，ユニヴァーシティ・カレッジ(→University of London)と連携した総合病院である．鉄道セント・パンクラス駅の北に位置している．

St Pancras Old Church
セント・パンクラス・オールド教会

Pancras Road, NW1

　紀元600年ごろのサクソンの祭壇が発見されたところから，ヨーロッパで最古のキリスト教遺跡のひとつと考えられている．聖パンクラスとは，紀元3世紀のローマ皇帝ディオクレティアヌスがキリスト教徒大迫害を行なったとき殉教した，14歳の少年であったと伝えられている．ノルマンの時代からセント・パンクラス教区教会は存在していた．内陣は14世紀半ばごろ再建されたといわれる．1822年にはそれよりはるか南方のセント・パンクラス駅(→St Pancras Station)に近いところに，司祭出張聖堂として再建された．1847-48年の大改築で，アテネ帰りのW.H. インウッドの手によりギリシア建築として多額の費用をかけて復興した．
　大盗ジョナサン・ワイルドやイタリア系のパントマイム役者ジョーゼフ・グリマルディが結婚した教会である．墓場にはワイルドはもとより，フランス革命を逃れた亡命者たちが多く埋葬されている．セント・パンクラス・オールド教会の南は，17, 8世紀には鉱泉場として栄えた．現在はセント・パンクラス駅になっている．

St Pancras Station
セント・パンクラス駅

Euston Road, NW1

　ミッドランド鉄道のロンドン終着駅で1868年開業．この鉄道はその名のとおりイングランドの中部地方で広い線路網をもっていたが，ロンドンに線路を延長することができず，ロンドン行きの列車は並行する競争線のグレイト・ノーザン鉄道のキングズ・クロス駅(→King's Cross Station)を借りなくてはならなかった．ライバル鉄道のターミナル駅より遅れること16年にして，やっと自社線によるロンドン乗り入れの悲願を達成することができた．新入りであることのハンディキャップをなくすために，ロンドン市民に大きな感銘を与えようとしたのだろうか，鉄道会社は当時の有名建築家ギルバート・スコットに設計を依頼して，途方もなく壮大な駅ビルを建てた．ユーストン駅(→Euston Station)が古代ギリシアの神殿のような巨大なドーリア式の柱列の門を建てたのに張りあって，こちらは中世の大聖堂か古城を思わせるような，ゴシック式の尖塔を高くそびえさせたのである．もちろん駅ビルの上層階は，ほかの駅にならってホテルにした．
　生みの親のスコットは「あれはロンドン最高の建物だとよく私に言われるが，私に言わせれば駅にしては立派すぎる」と自信満々であった．確かに多くの人から讃辞が寄せられ，ロンドン名物のひとつになった．多くの風景画の中にも取り入れられた．たとえば，ジョン・オコーナーの《セント・パンクラス駅ホテル——ペントンヴィル・ロードからの日没時の風景》という絵では，背後に美しいシルエットとなって浮かび上がっている．しかし，逆に成金の悪趣味として嫌う人もいた．たとえば，キングズ・クロス駅舎のつつましい簡素な美しさを賞讃するE.M.フォースターは，この駅を「うわべだけ堂々としている」(『ハワ

ズ・エンド』）と評している．このようなゴシック様式はヴィクトリア朝に流行した（たとえば1840年に建てられたウェストミンスターの国会議事堂など）ものなので，ヴィクトリア朝に対する批判・反発でもあると考えられる．

ところが，1968年開業100周年を迎えたあと，建物の老朽化により高い塔が危険になったと，当時の国鉄当局が駅舎を完全に取り壊し，新築計画を発表したところ，市民から猛烈な反対の声が上がった．ユーストン駅のギリシア式柱列が新築工事で壊されたとき，それを阻止できなかったことへの反省もあった．民間の保存運動の強まりに国鉄は現状のままの保存に計画変更せざるをえなくなり，今日でも補強された旧駅舎は健在である．

現在，この駅のプラットフォームを使用しているのは，ロンドンとイングランド中部の諸都市，たとえばレスター，ノッティンガム，シェフィールドとを結ぶ都市間特急列車インター・シティ（Intercity trains）だけで，近距離普通列車はすべてテムズリンク（→Thameslink）の地下駅に移った．将来「ユーロスター」（Eurostar）号の発着駅とする計画もある．
→Stations

St Patrick
セント・パトリック教会
Soho Square, W1

ソーホー・スクエアの東側にあるローマ・カトリック教会の寺院で，1729年にその礼拝堂ができた．近くにはセント・ジャイルズ地区という貧民窟があって，チャールズ・ディケンズの『ボズのスケッチ集』にその不潔な貧民たちの生活ぶりが描かれている．彼らは主としてアイルランドからの移民であったが，1791年に多くのカトリック信者がこれらの貧民のためにカトリックの教会堂の建設を計画した．アイルランド出身の神父アーサー・オレアリーの努力で，翌年この会堂が完成し，アイルランドの守護聖人パトリックに捧げられた．1891年には取り壊されて，現在のようなイタリア風の建築になった．

St Paul
セント・ポール教会
① Covent Garden, WC2

セント・ポールというと，シティの中心にあるセント・ポール大聖堂（→St Paul's Cathedral）と間違える人もあるが，コヴェント・ガーデンにあるこのセント・ポールは小さい教会で，宗教改革後ロンドンに初めてできた英国国教会の教会である．1631年にイニゴー・ジョーンズによってわずか5000ポンドの費用で計画され，当時「イングランドで最も美しい小屋（バーン）」といわれた．ここはもとベドフォード伯爵の領地であったが，1631年に広場ができて，拱廊（アーケード）や回廊（ピアッツァ）が建てられ，ついでこのセント・ポール教会が1633年に完成した．

1671年にはこの広場に市場（→Covent Garden Market）ができ，ロンドン最大の青物市場として栄えた．これを「朝のコヴェント・ガーデン」といって，チャールズ・ディケンズの小説やミュージカル《マイ・フェア・レディ》の舞台となった．青物市場にぴったりと隣接して1732年に建てられたコヴェント・ガーデン劇場は，1858年に再建されてロイヤル・オペラ・ハウス（→Royal Opera House）となった．そのボックス席に姿を現わすことは，眼で見ることのできる社会的成功の印として，ジョン・ゴールズワージーの大河小説『フォーサイト家物語』の舞台となる．これを「夜のコヴェント・ガーデン」といった．

ストランド街からこの青物市場に曲がると，まず目に入るのがセント・ポール教会の柱廊で，この景色はウィリアム・ホガースの絵《一日の四つの時》の「朝」の背景とまったく同じである．今日では青物市場はナイン・エルムズ（→Nine Elms）というテムズ南岸に移り，その跡には新しい市場が1980年の6月に，日用品を売る5つの店のデパートとしてお目見えした．教会の正面の壁には，この広場でサミュエル・ピープスが初めて大陸伝来の大道人形芝居「パンチ・アンド・ジュディ・ショー」を見た（1662）という記念碑が刻まれている．今ではパンチ・アンド・ジュディというレストラン

が，広場をはさんで教会を見おろしている．

　場所がら，この小さい教会は著名人との関係が深い．メソジスト派の創始者ジョン・ウェスリーはここで説教をした(1784)．洗礼を受けた者としては，画家のターナー(1775)，サヴォイ・オペラの作家 W.S. ギルバート(1837)などがいる．埋葬者の中には，『ヒューディブラス』のサミュエル・バトラー(1680)，画家のサー・ピーター・リリー(1680)，劇作家のウィリアム・ウィッチャリー(1715)，彫刻家のグリンリング・ギボンズ(1721)，画家のトマス・ローランドソン(1827)，女優のエレン・テリー(1928)などがいる．変わり種としては，17世紀後半に悪名をとどろかした盗賊クロード・デュヴァルの碑もある．

② High Street, Deptford, SE8

　グリニッチの西にあたるデトフォード地区は，この教会が建設された18世紀の初頭は，まだ貧しい地区であったが，セント・ポール教会は，この教区に対する社会的貢献度においてきわめて重要な役割を果たした．記念碑を見ると，ロンドン病院の創始者であり，最初の外科医であったジョン・ハリソンの名がある．18世紀女流文学者ファニー・バーニーの兄のチャールズ・バーニー博士の名も見えるが，マーガレット・ホートリーズという助産婦のほほえましい碑文がある．「寛大なる母にして，最上の妻．彼女こそはこの世に3000以上の生命をもたらした．」教会の復興に際してはこれらの福祉的貢献が大きな力となった．公私あわせて10万ポンドの寄金が集められ，1975年から1年かけて美しい教区教会として生まれ変わったのである．

St Paul's Cathedral
セント・ポール大聖堂

St. Paul's Churchyard EC4

　ラドゲート・ヒルにあり，イギリス国教会のロンドン管区を監督する，大主教座のある教会．シティにそびえるこの大聖堂の歴史は，シティの，そしてロンドンの歴史でありイギリスの歴史でもある．1666年のロンドン大火のあと，現在の大聖堂建築のための基礎工事を行なったクリストファー・レンは大量の壺や陶器の断片を発見し，「いくつもの地層にさまざまの時代の墓が重なるように埋没しており，とくにセント・ポールの北側はローマ人の植民以来のイギリスの歴史を示している」と述べた．

　ロンドンがローマ人による植民地の首都になったとき，ローマ人たちはここに月の女神ダイアナを祀る寺院を建築したらしい．その後604年には，イングランドにおける最初のキリスト教の王となったケント王聖エゼルバートによって，初代ロンドン司教の聖パウロに捧げられた木造建築物が初代聖堂であったと，聖者であり歴史家でもあったベード尊者 (the Venerable Bede) の記録にみられる．この木造の建造物はその後焼失，7世紀後半にかけて石造の聖堂が建て変えられたが，『アングロ・サクソン年代記』によると，この2代目セント・ポールは10世紀半ばヴァイキングによって焼き払われた．3代目の聖堂はサクソン人によって建てられたが，1087年，再び焼失した．征服王ウィリアムによってロンドン司教に任ぜられたモーリスによる再建は，1240年まで継続され，ここにいわゆる「旧セント・ポール」(Old St Paul's) が完成した．ゴシック様式の巨大にして壮麗なこの建物は，東西186メートル，尖塔の高さは164メートルもあったという．この規模は当時のヨーロッパで3番目，尖塔の高さでは最高であった．

　中世期を通じてセント・ポールはロンドンの商人や市民の繁栄の象徴であった．シティのありとあらゆる行事，集会はここで行なわれた．また法王庁やイギリス王室，あるいはフランス，スペインの王室やヴェニス政庁などとのあいだの外交行事や式典の中心でもあった．

　しかしながら1534年，ヘンリー八世による宗教上の革命ともいうべき国教分離は，このカトリック大聖堂に大きな衝撃を与えた．ヘンリー八世とその子エドワード六世の治世下，荘厳なミサはもとより華麗な行列も廃止され，聖像や祭壇は破壊され，貴重品は略奪にまかされた．加えて聖堂は2度の落雷，こと

に1561年の落雷による火災でその尖塔が失われ，再建されることもなく，四角錐の台座のみがそびえる大聖堂となってしまった．スペインのフェリペ二世と結婚したメアリ女王の治世下，カトリックへの復帰にともなう改修や，1620年以降1640年までのイニゴー・ジョーンズによる聖堂西正面の改築を含めた大がかりな復興工事も，1640年代のピューリタン革命によって水泡に帰した．1660年のセント・ポールは「忌まわしいゴルゴダと化し，聖歌隊席はクロムウェルの軍隊の馬小屋として使用され，柱廊玄関には商店が張り出し，墓はあばかれ，記念碑は冒瀆され，窓という窓は割られ，巨大な翼廊には人間と獣たちがあふれ，すべては汚辱に満たされている」と当時の文献に記されている．

1666年のロンドン大火は，こうした状態の大聖堂を灰燼に帰した．大火から救出されたのは，ジェイムズ一世によりセント・ポールの監督に任ぜられた詩人ジョン・ダンの影像など，ごく少数にすぎなかった．大火後の新建築の設計と工事を任されたのは，クリストファー・レンであった．全長157メートル，幅76メートル，ドームの頂点にいただく十字架の尖端まで地上より110メートル，ドームの頂点部まで627段の螺旋階段をもち，地下聖堂はヨーロッパ最大の規模である．この大聖堂は，国王チャールズ二世の命により，1675年から35年の歳月をかけて建築されたバロック様式の傑作である．レンは完成後13年して91歳で没し，地下聖堂の一隅に葬られている．

完成以降，国家的記念行事はここで行なわれるのが慣例となった．ウェストミンスター・アビー(→Westminster Abbey)が王室の菩提寺のごときものであるのに対して，国家的行事はセント・ポール大聖堂の役割であった．しかし，その行事の規模とこの大聖堂の美化において光彩を放ったのは，何といっても19世紀に入ってから，ことにヴィクトリア朝のことである．国民的英雄としてスペイン・フランスの連合艦隊をトラファルガー沖で破り戦死したホレイシオ・ネルソン提督の葬儀と，ワーテルローの戦いの将軍アーサー・ウェルズリー・ウェリントン公爵の葬儀は盛大を極めた．

20世紀に入って王室とのつながりはますま

――[ロンドン・ア・ラ・カルト]――

レンのロンドン

サー・クリストファー・レンはロンドン大火(1666)で焦土と化したシティの復興に尽くした最大の功労者である．建築家としての頭角をあらわす以前は，解剖学，数学，天文学をグレシャム・コレッジやオックスフォード大学で講じる自然科学者だった．パリ修学の成果を生かして大火の数日後にチャールズ二世に復興計画を提案した．レンの計画はセント・ポール大聖堂や王立取引所やロンドン橋など主要な建造物を核にして，放射状道路を設け，各所に広場を配置するという，いわゆるバロック的都市計画であった．この壮大な計画は国王のいれるところとならなかった．しかし，レンは1668年以降セント・ポール大聖堂の再建修復に関係し，75年彼の設計が公認されると，35年の歳月をかけてこの大事業を1710年に完成させた．ローマのサン・ピエトロ大聖堂につぐ大ドームと正面に2塔の角塔をもつルネサンス様式のこの建築物は，彼が手がけたセント・メアリ・ル・ボウ教会，セント・スティーヴン・ウォールブルック教会をはじめとするシティの50あまりの教会の設計と再建という偉業の頂点を示すものであった．ロンドンの都市景観はこれによって近代へと一変した．教会以外にもレンが手がけた主な建物には，テンプル・バー，王立取引所，モールバラ・ハウス，グリニッチ天文台，ケンジントン・パレス，ハンプトン・コート・パレスなどがある．

ロンドン大火前のセント・ポール大聖堂

す強くなり，また，壮厳な伝統行事は次々と加えられ，国家的，国民的象徴としての重みはますます強くなっていった．セント・ポール大聖堂にとっての最後の試練ともいうべきものは，第二次世界大戦中のドイツ軍による空爆およびロケット弾攻撃であった．周囲が燃え上がった火煙の中のドームの姿は，対独戦争中のイギリス国民の示す不屈の精神を象徴するものであった．そして実際，この大聖堂には何発かの直撃弾があたったが，ボランティア消火隊による日夜を通しての消火活動により，奇跡的に焼失をまぬかれた．戦後1951年，ジョージ六世は「希望・期待・再生の祝典」において，この大聖堂が「イギリス国民の不屈の勇気と活力の象徴である」と言ったが，その言葉は，まさにセント・ポール大聖堂の本質をついたものであろう．

St Paul's Churchyard
セント・ポールズ・チャーチヤード　EC4
　セント・ポール大聖堂 (→St Paul's Cathe-dral) のかつての境内．現在では道路．道路は聖堂の正面から聖堂を囲むように左右に通じている．境内は元来異端者を焚刑に処する場であったが，中世末期から近代イギリスの成立期を通じて，説教など宗教行事はもとより，あらゆる階層のシティの住民のさまざまな集会の広場であり，市民活動の中心としての市民センター，そして一種の情報センターの機能をも果たしてきた．

　大聖堂の建物の東には聖歌隊学校 (1967) があり，その隣にセント・オーガスティン・アンド・セント・フェイス教会の塔が立っている．教会は第二次世界大戦の空襲で破壊されたあと取り壊された．セント・ポール庭園の中には，第二次世界大戦中に破壊されたオールド・チェンジ通りの名称の由来となった建物がここにあったことを示す銘板がある．現在の37番地は，1509年に設立されたセント・ポールズ・スクールの敷地となっていたところだが，1605年の火薬陰謀事件 (→Gunpowdor Plot) の犯人たちが処刑され，引きまわされ

現在のセント・ポール大聖堂

四つ裂きにされた場所でもある．第二次世界大戦の空襲で破壊され戦後復興された，大聖堂のチャプター・ハウスが67番地にある．

　しかし，文化的に見て重要なのは，ロンドン大火のころまでこの場所がロンドンにおける書籍業の中心をなしていたということである．16世紀から17世紀にかけてのシェイクスピアを含む多くの詩人，劇作家たちの活躍，欽定訳英語聖書の編集(1611)による近代英語の形成，印刷技術の進歩，海外におけるイギリス人のめざましい発展で培われた国民意識の高揚を背景に，市民の集会所であり海外進出の基地でもあったこの境内に書店が並ぶようになったのは自然のなりゆきであったろう．許可証をもたぬ外国人の本屋も多く，これと対抗するために国内の印刷出版業者は，近隣のフリート・ストリートやラドゲート・ヒルで出版物を作って境内の店舗で売ったりした．ロンドン大火で店舗はすべて焼失したが，大聖堂の再建とともに活気を取り戻し，やがて18世紀の英国ジャーナリズムの全盛期を築いたのである．

　名前の残っている書籍業者として，ウィンキン・ド・ウォードはフリート・ストリートに印刷所をもち，境内には'Our Lady of Pity'という看板の書店を構えていた．テンプル・バーの外側に本店をもって商売をしていたノータリという男も店を出していた．またリチャード・ファクズはストランドに住み，そこで印刷しながら，境内に店舗を構えていた．こうした書店経営者たちの中に児童向け書物の発行で有名なジョン・ニューベリーがいる．現在大聖堂を取り囲むオフィスビルの65番地の記念銘板にその名が見られる．彼は1745年に書店の経営を始め，同時に「ジェイムズ博士の熱さまし粉薬」という特許をとった薬剤の販売で有名になった．サミュエル・ジョンソンやオリヴァー・ゴールドスミスらと親交をもち，彼が出版していた数種類の雑誌に彼らからの投稿を得ていた．

St Paul's Girls' School

セント・ポールズ・ガールズ・スクール
Brook Green, W6

　セント・ポール大聖堂の首席司祭であったジョン・コレットが1509年に創設した教育財団施設の一部として，1904年に設立された私立女子校．セント・ポールズ・スクール（→St Paul's School）と同じく絹物商同業組合（→Mercers' Hall）が基金管理母体．

　自由な校風だが，伝統的に人文・自然科学を中心に学問に重点がおかれ，オックスフォード，ケンブリッジをはじめとして驚異的な大学進学率を誇る．スポーツや芸術活動も重んじられ，作曲家グスターヴ・ホルストが音楽を教授したこともあった．現在の生徒数は600名前後で，11歳から18歳の，宗教的にもさまざまな宗派の中産階級の子女が多い．

　勉学面が強調されすぎて，父兄からは精神面での発達に不満があがるほどで，95パーセント前後の生徒が進学し，法律，医学，教育，芸術，マスコミ界などで活躍する英国有数の学校．

St Paul's School
セント・ポールズ・スクール

Lonsdale Road, Barnes, SW13

　1509年，当時のセント・ポール大聖堂の首席司祭で絹物商同業組合（→Mercers' Hall）にも所属していたジョン・コレット設立のパブリック・スクール．設立当初は現在のセント・ポール大聖堂近辺に位置し，イングランド最大の規模を誇ったが，1666年のロンドン大火で焼失し4年後に再建された．1884年にハマースミス地区のハマースミス・ロード沿いに新校舎を建設したころは急速な発展を見せ，その後，第二次世界大戦中に一時ロンドンから移転したこともあったが，1968年にハマースミス橋を渡ったテムズ川沿いの18ヘクタールの現在地に落ち着いた．

　伝統的な寄宿制ではなく通学制度を採用していたために，ほかのパブリック・スクールと違って一般庶民階級の子供が多いのも特色だが，現在では英国有数の学校として脚光を浴びている．設立者のコレットはエラスムスやトマス・モアの友人で，その人道主義的理念は今日に受け継がれ，自然科学に秀でる校風のなかにスポーツや演劇，音楽活動が重視されているのもひとつの特色である．

　生徒は大ロンドン周辺地区の公立校出身者が多く，徹底した個人指導教授制がとられ，父母も教員宅を定期的に訪問することが義務づけられている．現在の生徒数750名前後のうち120名前後が寄宿生，あとは通学生．卒業後の進路は大半が大学に進学し，その後，法律関係，医学関係などの専門職その他の分野で活躍している．おもな卒業生に，ジョン・ミルトン，サミュエル・ピープス，G.K.チェスタートン，エドワード・トマスなどの文人，初代モールバラ公ジョン・チャーチル，ジョナサン・ミラー，ポール・ナッシュらがいる．

St Peter
セント・ピーター教会

① Church Lane, Petersham, TW10

　13世紀の創建であるが，内陣を除き大部分は17世紀風で，西の八角形の頂塔は1790年に再建されたもので美しい．内部の箱型信者席，説教壇，そして聖書台などはジョージ王朝風である．記念碑として注目すべきものは，1791-94年にわたり世界を航海してヴァンクーヴァー島を発見した有名な航海者・探検家のジョージ・ヴァンクーヴァー船長のものであろう．北翼の西側の壁に見られる．確かではないが，チャールズ一世の甥プリンス・ルーパートが1664年に，この教会でレディ・フランチェスカ・バードと結婚したと伝えられている．それより確かなことは，ジョージ五世妃エリザベスの両親ストラスモア伯爵夫妻の1881年における婚礼である．

② Westcheap

　12世紀の創建で，ウェストチープのセント・ピーター教会として知られていた．ロンドン大火で焼失したままになっているが，その境内に残る1本のスズカケの木が，ウィリアム・ワーズワスの詩「貧しいスーザンの幻想」に歌われてシティの名物になっている．「ウッド

街の片隅に，日かげ射すとき，籠のツグミは声高く歌った，三とせの間.」貧しいスーザンはそのそばを通って，「静かな朝に小鳥の歌を聞いた．するとたちまち灰色のロンドンは消え去り，懐かしい故郷の緑の牧場が蘇る．」哀れスーザンの束の間の幻想であった．

この教会が16世紀に再建されたころは，エドワード一世が愛妃エレオノールの遺骸をノッティンガムシャーからウェストミンスター・アビーに運んだとき，この地点に十字架碑を建てたことから，「チープの十字架碑のセント・ピーター」と呼ばれていたが，このエレオノール十字架(→Eleanor Cross)はのちに清教徒によって取り払われた．場所は市北東郊ウォルサムストウ地区にあたる．

St Peter ad Vincula
セント・ピーター・アド・ヴィンキュラ礼拝堂
Tower Green, EC3

この建物の所在地のタワー・グリーンはロンドン塔(→Tower of London)の天守閣ともいうべきホワイト・タワーに近く，多くの王室関係の貴族たちが国賊として処刑された場所である．「(獄舎に)つながれた聖ペテロ」に捧げられたこの小さな教会は，その名にふさわしく，ロンドン塔の囚人たちのために12世紀に創建された．現在の建物はほぼ大部分が16世紀に修復されたままである．血なまぐさいロンドン塔の歴史を物語る人物の遺骨がここに埋葬されている．ヘンリー八世関係の人物として，その第2王妃アン・ブーリン(1536)，第5王妃キャサリン・ハワード(1542)，ノーサンバーランド公爵とサー・トマス・モア(1535)，レディ・ジェイン・グレイとその夫ダドリー卿(1554)などがおり，モンマス公爵(1685)および1745年のジャコバイトの反乱者たちなど，まさに血ぬられたロンドン塔の歴史を背景とした建物である．

St Peter's Hospital for Stone and Other Urinary Diseases
セント・ピーター結石・泌尿器科病院
Henrietta Street, WC2

1860年にグレイト・モールバラ・ストリートに開院，はじめはたんに結石病院と呼ばれた．1863年にバーナーズ・ストリートに移転し，その際，現在の名称に変わった．

その後1882年，コヴェント・ガーデン・マーケット南側の現在地に新病院が建設された．1929年には隣接する家屋を取得して，実験室と看護婦の宿泊施設が整えられた．その家は，かつてジェイン・オースティンの弟のヘンリーが所有していたもので，ジェインのロンドン滞在中の宿でもあった．

この病院は他の複数の病院とグループを成しており，この病院の理事会がグループ全体の経営責任を負っている．グループは，セント・ポール泌尿器科病院(1923年設立，1948年グループに参加)，セント・フィリップ病院(1870年設立，1951年グループに参加)，およびシャフツベリー病院(1867年設立，1969年グループに参加，92年閉鎖)で，しばしば一括してセント・ピーター病院と呼ばれる．地下鉄コヴェント・ガーデン駅に近い．

St Peter Upon Cornhill
セント・ピーター・アポン・コーンヒル教会
Cornhill EC3

コーンヒル街のこの教会の起源は古く紀元179年にさかのぼり，ブリテン最初のクリスチャン王により，ローマのバシリカ聖堂跡に建てられたと伝えられている．中世には大図書館とグラマ・スクールも付属していた．ロンドン大火で焼失したが，クリストファー・レンによって再建された(1675-81)．1819年ごろの版画が残っている．1840年と1842年にドイツの作曲家メンデルスゾーンが，この教会のオルガンで演奏したという．チャールズ・ディケンズの小説『共通の友』のヘッドストーンが，リジー・ヘクサムに熱心に結婚を申し込む場面がこの教会になっている．

St Saviour's Almshouses
セント・セイヴィア救貧院
Hamilton Road, SE27

16世紀から18世紀にかけてサザックのセント・セイヴィア教区内に設立された救貧院が前身である．敷地がチェアリング・クロス鉄道敷設のために買収されたあと，救貧院は南のノーウッド地区へ移った．1863年に完成した救貧院はチャペルと16棟の建物から成り立っていたが，その後増改築を繰り返し1937年に新しい南ブロックが完成した．第二次大戦中の空襲によって被害を受けた東ブロックは52年に再建された．現在の救貧院の外観はかなり現代風であるが，立派な門や美しい中庭があって落ち着いたたたずまいを保っている．鉄道ジプシー・ヒル駅に近い．

St Sepulchre
→Church of the Holy Sepulchre without Newgate

St Stephen
セント・スティーヴン教会
Rochester Row, SW1

　ロチェスターの監督の名を取ったロチェスター・ロウの南側にある教会．慈善家の男爵夫人バーデット＝クーツの援助で19世紀半ばに建てられた．場所は小説家のチャールズ・ディケンズが選定したという．身廊の説教壇に近い柱頭には，この教会の建設に関係した12人の肖像が刻まれている．ヴィクトリア女王もそのひとりである．南側の側廊の窓のステンド・グラスは，ラファエル前派の画家バーン＝ジョーンズの作である．鉄道・地下鉄ヴィクトリア駅に近い．

St Stephen's Hospital
セント・スティーヴン病院
Fulham Road, SW10

　ハノーヴァー・スクエアのセント・ジョージ教区とウェストミンスターのセント・マーガレット教区の住民のための救貧院として，1878年に建てられた．現在の建物には開院当初の玄関や礎石が残っている．ロンドンにある診療所や病院のなかでは最大の収容力(800人あまり)のある施設であった．開院以来のセント・ジョージ・ユニオン診療所という名称は，1925年にウェストミンスターの守護聖人にちなんで，セント・スティーヴン病院に変更された．48年に国民保健サーヴィスの管轄下に入ったあと，建物は大幅に建てかえられ，79年にイギリス国内初のエイズ患者の診療が行われた．以来，HIV診療の分野で重要な病院として知られた．現在では国内HIV患者の20パーセント以上の診療を行っている．同じ敷地には，内科・外科の総合病院であるチェルシー・アンド・ウェストミンスター病院(→Chelsea and Westminster Hospital)がある．地下鉄ウェスト・ブロンプトン駅に近い．

St Stephen Walbrook
セント・スティーヴン・ウォールブルック教会　　Walbrook, EC4

　ウォールブルックという地名は，昔そこを流れていた川の名から出たもので，この教会はその西側の岸に1096年以前に建てられたと考えられている．15世紀になると川の東側に再建されたが，ロンドン大火で焼失，1672年から79年にかけてクリストファー・レンによって再興された．中心にドームをおく手法は，彼の傑作セント・ポール大聖堂への試金石だったといわれ，ヨーロッパ中で大評判となったほどの見事な建築であった．1940年の空襲で大損害を受けたが，17世紀の建具類は残存している．洗礼盤も説教壇もすべて食料品雑貨商同業組合の寄贈によるもので，原型の素描はギルドホールに保管されている．バロック様式で有名な建築家のサー・ジョン・ヴァンブラの墓もある．1987年に復旧したこの教会のドームの下には，「カマンベール」と呼ばれる乳灰色の石の祭壇が安置されている．地下鉄バンク駅に近い．

St Swithin London Stone
セント・スウィズイン・ロンドン・ストーン教会

　現在のキャノン・ストリート駅の反対側にあった教会で，1941年の爆撃で壊滅した．かつてはローマ時代の里程標であったかもしれ

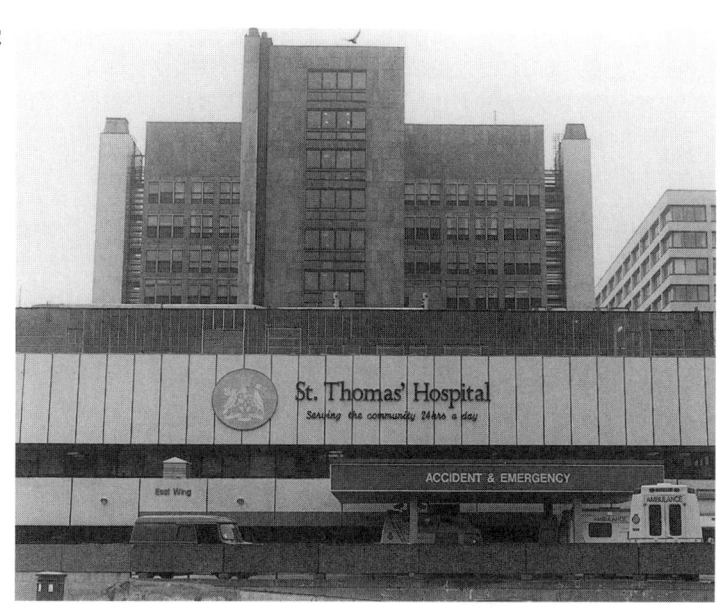

ないロンドン・ストーン (→London Stone) が壁にはめこまれていたので、セント・スウィズィン・ロンドン・ストーンの名がついた。かつてはクリストファー・レンの立方体の会堂と八角形のドームで美しい教会であった。1677年から85年にかけての建設であったが、1420年代の教会の石が利用されていたという。近くにあったセント・オーガスティン教会も、塔だけを残して破壊され、その塔はセント・ポール大聖堂の少年聖歌隊員の学校の入口となっている。

St Thomas
セント・トマス教会
Rylston Road, Fulham, SW6

　チェルシーの西にあったフラム・フィールズのマーケット・ガーデンズに、1848年に建てられたこの教会が聖トマスに捧げられたのは、後援者のボーデン一家が醸造業と関係していたことによるらしい。カンタベリーの聖トマスは醸造業者の守護聖であった。この教会の後援者であったエリザベス・ボーデン夫人は、カトリック教への改宗者で、詩人のアルジャーノン・スウィンバーンの叔母にあたる人であった。彼女は夫のジョン・ボーデンがオックスフォード運動で有名なヘンリー・ニューマン神父（後の枢機卿）の友人であったこともあり、夫の記念に教会を建てたいと思っていた。フラムに近いハマースミスのベネディクト会修道士ウィリアム・ケリーがフラム・フィールズに土地を入手してくれたので、彼女は教会の建設費を全額負担する決心をした。建築家と意見の相違もあったが、彼女はカトリック教徒としての我を通した。

　設計を担当したゴシック建築家のA.W.ピュージンは、教会の完成祝いにも、ニューマン枢機卿の説教にも、出席しなかったという。

St Thomas' Hospital
セント・トマス病院
Lambeth Palace Road, SE1

　1106年頃、サザックのセント・メアリ・オーヴァリー小修道院の中に開設された施物分配所がこの病院の始まりである。やがて、殉教者セント・トマス病院と呼ばれるようになった。修道院は13世紀初頭に焼失したがまもなく再建され、病院はウィンチェスター司教か

らその管区内のバラ・ハイ・ストリートの東側に新しい土地を購入した．15世紀のはじめに，シティの市長リチャード・ウィッティントン（→Whittington Stone）が，女性のための更生施設を新たに作った．

殉教者セント・トマス病院は修道院解散の際，ヘンリー八世によって1540年に閉鎖されたが，エドワード六世治世の1551年，伝道者セント・トマス病院となって再開した．患者たちは毎日の礼拝に参加することを強制されたほか，さまざまな規則に拘束された．

この病院の最初の内科医はヘンリー・ブルで，1566年に着任．1693年から1709年にかけて，市長ロバート・クレイトンは大規模な改築を行なった．アン女王の侍医をつとめたリチャード・ミードが1703年この病院の内科医となった．

1859年に病院は敷地をチェアリング・クロス鉄道会社に売り渡し，ウェストミンスター橋のふもとのスタンゲートに新しい敷地を求めた．ヴィクトリア女王が1868年5月に礎石を据え，新病院は1871年に完成した．フローレンス・ナイティンゲールはこの新病院に看護婦養成学校を設立して，看護婦の質の向上につとめ看護を専門職に高めた．この病院の看護婦は今でもナイティンゲールとして知られる．同年，医学校も開設された．

1900年には11の診療科（眼科，咽喉科，皮膚科，耳鼻科，歯科，電気治療科，放射線科，予防接種科，精神科，婦人科，小児科）を擁する総合病院となった．1920年代に，医学生の宿泊所としてセント・トマス・ハウスが作られた．第二次世界大戦中に爆撃を受けたが，1966年に東翼棟が，次いで北翼棟が建設され，1992年にはベッド数は944床を数えた．現在はテムズ南東地区保健局の管理下にある．ウェストミンスター橋の南側のテムズ川沿いに立っている．

St Vedast-alias-Foster
セント・ヴェダスト・エイリアス・フォスター教会
Foster Lane, EC2

エイリアスとは別名という意味で，フォスターは聖ヴェダストがなまったもの．教会の歴史は古く，12世紀初期の創設で，大火で焼失したが，クリストファー・レンによって再建された（1670-73）．1941年の空爆でひどい損害を受けたが修復され，レンのほかの教会からオルガン・ケース，祭壇背後の飾り，説教壇，洗礼盤などをすべて移設して復旧した．この教会が立っているフォスター・レイン（→Foster Lane）は，ロンドン大火以前は金細工師や宝石商の通りとして知られていた．

Salisbury
ソールズベリー亭
St Martin's Lane, WC2

もと乗合馬車と馬亭，後にベン・コーンの頭亭の名で知られた旅籠．ここを有名にしたのは，懸賞拳闘試合だった．現在は赤のフラシ天を張った長椅子や大理石と真鍮をふんだんに使ったヴィクトリア朝の内装がみごとに保存され，アール・ヌーヴォー調の雰囲気をもつパブである．

Salisbury Court Theatre
ソールズベリー・コート劇場

17世紀，フリート・ストリートの南側にあった私設劇場．

1629年にリチャード・ガネルとウィリアム・ブレイグローヴによって建てられた．1629年から31年にかけて国王一座がこの劇場を使い，ジョン・フォードの《傷心》がここで上演された．その後，1635年までチャールズ王子一座，1637年から42年までヘンリエッタ王妃一座が使用した．1642年に閉鎖されたが，共和制時代もひそかに劇の上演は続いた．1649年に内部が兵士たちに破壊されたが，60年にウィリアム・ビーストンによって再開された．61年9月のサミュエル・ピープスの日記に，ここでフォードの《あわれ彼女は娼婦》の公演を見たという記述がある．1666年のロンドン大火によって焼失した．

Salisbury House

ソールズベリー・ハウス

　この屋敷は，12世紀初期にはセント・ブライド教区にあり，歴代ソールズベリー司教の所有であった．16世紀にサックヴィル家に買収されたが，サックヴィル家は17世紀の初期にドーセット伯爵の称号を与えられたので，ソールズベリー・ハウスをドーセット・ハウスと改称した．ドーセット伯爵家の領地は現在のセント・ブライズ・パッセージの南に位置し，その領地はテムズ河畔にまで及んでいた．18世紀の文人たちで賑わったソールズベリー・コート（今日のソールズベリー・スクエア　→Salisbury Square）にも接している．

　15世紀になると，王室の人々や高位高官の仮寓としてしばしば利用された．1649年にチャールズ一世が処刑されたあとは，第四代ドーセット伯エドワード・サックヴィルが死去の年の1652年まで住みつづけたと伝えられる．1666年の大火で焼失したが，その後ドーセット・ハウスの庭園にはドーセット・ガーデン劇場が1671年から1709年まで立っていた．当時としてはロンドンでは第一級の劇場であった．現在その敷地は，シティ・オヴ・ロンドン・スクールの運動場になっている．

Salisbury Square
ソールズベリー・スクエア　EC4

　フリート・ストリートを南へ入る道路ソールズベリー・コートに接する小広場状の袋小路．ブラックフライアーズ橋に近い．このあたりは13世紀から17世紀までソールズベリー司教（のち主教）のロンドン屋敷があった場所だが，のちドーセット伯爵家の所有になった．17世紀半ばまでここにドーセット・ガーデン劇場，ソールズベリー・コート劇場があった．

　著名人ゆかりの土地で，1673年から82年までジョン・ドライデンが住み，《すべて恋のために》，《アブサロムとアキトフェル》ほか多数の劇を残した．劇場があった関係でトマス・ベタートンやヘンリー・ハリスなど役者も多くここに住み，劇場所有者のレディ・ダヴェナントもここの住人であった．桂冠詩人トマス・シャドウェルもここに住まいをもったとされる．18世紀に入ると，サミュエル・リチャードソンが印刷屋を開業し，『パミラ』を執筆した．『クラリッサ・ハーロー』と『サー・チャールズ・グランディソン』の一部もここで書かれたと思われる．この印刷屋で校正係りを務めたのがオリヴァー・ゴールドスミスであった．

　また，サミュエル・ジョンソンと画家ウィリアム・ホガースが初めて顔を合わせたのがこの印刷屋であった．ジェイムズ・ボズウェルはこのときの様子を「ホガースは，窓辺に立って首を左右に振り，身体を奇妙に馬鹿みたいに上下に動かしている男に気がついた．てっきり親戚の者からこのリチャードソンの家に預けられた気のおかしい男かと思ったらしい．ところが男がつかつかと歩み寄ってきて…にわかに口角泡をとばしてしゃべり出した…そのあまりの雄弁にホガースは呆気にとられて相手の顔をのぞきこんだ…」と記録した．リチャードソンは1761年に世を去るまでこの家の所有者であった．この家は1896年取り壊された．

　1863年スクエアの南側にソールズベリー・ホテルが建てられ，さらに同じ60年代，ホテルはソールズベリー・スクエア・ハウスに変わった．すぐ隣りのソールズベリー・コートでは，日記作者のサミュエル・ピープスが1633年に生まれている．

Salmon's Waxworks
サモン蠟人形館

　18世紀はじめころからフリート・ストリートの北側にあった蠟人形館．館主のミセス・サモンは蠟人形作家で，当時大にぎわいをみせていたバーソロミュー縁日やサザック縁日でも展示小屋を出した．作品にはコミカルなもの，恐怖の人形などさまざまだが，「チャールズ一世の処刑」，ローマ皇帝への反逆から餓死刑に苦しむ父親のためにみずからの乳房を吸わせたとされるローマの貴婦人「ハーモニア」像などが広く知られている．ウィリアム・ホガース，ジェイムズ・ボズウェルはしばしばこの蠟人形館に足を運んだ．90歳でサモンが死ぬと，蠟人形館はフリート・ストリートの

南側に引っ越し，19世紀の半ばころまで存続した．

Salopian
サローピアン

1750年の火事で焼けた居酒屋跡に建てられた居酒屋兼コーヒー店．店名はパブリック・スクールの名門の1つ，シュローズベリー校の同窓生の意味．スコットランド出身の技術者トマス・テルフォードは，ここを21年間ロンドンの根城とした．

Salters' Hall
塩販売業者同業組合会館
Fore Street, EC2

中世においては，塩は調味料として必要であったばかりでなく，肉や魚の保存には欠かせないものであった．当時，フランスから輸入された塩は，アッパー・テムズ・ストリートのクイーンハイズで，のちにはビリングズゲートで荷揚げされ，その配分や量の調整いっさいを，塩販売業者が請け負っていた．やがて塩だけでなく，料理や貯蔵に必要な他の品目をも扱うようになり，組合は社会的に重要な位置を占めるようになった．しばしば獣脂蠟燭商同業組合(→Tallow Chandlers' Hall)と共同体制を組んだり，競い合ったりした．塩販売業者が正式に勅許を得たのは1559年になってからだが，14世紀後半には，彼らはかなり安定した基盤を築いていた．今日，12大同業組合の中で9位にランクづけされている．

塩販売業者同業組合会館は，付属の私設救貧院とともに1454年にブレッド・ストリートに建てられ，1539年に火事で焼失したあと再建された．その後1641年にキャノン・ストリートと交差するセント・スウィズインズ・レインに会館用の新しい建物が購入されていたが，ロンドン大火で最初の会館もこの建物もともに焼失してしまった．それから数年後に新会館が建てられた．会館は1827年に改築されたが，1941年に爆撃を受けて焼失した．跡地は売り払われ，まったく新しい会館が1976年に現在地に完成した．戦後の公共建築物の再建で代表的な建築家サー・バジル・スペンスの設計になるものである．
→City Livery Companies

Salutation Tavern
サリュテイション・タヴァン

「サリュテイション」とは，新約聖書にあるように，大天使ガブリエルが聖母マリアにキリストの受胎を告げたときの祝詞，つまり天使の御告げのこと．したがって，この酒亭の看板絵は「受胎告知」に関するものであったが，清教徒たちの強い反対で，この屋号も看板も次々に変えられた．昔の宗教的な意味をもったサリュテイションは消えて，庶民たちの日常の親交，挨拶を意味するものとなり，「兵士と市民」とか「握手」など，両人が互いにあいさつをしている絵に変わった．

ニューゲートにあったこの酒亭は，アン女王時代から18世紀の末ごろまで存在した．クリストファー・レンがセント・ポール大聖堂の建設中に，この店で一服していたと伝えられているが，詩人のコールリッジが水曜会と称してブルーコート・スクールの同窓生であるチャールズ・ラムや，湖畔詩人といわれたワーズワスやサウジーたちと，ウェルシュ・レアビット(チーズトーストにビールやミルクや卵を混ぜ，香辛料を加えて焼いたもの)に，エッグ・ホットという一種の卵酒を楽しみながら，文学論を交わして友好を深めたことは有名である．

Salvation Army
救世軍ロンドン本部
Queen Victoria Street, EC4

メソジスト教会の牧師だったウィリアム・ブースが，1865年創設した救世軍のロンドン本部．最初の本部は1867年ホワイトチャペル・ロードに開設された．ブースはロンドンのイースト・エンド(→East End)の貧民窟で福音説教を開始．マイル・エンド・ウェイストという無教会主義の集会を結成して，貧しい人々の精神的な拠りどころとなった．さらにクリスチャン・ミッションという名の組織を結成，飢

餓に苦しむ人々に食料と寝る場所を提供した．この活動はロンドンから各地に広がり，組織は1878年にサルヴェイション・アーミーと改名された．ブースは救世軍の将軍に任命され，軍隊にならって職員を訓練し，階級制を採用した．

救世軍の活動はイギリス国内はもとより，1880年にはアメリカにも進出し，やがて世界各地に広がった．現在，ロンドンを国際本部にしながら，70か国近くに支部があり，約1万7000の福音センターで約160の言語によって，活発な活動を展開している．また約3000の社会福祉関係機関，病院，学校などを経営している．

1912年にブースが死ぬと，息子のブランウェル・ブースが跡をついで将軍になり，青少年の活動に力を入れたが，もっと民主的に将軍を選挙で決めたいとする評議会の人々によって1929年に解任された．1947年には顧問委員会が設置され，ロンドンの本部に世界各地の代表が集まり，救世軍の活動について話し合いが活発に行なわれるようになった．1950年には軍幹部を育成するための専門学校もつくられ，指導者の養成にあたった．

福音活動は基本的には他のプロテスタント教会と変わらないが，街頭で「軍服」を着て楽器を鳴らして福音を広めるのが特徴で，音楽による魂の救済が強調されている．

Samuel Pepys
サミュエル・ピープス亭

Upper Thames Street, EC4

　サミュエル・ピープスの日記にもあるように，テムズ川沿いの通りには，立派な家が立ち並び，ブドウ酒河岸で詩人のジェフリー・チョーサーが生まれた．このパブは日記作家のピープスとは無関係だが，日記が示すように彼は17世紀のロンドン市内，そしてグリニッチに至るテムズ河畔のパブには，海軍省の役人として仕事の関係で，足しげく通っていたから，彼の日記にはロンドン中の酒場が登場するといっても過言ではない．生まれながらのグルメでもあったらしいが，酒よりもむしろ女と芝居が大好きであった．海軍省の役人として，チャールズ二世に仕えた出世欲にかられた俗物ではあったが，ケンブリッジ大学出身であるだけに，彼の日記に記された当時の宮廷と貴族たちの生活，演劇，海軍の実情など，歴史・文学上の資料として貴重である．彼の暗号による日記が19世紀に解読されて以来，彼の名は世界的に有名になったから，ロンドンでも観光客目当てのサミュエル・ピープス亭が2軒出現している．有名なのはテムズ河畔のブルックス・ワーフにある7階建ての倉庫を改装したバーで，地階はトーチカ風で，目の前にテムズ川を眺めることができる．いかにもピープスと関係があるかのように，船の模型や彼の日記の写本や手紙などを展示している．

　テムズ河畔のピープス亭のほかに，ロンドンの歓楽街の中心ピカディリーに近いクラージズ・ストリートにも彼の名を屋号にしたパブができた．いずれも本人とは関係がないから，むしろピープスが実際に訪れたのは，かつてのドック地帯のプロスペクト・オヴ・ウィットビー亭(→Prospect of Whitby)である．

Sandford Manor House
サンドフォード領主館

New King's Road, SW6

　サンドフォードの名は，14世紀後半のこの地の土地所有者の名に由来するものであろう．この館は17世紀の建築で，言い伝えによると，チャールズ二世の愛人だったネル・グウィンに関係があるというが，確証はない．18世紀の文筆家ジョーゼフ・アディソンが一時居住していたらしい．18世紀後半，館は硝石，布地，陶器，染色漂白などにたずさわる業者の住まいとなり，1824年にはインペリアル・ガス会社が土地を購入した．さらに1971年，イングランド文化遺産保護団体とハマースミス自治区の勧告をうけて，建設会社の手に移り，館の修復に成功した．

Saracen's Head
サラセンズ・ヘッド亭

689

16世紀の開業で，かなり大きな旅籠として栄えた．サラセン人の首(トルコ人の首ともいう)を看板にしていた．もとは十字軍が聖地から戻ったときに，イスラム教徒の首を描いて「タークス・ヘッド」とか「サラセンズ・ヘッド」という屋号を用いたことに始まる．軽蔑と恨みをこめたものであった．

場所は現在のスミスフィールド・マーケットに近く，セント・セパルカー教会のそばで，17世紀にはジョン・バニヤンも住んでいたが，18世紀初期にかけてモーホク団という貴族の暴徒が夜中に荒らし回っていたところ．サラセンズ・ヘッド亭とかスター・インが駅馬車の宿として栄えていた．

19世紀のチャールズ・ディケンズのころは，この恐ろしい顔つきをしたサラセン人の首の看板が，この旅籠に3枚かかっていたという．彼の小説『ニコラス・ニクルビー』に出てくる．1868年に取り壊された．

Savage Club
サヴェッジ・クラブ

Whitehall Place, SW1

1857年にジャーナリストのジョージ・オーガスタス・サラの提唱で設立されたクラブで，18世紀の詩人リチャード・サヴェッジの名前をとってクラブ名とした．したがって会員には文芸関係の人々が多く，作家のサマセット・モームやエドガー・ウォレス，喜劇作家のウィリアム・ギルバート，アーサー・サリヴァンらが含まれていた．なお現在の会員構成は文学，芸術，科学，演劇，音楽，法律の6分野からなる．

当初は恒常的なクラブハウスをもたなかったが，1888年にアデルフィ・テラスにクラブハウスを確保．しかし，その後も各所を転々とし，一時はナショナル・リベラル・クラブの一角に間借りをするなどしたが，さらにまた所在地を変え，1990年に現在のホワイトホール・プレイスに落ち着いた．ただし，ここもまたナショナル・リベラル・クラブとの共有である．

Savile Club
サヴィル・クラブ

Brook Street, W1

1868年，トラファルガー・スクエアのメディカル・クラブ内に設立されたニュー・クラブが母体となったクラブ．1891年にサヴィル・クラブと名を変える．同年サヴィル・ロウに移転したが，1882年にはピカディリーに移り，1927年に現在のブルック・ストリートに落ち着いた．

このクラブが発行したクラブ史によれば，設立時の会則は，第1にすべて簡素をモットーとする，第2に種々の職業，さまざまな意見の持ち主を会員とし，会員の選抜は慎重に行ない，第3に週に1，2回夕刻に会を開く，というものであった．設立時の会員数は約50人，宗教界，政界，学界など多岐にわたった．しかし，その後の会員は主に文学世界の人士が多く，作家のR.L.スティーヴンソン，コンプトン・マッケンジー，あるいは哲学者のハーバート・スペンサーなどの名前が見られる．なお作家のイーヴリン・ウォーはその作品『一握りの土』の中で，ここを「冗舌の伝統」をもつクラブと評した．

Savile House
サヴィル・ハウス

1683年ころ，レスター卿の友人である第二代エイルズベリー伯爵のためにレスター・スクェアに建てられた邸宅で，当初はエイルズベリー・ハウスの名で呼ばれた．17世紀末にエイルズベリーの親族ヘンリー・ポートマンに売られ，1717年には皇太子ジョージ(のちのジョージ二世)がここを借りた．さらに持ち主が王妃キャロライン，次にジョージ・サヴィルと変わり，以後サヴィル・ハウスと呼ばれることになった．また，ジョージ二世の長男フレデリックが死亡すると，サヴィル家はこの邸宅をのちのジョージ三世に貸した．なお1780年には，ゴードン暴動(→Gordon Riots)の際に襲撃を受けた．

18世紀末サヴィル・ハウスの敷地は新しいオペラ・ハウスの建設用地となり，設計まで行なわれたが，結局実現に至らず，1806年には

建物の一部が絨緞工場とギャラリーに姿を変え，残りの部分がワイン・セラー，マーケット，コンサート会場，さらにはレスリング場といった種々のスペースとして賃貸された．1865年に火事で焼失し，現在はここに，エンパイア・シネマという映画館が立っている．

Savile Row
サヴィル・ロウ　W1

　ロンドンのほぼ中央，リージェント・ストリートの西側を走る道路．南はバーリントン・ガーデンズから，北はコンディット・ストリートまでの範囲であるが，この道に北端で接しているボイル・ストリート以北は新たに編入された道路である．サヴィル・ロウはロンドンで最も高級な紳士服店が並ぶ商店街で，世界的に有名である．

　サヴィル・ロウの名称は，第三代バーリントン伯爵の夫人，ドロシー・サヴィルにちなんでつけられたという．ここが紳士服の中心になったのは，19世紀の中ごろからだが，起源はさらに1世紀以上も古いと思われる．

　現在，この通りには，ギーヴズ・アンド・ホークス（→Gieves and Hawkes），ヘンリー・プール（→Henry Poole），ヘンリー・ハンツマン・アンド・サンズ，ハーディ・エイミス，ストリックランド・アンド・サンズ，ウェルシュ・アンド・ジェフリーズ，アンダーソン・アンド・シェパードなどが軒を連ねる．この「サヴィル」から，日本語の「背広」という言葉が起こったといわれている．

Saville Theatre
サヴィル劇場

　1931年10月8日に開場した劇場．現在は映画館．客席数は1200だった．1938年までミュージカルやレヴューを上演し，その後，本格劇を上演するようになった．1940年に戦災で損傷したが，応急修理をして公演を続けた．1955年から2年間，ジョン・クレメンツによってイプセンの《野鴨》やチェーホフの《かもめ》，コングリーヴの《世の習い》などの作品が上演された．60年代には，チャールズ・ディケンズの『ピクウィック・ペイパーズ』のミュージカル版やアーノルド・ウェスカーの《四季》その他，いくつかの興味深い公演もあったが，1970年に閉鎖され，現在はキャノン映画館になっている．場所はシャフツベリー・アヴェニュー．

Savoy Chapel
サヴォイ・チャペル
Savoy Street, WC2

　古くは，シェイクスピアの劇にも登場するジョン・オヴ・ゴーントが所有していたサヴォイ・パレスにあって，洗礼者聖ヨハネに捧げられた礼拝堂．

　1381年の農民一揆（→Peasants' Revolt）によって破壊された．その後1510年に宮殿が再建され，主として貧民救済の施療院として使われた．そのとき，新しい礼拝堂も建てられて，再び聖ヨハネに捧げられた．主窓のステンドグラスは，バーナード・フラワー作の《最後の審判》だったが，18世紀末には，このステンドグラスは取り除かれてしまった．周囲の壁にはヘンリー六世や聖ヨハネの肖像画などがかかっていた．

　1723年にこの礼拝堂は大改修された．19世紀半ばに火事があり，南端が燃えたが，建築家シドニー・スマークの手で修復された．しかし，20年後に再び大火に見舞われ，外壁を残すのみとなった．そのときもまたスマークの手によって，翌年には再建された．

　1880年代になると，礼拝堂は上流階級の人人の結婚式場として人気を博した．1890年には，祈りの場所としては初めて，電気の照明がつけられた．1909年にヒュー・ボズウェル・チャップマンが牧師として赴任したが，彼は離婚改革同盟の副会長だったので，離婚した者同士の再婚がここで盛んに行なわれた．

　1939年になると，サヴォイ・チャペルはロイヤル・ヴィクトリア勲章を授与される礼拝堂となった．その後，1957-58年に若干の改修が行われて，現在に至っている．

Savoy Hotel

サヴォイ・ホテル
Strand, WC2

　ホテル王国、リッツ (→Ritz Hotel) を築いたスイス人セザール・リッツが、1889年に創業した世界的な名門ホテル．この創業者はフランス料理の名人オーガスト・エスコフィエをシェフに据え、電灯や電気によるエレベーターなど、当時の最新設備を取り入れ、やはりリッツが手がけたパリのオテル・リッツとともに、たちまち豪華ホテルの指標となった．このホテルにはいまなお、初代名シェフが愛用した調理器具が保存されているという．リッツは貴顕富豪をもてなすために、いまはあたりまえの顧客カードをつくり、それぞれの好みを記録、贅沢なあるいは趣向を凝らした料理を提供した．なかでも有名なのは、オーストリアのソプラノ歌手デーム・ネリー・メルバのロンドン公演を記念して創案したピーチ・メルバである．19世紀のイギリスの名優ヘンリー・アーヴィングはここの常連客であった．アーヴィングは同じストランド街のライシアム (→Lyceum) の経営にたずさわり、女優エレン・テリーとともにシェイクスピア劇を上演して名声を博した俳優である．ホテルのグリル・ルームは、いまもなおロンドン最高のホテル・レストランである．客室数200あまり．最寄駅は地下鉄のチェアリング・クロス駅．

Savoy Palace
サヴォイ・パレス

　ストランドの現サヴォイ・ホテル (→Savoy Hotel) の所在地にあったランカスター公爵ジョン・オヴ・ゴーントの館．歴史は13世紀初期にさかのぼり、ジョン王の政治顧問ブライアン・ド・ライルがストランドに建てた館にはじまり、その死後ヘンリー三世妃エレオノールの叔父サヴォワ (サヴォイ) 伯爵ピーターを経て、1270年にヘンリー三世の次男のランカスター伯爵エドマンドの館として買い与えられた．館はこの後エドマンドの次男で初代のランカスター公ヘンリーに移って改築され、さらにヘンリーの一人娘ブランシュと結婚したエドワード三世の四男ジョン・オヴ・ゴーントの手に渡った．ジョンは妻の権利でランカスター公位を受け継ぎ、広大な館に陣取った．国王リチャード二世の叔父という彼の立場は、館をパレスと呼ぶにふさわしい権力の象徴とさえいわれる存在にした．

　しかし1377年、宗教改革者ジョン・ウィクリフを支持したとして、群集は館を襲い、さらに1381年には、農民一揆 (→Peasants' Revolt) の指導者ワット・タイラーの蜂起による暴動でも館は襲われ、ジョンは逃亡、荒らされた館内は修復不能なまでに被害を受けた．

　以後、サヴォイ・パレスは個人の使用ではなく、ヘンリー七世の時代に施療院として改築され、メアリ一世の時代にも施療院への援助が行なわれたが、17世紀には同業組合の事務所に使われたり、学校が開かれたり、軍隊の兵舎に使われたりして、かつての建物のほとんどはその姿を消した．その後、この地はランカスター公領として王室が維持し、1510年に再建されたサヴォイ・チャペル (→Savoy Chapel) のほか、1881年建築のサヴォイ劇場 (→Savoy Theatre)、1884年創業のサヴォイ・ホテルなど、中世の姿をしのばせるものは何ひとつ残っていない．

　興味深いのは、王家がサヴォイ・ホテルなどから多額の地代収入を得ていることである．ランカスター公位ならびに公領は、ジョン・オヴ・ゴーントの没後王権として歴代国王が継承し、その領地からの地代収入は国王の私的な収入とされている．ランカシャーをはじめ、ロンドン市内にあるランカスター公領からの年収は現在15億円前後といわれるが、サヴォイ・ホテルからの地代収入だけでもかなりの額になるという．

Savoy Theatre
サヴォイ劇場
Savoy Court, Strand, WC2

　興行主リチャード・ドイリー＝カートは劇作家 W. S. ギルバート、作曲家アーサー・サリヴァンと組んでコメディ・オペラ・カンパニーを結成したが、彼らはそれまでの本拠地オペラ・コミーク (→Opera Comique) に代わる新し

サヴォイ・パレス(17世紀中葉)

い劇場を望んでいた．テムズ川沿いのエンバンクメントに面した土地に敷地が見つかり，C. J. フィップスの設計によりわずか数か月でサヴォイ劇場が建てられた．電気による照明が導入された最初の劇場となった．約1000席，4層の観客席をもち，天使などの絵が描かれた豪華な内装を誇った．1881年10月，ギルバートとサリヴァンの《ペイシェンス》の170回目の公演で柿落しとなった．初期はもっぱら彼らのオペレッタばかりで，《アイオランテ》(1882)，《王女イーダ》(1884)，《ミカド》(1885)，《ルディゴア》(1887)，《国王衛士》(1888)はみなここで初演され，サヴォイ・オペラとして人気を博し，そのファンはサヴォイヤードと呼ばれた．《ゴンドリエ》(1886)の公演中，作家と作曲家が仲たがいしたが，和解後の，彼らの13番目に当たる《ユートピア・リミテッド》(1893)や最後の作《大公》(1896)は失敗だった．

演出家ハーリー・グランヴィル=バーカーは支配人J. E. ヴェドレンと組んで，G. B. ショーの《シーザーとクレオパトラ》(1907)を初演した．また1912-14年にバーカーによってシェイクスピアが上演されて好評を得た．

1929年には隣接するサヴォイ・ホテル(→Savoy Hotel)とともに改築され，プロセニアムの間口，舞台の奥行とも9メートルほど，3層に1121席からなる新劇場が《ゴンドリエ》を掲げて開館した．そのアール・デコ調の内装は極上である．よく観劇に訪れたサー・ウィンストン・チャーチルは，専用のロイヤル・ボックスに席を占めた．30年代以降，軽い喜劇で知られ，第二次世界大戦中も《夕食にきた男》(1941)のような喜劇で当たりをとった．戦後はアガサ・クリスティの《蜘蛛の巣》(1954)が2年のロングランを記録した．ノエル・カワード作品も相変わらず上演が多い．60年代以降も，ロングラン作品が続いた．ウィリアム・ダグラス=ヒュームの《ロイド・ジョージは父を知っていた》(1972)，マイケル・フレインの《ノイジィズ・オフ》(1982)のような娯楽作品は，娯楽で評判をとったこの劇場にふさわしいものだった．

1990年2月12日の火災で天井と観客席が焼失したが，10万枚のアルミ箔を用いて復元され，93年7月19日，ダイアナ皇太子妃を迎えて，イングリッシュ・ナショナル・バレエのロイヤル・ガラで再開した．客席はオーケストラ・

ピットの使用状況により，1090席から1158席になる．

Scala Theatre
スカラ劇場
シャーロット・ストリート60番（地下鉄駅グッジ・ストリートに近い）に20世紀70年代まであった劇場．

1772年にキングズ・コンサート・ルームズとして開場し，1802年から私的な演劇クラブ，ピク・ニックスの活動拠点として使われたが，1808年に閉鎖．その後1810年に再開され，トテナム・ストリート，リージェンシー，ウェスト・エンド，クイーンズなど，次々と劇場名が変わった．1865年に全面的な改修がなされ，プリンス・オヴ・ウェールズ劇場として再開した．女優マライア・ウィルトンとのちに彼女の夫となる俳優スクワイヤ・バンクロフトによって，エレン・テリー，ケンダル夫妻を含む劇団がつくられ，1880年まで，T. W. ロバートソンなどの作品を上演して成功をおさめた．82年に修理のため閉鎖され，救世軍の宿泊所として使われていたが，1903年に正面玄関部分を残して取り壊された．客席数1193の新しい劇場が建てられ，1905年の9月にスカラ劇場と改名して再開されたが，不振だった．1926年にラルフ・リチャードソンがここでロンドンの舞台に初登場した．1945年からクリスマス・シーズンに《ピーター・パン》が上演されたが，69年に閉鎖され，1972年に取り壊された．

Schomberg House
ショムバーグ・ハウス
Pall Mall, SW1

トラファルガー・スクエアの西に連なるペル・メル街80-82番にある建物．1698年に第三代ショムバーグ公爵のために再建されたために，この名がつけられた．

1771年スコットランドの医師ジェイムズ・グレアムが医院を開業した．この医院は医療電気設備があることで有名であったらしい．「豪華で天国のようなベッド」が鏡張りの丸天井の部屋の中に置かれ，イギリス産の雄馬の尾毛から作った，強くて弾力のある高価なマットレスが敷かれ，その上に色彩豊かな敷布がかけられていたという．一晩で50ポンドも払ってここへ来る客がいて，「天国のベッド」で楽しむ前に，グレアム院長の講話を聞いたという．ちなみに，院長のグレアムは，やがては精神病院で暮らすことになったという．

のちにショムバーグ・ハウスは共同住宅となり，18世紀後半肖像・風景画家のトマス・ゲインズバラがここの一室に住んでいた．1850年この建物の東棟が壊され，1859年から1956年までのおよそ1世紀間，イギリス陸軍省のいろいろな部局がここを占有していた．1956年から2年かけて修復され，東棟も再建された．現在はオフィスビルとして使われている．

School of Oriental and African Studies
ロンドン大学東洋・アフリカ研究所
Thornhaugh Street and Russell Square, WC1

ロンドン大学（→University of London）を構成するコレッジのひとつ．通称SOAS．アジアで仕事に就く人々のために充実した教育の場をという要求に応え，1916年に設立勅許状を得てフィンズベリー・サーカスで，東洋学スクールとして発足した．同時にロンドン大学の構成コレッジとなるが，その際，キングズ・コレッジとユニヴァーシティ・コレッジの関連分野の教授陣がここに移った．1938年に現在の名称となる．ロンドン大学がブルームズベリーに土地を取得した際，この研究所もラッセル・スクエアに新築された．1997年度の学生総数約2500人．

Schools
学校
ロンドンを含むイギリスの学校制度は1870年の「小学教育法」によって初めて整備拡大され，それが中等教育改革に重点を置いた1944年の「教育法」によってさらに拡充され，その後79年の「教育法」，そして88年の「教育改革

法」を経て今日に至っている．

　イギリスの学校制度は，イングランド，ウェールズ，スコットランド，北アイルランドなど，それぞれの地域の歴史的背景によって多少異なるが，ここではとくにロンドンを含むイングランドの制度をみることにしよう．

　まず公立校の場合，義務教育期間は5歳から16歳までだが，プライマリー・スクール（小学校）に入る以前の3，4歳児の大半がナーサリー・スクール（幼稚園）か小学校に設置された幼稚部に通っている．小学校は5歳から7歳までがインファント・スクール（小児部），8歳から卒業時の11歳までがジュニア・スクール（年長部）に分かれている．

　小学校を卒業すると，セカンダリー・スクール（中等学校）へ移るが，その間に8-9歳から13-14歳の児童が通うミドル・スクールという制度もある．小学校後期段階から中等学校前期段階の教育を受けもつ制度である．中等学校は大多数の生徒が通うコンプリヘンシブ・スクール（総合中等学校），それに古い歴史を踏襲するグラマー・スクール，技術教育に力点を置く新しいシティ・テクノロジー・カレッジに分かれている．

　中等学校を終える16歳時には，全国学力試験GCSE (General Certificate of Secondary Education) を受験する．中等教育修了証書を取得するための試験で，現在は私立学校にも適用されている．中等学校を終えて，大学などの高等教育機関に進む生徒は，Aレベル・コースを選ぶ．選ぶに際してはGCSEの成績が重視される．ふつう17歳から18歳までを受け入れるこのコースをシックスス・フォーム（第六年級）といって，このコースが設置されていない学校の生徒はほかの公立校や私立校へ転校するか，コース専門校のシックスス・フォーム・コレッジへ通うことになっている．

　一方，私立校の場合は，普通2，3歳から幼稚園に入り，義務教育年齢の5歳から7，8歳からプリプレパラトリー・スクール（小学校受験準備校），その後13歳までプレパラトリー・スクール（小学校）で学ぶ．小学校を卒業すると中等学校へと進むわけだが，私立の場合，この中等学校を一般的にシニア・スクールと呼んでいる．これに進学するには，エレベーター式の学校を除いて，全国共通入学試験CEE (Common Entrance Examination) を受ける必要がある．

　公立校と違って，私立校は国から独立しているという意味で，正式にはインディペンデント・スクールと総称するが，そのなかでも13歳から18歳まで通う中等学校をシニア・スクール，そしてそのなかでも伝統のある名門校がパブリック・スクールと呼ばれている．

　ほかに，心身に障害のある生徒のための特別学校も多数にのぼる．

Science Museum
科学博物館

Exhibition Road, SW7

　サウス・ケンジントン地区の大型博物館の集まる一角にある．自然史博物館，ヴィクトリア・アンド・アルバート博物館に近い．1851年の世界万国博覧会（→Great Exhibition）のあと，その趣旨をさらに推し進める目的で博覧会会場にも近いこの場所に，博物館や高等教育機関の建設が行なわれた．

　全体で2.8ヘクタールはあるといわれる展示スペースは地階から6階におよび，さまざまの分野の発明・発見と科学技術の進歩が社会的にあるいは日常生活上もつ意味を，コンピューターや動く模型によって理解できるよう配慮されている．ボールトンとワットの蒸気機関，地球の回転を証明するフーコーの振り子，ミール宇宙ステーション，スティーヴンソンの機関車ロケット号，ダゲールの写真発明，旅客機のコックピット，コンコルドのエンジン，トラファルガー海戦のヴィクトリー号の最下部甲板など魅力ある展示は枚挙にいとまがない．なお医療関係の展示（心臓外科手術など）は1980年の新設部門．

Scientific Instrument Makers' Hall
→Glaziers' Hall

Scotch House
スコッチ・ハウス
Brompton Road, SW1

　スコットランド製タータンチェックの生地やその製品を中心に，幅広くウール製品も販売する総合衣料品店．1830年代にグラスゴーからロンドンへツイードとタータン生地を売りに出たガーディナー兄弟が始めた店．地下鉄ナイツブリッジ駅に近いブロンプトン・ロードの本店は1900年に開店した．タータンチェックはスコットランドの氏族の象徴であるが，18世紀から1世紀以上にわたって着用・生産ともに禁じられていた．19世紀初期に解禁，いまでは300種類ほどが復活して商品化された．この店にはその大半が揃っている．メーカーは，エディンバラのキンロック・アンダーソン社．リージェント・ストリートにも店舗がある．

Scotland Yard
スコットランド・ヤード

　イギリスの近代的な警察の確立は容易なことではなかった．これは国民性が吝嗇で官費を出し惜しみしたためと，警察権力による民主主義の抑圧が危惧されたためといわれている．ロンドンの夜警団は頼りにならず，1821年，次のような滑稽な広告があった．「夜警団員10万人募集．応募資格は60歳から90歳．――片目は見えずもう一方の目はかすかに見える方々．満足に歩けず，カタツムリと同じくらいに歩む方々．郵便ポストのように耳が聞こえない方々．喘息もちで体がちぎれるほど咳込む方々．腕の力が，終日洗濯場で働き疲れきった80歳の老婆も捕まえることができない方々…」

　1822年，ロバート・ピール内務大臣は治安対策案を上程したが議会が否決し，以後1828年まで再上程はなかった．ピール内務大臣に対する主な反対者はシティ当局で，そのため彼はシティを除外した首都警察法案への反対封じ込めに成功し，1829年5月，両院議会の賛同を得て「首都警察法」が成立した．同9月29日初の首都警察の警察官によるパトロールが実施された．統轄は合議制により，初代警視総監はワーテルローの戦いで武勇名高いウェリントン公の部下であった46歳の退役軍人チャールズ・ローワン大佐と，30歳代前半のアイルランド出身の法廷弁護士リチャード・メインの2人であった．本部はホワイトホール・プレイス4番地に置かれた．本部の裏側がグレイト・スコットランド・ヤード(→Great Scotland Yard)に接し，アーチの下をくぐって街路に出た．この道を馬に乗って管区長が警視総監を訪れて報告するのが日課で，彼らは「メトロポリタン・ポリス」とは言わず，「グレイト」を省き，単に「スコットランド・ヤード」と呼んでいた．

　当初，約3000人の警察官が17管区に分かれ，各管区長に警視を配し，青い燕尾服とシルクハットの制服で非軍事色を強調して「ピストルは緊急時のみ携帯(今日も)」．世論は警察の軍事化を恐れたので，警察官たちは非番のときでさえ制服着用を強いられた．1日3シリングの賃金はほぼ慈善活動に等しく，膨大な仕事量と責任の重さから発足4年以内に当初の警察官は500人以下に減った．反警察の暴動が続発し，1832年クラークンウェル(→Clerkenwell)での暴動では非武装の警察官が刺殺され，1842年には衝撃的な殺人事件が起きた．この捜査のため刑事部門ができ，刑事たちがチャールズ・ディケンズやウィルキー・コリンズの作中人物のモデルになった．

　1864年，当初の制服が，チュニック(警察官や軍人が着用する短い上着)とロンドン名物の釣り鐘形ヘルメット(プロシア軍隊の帽子を模した)に変わった．1878年捜査刑事課が誕生した．アイルランド独立をめざす秘密結社フェニアン(IRAの前身)のテロ対策として，1883年，「スペシャル・アイリッシュ・ブランチ」を設け，まもなくこれは「スペシャル・ブランチ」と改名された．1888年「切り裂きジャック殺人事件」(→Jack The Ripper Murders)が迷宮入りとなり，チャールズ・ウォレン警視総監が11月辞任した．1890年に新しい庁舎に移って，ニュー・スコットランド・ヤード(→New Scotland Yard)となった．

Scott's
スコッツ
Mount Street, W1

　1872年創業の魚介類料理で有名な老舗レストラン．ロンドン・パビリオン・ミュージック・ホールの持ち主がピカディリー・サーカスに近いコヴェント・ストリートに開いたカキの料理店が始まり．1893年には店内を改装し，第二次世界大戦までスコッツ・オイスター・アンド・サパー・ルームとしてヨーロッパ中に知られた．1967年にメイフェア地区の現在地に移転した．地下鉄マーブル・アーチ駅が近い．

Seething Lane
シージング・レイン　EC3

　フェンチャーチ・ストリート鉄道駅にほど近い通り．シージングというのは，古英語のモミガラの意味だと考えられている．近くに穀物の市場があった．

　1656年，ここに住んでいた貴族の館跡に海軍省が建てられた．1660年に，サミュエル・ピープスが海軍の法令書記官に任命されたとき，この通りとこの著名な日記作家との深い関係が始まった．1673年に海軍省は焼失したが，2年かけて，その跡地にクリストファー・レンまたはロバート・フークによるデザインで新省舎が建てられた．ピープスは1673年から79年まで，海軍政務長官となったが，彼はフランスのスパイであったという根拠のない非難のために，その職を辞さなければならなかった．しかし1686年に，今度は海軍大臣に任命され，3年後に退職するまで，その職にあった．

　1777年には，のちのネルソン提督が一青年将校として海軍省に赴任した．1788年になると，この建物は取り壊され，海軍省はサマセット・ハウス（→Somerset House）へ移転した．

Selfridge's
セルフリッジ
Oxford Street, W1

　市内の目抜き通りオックスフォード・ストリートとオーチャード・ストリートの角に立つロンドン有数のデパート．アメリカ，ウィスコンシン州出身のH.G.セルフリッジによって，1909年3月に創業された．セルフリッジは20歳のときにシカゴで商売の修業を積み，自分の店を売り払ってロンドンにやってくると，1906年にオックスフォード・ストリートに商店設立を決意した．その際，彼は同じ通りの家具製造販売業ウェアリング・アンド・ギロー社の経営者のひとりサム・ウェアリングの支援を得た．家具類を扱わないという条件でだった．

　新店舗の正面は柱面に縦溝が入り，柱頭の両側に渦巻き形の彫刻がつくイオニア式列柱の堂々たる構えで，いまでもその威容は高い建物が立ち並ぶこの通りでも際立っている．また，ロンドンのデパートの雄ハロッズ（→Harrod's）よりも開放的で，一般の庶民や観光客に親しまれている．
→Department Stores

Selsdon
セルズドン　CR2

　大ロンドン南郊のクロイドンとサンダーステッドとの間にある地域．セルズドンという言葉は，大邸宅と丘という2つのサクソン語から生じたという．861年にエイルフリッドという人物が，この土地を妻に遺言で贈ったということが，記録として残っているようである．土地はその後，テンプル騎士団が管理し，さらにサー・ジョン・グレシャムという人物の所有となった．

　1970年代にトーリー党がセルズドン・パーク・ホテル（→Selsdon Park Hotel）で大会を開いたとき，ジャーナリズムが新しいタイプの保守党員を「セルズドン人」という言葉で報じて以来，その名がよく知られるようになった．その敷地の一部には，クロイドン女子高等学校が建てられているが，その庭には，エリザベス一世が木を植えたと伝えられる．近接するサンダーステッド裁判所の建物は，1925年にホテルの別館になったが，1944年に火災で被害を受け，ついに1958年に取り壊された．

近くにはナショナル・トラスト所有のセルズドン森林があり，野鳥の保護区となっていて，またブルーベルの群落のあることでも有名である．近くに鉄道駅セルズドンがある．

Selsdon Park Hotel
セルズドン・パーク・ホテル

Addington Road, CR2

ロンドン南郊クロイドンにあるカントリー・ハウス・ホテル．もとテューダー様式の個人邸宅を，1925年，現在のオーナーの先代が購入して，大幅に手を加え，ジャコビアン様式のホテルに改装した．ゴルフ場を併設する．最寄駅は，ブリティッシュ・レイルのサンダーステッド駅．

Senate House
セネット・ハウス

Malet Street, WC1

ロンドン大学の評議員会館．図書館を含む本部機能をもつ建物．大英博物館の北面に立つチャールズ・ホールデンの設計になるもので，ポートランド産の石材で建造され，1936年に完成した．この建物には，高さ64メートルの塔がある．この建物には大学の事務局と図書館があり，図書館にはおよそ100万冊の図書と4500種の定期刊行物が所蔵されている．また，エリザベス朝の文学書，経済学関係図書，音楽関係図書などの特別なコレクションもある．

また，1933年に設置されたスラヴおよび東ヨーロッパ研究所と1921年に設置された歴史研究所が置かれている．

Serjeants' Inn
サージャンツ・イン

サージャントは正式には serjeant-at-law といい，最上位にある法廷弁護士．現在の勅選弁護士（大法官の推薦により指名される上位の法廷弁護士）にあたる．そうした弁護士が結成した一種のギルド的団体で，その地位を示す白い帽子 (coif) を着用したため，白帽組合 (Order of the Coif) と呼ばれた．現存せず．サージャントに任命されると，弁護士は所属していた法学院 (→Inns of Court) を離れ，サージャンツ・インに加わった．チョーサーの『カンタベリー物語』にも，この種の弁護士が登場することからわかるように，中世のかなり早い時期から存在した．「ウィリアム一世の時代から記録に残る，あらゆる判決，事件，犯罪にことごとく通じていた」（「総序」）と紹介される弁護士である．

サージャンツ・インはある時期3か所に存在した．その中のスコープス・インはホーボーン地区にあって，15世紀末に廃止された．フリート・ストリート・インはフリート・ストリートの南側，インナー・テンプル (→Inner Temple) の北東隅にあったが，ロンドン大火にあって消失した．その後再建されたが，18世紀末には解散した．3番目のインはチャンセリー・レイン・インで，建物が1877年生命保険会社に売却され，サージャンツ・インは姿を消した．以後，サージャントはもとのさやに収まるかたちで法学院に所属することになった．現在，26名の著名なサージャントの肖像画がナショナル・ポートレート・ギャラリー (→National Portrait Gallery) に展示されている．

→Inns of Count, Inns of Chancery

Serpentine, The
サーペンタイン池

Serpentine Road, Hyde Park, W2

ハイド・パークとケンジントン・ガーデンズの境界をなす形で，蛇状に湾曲した池（面積16.6ヘクタール）．池のほぼ中央にサーペンタイン・ブリッジ (1826) がかかる．ケンジントン・ガーデンズの部分はロング・ウォーターと呼ばれる．もともとテムズ川の支流のひとつをせきとめた人口池で，乗馬専用道として名高いロットン・ロウ (→Rotten Row) が設けられたとほぼ同じころ，1730年にジョージ二世の妃キャロライン・ダンスパックが改修して造られた．サーペンタイン・ブリッジからの眺望はすばらしく，東方向には，老樹大木の緑の向こうにヒルトン・ホテルなどの高層建築のスカイラインが眺められる．1816年，詩人シェリー

に去られた傷心の妻ハリエット・ウェストブルックがこの池に入水自殺したことは有名である．シェリーはよく大勢の少年たちが見ているところで，念入りに仕上げた小舟に半ペニー貨を乗せて池に浮かべ，舟が無事に彼岸につくと，先回りをしていた子供たちがそれを奪い合うのをみて，楽しそうだったという．

Serpentine Gallery
サーペンタイン・ギャラリー
The Ring, Kensington Gardens, W2

ケンジントン・ガーデンズとハイド・パークの境界をなしている南北の車道ザ・リングのかたわらにある小ギャラリー．現代美術の展覧会を定期的に催す．

Seven Dials
セヴン・ダイアルズ　WC2

トラファルガー・スクエアと大英博物館の中間あたりにある，七差路の交差点である．ここには昔，交差点の真ん中にドリス様式の柱があって，柱には，7方向に向いた時計がついていたので，セヴン・ダイアルズという名がつけられた．

1694年にジョン・イーヴリンが日記で交差点を星にたとえている．7つの道とは，グレイト・アール・ストリート，リトル・アール・ストリート，グレイト・ホワイト・ライオン・ストリート，リトル・ホワイト・ライオン・ストリート，グレイト・セント・アンドルーズ・ストリート，リトル・セント・アンドルーズ・ストリート，クイーン・ストリートである．

1773年に，中央の柱の付近が犯罪者のたまりになっているという理由から，撤去され，のち1882年にサリー州の町ウェイブリッジの共有芝地に再建された．

1693年にはすでに，造幣局長のトマス・ニールがセヴン・ダイアルズの開発整備に着手しており，1710年ころには一応の完成をみていた．ここはソーホーやコヴェント・ガーデンに近接する住宅地になるはずであったが，18世紀および19世紀には，泥棒の隠れ家となったり，貧しい物売りたちのたむろする場所となった．

現在のセヴン・ダイアルズは，モンマス・ストリート，アーラム・ストリート，ショーツ・ガーデンズ，マーサー・ストリートなどの各道路の交差点になっており，チェアリング・クロス・ロードやシャフツベリー・アヴェニューなどの新道路の建設の際に，大部分が整理されてしまっていまはほとんど残っていない．

Seven Stars
セヴン・スターズ亭
Carey Street, WC2

ストランドの王立裁判所の裏側にある七つ星亭は，1602年の開業で，「七つ星連盟」として知られていた．オランダの7州に由来する．最初の客がオランダの船員で，17世紀に定住した人々であった．場所柄，法律関係の客が多く，壁に著名な法学者の漫画が描かれている．看板の「七つ星」は宗教と天文学に関係があり，中世に多いパブの看板であった．聖母マリアの「七つ星の冠」に由来する．天体の星としては，星雲の形で描かれ，イギリス各地で見られる．

Seymour Street
シーモア・ストリート　W1

マーブル・アーチ地下鉄駅のすぐ北側に位置し，エッジウェア・ロードに接する道路．もともとさみしいタイバーン（→Tyburn）の地に18世紀後半に入って敷かれた道だが，いまでは市内中心部に近いこともあって商店やフラットが入り混じった雑然たる街路になっている．

何の変哲もないこの通りも，以前は文人たちの目にとまったらしく，市内北部のホロウェイ生まれのエドワード・リア（風景画家・ノンセンス詩人）が30番地の家に1850年代末にしばし逗留していた．スコットランド出身の詩人トマス・キャンベルは1822年から6年間，10番地に居を定めていた．雑誌の編集にたずさわり，ロンドン大学の創設にも積極的に関わる一方で，教訓的ではあるが詩作にも励む

一生を送った奇特な人物だった．

Shadwell
シャドウェル　E1

　テムズ川北岸ステップニー地区の南部の地域で，ここでテムズ川が北に大きく蛇行する．近くにはザ・ハイウェイという道路が東西に走り，広いドックがあり，エドワード七世記念公園がある．

　ここはかつてローマ時代の墓所があったことで知られていて，実際に17世紀まで人は住んでいなかった．シャドウェル地域の大部分は，13世紀初頭ここに土地を与えられたセント・ポール大聖堂参事会員の所有であった．16世紀には，テムズ川の水を取り入れ，潮の干満による流れを利用した水車が数多くみられた．17世紀になって河岸地区が再開発されるまで，水運中心の各種の産業が発達した．17世紀半ばには人口がおよそ8000人であったという．

　1656年，この地域の発展に尽力したトマス・ニールがセント・ポール大聖堂の司祭出張聖堂を建て，このシャドウェルを新しい教区にするよう議会に申請し，1670年に新教区が成立した．さらに1681年頃には市場が開かれ，またテムズ川を水源とする上水道設備が造られた．18世紀末にはおよそ8000軒の家に給水されていたという．

　シャドウェルの建物はほとんどが木造の小さな家であったため，20世紀まで残らなかった．ヴィクトリア時代にはロンドンで最も惨めなスラム街だった．

　キャプテン・クックが短期間だがここに住んでいたことがある．多くのアイルランド系の荷役労働者がいて，近くの石炭荷揚げ場で働いていた．人口が最大になったのは1851年で，1万2000人に達したが，その後，ドックのあるシャドウェル流域が拡張されたため，多くの貧しい家が取り壊され，人々は離散していった．さらに数本の道路が整理されて魚市場が造られたが，それもエドワード七世を記念する公園を造るために1922年に取り壊された．公園内には，テューダー朝にテムズ川から出かけて行った探検家たちの偉大な功績を記念する碑がある．ドックランズ軽便鉄道シャドウェル駅と地下鉄ウォッピング駅の間に位置している．

Shaftesbury Avenue
シャフツベリー・アヴェニュー
W1, WC2

　ピカディリー・サーカスから北東へのびる道路．この街路の周辺は，劇場の多い一角として知られている．

　繁華街としてにぎわっているリージェント・ストリートが完成したあと，ピカディリー・サーカスからチェアリング・クロスに通じる道や，さらに北方のトッテナム・コート・ロードやブルームズベリー地区へ通じる道の建設が不可欠とされ，1877年に議会はチェアリング・クロス・ロードおよびシャフツベリー・アヴェニューの建設を認めた．この2つの道路は，建築家のジョージ・ヴァリアミーと土木技術者サー・ジョーゼフ・バザルジットによって計画され，実行された．シャフツベリー・アヴェニューという名称は，この計画路線周辺の貧しい人々に同情を寄せて援助した第七代シャフツベリー伯爵にちなんでつけられたものである．チャールズ・ディケンズの小説に描かれているように，19世紀半ばすぎにはこの界隈にみすぼらしい家が立ち並んでいたが，道路建設のためそうした粗末な建物は取り壊された．道路は1886年に完成した．

　1888年から1907年の間に6つの劇場が興行を始め，以来演劇の中心地として知られる．なかでも1888年に建てられたシャフツベリー劇場（→Shaftesbury Theatre，現在同名の劇場がこの道路にあるが，それとは別）は最初の劇場として世間の注目を浴びた．最初の演し物は《お気に召すまま》であった．この劇場は，1941年の空襲で破壊されてしまった．道路の東側のピカディリー・サーカスに近いところは，ショッピング・センターや歓楽街になっている．

Shaftesbury Memorial Fountain

→Eros

Shaftesbury Theatre
シャフツベリー劇場
Shaftesbury Avenue, WC2

　シャフツベリー・アヴェニューの，ホーボーン側の端にある，1911年開場の劇場．1911年12月にニュー・プリンス劇場として開幕．のちにプリンス劇場となる．最初はメロドラマを上演する劇場だったが，その後，本格劇，バレエ，オペラなど，さまざまな公演に使われ，ギルバート・アンド・サリヴァン・オペラやディアギレフが率いるロシア・バレエ団の公演も行なわれた．

　1940年から41年にかけて爆撃の被害を受けた．1962年に改修のため一時閉鎖．63年3月にシャフツベリー劇場として再開し，《努力しないで出世する方法》で柿落としをした．68年から《ヘアー》を上演したが，73年7月，ちょうど2000回の公演記録を達成しようという日に，天井が崩落して閉鎖．翌年，ミュージカル《ウェスト・サイド・ストーリー》の再演で開幕した．83年にレイ・クーニーに創設されたシアター・オヴ・コメディ劇団が劇場を買い取り，正式名はシャフツベリー・シアター・オヴ・コメディとなったが，ミュージカルの上演も続けられている．客席は4階（バルコニー）まであり，約1400席．

　もうひとつ，1888年に建てられた同名の劇場があった．これはシャフツベリー・アヴェニューに建てられた最初の劇場だったが，1941年に爆撃で破壊された．1903年に黒人キャストによる最初のミュージカル《ダオメーにて》が上演され，1923年にはフレッド・アステアがここでロンドンの舞台に初登場した．

Shakespeare Gallery
シェイクスピア・ギャラリー

　18世紀後半からおよそ100年間，ペル・メルに存在した絵画館．創設者は18世紀の富豪で版画商，ロンドン市長にもなったジョン・ボイデル．彼はシェイクスピア劇中の名場面を描いた絵画の展示館を実現するため，ジョシュア・レノルズ，ジョージ・ロムニー，ベンジャミン・ウェストら35人に制作を依頼した．また，作品を版画化して販売も行なった．結局，開館の翌年1790年には合計67点の作品が集まった．しかしやがて商売が挫折，ボイデルは所有する絵画と版画を処分した．建物はある美術グループに譲渡されたが，1860年代に取り壊されてしまった．

Shakespeare Globe Museum
シェイクスピア・グローブ座博物館
Bear Gardens, Bankside, SE1

　もとベア・ガーデンズ博物館といったが，サザック地区の大規模な再開発のなかで，1972年，館名を改めて発足した．旧名は16世紀のころから盛んであった熊いじめ・牛いじめ（bear-baiting, bull-baiting）の遊戯場にちなむ．博物館はイギリス演劇の発祥の地といえる，シェイクスピアゆかりの地にグローブ座の再建（1996）とともに面目を一新した．展示はエリザベス朝演劇の，ことに初期劇場の発展をバンクサイド（→Bankside）の歴史とともにたどる．

　バンクサイドは，16世紀末から17世紀初頭にかけてイギリス演劇の発展に重要な役割を果たし，グローブ座（→Globe Theatre①）などの大衆劇場（→Theatres）や熊・牛いじめ場，ベア・ガーデンズ（→Bear Gardens）もあり，ロンドン市民の娯楽の場だった．

　この博物館では，ほかにワークショップや演劇講座などを中心とするグローブ教育センターとしての活動も行なわれている．

Shakespeare's Globe
→Globe Theatre②

Shaw Theatre
ショー劇場

　1994年までユーストン・ロードにあった劇場．かつてセント・パンクラス区議会議員だったG.B.ショーにちなんで名づけられた．カムデン区議会によって集会場として建てられたが，1971年に図書館を併設する劇場に改造

された．客席数は510．アマチュア劇団ナショナル・ユース・シアターがここを本拠地とし，学校や若者のために劇を上演するショー・シアター・カンパニーを設立した．デレク・ジャコビ，ヘレン・ミレンほか，多くの俳優がナショナル・ユース・シアターから出ているが，この劇団は1984年に本拠地をロンドン市内の他の場所に移した．そして1994年に再開発のために閉鎖された．

Sheen Palace
→Richmond Palace

Shell Centre
シェル・センター　　York Road, SE1

　ウォータールー駅の近く，テムズ川南岸にある高層ビル．ベルヴェディア・ロードとヨーク・ロードにはさまれたところにあり，南には大観覧車ロンドン・アイや旧ロンドン市庁舎の建物があって，ジュビリー・ガーデンズを通してテムズ川に臨んでいる．

　この建物は1957年から1962年にかけて建築された．ロンドンではかなり高い25階建てのビルである．ここはシェル・トランスポート・アンド・トレーディング会社の本社屋となっている．シェル・センターという名称は，その会社名に由来する．

Shepherd Market
シェパード・マーケット　　W1

　ウェストミンスター地区のカーズン・ストリートの近くにあるマーケット．せまい道路が入りくんだ一角で，18世紀30年代建築家のエドワード・シェパードが計画したものである．

　シェパードはまた，メイフェア地区（→May Fair）で活躍した建築家である．メイフェアは，1686年ごろから毎年5月1日から15日間，市が催されたので，その名がつけられたという．しかし，この市は騒がしいうえ乱暴者が集まったりして悪評が立ったため，1708年に廃止された．その後復活したが，情況は改善されなかった．

　解決策として，建物を造ることが最も効果的な方法であった．シェパードは2階建てのマーケット・ハウスを造り，1階には肉屋などが並び，2階は集会もできる大きな部屋とした．この大部屋は，市の立つときに劇場として使われた．現在残っている店の中には，食料品店，骨董品店，レストラン，パブなどがあり，昼食時には付近のオフィスで働いている人たちが大勢ここを利用している．地下鉄ハイド・パーク・コーナー駅に近い．

Shepherd's Bush
シェパーズ・ブッシュ　　W12

　ロンドンの西郊，ウェスト・ケンジントンとアクトンの間にある地域で，地下鉄セントラル・ラインのシェパーズ・ブッシュ駅がある．この駅を含み，ここから西および北に広がる一帯がシェパーズ・ブッシュで，そのうちシェパーズ・コモンといわれる緑地の公有地は，北側のアックスブリッジ・ロードと南側のゴールドホーク・ロードおよび西側のシェパーズ・ブッシュ・グローヴという3本の道路に囲まれた三角形の土地である．

　シェパーズ・ブッシュの開発はたいへんおくれ，19世紀後半になっても，アックスブリッジ・ロードの北側に煉瓦工場と農場があるだけだった．その後鉄道が敷かれ，小さな家々と若干の道路ができて，1920年代には北のホワイト・シティ周辺は住宅地になり，BBCのテレビジョン・センターが建設された．しかし，いまでもシェパーズ・ブッシュ周辺は公園や緑地が多く，レイヴンズコート・パーク，ワームウッド・スクラッブズ，ワームホルト・パーク，ホランド・パークなど，市民の憩いの場があちこちにある．

　3万2000平方メートルの公有地は1871年に法により，あらためてシェパーズ・ブッシュ・コモンとなった．ここは1657年のピューリタン革命時代に，マイルズ・シンダークームという人物がオリヴァー・クロムウェルを狙撃しようとしたことで有名である．しかし今では三方を道路に囲まれ，面積がかなり狭くなっている．このあたりにはまた，1914年から続くシェパーズ・ブッシュ・マーケットもある．

Shepherd's Tavern
シェパーズ・タヴァン
Hertford Street, W1

　1708年の開店のパブ．屋号は1735年にシェパード・マーケット（→Shepherd Market）を開いたエドワード・シェパードの名からとられた．ジョージ朝風の建物で，弓形の張り出し窓と木材の羽目板が特長．店内にはジョージ三世の息子のカンバーランド公爵が使用していたセダン・チェア（18世紀に流行した駕籠）が置かれており，現在では電話ボックスとなっている．第二次世界大戦中は英国空軍のパイロットたちの会合所となっていた．

Sheraton Park Tower Hotel
シェラトン・パーク・タワー・ホテル
Knightsbridge, SW1

　ハイド・パークの南側，アルバート・ゲートに近い17階建ての高層デラックスホテル．その外観からパイナップルの愛称をもつ．開業1973年．客室数300あまり．最寄駅は地下鉄ピカディリー・ラインのナイツブリッジ駅．

Sheriffs
シェリフ

　州（シャーおよびカウンティ）において国王の代理として行政にあたった地方官吏．現在は一部の権限を除いてほとんど名誉職．語源は「シャー・リーヴ」(shire reeve, 州役人) に由来する．ノルマン征服以来，地方の有力者であった太守 (Earl) に代わって地方行政の中核的な存在となったが，職務の煩雑化とともに恣意的な権限が疑惑の対象となって，しだいに重要性を失い，16世紀以降「州長官」(Lord Lieutenant) に権限を奪われ，多くはジェントリー層から任命されるようになった．

　現在では議会の招集などに際して形式的な役割を演じるにすぎない．しかし，シティにおいてはシェリフは最古の官職であって，1132年，ヘンリー一世は，ロンドンとミドルセックスを管轄下におく2人のシェリフを選出する権利をロンドン市民に与える特許状を下付し，1192年に市長 (Lord Mayor) 職がおかれるまでは，シェリフがシティを統治した．1888年の地方自治体法はミドルセックスを管轄下からはずして，シェリフはシティだけのために任命されるものにした．

　現在，シェリフは毎年6月24日のミッドサマー・デイに，ギルドホールにおいて同業組合の組合員によって選出され，9月28日のミカエル前夜祭に市長，参事会員（→Aldermen），同業組合裁判所員の前で就任の宣誓を行なう．シェリフのうちひとりは参事会員から選出されるのが通例であり，たとえ市長に選ばれてもシェリフの職責はつづけるので，「参事会員シェリフ」とよばれる．もうひとりのシェリフは参事会員でもシティ議会議員でもある必要はない．シェリフはシティの各種の行事に市長を補佐するかたちで出席するほか，オールド・ベイリーの中央刑事裁判所（→Central Criminal Court）にも出廷し，また議会への請願の取り次ぎもする．シェリフの服装は参事会員と同じであるが，職掌を示すバッジをつけた鎖をつるしている．
→Corporation of London

Sherlock Holmes
シャーロック・ホームズ亭
Northumberland Avenue, WC2

　チェアリング・クロスとヴィクトリア・エンバンクメントの中間にあるパブで，シャーロッキアンならずとも世界各国の観光客に人気がある．昼時は店外にも席が設けられるほどにぎわっている．前身は所在地の名にちなんで「ノーサンバーランド・アームズ」という屋号であったが，1953年に「シャーロック・ホームズ」と改名した．ウィットブレッドという銘柄のエールを飲ませるパブだが，看板はシャーロック・ホームズがディアストーカーという鳥打帽をかぶり，インヴァネス・ケープを肩にまとい，愛用のパイプをくゆらしている姿である．シャーロック・ホームズ博物館（→Sherlock Holmes Museum）に近い地下鉄ベイカー・ストリート駅のホームの壁にはこのシルエットのタイルが貼りめぐらされているほど有名な図柄である．

グリル・ルームにはいろいろの遺品が並んでいる．ジャイアント・ブラッドハウンド犬の面長の黒い顔が両目を白く光らせているかと思うと，例のホームズの替玉となった人形のバストがあって，その額にはセバスチャン・モーラン大佐の正確な狙いを示す弾痕が鮮やかに再現されている．ベイカー街（→ Baker Street）を乗り回したハンソム・キャブの複製，マーチャーの使ったランタン，ダイアモンド型の首を地に伏せて，のどを喘がせているヘビ，黄金のかぎたばこ入れなど，コナン・ドイルの愛読者には，みな親しいものばかりである．2階に上ると，「ベイカー街221B」のホームズの探偵事務所が，作品に描かれているとおりに復元されており，いまにもミセス・ハドソンが夕食を運んでくるのではないかと思わせる．すべてロンドンのシャーロック・ホームズ協会のものである．このパブの亭主は各国からの訪問者のサイン帳を用意しているという．

このすぐ近くに，サヴォイ・オペラで有名なギルバート・アンド・サリヴァンの名を冠したパブもある．『ミカド』の等身大の日本人形が見られる．

Sherlock Holmes Museum
シャーロック・ホームズ博物館
Baker Street, W1

名探偵シャーロック・ホームズとその相棒ワトソン博士が1881年から1904年まで住んだとされる，ベイカー・ストリート（→ Baker Street）の家を再現した博物館．ホームズの住所はベイカー・ストリート221bということになっているが，これは当時は架空の住所であった．現在その番地にはアビー・ナショナル（→Abbey National）本社があり，建物の壁面に記念銘板がはめられている．博物館はその北側にある1815年建築の建物で，1860年から1934年まで下宿屋に使用されていたという．

ホームズ風の衣装をまとったガイドが立つ1階は，入口近くにホームズとワトソンにまつわる土産物が置かれ，その奥の部屋がレストランになっている．2階はホームズの書斎で，暖炉の前に肱掛椅子が並べられ，ホームズ愛用の品々が展示されている．奥の部屋はホームズの個室．3階はワトソンの寝室．4階はホームズ物語に描かれた場面の模型やホームズの蠟人形などが展示されている．

なお，パブのシャーロック・ホームズ亭（→ Sherlock Holmes）がチェアリング・クロス駅の近くにある．
→「ホームズの部屋」

Ship
シップ亭
Ship Lane, SW14

大ロンドン西南郊の住宅地モートレイクにあるパブ．

現在の建物はジョージ朝様式のものであるが，古くはエリザベス朝風の居酒屋，牡鹿の角亭であった．17世紀になると，青い錨亭と呼ばれるようになった．19世紀になって，現在の名がつけられた．

テムズ川で行なわれるケンブリッジ大学とオックスフォード大学との有名なボート・レース（→Boat Race）の決勝点はこのあたりで，シップ亭からの眺めがよい．鉄道モートレイク駅に近い．

Shoe Lane
シュー・レイン　EC4

ホーボーン・サーカスの南にある道路で，北のチャーターハウス・ストリートと南のフリート・ストリートとに，ほぼ南北に接している．

17世紀には，ここに闘鶏場があった．1633年に詩人のサー・ヘンリー・ウォットンがここを訪れたと伝えられる．また，1663年にはサミュエル・ピープスも見学にここを訪れている．ピープスが来たとき，観客の中には，肉屋や荷馬車曳きや徒弟たちに交じって国会議員もいたという．また，ジェイムズ一世とチャールズ一世の宮廷画家であったジョン・ド・クリッツがここに住んでいたし，詩人のリチャード・ラヴレイスは，1657年にこの通りとフェッター・レインの間の粗末な宿で死んだと伝えられる．1770年に毒を仰いで自殺した

トマス・チャタートンは貧民墓地に葬られたが，そこはホーボーン・ヴァイアダクトを建設する際に整理されてしまった．

ジョン・フェルトンが，バッキンガム公爵への抗議文を読み上げて暗殺を決心したのは，シュー・レインにある酒場ウィンドミルにおいてであった．またポール・ラヴェルはロンドン大火のとき，このシュー・レインにひとり踏みとどまって焼死した．ロンドンの夕刊紙『イヴニング・スタンダード』の社屋が，1980年に『イヴニング・ニュース』と合併するまで，シュー・レインの47番地にあった．

Shooters Hill
シューターズ・ヒル　SE18

テムズ川南方，ロンドン南東部に広がる展望のきく丘陵を含む一帯．ここには樹木が多く，標高132メートル，ロンドン市内だけでなくケント州やエセックス州も視界に入る．

中央部を貫通する道路は，ローマ時代に造られたもので，当時はロンドンからヨーロッパへ向かう重要な街道であったが，おいはぎが出没するところとしても悪名高かった．

しかもロンドンから遠く離れている上に，この丘のふもとの十字路のそばには絞首台が立っており，頂上には死骸の曝し台があった．昔の旅人にとってはいやなところであった．この絞首台は1805年まで使われていた．1661年にサミュエル・ピープスは，シューターズ・ヒルに曝されていた死体の様子を日記（4月11日付）に生々しく書き留めている．「アン夫人と一緒にシューターズ・ヒルで曝しものになっている死体の下を馬車で通った．肉がひからびて皮と骨だけになっているのは直視に耐えぬ光景なり」と．この道は，チャールズ・ディケンズの『二都物語』にも登場する．南の鉄道ファルコンウッド駅が比較的近い．

Shops
商店

中世から19世紀中葉にかけて，シティで店を開くことを許されていたのは，フリーマン（市民権をもつ自治区の住民をいう．土地・財産を所有し，役人の選挙，税負担などの義務を負った．）にかぎられていた．フリーマンになるには，3つの道があった．

(1) 父がシティのフリーマンであること．
(2) フリーマンのもとで7年以上徒弟として働くこと．
(3) シティの市長（→Lord Mayor）と参事会員（→Aldermen）の面前で，収入役に一定の金額を支払うこと．価格は，1364年当時で60シリング，19世紀初頭で34ポンドであった．またこれは，中世以降，ロンドン市の同業組合（→City Livery Companies）の組合員がフリーマンになるための必須条件ともされていた．

フリーマンの特権は，1835年の最初の市政法によって，シティ以外の都市では廃止されたが，シティでの営業が自由になったのは1867年である．なお，フリーマンという呼称は現在でも残り，その組織も健在である．

特権の廃止以降，ロンドンの商業地区は急速に発展した．とくにボンド・ストリートやリージェント・ストリートのあるウェスト・エンド（→West End）の発展はめざましかった．なかでも近年人気を集めているのは，コヴェント・ガーデン界隈である．フローラル・ストリート，ニール・ストリート，ショーツ・ガーデンズ，モンマス・ストリートなどにはトップ・ファッションの店が次々に開店している．

同じくファッションの分野を中心に発展しているのが，ウェスト・エンドのさらに西側のノッティング・ヒル地区である．ポートベロのマーケット周辺に，有名無名の人たちが新しい店を開き，レストラン，カフェも相次いで出店し，ロンドンの最先端人種が集まるところとなっている．

また，近年の再開発としては，コンラン・グループがテムズ川沿い，タワー・ブリッジ界隈のバトラーズ・ワーフ地区にレストラン，デリカテッセンのほかデザイン・ミュージアム（→Design Museum）をつくった．同じ川沿いにオクソ・ビル（レストラン，デザイナー・ワークショップ，ギャラリーなどの集まるトレンディな建物）がそびえサウスバンク・センターまで

の地域も再開発された．

　小売業者の団体には，独立小売業・事業連合(Alliance of Independent Retailers and Businesses)と英国小売業協会(British Retail Consortium)があり，前者は後者の会員でもある．小売業協会の設立は1992年，本部はフラム地区に置かれている．会員は「食料品およびそれ以外の小売業者，チェーン店，独立業者とメイルオーダー業者を含む」となっており，小売業者の利益代表としての役割を果たしている．

Shoreditch
ショーディッチ　E1

　市北東部のテムズ川北岸の一帯で，北はホックストン地区，東はキングズランド・ロード，南はオールド・ストリート，西はイースト・ロードに囲まれた地域の呼び名である．

　ここが初めて記録されたのは，1148年といわれている．12世紀には，セント・レナード教会（→ St Leonard）が建てられ，当時の『ドゥームズデイ・ブック』（→『土地台帳』）には，ホックストン地区とハガストン地区が，この教会の教区となった．1152年から58年のあいだに，この地区のホーリーウェルにアウグスチヌス修道院が建立された．しかし修道院は1539年に廃止され，その建物の大部分が取り壊された．

　1576年に，ジェイムズ・バーベッジが，この近くにシアター座（→Theatre, The）というイギリス最初の劇場を造った．この劇場は1587年ころ上京したウィリアム・シェイクスピアが関係した劇場で，1598年まで続いたが取り壊されて，サザックに「グローブ座」（→Globe Theatre①）として再建された．1577年には，近くにカーテン座（→Curtain Theatre）という別の劇場が誕生した．多くの俳優たちがこのあたりに住んでいて，この地区のハイ・ストリートにあるセント・レナード教会に埋葬された者もいるという．ジョン・ストーは，『ロンドン通覧』で，ハイ・ストリートやオールド・ストリート，さらにゴールド・レインに至る沿道

[ロンドン・ア・ラ・カルト]

ロンドンのシェイクスピア

　ウィリアム・シェイクスピアは妻子を故郷ストラットフォード・アポン・エイヴォンに残したまま，ほぼ1587年から1612年にかけてロンドンに居住した．当時のロンドンはとくに経済面で発展の途上にあり，人口も20万に達していた．

　当時の演劇活動は宿屋や貴族の館などでは許可されていたが，市壁内での劇場建設は禁じられていた．そのためシェイクスピアが初めて脚本を書き，舞台に上がったシアター座は1576年に市壁外部のショアディッチに建てられた．94年に宮内卿一座が結成され，一座はやがてテムズ南岸のバンクサイドにグローブ座を建設する．有力な株主の一人となったシェイクスピアはテムズ北岸のブラックフライアーに劇場を購入できるほどに裕福になった．宮内卿一座は1603年に国王一座と改称され，強力な劇団に成長していった．1997年5月に再建された新グローブ座は，当時の劇場の面影をよく伝えている．

　シェイクスピアの作品には，ロンドンおよびロンドン塔についてそれぞれ60回ほどの言及があるほか，ウェストミンスターや議事堂，セント・ポール大聖堂，ロンドン橋，スミスフィールド，グリニッチなど，ロンドンの建物・地名が多数登場する．

　また，シェイクスピアの記念像は，ウェストミンスター・アビー（そのレプリカがレスター・スクエアにある），ギルドホール裏，サザック大聖堂，パブのシェイクスピア・ヘッド，オールダマンベリーのセント・メアリ教会墓地，シティ・オヴ・ロンドン・スクールなどにある．

に人家があったと記している．

　1598年，ベン・ジョンソンは，ホックストンの野原でゲイブリエル・スペンサーという男と決闘をした．スペンサーは死んだという．

　この地域の開発は，1683年にホックストン・スクエアから始まった．1690年に，ロバート・アスクの遺産で小間物商同業組合の救貧院と学校（→Haberdashers' Aske's Schools）が建設された．さらに1715年にはロバート・ジェフリーの遺産によって，金物商同業組合の救貧院が建てられた．これが現在のジェフリー博物館（→Geffrye Museum）である．

　オールド・ストリートのやや北側のチャールズ・スクエアに初めて人家が建ったのは，この広場の東側で，1685年から87年のころである．1750年までに，ここの教区人口はおよそ1万人に達し，1801年までにはおよそ3万5000人になった．1820年代，ジョン・ナッシュ設計のセント・メアリ・ハガートン教会が造られたが，第二次世界大戦で破壊された．1831年までに，人口は6万9000人，1851年までに10万9000人になった．1965年にショーディッチはハックニー地区と合併した．ここの昔の有名な住人に，シェイクスピアとともにシアター座で活躍した俳優リチャード・バーベッジがいた．近くに地下鉄オールド・ストリート駅がある．

Sidcup

シドカップ　DA14, DA15

　大ロンドン南東端の地区．歴史上は13世紀の中頃からの記録がある．1781年にロンドンへの通路にターンパイクが設けられ，ロンドン最初の郊外となった．もとはサクソン人の荘園であったフッツ・クレイの教区に属していたが，19世紀になってベクスリー（→Bexley）やチズルハースト（→Chislehurst）の地区へも拡大した．19世紀の中頃に鉄道が敷設され，20世紀初頭に電化されるに及んで，シドカップ地区は南北にわたって，その農園や森林地帯に，低価格のテラス・ハウスや山小屋風の家屋が建てられるようになって，古いシドカップはその姿を一新した．現在ではフラット群やメゾネットという2層以上の共同住宅地区に変わりつつあるが，山小屋風の家屋は依然として人気が高い．1743年に誕生したシドカップ・プレイスに昔の面影が残っている．周囲は緑に恵まれ，スポーツ施設や公園として開放されている．鉄道シドカップ駅がある．

Silver Vaults

シルヴァー・ヴォールツ

Chancery Lane, WC2

　銀製品の美術工芸品を商う場所．イギリス最大の規模を誇る銀市場である．「ヴォールト」とは「地下金庫」のことである．ホーボーン地区のチャンセリー・ハウス53-64番地の地下にあって，地下鉄チャンセリー・レイン駅に近い．

　シルヴァー・ヴォールツは，1885年チャンセリー・レインのセイフ・デポジット・カンパニーから始まった．そして1953年に，現在の場所に移った．ここでは40ほどの業者が150区画を賃貸しており，そのうち50区画は店舗で，あとは作業所か金庫であるが，各区画のスペースはたいへん狭い．しかし，ここの貴金属金庫は非常に頑丈で建物についても防犯設備は完備している．

Simpson
→DAKS-Simpson Ltd

Simpson's-in-the-Strand

シンプソンズ・イン・ザ・ストランド

Strand, WC2

　サヴォイ・グループに属する高級レストラン．英国料理の代表，ロースト・ビーフで知られる．スモーク・サーモン，キドニー・プディングなど伝統料理も各種そろえている．1848年，仕出し屋だったジョン・シンプソンとライスが喫茶室と食堂を兼ねたシンプソンズ・ディヴァン・アンド・タヴァンの店名で開業した．有名な料理人アレックス・ソイヤーの指導で，当初から客の目の前でワゴンの上の肉を切り分けて給仕するサーヴィスを行なった．この給仕の仕方は店の伝統として今でも1階のレスト

ラン，グランド・ディヴァンで続けられている．レストランの内部は磨かれた木の壁にプラスター仕上げの天井という古典的な内装で，パネルでいくつもの小部屋に仕切られている．『瀕死の探偵』ではシャーロック・ホームズが常連客として登場する．

1900年，ストランドの拡幅のため閉店したが，4年後サヴォイ・グループの一員として新装開店した．紳士たちの昼食時のたまり場となって大いに賑わった．女性客のために別室が設けられているのは，保守的なクラブの雰囲気が強いからだろう．しかし一方では1994年から朝食を供するようになった．伝統的なイングリッシュ・ブレックファストは好評で，多くの常連がいる．2階にはレストラン，シンプリ・シンプソンズとナイト・バーがある．地下鉄チェアリング・クロス駅に近い．

Sion College
サイオン・コレッジ

Victoria Embankment, EC4

英国国教会の聖職者協会．名称にCollegeとあるが，教育機関ではなく聖職者の福祉のための団体で，神学関係の書物を中心とする図書館があることで知られる．1624年にトマス・ホワイト博士の遺言により設立された．ホワイト博士はフリート・ストリートの北側にあるセント・ダンスタン・イン・ザ・ウェスト教会の主任司祭であった人で，ロンドンおよび近辺の聖職者のための協会と20人の貧しい男女のための救貧院を設立するようにと，3000ポンドを遺した．1630年に勅許が下り，ロンドン・ウォール内に買い入れてあった土地に，教会の建物と救貧院とが1631年に建てられた．

図書館のことはホワイト博士の遺言にはなかったが，遺言執行人のひとりであるジョン・シンプソン師の示唆により，健全なる学問を奨励するために加えられた．図書館は数人の慈善事業家の寄贈した蔵書をもとに始まり，17世紀半ばにはセント・ポール大聖堂図書館の蔵書が加わった．その図書は，1666年のロンドン大火の際に協会の建物とともに焼失してしまったとされる．図書館の再建には3400ポンド以上の費用を要したが，サミュエル・ピープスらの寄せた義援金が役立ち，1678年に再建された．図書館は救貧院の上階にあったため，階下で失火すると類焼の危険があるとして，救貧院は1845年に移転した．

1884年にはこの建物は売却されて，ヴィクトリア・エンバンクメントの東端近くに新しい建物が建設されることになり，1886年に完成した．この新館はアーサー・ブロムフィールド設計のゴシック様式であった．第二次世界大戦中ドイツ軍の空襲により，建物と数多くの図書が損害をこうむったが，貴重本のほとんどが移動してあって被災をまぬかれた．図書館は現在約10万冊を蔵し，その中には30冊以上の中世の写本が含まれている．

Sir John Cass's Foundation
サー・ジョン・カス教育財団

Duke's Place, EC3

地下鉄オールドゲート駅近くのデュークス・プレイスにある学校．1669年，現在地の北側のハウンズディッチ通りに，ザッチャリー・クロフトンがサー・サミュエル・スタンプの資金援助を受けて，少年40名，少女30名の教育機関を設立したことに始まる．

1710年にシティの参事会員であったサー・ジョン・カスが，多くの資金を提供することに同意したが，その書類に署名する直前に急死したため，学校は1738年に閉鎖された．その10年後，やっと裁判所がサー・ジョン・カスの資金の使用を認めたので，学校は再開された．

1869年に学校はすぐ南のジュアリー・ストリートに引越した．その後，カスの基金に余裕ができたので，新たに工業学校が創設された．1908年に小学校と中学校がデュークス・プレイスに移転．1902年には工業学校もここに移転した．これが後にサー・ジョン・カス・コレッジとなり，1970年に，のちに大学に昇格するシティ・オヴ・ロンドン・ポリテクニックと合併した．

Skinners' Hall
毛皮商同業組合会館
Dowgate Hill, EC4

　毛皮商人は，中世の社会にあっては特権階級的な存在であった．たとえば，エドワード三世の時代には，毛皮の着用は王族と貴族のほかには，教会に100ポンド以上の寄付をした者に限るという法令が定められていた．今日，裁判官や市長といった要人たちの儀式用ローブについている毛皮は，そのころの名残りである．1327年リチャード二世によって授けられた勅許によって，毛皮商人は聖体祝日に祝祭行列を行なう特権が認められるようになった．これは，小規模ながらいまもなおつづいている．もうひとつ古来のしきたりとして，親方（マスター）の選出がある．組合員に帽子をまわし，サイズがぴったり合った者が次期親方に選ばれるのだが，ぴったり合うのは決まって主任監督だということである．15世紀ころに格づけ順位が定められたとき，毛皮商同業組合は洋服商同業組合（→Merchant Taylors' Hall）の下につくことを断固として拒んだ．今日でも両同業組合が1年交替で6位と7位になるのは，そのためである．

　毛皮商同業組合会館の所在地は1380年代以来，変わっていない．一時期チャールズ一世によって同業組合の財産が没収されたり，1666年に会館がロンドン大火で焼け落ちたりしたが，1672年には完全に復旧した．以後2世紀のあいだ，多くの改修が加えられた．1941年と44年の2回にわたって空爆を受けたが，その後イタリア風のファサードと内部などが18世紀の姿に復元された．

→City Livery Companies

Slade School of Fine Art
スレイド美術スクール
University College London, Gower Street, WC1

　ロンドン大学ユニヴァーシティ・コレッジの美術の研究教育機関．1868年に死亡したフェリックス・スレイドは，オックスフォード，ケンブリッジ，ロンドンの各大学に美術の講座を遺贈した．ユニヴァーシティ・コレッジは，これをもとにさらに募金活動をして，スレイド美術スクールを設立して，1871年に開校した．歴代の教授陣にはサー・エドワード・ポインター，バーナード・コーエンなど錚々たる人物が名をつらね，また卒業生にはW.R.シッカート，オーガスタス・ジョン，ウィリアム・オーペン，スタンリー・スペンサーなど19世紀後半から20世紀にかけて活躍した高名な画家が多い．

　1893年には彫刻のコースが設けられ，ハーヴァード・トマスやレッグ・バトラーなどがここで教鞭をとった．1960年に映画のコースも設置されたが，これは1970年代末に廃止された．

Sloane Rangers
スローン・レンジャー

　1960年代，70年代を中心に伝統的な装いのうちにも新しい流行を採り入れた，イギリスの上流および中流階級の若者たちのこと．彼らは好んでスローン・スクエアから北に走るスローン・ストリートの界隈をぶらついていたので，その名がつけられた．スローン・ストリートとキングズ・ロードとの交差点に，スローン・スクエアがある．ここにはまた，地下鉄スローン・スクエア駅があり，交通には便利なところである．このスローン・レンジャーとは，アメリカ西部の治安のために活躍するラジオ・テレビ・映画などの主人公として人気のあるローン・レンジャー（Lone Ranger）とスローン・スクエアの合成語といわれている．

　スローン・レンジャーを自負する青年はフーレイ・ヘンリーズ（Hooray Henrys），女子はフーレイ・ヘンリエッタズ（Hooray Henriettas）と呼ばれる．とくに旧家・良家の娘たちが独特のイギリス的な落ち着いたファッションを作り出し，それが流行することもある．その代表格は，故ダイアナ元皇太子妃だといわれている．

Sloane Square
スローン・スクエア　SW1

同名の地下鉄の駅を一角にもつ，チェルシー地区にある広場．チェルシーの発展に大きく貢献した医師ハンス・スローンの名にちなんでいる．地下鉄駅から徒歩で約20分ほどのところに，彼が1673年創設した薬草園があり，いまは植物園・植物研究開発センターとなっている．園内には彼の像が立っている．

16世紀にはテムズ河畔の漁村であったこの地に，ヘンリー八世が居を構えて以来，著名な科学者，作家，芸術家などが住む地となった．とくに19世紀には多くの文化人が住んでいたことで有名なチェルシーの住宅街が南西部に広がっている．

今日では，このスローン・スクエアから北にナイツブリッジ駅までスローン・ストリート（→Sloane Street），南西にキングズ・ロード（→King's Road）が延びるファッション商業地区となっている．1960年代，1970年代には，マリー・クァントの店がキングズ・ロードにオープンし，ミニ・スカートの流行とともに，スローン・レインジャーズ（→Sloane Rangers）といわれる富裕な上流階級の若者たちが集まる場所となった．最近では，これらパンクや若者の姿も数少なくなった．

林立する建物群と混雑する交通のなか，広場にはプラタナスの木に囲まれた噴水と両世界大戦の戦没者記念碑がある．

スクエア付近には「ロイヤル」の名のついた建物が多く見られる．フリンジ劇場の代表的存在であるロイヤル・コート劇場（→Royal Court Theatre）もそのひとつ．以前は前衛劇場で知られていた．G. B. ショーの作品がここで初演されたり，ジョン・オズボーンをはじめとする戦後イギリス演劇の黄金時代を築いた多数の劇作家や演出家を輩出した．ベスト・コメディ賞を受賞したキャリル・チャーチルもこの劇場出である．

広場の西端にはデパート，ピーター・ジョーンズがある．1936-39年に建てられたもの．

Sloane Street
スローン・ストリート　SW1

スローン・スクエアから北にナイツブリッジまで伸びる全長1000メートルほどの道路．道路の両側はスローン家とカドガン家の所有地だったが，18世紀の後半に両家が姻戚関係を結んだことにより，私有地エステートが誕生した．この頃からこの地域の開発が始まり，親族の名を冠した通りやスクエアなどが増え，現在15ほどを数える．

スローン・ストリートの開通は1780年，その後19世紀後半に大改装が行われて面目を一新した．カルティエ，プラダ，ルイ・ヴィトン，グッチなど世界的に有名な高級ブランドが店を構え，ボンド・ストリートと並ぶ高級ショッピング通りとなっている．北端のデパート，ハーヴェイ・ニコルズは若者のファッションに敏感で，個性的な品揃えが人気をよび，今ではロンドンの名店のひとつに数えられるまでになった．その最上階には回転寿司が登場した．通りの中ほどにハイアット・カールトン・タワーとカドガン・シスル・ホテルがある．近くにはデンマーク大使館やペルー大使館がある．7歳のエドガー・アラン・ポー少年が通った小学校は道路の東側にあった．18世紀の作家のミセス・インチボールドなど，ここに住んだ著名人の名を刻んだ記念銘板（→Blue Plaques）が目立つのもこの通りの特徴である．

Smithfield Market
スミスフィールド・マーケット
West Smithfield, EC1

4ヘクタールを超える敷地をもつロンドン随一の卸売り食肉市場．その名は「草でおおわれた平坦な広場」の「スムース・フィールド」がなまったもの．中世のころすでに家畜市場として，馬，羊，豚，牛が扱われていた．この広場はシティに近く便利なため，しばしばほかの目的に利用された．たとえば，1123年以来，ここで8月の3日間バーソロミュー定期市（→Bartholomew Fair）が開催され，1855年まで続いた．また，馬上槍試合その他のスポーツも繰り返し催された．1381年，農民一揆（→Peasants' Revolt）の首謀者ワット・タイラーは，リチャード二世との会見のためここに来て，当時のロンドン市長に刺殺された．

また，この広場はヘンリー四世の時代にタイバーン（→Tyburn）に移るまで処刑場として使われ，異教徒や魔女とされた者が数多く処刑された．16世紀のメアリー世の治世には200名以上の殉教者が火あぶりの刑に処せられた．さらに，17世紀初頭まで決闘場として悪評がたったので，1615年，舗装したり柵をめぐらしたりして秩序維持に努めた．

ロンドン市が勅令により正式に家畜市場を創設したのは1638年．以後1855年にイズリントンに移るまで続く．チャールズ・ディケンズは『オリヴァ・トゥイスト』の中で市の立つ朝の喧騒を克明に描いている．

1855年に家畜市場がイズリントンのコペンハーゲン・フィールズに移されると，スミスフィールド・マーケットは1868年からロンドン中央食肉市場として発足．これを機に小売市場も併設．新しい建物は水晶宮をモデルとして，鉄骨とガラスからなるアーケード，中央は赤煉瓦，側面に塔と丸屋根を配し，30か所の出入口があった．また，スミスフィールドと主要な鉄道駅とが結ばれ，各地からの家畜の運送も便利になった．現在ここで働く人数3000人，年商35万トンの食肉が売買されている．取引きは早朝に始まり，午前中に終了，月曜日，水曜日，木曜日に集中する．通称ウェスト・スミスフィールド．地下鉄バービカン駅に近い．

→Markets

Smith Square
スミス・スクエア　SW1

ランベス・ブリッジの北詰め，ミルバンク通り沿いにある広場．

1726年に造られ，地主のヘンリー・スミスにちなんで名づけられた．北側に初期ジョージ朝風の煉瓦造り，テラス・ハウスが少数ながら残っている．スクエア沿いの32番地には保守党・統一派の中央事務局があり，4番地には，1987年に改変された社会自由民主党本部がある．

かつてこの広場の中心となっていたセント・ジョン・ジ・エヴァンジェリスト教会は1941年の爆撃で破壊されたが，1963-69年に改築されて，現在ではセント・ジョンズ・コンサート・ホールになっている．そのコンサートはとくにバロック音楽と教会音楽が有名で，BBCラジオ3で放送されることもある．また，ホール内のレストランではランチタイム・コンサートも開かれる．

Smyrna Coffee House
スマーナ・コーヒー店

1702年にペル・メルに創設され，政治論争の場として名をはせたコーヒー店．諷刺家のスウィフトや詩人のマシュー・プライアーが常連で，のちにはボズウェルもよく訪れた．『スペクテーター』によれば，ペル・メルのスマーナとセント・ジェイムジズ・コーヒー店（→St James's Coffee House）は政治談議でいつもにぎわっているが，ギャラウェイズ（→Garraway's Coffee House）は午前，ウィルズ（→Will's Coffee House）では正午ごろ，そしてスマーナでは午後に，政治上の風説を流すピーターという人物が必ず現われたという．小説家のオリヴァー・ゴールドスミスによれば，イングランド西部の温泉保養地バースの管理で羽振りをきかせた伊達男のボー・ナッシュは，毎日スマーナの店先でそこを通りかかった王室関係の者と会釈をかわすのを得意にしていたという．

Soane's Museum
ソーンズ・ミュージアム

Lincoln's Inn Fields, WC2

緑多いリンカーンズ・イン・フィールドの北面に位置する，なんの変哲もない3階建ての建物だが，一歩足を館内に踏み入れると，収集の多様なこと，一見無造作と見える展示など，ユニークな博物館である．19世紀の建築界の大立者，サー・ジョン・ソーン（イングランド銀行の設計を手がけた）はみずからの収集品を，それ自体文化財としての価値がある彼の住まいとともに，1837年一切の変更をしない約束で国に遺贈した．絵画展示室では展示スペースを大きくするため壁面が二重になっ

ソーンズ・ミュージアムの内部

ていて，観音開きになるパネルの奥に別な絵が現われてくる仕組みである．クリストファー・レンのスケッチ帖，ホガースの《放蕩一代記》，《選挙》の連作絵画，エジプト王セティー一世の石棺，建築家アダム兄弟の9000点におよぶ設計図面など貴重なコレクションを蔵する．

Sobell Sports Centre
ソーベル・スポーツ・センター
Hornsey Road, N7

ロンドンの北郊ホーンジー・ロードにある1973年開設の総合スポーツ・センター．

ここには，アイススケート場，スカッシュテニス場，バドミントン・コート，バレーボール・コート，卓球場，柔道場，ビリヤード台，ウエイトリフティング練習場などのほか，サウナの設備もある．ときどきパントマイムやダンス教室も開かれる．建物は，ここの住民だったマイケル・ソーベルによって寄贈されたもの．

Society for Promoting Christian Knowledge
キリスト教知識普及協会
Holy Trinity Church, Marylebone Road, NW1

文字どおりキリスト教の知識を普及させるための団体で，1698年に国の内外にキリスト教を広め民衆を啓発するために設立された．SPCKと略される．現在は，イギリス国内におけるキリスト教関係の書物の出版と販売，ならびに海外における布教活動の支援を主な業務としている．

この協会の運営は，すべて寄付によってまかなわれている．当初，協会本部はノーサンバーランド・アヴェニューにあったが，1956年に現在地に引越し，キリスト教関係の本の販売所としてだけでなく，協会の重要な活動の中心となっている．

Society for Protection of Ancient Buildings
古建築物保存協会
Spital Square, E1

教会その他の歴史的意義のある建造物をなるべく原形のまま保存しようとする団体．リヴァプール・ストリート駅の北東，スピタル・スクエアにある．協会は，1877年にウィリアム・モリスによって始められた．モリスは，ハムステッドのセント・ジョン教会の塔の建て直しに抗議をしていた．またバーフォード教会の取り壊しを目撃したことなどが契機となって，1877年3月，評論誌『アシニーアム』において，鋭い論調で古い建物の保護を訴えた．これが契機となって，協会が設立された．最初の委員会には，トマス・カーライル，ジェイムズ・ブライス，レズリー・スティーヴン，ホルマン・ハント，バーン＝ジョーンズなど多くの著名人が集まった．目的は古い教会を破壊から守るだけではなく，中世の漆喰塗りを壁から剥ぎ取るのを阻止することも含まれた．

ウィリアム・モリスの生涯の友人で建築家のフィリップ・ウェッブは協会設立委員のひとりで，彼は保護対象の建物を教会以外にもひろ

げ，まもなく放置されたり取り壊しの危険に
さらされている歴史的価値のあるあらゆる建
造物の保護と補修が，この協会の役割になっ
た．そのためウェッブは建物の保全を専門と
する建築技術者の養成にも力を注ぎ，のちに
その仕事をウィリアム・リチャード・レサビーが
引き継いだ．

この協会は，その後につづく保護団体の原
型になり，イギリス国内だけではなく，世界
中の人々に，文化遺産としての建築物を守り
続けることの必要性を認めさせるのに多大の
貢献をした．

1877年にモリスが会長となり，最初はク
イーン・スクエア26番地の彼の家に本部が置か
れたが，その後移転をくりかえし，現在の場
所に落ち着いたのは1983年である．

Society of Antiquaries of London
ロンドン古物研究家協会

Burlington House, Piccadilly, W1

古物の収集と研究に従事する人たちの協
会．設立は1707年．当初，ストランド街のベ
ア・タヴァンというパブで，毎週会合をもって
いたが，やがてフリート・ストリートのパブで
も集まりをするようになった．協会の議事録
は，1717年以来途絶えることなく今日まで続
いている．

1751年に協会は王室の勅許を得た．53年に
フリート・ストリートからチャンセリー・レイン
に移り，81年にはストランド街のサマセット・
ハウスに本部を移した．協会は19世紀末現在
のバーリントン・ハウスに移転した．

1919年にこの協会の手によってストーンヘ
ンジの調査研究が始められたことはよく知ら
れている．同協会の図書館には13万冊もの本
と定期刊行物が保管されている．エリザベス
女王がこの協会の後援者で，4人の王室関係
者と60人の名誉会員がおり，2000人におよぶ
一般会員がいる．1921年に初めて女性会員が
誕生し，1959年にはドクター・ジョーン・エヴァ
ンズが初の女性会長になった．

Society of Authors
著作者協会

Drayton Gardens, SW10

著作者の利益と著作権の保護を目的とし
て，1884年にウォルター・ベザントによって設
立された．

G.B.ショー，トマス・ハーディ，H.G.ウェル
ズなどのほか，キャサリン・マンスフィールド，
E.M.フォースター，ジョン・ゴールズワージー，
ジェイムズ・バリなどの著名な作家が，この協
会の活動を支援した．季刊『ジ・オーサー』は
会報誌．サマセット・モーム賞を含む多くの文
学賞の選考母体でもある．

Soho
ソーホー　W1

ピカディリー・サーカスとレスター・スクエア
の北に広がる地域．オックスフォードシャー州
アビンドンの修道院長とレスターシャー州の病
院長が地主であった中世にはまだ農地であっ
た．当時セント・ジャイルズ・フィールドとして
知られた土地は，1536年にヘンリー八世の所
有地となり，その後ニューポート伯爵やレス
ター伯爵をはじめとする貴族たちの所有地や
借地となり，狩猟がここで行なわれた．地名
は，狩りでの合図のかけ声が「ソー・ホー」で
あり，「ソー・ホー」という名の宿屋もあった
ことに由来するといわれる．レスター・ハウス
（→Leicester House）やニューポート・ハウスな
ど立派な邸宅がいくつも建てられたが，その
ひとつモンマス・ハウスには謀反罪で処刑さ
れるまで3年間チャールズ二世の庶子モンマス
公爵が住んだ．セッジムアの戦いの際のモン
マス公側の合言葉は「ソー・ホー」であったと
いう．

17世紀後半に，オスマン・トルコから亡命し
てきたギリシア人や，ナントの勅令の廃止で
フランスから避難してきたユグノーが，いま
のグリーク・ストリート（→Greek Street）やベ
リック・ストリート（→Berwick Street）に住み
着いた．18世紀前半にはすでに，ソーホーは
さまざまな国籍の外国人が住む国際色豊かな
地区であった．カナレット，カサノヴァ，
モーツァルト，マルクスやエンゲルスなどもこ

こに居留した．また18世紀半ばから，かつては貴族階級の住居があったディーン・ストリート（→Dean Street），フリス・ストリート（→Frith Street），ジェラード・ストリート（→Gerrard Street）といった通りやソーホー・スクエア（→Soho Square）などが，徐々に芸術家の集まる区域となっていった．19世紀に入ってソーホーの人口は急増し，狭い共同住宅が建設された．1854年にコレラが蔓延し有産階級がこの地区を去ると，劇場やミュージック・ホールが並ぶ歓楽街となり，売春婦の数も増加した．1871年のパリ・コミューンで再びフランスからの移住者が増え，のちの2つの世界大戦中はヨーロッパ諸国からの亡命者がソーホーに集まった．戦後，ソーホーの住民数は減少したが，その一方で中国人やベンガル人の移民は増えつづけた．ジェラード・ストリートは，いまではチャイナタウンとして知られる．

今日のソーホーは，ソーホー・スクエアやウォーダー・ストリート（→Wardour Street）を中心にスタジオ，プロダクション，楽器店などが並ぶオーディオ・ビジュアルの街となっている．また，ベリック・ストリートには18世紀から続く市が立つ．当局の規制で一時に比べ，ストリップ劇場やポルノ・ショップが減ったソーホーは，映画館や劇場，立ち並ぶ各国料理のレストランに来る客で相変わらず活気にあふれている．

彫刻家ジョーゼフ・ノレケンズ，小説家トマス・ホルクロフト，詩人ウィリアム・ブレイクはソーホー生まれ．詩人ジョン・ドライデン，評論家ウィリアム・ハズリットはソーホーで死去．このほか，詩人ウィリアム・コリンズ，画家

―――[ロンドン・ア・ラ・カルト]―――

フィッシュ・アンド・チップス

　一般に Fish and Chips という名で知られるこの食べ物は，イギリスの庶民の手軽な料理として昔から親しまれている．ロンドンをはじめイギリス全土の町々には，かならずといってよいほどこの食べ物を売る小さな店が見られるが，その起源となると定かではない．『オックスフォード英語辞典』によると，この食べ物の名は1876年に初めて『リスナー』誌に登場したことになっていて，これから推測すると，この食べ物は早くも19世紀のイギリス庶民の味覚を奮い立たせていたらしい．

　主材料の魚は北海沿岸の漁港で陸揚げされたタラやヒラメの類いで，それらの皮を剥いで塩や卵を混ぜない生のままの練り粉を薄くかぶせて，牛肉用の油で揚げる．植物油やラードを使わないのは，魚の味を動物肉に近づける工夫でもある．チップスのほうはジャガイモを厚く長く切ったもの．家に持ち帰ったり，外で食べる場合は新聞紙やざら紙にくるんでくれるが，客は酢や塩を振りかけたり，マスタードをつけて食する．ほかに，やわらかく煮た青えんどうを加える場合もある．また，店では油揚げのチキン類も売っている．

　フィッシュ・アンド・チップスはあいかわらず手軽な庶民の食べ物ではあるが，町のレストランの立派なメニューのひとつにもなっている．かなり高級なレストランでもメニューのひとつに加えているところもあり，大きなプレートにフィッシュ・アンド・チップス，ビーンズと輪切りの人参がつき，そばにブレッド・アンド・バターがあれば，見栄えのいいディナー料理となる．

　ちなみに，このほかのイギリス料理で珍しいのはウナギのゼリー寄せ．塩ゆでの太いウナギのぶつ切りをゼリーで寄せたもの．酢をかけて食べる庶民向けの料理のひとつで，観光地で見られる．

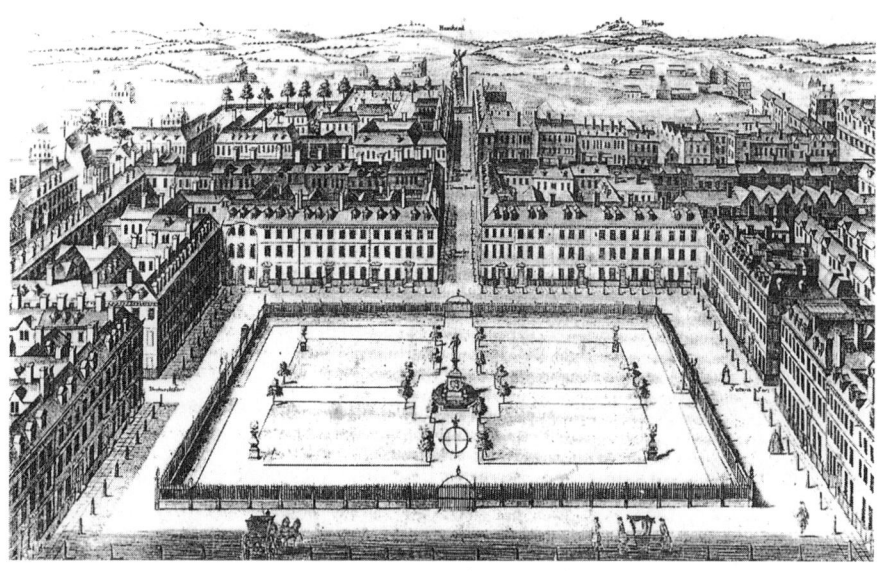

ソーホー・スクエア（18世紀前半）

ジョシュア・レノルズ，女優セアラ・シドンズ，家具製作者トマス・シェラトンなどがソーホーの住民として名を連ねる．トマス・ド・クィンシーが売春婦アンの世話になって若い日々を過ごしたのもソーホーであった．

Soho Academy
ソーホー・アカデミー

　1717年，ソーホー・スクエア（→ Soho Square）1番地にマーティン・クレアが創設した全寮制の男子校．1725年に同スクエアの8番地に移転した．現存せず．当時有名だった寄宿学校のひとつで，とくに芸術関係の教育がすぐれていた．この学校の男子生徒によって演じられるシェイクスピア劇は評判が高く，俳優として成功した生徒も少なくなかった．

　画家としてはトマス・ローランドソンやJ.M.W.ターナーがここで学んだ．ユーストン駅の柱廊玄関の設計で知られるフィリップ・ハードウィック，急進的政治思想家であり言語学者でもあったジョン・ホーン・トゥックもソーホー・アカデミーの卒業生である．また，政治家エドマンド・バークや伝記作家ジェイムズ・ボズウェルは，息子たちをここで学ばせた．19世紀に入ってまもなく，この学校は廃校になった．

Soho Square
ソーホー・スクエア　W1

　広場の起源は17世紀後半の王政復古期にさかのぼる，由緒ある広場のひとつであるとともに，ロンドンの歴史的変遷を映す土地でもあった．このあたり一帯は，ヘンリー八世時代に国王の所有に帰し，当時王宮のあったセント・ジェイムジズ・パレス（→ St James's Palace）に接したレクリエーション，狩猟地として利用された．ソーホーという地名は，狩猟で獲物を狩りだす際の叫び声に由来するといわれ，それが広場の名称にもなったとされる．

　17世紀のピューリタン革命前夜，チャールズ一世は，このあたり一帯を，王妃ヘンリエッタ・マライアに婚資として与えた．王政復古後，処刑された父を継いで王位に返り咲いたチャールズ二世は，セント・ジェイムジズ・スクエア（→ St James's Square）の開発によってロンドン市街地開発の歴史に名を残すセント・オールバンズ伯爵ことヘンリー・ジャーミンに

この土地を与えた．オールバンズによる開発は1680年代に始まるが，その背後には，この界隈で進みだした小規模乱開発が，宮殿の美観，衛生状態などに悪影響を及ぼす危険を国王が危惧し，優良高級住居街の開発を奨励したといういきさつがあった．

広場の南側には，チャールズ二世の庶子モンマス公爵の豪邸が建設されたこともあって，多くの宮廷貴族や地方地主貴族の居宅が集まった．モンマス公は，チャールズ二世の弟でカトリックの国王として国民の猜疑と懸念の的だったジェイムズ二世に対する反乱を指揮して敗れたが，このときの戦いの合い言葉に「ソー・ホー」(So-ho!)が使われ，それが広場の名称の起源になったという説も古くからある．

17世紀末から18世紀初頭にかけては，「キングズ・スクエア」と呼ばれることが多かったが，これが広場に設置されていたとされるチャールズ二世の記念像にちなんだ名称とも，開発業者の名前に由来するともいわれ，はっきりしない．18世紀後半に入って，ほかの地域で進んだ市街地開発との競争におされ，貴族住民は徐々に広場から姿を消した．これに代わって，各国の駐英外交官がめだつようになり，18世紀末以降，医者や法律家などの高級専門職に就く家族や国会議員などが増加した．しかしヴィクトリア朝の進展とともに，それも徐々に減少し，1850年に出版された『ロンドン便覧』は，「30年前までは良家の住民に恵まれていた」と過去形で評価するようになる．これと並行して，居住広場としての性格も希薄になり，楽器メーカー，書籍・出版社などのオフィスや学校，教会，集会施設などへの転用，建て替えも進んだ．宮廷貴族の住居地として始まった広場は，余暇，資産，教養と社会的自信に満ちたヴィクトリア朝中産階級の活動拠点に変貌する．

その後さらに進んだ20世紀の大衆化による変貌を最もよく象徴するのは，1930年代半ば，この広場に高層の近代ビルを建設した映画会社20世紀フォックスの到来だが，それも映画がテレビにおされ，斜陽化するまでのこ

とだった．歴代の著名な住民には，モンマス公爵以外に，シティの市長を務め，貴族に対する愛憎半ばする過激な政治的言動でも知られる富裕な商人ウィリアム・ベックフォード，その息子としてこの広場で生まれ，注目すべき文学作品とともに，風変わりで金のかかった田園邸宅フォントヒルを残した同名のウィリアム・ベックフォード，同じく富裕な金融家に生まれ，資産を植物学者としての研究・活動につぎ込んだサー・ジョーゼフ・バンクスなどが挙げられる．

Somerset Coffee House
サマセット・コーヒー店

ジェイムズ・ボズウェルがジョンソン博士とよく通ったストランドにあったコーヒー店．1769年から72年にかけて，『パブリック・アドヴァタイザー』に匿名でジョージ三世とその内閣を非難した一連の手紙「ジュニアス・レターズ」がときどきこのコーヒー店の給仕に預けられたことで有名になった．ボズウェルの『ジョンソン伝』(1771)によれば，ジョンソン博士は国家権力に対して挑戦してきたこの驕慢な人物を強く非難したという．1838年にはホテルに変身した．

Somerset House
サマセット・ハウス
Strand, WC2

テムズ川の北岸，ウォータールー橋のたもとに立つ宏壮な建物．サマセット・ハウスの名は，ヘンリー八世3番目の妃ジェイン・シーモアの兄で，病弱で幼いエドワード六世の摂政を務めたサマセット公爵に由来する．

自邸の建築に際して公爵は，セント・メアリ・ル・ストランド教会，チェスター，ウースター両司教管区内の宿舎，それに隣接する法学院ストランド・インを次々に取り壊し，またクラークンウェルにあったホスピタル騎士団修道院やセント・ポール大聖堂北側にあった大修道院などを解体して石材を集めさせた．(ウェストミンスターのセント・マーガレットだけは，教区民たちの必死の抵抗によって難を

逃れたという.）1547年に着工された建物は，1552年に公爵が反乱の罪で処刑されたとき，まだ完成していなかった．建物は国王に没収されて，ダラム・ハウス（→Durham House）と引き換えにエリザベス王女（のちのエリザベス一世）に与えられた．即位後女王がこの邸宅を使うことはあまりなく，外国の要人や女王の近親者などが利用したほか，幾度か枢密院の会議に使われただけだった．

ステュアート朝に入ると王妃の住居として，ジェイムズ一世妃デンマークのアン，チャールズ一世妃ヘンリエッタ・マライア，チャールズ二世妃ブラガンザのキャサリンが使用した．アンが住んでいた時はデンマーク・ハウスと呼ばれた．共和制時代には，邸宅は議会軍司令官トマス・フェアファックスの住居および軍の司令部となった．

1652年に建築家イニゴー・ジョーンズがここで死去した．1658年9月にはオリヴァー・クロムウェルの遺体が安置された．キャサリン妃以来定住者をもたなかったサマセット・ハウスにジョージ三世妃シャーロットは興味を示したが，結局，彼女は王が購入したバッキンガム・ハウス（→Buckingham House）に居を定めた．

1775年建物は取り壊されて，翌年から現在のサマセット・ハウスの建設が始まった．設計者はサー・ウィリアム・チェンバーズで，装飾の一部を除いて10年後にほぼ完成した．1829年から35年にロバート・スマークの設計で東翼が増築され，キングズ・コレッジ（→King's College London）が入った．西翼（1856）はジェイムズ・ペネソーンの設計．ヴィクトリア・エンバンクメントの敷設前は，増築部分を含め240メートルに及ぶ連続アーチがテムズ川に面していた．広大な中庭にはジョン・ベーコン作のジョージ三世の銅像（1788）が中央に立つ．

この新しいサマセット・ハウスは，当時最大の省庁ビルとなった．北棟には，王立美術院（→Royal Academy of Arts）が1771年から1836年まで，王立協会（→Royal Society）が1780年から1857年まで，ロンドン古物収集家協会（→Society of Antiquaries of London）が1781年から1873年まで入っていた．各扉の上にこれら学術団体の名をいまも見ることができる．また海軍省や印紙局も入っていた．今日では，国税庁，遺言登録所に加え，1989年から北棟にコートールド美術館（→Courtauld Institute Galleries）が入っている．1997年，ここに長らくあった戸籍登記センター（Family Record Centre）がミドルトン・ストリートに移転した．また南棟にはヨーロッパの宝飾美術品を収集したギルバート・コレクションが2000年に開館した．テムズ川に面した噴水のある中庭が一般に公開されている．

Somers Town
サマーズ・タウン　NW1

セント・パンクラス駅とユーストン駅にはさまれた地域．北にクラウンデイル・ロード，南にユーストン・ロードがある．中世のセント・パンクラス・チャーチ教区にあった荘園のうちのひとつは，現サマーズ・タウンの南西部にあった．18世紀末ごろまで野原でしかなかったが，この地域の東部は，初代サマーズ男爵（1697年，大法官）の子孫の所有地であった．オサルトン・ストリートとフェニックス・ロードとが交差するあたりにサマーズ家の所有で最も古い建物ブリル・ファームがあり，その近くに少なくとも17世紀からブリル・タヴァンが立っていた．

1757年に現ユーストン・ロードが建設されたため，サマーズ・タウンはブルームズベリー地区（→Bloomsbury）から切り離され，ロンドンのスプロル現象は牧草地だった土地に煉瓦工場やごみの山をもたらした．18世紀末，サマーズ男爵からブリル・ファームに土地を借りたフランス人ジャコブ・ルルーらが，ザ・ポリゴン（多角形）として知られる32世帯入る建物を建設した（→Polygon Road）．ウィリアム・ゴドウィンが29番地に住んでいた．1824年から27年にかけてチャールズ・ディケンズがサマーズ・タウンのジョンソン・ストリート（現クランリー・ストリート）29番地に住んでいたが，その後一時的にザ・ポリゴンの17番地に移り住んだ．そのころこの界隈は労働者が多く住む区域と

なっていた．また，フランス革命時に亡命してきた貧しいフランス人や，1823年に故国を脱出してきたスペインの進歩主義者たちの居留地区でもあった．

1824年にエヴァショルト・ストリートの工事が始まり，1837年にはユーストン駅が完成，翌38年にロンドン・バーミンガム鉄道が開通した．19世紀半ばのブリル・タヴァン周辺は，せまい路地に汚水と悪臭があふれるスラムと化していた．ミッドランド鉄道のセント・パンクラス駅の建設(1863-68)はスラム街を，ブリル・タヴァンも含めて一掃したが，住むところを失った貧困者はほかの場所に新たな人口過密区域をつくる結果となった．

1875年にロンドン禁酒病院(現国立禁酒病院，→National Temperance Hospital)がハムステッド・ロードに建てられ，1890年にはユーストン・ロードに新婦人科病院(現エリザベス・ガレット・アンダーソン病院)が建てられた．同じ1890年にザ・ポリゴンが取り壊された．だが，こうした改善策にもかかわらず「一掃してしまわねばならない区域」がまだ多いことも事実だった．

1906年，この地域における住宅計画の一環としてゴールディントン・ビルディングが建設された．1924年にはセント・パンクラス住宅改善委員会が設立され，1930年代にかけて多くのスラムが取り壊されて共同住宅が新しく建った．1960年代および70年代には，再開発計画により公園や大規模なアパートが造られた．また1998年4月，ミッドランド・ロードとユーストン・ロードとの角にある鉄道跡地に大英図書館(→British Library)が移転してきた．パンクラス・ロード沿いの教会墓地には，イングランド銀行の3人目の設計者ジョン・ソーンが眠っている．

Soseki Museum in London
ロンドン漱石記念館
The Chase, SW4

ロンドン留学中の夏目漱石に関する図書・資料を収集した博物館．市南部クラパム地区にある．ザ・チェイスは公有緑地クラパム・コモンとワンズワース・ロードを結んでいるゆる

──[ロンドン・ア・ラ・カルト]──

漱石のロンドン

夏目漱石が文部省(現文部科学省)から2年間の英国留学を命ぜられてロンドンに着いたのは，明治33(1900)年10月28日であった．漱石の作品からロンドンの印象をまとめてみよう．

日本なら菊の花が薫り紅葉狩りの季節だが，ロンドンはもうスモッグの到来．「句あるべくも花なき国の客となり」──空はどんよりとせまく，霧につつまれて，「空狭き都に住むや神無月」，「ロンドンは居ずらい所」(『永日小品』)というのは偽らざる告白であろう．

ロンドンっ子のチャールズ・ラムは，ロンドン名物の霧はオムレツ・スフレの味がすると言ったが，漱石にとっては「泥炭を溶いて濃く，目と口と鼻に逼って来る」スモッグは「軽い葛湯を呼吸する許りに」息が詰まるものであった．「表へ出ると二間許り先は見える．其の二間を行き尽すと又二間許り先が見えて来る．世の中が二間四方に縮まったかと思う」「足元は無論穴蔵の底を踏むと同然……どうしたら下宿へ帰れるかしらん．」

漱石はロンドンに着いて4日目にタワー・ブリッジ，ロンドン橋，ロンドン塔を見物に出かけている．漱石の『倫敦塔』はエインズワスの小説が背景となっているが，ビーフイーターと呼ばれる衛兵について漱石は独特のユーモラスで皮肉な印象を記している．「ビーフイーターと云ふと始終牛でも食って居る人の様に思はれるがそんなものではない．彼は倫敦塔の番人である．絹帽(シルクハット)を潰したような帽子を被って美術学校の生徒のような服を纏ふて居

やかな坂道で，記念館はこの通りの北端近くにある．地下鉄クラパム・コモン駅に近い．

夏目漱石は1901年7月20日，この記念館の斜め前81番地のリール家に下宿した．この地縁にちなみ，実業家であり漱石研究者である恒松郁生が建物を購入，1984年8月25日に記念館として開館した．記念館には漱石の作品のほか，留学中の書簡のコピー，漱石が読んだイギリスの定期刊行物，漱石全集，各国語訳漱石作品が陳列されている．

なお，漱石のロンドン最後の下宿となったザ・チェイス81番地の家に，2002年3月，記念の銘板がはめこまれた．

Sotheby's
サザビーズ

New Bond Street, W1

1744年創業の美術競売商．ロンドンで初版本などの稀覯書・古文書類を商う古書店を経営していたサミュエル・ベイカーが始めた．1767年，経営にジョージ・リーが加わると，ベイカーは社業から離れた．現社名は1776年から参画したベイカーの甥のジョン・サザビーによる．サザビー一族の経営は1861年で終わるが，20世紀10年代までサザビーは書籍競売商のままであった．

ボンド・ストリートに移転したころから本格的に古美術の競売に乗りだし，業界の一方の雄クリスティーズ（→Christie's）に積極的に挑戦した．以後，美術品をはじめ古書，古文書，古銭，貴金属，宝石装飾品など幅広い営業活動を世界的規模で展開している．

Southall
サウソール　UB1

大ロンドン西郊，ヒースロー空港の北東に位置する地域．サウソールの記録は9世紀にさかのぼる．1698年にロンドンで最初に勅許が与えられて馬の競売が行なわれたところである．現在は商工会議所になっている荘園の屋敷はおそくとも1587年には建造されており，いまでも16，17世紀の木造部分が残っている．

18世紀から19世紀にかけて，ロンドンは膨

る．頗る真面目な顔をして居るが，早く当番を済まして例の酒舖で一杯傾け……といふ人相である．」

しかし，「英国の歴史を煎じ詰めた」ようなこの塔の見物は1回に限ると断じている．

1901年の1月22日にヴィクトリア女王が亡くなった．2月2日の日記によれば，彼は女王の御大葬の行列を，ハイド・パークのパーク・レインで見物したらしい．「サスガノ大公園モ人間ニテ波ヲ打チツツアリ」，「園内ノ樹木皆人ノ実ヲ結ブ」と記されているが，それに近衛兵のかぶっている真黒なベア・スキンに驚いた．「熊の皮の帽を戴くは何といふ兵隊にや」と前書きして，「熊の皮の頭巾ゆゝしき警護兵」という句を虚子に送った．

ロンドンの家並みについては，「表へ出ると，広い通りが真直に前を貫いてゐる．試みに其の中央に立って見廻して見たら，眼に入る家は悉く四階で，又悉く同じ色であった．…今自分が出て来たのは果たしてどの家であるか，二三間行過ぎて，後戻りすると，もう分らない．不思議な町である．」と驚きをかくさない．

ところで漱石はロンドンっ子の歩きぶりに驚いている．「道を行くものは皆追ひ越して行く．女でさへ後れてはゐない．腰の後部でスカートを軽く撮んで，踵の高い靴が曲るかと思ふ位烈しく舗石を鳴らして急いで行く．よく見ると，何の顔も何の顔も切歯詰ってゐる．男は正面を見たなり，女は傍目も触らず，ひたすらにわが志す方へと一直線に走る丈である．」，「恰も往来は歩くに堪へん，戸外は居るに忍びん，一刻も早く屋根の下へ身を隠さなければ，生涯の恥辱である，かの如き態度である．」

1984年，クラパム・コモンにロンドン漱石記念館が開館した．

張を続けていた．初期の産業は煉瓦の製造であろう．煉瓦は近くを流れる運河グランド・ユニオン・カナルによって市内に運ばれた．次いで鉄道の登場があった．パディントンから西部への幹線にあったサウソール駅は1840年に開設され，まもなく2つの路線の重要な連絡駅となった．サウソールはやがて典型的なヴィクトリア朝のベッドタウンとなり，交通の便と労働力に恵まれ，商工業が盛んになるにつれて工場の建設が続いた．

初期の工場のひとつはマーガリンの製造工場であった．また，ロンドンのバスを製作したAEC工場は，この地に1926年から79年まで存在した．2つの世界大戦のあいだに，多くのアメリカの会社がサウソール界隈に近代的な新工場を建設した．その中のクウェイカー・オーツの工場は，いまでも存続している．

1950年代，ロンドンは急激な発展を遂げ，不足する労働力をアジア（とくにインド，パキスタン）に求めた会社もあった．これが異民族移住のきっかけとなり，以来サウソールはアジア人の大きな地域共同社会となった．いまではインド料理や食料品などの製造工場ができ，英国一のアジア人ショッピング・センターとして有名である．

サウソールは1936年以来，ロンドン市議会の自治区のひとつとなり，1965年にはイーリング自治区の一部に組み入れられた．

サウソールの東南にはオスタリー・パークがあり，高速自動車道M4のヘストン・サーヴィス・エリアも近く，ヒースロー空港はその2,3キロ西方にある．

Southampton House
サウサンプトン・ハウス

17世紀中葉に建てられた第四代サウサンプトン伯爵トマス・ロツリーの館であるが，現存しない．かつて，現在の大英博物館に近いブルームズベリー・スクエアの北側にあった．

チャールズ一世の筆頭顧問のひとりで，王政復古後には大蔵卿にも任ぜられた伯爵は世継ぎがないままに1667年に亡くなった．再婚した夫人は館を義理の娘レイチェルに委譲した．レイチェルは第五代ベドフォード伯爵の息子のひとりウィリアム・ラッセルの妻である．以後，その館はベドフォード一族に受け継がれ，1734年にベドフォード・ハウスと改名されたが，やがて1800年に取り壊されるに至った．

現在，すぐ近くのブルームズベリー・ウェイに立つセント・ジョージ教会には，当時の館のすばらしい木製の飾壁が残されている．19世紀に入って，館の敷地には新しい住宅が建てられたが，現在のベドフォード・プレイス通りやラッセル・スクエアの南端部分も，その館や庭で占められていた．

Southampton Row
サウサンプトン・ロウ　WC1

大英博物館の裏手にあたるラッセル・スクエアから南のハイ・ホーボーン通りまでつづく大通り．

車が行き交う騒々しい街路だが，その昔，若き日の詩人ウィリアム・クーパーがこの通りに住んでいた伯父の家を訪れては，法律の勉強などそっちのけで，従姉妹の子のひとりにひそかな恋心を燃え立たせていたという．また，アメリカの詩人E.A.ポーの家族も，19世紀の初頭，ポーがロンドンの寄宿学校にいたころ，しばしこの通りの83番地で暮らしていた．

この通りでめだつのは，セントラル・セント・マーティン美術・デザイン学校（→Central St Martin's College of Art and Design）で，19世紀に設立された2つの学校が合併して1989年に発足した美術・デザイン専門校．その隣は1963年設立のジーネッタ・コクラン劇場である．

Southampton Street
サウサンプトン・ストリート　WC2

コヴェント・ガーデン広場に隣接し，南端はストランド街に接する小路．ベドフォード伯爵の家族がサウサンプトン・ハウス（→Southampton House）に移るまで，代々住んでいたベドフォード・ハウスの跡地の一部に18世紀初

頭に造られた道路．道路名は地主のベドフォード伯と関係のあったサウサンプトン伯爵の名に由来する．

　道沿いの建物は19世紀以前まではほとんど住宅に使われていて，劇作家にして俳優，そして桂冠詩人にもなったコリー・シバーが1714年から6年間ここに住んでいたし，コヴェント・ガーデンの劇場に近いこともあって俳優のギャリックが1750年から72年まで居住していた．ドルーリー・レイン劇場つきの作曲家トマス・リンリーも11番地に住んでいた．歌手であった彼の娘を劇作家シェリダンはなかば強引に自分の妻にして，そのいきさつを喜劇《恋がたき》の下敷きとして使った．

　レスター・スクエアで開店したフランス料理の老舗ブーレスタンは，1980年代から25番地で営業している．

South Bank
サウス・バンク　SE1

　テムズ川南岸，ウォータールー橋とウェストミンスター橋にはさまれた，ランベス地区（→Lambeth）の一部で，ロンドンを代表する芸術センター．湿地であったため発展が遅れ，18世紀半ばまで村落同然であった．ベルヴェディア・ロード（→Belvedere Road）に近く，ウェストミンスター橋東詰めの旧ロンドン市庁舎（→County Hall）があるあたりには，18世紀半ばから19世紀半ばまでコード石といわれる人工石の製造工場や陶磁器工房，醸造所，散弾製造所などがあった．長い間本格的整備も組織的開発もなされないまま，第二次世界大戦後には瓦礫の山となっていたテムズ川沿いのこの地域に，1951年，ロンドン市議会はロンドン・フェスティヴァルを開催するための会場を造成した．それが今日のサウス・バンク・アーツ・センターになった．

　アーツ・センターの一連の建物は，高架歩道によって結ばれている．フェスティヴァルのために建てられたロイヤル・フェスティヴァル・ホール（→Royal Festival Hall），1967年のクイーン・エリザベス・ホール（→Queen Elizabeth Hall）とパーセル・ルーム，翌年開館したヘイワード・ギャラリー（→Hayward Gallery）が並ぶ．ウォータールー橋のたもとにあるナショナル・フィルム・シアター（→National Film Theatre）では，毎年ロンドン映画祭が開催される．その隣にはサー・デニス・ラスダン設計により1976年に建てられたナショナル・シアター（→National Theatre），後方に映像博物館（通称MOMI）がある．

　1977年エリザベス女王即位25周年を記念してジュビリー・ガーデンズ（→Jubilee Gardens）が作られ，旧ロンドン市庁舎からサザック地区までつづく河畔の道はクイーンズ・ウォークと名づけられた．さらに2000年を記念して遊歩道ミレニアム・マイル（→Millennium Mile）が作られた．ベルヴェディア・ロードの東側には，オフィスビル街を形成するシェル・センター（→Shell Centre）がそびえているが，サウス・バンクの最新の目玉は世界最大を誇る観覧車ロンドン・アイである．

South Bank Lion
→Coade Stone Lion

South Circular Road
南環状道路

　西郊のキュー橋から南東に回りこんで東のウリッチに至るA205の外郭南環状道路を指す．全線が以前からあった道路をつなぐ形になっているため，ノース・サーキュラー・ロード（A406）のように高速向けの構造ではない．

　しかし，A205とA406は別々の道路というより，一続きの，ロンドン郊外を結ぶ大きな環状道路を形成している．テムズ川北岸のキュー橋に近いラウンドアバウトを北へ向かえばA406のノース・サーキュラー・ロードであり，南へ向かえばA205サウス・サーキュラー・ロードである．

　キュー橋を渡ると，A205はテムズ川南岸沿いを走り，イースト・シーンで急に左へ曲がる．このように住宅地帯で曲がるのは，効率的に設計されたノース・サーキュラー・ロードではあまり見られない．パトニー地区を過ぎると，ワンズワースまでまっすぐに進み，そこ

でA3と合流し，クラパム・コモンに至る．その後，ストレタム・ヒルでA23と交差し，南方の大通りタルス・ヒルへと向かう．ここがこの道路の最南端地点で，その後ダリッチ，シドナムなどを通り，キャットフォードでA21と交差する．そしてエルタムの交差点でA20と交わって2車線となり，10キロほど北でA2と交差した後は北上しつづけ，ウリッチ地区を貫通してテムズ南岸のウリッチ・フェリーに至る．
→North Circular Road

Southfields
サウスフィールズ　SW18

地名はダーンズフォード・マナーの南側の土地であったことに由来する．土地は一部を除いて18世紀に入ってもなお大部分が農地であった．かつてのアントニー・ラッカーズ・ウェスト・ヒルの土地の一部は現在，スペンサー伯爵家のウィンブルドン・パークとなっている．1835年爵位を継承した第三代スペンサー伯は，経済的事情からかなりの領地を処分しなければならず，裕福な商人や銀行家に所領の半分を売却した．

ジョージ・エリオットは当時田園であったこのウィンブルドン・パーク・ロード31番地のホリー・ロッジに住んで『フロス河畔の水車場』を書いた．1889年には鉄道がパトニー橋からウィンブルドンまで開通，サウスフィールズ駅が置かれた．地場産業はワンドル川沿いの工場に代表され，紙，銅製の各種物品，染料を生産した．

19世紀末になるとマートン・ロード周辺に軽工業が発展し，1920年代には2か所に小規模ながら工場団地が建設された．同じころ市営住宅の供給が始まったが，大きな変化は第二次世界大戦後にやってきて，サウスフィールズの西側部分に多くの高層ビルが出現し，19世紀の建物に取って代わった．

Southgate
サウスゲート　N14

サウスゲートは東にテムズ川の支流リー川の谷を，西にバーネット谷を眺めるロンドン北方の高台．うっそうとした森におおわれていたこの土地も16世紀になると，材木，薪，炭などのために伐採され姿を消した．かつての雑木林の名残りはグローヴランズ・パークに認められる．サウスゲートには多くのカントリー・ハウスがあったが，現存するのはグローヴランズとアーノス・グローヴだけである．ローレンス卿，のちのインド総督はサウスゲート・ハウス(現在はミンチェンドン・スクール)に1861-64年に住んだ．

発展はグレイト・ノーザン鉄道の開通(1871)後である．最初の開発は19世紀末のウッド・グリーン周辺のボウズ・パークで，ついで20世紀初頭にパーマーズ・グリーンからウィンチモア・ヒルにいたる広範な開発が行なわれた．1933年に地下鉄ピカディリー・ラインが開通すると，ニュー・サウスゲートからコックフォスターズまで急速に開発が進んだ．1951年に人口はピークを迎え，7万人を優にこした．1965年サウスゲートはエンフィールド，エドモントンと合併してロンドン自治区のひとつ，エンフィールドとなった．

South Hampstead High School
サウス・ハムステッド・ハイスクール
Maresfield Gardens, NW3

1876年設立で，82年に現在の敷地へ移転．ハムステッド地下鉄駅に近い閑静な場所にある私立女子校．生徒数500余名．人文科学系のカリキュラムが充実し，とくに国語教育に秀でている一方，伝統的に音楽教育にも力を入れている．

生徒は地元の出身が圧倒的に多いが，ロンドン北郊にも広がっている．上流階級の子女がほとんどで，すべての卒業生が大学に進学する．

South Lodge
サウス・ロッジ
Ham Common, TW10

ロンドン南西郊，リッチモンド・パークに接するハム・コモンにある．後期古典様式の大

きな煉瓦造りの建物．この建物は，地元の慈善家がコレラの流行で孤児になった女児を収容する目的で1849年に設立した孤児院のためのものであった．1922年に孤児院が閉鎖されたあと，建物は，成人教育に，また戦争中はレストランになど，さまざまな用途に用いられ，最後は今日みる高級フラットに改装された．場所はリッチモンド・パークの西側にあたる．

もともとこの敷地にはW．オールダムとH．ライトが1838年にペスタロッチの教育思想を建学の理念として開校したオールコット・ハウスがあった．12歳以下の少年少女の寄宿生と地元の通学生の教育，さらに成人を対象にした特別学級を設けるなど，その独自の教育方針と実践は多くの識者から注目された．この学校の教育に共鳴した者のなかにはロバート・オーウェンの社会主義の試みに参加して，挫折した者もいた．しかし，「澄んだ空気と質素な食事と冷たい水は，国家や教会のいかなる教義より人間にとって，はるかにすぐれる」という信念の実践に励んだ人々だった．19世紀半ば彼らは分散して，アメリカに渡る者もいたし，19世紀中葉の特徴であった他の分野の社会改良運動に加わる者もいた．

South London Art Gallery
サウス・ロンドン・アート・ギャラリー

Peckham Road, SE5

ウィリアム・ロシッターにより1891年開館．当時としては初の試みである日曜日開館を実現した．所蔵作品はラスキン，ミレー，プリンセプなど盛期ヴィクトリア朝を中心に300点あまりの絵画．

South Norwood
サウス・ノーウッド　SE25

大ロンドン南端，クロイドンの北に位置する地域．『ドゥームズデイ・ブック』（→『土地台帳』）と17世紀の伝記作家ジョン・オーブリーの著作によれば，サウス・ノーウッドの多くの部分はカンタベリー大司(主)教の所有地として狩り場であったらしい．ホワイトホース・ロードとホワイトホース・レインは，14世紀にここに所領地のあったホワイトホース家を記念した道路である．

18世紀の半ば，森におおわれた丘陵地の低斜面は樹木の伐採が行なわれて，公有地と化していった．現在のビューラー・ヒルとサウス・ノーウッド・ヒルはかつてジプシーが住んでいた土地で，ベガーズ・ヒルと呼ばれた．18世紀末にクロイドン囲い込み法が成立すると，ホワイトホース家をはじめとする貴族の領地も公有化されるようになった．

1839年にロンドン・クロイドン鉄道が開通すると，急激に郊外の小住宅地化がすすんだ．フットボールのクリスタル・パレス・クラブの競技場はホワイトホース・レインの南にある．詩人のサミュエル・テイラー・コールリッジは2年間(1900-02)，コナン・ドイルは3年間(1891-94)ここに住み，シャーロック・ホームズ物語の執筆を行なった．近くにノーウッド・ジャンクション鉄道駅がある．

South Sea House
サウス・シー・ハウス

シティのスレッドニードル・ストリートに存在したこの建物はもと「対南太平洋およびアメリカ商取引きのための英国商人商会」の本社屋であった．商会は1711年に株式会社に組織変えし，南海会社として発足した．会社はスペイン領アメリカとの取引きの独占権を得たが，1719年投機的な事業に走り倒産，史上悪名高い「南海泡沫事件」として知られる株の大暴落を招き，多くの破産者を出した．

チャールズ・ラムは同商会に1789年，クライスツ・ホスピタル校卒業と同時に事務員として就職した．やがてエリアという名をペンネームにしてエッセイを書き始めるが，『旧南海会社回想記』で，同社は次のように描かれた．「ここには商人が群れをなしていて，じつに利にさとい．…いまに残る堂々とした玄関，人目をひく大階段，宮廷の国事の間のような広々とした部屋また部屋…法廷や国会の委員会室のように厳粛な内装の部屋もある．いかめしい顔付きの人々，部屋番，そして重役た

ちが往時をしのばせる威厳で椅子にかけ…虫食いだらけの長いテーブルに向かう…マホガニー製で，色あせた金箔塗りの皮のカバーがかかり，よごれた銀のインクスタンドが置かれ…オークの羽目板には故人になった総督たちの肖像画がかかり…すでにあいつぐ地理上の発見で時代遅れとなった巨大な海図，ほこりっぽく，夢のようにぼやけたメキシコの地図…」．

建物の内部は1855-56年にかけて改修され，19世紀末には「商社の溜まり場」になった．

South Street
サウス・ストリート　W1

メイフェア地区に位置し，ハイド・パークの東に沿って走るパーク・レインに接する道．1730年代に開発が始められたが，その当時建築された建物はいまでは残っていない．19世紀半ばに建てられたドーチェスター・ハウスは1929年に取り壊され，その後，ロンドンのホテルの名門ドーチェスター・ホテル(→Dorchester Hotel)が建設された．

ハイド・パークを見渡せるこの道には，昔から上流階級の人々が多く住みついたことでも知られる．ルイ十五，十六世治世下に反王党派貴族のリーダーとして活躍し，革命後にイギリスに逃れてきたオルレアン公爵が18世紀の80年代から90年代に住んでいたし，アメリカ独立戦争時に英軍を率いた軍人チャールズ・コーンウォリスも1860年代後期の住人だった．看護婦の先駆者フローレンス・ナイティンゲールは10番地に住んでいた．

第二代メルバーン子爵でホイッグ党の首相を務めたメルバーンも1830年代後半を39番地の家で過ごしたが，小説家でもあった彼の夫人キャロラインは詩人バイロンを熱烈に恋したことで知られる．しかし，メルバーンも負けじとばかりアイルランド出身の劇作家シェリダンの孫娘で作家のキャロライン・ノートンとの逢引きを重ねた．

1960年代の保守党の首相を務めたアレック・ダグラス＝ヒュームは28番地で生まれているが，いまではこの通りは交通量の多いパーク・レインの騒音にまぎれて，昔日の面影はほとんど残っていない．

Southwark
サザック　SE1

テムズ南岸に広がるサザック自治区は，ロンドンの歴史においても，イギリスの文化・文学との関係においても，最も古くそして重要な地域のひとつである．その昔，ローマ兵の駐屯地となり，中世はバラ(→Boroughs)として栄えた．バラとは，勅許状によって自治権を与えられた都市で，格式はシティ(→City, The)に次ぐが，1531年以来，サザックはシティの一部に含まれ，現在ではとくに「ザ・バラ」(→Borough, The)の名で親しまれている．

バラの占める範囲は，テムズ南岸のロンドン橋とブラックフライアーズ橋の線から南に下って，シドナム・ヒルとクリスタル・パレス・パレードに至る．1965年にはサザックとバーモンジーとカンバーウェル，さらにニューイントン，エレファント・アンド・カースル，ロザハイズ，ウォルワース，ペッカム，ナニード，ダリッチをも包含するに至った．

紀元43年ごろ，ローマ人が築いたと思われる木造の橋の南端からサザック地区は発展した．その名はサウス・ウォルク(南にある防御陣地の意)で，1834年の発掘でローマ時代の橋跡が発見された．中世のチョーサーからシェイクスピアの時代にかけて，サザックはイングランドの南部からロンドンに入京する旅人の宿泊所として，旅籠(→Inns and Taverns)が栄えた．とくに陣羽織亭(→Tabard Inn)は有名であった．1677年に開業したジョージ・イン(→George Inn)は，今日でもナショナル・トラストの管理によって保存され，観光のメッカとなっている．またホワイト・ハート・イン(→White Hart Inn)は，シェイクスピアの『ヘンリー六世』やディケンズの『ピクウィック・ペーパーズ』に登場する有名な旅籠であった．今日のサザック・ハイ・ストリートに，当時の名残りが見られる．

テムズ南岸のバンクサイド(→Bankside)と

いう通りは，現在でこそ新しいビルが立ち並び，こぎれいな遊歩道が敷かれているが，中世のころから17世紀にかけて，芝居小屋や熊いじめ（bear-baiting）などの見世物小屋や遊園地があり，いわゆるロンドンのアミューズメント・センターであった．当時のサザックは，ウィンチェスター・ハウス（→Winchester House）や，クリンクという異端者用の監獄（→Clink Street）もあり，イングランド南部からロンドンに上京する旅人の一夜の宿となった売春宿が，河畔にずらりと立ち並んでいた．

またバンクサイドは17世紀の初期から，テムズ川の水による良質の強いビールを飲ませるエール・ハウスが栄え，のちにバークリー・パーキンズというビール工場がかつてのシェイクスピアのグローブ座（→Globe Theatre①）跡に立っていた．今ではここに新たに復元されたグローブ座が立っている．その近くに残るアンカー・イン（→Anchor Inn）は，17世紀以来の面影を残している．またバンクサイドに集中していたエリザベス朝の劇場や遊園地は，内乱のころに消滅し，監獄も19世紀には姿を消した．18世紀の中ごろにウェストミンスター橋，次いでブラックフライアーズ橋が通じて以来，南ロンドンは急激に発展した．今日，サザックの歴史を物語る最も重要な建造物といえば，それはロンドン橋の南のたもとにそびえるゴシック建築の美しいサザック大聖堂（→Southwark Cathedral）であろう．

この聖堂の歴史は古く，サクソン時代のセント・メアリ・オーヴァリー修道院（1106）にさかのぼる．「川にまたがる聖メアリ」（St. Mary over the Water）の意味であったろうが，16世紀セント・セイヴィアという教区教会になり，1905年に大聖堂となった．このテムズ川南岸は近年新しい文化施設が集中して，サウスバンクから続くアート・センターとして面目を一新した．地下鉄ジュビリー・ラインも延長されて，サザック駅が新設された．

Southwark and Vauxhall Water Company
サザック・ヴォクソール水道会社

ロンドンにあった水道会社のひとつ．1845年にサザック，ヴォクソール両水道会社が合併して成立した．かつてのバタシー発電所は，この会社の用地内にあった．テムズ川から汲み上げられた水は，18エーカーの貯水池に溜められたあと，強力な蒸気ポンプで53メートルの高さにまで揚水され，ブリクストンへ送水された．

1850年にアーサー・ハッサルの報告『ロンドン住民に供給される上水の顕微鏡検査』によって，同会社の上水は微生物や哺乳動物の毛を含むなどきわめて劣悪であることが指摘され，また1852年の首都水道法が，潮河ではないテムズ上流域への取水口の移転を定めたため，1855年にハンプトンに新たな取水施設が建設された．と同時にバタシーの南方のナニードに大きな貯水池が造られ，取水された水をすべてここに集めてこの池から各戸へ送水することとした．その後1898年にさらに新たな貯水池がウォルトンに造られたが，1902年の首都水道事業の公営化によりすべての施設は首都水道局（Metropolitan Water Board）に引き渡され，会社は消滅した．
→Water Supply

Southwark Bridge
サザック橋　SE1

シティと南岸サザックを結ぶ．最初の架橋は1814-19年，ジョン・レニーによる．70メートル以上ある中央アーチを含む3つのアーチをもつ，当時の技術の粋を尽くした鉄橋であった．灯台建設で有名なスコットランド出身の技師ロバート・スティーヴンソンは「その堂堂とした造り，他に比類なし」と称えた．現在の5つのアーチをもつ鉄橋はアーネスト・ジョージの設計で1912-21年にかけられた．南岸には300年の長い歴史を誇るパブ，アンカー・イン（→Anchor Inn）がある．

Southwark Cathedral
サザック大聖堂

Borough High Street, Southwark, SE1

サザック大聖堂

ロンドン橋の南端バラ・ハイ・ストリートの出発点にある，ロンドンで最も美しいゴシック建築といわれる聖堂．聖堂の歴史は古く，サクソン時代のセント・メアリ・オーヴァリー修道院にさかのぼる．セント・メアリ・オーヴァ・ザ・ウォーターの意味であったろう．

12世紀の初頭といえば，この地区はウィンチェスター大教区の支配下にあったから，司教たちの宮殿が聖堂の近くに建ちはじめていた．しかし，17世紀に入ると次第に荒廃し，1642年のピューリタン革命の際に議会の要求で監獄となった．これが当時いまわしい宗教裁判で悪名が高かったクリンク・プリズンである．今日のクリンク・ストリート（→Clink Street）にその名を残している．16世紀にセント・セイヴィアという教区教会となり，1905年に今日のサザック大聖堂となった．

シェイクスピアが死ぬころ（1616）には，いまだ人口の少ないテムズ南岸のサザック地区に劇場が多く建設されるようになり，シェイクスピアで有名なグローブ座もバンクサイド（→Bankside）にできた．

サザック大聖堂はイギリス文学の発祥地でもあり，ジェフリー・チョーサーのステンドグラスをはじめ，リチャード二世の愛顧を受けた桂冠詩人のジョン・ガウアーの巨人像やシェイクスピアの横臥像が人目をひく．ジョン・フレッチャーやフィリップ・マッシンジャーなど当時の劇作家も埋葬されており，18世紀のサミュエル・ジョンソンや小説家オリヴァー・ゴールドスミスのステンドグラスも美しい．展示品として見逃せないものは，14世紀の装飾式建築の華といわれる，石を刻んだ天井のボスという「止め飾り」である．「虚言」「虚栄」「大食」などキリスト教のいわゆる七大罪をユーモアたっぷりに表現した人面の石の彫刻で，中世のゴシック建築の最盛期の産物である．

アメリカのハーヴァード大学の創立に多大な貢献をしたジョン・ハーヴァードは，1607年にサザックで生まれ，この大聖堂の前身セント・セイヴィア教会で洗礼を受けたことも忘れてはなるまい．

Southwark Fair
サザック定期市

サザック地区に市(いち)の特許が与えられたのは1462年のことであった．バーソロミュー定期市（→Bartholomew Fair）とともに長いあいだ栄えたイギリスの大市のひとつであった．最初は9月7日から3日間開かれたが，のちに2週間に延び，「聖母マリアの市」として知られた．場所は陣羽織亭（→Tabard Inn）やセント・ジョージ教会のあるバラ・ハイ・ストリートで，当時は大きな空地になっていた．17世紀には日記で有名なサミュエル・ピープスもジョン・イーヴリンも訪れている．後者の日記によれば，「猿が網の上で踊るのを見た．猿どもは互いに挨拶をし，籠一杯の卵を持ってひとつも割らずに宙返りをしたり，両手と頭に燃えている蝋燭ももって火を消さずに宙返りをしてみせた……」とあり，その他さまざまな曲芸師が紹介されている．ピープスもウィティントンの人形芝居を見たり，綱渡りの軽業師を見て感心している．

サザック定期市は18世紀に最盛期を迎えている．そのころの模様はウィリアム・ホガースの《サザック・フェア》という1枚の絵に描きつくされている．ベン・ジョンソンは喜劇《バー

18世紀のサザック定期市（W.ホガース画）

ソロミュー・フェア》で屋台店を舞台に17世紀のロンドンの不正商人の正体を暴露したが，ホガースはこの絵によって，当時の旅役者や旅芸人のみじめさを訴えた．それに都会の悪の種々相を織り込んで，18世紀社会の暗黒面を暴露してみせた．版画を見てまずわれわれの注意をひくのは，左端に見える舞台の崩れ落ちる場面である．瀬戸物屋の屋根の上に築かれた足場が崩れて，道化師も猿も，役者の女王も皇帝も一瞬にして大混乱に陥っている．この旅役者の一行はシッバーとブロック一座で，「ドルーリー・レイン座」の者たちである．看板の絵には，シェイクスピアでおなじみのフォールスタフ，ピストル，シャローたちの姿がみえる．《ヘンリー四世》を上演中という広告であることがわかるが，その右側には劇場側と役者側との労使間の闘争が描かれている．

しかし，この絵のねらいは画面中央をねり歩く旅役者の一行にある．当時評判の美人鼓手を先頭に，次の演し物を予告している旅役者の連中――「人の一生は憐れな役者だ，自分の出る場だけ，舞台の上で威張り歩いて，わめき散らし，それからあとはもう聞こえない」という役者のはかなさを，マクベスに代わってホガースはこの画面に描いた．これを取り巻く数々の興行師たち，綱渡りの軽業師，教会に昇って行くのではなく，その尖塔から一条の綱を頼りに滑り降りるアクロバット，火を食べる薬売りの香具師，当時サザックにあった債務者監獄（→Marshalsea Prison）の執達吏に捕えられようとしている伊達男，傷だらけの頭で目かくしをした馬に乗り，市を乗り回して相手がいるならいざ見参といわぬばかりの乱暴者，ハンカチをくすねる男，田舎出の娘をたぶらかす男…18世紀のサザックの定期市は，この1枚の絵に描きつくされている．

すりや遊女たちも集まった悪評高いサザック定期市は，いく度か規制されたが，1763年にサザック自治体によって完全に廃止された．

Spa Fields Chapel
スパ・フィールズ・チャペル

シティの北東に隣接するクラークンウェルにあった非国教徒の最初の礼拝堂．創建は1779年，ウェスリー家（メソジスト派の創始者）による．クラークンウェルは18世紀に鉱泉の保養地としてにぎわった．礼拝堂のスパという名称はその名残りである．礼拝堂はエクスマス・ストリート22-24番地にあったが，そこには犬がアヒル狩りをするための池があった．礼拝堂は1879年に取り壊された．

Spaniards
スパニアーズ亭

Hampstead Lane, NW3

ハムステッドのハイ・ストリートを登りつめたところに，農民一揆（→Peasants' Revolt）にゆかりのあるパブ，ジャック・ストローズ・カースル（→Jack Straw's Castle）がある．そこからハイゲートまでの道がスパニアーズ・ウォークという，18世紀のいわゆる「街頭の紳士」と呼ばれた追いはぎが出没した街道で，その途中にスパニアーズ亭という白壁の古いパブが残存している．歴史は16世紀にさかのぼる．ジェイムズ二世当時のスペインの大使の名にちなむといわれるが，一説によれば，ひとりの女を争って決闘にまでおよんだというスペイン人の2人の兄弟が共同で経営していたといわれる．ジョン・ゲイの『乞食オペラ』の主人公マックヒースのような当時の辻強盗ディック・ターピンの隠れ家でもあった．特別室には，ターピンの乗馬姿の版画や，マスケット銃が飾られている．道をはさんで反対側に，彼の愛馬ブラック・ベスの馬小屋になった昔の通行料金取立所も残っている．

この酒亭は，1780年6月のゴードン暴動（→Gordon Riots）にゆかりのあるパブで，チャールズ・ディケンズの小説『バーナビー・ラッジ』は，その事件を題材にして書かれている．「カトリック救済法」の可決を快しとせず，プロテスタント連盟の会長ジョージ・ゴードン卿を首謀とする5万人の群衆が，暴徒と化して約1週間，ロンドン市内の監獄や民家を襲撃した．その暴徒の一味が，スパニアーズ亭の近くのケンウッドを襲うためにこの街道に集まったとき，亭主は彼らを酒場に招いてビールをふるまった．そのすきに軍隊に連絡して暴徒を逮捕させた．以後は文人のたまり場となり，とくに，シェリー，キーツ，バイロンなどロマン派の詩人たち，またディケンズもよく訪れた．彼の小説『ピクウィック・ペーパーズ』のバーデル夫人がお茶に訪れる場所として描かれている．

Spanish and Portuguese Synagogue
スペイン・ポルトガル人ユダヤ教会

Bevis Marks, EC3

リヴァプール・ストリート駅に近いこの教会は，セファルディー（Sephardi）といわれるスペイン，ポルトガル系ユダヤ人のための，イギリス最古，ロンドンで唯一のユダヤ教会である．現在の教会は18世紀初頭クリーチャーチ・レインに建立された最初の教会の跡を継いだもの．調度品にすぐれ，とくにオランダ製の真鍮の7つのシャンデリアは有名．また手書きの『モーゼ五書』などの貴重な遺物もある．

SPCK
→Society for Promoting Christian Knowledge

Speakers' Corner
スピーカーズ・コーナー

Hyde Park, W1

ハイド・パーク（→Hyde Park）の北東隅，マーブル・アーチに近いところにある野外の演説場．これが公園の名物なのは，万人に開かれた自由の「言論の場」というだけでなく，1世紀以上にもわたって，ここでのルールが守られているためでもあろう．土曜日，日曜

日，あるいは祝祭日に，王室の誹謗と公序良俗に反しないかぎり，何人といえどもいかなる意見の表明も妨げられないのである．「自己の思うところを以て広く天下に訴えんとする者は石鹸の空箱の上にあがったり，脚立を踏まえたりして，滔々懸河の弁を揮い，声を嗄らして倦まない」(石田憲次『英文学風土記』).

Spencer House
スペンサー・ハウス

St James's Place, SW1

　ロンドンの中心部，セント・ジェイムジズ・パレスに近く，大貴族のスペンサー家がタウン・ハウスとして建てた屋敷．元は初代モントフォート男爵ヘンリー・ブロムリーの所有地で，それがスペンサー家の所有になったのは18世紀，ジョン・スペンサーのときだった．ジョンは初代モールバラ公爵の曾孫である．邸宅の設計はジョン・ヴァーディに依頼され，ジェイムズ・スチュアートが引き継いで，1766年に完成した．パラディオ様式の堂々たる正面をもつ．著述家アーサー・ヤングは次のように記した．「ヨーロッパ広しといえどセント・ジェイムジズ・プレイスにあるスペンサー卿の邸宅の凝った外観と，家具，調度品の整った内部に匹敵する壮大な邸宅を知らない」．

　スペンサー・ハウスが個人の邸宅であったのは1927年までで，43年には政府に接収された．1985-90年にかけて，18世紀当時の造りを復元する工事が行なわれ，一般に公開されるようになった．シュロの木に金張りしたシュロの間，伯爵夫人の間，ギリシア風装飾の彩色の間などが有名．

Spink
スピンク

King Street, SW1

　1666年創業の金細工の老舗で，現在では古美術商．銀器，英国美術，コイン，メダル，東洋美術を中心に商う．とくに中国，日本の美術品については業界屈指の権威と実績を誇る．1920年，大理石造りの6階建て社屋をキング・ストリートに構えた．

　創業者のジョン・スピンクは最初シティのロンバード・ストリートで開業したが，18世紀初頭にはグレイスチャーチ・ストリートに移転，約100年後の19世紀にはピカディリー・サーカスに移った．そしてその後1920年にセント・ジェイムズのキング・ストリートに大理石造り6階建ての社屋を構えた．1992年クリスティーズ（→Christie's）の傘下に入ったが，ニューヨーク，香港，シンガポールで，コイン，メダル，古紙幣の競売会を開催している．英王室をはじめ世界各国の王侯貴族との取引きも多く，勲章やメダルの製造の注文を受けるのもこの老舗の自慢である．地下鉄グリーン・パーク駅に近い．

Spitalfields
スピタルフィールズ　E1

　シティの北東，リヴァプール・ストリート駅の東側の地区で，地名は中世の修道院セント・メアリ・スピタルの東に広がる野原であったことに由来する．1682年にチャールズ二世の勅許により開設された果物・野菜・生花の卸売市場であるスピタルフィールズ・マーケット（→Spitalfields Market）は，1991年にレイトンに移転した．ダニエル・デフォーは，自分の子供のころ(17世紀末)小道はぬかるんで人影もまばら，スピタルフィールズ・マーケットのあたりは牛が草を食べる野原だったが，「どこもかしこも町」になってしまった，と嘆いた．

　ロンドンのいわゆるイースト・エンド（→East End）は外国人の移住者の多いことで知られるが，ここもその例にもれず，ナントの勅令が廃止された1685年以降，フランスからユグノー教徒が大挙して移住し，ここで絹織物業が盛んになった．17世紀初頭のことで，18世紀に入ると，紳士婦人服地用のブロケード地やダマスク，ベルベットなどの生産地としてその名を高めた．一時は政府の保護政策に守られて繁栄をつづけたが，ナポレオン戦争の終結後は衰退に向かった．19世紀に入ると，人口は1万5000人を超えたが，街は下宿屋が占領して，その日暮らしの人や，ときには罪

人がたむろするスラム街に変わっていった．
　1848年にこの地区をほぼ南北に走るコマーシャル・ストリートができて，スラムは撤去された．1864年にはアメリカ人の慈善事業家ジョージ・ピーボディの基金によって，ロンドンで最初の低賃金工場労働者のための住居棟が建設された．現在のスピタルフィールズは18世紀の商人の住居を保存しながらも，マーケットの跡地の再開発が行なわれ，住宅・商業・ビジネス街に生まれ変わっている．

Spitalfields Market
スピタルフィールズ・マーケット
　リヴァプール・ストリート駅の東に位置し，2ヘクタールほどの敷地で開かれていた卸売り青果市場．名の由来はもともとセント・メアリ小修道院兼養護院（Priory and Hospital of St Mary）の所有地だったことから．（中世では，hospitalはhoを略してspitalとなるのが普通であった）1682年，チャールズ二世から勅許を得たジョン・ボルシュはここに青果市場を開いた．まもなく近くには，1685年のナント勅令の廃止を契機に，フランスから亡命してきたユグノー派の人たちが住んだ．彼らは絹織物工業に従事，18世紀にはこの地区をロンドンでも指折りの絹織物生産地とした．市場自体も青果物のほかに食肉や鶏肉も扱うようになり，活況を呈した．
　19世紀に入ると，周囲は住宅密集地となり，やがてスラム化し，世紀末には切り裂きジャックが跳梁する場となった．1902年，市当局はこの市場を買収，地域の開発とともに市場の大改造を実施し，青果市場として一新させた．スピタルフィールズ・マーケットはその後70年にわたりロンドン東部，北部に青果物を供給したが，1991年，再度の地域開発のため，青果市場は地下鉄レイトン駅に近いテンプル・ミルズに移った．跡地の一部では現在骨董品類の市（いち）が金曜日と日曜日に立つ．
→Markets

Springfield Hospital
スプリングフィールド病院
Glenburnie Road, SW17
　1841年に開院．はじめはサリー州立精神病院と呼ばれていた．ベツレヘム・ロイヤル病院（→Bethlehem Royal Hospital）など各地の救貧院や精神病院からの患者約300名を受け持った．その後，患者数が増えつづけて増築され，1879年にはチャペルが建立された．1889年に病院はミドルセックス州議会に移管された．のちにロンドン市議会の管轄に移り，現在は国民保健サーヴィスによって運営されている．地下鉄トゥーティング・ベック駅に近い．

Spring Gardens
スプリング・ガーデンズ　SW1
　トラファルガー・スクエアの南隅，アドミラルティ・アーチの東側の一区画．17世紀はじめに遊園地があった場所だが，取り壊されたあと，最初のロンドン市議会がおかれ，現在は中庭風の小さな広場になっている．広場の一隅にヘンリー・ムーアの現代彫刻がある．ルパート王子が1670年から死の1682年まで，近くに住まいを構えた．ウィリアム三世の時代，ジャコバイトの連中が足しげく通った居酒屋ブルー・ポスツ亭がここにあった．ほかにトーリー党議員で首相も務めたジョージ・キャニング，イングランド銀行を設計した建築家のサー・ロバート・テイラー，同じく建築家サー・ジョージ・ギルバート・スコットなどがここの住人であった．10番地にはブリティッシュ・カウンシルの本部がある．

Square Mile
→City, The

Squares
スクエア
〈スクエアとは〉
　「鉄道の挑戦を受けながらもそれと共存できた貴族も，自動車時代の到来によって退場する運命にあった．」（F.M.L.トンプソン『19世紀イギリス土地貴族社会』）．たぶんほぼ同じことが，ロンドンのスクエアにもあてはまる

だろう．ほとんどすべてのスクエアが，絶え間なく往来し，あるいは長時間駐車する車の波に呑み込まれてしまったいま，あるいは，スクエアに面した建物が本来の用途だった住宅・豪邸からオフィス，ホテル，商店に変貌してしまった現在，かつて広場を支えた貴族的な都市生活様式の魅力と機能の多くも失われた．

それでもなお，スクエア中央の庭園に鬱蒼と立ち並ぶ木立ちを通して洩れる初夏の日差しを浴び，ところどころに設置された噴水や彫像を眺めるなら，大陸諸都市に多い記念碑的広場の壮麗さは少ないにしても，生活する人間の尺度に見合った，住居広場としての歴史を追憶し，共感することはできる．観光客にとっては，公園や庭園(→Parks and Gardens)と並んで絶好の休息場所だが，ベドフォード・スクエア(→Bedford Square)やベルグレイヴ・スクエア(→Belgrave Square)のように，「私有園」として一般の利用を拒んでいるスクエアが今なお存在する．

なお，英語の square (広場)は，日本語のように中央の空間部のみを指すのではなく，それをとりまく周囲の建物をも含んだ言い方である．

〈ピアッツァの出現〉

中世の市場広場や教会広場とは区別される，「近代的」なルネッサンス広場がイギリスで最初に姿を現わすのは，17世紀初頭のロンドンである．

いまは多くの観光客でにぎわうコヴェント・ガーデン(→Covent Garden)の広場は，このあたりの大地主だったラッセル家の第四代伯爵(のちのベドフォード公爵家)フランシス・ラッセルが，当時の文化的先進国イタリア留学から帰朝した建築家で，王室建築官を務めるイニゴー・ジョーンズに設計させたものである．この開発は1630年代末に一応完成するが，その後も長くイタリア語で広場を意味する「ピアッツァ」(Piazza)の名称で知られた．この広場が当時のイギリス人にとって，いかに異国的で斬新な都市空間だったかが想像される．完成後しばらく，広場に面した建物は，全国からロンドンに集まり，長期滞在する貴族や地方名家の住居として人気を博した．

この成功は，シティとウェストミンスター地区との間に広がる田園地帯(のちにウェスト・エンド(→West End)と呼ばれる)に土地を所有する地主や王室の注目を浴び，高級宅地開発の目玉として広場を建設する方式の先駆けとなった．ただし，完成後まもなく，この広場で市(→Covent Garden Market)が開催されるようになった点では，中世の広場とのつながりを残しているのも事実である．これは，銭勘定に抜け目のなかったラッセル家当主の意向にも添うものだったと伝えられるが，やがてそれが居住環境の悪化を招き，王政復古後に登場する新しい広場との競合に直面するとともに，住居広場としてのピアッツァ人気を低下させる一因となった．

ピアッツァが完成してまもない1642年以降，イギリス全土がピューリタン革命の戦乱に巻き込まれ，不動産の大規模開発には好ましくない状況が10年以上にわたって続いた．このため広場を含めた，ロンドン全体の市街地開発は1660年の王政復古前夜まで低迷する．しかし，チャールズ二世が，王政復古によってウェストミンスターにあるセント・ジェイムジズ・パレス(→St James's Palace)に帰還してくるとともに，広場建設の新しい波がシティ西郊で本格的に始まった．

〈広場建設の流行〉

先鞭をつけたのは，コヴェント・ガーデンの西に地所を持っていたサウサンプトン伯爵家である．豪壮な自邸サウサンプトン・ハウス(→Southampton House)を建築し，それに面した土地に，王政復古直後に広場開発を始めた．広場とその周辺に住宅街を建築したのみならず，市場などの生活必需施設を含む一体開発を行なったこともあって，計画は順調に進行した．成功が模倣を呼ぶのは不動産開発でも同じで，この事業の進捗に前後して，広場建設があちこちで始まった．

チャールズ二世と亡命をともにした廷臣貴族セント・オールバンズ伯爵ことヘンリー・

731

ジャーミンは，王宮に近いペル・メル・フィールズでセント・ジェイムジズ・スクエア（→St James's Square），そしてその少し東側のソーホー地域ではソーホー・スクエア（→Soho Square）の建設に着手する．また，古くから法学院が集まっていたホーボーン地区でも，ほぼ同時期にリンカンズ・インの広場開発が始まる（→Lincoln's Inn Fields）．これ以外にも，レッド・ライオン・スクエア（→Red Lion Square）やレスター・スクエア（→Leicester Square）などの計画が進行するのも，王政復古期から1688年の名誉革命に至る時期である．

ただ，Square（広場）という英語が登場し，広く流布するようになるのは18世紀になってからであり，その頃になるとSquareの言葉通り四角形の広場を意味した．これは当時エイヴォン州の温泉保養地であったバースで成功した都市計画の核としての，円形広場（Circus），半月形広場（Crescent）とともに全国に広がった．すでに断ったようにいずれも広場をとりまく周囲の建物をふくんだ言い方である．復古期に開発された広場の多くは，当時はピアッツァとかフィールズとか呼ばれるのが普通だった．また広場のなかには，最初から一体のまとまりある空間として計画的に建設されたものばかりではなく，リンカンズ・イン・フィールズ，レスター・スクエア，バークリー・スクエア（→Berkeley Square）のように，いわばなりゆきで広場に発展した例もある．このあたりにも，王権や公権力ではなく，個別の地主が主導するイギリス型都市開発の特徴がみられる．

〈18, 19世紀の広場〉

18世紀から19世紀初頭にかけてのジョージ王朝期に，貴族的広場は全盛時代を迎え，次次に新しい広場が建設され，古くからあった広場でも，地主や周辺住民の費用や努力で，「改良」が行なわれた．広場中央には噴水や人工池が設けられ，さらには居住地としての静穏や衛生・治安を維持するため，広場全体を門や柵で囲い込んで，部外者の侵入を拒否する動きがあちこちで見られるようになった．

これは，ロンドンの市街化が西に向かって延びていく勢いが強まったことのあらわれでもあり，高級住宅街の建設や商店，厩舎，教会などの建設や拡充が進んだ．

こうして，いわゆるウェスト・エンドの世界が確立され，工場や港湾施設，零細商店やみすぼらしく不衛生な職人・労働者の過密住居からなるイースト・エンド（→East End）との対照も際立つようになった．この東西ロンドンのコントラストを最も鮮明に象徴するひとつも広場だった．ベン・ワインレブ，クリストファー・ヒバート共編の『ロンドン百科事典』には，歴史的に見て取り上げるに値すると見なされた71のスクエアが収録されているが，その8割がウェスト・エンドに集中している．広場に面した豪邸に住んで，馬車で宮廷や議会・役所に出かけ，広場に近い公園で乗馬を楽しむのが，イースト・エンドにはないウェスト・エンド独自の都市生活だった．

19世紀とともに，広場中央の庭園部分に樹木の植え込みを施す流行が広まり，今日多くの広場で見られる鬱蒼たる木立ちの起源となった．建築美術的には批判の声も聞かれるが，この植栽の流行は，一部は健康・衛生意識の高まりに，一部は19世紀に盛んになったロマンティックな田園への郷愁に由来した．他方で，19世紀半ば以降，広場本来の目的だった居住用住居はオフィス，商店，レストランなどに転用されたり，建て替えられたりする動きが目につくようになり，自動車全盛の20世紀後半には，これらの商業用途がほぼ完全に広場を制圧して今日に至る．

Squire's Coffee House
スクワイアーズ・コーヒー店

18世紀初期に「有名なコーヒー人」と呼ばれたスクワイア氏がホーボーンに創設したコーヒー店．現存せず．顧客の多くは近くのグレイ法学院の学生や幹部連中であった．『スペクテーター』のアディソンは，その連載物語の主人公サー・ロジャーが，このコーヒー店で上機嫌だったと書いている．アディソンの同僚のスティールも，この法学院に近いコー

ヒー店，「グリーシアン，スクワイアーズ，その他に集まる若者たちは，自分たちが怠け者であることを示さんがために早起きする連中だ」と『スペクテーター』で評している．また「これらの学者さんたちは，派手な服装をして，オペラにうつつをぬかしている」とも書いている．
→Grecian Coffee House

Stag Place
スタッグ・プレイス　SW1

　ヴィクトリア鉄道駅とバッキンガム宮殿の中間に位置する小路．スタッグ・ビール醸造所にちなむ名称で，醸造所の跡地には1962年に製作されたアルミニウム製の雄鹿の像がある．

　1420年，当時の醸造業者同業組合の組合長はトマス・グリーンだったが，その一家がウェストミンスター・アビーの醸造所とかかわりをもつようになった．一家は各地の修道院が弾圧を受けたあとも，このウェストミンスターでビールの醸造を続けた．

　1641年，ウィリアム・グリーンがウェストミンスターのスタッグ醸造所の醸造長となり，1657年に従兄弟のジョンが加わった．王政復古時にウィリアムは勲爵士に叙せられ，のちに准男爵を授かった．ジョンの息子ウィリアムが1709年にブルーコート慈善学校の新校舎建設費を献納し，1715年に醸造所を再建し拡大した．1732年にウィリアムが亡くなると，弟のトマス，そしてトマスの孫息子エドワードへと受け継がれた．さらにムア・エリオット社に貸与され，1829年にジョン・エリオットが会社を受け継いだが，1837年になってワンズワースのジェイムズ・ウォトニーが経営参加をすることになった．

　その後，ヴィクトリア・ストリートが敷設され，ヴィクトリア駅が建設されると敷地の大半を失ったが，ウォトニーがそのまま経営を受け継ぎ，亡くなる1884年まで実権を握っていた．その後，息子のジェイムズが受け継ぎ，ウォトニー社を設立した．1898年，2つの強力なライバル会社と合併し，ウォトニー・クーム・アンド・リードとなった．この会社は2つの大戦をくぐり抜けたが，スタッグ醸造所は1959年，この地域の再開発にともない閉鎖になった．跡地には現在，27階建てのアソシエイテッド・ポートランド・セメントの本社が立っている．

Stamford Hill
スタンフォード・ヒル　N16

　ロンドン市北郊ストーク・ニューイントン地区の北方に位置する地域．近くに北方のグレイト・ケンブリッジ・ロードにつながるA10道路があり，地域の中心を南北に貫通している道路がスタンフォード・ヒルである．13世紀にすでに北のケンブリッジに向かう際に渡らねばならなかった砂の浅瀬と近くの丘とに関連して「サンフォード・ヒル」と呼ばれた．18世紀後半になって幹線道路沿いの開発が進み，市内のシティのビジネスマンたちが広い土地に広い家を求めて移住するようになってから人口が増えはじめた．サー・トマス・アブニーによって開発された18世紀の地所のひとつが，1840年に現在のアブニー・パーク墓地となった．1872年に鉄道が敷かれると，さらに土地開発が行なわれ，労働者向けの住宅が多数建てられた．1890年以来のギネス企業体による住宅がいまだにいくつか見られる．

　1870年代はじめにはロンドン市内から馬が引く軌道車の路線の終点であったが，1880年代はじめには，軌道車駅の終点は10キロ北のポンダーズ・エンドとなった．

　19世紀末から20世紀初頭にかけて，東ヨーロッパからユダヤ人が移住してきて，いまでもこの地はロンドンに居住するユダヤ人の教育の中心地となっている．1915年，ユダヤ教会ニュー・シナゴーグがイガートン・ロードに移築された．鉄道スタンフォード・ヒル駅がある．

Stamford Street
スタンフォード・ストリート　SE1

　ウォータールー・ロードから東へブラックフライアーズ・ロードまでテムズ川沿いに走る道路．技師でウォータールー橋とサザック橋の

設計者であるジョン・レニーは1793年から1821年に死ぬまでこの通りの18番地に住んだ。ヴィクトリア女王が第1号の馬を購入したといわれる、コックスの厩舎はこの道路にあった。ウォータールー駅に近い。

Stanhope Gate
スタノップ・ゲート　W1

　パーク・レインからサウス・オードリー・ストリートに通じる短い道路。その名は、18世紀に第四代チェスターフィールド伯爵フィリップ・ドーマー・スタノップの邸宅があったことに由来する。ハイド・パークの東側に当たり、1760年ごろの広壮なジョージ朝風の居館が何棟か残っているが、現在は会社や銀行に使用されている。5番地にはクリミア戦争の最高司令官であったラグラン卿の住居を記念した銘板がある。

Stanhope Terrace
スタノップ・テラス　W2

　ハイド・パークの北側、地下鉄駅ランカスター・ゲートに近いサセックス・スクエアに続く道路。道路名は、アーサー・スタノップに由来する。付近は閑静な住宅街である。19世紀の社会改革者サー・エドウィン・チャドウィックが9番地に住んでいた。

Stanley Gibbons
スタンレー・ギボンズ
Strand, WC2

　1856年創業の切手商の老舗。1914年以来、英王室ご用達店でもある。創業者スタンレー・ギボンズは16歳のとき、港町プリマスでたまたま南アフリカから帰国したばかりの船乗りと知り合い、その男から喜望峰の珍しい三角形の切手を一袋分5ポンドで買い取って商売を始めた。これが成功して、1893年ロンドンのストランド街に出店、その後何回か店舗の拡張を行なったにもかかわらず、一貫してストランド街で営業を続けている。現在、同店が発行する、正確なデータを満載した良心的な『スタンレー・ギボンズ切手年報』(1865年月刊で創刊)は、切手収集家にとって世界の切手動向を知る最高の権威書と評価されている。

Stanmore
スタンモア　HA7

　大ロンドンの北郊、地下鉄ジュビリー・ラインの北の終点。古い歴史と伝説を誇る地区。名の由来は「石の多い小さな湖」(Stonymere)からといわれる。

　紀元前100年ころ、ケルト人の一部族がハートフォードシャーの古代人を追い払って居住地を開き、紀元前54年にはシーザー率いるローマ軍が攻め込み、ローマ人の居住地となった。1750年、シーザーの戦勝を記念したオベリスクが現在の王立整形外科病院の敷地に建てられた。また伝説によれば、古代ケルト族の女王ボアディケアが戦って敗れたのは北部のスタンモア・コモンであり、ウォーレン・レインに近いライムズ・ハウスの敷地内には、ボアディケアの墓として知られる小高い丘がある。793年にアングル族の古王国マーシアの王オッファは、スタンモアの土地をセント・オールバンズの僧院に与えた。

　ノルマン人の侵攻によりスタンモアの2つの荘園の持ち主は変わったが、今日なおスタンモアはのどかな田園の面影を残している。ダニエル・デフォーによれば1720年ごろ「この近隣には非常に多くの貴族や紳士たちの美しい住まいがあった」ということであるが、現在でも大通りスタンモア・ヒル沿いには、広い庭をもつ邸宅が並んでいる。そのなかにウィリアム・モリスやバーン=ジョーンズによって装飾された美しいスタンモア・ホールがある。1979年に焼失したが、建て直され、現在はオフィスとして使われている。ここはもともと、1836年に気球に乗って南ドイツに行った冒険家ロバート・ホランドの家があったところである。1912年にロバート・F・スコットとともに南極探検中に死亡した博物学者エドワード・A・ウィルソンは、一時スタンモア・ヒルに住んでいた。

　豊かな歴史の街スタンモアには、3つの保

存指定地域がある．すなわち，セント・ジョン教会周辺，リージェント公とフランスのルイ十八世が1814年に会見したパブ，エバコーン・アームズ亭のあるスタンモア・ヒルの大部分，そしてリトル・スタンモアである．リトル・スタンモアは現在のキャノンズ・パークで，なかには湖，庭園，スポーツ競技場，学校などがある．スタンモアの北部はグリーン・ベルト地帯として一般に公開されている．

Stansted Airport
スタンステッド空港
Stansted, Essex

ロンドンの北54キロ，エセックス州にある空港．この敷地に空港が建造されたのは第二次大戦中の1942年，アメリカ空軍によるものであった．ロンドンを防衛し，ドイツ軍を攻撃するために，米英両国軍が建設した多くの空港の一つであった．1944年のディー・デイ(D-Day，連合軍がノルマンディーに上陸した6月6日)には，この空港から爆撃機が飛び立った．

アメリカ軍がこの空港を離れたのは1957年で，3048メートルの滑走路が残された．これは当時イギリスで最長のものであった．終戦直後からスタンステッドはロンドンの空港の候補の一つであったが，なかなか実現しなかった．まずガトウィック空港が，鉄道の便がよいことと，ロンドンの南に位置していてヨーロッパ大陸に近い，という理由で先行した．1960年代は地元の反対と当局の逡巡で進まなかった．またルートン市のルートン空港が，ロンドン市内に近くチャーター便に人気があったため，激しく張り合った．

1968年に，便数は少なかったが，チャネル諸島への定期便と地中海の行楽地へのチャーター便が運航されるようになった．翌年，そのためのささやかなターミナルが造られた．1971年にサウスエンド近くのテムズの入江にあるマップリンに新空港を建造する案が発表された．しかしこれは，オイル・ショックで経済が悪化したため廃案となった．

1970年代の後半には，スタンステッドは主としてチャーター便で年に30万の乗客を扱うようになっていたが，英国空港局による空港の拡張申請は，地元の反対にあい認可されなかった．しかし1985年には，スタンステッドはイギリスで成長の最もめざましい空港となっており，その年政府はスタンステッドを年間1500万人の乗客を扱える空港に拡大する案を強引に成立させた．1986年サー・ノーマン・フォスターによって工事が始まった．1988年に利用客は100万人に増加した．現在乗客の70パーセントは定期便利用客である．1991年の3月，ついに新しいターミナルが女王によって開設された．建設中，考古学者が10か所の重要な遺跡を発見した．後期青銅器時代から中世にかけてのもので，特に注目されるのが鉄器時代の村である．紀元100-200年ごろの2つのローマ時代の埋葬遺跡からは多くの財宝が見つかった．重要文化財として指定された7つの建築物は他に移され，再建，保存されている．

空港の敷地は953ヘクタール，ガトウィックより30パーセント広い．駐車場からターミナルへの無料のシャトルバスの便も頻繁である．貨物ターミナルと自家用機用航空センターが併設され，メイン・ターミナルと自動運転の乗り物で直結している．乗客用ターミナルは出発・到着とも同じフロアである．また，4.5ヘクタールの野生生物区域があり，この地方の植物と自生地を保護している．

駐機場33のうち，およそ半分がジャンボ機を駐機させられる．ヨーロッパ以外の国への定期便は少ないが，ロンドンの第3空港として，その機能を十分に果たしている．

エア・ターミナルの下に新しく鉄道の駅が建設された．ロンドン市内(リヴァプール・ストリート駅)まで約40分．途中，地下鉄への連絡も容易である．車なら，M11のジャンクションまで2，3分，M11でロンドン中心部まで75分である．市内ヴィクトリアまでのコーチもある．他の空港へのバスも出ている．

→Airports

Staple Inn
→Inns of Chancery

Star and Garter
スター・アンド・ガーター亭

　この屋号はガーター勲章の「星章」と左脚につける正章の「ガーター」を組み合わせたものであるから，星章とガーター亭というべきであろう．屋号としては王政復古以後のもの．ペル・メルにあったこの酒亭は，歴史的にも由緒あるもので，18世紀には高級料亭として，さまざまな著名なクラブ員に利用された．小説家スモレットの『ハンフリー・クリンカー』にも言及されているように，スウィフトたちの「ブラザーズ・クラブ」，画家のレノルズたちの「ジョージ・セルウィンの木曜会」，「絵画・彫刻愛好会」(ディレッタンティ・ソサエティ)などのメンバーが会食に利用していた．また，詩人バイロンの大伯父が従兄弟のチャワースと決闘したことでも有名になった．さらに，1775年には，この酒亭でクリケットのルール改正の協議も行なわれた．当時，イングランドで最高のクラレット(ボルドー産赤ブドウ酒)を提供する酒亭として評判であった．

　なお現在では，同名のモダンなパブが，地下鉄パトニー・ブリッジに近いロワー・リッチモンド・ロードにある．こちらは，オックスフォード大学とケンブリッジ大学のボート・レース(→Boat Race)を観戦するのに最適のところにある．また，若者向けのフォークソングとジャズを売りものにした音楽パブでもある．

Star and Garter Home
スター・アンド・ガーター・ホーム
Richmond Hill, TW10

　セント・ジェイムジズ・パレスに近いペル・メルにあった18世紀の星章とガーター亭(→Star and Garter)と同じ屋号だが，リッチモンドの丘(→Richmond Hill)の上に立っていたこの酒亭は星章とガーター館という．土地の所有者のダイサート伯爵がガーター騎士団の一員であったことから，この名が出た．19世紀になって旅籠として拡張され，さらに高級料亭として栄え，「さながら貴族の荘園の如き館」と称えられるようになった．舞踊会や結婚式場にもなる大集会場もでき，フランス王ルイ・フィリップやナポレオン三世も利用した．チャールズ・ディケンズは，毎年自分の結婚記念晩餐会を開いて友人たちを招待した．

　19世紀後半になって，フランスのシャトー風に改築されたが，『タイムズ』紙には「ひどくもったいぶった，あつかましくも目ざわりな，それこそリッチモンドの丘の美観をそこなう巨大なはれもの」と酷評された．幸か不幸か，1870年の火事で，星章とガーター館の面影は消滅した．コーヒー・ルームだけが残ったが，それも1888年に焼失した．

　第一次世界大戦当時は軍の病院となり，次いで傷痍兵の宿舎となった．戦後は巨大な赤煉瓦の新しい宿舎が，その昔の由緒あるホテルの跡に立ち，現在の正式名はロイヤル・スター・アンド・ガーター・ホームといって，一種の老人ホームになっている．

State Opening of Parliament
英国議会開会式

　通常総選挙後，10月下旬もしくは11月下旬の議会開会式典で，国王の言葉がある．16世紀以来ほとんど変化はない．国王はアイリッシュ式典用盛装馬車で，バッキンガム・パレスからウェストミンスター・パレスの国会議事堂(→Parliament)へ，ザ・マルとホワイトホール通りを経て到着する．国王と王室一家はそこで近衛砲兵隊による礼砲によって迎えられる．王室一家はヴィクトリア・タワーから議事堂へ入り，国王は式服着替え室へ入ってから上院へ進む．下院議員も黒杖式部官によって召集されると，国王は政府の施政方針の概略を朗読することになっている．

Stationers' Hall
書籍出版業者同業組合会館
Amen Corner, EC4

　本来 stationer というのは booksellers すなわち本屋と同義語で，チープサイドやセント・

ポール大聖堂の境内（→St Paul's Churchyard）あたりに店を出して書籍の商いをしていた人たちを指していた．1403年ころまでには，それらの業者のあいだになんらかの組織ができていて，独自の規則を制定するための動きが起こった．それは，書籍の出版を僧侶たちの手から切り離すための動きであった．しかし，そこには異端の書を捜し出して焼き捨てるという意図もあった．その点彼らは長いあいだにわたって，宗教的権威と手を結んでいたことになる．

1560年に同業組合の資格が認可された．書籍出版業者同業組合は，着々と商業的態勢を整え，出版の許認可権を独占するまでになった．この独占権のおかげで，1911年までイギリス国内で出版される書籍には「書籍出版業者同業組合会館にて登録済み」という添え書きが必要だった．シェイクスピアの『ソネット集』にも同様の添え書きがあった．このような独占権は，版権が法的に確立するまでは必要な手段であった．1858年フリート・ストリートに，この同業者組合によって学校が設立された．学校はのちにホーンジー（→Hornsey）へ移転した．

この同業者組合は1611年に会館を取得，会館はロンドン大火後1670年に再建されて今日に至っている．1940年に一方の翼部分が爆破されたが，1957年に修復された．

現在では，書籍ならびに新聞発行業者同業組合（Stationers' and Newspaper Makers' Company）というのが正式名称である．

→City Livery Companies

Stations
駅
〈ロンドンという駅はない〉

東京都に東京駅があり，大阪市に大阪駅があるのを当然と思っている日本からみると不思議に思えるかもしれないが，ロンドンにはロンドン駅とかロンドン中央駅とかいう駅はない．これはパリやモスクワやマドリッドなど，ヨーロッパのほかの大都市も同じである．その理由は，もともとロンドンに終着駅を設けたのがすべて私鉄であったからである．

ロンドンで最も早い鉄道駅はロンドン・ブリッジ駅（→London Bridge Station）で，1836年の開業であるが，それ以後，地方から線路を延ばしてきた私鉄は，当時のロンドンの場末にターミナル駅を設けざるをえなかった．それより内側は家が立てこんでいたので，線路を延長させることができなかったのである．地下鉄を造る技術はまだなく，家を立ちのかせて高架線を築くだけの金力と権力は，一私鉄が持ち合わせていなかった．このようにしてロンドンの周辺部に，各方面からの鉄道の終着駅ができたとき，どの鉄道も自らの駅をロンドンとか中央駅とか呼ぶほどの自信も僭越さもなかったから，それぞれの地点の名前を冠するしかなかった．

〈駅は鉄道会社のシンボル〉

だが，ほぼ同じ方面に向かう線路をもつ鉄道同士は，客を奪い合って競争することとなった．そこで各会社は自分のロンドン終着駅を自社のステイタス・シンボルないしショールームとすべく，一流の建築家に設計を依頼して，人目を引くような，しかし他社の駅とははっきり違った特徴をもつ駅ビルを建てることに血道をあげた．

1837年にロンドン2番目のユーストン駅（→Euston Station）を開業したロンドン・アンド・バーミンガム鉄道は，当時さみしい野原だったところに，古代ギリシアの神殿もどきのドーリア式の飾り柱を列ねた門を建てて，ロンドン子の度肝を抜いた．それに負けじとグレイト・ウェスタン鉄道はパディントン（→Paddington Station）の駅ビルをフランスの城館風にし，ミッドランド鉄道はセント・パンクラス駅（→St Pancras Station）を中世の大聖堂まがいのゴシック式建築にした．いずれの駅も他社の駅ときわだって異なった個性を発揮しているのは，当時字の読めない客も多かったから，視覚的に印象づけようとする経営戦略のあらわれだった．

〈駅は故郷の代理〉

もちろん各駅のスタイルについての評価

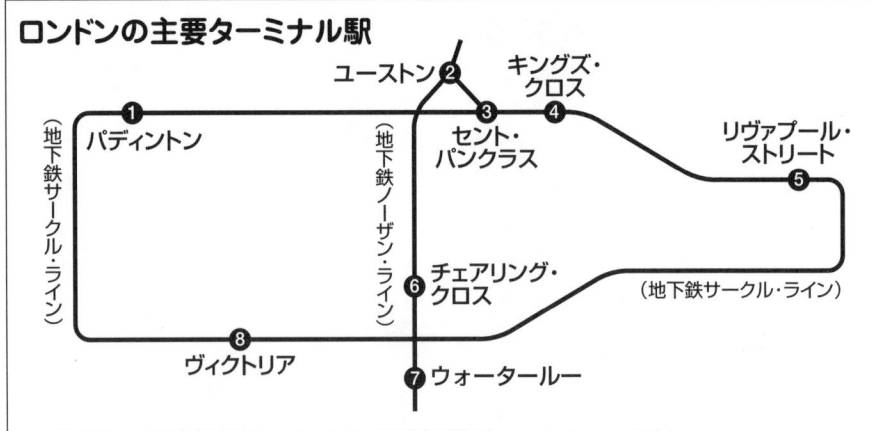

```
┌─────────────────────────────────────────────────────────┐
│ ロンドンの主要ターミナル駅                              │
│                                                         │
│                  ユーストン   キングズ・                 │
│                     ❷        クロス                    │
│      ❶           ❸  ❹                                  │
│  パディントン    セント・                                │
│ ︵                パンクラス          リヴァプール・     │
│ 地               ︵                    ストリート       │
│ 下               地                      ❺              │
│ 鉄               下                                     │
│ サ               鉄                                     │
│ ー               ノ                                     │
│ ク               ー      チェアリング・                 │
│ ル               ザ        クロス    ︵地下鉄サークル・ │
│ ・               ン         ❻             ライン︶     │
│ ラ               ・                                     │
│ イ               ラ                                     │
│ ン               イ                                     │
│ ︶    ❽          ン                                    │
│    ヴィクトリア  ︶  ❼ウォータールー                   │
└─────────────────────────────────────────────────────────┘
```

❶ 南ウェールズ、南西部（ペンザンスなど）、西部近郊都市（バース、オックスフォードなど）
❷ 北ウェールズ、北西部（バーミンガム、チェスター、マンチェスターなど）、スコットランド（グラスゴー）
❸ 中部（シェフィールド、ダービーなど）
❹ 北東部（ケンブリッジ、ヨーク、リーズ、ニューカースルなど）、スコットランド（エディンバラ）
❺ 東部近郊都市（ケンブリッジ、ハリッチ、ノリッチなど）
❻ 南東（ドーヴァー、カンタベリー、ヘイスティングスなど）
❼ 南部（ボンマス、ポーツマスなど）、ユーロスター（フランス、ベルギーへ）
❽ 南部（ガトウィック、ブライトンなど）、オリエント急行

は，人によってさまざまである．たとえばE.M. フォースターは小説『ハワーズ・エンド』の中で，セント・パンクラス駅を成金の悪趣味と軽蔑し，隣のキングズ・クロス駅（→King's Cross Station）のつつましさを賞讃するが，それぞれの駅の個性の豊かさが，そこを利用する人にある種の親近感を抱かせている事実を認めている．これは各地方からロンドンに出てきている人たちの思いを代表しているといえよう．

たとえばアイルランドからロンドンに来ている人にとって，ユーストン駅（連絡船の出る港ホリヘッド行きの列車がここから出発するのだから）が，故郷へ帰れぬ悲しみをせめて癒す風景，代理帰郷体験となってくれたことは，キャサリン・タイナンの詩が証明してくれる．石川啄木が上野駅について「ふるさとのなまり懐し停車場の人ごみの中にそを聴きにゆく」と歌ったのと，同じ事情である．

〈駅は市民生活の中心〉

このようにロンドンの各ターミナル駅が独自の個性を強く発揮し（あるいはしすぎ）ていることが，現代になってから，いろいろな問題を提供することとなった．第二次世界大戦に各駅ビルが建設100年を超えて老朽化したために，当時のイギリス国鉄当局は取り壊し新築か，補強改修かの選択を迫られた．もちろん経費のうえでは前者のほうがはるかに経済的であるから，ユーストン駅の改築の際の1961年に有名なギリシア風の柱列を取り壊した．ところが，一般市民の間から猛烈な非難の声が上がり，以後当局はほかの駅ビルについては，補強して現状のまま保存する方針を取らざるをえなくなった．一般市民の駅建築物に対する愛情の強さを証明する例である．

こうした駅への愛情は，ロンドンの駅のもつ機能にも由来している．日本のように「駅とは列車の発着する鉄道固有の施設」と考えるのではなく，「駅とは市民生活の重要な一部となる施設」という認識が通用しているからである．ほとんどの駅ビルの上層階はホテルになっていて，そこを利用するのは鉄道利

用客だけではない．駅前旅館ならぬ駅上ホテルは，ロンドンの一流ホテルとして認められていた（現在では残念ながら少々下落しているが）．レストラン，バーなどはもちろん，ニュース映画館（ウォータールー駅）までが設けられ，市民の娯楽場ともなっていた．今日では日本でもこのような傾向が見られるが，その手本は前世紀からヨーロッパの大都市で示されていたのである．

Statues
→Memorials and Statues

Steelyard
スティールヤード

　地下鉄駅キャノン・ストリートに近いテムズ河岸一帯．ここには，かつてスティールヤードと呼ばれる，ハンザ同盟のドイツ人商人たちの活動拠点があった．その名前は，輸入商品の重量を計測する大きな秤に由来する．12世紀半ばにドイツ人商人たちは，このスティールヤードに住居を構えはじめたが，1194年，リチャード一世は彼らに，家賃の免除やイギリス国内での自由商業活動の権利を与えた．その特権は，ジョン王以降も保障された．見返りとして，戦争が始まった場合，国王は商人たちの船を使用していたようである．13世紀から14世紀にかけて，商人たちはアッパー・テムズ・ストリート一帯に居住地を拡大した．ドイツ人商人たちは独自のコミュニティを構成し，近隣に住むイギリス人たちとほとんど交際しなかった．彼らはギルドホールで独自の市参事会員を選出して自治を行ない，独自の通貨も発行していた．そのうえ，イギリスの酒は飲まず，常にドイツのライン・ワインを飲み，外部の女性の立ち入りを禁じ，イギリス人との賭け事も一切禁止した．

　しかし，その超然とした態度と特権は，次第にイギリス人商人から嫉妬されるようになった．1551年，イギリス人商人は，国王エドワード六世に，ドイツ人商人の特権を取り上げるよう進言した．そして，1598年，ついにエリザベス女王は彼らをスティールヤードから追放した．

　ジェイムズ一世の時代になると，再びドイツ商人がスティールヤードに住むことは許されたが，特権は回復されなかった．そのうえ，30年戦争が始まって，彼らはますます力を失い，ついにかつての勢いを取り戻すことはなかった．

　1666年，スティールヤードはロンドン大火で焼失した．その後もドイツ人商人のなかには，この地に戻ってきて家を建てる者もいた．しかし，スティールヤード・レインは1853年にヴィクトリア・ドック・カンパニーに売却されたため，ドイツ人商人たちはこの地から完全に姿を消し，1865年ここにキャノン・ストリート駅が建設された．

Stepney
ステップニー　E1, E3, E14

　シティの東，テムズ川の北側にある自治区．ホワイトチャペル，ラトクリッフ，ライムハウス，ポプラ，ウォッピング，ハックニー，ベスナル・グリーンなどとともに，一般にイースト・エンド（→East End）と呼ばれる地域を形成する．地名は，サクソン人の「ステバの上陸地点」に由来する．実際の上陸地点はラトクリッフで，ステップニーという名前は，800メートルほど内陸のセント・ダンスタン・ステップニー教会付近につけられた．

　中世のステップニー教区は，東はリー川から西はシティ，北はハックニーから南はテムズ川におよぶ広大な教区だったが，次第に細分化され，19世紀には67の小教区になっていた．最初につくられた小教区は，14世紀創設のホワイトチャペルである．

　1086年の『ドゥームズデイ・ブック』（→『土地台帳』）によれば，ステップニーは，農民の人口900人あまりの牧草地と森に囲まれた田園地帯であった．16世紀になると，シティの人口が過密になり，あふれた人々が東へ移動し，ステップニーの人口は20万近くにまで膨張した．この急激な人口増加の結果，不揃いに延びた路地に，いまにも倒壊しそうな家が軒を連ねるようになり，美しい田園風景は消

739

えてしまった.

1900年に，シティ，ベスナル・グリーン，ポプラと境界を接する広い地域がステップニー自治区として新たにつくられた．それは人口30万，ロンドン郊外最大の工業地帯のひとつだったが，人口は過密で生活水準の低い地域だった．住民の大部分は，ドックや衣料品の工場で働く貧しい労働者だった．アイルランド人やスカンジナビア人，中国人など，多くの外国人も居住した．第二次世界大戦中，ドイツ軍の空襲によって，家屋，工場，倉庫に大きな被害を受け，人口は流出し，工場は閉鎖された．その後，大規模なスラム街撤去と再開発が行なわれ，ステップニーは生まれ変わり，1965年，自治区ロンドン・バラ・オヴ・タワー・ハムレッツに吸収された．

現在，地下鉄ディストリクト・ラインのステップニー・グリーン駅の前には，幅の広いマイル・エンド・ロードが東西に走る．これを横断して南下すると，付近は鉄筋コンクリート建てのフラットが並ぶ新興住宅街となり，やがて東側にセント・ダンスタン・ステップニー教会が現れる．さらに南下すると，ドックランズ軽便鉄道のライムハウス駅およびコマーシャル・ロードに至る．この道路にはロンドン中心部に向かうバスが頻繁に走っている．ここを渡ると，テムズ河岸に出る．

Stock Exchange
証券取引所
Old Broad Street EC2

ロンドン証券取引所．イングランド銀行（→Bank of England）の東側に位置し，スレッドニードル・ストリートから左に入るオールド・ブロード・ストリートとスロッグモートン・ストリートにはさまれている．株式の売買高は，近年日本やアメリカに追い越されたが，上場企業数や国籍では依然として世界に傑出している．

イギリスで証券や株式の取引きが始まったのは17世紀で，当時は王立取引所（→Royal Exchange）やチェンジ・アレーのコーヒー店などで売買取引きが行なわれていた．しかし1773年に，スレッドニードル・ストリートに取引所が開設され，1802年には正式にロンドン証券取引所が発足，1971年に現在の近代的高層ビルに建て替わった．

ロンドン株式取引所の本部機構はロンドンにあるが，ベルファスト，バーミンガム，リーズ，グラスゴーおよびマンチェスターに出先事務所をもっている．上場企業数では，世界の最重要市場のひとつであり，世界の総取扱高の10パーセントを占め，8000以上の株式が上場されている．外国企業の上場数は，世界の他の主要株式市場を上回っている．また，英国政府債，外国政府債，各種社債，ユーロ債などの取引きも盛んである．国際的な株式取引きの60パーセント，ヨーロッパ域内では実に95パーセントがロンドン証券市場を経由した取引きになっている．

1986年ロンドンの金融市場は世界的な競争力をつけ，市場自体の新生を目指してビッグ・バンといわれるほどの大改革を行なった．

従来，ロンドン証券取引所の運営は会員制の自治団体組織で，会員は個人に限られ，顧客の売買注文を取り継ぐ「ブローカー」と自己勘定による銘柄の売買を行なう「ジョッバー」という2つの役割が明確に区別されていた．しかも，ブローカーとジョッバーの兼業は禁止されていた．ジョッバーは一般顧客からの注文を受けることができず，売買の相手は，ブローカーまたは他のジョッバーということになっていた．

このような取引慣行は，ロンドンの金融市場の国際化を大きく妨げることは明らかだった．1970年以降，ロンドン国際金融市場は拡大し，ユーロボンド，ドル建て外債などの取扱高が急増し，ロンドン証券取引所はインターナショナル証券取引所とさえ称されるに至った．このような環境変化の中では，従来のままブローカーやジョッバーの区別を続けていては，証券取引の国際化におくれ，利益機会の逸失につながる危険が予想された．

ビッグ・バンはその語感のとおり，取引きのシステムを一夜にして劇的に変えてしまった．大改革は，(1)固定されたコミッション制

度を廃止する．(2)ブローカーとジョッバーの垣根を撤廃する．(3)個人会員に限定していた取引所の会員資格制度を改訂し，企業，外部団体，海外証券業者などに広く開放するなどを骨子とした．

またこの改革と同時にコンピュータによる株価表示や取引処理など，エレクトロニクス技術を取引所のシステムに新しくとりいれることによって，取引スタイルの近代化，すなわち「立ち合い―フロア・トレーディング」から「コンピュータによる売買―スクリーン・トレーディング」への改革も実現された．

Stockwell
ストックウェル　SW9

ストックウェルの地名は現在，道路名や地下鉄ノーザン・ラインとヴィクトリア・ラインの駅名として残るだけであるが，ロンドン自治区のひとつランベス地区の一角となっている．地名の由来は切り株あるいは雑木林の傍らの泉と考えられ，12世紀から古文書に現われる．13世紀，エドワード一世のころから荘園が形成され，以後，幾多の変遷を経ながら，19世紀初頭，荘園が完全に消滅するまで，ここは田園の中の一村落にとどまっていた．シティの商人の郊外住宅の需要をうけて，広大な荘園が住宅地として分譲され開発が始まった．1862-63年には，チャタム―ドーヴァー・ロンドン鉄道が開通し，密集した住宅地として急速に変貌する．聖アンドルー教会(1767)は最古の建造物，また，ニュー・クイーンズ・ヘッドは18世紀の面影をいまに残す旅籠である．

Stoke Newington
ストーク・ニューイントン　N16

市北部のハックニー地区に属する地域．昔は起伏のある森林地帯で，ローマ人がシティからイングランド北部のヨークまで通じる道を造り，その後サクソン人が新しく地域の開発に取りかかった．ストークとは森を意味するところから，この地名は「森の中の新しい町」を意味する．

この地域はローマ人以前からの遺跡も発見され，いまだ地方色が濃い．鉄道駅ストーク・ニューイントンにほど近い大通りストーク・ニューイントン・チャーチ・ストリートは昔は村道で，18世紀の建物が現在でも見られる．そのなかでめだつのは，セント・メアリ教会．幾度となく改築・改装が重ねられ，18世紀初頭から19世紀にかけて現在の規模に拡大された．ここには，1802年にこの地に移り住んだ児童書作家A.L.バーボールド夫人と彼女の助力者であった弟のジョン・エイキンが眠っている．

この一帯がロンドン市内に組みこまれるようになるのは17世紀以降で，徐々に宅地化が進んだ．とくにシティでの居住をはばまれた非国教徒たちの避難場所となり，18世紀には彼らのチャペルや集会所が多く見られるようになった．この地で教育を受けたダニエル・デフォーも，1709年からチャーチ・ストリート95番地に居住した．この通りとデフォー・ロードが接する北東角に記念銘板が見られる．

18世紀以来，この周辺はそれまでの木骨漆喰造りの家々に替わって豪壮な館が建てられるようになった．1840年に開園された現在のアブニー・パーク墓地には，17世紀後半建立のアブニー・ハウスという屋敷が立っていた．その館の持ち主トマス・アブニーはロンドン市長も務めた非国教徒であった．デフォーと同じくアルビオン・ロード東端のニューイントン・グリーンで教育を受けた讃美歌作者アイザック・ワッツはこの館で30年間暮らした．この地で亡くなった彼はシティのバンヒル・フィールズ墓地に埋葬されたが，現在この屋敷跡に彼のモニュメントが立っている．アブニー・パーク墓地は公園を兼ねた12ヘクタールの土地で，ここにはニューイントン・グリーンに住んでいた諷刺作家で書籍販売業を営んだウィリアム・ホーン，救世軍の設立者ウィリアム・ブースらが眠っている．

19世紀に入ると，道路の拡張にともなってそれまでめだっていた空き地に新しい様式の家が立ち並ぶようになった．非国教徒に加えて，ユダヤ系の移民が流入するにつれ，2，

3階建てのテラス・ハウスが増加した．当時の空き地でいまなお残っているのは，上述のアブニー・パーク墓地，チャーチ・ストリート西端から広がるクリソルド・パークぐらいである．

だが，その家々も第二次世界大戦でほとんどが破壊され，その後，平凡な公営住宅に変わり，西インド諸島系の住民がめだつ土地柄となった．

Stoll Theatre
ストール劇場

1957年までキングズウェイにあった劇場．1911年11月にロンドン・オペラ・ハウスとして開場．4層で2340の客席をもつ大きな劇場だった．創設者であるアメリカ人の興行主オスカー・ハマースタインは，この劇場をコヴェント・ガーデンのロイヤル・オペラ・ハウスに対抗するものにしようとしたのだが，この試みは失敗した．1916年にオズワルド・ストールが運営を引き継ぎ，翌年，ストール映画館となったが，41年にまた劇場に戻り，ストール劇場となった．以後，ミュージカル，アイス・ショー，バレエなど，さまざまな公演に使われた．52年にはガーシュインの《ポーギーとベス》のロンドン初演があり，54年にはイングリッド・バーグマンがここで《火刑場のジャンヌ・ダルク》を主演した．1957年にピーター・ブルック演出でローレンス・オリヴィエとヴィヴィアン・リーが共演した《タイタス・アンドロニカス》の公演を最後として，同年8月にこの劇場は閉鎖された．

Stone of Scone
スクーンの石

ロンドンのウェストミンスター・アビー内の戴冠式用の玉座(Coronation Chair)の下の横桟にのっていた約200キロの石．元来はスコットランド国王がスクーン・パレスでの即位式のときに座った石だったが，ウェールズを併合し，スコットランドも一時的に征服したエドワード一世が，スコットランド東部パースの北ほぼ3キロにあたる，テイ川左岸の村スクーンから持ち帰って，1277年にウェストミンスター・アビーに収めた．この玉座は，1308年以来この寺院で行なわれた歴代の戴冠式(→Coronations)で用いられていた．

スクーンは，古代のブリテン島北部に住んでいたピクト族の王国の首都だった村で，代々のスコットランド国王の戴冠式がそこの宮殿で行なわれた．1996年にスコットランド独自の文化・経済を守るために独立を唱えるスコットランド民族派の願いがかなってスコットランドに返され，いまはエジンバラ城に飾られている．「運命の石」と呼ばれている．

Strand
ストランド　WC2

トラファルガー・スクエア東端から東へ延びてフリート・ストリートに接する繁華な大通り．川などの岸辺を意味するストランドという語が道路名になったのは，もともとこの通りがテムズ川沿いの細い乗馬道から発展してきた経緯をもつからである．

ノルマン人の征服以前のこの地は，エドワード懺悔王と義父のウェセックス伯爵ゴドウィン，義弟のハロルドとが対決した場所として知られ，当時は東のシティと西のウェストミンスター地区を隔てる低湿地帯だった．13世紀に入ると，人家がまばらに建ちはじめ，14世紀のころにはウェストミンスターの市場への往来が盛んになり，粗末な細い道が一部分敷かれるようになった．ヘンリー八世の時代に入って本格的な整備が始まり，エリザベス朝には道沿いの家と家との間をつなぐ道がかなり延びて，17世紀にかかるころには両側に貴族の屋敷や民家が立ち並ぶようになっていた．

この地での初期の代表的な屋敷としては，13世紀のダラム司教のタウン・ハウスだったダラム・ハウス，その後のアランデル・ハウス，エクセター・ハウス(→Exeter House)，ノーサンバーランド・ハウス(→Northumberland House)などがあり，それぞれの名は現在道路名として残っている．細い通りのウォーターゲート・

ウォークにいまも見られるヨーク・ウォーターゲートはバッキンガム公爵の邸宅ヨーク・ハウス(→York House①)に立っていた門口で,当時の屋敷群の唯一の名残りである.

　17世紀に入って民家が増えるにつれ,商店も現われはじめた.そのなかでとくにめだつのが,ソールズベリー伯爵ロバート・セシルが昔のダラム・ハウスの敷地の一部を利用して1608年から翌年にかけて建設した商店街ニュー・エクスチェンジである.このアーケード街はたちまち市内の人気の的になったが,商店の増設につれて客足もしだいに遠のいて1737年には取り壊され,跡地には何軒かの新しい店が建った.現在の54番地から64番地にあたる場所である.1706年には紅茶商人トマス・トワイニングが,現在の216番地に店を開いた.営業はいまも続けられているが,当時のストランド街はコーヒー店(→Coffee Houses)や焼き肉レストランなどでも人目を引きつつあった.トワイニング自身もコーヒー店を経営していた.これらのコーヒー店を支えた客層は当時のサマセット・ハウス(→Somerset House)に本部があった王立美術院や王立協会の集まりに参集していた知識人たちでもあった.

　この通りのもうひとつの昔ながらの目玉は,12世紀に端を発するセント・メアリ・ル・ストランド教会(→St Mary-le-Strand)とセント・クレメント・デインズ教会(→St Clement Danes)である.前者はアン女王治世下になって,条例によりロンドンで新しく建て替えられた50の教会のひとつ.後者はもともとは10世紀後期から11世紀初頭に起源をもつ教会で,のちのちのジョンソン博士や多くの知名人とも関わりのある歴史的な教会である.

　この通りが大きく様変わりするのは,1830年代になって建築家ジョン・ナッシュが設計を手がけてからである.チェアリング・クロス・ホテル(→Charing Cross Hotel),サヴォイ・ホテル(→Savoy Hotel)など老舗ホテルのほかに,多くの劇場がこの時期以降に建てられた.ただ,現存する劇場では19世紀初頭建設のアデルフィ(→Adelphi Theatre)を含めて,ヴォードヴィル(→Vaudeville Theatre),サヴォイ(→Savoy Theatre)のみである.また,もうひとつの大ホテル,ストランド・パレス・ホテル(→Strand Palace Hotel)は19世紀に青年キリスト教徒協会の本部だったエクセター・ホールの跡地に20世紀に入って建てられたもの.高級レストランのシンプソンズ・イン・ザ・ストランド(→Simpson's-in-the-Strand)もやはり19世紀初頭に開店している.

　コートールド美術館(→Courtauld Institute Galleries)が入っているサマセット・ハウス(→Somerset House)の東隣りは1828年設立のキングズ・コレッジ(→King's College London).牧師で作家のチャールズ・キングズリーも学んだ学校だが,1908年にロンドン大学のコレッジの一つに組み込まれた.この通りでサマセット・ハウスと並んで唯一の知的雰囲気の場所だが,しかしこの界隈は昔から知識人との関わりは深い.

　すでに述べたダラム・ハウスは近くのロバート・ストリートからアダム・ストリートにかけて立っていたが,のちにその屋敷には子供時代のフィリップ・シドニーが住み,この屋敷をエリザベス一世から委譲されたウォルター・ローリーも住んでいた.大通りに接したソールズベリー・ストリート13番地には若き日のオスカー・ワイルドが住んでいて,俳優のヘンリー・アーヴィングやエレン・テリーらが集まってきていた.近くのセシル・ストリート17番地にはアイルランド出身の作家ジョージ・ムーアが1881年から2年間暮らしていた.また,エクセター・ストリート一帯に立っていたエクセター・ハウスでは,18世紀の思想家A.A.クーパーが生まれているし,哲学者ジョン・ロックも1667年から10年間,家庭教師として滞在していた.昔この地に立っていたアランデル・ハウスの名を冠したアランデル・ストリートの角には,チャップマン・アンド・ホールという名の出版社があった.『ピクウィック・ペイパーズ』をはじめチャールズ・ディケンズの作品が多く発行されたところである.

　大通り沿いの142番地には1851年から2年間ジョージ・エリオットが滞在し,ここで批評

家のG.H.ルイスと初めて出会い，やがて同棲生活に入った．近くの162番地のサマセットという名のコーヒー店では，ジェイムズ・ボズウェルが常連客だった．ロマン派の詩人たちに影響を与えたウィリアム・ゴドウィンは165番地と195番地で本屋を営んでいた．

昔の面影を残す建物がまばらになった現在のストランド街は小さな商店やオフィスビルが立ち並び，激しい車の往来と観光客で賑わう繁雑な雰囲気の街路である．

Strand on the Green
ストランド・オン・ザ・グリーン　W4

ロンドン西郊のキュー橋北詰めからその南東にあるチズィック橋方面に至る，テムズ川北岸にある川沿いの道や地域を指す．18世紀の洗練された建物が並び，川の風景を見渡せる閑静な地域．川の中には，オリヴァーズ・アイランドという小島がある．広大なキュー植物園はすぐ上流の対岸にある．65番地にはドイツ生まれの画家ヨハン・ゾファニーが1790年から20年間住んでいたし，詩人のディラン・トマスがここのシップ・ハウス・コテージでしばらく暮らしていたことがある．川辺のパブ，牡牛の頭亭は15番地．

Strand Palace Hotel
ストランド・パレス・ホテル
Strand, WC2

サヴォイ・ホテルとストランド街をはさんでほぼ向かい合うホテル．もとエクセター・ホールのあった場所に1930年に完成した，800室あまりをもつ大型ホテル．客室は近年改装された．最寄駅は地下鉄チェアリング・クロス駅．

Strand 'Roman' Bath
ストランドの「ローマ」浴場
Strand Lane, WC2

ストランド（→Strand）にある一見ローマ時代の建造と思われる赤煉瓦造りの浴場跡で，大浴槽は長さ4.75メートル，幅2メートル，両端は半円形状をなす．最初の言及は1784年で，その後数回「古いローマ浴場」と呼ばれ，チャールズ・ディケンズも『デイヴィッド・コパーフィールド』でそう呼んでいる．しかし，ローマ時代の浴場であると確定できる考古学的証拠は発見されておらず，実は17世紀はじめのものと考えられている．中世ロンドンの聖泉のひとつである，付近のセント・クレメンツ・ウェルから給水されていたと思われる．この泉には長年冷たい清澄な水が湧き出ていたが，1972年に突然涸渇してしまった．

Strand Theatre
ストランド劇場
Aldwych, WC2

1905年の創設から第一次世界大戦前の1913年にかけて，ヘンリー・アーヴィングをはじめ，多くの名優が出演したが，1930年代以降は喜劇と笑劇の公演が中心となった．ウォルドーフ・ホテルをはさんで同じブロックにあるオールドウィッチ劇場と同じ外装で建てられている．W.G.スプレイグの設計で，客席数は1069．最初はウォルドーフ劇場という名だったが，1909年にストランド劇場に改名．その後さらに，1911年から12年まではウィットニー劇場という名称に変わったが，13年にまたストランド劇場に戻った．1922年に初演されたスティーヴンソン原作の《宝島》は，26年まで毎年，クリスマスに上演された．23年にユージーン・オニールの《アンナ・クリスティ》がここでロンドン初演された．

1940年のドイツ軍による激しい空爆のあいだも，シェイクスピア作品のランチタイム公演を行ない，爆撃で劇場が被害を受けたにもかかわらず，公演を続けた．1971年6月から82年までアントニー・マリオットとアリステア・フットによる喜劇《セックスお断り》を長期連続公演した．

同名の劇場が，1831年からストランドの168-69番地にあったが，1905年5月に閉鎖され，その跡は地下鉄のオールドウィッチ駅になっている．

Stratford

ストラトフォード　E15

　ロンドン北東郊のニューアムの北西部の工業および住宅地．1839年に開業したストラトフォード駅は，従来からのブリティッシュ・レイルと地下鉄セントラル・ラインに加えて，今ではジュビリー・ライン，ドックランズ軽便鉄道も開通して，イギリス東部方面への鉄道路線の分岐点である．

　歴史は古く，11世紀後半までさかのぼる．「浅瀬を通る道」を意味する地名のとおり，ストラトフォードはリー川の東岸に開けた町で，1110年に女王マチルダが，リー川に橋を架け土手を築いた．この地の西部は古くからの工業地帯で，リー川の支流に沿って8基の水車が並び，それはエセックスにおける最大規模のものであったと，『ドゥームズデイ・ブック』(→土地台帳))に記載されている．1676年ころからキャラコや絹の染色が始まり，1749年ころから陶器の製造も始まった．1847年，イースタン・カウンティーズ鉄道会社がこの地に進出し，社員を住まわせるために，北方にストラトフォード・ニュー・タウンを建設したが，当初この町は，鉄道王ジョージ・ハドソンにちなんでハドソン・タウンと呼ばれた．この一帯の大半は貨物列車の操車場になっている．

　駅前の巨大な屋根で覆われたストラトフォード・ショッピング・センターに出ると，セインズベリーなどの大型スーパーから果物を売る露店まで，さまざまな商店が並ぶ．ショッピング・センターを通り抜けると，ブロードウェイ通りに出る．この道路が二股に分かれるところには，セント・ジョン教会の古い建物と墓地がある．墓地には，メアリー一世に迫害されて殉教したプロテスタントたちを祀る記念碑が立つ．詩人のG.M.ホプキンズが，1844年ザ・グローヴ87番地で生まれた．現在そこはニューアム自治体の建物が立つが，前庭にはホプキンズの詩『ドイチュランド号の難破』の一節を刻んだ記念碑が立てられている．

　グローヴ通りを北上するとメリーランド駅に出るが，この名は，17世紀後半アメリカ合衆国メリーランドに移民したストラトフォード出身の商人たちが成功して帰国し，ここに住みついたことに由来する．ロムフォード・ロードとウォーター・レインの角にストラトフォード大学，博物館，図書館がある．

Stratford Place
ストラトフォード・プレイス　W1

　地下鉄ボンド・ストリート駅から北に入った静かな袋小路．全長170メートル．もともとここは，タイバーンの泉からロンドン市に水を運ぶ送水管の基点だった．毎年，市長と市参事会員はここで導管の検査をしたあと，この地にあったバンケティング・ハウスで会食をするならわしだった．やがて導管が不要になると，バンケティング・ハウスは取り壊され，1775年，その跡地にこの道路が建設された．

　もとはオックスフォード・ストリートに面して門があったが，現在はライオン像のある門柱が1本だけ残されている．袋小路の突き当たりにオリエンタル・クラブ(旧ストラトフォード・ハウス)がある．のちに第8代アメリカ合衆国大統領になるマーティン・ヴァン・ビューレンが，1831年にこの通りに住んでいたし，機知の文人として知られるシドニー・スミスが18番地で晩年を過ごした．10番地の建物には，1738年設立の王立音楽家協会(→Royal Society of Musicians)が入っている．

Stratton Street
ストラットン・ストリート　W1

　もとはピカデリー街の北側一帯の地主，初代バークリー・オヴ・ストラットン卿の所有地の一部だった．地下鉄グリーン・パーク駅に近いピカデリーから北に延びる小路．1924年まで袋小路だったが，デヴォンシャー・ハウス(→Devonshire House)が取り壊されたため，バークリー・ストリートに通じるようになった．

　小路の工事は1693年ころから始まり，1720年には優雅な屋敷町として称賛された．詩人のトマス・キャンベル，劇作家ジェイムズ・バリ，イベリア半島戦争の指揮官リンドホ卿

どが居住した．今日では近代的なビルディングが目立つ．バークリー・ストリートとの角には，デラックス・ホテルメイフェア・インターコンチネンタル・ロンドンがある．

Strawberry Hill
ストロベリー・ヒル

大ロンドン南西部に位置するトゥイッケナム地区（→Twickenham）の南部を占める地域で，近くにはテムズ川が南へゆっくり蛇行し，その対岸には広大なリッチモンド・パークが広がっている．中心部にストロベリー・ヒル鉄道駅がある．

ストロベリー・ヒルに近いトゥイッケナムの大通りクロス・ディープ沿いには，詩人のアレグザンダー・ポープが1719年に借りて44年に亡くなるまで住んだ華麗なゴシック様式の屋敷が立っていた．彼はその屋敷の周りに幻想的な庭園を設計し，ポープス・グロットと呼ばれる有名な人工洞窟を付設した．これは今日でも見ることができるが，屋敷や庭園跡は現在，セント・キャサリン・コンヴェントという女子校が利用している．

テムズ川沿いの球技場ラドナー・ガーデンズのところで道はストロベリー・ヴェイルとウォルドグレーヴ・ロードに分かれるが，その分岐点のふもとにローマ・カトリック系のセント・メアリズユニヴァーシティ・コレッジという男女共学の教員養成校がある．この学校の敷地には，もともとストロベリー・ヒルという名で知られたホラス・ウォルポールのゴシック趣味を遺憾なく発揮した広壮な屋敷が立っていた．

ウォルポールは18世紀半ばのこぢんまりとした田舎家を，1747年から44年かけて壮大な城館のような建物に仕上げ，97年までこの地で贅をきわめた生活を送った．胸壁付きの塔は校門のそばに今日でも残っているが，彼はその田舎家を改築するに当たって，ウェストミンスター・アビーのヘンリー八世チャペルの天井をモデルにするなど，イギリス各地の有名な建物の設計を参考にした．『オトラント城』は，この地で暮らしているあいだに書かれたものである．

ウォルポールの死後，屋敷は何人かの持ち主を経て，1846年に当時のロンドン社交界の花形だったウォルドグレーヴ伯爵夫人に委譲され，政界のサロンともなった．夫人の称号はそばのウォルドグレーヴ・ロードに残っている．その後，1923年になって屋敷はカトリック教育協議会に買い取られた．

Streatham
ストレタム　SW16

大ロンドン南郊に位置し，ローマ人が南イングランドの海岸まで敷いた道（現在ではブライトンまで延びるA23道路）の両側に広がる地域．ローマ人の居留地があったと考えられているが，土地名はサクソン語に由来し，「道沿いの村」を意味する．カンタベリーの大司教たちが南東のクロイドンに館を構えていた中世のころは，ロンドンから南へ向かう途中の便利な宿泊地で，13世紀から市やマーケットが許可されていた．

ロンドン大火で裕福な商人たちが市の中心部から離れた場所に居住地を探さざるをえなくなったとき，ここは上層中産階級の住宅地となった．18世紀のころは，街道を行き交う裕福な旅人をねらう追い剝ぎが出没し，彼らを処刑する絞首台が設けられていた．街道沿いのストレタム・コモン近くで温泉が湧いて人気をよんだが，それも1790年代までであった．かわってあらたに鉱泉が発見され，その鉱水は第二次世界大戦までビン詰めで売られていた．ウェルフィールド・ウォーク（鉱泉の野の遊歩道）とかスプリングウェル・クローズ（鉱泉の路地）というような道路名はその名残りである．

この地域には，1850年代から60年代に鉄道の延伸とともにストレタム・ヒル，ストレタム，ストレタム・コモンの3駅が設けられた．19世紀後半，この地は住宅と商業に二分され，人口も1841年の6000人から，1881年には2万人，その20年後には7万人に膨れあがった．第二次世界大戦中の爆撃で追い出されたロンドンの人々のために戦後開発が行なわれ，緑地の大半が失われた．ストレタム・コモンは昔

よりずっとせまくなり，すぐ北西のトゥーティング・ベック・コモンとは比べようもない．

しかし，劇場やプール，アイススケート場など各種の運動・娯楽施設があるストレタムは，南ロンドンの歓楽地，ショッピング・センターである．

Streatham Common
ストレタム・コモン　SW16

ロンドンとクロイドンのほぼ中間に広がるストレタム(→Streatham)地区に14.5ヘクタールの面積をもつコモン．幹線道路A23(ストレタム・ハイ・ロード)に沿っていて，サザン・リージョン鉄道のストレタム駅とストレタム・コモン駅に近い．1659年，コモンの近くに鉱泉がみつかり，薬効があることがわかると，ここに温泉保養地が出現，18世紀を通じて殷賑をきわめた．1830年代以降，クリケット場として有名．

Streatham Place
ストレタム・プレイス

テムズ川南方ストレタム(→Streatham)地区に立っていた，サザックの醸造業者スレイル家の館．現存せず．現在のストレタム・ハイ・ロードからトゥーティング・ベック・コモンにかかる36ヘクタールの土地に，初代のラルフが1740年に建てた白塗りの大きなジョージ王朝様式の屋敷だった．

その後，息子のヘンリーが受け継ぎ，島が浮かぶ1.2ヘクタールの池を敷地内に造り，スケートに興じたりした．ヘンリーの夫人で作家のヘスターと知己になったジョンソン博士は，たびたびこの屋敷を訪れては庭の木陰で休息し，著作につとめ，そのかたわら現在のストレタム・ハイ・ロード沿いにあるセント・レナード教会に足を運んだ．彼は夫妻の旅行にも同伴するほどだったが，夫が亡くなったあと，ヘスターがイタリア人の音楽家ゲイブリエル・ピオッツィと再婚し，その親交もやがて途絶えてしまった．この屋敷には，政治家のエドマンド・バークや俳優のデイヴィッド・ギャリック，女流作家のファニー・バーニー，画家のレノルズなどがしばしば訪れた．

室内には，スレイル家のためにレノルズが描いた肖像画が数多く飾られ，広大な敷地内には付属の建物が散在していたという．所有地の北西端には通行料金徴収門が立てられていて，料金を払わずに立ち去ろうとした当時の大法官サーロウ卿とかウィリアム・ピット(子)に向けて，門番が発砲したとの逸話もある．

ヘンリーの死後，時の首相シェルバーン卿が3年ほど借りていたが，その後はいろいろな人の手に渡り，1816年に売りに出され，ついに63年に取り壊された．

現在，このあたりは広々とした公園トゥーティング・ベック・コモンとストレタム・コモン(→Streatham Common)の間にはさまれた，郊外の新興住宅地として発展している．

Street Markets
ストリート・マーケット

建物の中で卸売り中心に取引きする市場を屋内市場(covered market)と呼ぶのに対して，通りや広場に屋台を据えて，道行く市民に食料品，青果物，アンティークなどを小売りするのが街頭市場，つまりストリート・マーケットである．

大型のスーパーマーケットやチェーンストア，高級デパートの進出にもかかわらず，ロンドン市民はいまでもストリート・マーケットでの買物を楽しんでいる．人々は生活に密着した市場の雰囲気にうるおいを感じ，共存する社会のシステムをそこに見ている．そこは庶民の台所や生活用品の供給の場というだけでなく，社会教育の場でもある．喧騒と混雑，満ちあふれる生活の臭い，喜びと哀愁が入り混じる一種独特の空間である．

ストリート・マーケットで働く人々は，第一義的には生活の糧を得ることを目的としているが，常に客との交流を忘れず，社会共同体の意識を育む．ユーモアあふれるロンドンなまりコックニー(→Cockney)は客の心をなごませ，親しみのある雰囲気の中で売買がなされる．それはほかのサービス機関では決して

見られない光景である．

　ストリート・マーケットの起源をたずねることは，ロンドンの成り立ちを眺めることでもある．それほど早くからロンドンの各通りに存在していた．最初期には現在のシティのチープサイドを中心に，その横町や小路で村人たちが持参した収穫物を屋台や籠に並べて売ったという．彼らは暮鐘の1時間前に鳴る合図の音とともに店を閉じた．人口の増加にともない，市場の数や扱う品物の種類が増えると，一定の通りで決められた曜日に露店を開いた．中世から近代に向かうころには，有力な市場が勅許によって卸売り市場として発展したのに対して，零細な露店商たちの多くは，月曜日から金曜日まで通りを売り歩き，労働者が買い物をする土曜日と日曜日に特定の市場に集まった．

　ヘンリー・メイヒューが『ロンドンの労働とロンドンの貧民』の中で伝えるように，ストリート・マーケットの最盛期はヴィクトリア朝であった．呼び売り商人（→London Cries）や行商人を含めると，そこで働く人々の数は1900年までに6万人に達したという．彼らはコヴェント・ガーデン・マーケット（→Covent Garden Market）で売られる青果物の半分，ビリングズゲート・マーケット（→Billingsgate Market）で卸される魚の4分の3を直接仕入れ，貧しい地域で売り歩いた．彼らにとって金曜日と土曜日の夜，そして日曜日の朝が最も忙しい時間であった．金曜日は労働者や召使いたちの給料日だったからだ．1849年には，中央ロンドンだけで日曜日の朝開かれるストリート・マーケットは15あったとメイヒューは記している．彼が描写したニュー・カット・アンド・ロワー・マーシュ・マーケット（→New Cut and Lower Marsh Market）のようなヴィクトリア朝の粗野な市場では，こそ泥，スリ，ペテン師がまぎれ込んだり，露店商同士のいざこざが絶えなかったので，常に警官が張り込んで監視した．

　露店商たちは天候に左右されたり，公道使用上の厳しい制約・取締りなど，さまざまな障害と闘わねばならなかったが，街頭での市を好んだ．裕福な貴族たちが見かねて，彼らのために屋内市場用の建物を建てることがあっても，彼らはそれを拒否し，街頭での商いを選んだ．1869年，バーデット＝クーツ男爵夫人はその博愛精神から，壮麗なゴシック風の建物を建て，貧しい露店商たちに屋内市場を提供した．しかし，彼らは従来どおり街頭で商売を続けた．

　ヴィクトリア朝に活況を呈していたストリート・マーケットの多くは，もうその姿を見ることができない．ブリル・マーケット，ソマーズ・タウン・マーケット，モンマス通りの古着市はいまはなく，ニュー・カット・アンド・ロワー・マーシュ・マーケットも半分に縮小された．多くは地域開発のために余儀なく整理されたものである．また，デパートやスーパーマーケットによるショッピングの形態の変質も影響したであろう．しかし，それでもなお今日ストリート・マーケットは健在である．青果物専門のベリック・ストリート・マーケット，チャペル・マーケット（→Chapel Market），それにフラム地区のノース・エンド・ロードのもの，アンティークのポートベロ・ロード（→Portobello Road）や新しいカレドニアン・マーケット，花と植木のコロンビア・マーケット，古本のファリンドン・ロード，食料品から古着まで何でもそろっているレザー・レイン・マーケット．また，国際色豊かなブリックストン・マーケット，リドリー・ロード，それにペティコート・レイン（→Petticoat Lane），若者中心のカムデン・ロックなど新しく登場したものも少なくない．これらのストリート・マーケットは以前にもまして活気にあふれ，多くの人々の心をとらえている．屋台には怪しげな安ぴか物から数千ポンドのアンティークまで，正餐用食器類一式から産地でも手に入れ難い最高級の食材まで，あらゆる種類の品が並べられている．ストリート・マーケットの多くは街角で屋台数台で営業しているが，なかには何マイルも屋台を連ねたものもある．ストリート・マーケットが人を引きつけるロンドン名物のひとつであることはいまも変わりはない．

Street Music
街頭音楽

　紀元前1世紀にブリタニアに侵攻したローマ軍は、管楽器と打楽器の楽団をもちこみ、士気の高揚につとめた．宮廷の余興をになった吟遊詩人や楽師は、11世紀にはすでにシティの街頭や居酒屋に進出し、ギルドを形成した．それは、のちにシティ同業組合のひとつに発展することになった．旅巡業していた音楽家も、やがてロンドンに定住するものが増えていた．ジェフリー・チョーサーやシェイクスピアはロンドンの街頭音楽家の姿を伝えている．中世には、行商人の呼び売りに固有のメロディがつけられるようになり、作曲家オーランド・ギボンズの〈ロンドンの呼び売り〉のような作品に、その一端をうかがうことができる．中世には、シティの経費で維持される夜警が「ウェイツ」(waits)と呼ばれる小さな楽団をつくり、儀式に活躍するようになった．17世紀から18、19世紀に至るまで人気を博したのは、街頭のバラッド歌手である．おりおりの時事問題を取り入れた歌謡が、セヴン・ダイアルズあたりで印刷されて、しばしばヒット曲を誕生させた．19世紀中ごろには、ロンドンのバラッド歌手は250人以上を数え、街頭で楽器を演奏する音楽家の数はそれを上回ると、当時のジャーナリストで作家のヘンリー・メイヒューは記している．

　現在、ロンドンの街頭で出くわす音楽及び音楽家は4つに分けることができる．まず、最も身近なのは、以前ほどではなくなったが、地下鉄の構内でクラシック音楽を奏でるヴァイオリニストやフォーク・ギターを爪弾くジーンズの若者たちである．次は、土曜日のポートベロ・ロード（→Portobello Road）や日曜日のカムデン・ロックやペティコート・レイン（→Petticoat Lane）などの蚤の市に集まる客をあてこむ音楽家たち．そこでは、手回し風琴やバグ・パイプなどの楽器の演奏を耳にすることができる．第3は、バッキンガム・パレスの衛兵交替式で、毎日演奏される軍楽隊の曲．救世軍の軍楽隊は20世紀初頭の隆盛はないとはいえ、いまも健在である．第4は、年中行事に関係した音楽である．トラファルガー・スクエアでは、クリスマス祝歌を大編成の聖歌隊が披露する．多民族都市ロンドンらしく、移民社会の行事につきものの音楽も、ロンドン名物となっている．旧暦の正月を祝うチャイナ・タウンで耳にする民俗音楽や、8月のバンク・ホリデーにノッティング・ヒル・カーニヴァルを盛り上げる、西インド諸島出身者のスチール・バンドがよく知られている．

　しかし、現在のロンドンには、『ロンドンの労働とロンドンの貧民』の著者メイヒューが書き残した音楽あふれる街頭の面影はない．第一次世界大戦後、テクノロジーが急速に進歩した結果、レコードやラジオやテレビが普及し、人々は音楽を家庭で楽しむことができるようになった．パブなども、ジューク・ボックスをそなえ、生演奏は聞かれなくなった．

　このような状況のもとで、街頭音楽を志す者は、たんに生計手段としてのみならず、伝統を自覚してこれに取り組んでいる．たとえば、1960年代から活動しているアラン・ヤングとドン・パートリッジは、バラッドの伝統を意識し、自作の詩を街頭で売っていた．パートリッジの活動は街頭にとどまらず、街頭音楽の存在を音楽界に主張するようになった．ワン・マン・バンドとして初めてBBCのヒット・パレードに登場したし、1969年にはロイヤル・アルバート・ホールで街頭の音楽家を集めたコンサートを催した．

　街頭の音楽家の歴史をみると、彼らが万人に愛されていたわけではなかったことがわかる．1642年に、ピューリタンは街角の音楽を封じこめようと規制にのりだしたし、ヴィクトリア朝初期には、ロンドンの持ち家居住者は「病気その他もっともな理由により」街頭から音楽家を追い払うことが許可された．1864年の首都警察法案では、苦情を受けて摘発ができるようになった．ただ、その苦情申し立てには警察署に出頭する必要があり、なかなか機能しなかった．街頭の音楽家のなかには、わざと調子はずれの音楽を奏でながら、立ち退きに金をせびるような者もいた．ロンドンっ子の多くは、金をたかり、騒音をたて

大道芸人

る街頭音楽家をわずらわしく思うことが多かった．

　ジャーナリズムが街頭の音楽家に同情するようになったのは最近のことである．ロンドン地下鉄当局が，オックスフォード・サーカス駅にスピーカーを設置し，テープ音楽を流すことで，構内の音楽家を追い出しにかかったとき，マスコミは当局を非難する通勤客の声を報道した．これには，稀少価値になった街頭音楽に対するノスタルジーや保護の意識がはたらいている．

Street Performers
大道芸人

　20世紀初頭まで，ロンドンにはさまざまな大道芸が息づいていた．歴史的には，ロンドンの大道芸は，聖人をまつる日に集う信者や巡礼者をめあてにした定期市に由来する．人気を博した芸人は，定期市に限らず次第に他の場所にも姿をみせ芸を披露するようになった．16世紀半ばの修道院解散にともなう失業者が大道芸で身を立てようとしたが，多くは成功しなかった．

　大道芸人は，おおよそ5つにわけることができる．第一に身体の異常な形態を見世物にする者（「髭女」「人魚」など），第二に特殊な身体能力を見世物にする者（「剣呑み男」「火喰い男」など），第三に身につけた芸を披露する者（「綱渡り」「竹馬曲芸」「手品師」など），第四に人形や動物を操る技を見せる者（「人形遣い」「曲芸師」），そして，第五には，先端の科学技術を披露する者（「望遠鏡師」「顕微鏡師」）．

　17世紀には，ジョン・イーヴリンやサミュエル・ピープスが大道芸の生き生きした見聞を記している．この世紀を代表するのは，「火喰い男」のリチャードソンと，イタリアから渡ってきた人形芝居である．この人形芝居はのちにイギリス特有の人形芝居「パンチ・アンド・ジュディ」となり，18，19世紀を通じて現在に至るまで人々に愛されている．いまも，ゆかりの地コヴェント・ガーデンで上演されている．

　『ロンドンの労働とロンドンの貧民』を著わしたヘンリー・メイヒューが調査した大道芸は30種類にも及び，19世紀半ばのロンドンの街頭の活気を伝えている．それは，「パンチ・アンド・ジュディ」をはじめ，大がかりな操り人形「ファントッチーニ」や「中国影絵芝居」上演のようす，ドイツ由来の歯車とバネで動く「自動人形」，イタリアから来た「機械仕掛けのオーケストラ」などの，当時の技術の粋を集めたものである．「手品師」，「曲芸師」，「道化」を目にする機会も多かった．なかでも「竹馬曲芸」のジェリーニ一家は，座付きの手回し風琴に合わせ竹馬でバレエを披露した．芸能一家は，子供に折檻してまで芸を身につけさせた時代だった．「街頭朗詠家」のように，シェイクスピア劇をおしまいから暗唱する奇芸を披露する者もいた．「望遠鏡師」や「顕微鏡師」のように，当時の先端技術をうんちくをかたむけて披露する者もいた．曲芸熊などは20世紀はじめでも，まだ，目にするこ

とができた．

　現在ロンドンで火吹き男や縄抜けなどの大道芸を見ることができるところといえば，まずコヴェント・ガーデンがあげられる．しかし，パリのポンピドー・センター前やローマのナヴォーナ広場ほどの活気には欠けている．ロンドンでは行政や警察が干渉し，大道芸を圧迫してきた．コヴェント・ガーデンでは，かつての市場がモダンなショッピング街に生まれ変わってから，その売上げを妨げないように，また芸の質が低下しないようにと，芸人が審査されている．たとえ上演許可がおりても，上演時間に制限がもうけられている．

　1960年まで今世紀では例外的な長さで30年間人気を博した「エジプト砂踊り」が引退を余儀なくされたのは，たびかさなる違法行為があったからである．上演場所を曜日ごとにかえてなじみ客をかかえつつ，したたかに警察の取締りの目をのがれることができる芸人が，かろうじて生き残る．

　芸人は，人気の演目のかかる映画館や劇場に集まる観客めあてに現われることもある．たとえば，「白雪姫」めあての観客がつくる列を相手に，「小人のロイ」が，物語の中の小人を演じて人を楽しませたりした．しかしロイにしても，舞台の仕事にあぶれたときに街頭に出たのであって，本当の意味での大道芸人ではなく，むしろ野外上演というほうがふさわしい．

　ロンドンの大道芸の著しい衰退は，第一次世界大戦後に始まった．家庭でラジオやテレビやオーディオを楽しみ，余暇を過ごす習慣が広がったうえに，本格的な車社会が到来し，街頭から芸人を追いやることになった．現在のロンドンでは，大道芸人は，ノスタルジーをかきたてるやや特殊な存在である．芸人たちは，規制をのがれて海外にでかけ，活路を見いだしているのが実情である．

　他方，20世紀後半の前衛演劇の実験的試みである「パフォーマンス」，「ハプニング」，「街頭演劇」などが，人々の注意を再び街頭に向けることになった．しかし，これらの前衛的試みは一過性で，娯楽として根づくというこ

とはなかった．

Street Signs
店の看板

　店の看板は，古代ローマ人が石にさまざまの動物や人魚などを彫ったのが起源とされ，これをイギリス人がロンドン市内の店に取り入れた．当初，石造りだった目印はやがて木製に変わり，17-18世紀のロンドンの街頭名物となった．ところが18世紀に入って図柄が派手になり，そのうえ店の商いとは関係のないものまでが描かれるようになった．そうした看板は木枠に入れられ，店の壁と直角に鉄の棒で吊り下げられていたのだが，道路を歩く人の目につくようにと，看板を大きくする店がふえたため，日射しや空気の流れをさえぎることがしばしばだった．また看板がその重みで道路に落下し，通行人を死傷させることもあった．このため1762年には従来の看板が禁止され，現在のようにすべて建物にはりつけることが定められた．しかし，酒場の経営者などはしばらくのあいだこれを無視しつづけ，結局18世紀末になってようやく，それまでの看板が姿を消した．なお，1765年には，道路の角にその通りの名前の標識をつけることも法律で定められた．

　店の看板は，もともと商人が自分の商いの内容を示すために人に配ったカードと関連があると考えられるが，17, 18世紀には文字の読めない人が多かったため，商売の内容を示す絵や図柄を描くことがふつうだった．しかも，この絵看板は人々の目をできるだけ引きつけようとして次第に凝ったものとなり，18世紀初頭には1枚の看板を作るため500ポンドの大金を払った例もある．また多様な品物を商う商人は看板にそれらをできるだけ多く表示することを考えるし，徒弟修業を終えて独立した商人が前の主人の商っていた商品と自分の商う商品とを合わせて看板に描くこともあって，いきおいその図柄は複雑化していった．そうした看板の図柄は種多様なのだが，代表的なものを分類すると，次のようになる．

まず第一は,王室や紋章,あるいは宗教的シンボルや歴史上の故事にのっとったものである.たとえば,ヘンリー八世やチャールズ二世などの歴代の国王の顔を描いたものや,ランカスター王家の白バラ,ヨーク王家の赤バラをデザインしたもの,司教の冠などを図柄にしたものがある.なかでも有名なのはロイヤル・オークで,これはチャールズ二世が追っ手から逃れるためにオークの大木の穴に隠れた故事に由来する.

第二に,歴史上の有名人を描いてその人物に関連する職業を示すという方法がある.たとえば,シェイクスピアやアレグザンダー・ポープは本屋の看板,アルキメデスやニュートンは科学器具の製作をする店,薬屋はガレノスといった具合である.また職業とは関係ないが,ネルソン提督やモールバラ公爵,ウェリントン公爵などは酒場の看板によく登場する.さらにこうした有名人ではないが,ある時代に特徴的な出来事や人物に関連づけた絵看板もある.たとえば,第1次十字軍遠征のあとにはサラセン人の顔を描いたものが流行したし,染物屋がインドの女王,コーヒー店がコーヒーの色やそのエキゾチックな雰囲気にあわせて,店で雇っている黒人の姿を図案化したものを看板に使ったりした.

第三は動物や植物の図柄である.たとえば,ビーバーは帽子屋,ヒョウは毛皮商,クルミは家具商,パイナップルは菓子屋というように,商売に関連する動植物を図柄に使った.なかでも動物は旅籠の看板によく使われていて,たとえば犬と熊を看板にしているのは,そこで熊いじめ(bear-baiting)が見世物として行なわれることを示すものだった.あるいは生きたままの動物を檻に入れて看板がわりにしたなどという,にわかに信じがたい例も見受けられる.

また,猫とヴァイオリンや飛ぶおまるといった,奇異な組み合わせの看板もある.チャールズ・ディケンズの『ピクウィック・ペイパーズ』は数多くのパブが登場することで有名だが,その中にはかささぎと切り株の看板を掲げた同名のパブ(→Magpie and Stump)の様子が詳しく描かれている.このパブも解かりにくい名前だが,「掛け売りお断わり」とする解釈がある.

最後に,こうした看板を描く仕事は無名の職人による場合が多かったが,有名な画家も数多く手がけている.たとえば,リチャード・ウィルソンは看板描きとして出発しているし,ウィリアム・ホガースも精力的に絵看板を制作している.
→Pubs

Street Vendors
大道商人

エリザベス朝のロンドンでは,大勢の貧しい人々が出入りすることによって金持ち客を遠ざけることになってはいけないというので,貧しい人々は店に買物に行くことを禁じられていて,必要とするごくわずかの生活必需品は手押し車を押したり籠を下げた呼び売り商人(→London Cries)から買った.

当時のロンドンの通りは人および車馬専用で,街頭の商い行為は禁止されていた.17世紀もほぼ同様で,市民や商店主が被害をこうむるからと,大道商人は時折捕らえられ鞭打ち刑にされた.とはいえ,人々が買い求めるかぎり呼び売り商いが街頭から姿を消すことはなかった.取締りの強化は警官への反目としっぺ返しを強めるだけで,かえって商売は活気づき,声はいっそう大きくなり,うち鳴らす鐘の音はいちだんとにぎやかになる.これに街の音楽隊が合流して,騒音のすさまじさは常人の耐えるところではなかった.沈黙料を施して一時的に追い散らしたところで,それはほんの一時のことにすぎず,味をしめた連中は沈黙料を求めて再びまい戻ってくるありさまであった.

こうした呼び売り商人はどのくらいいたのであろうか.1841年の政府統計ではその数を2045名としているが,ヘンリー・メイヒューの『ロンドンの労働とロンドンの貧民』によれば生鮮食料品商の人口は3万人,その他,鵞鳥,兎,鶏などの生きもの,磨き砂,暖炉の敷石のような鉱物,日常品,マフィン,古

着・古靴などの呼び売り商いに従事している人は1万3600人となっている．

彼らはテムズ川に近いニュー・カットとかバーモンジーのような貧民街に住み，朝は4時に起きるとすぐ近くの市場へ行き，1，2時間かけてその日の仕入れをする．安い朝食をとり，薄いコーヒー（またはジン，ビール）を飲むと，7時には彼らの売り声が聞こえはじめる．これが，芝居のはねる真夜中までつづいた．読み書きはほとんどできず，教会にも通うことはなかった．幼少のころから親と一緒に仕事をはじめる彼らは，商売のやり方を早くから飲みこみ，ほぼ14歳になると親のもとを離れ，呼び売り商人として自立する．彼らの90パーセントは結婚式を挙げないが，互いに忠実であり，子供の世話に精出した．週12シルから30シル（年間平均40-50ポンド）を稼ぎ，その稼ぎの半分が酒場でビールや賭博に消えた．

衣装といえば，ネッカチーフと靴には念を入れ，前者は絹でなければならず，後者は中古品ではすまされない．呼び売り商人は足元を見れば一目でわかるといわれたように，靴には特別な誇りをもっていた．女性の場合はわざわざ靴がみえるように，ペチコートもかかとまでの短いものを愛用するほどであった．

大道商人は威勢のいい声で「焼き立ての栗，20個1ペニー」，「買った，買った，買った，買った，さあー買った！」，「ヤーマスの燻製ニシン，3匹1ペニー」と，朝早くから夜遅くまで叫びながら商いにはげんだ．一方，古着商は恐ろしい声で「ふーぎ！」を連発．はっきり古着と言えばいいようなものの，1分間に10回，1時間どなりちらすには「ふーぎ！」にならざるをえなかったらしい．朝一番に暁の光とともにやってくるのは煙突掃除人で，ついでユダヤ人の古着買いが召使い用の戸口をたたき，主人から払い下げてもらった古着を買い取ってローズマリ・レインに持ち去った．やがてマフィン売りが朝食用に鈴を鳴らしながら焼きたてのパンを1ペニーまたは2ペニーで売って歩く．ミルク売りが手桶に入れたミルクを肩にかつぎ，1クォート4ペンス，上質の場合だと5ペンスで売り歩く．

毎日のように商う品を変え，ある日はリンゴ，翌日はミカン，次の日は魚，野菜，肖像画，亀を売って歩く人もいれば，「キャッツ・ミート」というふれこみで，実は「キャベツ」を売っているような場合もある．時には俗謡（バラッド）売りが紙を二重，三重に折って厚みをごまかしたり，紛らわしい発音をうまく操って商品の数と値段をごまかしたりするようなペテンもまかり通った．一方ではまた，話術巧みに効能を宣伝する薬売りや，自慢の声をはり上げて商品を売り歩く商人たちもいた．

しかし，大道商人の時代も第一次世界大戦までがせいぜいで，1920年代には数も激減し，騒音の規制と都市生活の変化にともない，彼らはしだいに姿を消していった．

Stroud Green
ストラウド・グリーン　N4

ロンドンの北部，ハリンゲイ自治区にある公園で，一般にフィンズベリー・パークの名で知られ，鉄道と地下鉄にもストラウド・グリーンという駅はなく，あるのはフィンズベリー・パーク駅だけである．ここは，ロンドン近郊がほとんど例外なくそうであったように，長いあいだ人家もまばらなうらさびれた場所だった．それが19世紀後半，急速に住宅地として発展したのは，交通の要所として地下鉄をふくめて，鉄道が開通したことによる．公園内には小さな池があり，クリケット場をはじめ各種スポーツ施設がそなわっている．

Sudbury
サドベリー　HA0

大ロンドン北西部の地域で，旧ミドルセックス州に含まれていた地区．北はハロー・オン・ザ・ヒル，東はウェンブリー地区に接している．この地には昔，カンタベリー大司教の荘園があったが，14世紀になって大司教の田舎の邸宅はこの地から少し北へ入ったピナー

地区のヘッドストーン・レインに立つ館ヘッドストーン・マナーに変わった．

現在では，このあたりはすっかり新しい住宅地に変わっているが，エルムズ・レインには16世紀以来のハンドレッド・エルムズという農場がいまだに見られる．だが，19世紀にはいるとパブリック・スクールのハロー校（→Harrow School）に近いせいもあって，次第に開発の波が押しよせ，鉄道が開通し，20世紀初頭にはロンドン中心部から地下鉄ピカディリー・ラインが延びてきて様相が一変するに至った．

Suffolk Street
サフォーク・ストリート　SW1

ナショナル・ギャラリーの西側にある袋小路．もともと17世紀にサフォーク伯爵の厩があったため，この名がつけられた．道路の途中から西に折れるサフォーク・プレイスを入ると，ヘイマーケットに出る．

東側1番地の家は，1906年にサー・レジナルド・ブルムフィールドの設計で建てられた．ここは現在，英国整骨療法学校になっている．その他の漆喰塗りの家の多くは，1820年代，リージェント・ストリートの建築中に，ジョン・ナッシュによって改築されたものである．ローマン・ドリア様式の切り妻壁と巨大な柱廊玄関をもつ7番地から11番地まではナッシュ自身の設計である．また，西側の建物の一部は，シアター・ロイヤル・ヘイマーケットの裏側になっている．この劇場で，1893年4月19日，オスカー・ワイルドの《とるに足らぬ女》が初演された．

作家アントニー・トロロープは晩年を14番地で過ごし，画家リチャード・ダッドは15番地に住んだ．1829年にウェリントン公爵とバタシー・パークで決闘したウィンチルシー侯爵は，当時7番地に住んでいた．ガーラント・ホテルは画家J.A.M.ホイッスラーの常宿だった．1913年，詩人の野口米次郎は，ホイッスラーを偲んでこのホテルに滞在した．野口はその思い出を『欧州文壇印象記』(1916)に記しているが，現在そのホテルは残っていない．

Summerstown
サマーズタウン　SW17

ロンドン南西郊，ウィンブルドン地区とトゥーティング地区にはさまれた地域．2つの地区はすでにサクソン時代にその名が出現しているが，この地域は，エリザベス一世の時代から19世紀半ばまで長い間かつての小村ギャラットの名で知られていた．現在の大通りギャラット・レインはその名残りである．

ギャラット・レインと交差するバーントウッド・レイン（焼け野原となった森）の名は，ヘンリー七世の時代に国王お気に入りの狩猟場であったこのあたりの森を焼きつくした火災にちなんでいる．ギャラット・レインに並行して流れるワンドル川は，ユグノー派の避難民が16世紀に染物業を始めた川である．釣り場としても有名だった．

18世紀にここの村人たちは共有地を囲い込まれたことに抗議して，その際「ギャラットの村長」(Mayor of Garratt) と呼ばれるリーダーを選出した．この行事はその後も続き，風変わりで，その諧謔と意外性が人気をよび，「選出」の儀式は現在も残るパブ，革袋亭 (the Leather Bottle) で行なわれる．

この地域は教育が進んでいて，早くも19世紀に先駆的な学校がいくつか設立され，1870年代になるとワンズワース地区の寄宿学校制度の基盤となった．近くにヘイドンズ・ロード鉄道駅がある．

Supreme Court of Justice
→Royal Courts of Justice

Surbiton
サービトン　KT6

大ロンドン南西部に位置する地区．ウォータールー駅から汽車で約20分．もとはキングストン・ニュー・タウン，あるいはキングストン・オン・レイルウェイとして知られ，鉄道とともに発展した．ロンドンに通勤する人々にとって便利で，しかも環境にも恵まれた郊外の住宅地として「ロンドン郊外の女王」と称賛された．

1855年，キングストンから独立したが，1965年以降キングストン・アポン・テムズ自治区に属している．現在も多くのヴィクトリア朝時代の建築が残るが，なかでも，ヴィクトリアン・ゴシック様式のセント・アンドルー教会はとくに美しい．街にはしゃれたカフェやブティック，アンティーク・ショップなどがある．対岸はハンプトン・コート・パーク．鉄道サービトン駅がある．

Surrey Commercial Docks
サリー・コマーシャル・ドックス

タワー・ブリッジから2.5キロほど下流の南岸で，ロザハイズ地域に作られたドック群．テムズ川の南岸としては唯一のドック群である．第1号は，1697年に完成されたハウランド・グレイト・ドックである．これがのちにグリーンランド・ドックとなった．その後次々とドックが増設され，9ドック，6貯木場，5.6キロの運河を含む，総面積120ヘクタールの大ドック地帯となった．

その後，この一帯は公共機関の手にわたり，やがて建設業者に売却されていった．現在は，住宅地，スポーツ・グランド，自然公園などとして再開発されている．
→Docks

Surrey County Cricket Club
→Oval

Surrey Iron Railway
サリー鉄道

テムズ川の南側のワンズワースから南方14キロほどのところにあるクロイドンまで，1801年に敷設された鉄道．当時，テムズ川の南側はロンドンには入らず，すべてサリー州に属していたから，この名前がつけられた．また1803年には，さらに南にあるマースタム，ライゲートまで，約15マイルの延長線が敷設された．農作物や石炭を運ぶのが主目的であった．当時すでにイギリス各地にレールの上に車を走らせる交通機関は見られたが，ほとんどは炭坑とか工場の専用線であった．

しかし，このサリー鉄道は原始的とはいいながら公共交通機関で，金さえ払えば誰でも貨物を運ぶことができた．ただ人が貨物の付添いでなく，独自の旅行目的でこれを利用することは稀であり，そのうえ蒸気動力は使っていないので，この鉄道を近代的鉄道の始祖と呼ぶことは難しい．
→Railways

Surrey Gardens
サリー・ガーデンズ

19世紀30年代前半に，ヴォクソール・ガーデンズ（→Vauxhall Gardens）の東に広がる5ヘクタールの土地に開園された動物園．一時期，リージェンツ・パーク内の動物園（→London Zoo）をもしのぐ人気を博したが，入園料だけに頼るサリー・ガーデンズは有力同業者に太刀打ちするため，いわば多角経営にのりだし，フラワー・ショーや展覧会や花火大会などを催した．なかでも成功したのはミュージック・ホール（1856-72）で，大ホールは4隅に5層の塔をかまえた1万人を収容する大規模なものだった．

1855年，ここを訪れたナサニエル・ホーソーンは動物園が目玉だというのに，動物の種類も貧弱で数も少ない，と嘆いた．その年，動物は競売にかけられ，その売上金であらたにコンサート・ホールが建設された．翌年，ホールで福音主義の説教がなされているとき，火災警報機が誤作動して死者7人をだす騒ぎが起こった．ところが数年後，実際に火災が起きてホールは焼失してしまった．再建されたものの，以前のにぎわいを取り戻すまもなく，1877年，サリー・ガーデンズそのものが地区再開発のため閉園に追い込まれた．

Sussex Gardens
サセックス・ガーデンズ　W2

ベイズウォーター地区の大通りのひとつで，一方はエッジウェア・ロードに接し，もう一方はベイズウォーター・ロード近くまで延びている．1938年まではグランド・ジャンクション・ロードと呼ばれていた．

西端に近いランカスター・ゲート通りには，1845年建立のパディントンの教区教会セント・ジェイムズが立っている．道路の両側に並ぶ威風堂々の建物は昔さまざまな文人や知名人の住居だったが，いまではその大半がロンドン中心部のウェスト・エンド地区を訪れる観光客や近くのパディントン駅を利用する旅行客のための手頃なホテルになっている．

Sussex Place
サセックス・プレイス　NW1

リージェンツ・パークの西外縁に並ぶ豪壮なテラスハウス群のひとつ．名称はサセックス公オーガスタスにちなむ．彼はジョージ三世の六男で，プリンス・リージェント（摂政の宮，後のジョージ四世）の弟にあたる．このテラスハウスは摂政の宮がすでにジョージ四世として即位していた1822年に建設された．湾曲した西翼，張り出し窓，コリント式円柱と先のとがったキューポラ（半球状の屋根）とが豪華な特長ある外観を呈している．この建物からのリージェンツ・パークの池の眺めはすばらしい．

1960年代まで上流階級の住居として使用され，その後はロンドン・グラデュエイト・スクール・オヴ・ビジネス・スタディズ，通称ロンドン・ビジネス・スクールの建物として内部の改装が行なわれた．

27番地は王立産婦人科医協会である．

Sutton
サットン　SM2

大ロンドン南西部に位置する．6世紀から7世紀にかけてサクソン人が居住した地域で，「南の農地」を意味する．中世まで農村地帯であったが，1847年にロンドンとエプソムを結ぶ鉄道が開通し，ロンドンに通勤する人の住宅地として急速に発展した．中心部にサットン鉄道駅がある．

駅から北に延びるハイ・ストリートに沿って，セント・ニコラス・ショッピング・センターをはじめ，テスコ，マークス・アンド・スペンサーなどの大型スーパーや，数多くの商店が並び，歩行者専用道路は，周辺地域から集まる買物客でにぎわう．ハイ・ストリート北端の高台には，ヴィクトリアン・ゴシック様式のオール・セインツ教会がある．この教会は，急激に人口の増加した北部の新興住宅地，サットン・ニュー・タウンの住人のために，1865年に建てられた．セント・ニコラス・ウェイにあるシヴィック・センター周辺には，1909年建立のゴシック復興様式のトリニティ・メソジスト教会や，7世紀の建立で，1862年エドウィン・ナッシュによってロマネスク復興様式に改築されたセント・ニコラス教会がある．

シヴィック・センターに隣接するセントラル・ライブラリーは1975年の開館で，ヨーロッパで最もすばらしい地方図書館のひとつとして，整った近代的設備をもち，市民の情報交換と知的な憩いの場となっている．その裏手には，広大な駐車場があり，近代的な高層ホテル，ホリデイ・インがそびえている．その隣には，1930年代の煉瓦造りのクリスチャン・サイエンス教会がある．この教会は，現在セコム・センターという劇場になっている．この名前は，かつてこの付近に住んでいた有名な歌手でコメディアンの名前に由来する．

Swallow Street
スワロー・ストリート　W1

この通りはピカディリーからリージェント・ストリートへ抜ける近道として造られたと考えられる．リージェント・ストリートの南端の湾曲部分と，ピカディリー・サーカスの雑踏を避けるためであった．実際はリージェント・ストリートよりも歴史が古く，現在より長い道だった．

16世紀にピカディリーの真北にあたる地区の広場にトマス・スワローという人が住んでいた．その名をとった町名が1671年の記録に見られる．その後の50年間にロンドンが拡大するにつれて，スワロー・ストリートも北へ北へとオックスフォード・ストリートまで延びたのである．その後，リージェント・ストリートが1810年代に同じルートに沿って出来たときに現在のような短い道路になった．オック

フォート・サーカスの南西隅に近いスワロー・パッセージも昔の名残りである．

Swan Tavern
スワン・タヴァン

　イギリス最大の詩人シェイクスピアが，エイヴォン川の白鳥といわれるように，白鳥はイギリス王室専属のものがあるほどで（→Swan Upping），鳥類の代表ともいうべき存在である．王室の紋章図形にもなっているから，白鳥は昔から旅籠や酒亭の屋号となり看板絵としてイギリス中で見かけられる．17世紀のグルメともいわれるサミュエル・ピープスの日記を見ると，ロンドンだけで1ダースの白鳥亭が出てくる．1660年の2月6日に「朝の一杯を飲む」とあるのは，ホワイトホールにほど近いこのチェアリング・クロス（→Charing Cross）の白鳥亭と思われている．

　この酒亭は15世紀にさかのぼる古いもので，1460年代には貴族や上流階級の庇護の下にあったという．17世紀にはベン・ジョンソンをはじめ，俳優で劇作家のジョージ・パウエルや，好古家のジョン・オーブリーなどが立ち寄った．ベン・ジョンソンがジェイムズ一世の前で唱えた即興の祈りのなかに，「神よ，王と王妃に祝福あれ，…我に祝福あれ，はたまたラルフに祝福を」と「ラルフ」という人物が出てきたとき，王はこのラルフに大変興味をもって問いただしたので，ベン・ジョンソンは「彼こそはチェアリング・クロスのスワン・タヴァンにて，良きカナリー・ワイン（カナリア諸島産の白ブドウ酒）をふるまう亭主にて候」と答えた．オーブレーはこの冗談が気に入って，ベン・ジョンソンに100ポンドを与えたという．文人とパトロンの関係を示すおもしろい逸話である．

　ところで，スワン亭はイギリス中で見かける酒亭の屋号であるが，たまにホワイト・スワン亭というのがある．ブラック・スワン亭もある．両者ともピープスの日記に出てくるから，昔からあった屋号である．双首の白鳥亭（→Swan with Two Necks）もおもしろい屋号である．

Swan Theatre
スワン座

　1595年ごろにパリス・ガーデンの衣料品商フランシス・ラングレーによって建てられたロンドンで4番目の劇場である．ロンドンを1596年に訪れたオランダ人旅行者ヨハネス・デ・ウィットが内部のスケッチをおそらくは記憶を頼りに描いて，それを祖国の友人に送ったものの写しが現存する．これがエリザベス朝の劇場の内部を考察する際の唯一の手がかりである．煉瓦の基礎をもつ円形の木造建築は，約3000人を収容し，フィリップ・ヘンズローがホープ座（→Hope Theatre）を造る際のモデルになった．3層の観客席が屋根のない地面を囲み，そこに四角い舞台がしつらえてある．役者の出入りには背後の2つの扉を使い，裸舞台には部分的に屋根がかかり2本の柱が支えている．

　専属の劇団はなく，芝居以外の用途にも使われた．1597年，劇団ペンブルック一座の上演した《犬の島》が当局の怒りを買い，ベン・ジョンソンら作者は投獄され，劇団は解散した．1601年にはラングレーが死去，劇場もしだいに落ち目となり，劇団レディ・エリザベス一座によるトマス・ミドルトンの《チープサイドの貞淑な乙女》（1611）が最後の上演記録である．1632年にはすでに廃墟と化したという当時の言及がある．ブラックフライアーズ橋南詰めの近く，現在のホプトン・ストリートの西側に当たる．

Swan Upping
白鳥調べ

　テムズ川で毎年7月の第3週の月曜日から4日間行なわれる白鳥調べの行事．伝説によれば白鳥がブリテン島に初めて移入されたのは，12世紀末のリチャード一世のころで，キプロスのビアトリス女王からの贈り物だったという．それ以来，白鳥は王室専属の鳥として大切に保護されてきた．古代ギリシアにおいても，白鳥はアポロとヴィーナスに捧げられた神聖な鳥であった．イギリスでは王室と貴族だけに白鳥の飼育が許されていたが，15

白鳥調べ（19世紀後半）

世紀になって王室以外のシティの2つの同業組合（→City Livery Companies），すなわち染物商同業組合（→Dyers' Hall）と葡萄酒業者同業組合（→Vintners' Hall）にも白鳥の管理権が認められるようになった．

そこで，イギリス中の川に棲む白鳥の数を毎年調べて記帳するようになった．現在では女王によって任命された王室白鳥飼育管理人が，上記の2つの同業組合の代表者たちとともに，ロンドンのブラックフライアーズのテンプル・ステアズに集合し，小型のボートに乗って白鳥をテムズ川上流のヘンリー・オン・テムズまで追い上げ，白鳥の雛を捕らえてそのくちばしに親鳥と同じ数の刻み目をつけて所有権を明らかにしていく．同時に遠くへ飛べないように，翼の羽交いを切る．ひとつの刻み目は染物商同業組合のもの，2つは葡萄酒業者同業組合のもの，刻み目のないのは王室所属の白鳥として区別される．この行事を「スワン・アッピング」とか，「スワン・ホッピング」という．3つの団体の調査員たちは，それぞれのボートに旗をひるがえし，赤・緑・青・白・金と色とりどりの服をまとってテムズ川をさかのぼっていく．行事が終わると，人々は河畔の宿で伝統的な酒宴を催す．メイン・コースには一般には禁止されている白鳥の肉料理が供せられる．1950年代の調査では，テムズ川の白鳥の数は1000羽といわれたが，現在では減少した．

Swan with Two Necks
双首白鳥亭

「白鳥（スワン）亭」という屋号のパブは，「雄鶏（コック）亭」とともにイギリス中に散在している．白鳥は王家の紋章にもなったことから，14世紀以来，旅籠や酒亭の看板になった．2つの頸をもった白鳥などは存在しないが，ロンドンをはじめ各地に双首の白鳥亭という屋号の酒亭があった．看板として人目を引いたからでもあろうが，これはテムズ川の「白鳥調べ」（→Swan Upping）と関係がある．つまり葡萄酒業者同業組合に所属する白鳥のくちばしには，2個の刻みが入っていて，この Two Nicks がなまって Two Necks になったと考えられている．現在のグレシャム・ストリート（→Gresham Street）ができる前は，ここに「乙女横丁」（メイドン・レイン）とか「少年横丁」（ラッド・レイン）があった．その一角に北部イングランドへの駅馬車の終端駅となった双首の白鳥亭があった．サミュエル・ピープスが訪れた双首の白鳥亭は，当時ホワイトホールに近いテムズ河岸にあって，小ぎれいな食堂が気に入ったと記している．

ちなみに，ランカシャー州の町にある双首

の白鳥亭は新しい屋号で，前身はストックス亭と称した．ストックスとは「さらし台」のことで，酒亭の前に置かれていたという．「双首」との連想がある．

Swiss Cottage
スイス・コテージ亭
Finchley Road, NW3

　リージェンツ・パークの北部，地下鉄スイス・コテージ駅の前にある，スイス・アルプスのシャレー風の建物で人気があるパブ．フィンチリー・ロードに沿っていて，付近には19世紀に発展したリボン状のフラット街が並んでいる．この酒亭は1826年にできたトールゲート（通行料金取立所）とともに開店したスイス風の建物であった．第二次大戦後，現在の建物になった．1964年には，その向かい側にハムステッド図書館ができて，スイス・コテージ・センターの一部をなしている．

Sydenham
シドナム　SE26

　ロンドン・ブリッジ駅から列車で15分ほどでシドナム駅に着く．17世紀半ばシドナム・ウェルズ・パークに温泉が発見されるまで，静かな田園の村落にすぎなかった．苦い温泉水が健康にいいといわれると，それを飲みにくる人々でにぎわった．鉄道が開通すると，アッパー・シドナムは高級住宅地として，ロワー・シドナムは労働者階級の住宅地として栄えた．この土地が全国的に有名になったのは，1851年の世界万国博覧会（→Great Exhibition）のいわば主役を務めた水晶宮（→Crystal Palace）がここに移転された（1854）ことによる．シドナム駅の西にあるクリスタル・パレス・パーク（→Crystal Palace Park）に移転当時，このガラスと鉄の大建造物は新奇の娯楽場として大にぎわいを呈したが，1936年11月火災に遭って，この記念碑的建造物は焼失してしまった．

　現在は，ロンドン郊外の密集住宅街にすぎない．ここの住人にサー・アーサー・サリヴァン，詩人トマス・キャンベル，カール・マルクスの娘などがいた．

Sydney Street
シドニー・ストリート　SW3

　チェルシーにあるこの通りは，フラム・ロードとキングズ・ロードを結ぶ役目をしており，チェルシー・オールド・タウン・ホールの地点でキングズ・ロードに合流する．

　東側にセント・ルーク教会があり，チャールズ・ディケンズはこの教会で1836年に結婚した．シドニー・ストリートは1845年に完成，近くのシドニー・プレイスと同じくスミズズ・チャリティ・エステイトの管財人のひとりの名にちなむものと思われる．この通りにある病院も教会と同じくセント・ルークの名を冠する．1991年にこの病院は，心臓と肺専門のロイヤル・ブロンプトン・ナショナル・ハート・アンド・ラング・ホスピタルズ（→Brompton Hospital）に代わった．

Syon House
サイオン・ハウス
Syon Park, Brentford, TW8

　ロンドンの西郊，ブレントフォード地区の南部に広がるサイオン・パーク内にあるノーサンバーランド公爵家の歴史的館として知られるが，それ以前は数々の英国史の舞台となってきた．

　もとは1415年ヘンリー五世によってトゥイッケナム（→Twickenham）に創設された修道院領地内の石造の館であったが，1534年ヘンリー八世の修道院解散令によって没収され，王家の所有となった．1542年，ヘンリー八世の5度目の王妃キャサリン・ハワードは不倫罪で処刑されたが，処刑前ここに監禁された．そのヘンリー八世は5年後他界し，ウェストミンスター・アビーでの葬儀後，ウィンザー城のセント・ジョージズ・チャペルに埋葬する葬列が，サイオン・ハウスに一泊した．その深夜，同王の柩の蓋が開けられ，野犬が王の遺体の一部をかじり取ったというおぞましい事態が起きたという．

　次のエドワード六世が未成年で王位に即く

と，摂政のサマセット公爵エドワード・シーモアが旧修道院領を手に入れ，自分の館を建てたが，その設計が今日のサイオン・ハウスの基礎になっている．しかし，サマセット公はノーサンバーランド公ジョン・ダドリーによって反逆者として処刑され，領地と館はダドリーの所有となった．そのダドリーはエドワード六世没後の王位に，息子の嫁のレディ・ジェイン・グレイを擁立し，1553年にサイオン・ハウスでジェインの王位を宣言したが，ジェインの王位は9日で終わり，ダドリーは反逆罪で処刑された．

わずか19年のあいだに大事件に揺れたサイオン・ハウスであったが，1594年エリザベス一世は第九代ノーサンバーランド伯爵のヘンリー・パーシーに，サイオン・ハウスと広大な敷地の賃借権を与え，これが今日につづくパーシー家のサイオン・ハウスのはじまりとなっ た．次の第十代伯爵アルジャーノン・パーシーは高名の建築家イニゴー・ジョーンズを雇って館の内外の大改装を行ない，さらに100年後の1766年に初代ノーサンバーランド公爵（前記ノーサンバーランド公家とは関係のない家系による3度目の公爵家）に叙爵されたヒュー・パーシーは，ジョージ三世付きの建築家として知られるロバート・アダムと契約して，徹底的な改築に乗りだした．公位に叙爵される前の1762年に始まった改築工事は，アダムの没年の1792年になっても完成しなかったというから，その工事の徹底ぶりをうかがわせる．工事は三代，四代公爵に引き継がれて19世紀まで続き，建築のみならず庭にも手が加えられ，有名な植物庭園サイオン・パークは1837年から一般に公開された．その中にはエドワード四世の時代に植えられた桑の木という，園芸学上貴重な植物もある．

T

Tabard Inn
タバード・イン

ジェフリー・チョーサーの『カンタベリー物語』の巡礼たちが，カンタベリー詣でに出発するための集合宿であった．ここはもとウィンチェスターに近いハイドの修道院長の領地で，1380年ごろはサザック出身のヘンリー・ベイリーが経営する旅籠であった．チョーサーが亡くなった1400年以後は荒廃したままになっていたが，16世紀末に改修され，1676年の火事で焼失したものの，すぐに再建された．トールバット亭（Talbot）と屋号を変えた．1875年に，鉄道線路の建設のため取り壊され，トールバット・ヤードという地名を残すだけとなった．

現在残っている近くのジョージ亭（→George Inn）と同じ構造で，ギャラリー付きの旅籠であった．「トールバット」とは猟犬の一種で，紋章にもなったので，この屋号の酒亭は各地にあった．版画を見ると，ギャロウズ・サインという，道路をまたいで張り出した絞首台のような木材のアーチがあったことがわかる．18世紀のサザック定期市（→Southwark Fair）のときは，この中庭で芝居が演じられた．ホガースの版画がそれを示している．トールバット亭はエリザベス一世半ばごろのロンドンの代表的旅籠（イン）で，1階には通りに面して「暗い客間」があり，炊事場，食堂，広間，休憩室もあった．2階には3部屋あって，その上に屋根裏部屋があり，「記帳の間」「イチハツの間」「ラッセル氏の間」などがあった．倉庫，石炭置場，かまど小屋，馬小屋，鳩舎が裏に隠れてあった．

ちなみに，最初の屋号の「タバード」とは，もとは中世の小作農が着た袖なしの粗末な上着であったが，チョーサーの作品では「コート・アーマー」と呼ばれる騎士たちの紋章付きの陣中着のことでもある．楯の紋章と同じ図形を縫い取った外被で，いわば陣羽織とでもいうべきものであった．

Tallow Chandlers' Hall
獣脂蠟燭商同業組合会館
Dowgate Hill, EC4

獣脂蠟燭の製造のほかに，その原料や油，酢，塩などを扱っていた業者の同業組合会館．ヘンリー六世の勅許をえてから組合は勢力を伸ばし，16世紀以降になると，格づけ順位21位を確保するまでになった．彼らは塩販売業者（→Salters' Hall）と緊密な関係を結んだり，またときには塩などの販売権をめぐって対立したりした．彼らは古くから不良食用油を摘発して廃棄処分にする権限を握っていたが，1708年にそのために損害をこうむった一業者から提訴されたのを機に，その権限を放棄した．もちろん，その権限が食料品の品質の保持に大いに役立っていたことは，認められねばならない．しかし一方彼らは，1690年代に街路の照明に反対し，19世紀にもガス灯の導入に反対する運動を起こした．

組合は1476年に現在の所在地に敷地を購入して会館を建設したが，ロンドン大火で焼失

タバード・イン(17世紀)

した．1672年に建築家クリストファー・レンによって再建され，以後，今世紀までに2度修復が行なわれ，1941年の爆撃でかなりの損害をこうむったが，さらに修復が重ねられて今日に至っている．
→ City Livery Companies, Wax Chandlers' Hall

Tate Gallery
テート・ギャラリー

2000年5月に新しく美術館が開館した．これによりテート・ギャラリーは，ロンドンに2か所となり，既設のリヴァプール，セント・アイヴズを含めて全4館を擁する，名実ともに大美術館に生まれ変わった．

①**Tate Britain** テート・ブリテン
Millbank, SW1

新古典主義様式の柱廊玄関を正面にしてテムズ川にのぞむこの美術館は，イギリス絵画と近・現代ヨーロッパ美術の殿堂である．ミルバンク感化更生院跡地にヘンリー・テートの資金援助とそのコレクションを核に1897年に開館した．テートはテート角砂糖で知られる砂糖業で財をなし，現代美術の収集家・後援者であった．建物は1979年の大増築をはじめとして前後5回におよぶ増改築が行なわれ，その間いくつかのコレクションをここにまとめながら，現在，絵画を中心に彫刻，版画を1万6000点あまりを所蔵する．そのうち展示できるのはわずかに8分の1程度である．展示は画家単位とテーマ別の2本立てで，テーマは画家とモデル，文学と幻想，社会と人間など5テーマである

この美術館の目玉のひとつであるターナーの風景画は増設されたクロアー・ギャラリー(1987)に一括して展示されている．ほかにブレイクとその流派，ゲインズバラ，ホガース，シッカート，ホックニーなどの作品，コンスタブルとその他の風景画，ラファエル前派などがある．1900年以降の作品は新しくできた

テート・モダンに移された．

②**Tate Modern**　テート・モダン
　　Bankside, SE1

　ミレニアム事業の一環として2000年5月，テムズ川南岸のサザック地区に，旧バンクサイド発電所を利用改装して開館した．約1.1ヘクタールの広さに，イギリスの1900年以降の作品と，ダリ，ピカソ，マティスなどを含む海外の近現代美術を展示する．また，オーディオ，コンピュータなどによる資料室も完備している．ニューヨークの近代美術館，パリのポンピドー・センターにならぶ現代美術の殿堂として注目される．

Taverns
→**Inns and Taverns**

Tavistock Square
タヴィストック・スクエア　WC1

　地理的には西隣にあるゴードン・スクエア（→Gordon Square）と対をなし，広場の名前は同じ地主であるベドフォード公爵ラッセル家がタヴィストック侯爵位をも兼ねていることに由来する．開発計画はラッセル・スクエア（→Russell Square）とほぼ同時期の1800年に始まり，ナポレオン戦争の激化などの影響を受けて一時中断したあと，1826年にほぼ完成した．当時の代表的大規模開発業者であるジェイムズ・バートンとトマス・キュービットが相次いで手を染めている点は注目されるが，ラッセル家の不動産開発戦略に占める重要性は，ラッセル・スクエアに比べ多少見劣りしたといわれる．

　バートンが1803年ごろ広場東側に完成させた建物のひとつ，タヴィストック・ハウス（のちに建て替えられる）には，ホイッグ系の有力新聞『モーニング・クロニクル』の主筆ジェイムズ・ペリーが長年居住した．その後19世紀半ばに，作家チャールズ・ディケンズがマリルボーン（→Marylebone）のデヴォンシャー・テラスから移住して来る．『荒涼館』，『二都物語』などの代表作の多くが，この広場に住んだ10年ほどのあいだに執筆された．

　20世紀には，ブルームズベリー・グループ（→Bloomsbury）のひとりで，女流作家のヴァージニア・ウルフと，夫レナードが1924年以降52番地に住み，ユーストン駅を利用するためここを通過する王族を窓や玄関前から眺めた．ウルフの代表作を含めて，多くの先進的出版物を出したことでも知られるホガース・プレスの活動拠点でもあり，1930年代の左翼的青年詩人として知られるジョン・レーマンも，一時その出版を手伝い，「52番地の…寒くてすきま風の入るガタガタ」の地下印刷所に通った．

　現在の広場にはロンドン大学の施設やホテルが集まるが，中央庭園部には広島の原爆被災者を記念する桜が1967年に植えられ，ネール・インド首相の植樹した樹木とともに緑を添えた．この広場から東へ，リージェント・スクエア入口まで走る街路がタヴィストック・プレイスであり，これもバートンの開発になる．歴史家マコーレーの父ザカリー・マコーレーが一時期住んだことでも知られる．

Taxis
ロンドンのタクシー
〈タクシーの前身〉

　ロンドンにガソリン・エンジンによるタクシーが登場したのは20世紀初頭である．それ以前は，いうまでもなく馬車が公共乗物の主流であった．それらの乗り物は，貸し馬という語に基づいて「ハックニー・キャリッジ」と呼ばれた．通常，2頭立て6人乗り四輪馬車であった．

　当初は椅子駕籠（sedan chair）と競合することもあったが，道路が改善され，馬車がスピードを出せるようになると，18世紀末には椅子駕籠はほとんど完全に姿を消してしまった．

　19世紀のはじめころには，貸し馬車は老朽化がはなはだしく，みすぼらしい乗り物となり，世紀の半ば以降，交通機関としての免許が新型の乗り物に移ってから，その姿は，ロンドンの街頭にほとんど見られなくなった．この新型の乗り物は1頭立て2輪で，「キャブ」と呼ばれたが，これはフランス語の「キャ

763

ブリオレ・デ・プラース」に由来した．1830年代になると，発明者の名をとった「ハンサム・キャブ (hansom cab)」が登場する．屋根つきの完全な箱型で，御者は後部の高い位置の座席に陣取り，手綱は屋根の上を通し，その屋根には箱の中の乗客と連絡をとるための小さな穴があいていた．乗り心地をよくするために頑丈なゴムタイヤが導入されるなど改良が加えられた結果，「ハンサム・キャブ」は馬にかわるモーター付き車両の登場まで主役でありつづけた．

ハンサム型に加えて，完全な箱型で2人乗りの，室外に3人を乗せることもできる四輪辻馬車も登場した．御者は馬の真後ろに座った．この形式の馬車は「がみがみ野郎」(growler) のあだ名で親しまれ，多くの荷物を運べるなどの利点もあった．そのため主要な鉄道の終着駅でとくに重宝がられた．

ロンドンで辻馬車の数が最高に達した20世紀初頭の1903年には1万1000台を数え，うち3分の2がハンサム型で，残りはグラウラー型であった．

〈タクシーの登場〉

19世紀末になると，電気を動力にした最初のタクシーが登場する．はじめ成功をおさめるが，やがて激しい振動やブレーキの問題などの欠陥が現われはじめ，それに維持費が高くつくこともあって，1910年代の半ばまでには完全に引退してしまった．1906年ごろにはガソリン・エンジンによるタクシーがぽつぽつ出はじめ，首都警察は，馬車の場合と同じように，構造と使途について規制を設けた．ガソリン・エンジンによるタクシーは急速に普及し，それにつれて辻馬車は衰えていった．ハンサム型は1920年までにほとんど完全に姿を消したが，グラウラー型はその後も多少生き延びることができた．

20世紀初頭はメーター制タクシーの実験期であった．距離と料金，それに待ち時間と荷物などの追加料金を記録する機械が導入された．1907年7月，モーター・キャブに取り付けることが義務化され，同時に馬車にも採用された．本格的なタクシーの誕生である．

多くの自動車会社がタクシー専用の車種を登場させた．たいていはエンジンを前部に取り付け，2人乗りの車体をもつ，ハンサムに酷似するありきたりの車両だった．つまりモーター用の車台に馬車用の車体を乗せるという構造をもったものだった．やがて座席を2つ増やし，乗客が向かい合うかたちで乗る4人乗りタクシーも姿を見せはじめ，これが以後標準型となった．また，標準型以外に足温器や運転手と話ができるスピーカーを備えたり，毎日新しい花を飾ったりするデラックス型まで登場した．

〈大戦とタクシー〉

第一次世界大戦中は深刻な燃料不足が起こり，多数の運転手が軍隊に動員されたこともあって，ロンドンのタクシー数は極端に減少した．戦後しばらくして，ようやく新しい世代のタクシーが現れるが，自動車会社は以前とちがって，自家用車の改造型ではなく，規制に適合した特別な型を製造した．しかし，1930年代になると，こうしたモデルはまもなく自家用車に比べて古臭くなり，さらに現代風の新しい特徴をもった車両が法改正にも助けられて登場した．

第二次世界大戦が勃発すると，再びロンドンのタクシー数は激減した．多くのタクシーがドイツ軍のパラシュート部隊の上陸に備えて，マシンガンを装備し，そうでないものは消火活動に利用できるように改造された．また，ロンドンに対する激しい爆撃によって多くのタクシーが損傷し，破壊された．

戦後になると，新型車が導入され，戦時中酷使された旧型車に取って代わった．新型では戦前の古い折りたたみ式幌をもつ型は皆無だった．50年代の燃料代の高騰はまたしてもタクシー数の減少をもたらしたが，そのときは経済車と耐久性のあるディーゼル・エンジン車の導入によって急場をしのぐことができた．

1958年，現在のFX4型タクシーが登場して，事実上ほかのすべてのモデルに取って代わった．装備や付属品の面でさまざまな特徴を備えた上級車種を登場させることによって，

このモデルはいまも「フェアウェイ」(Fairway)の名で生産されつづけ, 依然として中心車種の座を占めている. 現在, タクシーの大部分はディーゼル車で, わずかに天然ガスによるものもある. 現在, 大ロンドンでおよそ1万8500台が稼働している. うち75パーセントが個人タクシーである.

〈きびしい諸規制と信頼されるタクシー〉

タクシーの構造と営業に関する規制は最初期から行なわれ, 今日に至るも存続している. 仕様はすべて警察, 公共車両局の定める条件を満たさなければならず, そうして初めて型式認可がおりる. 車両の全長にも規定が設けられ, それに合わせてタクシー駐車場の大きさが決定され, 過大車両による交通渋滞の増加を防ぐのに役立っている. 最小回転半径についても, せまい場所での行動性を確保するためにきびしい規制がある. 客室内の実質的スペース, ドアの開口部の広さ, 車体の最高地上高, 室内の最低天井高などにも規定がある. こうした規制によって車椅子の利用が保証され, タクシーはすべて荷物置き場, 安全取っ手を備えていなければならない. 座席と補助椅子の間隔, 座席の寸法, 窓の開閉装置, 暖房, 換気, 照明, 荷物を置くスペース, 床の敷物の種類などが決められている. また運転手は客室と隔てられていること, しかし不自由なく連絡がとれることが決められている. 以上のきわめて広範かつもろもろの規制の遵守があるからこそ, ロンドンのタクシーが今日広く信頼され, 世界で他に類のないあの独特な外観を呈しているのである.

タクシーの営業に際しては, 車両の定期検査を受けなければならないし, 十全な整備が行なわれていなかったり, 装備に少しでも足りない点があれば, 運転は認められない. 車体の色はいまでは必ずしも黒一色ではないが, 流行になっている全面広告を含めて, 公共車両局の許可を得なければならない.

きびしい検査に合格しなければならないのは, 運転手も同様である. 運転手は21歳以上で, 身体検査を受け, 違反の有無の前歴調査を含めた人物調査があり, 品性のすぐれた人間でなければならない. 将来運転手を志す者はふつう「知識」(The Knowledge)といわれる学科試験を受けなければならない. これは, 目的地へ最短距離で到達するために, ロンドンにある街路, 病院, 教会, 映画館, 公園, スポーツ・センター, レストラン, 博物館などなどの所在地についての完璧な知識を証明する能力テストである. それに合格するにはふつう2年かかる. その間, 小型バイクによる路上での実習, 地図と道路事情の勉強に多くの時間をかけなければならない. 試験はきわめて厳格な面接試験のかたちをとり, 試験官は受験者に, 指定する2地点間の道順について, 街路名, 曲がり角, 一方通行路, 乗客を降ろす道路などを含めた詳細な説明を求める. さらに学習期間について問われるなど, 学力が基準に達していると試験官が納得するまで, 面接がくりかえされる. 「知識」に合格すれば, 最終段階として公共車両局の実施する実技試験を受けて, 運転技能を証明しなければならない. こうしてようやくタクシー運転免許が取得できる.

料金は, タクシー会社と運輸省の合意で決められる. どのタクシーにも詳細な料金説明書きが掲示され, メーター器をしかるべき位置に備えつけていなければならない.

以上の諸規定のおかげで, 乗客は十分に整備された車両で安全に, しかもロンドンに完璧な知識をもった人間の運転によって移動することが保証されるのである.

Teddington
テディントン

大ロンドン南西郊のリッチモンド・アポン・テムズ自治区に属する, テムズ川西岸沿いの地区. 中世にはウェストミンスター・アビーの寺領で, 集落があった.

テディントン自体に特記すべきことはないが, テムズ川との関係では大きな意味をもっている. ここには川を上流と下流に分かつテムズ川最大の堰や水門があり, ここから下流は北海からは完全に遮断されておらず, その潮の干満の影響を受ける. ロンドン市民のた

765

めの取水は堰より上流に限られている．ここより上流域を管理するテムズ川水域管理委員会と，河口までの下流域を管理するロンドン港湾局（→Port of London Authority）の担当域の境界を示すオベリスクが，テディントン・ロックよりおよそ240メートル下流の東岸に建てられている．

19世紀に入って鉄道が敷かれ，静かな住宅地として人気を呼ぶようになった．川近くの，以前テディントン映画スタジオだったところは，テムズ・テレビ局のスタジオとなっている．南には広大な公園ブッシー・パークが広がり，さらにその南方がハンプトン・コート・パークである．

Telecom Tower
→**British Telecom Tower**

Telephones
電話

イギリスにおける電話は1911年までヴィクトリア・エンバンクメントにあったナショナル・テレフォン・カンパニーとクイーン・ヴィクトリア・ストリートにあったポスト・オフィス（現郵政公社）の両者が管掌していた．その後，ポスト・オフィスの西中央局（→General Post Office）が業務を担当することになった．1969年以後は英国電信電話公社が引き継いだ．1980年に民営化され，現在ではマーキュリー社などがこの分野に参入し，技術革新のなか，激しい競争を繰り広げている．最近はモービルフォーンと呼ぶ携帯電話の普及がめざましい．

公衆電話は，コイン式とカード式のほか，クレジットカードが使えるものもある．コイン式の場合，一度入れたコインは戻ってこない．カード式はブリティッシュ・テレコムとマーキュリー社でそれぞれ専用のフォーンカードが必要である．

999は緊急電話で日本の110番と119番を兼ねている．ロンドンの電話番号は2000年4月に変更され，020-7 [8]×××-××××，つまり市外局番020に7および8で始まる8桁の番号が続くことになった．01と02以外で始まる電話番号は携帯電話などで，0800はフリーダイヤルとなっている．国際電話・ファックスでの日本の国番号は81である．

Television
テレビ放送

イギリスのテレビ放送には，公共放送である英国放送協会（→BBC）と民間放送がある．
〈BBC〉

BBC 1とBBC 2の地上波2チャンネルからなり，番組の多くはロンドン西郊ホワイト・シティにあるBBCテレビジョン・センターなどで制作・放送されている．いずれも総合編成で，ニュース，時事，教養，スポーツ，娯楽などの番組が中心だが，日本のNHKの総合テレビに相当する一般向けのBBC 1にくらべ，BBC 2はドキュメンタリー，歴史，宗教，教育など専門化された内容の番組が多い．放送時間は，ともに24時間．

衛星放送やケーブルテレビの普及もあり，視聴シェアは民放に押され気味だが，BBCは民放にない番組の多様性と質，見識の高さでその独自性を保持している．1994年から95年にかけて放映された，第二次世界大戦での連合軍によるノルマンディ上陸作戦の日「Dデイ」の50周年にちなんだ14時間のドキュメンタリー番組や，ナチス強制収容所アウシュヴィッツからの解放を膨大な量の映像記録でまとめた作品が評判を呼んだ．

動物の生態をじっくり追う自然番組「ワイルド・ライフ」はBBC 1とBBC 2で交互に放送される．また，ロンドンの下町イースト・エンドに住む庶民の生活を描くドラマ「イースト・エンダーズ」は15年をこえる長寿番組で，いずれもBBCの看板番組となっている．宗教番組では，教会での賛美歌を中継する「ソングズ・オヴ・プレイズ」が，地味だが40年の歴史がある．

スポーツ番組では，フットボール（サッカー），クリケット，ラグビー，テニスなど，イギリスが生んだスポーツ中継に人気が高く，関心の薄い野球はほとんど放送されない．

1998年9月には世界で初のデジタル放送を開始，ニュースや議会中継など専門チャンネルの拡充につとめた．

〈民間放送〉

長い間BBCの独占が続いていたイギリスの放送界だが，1955年初の民放テレビ，テムズ・テレビジョンがロンドンで放送を開始した．現在は，地上波のチャンネル3，チャンネル4，チャンネル5のほか，衛星放送のBスカイB，ケーブルテレビがある．デジタル放送では，スカイDigitalが1998年10月から140チャンネルによる衛星放送を開始．地上デジタルのOndigitalも翌1月にスタートした．ともに加入者を増やしている．

かねてから民放の導入を主張していたのがチャーチル内閣で，1953年の放送白書で，民放テレビに対して放送免許や放送施設を持つ公的機関，独立放送公社（Independent Broadcasting Authority，略称IBA）を発足させた．民放テレビは各地で次々と開局され，BBCにはない番組編成が人気を呼び，視聴率でもBBCの牙城をおびやかすようになっていった．

1991年，IBAに代わって独立テレビ委員会（Independent Television Commission，略称ITC）が発足．ITCは放送事業者に免許を交付し，その事業を規制監督する機関という役割を担うことになり，現在に至っている．このうち番組内容については，「家族で楽しめる健全性」を基本に，ことに午後9時以前に放送される番組に対して公衆道徳に反する場面を禁止するなど厳しい姿勢を示している．

チャンネル3（ITV）の番組は全国16のテレビ局の制作番組により編成されている．ロンドン地区では，平日のカールトン・テレビ（Carlton），週末のロンドン・ウィークエンド・テレビ（LWT），朝食時のグッド・モーニング・テレビ（GMTV）の3局に免許が与えられている．つまり，第3チャンネルを通じ，3つの局の番組を視聴することになる．カールトン・テレビは，ソープ・オペラと呼ばれる連続ドラマを編成の柱にするなど娯楽色が強く，ロンドンの出来事を軽やかなタッチで構成する「ロンドン・トゥデイ」や「ロンドン・トゥナイト」も人気がある．

ロンドン・ウィークエンド・テレビでは，政治家による討論番組「クロス・トーク」や25年以上続いている時事解説番組「ロンドン・プログラム」に固定の視聴者が多い．日本で人気のあった「名探偵ポワロ」シリーズはロンドン・ウィークエンド・テレビの制作である．

チャンネル4は1982年開設の非営利法人Channel Four Corporationが運営する全国ネットの公共放送．斬新な演出や切り口で迫る硬派のドキュメンタリー番組や教育，実験番組などを中心に編成，BBCと競いあっている．日本の大相撲の取組みなども紹介，話題作りにも長けている．

チャンネル5は1997年3月放送開始の後発局．10代後半から中年層を視聴対象にするなど，独自のカラーを出している．特別捜査班の活動を描くドキュメンタリードラマのほか，アクションドラマ，映画，スポーツ，動物をテーマにした番組が目立つ．3人の元女性警官が事件を解決していく「チャーリーズ・エンジェルズ」も看板番組のひとつ．

〈衛星放送〉

1980年代の初め，政府はBBCと民放の2本立てという方針を明らかにしたが，BBCは資金難で撤退，衛星放送は民放同士の一騎打ちとなった．

1つが1989年2月から放送を開始したルパート・マードックのスカイ・テレビ，もう1つは翌年4月に放送を開始したメディア産業を中心とするグループが出資するBSBである．しかし別々の受信装置が必要なことや，激しい視聴者獲得合戦が続いた結果，両社は，赤字が累積する中での無益な争いを続けるのは得策でないと判断，1990年11月，スカイ・テレビがBSBを吸収するという形で合併，BスカイB（B Sky B）が誕生した．

BスカイBはニュース専門のほか，映画，スポーツ，ゲームなどアストラ衛星による30チャンネルのパッケージ番組が人気を呼んでいる．視聴者数はヨーロッパ，中東，アフリカを中心にした45か国以上，7500万人．資金

2つのテンプル法学院

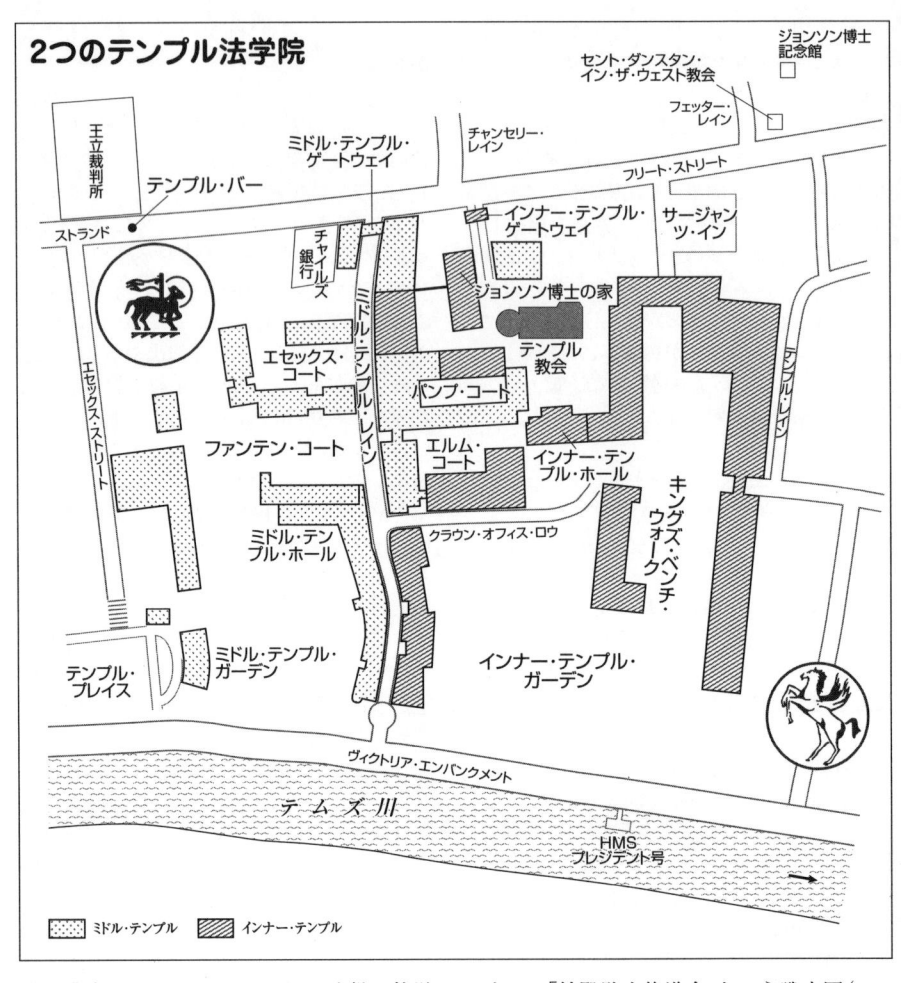

地図ラベル:
- 王立裁判所
- テンプル・バー
- ミドル・テンプル・ゲートウェイ
- セント・ダンスタン・イン・ザ・ウェスト教会
- チャンセリー・レイン
- フェター・レイン
- ジョンソン博士記念館
- ストランド
- フリート・ストリート
- インナー・テンプル・ゲートウェイ
- サージャンツ・イン
- チャイルズ銀行
- ジョンソン博士の家
- エセックス・コート
- テンプル教会
- ミドル・テンプル・レイン
- パンプ・コート
- テンプル・レイン
- ファンテン・コート
- エルム・コート
- インナー・テンプル・ホール
- キングズ・ベンチ・ウォーク
- ミドル・テンプル・ホール
- クラウン・オフィス・ロウ
- テンプル・プレイス
- エセックス・ストリート
- ミドル・テンプル・ガーデン
- インナー・テンプル・ガーデン
- ヴィクトリア・エンバンクメント
- テムズ川
- HMSプレジデント号
- ミドル・テンプル
- インナー・テンプル

力が豊富なところから，スポーツ中継の放送権を次々と獲得してきた．

Temple, The
ザ・テンプル　EC4

シティの西端にあるファリンドン行政区内で，フリート・ストリートからテムズ川方向へ広がる法曹界地域のこと．ストランドがフリート・ストリートにつながるところで，1878年までテンプル・バー（→Temple Bar）というシティへの門が通りをまたいで立っていた．

聖地を東洋の邪教徒から奪回し，キリスト教徒に巡礼の道を確保することを至上命令とする，「神殿騎士修道会」という戦士団（テンプル騎士団）がシティ・ウォールの外側に生まれた．本拠地を現在のホーボーンに定めたが，1161年にテムズ河畔に移り，1185年エルサレムの聖噴墓教会に似せた円形神殿テンプルが造られた．これが現テンプル教会（→Temple Church）の起源であり，その後この一帯がザ・テンプルと称されるようになった．騎士団は12世紀以前からテンプル境内で法学生に勉強をさせていた．その後，教団の解散，譲渡を経て1608年，ジェイムズ一世はその地所を，当時すでに法学院として確立していたインナー・テンプル（→Inner Temple）とミ

ドル・テンプル(→Middle Temple)に永久に授けた．ミドル・テンプルはインナー・テンプルの西隣でシティの境界線に接していて，それぞれともに成長した．それら2つのテンプルのさらに西隣で境界線をはみ出したところに，かつて「アウター」テンプルがあったが，14世紀に市街開発の中にのみこまれて消滅した．

14世紀には，法学院(→Inns of Court)がつくられていた．現在は，インナー・テンプル，ミドル・テンプル，リンカーンズ・イン(→Lincoln's Inn)，グレイズ・イン(→Gray's Inn)の4つの法学院からなっている．弁護士，裁判官など専門の法曹人を養成する教育機関で，彼らは原則として法学院内に居住するよう定められているから，「オックスフォードやケンブリッジのコレッジと並ぶ」法学部系の学寮と称される．法曹人の養成は，英国コモン・ローの教育が中心であるから，王立裁判所(→Royal Courts of Justice)の実地見聞はもとより実務に携わる市民との直接の接触を通して仕事を学ぶ必要があった．実社会の中心地シティと法廷のウェストミンスターとの中間地点であるザ・テンプルに根拠地を定めたのは，そのためだったといわれている．1875年には，王立裁判所のほうが，ウェストミンスター・パレスからテンプルの北側へ移転してきた．法教育の年限は7-8年．上級弁護士の講義とその後の討議からなる．なお，学生である上流家庭の子弟たちは，専門職業訓練のほかに一般教養も授けられて，紳士としての礼儀作法を身につけることになる．ミドル・テンプル・ホールでのシェイクスピア劇の上演もそうした文化活動のひとつである．

Temple Bar
テンプル・バー

ストランド街とフリート・ストリートが接する地点に立っていた，シティの内と外の境界門．現在は記念碑のみで存在せず．ここを境にして，ロンドンは東がシティ・オヴ・ロンドン，西がシティ・オヴ・ウェストミンスターに分かれる．近くには昔はテンプル騎士団の殿堂だった法学院(→Inns of Court)の建物や王立

テンプル・バー(1670年代)

裁判所(→Royal Courts of Justice)などが立ち並び，司法の中心地であったし，今も変わらない．

テンプル・バーの歴史は13世紀から14世紀初頭にまでさかのぼり，もともとは柵か鎖で囲われて木の柱が立てられていたという．それが14世紀半ばに門に変わり，その上に監獄が設置された．その後，幾度となく修復が繰り返され，1533年ヘンリー八世の2度目の妻となったアン・ブーリンの王妃即位式の際にさらに修復が加えられた．そして，エドワード六世の戴冠記念行列をきっかけに門は拡大され，シティの防御にも大いに役立つようになった．共和制前後時のテンプル・バーは上の楼と下の3つのアーチ門という構えであったが，1670年代はじめにクリストファー・レンによってさらに堂々たる楼門に建て替えられ，ジェイムズ一世やチャールズ一世，チャールズ二世の彫像が取りつけられた．だが，その後チャールズ二世暗殺計画で知られるライハウス陰謀事件の謀議者たちの首が晒されたことで，この楼門は悲劇の門に変わった．ジャコバイトの陰謀に関わって処刑された第十二代男爵ラヴァトことサイモン・フレイザーの首などは，この門の最上階に数年にわたって晒

れていたという．

　1806年のネルソン卿の葬儀にあたって，この楼門は花綱などが取りつけられて，再び改修されたが，世紀後半になるとこの不吉な門を移転させよとの世論が高まり，同時に交通の障害にもなるという理由で取り壊され，近くのファーリンドン・ロード沿いの一角に10年間も放置されていた．その後，廃材はある篤志家に買い取られ，現在ハートフォードシャー州のティブルズ・パークに保存されているが，いまではテンプル・バー・トラストが管理している．ギルドホール(→Guildhall)には，インクスタンド形の銀製の古いテンプル・バーの模型がある．

　王立裁判所の向かい側に立つ記念碑は1880年の設置で，その場所にテンプル・バーは立っていた．台座の上のブロンズのグリフィン像は彫刻家チャールズ・B・バーチの製作．台座脇のブロンズ板には彫刻家ジョーゼフ・ベームによるヴィクトリア女王とエドワード七世の行列のレリーフが刻まれている．

Temple Church
→Inner Temple

Thames
テムズ川

　グロースターシャー州のコッツウォルド丘陵東麓に発しロンドンを貫流して北海に注ぐイギリス最長の河川．総延長338キロ，流域面積約1万3600平方キロに及ぶ．カエサルが著わした『ガリア戦記』の第5巻には，テムズ川のローマ名であるタメシス川の渡河作戦の模様について記述があるが，ロンドンのローマ名ロンディニウムについてはまったく触れられていない．おそらく，存在していないか，存在していたにしても，川辺のあるかなきかの集落だったろうと考えられる．現在のロンドンのもととなった町づくりは，西暦43年に，クラウディウス帝による本格的占領以後のことである．

　ローマ人はブリテン島をブリタニアと呼んだが，内陸進攻の大きな障害となっていたテムズ川の，ほぼ現在のロンドン橋と同じ位置に，木造の橋を造った．そこは川幅が広く水量が豊かな流域で，架橋が可能な最も下流の地点だった．ローマ人はその近辺に，木材で護岸工事を行ない，いくつかの船着場を設けた．彼らはローマ帝国が他の地域で建国したと同様に，公共の集会場や広場，兵舎，浴場，異教の神殿などを配した都市を造り，まわりに堅固な城壁をめぐらしたのである．

　テムズ川はロンドン橋から70キロほど流れて北海に注ぐ．しかも対岸のヨーロッパ大陸にはイギリスに比較的近いところにいくつかの大河の河口がある．こうした大陸との交易に適した地理的条件に恵まれて，テムズ川は長らくイギリス最大の港湾として繁栄し，陸上や水上の両面にわたる交通の要衝として，また政治・経済の中心都市としてのロンドンの発展に大きく寄与してきた．

　19世紀の大英帝国の繁栄とともに，ロンドン港は空前の活況を呈し，係船用ドック(→Docks)の建設ラッシュを迎え，時代の要請に応えていった．しかし第二次世界大戦後は，超大型タンカーやコンテナ船などの出現により，それらのドックは下流にあるものを除き，歴史的使命を終えて，順次閉鎖されていった．

　ロンドンのテムズ川は，港湾としてばかりでなく，市民の生活用水の供給源として，また生活排水路としての役割を果たしてきた．19世紀のロンドンの膨張は，テムズ川の交通や汚染対策のための諸施設の整備を，深刻かつ緊急な課題として浮上させた．現在では，ドック地帯をふくむウォーターフロントの再開発が進み，テムズ川岸は大きく変貌した．2000年を画する事業もそのことに拍車がかかって，ウェストミンスター橋からサザック橋に至る南岸には大観覧車ロンドン・アイ，モダン・テート美術館などが誕生して，新しく注目されている．

　テムズ川のテディントン水門から下流域(つまり潮河としてのテムズ川)にはリッチモンド橋からタワー・ブリッジまで30の橋がかかる．鉄道橋が9本，鉄道橋と歩行者用のあるハン

世界最長の可動式防潮堰堤，テムズ・バリア

ガーフォード橋のほか，歩行者専用の，リッチモンド，2000年開通のミレニアム橋がある．またテムズ川底のトンネルはテムズ・トンネルのような地下鉄用5つのほか，歩行者用，道路用など6本がある．

Thames Flood Barrier
テムズ防潮堰堤

　一般にテムズ・バリアと呼ばれている．ロンドンを含めテムズ川の流域は，常に北海からの高波の浸入による洪水の被害を受ける危険があった．その脅威は，河岸に堤防を築くことなどで防ぎきれるものでなく，古来いくたびも甚大な被害を受けたことが記録されている．長いあいだの論議の末，1975年川の中に強力な開閉式の高潮遮断壁の工事が始まった．ロンドン橋から14キロほど下流のウリッチ水域で，82年に完成した堰堤は全長ほぼ500メートル．南岸のニュー・チャールトン地区から北岸のシルヴァータウン地区に至る世界最長の可動式洪水遮断ゲートである．

　この遮断壁には水圧式の引き揚げ装置を内蔵した一連のコンクリート製の台座がテムズ川を横断していくつも並び，それぞれの台座の間には，巨大な鋼鉄製の可動式ゲートが装備されている．平時には，ゲートは川底深く水平に沈み，大型の船舶でもその上を支障なく航行していく．北海からの高潮襲来の警報が鳴ると，ゲートは90度回転して，テムズ川は30分以内に防壁でせき止められる．そのときのゲートの高さは，川底から16メートルにも達する．コンクリート台の機械装置は，モダンなスチール製のカバーで覆われ，川に近代的な機能美の風景を加えている．この近くの南岸には，ビジター・センターもあり，レストランや売店も開店し，遊覧船も発着するロンドンの新名所となっている．
→Floods

Thameslink
テムズリンク

　ブリティッシュ・レイルの一部を形成する線で，ロンドン市内中心部をテムズ川を越えて南北に縦断する鉄道は，地下鉄を別にすると，この線だけである．北からセント・パンクラス駅(→St Pancras Station)に達する線が同駅の手前で地下に入り，キングズ・クロス・テムズリンク駅に停車する．さらに既存の線路(過去半世紀ほどは定期旅客列車は走っていなかった)を通って，ファリンドン駅(かつてのファリンドン・ストリート駅で，地下鉄と共有)，シティ・テムズリンク駅(かつてのホーボーン・ヴァイアダクト駅を地下に移したもの)の各駅を経て，地上に出てブラックフライ

アーズ駅、そこからテムズ川を渡って南岸に至り、ロンドン・ブリッジ駅方面とウィンブルドン駅方面の2線に分かれる。現在、この線は主として近距離列車が使用している。

Thamesmead
テムズミード　SE18

　ロンドンの新都市計画により、1967年より開発が始められた526ヘクタールに達する、ウリッチ地区の東方に位置するニュー・タウン．テムズ川下流の南岸プラムステッド地区にあった荒涼たるプラムステッド湿地帯を、テムズ河畔という立地条件を有効に活用し、湖や河畔のプロムナードやヨットの係留基地を整備、商店やレストランなども進出させ、完成時には6万人の住民が住む地域として、他の都市計画のモデルとなっている．

Thames Police
→River Police

Thames Rowing Club
テムズ・ロウイング・クラブ
Embankment, Putney, SW15

　1860年に結成され、有名な漕ぎ手たちを擁した名門のボート・クラブ．クラブ・カラーは赤・白・黒である．1876年に、冬季におけるクラブ員の体力維持のため、ウインター・スポーツとしてはじめてクロス・カントリー競技を行なったことで知られている．この行事はたちまち全英に広がり、1877年には10マイル（約16キロ）の距離を競う全英選手権が、1898年にはフランスとのあいだで初の国際試合が行なわれた．

Thames Tunnel
テムズ・トンネル　Wapping-Rotherhithe

　テムズ川の川底を貫き、ウォッピングと対岸のロザハイズを結ぶトンネル．全長460メートルで、世界最初の水底のトンネルである．19世紀のはじめに一度計画され、工事が始められたが失敗に終わった．有名な技師マーク・イザンバード・ブルネルが担当し、新工法を工夫し、1825年に着工した．軟弱な地盤や浸水や資金不足などのため工事は難航し、途中長期にわたる中断があったが、1843年ついに完成した．途中から息子のイザンバード・キングダム・ブルネルも参加．病を得た父に代わり若年ながら工事の指揮にあたった．

　元来は車両の通行用に造られたものだったが、資金不足により車両用の傾斜路ができず、1860年代までは歩行者によってのみ利用されていた．1866年になるとイースト・ロンドン鉄道に売却され、1876年に鉄道が開通した．1913年には電化され、現在は地下鉄イースト・ロンドン・ラインが走っている．

　鉄道に売却される以前には、毎年定期市がトンネル内で催され、1853年には約4万人が訪れた．そうしたおりには、内部は明るくライト・アップされにぎわった．

Theatre, The
シアター座

　ロンドンで最初に建てられた大衆劇場．1576年に俳優のジェイムズ・バーベッジによって建てられ、演劇専用の常設劇場としてはイギリス最初のもの．ロンドン市当局が演劇活動を厳しく取り締まっていたため、市の管轄外である、シティの北、市壁の外に建てられた．今日のショーディッチ・ハイ・ストリートとカーテン・ロードとの間にあった．グローブ座と同様、円形で屋根のない木造劇場で、3層の桟敷があったと考えられる．1594年には、バーベッジの息子リチャードを幹部俳優、シェイクスピアを座付き作者とする宮内大臣一座がここを本拠地としており、シェイクスピアの作品の多くがここで初演された．1597年に劇場敷地の借地権が切れたため、リチャードとカスバートのバーベッジ兄弟は98年に劇場を取り壊して、その建材をテムズ川南岸のバンクサイドに運び、最初のグローブ座（→Globe Theatre①）を建てた．

Theatre Museum
演劇博物館
Covent Garden, WC2

シアター・ロイヤル・ドルーリー・レイン

　ヘンリー・アーヴィングの孫，ローレンス・アーヴィングを会長とするブリティッシュ・シアター・ミュージアム協会の収集したアーヴィング・コレクションが，ヴィクトリア・アンド・アルバート博物館の一部門となり，1974年に演劇博物館として発足した.

　1987年，ヴィクトリア・アンド・アルバート博物館の別館として，コヴェント・ガーデンの旧花市場の建物に移転，開館した．演劇，オペラ，バレエから奇術，マイム，ロックおよびポップ・ミュージック，サーカス，ミュージック・ホールに至るまで，すべての公演芸術の資料を展示する．資料保管室，展示室に加えて，81席の地下劇場(シアター・ミュージアム・スタジオ劇場)がある．アーヴィング・コレクションに並ぶ主要なコレクションは，ゲイブリエル・エンソーヴェンが収集し，1924年にヴィクトリア・アンド・アルバート博物館に寄贈された，ポスター，プログラム類のコレクション，リチャード・バックルによるディアギレフ・ロシア・バレエ団の衣装コレクションである.

　ここでは劇だけでなく，セミナー，朗読，その他さまざまな催しが可能になった．それらの催しには，地下劇場のほか，絵画陳列室も使用される.

Theatre Royal, Drury Lane
シアター・ロイヤル・ドルーリー・レイン
Catherine Street, WC2

　ロンドンの最も有名な劇場で，現在のものは同じ敷地に建つ4代目の劇場である．最初の劇場は王政復古期の1662年にチャールズ二世より勅許状を受けたトマス・キリグルーが建てた．34×17メートルの土地に建てられた700席の劇場は63年にジョン・フレッチャーとフランシス・ボーモントの芝居で開館した．65年には当時15歳の女優ネル・グウィンがデビューし，のちにチャールズ二世の愛人になった．65年から翌年にかけて，大疫病と大火のため閉鎖されたが，72年には失火で焼け落ちた.

　建築家クリストファー・レンの設計と伝えられる2代目の劇場は約2倍の広さとなり，観客席2500人，74年にフレッチャーの芝居で開館した．ジョン・ドライデン，ウィリアム・ウィッチャリー，ウィリアム・コングリーヴら

シアター・ロイヤル・ヘイマーケット（1994年）

錚々たる劇作家が名を連ねた．18世紀に入るとますます隆盛を見せ，支配人チャールズ・フリートウッドの時代に破産しかけたが，チャールズ・マクリンのシャイロックの名演は次代の栄光の呼び水となった．名優デイヴィッド・ギャリックが1747年から30年間の黄金時代を築き，稽古，配役，台本，照明を刷新した．彼の引退を受けて劇作家R.B.シェリダンが跡を継ぎ，セアラ・シドンズ，J.P.ケンブルの役者姉弟が登場する．91年に改築された3代目の，客席3611の大劇場は姉弟の演じたマクベス夫妻で幕を開けた．しかし18年後の1809年，火事で焼失した．

ベンジャミン・ワイアットの設計した現在の劇場は4層2196の客席にプロセニアムの間口13メートル，奥行25メートルという広大な舞台をもち，1812年10月10日に《ハムレット》で柿落しになった．14年から20年代まで伝説的な悲劇役者エドマンド・キーンがシェイクスピア劇で名演技を見せた．1820年には正面の列柱が，31年には脇の柱廊が建てられた．その後は名優ウィリアム・マクリーディの登場もあったが，徐々にスペクタクルが重んじられるようになり，支配人オーガスタス・ハリスの時代にはメロドラマやパントマイムの上演が多くなった．現在，入口脇にハリスの記念碑がある．ヘンリー・アーヴィング，エレン・テリー，J.フォーブズ＝ロバートソンら，時代を代表する役者が舞台を踏んだ．1916年には《ジュリアス・シーザー》公演直後，主演したフランク・ベンソンがジョージ五世から控えの間でナイト爵に叙された．

1920年代からはアメリカ産のミュージカルが多くかかり，30年代には役者アイヴァ・ノヴェロが人気者になった．第二次世界大戦中は，国民娯楽鑑賞協会（ENSA: Entertainments National Service Association）の本拠となった．戦後は《マイ・フェア・レディ》（1958）などのミュージカルのロングランが中心である．1989年に始まった《ミス・サイゴン》がこの劇場の最長上演記録を更新．歴史ある劇場にふさわしく幽霊の伝説にも事欠かない．また，毎年1月6日，十二夜の祝いに，18世紀の役者で菓子職人だったロバート・バッドレーの遺言を守って，役者たちにケーキと酒がふるまわれる，通称バッドレー・ケーキ・セレモニーが1796年以来行なわれている．地下鉄コヴェント・ガーデン駅に近い．

Theatre Royal, Haymarket
シアター・ロイヤル・ヘイマーケット
Haymarket, SW1

　1720年に大工ジョン・ポッターが建て，リトル・シアター・イン・ザ・ヘイマーケットと呼ばれた．30年代にヘンリー・フィールディングの風刺劇が当局を怒らせ，37年の許可制法成立を導き，劇場も閉鎖に追い込まれた．47年にサミュエル・フットが買収し，法の目をくぐり上演を続けたが，66年に勅許をとった．ほかの勅許劇場ドルーリー・レイン（→Theatre Royal, Drury Lane）とコヴェント・ガーデン（→Royal Opera House）が休む5月から9月にかぎってシアター・ロイヤルを名乗ることができた．76年にジョージ・コールマンに売られ，名優がぞくぞくと出演した．

　1820年にジョン・ナッシュの設計で改築さ

16-17世紀の劇場

れ，現存する6本のコリント式の柱が並ぶ正面が造られた．21年にR. B. シェリダンの《恋敵》で柿落し．37年にベンジャミン・ウェブスターが支配人になると，それまで蠟燭を照明に使っていたのをガス灯に変更するなど改良を加えた．53年，支配人は，いまもその幽霊が徘徊すると噂されるJ. B. バックストンに引き継がれ，30年代のサミュエル・フェルプス以来，ウィリアム・マクリーディ，バリー・サリヴァン，アメリカ人俳優エドウィン・ブース，E. A. サザーンとこの時代の名だたる役者が顔を揃えた．79年にスクワイア・バンクロフト夫妻が継ぐと，改装して，舞台をプロセニアムの奥に引っ込め，ロンドン初の額縁舞台を造った．87年からはビアボーム・トリーの手に渡り，オスカー・ワイルドの《価値のない女》(1893)や《理想の夫》(1895)などが初演された．96年からシリル・モードとフレデリック・ハリソンが経営し，後者の死亡する1926年まで高い水準を維持した．

3層に880名を収容する現在の観客席は1905年に改装されたもの．プロセニアムの間口は8メートル，舞台の奥行は8.6から12.6メートルの間で変更可能．1914年にはヘンリク・イプセンの《幽霊》を初演し，抗議の嵐を巻き起こした．第二次世界大戦中の44年から翌年にかけてジョン・ギールグッドの行なった《真夏の夜の夢》など5編の芝居のレパートリー上演はいまでも語り草である．48年にはアメリカの女優ヘレン・ヘイズがテネシー・ウィリアムズの《ガラスの動物園》でデビューした．G. B. ショーの《アップル・カート》(1954)でのノエル・カワードをはじめ，名優がぞくぞくと出演し，常にすぐれた演技を鑑賞できる場と

して評価が高い．近年はジャック・レモンらアメリカの俳優が舞台をにぎわしている．1994年に100万ポンドをかけた改修がなされた．地下鉄ピカディリー・サーカス駅に近い．

Theatres
劇場
〈16-17世紀〉

イギリスでは16世紀半ばまで，劇は宿屋の中庭の仮設舞台，いわゆる宿屋劇場で演じられていた．最初の商業劇場は，1576年，ロンドン市北郊ショーディッチにジェイムズ・バーベッジが建てたシアター座（→Theatre, The）である．当時ピューリタン的志向の強い市当局が市内の劇場建設を禁じたので，その後ぞくぞくと生まれた大衆劇場は，すべて市の管轄外の特別自由区に建てられた．16世紀末から17世紀前半，宮廷の庇護と国民の娯楽志向を背景に，北郊，西北郊，テムズ川を隔てた南郊（とくにバンクサイド）に合計9つの大衆劇場があり，エリザベス朝演劇の隆盛を支えた．1599年，バーベッジの息子カスバートらがシアター座を壊してその古材でバンクサイドに建てたローズ座（→Rose Theatre），スワン座（→Swan Theatre），グローブ座（→Globe Theatre①），ホープ座（→Hope Theatre）は，シェイクスピアの作品の多くが演じられた劇場として有名．大衆劇場は一般に中心部は無蓋の円形または多角形の3層構造で，約2000名を収容した．大きな張り出し舞台，太陽光線による上演，低廉な入場料が特徴．そのほか同時期に，約600席の小規模，高料金で人工照明を用いる長方形の屋内私設劇場が6つあった．

ピューリタン革命にともない，1642年から18年間，劇は貴族私邸などでひそかに上演されたが，実質的には演劇不在だった．1660年，王政復古により即位した演劇好きのチャールズ二世は，ウィリアム・ダヴェナントとトマス・キリグルーに劇場建設の許可を与えた．2人が創設した劇団はそれぞれリンカーンズ・イン・フィールズ劇場（→Lincoln's Inn Fields Theatre），ドルーリー・レインのシアター・ロイヤル（→ Theatre Royal, Drury Lane）に拠った．後者は1672年焼失したが，その後再建された2代目の劇場は一挙に巨大化した．これらは奥行の深い矩形の屋内劇場で，張り出し舞台を縮小したようなエプロン・ステージと額縁装置を使用，華麗な背景など視覚効果が重視された．少年俳優が女役を演じたエリザベス朝と一線を画すのは，女優の登場である．高額な入場料は庶民を「風俗喜劇」の流行から遠ざけ，観客は減少した．

〈18世紀〉

18世紀にはロンドンの人口増加にともない，演劇人口も増大，とくに中産市民階級が重要な観客となった．1732年，コヴェント・ガーデン劇場（→Royal Opera House）が建てられ，ドルーリー・レインとともに2つの勅許劇場による独占体制が続く．シェイクスピアやリチャード・B・シェリダン，オリヴァー・ゴールドスミスらの戯曲，ジョン・P・ケンブル，デイヴィッド・ギャリック，セアラ・シドンズら名優の活躍にもかかわらず，劇場のマンモス化，音楽やスペクタクル的要素の重視，観客席の喧騒などにより，演劇の質は低下した．他方，低廉な入場料の小劇場が多く誕生し，二大劇場に収容しきれぬ観客を迎え活況を呈した．

〈19世紀〉

勅許劇場制度は1843年廃止され，演劇の健全化が進んだ．19世紀は，ガス，つづいて電気による照明の進歩や，リアリズム志向の強化を見た．世紀半ば以降，エプロン・ステージは消え，額縁舞台となった．演劇好きなヴィクトリア女王の影響は大きく，世紀後半には

［ロンドン・ア・ラ・カルト］

ロンドンの名優たち

ロンドンは演劇の都である．したがって名優もあとを絶たない．まず思い浮かぶのは，シアター・ロイヤルとして最も古い歴史を誇るドルーリー・レインの支配人をつとめた18世紀の名優デイヴィッド・ギャリック（1717-79）である．文壇の大御所ジョンソン博士の弟子で，リッチフィールドから一緒に上京した彼は悲劇を得意とし，ハムレット，リア王といったシェイクスピア劇の名演でならした．

やはりドルーリー・レインで活躍した18世紀の名優に，セアラ・シドンズ（1755-1831）とフィリップ・ケンブル（1757-1823）の姉弟俳優がいる．ふたりは巡業専門の役者一家の生まれだが，姉は当代を代表する悲劇女優としての名声を得，弟のケンブルは，コリオレイナスのような悲劇の主人公を持ち役とした．

ロンドンの舞台に大きな足跡を残した最も偉大な俳優といえば，エドマンド・キーン（1789-1833）である．彼は，シャイロック，リチャード三世，イアーゴーといった性格役に最もその所をえた．優美さには欠けるかわり，その真に迫った狂乱の演技は観客の心胆を寒からしめるものがあったという．

キーンのライバルと目されたのが，コヴェント・ガーデンで頭角を現わしたウィリアム・マクリーディ（1793-1873）だったが，不運にも彼の全盛期は演劇界の低調な時期に重なった．そのために，野心的な支配人として，シェイクスピアを原典で上演したり，有能な作家を

劇場の新設や改造が盛んになった．1860年代から1930年代までに80以上の新劇場に加え，歌や踊りのための無数の演芸場（→Music Halls）がロンドンに建てられた．観客席の改善，プログラムの合理化，マチネ制度の採用も観客数の回復に貢献した．1860-70年代，スクワイヤ・バンクロフト夫妻が経営するプリンス・オヴ・ウェールズ・シアター（→Prince of Wales Theatre），ヘイマーケット・シアター（→Theatre Royal, Haymarket）はトマス・W・ロバートソンの戯曲により自然主義近代劇運動の本拠となった．80-90年代には，名優ヘンリー・アーヴィングがライシアム・シアター（→Lyceum）を経営，女優エレン・テリーと組んでシェイクスピア中心の名舞台で人気を高めた．

〈現在〉

ロンドンでは19世紀の劇場の多くがいまも用いられ，20世紀に建てられた劇場とともにウェスト・エンド（→West End）の演劇地帯を形成し，娯楽劇やミュージカルで人々を楽しませている．他方この地域の外にあるロイヤル・コート劇場（→Royal Court Theatre）は，2度にわたり20世紀イギリス演劇に新風を吹きこんだ——世紀初頭にはジョージ・バーナード・ショーらの実験作の上演，第二次世界大戦後はジョン・オズボーンの《怒りをこめて振り返れ》上演を契機に「新しい波」の作家たちの活動によって．ここは現在も意欲的な脚本本位の公演を行なう劇場のひとつ．現在ロンドンでは，公的助成を受ける2大劇場，ナショナル・シアター（→National Theatre）とバービカン・センター（ロイヤル・シェイクスピア劇団のロンドンでの本拠，→Barbican）で古典劇や近代劇，ウェスト・エンドの50近い劇場では商業主義演劇，またオフ・ウェスト・エンドやフリンジと称される多くの小劇場では前衛作品というように多彩な活動が見られ，郊外や地方劇場との交流も盛んである．新しい劇場空間への探求として，円形劇場，張り出し舞台，オープン・ステージ，より親密な観客空間，象徴的な装置などが試みられている．

引き入れて現状を改善しようと試みた彼の意欲はかならずしも満足できる実を結ばなかった．自らの職業に反感をつのらせた彼は，1851年に引退してしまった．

このあと，1870年代のロンドン演劇界に彗星のごとく登場したのがヘンリー・アーヴィング（1838-1905）だった．メロドラマが一世を風靡していた時代に，温かい人間味と力強い演技で華麗な舞台をつくりだした．そのアーヴィングが相手役として選んだのが，女優エレン・テリー（1847-1928）である．役者一家の出で，ポーシャ，レイディ・マクベスなどシェイクスピア劇を持ち役としていた．息子は革命的な舞台装置家のゴードン・クレイグ（1872-1966）．

名優のジョン・ギールグッド（1904-　）は，エレンの姉でやはり女優だったケイト・テリー（1844-1924）の孫にあたる．ロマンティックな演技で有名なH.B.トリー（1853-1917）は，『夏の夜の夢』に本物の生きたウサギを用いるなどリアリズムを重視した．自ら設計にあたったハー・マジェスティー劇場で支配人をつとめた．

今世紀になると演出家・劇作家でもあったハーリー・グランヴィル＝バーカー（1877-1946）が，エリザベス朝の様式に立ち戻ったシェイクスピア上演を行ない，またロイヤル・コート劇場でショーやイプセンらの新しい作品を取り上げていった．1930年代になると，ギールグッド，ローレンス・オリヴィエ（1907-89），ラルフ・リチャードソン（1902-83），イーディス・エヴァンズ（1888-1976），シビル・ソーンダイク（1882-1976）ら，20世紀のロンドンの舞台を代表する名優たちが活躍を始めた．その後も現在に至るまで，アンソニー・ホプキンス（1937-　），ケネス・ブラナー（1961-　），ジュディ・デンチ（1934-　）といった名優たちが舞台をにぎわしている．

エリザベス朝の大衆劇場

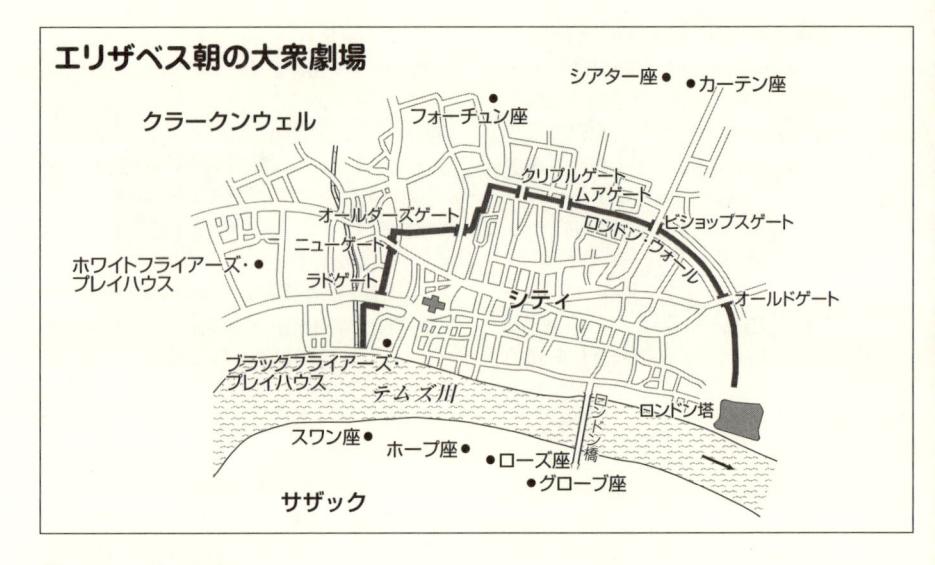

(地図中の地名:
クラークンウェル、フォーチュン座、シアター座、カーテン座、クリプルゲート、ムアゲート、オールダーズゲート、ニューゲート、ロンドン・ウォール、ビショップスゲート、ホワイトフライアーズ・プレイハウス、ラドゲート、シティ、オールドゲート、ブラックフライアーズ・プレイハウス、テムズ川、ロンドン橋、ロンドン塔、スワン座、ホープ座、ローズ座、グローブ座、サザック)

Theatre Upstairs
シアター・アプステアーズ

Sloane Square, SW1

　1969年にロイヤル・コート劇場(→Royal Court Theatre)に併設された劇場．稽古場を改造したもので，実験劇や低予算の劇を上演するための小劇場として利用されている．最大座席数75で，使い方は時に応じて自由に変えられる．サム・シェパードその他の作家たちの初期の作品がここで上演され，1971年には《ロッキー・ホラー・ショー》が初演された．91年以降は自主公演だけでなく他の公演にも使われている．

　1996年の秋から2年がかりでロイヤル・コート劇場が改築されているあいだ，シアター・アプステアーズはウェスト・ストリートのアンバサダーズ劇場(→Ambassadors Theatre)に移った．

Thomas Coram Foundation for Children
トマス・コーラム捨て子養育院

Brunswick Square, WC1

　前身は1739-41年に，船大工で船長かつ慈善家でもあったキャプテン・トマス・コーラムにより創設された，旧称ファウンドリング・ホスピタルである．ファウンドリングとは「捨て子」，ホスピタルはここでは「慈善施設」という意味である．コーラムはシティで子供たちが戸外に遺棄され，汚物の中で死んでいくのを見て，たびたびショックを受けていた．養育費も認知権もない母親が救貧院に収容されるよりましだと思い，子供を町に捨ててしまうことが多かったのである．コーラムは17年間子供たちのための慈善活動をしたのち，施設を作る決意をした．1741年にハットン・ガーデンの建物をいくつか買い取り，ラムズ・コンディット・フィールズの土地を取得した．1742年に建築工事が始まり，52年に完成，イギリス最初の公的な捨て子養育院が誕生した．

　この施設のうわさが広まり，国中から子供が押し寄せ，何度も増築して定員を増やした．しかし1741年から60年までの統計を見ると，このような良心的施設でも子供の死亡率は40-80パーセントの高率で，当時の乳幼児の生育環境がいかに悲惨なものであったかがわかる．受け入れられた幼児たちは養父母の元へ送られ，4,5歳になると施設に戻って教育を受けた．14歳になると男の子は徒弟奉公に出された．ほとんどの男子は軍隊に入り，女子はメイドになる訓練を受けた．

　コーラムの親友であり後援者であり，社会

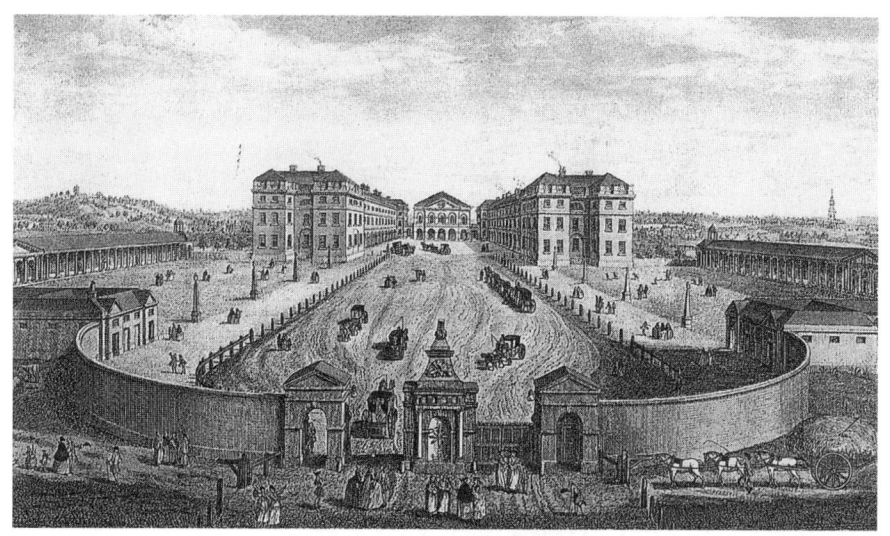

トマス・コーラム捨て子養育院

改良の関心も高かったウィリアム・ホガースは，施設にコーラムの肖像画を寄付した．彼の勧めでほかの著名な画家たちも肖像画を寄付し，毎年ここで作品展を開いた．音楽家ヘンデルは1750年，チャペルにオルガンを贈った．そのオルガンで《メサイア》を演奏した．また，有名な牧師の説教会が有料で催され，ロンドン中から聴衆が集まった．チャールズ・ディケンズはその常連のひとりである（『リトル・ドリット』のタティコラムはこの捨て子養育院育ちである）．

移転のために1926年に取り壊され，現在はコーラム捨て子財団の建物だけが残っている．近くにあるコーラムズ・フィールズはもと養育院のあったところで，現在は児童公園になっていて，大人だけでは入園できない．

Thorney Island
ソーニー・アイランド

テムズ川北岸，ウェストミンスター・アビー周辺地域の古名．「いばらの島」を意味する．「島」といわれたのは，アビーの境内と堀割にかこまれていたからである．

ローマ人が去ったあと，ウェストミンスター寺院の周辺は荒れた沼地となっていった．7世紀に東サクソンのシーバート王がここに寺院を建てたがデーン人に破壊され，その後カンタベリーのダンスタン司教によって再建された．958年，イギリス人の王エドガーも寺院の再建に尽力したが，まもなく荒廃してしまった．1060年，エドワード懺悔王が寺院の傍らに自分の宮殿をつくり，シティから移り住んだ．同時に莫大な費用をかけてこの寺院を再興した．こうしてウェストミンスターは，東のセント・ポール大聖堂に対する西の寺院として周辺が整備され，人が集まり，行政の中心地として発展することになった．

Thornton Heath
ソーントン・ヒース　CR7

ロンドン中心部から南英の海岸に向かうロンドン・ロードがクロイドン（→Croydon）に達する手前で，人家のほとんどない荒れ地を通り抜ける．ここが現在のソーントン・ヒースで，18世紀には炭焼き窯とおいはぎの出没で知られていた．木炭の生産は，北英のニューカースルからの石炭の大量供給で衰退，おいはぎなどはソーントンの四つ角に設けられた絞首台のおかげで姿を消した．

1862年に鉄道が開通したが，住宅地として

の発展が進んだのは，1911年の鉄道電化以後である．一方，北隣のノーベリーはそれ以前に市電が開通し，都心まで往復2ペンスという労働者割引運賃で通勤者の確保を図って当局は市街地に比べ10分の1以下という安価で12ヘクタールの土地を買収し，公営住宅団地を建設した．また1920年代にはクロイドンにも800戸の公営住宅を供給した．

現在のソーントン・ヒースは，郊外のどこにでも見られる緑の多い静かな住宅地であるが，ロンドン・ロードとソーントン・ロードの分岐点のあたりには，18世紀ないし19世紀初頭の建物が健在である．中心部に鉄道ソーントン駅がある．

Threadneedle Street
スレッドニードル・ストリート　EC2

イギリスの中央銀行イングランド銀行（→Bank of England）があることで世界にその名が知られている．イングランド銀行前からビショップスゲイトまでのシティの通り．

国際通貨制度がまだ金本位制であったころ，世界主要国は外貨準備として金を保有し，その金の大半をイングランド銀行に保管していた．そのため，スレッドニードル・ストリートは国際金融市場，すなわちシティの同義語とされた一時期があった．現在は多くの金融機関が所在するロンバード・ストリートもニューヨークのウォール街に世界金融の中心の座をゆずった感がある．

通りの名は，針製造業者の組合の看板あるいは紋章に3本の針(three needles)が描かれていたことから生じたという説，また別に「針に糸を通す」(thread the needle)という子供の遊戯に由来するという説など，定説はない．地下鉄バンク駅に近い．

Three Cranes in the Vintry
スリー・クレインズ・イン・ザ・ヴィントリー亭

16世紀にできた酒亭で，ウォルター・スコットの『ケニルワース』(1821)では，「ロンドン一流の酒亭」と称賛されている．『ロンドン通覧』の著者ジョン・ストーによれば，「テムズのブドウ酒河岸に据えられていた3本の木材のクレーン」から出た屋号だということである．ブドウ酒の大樽を陸揚げしたところであった．劇作家のベン・ジョンソンとその一味のたまり場であった．サミュエル・ピープスは日記に，下賤の知人と訪れたせいか，「犬小屋ほどのせまい部屋に押し込まれて，料理もまことにお粗末だった」(1662年1月23日)と記している．ロンドン大火の日(1666年9月2日)，ピープスは，アッパー・テムズ・ストリート(→Upper Thames Street)のこの酒亭あたりで火が止められればよいが，と願ったことが日記に記されている．その時彼はその向かい側のバンクサイドにある小さな酒亭(→Anchor Inn)に避難していた．

Three Nuns Inn
スリー・ナンズ・イン

17, 18世紀にオールドゲート・ハイ・ストリートにあった，パンチ酒で評判の駅馬車の宿．「三尼僧」という屋号は一見奇異に聞こえるかもしれないが，修道院が設けた巡礼たちへの休息所（ホスピス）が，旅籠（タヴァン）や酒亭（イン）になったいきさつを考えると，尼さんと酒場の結び付きもけっして無理ではない．のちにスリー・ナンズ・ホテルになったが，インにはもともとホテルの意味があった．ロンドン以外では，ロビン・フッド伝説と関係のあるヨークシャーのカークリース修道院に近いところにスリー・ナンズ亭がある．ロビン・フッドはここで3人の尼さんに看取られて死んだことになっている．

Three Tuns
スリー・タンズ亭

「タン」とは大きな酒樽のことで，胴のふくれたブドウ酒樽で，9, 18, 36ガロン用の3種がある．3個の酒樽の図柄は，葡萄酒商同業組合の紋章であったから，15世紀の初頭から酒場の看板として用いられて，現在も各地に見られる．ギルドホール・ヤードにあったスリー・タンズ(三樽亭)は，1660年の内乱のと

き，議会派の将軍，第一代アルバマール公爵ジョージ・マンクがロンドンの旧市内に進軍したとき，その本部とした酒亭であった．18世紀には哲学者のジェレミー・ベンタムが，よくここで食事をしたという．一食13ペンス（うち1ペンスは給仕へのチップ）に限っていたという．いかにも功利主義者らしい，量的計算に基づいた快楽追求の生活態度を示したものといえよう．ところで，サミュエル・ピープスが立ち寄ったスリー・タンズ亭は，日記によればチェアリング・クロスの店が多く，このギルドホールの酒亭は，1660年2月11日の1回だけである．

Three Tuns Tavern
スリー・タンズ・タヴァン

サザックにあったこの酒亭は，18世紀の悪評高い政治家ジョン・ウィルクスによって評判になった．ジョージ三世に対する悪口で議席を追われたウィルクスは，パリに逃げて1768年帰国し，再び下院議員に当選したが，再度誹毀罪で失格．その8月27日に彼は支持者たちにこの三樽亭まで馬車で護送されてきたが，その場で逮捕された．彼は酒亭の2階の窓から演説し，群衆に解散を命じ，王座裁判所の牢獄に身をゆだねた．

ちなみに，口の悪いこの政治家は，画家のウィリアム・ホガースとの論争によって有名で，彼の風刺画のやり玉に上げられた人物であった．1774年には3度目の議席を許され，ロンドン市長にもなった毀誉褒貶あいなかばする人物であった．

Throgmorton Street
スロッグモートン・ストリート　EC2

イングランド銀行北東隅からオールド・ブロード・ストリートまで株式取引所の北側を東西に走る街路．エリザベス一世の寵臣で，外交官だったサー・ニコラス・スロッグモートンにちなんだ道路名．スロッグモートンの怪死は女王の寵を争っていたライヴァルのレスター伯爵ダドリーによる毒殺という説があるが，関係の詳細は不明．

かつてヘンリー八世の時代に，修道院監察長官・宮内卿となったトマス・クロムウェルがここに邸宅を所有し，庭園を拡張するために，勝手に隣人のひとりでアウグスティノ会修道院付近に住むジョン・ストーの父（仕立屋）の小さな家をころに乗せて7メートル以上も移動させてしまったエピソードは有名である．クロムウェルの処刑後，反物商同業組合会館（→Drapers' Hall）が建てられ，現存する．19世紀には主として株式仲買人が居住していた．

Tiger Tavern
タイガー・タヴァン
Tower Hill, EC3

ロンドン塔に近いタワー・ヒルのモダンなパブ．16世紀以来この地に酒亭が立っていた．奥まったバーでは，まだ王女だったエリザベス一世がロンドン塔に幽閉されていたころ，王女になでられたという猫のミイラがある．この酒亭からロンドン塔へ通じるトンネルがあったが，現在はふさがれている．ところで，ライオンの屋号は多いが，タイガーの看板は少ない．

Tilbury Docks
→**Docks**

Time Out
『タイム・アウト』

外国からの訪問者だけでなく，おそらくロンドン市民にとっても不可欠の週刊タウン誌．1968年創刊以来毎週水曜日に発行．A4判で題字ロゴも表紙も比較的地味であるが，進歩的な編集方針で知られ，毎号，特集記事を掲載する．記事の見出し，レイアウトも洗練されている．

テレビ番組，ラジオ，ビデオの紹介から，映画，演劇，音楽会，展覧会，書評，スポーツにいたるまで，ロンドンの各種イベントについて詳細な情報と辛口のコメントを満載している．ゲイやレスビアンの会合やバー，クラブなどナイトライフについての情報も豊富で

ある．ロンドンの生活と文化のさまざまな面を知りたい人には欠かせない情報誌である．

Times, The
『タイムズ』

単にイギリスだけでなく，世界でも有数の歴史と権威をもつ新聞のひとつである．1785年の創刊で，第一次世界大戦までは大英帝国のシンボルのひとつであった．

論調は保守的であるが，国際，国内問題の報道には客観性を重視している．1966年まで第1面は見出しも写真もない案内広告で埋められていたが，編集長サー・ウィリアム・ヘイリーの英断で，ニュースを1面に移し，見出しなど編集面での改革を行なった．1978年には技術革新に反対する印刷工のストで1年間の発行停止に見舞われた．1981年には姉妹紙『サンデイ・タイムズ』とともにオーストラリアの新聞王ルパート・マードックに買収され，進歩派から敬遠されるようになった．しかし，いまなお隠然たる影響力をもち，その社説は世界中の新聞で引用されている．1986年に本社はフリート街から旧造船所地区ドックランズのウォッピング，ペニントン・ストリートに移転した．

→Newspapers

Tite Street
タイト・ストリート　SW3

テムズ川沿いのチェルシー・エンバンクメントからロイヤル・ホスピタル・ロードを横切ってテッドワース・スクエアまで北上する道路．道路名は，1838年に火事で焼失し1844年に建て直された王立取引所を設計した建築家サー・ウィリアム・タイトの名前にちなんだもの．国会議員で首都管理会議の熱心なメンバーでもあった彼は，のちにチェルシー・エンバンクメントの建設に重要な役割を果たした．

この道路界隈には，19世紀後半に文人や芸術家たちが好んで住んだ．皇太子時代に不評を買ったエドワード七世との交流で知られるリリー・ラングトリー，G.B.ショーと交流をもったパトリック・キャンベル夫人がテッドワース・スクエア15番地に，23番地にはマーク・トウェインが1896年から1年間寄宿していた．タイト・ストリートに住んだ有名人は多く，ジョン・ラスキンとの誹謗合戦で知られるアメリカ出身の画家ジェイムズ・M・ホイッスラーははじめ13番地に，のちに46番地に住んだ．同じアメリカ出身の肖像画家ジョン・S・サージェントは31番地に24年間住み，ここで生涯を閉じた．

この通りの33番地には，ウェールズの肖像画家オーガスタス・ジョンやウィンストン・チャーチルの彫像を製作したオスカー・ニーモンらが使っていたアトリエがある．この通りでめだつのは，オスカー・ワイルド．彼は1884年に結婚してから同性愛事件で逮捕されるまで，現在の34番地に暮らしていた．

ワイルドはその家をけばけばしく飾り立てたが，ここで『ウィンダミア夫人の扇』や『まじめが大事』をまとめた．ほかに，この通りには，エドウィン・アビー，ジョン・コリアーなどの画家が住んでいた．

Tivoli Music Hall
ティヴォリ・ミュージック・ホール

1890年5月24日，ストランドに面する同名のビア・ホールの跡に30万ポンドを投じて造られた1500人あまりを収容するミュージック・ホール（→Music Halls）．当初は経営不振であったが，1893年，「ミュージック・ホールの父」といわれたチャールズ・モートンを経営陣に招いてから徐々に人気が高まり，ロンドン屈指のミュージック・ホールに成長していった．レストランや会食ルームとして使用される客室も備えており，「ティヴ」の愛称で幅広い客層を魅了した社交場でもあった．

1914年2月に閉鎖．ミュージック・ホールとしての再建が計画されたが，結局は取り壊され，1923年，映画館となった．1957年にはその映画館も閉鎖，解体され，跡地にデパートが建てられた．

Toc H
トク・エイチ

Newark Street, E1

キリスト教信者による親睦を目的とした国際的奉仕団体．1915年にP.B.クレイトン牧師がベルギーのイーペル（第一次世界大戦の激戦地）に創設したトールバット・ハウスがその最初の本部であった．名称はウィンチェスターの主教の息子で，その年に戦死したギルバート・トールバットの名にちなむ．大戦の最前線から一時的に帰還した兵士たちへの肉体的精神的奉仕を目的とした保養施設であった．クレイトンはさらに1920年に，ロンドンにもトールバット・ハウスを開設した．軍の信号手がTの文字を読みまちがえないように，旧陸軍のTの電信信号(Toc)にハウスの頭文字Hをつけて Toc H と呼んだ．

イギリスの本部はタワー・ヒルにあって，ロンドン塔に近いオール・ハロウズ・バイ・ザ・タワー教会（→All Hallows by the Tower）を礼拝所として，広く慈善事業に従事している．現在では，全国に数百の支部がある．

Tom King's Coffee House
トム・キングズ・コーヒー店

18世紀前半に，当時のロンドンの花柳界といわれたコヴェント・ガーデンで，そのいかがわしい夜の営業で悪評の高かったコーヒー店．亭主のトム・キングはパブリック・スクールの名門イートン校の学生であったが，学問の道では見込みがないと知って転向した．

小説家で裁判官でもあったフィールディングは，「トム・キングズの店を知らぬ放蕩者がいるだろうか」と『コヴェント・ガーデン』紙に書いたほどである．この店は確かにセント・ポール教会近くにあったが，社会諷刺画家のホガースは，わざとこのみすぼらしいあばら家のコーヒー店を，こともあろうに聖なる教会の軒下にもぐり込ませて描いてみせた．彼の代表的連続絵画《一日の四つの時》の第一景〈朝〉(1738)の舞台はこのトム・キングズの店の前で，朝帰りの酔っぱらいの一団が店から飛び出してきて，娘たちに乱暴をはたらいている．そこへ朝の礼拝のため通りかかった中年婦人の淑女らしさと，その場に対する興味を押し殺した表情が巧みに混合して，この朝の雪景色のコヴェント・ガーデンに，ひときわ風刺的色彩を強めている．時の翁をいただいた教会の時計の下には「かくて世の栄光は移ろい行く」とラテン語で記されている．

また悪漢小説（ピカレスク・ノヴェル）で有名な当時の小説家，トバイアス・スモレットも，『ロデリック・ランダム』(1748)で，友人とこの店を訪ねたとき，「半ダースほどの売女たちに誘われ，やっと払いのけて帰ってきた」と書いている．この店の悪質のほどが知られる．しかし，ホガースの1枚の絵は，それ以上にこのコーヒー店の実情を物語っている．トムの死(1747)後は，このコーヒー店も名実ともに消滅した．

Tom's Coffee House
トムズ・コーヒー店

1700年ごろコヴェント・ガーデンに開店したコーヒー店で，1711年の『スペクテーター』(1711年6月19日)のスティールの記事に早くも取り上げられている．ある女性読者からの感謝の手紙として，「私ども女性読者の中には，貴殿のおっしゃるとおり，近ごろのしゃれ男よりも学のある者がおりますし，ウィルズ・コーヒー店（→Will's Coffee House）で幅を利かせている殿方よりも弁の立つ方もおります．トム・コーヒー店やグリーシャン・コーヒー店（→Grecian Coffee House）の場と比較してもおわかりかと存じますが」と報じている．18世紀初頭の人々が言論の自由，とくに演劇批評を楽しんだ場所であった．1763年の顧客リストによれば，ジョンソン博士，俳優のギャリック，画家のレノルズやシェイクスピア評論家などの名が連なっている．1768年には会員制のクラブとなった．

Tooley Street
トゥーリー・ストリート　SE1

ロンドン橋からタワー・ブリッジまで，テムズ川南岸をほぼ東西に走る道路．道路名は，かつてこの通りに立っていたセント・オレイヴ教会に由来し，セント・オレイヴが転化して

トゥーリーになった．

ここは中世には裕福な市民や高位聖職者の居住地であった．かつてこの通りに立っていたセント・オレイヴ・グラマー・スクールは1560年の創立で，ハーヴァード大学の創立に大きく貢献したジョン・ハーヴァードの父が校長を務めたこともあり，ジョンも一時ここで学んでいた．現在この建物はタワー・ブリッジ・センターになっている．その隣のウィリアム・カーティス・エコロジカル・パークからは，緑の芝生越しにテムズ川とタワー・ブリッジの眺めが美しい．セント・オレイヴ教会の跡地に本社を有するヘイズ・ワーフ社の倉庫街は，1970年にドックが閉鎖されると活気を失ってしまった．しかし，近年の再開発により，とくにロンドン・ブリッジ駅周辺にはしゃれたカフェやレストランがめだつ．ヘイズ・ドック一帯が埋めたてられ，イタリア風のモダンなショッピング・アーケードになったヘイズ・ガレリアや，中世イングランドの残酷な拷問や処刑を再現する展示館ロンドン・ダンジョンには，多くの若者たちが集まってくる．この通りの西南端側がロンドン・ブリッジ駅である．

Tooting
トゥーティング　SW17

市南西郊，ウィンブルドン・パークの東に位置する地域で，アッパー・トゥーティングとトゥーティング・グレイヴェニーの2つの地区に分かれている．中心部に鉄道のトゥーティング・ブロードウェイ駅がある．

『ドゥームズデイ・ブック』（→『土地台帳』）によると，北部のアッパー・トゥーティングは昔はトゥーティング・ベックといい，東隣りのストレタム地域の一部であった．フランスはノルマンディのベックのベネディクト会修道院の所領地で，その面影は，現在のストレタム地域に接して広がる共有地トゥーティング・ベック・コモンに残っている．南部のトゥーティング・グレイヴェニー地区は7世紀以来，近くの修道院の領地であったが，アッパー・トゥーティングと同様のち貴族たちの手に渡った．

17世紀後半にはいって，この地域は非国教徒たちの居住地となり，『ロビンソン・クルーソー』の作者デフォーは信徒の組織づくりに大きな役割を果たしたといわれている．信徒の集まりはこの地の個人の家で行なわれていて，現在トゥーティング・ハイ・ストリートに立っているデフォー・チャペルにその遠い面影をしのぶことができる．

1700年代にはいると，シティの有産階級の田舎屋敷が建ちはじめるが，そのころはまだまだおいはぎが出没する過疎地であった．一般の住人の姿が見られるようになるのは19世紀前半にはいってから，やがてロンドン市内とこの地域とを結ぶ乗合馬車が走るようになった．

1878年から3年間，トマス・ハーディが現在の鉄道駅トゥーティング・ベックから北西に延びる大通りトリニティ・ロードの172番地に住んでいたが，その後この地域はロンドン市議会に組みこまれ，いまでは静かでゆったりした郊外住宅地になっている．

Tothill Street
トットヒル・ストリート　SW1

ウェストミンスター・アビーに近く，ヴィクトリア・ストリートから西に入る道路．道路名は，かつてウェストミンスター・アビーとミルバンクの中間にあった高台トットヒル・フィールズに由来する．

16世紀から17世紀初期にかけて，貴族の大邸宅が並んでいたが，1658年ころから，大邸宅は次第に取り壊されて一般の住宅に建て替えられた．ウェストミンスター・アビー境内に移る前ウィリアム・キャクストンがこの通りで5年間印刷業を営んでいたし，政治家で思想家のエドマンド・バークが長年住んでいた．また，王政復古期の劇作家でハー・マジェスティー劇場の創設者トマス・ベタートンがこの通りで1635年に生まれている．1876年から1906年まで王立水族館もあった．現在は近代的な高層ビルが並ぶオフィス街である．東端にあるメソジスト・セントラル・ホールでは，1946年1月10日から2月14日まで，国際連合の第1回総会が開かれ，壁にはそれを記念す

るプレートがある．

Tottenham
トッテナム　N17

ロンドン中心部より北東11キロに位置する住宅地．鉄道駅として北にホワイト・ハート・レイン，南にサウス・トッテナムがある．地名は「トッタの村」を意味する．サクソン人の時代には森に囲まれた村だったが，次第に開発され，17世紀には森はウッド・グリーン，現在のアレグザンドラ・パークを残すだけとなっていた．

トッテナムの中心ロードシップ・レインにあるブルース・カースルは，その名からも察することができるように14世紀までスコットランド王家が所有していた領主館である．この建物は19世紀には男子校となり，近代郵便制度の創始者として知られるローランド・ヒルが一時校長を務めた．現在は博物館となっていて，館内にはトッテナムの歴史やヒルに関する資料が展示されている．博物館の前にはブルース・カースル・パークが広がり，西隣りには1134年創設のオール・ハロウズ教会がある．オール・ハロウズの教区会は，中世の何百年ものあいだ，地方自治体としての役目を果たし，道路の補修や貧しい人々に対して食糧援助などを行なっていた．

17世紀には，裕福な市民によって多くの救貧院が建てられた．たとえば，スペイン人の菓子職人サンチェスは，この街に移住してイギリス人に本格的な菓子づくりの技術を紹介し，国王付きの菓子職人となって財をなし，サンチェス救貧院を創設した．18世紀のトッテナムは，ロンドンの市場に穀物を出荷する地域となった．またハイ・ロード沿いに数多くの歴史的なパブが建てられた．フィリップ・

――[ロンドン・ア・ラ・カルト]――

地名と語源

　ロンドンの地名のなかには，綴りからは発音がわかりにくいものが多い．それは現在の綴字の背景に，昔の古い意味が含まれているからである．たとえば Tottenham は〔トッテナム〕と発音され，アングロ・サクソン時代の，つまり古英語の人名，Totta という名に所有格の -n がついて，「トッタの家屋敷，または村落」を意味した．古英語で hām は「家屋敷」のこと．だから Hampstead〔ハムステッド〕とは，家屋敷の立ち並ぶ stede（敷地，通り）ということ．同じく Daggenham〔ダガナム〕も，Dæcca の家屋敷ということになるし，Twickenham〔トゥイッケナム〕も，Twicca という人の川の曲がり角にある敷地を意味した．

　Chiswick〔チズィック〕や Keswick〔ケズィック〕のように，語尾にくる wick は古英語の wīc（初期ローマン・ブリトン人の集落，農園，酪農場）からきたものであるから，Chiswick も Keswick も古英語の cēse，または cīese（チーズ）の酪農場を意味した．ロンドンの飛行場である Gatwick〔ガトウィック〕は，古英語で gāt〔山羊〕を飼っている wīc〔農場〕という意味になる．Greenwich〔グリニッチ〕の語尾の wich も古英語の wīc からきたもので，古英語で「緑の草木で覆われた港（町）」の意味であった．したがって Woolwich〔ウリッチ〕も同様で，古英語で「羊毛を船積みする港」を意味した．イングランドの南海岸にある Sandwich〔サン（ド）ウィッチ〕は，「砂地にある港（町）」のことであった．

　発音でよく間違える Southwark〔サザック〕は古英語で，「南にある防御陣地または砦」のことであった．また発音しにくく，語源上ロマンチックな地名といえば Marylebone〔マリルボーン，マラボン〕であろう．ブアーン川（タイバーン川）のほとりに建てられたセント・メアリ教会にちなんでできた地名である．

レインとの角に立つ居酒屋スワン亭は、リー川に釣りに来るアイザック・ウォールトンお気に入りのパブであった。ハイ・ロード、フィリップ・レイン、ノーサンバーランド・パーク沿いは、高級住宅街として知られたが、1872年にリヴァプール・ストリートからエンフィールドまで鉄道が開通し、ブルース・グローヴ通りに駅ができて、街並みは一変した。ロンドンまで安い料金で通勤できるようになったため、大勢の労働者がここに居住するようになり、小住宅が無数に造られた。

また、トッテナム・ヘイル周辺には、ユダヤ人や東ヨーロッパ人の居住地域も造られ、人口が急増した。1851年に約9000人だった人口は、1891年には7万を超え、1931年には16万近くになった。トッテナムは20世紀イギリスで最大の人口増加率を示した街のひとつである。1880年創設のフットボール・クラブ、トッテナム・ホットスパー（→Tottenham Hotspur Football Club）も、この地域の発展に大いに貢献した。

Tottenham Court Road
トッテナム・コート・ロード　W1

ロンドン中心部のオックスフォード・ストリートの東端に位置するセント・ジャイルズ・サーカスから北のユーストン・ロードまで直線に走る、ほぼ1キロの道路。ユーストン・ロードを横切るとハムステッド・ロードになり、南はチェアリング・クロス・ロードに接続する。道路名は、『ドゥームズディ・ブック』（→『土地台帳』）が作成された11世紀後半ごろにこの地を占めていたトットヘレ（Tothele）の領地に由来する。

今日のこの道路沿いには、家具店（ヒールズ、メイプルズ、ハビタットなど）、オーディオやビデオなどの電気製品の店がめだち、周辺にはサラリーマンや学生、観光客向けの安くて良質のエスニック・レストランが多い。セント・ジャイルズ・サーカスに面して、ビール醸造所跡を利用し1929年に建てられた劇場兼映画館ドミニオンが立っている。その隣りのホースシュー・タヴァン（馬蹄亭）は19世紀の立派な建物だが、その起源は17世紀にさかのぼる。道路を北へ入った中ほどに、1756年建立の礼拝堂ウィットフィールズ・タバナクル（→Whitefield's Tabernacle）がある。現在はアメリカン・チャーチである。

この道路沿いには、南端にトッテナム・コート・ロード（ピカディリー・ラインとノーザン・ライン）駅、中ほどにグッジ・ストリート（ノーザン・ライン）駅、北端にウォーレン・ストリート（メトロポリタン、サークル、ハマースミス・アンド・シティの各ライン）駅の3つの地下鉄駅がある。この道路は道幅は広いけれども一方通行で、市中心部へ向かう車は東側を平行に走るガウワー・ストリートを利用せざるをえなくなっている。

Tottenham Hotspur Football Club
トッテナム・ホットスパー・フットボール・クラブ

White Hart Lane, Tottenham, N17

1882年にクリケット・クラブの会員によってホットスパー・フットボール・クラブとして結成されたが、会員の大部分は地元の学校の卒業生だった。1895年にプロに移行し、1901年にはフットボール・リーグ結成（1888）以来、リーグに所属しないでFAカップに優勝した唯一のクラブとなった。1908年リーグに加盟、2部からすぐに1部に昇格した。以後、さしてめざましい活躍はなかったが、1961年には20世紀最初のFAカップ獲得とリーグ優勝の2冠を達成した。FAカップでは驚異的な成功を収め、1991年までに8回の最多優勝を記録した。

1990年代のはじめに、クラブは破産の危機に直面したが、電子機器メーカーのアムストラッド社の創業者アラン・シュガーにより救済された。このクラブにいたカリスマ性のあるゲアリー・リネカーは、Jリーグの名古屋グランパスエイトに在籍していたことがある。現在はプレミア・リーグに所属している。チームカラーは白。通称は「スパーズ」。「ホットスパー」は、1403年ヘンリー四世に対して謀反を起こして討ち死にした猪突猛進の武人ヘン

リー・パーシーのあだ名にちなむ．
→Football Clubs

Tower Armouries
ロンドン塔甲冑武具展示館
Tower of London, Tower Hill, EC3

　ロンドン塔の本丸ホワイト・タワー（→White Tower）の2階から4階までの武器展示室，騎馬試合展示室，中世展示室などを一括していう．ここに所蔵される武器・甲冑類のコレクションはイギリス最大かつ最重要で4万点を数える．ヘンリー八世は即位すると，塔内の兵器庫の充実をはかり，最新式武器・武具を備えるように命じた．石弓，狩猟用槍，刀剣，火打石銃，馬の鎧，胸当て，兜など身体各部を保護する各種の武具である．イギリスだけでなく，ドイツ，イタリアの甲冑もまじる．王家の武具を展示する4階のテューダー，ステュアート朝の展示室には，ヘンリー八世によってグリニッチに創設された王立甲冑製作所（1511-1642）の製品がならぶ．なかでも目につくのは1540年の製作といわれるヘンリー八世愛用の豪華な甲冑である．

Tower Bridge
タワー・ブリッジ　E1

　ロンドン塔の東側に接してテムズ川にかかり，タワー・ヒルと対岸のバーモンジーを結ぶ．1992年，下流にダートフォード橋自動車専用橋が完成するまで，テムズ川最下流の橋であった．橋は両岸からかかる各80メートルの吊り橋部分と中央の60メートルの可動部分からなり，これをゴシック様式の重厚な2基の塔が支える．ホレス・ジョーンズとウルフ゠バリーの2人の建築家による，大英帝国の土木技術を誇示する橋として，1894年，皇太子のテープ・カットによって華々しく開通した．
　近年は交通量が増大し，可動部分を作動させることは少なくなったが，それでも開橋時には1,100トンの跳ね橋が1分半で全開して，船舶の航行を確保する．最も盛んなときには，1日に5回も開かれたという．クリストファー・ヒバートによれば，1990年には460回であったという．橋の上下は1976年までは蒸気機関の動力に頼ったが，それ以降は電気水圧ポンプに変わった．塔は鉄骨を露出させず，石壁で覆った構造で，「タワー・ブリッジは石のコートにつつまれた鉄の骸骨」であるといわれた．現在，塔の内部は橋の変遷と構造を中心にした小博物館になっていて，ロンドン塔側から約300段の階段をあがって（エレベーターもある），塔と塔の間にかけられた格子模様の高い欄干のついた歩道橋を渡り，南岸側の塔を降りるという観覧コースになっている．水面上50メートルの高さにあるこの歩道橋からの展望はすばらしい．
　この橋を境に下流はプール（→Pool of London）といわれる水域に入る．ここの両岸には，よく知られたウォーターフロント計画によって，瀟洒なオフィスビルやフラットが建ち並び，ヴィクトリア朝の繁栄の象徴ともいえるかつてのドックや倉庫に取って代わり，川辺の風景は一変した．

Tower Hamlets
タワー・ハムレッツ　E1,E2,E3,E4

　1965年の行政区再編成にともない，イースト・エンドの3つのメトロポリタン・バラ，すなわちベスナル・グリーン，ポプラ，ステップニーが合併してできた自治区．ただしその名称は12世紀ごろから用いられ，東はリー川，北はハックニー・ダウンズまでの広い地域を指していた．16世紀中ごろまで緑豊かで空気のよい田園が広がっていたこの地域は，その後の半世紀にロンドンが急激に膨張したために，安普請で不潔な住宅地に変貌した．
　その後テムズ川の沿岸に外国貿易の埠頭や倉庫が整備されるにつれ，過密な市街地からはみだした木工職人や船大工，小商店主などが住みついたばかりでなく，イギリスのほかの地域から移ってきた人々，あるいはオランダ人，フランス新教徒のユグノー，アイルランド人，ユダヤ人，インド人，中国人などの難民や植民地から使用人として連れてこられた人々が集まって民族色豊かな街区を形成した．埠頭に近いウォッピング（→Wapping）に

はワインやタバコ，香辛料などエキゾチックな商品の香りが漂う．またスピタルフィールズ（→Spitalfields）はイギリス最良絹織物製品を産することで知られていた．

19世紀に入るとロンドンは世界最大の都市となり，タワー・ハムレッツは船運と貿易の中心として繁栄を誇った．その反面，いわゆる苦汗労働に従事する低賃金の労働者が集中し，貧困や飲酒といった悪弊も広がった．こうした深刻な都市問題を解決するため，労働，住宅，教育，医療，児童福祉，公衆衛生などさまざまな分野で社会改革の動きが始まったが，それらの運動の多くはこの地域に発祥し，しだいに先進工業国へと広まったものである．

19世紀末には，所得水準の向上に加えて市街電車や鉄道の発達，上下水道の整備，スラム街の浄化や公営住宅の供給など政策の効果もあって，生活環境はかなり改善された．しかし，貧民窟の一掃に最も貢献したのは，皮肉なことに第二次世界大戦による爆撃で，軍事上重要な港湾区域に近接していたために甚大な被害を受けた．さらに，戦後の徹底的な再開発事業のため，かつての労働者住宅街は高層の住宅団地に一変し，全住宅の3分の2が公営住宅で占められることになった．また人口の空洞化も著しく，100年間に60万人からその4分の1に減少した．

1980年代に入って，ウォーターフロントの再開発が脚光を浴び，古い倉庫を近代的なフラットに改装したり，廃止されたドックの水面を巧みに利用した民間住宅団地の建設が始まった．またバブルの破綻でつまずいたがロンドン第3の都心をめざすカナリー・ワーフ（→Canary Wharf）の壮大な計画も進められた．

Tower Hamlets Cemetery
→**Cemeteries**

Tower Hill
タワー・ヒル　EC3

その名のとおり，ロンドン塔を眼前に見渡す丘であるが，歴史的には処刑場，とくに断頭刑場として有名である．ロンドン塔に幽閉されていた反逆者およそ75人の首がここで切り落とされた．最初に断頭台にかけられたのは，リチャード二世の家庭教師をしていたサー・サイモン・ド・バーリー（1388年）．以後，処刑された大物のなかにはサー・トマス・モア，ストラフォード伯爵，サマセット公爵，ノーサンバーランド公爵ジョン・ダドリー，モンマス公爵などが含まれる．なかでも陰惨なのは，モンマス公の処刑のされ方であった．ジャック・ケッチが5回斧を振りおろしても首が離れず，最後は外科用ナイフを使って首を切り落としたと伝えられる．タワー・ヒルで最後に断頭台にかけられたのは，ジャコバイトのラヴァト卿（1747）であったが，このときにはことのほか大群衆が押し寄せたために，断頭台近くのスタンドが崩れ落ち，数人の見物客が圧死するという騒ぎが起きた．それを見てラヴァトは「事が大きいほど，楽しみが増してよいのだ」と言ったといわれる．

タワー・ヒルにおける絞首刑はこの後も30年あまりつづき，1780年に2人の売春婦と，ゴードン暴動（→Gordon Riots）でカトリック教徒のパブを襲った罪を問われたひとりの軍人の処刑をもって幕を閉じることになった．これらの処刑が行なわれた地点を標す1枚の石が，地下鉄駅タワー・ヒルに近いトリニティ・スクエア・ガーデンズにはめ込まれ，サー・トマス・モアら処刑された人名と年号が記されている．アメリカのペンシルヴァニア州の創建者ウィリアム・ペンは1644年タワー・ヒルに生まれた．

この丘にはまた，第一次および第二次世界大戦中に命を落とした海運船舶関係者たちを祀る2つの記念碑が立っている．トリニティ・スクエアの北西側にもとロンドン港湾局本部であった巨大な建造物が立っており，また北側にはトリニティ・ハウス（→Trinity House）が立っている．
→**Executions**

Tower Liberties

タワー・ヒルの処刑場跡

タワー・リバティーズ

かつてロンドン塔とその周辺に住む人々に与えられた，行政および司法上の特権およびその特権を有する特別行政区．

1686年以前のタワー・リバティーズは，ロンドン塔の城壁の内部および城壁の外部に隣接したタワー・ヒルの土地だけに限定されていた．16世紀と17世紀を通じてタワーの権力者たちは，自分たちの特権を守るためにあらゆる努力を惜しまず，司法権をめぐってしばしばシティと論争におよんだ．1686年，ジェイムズ二世の勅許によって，近くのミナリズ，オールド・アーティラリー・グラウンド，ウェルクローズの3か所を獲得し，その特権的地位を確固たるものとした．住民は巡回裁判や地方法廷で陪審員として奉仕する義務を免除され，地方税も時々徴収されるだけだった．そのうえ，タワー・リバティーズは独自の裁判所と刑務所をもっていたので，住民はシティやミドルセックス州議会の司法権では裁かれなかった．

しかし，19世紀半ばから，その自治権は次第に制限され，司法権は剥奪され，行政権はロンドン市議会へと移行した．

1900年，ロンドン塔とその特権区域は，ステップニー自治区に吸収され，彼らの独立の最後の痕跡は消滅した．

Tower of London
ロンドン塔

Tower Hill, EC3

ロンドン観光の目玉のひとつロンドン塔には，王室の宝物のみならず，英国の歴史がぎっしりつまっている．塔とはいいながら，立派な城塞である．

ロンドン塔の起源については諸説があるが，紀元前50年前後に現在のロンドンに侵入した英雄ユリウス・カエサル率いるローマの軍隊がタワー・ヒルに作った要塞が始まりだとする説が有力である．その後1066年に英国王となったウィリアム一世が，1078年にローマの砦あとに木造の塔を建設した．現在ロンドン塔の白眉となっているホワイト・タワーの前身である．目的は，シティの権勢に圧力をかけると同時に，外敵に備えるためだった．シティの西の端ではベイナード・カースル（→ Baynard Castle）が同じ目的を果たしていた．その後，エドワード一世の時代に至るまで増改築工事が続けられ，現在の姿になった．建設以来この塔は長い間獄舎としても用いられ，幽閉されると脱出が困難な堅牢性を誇ったが，12世紀初頭ダラムの司教が脱出して以後，外壁が二重にされ，その周りに堀が造られた．7.3ヘクタールの土地を取り囲む城を造ったのはエドワード一世である．城壁の厚さは下部が4.5メートル，上部が3.3メートル，高さは27メートル，英国一の堅牢性を誇る要塞建造物として，王室の居城，監獄，宝物保管所，処刑場，武具収納庫，貨幣鋳造所，天文台，動物園，公文書室などさまざまな機能

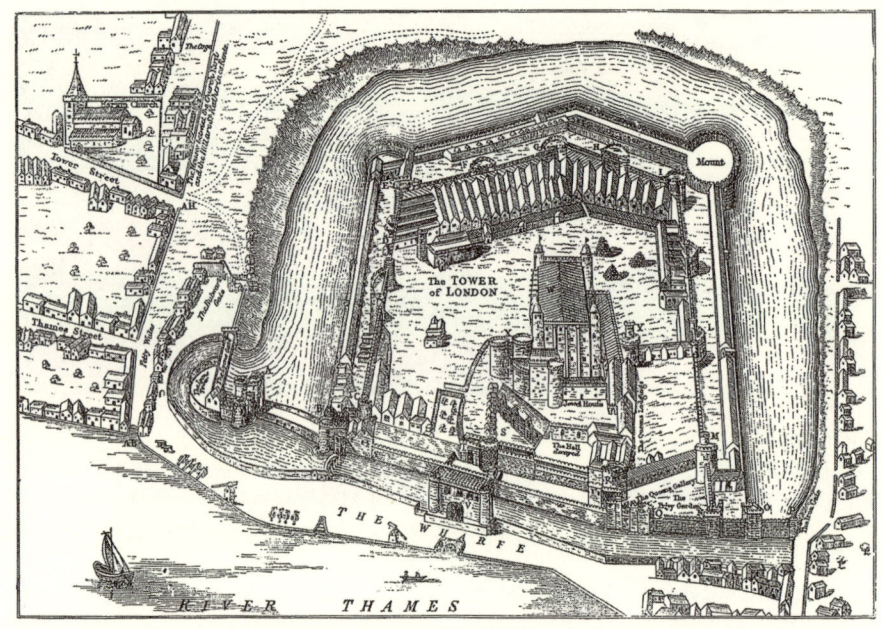

ロンドン塔（16世紀末）

をもつ城砦として歴史を刻んできた．

　1215年，貴族たちはロンドン塔を奪って，ジョン王にマグナ・カルタ（大憲章）に同意するよう迫った．ジョン王がマグナ・カルタに署名したあとも，貴族たちは王を信用せず，ロンドン塔にたてこもった．ジョンが誓いを破ると，貴族たちは，イギリスの王位継承を主張して侵入してきたフランスの皇太子ルイ（ジョンの姉エレアノールの娘ブランシュを妻にしていた）にイギリスの玉座を与え，ルイはロンドン塔で1年にわたって宮廷を開いた．1年後，ルイは，ジョンの息子ヘンリー三世を擁立する貴族たちに追放される．

　1235年，ヘンリー三世が神聖ローマ帝国皇帝から，プランタジネット王朝の紋章のひとつであるヒョウを3頭贈られたことから，王室動物園の歴史が始まる．ノルウェイ王から贈られた北極熊，フランス王ルイ九世から贈られた象，ライオンなどめずらしい動物が飼育されるようになり，一般に公開された．see the lions（「名所見物をする」）という句はこのことに由来する．

　1236年，ヘンリー三世はエレオノール・オヴ・プロヴァンスとの婚礼に際してロンドン塔のホワイト・タワーに移った．このことから，歴代の君主が戴冠式前にロンドン塔に移り，戴冠式の前日に行列をしてウェストミンスター・パレスに向かう習慣が始まった．

　14世紀になって，ウェストミンスターから貨幣鋳造所とともに王冠などの王室の宝物が移された．

　フランスとの百年戦争を始めたエドワード三世は，クレシーの戦いで大勝利をおさめ，ロンドンに凱旋した．そのとき大勢のフランス人の人質を引きつれて帰国した．人質は，フランス王ジャン二世，その息子フィリップ，大司教1人，伯爵13人など2000人以上で，そのほとんどがロンドン塔に収容された．フランスはジャン二世の身代金を集めるのに3年かかった．

　ロンドン塔にはいくつかのタワーがある．テムズ川に面した外郭保塁の中央部がセント・トマズス・タワーである．この塔に設けられた水門がトレイターズ・ゲート（逆賊門）で，

かつて川が交通の要路であった頃は，ロンドン塔の正門であった．16世紀頃には反逆者たちがこの門を通って，ホワイト・タワーの牢に投ぜられた．ブラディ・タワーを抜けて，城の中庭に達する．「古来から塔中に生きながら葬られたる幾千の罪人は皆舟から此門迄護送されたのである．(中略) テムズは彼等にとって三途の川で此門は冥府に通じる入口であった」(夏目漱石)．

タワーの中で本丸に相当するのがホワイト・タワーである．5階建てで，高さは28メートル，厚い壁の中にらせん階段が設けられている．2階に武器展示室があり，ヘンリー八世以降の多種多様な武具を目のあたりにすることができる．圧巻は3階のセント・ジョンズ礼拝堂と地下室の宝物館(→Jewel House)である．ロンドン塔の南西隅のベル・タワーはジョン王の時代に完成されたと思われる．この塔に王女時代のエリザベス一世や『ユートピア』の作者であるトマス・モアが幽閉された．ビーチャム・タワーはリチャード二世時代に幽閉されたウォリック伯爵トマス・ビーチャムにちなみ名づけられた．4階建てのこの塔は13世紀初頭の建造で，3階の壁には囚人たちが壁に刻んだ文字が今も残る．

ロンドン塔での出来事のなかで，おそらく最も悲惨なことの1つは，ブラディ・タワーに幽閉された2人の幼い王子がひそかに闇にほうむられた事件であろう．エドワード四世亡きあと，1484年に13歳で王位についたエドワード五世と11歳の弟リチャードは，叔父リチャード(のちのリチャード三世)に殺害されたといわれている．チャールズ二世の時代に2人の骨が発見された．

ヘンリー八世の2人の妃，アン・ブーリンとキャサリン・ハワードはホワイト・タワーのそばのタワー・グリーンで処刑され，処刑場に隣接するセント・ピーター・アド・ヴィンキュラ礼拝堂(→St Peter ad Vincula)に葬られた．レディ・ジェイン・グレイは父と義父の野心の餌食にされ，エドワード六世の没後女王に擁立されたが，結局はヘンリー八世の長女メアリ一世が即位し，9日間女王の座についただけ

でクイーンズ・ハウスに幽閉されたあとタワー・グリーンで処刑され，やはりセント・ピーター・アド・ヴィンキュラ礼拝堂に埋葬された．ビーチャム・タワーの壁には，ここに幽閉されていた彼女の夫ギルフォード・ダドリーによって彫られた IANE (ジェイン) の文字がいまも残っている．エリザベス一世の寵臣で探検家のサー・ウォルター・ローリーも反逆罪でブラディ・タワーに2度にわたって幽閉されたあげく処刑された．1605年に議会の爆破を謀ったガイ・フォークスとその一味もロンドン塔内で処刑された．1679年タイタス・オーツ陰謀事件に関連してサミュエル・ピープスが短期間収監された．第一次世界大戦時にはアイルランド独立運動の指導者のひとり，ロジャー・ケイスメントが収監されるなど，ロンドン塔の血なまぐさい歴史は第二次世界大戦(ルドルフ・ヘスの収監)に至るまで続いた．

ロンドン塔はロンドン塔長官をはじめ約40人の国王衛士(→Yeoman of the Guard)に守られている．国王衛士の制度はエドワード六世(1547-53)が始めたもので，テューダー朝様式の制服の胸には元首の頭文字(現在は ER II)がついている．国王衛士は俗にビーフイーター(→Beefeaters)と呼ばれ，現在は退役軍人から選ばれる．ヘンリー三世の時代から700年以上つづいている「鍵おさめの儀式」はロンドン塔の閉門の行事で，塔内の衛士長がミドル・タワーとバイワード・タワーの門を閉めて，歩哨と合言葉を交わしたあと，塔の鍵を歩哨に手渡す．毎晩10時に行なわれ，一般公開もされている．

ロンドン塔には大鴉が住みついており，鴉が塔を離れると英国は滅亡する，という言い伝えがある．そのため現在いる数羽の鴉は，飛べないように翼の一部が切られている．衛士のひとりが大鴉係りに任じられて世話をしている．

Tower Wharf
タワー・ワーフ　EC3

テムズ川からロンドン塔に入城するための河岸．昔は，陸上の道路を行くよりは河川を

利用するほうが安全で快適だったため，テムズ川がロンドン塔に至る主要通路だった.

13世紀に，ヘンリー三世はここを掘削し，川から城壁の下をくぐって，直接，塔内に上陸できる水路を設けた．そのとき塔の防衛力の弱体化を防ぐため，水路に頑丈な城門と落し格子を造った．これがはじめはウォーター・ゲートと呼ばれていたが，のちに多くの国事犯が通過したので，トレーターズ・ゲート（逆賊門）と呼ばれるようになった．現在，その水路は埋めたてられ，ワーフは旧式の大砲などが並べられた通路になっている．観光船は，それから少し上流のタワー・ピアに接岸する．

Town of Ramsgate
タウン・オヴ・ラムズゲート亭
Wapping High Street, E1

ドックランズのテムズ北畔のウォッピングにあるこの酒亭は，もとは「レッド・カウ」（赤い牝牛亭）として知られていた．その女給の髪の毛が赤かったからという．牝牛の屋号としては，ほかに「青い牝牛亭」，「茶色の牝牛亭」，「まだらの牝牛亭」などがある．現在の屋号はイングランド南東部の港町ラムズゲートの漁師たちが，ウォッピングの船着場に魚を陸揚げしていたことに由来する．チャールズ二世の庶子モンマス公爵が，ジェイムズ二世と王位を争ったとき，その反乱軍に「血の審判」を下した裁判官ジェフリーズが，ハンブルグに逃亡しようとしてこの酒亭で逮捕されたという史実も残る．また，この酒亭の酒蔵には，罪人をオーストラリアへ追放する前に監禁していた牢獄が残っている．地下鉄ウォッピング駅が近い．

Toynbee Hall
トインビー・ホール
Commercial Street, E1

1884年のクリスマス・イヴに，経済学者で社会改良家アーノルド・トインビーの名をとって，イースト・エンドに創設された最初の大学社会福祉セツルメント．恵まれない市民たちに教育を施したり娯楽を提供するのが設立の目的で，最初は2人の居留者から始まった．ここで案出されたさまざまな活動から労働者教育協会や労働者旅行協会などが生まれた．ユース・ホステル協会の事務所も最初はここに置かれていた．

市北郊のハムステッド田園郊外住宅地の開発も，このセツルメントの創設者サミュエル・バーネット師の夫人ヘンリエッタがここで発案したものだった．

Trafalgar Square
トラファルガー・スクエア　　WC2, SW1

たぶん，外人観光客に最も知られた広場のひとつで，大晦日の越年の行事は名物だが，集まってくる人々に生粋のロンドンっ子は少ない．ロンドンで最も騒がしく，かつたぶん最も非イギリス的な広場のひとつであろう．広場は，1805年のトラファルガー海戦の勝利とこの戦闘で死亡したネルソン提督を記念する国民的事業として開発が進められ，地上51メートルの円柱上に提督ネルソンの記念像（→Nelson's Column）が立ち（1842年完成），海をにらんでいる．

古くは王室の厩舎がここにあったが，厩舎としての役割は早くから廃れ，繰り返し市街地再開発計画の候補地となった．たとえば，1666年のロンドン大火のあと，建築家のクリストファー・レンが，ロンドン再開発計画を構想した際，ここに大陸の広場を凌ぐ規模と偉観を備えた広場を構想したのは有名である．ただ，実現のための政治的・財政的裏づけは皆無で，ペーパー・プランに終わった．その後，たとえば18世紀後半のジョン・グウィンのロンドン改良案など，さまざまな開発案が提唱されたが，いずれも実らなかった．

広場の南端には，17世紀のピューリタン革命で処刑されたチャールズ一世の騎馬像があるが，その視線の先には，処刑場となったホワイト・ホールのバンケティング・ハウス（→Banqueting House）がある．いまその一帯は官庁街である．広場の北東隅には，リージェント・ストリート（→Regent Street）やバッキン

ガム・パレス（→Buckingham Palace）などの建設に巨額の公費を投入し，国民から酷評された不人気な国王，ジョージ四世の銅像もある．

この広場は古くからデモの名所としても知られ，大陸にファシズムの勢いが増し，戦争のにおいが濃くなった1935年，戦争に消極的だった国王ジョージ五世は，「この国が戦争に巻き込まれるのを認めるくらいなら，トラファルガー・スクエアに行って自分で赤旗を振る」と洩らしたと伝えられる．

この広場にあるストランド街とチェアリング・クロス・ロードの交差点は，イギリス里程標の起点とされる．

広場北側の高台に立つナショナル・ギャラリー（→National Gallery）は1838年に完成した．1991年，その西隣にセインズベリー・ウィングが新設され，主としてルネッサンス期の美術品が展示されている．ナショナル・ギャラリー本館と道をはさんで，1726年に完成したセント・マーティン・イン・ザ・フィールズ教会が立っている．広場西側に目立つカナダ・ハウスは，もとは保守党の政治家が集うユニオン・クラブ（→Union Club）のために建築家サー・ロバート・スマークが設計したものである．広場全体の性格は，フランスで典型的に発達した記念碑的公共広場に近いが，建築学的な統一性や偉観に乏しく，他のスクエアに見られる緑地としての雰囲気を備えた居心地の良さもない．この広場に住人として最大の数を占めているのは，ハトであるが，2000年から広場でのエサの販売許可制が廃止された．

広場の四隅に銅像用の台があるが，西北の1台は長い間何も置かれていなかった．1999年から3年間，毎年コンクールによる優勝作品が乗せられるようになった．

Trafalgar Tavern
トラファルガー・タヴァン
Park Row, Greenwich, SE10

トラファルガー海戦にちなんだ酒亭であるから，グリニッチのテムズ河畔の酒亭の屋号としてふさわしいが，この屋号の酒亭はほかにもある．ここは1837年の開業で，敷地には当初ジョージ・タヴァンという酒亭があった．シーフードの料理が評判で，国会が終了するころは議員たち，とくに著名な内閣の閣僚たちが，いわゆる「ホワイトベイト・ディナー」と称するイワシやニシンの稚魚の料理を食べに来たところとして有名．この晩餐会は1890年代まで続いた．文人のチャールズ・ディケンズはもとより，ウィリアム・メイクピース・サッカレー，ウィルキー・コリンズ，画家のジョージ・クルックシャンク，歴史家トマス・マコーレーたちが立ち寄っている．ホワイトベイトというシラス料理や，ウナギのフライ，コイのシチューなどが評判であった．

ディケンズの小説『われらの互いの友』で，ベラ・ウィルファーとジョン・ロークスミスのかけおち結婚の祝賀宴の会場となっているのは，このグリニッチの酒亭の一室である．祝賀宴といっても，新郎・新婦と新婦の父の3名だけの会食ではあったが，「何とすばらしい料理だろう！　海の中を泳ぎまわるありとあらゆる魚類の見本が，このテーブルに寄り集まったに違いない」と描写している．

この料亭は1915年に営業を一時中止し，商船隊員や労働者のクラブとなっていたが，50年後に修復して再び酒亭として開業し，現在におよんでいる．グリニッチ・パークの北端近くに位置している．

Traitor's Gate
→Tower of London

Travellers' Club
トラヴェラーズ・クラブ
Pall Mall, SW1

1819年，海外旅行経験のある紳士たちの友好の場として設立された．発足時の会員にはヘンリー・ジョン・テンプル・パーマーストンがいる．設立されたのも古く，また今日に至るまで多くの名士を会員としてきたため，イギリスの数あるクラブのなかでも名門のひとつに数えられる．当初は海外旅行の経験（旅行した距離がロンドンから800キロ以上）が会員と

なるための重要な資格だったが，現在ではもちろんこの規約は有名無実となっており，各界の著名人を含む非政治的な社交クラブとして存在している．

クラブハウスはもともとウォータールー・プレイスにあったが，1822年にペル・メル49番地に移転した．しかしそこがあまりにみすぼらしかったため，1828年にカールトン・ハウスの敷地の一部を手に入れ，コンペで優勝したチャールズ・バリーの設計になる新クラブハウスが1832年に完成した．総工費6万4000ポンドあまりをかけたイタリア・ルネッサンス様式の宏壮な建物であった．1940年には爆撃で破壊されたが，1952年から53年にかけて修復が行なわれた．

現在のトラヴェラーズ・クラブの名物は，すばらしい料理と年代物のワインで，この点では西隣りに位置する名門リフォーム・クラブ（→Reform Club）にまさるとも劣らない．グレアム・グリーンのスパイ小説『ヒューマン・ファクター』にもここの食堂が登場し，外務省情報部の長官が料理の自慢をする場面がある．

Treasury Buildings
大蔵省庁舎
Whitehall, SW1

1733年，ウィリアム・ケントの設計による工事にはじまり，サー・ジョン・ソーン，サー・チャールズ・バリら高名の建築家の手を経て1845年に完成した．

1960年から64年にかけて内部修復の大改装工事が行なわれたが，そのときヘンリー八世のホワイトホール・パレス（→Whitehall Palace）当時の遺跡の数々が発見され，そのなかにはテニス・コートの壁などもふくまれていた．

Trinity Almshouses
トリニティ救貧院
Mile End Road, E1

宗教法人のトリニティ・ハウス（→Trinity House）が元船長やその未亡人30人ほどのために1695年に設立した．平屋のテラス・ハウスが細長い中庭をはさんで立ち，三方に植え込みがあった．1941年の空襲で破壊され，レンガ造りの建物は，ロンドン市議会による再建で装いを新たにした．ただしチャペルだけは，ハマースミスのブラッドモア・ハウスから取り寄せた18世紀の羽目板が張られて，当時の面影をとどめている．地下鉄ステップニー・グリーン駅に近い．

Trinity Hospital
トリニティ養護院
Riverside Walk, Greenwich, SE10

1610年代に男性の年金受給者のために開設された老人ホーム．テムズ川沿いにあって対岸にアイル・オヴ・ドッグズを望む．グリニッチ子午線をわずかにはずれて西半球に位置する．この老人ホームには創設者ヘンリー・ハワードと同じノーフォーク州の出身者が多かったから，ノーフォーク・カレッジといわれた．1812年に建て直された．ステンドグラスの《キリストの磔刑》，《キリストの昇天》は，16世紀のフランダースで作られたものである．地下鉄ノース・グリニッチ駅に近い．

Trinity House
トリニティ・ハウス
Trinity Square, EC3

灯台・水先案内協会の本部がある建物．ロンドン塔の北側のタワー・スクエアに面した優美な2階建てである．この協会はイギリス沿岸の灯台や航路標識などを管理し，水先案内人の資格試験を司る由緒ある団体である．テムズ川の管理にも重要な役割を演じ，ロンドン港湾局（→Port of London Authority）などにも委員を送っている．歴史は古く，1514年にヘンリー八世から最初の勅許を得た．

1940年のドイツ空軍の爆撃で破壊されたが，戦後に再建された．退職船員や家族に対する慈善事業も行なっている．

Trooping the Colours
軍旗分列行進式
Horse Guards Parade, SW1

国王誕生日の軍旗敬礼分列行進式．イギリス現女王エリザベス二世の実際の誕生日は4月21日だが，公式誕生日は6月の第2土曜日と決められており，その午前中にロンドンの近衛騎兵練兵場（→Horse Guards）で，軍旗敬礼分列行進式が行なわれる．1805年以後は毎年行なわれるようになった．

この日，女王はバッキンガム・パレスより女性用の片鞍に乗り，両脚を左側にたらした馬上姿で，3つの突起のある帽子に，その年の軍旗をもつ当番歩兵連隊の軍服を着て，午前11時に近衛騎兵練兵場に到着する．女王は英国近衛師団七連隊の名誉師団長として分列行進式を閲兵する．

王室のメンバーとしては通常エディンバラ公，皇太子が同行し，護衛の近衛騎兵に守られて女王が閲兵台に立つと，国歌吹奏，つづいて21発の礼砲（→Royal Salutes）がとどろく．するとその年の当番の近衛歩兵連隊の1500人が軍旗（カラーズ）を先頭にもって分列行進（トルーピング）を始める．女王の面前を通過するときには，敬意を表わすために軍旗を下げてまたすぐ上げる．これをディップ（dip）という．

行進が終わると，2回目の国歌吹奏，そして女王は軍楽隊の音楽に合わせてバッキンガム・パレスへ戻る．宮殿では王室の全員がバルコニーで迎え，英国空軍の低空儀礼飛行が行なわれて，ロンドンの春の最大行事であるトルーピング・ザ・カラーズの儀式はめでたく終了する．

ちなみに英国近衛師団七連隊とは，近衛騎兵第一連隊（ライフ・ガーズ）と同第二連隊（ブルーズ・アンド・ロイヤルズ）の2つの騎兵連隊からなる近衛騎兵旅団（ハウスホールド・キャヴァルリー）と，近衛歩兵第一連隊（グレナディア・ガーズ），同第二連隊（コールドストリーム・ガーズ），それにスコットランド，北アイルランド，ウェールズの各近衛歩兵連隊の5つの近衛歩兵連隊からなる近衛歩兵旅団（フット・ガーズ）である．

Tufnell Park

タフネル・パーク　N7, N19

イズリントン自治区の北部に位置し，ハムステッド・ヒース（→Hampstead Heath）の東に広がる住宅街で，人工の公園ではなく，数世紀にわたって自然環境が損なわれずに残った地区である．これがパークの名がついた由来だと思われる．同地区のほぼ中央を東西に1キロあまり，一直線に走るタフネル・パーク・ロードはローマ街道の名残りといわれる．地下鉄ノーザン・ラインにこの名の駅がある．現在の町並みはヴィクトリア朝後半にできあがったもので，それ以前の山荘風の高級住宅は影をひそめ，密集した住宅地となった．タフネル・パーク・ロード（49番）に，シェイクスピア劇を16世紀当時にできうるかぎり忠実に再現する意図で，俳優ジョージ・マーセルによって，教会を転用したセント・ジョージ劇場が1976年シェイクスピアの誕生日に完成した．

Tulse Hill

タルス・ヒル　SW2

大ロンドン南郊ダリッチの西方に位置するブロックウェル・パークの西縁を走る道路．タルスの名は17世紀後半この界隈の地主であったタルス家に由来する．18世紀を通じていくども所有者が変わり，ようやく19世紀20年代になって首都郊外の高級住宅地としての開発が徐々に進められた．1869年，鉄道の開通により，タルス・ヒルがハーン・ヒル（Herne Hill）やロンドン南部のその他の地域とつながるようになると，人口が増加して屋敷町の面影が失われていった．その後は集合住宅が出現し，ロンドンに近いベッドタウンの性格が強い地域に変貌した．

Turf Club

ターフ・クラブ

Carlton House Terrace, SW1

1868年にグラフトン公爵の旧邸アーリントンを本拠として設立されたクラブ．トランプ・ゲームのホイストのルールを定め，これはイギリスのブリッジ発祥のポートランド・クラブ（→Portland Club）によって認定された．会員

は貴族が中心で，初期には16人の公爵を含み，現在は馬主もかなり含まれている．1975年にはこれまでのピカディリーにあったクラブハウスを売却して，現在のカールトン・ハウス・テラスへ移転した．

Turk's Head Coffee House
タークス・ヘッド・コーヒー店

「トルコ人の頭」とか「サラセン人の頭」という屋号は，パブやインにも多い．北アフリカのアルジェリアの海賊がイギリス近海に出没したころに同名の店が増えた．ジェイムズ・ボズウェルの『ジョンソン伝』の1763年の記録には，10回も出てくる．ジョンソン博士はここがお気に入りで，当時ストランドの142番地にあったこの店の個室で食事をするのが好きであった．「私はこの店の女主人が，やさしくて商売気もあまりないので，この店をもり上げてやりたい」とボズウェルに語っている．日記作者ピープスが立ち寄ったトルコ人の頭亭は，ニュー・プレイス・ヤードの船着き場で，「毎夜大勢の人々が集まって盛んに議論している」と日記(1659-60年1月10日)に記している．ウィリアム・ホガースの連続絵画物語《当世風結婚》(1745)の第5景〈伯爵の死〉の場面は，コヴェント・ガーデン周辺の連れ込み宿で，「タークス・ヘッド・バニヨー」の文字が画面から読みとれる．バニヨーとは，トム・キングズ・コーヒー店(→Tom King's Coffee House)と同じように，放蕩者が集まる浴場兼売春宿のことである．ストランドのこの店は19世紀初頭にホテルに改造された．

Turner's House
ターナーの家
Cheyne Walk, SW3

イギリスを代表する風景画家，ターナー晩年の借家(1846-51)．現在は交通量の多い大通りが近くを走って往時の面影はないが，かつてはテムズ川が見下ろせて，ヴォクソール・ガーデンズの花火も眺められる場所だった．なにかにつけて秘密主義者だったといわれる画家は身分をかくすため世間には女家主の姓を名乗って，ブースと自称して住み，屋上に天井の高いアトリエを作ってロンドンの雑踏を避けた隠れ家とした．この家主の女性と愛人関係にあったかどうかは不明である．バタシー橋北詰めに近い．

Turnpikes
ターンパイク

かつてのイギリスの道路の料金徴収所をいう．もともとは道路に設けられた横木のことで，料金を取り立てる目的で馬車などを停止させるためのものであった．1346年に法律が制定され，道路の通行に料金を課すことが合法化された．17世紀の半ば頃のロンドンへの通行は教区教会が管理したが，教会にとっては迷惑な面も多く，より合理的なシステムに変える必要に迫られ，議会は車馬の通行を独占的に管理する団体の設立を認めた．18世紀になるとそうした団体が急増してロンドン中心部に向かう道路の至るところに見られ，個人的な利益を得るための収入源となった．商売としてターンパイクの権利が売買されることもあった．番人は料金をくすねたりもしたが，24時間勤務の間つねに強盗に襲われる危険にさらされるうえ，夜間の通行もわずらわしく，あまり割りのいい仕事ではなかったらしい．タイバーン(→Tyburn)の例では，2頭立ての馬車は10ペンス，騎乗者は4ペンスで，王族，兵士，聖職者は無料だった．ロンドン中心部のハイド・パーク・コーナー，テムズ川南岸のエレファント・アンド・カースル，西部方面のマイル・エンド・ロードなどの幹線道路は往来が激しかった．

19世紀の半ばになると廃止の気運が起こり，1864年にメトロポリタン・ターンパイク・アクトという法律が発効した．その2年後には最後のマイル・エンド・ターンパイクが廃止された．それでも20世紀にいたるまで小さなターンパイクは各地に残った．
→Motorways

Turret House
タレット・ハウス

ランベスにあった17世紀の博物学博物館と付属庭園．ジェイムズ一世とバッキンガム公爵の庭師であったジョン・トラデスカントが設立した．彼はロシアやアルジェまではるばる園芸種の新種植物を求めて旅し，その収集は植物以外に，鳥類，魚類，貝類，化石など多方面におよんだ．同名だった息子の死後，収集品はアシュモール古美術収集家の手を経て，オックスフォード大学に移譲された．同大学が誇るアシュモレアン博物館はこれが母体となった．

Tussaud's Waxworks
→Madame Tussaud's

Twickenham
トゥイッケナム　TW1, TW2

　大ロンドン南西郊，テムズ河畔の風光に恵まれた住宅地．元来は，近くのテムズ川に浮かぶイール・パイ・アイランド（Eel Pie Island，ディケンズの小説『ニコラス・ニクルビー』に登場する）という「中の島」の西岸あたりの，洪水の危険がない，高台にある集落から発展した．魚獲りのためのやなを仕掛けるのにも適し，水運の便がよかったことも好条件だったのだろう．

　ここはロンドンの中心部からも遠からず，景勝の地でもあるため，屋敷を構える名士が多かった．哲学者フランシス・ベーコン，ベドフォード伯爵夫人ルーシー，肖像画家ゴッドフリー・ネラー，小説家ヘンリー・フィールディング，風景画家J.M.W.ターナー，詩人アルフレッド・テニソンなど錚々たる顔ぶれである．ターナーはサンディクーム・ロード40番地に，テニスンはモントペリアー・ロウに住んでいた．ここのサウス・エンド4番地ではウォルター・デ・ラ・メアが亡くなった．クロス・ディープ大通りには詩人アレグザンダー・ポープが大きな屋敷を構えていた．彼はこの地のセント・メアリ・ザ・ヴァージン教会に埋葬されている．また，ホラス・ウォルポールが建造したストロベリー・ヒル（→Strawberry Hill）も有名である．

1848年に，リッチモンド鉄道橋が開通し，ロンドン郊外の通勤者のための住宅地として急速に発展し，現在に至っている．

Twickenham Rugby Football Ground
トゥイッケナム・ラグビー・フットボール・グラウンド

Whitton Road, Twickenham, TW2

　大ロンドン南西郊のリッチモンド・アポン・テムズ自治区にあるスタジアム．イングランド代表チームのグラウンドで，ラグビー・フットボール・ユニオンの本部も置かれている．ここでは，1971-72年のシーズン以来，ジョン・プレイヤー・スペシャル（1988年以後はピルキントン・カップ）と呼ばれるイングランドの勝ち抜き戦が，そしてまた毎年12月にオックスフォード・ケンブリッジ両大学の対抗試合も行なわれる．

→Rugby Football Clubs

Tyburn
タイバーン

　ハイド・パーク北東角，いまのマーブル・アーチのある地点．1388年から1783年までロンドンの絞首刑場となっていた．

　18世紀において絞首刑にかけられた者は，月に10ないし15人にも及んだ．死罪が156項目も定められていて，些細な罪であっても絞首刑を言い渡されることが多かったからである．タイバーンには一度に21人の絞首刑を執行できる三脚の絞首台（「タイバーン・トリー」，あるいは「トリプル・トリー」と呼ばれる）が並べられてあって，「首吊り競技」(ハンギング・マッチズ)という言葉がはやったという事実からも想像できるように，絞首刑がお祭り騒ぎと化し，ジャック・シェパードのような知名度の高い罪人の処刑日には，20万人もの見物客が集まることがあった．

　処刑日はみせしめのため公休日になったが，これは逆効果だったようで，群集は罪人の勇気をほめそやし，罪人自身英雄気取りであることがしばしばあった．

797

タイバーンの三面絞首台
（17世紀中葉）

こういったなかで貸席業が人気を呼び、一般向けの仮設スタンドのほかに、「プロクターおかみの座席」と銘打った常設特別席が現われて、タイバーン名物のひとつとなった。死刑囚たちもニューゲート監獄（→Newgate Prison）を出るときには取っておきの服に着飾り、荷馬車に乗って（高貴の身分の者は自家用の馬車に乗ることが許される）、タイバーンまで約5キロの道のりを行進する。彼らは監獄の筋向かいにあったセント・セパルカー教会で花束を受け取り、道中のいろいろな居酒屋でビールのもてなしを受ける。タイバーンに着くころには、前後不覚の泥酔状態に陥る者もいた。罪人がタイバーンに着くと、そのことを監獄に知らせるため、鳩が放たれた。

死刑囚は、処刑に先立って付添いのチャプレンの祈禱を受け、群衆に向かって意中を述べることを許された。死刑囚を乗せた荷馬車が絞首台の下まで進むと、死刑執行人が吊り木に縄をしばりつけ、馬に鞭を当てると馬車が引っぱられて罪人が宙づりになる。一刻も早く息を止めるために、身内親戚の者たちが走り寄って宙づりになった当人の脚を引っぱったり、胸をたたいたりすることもあった。しかしなかには、最後の瞬間に執行猶予令が出るのではないか、縄が切られたあと息を吹き返すのではないかと一縷の望みをかけて、吊るされた体を支えようとする者もいた。

死体がおろされると、それを目がけて群衆が殺到する。というのは、処刑された人の体に触れると、何か医学的な霊験が得られると信じられていたからである。死体は外科医の解剖実験に供せられたが、衣服は絞首刑執行人の所有物となることが公認されていた。執行人はさらに、絞首刑に使用されたロープを1インチずつ切り売りすることによって、余得にあずかることができた。タイバーンの絞首刑台にかけられた罪人は、前後合わせて約5万名、フィールディングの小説でよく知られる大悪党のジョナサン・ワイルド、17世紀のおいはぎの親分として名高いクロード・デュヴァル、それから先にふれたジャック・シェパードなどが含まれる。

1783年に絞首刑場はニューゲート監獄に移った。

U

Underground Railways
地下鉄

ロンドンは世界で最初に地下鉄を建設、営業した都市である．といっても、これはあまり名誉ある事実とは呼べないだろう．地下に鉄道を通さざるをえないほど、地上の市内交通はすでに19世紀中ごろに完全に麻痺していたのだから．

〈地表線〉

1863年1月10日に、メトロポリタン鉄道が、当時はロンドンの西のはずれであったパディントン駅（→Paddington Station）の一隅のビショップス・ロード駅から、東に向かってシティ内のファリンドン・ストリートまで、約5キロ半ほどの線路を開業した．当時は電車はまだ実用化されていなかったから、蒸気機関車が客車を引いて営業したのである．だから、地表から比較的浅い溝を掘ってあとから蓋をする原始的工法で建設した路線のあちこちに、蓋のしていない場所を設け、蒸気機関車はそこで思いきり煙を吐き出し、トンネル部分では煙突の蓋を閉めて煙を出さないようにするという苦肉の策を用いた．それでも煙は遠慮なく車内に入り、客は咳き込むやら、衣服が煤で汚れるやらの大騒ぎとなる．ところが車内には"NO SMOKING"とおごそかに掲示が出ていたという．しかし、地上の交通渋滞に悩む市民からは概して好意的に迎えられ、その後もメトロポリタン・ディストリクト鉄道など、同じような線が延びていった．このようにして「首都の」を意味する"metropolitan"が、次第に「地下の」の意味をもつようになった．これら、地表面に近い浅い地下鉄線を一般に地表線と呼ぶ．

〈チューブ〉

1890年11月4日、テムズ川を通ってロンドン橋の北と南とを結ぶ地下鉄道シティ・アンド・サウス・ロンドン鉄道が開通した．もちろんこの線路は、地表面から掘ってあとで蓋をするという、上述の地表線のような建設法で造られたわけではない．いくつかの地点に深い竪穴を掘り、その底から鉄製の大きなチューブを横に推進していくという建設法である．したがって横穴は円形で、あまり太いものにはできない．その内側を走るのは、もちろん蒸気機関車の引く列車ではなく、当時新開発の電気列車であったが、車体はチューブすれすれの丸味を帯び、高さも幅も小ぶりとなるのはやむをえなかった．このような地下鉄線路は一般に「チューブ」と呼ばれたが、その後はほとんどの地下鉄線がこのチューブ線となったために、現在チューブは地下鉄全般を指すと理解している人が、イギリス人にも多い．

〈芸術作品に見る地下鉄〉

その後、地下鉄路線網はロンドン市内から郊外にも及び（ただし地層の関係でテムズ川南側にはあまり多く見られない）、さらにほかの都市も競って地下鉄を建設した．興味あることにどこの都市でも「メトロ」（metro）という語を好んでつけたようである．地下鉄は大都市の住民にとっては必要欠くべからざ

799

交通機関となった．それとともに，文学・美術などにも地下鉄がしばしば登場するようになる．

ロンドンについてみるならば，T.S. エリオットの詩『四つの四重奏』，おなじみコナン・ドイルの「シャーロック・ホームズ物語」をはじめとする多くのミステリー小説，アイリス・マードックの小説『言葉の子供』（邦訳題名は『魔につかれて』）などの文学作品があり，グレアム・サザランドの第二次世界大戦中の地下鉄駅を描いた絵も有名である．ちなみに激しい空爆にさらされたころ，ロンドン市民の多くは深いチューブ線の駅を防空壕として避難したのだから，地下線は交通機関以上の役割を果たしたのである．

〈組織の変遷〉

ロンドンの地下鉄は，もともとすべて私鉄として発足したのであったが，1933年にロンドン市の地下鉄各社，市内路面電車，市バスなどが統合されてロンドン交通公団という公共企業体となった．鉄道が誕生して以来，私営企業の自由競争が守られてきたイギリスにおいて，ひとつの大地域の市内交通の独占化が実施されたというのは，まさに革命的事件であった．1929年，ニューヨーク株式の大暴落以来，1930年代前半に世界中を襲った大不況のパニックによって，資本主義経済への信頼が揺らいだことも，もちろんそのひとつの原因であったろう．第二次世界大戦後の1947年に，労働党政権が鉄道国有化の法案を可決させて，1948年から全国主要幹線が国鉄となったが，その序曲ともいうべきものが15年前のロンドンで奏されたわけであった．

だが，1994年に鉄道の民営化が実現するに際して，ロンドン市内交通も再び地下鉄，バスに分離されて（路面電車はもはや存在しなかった）民営化され，ロンドン地下鉄道会社（London Underground Ltd）とロンドン・バス会社（London Buses Ltd,）となった．現在かなりの地下鉄電車は郊外の地上線まで延長運転し，一部はブリティッシュ・レイル（→British Rail）に乗り入れている．

〈拡張する地下鉄〉

近年，地下鉄の拡張ぶりが著しい．ドックランズの再開発，史跡に富むグリニッチの発展，ロンドン・シティ空港の整備とともに，最近同方面へのアクセスが格段と便利になった．ドックランズ軽便鉄道がグリニッチ地区に乗り入れたこともその一助となったが，期待されていた地下鉄ジュビリー・ラインの延長

───［ロンドン・ア・ラ・カルト］───

地下鉄路線図とA-Z市街図

　世界的に有名なロンドン地下鉄の略図は，1933年にハリー・ベックという地下鉄の従業員が考案したものである．当時の地図は地理的には正確だが複雑だった．彼は距離と位置は歪曲されてももっと見やすいものが必要だと痛感した．そしてこの地下鉄図は，世界中の交通機関で同様の手法による地図を多数生み出すことになった．ベックの初期の試行的地図がロンドン交通博物館に展示されている．

　現在ロンドンの住民に最も重宝されているA-Z市街案内図の出現は，1930年代にさかのぼる．画家で作家のフィリス・ピアソールは，大ロンドンのすべての街路とその名称がわかるような簡便な地図が必要だと感じた．そういう出版物によって，著述と絵画の制作を経済的に不自由なく続けるだけの収入が得られるだろうと彼女は賢明にも見抜いたのだ．1936-37年にロンドン中を歩き回り，第1版を編集した．改訂を重ねてA-Zは，ロンドンで不変のベストセラーのひとつになっている．現在ではカラー版もあり，他の都市をも含めたシート形式の姉妹編もある．フィリス・ピアソールは1996年に86歳で没した．

工事の完成(1999)がなんといっても大きい．長い間，同線はチェアリング・クロス駅止りだったが，少し向きを南に変えて，テムズ川をくぐってウォータールーに達した．以後，部分開通を重ねて，1999年11月にストラットフォード駅まで全線が開通した．工期6年あまり，当初予算の2倍がかかった．ミレニアム・ドームの最寄駅として建設されたノース・グリニッチ駅は聖堂を思わせるヨーロッパでも最大級の地下鉄駅である．カナリー・ワーフ駅は，周辺部の観光新名所と商業地区の近未来を想定して，広すぎるほどのエスカレーター・ホールをもつ軽便鉄道との乗換え駅としてこの再開発地区にふさわしい．サザック駅は新駅の中で最も美しく，600枚の青ガラスパネルがつくりだす大壁面が注目を浴びている．

Unicorn Theatre for Children
ユニコーン子供劇場

Great Newport Street, WC2

1948年にカリル・ジェンナーによって創設された．長年にわたって劇団ユニコーン・シアター・フォー・ヤング・ピープル(Unicorn Theatre for Young People)の名で各地を巡演していたが，1967年にアーツ・シアターを本拠地とするようになってから，ユニコーン子供劇場と名づけられた．1997年の『劇場名鑑』には，アーツ・シアターの名で載っている．4歳から12歳までの子供たちを対象として，プロの劇団員の演技を通してできるだけ広範囲のすぐれた演劇に触れさせることを目的としている．上演は午後の時間帯のみ．地下鉄駅レスター・スクエアに近い．

Union Club
ユニオン・クラブ

1799年，イングランドとアイルランドの両議会の統一に向けて議論が高まっていた時期，両国の上流階級が結成したクラブ．現在は存在しない．設立当初の会員にはベドフォード公爵やノーフォーク公爵，政治家のチャールズ・ジェイムズ・フォックスらがいた．クラブハウスは当初はペル・メルのカンバーランド・ハウスを使っていたが，その後移転し，1818年にはリージェント・ストリートへ移った．また1821年に会員制クラブとして再結成され，コックスパー・ストリートにクラブハウスが建てられたが，1923年には再び移転し，カールトン・ハウス・テラスを本拠とした．1964年にはクラブは解散し，400人の会員はユナイテッド・サービス・クラブ(→United Service Club)へそのまま入会を許された．

United Oxford and Cambridge University Club
オックスフォード・ケンブリッジ連合クラブ

Pall Mall, SW1

1830年設立のオックスフォード・アンド・ケンブリッジ・ユニヴァーシティ・クラブと，1921年設立のユナイテッド・ユニヴァーシティ・クラブとが1938年に合併し，さらにこれと1864年設立のニュー・ユニヴァーシティ・クラブとが1971年に合併したもの．会員は当然ながら両大学の出身者ばかりである．1836年に建てられた新古典主義様式のクラブハウスは，1973年に全面改装されて今日に至る．図書室には2万冊の書籍を備え，常勤の司書がいる．会員数は約4000人で，これに加えて約600人の女性が準会員として名を連ねている．

United Service Club
ユナイテッド・サービス・クラブ

1815年，セント・ジェイムジズ・ストリートのサッチ・ハウス・タヴァンにおいて陸軍の高級士官の会合が開かれ，ジェネラル・ミリタリー・クラブの設立が決定された．そして当座の本拠としてアルバマール・ストリートに土地を購入したが，1816年にネイヴィー・クラブが加わってユナイテッド・サービス・クラブと改称した．1817年から19年にかけてはチャールズ・ストリートに新しいクラブハウスが建設された．1825年にはペル・メルに広い敷地を確保し，ジョン・ナッシュ設計のクラブハウスが1827年から28年にかけて建てられた．その後

も拡張，改装が繰り返され，1953年にはジュニア・ユナイテッド・サービス・クラブと合併した．

しかし，20世紀後半は財政状況の悪化に苦しみ，ユニオン・クラブ（→Union Club）から400人の非軍人を会員として迎えたり，ロイヤル・アエロ・クラブの会員を入会させるなどの措置をとったが，ついに1976年にその歴史を閉じた．なおこのクラブはウェリントン公爵のお気に入りだった．クラブハウスだった建物は現在，1903年に設立されたビジネス界のリーダーたちからなる世界最大の組織である経営者協会が使用している．

United States Embassy
アメリカ大使館
Grosvenor Square, W1

メイフェア地区のグロヴナー・スクエアの西側にあり，アルミ製のハクトウワシをシンボルとして掲げる近代的なコンクリートの建物．

かつてアメリカ政府は地主のグロヴナー管財人にこの土地のすべての自由保有権の売却を申し入れたが，管財人は交換条件として「独立戦争時に，アメリカ政府によって押収されたグロヴナー家所有の東フロリダの土地，4.8ヘクタールの返還」を主張した．アメリカ政府はこの条件を承認できなかったので，結局，新しく建てられた大使館は，世界で唯一アメリカ政府が自由保有権を持たない土地の上に建つことになった．

建物は1958年から61年に建築され，約600の部屋と700人のスタッフをかかえる．屋根の上のワシは，ポーランド生まれの彫刻家シオドア・ロシャックのデザインで，高さ2.4メートル，幅10.5メートル．正面北側にアイゼンハワーの銅像がある．

University College Hospital
ユニヴァーシティ・コレッジ病院
Gower Street, WC1

ブルームズベリー地区，ロンドン大学のユニヴァーシティ・コレッジの向かい側にある病院．1828年にユニヴァーシティ診療所として外来患者を対象に開設された．その2年前にはユニヴァーシティ・コレッジが創立されており，コレッジは付属の医学校をもつことの重要性を強く主張していた．それまで医学の学位はオックスフォード大学かケンブリッジ大学でしか取れなかったからである．ほとんどの開業医は薬剤師協会から資格を得ていて，大学の学位は持っていなかった．

1834年に建物が新築された．名前はノース・ロンドン病院となり，ベッド数は130床だった．1837年にユニヴァーシティ・コレッジ病院に改称．1846年にヨーロッパで初めてエーテルを使った大手術がこの病院で行なわれた．

19世紀の後半，病院は拡充されてゆき，1870年には約200回の手術が行なわれた．その半分近くが切断手術であった．著名な専門医が多数いた．有名な神経科医であるサー・ウィリアム・ガウワーズは1880年に，いまでも「神経科医のバイブル」といわれる神経系に関する2巻の教科書を出版した．1884年，サー・リックマン・ゴドリーは脳腫瘍の摘出手術を初めて行なった．彼の同僚であるサー・ヴィクター・ホーズリーは1887年初めて脊髄腫瘍を摘出した．ホーズリーは神経外科確立者のひとりであり，医学的，社会的改革者であり，反アルコール運動家であった．この病院の医学研究チームの責任者であるサー・トマス・ルイスは心臓に関する重要な基礎的仕事をしたが，1911年に『心臓の鼓動のメカニズム』を出版した．彼は心電図検査法のパイオニアのひとりである．

1920年にロックフェラー財団が建設および維持費として医学校に83万5000ポンドを提供した．これにより，ハントリー・ストリートに85床の産科病院が建設された．1927年にロイヤル耳科病院が新たに付設された．1970年に外来患者と救急患者用クリニックが開設された．
→Hospitals

University College London
ユニヴァーシティ・コレッジ

Gower Street, WC1

政治家ヘンリー・ブルーム，詩人トマス・キャンベル，医師ジョージ・バークベック，哲学者ジェレミー・ベンサムやジェイムズ・ミルなど，宗教上の寛容を主張する一群の人々により1826年に設立されたイングランド第3の高等教育機関で，ロンドン大学（→University of London）の母胎となった．宗教上の理由からそれまでオックスフォードとケンブリッジの両大学から締め出されていた非国教徒を対象として，オックスブリッジによる長い高等教育の独占体制を打破．批判者からは「ガウアー街の神なきコレッジ」と揶揄された．

コレッジは株式会社組織で設立・運営された．学寮制ではなく通学制を採用して教育費を抑え，新興中流市民階級の子弟を対象に近代科学や医学，法学，近代史を含む広範なカリキュラムを提供したが，学位授与権はもたなかった．

1827年に礎石が置かれたその主な建物はウィリアム・ウィルキンズの設計によるもの．コレッジ内には創設者のひとりであるジェレミー・ベンサムの頭蓋骨がガラスケースに展示されている．1836年，試験機関としてのロンドン大学が設立されたのを機に勅許状を獲得．1907年，新たに再編されたロンドン大学に統合されて構成コレッジのひとつとなった．幕末に長州藩，薩摩藩の留学生が学んだのはこのコレッジである．2001年度の学生総数約1万6800人．

University College School
ユニヴァーシティ・コレッジ・スクール

Frognal, NW3

1830年，ロンドン大学ユニヴァーシティ・コレッジ（→University College London）の付属校としてロンドン中心部のガウアー・ストリートに設立され，1905年に閑静なハムステッドの地に移転した．知力とともに自由な精神と独立心を磨くのが教育の理念で，とくに人文科学・自然科学の部門に秀でていると同時に，スポーツ，演劇，音楽などの文化活動も非常に盛んである．知的な家庭環境の中産階級の子弟が多く，卒業生の75パーセントが進学し，専門職や実業界で活躍している．現在，13歳から18歳までの男子生徒500余名が在学．

University of East London
イースト・ロンドン大学

Longbridge Road, Dagenham, RM8

1992年にポリテクニック・オヴ・ノース・イースト・ロンドンから大学に昇格．このポリテクニックは1970年にウェスト・ハム・コレッジ・オヴ・テクノロジー，バーキング・リージョナル・テクニカル・コレッジ，ウォルサム・フォレスト・テクニカル・コレッジの3つの工科系コレッジの統合により誕生し，1989年には地方自治体の管轄下から離れて独立の高等教育機関となった．市内に3つのキャンパスがある．1997年度の学生総数約1万3000人．

University of London
ロンドン大学

Malet Street, WC1

オックスフォード，ケンブリッジ両大学に次ぐ第3の大学として首都に誕生した．本拠はブルームズベリーにある．最初にユニヴァーシティ・コレッジが詩人トマス・キャンベルなどの急進主義者や功利主義者，非国教徒のグループにより株式会社組織で設立され（1826），つづいてこの宗教色を排した「神なきコレッジ」に対抗してキングズ・コレッジが国教派の人々によって設立された（1828）．ついで1836年，国王の勅許状により，両コレッジの学生をはじめ，認定された教育機関で学んだ学生に対して試験を実施し学位を授与する機関がロンドン大学という名称のもとに設立された．この試験機関としての大学の機能はやがて植民地にまで拡大されてユニークな学外学位制度を生んだ．また1878年にはイギリスで初めて女性に学位を授与した．

研究・教育機関としてのロンドン大学が新たに発足したのは1900年のこと．以来，インペリアル・コレッジ（1907）や政治・経済学スクール（1895），そして病院などの多数の研究

教育施設を傘下に吸収・統合して，イギリス最大の連合制大学となり現在に至る．1997年の時点で52を数えるその主なコレッジやインスティテュートには，上記の他にバークベック・コレッジ，ゴールドスミス・コレッジ，教育インスティテュート，歴史研究インスティテュート，ロンドン・ビジネス・スクール，ロンドン衛生学・熱帯医学スクール，クイーン・メアリ・アンド・ウェストフィールド・コレッジ，ロイヤル・ホロウェイ・コレッジ，王立獣医学コレッジ，東洋・アフリカ研究所，ウォーバーグ・インスティテュート，コートールド研究所美術館などがある．

University of London Observatory
ロンドン大学天文台

Mill Hill Park, Watford Way, NW7

ロンドン大学ユニバーシティ・コレッジの物理学・天文学科付属の天文台．L. ローム・ガスリーの設計によって建設され，王立グリニッチ天文台長のサー・フランク・ダイソンによって1929年に開設された．1938年，さらに拡大された．ちなみにユニヴァーシティ・コレッジはイングランドとウェールズで天文学の第一学位コースを提供している唯一の機関で，星間物理学，星宇宙形成理論，惑星表面の地質学調査の研究において，海外の類似の研究機関と密接なつながりをもっている．

University of North London
ノース・ロンドン大学

Holloway Road, N7

1992年にポリテクニック・オヴ・ノース・ロンドンから大学に昇格．このポリテクニックは1971年にノーザン・ポリテクニックとノース・ウェスタン・ポリテクニックとの統合により誕生した．大学のキャンパスはカムデン地区とイズリントン地区に分かれているが，本部はホロウェイ・ロードにある．大学の講堂はヴィクトリア時代に音楽ホールとして利用されたもの．1997年度の学生数はフルタイム約8500人，パートタイム約4800人．

University of Westminster

──［ロンドン・ア・ラ・カルト］──

大　学

　イギリスの大学数は1992年の大学組織改革によって現在82余校にのぼるが，その半数はそれまでポリテクニック(Polytechnic)と呼ばれていた大学レベルの総合技術専門学校が昇格したものである．

　ロンドンでは，既存の総合大学ロンドン大学をはじめとして，理工系のブルネル大学，1966年にポリテクニックから昇格したシティ大学の3校があったが，現在では，従来のポリテクニックであったグリニッチ大学，キングストン大学，ロンドン・ギルドホール大学，ノース・ロンドン大学，イースト・ロンドン大学，サウス・バンク大学，テムズ・ヴァレー大学，ミドルセックス大学，ウェストミンスター大学を含めて，大学という名を冠している高等教育機関は12校を数える．

　そのほか，市内には大学と同等の高等専門教育機関が数校あり，そのなかでもイングランド最古の音楽専門校である王立音楽院と王立施療病院は教員1名につき学生2名といい，イギリスでも最高の教育環境を保っている．

　また，海外の留学生が多いのもロンドンの大学の特長で，そのトップはロンドン大学のロンドン大学政治・経済学スクールの43パーセント，次いでロンドン・ビジネス・スクールの38パーセント，王立音楽院の29パーセントがめだつ．

ウェストミンスター大学
Regent Street, W1

　1992年にポリテクニック・オヴ・セントラル・ロンドンから大学に昇格．このポリテクニックはリージェント・ストリート・ポリテクニックとホーボーン法学・言語・商学コレッジとの統合により1970年に誕生した．

　リージェント・ストリート・ポリテクニックは慈善家クィンティン・ホッグによって設立されたロンドン市民のための総合的教育機関（1882）で，現代のポリテクニックの先駆けだった．

　またホーボーンのコレッジはプリンストン言語・商学コレッジとケニントン商学・法学コレッジの法学部門との統合によって1958年に設立されたもの．1990年，ノースウィック・パークにあったハロー高等教育コレッジ（1888）がポリテクニック・オヴ・セントラル・ロンドンと合併し，パディントン・コレッジやハックニー・コレッジの一部もここに移された．キャンパスはマリルボーン・ロード沿いなど各地に散在しているが，本部はリージェント・ストリートにある．1997年度の学生総数約2万人．

Upper Brook Street
アッパー・ブルック・ストリート　W1

　メイフェア地区のグロヴナー・スクエアからハイド・パーク方向に延びる道路．

　1721年ころから工事が始まり，全通したのは1759年．当時この通りに立つのは貴族の屋敷で，1939年までロンドンでも屈指の高級住宅街であったが，現在では外国の大使館のオフィス街になっている．18世紀に建てられた家が20軒以上残っているが，なかでも美しいのは，33, 35, 36番地の建物である．そのほか，石造りのファサードのある家の多くは，1850年代から60年代または20世紀初頭に，改修あるいは改築されたものである．その後，新しくフラットも何棟か建てられた．

　この通りには，保守党の首相スタンリー・ボールドウィンが1930年から32年まで，女性彫刻家アン・デイマーが1799年から1878年まで，経済学者デイヴィッド・リカードが1812年から51年まで，慈善家の第七代シャフツベリー伯爵が1835年から51年まで，大法官ウィリアム・ジョウィット伯爵が1921年から42年まで居住していた．43番地にあるル・ガブローシュは，1967年にフランス人シェフ，ルー兄弟によって始められた高級フレンチ・レストラン．1982年にはイギリスのレストランとしては初めてミシュランの3つ星に輝いた．現在は，2代目の若いシェフが新しい感覚を，料理にもインテリアにも積極的に取り入れ，最近，注目を集めているロンドンのモダン・ブリティッシュ・レストランのリーダー的な存在となっている．

Upper Cheyne Row
アッパー・チェイニー・ロウ　SW3

　チェルシー地区に位置し，キングズ・ロードとチェルシー・エンバンクメントにはさまれたオークリー・ストリートに接する小路．

　こぢんまりと洗練された地域の一角で，隣りの小路チェイニー・ロウ（→Cheyne Row）に立つ19世紀のローマ・カトリック教会ホーリー・レディーマーに面して，瀟洒な家々が並んでいる．16番地から28番地の家は18世紀初期に建てられた建物で，この路地にいっそう風雅な感じを与えている．22番地は，近くに住むトマス・カーライルがよく訪れたリー・ハントの家だった．ロマン派の詩人たちとも交流をもったハントは，この家に1833年から40年まで暮らし，その後ケンジントン・ガーデンズに近い広場に越した．

　この通りに並ぶ家は，19世紀後半から20世紀前半に建てられたものが多いが，なかでも現在の2番地には一昔前の趣向を凝らした風変わりな家が立っていた．ジンジャーブレッド・カースルという名で知られたその家は1924年に取り壊されたが，住人ドクター・フィンなる人物はチェルシーでは奇人として知られた人物だった．結婚式の当日に相手の女性が亡くなり，彼はそれ以後，90歳で死ぬまで披露宴が行なわれた部屋をそのままにしていたという．

昔は，中心部から離れた田園の地だったこの地区も，この一角を除いていまではにぎにぎしい雰囲気の地域に変貌している．

Upper Grosvenor Street
アッパー・グロヴナー・ストリート　W1

メイフェア地区のグロヴナー・スクエアからハイド・パーク方向に延びる道路で，現在はオフィス街になっている．1724年から41年にかけて建設された．

当時の建物は改修されてはいるが，かなり残っている．1808年から1916年までグロヴナー家の邸宅であったグロヴナー・ハウスは，メイフェア地区で最も美しいと称賛されたが，今日では，ホテルのグロヴナー・ハウスやアメリカ大使館など大きな建物の陰に隠れて，かつての精彩を失ってしまった．

著名な住人として，サー・ロバート・ピール首相と彼の父が1800年から22年まで，海軍元帥デイヴィッド・ビーティ伯爵が1903年から10年まで，『タイムズ』紙の経営者ジョン・ウォルターが1847年から94年まで居住していた．また，保守党政治家で首相を務めた作家のベンジャミン・ディズレーリがパーク・レインとの角に当たる93番地に，1839年から72年にかけて住んだ．

Upper Holloway
アッパー・ホロウェイ　N7, N19

市北部イズリントン自治区の北西に当たる地域で，中心部に地下鉄アーチウェイ駅がある．この地域の南東にホロウェイ（→Holloway）地域がある．この2つの地域を貫通する繁華なホロウェイ・ロードは，中世以来ロンドン中心部シティとイングランド北部をつなぐ主要街道（現在国道A1）だったが，17世紀に至るまで，タイバーンで処刑されたノルマンディ生まれの侠盗クロード・デュヴァルが徘徊していた物騒な道だった．彼の名はこの地域の北部にデュヴァル・レインとして印され，現在はホーンジー・レインに変わっている．

17世紀後半に入ると，ホロウェイ・ロードには馬車が行き交い，民家が増えはじめ，商家や居酒屋がめだつようになった．激しくなる交通をさばくために19世紀に入ると，現在のアーチウェイ・ロードができた．もともとは煉瓦造りのアーチ形のトンネルだったが，建築家ジョン・ナッシュによってアーチ道に改修された．交通量の増大につれて人口も増えつづけ，さまざまな娯楽施設もめだちはじめて，この地域は郊外のベッドタウンとなり，鉄道が入ってきた．現在は，地下鉄のほかにアッパー・ホロウェイ鉄道駅があり，周辺地域は勤労者階級のフラットや小さな商店が混じる庶民的な雰囲気につつまれている．

Upper Mall
アッパー・マル　W6

東にハマースミス橋を望むテムズ川沿いの小路で，イングランド西部へ向かう幹線道路A4，グレイト・ウェスト・ロードをすぎれば，地下鉄ハマースミス駅にも近い．

17世紀半ばころに敷かれたとされる袋小路で，それ以前のこの地は河岸まで張り出していた家々の敷地になっていた．道路ができると，テムズ川を見下ろす新しい家々が建てられるが，現在でもその当時の面影をただよわせる建物が何軒か残っている．

18世紀初頭に建てられた15番地の家には，多くの美しい稀覯本を世に出したコブデン＝サンダーソン設立のダヴズ印刷所（Doves Press & Bindery）があった．ウィリアム・モリスの影響を受けた彼は，1900年にここで印刷・製本業を開始し，ダヴズ版聖書などの美麗本を製作した．風景画家ターナーにゆかり深いダヴ・インというパブが入っているのは19番地．隣りの17番地はシーズンズという名の家で，スコットランド出身の18世紀の詩人ジェイムズ・トムソンはここで『四季』の「冬」の部を書いたといわれる．その彼はここからキュー植物園のほうへ散歩をしているときに悪寒に襲われ，1748年に亡くなった．

12番地から14番地の大きな3階建ての建物はサセックス・ハウスで，サセックス公爵フレデリックがしばしば訪れたとされる．彼は1824年に着工されたハマースミス橋の礎石を

据えた人物である．また，18世紀後半に建てられた26番地の家は以前はザ・リトリートという名で知られ，1816年に電報を発明したフランシス・ロナルズが住んでいたが，1868年からスコットランド出身の詩人で作家のジョージ・マクドナルドがほぼ9年間住んだ．その後，この家はモリスが借り受け，オックスフォードシャー州の自分の家ケルムスコット・マナーの名をとり，ケルムスコット・ハウスと名づけた．現在，ウィリアム・モリス協会が入っているが，ここでモリスがウィリアム・モリス・プレスの名の下で刊行した美麗私家版は有名である．

ラティマー・アッパー・スクールの敷地にも入っている36番地のリヴァーコート・ハウスは，かつて作家のネイオーミ・ミッチソンの住居だった．

Upper Norwood
アッパー・ノーウッド　SE19

かつてはクロイドンからカンバーウェルにまたがる，ロンドン南郊に広がる森林地帯であった．ここはカンタベリー大司教の遊猟地であったが，エドワード三世の時代にホワイトホース家の所領となった．テューダー王朝にはオークの幹が，デトフォードの造船場に貴重な材木を提供していた．サー・フランシス・ドレイクの船は，このノーウッド・オークで造られた．「教区牧師のオークの木」と呼ばれた巨木は，ランベス，クロイドン，カンバーウェル，そしてバタシーの4つの教区の接地点とされ，毎年，教区の教会標識を棒で打って教区の境界を確かめる儀式（→Beating the Bounds）が，ここで行なわれていた．この大森林地帯はロンドン大疫病（→Great Plague）のときの避難所となったというが，旅行者には危険な場所で，日記で知られるジョン・イーヴリンも辻強盗に襲われた．ロンドンの北部を荒らし回ったディック・ターピンが近くに住んでいた．密輸業者のロンドンへのルートとなって，1846年には「スマグラーズ・ホール」という彼らの住居があった．

18世紀末にはロンドンへの燃料供給のため伐採がはげしく，森林は衰え，道路が建設され，ノーウッドは住宅街としてアッパー，ロワー，サウスの3地区に分割された．1820年代にはアッパー・ノーウッド地区にはこぎれいな住宅が建って，クロイドンとロンドン間の交通の便もよくなったが，治安はまだ悪かった．茶園やウッドマン亭というパブがあって，ロンドンっ子がよく訪れた．1831年にはビューラー鉱泉場ができて，富裕階級の享楽地となった．1854年にはシドナム・ヒルに鉄骨ガラス張りの水晶宮（→Crystal Palace）が再建されたが，1936年に焼失し，国民スポーツ・センターとなった．ビューラー・ヒルには，マダム・タッソーや画家のピサロ，ドイツ皇帝のフリードリッヒ三世，そしてエミール・ゾラなど有名人が多く住んでいた．19世紀末には眼の悪い人々のためのロイヤル・ノーウッド・コレッジもできた．水晶宮の焼失と，第二次世界大戦の空襲でノーウッド地帯は衰微した．今は広々とした住宅地になっている．北東に鉄道駅クリスタル・パレスがある．

Upper St Martin's Lane
アッパー・セント・マーティンズ・レイン　WC2

現在のチェアリング・クロス・ロードとほぼ平行して，チェアリング・クロスから北へ向かう昔の道路の一部にあたり，南側のセント・マーティンズ・レインと北側のモンマス・ストリートにはさまれた短い道路．

17世紀半ばころまでに作られ，当時はコック・レインと呼ばれていた．18世紀後半のころにはオールドリッジ商会の馬市で有名になった．同商会は1907年に自動車販売にも乗り出したが，馬市は1926年に終わりになり，オールドリッジ商会は1940年にセント・パンクラスに移った．1959年，その跡地にはバシル・スペンス・アンド・パートナーズ社設計によるソーン電気工業の高層ビル，ソーン・ハウスが建てられたが，1990年以来，オリオン・ハウスに変わっている．

Upper Street

アッパー・ストリート　N1

　北郊イズリントン地区に位置し，地下鉄ノーザン・ラインのエンジェル駅から北へ延びる道路．イズリントン・ハイ・ストリートとリヴァプール・ロードに合流する南端は，グレイト・ノース・ロードのもともとの起点にあたる．かつてそこには通行料徴収のゲートがあった．

　この道路がエセックス・ロードと分岐する三角状の地点はザ・グリーンと呼ばれ，映画や人形芝居，パブでの演劇上演などの芸術活動で有名な場所である．19世紀前半からの建物が現在でも見られるが，それ以前のものはセント・メアリ教会やチャールズ・ディケンズの『マーティン・チャズルウィット』に登場するトムとルース・ピンチの牧歌的な家だと目されている．あとは18世紀の建物ターレッツ・プレイスなどで，数は少ない．ほかにすばらしい建物が多数あったが，ほとんど残っていない．ただ，1861年建築の王立農業会館は1970年代にイズリントン区議会の決断によって取りこわしをまぬがれた．この建物は1939年に閉鎖されて，しばらく郵便局の小包集配所に使われていたが，1981年以来，新しくトレード・エクシビジョン・センターとなっている．

　また，324番地のフィッシュ・アンド・チップスの店は，上質で昔ながらの魚の揚げ物とチップスでよく知られている．

Upper Thames Street
アッパー・テムズ・ストリート　EC4

　テムズ川の北岸をロンドン橋からブラックフライアーズ橋まで東西に走る道路．かつてはテムズ・ストリートと呼ばれたが，のちロンドン橋を境に上流側がアッパー・テムズ・ストリート，下流側がロワー・テムズ・ストリートとなった．

　中世には，この通りにベイナード・カースル，スティールヤードなどの城館・邸宅が並んでいた．ジェフリー・チョーサーの父もここで葡萄酒業を営んでいて，チョーサーはその息子として生まれ，少年時代を過ごした．これらの建物は1666年の大火で焼失してしまった．19世紀になると，文学作品には，この道路の名前は汚くわびしい場所としてしばしば登場するようになった．たとえば，チャールズ・ディケンズの『ニコラス・ニックルビー』でニックルビー夫人と娘のケイトが案内されたのは，ここにある「大きくて古くて汚い家」だったし，『リトル・ドリット』でクレナム夫人が住んでいた家はやがて潰れてしまう．

　また，かつてこの道路には，セント・ピーター・ポールズ・ワーフ，セント・ニコラス・オレイヴ，セント・メアリ・サマセットなど，数多くの教会が並んでいたが，現存するものはほとんどない．ただ，1682年建立の，クリストファー・レンによる設計のセント・アンドルー・バイ・ザ・ウォードローブ教会（→St Andrew-by-the-Wardrobe）はいまも健在である．この教会と道路をはさんで向かい側に，葡萄酒業者同業組合会館（→Vintners' Hall）の古い建物がある．その隣に，ギリシア神殿を模した1991年新築のヴィントナーズ・プレイスがある．ブラックフライアーズ駅の東側には，1959年にオープンしたマーメイド劇場がある．

　現在，アッパー・テムズ・ストリートは，ロンドン中心部と東部を結ぶ幹線道路として，道幅も広く交通量も多い．道路の両側には，メルセデス・ベンツやロイヤル・バンク・オヴ・カナダ・センターなどの近代的な高層建築が並び，ビルの谷間をひっきりなしに自動車が走り抜けている．

Upton
アプトン　E7

　ロンドン東郊，テムズ北岸域のウェスト・ハムの東に位置する住宅地．アプトンという名称は13世紀の記録にすでに見られるが，17世紀までは住人はほとんどいなかった．

　アプトンの中央にある広大なウェスト・ハム・パークは，18世紀後半の所有者だったクエーカー教徒の植物学者ジョン・フォザージル博士がここにキュー植物園に次ぐ32ヘクタールの規模の植物園を創設した．同じくクエーカー教徒の銀行家で慈善事業家のサミュエル・ガーニーは，1812年にハム・ハウスを取得し，

1856年に亡くなるまで住んでいた。ハム・ハウスは1872年に取り壊された。以来、この土地はウェスト・ハム・パークとして人々に開放されている。

アプトン・レインにある16世紀開業のブチ犬亭は、ニューアムで最も古い歴史をもつパブである。近代的に模様替えされているが、今も地元の人々に親しまれている。その隣には、1878年創設のクラプトン・フットボール・クラブのホーム・グラウンドがある。このクラブは、ロンドンで最古のアマチュアのチームである。ウェスト・ハム・パークを囲むようにして閑静な住宅街が広がるが、現在では売り家の看板もめだつ。パークの西側には、イスラム教の寺院と学校があり、多くのイスラム教徒が居住している。とくに、地下鉄ディストリクト・ラインのアプトン・パーク駅付近のグリーン・ストリートには、イスラム教徒の食糧、衣服、家具、美術品、書籍などを売る店が軒を連ね、きわめてエキゾチックな街路となっている。

Uxbridge
アックスブリッジ　UB8

ロンドン北西郊、地下鉄ピカディリー・ラインおよびメトロポリタン・ラインの終点地域。ただし、ピカディリー・ラインの運転はピーク時のみ。地名は、この地のコーン川に橋を架けたサクソン人のウィクサン族に由来する。

12世紀末には、すでにこの地域の市場の中心地として繁栄していた。1600年には、ここは旧ミドルセックス州西部とバッキンガムシャー州南部の主要な穀物市場となった。内乱時の1645年、議会派と王党派の代表者たちが会合を開いたが、その建物は現在も王冠と協約亭というパブとなって残っている。18世紀から19世紀半ばにかけて穀物の取引きが順調に伸び、大きなマーケット・ハウスも建てられた。しかし19世紀後半になると、穀物取引にかわって切り花や果物の栽培が盛んになった。1856年にグレイト・ウェスタン鉄道の支線、1904年にメトロポリタン鉄道が開通すると、アックスブリッジは今日のような「鉄道の終点」としての性格を帯び、緑の田園地帯は次々にビルの波にのみこまれていった。1917年には空軍の基地が造られ、38年には新しい駅舎も建設されて街の中心となった。1960年代初期までに、アックスブリッジは田舎のマーケット・タウンから郊外のビジネスおよびショッピングの中心地へと変貌を遂げていた。

1965年にヒリンドン自治区となり、1966年にはブルネル大学が開校し、街に学生街の雰囲気が加わった。そして自治体は、20年の歳月をかけた都市再開発を行なったが、その結果、街の外観は一変した。駅前には現在、マークス・アンド・スペンサー、ドロシー・パーキンス、ブーツなどの大型店舗が並ぶ。1983年には、ベイカーズ・ロードに新しいバス・ステーションができた。

しかし駅正面のマーケット・ハウスとセント・マーガレット教会は保存指定を受け、昔の面影をとどめている。なかでもセント・マーガレット教会は、コーヒー・バーを開放したり、著名な音楽家を招いたコンサートを開催するなど、画一的に近代化していく街の中にあって、過去と現在を結ぶ精神的な拠り所になろうとしている。この地域の南方にヒースロー空港がある。

V

Vale of Health
ヴェイル・オヴ・ヘルス　NW3

　ハムステッド・ヒースの南西端に位置する2.4ヘクタールほどの地域で，昔はウェストミンスター・アビーの聖職者たちの所領になっていた．人が住んだ形跡は少なく，1700年代までは汚染された沼とホームレスが出没する地として悪名高い場所だった．

　1770年代後半にはいって，市内の人口増加にともない，ハムステッド水道会社がヒースの南端にある池ハムステッド・ポンドの水をシティへ供給する際に，悪評高い沼の水をぬいてしまった．それ以来，この一角は開発され，静かな住宅地に一変した．

　この地域は，19世紀の初頭には現在の地名で呼ばれるようになっていて，40年代には100人以上の人々が住みついていた．批評家・詩人リー・ハントもそのひとりで，その家にはウィリアム・ハズリット，キーツ，シェリーなどの文人・詩人が訪れた．シェリーはその行き帰りに，ホワイトストーン・ポンドの池に紙の舟を流して，池のそばで遊んでいる子供たちを楽しませたという．

　19世紀後半に入ってホテルができ，市が開かれるようになると，人々の往来が繁くなったために，ついに1871年，ヒース地区保護条例が制定され，ハムステッド・ヒースの開発は終止符を打った．

　この一角にはハントに加えて，『デイリー・メイル』や『デイリ・ミラー』を創刊した新聞業者ノースクリフ子爵ことアルフレッド・ハームズワスが1870年から3年間，ハント・コテッジに住んでいたし，1912年にはインドの詩人タゴールがヴィラズ・オン・ザ・ヒース3番地に，15年には D.H. ロレンスがバイロン・ヴィラズ1番地に滞在していた．

Vanbrugh Castle
ヴァンブラ・カースル

　市南東部グリニッチ・パーク近くに立っていた中世風の館(1719)で，現存せず．設計・建築は，18世紀の劇作家・建築家ジョン・ヴァンブラ．ヴァンブラが26年に亡くなるまで住んだ家．19世紀はじめまで入れ替わり貴族の屋敷に使われていたが，その後は女学校や孤児院などの公共の建物として供されてきた．それが19世紀末期の道路拡張で館内の主な建物が取り壊され，いまではもとの敷地は分割されて個人用の一般住宅に変わっている．

Vaudeville Theatre
ヴォードヴィル劇場
Strand, WC2

　1870年に C. J. フィップスの設計により，3人の俳優，デイヴィッド・ジェイムズ，ヘンリー・モンタギュー，トマス・ソーンによる共同経営で建てられた劇場．同じ年に上演された《二つのバラ》にヘンリー・アーヴィングが出演し，これによって名声を得た．1875年上演の《アワ・ボーイズ》には3人の共同経営者のうち2人が出演し，それから4年間の長期公演を記録した．1891年にはイプセンの《ロスメルス

ホルム》と《ヘッダ・ガブラー》のイギリス初演がなされた．1915年から37年にかけてはレヴューを上演．1954年から60年にかけて，ミュージカル《サラダ・デイズ》の記録的な長期公演があった．1891年と1925-26年の2度の改築により，創設当初1000以上あった客席数は大幅に減り，現在は694席．

Vauxhall
ヴォクソール　SW8

　ピムリコとランベスの両地区を結ぶヴォクソール橋の南岸地区．ヴォクソール駅がある．一風変わったこの地名は，遠くジョン王の治世にここにフォルクス家が屋敷を構え，その屋敷の呼び名，フォークスホールあるいはフォックスホールにちなむと考えられる．19世紀初頭までは一村落にすぎなかったが，橋と橋につながるヴォクソール・ブリッジ・ロードが完成して(1816)，ヴィクトリア地区と結ばれたころから，膨張するロンドンにのみこまれた．サウス・ランベス・ロードに沿ってヴォクソール・パークができたのは1890年であるが，この公園の北側が，17世紀半ばから実にほぼ200年間，ロンドンの遊園としておおいに人気をあつめたヴォクソール・ガーデンズ(→Vauxhall Gardens)のあった場所である．現在のヴォクソール・ウォーク，タイアーズ(遊園の有能な経営者)・ストリート，ジョナサン・ストリートなどの道路名はその名残りである．

Vauxhall Bridge
ヴォクソール橋　SW1

　ピムリコと対岸のランベスの両地区を結ぶ．橋の設計はジェイムズ・ウォーカー，開通は1816年で，当初リージェント橋の別称があった．現在橋になったのは1895-1906年，アレグザンダー・ビニーによってである．有料だった橋が無料開放されたのは1879年だった．丈の高い鉄の欄干には4体ずつの寓意像があって，下流側に科学，芸術，地方自治，教育が，上流側には窯業，工業，建築，農業の寓意像がある．

Vauxhall Gardens
ヴォクソール・ガーデンズ

　現在のヴォクソール地区のテムズ川沿いに，1661年から1859年まで存在したロンドンを代表する，社交をねらいとした遊園．王政復古直後に開園，チェアリング・クロスのオールド・スプリング・ガーデンと区別するため，1785年までニュー・スプリング・ガーデンの名で呼ばれた．17世紀半ばに描かれた同園の版画を見ると，周辺は一面の畑地で，そこに塀をめぐらして囲い込んだ別天地であることがわかる．豊かに整然と植え込まれた樹木，その間をぬう散歩道，各所に趣向をこらしたさまざまな娯楽施設が配されていた．開園まもないころの第一印象を，日記作家のジョン・イーヴリンは「ランベスのニュー・スプリング・ガーデンを見に出かける，なかなかによくできた庭園」(1661年7月2日)と記した．そのにぎわいがことのほかお気に召したもうひとりの日記作家サミュエル・ピープスは，幾度となく遊園の印象を書き残したが，1667年5月28日には「ナイチンゲールなどの小鳥の啼声を聞き，ここかしこにヴァイオリンやハープの音，そうかと思えばビヤボンの口琴が響き，こちらに笑い声が起こるかと思えば，またあちらに着飾った人の散策する姿が見られるなどして，すこぶる楽しい」と記した．上流階級の社交場ではあったが，夏になると，遠く郊外からもわれもわれもと一般庶民が群れをなして押しかけた．夏目漱石は『文学評論』でこの類いの遊園を「喫茶園」といい，「喫茶園と云ふと公園の中に興行物や茶店があって，音楽も聞ければ，ぶらぶら歩きも出来る，先づ浅草の奥山に似て今少し萬事上品なものと思はれる．是れは重に當時の上流社會の人達が行く所である」と書いている．

　この遊園の経営におおいに才覚を発揮したのは，ジョナサン・タイアーズとその子供たちであった．ジョナサンは1728年から67年まで運営にたずさわり，レストラン，ミュージック・ホールをはじめ，園内に人口滝，中国風あずまやなどを作り，設備の充実をはかった．人気を一挙に高めたのは，1732年6月7

ヴォクソール・ガーデンズ（1765年頃）

日に時の皇太子フレデリックを招いて開催された「野外仮面舞踏音楽会」であった．当時の盛況のさまはトマス・ローランドソンによる戯画風な筆致による版画に活写されている．皇太子はむろん，ドクター・ジョンソンとジェイムズ・ボズウェル，ジョンソンと親交のあったスレイル夫人，デヴォンシャー公爵夫人，ゴールドスミスなど多数の高位貴顕，文人，歌手などそれぞれにしゃれのめした面々がリアルに描かれている．（よく見ると，皇太子はかつての愛人と私語を取り交わしている．）また，1749年4月21日に行なわれたヘンデルの《水上の音楽》のリハーサルには1万2千人の聴衆がつめかけ，当時テムズ南岸に渡るための唯一の橋であったロンドン橋が3時間にわたって渋滞のため交通不能になったという話も伝わる．

その後ここを会場にして音楽会，仮面舞踏会，サーカス，花火大会（1798年以降），さては気球による空の漫遊なども企画され，1837年には犠牲者を出す騒ぎまで引き起こした．人気上昇にともなって，風紀の乱れから社会の非難を浴びはじめ，夜間の散歩道には照明がつくと，またこのものめずらしさが入園者を誘うというありさまだった．しかし，木陰の暗闇では公序良俗に反する行為がいっこうに減らなかったのはいうまでもない．1767年，ジョナサンが世を去ると，2人の子供，トムとジョナサンが跡を引き継いだ．一時財政難で閉園の憂き目にあうが，再開，それもまもなく挫折，結局1859年7月25日の音楽会，サーカス，舞踏会，花火大会をもって約200年の歴史を閉じた．

Vernon Gallery
ヴァーノン・ギャラリー

19世紀，ナポレオン戦争の軍馬と郵便馬の調達業者として財をなしたロバート・ヴァーノンが購入した，18世紀および19世紀の絵画コレクション．ペル・メル街にあってコンスタブル，ゲインズバラ，レノルズなどを有したが，のちに国に寄贈され，ナショナル・ギャラリー（→National Gallery）の基礎となった．

Vestry House Museum
ヴェストリー・ハウス・ミュージアム

Vestry Road, E17

18世紀前半の教区感化院，また一時期，警察署でもあった建物を転用した郷土博物館(1930年開館)．地元ウォルサムストー(→Walthamstow)の文物を展示するが，展示品の中ではイギリス最初といわれる地元出身者の手になる内燃機関の自動車(1890年代)が呼びもの．

Veteran Car Run
→ **London to Brighton Veteran Car Run**

Viaduct Tavern
ヴァイアダクト・タヴァン
Newgate Street, EC1

ヴァイアダクトとは陸橋のことだから，その下は川ではなく道路である．シティへ入る西の入口にあるこの陸橋は，1869年に現在のファリンドン・ロード，昔のフリート川(→Fleet River)の谷間にかけられた．ホーボーン地区への入口なので，ホーボーン・ヴァイアダクト(→Holborn Viaduct)という．この橋の上のライオン像のそばに立って南を眺めるとセント・ブライド教会が，東の方を見ればセント・アンドルー教会とセント・セパルカー教会にセント・メアリ・ル・ボウ教会の尖塔が見える．というのは，これがイギリスの戦後の女流小説家アイリス・マードックの処女小説『網の中』(第7章)，セント・ポール大聖堂を中心とするシティのパブ・クロール(パブめぐり)の出発点の描写なのである．「パブに行っている」という友人の書き置きで，その友人を探しにこれからニューゲート・ストリートを南下して，しらみつぶしにパブを探し回るのである．その第一歩が，この陸橋のすぐ東側にあるヴァイアダクト・タヴァンなのである．

小説ではこのパブのエールの銘柄はミュークス(Meux)だったと書いてあるだけだが，店内ではヴィクトリア朝の豪勢な雰囲気で，天井は金属張り，美しい木工細工とガラス細工，酒蔵は昔のニューゲート牢獄の一部を利用しているという．ちなみに，小説のパブ・クロールの一行は目当ての友人がいないので，すぐ立ち去ろうとするのだが，「その店の名も知らずに入ったり，また一杯も飲まずにパブを出るのは悪い習慣だ」といわれて，1パイントだけ飲んで失敬するのである．ついでに言えば，1杯も飲まずに去ると，「不幸を招く」という．

Victoria
ヴィクトリア　SW1

ベルグレイヴィア地区の東，ピムリコ地区の北，ヴィクトリア駅とウェストミンスター・アビーにはさまれた地域．17世紀からグロヴナー一族の地所．

この地域はテムズ川に近く，湿気の多い不健康な低地であったため，ロンドンでも屈指の貧民窟があった．また，ウェストミンスター・アビー境内は，聖域として犯罪者が逮捕されなかったので，多くの無法者が住みついていた．19世紀になると，ロンドン市土木建築評議会は，都市再編成を計画し，この地域の開発に乗りだした．まず，1816年にヴォクソール橋，つづいてヴォクソール・ブリッジ・ロードが建設され，せまい川岸の小路ウィロー・ウォークが拡張された．1825年グロヴナー・カナルが開通すると，付近一帯が活気づいた．

1851年，ウェストミンスター・アビー周辺のスラム街を貫通する新しい道路が建設された．道路は女王の名にちなんでヴィクトリア・ストリート(→Victoria Street)と命名され，諸官庁や，アーミー・アンド・ネイヴィ・ストアーズなどの大規模店舗が並び，スラム街は一掃された．そして運河にかわる鉄道を造る動きが生まれ，1862年，ヴィクトリア・ストリートの西端に鉄道駅が建設された．駅は道路名にちなんでヴィクトリア駅と名づけられ，やがて付近一帯が，この名で呼ばれるようになった．鉄道の黄金時代，ヴィクトリア駅は，ドーヴァー海峡を経てパリ，ヨーロッパ大陸に通じる，イギリスの玄関口として繁栄した．1960年代に，ヴィクトリア周辺は再度開発が行なわれ，300年この地にあったスタッ

813

ヴィクトリア・アンド・
アルバート博物館

グ・ビール醸造所は撤去され、ウェストミンスター大聖堂前に広場が造られた．

　今日ヴィクトリアは、ロンドンの南の玄関口として旅行者でにぎわっている．ヴィクトリア鉄道駅は、ブライトンなどイングランド南部海岸方面とを結ぶ鉄道のターミナルであり、ノンストップのガトウィック・エクスプレスでガトウィック空港とも直結している．駅には地下鉄ヴィクトリア・ラインが乗り入れ、駅前には市内バスのターミナル、駅の西側には長距離バスのヴィクトリア・コーチ・ステーションがある．鉄道に比べて運賃の安いコーチ（長距離バス）の旅は、とくに若い旅行者に人気がある．昔の駅舎が一部改造されてショッピング・センターになり、駅周辺には手ごろな値段の朝食付き宿 B&B（ベッド・アンド・ブレックファスト）が多い．

Victoria and Albert Museum
ヴィクトリア・アンド・アルバート博物館
Cromwell Road, SW7

　1851年の世界万国博覧会（→Great Exhibition）の強力な推進者であったアルバート公の提案により、博覧会の趣旨をさらに広め、科学と芸術が産業活動を活性化させることをねらいとして構想され、1857年6月22日、ヴィクトリア女王の臨席のもと開館した．コレクションは博覧会に出展された作品を中心にした工業製品博物館（Museum of Manufactures）と呼ばれたものが基礎になった．開館当初、博物館は地名にならってサウス・ケンジントン・ミュージアムと呼ばれたが、1899年、女王の名にならって現在の名称になった．

　コレクションはアルバート公の友人でもあった初代館長ヘンリー・コールの唱える「美術が工業製品に応用されためざましい成果を示すすぐれた事物の収集」を使命に、全世界、全時代、全分野における美術工芸品の一大コレクションづくりが精力的に行なわれ、今日のコレクションへと発展、変貌を遂げた．

　展示は中世期から19世紀に至るヨーロッパ、中近東、東洋各国の純粋美術と応用美術の総合的展示を目的とし、絵画、彫刻にはじまって、衣服、織物、宝石、家具調度、陶磁器、楽器など、要するに応用装飾美術工芸の範疇に入れることが可能なすべてのものを展示する．その領域の広さと収集の深さはこの分野の博物館としては空前の存在である．展示室が150に近く、全展示室を歩くと10キロ以上になるという館内はあまりにも広く、けっして誇張でなく迷子になったかと錯覚を起こさせるほどである．すべての人がなにか

しら自分の興味にしたがって「価値あるもの」に出会うことができる場所であり，まさに文明とは「もの」の気の遠くなるような膨大な集積であると思わずにはいられない場所である．大英博物館と同様，ここでもイギリス人の収集の情熱と収集品の保存と展示によせる英知が遺憾なく発揮されていると言うことができる．

質量ともに他の追従を許さないコレクションのなかから，なにか特定の展示を指名することはほとんど意味をなさないであろうが，あえてその冒険をおかせば，当時皇太子であった後のチャールズ一世が1623年に購入したラファエルによるタペストリーのための下絵であろうか．ラファエル・カトゥーン・コート（第48室）に展示される国宝にふさわしい下絵はラファエルが「使徒行伝」を描いた10点のなかの7点で，法王レオ十世が1515年にシスティーナ礼拝堂を飾るために注文したタペストリーのための下絵だった．

クロムウェル・ロードに面する正面玄関は，バッキンガム・パレス正面を設計したアストン・ウェッブの作である．建物自体は長い期間にわたって，幾人もの建築家の手を経て増改築が繰り返され現在におよぶ．ロンバルディア風ルネッサンス様式の館内は半地階，1階，中2階，2階，中3階，3階がレベルAからDまでに分かれ，それに北西角にある初代館長にちなむヘンリー・コール・ウィング（レベル1～6）が加わる．このウィングは秘蔵品と風景画家ジョン・コンスタブルの世界最大のコレクションの展示場になっている．一風変わっているのは複製展示室（第46A，B室）で，外国の美術品の鋳鉄，石膏の実物大複製が陳列されている．《トラヤヌス帝記念円柱》，フィレンツェのサンタ・マリア・デル・フィオーレ聖堂のギルベルティによる礼拝堂扉，やはりフィレンツェのアカデミア美術館所蔵のミケランジェロ作《瀕死の奴隷》などがある．

館内には，ナショナル・アート・ライブラリーが付設されていて，16世紀以降の児童書が9000点以上収蔵されている．中には，英国王室が所有していた児童書も含まれている．

Victoria Dock
ヴィクトリア・ドック

ロイヤル・ドックスと総称される，テムズ川北岸のドック群のひとつ．クリミア戦争中の1855年，ヴィクトリア女王の夫君アルバート公が臨席して正式に開設された．

工事にあたり掘り出された土は，はしけで運ばれ，18キロほど上流の湿地を埋めたて，バターシー・パークの造成に利用された．この事業を手がけたセント・キャサリンズ・ドック会社は成功し，その東側に規模を拡張して，ロイヤル・アルバート・ドック（→Royal Albert Dock）を造成した．シティから6キロ以上も離れているという不便さは，鉄道を敷設することで解決された．ここは鋼鉄船用のドックの第1号であった．

→Docks, Royal Docks

Victoria Embankment
ヴィクトリア・エンバンクメント
SW1, WC2, EC4

ウェストミンスター橋からブラックフライアーズ橋まで続く，2キロ半ほどの美しいヴィクトリア・エンバンクメントの最初の発案者はクリストファー・レンであったが，実現したのは1864-70年で，アルバート・エンバンクメントと同じサー・ジョーゼフ・バザルジットによるものであった．堤防を飾る「イルカの街灯柱」も，同じく1870年に建てられた．ウォータールー橋とハンガーフォード鉄道橋の間にある「クレオパトラの針」（→Cleopatra's Needle）と呼ばれるエジプトのオベリスクは，紀元前1500年ごろのもので，1877年に移されたもの．パリのコンコルド広場にもこれと同種のものがある．

地下鉄エンバンクメント駅の北側にヴィクトリア・エンバンクメント・ガーデンズが広がっていて，サヴォイ・オペラのサリヴァン，詩人のロバート・バーンズ，政治家のプリムソルたちのブロンズ像がある．

Victoria Line
ヴィクトリア・ライン

ロンドン地下鉄道会社の一部を形成する線で、テムズ川南側のブリクストンからテムズ川の下を通って、ヴィクトリア、オックスフォード・サーカス、ユーストン、キングズ・クロス・アンド・セント・パンクラスなど市内中心部をほぼ南北に走って、ウォルサムストウ・セントラルに達する．

1969年にまずヴィクトリアから北の部分が開業し、のちに南に延長した完全な戦後生まれの新線である．ゲージ（レールの内側の間隔）やトンネル内の高さと幅などは、将来ほかの線との乗り入れを考慮して、ほかのチューブ(tube)と同じ寸法にしてあるから、車両は小ぶりである．しかし新しい時代の交通機関として、近代的な設備をそなえたうえに、経費節約のために乗務員は運転士だけで車掌のいないワンマン運転を初めて採用した．

→Underground Railways

Victorian Society
ヴィクトリア朝美術・建築協会
Priory Gardens, W4

ヴィクトリア朝からエドワード朝にかけて建築された記念碑的な建造物の保存と認識を高めるのを目的として、1958年に設立された．

この協会に登録された建造物は取り壊しを含めて、すべて協会の許可を受けることになっている．この協会の運動で現在も保存されている建物には、19世紀の建築家R.N.ショーの設計による、以前のロンドン警視庁の本拠地ニュー・スコットランド・ヤード（→New Scotland Yard）、ジョージ・ギルバートの設計によるセント・パンクラス鉄道駅（→St Pancras Station）のゴシック様式ステイション・ホテル、挿絵画家サンボーンのケンジントンの邸宅リンリー・サンボーン記念館（→Linley Sambourne House）などがある．

この協会は1990年の町村開発計画条例に基づいて改組され、現在に至っている．

Victoria Palace Theatre
ヴィクトリア・パレス劇場
Victoria Street, SW1

ヴィクトリア駅の向かいにある白い石造りの劇場．1911年、フランク・マッチャムの設計で、ミュージック・ホールとして建てられた．主としてバラエティ・ショーとレヴューの劇場だったが、近年はミュージカルを上演することが多い．1934年には愛国主義の劇《若きイギリス》が、その出来の悪さによって、逆に大評判を呼んだ．1937年から39年にかけてはミュージカル・コメディ《ミー・アンド・マイ・ガール》が上演された．戦後、1947年から62年までナンセンスコメディアンのグループ、クレイジー・ギャングの本拠地となっていたが、62年5月、BBCのテレビ・ショー《ブラック・アンド・ホワイト・ミンストレルズ》の舞台公演が行なわれ、72年まで続けられた．70年代の終わりごろからミュージカルの長期公演がいくつかあり、なかでも《親友》は89年から6年間連続上演された．客席数は1515.

Victoria Park
ヴィクトリア・パーク
Grove Road, E3

イースト・エンドの公園として1845年に開園した．リヴァプール・ストリート駅から10分たらずのケンブリッジ・ヒース駅か地下鉄ならやや離れるが、ディストリクト・ラインのステップニー・グリーン駅が最寄駅になる．開園の翌年に公園の南東隅に池が作られ、61年には、ゴシック風の大型噴水が完成．その後、食堂、クリケット場、プール、中国風塔などが設けられて、地区住民の憩いの場として整備された．ヘンリー・B・ウィートリー『ロンドン、昔と今』はこの公園を「ロンドン北東部の肺の役目を果たし、住民の楽しみに寄与しただけでなく、健康の増進にもはっきり貢献した」と記している．

Victoria Station
ヴィクトリア駅
Terminus Place, SW1

1860年開業の駅で、もともとはイギリスで

はめずらしい停車場会社の所有施設で，ロンドン・ブライトン・アンド・サウス・コースト鉄道（LBSCR）と，ロンドン・チャタム・アンド・ドーヴァー鉄道（LCDR）の2鉄道がそれを借りて使用した．ロンドンでは比較的高級住宅地であるウェスト・エンドに位置する唯一の鉄道駅で，バッキンガム・パレスにも近い．ほかの駅と同じく駅ビルの上層階はホテルになっているが，ほかの駅ではホテルは駅名をそのまま冠するか，鉄道名を冠した場合が多いのに反し，ここはグロヴナー・ホテル（→Grosvenor Hotel）と名づけられた．

プラットフォームの半分ほどはLBSCRの列車が発着し，これはロンドンと南方向の英仏海峡に面した港町やリゾート地とを結ぶもので，比較的高級な客が多い上流路線と考えられていた．ところが，あと半分のプラットフォームに発着するLCDRの列車は，ロンドンと南東方向の近郊を結び，ロンドンに通勤する勤労者がその乗客の大半だった．だから1895年に発表されたオスカー・ワイルド作の風俗喜劇『真面目が肝心』の中で，ある登場人物が，自分は孤児で，ヴィクトリア駅の手荷物一時預け所のカバンの中で見つけられたのだが，「ブライトン線の方」で，高級海浜リゾート，ワージングへ行く紳士に見つけられて養子にされたのだ，とわざわざ弁明をしているのは，その事情を風刺している．

1923年にこの2つの鉄道会社は，ほかの同地域の数社，さらにヴィクトリア停車場会社とともに合併してサザン鉄道となった．以後ロンドン南郊外は住宅地として開発が進み，多くの乗客が利用するようになったため，ほとんどの線は電化され，電車が頻繁にこの駅に発着するようになった．その中でとくに豪華な優等列車が3本あった．第一はこの駅とドーヴァー港駅を結ぶ「ザ・ゴールデン・アロー」（The Golden Arrow）号で，英仏海峡を連絡船で渡りヨーロッパ大陸との間を往復する客に愛用された．ぜいたくな内装の車内でお茶を楽しみながらの，途中無停車の約1時間の旅であった．

第二は「ザ・ナイト・フェリー」（The Night Ferry）号で，これはこの駅で寝台車に乗ると，車両ごと連絡船に積まれて，翌朝目覚めるころパリに着く（その逆も可能）という列車で，出入国管理や税関手続きはヴィクトリア駅の特別のプラットフォームで済ますことができた．第三はロンドンの真南にある海浜リゾート地，ブライトンを結ぶ豪華車両の特急列車「ザ・ブライトン・ベル」（The Brighton Belle）である．

第二次世界大戦以後は英仏海峡連絡船を利用するヨーロッパ大陸往復の客は，ほとんどすべてヴィクトリア駅発着の列車を使用することとなった．しかし，1994年の英仏海峡トンネル開通以後は，そうした客のかなりの部分はウォータールー駅（→Waterloo Station）発着の，パリやブリュッセル往復の「ユーロスター」（Eurostar）号に移り，ヴィクトリア駅は近距離列車専用の駅となっている．
→Stations

Victoria Street
ヴィクトリア・ストリート　SW1

ヴィクトリア駅からウェストミンスター・アビーを結ぶ，全長2.3キロほどの広い道路．1850年代から60年代にかけて大部分が建設され，完成したのは1880年代．

道路建設以前のウェストミンスター・アビー周辺は，ロンドン屈指のスラム街であった．聖域である寺院境内では犯罪者や債務者が逮捕されなかったので，多くの不法者が住んでいた．19世紀になってロンドン市土木建設評議会は，再開発を計画，ここを貫通する新しい道路を建設した．道路沿いには大きなビルディングが並んだ．なかでも，1860年に建ったウェストミンスター・パレス・ホテルは，この界隈だけでなく，ロンドンを代表する豪華ホテルだった．1878年建設のカクストン・ホール（→Caxton Hall），1895年建設のアーティラリー・マンションズは，ロンドンで最も初期のフラットであった．その住人になることが，1890年代ロンドンの新しい流行となった．90年代末にアイルランド出身の小説家ジョージ・ムーアが92番地に住んでいて，詩人のW.B.

817

イェイツらがよく訪れた．

　現在は近代的な高層ビルが立ち，官公庁，銀行，オフィス，旅行社，大型スーパーマーケットなどの店舗が並んでいる．ブロードウェイとの角にニュー・スコットランド・ヤード(→New Scotland Yard)，東端の1番地には通産省のオフィスがある．

Victoria Tower Gardens
ヴィクトリア・タワー・ガーデンズ　SW1

　国会議事堂の南側，ランベス橋までテムズ川に沿った細長い三角形の芝地．名は議事堂の南西隅にそびえる重厚なヴィクトリア・タワーにちなむ．ロダンの《カレーの市民》の鋳造像がある．イースターが過ぎるころから夏を経て秋まで，芝生は日光浴をする人や跳びはねる子供たちの姿でいつもにぎわう．

Villiers Street
ヴィリアズ・ストリート　WC2

　チェアリング・クロス鉄道駅沿いに，北のストランド街と南のヴィクトリア・エンバンクメントを結ぶ軽食堂や小さな商店が並ぶ短い賑やかな通り．詩人で劇作家のバッキンガム公爵ジョージ・ヴィリアズの館跡に，1670年代に敷かれた道路である．19世紀後半にチェアリング・クロス鉄道駅が建設されることになって，いまのせまい道へと変わってしまった．

　その昔，日記作家のジョン・イーヴリンがしばし滞在し，文人で国会議員を務めたリチャード・スティールが18世紀前半に12年あまり住んだことがある．19世紀末になって，生まれ故郷がインドで文人として名をあげた若きキプリングがロンドンへやってきて居を定めたのが43番地である．ここで彼はイギリス文壇への地歩固めを始めた．ミュージック・ホール形式の劇場プレイヤーズ・シアター・クラブ(→Players' Theatre Club)はこの道路沿いにある．

Vintners' Hall
葡萄酒業者同業組合会館

Upper Thames Street, EC4

　この同業組合は12大同業組合のうち11位に位置し，長い歴史を誇る．ジェフリー・チョーサーの父も祖父もこの組合員であった．1363年，すでにエドワード三世は，ガスコーニュ産のぶどう酒の独占販売権をこの組合に与えており，1437年にはヘンリー六世から勅許を授かった．古くからの言い伝えによると，この同業組合は，その宴席でイングランド，スコットランド，フランス，デンマーク，キプロスの5つの国の国王をもてなし，以来祝杯をあげるときには通常の3回ではなくて，5回の乾杯をするしきたりになったという．葡萄酒業者同業組合は，染物商同業組合(→Dyers' Hall)とともに，古くからテムズ川での白鳥調べ(→Swan Upping)の特権を有している．

　1350年代にはすでに組合会館があったが，1446年に現在の敷地が贈与され新しい会館が建てられた．法廷の間(Court Room)はその当時の姿をとどめているといわれるが，現在の建物の大部分はロンドン大火後の1672年に再建されたものが基礎となっている．第二次世界大戦中も大きな損害をこうむらなかったおかげで，中には1466年製のタペストリー，1539年のビロードの柩覆い，1650年ころの銀製品などを含む多くの貴重な品々が保存されている．

→City Livery Companies

W

Walbrook
ウォールブルック　EC4

　ポールトリーからキャノン・ストリートへほぼ南北に走るシティの街路．かつてウォールブルック川がコーンヒルとラドゲート・ヒルの間のこの道筋を流れていた．ウォールブルックは「ブリトン人の川」の意のサクソン人の呼称．

　エドワード三世時代の布告（1365）が，毛皮商人・皮革職人のロンドン市民はすべてウォールブルック，コーンヒル，バッジ・ローに居住することを命じ，のちに大通りで昼間皮革を磨いてはならないと命じている．セント・スティーヴン教会（→St Stephen Walbrook）が通りの東側にある．のちの5番地にクリストファー・レンが住んだと伝えられる．バックラーズベリー・ハウス（1953-58）はロンドン最大のオフィス・ビルのひとつである．1954年，このビルの基礎工事中に近くでミトラ神殿が発見された．地下鉄キャノン・ストリート駅が南側にある．

Waldorf Hotel
ウォルドーフ・ホテル
Aldwych, WC2

　1908年創業のロンドンを代表する名門ホテル．正面中央にイオニア式柱をもつ古典的なスタイルの建物が往時をしのばせる．93年に，古き良きしきたりを新しい器に盛るための改装工事が完了した．アフタヌーン・ティーと午後おそくお茶の時間に催す舞踏会．ティー・ダンスはこのホテルならではの催事としていまでもファンが多い．客室数310．最寄駅は，地下鉄セントラル，ピカディリー各線のホーボーン駅．

Wallace Collection
ウォレス・コレクション
Manchester Square, W1

　18世紀後半に建築されたマンチェスター公爵の邸宅を前身として，19世紀後半にハートフォード侯爵家が入手，同家の歴代侯爵（初代は18世紀王立美術院院長であったジョシュア・レノルズの庇護者）とリチャード・ウォレスの収集品を展示する．ここの所蔵品を18世紀フランス美術品の著名なコレクションにしたのは生涯のほとんどをパリに過ごした社交界の花形，放蕩貴族の第四代侯爵とその庶子であったリチャード・ウォレスである．彼の死後，コレクションは，都心に保管・展示されるという条件で，未亡人から国に寄贈され，1900年6月，邸宅は美術館として一般に公開された．所蔵品はイギリスとヨーロッパ絵画，東洋・西洋の甲冑類，セーヴル磁器，リモージュ・エナメル器，時計など多彩をきわめるが，特筆すべきはワトー，フラゴナール，ランクレ，ブーシェなど18世紀フランス・ロココ絵画の収集である．

Waltham Forest
ウォルサム・フォレスト
E4, E10, E11, E17

リー川の東岸にあって南北に細長く延びるロンドン北東部の自治区．1965年の行政区画の再編成により，チングフォード，ウォルサムストウ，レイトンが合併して誕生した．この地域の東縁はロンドンで最も自然の残るエッピング・フォレスト（→Epping Forest）が占めているが，かつては，南方のテムズ河畔から隣州エセックスの海岸まで，森林地帯が広がっていた．

16世紀以降，ロンドンの発展につれ，新鮮な野菜，バター，薪炭などの供給のために森林の開拓が進み，それと同時に富裕な商人が邸宅を構えることが多くなった．しかし，本格的な市街化は19世紀中葉，鉄道の開通にともなって南部からしだいに始まり，単調で潤いの乏しい街区が形成された．また西部のリー川沿岸には工場が進出し，広大な氾濫原には巨大な貯水池がいくつも建設された．

しかし，シティ当局が1878年，6千エーカーに及ぶエッピング・フォレストをレクリエーションのために保全する決定をくだしたために，北部は環境に恵まれた優良な住宅地として発展した．

Walthamstow
ウォルサムストウ　E17

ロンドンの北東に位置する郊外で，1965年にチングフォード，レイトンとともにウォルサム・フォレストというロンドンの自治区の一地域になった．ロンドン市の中心から地下鉄のヴィクトリア・ラインで30分ほどの距離なので，かつてはロンドン市民が馬車で遠出をするのに格好の地だった．中心部に，鉄道・地下鉄のウォルサムストウ・セントラル駅がる．

この地域の歴史は古く，サクソン王国時代にさかのぼる．A503沿いにあるフェリー・レインと呼ばれる道や，フェリー・ボート・インという宿屋には，昔ミドルセックスからエセックスへとリー川を舟で渡っていたころをしのばせる．

ウォルサムストウには，エリザベス一世の家庭教師アスカムが何年間か住んでいたことが知られている．少し時代を下ると，詩人ジョン・キーツがこの街に住む妹ファニーをしばしば訪れたし，政治家・作家として有名なベンジャミン・ディズレーリも，この地区にあるエセックス・ホール学院に通学していた．

詩人，工芸家として知られるウィリアム・モリスは，この地域の北東部にあるエルム・ハウスで1834年に生まれ，6歳までそこに住んでいた．この家はもう取り壊されたが，敷地の向かい側に立つ消防署に，彼を記念した黒い銘板がはめ込まれている．父の死後，モリスの家族はフォレスト・ロードに面したウォーター・ハウスに移った．この家は1750年ごろに建てられた由緒ある建物で，裏手に堀があったことからこの名がついた．モリスは，1848年から56年までそこに住んだ．敷地は現在ロイド・パークと呼ばれている．出版業者ロイドの名にちなんだもの．ロイドの家族は1898年に屋敷全体をウォルサムストウに寄付した．ウォーター・ハウスは1950年に，王立美術院会員でモリスの友人だったサー・フランク・ブラングウィンの後援を得て，ウィリアム・モリス・ギャラリー（→William Morris Gallery）としてオープンした．展示品には各分野にわたるモリスの作品や，自筆の書簡・原稿，ケルムスコット・プレスで出版した書籍の全集など，モリス研究にとって貴重な逸品が数多くあるが，そのほかに，彼の友人であるラファエル前派の画家たちの絵画や工芸品も多数含まれている．ヴェストリ・ハウス博物館は1730年に建てられた救貧院の建物だが，この地域の歴史についての展示を見ることができる．

ウォルサムストウから北に行くと，チングフォードの街に出る．この街の最高地点ポウル・ヒル（標高100メートル）は，有名な「アラビアのロレンス」ことT.E.ロレンスの所有地だったことがあるという．この丘の頂上から見るジョージ五世貯水池の眺めは雄大だ．またチングフォードの草地で開催される市「バンク・ホリデイ・フェア」の模様は，サマセット・モームの『ランベスのライザ』にいきいきと描かれた．

Walworth

ウォルワース　SE17

サザック自治区（→Southwark）の一部で，テムズ南岸の幹線道路の結節点であるエレファント・アンド・カースル（→Elephant and Castle）の南に広がる公営住宅の多い地区．もともとローマ時代からドーヴァーやイングランド南海岸に通じる交通の要地であったが，とくに18世紀中葉，ブラックフライアーズ橋の開通やそれに接続するロンドン・ロード，ニュー・ケント・ロードなどの建設によって利便性が大いに向上し，19世紀初頭にはほぼ全域が市街化した．

第二次世界大戦中の爆撃でウォルワースは大きな被害を受けたが，その復興のために中高層の公営住宅が大量に建設された．なかでもエレファント・アンド・カースル地区の16ヘクタールに及ぶ再開発は，ロンドンでも最大級のものとして建設当時は注目を集めた．しかし，緑豊かなオープン・スペースや魅力的なショッピング街に欠けているという批判の声が近年高まった．

1979年に労働党の本部が，ウェストミンスターのスミス・スクエア（→Smith Square）からウォルワース・ロード150番地に移転した．

Wandsworth
ワンズワース　SW15, SW18

1965年の行政区画の再編成に際し，以前のワンズワース地区の大部分とバタシー地区の合併でできたテムズ川南岸の自治区．ワンドル川のほとりの村という語源が示すように，クロイドン付近に発してワンズワース橋の上流でテムズ川に合流するワンドル川の流域に広がる地域で，古くから川の水を利用した手工業が発達していた．『釣魚大全』の著者アイザック・ウォールトンがいうようにワンドル川は魚が豊富なことで知られていたが，そのうえ渇水期の夏にも涸れることなく，厳しい冬にも凍結しなかった．さらに高低差が大きいので，水車の動力としても貴重であった．

はやくも13世紀には，キャラコの漂白と帽子製造が始まり，16世紀には醸造，製粉や金属細工などの作業場がいくつも出現した．17世紀後半には絹織職人とフェルト帽職人が加わった．職人の多くはフランスからわたってきたユグノーであり，今日でもフランス新教徒のユグノー・プレイスやファクトリー・ガーデンズという地名が彼らの活躍ぶりを伝えている．帽子製造は彼らの特技であり，カトリックの枢機卿が用いる赤い帽子の製作を通じてワンズワースの職人の名声はヨーロッパ中に広まった．鉄や銅の細工ではオランダからの移民の技術が高く，ダッチ・ヤードやカッパー・ミルレインなどの地名に名残りをとどめている．

1803年，ワンドル川に沿ってクロイドンとワンズワースを結ぶ世界で最初の公共馬車鉄道が開通したが，1846年に蒸気機関車との競争に敗れて廃業した．19世紀の後半に入って，ワンズワースはテムズ川南岸の他の地域と同様，鉄道の普及とともに市街化が急速に進んだ．しかし，中産階級の住宅地として発展した隣接のクラパムやパトニーと異なり，本質的には労働者の街であった．テムズ河岸には工場が立ち並び，ワンドル川の水質は急速に悪化していった．

しかし，他の労働者街に比べ，この区域は緑地やオープン・スペースに恵まれている．それはジョン・ラスキンや彼の同志が結成した「ワンドル川オープン・スペース協会」などの成果で，公園やレクリエーションのための空間が確保されているからである．

ヴィクトリア朝に発達した郊外には，病院をはじめ大規模な公共施設が設置されているのが通例であるが，ワンズワースにも廃兵院や矯正院などがある．とくに有名なのはワンズワース監獄（→Wandsworth Prison）である．1851年に開設されたこの刑務所は1000人の囚人を収容することができ，1895年にはオスカー・ワイルドがここで服役したことで知られる．彼はここからレディングに移された．

Wandsworth Prison
ワンズワース監獄
Heathfield Road, SW18

もともとサリー州の矯正院として建てられ

た放射状型の独房制監獄で，大型の5棟からなる男性囚人収監所と，小型の3棟からなる女性囚人収監所がある．全部で1000人の収容能力をもつ．1849年に着工，2年後の1851年から男性用棟が，そして1852年から女性用棟が，それぞれ囚人を収容しはじめた．建物はいかにも殺風景だが，矯正院としての機能の面ではほとんど完璧に近いといわれ，また囚人たちの健康管理も行き届いていた．1895年，オスカー・ワイルドが同性愛の有罪判決を受けたあと，数か月間この監獄に収容されたことがある．また，1963年8月に起こった史上最大級の列車強盗事件で，その主謀者のひとりとして逮捕されたロナルド・ビッグズは，懲役30年の有罪判決を受けて，このワンズワース監獄に収容されたが，1965年6月8日に脱獄した．

Wanstead
ウォンステッド　E11

ロンドン北東部の自治区，レッドブリッジの一部．地下鉄セントラル・ラインの駅名にも残るレッドブリッジとは，もとウォンステッド・パークの境界になっていたローディング川にかかる橋であった．この公園はレッドブリッジ駅に近く，自動車専用道M11の始点にも間近い．テューダー朝にはじまるカントリー・ハウス，ウォンステッドはエリザベス一世の最大の寵臣レスター伯の所有であった．女王をはじめあまたの宮廷人がここを訪れた．1667年，東インド会社会長のサー・ジョサイア・チャイルドがここの地所を購入，その孫が18世紀流行をみせたパラディオ様式のカントリー・ハウス新築を時の人気建築家コレン・キャンベルに依頼した．しかし，1824年，財政難に陥ったこの大邸宅はあえなく取り壊され，石材として売却された．現在かろうじて当時の厩舎がゴルフ場とクリケット場のクラブ・ハウスとして残るにすぎない．鉄道の開通(1856)とともに，ロンドンのほかの周辺部と同様，急速に人口の密集化が進んだ．18世紀の政治家，劇作家R.B.シェリダンはここの住人であった．

Wapping
ウォッピング　E1

タワー・ブリッジの東，テムズ川北岸沿いの地域．現在のウォッピングのあたりは，古くは海賊や密輸業者の処刑場として知られていたにすぎない淋しいところだったが，15世紀ごろになって，処刑台が東に移されると，人々が村落をつくって住みつくようになった．当時ウォッピングの周辺はテムズ川の侵食がはなはだしく，流水量が多くなるとかならず冠水していたので，一種の湿地帯になっていた．エリザベス一世はオランダ人の技師コーネリウス・ヴァンダーデルフトに命じて，防水壁を築いて湿地を埋め立てさせるとともに，にわかに深刻化しつつあったロンドンの人口増にも対処しようとした．この埋め立てによってできた新開地には，主として船乗りや船乗り相手の商売人が住みついたが，初期のころはまだ教会はなく，行政・公安の手も及ばない状態だったので，17世紀当時は犯罪と悪徳，暴力が横行するまさに無法地帯だった．

一方，17, 18世紀はイギリスが海外に大飛躍を果たした時代で，ロンドンが世界各地との交易の中心となったため，ウォッピングには次々に埠頭などの港湾施設が建設され，ロンドン・ドックス，イースト・インディア・ドックス，ウェスト・インディア・ドックスなどで大いににぎわった．現在の水上警察署の近くにある「処刑ドック」は海賊の処刑が行なわれた場所で，有名なキャプテン・キッドも，1701年に海賊処刑のしきたり通り鎖の網に入れられてここで絞首刑にされたあと，テムズ川の干潮時に川底に立てた杭に縛られ，3日3晩放置された．テムズ川の干満の差は大きく，5メートルから10メートルに達するから，遺体はたっぷり水につかったはずである．1688年，多くの海賊を絞首台に送りこんだ悪名高い判事ジョージ・ジェフリーズが暴徒に襲われ，パブのタウン・オヴ・ラムズゲート亭（ウォッピング・ハイ・ストリート62番地）で水夫に変装してハンブルグ（一説にはフランス）に逃亡しようとしているところを捕らえられ

た．ジェフリーズはかろうじて群衆のリンチをまぬかれ，ロンドン塔に収容されて処刑されたという．

この地域のパブといえば，もともと密輸業者のたまり場だった1520年創業のプロスペクト・オヴ・ウィットビー亭(→Prospect of Whitby)は，17世紀の日記作家として有名なサミュエル・ピープスをはじめ，チャールズ・ディケンズ，ジェイムズ・ホイッスラー，J.M.W.ターナーなどに愛され，ロンドン最古のパブとして今日でも名所のひとつになっている．またワッピングを見なくてはロンドンを語ることができないと，ジョンソン博士とジェイムズ・ボズウェルも1792年にこの地を訪れたが，ボズウェルにとってこの見学は期待はずれに終わったようだ．

19世紀に入ると，せまい道をはさんで巨大な倉庫が立ち並び，ここは往時に比べて，さびしく殺風景な地区になってしまった．さらに20世紀後半，とくに海運界の不況のあおりを受けて，大きなドックが次々に閉鎖され，跡地は，荒廃するにまかされた．そこでロンドン・ドックスなど使われなくなった港湾地区の再開発が始まり，古い建物は新しい集合住宅群や，セント・キャサリンズ・ドック(→St Katharine's Dock)のような古い施設は近代的なマリーナに生まれ変わった．そして公園も整備され，港町の雰囲気を残したレストランなどが数多く開業するにおよんで，この地区は新しい観光名所に変貌した．とくにアイル・オヴ・ドッグズ(→Isle of Dogs)のカナリー・ワーフ(→Canary Wharf)に立つHSBCタワーは，その高さと形，夕日に映える美しさとで，ロンドンの新名所になった．また1980年代には『サン』や『タイムズ』などの新聞社や出版社がウォッピングに移転してきた．

Wapping Old Stairs
ウォッピング・オールド・ステアーズ　E1

タワー・ブリッジの下流側にある船着場．川沿いにつづくウォッピング・ハイ・ストリートは，多くの船着場が接し，テムズ川の水運と関係をもつ業種の人々の集落を形成していた．そうした船着場の中で最も有名なのがウォッピング・オールド・ステアーズで，ちょうどチェリー・ガーデン・ピアの対岸に位置し，付近の大変貌にもかかわらず現存する．

このあたりは，古くは船着場に停泊する船乗りや漁夫たちが集う歓楽地として名が知られ，多数の酒場が営業していた．そのひとつは船着場のすぐ近くにあったタウン・オヴ・ラムズゲート亭で，ケント州のラムズゲートの漁夫たちが近くの旧ビリングズゲート・マーケット(→Billingsgate Market)に魚を運んできたときに立ち寄ったので，この名がつけられた．また17世紀の政治的激動期に悪名高かった判事ジェフリーズが，名誉革命の結果失脚し，フランスに逃亡しようとしていたところをここで捕らえられたことでも有名である．ジェフリーズはジェイムズ二世の統治下にあって，200名をこえる反対派を処刑し，1000名ほどを西インド諸島の植民地に奴隷として送りつけたことから憎しみを買っていた．逮捕されたときには，群衆によりリンチを受けそうになった．兵士たちは彼をロンドン塔に収容し，そこで処刑したといわれる．

19世紀になると，巨大な倉庫が立ち並ぶようになり，水運関係者の事業所や住居のあったそれまでの雰囲気が著しく変化した．このすぐ下流に，ウォッピング・ニュー・ステアーズがある．

Wapping Recreation Ground
ウォッピング・レクリエーション・グラウンド　E1

タワー・ブリッジの下流北岸のウォッピング(→Wapping)地区にあるドックや倉庫群に囲まれた1000平方メートルの公園．開園は1891年．地下鉄イースト・ロンドン・ラインのウォッピング駅に近い．

Warburg Institute
ウォーバーグ・インスティテュート
Woburn Square, WC1

ロンドン大学の上級研究機関のひとつ．古典の伝統とヨーロッパの思想，美術，文学，

制度に対するその影響について研究を行なう．1866年にハンブルグで生まれたドイツのルネサンス美術家オットー・ハインリヒ・ヴァールブルク（ウォーバーグ）によって設立された．ウォーバーグはフリッツ・サクスルの協力を得てハンブルクの私設の図書室を研究施設へと発展させた．彼の死後はサクスルが施設の発展に尽力したが，彼はナチスの勃興時にこの施設をロンドンに移した．1944年にはロンドン大学の一部となり，58年ウォバーン・スクエアの現在の建物に移った．図書のほかに写真のコレクションを収蔵し，出版部も有する．大学院を併設する．

ロンドン大学出身の女流学者フランシス・イェイツは，この研究所に長年勤務し，1967年以来名誉研究員として，ルネサンス精神史やエリザベス朝演劇に関する独創的な業績を残した．

Wardour Street
ウォーダー・ストリート　W1

オックスフォード・ストリートのなかほどから南へ，ソーホー地区を通り，シャフツベリー・アヴェニューを横切って延びる道路．この通りは小道としてすでに16世紀に記録されているが，名称はこの道路がつくられた17世紀後半当時の地主エドワード・ウォーダーの名をとってつけられた．

通りに立つ最も古い建物は，18世紀初頭に改築されたものだが，そのころから150年ものあいだ，この通りは骨董品や家具で有名だった．しかし19世紀のグラッドストーン首相の時代にはその評判もかなり落ちこんでいた．ウィリアム・モリスは，気どったまがいものの古風な言いまわしを「ウォーダー・ストリート・イングリッシュ」といった．そのころこの通りで売られていた見せかけの古風な家具のことが念頭にあったのである．

99番地のパブ，勇敢なフォックス亭の名前は，1784年にここの家主がつけたもので，彼は当時の下院議員チャールズ・ジェイムズ・フォックスの熱烈な支持者だった．20世紀初頭から，この通りは映画・演劇関係の道具類を扱う店や音楽関係の出版社などがめだつようになった．152-160番地は，1906年に楽譜出版のノヴェロ社（→Novello's）の社屋として建てられた建物である．いまでも映画関係の事務所が多い．

Wards and Wardmotes
区と区会

シティは中世以来，区制が施行されていた．区長がシティ参事会員（→Aldermen）であり，区会を招集した．区会は区の役人を選任し，重要事項を決定し，治安維持，商業活動の監督，衛生設備などの責任をもち，区吏員（ward beadle）を雇って，これらの任務に当たらせた．区会は毎年1回9月の第1金曜日に戸外の主要街路で開かれ，シティ議会（→Court of Common Council）への代表（任期1年）を選んだ．区はシティ参事会員が空席になると会議を開いて後任者を選び，シティ参事会の承認を得た．

区制の始まった年代は特定できないが，1130年ころ（ヘンリー一世の治世）に作成されたセント・ポール大聖堂調査簿で20区が記録されている．ウォールブルック川を境界とする西側と東側に各10区の計20区である．西側：(1)オールダーズゲート，(2)ブレッド・ストリート，(3)ベイナード・カースル，(4)チープ，(5)コールマン・ストリート，(6)コードウェイナー・ストリート，(7)クリプルゲートまたはウッド・ストリート，(8)ファリンドンまたはラドゲート・アンド・ニューゲート，(9)クイーンハイズ，(10)ヴィントリー，東側：(11)オールドゲート，(12)ビリングズゲート，(13)ビショップスゲート，(14)ブリッジ，(15)ブロード・ストリート，(16)キャンドルウィク・ストリート，(17)コーンヒル，(18)ラングボーンまたはロンバード・ストリート，(19)タワー，(20)ウォールブルックである．

12世紀末までに市壁内に3区（ライム・ストリート，ダウゲート，バシショー）が形成された．1228年の記録では，これにポートソーケンを加えて全24区となっている．1394年にはファリンドン区が市壁内区と市壁外区に分割された．1550年にブリッジ市壁外区が創設さ

れて，ロンドン市長経験者のシティ参事会員が区長に任じられたが，この区は1978年に廃止された．現在は25区である．区は規模や性格において多様であり，コードウェイナー，バシショー，ポートソーケンのような古風な名称が残っている．たとえば，コードウェイナーはセント・メアリ・ル・ボウ教会(→St Mary-le-Bow)の周辺に集まっていたコルドバ革職人・靴屋に由来する．各区は大部分がクラブをもち，すべてが社交的催しを行なう．

Warehouse
ウェアハウス
Covent Garden, WC2

　果物業者がバナナを熟させるための倉庫として使っていたことから，ウェアハウス(倉庫)の名がついた劇場．1870年代に建てられ，ビール醸造所の大桶置き場だったが，1920年代には映画会社に買収され，イギリス最初のカラー映画撮影所として使われた．1960年にドナルド・オールベリーがここを買って劇場とし，自分の名ドナルドとバレリーナのマーゴ・フォンテーンの名前を合わせてドンマーという名をつけた．しばしばバレエ公演にも使われたが，舞台稽古の場として使われることが多かった．1977年から，82年にバービカンに移るまで，ロイヤル・シェイクスピア劇団がここをロンドンの第二劇場として使っていた．1990年に一時閉鎖されたが，全面的に改築して，92年に再開．三方から舞台を見られる客席は，252席で2層になっている．

Warrington Hotel
ウォリントン・ホテル亭
Warrington Crescent, W9

　エドワード王朝，とくにエドワード七世時代の華やかな雰囲気を代表するパブで，アール・ヌーヴォー風のステンド・グラスやシャンデリアが絢爛と輝いている．かつては競馬の騎手や競馬ファンでにぎわった．馬に乗ったままこのパブの階段をかけ登ってパブに入って，賞金100ポンドを手にしたジョッキーの話が残っている．このパブのあるメイダ・ヴェイル(→Maida Vale)という地名は，1806年の南部イタリアにおける「メイダの戦い」で，イギリス軍がフランス軍に大勝したことに由来する．戦後まもなくエッジウェア・ロードにメイダの勇士亭という酒亭が何軒もできた．現在のパブの近くには，桂冠詩人ジョン・メイスフィールドや劇作家のクリストファー・フライが住んでいた．近辺はエドワード王朝風の優雅なマンションが多い．

Warwick Crescent
ウォリック・クレセント　W2

　ウェストボーン・テラス・ロードから運河のグランド・ユニオン・カナル沿いに，美しい曲線を描いてハロー・ロード・ブリッジに達する通り．「リトル・ヴェニス」(→Little Venice)と称される運河の眺めは，ロンドンでもひときわ美しいといわれる．
　この通りに関係があるのは19世紀の詩人ロバート・ブラウニングである．最愛の妻エリザベスと死別して1861年にイタリアから帰国し，87年までこの通りの19番地に引きこもり，運河を眺めて日々を送っていたという．ウォリック・クレセントを西に進み，ウェストボーン・テラス・ロードを横切ると，デラミア・テラスという通りになるが，その17番地に義妹のアナベラが住んでいたので，ブラウニングは毎晩のように彼女のもとを訪れた．中世のローマで起きた殺人事件を題材にした長編詩『指輪と本』(1868-69)は，ブラウニングがここに住んでいるあいだに書いた代表作である．パディントン駅に近い．

Warwick Street
ウォリック・ストリート　W1

　現在，ロンドンのA-Z地図ではウォリック・ロードという名称の道路が23本あるが，ウォリック・ストリートという名前の道路は1本だけである．この道路は17世紀後半に敷かれたと考えられるが，沿道に当時の建物は残っていない．現在の道路はリージェント・ストリートがピカディリー・サーカスに近づくあたりの短い裏通りでしかない．

ウォリックという名前にはさまざまな由来が考えられるが、この道に関しては不明である。1907年に建てられた20番地の建物にはアール・ヌーヴォー風の玄関が目立つ。この通りでめだつのは、チャーチ・オヴ・アワ・レイディ・オヴ・ジ・アサンプション・アンド・セント・グレゴリーという教会である。

Waterloo and City Line
ウォータールー・アンド・シティ・ライン

ブリティッシュ・レイルのウォータールー駅と地下鉄のバンク駅(イングランド銀行の最寄駅)とを結ぶ地下鉄。見たところは地下鉄チューブ(tube)線とまったく変わったところはないが、経営上はロンドン地下鉄とは別のものであった。もともとはウォータールー駅を終点とするロンドン・アンド・サウス・ウェスタン鉄道の一支線であって、国有化後はブリティッシュ・レイルに所属した。途中には駅がひとつもなく、この区間を走る列車は完全なシャトル運行で、ほかの線に乗り入れることもできない。いわば「地下の孤島」とでも呼んでよい線だが、どうしてこのようになったまま現在に及んでいるのか、理由はわからない。

Waterloo Bridge
ウォータールー橋　WC2

ヴィクトリア・エンバンクメントと対岸のウォータールーを結ぶ。最初の架橋は1811-17年、ジョン・レニーの設計によった。はじめ橋はストランド・ブリッジと呼ばれるはずであったが、この新橋をナポレオン戦争に勝利したワーテルローを記念して、あらためてウォータールー・ブリッジと呼ぶことに変更された。記念すべき開通は戦勝から2年たった1817年6月18日で、当時の摂政の宮フレデリック(のちのジョージ四世)によってなされた。花崗岩の橋の姿は多くの称賛を集め、「世界の涯からやってきても一見の価値ある最高に気品のある橋」といわれた。1877年、無料橋になった。現在の橋は1945年の架橋。

映画『哀愁』(1940)冒頭でロバート・テイラーの陸軍将校とヴィヴィアン・リー演じるバレエ団の踊り子が出逢うのはこの橋の上である。この悲恋メロドラマのもうひとつの主人公は映画の原題となっているウォータールー橋そのものである。

Waterloo Churches
ウォータールー戦勝記念教会群

ワーテルローの海戦に勝利をおさめたイギリスは、1818年に組織された教会建設協会に対し、150万ポンドの資金を投入する議案を可決した。政府に委託された委員会は、いわゆる「ウォータールー教会群」として知られる38の新しいロンドンの教会建設を10年計画で開始した。その様式は大部分がギリシア風かゴシック様式のもので、人口の増加にあわせて、できる限り大きなものにした。1750年には約65万だった人口が、1811年にはその2倍にふくらんでいたのである。これらの教会群の中で特筆すべきものは、サー・ジョン・ソーンによるセント・ピーター・ウォルワース(1825)、ホーリー・トリニティ・マリルボーン(1828)、セント・ジョン・オン・ベスナル・グリーン(1828)教会などである。

Waterloo Place
ウォータールー・プレイス　SW1

ペル・メル通りと交差し、北端はロワー・リージェント・ストリート、南端はカールトン・ハウス・テラスにつながる広場形の短い道。1816年に敷かれ、名前は前年ウェリントン公がナポレオン軍を敗ったワーテルローの戦いにちなんでつけられた。

ペル・メル通りをはさんで北側、つまりロワー・リージェント・ストリートの側に、18世紀の作家ローレンス・スターンが晩年の一時期寄宿した家が立っていた。このあたりでめだつのはクリミア戦争近衛兵記念碑。真ん中の碑はガーズ・モニュメントといって、この戦争で散った2万2000余名もの近衛兵を記念するために1859年に設置された。その左手には戦場で負傷兵たちの看護に奔走したフローレンス・ナイティンゲールの像、右手には彼女を支

援した陸軍大臣シドニー・ハーバートの像が立っている．

　一方，ペル・メル通りの南側の角には，昔から多くの文人たちが属し，いまでも活動を続けるアシニーアム・クラブの建物がある．その前あたりに，アレグザンダー・ポープやヘンリー・フィールディングなど18世紀の文人たちと親交のあった政治家ドディントンの邸宅があった．この広場でめだつのは馬上のエドワード七世，南極探検の勇者キャプテン・スコット，インド総督を務めたジョン・メアーなどの記念像（→Memorials and Statues）である．なかでも南端にそびえる37メートルの円柱ヨーク公記念柱は，この広場のランドマークというにふさわしい．円柱の上には，ジョージ三世の次男ヨーク公のブロンズ像が南のウェストミンスター地区を睥睨している．

　この円柱のあたりには昔，カールトン・ハウスという屋敷があった．18世紀初頭にカールトン男爵のために建てられたものだが，のちのジョージ四世がプリンス・オヴ・ウェールズのころに買い取り，ドディントンの館も吸収して改装した．その壮大な館の面影は，この広場近くの道カールトン・ハウス・テラスの名に残っている．

Waterloo Station
ウォータールー駅

Waterloo Road, SE1

　1848年に，ロンドン・アンド・サウス・ウェスタン鉄道のターミナル駅として，テムズ川にかかるウォータールー橋のすぐ南に開業した．本来は，南イングランド海岸の重要港，とくに外洋航路の発着港であったサウサンプトンとロンドンを結ぶ鉄道のターミナル駅であったから，北米航路などの豪華船を利用する乗客のためのぜいたくな連絡列車がこの駅に発着した．のちにイングランド南西部（いわゆるウェセックス地方）や近郊地域とロンドンを結ぶ列車もこの駅を使用することになったため，駅は拡張を重ねて大きくなりすぎ，乗客にとっては混沌たる迷路としか考えられず，多くの漫画（たとえば『パンチ』）や，滑稽小説

（たとえばジェローム・K・ジェロームの『ボートの三人男』など）の冗談のタネにされた．20世紀のミュージック・ホールでは「お客は迷子になって列車が見つからず，列車も迷子になってプラットフォームが見つからない」というコミック・ソングが大ヒットした．

　こうした汚名をすすぐために，大改装が行なわれて，1922年近代的な駅に生まれ変わった．たとえばロンドンで初めて放送設備を備えつけ(1932)たり，構内にニュース映画館を設け(1934)たりした．それでも多くの番線から頻繁に列車が発着するので，混雑はいまでも激しい．そうした事情によるものであろうか，ジョン・シュレジンジャー監督がアメリカに渡る前の1961年に制作したドキュメンタリー映画《終着駅》は，作品の中で名前こそ明記されてはいないが，この駅の夜明けから真夜中までを描いたものである．パディントン駅を描いたウィリアム・フリスの絵画と同じように，ここでは映画によって，大都会の駅こそ人生の縮図である，という真理が実証されている．

　ウォータールー駅にはほかにもプラットフォームがある．地下にはウォータールー・アンド・シティ・ライン（→Waterloo and City Line）の乗降場があるが，これはロンドンの一般の地下鉄線とは違って，かつてはイギリス国鉄の所有であった．また本駅から連絡橋を通って東へ行ったところにウォータールー・イースト駅があり，ここにはチェアリング・クロス駅発着の列車のほとんどすべてが停車して，乗り換えの便がはかられている．

　1994年に英仏海峡トンネルが開通して，ロンドンとヨーロッパ大陸のパリやブリュッセルとの間に直通特急列車「ユーロスター」号が運転されることとなったとき，そのロンドンの発着駅はウォータールー駅と決定した．そのために再度大改装工事が行なわれ，現在国際列車のための特別のプラットフォーム（ウォータールー・インターナショナル）が増設された．ただ「ユーロスター」号と接続して，イギリス北部方面に直通する列車は，マンチェスター行き，エディンバラ行きがそれぞれ一日1往

17世紀の詩人アンドルー・マーヴェルの住い（ウォーターロー・パーク）

復しかなくて不便．将来「ユーロスター」はロンドン北側のセント・パンクラス駅（→St Pancras Station）発着になる予定である．
→Stations

Waterlow Park
ウォーターロー・パーク　N6

　ロンドン北部，ハイゲート・ハイ・ストリートの南側に広がる10ヘクタールの公園．マルクスやジョージ・エリオットなど有名人の墓があることでよく知られるハイゲート墓地に隣接する．名前の由来はロンドン市長を務めたことがあり，博愛主義者でもあったサー・シドニー・ウォーターローによる．園内に現存して，一般に公開されているローダーデール・ハウス（→Lauderdale House，16世紀の建物だが，17世紀なかばに改築）は，チャールズ二世が愛妾ネル・グウィンを住まわせたことがあるいわくつきの屋敷である．日記作家として名高いサミュエル・ピープスが1666年7月28日，ここの晩餐会に同席したときの様子を「召使いのひとりがスコットランドの曲を1曲といわずいくつもヴァイオリンで弾いてくれたが，こんな歌はいままで聞いたことがない，どいつもこいつもみんなおんなじ調子だ．一座のもの，褒めちぎっていたところをみると，名曲なんだろう．ところで当のローダーデール卿は名曲より猫のニャーンという声のほうがいいね，と妙なことをおっしゃる…何がいやだって，リュートほど嫌な楽器はない，その次はバグパイプだ，という」と記録した．1872年から89年までセント・バーソロミュー病院が別館として借用したこともあったが，屋敷と敷地は以後ロンドン市の管轄に移った．園内に功労者ウォーターローの記念像が立つ．

　この屋敷に隣接する土地には，17世紀の詩人アンドルー・マーヴェルが住んでいた．公園の外壁に，その場所を示す記念銘板が見られる．

Watermen
テムズの渡し守

かつてテムズ川はロンドンの主要交通路をなし，陸上よりは快適で速い輸送ルートとして活況を呈していた．無数の船が往来し，船頭たちはロンドンの市民生活の重要な担い手だった．彼らは仕事により2種類に分けられた．ウォーターメンは料金をとって乗客を運ぶ客船の船頭たちのことで，ライターメンは貨物を運搬するはしけ(lighter)の船頭たちをさした．ウォーターメンは日常的に市民を運ぶ業務とともに，王侯や市長あるいは同業組合のお歴々を絢爛たる飾りをつけた豪華な御座船に乗せ，その船の櫓を漕いだのである．

18世紀ころになると，ロンドン港の荷扱いが増えたためライターメンが増加し，他方で川には橋が次々と架けられ，ウォーターメンの数は減っていった．だが今日でも，両者の組合は健在である．ライターメンとなるには，5年間の年季奉公を経たうえ，厳格な資格試験に合格しなければならない．合格すれば，はしけのみならずタグボートの船長にもなることができる．

ウォーターメンの免許は，さらにその上の厳格な試験に合格した者にのみ与えられる．彼らはディーゼル大型観光船に多数の乗客を乗せ，テムズ川の各船着場を往き来することができる．

Waterstone's
ウォーターストーン
Charing Cross Road, WC2

ティモシー・ウォーターストーンが1982年に開店した書店．ウォーターストーンは多様な分野の書籍と，専門知識をもつ店員による行き届いた接客態度で評判がよい．同じく書店のディロンズ(→Dillons)を傘下におさめるなど積極的な事業展開をしており，2001年にはピカディリー・サーカスにあった老舗洋品店シンプソンの建物を買収，新店舗を開店させた．

Water Supply
水道

12世紀に至るまで，シティを中心とするロンドンは，その上水を直接市中の井戸と河川に頼っていた．トマス・ア・ベケットの伝記作家ウィリアム・フィツスティーヴンは，1183年に甘美で清浄な水が湧く市内の井戸の品定めを行なっている．だが13世紀以降シティとその周辺では，市街地の拡大と人口の増加にともなって次第に清涼な水が得にくくなり，外部から導管で水を引かなければならなくなった．1245年に市の肝入りでチープサイドに給水場が建てられ，タイバーンから2,800メートルもの導管を用いて上水が引かれた．この水は無料であったが，商売用に使われる場合には，その量に応じた使用料が徴収された．導管と給水設備の管理は市の当局によって行なわれ，維持費は課税や寄付などに頼った．

その後，14世紀から15世紀にかけて，市のあちこちに泉や井戸を水源として新しい給水設備が次々と造られ，1432年にはイズリントンから水道橋でチャーターハウスに水が引かれ，1441年にはチープサイドに第二の給水場が建設された．こうした給水設備の建設も，市当局によるだけでなく，なかには有力な市民や貴族の慈善事業に負うものもあった．また1496年には水運搬人の同業組合がつくられ，市中の水運搬業務を独占した．

だが，16世紀の後半から従来の導管によって外部の水源から水を引く方法に代わって，たとえばテムズ川からポンプで揚水してこれを各戸に配水するという，より合理的な大量配水方法が採用されるようになった．1581年，市当局はピーター・モリスにロンドン橋の第一アーチからの揚水権を向こう500年間にわたって保証したが，これはその後1822年まで存続したロンドン・ブリッジ水道会社のはじまりであった．ついで，1606年と1607年に成立した2つの議会立法によってヒュー・ミドルトンがハートフォードシャー州の泉から運河でロンドンに給水する権利を認められ，ここにニュー・リヴァー水道会社(→New River Company)が誕生した．そしてこのときから，ロンドンの給水事業は，従来の市と有力者の慈

善による公共事業から水道会社が水道料をとって給水する営利事業へと大きくその性格を転換させることになった．16世紀末から17世紀にかけて水運搬人組合が衰退し，チープサイドなどの導管による給水設備の閉鎖が進むいっぽう，17世紀の後半から19世紀の初頭にかけて，新しい水道会社の設立が相次いだ．シャドウェル(1669)，ヨーク・ビルディング(1675)，ハムステッド(1692)，チェルシー(1723)，サザック(1760)，ランベス(1785)，ヴォクソール(1805)，ウェスト・ミドルセックス(1806)，イースト・ロンドン(1807)，グランド・カナル(1811)の各水道会社がそれである．これらの会社は，そのいずれもが，テムズ川の水を上水として供給したが，はからずもこのことが19世紀に衛生上の大問題を提起することになった．

19世紀ロンドンの水をめぐる最大の問題は，都心を流れるテムズ川の汚染が異常なまでに進行したことであった．この汚染の主要な原因は，工業化にともなう首都圏への急激な人口集中に都市の排水機能と下水道整備が追いつかず，二百数十万人にも達する膨大な人口の屎尿がテムズ川に流れ込んだことにあった．そして，この汚染が進行するテムズ川から，ニュー・リヴァー水道会社を除くすべての水道会社が上水用の水を採取していたのである．1830年代から60年代にかけて，4次にわたってロンドンをも襲ったコレラの流行が，これら水道会社による汚染された上水の供給に少なからず拠っていたことは，ジョン・スノウの疫学的調査が証明したようにまず疑いがない．こうした水道会社の上水の供給が引き起こす，もろもろの不衛生状況を解消し，首都圏の全住民に安全で安価な浄水を供給するためには，水道事業の公営化が必要であったが，水道会社は時の潮流である営業の自由を旗印に執拗な抵抗運動をくりひろげた．だが1902年に至って，公費による各水道会社の買収(その費用は4000万ポンドに達した)がついに成功し，首都水道局が誕生してここにロンドン水道事業の公営化が実現した．この首都水道局は，その後1974年にテムズ水域管理局に移管された．
→Drains and Sewers

Watling, Ye Olde
イー・オールド・ウォトリング
Watling Street, EC4

　1666年の大火後，セント・ポール大聖堂の再建修復に関係することになったクリストファー・レンが，大聖堂のすぐ近くに1668年聖堂設計のために構えた事務所．

　ドーヴァーとセント・オールバンズを結ぶローマ時代の主要道路(現在のA2)，ウォトリング・ストリートの支線が大聖堂前を通るため，建物にこの名がついた．造船用角材を使用したといわれている建物は，現在，ジ・オールド・ウォトリングという名のパブになっている．

Wax Chandlers' Hall
蠟燭商同業組合会館
Gresham Street, EC2

　獣脂蠟燭が一般的な照明に用いられるのに対して，この組合が扱う蜜蠟などの蠟燭は主として教会で用いられる．その分上質とされ，格づけも獣脂蠟燭商同業組合(→Tallow Chandlers' Hall)が21位であるのに対して，一段上の20位を占める．蠟燭商は1371年ころから蠟業界を取りしきるだけの実力を得て，1483年にリチャード三世から勅許を授かった．近年はかつての羽ぶりのよさはなくなったが，依然としてこの同業組合は養蜂と密接なつながりをもっている．

　1545年に最初の会館が現在の敷地に建てられてから，4回にわたって大きな変遷があった．ロンドン大火の後の1670年に再建され，1793年と1853年に再建工事が行なわれ，さらに1940年の空襲で一部破壊されたあと，1958年に再建されて今日に至っている．
→City Livery Companies

Welbeck Street
ウェルベック・ストリート　W1

　オックスフォード・ストリートの北側を南北

に走る道路. キャヴェンディッシュ・スクエアに近い. 1720年ころに敷かれた道で, 名前は, この地の地主と関係のあったデヴォンシャー公爵家キャヴェンディッシュ一門の領地ウェルベック(ノッティンガムシャー州)に由来する.

道が敷かれたあとに建てられた家が多く残っているのが特徴で, 当時の住人たちをしのばせる.『カンタベリー物語』を初めて学問的に編集したトマス・ティリット, 女流作家マライア・エッジワスやブラウニング夫妻などもこの通りのしばしの住人だった.『フランダースの犬』の作者ウィーダは1867年から83年まで母親と51番地で暮らしていた. アントニー・トロロープは34番地にあった療養所で, 1882年に亡くなった.

ほかに, ロゼッタ・ストーンの解読で有名な科学者トマス・ヤングが1802年から25年まで48番地に住んでいたし, ラファエル前派の詩人で彫刻家のトマス・ウールナーも1860年から32年間, 29番地の住人だった.

Wellcome Institute for the History of Medicine
ウェルカム医学史研究所
Euston Road, NW1

薬剤製造業者であったサー・ヘンリー・ウェルカムが収集した医学史およびその関連分野の文献資料や写真類のコレクションを有する研究施設. 図書館には40万点の印刷本(650点のインキュナブラを含む), 5000点の西洋写本, 9000点の東洋の写本, 10万点の肉筆書簡, 10万点を超す版画と素描, 900点の油絵, そして3万8000点の写真類が所蔵されている. ユニヴァーシティ・コレッジと共同で運営する講座もある. 図書館は個人研究者にも無料で公開されている.

ウェルカムは医学を人類学の一環として捉えるという観点から, 文献資料のほかに東西両洋にわたる膨大な遺物のコレクションを収集した. これらのコレクションはウェルカム医学史博物館に展示されていたが, 1976年, サウス・ケンジントンの科学博物館に永久貸与された.

Well Hall
ウェル・ホール
Well Hall Road, SE9

グリニッチの南東, 鉄道エルサム駅に近く, ウェル・ホール・ロード(A208)の西側に広がる庭園. ウェル・ホールは,『ユートピア』の作者サー・トマス・モアの義理の息子でモアの伝記を書いたウィリアム・ローパーが16世紀初頭に建てたエリザベス朝様式の領主館の一部であった. ローパー家は1733年にこの家をサー・グレゴリー・ペイジに売却したが, ペイジはまもなくそれを解体して, 新たに自分好みの家を建てた. 1899年から1922年までこの家に少年少女向け小説の作家イーディス・ネズビットが住み, この屋敷や周辺の風景を小説の中にいきいきと描きだしたため, この地の名前が広く知られるようになった.

屋敷は1930年に旧ウリッチ自治区に買い上げられたが, 老朽化が進んでいたため, 翌年取り壊された. もともとのエリザベス朝様式の納屋だけが改装され, 1993年までレストラン, 画廊として使用された.

Wellington Arch
→Constitution Arch

Wellington Barracks
ウェリントン兵営
Birdcage Walk, SW1

セント・ジェイムジズ・パークの南縁を走るバードケイジ・ウォーク沿いにある近衛歩兵師団の兵営. 名はいうまでもなく, ワーテルローの戦いでナポレオン軍を破ったウェリントン将軍にちなむ. クリーム色の石で造られ, 優美な外観をもつ建物である. この建物は1834年に完成し, 1859年に拡張工事が行なわれた. 1980年代にも改造工事が行なわれた.

この兵営はバッキンガム・パレス(→Buckingham Palace)を警護する近衛歩兵師団の司令部で, グレナディア, コールドストリーム, ス

831

コッツ，アイリッシュ，ウェルシュ各連隊から選ばれた精鋭たちがその任に当たっている．有名な衛兵交替は，これらの連隊間で警備の交替をする儀式である．兵舎の東側にギリシア建築風の師団礼拝堂が立っているが，そこには，近衛歩兵師団の歴史を物語る数々の記念品が飾られている．

Wellington Museum
ウェリントン博物館
Hyde Park Corner, W1

1815年，ワーテルローの戦いでナポレオン軍を破った初代ウェリントン公爵を記念する博物館．建物は18世紀後半ロバート・アダムによって建てられた，通称ロンドン一番地に所在するアスプリー男爵邸（→Asprey House）である．公爵は晩年これを購入して，1852年に死ぬまで35年間ここに住んだ．その後増改築が行なわれ，第七代公爵が初代の遺品および収集品を国に寄贈し（1947），博物館として1952年に開館した．あわせてゴヤ，ベラスケス，ルーベンス，レノルズ，コレッジョなど90を超える画家の名品を展示する．

Wellington Street
ウェリントン・ストリート　WC2

ウォータールー橋を北詰めからランカスター・プレイスを通り，広いストランドを横断するとウェリントン・ストリートに入る．

この通りには，かつてライシアム劇場やヴィクトリア・クラブが入っていたイタリア風の建物があって人目を引いた．このクラブは会員すべてが競馬などの賭事に夢中の人ばかりということで有名だった．零落した俳優，歌手，踊り手などを救済し，年金などを支給する目的で1839年に設立された王立演劇基金の本部も，この通りに置かれていたが，のちにこれはキャサリン・ストリートに移転した．

この通りの歴史で忘れてはならないのは，かつて数多くの出版社や新聞社が軒を連ねていたことだろう．そのなかには『スペクテーター』，『ガードナーズ・クロニクル』，『モーニング・ポスト』などよく知られた名前がまじ

る．エクセター・ストリートとこの通りが交わる角にあたる16番地にはチャールズ・ディケンズが主宰する週刊誌『ハウスホールド・ワーズ』の編集事務所があった．のちに11番地（現在26番地）に移り，1859年以降は誌名が『オール・ザ・イア・ラウンド』に変わってからも編集業務はこの事務所で続けられた．また1857年から66年まで続いた『指導者』誌も，ジョージ・ルイス，リー・ハントの編集によってこの通りで発行された．

Well Walk
ウェル・ウォーク　NW3

18世紀全国的に流行した温泉行楽の面影を残す路地である．ハムステッド（→Hampstead）もロンドン近郊にいくつもあった温泉保養地のひとつで，人気が高かった．ウェルは泉，鉱泉の意味で，ここに社交室（Assembly Room）と保養室（Pump Room）の両方をあわせもつ温泉会館といえそうなグレイト・ルームがあった．もちろん本来の目的である「治療」のためにここに温泉水を飲みに訪れる人たちもいた．しかし社交と娯楽をかねた行楽場という色彩が強かった．人気がでれば，客層が広がり，質も変化して，やがて賭博が流行，風紀も乱れ，という繁栄につきものの影の部分が世の非難を浴びるようになる．グレイト・ルームは1882年に取り壊された．その後，あらたにロング・ルームとして再出発し，サミュエル・ジョンソン，ファニー・バーニー，デイヴィッド・ギャリック，ヘンリー・フィールディングなど多くの文人，作家，俳優のお気に入りの場所になった．詩人キーツはキーツ・ハウス（→Keats House）のあるキーツ・グローヴに移る前の1816年，現在のパブ，ウェルズ・タヴァンに隣接する30番に寄寓して，結核に病む弟の看病に献身の日々を過ごした．また風景画家ジョン・コンスタブルは1826-37年に40番に住んだ．このころは温泉行楽の流行も下火となり，人気の中心であったロング・ルームは個人の住居に変わり，現在はその跡地に公営アパートが立つ．

ウェル・ウォークを地下鉄ノーザン・ラインの

ハムステッド駅に向かって歩くと，フラースク・ウォーク(Flask Walk)につながる．このあたりはハムステッド・ヒース(→Hampstead Heath)の丘の麓で，坂道の多い閑静な住宅地である．典型的な摂政時代の住宅が目についたりして，文人墨客をひきつけた往時がしのばれる．

Welsh Baptist Church
ウェルシュ・バプテスト教会
Eastcastle Street, W1

　オックスフォード・サーカスの北東にあり，ウェールズ語を用いる礼拝堂．ロンドンに住むウェールズ人の文化的・社会的活動の拠点として生まれた．当初のホールは狭くなりすぎ，現在のものは1889年にオーエン・ルイスの設計によって建てられた．礼拝堂は高い列柱のある堂々たる正面を通りに向け，階段を上って内部に入るようになっている．東端には説教壇があり，その背後にパイプオルガンがそびえる．説教壇の下には，タイル張りの浸礼の場を設けている．ここをよく訪ねた人物にロイド・ジョージがいる．

Welsh Harp Reservoir
ウェルシュ・ハープ貯水池　NW9

　ロンドンの北西部，ヘンドン，キングスベリー，ニーズデンの境界域に位置する貯水池．昔近くにあった居酒屋の名にちなんでこう呼ばれる．また，この地を流れるブレント川をダムでせき止めて造られているので，ブレント貯水池ともいわれる．この貯水池の南方3キロのところを東西にグランド・ユニオン・カナル(→Grand Union Canal)が走っているが，この運河にはすでに1810年来ストーンブリッジの地点でブレント川から培養水路が造られていた．だがその機能が不十分なため，それを補う目的で1834-35年にダムが造られ，この貯水池ができた．1860年ごろからレクリエーションの地として人気があり，現在に至る．貯水池沿いをやや南北に北環状道路が走っている．

Wembley
ウェンブリー　HA9

　大ロンドン北西部の地区で，9世紀初頭にウェンバ・リー(Wemba Lea)として記録されている．19世紀末には静かな農村地帯だったが，鉄道の建設によって徐々に宅地化が進んだ．
　ここには，ウェンブリー・スタジアム(→Wembley Stadium)に加えて，1934年にエンパイア・プールという水泳競技場が開設されたが，これは1948年のオリンピック大会の会場として用いられたのを最後に改装されて，ウェンブリー・アリーナと呼ばれる競技館となり，バドミントン，ボクシング，競輪，アイスホッケー，障害飛越馬術競技，テニス，卓球などの国際試合の会場となっている．なお，注目を集めた1924年の大英帝国博覧会のために建てられたホールの中には，倉庫として生き残っているものもある．
　この博覧会のために，道路をはじめこの地区の整備が進み，ロンドン北西郊の住宅地としての役割を担うようになった．この地区には地下鉄と鉄道の両方が通っている．

Wembley Stadium
ウェンブリー・スタジアム
South Way, Wembley, HA9

　正式名はウェンブリー・ナショナル・スタジアム．大ロンドンの北西部ウェンブリーにある主にフットボールのスタジアムで，ホーム・クラブはない．1924年の大英帝国博覧会の施設のひとつとして建設されたが，スタジアム自体はその前年に完成していて，ここでFA(Football Association)カップの決勝戦が行なわれ，以来決勝戦の舞台となっている．また，イングランド・サッカーの「聖地」とされ，数々の国内および国際的な名勝負がここで繰り広げられた．1948年にはロンドン・オリンピックのサッカー決勝戦の舞台となり，1966年のワールド・カップ決勝戦もここで行なわれ，イングランドが延長戦の末に西ドイツを下した．
　ジョージ五世が1914年5月のFAカップの

決勝戦を観戦したことから，1923年のスタジアム落成以来，ここで行なわれるFAカップ決勝戦に歴代の国王（女王）が臨席するならわしができた．FAカップの決勝戦で両チームが競技場に姿を現わす前に，大観衆が最もポピュラーな賛美歌のひとつ《日くれて四方はくらく》("Abide with me")を歌うことになっている．9万人収容の新しいスタジアムが計画されている．地下鉄ウェンブリー・パーク駅，鉄道ウェンブリー・スタジアム駅が近い．
→Football Clubs, Rugby Football Clubs

Wesley's Chapel
ウェスリー礼拝堂
City Road, SE1

イギリスのメソジスト派の創始者ジョン・ウェスリーの礼拝堂は，彼が74歳の1777年にその礎石が置かれた．弟のチャールズ・ウェスリーも同じメソジスト派の説教師で，賛美歌の作者として有名である．非国教徒の墓地として使用されたバンヒル・フィールズ（→Bunhill Fields）の正面にあって，1778年に一般に開放された．1891年の火事と第二次世界大戦を経て，1972年ごろには使用不可能なほどにまで荒廃したが，全世界からの寄付金100万ポンドを集めて，1978年，創設以来200年目にして復興した．会堂の納骨堂は，メソジスト教会の博物館となっている．ウェスリーは会堂の裏に埋葬されている．彼が住んでいた家はシティ・ロード（→City Road）の47番地で，遺品が保存されている．

Westbourne Park
ウェストボーン・パーク W2

ロンドン西部，パディントン駅の西の地域．正確には，グレイト・ウェスタン・ロード，ウェストボーン・パーク・ロード，ハロー・ロードによって囲まれる地域を指し，別にウェストボーン・グリーンともいう．現在この地域は，ほぼ真ん中を南北に2分してA40の高速高架道が走り，都会の喧噪と混雑の真っ只中にある．

13世紀の記録から，もともとウェストミンスター・アビー（→Westminster Abbey）の所領で農園であったことがわかるが，このことは，共和制の時代をのぞけば，19世紀中葉まで基本的に変化しなかった．1832-38年に鉄道が開通すると，周辺の様相は一変して，以後百年あまりスラム化の傾向をたどった．もっとも，1840年から52年にかけて建築されたウェストボーン・テラスは当時ロンドンで最も見事な街路といわれたし，また現在のウッドチェスター・スクエアのあたりにあったとされるウェストボーン・ファームには，1805-17年に大女優セアラ・シドンズが住んでいた．40年代，やはり俳優のチャールズ・ジェイムズ・マシューズが住んだ．小説家のトマス・ハーディも1863年から4年間ウェストボーン・パーク・ヴィラズ16番に住んだ．

19世紀70年代に入ると，再開発計画によってブルネル団地が完成し，さらに1960年代にはウォリック団地が完成するなど，ようやく今日的都市景観を獲得した．A40の起点近くに地下鉄駅ロイヤル・オークがあるが，これは18世紀の同名の旅籠によるものである．ウェストボーン・パーク・バプティスト教会はドクター・ジョン・クリフォードゆかりの教会で，その説教は多くの会衆をあつめ，パディントンの牧師職にあった1858年から1915年のあいだ，ロンドンにおける最も重要な宗教活動の拠点となった．

Westbourne Terrace
ウェストボーン・テラス W2

パディントン駅に接するビショップス・ブリッジ・ロードと交差して，南端がサセックス・ガーデンズに行き当たる道路．1840年から52年にかけて敷設され，当時はロンドンで最もすばらしい道といわれた．その面影はいまでも美しいファサードをもつ家並みに残っている．

この通りには数々の有名人が住んだが，その中でめだつのは哲学者・法律家のフレデリック・ハリソンで，共和制論者にして人道主義者であった彼は偉大なる最後のヴィクトリア朝人としてもてはやされた．38番地がその

注目の家だった．俳優でギャリック劇場とロイヤル・コート劇場の支配人だったジョン・ヘアが晩年を47番地で過ごしている．作家のオールダス・ハクスリーも1921年から翌年まで，155番地に滞在していた．

Westbury Hotel
ウェストベリー・ホテル
Conduit Street, W1

　ニュー・ボンド・ストリートの東側に位置する，アメリカ資本によるイギリス最初のホテル．1955年開業．当時は1日に1万6000個の氷を作る製氷機をそなえたホテルとして話題をよんだ．2度の増改築を経て，客室280を数えるデラックスホテルである．最寄駅は地下鉄ボンド・ストリート駅．

West Drayton
ウェスト・ドレイトン　UB7

　高速道路M25に近く，南のヒースロー空港と北の，アックスブリッジの中間に位置し，かつての田園風の魅力が今も多少残る地域．住民の多くは空港で働いている．
　地名はdrag（引く）と語源を同じくしている．昔，川を往来する舟がこの地点で，遠回りになる川をきらって，地上をひきずって近道したことによる．
　1838年にパディントン始発のグレイト・ウェスタン鉄道が開通したとき，ウェスト・ドレイトンは最初の停車駅であった．

West End
ウェスト・エンド

　ウェスト・エンドというのは，本来ロンドンのシティに対して「西のはずれ」という意味で，商人や職人が住むシティと，貴族や上級役人が住むチェアリング・クロス以西の地区を区別する呼び名であった．東京の下町と山の手のうち，武家屋敷が多かった山の手にあたる地域と考えることができよう．18, 19世紀は，判事，弁護士などが住んでいたテンプル地区，リンカーンズ・イン地区，グレイズ・イン地区を境に，東側は商人たち，西側は貴族や官僚たちという具合に住み分けが行なわれていた．またその生活ぶりも，質素で飾り気のない商人層に比べて，ウェスト・エンドの住民は概して派手好みで，着るものにしても，時代の流行を追うという状況だった．またウェスト・エンドに邸宅を構える貴族や金持ちは，みな地方に本邸，いわゆるカントリー・ハウスをもっていて，年間の半分くらいを娯楽と社交のためにロンドンで過ごした．したがって毎日こつこつと働くことを美徳と考える商人層とは肌が合わず，しかも彼らには商人を軽蔑する気風があったので，両者のあいだの溝はなかなか埋まらなかった．
　歴史的にこのような背景をもつウェスト・エンドは現在もその遺産をひきつぎ，かつて貴族たちが楽しんだ生活，つまり芝居見物や社交，ショッピングなどを楽しめる繁華街を形成している．ウェスト・エンドといわれる地域もかなり広がり，一般にはメイフェア，ウェストミンスター，ベルグレイヴィア，ソーホー，コヴェント・ガーデン，パディントンを含む地域を指すが，そこに含まれる，ナイツブリッジやケンジントン・ハイ・ストリート，リージェント・ストリートといった高級ショッピング街，ピカデリー・サーカス，レスター・スクエアなどの劇場およびレストラン街など，ロンドンを代表する街区は枚挙にいとまがない．公園，美術館，博物館もいわゆるウェスト・エンドに集中しているといってよいだろう．世界の老舗ブランド店，王室御用達店の多くもここに集まる．ついでだが，ウェスト・エンドに対してロンドン塔から東に広がるテムズ川北岸の地域をイースト・エンド（→East End）と呼ぶ．この地域も近年のいわゆる「ウォーターフロント都市計画」によってウェスト・エンドとは異なる魅力ある新興商業・住宅地として面目を一新している．

Western Avenue
ウェスタン・アヴェニュー　W3, W5

　ウェールズやオックスフォードからロンドンに延びる道路A40の一部で，大ロンドン西郊に位置するデナムから地下鉄イースト・アクト

ン駅近くまでをこの名称で呼ぶ．デナムでM25と交差し，イースト・アクトンでウェストウェイに接続する．

ウェスタン・アヴェニューは車時代に備えて，ロンドンの幹線道路のひとつとして1912年早々に立案され，1921年に東端部の建設が始まった．43年には，旧オックスフォード街道に沿ったり，それを迂回したりして，デナムまで延長された．その後たびたび改修が加えられ，場所によっては，道の両側に付設されていた昔からの自転車道を壊して拡張工事が行なわれた．1920年代以降，この道路沿いには自動車タイヤや電気洗濯機など，20世紀の新しい産業を象徴するような工場が立ち並んだ．それらの工場の中には，いまでも保存の対象として歴史的にも重要な価値をもつ建物が見られる．そのひとつに数えられていたファイヤーストン・ビルディングは1980年代に入って，いきなり許可なしに取り壊されてしまった．

Western Opthalmic Hospital
ウェスタン眼科病院

Marylebone Road, NW1

1856年にセント・マリルボーン眼科・耳科研究所として設立された．場所はリスン・グローヴのセント・ジョンズ・プレイス，1859年からは眼科の診療だけを行なうようになりセント・マリルボーン眼科研究所と改称した．1869年にはマリルボーン・ロードへ移転した．1866年現在の病院名に改称された．1930年に35床のベッドをもつ新病院に生まれ変わった．国民保険サーヴィスの導入後パディントンのセント・メアリー病院（→St Mary's Hospital）と提携している．地下鉄ベイカー・ストリート駅に近い．

West Ham
ウェスト・ハム　E7, E13, E15, E16

ロンドン東北部のニューアム自治区の一地区．1965年まではエセックス州の特別市，国会議員選出選挙区であった．かつてはプラストウ，フォレスト・ゲート，ヴィクトリア・ドックなどの地区にまたがる行政区画であった．古くから住宅地であると同時に商工業が盛んで，工場の多い土地柄から，社会主義運動が根づいた場所でである．1898年から1900年までイギリスで最初の社会主義による革新市政が実現した．

公園，緑地広場にはウェスト・ハム公園（1872年開園）やイースト・ロンドン共同墓地，ウェスト・ハム共同墓地などがあるが，公園にはクエーカー教徒で，植物学者でもあったジョン・フォザージルの収集しためずらしい植物園がある．地下鉄ディストリクト・ラインのウェスト・ハム，プラストウ，アプトン・パークの各駅がこの地区に比較的近い．アクトン・パークのグリーン・ストリートに本拠をもつフットボール・クラブ，ウェスト・ハム・ユナイテッド（→West Ham United Football Club）は，ヨーロッパ大会優勝杯を獲得したこともある名門プロチームである．

West Ham United Football Club
ウェスト・ハム・ユナイテッド・フットボール・クラブ

Priory Court Upton Park, E6

1895年に造船所の従業員によってテムズ・アイアンワークス・フットボール・クラブとして結成された．1898年にプロに移行し，1900年にウェスト・ハム・ユナイテッドとして再出発した．1919年にフットボール・リーグの2部に選ばれたが，1960年代になってようやく頭角を現わした．プレミア・リーグ発足以来ここに所属している．チームカラーはエンジと青．

ウェスト・ハム（→West Ham）には造船所・鉄工所・化学工場などがある．クラブの通称「ハマーズ」(Hammers)は，「ハム（川べりの草地の意）の住人たち」と「ハンマーをふるう人たち」をかけたものであろう．紋章は，城を背景に2本のハンマーを交差させた図柄である．

→Football Clubs

West India Docks
ウェスト・インディア・ドックス　E14

テムズ川に三方を囲まれた半島状のアイル・オヴ・ドッグズ(→Isle of Dogs)の北半分をほとんど横断するように広がったドックである．北側にある12ヘクタールの水域をもつ輸入用と，その南側にある9.7ヘクタールの水域の輸出用とが並列し，両ドックは東端で水路により連結されている．1800年の起工式には，首相ウィリアム・ピットが礎石を置き，1802年に開設された．

大型船は下流のブラックウォール側から，はしけなどは上流のライムハウス側から出入りした．このドックの完成により，西インド諸島と交易する大型船は，アイル・オヴ・ドッグズを5キロもまわる手間が省かれ，船荷の積み降ろし作業に4週間を要したものが，4日で済むようになったという．なお，ドックは1980年に閉鎖され，ドックランズ軽便鉄道(→Docklands Light Railway)の開通，HSBCビルなどの高層ビルの建設により再開発がすすみ，かつてのドック跡地は近代的な街並みに生まれかわった．
→Docks

West London Hospital
ウェスト・ロンドン病院
Hammersmith Road, W6

ハマースミスに1856年「フラムおよびハマースミス総合施療院」として開院した．ロンドン西郊地区の急成長にともなって増改築が必要となり，1860年にハマースミス・ロードのエルム・ツリー・ハウスに移転した．現在の病院名になったのは，1863年である．1883年から医学生養成の教育が始められたが，正式に医学部が設立されたのは1937年になってからである．当時としては珍しく女子学生にも門戸を開いた．国民保健サーヴィスの導入にともない，医学部は閉鎖された．現在は，フラム・パレス・ロードにあるチェアリング・クロス病院と連携している．

West Middlesex Waterworks Company
ウェスト・ミドルセックス水道会社

19世紀に存在した水道会社のひとつ．1806年，ハマースミスに設立され，カムデン・ヒルに貯水池を有して当初はパディントンとマリルボーンに給水した．その後，事業は広がり，1825年にはバロウ・ヒルに，そして1838年にはテムズの南岸バーンズのいまのセント・ポール校(→St Paul's School)のある場所に44.5ヘクタールもの貯水池を造り，ハマースミスの給水設備を通じてロンドンの西部と北西部に上水を送った．その間，衛生上の理由から，1835年にハマースミスの取水口は閉鎖されて上流のハンプトンに揚水設備が移され，カムデン・ヒルとバロウ・ヒルの貯水池にはカバーが取りつけられた．

だが，給水域はその後も拡大し，1866年にはヘンドン，ウィルズデンの全域とアクトンとハムステッドの一部にまでも及んだ．そして1896年には，ニュー・リヴァー水道会社(→New River Company)とグランド・ジャンクション会社と協同してさらなる事業の拡大が図られたが，1902年にロンドンの水道事業は公営に切り替わり，首都水道局(Metropolitan Water Board)に吸収されて消滅した．
→Water Supply

Westminster
ウェストミンスター　SW1

テムズ川の北岸，大ロンドン(→Greater London)を構成する12の内ロンドン自治区(→Boroughs)の1つで，公式にはウェストミンスター市(City of Westminster)という．人口約23万．東の商業地区(→City, The)に対し，西のウェストミンスター地区はウェストミンスター・アビー(→Westminster Abbey)を中心として王室と司法の権力を代表してきた．また環境としては驚くほどの栄枯盛衰を経た地区でもある．ウィリアム征服王以来，歴史上においても重要な地区で，多くの政府関係のビル，ウェストミンスター・パレスとして知られる国会議事堂(→Parliament)，首相官邸のあるダウニング・ストリート，バッキンガム・パレスなどのほかにも，有名なパブリック・スクールであるウェストミンスター・スクール，ザ・マ

ル（→Mall, the）と呼ばれるロイヤル・ロード，そしてヴィクトリア駅など，見るべきものが多い．歴史的にも観光上からも重要な地区の1つである．

　昔からウェストミンスター・アビーの周辺には多くの商店が立ち，なかでもチョーサーの『カンタベリー物語』の初版を出した印刷業で有名なウィリアム・カクストンは，1476年以後91年に没するまで，チャプター・ハウス（聖堂参事会会議場）の近くにイギリス最初の印刷所を設立した．次いで王室と関係をもつ地方の地主階級や御用達商人の住居が密集し，その富に引かれた盗賊やすりが横行した．16世紀には逃亡者を一時的に保護する避難所ができ，宮殿や寺院周辺の路地は犯罪の巣窟となり，ウェストミンスター地区の廃退はいっそう激しかった．しかし，19世紀の中ごろから（1845-51），ヴィクトリア・ストリートの建設が始まり，パーラメント・スクエアもできて，これらの悪の巣も一掃され，今日のような気品のある高級住宅地になったのである．

　1900年にウェストミンスターは市としての特許状を与えられ，セント・マーティン・イン・ザ・フィールズ教会，セント・ポール・コヴェント・ガーデンなど7つの教区を包含するに至った．

Westminster Abbey
ウェストミンスター・アビー　SW1

　abbey は abbot（大修道院長）または abbess（女性の場合）が管理する僧院の意味．建造物としては双塔をもつゴシック建築の傑作で，この寺院は以下に述べるように王家の特権的聖域としての座を維持し，今日でも君主の戴冠式，バス勲位叙任式，王家の結婚式や葬儀が行なわれる．また王室の廟堂でもあり，同時に国家的栄誉につつまれた人々の墓所，記念堂でもある．ウェストミンスター地区には英国カトリックの大本山ウェストミンスター大聖堂（→Westminster Cathedral）もあるので，混同しないこと．

〈歴史〉

　この寺院の歴史は，英国における政治とキリスト教との深い結びつきを語っている．

　歴史は伝説から始まるが，それによれば，この寺院の起源は7世紀にロンドン最初の司教の聖別式に現われた聖ペテロの指示で，東サクソンのシーバート王が現在の場所に教会を建てたときといわれる．当時はタイバーン川がテムズに流れこむ地点にできた湿地帯で，ソーニー・アイランドと呼ばれていた．寺院に保管されているマーシャのオッファ王の8世紀の特許状と称するものに，ペテロとこの地区の貧しい人々にウェストミンスターの土地を与えるという記載があるが，確実なことは，1042年に懺悔王エドワードが即位したときに教会の土台があったということである．エドワード王はローマにある使徒ペテロの墓に詣でる誓いをたてたが，政治的な理由で実行できなかった．法王から，ペテロの修道院を建てるなり修復するなりすれば誓いを破ったことを許すと言われエドワードは，以前教会の建っていた跡地に再建にかかった．数の増えた僧のために新たな修道院も計画したが，1065年末，教会が完成した8日後に死んだ．そして翌1066年のクリスマスには，ウィリアム一世がここで戴冠式をあげ，以後，2人を例外に，歴代の王の戴冠式がここで行なわれた．

　エドワード懺悔王が1139年に聖別されると，その後の王たちは聖者との連想をもとめて，増改築をしたり特権を与えたり，さまざまなかたちで寄進にはげむようになった．ヘンリー三世は1245年に壮麗な建築をめざして大幅な改築を行ない，フランスの様式をとりいれた．ヘンリー三世が1272年に死んだときには懺悔王の遺体は別の場所に移され，ヘンリーが祭壇の真ん前に葬られた．14世紀には荒らされて財宝が盗まれる事件もあったりして改修がつづいたが，イギリスの寺院にはめずらしいフランス的な様式は保たれた．ヘンリー五世の時代には再び王室による財政的援助が与えられ，ヘンリー三世が着手した大建設計画は1532年に完成した．ピューリタン革命の時代には，オリヴァー・クロムウェルの軍隊が寺院内に駐屯して荒廃した．クロムウェ

ルの仲間はいったんはここに埋葬されたものの，王政復古とともに彼らの遺体は掘り出されてタイバーン（→Tyburn）に曝されたうえ，首をはねられて絞首台の下に埋められた．

その後も修理は1698年から1723年まで建築監督の地位にあったクリストファー・レンをはじめ，さまざまな監督によってつづけられて今日におよんでいるが，18世紀初頭からは記念碑が増えすぎて，建築そのものの原型が曖昧になるほどになった．

〈墓・記念碑〉

はじめのころ，この寺院に埋葬されたのは国王とその縁者たちだった．前述のシーバート王の墓といわれるものを最古の墓として，エドワード懺悔王，ヘンリー三世，ヘンリー七世など，この寺院ゆかりの国王たちや，エリザベス一世女王，クイーン・メアリ・オヴ・スコッツなどが埋葬されている．だが，リチャード二世の命令で王族以外でもソールズベリーの司教が葬られて以来，各界の名士たちがこれに加わり，政治家ではピット父子，その政敵C.T.フォックスあたりから，19世紀のW.E.グラッドストーン，ベンジャミン・ディズレーリ，現代ではクレメント・アトリー，アーネスト・ベヴィンなどがいる．

また，ポエッツ・コーナーと呼ばれる南の袖廊には，ジェフリー・チョーサーにはじまって，ベン・ジョンソン，ドライデン，サミュエル・ジョンソン，シェリダン，ブラウニング，テニソンなどの詩人・作家が葬られているが，歴代の司祭から奇矯な生涯を芳しくないと見られて，死後長年月を経て記念碑を建てられただけにとどまっている詩人もいる．シェイクスピアもそのひとりで，彼の記念碑の建立は1740年まで遅れた．バーンズ，ブレイクも記念碑組だし，キーツ，シェリー，バイロンなどもウェストミンスター入りするのに長い年月がかかった．ミルトン，アディソン，グレイ，ゴールドスミス，コールリッジ，ワーズワス，サッカレー，ディケンズ，ハーディ，キップリングなどの詩人・作家はポエッツ・コーナーに埋葬された組に入る．20世紀の詩人では，T.S.エリオット，W.H.オーデンなどが

ウェストミンスター・アビー

入っている．他所に墓があるジェイン・オースティン，ブロンテ姉妹も，記念碑だけである．ニュートン，アーネスト・ラザフォード，マイケル・ファラデー，ロバート・スティーヴンソン，ジェイムズ・ワットなどの科学者・技術者たちも，葬られている者，記念碑だけの者などさまざまである．教育者では，ラグビー校校長トマス・アーノルド，同じくウェストミンスター校（→Westminster School）のバズビーの記念碑．また，デイヴィッド・ギャリック，ヘンリー・アーヴィングなどの俳優も葬られている．第一次世界大戦の戦死者の代表としてフランス戦線から運んだ一兵士の遺体を1920年11月11日に埋葬した「無名戦士の墓」も有名．

西正面入口近くの通路にはサー・ウィンストン・チャーチルを記念する緑の大理石板が埋めこまれている．ほかにもエドワード懺悔王祭室，戴冠式玉座，ヘンリー七世祭室，聖所，音楽家の側廊など見るべきものが多い．

Westminster Bridge
ウェストミンスター橋　SW1

ウェストミンスターとランベスの両地区を結ぶ．ここに架橋する計画は王政復古にさかの

ウェストミンスター大聖堂

ぼる長い歴史があるが，ウェストミンスターの膨張と重要性の増大が橋の建設を必須のものとした．対岸に行くにはパトニー橋（→ Putney Bridge）かロンドン橋（→ London Bridge）を迂回しなければならなかったし，さもなくば渡し舟を利用しなければならない不便がつきまとった．18世紀になって，架橋計画が息を吹き返し，コレン・キャンベル，ニコラス・ホークスムアら世紀を代表する建築家の計画が検討されたが，結局チャールズ・ラベリーによって，初代の石橋は1750年に完成した．ロンドン市民はその開通を名士の大行列と鳴り物入りで祝った．クリストファー・ヒバートによれば，犬の通行は許さず，側壁を損傷した者は死刑を覚悟しなければならなかったという．

1802年7月31日，詩人ワーズワスは妹ドロシーとともにロンドンをたってドーヴァーに向かった．早朝5時か6時であった．そのとき橋上で詠んだのが名詩「これまで大地がこれほどに美しいものを見せてくれたことはなかった／その荘厳なかくも心にふれる眺めを／やり過ごすことができる人がいたら心の鈍い人にちがいない／この都会はいま衣のように／朝の美をまとっている…」である．

Westminster Cathedral
ウェストミンスター大聖堂
Ashley Place, SW1

　イングランドにおけるローマ・カトリック教会の大本山．1829年のカトリック教徒解放令により，ローマ・カトリック信者にプロテスタントと同等の権利が認められることになった．このとき参政権も認められた．

　1850年にウェストミンスターの最初の大司教となったワイズマン枢機卿の死を悼んで教会堂建設の資金が募られ，第二代大司教マニング枢機卿が現在の敷地を獲得した．16世紀の宗教改革後は市場や遊技場，監獄などに使われていた場所だったが，マニングのあとのヴォーン枢機卿に指名された建築家ジョン・フランシス・ベントリーがイタリアで学んできた，キリスト教初期のビザンティン建築様式を駆使して1895年から工事を開始し，彼の亡きあとJ.A.マーシャルが1903年に完成させた．近くのウェストミンスター・アビー（→Westminster Abbey）とは異なる建物を志向したベントリーの設計どおり，ポートランド産の石とレンガを組み合わせた異国風の建造物の特徴は高さ82メートルの鐘塔で，エレベーターで展望台に上ると，ロンドンの東西南北を眼下に見渡すことができる．

　内部には世界中から集められた100種類以上もの大理石のモザイク画がちりばめられ，特に身廊の彫像群は見ものである．地下の霊廟には，この教会を築いてきた歴代の大司教たちが眠っている．教会堂入り口には巨大な十字架が立てられている．教会堂横のアンブロズデン・アヴェニューには聖歌隊学校が付設されている．鉄道・地下鉄ヴィクトリア駅に近い．

Westminster Hall
ウェストミンスター・ホール
Parliament Square, SW1

　ウェストミンスター・パレス（→Palace of

Westminster)の西側に隣接する建物で，1097年の創建にさかのぼる．

懺悔王エドワードが建てた王宮にはじまるウェストミンスター・パレスは，征服王ウィリアム一世が引きつづき王宮として使用したが，次のウィリアム二世が1097年から1099年に建て増しをした「大ホール」(Great Hall)が，現在にまでつづくウェストミンスター・ホールのはじまりである．73メートル×20メートルの「大ホール」は，当時ヨーロッパ一の広さを誇り，イングランド王国の典礼の中心となり，またここを中心に行政関係の諸機関が置かれるようになった．

リチャード二世が1394年から99年にかけて大改築を行ない，柱を中央に立てることなく，広い天井空間を得る片持ち梁による屋根組みの見事なホールとした．以後国王の接見の場をはじめ，最高裁判所，高等法院，民事裁判所，財務裁判所などの法廷として使用されるようになった．サー・トマス・モア(1535)，王妃アン・ブーリン(1536)，ガイ・フォークス(1606)，チャールズ一世(1649)らの裁判はこのホールで行なわれた．

ウェストミンスター・パレスの再三の火災，特に1834年の大火災にも類焼をまぬかれた貴重な歴史的建造物であるが，典礼としては1821年まで戴冠式祝宴がここで開かれ，今世紀に入ってからはジョージ五世，ジョージ六世の大葬前夜の通夜，首相グラッドストーン，ウィンストン・チャーチルなど国葬級の人物の通夜の場としても使われた．一時期，意外なことに内部には書店をはじめとする店舗もあって，一般に開放された．

Westminster Hospital
ウェストミンスター病院
Horseferry Road, SW1

　ウェストミンスター・アビーとテート・ブリテンのちょうど中間にある医学校を併設した病院．寄付によって設立されたロンドンで最初の病院．

　1720年にペティ・フランスで始めた診療所が母胎で，当時はウェストミンスター診療所と呼ばれた．1724年にグレイト・チャペル・ストリートに，さらに35年にカースル・レインに移転した．その間理事の意見の対立があり，セント・ジョージ病院(→St George's Hospital)が設立された．

　同病院の医師で著名なのは，内科医のリチャード・ミードと外科医のウィリアム・チェズルドンだが，この病院が生んだ最も有名な医師はジョン・スノーである．1846年に彼は麻酔(最初はエーテル，のちにクロロフォルム)を初めて科学的に研究し，1人の死者も出さずに4000回もクロロフォルム麻酔を施した．1852年ヴィクトリア女王がレオポルド王子を出産する際に，クロロフォルム麻酔を施し，1857年のベアトリス王女出産の際にもクロロフォルムを使った．1847年から73年まで婦長を務めたエリザベス・イーガーは，ナイティンゲールよりも前の，「訓練を受けた看護婦」と言える最初の女性であった．

　1820年代に入って，付属医学校建設の気運が高まり，1834年にウェストミンスター医学校がディーン・ストリートに設立された．1885年にカクストン・ストリートに移転し，そこに1938年まであった．

　1831年にブロード・サンクチュアリに，新病院が4万ポンドの費用をかけて建設されたが，1939年に新しい医学校とともに現在のホースフェリー・ロードに移転した．1948年から，幼児病院(現在のウェストミンスター小児科病院)，ゴードン病院，オール・セインツ病院と提携し，国民保健サービスの管轄下に置かれることになった．1960年にクイーン・メアリ病院(→Queen Mary's Hospital)もこのグループに加わった．
→Hospitals

Westminster Palace
→**Palace of Westminster**

Westminster School
ウェストミンスター・スクール
Little Dean's Yard, SW1

　もともとは14世紀後半のベネディクト会修

841

道士のための学校を母胎とし，その後ヘンリー八世が存続させてきた組織を引き継いで，1560年エリザベス一世が正式に学校として発足させた．発足時の生徒数は40名で，聖歌隊員や聖堂参事会員の子息などだった．その後，生徒の数は増え，その中からオックスフォードのクライスト・チャーチ学寮やケンブリッジのトリニティ・コレッジに3名ずつを送る制度が19世紀後半まで続いた．

ウェストミンスター・アビーとともに発展してきたこの学校は，1868年のパブリック・スクール法のもとに財政上や運営上でもアビーから独立し，その際この寺院付属の歴史的建造物群は法的に学校の所有になった．その建物の中で最も古いのは11世紀末に整備された教室で，昔は修道士の宿舎の一部だったが，第二次世界大戦時に戦禍に遭い，戦後再建されて今日に至っている．

学校の校舎でとくにめだつのは，イニゴー・ジョーンズの設計とされるアッシュバーナム・ハウス（→Ashburnham House）で，すばらしい階段や応接室が設置されている建物だが，現在は寄宿生の部屋や教室，図書館などに使用されている．18世紀前半にさかのぼる寄宿舎はバーリントン伯爵の設計で，ここでは昔クリスマスの季節にラテン語劇が上演された．校門も同じ18世紀前半からのもので，その上には社会に名を馳せた卒業生の名前が刻まれている．

卒業生には歴史上の著名人が数多く，中でも代表的な人物にベン・ジョンソン，ドライデン，ジョージ・ハーバート，ジョン・ロック，クリストファー・レン，クーパー，サウジー，ギボン，A.A.ミルン，初代インド総督ウォレン・ヘイスティングズらがいる．また，英国最初の喜劇『ラルフ・ロイスター・ドイスター』の作者ユードルは16世紀半ばに校長を務め，男子生徒のためにこの劇を書いたとされる．ルイス・キャロルに『不思議の国のアリス』を書かせる原動力となったアリス・リデルの父親ヘンリー・リデルもこの学校の校長のあと，オックスフォードのクライスト・チャーチ学寮へ転任した．

現在は13歳から18歳までの男子500余名，女子90名の通学制共学校で，一部寄宿制を敷いている市内屈指のパブリック・スクール．市内周辺出身の中産階級の生徒がほとんどだが，ブライトンやオックスフォードからの生徒も混じる．伝統的に勉学面が重視されているが，討論クラブやチェスなどの文化活動も盛んである．ほとんどが大学に進み，毎年オックスフォード，ケンブリッジ両大学に40～50名を送り出している．

Westminster Theatre
ウェストミンスター劇場
Palace Street, SW1

ヴィクトリア駅から歩いて数分のところにある，客席数600足らずの劇場．もとは礼拝堂で，1924年から映画館になっていたが，31年に劇場となった．1930年代および40年代にはイプセン，G.B.ショー，グランヴィル=バーカー，エリオット，オニール，ピランデロの作品を上演した．フランク・ブックマンによって創設された福音主義の宗教活動団体「オックスフォード・グループ」（のちに「道徳再武装運動」と呼ばれた）が，1946年にこの劇場を買い取った．以来，ときおり営利的な公演に使われることもあるが，主として，「道徳再武装運動」を推進するための劇が上演されている．1966年に改築され，アーツ・センターの一部となっている．

West Norwood
ウェスト・ノーウッド　SE27

ノーウッドという地名は，ロンドンの南部カンバーウェルからクロイドンに広がっていた，グレイト・ノース・ウッドという森の名に由来する．ノーウッドはアッパー，ロワー（1885年にウェストに改名），サウスという3つの地域に分かれて開発された．アッパー・ノーウッドとサウス・ノーウッドは現在のクロイドン自治区に，ウェスト・ノーウッドはランベス自治区に属している．

16世紀に土地を所有していたのはナイト家であり，その後1778年から92年までサーロウ

卿が所有した．サーロウ卿は1772年にランベス荘園の土地を購入し，20年以上かけて周辺の土地を獲得した．ヘンリー・ホランドに委託して邸宅を建てさせたものの，費用のことで折り合いがつかず，完成後も居住しなかった．その建物は1810年に取り壊された．この地域に邸宅を構えた人物に，第三代ブリストル伯爵の愛人メアリ・ネズビットがいる．彼女はジョシュア・レノルズによってホメロスの『オデュッセイア』に登場する魔女キルケの姿で肖像画に描かれたことでよく知られている．1775年に建てられたこの屋敷は現存しており，現在はセントラル・ヒルのヴァーゴ・フィールズ・スクールの一部として使用されている．

18世紀末ごろのノーウッドは片田舎であったが，1806年にサーロウ卿が亡くなるころには開発が始まり，道路やさまざまなタイプの建物が建設された．たとえば1820年代にはクラウン・レインに多くの屋敷が建設され，また1825年にはセント・ルーク教会が建立された．1837年にはサウス・メトロポリタン墓地が造られ，18世紀の建物であったセント・ジョンズ・ロッジは1830年代に大邸宅に建て替えられ，19世紀の終わりに取り壊されるまでその壮麗さを保ちつづけていた．

野心的な開発計画が行なわれたにもかかわらず，ウェスト・ノーウッドにはやがて郊外住宅が乱立するようになった．1856年にクリスタル・パレス鉄道が開通すると，その後の50年間にセント・ルーク教会周辺の住宅は10倍の6000軒を超えた．多くは小規模な地主や住宅共済組合によって建設されたものだった．1911年には，ノーウッド・パークが開園した．第二次世界大戦の空襲の被害と相次ぐ再開発のため，現在では建築的に関心をひくものはほとんどない．鉄道駅ウェスト・ノーウッドがある．この南方がノーウッド・ニュー・タウン地域である．

West Street
ウェスト・ストリート　WC2

シャフツベリー・アヴェニューとチェアリング・クロス・ロードが交わるケンブリッジ・サーカスの南東にある道．1680年代にニュー・ポート伯爵の土地にニコラス・バーボンによって計画された道路．1720年代頃には，ウェスト・ストリートはホッグ・レインという名で一般に知られた．

1700年ころにこの地にフランスのプロテスタントであるユグノー派の人々が，E. A. エデン設計の黄色の煉瓦造りの張り出し窓が4つついた教会堂を建てた．13番地から15番地にあったヤングズ・チャイニーズ・レストランは，3階の窓にジーン・ウォンが描いた，身をくねらせた竜と波と雲の看板が評判となり，1960年代には人目を引く中華料理店となった．1911年に建設されたアイヴィ・レストランは劇作家のノエル・カワードのいきつけのレストランで，また政治家のロイド・ジョージやサー・ウィンストン・チャーチルの姿もときおり見受けられた．周囲に劇場の多い通りでもある．地下鉄レスター・スクエア駅に近い．

Wheeler's
ウィーラーズ

Old Compton Street, W1

ロンドンにソーホー店のほか十数店舗をもつ魚介類レストラン．創業は1929年．もともと牡蠣の卸商人であったバーナード・ウォルシュが現在のソーホー店を開業した．ウィーラーズの名は創業者の父が経営していた魚介類料理店から取ったものである．緑色のペンキを塗った格子模様のガラス窓が特徴で，店内の雰囲気は家庭的，値段も手ごろである．レモン・ソールやかき氷にのった生牡蠣に人気がある．地下鉄レスター・スクエア駅に近い．

Whitbread
ウィットブレッド醸造会社

Chiswell Street, EC1

初代のサミュエル・ウィットブレッドは1736年，16歳のとき，当時の醸造業者同業組合の組合長ジョン・ワイトマンが所有するシティ地区の醸造所に徒弟奉公に入った．7年後には早くも醸造業者同業組合の組合員となった．

1742年、ゴドフリーとトマスのシュエル兄弟と手を組み、シティのワイトクロス・ストリートにあったゴート醸造所でビールづくりをはじめた。

そして8年後に醸造所をチズウェル・ストリートに移した。ここは、ジェイムズ・ワットやロンドン橋の設計者ジョン・レニーなどの有名人が出入りした。この地に移って8年もしないうちに、生産量は1万キロリットルをこえ、1761年に独立したウィットブレッドはロンドン一の醸造業者にのし上がった。1796年に生涯を閉じるころには、チズウェル・ストリートの醸造所は、最新式の技術を誇り、生産量と市場占有率とともに他社を圧する企業に成長していった。

1869年には、ビン詰めビールの生産に取りかかった。1871年にはルイ・パストゥールが研究に訪れた。1891年から1914年にかけて国内外に48もの倉庫が設けられた。第一次世界大戦が勃発して、ビール税が上がり、1917年には国内の年間ビール生産量が290万キロリットルにまで落ちこんだが、第二次世界大戦時には生産量が急激に上がり、1945年には500万キロリットルに増えていた。

1948年、ウィットブレッドは株式会社となり、61年にはラガー・ビールの輸入と68年からイギリス国内で醸造するという契約をハイネケン社と結んだ。2年以内に、イギリス国内のラガー・ビール市場でハイネケンが20パーセントを占めるまでになった。その後ウィットブレッド社は、許可を受けてステラ・アルトワ(Stella Artois)の生産に乗り出し、それはすぐに国内で最も売れ行きの多い高級ラガーとなった。

80年代、90年代に入ると、ウィットブレッド社は多様化し、アメリカのピザ・ハット社との合弁事業に乗り出したり、国内大手のコングロマリット(複合企業)であるグランド・メトロポリタン社のベルニ・チェーンを取得したりしている。

→Breweries

Whitechapel

ホワイトチャペル　E1

ロンドン東部のいわゆるイースト・エンドの一地区でタワー・ハムレッツ自治区に属する。地名は1250年ころに白い石で建てられたか、あるいは白色塗料を塗られていたセント・メアリ・マトフェロン礼拝堂(ホワイトチャペル・ハイ・ストリートの南東側)に由来する。この礼拝堂は1340年ころに教区教会としてセント・メアリ教会となり、3度再建されたが、1952年に取り壊された。マトフェロンは人名であったと考えられるが、一説によればアザミに似たヤグルマギクを意味したともいわれる。この教会の埋葬記録(1649)にリチャード・ブランドンの名がある。チャールズ一世の処刑にあたり、王の首をはねた人物と信じられている。

この教会から東へ走るのがホワイトチャペル・ロード、シティに近いほうがホワイトチャペル・ハイ・ストリートである。ホワイトチャペルは最初のステップニー地区に属し、ロンドン北東部の州エセックスへの交通の要所であったのでシティの郊外として発展した。

この地区の特色は、歴史を通じて住民が貧しいこととロンドンにおけるユダヤ人の居住地の中心であったことである。古くは騒音のために金属細工業が嫌われてこの地へ移転してくることが多く、ホワイトチャペル・ロードに現存する釣鐘鋳造所(→Whitechapel Bell Foundry)やコマーシャル・ロードに現存する鉄砲製造業者組合試射場はその名残りである。17世紀末まではこの地区の家並みはみすぼらしかったが、そのころからようやく堅牢な住居が建ちはじめ、スペイン、ポルトガル、北アフリカからのユダヤ人が定住した。グッドマンズ・フィールズ劇場が1733年に建ち、1757年にはホワイトチャペル・ロードの野原にロイヤル・ロンドン病院(→Royal London Hospital)の新しい建物ができた。

ホワイトチャペル・ハイ・ストリートは野菜・果実の荷車、家畜の群などで往来が激しく、交替馬がいる宿屋が立ち並んでいた。19世紀はじめにはイースト・インディアとウェスト・インディアの両ドックから商品をシティへ輸送

するためにコマーシャル・ロードが造られた．バック・チャーチ・レイン付近には多くのドイツ人が従事する製糖所が多かった．テムズ川に関わる仕事に従事する人々の過酷な労働と貧しい暮らしについては，ヘンリー・メイヒューが『ロンドンの労働とロンドンの貧民』に記録している．さらに古着売買の中心がホワイトチャペルに移り，カトラー・ストリートの古着取引所が卸売りの，ペティコート・レイン（→Petticoat Lane，のちミドルセックス・ストリートと改名）が小売りの中心地となった．1888年には「切り裂きジャック」（→Jack the Ripper Murders）による5件の連続殺人の舞台となった．1880年から1914年にかけて東ヨーロッパからのユダヤ人の移民が顕著であったが，近年においてはバングラデシュからの移民が多くなっている．1901年にはこの地区の文化活動のひとつの中心となるホワイト・チャペル・アート・ギャラリー（→Whitechapel Art Gallery）が開館した．北には地下鉄オールド・ゲート，ホワイトチャペル駅があり，南にはドックランズ軽便鉄道が走っている．

Whitechapel Art Gallery
ホワイトチャペル・アート・ギャラリー
Whitechapel High Street, E1

　前衛芸術展と地域に根ざした美術展を開催するこのギャラリーは聖ユダ教会の助任司祭サミュエル・バーネットにより1901年に開館した．建物はアール・ヌーボー様式の玄関をもつ．ここから育った芸術家に女流彫刻家バーバラ・ヘップワスやデイヴィッド・ホックニーがいる．

Whitechapel Bell Foundry
ホワイトチャペル釣鐘鋳造所
Whitechapel Road, E1

　もともとの鐘鋳造所は現在のリヴァプール・ストリート駅に近いハウンズディッチに1420年ごろ設立され，1583年にホワイトチャペルに移され，多くの鐘がウェストミンスター・アビーのために鋳造された．1738年に鋳造所は現在の地ホワイトチャペル・ロード32-34番地に移り，17世紀のアーティチョーク・インの敷地と建物を使用した．この宿屋の地下室は現存している．

　ビッグ・ベン（→Big Ben），アメリカの自由の鐘，ウェストミンスター・アビーの鐘，イギリスからアメリカに寄贈された200年記念の鐘など世界中の多くのすばらしい鐘がここで鋳造された．ここにはまた4世紀に及ぶ古い音叉のコレクションもある．地下鉄ホワイトチャペル駅に近い．

Whitechapel Murders
→Jack the Ripper Murders

White City
ホワイト・シティ
Wood Lane, W12

　1908年開設の屋外スポーツ総合施設．陸上競技，ドッグ・レース，障害飛び越し競馬などに使用されている．1908年に英仏博覧会のためにキラルフィ兄弟によってこの地に建設された．太陽にきらめく白の漆喰塗りの建物が16ヘクタールあり，1キロメートル弱の水路がある．中心はコート・オヴ・オナーで，ここには異国情緒あふれるインド風のパヴィリオンによって取り囲まれた池と，イルミネーションを施した噴水がある．この博覧会はこの時期までに開催されたものの中では最大規模のものであり，800万人以上の人々が押しかけた．同じ年第4回オリンピックがこの競技場で行なわれた．19か国から1500人の選手が参加した．このオリンピックのヒーローはドナード・ピエトリで，彼はマラソンのゴール直前で倒れ，ゴールまで手を貸してもらったことにより失格となった．しかしアレグザンドラ王妃が彼に特別賞を授けた．1910年には日英同盟締結を祝って日英博覧会が開催された．

　この土地と建物は1914年に第一次世界大戦が勃発すると政府に接収され，大戦後放置された．1927年にグレイハウンド・レースが始まり今日まで続いている．アマチュア陸上競技選手権大会が1932年に初めてこの地で開催さ

れた．1931年から33年にかけては競技場はフットボール・チームのクイーンズ・パーク・レインジャーズのホームグランドとして使用された．1936年に20ヘクタールの土地がロンドン市議会によって住宅建設のために買い取られた．1982年には52回目のグレイハウンド・ダービーが行なわれた．1949年からは，馬術の障害飛び越し競技大会であるホース・オヴ・ザ・イヤー・ショーが毎年10月に，ここかウェンブリー（→Wembley Stadium）で開催される．また，国際障害飛び越し競馬のロイヤル・インターナショナル・ホース・ショーが，1945年から82年までウェンブリーかここで開かれた．現在は，ロンドン北部の国立スポーツ競技場であるナショナル・エクシビション・センターで開催されている．地下鉄ホワイト・シティ駅がある．

White Conduit House
ホワイト・コンディット・ハウス

チャールズ一世の処刑の日に開業したという「ホワイト・コンディット」（白い貯水槽）の近くにあったイズリントンの酒亭．18世紀には隣接してクリケット競技場もでき，ロンドン市民の憩いの場所となった．小説家のオリヴァー・ゴールドスミスも『世界市民』で紹介しているが，ワシントン・アーヴィングによれば，ゴールドスミスはここで3人の婦人にお茶をご馳走して無一文になって困惑したという．当時の派手な若者たちのあいだでは，わざと婦人の衣服のすそを踏みつけて，大げさにあやまり，最後にお茶へ誘うという「ホワイト・コンディット方式」が流行した．1766年にはイズリントンの資産家バーソロミューが，この酒亭に円形に張り出した見晴らしのよい茶室を設け，オルガンを備え，心地よい散歩道も造り，上品な小屋を配置し絵画を飾ったりした．画家のジョージ・クルックシャンクはしばしば訪れて，スケッチをした．しかし，まもなくバーソロミューは破産し，1795年に財産を手放した．

19世紀には，アポロという舞踏場兼茶室や小劇場もできて，「小ヴォクソール」（→Vauxhall Gardens）の観を呈したが，数年後に区画整理で，かつての風景は建造物に取って代わり，片隅に現在のホワイト・コンディット・タヴァンが建った．

今は昔ということになるが，18世紀の中ごろ，ここにクリケット場があって，ペル・メルのスター・アンド・ガーター亭（→Star and Garter）の有名人たちがホワイト・コンディット・クラブというクリケット・クラブを組織し，この競技場で試合をした．のちにその一部のメンバーがマリルボーン・クリケット・クラブ（→MCC）を組織し，ホワイト・コンディット・クラブと試合をした（1788）．今日では両者ともマリルボーン・クリケット・クラブに吸収されている．

Whitecross Street
ホワイトクロス・ストリート　EC1, EC2

13世紀にこの場所にあった白色の十字架から出た名前．この通りは以前フォー・ストリートからいまのバービカンのあたりを抜けて北のオールド・ストリートに通じていたが，第二次世界大戦後は，南の部分がなくなり，現在ではビーチ・ストリートとチズウェル・ストリートの接点から北の部分だけになってしまった．

以前のフォー・ストリートとの交差点に，ホワイトクロス・ストリート監獄が立っていた．一般の犯罪者と切り離した債務者専用の監獄造営を唱えたサー・リチャード・フィリップスの主張に基づいて建てられた債務者監獄で，500人の囚人を収監していた．1870年に閉鎖，1876年から77年にかけてミッドランド鉄道会社がその跡に荷物専用の駅を造ったが，第二次世界大戦中に破壊された．現在は再開発されたバービカンに吸収されている．

Whitefields Ground
→Ceremonies and Festivals

Whitefield's Tabernacle
ウィットフィールズ・タバナクル
Tottenham Court Road, W1

18世紀にウェスリー兄弟のメソジスト教会を離れて，カルヴィン主義メソジスト派を創設したジョージ・ウィットフィールドの大会堂のこと．タバナクルとは非国教徒の会堂のことで，この大会堂は1756年に創設された．世界一大きな非国教派の会堂で，7,8千人を収容できた．雄弁な説教者として知られる政治家のボリングブルック，文筆家のホラス・ウォルポール，哲学者のデイヴィッド・ヒュームなど，その崇拝者であった．狂信的な説教で各方面から風刺されたが，画家のウィリアム・ホガースも，ウェスリーを含む当時のメソジスト派の狂信的態度を《軽信・迷信・狂信・混成曲》と題する版画で攻撃している．「霊感は神がいますことの正しい実感であるが，熱狂はその偽れる実感である」と道徳哲学者の第三代シャフツベリー伯爵は見抜いていた．このような「熱狂の発現に対しては，嘲笑こそが最善の解毒剤である」という自論を，ホガースは図解してみせたのである．ウィットフィールドはたびたびアメリカを訪れ，各地で伝道した．会堂は第二次世界大戦で被害を受けたが，記念会堂として再建され，現在ではアメリカ人の教会となっている．

Whitehall
ホワイトホール　SW1

　北はチェアリング・クロスから，南はダウニング・ストリートと交わる地点までの大通りの名称．

　現在は官庁街の代名詞的な地名で，西側には旧海軍省，近衛騎兵連隊司令部，東側にはバンケティング・ハウス，国防省が並ぶ．地名は1698年までの王宮であったホワイトホール・パレス(→Whitehall Palace)に由来する．

　旧王宮が存在した当時，南はホルバイン・ゲート(バンケティング・ハウスの向かいあたりにあった)までの短くせまい道路であった．サミュエル・ピープスの日記(1660年11月27日)には，道路のせまさから馬車や荷車の通行をめぐって喧嘩が絶えず，「チェスターフィールド卿の従僕が殺された」と記述されている．18世紀中ごろからホルバイン・ゲート，キングズ・ストリート・ゲートなどが壊され，道路は拡幅されて，1899年にパーラメント・ストリート(→Parliament Street)とつながり現在に至っている．

Whitehall Palace
ホワイトホール・パレス

　1532年から1698年の焼失まで166年間，歴代国王が主要住居とした王宮．

　もとはヨーク大司教のロンドン公邸で，大司教，大法官のトマス・ウルジーはその公邸を増改築して，500人の使用人を使ってここに住んだ．当時の国王ヘンリー八世の生活をしのぐ勢いであった．しかしウルジーはその館がテムズ川の悪臭で住むに適しないとして，ロンドン西郊のハンプトンに大別邸(→Hampton Court Palace)を建てて移った．ウルジーの失脚後ヘンリー八世はヨーク・ハウスを没収し，大改修を加えて王宮とした．それがホワイトホール・パレスである．

　ヘンリー八世は1533年，新装なった新王宮で2度目の王妃アン・ブーリンとの結婚祝宴を開き，4年後の1536年には3度目の王妃ジェイン・シーモアとの結婚をここで祝った．そのヘンリー八世は1547年ここで他界し，以後の国王も引きつづき主要住居として使用した．唯一現在も残る王宮の付属建物であるバンケティング・ハウス(→Banqueting House)は，ジェイムズ一世の時代に建てられたものであり，次のチャールズ一世はティツィアーノ，ラファエルなどの作品をはじめとする絵画460点を王宮のために集めたが，その多くは共和制時代に散逸した．

　この王宮に華やかな1ページを加えたのはチャールズ二世である．愛妾のバーバラ・ヴィリアズ，ルイーズ・ルネ・ケロワールなどが王宮での気ままな毎日を送ったことは，サミュエル・ピープスの日記にも記述されている．しかし，トマス・ウルジーがハンプトンに移り住んだように，改修をしても生活環境は悪く，健康にすぐれなかったウィリアム三世はほとんどこの王宮に住まず，ケンジントン・パレスかハンプトン・コート・パレスに住んだ．そして

ホワイトホール・パレス(17世紀中葉)

同王在位晩年の1698年,オランダ人の洗濯女の失火から,ホワイトホール・パレスはバンケティング・ハウスを除いて全焼し,以後セント・ジェイムジズ・パレス(→St James's Palace)が主要王宮として使われることになった.

なお,「ホワイトホール」の名称の由来については定説がないが,ヨーク・ハウスの改築で使用した石材が明るい色調であったことによるとか,祝宴ホールをホワイト・ホールと名づけた習わしをまねたものとかの説がある.
→York Place

White Hart Inn
ホワイト・ハート・イン

白鹿(ホワイト・ハート)はリチャード二世のバッジ(副紋章)としてイングランド中に知れわたり,白鹿を看板にした白鹿亭はイギリス中で1500軒はあるといわれる.以下はロンドンの代表的な3軒である.

① Bishopsgate Street Without

かつてロンドン市壁外にあった店.シティの北東にあたるビショップスゲート・ストリートに面していて,16世紀の『ロンドン通覧』の著者ジョン・ストーによれば,「立派な旅籠で,大きくてまとまりのない建物」だった.1820年当時のスケッチでは,民家に押しつぶされそうになっている.1829年にリヴァプール・ストリートができて,取り壊された.

② Drury Lane, WC2

ドルーリー・レインの191番地にあるこの白鹿亭は,その古さを入口の看板に誇っている.1461年に認可を受けた,ロンドン最古の酒亭のひとつであることにはまちがいない.サミュエル・ピープスが訪れた白鹿亭はいくつかあるが,すべてロンドン郊外で,ウリッチとか南部のロチェスターのものであった.

③ Southwark

いまではホワイト・ハート・ヤードという地名を残すだけで現存しないが,サザック・ハイ・ストリートに面していた店.15世紀にジャック・ケードがケント一揆でロンドンに侵入した際(1460),その本拠とした旅籠である.1889年に取り壊されたころのスケッチを見ても,3階建ての大規模な駅馬車の宿であったから,昔はロンドンでも最大級の旅籠であったことがわかる.シェイクスピアも『ヘ

ンリー六世』(第二部)で，ジャック・ケードが登場する白鹿亭の場面を描いている．

19世紀にはチャールズ・ディケンズの最初の小説『ピクウィック・ペイパーズ』で有名になった．その第10章で，この白鹿亭がロンドンの古い駅馬車の宿として紹介された．「バラ(サザック地区)だけでも約半ダースの古いインが，昔のままの外観をとどめている．ここに忙しく働く靴みがきの男」——それこそピクウィック氏が初めて対面するサム・ウェラーであった．「二重構造（3階建てのこと）の寝室の廊下，古くて不体裁な手すり……」と，この宿の中庭から見た白鹿亭の様子がリアルに紹介されている．この形式の旅籠は，この近くに現存するジョージ・イン(→George Inn)だけである．

White Horse Cellars
ホワイト・ホース・セラーズ

単に「ホワイト・ホース」という屋号の酒亭は，イギリス人は大昔から馬好きであったから，各地に散在するが，ピカディリーにあったこの駅馬車の旅籠は白馬酒蔵亭と呼ばれ，オックスフォードや西部地方への発着場であった．1740年に画家のジョシュア・レノルズが，彼の生地プリマスから初めて上京して落ち着いたのがこの宿であった．100年後の1837年に，アメリカの画家トマス・サリーが，この宿の朝食で2個の卵で5シリングもとられて驚嘆したという．

この宿は，とくにチャールズ・ディケンズとの縁が深い．彼の小説の主人公ピクウィックとサム・ウェラーがこの旅籠から乗ったバース行きの駅馬車の名がピクウィックというので大いに驚く．そもそもピクウィックという名は，この白馬酒蔵亭と西部地方を結ぶ駅馬車の持ち主モーゼス・ピクウィック氏の名を借用したものであった．彼の経営するホワイト・ハート・ホテルが鉱泉の町バースのポンプ・ルーム(鉱泉を汲み出して飲む部屋)の反対側に立っていた．ディケンズの『荒涼館』にもホワイト・セラーとして言及されている．1884年にこの建物はピカディリーの別の側に移転し，ハッチェッツ・レストランとなった．もとの宿のあった土地は，現在リッツ・ホテル(→Ritz Hotel)の一部となっている．

Whitelands College
ホワイトランズ・コレッジ
West Hill, SW15

サリー大学ローハンプトン校のコレッジのひとつ．1841年に国教会派により女性教師の養成を目的として設立された．チェルシーのキングズ・ロードにあった旧女子寄宿学校の建物で10人あまりの学生で発足したが，世紀末には200人を超すまでに発展した．1850年代から60年代にかけてアンジェラ・ジョージアーナ・バーデット＝クーツがコレッジに深くかかわり，後援者としてのみならずカリキュラム改革にも影響を及ぼした．

彼女の活動にはチャールズ・ディケンズも支援の手を差し伸べ，コレッジを訪れたり，作品の中でコレッジに言及している．またジョン・ラスキンもこのコレッジに関心をいだき，数多くの書物や絵画などを寄贈した．1881年，ラスキンはコレッジの校長とともに子供のメイ・クイーン(五月の女王)祭を導入した．これは大変な人気を得て，イングランドの各地で子供たちによるメーデー祭が行なわれるようになった．メイ・クイーン祭ではひとりの学生をメイ・クイーンに選び，特別の衣装をまとった彼女にラスキンの著作の特装本を贈り物として手渡してきた．この祭はいまもコレッジで続けられている．ラスキンとのつながりから，コレッジの礼拝堂の装飾にはウィリアム・モリスやバーン＝ジョーンズらが携わった．

コレッジは1930年にパトニーのウェスト・ヒルに新築移転した．48年にはロンドン大学教育研究所の傘下におかれ，65年からは男女共学となった．ローハンプトン高等専門学校が1975年に創設された際はその中心となり教育内容を拡大・多様化した．1982年，ローハンプトン高等専門学校はサリー大学ローハンプトン校の傘下に入った．

White Lodge
ホワイト・ロッジ
Richmond Park, TW10

　1727年に, 南西郊のリッチモンド・パーク北東端に, ジョージ二世の狩猟用ロッジとして第九代ペンブルック伯爵とロジャー・モリスによって建てられた. マーブル・ヒル・ハウス(→Marble Hill House)と同様, パラディオ様式の建物に瀟洒な邸宅である.

　ジョージ二世妃キャロラインのお気に入りの館であり, のちにその娘アメリア王女の住居となった. ジョージ三世がシドマス卿にこの邸宅を授与したため, 一時王室の手から離れたが, その後再び王室の住まいとなり, テック公爵夫妻が住んだ. その孫, のちのエドワード八世は1894年この邸宅で生まれた. のちジョージ六世とエリザベス王妃となったヨーク公爵夫妻は, 結婚後数年間ここに住んでいた. 内部には, コリント様式の円柱のあるアーチ状のしきりのついた書斎, 錬鉄製の手すりのついたすばらしい階段など18世紀当時のものが残されている. 1955年からはロイヤル・バレエ・スクール(→Royal Ballet School)のジュニア部が使用している.

White's Club
ホワイツ・クラブ
St James's Street, SW1

　セント・ジェイムジズ・ストリートにある最古で最大のクラブ. 1693年にイタリア人のフランチェスコ・ビアンコ(英名ホワイト)が建てたホワイト・チョコレート店から出発し, 幾多の変遷ののちセント・ジェイムジズ・ストリートに落ち着いた. 歴代の会員には国王ジョージ四世, ウィリアム四世, サー・ロバート・ウォルポールをはじめとする首相, 政治家, 宗教界や軍関係の大立物, 歴史学者のエドワード・ギボンなど, 有名人士にこと欠かない. 設立当初は賭博の巣窟として悪名を馳せたが, 時とともに洗練されたクラブとなり, 19世紀には, 会員の知名度, クラブハウスの壮麗さでは当代随一と評された. 皇太子アルバートは葉巻の愛好家で, このクラブが喫煙に関してきびしいルールを設けたので嫌気がさし, 1865年に新しくモールバラ・クラブ(→Marlborough Club)を設立したという. 1992年現在, 入会希望者は約2年待たされると言われている.

White Tower
→Tower of London

Whitewebbs Park
ホワイトウェッブズ・パーク　EN2

　ロンドン北端の, エンフィールド自治区の北端にある緑地. 学都ケンブリッジ方面に向かうA10と大ロンドン外郭自動車専用道M25の交差するインターチェンジの南西にある. リヴァプール・ストリート駅から列車で30分くらい, ゴードン・ヒルあるいはクルーズ・ヒル駅に近い. 古来, 西のエンフィールド・チェイスから東のエッピング・フォレスト(→Epping Forest)におよぶ広大な地域は王室の狩猟林で, エリザベス一世の狩猟用ロッジがいまも残る. 女王は主治医に, そうしたロッジのひとつであるホワイトウェッブズ・ハウスを下賜した. ジェイムズ一世と議員の殺害をはかったガイ・フォークスを主謀とする, いわゆる史上名高い1605年の火薬陰謀事件(→Gunpowder Plot)の密謀が行なわれた場所といわれる.

Whitgift Hospital
ホウィットギフト病院
North End, CR0

　1596年にカンタベリー大主教ジョン・ウィットギフトにより開設された. 現存する建物は当時の救貧院で, 校舎の面影を今に伝える. 2階建ての赤煉瓦造りの建物に貧窮生活をしていた信者40余人が寝起きした. ウィットギフト財団の運営により, 1600年設立のウィットギフト・スクールとともに地域の教育・福祉に寄与している. チャペル, 管理人室は非常によく保存されている. 鉄道ウェスト・クロイドン駅に近い.

Whittington Avenue
ウィッティントン・アヴェニュー　EC3

　レドンホール・ストリートに接する短い路地。道路名は、この界隈の土地を所有していたリチャード(通称ディック)・ウィッティントンにちなんでつけられた。リチャード二世、ヘンリー四世および五世時代の裕福な絹物商人であった彼は、この3人の王に財政的な援助を惜しまなかった。伝説によると、リチャードは貧しい少年としてロンドンにやってきて、1匹の猫のおかげで裕福になる。この話はパントマイムの演目としても有名だが、真偽のほどは定かではない。実際のところ、彼は貴族の家に生まれ、父親の紋章を受け継いだともいわれる。1397年、1406年、1419年の3回、ロンドン市長を務めたことは事実である。
→Whittington Stone,「ディック・ウィッティントン」

Whittington Club
ウィッティントン・クラブ

　1846年にクラウン・アンド・アンカー・タヴァンで設立されたクラブ。ストランドにあったが、現在は存在しない。ちなみにこのタヴァンは、サミュエル・ジョンソンとその友人たちのお気に入りの店で、部屋もゆったりとして広かったが、1790年に改築されてさらに大規模となった。このクラブの初代会長はジャーナリストのダグラス・ジェロルドで、その縁かチャールズ・ディケンズ、ウィリアム・サッカレー、『パンチ』誌の編集者レモンなどが会員として名を連ねていた。『エコノミスト』の編集に携わっていた哲学者ハーバート・スペンサーは、ここに毎日やってきて食事をし、図書室で本を読むのを日課にしていたという。

Whittington Hospital
ウィッティントン病院
Highgate Hill, N19

　もともとは天然痘病院で、キングス・クロス駅の敷地内にあった。1846年天然痘および予防接種の病院として、現在地に建てられた。当時の隔離病棟の一部が現存する。1929年に大ロンドン議会に接収され、一般病院になった。その頃には、天然痘はきわめて稀なものになっていた。

　病院名は、有名なロンドン市長ディック・ウィッティントンの名にちなんだものである。1948年から国民保健サーヴィスが運営・管理に当たり、増改築された。現在は、ユニヴァーシティ・カレッジ病院(→University College Hospital)の医学生の教育の援助もしている。地下鉄アーチウェイ駅に近い。

Whittington Stone
ウィッティントン・ストーン
Highgate Hill, N6

　市北西郊ハイゲートの地下鉄アーチウェイ駅から北西方向に上る坂道ハイゲート・ヒル(→Highgate Hill)の道端に設置されているウィッティントンを記念する碑。鉄柵の中に石が置かれ、その上に一匹の猫がしゃがんでいる。

　ウィッティントンとは中世の伝説的人物リチャード・ウィッティントンのことで、通称ディック・ウィッティントンという。イングランド南西部の州グロスターシャーの貧しい家に生まれた彼は、華やかな生活にあこがれてロンドンに出てきたものの、あてのない生活を送らざるをえないまま、やがて裕福な商人の家の下僕となった。しかし、料理女にいじめられ、商人の家から逃げ出して現在のハイゲートの地までやってきたとき、悲嘆にくれた彼の耳に、シティのボウ教会(→St Mary-le-Bow)の鐘の音が聞こえてきた。それは励ましの響きであった。

　そのとき彼が座っていた石が、今日のウィッティントン・ストーンの先祖に当たるといわれているが、現在の石は少なくとも3代目である。彼はその後、ひとりの少女から譲り受けた猫のおかげで大金持ちになり、雇い主の娘と結婚して、ボウ教会の鐘の予言どおりにロンドン市長を3度も務めることになるのである。

　石の上の猫の彫像は1964年に設置された。

ウィッティントン自身の彫像は近くのウィッティントン・コレッジで見ることができるし，シティの王立取引所近くでも石像を見ることができる．

ウィッティントン・ストーンのそばにあるパブのウィッティントン・ストーン亭は，石に片足をかけてボウ教会の鐘に聞き入っているウィッティントンと猫の絵の看板が目印である．

→Whittington Stone,「ディック・ウィッティントン」

W.H.Smith Ltd
W.H.スミス社
New Fetter Lane, EC4

1792年ヘンリー・ウォルトン・スミスがアンナ夫人とリトル・グロヴナー・ストリートに開いた新聞販売店が始まりであった．主要都市と駅構内に売店をもち，現在は文房具，レコード，菓子類なども扱っている．さしずめキオスクの英国版といえる．

ヘンリーが亡くなると，2人の息子ヘンリーとウィリアムが共同で経営にあたり，店は繁盛を続けた．社名を H & W. スミスとし，デューク・ストリートに移り，このときから文房具を扱うようになった．1828年弟が単独の経営者となって社名を W. H. スミスと変更．ウィリアムは小型馬車を使って，ロンドン一早い新聞配達を行なった．1830年にジョージ四世が死去した折には，特別船をチャーターしてアイルランド海を渡り，ロイヤル・メッセンジャーより24時間も早くダブリンにそのニュースを届けたという．

鉄道の発達にともない，駅での新聞雑誌販売の独占権を取得，1848年11月1日ユーストン駅に第1号店を出した．グレイト・ウェスタン鉄道やロンドン・ノース・ウェスタン鉄道と契約を結ぶことにより，ロンドンをはじめ各地の駅に売店を出した．3代目が死去すると，会社は株式公開に踏みきった．

1936年に就航した豪華客船クイーン・メアリ号にも出店した．鉄道会社との契約が切れるたびに駅の近くに開店していく，という同社のアイディアが効を奏し，2001年には全国のハイストリート，駅，空港などに500以上の店を構えるまでになった．

Wig and Pen
ウィッグ・アンド・ペン
Strand, WC2

法律家と作家のためのクラブ．弁護士・裁判官などはかつら（ウィッグ）をかぶるのが今日まで続く慣習だが，そのかつらとペンとをあわせてクラブ名にした．設立年次は不明だが，クラブハウスとして17世紀初頭の建物（ストランド街229番地）と18世紀初頭の建物（同230番地）とを使っていた．どちらもイギリスの伝統的な木組みに漆喰の建物である．なおここにはかつてテンプル法学院の門衛が住んでいた．現在では名門クラブの風格をとどめたパブとしてストランド街の名物的存在である．

Wigmore Hall
ウィグモア・ホール
Wigmore Street, W1

キャヴェンディッシュ・スクエアからベイカー・ストリートまで，東西に延びるウィグモア・ストリートの36番地にある550人収容の小規模で瀟洒なコンサート・ホール．1901年にドイツ人のピアノ製造業者フリードリッヒ・ベクスタインによって，ショールームに付設して建てられ，ベクスタイン・ホールと呼ばれたが，第一次世界大戦により1914年に没収され，1917年，現在の名称で再開された．ロンドンの楽壇にデビューしようとする，新進の音楽家たちの公演がよく行なわれることでも知られている．

Willesden
ウィルズデン　NW2, NW10

ロンドンの北西に位置するブレント自治区の一部．東はエッジウェア・ロード，南はハロー・ロード，北と西はブレント川が境界線となっている．19世紀初頭には1000人にも満たなかった人口が，その後の100年間に急増し

て10万人に達した．この増加は主に交通事情の大幅な改善によるものであった．

19世紀までこの周辺は，ニーズデンとハールズデンのような村落，2，3の大邸宅，農場が点在する魅力的な田園地帯であった．チャプター・ロード，セント・ポールズ・アヴェニューという通りの名は，この地区が19世紀半ばにセント・ポール大聖堂の司教座聖堂参事会に寄進されたことの名残りである．またオール・ソールズ・アヴェニューやコレッジ・ロードという道路名はオックスフォード大学のオール・ソールズ学寮がウィルズデンの地主のひとりであったということに由来する．

チャーチ・エンドに修復されたセント・メアリ教会はわずかに中世の雰囲気を保っているし，コールズグリーン・ロードには13世紀をしのばせるオックスゲート荘園がある．1825年に建てられたドリス・ヒル・ハウスは，摂政時代様式の屋敷である．この屋敷に19世紀末にはアバディーン伯爵が住み，マーク・トウェインが客となったこともある．また国会会期中にはウィリアム・グラッドストーンがよく訪れた．1901年に造られた北方のグラッドストーン公園は彼にちなんで名づけられた．

ウィルズデン・グリーンのメイン・ストリートであるハイ・ロードには，ヴィクトリア朝，エドワード朝後期の雰囲気をたたえた教会やパブも点在する．なかでも印象的なのは漆喰塗りのスポッテド・ドッグ亭である．1885年から90年にジェイムズ・ブルックスによって建てられた十字型教会であるセント・アンドルー教会，牧師館，学校なども堂々とした印象的な建造物である．中心部に地下鉄ドリス・ヒル駅がある．

William Morris Gallery
ウィリアム・モリス・ギャラリー
Lloyd Park, Forest Road, E17

19世紀の詩人，画家，工芸家，社会改革者など多方面に顕著な業績を残したウィリアム・モリスが1848-56年に住んだ，ゆかりの建物をギャラリーに，1950年，ロイド・パーク内に開館した．モリスの生涯とそれぞれの時期における活動，とくにモリス商会の歩みを中心に壁紙，つづれ織り，家具，タイル，刺繍，ステンド・グラスなどの製品と，モリスと親交のあったロセッティ，バーン＝ジョーンズ，マドックス・ブラウン，それに妻ジェインなどに関する資料が展示される．また，チョーサー本をはじめ，世に名高いケルムスコット本とよばれる私家美麗本に関する書籍デザイナーとしての側面に触れた展示もある．北東郊のウォルサムストウ地区にあり，地下鉄ウォルサムストウ・セントラル駅が便利．

Will's Coffee House
ウィルズ・コーヒー店

17世紀の詩人ジョン・ドライデンで有名になったコーヒー店．コヴェント・ガーデンのボウ・ストリートとラッセル・ストリートの角にあった．もとは赤雌牛亭とか，バラ亭と呼ばれていたが，チャールズ二世の王政復古のとき，亭主の名（ウィル・アーウィン）をとってWill's としたが，文人たちが集まって政治や文学の話題でにぎわったので，「才人のコーヒー店」と呼ばれて人気をよんだ．トーリー党の文人たちの根城となり，ホイッグ党が集まるバトンズ・コーヒー店（→Button's Coffee House）とはりあった．古くは日記で有名なサミュエル・ピープスも，ここで同じケンブリッジ大学出身の詩人のドライデンと顔見知りになったと記している．才人たちがここでドライデンの芝居を批評した．ほかに，劇作家のウィッチャリーや詩人のポープも出入りした．ドライデンが死んでからは活発な議論も風刺も聞かれなくなり，カード遊びの連中のたむろする店になりはてたという．とくに『スペクテーター』の発行者ジョーゼフ・アディソンがバトンズ・コーヒー店を開いてからは文人才人はここから姿を消した．『スペクテーター』には，17回もウィルズ・コーヒー店の話が出てくる．18世紀の中ごろに閉店した．

Wilton Crescent
ウィルトン・クレセント　SW1

地下鉄ハイド・パーク・コーナー駅近くの優

雅で壮大なクレセント．すぐそばにグロヴナー・クレセントがある．1827年にW. H. セス=スミスとトマス・キュービットによって建設された．この土地を所有していた初代ウェストミンスター侯爵の義父初代ウィルトン伯爵の名にちなんでウィルトン・クレセントと名づけられた．

多くの下院議員がここに住み，1854年には9人もの議員がこのクレセントにいた．詩人のA. C. スウィンバーンも1865年にここに住んだ．24番地は歴史家のヘンリー・ハラムが亡くなった家，彼はテニスンの友人で詩人のアーサー・ハラムの父親である．

Wilton Place
ウィルトン・プレイス　SW1

グロヴナー・エステートの一部で，ウィルトン・クレセントとナイツブリッジの大通りを結ぶために1825年に造られた小道．この近くにはウィルトンを冠した道路が多いが，それはウェストミンスター侯爵が1794年に初代ウィルトン伯爵の娘レディ・エリナー・エジャトンと結婚したためである．

この道路の初期の居住者のなかにはワーテルローの戦いで武勲をあげたサー・ジェイムズ・マクドネルがいる．15番地に住み，1857年に亡くなった．東側には1971年に完成した瀟洒なバークリー・ホテルがある．

32番地にある建物はセント・ポール教会のヴィクトリア朝様式の牧師館である．植物学者のジョージ・ベンサムは1884年に亡くなるまで25番地に住んでいた．

Wimbledon
ウィンブルドン　SW19

大ロンドン南西部マートン自治区内の一地区．この地区は，広大なウィンブルドン・コモン，ウィンブルドン・パークなど，ロンドンでもことに緑に恵まれている．ヴィレッジと呼ばれる高台は閑静な住宅街となっている．広大なウィンブルドン・コモンは大半がゴルフコースになっている．ここの風車は有名．鉄道および地下鉄のウィンブルドン駅周辺は商業地で，デパート，スーパーマーケット，パブなどが集まっている．

この地区名はまた，いわゆる全英テニス選手権大会の通称でもある．大会は正式にはローン・テニス・チャンピオンシップス・オン・グラスという．会場はチャーチ・ロードにあるオール・イングランド・クロケー・アンド・ローン・テニス・クラブの芝のコートである．なかでもセンター・コートは年一度この大会のみに使用され，テニス界の「聖地」とされる．

全英テニス選手権は毎年6月下旬から2週間開催される．1877年に最初の男子シングルス選手権大会が開かれ（女子シングルス大会は1884年），現在はこれに加えて男女のダブルスと混合ダブルスの試合が行なわれる．元はアマチュアの大会だったが，1968年にプロの選手も参加できるオープン大会となった．全英大会は全米，全豪，全仏の大会よりも権威あるものとされており，1シーズン中にこれら4大会を制覇することをグランド・スラムという．

Wimbledon Football Club
ウィンブルドン・フットボール・クラブ
Durnsford Road, SW19

1889年設立，1964年にセミ・プロに移行．サザン・リーグから出発し，徐々に昇格して，現在はプレミア・リーグに所属している．最初のFAカップ優勝はクラブ創立から99年目の1988年であった．通称は「ザ・ドンズ」(The Dons).
→Football Clubs

Wimbledon Lawn Tennis Museum
ウィンブルドン・ローン・テニス博物館
Church Road, W19

1977年，テニスのウィンブルドン全英選手権大会百年を記念して，有名なセンター・コートに隣接して開設された．テニスと選手権大会の歴史をテニスウェア，用具，初期の更衣室などとあわせて展示する．付属する図書室は過去の名試合やスター・プレイヤーの写真・フィルム，図書文献などを所蔵する．

Wimbledon Theatre
ウィンブルドン劇場
The Broadway, SW19

　興行主 J. B. マルホランドによって建てられた一連の郊外劇場のうち，唯一ウィンブルドンに残っている劇場．設計はセシル・メイシーとロイ・ヤングによる．1910年の，クリスマス・シーズンにパントマイム《ジャックとジル》で幕を開けた．30年代まで興行的成功をおさめ，多くの有名な俳優が出演した．1965年に閉鎖されることになると，保存運動が起こり，地元のマートン自治区に買い取られた．その後，恒例のクリスマス・ショーのほか，さまざまな公演に使われている．客席数1450．鉄道・地下鉄ウィンブルドン駅に近い．

Wimpole Street
ウィンポール・ストリート　W1

　オックスフォード・ストリートの北側を南北に走る通り．キャヴェンディッシュ・スクエアに近い．1724年ころに敷かれた道路で，両側の家並みには歴史的な雰囲気が現在もわずかに残っている．

　昔，ホイッグ党の政治家エドマンド・バークはこの通りに家を構えていた．19世紀になって，トマス・ハーディが39番地に住む友人をしばしば訪ねてきた．50番地は女流詩人エリザベス・バレットが1841年から住んだ家で，その後，彼女は横暴な父親のもとを逃がれて，46年にブラウニングと駈け落ちをした．当時の著名な歴史家ヘンリー・ハラムも，1819年から40年まで67番地を住居としていた．その息子アーサーはテニスンの友人で，アーサーの死後，テニスンは『イン・メモリアム』を彼のために捧げた．

　この通りにほど近いニュー・キャヴェンディッシュ・ストリートで生まれた作家ウィルキー・コリンズは，晩年をこの通りの82番地で過ごし，ここで亡くなった．

Winchester House
ウィンチェスター・ハウス
Southwark Bridge Road, SE1

　かつてサザックのウィンチェスター司教の邸宅があった土地に，ロンドン消防隊の長官サー・エア・マシー・ショーの邸宅が建ち(1823-26)，ここに1886年にロンドン消防隊の本部がウォトリング・ストリートから移転してきた．アルバート・エンバンクメントに新しい本部が1937年に移って以来，この邸宅はロンドン消防隊博物館となった．

　ちなみに，サザックのバンクサイドにあったウィンチェスター司教の館，ウィンチェスター・ハウスの跡に，大きなバラ窓が残っている．

Windham House Club
ウィンダム・ハウス・クラブ

　1828年に「文学に関心をもつ紳士たちの社交場」として設立されたクラブ．サミュエル・ジョンソンの友人で政治家のウィリアム・ウィンダムが住んでいたペル・メル106番地の建物を本拠としたが，まもなくセント・ジェイムズ・スクエア10番地に移転して，ウィンダム・クラブと称した．その後1836年には同所の13番地に移り，さらに1941年にはそこを離れて，会員はトラヴェラーズ・クラブ(→Travellers' Club)に集まることとなったが，1945年にモールバラ・クラブ(→Marlborough Club)およびオルレアンズ・クラブと合併，モールバラ・ウィンダム・クラブと名を変えた．

Windmills
風車

① Brixton Windmill Gardens, SW2
　ロンドンの中心部に最も近い現存の風車．1850年まで野原だったブリクストン地区に，アッシュビー・アンド・サンズ製粉会社のために建設された．19世紀後半風力に代わって水力利用の製粉所が中心になりつつあったが，1902年ブリクストンの製粉所の風車が復活した．しかし，このときは風力ではなくて蒸気が用いられ，ついでガス・エンジンが用いられるようになった．

　1957年に風車はロンドン市議会によって買い取られ，復元された．しかし，いたずらに

ウィンチェスター・ハウス(17世紀中葉)

よる破壊がくりかえされ,風車を維持することがむずかしくなった.1982年にウィンドミル・ガーデンズ共同体連合が結成され,保存につとめている.

② Wimbledon Common, SW19
　ロンドン南西郊のウィンブルドンにある面積約4.4平方キロメートルの緑地帯にあるイギリスに現存する唯一のホロー・ポスト型風車である.これは風によって向きを変える風車で,その垂直軸が中空の一本柱に差し込まれている構造になっている.この珍しい造りの風車は近くのローハンプトンのチャールズ・マーチが1817年に建設した.使われている石臼は直径1.5メートル,それが2対備えられている.
　風車は1865年以降は使用されなくなったが1893年に修復され,1975年にこの地に建設されたウィンブルドン風車博物館のために復元された.風車博物館となっている建物はボーイスカウト運動の創始者ロバート・ベーデン＝パウエルが住んでいた風車小屋である.

Windmill Street
ウィンドミル・ストリート　W1
　地下鉄トッテナム・コート・ロード駅とグッジ・ストリート駅のほぼ中間,トッテナム・コート・ロードの西側にある小路.ウィンドミル・ストリートという名は,昔この付近にあった風車に由来する.この風車は18世紀の中葉までトッテナム・コート荘園に立っていた風車と思われる.この地域の開発は1770年ごろに完成した.
　画家ジョージ・モーランドの父である肖像画家ヘンリー・モーランドは1779年に36番地に住んでいた.43番地にある酒亭フィッツロイ・タヴァンは1897年に建てられたものだが,1930年代にはウェールズ出身の画家オーガスタス・ジョンと彼の友人たちのいきつけの酒亭で,1940年代にはジョン・レーマン,ジョージ・オーウェル,ディラン・トマスなどの作家たちが常連となっていた.

Windmill Theatre
ウィンドミル劇場

ピカディリー・サーカスの近くにあった劇場．18世紀の終わりごろまでここに風車が立っていたことにちなんで名づけられた．2層で観客席326のこぢんまりとした劇場だった．もとは映画館で，1931年12月に劇場として開場した．32年から「レヴューデヴィル」（revuedeville）というフランス式の連続バラエティ・ショーを毎日午後2時半から11時まで上演し，大成功をおさめた．第二次世界大戦中も劇場を閉鎖せず，「当劇場は閉鎖せず」が劇場のスローガンとなった．ここから巣立った喜劇俳優は数多い．レヴューデヴィルは1964年まで続けられ，その後，劇場は改築されて映画館となった．74年から再び劇場として使われたが，1981年に閉鎖され，レストランになった．

Windsor Castle
ウィンザー城　Windsor, SL4

ロンドンの西方ウィンザーにある王室の離宮．ロンドンに比較的近く，狩猟に適する土地でもあることから，テムズ川沿いの小高い地形を生かして築かれた11世紀の王城．今日まで千年余りの歴史を有する，他に類例を見ない宮殿である．築城はウィリアム征服王，城はモット・アンド・ベイリー式といわれる典型的なノルマン様式の縄張りである．モットとは築山，ベイリーとは築山より一段低く広い区画で，両者が組み合わさって8の字型をした全体が溝と柵で囲まれた構造である．築城以来，多くの君主がここに住み，増改築を重ね，現在，城は石造りの円塔がある築山の部分を中心にして，上下2つの城郭から成っている．

上の城郭は王室の公的・私的建物がフランス式庭園を囲んでいて，賓客の間，儀式の間，国王の居間と寝室，女王の居間と寝室，主食堂などがある．下の城郭には聖ジョージ礼拝堂，アルバート記念礼拝堂などがある．前者はエドワード四世の時代に起工された，ゴシック風垂直式の歴史的建造物であるが，王室墓廟としてウェストミンスター寺院に次いで重要である．付属王立図書館はレオナルド・ダ・ヴィンチ，ミケランジェロなどの素描のコレクションで有名．

ウィンザー橋を渡った対岸はイートンの町で，18世紀の詩人トマス・グレイは母校イートン校を遠望した名詩を残した．

Wine Office Court
ワイン・オフィス・コート
Fleet Street, EC4

現在ではパブのオールド・チェシャー・チーズ亭（→Cheshire Cheese, Ye Olde）がある場所として，またジョンソン博士の家に近い路地として知られているが，17世紀後半には，この地区でブドウ酒の販売が許されていたので，ワイン・オフィス・コートと呼ばれた．ピーターバラ司教のロンドン邸宅もあり，その巨大な地下貯蔵室が現在も古きチェシャー・チーズ亭のワイン・セラーとして利用されている．オリヴァー・ゴールドスミスが小説『ウェイクフィールドの牧師』を書き始めたところでもあった．貧乏しているのにゴールドスミスは分不相応に衣服に金をつかうと聞いたジョンソン博士が，ある晩身分相応の実直な服装で彼の家を訪れ，そのだらしない生活態度を暗にたしなめたという逸話が残っている．一方がフリート・ストリートに面している．

Winter Garden Theatre
ウィンター・ガーデン劇場

1919年5月20日，バラエティ・シアターを改装してオープンした劇場．430回のロングランを記録した柿落しのミュージカル《キッシング・タイム》（ガイ・ボルトン，P. G. ウッドハウス作）をはじめ，1920年代ミュージカルで人気を博した．

劇場の立っていたドルーリー・レイン167番地は，エリザベス一世時代以来，民衆娯楽の地として知られており，劇場になるまではミュージック・ホール（→Music Halls）として労働者たちの根強い人気を得てきた．そのミュージック・ホール，モーグル・サルーンは，1847年12月27日，パブのグレイト・モーグルに隣接して造られたもので，愛称は「オールド・

モー」．1851年，ミドルセックス・ミュージック・ホールと改称されたあとも，ヴィクトリア時代を通じて，この愛称で親しまれた．1911年，ミュージック・ホールやバラエティ・シアター専門の建築家として知られたフランク・マッチャムによって，内外装ともに大々的に改修され，その名もニュー・ミドルセックス・シアター・オヴ・バラエティと改められた．

1919年，劇場として再出発し，1920年代にはグロースミスとジョーゼフ・E.マロンの共同経営のもとでミュージカルに強い劇場との評判をとるが，30，40年代はあまりふるわず，第二次世界大戦中の児童疎開を扱ったジョアン・テンプル作《ノー・ルーム・アット・ジ・イン》(1946)以外には見るべき作品がなかった．1952年，アート・シアター・クラブ・プロダクションに経営権が移り，翌年にはアガサ・クリスティ原作《検察側の証人》が，56年にはフランスの笑劇を下敷きにした《ホテル・パラディソ》がロングランとなった．だが，1960年に閉鎖され，65年に取り壊された．

現在，跡地にミレニアムという名のナイトクラブがあり，隣接するニュー・ロンドン劇場とともに，首都の夜に彩りを添えている．

Woburn Square
ウォバーン・スクエア
Bedford, WC1

ロンドン大学(→University of London)の敷地内にある細長い空間．ビング・プレイスをはさんでゴードン・スクエアの南に位置する．ベドフォード公爵のカントリー・ハウス，ウォバーン・アビーに基づいた名称で，かつてはジョージ朝風の優雅な家が立ち並んでいた．

南端にはクライスト・チャーチがある．詩人クリスティーナ・ロセッティを記念した祭壇や，その背後のエドワード・バーン＝ジョーンズのデザインによる飾壁などが知られている．

北西の角には古典学の伝統研究機関であるロンドン大学ウォーバーグ・インスティチュート(→Warburg Institute)がある．また，隣接してコートールド美術館(→Courtauld Institute Galleries)があったが，1990年にサマセット・ハウス(→Somerset House)に移転した．

旧コートールド美術館の南西には，1904年に開設された演劇学校王立演劇学院(→Royal Academy of Dramatic Art)がある．バーナード・ショーもそのスタッフの一員であった．また，敷地内には，1954年皇太后が開設したヴァンブラ劇場もある．

Woburn Walk
ウォバーン・ウォーク WC1

ユーストン駅前のユーストン・ロードに接するアッパー・ウォバーン・プレイスに入ってすぐ左側にある小路．以前はウォバーン・ビルディングズと呼ばれていたこの小路は，もともと小さなショッピング通りとして開かれた場所．現在も，両側に小粋な店やティールームが何軒か並んでいる．

通りを入ったすぐ左の店の壁に，記念銘板が見える．アイルランド出身の詩人で劇作家のイェイツが1865年から1919年まで住んでいた5番地の家である．彼が結婚してここを離れたあと，この家には彼の生涯の憧れだったモード・ゴンなる女性が入居した．そして，この家の前の建物の屋根裏部屋に，〈意識の流れ〉の技法を初めてイギリス小説にとり入れた女流作家ドロシー・リチャードソンが住んでいた．

Woodbridge Estate
ウッドブリッジ・エステート EC1

ホーボーン地区の北側，クラークンウェルにある地所．エリザベス一世がトマス・セックフォードに郊外の宅地として与えたものである．彼はその地所を，自分の生地サフォーク州のウッドブリッジにちなんで名づけた．18世紀にロンドンが膨張するとともにウッドブリッジは発展しつづけた．1827年に完成したセックフォード・ストリートはかつての地主の名を冠したものである．このセックフォード・ストリートがウッドブリッジ・ストリートと交差するあたりが，かつての屋敷跡である．さまざまな土地利用や街作りが行なわれ，ここが現在のような煉瓦造りのコテッジ風の家並み

に整備されたのは1980年代に入ってからであった．

Woodford
ウッドフォード　E18

　大ロンドン北東郊に位置し，田園的景観を今にとどめる地域．地域の中心は，北方のエッピング・フォレストから続く広大な緑地ザ・グリーンで，そこにウッドフォード・ニュー・ロード（A104）やノース・サーキュラー・ロード（A406）など幹線道路が東西南北に走っている．ザ・グリーンあたりには古い田舎風の建物がいくつか見られる．元来ここはロンドン中心部にも近く，交通の便もよいため，快適な住宅地として発達した．40年間この地区を選挙地盤にしたサー・ウィンストン・チャーチルの立派な彫像が，ウッドフォードの中心部に立っている．

　ウッドフォード教区は12世紀から記録されているが，『ドゥームズデイ・ブック』（→『土地台帳』）には，ウディフォート（Wdefort）として記録が残る．現在の教会は，以前のものが放火で焼け落ちたために1971年から72年にかけて完全修復された．

　この地域の土地は宗教改革時までは強大なウォルサム・アビーの所領だったが，その後，大部分がロンドンの商人たちの手にわたった．ハーツという古い館は病院になり，もうひとつの館ハイガムズは現在，ウッドフォード・カウンティ・ハイスクールの敷地の一部になっている．昔の他の領地も大部分が，ここに鉄道が開通した1850年代に，急速な宅地開発の波に洗われて分割されてしまった．

　地下鉄セントラル・ラインのウッドフォード駅は，エッピング方面とハイノールト方面への分岐点である．高速道路M11とのジャンクションに近いノース・サーキュラー・ロードの西に，同じセントラル・ラインのサウス・ウッドフォード駅がある．

Wood Green
ウッド・グリーン　N22

　ロンドン北部のハリンゲイ自治区の一地区．キングズ・クロス駅から15分くらいのウッド・グリーン駅，地下鉄ピカディリー・ラインの同名の駅が最寄駅である．19世紀半ば，この地区は人口わずかに400人の村落にすぎなかったが，鉄道の開通（1859）が郊外型住宅地の典型として発展するきっかけとなった．1981年1月には大ショッピング・センターが完成して，ますますそうした性格を強めた．駅の南に広がるアレグザンドラ・パークは，1873年に建設されたアレグザンドラ・パレス（→Alexandra Palace）をはじめ各種スポーツ施設をもち，19世紀半ばに開園された．パレスは南のクリスタル・パレス（→Crystal Palace）に対抗して造られた．しかし，落成後わずか16日目に火災にあって焼失，2年後に再建され，名誉挽回の花火大会も功を奏せず，クリスタル・パレスの人気をしのぐことはできなかった．

Woodlands
ウッドランズ

Shooters Hill Road, SE3

　テムズ川南岸グリニッチ・パークの南，ブラックヒースにある美しいジョージ朝様式の郊外の邸宅．1774年の建設．館にはのちの増築部分もあるが，建物の北東側は道路建設のために取り壊された．

　所有者ジョン・アンガースタインはロシアのアンナ女帝の息子といわれるが，15歳になるまでロシアで過ごし，その後ロンドンにやってきて，父の会社トムソン・アンド・ピーターズに見習いとして勤務した．彼は美術を愛好し，肖像画家サー・トマス・ロレンスの援助をし，風景画家 J. M. W. ターナーの初期の後援者ともなった．また，ロレンスらの助言を受けて，すばらしい絵画のコレクションを作り上げた．そのコレクションは彼の死後，1823年に国家が買い上げ，ナショナル・ギャラリー（→National Gallery）の核となった．

　ウッドランズ邸には多くの著名人が集まった．訪問客のなかには，サミュエル・ジョンソン，デイヴィッド・ギャリック，サー・ジョシュア・レノルズ，ジョージ三世などがいた．キャロライン王女は当時グリニッチ・パークのすぐ

外側のモンタギュー・ハウスに住んでおり，ウッドランズの常連の客となった．小説家のファニー・バーニーも常連であった．

ウッドランズは1876年まではウッドランズ家が所有していたが，売却後は多くの建物が建設された．さらにグリニッチ自治区議会が購入，修復して，1972年にローカル・ヒストリー・センター・アンド・アート・ギャラリーに生まれ変わった．持ち主だったアンガースタインの名を取った小路がある．

Wood Street
ウッド・ストリート　EC2

チープサイドからロンドン・ウォールに通じる通り．名称の由来についてはいくつかの説があるが，中世にこのあたりに材木(wood)あるいはたきぎ(fire-wood)を売る店があったことによるというのが一般的である．チープサイドから入ってすぐ左側の庭に1本のスズカケの古木が立っている．ワーズワスの「哀れなスーザンの夢想」にうたわれている「籠のつぐみが声高く鳴いた」木だと伝えられる．この通りにはチャールズ・ディケンズが『大いなる遺産』などに書いているロチェスター=ロンドン馬車の発着地となっていた居酒屋クロス・キーズがあった．第二次大戦中，通り全体が空爆を受けたが，戦後に新しい町並みが誕生した．ロンドン・シティ警察署もその中のうちのひとつである．

1555年にウッド・ストリート債務者監獄が設立された．シェリフ(→Sheriffs)の管轄下におかれた監獄で，債務者の拘禁を主目的としたが，ニューゲート監獄(→Newgate Prison)がいっぱいのときには，ほかの囚人たちをも受け入れていた．この監獄は3つの段階に分かれていて，入獄者は金額に応じて，「殿様部屋」，「旦那部屋」，「穴ぐら」のうちのいずれかを選ぶことができた．入獄の際には，各入獄者の名前が「えんま帳」(Black Book)に記載されることになっており，いわゆる「心づけ」が公然と要求された．看守は実入りがよく，1766年まで金でその地位を買うことができた．1791年に囚人たち全員がスミスフィールド南側のギルトスパー・ストリート・カウンターに移されたあと，1816年にウッド・ストリート・カウンターは取り壊された．地下鉄セント・ポールズ駅に近い．

Woolwich
ウリッチ　SE18

テムズ川南岸，グリニッチ自治区の一部．海軍工廠をはじめ1886年に創設されたウリッチ・アーセナル・フットボール・クラブの誕生の地として知られている．

1853年にローマ人の埋葬地が発見されたことから，ローマ人が占拠していたころに，この地にある種の共同体が存在していたのではないかと推定されている．サクソン時代に関する記録も残る．また『ドゥームズデイ・ブック』(→『土地台帳』)にもフルヴィッツという名で記載がある．ウリッチが最初に脚光を浴びたのは，ヘンリー八世が英国海軍の新しい旗艦グレイト・ハリー(「偉大なハリー，つまりヘンリー」の意)号建造のためにこの地に王立造船所を設立した1512年である．この造船所では17世紀半ばに建造されたソブリン・オヴ・ザ・シーズ号をはじめとして多くの名のある船が建造された．しかし，19世紀前半に蒸気船が帆船にとって代わり，海軍工廠は1869年に閉鎖された．

1695年に王立火薬製造所がグリニッチから町の東端のウリッチ・ウォレンに移転した．これがウリッチ兵器工場(→Woolwich Arsenal)の起源である．その一部は現在でも機能している．1717年建造の真鍮工場，1719年に建てられた陸軍士官学校，王立火薬製造所の一部など，すべてサー・ジョン・ヴァンブラの手になるとされる．1741年ウリッチ・コモンに発足した陸軍士官学校の建物がここに残っているが，学校自体は第二次大戦後バークシャー州サンドハーストの陸軍士官学校に統合された．

ウリッチ・コモンには丸天井の大砲博物館(→Royal Museum of Artillery in the Rotunda)があり，中世から現代までの大砲・火器を展示する．また大砲博物館のほかに英国砲兵連隊博物館もある．

1982年に完成したテムズ・バリア(防潮堰堤)は川の風景を大きく変えた．対岸ノース・ウリッチと結ぶ無料のフェリーは14世紀以来の歴史をもつ．ほぼ同じ場所に川底を通るトンネルが設けられている．

Woolwich Arsenal
ウリッチ兵器工場

1805年にジョージ三世によって名づけられた王立兵器工場．この兵器工場は王立火薬製造所，砲架部門，火薬庫から発展したもので，その起源はテューダー時代にまでさかのぼる．

1695年には王立火薬製造所がグリニッチから移転したのをきっかけに，この地に鋳造所が集まり，ここは何世紀にもわたってイギリスにおける最も古く大規模な兵器製造の中心地であった．現在はほとんどが住宅地である．

Woolwich Dockyard
ウリッチ・ドックヤード

テムズ南岸沿いのウリッチ地区にあったドック．1512年にヘンリー八世が上流のデトフォードとともにここに王立造船所を建設して以来，ウリッチはテムズ河畔の一漁村から，国家的な重要地域へと変貌することになった．ヘンリー八世は強大な海軍力の育成をめざして，当時としては最大級の新旗艦グレイト・ハリー号をここで建造しようとしたが，最終的にはロイヤル・ネイヴァル・ドックヤードで建造された．

その後，このドックの存在と，鋳型を造るための良質な砂の採取が可能だったために，兵器の生産が盛んになり，この地域はイギリスの大軍事産業地帯となった．19世紀には，対岸に大ドック群(→Royal Docks)が建設され，フェリーもさかんに運航された．このドックも時代の要請に応ずるべく，蒸気船の建造や修理のための改造や拡張工事を行なったが，結局1869年に歴史的使命を終えて閉鎖された．現在では工業団地とともに，新しい住宅街となっている．

Woolwich Free Ferry
ウリッチ・フリー・フェリー

ロンドン東郊のテムズ川南岸ウリッチ地区のウォーターフロントと北岸ノース・ウリッチとの間を結んで運航されているフェリー．ウリッチにはヘンリー八世の時代から，英国海軍の重要な造船所があり，19世紀になると，対岸に大ドック群が建設された．

両岸を結ぶフェリーの歴史は古く，すでに14世紀には，フェリーの勅許の申請をしたといわれる．

1847年になるとノース・ウリッチまで鉄道が開通し，南岸と結ぶ鉄道連絡フェリーの運航が開始された．1889年には，このほかに，ロンドン市による無料の(free)フェリーも併行して運航されるようになった．鉄道連絡フェリーは1908年に廃止された．フェリーは1963年まで外輪船が使用されていたが，その後ディーゼル船に代わると，5分間で対岸に達することができるようになった．なお，1912年には冬場の危険な渡しを避けるため，テムズ川の下を通る歩行者用のウリッチ・トンネルが開通した．

Woolworth's
ウルワース

Marylebone Road, NW1

イギリスの代表的スーパーマーケット．1879年，F.W.ウルワースによってアメリカで開業された雑貨店．20世紀はじめ彼は初めてヨーロッパ各地を訪れ，アメリカでの商法はイギリスでも成功すると確信し，1909年リヴァプールにイギリス最初の店を開いた．商品ごとに価格を均一にし，しかも安さを売りものにした商売は成功をおさめ，その後各地に店を構え，1916年にロンドンに進出した．現在，イギリス各地の町にはもちろんのこと，大ロンドン内でも60近くの店舗を構えている．日用雑貨，衣料品などに主力を置いている．

Worcester Park
ウスター・パーク　KT4

大ロンドンの南郊に位置する一地区．もともとナンサッチ・パレス（→Nonsuch Palace）の広大な敷地の一部で，現在，ナンサッチ・パークの北西に位置する．パレスは1538年，ヘンリー八世の狩猟館として，「世に並ぶものなし」の意味でナンサッチと命名された．エリザベス一世は巡幸の際，ここに滞在した．その後，所有は王家と大貴族の間をめまぐるしく移り動いたが，結局，共和制後，チャールズ二世が浪費癖の強い愛人バーバラ・ヴィリアズに与えたため，彼女はこれをバークリー卿に売却（1682），このパレスはあえなく取り壊されてしまった．その敷地の一部はウスター・パーク・ファームとなるが，ここに1850年代前半，ラファエル前派の画家として知られるW.H.ハントとJ.E.ミレーが住んだ．ハントは《雇われ羊飼い》と《世の光》を，ミレーは《オフィーリア》をそれぞれ構想ないしは制作中であった．チャールズ・コリンズも加わって，3人は「まるで古代の修道僧のように満ち足りた日々を過ごしていた」．ミレーが《オフィーリア》の背景のために選んだ小川は，ファームの南のユーエル地区を流れるホッグズミル川辺だった．ハントはファームの果樹園にミレーに負けずに麦藁小屋を建て，夜になると，満月の時は夜の9時から明け方の5時までそこにこもり，月の光の効果を実写したという．

1865年，鉄道が開通してここにウスター・パーク駅ができると，住宅地として発展をはじめ，かつての農場の中に商店が姿を見せるようになった．駅の東側のロングフェロー・ロード260番地はメイジャー元首相が幼少時を過ごした場所である．

World's End
ワールズ・エンド　SW10

チェルシーのキングズ・ロードとチェイニー・ウォークにはさまれた狭い地域．地名は，ここがチェルシー村落のはずれに位置していたことによると思われる．ここには17世紀後半，紅茶，軽食を出す店や酒亭がある公園があって，多くの人が集まった．ワールズ・エンド亭は100年近くの歴史をもち今なお健在である．風俗喜劇の作家ウィリアム・コングリーヴは『愛のための愛』でそのにぎやかな雰囲気を伝えている．1977年には大規模な都市計画により再開発が行なわれ，高層ビルやショッピング・センターの目立つ地域に変わった．

World's End
ワールズ・エンド亭
King's Road, SW10

チェルシーのキングズ・ロードの西端に，1666年ごろ酒亭と茶園があった．時代的にはちょうどチャールズ二世とサミュエル・ピープスのころで，当然この両人はこの「世界の果て亭」の前身を知っていた．ピープスの日記では，「妻と教会で日曜の礼拝をすませてから公園（ハイド・パーク）を抜けてナイツブリッジの「ワールズ・エンド」で飲み食いをする」（1669年5月9日）とあるし，またその月の31日にも「妻と公園のそばの酒亭にいく」とある．同じ「世界の果て亭」と思われる．現在のパブは1901年の建築で，昔の酒亭と同じ位置である．屋号の「ワールズ・エンド」とは，当時としてはロンドンから遠い西のはずれにあったから，地理的に「町はずれの」という含みもあったろうが，ブラック・ユーモアの好きなイギリス人のことだから，「この世の終わり」という厭世観をも表わしていたと思われる．これに類した酒亭の屋号としては，ジャーニーズ・エンド（旅路の果て），ザ・フィールド・ターンド・アップサイド・ダウン（この世はめちゃらくちゃら）などもあるし，社会風刺画家のウィリアム・ホガースの《竜頭蛇尾（ベイソス）》という版画を見れば，その意味がよくわかる．

ホガースの版画では，擬人化された「時の翁」が，「終わり」（フィニー）と叫んで息を引きとる姿が描かれ，その頭上に「ワールズ・エンド亭」の看板が倒れかかっている．その看板には，炎に包まれて燃え尽きようとしている地球儀が描かれているが，看板は絞首台にぶらさがっている．ちなみに題名の《ベイソス》とは，真に崇高なる絵画は不滅だが，似

て非なる美術は,「はじめはよくとも次第に悪くなる」ということ．ホガースは,当時の美術評論家へのあてつけのつもりであった.

Wormwood Scrubs
ワームウッド監獄
Du Cane Road, W12

　「スクラブ」というのは低木におおわれた空地の意味だが,「ワームウッド・スクラブズ」はイギリス最大の監獄の名前となっている．ロンドン中心部から約8キロ西方のシェパーズ・ブッシュとイースト・アクトンとの間にある．刑罰改革者のサー・エドワード・デュ・ケーンの設計により,1874年から1890年にかけて,受刑労働者たちによって建設された．4棟を平行に並べた構造で,各監房に日が当たるように考案されている．もともとは男女両用の監獄であったが,1902年以降は男性専用の監獄となった．最も厳重な警備を要する受刑者収容の監獄のひとつで,そのような要厳重警備受刑者が分散収監されている．また終身刑を受けた者はここに送り込まれて,最初の数年間を過ごす．1966年10月,ロシアのスパイとしてここに収監されていたジョージ・ブレイクの脱獄事件があった．なお現在の収容定員は,1,050人となっている.

Wrights Lane
ライツ・レイン　W8

　地下鉄ハイ・ストリート・ケンジントン駅に近い小路．ライツ・レインという名は1770年代に建てられたグレゴリー・ライトの屋敷の名に由来する.

　道路につながる小路にはイヴァーナ・コート,イヴァーナ・ガーデンズなどのマンションや煉瓦造りのテラス・ハウス,チェニストン・ガーデンズがある．またスカーズ・デイル・プレイスにはケンジントン・クロース・ホテルとロンドン・タラという2つのホテルが立つ．ケンジントン・クロース・ホテルはもともとは1939年に建てられた一種の集合住宅であったが,第二次世界大戦後ホテルに改装された．1935年にアレン・レインによって創立された出版社ペンギン・ブックス社は,この通りの21番地にある.

ウィンダム劇場

Wyldes Farm
ワイルズ・ファーム　NW11

　ハムステッド・ヒースとゴールダーズ・グリーンの間に横たわる120ヘクタールあまりの土地で,ヘンリー六世によって14世紀半ばイートン校に下賜され,以後,同校がワイルズ・エステートとして20世紀初頭までここを管理してきた．1907年,レイモンド・アンウィンとバリー・パーカーによるハムステッド郊外住宅地開発計画が起こると,ワイルズ・ファームはイートン校の手を離れた．その間,農場主の居宅(17世紀初頭)には多くの画家が住んだり,またその客になってここを訪れた．サリー地方の風景を描いた,彫刻家としても有名なジョン・リンネル,その恩師ウィリアム・ブレイク,故郷サフォークやハムステッドのすぐれた風景画を残した風景画家ジョン・コンスタブルなどである．また小説家チャールズ・ディケンズは1832年ここに滞在した．Wyldes Closeという小路がある.

Wyndham's Theatre
ウィンダム劇場

Charing Cross Road, WC2

　医師の資格をもち，アメリカ南北戦争に従軍した経歴のある俳優チャールズ・ウィンダムのために，1899年に建てられた劇場．時の首相だったソールズベリー侯爵が，ウィンダムが運営するという条件で，自分の所有地に劇場を建てることを許可したものである．劇場建設にあたっては，のちにウィンダムの妻となる看板女優，メアリ・ムーアの尽力が大きかった．数々の劇場を手がけたW.G.スプレイグの設計による最初の劇場．客席数は800で，ルイ十六世王朝様式の内装が美しい．

　ウィンダムは柿落しの《デイヴィッド・ギャリック》で得意とするギャリック役を演じ，翌1900年には《シラノ・ド・ベルジュラック》でも主役を演じた．1926年から6年間エドガー・ウォリスのスリラーが上演されたが，その後，メアリ・ムーアの息子たち，ハワード・ウィンダムとブロンソン・オールベリーが劇場の運営にあたった．第二次世界大戦の空爆時には，昼興行のオール・スター・レヴュー《お楽しみ》に，イーディス・エヴァンズ，ピーター・ユスティノフらが出演した．戦後50年代では，ミュージカル《ザ・ボーイ・フレンド》が2078回の連続公演記録をつくった．1959年には，ジョーン・リトルウッド・シアター・ワークショップによって，新人シーラ・ディレイニーの《蜜の味》，ブレンダン・ビーアンの《人質》が上演されて話題を呼んだ．1970年代には，『マタイによる福音書』をもとにしたミュージカル《ゴッドスペル》の，3年間にわたる連続公演があった．その後，古典から新作まで，さまざまな劇がここで上演されている．地下鉄レスター・スクエア駅に隣接している．

Y

Yacht
ヨット亭
Crane Street, Greenwich, SE10

グリニッチといえば，天文台とグリニッチ子午線を思い出すであろうが，その経度0の基準子午線の真上にあるのが，このヨット亭である．初めはウォーターマンズ・アームズ（船頭の紋章亭），次にバーレー・モウ（大麦の山亭）と名を変えたが，1805年にヨット亭となった．第二次世界大戦で爆撃を受け，再建されて今日におよぶ．亭内には海図や船舶の写真が飾ってあり，テムズ川の見晴らしがよい．

Ye Olde Cheshire Cheese
→Cheshire Cheese, Ye Olde

Yeoman of the Guard
国王衛士

ヘンリー七世の即位(1485)に際し任命された英国王の護衛兵(Yeoman of the English Royal Guard)の通称．戦争中，または宮殿内における国王の身の安全を守るのが役目であった．また王室の食事の試食をしたことからビーフイーター（→Beefeaters）という俗称が生まれた．1605年のガイ・フォークスの一味による国会爆破を企んだ火薬陰謀事件（→Gunpowder Plot）を事前に発見したのも彼らであった．以来イギリス国会の開会直前に，地下倉庫と天井を昔ながらの蝋燭の火によって入念に捜索することが彼らの義務とされている．

服装は赤と黒で統一したテューダー王朝のユニフォームで，赤・白・青のバラの花飾りのついた黒い平たいテューダー・ボンネットをかぶり，黒と赤のバンド付きの深紅のひざまであるチュニックに白い手袋，それに深紅の半ズボンと長靴下で，ひざと足もとにこれまたバラの花飾りをつけている．胸部には王のイニシャル付きの王冠とバラ，アザミ，シャムロックの花の刺繍が配されている．儀式には正装をして剣をつるし，鉾槍を持つことになっている．

19世紀ごろからこの衛士たちは宮殿には住まず，国家的行事の際だけに召集される．現在は60人ほどの退役軍人が待機している．ロンドン塔の衛兵のように常時勤務している衛兵もいるが，彼らはヨーマン・ウォーダーズと呼ばれている．一般にビーフイーターと呼ばれ，観光客の案内役として人気がある．彼らの服装は前者とは異なり，深紅の筋の入った濃紺のチュニックとズボンをはき，濃紺のボンネットをかぶる．マントを着用することもある．ロンドン塔の名物，数羽の大ガラスの飼育係をヨーマン・レイヴン・マスター(Yeoman Raven Master)と呼ぶ．

YMCA
→Young Men's Christian Association

York Buildings Waterworks

ヨーク・ビルディングズ水道会社

かつてロンドンに存在した水道会社のひとつ．1675年にラルフ・バクナルとラルフ・ウェインが今日のヴィリアズ・ストリート(→Villiers Street)に設立した．この通りのテムズ川への降り口には，1626年来すでにヨーク・ウォーターゲートが建てられていた．当時はクリストファー・レンが建設総監となって1666年のロンドン大火後の復興計画が進捗中であったが，レンの裁量で同社は，向こう90年間の経営特許を保証された．なおヨーク・ビルディングズというのは，当時におけるヴィリアズ・ストリート一帯の街区の総称で，かつてそこにヨーク・ハウス(→York House①)があったことにちなんでいる．会社はその最盛期には，付近の2500世帯に給水したといわれる．1690年に火災で焼失したが，1691-92年に議会立法にもとづいて再建され，21メートルの給水塔が建てられた．1712年からは蒸気機関が採用され，給水塔の頂上にあるタンクに水が揚げられた．

だが，1720年代から土地投機や保険業に手を広げて経営が苦しくなり，1731年に蒸気機関は止められ，営業は事実上停止された．会社の資産と法的地位はその後も維持されたが，1783年に最後の資産部分が売却され，1818年には会社自体もニュー・リヴァー水道会社(→New River Company)に売却されて消滅した．

→Water Supply

York Gate
ヨーク・ゲート　NW1

地下鉄ベイカー・ストリート駅とリージェンツ・パーク駅のほぼ中間にあり，マリルボーン・ロードとリージェンツ・パークを結ぶ道．ジョン・ナッシュの弟子デシマス・バートンによって1824年に建造された瀟洒なヨーク・テラス(→York Terrace)を東西に分ける道路でもある．この道のはす向かいにはセント・マリルボーン教区教会が立っている．

ヨーク・ゲートという道路名はジョージ四世の弟ヨーク公爵フレデリックに由来する．詩華集『ゴールデン・トレジャリー』の編者ポールグレイヴは1867年から75年にかけて5番地に住んでいた．国際ロータリー・クラブと同クラブのロンドン支部が6番地にある．

York House
ヨーク・ハウス

① Pall Mall, SW1

1760年代初期，ペル・メル街(→Pall Mall)の大邸宅のひとつとして高名の建築家マシュー・ブレティンガムが，ジョージ二世の次男ヨーク公爵エドワード・オーガスタスのために建てたもの．その後ヨーク公の次弟カンバーランド公爵ヘンリー・フレデリックの住まいとなってカンバーランド・ハウスと呼ばれていた．

1807年，建物は陸軍省の庁舎として使用されることになったが，1908年から東側半分が，また1911年から12年にかけて西側半分が取り壊されて，跡地は王立自動車クラブ(→Royal Automobile Club)の所有になっている．

② Stable Yard, SW1　→Lancaster House
③ Strand, WC2

メアリー世が1556年にヨーク大司教ニコラス・ヒースに与えたことからヨーク・ハウスの名称が生まれたが，もとは1237年に建てられたノリッチ司教の館で，ノリッチ・プレイスと呼ばれていた．1536年ヘンリー八世は妹メアリの2度目の夫のサフォーク公爵チャールズ・ブランドンにこの館を与え，さらに国璽尚書サー・ニコラス・ベーコンの住居となった．エリザベス一世在位末期の1600年，女王に反抗した寵臣エセックス伯爵デヴェルーが逮捕されてここに監禁されたこともある．

館はニコラス・ベーコンの息子フランシス・ベーコンの失脚で，ジェイムズ一世の寵臣初代バッキンガム公爵ジョージ・ヴィリアズに与えられたが，第二代バッキンガム公の1670年代，テムズ川寄りの館のヨーク・ウォーターゲートを除いて取り壊され，ニコラス・バーボンによって再開発された．そのときバッキンガム公は条件として"George Villiers, Duke of Buckingham"のすべてを地名，道路名とし

て残すことを求め，現在もチェアリング・クロス駅東側の地にジョージ・ストリート，ヴィリアズ・ストリート，デューク・ストリート，バッキンガム・ストリートの名称が残る．かつてはオヴ・アレーの道路名まであったが，この地名はのちにヨーク・プレイスと改称されて現在に至っている．

④ Richmond Road, Twickenham, TW1

17世紀後期の赤煉瓦造りの館として残る歴史的建造物．古くは14世紀にさかのぼるトゥイッケナム（→Twickenham）のヨーク家の屋敷にはじまるといわれるが，所有者が転々として1600年代中ごろに大法官のクラレンドン伯爵エドワード・ハイドの長男ヘンリー（のちに第二代クラレンドン伯）が手に入れ，1689年までヘンリーが住んだ．しかしクラレンドン伯の遺言で，館は次男の初代ロチェスター伯爵ローレンス・ハイドに継がれた．現在に残る中央の3階建ての部分は，この時代の建築といわれる．

その後この館に住んだ駐英オーストリア大使のシュターレンベルク伯爵ルートヴィッヒは，18世紀末に館の左側に劇場を建て，19世紀に入ると女流彫刻家で知られるアン・シーモア・ダーマーが買い取った．その後も館は1864年に亡命フランス王族の住居となったり，インドの豪商サー・ラタン・タータの所有となったりして，現在はリッチモンド・アポン・テムズ自治区の庁舎として使用されている．

York Place
ヨーク・プレイス　WC2

かつてのヨーク大司教ロンドン公邸の所在地．

1245年ヨーク大司教ウォルター・ド・グレイがヨーク司教区のために買い求めておいた地所に大司教ロンドン公邸を建て，公邸所在地をヨーク・プレイスと呼んだ．この地が有名になったのはヘンリー八世の大法官として権力をふるった枢機卿，大司教のトマス・ウルジーの時代であり，財力にあかせての公邸増改築によって，ウルジーひとりのため常時500人が仕えるほどの一大巨館となった．しかし，ウルジーの失脚後，ヘンリー八世は公邸ならびにその所在地のヨーク・プレイスを没収し，老朽化したウェストミンスター・パレス（→Palace of Westminster）に代わる王宮として増改築，新王宮ホワイトホール・パレス（→Whitehall Palace）が生まれた．

York Terrace
ヨーク・テラス　NW1

リージェンツ・パークの南寄りに位置し，マリルボーン・ロードに並行に立つテラス・ハウス．名称はジョージ四世の弟ヨーク公爵に由来する．ジョン・ナッシュの弟子デシマス・バートンが1821年に設計した全長330メートルの建物である．ヨーク・ゲートによって東西に二分されるが，西側は現在ノッティンガム・テラスと呼ばれる．近くにマダム・タッソー蠟人形館，王立音楽院がある．

ヨーク・テラスは，リージェンツ・パークの外周に沿って立つクラレンス・テラス，コーンウォール・テラスなどと同じく，古典様式の柱廊の上にペディメントを配した堂々たる構えである．東端の42, 43番地には，1828年にナッシュによって建てられたドリック・ヴィラという2軒の家が立つ．43番地に最初に住んだのはヘンリー・レイクス牧師とシャーロット・レイクスである．俳優でドルーリー・レイン劇場の支配人のウィリアム・チャールズ・マクリーディはヨーク・ゲートの近くの1番に居を構えていた．女子の高等教育機関として最も古い歴史をもつベドフォード・コレッジ（→Bedford College）の創始者エリザベス・ジェッサー・レイドは1846年から65年まで21番に住んでいた．俳優兼支配人のサー・チャールズ・ウィンダムは43番で亡くなった．

Young Men's Christian Association
キリスト教青年会

Great Russell Street, WC1

1844年に活動を開始したキリスト教徒による慈善団体で，青少年のための精神的社会的

867

W.M.サッカレーの家

身体的福祉を促進させることを目的としている．略称YMCA．創設者のジョージ・ラッセル・ウィリアムズは，イングランド西部の農家出身の青年で，セント・ポールズ・チャーチヤードにあった呉服商の雇人であった．彼は一生をYMCAのために捧げ，1885年にはシャフツベリー伯爵に次いで会長となり，1894年にはナイト爵に叙せられ，1905年にセント・ポール大聖堂の納骨堂に埋葬された．ウェストミンスター・アビーのステンド・グラスに彼の肖像を見ることができる．

YMCAの最初のロンドン本部はラドゲート・ヒルのセント・マーティン・コーヒー店に置かれていたが，発展してからはストランド街のエクセター・ホールに移ったのが1880年のことであった．1895年にはオールダーズゲート・ストリートとコーンヒルの支部を合併した．会長のウィリアムズが1855年に最初の国際的YMCA会議をパリで開催して以来，ヨーロッパと北米の代表も参加してYMCA世界同盟が結成され，本部をジュネーヴに置いた．それが1980年代になるとさらに発展して，全世界で90か国，およそ1万の支部と会員2300万人を擁するまでに成長した．1976年に現在のグレイト・ラッセル・ストリートにお目見えした高層建築の大ロンドン本部は，ホテル，クラブ，そして住宅としての役割を果たすと同時に，YWCA(→Young Women's Christian Association)とともに廉価な宿泊施設となり，教育とレクリエーションの方面でも若き青年男女のために奉仕活動を続けている．

Young's
ヤング醸造会社
Wandsworth High Street, SW18

ラム醸造所の跡を継ぎ，1831年，ワンズワース地区に開業したビール醸造所．

大ロンドン南郊クロイドンからカーシャルトンを経てテムズ川に流れ込むワンドル川は，かつてイングランドでは最も開発された川で，川沿いには帽子製造や毛織物の縮絨，染色，皮なめし，ビール醸造所などの多くの工場が立ち並んでいた．この川の河口近くに，遅くとも1675年から何年にもわたってゆっくりと発展してきたラム醸造所があった．

1675年，ラム醸造所は有名なキット・キャット・クラブ(→Kit-Kat Club)の幹事であったジェイコブ・トンソンの親戚にあたるドレイパー一家の所有になった．現在醸造所の事務所になっているワンズワース・ハイ・ストリートに面するブルワリー・ハウスは18世紀初期に建てられたもので，表側の部屋には建築家イニゴー・ジョーンズとアンドレア・パラディオのみごとな石膏像がある．

868

ヤング・ヴィック座

ところが，1763年になってドレイパー一家は醸造所，建物，ラム亭（1974年にブルワリー・タップと改名）をトマス・トリトンに売却した．息子のジョージが事業を受け継ぎ，ジョージ亡きあと，彼の妻がチャールズ・アレン・ヤングとそのパートナー，アントニー・ベインブリッジに売却した．

ヤングはもともと大桶製造であった．1832年，醸造所は火災で焼け落ちてしまったが，ヤングとベインブリッジは操業を再開し，事業は繁盛した．しかも2人はすでに，トリトン一家から地元の多くのパブの貸借権を引き継いでいた．1835年に設置したビーム機関は現在に至るまで正常に動いている．

醸造所にとって，ヴィクトリア朝半ばのころが事業の地固めと着実な拡張の時期だった．パブをさらに購入し，貸借していったし，ビールの生産量も増大した．1882年，2度目の火災が醸造桶が設置された部屋で起こったが，それも翌年には再建された．

1884年にベインブリッジとの共同経営が破綻をきたし，当時62歳だったチャールズ・フローレンス・ヤングはほかの一家と手を組んで，ヤング社として操業を続けた．彼が1890年に亡くなると，会社は有限会社として7人の株主のもとで発足した．このころは，すべての醸造会社が財産を固めようとしていた時期で，ロンドンに散在するパブへの投機がさかんに行なわれた．

ビールの生産量は増大しつづけ，19世紀末までには敷地も現在と同じ広さになっていた．荷船で石炭や他の物資が運べるように，カット（Cut）として知られる運河が醸造所からテムズ川に通じていたが，その運河も1935年に埋め立てられた．40年には樽置き場が爆破され，ラム亭も被害を受けた．84年に最新の装置を備える新しい醸造場が完成した．
→Breweries

Young Street
ヤング・ストリート　W8

ケンジントン・ガーデンズにほど近い，繁華な大通りケンジントン・ハイ・ストリートに接する細い通り．

なんの変哲もないこの通りで目立つのは，黒い煉瓦の丸みをおびた家．チャールズ・ディケンズやジョージ・エリオットとともにヴィクトリア朝小説の三大巨匠と呼ばれたW.M.サッカレーが1846年から54年まで住んだ16番地の家である．彼はこの家で，名作『虚栄の市』や『ヘンリー・エズモンド』を執筆した．またこの家で，ブロンテ姉妹のうちのシャーロットのためにパーティを開いたりした．彼は1863年ケンジントン・ハイ・ストリートの向か

869

い側の道ケンジントン・パレス・ガーデンズ2番地の，自分の設計した家で亡くなった．

ヤング・ストリートの27番地には，サッカレーの娘で小説家だったアン・リッチィ夫人が住んでいたが，その家は今はない．

Young Vic
ヤング・ヴィック座
The Cut, SE1

この名前を冠した最初の劇団は，1945年演出家ジョージ・ディヴァインのもとにオールド・ヴィック実験演劇センターの一環として設立された．46年12月，カルロ・ゴッツィの《鹿の王》で旗揚げ，俳優訓練とレベルの高い上演をめざした．若年層を中心とした観客も育ったが，劇団は経済上の理由もあって1951年に解散した．

2番目のヤング・ヴィックは1970年にフランク・ダンロップの考案でナショナル・シアター(→National Theatre)の一部として設立された．このイギリス初の若者向きの劇場は74年に独立した組織となった．オールド・ヴィック(→Old Vic)のななめ前に位置し，長方形の舞台を三方からベンチが囲んだ劇場は，完全な円形劇場としても使用でき，客席数も舞台の形式に応じて400から500と変えられる．はでな舞台効果よりも台本と演技に焦点がおかれる．1970年9月，モリエールをダンロップらが翻案した《スカピーノ》で柿落し．ベケットの《ゴドーを待ちながら》(1970)やベン・ジョンソンの《錬金術師》(1972)などを，きどらない雰囲気で上演した．84年には110席のスタジオも併設した．地下鉄・鉄道のウォータールー駅に近い．

Young Women's Christian Association
キリスト教女子青年会
Great Russell Street, WC1

1855年に創設された慈善団体．略称YWCA．主として家庭(自国)を離れて働いている青年女子への精神的社会的身体的奉仕を目的としている．全国的本部は現在オックスフォードにあるが，ロンドン支部は大英博物館前のグレイト・ラッセル・ストリート沿いにある．

最初は2つの別々の組織から発展したもので，エマ・ロバーツ女史の祈禱会(ロンドンのバーネット地区)と，メアリ・ジェイン・キナード女史によるクリミア戦争への往復をする看護婦たちのための宿泊所(ロンドンのグレイト・シャーロット・ストリート)から発足した運動であった．これら2つの組織が1877年に合体し，1878年にシャフツベリー伯爵が初代会長となった．同時にロンドンに最初のYWCAの婦人用レストランができた．1897年にはロンドンで最初の世界大会が開催され，20か国の代表が集まった．現在では世界80か国の青年女子のための社会的教育的娯楽的機能を発揮し，廉価な宿泊施設を提供している．

YWCA
→Young Women's Christian Association

Z

Zimbabwe House
ジンバブエ・ハウス　Strand, WC2

　以前はローデシア・ハウスと呼ばれていた．建物の名称が変わったのは，アフリカ南部の英領植民地ローデシアが1980年にジンバブエとして独立したためである．ジンバブエ・ハウスはもともとウェスタン保険会社の社屋であったが，チャールズ・ホールデンによって英国医師会のために1907年に改築された．灰色のコーニッシュ産の花崗岩とポートランド石が使用された外観が当時としては人目をひいた．

　外壁の一部にジェイコブ・エプスタイン作の《人類の時代》を描いた人物像がある．しかし等身大よりも大きい裸像群が1908年に公開されたときには物議をかもし，向かい側のビルは窓ガラスをくもりガラスに変えたり，像の公序良俗に反する部分を除去したりした．さらに1930年代に南ローデシアの高等弁務官がこの建物を引き継いだとき，同じ理由で像の切断を命じた．現在はこのエプスタイン制作の像は，首と手足が欠けた無残な姿となっている．

Zoological Gardens
→**London Zoo**

Zoological Society of London
ロンドン動物学協会
Regent's Park, NW1

　1826年4月29日，サー・スタンフォード・ラフルズや王立協会（→Royal Society）会長サー・ハンフリー・デイヴィなど錚々たる顔ぶれを発起人にして設立された．協会の目的は「動物学と動物生理学の進歩と動物界の新種・珍種を導入」することであった．協会の主要研究機関誌『動物学協会報』は創設以来継続されている研究集会で発表される研究を掲載して，世界的に注目される．1991年度，特別会員2,225名，準会員2,784名を擁し，ほかに1万4000名の動物観察員がいる．ロンドン動物園の正面の斜め向かいにある．

付　録

国王・女王一覧 …………………………… 875
ロンドン年表 ……………………………… 878
ロンドンの人口の推移 …………………… 891
歴代ロンドン市長 ………………………… 892
シティ同業組合 …………………………… 898
ロンドンの年中行事 ……………………… 902
著名人住居跡 ……………………………… 905
記念像・記念碑 …………………………… 908

国 王 ・ 女 王 一 覧

　サクソン王のうち Egbert(802-39) から Edward the Elder(899-924) までの7人は全イングランドの統治者とは認めがたいので，本表から省いた．
　また，イギリス歴代の君主は，ほとんど常に居住を2か所以上構えてきた．したがって，ここではヘンリー八世以降のたいていの君主の居城欄に2か所以上の居城が記されている．

名　前	生没年	在位年	ロンドンの主な居城	ロンドンとの関わり
Athelstan	895頃-939	924-39	(Winchester)	Edward the Elder から Ethelred II まで，少なくとも7人のサクソン王が市西郊キングストン・アポン・テムズ地区に残る戴冠石(Coronation Stone)で王位に就いたといわれる．
Edmund I	921-46	939-46		
Eadred	? -955	946-55		
Eadwig	943前-59	955-59		
Edgar	943-75	959-75		
Edward II the Martyr	962頃-79	975-79	(エドワード懺悔王まで，居城はシティにあった)	
Ethelred II the Unready	968頃-1016	979-1016		
Edmund II Ironside	993前-1016	1016		
Cnut I	995頃-1035	1016-35		
Harold Harefoot	1016頃-40	1035-40		
Cnut II Harthacnut	1018頃-42	1040-42		
Edward the Confessor	1002/5-66 1042-66	1042-66	Westminster Palace	ウェストミンスター・アビー建立
Harold II	1020頃-66	1066		
William I the Conqueror	1027/8-87	1066-87	Westminster Palace	ウェストミンスター・アビーで王位に就いた最初の王 ロンドン塔建立
William II Rufus	1056/60-1100	1087-1100	Westminster Palace	
Henry I Beauclerc	1068-1135	1100-35	Westminster Palace	
Stephen	1100前-54	1135-54	Westminster Palace	ロンドン塔を住居とした最初の王
Henry II Curtmantle	1133-89	1154-89	Westminster Palace	
Richard I Coeur de Lion	1157-99	1189-99	Westminster Palace	
John Lackland	1167-1216	1199-1216	Westminster Palace	マグナ・カルタの制定 (1215)
Henry III	1207-72	1216-72	Westminster Palace	

名　前	生没年	在位年	ロンドンの主な居城	ロンドンとの関わり
Edward Ⅰ Longshanks	1239-1307	1272-1307	Westminster Palace	セント・スティーヴン教会再建
Edward Ⅱ	1284-1327	1307-27	Westminster Palace	
Edward Ⅲ	1312-77	1327-77	Westminster Palace	
Richard Ⅱ	1367-99	1377-99	Westminster Palace	
Henry Ⅳ	1366-1413	1399-1413	Westminster Palace	
Henry Ⅴ	1387-1422	1413-22	Westminster Palace	
Henry Ⅵ	1421-71	1422-61	Westminster Palace	
		1470-71	Westminster Palace	
Edward Ⅳ	1442-83	1461-70	Westminster Palace	
		1471-83	Westminster Palace	
Edward Ⅴ	1470-83	1483	Westminster Palace	ウェストミンスター・アビーでの戴冠式は行なわないままの王．ロンドン塔に幽閉され殺された
Richard Ⅲ	1452-85	1483-85	Westminster Palace	
Henry Ⅶ	1547-09	1485-1509	Westminster Palace	
Henry Ⅷ	1491-1547	1509-47	Whitehall Palace/ Greenwich Palace/ Hampton Court Palace	ローマ・カトリック教会との決別
Edward Ⅵ	1537-53	1547-53	Whitehall Palace/ Hampton Court Palace/ Greenwich Palace	
Jane	1537-54	1553		ウェストミンスター・アビーでの戴冠式を行なわなかった短命の女王
Mary Ⅰ	1516-58	1553-58	Hampton Court Palace/ St James's Palace	ローマ・カトリック教徒
Elizabeth Ⅰ	1533-1603	1558-1603	St James's Palace/ Greenwich Palace	イギリス・ルネサンスの黄金時代をもたらす
James Ⅰ	1566-1625	1603-25 (Scot.1567-)	St James's Palace/ Whitehall Palace/ Greenwich Palace	
Charles Ⅰ	1600-49	1625-49	Whitehall Palace/ St James's Palace	ホワイトホール・パレス前で処刑される
(Commonwealth:1649-59　護民官としてオリヴァー・クロムウェルが Whitehall Palace に居住)				
Charles Ⅱ	1630-85	1660-85	Whitehall Palace/ St James's Palace	王政復古
James Ⅱ	1633-1701	1685-88	Whitehall Palace	退位させられ亡命
William Ⅲ and Mary Ⅱ	1650-1702 1662-94	1689-1702 1689-94	Hampton Court Palace/ Kensington Palace	
Anne	1665-1714	1702-14	Hampton Court Palace/ Kensington Palace	セント・ジェイムジズ・パレスで誕生
George Ⅰ	1660-1727	1714-27	Hampton Court Palace/ Kensington Palace/ St James's Palace	

名　前	生没年	在位年	ロンドンの主な居城	ロンドンとの関わり
George II	1683-1760	1727-60	Kensington Palace/ St James's Palace/ Hampton Court Palace	ハンプトン・コート・パレスに住んだ最後の王
George III	1738-1820	1760-1820	Buckingham Palace/ St James's Palace	ジョージ王朝様式の確立
George IV	1762-1830	1820-30	Carlton House/ St James's Palace	摂政の宮 (1811-20) バッキンガム・パレス建立を立案
William IV	1765-1837	1830-37	Clarence House	
Victoria	1819-1901	1837-1901	Buckingham Palace	夫君アルバート公が推進したロイヤル・アルバート・ホールに礎石を置く．ハンプトン・コート・パレスを一般に公開．王室の人気を高める
Edward VII	1841-1910	1901-10	Buckingham Palace	遊び好きの皇太子
George V	1865-1936	1910-36	Buckingham Palace	「家政的な」イメージ
Edward VIII	1894-1972	1936	—	王位を放棄
George VI	1895-1952	1936-52	Buckingham Palace	第二次大戦の空襲下でロンドン在住
Elizabeth II	1926-	1952-	Buckingham Palace	

* 現エリザベス女王の居城は，バッキンガム・パレス以外に，ウィンザー城，サンドリンガム・ハウス，バルモラル城があるが，ロンドン市外なのでここでは省略した．

ロンドン年表

(♛印は国王・女王の即位を，また◆は世界史的事項を示す)

政治・経済・社会	文芸・科学・生活
現在のロンドンと考えられる場所に初めて人類が現われたのは50万年前とされる	
先史時代のロンドン（50000BC-AD43）	
600 BC 現在のロンドンに近い場所に中期鉄器時代の集落が出現 55 BC ブリテン島南東部に侵攻したシーザーの率いるローマ軍がテムズ川まで北進，北岸域に渡河	
ローマ時代のロンドン（AD43-450）	
AD 43 クラウディウス帝のローマ軍の侵攻 　50 ロンディニウムの建設 　60 古代ケルト族であるイケニ族のボアディケア女王，ロンディニウムを攻撃，惨敗 　61 ロンディニウム，ローマ帝国の属州の首都に決まる 　100 この頃，木造のロンドン橋建造 　125 ロンディニウム，火災で焼失 　200 市壁の建設 　240 ミトラス神殿の建設 　288 ロンドン旧造幣所の設立 　314 ローマ・キリスト教の司教区となる 　367 ピクト，スコット，サクソン人の襲来 　410 ローマ軍，ブリテン島より撤退	
サクソン時代のロンドン（AD450-1066）	
447 アングロ・サクソン人の侵入が始まる(-450) 455 ブリトン人の敗北 600頃 城壁の外にサクソン人のロンドンが建設される 604 イースト・ミンスター（のちセント・ポール大聖堂）の建設始まる 606 現在のサザック大聖堂の地にセント・メアリ・オーヴァリー女子修道院の建設 616 ウェストミンスター・アビーの献堂	678頃 『ベーオウルフ』の最も早い制作（最

政治・経済・社会	文芸・科学・生活
◆平城京遷都(710) ◆平安京遷都(794) 839　ヴァイキングの襲来 871　この頃デーン人の襲来盛ん 878　アルフレッド大王がロンドンを奪回（首都はウィンチェスターのまま） 899　クイーンハイズ・ドックについて最初の記録 961　セント・ポール大聖堂火災 994　テムズ川に最初の架橋(木造) 1000頃　ロンドン橋についての最初の記録 1016　カヌートがロンドンを占領，王位に就く(-1035) 1042　エドワード懺悔王が即位(-1066)．ロンドンがイングランドの首都に決まる 1065　ウェストミンスター・アビー，エドワード懺悔王によって再建される	後の制作は793年頃) 892　古英語散文の『アングロサクソン年代記』の編纂すすむ 996頃　アルフリック，旧約聖書の英訳を始める

中世のロンドン (1066-1485)

ノルマン朝(1066-1154)
プランタジネット朝(1154-1399)
ランカスター朝(1399-1461)
ヨーク朝(1461-85)

政治・経済・社会	文芸・科学・生活
1066　ヘイスティングズの戦いでハロルドが殺され，ウィリアム征服王がウェストミンスター・アビーで戴冠 　　♛ウィリアム一世 (1066-87) 1067　ロンドン塔の本格的な建設が始まる 1085　人口，1万人をこえる 1087　旧セント・ポール大聖堂焼失 　　♛ウィリアム二世(1087-1100) 1091　大洪水によりロンドン橋が大被害をうける 1099　ウェストミンスター・ホールの建設 　　◆第1回十字軍(1099) 　　♛ヘンリー一世(1100-35) 1106　現在のサザック大聖堂の建築が始まる 1123　セント・バーソロミュー・ザ・グレイトおよびセント・バーソロミュー病院の建設が始まる	 1086　土地台帳(ドゥームズデイ・ブック)の作成 1095　算盤の使用 1133　バーソロミュー定期市に勅許

政治・経済・社会	文芸・科学・生活
♛スティーヴン王(1135-41, 1141-54)	
1140　クラークンウェルにセント・ジョン修道院，セント・メアリ女子修道院の建設	1140　皆既日食／この頃ジェフリー・オヴ・マンマス『ブリタニア列王史』
♛ヘンリー二世(1154-89)	
1155頃　葡萄酒業者同業組合に勅許状	
1173頃　歴史家フィッツ・スティーヴンによるロンドンについて最初の記録	
1176　石造りのロンドン橋工事始まる(-1209)	
	1180　クラークンウェルで奇跡劇上演
1185　テンプル・チャーチ献堂	
♛リチャード一世(1189-99)	
1189　初代ロンドン市長の就任／市長と参事会員が独自の司法権をもつ勅許がおりる	
♛ジョン王(1199-1216)	
◆鎌倉時代始まる(1192)	
	1190年代　チェス，闘鶏が人気をあつめる
1207　カンタベリー大司教のロンドン邸宅がランベスに完成	
1209　石造りのロンドン橋完成	
♛ヘンリー三世(1216-72)	
1224　フランシスコ会修道士が初めてロンドンに到着	
1247　ベツレヘム精神病院の設立	
	1250　セント・バーソロミュー・ザ・グレイトにロンドン最初のゴシック・アーチ
	1253　国王に献上された象がロンドン塔で飼育される
♛エドワード一世(1272-1307)	
1274　フリート・ストリートの最初の記録	
1276　ドミニコ会修道士らがテムズ河畔に到着	
	1290　最初のパブ，ホップとブドウ亭登場
1305　ロンドン橋にW.ウォレスの首がさらされる	
♛エドワード二世(1307-27)	
1316　大飢饉	
1327　最初のロンドン市議会	
♛エドワード三世(1327-77)	
◆南北朝時代始まる(1336)	
	1329年　ジョン・ウィクリフ誕生(-84)
	1340頃　ジェフリー・チョーサー誕生(-1400)
1348-49　黒死病流行，死者約2万人	
	1349-52　セント・スティーヴンズ・チャペルにステンドグラス窓完成
1358　ロンドン橋上に138の店／金細工師同業組合会館完成	

政治・経済・社会	文芸・科学・生活
	1362 ウィリアム・ラングランド『農夫ピアズの夢』
1375 ステイプル法学院の最初の記録 ♛リチャード二世(1377-99)	1377 ウェストミンスター・アビーにエドワード三世の横臥像
1380 人口約2万人／皮革商同業組合会館完成	
1381 ワット・タイラー，スミスフィールドで刺殺される	
	1388 タイバーンで公開処刑始まる(-1783)
◆室町時代始まる(1392)	
1397 リチャード・ウィッティントン第1回目の市長就任 ♛ヘンリー四世(1399-1413)	
1400 ビリングズゲート・マーケットに勅許がおりる	
1410 テムズ川が14週間氷結	
1411 ギルドホールの建設(-26) ♛ヘンリー五世(1413-22)	
1422 111の同業組合の記録 ♛ヘンリー六世(1422-61)	1422 ウィリアム・カクストン誕生(-91)
1425 服地商同業組合会館完成	
1440 インナー・テンプルの最初の記録	
1457 アン・ブーリンの父，ロンドン市長に就任 ♛エドワード四世(1461-70,71-83)	
	1476 カクストン，ウェストミンスターでイギリス初の活版印刷を始める
♛エドワード五世(1483)	
♛リチャード三世(1483-85)	
テューダー朝のロンドン （1485-1603）	
♛ヘンリー七世(1485-1509) ◆コロンブス新大陸へ航海	1485 トマス・マロリー『アーサー王の死』
	1501 フリート・ストリートに最初の印刷機が登場
♛ヘンリー八世(1509-47)	
1513 ウリッチ，デトフォードに王立造船所の建設	
1515 ハンプトン・コート・パレス建設(-40)	1515 セント・ポール・スクール創立
	1516 トマス・モア『ユートピア』
	1525 年代記作者ジョン・ストー誕生(-1605)
1532 セント・ジェームズ宮殿建設(-40)	1532 画家ハンス・ホルバイン，ロンドンに定住
1535 トマス・モア，タワー・ヒルで処刑される ◆コペルニクス地動説発表(1543)	1543 この頃，今日のウェストミンスター・スクールの基礎ができる

	政治・経済・社会		文芸・科学・生活
	♛エドワード六世(1547-53)		
	◆F. ザビエル, 日本にキリスト教伝道(1549)		
1550	人口約5万人	1550	自家用大型四輪馬車の実用化
1552	クライスツ・ホスピタルの設立	1552頃	詩人エドマンド・スペンサー誕生(-99)
	♛メアリ一世(1553-58)		
		1554	サザックのジョージ亭の最初の記録
1556	トマス・グレシャム, 王立取引所設立		
	♛エリザベス一世(1558-1603)		
		1560頃	ラルフ・アガス, 絵入りロンドン地図を作成
1561	セント・ポール大聖堂に落雷, ドーム上の尖塔損傷		
		1564	詩人・劇作家ウィリアム・シェイクスピア誕生(-1616)/劇作家クリストファ・マーロー誕生(-93)
1565	株式取引所設立		
1571	ミドル・テンプル・ホール完成		
		1572	ハロー校創立/劇作家ベン・ジョンソン誕生(-1637)/詩人ジョン・ダン誕生(-1631)
	◆安土桃山時代始まる(1573)		
		1576	ショーディッチにシアター座開場
		1579	グレシャム・コレッジ創立
1583	人口約12万人		
		1584	フリート・ストリートのイー・オールド・チェシャー・チーズ亭の最初の記録
		1587	サザックのローズ座開場/この頃シェイクスピア上京
	◆イギリス, スペインの無敵艦隊を撃破(1588)		
	◆秀吉, 天下統一(1590)		
		1598	ジョン・ストー『ロンドン通覧』
1599	ロザハイズに最初の乾ドック完成	1599	サザックにグローブ座開場

前期ステュアート朝のロンドン (1603-1666)

	政治・経済・社会		文芸・科学・生活
	♛ジェイムズ一世(スコットランド王ジェイムズ六世)(1603-25)		
	◆江戸時代始まる(1603)	1603	フォーチュン座開場
1605	ガイ・フォークスらによる火薬陰謀事件発覚		
		1608	テムズ川の大氷上祭/ジョン・ミルトン誕生(-74)
		1611	欽定英訳聖書の刊行
1614	ブラックウォールに東インド会社ドック誕生	1614	イニゴー・ジョーンズ, 王室建築長官就任
1616	グリニッチにクイーンズ・ハウス着工		

	政治・経済・社会		文芸・科学・生活
	(-35)		
1618	ウォルター・ローリー，ウェストミンスターのパレスヤードで処刑される		
1619	ホワイトホールにバンケティング・ハウス着工(-25)		
		1620	日記作家ジョン・イーヴリン誕生(-1706)
		1623	アントニー・ヴァン・ダイク，チャールズ一世の宮廷画家となる
	♛チャールズ一世(1625-49)	1625	最初の貸し馬車登場
1630	人口約20万人		
1631	キュー・パレスの前身，ダッチ・ハウス完成		
		1632	建築家クリストファ・レン誕生(-1723)
		1633	海軍大臣・日記作家サミュエル・ピープス誕生(-1703)/ロンドン橋の火災
		1634	最初の貸し椅子かご登場
1635	レスター・スクエア，コヴェント・ガーデンのピアッツァ完成	1635	4法学院がホワイト・ホールでチャールズ一世に仮面劇を上演
	◆江戸幕府，鎖国(1639)		
1642	ピューリタン革命始まる．ロンドンは議会派を支持	1642	劇場閉鎖
		1644	グローヴ座取り壊される
		1648	テムズ川の氷上祭
1649	チャールズ一世，ホワイトホールで処刑される．共和制始まる(-60)		
		1651	最初のコーヒー店出現
1656	最初のユダヤ教礼拝堂の建立	1656	市内に1153軒の居酒屋
		1658	作曲家ヘンリー・パーセル誕生(-95)/グリニッチ流域で長さ18メートルあまりの鯨が捕獲される
1660	王政回復	1660	王立学士院設立/小説家ダニエル・デフォー誕生(-1731)
	♛チャールズ二世(1660-85)		
		1663	ドルーリー・レイン劇場の前身シアター・ロイヤル完成
1665	腺ペストの流行，死者約7万人		

後期ステュアート朝のロンドン（1666-1714）

	政治・経済・社会		文芸・科学・生活
1666	ロンドン大火		
		1667	ジョナサン・スウィフト誕生(-1745)/この頃チャールズ二世，ネル・グウィンに邂逅
		1669	定期駅馬車便「フライング・コーチ」，ロンドン―オックスフォード，ケンブリッジ間に登場
1670	紋章院の創設/レンによる教会の再建始まる		
1671	大火記念柱の建設(-77)		

政治・経済・社会	文芸・科学・生活
	1674 ドイツ出身の画家,ゴットフリー・ネラー,ロンドンに定住
1675 セント・ポール大聖堂の再建(-1711)	1675 グリニッチ天文台創設/ジェイムズ・ソーンヒル誕生(-1734)
1678 カトリック陰謀事件	
1682 最初の火災保険会社の設立	
	1683 サドラーズ・ウェルズ劇場の前身,サドラーのミュージック・ハウス建設
♛ジェイムズ二世(1685-88)	1685 ドイツ生まれで英国に帰化した作曲家 G.F.ヘンデル誕生(-1759)
♛ウィリアム三世(1689-1702),メアリ二世(1689-94)	
	1690 ジョン・ロック『人間悟性論』
1692 チェルシー・ホスピタル完成	
1694 イングランド銀行の創設	1694 ロンドンの貸し馬車の台数が700台に制限される
	1697 画家ウィリアム・ホガース誕生(-1764)
1700 人口約70万人	
♛アン女王(1702-14)	1702 日刊紙『デイリー・クーラント』創刊.
◆赤穂浪士討ち入り(1702)	
1703 バッキンガム・ハウスの建造	1703 アイザック・ニュートン,王立学士院長に就任
1710 保険会社,サン・ファイア・オフィス創立	
	1713 市の給水源ニュー・リヴァー完成

18世紀のロンドン (1714-1800)

政治・経済・社会	文芸・科学・生活
♛ジョージ一世(1714-27)	
	1715 ジェフリー救貧院のちの博物館建設
	1716 長期の日照りのためロンドン橋の下流でテムズ川を歩いて渡ることができた
1717 キャヴェンディッシュ・スクエア完成	1717 俳優デイヴィッド・ギャリック誕生(-79)
1720 南海泡沫事件/ハノーヴァー・スクエア完成	1720 ヘイマーケットにシアター・ロイヤル開場
1721 セント・マーティン・イン・ザ・フィールズ教会の建立	
♛ジョージ二世(1727-60)	
1724 大盗賊ジャック・シェパード,タイバーンで処刑される	
	1729 チズィック・ハウス完成
1731 新古典主義様式のロンドン市長公邸に着手(-53)	
1732 サー・ロバート・ウォルポールがダウニング・ストリート10番を首相官邸として使用しはじめる	1732 コヴェント・ガーデン劇場開場/ディレッタンティ協会創立
	1733 ハイド・パークにサーペンタイン池が完成/フリート川暗渠となる
1739 ロンドン市長公舎の建設が始まる(-53)	

政治・経済・社会	文芸・科学・生活
	1742 トマス・コーラム,孤児養育院を創設
	1746 イタリア人画家カナレット来英,ロンドンで制作
	1749 ヘンリー・フィールディング『トム・ジョーンズ』
1750 最初のウェストミンスター橋完成/人口約65万	
1752 ロンドン病院建設(-59)	
	1754頃 モンタギュー・ハウスにブルーストッキング・ソサエティ誕生
	1755 ジョンソン博士による『英語辞典』出版
	1756 ロンドンの123の宿駅から定期駅馬車路線が定められる
	1757 詩人・画家ウィリアム・ブレイク誕生(-1827)
1759 キュー植物園の創設	1759 大英博物館の開館
♛ジョージ三世(1760-1820)	
1762 ウェストミンスター舗装・照明法の成立	
1767 シティの家屋敷の初の調査実施	
	1768 王立美術院の創設
1770 リー川からテムズ川へロンドン最初の運河開通	
	1774 アストリー半円形劇場の前身,開業/クリケットが初めて行なわれる
	1775 セント・ジェイムジズ・ストリートにブードルズ・クラブ発足/風景画家J.M.W.ターナー誕生(-1851)/ジェイン・オースティン誕生(-1817)
◆アメリカ独立宣言(1776)	1776 サマセット・ハウス建設(-86)/風景画家ジョン・コンスタブル誕生(-1837)
	1778 セント・ジェイムジズ・ストリートにブルックス・クラブ発足
1780 ゴードン暴動,約850人死亡	
	1783 ニューゲート監獄開設
	1784 フィンズベリーのアーティラリー・グラウンドから気球を飛ばす/最初の郵便馬車がロンドン―ブリストルを走る
	1785 『タイムズ』創刊
	1787 マリルボーン・クリケット・クラブ創設
	1788 セント・ジェイムジズ・ストリートにホワイツ・クラブ発足
◆フランス革命(1789)	
	1792 挿絵画家ジョージ・クルックシャンク誕生(-1878)/詩人シェリー誕生(-1822)
	1795 トマス・カーライル誕生(-1881)/詩人J.キーツ誕生(-1821)

政治・経済・社会	文芸・科学・生活
19世紀のロンドン (1800-1870)	

政治・経済・社会	文芸・科学・生活
1800 ラッセル・スクエアの建設始まる	
1802 ウェスト・インディア・ドック竣工	1801 最初の国勢調査の実施．人口約110万
1803 サリー鉄道，ワンズワース―クロイドン間に開通	
◆ナポレオン，皇帝となる(1804)	
1805 ムアフィールズ眼科病院設立/イースト・インディア・ドック竣工	
	1806 経済学者J.S.ミル誕生(-73)
	1807 ペル・メル街にガス灯の登場
	1809 生物学者ダーウィン誕生(-82)
1811 王立造幣局の開設/大ロンドンの人口約130万	
	1812 『ロンドンの労働とロンドンの貧民』の著者ヘンリー・メイヒュー誕生(-87)
1817 リージェント・ストリート建設(-23)	
1819 ブリンクストン監獄の開設/サザック橋開通	1819 女子学生のためのベドフォード・コレッジの創立
1820 リージェント・カナル開通	
♚ジョージ四世(1820-30)	
	1821 ヘイマーケット劇場の開場
	1823 王立音楽院の創立
1824 ロンドン橋再建着手(-31)	
1827 カールトン・ハウス・テラス，マーブル・アーチ建造	1827 リージェンツ・パークに動物園開園
1828 コヴェント・ガーデン・マーケット開設	1828 ユニヴァーシティ・コレッジの創立
1829 中央郵便局開業/首都警察スコットランドヤード(ロンドン警視庁)発足/トラファルガー・スクエアの建設はじまる(-50)	1829 キングズ・コレッジ創立
♚ウィリアム四世(1830-37)	
1830 セント・キャサリンズ・ドック竣工	
	1834 ウィリアム・モリス誕生(-96)/ハンサム・キャブといわれた2人乗り1頭曳き二輪辻馬車の登場
	1835 マダム・タッソー，ポートマン・スクエアに蝋人形館を開設
	1836 ロンドン史家ウォルター・ベザント誕生(-1901)/リフォーム・クラブ発足
♚ヴィクトリア女王(1837-1901)	
1837 ユーストン駅の開業	1837 ヒッポドローム競馬場開設/チフスの流行
1838 パディントン駅の開業	1838 ナショナル・ギャラリー開設/ハイゲート墓地開園
◆チャーティスト運動始まる(1838-48)	
1840 1ペニー郵便制度の導入	

	政治・経済・社会		文芸・科学・生活
1841	ロンドンの人口約220万/ロンドン塔の大火	1841	『パンチ』創刊
		1843	テムズ・トンネル開通
1848	ウォータールー駅の開業	1848	コレラの大流行
		1849	ハロッズ百貨店の開業
1851	ハイド・パークで初の万国博覧会/「水晶宮」の建設/公文書館の着工(-96)		
1852	キングズ・クロス駅の開業		
	◆浦賀にペリー来航(1853)		
1855	首都管理法成立/ヴィクトリア・ドック竣工	1855	「全ロンドン乗合馬車会社」創立/『デイリー・テレグラフ』創刊
1857	テムズ川管理法成立	1857	ヴィクトリア・アンド・アルバート博物館開館
1858	チェルシー橋完成	1858	ウェストミンスター橋に初めての電灯登場
		1859	ヴォクソール・ガーデンズ閉園
1860	首都ガス法成立		
1861	大ロンドンの人口約318万		
1863	世界最初の地下鉄メトロポリタン・ライン開通		
1865	チェアリング・クロス駅の開業/イースト・エンドで救世軍の発足		
		1866	作家H.G.ウェルズ誕生(-1946)
1868	ニューゲート監獄で最後の公開処刑/セント・パンクラス駅着工(-74)		
	◆明治維新(1868)		

帝国の首都ロンドン (1870-1914)

	政治・経済・社会		文芸・科学・生活
1871	ロイズ保険機構の発足/ストランドに王立裁判所の建設に着手(-82)	1871	ロイヤル・アルバート・ホールの開場
1872	ハムステッド・ヒースが一般公開される	1872	ベスナル・グリーン児童博物館開館
1875	リヴァプール・ストリート駅開業	1875	リバティ百貨店の前身,開業
		1876	アルバート・メモリアル完成
1878	オベリスク「クレオパトラの針」設置		
1880	ロイヤル・アルバート・ドック竣工		
1881	大ロンドンの人口約470万	1881	グリニッチが子午線として承認される/サヴォイ劇場の建設/自然史博物館開館
		1883	王立音楽大学の創立
1884	フェビアン協会の設立	1884	プリンス・オヴ・ウェールズ劇場開場
1886	シャフツベリー・アヴェニュー竣工/タワー・ブリッジ完成		
1888	ロンドン市議会の創設/切り裂きジャック事件	1888	『ファイナンシャル・タイムズ』発刊
		1889	サヴォイ・ホテルの開業
		1890	労働者階級住宅法成立,フラットが登場しはじめる

	政治・経済・社会		文芸・科学・生活
1891	ニュー・スコットランド・ヤード発足/大ロンドンの人口約555万		
1893	ピカディリー・サーカスのエロス像の除幕		
1894	タワー・ブリッジ完成		
1895	ウェストミンスター大聖堂着工(-1903)	1895	第1回プロムナード・コンサート/最初の乗合自動車
		1896	シティ・ユニヴァーシティ創立/ナショナル・ポートレート・ギャラリーの開館
1897	ブラックウォール・トンネルの開通	1897	テート・ギャラリーの開設
		1898	デパートのハロッズが市内初のエスカレーター設置
1899	28の首都自治区の設置		
1900	地下鉄セントラル・ライン開通 ◆夏目漱石ロンドン留学(1900-02)	1900	ウォレス・コレクション公開
1901	大ロンドンの人口約650万 ♛エドワード七世(1901-10)		
1902	首都水道局の設置/スピタルフィールズ市場の再建 ◆ライト兄弟，飛行に成功(1903)	1902	ホテル・リッツ開業
1904	2階建てバスの登場	1904	ロンドン交響楽団創設/ロンドン・コロシアム劇場の開業
		1905	オールドウィッチ劇場とストランド劇場の開業
1906	地下鉄ベイカールー・ラインとピカディリー・ライン開通		
1907	通称オールド・ベイリー，中央刑事裁判所の新庁舎開設	1907	ロンドン最初のタクシーが登場
1908	ロザハイズ道路トンネル開通/ロンドン港管理委員会の設置		
		1909	セルフリッジ百貨店の開店
1910	アドミラルティ・アーチ完成 ♛ジョージ五世(1910-36)		
1911	大ロンドンの人口約716万人	1911	ロンドン博物館の創設/"パーリー・キング"協会の発足

20世紀初期と第二次世界大戦時のロンドン (1914-45)

	◆第一次世界大戦(1914-18)		
1915	ドイツの飛行船ツェッペリンの爆撃が始まる		
1919	ホワイト・ホールに第一次世界大戦戦没者記念碑の除幕		
1921	ジョージ五世ドックの竣工		
		1922	BBCラジオ放送を開始
		1923	W.B.イェーツ，ノーベル文学賞受賞
		1924	ロンドン最初のウルワースがオックスフォード・ストリートに出店
		1926	ソーホーのフリス・ストリートでテレビジョンの公開実験

政治・経済・社会	文芸・科学・生活
	1927　グレーハウンド・レースの登場/メイフェア・ホテルとパーク・レイン・ホテル開業
1930　第1回チェルシー・フラワー・ショー開催	
1931　大ロンドンの人口約810万人	1931　『デイリー・エクスプレス』紙の社屋完成
	1932　ポートランド・プレイスにBBCの新社屋完成/ロンドン管弦楽団発足/J.ゴールズワージー，ノーベル文学賞受賞
1933　バタシー火力発電所操業開始	
	1934　国立海事博物館開館
	1935　地質学博物館開館
♛エドワード八世即位・王位継承権放棄(1936)	1936　BBC，TV放送を開始
♛ジョージ六世(1936-52)	
1937　アールズ・コート展示館完成	
	1938　緊急用電話999番設定
1939　大ロンドンの人口約860万人(最多)	
◆第二次世界大戦(1939-45)	
1940　ロンドン大空襲始まる(-45)，約3万の死者	
1944　ロンドン港のヨーロッパ侵入作戦の基地化	

20世紀後半のロンドン (1945-2000)

政治・経済・社会	文芸・科学・生活
1946　ヒースロー空港の開港/ニュータウン法によりロンドン周辺に8つのニュータウン開発	
	1947　辻馬車免許の廃止
◆第14回オリンピック，ロンドンで開催(1948)	
1951　大博覧会百周年を記念する英国祭/大ロンドンの人口約820万人	
1952　数日間のスモッグで死者約4000人	
♛エリザベス二世(1952-　)	
	1953　ナショナル・フィルム・シアター開場
1955　シティが無煙地帯を宣言	1955　BBC TVセンター開設
1957　バービカン地区再開発着手(-79)	
	1958　ロンドン・プラネタリウム開館
1961　大ロンドンの人口約800万人	1961　ケンジントン・ゴアに王立美術学校創立/ヒルトン・ホテル開業
	1963　新ユーストン駅完成
◆東京オリンピック開催(1964)	1964　セント・ジョーンズ・ウッドのEMIスタジオでビートルズの録音が行なわれる
1965　大ロンドン議会発足/自治区をインナーとアウターの計32に再編	1965　サウス・バンクにロイヤル・フェスティヴァル・ホール開場

	政治・経済・社会		文芸・科学・生活
		1966	第1回ノッティング・ヒル・カーニバル開催
		1967	サウス・バンクにクイーン・エリザベス・ホール開場
1968	ヴィクトリア・ライン開通/大規模な反ベトナム戦争デモ/ロンドン・ドックとセント・キャサリン・ドックの閉鎖	1968	ローリング・ストーンズがハイド・パークで野外コンサート/サウス・バンクにヘイワード・ギャラリー開設/ロンドン・ウィークエンドTV放送開始
		1970	ヤング・ヴィック座の開場
1971	シリング通貨廃止，10進法の新ポンド制導入/大ロンドンの人口約745万人		
		1973	大英図書館の設立
1974	コヴェント・ガーデン・マーケットがナイン・エルムズに移転/テムズ川で100年ぶりにサケが捕獲される		
		1976	サウス・バンクに国立劇場の開場/新ロンドン博物館開館
1979	ジュビリー・ライン開業		
		1980	ロンドン交通博物館開館
1981	ロイヤル・ドックスの閉鎖/ロンドン・ドックランズ開発公社設立/大ロンドンの人口約670万人		
1982	ビリングズゲート・マーケットがアイル・オヴ・ドッグズに移転．テムズ・バリア完成	1982	バービカン芸術センター設立
1986	大ロンドン議会の廃止	1986	OED補遺全4巻完結
1987	ドックランド軽便鉄道開通/ヒースロー空港にターミナル4完成		
		1990	コートールド美術館がサマセット・ハウスに移転
1991	スピタルフィールズ・マーケットがレイトンに移転/大ロンドンの人口約640万人	1991	ナショナル・ギャラリーにセインズベリー・ウィング新設/イズリントンに英国工芸センターの分館新築
1994	ユーロスター開通（ウォータールー・インターナショナル駅）		
	◆香港，中国に返還される（1997）	1997	サザックに新グローブ座完成
		2000	テムズ川南岸にミレニアム・ドーム，大観覧車ロンドン・アイなどの諸施設完成
		2001	はじめての大ロンドン市長選挙行なわれる

年表の作成には，Marianne Mehling (ed), *London* (Phaidon Press, 1988), H.Clout (ed), *London History Atlas* (Times Bks 1991), A.Saint & G.Darley, *The Chronicles of London* (Weidenfeld & Nicolson, 1994) その他を参照した．

ロンドンの人口の推移

1600年から最初の国勢調査が行なわれた1801年までのロンドンの人口の概況は,次のとおり.
　1600年……200,000人（1660年,王政復古の頃にはおよそこの2倍にはね上がる）
　1700年……575,000人
　1750年……675,000人
　1800年……900,000人

　以下は,1801年以降10年おきに行なわれた国勢調査の結果に基づくロンドンの人口の推移を示す.同じくイギリス（イングランド,ウェールズ,スコットランドの合計.北アイルランドを除く）の全人口を付記する.
　なお「ロンドン」とあるのは,いわゆる「インナー・ロンドン」（1888年に定められたカウンティ・オヴ・ロンドンに相当する行政区画）を指し,大ロンドンは,1963年に定められた,さらに広範囲にわたるロンドンの行政区画を指す.

（単位：千人）

年	ロンドン	大ロンドン	イギリス
1801	959	1,097	10,501
1811	1,139	1,304	13,368
1821	1,379	1,573	15,472
1831	1,655	1,878	17,835
1841	1,949	2,208	20,183
1851	2,363	2,652	22,259
1861	2,808	3,188	24,525
1871	3,261	3,841	27,431
1881	3,830	4,713	31,015
1891	4,228	5,572	34,264
1901	4,536	6,507	38,237
1911	4,522	7,160	42,082
1921	4,484	7,387	44,027
1931	4,397	8,110	44,790
1941	(国勢調査は行なわれなかった)		
1951	3,348	8,197	48,841
1961	3,200	7,993	51,284
1971	2,772	7,452	53,828
1981	2,297	6,713	54,129
1991	2,343	6,394	54,156

本表の作成には,'Summary Table','County Report for London and Preliminary Reports'（London: HMSO）その他を参照した.

歴代ロンドン市長

本表は1192年以降のロンドン市長(Lord Mayor of the City of London)の一覧である．数字は選出された年を表わす．現在の市長の任期は選出された年の11月から翌年の11月までである．
人名の後ろの(W)は，ロンドン市長職ではなく，国王により長官(Warden)の職に任命されていたことを表わす．

1189–	1267　Alan la Zuche (W)	1328　John de Grantham
1211　Henry Fitz Aylwin	1268　Thomas de Ippegrave (W)	1329　Simon Swanlond
1212-4　Roger Fitz Alan		1330-1　John de Pulteney
1215　Serio le Mercer	1268　Stephen de Eddeworth (W)	1332　John de Prestone
1215　William Hardel		1333　John de Pulteney
1216　James Alderman	1269　Hugh Fitz Otho (W)	1334-5　Reginald de Conduit
1217　Salomon de Basing	1270　John Adrien	1336　John de Pulteney
1218–	1271-2　Walter Hervey	1337-8　Henry Darci
21　Serlo le Mercer	1273　Henry le Walleis	1339–
1222-6　Richard Renger	1274–	40　Andrew Aubrey
1227–	80　Gregory de Rokesley	1341　John de Oxenford
30　Roger le Duke	1281-3　Henry le Walleis	1342　Simon Frauncis
1231-7　Andrew Bukerel	1284　Gregory de Rokesley	1343-4　John Hammond
1238　Richard Renger	1285-9　Ralph de Sandwich	1345　Richard de Lacer
1239　William Joynier	1289　John le Breton (W)	1346　Geoffrey de Wichingham
1240　Gerrard Bat	1289–	
1240　Reginald de Bungheye	92　Ralph de Sandwich	1347　Thomas Leggy
1241-3　Ralph Ashway	1293-8　John le Breton (W)	1348　John Lovekyn
1244-5　Michael Tovy	1298　Henry le Walleis	1349　Walter Turke
1246　John Gisors	1299–	1350　Richard de Kislingbury
1246　Peter Fitz Alan	1300　Elias Russell	
1247-8　Michael Tovy	1301-7　John le Blund	1351　Andrew Aubrey
1249　Roger Fitz Roger	1308　Nicholas de Farndone	1352-3　Adam Frauceys
1250　John Norman	1309　Thomas Romeyn	1354　Thomas Leggy
1251　Adam de Basing	1310　Richer de Refham	1355　Simon Frauncis
1252　John Tulesan	1311-2　John de Gisors	1356　Henry Picard
1253　Nicholas Bat	1313　Nicholas de Farndone	1357　John de Stodeye
1254-7　Ralph Hardel	1314　John de Gisors	1358　John Lovekyn
1258　William Fitz Richard	1315　Stephen de Abyndon	1359　Simon Dolseley
1258　John Gisors	1316-8　John de Wengrave	1360　John Wroth
1259–	1319　Hamo de Chigwell	1361　John Pecche
60　William Fitz Richard	1320　Nicholas de Farndone	1362　Stephen Cavendishe
1261-4　Thomas Fitz Thomas	1321　Robert de Kendale	1363　John Nott
1265　Hugh Fitz Otho	1321-2　Hamo de Chigwell	1364-5　Adam de Bury
1265　John Walerand (W)	1323　Nicholas de Farndone	1366　John Lovekyn
John de la Linde (W)	1323-5　Hamo de Chigwell	1367　James Andreu
1266　William Fitz Richard (W)	1326　Richard de Betoyne	1368　Simon de Mordone
	1327　Hamo de Chigwell	1369　John de Chichester

1370-1	John Bernes	1419	Richard Whytyngdone	1467	Thomas Oulegrave
1372	John Pyel	1420	William Cauntbrigge	1468	William Taillour
1373	Adam de Bury	1421	Robert Chichele	1469	Richard Lee
1374	William Walworth	1422	William Walderne	1470	John Stokton
1375	John Warde	1423	William Crowmere	1471	William Edward
1376	Adam Stable	1424	John Michell	1472	Sir William Hampton
1377	Nicholas Brembre	1425	John Coventre	1473	John Tate
1378	John Philipot	1426	John Reynwell	1474	Robert Drope
1379	John Hadle	1427	John Gedney	1475	Robert Bassett
1380	William Walworth	1428	Henry Barton	1476	Sir Ralph Josselyn
1381-2	John de Northampton	1429	William Estfeld	1477	Humphrey Hayford
1383-5	Sir Nicholas Brembre	1430	Nicholas Wotton	1478	Richard Gardyner
1386-7	Nicholas Exton	1431	John Welles	1479	Sir Bartholomew James
1388	Sir Nicholas Twyford	1432	John Perneys		
1389	William Venour	1433	John Brokle	1480	John Browne
1390	Adam Bamme	1434	Robert Otele	1481	William Haryot
1391	John Heende	1435	Henry Frowyk	1482	Edmund Shaa
1392	Sir Edward Dalyngrigge (W)	1436	John Michell	1483	Robert Billesdon
		1437	William Estfeld	1484	Thomas Hill
1392	Sir Baldwin Radyngton	1438	Stephen Broun	1485	Sir William Stokker
		1439	Robert Large	1485	John Warde
1392	William Staundon	1440	John Paddesle	1485	Sir Hugh Bryce
1393	John Hadle	1441	Robert Clopton	1486	Henry Colet
1394	John Fresshe	1442	John Hatherle	1487	William Horne
1395	William More	1443	Thomas Catworth	1488	Robert Tate
1396	Adam Bamme	1444	Henry Frowyk	1489	William White
1397	Richard Whytyngdone	1445	Simon Eyre	1490	John Mathewe
1398	Drugo Barentyn	1446	John Olney	1491	Hugh Clopton
1399	Thomas Knolles	1447	John Gedney	1492	William Martin
1400	John Fraunceys	1448	Stephen Broun	1493	Ralph Ashtry
1401	John Shadworth	1449	Thomas Chalton	1494	Richard Chawry
1402	John Walcote	1450	Nicholas Wyfold	1495	Sir Henry Colet
1403	William Askham	1451	William Gregory	1496	John Tate
1404	John Heende	1452	Geoffrey Feldynge	1497	William Purchase
1405	John Wodecok	1453	John Norman	1498	Sir John Percyvale
1406	Richard Whytyngdone	1454	Stephen Forster	1499	Nicholas Ailwyn
1407	William Staundon	1455	William Marowe	1500	William Remyngton
1408	Drugo Barentyn	1456	Thomas Canynges	1501	Sir John Shaa
1409	Richard Merlawe	1457	Geoffrey Buleyn	1502	Bartholomew Rede
1410	Thomas Knolles	1458	Thomas Scott	1503	Sir William Capel
1411	Robert Chichele	1459	William Hulyn	1504	John Wynger
1412	William Walderne	1460	Richard Lee	1505	Thomas Knesworth
1413	William Crowmere	1461	Hugh Wiche	1506	Sir Richard Haddon
1414	Thomas Fauconer	1462	Thomas Cooke	1507	William Browne
1415	Nicholas Wotton	1463	Matthew Philip	1508	Sir Lawrence Aylmer
1416	Henry Barton	1464	Ralph Josselyn	1508	Stephen Jenyns
1417	Richard Merlawe	1465	Ralph Verney	1509	Thomas Bradbury
1418	William Sevenoke	1466	John Yonge	1510	Sir William Capel

歴代ロンドン市長　*893*

1510	Henry Kebyll	1556	Thomas Offley	1600	William Ryder
1511	Roger Acheley	1557	Thomas Curtes	1601	John Garrarde
1512	William Copynger	1558	Thomas Leigh	1602	Robert Lee
1513	Sir Richard Haddon	1559	William Hewet	1603	Sir Thomas Bennett
1514	Sir John Tate	1560	Sir William Chester	1604	Sir Thomas Lowe
1514	George Monoux	1561	William Harper	1605	Sir Leonard Halliday
1515	William Boteler	1562	Thomas Lodge	1605	Sir John Watts
1516	John Rest	1563	John Whyte	1607	Sir Henry Rowe
1517	Thomas Exmewe	1564	Richard Malorye	1608	Sir Humphrey Weld
1518	Thomas Mirfin	1565	Richard Champyon	1609	Sir Thomas Cambell
1519	James Yarford	1566	Christopher Draper	1610	Sir William Craven
1520	John Brugge	1567	Roger Martyn	1611	Sir James Pemberton
1521	John Milbourne	1568	Thomas Rowe	1612	Sir John Swynnerton
1522	John Mundy	1569	Alexander Avenon	1613	Sir Thomas Middleton
1523	Thomas Baldry	1570	Rowland Heyward	1614	Sir Thomas Hayes
1524	William Bayley	1571	William Allen	1615	Sir John Jolles
1525	John Aleyn	1572	Lionel Duckett	1616	John Lemon
1526	Sir Thomas Semer	1573	John Ryvers	1617	George Bolles
1527	James Spencer	1574	James Hawes	1618	Sir Sebastian Harvey
1528	John Rudstone	1575	Ambrose Nicholas	1619	Sir William Cokayne
1529	Ralph Dodmer	1576	John Langley	1620	Sir Francis Jones
1530	Thomas Pargeter	1577	Thomas Ramsey	1621	Edward Barkham
1531	Nicholas Lambarde	1578	Richard Pype	1622	Peter Proble
1532	Stephen Pecocke	1579	Nicholas Woodroffe	1623	Martin Lumley
1533	Christopher Ascue	1580	John Branche	1624	John Gore
1534	Sir John Champneys	1581	James Harvye	1625	Allan Cotton
1535	Sir John Aleyn	1582	Thomas Blanke	1626	Cuthbert Hacket
1536	Ralph Warren	1583	Edward Osborne	1627	Hugh Hammersley
1537	Sir Richard Gresham	1584	Thomas Pullyson	1628	Richard Deane
1538	William Forman	1585	Wolstan Dixie	1629	James Campbell
1539	Sir William Hollyes	1586	George Barne	1630	Sir Robert Ducye
1540	William Roche	1587	George Bonde	1631	George Whitmore
1541	Michael Dormer	1588	Martin Calthorp	1632	Nicholas Fainton
1542	John Cotes	1589	Richard Martin	1633	Ralph Freeman
1543	William Bowyer	1589	John Harte	1634	Thomas Moulson
1544	Sir Ralph Warren	1590	John Allott	1634	Robert Parkhurst
1544	William Laxton	1591	Sir Rowland Heyward	1635	Christopher Clitherow
1545	Sir Martin Bowes	1591	William Webbe	1636	Edward Bromfield
1546	Henry Huberthorn	1592	William Rowe	1637	Richard Venn
1547	Sir John Gresham	1593	Cuthbert Buckell	1638	Sir Morris Abbot
1548	Henry Amcotts	1594	Sir Richard Martin	1639	Henry Garraway
1549	Sir Rowland Hill	1594	Sir John Spencer	1640	Edmund Wright
1550	Andrew Judde	1595	Stephen Slanye	1641	Richard Gurney
1551	Richard Dobbis	1596	Thomas Skinner	1642	Isaac Pennington
1552	George Barne	1596	Henry Billingsley	1643	Sir John Wollaston
1553	Thomas Whyte	1597	Richard Saltonstall	1644	Thomas Atkyn
1554	John Lyon	1598	Stephen Soame	1645	Thomas Adams
1555	William Garrarde	1599	Nicholas Mosley	1646	Sir John Gayer

1647	John Warner	1692	Sir John Fleet	1739	Sir John Salter
1648	Abraham Reynardson	1693	Sir William Ashurst	1740	Humphrey Parsons
1649	Thomas Andrewes	1694	Sir Thomas Lane	1741	Daniel Lambert
1649	Thomas Foot	1695	Sir John Houblon	1741	Sir Robert Godschall
1650	Thomas Andrewes	1696	Sir Edward Clarke	1742	George Heathcote
1651	John Kendricke	1697	Sir Humphrey Edwin	1742	Robert Willimott
1652	John Fowke	1698	Sir Francis Child	1743	Robert Westley
1653	Thomas Vyner	1699	Sir Richard Levett	1744	Henry Marshall
1654	Christopher Pack	1700	Sir Thomas Abney	1745	Richard Hoare
1655	John Dethick	1701	Sir William Gore	1746	William Benn
1656	Robert Tichborne	1702	Sir Samuel Dashwood	1747	Sir Robert Ladbroke
1657	Richard Chiverton	1703	Sir John Parsons	1748	Sir William Calvert
1658	Sir John Ireton	1704	Sir Owen Buckingham	1749	Sir Samuel Pennant
1659	Thomas Alleyn	1705	Sir Thomas Rawlinson	1750	John Blatchford
1660	Sir Richard Browne	1706	Sir Robert Bedingfeld	1750	Francis Cokayne
1661	Sir John Frederick	1707	Sir William Withers	1751	Thomas Winterbot-
1662	Sir John Robinson	1708	Sir Charles Duncombe		tom
1663	Sir Anthony Bateman	1709	Sir Samuel Garrard	1752	Robert Alsop
1664	Sir John Lawrence	1710	Sir Gilbert Heathcote	1752	Crisp Gascoyne
1665	Sir Thomas Blud-	1711	Sir Robert Beachcroft	1753	Edward Ironside
	worth	1712	Sir Richard Hoare	1753	Thomas Rawlinson
1666	Sir William Bolton	1713	Sir Samuel Stanier	1754	Stephen T Janssen
1667	Sir William Peake	1714	Sir William Humph-	1755	Slingsby Bethell
1668	Sir William Turner		reys	1756	Marshe Dickinson
1669	Sir Samuel Starling	1715	Sir Charles Peers	1757	Sir Charles Askill
1670	Sir Richard Ford	1716	Sir James Bateman	1758	Sir Richard Glyn
1671	Sir George Waterman	1717	Sir William Lewen	1759	Sir Thomas Chitty
1672	Sir Robert Hanson	1718	Sir John Ward	1760	Sir Matthew Blakis-
1673	Sir William Hooker	1719	Sir George Thorold		ton
1674	Sir Robert Vyner	1720	Sir John Fryer	1761	Sir Samel Fludyer
1675	Sir Joseph Sheldon	1721	Sir William Stewart	1762	William Beckford
1676	Sir Thomas Davies	1722	Sir Gerard Conyers	1763	William Bridgen
1677	Sir Francis Chaplin	1723	Sir Peter Delme	1764	Sir William Stephenson
1678	Sir James Edwards	1724	Sir George Merttins	1765	George Nelson
1679	Sir Robert Clayton	1725	Sir Francis Forbes	1766	Sir Robert Kite
1680	Sir Patience Ward	1726	Sir John Eyles	1767	Thomas Harley
1681	Sir John Moore	1727	Sir Edward Becher	1768	Samuel Turner
1682	Sir William Pritchard	1728	Sir Robert Baylis	1769	William Beckford
1683	Sir Henry Tulse	1729	Sir Richard Brocas	1770	Barlow Trecothick
1684	Sir James Smyth	1730	Humphrey Parsons	1770	Brass Crosby
1685	Sir Robert Geffery	1731	Francis Child	1771	William Nash
1686	Sir John Peake	1732	John Barber	1772	James Townsend
1687	Sir John Shorter	1733	Sir William Billers	1773	Frederick Bull
1688	Sir John Eyles	1734	Sir Edward Bellamy	1774	John Wilkes
1688	Sir John Chapman	1735	Sir John Williams	1775	John Sawbridge
1689-		1736	Sir John Thompson	1776	Sir Thomas Halifax
90	Thomas Pilkington	1737	Sir John Barnard	1777	Sir James Esdaile
1691	Sir Thomas Stampe	1738	Micajah Perry	1778	Samuel Plumbe

歴代ロンドン市長　895

Year	Name	Year	Name	Year	Name
1779	Brackley Kennett	1826	Anthony Brown	1875	William Cotton
1780	Sir Watkin Lewes	1827	Matthias Prime Lucas	1876	Sir Thomas White
1781	William Plomer	1828	William Thompson	1877	Thomas Owden
1782	Nathaniel Newnham	1829	John Crowder	1878	Sir Charles Whetham
1783	Robert Peckham	1830-1	John Key	1879	Sir Francis W Truscott
1784	Richard Clark	1832	Sir Peter Laurie		
1785	Thomas Wright	1833	Charles Farebrother	1880	William McArthur
1786	Thomas Sainsbury	1834	Henry Winchester	1881	John Ellis
1787	John Burnell	1835	William Taylor Copeland	1882	Henry Knight
1788	William Gill			1883	Robert Fowler
1789	William Pickett	1836	Thomas Kelly	1884	George Nottage
1790	John Boydell	1837	John Cowan	1885	Robert Fowler
1791	John Hopkins	1838	Samuel Wilson	1885	John Staples
1792	Sir James Sanderson	1839	Sir Chapman Marshal	1886	Sir Reginald Hanson
1793	Paul le Mesurier	1840	Thomas Johnson	1887	Polydore de Keyser
1794	Thomas Skinner	1841	John Pirie	1888	James Whitehead
1795	William Curtis	1842	John Humphrey	1889	Sir Henry Isaacs
1796	Brook Watson	1843	William Magnay	1890	Sir Joseph Savory
1797	John Anderson	1844	Michael Gibbs	1891	David Evans
1798	Sir Richard Glyn	1845	John Johnson	1892	Stuart Knill
1799	Harvey Christian Combe	1846	Sir George Carroll	1893	George Tyler
		1847	John Kinnersley Hooper	1894	Sir Joseph Renals
1800	Sir William Staines	1848	Sir James Duke	1895	Sir Walter Wilkin
1801	Sir John Eamer	1849	Thomas Farncomb	1896	George Faudel-Phillips
1802	Charles Price	1850	John Musgrove		
1803	John Perring	1851	William Hunter	1897	Lt-Col Horatio Davies
1804	Peter Perchard	1852	Thomas Challis	1898	Sir John Moore
1805	James Shaw	1853	Thomas Sidney	1899	Alfred Newton
1806	Sir William Leighton	1854	Francis G. Moon	1900	Frank Green
1807	John Ansley	1855	David Salomons	1901	Sir Joseph Dimsdale
1808	Charles Flower	1856	Thomas Finnis	1902	Sir Marcus Samuel
1809	Thomas Smith	1857	Sir Robert Carden	1903	Sir James Ritchie
1810	Joshua Smith	1858	David Wire	1904	John Pound
1811	Claudius Stephen Hunter	1859	John Carter	1905	Walter Morgan
		1860-1	William Cubitt	1906	Sir William Treloar
1812	George Scholey	1862	William Rose	1907	Sir John Bell
1813	William Domville	1863	William Lawrence	1908	Sir George Truscott
1814	Samuel Birch	1864	Warren Hale	1909	Sir John Knill
1815-6	Matthew Wood	1865	Benjamin Phillips	1910	Sir Thomas V Strong
1817	Christopher Smith	1866	Thomas Gabriel	1911	Sir Thomas B Crosby
1818	John Atkins	1867	William Allen	1912	Col Sir David Burnett
1819	George Bridges	1868	James Lawrence		
1820	John Thomas Thorp	1869	Robert Besley	1913	Sir Thomas Vansittart Bowater
1821	Christopher Magnay	1870	Thomas Dakin		
1822	William Heygate	1871	Sills Gibbons	1914	Col Sir Charles Johnston
1823	Robert Waithman	1872	Sir Sydney Waterlow		
1824	John Garratt	1873	Andrew Lusk	1915	Col Sir Charles Wakefield
1825	William Venables	1874	David Stone		

1916	Sir William Dunn	1946	Sir Bracewell Smith	1976	Sir Robin Danvers Penrose Gillett
1917	Charles Hanson	1947	Sir Frederick M Wells		
1918	Sir Horace Marshall	1948	Sir George Aylwen	1977	Sir Peter Vanneck
1919	Sir Edward Cooper	1949	Sir Frederick Rowland	1978	Sir Kenneth Cork
1920	James Roll			1979	Sir Peter Gadsden
1921	Sir John Baddeley	1950	Sir Denys Lowson	1980	Sir Ronald L Gardner-Thorpe
1922	Edward C Moore	1951	Sir Leslie Boyce		
1923	Col Sir Louis Newton	1952	Sir Rubert De la Bere	1981	Sir Christopher Leaver
1924	Sir Alfred Bower	1953	Sir Noel Vansittart Bowater		
1925	Sir William Pryke			1982	Sir Anthony Jolliffe
1926	Sir George Rowland Blades	1954	H W Seymour Howard	1983	Dame Mary Donaldson
		1955	Cuthbert L Ackroyd	1984	Sir Alan Towers Traill
1927	Sir Charles Batho	1956	Sir Cullum Welch	1985	Sir William Allan Davis
1928	Sir John E K Studd	1957	Sir Dennis Truscott		
1929	Sir William Waterlow	1958	Sir Harold Gillett	1986	Sir David Rowe-Ham
1930	Sir William P Neal	1959	Sir Edmund Stockdale	1987	Sir Greville Spratt
1931	Sir Maurice Jenks	1960	Sir Bernard Waley-Cohen	1988	Sir Christopher Collett
1932	Sir Percy Greenaway				
1933	Sir Charles Collett	1961	Sir Frederick Hoare	1989	Sir Hugh Bidwell
1934	Sir Stephen Killik	1962	Sir Ralph Perring	1990	Sir Alexander Graham
1935	Sir Percy Vincent	1963	Sir James Harman	1991	Sir Brian Jenkins
1936	Sir George Broadbridge	1964	Sir James Miller	1992	Sir Francis McWilliams
		1965	Sir Lionel Denny		
1937	Sir Harry Twyford	1966	Sir Robert Bellinger	1993	Sir Paul Newall
1938	Maj Sir Frank Bowater	1967	Sir Gilbert Inglefield	1994	Sir Christopher Walford
		1968	Sir Charles Trinder		
1939	Sir William Coxen	1969	Sir Ian F Bowater	1995	Sir John Chalstrey
1940	Sir George Wilkinson	1970	Sir Peter Studd	1996	Sir Roger Cork
1941	Lt-Col Sir John Laurie	1971	Sir Edward Howard	1997	Sir Richard Nichols
1942	Sir Samuel Joseph	1972	Lord Mais	1998	Lord Levene of Portsoken
1943	Sir Frank Newson-Smith	1973	Sir Hugh Wontner		
		1974	Sir H Murray Fox	1999	Sir Clive Martin
1944	Sir Frank Alexander	1975	Sir Lindsay Roberts Ring	2000	Sir David Howard
1945	Sir Charles Davis			2001	Sir Michael Oliver

本表の作成には *City of London Directory & Livery Companies Guide*, 1996（City Press, 1996）ほかを参照した。

シティ同業組合

まず12の大組合を優先権順に示す．次に他の組合をアルファベット順で示す．
　創設年欄に年号が2つあるのは，前の方は実際の活動等を示す最も古い記録を，後の方は紋章，制服，勅許状授受のうちいちばん早い記録を指す．会員数は流動的で，表は1995年の調査による．主要な組合会館については，所在地を記載し本文でとりあげた（＊印）．
　なお，シティ同業組合については，本文の City Livery Companies の項を参照のこと．

1. 12大組合 （優先順欄の▲は隔年であることを示す）

名　称	優先順	創設年	会員数	会館　その他
＊Mercers（絹物商）	1	1347/1394	226	Hall
＊Grocers（食料雑貨商）	2	1345/1428	313	Hall
＊Drapers（反物商）	3	12世紀/1364	239	Hall
＊Fishmongers（魚商）	4	12世紀/1272	370	Hall
＊Goldsmiths（金細工商）	5	12世紀/1327	300	Hall
＊Merchant Taylors（洋服商）	6/7▲	1327	312	Hall, 学校
＊Skinners（毛皮商）	6/7▲	12世紀/1327	370	Hall
＊Haberdashers（小間物商）	8	1371/1448	320	Hall, 学校
＊Salters（塩販売業者）	9	1394/1559	175	Hall
＊Ironmongers（金物商）	10	13世紀/1463	223	Hall
＊Vintners（葡萄酒業者）	11	1364	310	Hall, 救貧院, 白鳥管理
＊Clothworkers（服地商）	12	12世紀/1528	200	Hall

2. その他の組合

名　称	優先順	創設年	会員数	会館　その他
Actuaries（保険計理士）	91	1979/1980	180	
Air Pilots and Air Navigators（航空操縦士・航空士）	81	1929/1956	400	
＊Apothecaries（薬剤師）	58	1617	1750	Hall
Arbitrators（仲裁人）	93	1981	250	
＊Armourers and Brasiers（武具師・真鍮細工師）	22	1322/1453	123	Hall
＊Bakers（パン製造販売業者）	19	1155/1486	415	Hall, 国立ベイカリー・スクール
＊Barbers（理髪師）	17	1308/1462	224	Hall
Basketmakers（籠製造業者）	52	1569/1825	400	
Blacksmiths（鍛冶屋）	40	14世紀/1571	225	
Bowyers（弓師）	38	1371/1488		
＊Brewers（醸造業者）	14	1292/1437	129	Hall, 学校, 救貧院
Broderers（刺繍装飾商）	48	1376/1561	164	
Builders Merchants（建築業関係商人）	88	1961/1977	215	

名　　称	優先順	創設年	会員数	会館　その他
*Butchers(精肉業者)	24	1179/1605	782	Hall
Carmen(荷馬車運転者)	77	1668/1946	450	
*Carpenters(大工)	26	1333/1477	150	Hall, 建築技術訓練学校, 救貧院, 回復期患者ホーム
Chartered Accountants (勅許会計士)	86	1975/1977	347	
Chartered Architects (勅許建築技師)	98	1984/1988	122	
Chartered Secretaries and Administrators (勅許書記・管財人)	87	1977	228	
Chartered Surveyors (勅許建築監督者)	85	1977	350	
Clockmakers(時計製造人)	61	1631	216	Hall
Coachmakers and Coach Harness Makers (豪華注文馬車・馬具製造人)	72	1677	400	
Constructors(建設業者)	99	1976 (Buildersとして)/1985	116	
Cooks(調理師)	35	1311/1461	75	
*Coopers(樽製造業者)	36	1396/1501	260	Hall, 学校
Cordwainers(靴職人)	27	1272/1439	149	コレッジ
Curriers(製革工)	29	1300/1605	96	
*Cutlers(刃物商)	18	13世紀/1416	115	Hall
Distillers(蒸留酒製造業者)	69	1638/1658	270	
*Dyers(染物商)	13	1188/1471	120	Hall, 学校, 白鳥管理
Engineers(工学技師)	94	1983	280	
Environmental Cleaners (環境清浄業者)	97	1972/1986	180	Hall
Fan Makers(扇製造業者)	76	1709	200	Hall
*Farmers(農場主)	80	1946/1952	300	Hall
Farriers(蹄鉄工)	55	1356/1674	375	
Feltmakers (フェルト製造業者)	63	1604/1667	170	
Fletchers(矢羽職人)	39	1371/1404	105	
*Founders(鋳物師)	33	1365/1614	175	Hall
Framework Knitters (紡織編機製造人)	64	1657	218	
Fruiterers(果物商)	45	1292/1605	275	
Fuellers(燃料供給業者)	95	1981/1984	85	
Furniture Makers (家具製造業者)	83	1952/1963	258	
Gardeners(庭師)	66	1345/1605	243	
*Girdlers(帯製造人)	23	1327/1449	80	Hall, 救貧院

名　　称	優先順	創設年	会員数	会館　その他
Glass Sellers（ガラス販売商）	71	1635/1664	180	
*Glaziers and Painters of Glass（ガラス職人・ガラス塗装工）	53	1328/1637	270	Hall
Glovers（手袋製造業者）	62	1349/1638	275	
Gold and Silver Wyre Drawers（金銀針金製造業者）	74	1423/1693	328	
Gunmakers（銃砲製造業者）	73	1637	275	試験所
Horners（角細工人）	54	1284/1638	190	
Information Technologists（情報技術者）	100	1992	260	
*Innholders（旅館業者）	32	14世紀/1514	107	Hall, 老人ホーム
Insurers（保険業者）	92	1979	374	Hall
Joiners and Ceilers（指物師・張物師）	41	1375/1571	145	建築技術訓練学校
Launderers（洗濯屋）	89	1960/1964	205	Hall
*Leathersellers（皮革商）	15	1372/1444	150	Hall, 学校, 救貧院
Lightmongers（照明器具商）	96	1953/1979	132	
Loriners（馬具金物師）	57	1261/1711	358	
Makers of Playing Cards（トランプ製造業者）	75	1628	150	
Marketors（市場経営者）	90	1975/1977	190	
*Masons（石工）	30	1356/1472	125	→Freemasons' Hall
Master Mariners（商船長）	78	1926/1930	260	Hall（船内）
Musicians（音楽家）	50	1350/1500	320	
Needlemakers（針製造業者）	65	1656	230	
*Painter-Stainers（紋章塗師）	28	1268/1581	312	Hall
Pattenmakers（木底靴台製造人）	70	1379/1670	188	
Paviours（舗装工）	56	1479/1672	240	
*Pewterers（シロメ細工師）	16	1348/1473	110	Hall
*Plaisterers（左官）	46	1501	208	Hall
Plumbers（配管工）	31	1365/1611	349	
Poulters（家禽商）	34	1368/1634	166	
*Saddlers（馬具商）	25	1272	69	Hall
*Scientific Instrument Makers（科学器具製造業者）	84	1955/1964	235	Hall
Scriveners（代書人）	44	1373/1617	162	
Shipwrights（船大工）	59	1428/1782	400	
Solicitors（事務弁護士）	79	1908/1944	340	
Spectacle Makers（眼鏡製造人）	60	1629	361	
*Stationers and Newspaper Makers（書籍新聞出版業者）	47	1403/1507	439	Hall

名　　　称	優先順	創設年	会員数	会館　その他
*Tallow Chandlers（獣脂蠟燭商）	21	1300/1462	180	Hall
Tin Plate Workers alias Wireworkers（ブリキ工, 別名針金細工師）	67	1425/1670	174	
Tobacco Pipe Makers and Tobacco Blenders（タバコパイプ製造人・タバコ調合者）	82	1619/1956	170	
Turners（旋盤工）	51	1478/1604	165	
Tylers and Bricklayers（タイル職人・煉瓦職人）	37	1568	129	建築技術訓練学校
Upholders（室内装飾業者）	49	1360/1626	200	
*Wax Chandlers（蠟燭商）	20	1330/1483	123	Hall
Weavers（織工）	42	1130/1155	128	救貧院
Wheelwrights（車大工）	68	1670	250	
Woolmen（羊毛業者）	43	1297/1522	126	

3. 制服のない組合

名　　　称	優先順	創設年	会員数	会館　その他
Firefighters（消防士）		1988	31	
Hackney Carriage Drivers（タクシー運転手）		1654/1990	33	
Parish Clerks（教会庶務係）		1274/1442	99	
Water Conservators（給水管理人）		1988/1994	151	
Watermen and Lightermen（船頭・荷揚人夫）		1555/1585	324	Hall
World Traders（外国貿易商）		1979/1993	97	

4. 消滅した組合

　Comb-makers（櫛製造人）；Silk-throwers（生糸縒り工）；Silkmen（絹織物商）；Pin-makers（ピン製造人）；Soapmakers（石鹸製造人）；Hat-band Makers（帽子用リボン製造人）；Longbow String Makers（大弓弦製造人）；Woodmongers（薪用材木商）；Starchmakers（糊製造人）；Fishermen（漁師）；Porters（運搬人）；Surgeons（外科医），等

本表の作成には *City of London Directory & Livery Companies Guide,* 1996 (City Press, 1996) ほかを参照した．

ロンドンの年中行事

(日付は年によって変わることがある)

月　日	行　　　　事	場　所
1月　1日	(大晦日から)新年にかけての祝賀行事 トラファルガー・スクエアに集まった大群衆が腕を組み合って《オールド・ラング・サイン》を合唱し，鳴り物を鳴らして新年を祝う．国会議事堂のビッグ・ベンの除夜の鐘を聞き終わったとたんに，いっせいにキスをしあい，"A Happy New Year!"と挨拶を交わすが，一夜明けた元日には街は平静に戻り，官庁も一般の会社も祝日として休業．仕事は2日から．	Trafalgar Square
6日	バッドリー・ケーキ(Baddeley Cake)の祭り：ドルーリー・レイン劇場で公演後，役者全員にケーキが配られる．1794年に出演中に倒れた元菓子職人のR.バッドリーが「十二夜のケーキ」を遺贈したことにちなむ．	Theatre Royal, Drury Lane
30日	チャールズ一世記念式：ホワイトホールのチャールズ一世像に花輪を供える．	Charing Cross から Whitehall への入口
2月　上旬	パンケーキ争奪戦(Pancake Day Races)：ロンドンの有名なパブリック・スクールであるウェストミンスター校その他各地で，懺悔火曜日(Shrove Tuesday)に行なわれる行事．	Westminster School その他
	クラフツ・ドッグ・ショー(Cruft's Dogshow)	Earl's Court
3月　下旬	オレンジとレモンの礼拝式(Oranges and Lemons Ceremony)	St Clement Danes 教会
復活祭直前の木曜日	洗足木曜日(Maundy Thursday)の洗足式	St Bartholomew-the-Great
聖土曜日 (復活祭前日)	オックスフォード対ケンブリッジの大学対抗ボートレース	Putney―Mortlake
復活祭 (日曜日)	カーニヴァル・パレード(など復活祭の集い)	Battersea Park
聖土曜日から3日間	凧上げ大会	Blackheath
24日	〈サッカー〉コカ・コーラ・カップ	Wembley Stadium
	チェルシー骨董市	Chelsea Old Town Hall
4月　1日	万愚節(April Fool's Day)	イギリス各地
5日	ジョン・ストウ追悼式	St Andrew Undershaft 教会
復活祭後の第2水曜日	救貧院の説教(Spital Sermon)	St Lawrence Jewry 教会

月　　日	行　　事	場　　所
21日	ロンドン・マラソン	Greenwich―Westminster
23日	聖ジョージ祭	イングランド各地の教会
	シェイクスピア生誕祭	サザック大聖堂
27日	ラグビー選手権	Wembley Stadium
5月　1日	五月祭(May Day)：モリス・ダンスと May Games	St Andrew Undershaft 教会, 他各地
上旬	FA Cup Final(フットボール・アソシエーション杯決勝戦)	Wembley Stadium
	教区境界検分(Beating the Bounds)：復活祭後40日目の木曜日である昇天日(Ascension Day)に3年に1度行なわれる.	Tower Hill
12日頃	フローレンス・ナイティンゲール記念式	Westminster Abbey
21日	ユリとバラの儀式(Ceremony of the Lilies and Roses)	Tower of London
23日	クリケット国際試合	Oval
26日	ピープス記念式	St Olave 教会
29日	王政復古記念日(Oak Apple Day)	Chelsea Royal Hospital
下旬	チェルシー・フラワー・ショー	Chelsea
5月最後または6月最初の水曜日	ダービー(競馬)	Epsom Downs(ロンドン郊外)
6月 第1火曜日	泡沫説教(Bubble Sermon)	St Martin-within-Ludgate 教会
第2または第3土曜日	軍旗分列行進式(Trooping the Colour)	Horse Guards Parade
中旬	ガーター騎士団礼拝式	ウィンザー城内聖ジョージ礼拝堂
18日〜21日	ロイヤル・アスコット(競馬)	Ascot(ロンドン郊外)
20日〜24日	クリケット国際試合	Lord's Cricket Ground
6月下旬〜7月上旬	全英テニス選手権	Wimbledon
6月中	ロイヤル・アカデミー夏季展覧会	Burlington House
7月　上旬	ヘンリー競漕(Henley Royal Regatta)：会場はロンドンを離れているが，ロンドン社交シーズンの行事のひとつ	Henley-on-Thames (Oxfordshire)
中旬から8週間	プロムナード・コンサート(Proms)	Royal Albert Hall
第3週の月曜〜木曜日	白鳥調べ(Swan Upping)	以前はシティのテムズ川からさかのぼったが，現在はメイドンヘッドに出発点が移った
下旬	ドゲットのスカル競艇(Doggett's Coat and Badge Race)	London Bridge―Cadogan Pier
8月中	ハムステッド・ヒース定期市	Hampstead Heath
	ウェストミンスター馬術ショー	Hyde Park

ロンドンの年中行事　903

月　日	行　　事	場　所
最後の週末 24日から 　　2週間	ノッティング・ヒル・カーニヴァル バーソロミュー定期市	Ladbroke Grove Smithfield Market
9月 第1土曜日 　　　3日 　　21日頃 9月中	ナショナル・ウェストミンスター銀行杯クリケット決勝戦(Nat West Trophy Final) クロムウェル記念式 クライスツ・ホスピタル校礼拝式(Christ's Hospital Service) チェルシー骨董市	Lord's Houses of Parliament St Sepulchre 教会 Chelsea Old Town Hall
10月 第1日曜日 2日〜6日 　　16日 　　21日 10月中	Pearly Kings and Queens と呼ばれる呼び売り商人のための真珠収穫祭(Civic Harvest Thanksgivings) ホース・オヴ・ザ・イヤー・ショー ライオン説教(Lion Sermon) トラファルガー海戦勝利記念日 海産物の感謝祭(漁業関係者による)	St Martin-in-the-Fields 教会 Wembley Stadium St Katharine Cree 教会 Trafalgar Square St Mary-at-Hill 教会の入口
11月　5日 第2土曜日 11日に最も近い日曜日 11月中	火薬陰謀事件記念日(Guy Fawkes Day) ロンドン市長就任披露宴行列(Lord Mayor's Show) 英霊記念日曜日(Remembrance Sunday)：戦没者記念碑前の追悼式典．もと休戦記念日(Armistice Day)とよばれた． クラシックカー行進(Veteran Car Run)	Palace of Westminster その他 Mansion House Whitehall Hyde Park Corner—Brighton
12月中旬〜 18日〜22日	ノルウェーから贈られたクリスマスツリーに灯がともされ，毎晩クリスマス・キャロルが歌われる 国際ショー・ジャンプ選手権(馬術)	Trafalgar Square Olympia

著 名 人 住 居 跡

記念銘板が取りつけてあるおもな著名人の誕生・居住・死去にかかわる建物

(最寄り駅は，無印 地下鉄，＊鉄道，＊＊地下鉄および鉄道 を示す)

氏名	所在地	最寄り駅
Arnold, Matthew （詩人・評論家）	2 Chester Square	Sloane Square
Baillie, Joanna （詩人・劇作家）	Bolton House, Windmill Hill	Hampstead
Baird, J.L. （TV発明者）	22 Frith Street	Tottenham Court Road
Barrie, J.M. （劇作家・作家）	1-3 Robert Street, Adelphi/	Charing Cross＊＊
	100 Bayswater Road	Queensway
Beardsley, Aubrey （画家）	114 Cambridge Street	Victoria＊＊
Beerbohm, H.M. （画家・評論家）	57 Palace Gardens Terrace	Notting Hill Gate
Belloc, Hilaire （詩人・随筆家）	104 Cheyne Walk, Chelsea	Sloane Square
Benedict, Julius （作曲家）	2 Manchester Square	Marble Arch
Bennett, Arnold （作家）	75 Cadogan Square	Sloane Square
Besant, Walter （作家）	Frognal End, Frognal Gardens	Hampstead
Blake, William （詩人・画家）	8 Marshall Street/	Oxford Circus
	17 South Molton Street	Bond Street
Borrow, George （作家・旅行家）	22 Hereford Square	Gloucester Road
Boswell, James （伝記作家・法律家）	122 Great Portland Street	Great Portland Street
Browning, Robert （詩人）	29 De Vere Gardens	Gloucester Road
Burgoyne, John （将軍・劇作家）	10 Hertford Street	Green Park
Burke, Edmund （政治家・思想家）	37 Gerrard Street	Leicester Square
Burnett, F.H. （作家）	63 Portland Place	Great Portland Street
Butt, Clara （歌手）	7 Harley Road	Swiss Cottage
Caldecott, Randolph （挿絵画家）	46 Great Russell Street	Tottenham Court Road
Campbell, Thomas （詩人）	8 Victoria Square	Victoria＊＊
Carlyle, Thomas （評論家・思想家）	24 Cheyne Row, Chelsea	Sloane Square
Chaplin, C.S. （俳優）	287 Kennington Road	Kennington
Chesterton, G.K. （作家・評論家）	11 Warwick Gardens	Kensington＊＊
Churchill, Winston （政治家）	34 Eccleston Square	Victoria＊＊
Coleridge, S.T. （詩人・評論家）	3 The Grove	Highgate
Collins, Wilkie （作家）	65 Gloucester Place	Marble Arch
Constable, John （画家）	40 Well Walk	Hampstead
Crane, Walter （画家）	13 Holland Street	High Street Kensington
Cruikshank, George （画家）	263 Hampstead Road	Euston＊＊
Darwin, Charles （博物学者）	Down House, Luxted Road, Downe	Chelsfield＊
Dickens, Charles （作家）	48 Doughty Street	Russell Square
Disraeli, Benjamin （政治家・作家）	19 Curzon Street	Green Park
Doyle, A.C. （作家）	12 Tennison Road	Norwood Junction＊
Dryden, John （詩人）	43 Gerrard Street	Leicester Square

氏名	所在地	最寄り駅
Du Maurier, George（画家・作家）	New Grove House, 28 Hampstead Grove	Hampstead
Eliot, George（作家）	4 Cheyne Walk, Chelsea	Sloane Square
Engels, Friedrich（政治哲学者）	121 Regent's Park Road	Camden Town
Epstein, Jacob（彫刻家）	18 Hyde Park Gate	Hyde Park Corner
Fielding, Henry（作家・法律家）	19-20 Bow Street	Covent Garden
Fleming, Alexander（細菌学者）	20a Danvers Street	Sloane Square
Ford, F.M.（作家・批評家）	80 Campden Hill Road	Notting Hill Gate
Freud, Sigmund（精神分析学者）	20 Maresfield Gardens	Finchley Road
Gainsborough, Thomas（画家）	82 Pall Mall	Charing Cross**
Galsworthy, John（作家）	Grove Lodge, Hampstead Grove	Hampstead
Garrick, David（俳優）	Garrick's Villa, Hampton Court Road	Hampton Wick*
Gaskell, Elizabeth（作家）	93 Cheyne Walk, Chelsea	Sloane Square
Gladstone, W.E.（政治家）	11 Carlton House Terrace	Charing Cross**
Grahame, Kenneth（作家）	16 Phillimore Place	High Street Kensington
Gray, Thomas（詩人）	39 Cornhill	Bank
Greenaway, Kate（画家）	39 Frognal	Hampstead
Handel, G.F.（作曲家）	25 Brook Street	Bond Street
Hardy, Thomas（作家・詩人）	172 Trinity Road	Wandsworth Town*
Hazlitt, William（批評家・随筆家）	6 Frith Street	Tottenham Court Road
Hogarth, William（画家）	Hogarth House, Hogarth Lane	Chiswick*
Holman-Hunt, William（画家）	18 Melbury Road	Kensington*
Hood, Thomas（詩人）	Devonshire Lodge, 28 Finchley Road	Golders Green
Housman, A.E.（詩人）	17 North Road	Highgate
Hudson, W.H.（作家・博物学者）	40 St Luke's Road	Westbourne Park
Hunt, Leigh（随筆家・詩人）	22 Upper Cheyne Row	Sloane Square
Huxley, Julian（生物学者）	31 Pond Street	Belsize
Huxley, T.H.（生物学者）	38 Marlborough Place	St John's Wood
Irving, Henry（俳優）	15a Grafton Street	Bond Street
James, Henry（作家）	34 De Vere Gardens	Gloucester Road
Johnson, Samuel（著述家）	17 Gough Square	Blackfriars
Keats, John（詩人）	Keats's House, Wentworth Place, Keats Grove	Hampstead
Keynes, J.M.（経済学者）	46 Gordon Square	Euston Square
Kipling, Rudyard（作家・詩人）	43 Villiers Street	Embankment
Lamb, Charles（随筆家）	2 Crown Office Row, Temple／	Temple
	Lamb's Cottage, Church Street	Edmonton*
Macaulay, T.B.（歴史家・政治家）	Queen Elizabeth College, Campden Hill	High Street Kensington
MacDonald, George（作家・詩人）	Kelmscott House, 26 Upper Mall	Hammersmith
Mansfield, Katherine（作家）	17 East Heath Road	Hampstead
Marx, Karl（経済学者）	28 Dean Street	Tottenham Court Road

氏名	所在地	最寄り駅
Mill, J.S.（哲学者）	18 Kensington Square	High Street Kensington
Millais, J.E.（画家）	2 Palace Gate	High Street Kensington
Milne, A.A.（劇作家・作家・詩人）	13 Mallord Street	Sloane Square
Moore, George（作家）	121 Ebury Street	Sloane Square
Morris, William（美術工芸家・詩人・社会運動家）	Kelmscott House, 26 Upper Mall／	Hammersmith
	Red House, Red House Lane, Bexley／	Bexleyheath*
	William Morris Gallery, Forest Road	Walthamstow Central
Mozart, W.A.（作曲家）	180 Ebury Street	Sloane Square
Natsume, Soseki（作家）	81 The Chase	Clapham Common
Newton, Isaac（物理学者）	87 Jermyn Street	Piccadilly Circus
Nightingale, Florence（看護婦）	10 South Street	Marble Arch
Palmer, Samuel（画家）	6 Douro Place	High Street Kensington
Pepys, Samuel（日記作家）	12 Buckingham Street	Embankment
Pitt, William（政治家）	10 St James's Square	Green Park
Rackham, Arthur（挿絵画家）	16 Chalcot Gardens	Chalk Farm
Reynolds, Joshua（画家）	5 Great Newport Street	Leicester Square
Romney, George（画家）	Holly Bush Hill	Hampstead
Rossetti, Christina（詩人）	30 Torrington Square	Russell Square
Rossetti, D.G.（画家・詩人）	17 Red Lion Square／	Holborn
	16 Cheyne Walk, Chelsea	Sloane Square
Rowlandson, Thomas（画家）	16 John Adam Street	Charing Cross**
Shaw, G.B.（劇作家・批評家）	29 Fitzroy Square	Warren Street
Shaw, Norman（建築家）	Grimsdyke, Great Redding, Harrow Weald	Headstone Lane*
Sheridan, R.B.（劇作家・政治家）	10 Hertford Street	Green Park
Spencer, Herbert（哲学者）	37-8 Queen's Gardens	Lancaster Gate
Stanley, H.M.（探検家）	2 Richmond Terrace	Westminster
Stephen, Leslie（著述家）	22 Hyde Park Gate	Gloucester Road
Strachey, Lytton（伝記作家）	51 Gordon Square	Euston Square
Swinburne, A.C.（詩人）	The Pines, 11 Putney Hill	Putney*
Terry, Ellen（女優）	215 King's Road	Sloane Square
Thackeray, W.M.（作家）	16 Young Street	High Street Kensington
Turner, J.M.W.（画家）	119 Cheyne Walk, Chelsea／	Sloane Square
	40 Sandycombe Road, Twickenham	St Margaret*
Vanbrugh, John（建築家・劇作家）	Vanbrugh Castle, Maze Hill	Maze Hill*
Walpole, Robert（政治家）	5 Arlington Street	Green Park
Wells, H.G.（作家・著述家）	13 Hanover Terrace	Marylebone
Whistler, J.A.（画家）	96 Cheyne Walk, Chelsea	Sloane Square
Wilde, Oscar（劇作家・作家）	34 Tite Street	Sloane Square
Woolf, Virginia（作家）	29 Fitzroy Square	Warren Street
Wren, Christopher（建築家）	Cardinal's Wharf, 49 Bankside	London Bridge
Yeats, W.B.（詩人・劇作家）	5 Woburn Walk	Euston**
Zoffany, Johann（画家）	65 Strand-on-the-Green	Kew Gardens*

記 念 像・記 念 碑

　本表は主として野外に設置された記念像(碑)を対象とした．したがって教会などにあるものは省いた．「ポエッツ・コーナー」をはじめ多数の墓・記念像(碑)を擁するウェストミンスター・アビーについては，その項を参照のこと．

(最寄り駅は，無印 地下鉄，＊鉄道，＊＊地下鉄および鉄道 を示す)

人物・記念像(碑)	所在地	最寄り駅
●王室関係		
Albert, Prince	Albert Hall	High Street Kensington
Alexandra, Queen	Marlborough Gate, Kensington Gardens	Lancaster Gate
Alfred, King	Trinity Church Square	Borough
Anne, Queen	St Paul's Cathedral	St Paul's
Boadicea(Boudicca), Queen	Victoria Embankment	Westminster
Charles I	Trafalgar Square	Charing Cross＊＊
Charles II	South Court, Chelsea Hospital	Sloane Square
Edward VII	Mile End Road	Stepney Green
Elizabeth I	St Dunstan in the West, Fleet Street	Blackfriars
George I	St George's Church, Bloomsbury	Holborn
George II	Golden Square	Piccadilly Circus
George III	Cockspur Street	Charing Cross＊＊
George IV	Trafalgar Square	Charing Cross＊＊
George V	Old Palace Yard	Westminster
George VI	Carlton House Terrace	Charing Cross＊＊
Henry VIII	St Bartholomew's Hospital	St Paul's
James II	Trafalgar Square	Charing Cross＊＊
Mary, Queen	Marlborough House, The Mall	St James's Park
Mary, Queen of Scots	Fleet Street	Blackfriars
Victoria, Queen	Kensington Gardens	High Street Kensington
	Queen's Gardens, Buckingham Palace	Victoria＊＊
William III	St James's Square	Piccadilly Circus
●著名人関係		
Bacon, Francis(哲学者・政治家)	South Square, Gray's Inn	Chancery Lane
Becket, Thomas (カンタベリー大司教)	St Paul's Churchyard	St Paul's
Besant, Walter (作家・ロンドン研究家)	Victoria Embankment	Westminster
Booth, General William (牧師)	Mile End Road	Stepney Green
Brontë Sisters (作家)	Cornhill	Bank
Bunyan, John (作家)	Baptist Church House, Southampton Row	Holborn

人物・記念像（碑）	所在地	最寄り駅
Burns, Robert（詩人）	Victoria Embankment Gardens	Embankment
Byron, G.G.（詩人）	John Lewis, Holles Street	Oxford Circus
Carlyle, Thomas（評論家・思想家）	Chelsea Embankment	Sloane Square
Chaplin, C.S.（俳優）	Leicester Square	Leicester Square
Churchill, Winston（政治家）	Parliament Square	Westminster
Cook, Captain James（探検家）	The Mall	Charing Cross**
Cromwell, Oliver（政治家）	Westminster Hall	Westminster
Dickens, Charles（作家）	Ferguson House, Marylebone High Street	Bond Street
Disraeli, Benjamin（政治家・作家）	Parliament Square	Westminster
Franklin, John（北極探検家）	Waterloo Place	Piccadilly Circus
Freud, Sigmund（精神分析学者）	Adelaide Road, Swiss Cottage	Swiss Cottage
Gandhi, Mahatma（政治家）	Tavistock Square	Euston Square
Garrick, David（俳優）	Southampton Street	Covent Garden
Gilbert, W.S.（劇作家）	Victoria Embankment	Embankment
Gladstone, W.E.（政治家）	Strand	Aldwych
Gray, Thomas（詩人）	Cornhill	Bank
Gresham, Thomas（貿易商）	Royal Exchange	Bank
Hogarth, William（画家）	Leicester Square	Leicester Square
Irving, Henry（俳優）	Charing Cross Road	Charing Cross**
Johnson, Samuel（著述家）	Strand	Aldwych
Jones, Inigo（建築家）	Chiswick House, Burlington Lane	Chiswick*
Lamb, Charles（随筆家・作家）	Crown Office Row, Inner Temple	Temple
Livingston, David（探検家）	Royal Geographical Society, Kensington Gore	South Kensington
Marx, Karl（経済学者）	Highgate Cemetery	Archway
Mill, J.S.（哲学者・経済学者）	Victoria Embankment Gardens	Embankment
Millais, J.E.（画家）	Tate Britain, Millbank	Pimlico
Milton, John（詩人）	City of London School, Victoria Embankment	Temple
More, Thomas（人文主義者）	Chelsea Embankment	Sloane Square
Nash, John（建築家）	All Souls, Langham Place	Great Portland Street
Newton, Isaac（物理学者）	Leicester Square	Leicester Square
Nightingale, Florence（看護婦）	St Thomas' Hospital, Lambeth Palace Road	Westminster
Peel, Robert（政治家）	Metropolitan Police Training Centre, Hendon Way	Hendon Central
Pitt, William (the Younger)（政治家）	Hanover Square	Oxford Circus
Priestley, Joseph（化学者）	Royal Institute of Chemistry, Russell Square	Russell Square
Raleigh, Walter（政治家）	Whitehall	Westminster
Reynolds, Joshua（画家）	Burlington House, Piccadilly/Leicester Square	Piccadilly Circus Leicester Square
Rossetti, D.G.（画家・詩人）	Cheyne Walk, Chelsea	Sloane Square
Russell, Bertrand（哲学者）	Red Lion Square	Holborn

記念像・記念碑　909

氏名・名称	所在地	最寄り駅
Shakespeare, William（劇作家）	Leicester Square/ Southwark Cathedral/ Aldermanbury Square	Leicester Square London Bridge** Moorgate
Stanley, Edward（政治家）	Parliament Square	Westminster
Stow, John（歴史家）	St Andrew Undershaft, Leadenhall Street	Aldgate
Sullivan, Arthur（作曲家）	Victoria Embankment	Embankment
Thackeray, W.M.（作家）	Cornhill	Bank
Turner, J.M.W.（画家）	Queen Anne Street	Oxford Circus
Tussaud, Madame（蠟細工師）	Madame Tussaud's, Marylebone Road	Baker Street
Tyndale, William（宗教改革者）	Victoria Embankment Gardens	Embankment
Wallace, Edgar（作家）	Ludgate Circus	St Paul's
Wellington, A.W.（政治家）	Hyde Park Corner	Hyde Park Corner
Wesley, John（神学者）	Wesley's Chapel, City Road	Angel
Whittington, Richard（ロンドン市長）	Royal Exchange	Bank
●その他		
Achilles	Park Lane	Marble Arch
Albert Memorial	Kensington Gardens	High Street Kensington
Burton Monument	Roman Catholic Cemetery, North Worple Way	Mortlake*
Buxton Memorial Fountain	Victoria Tower Gardens	Westminster
Cadiz Memorial	Horse Guards Parade	Charing Cross**
Cenotaph	Whitehall	Westminster
Cleopatra's Needle	Victoria Embankment	Embankment
Duke of York Column	Waterloo Place	Charing Cross**
Eleanor Cross	Charing Cross Station Yard	Charing Cross**
'Eros'（Shaftesbury Memorial Fountain）	Piccadilly Circus	Piccadilly Circus
Guards	Horse Guards Road	Charing Cross**
Guards Crimea Memorial	Waterloo Place	Charing Cross**
Guy of Warwick	Newgate Street & Warwick Lane	St Paul's
Machine Gun Corps	Hyde Park Corner	Hyde Park Corner
Monument, The	Monument Street	Monument
Nelson Column	Trafalgar Square	Charing Cross**
Protestant Martyrs	St Bartholomew's Hospital	St Paul's
Royal Air Force	Victoria Embankment	Westminster

文 献 紹 介

　2000年の歴史という長大なスケールに彩られた首都ロンドンは，不変と変容をなんなく同居させる，まことに感動的なそして魅惑的な都市である．そのことに際限がなければ，その文献も際限がない．*Old and New London* の編者のひとり Walter Thornbury は「ロンドンのごとき巨大都市の歴史を書くことは海洋史を書くことに等しい――それほど領域は広大，住民は多種多様，懐深く横たわる宝物は数知れない」(序論)と書いた．ロンドン図書館では，ロンドンに関する文献が占める書棚は60メートルを超えるという．また Heather Creaton (ed.), *The Bibliography of Printed Works on London History* (Library Association Publishings, 1994) には，2万1000点以上の文献が記載されているという．それとても1939年までの文献の集成であり，いかにも物足りない．ロンドンに関する書物はまさに汗牛充棟であり，書誌はもとより完全を期しがたい．以下に紹介する文献も，想像を超える全体の一部であるということを，まずはじめにお断りしておかなければならない．

1. 百科事典的文献

① Besant, Walter, *The Survey of London* (Adam and Charles Black, 1902-12).
　　Vol. 1　*Early London*
　　Vol. 2　*Mediaeval London, Social and Historical*
　　Vol. 3　*Mediaeval London, Ecclesiastical*
　　Vol. 4　*London in the Time of the Tudors*
　　Vol. 5　*London in the Time of the Stuarts*
　　Vol. 6　*London in the Eighteenth Century*
　　Vol. 7　*London in the Nineteenth Century*
　　Vol. 8　*London, the City*
　　Vol. 9　*London, North of the Thames*
　　Vol. 10 *London, South of the Thames*
② Kent, William (ed.), *An Encyclopedia of London* (Dent, 1937).
③ Knight, Charles, *London* (Charles Knight, 1841-44).
④ Stow, John, *The Survey of London* (1598).
⑤ Thornbury, Walter and Walford, Edward (eds.), *Old and New London — A Narrative of Its History, Its People, and Its Places* (Cassell and Campany, 1872-78).
　　Vols 1, 2　*The City, Ancient and Modern*
　　Vols 3, 4　*Westminster and the Western Suburbs*
　　Vol. 5　　*The Western and Northern Suburbs*
　　Vol. 6　　*The Southern Suburbs*
⑥ Weinreb, Ben and Hibbert, Christopher (eds.), *The Encyclopaedia of London* (Macmillan, 1983).
⑦ Wheatley, Henry B., *London, Past and Present — Its History, Associations, and Traditions* (John Murray, 1891).

　①は全10巻から成るロンドンに関する最大(と考えられる)の著作．5000頁弱，図版数1200点弱を収め，平易な英語で自在に書かれた通史．気ままに取り出した1巻の気ままな1ページで，たちどころに，ある時期ある場所のロンドンを見事に彷彿させる．エリザベス朝のロンドンであれば，先達 J. ストーを案内人に見立てて，市壁を一巡するという趣向も組み込まれている．巻末付録の充実ぶりも魅力である．復刻版：名著普及会，1986．

911

②は小型の一冊本．小項目主義でアルファベット順の配列を採る．重要項目の末尾には参考文献がつく．改訂版：Dent, 1951, 1970.

③は150回にわたる週刊分冊で刊行されたあと，全6巻にまとめられた．出版者・編集者として無尽の活躍をしたナイトが執筆者チームを編成して，ヴィクトリア朝におけるロンドンの全体像をまとめ上げている点に特徴がある．「絵入り本づくりを課題として」企画されただけあって，図版が魅力的である．総頁数約2500．復刻版：本の友社，2000年．C. ナイトはほかに *Knight's Cyclopeadia of London* (Charles Knight, 1851) も編纂している．

④は②と同様小型の一冊本だが，ロンドンに関する最初の本格的な百科全書的地誌である．エリザベス朝のロンドンについて今日われわれがかなり行き届いた見取り図をもつことができるのは，この一書に負うところ大である．歴史への強い関心と日常身辺への非凡な観察眼が，小説家でもあったストーのこの著作に結実した．初版は1598年だが，現在までいくつもの版があり，今日一般に知られているのは，第2版(1603)を基にした諸版である．なかでも John Strype による第6, 7増補改訂版，C.L. Kingsford による新版(1908, 2 vols.)が広く知られているほか，Everyman's Library版(1970), Clarendon Press版(1971)が入手可能である．ストーにならって，世に現れた著作に William Maitland, *History of London from its Foundation by the Romans to the Present Time* (1739), John Entick, *New and Accurate History and Survey* (1766), Thomas Pennant, *Some Account of London* (1790) などがある．

上記 Maitland の『ロンドン史』は全9部，1700頁から成り，図版のほか，多数の統計（例，教区教会出納簿，ロンドン関税部に船籍をおく全船舶一覧，道路一覧，ロンドン市長(1189-1738)一覧，学校数など）を収録，きわめて興味深い．100の同業組合については紋章付きで解説をしている．復刻版：Edition Synapse, 2001.

⑤は全6巻から成るロンドン通史．総頁数約3500, 章数約300, 図版点数約1100を数える①に次ぐ大著である．「大通りから路地へ，路地から大通りへ逍遥を重ねながら，ロンドンが都市として成立して以来，そこに起こった興味深いほとんどあらゆる出来事に注目し」，この都市の今昔を歴史の中に捉えようとした（したがって過去の歴史的建造物への記述に特徴がある）．16頁を割いた長い序論は，テンプル・バーを起点にしたロンドン歴史散歩として全体に対する巧みな導入となっている．詳細な目次は索引としても役に立つ．復刻版：名著普及会，1984年．

⑥は著名な建築家と歴史家の，⑦をモデルにした共著で，利用しやすい百科事典．大項目主義と小項目主義を併用しながら，約5000項目をアルファベット順に配列し，500点以上の図版を収録する．見出し項目の書体を変えて，建物，商店・団体など現存・非現存の区別をする．索引は人物編（約1万人）と一般事項編の2本建て．初版は1983年，改訂新版はマクミラン社，1993年．

⑦は1849年刊行の Peter Cunningham, *Handbook of London* を基礎にして，Henry Benjamin Wheatley が自らの研究成果を盛り込んだ，全3巻1700頁あまりの労作（John Murray, 1891）．小項目によるアルファベット順の配列と周到な索引が特徴．1888年成立の地方自治法によって誕生した London County Council の行政区域，つまり，ほぼ現在のロンドン内自治区を対象にしているだけだが，今なおロンドンに関する標準的な文献である．1965年，大ロンドン市の誕生に刺激されて，John O'Leary は改訂新版を試みて，1976年には校正の段階まで編集を進めたが，突然出版が中止された．ゲラ刷りはギルドホール図書館が保管する．

2. 年代記　ロンドンに関する年代記として重要なのは，Andrew Saint and Gillian Darley, *The Chronicles of London* (Weidenfeld & Nicolson, 1994) である．この本の最大の特徴は単なる歴史的事実の年次的記述（AD43-1965）にとどまらず，同時代人の残した各種の記録を大量に援用して，記述に迫真性を加えたことである．したがって，全体はアンソロジーとしても読むことができる．カラー版を含めた多数の図版を収める．ロンドン大火のあった1666年の項には，J. イーヴリンと S. ピープスの日記を3ページにわたって採録，併せてサザックから眺めた炎上するシティを描いたカラー図版を添えている．文献一覧を敢えて省き，巻末に出典一覧の詳細を記して代わりとしている．

John Richardson, *The Annals of London* (Cassell, 2000) も特徴ある年代記である．西暦1065年から

1999年までを1年毎に記録する編集が魅力である.重要な出来事には,同時代人の記録が付せられてはいるが,主眼はあくまで史実の客観的記録である.ペーパーバック版(2001)あり.

3. **地図・日記など** ロンドンの歴史地図には大判の H.Clout(ed.), *The Times London History Atlas* (Times Books, 1991)がある.作図表現に多くの新鮮な工夫がこらされた労作.(中村英勝監訳『ロンドン歴史地図』,東京書籍,1997).Felix Baker and Peter Jackson, *The History of London in Maps* (Barrie & Jenkins, 1990), Andrew Davies, *The Map of London from 1746 to the Present Day*(全24図,Batsford, 1987)も見落とせない.これは John Rocque のロンドン地図(1746;縮尺26インチ1マイル,全24葉.復刻版「1万分の1ロンドン地形図集成」,柏書房,1992)と現代の地図を並列した特色あるもの.古地図には,Mary D. Lobel 総監修による *The British Atlas of Historic Towns* の第3巻, *The City of London:From Prehistoric Times to c.1520* (Oxford University Press in Conjunction with The Historic Towns Trust, 1989)がある.全体は,ロンドンと近郊主要街道,前ローマ時代のシティ,ローマ時代のシティ,1270年頃のシティ,1520年頃のシティ,16世紀前半の区図,16世紀前半の教区図から成る.英国陸地測量図(5万分の1)は派手派手しさはないが,英国地図の良き伝統を継承するもので,その第176,177図の2葉がほぼ大ロンドンをカバーする.*A-Z Master Atlas of Greater London* (Geographers' A-Z Map, 1995)はロンドンの市街地図・道路検索本として定評がある.(本書の囲み記事「ロンドンの地図」,「地下鉄路線図とA-Z市街図」を参照).

また,文学作品にロンドンの反映は著しい.作家名を羅列することの愚は避けるが,あえてその若干に触れれば,チョーサー,シェイクスピアからはじまって,ジョンソン博士,チャールズ・ディケンズの名は,ロンドンと切り離せない.ヴァージニア・ウルフやエリザベス・ボウエンを加えてもいいかもしれない. 2人の17世紀の日記作家ジョン・イーヴリン(*The Diary of John Evelyn*, 6 vols, Clarendon Press, 1955.)とサミュエル・ピープス(Robert Latham and William Matthews(eds.), *The Diary of Samuel Pepys*, 11 vols, George Bell, 1970-83.(臼田昭訳『サミュエル・ピープスの日記』全10巻(第8巻まで既刊),国文社,1987-)の名を逸することはできない.ジェイムズ・ボズウェル (Frederick A. Pottle(ed.), *Boswell's London Journal*, Heinemann, 1950)の名も同様である.

18世紀の諷刺画家 William Hogarth, Thomas Rowlandson およびヴィクトリア朝の画家 William Powell Frith, George Cruikshank の作品は,それぞれが時代相を活写して資料的価値が大きい.ほかにロンドンを描いた画家にホイスラー,モネ,カナレットなどがいる.

4. **文献** 以下にリストとしてまとめるが,まずロンドンにとって主要なテーマである「テムズ川」と「疫病」と「大火」について若干触れておく.

テムズ川については,B.Cohen, *The Thames, 1580-1980:A General Bibliography*(B.Cohen, 1985)がある. Mervyn Savill, *Tide of London:A Study of London and its River*(Britannicus Liber, 1951), Aytoun Ellis, *Three Hundred Years of London River*(Bodley Head, 1952)などがある. 比較的最近の著作として,P.Burstall, *The Golden Age of the Thames*(David & Charles, 1981), Gavin Weightman, *London River:The Thames Story*(Collins & Brown, 1990), Frank Martin, *Rogue's River:Crime on the River Thames in the Eighteenth Century*(Henry, 1983)などがある. テムズ川全体についてだが,Mari Prichard & Humphrey Carpenter, *A Thames Companion*(Oxford Illustrated Press, 1975), Mr.and Mrs.S.C.Hall, *The Book of The Thames*(Charlotte James Publishers, 1859)などがある.

疫病については,Frank Percy Wilson, *The Plague in Shakespeare's London*(Clarendon Press, 1927), Walter G. Bell, *The Great Plague in London in 1665*(Bodley Head, 1951), Paul Slack, *The Impact of Plague in Tudor and Stuart England*(Routledge & Kegan Paul, 1985)などがある.

大火については,Walter G.Bell, *The Great Fire of London in 1666*(Bodley Head, 1951), John E.N. Hearsay, *London and the Great Fire*(John Murray, 1965), G.Milne, *The Great Fire of London*(Historical Publications, 1986), Martin S. Briggs, *Wren the Incomparable*(Allen & Unwin, 1953)などがある.

[英文文献]
Ackroyd, P. *London, The Biography* (Chatto & Windus, 2000).
Ackroyd, P. *Dickens's London:an Imaginative Vision* (Headline, 1987).
Amery, C. *Wren's London* (Lennard, 1988).
Ainsworth, W. H. *The Tower of London* (1840)
Babington, A. *The English Bastille: A History of Newgate Gaol and Prison Conditions in Britain 1188-1902* (Macdonald, 1971).
Bailey, P. *The Oxford Book of London* (Oxford University Press, 1996).
Barker, F. & Hyde, R. *London as it might have been* (John Murray, 1982).
Barker, F. & Hyde, R. *London:2000 years of a city and its people* (Macmillan, 1983).
Betjeman, J. *London's Historic Railway Stations* (John Murray, 1972).
Booth, C. *Life and Labour of the People of London*, 17 vols. (William and Norgate, 1891-1902).
Brett-James, N.G. *The Growth of Stuart London* (Allen & Unwin, 1935).
Brimblecombe, P. *The Big Smoke:a history of air pollution in London since medieval times* (Meuthen, 1987).
Brook, C. & Keir, G. *London, 800-1216:the shaping of a city* (Secker & Warburg, 1975).
Bushell, P. *London's Secret History* (Constable Publishers, 1983). [成田成寿・玉井東助訳『ロンドン 倫敦千夜一夜』, 原書房, 1987]
Byron, A. *London's Statues:a guide to London's outdoor statues and sculptures* (Constable, 1981).
City of London Directory and Livery Companies Guide (City Press, 2000).
Clout, H. (ed.) *Changing London* (University Tutorial Press, Cambridge, 1978).
Crowe, A. *The Parks and Woodlands of London* (Fourth Estate, 1987).
Cunningham, I. *A Reader's Guide to Writers' London* (Prior Books, 2001).
Davies, A. *The East End Nobody Knows* (Macmillian, 1990)
Davies, P. *Troughs & Drinking Fountains* (Chatto & Windus, 1989)
Davis, T. *John Nash:the Prince Regent's Architect* (Country Life, 1966).
Downes, K. *Hawksmoor* (Thames & Hudson, 1970).
Ekwall, E. *Street Names of the City of London* (Clarendon Press, 1954).
Field, E. *Place Names of Greater London* (Batsford, 1986).
Fitzgibbon, C. *The Blitz* (MacDonald, 1970).
Fletcher, G. *The London Nobody Knows* (Hutchinson, 1962).
Foord, A.S. *Springs, Streams, and Spas of London* (T. Fisher Unwin, 1910).
Gay, J. *Trivia, or the Art of Walking the Streets of London* (1716).
George, D. *London Life in the Eighteenth Century* (Routledge & Kegan Paul, 1951).
Gwynn, R.D. *Huguenot Heritage:the history and contribution of the Huguenots in Britain* (Routledge & Kegan Paul, 1985).
Harte, N. *The University of London 1836-1986* (Athlone Press, 1986).
Hibbert, C. *London:The Biography of a City* (Penguin Books, 1980). [横山徳爾訳『ロンドン—ある都市の伝記』, 朝日イブニングニュース社, 1983；北星堂書店, 1988]
Hobhouse, H. *Lost London:a century of demolition and decay* (Macmillan, 1971).
Hobhouse, H. *A History of Regent Street* (MacDonald & Jane's Press, 1975).
Hollingshead, J. *Ragged London in 1861* (Dent, 1986).
Humphries, S. & Taylor, J. *The Making of Modern London, 1945-1985*, (Sidgwick & Jackson, 1986).
Jenkins, S. *Landlords to London:the story of a capital and its growth*, (Constable, 1975).
Johnson, D. *The City Ablaze:the second great fire of London 29 December 1940* (William Kimber, 1980).
Knight, S. *Jack the Ripper:The Final Solution* (Harrap, 1976).

Kynaston, D. *The City of London*, 4 vols. (Chatto & Windus, 1994-2001).
Lewis, R.A. *Edwin Chadwick and the Public Health Movement* (Longmans, Green & Co. 1952).
Mack, J. & Humphries, S. *The Making of London, 1939-1945* (Sidgwick & Jackson, 1985)
Mander, R. & Mitchenson, J. *The Theatres of London* (Rupert Hart-Davis, 1961).
McRae, H. & Cairncross, F. *Capital City:London as a Financial Centre* (Methuen, 1991).
Marsden, P. *Roman London* (Thames & Hudson, 1980).
Mayhew, H. *London Labour and the London Poor*, 4 vols. (Griffin, Bohn, and Company, 1861-62). [植村靖夫訳『ヴィクトリア時代のロンドン路地裏の生活誌』(上・下), 原書房, 1993]
Meade, D. and Wolff, T. *Lines on the Underground* (Cassell, 1994).
Meller, H. *London Cemeteries* (Aldershot, 1981).
Melling, J.K. *Discovering London's Guilds and Liveries* (Shire Publications, 1995).
Milne, G. *The Port of Roman London* (Batsford, 1985).
Mitchell, R.J. and Leys, M.D.R. *A History of London Life* (Longman's Green, 1958). [松村赳訳『ロンドン庶民生活史』, みすず書房, 1971]
Morris, J. *Londinium:London in the Roman Empire* (Weidenfeld & Nicolson, 1982).
Naib, S.K. *London's Dockland:Past, Present, and Future* (Thames & Hudson, 1990).
Olsen, D.J. *The Growth of Victorian London* (Batsford, 1976).
Pevsner, N. *London:The Cities of London and Westminster* (Penguin, 1962).
Pevsner, N. *London Except the Cities of London and Westminster* (Penguin, 1952).
Porter, R. *London, A Social History* (Harvard University Press, 1994).
Pritchet, V.S. *London Perceived* (Chatto & Windus, 1962).
Rasmussen, S.E. *London:the Unique City* (Jonathan Cape, 1937).
Richardson, J. *London and Its Poeple* (Barrie and Jenkins, 1995).
Rosser, A.G. *Medieval Westminster 1200-1540* (Clarendon Press, 1989).
Rude, G. *Hanoverian London, 1714-1808* (Secker & Warburg, 1971).
Saunders, A. *The Art and Architecture:An Illustrated Guide* (Phaidon, 1984).
Saunders, A. *Regent's Park* (David & Charles, 1969).
Schofield, J. *The Building of London from the Conquest to the Great Fire* (Colonnade, 1984).
Schwartz, R.B. *Daily Life in Johnson's London* (The University of Wisconsin Press, 1983). [玉井東助・江藤秀一訳『十八世紀ロンドンの日常生活』, 研究社出版, 1990]
Sims, G.R. (ed.) *Living London* (Cassell and Company, 1901, 3 vols).
Sheppard, F. *London, 1808-1870:the Infernal Wen* (Secker & Warburg, 1971).
Southworth, J.G. *Vauxhall Gardens* (Columbia University Press, 1941).
Spencer, H. *London's Canal* (Putman, 1961).
Summerson, J. *Georgian London* (Pleiades Books, 1945)
Summerson, J. *The Life and Work of John Nash* (George Allen & Unwin, 1980).
Thomas, D. *London's Green Belt* (Faber & Faber, 1970).
Unwin, G. *The Guilds and Companies of London* (Methuen, 1908).
Weightman, G. & Humphries, S. *The Making of Modern London, 1815-1914* (Sidgwick & Jackson, 1983).
Weightman, G. & Humphries, S. *The Making of Modern London, 1914-1939* (Sidgwick & Jackson, 1984).
Wilson, D. *The Tower of London* (Constable, 1978).

最後に, 以上の紹介を補完する意味で, 多くの文献が巻末に掲げる文献一覧が手引きとして有益だが, なかでも *The Times London History Atlas* の250点以上の参考文献, Roy Porter, *London, A Social History* と Peter Acroyd, *London, The Biography* の書誌は情報源として貴重である。

[邦文文献] 翻訳書は[英文文献]の項を参照のこと.

相原幸一『テムズ河—その歴史と文化』, 研究社出版, 1989.
青山誠子『シェイクスピアとロンドン』(新潮選書), 新潮社, 1986.
岩崎広平『テムズ河ものがたり』, 晶文社, 1994.
臼田　昭『ピープス氏の秘められた日記』, (岩波新書), 岩波書店, 1982.
臼田　昭『イン—イギリスの宿屋のはなし』, 駸々堂, 1986.
大場建治『ロンドンの劇場』, 研究社 1975.
大場建治『英国俳優物語　エドマンド・キーン伝』, 晶文社, 1984.
小野二郎『紅茶を受皿で』, 晶文社, 1981.
海保眞夫『イギリスの大貴族』, 平凡社, 1999.
角野喜六『漱石のロンドン』, 荒竹出版, 1979.
小池　滋『ロンドン：ほんの百年前の物語』(中公新書), 中央公論新社, 1978.
小池　滋『ロンドン』(世界の都市物語6), 文芸春秋社, 1992.
小池　滋『英国鉄道物語』, 晶文社, 1979.
小林章夫『ロンドン・フェア』, 駸々堂, 1986.
小林章夫『ロンドン・シティ物語』, 東洋経済新社, 2000.
小林章夫『コーヒー・ハウス』, 駸々堂, 1984.
櫻庭信之『絵画と文学　ホガース論考』, 研究社出版 1964；増補版 1987.
櫻庭信之『英国パブ・サイン物語』, 研究社出版, 1993.
櫻庭信之・井上宗和『ロンドン』(「イギリスの歴史と文学 3」), 大修館書店, 1981.
清水一嘉『イギリス近代出版の諸相—コーヒー・ハウスから書評まで』, 世界思想社, 1999.
仁賀克雄『ロンドンの恐怖—切り裂きジャックとその時代』, 早川書房, 1985.
鈴木博之『ロンドン—地主と都市デザイン』, 筑摩書房, 1996.
高橋裕子・高橋達史『ヴィクトリア朝万華鏡』, 新潮社, 1993.
出口保夫『ロンドン塔—光と影の九百年』(中公新書), 中央公論新社, 1993.
中川浩一『バスの文化史』, 筑摩書房, 1986.
長島伸一『世紀末までの大英帝国—近代イギリス社会生活史素描』, 法政大学出版局, 1987.
橋口　稔『ブルームズベリー・グループ』, 中央公論新社, 1989.
浜　矩子『ネクタイを締めた海賊たち』, 日本経済新聞社, 1998.
蛭川久康・井上宗和『テムズの流れに沿って』(「イギリスの歴史と文学 2」), 大修館書店, 1979.
保柳　健『音楽と都市の出会い—大英帝国とロンドン』, 音楽之友社, 1981.
益子政史『ロンドン悪の系譜—スコットランド・ヤード』, 北星堂書店, 1988.
見市雅俊『ロンドン—炎が生んだ世界都市』, 講談社, 1999.
松村昌家『水晶宮物語—ロンドン万国博覧会1851』, リブロポート, 1986／ちくま学芸文庫, 2000.
松村昌家『ディケンズとロンドン』, 研究社出版, 1981.
松村昌家(編)『「パンチ素描集」—19世紀のロンドン』(岩波文庫), 岩波書店, 1994.
水谷三公『貴族の風景』, 平凡社, 1989.
森　　護『英国王室史話』, 大修館書店, 1986.
森　　護『英国紋章物語』, 河出書房新社, 1996.
渡辺和幸『ロンドン地名由来事典』, 鷹書房弓プレス, 1998.

和英対照表

見出しの日本語と，本文で言及される主な政府機関・団体など(*印)を収録。
配列は五十音順，長音(ー)，中黒(・)は無視して配列した。

■ア行

アイアンマンガー・レイン Ironmonger Lane
アイヴィ・レイン・クラブ Ivy Lane Club
アイズルワース Isleworth
アイディアル・ホーム・エクシビション Ideal Home Exhibition
アイランド・ガーデンズ Island Gardens
アイル・オヴ・ドッグズ Isle of Dogs
アイルランド・ヤード Ireland Yard
アーヴィング・ストリート Irving Street
アヴェ・マリア・レイン Ave Maria Lane
アーガイル・ルームズ Argyll Rooms
アキレス像 Achilles Statue
アクトン Acton
アシニーアム Athenaeum
アストリア劇場 Astoria Theatre
アストリー円形演技場 Astley's Amphitheatre
アスプレイ・アンド・ガラード Asprey and Garrard
アーセナル・フットボール・クラブ Arsenal Football Club
アセンブリー・ハウス亭 Assembly House
アダム・アンド・イーヴ・ティー・ガーデンズ Adam and Eve Tea Gardens
アーチウェイ・ロード Archway Road
アーチ裁判所 Court of Arches
アーチビショップス・パーク Archbishop's Park
アッカーマンズ Ackermann's
アックスブリッジ Uxbridge
アーツ・クラブ Arts Club
アーツ・シアター Arts Theatre
アッシュクロフト劇場 Ashcroft Theatre
アッシュバーナム・ハウス Ashburnham House
アッパー・グロヴナー・ストリート Upper Grosvenor Street
アッパー・ストリート Upper Street
アッパー・セント・マーティンズ・レイン Upper St Martin's Lane
アッパー・チェイニー・ロウ Upper Cheyne Row
アッパー・テムズ・ストリート Upper Thames Street
アッパー・ノーウッド Upper Norwood
アッパー・ブルック・ストリート Upper Brook Street
アッパー・ホロウェイ Upper Holloway
アッパー・マル Upper Mall
アディスカム Addiscombe
アディントン Addington
アデルフィ Adelphi
アデルフィ劇場 Adelphi Theatre
アデルフィ・テラス Adelphi Terrace
アドミラルティ・アーチ Admiralty Arch
アビー・ウッド Abbey Wood
アビー・ナショナル Abbey National
アビー・ミルズ揚水場 Abbey Mills Pumping Station
アビー・ロード Abbey Road
アビンドン・ストリート Abingdon Street
アプスリー・ハウス Apsley House
アブチャーチ・レイン Abchurch Lane
アプトン Upton
アポロ・ヴィクトリア Apollo Victoria
アポロ劇場 Apollo Theatre
アーミー・アンド・ネイヴィ・クラブ Army and Navy Club
アーミイ・アンド・ネイヴィ・ストア Army and Navy Stores
アメリカ大使館 United States Embassy
アーメン・コート Amen Court
アランデル・ストリート Arundel Street
アーリントン・ストリート Arlington Street
アールズ・コート Earl's Court
アルバート・エンバンクメント Albert Embankment
アルバート・ゲート Albert Gate
アルバート橋 Albert Bridge
アルバート・メモリアル Albert Memorial
アルバマール・ストリート Albemarle Street
アルハンブラ Alhambra
アルベリー劇場 Albery Theatre
アレグザンドラ・パレス Alexandra Palace
アレンズ・スクール Alleyn's School
アワ・レイディ・オヴ・アサンプション・アンド・セント・グレゴリー教会 Church of Our Lady of the Assumption and St Gregory
アンカー・イン Anchor Inn
アンカスター・ハウス Ancaster House
アンバサダーズ劇場 Ambassadors Theatre
イアリス Erith
『イヴニング・スタンダード』 *Evening Standard*
イエーガー Jaeger
イー・オールド・ウォトリング Watling, Ye Olde
イー・オールド・チェシャー・チーズ亭 Cheshire Cheese, Ye Olde
イギリス観光連盟* British Tourist Board
イギリス芸術家連合* Federation of British Artists

917

イギリス国際問題研究所* British Institute of International Affairs
イギリス聴覚障害者協会* National Institute for the Deaf
イーグル Eagle
石工同業組合会館 Freemasons' Hall
イースト・インディア・ドックス East India Docks
イースト・エンド East End
イーストカースル・ストリート Eastcastle Street
イースト・グリニッチ墓地 East Greenwich Pleasaunce
イースト・スミスフィールド East Smithfield
イーストチープ Eastcheap
イースト・ハム East Ham
イースト・ヒース・ロード East Heath Road
イースト・ロンドン大学 University of East London
イースト・ロンドン・ライン East London Line
イズリントン Islington
イズリントン・スパ Islington Spa
イートン・スクエア Eaton Square
イートン・プレイス Eaton Place
犬の墓地 Dogs' Cemetery
イベリー・ストリート Ebury Street
イマキュレット・コンセプション教会 Church of the Immaculate Conception
移民 Immigration
鋳物師同業組合会館 Founders' Hall
イーリー・プレイス Ely Place
イーリング Ealing
イーリング・スタジオ Ealing Studios
イール・パイ・ハウス Eel Pie House
イルフォード Ilford
イングランド銀行 Bank of England
インターシティ・トレインズ InterCity Trains
インターナショナル・シェイクスピア・グローブ・センター International Shakespeare Globe Centre
インとタヴァン Inns and Taverns
イントレピッド・フォックス亭 Intrepid Fox
インナー・テンプル Inner Temple
インナー・ロンドン教育委員会* Inner London Education Authority
インペリアル・コレッジ・オヴ・サイエンス・テクノロジー・アンド・メディスン Imperial College of Science, Technology and Medicine
インペリアル・ホテル Imperial Hotel
ヴァイアダクト・タヴァン Viaduct Tavern
ヴァーノン・ギャラリー Vernon Gallery
ヴァンブラ・カースル Vanbrugh Castle
ヴィクトリア Victoria
ヴィクトリア・アンド・アルバート博物館 Victoria and Albert Museum
ヴィクトリア駅 Victoria Station
ヴィクトリア・エンバンクメント Victoria Embankment

ヴィクトリア女王記念碑 Queen Victoria Memorial
ヴィクトリア・ストリート Victoria Street
ヴィクトリア・タワー・ガーデンズ Victoria Tower Gardens
ヴィクトリア朝美術・建築協会 Victorian Society
ヴィクトリア・ドック Victoria Dock
ヴィクトリア・パーク Victoria Park
ヴィクトリア・パレス劇場 Victoria Palace Theatre
ヴィクトリア・ライン Victoria Line
ウィグモア・ホール Wigmore Hall
ウィッグ・アンド・ペン Wig and Pen
ウィッティントン・アヴェニュー Whittington Avenue
ウィッティントン・クラブ Whittington Club
ウィッティントン・ストーン Whittington Stone
ウィッティントン病院 Whittington Hospital
ウィットフィールズ・タバナクル Whitefield's Tabernacle
ウィットブレッド醸造会社 Whitbread
ウィーラーズ Wheeler's
ヴィリアズ・ストリート Villiers Street
ウィリアムズ師信託協会図書館 Dr Williams's Trust and Library
ウィリアム・モリス・ギャラリー William Morris Gallery
ウィリアム・モリス協会* William Morris Society
ウィルズ・コーヒー店 Will's Coffee House
ウィルズデン Willesden
ウィルトン・クレセント Wilton Crescent
ウィルトン・プレイス Wilton Place
ウィンザー城 Windsor Castle
ウィンター・ガーデン劇場 Winter Garden Theatre
ウィンダム劇場 Wyndham's Theatre
ウィンダム・ハウス・クラブ Windham House Club
ウィンチェスター・ハウス Winchester House
ウィンドミル劇場 Windmill Theatre
ウィンドミル・ストリート Windmill Street
ウィンブルドン Wimbledon
ウィンブルドン劇場 Wimbledon Theatre
ウィンブルドン・フットボール・クラブ Wimbledon Football Club
ウィンブルドン・ローン・テニス博物館 Wimbledon Lawn Tennis Museum
ウィンポール・ストリート Wimpole Street
ウェアハウス Warehouse
ヴェイル・オヴ・ヘルス Vale of Health
ウェスタン・アヴェニュー Western Avenue
ウェスタン眼科病院 Western Opthalmic Hospital
ウェスト・インディア・ドックス West India Docks
ウェスト・エンド West End
ウェスト・ストリート West Street
ウェスト・ドレイトン West Drayton
ウェスト・ノーウッド West Norwood
ウェスト・ハム West Ham

ウェスト・ハム・ユナイテッド・フットボール・クラブ West Ham United Football Club
ウェストベリー・ホテル Westbury Hotel
ウェストボーン・テラス Westbourne Terrace
ウェストボーン・パーク Westbourne Park
ウェスト・ミドルセックス水道会社 West Middlesex Waterworks Company
ウェストミンスター Westminster
ウェストミンスター・アビー Westminster Abbey
ウェストミンスター劇場 Westminster Theatre
ウェストミンスター・スクール Westminster School
ウェストミンスター大学 University of Westminster
ウェストミンスター大聖堂 Westminster Cathedral
ウェストミンスター橋 Westminster Bridge
ウェストミンスター・パレス Palace of Westminster
ウェストミンスター病院 Westminster Hospital
ウェストミンスター・ホール Westminster Hall
ヴェストリー・ハウス・ミュージアム Vestry House Museum
ウェスト・ロンドン病院 West London Hospital
ウェスリー礼拝堂 Wesley's Chapel
ヴェテラン・カー・ラン London to Brighton Veteran Car Run
ウェリントン・ストリート Wellington Street
ウェリントン博物館 Wellington Museum
ウェリントン兵営 Wellington Barracks
ウェル・ウォーク Well Walk
ウェルカム医学史研究所 Wellcome Institute for the History of Medicine
ウェルシュ・ハープ貯水池 Welsh Harp Reservoir
ウェルシュ・バプテスト教会 Welsh Baptist Church
ウェルベック・ストリート Welbeck Street
ウェル・ホール Well Hall
ウェンブリー Wembley
ウェンブリー・スタジアム Wembley Stadium
ヴォクソール Vauxhall
ヴォクソール・ガーデンズ Vauxhall Gardens
ヴォクソール橋 Vauxhall Bridge
魚商同業組合会館 Fishmongers' Hall
ウォーダー・ストリート Wardour Street
ウォーターストーン Waterstone's
ウォータールー・アンド・シティ・ライン Waterloo and City Line
ウォータールー駅 Waterloo Station
ウォータールー戦勝記念教会群 Waterloo Churches
ウォータールー橋 Waterloo Bridge
ウォータールー・プレイス Waterloo Place
ウォーターロー・パーク Waterlow Park
ウォッピング Wapping
ウォッピング・オールド・ステアーズ Wapping Old Stairs
ウォッピング・レクリエーション・グラウンド Wapping Recreation Ground
ヴォードヴィル劇場 Vaudeville Theatre

ウォーバーグ・インスティテュート Warburg Institute
ウォバーン・ウォーク Woburn Walk
ウォバーン・スクエア Woburn Square
ウォリック・クレセント Warwick Crescent
ウォリック・ストリート Warwick Street
ウォリントン・ホテル亭 Warrington Hotel
ウォルサムストウ Walthamstow
ウォルサム・フォレスト Waltham Forest
ウォルドーフ・ホテル Waldorf Hotel
ウォールブルック Walbrook
ウォルワース Walworth
ウォレス・コレクション Wallace Collection
ウォンステッド Wanstead
ウスター・パーク Worcester Park
ウッド・グリーン Wood Green
ウッド・ストリート Wood Street
ウッドフォード Woodford
ウッドブリッジ・エステート Woodbridge Estate
ウッドランズ Woodlands
ウリッチ Woolwich
ウリッチ・ドックヤード Woolwich Dockyard
ウリッチ・フリー・フェリー Woolwich Free Ferry
ウリッチ兵器工場 Woolwich Arsenal
ウルワース Woolworth's
運河 Canals
英国医学連盟* British Postgraduate Medical Federation
英国医師会 British Medical Association
英国映画協会 British Film Institute
英国海軍兵学校 Royal Naval College
英国学士院 British Academy
英国議会開会式 State Opening of Parliament
英国空軍博物館 Royal Air Force Museum
英国空港管理会社* British Airports Authority
英国建築図書館 British Architectural Library
英国航空 British Airways
英国小売業協会* British Retail Consortium
英国在郷軍人会* Royal British Legion
英国自動車クラブ Royal Automobile Club
英国放送協会 BBC
英国砲兵隊兵舎 Royal Artillery Barracks
英国陸軍博物館 National Army Museum
A.W. ガメッジ A.W. Gamage
衛兵交替 Changing of the Guard
英霊記念日曜日 Remembrance Sunday
英連邦会館 Commonwealth Institute
エヴァンズ・ミュージック・アンド・サパー・ルームズ Evans Music-and-Supper Rooms
エヴリマン・シネマ Everyman Cinema
駅 Stations
疫病 Plagues
エクシビジョン・ロード Exhibition Road
エクセター・ハウス Exeter House

和英対照表 **919**

エクルストン・スクエア	Eccleston Square
エジプト館	Egyptian Hall
エジャトン・テラス	Egerton Terrace
エセックス・ストリート	Essex Street
エセックス・ハウス	Essex House
エセックス・ロード	Essex Road
エッジウェア	Edgware
エッジウェア・ロード	Edgware Road
HSBCホールディングズ	HSBC Holdings plc
エッピング・フォレスト	Epping Forest
エドガー・ウォレス亭	Edgar Wallace
エドモントン	Edmonton
エドワーズ・スクエア	Edwardes Square
エリザベス女王狩猟館	Queen Elizabeth's Hunting Lodge
エルギン・マーブルズ	Elgin Marbles
エルサレム・コーヒー店	Jerusalem Coffee House
エルサレムの聖ヨハネ小修道院	Priory of St John of Jerusalem
エルタム	Eltham
エレオノールの十字架碑	Eleanor Cross
エレファント・アンド・カースル	Elephant and Castle
エロス像	Eros
演劇博物館	Theatre Museum
エンジェル亭	Angel
エンズリー・ストリート	Endsleigh Street
エンパイア	Empire
エンフィールド	Enfield
オーヴァル・クリケット場	Oval
オヴィントン・ガーデンズ	Ovington Gardens
王室厩舎	Royal Mews
王室儀礼砲	Royal Salutes
王室師団*	Household Division
王室施療院	Royal Free Hospital
王室礼拝堂	Chapel Royal
王立アジア協会	Royal Asiatic Society of Great Britain and Ireland
王立医学協会	Royal Society of Medicine
王立一般開業医協会	Royal College of General Practitioners
王立英国建築家協会	Royal Institute of British Architects
王立英国文学協会	Royal Society of Literature of the United Kingdom
王立英連邦協会	Royal Commonwealth Society
王立園芸協会	Royal Horticultural Society
王立演劇学院	Royal Academy of Dramatic Art
王立音楽院	Royal Academy of Music
王立音楽家協会	Royal Society of Musicians
王立音楽コレッジ	Royal College of Music
王立化学協会	Royal Society of Chemistry
王立科学研究所	Royal Institution of Great Britain
王立看護協会	Royal College of Nursing
王立協会	Royal Society
王立芸術コレッジ	Royal College of Art
王立外科医協会	Royal College of Surgeons of England
王立工芸・製造業・商業振興協会*	Royal Society for the Encouragement of Arts, Manufactures and Commerce
王立考古学協会	Royal Archaeological Institute
王立国際問題研究所	Royal Institute of International Affairs
王立昆虫学協会	Royal Entomological Society
王立裁判所	Royal Courts of Justice
王立視覚障害者協会	Royal National Institute for the Blind
王立耳鼻咽喉科病院	Royal National Throat, Nose and Ear Hospital
王立獣医学コレッジ	Royal Veterinary College
王立獣医協会	Royal College of Veterinary Surgeons
王立職能検定協会	Royal Society of Arts
王立神経科医協会	Royal College of Psychiatrists
王立人類学協会	Royal Anthropological Institute of Great Britain and Ireland
王立水彩画家協会	Royal Institute of Painters in Water-Colour
王立水彩画協会	Royal Watercolour Society
王立整形外科病院	Royal National Orthopaedic Hospital
王立聴覚障害者協会	Royal National Institute for Deaf People
王立地理学協会	Royal Geographical Society
王立天文学協会	Royal Astronomical Society
王立動物虐待防止協会*	Royal Society for the Prevention of Cruelty to Animals
王立取引所	Royal Exchange
王立農業会館	Royal Agricultural Hall
王立廃兵院	Royal Hospital
王立美術院	Royal Academy of Arts
王立舞踏学院	Royal Academy of Dancing
王立薬剤師協会	Royal Pharmaceutical Society of Great Britain
王立郵趣協会	Royal Philatelic Society
王立ロンドン医師協会	Royal College of Physicians of London
大蔵省庁舎	Treasury Buildings
オークリー・ストリート	Oakley Street
オスタリー・パーク・ハウス	Osterley Park House
オースティン・フライアーズ修道院	Austin Friars
オーストラリア・ハウス	Australia House
オーチャード・ストリート	Orchard Street
オックスフォード・ケンブリッジ連合クラブ	United Oxford and Cambridge University Club
オックスフォード・サーカス	Oxford Circus
オックスフォード・ストリート	Oxford Street
オデオン・シネマ	Odeon Cinema
オナー・オーク	Honor Oak

オーピントン Orpington
オーブリー・ハウス Aubrey House
オープン・エア・シアター Open Air Theatre
オペラ・コミーク Opera Comique
オベリスク Obelisks
オメガ工房 Omega Workshops
オリンピア Olympia
オリンピック劇場 Olympic Theatre
オール・セインツ教会 All Saints
オール・ソウルズ教会 All Souls
オールダーズゲート・ストリート Aldersgate Street
オールダマンベリー Aldermanbury
オールド・ヴィック座 Old Vic
オールドウィッチ Aldwych
オールドウィッチ劇場 Aldwych Theatre
オールド・キュリオシティ・ショップ Old Curiosity Shop
オールドゲート Aldgate
オールドゲート・ポンプ Aldgate Pump
オールド・コート・ハウス Old Court House
オールド・コンプトン・ストリート Old Compton Street
オールド・ジューリー Old Jewry
オールド・スローターズ・コーヒー店 Old Slaughter's Coffee House
オールド・チャーチ・ストリート Old Church Street
オールド・バタシー・ハウス Old Battersea House
オールド・バーリントン・ストリート Old Burlington Street
オールド・パレス・ヤード Old Palace Yard
オールド・フォード Old Ford
オールド・ブル・アンド・ブッシュ亭 Old Bull and Bush
オールド・ブロード・ストリート Old Broad Street
オールド・ベイリー Old Bailey
オールド・ベル・イン Old Bell Inn
オールド・マイター・タヴァン Olde Mitre Tavern
オールド・ワイン・シェイズ Olde Wine Shades
オールバニー Albany
オールバニー・ストリート Albany Street
オール・ハロウズ教会 All Hallows
オール・ハロウズ・ステイニング教会 All Hallows Staining
オール・ハロウズ・バイ・ザ・タワー教会 All Hallows by the Tower
オール・ハロウズ・ロンドン・ウォール教会 All Hallows London Wall
オールマックス・アセンブリー・ルームズ Almack's Assembly Rooms
オールマックス・クラブ Almack's Club
オレンジ・ストリート Orange Street
オレンジとレモンの祭り Oranges and Lemons
オンスロー・スクエア Onslow Square

■カ行

海事志願者支援協会 Marine Society
改宗者養護院 Domus Conversorum
街頭音楽 Street Music
ガイ病院 Guy's Hospital
ガウアー・ストリート Gower Street
化学協会* Chemical Society
科学博物館 Science Museum
カクストン・ホール Caxton Hall
学寮対抗ボートレース Head of the River Race
火災 Fires
カーシャルトン Carshalton
ガーズ・クラブ Guards Club
ガス・電気 Gas and Electricity
カースル・コート Castle Court
カーズン・ストリート Curzon Street
楽器博物館 Musical Museum
学校 Schools
カティ・サーク号 Cutty Sark
カティ・サーク・タヴァン Cutty Sark Tavern
カーテン座 Curtain Theatre
ガーデン・シティーズ Garden Cities
ガトウィック空港 Gatwick Airport
カドガン・ガーデンズ Cadogan Gardens
カドガン・スクエア Cadogan Square
カドガン・プレイス Cadogan Place
カートライト・ガーデンズ Cartwright Gardens
カトリック陰謀事件 Popish Plot
ガードル製造業者同業組合会館 Girdlers' Hall
ガナズベリー・パーク Gunnersbury Park
カーナビー・ストリート Carnaby Street
金物商同業組合会館 Ironmongers' Hall
カナリー・ワーフ Canary Wharf
カーネギー・イギリス信託協会* Carnegie United Kingdom Trust
カーネギー図書館 Carnegie Libraries
カフェ・ロイヤル Café Royal
カミング博物館 Cuming Museum
カムデン・タウン Camden Town
カムデン・タウン・グループ Camden Town Group
カムデン・ハウス Campden House
カムデン・ヒル・ロード Campden Hill Road
カムデン・ロック Camden Lock
火薬陰謀事件 Gunpowder Plot
カーライル博物館 Carlyle's House
ガラス職人同業組合会館 Glaziers' Hall
ガラード Garrard
カールトン・ガーデンズ Carlton Gardens
カールトン・クラブ Carlton Club
カールトン・ハウス・テラス Carlton House Terrace
カールトン・ホテル Carlton Hotel
カレッジ醸造会社 Courage
カレドニア・マーケット Caledonian Market

カレドニアン・ロード Caledonian Road
監獄 Prisons
カンバーウェル Camberwell
カンバーウェル美術学校 Camberwell College of Arts
カンバーランド・テラス Cumberland Terrace
カンバーランド・ホテル Cumberland Hotel
気圧鉄道 Atmospheric Railway
ギーヴズ・アンド・ホークス Gieves and Hawkes
儀式と祭典 Ceremonies and Festivals
北環状道路 North Circular Road
キット・キャット・クラブ Kit-Kat Club
キーツ・ハウス Keats House
絹物商同業組合会館 Mercers' Hall
記念碑・記念像 Memorials and Statues
キャヴェンディッシュ・スクエア Cavendish Square
キャヴェンディッシュ・ホテル Cavendish Hotel
キャサリン・ストリート Catherine Street
キャステルノー Castelnau
キャットフォード Catford
キャニング・タウン Canning Town
キャノン・ストリート Cannon Street
キャノン・ストリート駅 Cannon Street Station
キャノンズ・パーク Canons Park
キャノンベリー Canonbury
キャノンベリー・タワー Canonbury Tower
キャノン・ロウ Canon Row
キャムラ* CAMRA:Campaign for Real Ale
ギャラウェイズ・コーヒー店 Garraway's Coffee House
ギャリック・クラブ Garrick Club
ギャリック劇場 Garrick Theatre
ギャリック荘 Garrick's Villa
キュー Kew
旧王立造幣局 Old Royal Mint
旧王立天文台 Royal Observatory
旧海軍省 Admiralty
旧市庁舎 County Hall
救世軍ロンドン本部 Salvation Army
旧ロンドン博物館 London Museum
キュー植物園 Kew Gardens
キュービット・タウン Cubitt Town
共同墓地 Cemeteries
霧 Fogs
切り裂きジャック殺人事件 Jack the Ripper Murders
キリスト教女子青年会 Young Women's Christian Association
キリスト教青年会 Young Men's Christian Association
キリスト教知識普及協会 Society for Promoting Christian Knowledge
ギールグッド劇場 Gielgud Theatre
ギルトスパー・ストリート Giltspur Street
ギルドホール Guildhall

ギルドホール音楽・演劇学校 Guildhall School of Music and Drama
ギルドホール図書館 Guildhall Library
ギルバート・アンド・サリヴァン・オペラ Gilbert and Sullivan Opera
キルバーン Kilburn
キルバーン・ウェルズ Kilburn Wells
ギルフォード・ストリート Guilford Street
キングズウェイ Kingsway
キングズ・ウォードローブ King's Wardrobe
キングズ・クロス King's Cross
キングズ・クロス駅 King's Cross Station
キングズ・コレッジ King's College London
キングズ・コレッジ・スクール King's College School
キングズ・コレッジ病院 King's College Hospital
キング・ストリート King Street
キングストン・アポン・テムズ Kingston Upon Thames
キングズ・ヘッド・アンド・エイト・ベルズ亭 King's Head and Eight Bells
キングズ・ヘッド・タヴァン King's Head Tavern
キングズベリー Kingsbury
キングズ・ベンチ債務者監獄 King's Bench Prison
キングズ・ロード King's Road
銀行 Banks
金細工商同業組合会館 Goldsmiths' Hall
クイーン・アンズ・ゲート Queen Anne's Gate
クイーン・アン・ストリート Queen Anne Street
クイーン・ヴィクトリア・ストリート Queen Victoria Street
クイーン・エリザベス小児科病院 Queen Elizabeth Hospital for Children
クイーン・エリザベス・ホール Queen Elizabeth Hall
クイーン・シャーロット・アンド・チェルシー病院 Queen Charlotte's and Chelsea Hospital
クイーンズウェイ Queensway
クイーンズ・ギャラリー Queen's Gallery
クイーン・スクエア Queen Square
クイーンズ劇場 Queen's Theatre
クイーンズ・ゲート Queen's Gate
クイーンズ・コレッジ Queen's College
クイーンズ・チャペル Queen's Chapel
クイーンズ・ハウス Queen's House
クイーンズ・パーク・レインジャーズ・フットボール・クラブ Queen's Park Rangers Football Club
クイーンズ・ホール Queen's Hall
クイーンハイズ Queenhithe
クイーン・メアリ・アンド・ウェストフィールド・コレッジ Queen Mary and Westfield College
クイーン・メアリ病院 Queen Mary's University Hospital
空港 Airports
クーツ・アンド・カンパニー Coutts and Co.
区と区会 Wards and Wardmotes

組合派教会記念会堂 Congregational Memorial Hall
クーム Coombe
クライスツ・ホスピタル校 Christ's Hospital
クライスト・ザ・キング教会 Christ the King
クライスト・チャーチ Christ Church
クライスト・チャーチ・グレイフライアーズ修道院 Christ Church Greyfriars
クライテリオン劇場 Criterion Theatre
クラウチ・エンド Crouch End
クラウン・オフィス・ロウ Crown Office Row
クラウン亭 Crown
クラークンウェル Clerkenwell
クラークンウェル・ブライドウェル監獄 Clerkenwell Bridewell and House of Detention
クラークンウェル・ロード Clerkenwell Road
クラシック・カー博物館 Heritage Motor Museum
クラッチト・フライアーズ Crutched Friars
グラブ・ストリート Grub Street
クラパム・コモン Clapham Common
クラパム・ジャンクション Clapham Junction
クラパム・セクト Clapham Sect
クラブ Clubs
クラフツ・ドッグ・ショー Cruft's Dog Show
クラプトン Clapton
グラフトン・ストリート Grafton Street
クラリッジズ Claridge's
クラレンス・テラス Clarence Terrace
クラレンス・ハウス Clarence House
クラレンドン・ハウス Clarendon House
グランド・ジャンクション・カナル Grand Junction Canal
グランド・ユニオン・カナル Grand Union Canal
クランフォード Cranford
クランボーン・ストリート Cranbourn Street
クリーヴズ救貧院 Cleaves Almshouses
グリーク・ストリート Greek Street
クリクルウッド Cricklewood
クリケット Cricket
グリーシアン・コーヒー店 Grecian Coffee House
クリスタル・パレス・パーク Crystal Palace Park
クリスタル・パレス・フットボール・クラブ Crystal Palace Football Club
クリスティーズ Christie's
グリニッチ Greenwich
グリニッチ定期市 Greenwich Fair
クリプルゲート Cripplegate
クリンク・ストリート Clink Street
グリーン・ストリート Green Street
グリーン・パーク Green Park
クルームズ・ヒル Crooms Hill
クレア・マーケット Clare Market
クレイヴン・ヒル Craven Hill
グレイ・コート・ホスピタル・スクール Grey Coat Hospital School

グレイズ・イン Gray's Inn
グレイズ・イン・ロード Gray's Inn Road
グレイスチャーチ・ストリート Gracechurch Street
グレイト・イースタン・ホテル Great Eastern Hotel
グレイト・ウィンドミル・ストリート Great Windmill Street
グレイト・ウェスタン・ロイヤル・ホテル Great Western Royal Hotel
グレイト・オーモンド・ストリート Great Ormond Street
グレイト・クイーン・ストリート Great Queen Street
グレイト・コレッジ・ストリート Great College Street
グレイト・ジェイムズ・ストリート Great James Street
グレイト・ジョージ・ストリート Great George Street
グレイト・スコットランド・ヤード Great Scotland Yard
グレイト・ターンスタイル Great Turnstile
グレイト・ティッチフィールド・ストリート Great Titchfield Street
グレイト・ニューポート・ストリート Great Newport Street
グレイト・ノース・ロード Great North Road
グレイト・モールバラ・ストリート Great Marlborough Street
グレイト・ラッセル・ストリート Great Russell Street
グレイハウンド犬競走 Greyhound Racing
クレイフォード Crayford
グレイプス・イン Grapes Inn
グレイフライアーズ修道院 Greyfriars Monastery
クレイン・コート Crane Court
クレオパトラの針 Cleopatra's Needle
グレシャム・クラブ Gresham Club
グレシャム・コレッジ Gresham College
グレシャム・ストリート Gresham Street
クレモーン・ガーデンズ Cremorne Gardens
クロイドン Croydon
クロイドン・トラムリンク Croydon Tramlink
グローヴ Grove
グロヴナー・スクエア Grosvenor Square
グロヴナー・ストリート Grosvenor Street
グロヴナー・ハウス Grosvenor House
グロヴナー・プレイス Grosvenor Place
グロヴナー・ホテル Grosvenor Hotel
クロス・キーズ・イン Cross Keys Inn
グロースター・ハウス Gloucester House
グロースター・プレイス Gloucester Place
グロースター・ロード Gloucester Road
クロスビー・ホール Crosby Hall
クロックフォーズ Crockford's
グローブ座 Globe Theatre

クロムウェル・ロード Cromwell Road
軍旗分列行進式 Trooping the Colours
グンターズ・ティー・ショップ Gunter's Tea Shop
ケアリー・ストリート Carey Street
ゲイエティ劇場 Gaiety Theatre
警察 Police
芸術協会* Arts Council
ケイトウ・ストリート Cato Street
ケイブル・ストリート Cable Street
ケイペル・コート Capel Court
毛皮商同業組合会館 Skinners' Hall
劇場 Theatres
下水と下水道 Drains and Sewers
ケットナーズ・ピザ・エクスプレス Kettner's Pizza Express
ケニントン Kennington
ケニントン・パーク Kennington Park
ケルムスコット・ハウス Kelmscott House
ケンウッド・ハウス Kenwood House
ケンウッド保存協会* Kenwood Preservation Council
ケンサル・グリーン Kensal Green
ケンサル・グリーン墓地 Kensal Green Cemetery
ケンジントン Kensington
ケンジントン・ガーデンズ Kensington Gardens
ケンジントン・ゴア Kensington Gore
ケンジントン・スクエア Kensington Square
ケンジントン・ハイ・ストリート Kensington High Street
ケンジントン・パレス Kensington Palace
ケンジントン・パレス・ガーデンズ Kensington Palace Gardens
現代美術協会* Federation of British Artists
建築家協会 Architectural Association
ケンティッシュ・タウン Kentish Town
ケンブリッジ劇場 Cambridge Theatre
ケンブリッジ・サーカス Cambridge Circus
ケンブリッジ・ヒース・ロード Cambridge Heath Road
ゴア・ハウス Gore House
コヴェント・ガーデン Covent Garden
コヴェント・ガーデン・マーケット Covent Garden Market
公園と庭園 Parks and Gardens
コヴェントリー・ストリート Coventry Street
洪水 Floods
公文書館 Public Record Office
国王衛士 Yeoman of the Guard
黒死病 Black Death
ゴグとマゴグ Gog and Magog
国防省 Ministry of Defence
国民娯楽鑑賞協会* ENSA:Entertainments National Service Association
国民保健サーヴィス* National Health Service
穀物取引所 Corn Exchange

国立海事博物館 National Maritime Museum
国立禁酒病院 National Temperance Hospital
国立物理学科学研究所 National Physical Laboratory
国立郵便博物館 National Postal Museum
古建築物保存協会 Society for Protection of Ancient Buildings
古建築物保存協会* Society for the Protection of Ancient Buildings
ココア・ツリー・チョコレート・ハウス Cocoa Tree Chocolate House
ゴズウェル・ロード Goswell Road
ゴスペル・オーク Gospel Oak
コーチ・アンド・ホース亭 Coach and Horses
国会議事堂 Parliament
コックス博物館 Cox's Museum
コックスパー・ストリート Cockspur Street
コック・タヴァン Cock Tavern
コックニー Cockney
コックピット劇場 Cockpit Theatre
コック・ピット亭 Cock Pit
コックフォスターズ Cockfosters
コック・レイン Cock Lane
コード・ストーン・ライオン Coade Stone Lion
ゴート・タヴァン Goat Tavern
コートールド美術館 Courtauld Institute Galleries
コートールド美術研究所 Courtauld Institute of Art
ゴードン・スクエア Gordon Square
ゴードン暴動 Gordon Riots
近衛騎兵連隊司令部 Horse Guards
コノート Connaught
コーヒー店 Coffee Houses
ゴフ・スクエア Gough Square
コプティック・ストリート Coptic Street
コマーシャル・ストリート Commercial Street
コマーシャル・ロード Commercial Road
小間物商同業組合会館 Haberdashers' Hall
コメディ劇場 Comedy Theatre
コモン・サージャント Common Serjeant
コモン・ホール Common Hall
コーラムズ・フィールズ Coram's Fields
コリアーズ・ウッド Colliers Wood
コリンズ・ミュージック・ホール Collins' Music Hall
コリンデール Colindale
ゴールダーズ・グリーン Golders Green
ゴールデン・スクエア Golden Square
ゴールドスミス・コレッジ Goldsmiths College
コールド・バース・フィールズ監獄 Cold Bath Fields Prison
ゴルフ・クラブ Golf Clubs
コールブルック・ロウ Colebrooke Row
コレッジ・ロード College Road
コロンビア・マーケット Columbia Market
コーンウォール・テラス Cornwall Terrace

924

コンサーヴァティヴ・クラブ Conservative Club
コンサート・ホール Concert Halls
コンスティテューショナル・クラブ Constitutional Club
コンスティテューション・アーチ Constitution Arch
コンスティテューション・ヒル Constitution Hill
コンディット・ストリート Conduit Street

■サ行

サイオン・コレッジ Sion College
サイオン・ハウス Syon House
サヴィル・クラブ Savile Club
サヴィル劇場 Saville Theatre
サヴィル・ハウス Savile House
サヴィル・ロウ Savile Row
サヴェッジ・クラブ Savage Club
サヴォイ劇場 Savoy Theatre
サヴォイ・チャペル Savoy Chapel
サヴォイ・パレス Savoy Palace
サヴォイ・ホテル Savoy Hotel
サウサンプトン・ストリート Southampton Street
サウサンプトン・ハウス Southampton House
サウサンプトン・ロウ Southampton Row
サウスゲート Southgate
サウス・シー・ハウス South Sea House
サウス・ストリート South Street
サウス・ノーウッド South Norwood
サウス・ハムステッド・ハイスクール South Hampstead High School
サウス・バンク South Bank
サウスフィールズ Southfields
サウス・ロッジ South Lodge
サウス・ロンドン・アート・ギャラリー South London Art Gallery
サウソール Southall
左官同業組合会館 Plaisterers' Hall
先物オプション取引所 London FOX
ザ・クラブ Club, The
サークル・ライン Circle Line
ザ・コロシアム Coliseum, The
サザック Southwark
サザック・ヴォクソール水道会社 Southwark and Vauxhall Water Company
サザック大聖堂 Southwark Cathedral
サザック定期市 Southwark Fair
サザック橋 Southwark Bridge
サザビーズ Sotheby's
サージャンツ・イン Serjeants' Inn
サー・ジョン・カス教育財団 Sir John Cass's Foundation
サセックス・ガーデンズ Sussex Gardens
サセックス・プレイス Sussex Place
サットン Sutton
ザ・テンプル Temple, The

サドベリー Sudbury
サドラーズ・ウェルズ劇場 Sadler's Wells Theatre
ザ・バラ Borough, The
サービトン Surbiton
サフォーク・ストリート Suffolk Street
サフロン・ヒル Saffron Hill
サーペンタイン池 Serpentine, The
サーペンタイン・ギャラリー Serpentine Gallery
ザ・ボールトンズ Boltons, The
サマーズタウン Summerstown
サマーズ・タウン Somers Town
サマセット・コーヒー店 Somerset Coffee House
サマセット・ハウス Somerset House
サミュエル・ピープス亭 Samuel Pepys
サモン蝋人形館 Salmon's Waxworks
サラセンズ・ヘッド亭 Saracen's Head
サリー・ガーデンズ Surrey Gardens
サリー・コマーシャル・ドックス Surrey Commercial Docks
サリー鉄道 Surrey Iron Railway
サリュテイション・タヴァン Salutation Tavern
サロービアン Salopian
サンドフォード領主館 Sandford Manor House
桟橋 Piers
シアター・アプステアーズ Theatre Upstairs
シアター座 Theatre, The
シアター・ロイヤル・ドルーリー・レイン Theatre Royal, Drury Lane
シアター・ロイヤル・ヘイマーケット Theatre Royal, Haymarket
シェイクスピア・ギャラリー Shakespeare Gallery
シェイクスピア・グローブ座博物館 Shakespeare Globe Museum
ジェイコブズ・アイランド Jacob's Island
ジェイムズ・スミス・アンド・サンズ James Smith & Sons
ジェイムズ・アレンズ・ガールズ・スクール James Allen's Girls' School
シェパーズ・タヴァン Shepherd's Tavern
シェパーズ・ブッシュ Shepherd's Bush
シェパード・マーケット Shepherd Market
ジェフリー博物館 Geffrye Museum
ジェラード・ストリート Gerrard Street
シェラトン・パーク・タワー・ホテル Sheraton Park Tower Hotel
シェリフ Sheriffs
シェル・センター Shell Centre
塩販売業者同業組合会館 Salters' Hall
シージング・レイン Seething Lane
自然史博物館 Natural History Museum
シタデル Citadel
自治区 Boroughs
市長 Lord Mayor
実業家団体* Institute of Directors

シップ亭 Ship
シティ City, The
シティ・アンド・ギルズ・オヴ・ロンドン・インスティテュート City and Guilds of London Institute
シティ・オヴ・ヨーク Citie of Yorke
シティ・オヴ・ロンドン・スクール City of London School
シティ・オヴ・ロンドン・スクール・フォー・ガールズ City of London School for Girls
シティ議会 Court of Common Council
シティ警察 City of London Police
シティ参事会員 Aldermen
シティ自治体 Corporation of London
シティ自治体検査官 Comptroller and City Solicitor
シティ同業組合 City Livery Companies
シティ大学 City University
シティ・ロード City Road
シドカップ Sidcup
シドナム Sydenham
シドニー・ストリート Sydney Street
事務弁護士会 Law Society
シーモア・ストリート Seymour Street
ジャック・ストローズ・カースル Jack Straw's Castle
シャドウェル Shadwell
シャフツベリー・アヴェニュー Shaftesbury Avenue
シャフツベリー劇場 Shaftesbury Theatre
ジャマイカ・コーヒー店 Jamaica Coffee House
ジャーミン・ストリート Jermyn Street
シャーロック・ホームズ亭 Sherlock Holmes
シャーロック・ホームズ博物館 Sherlock Holmes Museum
シャーロット・ストリート Charlotte Street
獣脂蝋燭商同業組合会館 Tallow Chandlers' Hall
ジュエル・タワー Jewel Tower
ジュステリーニ・アンド・ブルックス Justerini and Brooks
シューターズ・ヒル Shooters Hill
首都水道局* Metropolitan Water Board
ジュビリー・ガーデンズ Jubilee Gardens
ジュビリー・ライン Jubilee Line
シュー・レイン Shoe Lane
証券取引所 Stock Exchange
醸造業者同業組合会館 Brewers' Hall
商店 Shops
小児科病院 Hospital for Sick Children
食料雑貨商同業組合会館 Grocers' Hall
処刑 Executions
ショー劇場 Shaw Theatre
ジョージ・アンド・ヴァルチャー亭 George and Vulture
ジョージ・イン George Inn
ジョージズ・コーヒー店 George's Coffee House
書籍出版業者同業組合会館 Stationers' Hall
ショーディッチ Shoreditch

書店 Book Shops
ジョナサンズ・コーヒー店 Jonathan's Coffee House
ショムバーグ・ハウス Schomberg House
ジョンソンズ・コート Johnson's Court
ジョンソン博士記念館 Dr Johnson's House
ジョン・ルイス John Lewis
シルヴァー・ヴォールツ Silver Vaults
シロメ細工師同業組合会館 Pewterers' Hall
真珠の王様と女王様 Pearly Kings and Queens
ジンバブエ・ハウス Zimbabwe House
シンプソンズ・イン・ザ・ストランド Simpson's-in-the-Strand
新聞図書館 Newspaper Library
人類博物館 Museum of Mankind
ジン・レイン Gin Lane
水晶宮 Crystal Palace
水上警察 River Police
スイス・コテージ亭 Swiss Cottage
水道 Water Supply
スカラ劇場 Scala Theatre
スクエア Squares
スクワイアーズ・コーヒー店 Squire's Coffee House
スクーンの石 Stone of Scone
スコッチ・ウィスキー協会* Scotch Whisky Society
スコッチ・ハウス Scotch House
スコッツ Scott's
スコットランド・ヤード Scotland Yard
スター・アンド・ガーター亭 Star and Garter
スター・アンド・ガーター・ホーム Star and Garter Home
スタッグ・プレイス Stag Place
スタノップ・ゲート Stanhope Gate
スタノップ・テラス Stanhope Terrace
スタンステッド空港 Stansted Airport
スタンフォード・ストリート Stamford Street
スタンフォード・ヒル Stamford Hill
スタンモア Stanmore
スタンレー・ギボンズ Stanley Gibbons
スティールヤード Steelyard
ステップニー Stepney
ストーク・ニューイントン Stoke Newington
ストックウェル Stockwell
ストラウド・グリーン Stroud Green
ストラットフォード Stratford
ストラットフォード・プレイス Stratford Place
ストラットン・ストリート Stratton Street
ストランド Strand
ストランド・オン・ザ・グリーン Strand on the Green
ストランド劇場 Strand Theatre
ストランドの「ローマ」浴場 Strand 'Roman' Bath
ストランド・パレス・ホテル Strand Palace Hotel
ストリート・マーケット Street Markets
ストール劇場 Stoll Theatre
ストレタム Streatham

ストレタム・コモン　Streatham Common
ストレタム・プレイス　Streatham Place
ストロベリー・ヒル　Strawberry Hill
スパニアーズ亭　Spaniards
スパ・フィールズ・チャペル　Spa Fields Chapel
スピーカーズ・コーナー　Speakers' Corner
スピタルフィールズ　Spitalfields
スピタルフィールズ・マーケット　Spitalfields Market
スピンク　Spink
スプリング・ガーデンズ　Spring Gardens
スプリングフィールド病院　Springfield Hospital
スペイン・ポルトガル人ユダヤ教会　Spanish and Portuguese Synagogue
スペンサー・ハウス　Spencer House
スマーナ・コーヒー店　Smyrna Coffee House
スミス・スクエア　Smith Square
スミスフィールド・マーケット　Smithfield Market
スリー・クレインズ・イン・ザ・ヴィントリー亭　Three Cranes in the Vintry
スリー・タンズ・タヴァン　Three Tuns Tavern
スリー・タンズ亭　Three Tuns
スリー・ナンズ・イン　Three Nuns Inn
スレイド美術スクール　Slade School of Fine Art
スレッドニードル・ストリート　Threadneedle Street
スロッグモートン・ストリート　Throgmorton Street
スローン・スクエア　Sloane Square
スローン・ストリート　Sloane Street
スローン・レンジャー　Sloane Rangers
スワロー・ストリート　Swallow Street
スワン座　Swan Theatre
スワン・タヴァン　Swan Tavern
税関　Custom House
聖書協会　Bible Society
精神病院医師協会*　Association of Medical Officers of Asylums and Hospitals for the Insane
精肉業者同業組合会館　Butchers' Hall
聖ヨハネ修道会博物館　Order of St John Museum
セインズベリー　Sainsbury's
セヴン・スターズ亭　Seven Stars
セヴン・ダイアルズ　Seven Dials
石炭取引所　Coal Exchange
セネット・ハウス　Senate House
セルズドン　Selsdon
セルズドン・パーク・ホテル　Selsdon Park Hotel
セルフリッジ　Selfridge's
全英大学婦人連盟*　British Federation of University Women
全英図書連盟*　National Book League
全国河川委員会*　National Rivers Authority
全国聴覚障害者福祉奨励協会*　National Bureau for Promoting the General Welfare of the Deaf
先史時代のロンドン　Prehistoric London
戦時内閣執務室　Cabinet War Rooms
センター・ポイント　Centre Point

セント・アルフィージ教会　St Alfege
セント・アン教会　St Anne
セント・アンドルー・アンダーシャフト教会　St Andrew Undershaft
セント・アンドルー教会　St Andrew
セント・アンドルー・バイ・ザ・ウォードローブ教会　St Andrew-by-the-Wardrobe
セント・ヴェダスト・エイリアス・フォスター教会　St Vedast-alias-Foster
セント・エセルバーガ・ザ・ヴァージン・ウィズイン・ビショップスゲート教会　St Ethelburga-the-Virgin Within Bishopsgate
セント・エドマンド・ザ・キング教会　St Edmund the King
セント・オレイヴ教会　St Olave
セント・オレイヴ埋葬地　St Olave's Burial Ground
セント・キャサリン・クリー教会　St Katherine Cree
セント・キャサリンズ・ドック　St Katharine's Dock
セント・クレメント・デインズ教会　St Clement Danes
セント・ジェイムジズ・ガーデンズ　St James's Gardens
セント・ジェイムジズ・クラブ　St James's Club
セント・ジェイムジズ・コーヒー店　St James's Coffee House
セント・ジェイムジズ・スクエア　St James's Square
セント・ジェイムジズ・ストリート　St James's Street
セント・ジェイムジズ・パーク　St James's Park
セント・ジェイムジズ・パレス　St James's Palace
セント・ジェイムジズ・プレイス　St James's Place
セント・ジェイムジズ・ホール　St James's Hall
セント・ジェイムズ教会　St James's Piccadilly
セント・ジェイムズ劇場　St James's Theatre
セント・ジェイムズ施療院　St James's Hospital
セント・ジャイルズ・イン・ザ・フィールズ教会　St Giles-in-the-Fields
セント・ジャイルズ・ウィズアウト・クリプルゲート教会　St Giles without Cripplegate
セント・ジョージ病院　St George's Hospital
セント・ジョン教会　St John
セント・ジョンズ・ウッド　St John's Wood
セント・ジョンズ・ウッド派　St John's Wood Clique
セント・ジョンズ・ゲート　St John's Gate
セント・ジョン・ストリート　St John Street
セント・スウィズイン・ロンドン・ストーン教会　St Swithin London Stone
セント・スティーヴン・ウォールブルック教会　St Stephen Walbrook
セント・スティーヴン教会　St Stephen
セント・スティーヴン病院　St Stephen's Hospital
セント・セイヴィア救貧院　St Saviour's Almshouses
セント・ダンスタン・イン・ザ・ウェスト教会　St Dunstan in the West
セント・ダンスタン・イン・ジ・イースト教会　St Dun-

stan in the East
セント・トマス教会 St Thomas
セント・トマス病院 St Thomas Hospital
セント・ニコラス教会 St Nicholas
セント・ニコラス・コール・アビー教会 St Nicholas Cole Abbey
セント・バーソロミュー・ザ・グレイト教会 St Bartholomew-the-Great
セント・バーソロミュー・ザ・レス教会 St Bartholomew-the-Less
セント・バーソロミュー病院 St Bartholomew's Hospital
セント・パトリック教会 St Patrick
セント・バルナバ教会 St Barnabas
セント・パンクラス教会 St Pancras
セント・パンクラス駅 St Pancras Station
セント・パンクラス・オールド教会 St Pancras Old Church
セント・パンクラス病院 St Pancras Hospital
セント・ピーター・アド・ヴィンキュラ礼拝堂 St Peter ad Vincula
セント・ピーター・アポン・コーンヒル教会 St Peter Upon Cornhill
セント・ピーター教会 St Peter
セント・ピーター結石・泌尿器科病院 St Peter's Hospital for Stone and Other Urinary Diseases
セント・ブライド教会 St Bride's
セント・ベネット・ポールズ・ワーフ教会 St Benet Paul's Wharf
セント・ヘレン教会 St Helens'
セント・ボトルフ教会 St Botolph
セント・ポール教会 St Paul
セント・ポールズ・ガールズ・スクール St Paul's Girls' School
セント・ポールズ・スクール St Paul's School
セント・ポールズ・チャーチヤード St Paul's Churchyard
セント・ポール大聖堂 St Paul's Cathedral
セント・マイケル教会 St Michael
セント・マイケル・パタノスター・ロイヤル教会 St Michael Paternoster Royal
セント・マーガレット教会 St Margaret
セント・マーガレット・パテンズ教会 St Margaret Pattens
セント・マーク・アンド・セント・ジョン・コレッジ College of St Mark and St John
セント・マグナス・ザ・マーター教会 St Magnus the Martyr
セント・マーク病院 St Mark's Hospital
セント・マサイアス教会 St Matthias
セント・マーティン劇場 St Martin's Theatre
セント・マーティン・イン・ザ・フィールズ教会 St Martin-in-the-Fields
セント・マーティン・ウィズイン・ラドゲート教会 St Martin within Ludgate
セント・マーティンズ・ル・グランド修道院 St Martin's-le-Grand
セント・マーティンズ・レイン St Martin's Lane
セント・マリルボーン教区教会 St Marylebone Parish Church
セント・ミルドレッド教会 St Mildred
セント・メアリ・アックス St Mary Axe
セント・メアリ・アット・ヒル教会 St Mary-at-Hill
セント・メアリ・アット・ランベス教会 St Mary-at-Lambeth
セント・メアリ・アブチャーチ教会 St Mary Abchurch
セント・メアリ・アボッツ教会 St Mary Abbots
セント・メアリ・ウールノス教会 St Mary Woolnoth
セント・メアリ・オールダメアリ教会 St Mary Aldermary
セント・メアリ・オン・パディントン・グリーン教会 St Mary on Paddington Green
セント・メアリ教会 St Mary
セント・メアリ・ザ・ヴァージン教会 St Mary the Virgin
セント・メアリ病院 St Mary's Hospital
セント・メアリ・マグダリン教会 St Mary Magdalene
セント・メアリ・ル・ストランド教会 St Mary-le-Strand
セント・メアリ・ル・ボウ教会 St Mary-le-Bow
セントラル演劇・俳優養成学校 Central School of Speech and Drama
セントラル・セント・マーティン美術デザイン学校 Central St Martin's College of Art and Design
セントラル・ホール Central Hall
セントラル・ライン Central Line
セント・ルーク教会 St Luke
セント・レナード教会 St Leonard
セント・ローレンス・ジューリー教会 St Lawrence Jewry
戦没者記念碑 Cenotaph
双首白鳥亭 Swan with Two Necks
ソーニー・アイランド Thorney Island
ソーベル・スポーツ・センター Sobell Sports Centre
ソーホー Soho
ソーホー・アカデミー Soho Academy
ソーホー・スクエア Soho Square
染物商同業組合会館 Dyers' Hall
ソールズベリー・コート劇場 Salisbury Court Theatre
ソールズベリー・スクエア Salisbury Square
ソールズベリー亭 Salisbury
ソールズベリー・ハウス Salisbury House
ソーンズ・ミュージアム Soane's Museum
ソーントン・ヒース Thornton Heath

■タ行

大英図書館 British Library
大英博物館 British Museum
タイガー・タヴァン Tiger Tavern
戴冠式 Coronations
戴冠石 Coronation Stone
大工同業組合会館 Carpenters' Hall
大道芸人 Street Performers
大道商人 Street Vendors
タイト・ストリート Tite Street
タイバーン Tyburn
大砲博物館 Royal Museum of Artillery in the Rotunda
『タイム・アウト』 Time Out
『タイムズ』 Times, The
大ロンドン Greater London
大ロンドン議会 Greater London Council
大ロンドンの行政機関 Government of Greater London
タヴィストック・スクエア Tavistock Square
ダウゲート・ヒル Dowgate Hill
ダヴ亭 Dove
ダウティ・ストリート Doughty Street
ダウティ・ハウス Doughty House
ダウニング・ストリート Downing Street
ダウン Downe
タウン・オヴ・ラムズゲート亭 Town of Ramsgate
ダウンシャー・ヒル Downshire Hill
タークス・ヘッド・コーヒー店 Turk's Head Coffee House
ダグナム Dagenham
ダックス・シンプソン Daks-Simpson Ltd
ダッチェス劇場 Duchess Theatre
ダッチ・チャーチ Dutch Church
ダーティ・ディックス亭 Dirty Dick's
ダートマス・ストリート Dartmouth Street
ダートマス・パーク Dartmouth Park
ターナーの家 Turner's House
タバード・イン Tabard Inn
ターフ・クラブ Turf Club
タフネル・パーク Tufnell Park
W.H.スミス社 W.H. Smith Ltd
ダーブレー・ストリート D'Arblay Street
ダラム・ハウス Durham House
ダリッチ Dulwich
ダリッチ・ヴィレッジ Dulwich Village
ダリッチ・コモン Dulwich Common
ダリッチ・コレッジ Dulwich College
ダリッチ・パーク Dulwich Park
ダリッチ美術館 Dulwich Picture Gallery
タルス・ヒル Tulse Hill
樽製造業者同業組合会館 Coopers' Hall
タレット・ハウス Turret House
タワー・ハムレッツ Tower Hamlets
タワー・ヒル Tower Hill
タワー・ブリッジ Tower Bridge
タワー・リバティーズ Tower Liberties
タワー・ワーフ Tower Wharf
ダンヴァーズ・ストリート Danvers Street
ターンパイク Turnpikes
反物商同業組合会館 Drapers' Hall
チェアリング・クロス Charing Cross
チェアリング・クロス駅 Charing Cross Station
チェアリング・クロス病院 Charing Cross Hospital
チェアリング・クロス・ホテル Charing Cross Hotel
チェアリング・クロス・ロード Charing Cross Road
チェイニー・ウォーク Cheyne Walk
チェイニー・ロウ Cheyne Row
チェシントン Chessington
チェスター・スクエア Chester Square
チェスター・テラス Chester Terrace
チェスターフィールド・ハウス Chesterfield House
チェリー・ガーデン・ピア Cherry Garden Pier
チェルシー Chelsea
チェルシー・アーツ・クラブ Chelsea Arts Club
チェルシー・アンド・ウェストミンスター病院 Chelsea and Westminster Hospital
チェルシー・エンバンクメント Chelsea Embankment
チェルシー・オールド教会 Chelsea Old Church
チェルシー・オールド・タウン・ホール Chelsea Old Town Hall
チェルシー磁器工場 Chelsea Porcelain Works
チェルシー水道会社 Chelsea Waterworks Company
チェルシー橋 Chelsea Bridge
チェルシー・バン・ハウス Chelsea Bun House
チェルシー美術デザイン学校 Chelsea School of Art
チェルシー・フットボール・クラブ Chelsea Football Club
チェルシー・フラワー・ショー Chelsea Flower Show
チェルシー・マナー・ハウス Chelsea Manor House
チェルシー薬用植物園 Chelsea Physic Garden
地下鉄 Underground Railways
地質学博物館 Geological Museum
チズィック Chiswick
チズィック・ハウス Chiswick House
チズィック橋 Chiswick Bridge
チズィック・マル Chiswick Mall
チズルハースト Chislehurst
チッペンデールズ・ワークショップ Chippendale's Workshop
チープサイド Cheapside
チーム Cheam
チャイルズ・コーヒー店 Child's Coffee House
チャイルズ・バンク Child's Bank
チャーターハウス Charterhouse
チャーチ・ストリート Church Street

チャーチ・ハウス	Church House
チャーチル・インターコンチネンタル	Churchill Inter-Continental London
チャーチル・ガーデンズ	Churchill Gardens
チャーチ・ロウ	Church Row
チャプター・コーヒー店	Chapter Coffee House
チャペル・マーケット	Chapel Market
チャールズ・ストリート	Charles Street
チャールトン・ホーン定期市	Charlton Horn Fair
チャンセリー・レイン	Chancery Lane
チャンドス・ハウス	Chandos House
中央医療協議会*	General Medical Council
中央刑事裁判所	Central Criminal Court
中央広報庁	Central Office of Information
中央郵便局	General Post Office
チョーク・ファーム	Chalk Farm
著作者協会	Society of Authors
チングフォード	Chingford
デイヴィズ・ストリート	Davies Street
ティヴォリ・ミュージック・ホール	Tivoli Music Hall
D.H.エヴァンズ	D.H. Evans
庭園史博物館	Museum of Garden History
定期市	Fairs
ディキンズ・アンド・ジョーンズ	Dickins and Jones
ディケンズ・ハウス・ミュージアム	Dickens House Museum
帝国戦争博物館	Imperial War Museum
ディストリクト・ライン	District Line
ディレッタンティ・ソサエティ	Dilettanti Society
ディロンズ	Dillons
ディーン・ストリート	Dean Street
ディーンズ・ヤード	Dean's Yard
デヴィルズ・タヴァン	Devil's Tavern
デヴェルー・コート	Devereux Court
デヴォンシャー・スクエア	Devonshire Square
デヴォンシャー・ハウス	Devonshire House
デヴォンシャー・プレイス	Devonshire Place
デザイン・センター	Design Center
デザイン博物館	Design Museum
鉄道	Railways
テディントン	Teddington
テート・ギャラリー	Tate Gallery
デトフォード	Deptford
デパート	Department Stores
デフォー・チャペル	Defoe Chapel
テムズ川	Thames
テムズ川管理委員会*	Thames Conservancy Board
テムズ川水域管理委員会*	Thames Water Authority
テムズ・トンネル	Thames Tunnel
テムズの渡し守	Watermen
テムズ防潮堰堤	Thames Flood Barrier
テムズミード	Thamesmead
テムズリンク	Thameslink
テムズ・ロウイング・クラブ	Thames Rowing Club
デューク・オヴ・ヨーク劇場	Duke of York's Theatre
デューク・オヴ・ヨークス・ヘッドクォーターズ	Duke of York's Headquarters
デューク・ストリート	Duke Street
デリー・アンド・トムズ	Derry and Toms
テレビ放送	Television
テンプル騎士団	Knights Templar
テンプル・バー	Temple Bar
デンマーク・ヒル	Denmark Hill
電話	Telephones
トインビー・ホール	Toynbee Hall
ドーヴァー・ストリート	Dover Street
ドーヴァー・ハウス	Dover House
ド・ヴィア・ガーデンズ	De Vere Gardens
トゥイッケナム	Twickenham
トゥイッケナム・ラグビー・フットボール・グラウンド	Twickenham Rugby Football Ground
トゥーティング	Tooting
トゥーリー・ストリート	Tooley Street
道路	Roads
トク・エイチ	Toc H
ドクター・バーナードー・ホーム	Barnardo's
独立小売業・事業連合*	Alliance of Independent Retailers and Businesses
独立テレビ委員会*	ITC:Independent Television Commission
独立放送公社*	IBA:Independent Broadcasting Authority
ドゲットのスカル競艇	Doggett's Coat and Badge Race
図書館	Libraries
ドーセット・ガーデン劇場	Dorset Garden Theatre
ドーセット・スクエア	Dorset Square
ドーチェスター・ホテル	Dorchester Hotel
特許委員会*	Commissioners of Patents
特許局	Patent Office
ドッグ・アンド・ダック亭	Dog and Duck
ドックス	Docks
ドックランズ軽便鉄道	Docklands Light Railway
トッテナム	Tottenham
トッテナム・コート・ロード	Tottenham Court Road
トッテナム・ホットスパー・フットボール・クラブ	Tottenham Hotspur Football Club
トットヒル・ストリート	Tothill Street
トマス・コーラム捨て子養育院	Thomas Coram Foundation for Children
ドミニオン劇場	Dominion Theatre
トム・キングズ・コーヒー店	Tom King's Coffee House
トムズ・コーヒー店	Tom's Coffee House
ド・モーガン財団*	De Morgan Foundation
トラヴェラーズ・クラブ	Travellers' Club
トラファルガー・スクエア	Trafalgar Square
トラファルガー・タヴァン	Trafalgar Tavern

ドリス・ヒル Dollis Hill
トリニティ救貧院 Trinity Almshouses
トリニティ・ハウス Trinity House
トリニティ養護院 Trinity Hospital
ドルーリー・レイン Drury Lane
ドレッドノート船員病院 Dreadnought Seamen's Hospital
ドン・サルテロズ・コーヒー店 Don Saltero's Coffee House

■ナ行

ナイツブリッジ Knightsbridge
ナイン・エルムズ Nine Elms
ナショナル・ギャラリー National Gallery
ナショナル・シアター National Theatre
ナショナル・トラスト National Trust
ナショナル・フィルム・シアター National Film Theatre
ナショナル・ポートレート・ギャラリー National Portrait Gallery
ナショナル・リベラル・クラブ National Liberal Club
ナッグズ・ヘッド亭 Nag's Head
ナットウェスト銀行 NatWest
ナニード Nunhead
ナンサッチ・パレス Nonsuch Palace
ニーズデン Neasden
日本大使館 Japanese Embassy
日本の銀行と企業 Japanese Banks and Corporations
ニューアム Newham
ニューイントン Newington
ニューイントン・グリーン Newington Green
ニュー・ウェルズ New Wells
ニュー・オックスフォード・ストリート New Oxford Street
ニュー・カット・アンド・ロワー・マーシュ・マーケット New Cut and Lower Marsh Markets
ニュー・キングズ・ロード New King's Road
ニュー・クロス New Cross
ニューゲート監獄 Newgate Prison
ニューゲート・ストリート Newgate Street
ニュー・コヴェント・ガーデン・マーケット New Covent Garden Market
ニュー・コノート・ルームズ New Connaught Rooms
ニュー・ジョナサンズ New Jonathan's
ニュー・スクエア New Square
ニュー・スコットランド・ヤード New Scotland Yard
ニュー・パレス・ヤード New Palace Yard
ニュー・フェッター・レイン New Fetter Lane
ニュー・ホール・アンド・ライブラリー New Hall and Library
ニュー・リヴァー水道会社 New River Company
ニュー・ロンドン劇場 New London Theatre
ネルソン記念柱 Nelson's Column
ノヴェロズ Novello's

農業組合会館 Agricultural House
農場主・矢羽職人同業組合会館 Farmers' and Fletchers' Hall
農民一揆 Peasants' Revolt
ノーサンバーランド・ハウス Northumberland House
ノーザン・ライン Northern Line
ノース・エンド・ロード North End Road
ノース・オードリー・ストリート North Audley Street
ノース・ロンドン大学 University of North London
ノッティング・ヒル Notting Hill
ノートル・ダム・ド・フランス Notre Dame de France
ノーフォーク・ハウス Norfolk House

■ハ行

ハイゲート Highgate
ハイゲート・スクール Highgate School
ハイゲート・ヒル Highgate Hill
ハイゲート墓地 Highgate Cemetery
ハイド・パーク Hyde Park
ハイド・パーク・ゲート Hyde Park Gate
ハイド・パーク・コーナー Hyde Park Corner
ハイド・パーク・プレイス Hyde Park Place
ハイベリー Highbury
ハイベリー・バーン Highbury Barn
ハイ・ホーボーン High Holborn
ハインズ・ギャラリー Heinz Gallery
ハウンズディッチ Houndsditch
ハウンズロー Hounslow
ハガストン Haggerston
バーキング Barking
パーク・クレセント Park Crescent
馬具商同業組合会館 Saddlers' Hall
パーク・ストリート Park Street
白鳥調べ Swan Upping
バグニッジ・ウェルズ Bagnigge Wells
博物館と美術館 Museums and Galleries
バークベック・コレッジ Birkbeck College
バークリー・スクエア Berkeley Square
バークリー・ストリート Berkeley Street
バークリー・ハウス Berkeley House
バークリー・ホテル Berkeley
バークレー・アンド・パーキンズ醸造会社 Barclay and Perkins
パーク・レイン Park Lane
パーク・レイン・ホテル Park Lane Hotel
バークレーズ銀行 Barclays Bank plc
橋 Bridges
パーシー・ストリート Percy Street
バス Buses
バーソロミュー・クロース Bartholomew Close
バーソロミュー定期市 Bartholomew Fair
パーソンズ・グリーン Parsons Green
バタシー Battersea

和英対照表　931

バタシー・ドッグズ・ホーム Battersea Dogs' Home	ハムリーズ Hamley's
バタシー・パーク Battersea Park	刃物商同業組合会館 Cutlers' Hall
バタシー橋 Battersea Bridge	バーモンジー Bermondsey
バタシー発電所 Battersea Power Station	バラ・ハイ・ストリート Borough High Street
パタノスター・スクエア Paternoster Square	バラ・マーケット Borough Market
パタノスター・ロウ Paternoster Row	バラム Balham
バーチン・レイン Birchin Lane	ハラム・ストリート Hallam Street
バッキンガム・ゲート Buckingham Gate	パーラメント・スクエア Parliament Square
バッキンガム・ストリート Buckingham Street	パーラメント・ストリート Parliament Street
バッキンガム・ハウス Buckingham House	パーラメント・ヒル Parliament Hill
バッキンガム・パレス Buckingham Palace	ハーリー・ストリート Harley Street
バッキンガム・パレス・ロード Buckingham Palace Road	ハーリンガム・クラブ Hurlingham Club
	ハリンゲイ Haringey
ハックニー Hackney	バーリントン・アーケード Burlington Arcade
バックラーズベリー Bucklersbury	バーリントン・ガーデンズ Burlington Gardens
ハッチャーズ Hatchards	バーリントン・ハウス Burlington House
ハットン・ガーデン Hatton Garden	ハールズデン Harlesden
パディントン Paddington	パルトゥニー・ホテル Pulteney Hotel
パディントン駅 Paddington Station	バルト海船舶貨物取引所 Baltic Exchange
バードケージ・ウォーク Birdcage Walk	パレス・グリーン Palace Green
パトニー Putney	パレス劇場 Palace Theatre
パトニー橋 Putney Bridge	パレス・ゲート Palace Gate
バトラーズ・ワーフ Butler's Wharf	パレ・ドゥ・ダンス Palais de Danse
パドル・ドック Puddle Dock	ハロー・オン・ザ・ヒル Harrow on the Hill
バトンズ・コーヒー店 Button's Coffee House	ハロー・スクール Harrow School
バーナーズ・ストリート Berners Street	ハロッズ Harrod's
花火 Fireworks	ハンウェル Hanwell
ハニー・レイン・マーケット Honey Lane Market	バーン・エルムズ Barn Elms
バーネット Barnet	ハンガーフォード橋 Hungerford Bridge
ハノーヴァー・スクエア Hanover Square	ハンギング・ソード・アレー Hanging Sword Alley
ハノーヴァー・テラス Hanover Terrace	バンクサイド Bankside
パノラマ Panoramas	バンクサイド発電所 Bankside Power Station
ハバーダッシャーズ・アスクス・スクール Haberdashers' Aske's School	バンケティング・ハウス Banqueting House
	万国博覧会 Great Exhibition
バーバリー Burberry's	犯罪 Crime
バービカン Barbican	バーンズ Barnes
パブ Pubs	ハンス・プレイス Hans Place
ハーフ・ムーン・ストリート Half Moon Street	バーンズベリー Barnsbury
ハー・マジェスティーズ劇場 Her Majesty's Theatre	パン製造販売業者同業組合会館 Bakers' Hall
ハマースミス Hammersmith	パンチ・タヴァン Punch Tavern
ハマースミス・アンド・シティ・ライン Hammersmith and City Line	パンテオン Pantheon
	バーント・オーク Burnt Oak
ハマースミス・テラス Hammersmith Terrace	ハーン・ヒル Herne Hill
ハマースミス橋 Hammersmith Bridge	バンヒル・フィールズ墓地 Bunhill Fields
ハマースミス病院 Hammersmith Hospital	ハンプトン Hampton
ハマースミス・ロード Hammersmith Road	ハンプトン・コート・パレス Hampton Court Palace
ハムステッド Hampstead	ハンワース Hanworth
ハムステッド・ガーデン・サバーブ Hampstead Garden Suburb	皮革商同業組合会館 Leathersellers' Hall
	東インド会社社屋 East India House
ハムステッド・グローヴ Hampstead Grove	東インド会社博物館 East India Company Museum
ハムステッド定期市 Hampstead Fair	ピカディリー Piccadilly
ハムステッド・ヒース Hampstead Heath	ピカディリー・サーカス Piccadilly Circus
ハムステッド墓地 Hampstead Cemetery	ピカディリー・ライン Piccadilly Line
ハム・ハウス Ham House	ビーク・ストリート Beak Street

ピーコック亭	Peacock
ビショップスゲート	Bishopsgate
ヒース・ストリート	Heath Street
ビーストン寄贈救貧院	Beeston Gift Almshouses
ヒース・ハウス	Heath House
ヒースロー空港	Heathrow Airport
ピータシャム	Petersham
ピーター・ジョーンズ	Peter Jones
ピーター・パン	Peter Pan
ピーター・ロビンソン	Peter Robinson
ビッグ・ベン	Big Ben
ビーティング・ザ・バウンズ	Beating the Bounds
ビードル	Beadles
ピナー	Pinner
BBC国際放送	BBC Worldwide
ビーフイーター	Beefeaters
ビーフステーキ・クラブ	Beefsteak Club
ピーボディ住宅	Peabody Buildings
ピムリコ	Pimlico
ビューラー・ヒル	Beulah Hill
病院	Hospitals
氷上市	Frost Fairs
ビリングズゲート・マーケット	Billingsgate Market
ヒリンドン	Hillingdon
ビール醸造所	Breweries
ヒールズ	Heal's
ビルディング・クラフツ・コレッジ	Building Crafts College
ファウンテン・コート	Fountain Court
ファーニヴァルズ・イン	Furnival's Inn
ファラデー・ハウス	Faraday House
ファリンドン・ロード	Farringdon Road
ファルコン・コート	Falcon Court
フィッシュ・ストリート・ヒル	Fish Street Hill
フィッツロイ・スクエア	Fitzroy Square
フィッツロイ・ハウス	Fitzroy House
フィニックス劇場	Phoenix Theatre
フィリップス	Phillips
フィルハーモニア	Philharmonia
フィルポット・レイン	Philpot Lane
フィンズベリー	Finsbury
フィンズベリー・サーカス	Finsbury Circus
フィンズベリー・スクエア	Finsbury Square
フィンズベリー・パーク	Finsbury Park
フィンチリー	Finchley
フィンチリー・ロード	Finchley Road
ブーヴァリー・ストリート	Bouverie Street
風車	Windmills
フェザントリー	Pheasantry
フェッター・レイン	Fetter Lane
フェルタム	Feltham
フェンチャーチ・ストリート	Fenchurch Street
フェントン・ハウス	Fenton House
フォイルズ	Foyles
フォー・シーズンズ	Four Seasons
フォスター・レイン	Foster Lane
フォー・ストリート	Fore Street
フォーチュン劇場	Fortune Theatre
フォックス・アンド・ハウンズ亭	Fox and Hounds
フォックス・アンド・ブル亭	Fox and Bull
フォートナム・アンド・メイスン	Fortnum and Mason
フォリー	Folly
フォレスト・ゲート	Forest Gate
フォレスト・ヒル	Forest Hill
服地商同業組合会館	Clothworkers' Hall
武具師・真鍮細工師同業組合会館	Armourers' Hall
服地定期市	Cloth Fair
ブーツ	Boots
ブック・トラスト	Book Trust
ブッシー・パーク	Bushy Park
ブッシュ・ハウス	Bush House
フットボール・クラブ	Football Clubs
プディング・レイン	Pudding Lane
葡萄酒業者同業組合会館	Vintners' Hall
ブードルズ	Boodle's
フーバーツ・プレイス	Foubert's Place
フープ・アンド・グレイプス亭	Hoop and Grapes
ブライアンストン・スクエア	Bryanston Square
フライデー・ストリート	Friday Street
ブライドウェル矯正院	Bridewell
プラウ・コート	Plough Court
ブラウンズ	Brown's
フラスク亭	Flask
プラストウ	Plaistow
フラー、スミス・アンド・ターナー醸造会社	Fuller, Smith and Turner
ブラックウォール	Blackwall
ブラックウォール・トンネル	Blackwall Tunnel
ブラックヒース	Blackheath
ブラックフライアーズ修道院	Blackfriars Monastery
ブラックフライアーズ橋	Blackfriars Bridge
ブラックフライアーズ・プレイハウス	Blackfriars Playhouse
ブラックフライアーズ・ロード	Blackfriars Road
ブラック・フライアー亭	Black Friar
プラッツ・クラブ	Pratt's Club
フラッド・ストリート	Flood Street
プラネタリウム	Planetarium
ブラマー紅茶・コーヒー博物館	Bramah Tea and Coffee Museum
フラム	Fulham
プラムステッド	Plumstead
フラム・ロード	Fulham Road
ブランズウィック・スクエア	Brunswick Square
ブランズウィック・ドック	Brunswick Dock
ブランドフォード・スクエア	Blandford Square
ブリクストン	Brixton
ブリクストン監獄	Brixton Prison

フリス・ストリート	Frith Street
ブリック・コート	Brick Court
ブリック・レイン	Brick Lane
ブリティッシュ・カウンシル	British Council
ブリティッシュ・テレコム・タワー	British Telecom Tower
ブリティッシュ・レイル	British Rail
ブリーディング・ハート・ヤード	Bleeding Heart Yard
フリート川	Fleet River
フリート監獄	Fleet Prison
フリート監獄内秘密結婚	Fleet Marriage
フリート・ストリート	Fleet Street
フリート・マーケット	Fleet Market
プリムローズ・ヒル	Primrose Hill
プリンシズ・ゲート	Prince's Gate
プリンス・オヴ・ウェールズ劇場	Prince of Wales Theatre
プリンス・チャールズ・シネマ	Prince Charles Cinema
プリンス・ヘンリーズ・ルーム	Prince Henry's Room
プリンセス劇場	Princess's Theatre
プリンティング・ハウス・スクエア	Printing House Square
ブル・アンド・マウス亭	Bull and Mouth
ブル・イン	Bull Inn
プール・オブ・ロンドン	Pool of London
古着市	Rag Fair
ブルーコート・スクール	Blewcoat School
ブルックスズ	Brooks's
ブルック・ストリート	Brook Street
プルーデンシャル保険会社	Prudential Corporation plc
ブルートン・ストリート	Bruton Street
ブルネル大学	Brunel University
ブルー・プラーク	Blue Plaques
ブルームズベリー	Bloomsbury
ブルームズベリー・スクエア	Bloomsbury Square
プレイド・ストリート	Praed Street
プレイハウス劇場	Playhouse Theatre
プレイハウス・ヤード	Playhouse Yard
プレイヤーズ・シアター・クラブ	Players' Theatre Club
プレストベリー・ハウス	Prestbury House
ブレッド・ストリート	Bread Street
フレンズ・ハウス	Friends' House
ブレント	Brent
ブレント・クロス・ショッピング・センター	Brent Cross Shopping Centre
ブレントフォード	Brentford
フログナル	Frognal
フログナル・ハウス	Frognal House
プロスペクト・オヴ・ウィットビー亭	Prospect of Whitby
ブロードウィック・ストリート	Broadwick Street
ブロードウェイ	Broadway
ブロード・サンクチュアリ	Broad Sanctuary
ブロムズ	Proms
ブロムリー	Bromley
フローラル・ストリート	Floral Street
フローリス	Floris
フロレンス・ナイティンゲール博物館	Florence Nightingale Museum
フロレンス・ナイティンゲール病院	Florence Nightingale Hospital
ブロンプトン	Brompton
ブロンプトン・オラトリー	Brompton Oratory
ブロンプトン病院	Brompton Hospital
ブロンプトン墓地	Brompton Cemetery
ブロンプトン・ロード	Brompton Road
ベア・ガーデンズ	Bear Gardens
ベイアム・ストリート	Bayham Street
ヘイヴァリング	Havering
ベイカー・ストリート	Baker Street
ベイカールー・ライン	Bakerloo Line
ベイジングホール・ストリート	Basinghall Street
ヘイズ・アンド・ハーリントン	Hayes and Harlington
ベイズウォーター	Bayswater
ベイズウォーター・ロード	Bayswater Road
ベイナード・カースル	Baynard Castle
ヘイマーケット	Haymarket
ヘイワード・ギャラリー	Hayward Gallery
ベヴィス・マークス	Bevis Marks
ベクスリー	Bexley
ベクトン	Beckton
ベクナム	Beckenham
ベスナル・グリーン	Bethnal Green
ベスナル・グリーン児童博物館	Bethnal Green Museum of Childhood
ベズバラ・ガーデンズ	Bessborough Gardens
ベッカム	Peckham
ベツヘレム・ロイヤル病院	Bethlehem Royal Hospital (Bedlam)
ペティコート・レイン	Petticoat Lane
ペティ・フランス	Petty France
ベドフォード・エステイツ	Bedford Estates
ベドフォード・コーヒー店	Bedford Coffee House
ベドフォード・コレッジ	Bedford College
ベドフォード・スクエア	Bedford Square
ベドフォード・ストリート	Bedford Street
ベドフォード・パーク	Bedford Park
ベラミーズ・コーヒー店	Bellamy's Coffee House
ベリー・ストリート	Bury Street
ベリック・ストリート	Berwick Street
ベリー・ブラザーズ・アンド・ラッド	Berry Bros. & Rudd
ベルヴェディア・ロード	Belvedere Road
ベルグレイヴィア	Belgravia

ベルグレイヴ・スクエア　Belgrave Square
ベルサイズ　Belsize
ベル・ソーヴァージ亭　Belle Sauvage
ベルファスト号　Belfast, HMS
ベルマーシュ監獄　Belmarsh
ベルムア　Bellmoor
ペル・メル　Pall Mall
ベル・ヤード　Bell Yard
ベンティンク・ストリート　Bentinck Street
ベントリー小修道院　Bentley Priory
ヘンドン　Hendon
ペントンヴィル　Pentonville
ペントンヴィル監獄　Pentonville Prison
ペンブルック・ロッジ　Pembroke Lodge
ヘンリエッタ・ストリート　Henrietta Street
ヘンリー八世のワイン蔵　Henry VIII's Wine Cellar
ヘンリー・プール　Henry Poole
ボアズ・ヘッド・タヴァン　Boar's Head Tavern
ボウ　Bow
ホウィットギフト病院　Whitgift Hospital
法学院　Inns of Court
ボウ・ストリート　Bow Street
ボウ・ストリート治安判事裁判所　Bow Street Magistrates' Court
暴動とデモ　Riots and Demonstrations
ボウ・ベルズ　Bow Bells
ボウマンズ・コーヒー店　Bowman's Coffee House
ホガースの家　Hogarth's House
ホース・オヴ・ザ・イヤー・ショー　Horse of the Year Show
ポスト・オフィス　Post Office
ポストマンズ・パーク　Postman's Park
ボストン・ハウス　Boston House
ホースマンガー・レイン監獄　Horsemonger Lane Gaol
ホックストン　Hoxton
ホテル　Hotels
ボート・ショー　Boat Show
ポートベロ・ロード　Portobello Road
ポートマン・スクエア　Portman Square
ポートランド・クラブ　Portland Club
ポートランド・プレイス　Portland Place
ボート・レース　Boat Race
ボーフォート・ハウス　Beaufort House
ホープ座　Hope Theatre
ポープ荘　Pope's Villa
ポプラ　Poplar
ホーボーン　Holborn
ホーボーン・ヴァイアダクト　Holborn Viaduct
ホーボーン・サーカス　Holborn Circus
ホマートン　Homerton
ポーランド・ストリート　Poland Street
ホランド・ハウス　Holland House
ポリゴン・ロード　Polygon Road

ホーリー・セパルカー・ウィズアウト・ニューゲート教会　Church of the Holy Sepulchre without Newgate
ホーリー・トリニティ教会　Holy Trinity
ホーリー・トリニティ・マリルボーン教会　Holy Trinity Marylebone
ホリー・ブッシュ亭　Holly Bush
ホーリー・リディーマー・アンド・セント・トマス・モア教会　Church of the Holy Redeemer and St Thomas More
ポルカ子供劇場　Polka Children's Theatre
ポルトガル・ストリート　Portugal Street
ボールト・コート　Bolt Court
ポールトリー　Poultry
ボールトン・ストリート　Bolton Street
ホロウェイ　Holloway
ホロウェイ監獄　Holloway Prison
ホロウェイ・ロード　Holloway Road
ポロック玩具博物館　Pollock's Toy Museum
ホワイツ・クラブ　White's Club
ホワイトウェッブズ・パーク　Whitewebbs Park
ホワイトクロス・ストリート　Whitecross Street
ホワイト・コンディット・ハウス　White Conduit House
ホワイト・シティ　White City
ホワイトチャペル　Whitechapel
ホワイトチャペル・アート・ギャラリー　Whitechapel Art Gallery
ホワイトチャペル鐘鋳造所　Whitechapel Bell Foundry
ホワイト・ハート・イン　White Hart Inn
ホワイト・ホース・セラーズ　White Horse Cellars
ホワイトホール　Whitehall
ホワイトホール・パレス　Whitehall Palace
ホワイトランズ・コレッジ　Whitelands College
ホワイト・ロッジ　White Lodge
ホーンジー　Hornsey
ホーン・タヴァン　Horn Tavern
ポンダーズ・エンド　Ponders End
ボンド・ストリート　Bond Street
ポント・ストリート　Pont Street
ポンド・ストリート　Pond Street

■マ行

マイター・タヴァン　Mitre Tavern
マイル・エンド　Mile End
マウント・コーヒー店　Mount Coffee House
マウント・ストリート　Mount Street
マウント・プレザント郵便集配局　Mount Pleasant Sorting Office
マーキス・オヴ・グランビー亭　Marquis of Granby
マークス・アンド・スペンサー　Marks and Spencer plc
マグパイ・アンド・スタンプ亭　Magpie and Stump

マーケット Markets
マジック・サークル Magic Circle
マーシャルシー監獄 Marshalsea Prison
マズウェル・ヒル Muswell Hill
マダム・タッソー蝋人形館 Madame Tussaud's
マーチャント・テイラーズ・スクール Merchant Taylors' School
マッピン・アンド・ウェッブ Mappin and Webb
マートン Merton
マネット・ストリート Manette Street
魔の5月1日 Evil May Day
マーブル・アーチ Marble Arch
マーブル・ヒル・ハウス Marble Hill House
マーメイド劇場 Mermaid Theatre
マーメイド・タヴァン Mermaid Tavern
マリルボーン Marylebone
マリルボーン駅 Marylebone Station
マリルボーン・ガーデンズ Marylebone Gardens
マリルボーン・クリケット・クラブ MCC:Marylebone Cricket Club
マリルボーン・レイン・アンド・ハイ・ストリート Marylebone Lane and High Street
マル Mall, The
マルクス記念図書館 Marx Memorial Library
マレット・ストリート Malet Street
マロード・ストリート Mallord Street
マンズ・コーヒー店 Man's Coffee House
マンダー・アンド・ミッチンソン・シアター・コレクション Mander and Mitchenson Theatre Collection
マンダリン・オリエンタル・ハイド・パーク Mandarin Oriental Hyde Park
マンチェスター・スクエア Manchester Square
水飲み場・家畜用水槽首都保存協会 Metropolitan Drinking Fountain and Cattle Trough Association
店の看板 Street Signs
ミッチャム Mitcham
ミッドランド・グランド・ホテル Midland Grand Hotel
ミドルセックス・ストリート Middlesex Street
ミドルセックス大学 Middlesex University
ミドルセックス病院 Middlesex Hospital
ミドル・テンプル Middle Temple
南環状道路 South Circular Road
ミノリーズ Minories
ミュージアム・ストリート Museum Street
ミュージック・ホール Music Halls
ミリオネアズ・ロウ Millionaires' Row
ミルウォール Millwall
ミルウォール・ドックス Millwall Docks
ミルバンク Millbank
ミル・ヒル Mill Hill
ミルフィールド・レイン Millfield Lane
ミレニアム・マイル Millennium Mile
ミンシング・レイン Mincing Lane

ミント・ストリート Mint Street
民法博士会館 Doctors' Commons
ムアゲート Moorgate
ムアフィールズ眼科病院 Moorfields Eye Hospital
メイダ・ヴェイル Maida Vale
メイドン・レイン Maiden Lane
メイフェア Mayfair
メイフェア・インター・コンチネンタル・ロンドン Mayfair Inter-Continental London
メイフラワー号亭 Mayflower
メイプル商会 Maple's
メイポール・イン・ザ・ストランド Maypole in the Strand
名誉砲兵隊 Honourable Artillery Company
メトロポリタン・タバナクル Metropolitan Tabernacle
メトロポリタン・ライン Metropolitan Line
メルベリー・ロード Melbury Road
モス・ブラザーズ Moss Bros
モーターウェイ Motorways
モーターショー Motor Show
モートレイク Mortlake
モードン Morden
モーニントン・クレセント Mornington Crescent
モールドン Malden
モールバラ・クラブ Marlborough Club
モールバラ・ハウス Marlborough House
紋章院 College of Arms
紋章塗師同業組合会館 Painter-Stainers' Hall
紋章博物館 Heralds' Museum
モンタギュ・ハウス Montagu House
モンマス・ストリート・マーケット Monmouth Street Market

■ヤ行

薬剤師同業組合会館 Apothecaries' Hall
ヤング・ヴィック座 Young Vic
ヤング醸造会社 Young's
ヤング・ストリート Young Street
郵便局 Post Offices
郵便鉄道 Post Office Railway
ユーストン駅 Euston Station
ユーストン・ロード Euston Road
ユース・ホステル協会* Youth Hostels Association
ユダヤ博物館 Jewish Museum
ユナイテッド・サービス・クラブ United Service Club
ユニヴァーシティ・コレッジ University College London
ユニヴァーシティ・コレッジ・スクール University College School
ユニヴァーシティ・コレッジ病院 University College Hospital
ユニオン・クラブ Union Club
ユニコーン子供劇場 Unicorn Theatre for Children

ユリとバラの儀式 Lilies and Roses
洋服商同業組合会館 Merchant Taylors' Hall
ヨーク・ゲート York Gate
ヨーク公記念柱 Duke of York Column
ヨーク・テラス York Terrace
ヨーク・ハウス York House
ヨーク・ビルディングズ水道会社 York Buildings Waterworks
ヨーク・プレイス York Place
ヨット亭 Yacht
呼び売り London Cries
予備法学院 Inns of Chancery
40の足跡の残る野原 Field of the Forty Footsteps

■ラ行

ライアンズ・コーナー・ハウジズ Lyons' Corner Houses
ライオン礼拝 Lion Sermon
ライシアム Lyceum
ライスリップ Ruislip
ライツ・レイン Wrights Lane
ライムハウス Limehouse
ラヴァット・レイン Lovat Lane
ラヴ・レイン Love Lane
ラウンド・ハウス Round House
ラウンド・ポンド Round Pond
ラグビー・フットボール・クラブ Rugby Football Clubs
『ラジオ・タイムズ』 Radio Times
ラジオ放送 Radio
ラスキン・パーク Ruskin Park
ラッセル・スクエア Russell Square
ラッセル・ストリート Russell Street
ラッセル・ホテル Russell Hotel
ラディソン・サス・ポートマン・ホテル Radisson SAS Portman Hotel
ラトクリフ Ratcliff
ラドゲート・ヒル Ludgate Hill
ラドブルック・グローヴ Ladbroke Grove
ラニラ・ガーデンズ Ranelagh Gardens
ラム・アンド・フラッグ亭 Lamb and Flag
ラムズ・コンディット・ストリート Lamb's Conduit Street
ラム亭 Lamb
ランカスター・ゲート Lancaster Gate
ランカスター・ハウス Lancaster House
ランガム・ヒルトン Langham Hilton
ランガム・プレイス Langham Place
ラント・ストリート Lant Street
ランベス Lambeth
ランベス橋 Lambeth Bridge
ランベス・パレス Lambeth Palace
リー Lee
リヴァプール・ストリート駅 Liverpool Street Station
リヴァプール・ロード Liverpool Road
リー川 Lea
リアル・エール保護団体* Campaign for Real Ale
陸海軍クラブ Naval and Military Club
陸軍共済基金* Army Benevolent Fund
リージェンツ・カナル Regent's Canal
リージェンツ・パーク Regent's Park
リージェント・ストリート Regent Street
リスン・グローヴ Lisson Grove
リッチモンド Richmond
リッチモンド・ハウス Richmond House
リッチモンド・パーク Richmond Park
リッチモンド橋 Richmond Bridge
リッチモンド・パレス Richmond Palace
リッチモンド・ヒル Richmond Hill
リッツ・ホテル Ritz Hotel
リトル・ヴェニス Little Venice
リトル・ブリテン Little Britain
リトル・ベン Little Ben
リトル・ホランド・ハウス Little Holland House
理髪外科医同業組合会館 Barber-Surgeons' Hall
リバティ Liberty
リフォーム・クラブ Reform Club
旅館業者同業組合会館 Innholders' Hall
リリック劇場 Lyric Theatre
リンカーンズ・イン Lincoln's Inn
リンカーンズ・イン・フィールズ Lincoln's Inn Fields
リンカーンズ・イン・フィールズ劇場 Lincoln's Inn Fields Theatre
リンリー・サンボーン記念館 Linley Sambourne House
ルイシャム Lewisham
ルパート・ストリート Rupert Street
ル・メリディエン・ピカデリー Le Meridien Piccadilly
ルールズ Rules
レイヴンズコート・パーク Ravenscourt Park
レイトン Leyton
レイトンストーン Leytonstone
レイトン・ハウス博物館 Leighton House Museum
レインボー・コーヒー店 Rainbow Coffee House
レザー・レイン Leather Lane
レスター・スクエア Leicester Square
レスター・ハウス Leicester House
レストラン Restaurants
レッド・ハウス Red House
レッドブリッジ Redbridge
レッド・ブル劇場 Red Bull Theatre
レッド・ライオン・スクエア Red Lion Square
レドンホール・ストリート Leadenhall Street
レドンホール・マーケット Leadenhall Market
レニッシュ・ワイン・ハウス Rhenish Wine House
ロイズ Lloyd's

ロイズ銀行 Lloyds TSB
ロイター通信社 Reuter's
ロイヤル・アルバート・ドック Royal Albert Dock
ロイヤル・アルバート・ホール Royal Albert Hall
ロイヤル・オペラ Royal Opera
ロイヤル・オペラ・ハウス Royal Opera House
ロイヤル国際馬術ショー Royal International Horse Show
ロイヤル・コート劇場 Royal Court Theatre
ロイヤル・シェイクスピア劇団 Royal Shakespeare Company
ロイヤル・スミスフィールド・ショー Royal Smithfield Show
ロイヤル・ドックス Royal Docks
ロイヤル・トーナメント Royal Tournament
ロイヤル・ドールトン Royal Doulton
ロイヤル・ネイヴァル・ドックヤード Royal Naval Dockyard
ロイヤル・バラエティ・ショー Royal Variety Show
ロイヤル・バレエ Royal Ballet
ロイヤル・バレエ・スクール Royal Ballet School
ロイヤル・フィルハーモニー管弦楽団 Royal Philharmonic Orchestra
ロイヤル・フェスティヴァル・ホール Royal Festival Hall
ロイヤル・ブラックヒース・ゴルフ・クラブ Royal Blackheath Golf Club
ロイヤル・ホロウェイ・コレッジ Royal Holloway College
ロイヤル・マーズデン病院 Royal Marsden Hospital
ロイヤル・ロンドン病院 Royal London Hospital
蝋燭商同業組合会館 Wax Chandlers' Hall
ロザハイズ Rotherhithe
ロザハイズ・トンネル Rotherhithe Tunnel
ローズ座 Rose Theatre
ローズ・ストリート Rose Street
ローズ・タヴァン Rose Tavern
ロスチャイルズ Rothschild's
ロスベリー Lothbury
ローズベリー・アヴェニュー Rosebery Avenue
ロスマンズ・オヴ・ペル・メル Rothman's of Pall Mall
ローダーデール・ハウス Lauderdale House
ロックス Lock's
ロットン・ロウ Rotten Row
ロード・クリケット場 Lord's Cricket Ground
ロード・ラグラン亭 Lord Raglan
ロバート・ストリート Robert Street
ローハンプトン Roehampton
ロブ Lobb
ロブソン・ロウ Robson Lowe
ローマ街道 Roman Roads
ローマ時代のロンドン Roman London
ロミリー・ストリート Romilly Street
ロワー・マル Lower Mall

ロング・エーカー Long Acre
ロンドン・アプレンティス亭 London Apprentice
ロンドン・ウォール London Wall
ロンドン園芸協会* Horticultual Society of London
『ロンドン・ガゼット』 London Gazette
ロンドン観光局 London Tourist Board
ロンドン共同墓地組合* London Cemetery Company
ロンドン・グループ London Group
ロンドン軍管区* London District
ロンドン交響楽団 London Symphony Orchestra
ロンドン交通管理局* LTE:London Transport Executive
ロンドン交通局* LTB:London Transport Board
ロンドン交通公団* LT:London Transport
ロンドン交通博物館 London Transport Museum
ロンドン港湾局 Port of London Authority
ロンドン国際金融先物・売買選択権取引所* LIFFE: London International Financial Futures and Options Exchange
ロンドン・コーヒー店 London Coffee House
ロンドン古物研究家協会 Society of Antiquaries of London
ロンドン市議会 LCC:London County Council
ロンドン・シーズン London Season
ロンドン市長公舎 Mansion House
ロンドン市長就任披露宴 Lord Mayor's Banquet
ロンドン市長就任披露行列 Lord Mayor's Show
ロンドン市長の触れ役 Common Cryer and Serjeant-at-Arms
ロンドン・シティ空港 London City Airport
ロンドン市民権 Freedom of the City
ロンドン商工会議所 London Chamber of Commerce and Industry
ロンドン消防隊 London Fire Brigade
ロンドン・ストーン London Stone
ロンドン漱石記念館 Soseki Museum in London
ロンドン大疫病 Great Plague
ロンドン大火 Great Fire
ロンドン大火記念塔 Monument, The
ロンドン大学 University of London
ロンドン大学政治・経済学スクール London School of Economics and Political Science
ロンドン大学天文台 University of London Observatory
ロンドン大学東洋・アフリカ研究所 School of Oriental and African Studies
ロンドン大空襲 Blitz
ロンドン・タヴァン London Tavern
ロンドン地下鉄道会社* London Underground Ltd
ロンドン中央回教寺院 London Central Mosque
ロンドン地理学協会* Geographical Society of London
ロンドンデリー・ホテル Londonderry Hotel
ロンドン塔 Tower of London

ロンドン塔甲冑武具展示館 Tower Armouries
ロンドン動物園 London Zoo
ロンドン動物学協会 Zoological Society of London
ロンドン塔宝物館 Jewel House
ロンドン都市建設局* Metropolitan Board of Works
ロンドン図書館 London Library
ロンドン・ドックランズ開発公団* London Docklands Development Corporation
ロンドンの宮殿 Royal Palaces
ロンドンの交通行政 London Transportation
ロンドンの新聞 Newspapers
ロンドンのタクシー Taxis
ロンドン・パヴィリオン London Pavillion
ロンドン博物館 Museum of London
ロンドン橋 London Bridge
ロンドン・バス会社* London Buses Ltd
ロンドン・パレイディアム London Palladium
ロンドン万国博覧会, 1862年 International Exhibition 1862
ロンドン・ヒッポドローム London Hippodrome
ロンドン・ヒルトン・オン・パーク・レイン London Hilton on Park Lane
ロンドン・フィルハーモニー管弦楽団 London Philharmonic Orchestra
ロンドン・フェスティヴァル・バレエ London Festival Ballet
ロンドン・ブリッジ駅 London Bridge Station
ロンドン・マラソン London Marathon
ロンドン民族学協会* Ethnological Society of London
ロンドン旅客交通局* LPTB:London Passenger Transport Board
ロンドン・リンネ協会 Linnean Society of London
ロンバード・ストリート Lombard Street

■ワ行

ワイルズ・ファーム Wyldes Farm
ワイン・オフィス・コート Wine Office Court
ワームウッド監獄 Wormwood Scrubs
ワールズ・エンド World's End
ワールズ・エンド亭 World's End
ワンズワース Wandsworth
ワンズワース監獄 Wandsworth Prison

人名索引

本書で言及される人名を収録した。配列は五十音順、「ー」,「・」,「=」は無視して配列した。人名の後ろの子は子爵,(子)は親子関係を示す。

■ア行

アイアトン,ヘンリー Ireton,Henry 424,593
アイヴァ伯(初代)→ギネス,エドワード・セシル
アイゼンハワー,ドワイト・デイヴィッド Eisenhower, Dwight David 231,333,518
アーヴィング,エドワード Irving,Edward 162
アーヴィング,ヘンリー Irving,Henry 290,292, 313,361,392,459,530,586,692,743,744,773,774, 777,810,839
アーヴィング,ローレンス Irving,Laurence 773
アーヴィング,ワシントン Irving,Washington 131, 497,846
アーガイル侯→キャンベル,アーチボールド
アガス,ラルフ Agas,Ralph 448
アクスブリッジ伯 Uxbridge, Earl of 115
アクトン,ジョン(初代男) Acton,John,1st Baron 264
アーサー皇太子(ヘンリー七世の長男) Arthur, Prince of Wales 508
アシャースト,ウィリアム Ashurst,William 364
アシュクロフト,ペギー Ashcroft,Peggy 17,29, 240,528,559
アシュバートン男(第二代)夫人 Ashburton,2nd Baroness 6
アシュレイ,ローラ Ashley,Laura 288
アスカム,ロジャー Ascham,Roger 164
アスキス,ハーバート・ヘンリー Asquith,Herbert Henry 58,137,171
アスキュー,アン Askew,Anne 336
アスギル,チャールズ Asgill,Charles 599
アスク,ロバート Aske,Robert 341,707
アスタフィエヴァ,セラフィーン Astafieva,Serafine 553
アステア,フレッド Astaire,Fred 701
アストリー,フィリップ Astley,Philip 29,529
アストン,ロジャー Aston,Roger 204
アスプレイ,チャールズ Asprey,Charles 29
アダム,ジェイムズ Adam,James 7→アダム兄弟
アダム,ロバート Adam,Robert 6,7,11,25,158, 198,293,359,411,531,558,567,760,832→アダム兄弟
アダム兄弟 Adam brothers 6,7,243,272,334,566, 604,634→アダム,ジェイムズ/アダム,ロバート
アダムズ,ジョン Adams,John 333
アダムズ,モーリス・B. Adams,Maurice B. 57,124

アーチャー,ジェフリー Archer,Jeffrey 179,250
アッカーマン,ルドルフ Ackerman,Rudolph 4
アッシュバーナム,ジョン Ashburnham,John,1st Earl 29
アッシュビー,C.R. Ashbee,C.R. 499
アッテンボロー,リチャード Attenborough,Richard 22
アディソン,ジョーゼフ Addison,Joseph 44,56, 61,89,120,142,148,149,158,184,222,291,314, 368,403,418,444,536,544,591,650,653,667,689, 732,839,853
アディソン,トマス Addison,Thomas 340
アディントン,ヘンリー Addington,Henry 107
アディントン,ヘンリー(初代シドマス子) Addington, Henry,1st Viscount of Sidmouth 850
アデレイド(ウィリアム四世妃) Adelaide,Queen 62,144
アトキンズ,ロバート Atkins,Robert 528,530
アトキンソン,ロバート Atkinson,Robert 26,28, 245
アトリー,クレメント Attlee,Clement 101,839
アヌイ,ジャン=マリー=ルシアン=ピエール Anouilh, Jean-Marie-Lucien-Pierre 208
アーノルド,トマス Arnold,Thomas 839
アーノルド,マシュー Arnold,Matthew 156,251, 353,664
アバコーン侯(初代) Abercorn,1st Marquess of 62
アーバスノット,ジョン Arbuthnot,John 116,347, 524,536
アバディーン伯(第四代)→ハミルトン=ゴードン,ジョージ
アバーネシー,ジョン Abernethy,John 644
アビンドン伯 Abingdon,Earl of 4
アブニー,トマス Abney,Thomas 741
アーミティッジ,トマス・ローズ Armitage,Thomas Rhodes 627
アーミン,ロバート Armin,Robert 215
アームストロング,ヘンリー・エドワード Armstrong, Henry Edward 384
アメリア王女(ジョージ二世の娘) Amelia,Princess 338,850
アラン,ゴッドフリー Allen,Godfrey 651
アランデル伯(第十二代) Arundel,12th Earl of 518
アーリントン伯(初代) Arlington,1st Earl of 110
アルバート公 Albert,Prince Consort 12,13,144, 181,317,331,477,508,535,613,622,814,850

940

アルバマール公(初代)→マンク, ジョージ
アルバマール公(第二代) Albemarle, 2nd Duke of 11
アルフェッジ(カンタベリー大司教) Alfedge, Archbishop of Canterbury　73
アルフレッド大王 Alfred the Great, King　13, 16, 149, 196, 428, 432, 561, 647
アルベリー, ジェイムズ Albery, James　13
アルベリー, ブロンソン Albery, Bronson　13
アルマ=タデマ, ロレンス Alma-Tadema, Lawrence　660
アレグザンダー, ジェイムズ Alexander, James　175
アレグザンダー, シシリー Alexander, Cicely　32
アレグザンダー, ジョージ Alexander, George　559, 564, 658
アレクサンデル一世 Alexander I, Tsar　580
アレクサンデル二世 Alexander II, Tsar　382, 431
アレグザンドラ(デンマーク王女, エドワード七世妃) Alexandra, Danish, Queen　9, 17, 290, 601, 625
アレン, エドワード Alleyn, Edward　18, 40, 240, 241, 242, 280, 609
アレン, ジェイムズ Allen, James　399
アーン, スザンナ・マライア Arne, Susanna Maria　417
アーン, トマス・オーガスティン Arne, Thomas Augustine　337, 417
アンウィン, レイモンド Unwin, Raymond　863
アン・オヴ・クリーヴズ Anne of Cleves　50, 74, 143, 151, 343, 600
アン・オヴ・デンマーク Anne of Denmark　322, 630
アン・オヴ・ボヘミア Anne of Bohemia　600
アンガースタイン, ジョン・ジュリアス Angerstein, John Julius　504, 859, 860
アンカスター公(第三代) Ancaster, 3rd Duke of　23
アングルシー伯(初代) Anglesey, 1st Earl of　237
アン女王 Anne, Queen　33, 41, 47, 62, 64, 111, 126, 143, 156, 157, 174, 220, 266, 280, 330, 350, 361, 410, 435, 454, 471, 497, 534, 536, 571, 582, 592, 643, 654, 655, 663, 670, 671, 688, 743
アンセルム(カンタベリー大司教) Anselm, Archbishop of Canterbury　356
イーウィン, ジョン Ewin, John　330
イーヴリン, ジョン Evelyn, John　4, 6, 28, 54, 62, 78, 153, 173, 234, 318, 459, 485, 508, 633, 638, 647, 655, 699, 726, 750, 807, 811, 817
イェイツ, W. B. Yeats, W(illiam) B(utler)　155, 250, 380, 818
イェイツ, エドマンド Yates, Edmund　495
イェイツ, ヘンリー Yates, Henry　495
イェヴィール, ヘンリー Yevele, Henry　402, 663
イェーガー, グスタフ Jaeger, Gustav　398
イザベラ(エドワード二世妃) Isabella, Queen　161
イーストレイク, チャールズ Eastlake, Charles　504
イーストン, ヒュー Easton, Hugh　645, 662

イーデン, アントニー Eden, Anthony　132
イニス, ジョン Innes, John　482
井上馨　554
イプセン, ヘンリク Ibsen, Henrik　220, 239, 261, 461, 691, 810, 842
イルチェスター伯(第五代) Ilchester, 5th Earl of　369, 477
インウッド, ウィリアム Inwood, William　20
インウッド, ヘンリー Inwood, Henry　20
イングラム, トマス Ingram, Thomas　394
イングラム, ハーバート Ingram, Herbert　275
インチボールド, エリザベス Inchbald, Elizabeth　252, 710
ヴァイス, ペーター Weiss, Peter　17
ヴァイナー, ロバート Vyner, Robert　192
ヴァッグ, サミュエル Vagg, Samuel　188, 260
ヴァーディ, ジョン(父) Vardy, John, the Elder　373, 729
ヴァーディ, ジョン(子) Vardy, John, the Younger　116
ヴァーノン, ロバート Vernon, Robert　567, 812
ヴァリアミー, ジョージ Vulliamy, George　700
ヴァリアミー, ベンジャミン Vulliamy, Benjamin　68
ヴァリアミー, ルイス Vulliamy, Lewis　643
ヴァレンティーノ, ルドルフ Valentino, Rudolph　466
ヴァンクーヴァー, ジョージ Vacouver, George　682
ヴァン・ダイク Van Dyck　242, 243, 411, 422, 504, 623
ヴァンダーデルフト, コーネリウス Vanderdelft, Cornelius　822
ヴァン・ダン, コーネリアス Van Dun, Cornelius　553
ヴァン・デア・ローエ, ルドヴィッヒ・ミース Van der Rohe, Ludwig Mies　570
ヴァン・デ・ヴェルデ, ウィレム Van de Velde, Willem　585, 655
ヴァン・ビューレン, マーティン Van Buren, Martin　745
ヴァンブラ, ヴァイオレット Vanbrugh, Violet　294
ヴァンブラ, ジョン Vanbrugh, John　6, 44, 142, 327, 361, 492, 536, 684, 810, 860
ウィカム, ウィリアム Wickham, William　563
ウィガン, ホラス Wigan, Horace　529
ウィークス, ヘンリー Weeks, Henry　617
ヴィクトリア女王 Victoria, Queen　8, 12, 24, 29, 68, 111, 112, 144, 157, 173, 174, 190, 196, 223, 245, 258, 271, 277, 280, 331, 332, 350, 352, 361, 368, 402, 410, 414, 423, 466, 471, 477, 502, 505, 514, 535, 549, 555, 584, 586, 587, 613, 620, 621, 623, 624, 627, 630, 654, 684, 686, 719, 734, 770, 776, 841
ウィクリフ, ジョン Wycliffe, John　309, 422, 692
ウィーダ→ド・ラ・ラメー, マリー・ルイーズ
ウィッカム, ウィリアム・オヴ Wykeham, William of

人名索引　941

665

ウィックス,ジョージ Wickes,George 291
ウィッチャリー,ウィリアム Wycherley,William 5, 89,355,678,773,853
ウィッティントン,リチャード(ディック) Whittington, Richard 88,128,149,167,330,337,363,364, 365,478,509,669,672,686,851,852
ウィット,ロバート Witt,Robert 198
ウィットギフト,ジョン Whitgift,John 211,850
ウィットフィールド,ウィリアム Whitefield,William 309
ウィットフィールド,ジョージ Whitefield,George 406,847
ウィットブレッド,W.H. Whitbread,W.H. 250
ウィットブレッド,サミュエル Whitbread,Samuel 234,334,483,843
ウィートストン,チャールズ Wheatstone,Charles 414
ウィートリー,ヘンリー・ベンジャミン Wheatley, Henry Benjamin 314,394,499,816
ウィニズ,トマス Winwith,Thomas 338
ウィーラー,チャールズ Wheeler,Charles 491
ヴィリアズ,ジョージ(初代バッキンガム公) Villiers, George,1st Duke of Buckingham 8, 111,131,797,818,866
ヴィリアズ,バーバラ(クリーヴランド女公爵) Villiers, Barbara, Duchess of Cleveland 160,272, 305,518,847
ウィリアム,ジョージ(第二代ケンブリッジ公) William,George,2nd Duke of Cambridge 124, 194,304
ウィリアム一世 William I, William the Conqueror, Duke of Normandy 43,47,49,113,167,188,196, 352,382,481,526,561,577,579,630,663,665,667, 678,838,841,857
ウィリアム二世 William II 356,536,841
ウィリアム三世 William III,William of Orange 119, 271,278,302,349,356,383,410,478,525,530,585, 623,628,630,657,667,730,847
ウィリアム四世 William IV,Duke of Clarence 62, 119,122,144,146,173,174,279,350,408,410,489, 546,552,614,621,623,654,850
ウィリアムズ,ヴォーン Williams,Vaughan 616
ウィリアムズ,エムリン Williams,Emlyn 238
ウィリアムズ,ジョージ・ラッセル Williams,George Russel 868
ウィリアム征服王→ウィリアム一世
ウィリンデール,トマス Willingdale,Thomas 257
ウィルキンズ,ウィリアム Wilkins,William 803
ウィルキンソン,ロバート Wilkinson,Robert 398
ウィルクス,ジョン Wilkes,John 91,268,413, 513,601,781
ウィルコックス,エドワード Wilcox,Edward 655
ウィルソン,トマス Wilson,Thomas 282

ウィルソン,エドワード・エイドリアン Wilson, Edward Adrian 47,734
ウィルソン,エラスムス Wilson,Erasmus 175
ウィルソン,コリン Wilson,Colin 100
ウィルソン,ジョン・マリオン Wilson,John Marion 346
ウィルソン,トマス・マリオン Wilson,Thomas Maryon 346
ウィルソン,リチャード Wilson,Richard 242,324, 611,634,752
ウィルトン,マライア Wilton,Maria 694
ウィルトン伯(初代) Wilton,1st Earl of 854
ウィルバーフォース,ウィリアム Wilberforce, William 80,122,172,173,192,309,357,383,409,489
ウィルモット,ジョン(第二代ロチェスター伯) Wilmot, John,2nd Earl of Rochester 608
ウィン=キャリントン,チャールズ Wynn-Carrington, Charles 471
ウィンザー,フレデリック Windsor,Frederick 294
ウィンダム,ウィリアム Windham,William 855
ウィンダム,チャールズ Wyndham,Charles 13, 181,208,864,867
ウィンチェスター侯(初代)→ポーレット,ウィリアム
ウィンチェスター主教 Winchester,Bishop of 177
ウィンチェルシー伯(第九代) Winchelsea,9th Earl of 48
ウェイクフィールド,エドワード・ギボン Wakefield, Edward Gibbon 575
ウェイクリン,エドワード Wakelin,Edward 291
ウェイリー,アーサー Weiley,Arthur 555
ヴェイル,トマス・ド Veil,Thomas de 89
ウェイン,ジョン Wain,John 347
ウェインレブ,ベン Weinreb,Ben 499
ウェスカー,アーノルド Wesker,Arnold 619,691
ウェスト,チャールズ West,Charles 374
ウェスト,トマス West,Thomas 580
ウェスト,ベンジャミン West,Benjamin 611, 665,701
ウェスト,レベッカ West,Rebecca 567
ウェストウッド,ブライアン Westwood,Brian 586
ウェストブルック,ハリエット Westbrook,Harriet 283,379,497,699
ウェストマコット,リチャード Westmacott,Richard 4,239
ウェストミンスター公(初代) Westminster,1st Duke of 497
ウェストミンスター侯(初代) Westminster,1st Marquess of 854
ウェストモーランド伯(第十一代)→フェイン,ジョン
ヴェストリス,エライザ Vestris,Eliza 529
ウェスリー,サミュエル Wesley,Samuel 512
ウェスリー,ジョン Wesley,John 37,66,115,148,

172,268,309,424,428,517,651,678,834
ウェスリー,スザンナ Wesley,Susannah 114
ウェスリー,チャールズ Wesley,Charles 115,834
ウェセックス伯ゴドウィン Wessex,Godwin,Earl of 742
ウェッジウッド,ジョサイア Wedgewood,Josiah 151,320,326,622
ウェブ,アストン Webb,Aston 8,587,815
ウェブ,シドニー Webb,Sidney 70,451
ウェブ,ジョージ Webb,George 468
ウェブ,ジョン Webb,John 28,322
ウェブ,フィリップ Webb,Philip 410,592,712
ウェバー,アンドルー・ロイド Webber,Andrew Lloyd 8,25
ウェブスター,ジョン Webster,John 4
ウェブスター,ベンジャミン Webster,Benjamin 8,775
ヴェリティ,トマス Verity,Thomas 189,208
ウェリントン公(初代)→ウェルズリー,アーサー
ウェリントン公(第七代) Wellington,7th Duke of 25
ウェルカム,ヘンリー Wellcome,Henry 831
ウェルコック,R.P. Wellcock,R.P. 194
ウェルシュ,ジェイン Welsh,Jane 133
ウェルズ,H. G. Wells, H(erbert) G(eorge) 7, 110,126,164,250,351,636,713
ウェルズ,オーソン Welles,Orson 240
ウェルズリー,アーサー(初代ウェリントン公) Wellesley, Arthur,1st Duke of Wellington 4,21, 25,27,48,83,188,193,209,301,335,371,380, 414,463,477,595,679,696,752,754,831,832
ヴェルチュ,ジョージ Vertue,George 449
ヴェルヌ,ジュール Verne,Jules 594
ヴェルレーヌ,ポール Verlaine,Paul 525
ヴェロネーゼ,パオロ Veronese,Paolo 198,242
ウェントワス,トマス(初代ストラフォード伯) Wentworth,Thomas,1st Earl of Strafford 142,788
ウォー,イーヴリン Waugh,Evelyn 130,137,179, 483,636,690
ウォーカー,エマリー Walker,Emery 344,346
ウォーカー,ジェイムズ Walker,James 811
ウォーダー,エドワード Wardour,Edward 824
ウォーターハウス,アルフレッド Waterhouse, Alfred 507,576,623
ウォーターハウス,ケイス Waterhouse,Keith 179
ウォーターロー,シドニー Waterlow,Sidney 424,828
ウォットン,ヘンリー Wotton,Henry 704
ウォード,ウィリアム Ward,William 457
ウォトニー,ジェイムズ Watney,James 733
ウォードル,トマス Wardle,Thomas 429
ウォフィングトン,ペッグ Woffington,Peg 582
ウォラー,エドマンド Waller,Edmund 323
ウォーラー,オーガスタス Waller,Augustus 670

ウォーラー,ルイス Waller,Lewis 189
ウォリス,エドガー Wallace,Edgar 864
ウォリック,フィリップ Warwick,Philip 286
ウォリック伯(初代)→ネヴィル,リチャード
ウォリック伯(第四代)→ビーチャム,トマス
ウォルシュ,ウィリアム Walsh,William 570
ウォルシュ,バーナード Walsh,Bernard 843
ウォルシンガム,トマス Walsingham,Thomas 673
ウォルシンガム,フランシス Walsingham,Francis 44
ウォルター,ジョン Walter,John 806
ウォルター,ヒューバート(大司教) Walter,Hubert, Archibishop 421
ウォルドグレーヴ,フランシス Waldegrave,Frances 746
ウォールトン,アイザック Walton,Izaak 142,416, 647,649,786,821
ウォールトン,クリストファー Walton,Christopher 229
ウォルフォード,エドワード Walford,Edward 499
ウォルポール,ホラス Walpole,Horace 26,56,63, 106,180,201,300,379,432,531,564,567,571,746, 847
ウォルポール,ロバート Walpole,Robert 14,26, 44,235,282,418,536,601,850
ウォルワス,ウィリアム Walworth,William 167, 272,548
ウォレス,アルフレッド・ラッセル Wallace,Alfred Russell 434
ウォレス,エドガー Wallace,Edgar 251,690
ウォレス,リチャード Wallace,Richard 819
ヴォーン,ケイト Vaughan,Kate 290
ヴォーン,ハーバート Vaughan,Herbert 489
ウッズ,ウィリアム Woods,William 235
ウッズ,トマス Woods,Thomas 162
ウッディントン,W.F. Woodington,W.F. 180
ウッド,フィリップ Wood,Philip 288
ウッド,ヘンリー Wood,Henry 452,575,585
ウッドヴィル,エリザベス Woodville,Elizabeth 103
ウッドクロフト,ベネット Woodcroft,Bennet 546
ウッドハウス,P.G. Wodehouse, P(elham) G(renvill) 857
ウルコット,ジョン Woolcott,John 320
ウルジー,トマス Wolsey,Thomas 119,142,143, 174,194,262,266,348,349,360,847,867
ウールナー,トマス Woolner,Thomas 831
ウルフ,ヴァージニア Woolf,Virginia 78,109,220, 273,306,308,320,380,388,449,529,599,763
ウルフ,ジェイムズ Wolfe,James 524,640
ウルフ,トマス Wolfe,Thomas 250
ウルフ,レナード Woolf,Leonard 78,109,320,388, 599,763
ウルフ=バリ,ジョン Wolfe-Barry,John 72
ウルワース,F.W. Woolworth,F.W. 861

エアトン，ウィリアム・エドワード Ayrton, William Edward 384
エアリー，ジョージ Airy, George 68
エイキン，ジョン Aikin, John 741
エイクボーン，アラン Ayckbourn, Alan 24, 209
エイチソン，ジョージ Aitchison, George 427
エイトケンズ，ジョン・マッケル Aitkens, John Mackell 351
エイミス，キングズリー Amis, Kingsley 171
エイルズベリー伯(第二代) Ailesbury, 2nd Earl of 690
エインズワス，ウィリアム・ハリソン Ainsworth, William Harrison 158, 339, 509, 407, 718
エヴァンズ，W.C. Evans, W.C. 261, 417
エヴァンズ，イーディス Evans, Edith 10, 186, 586, 777, 864
エヴァンズ，ジョーン Evans, Joan 713
エヴァンズ，ダン・ハリーズ Evans, Dan Harries 224
エヴァンズ，デイヴィッド Evans, David 305
エヴァンズ，ヘンリー Evans, Henry 72
エジャトン，エリナー Egerton, Eleanor 854
エジャトン，ジョージ Egerton, George 392
エジャトン，フランシス Egerton, Francis 253
エスコフィエ，オーガスト Escoffier, Auguste 133, 692
エセックス伯(第二代)→デヴェルー，ロバート
エセックス伯(第三代)→デヴェルー，ロバート
エセックス伯(第五代) Essex, 5th Earl of 60
エセックス伯→クロムウェル，トマス
エゼルバート(ケント王) Ethelbert 167
エゼルレッド二世(「無策王」) Ethelred II, 'the Unready' 196
エセレッジ，ジョージ Etheredge, George 231
エッグ，オーガスタス Egg, Augustus 586
エッジワス，マライア Edgeworth, Maria 285, 518, 831
エティ，ウィリアム Etty, William 112
エディソン，トマス・アルヴァ Edison, Thomas Alva 295, 587
エディントン，アーサー Eddington, Arthur 74
エディンバラ公アルフレッド・アーネスト(ヴィクトリア女王の次男) Edinburgh, Alfred Ernest, Duke of 174
エディンバラ公フィリップ(エリザベス二世の夫君) Edinburgh, Prince Philip, Duke of 111, 301, 353, 437, 626, 634, 795
エドガー王 Edgar, King 196, 324, 560, 779
エドマンド二世 Edmund II, 'Ironside' 91
エドワーズ，ウィリアム(ケンジントン男) Edwardes, William, Baron of Kensington 252
エドワーズ，エドワード Edwards, Edward 430
エドワーズ，ジョージ Edwards, George 8, 24, 290
エドワーズ，ジョン・P. Edwards, John P. 124
エドワーズ，ダニエル Edwards, Daniel 89

エドワーズ，パースモア Edwards, Passmore 451
エドワード(黒太子の子) Edward, son of Black Prince 32, 243
エドワード一世 Edward I 72, 141, 144, 148, 161, 168, 171, 243, 254, 431, 536, 544, 561, 653, 683, 741, 742, 789
エドワード二世 Edward II 14
エドワード三世 Edward III 71, 78, 110, 147, 250, 256, 355, 385, 393, 417, 472, 600, 663, 709, 790, 807, 818, 819
エドワード四世 Edward IV 50, 208, 600, 760, 791, 857
エドワード五世 Edward V 791
エドワード六世 Edward VI 58, 92, 143, 147, 162, 199, 243, 285, 350, 421, 470, 491, 534, 553, 560, 678, 686, 716, 739, 759, 769, 791
エドワード七世 Edward VII 17, 24, 111, 133, 137, 186, 290, 361, 409, 423, 471, 477, 502, 564, 598, 610, 632, 637, 700, 770, 782, 825, 827
エドワード黒太子 Edward the Black Prince, Duke of Cornwall 355, 406
エドワード懺悔王[証聖王] Edward the Confessor 14, 134, 149, 167, 336, 355, 402, 408, 513, 526, 536, 544, 630, 665, 671, 742, 779, 838, 839, 841
エドワード・ジ・エルダー(エドワード兄王，アルフレッド大王の次男) Edward the Elder 196
エプスタイン，ジェイコブ Epstein, Jacob 380, 447, 871
エムデン，ウォルター Emden, Walter 239
エムニー，フレド Emney, Fred 291
エメット，ウィリアム Emmett, William 623
エメット，モーリス Emmett, Maurice 187
エラスムス，デシリウス Erasmus, Desiderius 113, 210, 617
エリオット，T. S. Eliot, T(homas) S(tearns) 78, 122, 238, 278, 306, 320, 365, 449, 599, 643, 663, 800, 839, 842
エリオット，ジョージ Eliot, George 75, 152, 157, 238, 240, 364, 660, 722, 743, 869
エリオット，ジョン Elliott, John 733
エリザベス一世 Elizabeth I 19, 32, 41, 44, 45, 47, 50, 53, 54, 103, 128, 131, 136, 140, 149, 151, 157, 158, 164, 168, 177, 208, 235, 237, 243, 249, 256, 257, 279, 283, 312, 314, 322, 327, 329, 349, 353, 355, 356, 362, 363, 365, 371, 390, 416, 417, 422, 438, 459, 489, 492, 513, 523, 525, 531, 553, 568, 583, 600, 620, 626, 640, 649, 654, 659, 662, 665, 667, 673, 697, 717, 739, 754, 760, 781, 791, 822, 839, 842, 857, 858, 866
エリザベス二世 Elizabeth II 64, 109, 111, 112, 113, 144, 174, 190, 196, 232, 272, 291, 296, 301, 353, 361, 437, 463, 468, 480, 513, 569, 615, 624, 625, 626, 634, 721
エリザベス皇太后 Elizabeth, Queen Mother 173, 174, 353, 858

エリス,ウォルター Ellis,Walter 208
エルギン伯(第七代)→ブルース,トマス
エルシング,ウィリアム・ド Elsing,William de 454
エルズミア伯(初代) Ellesmere,1st Earl of 253
エルドン,ジョン(初代エルドン伯) Eldon,John,1st Earl Eldon 132
エルフリーダ Elfrida 428
エレオノール・オヴ・カスティリャ Eleanor of Castile 144,148,254,683
エレオノール・オヴ・プロヴァンス Eleanor of Provence 161,790
エンゲルス,フリードリヒ Engels,Friedrich 451,713
エンソーヴェン,ゲイブリエル Enthoven,Gabriel 773
エンティック,ジョン Entick,John 498
オーウェル,ジョージ Orwell,George 130,382,388,395,411,856
オーウェン,ジョン Owen,John 114
オーウェン,リチャード Owen,Richard 213
オーウェン,ロバート Owen,Robert 123,221,723
オーガスタ妃(ジョージ三世の母) Augusta,Dowager,Princess of Wales 173,412
オーグルビ,ジョン Ogilby,John 449
オコナー,ジョン O'Connor,John 676
オゴーマン,ジョン 635
オコンネル,ダニエル O'Connell,Daniel 106,117,160,315
オシアン Ossian 131
オースティン,ジェイン Austen,Jane 11,109,351,360,564,839
オースティン,ヘンリー Austen,Henry 683
オズベック,リファット Ozbek,Rifat 140
オズボーン,ジョン Osborne,John 215,502,554,619,710
オーツ,タイタス Oates,Titus 416,513,565,571,601
オックスフォード伯(初代)→ハーリー,ロバート
オックスフォード伯(第二代)→ハーリー,エドワード
オッファ(マーシア王) Offa,King of Mercia 149,353,734,838
オーディッシュ,R.M. Ordish,R.M. 11
オーデン,W.H. Auden,W(ystan) H(ugh) 839
オトゥール,ピーター O'Toole,Peter 180,528
オードリー,ヒュー Audley,Hugh 518
オニール,ユージーン O'Neill,Eugene 22,261,744,842
オーピー,ジョン Opie,John 64,323
オーブリー,ジョン Aubrey,John 431,723,757
オーペン,ウィリアム Orpen,William 709
オーマンド伯 Ormonde,Earl of 142
オリヴィエ,ローレンス Olivier,Laurence 13,125,462,506,528,554,637,658,742,777

オールダム,W. Oldham,W. 723
オールドフィールド,アン Oldfield,Anne 492
オールマック,ウィリアム Almack,William 21,22,106
オルレアン公フィリップ Orleans,Philippe,Duke of 724
オレアリー,アーサー O'Leary,Arthur 677

■カ行

カー,H. Carr,H. 72
カー,ジョナサン Carr,Jonathan 57
ガイ,トマス Guy,Thomas 340
ガウアー,ジョン Gower,John 726
カヴァデイル,マイルズ Coverdale,Miles 32,663
カウアン,ローレンス Cowen,Laurence 281
ガウワーズ,ウィリアム Gowers,William 802
カクストン,ウィリアム Caxton,William 478,523,617,646,663
カークビー,ジョン Kirkby,John 640
ガーシュイン,ジョージ Gershwin,George 256,742
カス,ジョン Cass,John 708
ガース,リチャード Garth,Richard 495
ガスコイン,ウィリアム Gascoyne,William 315
ガスリー,L.ローム Guthlie,L.Rome 804
カーズン,ジョージ・ナサニエル(カーズン・オヴ・ケドルストン侯) Curzon,George Nathaniel,Marquess of Curzon of Kedleston 133
カーズン,ナサニエル Curzon,Nathaniel 215
カーズン,フランク Curzon,Frank 208
カッソン,ヒュー Casson,Hugh 616
カッソン,ルイス Casson,Lewis 187
カドガン,ウィリアム(医師) Cadogan,William 378
カドガン,ウィリアム(初代カドガン・オヴ・オークリー男,カドガン伯) Cadogan,William,1st Baron Cadgan of Oakley,Earl of Cadogan 522
カドガン,チャールズ(第二代カドガン・オヴ・オークリー男) Cadogan,Charles,2nd Baron Cadogan of Oakley 122
カートライト,ジョン Cartwright,John 135
カートライト,トマス Cartwright,Thomas 44
カナーヴォン伯 Carnarvon,Earl of 4
カナレット,アントニオ Canaletto,Antonio 53,242,713
ガーニー,サミュエル Gurney,Samuel 279,482,808
カニンガム,ジョージ・H. Cunningham,George H. 499
ガニング,ミス Gunning,Miss 155
カヌート王 Canute,King 91
カーネギー,アンドルー Carnegie,Andrew 134
ガーネット,エドワード Garnett,Edward 300
ガーネット,ヘンリー Garnet,Henry 336
ガネル,リチャード Gunnell,Richard 686

人名索引 945

カミング,ジョン Cumming,John 550
カミング,ヘンリー Cuming,Henry 215
カミング,リチャード Cuming,Richard 215
カムデン子→ヒックス,バプティスト
カムデン伯(初代)→プラット,チャールズ
ガメッジ,アーサー・ウォルター Gamage,Arthur Walter 33
カーライル,トマス Carlyle,Thomas 6,51,100, 133,134,149,152,155,156,228,334,410,430,448, 524,712,805
ガラード,ヘンリー Garrard,Henry 291
ガラード,ロバート Garrard,Robert 291
ガーランド,ジュディ Garland,Judy 450
カリー,トマス Cary,Thomas 584
ガリアーノ,ジョン Galliano,John 140
カール,エドマンド Curll,Edmund 608
カルー,J.E. Carew,J.E. 163
カールトン,エドワード Carleton,Edward 135
カールトン男→ボイル,ヘンリー
カレッジ,ジョン Courage,John 197
カロ,アントニー Caro,Anthony 140
カワード,ノエル Coward,Noël 13,189,238,239, 250,300,462,466,554,666,693,775,843
ガン,グレゴリー Gunne,Gregory 380
カンディ,ニコラス・ウィルコックス Cundy,Nicholas Wilcox 540
カンバーランド,リチャード Cumberland,Richard 137,582
カンバーランド公アーネスト・オーガスタス(ジョージ三世の五男) Cumberland, Ernest Augustus, Duke of 612,703
カンバーランド公ヘンリー・フレデリック(ジョージ三世の三男) Cumberland,Henry Frederick,Duke of 600,866
ガンビア=パリー,マーク Gambier-Parry,Mark 198
ギアリー,スティーヴン Geary,Stephen 363
キアレリ,ルイジ Chiarelli,Luigi 261
キース,アレグザンダー Keith,Alexander 215
キーツ,ジョン Keats,John 149,164,204,235,316, 334,340,346,348,405,411,464,480,489,495,544, 728,810,820,832,839
ギッシング,ジョージ Gissing,George 473,522
キッチェナー,H.H. Kitchener,H.H. 133
キナード,メアリ・ジェイン Kinnaird,Mary Jane 870
ギネス,アレック Guinness,Alec 245,461
ギネス,エドワード・セシル(初代アイヴァ伯) Guinness, Edward Cecil,1st Earl of Iveagh 411
ギバード,フレデリック Gibberd,Frederick 26,440
ギブズ,アレグザンダー Gibbs,Alexander 20
ギブズ,ジェイムズ Gibbs,James 116,564,648,670
キプリング,ラドヤード Kipling,Rudyard 108, 306,449,501,538,818,839
ギボン,エドワード Gibbon,Edward 62,83,146, 155,315,581,656,657,842,850
ギボンズ,オーランド Gibbons,Orlando 337,749
ギボンズ,グリンリング Gibbons,Grinling 19,89, 655,667,674,678
ギボンズ,スタンレー 734
キャヴェンディッシュ,ウィリアム(初代デヴォンシャー公) Cavendish,William,1st Duke of Devonshire 62,831
キャヴェンディッシュ,ウィリアム(第三代デヴォンシャー公) Cavendish,William,3rd Duke of Devonshire 223,475
キャヴェンディッシュ,ウィリアム(第四代デヴォンシャー公) Cavendish,William,4th Duke of Devonshire 160
キャヴェンディッシュ,ウィリアム(第五代デヴォンシャー公) Cavendish,William,5th Duke of Devonshire 223
キャヴェンディッシュ,ウィリアム(第六代デヴォンシャー公) Cavendish,William,6th Duke of Devonshire 317,622
キャヴェンディッシュ,ウィリアム(初代ニューカースル公) Cavendish,William,1st Duke of Newcastle 175
キャヴェンディッシュ,ヘンリー (第二代デヴォンシャー公の孫)・Cavendish,Henry 58,320
キャサリン・オヴ・アラゴン Catherine of Aragon 50,243,261,355,600
キャサリン・オヴ・ブラガンザ Catharine of Braganza 136,568,584,717
ギャスケル,エリザベス Gaskell,Elizabeth 157
ギャスコイン,ジョエル Gascoyne,Joel 487
ギャスコイン=セシル,ロバート・アーサー・トールバット(第三代ソールズベリー侯) Gascoyne-Cecil,Robert Arthur Talbot,3rd Marquess of Salisbury 273,863
キャッソン,ヒュー Casson,Hugh 586
キャット,クリストファー Kat,Christopher 418
キャニング,ジョージ Canning,George 109,192, 304,386,545,730
キャニング,チャールズ Canning,Charles 128
キャムデン,ウィリアム Camden,William 430
キャメロン,バジル Cameron,Basil 576
ギャラウェイ,トマス Garraway,Thomas 291
ギャリック,デイヴィッド Garrick,David 7,56,70, 106,155,158,178,201,292,294,342,359,367,417, 432,483,524,599,651,653,673,721,747,774,776, 783,832,839,859,864
キャロライン・オヴ・アンズバック(ジョージ二世妃) Caroline of Ansbach 12,690,850,859
キャロル,シドニー Carroll,Sidney 530
キャロル,ルイス Carroll,Lewis 842
ギャンブル,エリス Gamble,Ellis 203
キャンペジオ枢機卿 Campeggio,Cardinal 136
キャンベル,アーチボールド(アーガイル侯) Camp-

bell, Archibald, Marquess of Argyll 238
キャンベル,コリン(初代クライド男) Campbell, Colin, 1st Baron of Clyde 469,524
キャンベル,コレン Campbell,Colen 116,840
キャンベル,トマス Campbell,Thomas 240,309, 699,745,759,803
キャンベル,パトリック Campbell,Patrick 572,782
キャンベル,ロイ Campbell,Roy 53
キャンベル=バナマン,ヘンリー Campbell-Bannerman,Henry 332
キュヴィエ,ジョルジュ Cuvier,Georges 116
キュナード卿夫人 Cunard,Lady 333
キュービット,ウィリアム Cubitt,William 214
キュービット,ジョーゼフ Cubitt,Joseph 72
キュービット,トマス Cubitt,Thomas 60,156,214, 250,256,308,332,557,763,854
キリグルー,トマス Killigrew,Thomas 261,417, 433,773,776
ギル,リチャード Gill Richard 562
ギルウェル男(初代)→ベーデン=パウエル,ロバート
ギールグッド,ジョン Gielgud,John 13,24,300, 460,461,466,528,554,586,639,775,777
ギルバート,アルフレッド Gilbert,Alfred 258
ギルバート,ウィリアム・シュウェンク Gilbert, William Schwenck 188,189,220,290,294,301,418, 429,530,572,678,690,692→サリヴァン,アーサー・シーモア
ギルバート,ハンフリー Gilbert,Humphrey 431
ギルピン,ウィリアム Gilpin,William 635
ギルフォード伯(第二代)→ノース,フレデリック
ギルマン,ジェイムズ Gillman,James 334
ギルマン,ハロルド Gilman,Harold 447
ギルレイ,ジェイムズ Gillray,James 655,657
キーン,エドマンド Kean,Edmund 527,530,599, 629,639,774,776
キーン,チャールズ Kean,Charles 573
キング,ローレンス King,Laurence 89
キングズリー,チャールズ Kingsley,Charles 353,524,584
クイニー,リチャード Quyney,Richard 61
クイン,ジェイムズ Quin,James 56
クイーンズベリー公(第三代) Queensberry,3rd Duke of 115
グウィン,ネル Gwynne,Nell 200,233,237,324, 363,416,424,433,502,531,539,637,665,689,773
クゥエルチ,ハリー Quelch,Harry 176
クック,ウィリアム Cook,William 29
クック,ジェイムズ Cook,James ('Captain Cook') 99,153,221,253,468,505,576,700
クック,フランシス Cook,Francis 232
グッジ,ウィリアム Goodge,William 550
グッジ,フランシス Goodge,Francis 550
グノー,シャルル Gounod,Charles 74,361
クーパー,アストレー Cooper,Astley 340,494,668

クーパー,アントニー・アシュレー(初代シャフツベリー伯) Cooper, Anthony Ashley, 1st Earl of Shaftesbury 15,416
クーパー,アントニー・アシュレー(第三代シャフツベリー伯) Cooper, Anthony Ashley,3rd Earl of Shaftesbury 743
クーパー,アントニー・アシュレー(第七代シャフツベリー伯) Cooper Anthony Ashley,7th Earl of Shaftesbury 258,700,805,868,870
クーパー,ウィリアム Cooper,William 394
クーパー,ウィリアム Cowper,William 256,357, 371,386,720,842
クーパー,エドウィン Cooper,Edwin 650
クーパー,サミュエル Cooper,Samuel 360
クライヴ,ロバート Clive,Robert 63
クライド男(初代)→キャンベル,コリン
クラウチ,フレデリック Crouch,Frederick 324
クラウディウス Claudius,the Emperor 166
クラウン,ジョン Crowne,John 231
クラーク,チャールズ・カウデン Clarke,Charles Cowden 204
クラーク,ウィリアム・ティアニー Clarke,William Tierney 344
クラーク,エドワード Clarke,Edward 17
クラーク,ジョージ Clarke,George 135
クラーク,P.リンゼイ Clark,P.Lindsey 86
クラゲット,クリスパス Clagett,Crispus 540
グラッドストーン,ウィリアム・ユーアト Gladstone, William Ewart 10,16,110,133,230,352,354, 371,449,504,534,544,612,824,839,841
クラッブ,ジョージ Crabbe,George 11,117,357
クラナッハ,ルーカス(父) Cranach,Lucas,the Eldar 198
グラフトン公(第三代)→フィッツロイ,オーガスタス・ヘンリー
クラリッジ,ウィリアム Claridge,William 174
クラレンドン伯(初代)→ハイド,エドワード
グランヴィル=バーカー,ハーリー Granville-Barker, Harley 619,693,777,842
グラント,アルバート Grant,Albert 427
グラント,ダンカン Grant,Duncan 78,130,529
クランマー,トマス(初代カンタベリー大主教) Cranmer, Thomas, Archbishop 336,495
クリーヴ,ウィリアム Cleave,William 175
グリーヴズ,サム Creaves,Sam 251
クリーヴランド女公爵→ヴィリアズ,バーバラ
グリーク,エドヴァルド Grieg,Edvard 653
クリスティ,アガサ Christie,Agatha 22,281,534, 535,559,666,693,858
クリスティ,ウィリアム・ダグラス Christie,William Douglas 448
クリスティー,ジェイムズ Christie,James 161,162
クリスプ,サミュエル Crisp,Samuel 155
クリッツ,ジョン・ド Critz,John de 704

人名索引 947

グリーナウェイ,ケイト Greenaway,Kate 285,346
クリフ,ラディー Cliff,Laddie 291
グリブル,ハーバート Gribble,Herbert 106
グリマルディ,ジョーゼフ Grimaldi,Joseph 608,676
グリロン,アレグザンダー Grillon,Alexander 193
グリーン,ウィリアム Greene,William 733
グリーン,グレアム Greene,Graham 10,116,179,234,465,573,636,794
グリーン,ジョン Greene,John 261,327,733
グリーン,チャールズ Green,Charles 74
グリーン,トマス Greene,Thomas 733
グルーズ,ロバート Grews,Robert 58
クルックシャンク,ジョージ Cruikshank,George 155,219,273,493,495,513,793,846
クルックシャンク,ロバート Cruikshank,Robert 656
クルー伯 Crewe,Earl of 215
クルーンズ,アレック Clunes,Alec 28
グレー,ベリル Grey,Beryl 615
グレー,ロバート Gray,Robert 499
クレア,マーティン Clare,Martin 715
クレア伯(初代)→ホレス,ジョン
グレアム,ジェイムズ Graham,James 694
グレアム,トマス(初代リンドホ男) Graham,Thomas,1st Baron of Lynedoch 746
クレアモント,クレア Claremont,Clare 666
グレイ,ウォルター・ド Grey,Walter de 867
グレイ,ジェイン Grey,Lady Jane 50,144,147,152,336,683,760,791
グレイ,ジョン Gray,John 572
グレイ,チャールズ(第二代グレイ伯) Grey,Charles,2nd Earl Grey 368
グレイ,トマス Gray,Thomas 78,539,566,672,839
グレイ,ヘンリー Gray,Henry 650
クレイヴン,ウィリアム Craven,William 249
クレイヴン伯 Craven,Earl of 204,237
クレイグ,エドワード・ゴードン Craig,Edward Gordon 235,777
グレイ侯(第二代) Grey,2nd Marquess of 133
グレイス,ウィリアム・G. Grace,William G. 457
クレイトン,フィリップ・ベイアード Clayton,Philip Bayard 783
クレイトン,ロバート Clayton,Robert 686
グレイ伯(第二代)→グレイ,チャールズ
グレイ伯(第三代) Grey,3rd Earl 60
クレイン,ウォルター Crane,Walter 427
グレヴィル,ヘンリー・フランシス Greville,Henry Francis 27
グレシャム,ジョン Gresham,John 697
グレシャム,トマス Gresham,Thomas 168,315,329,478,523,531,621,652
グレシャム,リチャード Gresham,Richard 621
クレメント,マーガレット Clement,Margaret 163

クレランド,ジョン Cleland,John 553
グローヴ,ジョージ Grove,George 616
グロヴナー,トマス(第三代グロヴナー準男) Grosvenor,Thomas,3rd Baronet Grosvenor 218,331
グロヴナー,ロバート Grosvenor,Robert 602
グロヴナー伯(第二代) Grosvenor,2nd Earl of 331
クローカー,ジョン・ウィルソン Croker,John Wilson 31
グロースター公(第二代)ウィリアム・フレデリック(ジョージ三世の孫) Gloucester,William Frederick,2nd Duke of 331,621
グロースター公ウィリアム(アン女王の子) Gloucester,William,Duke of 127
グロースター公ウィリアム(ジョージ三世の弟) Gloucester,William,Duke of 304
グロースター公ハンフリー(ヘンリー五世の末弟) Gloucester,Humphrey,Duke of 50,327,628
グロースター伯(初代)ロバート(ヘンリー一世の庶子) Gloucester,Robert,1st Earl of 372,609
クロスビー,ジョン Crosby,John 157,210,652
クロスビー,ビング Crosby,Bing 450
クロックフォード,ウィリアム Crockford,William 133,209
クロフォード,マイケル Crawford,Michael 450
クロフトン,ザッチャリー Crofton,Zachary 708
クロポトキン,ピョートル・アレクセイヴィッチ Kropotkin,Pyotr Alekseyevich 473
クロムウェル,オリヴァー Cromwell,Oliver 21,54,67,79,114,144,184,209,235,238,251,324,331,343,355,360,362,382,401,432,455,525,553,593,652,679,702,717,838
クロムウェル,トマス(エセックス伯) Cromwell,Thomas,Earl of Essex 130,147,315,495,581,781
ケアリー,ニコラス Carey,Nicholas 132
ケアリー,ヘンリー・フランシス Cary,Henry Francis 366
ゲイ,ジョン Gay,John 116,160,238,286,433,474,493,524,562,568,728
ケイスメント,ロジャー Casement,Roger 550
ケイター,ジョン Cator,John 55
ケイツビー,ロバート Catesby,Robert 338
ケイペル,ウィリアム Capel,William 132
ケイペル,ヘンリー Capel,Henry 412
ゲイヤー,ジョン Gayer,John 434,661
ケイン,ピーター・デュ Cane,Peter du 36
ケインズ,J.M.(初代ケインズ男) Keynes,J(ohn) M(aynard),1st Baron Keynes 78,96,109,308,312
ゲインズバラ,トマス Gainsborough,Thomas 161,198,232,242,411,412,503,504,511,524,539,585,611,622,643,665,694,762
ケッチ,ジャック Ketch,Jack 262,788

ケットナー, オーガスト Kettner, Auguste 411
ケード, ジャック Cade, Jack 848, 849
ケネディ, ジョーゼフ Kennedy, Joseph 334
ケネディ, ジョン・F. Kennedy, John F. 334, 573
ケムズリー子 Kemsley, Viscount of 142
ケリー, ウィリアム Kelly, William 685
ケルヴィン, ウィリアム Kelvin, William, 1st Baron 250
ケンジントン男→エドワーズ, ウィリアム
ケント, ウィリアム Kent, William 63, 116, 159, 160, 373, 665, 794
ケント公(ヴィクトリア女王の父) Kent, Edward Augustus, Duke of 419
ケント公夫人 Kent, Victoria, Duchess of 60, 173
ケンプ, ウィリアム Kemp, William, 40
ケンブリッジ公(第二代)→ウィリアム, ジョージ
ケンブル, ジョン・フィリップ Kemble, John Philip 323, 774, 776
ケンブル, フランシス(「ファニー」) Kemble, Frances ('Fanny') 300, 651
ゴア, スペンサー Gore, Spencer 126
コヴェントリー, ヘンリー Coventry, Henry 202
コーエン, バーナード Cohen, Bernard 709
コカレル, フランシス・ピープス Cockerell, Francis Pepys 284
ゴーギャン, ポール Gauguin, Paul 126, 198
コーク, エドワード Coke, Edward 339
コクトー, ジャン Cocteau, Jean 520
コクラン, C.B. Cochran, C.B. 8, 22, 450
ゴーシェン, ジョージ・ヨアキム(初代ゴーシェン子) Goschen, George Joachim, 1st Viscount Goschen 275
ゴス, エドマンド Gosse, Edmund 319, 351
ゴス, ジョン Goss, John 157
コズウェイ, リチャード Cosway, Richard 531
コックス, ジェイムズ Cox, James 203
コックス, トム Cox, Tom 259
コットマン, ジョン・セル Cotman, John Sell 635
コットン, チャールズ Cotton, Charles 430
コットン, ロバート Cotton, Robert 258
コッピンガー, アンブローズ Coppinger, Ambrose 356
ゴッホ, ヴィンセント・ヴァン Gogh, Vincent van 126, 198
ゴドウィン, E.W. Godwin, E.W. 429
ゴドウィン, ウィリアム Godwin, William 563, 717, 744
ゴドウィン, ジョージ Godwin, George 82
ゴドウィン, メアリ Godwin, Mary 379
ゴドフリー, エドマンド Godfrey, Edmund 565
ゴドリー, リックマン Godlee, Rickman 802
コートールド, サミュエル Courtauld, Samuel 198, 567
ゴードン, ジョージ Gordon, George 163, 170, 308,
509, 652, 728
ゴードン, ジョージアナ(ベドフォード公爵夫人) Gordon, Georgiana, Duchess of Bedford 308
コノート公アーサー(ヴィクトリア女王の三男) Connaught, Arthur, Duke of 174
コピン, ジョージ Coppin, George 410
コープ, ウォルター Cope, Walter 368
ゴフ, リチャード Gough, Richard 310
コブデン, リチャード Cobden, Richard 334
コブデン=サンダーソン, T.J. Cobden-Sanderson, T.J. 344, 806
コプランド, アレグザンダー Copland, Alexander 10, 338
コフン, パトリック Colquhoun, Patrick 603
コベット, ウィリアム Cobbett, William 44, 82, 409
コーベット, キャメロン Corbett, Cameron 279
コーベット, トマス Corbett, Thomas 279, 592
コペルニクス, ニコラウス Copernicus, Nicolaus 329
コーラム, トマス Coram, Thomas 108, 194, 337, 355, 423, 641, 778
コリアー, ジョン Collier, John 556
コリンズ, アン Collins, Anne 188
コリンズ, ウィリアム Collins, William 670, 714
コリンズ, ウィルキー Collins, Wilkie 155, 164, 174, 223, 304, 351, 357, 408, 670, 696, 793, 855
コリンズ, サム→ヴァッグ, サミュエル
コリンソン, ピーター Collinson, Peter 489
コール, ヘンリー Cole, Henry 105, 317, 814
ゴールズワージー, ジョン Galsworthy, John 7, 126, 154, 194, 281, 283, 346, 347, 354, 364, 604, 636, 666, 677, 713
コールチャーチ, ピーター・ド Colechurch, Peter de 439
ゴールディ, エドワード Goldie, Edward 163
ゴールディ, ジョージ Goldie, George 163
ゴールディング, ベンジャミン Golding, Benjamin 105, 145
コールデコット, ランドルフ Caldecott, Randolph 324
ゴールドスミス, オリヴァー Goldsmith, Oliver 92, 131, 155, 178, 201, 219, 222, 238, 300, 311, 362, 386, 395, 414, 485, 493, 527, 549, 629, 653, 659, 681, 687, 711, 726, 776, 812, 839, 846, 857
コールマン, ジョージ Colman, George 396, 774
コールリッジ, サミュエル・テイラー Coleridge, Samuel Taylor 11, 64, 162, 187, 204, 273, 304, 325, 334, 363, 417, 489, 544, 672, 688, 723, 839
コールリッジ, セラ Coleridge, Sara 156
コールリッジ, ダーウェント Coleridge, Derwent 187
コレット, ジョン Colet, John 682
コーンウォリス, チャールズ Cornwallis, Charles 313, 724

人名索引 949

コーンウォリス侯(初代) Cornwallis,1st Marquess of 524
コーンウォール,バリー Cornwall,Barry 352
コーンウォール伯リチャード(ヘンリー三世の弟) Richard,Earl of Cornwall 393
コングリーヴ,ウィリアム Congreve,William 44, 142,271,361,418,433,485,536,554,568,629,691, 773,862
コンクェスト,ジョージ Conquest,George 244
コンクェスト,ベンジャミン Conquest,Benjamin 244
コンス,エマ Cons,Emma 528
コンスタブル,ジョン Constable,John 146,164, 268,285,346,397,504,611,622,658,762,832,863
コンデル,ヘンリー Condell,Henry 14,671
コーント,ベンジャミン Caunt,Benjamin 68
コンプトン,スペンサー(初代ノーサンプトン伯) Compton,Spencer,1st Earl of Northampton 131, 519
コンプトン,ヘンリー Compton,Henry 524
コンラッド,ジョーゼフ Conrad,Joseph 126,259, 380,539

■サ行

サイモン,ニール Simon,Neil 572
サヴィル,ジョージ Savile,George 690
サヴェッジ,ジェイムズ Savage,James 370,662
サヴェッジ,マーミアン Savage,Marmion 10
サヴェッジ,リチャード Savage,Richard 659,690
サウサンプトン伯(初代)→ロッリー,トマス
サウサンプトン伯(第二代)→ロッリー,ヘンリー
サウサンプトン伯(第三代)→ロッリー,ヘンリー
サウサンプトン伯(第四代)→ロッリー,トマス
サウジー,ロバート Southey,Robert 11,315,688, 842
サウスコット,ジョアンナ Southcott,Joanna 511
サザランド,グレアム Sutherland,Graham 800
サザランド,ジョージ(初代サザランド公) Sutherland,George,1st Duke Sutherland 423
サザランド公(第三代)夫人 Sutherland,Lady Harriet,3rd Duke of 414
サージェント,ジョン・シンガー Sargent,John Singer 152,635,782
サージェント,マルコム Sargent Malcolm 576
サセックス公オーガスタス・フレデリック Sussex, Augustus Frederick,Duke of 292,407,408,806
サッカレー,W.M. Thackeray,W(illiam)M(akepeace) 6,31,51,87,92,148,155,159,160,194,211,292, 309,355,357,386,401,407,408,410,417,449,465, 485,529,536,539,540,636,793,839,851,869
サックヴィル,エドワード(第四代ドーセット伯) Sackville,Edward,4th Earl of Dorset 687
サックヴィル,チャールズ(第六代ドーセット伯) Sackville,Charles,6th Earl of Dorset 89
サックヴィル=ウェスト,ヴィタ Sackville-West,Vita 250,386
サッチャー,マーガレット Thatcher,Margaret 86, 87,101,197,276,316,548
サットン,トーマス Sutton,Thomas 147,371
サドベリ,サイモン Sudbury,Simon 422
サドラー,トマス Sadler,Thomas 176,607,639
サトロ,アルフレッド Sutro,Alfred 156
サフォーク公(初代)→ブランドン,チャールズ
サフォーク伯(第二代)→ハワード,セオフィラス
サマスン,ジョン Summerson,John 60
サマセット公(初代)→シーモア,エドワード
サモン,ミセス Salmon,Mrs 687
サラ,ジョージ・オーガスタス Sala,George Augustus 626,690
サリヴァン,アーサー・シーモア Sullivan,Arthur Seymour 189,220,290,301,418,429,530,537, 564,653,690,692,759,815→ギルバート,ウィリアム・シュウェンク
サリー伯→ハワード,ヘンリー
サーロウ,エドワード Thurlow,Edward,1st Baron 321,842,843
サンドイッチ伯爵夫人 Sandwich,Countess of 561
サンドビー,ポール Sandby,Paul 611
サンドフォード,フランシス Sandford,Francis 187
サンボーン,エドワード・リンリー Sambourne, Edward Linley 433,816
シェイクスピア,ウィリアム Shakespeare,William 13,16,17,54,61,73,80,86,90,100,112,142,149, 183,204,222,277,293,294,303,315,366,382,390, 391,392,427,477,480,485,542,560,571,586,609, 632,641,652,658,659,661,671,681,693,706,724, 725,726,737,749,752,757,772,776
ジェイムズ,デイヴィッド James,David 810
ジェイムズ,ヘンリー James,Henry 83,126,157, 222,586
ジェイムズ一世(イングランド・スコットランド王) James I 15,18,25,41,70,103,141,170,184,195, 204,241,243,300,307,324,327,338,343,368,406, 417,466,473,518,537,544,552,562,563,572,585, 600,630,654,659,663,679,704,739,757,769,797, 847,850
ジェイムズ二世(イングランド・スコットランド王) James II 65,193,240,262,271,314,325,350, 356,377,432,475,530,552,565,600,601,655,716, 728,792,823
ジェクス=ブレイク,ソファイア Jex-Blake,Sophia 584
シェパード,エドワード Shepherd,Edward 215, 470,475,629,702,703
シェパード,ジャック Sheppard,Jack 173,207, 491,509,665,798
シェパード,ピーター Shepherd,Peter 65
シェーファー,アントニー Shaffer,Anthony 281, 666

シェーファー，ピーター Shaffer, Peter　189, 528
シェフィールド，ジョン（初代バッキンガム・ノーマンビー公） Sheffield, John, 1st Duke of Buckingham and Normanby　110
シェフィールド，チャールズ Sheffield, Charles　110
ジェフリー，フランシス Jeffrey, Francis　22, 141
ジェフリー，ロバート Geoffrye, Robert　298, 342, 707
ジェフリーズ，ジョン Jeffreys, John　125
ジェラード，ギルバート Gerard, Gilbert　353
シェラトン，トマス Sheraton, Thomas　715
シェリー，パーシー・ビッシュ Shelley, Percy Bysshe　83, 156, 283, 342, 348, 351, 379, 464, 497, 520, 544, 561, 564, 698, 728, 810, 839
シェリー，メアリ Shelley, Mary　520
シェリー，メアリ・ウルストンクラフト Shelley, Mary Wollstonecraft　156, 411, 673
シェリダン，R. B. Sheridan, R(ichard) B(rinsley)　44, 56, 106, 109, 201, 208, 223, 323, 353, 354, 360, 368, 379, 394, 531, 586, 669, 721, 774, 775, 776, 822, 839
シェルバーン伯（初代） Shelburne, 1st Earl of　158
ジェローム，ジェローム・K. Jerome, Jerome K.　827
ジェロルド，ダグラス Jerrold, Douglas　88, 851
シェンストーン，ウィリアム Shenstone, William　300, 401
ジェンナー，エドワード Jenner, Edward　11
ジェンナー，カリル Jenner, Caryl　801
シオボルド，ルイス Theobald, Lewis　323
シーザー，ジューリアス Caesar, Julius　48, 605, 734
シスルウッド，アーサー Thistlewood, Arthur　136, 185, 602
シスレー，アルフレッド Sisley, Alfred　198
シダル，エリザベス Siddall, Elizabeth　235
シッカート，ウォルター Sickert, Walter　123, 125, 126, 447, 495, 709, 762
シットウェル，イーディス Sitwell, Edith　225, 449
シップトン，マザー Shipton, Mother　571
シップリー，ウィリアム Shipley, William　634
シドナム，トマス Sydenham, Thomas　617
シドニー，フィリップ Sidney, Philip　315, 743
シドニー，ヘンリー Sidney, Henry　243
シドニー，ロバート（第二代レスター伯） Sidney, Robert, 2nd Earl of Leicester　426, 427
シドマス子（初代）→アディントン，ヘンリー
シドンズ，セアラ Siddons, Sarah　36, 599, 629, 670, 715, 774, 776, 834
シバー，カイアス・ゲイブリエル Cibber, Caius Gabriel　65
シバー，コリー Cibber, Colley　536, 721
シーバート王（イースト・サクソン王） Sebert, King of the East Saxons　779, 838, 839
シプリー，ウィリアム Shipley, William　5
シム，ジェイムズ Sim, James　256
シーモア，エドワード（初代サマセット公，初代ハートフォード伯） Seymour, Edward, Duke of Somerset, 1st Earl of Hertford　394, 716, 760, 788
シーモア，ジェイン Seymour, Jane　151, 350, 355, 847
シモンズ，アーサー Symonds, Arthur　155, 485
シャー，ジョン Shaa, John　456
ジャクソン，ジョン・ヒューリングズ Jackson, John Hughlings　466
ジャクソン，トマス・グレアム Jackson, Thomas Graham　643
ジャクソン，バリー Jackson, Barry　632
シャクルトン，アーネスト Shackleton, Ernest　264
ジャコビ，デレク Jacobi, Derek　554, 702
シャドウェル，トマス Shadwell, Thomas　231, 687
シャープ，ルーウェン Sharp, Lewen　24
シャフツベリー伯（初代）→クーパー，アントニー・アシュレー
シャフツベリー伯（第三代）→クーパー，アントニー・アシュレー
シャフツベリー伯（第七代）→クーパー，アントニー・アシュレー
ジャーミン，ヘンリー（初代セント・オールバンズ伯） Jermyn, Henry, 1st Earl of St Albans　117, 142, 356, 401, 518, 555, 637, 655, 656, 715, 731
ジャーミン，ヘンリー（初代ドーヴァー男） Jermyn, Henry, 1st Baron of Dover　11, 234
シャーロット＝ソフィア・オヴ・メクレンバーグ＝ストレーリッツ（ジョージ三世妃） Charlotte-Sophia of Mecklenburg-Strelitz　111, 146, 250, 412, 583, 586
ジュステリーニ，ジャコモ Justerini, Giacomo　404
ジュネ，アドライン Genée, Adeline　256
ショー，グレン・バイアム Shaw, Glen Byam　528, 632
ショー，ジョージ・バーナード Shaw, George Bernard　7, 16, 100, 183, 250, 261, 273, 283, 306, 345, 355, 361, 380, 461, 529, 530, 559, 586, 602, 611, 619, 658, 671, 693, 701, 710, 713, 775, 777, 782, 842, 858
ショー，リチャード・ノーマン Shaw, Richard Norman　57, 428
ジョウィット，ウィリアム・アラン（ジョウィット伯） Jowitt, William Allan, Earl Jowitt　805
ジョージ，ロイド George, Lloyd　354, 833, 843
ジョージ一世（ハノーヴァー選帝侯） George I, Elector of Hanover　108, 229, 350, 361, 410, 426, 665
ジョージ二世 George II　11, 12, 34, 98, 99, 111, 150, 235, 255, 349, 410, 426, 432, 469, 518, 571, 599, 601, 625, 690, 850
ジョージ三世 George III　10, 23, 98, 108, 111, 119, 144, 150, 191, 250, 285, 299, 304, 313, 332, 343, 391, 396, 410, 412, 416, 423, 426, 478, 513, 518, 538, 549, 584, 586, 601, 611, 624, 625, 626, 630, 635, 643, 647, 654, 656, 690, 716, 717, 760, 781, 812, 850, 859, 861
ジョージ四世 George IV, Prince Regent, Duke of

Cornwall　10,26,50,59,74,106,111,156,173, 191,195,214,271,277,299,323,351,402,415,542, 546,594,595,596,602,611,621,625,630,634,635, 654,668,756,793,827,850
ジョージ五世　George V　12,16,77,112,113,141, 144,155,197,239,242,248,303,471,502,555,587, 613,620,627,632,774,793,841
ジョージ六世　George VI　52,122,138,180,632, 680,841,850
ジョージ摂政皇太子→ジョージ四世
ジョーゼフ,マイケル　Joseph,Michael　74
ジョーダン,エイブラハム　Jordan,Abraham　663
ジョーダン,ドロシア　Jordan,Dorothea　122,279, 546
ショパン,フレデリック・フランソワ　Chopin, Frédéric François　26,133,234,250,656
ショーフェルバーグ,アーネスト　Schaufelberg, Ernest　8,281
ショムバーグ公(第三代)　Schomberg,3rd Duke of 694
ジョン,オーガスタス　John,Augustus　126,416, 465,553,709,782,856
ジョン王　John,King　15,49,146,167,265,456,692, 739,790,811
ジョン・オヴ・ゴーント(ランカスター公)　John of Gaunt, Duke of Lancaster　256,548,691,692
ジョーンズ,イニゴー　Jones Inigo　15,41,159,200, 230,322,324,359,504,584,585,630,645,646,677, 679,717,760,842,868
ジョーンズ,エイドリアン　Jones,Adrian　524
ジョーンズ,オーウェン　Jones,Owen　410,653
ジョーンズ,クリストファー　Jones,Christopher 476,666
ジョーンズ,ピーター　Jones,Peter　551
ジョーンズ,ヘンリ・アーサー　Jones,Henry Arthur 208,559
ジョンソン,サミュエル　Johnson,Samuel　7,23,43, 70,82,89,90,104,110,154,178,179,180,203,219, 228,229,235,246,251,260,285,293,310,327,335, 342,370,386,387,388,391,396,421,435,492,493, 502,542,561,638,647,655,659,662,681,687,716, 726,743,747,776,783,796,812,832,839,851,855, 857,859
ジョンソン,ジョージ　Johnson,George　404
ジョンソン,ベン　Jonson,Ben(jamin)　15,46,149, 178,208,215,223,261,265,372,387,431,480,493, 526,542,645,659,707,726,757,780,839,842,870
ジョンソン博士→ジョンソン,サミュエル
シリビーア,ジョージ　Shillibeer,George　117,454
シンジャン,ウォルター　St John,Walter　523
シンジャン,オリヴァー　St John,Oliver　47
シンジャン,ヘンリー(初代ボリングブルック子)　St John,Henry,1st Viscount of Bolingbroke　47, 306,536

シンダークーム,マイルズ　Syndercombe,Miles　702
シンプソン,アレグザンダー　Simpson,Alexander 217
シンプソン,ジェイムズ　Simpson,James　153
シンプソン,シメノン　Simpson,Simenon　217
シンプソン,ジョン(師)　Simpson,John,Revd　707, 708
シンプソン夫人　Simpson,Wallis,Duchess of Windsor 333
スウィフト,ジョナサン　Swift,Jonathan　4,47,89, 117,149,150,160,218,536,539,653,711,736
スウィンバーン,アルジャーノン・チャールズ　Swinburne, Algernon Charles　28,30,157,319, 581,685,854
スキート,ウォルター・ウィリアム　Skeat,Walter William　96,365
スコット,A.A.H.　Scott,A.A.H.　88
スコット,ウィリアム・ベル　Scott,William Bell　58, 157
スコット,ウォルター　Scott,Walter　30,368,408, 582,629,634,780
スコット,ジェイムズ(モンマス公)　Scott,James, Duke of Monmouth　15,262,268,493,530,601, 683,713,716,788,792
スコット,ジャイルズ・ギルバート　Scott,Giles Gilbert　41,49,544,554,676
スコット,ジョージ・ギルバート　Scott,George Gilbert　13,49,103,235,353,613,623,672,730
スコット,ジョン　Scott,John　8
スコット,ロバート・ファルコン　Scott,Robert Falcon 100,522,622,734,827
スーコップ,ウィリー　Soukop,Willi　553
スコールズ,ジョーゼフ　Scoles,Joseph　164
スタッフォード,マーガレット　Stafford,Margaret 11
スタッブズ,ジョージ　Stubbs,George　669
スタッブズ,ジョン　Stubbs,John　513
スタノップ,アーサー　Stanhope,Arthur　734
スタノップ,ウィリアム　Stanhope,William　552
スタノップ,フィリップ・ドーマー(第四代チェスターフィールド伯)　Stanhope,Philip Dormer,4th Earl of Chesterfield　79,155,734
スタノップ,フィリップ・ヘンリー(第五代スタノップ伯)　Stanhope,Philip Henry,5th Earl Stanhope 332,505
スターリング,ジェイムズ　Stirling,James　570
スターリング伯(初代)　Stirling,1st Earl of　238
スターン,ローレンス　Sterne,Laurence　83,497
スタンプ,サミュエル　Stamp,Samuel　708
スタンフィールド,クラークソン　Stanfield,Clarkson 112,495
スタンリー,ヘンリー・モートン　Stanley,H.M.　622
スチュアート,ジェイムズ　Stuart, James　236,493, 729

スチュアート,ジョン(第三代ビュート伯) Stuart, John,3rd Earl of Bute 334,412,464,601
スチュアート,チャールズ・エドワード(「ボニー・プリンス・チャーリー」) Stuart,Charles Edward ('Bonnie Prince Charlie') 323,670
スティーヴン,エイドリアン Stephen,Adrian 78,109
スティーヴン,ジェイムズ Stephen,James 173
スティーヴン,ジョン Stephen,John 134
スティーヴン,レズリー Stephen,Leslie 78,96,312,380,386,712
スティーヴン王 Stephen,King 47,660
スティーヴンソン,ジョージ Stephenson,George 260,546
スティーヴンソン,ロバート Stephenson,Robert 260,695,725,839
スティーヴンソン,ロバート・ルイス Stevenson, Robert Louis 563,690,744
スティール,リチャード Steele Richard 44,89,114,117,142,148,185,222,291,347,410,418,544,653,732,783,818
ステュワート,ジョン・ドラモンド Stewart,John Drummond 97
ストー,ジョン Stow,John 16,32,144,177,247,266,270,394,439,451,458,480,484,490,491,498,513,547,591,641,642,647,668,706,780,781,848
ストッパード,トム Stoppard,Tom 209,481,528
ストライプ,ジョン Strype,John 173,484,498,638
ストラスバーグ,リー Strasberg,Lee 261
ストラスモア伯(初代) Strathmore,1st Earl of 109
ストラットン男(初代)→バークリー,ジョン
ストラフォード伯(初代)→ウェントワス,トマス
ストーリ,ウィリアム・ウェットモア Story,William Wetmore 547
ストーリー,デイヴィッド Storey,David 189
ストーリー,フレッド Story,Fred 290
ストリート,ピーター Street,Peter 281
ストール,オズワルド Stoll,Oswald 186,742
ストレイチー,リットン Strachey,Lytton 78,308,423
ストレインジ,フレデリック Strange,Frederick 18
ストーン,エドワード・A. Stone,Edward.A. 30
ストーン,ニコラス(兄) Stone,Nicholas,the Elder 324,642,662
スノー,C. P. Snow,C(harles) P(ercy) 109,209
スノー,ジョン Snow,John 104,841
スパージョン,ジョン Spurgeon,John 268
スパージョン,チャールズ Spurgeon,Charles 255
スパージョン,チャールズ・ハドン Spurgeon,Charles Haddon 483,511
スピーク,ジョン・ハニング Speke,John Hanning 409,522
スピード,ジョン Speed,John 480,652
スピロプールス,アンドレア Spyropoulos,Andreas

134
スプーナー,ウィリアム Spooner,William 198
スプレイグ,W.G.R. Sprague,W.G.R. 13,16,22,586,665,744,864
スペンサー,エドマンド Spenser,Edmund 250,259,480,646
スペンサー,ゲイブリエル Spencer,Gabriel 707
スペンサー,ジョン Spencer,John 131,362,652,729
スペンサー,ジョン・チャールズ(第三代スペンサー伯) Spencer,John Charles,3rd Earl Spencer 722
スペンサー,スタンリー Spencer,Stanly 709
スペンサー,ダイアナ・フランシス(チャールズ皇太子妃) Spencer,Diana Frances,Lady 272,410,516,517,626,693,709
スペンサー,トマス Spencer,Thomas 471
スペンサー,ハーバート Spencer,Herbert 51,79,364,513,690,851
スペンス,バジル Spence,Basil 130,688
スマイルズ,サミュエル Smiles,Samuel 428
スマーク,シドニー Smirke,Sydney 65,116,338,410,493,691
スマーク,ロバート Smirke,Robert 146,216,494,717,793
スミス,アダム Smith,Adam 116
スミス,ジェイムズ Smith,James 399
スミス,ジェイムズ・エドワード Smith,James Edward 433
スミス,シドニー Smith,Sydney 22,173,233,334,408,745
スミス,ジョージ Smith,George 51,329
スミス,ジョン Smith,John 75
スミス,ジョン・デイヴィッドソン Smith,John Davidson 67
スミス,ヘンリー(王立地理学協会設立者) Smyth, Henry 157
スミス,ヘンリー(土地所有者) Smyth,Henry 711
スミス,ヘンリー(ビール醸造業) Smyth,Henry 288
スミス,ヘンリー・ウォルトン Smith,Henry Walton 852
スミス,マギー Smith,Maggie 125
スミス,ロバート Smith,Robert 21
スミートン,ジョン Smeaton,John 325
スモレット,トバイアス Smollett,Tobias 56,153,191,235,413,512,591,736,783
スーラ,ジョルジュ Seurat,Georges 198
スレイド,スティーヴン Slade,Stephen 26
スレイド,フェリックス Slade,Felix 709
スレイル,ヘスター Thrale,Hester 219,229,747,812
スレイル,ヘンリー Thrale,Henry 23,42,251,542
スローン,ハンス Sloane,Hans 55,98,99,151,152,231,325,351,430,493,507,710

人名索引 953

スワン, ジョーゼフ・ウィルソン Swan, Joseph Wilson 295
セアラ (モールバラ公夫人) Sara, Duchess of Marlborough 471, 472
セインズベリー, ジョン・ジェイムズ Sainsbury, John James 509, 640
セシル, アルジャーノン Cecil, Algernon 109
セシル, ウィリアム (初代バーリー男) Cecil, William, 1st Baron of Burghley 32, 263, 283, 355, 600
セシル, ロバート (第二代ソールズベリー伯) Cecil, Robert, 2nd Earl of Salisbury 55, 243, 320, 743
セックフォード, トマス Sekforde, Thomas 858
セディング, ジョン・ダンドー Sedding, John Dando 370
セドレー, チャールズ Sedley, Charles 79
セラシエ, ハイレ Selassie, Haile 423
セルウィン, ジョージ Selwyn, George 106
セルデン, ジョン Selden, John 430
セルフリッジ, ハリー・ゴードン Selfridge, Harry Gordon 533, 697
セレステ, マダム Celeste, Madam 8
セント・オールバンズ伯 (初代) → ジャーミン, ヘンリー
セント・ジョン → シンジャン
センパー, ゴットフリード Semper, Gottfried 613, 616
ソーニクロフト, ウィリアム・ヘイモ Thornycroft, William Hamo 477
ゾファニー, ヨハン Zoffany, Johann 292, 320, 412, 643, 744
ソフィア王女 (ジョージ三世の娘) Sophia, Princess 408
ソーベル, マイケル Sobell, Michael 712
ソマーズ, ウィル Sommers, Will 662
ソーヤー, アレクシス Soyer, Alexis 409
ソールズベリー侯 (第三代) → ギャスコイン = セシル, ロバート・アーサー・トールバット
ソールズベリー伯 (初代) → モンタキュート, ウィリアム・ド
ソールズベリー伯 (第二代) → セシル, ロバート
ソールター, ジェイムズ Salter, James 231
ソルティ, ジョージ Solti, George 450
ソーン, ジョン Soane, John 62, 110, 242, 284, 359, 370, 433, 623, 711, 718, 794
ソーン, トマス Thorne, Thomas 810
ソーンダイク, シビル Thorndike, Sybil 13, 276, 281, 466, 528, 777
ソーンダーズ, ジョージ Saunders, George 411
ソーンダーズ, ジョン・カニンガム Saunders, John Cunningham 494
ソーンヒル, ジェイムズ Thornhill, James 6, 220, 665
ソーンベリー, ウォルター Thornbury, Walter 499

■タ行

ダイアー, チャールズ Dyer, Charles 243
タイアーズ, ジョナサン Tyers, Jonathan 811
ダイサート伯 (初代) → マレー, ウィリアム
ダイサート伯 (第四代) Dysart, 4th Earl of 736
ダイス, ウィリアム Dyce, William 157, 662
ダイソン, フランク Dyson, Frank 804
タイナン, キャサリン Tynan, Katherine 738
ダイヤー, サミュエル Dyer, Samuel 396
タイラー, ワット Tyler, Wat 73, 167, 272, 274, 397, 422, 472, 548, 636, 643, 692, 710
ダーウィン, チャールズ Darwin, Charles 21, 133, 233, 312, 434, 531, 620
ダ・ヴィンチ, レオナルド Da Vinci, Leonardo 116, 857
ダヴェナント, ウィリアム D'Avenant, William 184, 231, 433, 776
ダウソン, アーネスト Dowson, Ernest 428
ダウティ, エリザベス Doughty, Elizabeth 232
ダウニング, ジョージ Downing, George 235
タウンゼンド, W.H. Townsend, W.H. 150
タウンゼンド, チャールズ・ハリソン Townsend, Charles Harrison 71
タウンリー, チャールズ Townley, Charles 582
タキトゥス, コーネリアス Tacitus, Cornelius 167, 605
ダグラス, ノーマン Douglas, Norman 300
ダグラス = ヒューム, アレック Douglas-Home, Alec 724
ダグラス = ヒューム, ウィリアム Douglas-Home, William 693
ダゲール, ルイ = ジャック = モード Daguerre, Louis-Jacques-Maudé 695
タッカー, ノーマン Tucker, Norman 639
タッソー, マリー (マダム・タッソー) Tussaud, Marie ('Madame Tussaud') 463, 807
タッチェル, ロドニー Tatchell, Rodney 646
ダッド, リチャード Dadd, Richard 754
ダートマス伯 (第二代) Dartmouth, 2nd Earl of 218
ダートマス伯 (第五代) Dartmouth, 5th Earl of 218
ダドリー, ギルフォード (ジェイン・グレイの夫) Dudley, Lord Guildford 336, 683, 791
ダドリー, ジョン (初代ノーサンバーランド公) Dudley, John, 1st Duke of Northumberland 147, 151, 760, 788
ダドリー, ジョン (第六代ノーサンバーランド公) Dudley, John, 6th Duke of Northumberland 332
ダドリー, ロバート (初代レスター伯) Dudly, Robert, 1st Earl of Leicester 243, 258, 781
ターナー, J. M. W. Turner, J(oseph) M(allord) W(illiam) 137, 154, 157, 232, 345, 352, 371, 411, 465, 582, 585, 611, 622, 678, 715, 762, 796, 797, 806, 823, 859

ターナー, ジョン Turner, John 288
タナー, ヘンリー Tanner, Henry 533
ダービシャー, ヘンリー・A. Darbishire, Henry.A. 547
ターピン, ディック Turpin, Dick 103, 207, 273, 397, 474, 728
ダーフィ, トマス D'Urfey, Thomas 230
タフネル, ウィリアム Tufnell, William 45
ダーマー, アン・シーモア Damer, Anne Seymour 867
ダリ, サルヴァドール Dalí, Salvador 41, 763
タリス, ジョン Tallis, John 508
タリス, トマス Tallis, Thomas 144, 337, 640
タールトン, リチャード Tarlton, Richard 215, 662
ダレル, ライオネル Darrell, Lionel 23
ダーレンドルフ, ラルフ Dahrendorf, Ralph 451
ダン, ジョン Donne, John 90, 149, 230, 238, 274, 431, 480, 649, 664, 669, 670, 679
ダンヴァーズ, ジョン Danvers, John 218
ダンキャノン・オヴ・ベズバラ男→ポンソンビー, ジョン
ダンス, ジョージ(父) Dance, George, the Elder 273, 467, 646, 662
ダンス, ジョージ(子) Dance, George, the Younger 19, 645
ダンスタン(聖人) Dunstan, St 196, 267, 648
ダントン, シオドー・ウォッツ Dunton, Theodore Watts 581
ダンビー, C. Danby, C. 290
ダンロップ, フランク Dunlop, Frank 870
チェイニー, チャールズ Cheyne, Charles 151, 156
チェシャム男(第四代) Chesham, 4th of Baron 115
チェスタートン, G.K. Chesterton, G(ilbert) K(eith) 48, 155, 252, 261, 354, 682
チェスター伯→ルーパス, ヒュー
チェスターフィールド伯(第二代) Chesterfield, 2nd Earl of 847
チェスターフィールド伯(第四代)→スタノップ, フィリップ・ドーマー
チェズルドン, ウィリアム Cheseldon, William 841
チェーホフ, アントン Chekhov, Anton 554, 586, 691
チェンバーズ, ウィリアム Chambers, William 10, 64, 266, 611, 717
チェンバレン, ジョーゼフ Chamberlain, Joseph 123, 264
チェンバレン, ネヴィル Chamberlain, Neville 306, 440
チェンバレン, ピーター Chamberlain, Peter 337
チッペンデール, トマス Chippendale, Thomas 158, 527, 665
チャイルド, フランシス Child, Francis 157
チャタートン, トマス Chatterton, Thomas 425, 705
チャタム伯(初代)→ピット, ウィリアム(大)

チャーチル, アナベラ Churchill, Anabella 325
チャーチル, ウィンストン(レナード・スペンサー) Churchill, Winston (Leonard Spencer) 8, 14, 96, 121, 132, 235, 251, 354, 360, 380, 401, 466, 497, 544, 545, 634, 671, 693, 782, 839, 841, 843
チャーチル, キャリル Churchill, Caryl 619, 710
チャーチル, ジョン(初代モールバラ公) Churchill, John, 1st Duke of Marlborough 320, 401, 418, 539, 682
チャップマン, ジョージ Chapman, 651
チャップマン, ハーバート Chapman, Herbert 27
チャップマン, ヒュー・ボズウェル Chapman, Hugh Boswell 691
チャップリン, チャールズ(「チャーリー」) Chaplin, Charles ('Charlie') 230, 351, 406, 407, 427, 637
チャドウィック, エドウィン Chadwick, Edwin 135, 734
チャムリー, ロジャー Cholmley, Roger 365
チャールズ一世 Charles I 41, 45, 46, 47, 132, 142, 143, 145, 180, 184, 218, 240, 314, 331, 343, 353, 362, 368, 408, 417, 432, 457, 466, 478, 495, 496, 498, 552, 584, 585, 600, 601, 623, 654, 665, 687, 709, 715, 769, 792, 815, 841, 844, 846, 847
チャールズ二世 Charles II 41, 48, 70, 74, 79, 99, 109, 126, 140, 142, 150, 170, 174, 185, 189, 192, 193, 194, 196, 200, 202, 232, 251, 271, 272, 286, 306, 314, 324, 326, 327, 329, 343, 349, 356, 363, 387, 401, 416, 424, 433, 438, 451, 457, 465, 467, 493, 494, 502, 518, 519, 531, 538, 539, 541, 555, 565, 568, 578, 584, 585, 600, 601, 623, 628, 633, 637, 651, 654, 655, 656, 665, 666, 674, 679, 689, 715, 730, 731, 752, 769, 773, 776, 791, 847, 853, 862
チャールズ皇太子 Charles, Prince of Wales 127, 272, 307, 351, 353, 434, 437, 516, 547, 626
チャンドス公(初代) Chandos, 1st Duke of 131, 137
チャンドス公(第三代) Chandos, 3rd Duke of 142
チョーサー, ジェフリ Chaucer, Geoffrey 15, 23, 148, 182, 299, 467, 526, 617, 646, 689, 698, 724, 726, 749, 761, 808, 818, 839
ディー, ジョン Dee, John 496
デイ, ジョン Day, John 15
デイヴィ, ハンフリー Davy, Humphry 323, 334, 454, 538, 624, 871
デイヴィズ, アンドルー Davies, Andrew 576
デイヴィズ, ウィリアム・ヘンリー Davies, William Henry 324
デイヴィズ, ウォルフォード Davies, Walford 616
デイヴィズ, トム Davies, Tom 638
デイヴィズ, メアリ Davies, Mary 218
デイヴィッドソン, ジョン Davidson, John 436, 464
ディヴィーン, ジョージ Divine, George 619
ティエポロ, ジョヴァンニ・バティスタ Tiepolo, Giovanni Battista 242
ディキンソン, フランク Dickinson, Frank 435

人名索引 955

ディクソン,ジョン Dixon,John　175
ディグビー,ケネルム Digby,Kenelm　417
ディケンズ,ジョン Dickens,John　472
ディケンズ,チャールズ Dickens,Charles　7,8,17,
　28,30,31,43,49,53,61,64,67,70,75,76,86,88,99,
　105,112,113,122,125,133,135,155,158,182,184,
　187,192,202,207,210,223,224,228,232,233,237,
　240,242,244,256,260,263,274,277,282,289,292,
　298,308,309,310,314,315,321,328,329,348,357,
　360,365,368,373,375,380,387,388,394,397,398,
　407,414,416,420,424,425,431,432,435,449,452,
　455,459,463,464,465,467,472,473,474,478,485,
　487,493,495,509,510,517,524,525,531,536,545,
　546,547,563,567,574,576,586,590,636,640,645,
　649,651,653,668,670,674,677,683,684,690,691,
　696,700,705,711,717,724,728,736,743,744,752,
　759,763,779,793,797,808,823,832,839,849,851,
　860,863,869
ディケンズ,フレッド Dickens,Fred　224
ティジュ,ジャン Tijou,Jean　642
ディズリー,ジョン Disley,John　449
ディズレーリ,ベンジャミン(初代ベコンズフィール
　ド伯) Disraeli,Benjamin,1st Earl of Beaconsfield
　67,215,235,309,360,540,544,545,599,602,610,
　806,820,839
ディブディン,チャールズ Dibdin,Charles　73,146,
　639
テイラー,ウィリアム Taylor,William　546
テイラー,ジョン Taylor,John　577
テイラー,チャップマン Taylor,Chapman　515
テイラー,ロバート Taylor,Robert　730
ディルク,ウェントワス Dilke,Wentworth　390
ティールビィ,メアリ Tealby,Mary　48
ディレイニー,シーラ Delaney,Shelagh　864
ティロットソン,ジョン Tillotson,John　432
ティンダル,ウィリアム Tyndall,William　114,649
ティンワス,ジョージ Tinworth,George　214
デヴェルー,ロバート(第二代エセックス伯) Dev-
　ereux, Robert,2nd Earl of Essex　15,44,222,
　251,258,422,866
デヴェルー,ロバート(第三代エセックス伯) Dev-
　ereux, Robert,3rd Earl of Essex　259
デヴォンシャー公(初代)→キャヴェンディッシュ,
　ウィリアム
デヴォンシャー公(第三代)→キャヴェンディッシュ,
　ウィリアム
デヴォンシャー公(第四代)→キャヴェンディッシュ,
　ウィリアム
デヴォンシャー公(第五代)→キャヴェンディッシュ,
　ウィリアム
デヴォンシャー公(第六代)→キャヴェンディッシュ,
　ウィリアム
デヴォンシャー公(第十代) Devonshire,10th Duke
　of　570

デザンファン,ノエル Desenfans,Noël　242
デッカー,トマス Dekker,Thomas　4
デナム,ジョン Denham, John　116,525,656
テニエル,ジョン Tenniel, John　464
テニソン,アルフレッド Tennyson,Alfred　6,133,
　134,155,184,449,536,797,839
デニソン,エドマンド・ベケット Denison,Edmund
　Beckett　68
テニソン,トマス Tenison, Thomas　665
デフォー,ダニエル Defoe,Daniel　114,172,220,
　279,314,322,512,544,562,646,651,659,729,734,
　741
デュヴァル,クロード Duval,Claude　472,651,678,
　798
テューダー,オーウェン Tudor,Owen　50
デュ・モーリア,ジョージ Du Maurïer,George
　347,658
デラニー,メアリ Delany,Mary　656
デ・ラ・メア,ウォルター de la Mare,Walter　797
テリー,エドワード Terry,Edward　290
テリー,エレン Terry,Ellen　186,416,460,462,
　573,586,678,692,694,743,774
テリス,ウィリアム Terris,William　8
テリス,エラライン Terris,Ellaline　16
テルフォード,トマス Telford,Thomas　496,688
デンチ,ジュディ Dench,Judy　537,777
テンチ,ナサニエル Tench,Nathaniel　428
テンプル,ジョアン Temple,Joan　858
テンプル,ヘンリー・ジョン(第三代パーマーストン
　子) Temple,Henry John,3rd Viscount of Palmer-
　ston　133,354,368,518,545,582,793
テンペスト,マリー Tempest,Marie　203,530,537,
　572
ドイリー=カート,リチャード D'Oyly-Carte,Richard
　692
ドイル,アーサー・コナン Doyle,Arthur Conan
　3,36,155,165,223,283,286,424,473,535,723,800
トインビー,アーノルド Toynbee,Arnold　792
トウェイン,マーク Twain,Mark　155,230,423,782
トゥック,ウィリアム・アーサー Tooke,William
　Arthur　557
トゥック,ジョン・ホーン Tooke,John Horne　285,
　715
ドゥリー,メアリ Dooley,Mary　466
トゥール,J.L. Toole, J.L.　290
ド・クィンシー,トマス De Quincey,Thomas　324,
　326,592,715
ドゲット,トマス Doggett,Thomas　152,229
ドーズ,ジョン Dawes,John　130
ドズリー,ロバート Dodsley,Robert　539,655
ドーセット公(第三代) Dorset,3rd Duke of　232
ドーセット伯(第四代)→サックヴィル,エドワード
ドーセット伯(第六代)→サックヴィル,チャールズ

ドーソン, マーガレット・デイマー Dawson, Margaret Damer 157
ドーチェスター伯(初代) Dorchester, 1st Earl of 231
ド・ノートン, グレゴリー de Norton, Gregory 190
ド・ノートン, ジェフリー de Norton, Geoffrey 190
ドブソン, オースティン Dobson, Austin 673
トポルスキー, フェリックス Topolski, Feliks 435
トマス, エドワード Thomas Edward 48, 300, 682
トマス, ディラン Thomas, Dylan 744, 856
トマス, ハーヴァード Thomas, Harvard 709
トマス, ブライアン Thomas, Brian 19, 395
トマス・ア・ベケット(聖人) Thomas à Becket, St 439, 478, 481, 666, 829
ド・マニー, ウォルター de Manny, Walter 147
トマリン, ハンフリー Tomalin, Humphrey 399
トマリン, ルイス Tomalin, Lewis 398
トムソン, ジェイムズ Thomson, James 83, 214, 234, 344, 552, 582, 806
トムソン, ダグラス Thompson, Douglas 288
トムソン, フランシス Thompson, Francis 259, 326, 464
トムソン, ベンジャミン(ラザフォード伯) Thompson, Benjamin, Earl of Rutherford 624
トムソン, ヘンリー Thompson, Henry 288
トムリンソン, H.M. Tomlinson, H.M. 300
ド・モーガン, ウィリアム De Morgan, William 156
ドライデン, ジョン Dryden, John 15, 89, 231, 268, 300, 314, 420, 455, 493, 608, 633, 647, 687, 714, 773, 839, 842, 853
トラヴァース, ベン Travers, Ben 16
トラヴァース, マーティン Travers, Martin 663
ド・ラウザーバーグ, フィリップ・ジェイムズ De Loutherbourg, Philip James 585
ド・ラ・ツール, ジョーン de la Tour, Joan 161
トラデスカント, ジョン Tradescant, John 497, 797
ド・ラ・ラメー, マリー・ルイーズ de la Ramée, Marie Louise ('Ouida') 424, 831
トリー, ハーバート・ビアボーム Tree, Herbert Beerbohm 189, 361, 611, 775, 777
ドリンクウォーター, ジョン Drinkwater, John 334, 429
ドルセイ, アルフレッド D'Orsay, Alfred 309, 409
ドールトン, ジョン Doulton, John 619
トールバット, ギルバート Talbot, Gilbert 783
トールマシュ, ライオネル Tollemache, Lionel 343
ドルーリー, トマス Drury, Thomas 237
ドレイク, フランシス Drake, Francis 485
トレイン, ジョージ・フランシス Train, George Francis 51
トレヴェリアン, G.M. Trevelyan, G.M. 634
トロロープ, アントニー Trollope, Anthony 31, 353, 354, 360, 407, 408, 497, 536, 540, 658, 754, 831
ドワイト, ジョン Dwight, John 287

トワイニング, トマス Twining, Thomas 672, 743
トーン, シオボルド・ウルフ Tone, Theobald Wolfe 485
トンソン, ジェイコブ Tonson, Jacob 44, 142, 314, 418, 868

■ナ行

ナイ, デイヴィッド Nye, David 19
ナイティンゲール, フローレンス Nightingale, Florence 280, 371, 421, 686, 724, 826
ナイト, チャールズ Knight, Charles 498
ナイト, ローラ Knight, Laura 28
ナース, ウィリアム・マウントフォード Nurse, William Mountford 214
ナッシュ, エドウィン Nash, Edwin 756
ナッシュ, ジョン Nash, John 21, 26, 111, 133, 156, 173, 174, 214, 234, 323, 351, 423, 469, 540, 541, 566, 595, 596, 597, 625, 626, 655, 669, 707, 743, 754, 774, 801
ナッシュ, ポール Nash, Paul 682
ナッシュ, リチャード(「ボー・ナッシュ」) Nash, Richard ('Beau Nash') 711
夏目漱石 49, 56, 133, 185, 312, 502, 718, 719, 791, 811
ナン, トレヴァー Nun, Trevor 537, 633
ニコルズ, ジョン Nichols, John 545
ニコルズ, ピーター・リチャード Nichols, Peter Richard 189
ニコルソン, ハロルド Nicolson, Harold 10, 250, 386
ニップ, ミセス Knipp, Mrs 184
ニューカースル公(初代)→キャヴェンディッシュ, ウィリアム
ニューカースル公(初代)→ペラム=ホリス, トマス
ニュージェント=テンプル=グレンヴィル, ジョージ(初代バッキンガム公) Nugent-Temple-Grenville, George, 1st Duke of Buckingham 110
ニュージェント=テンプル=グレンヴィル, ジョージ(初代バッキンガム侯) Nugent-Temple-Grenville, George, 1st Marquess of Buckingham 110
ニュートン, アイザック Newton, Isaac 98, 103, 116, 204, 222, 325, 366, 401, 427, 476, 527, 633, 752, 839
ニュートン, アダム Newton, Adam 662
ニューベリー, ジョン Newbery, John 681
ニューポート, ウィリアム Newport, William 355
ニューポート伯(初代)→ブラント, マウントジョイ
ニューマン, ジョン・ヘンリー Newman, John Henry 106, 164, 343, 685
ニューマン, ロバート Newman, Robert 575
ニール, トマス(社会改良家) Neale, Thomas 700
ニール, トマス(造幣局長) Neale, Thomas, the Master of Mint 699
ニール, フレデリック Neale, Frederick 553
ニールスン, デニス Nielsen, Dennis 208

ニールド, ジョン・キャムデン Neild, John Camden 157
ネイサン, ベン Nathan, Ben 290
ネヴィル, ヒュー Neville, Hugh 424
ネヴィル, ラルフ Neville, Ralph 509
ネヴィル, リチャード（初代ウォリック伯,「国王製造者」）Neville, Richard, 1st Earl of Warwick ('the Kingmaker') 45, 208
ネヴィンソン, クリストファー Nevinson, Chrostopher 447
ネズビット, イーディス Nesbit, Edith 255, 831
ネズビット, メアリ Nesbitt, Mary 843
ネーミア, L.B. Namier, L.B. 96
ネラー, ゴドフリー Kneller, Godfrey 44, 343, 623, 651, 671, 797
ネルソン, ホレイシオ（初代ネルソン子）Nelson, Horatio, 1st Viscount Nelson 8, 83, 100, 137, 219, 301, 482, 505, 508, 669, 679, 697, 752, 770
ノヴェロ, アイヴァー Novello, Ivor 554
ノヴェロ, アルフレッド Novello, Alfred 520
ノヴェロ, ヴィンセント Novello, Vincent 204, 521
ノヴェロ, メアリ Novello, Mary 204
ノーサンバーランド公（初代）→ダドリー, ジョン
ノーサンバーランド公（初代）→パーシー, ヒュー
ノーサンバーランド公（第六代）→ダドリー, ジョン
ノーサンバーランド伯（初代）→パーシー, ヘンリー
ノーサンバーランド伯（第六代）→パーシー, ヘンリー
ノーサンバーランド伯（第九代）→パーシー, ヘンリー
ノーサンバーランド伯（第十代）→パーシー, アルジャーノン
ノーサンプトン侯（第六代）Northampton, 6th Marquess of 129, 130
ノーサンプトン伯（初代）→コンプトン, スペンサー
ノース, エドワード North, Edward 147
ノース, フレデリック（第二代ギルフォード伯）North, Frederick, 2nd Earl of Guildford 26, 119, 337
ノースクリフ子（初代）→ハームズワス, アルフレッド・チャールズ・ウィリアム
ノックス, E.V. Knox, E.V. 286
ノックス, ロナルド Knox, Ronald 474
ノッティンガム伯（初代）→ハワード, チャールズ
ノッティンガム伯（初代）→フィンチ, フェニッジ
ノッティンガム伯（第二代）→フィンチ, ダニエル
ノット, ラルフ Knott, Ralph 197
ノーフォーク公（第四代）→ハワード, トマス
ノーフォーク公（第八代）→ハワード, トマス
ノーフォーク公（第九代）→ハワード, トマス
ノーフォーク公（第十一代）Norfolk, 11th Duke of 801
ノーフォーク公（第十六代）→ハワード, バーナード・マーマデューク・フィッツアラン

ノーマン, ジェイムズ Norman, James 105
ノールトホーク, ヤン Noorthouch, John 498
ノレケンズ, ジョーゼフ Nollekens, Joseph 219, 714

■ハ行

バー, アルフレッド Burr, Alfred 283
バー, キャサリン Parr, Katherine 149, 151, 495
バー, ユーアン Barr, Ewen 238
ハイド, エドワード（初代クラレンドン伯）Hyde, Edward, 1st Earl of Clarendon 11, 174, 313, 552, 867
ハイド, バーナード Hide, Bernard 36
ハイド, ローレンス（初代ロチェスター伯）Hyde, Laurence, 1st Earl of Rochester 552, 867
ハイドン, フランツ・ジョーゼフ Haydn, Franz Joseph 191, 521, 616, 635
バイロン, ジョージ・ゴードン（第六代バイロン男,「バイロン卿」）Byron, George Gordon, 6th Baron Byron (Lord Byron) 10, 11, 83, 116, 240, 265, 273, 319, 354, 368, 383, 401, 435, 467, 567, 582, 653, 666, 669, 724, 728, 736, 839
バイロン, ヘンリー, ジェイムズ Byron, Henry James 208, 290
ハインド, ジョン Hind, John 11
ハウ, ソファイア Howe, Sophia 565
ハーヴァード, ジョン Harvard, John 726, 784
パウイス侯（第二代）Powys, 2nd Marquess of 321
ハウイット, ウィリアム・ファウラー Howitt, William Fowler 256
ハーヴェイ, ウィリアム Harvey, William 116, 617
パウエル, A.J.P. Powell, A.J.P. 163
パウエル, ジョージ Powell, George 757
ハウスマン, A.E. Houseman, A.E. 363
ハーウッド, H.M. Harwood, H.M. 22
パヴロワ, アンナ Pavlova, Anna 306
パウンド, エズラ Pound, Ezra 324
バーカー, ウィリアム・ジョージ Barker, William George 245
パーカー, バリー Parker, Barry 863
パーカー, ハロルド Parker, Harold 32
パーカー, ピーター Parker, Peter 451
パーカー, マシュー Parker, Matthew 430
バーカー, ロバート Barker, Robert 539
バカン, ジョン Buchan, John 567
パーキン, ウィリアム・ヘンリー Perkin, William Henry 384
バーク, エドマンド Burke, Edmund 103, 106, 146, 178, 240, 300, 582, 653, 715, 747, 855
バーク, トマス Burke, Thomas 586
バーグ, ヒューバート・ド Burgh, Hubert de 32
バクスター, サミュエル Baxter, Samuel 540
パクストン, ジョーゼフ Paxton, Joseph 160, 212, 317, 379, 622
バクストン, トマス Buxton, Thomas 477

ハクスリー, オールダス Huxley, Aldous 10, 116, 835
ハクスリー, ジュリアン Huxley, Julian 564, 624
ハクスリー, トマス・ヘンリー Huxley, Thomas Henry 384, 660
バグノルド, イーニッド Bagnold, Enid 380
バークベック, ジョージ Birkbeck, George 70, 803
バークリー, ウィリアム Berkeley, William 508
バークリー, ジョージ Berkeley, George 11
バークリー, ジョン(初代ストラットン男) Berkeley, John, 1st Baron of Stratton 62, 63, 109, 174
バークリー伯(初代) Berkeley, 1st Earl of 518
バークンヘッド伯(初代) Birkenhead, 1st Earl of 504
ハケット, ジョン Hacket, John 641
バサースト, ヘンリー Bathurst, Henry 25
バザルジット, ジョーゼフ Bazalgette, Joseph 3, 11, 48, 236, 344, 581, 700
パーシー, アルジャーノン(第十代ノーサンバーランド伯) Percy, Algernon, 10th Earl of Northumberland 519, 760
パーシー, トマス(火薬陰謀事件の首謀者の一人) Percy, Thomas 338
パーシー, トマス(主教) Percy, Thomas 65
パーシー, ヒュー(初代ノーサンバーランド公) Percy, Hugh, 1st Duke of Northumberland 760
パーシー, ヘンリー(初代ノーサンバーランド伯) Percy, Henry, 1st Earl of Northumberland 15
パーシー, ヘンリー(第六代ノーサンバーランド伯) Percy, Henry, 6th Earl of Northumberland 173
パーシー, ヘンリー(第九代ノーサンバーランド伯) Percy, Henry, 9th Earl of Northumberland 760
パーシー, ヘンリー(「ホットスパー」) Percy, Henry ('Hotspur') 786
バジア, ジェイムズ Basire, James 323
パーシヴァル, スペンサー Perceval, Spencer 244, 662
パジェット, ウィリアム(初代パジェット男) Paget, William, 1st Baron Paget 258
パジェット, ジェイムズ Paget, James 644
ハーシェル, ジョン Herschel, John 352, 629
バージス, ウィリアム Burges, William 477
パーズ, ヘンリー Pars, Henry 5
バズビー, リチャード Busby, Richard 839
ハズリット, ウィリアム Hazlitt, William 88, 286, 342, 520, 553, 643, 714, 810
パーセル, ヘンリー(子) Purcell, Henry, the Younger 144, 337, 480
パーセル, ヘンリー夫人 Purcell, Mrs Henry 220
パターソン, ウィリアム Paterson, William 37
バーチ, C.B. Birch, C.B. 770
バッキンガム公(初代)→ヴィリアズ, ジョージ
バッキンガム公(初代)→ニュージェント=テンプル=グレンヴィル, ジョージ

バッキンガム公(第二代) Buckingham, 2nd Duke of 866
バッキンガム侯(初代)→ニュージェント=テンプル=グレンヴィル, ジョージ
バッキンガム・チャンドス公(第二代) Buckingham and Chandos, 2nd Duke of 110
バッキンガム・チャンドス公(第三代) Buckingham and Chandos, 3rd Duke of 142
バッキンガム・ノーマンビー公(初代)→シェフィールド, ジョン
バックストン, J.B. Buckstone, J.B. 8, 774
バックリー, サミュエル Buckley, Samuel 435
バックル, リチャード Buckle, Richard 773
バッシー, シャーリー Bassey, Shirley 25
ハッチャード, ジョン Hatchard, John 84, 354
ハッチンソン, ジョナサン Hutchinson, Jonathan 137
ハッチンソン, ヘンリー・ハント Hutchinson, Henry Hunt 450
ハットクリフ, ウィリアム Hatcliffe, William 136
ハットフィールド, ギリアト Hatfield, Gilliat 495
ハットン, クリストファー Hatton, Christopher 255, 355, 525, 640
ハーディ, トマス Hardy, Thomas 7, 713, 784, 834, 839, 855
バーデット, フランシス Burdett, Francis 153
バーデット=クーツ, アンジェラ・ジョージアーナ(男爵夫人) Burdett-Coutts, Angela Georgiana, Baroness 188, 684, 748, 849
パデレフスキ, イグナツィ Paderewski, Ignaz 653
バード, ウィリアム Byrd, William 144, 356
バード, フランチェスカ Bard, Francesca 682
ハート, ブレット Harte, Bret 423
ハードウィック, セドリック Hardwicke, Cedric 586
ハードウィック, トマス Hardwicke, Thomas 645
ハードウィック, フィリップ(子) Hardwicke, Philip 260, 325, 715
ハードウィック伯(初代)→ヨーク, フィリップ
ハードカースル, ジョーゼフ Hardcastle, Joseph 508
ハドソン, ジョージ Hudson, George 12, 745
ハドソン, トマス Hudson, Thomas 323
ハドソン, ヘンリー Hudson, Henry 650
ハートフォード侯(初代) Hertfoed, 1st Marquess of 819
ハートフォード伯(初代)→シーモア, エドワード
パトモア, コヴェントリー Patmore, Coventry 550
バトラー, サミュエル Butler, Samuel 388, 608, 678
バトラー, ジェイムズ Butler, James 321
バトラー, レッグ Butler, Reg 709
パトリック(聖人) Patrick, St 646, 677
パトリック, マイケル Patrick, Michael 26
バートン, ジェイムズ Burton, James 135, 638, 763

人名索引 959

バートン,デシマス Burton,Decimus 31,67,145, 174,193,195,410,539,866,867
バートン,マシュー Barton,Matthew 347
バートン,リチャード Burton,Richard 36,461, 477,528
バーナーズ,ラルフ・ド Berners,Ralph de 45
バーナード,ジェフリー Bernard,Jeffrey 179
バーナードー,トマス・ジョン Barnardo,Thomas John 43
バーナム,フィネアス Barnum,Phineas 253
バーナル,J.D. Bernal,J.D. 70
バーニー,チャールズ Burney,Charles 561,611, 678
バーニー,ファニー Burney,Fanny 7,78,83,155, 191,218,230,497,678,747,832,860
バニスター,ジョン Bannister,John 191
パニッツィ,アントニー Panizzi,Anthony 383
バニヤン,ジョン Bunyan,John 114,172,690
バニング,J.B. Bunning,J.B. 180
ハネイ,J.D. Hannay,J.D. 370
ハーネス,ウィリアム Harness,William 658
バーネット,サミュエル Barnett,Samuel 189,792
バーネット,フランシス Burnett,Frances 567
バーネット,ヘンリエッタ Barnett,Henrietta 347
ハーバート,アラン・パトリック Herbert,Alan Patrick 234,346,514
ハーバート,シドニー(初代リー男) Herbert,Sidney, 1st Baron of Lea 827
ハーバート,ジョージ Herbert,George 842
ハーバート,ヘンリー Herbert,Henry 469
ハーバート,ヘンリー(第九代ペンブルック伯) Herbert, Henry,9th Earl of Pembroke 850
バーバリー,トマス Burberry,Thomas 115
バブ,ジョージ Bubb,George 214
パプワス,ジョン・B. Papworth,John B. 616
バーベッジ,カスバート Burbage,Cuthbert 303, 775
バーベッジ,ジェイムズ Burbage,James 71,72, 304,559,706,772
バーベッジ,リチャード Burbage,Richard 72,73, 114,303,353,559,662,707
バーボールド,アナ・ラティティア Barbauld,Anna Laetitia 741
バーボン,ニコラス Barbon,Nicholas 258,300, 593,637,656
パーマー,サミュエル Palmer,Samuel 635
パーマー,ジョージ Palmer,George 334
パーマー,トマス Parmer Thomas 263
パーマー,ヘンリー Palmer,Henry 431
ハマースタイン,オスカー Hammerstein, Oscar 742
パーマーストン子(第三代)→テンプル,ヘンリー・ジョン
ハミルトン,ウィリアム Hamilton,William,Duke 99,305
ハミルトン,エマ Hamilton,Emma 305
ハミルトン,ジェイムズ(初代ハミルトン公) Hamilton,James,1st Duke Hamilton 151
ハミルトン公(第六代) Hamilton,6th Duke of 155
ハミルトン=ゴードン,ジョージ(第四代アバディーン伯) Hamilton-Gordon,George,4th Earl of Aberdeen 230
バーミンガム,ジョージ・A. Birmingham,George A. 370
ハームズワス,アルフレッド・チャールズ・ウィリアム(初代ノースクリフ子) Harmsworth,Alfred Charles William,1st Viscount of Northcliffe 133,810
ハムネット,キャサリン Hamnett,Katherine 140
バラ,ウィリアム Borough,William 431
ハラム,アーサー Hallam,Arthur 854
ハラム,ヘンリー Hallam,Henry 448,854,855
バラム,リチャード・H. Barham,Richard H. 22
バリー,A.S. Barry,A.S. 144,254
ハリー,エドモンド Halley,Edmond 222,325, 426,629
ハーリー,エドワード(第二代オックスフォード伯) Harley,Edward,2nd Earl of Oxford 99,137,333, 352,473,533
バリー,エドワード・ミドルトン Barry, Edward Middleton 145
バーリー,サイモン・ド Burley,Simon de 788
バリ,ジェイムズ・マシュー Barrie,James Matthew 7,13,51,239,304,374,450,465,538,551,604,713, 745
バリー,チャールズ Barry,Charles 68,97,172, 254,359,526,544,545,593,794
ハーリー,ロバート(初代オックスフォード伯) Harley,Robert,1st Earl of Oxford 99
ハリオット,ジョン Harriot,John 603
ハリス,ヴィンセント Harris,Vincent 360,491
ハリス,オーガスタス Harris,Augustus 774
ハリス,トマス Harris,Thomas 649
ハリス,フランク Harris,Frank 423
ハリス,ヘンリー Harris,Henry 231,687
ハリス,レナタス Harris,Renatus 655
ハリソン,ジョン Harrison,John 678
ハリソン,トマス Harrison,Thomas 144
ハリソン,フレデリック Harrison,Frederick 775, 834
バーリー男(初代)→セシル,ウィリアム
バリモア,ウィリアム Barrymore,William 527
バリモア,ジョン Barrymore,John 189
バーリン,アイザイア Berlin,Isaiah 10
ハリントン,ジョン Harrington,John 128
バーリントン伯(第三代)→ボイル,リチャード
バルコン,マイケル Balcon,Michael 245
バルフォア,A.J.(初代バルフォア伯) Balfour,

A.J.,1st Earl Balfour 96,133
ハルフォード,ヘンリー Halford,Henry 617
バレット,ウィルソン Barrett,Wilson 290
バレット,エリザベス Barrett,Elizabeth 304,855
バロー,ジョン Barrow,John 621
バーロウ,P.W. Barlow,P.W. 421
ハロッド,ヘンリー・チャールズ Harrod,Henry Charles 353
ハロルド二世(アングロサクソン時代のイングランド王) Harold Ⅱ 257,648,742
ハワード,エビニーザー Howard,Ebenezer 279
ハワード,エリザベス Howard,Elizabeth 660
ハワード,キャサリン(ヘンリー八世第五王妃) Howard, Catherine 144,349,350,683,759,791
ハワード,ジョン Howard,John 173,274,574
ハワード,セオフィラス(第二代サフォーク伯) Howard, Theophilus,2nd Earl of Suffolk 519,561
ハワード,チャールズ(初代ノッティンガム伯) Howard, Charles,1st Earl of Nottingham 151
ハワード,トマス(第四代ノーフォーク公) Howard, Thomas,4th Duke of Norfolk 147
ハワード,トマス(第八代ノーフォーク公) Howard, Thomas,8th Duke of Norfork 518
ハワード,トマス(第九代ノーフォーク公) Howard, Thomas,9th Duke of Norfork 518
ハワード,バーナード・マーマデューク・フィッツアラン(第十六代ノーフォーク公) Howard,Bernard Marmaduke FitzAlan,16th Duke of Norfolk 196
ハワード,ヘンリー(サリー伯) Howard,Henry,Earl of Surrey 336
ハワード,ヘンリエッタ Howard,Henrietta 469,671
ハンウェイ,ジョーナス Hanway,Jonas 469,593
ハンガーフォード,エドワード Hungerford,Edward 470
バンクス,ジョーゼフ Banks,Joseph 99,153,253, 412,716
パンクハースト,エミリーン Pankhurst,Emmeline 105
パンクハースト,シルヴィア Pankhurst,Sylvia 87,369
バンクロフト,スクワイヤ Bancroft,Squire 694, 777
バンクロフト,リチャード Bancroft,Richard 422
バーン＝ジョーンズ,エドワード Burne-Jones, Edward 324,370,410,429,519,592,593,684,712, 734,849,853,858
ハンス,スローン Hans,Sloane 149
ハンズ,テリー Hands,Terry 633
バーンズ,ロバート Burns,Robert 815,839
ハンター,ウィリアム Hunter,William 325
ハンター,ジョン Hunter,John 366,427,617,650, 665
ハンター,ロバート Hunter,Robert 506

ハント,ヴァイオレット Hunt,Violet 126
ハント,ウィリアム・ホルマン Hunt,William Holman 152,312,477,512,652,712,862
ハント,ジョン Hunt,John 616
ハント,リー Hunt,Leigh 11,149,162,252,273, 348,373,408,411,434,520,544,572,832
ハンフ,ヘレン Hanff,Helene 145
ビアズリー,オーブリー Beardsley,Aubrey 122
ピアソン,ラフバラ Pearson,Loughborough 673
ビアボーム,マックス Beerbohm,Max 122,155, 380
ビーアン,ブレンダン Behan,Brendan 864
ビアンコ,フランチェスコ Bianco, Francesco 850
ピエトリ,ドロナード Pietri,Doronado 845
ピゴット,マウントフォード Piggot,Mountford 627
ピサロ,カミーユ Pissarro,Camille 126,198,807
ヒース,エドワード Heath,Edward 10,132
ヒース,ニコラス Heath,Nicholas 866
ビーストン,ウィリアム Beeston,William 183,686
ビーストン,カスバート Beeston,Cuthbert 59
ビーストン,クリストファー Beeston,Christopher 183
ビーズリー,サミュエル Beazley,Samuel 658
ピーターバラ伯(第三代) Peterborough,3rd Earl of 288
ビーチ,メアリ Beach,Mary 671
ビーチャム,ジョン Beauchamp,John 417
ビーチャム,トマス(指揮者) Beauchamp,Thomas 10,116,450,553,632
ビーチャム,トマス(第四代ウォリック伯) Beauchamp,Thomas,4th Earl of Warwick 791
ヒックス,シーモア Hicks,Seymour 16,300
ヒックス,バプティスト(カムデン子) Hicks, Baptist,Viscount of Campden 126
ピット,ウィリアム(大)(初代チャタム伯) Pitt William, the Elder,1st of Chatham 63,83,107,142, 634,839
ピット,ウィリアム(小) Pitt, William, the Younger 35,60,80,83,106,309,351,352,655,747,837,839
ビーティ,チェスター Beatty,Chester 625
ビーティ,デイヴィッド Beatty,David 806
ピートー,ヘンリー Peto,Henry 540
ピネロ,アーサー・ウィング Pinero,Arthur Wing 13,294,352,619,658
ヒバート,クリストファー Hibbert,Christopher 499
ピープス,サミュエル Pepys,Samuel 19,23,24,45, 54,64,66,89,90,112,131,154,174,177,184,185, 200,212,223,278,315,318,322,327,371,372,373, 385,387,393,419,420,439,455,456,457,474,490, 492,493,498,503,531,572,576,587,592,598,608, 649,651,655,659,661,663,674,677,682,686,687, 689,697,704,705,708,726,750,757,758,780,781,

人名索引 961

791,796,811,823,828,847,848,853,862
ピープス夫人 Pepys,Mrs. 360
ピーボディ,ジョージ Peabody,George 73,190, 238,250,441,547,730
ピム,ジョン Pym,John 131
ピムリコ,ベン Pimlico,Ben 557
ピュージン,オーガスタス・ウェルビー・ノースモア Pugin,Augustus Welby Northmore 5,68,164, 526,544,685
ヒューズ,チャールズ Hughs,Charles 73
ヒューズ,トマス Hughes,Thomas 24,28,34,61, 386,542,547
ビュート伯(第三代)→スチュアート,ジョン
ヒューム,デイヴィッド Hume,David 106,342,847
ヒラリー,エドマンド Hillary,Edmund 337,622
ヒリアード,ニコラス Hilliard,Nicholas 665
ヒール,アンブローズ(父) Heal Ambrose,the Elder 357
ヒール,アンブローズ(子) Heal Ambrose,the Younger 193
ヒル,ウェイスト Hill,Weist 337
ヒル,オクタヴィア Hill,Octavia 506
ヒール,ジョン・ハリス(父) Heal,John Harris,the Elder 357
ヒール,ジョン・ハリス(子) Heal,John Harris,the Younger 357
ピール,ロバート Peel,Robert 193,323,354,355, 515,545,696,806
ヒル,ローランド Hill,Rowland 73,135,478,563
ヒルズ,リチャード Hilles,Richard 480
ピンター,ハロルド Pinter,Harold 17,28,209,239, 461
ファウラー,チャールズ Fowler,Charles 201,202
ファークァー,ジョージ Farquhar,George 492
ファクズ,リチャード Faques,Richard 681
ファーソン,ダニエル Farson,Daniel 398
ファラデー,マイケル Faraday,Michael 11,49, 214,266,364,624,634,839
ファラント,リチャード Farrant,Richard 72
ファリナー,トマス Farryner,Thomas 318,579
ファリンドン,ウィリアム Farringdon,William 266
ファルコナー,トマス Falconer,Thomas 494
ファレル,M. J. Farrell, M. J. 22
ファレン,ネリー Farren,Nellie 290
フィッシャー,ジャスパー Fisher,Jasper 223
フィツスティーヴン,ウィリアム Fitzstephen,William 829
フィツアルウィン,ヘンリー Fitzailwyn,Henry 456
フィッツウォルター,ロバート Fitzwalter,Robert 50,72
フィッツエイルウィン,ヘンリー Fitzailwyn,Henry 167
フィッツジェイムズ,ジェイムズ(ベリック公)

Fitzjames,James,Duke of Berwick 65
フィッツジェラルド,エドワード Fitzerald,Edward 195
フィッツハーバート,マライア Fitzherbert,Maria 542,546
フィッツロイ,オーガスタス・ヘンリー(第三代グラフトン公) Fitzroy,Augustus Henry,3rd Duke of Grafton 313
フィッツロイ,ヘンリー Fitzroy,Henry 273
フィッツロイ,ロバート Fitzroy,Robert 21
フィップス,C.J. Phipps,C.J. 462,586,693,810
フィニー,アルバート Finney,Albert 24,554
フィネ,J.S. Phene,J.S. 522
フィリップ,ジョン Phillips,John 146
フィリップス,ウィリアム・オーガスタス Phillips, William Augustus 553
フィリップス,エレン Phillips,Ellen 583
フィリップス,ハリー Phillips,Harry 553
フィリップス,メアリ Phillips,Mary 583
フィリップス,レジナルド・M. Phillips,Reginald M. 505
フィールズ,シド Fields,Sid 572
フィールディング,ジョン Fielding,John 89,201, 562,667
フィールディング,ハロルド Fielding,Harold 572
フィールディング,ヘンリー Fielding,Henry 44, 89,191,201,207,251,302,315,444,481,485,509, 527,562,667,774,783,797,798,827,832
フィルポット,ジョン Philpot,John 554
フィンチ,ダニエル(第二代ノッティンガム伯) Finch,Daniel,2nd Earl of Nottingham 410,630
フィンチ,フェニッジ(初代ノッティンガム伯) Finch,Heneage,1st Earl of Nottingham 323
フェアバンクス,ダグラス(二世) Fairbanks,Douglas,Jnr 83
フェアファックス,トマス(第三代フェアファックス男) Fairfax, Thomas, 3rd Baron Fairfax 323, 331, 717
フェイガン,J.B. Fagan, J.B. 281
フェイン,ジョン(第十一代ウェストモーランド伯) Fane,John,11th Earl of Westmorland 611
フェルトン,ジョン Felton,John 705
フェルプス,サミュエル Phelps,Samuel 608,639, 775
フェローズ,ジョン Fellowes,John 135
フェントン,フィリップ Fenton,Philip 268
フェントン,ラヴィニア Fenton,Lavinia 238
フォイル,ウィリアム Foyle,William 283
フォイル,ギルバート Foyle,Gilbert 283
フォーク,フランシス Fowke,Francis 105
フォークス,ガイ Fawkes,Guy 271,338,526,537, 544,649,791,841,850
フォーコンバーグ,トマス Fauconberg,Thomas 15
フォスター(聖人) Foster,St 281

フォースター,E. M. Forster, E(dward) M(organ) 78,109,146,415,449,634,676,713,738
フォースター,ジョン Forster,John 49,88,263,397,536
フォーダイス,ジョン Fordyce,John 596
フォックス,ウィリアム Fox,William 204
フォックス,C. J. Fox,C(harles) J(ames) 28,63,106,192,283,313,391,657,801,824,839
フォックス,ジョージ Fox,George 285
フォックス,ジョン Foxe,John 15,652
フォックス,ヘンリー(初代ホランド男) Fox, Henry, 1st Baron of Holland 368
フォックス,ヘンリー・リチャード・ヴァソル(第三代ホランド男) Fox,Henry Richard Vassall,3rd Baron of Holland 368
フォード,ジョン Ford,John 686
フォード,フォード・マドックス Ford,Ford Madox 126
フォード,フロリー Forde,Florrie 524
フォード,ヘンリー Ford,Henry 107
フォートナム,ウィリアム Fortnum,William 280
フォーブズ,マルコム Forbes,Malcolm 523
フォーブズ＝ロバートソン,ジーン Forbes-Robertson, Jean 462,774
フォーリー,ジョン Foley,J.H. 13
フォンテーン,マーゴ Fonteyn,Margot 553,611,615,825
フォントルロイ,ヘンリー Fauntleroy,Henry 263
ブキャナン,ジャック Buchanan,Jack 294
フック,ロバート Hooke,Robert 493,697
ブース,ウィリアム Booth,William 220,244,486,487,688,741
ブース,エドウィン Booth,Edwin 573,775
ブース,チャールズ Booth,Chales 124,449,486,560
ブース,バートン Booth,Barton 276
ブース,ブランウェル Booth,Bramwell 689
ブーチア,アーサー Bourchier,Arthur 294
フッカー,ウィリアム Hooker,William 209
ブックマン,フランク Buchman,Frank 842
ブッシュ,アーヴィング・T. Bush,Irving T. 118
フット,アリステア Foot,Alistair 744
フット,トマス Foot,Thomas 21
フッド,トマス Hood,Thomas 269,408,569,604
フッド,ロビン Hood,Robin 780
ブーディッカ→ボアディケア
フーベール,ソロモン・ド Foubert,Solomon de 282
フューズリ,ヘンリー Fuseli,Henry 64,527,665
フラー,ジョン Fuller,John 288
フラー,ジョン・バード Fuller,John Bird 288
フライ,エリザベス Fry,Elizabeth 574
フライ,クリストファー Fry,Christopher 300,464
フライ,C.B. Fry,C.B. 269
フライ,ロジャー Fry,Roger 78,198,335,529

プライアー,マシュー Prior,Matthew 319,427,536,711
ブライス,ジェイムズ Bryce,James 567,712
プライス,ナンシー Price,Nancy 281
ブライト,ゴールディング→エジャトン,ジョージ
ブライト,リチャード Bright,Richard 340
ブライドン,J.M. Brydon,J.M. 152
ブラウニング,エリザベス・バレット Browning, Elizabeth Barret 435,825,831
ブラウニング,ロバート Browning,Robert 123,133,222,304,435,474,508,549,669,825,831,839
ブラウン,エドワード Browne,Edward 204
ブラウン,ハブロ・ナイト Browne,Hablot Knight 420
ブラウン,フォード・マドックス Brown,Ford Madox 411,853
ブラウン,ロバート Brown,Robert 621
ブラウンリッグ,エリザベス Brownrigg,Elizabeth 268
ブラックストーン,ウィリアム Blackstone,William 92,132
フラックスマン,ジョン Flaxman,John 371
ブラッシャー,クリス Brasher,Chris 449
プラット,ウィリアム Pratt,William 570
プラット,チャールズ(初代カムデン伯) Pratt, Charles,1st Earl of Camden 125
ブラッド,トマス Blood,Thomas 48
フラッド,ルーク・トマス Flood,Luke Thomas 276
プラット,ロジャー Pratt,Roger 174
ブラッドショー,ジョン Bradshaw,John 593
ブラッドロー,チャールズ Bradlaugh,Charles 68
ブラッドワス,トマス Bloodworth,Thomas 318
フラナガン,バリー Flanagan,Barry 140
ブラームス,ヨハネス Brahms,Johannes 576
フラムスティード,ジョン Flamsteed,John 629
フラワー,バーナード Flower,Barnard 691
ブラングウィン,フランク Brangwyn,Frank 820
フランクス,A.W. Franks,A.W. 99
フランクリン,ベンジャミン Franklin,Benjamin 46,435,441,647
プランケット,オリヴァー Plunket,Oliver 565
フランシス,ディック Francis,Dick 637
ブランシュ・オヴ・ランカスター Blanche of Lancaster 692
ブランズウィック公爵夫人 Brunswick,Duchess of 109
ブラント,マウントジョイ(初代ニューポート伯) Blount,Mountjoy,1st Earl of Newport 320
ブランドン,チャールズ(初代サフォーク公) Brandon, Charles,1st Duke of Suffolk 86,866
ブランドン,リチャード Brandon,Richard 844
フランバード,エドマンド Flambard,Edmund 666
フランプトン,ジョージ Frampton,George 409,551

人名索引 963

ブランメル, ジョージ(「ボー・ブランメル」) Brummell, George ('Beau Brummell') 83,146,335
フリス, ウィリアム・パウエル Frith, William Powell 535,660,827
フリス, リチャード Frith, Richard 285
プリーストリー, J. B. Priestley, J(ohn) B(oynton) 10,122,238,335,462,666
プリーストリー, フィリップ Priestley, Philip 575
プリチャード, ジョン Pritchard, John 450
ブリッジマン, チャールズ Bridgman, Charles 160,469
フリットクロフト, ヘンリー Flitcroft, Henry 286
ブリテン, ベンジャミン Britten, Benjamin 616,639,643
フリートウッド, チャールズ Fleetwood, Charles 774
ブリトン, トマス Britton, Thomas 191
プリムソル, サミュエル Plimsoll, Samuel 815
ブーリン, アン Boleyn, Anne 144,349,351,355,601,683,769,791,841,847
フリンク, エリザベス Frink, Elisabeth 140,547
プリンセプ, ヴァル Prinsep, Val 723
フリント, ウィリアム・ラッセル Flint, William Russell 635
プール, ジェイムズ Poole, James 360
ブル, ヘンリー Bull, Henry 686
プール, ヘンリー Poole, Henry 360
ブルジュワ, フランシス Bourgeois, Francis 242
ブルース, トマス (第七代エルギン伯) Bruce, Thomas, 7th Earl of Elgin 255,304
ブルック, ピーター Brook, Peter 17,742
ブルックス, ウィリアム Brooks, William 106
ブルックス, ジェイムズ Brooks, James 853
ブルネル, イザンバード・キングダム Brunel, Isambard Kingdom 108,772
ブルネル, H.M. Brunel, H.M. 72
ブルネル, マーク・イザンバード Brunel, Marc Isambard 772
ブルーム, ヘンリー Brougham, Henry 313,803
ブルムフィールド, レジナルド Blomfield, Reginald 133,754
ブルワー=リットン, エドワード Bulwer-Lytton, Edward 10,223,334
ブレアム, ジョン Braham, John 253,658
ブレイク, ウィリアム Blake, William 47,98,104,114,172,323,327,334,421,561,655,667,714,762,839,863
ブレイク, ジョージ Blake, George 863
ブレイグローヴ, ウィリアム Blagrove, William 686
フレイザー, サイモン (第十二代ラヴァト男) Frasar, Simon, 12th Baron of Lovat 769
フレイザー, フランシス Fraser, Francis 345
プレイド, ウィリアム Praed, William 570
ブレイドウッド, ジェイムズ Braidwood, James 270,446

プレイフェア, ナイジェル Playfair, Nigel 461
フレイン, マイケル Frayn, Michael 693
プレヴィン, アンドレ Previn, André 452
ブレシントン, マルグリータ Blessington, Marguerite Gardiner 309,409
フレッチャー, ジョン Fletcher, John 149,480,726,773
ブレット, ドロシー Brett, Dorothy 563
ブレティンガム, マシュー (父) Brettingham, Matthew, the Elder 866
フレデリック皇太子(ジョージ二世の長男)→ジョージ三世
ブレヒト, ベルトルト Brecht, Bertolt 481,562
フレミング, アレグザンダー Fleming, Alexander 218,570,671
フレミング, アンブローズ Fleming, Ambrose 464
フレミング, イアン Fleming, Ian 179
フロイト, エルンスト Freud, Ernst 480
フロイト, ジグムント Freud, Sigmund 307
フロイト, ルツィアン Freud, Lucian 435
ブロック, ウィリアム Bullock, William 253
ブロック, チャールズ Brock, Charles 271
ブロックウェイ, フェナー Brockway, Fenner 121
フロビッシア, マーティン Frobisher, Martin 652
フローマン, チャールズ Frohman, Charles 16,239
ブロムフィールド, C. J. Blomfield, C. J. 414
ブロムフィールド, アーサー Blomfield, Arthur 20,616,708
ブロムフィールド, レジナルド Blomfield, Reginald 110
ブロムリー, ヘンリー (初代モントフォート男) Bromley, Henry, 1st Baron of Montfort 729
フローリス, ファン Floris, Juan 277
ブローン, ファニー Brawne, Fanny 235,316,405
ブロンテ, アン Brontë, Anne 51,144,839
ブロンテ, シャーロット Brontë, Charlotte 51,144,839,869
ブーン, ハンフリー・ド Bohun, Humphrey de 32,243
ヘア, オーガスタス・ジョン・カスバート Hare, Augustus John Cuthbert 60
ヘア, ジョン Hare, John 294,835
ベアード, ジョン Baird, John 286
ヘイウッド, ウィリアム Heywood, William 368
ヘイウッド, ジョン Heywood, John 54
ヘイウッド, トマス Heywood, Thomas 208,592
ベイカー, エドワード Baker, Edward 35
ベイカー, サミュエル Baker, Samuel 655,719
ベイカー, ハーバート Baker, Herbert 159,162
ベイカー, ロバート Baker, Robert 555
ヘイグ伯(初代) Haig, 1st Earl of 597
ペイジ, グレゴリー Page, Gregory 831
ペイジ, トマス Page, Thomas 150

ヘイズ，ヘレン Hayes, Helen 775
ヘイスティングズ，ウォレン Hastings, Warren 842
ヘイスティングズ，チャールズ Hastings, Charles 99
ベイト，ジョージ Bate, George 355
ベイトマン，ヘゼキア Bateman, Hezekiah 459
ヘイドン，ベンジャミン・ロバト Haydon, Benjamin Robert 253, 434
ベイリー，エドワード・ホッジズ Baily, Edward Hodges 508, 550
ベイリス，リリアン Baylis, Lilian 528, 608, 639
ヘイル，マシュー Hale, Matthew 432, 510
ヘイワード，アイザック Hayward, Isaac 153
ペイン，ジェイムズ Paine, James 600
ペイン，ジョン Payne, John 542
ペイン，チャールズ Pain, Charles 271
ペイン，トマス Paine, Thomas 659
ヘインズ，ジョー Haines, Joe 276
ベインブリッジ，アントニー Bainbridge, Anthony 869
ベヴァリッジ，ウィリアム Beveridge, William 96
ベヴィン，アーネスト Bevin, Ernest 839
ベクスタイン，フリードリッヒ Bechstein, Friedrich 852
ベケット，サミュエル Beckett, Samuel 28, 208, 870
ベーコン，G.W. Bacon, G.W. 487
ベーコン，ジョン(父) Bacon, John, the Elder 717
ベーコン，チャールズ Bacon, Charles 367
ベーコン，ニコラス Bacon, Nicholas 866
ベーコン，フランシス Bacon, Francis 45, 116, 131, 314, 315, 335, 430, 474, 546, 665, 669, 797, 866
ベコンズフィールド伯(初代)→ディズレーリ，ベンジャミン
ベザント，アニー Besant, Annie 602
ベザント，ウォルター Besant, Walter 164, 172, 247, 285, 499, 658, 713
ヘゼルタイン，J.P. Heseltine, J.P. 585
ベタートン，トマス Betterton, Thomas 231, 433, 687, 784
ペック，エドワード Peck, Edward 161
ベックフォード，ウィリアム Beckford, William 716
ベックマン，マーティン Beckman, Martin 271
ヘックワス，セアラ Heckworth, Sarah 583
ヘックワス，ナサニエル Heckworth, Nathaniel 583
ベッセマー，ヘンリー Bessemer, Henry 220
ベッチマン，ジョン Betjeman, John 564, 636
ヘプソン，バーバラ Hepworth, Barbara 242
ペティ，ウィリアム Petty, William 555
ベドルス，フィリス Bedells, Phyllis 256
ベーデン=パウエル，ロバート(初代ギルウェル男) Baden-Powell, Robert, 1st Baron of Gilwell 148, 209, 478, 585, 856
ベドフォード公(初代)→ラッセル，ジョン
ベドフォード公(第二代)→ラッセル，ジョン

ベドフォード公(第四代)→ラッセル，ジョン
ベドフォード公(第五代) Bedford, 5th Duke of 801
ベドフォード公(第六代)→ラッセル，ジョン
ベドフォード公(第八代) Bedford, 8th Duke of 536
ベドフォード伯(初代)→ラッセル，ジョン
ベドフォード伯(第四代)→ラッセル，フランシス
ベドフォード伯(第五代) Bedford, 5th Earl of 202, 470
ベナヴェンテ，ハシント Benavente, Jacint 261
ペネソーン，ジェイムズ Pennethorne, James 110, 161, 717
ベネット，アーノルド Bennett, Arnold 122, 126, 250, 259, 373, 564
ベネット，アラン Bennett, Alan 24, 281
ベネット，ウィリアム・スタンデール Bennet, William Sterndale 324, 337
ベネット，トマス Bennet, Thomas 264
ベネット，ヒューバート Bennett, Hubert 214
ベネディクト，ジュリアス Benedict, Julius 466
ベネル，ジョーゼフ Pennell, Joseph 604
ヘミング，ジョン Hemming, John 14, 671
ヘミングウェイ，アーネスト Hemingway, Ernest 234, 669
ベーム，ジョーゼフ Boehm, Joseph 770
ベラスコ，デイヴィッド Belasco, David 239
ペラム，ヘンリー Pelham, Henry 524
ペラム=ホリス，トマス(初代ニューカースル公) Pelham-Holles, Thomas, 1st Duke of Newcastle 432, 634
ベリー，ウィリアム Bury, William 337
ペリン，ジョン Perryn, John 5
ベル，アレグザンダー・グレアム Bell, Alexandr Graham 107, 587, 634
ベル，ヴァネッサ Bell, Vanessa 78, 130, 380, 529
ベル，クェンティン Bell, Quentin 308
ベル，クライヴ Bell, Clive 78, 312, 529
ベル，チャールズ Bell, Charles 484
ベルナール，サラ Bernhardt, Sarah 186, 189, 462
ベロック，ヒレア Belloc, Hilaire 157
ヘロン，トマス Heron, Thomas 671
ベーン，アフラ Behn, Aphra 231
ペン，ウィリアム Penn, William 788
ベンサム，ジェレミー Bentham, Jeremy 116, 487, 553, 574, 582, 803
ベンサム，ジョージ Bentham, George 854
ヘンズロウ，フィリップ Henslowe, Philip 280, 372, 608, 757
ベンソン，フランク Benson, Frank 632, 774
ヘンソン，レズリー Henson, Leslie 291
ヘンダーソン，アレグザンダー Henderson, Alexander 189
ヘンティ，ジョージ Henty, George 47
ベンティンク，ウィリアム(初代ポートランド公) Bentinck, William, 1st Duke of Portland 333

人名索引 965

ベンティンク,ウィリアム(第二代ポートランド公) Bentinck, William, 2nd Duke of Portland　62
ヘンデル,ジョージ・フレデリック　Handel, Geoge Frederic　107, 108, 131, 160, 191, 268, 337, 421, 444, 483, 616, 629, 635, 641
ベントリー,ジョン・フランシス　Bentley, John Francis　163, 646, 840
ベントリー,ナサニエル　Bentley, Nathaniel　225
ベントール,マイケル　Benthall, Michael　528
ベントン,ヘンリー　Penton, Henry　550
ペンブルック伯(第九代)→ハーバート,ヘンリー
ヘンリー一世　Henry I　16, 46, 49, 88, 167, 413, 526, 583, 599, 609, 643, 644, 650, 703, 824
ヘンリー二世　Henry II　251, 653
ヘンリー三世　Henry III　41, 142, 148, 161, 230, 367, 790, 791, 792, 838, 839
ヘンリー四世　Henry IV　178, 336, 402, 711, 786, 851
ヘンリー五世　Henry V　50, 74, 272, 303, 327, 388, 394, 600, 628, 759, 838, 851
ヘンリー六世　Henry VI　141, 208, 431, 600, 636, 653, 654, 761, 818, 863
ヘンリー七世　Henry VII　41, 47, 58, 144, 187, 194, 266, 351, 503, 581, 599, 600, 601, 625, 640, 665, 692, 754, 839, 865
ヘンリー八世　Henry VIII　32, 47, 50, 53, 54, 65, 72, 74, 92, 99, 113, 119, 130, 143, 147, 149, 151, 157, 158, 161, 168, 171, 172, 175, 194, 210, 221, 237, 243, 250, 257, 258, 262, 266, 285, 324, 326, 327, 343, 349, 350, 351, 353, 355, 356, 360, 362, 371, 379, 382, 385, 394, 416, 421, 422, 429, 431, 438, 454, 473, 481, 491, 495, 505, 511, 536, 544, 549, 553, 574, 581, 583, 594, 596, 600, 601, 617, 625, 626, 628, 630, 640, 642, 643, 645, 646, 650, 653, 654, 659, 667, 671, 678, 686, 710, 713, 715, 742, 752, 759, 781, 787, 791, 794, 842, 847, 860, 861, 862, 866, 867
ヘンリエッタ・マライア(チャールズ一世妃) Henrietta Maria, Queen　322, 327, 360, 584, 585, 600, 656, 715, 717
ポー,エドガー・アラン　Poe, Edger Allan　710
ホー,サミュエル　Hoare, Samuel　357
ホー,リチャード　Hoare, Richard　44
ボアディケア　Boadicea(Boudicca)　166, 257, 371, 605, 734
ホイッスラー,ジェイムズ・アボット・マクニール　Whistler, James Abbot McNeill　28, 32, 48, 122, 150, 159, 573, 604, 754, 782, 823
ボイデル,ジョン　Boydell, John　392, 701
ボイル,ヘンリー(カールトン男)　Boyle, Henry, Baron of Carlton　827
ボイル,リチャード(第三代バーリントン伯) Boyle, Richard, 3rd Earl of Burlington　116, 159, 524, 842
ボイル,ロバート　Boyle, Robert　633
ポインター,エドワード　Poynter, Edward　709
ホーウッド,リチャード　Horwood, Richard　449, 487

ボウマン,クリストファー　Bowman, Christopher　89
ホガース,ウィリアム　Hogarth, William　46, 47, 56, 65, 90, 159, 192, 203, 218, 220, 237, 238, 242, 273, 302, 306, 337, 350, 366, 383, 422, 427, 431, 444, 456, 457, 474, 493, 504, 524, 527, 585, 628, 634, 644, 645, 651, 665, 670, 673, 677, 687, 712, 726, 752, 761, 762, 779, 783, 796, 847, 862, 863
ホーキンズ,ジョン　Hawkins, John　178
ホークスムア,ニコラス　Hawksmoor, Nicholas　161, 189, 431, 628, 640, 643, 672, 840
ホークスワース,ジョン　Hawksworth, John　396
ボークレア,トパム　Beauclerk, Topham　324, 502
ホジキン,トマス　Hodgkin, Thomas　340
ホジキンソン,パトリック　Hodgkinson, Patrick　109
ボズウェル,ジェイムズ　Boswell, James　7, 80, 83, 144, 155, 158, 178, 192, 203, 228, 235, 251, 300, 312, 323, 327, 342, 370, 387, 441, 492, 493, 497, 550, 570, 582, 599, 638, 655, 687, 711, 715, 716, 744, 796, 812
ホーズリー,ヴィクター　Horsley, Victor　802
ホーソーン,ナサニエル　Hawthorn, Nathaniel　755
ポーター,デイヴィッド　Porter, David　109, 494
ポター,ビアトリクス　Potter, Beatrix　83
ポーター,ロドニー　Porter, Rodney　671
ホッグ,クィンティン　Hogg, Quintin　137, 805
ホッグ,ジェイムズ　Hogg, James　323
ホックニー,デイヴィッド　Hackney, David　762
ポッター,ジョン　Potter, John　774
ポット,パーシヴァル　Pott, Percival　644
ホッパー,トマス　Hopper, Thomas　670
ホッブズ,ジャック　Hobbs, Jack　532
ホッブズ,トマス　Hobbes, Thomas　268
ホップナー,ジョン　Hoppner, John　146
ボーデン,エリザベス　Bowden, Elizabeth　685
ボーデン,ジョン　Bowden, John　685
ボード,ベンジャミン　Baud, Benjamin　105
ポートマン,ウィリアム　Portman, William　35, 567
ポートマン,ヘンリー・ウィリアム(治安判事)　Portman, Henry William　35, 567
ポートマン子(初代)　Portman, 1st Viscount of　494
ポートランド公(初代)→ベンティンク,ウィリアム
ポートランド公(第二代)→ベンティンク,ウィリアム
ボドリー,G.F.　Bodley, G.F.　370
ボドリー,トマス　Bodley, Thomas　430
ホートン,ジョン　Houghton, John　147
ボー・ナッシュ→ナッシュ,リチャード
ボニー・プリンス・チャーリー→スチュアート,チャールズ・エドワード
ホーニマン,フレデリック・J.　Horniman, Frederick J.　279
ポープ,アレグザンダー　Pope, Alexander　47, 56, 63, 89, 116, 160, 220, 234, 238, 347, 438, 469, 539, 544, 560, 564, 565, 589, 608, 636, 657, 670, 671, 746,

752, 797, 827, 853
ホープ，アントニー Hope, Anthony 312
ポープ，トマス Pope, Thomas 215
ボーフォート，マーガレット（リッチモンド・ダービー伯爵夫人） Beaufort, Margaret, Countess of Richmond and Derby 47, 667
ボーフォート公 Beaufort, Duke of 54, 55, 570
ホプキンズ，ジェラード・マンリー Hopkins, Gerard Manley 164, 365, 745
ホブソン，トバイアス Hobson, Tobias 113
ホフマン，ダスティン Hoffman, Dustin 554
ボー・ブランメル→ブランメル，ジョージ
ボーモント，フランシス Beaumont, Francis 40, 386, 480, 773
ホラー，ウェンシィスラウス Hollar, Wenceslaus 476
ホランド，フランク Holland, Frank 500
ホランド，ヘンリー Holland, Henry 10, 351, 564, 843
ホランド，ロバート Holland, Robert 734
ホランド男（初代）→フォックス，ヘンリー
ホランド男（第三代）→フォックス，ヘンリー・リチャード・ヴァソル
ホランド伯（初代）→リッチ，ヘンリー
ホランド伯（第三代） Holland, 3rd Earl of 368
ホリス，ヘンリエッタ・キャヴェンディッシュ Holles, Henrietta Cavendish 137, 473
ボリングブルック子（初代）→シンジャン，ヘンリー
ホリンズヘッド，ジョン Hollingshead, John 244, 290, 641
ホール，A.W. Hall, A.W. 484
ボール，ジョン Ball, John 73, 636
ホール，ピーター Hall, Peter 16, 28, 300, 506, 528, 554, 559
ポールグレイヴ，フランシス・ターナー Palgrave, Francis Turner 866
ホルクロフト，トマス Holcroft, Thomas 530, 714
ボルシュ，ジョン Balch, John 730
ホルスト，グスターヴ Holst, Gustav 682
ホールデン，チャールズ Holden, Charles 181, 698
ボールト，エイドリアン Boult, Adrian 450, 576
ボールドウィン，スタンリー（初代ボールドウィン伯） Baldwin, Stanley, 1st Earl Baldwin 306, 805
ボールトン，ウィリアム Bolton, William 130, 695
ボールトン，ガイ Bolton, Guy 857
ボールトン公（初代） Bolton, 1st Duke of 83
ホルバイン，ハンス（子） Holbein, Hans, the Younger 152, 210, 232, 422, 642
ホレス，ジョン（初代クレア伯） Holles, John, 1st Earl of Clare 470
ポーレット，ウィリアム（初代ウィンチェスター侯） Paulet, William, 1st Marquess of Winchester 32
ポレット，ジェイムズ Pollett, James 65, 356
ボロー，ジョージ Borrow, George 105, 324, 401

ホロウェイ，トマス Holloway, Thomas 622
ポロック，ベンジャミン Pollock, Benjamin 562
ホワイト，ウィリアム White, William 20
ホワイト，ウィリアム・ホール White, William Hall 135
ホワイト，ギルバート White, Gilbert 20
ホワイト，トマス White, Thomas 708
ホワイトヘッド，J.A. Whitehead, J.A. 352
ホワイトヘッド，ウィリアム Whitehead, William 656
ホーン，ウィリアム Hone, William 741
ポンソンビー，ジョン（ダンキャノン・オヴ・ベズバラ男） Ponsonby, John, Baron of Duncannon of Bessborough 65
ボンド，エドワード Bond, Edward 619
ポンド，ジョン Pond, John 426
ボンド，トマス Bond, Thomas 83, 549
ボンド，マイケル Bond, Michael 534, 535

■マ行

マイルズ，バーナード Miles, Bernard 480, 481
マーヴェル，アンドルー Marvell, Andrew 363, 465, 651, 828
マウントフォード，エドワード・W. Mountford, Edward W. 172
マーガレット（エリザベス二世の妹） Margaret, Princess 174, 410
マーガレット（スコットランドの女王） Margaret of Scotland 254
マーガレット・オヴ・アンジュー Margaret of Anjou 208, 600
マーガレット・オヴ・フランス（エドワード一世第二王妃） Margaret of France 161
マーガレット・テューダー（スコットランド王ジェイムズ四世妃） Margaret Tudor 324
マギル，ドナルド McGill, Donald 74
マークス，サイモン Marks, Simon 471
マークス，マイケル Marks, Michael 471
マクダーモット，ノーマン MacDermott, Norman 261
マクドナルド，ジェイムズ・ラムジー MacDonald, James Ramsay 70, 432
マクドナルド，ジョージ MacDonald, George 344, 405, 807
マクドナルド，マーガレット MacDonald, Margaret 432
マクドネル，ジェイムズ MacDonnel, James 854
マクニース，ルイ Macneice, Louis 174
マグヌス（聖人） Magnus, St 662
マクファーソン，ジェイムズ Macpherson, James 131
マクファディーン，ジョン McFadyean, John 635
マクミラン，ケネス Macmillan, Kenneth 615
マクミラン，ハロルド Macmillan, Harold 132

マクリーディ, ウィリアム・チャールズ Macready, William Charles 174,285,774,775,776,867
マクリン, チャールズ Macklin, Charles 276,629,774
マコーレー, ザカリー(父) Macaulay, Zachary 172,173,763
マコーレー, トマス・バビントン(初代マコーレー男) Macaulay, Thomas Babington, 1st Baron Macaulay 10,79,122,126,155,309,321,368,793
マサイアス(聖人) Matthias, St 672
マザラン, ジュール(枢機卿) Mazarin, Jules 199
マーシャル, J.A. Marshall, J.A. 840
マシュー, ロバート Matthew, Robert 190,621
マシューズ, チャールズ・ジェイムズ Mathews, Charles James 292,489,834
マシューズ, トマス Matthews, Thomas ('Captain Matthews') 360,379
マーズデン, ウィリアム Marsden, William 315,621,625
マーチ, チャールズ March, Charles 856
マッカーシー, デズモンド MacCarthy, Desmond 78
マッカダム, ジョン・L. McAdam, John L. 496
マッキントッシュ, キャメロン Mackintosh, Cameron 572
マックスウェル, J.C. Maxwell, J(ames) C(lerk) 414
マックスウェル, ロバート Maxwell, Robert 515
マックリース, ダニエル Maclise, Daniel 157
マックワーター, ジョン MacWhirter, John 3
マッケナル, バートラム Mackennal, Bertram 32
マッケンジー, コンプトン Mackenzie, Compton 122,690
マッシンジャー, フィリップ Massinger, Philip 40,726
マッチャム, フランク Matcham, Frank 186,461,816,858
マッピン, ジョナサン Mappin, Jonathan 468
マッピン, フレデリック Mappin, Frederick 468
マティルダ(スティーヴン王妃) Matilda, Queen 660
マティルダ(ヘンリー一世妃) Matilda, Queen 323,413,526,583,650
マティルダ(モード) Matilda ('Empress Maud') 49
マーティン, クライヴ Martin, Clive 456
マーティン, ジョン Martyn, John 416
マーティン, リチャード Martin, Richard 424
マードック, アイリス Murdoch, Iris 209,800,813
マードック, ルパート Murdoch, Rupert 275,515,782
マドックス, J.M. Maddox, J.M. 573
マートン, ウォルター・ド Merton, Walter de 481
マニング, ヘンリー・エドワード(ウェストミンスター大司教, 枢機卿) Manning, Henry Edward 106,

840
マーフィ, アーサー Murphy, Arthur 285
マリ, ジョン・ミドルトン Murry, John Middleton 248,312
マリアット, フレデリック Marryat, Frederick 240,319
マリオット, アントニー Marriott, Anthony 744
マルカム, ジェイムズ Malcolm, James 274
マルクス, エレナー Marx, Eleanor 473
マルクス, カール Marx, Karl 100,219,273,325,364,411,473,713,759
マルコヴァ, アリシア Markova, Alicia 553,615
マルコム, セアラ Malcolme, Sarah 268
マレー, F. Murray, F. 673
マレー, ウィリアム(初代ダイサート伯) Murray, William, 1st Earl of Dysart 343,552
マレー, ウィリアム(初代マンスフィールド伯) Murray, William, 1st Earl of Mansfield 411,414
マレー, ギルバート Murray, Gilbert 96
マレー, ジェイムズ Murray, James 489
マレー, ジョン Murray, John 11,265,408
マレー, デイヴィッド Murray, David 411
マレット, エドワード Malet, Edward 465
マーロウ, クリストファー Marlowe, Christopher 149,382,481,506,542,673
マロチェッティ, カルロ Marochetti, Carlo 526,529
マロック, ダイナ Mulock, Dinah 56
マロリー, トマス Maroly, Thomas 663
マロン, ジョーゼフ・E. Malone, Joseph E. 858
マン, アレグザンダー Man, Alexander 467
マンク, ジョージ(初代アルバマール公) Monck, George, 1st Duke of Albemarle 781
マンスフィールド, キャサリン Mansfield, Katherine 248,312,346,524,584,634,713
マンスフィールド伯(初代)→マレー, ウィリアム
マンソン, ウィリアム Manson, William 162
マンダー, レイモンド Mander, Raymond 466
マンチェスター公(第四代) Manchester, 4th Duke of 466,819
ミケランジェロ, ブオナルロッティ Michelangelo, Buonarroti 116,611,815,857
ミッチソン, ネイオーミ Mitchion, Naomi 807
ミッチンソン, ジョー Mitchenson, Joe 466
ミード, リチャード Mead, Richard 686
ミドルトン, トマス Middleton, Thomas 757
ミドルトン, ヒュー Myddelton, Hugh 47,175,395,513,514
ミュア, エドウィン Muir, Edwin 235
ミューディ, チャールズ・E. Mudie, Charles E. 512
ミラー, アーサー Miller, Arthur 189
ミラー, ガーティ Millar, Gertie 290
ミラー, ジョナサン Miller, Jonathan 125,281,528,682
ミル, ジェイムズ Mill, James 249,425,803

ミル, ジョン・スチュアート　Mill, John Stuart　249,
　410, 425, 448
ミルズ, ヒュー　Mills, Hugh　240
ミルトン, ジョン　Milton, John　15, 41, 46, 90, 113,
　116, 149, 324, 335, 365, 371, 435, 553, 647, 652, 663,
　667, 682, 839
ミルナー, アルフレッド　Milner, Alfred　466
ミルン, A.A.　Milne, A(lan) A(lexander)　13, 103,
　461, 465, 842
ミルン, ロバート　Mylne, Robert　72
ミレー, ジョン・エヴァレット　Millais, John Everett
　312, 536, 622, 723, 862
ミレン, ヘレン　Mirren, Helen　702
ムーア, ジョージ　Moore, George　250, 743, 817
ムーア, ダドリー　Moore, Dudley　281
ムーア, トマス　Moore, Thomas　117, 141, 218,
　240, 319, 388, 401
ムーア, ヘンリー　Moore, Henry　4, 70, 153, 730
ムーア, メアリ　Moore, Mary　864
メアー, ジョン　Mayor, John　827
メアー, チャールズ　Mayor, Charles　540
メアリ (ジョージ五世妃)　Mary, Queen, Mary of
　Teck　144, 242, 410, 627
メアリ, クイーン・オヴ・スコッツ (メアリ・ステュアー
　ト)　Mary, Queen of Scots　337, 839
メアリ一世　Mary I　45, 50, 187, 263, 327, 349, 412,
　491, 518, 625, 654, 692, 711, 745, 791, 866
メアリ二世　Mary II　51, 62, 231, 278, 327, 356, 525,
　584, 585, 628, 655, 667
メアリ・テューダー (ヘンリー七世の王女)　Mary
　Tudor　15
メイ, ヒュー　May, Hugh　62, 116
メイシー, セシル　Masey, Cecil　522, 855
メイジャー, ジョン　Major, John　862
メイスフィールド, ジョン　Masefield, John　283, 300
メイスン, ジョン　Mason, John　280
メイソン, A.E.W.　Mason, A.E.W.　507
メイトランド, F.W.　Maitland, F.W.　96
メイトランド, ウィリアム　Maitland, William　498
メイトランド, ジョン (初代ローダーデール公, 第二
　代ローダーデール伯)　Maitland, John, 1st Duke of
　Lauderdale and 2nd Earl of Lauderdale　343,
　424, 552
メイナード, ジョン　Maynard, John　338
メイヒュー, ヘンリー　Mayhew, Henry　11, 64, 69,
　132, 207, 398, 509, 748, 749, 750, 752
メイプル, ジョン・ブランデル　Maple, John Blundell
　468
メージャー, ジョン　Major, John　102
メルチェット男 (初代)　Melchett, 1st Baron of　276
メルノット, ヴァイオレット　Melnotte, Violet　239
メルバ, ネリー　Melba, Nellie　692
メルバーン子 (第二代)　Melbourne, 2nd Viscount of
　10, 724

メレディス, ジョージ　Meredith, George　157
メンデルスゾーン, フェリックス　Mendelssohn,
　Felix　26, 67, 124, 520, 637, 683
メンペス, モーティマ　Menpes, Mortimer　122
モア, ハンナ　More, Hannah　7, 300
モア, アン　More, Anne　238
モア, ジョージ　More, George　274
モア, トマス　More, Thomas　11, 54, 112, 149, 151,
　152, 157, 163, 209, 218, 422, 428, 432, 439, 478, 582,
　617, 650, 661, 671, 683, 788, 791, 831, 841
モア, マーガレット　More, Margaret　255
モイア, J.H.　Moya, J.H.　163, 498
モーガン, ジョン　Morgan, John　187
モス, エドワード　Moss, Edward　203
モース, サミュエル　Morse, Samuel　324
モーズリー, オズワルド　Mosley, Oswald　121, 247
モーツァルト, ヴォルフガング・アマデウス　Mozart,
　Wolfgang Amadeus　203, 219, 250, 285, 361, 521,
　629, 714
モートン, チャールズ　Morton, Charles　501
モネ, クロード　Monet, Claude　41, 198
モーム, ウィリアム・サマセット　Maugham, William
　Somerset　13, 158, 189, 354, 497, 559, 634, 690, 820
モーランド, ジョージ　Morland, George　273, 283,
　653, 856
モーランド, ヘンリー　Morland, Henry　856
モリス, ウィリアム　Morris, William　10, 67, 90, 161,
　176, 233, 344, 345, 370, 405, 429, 433, 435, 473, 481,
　524, 585, 586, 592, 593, 602, 658, 712, 734, 806, 807,
　820, 824, 849, 853
モーリス, フレデリック・デニソン　Maurice,
　Frederick Denison　352, 414, 584
モリス, ロジャー　Morris, Roger　469, 850
モールバラ公 (初代)→チャーチル, ジョン
モレル, オットリン　Morrell, Ottoline　58, 312, 529
モンゴメリー, バーナード・ロー (初代モンゴメリー・
　オヴ・アラメイン子)　Montgomery, Bernard Law,
　1st Viscount Montgomery of Alamein　384
モンタギュー, H. J.　Montague, H. J.　810
モンタギュ, エドワード　Montagu, Edward　286
モンタギュ, エリザベス　Montagu, Elizabeth　493,
　567, 589
モンタギュ, メアリ・ワートリー　Montagu, Mary
　Wortley　137, 536
モンタギュ公 (初代)　Montagu, 1st Duke of　493
モンタギュ公 (第二代)　Montagu, 2nd Duke of　493
モンタキュート, ウィリアム・ド (初代ソールズベリ
　一伯)　Montacute, William de, 1st Earl of Salisbury
　251
モンティーグル男 (第四代)　Monteagle, 4th Baron of
　338
モンテズ, ローラ　Montez, Lola　342
モントフォート男 (初代)→ブロムリー, ヘンリー
モンマス公→スコット, ジェイムズ

人名索引　969

モンロー, ジェイムズ Monroe, James 567
モンロー, ハロルド Monroe, Harold 324

■ヤ行

ヤング, アーサー Young, Arthur 729
ヤング, チャールズ・アレン Young, Charles Allen 869
ヤング, トマス Young, Thomas 410, 565, 650, 831
ヤング, ロイ Young, Roy 855
ユーアート, ウィリアム Ewart, William 79, 430
ユスティノフ, ピーター Ustinov, Peter 512, 864
ユードル, ニコラス Udall, Nicholas 842
ユール, ウィリアム Yule, William 99
ヨーク, フィリップ(初代ハードウィック伯) Yorke, Philip, 1st Earl of Hardwick 274
ヨーク・オールバニー公フレデリック・オーガスタス(ジョージ三世の次男) York and Albany, Frederick Augustus, Duke of 10, 234, 239, 423, 654, 827, 866, 867
ヨーク公(エドワード七世の次男) York, Duke of 632
ヨーク公エドワード・オーガスタス(ジョージ二世の次男) York, Edward Augustus, Duke of 866
ヨーク公ジェイムズ・スチュアート(チャールズ一世の次男) York, James Stuart, Duke of 193, 240, 494, 601
吉田茂 360, 555

■ラ行

ライアススリー→ロツリー
ライアン, ジョン Lyon, John 353
ライアンズ, ジョーゼフ Lyons, Joseph 460
ライエル, チャールズ Lyell, Charles 352
ライオン, ジョン Lion, John 666
ライソンズ, ダニエル Lysons, Daniel 393
ライト, アームロス Wright, Almroth 671
ライト, ジョン Wright, John 338
ライト, チャールズ・ハグバート Wright, Charles Hagbert 449
ライト, トマス Wright, Thomas 187
ライト, レズリー Wright, Leslie 658
ライマー, トマス Rymer, Thomas 28
ラヴァト男(第十二代)→フレイザー, サイモン
ラヴェル, ポール Lovell, Paul 705
ラウス, ハーバート・J. Rowse, Herbert J. 109
ラウス, フランシス Rous, Francis 5
ラヴレイス, トマス Lovelace, Thomas 513
ラヴレイス, リチャード Lovelace, Richard 15, 148, 704
ラーク, ジョン Larke, John 650
ラグラン伯(初代) Raglan, 1st Earl of 457
ラザフォード, アーネスト Rutherford, Lord 839
ラザフォード, マーク→ホワイト, ウィリアム・ホール

ラザフォード伯→トムソン, ベンジャミン
ラスキ, ハロルド Laski, Harold 451
ラスキン, ジョン Ruskin, John 220, 240, 362, 435, 543, 593, 637, 723, 782, 849
ラッカム, アーサー Rackham, Arthur 171
ラッセル, ウィリアム Russell, William 57, 262, 432, 489
ラッセル, エドワード Russell, Edward 417
ラッセル, ジョン(初代ベドフォード公) Russell, John, 1st Duke of Bedford 37, 57, 60
ラッセル, ジョン(第二代ベドフォード公) Russell, John, 2nd Duke of Bedford 78
ラッセル, ジョン(第四代ベドフォード公) Russell, John, 4th Duke of Bedford 58
ラッセル, ジョン(第六代ベドフォード公) Russell, John, 6th Duke of Bedford 201, 202, 308
ラッセル, ジョン(初代ベドフォード伯) Russell, John, 1st Earl of Bedford 199, 455
ラッセル, バートランド Russell, Bertland 96, 157, 308, 549, 593, 601
ラッセル, フランシス(第四代ベドフォード伯) Russell, Francis, 4th Earl of Bedford 136, 677
ラッフルズ, スタンフォード Ruffles, Stamford 454
ラティエンス, エドウィン Lutyens, Edwin 99
ラティガン, テレンス Rattigan, Terence 208, 238, 300, 658
ラドクリフ, ジョン Radcliffe, John 135
ラドストック男(初代) Radstock, 1st Baron of 566
ラドブルック, ロバート Ladbroke, Robert 161
ラニー, ジェイムズ Rannie, James 158
ラニラ伯(初代) Ranelagh, 1st Earl of 591
ラファエル, サンツィオ Raffaello, Sanzio 116, 242, 496, 504, 815, 847
ラフルズ, スタンフォード Ruffles, Stamford 871
ラベリー, チャールズ Labelye, Charles 840
ラム, ウィリアム Lamb, William 420, 422
ラム, スティーヴン Ram, Stephen 371
ラム, チャールズ Lamb, Charles 20, 143, 162, 186, 211, 249, 252, 277, 304, 315, 325, 334, 366, 386, 425, 489, 520, 523, 638, 688, 718, 723
ラム, メアリ Lamb, Mary 20, 304, 520
ラムジー, アラン Ramsay, Allan 242, 352
ランカスター公(初代)ヘンリー Lancaster, Henry, 1st Duke of 692
ランカスター公→ジョン・オヴ・ゴーント
ラングム, ジェイムズ Langham, James 423
ラングトリー, リリー Langtry, Lillie 564, 637, 782
ラングレー, フランシス Langley, Francis 757
ランズベリー, ジョージ Lansbury, George 88
ランドシア, エドウィン Landseer, Edwin 407, 660
ランマン, ヘンリー Lanman, Henry 215
リー, ヴィヴィアン Leigh, Vivien 16, 22, 462, 530, 658, 742, 826
リー, ジョージ Leigh, George 719

リー, トマス・スターリング Lee, Thomas Sterling 150
リア, エドワード Lear, Edward 11, 370, 699
リーヴァー, アシュトン Lever, Ashton 426
リーヴァーヒューム伯(初代) Leverhulme, 1st Viscount of 423
リヴィングストーン, ケン Livingstone, Ken 456
リヴィングストーン, デイヴィッド Livingstone, David 145, 264, 622
リー・オヴ・フェアラム子(初代) Lee of Fareham, 1st Viscount 198
リスター, ジョーゼフ Lister, Joseph 346, 414, 540, 617
リスト, フランツ Liszt, Franz 192, 653
リー男(初代)→ハーバート, シドニー
リーチ, ジョン Leech, John 263, 373, 459
リチャード一世 Richard I 19, 167, 196, 526, 568, 739, 757
リチャード二世 Richard II 103, 167, 243, 272, 355, 397, 548, 600, 625, 692, 709, 710, 726, 788, 839, 841, 848, 851
リチャード三世 Richard III, Duke of Gloucester 50, 103, 187, 609, 776, 791
リチャードソン, アルバート Richardson, Albert 655
リチャードソン, ウィリアム Richardson, William 540
リチャードソン, サミュエル Richardson, Samuel 273, 512, 519, 546, 647, 687
リチャードソン, ドロシー Richardson, Dorothy 257, 858
リチャードソン, ラルフ Richardson, Ralph 24, 238, 528, 694, 777
リックス, ブライアン Rix, Brian 294
リッチ, ジョン Rich, John 59, 433, 492, 629
リッチ, ヘンリー(初代ホランド伯) Rich, Henry, 1st Earl of Holland 180, 368
リッチ, リチャード Rich, Richard 46, 645
リッチモンド公(第三代) Richmond, 3rd Duke of 600
リッチモンド・レノックス公(第二代) Richmond and Lenox, 2nd Duke of 271
リッツ, セザール Ritz, César 133, 603, 692
リッドベター, ヒューバート Lidbetter, Hubert 285
リットン, エドワード・ブルワー Lytton, Edward Bulwer 5, 35, 309
リットン, ロバート・ブルワー Lytton, Robert Bulwer 557
リデル, ヘンリー・ジョージ Liddell, Henry George 842
リード, エリザベス・ジェッサー Reid, Elizabeth Jesser 57, 622
リード, チャールズ Reade, Charles 573
リナカー, トマス Linacre, Thomas 617

リバティ, アーサー Liberty, Arthur 429
リプレー, トマス Ripley, Thomas 8, 215
リリー, ピーター Lely, Peter 623, 678
リリー, ベアトリス Lillie, Beatrice 125
リンカーン, エイブラハム Lincoln, Abraham 545
リンカーン伯(第三代)→レイシー, ヘンリー・ド
リンド, ジェニー Lynd, Jenny 83, 616
リンドホ男(初代)→グレアム, トマス
リンネ, カール・フォン Linné, Carl von 116, 433
リンネル, ジョン Linnell, John 863
リンリー, トマス Linley, Thomas 721
ルイス, C.L. Lewes, C.L. 229
ルイス, C.デイ Lewis, C.Day 225
ルイス, G.E. Lewes, G.E. 586
ルイス, G.H. Lewes, G.H. 229, 660, 744
ルイス, ウィンダム Lewis, Wyndham 126, 447, 529
ルイス, ジョージ Lewis, George 313, 832
ルイス, ジョン Lewis, John 402, 551
ルイス, スペダン Lewis, Spedan 403
ルイス, トマス Lewis, Thomas 802
ルイス, ローザ Lewis, Rosa 137
ルーク, ピーター Luke, Peter 481
ルノー, マデリン Renaud, Madeleine 658
ルーパス, ヒュー(チェスター伯) Lupus, Hugh, Earl of Chester 156
ルーベンス, ピーター・ポール Rubens, Peter Paul 41, 198, 243, 504, 832
レイヴンズクロフト, エドワード Ravenscroft, Edward 231
レイク, トマス Lake, Thomas 131
レイク, メアリ Lake, Mary 131
レイシー, ウィリアム Lacy, William 394
レイシー, ヘンリー・ド(第三代リンカーン伯) Lacy, Henry de, 3rd Earl of Lincoln 431
レイ男(第十一代) Reay, 11th Baron of 96
レイド, エリザベス・ジェッサー Reid, Elizabeth Jesser 867
レイトン, フレデリック Leighton, Frederick 124, 427, 429
レイン, アレン Lane, Allen 863
レイン, ルピーノ Lane, Lupino 291
レインズバラ侯(第二代) Lanesborough, 2nd Marquess of 650
レヴァトン, トマス Leverton, Thomas 58
レヴィ, J.M. Levy, J.M. 233
レヴソン=ガウアー, ガートルード(第四代ベドフォード公夫人) Leveson-Gower, Lady Gertrude, 4th Duke of Bedford 312
レサビー, ウィリアム・リチャード Lethaby, William Richard 140, 713
レスター伯(初代)→ダドリー, ロバート
レスター伯(第二代)→シドニー, ロバート
レズリー, チャールズ・ロバート Leslie, Charles Robert 324

人名索引 971

レズリー,フレッド Leslie,Fred 290
レズリー,ヘンリー・J. Leslie,Henry J. 462
レッグ,ウォルター Legge,Walter 553
レッドグレーヴ,マイケル Redgrave,Michael 125,528
レドウォード,ギルバート Ledward,Gilbert 374
レニー,ジョン Rennie,John 439,725,734,844
レノックス,シャーロット Lennox,Charlotte 220
レノルズ,ジョシュア Reynolds,Joshua 7,107,116,154,155,178,283,300,311,323,343,366,411,422,427,503,504,511,524,527,585,600,611,634,653,654,665,701,715,736,747,783,819,832,849,850
レーマン,ジョン Lehmann,John 763,856
レン,クリストファー Wren,Christopher 4,8,14,19,28,88,90,97,116,119,128,149,161,162,214,215,231,282,324,327,330,341,359,371,386,392,410,438,451,458,471,480,494,498,523,525,539,558,564,600,623,628,633,641,643,646,647,648,650,655,657,661,663,664,666,667,668,669,671,672,673,674,678,679,683,684,685,686,688,697,712,762,769,773,842,866
レントホール,ウィリアム Lenthall,William 417
ロイス,E.W. Royce,E.W. 290
ロイド,エドワード Lloyd,Edward 436,672
ロイド,マリー Lloyd,Marie 501
ロイド=ジョージ,デイヴィッド(初代ロイド=ジョージ伯) Lloyd-George,David,1st Earl Lloyd-George 157
ロウ,ジョージ Lowe,George 571
ロークスリー,グレゴリ・ド Rokesley,Gregory de 438
ローサンスタイン,ウィリアム Rothenstein,William 164
ロシッター,ウィリアム Rossiter,William 723
ロジャーズ,サミュエル Rogers,Samuel 309,373
ロス,ジェイムズ・クラーク Ross,James Clark 75
ローズ,セシル Rhodes,Cecil 108
ロース,トマス Wroth,Thomas 244,285
ローズ,フィリップ Rose,Philip 105
ロス,ロナルド Ross,Ronald 414
ローズヴェルト,シオドア Roosevelt,Theodore 155
ローズヴェルト,フランクリン Roosevelt,Franklin 108,333
ロスチャイルド,ネイサン・メイアー Rothschild,Nathan Meyer 338,610
ローズベリー伯(第五代) Rosebery,5th Earl of 242
ロスマン,ルイ Rothman,Louis 609
ロセッティ,クリスティーナ Rossetti,Christina 79,149,364,858
ロセッティ,ダンテ・ゲイブリエル Rossetti,Dante Gabriel 10,11,28,149,157,161,235,312,343,429,474,592,593,658,853

ローソン,ライオネル Lawson,Lionel 290
ローダーデール公(初代)→メイトランド,ジョン
ローダーデール伯(第二代)→メイトランド,ジョン
ロチェスター伯(初代)→ハイド,ローレンス
ロチェスター伯(第二代)→ウィルモット,ジョン
ロック,ジョン Locke,John 116,743,842
ロック,ジョン Rocque,John 449,487
ロックハート,J.G. Lockhart,J.G. 539
ロッシ,チャールズ Rossi,Charles 434
ロツリー,トマス(初代サウサンプトン伯) Wriothesley,Thomas,1st Earl of Southampton 57
ロツリー,ヘンリー(第二代サウサンプトン伯) Wriothesley,Henry,2nd Earl of Southampton 641
ロツリー,ヘンリー(第三代サウサンプトン伯) Wriothesley,Henry,3rd Earl of Southampton 314
ロツリー,トマス(第四代サウサンプトン伯) Wriothesley,Thomas,4th Earl of Southampton 78,323,720
ロード,ウィリアム Laud,William 661
ロード,トマス Lord,Thomas 232,457,476
ロドニー,ジョージ・ブリジズ(初代ロドニー男) Rodney,George,Brydges,1st Baron Rodney 409
ロナルズ,フランシス Ronalds,Francis 807
ロバーツ,エマ Roberts,Emma 870
ロバートソン,トマス・ウィリアム Robertson,Thomas William 694,777
ロバートソン,ハワード Robertson,Howard 26
ロバートソン,フォーブズ Robertson,Forbes 572
ロビンズ,ライオネル Robbins,Lionel 451
ロビンソン,アナスタシア Robinson,Anastasia 288
ロビンソン,ピーター Robinson,Peter 551
ロビンソン,メアリ Robinson,Mary 323
ロブ,ジョン Lobb,John 437
ロミリー,サミュエル Romilly,Samuel 285,607
ロムニー,ジョージ Romney,George 137,320,370,411,701
ローランドソン,トマス Rowlandson,Thomas 5,421,445,591,607,678,715,812
ローリー,ウォルター Ralegh,Walter 45,47,90,178,210,243,315,480,485,526,663,743,791
ローレンス,ガートルード Lawrence,Gertrude 554
ローレンス,スーザン Lawrence,Susan 56
ローレンス,D.H. Lawrence,D(avid) H(erbert) 346,563,810
ローレンス,T.E. Lawrence,T(homas) E(dward) 820
ローレンス,トマス Lawrence,Thomas 326,538,611,638,859
ローワン,チャールズ Rowan,Charles 696
ロングフェロー,ヘンリー・ワズワス Longfellow,Henry,Wadsworth 6,424
ロングマン,トマス Longman,Thomas 547
ロンズデール,フレデリック Londsdale,Frederick 281
ローンズリー,H.D. Rawnsley,H.D. 506

ロンドン, ジョージ London, George 105,571
ロンドンデリー侯（第三代） Londonderry, 3rd Marquess of 445

■ワ行

ワイアット, ジェイムズ Wyatt, James 25,32,192
ワイアット, トマス Wyatt, Thomas 44,208
ワイアット, フランク Wyatt, Frank 239
ワイアット, ベンジャミン Wyatt, Benjamin 239, 774
ワイアット, ヘンリー Wyatt, Henry 44
ワイアット, マシュー Wyatt, Matthew 184
ワイズ, ヘンリー Wise, Henry 105,571
ワイズマン, ニコラス Wiseman, Nicholas 520
ワイルド, オスカー Wilde, Oscar 90,122,152,355, 398,412,431,550,564,658,743,754,775,782
ワイルド, ジョナサン Wild, Jonathan 200,207, 403,491,509,562,676,798
ワーグナー, リヒャルト Wagner, Richard 24, 192,613
ワシントン, ジョージ Washington, George 577
ワーズワス, ウィリアム Wordsworth, William 149,304,334,357,368,373,669,682,688,839,840, 860
ワーズワス, ドロシー Wordsworth, Dorothy 840
ワッツ, アイザック Watts, Isaac 115,172,512,741
ワッツ, ジョージ・フレデリック Watts, George Fredrick 268,409,432,477,511,517,568
ワッツ=ダントン, シオドア Watts-Dunton, Theodore 320
ワット, ジェイムズ Watt, James 323,546,695,839, 844
ワード, ウィンキン・ド Worde, Wynkyn de 32
ワトー, ジャン=アントワーヌ Watteau Jean-Antoine 242,819
ワーンクリッフ男（初代） Wharncliffe, 1st Baron of 215

編者略歴

蛭川久康(ひるかわ・ひさやす)
1931年 東京生まれ.
1954年 東京大学教養学部教養学科イギリス科卒. 英文学・英国文化史専攻.
現　在 武蔵大学名誉教授.
著　書 『アイリス・マードック』(冬樹社),『バースの肖像—イギリス十八世紀社交風俗事情』(研究社出版),『スランゴスレン村の貴婦人』(国書刊行会), N.ペヴスナー『英国美術の英国性』(共訳,岩崎美術社)　ほか.

櫻庭信之(さくらば・のぶゆき)
1915年 哈爾濱市生まれ, 原籍秋田県.
1945年 東京文理科大学英文学研究科修了. 英文学専攻.
現　在 東京教育大学名誉教授.
著　書 『絵画と文学・ホガース論考』(研究社出版),『英国パブ・サイン物語』(研究社出版),『ロンドン』(〈写真集〉イギリスの歴史と文学3,大修館書店),『日英文化の十字路に立って』(大修館書店)　ほか.

定松　正(さだまつ・ただし)
1937年 長崎県生まれ.
1960年 青山学院大学英米文学科卒業. 英米児童文学・英国文化専攻.
現　在 共立女子大学文芸学部教授.
著　書 『英米児童文学の系譜』(こびあん書房),『子どもと文学の冒険』(松柏社),『イギリス文学地名事典』(共編,研究社出版),『ファンタジーの伝統』(玉川大学出版部)　ほか.

松村昌家(まつむら・まさいえ)
1929年 奈良県生まれ.
1959年 大阪市立大学大学院修士課程修了. 英文学専攻.
現　在 大手前大学教授
著　書 『ディケンズとロンドン』(研究社出版),『ディケンズの小説とその時代』(研究社出版),『ヴィクトリア朝の文学と絵画』(世界思想社),『パンチ素描集』(岩波書店)　ほか.

Paul Snowden(ポール・スノードン)
1946年 イギリス, ダービー生まれ.
1972年 ケンブリッジ大学M.A. 現代および中世言語専攻.
現　職 早稲田大学教授.
著　書 『数の英語』(共著,ジャパン・タイムズ),『イギリスの社会』(共著,早稲田大学出版部),『新英和活用大辞典』(共編, 研究社),『コミュニケーションに役立つ大学英作文』(南雲堂)　ほか.

[協力者一覧]

写真・図版提供	伊東好次郎／門井昭夫／河合久子／佐久間康夫／櫻庭信之／定松　正／佐藤猛郎／高際澄雄／久田晴則／蛭川久康／松村昌家／森　護
編集・校正	(有)メビウス／今岡暁子／(有)アルファ／浜田法彦

ロンドン事典
ⓒ Hisayasu HIRUKAWA 2002

初版第1刷──2002年7月1日

編著者	蛭川久康／櫻庭信之／定松　正／松村昌家／Paul Snowden
発行者	鈴木一行
発行所	株式会社大修館書店

　　　　　101-8466　東京都千代田区神田錦町3-24
　　　　　電話 03-3295-6231(販売部)　　03-3294-2355(編集部)
　　　　　振替 00190-7-40504
　　　　　[出版情報] http://www.taishukan.co.jp

装丁・カラーページレイアウト──下川雅敏
図版ページレイアウト──(株)サンビジネス
地図製作──(有)ジェオ

印刷所──錦明印刷
製本所──牧製本

ISBN4-469-01271-8　　Printed in Japan

Ⓡ本書の全部または一部を無断で複写複製(コピー)することは、著作権法上での例外を除き禁じられています。

Arundel house Essex house Temple stayres Temple

Beere bayt